Principles, Definitions and Model Rules of European Private Law:

Draft Common Frame of Reference (DCFR)

full edition

Principles, Definitions and Model Rules of European Private Law Draft Common Frame of Reference (DCFR). Full Edition
Authored by Christian Von Bar, Eric Clive

This Chinese edition is published by Law Press China in 2014, Beijing through the arrangement with Sellier European Law Publishers.

著作权合同登记号
图字：01-2010-1406

欧洲私法的原则、定义与示范规则：

欧洲示范民法典草案

（全译本）

第八卷

物的所有权的取得与丧失

欧洲民法典研究组
欧盟现行私法研究组　编著

克里斯蒂安·冯·巴尔
埃里克·克莱夫　主编

梁慧星　翻译顾问

朱义龙　姜海峰　张　垲　译

法律出版社
LAW PRESS · CHINA

出版说明

集二百余位欧洲优秀学者历时四年起草完成的《欧洲私法的原则、定义与示范规则:欧洲示范民法典草案》(也就是学界所谓的"欧洲民法典草案"),展现了欧洲各国当下最为认可与适用的私法规则,可称世界上最为先进的民法典草案之一。不论该草案最终是否能够通过,或以何种形式通过,其中所蕴藏的学术意义与价值都不容忽视。随着我国社会主义法律体系的逐步完善,制定一部较为成熟的民法典既是建设社会主义法律体系发展的必然要求与历史选择,也是学界多年的期盼与梦想。将该草案迻译出版,对当下我国民法典的建构具有深远的影响,也有着重要的理论与现实意义。

欧洲示范民法典草案共分十卷,分别是:一般条款、合同和其他法律行为、债及相关权利、有名合同及其产生的权利义务、无因管理他人事务、造成他人损害的非合同责任、不当得利、物的所有权的取得与丧失、动产担保物权、信托,共计示范规则1023条。同时,几乎每条示范规则之后都附有起草小组的评论或注释,大部分示范规则附带示例。为了方便读者阅读,中译本共分五册出版,第一册为第一卷、第二卷、第三卷,第二册为第四卷,第三册为第五卷、第六卷、第七卷,第四册为第八卷,第五册为第九卷、第十卷、附录。

中译本的出版于2012年获得国家出版基金资助。中国社会科学院学部委员、法学研究所研究员梁慧星先生任本书的翻译顾问,中国社会科学院法学研究所谢鸿飞研究员、北京理工大学付俊伟博士领衔二十余位国内外学者,历时三年时间完成本书的全部翻译工作。法律出版社黄闽社长任项目组总负责人,法学学术出版分社社长朱宁和分社长助理高山分别担任该出版项目组组长、副组长,高级策划编辑刘文科负责全面统筹、协调、执行该项目。参加本项目编辑工作的有刘文科、易明群、韩满春、吕丽丽、董飞、黄琳佳、李峰沄。此外,刘彦沣博士为本项目的出版工作做出了重要的贡献。

如此卷帙浩繁的翻译作品的出版实为一项艰难的工作,难免出现一些错误和不完善之处,希望学界不吝批评指正,以便改进我们的工作。

法律出版社

序　　言

受邀对共同参照框架草案完整版,这一欧洲私法共同参照框架学术起草稿的中文翻译作此序言,我深感荣幸！在欧洲和中国私法的核心领域进行观点的广泛交流,我们草案的起草人感到受益匪浅并且也为之鼓舞！我们对由中国社会科学院的梁慧星教授担任主编之下的翻译团队的成果感到振奋人心！再一次强调,欧盟成员国与东亚主要国家私法间的密切联系是显著的。与欧洲现在的发展相吻合,新的法典也已经在亚洲诞生或正在诞生,而过去的法典又面临着现代化的发展。在此过程中,对于我们双方维持一个密切的关系从而不至于会错过相互学习和分享对方成就的机会显得尤为重要。

共同参照框架草案是一个学术文本。它是在欧洲法律科学中心区域自主创造出的产物。它部分建立在过去欧洲委员会合同法,即在丹麦主席领导下享誉盛名的兰德委员会的成果基础之上,并且还融入了有名合同、非合同法律责任以及物权法特殊领域的规则。另外,共同参照框架草案包含了与欧盟私法相关的合同和侵权规则,即所谓的“共同法”。共同参照框架草案的文本最初来源于“欧洲民法典起草小组”工作的指示,并且其余的由另一个欧洲法律学者的团体,即阿奎那小组而起草。由来自双方团体的成员组成的编译团体负责共同参照框架草案最后文本的形成。紧接着致力于引起诸多论争的临时性版本的出版,共同参照框架一共出版了两种形式:包含了共同参照框架草案一般性原则的临时性版本呈现出了定义和规则;同时,完整性版本还包括了示范规则扩展的注释、包括了欧盟成员各国详细法律的评论以及界定和验证收集而来的巨大材料的系统记载。

在出版后的短时间内,共同参照框架草案引发了广泛的论争;同时,它也引起了世界范围内的共鸣。一些重要的翻译(原稿翻译为日语、韩语和俄语)更是促进和激发了它的传播。欧盟委员会也给予了将它翻译为德文、法文、意大利语、波兰语和西班牙语的政策。比较来说,译为中文明显地更具挑战性并且更加耗费时间。我对在该译文中所体现出的能力、技巧和智慧表示赞赏！它是世界范围内首次对共同参照框架草案完整版的翻译;其他所有的翻译目前为止都仅限于临时性版本。

起草共同参照草案的学术团体希望创造一个参照框架,以此来浇灌欧盟和成员国司法体系成长的源泉。更进一步的目标是从国内法律中获得法律论争,以及从外国司法体系中获得解决方案,同时还提供一种新的法律平台来促进学者在比较欧盟标准时,更加准确地记述和评估国内法律体系。共同参照框架草案在这些阶段的各个层次上都将受到实质性的认可。我们草案的起草人希望与中国的同事和朋友共同来探讨草案中所包含的路径与想法!

克里斯蒂安·冯·巴尔
2013 年 9 月于奥斯纳布吕克

目　录

第八卷

物的所有权的取得和丧失

第一章　总　　则

第一节　适用范围及与其他条款的关系

第Ⅷ-1:101 条　适用范围

(1)本卷适用于物的所有权的取得、丧失和保护及具体相关事宜。

(2)本卷不适用于下列情形导致的物的所有权的取得和丧失:

(a)概括继承,尤其是根据继承法和公司法进行的继承;

(b)征收与没收;

(c)从动产或者不动产上分离;

(d)共同所有权的分割,除非该分割符合第Ⅷ-2:306 条(散装货物的交付)或第Ⅷ-5:202 条(混同)的规定;

(e)(财产共有者中)生者享有权或孳息,除非符合本卷第五章的规定;

(f)物上代位权,除非符合本卷第五章的规定;

(g)占有;

(h)发现;

(i)遗弃。

(3)本卷适用于第九卷所指的司法外执行行为或类似行为导致的物的所有权的取得或丧失。经过适当调整,本卷也可以适用于司法执行行为或类似行为所导致的所有权的取得或丧失。

(4)本卷不适用于以下情形:

(a)公司股份、资产权利文书或债务履行权利文书,但不包括为了第Ⅷ-2:105 条(等同交付行为)第(4)款的目的包含交付货物承诺的文书;或

(b)电力。

(5)经适当调整,本卷适用于现行法定流通的纸币和硬币。

评　论

A. 总述

本条的功能。本条定义了第八卷的适用范围。它所涉及的财产被限制于物之中，并且不包括不动产或其他财产，如知识产权或要求履行债务的权利。一方面，它所规定的财产权仅包括所有权（第九卷规定了动产担保所有权，第十卷规定了信托）。所有这些都可以从第（1）款推知，该款规定本卷适用于物的所有权的取得、丧失和保护以及具体相关事宜。接着是对所有权取得和丧失的情形（第（2）款和第（3）款）和动产的类型（第（4）款和第（5）款）进行了进一步的限制。另一方面，本条涉及一些“具体相关事宜”，包括与占有有关的问题，如占有的定义和保护，物归原主导致的问题，及与共同所有相关的问题。本卷并不打算包含有关动产财产权的全套规定，它只限定于某些方面。

所涉议题的重要性。本卷涉及的财产法问题都极具现实意义和重要性。例如，它决定了在什么情况下所有权可以根据销售合同转移，并且规定了善意取得制度。本卷所涉及的很多问题，例如明确性原则（识别），都是财产法中的一般性问题。

B. 第八卷的一般适用范围（第（1）款）

限定的理由和标准。限定范围的理由包括：第一，考虑到时间和研究能力，想要在对几乎所有欧洲法律制度进行比较分析的基础上涉及财产法所有领域是不可能的。第二，这些规定并不打算被用于处理涉及不动产的所有权或担保权的问题（第Ⅰ－1:101条（意欲适用的领域）第（2）款（f）项），除非另有规定。第三，出于组织性和功能性的考虑，所有关于动产担保权的问题都交给第九卷进行处理。对于其他问题来说，“与交易的相关性”是需要考虑的重要标准。因此本卷的核心部分是有关物的所有权派生转移的第二章，例如根据买卖合同中的所有权转让，从欧盟境内统一市场的视角来看这个问题非常重要。其余的章节对这个核心议题进行补充，例如对有效转让受挫的情形进行了规定。另一个重要的标准是第八卷应当在物权法层面上对这些示范规则的其他部分进行补充，因为需要它们来发展出解决重要的实际问题的最终措施。这将在下文进行更深入的讨论。

（a）涉及的财产：物，不包括不动产、知识产权或要求履行债务的权利物。第八卷所说的“物”，它的范围要小于第九卷中所指的“动产”。第Ⅷ－1:201条（物）对其进行了定义。然而存在一个重要的保留，根据第Ⅷ－1:102条（物的登记），特定种类物的所有权和所有权的转让是否需要在公共登记机构进行登记的问题交由各国国内法解决。同时，由各国国内法决定的登记的效力高于本卷相关条款的效力。

不动产。第八卷不适用于不动产。这符合第Ⅰ－1:101 条(意欲适用的领域)第(2)款(f)项的规定。从实践的角度来说,将不动产包含在内同样是不现实的。这需要对欧洲土地登记制度进行完整的分析,包括相当技术性的和程序性的细节。而得出的结果可能会与那些适用于物的规定大相径庭。例如,公示和登记的重要性可能通过完全不同的方式来衡量。

第Ⅷ－1:301 条(可转让性)第(2)款中规定了有关动产和不动产区分的具体问题。

智力与工业产权。第八卷不适用于智力与工业产权。从技术上来说,这从对"物"的限制中可以推导出来。如此限制的理由与限制不动产的理由相类似。草案中包含这一领域是不现实的。并且,仅仅关注智力与工业产权的转让和保护又是没有意义的。

要求履行债务的权利。某些欧洲国家认为要求履行债务的权利的转让同样属于财产法上的问题。也有一些国家将其纳入债法之中来解决。和欧洲合同法原则所规定的一样,本法在有关债务和相应权利的第三卷中设立了单独的一章对这个问题加以解决(参见第三卷第五章)。

对所涉财产进一步的排除和说明。本条第(4)款对物做了进一步的排除或说明,包括公司股份、特定文书和电力。第(5)款与货币有关。参见下文评论 E 和 F。

(b)涉及的权利:所有权

总述;所有权。第八卷并不涉及所有种类的财产权。它仅关注第Ⅷ－1:202 条(所有权)中所定义的所有权。这意味着本卷处理的是实践中涉及物的转让最重要的财产法问题。第九卷中规定了动产担保所有权,而本卷中规定了有关转让的问题(包括合同一方当事人破产时的保护)。

动产担保所有权和所有权保留。所有有关动产担保的问题均由第九卷进行规定。参见第Ⅸ－1:101 条(总则)关于第九卷范围的规定和第Ⅷ－1:103 条(其他条款的优先性)第(1)款中所规定的一般原则。它既适用于传统的担保措施如抵押,也适用于所有权保留和功能类似的措施。正是因为考虑到它的担保性,本卷中没有对所有权保留进行规定。然而,对于根据所有权保留而取得所有权的人,本卷在第Ⅷ－1:204 条(有限财产权)(c)项和第Ⅷ－2:307 条(所有权保留下受让人的偶然权利)中做了额外的规定。此外,本卷中的一些条款与物上担保权密切相关并在第九卷中被提到,尤其是第五章。

其他有限财产权。第八卷并不包含关于其他有限财产权的详细规定,例如进行使用的权利(如用益权)或取得所有权的权利(如具有对物效力的优先购买权)。然而,本卷中同样规定了与本卷目的相关的有限财产权,参见第Ⅷ－1:204 条(有限财产权)以及对该条的评论。

(c)涉及的问题:转让、保护和补充事项

核心问题:转让(第二章)。第二章中规定的所有权的派生转让构成本卷的核心。

它补充并在某种意义上，在财产法层面上，延续了第四卷中有关货物买卖合同的规定。在欧洲这样的交易每天都要发生无数次，具有重要的现实意义。但是所有权转让的规定对于其他情况同样是必要的，例如赠与合同。当物被交付时它的所有权也必须转移，但如果合同被终止，则物必须根据第Ⅲ-3:510条（通过履行得到的利益的返还）返还。像这样的情况还有很多的例子。

善意取得（第三章）。当转让人没有权利或缺少处分财产的授权，第二章下的转让很可能失败——不能给付自己没有的东西。这就需要确定，受让人是否可以有效地取得所有权并且得到保护，如果是的话需要满足什么条件。第三章对这个问题进行了规定。在法律意义上，它从属于第二章，因为只有当转让人缺少权利或授权而影响转让的有效性时它才适用。然而，考虑到交易成本，该问题的解决有相当重要的意义，它对买方是否并且在多大程度上需要调查他们意欲购买的物的来源有重要的影响。

通过持续占有取得所有权（第四章）。在某些情形中，第二章下的有效转让所有权和第三章下的善意取得所有权都不适用。例如，受让人和缺少处分权利或授权的卖方之间的合同无效，或者该物是基于赠与合同而取得。这就产生一个问题，即经过一段时间的占有是否能够有效的取得所有权。第四章规定的就是通过持续占有进而取得所有权的情形。它不仅对第二章和第三章进行了补充，还进一步满足了法律的确定性。

通过加工、附和、混合方式取得所有权（第五章）。第五章规定的是加工、附和和混合对所有权和补偿的影响。之所以对其进行规定很大程度上是因为它常常与所有权的转让相伴而生。具体而言，当由于所有权保留而转让的原材料在价款支付前就被用于加工时，相关的规则就变得十分重要。第九卷以第五章为基础，并且有时明确地涉及第五章。

所有权的保护（第六章）。第Ⅷ-6:101条（所有权的保护）包含了保护所有权的核心规定。首先，所有权人有权从任何无权占有人那里恢复其对财产的占有，这在对方破产时尤其重要和有效。考虑到从比较法的视角来看，恢复占有的权利并非不证自明的，包含这样的规定不仅是出于实践上的考虑，还弄清了根据本卷其他章转让或取得了什么。另外，当财产已经被转让时，恢复占有的权利为作为转让基础的合同被撤销的后果进行了清楚而完整的规定。因此，它同样也补充了第二卷第七章关于合同无效原因的规定和第七卷关于不当得利的规定。

占有的保护（第六章），一般占有。由于第八卷中规定了对所有权的保护，因此也有必要增加保护占有的规定。在许多国家的实践中，这些规定对所有权制度发挥了重要的补充作用。值得争议的是，从实用的角度来说，这些规定并不完整。它需要对占有的概念和形式进行详细的规定。这些规定包含在第一章中。同时，这些一般性的占有规定在其他章节中也发挥着核心的作用，尤其是在第二章（关于交付的定义）和关于持续占有取得所有权的第四章中。

归还原物产生的问题（第七章）。最后，第七章对保护性规定和本卷的其他部分的规定进行了补充(例如关于合同撤销的效力)。它对于解决大量的实际问题,以及内部的融合与简化具有重要意义。

(d)没有涉及的领域

所有权取得和丧失的其他方式。本条第(2)款包含了关于所有权取得和丧失的其他方式的例外和说明。参见下文评论 C。

共同所有权和共同占有。本卷对共同所有权做了零星的规定,参见第Ⅷ－1:203 条(共同所有权)的评论。同样,它也没有明确的对共同占有进行规定。然而,共同所有权和共同占有可以根据第六章得到保护。

C. 取得和丧失所有权的特定模式的排除(第(2)款)

总述。本条第(2)款列出了本卷没有涉及的取得或丧失所有权的特定模式。排除它们的理由各不相同。一些是超出了本法典的范围,还有一些是因为在所有权转让的语境中并不重要。时间的压力当然也是限制范围的另一个因素。

概括继承(第(2)款(a)项)。本卷不包括通过概括继承取得所有权。概括继承指的是对他人财产和债务的全部继承,无论该人是自然人还是法人。实践中主要有两个例子。第一,对死亡的概括继承。这个问题在本法典的适用范围之外(第Ⅰ－1:101 条(意欲适用的领域)第(2)款(b)项)。第二,公司法上的合并与分立,公司财产的所有权被转移到另一个公司或一个新的公司(参见第Ⅰ－1:101 条第(2)款(g)项)。这两个例子被在本条中被明确地提到。第(4)款(a)项增加了公司法上另一个例外,即公司股份的转让。

征收与没收(第(2)款(b)项)。第Ⅰ－1:101 条(意欲适用的领域)第(2)款规定,本法典"不打算用于,或不经修正或补充就用于,公法性质的权利和义务"。本条第(2)款(b)项对这一规定进行了补充,即根据公法性质或与公法原则或政策紧密联系的规定下物的所有权的取得和丧失,例如征收与没收,尽管这些情况已经被排除了,但本卷第二章中有关转让的规定理论上仍然可以适用于它们:第Ⅷ－2:101 条(所有权转让的总体要求)第(1)款(d)项意义上的转让所有权的权利可以来自法院的命令或者其他适格机构的决定,并且根据该条第(4)款的规定,所有权在法院或其他适格机构的命令或法律规定的时间转移。例如,关于征收,已经对被征收人进行补偿的要求应当作为通过征收取得所有权的前提。然而,在这里并不能评估出第八卷第二章经过一定调整后是否能够全部适用于这个目的。

同样,第三章关于善意取得的规定并不打算适用于征收与没收。例如,和善意取得的其他情形相比,真正的所有权人可能没有机会作为当事人参与到征收的过程中,这可能会导致对真正的所有权人和善意取得者利益的不同的衡量。然而,就第四章来说,通过对他人的没收(由于某些原因而在法律上无效)而占有物的人经过该章规定的一定时间的连续占有之后可以取得所有权。第四章具有独立性。所有的要求都规定在其中,占有是否可能是根据本条第(2)款(b)项所指的情形而取得并不重要。征收或没收并不能取得所有权,却可以与之相独立的经过至少10年时间之后取得。

从其他财产上的分离(第(2)款(c)项)。本卷并不涉及动产或不动产上分离物的所有权的取得。传统的规则是一旦发生分离主物的所有权人取得分离物的所有权,如土地的所有权人同样是这块地上收获的农作物的所有权人。相同的规则同样适用于用益权人,但对仅享有使用权的人来说则存在不同的规定(通过占有获得)。这些问题的重要性稍次,因为本项目的出发点和关注点是货物买卖合同等情形下所有权的派生转移。

共同所有权的区分(第(2)款(d)项)。本卷并没有关于共同所有权的系统规定,该问题的大部分都留给各国国内法解决。本卷主要适用于共同所有权人之间的共同所有权的区分,经过这种区分共同所有关系终止并转变成为其中一人或第三人对物的单独所有。本条第(2)款(d)项规定,本卷原则上并不适用于通过这样的方式取得的所有权。在各国国内法中,共同所有权的区分往往涉及法庭程序和财产的拍卖,除非共同所有权人同意其他的区分形式。本卷无须处理这些问题。当共同所有权根据第Ⅷ-5:203条(附和)产生时,各国国内法规定将适用于所有权的区分。

然而,在第八卷的两个条文中规定了共同所有权简化的区分模式,而不涉及法院程序或当事人特别的协议。这些条文规定了以物理方式从散装有形物种分离出一定数量的区分共同所有权的权利。因此,本条第(2)款(d)项包含了对第Ⅷ-2:306条(散装货物的交付)和第Ⅷ-5:202条(混同)的保留。

生者享有权和孳息(第(2)款(e)项)。在一些国家,当财产被连带持有时,生者享有权原则上可以被适用。和他人对财产拥有连带利益的幸存者可以取得全部财产(或更大的份额),尤其当其他当事人死亡时,财产将自动的归属于幸存的共同所有权人。"孳息"同样适用于公司的合伙人退出或退休的情形。但本卷并不适用于这种情形。"孳息"同样可能指的是通过结合而实现的辅物对主物的"添附",这是在本卷第五章中明确规定的情形。因此第(2)款(e)项为第五章做了保留。

物上代位权(第(2)款(f)项)。在一些法律制度中物上代位权是非常重要的概念,如法国和比利时。具体而言,它可以适用于所有权保留,当买方转卖货物,从而将担保权扩展到收益上。它同样可以适用于返还原物,当物已经被出售时对收益的权利。它还适用于请求权的分配。第八卷不处理一般意义上的这样一个概念。然而,第五章中的一些规定,尤其是将担保权扩展到销售收益上的规定,可能会被认为是物上代位权的一种形式。因此,第五章被排除在第(2)款(f)项的例外之外。

占有(第(2)款(g)项)。传统上,无主财产可以由任何人通过占有而取得所有权,即以拥有和取得所有权的目的对其进行占有。这个问题被交给各国国内法解决。对于本卷的主要目的来说,这个问题并不重要。单方行为取得所有权的类似情形同样如此,无论它被称作什么(获取或其他)。

发现(第(2)款(h)项)。本卷中没有规定发现他人遗失的财产而取得所有权的情形。一般而言,发现者有义务将其归还失主,或将它们交至保存失物的公共机构保存一段时间以便它们的所有权人有机会恢复占有。如果一段时间后所有权人没有取回财产,很多国家的法律规定发现者取得所有权。这既是发现者获得奖励的权利,也是鼓励发现者遵守法律规定的特殊义务。在不同的欧洲国家这样的规定存在很大的不同,有鉴于此,再考虑到该问题与第八卷所要解决的核心任务相去甚远,因此它没有被包含在本卷中。

遗弃物(第(2)款(i)项)。与广泛的物的处置权相对应,传统上所有权人也有权抛弃它,即带着终止所有权的意图放弃对物的占有。所有权终止,物成为无主物。没有必要在本卷中对此加以规定。

D. 执行行为导致的所有权的丧失和取得(第(3)款)

总述。第Ⅰ－1:101 条(意欲适用的领域)第(2)款(h)项规定本卷"并不打算被用于,或不经修改或补充的用于主要与法院程序和执行有关的事宜"。然而,这一条仅在没有其他规定的情况下才适用。事实上,在第九卷第七章中就存在着有关物上担保权的执行的明确规定。在该章中,执行既可以是司法性的,也可以是非司法性的。具体而言,担保物的出售可能会影响执行程序的完成,它意味着物的所有权被转让给取得人,或担保物的所有权在担保权人之间被分配。至于司法行为外的执行,参见第Ⅸ－7:207 条(权利实现的一般规定)以及第Ⅸ－7:211 条(公开或私下拍卖或私人出售形式的交易)和第Ⅸ－7:216 条(担保债权人对担保物分配)。

司法外执行(第 1 句)。原则上,第八卷的条款完全适用于第九卷第七章所指的司法外执行行为导致的物的所有权的取得和丧失。然而,根据第Ⅷ－1:103 条(其他条款的优先性)第(1)款的一般规定,第九卷的条款优先于第八卷的条款适用。例如,当担保债权人没能满足第九卷第七章规定的义务时,如通知或提出商业上合理的报价的义务,一般的原则是担保物的第三方买方的地位不受其影响。因为这些规定具有优先性,则第Ⅷ－2:101 条(所有权转让的一般要求)第(1)款(c)项中关于转让的一般原则,即转让人(这里指的是担保债权人)必须拥有转让所有权的授权可能不会被适用,即没有满足这些规定将不会影响担保债权人的处分权。

当司法外执行行为根据功能上等同于第九章的各国国内法的规定作出时,第八卷中关于所有权取得和丧失的规定同样可以被适用。

司法执行(第 2 句)。关于司法执行,本卷原则上并不打算干涉国内法的规定。然而,如果第八卷的某些原则与某一国国内法体系相适应,并且在需要的地方做了适当的修改,那么它们同样可以被适用。这已经在第Ⅰ－1:101 条(意欲适用的领域)第(2)款(h)项中得到阐述,但是为了使它更加明确,本条第(3)款第 2 句又对其加以重复。例如,当有关司法执行的各国国内法规定"落槌"(在拍卖中接受最高价)不仅表示合同的成立也影响所有权的转移时,则需要对第八卷进行一定的调整。在这里,本卷第二章中规定的交付的概念可能并不适用,因为它要求转让人自愿的行动,而这在强制出售中则存在实践上的困难。同样,要想将本卷第三章中的善意取得适用于司法执行程序中也需要做一定的调整,例如取得所有权的时间(如以“落槌”取代交付)。

与司法执行等同的行为包括在宽泛意义上由国家运行的其他执行的制度,如只有警局而不涉及法院的执行。

E. 特定种类财产的排除(第(4)款)

总述。第(4)款的功能在于对第八卷所涉的财产类型进行澄清。第Ⅷ-1:201条(物)关于“物”的定义将本卷的范围限制于有形动产已经解决了很多问题。它排除了不动产,智力和工业产权以及要求履行债务的权利(参见上文评论B)。本条第(4)款中所列的财产在日常生活中通常不被认为是“物”,但如果将“物”宽泛地定义为有形动产,那么它们将使人产生困惑。例如纸币和硬币,它们同样是有形的和可移动的。这个问题在本条第(5)款中有明确的规定。

公司股份(第(4)款(a)项)。第Ⅰ-1:101条(意欲适用的领域)第(2)款(g)项规定本卷“并不打算被用于,或不经修正或补充的用于,公司、其他法人组织或非法人组织的成立、法律能力、内部组织、管理或解散,除非另有规定”。第(4)款(a)项对这个一般性规定进行了补充,排除了对现存公司股份的转让、其他形式的获取以及现存公司股份权利的保护。本项目完全不涉及公司法的研究。对本卷范围的澄清是有必要的,因为公司股份可能存在于特定文书中,如有形和可移动的证券上。

权利证书(第(4)款(a)项)。本条第(4)款(a)项中提到的第二种财产类型解决了一个类似并且部分重叠的问题,即“记载着对财产的权利或要求履行债务的权利的证书”。第Ⅰ-1:101条(意欲适用的范围)第(2)款(d)项的一般原则规定,本法典“并不打算被用于,或不经修改或补充的用于,汇票、支票、本票和其他流通票据,除非另有规定”。本条第(4)款(a)项进一步澄清了这个问题。一方面,这些问题应当由服务于特殊目的的特殊的规则予以调整,尤其是考虑到商事交易迅捷和安全的需要。另一方面,这些目的需要通过特别的方法和手段加以实现,例如背书和“抽象的”手段,而这与本卷中选择的方法不符。同时,这些领域中有些还要满足国际统一规则的要求,如《1930年日内瓦支票统一法公约》。因为即使涉及这一领域也难以发挥作用,因此它也完全被排除在本项目之外。

第(4)款(a)项对包含着为了第Ⅷ-2:105条(等同交付行为)第(4)款的目的保证交付货物的允诺的文书做了附加规定。当转让这些文书构成该条意义上类似交付的行为时,即如果其他关于转让的一般性要求均已被满足,该行为的结果是该文书所代表的物的所有权转让给受让人,则第八卷可以适用。这并不意味着该文书本身的转让必然受本卷第二章调整。它还需要满足其他规定的要求,如采用提单的形式时要进行背书。

电力(第(4)款(b)项)。本条第(4)款(b)项规定本卷不适用于电力。这里指的是包含在电网中的电。该规定的背景有一定的技术性。电并不能以物理的形态从特定的供应者“运动”到特定的顾客那里。然而,供电者必须在网络中持续保持电压使顾客能够获得电。同样,电也不被认为是“有形的”,尽管它是可测的。因此,规定从一人到另一人的有形交付的转让规则并不适用。然而,当电力被储存在有形可移动的物体中,如电池,第八卷可以适用。

F. 货币(第(5)款)

一般意义上的货币;明确涉及和明确不涉及的情形。当作为私法下可以转让的客体时,“货币”的分类是多种多样的。当考虑到它是否或在多大程度上受第八卷的调整时这一点尤为明显。一方面,银行账户里的钱很明显不被包括,这是对银行的权利,并且不是有形的财产。就此而言,第八卷的范围很明显不同于第九卷。另一方面,作为之前流通货币的纸币和硬币,即现在不再作为法定流通手段的钱(例如已经被欧元取代的德国马克硬币),被认为包含在第八卷中而不需要对其进行“适当的调整”。这样的东西被当做物对待。他们可能被当做单独的物品或收藏品的一部分。同时,在有些情况下,作为现行流通货币的纸币或硬币在功能上也被当做“物”来对待。例如,一套来自欧元区所有国家的欧元纸币和欧分硬币可以被用来出售。对于这样的“物”,第八卷同样可以不加限制的适用。虽然第(5)款规定第八卷需要经过适当调整才能适用,但在这样的情形下则不必调整。

对于作为当前流通货币的纸币和硬币只有经过适当调整才能适用:潜在的原因。对于现行流通的纸币和硬币,只要他们仍然作为法定货币,第八卷就只能经过“适当调整”才能适用。这包括货币被用来支付购买物或服务的价款,被偷以及与其他货币相混同的情形。纸币或货币在接受(或占有)它们的国家或别的地方是否是现行的法定货币并没有区别。之所以要进行“适当调整”主要有两个原因。第一,是出于谨慎。当准备撰写本卷时研究和审议关注的都是物,如果不经考虑就将结果复制于货币上是不合理的。第二,从一开始就将银行账户中的货币和流通中的货币统一考虑并寻求一致的结论可能是更好的方法。然而,这种做法的不可行并不当然排除根据本卷所得出的结果的适用,只要确定一旦发现更适当的解决方法,那么这些结果就会被排除的规则取代。这种考虑成为本条第(5)款的基础。

对可适用性的详细分析:基本概述。通过对第八卷主要原则的粗略分析可以看出,这些规则基本上符合流通货币的转让。如前所述,“适当的调整”可能是必要的,例如根据有关账户里的钱的持续争论所做的调整。从实质上来说,第二章中关于交付的概念对纸币和硬币完全适用,将善意取得(第三章)适用于货币也很常见。然而在一些国家,对善意取得货币的要求要比其他财产宽松(为了促进流通性),例如善意的标准,没有规定“有偿”的要求,被偷来的钱也可以被善意取得。如上所述,第八卷第三章的规定主要基于对物的考虑而被制定,而在这里所考虑的政策并不完全一样。这可能会要求做一定的调整。根据第四章调整通过持续占有货币而取得所有权也没有问题,尽管在实践中可能没有太大意义。至于第五章,当不同人的钱混合在一起的时候,第Ⅷ－5:202条(混合)中规定的“混合”规则提供了公平的解决措施:这些人根据自己的出资按比例获得的共同所有权，每一个共同所有权人都可以根据自己的份额取出相应数量的货币。有关救济的第六章没有产生额外的问题，唯一的一个在实践中对所有权人来说很重要的问题是确认其所拥有的货币。第七章也不会产生问题，因为它引用了第六卷和第七卷；一些问题根本不会产生，如对钱的增值。

注　释

本条无注释。

第Ⅷ-1:102 条　物的登记

(1)特定种类物的所有权和所有权的转让是否必须在公共登记机构进行登记的问题由各国国内法进行规定。

(2)各国国内法决定的登记的效力高于本卷的其他规则。

评　论

A. 总述

一般方法。第八卷并不打算构建一套物的登记体系。鉴于在第九卷中引入了动产担保权登记制度，动产所有权的取得与转让不能根据共同参照框架草案来登记。然而，这并不排除根据各国国内法或国际条约登记所有权的可能性和效力。这意味着在一些国家有关特定种类物登记的国内法和国际法可以和关于物的所有权的取得和丧失的第八卷联合适用。

B. 具体规定

第(1)款，各国国内法决定需要登记所有权的物的种类。“国内法”包括那些源自国内的法律以及来源于欧洲法或国际法、被认为是或已经是国内法的一部分的法律规定(如被批准的国际条约)。这样的登记制度可以适用于交通工具，如船、航空器、汽车或其他特定种类的动产。重要的是登记对物的所有权具有一定的意义和效果。如果它不包含与物的所有权有关的信息，它不会与第八卷的规定产生重叠，因此也不需要由这一款加以说明。第八卷没有为了取得或转让所有权或取得私法上的其他效果而限制和规定必须进行登记的物的种类。无论是引入还是废除特定种类动产所有权的登记制度都是一个高度政治性的决定,因为这样的决定会对该物的交易产生重要的影响。登记制度的引入增加了当事人以及国家或其他相关机构的成本和负担,而且它只对少数几种高价值、长期存在且对经济有重要意义的物以及不经过登记便可能影响市场参与者的安全的情形有意义。只有当这些条件以及其他一些要求被满足,登记制度的好处才会超过它的成本和不利。特定种类物的所有权登记制度的引入是一个政治问题,只能在国家或欧盟层面上由政治机构加以解决。

第(1)款:"是否必须登记"。有关登记的国内法或国际法可能设定将特定物和他们的所有权人进行登记的义务,或根据某种不确定的基础赋予某人选择登记的权利。这样的登记义务或可能性以及接下来的登记行为在不同的国内法或国际法中将大相径庭。

第(2)款:不同的登记制度的效力。物的所有权的登记可能产生不同的效果。这些效果由不同的国内法或国际法加以规定。它们反映了不同制度的特点并且不能与之分离。不可能抛开登记的义务(第(1)款)而在第八卷中规定所有国家登记行为的统一效果。因此,第八卷必须对此保持保持克制,并赋予它们比第八卷有关所有权的取得、转让和丧失的规定更高的优先性。

一方面,当登记仅具有行政或类似的效力,而没有关于所有权的证明、设立、转让或丧失的效力以及其他有关动产交易当事人的私法上的效力的时候,不会与第八卷的规定发生冲突或重叠。因此,对于非私法上的效力,并不必然排除第八卷的规定而赋予国内法或国际法更高的优先性。

另一方面,当登记具有私法上的效力,则需要区分两种不同情形。所有权的登记可能产生根本效力或宣言效力。当所有权通过交付(或类似交付的行为)获得时登记就是整个交易制度中重要的一部分,当所有权是通过合同(或其他法律行为)转让而没有要求交付时登记可以成为制度的一部分。在交付制度中登记可能被认为是类似交付的行为。因此,所有权的取得与转让要求对该动产进行登记。在这样的情形中登记具有根本效力。登记制度同样赋予受让人要么进行登记要么接受交付的选择权,无论哪一种措施都足以构成所有权的转让。在达成共识或一致同意的情况下,无论是交付还是登记对所有权的取得都不具有根本效力,因为在这样的情况下仅仅通过合意(如合同)就可以取得所有权。因此,在这样的情形中登记对于所有权的取得和转让仅具有宣言效力,但在一定情况下可能会产生额外的物权效力,例如在物权多次转让的情况下(A首先将物卖给B,又将其卖给C,但只有C对物进行了登记)。另外,交付制度可能对特定物规定了登记的义务或可能性,但这样的登记仅具有宣言效力。在这样的情况下,物通过交付或类似于交付的行为被取得,随后的登记行为仅提供已经存在的受让人的所有权的信息。在私法中,登记的宣言效力对依赖登记机构发布的信息的第三人具有重要意义。

第(2)款:第八卷的部分排除。第八卷几乎适用于所有的物(不包括第Ⅷ-1:101条(适用范围)提到的例外),甚至适用于那些国内法或国际法已经或将要设立登记制度的物。对于这些物(需要登记的物),第八卷并不干涉国内法或国际法规定的进行登记的义务或选择。此外,如果国内法或国际法的规定与第八卷的规定不同,第八卷有关登记物的所有权的取得、转让和丧失的规定将被修正。例如,如果某一国内法规定某一动产的所有权只能通过新所有权人的登记而取得,那么第八卷有关所有权可以通过关于所有权转让时间的协议或交付或类似于交付的行为而转让的规定则不再适用。在这样的情形中,为了保持一致性,关于是否需要有效合同或其他法律行为存在以作为转让的条件的问题,将优先考虑各国国内法或国际法的规定。第八卷(第二章)要求有这样的合同、其他法律行为或法律的规定,而一些国内法并没有这样的要求(如德国、希腊)。

另一方面,如果国内法规定特定物只需要进行宣言性登记,而物的所有权在合同订立时发生转移(或法律行为发生时),这些规定同样优先于第八卷第二章(要求在所有权转移时有交付或类似交付的行为或有协议)与之相冲突的规定。当然,采纳了第八卷的成员国可以自行规定在宣言登记的情形中这些物也必须满足第八卷第二章下对交付或类似行为的要求。以下的规定可以被看作区分国内法和第八卷规定的一般原则。当登记的宣言效力和其他的私法效果可以和第八卷的规定相结合而不会与国内登记制度产生矛盾与冲突,第八卷的规定将同样适用于必须登记的物。

国际和国内的登记制度。具体而言,国内法上的登记制度可能适用于船舶、航空器、铁路车辆或机动车上。更加详细的信息可以在本条的注释中找到。在国际层面上,2001年开普敦移动设备国际利益公约为机身、航空器发动机和直升机、铁路车辆和空间财产的"国际利益"(担保权、所有权保留或租赁协议下的权利)建立了一套国际登记体系。为了防止冲突,各国国内法将该公约转化为国内法,该公约将优先于第八卷的规定,参见第Ⅷ-1:103条(其他条款的优先性)评论D。

注　释

Ⅰ.机动车的登记

1.在奥地利,从2007年7月1日起,一套汽车电子登记制度("机动车许可数据库"——Genehmigungsdatenbank)开始运营。然而,该登记制度并不具备根本效力而只是引入一套汽车许可和征税制度并防止欺诈。汽车文件仅涉及许可证号码,占有人的个人数据由当局保存但不对公众开放。因此,买方被建议从卖方那里得到之前所有权人的信息,包括销售合同和收据,这将有助于证明从非所有权那里的人善意取得(Faber and Lurger(-Faber),National Reports Ⅰ,101)。

2.在捷克,机动车需要登记。登记应指明与车辆有关的数据以及是否存在担保权益。然而,该登记仅具有宣言效力且并不影响所有权的转移(道路交通法第18条,参见Faber and Lurger(-Tichy'),National Reports Ⅵ,chap.5.7.4)。

3.在爱沙尼亚,机动车辆同样需要登记,然而,当事人之间合同的登记不影响所有权的转让(Faber and Lurger(-Kullerkupp),National Reports Ⅰ,284)。

4. 在希腊,机动车的登记对于所有权的转让不具有根本效力。涉及机动车所有权转让的规定是关于载人汽车和载人摩托车的 722/1977 号法律(N οŁ lo| 722/1977)和目前只适用于机动车而不包括载人汽车和摩托车的机动车和摩托车物权转让法令(LD 1146/1972 号法律)。具体而言,根据 722/1977 号法律第 1 条第(3)款和第 2 条第(2)款,客车和摩托车所有权的转让由当事人之间的书面协议决定,并被登记(转录)在所有权条目下(该条目基本上分为建造者许可证或汽车许可证)而无须其他手续。至于其他车辆,LD 1146/1972 号第 3 条规定所有与车辆物权有关的合同都应被登记(转录)在根据 LD 1146/1972 号第 1 条所设立的"所有权和占有变化登记簿"中。法律中没有规定在中央登记机构中做登记是转让所有权的前提。也没有规定登记的性质,但是,通过分析相关规定,可以发现它的行政属性,即登记只有宣言效力。机动车所有权条款、登记、流通许可以及征税法在第 3 条第(2)款中为已经发行的所有汽车许可证和所有机动车所有权人设定了一套按字母顺序进行登记的制度,它规定登记簿由交通部保存并且应反映与车辆有关的所有信息。此外,LD 1146/1972 号第 3 条第(4)款赋予国家元首颁布的特别法令立法权,根据这种权力,该法令可以设立机动车登记处,负责登记所有的所有权转让和机动车法律状态的进一步改变。然而到目前为止,相关的立法行动还没有开始。因此,只能认为在希腊没有集中的登记制度,登记也不能作为所有权转让的形式。

5. 在匈牙利,登记不具有根本效力。而且,即使规定了登记制度,也没有必须登记的义务。从物权法的观点来看,汽车可以被当做普通的动产来对待。因此,当当事人之间存在合法的协议(titulus)并存在动产的交付(traditio)时,所有权的转让是完全有效的。当然,匈牙利的立法者设立了一套登记制度记录国内机动车的流转。然而,设定该制度的法律(道路交通登记法)并没有涉及所有权的转让,很明显,该制度的目的是为了确保机动车转让的准确性,而不是转让的有效性,后者有赖于传统的规定。简言之,道路交通登记法第 5 条第(1)款(b)项提到的机动车登记簿只是为了行政目的证明相关机动车所有权的官方文件。

6. 在荷兰,汽车不是必须登记的财产,即使汽车的转让需要在政府公路交通局(Rijksdienst voor het wegverkeer)的登记簿中进行登记。当某人购买汽车(或摩托车),他必须将车辆登记证明转移到自己的名下。这种登记不具有根本效力。事实上,无论是否符合登记的要求,所有权的转让都是有效的(Faber and Lurger(-Salomons),National Reports Ⅵ,chap. 5. 5)。

7. 在斯洛文尼亚,尽管存在机动车登记制度,交付仍然是汽车或其他机动车所有权转让的必然要求。因此,登记主要具有宣言效力。另外,在不剥夺占有的情况下,要在机动车上设立担保,则必须进行登记。在这种情况下,登记具有根本效力(物权法第 177 条第(4)款)。只有根据法警的要求和扣押令的交付担保权才会被登记在非占有留置和被扣押的不动产登记簿中(强制执行民事问题和保险请求判决法第 81 条第(3)款)。随后,登记持有人必须将这些信息上的变化通知相应的行政机构。一旦收到这些信息,该机构将要求债务人在 3 日内提交相关文书。如果债务人没有履行该义务,法警可以通过司法命令强制债务人提交该文件(强制执行民事问题和保险请求判决法第 81 条第(4)款)。需要强调的是,该程序适用于动产上担保权的设立,无论该权利是否在特殊的登记簿中进行登记,动产是否可以被分别确定,或债务人是否失去占有(物权法第 170 条及以下,以及非占有留置和被扣押的不动产的登记法令;参见 Faber and Lurger(-Rudolf/Rijavec/ Kerestesˇ),National Reports Ⅰ,566－568)。

8. 在立陶宛,机动车和武器之类的动产需要登记。然而,民法典明确规定当事人转让所有权的协议的登记仅具有宣言效力(民法典第 1.75 条)。事实上,只有为了满足公共安全利益时登记才是必须的(Faber and Lurger(-Mikelenas),National Reports Ⅲ,chap. 4. 2. and 5. 5)。

9. 在比利时,汽车必须根据2011年7月20日皇家法令进行登记(Arrêté royal relatif à l' immatriculation de véhicules - 20/07/2001)。然而,该法的目的并不是要解决与汽车财产权地位相关的问题。事实上,登记时并不需要提到所有权人的姓名,所有权人的姓名主要是为了满足行政管理与保险的需要。因此,汽车不能和船一样被当作需要登记的动产。机动车的所有权人和使用人(第10条)都可以要求进行登记,无论该使用人是自然人(第8条)还是法人(第9条)。当第三人对汽车主张权利时,如果专业的买方在交易时没有要求卖方提供购买发票,那么他不能被认为是善意的(Samoy,TBBR 2000,238-247)。因此,买方不能根据"占有近乎所有"原则而获益(民法典第2279条)。比利时的法律对汽车上登记的抵押权没有特别的规定。因此,只有在剥夺债务人或汽车所有权人的占有之后,债权人才可以实现抵押所保证的权利(Faber and Lurger(-Cauffman and Sagaert),National Reports Ⅳ,chap. 9. 6. 3)。

10. 在保加利亚,机动车的登记并不是所有权或其他物权转让的必然要求。然而,如果想要登记的话,当事人之间转让机动车所有权的协议必须是书面的。此外,当事人的签名必须经过公证(道路交通法第144条第(2)款)。然而,如果不打算对要转让的机动车所有权进行登记,书面协议上的签名也不必进行公证(Faber and Lurger(-Stoimenov),National Reports Ⅳ,chap. 5. 6. 3)。

11. 在法国,关于汽车登记的1984年11月5日部长令第2条第(2)款明确规定,登记文书(carte grise)是由法国登记机构(Préfecture de Police)签发的证明,尽管它以机动车所有权人的名义签发,但它仅仅是一个驾驶文件(titre de circulation),而不能被当作所有权凭证。因此,完成了登记(immatriculation)的所有要求,仅仅是得到允许拥有机动车的有效文书的一部分而已。确认转让的正确性是双方当事人的任务。具体而言,转让人应保证转让的车辆上没有第三方的权利。为了确认这一点,受让人应当向登记机构询问所谓的机动车非抵押登记证明(亦称作carte de non gage),它反映了有关担保权或其他第三人权利的所有信息。然而,该义务通常由转让人履行。事实上,道路法规定转让人应当在转让前一个月之内给予受让人非抵押卡(第R 322-5条第(1)款第4项)。此外,受让人应当确认登记文书包含了转让人的姓名。当抵押的登记没有记载在非抵押卡中或转让人的姓名没有记载在登记文书中时,这两个预防措施可以防止受让人遭受可能的风险。然而,即使登记不具有根本效力,登记文书的数据没有更新也会构成登记(immatriculation)的障碍。具体而言,在销售时转让人应当给受让人一份登记机构签发的证明以表明不存在与登记相反的情况(第L 323-2条及第R 322-4条)。此外,转让人应当向登记机构提供买卖合同的副本,并在登记文书上写下"vendule.../.../..."或"cee le.../.../...",这是因为在登记时(登记应当在交易之日起30天内完成以避免行政处罚)登记机构要求买卖合同和登记文书上的日期应保持相同。即使当事人没有完成这些要求转让依然是有效的。事实上,无论道路法还是其他法律都没有对此作出规定,唯一的参考是第R322-4条第(6)款和第R322-5条第(4)款的规定,如果当事人没有完成这些手续将受到行政处罚。没有登记的交易可能产生的风险在于:因为登记文书的内容没有发生改变,即使转让的有效性无可置疑,登记机构也会因为合同上的姓名与登记文书上的姓名不匹配而拒绝登记。

12. 在意大利,登记对所有权的转让不具有根本效力。但是,法律要求在转让时需要满足特定的形式要求,这些要求也可以被平等的适用于船舶和航空器的转让。这些规则可以在民法典第六卷第一章第三节第一小节找到,它规定了船舶、航空器和机动车的登记。考虑到他们在经济上的相关性,立法者本打算将他们一并处理。然而,在法律仅对机动车进行了规定,即使这些规定也同样可以适用于船舶和航空器。一般来说,机动车所有权的转让不需要满足任何形式上的要求:这意味着只要达成合意就可以进行转让,并且合意可以被任何形式的证据证明(如证人、供述等)。该原则由最高法院确认(4565/1992 号判决,19599/2004 号判决,8145/2006 号判决)。法院认为,机动车公共登记机构(pubblico registro automobilistico)的登记仅具有推定效力,因为机动车所有权是否有效应当根据有关动产的一般规定加以确认(民法典第 1376 条)。然而,为了简便,如今一般根据当事人之间的书面协议转让所有权。而且表明实质内容的书面形式也不是必须的,民法典第 2690 条第(2)款规定了权利登记的特别程序对口头协议进行评价。通过这样的方式,间接公开了合同的有效性,因为即使合同是完全有效的,但如果没有满足有关公开性的形式要求,合同就不能被登记。当事人的协议是开始登记程序的出发点。在这一方面,立法者精确地制定了一条特别的规则(民法典第 2684 条),列出了所有必需登记的行为。它规定为了实现民法典第 2644 条的效力而必须登记的行为包括:(1)转移所有权或形成共同所有权的合同;(2)设立或修改用益权或使用权的合同或转让这些权利的合同;(3)放弃前述权利的生存者之间的行为;(4)对前述权利提出相反主张的交易;(5)在征收程序中,转让所有权或上述其他权利的决定;(6)形成、修正、转让上述权利的判决。该条仅指向行为、合同以及转让、修正或设立动产上权利的协议;它实际上重新阐述了民法典第 2643 条,该条规定了不动产上应当登记的行为。当然,民法典第 2684 条排除了所有关于个人财产享有权(diritti personali di godimento)和仅适用于不动产的对物权(地役权、先占、永借权、房屋租赁)的事实。因此,一方面,(1)和(2)适用于合同,另一方面,缺少类似于民法典第 2645 条(该条专门的适用于不动产并调整所有不是合同形式但能产生相同效果的协议的登记)的规定。可以认为,转让已登记动产所有权的单方行为不能被自动登记。因此,相关利益人需要寻求有关转让的宣言判决,并根据民法典第 2686 条对判决进行登记。第 2684 条的列举并非穷尽所有情况,而是由第 2685 条进行补充。该条规定以下行为必须登记:(1)根据第 2646 条区分共同所有权的行为;(2)根据第 2647 条构成婚姻信托的行为;(3)导致所有权的取得和让与的取得及接受遗产的行为;(4)终身地产。此外,如果债权人从债务人的财产中获取应付的数量,动产的转让必须根据第 2687 规定的那样进行登记。最后,为了达到第2913~2916 条的效果第 2693 条规定了实现抵押权顺序的登记(扣押令发出后所进行的行为无效),该条还为了达到第 2906 条的效果规定了对预先扣押的财产的登记(诉前财产保全后所作出的行为无效)。登记人持有反映动产司法性质的全部信息。这些信息大部分都是为了保护希望取得动产权利的第三人而进行公开(5954/1996 号判决)。一般的原则是,任何没有事先登记的行为都不能对抗第三人。因此,当多方当事人产生冲突时,率先登记的人享有优先权。这也是为什么大多数信息都记录在补充文件中(如道路交通法第 93 条下的机动车权利许可证),这样持有者可以在需要的时候方便的出示。事实上,这些文件也满足实质性的目的:它们可以全面的反映车辆在现实中和法律上的状况(即可以轻易的判断人与物之间的法律关系)而无须对登记簿进行查询(visura),这种查询通常都是困难的。这些文件发挥着补充性作用,即使来自公共登记机构的公开性已经是决定性的了。登记(immatricolazione)只是得到允许上路的有效文件的一种方式。然而,如果登记簿持有人怀疑动产权利的转让、设立或修正的正确性,它将拒绝登记。这意味着当事人应当确认转让的正确性(如该动产上没有第三人的权利主张)并向登记簿持有人提供有效的文件。以下是为什么补充性文件在登记时如此重要的另一个原因:事实上,更新数据的缺少是登记的障碍,因为登记簿的持有者并没有义务去发现登记信息与补充文书之间的矛盾是由于实质性错误还是由于当事人的不法行为所导致的。

13. 在葡萄牙,机动车登记的主管机关是 Conservatórias do Registo Automóvel(司法部下属的机动车登记局)。DL 第 277/1995 号(动产登记法)和 2005 年机动车法修订过的机动车登记法 55/1975 是与机动车登记相关的法律。事实上,只有机动车登记法 55/1975 在技术上说明了直接适用于机动车的特别规范,而动产登记法规定了动产登记的一般原则。法律明确指出了登记的核心要素。在序文中它明确规定登记的目的在于促进"权利、担保和保证的有效的公开,权利主张快速有效的实现"。动产登记法第 1 条第(1)款规定动产登记的目的在于促进动产法律地位的公开,保证合法交易的安全。登记不具有根本效力。然而,动产登记法第 3 条第(1)款规定转让人与受让人之间的任何协议若不登记则不能对第三人产生影响。因此,善意第三人可以从非所有权人处取得所有权。另外,只要转让人与受让人之间达成合意,协议就可以强制执行。唯一的例外是物上担保权,它只有在登记后才在债权人和债务人之间产生效力(第 3 条第(2)款)。立法者列出了应当登记的文件。根据动产登记法第 11 条,下列关于动产的事实应当进行登记:"所有权和用益权;抵押以及抵押的修改、转移、消灭以及担保权的灭失;质押;相关权利的占有或转移;一年以上的租赁;扣押;权利的终止和消灭;毁坏,物理损失,或动产国籍的失去;交易的承诺或交易的优先权或动产的担保,如果实际效果已经被规定;法律规定的应当登记的其他情形。"这个列表并非穷尽所有情形,而是被其他法律所补充,这些法律要么对前述列表进行修正,要么对其中某些情形宣告无效(动产登记法第 12～13 条)。然而,DL 第 10 条第(2)款排除了权利的转让或在动产上设立担保权,除非它已经被登记(princípio da legit-imação registal)。最后,动产登记法对机动车进行了特别规定。这些规定(第 41～43 条)并没有增加多少新的东西。第 41 条规定了哪些东西可以被登记在"机动车"名目下,排除了机动脚踏两用车和军用车。第 42 条,援引第 31 条,指出登记是对所有要求均被满足以及签发补充性文件的确认,一旦机动车被登记,就可以用来确定归属。从行政法观点来看登记是强制性的。法律规定了行政制裁,如动产的扣押和/或罚金。机动车的登记和对登记的修正必须在 60 日之内进行(机动车法第 42 条第(1)款)。超出了这一期限,交通局可以扣留这些车辆直到登记进行(交通法第 168 条第(1)款(e)项)。第 42 条确认了登记不具有根本效力。在确认期间,受让人会得到一个临时的登记号码,它可以在全部文件被完全确认以前发生的诉讼提供一定的保护。如果登记簿持有人发现所要求的条件未被满足,他可以拒绝登记,但不能质疑转让的有效性(他无须知道转让人的行为或是否存在同时发生的多重转让)。

14. 20 世纪之前,西班牙法律体系由不同的动产登记法律制度来确定(如动产的抵押和不转移占有的质押的登记、机动车的登记、船舶和航空器的登记、可分期付款的动产的交易的登记)。这些登记的目的在于在财产上设定一定的负担和担保权并进行必要的公开。这方便了资本运行同时无须剥夺债务人的占有。如今,根据合同一般条款登记条例的额外规定(Real Decreto 1828/1999,de 3 de diciembre,por el que se aprueba el Reglamento del Registro de Condiciones Generales de la Contratación),这些登记都被纳入动产登记制度中。登记簿由土地和商事登记持有人保存,在性质上属于民事登记。这与西班牙自治区的能力密切相关。事实上,根据西班牙宪法(第 149 条第(1)款第 8 项),中央政府有持有民事登记簿(亦作法律确定性登记簿)排他性的权利。因此,各自治区没有像对行政登记那样的权力。此外,民事登记的目的在于公开影响当事人之间法律关系的行为;而行政登记只是提供关于物和他们权利持有人的信息。动产登记簿包括以下部分:第 1 部分船舶和航空器;第 2 部分汽车和其他机动车;第 3 部分工业设备,商业机构和设备资产;第 4 部分不动产担保;第 5 部分可以登记的其他动产;第 6 部分合同一般条款的登记。登记涉及影响可以识别的不可消耗的动产的法律行为,还赋予这些行为对第三人的公开性和有效性。然而,尽管存在一些一般条款,每个单独的部分都有自己的规则和原则。因此,学者们认为这些条款更多地具有理论上的效力(Faber and Lurger(-González Pacanowska and Díez Soto)。至于机动车,他们的登记由交通法、由 2822/1998 号继续实施的交通、机动车流转和道路安全条例所调整。它们规定了机动车的双重登记制度,既要向中央交通办公室的登记簿持有人登记,也要向动产登记簿持有人登记。机动车登记簿由中央交通办公室保存,它是交通总部的一个部门。登记包括所有权人的信息,车辆的技术信息以及根据保险合同产生的义务的履行情况的信息。登记只构成对所有权推定,如果第三人已经登记了所有权则排除买方的善意(Faber and Lurger(-González Pacanowska and Díez Soto)。机动车的登记是对动产登记的补充。交通总部和登记与公证总部(Dirección General de los Registros y del Notariado)签署了一份协议,根据该协议,在确认动产登记簿中不存在任何限制、负担以及相反登记的情况下,可以将机动车的行政转让登记在中央交通办公室的登记簿中。此外,法律规定扣押、权利主张、转让的限制、司法决定的执行首先应记录在动产登记簿中并随后登记在机动车登记簿中(García Solé(-Gómez Gálligo),Derecho de los bienes muebles,21,118,164 and 213)。

15. 在芬兰,具有一定经济价值的动产需要登记。然而,登记并不影响所有权的转让或其他物权的形成。再考虑到在芬兰物权的转让是一个如何保护第三人利益的问题(在芬兰法律中,第三人的概念被延展到受让人,即所有转让人的继受者),因此,谈论登记具有根本效力或宣言效力可能是不适当的。既然物权的转让是合同协议的结果,它在合同当事人之间完全有效除非存在无效的情形。因此,相关的问题是对债权人的保护。这样的保护通过登记的方式实现。事实上,登记加强了权利持有人的法律地位对第三人的可见性。因此,能在登记基础上主张权利的人相对于那些不能从相同地位受益的债权人有权率先被满足(Faber and Lurger(-Kuusinen),National Reports Ⅴ,chap. 5.4.9)。

16. 在挪威和丹麦,没有有关机动车的专门规定。因此,所有权根据当事人之间的协议转让。然而,根据一般规定,如果不同的受让人同时对动产提出权利主张,对物的实际控制将具有重要作用。事实上,率先取得占有的当事人的权利具有优先性(rettsvern)(Faber and Lurger(-Fœrstad),National Reports Ⅴ,chap. 8.2.5)。

17. 在瑞典,某些动产需要登记。登记既没有根本效力也没有宣言效力。它只确定对债权人和其他权利持有人的优先性。具体而言,为了保护债权人的权利主张,1845 年销售行为法要求买方将买卖合同公之于众。买卖合同必须是书面的、被证明的文件,必须在(卖方所在地的)报纸发布并公布价格、买卖双方的姓名和他们的职业。最后,文件和相关证据必须在报纸登出之日起 8 日内在执行机构登记。然而,这个程序被认为是复杂和不令人满意的,因为它没有授予对向债务人财产主张浮动担保的债权人的优先性(Martinson,Transfer of Title Concerning Movables III,National Report:Sweden,62 et seq.)。

18. 在塞浦路斯注册,机动车的登记由机动车和道路交通法(第 86/1972 号法)规定,该法规定,内阁有权指定机动车登记机构。后者负责该法以及相关规定的实施和执行。该法第 2 条规定,以自己姓名登记机动车的人是所有权人。但是如果该机动车是分期付款合同或租赁合同的标的,那么所有权人是根据协议占有机动车的人。然而,登记证书被认为是对所有权的推定。参见汽车与机动车交通条例第 8 条(Peri Mihanokiniton Ohimaton Ke Troheas Kiniseos Kanonismon - 1984)以及 Demetriou v. South African Eagle Insurance Co. Ltd. 9617 号民事上诉判决。具体而言,

第15条规定,如果当事人通过口头或书面的虚假陈述取得许可证并且不能在法庭面前证明他不是有意进行欺诈,那么他就要承担刑事责任。伪造或改变,或允许伪造或改变登记证明的人同样要承担刑事责任。相关登记将被删除,但是要想达到这一结果,第23条规定真正的所有权人必须对此提出无效之诉(Faber and Lurger(-Laulhé Shaelou/ Stylianou/Anastasiou),National Reports Ⅱ,545 et seq.)。

19. 在英格兰和威尔士,登记并不是取得机动车所有权的必要程序。在登记之前就可以取得机动车的所有权。登记的目的在于确定机动车有上路的价值、购买了保险并确定它遵守了有关机动车的相关规定。没有登记的机动车在公共道路上行驶是一种犯罪行为。登记证上记载了机动车的持有者。该人是在公共道路上持有机动车的人但并不必然是合法的所有权人。登记证上记载了持有人的姓名和地址、登记号码和关于机动车的其他信息。机动车每次转让都会签发新的登记证明。驾驶员和机动车管理局对每次的变化进行更新。如果信息不准确则会给交易带来困难,但需要强调的是,在任何情况下,登记证都不是所有权凭证。没有规定表明登记是获得所有权的前提。1964年租购法为没有注意到租购协议或附条件出售协议的善意买方提供了特殊保护。第27条规定,如果转让人根据租购协议或附条件出售协议出卖机动车,在最初的受让人完全取得机动车物权之前又将机动车转卖,那么之后的转让是有效的,如果该受让人是不知道租购协议或附条件出售协议存在的善意私人买方。

20. 在苏格兰,虽然船舶,航空器和机动车都须登记,但登记并不影响所有权的转让。这里的规定与英格兰和威尔士的规定相同。驾驶员和机动车管理局是来自联合王国的机构,有关登记的规定也都与联合王国保持一致。1979年货物买卖法第21条规定了非所有权人向善意购买人的转让(Faber and Lurger(-Carey Miller/Combe/ Steven/Wortley),National Reports Ⅱ,418 et seq.)。但涉及机动车的租购协议或附条件出售协议是个例外。此外,1964年租购法规定了善意的私人购买人根据作为非所有权人的转让人的处分取得所有权的可能(Carey Miller and Irvine, Corporeal Movables 2,para 10.23)。

Ⅱ.船的登记

21. 在奥地利,只有某些种类的船才需要登记,特别是海船和河船。相关的规定产生于奥地利受德国影响的时代。事实上,这些规定在1940年根据德国船舶权利法(Gesetz über Rechte an eingetragenen Schiffen und Schiffsbauwerken)被引入,这就解释了为什么这些规定在一定程度上不同于奥地利物权法中一般的转让制度。事实上,一旦登记,海船所有权的转让只要求当事人的合意(Verfügungsgeschäft),即所有权转让的有效性并不依赖于类似其他物的所有权转让需要满足的条件,既不要求特定的合同形式,也不要求登记、交付或民法典第426条及以下所规定的类似交付的行为(船舶权利法第2条第(1)款)。然而,如果海船未经登记,则适用动产转让的一般规定(即有效的义务基础,真实的协议,交付或民法典426条以下所规定的类似交付的行为)。河船所有权的转让需要满足两个要求:合同当事人之间真实的协议和船舶的登记(船舶权利法案第3条第(1)款)。因此,在这种情况下,登记具有根本效力。如果当事人同意转让包括船舶的附属物(Zubehör),那么一旦受让人完成登记并取得对船舶的所有权,也将获得对这些附属物财产的权利(船舶权利法案第4条)(参见Faber and Lurger(-Faber),National Reports Ⅰ,100)。

22. 在爱沙尼亚,船舶所有权的转让由海事财产法(1998年)规定。该登记制度类似于不动产所有权转让的登记。1998年海事财产法规定,当设立船舶物权的协议在船舶登记簿登记之后该船舶所有权的转让才发生效力(海事财产法第9条)。协议必须由公证人起草。然而,如果由于转让使船舶不再悬挂爱沙尼亚国旗,那么该协议就不必满足有关公证的要求。登记具有根本效力。此外,由于登记的公开性,对登记的不知情不可以作为抗辩的理由(海事财产法第5条)。登记的正确性是推定的(海事财产法第6条),且登记被认为是可以信赖的(海事财产法第7条)。由于和土地登记类似,船舶登记的程序也类似于土地登记的程序。此外,船旗和船舶登记法第37条规定土地登记法的规定适用于船舶登记簿的保存,除非另有规定。船舶登记簿由每个初审法院中的土地登记部门管理。登记并不是对所有船舶的要求。它仅限于悬挂爱沙利亚国旗的海船和在爱沙利亚永久居留的自然人或在爱沙利亚登记的法人所拥有的河船(船旗和船舶登记法第40~41条)。在这两种情况下,如果船舶的长度超过12米,或游艇和汽艇的长度超过24米,则登记是必须的。在其他情况下,登记并不是强制性的,因此可以适用动产所有权转让的一般规定(Faber and Lurger(-Kullerkupp),National Reports Ⅰ,283-284)。

23. 在德国,有一套专门适用于船舶的登记制度。这些规定没有包含在民法典中,而存在于另外一部单独的法律中(Gesetz über Rechte an eingetragenen Schiffen und Schiffsbauwerken 1940)。该法取代了之前的法律要求船舶的质押需要将船实际交付给受质押人的规定,设立了船舶质押的登记。这将所有权区分为担保权和用益权。船舶登记制度是模仿土地登记制度设立的。超出了规定尺寸的船需要登记。至于登记的效力,买方在登记之后获得完全的物权。如果船没有登记,无论是因为它太小还是因为登记被忽略,则适用动产权利转让的一般规定(民法典第929a条和第932a条)(参见 Faber and Lurger(-McGuire),National Reports Ⅲ,chap. 4.5)。

24. 在希腊,有关于船舶所有权转让的详细规定,可能来源于希腊光荣的航海传统。希腊私人海事法第1条规定"本法所指的船,是净吨在10吨以上并能自动在海上航行的船。本法第3、4、6、7、12、13、14条同样适用于其他的可航行构造物"。因此,私人海事法关于船舶所有权转让的规定仅适用于定义中所指的船;此外,第457/1976号法第1条将该法的适用范围扩展到大于500吨或排水量超过1000吨的可航行构造物。私人海事法第6条规定"船舶的所有权的转让,需要有所有权人和取得者之间的协议作为将所有权转移给后者的法律基础,合同应当是书面的并提交给船舶登记处进行登记。若未登记,所有权不得转移"。转让人的所有权、书面协议和转让的法律基础(如买卖合同)并不足以转让所有权,该条明确表明了船舶登记(mgoko cio)对所有权有效转让的必要性。相同的规定也适用于正在建造中的船舶。私人海事法第7条规定"前述规定同样适用于正在建造中的船舶,如果它们已经在船舶登记处进行了登记"。最后,私人海事法第8条规定"民法典第1192~1195、1197、1199~2004条可以类比适用"。引用的民法典条款规定了在希腊备份办公室对涉及不动产的协议的备份程序。因此,对于船舶登记簿的保存和登记的履行,也可以类比适用民法典的相关规定。

25. 在匈牙利,相关的法律是水上交通法,它适用于船舶和航空器。根据水上交通法第7条第(1)款,除了明确提到小型的水上交通工具,其他都必须登记。根据水上交通法第8条第(4)款,有权获得可航行设备所有权的人有义务开始登记程序。关于船舶所有权转让的规定类似于匈牙利民法典中规定的不动产所有权转让的程序。可以认为登记具有根本效力。水上交通法第11条第(1)款规定,为了转移必须登记的可航行设备的物权,所有权的改变必须登记。水上交通法第11条第(2)款规定,在重复交易的情况下,第一个善意取得占有的买方可以主张所有权的登记。如果没有这样的人,在前的买方可以要求登记,除非后一个买方已经进行了登记。这一条同样适用于多重赠与。该条第(5)款明确规定了在转让的情况下海运局的登记设立所有权。因此,登记具有根本效力。水上交通法第11条第(3)款体现了与不动产更多的相似性,包括需要登记的权利和事实,如使用、租赁、物上担保权、非附属质押、用益权、优先购买权、可赎回交易、购买的选择、可执行担保。这些规定非常详细,设立了对登记的具体要求。登记在当事人之间确定了转让的有效性。水上交通法第 10 条还规定,登记簿是对登记的事实和权利的公开确认且不容置疑(Faber and Lurger(-Szilágyi),National Reports Ⅲ,chap. 5. 5. 1)。

26. 在荷兰,海船和河船是动产的特殊类型。他们是需要登记的动产(民法典第 8:199 条第(1)款和第 8:790 条第(1)款)。民法典第 3:10 条将需要登记的财产定义为物权的转让或设立需要在特定公共机构进行登记的财产。总而言之,这些规定表明,所有权转让的有效性受当事人协议的登记的影响。根据民法典第 3:89 条第(4)款,需要登记的动产的转让方式与不动产相同。这意味着当事人之间必须签订公证契约并在公共登记机构进行登记(民法典第 3:89 条第(1)~(3)款)。动产上负担的权利(如抵押、用益权等)同样也需要登记(参见 Faber and Lurger(-Salomons),National Reports Ⅵ,chap. 5. 5)。

27. 在斯洛文尼亚,根据海事法典(PZ),船舶需要进行登记。船舶登记的原则源自土地登记制度。船舶登记簿有 A、B、C 三页。A 页包含了船舶的相关数据,B 页是所有权的信息,C 页记载了抵押和负担的其他权利的信息。建造中的船舶的所有权包括所有已经安装到船上的部分以及在船坞中专门为造船准备的部分。所有权和其他权利的登记可以涉及整个船舶或仅仅其中一部分。如果船舶只有一个登记的所有权人,那么对船舶的一部分不能设立质押(海商法第 257 条)。至于登记的效力,海商法第 221 条明确规定"在在世当事人合法交易的基础上,船舶的物权和船上的抵押通过登记取得。前款提到的合法交易必须是书面的"。因此,转让所有权或设立担保权的行为的登记具有根本效力。海商法第 222 条为公开拍卖或死亡继承而取得的权利规定了例外。在这些情形中登记仅具有宣言效力。在法院判决基础上的权利的登记只有在判决生效之后才能进行(海商法第 264 条)(参见 Faber and Lurger(-Rudolf/ Rijavec/ Kerestes),National Reports Ⅰ,568-569。)。

28. 在捷克,船舶的登记由海事法规定(Zákon o námorní plavbe no. 61/2000 Coll.)。海事登记簿和内陆登记簿分别用于海船和河船的登记。海事登记簿由交通部保存,内陆登记簿由河船办公室保存。登记仅具有宣言效力。事实上,登记只是简单地说明船舶的数据、物上担保权或其他可能限制船舶转让的权利的存在。尽管没有明确提到,但所有权人或质押权人的姓名的登记不具有根本效力(Faber and Lurger(-Tichy'),National Reports Ⅵ,chap. 5. 7. 1)。

29. 在西班牙,船舶需要登记。登记包括物权的转让以及担保的设立。该登记簿原本只是商事登记簿中的一种但如今它是动产登记簿的第 1 部分(1. a Sección de Buques y Aeronaves)。有关动产登记簿功能的更多信息参见上文西班牙机动车登记部分。有关船舶登记的法律包括海事抵押法和商事登记法第 145~176 条规定(Decreto 14/12/1956)。根据海事抵押法,当设立抵押时船舶被当作不动产对待。根据现行法律规定,动产登记簿中的登记都是义务性的,并且必须与当地海事登记部门的船舶行政登记相符合。这两种登记涉及所有权、他人权利和所有那些有助于确定船舶身份的技术信息。当有关船舶的所有文件交付时应进行登记(所谓的"真实单据"原则),这样影响权利存在的所有事实都可以得到全面的描述。最初的登记涉及所有权人的权利。当转让人的权利已经被记录时受让人的权利也可以被记录(所谓的"土地继承"原则)。登记对权利的设立和转让仅具有宣言效力。另外,抵押的登记具有根本效力(Rubio Garrido,CCJC 2005,457,472)。最后,获得动产上权利的善意第三方会受到保护(Faber and Lurger(-González Pacanowska and Díez Soto),National Reports Ⅴ,chap. 3)。

30. 在立陶宛，船舶被当做不动产对待，也需要登记（海事运输法第 6 条，民法典第 4.253 条）。另外，为了使转让船舶所有权的协议可以对抗第三人也必须进行登记（Faber and Lurger（-Mikelenas），National Reports Ⅲ，chap. 1.2.1 and 4.2）。然而，学者认为，小型的内河船舶应当被当作动产对待，它的登记仅具有宣言效力（Bliuvate，Peculiarities，29）。

31. 在比利时，海事法第 2 条明确规定船舶是动产。然而，它们并不适用占有产生权利的规定。该法第 8 条规定，所有涉及已建成或在建船舶上的权利（留置权除外）的设立、转让或宣告无效的权利文书或判决都要在船舶登记簿中进行登记。如果登记未生效则不能用于对抗第三人。船舶登记的功能类似于（不动产）抵押权的登记：不经登记物权的转让也能生效，但如果不登记，转让只具有相对性，如不能对抗第三人。和抵押权登记不同，船舶登记中私人契据可以用来进行登记。而在抵押权登记中，只可能登记被证明了的契据（公证文书、公共机构出具的契据等）。当船在航行时一封电报都可能影响它的登记。船可以抵押而不能质押（而质押对动产很常见）。此外，必须认识到船舶的出售要服从源自商业实践和习惯的特别规定（Faber and Lurger（-Cauffman and Sagaert），National Reports Ⅳ，chap. 9.6.1）。

32. 在保加利亚，如果当事人的协议满足法律规定的要求就可以转移船舶的所有权。具体而言，商事船舶法要求当事人的签名经过公证，并且协议采用书面形式。这一信息必须被载入由执行部门"港口管理局"保存的公开登记簿中。尽管协议在转让人和受让人之间是完全有效的，但商事船舶法第 47 条第（1）款规定船舶或正在建造的船舶的受让人只有在进行登记后才能对抗第三人的权利主张。至于船舶和正在建造的船舶上的抵押，商事船舶法第 47 条第（2）款规定只有经过登记海事抵押才能生效。在这种情形下，登记具有根本效力（Faber and Lurger（-Stoimenov），National Reports Ⅳ，chap. 5.6.1）。

33. 在意大利，民法典中关于机动车登记的部分（民法典第 2683 ~ 2696 条）同样适用于船舶。然而，考虑到这种动产的重要性，立法者认为有必要在专门适用于船舶的海上和空中航行法中重复这些规定。然而即使这样，立法者也在航行法第 245 条中规定"除非另有规定，船舶适用有关动产的规定"。就登记而言，没有根据尺寸对船舶进行区分。不同之处在于将信息公开的方式，这些信息涉及船舶整体或部分的物权的设立、转让或消灭的行为。具体而言，航行法第 250 条第（1）款规定这些行为"必须公开，对于大船或它们的克拉（一个克拉是船的价值的 1/24），通过在登记簿中的登记（这指的是意大利海事登记——Registro navale italiano）和国籍证明中的评注来公开，对于小船或浮动装置通过在相关登记簿中的登记公开"。此外，法律限制了船舶物权转让、修正或设立的可能的方式。事实上，即使协议足以实现所有权或其他权利的转让、设立或修正，海事法第 249 条也清楚地规定这些行为需要采用书面形式才能生效，并且当涉及外国船舶时必须转移给领事机构。这个要求并不适用于小于 25 吨的船舶，或小于 10 吨的机械推进的船舶。为了保护第三人，只有受让人向登记人出示民法典第 2657 条所规定的文书后登记才会生效（如法院命令，公开契约或签名经过公务机构鉴定的私人协议）。然而，如果登记涉及的是小型船舶，有转让人的声明就够了（航行法第 252 条第（2）款和第 253 条第（1）款）。航海法第 255 条十分有趣。因为它对没有停泊在受让人为了登记而指定的港口大船进行了特别的规定。事实上，登记的要求之一是向登记人证明国籍，而在上述情形中，这将会产生困难，因为这样的文件必须随船携带。在这种情况下，立法者规定登记簿的持有人可以继续登记但必须立即和领事官员或船舶停泊地海关进行沟通，这样他们可以继续对船舶的国籍证明进行评注。该规定主要是为了避免转让人对权利的滥用。当发生权利冲突时，和机动车一样，率先登记的人具有优先性。航海法

第257条明确规定:"(1)如果数种行为根据前款规定而公开,为了实现民法典的效力,应根据登记簿或登记簿中的登记日期来决定优先性。(2)当登记簿和国籍证明中的评注不一致时,登记簿优先。"总而言之,登记不是取得所有权的前提,但在同时取得动产上相同权利的受让人之间发生冲突的情况下,登记将影响所有权的转让。因此,最好的解决方法是对转让之后立即登记的人的购买赋予优先性。

34.在葡萄牙,与此相关的法律是动产登记法,它同样适用于机动车的登记。因此,关于机动车的介绍性说明同样适用于船舶。政府法令的一个简短的部分专门适用于船舶。然而,它还需要被行政法令第150/1988号所补充,该法规定了商事船舶登记的具体条款。例如,保存登记簿的适格机构是司法部司法服务署(Direcção-Geral de Serviços Jurídicos)下属的商事船舶登记处(Conservatórias do Registo de factos relativos a navios mercantes)。除机动车登记所需的文件之外还需要的文件包括:(1)建设合同和(2)主要的维修合同(动产登记法第46条)。登记不仅包括现存的船舶,还包括正在建造的船舶(动产登记法第44条),但不包括军事船舶。只有当受让人向适格机构出示了合同以及对客体的准确描述后登记才会生效。对于正在建造的船舶,有船舶建造者的声明就够了。然而,只有在建造结束之后登记才是最终确定的(动产登记法第47条)。尽管民法典第219条对合同的形式没有要求,行政法令第150/1988号第3条规定"船舶的销售合同,以及销售单据,要采用书面形式以及卖方的签名"。此外,法律还规定在登记前当事人必须向适格机构(Inspecção-Geral de Navios)提交有关动产物权转让、修正或设立的文件以及与建造有关的任何文件(行政法令第150/1988号第4~6条)。然而,这些规定的目的必须结合DL第150/1988号第7条第(1)款进行理解。该条规定"如果没有船舶总检查官出具的文件,则文件所指的船舶不能成为港口办公室(capitanias dos portos)登记的客体,该文件用来证明行政法令第150/1988第2条中的技术性要求被满足"。这表明如果船舶没有满足最低安全标准则相关机构不能进行登记。为了完成最终登记法律授予了6个月的期间,在这段时间内船舶处于暂时登记的状态下。过程的复杂性排除了登记可能具有的根本效力。如果没能满足所有要求的要素,登记人可以拒绝登记,并且和机动车一样,暂时登记可以在所要求的文件完全提交前对产生的权利主张给受让人提供一定程度的保护。

35.在法国,民法典第531条规定:"小船、渡轮、船舶和其他特定种类的动产在被扣押时,根据它们的重要性,需要满足民事诉讼法中规定的特殊程序。"然而,考虑到这些动产的特殊性,尽管民法典中明确规定了特定的程序,民事诉讼法中也规定了适用于所有种类财产的一般性程序规定。至于船舶的登记,可以参考海关法第218条。它规定所有的船舶都必须满足法兰西式的要求。法兰西式的要求是在船上悬挂法国国旗的条件并且使信息可以被记载于封闭的"法国舰队"整体之中。第218条第(2)款规定了船舶登记一般条款的例外,规定长度在7米以下(2005年Loi de finances rectificative对第218条第(2)款进行了修订,废除了重量在3吨以下的船舶的例外)或发动机在22马力以下的船舶、游艇和快艇如果不进入外国水域则不需要满足法兰西式的条件。当受让人向港口办公室出具文件时就启动了登记程序。在这些文件中,买卖合同和航海证尤为重要。这两个文件使得登记机构可以继续推进法兰西式的程序。登记并不是取得所有权的前提但在同时取得动产上相同权利的受让人之间发生冲突的时候却可以影响所有权的转让。这种情况下,最好的解决方法是赋予率先登记的人优先性。第967/1967号法第93条规定必须登记在登记簿中的信息(即所有权和其他物权的转让)在记载于登记簿之前都不能对抗第三人。相同的规定也适用于担保权的设立、转让和消灭,它们只有在登记到海事登记簿中之后才能对抗第三人(第967/1967号法第93条第(2)款和第15条)。同时,因为海关法规定了未达到尺寸的船舶的例外,可以认为,对小型船舶来说,当发生所有权的权利冲突时,民法典第1141条的一般原则可以适用,该条规定“如果相继转让或交付给两个不同的人的东西是纯粹的动产,实际占有物的那个受让人具有优先性并成为物的所有权人如果他的占有是善意的,即使他的权利随后将要到期”。

36. 在芬兰,参见注释15。

37. 在挪威和丹麦,当两方或更多的当事人对动产拥有相同的权利时,对物的实际控制有助于获得更好的地位。因此,实际控制赋予相互冲突的当事人优先性。然而,对于某些种类的动产,如船舶(sjøloven,船舶出售所有权取得登记法第25条[挪威];søloven,2003年12月19日1172号Lov第28－38条[丹麦])和航空器(luftfartsloven,航空器出售所有权取得登记法第31条[挪威]),则需要通过登记来取得这种优先性。这意味着为了能够使用或处分动产登记是不相关的,除非合同另有规定,但只有当买卖合同登记之后,买方才能用获得的权利对抗卖方的债权人。因此,实际控制的转让并不重要,而登记的时间则是决定性的。因此,率先登记的人的权利通常具有优先性。这种优先性并不考虑登记人是否知道或应当知道在他之前存在着未登记的权利(航空器出售所有权取得登记法第3～26条和第3～27条以及船舶出售所有权取得登记法第26条和第27条[挪威];参见Faber and Lurger(-Færstad),National Reports Ⅴ,chap.8.2.5)。

38. 在瑞典,参见注释17。

39. 在塞浦路斯,悬挂塞浦路斯国旗的船舶的登记主要由1963～2005年商事船舶法(船舶、交易、抵押的登记)规定。该法以英国1894～1954年商事船舶法为基础。根据该法,一方面,交通部商事船舶局负责人负责塞浦路斯船舶的登记(商事船舶法第3条)。另一方面,小型渔船由渔船法调整,它们的登记由农业、自然资源和环境部渔业局负责。至于登记,第5条规定船舶可以被登记为塞浦路斯国籍,如果超过50%的船舶份额由塞浦路斯公民或非塞浦路斯永久居民但在塞浦路斯指定了授权代表人的欧盟成员国的公民拥有。如果船舶的全部股份由一家或者多家公司拥有,这些公司根据塞浦路斯法律设立和经营并在塞浦路斯拥有登记办公室,或根据其他成员国法律设立和经营、并在欧洲经济区内拥有登记的办公室、核心管理机构或主要营业地并且要么在塞浦路斯拥有授权代表或已经将船舶的管理完全委托给塞浦路斯船舶管理公司或在塞浦路斯的欧洲共同体船舶管理公司,或在塞浦路斯和其他欧盟成员国之外但由塞浦路斯公民或其他成员国公民控制,船舶同样可以登记为塞浦路斯国籍,当超过50%的公司股份由塞浦路斯公民或其他成员国的公民所控制或公司的董事大多都是塞浦路斯公民或其他成员国公民时该公司被认为由塞浦路斯公民或其他成员国公民控制。第4条第(3)款规定了登记的要求。登记需要满足以下条件:(1)船舶的所有权被划分为一百份,(2)当在共同所有或连带所有的情况下,同时登记为所有权人的人数不能超过一百,但这一规定并不影响任何人数的或任何公司代表或任何所有权人或共同所有权人主张的受益权,(3)单独的个人不能被登记为船舶一部分的所有权人,但是5人以内可以被登记为船舶或任意部分的所有权人,(4)共同所有权人只是有权进行登记的人,但无权单独处分船舶或他们所登记的船舶一部分的利益,(5)公司可以以自己的名义登记为所有权人。在船舶登记为塞浦路斯国籍之前,必须进行检查并适当标记,以满足相关负责人的要求。这些都是开始登记的必要程序。此外,塞浦路斯法律允许在永久登记之前进行暂时登记,这对现在不在塞浦路斯港口的船舶是有益的,同时也可以作为外国人完成将船舶永久登记为塞浦路斯国籍的行政手续的一种方式。登记要求的文件包括销售单据或建造者许可证、表明船舶不再负担之前登记的所有权许可证、船舶未经登记证明和所有权声明。就登记的年限来说,货轮不能超过23年,客轮不能超过35年,渔船不能超过20年。和机动车一样,船舶的登记可以作为对所有权的推定,但该推定可以被反证推翻。如果买方善意的根据之前登记的所有权人名下的销售单据取得船舶,如果交易是有偿的并且买方没有注意到对方不是真正的所有权人,他仍然可以获得完好的权利。船舶的出卖或抵押要得到塞浦路斯船舶登记处签发的特别证明的批准,但这一要求并不适用于整船的出售或抵押。在任何情况下,塞浦路斯船舶的所有权的转让都根据销售单据的规定发生。塞浦路斯海事法院负责解决有关船舶的所有法律问题(Faber and Lurger(-Laulhé Shaelou/Stylianou/Anastasiou),Nation-al Reports Ⅱ,542 et seq.)。

40. 在英国和威尔士,商船和游船可以根据1995年商事船舶法被登记为英国船舶。在联合王国登记的船舶被分类为"英国"并悬挂红色船旗。船舶登记的主要原因在于它需要证明自己的国籍。同时船舶的登记可以取得海事抵押的担保。对于小船适用不同的规定,它们被登记在小船登记簿中。小船登记簿服务于长度小于24米的船。这并不是权利登记,因此船上的抵押不能被登记。此外,公司不能作为主体被登记在小船登记簿上。在登记之前将会对所有权进行详细的调查,购买在英国登记的船的买方可以信赖这些调查并能得到登记簿副本了解船的所有权人以及是否存在额外的抵押。这意味着,一旦登记簿持有人确认了船舶的法律状况,登记中包含的信息(即证明干净的权利)能够增加船舶的转售价值。然而,登记对于取得权利或所有权并不是必须的,因为要想登记船舶必须要有销售单据。因此,可以认为,为了能够登记船舶,必须提供来自买方的所有权证明。登记同样可以确保船舶的所有权人符合管理船舶运行的所有法规。船舶集体所有权的登记满足于相同的目的。

41. 1995年商事船舶法同样适用于苏格兰,前文的注释可以适用。

Ⅲ. 航空器的登记

42. 在希腊,根据航空法典(KAD)第1条第(2)款,用来载人或载物或进行其他航空活动的设备被认为是航空器。法典规定,航空器、从飞机上分离的已登记的航空器发动机和已登记的正在建造的航空器,在转移所有权时当作不动产对待。此外,航空法典第45条规定,规定了应登记在取回登记簿(bibkiŁa diejdijg rexm)中的行为的民事程序法第220条可以类比适用于航空器以及尚未安装到航空器上但已登记在适当登记簿中的发动机。因此,该法典为这些动产的权利主张设立了一个登记簿,即所谓的取回登记簿,它和不动产所使用的登记簿一样。为了转移航空器和前述提到的物体的所有权,必须有当事人之间的书面协议,此外,还必须将该协议登记在适当的登记簿中。该登记簿由民用航空局(Tpgqeri a Pokisijg| AeqopoqiŁaq)保存。航空法典第41条规定,为了转让航空器的所有权,必须有原所有权人和取得所有权人之间的协议。协议必须是书面的并在特定登记簿中登记。此外,如果当事人的协议在国外起草,只有在领事部门认证后才能进行登记。如果缺少书面形式登记官员可以拒绝登记,产生的结果如同所有权从来不曾发生转移(航空法典第41条第(3)款)。航空法典第43条规定,当一个关于航空器所有权转让的协议已经在一个适格的领事机构保存的登记簿中登记后,后者必须通过电报通知民事航空局。登记的摘要和相关的文书应被提交给民事航空局。民事航空局在他们自己的登记簿中进行登记,而领事机构注销他们的登记。尽管民事航空局的登记在后发生,但从协议在领事机构登记簿中进行登记时所有权已经发生转移。然而,仔细阅读航空法典第43条可以发现一个有趣的问题。如果一个协议涉及出售在境外的希腊航空器,而领事机构忘记通知希腊民事航空局,则航空器官方认可的所有权人仍然是希腊民事航空局登记簿中登记的人。这可能导致卖方权利的滥用,因为他

仍然被认为是真正的所有权人。航空法典第 41～43 条同样适用于正在建造的航空器以及尚未安装的飞机发动机，只要他们相关的信息已经被记录在登记簿中（航空法典第 47 条）。这些规定非常详细，清楚地规定了航空器、发动机和正在建造的航空器的所有权未经登记不能转移。此外，航空法典还规定了民法典第 1192～1197 条和第 1199～2004 条的类比适用，但它们仅局限于有关登记的形式程序。

43. 在荷兰，航空器是一种特殊种类的动产。它的地位与船舶相同。参见注释 26。

44. 在奥地利，尽管法律（Luftfahrtgesetz）要求航空器所有权的转移应登记在航空器法（Luftfahrtregister）中（航空器法第 16 条），但这种登记仅具有宣言效力（Faber and Lurger（-Faber），National Reports Ⅰ，101）。

45. 在捷克，法律规定了航空器的登记制度。登记应当表明关于航空器的数据和担保权利的存在。然而，登记仅具有宣言效力，且并不影响所有权的转移（民事航空法第 4 条）（参见 Faber and Lurger（-Tichy′），National Reports Ⅵ，chap. 5.7.2）。

46. 在爱沙尼亚，航空器需要登记。然而，尽管可以信赖登记的正确性，但登记并不影响所有权的转让（Faber and Lurger（-Kullerkupp），National Reports Ⅰ，284）。

47. 在匈牙利，可以适用的法律是航空交通法。根据第 12 条第（4）款的规定，登记是对航空器有关数据的确认（如所有权和其他物权的转让或改变）。此外，第（6）款规定即使抵押也可以被登记在航空器登记簿中。登记具有宣言效力，它的内容被推定为正确的除非有反证可以推翻。为了登记，申请人必须向当局提交可以反映航空器所有权变迁的文件或者提交证明所有权人或承租人同意登记的文件（交通和水上事务部法令第 3 条第（1）款（a）项和（b）项）。然而，尽管与船舶的登记有一点类似，却不能认为航空器被当作不动产对待。相关的规定只是处理关于航空器国籍和登记义务的行政事务。这意味着可以认为航空器的转让要求协议和程式（Faber and Lurger（-Szilágyi），National Reports Ⅲ，chap. 5.5.2）。

48. 在斯洛文尼亚，根据航空义务和财产权法（Zakon o obligacijskih in stvarnopravnih razmerjih v letalstvu，简称与飞行器相联的债权与物权法），要想主张对航空器的权利登记是必须的。然而，只要有书面的协议当事人之间所有权的转让就是有效的（第 169 条第（3）款）。航空法第 24 条规定只要有正式的书面要求就可以授予登记。该要求必须由利益相关人提出并提供权利证明。满足前述要求的当事人获得航空器的所有权或担保权（与飞行器相联的债权与物权法第 169 条）。此外，在多方权利冲突的情况下，适格行政机构收到登记请求的时间对于授予优先性具有重要意义。如果航空器的权利是通过继承或公开拍卖获得，那么登记仅具有宣言效力（与飞行器相联的债权与物权法第 170 条）。航空器可以按份共有。如果出售其中的一部分，其他共同所有权人有优先购买权（与飞行器相联的债权与物权法第 176 条）。如果想在航空器的一部分上设立担保，那么必须取得多数共同所有权人的同意（与飞行器相联的债权与物权法第 183 条）（参见 Faber and Lurger（-Rudolf/ Rijavec /Kerestes），National Reports Ⅰ，569）。

49. 在西班牙，航空器是需要登记的动产。有关物权转让和担保权的转让、设立和消灭都需要登记。航空器的登记，和船舶一样，是动产登记簿的一部分（1. a Sección de Buques y Aeronaves）。更多信息参见注释 14。航空器的登记受航空法和商事登记条例第 177～190 条的调整。所有对第三人产生效力和涉及西班牙航空器或它的一部分（如发动机、备用零件和其他物品）的行为和合同都需要强制登记。此外，登记要满足“真实单据”和“连续性”原则，并且第一次登记必须是关于所有权（参见西班牙船舶的登记）。登记的目的在于证明所有权以及其他权利或负担以保护登记的所有权人和他们之后的善意受让人的利益。具体而言,登记赋予率先登记的受让人优先性。另外,如果航空器被抵押给不同的债权人,登记是设立抵押的基本要求。航空器登记簿有一个补充性的由民事航空总局保存的航空器注册登记簿。航空登记簿中的登记要满足航空器注册登记簿中规定的形式要求(Faber and Lurger(-González Pacanowska and Díez Soto),Na-tional Reports Ⅴ,chap.3)。

50. 在比利时,尽管航空器需要登记,但他们被认为是动产。航空器的登记由1954年3月15日皇家法令规定,并于1937年6月27日开始实行。登记赋予航空器比利时国籍,但这并不足以证明所有权。关于航空器上担保权的设立没有特别的规定。尽管比利时政府在1990年向议会提交了有关航空器上抵押权的议案,但该议案没有被批准。因此,在航空产业领域,以财产为基础的融资担保应当适用有关担保权的一般规定(Faber and Lurger(-Cauffman and Sagaert),National Reports Ⅳ,chap.9.6.2)。

51. 在保加利亚,和船舶的登记一样,当事人之间所有权的转让不受登记的影响。民事航空法要求当事人关于转让的协议必须采取书面形式(民事航空法第23条第(1)款)。然而,为了使该协议可以对抗第三人则登记是必须的(民事航空法第23条第(2)款)。和船舶抵押一样,航空器上的抵押为了产生法律效力必须登记(民事航空法第23条第(4)款)(参见Faber and Lurger(-Stoimenov),National Reports Ⅳ,chap.5.6.2)。

52. 在法国,有关航空器登记的条款规定在船空器法(Code de l'aviation)第121－1条和第121－11条中。具体而言,第L121－11条规定:"为了适用民法典的规定,航空器属于动产。然而,所有权的转移必须采用书面形式,并且只有经过登记才对第三人产生效力(par l'inscription au registre d'immatriculation)。死亡或转让、延续、宣告所有权的判决导致的所有权的任何改变,根据新所有权人的要求必须在登记簿上进行登记。"该条强调了航空器服从民法典关于动产的一般规定,以及将所有权的任何改变通知当局是新所有权人最关心的事。此外,该条澄清了登记的性质(immatriculation),它仅具有宣言效力和行政属性。就这一点而言,这一条表明,转让所有权的合同尽管在当事人之间是完全有效的,但如果未经登记则不能对抗第三人。这意味着如果所有权人同时将所有权转让给两个不同的人,尽管每个合同都是有效的,但积极登记并且善意的受让人将优先成为所有权人。

53. 在意大利,和船舶登记一样,与之相关的法律是航海和航空法,但第96/2005号法令对航空器登记做了一定的修订。修订的目的在于满足现代航空的需要。然而,有关登记的规定并没有太大改变且依然没有涉及登记的性质。结合民法典和航海航空法可以发现,航空器、包括那些正在建造的,应当被当作纯粹的动产来对待。登记仅具有宣言效力。参考前文所说必须登记的信息。对于航空器上权利的设立、转让和改变,当事人之间必须达成有效的协议,并满足得到意大利航空器的必要条件。一旦受让人提交了所有需要的文件,在登记之前,航空局必须审核这些文件以证明转让人有权转让、设立或改变权利。此外,登记必须表明所有权人和占有人是否一致(航行法典第756条第c款)。动产转让的基本原则(协议)和商事交易速度的需要因向独立机构提交材料的义务而妥协,但这一规定的目的在于阻止可能的权利滥用并保护第三人的利益。因此,即使民法典第815条规定关于动产的规定适用于已登记的动产,这也仅是补充性的。

54. 在立陶宛,航空器根据和不动产登记相同的方式进行登记(商船法第6条,民法典第4.253条)。登记使转让航空器所有权的协议对第三人生效(Faber and Lurger(-Mikelenas),National Reports Ⅲ,chap.1.2.1 and 4.2)。

55. 在葡萄牙,和机动车登记一样,与之相关的法律是动产登记法。因此,有关机动车的介绍性说明也能适用于航空器。保存登记簿的行政机构是国家民事航空局(Instituto Nacional de Aviação Civil)。行政法令的一部分特别提到了航空器。动产登记法第49条规定航空器是任何可以凭借自身推动力飞行并可以成为交易客体的设备。此外,该部分还补充了动产登记法第11条已经列出的文件列表。动产登记法第51条规定了公开的义务。同样,还必须参考动产登记法第30条,它列出了在登记簿中提到的要素。在这些要素中,第1、2、4、5点尤为重要,因为他们要求交给登记人所有有用的文书从而对动产的法律地位进行完整的评估(即不仅仅是描述性要素,还有物权的任何改变)。

56. 在芬兰,参见注释15。

57. 在挪威和丹麦,参见注释37。

58. 在瑞典,参见注释17。

59. 在塞浦路斯,航空器的登记由民事航空法调整(第213(Ⅰ ⅰ)/2002号法律)。塞浦路斯航空登记簿由交通部下属的相关机构保存(第一章第10条)。航空器或航空器物权的登记、重新登记和撤销登记都必须记录在登记簿上(第二章第10条)。为了将航空器登记为塞浦路斯国籍,该航空器必须没有在其他登记簿中登记,拥有飞行许可证,并满足一定的环境要求(第一章第11条)。此外,它要求所有权人或有权购买航空器的人或超过6个月的承租人或持有超过50%份额的共同所有权人是塞浦路斯公民或欧盟成员国公民。但并不要求在塞浦路斯拥有住所。在法人的情况下,它的办公室必须设立在塞浦路斯或欧盟的成员国。但如果超过50%的法人资产属于前述任一国家的公民,或有权代表该法人的人是这些国家的公民则这个要求并不适用。例外的是,在适当的理由下,部长可以将不符合前述要求的航空器登记为塞浦路斯国籍(第三章第11条)(Faber and Lurger(-Laulhé Shaelou/Stylianou/ Anastasiou),National Reports Ⅱ,549 et seq.)。

60. 在英格兰和威尔士,根据来自民事航空局(航空登记部门)的信息,"联合王国民事航空器登记簿根据1944年国际民事航空条约保存,作为确定航空器身份的一种方法",可以认为,登记对取得航空器上的权利或所有权并不具有根本效力。2005年航空法令提到了航空器交易之后发生的登记("必须在成为所有权人之后28天之内申请登记航空器")。因此,在新所有权人登记之前航空器的所有权已经转移。此外,2005年航空命令第4条第(2)款第(b)、(d)项及第(4)款进一步证明了登记不具有根本效力。2005年航空法第4条第(2)款(b)项和(d)项规定:"根据本条规定,航空器不应在联合王国登记或继续登记,如果民用航空局认为;[……](b)不适格的人通过持有航空器所有权或者份额而获得任何法律或实际利益[……];(d)如果航空器继续在联合王国登记不符合公共利益。"至于不适格的人,2005年航空法令第4条第(3)款规定,只有王室、英联邦公民、欧洲经济区成员国国民、受英国保护的人、在英联邦成立并在联邦任何一部分有主要营业地的实体;根据欧洲经济区国家法律设立并在欧洲经济区内拥有登记的办公室、中央管理机构或主要营业地的实体;在苏格兰经营的公司,都被认为是合格的。进一步来说,2005年航空法第4条第(4)款规定:"如果不适格的人:(a)在联合王国拥有住所或营业地,并且通过持有航空器的所有权或份额而获得法律或实际利益,如果民用航空局认为登记是适当的,就可以登记在联合王国;(b)已经根据本款登记了一个航空器,该航空器不可用作公共运输或空中工作的目的,即使它是这么被登记的。"这清楚地表明登记不是取得所有权或其他相关权利的阻碍。此外,如果登记违反了2005年航空法第4条第(2)款(b)项的规定,这个错误只是限制了航空器的使用但并不使形成、改变、消灭权利的行为无效。没有规定表明登记具有根本效力。和船舶登记一样,航空器登记簿中存在着多重利益。它使航空器的购买人可以确定航空器上不存在担保权。潜在买方可以对航空登记簿进行抵押搜索,这包括航空器被当作抵押或借贷的担保被登记在联合王国航空器抵押登记簿中,但不包括其他债务如没有支付停机费。登记制度有保护航空器买方的目的,关于这一点,民用航空局提醒,新的买方如果从他人而不是登记的所有权人处购买航空器,则应当确认从最后的登记所有权人到声称的所有权人之间是否能够确定完成的所有权链条。此外,航空器被登记表明它已购买保险,因为在登记时必须提供有效的保险凭证。关于这一点,民事航空局根据欧共体第 785/2004 号条例要求在申请登记时应提供保险凭证,或除非取得保险凭证否则不会飞行的声明。一般而言,航空器的登记使航空器的登记所有权人有义务服从民用航空局的标准以满足安全的需要。民用航空局的说明指出,"当航空器被出售,买方和卖方均有义务通知民用航空局权利的改变"。通知民用航空局更符合卖方的利益,因为如果民用航空局不知道权利的改变卖方仍然被认为要对航空器负责。集体所有权的登记服务于相同的目的。

61. 在苏格兰,规定与英格兰和威尔士相同,都采用联合王国的登记制度。

Ⅳ. 动物的登记

62. 在塞浦路斯,动物的登记由动物许可法调整(第二十九章),更具体的条款规定在犬法(第 184(Ⅰⅰ)/2002 号法律)中。动物许可法适用于马、骡、驴、骆驼、山羊、绵羊、牛或其他良种动物但不包括仍在哺乳的新生动物(第二十九章第 2 条)。负责登记的机构是市政厅。它可以根据卖方的请求发放所有权许可。没有人可以不持有该许可而拥有动物(第二十九章第 4 条第 a 款)。此外,如果买方不能证明卖方有权出卖动物则转让无效(第二十九章第 4 条第 b 款和第 7 条)。一旦进行交易,交易地的市政厅发放所有权凭证,记载买方的姓名以及卖方的姓名和地址,以及先前许可证的号码和发行地(第二十九章第 5 条第(1)款)。如果卖方许可证上所列的动物全部被出售,则该许可证将被销毁,但是如果交易只涉及许可证上的部分动物,卖方的许可证将因此进行修正(第二十九章第 5 条第(2)款)(Faber and Lurger(-Laulhé Shaelou/Stylianou/Anastasiou),National Reports Ⅱ,547 et seq.)。

第Ⅷ-1:103 条　其他条款的优先性

(1)为了担保目的的所有权的转让或留置优先适用第九卷的规定;

(2)为了信托目的的所有权的转让,不论托付还是受托,优先适用第十卷的规定。

评　论

A. 总述

本条的功能;与其他部分的关系。本条澄清了第八卷和可能发生重叠的其他卷之间的关系,即关于物上担保权的第九卷和关于信托的第十卷。为了不破坏这些卷的特殊政策考量,本条规定,作为一般原则,它们优先于第八卷适用。另一方面,本草案的其他部分与本卷共存而互不干涉。这包括第一卷到第三卷的一般规定，第四卷第一编中关于货物买卖合同的规定，第五卷中关于善意干涉他人事务的规定，第六卷中关于非合同义务的规定和第七卷中关于不当得利的规定。然而，具体到本卷中的某些部分，草案中的其他部分仍具有优先性，参见第Ⅷ－5:101 条（部分自治和与其他条款的关系）第(5)款和第Ⅷ－7:101 条（范围），它们都规定了与第五卷善意干涉的关系。

"优先于本卷规定"的概念。在处理与第九卷和第十卷的关系时所采用的方法是这些卷"优先适用于本卷的规定"。然而，这并不意味着，当发生重叠时，第八卷作为一个整体都不能适用。第八卷的规定仍然可以适用，但是只有当它们与第九卷和第十卷的规定相一致时。

强制性特征。本条是强制适用的，且不能被当事人的协议所排除。考虑到本条的目的，即保护第九卷和第十卷的政策不被减损，那么这种结果是必然的。

B. 有关物上担保权的第九卷的优先性（第(1)款）

第九卷的优先性；原则的范围。本条第(1)款规定，当涉及为了担保目的的所有权的转让或保留，第九卷的规则优先于本卷适用。表面上看起来，这种优先性具体适用于第Ⅸ－1:102 条（动产担保权）第(4)款(a)项意义上的为了担保转让所有权，以及作为保证支付手段的所有权保留（参见第Ⅸ－1:103 条（所有权保留：范围）。然而，本规定可以作为一般性原则适用。它可以适用于第八卷所有章，即不仅仅是第二章下的转让，还有善意取得（第三章），第四章下通过持续占有取得所有权（理论上，它与取得不负担物上担保权的所有权相关）以及加工、结合和混合（第五章）。关于第五章，在第Ⅷ－5:101 条（部分自治和与其他条款的关系）第(3)款和第(4)款中做了进一步的阐述。

维持第八卷适用范围的例子。如前所述，第九卷具有优先性意味着第八卷只有在第九卷没有作出特别规定并与第九卷保持一致时才可以适用。例如，第Ⅷ－2:307 条（所有权保留下的受让人的期待权）包含了根据所有权保留取得所有权的受让人的法律地位的规定。或者，当为了担保目的而转让所有权的当事人同意，在所担保的债务支付完成之后，所有权回归转让人，第Ⅷ－2:203 条（有条件的转让）可以在与第九卷一致时适用。同样，第Ⅸ－2:112 条（物权法的一般事宜）部分的援引了第八卷的规定。第九卷一些实质性条款也采用了同样的规定，如第Ⅸ－2:307 条（为了加工或结合而使用负担他人权利的物）和第Ⅸ－2:309 条（由于物上担保导致的财产混合），它们都与第八卷第五章的规定保持了同步。

C. 有关信托的第十卷的优先性（第(2)款）

一般原则。相同的一般性原则同样的适用于关于信托的第十卷。当物的所有权在信托人处发生转移，或转让服务于信托的目的时，第十卷可以优先适用。第八卷在与信托法律原则保持一致时也可以适用。

D. 欧盟法和国际法的优先性

一般原则。欧盟法以及成员国是签字方的国际法原则上优先于本卷的规定。这是本草案的一般原则,在评论中指出足以。然而,也存在少数的例外。第Ⅷ－4:102条(文物)第(2)款对相关的国际条约进行了重复。移动设备国际利益公约与所有权保留的某些议题相关,以及将负担他人权利的物转让给受押人以实现担保权的规定(参见公约第9条)。1930年日内瓦汇票和本票统一法公约为汇票和本票规定了统一的规则,因此不在本卷的范围之内。

注 释

本条无注释。

第Ⅷ－1:104条 第一卷至第三卷的规则的适用

根据本卷规定,当物权的效力由当事人的协议约定时,可以适当的适用第一至三卷。

评 论

A. 总述

本条的一般理念和功能。在本卷的某些地方,允许当事人通过协议决定物权法的效力。这些规定是当事人自治原则的特别适用。从实质上来说,这些协议应当满足第Ⅱ－1:101条(合同和法律行为的含义)对合同的定义。然而,"协议"一词在这些条款中读起来更流畅并且它允许作出一定的保留以避免在使用"合同"一词时可能发生的意料之外的情况。本条的功能是使第一卷到第三卷中包含的合同法一般条款适用于这些协议。

比较法背景。在欧洲不同的法律制度中可以发现类似的现象。例如,当一个法律制度采用"真实协议"的概念(没有在第八卷中使用),它指的是一个可以适用合同法的一般规定的合同,如因为错误而宣告无效。

B. 详细规定

决定物权效果的协议。本条中主要涉及两种类型的协议。第一,本条适用于第Ⅷ－2:101 条(所有权转移的一般要求)第(1)款(e)项和第Ⅷ－2:103 条(所有权转移的时间的协议)意义上的"所有权转移时间的协议"。这种协议同样规定在了第Ⅷ－2:302条(间接代表)第(3)款(c)项中,以及第Ⅷ－2:203 条(有条件转让)中如果当事人有条件的同意。第二,第Ⅷ－5:101 条(当事人自治和与其他条款的关系)规定加工、结合、混同的结果可以由当事人的协议规定。参见第Ⅷ－5:204 条(关于物上担保权的额外规定)第(3)款。

援引第一卷到第三卷的效力。本条的目的是使第一卷到第三卷的一般规则适用于这些协议。关于第一卷第Ⅰ－1:110 条(时间的计算)可以解释当事人关于所有权转移的时间的协议。关于第二卷,关于下列事宜的规定可以适用:合同的形式(第四章),代表(第六章),无效的原因(第七章),解释(第八章)和内容与效力(第九章)。至于第三卷,关于条件和时间限制的规定可以适用(第Ⅲ－1:106 条(有条件的权利和义务)和第Ⅲ－1:107 条(有时间限制的权利和义务),有关不履行义务的救济的规定,包括合同关系终止的救济也可以适用。

注　释

本条无注释。

第二节　定　　义

第Ⅷ－1:201 条　物

"物"指的是有形动产。包括船舶、气垫船或航空器、空间物、动物、液体和气体。

评　论

A. 总述

功能和一般理念。本条规定了对"物"的定义,这是贯穿整个第八卷的核心概念。定义有助于澄清本卷适用的范围。该定义的使用贯穿本草案(参见定义列表)。

在这里进行定义的目的。定义列表中的定义通过第Ⅰ－1:108 条(定义列表)融入本草案中,并不是必须要在这里重复定义。然而,考虑到这个术语是整个第八卷中最为核心的概念之一,重复定义有助于使本卷更加明确。

B. 详细规定

有形的动产，包括动物，液体和气体。本卷所涉财产的核心标准是“有形的”（可触摸的）和”可移动的”（与不可移动相对）。然而，有形可移动的物的形态并不重要，“物”可以包括固体、液体和气体。它还适用于动物。这一规定并不涉及任何伦理价值，但在本卷内容的背景下很容易被理解：所有权的转让和其他财产法事宜。

船舶、气垫船或航空器、空间物体。这些特别的财产被包括在定义列表中的物的定义中。因为没有必要设计别的定义，它们也被列在这里。然而，在所有权转让的情况下，它们可能需要适用第Ⅷ－1:102 条（物的登记）中规定的保留，例如船舶的转让需要根据各国国内法进行登记。

注　释

本条无注释。

第Ⅷ－1:202 条　所有权

“所有权”是人对物享有的最广泛的权利，只要与可适用的法律或所有权人赋予的权利保持一致，所有权人拥有使用、收益、改变、破坏、处分和恢复财产的排他性权利。

评　论

A. 总述

本条的功能。本条对所有权进行了定义，它是全卷最核心的术语。本条定义了什么被转让或取得，以及第Ⅷ－6:101 条（所有权保护）中规定的保护措施的对象。该定义的使用贯穿整个共同参照框架草案（参见定义列表），但这里是进行定义最适当的地方。在这里定义同样有助于随后章节的理解。

比较法背景。本条对所有权进行了定义。在物权法领域延续了罗马法传统的欧洲法律制度中，类似于本条规定的定义十分普遍，在这些法律制度中，所有权是直接与财产相关的人的权利（不同于与负有履行义务的人相对抗的权利），是绝对权，可以对抗任何人（erga omnes）。该定义并不存在于普通法系，在那里权利被认为是相对的而不是绝对的。然而，对于权利的具体内容，普通法与大陆法的相差并不大。它同样是将财产或权利与物上最大可能的利益联系起来，构成各个方面的集合，于本条所列的情形大部分相对应。尽管单个来说，这些方面没有一个是必须的，而且受让人无须成为所有权人就可以实现某一方面的转让。一般认为，当物上承载的较小的利益终止时，相应的方面重新回归所有权人（有时将其称为所有权的弹性）。在北欧法系，类似于本条中规定的所有权的定义一般被用来描述转让或其他所有权取得之外的情形。然而，很少将某人定义为所有权人再推导出特定的法律结果。具体而言，当涉及权利的转让时，斯堪的纳维亚法系将所有权的不同方面分别对待，彼此相独立，不同的时间点对不同权利的转移具有决定意义。这有时被称作“功能主义的方法”，本卷总体上没有采用这样的方法，尽管会对问题进行功能性分析，并在采用单一方法的基础上偶尔存在一些例外。

B. 详细规定

财产上综合和排他的权利。所有权被定义为所有权人对财产所拥有的综合性权利，包括使用、收益、改变、毁坏、处置和恢复的排他权，只要符合可适用的法律或所有权人授予的权利。该定义建立在人与物之间的法律关系上，该法律关系规定的权利有极大的综合性和排他性。这个排他性特征对应着物权法和债法一般原则所规定的特殊的保护措施。

使用、收益、改变或破坏的权利。所有权人有权以任何方法处置财产。所有权人可以使用它（如开车）或仅是拥有它而不使用。所有权人可以决定是否亲自使用或交由他人使用（如将物出租）。所有权人同样有权影响财产的状态，包括调整、改变以及毁坏，如油漆一辆车，改变一件衣服，喝酒。

处分的权利。所有权人有权处分财产。这包括所有权人将物上的权利有效地转让给他人以及有效的在物上设立有限物权的权利。所有权人转让所有权的权利在第Ⅷ－2:101条（所有权转让的一般要求）第1条第c款中被规定为转让的一般要求。同样，所有权人可以把这种可能性授予他人，本卷将其称为对处分的授权。

恢复的权利，包括从破产财产中的分离。所有权人有权从无权占有的人那里恢复对财产的占有。这规定在第Ⅷ－6:101条（所有权的保护）第（1）款中。当无权占有人破产时，所有权人的权利可以对抗破产人的债权人（分离权）以及寻求在破产程序外实现对财产的权利的债权人。因此，在转让的情况下，如果受让人已经获得了所有权但物仍然在转让人的手中并且转让人已经破产，受让人有权将物分离并受到保护以对抗转让人的债权人。

其他保护方法。此外，当他人以剥夺占有之外的方式干涉所有权人的权利，或当这种干涉是迫切发生的，所有权人有权受到物权法的保护。参见第Ⅷ－6:101条（所有权的保护）第（2）款和第（3）款。干涉所有权人的财产同样可能引发关于损害赔偿非合同义务的第六卷以及关于不当得利的第七卷的保护。

与可适用法律保持一致。所有权人的权利并不是不受限制的。某些法律可能会进行限制,这已在本条中清楚地规定了。这些规定可能存在于至关重要的层面上,如欧洲人权公约,或具有公法的属性(如限制使用武器或有毒物体,或关于特定文物的规定);或是私法的一部分,如第Ⅷ-6:202条(占有人的自助)对自助行为的限制。

与所有权人授予的权利一致。所有权人可能行使处分权而放弃行使物权的某些方面。例如,所有权人可能为了他人利益而在物上设立用益权。如果是这样,所有权人有义务尊重该权利并且只要该权利存在就不能自由的对物进行处分。

注　释

Ⅰ.民法法系

1.所有权通常被定义为所有权人占有、使用、收益、处分物的权利以及在法律限制的范围内对物上衍生出的成果、收益和利益的权利。尽管欧洲不同的法律制度中所有权的概念存在细微差异,但所有权,或物权,仍拥有一些共同的特征。所有权是对物权。这使它具有直接性和绝对性。一方面,直接性意味着权利直接产生于所有权人和物之间的法律关系;所有权人的权利(如使用该物的权利)并不依赖于与他人的法律关系(如承租人根据租借合同产生的使用物的权利依赖于出租人和承租人之间的法律关系)。另一方面,绝对性指的是其他人不能干涉所有权人的权利:每个人都必须尊重所有权人的权利(对所有权人的效力)。

2.这种权利的广泛性使所有权人有权反对任何无权占有人或主张取得物上权利的人。因此,所有权人可以排除其他人从物上取得收益,并且其他人不能妨碍所有权人取得收益。就这点而言,民法法系国家规定所有权人有权提出物权诉讼从无权占有人那里恢复对物的占有(要求恢复占有,如奥地利民法典第366条;爱沙尼亚物权法第80条;意大利民法典第948条;斯洛文尼亚物权法第98条;德国民法典第985条;希腊民法典第1094条;匈牙利民法典第188~192条;荷兰民法典第5:2条;葡萄牙民法典第1311条;斯洛伐克民法典第126条;西班牙民法典第348条;瑞士民法典第641条;保加利亚所有权法第108条。参见法国:Faber and Lurger(-Cashin-Ritaine),National Reports Ⅳ,chap. 1. 1. 1;比利时:Faber and Lurger(-Cauff-man and Sagaert),National Reports Ⅳ,chap. 2. 1. 1;立陶宛:Faber and Lurger(-Mi-kelenas),National Reports Ⅲ,chap. 1. 2;捷克:Faber and Lurger(-Tichy′),National Reports Ⅵ,chap. 2. 5. 2。参见第Ⅷ-6:101条注释。另一个共同的法律制度是所有权人要求对所有权的确认,如声明之诉,得到排除未来干涉的权利的命令,消灭由于过去的干涉产生的影响的权利(如奥地利:Faber and Lurger(-Faber),National Reports Ⅰ,30;意大利:Faber and Lurger(-Greco),National Reports Ⅰ,376;斯洛文尼亚:Faber and Lurger(-Rudolf/ Rijavec / Ke-restesˇ),National Reports Ⅰ,523;比利时:Faber and Lurger(-Cauffman and Sagaert),National Reports Ⅳ,chap. 2. 1;保加利亚:Faber and Lurger(-Stoimenov),National Re-ports Ⅳ,chap. 1. 4. 1;捷克:Faber and Lurger(-Tichy′),National Reports Ⅵ,chap. 2. 5. 2;法国:Faber and Lurger(-Cashin-Ritaine),National Reports Ⅳ,chap. 1. 3;德国:Faber and Lurger(-McGuire),National Reports Ⅲ,chap. 1. 4. 1;希腊:Fa-ber and Lurger(-Klaoudatou),National Reports Ⅲ,chap. 1. 4;立陶宛:Faber and Lurger(-Mikelenas),National Reports Ⅲ,chap. 1. 4;斯洛文尼亚:Faber and Lurger(-Pet-kov),National Reports Ⅵ,chap. 1. 4. 1;

西班牙：Faber and Lurger（-González Pacanowska and Díez Soto），National Reports Ⅴ，chap. 1. 6. 3；瑞典：Faber and Lurger（-Foëx and Marchand，National Reports Ⅵ，chap. 1. 2；荷兰民法典第3：302条；匈牙利：Lenkovics，Dologi jog 6，203－204）。参见第Ⅷ－6：101条注释。

3. 传统上，所有权被认为在性质上不适用消灭时效，所有权人的权利不会因为没有使用而终止。在一些国家，这一点被明确规定在法典中（如法国民法典第2227条，奥地利民法典第1459条），有的国家认为没有必要对此进行规定，或者这一原则已经在制定法条文中得体现（如德国民法典第194条和Bamberger and Roth（-Hen-rich），BGBI[2]，第195条第3（5）款）。事实上，不使用是所有权人的一种特权。然而，一些法律制度认为，不同于所有权，根据所有权产生的物权行为，像那些有限物权甚至辩护行为，都受制于消灭时效。参见第Ⅷ－4：101条的注释。

4. 所有权被认为具有灵活性，即它可以自动恢复最初的范围，如果第三人的权利或公共利益所加的限制不再存在。

5. 历史上来说，财产的概念在奎里蒂法时期开始获得它现在的内涵。事实上，罗马统治时期被认为是从对领土的集中开发到对土地更加个人化利用的过渡。私有财产，所谓的所有权，就是国家在家庭范围内授予家长（即罗马公民）的绝对权。家长拥有对物和服从他权威的人的不受限制的权力。事实上，这样的权力的特点被拉丁语 *jus utendi et abutendi*（任意使用和支配的权利）很好地综合在一起。在罗马法中，对家长享用自己的私有财产没有进行任何限制。

6. 罗马法概念中的“财产上的所有权”在帝国崩溃之后失去了它的权威。日耳曼人的入侵导致了他们的习俗和惯例快速的扩张，他们将经济建立在领土集中利用上。在日耳曼人的习俗中，“共用权”的概念（即共同体共同使用或拥有一块土地）具有重要意义，因此他们的习俗在缺少稳定的中央政权时允许对土地的使用进行更简单的管理。结果，所有权传统的概念开始不再被使用。

7. 在第二个千年开始后，即重新发现罗马法时期，传统的所有权概念也没有被采用。相反，由于封建制的扩张，财产被集中在国王的手中，他有权将所控制的领土分配给信任的人（即诸侯）以换取军事支持；权力可以在诸侯间依次授权。因此，在封建时期，可以区分对领土的一般控制（dominium directum）和间接控制（dominium utilis），前者对应的是转让人对土地最终的所有权，后者是受让人通过行使转让人授予的权力所获得的利益。在实践中，转让人的权利被减少到征收费用的经济权利和得到军事支持的权利。受让人成为实际上的私人所有权人，这包括对土地的使用、持有和收益的权利（Wood，Medieval Economic Thought，36）。这种在罗马法中使人成为所有权人的绝对权如今只是一些权利和能力的集合，来自转让人和受让人之间的赐予封地的关系。因此，财产开始受制于不同层次的权力。从罗马法时代对财产的整体性的考虑过渡到了中世纪对财产碎片化的考虑。事实上，在这个期间，授予他人享有同一财产上同时发生的物权（如永租权、地役权、法律责任等）的合同开始大量出现。

8. 在启蒙运动时期，这种财产的碎片化思维遭到了强烈的反对。那个时代的思想者认为这种制度会鼓励社会尤其是经济的惰性。财产应当被更有效的利用。休谟、史密斯和康德认为，为了尊重每个个人的基本自由，在起草法律时，应考虑私有财产的作用。

9. 私有财产在社会中的重要性的重新发现引导学者重温罗马法中关于财产的概念。这些学者中最优秀的一位是Robert Joseph Pothier。尽管他是法国古典制度和封建文化的研究者，在他的著作 Pandectae Justinianeae in novum ordinem digestae 中，他率先对受益所有权（dominium utilis）的概念进行了研究。因为人和财产之间的直接关系实际上存在于受让人的手中，是受让人对物进行实际和有形的控制。波蒂埃的论文使罗马法中典型的对财产进行全面思考的维度重新出现,而中世纪典型的主要建立在私人关系上的财产的概念逐渐被抛弃(Scozzafava,La soluzione proprietaria di Robert-Joseph Pothier,327)。

10. 封建制的消失和法国大革命后欧洲社会阶级的重组标志着罗马财产概念的完全恢复。拿破仑法典就是一个典型的例子。法典第544条规定"所有权是对于物有绝对无限制地使用、收益及处分的权利。"此外,法典抛弃了所有具有封建主义特征的财产权情势,它们完全建立在转让人和受让人之间的个人关系上并改变了所有权的绝对性。通过这样的规定,法国立法者恢复了罗马法的物权法定原则。很明显,罗马法中财产概念的重新发现并不是以一种虔诚的方式进行的,而是受到了洛克和17世纪自然法的影响。一方面,洛克确认私人财产权是对物的所有权的主张,这一权利是上帝赋予所有人类的。洛克的财产权理论建立在财产应当共有的理念上,但是"为了生活最大的好处和方便而使用它"的必然性导致了人类使用和处分物的排他性权利。然而,人类有权积累、使用、处分物(以及从自然已经规定的共同状态除去)只要财产是他劳动的结果并且是为了满足他的基本需求。因此,超出个人需要的财物的积累是允许的,只要个人为了满足自身需求而与他人进行交换(Locke,The Second Treatise on Civil Government,nos. 25－27 and 48)。另一方面,根据洛克的理论,自然法理论者使用"上帝"作为他们财产和财产权理论的基础。

11. 这种对财产概念的研究方法导致了19世纪对所有权的神话。因此,财产权被认为内在于人的本性中。法律只能在有限的程度上对它进行描述,因为财产权并不是以法律或信仰为条件而发生的,因此国家不能任意的处分个人的财产。

12. 结合了物上绝对权的概念和人类基本权利的理念的所有权概念通过拿破仑法典传遍整个欧洲。一方面,这是拿破仑法典威望的结果;另一方面,这是拿破仑采用政策的结果,该政策的目标在于促进他的法典在那些受其统治或受法国影响的国家的适用。在拿破仑帝国崩溃之后制定的比利时(民法典第544条)、荷兰(民法典第5:1条第(2)款)、意大利(民法典第823条)、葡萄牙(民法典第1305条)、西班牙(民法典第384条)民法典,都采用了类似的所有权概念:"所有权是使用、收益和处分物的排他和完全的权利。"

13. 那些受到学说汇纂派影响的国家的情形并没有太大的不同。学说汇纂派在19世纪中完全恢复了罗马法中所有权的概念。就此而言,引用温德海得给出的所有权的定义足以说明问题。所有权,作为一种绝对权,是意志力的表达,即"意愿的力量"。因此,这样的权利,授予所有权人在有形物体上直接的权力,即,不仅仅是不受限制处分物的权力,而且还阻止他人干涉所有权人的权威(Windscheid and Kipp,Lehrbuch des Pandektenrechts 7,90－99)。

14. 另一方面,萨维尼认为所有权是民事自由的表示而不是在个体间分配财产的方法(Brehm and Berger,Sachenrecht 2,no. 1. 2)。这种所有权的概念主要受到黑格尔哲学的影响。黑格尔认为,财产应被看作实现人类本质的条件。他说,"对外在物拥有权力构成占有。这个问题的具体方面在于,由于自然需要、冲动、幻想而做了一些东西的事实是通过占有满足的具体利益。作为自由意志,在我所占有的东西中,我是我自己的客体并且第一次成为实际的意志。这构成了财产的种类以及占有中真实和正确的因素。如果对我的需求进行分析,财产的占有表现为满足需求的手段,但真实的情况是,从自由的观点来看,财产是自由的第一体现,并且在它自身实现真实的结束"(Hegel,Grundlinien der Philosophie des Rechts,no. 45)。从这一段可以看出,黑格尔关于财产的想法表现得很清楚。占有,作为对物的权力,目的仅仅在于满足人类的需求,但满足人类的需求只是实现个人自由的连结点。因此物上的权力是人类意志发展的手段。真实世界中包含的物,只有在实现人类意志时才能成为财产,即物的控制、使用、变形、处置使意志变得有形。根据黑格尔的推理,财产是人类发展自身权力的努力的载体,并通过外在世界的使用而具有自我意识(Thomas,Property's Properties:From Hegel to Locke,32)。

15. 因此,所有权的行使应尽可能的自由,因为只有以这种方式人类才可以得到自由。在这个方面,德国民法典是一个生动的例子,它赋予所有权人特权并很少进行限制。德国民法典第903条规定,所有权人可以随意的处分财产(根据所有权人自己的意愿)并排除他人与所有权人的决定相反的行为。

16. 在学说汇纂派的传统中,财产不仅仅是分配个人劳动成果和生存方法,就像洛克所理解的并体现在拿破仑法典中的那样,还是与人类精神生活相联系的事物。财产成为人类在真实世界中实现自我决定的工具(Thomas,Property's Properties:From Hegel to Locke,36)。在学说汇纂派的传统中,所有权人拥有更加广泛的权力。原则上所有权人对其拥有的财产是不受限制的。在这个意义上,所有权可以被描述为最广泛的对物权,赋予受益人对物的排他的和无限的支配,包括所有能从物上所得到的利益。极端地说,每一个表示行使所有权的行为都被认为是合法的,因为它是人类意志在现实中的具化。许多欧洲国家的民法典中所有权的定义仍然反映了这种思路,虽然它们经常服从于法律本身所规定的限制(如爱沙尼亚物权法第68条,希腊民法典第1000条,匈牙利民法典学术建议稿第4:13条第(1)款和第(2)款以及正在议会程序中的匈牙利民法典立法建议稿第4:14条第(1)款,立陶宛民法典第4:37条,斯洛文尼亚物权法第37条)。

17. 然而,将所有权仅仅描述为物上的广泛权利也许并不能令人满意。如今,社会在多个方面发生了变化,这样的所有权的概念可能不能解决某些问题,如相邻所有权人之间的关系。因此,立法者对所有权的行使进行了一定的限制。无论来自法国还是学说汇纂派传统的规范,都认为法律可以作出特别的规定,如果所有权的行使可能被认为是对法律的滥用或侵犯了他人的权利。

18. 法律滥用最初的理论由两位法国学者狄骥和约瑟兰德在20世纪初提出。该理论的必要性在于,在资产阶级出现后制定并作为其他民法典灵感来源的拿破仑法典缺少禁止仅为损害他人的目的而行使权利的规范。在当时这样的措施具有政治的合理性。因为当时的立法者害怕对所有权行使的限制会损害通过法国大革命得到的新的自由。但是因为邻里纠纷的增加,这样的条款的必然性对当时的学者显得愈发明显。在这样的背景下,狄骥和约瑟兰德的论点拥有了丰沃的土壤。他们认为,在现代社会,个人之间的关系日益加强,权利的绝对性不应再被解释为权利人可以做他想做的任何事情。绝对权也应当满足一些限制,这些限制来源于平衡个人间相互冲突的利益的必要。权利的绝对性赋予权利人的过分的权力可能导致行使自己的权利而损害他人的权利。罗马法原则 *qui iure suo utitur neminem laedit*(行使权利的人不能伤害他人)应当被更加温和的原则 *sic utere iure tuo ut alienum non laedas*(应当以不损害他人权利的方法行使权利)。根据这种思路,民法学者,尤其是狄骥,重新划定了权利行使的界限,即在权利行使中什么是合法或非法的。很明显,这样的理论影响了所有权的概念。事实上,这使人们接受了财产必须要满足社会功能的观念,即尽管所有权是绝对权,并应受到国家的保护,但当它不符合公共利益或干涉了他人的权利时仍然可能受到限制。

19. 然而,立法者在定义所有权的概念时并没有直接采用学者对"法律滥用"的教义性解释。尽管在所调研的法律制度的民法典或物权法中提到限制所有权行使的可能性,却从来没有明确的使用法律滥用这种说法。此外,立法者在所有权领域并没有规定描述法律滥用的一般标准,而是倾向于规定行使所有权不合法的干涉他人的权利的具体情形(如损害,采光权,关于景点或阳台要遵守的距离等)。之所以这样,一方面是担心拥有很大权力的法官可能在所有的情况下任意地适用法律滥用的概念,即使权力的行使可能合理的导致另一人利益的压缩。另一方面,因为法律滥用的概念实际上已经融入不同的法律制度中,成为每个人权利不容否定的特征,当这种权利不再值得保护和得到社会尊重时就可以适用。

20. 但是,希腊民法典第281条对法律滥用规定了一般的定义。当权利的行使超出了善意、道德或其他权利的社会经济目的所赋予的限制时则发生滥用。根据希腊最高法院的判决(第646/1969号和第680/1976号),在限制所有权的案件中该原则的适用应当被确认(Faber and Lurger(-Klaoudatou),National Reports Ⅲ,chap. 1. 2. 1)。葡萄牙(民法典第334条)、斯洛伐克(民法典第3条)、西班牙(民法典第7条)和瑞典(民法典第2条)也采用了类似的思路。葡萄牙民法典第334条规定,权利的行使是不合法的,当权利人超出了法律为了保护善意、公共道德和权利所指向的社会经济功能所设立的限制(Carvalho Fernandes,Lições de Direitos Reais 5,no. 81)。斯洛伐克民法典第3条第(1)款规定,意欲实现不再受法律保护的利益的权利的行使和义务的履行,不能妨碍他人合法的权利和利益,也不能与公共道德相违背。(Faber and Lurger(-Petkov),National Reports Ⅵ,chap. 1. 2. 2.)西班牙民法典第7条和瑞士民法典第2条规定,不仅权利的行使应当符合善意原则,法律也不保护权利的滥用(或反社会的行使(西班牙民法典第7条))。当学者和法官需要使对所有权的限制合理化时往往会参考这些规定(Faber and Lurger(-Gonzúlez Pacanowska and Díez Soto),National Reports Ⅴ,chap. 1. 5;Faber and Lurger(-Foëx and Marchand),National Reports Ⅵ,chap. 1. 2. 4)。

Ⅱ. 普通法

21. 英国普通法中的物权法发源于征服者威廉、诺曼底公爵于1066年成为英格兰国王时所引入的封建制中。在征服之后,国王获得了所有土地上的主权,并通过分封将自己的权力授权给可靠的人(诸侯)行使。诸侯们根据王室的许可占有土地。

22. 就此而言,分析"estate"一词的起源很有意思。这个词在一段时期内被认为与土地或其他东西中所有的财产相关,如今指的是所有权人的法律地位。它源自古老的法国单词estat(état),而这个词又来源于拉丁词*status*。很明显这个词指的是诸侯的状况(status),诸侯被授予土地以换取军事支持和其他封建义务的履行。然而,estate的概念是克服中世纪教条的一种方法,根据这个概念,不存在土地的所有权,因为土地上最终的权利都属于国王。接受了土地的人不能被认为是土地的所有权人而只是土地上财产权利(即利益的集合)的所有权人,每一个财产权根据所持续的时间分级。这样一个人工的概念被称作财产权原则,它反映了受让人是财产上无形利益的所有权人,而不是有形财产的所有权人(Gray and Gray,Elements of Land Law 3,64)。在这样特殊的环境下,普通法也在不动产法中发展出了复杂的权力概念去控制和使用有形的东西,即所谓的"占有",以及权利转让的制度,即所谓的"占有的转让"(Bordwell,Seisin and Disseisin,593－594)。古老的法兰克—日耳曼"占有"的概念受到罗马法的影响,并逐渐简化为罗马法上的占有,一个在留置和所有权(dominium)之间的概念。罗马法所有权理念的抽象过程并没有在普通法中找到自己的地位,同样也是因为权利被孕育在外在的现象中(Des Long-rais,La Conception Anglaise de la Saisine du XIIeau XIVe Siècle,69)。

23. 尽管严格区分占有和所有的罗马法系在欧洲大陆重新恢复了生命力,但普通法仅受到轻微的影响。实际上,学者们认为罗马法只是保护财产的占有者不被剥夺占有而不考虑对所有权的主张(Pollock and Maitland,History of English Law I 2,46;Tate,Ownership and Possession in the early Common Law,291)。由于盎格鲁—诺曼语学者的著作的影响,在12世纪后期,法院经常处理明显区分占有和所有的案件。此外,来自罗马法的侵占之诉、建立在占有的基础上并为之辩护的程序性诉讼成为在王座法院提起物权诉讼的准备步骤。然而,罗马法只是影响了财产恢复的程序(Pollock and Maitland,History of English Law II 2,40-80),而不是所有权概念本身。在所有权的概念上,英国法学家采用了实用主义的方法而不是概念和系统的方法。占有被认为是所有权的推定。除非并且直到来源于占有的所有权的推定被证据推翻,占有人都被认为是合法的所有权人并因此享有民事所有权的所有利益,如使用、收益、处置财产的权利,得到孳息的权利,阻止他人干涉的权利。

24. 此外,中世纪的英国充满了内战、反叛和法院的诡计,因此英国法学家致力于对财产和平占有的保护。被剥夺占有的权利主张人不必证明自己是真正的所有权人,而只需证明自己比被告拥有更好地进行占有的权利。在先的权利被认为是更好的权利,除非该权利因为没有在法律限制的期限内声明而灭失(Asher v. Whitlock(1865)LR1 QB1)。

25. 普通法没有因此而拥有类似于大陆法系的所有权理论,普通法学者不认为所有权是人对物可能拥有的最复杂的权利,而是进行占有的更好且没有争议的权利。所有权是一个相对权,它的强度或有效性依赖于他人提出更好的权利的可能性(或风险)(Perrins,Understanding land law 3,5;Gray and Gray,Elements of Land Law 3,236)。所有权相对性的另一个特征是在相互冲突的当事人的情况下,无论是权利主张人还是占有人都必须证明他们比对方拥有更好的权利,但他们不能以第三人拥有更好的权利作为辩护的理由。然而如今,在对物的错误干预的诉讼中,经常允许以第三人的权利作为辩护的理由。这种规定的目的是将所有的利益方都带到法庭前,这样关于所有权的问题可以一次性完全的解决(Fox,[2006] CLJ 330,339)。

26. 根据"财产权原则",所有权作为比占有更好的权利能够和其他次要的物权共生,如根据抵押或寄卖的占有。事实上,没有什么可以阻止所有权人为了他人的安全或收益而转让财产或限制物上的权利。因此,学者认为所有权就是次要权利授予他人之后剩余权利的集合(Bell,Personal Property,66;Bridge,Personal Property Law 3,28 et seq.)。因此,被授予剩余权利的人被认为对财产拥有绝对的利益,而享受特定权利的人仅有有限的利益。一般认为,所有权人是"成熟的法律制度中所承认的物上最大可能的利益",由关于物的权利组成。其中最重要的包括:占有和享用该物的永久的权利,对它的成果和收益永久的权利,让与、遗赠和毁坏的权利(Honoré,Ownership,107,Bridge,loc. cit.,29 et seq.)。

27. 不可能有两个人能够同时主张完全一样的比对方更好的占有物的权利,这表明所有权是不可分割的,除非当事人在单一的所有权利益中拥有一定的份额(如共同保有或共有租赁)。所有权不能分割的原则服从于衡平法上的所有权的重要的例外。衡平法上的所有权是在中世纪时衡平法为了避免将普通法所有权原则适用到关于土地的非常规的安排上而导致的不公平的回应(Gravells,Land Law 2,27)。在那个时期,很多土地的所有权人为了更加弹性地管理财产或为了避免由于将财产转让给继承人而导致的繁重的义务,而将土地给不动产管理人。不动产管理人享有对土地的占有但有义务将使用土地的收益转让给土地所有权人或他的继承人。

28. 衡平法对这种利用财产的形式的承认产生了新的制度,信托。在英国法中,当两个人同时对相同的财产拥有所有权时信托发生。它可以根据法律的运用、当事人的协议或默示而产生。接受转让的人被认为是法律上的所有权人(受信托人),他为了他人的利益而持有财产。设置信托的信托人可以任命自己为受托人。为了他的利益而创设信托的人被称为受益人或衡平法上的所有权人(Bell,Personal Property,Chapter 7)。

29.衡平法将受益人看作财产的所有权人:受益人可以使用、处分财产或取得收益。受益人在财产上的利益受根据类似适用于法定所有权人的救济措施的保护。然而,衡平法上的所有权比完全的法定所有权缺少安全性。衡平法所有权人对财产的利益不能对抗法定所有权的善意购买人,如果他支付了价款并且毫不知情。

30.最后,苏格兰需要特别注意。尽管地理上邻近并受到英格兰的经济影响,以及自愿的政治联盟,苏格兰保留了法律制度的独立性。它的法律体系很大程度上建立在罗马法上,并受到普通法的影响。所有权被定义为:使用和处分作为自己的物的权利,除非受到法律或合同的限制(Erskine,An Institute of the Law of Scotland II[8],para. 1.1.)。所有权人有权排他的使用物并取得收益。然而,这种绝对权可以受到法律的限制,当事人的协议可以限制和阻止所有权人对财产的某种具体的使用(Bell,Principles of the Law of Scotland[10],no. 1284;Faber and Lurger(-Carey Miller/ Combe/Steven/ Wortley),National Reports Ⅱ,319 et seq.)。

Ⅲ.斯堪的纳维亚法系

31.为了理解所谓的斯堪的纳维亚法系所有权概念的功能主义方法,有必要简单地分析北欧法系的历史发展。尽管斯堪的纳维亚法律和普通法没有历史上的关联,芬兰、瑞典、丹麦、挪威和冰岛的法律发展很少受到罗马法的影响。只是由于北欧国家和相邻的德国之间的关系罗马法才间接地产生影响。然而,历史的、政治的和地理的原因仍然可以解释为什么罗马法没有发挥作用,在这些国家仍然可以实现独特而高度一致的法律统一(Zweigert and Kötz,An Intro-duction to Comparative Law[3],277)。

32.这些国家间的相互关系可以回溯到1397年的卡马尔同盟,由丹麦、挪威和瑞典组成,包括了冰岛、格陵兰和芬兰的部分领土。欧洲大陆的私法传统在17、18世纪产生了一定的影响,在这一期间欧洲大陆其他地方的商业关系得到蓬勃的发展。1630年,瑞典加入“30年战争”中,因为国王古斯塔夫二世阿道夫在战争中看到控制德国北部毗邻波罗的海的州并将波罗的海变为瑞典内海的机会。那时,在这些州,潘德克顿运动(德国法律产物,扎根于罗马法传统)在法律实践和大学中蓬勃兴起。因此,考虑到瑞典在波罗的海地区的政治和领土利益,热衷于行政管理或法律实践的瑞典年轻学者,在德国大学接受关于罗马法的法律训练。此外,古斯塔夫二世阿道夫的一项行政改革引入了新的最高法院,由熟悉罗马法的职业法官在最高法院任职(Zweiger and Kötz,An Introduction to Comparative Law[3],279)。

33.瑞典在波罗的海的霸权逐渐消退,丹麦参与到拿破仑一世的战争中,芬兰,之前是瑞典王国的一部分,在1809年成为俄罗斯帝国的一部分(然而它保持了对沙皇统治的自治,并且没有真正地切断它和瑞典之间的关系),在这之后,北欧国家开始了一段政治孤立的时期,这导致了国家情绪的产生。在18和19世纪的法律改革中这一点变得更加明显。事实上,尽管斯堪的纳维亚的学者和官员了解罗马法,并且从没有打断他们与欧洲大陆同行之间在知识上的联系,但在法律制度的执行中他们更多地注意自己的法律传统(Zweigert and Kötz,An Introduction to Comparative Law,279-280)。具体而言,由于共同的历史和文化遗产,北欧国家在立法领域紧密的合作。这种合作考虑到了商事利益并因此同样关注商事实践。

34.这种合作不仅在商事法律领域同样也在财产法领域发生效果。尤其是,在19世纪末,斯堪的纳维亚学者开始批评罗马法的所有权概念,特别是由于所有权的转让使受让人在特定的时刻获得对其他人的“所有权人”的地位。就此而言,斯堪的纳维亚学者认为传统的所有权的概念仅仅是理论上的构想,而没有对现实进行足够的关注。丹麦教授卡尔·特普是这种意见的坚定支持者。他在他的著作 Dansk tingsrett(Kjøbenhavn 1892)中第一次表达了这种观念,但直到 1902 年北欧法学家大会(Forhandlingerne paa det nordiske Juristmøde i Kjöbenhavn 1902)上他的发言表达了对所有权概念的新的研究方法。

35. 在他的著作中,特普强调所有权一词反映了不同的问题,这些问题应当被分别处理。准确地说,所有权表示了许多不同的法律事实,而不同的法律结果与之相联系。因此,清楚而准确地定义所有权是不可能的,大陆法学者试图找到这种定义的努力是徒劳的。在 20 世纪,一些学者也跟随了他的观点,包括丹麦的 Fredrik Vinding Kruse、挪威的 Sjur Lindebrække 和瑞典的 Bo Östen Undén。例如,后者认为,“所有权的法律概念既不包括社会计划也不包括自然法理念。根据政府当局对社会和个人利益的预言的审视,出现了关于所有权扩张或限制的法律规定,法律因此进行调整。因此,所有权是一个相对的并且功能性的概念。它建立在可适用的法律规则上并被当作公式或符号集而使用(Undén,Svensk sakrätt I,85)。

36. 尽管特普在所有权概念的研究中取得了突破,但是北欧生态学派为所有权概念的批判作出了更大的贡献,其中最有影响力的倡导者是维尔赫姆·伦德斯特、阿塞尔·黑格尔斯多罗姆、卡尔·奥利维克罗纳和阿尔夫·罗斯。这些学者批评现代法理学将权利的概念作为反映经验事实的要素使用。例如,和财产和所有权相联系的法律理念与现实没有关系。在现实中所有权并不是可以直接观察和可检验的,但如果一旦试图决定物权赖以建立和国家应当保护的经验事实,就不可能不面对概念上的困难。根据海格斯多姆(Hägerström)的观点,人们可以看到的是司法行为的结果,具体到物的情形中,当某人失去了对物的占有,则会受到国家强制力的保护(Alexander,50AJCL131,151)。在德国,历史法学派和耶林将所有权定义为法律保护的利益。根据斯堪的纳维亚学者,这样的定义是有缺陷的。伦德斯特强调,如果所有权是法律保护的利益的观点是正确的,这种保护应当在所有权人使用该物的时候存在。然而,这种保护只在事后根据国家授予所有权人的权利主张而存在。所有权赋予人对物完全的权力的想法是不真实的。所有权只是产生权力的感觉。事实上,权利不能被看作经验事实,而是事实具体效力所对应的工具。更准确地来说,它们只是被用来使国家权力能够维持秩序的手段(Alexander,loc. cit. ,155)。因为,物上的权威或所有权和它的限制只是国家权力为了保持社会秩序创造的机制的结果。奥利维克罗纳认为大陆法学者在所有权和物之间创造联系的努力是多余的。他认为,“这是我的财产”或“那不是我的财产”并不反映一个人的物权和他所控制的物之间的经验上的联系,而是反映了这些表述与人对物所采取的行动以及该特定行为产生的结果之间的心理上的联系(Alexander,loc. cit. ,159;Olivecrona,ScanStudL 3(1959),125,144)。

37. 对大陆法所有权概念的批评导致对概念理论性的和复杂的定义的抛弃。如今,所有权已经是北欧国家法律术语和日常用语中的一部分,但它不包含每一个潜在的概念性含义,这样的所有权被描述为许多不同的法律事实和法律结果的结合,归属于为了交流便利的目的而被称为所有权人的人(Faber and Lurger(-Færstad),National Reports Ⅴ,chap. 5. 2. 1. ;Kartio,Esineoikeuden perusteet,21;Martinson,Transfer of Title Concerning Movables Ⅲ,National Report:Sweden,22 et seq.)。

38. 所有权的概念因此被分解为不同的组成要素。斯堪的纳维亚的学者倾向于将每一个要素都看作一个小型法律制度的一个方面,考虑经验证据而不依赖于先验的定义。在当事人相互冲突的情形中，法官将分析案件的实质性要素，并决定谁具有优先性，而“谁是所有权人”这种问题从来都不会被考虑。在斯堪的纳维亚学者看来，这种所有权概念的研究方法路径不仅避免了通过推理得出司法结果的风险，而且通过衡量具体情形中的相关利益解决了当事人之间的争议。斯堪的纳维亚物权法是功能性的，因为为了保护当事人的利益，它能够关注现实而不需要形而上学的法律概念（参见 Martinson，Transfer of Title Concerning Movables Ⅲ，Na-tional Report：Sweden，9 ff；Faber and Lurger（-Martinson），Rules for the transfer of movables，69）。

39. 因此，学者倾向于区分物权法的静态的和动态的领域。斯堪的纳维亚学者认为，“物权法的静态领域”指的是确保获得物上利益的人能够享受对该财产的使用。占有、使用和保护物及成果（即被认为是所有权人而衍生出的利益和特权）的权利是所有权静态方面的例子。“物权法的动态方面”指的是所有权人处分物、抵押或质押的权力。关于控制的权力，第三人不能干涉所有权人对物的使用。如果存在他人的妨碍，主张损害赔偿的权利属于所有权人静态权力的范围。另外，所有权人不能为了伤害他人而滥用物上的权利。因此，所有关于所有权人和其他有来往的人之间关系的规定都被认为是公法而不是私法的问题。事实上，国家不仅授予所有权人广泛的权力，也通过法律规定对这种权利进行了限制（Hessler，Allmän sakrätt，6 ff；Faber and Lurger（-Kuusinen），National Reports Ⅴ，chap. 1. 4；Martinson，Transfer of Title Concerning Movables Ⅲ，National Report：Sweden，14 et seq.）。如上所述，所有权两个方面之间的平衡，即根据自己需要和想法使用物的权力和限制使用以避免对他人的损害之间的平衡，目的在于保持个体间现状的稳定。

40. 静态和动态的要素被用来描述什么时候某人才可以被认为是所有权人。根据芬兰学者 Simo Zitting 的意见（Zitting，Omistajan oikeuksista ja velvollisuuksista，387－401 and 501－531），成为完全的合法所有权人的要素有三：（1）控制财产的权利；（2）处置财产的权利；（3）物的占有人不受第三人权利主张的权利。也有人强调，除了财产的使用、控制和处置的权利之外，还包括行使权利作为承担对他人义务的基础，即物是他全部财产的一部分进而构成经济关系的基础（参见 Hessler，Allmän sakrätt，20 et seq.）。“物权”和对物权（根据人对物的权利所产生的对所有人的权利）意义上的“义务”与为了债务履行而对抗他人的对人权之间的严格区分并不是很有说服力且经常没有被严格遵守。

41. 根据斯堪的纳维亚学者的理解，对转让财产的分析应包括当事人达成有约束力的协议、风险的转移、什么时候或直到什么时候当事人受到保护对抗对方当事人的债权人。如上所述，在其他欧洲法律制度中可能界定合同法和物权法的区分不被认为是有用的。很多问题可以通过援引合同条款而解决而无须涉及所有权，如卖方是否有权在交付之前使用物（Martinson，Transfer of Title Concerning Movables Ⅲ，National Report：Sweden，39 et seq.）。与更狭义的物权法相关的主要问题是对抗第三人的保护，具体而言包括对当事人的保护以对抗对方当事人的债权人、取得相同物的当事人之间的冲突、从无权处分物的人那里的善意取得（Hessler，Allmän sakrätt，8 ff；Håstad，Sak-rätt 6，16 et seq.）。这些问题将在第Ⅷ－2:101、Ⅷ－2:301 条和第Ⅷ－3:101 条的注释中更彻底的讨论。

Ⅳ. 所有权的宪法保证

42. 在某些欧洲法律制度中，所有权不仅根据私法，还根据宪法被授予。然而，所有权不是在所有宪法中都拥有相同的价值。在一些宪法中，所有权被认为是人类的基本权利，如在法国（1958 年 10 月 4 日宪法前言；1789 年人权和公民权宣言第 17 条），财产被授予并得到保护，所有权神圣不可侵犯。在法国大革命时，财产被认为是社会的保证以及实现社会文明的必要手段。然而如今财产被认为是个人自由的必要表达形式。

43. 然而，在比利时（宪法第17条）、荷兰（宪法第14条）、瑞典（政府组织法第二章第18条），没有明确地规定授予对财产的权利，但承认所有权的限制必须根据法律的规定，如果财产必须被征收，权利持有人有权得到补偿。

44. 在一些法律制度中（保加利亚宪法第17条；爱沙尼亚宪法第32条；匈牙利宪法第17条；立陶宛宪法第23条；波兰宪法第64条；葡萄牙宪法第62条；斯洛文尼亚宪法第33条；瑞士宪法第26条；丹麦宪法第73条；芬兰宪法第15条；挪威宪法第104、105条），尽管对财产的权利由宪法予以规定和保护，但宪法本身也明确地规定了当权利的行使与公共利益冲突时权利持有人将会受到限制或征用。

45. 在一些法律制度中（克罗地亚宪法第48、50条；德国宪法第14条；希腊宪法第17、18条；斯洛伐克宪法第20条；西班牙宪法第33条；意大利宪法第42条；塞浦路斯宪法第23条；爱尔兰宪法第43条），对财产的权利得到宪法的规定和保护，但所有权的行使应有助于促进社会整体的发展。因此，为了实现共同的善，财产可以被征用。在这里，财产被赋予社会功能，它的概念大于"公共利益"。公共利益指的是通过国家和公共机构的行为可以实现的共同体的需要，"社会功能"不仅包括所有权人行使所有权时应对其他私人利益持有人的公平，也包括行使所有权所应得到的整个社会的一般利益。

46. 然而，这两种表述（公共利益和社会功能）存在解释上的困难。一方面，没有一般的标准决定什么时候所有权的行使有悖于公共利益或它的社会功能。实际上，宪法授权议会或政府协调私人利益和社会利益，即确认对所有权限制以及执行这些限制的程序。另一方面，存在三个重要的问题：(1)对所有权的限制是否导致补偿；(2)限制和征用之间的界限是什么；(3)征用是否只是剥夺对物的所有权的行为或者还包括限制物的使用和享受？

47. 这些问题紧密相关，因为参与调研的这些国家的宪法只在征用而不是限制时授予补偿。只有克罗地亚（宪法第50条）明确的规定在对所有权进行限制的情形中同样予以补偿。关于限制和征收之间的界限被广泛讨论，但没有找到一个统一的解决方法。德国和意大利学者提供的解决方法十分有趣（Raiser, Das Eigentum im Deutschen Rechtsdenken seit 1945, 775; Bianca, Diritto Civile Ⅵ, 179）。在他们看来，所有权人有权得到补偿如果限制涉及特定物，且所有权人将要面对的牺牲是权利完全失去它的效果。

48. 最后，决定补偿数额的标准各不相同。匈牙利（宪法第13条）、荷兰（宪法第14条第(1)款）、瑞士（宪法第26条第(2)款）、芬兰（宪法第15条第(2)款）和挪威（宪法第105条）规定全额补偿。希腊宪法（宪法第17条第(2)款）规定补偿的数额根据法院对征用的决定进行听证时被征用的财产的价值决定。保加利亚（宪法第17条第(5)款）、葡萄牙（宪法第62条第(2)款）、斯洛伐克（宪法第20条第(2)款）、西班牙（宪法第33条第(3)款）、塞浦路斯（宪法第23条第(3)款）仅规定了公平、足够、适当的补偿。德国宪法（宪法第14条第(3)款）规定补偿的数额应建立在对公共利益和受剥夺占有影响的个人利益的公平考虑上。只有克罗地亚（宪法第50条第(1)款）规定补偿应当等于被征收物的市场价值。在其他法律制度中，宪法没有特别规定补偿是否应当是公平的。在欧洲人权法院的决定中可以找到对该问题的回答（ECHR DivisionⅣ, Mason et al. ii v. Italy, May 17, 2005）。法院确认补偿目的在于达到征用之前的状况。因此，如果归还财产是不可能的，那么补偿应当等于财产的市场价值以及被征用当事人所遭受的潜在损害。

第Ⅷ－1:203条 共同所有权

本卷规定的“共同所有权”指的是两个或多个共同所有权人对物拥有共有权益，并且每一个共同所有权人都能够单独处分自己的份额，除非当事人之间另有约定。

评 论

A. 总述

本条的功能。本条为了本卷的目的定义了“共同所有权”的概念。然而，这些目的相当有限。既然关于共同所有权的一般规则没有规定在这里，本条唯一的功能是提供一个可以适用于根据本卷规定设立的共同所有权的定义。这些规定包括第Ⅷ－2:305条（构成散装货物一部分的物的转让）、第Ⅷ－5:202条（混合）以及第Ⅷ－5:203条（结合）。考虑到共同所有权在第八卷中发挥的作用有限，因此没有必要作进一步的规定，即没有必要决定承认什么种类的共同所有权。

比较法背景。不同欧洲法律制度中的共同所有权的概念差异很大。具体而言，这些不同包括共同所有权人持有份额还是对整个物享有权利，以及共同所有权人处分他们利益的权利。详情参见本条注释。

B. 详细的规定

本条下共同所有权的概念。除非当事人另有合意，本卷下共同所有权的设立意味着两个或更多的共同所有权人对同一个物拥有共有权益，每个共同所有权人可以自行处置自己的份额。只要共同所有权存在，所有的共同所有权人都对整个物拥有权利，而不是只对自己的那一部分。出于实践的考虑，本条所采用的共同所有权的种类是每个共同所有权人都可以自由处置自己的权利，而无须其他共同所有权人的同意或合作。

当事人自治，国内法承认的不同形式。从本条定义的有限目的可以看出它默示接受国内法可能规定的其他共同所有权的形式。当事人在根据本卷其他规定设立共同所有权时，也可以通过协议采用其他形式。这种当事人自治受到相应的国内法的限制。

注 释

1. 在德国，承认两种形式的共同所有：共同所有（简单的按份共有）和连带共有。例如，当不同的有形物根据民法典第947条和第948条的规定加以混合时,发生共同所有(Miteigentum),每一个共同所有权人都有权对共同所有物的一部分享有权利。这一部分对应着共同所有物的经济价值以及使用它的权利一部分。每一个部分被当做物权法上单独的客体对待,每一个共同所有权人都有权处置自己的份额而无须其他共同所有权人的同意。如果所有的共同所有权人都将自己的份额转让给同一个单独的第三人,则单独的份额消失,第三人取得完整的财产。然而,份额的转让经常根据动产转让的一般规则发生,这意味着,一旦当事人同意权利的转让(对物协议,不动产协议),协议必须通过物的占有的转让(traditio)而被公示。因为受让人取代了转让人/共同所有权人的地位,受让人获得了转让人所有的权利和义务。因此,如果原始的共同所有权人同意永久或暂时的排除终止共同所有权的权利,或已经确定了共同所有权存续的期间,没有满足这些条件将会损害转让的有效性(民法典第751条)。此外,之前的共同所有权人同意的关于共同财产的使用和管理的协议,只有当受让人知道或应当知道它的存在时才会受到它的约束(民法典第746条)。根据民法典第749条,当事人可以在任何时间终止共同所有权,除非另有规定。共同所有权的终止可以通过物理分割(民法典第752条)或共同所有物的拍卖(民法典第753条)实现。在后一种情况下,收入在共同所有权人之间根据他们的份额进行分割。在连带共有(Gesamthandseigentum)的情况下,或所谓的合伙财产,物被两个或更多的共同所有权人连带拥有。例如:数个继承人的遗产继承(民法典第2032条及以下);配偶共同所有的物(民法典第1415条及以下);合伙财产(民法典第718条)。连带所有权人可以一起处分共同所有的财产。然而,单个的共同所有权人不能处置共有权益并无权要求共同所有权的分割(民法典第719条第(1)款)。然而,如果在共同所有权人的协议中有这样的规定,那么单独的共同所有权人可以处分自己作为协议当事人(Mit-gliedschaft)的地位,然而这不是根据物权法的原则转让,而是根据债权法中关于转让的规定(民法典第413条和第398条)。

2. 在捷克,共同所有权在"分享的"共同所有权和物属于夫妻的情况下发生。尽管共同所有权的概念表明物在两个或更多的当事人之间分享,但每一个单独的共同所有权人的份额并不对应物上特定的物理部分。事实上,学者们(Faber and Lurger(-Tichy'),National Reports Ⅵ,chap. 17.)谈论的只是"理想的"份额,因为份额仅代表着每个共同所有权人的权利和义务。因此,每个人都被认为是整个物的所有权人。当然,共同所有权人有权出售自己的份额,但是其他共同所有权人享有优先购买权。然而,如果转让发生在亲属之间则优先购买权不能适用(-Tichy',loc. cit., chap. 17)。此外,因为共同所有的物不能获得单独的法律人格,共同所有权人需要为其他共同所有权人所做的行为仍然连带责任。关于共同所有物的管理,做出决定必须获得全部份额至少六分之一的同意,但是异议共同所有权人可以要求法院做出决定(Svest-ka/ Jehlic ka /Skárová,OZ(-Svestka),Civil Code,479)。最后,共同所有权可以根据当事人的协议(民法典第141条)或法院的命令(民法典第142条)终止。

3. 在爱沙尼亚,共同所有权由物权法第70条及以下的条款规定。法律承认两种模式的共同所有权,即共同所有和连带共有。二者的区别在于,共同所有中每个共同所有权人都对特定的份额拥有权利,而连带所有权人对物不享有可以分割的份额。具体而言,共同所有中,共同所有权人对第三人享有完全的所有权(物权法第71条第(4)款)。然而,每一个共同所有权人的权利都受到其他共同所有权人的限制。因此,尽管每一个共同所有权人可以自行转让、遗赠、抵押或处理自己的份额(物权法第73条第(1)款),但是那些转让共同所有物或使其负担债务的行为以及可能严重改变物的经济地位的行为必须取得所有其他共同所有权人的同意。事实上,一方面,基本的原则就是共同所有权人有权使用共同所有物,只要不妨碍其他共同所有权人的使用(物权法第73条第(3)款)。此外,如果共同所有权人出卖自己的份额则其他共同所有权人享有优先购买权,除非涉及不动产且有利于后裔或父母。另一方面,可以适用所有权转让的一般规则。因此,共同所有物以及共同所有物的一部分的所有权可以通过交付而转让。在后一种情况下,如果物被共同所有权人共同占有,那么受让人应当获得类似于他人的地位。每一个共同所有权人在任何时候都有权要求终止共同所有。如果当事人之间没能达成一致,共同所有权人只有在有合理的理由时才可以要求终止(物权法第76条)。如果共同所有权人不同意分割的方式,法院可以决定要么在共同所有权人之间进行物理分割,并将它们转让给一个或数个共同所有权人,该人必须对其他共同所有权人进行补偿,要么通过公开拍卖或只涉及共同所有权人的封闭拍卖的方式将物出售,随后在共同所有权人之间根据份额对收益进行分割。此外,如果共同所有的物在物理上是可分的(即共同所有物的每个部分都有实际和独立的作用),但每个共同所有权人得到的物有不同的价值,法院可以要求以金钱形式进行补偿或在单独份额上设立有益于共同所有权人的担保权。共同所有权的这种形式适用于添附或混合的情形(参见第Ⅷ-5:302条注释6、32、57)。连带共有只适用于法律明确规定的特定的场合。根据爱沙尼亚的法律,包括夫妻共同所有的物(家庭法第14条)以及合伙人的出资和合伙获得的财产(债权法第589条)。尽管家庭法和债权法进行了特别的规定,但它们都属于所有权转让的一部分。事实上,它们适用所有权的转让的一般规定,但是连带所有权的管理或转让服从于所有连带所有权人的决定。

4. 在希腊,当物属于两个或更多的人时发生共同所有权。在这种情况下,法律规定适用有关未分割连带权利的规定(民法典第785条)。共同所有权可以根据法律(如添附或混合)、协议或取得时效(当所有的潜在共同所有权人都满足取得时效的要求)设立。根据民法典第113条的规定,每一个共同所有权人对应着一份财产上未分割的理想份额。根据未分割连带权利的规定,如果当事人没有别的意见,则每个份额拥有同等的价值。共同所有权人有权使用共同所有物,只要他们的使用不会损害其他人的共同所有权(最高法院237/1994号和1351/1994号判决),并且他们有权根据份额比例从共同所有物上得到成果和收益。此外,份额的转让需要服从物的转让的规定(民法典第1034条及以下),即当物交付给受让人并通过明示或暗示的协议表明所有权将被转让时发生物的转让。此外,学者(Georgiades, Empragmato Dikaio I, 645)认为关于善意取得的规定(民法典第1036条及以下)可以适用。共同所有权终止的情形包括:(1)所有份额转让给同一个人;(2)要么通过协议(民法典第798条),要么通过民事诉讼法第478~494条规定的拍卖(民法典第799条)对共同所有物进行物理分割;(3)共同所有物的失去或毁坏。此外,如果某个共同所有权人的份额上负担了第三人的担保权,且共同所有物被他人获得,第三人的权利将继续存在在与该份额相等的一部分上。共同所有权终止的权利主张不受制于时效(民法典第805条)。

5. 在匈牙利,共同所有权可以根据当事人的协议、法律、或法院决定而设立。根据民法典第139条,共同所有权指的是两个或更多的人对同一物享有所有权(如继承共同体和夫妻的共同所有物, Lenkovics, Dologi jog[6], 160-161)。每个共同所有权人对共同所有物的一部分都拥有权利,并且推定每一份的份额相等,如果当事人没有另有规定。然而,每个共同所有权人都有权向法院提出主张以确定自己的份额。当涉及收入、收益、成本的数量时,该份额对每一个共同所有权人来说都必须是可以测量和可以计算的(民法典第141条)。此外,如果物被损害且没有人承担责任,则共同所有权人根据他们的份额按比例承担风险(Lenkovics, loc. cit., 164)。每个共同所有权人拥有的份额使他有权占有和使用物而无须其他共同所有权人的协助,但如果共同所有权的行使将有害于其他共同所有权人的利益,则他们应共同行动。关于占有、使用和日常花费的决定根据多数决原则作出(Lenkovics,loc. cit. ,162),除非共同所有权人另有合意或他们的行为默示地表示了对共同所有物的管理。每份投票的价值都按比例对应着共同所有权人的份额。当将共同所有物作为一个整体转让它的所有权或物权,或为了物的交付,或为了担保的目的,或为了额外的费用(民法典第144条)时,需要共同所有权人的一致同意。然而,如果所采取的行动是为了保存共同所有物,任何一个共同所有权人都可以自行采取行动,只要通知其他人即可(民法典第142条)。原则上,每一个异议共同所有权人都可以质疑多数人所作出的决定,如果这个决定损害了少数人的利益或在经济上是不合理的。在这种情况下,如果权利主张人的权利被证明,或在诉讼中可能发生潜在的和不可修复的损害,决定的执行将被中止直到法院作出最终的决定。此外,应当注意到当事人之间的协议只调整共同所有权人之间的内部关系而并不影响得到共同所有物上权利的第三人。该协议不能通过单边行为修正,但如果交易环境发生了根本的改变(民法典第241条,clausula rebus sic stantibus)或这种改变违背了共同所有权人的权利或利益(民法典第140条第(1)款),法院可以根据当事人的要求修改合同。每一个共同所有权人都有权自由的处置自己的份额,但是其他共同所有权人有优先购买权(民法典第145条)。这种优先购买权同样可以扩展到份额的出租上(民法典第145条第(2)款),并被授予共同所有权人的配偶(民法委员会报告第32号)。根据报告,出卖人或出租人必须通知所有其他的共同所有权人,除非通知在实际上存在困难,或到达被通知人的时间太晚,并应设置等待恢复的合理时间(Lenkovics,loc. cit. ,167-168)。如果共同所有权人没有满足通知的要求,则合同相对无效(即尽管合同对第三人是完全有效的,但它不影响共同所有权人)。共同所有权人可以质疑其他共同所有权人的优先购买权并要求法院批准其与第三人的合同。对于动产,通知可以是口头或书面的。进一步来说,每一个共同所有权人都可以对与出售份额者签订买卖合同或租赁合同的其他共同所有权人行使这个权利。最后,如果法律对特定主体授予优先购买权,则它优先于协议授予的优先购买权(民法典第373条第(6)款)。优先购买权从份额转让之时起5年内必须被执行。共同所有权人不能仅仅将优先购买权转让给受让人,为了达到优先购买的效果他必须转让自己所有的份额(如共同所有权人的份额的继承人)。共同所有权根据共同所有权人的一致同意或法院的决定而终止。匈牙利民法典第148条(以及匈牙利民法典学术建议稿第4:97条和正在议会程序中的匈牙利民法典立法建议稿第4:91条)规定三种不同的终止共同所有权的模式:(1)物理分离;(2)将共同所有物转让给同一个共同所有权人;(3)共同所有物的出售。当法院被要求决定共同所有物的分割时这三种模式的命令是强制性的,另外,当共同所有权人自愿同意进行分割时命令没有约束力。因此,如果法院没有找到在共同所有权人之间物理分割共同所有物的方法(如可能会减少物的价值或损害物的使用),法院将考虑将物转让给单个的共同所有权人,该人必须向其他共同所有权人支付法院确定的价格(民法典第148条第(2)款)。如果上述方法都不可行,法院将会拍卖共同所有物。在这种情况下,拍卖并不排除共同所有权人在物转让给竞拍成功者时行使优先购买权(民法典第148条第(2)款,参见Lenkovics, Dologi jog[6], 171)。根据学者的观点(Lenkovics,loc. cit. ,172),民法典第147条暗示了共同所有权人可以要求法院部分的终止共同所有权。最后,法律和民法委员会第10号报告要求当外在的因素(如不利的市场条件)可能导致共同所有物的价值的减少时则不应当提出终止的要求。如果共同所有权人不考虑这些因素,一定要求共同所有权的终止,其他人可以提出权利滥用的诉讼(民法典第5条),因为在不利时刻进行的分割将会损害他们的利益(参见匈牙利民法典学术建议稿第4:96条和正在议会程序中的匈牙利民法典立法建议稿第4:90条——Lenkovics, loc. cit. ,172-173)。另一种共同所有权终止的情形是份额的抛弃。因此,如果一个共同所有权人抛弃了自己的份额,其他人的份额自动的按比例的增加。如果只有一个共同所有权人存在,则共同所有权协议自动终止(Lenkovics, loc. cit. ,173)。最后,还应考虑公司股份的情形。当股份属于不同的人的时候,股份应当被登记在共同所有权人之一的名下,他们之间的内在关系将根据共同所有权的一般规定调整(Lenkovics, loc. cit. ,175)。

6. 在立陶宛,共同所有权是授予两个或两个以上的人的对物的连带权利。由于没有明确的法律规定,任何物都可以是共同所有权关系的客体(民法典第4:72条)。立陶宛法律承认两种模式的共同所有权:共同所有和连带共有。在按份共有中,每个共同所有权人都对共同所有物享有一定的份额。然而,如果当事人没有就份额的比例达成一致,法律推定每份份额都是相等的(民法典第4:73条)。对共同所有物的管理、使用和处分建立在当事人的协议上,但如果当事人没有达成协议,则由法院解决这些问题(民法典第4:75条)。每个共同所有权人都有权按比例从物上取得收益并支付维持和保存物的税费。此外,每一个共同所有权人都对第三人承担来自物上的义务,并对其他共有人的损失承担责任,如果该损失是由于他在对物的保管中存在过失造成的(民法典第4:76条)。在共同所有中,每一个共同所有权人都可以自由的转让、抵押、出租自己的份额,除非法律另有规定(民法典第4:78条)。在出售份额的情况下,其他共同所有权人在出售之日起3个月内享有优先购买权,除非该份额通过公开拍卖出售。优先购买权可以根据法院的命令行使。打算出售自己份额的共同所有权人必须通知其他共同所有权人关于出售的条件和价格。当共同所有的物是不动产时,通知必须通过公证人发出。如果其他共同所有权人行使优先购买权,买方和卖方对买卖成立时产生的义务承担连带责任直到法院作出命令(民法典第4:79条)。只要当事人提出要求共同所有权可以随时终止。如果当事人对分割共同所有物的方法没有达成一致或不可能对物进行物理分割,可以将物转让给某一个共同所有权人,该人必须根据其他共同所有权人的份额进行补偿。如果述方法都不可能,则可以将物出售,对所得收益进行分配。终止共同所有权的权利被授予给每个共同所有权人的债权人以保护他们的权利(民法典第4:80条)。连带共有存在于法律规定的特别的情形中(如家庭法第3:87~3:100条所规定的配偶对物的共同所有)。连带所有权人的份额比例并不确定,因为连带所有权人并不仅对共同所有物的一部分享有物权,而是对物享有一个非共存的对物权。连带所有权人对物上产生的收益享有平等的权利,并对共同所有物的使用和维持而产生的费用有相同的支付义务,除非共同所有权协议或法律另有规定。此外,他们对第三人承担连带责任。连带所有权人无权处置自己的份额直到当事人决定了每一个份额的数量。然而,在单独的份额决定之前法律可以授权转让。(民法典第4:88条,如继承人在遗产中的份额或夫妻共同所有的物)。

7. 在斯洛文尼亚,法律承认两种模式的共同所有权:共同所有和连带共有。共同共有指的是每个所有权人都拥有对同一物的物权的一部分。因此,份额代表了共同所有权人可以对共同所有物行使的权利的数量。因此,一方面,每个共同所有权人都可以独立的处置自己的份额,而无须其他共同所有权人的同意。另一方面,如果其他共同所有人决定出售自己的份额,每个共同所有权人都有优先购买权(物权法第66条)。共同所有可以根据协议、法院决定或法律规定(物权法第39条)产生,但它同样也是法院决定终止连带共有的结果。在这种情况下,共同所有权人的份额被认为是相等的,除非法院另有决定(物权法第128条)。此外,在取得时效的情况下,当对同一个物有两个或更多的人满足获得所有权的要求,则发生共同所有(物权法第43条)。根据物的转让的一般规则,份额的转让需要满足两个条件:当事人的协议和份额的交付(Gavella,Stvarno pravo,497)。如上所述,共同所有权人独立的享受共同所有物上的所有权,尽管它是在两个或更多的人之间分享。因此,法律用一系列规定来调整对共同所有物的管理(物权法第65条及以下)。所有的共同所有权人都有权占有和使用物,但不得干涉其他人的权利(Gavella,loc. cit.,501)。共同所有权人只有在一致行动时才可以将共同所有物作为一个整体进行处分。因此,如果单独的共同所有权人没有得到授权而作出的处分是无效的。然而,如果买方是善意的则会受到保护。每个共同所有权人都可以在任何时候终止共同所有协议并要求分割共同所有物。这样的权利同样也被授予给共同所有权人的债权人。然而,如果共同所有权的终止对物有害,那么进行分割的权利将会被中止。共同所有权人可以同意在一定期间里不分割共同所有权。此外,如果一个共同所有权人将自己的份额转让给第三人,后者同样有义务遵守原先的协议。长期限制解散共同所有权的权利是无效的(物权法第69条)。一旦当事人要求终止共同所有权,则可以根据共同所有权人之间的协议或法院的决定对物进行分割。在前一种情况下,共同所有权人可以决定要么进行物理分割要么将物出售而分割收益。如果当事人同意进行物理分割,对共同所有物的一部分的所有权的转让适用所有权转让的一般规定,即对物的协议和交付(物权法第70条第(1)款)。当共同所有权人不能就分割的方法达成一致时可以根据法院的决定进行分割。法院必须考虑所有共同所有权人的利益,如果可能,它可以将物的一部分分配给每个共同所有权人或将所有的份额全部转让给同一个人,而该人必须补偿其他所有权人他们份额的价值(物权法第70条第(5)款)。如果物理分割是不可能的或在经济上不合理,法院则会将该物出售,并将收益根据比例分配给共同所有权人(物权法第70条第(4)款)。当共同所有权人只能共同行使自己的权利时发生连带所有权,因为他们的份额没有事先确定。尽管没有特别的规定,学者普遍认为(Faber and Lurger(-Rudolf/ Rijavec /Kerestesˇ),National Reports Ⅰ,617),只有在法律明确规定的时候才发生连带所有权。夫妻财产(婚姻与家庭关系法第51条)和遗产继承(继承法第145条)是典型的例子。此外,关于共同所有的规则将适用(物权法第72条第(5)款)。对第三人来说,很难确定连带所有权,因为共同所有权人并没有公开表示他们的关系。因此,如果一个共同所有权人将物转让给第三人且没有取得其他所有权人的一致同意,受让人可以根据善意取得获得物上的对物权。然而,如果受让人知道物是共同所有并且没有取得所有权人的一致同意则善意被排除(物权法第72条第(3)款)。进一步来说,每一个连带所有权人都不能自由地处分自己的份额除非是为了其他共有人的利益。共同所有权由于分割而发生终止。然而,因为连带所有权人有权共同行动,分割需要服从特别的规定。例如,在婚姻问题上,尽管共同所有权由于离婚而自动终止,但在婚姻存续期间内,当它与现有物相联系时,分割也有可能被要求。未来的物总被认为属于共同所有,除非在出现并脱离母物之后,夫妻一方要求分割。如果没有关于分割的协议,则需要法院解决问题(婚姻与家庭关系法第58条)。这个过程不具有诉讼性质。夫妻的份额被认为有同等的价值,但是任何一人都可以证明自己为共同财产的取得作出了更多的贡献(婚姻与家庭关系法第59条)。能够证明的一方有权获得共同财产中更多的份额(1997年4月9日最高法院,n. II Ips 445/95)。在继承的情况下存在略微的不同。要求分割的权利不受时效限制。此外,每个共同所有权人都有权要求分割,但如果分割可能对共同财产造成损害时则权利被中止。分割可以根据协议或者法院命令发生(ZD第144条第(1)款和第(2)款)。在分割之前,每个共同所有权人的份额都应被决定,之后,可以适用对共同所有进行分割的程序性规定(ZNP第118条及以下),除非法律另有规定。

8. 在奥地利,共同所有权人可以根据两种不同的模式行使他们的权利。它们都反映了物由可以主张所有权的人共同所有的事实。这两种模式分别被称为简单所有权(schlichtes Miteigentum)和连带所有权(Gesamthandeigentum)。他们的区别在于,在简单所有权中,每个共同所有权人可以自由的处置自己的份额,然而在连带所有权中每个共同所有权人只有通过与其他共同所有权人的合作才可以享受自己的份额。根据商法典第105条及以下的规定,连带所有权的例子是商事合伙(Offene Gesellschaft;formerly Offene Handelsgesellschaft)。商法典规定所有的股东都有权管理合伙事务并承担义务,以及为合伙行为承担个人的连带责任。因为合伙不具有独立的法律人格。(Koziol and Welser,Bürgerliches Recht I[13],293 ff;Iro,Sachenrecht[3],nos. 5/3,5/12)根据奥地利法律规定,一旦完成物的交付即实现所有权的转让,然而,如果没有对共同所有物的实际分割,交付可以是象征性的(民法典第427条)或发出声明(民法典第428条),而无须民法典第426条意义上的"手到手"的交易(Schwimann(-Egglmeier /Gruber / Sprohar),ABGB Ⅲ 3,§ 829 no. 2;Klang(-Klang),ABGB Ⅲ[2],1095)。共同所有权根据共同所有权人的共同意志或法院的决定而终止。当共同所有权人就物的分割不能达成一致时需要由法院进行决定(民法典第830条及以下)。一旦共同所有权人同意共同所有权的终止或法院作出这个决定,当事人可以对自己的份额进行物理分割。如果物理分割是不可能的或可能会导致财产价值实质性的减少,物可以被出售而在共同所有权人之间根据当事人的份额比例分配收益(民法典第843条)。然而,如果分割是不合理的或会对物产生损害,则共同所有权人可以要求暂时中止对共同所有权的分割。可代替物适用简化了的分割制度。在这种情形中,共同所有权人有权取得等同于自己份额的物。这种分割的形式被称为"根据数量的物权之诉"(Quantitätsvindikation),可代替物上的权利被称为"数量所有权"(Quantitätseigentum)。参见第Ⅷ-5:202条注释2、33、55、68、85和94。

9. 在丹麦,共同所有权(gemeenschap)指的是共同体(deelgenoten)中的合伙人之间的物权关系。民法典第3:7条的规定主要适用于"简单共同体"(eenvoudige gemeenschappen)。丹麦法中也规定了所谓的"特殊共同体"(bijzondere gemeenschappen),适用特殊的规定。夫妻、合伙、商事合伙、海运合伙以及居住在同一个建筑物中的共同体(民法典第3:189条第(1)款)是特别共同体的例子。然而,一旦这些特别共同体解散或者终止,则可以适用对共同所有权进行了一般规定的民法典第3:7条(民法典第3:189条第(2)款)。共同所有权人只有在共同行动时才可以处置共同所有物。然而,法律规定了一些例外:(1)转让是为了共同所有物的日常维持或保存的适当行为或急迫行为(民法典第3:170条第(1)款);(2)在共同所有权人之间存在协议允许单一的共同所有权人作出决定而无须其他共同所有权人的同意(民法典第3:170条第(2)款);(3)共同所有权人得到法院授权自行处置共同所有物(民法典第3:174条)。此外,共同所有物的份额的转让适用物的交付的一般规定。因此,动产份额的转让通过将份额的占有交付给受让人实现(民法典第3:96条和第3:90条)。因此,如果转让人缺少处分的权利,只要受让人是善意的且转让不是单方获益的行为受让人的获得仍然是有效的(民法典第3:86条,参见Pitlo/ Reehuis,Goederenrecht[11],no. 295)。关于转让自己份额的权利,必须区分两种情形:共同所有权人的份额可以构成独立完整的客体以及共同所有权人的份额是整个物上的一部分。在前一种情形中,共同所有权人有权处分自己的份额,只要共同所有权物构成"简单共同体"且共同所有权人之间的协议没有作出别的规定(民法典第3:175条第(1)款)。然而在"特别共同体"中合伙人如果缺少所有其他共同所有权人的同意则不能单独的处置自己的份额(民法典第3:190条第(1)款和第(2)款)。共同所有权人可以在自己的份额上设立担保,但没有其他共同所有权人的同意债权人不能取得份额的所有权,除非共同所有权终止(Snijders and Rank-Berenschot, GoederenrechtII[3], 175)。在后一种情形中,即份额是共同所有物上不可分割的一部分,则每个合伙人都单独的享有权利。民法典第3:175条第(1)款和第3:191条第(1)款分别规定了简单共同体和特别共同体中共同所有权人份额的处置,并没有阻止共同所有权人将共同所有物作为一个整体进行处分(Hartkamp, Compendium[6], no. 146)。

10. 在西班牙,共同所有权(comunidad)由民法典第392~406条规定。民法典第392条将共同所有权定义为不同的人对权利或物的未分割的所有权。因此,如果没有特别的规定,这些规定可以适用于在不同的人之间分享的对物权和对人权(如用益权(民法典第467、469条)、共同所有权的连带不可分债权(民法典第1139、1150、1151条))。然而,共同所有权经常被称作共同财产(copropiedad)或公寓大楼(condominio),即对物的共同所有权。共同所有权主要建立在普通共同体的基础上,每个共同所有权人都对共同所有权的一部分享有权利。如果没有相反的证据,每份份额都被认为有同等的价值(民法典第393条)。每一个共同所有权人能够自由地处分自己的份额或要求共同所有权的终止,如果共同所有权是临时的,次要的,或有害的(TS31 December 1985, RJ 6627; TS9 October 1986, RJ 5505; TS21 March 1988, RJ 2221; TS25 March 1996, RJ 2439)。西班牙法律同样承认另外一种形式的共同所有权,即"日耳曼式共同体",每个共同所有权人的利益都服从于整个共同体的利益。在这种情况下,共同体被认为是永久的、稳固的和有利的。每个共同所有权人对自己份额都不享有排他的权利,且不能单方要求共同体的分割(Resolución de la Dirección General de los Registros y del Notariado, 8 July 1933, RJ 249)。这种共同体模式的特征是共同所有权人通过个人之间的关系(如邻居或亲戚)被连接在一起,他们的份额并不确定且不能转让,但是可以自由的使用物。例如地方法规定的合伙(加利西亚的家庭合伙和阿拉贡的持续性合伙),以及对草地、山地、森林的共有权(民法典第600~602条, Act on Mounts in Common Hand no. 55/1980(11 November 1980))。此外,"被分割的财产"的概念同样在这些情形中被使用,法律赋予特定的主体作为合法的所有权人使用特定的物(如房屋租赁、长期出租、土地、树林、草地的使用和收益等)。在这个方面,法院倾向于自动适用一些适用于共同所有权的条款。例如,优先购买权被授予给物的使用者,或如果其中一人放弃了自己的权利则发生所有权权利的合并,但是要求分割的权利被排除。西班牙法律对公寓大楼(1960水平财产权法)、共有的墙(民法典第571条及以下)、夫妻共有的物,同一遗产的继承人、共同所有的船舶(商法典第589条及以下,参见ST20 December 1968(RJ 5891) and TS10 December 1955(RJ 3615))进行了特别的规定。在这些情形中关于共同所有权的规定发挥着补充的作用。此外,无论在夫妻共同所有的物还是继承的情形中,共同所有权人对物都没有的确定的份额,而是对整个物拥有物权。这个特征使这两个共同所有权的模式更像日耳曼式共同体。这一论断遭到吉尔特·古提艾雷斯的尖锐的批评,因为只要配偶双方改变了他们管理在婚姻期间所取得的物的方式,就可以要求对夫妻共同财产的分割(Guilarte Gutiérrez, Comentario, 669 et seq.; Guilarte Gutiérrez, La naturaleza de la actual sociedad de gananciales; see alsoDíez Soto, El Depósito Profesional, 91 et seq.)。在普通共同体中,物的管理和使用应当根据当事人之间的协议,但是在没有任何协议和特殊规定的情况下,则可以适用民法典第392条及以下的规定。然而,一些规定,例如关于法院干涉的规定(如民法典第398条第(3)款规定的在没有当事人协议的情况下对物的管理人的提名,民法典第400条规定的将限制分割的条款不适当的延续10年的无效的声明)必须被认为是强制性的,即使有一个相反的协议存在。一些学者(López/Montés / Roca i Trias

(-Capilla Roncero),Derecho Civil,265)不同意这个观点,他们认为民法典第 392 ~ 406 条的规定只有在共同所有权不符合当事人的意志(如混同)时才可以被适用。以没有独立法律人格的合伙为例。内在的关系由当事人的协议调整,但是为了保护与以自己名义行动的合伙人进行交易的第三人的利益,关于共同所有权的规定可以被适用(Capilla Roncero,loc. cit. ,262)。共同所有权人按比例对来自共同所有物的收益分享权利,并对物的管理和维持的花费承担责任。此外,共同所有权人有义务支付这些费用,只要这些费用是共同所有权人一致(民法典第 397 条)或多数(民法典第 398 条)合法决定的结果。因此,如果一个共同所有权人支付了这些费用,他有权要求其他共同所有权人按他们的份额比例进行补偿。在不当得利的情况下,相同的权利被授予给为了共同所有物的保存而支付了费用的共有人(民法典第 395 条,TS7 February 1956,RJ 683)。转让份额的人对交付完成之后产生的义务不承担责任,但是不包括在买卖合同订立之后产生的义务。然而,其他的共同所有权人可以同意交付前产生的费用由受让人支付(TS26 October 1929 and TS29 March 1989,RJ 2281),因为债务人的改变需要债权人的同意。此外,共同所有权人可以自行使用共同所有物而无须其他共同所有人的合作,只要他们没有改变物的使用目的且不阻止其他人使用(民法典第 392 条)。在共同所有权关系中,不同意由多数人作出决定的少数人的利益也受到法院的保护,法院可以为他们指定受托人(民法典第 398 条第(3)款)。若想要改变共同所有物的性质或经济地位,需要取得共同所有权人的一致同意(民法典第 397 条)。将共同所有物作为一个整体处分或抵押时要满足同样的要求(TS8 July 1988,RJ 5682 and TS11 November 1991,RJ 8233)。如果一个共同所有权人的行为没有取得所有人的一致同意,则处置或抵押的行为因为缺少处置的授权而无效(TS29 April 1986,RJ 2065)。然而,一些法院判决(TS26 February 1982,RJ 790 and TS19 December 1985,RJ 6603)表明,对于转让人的份额或者共同所有权终止后被分配给转让人的物来说该行为是有效的。每个共同所有权人都有权转让自己的份额或在自己的份额上为了担保或收益的目的设置物权也证明了这一点(民法典第 490 条)。关于动产份额上的抵押,法律(动产抵押法第 1 条第(2)款)规定动产上的份额可以被抵押且无须剥夺占有,只要共同所有物全部被抵押并得到所有共同所有权人的同意。最后,每个共同所有权人从知道转让或从转让合同登记之时起 9 天内享有优先购买权(民法典第 1522 条)。如果两个或更多的共同所有权人行使优先购买权,他们根据自己份额的比例对所出售的份额进行分割。可以要求共同所有权的终止(actio communi dividundo)(民法典第 400 条)。这种行为不受时效限制(民法典第 1965 条),但终止共同所有权的不能损害其他人的利益(民法典第 7 条第(1)款和第 1705 条)。因此,分割如果在经济上是不合理的或当共同所有权人或共同所有权人与第三人之间达成“不可分割”的条款,其是不能发生的。这种限制不能超过 10 年,但可以被续展。然而,如果存在充分的理由需要进行分割,则分割将被授权(民法典第 1707 条关于公司解散的规定可以被类比的适用)。如果共同所有物在物理上是可分的,每个共同所有权人都可以根据他们的份额比例获得特定的一部分。如果某个共同所有权人所分到的物的价值高于其他人,他有义务向他们补偿差价。如果分割在物理上是不可能的或对共同所有物有损害或法律不允许分割,物可以根据一致同意而被分配给其中一人。如果共同所有权人之间不能达成一致则可以寻求法院决定或仲裁裁决。如果法院或仲裁员认为上述方法都不可行,则可以将物出售,并在共同所有权人之间对收益进行分配(民法典第 404 条)。共同所有权人的债权人和受让人可以参与到分割过程中,但如果分割还没有被执行不能表示反对(除非行为有欺诈的目的)。将物分配给一个共同所有权人并不影响第三人的担保权或用益权(民法典第 405 条)。最后,关于分配的性质,它并不是所有权从两个或更多的共同所有权人转让到一个单独的共同所有权人手中，而只是简单确定共同所有权人已经持有的权利（TS27 November 1972，RJ 4663 and TS3 February 1982，RJ 374）。在分割之后，关于权利的缺陷、分配物的质量、费用的补偿以及由分配之前的过失或欺诈导致的损失，每个共同所有权人仍然对其他共同所有权人承担连带责任。如果进行分割时物的价值少于其真正价值的1/4，同样可以要求宣告分割的无效（民法典第406条及第1068、1069、1074条）。

11. 在法国，没有关于共同所有权的明确规定。共同所有权的定义来源于民法典第815条及以下，它涉及死亡人未分割遗产的划分。就此而言，学者（Mazeaud and Chabas，Leçons de droit civil Ⅱ（2），35）认为该条也可以适用于其他情形，如不动产或动产购买、用益权、债权、知识产权和信托。在其他情况下，共同所有权被明确的规定，如墙和住宅小区中共用地的共同所有权。这两种情形非常特殊，因为他们是强制的共同所有权（indivision forcée），因为分割是不可能。事实上，这些共同所有的物从属于共同所有权人拥有的其他财产并发挥功能性作用，因此他们的分割将对主物的使用造成损害。立法者认为共同所有权关系只是暂时的现象。每个共同所有权人都对共同所有物上的对物权拥有连带权利。对该权利的收益根据份额体现，份额是物的理想抽象部分。共同所有权人无权出售共同所有物或其中的一部分，除非得到他人一致的同意。如果共同所有权人没有取得他人的同意而进行交易，法院（Cass. civ.，Division Ⅰ，no. 392/1976）可以拒绝承认交易有效，但买方的权利可以在分割和随后的物的分配完成之后得到实现（民法典第883条）。此外，每个共同所有权人可以自由出售自己的份额或使其负担债务。在出售的情况下，应注意到受让人面对的两种不同情况。第一种情况下，受让人获得未分割的共同所有物的份额的所有权；第二种情况下，受让人获得已经在共同所有物中被确定的部分的所有权。在这种情况下，如果该部分被分配给其他的共同所有权人，受让人的地位类似于从非所有权人转让人手中取得物的人的地位。因此，尽管受让人对物没有任何权利，但他可以主张与转让人合同的无效（民法典第1599条，出售属于他人的物），或权利受到保护而不被剥夺占有（民法典第1626条）。此外，法律规定其他共同所有权人有权对共同所有权人份额的买方或想要对共同所有权人（债务人）的份额提出权利主张的债权人行使优先购买权。具体而言，在出售的情况下，民法典第815-14条第（1）款规定打算将自己全部或部分的利益或在共同所有物上一项或多项权利有偿出售给共同所有权人之外的第三人的共同所有权人，应当通过非司法行为的方式将转让计划的价钱、条款以及受让人的姓名、住所、职业等通知其他的共同所有权人。意欲行使优先购买权的其他的共同所有权人必须从通知之日起1个月内通知转让人。在此之后，该共同所有权人有两个月的时间与出卖份额的共同所有权人制定合同，否则根据法律规定他们行使优先购买权的声明将失去效力（民法典第815-14条第（3）款）。一方面，对于共同所有权人的债权人，他们不能取得债务人在共同所有权中的份额，但他们有权要求以债务人名义进行分割或参与到他们发起的分割过程中（民法典第815-17条第（2）款和第（3）款）。在这种情况下，其他债权人可以要求停止进行分割的诉讼而以债务人的名义履行义务。那些行使这种权利的人可以通过对共同所有物的扣除而得到补偿（民法典第815-17条第（3）款）。另一方面，作为共同所有权的债权人，他们可以通过分割前对共同所有物的扣除而被支付（民法典第815-17条第（1）款）。法国规定了两种不同的共同所有物的管理模式，一种是法律规定（régime légal（民法典第815条及以下）），另一种是当事人之间的协议（convention d' indivision（民法典第1873-1条及以下））。然而，设立合伙（société d' indivision）来管理共同所有物也是可能的。对于根据法律规定对共同所有物进行管理，民法典第815-2条规定任何共同所有权人为了共同所有物的保存都可以采取必要的步骤。

如果行为涉及共同所有物的管理或处置，民法典第 815－3 条要求所有共同所有权人的同意。然而，当一个共同所有权人对共同所有物进行管理，其他共同所有权人知情并且没有反对，则该人被认为获得了默示的授权。该授权包括管理的行为，但不包括共同所有物的合同的处分、订立和更新（民法典第 815－3 条）。此外，如果共同所有权人不能达成合意或被拒绝的行为可能损害共同利益则法院需要进行干预（民法典第 815－5 条第（1）款，Cass. civ.，Division I，no. 453/1984）。尽管共同所有物的管理要求共同所有权人的合作，但每个人都有权单独地使用物。因为他们只是物的一部分的所有权人，因此他们对物的利用也不能妨碍他人的使用或改变物的目的（民法典第 815－9 条）。同时在这种情形中，共同所有权人之间可能存在意见的不一致可以通过法院的决定来解决。例如，根据民法典第 815－7 条，法庭的庭长可以阻止动产的转让，并授予某个共同所有权人暂时的使用权利，这是他的责任的要求。此外，共同所有权人在物的使用中的任何减少了物的价值的过失或错误都可能导致对其他共同所有权人的补偿（民法典第 815－13 条第（2）款）。相反，一个共同所有权人利用自己的费用改善了共同所有物的条件时也有权得到补偿（民法典第 815－13 条第（1）款）。每个所有权人都有权获得共同所有物上的收益，但如果他们没有分割收益的规定，则可以累积到共同所有权上。关于收益的调查仅在收益可被收集之日起 5 年内是有效的（民法典第 815－10 条第（2）款）。如上所述，另一种管理共同所有权的模式是分管协议。分管协议必须得到所有的共同所有权人的同意且表明每个人的份额（民法典第 1873－2 条）。此外，合同必须采用书面形式否则无效。共同所有权协议的期间可以是确定的或不确定的。在期间确定的情况下，当期间届满时根据当事人明确的决定可以再延期 5 年。此外，如果当事人对期间达成一致，则在期间届满之前只有存在合法理由的时候才能进行分割（民法典第 1873－3条第（1）款）。相反，在期间不确定的情况下，当事人可以决定在任何时候进行分割，只要他们不是恶意的或分割不是不合理的（民法典第 1873－3 条第（2）款）。共同所有物的管理可以根据民法典第 815 条及以下进行或被授权给受托人（gérant），该受托人即可以是共同所有权人之一也可以是第三人。此人代表共同所有权人并在授权范围内管理共同所有物。然而，对于超出受托人权利的行为（如物的出售），则需要共同所有权人的一致同意，除非多数共同所有权人都同意那些决定。在这些情形中，和法律制度中一样，当某个共同所有权人意欲转让自己在物上全部或部分的利益时其他共同所有权人享有优先购买权（民法典第 1873－12 条第（1）款）。此外，其他共同所有权人可以根据自己的份额比例获得死亡的共同所有权人的份额，如果他们就此达成一致（民法典第 1873－13 条）。该权利必须要在生存的所有权人得到作出决定的通知之日起一个月内行使（民法典第 1873－14 条）。在这两种模式中，当共同所有权人同意关系的终止时共同所有权结束。分割可以是法院决定的结果。此外，根据共同所有权人的要求，法院可以延迟分割，当分割的立即执行可能会影响共同所有物的价值。

12. 在比利时，有三种不同模式的共同所有权：普通的（偶然的）共同所有权，强制的共同所有权，自愿的共同所有权。普通的共同所有权因为不依赖于共同所有权人意志的环境而发生，如剩余遗产受遗赠人（即同一立遗嘱者遗产的继承人），同一物的遗产受赠人，或混合物的所有权人。因此，由于在偶然的共同所有权人之间缺少协议，他们的关系严格的受到民法典的调整。尤其是在民法典第 577/2 条第 1～8 中比利时民法典区分了所有权的转让和共同所有物的转让。具体而言，法律规定，尽管当事人可以自行转让或限制他们对第三人的权利（除非另有合意，民法典第 577/2 条第（4）款），所有权的转让只有通过所有共同所有权人的合作的方式才能发生（民法典第 577/2 条第（6）款）。这意味在共同所有权人之间一致的同意是必要的。然而，如果一个共同所有权人出卖了共同所有权的物而没有经过其他共有人的同意，如果民法典第 2279 条下善意取得的条件被满足买方仍然可以保护自己的购买。因为立法者的目的并不是强制任何人“维持共同的所有权”（民法典第 815 条），共同所有权人可以在任何时候要求共同所有物的分割。共同所有权人可以同意分割共同所有权的权利被暂时中止。此外，比利时民法典规定这样的中止协议最多只能约束共同所有权人 5 年，除非当事人同意该期限的延长。此外，民法典第 815 条规定这种暂时的中止也可以由法官授予（如未成年继承人可以从共有遗产中获益直到法定年龄）。最后，根据民事诉讼法第 1561 条，如果共同所有物的份额上负担了担保权，债权人可以在分割之后行使自己的权利并且他有权要求进行分割（Dirix and De Corte，Zekerheidsrechten 5，422，no. 615；RPDB，compl. Ⅷ，Saisie immobilière，no. 23）。学者认为在这种情况下债权人是在行使自己的权利而不是在行使债务人的代位权（Sagaert，Zakelijke subrogatie，no. 686）。在这种情况下，债权人的分割共同所有权的要求同样受制于先前存在于共同所有权人之间的“不分割协议”。第二种模式是强制的共同所有权。它在共同所有的物不能被物理分割时产生（如家族墓地，住宅楼的共有部分，两块土地之间的墙，等等）。这种共同所有权受民法典第 577－2 条第（8）款和第（9）款调整，但共同所有的不动产（民法典第 577－3 条和第 577－14 条）和墙（民法典第 653 条及以下）适用特别的规定。所有这些共同所有权涉及的物都附属于每个共同所有权人排他拥有的其他物。因此，在附属物转让的情形中适用从物随主物原则。这意味着共同所有权不会被终止而是继续存在于剩下的共同所有权人和受让人之间（民法典第 577－2 条第（9）款）；同样如果主物不转让则不可能发生共同所有权的转移。主物的转让自动影响共同所有权的转让。最后一种模式是自愿的共同所有权。它建立在共同所有权人的意志上（如投资基金，船舶或知识产权）。这种模式实际上不存在一般性的条款。这种形式的共同所有权主要由特别法（如 2004 年 7 月 20 日集合投资基金特定形式管理法；海事法第 55～57 条关于船舶共同所有权的规定）或当事人的协议所调整。对于此种共同所有权的分割，很多学者认为民法典第 815 条应当只适用于普通共同所有权，因为当事人应当已经在他们的协议中规定了如何终止共同所有权。然而，这种方法没有考虑债权人的地位，他在没有这种可能性的时候不能要求分割所有权。因此，根据强制共同所有权体系转让物的协议可能很容易导致债权人执行权被剥夺。因此，学者倾向于认为民法典第 815 条可以适用于所有的情形只要自愿的共同所有不是建立在当事人的个人资格上（即共同所有权不是出于个人的考虑）。

13. 在意大利，有三种不同的共同所有权：（1）自愿的共同所有，两个或更多的人自愿的决定分享同一个对物权（如两个人一起买了匹马）；（2）偶然的共同所有权，两个或更多的人非自愿的分享同一个权利（如同一被继承人财产的继承人）；（3）强制的共同所有权，共同所有权人由于法律规定而分享相同的对物权（如整栋住宅的单个房屋所有人）。后者区别于偶然的共同所有权，因为在这种情况下共同所有权人可以根据自己的意志摆脱共同所有权。许多人相同的对物权的共同存在是可能的，因为只是将物体虚拟的分割为小份。因此，该物体实际上没有差别的属于所有的共同所有权人，但被虚拟的根据所有共同所有权人的人数分割为相应的份额。该份额因此成为确定每个共同所有权人的权利和义务的工具（民法典第 1101 条第（2）款）。一般的推定认为，每个份额拥有相同的价值，除非法律另有规定或者当事人另有合意（民法典第 1101 条第（1）款）。每个共同所有权人都可以使用共同所有物，但是使用者不能改变它的社会经济功能，并且不能妨碍其他共同所有权人使用该财产（民法典第 1102 条）。共同所有物的管理属于共同所有权人整体。共同所有权人可以按自己的意愿行动，如果其他共同所有权人不管理共同所有物。

因此,为了共同所有物的维持和保存而产生的费用可以要求其他共同所有权人补偿。然而,该人必须事先通知其他的共同所有权人或共同所有物的管理人(Cass. Ⅱ,no. 10738/2001)。如果共同所有权人必须作出关于共同所有物的决定,则需要正式召集所有的共同所有权人进行审议。民法典第1105条规定决定的作出应采取多数决原则。然而,多数的计算不是根据共同所有权人的数量而是份额的比例。这意味着一个拥有51%份额的所有权人可以将自己的想法强加于其他人身上,即使其他共同所有权人的人数更多。关于物的改变和超出日常管理的行为的决定应符合绝对多数原则,即代表了财产至少2/3以上的经济价值(民法典第1108条第(1)款和第(2)款)。此外,根据民法典第1109条第(2)款,异议当事人可以在决议作出之日起30日内向法院提起诉讼宣告此类决定无效(或从决定被通知到缺席的共同所有权人之时起)。法院只有在关于超出日常管理的行为的决定会损害共同所有物时才能宣告无效。然而如果法院认为关于日常管理的决定可能有害于共同所有权人的利益时就可以宣告无效(民法典第1109条第(1)款)。事实上,在这些情况下,法院对于改变共同所有物的使用目的并因此影响它的社会经济功能的决定倾向于采取一致同意原则(Cass. Ⅱ,no. 15357/2005)。每个共同所有权人可以处置自己的份额以及为了他人收益的目的设立对物权,而不必得到其他共同所有权人的同意(Cassazione,Division Ⅱ,no. 4965/2004)。相反,转让或对整个共同所有物设立物权或超过9年的租赁,则需要共同所有权人的一致的同意(民法典第1108条第(3)款)。共同所有权人可以要求共同所有物的分割(民法典第1111条第(1)款),除非,一旦分割,物将失去他们的社会经济功能(民法典第1112条)。此外,法官可以对共同所有权的存续进行适当的延期(不超过5年)。此外,约束共同所有权人的协议不能超过10年(民法典第1111条第(2)款)。共同所有权的分割通过将无形的份额变为物上有形的部分而实现(民法典第1114条)。如果这是不可能的或很难进行,物可以被分配给某个共同所有权人,该人根据其他共同所有权人的份额的经济价值支付相应的补偿,或者也可以将物进行拍卖,并将收益在共同所有权人之间分配。最后,法律为共同所有物的买回进行了特别的规定。根据民法典第1506条第(1)款,要求分割共同财产的共同所有权人不仅应当通知根据回购权购买共同所有物的共同所有权人,还应通知出售人,从而使后者可以在分割生效的时候行使自己的权利成为共同所有权人。然而,如果物不容易被分割并且进行了拍卖,如果卖方没能在拍卖的决定作出前行使重新购买的权利,则失去这种权利,即使被拍卖的财产被与卖方最初订立合同的人买到(民法典第1506条第(2)款)。之所以如此规定是为了避免为恢复共同所有权的份额而行使该权利对抗成功的竞拍者,而这可能导致被拍卖财产的贬值。然而,回购选择权可以在物理分割生效之后被行使,因为卖方可以对物上特定的份额行使权利。此外,当两个或更多的人根据负有回购选择权的销售合同出售共同所有物(民法典第1507条第(1)款),或死亡的出售人留下多个继承人(民法典第1507条第(2)款),任何利益相关人都只能对自己的份额行使权利。买方可以要求所有的共同出售人或共同继承人共同行使他们对整个共同所有物的权利。如果他们没能达成合意,回购权只能由提出回购整个物的人行使(民法典第1507条第3条)。然而,如果共同所有权人没有共同出售作为整体的物,而是单独的出售自己的份额,他们可以分别的行使对应他们每个人自己份额的回购权,并且买方不能要求所有的共同出售人或共同继承人共同行使他们对于整个物的权利(民法典第1508条)。这样的规定是合理的,因为每个买卖合同的客体都是物的一部分而不是整个财产。最后,如果买方留下了不止一个继承人,只可以对自己的份额行使回购的权利并对抗其他人,即使该物还没有被分割。然而,如果被继承人的遗产已经被分割,物已经被分配给单个的继承人,回购的权利只有在涉及作为整体的物时才可以被行使对抗该继承人(民法典第 1509 条)。

14. 在葡萄牙,共同所有权被描述为两个或更多的人对同一物的所有权(民法典第 1403 条)。此外,法律强调每个共同所有权人拥有同样的对物权,尽管他们在共同所有物上的份额可能不同(民法典第 1403 条第(2)款)。然而,共同所有权人对物上的特定部分没有权利。共同所有权人必须对物的管理达成协议,如果没有协议,他们可以为了自己的利益使用物,但他们的使用不能干涉其他人的权利(民法典第 1406 条)。因物的维持而产生的费用在共同所有权人之间按份额比例分担(民法典第 1411 条)。唯一的不负担费用的方法是脱离共同所有权,这可以通过份额的出售实现(民法典第 1408 条)。份额的转让适用物的转让的规定,即根据转让人和受让人之间的协议发生(民法典第 408 条)。然而,其他共同所有权人相对于第三人拥有优先购买权(民法典第 1409 条)。如果有两个或者更多的优先购买权人,则将购买的份额在他们之间按照他们的共有份额比例进行分配(民法典第 1409 条第(3)款)。此外,共同所有权人无权出售共同所有物的特定部分,除非得到其他共同所有权人的授权(民法典第 1408 条)。如果他没有经其他共同所有权人的同意而出售了共同所有物的一部分,该交易被认为是出售了另一人的物(民法典第 1408 条第(2)款和第 2127 条)。共同所有权可以以两种方式终止:所有的份额集中在某个共同所有权人手中,或共同所有物的分割。分割的程序规定在民法典第 1412、1413 条中。然而,当分割可能导致物的经济价值的减少(民法典第 209 条)或当法律另有规定(如民法典 1376 条规定禁止农村土地的分割)时则不能进行分割。此外,共同所有权人可以同意在 5 年内放弃这种权利且该期限可以被反复延长。该期限对第三人有效,但当共同所有物是不动产或需登记的动产时需要进行登记。最后,葡萄牙法律规定了一种特殊种类的财产的概念,即平行财产(propriedade horizontal)。这指的是一种多元复杂结构的财产,它的每个单元都被单独的所有,每个所有权人对共同区域分享共同的所有权(如走廊、共同土地等)。每个所有权人按比例承担维持共同部分的费用(民法典第 1420 条)。此外,每个人有权出售、出租、抵押自己的单元,但是对其他共同所有权人不享有任何优先购买权(民法典第 1423 条)。关于共同部分的决定由共同所有权人根据民法典第 1430 条及以下的规定集体作出。

15. 在英格兰,承认两种不同形式的共同所有权,即共同保有和普通共有(Palmer and McKendrick(-Hill and Bowes-Smith)。共同保有包括 4 个要素:(1)共同的利益(即共同保有人的利益必须在性质、持续时间和范围上是可以确定的);(2)共同的权利(即共同保有人的利益必须产生自相同的文件);(3)共同的占有(即共同保有人必须平等的占有整个财产,而没有人单独持有物的一部分);(4)共同的时间(即每个共同保有人的权利必须同时产生)。这意味着共同所有权人可以根据并未表明他们将拥有可分割份额的条款而取得物。然而,如果每个共同所有权人的份额是不相等的,则可以推定他们以普通共有的方式拥有物。在普通共有中,每个共同所有权人都对共同所有物的特定份额拥有权利,这些份额由所有的所有权人共同决定,并根据他们在获得(如提供保证、支付更高的价格)或管理(如为了改善财产或提升价值所做的工作)中的贡献而有所差异。共同所有权人不拥有物上单独的部分除非经过分割。例如,推定公司的合作人是合伙财产的普通共有权人(Malayan Credit Ltd. v. Jack Chia-MPHLtd. [1986] 1 AC 549)。然而,这种推定可以根据相反的证明而被推翻。此外,普通共有权人有权在自己的遗嘱中将自己的份额进行遗赠。而共同保有权人不享有相同的权利。当一个共同保有所有权人死亡后,其他共同所有权人可以从生者享有权中受益并对抗死亡人的继承人。为了解决这个问题,英国法规定了将共同保有转化为普通共有的方法。在 Williams v. Hensman[1861] 70ER 862,70ER 862 案中提供了 3 种分离共同保有的方法。即根据相互间的协议、表明当事人同意将他们的利益分割对待的处理过程和共同所有权人处理或出卖自己份额的单方行为。破产也是一种方法。因为破产,破产财产的受托人将被授予共同保有人在任何财产上的利益。另外,共同所有物上的利益的转让,无论是被共同保有人还是普通共有人持有,都是可能的且不导致共同所有物的分割。转让可以通过赠与、担保或其他方式如易货交易或交换而实现。信托也是共同所有的表现。它是一种特殊的安排,财产可以由受托人为了他人的利益而进行管理。受托人和受益人之间的关系非常特殊。尽管受托人是信托财产的合法所有权人,他有义务为了受益人的利益持有财产,即前者拥有对财产的合法权利,后者拥有从信托财产上受益的权利。因此,受托人和受益人对信托财产拥有不同的权利。这尤其体现在受托人没有得到授权而处分自己对于特定物的权利。这种行为违反了诚信义务,受托人需要向受益人承担由于无权处分行为所导致的损失。此外,受益人有权"跟踪"收益或代替的财产。信托财产的受益人可以对物进行处分,但是根据 1925 年财产法第 531 条第 c 款该处分必须是书面的,除非它涉及默示或推定信托的设立或运行(1925 年财产法第 53 条第(2)款)。最后,另一种共同所有权的情形是,买方为散装物中特定数量的物支付了价款,而这些物尚未被确定。1995 年货物买卖法(修正)第 20A 条和第 20B 条规定预先付款的买方,因为以未分割份额的形式对散装物拥有物权利益,因此成为共同所有权人。参见第Ⅷ－2:305 条注释 1。

16. 在塞浦路斯,共同所有权和所有权都由宪法规定(第 23 条),该条详细规定了对所有权可能的限制。然而,关于共同所有权的规定采纳了英国法的模式。因此,简单地说有两种不同形式的共同所有权:共同保有和普通共有。在这两种情况下,在任何时候共同所有物的分割都是可能的(参见英格兰)。此外,在塞浦路斯的共同所有权体系中,不要求根据其他共同所有权人的同意而占有共同所有物的共同所有权人为了有效的将共同所有权转让给第三人而作出他是共同所有权人的通知。正如在英国案例 Williams v. Hensman[1861] 70ER862,70 ER862 中所规定的,如果共同所有物是共同保有的,权利的转让将导致共同保有转变为普通共有。因此,如果这符合当事人的利益,权利的转让构成共同所有物的分离。

17. 在爱尔兰,有两种形式的共同所有权。即共同保有和普通共有。和英国一样,这两者之间的区别主要在于,在普通共有中,共同所有权人可以根据自己的意志转移份额,然而,在共同保有中,死者的份额自动累积给剩下的共同所有权人。这意味着当共同所有权人根据获得物的所有权的条件表明他们对物并不拥有可分割的份额时,产生的是共同保有。另外,如果当事人明确表明他们拥有独立份额的意图则设立了普通共有。共同保有可以通过分离成为普通共有。分离的形式包括共同保有人处置了自己的份额、共同所有权人同意普通共有以及共同所有权人的行为表明他们以普通共有的方式对待财产(Connolly v. Connolly,[1866] 17 IrChR 208;Re Armstrong[1920] 1 IR 208)。正如英国所规定的,信托是一种特殊形式的共有。此外,如果信托是为了不同人的利益,则导致在"衡平法的"受益人之间设立共同所有权。两种形式的共同所有都是可能的,但明显后者更受欢迎,因为它并不会产生生者享有权。然而,推定产生的是共同保有,因此,当财产被授予两个或更多的人时,普通共有只有在设立意图明确时才会产生。在衡平法中,只有在共同所有权人的份额相等时才适用这样的推定。如果份额不相等,则推定产生普通共有(O'Connell v. Harrison[1927] IR 330)。关于共同所有物的转让,在这两种模式下,份额的转让都适用动产转让的一般规定。

18. 在苏格兰,有两种模式的共同所有权,即共同所有权和连带所有权。调整共同所有权的基本原则是 in re communi melior est conditio prohibentis(能够在共同所有物的管理中行使否决权的人处于更强的地位,参见 Bell, Principles of the Law of Scotland, § 1075), in detineri communionem vel societam nemo compellitur(没有人可以被迫留在财产的共有关系中,参见 Brock v. Hamilton,[1852] 9 D 701-703)以及每个共同所有权人都能独立处置自己份额(Clydesdale Bank Plc v. Davidson [1998] SC(HL)51)。连带所有权的特征包括独立于共同所有之外的外部关系和连带共有人为了他人的利益持有财产。因此,他们没有独立的利益(Inland Revenue v. Clark's Trustees [1939] SC 11)。信托和非公司团体(如社团)是连带所有权的例子。他们的权利并不对应着共同所有物上的特定份额,但每个连带所有权人和其他人一起享有完全的权利。由于权利的不可分割性,如果某个连带所有权人死去,剩下的连带所有权人根据生者享有权获益。对于共同所有权中份额的转让,每个共同所有权人都可以通过合同、遗嘱或赠与的形式转让份额(Reid,The Law of Property in Scotland,para. 28)。此外,共同所有权人可以在两个或更多的人之间拆分自己的份额,即使这可能影响其他共同所有权人可以使用财产的范围。然而,尽管对拆分的次数没有明确的限制性规定,但考虑到共同所有权目的在于使共同所有权人可以利用财产,这表明存在潜在的对共同所有权人数量的实际限制(Carey Miller and Irvine, Corporeal Movables[2],para. 1-14)。然而,当共同所有权是为了根据当事人之间限制使用的非正式协议进行投资,则"物理上很小的客体服从于多数当事人的共同所有权"(Carey Miller and Irvine, loc. cit.)。此外,共同所有权人使用自己份额的自由赋予了设立有限物权的可能性,如果持有人没有直接的权利使用或占有整个财产。份额上可以通过明示(Schaw v. Black [1889] 16 R 326)、默示(如业主的抵押)和法律规定(如法院可以允许债权人以适当方式强制执行债权)的方式负担非占有性担保。当行为影响到共同所有物作为整体的使用时,这样的自由将会受到限制。在这种情况下,必须要求所有共同所有权人的同意。例如,对有形动产的质押要求债权人对物的排他的占有(Reid, loc. cit., para. 28)。对于连带所有权,一方面,因为没有确定的份额,因此不可能要求个别的连带所有权人转让物上的份额(Livingstone v. Allan [1900] 3 F 233)。另一方面,连带所有权人有权将共同所有物作为一个整体进行转让或设立有限物权。一般来说,在连带财产中,设立外部关系的条款决定了管理的规则。因此,多数连带所有权人的决定足以影响共同所有物。就此而言,学者有不同的意见(Reid, loc. cit., para. 36(8))。在信托和社团的例子中,受托人违反信托或社团成员违反社团章程都会对获得共同所有物上权利的第三人产生影响。就社团而言,第三人可以获得物或物上的其他权利,如果他得到所有社团成员的同意(Murray v. Johnstone [1896] 23 R 981 per Lord Moncreiff)。就信托而言,受托人的受让人,无论是买主还是担保权的债权人,都能获得不容置疑的权利(或担保),即使该行为与信托的目的或条款不符,如果监督受托人转让权利的法院会计官同意了这个交易(1961 年信托法第 2 条)。因此,考虑到法律的不确定性,为了转让的有效,要求所有连带所有权人的同意(Reid, loc. cit., para. 36)。最后,必须考虑到所有权终止的情形。由于在连带所有权中不可能区分个别的份额,因此连带所有权人不能要求对共同所有物进行物理分割。除非是在无担保信托的情形中(即受益人有权得到信托财产实际的所有权和控制)。考虑到无担保信托的性质,如果财产由受托人和受益人作为连带共有人共同拥有,后者可以要求分割(Bailey v. Scott [1860] 22 D 1105; Johnston v. Macfarlane, [1987] SLT 593)。在共同所有的情形中,因为没有人可以被迫维持共同所有权,共同所有权人可以通过出售自己的份额或提起分割之诉(actio communi dividundo,参见 Brock v. Hamilton,[1857] 19 D 701)而脱离共同所有权。这种权利受到限制如果在共同所有权人之间存在临时的协议(Grant v.

Heriot's Trust [1906] 8 F 647);或共同所有权人被禁止提起分割之诉(Upper Crathes Fishings Ltd. v. Bailey's Exrs [1991] SCLR 151 perLord President Hope;Burrows v. Burrows,[1996] SLT 1313;Bush v. Bush2000SLT(Sh. Ct.)22);或共同财产是"共同和独立使用的物"(Rafique v. Amin [1997] SLT 1385,参见 Reid,The Law of Property in Scotland,para. 1082)。如果每个共同所有权人都没有得到适当份额或财产将被毁坏或价值减损共同所有权人之间的物理分割既不是适当的也不是合理的。然而,如果共同所有权人坚持要求分割,其他当事人可以要求法院出售财产并分割收益。财产的出售既可以通过拍卖也可以通过私人协议进行。案例法和学者(Milligan v. Barnhill [1782] Mor 2486;Scrimgeour v. Scrimgeour [1988] SLT 590,参见 Bankton,Institute of the Laws of Scotland I,8. 40;Erskine,An Institute of the Law of Scotland Ⅲ,3. 56;Hume,Lectures on the Law of Scotland Ⅲ,403(3);Bell,Commen-taries I[7],62)认可第三种可能性,即仅包括共同所有权人的封闭的拍卖。然而,这种观点受到了批评,因为其他共同所有权人之间的潜在交易可能损害打算出售自己份额的共同所有权人的利益。事实上,其他共同所有权人的出价很可能低于在公开市场上所能获得的价格。

19. 在丹麦,关于共同所有权的法律非常特殊。为了理解相关规定,必须参考公司法中合伙的概念(Faber and Lurger(-Fœrstad),National Reports Ⅴ,chap. 14. 3)。因此,共同所有权被认为是为了共同使用的目的而把物结合在一起的个人之间的协议。每个共同所有权人,就好像是一般合伙人,对其他共同所有权人的行为承担连带责任。物可以根据共同所有权人一致的同意而被转移(Gomard,Selskapsretten[5],41)。每个共同所有权人都可以自由的转让自己的份额且其他人不拥有优先购买权。共同所有权由于共同所有物的分割而结束,但是为了启动分割程序,要求终止协议的共同所有权人必须通知其他共同所有权人。

20. 在挪威,共同所有权由1965年6月18日共同所有权法(SamL)调整,该法的规定并非是强制性的。共同所有权法第1条将共同所有权定义为对特定共同所有物上同时发生的所有权的行使。如果当事人只能对物的一部分主张权利,但该权利不能被看作是特定共同所有物上的所有权,则"共同所有权人"之间的关系由公司法中关于合伙的规定调整。在这种情况下,共同所有权人只能处置自己在合伙中的份额而不能直接的处置作为合伙财产的物。根据共同所有权法第4条第(3)款,共同所有物的出售必须取得所有共同所有权人一致同意。如果共同所有权人决定出售物的一部分也应满足相同的要求,然而,如果出售可能对共同所有物有害则只需要根据多数意见作出决定。每个共同所有权人都有权出售自己的份额(共同所有权法第10条),但其他共同所有权人拥有优先购买权(共同所有权法第11条)。该权利应在共同所有权人知道交易之时起6个月内行使(购买不动产合同权利法第12条),但如果买方是该共同所有权人/卖方的配偶或子女或最近两年一起生活的人(购买不动产合同权利法第8条),则不能行使该权利。共同所有权随着共同所有物的分割而结束(共同所有权法第15条)。如果分割在物理上是不可能的,则可以将共同所有物出售并在共同所有权人之间按照他们的份额比例分配收益。共同所有权也可以根据法律的规定而产生,如混合(物权法第2条第(3)款)。

21. 在瑞典,共同所有权由1904年共同所有权法调整。该法主要调整共同所有权人之间的内部关系。根据共同所有权法第2条,共同所有物的管理通过所有共同所有权人的参与而发生。然而,如果有人不同意对共同所有物的管理,则可以要求法院指定受托人或解散共同所有权,如果共同所有权人之间持续不能达成合意。最后,没有关于共同所有权份额转让的特别规定(Håstad,Sakrätt avseende lös egendom 6,55)。然而,瑞典案例法认为买方应通知第三人以使自己的权利可以对抗卖方的其他债权人。就此而言,学者(Martinson, Kreditsäkerhet i fakturafor-dringar, 313－315)认为,当要被通知的人很明确且通知已经被送达时,该要求被满足。

22. 在芬兰,共同所有权由 1958 年共同所有权法调整,尽管没有对共同所有权进行定义,它建立在所有权的概念上,所有权指的是完全而没有限制的控制和使用物的权利。因此,如果每个共同所有权人对特定份额拥有完全的所有权则该物被认为共同所有。一般来说份额将根据共同所有权人的人数来计算,除非当事人另有合意(Tepora, Johdatus esineoikeu-teen, 82)。份额同样是决定每个共同所有权人得到成果或收益的数量的参考标准。每个共同所有权人可以自行处分自己的份额,但是当行为涉及将共同所有物作为一个整体而处分的时候,则要求所有共同所有权人的同意。如果当事人存在异议,共同所有权的终止可以由法院解决。共同所有权的终止可以通过物理分割实现,但如果分割会导致份额价值的减损,则可以通过公开拍卖的方式出售(Tepora, loc. cit. ,82)。收益根据共同所有权人的份额进行分配。如果善意第三人从未经其他共同所有权人同意而转让物的所有权的共同所有权人那里获得占有,从而使其他共同所有权人需要放弃自己的权利,则后者有权获得等于自己份额的市场价值的补偿(共同所有权法第 1～4、6、9、10、11 条)。

第Ⅷ－1:204 条　有限物权

本卷所指的有限物权包括:

(a)根据第九卷或国内法被定性为或视为物权的担保权;

(b)根据本草案其他规定或国内法被定性为或视为物权的使用权;

(c)第Ⅷ－2:307 条(所有权留置下的受让人的期待权)意义上的取得所有权的权利,或根据本草案其他规定或国内法被定性为或视为物权的取得所有权的权利;

(d)根据第十卷或国内法被定性为或视为物权的与信托有关的权利。

评　论

A. 总述

本条的功能。本条定义了在本卷某些规定中所使用的“有限物权”。因为该术语同样在第九卷中被使用,这里使用的定义同样在定义列表中列出以满足更广泛的使用的目的。本卷使用的“物权”包括所有权(包括共同所有权)和本条所指的有限物权。这些提到“有限物权”或“物权”的规定有:第Ⅷ－2:102 条(转让人的权利或授权)第(2)款,它规定了根据无权处分人进行的处分行为取得物权的人的保护;第Ⅷ－3:102 条(不负担有限物权的所有权的善意取得),它规定了不负担有限物权的物的所有权的善意取得;第Ⅷ－4:301 条(所有权的获得)第(2)款,它调整类似于通过持续占有获得所有权的情形;第Ⅷ-5:101条(当事人自治以及与其他条款的关系),它允许当事人设立物权作为加工、结合和混同的结果。

有限物权的概念。有限物权的概念是很多欧洲法律制度中传统的一部分。根据这一传统,回溯到古罗马法,它指的是对物权,即人直接与物相关的权利(相对于直接与其他负有作为或者不作为义务的人的权利)。考虑到本卷重要的一方面在于有限物权拥有对抗每个人(erga omnes)的效力,即对抗所有权人和其他人。因此,它是一个排他权,与特别的保护手段相联系。为了能够有效地对抗财产的所有权人,它限制了所有权人处分财产的权利,然而,不受限制的所有权传统上可以通过善意而取得。关于权利的内容,它受到相关权利的范围(如使用权)或优先满足的限制。

有限物权的概念不会与第Ⅷ-1:207条(有限权利占有人的占有)所指的有限权利占有人的概念相混淆。

没有关于有限物权的完整规定。本卷没有规定关于有限物权的完整规定,如内容、设立、转让和保护。因此,在第九卷和第十卷没有涉及的领域必须依赖国内法的规定。至于具体物上的特定权利应运用哪个国家的法律的问题则交由国际私法加以解决。

对国内法的援引同样表明本卷并没有对是否采纳物权名额限制(封闭列表)原则以及如果采纳该如何进行的问题表明明确的立场。关于这个问题的决定对本卷的目的来说并不是必要的。

B. 具体的有限物权

物上担保权(第a款)。具体而言,本卷认为"第九卷或国内法定性为或视为物权的担保权"是有限物权。没有必要定义或者列出其中包括了哪些种类的权利并且满足什么样的前提他们才符合条件。这些主要是第九卷(或可适用的国内法)解决的问题。因此它要求其他法律必须将担保权定性为或视为物权才能被本条所包括。例如,第九卷本身并没有定义什么是物权,而是将它当作给定的术语。然而,第九卷规定了决定性的效力。因此,需要使用"定性为或视为物权"的双重表达。相同的原因也适用于随后的规定。

物上使用权(第b款)。本条同样包括本草案其他规定或国内法定性为或视为物权的使用权。例如来自罗马法的"usus"(使用权)或"usus fructus"(用益权),它们在很多欧洲法律制度中都被当作物权看待。在不动产的场合中,一些法律制度承认持有某种物权的人有权采取积极的行动对抗财产的所有权人。如果国内法承认这样的权利同样适用于物,则他们同样也被第b款所包括。"本草案其他规定"为本草案设立和定义这种权利留下了余地。然而,对于第四卷第二编中所规定的物的租赁合同下的承租人的权利是否应当被定性为本条意义上的物权,研究小组故意没有明确的规定。但考虑到其在实践中的重要作用,本草案明确规定了一个可以参照的效力:当所有权从出租人转移到新的所有权人手中时,如果承租人在所有权转移时占有物,则新的所有权人被看作租赁的一方当事人(第Ⅳ.B-7:101条(所有权的改变和出租人的代替))。

取得所有权的权利(第c款)。这一款可能是唯一一条具有某种程度的计划性的规定。它包括“取得所有权的权利”（也就是所有权或功能上等同的地位）并主要处理买方或根据第九卷（参见第Ⅸ－1:103 条（所有权的保留:范围））所指的所有权保留取得物的人的地位。这种取得人的地位以及与转让人的债权人的区别在第Ⅷ－2:307 条中有明确的规定（所有权留置下受让人的期待权）。这一款对该条进行了补充，规定这种取得所有权的权利具有物权的属性，因此该权利的持有人可以根据达成一致的条款使用财产并能保护权利对抗第三人。如果之前的“所有权人”未经权利持有人授权而处分财产，取得所有权的权利仍然存在于该财产上并约束取得物的人，除非后者根据第Ⅷ－3:102 条（不负担有限物权的所有权的善意取得）没有负担的取得物。其他例子可以由各国国内法规定，如特定情况下优先购买权具有物权属性。

与信托有关的权利（第 d 款）。最后一款涉及与信托有关的权利，如果它被第十卷或各国国内法定性为或视为物权。

注　释

本条无注释。

第Ⅷ－1:205 条　占有

（1）对物的占有指的是对物拥有直接或间接的人力控制。

（2）直接的实际控制指的是由占有人亲自行使或占有代理人以占有人名义行使的人力控制（直接占有）。

（3）间接的人力控制指的是通过他人，即有限权利占有人，行使的人力控制（间接占有）。

评　论

A. 总的理念

占有和物权。第Ⅷ－1:205 条至第Ⅷ－1:208 条定义了占有的概念和它的条件。持有动产（对物进行直接的实际控制）的人往往不是所有权人。欧洲法律制度不仅保护动产上的物权持有人的地位（即所有权人、抵押权人、用益权人等），同样也保护并不必然建立在物权基础上的对物进行实际控制的人的地位。这些人常被称作“占有人”。占有人的身份常常但并不必然与动产上物权持有人的身份相重合。占有人法律地位的保护不同于动产物权持有人的地位的保护。仅仅占有不能认为构成动产上的对物权。然而,占有人的特定权利和其他法律结果根据占有人的法律地位产生。

第八卷其他部分中的占有。 占有或类似的概念(对动产的人力控制或带有一定意图的人力控制)体现在第八卷的很多地方:所有权的转让建立在转让人的权利或授权上(第二章),所有权的善意取得(第三章),通过持续占有取得所有权(第四章),所有权的保护和占有的保护(第六章)以及所有权人和占有人之间的关系(第七章)。

不同种类的占有。 这些章的具体目的要求不同种类的占有或人力控制:对一些规定来说,只要有实际控制就是足够的,并不需要行使控制的人的具体意图(如第二章的一部分,第六章中的自助),但是对于其他一些规定,需要的不仅是实际控制。第六章中的很多救济仅保护亲自或通过第三人为了自己或他人利益而行使实际控制的人(自主占有人和有限权利占有人),而不是那些没有任何自身利益而持有物的人(占有代理人)。通过持续占有获得所有权的要求(第四章)更加严格。通过持续占有获得所有权的人必须行使实际控制并带有作为所有权人行事的意图(自主占有人),有限权利占有人和占有代理人不能通过持续占有获得所有权。

这个分析表明3种不同种类的占有必须加以区分。

自主占有人(Ops)是那些带有作为所有权人行事的意图的对动产行使实际控制(亲自或通过第三人)的人,如所有权人,小偷,善意取得者和通过时效取得所有权的人(持续占有)。

有限权利占有人(LRPs)是那些为了自己的利益同样也为了作为间接占有人(如所有权人)的自主占有人的利益对动产进行人力控制(亲自或通过第三人)的人,以他们之间特别的法律关系为基础(如租借或用益物权)以及自主占有人赋予他们持有动产的权利。在其他情形中,有限权利占有人自己的利益没有这么明显:例如当有限权利占有人是一个为了所有权人储存货物的仓储公司时,自主占有人的利益是主要的,有限权利占有人持有货物的利益只是得到协商好的为储存所支付的价款。在有些情形中,有限权利占有人需要得到和自主占有人一样的保护,不被剥夺占有和干涉他们的人力控制(物的恢复,保护命令,他人导致的损害的修复)。

占有辅助人(PAs)是那些为了自主占有人(如所有权人)或有限权利占有人(如承租人)而对物进行实际控制,没有自己特别的利益或和该动产没有特别的法律关系的人,如受雇人或在将动产交付给所有权人或寻找所有权人的适格机构过程中的善意发现人。这些人以自主占有人或有限权利占有人的名义行事,能够为了占有人进行交付(受让人),或在其他环境中为了占有人行使实际控制或行使占有人的实际控制。但是,他们对持有动产没有任何利益,占有辅助人不能被当做占有人。他们仅仅是自主占有人和有限权利占有人延长的手臂。因此,第六章下的占有的保护并不适用于他们。占有辅助人仅被允许行使即时的自助(第Ⅷ-6:202条)作为第三人来对抗拿走或干涉物的人。

B. 相关利益和政策考虑

作为临时法律制度的占有的保护。关于占有和它的法律保护的具体规定最好被看作暂时的命令、初步的管理形式和对物上权力行使的保护，这与所有权的管理相对，它是建立在所有权人对客体统一的权力基础上（使用权、用益权、对物之处分权）的永久的命令。后者的目的在于所有权上的所有争议的明确解决。

所有权的分离和实际的人力控制。作为一个单独的法律种类的占有来源于对动产进行实际人力控制的人并不必然就是所有权人的事实，这导致了所有权和占有的分离。考虑到物上实际的人力控制并不是所有权的先决条件，而是法律规定的所有权人权利的结果，这也是与上述提到的分离完全一致的。

示例 1

农民 A 将割草机借给邻居 B 使用 6 个月并把它交给了 B。

示例 2

A 向 B 借贷，作为担保，在 A 继承的钻石戒指上为了 B 的利益设立质押。A 将戒指交给了 B。

示例 3

A 将汽车卖给 B 并交付。买卖合同无效，而 A 和 B 都不知道。B 继续占有该车。

示例 4

B 是 A 的司机，为了履行雇佣合同的义务，A 向 B 提供车辆，以及所有必要的工具和产品。

示例 5

A 在公园散步时丢失了自己的手表，B 发现了这块表。

保护占有的救济的特别功能和属性。在上面提到的例子中，B 对物进行了实际的人力控制，但并不是动产的所有权人。在具体情形中，B 可以根据各种理由持有物或长或短一段时间。在欧洲很多法律制度中，可能并非根据某种持有物的具体权利而使行使对物的实际控制的 B 被授予特殊的保护对抗剥夺或干涉 B 的占有的第三人。这种保护给予的是占有人 B 而不考虑 B 持有动产的的法定权利或物权。在一些法律制度中，这种保护扩展到避免所有权人（自主占有人）不合法的干涉 B 的占有的情形，如果 B 有权持有该动产（如根据租赁合同）。建立在占有基础上的特别的保护救济（第六章）是快速的救济，因为并不要求对基础物权的核查。他们的目的在于保护和平的占有并提供快速但合法的反应阻止不合法的对物的和平控制的干涉。这便利了对动产持续的利用，因为占有人不需要求助于建立在所有权基础上的耗费时间的诉讼。保护占有的救济是在自助和建立在物权上的救济之间的制度。比后者更加快捷，但是不同于前者，他们建立在国家管理的正式程序上(通常通过法院系统)并且不能被个人单独使用。

C. 比较法的观点

占有的概念。占有的概念存在于所有欧洲的法律制度中。尽管可能存在差异,但他们的概念都建立在对动产行使实际的人力控制的事实上,是否存在采取这种行为的权利则是不相关的。在大多数法律制度中占有包含两个要素:事实要素,与物上实际的人力控制相联系;心理因素,即占有人行使实际控制的意图。占有人可能有作为所有权人行事的意图(如小偷或无效合同下的买方)或根据有限权利对动产加以利用的意图(如物上担保权或用益物权,或根据租借合同或仓储合同产生的合同权利)。不同种类的意图形成不同种类的占有。

不同种类的占有和"留置"。本草案中的有限权利占有人和占有辅助人在大多数法律制度中通常被称作"detainer"或"detentor"(détenteur,Inhaber),如在法国、比利时、意大利、奥地利和希腊。在德国,间接和直接占有人之间存在区别(Besitzmittler und Besitzdiener)。当德国的直接占有人为了间接的占有人(如所有权人)占有时,对应着上文提到的detainer。德国法区分两种形式的直接占有人(Besitzmittler und Besitzdiener),大致对应着本卷中所指的有限权利占有人和占有辅助人。普通法系在一般的占有的概念中包括了有限权利占有人,占有辅助人和自主占有人。在大多数法律制度中,占有辅助人的概念同样可以在类似于本条规定的情形中被发现,即关于物体最少的权利。

D. 直接占有和间接占有的一般概念——事实要素

直接或间接的人力控制(第(1)款)。占有的概念中最主要的要素是以直接或间接(通过类似于有限权利占有人的人)的方式对实际控制的行使。这是占有的事实要素,概念的物质要素,无论占有人的意图如何它总是存在的。

很明显对动产的人力控制可以通过其他人行使。因此,占有可以在多个层次上被功能性的实现,即自主占有人可以仍然行使对动产的控制并进行(间接的)占有,当有限权利占有人(如承租人)通过他自己的(次级的)有限权利占有人或占有辅助人行使对动产的控制,如在分租的情况下。

在拥有实际控制(第Ⅷ-1:205条第(1)款)和行使实际控制(第Ⅷ-1:205条第(2)款和第(3)款)之间必须作出区分:占有意味着拥有实际控制(第(1)款)并以某种方式行使:直接的或通过他人间接的。在拥有控制的意义上只有两种人被认为是占有人:自主占有人(第Ⅷ-1:206条)和有限权利占有人(第Ⅷ-1:207条),占有辅助人本身并没有对物的人力控制(第Ⅷ-1:208条)。他们不是法律意义上的占有人。他们仅仅以占有人(自主占有人或有限权利占有人)的名义行使占有。

直接的占有(第(2)款)。第(2)款将直接占有定义为直接占有人亲自(如所有权人A亲自持有某物,它们在A的处所)或通过他人如占有辅助人以直接占有人的名义(如B是所有权人A的司机,他把车交给X修理)行使人力控制。在第二种情形中,实际控制由 B(占有辅助人)而不是 A(所有权人)行使。然而,B 行使控制没有自己任何独立的目的或利益,他仅是所有权人 A“延长的手臂”。在 B 没有任何独立意图的情况下,没有必要赋予代替所有权人 A 持有物的占有辅助人 B 任何法律上的相关性。当 B 仅仅是以 A 的名义行事时,引发特定法律结果的占有的概念并不延展至 B。因此,当占有人持有动产时,从法律意义上来说,动产并非被他占有,而是仍然在某人的直接占有中,动产辅助只是以他的名义持有动产。

间接占有和共同占有(第(3)款)。以下是同一物上直接占有和间接占有共存的情形:

自主占有人进行间接占有,有限权利占有人进行直接占有:亲自进行人力控制,或者由占有辅助人进行人力控制并被归属于有限权利占有人的直接控制。

自主占有人进行间接占有,有限权利占有人也是间接占有,有限权利占有人的次级有限权利占有人进行直接占有。

自主占有人之后的有限权利占有人和占有辅助人的相关链条可以更长:如自主占有人,第一个有限权利占有人,次级有限权利占有人,进行直接占有的次级有限权利占有人的占有辅助人。

在间接占有的所有情形中,都有两个或更多的人对物进行占有(共同占有)。这里的共同占有和德国法上的 *imtbesitz* 并不相同的含义,后者指的是相同等级上的两个占有人的占有。

E. 规则的强制性

关于占有的规定具有强制性。如果当事人可以通过合同规定而回避它们,则会导致所有需要用到占有概念的法律领域中极大的不确定性:所有权和占有的保护,所有权的转让,善意取得,持续占有取得所有权。因此为了避免这些不确定性,这些规定必须具有强制性。

注　释

Ⅰ. 占有的事实要素

1. 占有的事实要素,即对客体进行实际控制,是所有欧洲法律制度中有关占有的规定的基础。所有法律制度在这一点上保持了一致:无论是大陆法系(包括日耳曼和罗马法系)、普通法法系还是北欧法系,主要的概念是任何形式的占有都必然建立在占有人和有形动产之间事实的关系上(或在一些法律制度中也包括权利的行使),而无论根据的是什么权利。然而,这种共性只具有有限的范围,决定实际控制必要程度和范围的标准在每个国家都不一样,当考虑到意图要素时差异更加明显。当涉及每个国家的学说和案例考虑和分析的相关问题的程度时,不同法律制度之间的差异进一步显说(各个国家关于实际控制的详细信息,参见下文Ⅱ中有关注释)。

Ⅱ. 事实控制的内容和相对性

2. 在德国,占有的事实要素指的是事实关系,占有人对物的人力控制的行使或占有人在任何时候控制物的能力。然而,尽管占有人和客体之间应保持一定程度的紧密关系,占有人不必直接进行实际控制,也不需要持续不断的进行控制(Faber and Lurger(-McGuire),National Reports Ⅲ, chap. 2. 1. 1;Münch-Komm(-Joost),BGB 4, § 854 no. 5;Brehm and Berger,Sachenrecht[2],no. 3. 2;Wolf,Sa-chenrecht[22], § 8 no. 162)。因此,人力控制的要素应根据每个情形的具体环境以及所涉动产的特性进行具体的评价,其中共识(Verkehrsauffassung)具有重要意义(BGHZ 101,186 et seq. = NJW1987,2812;MünchKomm(-Joost),BGB[4], § 854 no. 1);进行占有的权利不具有任何作用,因为占有并不是合适的对物权,且占有作为一个事实独立于法律环境之外被评估。这实际上意味着占有作为实际控制能够同样通过他人即中间人(关于直接或间接占有的区别,参见下文注释44及以下)来行使。进一步来说,对于占有行为行使的时间,行使权利的暂时性的障碍并不涉及占有的放弃(民法典第856条第(2)款),如一个学生在上课期间将自己的自行车留在大学前面;一个农民不经意的将锄头整晚的留在了田里。这表明对物的高度的实际控制只是关于占有的取得,而不是它的持续(Baur and Stürner,Sachenrecht 17, §7 no. 16;MünchKomm(-Joost),BGB[4], § 856 nos. 12 ff;Faber and Lurger(-McGuire),National Reports Ⅲ,chap. 2. 1. 1;against Brehm and Berger,Sachenrecht 2,para. 3. 2)。人力控制的相对性作为占有的概念性要素同样体现在了民法典第857条中,它规定一旦被继承人死亡占有自动的转移给继承人。

3. 在奥地利,实际控制的要素并没有在严格的意义上被理解:它指的是对物体一定程度的控制以及对此达成的共识。实际控制可以通过他人获得或保持,如雇员、承租人、管理人、质权人或家庭成员(Iro,Sachenrecht[3],nos. 2/45 ff)。此外,因为它主要是一种事实情形,即使占有人不知道自己占有或已经忘记了物在哪里,但占有仍然存在(Schwimann(-Klicka),ABGB II[3], § 309 no. 2)。民法典第352条进一步明确规定仅有占有的意图已经足够,因此丢失财产的占有人仍然保持对物的占有,只要仍有可能将物取回。结合规定了只要物已经丢失且不可能找回则占有结束的民法典第349条考虑,如果抛弃或他人已经取得了占有,占有人和财产间所要求的物理亲密性的强度在占有设立后一定程度的减弱。尽管取得占有要求具有紧密的实际联系,但随后所要求的紧密性程度则没有那么高(Faber and Lurger(-Faber),National Reports Ⅰ,36)。将大衣留在博物馆衣帽间的人仍然被认为占有它,留在人行道上等待收集的奶罐或农民将自己的拖拉机留在地里同样也是如此,即使那不是他自己的地(Rummel(-Spielbüchler),ABGB I[3], §349 no. 1)。至于野生动物或鱼,捕捉或射击足够使打猎或钓鱼许可证的持有人获得所有权,如果没有许可证,则所有权被土地的所有权人获得(Klicka,loc. cit., § 383 no. 1)。

4. 在希腊,占有的事实要素(molg)存在于对物的实际控制权的行使中(jasovg),正如民法典第974条所规定的那样;所有权人的意图要素仅仅是将留置提升为占有(第Ⅷ-2:106条注释5)。当占有(或留置)被取得时,必须要有物体和意图要素的持续存在(民法典第981条);占有人必须能够对物以稳定的、持续的、不受阻碍的方式进行人力控制(Georgiades,Em-pragmato Dikaio I, § 14 no. 18)。当物上人力控制的权利停止存在或占有人表达了相反的意图时则占有失去。然而,和德国一样,权力行使中的暂时性的障碍并不导致所有权的丧失(民法典第981条第(2)款)。为了维持占有并不必然要求占有人对物拥有永久的直接的实际控制(A. P. 1602/1981,NoB 1982,927;CAThessaloniki 1242/1988,Arm 1988,1205;Eir. Naxos 7/2002,ArchN 2003,871)。知道自己将物放在了口袋里、家里或车里的人继续保持占有;将外套留在酒店或博物馆的衣帽间的人也保持对外套的占有。占有并不依赖于占有人是否出门旅行、暂时的忘记了某物的存在,入睡或暂时的失去了精神能力。对于占有的维持重要的是占有人拥有随时恢复对物的实际控制的能力(Georgiades,loc. cit., § 16 no.7)。获得占有的要求比维持占有的要求更加严格。获得占有所要求的行使人力控制的权力的范围和内容依赖于具体的事实,同时也必须考虑一般接受的标准(CA Athens 3776/1991,ArchN 1992,606;Eir. Paros 1/1990,ArchN 1992,251)。暂时控制某物或仅仅这样的努力并不足以取得占有(Georgiades,loc. cit., § 17 no.5)。把一群羊整晚忘在外面的农夫仍然保持对羊的占有,但如果属于他人的羊混入其中,农夫从他将羊作为自己所有而保留和照顾之时起得到占有;在这种情况下,仅仅有实际控制是不够的,同样需要意图要素(Faber and Lurger(-Klaoudatou),National Re-ports III,chap. 2. 1. 2. (g)(ⅱ))。另一个占有的概念中人力控制的相对价值的例子规定在民法典第983条中,和德国一样,该条规定赋予继承人在实际控制遗产之前就已取得占有(Klaoudatou,loc. cit.,chap. 2. 1. 2. (d))。

5. 在瑞士,占有被定义在民法典第919条第(1)款中作为对物的有效的控制;在这个意义上,占有是一种事实状态并且不考虑该人是否对物拥有权利或有权占有该物。对事实要素的要求并不是非常严格,因此控制并不必然要求是实际的,它的存在可以根据环境推定,如可以从占有人的行为中推知物仍然在他的控制中,即使物在第三人的手中(Steinauer,Les droits réels I[4],nos. 181 ff)。瑞士法没有对定性占有人与占有物之间关系的紧密程度做具体要求,取得占有和维持占有所要求的控制程度也没有什么差异。实际控制只有在单边取得占有(如盗窃、无主物的占有)的情况下才被要求,在转让或维持占有的时候并没有被要求,尤其在涉及不要求实际交付的转让模式中(如longa manu tradition,民法典第922条第(2)款;constitutum possessorium,民法典第924条第(1)款)。在野生动物的情况下,并不要求"完全捕获",但必须存在一定程度的实际控制(如野生动物在坑中或在网中被抓到或被猎人的狗抓获)(Haab/ Simonius/ Scherrer /Zobl(-Scherrer),Zürcher KommentarⅣ. 1[2],arts. 718 -719 no. 27)。此外,民法典第921条明确规定行使占有的暂时阻碍或短期不能进行实际控制的事实并不消灭占有;把自己外套挂在公共衣帽间的人仍保持对它的占有,因为从环境来看很明显该人没有放弃对外套的占有,尽管只是保持了松懈的实际控制(Steinauer,Les droits réels I 4,no. 180;关于占有人与物之间的紧密关系,参见Faber and Lurger(-Foëx and Marchand),National Reports Ⅵ,chap. 2. 1. 8)。法律甚至承认事实要素(或心理要素或两个都)不存在的占有(Steinauer, loc. cit., nos. 199 f; Schmid and Hürlimann-Kaup, Sachenrecht[2],nos. 100 f):民法典第560条第(2)款规定继承人自动的获得遗产的占有,即使他还没有取得对物的控制并且可能甚至不知道相关的死亡(Faber and Lurger(-Foëx and Marchand),loc. cit. ,chap. 2. 1. 2)。

6. 在荷兰,尽管占有的定义建立在留置的概念上,但后者不被民法所调整。这种忽略是故意的,荷兰的立法者在发布新的民法典时表达了这样的愿望:"在适用有关占有的新的规定的时候,法官应服从占有实际功能的引导,而非服从教条式的考虑。"留置的概念来源于travaux préparatoires并存在于实际的情形中:对物的实际控制的行使。因此占有缺少有意义的定义,但它仍然可以被包含在留置(houderschap)的一般概念下(Faber and Lurger(-Salomons),National Reports Ⅵ,chap. 2. 1)。

7. 在匈牙利,尽管民法典中没有对占有进行规定,但可以从民法典第187条推导出它的定义,该条规定了占有的获得。关键在于物上的实际控制和全力的行使,无论是以直接还是间接的方式。法律规定为了取得占有,可以任何方式持有物或保证对它的控制(民法典第187条第

(1)款)。决定在具体情形中是否存在占有的测试包含在共同意见(communis opinio)中,它还包括了使用相关物的性质、功能和方式的标准,如占有人对某物进行控制、仅仅将物放在自己的土地上或房中或甚至没有亲自持有而是简单处分它的事实必须被考虑(Lenkovics, Dologi jog[6], 253 et seq.)。作为定义占有的替代方式,除实际控制的概念之外,匈牙利法律同样将它看做一种法律关系:占有人有权要求其他人的消极的行为,即他能主张每个人不能干涉占有(Lenkovics, Dologi jog[6], 255)。在匈牙利法律中广泛的占有的概念中,正如上面所描述的,实际控制并不总是最重要的;很多人都可以被看作占有人:所有权人,无论是否对物拥有实际的控制,对物拥有事实上的实际控制的人,无论他是否有意的取得占有;根据民法典第187条第(2)款在他人暂时取得对物的控制的人(Lenkovics, Dologi jog[6], 256)。实际控制暂时不可能并不导致占有的终止,如占有人无意中将物忘在了某处,或由于某种法律关系控制权暂时转让给了其他人,如租借协议(Lenkovics, Dologi jog[6], 259; Faber and Lurger(-Szilágyi), National Reports Ⅲ, chap. 2.1.4 and 2.2.2)。

8. 在捷克,尽管占有与物相连,但正如在其他欧洲法律制度中所规定的,现实中的接近和对物实际的处分并不是决定性的。一方面,行使对物的控制并不必然存在于对物的实际控制中,决定性的因素是将法律权力授予物的法律关系;实际控制因此成为控制物的一种可能的方式。另一方面,占有是捷克私法中最容易引起争议的制度之一,因为,尽管在实际情况和法律情况之间可能产生矛盾,占有法对实际情况授予法律保护(Knappová, Drzˇ ba, 579; Knapp, Právní praxe, 265 et seq.)。占有人可以直接也可以通过他人进行占有(Sˇvestka/ Jehlicˇ ka /Sˇ kárová, OZ[9], 452)。直接占有和间接占有没有在民法典中规定,但法律原则确认了二者的区别。在这个意义上,民法实体同样也可以成为占有人。总而言之,占有人不需要有履行和所有权人一样的行为的能力。进一步来说,法律原则或判例都没有确定取得占有时所要求的实际控制的程度是否需要和维持占有时所要求的一致,但是,根据某些人的意见,在整个占有过程中占有的程度都应保持一致。捷克民法典中关于占有的规定是非常不完整的,仅存在于三个条文中(第129~131条)。从这个有限的法律框架中很难得出决定性的结论。然而,应当注意到民法典草案对占有的意图要素比事实要素投入了更多的关注(Faber and Lurger(-Tichy ′), National Reports Ⅵ, chap. 2.1)。

9. 在斯洛伐克,占有的事实要素来源于民法典第129条,它取决于对待某物或行使某种权利如同自己所有的一样(Faber and Lurger(-Pet-kov), National Reports Ⅵ, chap. 2.1)。

10. 在爱沙尼亚,占有在法律中被定义为对物的实际控制。实际控制的概念被认为应包括以下方面:(a)与物相关的特定的关系,(b)占有人的这种地位允许他现实的控制物并排除其他人的接触,(c)物在占有人的控制范围内且这种控制可以被其他人察觉。然而,这些要素在广义上被解释并和物的本质和经济目的相一致:占有人不必持续的保持和物的紧密关系。至于时间要素,一段时间持续的占有也是占有的特征之一。然而,这个要求的目的仅在于从占有的范围中消除与物的实际紧密关系的临时的例子。关于占有存续的时间无法给出精确的要求,它也需要根据环境决定,因此它更像是占有存在的指示器而不是占有的一项合适的属性。在任何情况下,起决定性作用的都是占有人进行实际控制的实际能力,以及一般性观念(Faber and Lurger(-Kullerkupp), National Reports Ⅰ, 249 f.; Pärna, Asjaõigusseadus, § 32 comm. 6, 43 f)。有人认为,更高的实际控制的程度只在取得占有时被要求而不是保持占有时(Kullerkupp, loc. cit., 250)。关于第一次取得占有,必须具备上面所提到的所有的占有的要素,捕获鱼或野生动物是否有效的取得也将根据一般意见被考虑。一旦取得占有，占有只有在占有人放弃对物的实际控制或非自愿的失去占有（如物被遗忘、丢失、被盗，Pärna，Asjaõigusseadus，§ 39，53 f）的情况下才终止。根据物权法第39条，实际控制的行使中暂时的阻碍或干涉并不终止占有，这意味着如果占有人短暂的将物置之不理，如果他仍然拥有重新获得实际控制的可能性他并不失去占有（Kullerkupp，loc. cit.，250）。实际控制的相对性的另一个例子是所谓的"公开占有"：在这种情形中不存在明确的实际占有及占有人对财产事实上的权力，然而第三人接触物的可能性也没有被排除（如储存在森林中的一堆原木可以被任何人接触）。这个例子根据推定的法律环境仍然被定性为占有，即物被放置在特定的地方为了权利人的利益，以及该人在任何时候都能随时恢复对物的实际控制的一般能力。该推定的法律基础规定在物权法第36条第（2）款中，它允许仅通过协议转移占有，如果取得人已经处于对物进行实际控制的状态中（Pärna，Asjaõigusseadus，§ 32 no. 4，42；Kullerkupp，loc. cit.，251）。

11. 在立陶宛，事实要素存在于对物的事实控制中，然而，民法典第4:25条第（3）款确认了和别的法律制度一样的实际控制的重要性的相对性。它允许对物进行占有而无须直接或间接地接触物。此外，在获得动产所有权所有可能的方式中——这些方式同样适用于占有的取得——法律列出了物根据取得人的指示而被持有或物被交给了取得人选择的人的情形（Faber and Lurger（-Mikelenas），National Reports Ⅲ，chap. 2.2 and 2.4）。

12. 在斯洛文尼亚，在对物的直接控制中，事实要素是主要并且充分的因素（物权法第24条第（1）款）。对被占有财产的实际控制的行使不能总是以字面的含义理解。占有人不必一直保持对物的紧密联系，关键的是占有人随时对物行使所说的控制的实际能力（Juhart et al.（-Vrencˇur），SPZ s komentarjem［2004］，art. 24，148；Juhart/ Tratnik/ Vrencˇur（-Vrencˇur），Stvarno pravo［2007］，102；Faber and Lurger（-Rudolf/ Rijavec / Keresteˇs），National Re-ports I，529，534）。

13. 在法国，事实要素作为占有的事实的、重要的方面（pouvoir de fait）包括物的合法持有人同样能够进行的重要的行为，民法典第2255条（前第2228条）规定占有包括亲自或通过他人持有物或行使权利。然而有时候，仅仅有履行这种行为和任意恢复实际控制的可能性就能满足事实要素而无须实际的履行。一旦获得占有，就可以通过占有人自身的意图（animo solo）所维持，至少在不动产上是这样（Terré and Simler，Les biens[7]，153，no. 161；Bergel/ Bruschi/ Cimamonti，Les biens，149，no. 138；Jourdain，Les biens，no. 18 in fine，with further citations to case law），如果没有其他人占有该财产（Cass. civ.，29 March 1929，DH 1929，250 = S. 1929. 1. 207；Cass. 3[E]civ.，15 March 1977，Bull. civ. III，n8 121，p. 94）；在这个意义上，有关仅凭意图的占有的规定指的是物没有被使用的情况，而不是当他们被"丢失"。在任何情况下，一旦失去占有，仅凭意图的占有可以维持一年，但这仅适用于不动产，因为对于动产可以适用善意取得原则（Faber and Lurger（-Cashin-Ri-taine），National Reports Ⅳ，chap. 2.1）。取得占有一定要有占有人的实际行为，因为案例法认为仅仅通过司法行为取得占有是不可能的（Cass. civ.，14 November 1910，DP 1912，1，483；Cass. civ.，13 December 1948，D. 1949，jurispr. 72；RTD civ. 1949，28，obs. Solus；Cass. 3[E]civ.，11 June 1992，Bull. civ. III，no. 199，122）；在形成占有时总是要求有实际行为的存在（Faber and Lurger（-Cashin-Ritaine），National Reports Ⅳ，chap. 2.1）。进一步来说，占有并不需要总是通过占有人的行为被体现，如果第三人以他的名义行事就足够了（如承租人为了出租人做事；雇员为雇主做事）；这种现象被称作通过他人的占有（Likillimba，RTDciv. 2005，1）。

14. 在比利时，对占有的事实要素的认定采用了与法国相同的方法（民法典第2228条）并且它的相对性被考虑(Faber and Lurger(-Cauffman and Sagaert),National Reports Ⅳ,chap. 3. 1. 1)。然而,在理论上,取得占有所要求的占有的程度和维持占有时的要求并没有区别(Cauffman and Sagaert,loc. cit. ,chap. 3. 1. 1)。

15. 在意大利,占有是人与物之间的实际联系;对物进行占有(corpus possessioni)是占有的客观要素并通过对物各种事实上的权力的行使体现,该权力对应着所有权或其他对物权的行使(民法典第1140条第(1)款)。案例法指出占有人不必总是保持与物的实际接触:如果占有人可以随时使用物并且没有任何人来妨碍就已足够(如占有人将书放在书架上并不会失去书的占有,Cass. Ⅱ,no. 7538/2004)。案例法同样表明在获得占有的时候对物的实际控制是必要的(Cass. Ⅱ,no. 1253/2000;Cass. Ⅱ,8120/2000;Cass. II,no. 9226/2005)。随后,只要占有人可以随时重新得到对物的实际控制就可以了。这种可能性将根据财产的性质和社会经济目的被评估。占有可以亲自或通过他人被行使(民法典第1140条第(2)款;参见下文注释52)(Faber and Lurger(-Greco),National Reports Ⅰ,387,390 et seq.)。

16. 在保加利亚,占有的语境中"实际控制"的要求实际上指的是对财产、动产或不动产行使物理权力的可能性。(Faber and Lurger(-Stoimenov),National Reports Ⅳ,chap. 2. 1. 1.)这里所说的权力,对财产的"支配",必须是永久的而不能是暂时性的(如在一个建筑物中度过数个晚上并不构成占有,Venedikov,Novo veshtno pravo,41),它必须包括这种控制的所有可能的方面;如果控制没有被最大限度地行使,最终可能导致的不是占有的存在,而是准占有(真实权利的占有)(Tadjer,Veshtno pravo Ⅳ,24 et seq.)。与物某种程度的实际联系是需要的,这样才可以在任何时候推定实际控制的存在,但是这并不总是必须的,占有人实际上处于在任何时候都能进行实际控制的地位就足够了,因此,如果猎人用陷阱捕获了属于他人的动物则不存在实际控制(Venedikov,loc. cit. ,43;Hausmaninger,Casebook,310)。原则上,占有人被期望对财产行使实际控制,然而,占有人可以被合理的期待并能够随意行使这种控制。在一般的情况下,占有总是维持在稳定状态即使占有人没有进行实际的控制,即没有实际的接触,如果不存在被他人干涉的情况(Tadjer,loc. cit. ,61);因此将自己的外套忘在了衣帽间或将自己的摩托车停在街道上的人仍然是占有人,除非该占有已经被取走。在占有转让的某些情形中也可以发现相同程度的实际控制的相对性,如继承法第58条规定继承人甚至可以在他们获得对遗产的实际控制前制定占有的救济(并直到继承被确认)(Stoimenov,loc. cit. ,chap. 2. 1. 5)。有人认为,这个规定表明已经被废除的财产、所有权和地役权法第309条作为一般原则仍在发挥作用,即使它没有被包括在所有权法中;根据所提到的规定,继承人取得遗产的占有根据有关遗产增值的法律,即使他对此并不知情或不知道被继承人的死亡。法律学说和案例法(SC1st civ. ch. ,no. 759/96;SC 2nd civ. ch. ,no. 664/94;Venedikov,loc. cit. ,46;Vassilev and Goleminov,Bulgarsko veshtno pravo^{2},32)都表明这可以从大量的法律规定中推导出来,包括继承法第58条或继承人累积计算自己占有和死亡人占有的可能性(参见Tadjer,loc. cit. ,60;Stoimenov,loc. cit. ,chap. 2. 3. 4)。

17. 在西班牙,占有被认为是一种事实或一种权利(关于西班牙法律中占有的法律性质,参见下文注释87),从技术的角度来看,这些概念之间紧密的相互联系,事实占有人是法律授予占有权利的人;占有是产生法律效果的实际的联系。尽管占有的定义实际上指的是物的实际的持有或作为权利行使的出发点(民法典第430条第(1)款,posesión natural),这种实际控制并不总是构成占有,相反,有时候没有这种控制的人也被认为是占有人。更具体的来说,对物拥有实际控制的人如果他自己既没有意识到也没有行使物上权力的意图可能不被认为是占有人,没有外在化对物的控制或仅仅根据实际占有人的容忍而持有物(民法典第 444 条)。相反,没有进行实际控制的人如果可以对物发挥能够被公开观察到和承认的实际上的影响力可能被认为是占有人;这种对占有人行为的要求将根据物的性质以及行使的权利的种类所决定。就此而言,不要求对占有客体永久的、有形的和亲自的接触:野生动物从它掉入陷阱或被猎狗抓住之时起可以被占有,信从它被扔进邮箱之时起被占有,公寓不需要被它的所有权人从头到尾的占有而只需要一段时间例如夏天的几个月。尤其在涉及动产时,民法典第 461 条规定到动产的占有没有失去即使占有人暂时的不知道他们的具体位置。此外,占有人也可以通过他人外在化自己的占有,如出租人通过承租人展示对于出租物的占有;甚至还可以通过他人取得占有,如法定代表人,代理人或甚至没有权力以他人名义行事的人,如果被冒名的人随后批准了占有(民法典第 439 条)。除此之外,在特定情况下,法律对不持有财产的人授予占有保护,要么因为他们在过去曾经这么做了(民法典第 460 条和第 466 条),或是因为他们继承占有(civilísima possession;民法典第 440 条第(1)款)。继承占有(Civilísima possession)是作为占有构成要素的实际控制的重要性的进一步证明,因为继承人在被继承人死亡时根据法律拟制获得占有(如果继承人没有放弃遗产),即使继承人还没有获得对遗产的实际控制(Faber and Lurger(-González Pacanowska and Díez Soto),National Reports Ⅴ,chap. 2. 1,2. 2. 1,2. 3. 4and 2. 5)。

18. 在葡萄牙,来源于民法典第 1251 条和第 1253 条的占有的概念体现了对主观(animus)因素的倾向性;因此,占有被描述为所有权或其他财产上的物权的内在的控制权力的表现。葡萄牙法律中占有的事实要素并不要求任何与物相关的永久的实际联系以维持占有(Mesquita,Direitos Reais,97)。如果占有人重复进行占有范围所覆盖的实质性行为就已足够。此外,根据民法典第 1252 条的明确规定,占有同样也可以通过他人行使(Faber and Lurger(-Caramelo-Gomes and Nóbrega),National Reports Ⅳ,chap. 2. 1. 2 and 2. 2)。

19. 在欧洲的普通法中缺少对占有有意义的定义;法律学说试图将占有的主要方面概括为对财产的控制权力,直接或间接的行使,即通过他人,如在寄卖或推定占有的情况中(Goode, Commercial Law 3,42 ff;see Notes 17 et seq. toⅧ－1:207)。在英格兰和爱尔兰法律制度中,是否存在足够的对财产的实际控制的问题根据每个案件的具体情况而决定,即具体财产的性质以及周围的环境。在 The Tubantia [1924] All ER 615 案中,一个打捞公司在与一艘沉船有短暂接触之后被认为占有了该船,因为气候条件和海洋状况仅允许如此短时间的接触。相反,在 Young v. Hichens [1844] 6 QB 606 中,尽管权利主张人几乎用渔网捕获一个鱼群,而被告为了阻止他完全的捕获鱼而把自己的船划到网的开口处,法院认为"完全捕获的极大的可能性"并不等于占有,因此,权利主张人无权提出非法侵害之诉(Faber and Lurger(-Frisby and Jones),National Reports Ⅱ, 21 f;Faber and Lurger(-Gar-diner),National Reports Ⅱ,180)。在塞浦路斯,一方面,在 Antrikos Nikou Christou v. GeorgiosGeorgiou 案中(民事上诉第 9807 号),法院认为土地的占有要求行使实际的控制;另一方面,在 Margarita Ikosi v. Andreas Karayannis and others 案中(民事诉讼第 4716 号)中,约瑟菲德斯法官确认了获得物的事实上的占有而无须进行实质性接触的可能性。因此,一般原则似乎是构成占有所要求的实际控制的程度可能在每个案子中都不相同,因为"通过占有意味着需要根据对可能物特性而调整的获得"(Faber and Lurger(-Laulhé Shaelou/ Stylianou/ Anastasiou),National Reports Ⅱ,510;Lord Advocate v. Young [1887] 12 App. Cas. 544)。至于控制的程度和范围,在英国和爱尔兰,获得占有所要求的控制的权力对于维持占有来说并不是必要的(Faber and Lurger(-Frisby and Jones,National Reports Ⅱ,22;Goode,Com-mercial Law[3],45)。

如果一个骑自行车的人进入了一个商店并将他的车留在外面,他并不失去他的占有,并且如果有人干涉了他对自行车的占有,他可以提起非法损害之诉;如果不是这样,和平和社会秩序可能会被严重的破坏。一旦取得占有,确认实际权力的标准比取得占有所要求的标准更加宽松;实际控制的终止可以通过占有人的积极行为或其他取得必要程度控制的人的积极行为实现或使财产变得独立(Bell,Personal Property,36;Faber and Lurger(-Gardiner),National Reports Ⅱ,181)。

20. 在苏格兰,占有的一个要素是和财产的实际关系。在自然占有和民事占有之间存在一定的区别。自然占有涉及占有人对客体进行实际控制的所有情形,然而在民事占有中,事实上实际控制是在他人手中,即监管人,民事占有人通过他而掌握客体(Stair,Institutions,no. Ⅱ. 1. 10;Erskine,An Institute of the Law of ScotlandII 8,no. Ⅱ. 1. 22;Bell,Principles of the Law of Scotland 10,§ 1312)。这种区分建立在人与物之间关系的紧密程度上。在班克顿(Bankton)研究所研究苏格兰和英格兰法的著作第二卷第一章第26节中,提出了一个替代的标准,即根据占有人是否为了自己的使用或为了自己作为所有权人而持有物,然而在实践中这种标准从来没有被采用过(Faber and Lurger(-Carey Miller/ Combe/Steven/ Wortley),National Reports Ⅱ,327)。在雇佣的情况下,通过他人的占有更类似于自然占有而不是民事占有;因此,它表明占有也代表了一定程度的等级,建立在监管人意图的不同上(Carey Miller and Irvine,Corporeal Movables 2,no. 1. 20 Fn. 96;see Ⅷ-1:207 Note 19 below)。在苏格兰,进一步的确认占有的事实要素,事实占有(也称作"主体行为"或"留置")存在于所涉财产最初的留置行为中;这种初始行为在性质上必须是积极的,这样仅仅与物有紧密联系还不够,它必须授予取得占有人对物排他的实际控制(Stair,Institu-tions,nos. II. 1. 11,II. 1. 18;Carey Miller/ Combe/Steven/ Wortley,loc. cit. ,323,325)。占有人必须为了自己的使用以排他的方式持有物并排除他人对物的使用,一旦占有设立,占有可以仅通过意思要素(Stair,Institutions,no. II. 1. 19;Erskine,loc. cit. ,no. II. 1. 21;Bankton,Institute,no. II. 1. 29)被维持,只要没有他人的干涉质疑占有人的地位或占有人没有进行任何分解物的积极的行为(Carey Miller /Combe/Steven/ Wortley,loc. cit. ,326)。实际上紧密的联系非常重要但它不必永远存在,占有人不必持续的进行实际控制但也可以通过他人实现占有(民事占有,Carey Miller and Irvine,Corporeal Movables 2,para. 1. 20;参见下文注释57)。在封闭的情形中,对不动产的占有同样包括在不动产上发现的所有物(即使还不被占有人所知),参见第Ⅷ-1:206条注释21。

21. 在挪威和丹麦,没有关于占有、留置或类似概念的一般定义。在过去,占有的一般概念曾作为讨论的对象,如今唯一剩下的是来自德国的单词 besittelse,它在立法中仍然偶尔被使用;在最近的立法中所采用的类似的术语或表达包括 sitte med(字面上指的是"照看")和 har ein ting som sin eigen(拥有某物如同自己所有)。这些不同的术语事实上拥有共同的核心,但是不可能从它推导出明确的结论(Brœkhus and Hœrem, Norsk Tingsrett, 32; Lilleholt, Godtruerverv og kreditorvern,142 et seq.)。一般认为,根据各自的规定,事实上的评价决定了要求存在的或不存在的实际控制的种类。以挪威抵押和质押法为例,sitte med 是使某人在动产上的权利能够对抗所有权人的债权人的要求,只要物的实际控制不再在出质人的手中该要求就被满足,而质权人取得什么种类的实际控制是不相关的:如果质权人取得存储动产的房间的两把钥匙中的一把或质押的通知被告知持有动产的第三人都是足够的(Skoghøy,Panterett,189)。Sitte med 同样被使用在挪威善意取得法中关于卖方的权力的部分:根据动产的类型所要求的实际控制的种类可能不同,并且总的来说,它包括所有权人对物所拥有和对行使的相同种类的控制(Faber and Lurger

(-Fœrstad),National Reports Ⅴ,16 f,52;see Notes 84 et seq. to Ⅷ-3:101)。根据挪威刑法第255条,besittelse意味着对动产独立的和持续的实际控制;如果非所有权人对物有这样的控制并希望私占物,这将会构成侵占(Andenœs,Formues-forbrytelsene[4],15;Rt 1949,726)。最后,har ein ting som sin eigen这样的表达(如同自己所有的拥有某物)被规定在取得时效法第2条中,它基本上暗示了拥有相关权利的人可能拥有的实际控制的种类,紧密性、持续性和排他性的要素是决定性的(Faber and Lurger(-Fœrstad),National Reports Ⅴ,chap.4. and 11.3.3.;参见第Ⅷ-4:101条注释17、36、56和75)。因此很明显在决定不同情形下所需要的实际控制的必要程度所需要的要素时挪威的法律采用了一种相当现实的方法(Fœrstad,loc. cit.,17)。

22. 在瑞典,通过他人进行占有经常在简单描述的意义层面上而被理解,即既然占有主要被认为是表达物被存放在哪里的方式,间接占有(medelbar besittning)也是对这个问题的回应并且表明物被放在了哪里(在谁的手中)。然而,它同样表示该人为他人持有物并同时进行确认。在任何情况下,占有人都不必亲自持有物并且可以在他人的帮助下得到利益(Håstad,Sakrätt,50;Martinson,Transfer of Title Concerning Movables III,National Report:Sweden,28)。

23. 在芬兰,检查占有的出发点当然是对有形物的实际控制,作为一种自证自明的现象它可以被轻易的设立和发现;它是对物有效的事实上的权利(tosiasialinnen valtasuhde esineeseen)。然而,在这个一般概念之上,占有的内容根据每个具体的案例中物的情况而变化。很明显不动产的占有在一定程度上不同于物的占有,所有权人的占有也不同于拥有有限物权的人的占有(在同一个物上后两种种类的占有可以同时共存);然而,问题的复杂性导致了法律学者之间关于占有的准确定义和它的法律约束力的极大的争议(Faber and Lurger(-Kuusinen),National Reports Ⅴ,chap.2.1.1)。而且,既然占有被认为是控制财产的权利关系,它在字面上也不能被理解为实际占有。在决定物被持有人占有时没有要求即时的监管或实际上的紧密关系(Tepora,Johdatus esineoikeuteen,51 ff);这在不动产上更加清楚,但同样也可以适用于动产。相反,如果物在它通常存放的地方并且持有人对它进行控制或占有人知道财产被放在哪里(如持有人存放它的地方)就是足够的;在这些情形中,占有都是有效的。在一个最高法院判决中(KKO1950II 213),一架钢琴被交由他人存储,法院允许所有权人寻求相关的救济,认为他没有放弃对钢琴的占有,即使钢琴不再在他直接的实际控制下(Faber and Lurger(-Kuusinen),National Reports Ⅴ,chap.2.1.1)。然而,必须注意到,尽管间接占有的问题在芬兰法中被讨论,讨论的语境和相关性与欧洲其他法律制度都不相同。从占有的程度或持有人或占有人的意图并不能推导出确定的结论,直接占有和间接占有之间的区别也没有被充分的关注(Tepora,Johdatus esineoikeuteen ;Kartio,Esineoikeuden perusteet;Kaisto,Pantti tai muu vakuus)。关注的焦点是占有的具体功能以及占有总是与物相联系的事实(Kuusinen,loc. cit.,chap.2.1.3)。

Ⅲ. 占有的客体(有形财产或权利)

24. 在德国,根据民法典第854条和第90条,只有有形财产才能成为占有的客体,因为民法典第90条在相当狭义的意义上对物进行了定义。权利如知识产权并不在德国财产法(Sachenrecht)的范围内并因此不适用它的规定(比较Ohly,JZ 2003,545 et seq.)。尽管民法典的规定被调整适用于有形财产的占有,准占有(Rechtsbesitz)的表达被用在民法典第1029条和第1090条第(2)款中;然而在这种语境中,该术语可能会被误解,它不能被看作对权利的某种控制而是对权利的实际行使。上述条款适用于对作为有限对物权中客体的物的占有,而不是权利的占有。当地役权的受益人和从属的财产之间不存在现实的实际关系,而是通过一种有限物权设立了他们之间的联系,民法典第1029条和第1090条第(2)款授予对占有的保护,如果地役权被登记在了适当的土地登记簿中就是足够的(Brehm and Berger, Sachenrecht[2], no. 2. 7; MünchKomm (-Joost), BGB[4], Preface to § 854 no. 7)。然而,法律学说认为接受民法典第2018条下的土地财产的占有可以同样包括权利(Faber and Lurger(-McGuire), National Reports Ⅲ, chap. 2. 1. 1)。

25. 在希腊,根据主流意见,只有有形客体可以被占有而不包括权利(Georgiades, Empragmato Dikaio I, § 15 no. 7; Spyridakis, Emprag-mato Dikaio I, no. 63. 2. 1.; Filios, Empragmato Dikaio[2], §40)。尽管民法典(oiomei Ł molgŁ, ioní nomí)在涉及作为地役权或质押权受益人的持有物的占有人的意思要素时同样使用准占有的术语(民法典第975条),理论上一致认为,尽管可能存在法律规定的误导,但相关的权利(地役权、质押权)仅涉及物的占有而不是权利的占有,准占有的事实要素对应着对物的部分的实际控制并与相关的权利保持一致(Georgiades, loc. cit. I, § 15 nos. 7 ff; Spyridakis, loc. cit., no. 6. 1)。和占有的一般概念(也称作一般占有)相比,准占有只在范围上有所差异:作为以所有权人意图行使实际控制的结果,一般占有包括所有可能对物行使的行为,然而,准占有只能行使作为质押权或地役权受益人的权利所产生的权利并且只能在这个能力范围内行动(Georgiades, loc. cit., § 15 nos. 1 et seq.)。

26. 在瑞士,除了物之外,法律学说认为权利同样是占有可能的客体,因为民法典第919条第(2)款规定了地役权(Grunddienstbarkeiten)和土地押记(Grundlasten)的有效行使和物的占有(Sachbesitz)相同。然而,作为占有客体的权利所可以适用的规定的范围限制在特定的权利(Steinauer, Les droits reels I[4], nos. 193 ff),尽管有人建议为了包括要求履行债务的权利和知识产权该范围应当被扩大(Stark, Berner Kommentar Ⅳ. 3. 1[3], art. 919, nos. 69 ff)。

27. 在立陶宛,任何负担着所有权的有形物都可以成为占有的客体(民法典第4:24条)(Faber and Lurger(-Mikelenas), National Reports Ⅲ, chap. 2. 1)。

28. 在爱沙尼亚,关于占有的规则只适用于有形财产。这来自将占有在法律上定义为"对物的实际控制"(物权法第32条),其中根据民法典总则法第49条第(1)款物被理解为有形客体。爱沙尼亚的法律不承认对权利的占有(Faber and Lurger(-Kullerkupp), National Reports Ⅰ, 252; Pärna, Asjaõigusseadus, § 32 no. 9, 44)。

29. 在斯洛文尼亚,只有有形财产的占有被明确规定在了物权法中,"合法占有"的术语并没有被使用(Juhart /Tratnik/ Vrencˇ ur(-Vrencˇur), Stvarno pravo [2007], 97)。然而,一般认为,权利的占有指的是占有人对构成相关权利客体的财产的直接占有:承租人同时既可以是租赁权的占有人也可以是出租财产的直接占有人(Tratnik, Stvarnopravni zakonik, 43; Berden et al. (-Tratnik), Novo Stvarno pravo, 41; Juhart/ Tratnik/ Vrencˇ ur(-Vrenc ˇ ur), Stvarno pravo [2007], 97)。至于非占有质押、所有权上担保的转让,以及所有权的保留,抵押权、担保持有人和转让人被认为是间接占有人(Berden et al. (-Tratnik), Novo Stvarno pravo [2002], 41)。在不动产地役权的情况下,受益人被当作不动产的占有人对待(Juhart et al. (-Vrencˇ ur), SPZ s komentarjem [2004], art. 24, 149; for posses-sion of rights in general, see Faber and Lurger(-Rudolf/Rijavec / Kerestesˇ), National Re-ports I, 530 et seq.)。

30. 在葡萄牙,有关占有客体的讨论相当有限。然而,可以认为有形财产可以实际的被占有,只要他们不是在商业之外,这进一步意味着在占有的法律定义中提到的对物权(民法典第1251条)是唯一可能被占有的权利(Faber and Lurger(-Caramelo-Gomes and Nóbre-ga), National Reports Ⅳ, chap. 2. 1. 1)。

31. 在奥地利,占有的客体可以是有形物(Sachbesitz)也可以是权利(Rechtsbesitz)。两种形式的占有都被规定在相同的规则中,尽管民法典第 311 条及以下包括了权利占有的取得和行使的其他规定。权利的占有意味着某人可以根据以自己名义采取行动的意图行使权利,但该权利的存在并不是必须的(Kodek,Besitzstörung,103)。只有那些可以被永久行使的权利才可以成为占有的客体,如租赁权、地役权、抵押权或买方在所有权保留下的未来的利益(Koziol and Welser,Bürgerliches Recht I[13],259 f;Schwi-mann(-Klicka),ABGB II 3, § 311 no. 4),一旦行使即将消灭的权利,如购买选择权,不能被占有。具体而言,管理人(Verwahrer)不被认为是权利的占有人,因为他无权使用该财产而是承担着持有它的义务(Koziol and Welser,loc. cit.,259)。当所有权人没有亲自对物进行实际控制时,占有的两种客体(有形物和权利)可以同时被两个人占有,例如在租赁的情况下,所有权人被认为是物的占有人(Sachbesitzer),然而承租人是相关物的租赁权的占有人(Rechtsbesitzer)。权利的占有的概念在实践中的重要性体现于占有保护规定的可适用性上,因此,根据主流意见,它们只可以适用于授予有形财产实际控制的权利(Faber and Lurger(-Faber),National Reports Ⅰ,37 f),然而,另外一种意见认为,有形财产的实际控制既不是承认在法律上权利占有的要求,对它的保护来说也不是必须的(Kodek,Besitzstörung,105 et seq.)。

32. 在匈牙利,占有作为一种法律关系主要指的是能够成为人们实际控制和权力主体的任何种类的物。然而,匈牙利私法同样承认特定权利占有的可能性(Len-kovics,Dologi jog[6],256)。这种权利既可以是对人权,如雇佣或租赁(民法典第 423 条及以下)、处分(民法典第 462 条及以下)、无偿借款(民法典第 583 条及以下)、分期付款购买、政府特许权等,或对物权,如用益权(民法典第 157 条及以下)、土地地役权(民法典第 166 条及以下)、质押权(民法典第 265 条)等(Faber and Lurger(-Szilágyi),National Reports Ⅲ,chap. 2. 1. 5)。

33. 在捷克,根据民法典第 130 条第(1)款的明确规定,占有可以适用于有形财产或权利,这个观点同样也被法律学说所接受(Knappová(-Knapp/Knappová /S ˇvestka),Civil Law I[3],293;Faber and Lurger(-Tichy ′),National Reports Ⅵ,chap. 2. 1.)。

34. 在斯洛文尼亚,有形财产(动产或不动产)和权利都可以成为占有的客体,如果权利是持续存在或可以反复行使的(参见民法典第 129 条第(2)款)。在后一种情况下,占有人的意思要素表现在他如同权利的合法持有人对权利的行使中。只能被行使一次的权利,如优先购买权,不能被占有(Faber and Lurger(-Petkov),National Reports Ⅵ,chap. 2. 1)。

35. 在法国,法律明确规定有形财产和权利都可以作为占有的客体(民法典第 2255 条[前第 2228 条]),占有存在于对物的持有或对权利的行使;占有的后一种形式同样被称为准占有(Terré and Simler,Les biens[7],146,no. 153;Pélissier,Possession et meubles incorporels,passim;Parance,La possession des biens incorporels,passim)。只有那些可以被私人所有并且已经被个别化的物可以成为占有的客体。然而,法律所规定的物的组合(universalité de droit)同样可以被占有(Bergel /Bruschi/Cimamonti,Les Biens,143,no. 130;Cass. civ.,26 January 1914,DP1914. 1. 112;S. 1920. 1. 27)。因此,不可转让的财产不能被占有(choses hors du commerce),如共同物,如空气、水、海洋(res communis omnium)和公共财产(biens du domaine public)(Bergel /Bruschi/Cimamonti,Les Biens,143,no. 130)。然而,不是所有适用于物的占有的规定都适用于权利的占有(如善意取得和取得时效,Terré and Simler,loc. cit.,343,no. 461)。关于哪些权利可以被占有的问题,法国法认为大部分的对物权都可以(如所有权、用益权、不动产抵押、抵押权、继承出租),但是有些不行(Faber and Lurger(-Cashin-Ritaine),National Reports Ⅳ,chap. 2. 1)。如抵押权不能被占有,因为

法律没有对这样的权利授予保护并且物的所有权人继续持有该物(Voirin and Goubeaux, Droit civil I[30], 275, no. 609),某些地役权(servitudes discontinues et non apparentes)同样不能被占有,这可以从民法典第690~691条推导出来(Cash-in-Ritaine, loc. cit., chap. 2.1)。然而,有人认为,对物的占有其实也应被看作物上对物权的占有(Terré and Simler, loc. cit., 146, no. 153 and 155, no. 164)。至于债务履行权利,则存在意见的分歧(支持者:Cashin-Ritaine, loc. cit., chap. 2.1;反对者:Voirin and Goubeaux, Droit civil I[30], 275, no. 609)。

36. 在比利时,法律规定与法国法差不多相同:有形财产和权利都可以被占有,尽管仅包括有限物权。这一结论可以根据民法典允许通过取得时效取得这种权利的规定推导出来。对人权的占有一般被认为是不可能的,但是从民法典第1240条可以推导出类似于有限物权的结论,该条规定对应收账款占有人所做的支付是有效的,即使该占有人被剥夺了占有(Faber and Lurger(-Cauffman and Sagaert), National Reports Ⅳ, chap. 3.1.1)。

37. 在意大利,占有主要指的是有形财产上的所有权或其他对物权(民法典第1140条第(1)款)。对于非物质性的物来说它们的地位是不清楚的,例如,在电视音频频率的情况下(Cass. II, no. 7553/2000)承认对占有的保护,即使没有违反RAI,即意大利国家电视网(Cass. II, no. 4243/1991),以及某人对土地财产权利投影的控制空中区域(Cass. II, no. 926/1997)的情况。但是不包括电力的情况(Cass. II, no. 9312/1993)。民法典第1160条规定取得时效同样适用于服务于共同目的并且属于同一人的动产的组合(universalità di mobili),从该条可以推断出这种物的组合也可以成为占有的客体;民法典第1170条进一步规定干涉占有之诉同样适用于这种组合(Tomassetti, Il possesso, no. 14)。当某人行使使用权、建筑物租赁权、抵押权等,无论他是否有权这么做(民法典第1153条第(3)款)(Cass. II, no. 9562/2005),学理上都认为这种行使是对权利的占有(possesso di diritti, possesso minore)(Faber and Lurger(-Greco), National Reports Ⅰ, 386 fn. 100, 388)。

38. 在西班牙,民法典第437条规定物和权利都可以成为占有的客体,对于后者而言,只有能够被使用的权利才可以被占有。至于物,只包括在法律意义上可以被占有的物(例如尽管可以对尸体行使实际控制的权力,它不能被认为是占有的客体);商事行为之外的物,如公共财产,原则上也不能被占有(尽管公共财产的使用可能通过公开让与的形式被割让给私人)。具体而言,权利只要可以被使用就可以成为占有的客体,正如民法典第437条和第430条所确认的那样。这并不必然意味着权利必须指向有形财产使其能够被占有;法律学说认为就算是无形财产(能源、知识产权、商标、专利、贵族头衔等),即使没有真正的持有,也可以服从于一定程度的使用,从而得到占有救济的保护,并且甚至可能适用取得时效,虽然这在实际操作中很难;然而,案例法的观点并不相同(参见TS16 April 1941, RJ 502关于工业产权)。权利的占有传统上被认为是准占有,尤其是地役权,因为虽然地役权不能对地役权土地进行实际的控制,但仍然产生一定的"有限的实际影响",这被认为值得进行保护,并且证明了通过取得时效得到地役权的规定的必要性。有些人倾向于将这个术语与间接占有的情形结合起来使用,当间接占有人从直接占有人行使的权利中获益时(如出租人和承租人)。在任何情况下,可以被占有的权利都是物权而不是债权;因此,民法典第1164条在一定程度上是错误的,因为它提到了"债权的占有"(Faber and Lurger(-González Pacanowska and Díez Soto), National Reports Ⅴ, chap. 2.2.2)。另外,Albaladejo Derecho Civil Ⅲ[10],第6.6条认为除财产权之外,世袭权也可以被占有。

39. 在荷兰,有形财产(zaken)和权利(vermoegensrechten)都可以成为占有的客体。这体现在民法典第 3:107 条第(1)款对占有的定义中,荷兰民法典第三卷同时规定了权利和有形财产也说明了一点(Faber and Lurger(-Salomons),National Re-ports VI,chap. 2. 1)。

40. 在保加利亚,有形财产,动产或不动产以及权利都可以成为占有的客体。准占有仅仅指的是物权,在动产中是用益权和抵押权(在不动产中是抵押权以及对质押权利的保留,参见 Faber and Lurger(-Stoimenov),National Reports Ⅳ,chap. 2. 1. 7. ,fn. 131;Stefanov,Turgovsko pravo,3/2000,53)。另外,保加利亚物权法并不承认对相对权的占有(关于相对权的占有的概念,参见 Venedikov,Novo veshtno pravo,38),因为占有的法律效果仅适用于物权(Stoimenov,loc. cit. ,chap. 2. 1. 7)。

41. 在欧洲的普通法国家,理论和判例都不涉及权利是否可以被占有;然而,值得注意的是,所有相关的标志性案件仅包括有形财产(参见例如 Young v. Hichens [1844] 6 QB 606;The Tubantia [1924] All ER 615;Faber and Lurger(-Frisby and Jones),National Reports Ⅱ,21 f;Faber and Lurger(-Gardiner),National Reports Ⅱ,180;compare also the CYPRIOT case law cited in Faber and Lurger(-Laulhé Shaelou/Stylianou/ Anastasiou),National Reports Ⅱ,510 et seq.)。

42. 在苏格兰,考虑最初的留置行为对占有的重要性,缺少实际存在的物一般都不能被占有(Stair,Institutions,no. II. 7. 1;Erskine,An Institute of the Law of Scotl and Ⅱ[8],no. Ⅱ. 9. 3;Bankton,Institute,no. II. 1. 28)。然而,为了方便积极时效和权利的登记,某些种类的无形可继承的财产通过拟制被认为可以占有(Reid,The Law of Property in Scotland,para. 121;Carr,Possession in Scots Law,47 et seq.)。关于权利的占有至今仍没有相关的案例(Faber and Lurger(-Carey Miller/ Combe/Steven/ Wortley),National Reports Ⅱ,330)。

43. 在瑞典,存在不同的意见;占有作为概念指的是有形动产,在涉及名义权利时该术语可能无效,如要求履行债务的权利,但是不存在决定性的结论(Martinson,Kreditsäkerhet i fakturafordringar,398 f;Martinson,Transfer of Title Concerning Movables Ⅲ,National Report:Sweden,27)。法律学者倾向于将概念限制在有形动产上(如 Homqvist et al.(-Wennberg),Brottsbalken[7],533 ff),因为扩展到履行债务的权利上可能使这个定义变得"空洞并且无意义"。然而,法院有时候会将这个定义扩张到上述的权利上(NJA 1947 s. 8;NJA 1954 s. 464;NJA 1994 s. 480)。

Ⅳ. 建立在事实要素上的占有的种类

44. 在德国,直接占有和间接占有之间存在明显的界限。直接占有被规定在民法典第 854 条中。根据民法典第 868 条的规定,当某人作为用益物权人、抵押权人、用益物权的承租人、承租人、受托人或处于类似的地位而持有物时,使他有权利或有义务为他人进行占有,他们都会被认为是占有人。在这种情况下,持有物的人被称作直接占有人,而他为之持有物的人则被称为间接占有人;除非可以从具体环境中另有推定,他们都被认为是适当的占有(Baur and Stürner,Sachenrecht 17,§ 7 no.50)。对于为了他人的直接占有,参见下文第Ⅷ－1:207 条的注释 1。根据占有人是否对物行使排他的实际控制或和其他占有人共同行使占有(Faber and Lurger(-McGuire),National Reports Ⅲ,chap. 2. 1. 2. (e)),占有可以被进一步的区分为独占的或共同的(Alleinbesitz/Mitbesitz)。民法典第 865 条规定了部分占有(Teilbesitz),即占有客体上的一部分,同样是可能的:它也被当作一种适当的占有的形式(Baur and Stürner,Sachenrecht[17],§ 7 no. 76)。部分占有不是共同占有而是对客体一部分的排他的占有(如承租人对房屋中所租房间的占有的行使),因此,客体上单独的一部分必须能够被单独的行使排他的控制(Palandt(-Bassenge),BGB[67],§865 no. 1)。共同占有被进一步的区分为简单的共同占有和严格意义上的共同占有

(schlichter und gesamthänderischer Mitbesitz)。在简单的共同占有中,多个人对客体行使对物的实际控制,但他们不必集体行动,并且当他们采取行动时必须考虑他人的占有(如当两个或多个人拥有一辆车或一个柜子的钥匙;BGH NJW 1979,714 et seq.;BGH NJW 1993,935 et seq.)。严格意义上的共同占有指的是共同占有人只有在集体行动时才能行使对物的控制(如当柜子上有两个锁而每个占有人分别拥有其中一个锁的钥匙)(Baur and Stürner,Sachenrecht[17] §7 nos. 78 ff;Brehm and Berger,Sachenrecht[2],no. 3. 28)。民法典第 866 条规定对一个共同占有人进行占有保护(Besitzschutz)而对抗其他人是不被允许的,每个占有人只能在允许的范围内行使控制权;这实际上意味着在共同占有人之间占有保护只有在其中一人完全不能使用物时才会被授予(Baur and Stürner,loc. cit.,§ 7 no. 83)。法律学说提出了对共同占有的三种区分:如前所述的简单的共同占有,符合前文严格的共同占有的定义的合格的共同占有,以及严格意义上的共同占有,它指的是根据占有产生的权利主张是连带的。例如,当德国民法典下的合伙(Gesellschaft bürgerlichen Rechts,GbR)或继承人共同体(Erbengemeinschaft)将属于合伙财产或遗产的物出租给他人的情形(Palandt(-Bassenge),BGB [67],§ 86,nos. 2 ff)。

45. 在希腊,根据民法典第 980 条,占有可以亲自或通过他人行使。因此,一方面,占有可以是直接的,当占有人同时也是物的持有人或对物的实际的控制由占有人的雇员行使(民法典第 986 条)。另一方面,当占有人不是物的持有人而是通过某种法律关系将持有转让给他人,如承租人、监管人等,间接占有发生,出租人、托管人仍然是占有人,而承租人、监管人仅仅取得对物的持有(参见第Ⅷ－1:207 条注释 3)。间接的占有人仍然行使对物的占有权,虽然不是亲自的,而是通过持有人(Georgiades,ElpqD I,§16 nos. 6 ff)。占有进一步地被区分为排他的占有和共同的占有:前者主要指的是单独的一个人对特定物行使实际控制的权力。它还包括部分占有;部分占有指的是某人对物上特定部分的排他的占有(Georgiades,ElpqD I,§ 15 nos. 10 ff)。法律规定物上的各个部分可以被单独的占有(AP109/1971,NoB 19,602),如果他们外在的可以被区分并且可以被单独占有,如房屋中单独的房间,农场中的一棵树等。即使物的组成部分也可以成为单独占有的客体,即使民法典第 953 条排除了对物的组成部分拥有单独的所有权或其他对物权的可能性。通过对该条的系统解释可以认为对物的部分的占有不能导致其他的占有结果,如取得时效(Faber and Lurger(-Klaoudatou),National Reports Ⅲ,chap. 2. 1. 2. (b))。关于共同占有,尽管原则上只有一个人可以占有物,但可能发生多个人对物的共同控制。但这并不表明每个人对共同物上可以区分部分进行控制,而是意味着他们对物以不可分割的利益进行共同的控制。在这种情况下才存在共同占有(民法典第 994 条);有关权利共同体的规定(joimxmiŁ a dijaixŁ laso l,CCarts. 785 ff)可以适用。和在德国一样,在非常有限的情况下占有保护被授予给共同占有人对抗其他的共同占有人(AP237/1994;AP1351/1994;Georgiades,ElpqD I,§ 15 nos. 16 ff;Faber and Lurger(-Klaoudatou),National Reports Ⅲ,chap. 2. 1. 2(c))。

46. 在奥地利,占有可以通过他人行使的事实导致对占有不同种类的规定。值得注意的是那些种类大多都没有直接规定在民法典中,它们来自德国法并且如今在奥地利的法律语言中普遍被使用(Faber and Lurger(-Faber),National Reports Ⅰ,38;Schwimann(-Klicka),ABGB II 3,§309 no. 3)。最主要的分类包括:(ⅰ)直接和间接的占有;不同之处在于占有人是否亲自进行实际控制还是通过中间人进行。在德国,只有当所谓的共同占有人(Besitzmittler)为了间接占有人而进行占有时才存在间接占有(而不包括占有服务人或 Besitzdiener),在奥地利没有做这样的区分,一些学者甚至认为实际控制由占有辅助人行使的情形也是间接占有(如 Kodek,

Besitzstörung,259)。在奥地利,有两种类型的中间人,间接占有人可以通过他们行使控制:进行占有的中间人或共同占有人(Besitzmittler)和占有服务人或占有辅助人(Besitzdiener)(参见第Ⅷ－1:207条注释 2 和第Ⅷ－1:208 条注释 4)。(ⅱ)单独占有和共同占有,这种区分建立在占有是否完全由一人单独进行还是由多人共同进行(Faber, loc. cit. ,38 et seq.)。

47. 在瑞士,占有被区分为直接和间接的,根据占有人是否对被占有物行使直接的实际控制或通过中间人进行占有(Steinauer, Les droits réels I[4], no. 214; Schmid and Hürlimann-Kaup, Sachenrecht[2], nos. 112 f)。典型的例子是租赁协议,出租人对出租物进行间接的占有,而承租人有权直接的控制。另一种建立在事实要素上的区分是合作占有和共同占有。两个人可以成为同一物的共同占有人;如果每个人都可以单独的行使控制(如两个人对他们都使用的车都有钥匙),他们的占有被称为合作占有(Steinauer, Les droits réels I[4], no. 229; Schmid and Hürlimann-Kaup, Sachenrecht[2], nos. 116 f),然而如果他们只能共同行使对财产的连带控制(每个人占有两把钥匙中的一把),他们是共同占有人(Steinauer, Les droits réels I[4], nos. 232 f; Schmid and Hürlimann-Kaup, Sachenrecht[2], no. 117a; see also Faber and Lurger(-Foëx and Marchand), National Reports Ⅵ, chap. 2. 1. 4)。

48. 在匈牙利,占有即可以对作为整体的物也可以对物上的一部分;然而,对于合成物来说,只要它的组成成分仍然彼此相连,则只有他们的整体才能成为占有的客体。作为规定,配件可以被单独占有(Faber and Lurger(-Szilágyi), National Reports Ⅲ, chap. 2. 1. 5)。

49. 在捷克,法律承认直接占有和间接占有的区分,尽管没有在法律中明确的规定;此外,现行的民法典草案在第 877 条中引入了共同占有的概念(Faber and Lurger(-Tichy′), National Reports Ⅵ, chap. 2. 1. 2 and 2. 1. 4)。

50. 在爱沙尼亚,存在直接占有和间接占有之间的区别。直接占有被认为是对物的直接的现实的实际控制,然而间接占有建立在直接持有他人物的人与该人之间的关系上;前者是直接占有人而后者是间接占有人。根据物权法第 33 条第(2)款,间接占有存在于商事租赁、房屋租赁、寄托保管、质押或其他类似的产生暂时占有他人物的权利的合同关系(Faber and Lurger(-Kullerkupp), National Reports Ⅰ, 252 f;参见第Ⅷ－1:207 条注释 8)。根据对占有客体的控制范围,可以分为全部占有或部分占有;对于后者,物权法第 49 条规定部分占有指的是物上可以实际区分的一部分,如建筑物中一个单独的房间。进一步分类的标准是行使实际控制的人的数量,从而可以分为单独占有和共同占有。根据物权法第 50 条,共同占有指的是数个人对同一物的共同的控制,这些人共同拥有占有人的地位对抗第三人,而不是每个单独的人(Pärna, Asjaõigusseadus, § 50, 67 f)。被允许使用物的家庭成员被认为是财产主要持有人的平行的占有人,只要他们不属于占有服务人,即使孩子也是如此(参见第Ⅷ－1:208 条注释 7);可以被认为是共同占有的情形还包括,如果配偶一方的财产被用于家庭目的,使用该财产的另一配偶也被认为是占有人(Kullerkupp, loc. cit. , 253)。

51. 在立陶宛,根据民法典第 4:30 条,占有分为直接或间接的。直接占有是占有人对物的现实的实际控制,而间接占有包括各种法律关系,通过这种法律关系占有通过他人被行使;换句话说,在间接占有中,占有人通过利用他人的服务而占有物,在这种情形中行使对物的实际控制的人服从占有人的指示。直接占有和间接占有的区分并不是很明晰,并且也没有法律学说或法院判例来澄清这些问题,如使用公司车辆的雇员、车库的保管人等;然而,承租人被清楚地定性为直接占有人。进一步来说,两个或更多的人同时占有同一个物也是可能的,如他们是共同所有权人或夫妻。(Faber and Lurger(-Mikelenas),National Reports Ⅲ,chap. 2.2.)

52. 在意大利,占有意义上的实际控制可以通过占有人本人或其他人来行使(直接占有和间接占有,民法典第1140条第(2)款)。占有人仍然是保持占有,即使实际控制在他人手中(如汽车的占有人保持占有当车被停放在被监管的停车场时)(Faber and Lurger(-Greco),National Reports Ⅰ,387,390 et seq.)。

53. 在西班牙,共同占有指的是占有被多于一个的人持有的情形,例如所有权人、承租人、用益物权人等。共同占有被认为类似于共同所有权,并且如果没有合同规定或其他特别的安排,它的规定适用于属于数个人的未分割的物或权利(民法典第392条第(2)款;同见民法典第445条,它规定占有作为一个事实只有在未分割的情况下才可以被多于一个的人持有)。任何共同占有人为了共同利益都可以行使占有保护或根据取得时效取得所有权(民法典第1933条,TS27 January 1984 [RJ 387]),但是对占有的干涉影响所有的共同占有人(民法典第450条)。与所有权相反,共同占有并不暗示理想份额的分割,尽管所有的共同占有人共同占有作为一个整体的物直到分割。共同占有必须和同时发生的不同种类的占有相区分,在后者中存在间接占有人和直接占有人的关系或当所有的占有人都援引相同的占有的概念,占有作为一个事实(占有权)只属于其中一人,如在盗窃的情形中,被剥夺占有的占有人和小偷在一年以内,在所有权的概念上在原则上都被认为是占有人,但他们不是共同占有人(Faber and Lurger(-González Pacanowska and Díez Soto),National Reports Ⅴ,chap. 2.2.1)。关于间接占有和直接占有,具体而言,当多人以不同而相互兼容的方式进行占有的时候前者产生,只有一人可以行使现实的实际控制(直接占有),而其他人(间接占有人)通过直接占有人的行使行为对物拥有实质性的权力(TS28 June 1961 [RJ 3017];TS10 July 1997 [RJ 5464]);当物的所有权人在物上设置用益权,用益物权人将它出租,承租人将它委托给其他人保管,受托人成为直接占有人为了所有其他(间接)占有人行使实际控制权利。间接占有人同样在彼此之间和对抗他人时被授予占有保护(例如,如果承租人,假装作为所有权人,打算将出租物出售,所有权人可以得到禁止性保护)并且可以根据取得时效取得所有权。理论和判例法从民法典第463条中推导出独立的占有的保护可以适用于直接或间接的占有人(Faber and Lurger(-González Pacanowska and Díez Soto),National Reports Ⅴ,chap. 2.3.4;STSJ Aragón,12 February 1996,RJ 1349)。

54. 在葡萄牙,同样区分直接占有和间接占有。根据民法典第1252条第(1)款,占有可以被亲自行使(直接占有)或通过中间人行使(间接占有)。中间人的例子包括雇员、代理人、承租人、受托人等。在间接占有中,中间人的行为被归于占有人,无论是法律行为和交易还是仅仅是事实行为(Pires de Lima and Antunes Varela,Código Civil Anotado Ⅲ[2],art. 1252 no. 1 in fine)。进一步来说,葡萄牙法律同样承认多种形式的共同占有,包括:(a)共同占有(Composse):数人分享同一物权的占有(对比民法典第1286条);然而,一个占有人不能为了占有的保护而对其他共同占有人提起诉讼。(b)数人占有同一物上的不同物权:如一人可以以作为所有权人的意图进行占有,另一人以作为用益物权或地役权的持有人的意图进行占有。(c)如果某人剥夺其他人对物的占有并作为物的占有人采取行动,直到被剥夺占有的人成功提起诉讼维护自己的占有则会产生一个理论性的问题。在这种情况下,一般认为剥夺人从来没有取得对物的占有。

55. 在荷兰,民法典第3:107条第(2)~(3)款规定了间接和直接的占有。对物进行占有而不是由他人为其持有的人是直接占有人(第(2)款)。如果物由他人为其持有则该人是间接占有人。民法典第3:107条第(4)款中也规定了相同的区别。法律理论已经指出了一系列相关的案例,如一个保管人被指定去照看一个人的村屋,该保管人是否成为直接占有人并不十分明确(Schoordijk,Vermogensrecht in het algemeen,355);然而,这种案件的实际意义被认为并不是很重要(Faber and Lurger(-Salomons),National Reports Ⅵ,chap. 2. 1. 3)。

56. 在塞浦路斯和爱尔兰,区别事实上的占有和法律上的占有:事实上的占有简单地表示在日常生活中对动产的实际的控制;法律上的占有既包括前面提到的情形也包括意思要素,根据这种意思要素,占有被进一步区分为实际的占有和推定的占有,以及监管(参见第Ⅷ－1:207条注释17及以下,第Ⅷ－1:208条注释6,Faber and Lurger(-Laulhé Shaelou/ Stylianou/Anastasiou),National Re－portsII,511 f,515;Faber and Lurger(-Gardiner),National Reports Ⅱ,180 et seq.)。

57. 在苏格兰,存在自然占有和民事占有的区别。自然占有包括占有人对物进行实际控制的情形,然而民事占有中实际控制权在监管人手中,民事占有人通过监管人持有物,参见上文注释20。

58. 在瑞典,间接占有(medelbar besittning)在不同的语境下有不同的含义:有人认为,它主要表示了物在什么地方;也有人认为,该术语表明了作为实际控制权利基础的权利的种类:直接占有意味着该人为自己而占有,然而,间接占有表明该人为他人占有并且知道这一事实。因此,占有人可以通过他人享受占有的利益。当两个或更多的人各自可以独立的接触他们所占有的物时,他们的占有被认为是集体占有(sambesittning);当他们仅有一种共同的接触物的方法时,他们的占有被认为是连带占有(gemensam besittning)(Håstad,Sakrätt,50;Martinson,Transfer of Title Concerning Movables Ⅲ,National Report:Sweden,28)。然而,这些概念并没有以统一的方式被使用:考虑到微小的现实意义,立法者认为连带占有同样包含了集体占有(Utsökningsbalk chap 4 § 19 [Enforcement Code])。这种模糊性是由于瑞典法的功能主义路径造成的,因为将每种情形都归于这种或那种标签之下并不重要,这些概念因此也并非特别重要(Martinson,Transfer of Title Concerning Mo－vables Ⅲ,National Report:Sweden,28)。

59. 在芬兰,类似地,除了占有的通常情形外,也存在其他的占有形式,但它们的重要性并不高。他们主要作为辅助机制用来解释实际情形因此它们不具有任何法律拘束力;当提到某种占有的"形式"时,可能主要是为了回答诸如物在哪里,谁放在那里,为了什么等问题(Faber and Lurger(-Kuusinen),National Reports Ⅴ,chap. 2. 1. 2)。稍微重要的情形是两个或更多的人同时占有同一个物,在这里使用了连带占有(yhteishallinta)这种术语。连带占有可以由每个共同占有人自行行使或所有共同所有权人共同行使,如对于一个柜子,所有的占有人都有开锁的钥匙或这个柜子被多个锁锁住而每个占有人分别拥有其中一个的钥匙(Kuu－sinen,loc. cit.,chap. 2. 1. 1)。至于夫妻共同占有的财产,一方配偶拥有所有权的物只有在另一方配偶同意时才能被处分(婚姻法第38条;关于婚姻中的所有权,参见Aarnio and Helin,Suomen avioliittooikeus)。

Ⅴ. 占有的功能

60. 在德国,占有传统上被赋予了一些功能。这些功能(Funktionen des Besitzes)表示,尽管占有并不是一种对物权,但它是受到法律保护的,并且对于其他法律制度具有一定的重要性,如物的所有权和其他物权的获得与失去。因此,占有构成一种简化的法律方法,因为这些法律概念仅仅包含占有这个术语就指向民法典第854条及以下(Faber and Lurger(-McGuire),National Reports Ⅲ,chap. 2. 2)。占有的功能包括:(a)占有的保护(Schutzfunktion):通过司法的和司法之外的占有的救济,占有人被赋予保护自己地位的重要的方法(参见第Ⅷ－6:201条注释1、17、29和32;第Ⅷ－6:202条注释1、22和40;第Ⅷ－6:209条注释1、16、36、55和73;第Ⅷ－6:302条注释 3);占有的保护变得更加重要当某人认为所有包含占有权利的法律概念都被授予了法律保护,如债务关系。(b)动产和所有权转让的公示(Publizitätsfunktion):公示功能服务于公共政策关于动产交易的法律确定性的考虑;这一功能通过有利于占有人的对所有权的推定(民法典第 1006 条)(BGHFam RZ1970,586;BGH NJW - RR1989,651;CA Hamburg MDR1974,754)以及占有在动产权利转让中所扮演的重要角色被进一步加强。(c)占有的保留(Erhaltungsfunktion):法律保护根据持有财产而拥有占有的具有合法利益的人,甚至对抗它的所有权人,当占有人根据某种对物权或仅仅是对人权持有该物;这一功能的特别表现是在租赁期间租赁物被出售时对承租人的保护(民法典第 986 条第(2)款);占有人清偿所有权人对第三人的到期债务、赎回作为担保的抵押物并维护占有的权利(民法典第 268 条第(1)款(b)项)以及取得时效(民法典第 937 条)的权利(Faber and Lurger(-McGuire),National Reports Ⅲ,chap. 2. 2. 3)。

61. 在希腊,法律学说认为占有具有以下功能:(a)占有为物权设立了暂时的命令,这使占有人能够维持对物的实际控制;(b)它服务于公示和动产权利转让的原则;(c)它提供有利于占有人的所有权的推定;(d)它提供了通过取得时效成为所有权人的法律地位;(e)它提供了善意取得发生所必要的法律表象(Faber and Lurger(-Klaou - datou),National Reports Ⅲ,chap. 2. 2; Spyridakis,Empragmato Dikaio,no. 62)。

62. 在瑞士,法律学说认为占有是一种会产生法律结果的事实上的关系,具有多种功能。首先,它是动产上对物权公示的主要手段。除此之外,占有根据民法典(民法典第 926 ~ 929 条)授予占有人的司法救济和自助权利而拥有保护的效果;根据民法典第 933 条及以下,第 714 条第(2)款和第 884 条第(2)款对从非所有权人处取得动产上权利的善意取得人赋予进一步的保护;占有产生合法化效果,因为某些推定根据占有产生(民法典第 930 ~ 932 条);在特定的诉讼中授予之前占有人的辩护的效果(民法典第 934 条和第 936 条);转让的效果,因为占有的转让是所有权转让(民法典第 714 条第(1)款)和其他动产上对物权创立的主要方式(民法典第 746 条第(1)款,第 884 条第(3)款,第 900 条第(1)款,第 901 条第(1)款,第 909 条);义务效果,当占有是不合法的(民法典第 938 ~ 940 条);最后,提供获得物权的特定模式的方法,例如先占(民法典第 658 条和第 718 条)和通过时效取得(民法典第 661、728 条和第 941 条)(Meier-Hayoz(-Hinderling),Schweizerisches Privatrecht Ⅴ(1),406 ff; Faber and Lurger(-Foëx and Marc-hand),National Reports Ⅵ,chap. 2. 2)。

63. 在爱沙尼亚,占有具有多种功能。首先,占有服务于公示的目的,在大多数情形中动产上物权的设立要求将占有交付给获得者(除了某些例外的场合如登记),例如所有权的转让(物权法第 92 条),善意取得(物权法第 95 条),先占(物权法第 96 条),或质押(物权法第 282 条)。其次,占有拥有保护的功能,目的在于保持现状和法律的宁静,即通过提供物权法第 40 ~ 50 条所规定的多种的占有救济,包括司法的和司法之外,维持现存的法律环境不受任意的干涉(参见第Ⅷ-6:202 条注释 8 和 29,第Ⅷ-6:204 条注释 22,第Ⅷ-6:302 条注释 6)。最后,占有持续性功能,它某些场合中对取得所有权是必须的,如时效取得或发现(物权法第 110 条和第 98 条)。这些占有的功能支持了占有的法律表象的原则以及从它而来的推定(第Ⅷ-1:206 条注释 28)。为了实现这些功能,所要求的占有并不总是相同的:例如,所有权转让可以通过所有的等同交付行为发生,善意取得要求取得者的直接的占有,此外,授予直接占有人的保护略微的不同于授予间接占有人的保护(Faber and Lurger(-Kul-lerkupp),National Reports Ⅰ,256 et seq.)。

64. 在立陶宛,占有的功能依赖于它应当被作为一种物权还是事实状态。占有拥有下列功能:(1)作为物权,它主要服务于通过取得时效获得所有权的目的(民法典第 4:68 条),(2)作为一种物权和事实状态,占有都有权受到保护,保护同样扩展到由于干涉占有而导致的损失以及善意占有人要求对占有期间花费的费用和对物所作的额外的事情获得补偿的权利(民法典第 4:34 条),(3)从善意占有人处要求恢复物的占有的权利受到限制(民法典第 4.96 条),(4)法律规定了对占有合法性和善意的推定(第Ⅷ－1:206 条注释 29),(5)占有使占有人承担一定的义务,尤其是财产导致的损害的义务(如汽车、建筑物、动物的占有人要对这种损害承担严格责任)(民法典第 6.266、6.267、6.270 条),(6)作为一般原则(民法典第 4.49 条第(1)款),占有的交付对所有权的转让来说至关重要,获得者在交付时取得该物,除非合同另有规定(Faber and Lurger(-Mikelenas),Na-tional Reports Ⅲ,chap. 2.3)。

65. 在斯洛文尼亚,占有的功能如下:(1)转让功能,作为取得物的所有权的主要模式的构成要素,(2)推定功能,物的占有人被推定为是它的合法所有权人,(3)善意功能(《物权法》第 64 条),指的是在善意取得的情形中,授予无权处置该物的人这么做的"授权"(Berden et al.(-Tratnik),Novo Stvarno pravo(2002),41 f;Juhartet al.(-Vrencˇ ur),SPZ s komentarjem(2004),146 f;Juhart /Tratnik/Vrencˇ ur(-Vrencˇ ur), Stvarno pravo(2007), 99 f; Faber and Lurger(-Rudolf/ Rijavec /Kerestes),National Reports Ⅰ,535)。关于善意占有的效果,参见第Ⅷ－1:206 条注释 59。

66. 在奥地利,关于动产,占有拥有多种功能(Faber and Lurger(-Faber),National Reports Ⅰ, 40 et seq.),这些功能在涉及土地的情形下通过土地的登记被满足:(1)占有的转让是动产所有权转让的必然因素,同样也是动产上其他对物权转让或设立的必要要素,如抵押权(Übertragungsfunktion);(2)有形动产的占有赋予占有人合法占有的表象(Rechtsschein des Besitzes),它使占有人看上去是财产的所有权人,或至少有权处分该物,这在善意取得(Gutglaubensfunktion)的情形中尤其重要;结合前述的功能,这两种功能构成了占有的公示功能并且因此他们也同样面对着对一般公示原则的批评,即现代的交易行为(权利留置,金融租赁等)剥夺了这个功能的重要性;(3)占有的事实地位可以转变为一种权利,如果占有人通过取得时效(rechtsbildende Funktion)取得所有权;(4)最重要的功能或许是占有人在特定的情况下可以寻求占有救济,即干涉占有之诉(Besitzstörungsklage;民法典第 339 条)和返还丢失物之诉(民法典第 372 条),它通过简要的程序或简单的证据要求(Schutzfunktion)提供了方便的争议解决机制;占有的保护可以被看作禁止非法干涉他人占有的反应并且因此同样服务于保持安宁的功能(Friedensfunktion);(5)占有同样产生某些法律上的推定(Vermutungsfunktion;第Ⅷ－1:206 条注释 25)。

67. 在匈牙利,占有的事实性主要服务于两个目的。首先,在所有转让所有权(物必须被让与,尤其在善意取得的情况下)或根据法律转移(时效占有,民法典第 121 条)的情形中它具有高度的重要性;在匈牙利民法典学术建议稿第 4:3 条和正在议会程序中的匈牙利民法典立法建议稿第 4.2.1 条中这一占有的功能被进一步加强和准确的描述。其次,它服务于占有的保护:占有的管理程序建立在对物的实际控制的情况上(民法典第 188 条第(2)款,第 191 条第(1)款),但是即使在民法典第 192 条确认所有权的保护中,权利主张人的占有的合法性在法律上被推定(Faber and Lurger(-Szilágyi),National Reports Ⅲ,chap. 2.3.5 and 2.4)。

68. 在捷克,占有的主要目的在于使没有所有权的某人获得占有物的事实状态合法化;因此占有是捷克民法中最富有争议的制度之一(Knappová,Drzˇ ba,579),因为它涉及与法律地位不相容的事实状态,其中法律的目的在于保护后者的宁静状态(Knapp,Právní praxe,265 et seq.)。它进一步服务于所有权的转让和所有权的获得(如通过取得时效取得)以及占有的保护。值得注意的是法律(民法典第130条第(2)款)授予占有人与所有权人相同的保护(Faber and Lurger(-Tichy′),National Reports Ⅵ,chap. 2.7)。

69. 在法国,法律学说认为占有满足一系列的功能。首先,占有维持公共秩序的安宁,促进社会和经济利益,甚至支持占有人损害忽视了财产存在的真正的所有权人(Trigeaud,La possession des biens immobiliers,nos. 443 f)。其次,占有同样提高了物权领域内的法律确定性,尤其是所有权,通过赋予这种事实表象具有重要意义的法律上的效力(法律推定)(Zenati-Castaign and Revet,Les biens[3],662,no. 456;Dross,RTD civ 2006,Chron. 27);占有规定同样保护依赖这种事实表象的第三人的利益(Bergel / Bruschi/ Cimamonti,Les biens,158,no. 148;Zenati-Castaign and Revet,Les biens[3],647,no. 442)。事实上,有利于占有人所有权的推测具有深远的影响,尤其在关于当事人法定权利的诉讼中,因为占有人总是作为被告人而被授予更加有利地位(Bergel / Bruschi/ Cimamonti,Les biens,158,no. 148)。此外,占有同样被授予占有保护,它比所有权救济更加方便并减轻了的举证责任,尽管这只适用于不动产(Bergel /Bruschi/ Cimamonti,Les biens,435,nos. 433 f)。占有同样使动产所有权的转让成为可能当占有人是善意的并且它根据民法典下的取得时效便利了所有权的获得,尽管在2008年6月17日生效之后相关的要求被部分的修正(参见第Ⅷ-4:101条注释2、27、52和61);善意的占有同样导致对占有的客体的所有权的获得(民法典第549条)(Bergel /Bruschi/Cimamonti,Les biens,161,no. 151)。占有同样是另外两种获得动产所有权的手段:对无主有形物的先占(Bergel / Bruschi/Cimamonti,Les biens,161,no. 150 and 247,no. 236)和“发现”,后者是当某人偶然找到了没有任何人可以主张所有权的隐藏的动产(民法典第716条)(Cass. 1ère civ.,19 November 2002,Bull. civ. I,no. 279;Trib. Corr. Paris,10 January 1949,JCP éd. G 1949 II,5023,note Le Roy)。最后,占有还具有义务性功能,因为根据民法典1384条和1385条,任何物的占有人,无论动产还是不动产或者是动物都要对该物导致的损害承担责任(Cass. ch. réun,2 December 1941 [arrêt Franck],GAJC 11 no. 194;Cass. 2ème civ. 11 February 1999,RCA1999,no,96;Cass. 2ème civ. 12 December 2002,Bull. civ. Ⅱ,no. 288;for all these functions,see Faber and Lurger(-Cash-in-Ritaine),National Reports Ⅳ,chap. 2.2)。

70. 在比利时,法律学说认为占有具有以下功能:从非所有权人那里获得所有权的功能,即所有权或有限物权的善意取得或依取得时效获得(民法典第2279条);证据功能,动产的占有人被推定为合法的所有权人(民法典第2279条);保护功能,适用于不动产的特别的占有救济(Faber and Lurger(-Cauffman and Sagaert),National Reports Ⅳ,chap. 3.2)。

71. 在意大利,占有的事实与特定的利益相联系,即所谓的安乐占有(commoda possessionis),如通过取得时效取得所有权或其他对物权,占有人在占有保护或在物的返还之诉中处于被告人的地位。进一步来说,占有与善意取得、成果的取得、改善和其他花费的补偿以及之前占有人确保权利主张的留置权(占有的留置)相关(Faber and Lurger(-Greco),National Reports Ⅰ,387,396 et seq.)。

72. 在西班牙,占有具有类似的功能:它设立了一系列有利于占有人的法律推定(第Ⅷ-1:206条注释32),它服务于所有权的获得,如通过取得时效取得所有权,先占,善意取得等,在重复交易的情况下它同样授予第一个善意取得占有的人所有权(民法典第1473条);最后,在占有状态消失的情形中,在占有人通过司法行为被取回财产或由于某人拥有更好的进行占有的权利而放弃占有后，它决定占有人的权利和义务（参见第Ⅷ－7:101条注释1，第Ⅷ－7:102条注释22和38，第Ⅷ－7:103条注释20和33）。占有在分配动物或物导致的损害的民事责任时是决定性的（民法典第1905条f）并且它同时授予直接和间接占有人（TS22 February 1955［RJ 743］；TS22 March 1962［RJ 1454］）必要的起诉权以根据LEC第250第（1）款nos. 1和2对承租人、管理人、不确定的占有人等提起取回之诉（Faber and Lurger（-González Pacanowska and Díez Soto），National Reports Ⅴ，chap. 2. 7）。

73. 在葡萄牙，占有被认为满足了以下功能。它授予对占有人地位的法律和司法保护，并且占有人同样被推定为满足占有的事实要素和意思要素的物权的持有人（民法典第1268条）。此外，善意的占有人如果有过错时才对物的损失承担责任（民法典第1269条）；关于成果，民法典第1270条第f款决定占有人的权利和义务建立在占有是否是善意的之上。占有人的善意或恶意同样决定占有人是否有权得到对动产所作改良的补偿（或者甚至是改良本身）（民法典第1273条和第1275条）。最后，占有对于取得时效来说同样是决定性的（Faber and Lurger（-Caramelo-Gomes and Nóbrega），National Reports Ⅳ，chap. 2. 1. 1）。

74. 在保加利亚，占有服务于一系列的功能。就为他人的占有而言，值得注意的是在这种情况下法律秩序可能不考虑一方当事人的利益，然而，这不意味着所有权人不受保护，因为所有权人可以在任何时候寻求所有权保护（Tadjer，Veshtno pravo Ⅳ，16 et seq.）。所有形式的占有都需要满足的功能包括占有的保护和所有权人和占有人之间关系的规定。无论占有是合法还是非法获得的均被授予占有保护；之所以如此规定，首先是因为占有保护是法律中保护机制的一部分，它比根据实质权利的保护更加方便并因此被被剥夺占有的所有权人所推崇。另外，法律秩序寻求保护物权但同时也不希望鼓励为实现法律目的而实施的违法行为。第二个功能指的是有效调整由于所有权和占有分离而产生的关系和权利主张的需要，在这种情况下，即使恶意的占有人也被授予一定的保护对抗所有权人（所有权法第73条第（2）款）。除了这两个功能，保加利亚的法律学说同样赋予善意占有特别的功能：善意占有人可以获得所持财产的成果，可能通过取得时效得到所有权（所有权法第79条第（2）款）并且拥有留置的权利直到取得为了维持和改善财产所支付的费用。部分法律学说中包括了善意占有人获得从非所有权人处获得所有权的可能性（Venedikov，Novo veshtno pravo，62；for all these functions，see Faber and Lurger（-Stoimenov），National Reports Ⅳ，chap. 2. 2）。

75. 在荷兰，法律学说认为占有具有以下功能（Pitlo et al.，Goederenrecht[12]，no. 355）：（a）防御功能，包括占有保护的救济中以及占有人根据占有可以在法院内外得到保护的事实（第Ⅷ－6:204条注释30）。（b）程序性功能，推定占有人是权利持有人（民法典第3:119条第（1）款）。（c）取得功能，通过先占（民法典第5:4条）、取得时效（民法典第3:99条及以下）、转让（民法典第3:90条第（1）款）以及善意占有人对已分离的自然成果和可要求的民事成果的取得（民法典第3:120f条）。（d）义务功能，特定物的占有人对该客体可能导致的任何损害的责任；这些客体可能是对人或物存在特别的危险并且没有满足相关标准的物（民法典第6:173条），建筑物（民法典第6:174条），动物（民法典第6:179条）；民法典第6:181条进一步规定，当前述的客体在商业框架中被使用时，进行商事活动的人将要承担责任。（e）补偿功能，占有人，即使有义务将财产归还给真正的权利持有人，仍然有权得到为物所支付的费用，包括占有人因为占有而对第三人承担的损害赔偿（民法典第3:121条）；计算补偿时应考虑到成果和其他利益给占有人所带来的好处，而法官可以适当的减少补偿，如果结果对权利持有人不公平；恶意占有人对物上费用的补偿被限制在不当得利规定所授予的范围内(Faber and Lurger(-Salomons),National Reports Ⅵ,chap. 2.2.5)。

76. 在苏格兰,占有的主要功能包括:(1)占有对于通过先占取得权利至关重要,(2)尽管1979SGA规定有形动产的转让中交付并不重要,第24条及以下包含了有关卖方进行占有和买方进行占有的物的交易的规定,(3)占有产生有利于占有人的对所有权的推定,(4)对动产的占有可以产生对由于对财产的损害而导致的纯粹的经济损失的侵权之诉(Faber and Lurger(-Carey Miller / Combe/ Steven/ Wort-ley),National Reports Ⅱ,330 f;Reid,The Law of Property in Scotland,paras. 116,130)。自然占有和民事占有之间就功能而言通常没有区别,除了先占要求自然占有(Carey Miller /Combe/ Steven/ Wortley,loc. cit.,329)。

77. 在瑞典,占有拥有信号功能,因为占有人被推定为被占有物的所有权人,主张自己是真正所有权人的人必须在法院上对此进行证明。此外,根据传统的原则,一旦受让人取得占有则取得对转让人的债权人的优先权(关于例外,参见第Ⅷ－2:104条注释21)。为了有效的善意取得动产同样要求转让人的占有(Lag [1986:796] om godtrosförvärv av lösöre),然而动产的无偿转让只有在受让人获得财产的占有时才生效(Gåvolagen;Lag(1936:83)angående vissa utfästelser om gåva)。最后,善意的占有人对所占有的物上产生的成果和利益同样拥有权利(Malmström and Agell,Civilrätt[17],86;Martinson,Transfer of Title Concerning Movables III,National Report:Sweden,29)。

78. 在芬兰,占有主要拥有指示功能并被授予一定的法律效力,如它对很多方面进行保护。此外,占有人可以从合法占有的推定中受益,这意味着持有动产的人被推定为所有权人或有权进行占有,因此,任何占有人都可以被认为是所有权人除非存在其他更明显的选择。此外,占有是占有人决定所有权持续的行为的指示。这种最重要的功能的一个方面体现在所有权转让过程中占有的作用,善意取得以及在执行和破产程序中保护占有人对抗第三人(Kartio,Esineoikeuden perusteet,144;Faber and Lurger(-Kuusinen),National Reports Ⅴ,chap. 2.1.3)。

Ⅵ. 占有的法律属性

79. 在德国,占有的法律性质在19世纪被强烈的争论,尤其是在1900年民法典制定之前。意见主要分为几种:占有仅仅是一种事实状态,一种法律关系(Rechtsverhältnis)或一种权利:萨维尼认为占有既是一种事实也是一种权利,简斯认为它只是一种权利,布雷姆和贝格不认可民法典将占有看作一种法律关系,因为他们将它定性为"没有明确法律结果的法律状态"(Rechtslage ohne konkrete Rechtsfolge)并且与对物权类似(参见Brehm and Berger,Sachenrecht[2],no. 2.8,同见19世纪理论冲突的概述),而威灵认为占有仅仅是一种事实(Wieling,Sachenrecht[5],45 et seq.)。民法典认为占有是一种权利:占有可以被转让,更重要的是可以被继承(民法典第857条),而这不适用于事实状态(尽管Wieling坚持认为占有的转让同样仅仅是一种事实的改变,Wieling,loc. cit.,55),此外,尽管占有建立在对客体实际控制权利的基础上,但即使当占有人没有直接行使对客体直接的实际控制时仍然能产生一定的法律效果,最典型的例子是间接占有(Prütting,Sachenrecht 33,no. 49)。在任何情况下,占有都不是对物权,后者服从于物权法定的原则,它也不能被归于对人权(Prütting,loc. cit.,no. 49)。占有作为一种权利的特性在关于占有是否可以被认为是民法典第823条意义上关于损害赔偿非合同义务责任的另一种权利的问题上引发了强烈的争议;主流的意见倾向于对此进行认可只要占有人的地位通过占有的权利被进一步加强(BGHZ 32,194,204 et seq.;BGHZ 62,243;BGHZ 73,355;Baur and Stürner,Sachenrecht[17],§ 9 no. 31;

Brehm and Berger, Sachenrecht[2], no. 2. 9; Faber and Lurger(-McGuire), National Reports Ⅲ, chap. 2. 1. 1)。

80. 在希腊,在德国法律学说的影响下也存在相同的理论争议。尽管这种理论争议由于民法典中对占有和它的效力的详细规定而并没有太高的实际意义,但法律性质仍被完全的分析。理论观点集中在占有的双重性质上:一方面,授予占有法律保护毫无疑问将它放在了与适当权利相同的地位,另一方面,这个权利与事实状态紧密相连,然而,这种事实权力的行使并没有其他权利的特性。因此,理论上认为占有是权利的中间形式:它不属于对物权,与其相比占有只有最小的权力,但是它的地位通过一系列的司法行为被加强,并且从希腊国际私法(民法典第 27 条)的角度来看,它被包含在对物权的分类之中(Georgiadis, Empragmato Dikaio I, § 14 nos. 29 ff, 42 f)。

81. 在匈牙利,和大多数欧洲法律制度相比,它的民法典在一定程度上采用了不同的逻辑和系统的立法方法,其中占有的规定被放在了物权法的末尾而在债法之前。立法者试图强调这种变动性并将其看作物权法和债法之间连接(Lenkovics, Dologi jog[6], 253)。占有被认为要么具有建立在事实要素上的法律地位(民法典第 187 条)或是使占有人要求每个人消极行为不得干涉占有的法律关系(Faber and Lurger(-Szilágyi), National Reports Ⅲ, chap. 2. 1.; Lenkovics, Dologi jog[6], 255)。然而,新民法典草案和新民法典学术建议稿都采用了完全不同的方法,因为占有的规定被放在了物法的开头,这表明现代的立法者希望采用一种与现在仍在采纳的观点不同的视角。在物权法体系中占有被授予更加自主的地位,它的目的在于加强世袭关系的清楚性和安全性,尽管它的作用在第 2 版草案中被削弱,考虑到它所采用的在双方同意下的所有权的转让。学者建议稿第 4:3 条和立法建议稿第 4:2(1)条规定,在继承的情形中,即使没有对财产进行实际的控制,也发生对继承人的占有的立即转让,这种规定强调了占有作为一种权利的主观特性(Faber and Lurger(-Szilágyi), National Reports Ⅲ, 41, 51)。

82. 在斯洛伐克,占有具有双重的含义。首先,它是所有权的一方面(占有所有权)。其次,当财产被所有权人之外的人占有它被认为是区别于所有权的一种民事法律关系;占有的第二个方面被规定在民法典第 129～131 条中(Faber and Lurger (-Petkov), National Reports Ⅵ, chap. 2. 1)。

83. 在爱沙尼亚,物权法第 32 条将占有定义为“对物的实际控制”,因此理论上认为占有是一种事实状态而不是一种权利,即一种法律地位:在任何法律基础上进行占有的权利是不相关的,最重要的是对物进行实际的控制(Faber and Lurger(-Kullerkupp), National Reports Ⅰ, 249)。

84. 在立陶宛,占有的概念包括三种不同的含义并且每种含义的法律性质都是不同的。首先,占有被认为是作为通过取得时效获得所有权的基础的独立物权(民法典第 4:22 条第(1)款)。其次,在取得时效之外的其他情形中,占有包括为某人自己持有财产的事实并且这只是一种事实状态而不被认为是一种物权(民法典第 4:22 条第(2)款)。最后,根据民法典第 4:37 条的规定占有的权利是所有权三种要素之一(Faber and Lurger(-Mikelenas), National Re-ports Ⅲ, chap. 2. 1)。

85. 在法国,占有被认为是一种适当的权利(占有权)但不是对物权。尽管根据革命前的法国法,占有,尤其是不动产的占有,被授予类似于对物权的地位,如今不可能把占有放在相同的框架里。它被认为是一种主观权利。也有人认为,占有应当属于人身权或它仅仅是一种证明之前存在的所有权的证明方式;然而,后一种意见没能考虑到占有得到保护而不考虑是否有进行占有的权利(占有所有权)。占有作为一种权利的性质被确认,因为一方面根据法律不仅保护权利本身,也保护权利的表象(vraisemblances de droits),另一方面根据法律中的多种权力来源于真正的法律事实而占有就是这样一种事实(Carbonnier, Droit Civil Ⅱ, no. 789; Jour-dain, Les Biens, no.

27)。在任何情况下,占有作为一种事实状态独立于任何潜在权利的存在(Faber and Lurger(-Cashin-Ritaine),National Reports Ⅳ,chap.2)。

86.在意大利,占有构成一种事实状态;它被认为是凝聚在人与物之间的特定关系中的事实,这至少潜在的表示了某人对财产行使特定的影响以及其他人干涉的排除(Faber and Lurger(-Greco),National Reports Ⅰ,386)。

87.在西班牙,占有是一个极端复杂的概念,这同样表现在它既被当作一种事实也被看作一种权利(Albaladejo,Derecho Civil Ⅲ[10], § 3.3 et seq.)。占有首先是一个法律事实,对物行使事实权力的状态,它结合了两个要素:对物上实际权力的持续的和外在的明显的状态,这也被称作占有的事实要素,还有持有这种权力的意识和意图,即占有的心理要素。然而,这一法律事实被法律赋予特定的法律效果,最主要的是对占有的保护,这导致了对占有的第二种理解,作为一种权利或占有权的占有。占有作为一种权利体现为持续进行占有的权利(Lacruz Berdejo and Rivero Hernández,Elementos III(1),30);它可以被定性为一种物权,因为它授予对物的即时的权力并可对抗第三人(民法典第446条),然而这种权力是暂时的。最后,它是一种自发的权利,这是来源于事实状态(作为一种事实的占有)的直接结果而不是来源于其他权利。当占有建立在权利的基础上,即占有所有权,后者必须严格的与占有权相区分,正如法院判决所确认的(TS 29 February 1968[RJ 1934];TS 25 January 1972 [RJ 118];TS12 June 1987[RJ 4294])。占有权和占有所有权既可以同时发生也可以不同时发生:持有物的所有权人或承租人同时拥有二者,被剥夺占有的所有权人只保有占有所有权一年,而缺少占有权,最后,小偷拥有占有权,而缺少占有所有权(Faber and Lurger(-González Paca-nowska and Díez Soto),National Reports Ⅴ,chap.2.1)。

88.在塞浦路斯,占有是事实控制和意思要素的结合(参见第Ⅷ-1:207条),它被看作一种对物权(Faber and Lurger(-Laulhé Shaelou/ Stylianou/Anastasiou),National Reports Ⅱ,511)。

89.在芬兰,占有本身不被认为是一种权利。尽管占有可以对抗第三人,可以被看作类似于权利的东西,但它不被认为值得授予这样一种地位,它只是一种对物的有效的实际控制的权力(tosiasiallinen valtasuhde esineeseen)。因此,占有主要被当作能够产生一定法律效果的法律事实,一方面,它被当作拥有如同所有权般相同重要性的基本的概念;另一方面,它被认为具有类似登记的属性(Kartio,Esineoikeuden perusteet,142;Zitting and Rautiala,esineoikeuden oppikirja,58 f;Faber and Lurger(-Kuusinen),Na-tional Reports Ⅴ,chap.2.1.1)。

第Ⅷ-1:206条　自主占有人占有

“自主占有人”是指以作为所有权人或认为自己是所有权人的意图而对物实施直接或间接的实际控制的人。

评　论

自主占有人(OP)所要求的意图是作为所有权人或认为自己是所有权人而行使实

际控制的意图。这是在大多数欧洲法律制度中都采用的标准。"是,或认为自己是所有权人"的表达比"作为所有权人"的表达更好,因为它强调了行使控制的人并不需要真的是所有权人:小偷或无效合同的买方同样可以成为自主占有人。在所有被调研的法律制度中占有规则的目的是调整物上实际控制的权力,而不考虑相关的法律关系。因此,决定性因素是自主占有人是否认为自己是所有权人,而不考虑他是善意的还是恶意的。对很多进一步的问题来说善意的要素十分重要,如自主占有人通过善意取得(第三章)或持续占有(第四章)获得所有权的可能性。

自主占有人并不需要亲自行使实际控制而可以通过他人代为行使。这在本条中已经明确的规定。第八卷区分了两种为自主占有人行事的人。

占有辅助人,在第Ⅷ－1:205条第(2)款中被提到并在第Ⅷ－1:208条中被定义,他仅仅以自主占有人的名义进行占有(如同直接占有人),没有任何自己持有动产的利益。因此,占有辅助人的实际控制完全归于自主占有人,自占有人在法律意义上被认为进行直接的实际控制(直接占有)。

有限权利占有人,在第Ⅷ－1:205条第(3)款中提到并在第Ⅷ－1:207条中被定义,他为了自主占有人进行占有,但是有限权利占有人尊重所有权人在动产上最高的物权,但有限权利占有人在动产的占有中仍然有自己的利益,这在租赁的情形中尤为明显,同时也体现在保管关系中。有限权利占有人的直接占有和自主占有人的间接占有同时发生,因此这是自主占有人间接占有的典型形式。

注　释

Ⅰ.所有权人的意思要素(内容、重要性等)

1. 占有的意思要素是占有的第二个基石,它同样也是区分对物的实际控制的不同种类的要素。在所有欧洲的法律制度中,意思要素反映了占有人对于客体的意志。关于适当的占有,与其相关的意图是所有权人的意图;占有人持有物,认为自己是它的所有权人并且排除其他人的控制(对于其他类型的意思要素或意思要素的缺少,参见第Ⅷ－1:207条注释1及以下和第Ⅷ－1:208条注释1及以下)。意思要素有多种称谓:animus domini, animus dominandi, animus rem sibi habendi。它们都反映了相同的东西,但是有些称谓被认为更加合适,例如尽管animus domini反映了所有权人的意图,其他两种表达被认为更加精确,因为占有同样包含不涉及占有权利的情形;小偷和不知道缺少占有权利的人同样可以成为占有人,因为他们持有物并认为物本来就是自己的。因为意思要素并不直接与所有权相连,而是与占有相连,它又被称作占有的意图。尽管使用的术语之间存在轻微的不同,但这种对占有人的意图的研究方法是普遍的,如在英格兰(Faber and Lurger(-Frisby and Jones), National Reports Ⅱ, 21; Goode, Commercial Law[2], 47),爱尔兰(Faber and Lurger(-Gardiner), National Reports Ⅱ, 180),德国(Faber and Lurger(-McGuire), National Reports Ⅲ, chap. 2. 1. 1),奥地利(Faber and Lurger(Faber), National Reports Ⅰ, 36 et seq., 39),希腊(A. P. 1692/1981, EEN 49, 876; Georgiades, ElpqD I, § 14 no. 17 ff; Faberand

Lurger(-Klaoudatou),National Reports Ⅲ,chap. 2. 1. 1),意大利(Faber and Lurger(-Greco),National Reports Ⅰ,387 et seq.),西班牙(Faber and Lurger(-GonzálezPacanowska and Díez Soto),National Reports Ⅴ,chap. 2. 3. 1;Pasquau Liaño(-LópezFrías),Jurisprudencia civil Ⅰ,1048 et seq.)和法国(Faber and Lurger(-Cashin-Ritaine),National Reports Ⅳ,chap. 2. 1)。

2. 在德国,不同的占有之间最重要的区别在于所有权人的占有(Eigenbesitz)和为他人利益的占有(Fremdbesitz,第Ⅷ-1:207条注释1)。民法典第872条规定占有客体并认为它属于自己的人是自主占有人(Eigenbesitzer)。因此自主占有人是占有客体如同该物属于自己的人,而不考虑该人可能拥有(或可能不拥有)的法律权利;这也是为什么小偷同样可以获得对赃物的占有。为他人利益的占有指的是作为有限物权或对人权或其他权利的受益人对物行使实际控制的人。这个概念没有在法律中明确的规定,但是可以从民法典第872条相反的论证中推断出来(Baur and Stürner,Sachenrecht[17], § 7 no. 89)。这个前提十分重要,因为德国法没有采用古典罗马法在占有和持有上的区别,因此,意图的要素对区分不同形式的占有以及占有人和占有服务人具有重要意义,因为在很多法律规定中,只有自主占有人才能产生预设的法律效力,如取得时效(民法典第937条),成果和利益的获得(第955条)或倒塌建筑物的占有人的责任(第836条第(3)款)。区别建立在持有人的主观意图上,因此,即使知道他人是实际的所有权人并不排除所有权人占有。为他人进行占有的人可以获得转让给他的占有只要通过简单的改变意图并决定从此以后为自己占有(Faber and Lurger(-McGuire),National Reports Ⅲ,chap. 2. 1. 1);然而,这种持有人主观意图的内在改变必须向第三人表现(Brehm and Berger,Sachenrecht[2],no. 3. 26)。意志表达的要求并不非常严格,并不要求对每个被占有的物都形成独特的占有意志,进行占有的一般意图就已足够(如安装信箱的人表达了对扔进信箱的东西取得占有的意图,即使不知道被扔进去的东西是什么)(MünchKomm(-Joost),BGB[4], § 854 nos. 8,10)。案例法只要求了非常一般的占有意图,该意图一般被推定存在并且不要求进一步的具体化(RGZ 第70、314、318条)。在理论上主流的意见要求至少要有获得占有的意图的表达(Besitzbegründungs-willen)(Gerhardt,Mobiliarsachenrecht[5] § 3. 2),但也没有具体的严格要求(Baur and Stürner,Sachenrecht[17], § 7 no. 15;Staudinger(-Bund),BGB [2007], § 854 no. 18;critical Gursky,JZ 1991,496 et seq.;BGHZ 101,186 et seq.)。少数观点认为占有的意图并不是决定性的,应当被考虑的是将物融入占有人管理的区域中(Organisationsbereich)。在法国联邦最高法院(BGH)一个有争议的判决中(BGHZ 101,186 et seq.),一个顾客在超市中丢失了1000德国马克的纸币,另一个顾客发现了它并且将它交给超市的收银员,根据法律规定,不是第二个顾客和收银员而是超市的所有权人取得了占有,因为他已经指示他的雇员将在超市中找到的东西进行分类(Faber and Lurger(-McGuire),National Reports Ⅲ,chap. 2. 1. 1,法学著作中对该决定的讨论)。类似地,BGH规定在剧场中找到一个钻石戒指的接待员仅仅作为占有服务人为剧场的所有权人行事,因此该剧场所有权人取得了对戒指的占有(BGHZ 8,130;compare CA Munich NJW 1987,1830)。

3. 在瑞士,主流意见同样认为占有包括两个要素,即对财产的事实控制和行使这种控制的意图或事实要素和心理要素(Steinauer,Les droits réels I[4],nos. 178 ff;Schmid and Hürlimann-Kaup,Sachenrecht[2],nos. 96 ff)。和事实要素一样,对占有人的意图也没有具体的严格要求,它不需要特别强烈或具体,进行占有的一般意图就已经足够了(Steinauer,Les droits reels I[4],no. 188;Stark,Berner Kommentar Ⅳ. 3. 1[3],art. 919,no. 28;Faber and Lurger(-Foëx and Marchand),National Reports Ⅵ,chap. 2. 1. 2)。当占有人像所有权人一样行事,占有被称作原生的(selbstständiger

Besitz;民法典第 920 条第(2)款),而在其他所有情形中都被看作派生的(unselbstständiger Besitz)。占有人不必实际成为所有权人,如果这个结论可以从占有人的行为中推导出来就已足够,如将财产借给第三人(Steinauer, Les droits réels I[4], no. 221a; Schmid and Hürlimann-Kaup, Sachenrecht[2], nos. 109 f)。这也是为什么小偷也可以将偷来的东西租给第三人并且维持原生的(并间接的)占有,然而承租人成为派生的、直接的占有人(Faber and Lurger(-Foëx and Marchand), National Reports Ⅵ, chap. 2.1.4)。原始占有人和派生占有人之间的区别在占有转让的语境中非常重要,因为派生的占有人不可能转让原始的占有给别人,以及为了适用取得时效和转让的目的,取得人必须要有所有权人的意图(Steinauer, Les droits réels I[4], no. 2111b; Rey, Grundlagen[3], nos. 1999 ff; Faber and Lurger(-Foëx and Marchand), chap. 2.1.7)。

4. 在奥地利,占有人的意图已经被法律规定为占有的实质性要素,没有意思要素,所有的都仅仅只是持有(民法典第 309 条)。根据主流意见,在对占有人的意图进行考察时应考虑到人与物之间的关系的外在表现(Schwimann(-Klicka), ABGB II[3], § 309 no. 3; Rummel(-Spielbüchler), ABGB I[3], § 349 no. 4)。这种方法被推崇是由于对人的意图进行主观的心理评价将会遇到很多困难,尤其是考虑到奥地利法律既承认对有形动产的占有也承认对权利的占有。因此,每种情况必须结合使占有人取得占有的法律关系进行考察:买方可能有作为所有权人持有物的意图;承租人将会占有租赁的权利。在缺少法律基础的情形中,如盗窃或抢劫,环境允许对强盗或小偷进行功利性的评估(Faber and Lurger(-Faber), National Reports Ⅰ, 36 et seq.)。这种考虑同样可以使人们认为占有人无须拥有所有权人那样的心理要素,只要像所有权人一样占有就仍然被认为作为占有人,因为如小偷,他完全认识到自己不是所有权人(Klicka, loc. cit., no. 5; LGZ Wien MietSlg 27.006; LGZ Wien MietSlg 31.0012)。

5. 在希腊,和奥地利相似而和德国相反,民法典在占有和持有间进行区分(von Bar(-Eleftheriadou) Sachenrecht in Europa III, 30 et seq.)。在民法典第 974 条,持有(jasovgŁ)被描述为对客体的物理控制的实际行使,然而占有(molg)的定义更进一步,指的是以作为所有权人进行占有的目的对客体进行实际的控制。因此,占有除了包括对客体的实际控制之外还包括一定的心理要素:它根据占有人以物的所有权人的能力对物进行占有的意志行使对物的实际控制而被定性(animus dominandi or animus rem sibi habendi)(Georgiades, ElpqD I, § 14 nos. 9 ff)。在这个方面关键的是占有人自己对情况的认识,无论是否是善意的;这也是为什么小偷同样获得对客体的占有。因此,事实要素和心理要素都是完整的占有概念的先决条件。进一步来说,取得占有所需要的意志的表达的要求并不高。设置了信箱的人在信投入信箱的时候成为占有人(同样的原则也适用于银行的夜班柜台),当鱼被渔网捕获的时候渔夫获得对鱼的占有,一旦动物掉入陷阱的时候猎人成为占有人(Georgiades / Stathopoulos(-Georgiades), EqlAJ V, art. 974 no. 29; Faber and Lurger(-Klaoudatou), National Reports Ⅲ, chap. 2.1.1)。

6. 在匈牙利,法律并不认为心理因素是占有所必须的要素,这意味着占有人甚至在不知情的状态下并且没有这么做的意图时也可以获得占有。民法典没有在占有和持有之间进行区分,它也没有区分为了自己占有物和为了他人的利益占有物。然而,通过在这种教条的背景下进行举例说明和详细阐述的努力,法律实践中已经产生了这样的分类(Lenkovics, Dologi jog[6], 257 et seq.)。占有因此被区分为自我占有和他人占有(后者参见第Ⅷ－1:207 条注释 5),抑或也被称为主占有和次占有,或主要占有和次级占有:根据某人进行占有的意图而对占有进行分类,就此而言善意或者恶意的要素同样也将发挥作用。因为民法典没有在占有和持有之间进行区分,这些分类的占有人都被简单地认为是占有人(Faber and Lurger(-Szilágyi),Na-tional Reports Ⅲ,chap.2.1.2 and 2.1.6)。然而,在已经提交的新匈牙利民法典的两版草案中,以及学者建议稿和立法建议稿中,法律已经对主占有和次占有进行了明确的区分(第1版草案第4:1条第(2)款;第2版草案第4:1条第(2)款;学者建议稿第4:1条第(2)款;立法建议稿第4:1条第(2)款),但是它主要服务于概述的目的并且强调两种都被认为是占有人(Szilágyi,loc. cit.,chap.2.1.2 and 2.5.1)。自我占有和他人占有之间的区别对于相同物上相互竞争的占有的利益具有一定的重要性,即当两个或更多的对同一物进行占有人主张权利的时候。在自我占有的情况下,占有人将物作为自己所有而使物处于自己的实际控制和权力下,典型的例子是所有权人,但是同样一个没有任何权利的人也可以行使这种控制和权力,如小偷。进一步来说,尽管心理因素原则上不是占有的必然要素,并且占有可以以客观的方式存在,如物由于错误而被留在第三人的土地上,占有人对占有的知情和打算这么做的意图对于确定占有的法律性质具有重要意义。在上述提到的例子中,如果物被遗留在其土地上的土地的所有权人明确的表示了不去占有的意图,根据民法典第196条,该当事人则成为所谓的监管人并且为有权占有的人持有该物(Szilágyi,loc. cit.,chap.2.1.2)。

7. 在捷克,占有建立在占有人使物处于其实际控制中并且同时拥有将物当作自己的物对待的意图的假设上(Knappová(-Knapp/ Knappová /Sˇvestka),Civil Law I 3,288)。这种推定主要包括实际的占有人,他亲自行使对物的实际控制,同时它可以包括一个附庸人,该人利用使用该物的权利。根据主流意见,占有要求事实要素(物的事实上的控制)和意思要素(占有的意图);然而,该意见也允许即使是持有人也可以成为适当的拥有人,即使以他人的名义和为了他人的利益控制物(Knapp/Knappová /Sˇvestka,loc. cit.,225 et seq.)。在任何情况下,仅有实际控制而没有占有物如同自己所有或至少行使与它有关的权利的意图是绝对不够的(Faber and Lurger(-Tichy′),National Reports Ⅵ,chap.2.1.2;关于持有人的更多信息,参见第Ⅷ-1:207条注释6)。占有人的地位类似于所有权人的地位,这意味着占有人享受有关占有的延伸的权利,例如保护合法占有的权利(Tichy′,loc. cit.,chap.2.7.)。在民法典草案中,占有的意思要素被赋予主要的地位:当占有人通过行使物上的权力或通过它的转让表现对物的控制时就存在占有,这样仅有意图就已足够并且事实要素不再被要求(Tichy′,loc. cit.,chap.2.1.4)。

8. 在斯洛伐克,民法典中没有对占有进行详细的定义和规定;斯洛伐克民法典中对占有的规定,正如在捷克民法典中一样,非常的简明和抽象(Faber and Lurger(-Petkov),National Reports Ⅵ,chap.2.2)。然而,可以从民法典第129条中推导出一个定义,该条规定物的占有人是将物当成自己所有的人或为了自己的利益行使具有争议权利的人。根据这一规定,占有包含对财产上实际权力的行使(占有的事实要素)和将物作为自己的物行事的意图(意思要素)。两个要素必须都具备,这样才能确定占有的存在。斯洛伐克民法典没有根据占有是否直接的由占有人行使而进行区分,尽管这种可能性是存在的,占有人仍然被认为是占有人,即使通过第三人行使权利(承租人等)(Faber and Lurger(-Petkov),National Reports Ⅵ,chap.2.1)。

9. 在爱沙尼亚,占有人的意图(意思要素)并没有被法律列为进行占有的前提;然而,理论上要求这种意图的存在,因为如果没有获得和行使这种控制的意图,这种实际控制是难以想象的。然而对这种意图并没有任何具体的要求;它不必以具体的方式被明示并且经常可以从每个案件的具体情形中被推断。作为规定,占有人被认为知道具体的财产在他的影响范围内并且可以有意识的行使这种控制,然而,在某人影响范围内控制所有物的一般意图有时候也被认为是足够的

(如某人设置了一个邮箱,他人往里面投入了邮件;Pärna,Asjaõigusseadus, § 32 no.6,43 f)。有人认为,当获得占有时这种意图被认为是必要的,但是随后这种意图的实际表达通常具有较少的重要性,至少直到占有人决定放弃占有时,行为要传达占有人消灭占有的意志(Faber and Lurger(-Kullerkupp),National Reports Ⅰ,251 et seq.)。在物权法中,可以区分占有人视物作为自己所有,即作为所有权人(如根据物权法第110条在取得时效的情形中)的情形,和某人根据合同或其他法律基础暂时基于行使占有物的权利的意图而持有动产的情形(如租赁、保管、质押和其他导致间接占有的情形;参见第Ⅷ-1:207条注释8)。这种区分主要和占有的持续性功能相联系(第Ⅷ-1:205条注释63),因为以自己所有的意图而进行的占有是通过先占或取得时效取得原始所有权的并且在进行占有时占有人的意图必须反映像所有权人一样对待物的意图。然而,占有的其他多种形式,例如根据使用合同占有属于他人的物,表明持有某物如同自己所有的意图(animus rem sibi habendi)在占有的概念性定义中并没有被要求(Kullerkupp,loc. cit.,252,255)。

10. 在立陶宛,占有被认为是通过取得时效取得所有权的独立物权(参见第Ⅷ-1:205条注释64)。这表明占有人以将物作为自己所有的意图进行持有(民法典第4:22条第(1)款)。这种意图对于这种形式的占有来说是必要的并且只有在这种占有的领域内才被要求(取得时效);就此而言,承租人不是占有人。这种主观因素的重要性在所有权的获得中同样明显,在这种情况下他被要求表示持有某物如同自己所有的意愿,即排除第三人的占有或其他权利(Faber and Lurger(-Mikelenas),National Reports Ⅲ,chap. 2.1 and 2.4)。

11. 在斯洛文尼亚,和德国法一样,区分了所有权人占有和为他人占有(Faber and Lurger(-Rudolf/Rijavec /Keresteš),Na-tional Reports Ⅰ,532)。这种区别建立在相同的标准上,即相关占有人的意图(Vrenc ur, Podjejte in delo 2002/6 - 7, 1454; Juhartet al. (-Vrenc ur), SPZ s komentarjem [2004],art. 27,173),自主占有人占有财产如同自己是所有权人(物权法第27条第(1)款),不考虑相关的权利,而为他人利益的占有人行使实际控制同时承认间接占有人的最高权利(物权法第27条第(2)款);关于后者在理论上并不是一致的,然而,根据一些评论者的意见,在租赁的情况下直接占有人被认为是自主占有人,他同样也尊重所有权人的最高权利(Juhart et al.(-Vrenč ur),SPZ s komentarjem [2004],Introduction,143)。根据其他评论者的意见,关于这种区别的意思要素的实施,与斯洛文尼亚主要采纳的客观的事实要素相反,偏离了后者并构成对主观系统的回归(Berden et al.(-Tratnik),Novo Stvarno pravo[2002],47)。这里所说的区别通常与直接占有和间接占有之间的区别(物权法第24条)相联系,但并不需要总是这种情形(Vrencur,Podjejte in delo 2002/6 - 7,1454,1455;Juhart/Tratnik/Vrenc ur(-Vrenc ur),Stvarno pravo [2007],110)。

12. 在法国,意思要素被用来说明占有的心理的、非实质性的方面,即占有的意图(Malaurie and Aynès,Les biens[2],142,no. 492)。占有人履行归属于所有权人的行为并不足够;占有人必须同时还带有作为合法权利人行事的意志采取行动(Cass. req.,15 April 1890,DP1890,1,188;Cass. 1[e]civ.,20 December 1955,JCP éd. G1956,II,9455,note Weill;Bull. civ. I,no. 453;Cass. 1eciv.,18 June 1959,JCP éd. G 1959,Ⅳ,98;Cass. 2[e]civ.,5 April 1960,Bull. civ. II,no. 252;Cass. 1[e]civ.,21 June 1978,GazPal1978,2,somm.,337;Cass. 1[e]civ.,20 February 1996,JCP éd. G 1996,Ⅳ,872;Bull. civ. I,no. 96)。占有人的这种行为也被称为据为己有的意图:一般来说合法的所有权人和小偷都拥有这种意图,而承租人或财产简单的持有人没有。据为己有的意图可以通过对物的使用而得到,该人内在的意向通过实际行为而被表现出来,实际行为是推定某人作为权利持

有人的基础(Malaurie and Aynès,Les biens[2],143,no. 493)。这种意图同样可以通过一种法律行为来说明,例如占有转让的行为(traditio brevi manu,constitute possessoire 等)。拥有事实要素的人同样被推定为拥有意思要素,并且占有人必须拥有进行占有的相关意图;他人的意志不能使任何人成为占有人除了在未成年人或代理的情况下(Bergel / Bruschi/Cimamonti,Les biens,147,no. 136a contrario;Faber and Lurger(-Cashin-Ritaine),Na-tional Reports Ⅳ,chap. 2. 1.)。不是每个占有的获得都要求特别的意志,只要有将收到的新物纳入占有的一般意图就已足够,如安装一个信箱,就可以自动的成为信的占有人即使不知道它们在信箱里(Terré and Simler,Les biens[7],151,no. 159;Cashin-Ritaine,loc. cit.,43)。占有的意思要素与上文所述的比利时法中的意思要素有相同的范围(Faber and Lurger(-Cauffman and Sagaert),National Reports Ⅳ,chap. 3. 1. 1)。

13. 在意大利,占有的意思要素并没有明确的在民法典第1140条中被提到,但是案例法一直认为它是占有的重要因素,即它的主观要素。它包括根据所有权或其他对物权行使对物的权力的意图。因为占有意图是内在的心理状态,法律认为它是法律上推定的(即除非有反证证明),并且它必须是有意的,即占有人必须有如同所有权人一样或如同行使自己的权利一样持有物的意图(Cass. Ⅱ,no. 3939/1982;Cass. Ⅱ,no. 8823/1998;Cass. Ⅲ,no. 6089/2002)。因此,一旦占有人发现他人权利的存在,并不必然导致意思要素的消失。实际上,根据民法典第1140条第(1)款,它把占有定义为明确表现在行为中的对应着所有权或其他物权行使的财产上的控制的权力,意大利法律学说详细解释了权利和行为之间、作为所有权人和像所有权人一样行为之间的区别。尽管在大多数情形中,所有权人和占有人是同一个人,但同样经常发生的是这二人的相分离,除此之外,行使对财产的实际的控制的人可能没有占有的权利,或进行占有的人缺少这么做的权利(如小偷)。根据这些观察,权利的重要性淡化了,因为占有的定义中没有提到权利。占有,正如在民法典第1140条第(1)款中定义的那样,被区分为所有权人意图的占有和其他对物权持有人意图的占有;这两种占有分别被称为充分的占有人 和不完全的占有人(Faber and Lurger(-Greco),Na-tional Reports Ⅰ,387 et seq.)。

14. 在西班牙,民法典第432条区分所有权人概念(concepto de dueño)中的占有和物或权利的持有人概念(concepto del tenedor)中的占有。任何主张所有权作为占有的基础的人被认为是所有权人概念中的占有(关于持有人概念中的占有,参见第Ⅷ-1:207条注释13)。案例法和民法典第432条规定的一样,在所有权人概念中的占有人包括了那些在可以进行占有的权利的持有人的概念中进行占有的人(TS 26 March 1986[RJ 1471])。占有的概念不能和占有的权利相混淆,后者是使占有合法化和授予原始占有的法律原因,前者存在于占有人外在化了的行为中并且独立于任何进行占有的权利,甚至与占有人是否相信存在占有的权利也没有关系。行使财产上权力的明确的行为对于决定占有的概念是决定性的,因为这种行为是可以被社会感知和察觉的。占有人在所有权人概念中进行占有,如果他被外在的观察到这么做,即使他不是所有权人并且自己知道这一点(TS 3 June 1993[RJ 4385];TS 7 February 1997 [RJ 685];TS 10 February 1997 [RJ 938]; for a thorough analysis of the relevant case law, see Pasquau Liaño(-López Frías), Jurisprudencia civil Ⅰ,1048 et seq.)。占有的概念非常重要,因为它决定了可以通过取得时效取得的权利的种类(所有权、用益物权等);它决定了占有人暂时对物享有的特权,直到拥有进行占有的更有利的权利的人出现,它产生有利于占有人的推定。根据民法典第436条,占有人的意图被认为是永恒的,它的改变被称作占有的倒置(interversión posesoria)(Ataz López,Homenaje al Profesor Juan Roca Juan,33 et seq.),要想发生这种情况仅仅有占有人意图的改变是不够的。占有概念的变化必须通过行为明确的表达出来，这些行为要传达出占有人的新的想法，并且根据民法典第436条它只能被那些行为所证明（TS 13 December 1982 [RJ 1988/9033]；TS 16 May 1983 [RJ 2825]；TS29 February 1992[RJ 1407]；TS10 July 1992[RJ 6274]；然而，一些裁决反对这种认为占有的概念可以通过单方行为来改变的意见；参见 TS10 April 1990[RJ 2712]；TS17 July 1990 [RJ 5946]；TS28 June 1993 [RJ 4791]）。占有的倒置可以是完全合法的，如在占有的改定或简易交付的情形中，但它同样也可能是非法的，这就会引发对占有的保护（Faber and Lurger (-González Pacanowska and Díez Soto)，National Reports Ⅴ，chap. 2. 3. 2）。所有权人概念中的占有可以被进一步地区分为自然占有和民事占有：根据民法典第430条，自然占有是持有物或享受权利，然而民事占有是在持有物或享受权利的同时还拥有将其作为自己所有而采取行动的意图。这两种占有都要求意思要素和事实要素：占有不可能存在如果占有人不知道或不打算行使行使任何实际的权力。然而，它们的根本区别在于自然占有人没有任何权利证明自己的持有（possessor pro possessore），然而民事占有人可以主张对物权或对人权；然而有些案例认为它们的区别类似于所有权人概念中的占有和持有人概念中的占有并且因此认为它没有意义。在任何情况下，这种区别的实际重要性在于仅有自然占有就足以得到禁令的保护，然而民事占有可以从占有的状态中得到更多的利益，如取得时效（TS28 November 1983 [RJ 6680]；TS6 June 1986 [RJ 3293]；TS 14 March 1991 [RJ 2221]），先占或交付，占有的推定（民法典第448条）或占有的清算中的保护（Faber and Lurger(-González Pa-canowska and Díez Soto)，National Reports Ⅴ，chap. 2. 3. 1）。

15. 在葡萄牙，民法典第1251条将占有（posse）定义为“某人根据所有权或其他物权而采取行动的被证明的权力”。葡萄牙民法典要求，除了事实要素作为占有的客观要素存在之外，还应有作为权利持有人而采取行动的意图存在，这被称作主观要素或意思要素。根据民法典第1251条的规定这并非是不证自明的，但学说中的主流意见却从民法典第1253条中得出了这个结论，该条规定了持有的概念（Pires de Lima and Antunes Varela，Código Civil AnotadoIII[2]，art. 1251 no. 6）。然而，科尔代鲁和阿森圣认为法典仅要求了占有的客观概念（Neto，Código Civil Anotado[13]，art. 1251 no. 51）。

16. 在荷兰，占有（bezit）被定义在民法典第3:107条中，被认为是“为某人自己持有财产的事实”。除了持有的事实状态，即对客体的权力的行使之外，这条同样暗指了意思要素的存在（animus rem sibi habendi）。然而，法律没有单独对意思要素进行关注，而是关注占有人的行为，以及共同意见和它们所表现的事实的结合，法律据此被赋予纠正性的作用。民法典第3:108条是决定性的，其中明确地规定了某人是否持有财产和是否是为了自己或为了他人持有财产的问题应当根据一般意见作出决定，并考虑到相关的民法典规定和案件的具体情况。立法者明确规定，“为了自己持有”，并不意味作为“权利持有人而持有”并对这种选择进行了一系列的论证：通过提到权利持有人，可以推断出占有人必须是权利持有人，或不是权利持有人（如同好像是权利持有人）；例如根据租赁合同持有物的承租人是“权利持有人”（Reehuis and Slob，Parlementaire geschiedenis，Boek 3，427）。为了避免这种不确定性，问题总是在于：在和他人什么样关系或在什么样的法律推定下，某人可以在控制权力的范围内持有财产。根据这个标准，承租人不能被认为“为了自己”持有，因为他是根据和出租人的租赁合同而进行持有的（Faber and Lurger (-Salomons)，National Reports Ⅵ，chap. 2. 1. 1）。

17. 在保加利亚，所有权法第68条将占有定义为以作为所有权人进行控制的意图对物行使实际控制。因此占有包括事实要素和意思要素（Faber and Lurger(-Stoimenov)，National Reports

Ⅳ,chap. 2. 1. 1)。因此,意图是决定性的要素,不仅是确认占有的存在,同样也使其区分于其他概念,例如准占有。如果持有财产的人没有像所有权人一样行事,而是仅仅希望持有和使用它,则不存在准确意义上的占有,而是物权的准占有;如果某人对物行使完全的实际控制并且促进对它的改善,该人可以通过取得时效获得财产;然而,如果该人的意图仅仅是持有和使用财产,该人可能仅仅获得对改善的用益权(SC 1 st civ. Ch. No. 1667/68;Stoimenov, loc. cit. ,chap. 2. 1. 2)。在保加利亚,总是讨论持有物的意图是否能够和持有某物作为自己所有的意图结合起来,尤其是通过法人组织所行使的占有:一方面,法人只能根据法律规定或章程通过他们的组织采取行动(Tadjer, Veshtno pravo Ⅳ,28;Stavrou, uprosi na bulgarskoto veshtno pravo,725),另一方面,经常发生的情形是他人,如受雇人,以法人的名义和用法人的费用进行占有而没有任何进行代表的权力,在这种情形中受雇人的意图不能被归于法人(Stavrou, loc. cit. ,727;Stoimenov, loc. cit. ,chap. 2. 1. 2)。证明占有的主观要素通常有一定的困难,但这可以根据所有权法引入的法律推定解决;在一些学者看来,通过这种方式得到的结果类似于那些适用罗马法的占有概念所得到的结果(Stoimenov, loc. cit. ,chap. 2. 1. 4. ;Venedikov, Novo veshtno pravo,41)。

18. 在英格兰和威尔士,同样认为占有人名义上的意图要素,即所谓的占有意图,是占有的两个要素中的一个。该要素体现了占有人排除其他类似的控制的意图。这种意图的范围和内容同样是重要的,因为"容器案"(Parker v. British Airways Board [1982] QB1004;South Staf-fordshire Water Co. v. Sharman [1896] 2 QB44)已经表明对包含小东西的更大的财产的控制或对财产所在土地的控制可以被认为构成了对小的东西的控制(Faber and Lurger(-Frisby and Jones), National Reports Ⅱ,21 et seq.)。

19. 在爱尔兰,除了实际控制(或事实控制)的要素之外,事实占有还包括进行控制的意图。不能被看作实际占有人的人在拥有从他人处取得实际占有的权利时可以被认为拥有推定的占有。理论上和案例法中已经讨论了数种情形。在根据委托人的意志委托的情形下,受委托人知道委托人的最高权利,并在委托结束之后没有继续持有该财产的权利,而委托人处于对财产的推定的占有中;受托人行使的控制被当做委托人行使的行为看待。因此委托人在受到侵害时有权提起诉讼并且根据有关占有的权利的规定获得占有(Bell, Modern Property Law,54;Wilson v. Lombank[1963] 1 All ER740;USA v. Dolfus Mieg et Compagnie SA[1952] AC582)。其他推定占有的情形还包括受托人的地位(White v. Morris [1852] 11CB1015),特权持有人根据国家的授权占有沉船或发现物(Bailiffs of Dunwich v. Sterry [1831] 1 B & Ad 831),在逆占有关系中没有得到授权的人所持有的财产的所有权人的地位(Faber and Lurger(-Gardiner), National Reports Ⅱ,82)。某人可以被认为处于合格的推定占有中:如质押权人对物进行处分并对财产设立次级质押(Bell, loc. cit. ,57),或没被支付货款的卖方停止货物运输的权利(Gardiner, loc. cit. ,180 et seq.)。法律认为,占有被认为是不可分割的,但必须对占有和占有的权利进行区分,因为后者并不是排他的,如以所有权人的意志占有动产的人有权用占有对抗除了所有权人以外的任何人,而所有权人有权用占有对抗任何人;委托人和受托人都被认为对委托物进行占有,尽管承认委托人只有推定的占有(Gardiner, loc. cit. ,181;Ancona v. Rogers [1876] 1 Ex. D 285)。

20. 在塞浦路斯,法律上的占有,同样也被称为合法占有,区别于事实占有,因为前者要求一定的精神要素,即明确的意图的存在,不仅排除外界大部分的干涉,而且是为了某人自己的利益并以自己的名义采取这样的行动(Pollock and Wright, Possession in the Common Law,17;Margarita Ikosi v. Andreas Karayiannis and others, Civil Appeal 4716)。事实上的占有通常但并不必然是法律上的占有的表面证据，并且法律上占有意图的存在通常是一个事实问题。“占有”、“占有的权利”、“合法占有”、“法律上的占有”、“进行占有的权利”，通常在相同的语境下被使用。法律上的占有作为物的所有权人或根据委托合同作为受托人持有物的意图，无论主张进行占有权利的人实际上是否对财产拥有直接的实际控制（如果有，则是实际占有，如果没有，则是推定占有）。如果某人是委托人、信托下的受益人（受托人对物进行实际控制）或持有代表物的权利文书的人（如提单；Standard Fruit Company [Bermuda] Ltd. v. Gold Seal Shipping Company Ltd., Admiralty Jurisdiction Case 77/90, 22 April 1990）则被认为是推定的占有人（Faber and Lurger (-Laulhé Shaelou/ Stylianou /Anastasiou), National Reports Ⅱ, 511 et seq.）。

21. 在苏格兰，占有的第二个要素，即占有意图的性质相当不确定。通常认为它包括两个要素：对物行使排他的实际控制的意图（作为一种精神状态对应着持有的实际行为）以及为了某人自身利益而采取这种行动的意图。这个标准存在于主张持有物的意图中；根据主流意见，占有人必须为了自己的使用而打算行使实际控制（Stair, Institutions, no. II. 1. 17; Reid, The Law of Property in Scotland, para. 118; Faber and Lurger (-Carey Miller /Combe/Steven/Wortley), National Reports Ⅱ, 323 et seq.）。尽管在过去意思要素同样包括作为所有权人持有物的意图（Erskine, An Institute of the Law of Scotland II[8], para. II. 1. 20），但这种观点在苏格兰法学界没有得到广泛的支持；因此，即使那些持有次级物权的人也可以以所有权人的名义并在他们权利的范围内进行占有（Carey Miller/Combe/Steven/ Wortley, loc. cit., 323）。相关意图的内容同样重要，这可以从“容器案”中推出，尽管它来自英国（Parker v. British Airways Board [1982] QB1004; South Staffordshire Water Co. v. Sharman [1896] 2 QB44; Faber and Lurger (-Frisby and Jones), National Reports Ⅱ, 22），但同样与苏格兰法律相关。根据 Parker v. British Airways Board ([1982] 1QB 1004)，建筑物的占有人可以同样占有存在于建筑物内的财产，即使他并不知情，如果占有人适当地表达了占有任何可能存在于该不动产上的物的明确的意图。这个案子建立在苏格兰郡法院判例的基础上（Harris v. Abbey National plc, 1997SCLR 359），但是这个问题并没有被苏格兰案例法进一步的说明（Donnelly, From Possession to Ownership, 270; Faber and Lurger (-Carey Miller / Combe/Steven/ Wortley), National Reports Ⅱ, 325 et seq.）。

22. 在挪威和丹麦，意思要素根据适用于每个具体案例的规则而被决定（如善意取得，取得时效等）。因为所要求的实际控制的形式和程度依赖于每个规定的具体环境，这也适用于涉及的人的意图（Faber and Lurger (-Førstad), National Reports Ⅴ, chap. 4. and 10. 4. 2；参见第Ⅷ-3:101条注释18及以下，第Ⅷ-4:101条注释17及以下和注释36）。

23. 在芬兰，占有在纯客观的基础上被推定，没有持有物的意图或将物作为自己所有而持有的意图被要求。这个问题在斯堪的纳维亚法律文化中很少得到注意，对占有的意图要素的主张被放弃；在芬兰法律文化中，具体而言，这个问题很少被讨论，决定性的因素存在于对财产的事实占有上（Faber and Lurger (-Kuusinen), National Reports Ⅴ, chap. 2. 1. 1）。然而，意图对于占有的放弃具有一定的作用：抛弃物的人失去它的所有权，发现被抛弃物的人获得它的原始所有权，因为抛弃物的人缺少作为所有权人占有该物的意图（löytötävaralaki art. 1. 2; Kartio, Esineoikeuden perusteet, 143; KKO1970 Ⅱ 35）。

Ⅱ. 法律推定

24. 在德国法，民法典第1006条第（1）款规定了有利于占有人的所有权的推定，只要该物没有被遗失或被盗或消失不见，该推定就是有效的（gestohlen worden, verloren gegangen oder sonst

abhanden gekommen ist),但货币和不记名票据除外(Faber and Lurger(-McGuire),National Reports Ⅲ,chap. 2. 2. 2)。民法典第1006条第(2)款规定了补充性的推定,根据该规定先前的占有人在占有存续期间被认为是所有权人,而第1006条第(3)款规定在间接占有的情形中,该推定有利于间接占有人。希腊法中也存在相同的推定:希腊民法典第1110条和第1111条包含了与德国民法典第1006条第(1)款和第(2)款相同的规定。此外,德国民法典第980条规定为他人进行占有的人(即持有人)被推定持续持有只要这种关系依然存在。

25. 在奥地利,法律规定了与占有相关的一些推定。首先,推定物的占有人拥有有效的权利(民法典第323条);然而,这个推定仅具有较小的实践意义,因为根据一般规定,为了返还丢失物之诉和取得时效的目的,占有人必须充分证明其拥有有效的权利(Rummel(-Spielbüchler),ABGB I 3, § 323 no. 1;Koziol and Welser,Bürgerliches Recht I[13],273)。其次,民法典第328条规定占有人被推定为善意的,这个推定在善意取得、取得时效和返还丢失物之诉的情况下具有一定的意义(Faber and Lurger(-Faber),National Reports Ⅰ,41)。在这种情况下,善意要符合第326条的定义,然而这存在多重的解释(详细的论述参见Faber,loc. cit. ,41 f)。

26. 在匈牙利,为了占有保护的目的,占有人的和平占有被推定为合法的(民法典第192条第(3)款)(Faber and Lurger(-Szilágyi),National Reports Ⅲ,chap. 2. 4)。

27. 在捷克,根据民法典第130条第(1)款,占有被推定为合法的。民法典草案同样包含占有是合法和公平的推定(第861条)(Faber and Lurger(-Tichy ′),National Reports Ⅵ,chap. 2. 1. 4)。

28. 在爱沙尼亚,占有被推定为合法的直到提出相反的证据(物权法第34条第(3)款)。此外,在占有存续期间占有人被认为是动产的所有权人,除非相反的情况被证明(物权法第90条第(1)款)。推定的目的在于提高物权法中公示原则和法律确定性的效力。最后,占有的连持续性功能(如取得时效的情形)有时候推定占有人持有物如同该物属于他(Faber and Lurger(-Kullerkupp),National Reports Ⅰ,254,256 et seq.)。

29. 在立陶宛,法律推定占有是合法的(民法典第4:23条第(2)款)和善意的(民法典第4:26条第(2)款)直到相反的情况被证明(Faber and Lurger(-Mikelenas),National Reports Ⅲ,chap. 2. 2)。

30. 在法国和比利时,考虑到评估作为内在的心理立场的占有人意志的实际困难,法律规定了有助于决定占有人的意图和解除举证责任的推定。一个相当重要的推定是将所有权赋予占有人,因为在法国和比利时这个推定有深远的效力(在法国和比利时,有关占有保护的这种规定的效力,参见第Ⅷ-6:204条注释7及以下)。根据法国民法典第2276条(前第2279条),就动产而言,占有等同于权利(en fait des meubles, la possession vaut titre)(Faber and Lurger(-Cashin-Ritaine),National Reports Ⅳ,chap. 2. 4),比利时也是如此(民法典第2279条)(Faber and Lurger(-Cauffman and Sagaert),National Reports Ⅳ,chap. 3. 2)。在这两个国家,同样推定某人为自己和作为所有权人而占有,只要没有被证明他为别人而占有(法国民法典第2256条(前2230条);比利时民法典第2230条),尤其是因为将持有转化为占有更加困难(Cass. 1ère civ. 23 October 1956,Bull. civ. Ⅰ,no. 369;Cass. 1ère civ. 7 February 1962,Bull. civ. Ⅰ,no. 91;Cass. 3ème civ. 28 February 1978,D. 1978,I. R. ,425;Cashin-Ritaine,loc. cit. ,chap. 3. 1;Cauffman and Sagaert,loc. cit. ,chap. 3. 1. 2;关于法国法中相反的推定,参见第Ⅷ-1:207条注释11)。根据相同的方式,满足事实要素的人同样被推定为拥有意思要素。因此如果某人持有物(détention matérielle)并且希望行使对物权，他被推定为拥有合法的权利，想要质疑这个权利的人必须提出反证（法国民法典第1315条）（Bergel /Bruschi/ Cimamonti，Les Biens，152，no. 141；Terré and Simler，Les biens[7]，157）；占有人同样被推定维持在取得占有时所存在的意思要素（法国民法典第2256条（前第2230条））（Malaurie and Aynès，Les biens[2]，143，no. 493）。此外，根据法国民法典第2264条（前第2234条）和比利时民法典第2234条，证明自己在早先时候进行占有的现在的占有人被推定同时取得占有，除非其他情况被证明。（Faber and Lurger（-Cashin-Ritaine），National Reports Ⅳ，chap. 21.）最后，占有人在获得占有时被推定为善意（法国民法典第2274条（前第2268条）；比利时民法典第2268条）（Cass. civ. 11 January 1887，S. 1887，1，225；Cashin-Ritaine，loc. cit.，chap. 2. 1. and 2. 2）。

31. 在意大利，尽管意思要素没有明确的规定在民法典第1140条中，但它是法律的推定，对物行使实际控制的人在某种权利的基础上被推定为占有人，除非证明该人以完全不同的意图进行占有。持有的证据建立在对产生持有的权利的分析（民法典第1141条第（1）款）（Faber and Lurger（-Greco），Na-tional Reports Ⅰ，389）。民法典第1142条规定如果现在的占有人证明了在早先时候的占有，占有被推定为一直持续着（presunzione di possesso intermedio）。民法典第1143条规定，因为现在的占有并不是不可否定的证据，实际的占有人不能援引先前的占有除非拥有支持它的权利，在这种情况下，现在的占有人被推定从取得权利之日起成为占有人（presunzione di possesso antecedente）（Greco，loc. cit.，394）。最后，根据民法典第1147条第（3）款，占有人的善意被推定只要在取得占有时占有人是善意的（mala fides superveniens non nocet）（Greco，loc. cit.，396）。

32. 在西班牙，一般推定某人以与占有开始时存在的相同的意图（占有的想法）持续进行占有（民法典第436条）。此外民法典第448条规定，所有权人概念中的占有人被推定拥有达到这个效果的正当的权利；这种推定，也被称为占有的合法化功能，有两个方面的含义：占有人被认为是所有权人而这可能既是有益的也是有害的（如对物的所有权人的诉讼也可以对占有人提起）；在涉及第三人的情况下，在从非所有权人取得动产的情形中，为了第三人的利益这种推定是不容置疑的（Faber and Lurger（-González Pacanowska and Díez Soto），National Reports Ⅴ，chap. 2. 7. 1）。此外，如果动产的占有是善意获得的，则占有等于所有权（民法典第464条）。进一步的（不可质疑的）推定包括：根据第434条，占有人总是被推定为善意的，不仅在取得占有的时候，而且还包括在占有期间（González Pacanowska and Díez Soto，loc. cit.，chap. 2. 3. 3. and 2. 7. 1.；TS 26 June 1912）。第459条规定证明了先前已经占有的现在的占有人被认为一直都是占有人，类似地，被不合法的剥夺占有的占有人恢复占有后，被认为为了所有归属于占有的目的而不受干涉的进行占有（民法典第466条）。最后，不动产的占有被推定包含对其中的物的占有（民法典第449条）；这种推定只可以被直接占有人援引，例如，在被出租房屋中找到的物通常属于承租人，而不是房东。这种推定对占有人来说既有好处也有坏处（如关于动产导致的损害赔偿的权利主张，民法典第1905条和第1908条）。法院在实践中似乎错误解释了这些推定并且将其认为是所有权的推定（TS13 May 1911；22 June 1928；11 May 1957 [RJ 2048]；26 October 1977 [RJ 4019]；14 June 1988 [RJ 4929]；against TS7 June 1988 [RJ 5134]），尽管它仅仅是占有的推定（González Pacanowska and Díez Soto，loc. cit.，chap. 2. 7. 1；Pas-quau Liaño（-López Frías），Jurisprudencia civil Ⅰ，1085）。

33. 在葡萄牙，占有的持续性根据某些条款被推定，如果实际占有人在过去某个时候获得占有并且拥有权利,他被认为从权利取得之日起一直进行占有(民法典第 1254 条)。进一步来说,占有人被推定为拥有占有的权利,除非存在建立在该占有人开始实际占有之前的登记基础上的有利于他人的推定(民法典第 1268 条)(Faber and Lurger(-Caramelo-Gomes and Nóbrega),National Reports Ⅳ,chap. 1. 5. 7)。

34. 在保加利亚,所有权法第 69 条包含了有利于占有的意思要素存在的推定,除非被证明财产为了他人被持有。这种推定通过证明占有建立在合同关系上可以被推翻,例如保管、托管或质押,根据这种合同关系持有人必须交还财产(Boyanov,Veshtno pravo[6],44);推定是可以被推翻的,如果占有人不具有法律能力(Venedikov, Novo veshtno pravo, 42; Faber and Lurger(-Stoimenov),National Reports Ⅳ,chap. 2. 1. 2)此外,占有人被推定为善意的(所有权法第 70 条第(2)款)。

35. 在苏格兰,占有的事实要素的存在可以导致对意思要素的推定,反之亦然:如果行为是模糊的,要求的意思要素在占有的分配中发挥作用。在任何情况下,必须考虑整个环境而不仅仅是相关的占有的前提(Reid, The Law of Property in Scotland, para. 118;Faber and Lurger(-Carey Miller /Combe/Steven/ Wortley),National Reports Ⅱ,323)。此外,占有产生有利于占有人的所有权的推定(Reid,loc. cit. ,para. 130)。

36. 在瑞典,占有人被认为是动产合法的所有权人。任何主张对财产权利的其他人必须对此进行证明(Martinson,Transfer of Title Concerning Movables Ⅲ,National Report:Sweden,29)。挪威和丹麦也是如此;占有产生对财产的更好的权利的推定,而任何其他人有义务证明自己对物更好的权利(挪威:Brœkhus and Hœrem, Norsk Tingsrett, 27;丹麦:Illum, Dansk tingsret[3], 493 et seq.)。

Ⅲ. 法律能力

37. 关于与占有的意图相联系的所要求的法律能力存在多种趋势。在德国,根据主流意见,意思要素是一种自然意志,而无须有关意志的法律相关的声明;就此而言,即使一个孩子或无法律能力人也可以原始的取得占有,只要他们处于行使实际控制的地位中(Faber and Lurger(-McGuire),National Reports Ⅲ, chap. 2. 3. 2; Staudinger(-Bund) BGB[2007], § 854 no. 17; MünchKomm(-Joost), BGB[4], § 854 no. 9; compare Baldus, JR 2002, 442 et seq. ; Brehm and Berger,Sa-chenrecht2,no. 3. 10)。在希腊,学理上采用了相同的思路;关键的是行使实际控制的能力,这样小孩也可以展示占有的意图,但不包括一岁以下的的婴儿或精神病人(Georgiades, ElpqD I, § 17 no. 7)。然而,在这两个国家,当取得占有涉及法律行为时(如通过交付等类似行为的占有的转让),获得者必须具有法律能力,这样才能有效的取得占有(Brehm and Berger,loc. cit. ,no. 3. 10;compare Georgiades,ElpqD I, § 16 no. 4)。

38. 在奥地利,保持占有并不要求法律能力。然而根据民法典第 310 条,取得占有至少要求有限的法律能力,即至少七岁以上,除非财产价值很低且通常是儿童可以获得的东西(Faber and Lurger(-Faber),National Reports Ⅰ,37;Schwi-mann(-Klicka),ABGB II 3, § 310 nos. 1 f)。

39. 在瑞士,占有的意图不要求法律能力,而只是同意的能力即可(民法典第 16 条)(Steinauer,Les droits réels I[4],no. 189)。

40. 在爱沙尼亚,占有的意图不被看作要求法律能力的意志(意图);进行占有的自然意图就是足够的(Faber and Lurger(-Kullerkupp),National Reports Ⅰ,251;Pärna, Asjaõigusseadus, § 32 no. 6,43 f)。

41. 在立陶宛，占有作为为了通过取得时效取得所有权的一种物权要求占有人的法律能力；然而，当占有作为一种事实状态时，仅要求持有财产的行为（Faber and Lurger（-Mikelenas），National Reports Ⅲ，chap. 2. 1；参见第Ⅷ－1:207 条注释 9）。

42. 在匈牙利，占有可以被获得和持有而无须考虑占有人是否具有合同能力。然而，在无能力人和限制能力人的情况下，考虑到所有相关的情形，有时候学者们的共同意见对于他们是否能够成为占有人是决定性的，例如该人行使的控制的种类或该人是否有能力拥有行使控制的必要的意图（Gellért（-Petrik），A Polgári Törvénykönyv Magyarázata[6]，676；Faber and Lurger（-Szilágyi），National Re-ports Ⅲ，chap. 2. 1. 2）。

43. 在法国，要求该人至少拥有形成真实意图的潜在能力，因此，尽管某人通常仅根据意思要素进行占有，但不能形成自己意图的人，如婴儿或精神不健全人，通过他们的法定代表人进行占有（Jourdain，Les Biens，no. 18）。

44. 在西班牙，存在例外的情形，民法典中的规定暗示了进行占有的意图的性质。根据民法典第 443 条，未成年人和无法律能力人可以获得对客体的占有，但是他们需要他们法定代理人的帮助去行使从占有中产生的为了他们的利益的权利；根据理论上的主流观点，这些权利和权利主张要求完全的法律能力，如占有的行为、财产的处分等。然而，理解和形成意志的自然能力通常足以获得占有（Faber and Lurger（-González Pacanowska and Díez Soto），National Reports Ⅴ，chap. 2. 4. and 2. 2. 1. ；de Bustos Gómez-Rico et al. ，Código Civil[15]，324）。

45. 在葡萄牙，民法典第 1266 条规定每个精神健全的人和即使那些精神不健全的人都有权得到占有（Faber and Lurger（-Caramelo-Gomes and Nóbrega），National Reports Ⅳ，28）。

46. 在保加利亚，法律学说认为占有的意思要素要求法律能力（Tadjer，Veshtno pravo Ⅳ，28；Venedikov，Novo veshtno pravo，42）。因此，占有人要有完全的法律能力或至少部分的法律能力（如 14～18 岁之间的未成年人，虽有精神疾病或缺陷但不严重的人；人与家庭法第 4f 条）。然而 14 岁以下或法院指定法定监护人的人（人与家庭法第 3 条和第 5 条第（1）款）不能进行占有，因为他们不具有法律能力并且不能形成相关的意图（对比 Venedikov，loc. Cit；对于一般性问题，参见 Faber and Lurger（-Stoimenov），National Reports Ⅳ，chap. 2. 1. 2）。

47. 在荷兰，关于占有的法律能力的问题还没有被充分的讨论。有人认为，占有本身不要求法律能力。荷兰法即没有采用萨维尼的主观占有理论，也没有采纳耶林的客观理论。当具体的情形表明占有人"为自己"占有的意志时就认为存在占有（van Schaick，Rechtsgevolgen en functies van bezit en houderschap，Mon. NBW A143［Deventer 2003］，12）。就此而言，共同的意见是关键的，然而该人的内在的意志是不相关的；由此可知占有并不要求法律能力。然而，在获得占有的时候要求具有法律能力；当获得占有涉及法律行为时，法律能力是必要的。在荷兰萨维尼认为交付涉及一个真正的合同（dinglicher Vertrag，zakelijke overeenkommst）的观点被广为接受，尽管同样有人主张相反的看法；因为动产的交付通过占有的转让实现（民法典第 3:90 条），后者必须也是法律行为。因此，如果缺少法律能力则不能通过转让的方式成为占有人（Faber and Lurger（-Salomons），National Reports Ⅵ，chap. 2. 1. 2）。

48. 在苏格兰，对法律能力的要求一定程度上是不清楚的，因此需要具体的评价。苏格兰法律委员会关于未成年人和受监护人的法律能力和责任的报告区分了积极的和消极的能力，即履行民事行为的能力和简单持有权利的能力（苏格兰法律委员会报告第 110 号，1987 年，第 3. 22 段），它认为小孩和没有能力但能形成相关意图的成年人能够获得占有。每个情况必须根据具体的环境被评估,即财产的性质和人的精神状态(Faber and Lurger(-Carey Miller /Combe/Steven/Wortley),National Reports Ⅱ,324)。

Ⅳ. 占有的性质——具体的善意的要素

49. 在法国,占有只有在一系列的特征全部具备(或当占有没有瑕疵)的时候才被授予法律效力(例如动产保有的事实、善意占有)并成为完全可操作(有益的占有)的(Faber and Lurger(-Cashin-Ritaine),National Reports Ⅳ,chap. 2)。这些特征(或瑕疵,取决于所采用的视角)可以被分为两类:客观的,从属于取得和行使占有的方式;主观的,指的是占有人的精神状态——占有人的善意或恶意(Jourdain,Les Biens,nos. 19 ff)。占有的客观性质来源于法律对取得时效的要求(民法典第 2261 条(前 2229 条)):占有必须是持续的,不被打断的,和平的,公开的,明确的,建立在所有权人的权利上的。占有"不被打断"的特性指的是取得时效的规定,而"所有权人的权利"与占有人的心理相一致。因此有四个客观的要求:占有必须是公开的、和平的、持续的和明确的;当它是秘密的、暴力的、间断的或模糊的,它就不能产生自己的法律效果(Mazeaud and Chabas,Leçons de Droit Civil Ⅱ(2)[8],nos. 1434 f)。有缺陷的占有的秘密性体现在它对第三人和其他一般人都不是可见的(关于占有的公开性,参见 Cass. 1ère civ. 4 May 1977,Bull. civ. I,no. 205);尽管这种占有故意的保持隐藏,意图看起来并不是一个必然的要素。隐秘性是暂时的性质,一旦占有为他人所知则它停止存在;它同样具有相对性,因为这种占有可能只对某些人进行公开而对其他人仍然保持隐藏;也只有后者可以为了自己的利益而援引有关秘密性的规定。占有的另一个缺点是暴力;占有必须被和平的得到,只有所有权人可以反驳这一点(Zenati-Castaing and Revet,Les biens[3],660,no. 452)。当占有以暴力的方式被获得时,则暴力的缺点必然存在,但是,和隐秘性一样,它也可以是暂时的和相对的。有关占有期间(pendente possessione)的暴力行为的状况还不清楚,保护和平取得的占有的暴力行为或者已经予以和平的占有并不具有前述的缺陷,然而,暴力的占有要求完全平静的期间以去除它的暴力属性。就此而言,暴力的相对性,以及在多个暴力行为间的时间跨度必须被考虑。关于间断性要素(Cass. req. 15 April 1890,S. 1891,1,342;Cass. civ. 21 June 1978,D. 1978 I. R.,246),它的准确含义还不清楚。法国最高法院认为:"考虑到财产的性质,如果没有能够构成间断的一定时间长度的异常干涉的存在,而占有没有在应当被行使的所有情形和所有时间内被行使,那么就存在不连续性(Cass. civ. 11 January 1950,Bull. civ. I no. 12;D. 1950. 125,note Leo-nan;Faber and Lurger(-Cashin-Ritaine),National Reports Ⅳ,chap. 2. fn. 270)。"考虑到持续性的要求(至少部分的)与仅凭意思要素进行占有的情况并不一致,一些学者(Jourdain,Les Biens,no. 23;Mazeaud and Chabas,Leçons de Droit Civil Ⅱ(2)8,no. 1442)认为只有在不打断占有的表示占有的行为的时间间隔之间或当某人的占有不受他人质疑的时候才存在占有意思要素的连续性。占有在任何情况下都必须是稳定的和永久的,一旦占有开始则产生这样的推定(参见民法典第 2264 条(前第 2234 条))(Ze-nati-Castaing and Revet,Les biens[3],660,no. 452)。最后,占有是明确的当它存在于从表面上就能认定占有存在的行为中,但这必须根据每个案件的具体情形进行解释。这些情形可能包括生活在一起的配偶或生活在"居住生活共同体"(communauté de vie et habitation)中的人,如持有死亡的雇主的财产的家庭服务人员(Cass. civ. 31 January 1900,DP1900. 1. 281,note Poncet;Cass. com. 12 July 1948,S. 1949. 1. 19),在这样的情形下,必须考虑共同占有存在的可能性(Voirin and Goubeaux,Droit civil Ⅰ 30,288,no. 645)。对于明确的占有来说,占有人必须如同任何像合法所有权人一样的持有物的人一般行事(Cass. com. 18 October 1994,D. 1994,I. R. 249;Cass. 1ère civ. 14 May 1996,D.

1996, I. R. 147; Faber and Lurger(-Cashin-Ritaine), National Reports Ⅳ, chap. 2. fn. 271)。模糊性与恶意不能混淆,它和其他人眼中存在的疑问相联系。只要涉及占有的主观缺陷,即占有人各自的认识要素,它取决于占有人的占有是善意的还是恶意的;占有人这种内在的倾向在很多层面上拥有深远的影响,例如占有保护,取得时效等(关于所有的占有的缺陷,参见 Jourdain, Les Biens, nos. 21 ff; Mazeaud and Chabas, Leçons de Droit Civil Ⅱ(2)[8], nos. 1435 ff)。取得占有时的善意对于占有是否可能自动产生法律上的效果非常重要(民法典第 2275 条(前 2269 条))(Malaurie and Aynès, Les biens[2], 168, nos. 568 f; Cashin-Ritaine, loc. cit., chap. 2;然而,后者认为,不同于民法典第 2275 条之前的版本,现在的它在体系上处于不动产取得时效的一章)。某人被认为是善意的如果证明占有通过有效的权利被获得(民法典第 550 条)(Cass. 1ère civ. 5 December 1960, Bull. civ. I, no. 527);善意是被推定的(民法典第 2274 条(前第 2268 条))(Cass. civ. 11 January 1887, S. 1887, 1, 225)。另外,当占有人知道自己不是物的合法的持有人时则恶意存在,并且它影响授予给占有人的权利的范围(如成果的取得等)(Cashin-Ritaine, loc. cit., chap. 2)。除了这些性质之外,某些学者将权利证书也列为要求之一(Cashin-Ritaine, loc. cit., chap. 2.; Terré and Simler, Les biens[7], 419 et seq.)。然而,在这种情况下,权利证书被看作提供所有权事实和法律表象的要素并因此简化了占有甚至是所有权的证明(Terré and Simler, loc. cit., 421, nos. 540 f;比较 Cass. 3ème civ. 5 May 1982, Bull. civ. III, no. 116,为了证明所有权的权利的重要性);因此,它对于占有的产生或承认并不是必要的,但是它强化了占有人的地位(Terré and Simler, loc. cit., 419, no. 537 a contra-rio)。权利证书在一些情形中是必要的,例如作为占有或准占有产生的基础的对物权只拥有合同性的起源(如质押,参见民法典第 2236f 条(前第 2074 条));此外,准占有要求可以提交权利证书(比较民法典第 1341 条关于证据的一般要求)。在任何情况下,当事实状态模糊不定时,这种规则带来的好处十分有意义(Cashin-Ritaine, loc. cit., chap. 2)。

50. 在保加利亚,占有也具有一系列的特征,这些特征或者对法律救济的行使具有决定性,或者仅仅构成实践中发展出的意思要素和事实要素的派生特征。占有必须是永久的、不受干涉的、清晰的、消极的(和平的)和明确的。当行使的实际控制是持续时,占有同样也是持续的,这意味着在第三人干涉的情况下干涉者试图寻求行使占有,占有人必须准备好保护自己的占有,因为在这种情形中行为的缺少可能剥夺占有的永久属性。在取得时效的情况下占有必须是不容干涉的,因为超过 6 个月的干涉导致时效期间的中止(所有权法第 81 条);不容干涉的占有同样是对抗对不动产的干涉的占有保护的前提(所有权法第 75 条)。从被废除的财产、所有权、地役权法第 302 条可以看出,占有的明确性被最高法院在一份附带意见中反复提到(SC 1 st civ. ch., no. 304/95),尽管它没有被明确规定在所有权法中;涉及这个特征最常见的例子是共同所有权,当一个共同所有权人开始为自己单独占有时。此外,当占有人在获得它的过程中没有使用暴力,占有被认为是消极的。暴力的干涉可以由占有人根据所有权法第 76 条被推翻,然而任何干涉者都不能用以暴力方式获得的占有对抗前占有人(Tadjer, Veshtno pravo Ⅳ, 32 et seq.)。最后,占有如果不是通过对前占有人以隐秘的方式获得,它应当是明确的;秘密的占有不被认为是占有直到它成为明显的(Boyanov, Veshtno pravo[6], 46)。债权法第 233 条第(2)款规定占有不被认为是隐秘的,如果它是在有义务通知占有人的人面前获得的,如承租人(关于所有前面提到的特性,参见 Faber and Lurger(-Stoimenov), National Reports Ⅳ, chap. 2. 1. 2; Tadjer loc. cit., 28 ff; Djerov, Veshtno pravo[6], 59 et seq.)在保加利亚法中尤其重要的是善意占有的概念。所有权法第 70 条规定当占有建立在能够转让所有权的法律基础上并且占有人不知道转让人不是所转让物的所有权人或存在形式缺陷,占有人是善意的进行占有。善意只有在占有的法律基础产生和它被推定的时候才被审视。因此,所有权法第70条第(1)款规定了四个前提:对物的实际控制,所有权人的态度,占有的法律基础和对于占有的基础的存在的主观的善意(Vassilev and Goleminov, Bulgarsko veshtno pravo[2],36 et seq.)。第70条中所提到的"法律基础"指的是任何法律交易、单边法律交易(如遗赠)、多边交易、行政行为或特定的法律行为(Stoimenov, loc. cit., chap. 2. 1. 6. (a), fn. 120),作为这些行为结果的所有权人转让所有权要么是自愿的,要么是根据国家机关有约束力的行为。法律基础决定行使于物上的实际控制的种类、内容和限制。如果法律行为目的在于转让所有权,交易不是无偿的,善意的占有人能够通过取得时效获得所有权(所有权法第80条第(1)款或第79条第(2)款)(所有权法第78条第(1)款)。另外,如果法律行为仅导致物权的准占有的获得(如用益物权),这就是善意的占有人实际可以获得的东西(Vassilev and Goleminov, loc. cit., 43)。进一步来说,法律行为必须是有效的,否则不可能出现善意占有;因为法律行为是无效的当法律规定的形式要件没有被满足,在这个意义上,法律的条文确认即使必要的形式要件没有被满足善意也存在时具有误导性;"形式缺陷"实际上意味着法律规定的形式被外在的遵循但是权利有其他可能导致其无效的缺陷(如公证书按照法律要求被起草,但是公证机构没有签署或没有资格起草这一种类的文书等, Tzonchev, Podobreniyata, 78 et seq.)。根据法律原因界定善意占有的效果同样是明显的当财产被共同所有而其中一人单独对物进行占有:善意取得只在所有权人权利授予的程度范围内有效,即法律行为(比较 Vassilev and Goleminov, loc. cit., 42)。当考虑所要求的善意的内容时,占有人必须不知道转让人无权转让所有权。在保加利亚法学界广为接受的观点是转让人对缺少权利的知情可能有碍善意取得(Venedikov, Novo veshtno pravo, 58);另外,知道权利可能被一方当事人质疑的事实并不会排除善意。此外,如果善意的占有人随后发现转让人缺少权利,根据"后来发生的恶意不损害占有"的原则,该占有并不成为恶意占有(所有权法第79条第(1)款(b)项)。除上述提到的之外,所有取得占有的其他方式都会导致恶意占有或"寻常的"占有(Tadjer, loc. cit., 115;关于善意和恶意的占有,参见 Stoimenov, loc. cit., chap. 2. 1. 6. (a))。

51. 在奥地利,占有可以是合法的或非法的(rechtmäßiger /unrechtmäßiger Besitz),这依赖于占有人是否能产生有效的占有的权利,如销售合同或赠与。占有被进一步的区分为公平或者不公平的(redlicher /unredlicher Besitz),根据占有人是否合理的相信自己是所有权人。当因为某些原因占有人没有获得所有权这种区分是重要的,尽管有理由相信它被获得(如当财产从无法律能力人处买来的,而买方不知道该人的这种身份)。占有被认为是不公平的,当占有人通过行使普通的谨慎(Sorgfalt)知道自己不是所有权人或本应知道这一点。此外,占有可能是真实的或虚假的(echter /unechter Besitz),根据占有物的人是否通过暴力、秘密的手段或根据可撤销的合同(prekarium,如借贷协议)获得该物;在前者情况下,占有被认为是虚假的。最后,尽管占有原则上只构成对财产进行事实控制的表象并通过行使这种控制意图而加强,依赖于进行占有的权利的占有非常接近于对物权,并且因此被定性为合格的占有(qualifizierter Besitz)或占有的权利(Besitzrecht)。合格的占有是合法的、公平的和真正的并且形成根据取得时效获得所有权的基础(民法典第1466条);它同样被认为值得在取得所有权之前受到保护(Bydlinski, Grundzüge[7], nos. 314 et seq.)。

52. 在瑞士中,占有是合法的当它建立在占有财产的权利的基础上;如果没有这种权利,占有是非法的(Steinauer, Les droits réels I[4], no. 238)。考虑到和占有相联系的有关义务的规定,这种区别很重要,这种义务主要由非法占有人承担(民法典第938~949条)(Faber and Lurger(-Foëx and Marchand),National Reports Ⅵ,chap. 2.1.4)。

53. 在德国和希腊,关于虚假占有人的概念和虚假占有的后果(fehlerhafter Besitz;epikgŁwilg molgŁ)参见第Ⅷ-6:204条注释55及以下。

54. 在匈牙利,合法占有与非法占有之间存在区别,后者根据民法典第193~195条的规定同样被称作没有合法根据的占有,它的重要性存在于决定自主占有人组合中的当事人的权利和义务(Faber and Lurger(-Szilágyi),National Reports Ⅲ,chap. 19.2.)。合法的占有人拥有占有的有效权利,然而非法的占有人没有。合法占有人包括所有权人、承租人、受托人、作为雇员对财产进行实际控制的人等,非法占有的典型例子是小偷。非法占有进一步的被区分为善意的和恶意的;在前者中,占有人有合理的理由相信自己拥有进行占有的合法有效的权利,而在后者中占有人知道或应当知道导致权利无效或不存在的事实(Faber and Lurger(-Szilágyi),National Reports Ⅲ,chap. 2.1.6)。

55. 在捷克,非所有权人根据该物或权利是否被善意的取得,占有被区分为合法的或非法的;如果占有人知道自己不是所有权人但仍然如同所有权人一般对待该物则占有是非法的。在非所有权人占有的情形中,所有权人拥有无权的占有(无效的所有权)。1950年民法典以一种矛盾的方式引入了"合法占有"的术语,它忽略了奥地利民法典中衍生出的很多原则,而现在的捷克民法典是根据奥地利民法典制定的。法律学说和理论普遍认为占有人是否善意的问题有赖于客观的评价,占有人的主观态度并不足以说明问题。就此而言,要考虑行使普通谨慎注意的占有人没有或不应当有合理的怀疑关于物或权利在占有期间是否属于他(Faber and Lurger(-Tichy′),National Reports Ⅵ,21 et seq.,chap. 2.1.2 and 2.1.3)。当占有人知道了客观导致对物或权利是否属于他的合理怀疑的事实善意不再存在(Knappová(-Knapp/ Knap-pová /Svestka),Civil Law I[3],289 et seq.)。合法占有不可能建立在占有人的错误上,该错误可以根据普通程度谨慎的行使而避免。事实上的错误是可以被原谅的并且在特定的情形中法律上的错误也可以被原谅:如法律上的错误存在于对一般约束性规则的忽视或不完整的了解以及对相关法律事实不完整的评估,可能存在某人仍然是善意的尽管存在法律上的错误的情形(Svestka/ Jehlicka /Skárová,OZ[9],454 f;R 22 Cdo 417/98),但仅仅忽视法律不能被原谅。国家机构的行为导致的错误可以被原谅,因为市民被认为信任国家和它的机构。关于不动产,通过口头协议获得占有的人不能进行合法的占有(Svestka/ Jehlicka /Skárová,OZ[9],455;R 22 Cdo 837/98)。根据民法典第130条第(2)~(3)款,合法占有使占有人可以有权获得成果和收益以及从所有权人那里得到特定费用的补偿。(Faber and Lurger(-Tichy′),National Reports Ⅵ,chap. 2.1.3.)现在的民法典草案区分了公平合法的占有和不公平不合法的占有,合法的占有人拥有和所有权人相同的权利(第863条);然而,和现在的规定相反,特别的占有救济被规定区别于所有权的保护(Tichy′,loc. cit.,chap. 2.1.4)。

56. 在斯洛文尼亚,根据物上实际的权利(corpus possessionis)是如何获得的,占有和持有被区分为合法的或非法的。同样意思要素根据法律可能存在或不存在;这也是为什么小偷或根据无效合同获得物的买方被认为是占有人(Faber and Lurger(-Petkov),National Reports Ⅵ,chap. 2.1)。当占有人对待和处置物如同自己所有,并且考虑到所有相关的环境,合理善意的相信物属于自己,占有被推定是合法的(民法典第130条第(1)款)。当所有权人提起法律诉讼取回财产占有人的善意并不必然消灭因为占有人可能仍然合理的相信所有权人的诉讼是没有根据的。当对财产权力的缺少被证明超出了合理怀疑占有人确定的失去善意。另外,占有是非法的,当占有人对待或处分物如同自己所有但知道该物不属于他;即使非法的占有人(如小偷)根据民法典第5条也被授予一定程度的保护(Faber and Lurger (-Petkov), National Reports Ⅵ, chap. 2. 2.; see also fn. 46, 47)。占有善意或恶意的属性决定了它的法律效果。一方面,合法的占有人,即善意的占有人,被法律授予和所有权人相同的权利(民法典第130条第(2)款),并且不仅享受所有权人完全的权利而且同样有权得到在相同的条件和情况下授予所有权人的所有的保护措施,唯一的限制是它们不能和真正的所有权人相对抗。此外,只有合法的占有人可以通过取得时效获得所有权(民法典第135条)。而且,占有是否合法的问题决定了费用和收益的分配当物从占有人处回到真正的所有权人手中,或回到对财产拥有更高权利的人手中(民法典第130条第(2)~(3)款)。另一方面,非法的占有人不享受所有权人的任何权利,不能通过取得时效获得所有权,也没有任何司法救济除了民法典第5条规定的保护和平状态的一般救济。在恶意占有人和所有权人之间的费用和收益之间的分配由民法典第131条规定(Faber and Lurger (-Petkov), National Reports Ⅵ, chap. 2. 2)。

57. 在爱沙尼亚,占有可以是合法的或非法的,根据它是否建立在合法的基础上(物权法第34条)。此外,根据获得的方式,它可以是非任意的或任意的,如果通过不合法的侵犯占有或非法的剥夺占有被得到(物权法第40条)。最后占有可能是善意的或恶意的,根据占有人是否知道或应当知道占有缺少合法的权利或他人拥有进行占有的更高的权利(物权法第35条)。这些占有的特性(和各自的缺点)是决定性的尤其在占有保护的领域(第Ⅷ-6:204条注释43和61):占有的合法性或非法性决定了所有权人是否有权取回财产;一旦考虑到随意性,根据物权法第40条第(1)款占有被保护对抗任意的行为,然而限制适用于根据任意方式取得的占有的保护;最后,善意或恶意对于占有人关于物的恶化的责任和成果的获得具有关键意义,如果财产被主张取回(Faber and Lurger(-Kuller-kupp), National Reports Ⅰ, 254)。

58. 在立陶宛,占有可能是合法或非法的。占有被认为是合法的,当物根据和所有权一样的基础被持有时,如当某人通过和物的所有权人的合同获得占有时;另一方面,非法占有是通过暴力、秘密的或侵犯他人法律利益的方式取得的占有(民法典第4:23条第(3)款),典型的例子是小偷行使的占有。民法典进一步区分了善意和恶意的占有(民法典第4:26条):占有人被认为是善意的如果他确信取得占有时没有人对物拥有更高的权利,而反过来,如果占有人知道或应当知道他没有获得占有的权利或这种权利次于别人的权利占有人是恶意的(Faber and Lurger (-Mikelenas), National Reports Ⅲ, chap. 2. 2)。

59. 在斯洛文尼亚,物权法第28条规定占有人被认为是恶意的如果占有人知道或应当知道自己没有权利去占有。这一规则适用于自主占有人和为他人利益而占有的人,尽管一些规定看起来表明它仅仅适用于第一种情况(Tratnik, Stvarnopravni zakonik, 48; Juhart et al. (-Vrenc ur), SPZ s komentar-jem [2004], art. 28, 178)。关于过失要素,在法学理论中,并不清楚是否只有在重大过失的情形中占有人才被认为是恶意的还是说只要存在一般过失就满足条件(Faber and Lurger(-Rudolf/Rijavec/Ker-estes), National Reports Ⅰ, 533 f; Juhart et al. (-Vrenc ur), SPZ s komentarjem [2004], art. 28, 178)。善意对于取得时效(物权法第43条)(Juhart/Tratnik/Vrenc ur (-Vrenc ur), Stvarno pravo [2007], 111)、地役权的获得(物权法第217条)、保持分离物的权利(物权法第59条第(2)款)、在强制取回物情形中所有权人的权利主张(物权法第95条)、返还丢失物之诉(物权法第98条)和排除妨碍所有权之诉(物权法第99条)都是很重要的(Faber and Lurger(-Rudolf/ Rijavec / Kerestesˇ), National Re-ports I, 535)。

60. 在意大利,占有可以是合法的或非法的,这取决于是否存在取得占有的权利作为进行占有的基础。在这两种情形中,占有人都受到占有的保护,然而,当占有是不合法的,如果所有权人打算恢复占有,占有人只有在所有权人的权利主张来自"占有权来自占有"的原则时才可以对抗所有权人,即那些从占有的事实产生的权利主张。非法占有可以进一步区分为善意的和恶意的。因为善意或恶意是主观的个人状态而很难被调查,因此立法者制定了一些规则。根据民法典第1147条,占有人是善意的当他不知道占有损害了他人的权利,然而,占有不再是善意的,如果他具有重大过失。无论是法律上还是事实上的错误通常并不妨碍善意取得,除非错误是由于重大过失导致的。错误必须是可原谅的,一方面他们根据仁慈的和预设的标准被评估,但是另一方面,法官必须审视所有相关的环境,如占有人的社会环境、工作和其他条件以及时间和地点等。仅仅有怀疑也应当导致进一步的调查。民法典第1147条第(3)款规定了可被推翻的推定,即占有建立在权利的基础上并且事实上根据善意被行使,如果在开始时具有善意则就已经是足够的(后来发生的恶意不损害占有)(Faber and Lurger(-Greco),National Reports Ⅰ,395 et seq.)。

61. 在西班牙,占有的善意或恶意根据民法典第433条决定:不知道在权利和取得模式中存在使它无效的缺陷的占有人被认为是善意的,而其他的占有人是恶意的。善意是被推定的(民法典第434条)并且只要占有人不知道占有中的缺陷善意就一直存在(民法典第435条)。占有人被认为是恶意的当知道(或通过展示最低程度的谨慎就能发现)物被非法的占有,没有权利或是根据无效的权利。然而,缺少适当的权利并不总是排除善意,如果占有人错误的相信存在合法的权利并且在给定的环境中这个错误是可原谅的;此外,如果权利存在于被宣告无效或终止的合同中,仅仅这个事实并不意味着占有人是恶意的。民法典第435条提出的主要问题是从所谓的所有权人进行法律或法律外的请求或通知之时起占有人是否实际停止作为善意的,案例法在这个问题上态度并不统一(Pasquau Liaño(-López Frías),Jurisprudencia civil Ⅰ,1054 et seq.;支持的观点包括TS 13 January 1916;TS 23 March 1963 [RJ 1938];TS 9 March 1956 [RJ 926];TS 5 February 1955 [RJ 320];TS 12 December 1994 [RJ 9437];against TS 25 October 1955 [RJ 2875];TS 10 April 1956 [RJ 1927];TS 24 March 1983 [RJ 1612];TS 13 February 1984 [RJ 649];TS 24 January 1952 [RJ 273];根据TS 22 July 1997 [RJ 5805],证明占有人恶意的行为必须是他自己的行为,而不能是权利主张人的行为)。至于继承权下的继承人,他们并不承担被继承人有缺陷的权利,除非被证明他们对其知情(民法典第442条)。善意或恶意的占有对于一系列的目的来说是重要的,例如占有情况的清算(成果、费用、改善、损坏等)、取得时效、双重交易中的保护(民法典第1473条)和从非所有权人处取得所有权(民法典第464条)等(Faber and Lurger(-González Pacanowska and Díez Soto),National Reports Ⅴ,chap. 2.3.3)。在西班牙法律中除了占有的善意要素,它的取得的模式有时候也能使它发生错误。根据民法典第444条,"容忍的行为、以秘密的方式执行而不知道物的占有人的行为或以暴力方式行使的行为并不影响占有"。这个规定并不意味着进行了这些行为的人无法成为占有人,但是先前的占有不受影响的持续产生所有的效力,至少在一个暂时的期间内。对于纯粹的容忍的行为,参见第Ⅷ-1:207条注释13。关于秘密的或暴力的占有,以秘密或暴力的方式获得占有的人仍然被认为是实际的占有人并且受到占有保护,但是不可能通过取得时效的方式获得所有权,只要占有没有成为公开的(民法典第1941条)或根据不法行为而产生的诉讼还没有经过时效期间而失效(民法典第1956条)。值得注意的是,先前的占有人同时维持所谓的"理想的占有",允许恢复对财产的实际控制或占有的存续或取得时效所要求的期间继续;然而这种理想的占有只是暂时的,因为如果一年过去而之前的占有人没有寻求任何救济,他被认为确定的失去了占有(民法典第 460、4 条)(Faber and Lurger(-González Paca-nowska and Díez Soto),National Reports Ⅴ,chap. 2. 4)。

62. 在葡萄牙,占有具有一系列的特征,并且根据这些特征是否存在影响占有时效、占有的辩护、成果和改善等制度。这些特征包括:(a)约因(causa)。有权占有(posse titulada)来源于获得占有的任何合法的方式,无论转让人的权利是否有效或法律交易的实质的有效性(民法典第 1259 条)。卖方转让自己并不拥有的权利(acquisitio a non domino)或当法律交易因为假装、错误、违反公共政策无效时(Pires de Lima and Antunes Varela,Código Civil Anotado Ⅲ[2],art. 1259 no. 18)权利依然存在;然而,如果法律交易缺少法定形式,则权利不存在(STJ 19 March 1981,BMJ 305,294)。权利在葡萄牙法律中不是推定的,必须提出足够的证据予以证明(民法典第 1259 条第(2)款)。(b)善意。当占有人在获得占有的时候不知道另一人的权利被侵犯则存在善意占有(民法典第 1260 条第(1)款)。这是一种心理状态而不是道德概念,并且占有人的忽略的合理性和应受审查性不再被调查。根据后来发生的恶意不损害占有的原则,占有是否是善意的只在获得占有的时候被评估(Pires de Lima and Antunes Varela,loc. cit. ,art. 1260 no. 6)。如果存在一个权利,占有在法律上被推定是善意的,如果没有权利,则是恶意的(民法典第 1260 条第(2)款)。通过暴力方式获得的占有总是被推定为恶意的,即使它建立在权利的基础上(民法典第 1260 条第(3)款)。(c)和平的占有。占有被认为是和平的,当它不是通过暴力而获得的(民法典第 1261 条第(1)款)。如果占有人为了得到占有采用了民法典第 255 条意义上的物理或心理的胁迫方式,则占有的获得被认为是暴力的。(d)公开性。占有被认为是公开的,如果它以对那些在物的地位上拥有利益的人公开的方式被行使(民法典第 1262 条)。在不动产和需要登记的动产的情形中,公开性的要求通过登记被满足;在一般动产的情况下,公开性的表现依赖于具体的环境。皮雷斯·德利马和安通纳斯·维雷拉(Código Civil Anotado Ⅲ[2],art. 1262 no. 4)给出了如下的例子:书的占有人不必将自己的私人图书馆变为公开图书馆,只要这本书没有被藏起来公开性的要求就被满足。

63. 在荷兰,占有人根据他们是否是善意被区分。民法典第 3:118 条第(1)款将善意的占有人定义为有合理理由相信自己是权利持有人的占有人。恶意的占有人没有在法律中定义,但它的概念可以从民法典第 3:11 条对善意的消极定义中推导出来:"某人没有善意的行事,如果他知道与他的善意相联系的事实或法律,或在给定的环境中他应当知道他们。不可能进行调查并不妨碍有充分理由产生怀疑的人被认为是应当知道事实或法律的人。"(Faber and Lurger(-Salomons),National Reports Ⅵ,chap. 2. 1. 4.)善意在多种环境中都是相关的,如对善意占有人提起取回之诉时就会遇到各种限制(参见第Ⅷ-6:101 条注释 6 和 33)。

64. 在苏格兰,善意被包括在占有的意思要素中并被认为是取得时效的前提;此外,它决定了被剥夺占有的占有人有权得到什么样的救济;以及在什么样的程度上可以取得成果(Erskine,An Institute of the Law of Scotland Ⅱ[8],no. Ⅱ. 1. 25;Carey Miller and Irvine,Corporeal Movables[2],no. 1. 21;Gordon,Scottish Land Law[2],nos. 14 ff)。占有不可能被恶意的人获得,因为只有善意的人可以合理的认为自己是所有权人,然而,当考虑到适用于占有意思要素的标准,即为他人的使用而持有而不是作为所有权人而持有,这样的概念不会产生任何结果(Carey Miller and Irvine,Corporeal Movables[2],no. 1. 20 n95;Faber and Lurger(-Carey Miller/ Combe/Steven/ Wortley),National Reports Ⅱ,326)。

第Ⅷ-1:207条　有限权利占有人占有

(1)"有限权利占有人"是对物进行实际控制的人:

(a)带着为该人自己的利益控制物的意图,并且他与自主占有人之间存在特别的法律关系,这种法律关系赋予有限权利占有人进行占有的权利;或者

(b)带着服从自主占有人的命令控制物的意图,并且他与自主占有人之间存在特定的合同关系,这种关系赋予有限权利占有人留置物的权利直到自主占有人清偿所有应当支付的费用和成本。

(2)有限权利占有人可以对物进行直接或间接的实际控制。

评　论

A. 有限权利占有人

有限权利占有人指的是在和自主占有人有法律联系的基础上持有动产的人,这个联系同样限定了有限权利占有人的持有动产的意图(占有的意思要素)。这种法律关系赋予有限权利占有人占有动产的权利或留置动产的权利。有限权利占有人的意图被限制在其对动产行使的权利中并且不像自主占有人行使所有权人全部权力的意图那样不受限制。有限权利占有人应当根据有限的权利为了自己的利益或根据自主占有人的命令而使用动产,并且同时为了自主占有人而持有动产。"为了自主占有人"持有动产意味着有限权利占有人知道自主占有人在动产上的权利并且不是以第Ⅷ-1:206条意义上的自主占有人的心理持有动产。

B. 有限权利占有的要求

因此,有限权利占有的概念有三个要求:根据第Ⅷ-1:205条包含直接或间接占有的事实要素;赋予有限权利占有人有效的占有或留置与自主占有人有关的动产的权利的特别法律关系;有限权利占有人为了自己的利益或根据自主占有人的命令而持有动产的意图(意思要素)。

C. 有限权利占有人的两种类型

典型的有限权利占有人被规定在(a)项中。这包括对物权或对人权的持有人为了有限权利占有人自己的利益以有限的方式占有和使用动产。这种权利可以根据与所有权人的合同关系或法律规定的与所有权人的法律关系产生。有限权利占有人尊重间接的自主占有人的最高的所有权。然而,所有权并不是最高的当涉及谁应该进行直接占有或最终使用物。这个问题由自主占有人和有限权利占有人之间的特别的法律关系来回答。这种特别的占有和使用物的合同(或其他)权优先于自主占有人的所有权。

有限权利占有人的第二种类型规定在(b)项中。在仓库储存和类似的情形中,有限权利占有人有权占有物,该权利产生于和自主占有人的合同,但是这个合同没有赋予有限权利占有人为了自己的利益使用物的权利。因此,不能说 b 种类的有限权利占有人为了自己的利益而占有物。有限权利占有人的占有主要根据自主占有人的命令并且根据所有权人的指示持有和储存物,为的是所有权人而不是有限权利占有人的利益。b 种类的有限权利占有人进行占有的唯一的利益是金钱利益——因为储存而被支付的利益。这体现在留置物的权利直到自主占有人支付了所有的费用。当然 b 种类的有限权利占有人同样尊重间接的自主占有人的最高的所有权。

D. 特别的法律或合同关系

本条第(1)款(a)项和(b)项提到了"特别合同关系"或"特别法律关系"的存在,它们赋予有限权利占有人占有或留置物所要求的权利。这种特别的法律关系可能是租赁、根据和自主占有人的合同或法律规定产生的用益权法律关系(包括收取成果的权利),根据合同或法律规定产生的占有的担保关系,根据储存协议产生的关系等。这个关系必须赋予有限权利占有人占有动产的权利(无论直接或间接的)或在 b 的情形中为了费用和成本的支付而留置动产的权利。在特定的法律制度中(如法国、希腊),当法律关系是有限的对物权,在(所有权人)占有人和准占有人之间存在进一步的区别,(所有权人)占有人以所有权人的意思要素进行占有,而准占有人以相关的对物权的受益人的意思要素进行占有。然而,这种区别在现行规定的语境中都是多余的,因为在这两个情况中结果都是相同的,即部分的侵犯绝对的所有权。

在(a)项中,自主占有人和有限权利占有人之间的法律联系不必建立在合同上。它可能是法律创造的关系。在后一种情形中,有限权利占有人可能根据法律规定的留置而拥有占有动产的权利。(b)项所指的主要是储存的情形,他们的关系通常都是合同性的,而根据自主占有人的命令持有物的权利是对人权。然而,留置物的权利一旦产生(当自主占有人没有及时付款)就会变成第九卷意义上的物上担保权使有限权利占有人可以以有限的方式占有和使用物。当留置权产生并被有限权利占有人行使后,有限权利占有人成为(a)项意义上的有限权利占有人。

E. a 种类和 b 种类的有限权利占有人没有不同的法律结果

a 类和 b 类的有限权利占有人的区分在第八卷中没有产生任何不同的法律结果。它只是更精确地定义了哪些人属于有限权利占有人。在第八卷中所有的有限权利占有人都以相同的方式被对待。

F. 特殊法律关系(合同)的有效性

为了形成有限权利占有，有限权利占有人占有或最终留置动产的权利必须存在。如果潜在的法律关系是无效的，并且占有人因此没有占有或留置动产的权利，两种情况是可能的。

占有人知道没有有效的(有限的或绝对的)权利占有动产，但打算持有动产如同自己是动产的所有权人或有限权利占有人。

占有人相信存在有效的有限权利占有动产并且因此打算根据这种(假定的)权利持有动产。

打算持有动产如同自己是所有权人的占有人当然被看作自主占有人(第Ⅷ－1:206条)。打算像有限权利占有人一样持有动产而没有这种占有或留置物的有限权利的占有人也应当被类比的当作自主占有人对待，而不考虑对于这种权利的存在是否善意。就像不是所有权人的自主占有人善意或者恶意的冒用权利像所有权人一样行事，因此没有有限权利进行占有的占有人也可以恶意或善意的冒用权利像有限权利占有人一样行事。这两种占有人都没有塑造他们意图的权利。因此，他们应当被当作相同种类的占有人(自主占有人)对待。

G. 有限权利占有人的保护

根据各国法律制度中的主流意见，有权持有或留置动产并且有自身利益进行此种行为的有限权利占有人应当享有比占有辅助人在动产的实际控制上更好的保护手段(第Ⅷ－1:208条)，占有辅助人同样对物拥有实际控制，但没有为自己的权益而采取行动的权利。换句话说，有限权利占有人应当部分的被授予和所有权人及自主占有人相同的法律保护(参见下文第六章)。因此，应当在定义部分对有限权利占有人和占有辅助人作出区别。

H. 直接和间接的有限权利占有

本条第(2)款提到了各自类型的直接和间接占有的可能性。有限权利占有人可以通过亲自持有物或通过占有辅助人直接行使占有。如果有限权利占有人将物交给与其存在第Ⅷ－1:207条意义上的特定法律关系的第二个有限权利占有人(次级有限权利占有人)，则前一个有限权利占有人是物的间接占有人，而第二个有限权利占有人是直接占有人。因此，物有两个间接占有人，即有限权利占有人1和自主占有人，以及一个直接占有人即有限权利占有人2。

另一种间接占有的情形如下。有限权利占有人1和有限权利占有人2分别和自主占有人订立了单独的合同。两个合同均产生第Ⅷ－1:207条意义上的特别法律关系。例如，有限权利占有人2和自主占有人订立合同授予有限权利占有人2担保权。有限权利占有人1对同一物也可以持有担保权。有限权利占有人1和有限权利占有人2之间或许存在额外的法律关系，即有限权利占有人2也为有限权利占有人1持有动产。

如果是这样,那么有限权利占有人2有部分的为了间接占有人即有限权利占有人1占有动产的意图。因此,物有两个间接占有人,即有限权利占有人1和自主占有人,以及一个直接占有人即有限权利占有人2。如果有限权利占有人2只和自主占有人产生了法律关系而不知道有限权利占有人1的存在,那么有限权利占有人2是自主占有人的有限权利占有人,而不是有限权利占有人1的。在这种情况下,有限权利占有人2的意图中不包括有限权利占有人1,所以有限权利占有人2不能为有限权利占有人1持有物。有限权利占有人1不占有物。

示例6

B从自主占有人A那里租来动产并将它转租给C。在这个案例中,B和C都被视为第Ⅷ-1:207条意义上的有限权利占有人。B是间接的有限权利占有人,因为他通过另一个有限权利占有人C行使他的实际控制。若C想要成为合格的有限权利占有人,它只要与B拥有特别的法律关系,使他有权为了自己的利益而持有动产。和A的直接关系是不需要的。C有为B持有动产的意图,并且如果他知情,则可能也有为A持有动产的意图。A要想进行间接的占有,存在次级有限权利占有人的链条就足够了。链条中后一个次级的有限权利占有人只有为了合同相对方(前一个有限权利占有人)进行占有的意图,而不是为了A。

示例7

B为了占有人A储存某物。物在B的雇员C的实际控制中,而不是在B的实际控制下。在这种情形下B被认为是有限权利占有人而C是占有辅助人。B是“直接的”有限权利占有人,因为他通过他人C行使实际控制,C是占有辅助人而不是有限权利占有人。

示例8

A是摩托车的所有权人并同时将它租给了B和C。只有一个人可以以对摩托车进行实际控制的形式获得占有。如果A将摩托车交付给了B,B是物的有限权利占有人。C不是有限权利占有人因为他仅有占有物的权利,但是没有进行占有(事实要素)。

示例9

A是摩托车的所有权人。他将车租给了B并且同时在摩托车上对C设立了担保,并告知B车上担保权的存在,以及告知C作为A的承租人B持有该机动车。作为承租人的B是摩托车的有限权利占有人。A是动产的自主占有人。C是间接的占有人(有限权利占有人),因为B为了C持有动产。在这种情形下,B同样有为了C持有动产的意图。因此,C对于自主占有人来说是动产的有限权利占有人,B对于自主占有人来说同样也是有限权利占有人,但是同时他也是作为间接有限权利占有人的C的直接的有限权利占有人,因为B不仅仅为了A也为了C行使占有。

示例10

A在自己的金项链上为B设立担保权,并且将它交给了B。后来,A在同一个项链上为C设立了担保权并告诉他B持有该物。解决方法和示例9中一样。A是物的自主占有人,B是间接有限权利占有人。C 可以被认为是间接有限权利占有人，如果 B 同样为了 C 持有该物(意思要素)。

注　释

1. 在德国，直接占有是民法典第 854 条规定的占有的原始形式，根据民法典第 868 条，当某人作为用益物权人、抵押权人、承租人、保管人持有物或处于类似的关系使其有权或有义务为了他人进行占有，这两类人都被认为是占有人。在这种情况下，持有物的人是直接占有人，而他为之持有物的人是间接占有人；这两种都被看作占有的适当种类(Baur and Stürner, Sachenrecht[17], §7 no. 50)。间接占有准确地说明了占有不是建立在事实而是法律的关系上(Brehm and Berger, Sachenrecht[2], no. 3. 12)；然而，决定性的要素是直接占有人知道间接占有人对于财产的最高的物权地位，这使间接占有人处于类似的对财产进行实际控制的地位(Prütting, Sachenrecht[33], no. 83)。他们之间的法律关系(Besitzmittlungsverhältnis)形成允许直接占有人进行占有的法律基础，而后者同时被指定为占有的中间人(Besitzmittler)。间接占有同样可能存在于多个层次中，如承租人进一步将物出租给次级承租人，在这种情况下，所有涉及的当事人是占有人(民法典第 871 条)(BGH JZ 1964, 130, 132; BGH NJW 1997, 2110 et seq.)。根据主流意见，形成间接占有基础的法律关系不应当是抽象的，而应当是具体的法律关系，例如民法典 868 条中规定的那样，因为这个规定的基本原理就是方便实践的需要并避免当事人对物进行处分的危险(尤其是民法典第 930 条规定的所有权的转让；Brehm and Berger, Sachenrecht[2], no. 3. 15)。此外，直接占有和间接占有之间的区别的一个实践性目的体现在占有的实际转让的代替(Faber and Lurger(-McGuire), National Reports Ⅲ, chap. 2. 1. 2(b))。间接占有人和直接占有人的区别可能包括，但并不总是，所有权人占有(Eigenbesitz)和为他人占有(Fremdbesitz)的区别；对于前者，参见第Ⅷ－1:206 条注释 2，德国民法典不包含为他人占有的定义，但这可以从民法典第 872 条的规定中推导出来：为他人占有的占有人是那些在有限物权、对人权或其他法律基础上带着为他人持有的意图对财产进行实际控制的人，并且同时承认自主占有人的占有(Baur and Stürner, Sachenrecht[17], § 7 no. 89)，例如租借人、抵押权人或用益物权人；间接占有中对直接占有人的地位的关系是不证自明的。决定性的是财产相关持有人的意图；对第三人来说，只有持有人的意图的最终改变才必须是明显的(Brehm and Berger, Sachenrecht[2], no. 3. 26)。

2. 在奥地利，占有人可以通过他人即中间人进行实际控制；实际上，为自己占有和为他人占有之间的区别同样存在于奥地利的法律科学中，和德国一样，但是没有那么频繁，因为民法典第 309 条中占有的定义已经表明将物作为自己所有而进行持有的意图是占有的必然要素(Faber and Lurger(-Faber), National Reports Ⅰ, 39)。在中间人的两种可能的类型中，所谓的"进行占有的中间人"(Besitzmittler)可以被认为是为了间接占有人根据授予行使直接的实际控制的权利的法律关系而对财产进行实际控制的人，且他尊重间接占有人的最高的控制权(Rummel(-Spielbüchler), ABGB Ⅰ[3], § 309 no. 2; Schwimann(-Klicka), ABGB Ⅱ[3], § 309 no. 3)。这一分类包括数种情形，如承租人、借用人、抵押权人、根据用益权享受成果或收益的人、监管人(Klicka, loc. cit., § 309 no. 3)、所有权保留下的买方或承运人。占有的中间人被认为是占有人——权利的占有人(Rechtsbesitzer)，和所有权人相对，后者是物的间接的占有人(Sachbesitzer)。因此，占有的中间人可以寻求占有救济并且同样可以为了间接占有人获得和转让占有，如果参与交易的第三人知道占有人和中间人的关系而后者得到授权进行这些行为；授权的有效性不是决定性的（Iro, Besitzerwerb, 25 et seq.）。后者必须和直接代理相区别（Faber, loc. cit., 38 et seq.）。

3. 在希腊，民法典第974条规定了持有和占有之间的区别。持有仅仅是对物的实际权力，而占有是以作为财产的所有权人的意图行使对物的实际控制。当然，这并不意味着持有人不具有任何意图，持有人对财产行使实际控制并且同时承认物的所有权属于占有人（PPr Agrinio 172/2000, NoB 2001, 273）。因此持有人对于物的意志被限制在仅仅持有的意图上。根据民法典第974条和第997条，持有人为了能够得到保护，持有人必须根据任何法律理由得到占有人的同意获得对物的实际控制并且必须以占有人的名义占有；这个理由可以来自合同或者法律（民法典第997条）（Georgiades, ElpqD I, § 14 nos. 10 ff; Faber and Lurger（-Klaoudatou）, National Reports Ⅲ, chap. 2. 1. 2(g)）。承租人（民法典第574条）（Eir. Marathon 166/1997, ArchN 1999, 719; PPr Rhodes 78/2004, first pub-lished in the NOMOS databank）、受托人（民法典第882条）、借用人（民法典第810条）、根据所有权保留条款的财产的买方（民法典第532条）是由于合同关系进行持有的例子。未受委托的代理人、未成年人的父母、未成年的法定监护人、遗嘱的执行人、破产程序中的监管人、扣押令的执行人（CA Piraeus 204/1985, NoB 33, 847）、根据民法典第970条被授予公共使用财产的私有权利的人（Eir. Sparta 69/1984, NoB 33, 1237）是根据法律或他们的职责而产生的持有人（Georgiades, ElpqD I, § 14 no. 12）。考虑到持有如果它建立在和占有人的法律关系上是受法律保护的，法律学说进一步区分了受到保护的持有和简单的持有（diajqaŁsgrg）：例如，如果火车上的乘客拿走了一个睡着的旅客的书打算进行阅读或遇到暴雨的旅行者寻求山上小屋的庇护，他们都满足持有的意思要素和心理要素，因为他们对财产进行实际的控制并且至少有暂时这么做的意图，并且知道所有权人的最高权利。因此，他们是持有人，但是不享受民法典第997条中规定的对持有的保护，因为该条要求一定种类的法律关系，根据这种法律关系实际控制被割让给持有人（Geor-giades, ElpqD I, § 14 no. 13; Faber and Lurger（-Klaoudatou）, National Reports Ⅲ, chap. 2. 1. 2(g)）。持有可以在多个层面上被实现，如转租；在这种情形中，次承租人作为承租人和原始出租人的持有人而进行占有（Georgiades and Stathopoulos（-Georgiades）, EqlAJ V, art. 980 no. 11a）。

4. 在瑞士，如果占有人的意思要素不是所有权人的意思要素，占有被定性为派生的（unselbstständiger Besitz；民法典第920条第(2)款）（Faber and Lurger（-Foëx and Marchand）, National Reports Ⅵ, chap. 2. 1. 4）。民法典第920条第(1)款规定，当根据有限的对物权或对人权占有人将物交给其他人时，他们都被当作占有人。承租人原则上是出租物派生的直接占有人（Steinauer, Les droits réels I 4, no. 219）；如果承租人将它转租，承租人保留间接占有并且成为次承租人的原始占有人。相同的情况也发生在车库管理人身上，因为他们可以独立的作出一些决定且物在他们的手中，同样包括质押权人，当质押人保留原始的、间接的占有。监护人和家庭成员可以被定性为派生的直接占有人或占有的代理人，这取决于案件具体的环境（Faber and Lurger（-Foëx and Marc-hand）, loc. cit., chap. 2. 1. 6）。

5. 在匈牙利，他人的占有，同样被称作次级占有或次占有，指的是占有人根据协议为他人持有物的情形。占有人根据被授予的权利行使实际控制，例如出租、保管、租赁等。自我占有和他人占有之间的区别不是建立在法律规定的条文上，而是通过理论和法律实践加以说明（Faber and Lurger（-Szilágyi）, National Reports Ⅲ, chap. 2. 1. 6; Lenkovics, Dologi jog[6], 257 et seq.）。

6. 在捷克，持有人是为占有人持有物的人，即不是以持有人自己的名义并且偶尔甚至不是为了持有人的利益（尽管承租人可能被认为是合法的持有人）。持有人对待物如同它属于另一人，知道自己不是物的所有权人。持有人可能被授权处理物也可能没有被授权;只要他们根据所有权人规定的条件处理物就是被授权的持有人,当他们违反这个义务则授权被剥夺。持有因此被解释为默认的规定并且假定占有人和以上描述的人没有别的协议。对应着承租人地位的持有人没有在捷克民法典中被明确的规定,但是在法律学说中被考虑;一定的权利和义务被赋予持有,但是这并不使它成为适当的对物权(Faber and Lurger(-Tichy′),National Reports Ⅵ,chap. 2. 3)。当持有人开始处理物如同物是他们所有(Knappová(-Knapp/ Knappová /Sˇvestka),Civil Law Ⅰ[3],294)时成为占有人。对于占有人来说,必须同时具有两个要素(意思要素和事实要素),而对持有人来说,所需要的只是对物事实上的控制,持有人缺少进行占有的意图。这进一步意味着,尽管占有人有很多和所有权人相同的权利,包括保护合法占有的权利,持有人只有在占有人或所有权人定义后才拥有这些和物相关的权利,并且只能在这些限定的范围内寻求保护。在前述例子之外,持有人的例子包括雇员或为了占有人占有物的代理人;根据国有财产管理法采取行动的国家或公共财产的管理人;家庭成员等(Tichy′,loc. cit. ,chap. 2. 1. 2)。

7. 在斯洛伐克,法律承认占有和持有之间的区别。他们都拥有事实要素,但是持有没有占有意图;持有人对待和使用物如同物属于他人。这一分类包括承租人、借用人、监管人、雇员、家庭成员等;认定持有的一般标准是持有物在某人的实际控制中而没有对待它或处置它如同自己所有的意图(Faber and Lurger (-Petkov),National Reports Ⅵ,chap. 2. 1)。

8. 在爱沙尼亚,某人可以通过商事租赁、房屋出租、定金、抵押或其他类似的(合同)关系占有属于他人的物(前者是直接占有人而后者是间接占有人)(物权法第 33 条第(2)款)。因为间接占有人没有对物直接的实际控制,直接的占有人同样扮演着间接占有人的"占有中间人"的角色。间接占有存在的前提条件是直接占有人承认间接占有人的最高地位并且承认授予暂时进行占有的权利的法律关系。直接占有人和间接占有人都被认为对物进行占有,并都承受占有的法律结果,除非法律另有规定(Pärna,Asjaõigussea-dus:, § 33 no. 3,46)。在这一分类下包括多种情况:承租人,例如从汽车租用公司租借汽车的人是直接占有人而公司是物权法第 33 条第(2)款意义上的间接占有人(租赁被明确的包含在了法律的说明中);同样也包括有权无偿使用物的人,如根据债权法第 389 条及以下的使用协议的借贷,因为占有人为了暂时的占有是否应向所有权人支付费用是不相关的,此外,当监管人或其他人根据另一个法律关系有义务持有并保管物(如车库的保管人为修理而保存车)同样导致间接占有的关系。在爱沙尼亚,间接占有主要服务于扩展占有保护的范围:直接占有人和间接占有人都有权得到占有救济维护自己的地位对抗他人的干涉(Faber and Lurger(-Kullerkupp),National Reports Ⅰ,252 et seq.)。

9. 在立陶宛,在所有不与取得时效(参见第Ⅷ-1:205 条注释 64)有关的进行占有的例子中,即那些占有仅仅表明为自己持有财产的占有,实际的持有人承认另一人是物的占有人或所有权人,根据民法典第 4:22 条第(2)款这排除了占有作为物权的要素。就此而言,如承租人、使用人或其他实际持有人都被认为是占有人。将占有看作对物的实际持有没有对法律能力提出要求;即使未成年人、无法律能力人等都可以获得占有。法律能力只有在占有通过法律交易被获得的情况下才被要求。立陶宛法律同样区分直接占有和间接占有(民法典第 4:30 条),直接占有指的是对物的实际控制;间接占有指的是物通过他人为了占有人被持有并且该人必须遵守占有人的指令。直接占有和间接占有的概念没有被案例法或法律学说所说明,并不确定如何对使用公司车辆的雇员或使用顾客汽车的车库管理人的行为进行定性,但是承租人毫无争议地被认为是直接占有人(Faber and Lurger(-Mikelenas),National Reports Ⅲ,chap. 2. 2)。

10. 在斯洛文尼亚,对直接占有和间接占有有类似的解释。亲自行使对物的实际控制的占有人被认为是直接占有人(物权法第 24 条第(1)款),而通过他人行使控制的占有人被认为是间接占有人。根据物权法第 24(2)条,在间接占有的情况下,除间接占有人之外,直接行使实际控制的人同样被定性为占有人。后者必须根据合法的权利取得占有,可以是合法交易或法律规定;根据租约、运输合同、所有权保留条款等产生的关系必须建立在间接占有的基础上(Tratnik, Stvarnopravni zakonik,45 f.;Juhart/ Tratnik/Vrencˇ ur(-Vrenc ˇ ur),Stvarno pravo [2007],102;Juhart et al.(-Vrencˇ ur),SPZ s komentarjem [2004],art. 24,149)。然而,并不需要这个关系是合法有效的(Juhart et al.(-Vrenc ˇ ur),SPZ s komentarjem [2004],art. 24,149 f;Berden et al.(-Tratnik),Novo Stvarno pravo [2002],43)。直接占有人必须要有占有中间人的意图,必须接受间接占有人的最高地位。这也是为什么这样的关系不会在被偷的财产的所有权人和小偷之间产生(Juhart et al.(-Vrencˇ ur),SPZ s komentarjem [2004],art. 24,149;Faber and Lurger(-Rudolf/ Rijavec / Kerestesˇ),National Reports Ⅰ,530)。

11. 在法国,根据持有物的人的心理意图区分占有和持有(détention or possession précaire)。占有人总是拥有和所有权人一样的主观意图,而持有人(détenteur précaire)知道自己不是所有权人并且不希望像所有权人一样行事。持有人在民法典第 2266 条(前第 2236 条)的意义上根据法定权利为他人持有物并且在权利终止时该财产必须被归还;因此,持有人永远不会通过取得时效获得物的所有权。例如使用公司汽车的雇员(Bergel /Bruschi/ Cima-monti,Les Biens,151,no. 140)、承租人、有权无偿使用动产的人、监管人或根据另一法律关系有义务持有或保管财产的其他人(例如持有车辆进行修理的车库持有人)、被允许使用财产的家庭成员。在所有这些情形中,占有的意思要素都是不存在的。因此,持有具有三个要素:它建立在持有人对物实际的(pouvoir de fait)权力上;持有人根据合法权利(pouvoir de droit,causa detentionis)得到这种实际的权力,这和占有有很大不同,占有并不必须建立在占有的权利上;最后,该权利具有暂时性。根据民法典第 2266 条(前第 2236 条)的列举,这种权利可以是对物权也可以是债权;承租人、受托人、用益物权人是持有人的典型例子。有趣的是从法国观点来看,持有人有时候可以成为准占有人;这指的是用益物权人的例子,他是用益物的持有人并且同时是用益权的准占有人(Jourdain,Les Biens, no. 28)。从占有人的角度来看,他通过中间人进行占有,通过他人的占有被称为 possession corpore alieno(民法典第 2255 条(前第 2228 条)),这是来源于罗马法的术语(Cass. 1ère civ. 16 Jan-uary 1980,JCP éd. G 1980,Ⅳ,124;Bull. civ. I,no. 31;Cass. 1ère civ. 3 November 1981,JCP éd. G 1982,Ⅳ,p. 33;Bullciv. I,no. 324;Mazeaud and Chabas,Leçons de Droit Civil Ⅱ(2)8,no. 1420;Likillimba,RTD civ. 2005,1),这是法国法中承认的占有的中间人的唯一形式。通过他人的占有是可能的,因为这样的占有仅仅是物上的实际行为(Bergel / Bruschi/Cimamonti,Les biens,142, no. 129)。这种情形包括中间人对持有物拥有利益,如承租人、用益物权人等,持有物而没有所有权人的意图(Cass. 3ème civ. 21 March 1984,Bull. civ. Ⅲ,no. 78;D. 1984,I. R. P. 425,obs. Robert [usufructuary];Cass. 3ème civ. 8 December 1976,Bull. civ. Ⅲ,no. 449 [lessee];Cass. 3ème civ. 16 November 1976,GazPal 1977,1,somm. 23;D. S. 1977,85 [seller whohas not delivered the goods yet];Bergel /Bruschi/Cimamonti,Les biens,146,nos. 134 and151,nos. 138 f),以及为他人进行占有的例子,如当代理人合同被订立,代理人为本人进行占有;在那些情形中只有本人被认为是占有人(Faber and Lurger(-Cashin-Ritaine),National Reports Ⅳ,chap. 2. 1)。关于持有,民法典第 2257 条(前第 2231 条)作出了推定:如承租人拥有事实要素但没有占有人的意思要素,可能不能改变自己动机的状态，但是必须提供权利证书改变的证据（民法典第 2268 条（前第 2238 条））。对监管人来说同样如此（民法典第 2266 条（前第 2236 条））。不确定的推定还适用于承租人的继承人（Cass. 3ème civ. 16November 1976，GazPal 1977，1，somm. 23；D. S. 1977，I. R. 85；Cass. 3ème civ. 2 May1979，JCP éd. G 79，Ⅳ，221；Bull. civ. Ⅲ，no. 97；D. S. 1979，I. R. 408；GazPal 1979，2，somm. 418；Cass. 1ère civ.，9 December 1986，Bull. civ. I，no. 291），但是不适用于根据合法权利善意获得物的人（从非所有权人处取得所有权，Cass. civ. 8 November 1880，D. P. 81，1，28；S. 81，1，52）。比利时法在持有的问题上采取了和法国法相同的方法（Faber and Lurger（-Cauffman and Sagaert），National Reports Ⅳ，chap. 3. 1. 2）。

12. 在意大利，持有（detenzione）和占有根据各自的心理因素被区分。在持有的情形中，持有人仅仅拥有为了占有人（nomine alieno）而对客体进行事实上的控制，因此缺少对物权的持有人的意思要素；持有人承认另一人对财产拥有更强的权利（laudatio possessoris）。持有人并不打算行使任何所有权人的权力，并且因为持有人的实际控制总是来源于交付以及不授予所有权或其他对物权的权利，而是仅仅创造义务性效果（如承运人、车库所有权人、汽车商人、书的借用人等）。一些学者（Sacco，Possesso，491）反对这种观点：他们认为占有和持有之间的区别不能依赖于如此不确定的要素，并且他们建议以在社会现实中创设各种关系的行为方式作为区别的标准，并且更具体的是，他们坚持权利的重要性，这将持有看作一种法律关系，而占有是一种事实。持有是否合格取决于持有人在为他人持有利益之外，是否也为自己持有利益（如承租人），或仅仅是为了他人的利益（如使用主人物的客人或使用雇主工具的雇员）。持有可以在客观的基础上被证明通过分析持有产生的权利，而不考虑持有人的意图（Cass. II，no. 6221/2002）。然而，通过提出转化的积极证据持有可以被转化为占有，这在意大利法中被称为“倒置”（interversione）。根据民法典第 1141 条第（2）款，持有人必须要么证明权利通过和第三人的合作被改变或必须简单的对抗（前）占有人。第一种方法可能通过第三人的参与产生，无论他是不是实际的所有权人，他在生存者之间转让或在临终前作出转让行为；在第二种情形中，持有人否认了他人对物的占有，以明示或默示的声明，通过具体和明确的行为。适用于持有倒置的规定同样对占有的倒置（转化为所有权）有效，这可以从民法典第 1164 条推导出来（Faber and Lurger（-Greco），National Reports Ⅰ，388 et seq.）。

13. 在西班牙，占有人可以要么在所有权人的概念中占有，要么在物或权利的持有人的概念中占有（对于前者，参见第Ⅷ－1:206 条注释 14）；后一种类的占有人可能涉及利益不同的权利，要么为了他人的利益（“持有”，如受托人、管理人、他人商事的管理人等），要么为了自己的利益（“享有”，如承租人、用益物权人、使用人、借用人等），或作为简单的持有人（不确定的占有人）（Faber and Lurger（-González Paca-nowska and Díez Soto），National Reports Ⅴ，chap. 2. 3. 2）。不确定的占有人同样可以被看作是自然占有人，因为这种占有人没有任何初始的占有并且因此不能通过取得时效得到物上的任何权利，并且在占有状态的解除时不能享受特别的地位（TS 17 May 1948 ［RJ 771］；TS9 July 1984 ［RJ 3804］）。然而，不确定的占有人可以通过持有物产生初始占有，并因此拥有禁止性保护（González Pacanowska and Díez Soto，loc. cit.，chap. 2. 3. 1. fn. 232）。进一步来说，占有可以通过自己的名义或代表人被获得和行使（民法典第 431 条；同见第 439 条和第 443 条）。这种关系，被称为占有的代表，意味着要么占有人（自愿的代表）或法律（法定代表）授予代表人采取行动和进行实际控制的授权，行为的结果对本人有效。代表人的占有即是事实也是权利，但却是为了他人的，这意味着代表人的占有可以服务于通过本人而不是代表人的取得时效取得所有权（TS7 February 1959 ［RJ 463］；TS 21 April 1965 ［RJ 2278 ］；TS 26

November 1970 [RJ 4905])(González Pacanowska and Díez Soto, loc. cit., chap. 2.2.1)。另一点好处是不确定的占有仅涉及容忍性行为。这主要包括财产无偿使用和少量金钱支付的情形,然而,这并不必然排除他们的不稳定性,只要它不代表对财产使用的补偿,而只是占有人进行改良所产生的花费和费用(TS 30 October 1986 [RJ 6017];TS 22 October 1987 [RJ 7463])。容忍行为的范围很广:他们包括没有权利或根据无效权利所作出的行为(TS 22 October 1953 [RJ 2696];TS 25 June 1964 [RJ 3686];TS 22 October 1987 [RJ 7463];TS 10 January 1964 [RJ 121];TS 14 January 1964 [RJ 156]),所有权人的容忍(TS 6 April 1962[RJ 1942];TS 8 May 1968 [RJ 2432]),所有权人的授权(TS 23 January 1959 [RJ 126];TS1 April 1966 [RJ 3281])或在使用借贷的基础上,尤其是出借人保留主张取回财产的权利(民法典第1750条,TS 23 May 1989 [RJ 3880];TS 30 July 1991[RJ 5673];TS 31 December 1992 [RJ 10670];TS 31 January 1995 [RJ 413])。为了理解民法典第444条的适用范围,有必要区分占有人的授权和占有人的容忍:在授权的情形中,主动权属于授权人,它是一种积极的行为,它是合法有效的并且可以被取消;在容忍的情形中,主动权属于财产的使用人,容忍仅仅是行为的节制,它没有直接的法律效力仅仅是表明没有反对,仅仅通过反对就可以使其无效(Badosa Coll, Commentario Ⅱ, 1659)。根据占有人的容忍而行使对财产实际控制的人不能被认为是占有人(Sillero Crovetto, A. C. 36 [1996], 525 et seq.)。当某人在物上的行为建立在占有人明示或默示的授权上,该人可以被认为是占有人但是仅仅拥有禁止性保护并且不能通过取得时效获得所有权。最后,通过使用借贷而占有的人同样是占有人,但是根据合同被解释的方式这并不会对出借人产生很大影响(Faber and Lurger (-González Pacanowska and Díez Soto), National Reports Ⅴ, chap. 2.4)。

14. 在葡萄牙,没有意思要素的实际控制被认为是持有。在以下的情形中某人被认为进行持有(民法典第1253条):持有某物而没有作为权利持有人行事的意图;仅仅因为权利持有人的容忍而持有某物;作为占有人的代理人或雇员采取行动或以他人的名义进行占有等。其他例子包括,使用公司车辆的雇员、承租人、监管人、家庭成员或有权无偿使用他人物的人。根据一个消极的标准,可以认为当行使实际控制的人不希望以所有权人或其他对物权持有人的意图进行这样的行为时持有涉及所有的情形。葡萄牙法同样承认直接占有和间接占有之间的区别(民法典第1252条)。关于占有保护的规定同样适用于持有,这样持有人可以对抗占有人的权利;根据环境,这可能是简单的能力或义务,当它同样可以被归入善意干涉其他人的事物的规定(民法典第464条)(Faber and Lurger(-Caramelo-Gomes and Nóbrega), National Reports Ⅳ, chap. 2.2)。

15. 在保加利亚,当占有的意思要素不存在时则存在持有,即如果某人没有行使对物的控制如同自己所有(所有权法第68条第(2)款)。持有通常依赖于持有人和占有人、所有权人或其他持有人之间的合同关系,如在次级租赁的情况中;持有人包括监管人、承租人、受托人、运输代理人和其他被看作财产中间持有人的人。和占有一样,持有同样被授予许多救济以对抗第三人的干涉。无论占有是否通过占有人或中间人行使,它的结果都是一样的(Faber and Lurger (-Stoimenov), National Reports Ⅳ, chap. 2.1.4)。如果占有人没有明确同意通过他人占有则不存在为他人的占有(Stoimenov, loc. cit., chap. 2.1.2)。

16. 在荷兰,法律承认除了占有以外(参见第Ⅷ－1:206条注释16)也存在其他形式的实际控制,这种控制通过他人行使。为他人持有的人被称为持有人(houder)。就此而言,区分持有和占有是有用的:前者指的是为他人持有物的人,而后者的范围更广并且包括持有人和占有人,因为根据共同意见这二者只能通过为自己持有或为他人持有的标准而区分。民法典第3:107条没有包含持有的定义,这只能从预先行为中推断出来,这是荷兰立法者故意的行为,以通过案例法实现概念的弹性发展。新的荷兰民法典没有根据人的主观意图或对客体进行实际控制的人与占有人的社会关系进行分类(相反的情况如德国法中 Eigenbesitzer 和 Fremdbesitzer 的区分以及 Besitzdiener 的概念),因为荷兰立法者认为在过去相关的问题已经被给予过多的关注,超过了它们实际所需要的。和占有一样,持有可以是直接的或间接的(民法典第 3:107 条第(2)~(4)款)(Faber and Lurger(-Salo-mons),National Reports Ⅵ,chap. 2. 1)。

17. 在英格兰和爱尔兰,委托是占有关系的典型情形,是某人对物的占有被转让给另一人的结果。受托人自愿对物进行占有,另一方(委托人)对物拥有更好的权利(Halsbury's Laws of England 4,vol. 3(1),no. 1)。委托人授予受托人在物上有限的利益,同样被看作特别的财产,并且因此在他们之间创造一种关系构成委托人推定占有的基础对抗受托人和第三人。案例法已经指明受托人的占有对于有效的委托关系产生的重要性(Ashby v. Tolhurst [1937] 2 KB242)。委托可以是任意的,这意味着委托人可以在任何时候取回物,或委托也可以经历一个固定的期间,在期间内受托人有权拒绝提前归还物的要求(除非委托被否定);受托人进行占有的授权可以根据委托人的同意或者法律的规定产生(Bell,Modern Property Law,87)。此外,当确定期间的委托仍然有效时,委托人的权利是被限制的(如委托人不能提起侵权之诉)。除非委托人作出有约束力的承诺表明委托存在固定的期间,否则委托被认为是任意的。委托可以根据合同产生,但这并不是唯一的情形,而且也存在无偿的委托(如旅途中驾驶员对行李的处置)(Houghland v. R. R. Low(Luxury Coaches)Ltd. [1962] 1 QB694)。因此,如果合同存在于委托的基础上,则它被根据相关的合同规定以及可适用的财产规则进行调整;当没有合同时,委托人和受托人之间的权利和义务则由侵权法所决定。委托协议设立的义务部分是合同性的部分是非合同性的,但是它是否导致独立的义务形式仍然有争议(McMeel,2003 LMCLQ,169;Palmer and McKendrick(-Bell),Interests in Goods², 471 et seq.)。对受托人所要求的谨慎程度依赖于具体案例,但是现在的义务理论倾向于对受托人设置普遍的义务要求他对委托人的物进行合理的照顾;具体的标准根据案件的情况(Houghland v. R. R. Low [Luxury Coaches] Ltd. [1962] 1 QB694 per OrmerodLJ at 698),如果受托人偏离了委托人的规定,这个标准会非常严格(Edwards v. Newland & Co. [1950] 2 KB534 at 540 per Tucker LJ and 542 per Lord Denning;Mitchell v. Ealing London Borough Council [1979] QB1 at 6)。受托人身上的义务还包括在委托终止时交还物的义务,不偏离合同也不改变物;另一方面,受托人对物拥有占有的和所有的利益(Bell,Modern Property Law,98);当受托人不能援引占有的权利恢复个人的损失时则后者可以发挥作用(如物被非错误行为者拿走的时候,例如警察)。委托传统上涉及以下 6 种情形:(a)为了委托人的目的的处置没有对受托人奖励;(b)无偿借款;(c)雇佣;(d)抵押;(e)物的处置,这样受托人为了奖励从事一些行为;(f)同样的但是没有奖励(Coggs v. Bernard(1703)2 Ld Raym 909,92 ER 107 per Holt CJ)。如今它是一般性规定,包括数个商事生活中的日常情形,例如仓储合同、运输、干洗、分期付款、雇佣和抵押和无偿的协议,例如丢失财产的借用、保护和持有(Faber and Lurger(-Gardiner),National Reports Ⅱ,183)。在英格兰,当小偷或发现者占有动产同样认为产生委托合同,因为唯一要求的条件是某人自愿的占有他人的物,因此,受托人在这种情况下存在积极的义务寻求拥有更好权利的人(Parker v. British Airways Board [1982] QB1004 at 1017 per DonaldsonLJ);没有履行这种义务的受托人应当对物上承担的损害和损失承担严格责任(Clarke and Kohler,Property Law,651)。同样值得注意的是证明责任的倒置:不是委托人必须证明受托人违反了义务,而是后者必须证明尽管已经采取了合理的行为但仍然发生了损失或损害(关于在英格兰和爱尔兰的委托的概念,参见 Faber and Lurger(-Frisby and Jones),National Reports Ⅱ,23 et seq.;Gardiner,loc. cit.,183 et seq.)。在英国法和爱尔兰法,如果委托人同意,受托人可以再委托财产。在这种情况下,受托人成为委托人,而次级受托人成为前者的受托人;委托人仍然是委托人并且有时候被定性为第一委托人。委托人和次级受托人之间的关系是复杂的,并且导致了很多争议至今仍然没有解决(Frisby and Jones,loc. cit.,25et seq.;Gardiner,loc. cit.,183;Palmer and McKendrick(-Bell),Interests in Goods[2],passim)。在 Morris v. C. W. Martin & Sons Ltd. [1966] 1 QB 716 案中,原告将自己的皮毛围巾委托给皮毛商进行清洗,后者根据原告的同意再次将它委托给一个清洁工(被告)并且承担义务排除条款。在清洗的时候,该物被被告的一个雇员偷走并且再也没有找回来。上诉法院认为被告应对损失承担责任,因为在他看来,义务排除条款不适用于这个案子;在附带意见中,丹宁勋爵提到;如果排除条款同样适用于本案,那么被告就可以援引它来对抗委托人,如果后者明示或默示的通过第一受托人而同意了这样的条款。这种论点最近在 The Pioneer Container [1994] 2 AC 324 案中再次被确认:委托人是货船所有权人,他们将物委托给承运人并同意后者可以以任何条件转委托。受托人在旅途的半路上的确转委托了该物并且同意了专属管辖权条款;次级受托人的船随后沉没。枢密院认为委托人可以直接向次级受托人提起诉讼而不必要求与次级受托人的合同;然而,因为他们明确同意了"任何条件"的转委托,他们被专属管辖权条款约束,因为次级受托人可以依赖任何影响与第一委托人关系的条款,只要后者"明示、暗示或明显的"授权了他们。

18. 在塞浦路斯,委托(Neocleous & Co,Introduction to Cyprus Law,Chapter 10)在 CL 第106条第(1)款(b)项中被定义为"物由一人交付给另一人,为了合同上的目的,当目的被完成时,物应当被归还或根据交付它的人的指令被处分。"委托人和受托人都被认为在法律上有权占有,总是服从于他们之间合同的规定;委托人享有推定的占有,然而受托人拥有对物的实际的控制,这在 CL 第140条中明确的规定了(参见第Ⅷ-6:204条注释52)。CL 中委托的定义允许广义的解释,就像在英格兰一样,并且允许大量的交易被归入这一概念中,例如汽车租赁(Vaso Manousou Pon-tikopoulou v. Lakis Christis,Civil Appeal No. 5976;Costas Skoulias v. Takis Philippides,Civil Appeal No. 4026)、委托、质押、租赁和寄托(Georgios Ioannou v. Geor-gios Kounnides,court decision cited in Faber and Lurger(-Laulhé Shaelou/ Stylianou/ Ana-stasiou),National Reports Ⅱ,513,with further citations to the ENGLISH common law)。在 Pitri Brothers and others v. Theodoros M. Shiamptanis(Civil Appeal No. 7265)案中,委托被确认,当车库的所有权人持有他人在火灾中被损坏的汽车;尽管决定被上诉法院驳回,但这是由于其他原因,初审法院认为在这个案子中实际上存在完整的委托。一般而言,委托是一个广义的概念,包括了日常生活中的多种情形,就像在 Hadjianastassiou J in Frixos Constantinou v. The Firm S. Mamas & Co. (Civil Appeal No. 4992)案中所确认的那样,它足够灵活可以使自己适应新的情形,例如分期付款合同(Faber and Lurger (-Laulhé Shaelou/ Stylia-nou/ Anastasiou),National Reports Ⅱ,512 et seq.)。至于受托人应当有的谨慎标准,一般来说和英国法一样:受托人必须以普通人照顾自己东西的一般的谨慎管理物,如果他们是相同的体积、质量和价值;在没有特别合同的时候,满足该标准的受托人不为物的损坏、损失或破坏承担责任(Lamides v. Antoniou [1982] 2 JSC 369),照顾的标准根据委托是否无偿而又有所不同,最后,证明责任由被告承担(Charalambous v. Nicola [1976] 12JSC 1920)。至于次级委托,塞浦路斯案例法认为适用英国普通法(Kourris v. Alpo Ltd. and Others,[1981] 1. C. L. R. 217);在这个决定中法院认为,为了决定次级委托的存在,法院应当尤其考虑委托人对次级委托的授权或批准的存在。在 Georgios Ioannou v. Georgios Kounnides 案中(cited in Faber and Lurger(-Laulhé Shaelou/ Stylianou/ Anastasiou),National Reports Ⅱ,513)认为,对次级委托的授权可以是明示的或暗示的,但是在任何情况下次级受托人必须知道第三人而不是受托人拥有对物的利益,以适当的确认次级受托人也对后者承担责任。

19. 在苏格兰,没有意思要素的实际控制的情形已经被讨论。当真实合法占有的标准,即为某人自己持有的意图,没有被满足,"占有"一词在宽泛的意义上被使用,作为实际控制的替代表述。例如,一定的"有条件的和有限的占有"被称作"监管"或"持有",这在持有人根据与所有权人的合同行使实际控制的情况中被确认,如租赁(Bell,Princi-ples of the Law of Scotland[10],§1311)或更一般的,当物根据所有权人的同意而被无偿持有。这和自然占有和民事占有之间的区别有关(第Ⅷ-1:205 条注释 57)。根据民事占有为他人持有物的人(后者是拥有民事占有的人)有权根据合同或作为财产次要物权的受益人采取这样的行为。实际控制的期间将根据合同的条款被规定,然而民事占有人的控制地位依赖于对占有的最高权利,通常(但不排他)是所有权;然而,民事和自然占有被认为在法律上是平等的(Carey Miller and Irvine,Corporeal Movables[2],no. 1.20;Reid,The Law of Property in Scotland,para. 121;Erskine,An Institute of the Law of Scotland II[8],no. II. 1.22;Clerk v. Earl of Home(1747)Kilk 11)。进一步来说,必须记住的是当为他人排他性持有物的监管人同样行使担保权(留置或质押)时,监管人可能被认为既是监管人也是占有人(Hamilton v. Western Bank of Scotland [1856] 19 D 152 at 161;Sim v. Grant[1862] 24 D 1033;Faber and Lurger(-Carey Miller / Combe/ Steven/Wortley),Na-tional Reports Ⅱ,327 et seq.)。值得注意的是,占有这种宽泛的定义同样被用于说明其他的情形,当意思要素没有被满足,即当某人通过强制的方式持有或获得他人的财产时,根本不会产生任何权利(Nacap Ltd. v. Moffat Plant Ltd. 1987SLT 221;Carey Miller and Irvine,Corporeal Movables[2],no. 1.18;Carey Miller/ Combe/ Steven/ Wortley,loc. cit.,324 f);它同样包括雇员的情形,因为雇员通常被认为是雇主的保管人(Reid,loc. cit.,para. 121;Birell Ltd. v. City of Edinburgh District Council 1982 SLT 111)。

第Ⅷ-1:208 条 通过占有辅助人的占有

(1)"占有辅助人"是指:

(a)以自主占有人或有限权利占有人的名义对物行使直接的控制的人,但没有第Ⅷ-1:207 条(有限权利占有人占有)第(1)款所要求的意图或特定的法律关系;并且

(b)自主占有人或有限权利占有人为了自身的利益就物的使用对该人发出有约束力的指示。

(2)占有辅助人包括:

(a)自主占有人或有限权利占有人的雇员或执行类似职能的人;或者

(b)自主占有人或有限权利占有人基于实际理由授权对物进行实际控制的人。

(3)如果某人偶然地处于为自主占有人或有限权利占有人对物进行实际控制的地位并且确实采取了这样的行动,那么他也属于占有辅助人。

评 论

A. 占有辅助人的心理或意图

占有辅助人是对动产进行实际控制的人,这种控制完全归属于占有辅助人为其持有动产的自主占有人或有限权利占有人。持有物的占有辅助人为自主占有人和有限权利占有人行使直接控制。之所以完全将占有辅助人的实际控制的效果归属于自主占有人或有限权利占有人是因为占有辅助人缺少占有财产的利益。决定对物进行实际控制的人是占有辅助人的决定性因素是该人的意图,以及第Ⅷ－1:207 条意义上的特定的法律关系的不存在。

占有辅助人必须拥有以自主占有人或有限权利占有人的名义进行实际控制的意图并且不能有任何在持有动产中体现个人利益的意图,正如在第Ⅷ－1:207 条或第Ⅷ－1:206条中所规定的那样。

B. 第Ⅷ－1:207 条意义上的特别的法律关系的缺少

占有辅助人并不一定根据和自主占有人(有限权利占有人)的特别的法律关系采取行动,例如雇佣合同。但是这个法律关系不能是第Ⅷ－1:207 条第(1)款意义上的法律关系:不涉及特别动产的占有的问题和创造为了占有人自身利益而占有(使用)或留置动产的权利的特别的法律关系。

C. "有约束力指令"的选择性要素

常见的情形是占有辅助人收到如何为了自主占有人或有限权利占有人的利益保管和使用物的约束性的指令。但这并不是成为占有辅助人的必要要素。第(1)款(b)项中提到它和第(2)款中的列举拥有相同的目的——描述占有辅助人的典型情形以说明哪些不同种类的人可以成为占有辅助人(然而必须始终满足第(1)款(a)项中的要求)。

D. 第(2)款的列举

本条第(2)款包括一个示范性的、非穷尽的占有辅助人典型种类的列举。

(a)项指的是雇员和发挥类似作用的人。占有辅助人总是存在于自主占有人或有限权利占有人(如家庭、商业等)的影响范围内,就像一个雇员一样或发挥类似的功能。这意味着占有辅助人为自主占有人或有限权利占有人做一些工作,为了这个目的他需要对属于自主占有人或有限权利占有人的某些物进行实际的控制。

如果某人雇佣了一个司机并且给他一辆车来履行雇佣合同下的义务,车不能被认为是司机持有的权利的客体。这种情形不同于自主占有人(或有限权利占有人)和对物进行实际控制的人签订关于物的使用的具体的合同——例如雇主和司机之间存在的租赁协议(租赁费用可能从司机的薪水中减去)允许司机为了私人目的使用车。当司机为了私人目的使用车时,就不能被认为是占有辅助人,而是有限权利占有人。

(b)项指的是那些根据任何原因在自主占有人或有限权利占有人的物的附近并且因为实际理由而被赋予实际控制的人,他们和自主占有人或有限权利占有人的家庭或商业没有任何亲密的关系。例如,一只病猫的主人请求他的邻居或正好在早上拜访他家的朋友 X 带这个猫去看兽医。当她这么做时,X 就是猫的占有辅助人。

E. 偶然对物进行实际控制的人(第(3)款)

第(3)款对第(2)款的列举进行了补充。某人可能偶然的接触物并且开始对其进行实际控制。如善意的发现人的情形,他没有作为所有权人持有动产的意图而只是打算暂时持有动产为了它未知的主人的利益。通过为所有权人持有动产,发现人(占有辅助人)替所有权人对动产进行直接的占有,在动产被这样的善意发现人发现之前,所有权人不占有动产(缺少直接或间接的实际控制)。

F. 没有间接的占有辅助人

占有辅助人只能进行直接的实际控制。没有间接的占有辅助人存在。在一般情况下,占有辅助人拥有对动产的直接的实际控制(这实际上被认为是自主占有人或有限权利占有人的直接的占有)。一旦占有辅助人的占有代理终止,无论这是因为第三人不合法的干涉或由于自主占有人或有限权利占有人的同意所导致,占有辅助人和动产的关系同样终止。在另一种情况下,作为自主占有人(或有限权利占有人)的雇员的占有辅助人,可能将动产交付保管或予以储存一段时间,因此将实际控制暂时的交给了保管人或储存人。保管或储存公司将在第Ⅷ-1:207条意义上对物进行直接的实际控制,而占有辅助人不再是该物的占有辅助人。该公司是自主占有人或有限权利占有人的有限权利占有人而不是占有辅助人。当占有辅助人将物交给另一个占有辅助人——自主占有人的占有辅助人或自主占有人向其出售物的人的占有辅助人,也属于相同的情形。第一个占有辅助人的占有代理被终止:自主占有人或新的所有权人(买方)的占有通过第二个占有辅助人的实际控制被延续。

注　释

1. 在德国,民法典第855条规定当某人为他人的家庭或商业活动中对客体进行实际控制,或因为类似的关系某人有义务遵守后者关于物的命令,则只有后者被认为是占有人。前者被认为仅仅是占有服务人(Besitzdiener)。关于占有服务人和占有中间人之间的区别的决定性要素是前者服从于本人的指示和命令(BGHZ 16, 259, 264; BGHZ 27, 360, 363; Baur and Stürner, Sachenrecht17, § 7 no. 64; Faber and Lurger(-McGuire), National Reports Ⅲ, chap. 2.1.2(e)),法律明确规定本人是单独的占有人。在本人的家庭、商业活动中一体化的要素的重要性是次要的，并且它仅仅服务于加强占有服务人从属地位的目的；然而，所有家庭、商业活动中的人都被认为是占有服务人，即公司雇员或家庭的佣人（Brehm and Berger，Sachenrecht[2]，no. 3. 32）。作为从属性关系，它是公法的或私法的，合同性的或法律规定的，长期的还是短期的并不重要（Baur and Stürner，Sachenrecht[17]，§7 no. 67）。有争议的是这种关系在第三人看来是否必须是明显的（支持者：Rebe，AcP 136（1932），129，149 et seq.；Prütting，Sachenrecht[33]，no. 66；反对者：MünchKomm（-Joost），BGB[4]，§ 855 nos. 11 f；Baur and Stürner，Sa-chenrecht[17]，§ 7 no. 67）；在任何情况下，法院都认为这种明显性是必要的（BGHZ 27，363）。因为不是占有人（和占有的中间人相反；Baur and Stürner，loc. cit.，§ 7 no. 35），占有服务人不能主张占有保护，不能行使紧急权利对抗本人，没有权力转移占有，不能根据民法典第 1006 条下所有权的推定获益。如果占有的服务人任意的挪用占有的客体或将它交给其他人，则占有人非自愿的失去了占有，该物被认为在民法典第 935 条的意义上被失去；因此，根据学说中的主流意见它不能被善意的获得（Brehm and Berger，loc. cit.，no. 3. 35；Baur and Stürner，loc. cit.，§ 7 no. 71；Westermann（-Gursky），Sachen-recht7，§ 49 I 6；Witt，AcP 201（2001），165，169 et seq.；against Staudinger（-Wiegand），BGB § § 925 - 984 [2004]，§ 935 no. 14；MünchKomm（-Joost），BGB4，§ 855 no. 23 withfurther references；同见商法典第 56 条，规定了在商店或仓库中工作的雇员的例外情形）。如果占有服务人获得对物的实际的控制，这个获得归属于本人，他被认为是获得所有权的人（Brehm and Berger，loc. cit.，no. 3. 33）；然而，在善意取得中，占有服务人必须也具有善意；在占有转移给 Geheißperson 或从 Geheißperson 处取得占有的情形中，占有服务人概念具有重要意义（Faber and Lurger（-McGuire），National Reports Ⅲ，chap. 2. 1. 2（c）；关于德国法中 Geheißpersonin 的概念，参见第Ⅷ-2:105 条注释 25。占有服务人仅仅被允许行使占有人的自卫的权利和自助的权利来对抗对物的潜在的干涉（民法典第 860 条）；然而，这个权利来源于本人自己的自助的权利并且因此不能对抗本人；要想对抗本人，占有服务人可以根据民法典第 227 条和第 229 条行事（自卫，自助），如果本人以错误的方式采取行动（Palandt（-Bassenge），BGB[67]，§ 860 no. 1）。

2. 在瑞士，占有辅助人或占有服务人的概念都很常见。在这样的情形中，某人拥有对物的直接的实际控制，但是这种控制是以附属的、不独立的方式根据占有人的指令并以占有人的名义而行使。占有的代理人不被认为是占有人（Steinauer，Les droits réels I[4]，no. 203；Stark，Berner Kommentar Ⅳ. 3. 1[3]，art. 919，nos. 34 ff）。占有辅助人的典型例子是对雇主的物进行占有的雇员（Steinauer，Les droits réels I[4]，no. 205；Stark，Berner Kommentar Ⅳ. 3. 1[3]，art. 919，no. 46）。使用属于其他家庭成员的物的家庭成员可能被认为是占有辅助人或派生的直接共同占有人，这取决于具体的情况和他们对所有权人指令的依赖程度（Faber and Lurger（-Foëx and Marchand），National Reports Ⅵ，chap. 2.1.6）。根据法律学说中的主流意见，占有的保护没有被授予给占有辅助人，但是代理人可以进行自助（Steinauer，Les droits réels I[4]，nos. 206，318a；Stark，Berner Kommentar Ⅳ. 3. 1[3]，Pref. to arts. 926 - 929，no. 87；Meier-Hayoz（-Hinderling），Schweizerisches Pri-vatrecht V（1），422）。

3. 在希腊，如果占有人利用了占有的服务人，占有同样被认为是亲自行使的（boghoŁ| molgŁ|），占有服务人既不进行占有也不进行持有。根据民法典第 986 条，对物进行实际控制的人被认为是占有的服务人，如果（a）在家庭的环境中或服务依赖于占有人，（b）需要服从占有人关于物的指令（Eir. Limni 22/1986，EllDik 1987，720）。例如，雇主车的司机，持有雇主的物的雇员，家具的管家等（CA Athens 4495/1979 NoB 27，998；Eir. Athens 5/1981，EllDik 22，272）；住在一起的家

庭成员或家里的客人同样可能被认为是占有的服务人(Georgiades, Empragmato Dikaio I, § 16 no. 11)。占有服务人有权行使占有的自助,但这是唯一的救济(Geor-giades, loc. cit., § 16 no. 13)。如果占有服务人没有遵守占有人的指令,后者可以提起占有的诉讼(Eir. Limni 22/1986, EllDik 1987, 720)。当持有人使用"持有服务人"时可以类比的适用关于占有服务人的规定(Faber and Lurger(-Klaoudatou), National Reports Ⅲ, chap. 2. 1. 2(g));例如工厂的所有权人租用了一套机器,工厂的雇员不是占有的服务人而是持有的服务人(Georgiades, loc. cit., § 16 no. 12)。在一个关于前希腊国王的财产管理人的地位的法院判决中,该人被认为是持有服务人,并且因此不能在审判中代表希腊的前国王(Decision of the Public Prosecutor at the CFI Corfu 6/1993, DDike 1993, 974)。

4. 在奥地利,占有中间人的第二种类型是所谓的占有服务人(Besitzdiener)。占有服务人通常具有社会依赖性并且通常要遵守他为之占有财产的本人的指令。如今,实践中最相关的例子是雇员;其他例子包括家庭成员或家里的其他成员,例如实际上使用财产的佣人(Rummel(-Spielbüchler), ABGB I 3, § 309 no. 2)。占有的服务人不被认为是占有人而仅仅是持有人,因此他们不能寻求占有救济,而仅仅是自助(Faber and Lurger(-Faber), National Reports Ⅰ, 39)。

5. 在西班牙,所谓的占有的服务人(来自德国法律和法律文化的术语)不被认为是占有人,无论是以自己的名义还是以他人的名义。占有的服务人和物的实际的关系只有通过和他人的从属关系才能被合法化,这样表明服务人不是为他人占有而是他人进行占有的工具,例如驾驶雇主汽车的司机、使用雇主工具的工人等。法律学说对法院实践中所表达的含义表示了一些怀疑;洛培兹·弗莱斯(Pasquau Liaño(-López Frías), Jurispruden-cia civil I, 1047)提到了案例法中关于占有服务人的例子,如为了占有人工作的工人,所有权人的儿子以所有权人的名义换了房屋的锁,出售了在建房屋但是没有交付钥匙的推销商(作者在这个例子中提出质疑),医生与其所工作的诊所,和在他人土地上建造房屋的建筑人。占有的服务人的主要结果是他在面对干涉占有或剥夺占有的情况中不能主张禁止的(占有的)保护,在这样的诉讼中也不能成为被告人,即使服务人亲自从事了这些行为(Faber and Lurger(-Gonzúlez Pacanowska and Díez Soto), National Reports Ⅴ, chap. 2. 2. 1)。

6. 在英格兰和爱尔兰,术语"监管"被用来说明当实际控制在某人手中,但是占有的结果归于适当的占有人的情形。在塞浦路斯,监管被看作事实上的占有并且因此和法律上的占有相对:它包括持有财产或对某些种类的财产拥有直接的实际控制,而这些财产法律上的占有属于他人的情形,在这里不要求意思要素;监管人被认为进行占有,但这仅仅指的是现在拥有直接实际控制的行为(Faber and Lurger(-Laulhé Shaelou/ Stylianou/ Anastasiou), National Reports Ⅱ, 515)。典型的例子是雇主和雇员之间的关系:雇员并不占有雇主的物而仅仅对他们进行监管;如果雇员在工作时发现了遗失物,雇主被认为是占有人可以对抗任何人除了所有权人(McDowell v. Ulster Bank Ltd. [1899] 33 ILT Jo 223; Crinion v. Minister for Justice [1959] Ir Jur. 15),如果由于雇员的过失导致该物被盗,雇主有义务作为受托人向所有权人承担责任(Mullins v. Laird [1915] 50ILTR 7)。在一般情况下,监管包括那些个人的实际控制不形成占有的情形;例如:当雇员对雇主的设备进行实际控制,或旅店的客人利用旅店房间的家具,或晚宴的客人控制了主人的餐具(Faber and Lurger(-Gardiner), National Reports Ⅱ, 182; Guest(-Harris), Oxford Essays, 78; Parker v. British Airways Board[1982] QB1004)。它同样包括委托合同的要求没有被满足的情形(Faber and Lurger(-Laulhé Shaelou/ Stylianou/ Anastasiou), National Reports Ⅱ, 515; Odysseas Patsalides v. Kiki Yiapani and another, Civil Appeal No. 4632)。在偷盗罪存在的时候监管作为实际控制的一种有十分重要的意义,但随着偷盗罪被盗窃罪取代后它已经不是那么重要了(Faber and Lurger (-Frisby and Jones),National Reports Ⅱ,22;Gardiner,loc. cit.,182 et seq.;Bell,Modern Property Law,20 et seq.)。上面描述的监管不应当与苏格兰法律中使用的同名术语相混淆,苏格兰法中的术语指的是为他人的占有(第Ⅷ－1:207条注释19)。

7. 在爱沙尼亚,物权法第33条第(3)款规定,当对物进行实际控制的人从属于他人的企业或家庭中并且要服从后者(本人)关于处理物的指令,前者同样被称为占有的服务人,并且不能被当做占有人对待。在这样的情况下,本人是合适意义上的占有人,然而占有服务人没有法律意义上的直接或间接占有;例如使用公司汽车的雇员或家里的孩子使用家庭的物品(Pärna, Asjaõigusseadus, § 33 no. 5,47)。占有服务人没有对财产的任意的权利也没有持有它的个人的利益。在这个概念背后主要的政策理由是扩宽范围并提高占有保护的效率:尽管占有的救济原则上适用于本人,即占有人,但占有的服务人有权进行自助(Faber and Lurger(-Kullerkupp), National Reports Ⅰ,254 et seq.)。

8. 在斯洛文尼亚,物权法第26条第(2)款中使用的持有人指的是以对第三人明显的方式为他人持有物并且有义务遵循该人关于物的指令的人(Juhart/ Tratnik/Vrencˇ ur(-Vrenc ˇ ur), Stvarno pravo [2007],117 et seq.)。当这两个条件被满足时则不存在占有;另外,斯洛文尼亚法律中占有的广义的概念几乎没有给持有留下余地。理论上,持有人被定性为占有服务人,而他为之持有物的人是占有的主人(Juhart et al. (-Vrenc ˇ ur),SPZ s komentarjem [2004],art. 26,167; Berden et al. (-Tratnik),Novo Stvar-no pravo [2002],45)。例如百货商店的售货员和雇员,和父母一起生活的使用他们财产的小孩,管家等(Tratnik, Stvarnopravni zakonik,43;Berden et al. (-Tratnik),Novo Stvarno pravo [2002],44;Juhart et al. (-Vrencˇ ur),SPZ s komentarjem [2004], art. 26,167)。持有人对财产的控制次于在直接占有和间接占有的组合中承租人或其他直接占有人行使的控制。因此,因为缺少直接占有的独立的地位,占有服务人不能主张法律保护对抗占有人或第三人;服务人如果根据占有人的命令行事,他只能寻求自助对抗第三人,但是不能对抗占有人。服务人同样没有所有权的推定,第三人不能从他那里进行善意取得(Juhart et al. (-Vrencˇ ur),SPZ s komentar-jem [2004],art. 26,168 f.;Juhart / Tratnik/ Vrenc ˇ ur(-Vrenc ˇ ur),Stvarno pravo [2007],118 f.;Berden et al. (-Tratnik),Novo Stvarno pravo [2002],44;Faber and Lurger (-Ru-dolf/ Rijavec / Kerestesˇ),National Reports Ⅰ,531 et seq.)。

第三节 进一步的一般规定

第Ⅷ－1:301条 可转让性

(1)除法律另有规定外,所有的物都可以转让。合同或其它法律行为对物的转让的限制或禁止不影响物的可转让性。

(2)物或不动产的未收孳息和附件或附属物是否或在何种程度上可以分开转让的问题由各国国内法规定。第五章不受影响。

评　论

A. 一般的可转让性(第(1)款)

一般规则:所有的物都是可转让的。本条的一般规定是确定所有的物都处于流通之中。禁止物进入市场有悖于社会总的经济利益。例外仅适用于公共政策的实质性理由这么要求时。因此,这些例外将由法律进行规定。

法律规定的例外。限制转让的理由可能来源于信仰或者伦理。例如,某些神圣物(res sacrae)不能用于商业目的。或者这种理由存在于与物相联系的特定的危险中,例如毒品、武器或核物质。这些物的转让是否应当被限制以及在什么程度上被限制是各国国内法解决的问题,尤其是各国国内公法。可转让性一般来说被排除,或可能存在特别的限制。

当事人规定的例外无效。根据最大可转让性的一般政策,第(1)款第2句规定合同限制或转让的禁止不影响物的可转让性。相同的情形适用于单边法律行为设定的禁止或转让的限制,当转让是根据该行为进行时。这意味着这样的条款对于获得者的获得的有效性没有影响或不能对抗第三人。当不转让的条款被同意但所有权被转让,这样的转让是有效的。本条没有规定当事人之间这样的协议的效力,这是合同法应当解决的问题。因此,受让人有义务向非转让协议下的权利人支付损害赔偿费用。

尽管作为一般规定,这种方法是非常清楚的,第2句没有打算处理关于执行的效力(参见第Ⅰ－1:101条(意欲适用的领域)第(2)款(h)项)。在赠与中这个问题已经被强调了:在一些法律制度中,受赠人的债权人无权对受到这种约束的财产采取执行措施。在这样的环境中由国内法决定执行措施是否有效。

B. 和其他财产相联系的物的可转让性(第(2)款)

一般规定:参考各国国内法。第(2)款规定,一般而言,物或不动产的未收孳息和附件或附属物是否或在何种程度上可以分开转让的问题由国内法规定。本条所包括的情形的共同点是争议物和其他财产间存在一种联系,因此产生了该物是否可以独立转让的问题。未收取的孳息是还没有从母体分离的物。附件或附属物可能重叠,但在本卷中没有必要对他们详细定义。它们包括在两个东西之间存在强烈的物理联系的情况(例如,被装在屋子中的水管),以及这种联系仅仅通过所有权人的意志或奉献行为所创造(附属物)。具体而言,后者可能和不动产相联系,例如,某农民奉献的属于农场的拖拉机。未收取的孳息包括例如田里生长的小麦,森林中正在生长的木材等(在未来都会成为动产)。各国国内法在这些问题上划分了不同的界限。当涉及动产和不动产之间的联系时,本草案中的一般性规则是不触及这些问题(参见第Ⅰ－1:101条

(意欲适用的领域)第(2)款(f)项)。这个问题留给各国国内法解决。至于动产,交给各国国内法解决符合本卷适用范围的一般规则,它排除了某些形式的所有权取得,它在现在的语境中可能是重要的,即通过分离和先占取得所有权。

第五章的保留。构成添附的事实处于第五章关于加工、混合和混同的范围中。该章的规定被认为是决定性的,它们详细规定了可转让性相关的问题的所有效力。结果是成果的单独所有或共同所有权,这两种权利都是可转让的(参见第Ⅷ-1:202条(所有权)和第Ⅷ-1:203条(共同所有权))。就此而言,不需要限制或对各国国内法的援引。

注 释

本条无注释。

第二章　基于让与人的权利或权限的所有权转让

第一节　依据本章转让的要件

第Ⅷ－2:101条　所有权转让的一般要件

(1)依据本章的所有权转让要求:

(a)货物存在;

(b)货物具有可转让性;

(c)让与人有转让货物的权利或者权限;

(d)基于合同或者其他法律行为、法院命令或者法律规定的受让人对让与人转让所有权的授权;及

(e)存在所有权转让时间的协议且该协议的条件成就,或者,无此类协议时,交付或者等同交付行为。

(2)就第(1)款(e)项而言,交付或者等同交付行为必须基于或者归于合同或者其他法律行为、法院命令或者法律规定的授权。

(3)当合同或者其他法律行为、法院的命令或者法律的规定以种类物的概念界定货物时,所有权只能在货物特定于其项下时才转让,当货物构成一项大宗货物的组成部分时,适用第Ⅷ－2:305条(大宗货物的组成部分的转让)。

(4)第(1)款(e)项不适用所有权依据法院的命令或者法律规定的时间发生转移的情形。

评　论

A. 概说

(a)导言

本条规定对象、功能和范围简介。本条为本卷第二章所调整的“所有权”转让的基本规定,而所有权转让相应地构成第八卷的中心问题。这里使用意义上的“转让”,是一种“继受”取得的形式:与货物有关的现有的所有权从一人转移到另一人。让与人要么是货物的所有人,要么是有处分货物权利的人(参见第二章的标题:基于让与人的权利或者权限的所有权转让)。这种转让可以以买卖合同为依据,买卖合同是实践中最重要的适用情形,也经常是讨论这一类示范性规则的模型;转让也可以依据其他形式的合同:如互易、赠与。但是本条适用范围不仅限于此,还包括基于法院的命令或者法律的规定而发生的转让,比如依据不当得利规定负有返还货物的义务,或者基于无因管理有转让货物的义务。因此本条以及整个第二章具有完善本示范性规则其他主要部分的重要作用,能够引起合同创设以及依据法律规定所指向的最终效果:相关货物的所有权转让。就第二章而言,本条属于规定所有权转让的所有基本要件的根本规则。本章的其他条款有些是细化这些基本要件的规定(第一节),有些是规定转让的后果(第二节),或者规定特殊转让情形下的相关事项(第三节)。

本国法登记制度的影响。第八卷基本的立场是:如果本国法就所有权及其转让确定了登记制度(区别于仅为行政管理目的而设定的登记制度),不管这种登记是强制性的还是任意性的,这类登记制度的效力“优先于本卷的相应规定”;参见第Ⅷ－1:102 条(货物的登记)第(2)款。这不等于说本卷第二章自动地完全被排除适用。只是在本国规定的后果与本章的规定不相容时,本国的规定才有对于第二章规定的优先性。具体来说,本国法可能规定货物所有权的转让全部适用相应的登记制度,或者规定一旦相关物品已经登记,只能依据登记行为发生效力,本条第(1)款(e)项以及第Ⅷ－2:103 条(就所有权转让时间的协议)至第Ⅷ－2:105 条(等同交付行为)就因此不得适用。参见第Ⅷ－1:102 条(货物登记)的评论。

术语。本条及本章所指当事人:一方为“让与人”,另一方为“受让人”。这两个术语是中性的,以避免暗指某种特定的合同(如“卖方”和“买方”的术语),两个术语以物权法的核心后果为中心,即所有权的转让。受让人是依据本章规定的效力而取得货物所有权的人。让与人可以是承诺转让所有权给受让人的所有人并依据所有人的处分权完成此转让。但并不必然如此:不拥有所有权但是却拥有处分权的人(比如,可能获得所有人或者法律规定的授权)也可属于本条所规定的“让与人”。本阶段需要作初步解释的另一个术语是本条第(1)款(d)项的“转让所有权的授权”。这个受让人的“授权”对应于让与人转让所有权的“债务”,条文中避免使用“债务”一词的原因将在后面讨论(评论 H)。必须注意不能将受让人的“授权”与本条第(1)款(c)项规定意义上的让与人“有转让所有权的权利或权限”相混淆。后者涉及“不能将自己没有的权利转让给他人(*nemo dat quod non habet*)”的基本规则。也就是说,它是对让与人一方的要求;而前者涉及当事人相互间法律关系。就本条第(1)款(e)项规定“关于所有权转让时间的协议”的概念可能是自明的。协议可以指定交付后的某个时间(特别是:当事人约定传统意义上的所有权保留时,价款支付的时刻)或者交付前的某个时间,比如基础合同自身成立之时(比较:遵循交付原则的绝大数国家都存在的占有改订(*constitutum possessorium*)的传统概念)。“交付”是指物自身移动时直接指向所有权转让的行为;“等同交付行为”指物自身不移动时具有同等效力的行为,详见第Ⅷ－2:104 条(交付)和第Ⅷ－2:105 条(等同交付行为)的评论。

(b)比较法背景:主要的差异

统一转让进路与功能主义进路。一个关键的区别——尽管大多欧洲国家没有认真考虑过这个区别——与依据相应的物权法规则究竟转让了什么的问题有关。在大多数欧洲国家有定义所有权的权能的规定(相当于第Ⅷ－1:202 条(所有权)中的定义)和确定这一所有权从让与人(所有人)移转于受让人的具体时刻的规定。在这一时刻涉及所界定的所有权的所有方面都转让给受让人:如所有人请求他人返还财产占有的权利,即使他人破产也是如此(也就是可以对抗他人的普通债权人);让与货物以及在货物之上设定定限物权意义上的对货物法律上的处分权;使用、变更和消费货物的权利以及要求干涉这些权利的第三人赔偿损失或者返还不当得利的相关权利。这一种进路可以称为“统一主义”进路,即这一时刻对于若干关系有最终的决定作用。这是欧陆法律制度的主流的出发点。这一立场在实际效果上和英格兰法是一致的,尽管普通法基本上没有定义“所有权权能”的传统,也不存在一些特定的核心概念,如物权返还请求权。但是,这种统一主义进路的范围在所有这些欧洲法律制度中并不一定相同:比如,在有些国家,一般来说,风险与所有权同时移转,而其他国家则不然。而且依据统一主义规则产生的一些后果经常为一些特别的规定所中和,诸如规定未付款的货物的让与人有留置权或者法定的优先权,即使所有权在买卖合同订立时已经移转也是如此。

与此相反,北欧国家有意不遵循这种“统一”的思考方式。其法律遵循“功能主义”进路,该进路以以下假定为前提:被描述为“所有权”的不同方面可以在不同的时间点独立发生转让。一方面,基础合同的订立时间可能是决定性的;另一方面,决定性的可能是交付或者价款的支付。谁拥有“所有权的权利”实际上并不重要。重点其实在于区分不同类型的冲突:比如在卖方破产时,货物的买方是否以及具体何时可以对抗其普通债权人的问题;或者价款未支付时,卖方是否可以或者在什么条件下可以对抗买方的普通债权人;或者货物的最初的“所有人”是否或者在什么条件下,有向从无处分货物权利的第三人处买得货物的人要求返还该物的权利。某人可能在某个冲突下占优但在另一个冲突下失宠。调整这些不同“侧面”和不同的利益冲突情形的规则部分是由特定的成文法规定,但是绝大多数是法院的实践和法律学说通过思考现存(常是支离破碎的)的立法,而且首先是通过衡量每一种情形下的不同利益形成的。

通过交付转让与“合意”转让。另一个常被讨论的主要区别是:有些国家所有权转让原则上需要占有的移转(交付),而其他法律制度中基础合同的订立——典型的是:买卖合同——本身即可。后一种观念通常称为“合意主义”制度,在本法评论中也使用该术语,尽管这个术语不能准确适用于,转让所有权的授权不是合同创设(即依据当事人的合意)而是其他方式,比如不当得利情形下法律作用的结果。但是,非合同性转让授权时即时移转的观念,在欧洲的法律制度似乎很少适用(除了继承法的某些例外情形)。原则上,统一主义和功能主义进路都会有这个问题:是在交付之时还是仅凭合意就可以引起所有权转让?统一主义进路下,问题是“所有权”的转让是以何种方式转让;功能主义进路下,问题与每一个单独的“侧面”有关,且可以就不同的利益冲突情形作不同的回答。这些简单的概括不应该引起这个印象:合同的订立和交付是与转让有关的仅有的几个可能的行为。还有些其他事件对所有权的转让可能是决定性的,比如种类物的“特定”或者付款之时。后者在现今的欧洲法律制度很少使用;但是当事人如果有此约定时就是相关的,在当事人常约定所有权保留到价款支付之时,经常就是这么做的。

尽管出发点不同,但是有趋同的趋势。适用合意进路的立法者通过建立留置权或者法定优先权保护未获付款的卖方的利益,这样就给了交付没有完成的让与人有利的地位。有时候让与人甚至在交付之后重新获得占有的权利。实践中,特定化的要求常使种类物的所有权转让与交付时间一致。进言之,像法国法这类合意制度传统上认可只有交付才能发生对于第三人的某些效力,尤其是对于不同受让人的多重让与。需注意的是,一方面,占有相当于权利证书(*possession vaut titre*)在合意制度中而不是交付制度中有巨大的意义。另一方面,遵循交付原则的国家,通常也认可交易的当事人可以约定交付前发生所有权转让,甚至可以通过所谓的占有改订(*constitutum possessorium*)(即让与人允诺为受让人实施占有的协议)约定在基础合同订立本身完成之时发生所有权转让。

当事人自治。绝大多数欧洲法律制度给当事人自治留下了很大的余地,既包括偏离交付时间,也包括合意制度下推迟所有权转让时间。但是有一个国家——到目前为止——至少在一种特殊情形下严格要求交付。依据瑞典法——除非是依据消费者买卖或者遵循一种复杂而且很少有人使用的一种将转让公示并向特定的公立机构登记的程序——在卖方对货物的控制能力完全被切断前,货物的买方不得对抗卖方的普通债权人,这实际意味着交付(或者货物在第三人手中通知第三人)必须已经完成。就买方可以对抗卖方的债权人而言占有改订无效。但是,在消费者从专业的卖家处购买货物时,这一规则被废止,此时只要货物足够特定,适用合意原则。另外就严格适用交付要件的其他领域,瑞典最高法院最近建议通过立法按照合意进路的模式来修改法律。

有因转让和无因转让。另一个经典的区别与转让是否必须基于有效的债务——或者,用本条的术语,是否必须基于转让所有权的有效授权。传统上,两种概念都有。在绝大多数欧洲法律制度中,转让实际上的确要求这种有效的债务或者授权存在,比如,基于买卖合同。因此,如果基础合同无效,所有权就不能发生转让,如果在转让发生后,合同被撤销,所有权溯及地回到前所有人处,所有权也就因此被视为从未到过受让人手中。这一进路传统上被称为“有因”转让。与此相反,依据德国法以及在追随德国模式的一些国家,不需要有效的基础债务。因此,当基础合同无效或者被撤销,所有权仍然移转到受让人,如果已经移转了,就不自动回转。根据这一模式,转让基于另外一种法律行为,所谓的“物权协议”,其有效性独立于基础合同而存在和有效:转让是“无因的”。但是这不意味着依据德国法,受让人能够依据无效的合同最终保有所有权。受让人有义务按照不当得利的规则返还所有权。但是直到返还时为止,受让人仍然是财产的法律上所有人,具有统一主义进路下的一切效果。具体来说,(有义务恢复所有权的)受让人可以有效处分货物及将货物转让给第三人(第三人因此继受取得所有权,即从法律上的所有人处取得,不需要援引善意取得规则);受让人的普通债权人可以扣押货物,或者在受让人破产时,将货物作为他们债务人的财产的一部分予以出售。

独立的“物权协议”的概念。遵循转让是“无因的”规则的国家都存在“物权协议”概念;在这些国家,这个概念是落实无因原则不可或缺的工具。但是物权协议的概念也为遵循有因转让进路的许多国家所采纳。相应地,在这些国家,如果转让是基于买卖或者其他合同,要产生有效的转让需要两个具有不同内容的合意:“基础合同”(买卖合同)和物权协议,但后者的有效性取决于前者。就内容而言,这两类协议的区别可以概括如下:“基础合同”(比如买卖合同)产生让与人转让所有权的义务以及受让人对应的主张所有权转让的权利;而就“物权协议”而言,当事人不形成义务而是约定发生这种所有权转让,即让与人宣称转让所有权而受让人宣称他接受这一转让。实践中,这种物权协议的成立是默示的。由于这种“无形”的性质,有些国家就此会发生争论:当在基础合同订立后一个时间完成交付时,物权协议是应该推定成立于基础合同订立之时,还是交付之时?不管如何,物权协议适用合同法的一般规定。比如,物权协议可能因为合同法的一般规则而被撤销或者附条件订立(最常见的条件是价款的完全支付:所有权保留)。

B. 第二章所采进路简介

争论的主题。就本章基本规则一些根本性问题的争论贯穿于形成这些规则的整个过程。对于所采纳的概念和政策,研究小组并非意见一致。特别是北欧国家的代表一直批评统一主义进路的定位。另外研究小组协调委员会中相当多的成员倾向于合意转让的制度。但研究小组此处规定的进路得到了绝对多数的支持。不过大家也认为应该在第二章的这些评论中全方位反映有关的辩论。

第二章所采取的主要进路。第二章所采取的基本进路是非强制性的交付制度,换句话说,是“默认的交付规则”。因此基本规则是当事人自治优先,也就是当事人可以根据他们的选择和意愿规制转让。例如,以符合本条第(3)款规定特定化的一般要求为前提,当事人可以约定转让发生于基础合同订立之时,尽管交付在此后才进行,或者约定转让以交付或者其他条件为前提,如价款的支付。该基本规则反映在本条第(1)款(e)项,该项提到“所有权转让时间的协议”并且称所有权在条件成就时移转。在没有这种协议时,适用默认规则,而且这些默认规则基于交付进路。默认规则提到可能发生的不同实际情形,诸如狭义的交付:对物自身的物理控制从交易的一方移转到另一方(第Ⅷ-2:104条(交付)第(1)款),或者涉及独立承运人的情形(第Ⅷ-2:104条(交付)第(2)款)。另外,还确立了"等同交付行为",意指适用于货物自身不发生移动,但是与货物的交付同等的效力通过其他途径实现的特定的默认规则。这些规则都规定在第Ⅷ-2:105条(等同交付行为),涉及货物已经在受让人手中的情形,或者在第三人手中(比如仓储人或者承租人)或者将获得货物的特定手段(如保管货物的仓库或者容器的钥匙)交付受让人,或者将"代表"货物的单据交付。这些默认规则背后的共同理念是:他们确定了当事人有转移所有权意图的高度可能的具体情形,有相反约定的除外。

这一非强制性的默认进路基本上是统一主义的进路——转让给受让人的是第Ⅷ-1:202条(所有权)意义上的所有权的权利,包括与这一权利相联系的所有方面。但是,得到认可的是,在有充分的理由时,这种统一主义的进路应该认可例外。比如第Ⅷ-2:201条(所有权转让效力)第(4)款就致力于规定一种有效的方案,在所有权交付以前已经转让时,来保护未获付款的让与人的利益。另外,第Ⅷ-2:201条(所有权转让的效力)第(2)款和第(3)款的一些澄清表明,我们这里的统一主义进路不像理论上以及有时候在有些国家那么影响深远。

第二章规定了有因的转让体系,反映在本条第(1)款(d)项和第(2)款,在第Ⅷ-2:202条(自始无效、事后撤销、撤回、解除和撤销的后果)条有更具体的处理。独立的"物权协议"的概念没有得到采纳。最后,必须记住各国国内的登记制度可能优先于所采纳的某些原则。

C. 交付进路和合意进路以及其他选择概论

(a)概说

导言;概览。是交付、基础合同的订立还是其他替代方案应该被视为转让所有权(或者其特定的侧面)的关键因素?这个问题在转让发生于合同订立后的某个时间时才需要考虑。以下评论中从不同角度进行讨论,特别注重于受让人可以对抗让与人的普通债权人的问题(参见c节),这个问题是研究小组讨论的主要争议。评论的结果在其展开后会变得清晰。讨论主要涉及对具体类型的冲突和所有权的具体侧面的正面关注,正如"功能主义进路"下所做的那样。

其他选项;付款。尽管以合意和交付为基础的解决方案主导了欧洲的法律制度的现状(*status quo*)以及相关的讨论,但是这两个选项并非潜在的仅有选项。特别是,标准可以是对待给付的付款——在具体的如买卖合同的交易中相关的选项——是否已经完成。该想法因平等对待交易的双方当事人而浮现,也可以出于基于该背景而出现:要保护先付款的买方的观点事实上常常支持了合意规则的采用。具体来说,可以考虑一些有微妙差别的"付款"规则。所有权(或者某种保护)可以只在全部付款或已部分付款或者——理论上——甚至可以在按比例付款时发生移转。还可以将付款规则限于货物交付之前才需要考虑的因素,而此时在当事人没有其他约定时,所有权交付时移转(这样在交付后付款时,让与人必须约定一种所有权保留的手段)。或者,付款可以是一般的默认规则,这样所有权保留(交付后)已经依据法律规定本身产生,只有在当事人另有约定是才会被排除。这些选项在某种程度上贯穿于后面的讨论,但是后面的讨论主要涉及经典的合意和交付的区分。对于付款选项的概括和结论稍后再说。

就比较法研究的定量观点;最近的趋势。仅仅去统计遵循这种或者那种进路的欧洲国家的数目其实没有帮助。首先,任何一方都没有占据明显的多数(除了"付款规则"在目前的欧洲法律制度中没有起到一定的作用以外)。其次,即使只统计最近的趋势,结果也是摇摆不定。比如,在瑞典有偏离强制性交付要求的一定趋势——不过确切地说是取消让与人对货物的事实上的权利——以在让与人破产时给予受让人保护,可以看到就消费者买卖的最近立法、学说和法院的实践有合意主义进路的趋势。但在法国,在商事实践和立法中交付被认为越来越重要,主要是为了保护未获付款的卖方的利益。最后,政策的考量要远比数据性观点更重要。就此问题不值得研究小组讨论,不同国家的代表也不必然支持他们自己法律制度中有效的进路。

"自然"进路,"一般人的预期"。去拷问哪个方案看起来最自然或者最符合一般人的预期(或者是一般的商人的预期)也是多少有些没有问到点子上,并不是说因为应该忽略普通人的预期,而是由于从泛欧洲角度来看,普通人的预期各不相同。这种预期可能受到不同因素的影响,如被问到这些问题的人想象到的情形(取决于货物的种类,相应的商事领域通常如何组织以及他们作为让与人、受让人或者第三人的身份),以及他们——有时是有限的,但是依然在某种程度存在——就他们国家的经济和法律习惯方面的经验等。迄今为止,没有可靠的经验研究可以作为基础使这类讨论更加深入。但是,看起来确有价值的是,使用一般人的实际的或者假定的预期作为基于其他理由看起来可取的某一种进路的一种判断标准,从而确证是否该进路显得有效和可为一般人接受。

(b)合意进路有限适用

就下述观点的重要性的评述。以下评论列举了合意规则无法适用的例子,无法适用部分是由于需要逻辑上与物权法一般规则一致的原因,比如特定性的要求,部分是因为即使在理论角度适用是可能的,但是影响会过于深远。结果就是,合意进路比起交付进路而言潜在的适用范围更为有限。在一定——但不是决定性的——程度上这本身就可以作为支持交付制度的一个理由。但是,问题尤其在于,在何种角度属于合意规则潜在范围的交易区别于其他交易,从而有理由出于合意规则具有的一定利益来对他们作不同对待。后一种论证将在下面的评论中反复提及。

种类物。依据本条第(3)款所示的特定化的一般要求,当基础合同(或者其他法律行为、法院命令或者法律规定)以种类物概念界定货物时,所有权只有货物特定化时才能移转。欧洲法律制度普遍认可:只要标的物不够明确,就其之上就不能成立物权。因此,当拟转让的货物只是以种类物的概念界定,但不清楚具体是哪些货物最终会转让时,规定所有权(或者所有权的一个侧面)在基础合同成立时(或者其他法律基础创设时)转让的规则不能适用。付款在特定化之前作出时,规定转让以全部或者部分付款为条件的规则也是如此。

这就提出一个问题:哪一个其他标准此时应该是决定性的?一个选择就是特定化自身,因为这是最早可能的时间且与转让以基础合同的订立为据的原始起点最近。这显然就要重视界定如何才能构成特定化。这并不容易(参见评论H)而且这一标准可能会带来一定程度的不确定性。另一个选择就是以作出交付为标准的种类物的默认规则,这是一个更简单的适用规则。

考虑到种类物合同在很多经济领域(包括原料的供应,批发领域以及许多远程销售)的重要性,我们应该考虑确定一个在这些大部分的经济领域不适用的(仅凭合意就发生的转让的)一般规则是否明智。尽管缺乏全面地经验信息,但是从绝对数和总的交易额角度考虑,欧盟中绝大多数交易涉及种类物合同的看法可能未必有误。

而同样对待种类物和特定物的转让的交付进路,看起来可能更为可取,除非有相反的正当理由。在交付之时,特定化通常已经发生或者就在交付当时发生。这一规则相对易于适用。与特定化的精确要求相联系的不确定性和欠缺可预见性没有完全避免,因为,在本章的提议的进路下,当事人可以自由约定早于交付之时的时间发生转让;但是这种不确定性在很大程度上降低了。

将来的货物(待生产的货物)。在基础合同订立时发生转让,其无法适用的第二个领域涉及当时还不存在而仍有待生产的货物。本条明确规定,转让需要货物存在。基于同样的理由规定货物在付款时转让的规则,在货物未存在之前付款的情形下也无法适用。这也是在实践中有相当重要性的领域。

如果认为基本规则是转让以合同订立为条件,那么就有必要澄清在这一规则不适用时,什么时间是决定性的。答案并非自明。可以是产品处于可交付状态的时刻,这样有规则确定且易于适用的优点。但是——基于采用合意进路假设性选择背后所要实现的政策目标——应该问问,这种较晚的时刻与这些背后政策考量是否一致?是否所有权(或者其特定的侧面)不应该在货物部分完工时已经移转?比如,拟造一艘船舶,船体已经完成,而让与人破产。但是,也该问问是不是生产程序的某个更早的时刻也是合适的?比如最初的两块船板被连到一起,甚至推进到仅仅是用于实际生产的材料特定的时刻。显然遵循基本的合意进路的路线,确定一个合理的时间标准作为默认规则看起来并不容易。这个问题,按照交付为基础的进路来解决同样很简单。交付只有在产品完成时发生;而且如果早一点,它仍然是一个非常简单的确认标准。而且在当事人合同约定所有权在早一点的阶段移转,那就该由他们在合同之中确定这一时刻或者相应的条件。这种合同约定可以从仅是材料的划拨甚至建造自身开始之前(此时当事人更确切地说是约定移转材料的所有权并设定完成工作的附加义务,而不是产品的所有权转让)到最后一遍油漆的完成,或者是现实交付,诸如此类。

转让第三人所有的货物。下面这些例子在实践上的重要性要低得多,但为了完整性还是列出来。比如,有可能依据这些示范规则确立一个买卖不属于或者尚未属于让与人所有的货物的有效合同。在这里合意进路也不能使用,即使所涉及的货物时特定的:在合同订立之时,让与人没有法律上处分货物的权利(或者权限)(第(1)款(c)项)。同样如果价款在让与人取得权利或权限前支付,按照付款规则也是无法适用。当然,交付不能补正处分的权利或者权限的欠缺但——在让与人没有同时取得这种权利或者权限时——受让人可以依据第Ⅷ-3:101条(通过没有权利或者权限转让所有权的人善意取得)取得所有权。

选择之债。这里要提及的另一个例子是选择之债(参见第Ⅲ-2:105条(选择之债或者择一的履行方式))。当让与人有义务转让两种货物时,逻辑上可以规定受让人对所有假定的履行标的受物权保护,从而让与人的其他债权人不能扣押这些货物。但是就一个一般的默认规则而言,这个会走得太远,比如,设想一下第三方债权人会无法在破产程序之外的强制执行程序触及所有这些货物。传统上合意原则不是这样严格使用,而是将转让推迟到当事人有权选择行使其选择权之时。看起来不会有其他问题,除非有可能选择权在让与人且两种货物灭失其一这样剩下的标的所有权自动转移。因为货物是否"实质性损毁"不确定,这里会存在这种效果是否发生有疑问的情形。

附停止条件的合同。当转让所有权的合同附停止条件,取决于将来发生与否未定的不确定事件时,也会有一定的问题。由于这种不确定因素,合同订立时立即转让这种事无法实现。合意制度倾向与通过假定条件的成就有溯及力来解决这个问题,即认为所有权在合同订立时就已经转让。

(c)针对让与人债权人而对受让人的保护

概说:方法,主题。以下c到f节通过在不同的典型冲突情形下变得重要的所有权某一侧面的处理,来分析合意进路和交付进路的有利和不利之处。这些侧面将分开且——尽可能地——彼此独立地予以检视。因此,在一定程度上讨论遵循的是功能主义进路。要讨论的第一个侧面是何时受让人(如买方)可以对抗让与人(如卖方)的普通债权人。由于这种表述问题的方式并不是所有欧洲国家最常见的方式,因此有必要作一点澄清。毫无疑问依据有效地买卖合同(或者依据其他负有向一方转让所有权的义务的法律关系),受让人有权请求交易的他方—让与人—转让货物。但该请求权仍然主要会在两种情形下遭到让与人的其他债权人的挫败。第一种情形是,这些其他债权人之一通过对售与受让人的货物下手,对让与人强制执行其权利。结果就是,其他债权人可以使货物被出售并实现其权利,相应地受让人没有得到货物,但是可以针对让与人就其义务的不履行提起诉讼(特别是通过要求损害赔偿,从而得到与取得货物相当的利益)。第二种情形是更关键的:让与人破产。此时,所有的未受特别保护的——主要是拥有担保物权或者就破产债务人独立的特定财产具有权利——债权人将会遭受损失,只能获得部分清偿。从经济角度而言,主要是这第二种情形在目前的上下文中关系重大。问题是:是受让人已经拥有将货物从让与人的财产分离出来的权利,还是让与人的普通(也就是未受保护的)债权人可以对这些货物下手,将这些货物的价值按比例在他们之间分配？这个问题毫无疑问是形成第二章规则的整个过程中争论最集中的问题。传统上也存在其他处理不同领域的当事人冲突的一套规则，即保罗诉权（*actio Pauliana*，也有翻译为废罢诉权的，就是债权人撤销权——译者注）或者其他类似概念，依据该制度让与人的债权人可以撤销交易或者视其为未生效（参见第Ⅷ-2:201条（所有权转让的效力）第（3）款（a）项）。这种手段在本条的语境中不讨论。

尽管第二章的适用范围更宽，但是讨论经常特别集中于最重要的领域。也就是说，基于双务合同，依据该合同双方当事人有义务互为给付，典型的例子是买卖合同。就可能的选择方案而言，讨论将继续主要集中于两个方面：一是规定所有权的相关"方面"在合同订立时转让（合意模式）的默认规则，一是相关"方面"在交付时转让的默认规则。就其他假设性选项而言，尤其是付款是决定性因素的观念，会偶尔提及。合意模式的讨论将不得不限于已经存在的特定物且让与人有权利或者权限处分。

一开始就必须交代的是：两种解决方案都是有充分的论据的，尽管经过全面的考察，遵循交付进路的默认规则更为可取（且因此有必要指出与其他模式相比此种进路的优点），但并不想形成这种印象，会认为合意模式是不合理的或者对经济造成严重障碍且因此从一开始就该摒弃。可取是相对的，且肯定取决于对不同论证赋予的分量。如果特定的论证赋予不同的分量，可能会赞同另一个结果。

以下观点部分源自与欧洲现存法律制度有关的公开发表的讨论，部分源自研究小组内部的讨论。

合意模式与当事人的"自然的预期"相一致等。有时有人会主张普通人——或者普通商人——会自然地认为买方（或者其他受让人）在买卖合同订立之时有取回（特定）货物的权利，这个权利就与让与人债权人的关系而言也是有效的。正如前面已经指出的，这种主张自身不是很有用。需要其他附加的实质性的论证来补足。

合意模式：通过同时履行抗辩让与人和债权人得到了充分的保护。最常使用的论证之一是，让与人的债权人应该满足于得到了受让人的对待给付。该观点认为受让人应当从合同订立时起就可以对抗让与人的债权人，但是只有让与人得到全部付款时才能行使取回权。只要没有付款，让与人依据第Ⅲ-3:401条（拒绝履行对待给付义务的权利）的一般规定可以拒绝履行（交付），这对让与人的普通债权人也是有利的。这样一种模式的后果——典型的——是货物全部价值总是留给普通债权人的：要么是受让人支付了货物的对价，要么让与人未获付款但保留最终可以变价的货物。这看起来在这两方当事人之间是个公平的方案。然而，为何一种类型的债权人（特定物的受让人）必须获得100%的清偿，而其他债权人在让与人破产时只能获得一定比例的清偿，这在解释上会有些问题。这个问题在下面会彻底讨论。

合意模式：对未付款的受让人的保护。另一个支持合意模式的常见论点是：对于不管基于何种原因在得到交付前支付部分或者全部价款的受让人，这种模式对其给予了保护。有时人们认为这种保护的特别需要也存在于消费者，如果买方只有在获得占有时才受保护,那么消费者常会失去货物和因对法律规则的无知而支付的预付款。人们也声称,存在买方订立合同后不立即取得货物的占有的正当的和动机上说得过去的理由:可能当时没有储存货物的空间,或者标的物仍需卖方完善。另外,人们也指出,如果受让人事后不想取得占有或者因其他原因不付款,部分付款也保证了让与人损害赔偿请求权的实现,因此人们认为,基于支付余款可以获得对抗让与人的债权人的权利的信赖,受让人立即部分付款也是值得的。这些是很有力的论证。反对这些理由的人会说,受让人通常在交付时得到保护,但是当事人也可以约定从早于交付时刻的时间开始,在这种体系下,全部或部分付款后立即给予这种保护也是可能的。但是为什么这种特定物的买方的预付款比起其他预先给付更值得保护的理由不清楚,其他预先给付除非有特别的保护安排否则通常会涉及风险的承担,为什么这类买方应该比其他类型的没有机会获得这种担保的债权人受到更好的保护的理由也是如此。这个问题也会在下面再次作更详细分析。

在为了保护预先付款的买方的目的支持合意模式的背景下,有人有时也会声称只有在得到交付时才保护预付款的买方,会导致对于卖方的债权人的过分保护,这会允许他们既拿钱又拿货物。但是这么进行的论证是误导:交付模式与债务人破产时平等对待债权人的原则是一致的,而合意模式则否。

还需要补充的是,对于预付款的受让人的保护被视为采纳合意原则的主要理由,这个理由不适用于受让人事实上未先履行的情形。如果受让人付款的保护(特别是交付前)是基本的政策,然而,这个用来支持"付款规则",比支持合同一订立就自动保护受让人更合适。

合意模式:让与人对货物没有特别的利益而受让人有。支持合意原则的一种理由可能是基于就让与的货物而言当事人的利益类型。然而——除了一些赠与的情形外——说让与人目的仅仅是出掉货物因此对货物根本无利益可言(所以可以给予受让人以即时的保护),则显然过头了,说想转让特定财产的人就转让标的本身不再有具体的利益,而是有对以约定价格反映的价值的利益,这个也许一般是正确的。另一方面,受让人,尤其是涉及特定物的活动,可能就这一标的自身有具体的利益(比如选择用来满足个人和其企业的需要)。基于这一观察,理由可以是受让人的具体利益应该优于让与人一方的任何利益(就让与人而言,这个结论适用的范例是,让与人自愿转让货物,也就是让与的基础是合同。)

但是需要解释的是,为何就特定的货物"具体的"利益的评价应该高于"单纯的"价值上的利益?这种解释可能根本就不存在,因为通过约定一个价格,一种(利益)可以转变为其他;反之亦然。但是——基于此——理由可以概括为没有任何其他人比有具体利益的人愿意支付更多的价款,这也给让与人的债权人带来好处。这个理由后面还将进行进一步讨论。另一个理由可能可以作为受让人"具体利益"的根据,就是给受让人以优待从宏观经济层面会带来共同的好处。但是在两个方面,对显著的"具体利益"宽泛地一般化以及赋予它们可能的后果过重的分量将肯定是不现实的。

合意模式:受让人支付最高的价格——效率和对于让与人的债权人的好处。另一个支持合意模式的可能的理由是:一方面,出售和转让货物给已经订立有拘束力的合同的人(受让人)比在清算程序变现通常更有效率。除了重复劳动外,这种强制执行的买卖中所实现的价格通常会较低,原因可能是常见的不信任、货物因时间原因变旧、货物与合同不符时对买方权利的限制或者排除等。另一方面,原始的受让人,尤其是对获得这些货物有特殊利益时,可能会立即支付有吸引力的价款。如果将这种处置方式与破产程序中对货物清算的选项相比,结果是让与人的普通债权人有额外的好处。但是在所适用的破产法规定破产管理人可以选择是否坚守合同(这样转让可以按照原约定发生,价款按约定支付),或者解除合同从而货物可以在清算中出售,原始的受让人损害赔偿请求权只可以按和其他未受保护的债权人的请求权一样的比例清偿时,这并不是反对以交付为基础进路的理由。后一种进路也可以使破产管理人为所有的普通债权人的利益获得甚至更多的款项。

合意模式:因保护受让人而获得的宏观经济利益。特定财产的买方(或者其他受让人)就财产有特定利益的事实,会使人有理由认为将这些货物留给受让人,在宏观经济层面通常会更有效率,即受让人有最好的机会成功利用这些货物,这意味着资源的合理分配并且可以导致整个经济的财富最大增长。但是即使假定这没有过分推想,也没有过度夸大其功效,也有可能在售出的货物留给破产债权人后,第三人通过执行程序以低价买得并能够利用这些货物获得更多的利益。

合意模式:双方当事人通常想发生即时转让。支持合意进路时有时会有人认为,给受让人即时的保护,这通常符合交易双方当事人的利益。确实可以推定受让人一方会对尽可能早地对抗让与人的债权感兴趣。该观点背后的第二个推定就是:让与人即使对受让人的这种即时保护没有积极的喜好,但是至少没有相反的利益。对于让与人而言,推定其价款的支付有某种担保就够了。特别是,在价款支付之前继续保有对货物占有的权利对于让与人就已经足够。前面已经指出,一个债权人(特定物的受让人)通常获得100%的清偿,而其他未受保护的债权人只能获得部分清偿,在这个程度内该方案涉及破产程序中对于债权人的不平等对待。因此在此处评论讨论的观点必须假定:让与人(总是)不关心其他债权人的利益而且愿意从不利于其他债权人角度行事。还要假定让与人没有让普通债权人优于受让人的进一步的利益。这个问题后面会再次分析,会谈到确实存在让与人认同普通债权人利益的理由,因此不会对受让人获得即时的保护的偏爱作出退让。还要补充的是,在那些交付是基本规则,但通过确立占有改订当事人可以约定即时转让的欧洲国家,这种协议在实践中颇为少见。

合意模式:约定不适用交付规则的要求会成为普通人的陷阱而且会形成额外的交易费用。当相对于合意规则(就受让人可以对抗让与人的普通债权人而言)的另一选项是有通过当事人确定即时转让(或者任何其他转让时间)可能的交付规则时,这种交付默示的规则的进路有时会被批评为只会形成对于普通人(消费者以及一般的企业)的陷阱或者那些可以请得起法律顾问的人的特权。换言之,可以说约定不适用交付模式增加了交易费用。认为受让人掉入了他们所不知道的法律规则的“陷阱”的观点在两个必要条件下成立。首先,假定双方当事人——而且这通常不仅指受让人也包括让与人——在对法律上的可能性有充分了解时实际上想约定不适用交付制度。就让与人而言,这已经被质疑过。其次第二个前提是受让人通常都不知道法律上设计的转让可能性的范围(尤其是可以约定即时转让的可能性)或者——可能是这一观点的支持者喜欢的描述方式——受让人通常都不知道他们需要和让与人达成具体的协议以实现其欲求的结果,即在合同订立时就可以对抗让与人的普通债权人。后一个假定肯定会有些实际内容,取决于不同参数,如个人对法律事项的经验、通常可获得的法律信息的质量(如本国商会提供的格式条款的例子,保护消费者利益的组织提供的信息,等等)或者相关的本国法律制度现今的法律规定。假定信息缺乏的问题存在,问题就是法律对此如何应对。这里所采纳的观点是:法律仍然应该采纳平衡所有当事人利益的方案。也就是说,包括让与人和让与人的普通债权人,对此利益平衡做得最好的应该是以交付为基础的进路。换言之,考虑到所有其他就受让人对抗让与人的进行分析的论证,在受让人处常会存在的信息的缺乏不应抬高到可以取代支持交付方案的论证。顺带说一句,即使采取合意模式,实践中也显然还是会存在相当程度的信息缺乏。比如,很多受让人会不知道就种类物预付款项时,他们还是得不到保护。

合意模式:因就预付款的替代担保增加交易费用。第二章采取的交付模式使特定物的买方处于与其他普通债权人同样的地位,买方必须通过寻求就预付款的某种担保来回应预先给付的风险。通过声称交付进路须采取这种担保形式,如银行担保导致交易费用的增加,这是部分用来反对这种进路(并且支持另一种合意模式)的观点。但是,依据本处所采取的交付模式,当事人也可以约定在合同订立时转让所有权,或者付款时转让,此时不会发生这种交易费用。另外,在交易涉及不特定物时,寻求预付款的其他担保形式在合意制度下也是不可避免的。最后,如果卖方想从预付款中获益,这无非是获得一种信用,而且和其他信用形式一样,它是寻求担保的债权人的合法利益,而且通常的结果是,债务人或是通过有偿从第三人取得担保或是为担保目的使用债务人自己的财产的(在这儿,可以是仅约定付款时转让所有权)。

合意模式:对合算交易的保护。有时支持合意时转让(在让与人可以对抗债权人的角度上)的一个理由是:在买方完成了一个合算的交易时,为保护买方的利益提供物权担保,买方可以相对较低的价格换取将货物从卖方的财产取回。如果是这样的话,(其他)普通债权人可能在两个方面遭受损失。第一,破产财产没有因为买方就此货物预先付款而增加,这样一个债权人(这些特定物的买方)通过一次付款获得了全部的对待给付,而其他普通债权人只获得部分清偿;第二,买方支付的价款低,可能在执行程序的买卖中可以卖一个更好的价格。应该思考这是否是值得追求的政策目标。可能会有人认为,这考虑到通过使买方充分利用货物能使其获取最大利益,且这会带来有可能的宏观经济利益(如前所述,这并不能算有说服力)。另一方面,至少从破产法的规定来看,就所谓的“非常合算的交易”,在符合其他一些要件时,依据所谓的保罗诉权的规则,让与人的债权人可以撤销该交易,保罗诉权在大多数甚至所有的欧洲国家都有规定。这些当然是适用于特定的符合条件案件的规则且不论选择的是交付还是合意模式都予以适用,但是可以认为,在破产的时候,当人们只是有普通的损失时,至少默认规则不会是债权人赢。我们不想赋予此种观点太多的分量,这肯定从不同的层面易受批评(比如约定偏离交付规则仍然是可以的,而且这只对"非常聪明的人"才属可能,也就是那些既能够谈成合算交易又能达成在交付前转让所有权协议的人)。但是可以看得出在破产程序中保护合算交易的政策并非不证自明。

合意模式:当事人自治规则至少会侵蚀交付原则。另一个反对第二章所遵循的进路的理由是:该进路允许当事人通过彼此的协议偏离交付原则,而且依据一般规则也包含以当事人行为默示成立的协议(参见第Ⅱ－4:102 条(如何确定意图)),带来侵蚀交付原则的风险。该观点提出——如果该示范规则在诉讼中适用——法院,尤其是传统上是合意转让模式国家的法院,可能倾向于认可交付前转让的默示协议,比如,旨在保护消费者。当然不能完全否认这一风险。但是根据普遍认可的解释规则(参见第I－1:102 条(解释与发展)),法律规定背后的目的和目标在规定适用时需要加以考虑。考虑到这些评论中讨论的动机和当事人的典型利益,这应该不允许法院在没有明确证据时创造视为即时转让的协议。请参见第二卷第八章规定的解释合同的一般规则。

合意模式:明确性和易于适用。最后,有时支持合意模式的主张称:比起评估(约定不适用交付规则所必需的)交付前转让的协议而言,在有拘束力的买卖合同已经订立(在此转让就在此时发生)的情况下,合意规则更易于查明。但是显然这种主张不是直接针对交付规则。相反,涉及货物的物理变动意义上的交付通常更易于确定,而且第Ⅷ－2:105 条(等同交付行为)规定的等同交付行为通常也是如此。另外,对于种类物和将来的货物适用合意规则会有困难。就交付制度的关键之点,也就是当事人通过协议偏离该制度,当事人自己有责任使这种约定的偏移尽可能明确。

非强制性的交付模式:对于破产法规则影响的概略评论。受让人对抗让与人的普通债权人的问题在让与人破产时是最切题的。因此在评估该采纳哪种方案作为默认规则时,考虑一下在所有的欧洲国家多少是一致的破产法的基本规则是有用的。首先,这一方面最重要的基本规则是,破产人的债权人一般应该平等对待。其次,破产法的一个尤其相关的特征是,在对待给付的债务于破产程序开始前成立,并且这些债务在破产程序开始后均未或者未完全履行时,欧洲法律制度中颇为常见的规则是破产管理人(广义的)有选择是维持这一法律关系还是终止法律关系的权利,这在债权人平等对待原则的脉络中也可以看出来。细节上各国不同,但是就基本理念而言,欧洲法律制度是一致的(参见第Ⅷ－2:201 条(所有权转让的后果)的注释)。这个选择权的后果在下一段会进一步讨论。考虑到这一背景,本卷第二章采纳的默认规则以适当平衡所涉及的所有人的利益为目的。也就是说,不仅是让与人和受让人的利益,而且还有让与人破产债权人的利益。

破产管理人选择维持或者终止未履行的双务合同的权利详说。如前所述,破产管理人(或者其他负有类似职责的人)可以决定是履行还是终止双方均未完全履行的双务合同的义务。如果破产管理人选择维持合同关系,交易的双方当事人必须完全履行未完成的义务,这意味着受让人可以得到合同约定的东西从而在此处使用的意义上“受保护”。如果破产管理人终止合同关系,预先付款的合同另一方当事人,欧洲法律制度大体一致规定只能和其他普通债权人一同从破产财产中按比例清偿。一方面,在遵循交付进路的国家中,这意味着预先付款的受让人就让与人的债权人而言(除所有权已经转让外)“不受保护”:受让人必须满足于获得按比例清偿。另一方面,在遵循合意进路的欧洲法律制度的国家(如法国、比利时或者意大利),传统观点是特定货物的所有权在合同订立时已经转让,因此选择权不适用(因为让与人转让所有权的义务已经得到履行)。但正如在第Ⅷ－2:201 条(所有权转让的效力)的注释中所进一步具体反映的,这一观点在现代的比利时的学说中有争议(有人提出让与人只有得到交付时才受保护),这一观点在英格兰法中也不确定,英格兰法中传统的理解是管理人(或者类似的高级职员)可以选择拒绝履行剩余的交付货物的合同义务,这样只要当事人没有另作约定,即使英格兰买卖法中规定合同订立时所有权转让,受让人仍然不受保护。就动产而言买方是否可以基于物权申请实际履行合同的命令,看起来在英格兰法中没有完全确定。这种合意进路和破产管理人的选择权相互作用的不确定性在此处并非作为积极的论证使用。只是指出:如果——与第二章的提议相反——选择了合意制度,这些与破产法交叉的领域必须予以审视,且如有必要,为实现所要达到的目标进行修正。

交付模式:特定物的受让人和其他人一样是普通债权人。除非依据即时转让的合同约定或者依这一效力的法律规则所有权已经转让,但订立了买卖合同的受让人还没有获得交付,因此让与人只是对他有义务转让所有权,受让人对让与人而言只是普通债权人。在以下评论中,在债权人平等对待方面这一点会被强调。这不仅在实质上重要,在更术语的层面也是如此。如果受让人(尤其是预先付款的情形)因为选择了交付模式,在破产中不受特别保护,这不意味着普通债权人“优于”受让人,只是受让人被视为其中一员而已。

交付模式:债权人的平等对待。合意原则只能在已经存在的特定物的转让时适用。这意味着一种债权人,即现已存在的特定物的受让人,总是能得到以约定的价款为对价的因合同产生的给付,而所有其他无担保的债权人则有得不到对待给付并且失去他们已经完成的任何预先的给付的风险。这就提出一个问题,为什么特定物的买方应该比诸如种类物的买方更值得保护?另外,为什么在没有约定任何担保措施时,预先付款(特定物的)买方优于在其他情形下给予信用的人?另外,先履行的提供服务的人,除非他们约定要求某种担保(如银行保证),也没有类似的保障。在合意模式下,特定物的买方甚至优于从未和债务人签订合同的债权人,因此他们从未自愿选择该人作为他们合同性质的伙伴。这具体适用于那些依据侵权责任法发生的损害赔偿请求权和扶养关系债权人(如小孩)。他们都限于部分清偿,而特定物的受让人得到100%,尽管可能有理由这么认为，让债务人破产的风险由那些自愿与债务人确立法律关系的人承担更合适。但是对于为何一切如此安排没有令人满意的答案。在对特定物的买方优待缺乏充分的解释时，有理由适用（正义的一个方面的）类似情形类似处理的一般原则，该原则支持交付原则。后者可以适用于特定物、种类物和将来的货物，给予对所有先履行的债权人同等对待。而且对于那些没有对债务人负担给付但其权利对应于债务人的侵权债务或者扶养义务的债权人，这也提高了他们的受偿份额。最终，交付规则与平等对待破产程序中的债权人的一般原则更为一致。

交付模式：预先履行意味着承担风险，同时履行原则作为平衡良好的起点。合意原则和交付原则的区别在经济上最重要的情形是，特定物的受让人在交付前已经全部或者部分付款。交付模式下，在全部付款或者受让人只支付部分价款，破产管理人决定终止合同关系时，作为普通债权人的预先付款的受让人通常只能收回很少一部分预付款。这意味着，交付模式下先履行等于承担风险。这可以成为支持交付进路的一个理由。所有其他类型的债权人，如果他们先履行，除非他们约定了担保权，一样面临丧失自己给付价值的风险。该规则适用于贷款人、提供服务的人和种类物的买方。而且，卖方在未获付款之前交付货物时处境相同，在买方破产时承担给付价值受损的风险。卖方可以决定自愿承担这个风险或者约定一种担保（比如，保留所有权）。因此，就受让人对抗让与人的债权人采用非强制的交付规则也会导致与其他一方的债权人的关系而言，应当平等对待双方当事人。

这与普遍接受的合同法原则一致，即除非另有约定，对待给付义务应该同时履行，如果他方不履行，每一方都有拒绝履行的权利。这个原则在第Ⅷ－3:401条（拒绝履行对待给付义务的权利）有明确规定。就受让人对抗让与人的债权人选择非强制性的交付规则（另外，反过来就债权人可以对抗受让人债权人的问题，参见下文（d）节）意味着在物权法层面维持或者支持这一规则。这个普遍的默认规则会是：双方当事人的债务（交付并转让所有权；支付价款）同时履行。如果一方当事人不履行，他方可以拒绝履行。但是当事人可以通过约定偏离该规则。如果一方同意先履行，作出是承担因此带来的风险还是要求担保的决定，是该方当事人自己责任范围内的事。就预付价款的买方而言，这个担保可以是约定交付前转让所有权，或者其他形式的担保。

非强制交付进路下不同方案详解：只有让与人已经（完全）履行。下面的评论全面评述了实践中会出现典型的情形。第一个情形是没有什么疑问的只是为了完整性而提及。当让与人（卖方）已经交付货物给受让人（买方）时，让与人后来破产，买方仍然有义务支付合同约定的价款。不论选择合意还是交付规则，这一结果都是一样的。最终，交换了两个——通常是——等价的给付。

详解：当事人都没有履行。在下面的情形中，即还没有任何一方履行任何义务，合意和交付模式确实会有一定的区别。但是从经济角度看区别并不太显著。此一情形下，依据交付规则破产管理人有选择履行还是终止合同义务的权利。除非履行交付义务特别困难，或者合同对于让与人而言不划算，或者其他买方出更优的报价，或者被售出的这些货物尤为经营活动所需,否则管理人会倾向于选择履行合同义务。这样管理人会就货物的交换挣得合理的价款;从让与人的债权人角度看交易是中性的。债权人得到了钱而不是货物。这一结果和合意模式下实现的结果是一致的。破产财团通常会节省另行出售货物的费用,通过常规买卖实现的价款通常会高于强制变卖。因此毫无疑问(不可避免)地当事人一方(买方)得到了合同约定之物。与这里上下文讨论的其他情形相反,买方没有支付价款因此没有承担风险。而且,特定物和种类物的合同也是适用相同的解决方案。例外的情形下,破产管理人选择终止合同关系,则双方均无履行的义务。如果买方交易合算或者增加了额外费用,这对买方不利,但是与双方给付的整个价值相比,这个损失通常相对较小。

详解:让与人仍占有货物,受让人已全额付款。另一种情形是,如果货物还没有交付,但买方在让与人破产前支付全款,破产法没有赋予破产管理人任何选择权。有义务为了破产债权人的利益行事和平等对待他们。破产管理人不会交付货物给买方,而是会为债权人的利益清算该货物。买方的预付款会很大程度上收不回:不管破产法规则具体该如何解释,合同关系可能因为卖方未交付货物而被终止,而且买方请求返还价款或者损害赔偿的请求只能是对破产财产的请求。这是没有担保时先履行的任何当事人承担的一般风险。

这一情形可以描述为当债权人同时得到了价款和货物,有时作为反对交付进路的一个理由,被认为过度保护了让与人的债权人,而预付价款的受让人什么也没有得到。有些提议者补充道:债权人对钱和“让与人自己不能下手的”的货物下了手。但是,以牺牲预付价款的受让人为代价过度保护债权人的看法在两个方面是误导他人的。第一,预付价款的受让人并非什么都没有剩下,而是实现了一定比例的请求,财产的整体价值因为预付款的贡献而增加,属于所有的债权人(包括买方)的利益。第二,就像让与人不能保留货物和已获支付的价款一样,当然没有债权人得到超额的清偿,而是一个给付换取另一个给付。下述(高度简化的)的例子说明了合意和交付进路的区别。

示例1

当破产程序开始后,债务人S占有两个动产,每个价值1000欧元,以及其他总价2000欧元的动产。两个特定动产已经出售B1和B2,但是还没有交付,B1和B2都已经支付了全价1000欧元给S。一方面,这意味着S的财产,包括所有的动产和从B1和B2处取得的价款,共计6000欧元。另一方面,S有义务对它的债权人清偿总额为12,000欧元的债务。B1和B2都有权得到1000欧元(原始的:所出售的货物,或者返还他们已支出的价款),另外还有两个债权人,一个无担保的贷款人(C3)有权获得5000欧元的清偿,一个S的侵权行为的受害人(C4)有权获得另外的5000欧元的损害赔偿。

一方面,合意制度下,两个买方B1和B2有权得到所购货物的交付,每个价值1000欧元,因此他们受到了与其预付款投入相同的偿付(100%)。这样,在破产程序中开始前,已经售出的两个动产的价值要从S的财产中减除,S的财产价值为4000欧元。这些价值在剩下的两个债权人C3和C4之间平分,这样他们每人得到2000欧元(40%)。

另一方面,在交付制度下,售与B1和B2未交付的特定物属于破产财产的一部分,因此破产财产价值6000欧元。这个金额在所有债权人之间按比例分配。在给定的例子中,每个债权人获得其债权的50%,也就是B1和B2各得500欧元,C3和C4每个得到2500欧元。B1和B2买的货付的钱都进入了破产财产的事实并没有导致其他一般债权人C3和C4比B1和B2更受优待。而是所有的四个债权人受到平等的对待。

详解:让与人仍然占有货物,受让人已经部分清偿。最后一个典型的情形是,特定物已经出售但没有交付,货物的价款已经部分支付。在这一情形下,没有当事人完全履行其义务,因此该由让与人的破产管理人来决定如何才能最符合债权人平等对待的原则。管理人可以选择维持合同,即保留已获得部分价款并在将货物给买方时得到应得的余款。或者管理人可以选择终止合同关系,此种情形下没有新的钱进来,但是已经得到的价款和已售货物自身可以用来按比例清偿所有的债权人。就后一个选项而言,破产管理人应该考虑通过执行程序或者其他方式廉价销售给第三人可获得的价款,可能根据具体情况,比从原始的购买人处得到的总价低。管理人必须考虑找新买方时会发生的各项费用(比如,组织强制执行买卖的费用,或者销售代理的费用,可能的额外储藏费用,进一步维护或者管理的费用,等等)。简言之,维持合同所能实现的总收入(预付款加上余款)必须与在终止合同时假设的总收入相比(已经从原始的买方处取得的预付款加上替代性销售实现的价款减去因此发生的外费用)。但是,这两个结果相同,甚至终止合同时假设的总收入较高时,破产管理人还要考虑在终止时有一个新的债权人(原始买方有要求返还货款或者请求损害赔偿的权利)需要通过所有的财产来清偿。取决于原始买方已经支付了多少(因此,需要按比例减少后归还),选择维持合同对其他债权人而言可能依然比终止合同更优。

在预付款较少而且也没有看到"更好的买方"(比如,原始的买方已经给出了平均价格之上报价)时,固守合同通常是合理的选择。另外,终止合同关系通常自身就表明:相当一部分价款已经支付。或者,只有少部分已经支付但原合同对于卖方不划算而且不需要多少费用就能找到更好的买家。

示例2

在破产程序开始前,S将特定货物出售给B,但还没有交付。S和B约定的价款是1000欧元,其中B已经支付了首期款50欧元。如果另作选择,货物卖给另一个人(强制拍卖或者其他形式,依个案具体情况最合理的方式),破产管理人现实的期待价格只有960欧元。另外组织这种对第三人的买卖以及保管货物直至交付新买主之时会导致额外花费约30欧元,这样卖给新的买家最终只能实现930欧元。另外,S的财产包含价值19,000欧元的其他财产,S的对其他人的债务总额为100,000欧元。

一方面,考虑到这些事实,如果破产管理人选择维持与B的原始合同,交换货物所得到的总价是1000欧元(50欧元的预付款,要得到货物还将支付950欧元)。这些钱将在剩下的债权人中进行分配（B已经得到100%的清偿）。在该例之中，总的财产20,000欧元（从B处得到的1000欧元的价款加上19,000欧元的其他财产）将在主张100,000欧元的债权人之中分配。因此，其他债权人获得20%的清偿。这是破产管理人要和终止合同关系而实现的清偿比例相适应的比例。

另一方面，选择终止合同会引起以下后果：将货物出售给另一个买家，总的所得是980欧元（50欧元的B的预付款，出售给另一个买家实现的960欧元的价款，减去额外的费用30欧元）。这个总额在所有的其他债权人和B之间分配。在我们的例子中，总的财产19,980欧元（由相关货物而来的980欧元加上19,000欧元的其他财产）在债权为100,050欧元所有的债权人（包括B）之间进行分配。最后，所有的债权人，包括B，清偿比例为19.97%。

由于在这一情形下，终止的结果对其他债权人较为不利，破产管理人会选择维持与B的合同。

示例3

除了B已经支付500欧元外，事实与示例2相同。

选择维持合同将会引起与示例2相同的结果。交易货物总的所得也是1000欧元（500欧元预付款，待付的500欧元）。B得到100%的清偿，其他债权人受偿比例为20%。

在这里，终止合同会带来对其他债权人更为有利的结果。出售货物给另一个买家后总的所得是1430欧元（B的预付款500欧元，加上同样的价格960欧元以及同样减除30欧元的其他费用）。同样，这一金额会在所有的其他债权人和B之间进行分配。总的财产价值为20,430欧元（来自货物的1430欧元加上19,000欧元的其他财产）在债权为100,500欧元（包括B的500元的债权）的债权人之间进行分配。最后，所有的债权人，包括B，得到20.33%的清偿。

由于这比维持与B的合同实现的多，破产管理人会选择终止合同。

通过授予破产管理人更宽范围的选择权，交付模式实现了最优的债权人清偿。这些例证和评论表明：交付模式并不当然使买方订立的合同期待落空，而且表明此时破产管理人作用是何等重要。如何最大实现债权人的利益的问题，不能通过规定作为一般规则的可以维持或者终止合同来概略的回答，而是需要涉及许多因素的仔细平衡。这成为支持交付模式的另一个理由，即这样的默认规则更可取，首先，给服务于共同利益（最优清偿和债权人的平等对待）的决策人留下这种重要的选择，其次扩张了管理人的选择权的实际范围。在这两个方面，看起来交付模式比合意模式更可取。在受让人没有任何预先付款的情形下，选择终止合同很少是可取的做法，在相对方已经通过先履行承担了风险时，终止权在实践中才会被行使。但是即使这样，也不存在对先履行的受让人的自动“惩罚”。受让人仍然可以通过破产管理人的自由裁量权的行使而获益，可以得到100%的对待给付，但是只有这样同时对债权人有利才行。

就给付的种类而言没有明显的区别。补充一下一些次要的理由：就广义而言，符合平等对待理由的语境，但是集中于破产债务人所为给付的不同类型能否引起适度区分的问题。比如，在批评交付模式允许债权人“占有货物和金钱”时，有时有人认为不应该允许这样，因为在其他情形下，比如得到预付款项的服务提供人陷入破产，债务人的债权人也不能得到钱和额外的价值。但是这并不令人信服。种类货物的预付款是这一现象存在的显著例子，因此在其他领域也该接受。就服务的提供者而言，问题只是此人拥有货物以外的“财产”，可以指向原始的合同当事人，或者新合同项下的第三人换得流入破产财产的新的金钱。服务的提供者拥有的财产是提供服务的劳力和能力，在经济意义上，有类似于货物的价值。只要经营继续，这个劳动力可以类似地转换为金钱。就管理人的选择权而言，不存在与货物买卖合同的显著区别。不时用来支持合意模式的第二个理由是，特定货物的买卖与其他情形不可比，因为其他债权人没有要求转让特定财产的权利。作为观察，这是对的。作为论证，是循环论证。

非强制交付模式：平等对待的理由并非仅在交付是强制性要求时成立；一项默认规则的功能。有时有人认为：只有在交付要求是强制性的，从平等对待的观点角度看交付模式才是可接受的。否则，平等对待的政策不能维持，因为当事人可以通过约定即刻转让的方式削弱该政策。这一推理当然是正确的，因为破产管理人选择维持和放弃合同的权利会进一步扩张；如果当事人没有可能在交付后进行任何转让时，普通债权人在破产中受偿比例，有增加的趋势。但是这样会走得太远。总的来说，当事人自治是这些示范规则的基本原则。必须有很充分的理由时，才可以有例外，这个理由在目前并不存在（比如，不言自明的是，另一种合意规则的方案就受让人可以对抗让与人的债权人而言，也不是强制性的）。具体而言，不能说平等对待的政策被背叛。一般来说，没有人会质疑债权人有而且应该有担保其债权的可能。银行在发放贷款前，可以要求抵押、保证或者动产上的担保物权。货物的买方可以在交付货物给卖方之前约定所有权保留这一手段。先提供服务的一方可以要求银行担保等。类似地，买方约定先支付全部或者一部分货款，可以要求约定所有权立即移转，或者付款时移转，或者要求其他形式的担保。就像其他债权人在其他情形下一样，决定是否承担预先给付的风险，还是以担保为条件而为给付，这一点是买方的职责范围。这也是广义上的平等对待的一个方面。

就平等对待的常见或者更狭义意义上含义而言，即为那些没有约定可以在破产中有取回权或者优先受偿的权利的债权人提供最优的和平等保护，交付模式显然比其他自合同订立时给予受让人保护的模式更能满足这些债权人的利益。在默认规则每一次适用中，最优和平等清偿都会实现；这意味着经常实现。这不仅在当事人不知道可以通过约定处理这个问题的可能或者在具体案件中忘了这么做是这样，还包括只有一个当事人（通常是受让人）想交付前转让但是他方当事人拒绝，以及甚至是双方当事人事后主张有交付前转让的约定，但是不能拿出可信的证据的情形也是这样。采纳这种非强制性的交付规则的国家的法律制度的经验表明，约定交付前转让的颇为少见。关于即时转让的默示协议只有在有充分证据时才能承认。

在此，强调物权法中默认规则的意图实现的目的也是有价值的。一般来说，默认规则以带来所涉当事人利益的适当平衡为目的。就物权法而言也是一样。唯一特殊的一面就是不仅是交易双方当事人利益，而且还涉及第三方当事人的利益。就本书而言，让与人的债权人的利益在寻找平衡时也要予以考虑。这看起来陈腐但是却有意义，因为否则的话，会容易认为最好的默认规则是双方当事人获得他们依据合同设定的100%的对待给付（就特定物而言，会为合意模式提供理由）。

非强制性交付模式：让与人的利益可能与债权人的利益平行。非强制性交付进路被批评，理由是，通常交易双方当事人通常甘于即时转让（给受让人相对于让与人的债权人而言的全面保护），如此见识的当事人通常会约定这种即时转让（让与人得到全部清偿的利益可以通过在未受付款时的拒绝履行的权利来确保）。这预先假定典型的让与人不关心普通债权人的利益以及就保护针对受让人的债权人利益方面没有个人利益。但是这种假定本身就有疑问。很显然，将已售特定物与[破产]财产分割而保留到价款全部付清的规则，或者在交付前部分付款时给破产管理人以自由裁量的余地，普通债权人通常得到较高比例的清偿。这可能也符合让与人的利益。破产不需要涉及清算。经营活动不继续时，债权人是否能够获得多少有点吸引力的清偿比例，对于破产当事人而言无关紧要。但是现代破产法的趋势是寻求继续经营活动的可能，这个时候普通债权人能够得到什么就肯定要紧了。比如本国的破产法可能规定，如果债务人在两年内能清偿至少20%时，则强制和解。这样就可以认为，对尽可能增加所有的普通债权人都可以获得的财产这一点，对破产有全面了解的让与人事实上有利益可言。

交付模式：一条规定适合不同情形。一种（非强制性的）交付模式有如下优点：一条规则实际上可以适用于涉及有形动产的转让的所有情形。在种类货物、将来的货物以及其他合意进路不能适用或者通常不适用的情形，这已经讨论过。该规则也适用转让是基于其他类型的债务的情形，如因单方法律行为或者诸如不当得利一类的法律规定而发生的债务，或者是在解除合同关系时的再转让所有权的债务。此外，当转让基础是有效订立的赠与合同时，基于政策观点的考量，交付前即时转让是没有必要的。这里，可能会有共同的看法：财产的价值应当由所有的债权人共享，而不是归于未允诺任何对待给付的某一个人。另一方面交付更合适（而且可以以经典保罗诉权为传统本国破产法规则的补充，允许债权人在一定期限内视转让为无效）。可以认为这一普遍适用性具有两个方面优点：一是对于实施转让前当事人的自身定位和相关行为已经完成时法律的适用，具有简明的优点；一是有对于类似情形规定同样地解决方案的优点。

给第三人提供作为其决策基础的可靠信息意义上的“公示”的作用。传统上，对于那些适用交付规则的内国法律制度中，公示是交付规则的主要理由。这一思想并不仅限于这些法律制度，也体现在法国传统的占有等同于权利证书的规则。基本的思想是：对于特定物加以对于外部世界而言有形的物理控制，告知其他人什么财产属于占有人。具体而言，该人的潜在的交易伙伴，可以据此评估该人是否有足够的信用。根据这一思想,潜在的债权人可以确信在潜在的债务人没有适当履行合同义务时,从这些货物得到清偿。

现在就(未登记的)动产有一种明确的看法,这种公示的价值在很大程度上被侵蚀了。这尤其是由于在取得性融资(acquisition financing)(译者注:定义见第Ⅸ-1:201条第(3)款)领域中经常适用的现代商务实践所致,如在保留所有权下的货物购买,或者融资租赁的利用,等等。对现今的本国法律制度经常有这一看法。但是可能在一定限度内,本示范规则第九卷规定的制度也是这样规定的,这种取得性融资措施的生效一般要求登记,考虑到对于提供给消费者的货物并无登记的要求,以及其他的情形,登记可以在交付35天内进行(参见第Ⅸ-3:107条(取得性融资措施的登记))。另外,因相关货物是依据单纯的租赁合同租用的或者是无偿借用,物理控制的外观也会不正确。最后,如本章也认可的,就所有权转让偏离交付规则的可能性,以及某些国家创设非占有的物权担保手段的可能性(如德国的让与担保),可能会进一步削弱基于对货物物理控制而产生的"信息"的可靠性。当然,取决于货物的类型和年限(新车常依据所有权保留的方式取得,而旧电视通常可能都是占有人所有)、市场惯例以及其他因素,就统计数据上特定货物的物理控制金额所有权是否倾向于合一可能会有显著的不同。但是作出可以作为法律规则基础的归纳却很难。因此,在形成这些示范规则的过程中,就证立关于转让观念的决定而言,大家同意经典意义上的公示的观念不能起重要作用。

尤其对保护行使物理控制的债权人角度而言,公示的观念受到更多的批评。即使第三人可以信赖对货物行使物理控制的人是所有人,基于"公示"保护债权人的理由也不能适用于"老"债权人,即在其债务人获得对物的物理控制之前决定给予信用的人。公示观念即使有效,也只能针对那些在债务人实际上取得对财产控制时作出其处分的"新"债权人;就"老"债权人而言,只有他们作出新决定时公示观念才有效,因为他们债务人的占有可以作为决定的基础,比如,必须作出是行使债权还是延长信用的决定的情形。另外,即使公示的观念适用的"新"债权人作出决定时,债务人占有货物且确实是这些货物所有人,这在债权人寻求实现其债权时仍然有可能发生变化。当债务必须清偿时,货物可能遗失、毁坏、被其他债权人扣押或者被廉价出售,所得价款可能用完,或者又被他人扣押,等等。换句话说,对货物的物理控制不能对财产的未来损失提供任何保护。

在提供可靠信息的充分手段存在时,让公示起到更重要的作用,这谁也不会反对。就特定类型的货物(如船舶)存在相应的登记制度时,第Ⅷ-1:102条(货物的登记)因此包含了对规定这种登记制度的内国法的保留。另外在确立了相应的土地登记时,公示也可以在不动产的转让中起重要的作用。如果是这样的话,将登记作为这些情形下转让的强制要件可能还需要详加讨论。

作为举证的合理起点的物理控制。与上述讨论的公示的(为定位将来的决定提供基础的意义上)"预期"功能相比,在一个交付制度中,对货物的物理控制可以很好地服务于其他功能。特别是当——回头——确定转让是否已经发生时，货物物理上置于何处的问题可以成为举证的合理起点。尽管涉及同样种类的事实——对货物的物理控制，但是与经典的公示观念有显著的不同：目的不是保护就货物有自己利益（直接或者间接，诸如涉及行使物理控制的人的一般的信用度一类的利益）的当事人的期待。应该说，功能是为没有这类利益的人（如法官或者强制执行机构）提供作评估的简单和可操作的起点，或者为可能服务于特定的集体利益，但是只有在相关行为已经发生后才登上舞台的人（比如破产管理人。需要区别：就交付货物的客户，哪些对其义务不能解除？哪些是可以行使选择权的合同？）。

在此，非强制性的交付规则提供了确定当事人是否已经意图转让发生问题的举证责任的可取的起点（即与本条第（1）款（e）项规定的要求有关）。如果货物已经在受让人手中，很有可能当事人意图完成转让（在这里，受让人以及受让人的债权人可以对抗让与人的债权人）。就相反的结果应由让与人（或者让与人的债权人）负责举证。在没有对货物自身占有移转时，但是第Ⅷ－2:105 条（等同交付行为）规定的等同交付行为形式之一所要求的事实具备时，可以认可当事人意图依据相关行为转让所有权（在这里，受让人受到保护）。如果让与人或者其债权人提出相反的主张，则应该由他们提出充分的证据。最后，在货物仍然在让与人手中时，货物转让给受让人的约定的举证责任由后者负担。

综合以上的理由，就当事人转让货物的意图的这一举证责任的分配与本章所选择的非强制性交付进路相适应。就此，一种公示类型的思想的特别缩编形式可以作为支持所采取的进路的一种理由。

交付：就当事人视角而言的明显的事件。还可以补充的是，从让与人和受让人角度而言，交付是明显的事件因此将后果与其相联系是极为可取的。就第Ⅷ－2:105 条（等同交付行为）所规定的等同交付行为可以这么说。无须争论的是，这些事件必然比合同的订立或者价款的支付更显而易见，这里有强烈支持交付进路的理由（尽管可能取决于相关的规则如何具体设计，参见后面的评论 H 的 g 节，但可能的主张是：交付也许比种类货物的特定化更为明显）。但无论如何，从当事人的角度而言，交付不是秘密的或者不可靠的事件，这本身至少就有一定的价值。另外，从受让人可以对抗让与人这个问题而言，这一点也许不是最重要的。但是至少有一定的信号作用，即当交付已经发生或者已经提出交付，作出付款就不会存在针对让与人的债权人而言的丧失给付的价值的风险。

支持交付（切断让与人对货物的控制）作为强制性要件的理由。特别是在瑞典的学说和法院的实践中提出了几种支持下述交付规则的理由：交付的要件——或者卖方对货物的物理控制必须有效切断的要件——传统上是受让人可以对抗让与人的债权人的强制性要求。这些理由在本处不予使用，因为本章提议的交付模式是非强制性的，就此这些理由不合适。然而，这些理由还是简单地提一下。

（1）一个理由是：强制性交付要件，就没有必要区分完全的所有权转让和基于动产担保物权法律规则而实施的担保性所有权让与,必须担保设定人失去事实上处分货物的能力(或者已经根据相关规定进行了登记)。依据本章所采取的模式,任何区分完全让与和担保性让与的困难都会很自然地通过举证责任规则来处理。主张从让与人财产中取回权利的人必须证明相关的要件都得到了满足。具体来说,受让人必须证明:(a)当事人确实订立了合同,(b)通过合同订立(或者其他交付前的一个时刻)意图转让所有权以及(c)这一所有权是完整的所有权,没有担保的目的。

(2)另一个理由是:强制性瑞典式的交付(切断)规则有效地防止了欺诈让与人的债权人的行为。这种行为可以是虚伪的转让或者自称的转让,即使以冒充的形式出现,但转让实际上并没有发生。通过瑞典式规则,这种行为从一开始就被消除了。但是,有其他法律手段来处理这种欺诈行为。合同法的一般规则第Ⅱ-9:201 条(虚伪行为的效力)规定当事人的真实意图优先,即不发生转让。依据第Ⅷ-1:104 条(第一至三卷规定的适用)规定的效力,这一规则对于本条第(1)款(d)项意义上的受让人的合同上"授权"以及"关于所有权转让时间的协议"(第(1)款(e)项)直接适用。这样,交付对于让与人的债权人不会有效力。但是,受让人的受让人,可能会依据第Ⅱ-9:201 条(虚伪行为的效力)第(2)款受到保护。另外,在当事人欺诈的意图不能毫无疑问地确定时,有授权债权人视转让为无效的破产法规定,破产程序外也有类似的可适用的规则(保罗诉权以及类似的概念)。由于这些一般规定调整所有其他类型的给付的问题,对于有形动产的转让可以同样适用。在当事人不能拿出证明他们确实约定交付前转让的充分证据时,有效转让将无从认可。另外,还需要考虑这里讨论的当事人背叛他们债权人的风险现在是否严重。就消费者合同,瑞典立法者的答案是否定的,他们最近采纳了合意的进路。总的来说,这个风险还不能认为严重到需要改采强制性的交付制度的程度。

(3)非强制交付模式不能实现的第三个目的是,帮助遏制经济上处于困境的人重复处分同一财产的潜在诱惑。这种可能的功能主要防止有效的双重让与,但是也间接的妨碍(第二受让人或者担保取得人的)对于债务人的新的请求权的创设。

(d)针对受让人和受让人的债权人的对未获付款的让与人的保护

概说;比较法背景。基于保护获得依据相关的法律关系该得的对待给付的利益的目的,货物的让与人可以对货物采取行动的可能(比如,依据买卖合同货款的支付,或者合同解除时双方的给付均需返还时,价款的偿还)在某个阶段会丧失。这是与前面讨论的问题的对立问题。同样,这个问题不仅影响总是负有实施给付义务的受让人,而且影响受让人的一般债权人,他们在受让人破产时会受到影响。从比较法角度这个问题显然不如前面讨论的问题争议大。法律制度采取"统一"交付进路时,从这一出发点产生的结果是,让与人在交付前不丧失对于受让人的债权人的保护。另一方面,在合意模式下,有一种抵销从合意模式原则上产生的效果的明显倾向。至少在卖方保有对货物的物理控制时,未获付款的卖方常通过可以利用留置货物或者对货物的法定留置权或者其他同等作用的制度获得保护。有些合意制度走得更远,乃至于规定在交付后的一定期间内取回未获付款的货物的权利。另外,根据某些国家的法律制度(包括交付主义制度),卖方的保护还扩张到中止运输的权利。

选项和讨论。对此问题有四种进路:(1)第一个选项是,在双方当事人订立合同(或者作为让与基础其他法律关系的确立)时,停止保护让与人。即使在现今的欧洲合意主义制度之中,也没有国家采取这一选项。即使在对待给付显然不可得时,让与人也需要交付货物。这一方案不能算适当,因此不进一步讨论。(2)第二个选项是未获全部付款前保护让与人,或者至少在交付前保护受让人。这是主要遵行合意规则的国家现今采取的方案(但是,其中有些国家甚至给予进一步的保护)。(3)就第三个选项而言,出发点是在交付前保护让与人。但是,如果此前得到全额的付款,就没有需要保护的了。功能上该方案因此相当于上述第二选项。(4)最后,甚至于交付后还保护的方案,只要尚未付款。有很多具体贯彻这一进路的方式。比如,让与人有权在一定的时间限制内(如交付后8天之内)取回货物。不采纳取回权(比如要求实际返还货物),让与人可以获得优先受偿的权利。最强的保护是实际付款之前的优先受偿权或者甚至是取回权。后者意味着依法(*ex lege*)应该成立所有权保留,作为默认规则总是予以适用,除非当事人另有约定。但这种广泛的保护应该说走得过远了。先为给付通常意味着承担风险。货物的让与人和其他债权人一样可以基于担保而先为给付,此时担保设定相对简单,也就是约定所有权保留。就此一点,以对待其他债权人的同样的方式对待货物的卖方看起来更可取。另外,规定法定的所有权保留的规则与第九卷采取的原则不一致,该卷规定,如同其他形式的担保物权,所有权保留必须以约定为据。

所采纳的规则。第(1)和第(4)选项不合适,第(2)、(3)选项功能相当。由于本条第(1)款包含的规则可以称为统一的交付规则,针对于受让人的债权人而言让与人的保护也应该与此相称,也就是选项(3)所描述的看起来更为合适。就实质而言,就当事人自身以及事后负责评估的人而言,该规则有易于适用的优点。考虑到就受让人对抗让与人债权人的对应的问题所实现的结果,该方案给交易的双方当事人以及另一方当事人的债权人以平等保护。就寻求担保的先履行的任何一方将自担风险这一点来说,该方案进一步落实了平等对待原则。

由于本章所采纳的交付进路的非强制性,当事人约定交付前转让所有权时,让与人仍然受到合同法规定的拒绝履行的权利的保护(第Ⅲ-3:401条(拒绝履行对待给付义务的权利))。就此一情形,适用第Ⅷ-2:201条(所有权转让的效力)第(4)款,该款规定因为受让人未支付货款解除合同关系时的后果。

(e)处分权

概述;比较法背景。法律上处分财产的权利是所有权权能的另一个中心内容(参见第Ⅷ-1:202条(所有权))。这里所指财产的"处分"意指在有效转让财产或者在财产上设定物权。具体包括,所有权的转让、财产上担保物权的创设以及创设与财产使用有关的物权。在转让的情形下,问题在于在哪个时间点该"处分权"从让与人移转至受让人。当让与人在向特定的人转让的义务创设后,打算就同一标的为另一个人创设或者转让物权时,这个问题变得重要。此时的问题是让与人是否还能有效地实现这一交易。在受让人随后意图为他人处分财产,(让与人和受让人之间的)移转是否已经完成不是完全清楚,这个问题也需要考虑。对于多重处分(比如,二重买卖)和善意取得,谁可以有效处分财产的问题在实践中尤其相关。比较法的背景可以概述如下:在统一的制度中,处分权从属于所有权。也就是说,在交付制度中,处分权通常随着交付移转,合意制度中,当转让涉及特定物,处分权在合同订立时(或者特定于合同项下时)已经转移。有意思的是,遵循功能主义进路的北欧国家似乎很少讨论这个问题。理论上根据这一进路,完全不同于当事人选择的时间点,如受让人可以对抗让与人的债权人的时间,可能是决定性的。

交付进路的优点。在试图评估这一问题本身时,看起来可以确定两种情形下,交付规则比合意规则或者处分权可以在交付之前的付款时刻移转更可取。

第一种情形是,货物仍然在让与人的物理控制之下,受让人没有按照合同约定支付价款。让与人可以最终解除合同关系。此后,让与人通常会不得不将货物出售给新的买方,让与人就有必要处于可以授予这一新的买方完好所有权的地位。如果适用合意原则,处分权已经转移给受让人。而根据交付进路,处分权还是让与人的,因此货物可以立即出售。但是,如果合意模式下解除具有溯及的物权效力,也可以实现同样的效果。这是有可能的,但是与第二章所采取的立场有些不一致,第二章中解除通常没有溯及的物权效力(参见第Ⅷ-2:202条(自始无效、事后撤销、撤回、解除和撤销的法律后果)第(3)款)。而且可能带来另一个问题,即与此同时受让人授予善意第三人权利。除了交付规则,将处分权移转时间设成付款之时或者事后交付之时的规则,也可以适当处理第一种情形。

第二种情形是种类货物的卖方在交付之前觉察到已为买方选择的标的有瑕疵。交付规则会使处理这类案件很容易。卖方可以单方替换给付标的,同时又不会丧失对于第一次选择的货物的处分权。此外,在种类物未特定于合同项下时,对于将要生产的货物以及前面讨论的其他案件,合意规则无法适用。总而言之,交付规则就此似乎也比较可取。

(f)从第三人处恢复占有,对抗第三人的使用权以及相关权利

从第三人处取得或者恢复占有的权利。所有人的一个重要权利是,如果货物落入无权占有货物的人手中,他可以行使返还货物占有的物权性救济;参见第Ⅷ-6:101条(所有权保护)第(1)款规定"返还"货物的一般权利。在不同的场合可能需要考虑这个问题,比如货物在交付前已经从让与人的营业地被不法拿走,或者让与人遗失货物,他人发现遗失物,或者诸如已经租用或者借用货物第三人不交回货物。在评估这种权限是在合同订立时立即移转还是在交付完成之时才移转时,支持合意主义的观点会认为,让与人总是想让出货物的,因此可以"自然地"认为受让人可以向第三人要回货物。还有人主张,如果让与人不愿意或者不能行使这个权利时(由于生病或者不在,等等),受让人会有行使这种权利的利益。另一方面,可能有人会认为,实践中受让人行使返

还货物请求权的利益可能是有限的。受让人会承担诉讼程序中一切风险，即会耗费时间，会承担败诉的风险，可能不得不承担进一步的费用以及可能会面临不能就此费用从第三人处获得补偿的风险。实践中，在交付没有按约定完成时解除合同并就寻求替代货物而产生一切损失要求损害赔偿，可能对于受让人来说更容易。

此外，让与人可能有更好的途径证明货物何时从让与人控制的范围被盗或者遗失。根据具体的情况，也许让与人去发现货物实际在哪儿也更方便。还有一个支持交付模式（或者不如说反对合意模式）的更深刻的理由：如果只有受让人有要求返还货物的权利，让与人会失去在受让人未付款之时拒绝履行交付义务的权利。

总之，似乎更有理由支持交付模式。注意就二重让与的问题，在第Ⅷ－2:301条（多重让与）第(2)款第2句有特别的规定。

请求免受第三人以其他方式妨碍财产的行为的保护令的权利。当财产因侵占以外的方式受到妨碍时，第Ⅷ－6:101条（所有权的保护）规定了获得保护令的可能性，通过此令法院可以禁止未来的妨碍，下令终止现存的妨碍，或者下令消除过去妨碍的痕迹。在相当的程度上，对所有权这一方面的评估和前面的返还占有的评估是类似的。但是，由于不存在妨碍让与人拒绝履行的权利，结果可能更为开放。同样，可以认为如果让与人不想或者不能利用任何保护请求权，受让人有行使这个权利的利益。但是，如果只有受让人可以行使这种权利则是不合理的。在交付前，受让人可能都不知道妨碍在即或者已经发生，而让与人通常总是能够采取更为有效的步骤排除妨碍，而且经常是处于获得相关证据更为有利的地位。另外，让与人有义务按照合同约定或者其他条款交付货物，因此有防止损害的动力。否则，受让人可以退出合同，甚至可能因为预期的不履行而解除合同并要求损害赔偿。总之，就针对第三人给予这种保护的问题，交付模式令人满意，增加给予受让人要求这种保护的补充性权利的想法也是可以考虑的。

使用货物的权利。所有权的另一个权能是对物进行事实意义上的利用（开车，用相机拍照，允许他人使用标的物）。评估调整这一方面的"转让"的假定性规则是困难的，因为有各种各样的可以想象的不同利用形式，而且区分不同种类的货物的想法也是合适的，比如，除了特定物和种类物外，区分全新货物和二手货物。只要种类物的特定化没有发生，授予受让人使用的权利的问题自然无须考虑。而且，甚至是特定物的受让人已经获得了独占的使用权，但是在大多数情况下这个权利也不能在货物交付前行使。就此，可以说在货物交付前让与人保有使用权在大多数情形下更有效率。如果受让人在交付前已经取得了独占的使用权，那么可能问题是这个权利如何才能对抗第三方的妨碍。我们已经指出授予受让人可以对抗第三方妨碍的独占性权利似乎不是很明智。取决于具体的情况（比如：全新还是二手货物，使用的形式，正常使用时发生的变质或者毁坏的风险），关键在于，在交付前受让人可能有确保让与人杜绝使用货物的利益，而没有亲自使用货物的利益。这是很正常的想法，比如，购买新车时，新车的价值会在使用后有相当程度的降低。但是，由于这通常是让与人和受让人之间的事，不使用的条款的需要和范围可能各不相同,因此似乎将该内部问题留给具有必要的灵活性的合同法处理,外部关系(比如,寻求保护令的权利,或者要求返还不当得利的权利)由交付规则来处理的做法更可取。这与一些具体情形下的需要相一致。就货物在合同订立时仍有待生产的货物而言,可能在交付前有必要为检验的目的而使用这些货物。另外,如果合同关系因为未付款而在货物交付前解除,让与人应该有权为诸如展示的目的使用。这个问题与处分权讨论的内容基本上是类似的。当内国强制执行法规定可以通过扣押债务人财产强制执行时——但是对于货物却不是那么经常性地采取——甚至可能有一个一致性的理由:就货物使用权的解决方案应当与受让人可以对抗让与人的债权人的解决方案一致。

改变货物的权利以及"毁坏权"。基于一般的规则所有人有权对货物的实体施加影响;比如就像消耗货物那样,可以改变货物甚至毁坏货物。这个问题和"使用权"很近似,有时候这两个领域很难区分。在与让与的情形有关的讨论中,"毁坏权"问题当然颇带有一些学术性。就受让人而言,不论交付前还是交付后,显然不允许让与人毁坏为转让义务所及的货物。但是这个问题可以留给合同法。让与人在交付前毁坏货物会导致其承担不履行交付义务的责任。改变货物的权利也可以留给合同法。根据具体的情形,可以有禁止改变至少是禁止有害改变的合同约定,不履行这一义务可以要求损害赔偿。就此而言,选择交付还是合意的进路无关紧要。但是,支持交付进路的一个理由是,如果交付前发现所售货物(不论新旧)有瑕疵时,卖方至少有权对货物进行修理,这不应该在教条上等同于对受让人的物权的侵害。

收取孳息的权利。对所有人从货物中收取孳息的权利可以作类似评估。该权利有时很难合理地与"使用权"相区分(比如,依据租赁合同,货物给他人使用并挣得租金)。评估以类似的套路进行。就让与人和受让人的内部关系而言,问题应该留给合同法规定。就外部关系而言,比如申请保护令或者有权提起返还不当得利的请求,交付进路可以有用。

请求第三人损害赔偿的权利。在所有权的传统观念下,依据对财产的排他的权利,所有人不但拥有物权性救济而且也拥有债法上的一些权利。具体而言,对于不法损坏某一财产或者以其他方式造成与财产相关的损失的第三人,传统上所有人有权要求其赔偿损害。损失可能与物的实体有关(汽车在事故中毁坏,燃料被消耗),或者因为所有人不能使用货物而引起。合意观念的一个有争议的优点是:最后得到货物的人有权"从一开始"要求损害赔偿,因为诉讼程序可能拖得很久。但是这假定了尽管有损害,受让人依然有意得到货物,可能是货物唯一或者因为其他原因对受让人十分重要,损害没有严重到使让与人在交易中的利益落空。但是,在实践中受让人对就尚未得到的货物启动法律程序常无兴趣。诉诸合同上权利会更简单,即要求让与人给付,或者货物没有按照约定的质量提交时解除合同。交付原则可能常有这样的好处:货物的占有人会更有机会防止货物被损,如果损害发生,他也有更优的信息和证据对于引起损害的第三人启动诉讼程序。另外,持有货物的人更容易履行依据侵权损害赔偿责任的规则产生的减轻损害的义务。事实上,将损害减少到最低的义务只有针对能够采取这种步骤的人才有意义。最后,尽管风险的移转是不同的独立问题,交付模式可能更容易与买卖合同中风险移转的规则相配合,该规则也基于交付原则(参见第四卷第一编第五章)。尽管所有权仍在让与人,但是由于受让人已经承担风险,经济损失由受让人承担时,能够为此提供适当方案的侵权损害赔偿的规则也是这样。参见第Ⅷ－2:201条(所有权转让的效力)第(3)款(b)项以及对该条的评论 D。就不能使用货物而遭受的损失而言,防止或减轻损害的可能性以及证据的掌握类似的理由也适用。这个问题也很难与前面讨论的使用权和收益权这样的问题分开。

要求返还不当得利的权利。诉诸不当得利规定的救济是传统上与所有权相关的另一项权利。这一进路也为本示范规则第七卷规定的不当得利规则所采。依据第Ⅶ－3:102 条(不利)评论 B,应该是财产的"所有人"可以要求返还不当得利。不当得利法根据受保护的排他性的要素——防止侵害或者不当干预的授权——而调整。考虑到前面评论的分析,从这个关系角度也是应该支持适用交付主义进路。在试图确立独立的理由时(不再提及支持所有权其他"方面"方案的理由),大概可以这么说:对财产实施物理控制的人可能更容易防止第三人的无权使用和消耗,因此将法律保护的获得与这些能力相联系可能会更有效率。但是,这些不能被视为说服力很强的理由。有时候,即当第三人的得利和对货物的有形损害联系时,事实上让与人坚持合同上的权利可能更可取(正如损害赔偿请求权中讨论的)。就不当得利的救济而言,如果得利人(第三人)善意行事,受损害的人有不能获得全部补偿的风险;特别是,存在第Ⅶ－5:102 条(不可转让的利益)第(2)款规定的得利方"节省的利益"的限制和第Ⅶ－6:101 条(利益不存在)规定的利益不存在的抗辩。对合同另一方启动程序可能更容易而且风险更小。总之,就此而言选择交付模式似乎也是适当的解决方案。

(g)就付款规则的最后评价

概述。交付或者合同的订立(以及种类物的特定化)不是设计转让规则的仅有的选项。另一个可能的选项是以付款的时间作为决定性的转折点。比如,很多支持合意模式的理由事实上是基于保护预先付款的买方的目的,就此而言,该选项并非不合理。而且就让与人可以对抗受让人的债权人而言,价款的支付也是关键的方面。但是由于付款可以在交付前或者交付后,可以全额付款或者部分付款,因此有数种可以考虑的假设性选项。

付款后转让,甚至在交付之后。最极端的选项是,作为一般的(默认)规则,转让发生于价款完全支付之时——甚至是交付后发生的付款。就可能是最重要的一方面,也就是让与人可以对抗受让人的债权人这一点,该选项已经被拒斥。在其他方面看起来也不合适,比如,第三人从货款未付清的受让人的营业场所不法拿走货物,需要提出返还货物的主张的情形。

付款后转让,或者最晚在交付之时。更为合理的选项是,让所有权(或者其特定的方面)在交付之前的付款之时移转,或者付款未在此前作出,交付时移转。仍然还存在如何具体设计这一规则的若干选项。转让可以在全额付款,或者一定比例的付款或者任何付款之时发生。或者理论上,通过创设受让人对于货物的共有权,最后一步步变成其独立的所有权,权利可以按照付款的比例一步一步"移转"。后一种选项在某种意义上可能看起来"公平",但是在很多情形下不切实际,从管理的问题来说,比如,货物的利用(份额占优逐渐发生变化),对抗第三人,甚至是在最后没有支付全款时,如何了结交易的问题等。确定所有权全部移转的一定的付款比例可能会好些,但是总是有一定的随意性。事实上,在确立第二章的基本规则之时,有一个想法事实上得到了不少的支持,即在货物买卖合同中,买方同意在交付之前付款或者部分付款,当事人习惯于让所有权在付款(包括部分付款)移转,除非表明当事人另有安排。这将意味着所有权至少部分付款时移转。但是这一进路为研究小组协调委员会多数成员所反对,他们批准了第二章所采取的以交付为基础的想法。最重要的理由和前面合意规则作为受让人可以对抗让与人的债权人问题的可能方案讨论过的类似。先履行一般意味着风险的承担;平等对待债权人的原则应该优先。就所有权的其他"方面"而言,也就是让与人可以对抗受让人的债权人以及某种程度上处分权的这些方面,这一类型的付款规则似乎是适当的,但是不比以交付为基础的模式更适当。但是涉及针对第三人的保护时(返还请求权,请求赔偿的权利等),如果让与人的债务没有按要求履行,像物理控制和受让人解除合同的选择这类标准通常是重要的。概言之,从交付原则出发更为可取。另外,可以提出这样的看法,即付款规则是欧盟竞技场上的新观点,可能欠缺可接受性。但是,在评估过程中这一点没有起多大作用。

(h)没有消费者特别保护的理由

概述。有没有需要考虑的消费者保护的特殊问题?如果有,这既可以成为确定一般的转让规则的附加理由,或者涉及消费者的交易的特殊转让规则可能被采纳。但是,第二个选择(消费者的特殊转移规则)在本章整个讨论中从未得到过多少支持。没有足够的理由将涉及消费者的转让作为与其他转让不同的转让,这看来有共识,或者至少是绝对多数的看法。另一方面消费者保护的理由在讨论一般转让模式时提出过。它们通常指向支持合意模式。但是,这个观点没有得到多数人支持。

消费者可以为任一方当事人。需要考虑的一个方面是,消费者可以处于组合的任何一方。他们可以是受让人(更为常见的情形)或者是让与人(比如,将二手车卖给汽车商,或者另一个消费者)。消费者经常会是让与人的普通债权人中的一位,比如,向后来破产的远程销售商定了种类物的消费者(意味深长的是,这个时候消费者经常发现他们是"卖方这一边的")。选择一般转让模式的讨论涉及贯彻消费者保护的政策时,这使想要说清哪个具体的路径是符合消费者保护利益很难。

合意规则与消费者保护。与这里的提议不同,如果确定了通过物权法保护消费者应该是主要的政策,问题出现在,分别通过选择合意模式或者付款规则,这个政策在多大程度上会被有效贯彻。我们可以考虑一下,特别是在远程销售或者购买新车一类的情形,此时通常会要求消费者(部分)预付货款。这种交易通常是种类物合同(汽车的情形,有时甚至还没有存在),正如前所述,合意进路不能再在物特定化之前给受让人提供保护。例如远程销售中,选择合意模式比起以交付为基础的转让模式来说,作为消费者的买方是否就处于更有利的境地是有疑问的。显然选择合意(或付款)规则会在整体上对于买方(包括消费者买家)有利。但是在消费者保护方面增加的分量还不能足以胜过(本章)选择的制度的优点。

D. 独立物权协议要件概论

(a)概述

概述;"物权协议"的概念。另一个基本问题是,是否采纳所谓的"物权协议"的概念。这一概念的基本观点是:单纯的转让义务或者针对让与人转让的授权的存在,不足以使转让生效。这一阶段,只存在让与人一方的实施转让的义务,以及受让人一方要求实施这一转让的权利。物权协议的概念意味着,不考虑(或者加上)这第一个要件,当事人必须订立一个独立的合同,其内容是实际处分物权的协议,即转让所有权及取得所有权的协议。这个(第二个)合同是"物权协议"。

如本条注释更详细反映的,有一些大陆法系的制度——通常是采取交付模式的法律制度——承认物权协议的概念,要么是通过法定的让与规则条文自身,要么更经常的是通过法院的实践和法律学说承认。在合同自身有物权效力的制度中,如法国的传统,这个概念是没有必要的。这在普通法系和北欧国家也是陌生的,它们一般认为这个概念是多余的。就这里的示范规则而言,选择取决于这种解释性工具是否能够实现证立采纳该规则的充分的实践中的优点。

以下论证将说明没有必要采纳物权协议。因此,本条所规定的基本让与规则对此问题保持沉默。

物权协议概念进一步说明。在那些采纳物权协议概念的法律制度中,就动产转让很少明确地订立物权协议。一般都是推定当事人通过行为默示订立的合同。假定独立的物权协议的存在因此多少有些属于想象,或者至少不自然以及远离日常生活。另一个问题,当然与物权协议的这一"无形性"的性质有关,就是这种协议是否应该被视为订立并非不言而喻。大多数国家的传统观点(如果这个问题在某种程度上讨论过)似乎是物权协议在交付时成立。另一方面,至少有一个国家(奥地利)现代的进路是,当行为基础是合同时,假定物权协议是合同订立时成立的。如果决定采取物权协议的进路,这些问题有必要澄清。

概念不是必需的。物权协议的概念在逻辑上并非不可或缺。转让的基础性授权不需要一个额外的合同来发生物权法上的效力;只要具体的要件得到了满足,不如说所有权转让的效力可以仅因为法律的规定而发生。这一进路基于本章的目的而被遵循。在让与的基础是合同时,通过解释当事人订立合同时的意思表示和行为一般也可以达到相同结果。比如,在买卖合同中同意出卖货物的人,除了允诺转让所有权外(也就是除了创设义务的承诺外),通常也对整个交易的履行结果表示同意(即特别是所有权转让给买方)。同样,受让人也至少默示同意成为所有人。

(b)物权协议概念可能具有的实践中的优点

防止未经合意的所有权转让。物权协议概念可能服务的一个假设性的目的是:确保让与不会在无当事人合意时发生。事实上这与这些示范规则的与宪法原则和当事人自治的一般原则相符的基本政策相一致。甚至在可以作为让与基础的合同已经订立时(比如买卖合同),受让人也不能单方面从买方的场所拿走货物从而引起所有权的转让。如果要求物权协议作为让与的一个独立的要件且认为物权协议只有交付之时才能订立,这种概念可以避免这种情形下所有权转让。但是依据这里所采纳的交付模式,要达到这一结果不需要一个物权协议的概念。根据本条第(1)款(e)项,转让要么要求"就所有权转让时间的协议",这样双方当事人必须同意转让生效且必须满足该协议中规定的条件,要么要求实施"交付或者等同交付行为"。交付或者所谓的等同交付行为在没有让与人的自愿行为时不能发生。技术上这一效果通过第Ⅷ－2:104条(交付)要求"让与人交出且受让人取得占有"来实现。同样的原则也适用于第Ⅷ－2:105条(等同交付行为)第(3)款调整的情形,即交出了能让受让人取得占有的手段(如保管箱的钥匙),以及第(4)款的情形,即转让了代表货物的单据。第Ⅷ－2:105条(等同交付行为)第(2)款也要求一项让与人实施的自愿行为,即通知对货物实施物理控制的第三人。最后,第Ⅷ－2:105条(等同交付行为)第(1)款的情形下,货物已经为受让人占有时,通过要求让与必须"基于或者归于"转让所有权的授权(参见本条第(2)款),实现了这一效果。因此,就此一方面不需要物权协议的概念。

保留所有权的技术解释。在采纳物权协议概念的那些法律制度中,所有权保留通常是通过订立以价款的全部支付为条件的物权协议来实现的。相应地,这一技术功能传统上被定位为物权协议概念的优点之一。但是,比较法的视角表明,没有采纳物权协议概念的法律制度也能成功采用所有权保留的手段。本示范规则下,关于担保物权的第九卷规定了有效创设所有权保留的自身的要件。为此目的不需要在这里的第八卷引入物权协议的概念。

单方实施所有权保留的可能性。如果采纳了物权协议的概念且认为物权协议在交付时订立,让与人可以通过这个概念单方引起"所有权保留",不需要在订立基础合同时就此和受让人预先达成协议。技术上操作如下:在交付时,如合同原来所设想的,受让人会(至少默示地)表示接受所有权转让;如果现在让与人(明确地)表示所有权转让以全部付款为停止条件,就物权协议而言就会存在不合意,这样就不发生所有权转让(因为所有权转让需要一个有效的物权协议)。这一效果与自始约定(但此处没有)的所有权保留手段的情形功能上相当。取决于其欲实现的政策,这可能被视为一个优点,而且可以作为支持这种物权协议概念的一个理由。但是这里不认可这个政策。付款的形式以及担保的措施应该在这方面的合同订立时确定,这是双方当事人计算他们交易中的风险和利益的时刻。特别是打开单方面强加与物权担保的类似措施的进路与关于担保物权第九卷的根本政策不一,该编要求担保物权以及所有权保留的措施应以“物权性担保合同”为据（参见第Ⅸ－1:101 条（一般规定）第（1）款；该条第（2）款（b）项规定通过单方法律行为创设担保物权的可能性，涉及的是担保提供人实施的法律行为，而不是受担保的债权人的法律行为）。因此，就此目的也不需要物权协议的概念。

此外需要补充的是，理论上即使作出了交付，让与人可能因为其他与担保付款完全无关的理由，甚至在根本没有合法的理由存在时，通过在交付作出之时明确拒绝同意转让，而避免有效地转让。但是在那些采纳了物权协议概念的法律制度中，这没有引起明显的实践问题，受让人可以既拒绝付款又可以通过司法程序强制执行让所有权转让的权利。但是应该注意如果这种认为物权协议是交付之时订立的，物权协议至少有给予让与人及让与人的债权人不适当的过度保护的潜在风险。另一方面，如果认为物权协议是与基础合同同时订立，从那一时刻起，物权协议应该具有拘束力，因此事后的意思表示，即使明确表达出来，也不能盖过其有效性和效力。

在不是准备同时履行时，价款支付的担保。依据合同或者其他法律关系，将对待给付安排在同时履行，但受让人拒绝或者未能履行时，也没有物权协议概念真正的实践需要。在此情形下，让与人依据第Ⅲ－3:401 条（拒绝履行对待给付义务的权利）的一般规则可以拒绝交付。允许让与人交付货物同时通过拒绝订立物权协议来保留所有权的做法不可取。详见上面的分析。

具体的情形：当转让所有权的授权发生时，货物已为让与人占有（特别是：解除合同后的再次转让）。在转让货物的债权发生时，受让人已经占有货物，上面提到的拒绝履行的一般权利可能会没有效果。这就是第Ⅷ－2:105 条（等同交付行为）第（1）款规定的情形：经典的简易交付（*traditio brevi manu*）。在让与基础是合同时，这可能不是问题，因为让与人仍有机会通过将适当的条款纳入合同的方式来维护获得价款支付的利益，例如，约定保留所有权。但是，转让货物的权利不是依据（双务）合同的订立，而是依据法律的规定产生时，让与人的利益是否得到充分保护并非不言自明。主要的实际例子似乎是，作为货物所有权已经移转给受让人的合同关系解除后，发生的是再转让所有权的授权。为避免转让和再转让一类的术语的混乱，下面的讨论将使用“卖方”和“买方”的术语，货物买卖合同显然是主要的例子。下面的讨论将根据解除和当事人行使解除权的原因区分两种主要的情形。在两种情形下，通过在对待给付提出前或得到确保前不订立物权协议的方式，物权协议的概念可以保护买方（再让与人）不被剥夺所有权的利益——或者，功能上，在剩余对待给付部分提出前，拒绝履行的可能性不被剥夺的利益。

（1）第一类包括的情形是：在货物已经交付且所有权已经移转给买方后，合同关系因为未付款而解除。这里的解除是让与人实施的。

示例 4

汽车销售商 S 将汽车在没有约定所有权保留的情形下赊给买方 B。汽车交付给 B 且所有权转让给 B。一段时间后，未能支付约定的分期付款的 B 将汽车交给 S 售后检修。汽车在 S 的修理厂时,S以未付款为由解除了合同关系。依据第Ⅲ－3:510条(返还因给付所得利益)合同的解除引起了从B到S的再转让所有权的义务。由于汽车已经为S占有,第Ⅷ－2:105条(等同交付行为)一般会导致向S的即时的再转让。

如果B到目前为止对S还没有支付任何款项,那不会有任何问题。S无须返还任何东西给B,B没有也不需要任何拒绝给付的权利。但是,B已经部分支付价款时对B会有某种不利。汽车的所有权立即发生再移转,而且由于汽车已经为S所占有,B不能为了就获得(部分支付)价款的返还实施某种压力而拒绝汽车的再交付。如果认为在这种情形下有保护B的某种实际的需要,那就应当讨论物权协议的概念是否是提供这种保护的一种适当途径。但是,从利益平衡的角度以及对解除合同的规则更仔细的考虑,B似乎不值得给予较多的外保护。第一,由于B没有继续分期付款同时又将汽车返还给S,因此造成了这一风险。第二,因付款迟延而解除合同时,除非迟延构成根本不履行(第Ⅲ－3:502条(因根本不履行而解除)),债权人S必须作出规定了合理期限的宽限期通知(第Ⅲ－3:503条(规定了履行宽限期通知后的解除))。相应地,B预先受到了潜在的再转让警告。知道了有解除的可能,B仍然有机会作出回应(要么是付款,要么是取回汽车以确保迄今已支付价款的将来的返还请求权)。因此,在这种情形下,物权协议概念的实际需要通常颇为有限。需要补充的是,在物权协议的观念下,即使全部价款被立即返还,买方也可以通过明确拒绝订立物权协议——暂时地——避免再移转。

如果买方基于正当理由认定汽车交付有瑕疵,但为了使事实得到澄清,将车子交还给卖方时,我们不能指责买方停止付款。实践中,卖方在这种情形下通常也不想解除合同关系,但是如果存在瑕疵的争议仍然没有得到解决的话,这一点可能会有变化。在这种情形下,如果买方仍然将车留给卖方实施额外的检测或者修理时,有可能需要解释这是否可以解释为有此默示条款:当卖方占有汽车影响到了那些当初将车交给卖方所要达到的利益之外的其他利益时,汽车应该返还给买方。在解除合同时,买方有为了确保已经部分支付价款返还的权利而取回汽车的利益(而将汽车交给卖方的最初利益是获得符合合同的给付)。那么,可以说,卖方返还汽车给买方的义务压过了卖方在解除合同时获得货物再转让的权利。技术上,只要部分支付的价款没有还给买方,卖方这个第Ⅷ－2:105条(等同交付行为)第(1)款意义上的保留占有不可“归于”的卖方再转让所有权的授权(参见本条第(2)款),据此该案可以得到解决。同样,为了达到适当的效果,物权协议似乎也非必需。

(2)第二类情形是:由于货物在存在根本性的瑕疵的状态下交付,买方解除合同关系,参见第Ⅲ－3:502条(因根本不履行解除合同)。

示例5

S将货物出售并交付给B。所有权已经移转。B已经支付了价款。一段时间后,发生了等同于与买卖合同根本不符的瑕疵。B将汽车交还给S的修理厂并首先要求修理。由于S没有能够在合理的时间成功修复瑕疵,B 解除了合同关系。由于汽车已经在 S 占有之中,如果按照第Ⅷ－2:105 条(等同交付行为)第(1)款的字面含义去适用该规则,这意味着立即发生 S 所有权的再移转。这样 B 就没有可能在价款返还前继续保有汽车。

显然汽车在卖方占有时,买方最后通过行使解除权导致了这一情形下潜在的风险。但是,由于问题的基本的根源是卖方没有能适当履行合同义务,所以保护买方免予丧失担保仍属可取。所有权除非得到买方的同意否则不能从买方转移至卖方处,物权协议的概念在此范围内可能会有所帮助。这一解决方案会起作用,但是仍然需要一定程度上的解释的努力,尤其是将物权协议发生时间解释为所付价款返还之时这一较迟的时间。

另一解决问题的方案可以是,如果买方在如示例 5 的情形下发出这一通知,以下述方式解释解除的通知:其意图产生将(只)会同时履行的不当得利的返还义务。这种同时履行是第Ⅲ－3:510 条(返还因履行而得之利益)第(1)款下的基本观念,该款称,在解除后,双方当事人都有义务返还,这一义务是互换的。同样在技术上,只要价款没有返还给买方,卖方基于第Ⅷ－2:105 条(等同交付行为)第(1)款意义上的占有的保留不可"归于"卖方再转让所有权的授权(参见本条第(2)款)。物权协议的必要性也不存在。

对交付时欠缺行为能力的让与人的保护。物权协议被作为合同看待,需要当事人具有法律上的行为能力。因此,这样可以保护一定情形下无行为能力的让与人(比如,未成年或者智障)。第一个例子是,让与人在交付时欠缺能力,但是交付前已经订立了有效的合同,因为那个时候让与人不欠缺行为能力,或者依据所适用的规定,合同是无行为能力人的法定代理人订立或者得到了其追认。这里,只有在认为物权协议是交付时订立(或者维持到该时刻)时,物权协议才会产生保护性的效果。另一种情形是,转让所有权的授权依据法律规定发生,而实施交付时转让人欠缺行为能力。在以上场合,无行为能力的让与人,事实上能够主张第Ⅲ－3:401 条(拒绝履行对待给付义务的权利)的拒绝履行的权利,却不主张而交付标的的风险。无行为能力人不知道这种拒绝履行的权利或者没有足够的智力对当时的情形作出评估。作为物权协议的要件的效果会是,此时(依据本国法可能的规定)需要无行为能力人的法定代理人,同意该转让(认可该物权协议),这样就可以对受让人破产的风险加以评估。

物权协议此时也确实会有些某种实际利益,即使仅限于在比较例外的情形中。但是,这一优点还没有大到足以支持采纳物权协议的概念为一般的转让要件。理由之一当然是该优点的有限的适用范围,另一个理由是,如前所述,由于拒绝签订物权协议的可能,不仅限与发生在另一方当事人没有付款之时,物权协议可能会过度保护让与人。最后,由于没有评估得不到对待给付的风险能力,而实施给付的风险,这不仅是打算转让货物所有权时才产生的物权法的特殊问题。这是关于债务和对应权利的法律的一般问题,也许应该在一般的规定中加以解决。

在让与人破产时,扩张让与人的债权人的撤销转让的权利。欧盟各国国内的破产法,以及经常也适用于破产以外情形的规则,授予债权人在特定情形下对转让的撤销权,比如,转让是无偿的而且发生在破产程序开始前的一段时间之内,或者交易的目的就是损害债权人(所谓的保罗诉权(*actio Pauliana*)或者类似的概念)。这些规则通常会有适用的时间限制,物权协议的概念的存在,可能产生如下效果:由于时间限制之外订立的,原本不可撤销的进行中的买卖或者赠与,现在可以撤销物权协议。这可以视为物权协议概念的另一个优点。但是,以此为由采纳物权协议的概念却是不适当的。应该由破产法确定何时,在什么时间之内交易应该被撤销。至少有些国家的破产法认可这类规则也可以适用于这种事实行为(如交付)。

作为落实"无因原则"的技术手段。最后,如果决定采取"无因"的转让制度,那么可以有很充分的理由采纳物权协议的概念,无因的转让制度认为,即使转让所有权的基础授权实际上无效,所有权也会移转。但是,不能赞同"无因"转让的规则(参见下文评论E)。因此,这一潜在的理由不能成立。

(c)结论

不需要物权协议概念。从以上评论中分析来看,在本示范规则的框架下几乎不存在任何需要物权协议概念的实际需要。在某种程度上这一概念显然有过度保护的效果。因此,不采纳该概念。

E."有因"和"无因"转让制度概论

(a)概述

概述;"有因"和"无因"转让的概念。本部分评论涉及对不同转让制度进行分类时的另一个基本的划分:有因和无因的对立。依据"有因"进路,有效转让需以有效的转让的债务为基础,或者,从受让人角度看,必须以转让的授权为据。用本条第(1)款(d)项的措辞就是,受让人必须"依据合同或者其他法律行为、法院的命令或者法律的规定的效力的授权,对让与人有权要求转让所有权"。"无因"的转让制度不要求这种"转让的授权"。除了其他要件外(比如让与人的处分权或者处分权限,以及交付等),转让只需要前面讨论意义上的有效物权协议。结果是,当基础合同无效或者被撤销,只要物权协议有效,所有权还是发生移转。但是,利用无因转让规则的法律制度,此时,规定了一项再转让所有权的义务。因为,两种进路的实际区别主要发生在,货物已经交付且合同后来基于错误、欺诈、强制或者胁迫被撤销的情形,争议的问题可以部分描述为,交付后针对受让人的债权人而言的对让与人的保护。在更宽泛的意义上来说,争议不仅限于合同无效的情形,而是可以扩展至通过如解除或者撤回的其他手段终结合同关系时,这些手段是否应该有(相当于"有因"转让规则效力)物权性的溯及效力。这些问题在联系第Ⅷ-2:202条(自始无效、事后撤销,取消、解除和撤销的效力)时讨论。此处主要焦点是可撤销时的问题。有因/无因两分起作用的另一个冲突是,转让人和从受让人处可能或者实际取得的人之间的冲突。下面进一步讨论这一点。

德国法适用无因原则，以德国法为榜样，希腊和爱沙尼亚也适用。其他欧盟国家可以说适用的是有因转让的模式，尽管所有的这些国家的法律制度中没有将这个问题视作特别的议题。细节在注释中深入说明。

假设性的替代概念。理论上，解决方案并不是只存在有因或无因这两种可能的模式。比如，可以设问，在具体的情形下哪种模式似乎最为适当，是有溯及力的物权效力（所有权视为从未由转让人转移至受让人），或者是仅仅创设了一个“再次转让的授权”（只有在交付时才发生效力或者是本条第（1）款（e）项规定另一个例子），还是无溯及力的、依法“自动地”再次转让。根据可能的标准会产生不同的方案：撤销合同效力依据的规定是什么？规定背后政策依据是什么（公共秩序还是保护一方当事人）？撤销合同效力相应依据的严重性（比如，欺诈或者胁迫可能比简单的错误更为严重）？或者，是让与人还是受让人引起了可撤销的原因？这一方或者那一方当事人或者当事人的债权人可能从溯及的物权效力中获益，这看起来是否正当？就像“功能主义进路”一样，通过衡量相关的利益，而后得出结论，这是个多层面的问题。在形成本章的过程中，对这一系列选项进行了相应的讨论。但是，结果明显是倾向于采纳简单明确的规则，第二卷第七章意义上的一切可撤销的情形规定有溯及的物权效力，而在撤回或者撤销赠与时，仅引起再转让的义务。支持这一简单方案的主要理由是有助于明晰和法律的确定性。

采取的规则：有因的转让。基于以下评论（b）所考虑的理由，采纳有因的进路。这一规则体现在本条第（1）款（d）项。第（2）款也涉及同样的原则。该原则在第Ⅷ-2:202 条（自始无效、事后撤销，取消、解除和撤销的效力）进一步予以澄清。

（b）评估

对交易的保护：A～C 冲突。无因原则的政策依据一般认为是保护交易。受让人的可能的购买人（为以下讨论方便，称为第三人 C）无须调查让与人（A）和受让人（B）之间基础合同的效力，一般认为这种调查会带来困难。就 A、B 间的合同自始无效或者溯及无效而言，此处所涉及的问题也潜在的包含于第三章善意取得的规则之中。这些规则已经就保护一般意义上的交易（保护 C）和原所有人的利益采取了折中的立场。因此，现在的问题是，为什么，也就是基于什么特殊的政策性理由，在对冲突进行调整的一般规则（即善意取得的规则）之外，有必要就同类的冲突作不同规定？而且，作为原则问题，在冲突发生之处解决冲突似乎更为可取，也就是在 A～C 关系中（即以善意取得的规则解决），而不是在 A～B 关系之中解决（以无因原则来处理就是这样的）。第三章是精确说明 C 善意取得要件的所在。此外，善意取得规则可以决定是否采纳次买方（C）看起来更值得保护的额外要件，比如要求 B～C 之间拟进行的转让应当支付对价。

只有善意的 C 才值得保护。尤其是，只有第三取得人（C）在善意行事时才值得保护。依据第三章善意取得的规定，这是不可或缺的要件。而根据无因原则，即使 C 事实上知道 A 和 B 之间的合同无效，C 也可以取得所有权（没有再转让的义务）。这似乎是不适当地对 C 的过度保护或者是对一般交易的过度保护。

让与人(A)和受让人(B)的债权人之间的冲突。遵循无因原则的法律制度没有规定在基础的“转让的授权”(A 和 B 之间的合同)无效时,受让人永久保有所有权。相反,受让人 B 有义务依据不当得利的法律将所有权再转让给原所有人 A。因此有因和无因的区别主要发生在:将货物再转让给 A 之前 B 破产之时。换句话说,冲突可以描述为让与人(A)和受让人(B)的普通债权人之间的冲突。因为可撤销的情形根源于影响合同效力的具体瑕疵,所以适当的政策是,受让人的债权人的地位与其债务人的地位应当相同。有因进路与这个政策一致。履行还是“解除”双务法律关系下的有待履行的双方间的债务的选择权,显然只存在于合同之中,而不适用于再转让。

公示。由于依据无因原则,合同的撤销仅产生再转让的义务,而受让人暂时(通常直到交付前)还是所有人,这个进路显然比有因的进路更符合公示的观念,后者所有权溯及地回到让与人。这可以说支持了无因的让与的进路。但是,如前所述,我们认为公示在本章总体上不起重要作用。因此,这个理由就目前的语境而言也没有多大的分量。

由于物权协议无效给无因政策带来的困难。物权协议——传统上被用来作为落实无因原则的核心的技术手段——被看成一个合同,因而适用合同法的一般规则。如果本章也采取这一概念,依据第Ⅷ－1:104 条(第一卷至第三卷的适用)的一般规定,也有这个结论。结果是,物权协议也受到第二卷第七章关于无效规定的调整。特别是,关于因错误而撤销的一般规则(第Ⅱ－7:201 条(错误))也会适用于物权协议。这就会给那些采取无因规则的法律制度带来一个众所周知的问题:尽管设想物权协议的效力独立于转让所有权的授权的效力,然而物权何以恰恰会因与基础合同同样的理由可撤销。如果物权协议也被撤销,转让必然也不成功。显然这种双重撤销破坏了无因规则所追求的政策的根基。同样显而易见的是,如何仔细设计可撤销的相关规则的问题,在此有重要的地位。第Ⅱ－7:201 条(错误)可能在较宽泛的范围导致双重撤销。规则有意对错误的类型不予以区分。规则对事实错误和法律错误同样适用(参见该条评论 H)。例如,由于另一方的原因,二手车的买主错误地以为,这个车从来没有发生过事故,也从未进行过大修,而这些在买卖合同订立之前明确告知买方是十分重要的,如果买方有权以此为由撤销买卖合同,那么买方也极有可能可以基于同样的理由撤销物权协议。倘若她知道汽车的真正品质,她就不会订立这个物权协议。取决于具体的情形,也可以认为,因为一方当事人误信基础合同有效,所以物权协议也可以撤销。下述情形可能就是如此:另一方当事人导致了(就基础合同的效力有效性)这一错误,而且双方犯了同样的错误;参见第Ⅱ－7:201 条(错误)第(1)款(b)项。在这一法律环境下,无因原则极有可能无法有效发挥作用。这是另一个,而且也许是一个本示范规则不采取这一原则的决定性的原因。

F. 就当事人自治的最终评论

相当重要。自由或者当事人自治是这些示范规则的基本原则。就本章的所有权转让而言起到相当重要的作用。本条基本规则确立的框架是强行法的同时,就当事人在该框架下对其转让进行设计也留有了很大的余地。参见本条第(1)款(e)项,在符合诸如通用货物的特定性之类的要求的前提下,该条认可当事人对移转的任何时间和条件进行约定。但是,即使就这一关于特定性的一般要求而言,当事人仍然有大量的协商余地,因为即使转让人拥有同样货物库存,就履行标的的描述越具体,常会但不总是会使更早的移转成为可能。而且就将来的货物也可以在交付前移转,当事人可以约定货物生产完成之时,即发生移转。

当事人的协议间接影响第三人。依据这些规则当事人在交付前完成全面的移转。由于这种移转对于他人并非"可见",有人认为这种移转不具有对抗第三人的效力。但是,就此并无任何特殊之处。尤其是,合意移转的替代模式在此方面不会有实质的不同。就某些情形而言,如果认为第三人应该能够信赖某种外观,善意取得规则可以提供一定的保护。

G. 关于功能主义进路对照于统一基础进路模式的最终评论

统一性的出发点,但是不像假设的可能那么大,有一些例外。负责起草第八卷的工作小组试图运用功能主义进路作为工作方法。这肯定在很多情形下是有帮助的。这也有利于将来进一步地讨论物权法的问题。但是,很显然,在面对以功能主义进路模式起草的法律条文时,很多欧盟法律人会面临困难。

就内容而言,是合意主义进路还是非强制性的交付主义进路在不同情形下看起来更可取,分析表明,在所有的被检视的情形中,后者看起来更可取,或者至少同样有效。就"有因"或者"抽象"——或者一种更为细分的——移转模式,支持适用范围广、简单且明确的规则占大多数。基于以上全部,小组更倾向以统一的交付模式来起草第二章的规则,通过设定第Ⅷ－1:202条(所有权)定义的所有权转让的要件,所有权转让发生于本章规则定义的某一特定时刻。据此,第Ⅷ－2:201条(所有权转让的效力)条包含了一系列说明,与所有权的定义相联系,这些说明澄清了什么与所有权转让有关,与什么无关。另外,策略是准备接受看起来是适当的对于统一性的基本进路的例外。后者诸如,第Ⅷ－2:201条(所有权转让的效力)第(4)款,第Ⅷ－2:301条(多重让与)第(3)款,第Ⅷ－2:307条(所有权保留下受让人的期待权)。在合同解除时物已经为前让与人占有时,所有权再移转的处理方式也属于这里应该提及的例外,尽管正式规定例外的规则没有必要,因为可以通过解释处理这个问题。

这一起草风格的主要理由。如果一事一论的方式取向有很大的不同,当然就不可能以统一性为中心的起草风格来确立这些规则。但是,前面评论的分析使这种做法成为可能。然后就是如何组织和呈现这些条款的方式和其他因素。一些国家尤其是北欧国家的代表倾向于以简单、直白的语言来独立得描述每一个问题,他们认为,这样会使普通的民众和普通的法律人易于掌握。这样就应该有一个规则规定,只要是特定物,依据货物买卖合同,在特定的条件下(比如,本条第(1)款列举的那些条件),买方有权在卖方破产时主张取回权。对于种类物(可能规定在何种条件下特定)应该有另外一个规则,可能还有一个关于将要生产的货物的规则——所有的关于卖方破产时保护卖方债权人问题的规则。针对买卖以外的合同、基于单方法律行为、法律的规定(不同法律规定可能会有不同的解决方案)或者法院的命令发生的一卷,可能需要就同样的问题作相应规定。那么,其他冲突情形也必须单独规定,例如,如果合同约定的款项未支付,卖方留置货物的条件,基于其他法律上的原因的移转时同样问题,等等。然后,就必须对处分权、使用权和保护免受第三人的侵害等有规定。

既然这些示范规则只在说明对于很大范围的财产关系的解决方案,许多方面涉及物权法的内容,这些"简单直白"规则的数量将会很可观。遵循功能主义进路的北欧法律制度设法在不需要庞大数量的单独规则前提下解决问题。他们能做到这一点,只是因为他们的制定法对很多问题未做规定。在他们的法律传统中,这样做没有带来大问题和不确定性,很奏效。法院的实践和法学学者代为解决。然而,本示范规则总体上遵循法典化式的进路。与如不当得利法、侵权损害赔偿责任、买卖法和担保物权其他部分内容相兼容,这被认为是最重要的。但是,就关于动产的"所有权转让",没有一套一套以法典化为取向,采取功能主义进路为基础的一套规则的范本。这样的项目中可以作出形成这样的规则的尝试,但是也许很多人会认为这样做风险太大。阅读以"所有权转让"为术语而起草的规则,斯堪的纳维亚国家的法律人在理解上肯定有困难。另一方面,如果只是对"主要情形"有一套规则,欧洲大陆的法律人就剩下的法律漏洞会感到不安全;而且如果有许多(如同前文所暗示的)独立的具体规则,那么人们也难以就个案的具体问题确定合适的规则。因为法律文化有所不同。这里尝试在最大的限度内个别分析具体问题,但尽可能以统一的方式规定相应的后果。这样是为了确保稳定性、可操作性和可预见性。

从诸如不当得利等其他部分的示范法立场来看,选择统一性为基础的模式似乎也更可取。

H. 基本规则详论

概说。本条包含了关于所有权传来取得的基本要件。其体现的政策性考量和概念上进路在前文评论中作了说明。后面的许多规定与本条确立的规则的某一项相关并对相关的规则作了更具体的规定。

要使所有权发生移转,Ⅷ. -2:101第(1)款到第(3)款的规定必须同时满足。在第(1)款(c)项的条件不具备时,可以发生第三章规定的善意取得,只要具备其规定的其他要件即可。

当事人:让与人和受让人,所有人。本条以及本章的其他条款,称交易的一方为"让与人",另一方为"受让人"。显然,受让人是通过转让取得所有权的人。让与人可以是但不必然是财产的所有人。让与人可以不是所有人,但是经授权有权以自己的名义处分该财产。该授权可以来自所有人或者法律的规定。此时,让与人所实施的行为会影响所有人的权利:所有权会直接从让与人处转移至受让人(取得人)。但是本条第(1)款(d)项意义上的受让人就所有权转让的授权所依据的法律关系,只存在于让与人和受让人之间。

第二卷第六章意义上的代理人代理让与人或者受让人时,本章意义上的当事人仍然是相应地是让与人和受让人(参见第Ⅱ－6:105条(代理人的行为何时影响本人的法律地位))。就第三章关于善意取得的规定而言,没有转让所有权权利或者权限的人,打算这么做的时候也被视为"让与人",参见第Ⅷ－3:101条(通过没有转让所有权的权利或者权限的人取得所有权)第(1)款及对该规则的评论。

(a)货物必须存在(第(1)款(a)项)

概述。本条第(1)款规定所有权只有在货物存在时才能移转。如果货物还不存在或者不复存在,则不符合该要件。该规则不阻止转让所需要的特定行为的预先实施,比如,提前订立一方承诺转让的合同。对于请求履行债务的权利的让与(参见第Ⅲ－5:104条(基本要件))第(1)款(a)项)和担保物权的创设(参见第Ⅸ－2:102条(创设担保权利的一般要件)(a)项)也有类似规定。

当事人约定的某种灵活性。就将来生产出来的货物而言存在一定程度的灵活性,由当事人自行定义他们所认为的将要转让的"货物"。比如,如果他们约定船在造完一半时(实践中会定义地更为精确)所有权发生移转,那么造完一半的船舶就满足了本条意义上"货物存在"的要求。当事人无须等到船完全建成之时。另外,他们可以约定从那时起,在船舶建造过程中新增加到船舶上的材料,在附合到已有船体之上时所有权发生移转。

(b)货物必须具有可转让性(第(1)款(b)项)

概述。第(1)款(b)项内容不言自明。如果货物不具备法律意义上的可转让性,转让自然无从发生。但是,只在罕见的例外时才不具备可转让性。这个问题由第Ⅷ－1:301条(可转让性)调整。让与一章有类似的规定(第Ⅲ－5:104条(基本要求)第(1)款(b)项)。担保物权的让与也适用同样的规则,参见第Ⅸ－2:102条(创设担保权利的一般要件)(b)项和第Ⅸ－2:104条(可转让性、存在和特定的具体问题)。

(c)让与人必须有权利或者权限转让(第(1)款(c)项)

概述。第(1)款(c)项体现了物权法的一项基本原则。让与人不能转让大于自己拥有的权利的权利,拉丁格言即所谓:*nemo dat quod non habet*(无人能转让自己没有的权利),*or nemo plus iuris transferre potest quam ipse habet*(无人能转让超过自己所拥有的权利)。但是,如果得到了所有人或者法律的授权,则非所有人也可以有效转让某项财产的所有权。第Ⅷ－2:102条(让与人的权利或者权限)进一步具体规定了本条所提及的这一一般要求。即使让与人没有转让的权利或者权限,也可能发生第三章规定的善意取得。

类似规则同样适用于债权让与(第Ⅲ－5:104条(基本要件))第(1)款(c)项。也请参见第Ⅸ－2:105条(授予担保权利的要件)(b)项。

让与人的处分权利。“转让所有权的权利”涉及财产的所有人拥有的处分权。这是所有权定义中一个基本权能，参见第Ⅷ-1:202条（所有权）。所有人也有授予他人以处分权（参见下一评论），但这不意味着剥夺所有人亲自行使处分权的权利（只要货物还没有被得到授权的人转让）。但是所有人的处分权在财产设定了第三人的限制物权的程度内受到性质。所有人此时仍然可以处分所有权，但是其他人的限制物权不受影响。

让与人的处分权限。货物的非所有人也可以有效实施所有权的转让，只要他有“处分的权限”，处分的权限可以由所有权人授予（作为所有人自己处分权的派生物）。实践中，重要的例子之一就是行纪买卖。行纪人不是货物的所有人但是却获得了所有人的授权资格，即本人对货物进行法律上处分的授权。行纪人以代理人自己的名义与第三人签订买卖合同以及（也以代理人自己的名义）移转货物的所有权于买方。交易是基于行纪代理人的处分权限，因此是有效的。也请参见第Ⅷ-2:302条（间接代理）及对该条的评论。所有人也可以授予有限的处分权。比如，处分权可以限制在特定的最低价之上才能行使，或者其他特定的行为完成之时行使。比如，生产者可以在保留产品所有权的前提下，将产品出售给贸易商，生产者授予贸易商处分货物的权限（不受生产者任何权利的限制），前提是贸易商对于客户的权利为担保的目的转让给生产者。

让与人的处分权限也可以基于法律规定的授权。比如，担保权利人有权依据对担保物权的非司法性强制执行规则对有担保负担的财产进行处分；参见第Ⅸ-7:207条（实现的一般规则）并联系第Ⅸ-7:211条（通过公共或者私人拍卖或者通过私人买卖进行的买卖）和第Ⅸ-7:213条（通过买卖实现后，买方对财产的权利）。

（d）让与人对受让人转让货物的授权（第（1）款（d）项）

概述；授权。让与必须基于让与人和受让人之间的法律关系，该关系就货物的转让针对于前者“授权”后者。该项所使用的措辞对应于第Ⅶ-2:101条（得利为不当的情形）。一般而言，受让人授权对应于让与人转让所有权的义务，但是“授权”一语缺乏“义务”一词可以预期的含义。至少在某些传统中声称需要一种移转的义务，在没有预先存在的义务而即时完成的现实赠与的一类情形会遇到困难。“授权”的概念意图涉及这种情形。转让的义务可预先发生，或者当事人也可以约定立即完成同样的交易，不管是有对价的转让还是无偿的转让。比如，某回收公司邀请人们通过将其多余的瓶子不可反悔地置于其箱子中来完成所有权的转让，对于置于其箱子之中的瓶子的所有权转让的“授权”发生于人们将瓶子置于其中之时。没有预先成立的转让的义务，但是没有人会说回收公司没有得到转让的授权。回收公司作出了一个接受置于其箱子之中瓶子所有权的要约。回收的居民通过将瓶子置于箱子之中对要约作出了承诺。在其他有效转让的要件具备时，此时存在一个立即得到自我履行的合同。存在一个依据该合同发生的授权，所有权发生移转。

授权必须“有效”。同时，“转让的授权”的要件可以将“有因”的转让进路融入该基本的转让规则之中。在没有有效的转让所有权的授权时，即使本条第（1）款规定其他要件具备,转让也无从发生;已经完成的转让的授权如果溯及地消灭,转让也会无效。这个问题在第Ⅷ－2:202 条(自始无效、事后撤销、终止、解除和撤回)进一步具体规定。"有因"主义进路得到该条第(2)款的进一步强调,该款指出交付或者等同交付行为必须"基于,或者可归于"受让人的授权。

根据合同或者其他法律行为。(d)项也列举了转让所有权的四种可能的授权。根据合同的授权必定是实践中最重要的一类。具体来说,授权可以源于买卖合同(第Ⅳ.A－2:101 条(卖方义务概述)(a)项)或者赠与(第Ⅳ.H－3:101 条(义务概述)第(1)款(b)项)。"其他法律行为"主要是让与人采取的第Ⅱ－4:301 条(单方法律行为的要件)意义上的单方行为,此时实施法律行为的人意图受到转让所有权的法律上的拘束。这种情形下,潜在的受让人无须被迫接受所有权的让与。可以通过一些实际手段来阻止所有权的转让,比如拒绝接受交付,或者通过通知让与人拒绝所有权(第Ⅱ－4:303 条(可以拒绝的权利或利益))。其他法律行为可以是内国继承法所规定的,不是导致概括继承,而是产生对于特定人如被继承人转让货物所有权的义务的规定。

依据法院的命令。受让人对于转让的授权以及让与人转让的义务也可以由法院的命令确定,比如,依据离婚判决,命令夫或妻向他方移转诸如家用设施等特定货物。

依据法律的规定。最后,受让人获得的让与人的授权可以来自法律的规定。两个重要的例子是:遭受损失的人依据第七卷要求返还不当得利;因为合同解除请对方求返还因履行所受利益(第Ⅲ－3:510 条(返还因履行所受利益)第(1)款和第(3)款)。也请参见第Ⅲ－3:205 条(返还替代物)和依据第Ⅴ－2:103 条(介入后义务)无因管理人返还因为介入而取得任何东西的义务。理论上,授权也可以依据侵权损害赔偿责任规定确定恢复原状的义务而发生。

(e)对所有权转让时间的约定,交付或者等同交付行为(第(1)款(e)项)

概述。(e)项贯彻了前面讨论的非强制性交付模式。因此,基本规则是,让与人和受让人可以通过订立"关于所有权转让时间的协议",自行决定所有权何时移转。此时,在协议约定的条件都具备时,所有权发生移转,只要诸如第(1)款规定前述其他项规定一般要求以及第(3)款的特定化要件也同时具备。当事人可约定在货物交付前或交付后的一个时刻。特别是,可以约定在合同订立时或者付款完成时,所有权发生移转。该原则在第Ⅷ－2:103 条(就所有权转让时间的协议)再次得到强调。本项意义上的"时间的协议"也涉及当事人作出的附条件的转让。就此而言,本条为第Ⅷ－2:203 条(附条件转让)所补充。另外,在当事人没有订立这种关于所有权转让时间的协议,适用默认规则。第(1)款(e)项的默认规则是:所有权在交付或者构成等同交付行为的要件具备时移转。这些规则其他规定也就是第Ⅷ－2:104 条(交付)和第Ⅷ－2:105 条(等同交付行为)之中规定得更为详细,因此也在相关的评论中讨论。之所以选择这一模式已经在前面的评论 C 中讨论过了。

从某种程度上说,功能上类似的要求也条体现在关于让与(第Ⅲ－5:104 条(基本要件)连同第Ⅱ－1:102 条(当事人自治))和担保物权的规定之中,第Ⅸ－2:105 条(设定担保权的要件)(d)项要求被担保的债权人和担保人为拟创设的担保权形成赋予担保权的约定,且被担保的债权人一般必须取得占有或者登记从而使担保权生效(第Ⅸ－3：102 条(取得有效性的方式))。

默认规则适用的顺序。如前所述,当事人自治的规则优先于要求交付或者等同交付行为才能完成转让的默认规则。在回头判断所有权转让是否已经发生时,交付概念中固有的占有因素会起到重要作用,因为交付规则是举证责任分配的起点。因此,如果货物已在受让人手中,会推定所有权已经发生移转,除非能够证明当事人约定在此后的某个时间移转,如付款之前保留所有权。另一方面,如果货物还在让与人手中,必须有受让人(或者受让人的债权人)主张和证明当事人约定交付前所有权转让以及该约定的前提条件已经具备。如果受让人只能证明订立了转让的合同,这样就不够充分。当然不能认为,法院通过推定合意移转进路下,默认存在立即转让的合意,由此来摧毁本章采取的交付规则。在没有充分证据证明存在有此效力的协议时,适用默认规则。但是取决于具体的情况,如果在交付前已经付款,当事人意在交付前转让所有权的主张可能更容易成立。

第Ⅷ－2：105 条(等同交付行为)规定的等同交付行为是用来处理货物本身没有从让与人处转移到受让人处的情形,但是仍然属于当事人意图发生所有权转让的典型情形。就该条第(1)款涉及的情形而言,有形的物的交付已经发生过了。在其他情形中,有形的货物交付会一如既往地发生。就举证责任而言,这意味着,货物还没有在受让人手中,而且没有也不能证明存在关于提前让与所有权的协议,但是如果这些等同交付行为之一得以成立且能够得到证明,所有权转让仍然可以发生。否则,只能有待货物自身的现实交付了。

与本条其他条款的关系。本条第(2)款规定交付或者等同交付行为必须基于或者可以归于受让人的授权。第(4)款则澄清,如果法院的命令或者法律规定自身决定了基于其的所有权转让时间,则不需要当事人的协议、交付或者等同交付行为。两个规则在下面的相关评论中讨论。

(f)交付或者等同交付行为必须基于或者可以归于受让人的授权(第(2)款)

概述。本条第(2)款要求必须在交付或者等同交付行为的"事实上"的表征与让与人和受让人的法律联系之间存在一定的内在联系,基于让与人和受让人的法律联系,让与人获得受让的授权。交付或者等同交付行为必须"基于或者可以归入"基础性的授权。该规则的主要功能是澄清,但是在一些非常例外的情形也会起到规范性的"矫正"功能。

对有因主义进路的强调。第(2)款强调本章采纳有因主义进路(参见上文评论E)。该思想在第Ⅷ－2：202 条(自始无效、事后撤销、终止、解除和撤回)得到更明确的重复强调,但是我们认为从一开始就在基本规则说清楚的做法是可取的。

对于在不涉及授权的等同交付行为之时发生的转让的保护。作为例外,有时会有这样的情形,转让的授权已经发生,等同交付行为的要件也已具备,但是有效的转让仍然会被否认,因为两者之间没有充分的联系。主要的例子是,授权依据法律规定发生,货物已经在受让人手中,因此第Ⅷ-2:105条(等同交付行为)第(1)款应该适用,但是让与人会因此被剥夺适用拒绝交付货物的保护性救济的权利。此时涉及的情形也可以包括货物临时在卖方手中,解除合同关系的情形。这些问题的解决可以通过否认"可归于"要件的成立实现。但是,这只能是例外。

术语:基于或者可归于。如前所述,"基于"一语与强调有因主义的进路有关。但是,在基础性的授权发生时,受让人已经占有(参见等同交付行为第(1)款),"基于"一语就不理想了。但是,仍然可以说维持占有可以"归于"此时发生的授权(也请参见第Ⅷ-2:105条(等同交付行为)评论B和示例2)。与此同时,"归于"一语可以帮助解决前面评论提到的(小)问题。

(g)种类物的特定化(第(3)款)

概述。所有的欧洲法律制度在物权法中都承认特定原则,物权只有其标的确定时才能成立。因此,以在基础性的授权中以种类性的术语确定的货物("种类物")的所有权的转让,要求货物必须特定(个性化,划归到合同项下)。各国规则细节不同。许多国家,特定化问题在所有权转让时很少讨论(得到更彻底讨论的是风险移转)。理论上来说,只有让与人的脑子中才会考虑特定化问题(在决定将特定财产用来履行对受让人的义务时),通过通知另一方特定化;通过双方的合意特定化;或者特定化只有其对于第三方是显而易见之时才发生。而且还可以要求特定化的行为不可撤销。就本条而言,特定化的要件有意不做过于具体的规定,从而保留一定程度的灵活性。只是规定以通用的术语确定的货物,必须特定化于对受让人的授权。

建议性的理解:没有标准化的要求,只是举证问题而已。对于该要件建议性的理解是:没有必要通过解释采纳诸如另一方必须同意、必须通知或者特定化行为不可撤销等特定的标准化的要求。根据本章所采纳的交付为基础的进路,这也许会有一定作用,但特定化的要件没有判断种类物通常确实转移的功能。不如认为,由于当事人如果想脱离默认的交付之时所有权转让的规范,想在交付前完成移转,则必须有对此的合同,受到移转影响的货物变得明确也许就够了。只要所有权可以移转就足够了。就已经选择了特定货物的事实的举证责任落在主张发生所有权转让的人身上。

就此而言,内在于"在让与人的脑子"之中的选择,很难足以成立特定化,因为很难想象这样的东西能够成为可接受的证据。另外就上面讨论的规则而言,通过单方行为特定化并非不可能(关键在于回溯特定化时必须足够清晰)。如果单方特定化会导致他方、他方的债权人或者特定方的债权人承担风险,相反的看法可能可以考虑。但是看起来似乎不是如此。如买卖合同的风险不合理地过早转移给受让人,受让人会遭受不利影响。但是这是另一个问题,归第四卷第五章调整。就让与人的债权人而言,事实是货物过早脱离让与人的财产,对其当然有负面影响。但是就此最关键的事实是,让与人同意了交付之前的所有权转让。将货物特定于让与人的授权之下,绝不会早于当事人约定协议达成之时就移转。这意味着,在此约定时间之后的特定化并没有给让与人的债权人带来额外的风险或者不利。为了就让与人可能单方作出特定化的可能提供依据,可以参照选择之债相应的规则,该规则认为选择权(仅)能由债务人行使,除非选择之债的条款另有约定(参见第Ⅲ-2:105 条(选择之债或履行的方式))。最后,特定化的行为并非不能更改。否则的话,会排除若干实践中重要的情形。比如,通过分离、标志或者甚至是打包货物作出特定化,只要让与人占有货物,让与人就可以移除标志或者取消打包,或者将分离出的货物重新归入大宗货物之中。有观点认为,如果没有特定化的撤销,受让人大概会处于更为有利的地位。但是,如果让与人确实撤销了原初的特定化行为,也没有人知道,法官不会认可发生过特定化。最后,当让与人撤销了特定化,但是受让人成功证明特定化已经作出过,让与人似乎不值得给予特别保护,因此看起来有理由认可对受让人实施了有效转让。

当第Ⅷ-2:104 条(交付)意义上的交付完成,对于发生第(3)款意义上的特定化通常不会有疑问。

第 2 句:对于构成大宗货物一部分的货物所有权转让规则的援引。第Ⅷ-2:305 条(大宗货物一部分的货物的所有权的转让)包含了对于本条特定化规则的扩张。当所有权发生移转的种类物包含在特定的大宗货物之中,它们自身不特定(因此某一部分的所有权可以发生移转),但是至少大宗货物是特定的。因此该规则带来了取得大众货物的共有权的可能性。详见该规定的评论。

(h)对于法院的命令或者法律规则自身决定了所有权转让时间问题的澄清

规则的目的。第(4)款明确指出,对于依据法院的命令或者法律规定发生的移转,法院的命令或者法律规定自身规定了何时所有权发生移转,交付或者等同交付行为的要件不适用(除非当事人曾经决定通过协议确定所有权转让时间)。这可能是不言自明的,但是仍然基于澄清的目的明确进行了规定。

注　释

Ⅰ. 基本的区别

1. 关于动产所有权转让的规则可以以不同的方式进行归类。对此国别性的研究通常分为"合意"主义和"交付"主义,转让可以是"有因的"或者"无因的"。某一法律制度会还是不会认为"物权协议"是独立的法律行为。这些区分会反应在本条的以下注释之中,根据交付/合意以及有因/无因两分的方法进行组织。但是欧洲法律制度有进一步的,至少是同样根本的划分:"统一的"所有权转让模式或者"功能性"所有权转让模式。"统一的"所有权转让模式意味着,原则上与"所有权"相联系的所有问题或者所有效力,时间上都在一个由相关规则确定的统一的时刻从让与人移转至受让人。另一方面根据"功能"主义,不存在这种决定所有关系的统一的时间,而是不同的方面或者不同的冲突情形根据自身的是非曲直进行分别处理。就此参见前面的评论以及 Faber and Lurger (-*Martinson*), Rules for the Transfer of Movables, 69, 以及 Faber and Lurger (-Faber), Rules for the Transfer of Movables, 97。

2. 可以说"统一"的所有权转让主义适用于所有的民法法系国家。也适用于苏格兰、英格兰、威尔士和爱尔兰,尽管在这些国家这种"所有权"的概念并没有得到充分发展。当然细节上存在区别,比如就与所有权转让相联系的风险是否移转的问题(参见对第Ⅷ-2:104 条注释 43 及以下和对第Ⅷ-2:201 条注释 20 及以下),成为财产的"所有人"这个事实本身是否或者在何种程度上触发责任。另外在这些国家,以特别的规定抵销该立法主义的某些效果也是常事,比如在"合意"主义的许多国家中大多规定在交付前未收到货款的卖方对于货物的优先权或者类似制度。但是整体上还是采取统一主义的思维模式。

3. 在瑞典、丹麦、挪威和芬兰,不存在确定一个特定时刻的一系列规则,在该时刻"所有权"在与"统一"主义法律制度的可相比的意义上从让与人转移至受让人,即至少是将"所有权"移转的绝大多数方面,即使不是全部方面,与这一时间点相联系。"所有权"何时移转至他人的问题只是不提出来。取而代之,对不同的典型的冲突情形分别进行鉴别(诸如卖方破产时,买方相对于卖方债权人的保护;未获付款的卖方相对于买方的债权人的保护;买方相对于卖方再次出售同一货物给他人时对其他买方的保护)且每一个冲突分别进行处理,处理某一个冲突情形的规则并不必然与处理另一类型冲突的规则相同。比如,就某一类型冲突,合同的订立或者货物的特定化可能是决定性的,而另一类型的冲突,可能交付是决定性的。通过平衡特定情形下被认为是相关的利益,来决定两人之间的冲突之时,谁该优先于他人,而不是说谁该被视为所有人。很多问题是开放且未解决的——开放给当事人自由论证——这种进路最合适的描述可能是自由的利益衡量((*Martinson*, Transfer of Title Concerning Movables Ⅲ, National Report: Sweden, 9 f; Faberand Lurger(*-Færstad*), National Reports Ⅴ, chap. 3.1)。某人可能相对于一人有更强的权利,但是可能相对于另外一人权利又较弱。这些法律体系中的物权法规则是建立在分散的立法和法院的实践基础上的。这些国家中没有一个国家有规定物权法的统一的民法典,但是它们有调整这一领域法律某些不同方面的不同法律,这些法律因实际问题发生而予以制定(*Færstad*, loc. cit., chap. 1; *Martinson*, loc. cit., 9 et seq.)。在动产转让法律制度中,这些国家不使用诸如"无因"或者"有因"的术语。只要当事人之间存在某种债或者协议,对于动产的权利就可以转让,这个债是买卖还是租赁、赠与或者其他形式的协议无关紧要,尽管某种形式的转让不会引起善意取得(参见如挪威善意取得法第 1 条)。在分割死者遗产时,动产也会发生转移。从斯堪的纳维亚的视角看,与"所有权"相关的所有问题之中,相对于让与人的普通债权人,对受让人的保护显然被视为最重要的问题。因此,该问题会成为本章下述注释主要的关注点。

4. 以下注释中讨论(统一主义)立法体系中,一方面,在所有权的传来取得中要求货物的交付或者等同交付行为的国家有:奥地利、爱沙尼亚、德国、希腊、匈牙利、立陶宛、荷兰、西班牙、斯洛文尼亚以及斯洛伐克。另一方面,仅合同的订立就已足够的国家有:比利时、塞浦路斯、英格兰和威尔士、法国、爱尔兰、意大利、葡萄牙和苏格兰。

Ⅱ. 通过交付发生的移转

5. 就特定的动产而言,许多国家以各种方式规定与所有权转让有关的某种登记制度。这些规则不在此处讨论,但请参见对第Ⅷ-1:102 条的注释。

6. 以下注释将根据其基本的出发点——交付主义还是合意主义——来进行分类。采取这一方法目的是为了在这个部分提供每个国家较为简明的信息,当然,这也意味着有点过于简化了。特别是,绝大多数交付主义的国家都允许占有改定(因为让与人同意为受让人进行占有而发生)作为交付的一种替代,这使当事人可以在合同订立之时有效地引起所有权的转让。这一点也不在本条的注释中展开讨论,请参见对第Ⅷ-2:103 条的注释。

7. 与此相反,那些整体上适用合意主义的国家,对于种类物的移转要求特定化(参见下文注释 31 及以下),另外,交付也被认可为特定类型交易的一般要件。后者适用于如法国、比利时、英格兰和爱尔兰的赠与。就动产而言,在苏格兰甚至存在两种并行的体系,一种适用于买卖(是合意主义,通过立法的形式引入),一种是要求交付的传统的苏格兰普通法体系,适用于互易、赠与以及其他交易。参见下文注释 19 及以下对相关法律制度的讨论。

(a)有因的交付主义

8. 荷兰民法典第 3:84 条第(1)款规定所有权转让必备的三个要件:(a)有效的名义;(b)处分财产的权利以及(c)交付(或者等同交付行为)。如果这些要件不具备,则转让无效(Faber and Lurger(-*Salomons*),National Reports Ⅵ,chap. 5. 1. 3)。就独立的物权协议(*goederenrechtelijke overeenkomst*)的存在,荷兰法意见不一,但是大多数荷兰法学家承认这个概念(*Salomons*, loc. cit. ,chap. 5. 6)。有进一步说明有效的"名义"(*leveringstitel*)——用本条的术语来说就是对转让所有权的授权——可以是依据买卖或者赠与合同发生的转让所有权的义务、非合同责任的规则、继承、不当得利、法院的裁判或者某一其他法律规则的作用(民法典第 3:80 条)。"名义"由作为移转基础的法律关系(或者法律依据、法律事实)构成并支撑该转让,*Hartkamp*, WPNR 1974, 5267;*Pitlo et al.* ,Goederenrecht[12],82;*Bartels*,Gron O&MXIX(2003),47。缺乏有效名义的交付不能引起所有权的转让:有因主义;参见民法典第 3:84 条第(1)款;*Van Vliet*,Transfer of Movables, 133 and 199;*Salomons*,loc. cit. ,chap. 5. 2. 1. and 5. 3。但是,最近有观点认为,将转让之债的有效性和转让的有效性自动联系在一起想法不再重要;参见 Faber and Lurger(-*Bartels*),Rules for the Transfer of Movables,59(63 ff) with reference to HR 6 March NedJur 1970,233,(*Van Wessem/ Traffic*))and HR 17 November 2000,NedJur 2001,580(*Breezand/Veere*)。

9. 奥地利法规定了有效转让的 4 个要件:(a)让与人有转让所有权的权利或者权限;(b)转让的"有效名义(valid title)"(*causa traditionis*(交付原因)),表明奥地利法采取的是有因交付主义;(c)第二个法律行为,"物权协议"以及(d)完成转让的事实行为,也就是交付或者等同交付行为(在不动产方面就是登记)。就"有效名义"参见民法典第 380、424、425 条。就交付要件或者等同交付行为要件参见民法典第 426 条至第 429 条。除了强制执行程序中公开拍卖取得所有权外(强制执行法第 237 条),前述转让制度普遍适用:同时涉及动产及不动产、特定物或者种类物合同(当然种类物的特定化要件必须遵守,参见下文注释 34);适用于所有可以用来转让所有权的债:买卖、互易、赠与、有购买选择权的租赁合同(融资租赁)、信托所有权让与的担保协议、公司设立(company statutes),以及依据法律发生的债(侵权损害赔偿之债、无因管理或者不当得利)、因继承法发生的债(遗产)。最后,转让也可以依据法院判决发生(参见民法典第 436 条);参见 Faber and Lurger(-*Faber*),National Reports Ⅰ,58 ff,71 f。所有情形下基础性的债务关系必须有效,这样才能发生有效的所有权转让,奥地利法是严格意义上的有因主义。选择有因主义的理由现在很少讨论,原因是立法者的意图以明确的规定体现出来,没有质疑的余地。对于让与人的保护是主要理由,其他理由则是为避免不必要的物权关系变化的想法(*Mayer-Maly*,ZNR 1990,164, 168;Rummel(-*Spielbüchler*),ABGB Ⅰ[3], § 424 no. 1)或者是为了防止法律不欲发生的后果发生,尤其是依据不法或者"不道德"合同发生(也就是有悖诚信和公平交易原则的合同,民法典第 879 条)。民法典之中并没有明确规定物权协议的概念。奥地利民法典的立法者头脑中肯定没有关于物权行为的概念,但是在立法通过一段时间之后为学说所采纳(Klang(-Klang),ABGB Ⅱ[2],

306;*Rappaport*,FS zur Jahrhundertfeier des ABGB Ⅱ,405,416)。现在大家一致认为,“物权协议”是让与人同意转让受让人同意取得所有权的合同(Klang(*-Klang*),ABGB Ⅱ²,306 ff;*Koziol and Welser*,Bürgerliches Recht I[13],117 ff,325 f;*Iro*,Sachenrecht³,nos. 6/40 f;OGH 7 Ob 39/94,SZ67/213,OGH 4 Ob 536/92,JBl 1993,183;OGH 5 Ob 18/97a,ecolex 1997,424(Wilhelm);OGH 3 Ob 43/86,ÖBA 1987,51(*Iro*)。作为一个合同,物权协议受到合同一般规则的调整,比如当事人的行为等;尤其重要的是附条件和附期限的规定的适用,因为这使所有权保留成为可能,所有权保留是奥地利法主要的担保手段之一(参见第Ⅷ－2:103条,下文注释25)。不过,在没有现实交付的情况下,在基础性合同关系成立的同时就推定物权协议已经成立,对此有很大争议。传统的观点认为物权协议在现实交付时成立(Klang(*-Klang*),ABGB II²,307;*Koziol and Welser*,loc. cit.,325 f.;*Iro*, Sachenrecht³, no. 6/40; *Bollenberger*, Irrtum über die Zahlungsunfähigkeit, 67 ff; *Frotz*, Aktuelle Probleme des Kreditsicherungsrechts;134 et seq.)。最近有另外一种观点,主张基础性合同和物权协议同时订立(*Bydlinski*,FS Larenz,1025,1034 et seq.;Klang(*-Bydlinski*),ABGB Ⅳ(2)²,370 ff;*Spielbüchler*,Der Dritte im Schuldverhältnis,101 ff;*Spielbüchler*,JBl 1971,589,592 et seq.;Rummel(*-Aicher*),ABGB I³, § 1061 no. 16 and § 1063 no. 30)。根据后一种观点,交付自身被看成单纯的事实,而物权协议应该被理解为基础性协议的组成部分。最高法院从1986年开始采纳了最近的这种观点(OGH ÖBA 1987,51(*Iro*);RdW 1987;157(*Iro*)and others),但是1997年一个判决(OGH VersE 1.733)使这个问题不再确定。支持后一种观点的理由是,传统的理论太过教条和拟制,而且基础性合同订立之时并没有对所有权保留形成约定,但交付之时卖方单方面强加所有权保留,后一种观点使这种做法在功能上也成为可能。支持传统观点的学者认为,在种类物买卖之中,在货物还没有特定之前就谈论什么转让所有权的合意太过拟制。详见Faber and Lurger(*-Faber*),National Reports Ⅰ,83 ff。

10. 斯洛文尼亚法采取统一的交付主义,即财产所有权,包括所有的相关后果都从特定的时刻转移至受让人。所有权的传来取得可以基于:(a)法律行为(物权法典art. 40);(b)继承(物权法典第41条);(c)公权力的决定(物权法典第42条);(d)法律的规定而发生(Faber and Lurger(*-Rudolf/Rijavec/Kerestes*),National Reports Ⅰ,546 et seq.)。基于法律行为发生移转时,需要两个合同:(1)基础性合同,如买卖合同;(2)处分(物权协议)。基础性合同必须有效才能实现所有权的转让(有因的交付主义:*Rudolf/Rijavec/Kerestes*,loc. cit.,554 et seq.)。物权协议的有效性取决于基础性债务的有效性(物权法典第40条;债法第86条;*Sladic and Sladic*,PP 2001/19,3,35;*Tratnik and Vrencur*,Pravnik 1999,6－8,333;*Rudolf/Rijavec/ Kerestes*,loc. cit.,547 et seq.)。另外,要完成所有权的转让必须交付货物。交付要件的目的是对所有权转让进行公示,参见物权法典第40、60条;CA Ljubljana 29 March 2000,no. I Cpg 1490/99;*Rudolf/Rijavec/Kerestes*,loc. cit.,548,556 et seq。

11. 西班牙法遵循名义(*titulus*)形式(*modus*)的和古罗马制度。因此,对于生前的所有权转让,除了让与人的处分权外,还需要一个能够产生转让所有权的有效合同以及为带着转让所有权的特定目的的交付(民法典第609条和第1095条)。交付的行为是单纯的法律事实。不需要物权协议。“名义”必须有效,如果基础性合同无效,则所有权不能发生移转(有因的交付主义)参见Faber and Lurger((*-González Pacanowska and Díez Soto*),National Reports Ⅴ,chap. 4. 2. 1 and 4. 3. 1)。

12. 在立陶宛,所有权转让也需要有效的法律基础。根据民法典第1.136、4.47条,所有权转让的法律基础可以是:合同(买卖、互易和赠与)、继承、依据侵权损害赔偿责任发生的返还原物(*restitutio in natura*)的债务(民法典第6.281条)、返还不当得利的债务(民法典第6.237条)或者其他法律根据(法院判决、行政命令)。转让只有在基础性法律关系有效时才有效(有因的交付主义);参见 Faber and Lurger(-*Mikelenas*),National Reports Ⅲ,chap. 5.1.4(a)and 5.3.1。民法典第4.49条规定,货物的所有权在货物交付取得人占有时移转,法律另有规定或者合同另有约定的除外。因此,基本规则是交付移转。但是,交付没有被看成“物权协议”或者与其相联系。交付只是债务人履行债务必需的行为而已。但是,当事人可以在合同订立时约定所有权转让于买方。这是民法典第1.2条规定的当事人意思自治一般原则的适用。因此,可以说立陶宛法采取的是交付——合意混合的立法主义(*Mikelenas*,loc. cit.,chap. 5.1.4(b)and 5.2.2)。对于某些类型的合同,比如赠与(民法典第6.465条)一类的“物权合同”,需要货物交付合同才能生效。所有权转让的其他一般要件是货物的可转让性和让与人的处分权(民法典第4.48条;*Mikelenas*,loc. cit.,chap. 5.1.3 and 5.3.1)。

13. 斯洛文尼亚民法典第133条第(1)款规定,货物所有权基于有效的合同、在货物交付给受让人之后移转,除非法律另有规定或者当事人另有约定。转让可以基于买卖合同、赠与或者其他如和解协议等合同,也可以基于公权力的行为(尤其是可以基于法院的判决和行政机关的命令)、继承或者法律的规定发生所有权转让((Faber and Lurger(-*Petkov*),National Reports Ⅵ,chap. 6.1)。合同或者其他法律基础必须有效,如果无效或者可撤销,则所有权不能移转(有因的交付主义,*Petkov*,loc. cit.,chap. 6.1)。如前所述,交付主义是默认规则,当事人可以约定合同订立时所有权的转让。

14. 在匈牙利,有效的协议和交付都是移转动产所有权所必需的(民法典第117条第(2)款);*Lenkovics*,Dologi jog[6],130)。尽管基础合同或者法律行为的有效性是转让所有权时所必备的,但是交付的概念是单纯的法律事实,还是也包含一个法律行为,即物权协议,这一点在文献上不明确。后一种观点在“二战”之前的文献中是通说,而在此后,只是一个事实行为的看法似乎取得了重要地位;参见 *Petrik*,Polgári Jogi Kodifikáció 3/2007,15。构成所有权转让的法律上的名义通常由合同构成(买卖、赠与、互易)。转让所有权的其他可能的授权是依据侵权损害赔偿责任发生的返还原物之债、不当得利返还之债或者法院的判决。法律上名义必须依据债法有效成立(有因的交付主义);否则所有权不发生移转。即使承认物权协议的要件,仍然会要求基础性债务关系有效性导出处分的有效性(*Lenkovics*,loc. cit.,131)。

15. 就买方针对第三人的保护而言,瑞典法律制度比较特别,交付是强制要件,不可以通过占有改定或者类似的协议加以变更。这一交付要件背后的理由以及具体的内涵将在第Ⅷ-2:104条的注释21和47中详细讨论。这一规则也有些例外,也就是在适用特定(但实践中很少用到)的登记制度的情形、属于消费者买卖法范围(第49条)的消费者买卖、以及强制拍卖。参见下文注释23和第Ⅷ-2:103条的注释21。“无因”或者“有因”的说法以及“物权协议”的概念在瑞典法之中没有切题。人们更愿意说,合同无效或者已经被撤销,则不能赋予针对其他当事人和其他当事人的债权人优先性(参见 *Martinson*,Transfer of Title Concerning Movables Ⅲ,National Report:Sweden,46 et seq.)。

16. 挪威的基本规则是,交付是受让人取得对抗卖方的债权人效力的要件(Faber and Lurger(-*Færstad*),National Reports Ⅴ,chap. 8.2.1)。通说是只要剥夺卖方对动产的处分权就足矣,但是也有其他看法(参见如 *Falkanger and Falkanger*,Tingsrett[6],621 et seq.)。交付原则及其例外详细讨论参见第Ⅷ-2:104 条的注释 23。

(b)无因主义

17. 以罗马法为基础的旧德国法(*Gemeines Recht*(普通法))中,所有权转让需要具备名义和形式,德国民法典放弃了这一做法,并基于卡尔·弗里德里希·冯·萨维尼的法律行为理论(*Rechtsgeschäftslehre*;*Brehm and Berger*, Sachenrecht[2], no. 26. 8)的影响,确立了无因的所有权转让制度。希腊法以其为榜样,也部分引进了无因原则(参见下文)。德国和希腊对于动产的转让制度基于以下前提,即依据法律规定或者当事人的法律行为可以产生法律后果。由于产生转让所有权之债的合同(比如买卖合同)不产生所有权转让的后果,因此为了产生转让所有权的后果,需要一个独立的对物的(in rem)转让所有权的协议——所谓的物权协议(德国法:*Baur and Stürner*, Sachenrecht[17], § 51 no. 1;希腊法:*Georgiades*, Empragmato Dikaio I, § 48 nos. 2 ff;Faber and Lurger(*-Klaoudatou*), National Reports Ⅲ, chap. 5. 1)。这一协议必须通过交付(占有的移转)的手段予以公示。在这些条件具备之后,所有权以及从其派生的各项权能同时已转给受让人,而且这一后果是强制性的。关于动产所有权转让的一般规定参见德国民法典第 929 条和希腊民法典第 1034 条:该规定采取了两步走的方式,物权协议和作为公示手段的占有的移转;还有一个民法典没有明文规定的要件是让与人的处分权(Faber and Lurger(*-McGuire*), National Reports Ⅲ, chap. 4. 2. and 5. 1.; *Georgiades*, Empragmato Dikaio I, § 49 nos. 1 ff; Faber and Lurger(*-Klaoudatou*), National Reports Ⅲ, chap. 5. 1)。创设移转之债的基础性协议和就让与所有权和接受让与的(物权)协议的区别就是有名的所谓"分离原则"(*Trennungsprinzip*;*Brehm and Berger*, Sachenrecht[2], no. 1. 19; *Georgiades*, loc. cit., § 48 nos. 25 ff)。权威学者认为两种协议的区别过于人为,根据德国和希腊的主流观点,这种区分与日常生活的一般理解相悖而且过于精细复杂(*Larenz and Canaris*, Schuldrecht II[13], § 39 II d; *Westermann*, Sachenrecht[6], § 4 Ⅲ; *Filios*, Empragmato Dikaio[2], § 12 B)。在希腊法中,采纳这种区分的诸多理由中包括以下理由:该区分在直到 1946 年在希腊依然有效的拜占庭—罗马法中也为人所知,而且法律学者和实务人员也很熟悉这一概念((*Georgiades*, Empragmato Dikaio I, § 48 nos. 25 ff; *Klaoudatou*, loc. cit., chap. 5. 7)。物权协议不需要特定的形式,可以默示或者明示地予以订立(*Georgiades*, loc. cit., § 49 no. 7;*McGuire*, loc. cit., chap. 5. 3. 1),既可以与基础性合同一起订立,现实交付晚于基础性合同关系成立之后发生的,也可以在现实交付时订立;可以认为物权协议内存于财产交付之中(Georgiades and Stathopoulos(*-Georgiades*), art. 1034 nos. 17 ff)。物权协议的内容至少能确定拟转让财产的当事人和具体是何项财产(MünchKomm(*-Quack*), BGB[4], § 929 no. 71)。物权协议和交付的关系存在争论,所有可能的选项在不同时代都被提出过。在希腊,尽管对交付是事实行为(*Georgiades*, loc. cit., § 18 nos. 40 f and § 49 no. 7)还是独立的合意(*Spyridakis*, Empragmato Dikaio B'/1, no. 141. 2. 2 f)有不同看法,但是学者一般都认可交付确实构成物权协议的组成部分。德国,以前有人认为交付只是一个事实因素,附加在物权协议之上(*Heck*, Grundriss[2], § 29 nos. 5 ff; *Westermann*, Sachenrecht[6], § 28 no. 3);现代的文献则强调物权协议和交付都是所有权转让的必要的构成要件(*Tatbestandsmerkmale*),彼此之间互相独立(*Brehm and Berger*, Sachenrecht[2], no. 26. 3)。在希腊和德国,物权协议都受到民法典总则部分的调整,也就是受到行为能力、代理及代理权的授予、时效和附条件规定的调整(Faber and Lurger(*-McGuire*), National Reports Ⅲ, chap. 5. 3. 1;*Georgiades*, Empragmato Dikaio I, § 49 no. 6;参见下文第Ⅷ-2:202 条注释 16 和第Ⅷ-2:203 条注释 1 和 19)。物权协议可以附条件,这种约定并不必然对无因制度构成修正。比如,在所有权保留之中,转让的有效性并不直接取决于债务性协议的有效性,而是取决于价款的支付(*McGuire*,loc. cit. ,chap. 5. 3. 1)。但是,物权协议的有效性也可以取决于这种合同协议,不过这种条件具备可采性的前提是:在合同订立之时当事人对其条件成就与否存有疑问,否则这会变成对无因制度的规避。为了保护无因制度,也可以肯定的是,这种条件不能认为是默认成立的(*Baur and Stürner*,Sachenrecht[17], § 5 no. 53;*Brehm and Berger*,Sachenrecht[2],no. 1. 27;*Jauernig*, JuS 1994,721,723)。与基础性合同相反,对于物权协议是否有拘束力存在争议,通说是交付之前物权协议没有拘束力(*Brehm and Berger*,Sachenrecht[2],no. 27. 12;BGHZ 14,114,122;BGH NJW 1978,696;BGH NJW 1979,213;就希腊来说,支持的有:*Filios*,Empragmato Dikaio[2], § 90 no. 2;反对的有:*Spyridakis*,Empragmato Dikaio B'/1,no. 141. 2. 3)。最后,当若干财产一并交付时,特定化的原则依然要求就每一项财产成立独立物权协议(*Georgiades*,loc. cit. , § 2 no. 31;*McGuire*,loc. cit. ,chap. 5. 3. 2 with further references)。所有权转让是因为物权协议而发生,而不是依据债务性协议而发生的事实,使后者被贬为基础性的关系,不再是所有权转让的有效要件。这种基础性关系性质也无关紧要。这种德国和希腊的所有权转让制度就被设计为"无因的"(*Abstraktionsprinzip*)。该原则有两个方面,既涉及物权协议是否需要有效基础性的原因(内容的抽象性(*inhaltliche Abstraktion*)),又涉及物权协议的有效性是否取决于债权协议的有效性(外在的抽象性(*äußerliche Abstraktion*))。对这两个问题的答案都是否定的:在德国法,所有权的转让完全不需要并独立于基础性的原因,就动产所有权的转让,希腊民法典(第 1034 条)也采取同样的思路,而就不动产而言,其所有权的转让需要"某种合法的原因"(第 1033 条),因而是有因的(*Georgiades*,loc. cit. , § 43 nos. 19 ff, § 48 nos. 6 ff;Faber and Lurger(*-Klaoudatou*),National Reports Ⅲ,chap. 5. 1)。这种无因制度背后的理由是促进法律的确定性,因为物权的规制在基础性关系有任何缺陷时都依然不受影响(*Baur and Stürner*,loc. cit. , § 5 nos. 4,42;*Brehm and Berger*,loc. cit. ,no. 1. 22)。这种无因制度并非不存在争议:主要的反对理由是,其法律确定性的目标也可以通过善意取得制度实现(德国民法典第 932、933 条;希腊民法典第 1036、1037 条)(Faber and Lurger(*-McGuire*),National Reports Ⅲ,chap. 4. 6. ;*Simonetos*,Ηνόμιμος αιτία,187)。这一制度最重要的两个后果是:第一,转让所有权债务性协议的成立不影响物权的状况,只是引起转让所有权的债务的发生,为什么双重或者多重让与中所有的债务性协议都是有效的,这就是理由,但是卖方只能履行所创设的多项转让所有权债务之中的一项。第二,基础性法律关系的最终无效不影响物权协议,就此而言,物权协议是中性的(*McGuire*, loc. cit. , chap. 4. 3. 1;*Klaoudatou*,loc. cit. ,chap. 5. 1)。因此,一旦所有权依据无效的基础性合同或者其他无效基础性原因发生移转,则移转是不能撤销的。受让人取得所有权并且可以有效处分。但是,受让人受到依据不当得利的规定产生返还货物所有权债务的约束(德国民法典第 812 条第(1)款);如果返还所有权不可能,则原则上应该返还货物的价值(德国民法典第 818 条第(2)款;希腊法,参见希腊民法典第 904 及以下)。但是,如果受让人已经处分了货物(转让给了他人),我们可以说,基于转让所有权的无因性,问题不是适当的转让所有权的债务是什么,而是从长远看,法律认可什么样的产生新的配置货物的债务(*McGuire*,loc. cit. ,chap. 4. 3. 2(a))。一般来说,在德国和希腊,转让所有权可以"基于"任何债务,可以是双务合同(比如互易、买卖)或者无偿合同(赠与)或者非合同之债(侵权损害赔偿之债、不当得利、无因管理);单方法律行为,比如悬赏广告或者遗嘱也可以成为在后的所有权转让的基础(*McGuire*, loc. cit. , chap. 4. 3. 2(a);*Klaoudatou*, loc. cit. , chap. 5. 3. 1)。但是在评价(卖方 A 和买方 B 之间)无效合同对次取得人(从 B 处取得的 C)的效力时,必须考虑到不是所有的债务(B~C 之间的关系)使该次转让结果正当的能力都有同样的力度,区分的界限是,次取得人 C 是否需要依据不当得利的规定负担将所有权再次转让给 A 的义务。区分的标准通常是 B~C 之间的转让是否是无偿的。如果是无偿取得财产,即使 C 是善意的,取得所有权的次取得人也必须依据德国民法典第 822 条(*McGuire*,loc. cit. ,chap. 4. 3. 2(a))或者希腊民法典第 904 条及以下,将所有权再次转让给最初的所有人 A。基础性的债务可能有各种瑕疵。由于无因的进路,所有这些瑕疵原则上都不影响物权协议的效力,而且即使基础性的债务附条件,转让依然合法,除非物权协议也附了同样条件。但是,基于无效的债务发生的移转会依据不当得利规则(德国民法典第 812 条及以下;希腊民法典第 904 条及以下)发生回转(*Brehm and Berger*,Sachenrecht^2,no. 1. 24;*Georgiades*,Empragmato Dikaio I, § 48 no. 7。关于基础性合同的瑕疵的影响,包括基础性合同与物权协议受到同一瑕疵影响的情形的更多信息,参见第Ⅷ-2:202 条注释 16 及以下。尽管存在各种"干扰",但是总体来说,无因的转让制度整体上没有受到挑战(cf. *Stadler*,Gestaltungsfreiheit und Verkehrsschutz durch Abstraktion,719 et seq. and *passim*))。

18. 在爱沙尼亚,依据物权法第 92 条,在让与人将货物的占有移转给受让人,而且他们达成将所有权转让给取得人的协议时,所有权发生移转。所有权转让的要件完全源自物权法,转让的有效性不取决于引起转让所有权的债务的基础性的合同或者法律行为的存在或者有效性,从这个意义上看,爱沙尼亚已经采纳了无因的转让制度。所有权的转让只需要一个"物权协议"及交付或者等同交付行为;参见 Faber and Lurger(*-Kullerkupp*),National Reports Ⅰ,269 et seq。不论基础性债务的法律性质如何(合同、非合同债务),都需要物权协议,民法典总则法(GPCCA)第 6 条。物权协议必须符合总则和债法规定的所有要件(*Pärna*,Asjaõigusseadus,181)。物权协议不需要特定的形式,可以明示或者(通过行为)默示订立。不要求当事人对订立物权协议有特别的认识,只要他们的行为表现出转让所有权的意图就足够了(CA Tartu 30 September 2003,2-1-254/2003)。占有移转,受让人实际取得对物的控制,根据当时的情形,通常体现了让与人将所有权转让给受让人的意图。受让人通常是通过开具收据或者实施对待给付来表示接受转让。物权协议的订立通常与交付同时发生。尽管没有对物权协议概念的明显批评,但有些文献指出动产转让中物权协议的虚构性质(*Pärna*,loc. cit. ,181)。通过区分债法和物权法,法律文献将物权协议和分离原则,视为促进物权关系上的法律确定性的手段。尽管需要独立考察所有权转让本身的有效性,但基础性合同因为无行为能力或者其他原因而无效,所有权转让的有效性不受影响(参见民法典总则法(GPCCA)第 6 条第(4)款)。当合同和物权协议同时发生时,两者可能都会受到影响(比如,在没有行为能力之时),但是并不是一定会受到影响。基于无因原则,因无效或者事后被撤销的合同而发生有效的所有权转让,受让人必须基于不当得利之债将所有权再次转让给让与人(Faber and Lurger(*-Kullerkupp*),National Reports Ⅰ,288 et seq.)。合同的基础也产生受让人将货物所有权再次转让给让与人的债务(所有权法第 189 条第(1)款)。

Ⅲ. 合意主义

19. 依据法国民法典第 711、938、1138、1153 条,依据有效的合同或者法律行为的自身的效力,所有权就可以发生移转。在合同订立时,不需要交付,所有权自动发生移转,(*Ghestin and Desché*,Traité des contrats,647)。法国法采取统一的所有权转让进路,也就是说,货物的所有权时间上是在同一时刻转让给取得人,不存在分步的转让(Faber and Lurger(*-Cashin-Ritaine*),National Reports Ⅳ,chap. 5. 1. 1)。有一点必须注意,传统上规定,交付虽然在后,但是所有权

“(仅)在当事人之间”依据合同的效力就发生移转,不过只有在交付后转让才可以“对抗第三人”。这种表述在第三人主张对货物存在相冲突的物权是准确的,尤其是如民法典第1141条所规定的(也请参见第2276条(前2279条)),对同一财产进行二重让与之时,善意地首先取得对物的占有的受让人优先于其他人取得货物所有权的。就此而言,交付尽管不是所有权转让的要件,但是在对抗第三人相冲突的权利时,交付是必要的手段(cf. *Jourdain*, Les Biens, 503; *Bénabent*, Contrats spéciaux, 101;详情参见第Ⅷ-2:301条注释15。但是卖方在合同订立后破产的,买方可以对抗卖方的债权人(在某种意义上他们也是“第三人”)。而且,当买方破产时,未获付款的卖方和卖方的其他债权人发生冲突时,买方被认为已经在合同订立时取得所有权,尽管卖方基于中止货物的交付的权利得到保护(参见第Ⅷ-2:201条注释65)。但是,在现实赠与之中,交付通常是所有权转让的要件(*don manuel*,民法典第931条;*Peterka*, Les dons manuels)。法国法要求基于有效的移转所有权的债务发生所有权的转让(民法典第711、1108~1167条),尽管如果合同无效且货物已经交付,受让人会依据民法典第2276条(前第2279条)取得对货物的新的所有权——*possession vaut titre*(占有相当于权利证书)——只要取得人是善意的。详见第Ⅷ-2:202条注释27以及第Ⅷ-3:101条注释22、38、60、77、98和122。以上所述规则适用于所有类型的转让所有权的债务关系。只要债的标的足够确定,不管是合同之债(民法典第1138条)、单方法律行为之债(民法典第895条)、不当得利的返还之债、侵权损害赔偿、无因管理、继承(民法典第724条)或者是公权力的决定,所有权都仅凭债的效力就可以发生移转:*Malaurie and Aynès*, Les biens[2], 553; Faber and Lurger(*-Cashin-Ritaine*), National Reports Ⅳ, chap. 5.1.2。

20. 类似地,在比利时,所有权也仅凭有效合同或者法律行为的效力而发生移转(民法典第711、712、938、1138、1583条)。单凭当事人之间的合意(consensus)就足以使所有权发生移转,而且只要货物已经特定化,也不需要交付货物。正如前面法国法所提及的,对抗取得竞争性物权的第三人需要交付,最重要的适用情形是二重买卖(民法典第1141条);参见 *de Page and Meinertzhagen-Limpens*, Traité élémentaire de droit civil belge Ⅳ(1)[4], 20; *Hansenne*, Les biens I (1), 210; *Kluyskens*, Beginselen van burgerlijk recht, 101; *Waelbroeck*, Le transfert de la proprieté, 19。该规则是否应该扩张适用到其他情形,看法不一。一种观点认为,交付和善意占有只是在对抗在后的取得人是必需的。这意味着,从买卖之始,受让人对于卖方的债权人就有对抗第三人的效力。依据民法典第2279条,这些债权人可以推定,其发现的债务人占有的财产属于债务人。但是,他们必须尊重他们的债务人在扣押或破产前签订的合同。与此相对应,买方的债权人在所有权转让到到买方之时就可以对货物主张其请求权,即使货物还没有交付(cf. Faber and Lurger(*-Cauffman and Sagaert*), National Reports Ⅳ, chap. 9.5.3(b); Dirix(*-Christiaens*), Bijzondere overeenkomsten, no. 10;就买方的债权人的权利,参见 also Cass. 24 April 1987, RW 806, note Wachstock)。另一种观点认为,交付和善意占有,是让与对抗任何对货物有竞争性权利的要件(*De Page and Meinertzhagen-Limpens*, Traité élémentaire de droit civil belge, no. 26, p. 55)。与法国法一样,现实赠与需要交付才发生所有权转让。

21. 在意大利,合同当事人之间的协议就足以使所有权发生移转。买卖、互易和赠与是具有物权效力的合同(*contratti con effetti reali*)。依据意大利民法典第1376条,这种合同,即使交付或者付款被推迟,所有权依然发生移转(合意原则)。认为该原则正当的理由是,如果所有权在付款时才移转,会过度保护卖方。参见 Faber and Lurger(*-Greco*), National Reports Ⅰ, 433 et seq。无效的合同不能使所有权发生移转。但是有判例称,合同被撤销对于当事人具有溯及力,但是与合同无效不同,撤销只影响知道或者应当知道导致可撤销事实的恶意第三人(*Greco*, loc. cit., 442 et seq.)。详见第Ⅷ-2:202条注释4和29。

22. 在葡萄牙,除了担保物权,所有的物权默认是仅凭合同的效力就发生移转(*contrato com eficácia real*:民法典第408条)。转让在当事人之间是彻底的并且可以据此对抗第三人(prior temporis, potior jure)。参见*Pires de Lima and Antunes Varela*, Código civil Anotado Ⅲ[2], 120。交付只是让与人依据合同负担的义务(买卖:葡萄牙民法典第879条;赠与:第954条第(b)款);但是,如果赠与没有实施交付,则赠与合同需要具备书面形式:民法典第947条第(2)项。1867年的民法典就已经采取合意主义(第715条),1966年的立法者考虑了1867年的做法和德国的做法,没有发现改采交付主义的必要。参见*Antunes Varela*, Obrigações em geral I, 303;*Pires de Lima and Antunes Varela*, Código Civil Anotado I[4], ad. art. 498, 374。民法典第1316条规定,所有权可以依据合同发生移转(买卖:葡萄牙民法典第879条(a)项;赠与:第954条(a)项;建筑:民法典第1212条第(1)款,以及其他任何有偿地转让所有权的合同,如互易:民法典 第969条),继承以及其他法律规定的方式也可以使所有权发生移转,如法院的判决(例如,民法典第413条规定不履行具有物权效力的允诺(*contrato-promessa com efeito real*)、第421条规定的不遵循优先权的要求(*direito de preferência*)、第827条规定的特定履行(*execução específica*)之时的判决)。所有权还可以因为不当得利的效力(葡萄牙民法典第479条)或者依据侵权法恢复原状(葡萄牙民法典第562条)而发生移转。

23. 在英格兰和威尔士,有关物权变动的规则因交易的类型不同而不同。就货物买卖而言,原则上合同本身就足以使所有权发生移转,基本规则是当事人自治。1979年货物买卖法第17条规定,如果就特定的或者确定了的货物存在一个买卖合同,其所有权在合同当事人意图转让时移转。在确定当事人意图时,需要考虑合同的条款、当事人的行为和当时的具体情况。该法在第18条进一步规定了确定当事人意图的一套推定性的规则。但是,特定的当事人如果有不同的意图时,该意图总是优先。就本文而言,最重要的规则是第18条第(1)款的规定,该规定称,如果存在一个对处于可交付状态的特定物的未附条件的买卖合同,货物从合同订立时起转转到买方,付款或者交付时间是否延后或者两者是否都延后无关紧要。基于这一基本规则,英国法可以归入合意主义。第18条的其他规则涉及:特定货物的买方有义务采取措施使货物处于可交付状态的情形(规则2;所有权在这一行为完成且买方注意到时发生移转);当处于可交付状态的特定货物需要卖方为确定货物价格而进行称重、测量或者检验等(规则3;所有权也是在这一行为完成且买卖注意到时发生移转);买卖有待认可或者可以退货时(规则4;在得到认可之后或者规定的或者合理的时间已经经过时,所有权发生移转)。第18条的规则5涉及种类(未确定的)物,子规则1规定:在未确定的或者将来的货物买卖合同中,在卖方经过买方的同意或者买方经过卖方的同意,将处于可交付状态的这类货物无条件地归入合同项下时,所有权发生移转,这种同意可以是明示的也可以是默示的,可以在归入合同项下的行为之前或者之后作出。依据第18条规则5的子规则2,卖方依据合同,将货物交付给买方或者为交给买方将货物交给承运人、其他保管人、仓储人(不论是否是买方指定),且未保留任何处分权,则视为卖方无条件的将货物归入合同项下。对于构成大宗货物的一部分的种类物的情形,适用特别的规则(1979年货物买卖法第20条A,第20条B以及第18条规则5的子规则3和4);参见第Ⅷ-2:305条的注释1。所有的情形都不需要任何物权合意。参见*Bridge*, Personal Property Law, 80 ff;Faber and Lurger(*-Frisby and Jones*), National Reports Ⅱ, 64 f, 77 ff及许多其他文献。就赠与而言,需要契据或者交付,其他拟制交付的形式显然也是可以的(*Bridge*,Personal Property Law,93 et seq.;*Frisby and Jones*,loc. cit.,71 et seq.,76 et seq.)。不当得利或者侵权是否会引起物权的产生是引起热烈讨论的话题。就不当得利而言,在 *Chase Manhattan Bank v. Israel-British Bank*([1981] 1 Ch 105)一案法官认为,基于错误而支付货款,有收款人为付款人作为信托而持有(但是在 *Westdeutsche Landesbank Zentrale v. Islington London Borough Council* [1996] AC 669 一案中被批评:at 715 per Lord Browne-Wilkinson)。侵权会产生物权的可能性在 *Attorney-General of Hong Kong v. Reid* [1994] 1 AC 324(违反受信义务)一案中得到承认,但是学术上被强烈批评(*Crilley*,[1994] RLR 57)。参见 *Frisby and Jones*,loc. cit.,72 f。就"有因—无因"的二分而言,传统的观点是无效合同不引起所有权的转让,或者可撤销的合同被撤销时,所有权回归让与人,但是这样说,把问题过于简单化了。详细讨论参见第Ⅷ-2:202条注释8和33,也请参见 *Frisby and Jones*,loc. cit.,72 ff。

24. 在爱尔兰,1893年货物买卖法(以不受1980年货物买卖与服务提供法影响为限)规定了与英格兰1979年货物买卖法第17条和第18条基本一致的规则《子规则3和4以及规则5除外》。因此,我们参考上文注释23关于英格兰法的描述;也请参见 Faber and Lurger (*-Gardiner*), National Reports Ⅱ,2008 ff.。就赠与来说,所有权只有通过契据或者交付才发生移转(*Irons v. Smallpiece*[1819]2 *B&Ald* 55)。就基于不当得利、侵权的移转,以及就基础性合同的无效性的效力来说,也可以参照关于英格兰法的注释23所引用的判例。进一步详情见,*Gardiner*,loc. cit.,202 ff.。

25. 在苏格兰,就动产而言,实际上两种所有权转让体系并存。实践中最重要的领域:买卖,受成文法1979年货物买卖法调整(该法也适用于英格兰和威尔士)。基本规则是,根据确定性的一般要求(第16条),所有权在当事人意图的时间移转(第17条)。第18条包含了一系列的确定意图的规则。就1979年法而言,转让可以说是有因的(*Reid*,The Law of Property in Scotland, para. 610)。参见上文注释23对英格兰法的说明。不属于1979年货物买卖法范围的,适用苏格兰普通法,所有权在交付时移转。互易、赠与合同就适用该规则,另外非常规的转让形式也适用:拟进行的买卖无效的,依据合同排除1979年法的适用或者依据1979年法第62条第(4)款该法不适用的,该款规定,该法不适用以买卖合同为形式、意图运作抵押、质押、押记或者其他担保方式的交易;参见 Faber and Lurger(*-Carey Miller/Combe/Steven/Wortley*),National Reports Ⅱ,344 f,430 ff。除了要求交付,这一领域的法律还有个特点——非常公开的——对所有权转让是否"无因"的讨论,即是否独立于转让的基础性债务。在苏格兰,人们对土地的转让采纳无因的转让制度。但是对货物来说,这一点没有得到权威性地确定而且判例法极为稀少。认为采取无因的转让制度的观点看来得到了相当的支持(cf. *Carey Miller and Irvine*,Corporeal Movables^2,para 8.10;*Reid*,The Law of Property in Scotland,paras. 608–609;see also *Carey Miller/ Combe/Steven/ Wortley*,loc. cit.,316 et seq.,349 et seq. and 357 et seq.)。得到普遍认可的合同和移转之间的普通法上的区分,显然与"物权协议"有很大的共同之处(*Carey Miller/Combe/Steven/Wortley*,loc. cit.,350)。对于无因管理或者不当得利的物权性救济通常都是钱,而不是特定的财产。尽管并非常规的诉讼,但是法院也会做出具有转让所有权效力的命令(*Carey Miller and Irvine*, Corporeal Movables^2,para 1.19;Reid,1994 JuridRev 167)。海难救助和共同海损的海商法的适用也可以作为转让所有权的基础(1995年商船法)。在破产或者依据刑法没收时,司法转让也会引起所有权转让;离婚或者同性伙伴关系解散的法院裁决也会成为所有权转让的依据(1985年家庭法(苏格兰));cf. *Reid*, loc. cit., para. 664;*Carey Miller and Irvine*,loc. cit.,para 1.25; *Carey*

Miller/Combe/Steven/Wortley),loc. cit.,347 f。

26. 依据塞浦路斯法,根据宪法(第 26 条第(1)款)确定的合同自由原则,所有权的转让主要是通过合同的手段实施的,但是所有权可以以其他方式为当事人取得,如依据法律规定、遗嘱或者遗赠取得。当所有权依据合同移转时,合同必须有效且可以强制执行。如果有效且可强制执行,合同调整所有权转让的各个方面,比如,合同可以确定所有权是否在付款、交付或者其他任何时刻发生移转,是否保留所有权等。此外,让与人必须具有处分权,适用任何人不得将自己没有的权利转移给他人(*nemo dat quod non habet*)的法谚,尽管对此有一些例外(参见第Ⅷ－2:102 条注释 19)。另外,除了引起基础性债务的合同外,所有权转让的完成不需要独立的(物权)协议;当事人的意图本身就足以产生这一效果。有时候,所有权转让以登记为要件,但是并非适用于所有类型的动产。就特定动产的所有权的持有需要批准时,在未获批准之前不承认这种所有权的转让。塞浦路斯遵循统一的所有权概念,因此,塞浦路斯法上的所有权转让,被理解为包含了对财产的最好的可能的利益而不是一些无关紧要的权利的移转(Faber and Lurger(*-Laulhé Shaelou/Stylianou/Anastasiou*),National Reports Ⅱ,518 et seq.)。当事人必须自愿地签订合同且需具备法律行为能力;最后,合同的约因和目的必须合法(合同法(Cap 149)第 10 条第(1)款;*NTTS ov MNPO "Dalvent" v. F / V* 0758 *Zolotets* [1993] 1 Apofasis Anotatou Dikastiriou [SC],877)。自愿意味这种当事人之间的协议不受胁迫、不当影响、欺诈、不实陈述或者重大误解的影响(合同法(Cap 149)第 24 条);如果不符合自愿的要求,则依具体情形,协议可能无效或者可撤销。合同约因和目的的合法性是从反面进行规定的,其不为法律禁止,不是欺诈性的,不涉及或隐含着对他人人身或者财产的损害并且不有悖公序良俗(合同法(Cap 149)第 23 条);如果这些条件都具备了,则合同有效。如果合同无效,所有权的转让也无效(Faber and Lurger(*-Laulhé Shaelou/Stylianou/Anastasiou*),National Reports Ⅱ,520 et seq)。

27. 在芬兰,基本规则是,货物特定的,买方在合同订立时可以对抗买方的债权人。如果货物是种类物,必须为买方而特定、分离和标注。在涉及无偿的转让以及涉及货物上的质权时,需要交付(tradition)(Faber and Lurger(*-Kuusinen*),National Reports Ⅴ,chap. 1. 1. 3,5. 3. 1 and 5. 5)。交付也适用特定的动产,即流通证券;参见第Ⅷ－2:105 条的注释 88。

28. 在丹麦,对于特定物而言,也是从合同订立时起,买方取得对抗卖方债权人的权利。就种类物,则需要"常规的且具有拘束力的归入合同项下的行为"才能实现这种对抗。详见下文注释 49(译者注:原文为 23,应为笔误)。

29. 在瑞典,两种场合下,买方合同订立时就取得对抗卖方债权人的资格。一是当货物为消费者购买,消费者买卖法第 49 条规定消费者在货物特定化时受到保护(参见后文注释 47 和第Ⅷ－2:103条的注释 21)。另外,如果是通过强制性拍卖购买,合同本身也就足以使买方取得对抗卖方债权人的权利(*Millqvist*,Sakrättens grunder,86 and Millqvist,NJA 1985,159)。

30. 在挪威,合同订立时就取得对抗让与人债权人的权利仅限于例外的情形。具体来说,当货物卖方为买方利益持有之时,可能会发生这种结果(详见第Ⅷ－2:103 条的注释 22)。

Ⅳ. 特定化

31. 在荷兰,所有权只有货物特定时才能发生移转(特定化原则)。这一点从荷兰民法典第 3:84 条第(2)款可以看出,该款规定:"名义必须以充分确定的方式来描述财产。"就债法而言,荷兰民法典在第 6:227 条规定:"当事人所承担的债务必须可确定。"第 6:227 条的"可确定"(意味着为确定债的标的,可以适用主观标准)比第 3:84 条第(2)款的"充分确定"的含义宽,后者意味着,如果需要的话,随后可以找到客观标准,用来确定标的是否会或者已经转让(*Brahn/Reehuis*, Overdracht,41 et seq.)。因此第3:84条第(2)款的名义是指因名义而发生的移转之债实施之时;也就是说,交付之时(Asser(*-Mijnssen and De Haan*),Goederenrecht 3 - I[14],174 f;*Brahn and Reehuis*,Overdracht[3],42 f;Faber and Lurger(*-Salomons*),National Reports Ⅵ,chap. 5.6)。由于"特定化原则"的要求,就不确定货物不成立所有权,而且,种类物也需要知道具体是哪项财产打算转让给受让人时,才能发生所有权转让。将种类物归入合同项下被视为发生于物权协议之中(*Salomons*,loc. cit.,chap. 5.6)。

32. 在德国和希腊,特定化原则也要求拟转让的财产在转让发生之时足够特定。在德国和希腊法中,特定(*Konzentration*,*Konkretisierung*;*συγκξυρωση*),原则上由债务人完成,除非当事人另有(明示或者默示的)约定或者法律另有规定(德国民法典第243条第(1)款;希腊民法典第289条第(1)款)。在德国,债务人应当提供"平均种类和品质"的货物,实践中意味着,品质的标准是根据种属来确定的(*Medicus*,Schuldrecht I[17],§ 19 no. 182),而在希腊,债务人"既没有义务选择种属之中最优等的标的,也不能选择最差的"(希腊民法典第289条第(2)款),意味着当事人的意图是决定性的(*Stathopoulos*,Law of Obligations,§ 10,no. 41)。特定化通常发生于债务人"已经履行了合同中他必须履行的所有事项"之时(德国民法典第243条第(2)款;*Larenz and Canaris*,Schuldrecht I[14],153;*Schlechtriem and Schmidt-Kessel*,Schuldrecht[6],Allgemeiner Teil,no. 224;*Georgiades*,Enochiko Dikaio,98),因此最迟是给付之时(*Fikentscher and Heinemann*,Schuldrecht[10],§ 28 no. 248)。特定化可以以以下的方式发生:如果卖方为了履行合同义务已经选择了标的,在希腊特定化到债权人受领迟延时方才发生(希腊民法典第290条第(1)款),而在德国,直到债权人得到买方作了选择的通知且/或者被告知收取货物之时移转。至于其实际的效果,两种规定经常(但非总是)是一致的,因为绝大数债权人未能对通知作出及时回应的情形,都会构成迟延(德国民法典第300条第(2)款;*Medicus*,loc. cit.,§ 19 no. 183;*Schlechtriem and Schmidt-Kessel*,loc. cit.,no. 224)。另外,如果根据债权人的要求,货物已经发运,则特定化发生于以适当的发运方式交付货物之时(*Medicus*,loc. cit.,§ 19 no. 183;希腊民法典第290条第(2)款)。此外,当事人可以就特定化的方式订立特定的协议(*Fikentscher and Heinemann*,loc. cit.,§ 28 no. 253 a);*Georgiades*,Enochiko Dikaio,97 et seq.。最后,在所有的同一种类的货物灭失得只剩下一项时,也视为发生特定化(*Georgiades*,loc. cit.,98;Faber and Lurger(*-Klaoudatou*),National Reports Ⅲ,chap. 4.2.4)。就将货物独立分离出去而言,对货物加上诸如标签一类的改变并非必要,他方当事人选择特定物的口头指示可能就足够了(*Chelidonis*,EllDik 2000,613,621);任何表明卖方将特定货物归入合同项下的行为都是可以的,比如,对财产进行物理位置的改变或者用机器序列号或者发动机的序列号为买方开具发票(*Georgiades*,loc. cit.,97 fn. 16;*Klaoudatou*,loc. cit.,chap. 4.2.4)。人们不认为分离对于分离的一方具有拘束力。另一方面,特定化,在希腊被认为是具有拘束力的,除非债权人迟延或者不同意该特定化(*Stathopoulos*,loc. cit.,§ 10,nos. 42,50;反对这一观点的,PPr Thessaloniki 789/1993,Arm 1993,1100)。德国法在这个问题上存在争议,但是多数观点是倾向于没有拘束力的观点(支持这一看法的,*Fikentscher and Heinemann*,loc. cit.,§ 28 no. 249;*Medicus*,loc. cit.,§ 19 no. 184;*Schlechtriem and Schmidt-Kessel*,loc. cit.,no. 225;持反对意见的,*Larenz and Canaris*,Schuldrecht I[14],154;BGH BB 1965,349;RGZ 91,110;BGH NJW 1982,873)。德国最高法院确定的特定化的一般标准是:如果了解协议的人能够确定哪一项财产是协议的标的,则足以特定化("*Beobachterformel*";BGHZ 73,253,

254 et seq. ;BGH NJW 1984,803;BGH NJW 1986,1985;BGH NJW 1992,1161;BGH NJW 1994,133),而事后判断某项特定财产是否为转让所及可能遇到的困难无关紧要。显然,最高法院选择对每一个案件做独立地处理,而且从其所遵循的进路也可以发现一种特定的限制。足以构成特定化的例子有,就大宗货物声称卖方只有附条件的而不是完全的所有权;所有的货物存储在特定的房间;集合物存储在仓库的一个房间,而且也存储了其他不属于集合物的财产。另一方面,在判断一物是否是某种财产的一部分时,也有不足够特定的;具体指定 75 头分开持有的肥猪(该案中,当事人没有对分开饲养达成协议);根据货物的价值来判断货物且价值达到一定金额以上;将让与人所有财产指定为将要转让的财产;约定拟转让作为大宗货物存储的货物的一半。特定化留在将来完成也被认为是不充分的,但是这个问题可以通过预约的手段来克服。当拟转让的货物还没有特定化或者甚至还没有生产出来的,可以约定转让发生于生产或者特定化之时(比如从大宗货物中分出)(Faber and Lurger(*-McGuire*),National Reports Ⅲ,chap. 5. 3. 2 有判例法的更多引证)。在希腊判例法中,法院强调的特定化要件(e. g. A. P. 312/1999,EllDik 1999,1364)的例示如下:在一则早期的判例中(A. P. 141/1951,EEN 18,514),法院认为硬币或者纸币必须以编号或者装在特定的盒子里完成特定化;橄榄油一开始加到容器中但是后来和油罐中的橄榄油混合后这不再成立特定化(PPr Herakleion 190/1993,EllDik 1994,179;for oil CA Athens 1172/1987,Diki 1988,517);给买方展示将要出卖的货物的样品被认为构成特定化(CA Athens 8263/1987,EllDik 1991,1673;PPr Thessaloniki 789/1993,Arm 1993,1100)。

33. 在爱沙尼亚,种类物的所有权的转让也需要由转让所有权义务的一方对货物特定化。实践中,当买方购买特定数量的货物,为交付目的从大宗货物中分离出来,特定化就有效完成。依据债法第 209 条第(1)款,可以通过标注、提单或者其他方式完成。特定化被认为是让与人的单方行为。只有为交付目的这种分离的通知才是必需的,对于特定化本身,通知无关紧要。但是,这不等于将受让人从特定化程序排除出去(比如,受让人的参与可以从合同或者债务的性质衍生出来;比如,买方可以从一批汽车中选择有特定颜色的一辆汽车,这显然从技术意义上等同于,或者,以这种方式,参与了特定化过程,也请参见 *Kull/Käerdi/Kõve*,Võlaõigus I,8. 3. 6,p. 160)。另外,特定化必须是有形的、而非心理的行为。因此,这意味着对于第三人的某种程度的公示,但是不必然需要受让人的了解。重要的是,在风险移转给买方之前,让与人有权(以其他同样的货物)替换种类物。风险移转的时间是特定化以及随后对买方的通知已经完成之时。但是,让与人甚至在特定化和对交付的准备已经完成后、受让人得到通知之前,还是能有效完成这种替换(Faber and Lurger(*-Kullerkupp*),National Reports Ⅰ,287)。

34. 依据奥地利法,特定原则(*Spezialitätsprinzip*)是物权法的基本原则之一;据此,种类物的所有权只能在其特定时完成移转。在物权法领域,很少讨论细节,只是在合同法领域,尤其是涉及风险移转时,同样会详细分析。根据主流的观点,只有在供货人为履行债务做了所有必要的准备时,特定化才会完成(Klang(*-Bydlinski*),ABGB Ⅳ(2)^2,149 f;Rabl,Gefahrtragung,362 et seq. ;Rummel(*-Aicher*),ABGB I^3,§ § 1048－1051,no. 4)。当债务在债务人住所地清偿时,供货人必须将货物与其他大宗货物分开并且将其交给债权人处置。当债务在债权人住所地履行时,后者受领迟延使特定化确定。最后,如果货物打算运交买方,特定化在货交承运人时完成(参见第Ⅷ－2:104 条注释 26)。最近这种传统观点受到质疑,有人提出,如果卖方能充分证明特定的货物已经为买方而分离,则特定化就已经完成,风险因此也就移转到买方;根据这种观点,特定化发生于三种场合:履行时、债权人受领迟延时或者货交承运人时(*Rabl*,Gefahrtragung,398 et seq. ;

Rabl,FS Welser,833,844 et seq.)。

35. 斯洛文尼亚物权法典第 7 条明确规定,一切物权关系都必须遵守特定化原则。依据该规定,只有个别的、确定的独立的物才能成为物权的客体,除非该法另有规定。因此种类物的移转需要货物特定化。这种归入合同项下的行为最迟发生于财产交付给受让人之时(see *Cigoj*, Teorija obligacij,49;Faber and Lurger(-*Rudolf/Rijavec/Kerestes*),National Reports Ⅰ,549)。

36. 西班牙法也规定,特定化是取得动产物权的必要条件。种类物没有特定和确定时,返还占有的诉权不成立,因为对物的所有权没有得到确证(参见 TS 21 December 1908 and TS 1 March 1954,RJ 983)。就合同法而言,西班牙法规定,特定化可以由债权人、债务人、第三人或者通过其他制度来完成,如果没有相反的约定,特定化的权利属于债务人。特定化的时间通常与债务履行的时间一致;但是也可以在此之前发生特定化。如果特定化的权利被赋予债务人,可以认为,仅仅是债务人为了履行债务将货物分离并不足以构成特定化,必须对债权人作出相应的通知。人们也认为债权人迟延受领货物交付时,债务人可以单方面完成特定化,从而由债权人承担意外灭失的风险(参见 Faber and Lurger(-*González Pacanowska and Díez Soto*),National Reports Ⅴ, chap. 1.3.2(d))。

37. 依据立陶宛法,对于调整特定化的程序,没有特别的规定,交由当事人自治。通常,种类物可以在货物从大宗货物中分离时发生所有权转让。决定因素是这些货物和同种类的其他货物区分开来了。这种区分可以是标注、打包或者将物置于特定的地方或者容器之中等。当事人也可以约定,特定化必须由买方完成,比如,买方有权在卖方的仓库中选择货物。只有特定物或者特定化了的种类物才能主张返还占有的保护。这一规则不是法律直接规定的,而是从返还占有之诉的一般要件中推出,并且为法学所认可(Faber and Lurger(-*Mikelenas*),National Reports Ⅲ, chap. 5.2.1)。

38. 在斯洛文尼亚,特定原则在商法典中有明确的直接规定,第 444 条指出,以书面形式达成的协议,当事人在交付之前取得货物的所有权,只要货物特定,或者在货物转让时种类物有充分的标注,从而使其可以区别于其他同种类的货物,这种标注必须以符合当事人约定的方式履行或者由卖方单方选择并且毫不迟延地通知买方。因此,“特定化的行为”可以由双方的合意完成,或者通过让与人的单方行为完成,但是要求随后毫不迟延地通知受让人(Faber and Lurger(-*Petkov*),National Reports Ⅵ,chap. 4.1.2)。

39. 在法国法,种类物的所有权只有在货物特定时才能发生移转(法国民法典第 1585 条;Cass. civ. 30 June 1925,DP 1927,1,29)。特定化通常是让与人实施的单方行为,而且不需要通知合同另一方当事人或者征得其同意之类的其他要件(*Goré*,Le transfert de proprieté dans les ventes de choses de genre, D 1954,175;Faber and Lurger(-*Cashin-Ritaine*),National Reports Ⅳ, chap. 5.2.1)。另外,对物权只能附着于既有的、特定的及个别的标的——参见 *Atias*,Les biens8,51, no. 72;*Libchaber*,Le portefeuille de valeurs mobilières:bien unique ou pluralité de biens,65。法国民法典第 1585 条规定,只要物没有称量、计数或者测量,其风险仍然归属于卖方。而且,对于购买的动产,只有在其特定时,其所有权才能发生移转(参见 *Goré*,D 1954,175 and Cass. civ.,30 June 1925,DP 1927,1,29)。特定服务于两个目的:使物权转让成为可能以及履行合同义务(Cass. com.,25 November 1986,Bull. civ. Ⅳ,no. 222);只要购买的数量被算过,所有权就发生移转。特定化也服务于证实动产是否依据合同的条款交付(或者处于交付之中)的目的(*Collart Dutilleul and Delebecque*,Contrats civils et commerciaux7,218,no. 232;*Huet*,Contrats spéciaux^2,

224,no. 11253)。

40. 在比利时,只要货物特定(特定原则:民法典第1585条),所有权只依据合同的效力发生移转。特定原则的确切含义在比利时法中并不明确。主流的学说是,通过对第1585条的解释,称量、计数以及测量货物似乎并不足以使所有权发生移转,尽管有一个判决认为这是充分的(Cass. 3 January 1952,Pas. belge 1952 I 225)。后一种解决方案招致学说上的批评。传统上认为,特定化必须是双方当事人或者其代理人在场才能发生,尽管最近的学说认可单方特定化的效力。该观点认为,特定化是让与人将特定的货物归入合同项下的不可撤销的意思表示,这就足够了,因此,从那时起,让与人不能为了将其他货物归为合同的标的而撤销特定化,必须承认特定化已经完成(*Waelbroek*,Le transfert de la proprieté,24;*Limpens and Heenen*,La vente,1083;on the issue,see also Faber and Lurger(*-Cauffman and Sagaert*),National Reports Ⅳ,chap. 9. 2. 1)。

41. 在意大利,合意转让只发生于当事人已将拟移转的货物特定之时。否则,就种类物的所有权只有在货物特定化(*individuazione*)之时移转,通常发生交付之时,同时也取决于当事人在合同中的约定(意大利民法典第1378条第(1)款。参见Cass. II,no. 5537/1981;Cass. I,no. 8861/1996;Faber/Lurger(*-Greco*),National Reports Ⅰ:Italy,435 et seq)。

42. 在葡萄牙,只要货物是确定的,所有权仅依据合同效力而发生。如果货物是种类物,所有权在货物特定之时发生移转(葡萄牙民法典第408条第(1)款)。特定化(concentração)通常由让与人实施(葡萄牙民法典第539条),但是,也可以由受让人或者第三人实施(葡萄牙民法典第542条)(参见*Pires de Lima and Antunes Varela*,Código Civil Anotado I,550;*Baptista Lopes*,Do Contrato de Compra e Venda no Direito Civil,101)。

43. 英格兰1979年货物买卖法第16条原则上规定:货物特定之前所有权不发生移转。该规定为第18条规则5子规则1所补充,该规定明确指出,除非当事人另有约定,货物经买方同意由卖方或者经卖方同意由买方无条件归入合同项下时,所有权转让于买方;同意可以是明示的或者默示的,可以在归入合同项下之前或者之后作出(也可以参见上文注释23)。也请参见下文注释45爱尔兰法中讨论的案例。

44. 依据1979年货物买卖法,苏格兰适用同样的规则;参见Faber and Lurger(*-Carey Miller/Combe/Steven/Wortley*),National Reports Ⅱ,351 ff,有进一步引证。

45. 在爱尔兰法上,规则是物权只能存在于特定的货物之上。就不确定的货物或者准特定物(比如构成特定大宗货物一部分的种类物)而言,只有货物归入合同项下时,物权利益才能转让(1893年货物买卖法第16条)。因为对于准不特定物产生过于严厉甚至是随意的后果,最近该规则招致批评:买卖合同当事人如果打算转让特定大宗货物之中的一部分,比如某船舶上1000吨中的500吨,不能认为特定化已经完成,卖方破产时,不得对货物的一部分提出权利主张(cf. *Re Wait* [1927] 1 Ch. 606),而如果当事人以百分比或者分数,比如特定大宗货物的50%或者1/2来表示购买货物的数量,则就该份额的物权在合同订立时就发生移转——由于份额涉及整个大宗货物,因而及于大宗货物的每一项财产,所以不需要归于合同项下的行为。因此存在效仿1995年货物买卖(修正)法,引入与1979年货物买卖法第20条A和第20条B(参见对第Ⅷ-2:305条的注释1和3)相当的规定的必要,以保护包含于特定的大宗货物中可替代物的预先付了款的购买者(*White*,Commercial Law,380),或者更进一步,对于日益重要的网络购物之中的消费者给予特别保护(*Bradgate*,Commercial Law^3,390 f;cf. also Faber and Lurger(*-Gardiner*),National Reports Ⅱ,211 et seq.)。与英格兰法一样,在无相反约定时,对于不特定的货物,所有权在"无条件归入合同项下"时发生移转(1893货物买卖法第18条规则5,对于英格兰法类似规定参见前注释23)。这种归入合同项下的行为被认为具有毫不含糊、不可撤销的性质,将货物交由卖方控制之外,从而不能用来履行其他合同义务。比如,在*Carlos Federspiel & Co. v. Charles Twigg & Co. Ltd.* [1957] 1 Lloyds Rep 240一案中,自行车被装入写有买方姓名和地址的集装箱中,这样做还不够,因为卖方还是可以改变想法。将货物分置或者挑出货物属于卖方内部事务管理。另一方面,将发电机分置于卖方的经营场所,标上买方的姓名,在卖方给买方发出标有发电机的序列号的发票和交付单时,构成归入合同项下的行为(*Hendy Lennox(Industrial Engines)Ltd. v. Graham Puttik Ltd.* ([1984] 1 WLR 485))。关键在于,此时卖方完成了其依据合同履行债务所需要做的一切(参见Faber and Lurger(*-Gardiner*),National Reports Ⅱ,214 et seq.)。

46. 在塞浦路斯,基本规则是,货物所有权只有存在且已经确定时才能发生移转(1994年货物买卖法第18条)。1994年货物买卖法第23条与英格兰1979年货物买卖法第18条规则5子规则1和2相对应(参见上文注释23)。塞浦路斯法院考虑英格兰先例的做法很常见,比如在*Ouzounian, M. Soulanian & Co. Ltd. v. Chr. Hajiprodromou Estates Ltd.* [1979] 1 CLR 726一案中,Triandafillides法官参考了*Ross T. Smyth & Co. v. T. D. Bailey Son & Co.* [1940] All ER 60一案,并且采纳了*Carlos Federspiel & Co. v. Charles Twigg & Co. Ltd.* [1957] 1 Lloyds Rep 240一案确定的规则。除了其他要求之外,在卖方同意下归入合同项下的行为通常涉及现实交付或者推定交付,因此,仍然占有货物的卖方被视为买方的保管人,通常,但不是必定,因为卖方依然有可能将货物交付给其他客户,此时不承认发生归入合同项下的行为。参见Faber and Lurger(*-Laulhé Shaelou/Stylianou/Anastasiou*),National Reports Ⅱ,528 ff for further discussion。

47. 在瑞典,特定化原则(*specialitetsprincipen*)是调整所有权转让的基本原则之一,该原则要求对物权只能涉及特定的、确定的客体,这与种类物的买卖尤其有关,因为特定物总是确定的。经常会说该原则区分了债权和物权:如果货物不特定,只能产生债权(*Martinson*, Transfer of Title Concerning Movables Ⅲ, National Report: Sweden, 15 et seq., 20, 48; *Håstad*, Sakrätt[6], 163 et seq.)。特定原则存在一些例外,物权可以存在于代位物之上,比如,涉及对于灭失财产的保险赔偿时。另一个例子其实不如说是物权的重建,是指同一财产被再次购买然后分割(*Millqvist*, Sakrättens grunder, 61 et seq.; *Håstad*, loc. cit., 163 et seq.)。但是,在瑞典要获得针对卖方债权人的保护,传统的规则是货物的占有必须移转,或者,至少卖方的处分权被切断(参见第Ⅷ-2:104条的注释21和47)。因此,就本规则而言,几乎不需要详细讨论种类物特定化的确切特点。2002年引入了针对传统规则的一项例外,即消费者从商人处购买货物,这就使问题发生了变化。依据消费者买卖法(*Konsumentköplagen*)第49条,如果货物特定,消费者从合同成立时就受到保护。该法——非穷尽地——提到可以通过分拨、标注或者登记入册来特定化。在分拨时,买方不需要参加,甚至都不知道分拨,就可以取得针对卖方债权人的保护(参见S-Karnov 2006/07(-Persson), 590 note 189)。有学者提出,特定化的行为由卖方完成,买方也没有得到通知,卖方则仍然有权将货物交付给其他客户(*Håstad*, Sakrätt[6](Suppl. 2004), 20)。

48. 在芬兰,特定原则被用来区分债权和物权。种类物只有特定化后才确定,只有在那时货物或者动产的所有权才能成立。另外混合后,动产失去其作为独立的法律客体的特定性。只有种类物为了买方被特定、分拨或者标注时,买方才能获得针对卖方的债权人的保护(Faber and Lurger(*-Kuusinen*), National Reports Ⅴ, chap. 5.3.3 and 5.5)。

49. 在丹麦,通常在合同成立时,买方就取得针对卖方的债权人的保护,为实现此目的,货物也必须特定。丹麦的法学学者提出,特定必须"合符常规"以及/或者"具有拘束力"("符合常规"是说根据当时的情况,看起来普通常见,而"具有拘束力"是说如果卖方没有交付选定的货物,将构成不履行合同义务)。更好的观点可能是这些要件是累计的(*Elmer and Skovby*,Ejendomsretten 1[4],51 ff,详见第Ⅷ-2:103条注释23)。

50. 在挪威,种类物的特定在货物特定化(*utskilt*)时完成。哪项特定货物是卖方为买方利益保有的,只有这一点明确时,买方才取得针对卖方的债权人的保护(Faber and Lurger(*-Færstad*),National Reports Ⅴ,chap. 8. 2. 4)。有关要件据说不是很严格(参见 *Falkanger and Falkanger*,Tingsrett[6],625 et seq.)。

第Ⅷ-2:102条 让与人的权利或权限

(1)所有权转让之时,让与人欠缺转让的权利或者权限的,让与人取得权利或者有转让的权利或权限的人事后追认转让时,发生所有权转让。

(2)一经追认,转让产生与自始是有权转让同样的效力。但是追认之前其他人取得的物权性权利不受影响。

评 论

A. 概述

规则的功能。本条是对第Ⅷ-2:101条(所有权转让的一般要件)第(1)款(c)项基本规则的补充。第Ⅷ-2:101条(所有权转让的一般要件)规定让与人必须有转让所有权的权利或者权限。一般规定涉及的是典型的情形:当受让人转让所有权的授权产生之时,或者至少在符合其他一般要件而发生所有权转让时,让与人处分货物的权利或者权限须存在,即基本上是当事人合意的时间或者交付之时。本条处理的是于那时让与人仍没有处分货物的权利或者权限的情形。

规制情形的概述。所有权发生转让时让与人缺乏转让所有权的权利或者权限的情形下,该所有权仍然有可能在事后发生转让。本条确定两个可供选择的要求。第一个要求是让与人自己事后取得处分的权利(即取得相关货物的所有权)。下述评论B会对该要求予以讨论。第二个要求是真正的所有人或者得到所有人实际授权的其他人在事后对该转让予以追认(参见下文评论C)。

B. 处分权的事后取得

逻辑根据;比较法背景。无处分权人对财产作出处分,但其在事后取得处分权,该处分人应受先前的处分行为约束,虽然这些处分行为一开始是无效的。因此,当缺失的要件(处分权)在事后具备时,该转让生效。这种规则出现在许多欧洲国家的法律制度中。

规则如何运转。当一开始没有所有权的出让人事后取得所有权且因此取得处分权之时,所有权发生转让。所有权正是在这一刻有效地转让至受让人(向将来的效力(*ex nunc* effect))。

示例1

A卖给B货物;货物一经交付,所有权发生转让。货物交付给B之前,B将货物卖给C。B和C合意在合同成立之时所有权发生转让。但是,这是不可能的,因为那时A仍然是货物的所有人。然而,在B收到货物并因此取得该货物的所有权时,所有权立即转让至C。

C. 追认

概述。本条的第二个规则是:无权限人打算转让所有权的,货物所有人(即有权利转让货物的人)或者被实际授权处分该财产的人对该转让予以追认时,转让生效。如果所有的相关当事人——合意转让所有权的让与人和受让人和受该转让影响的货物所有人——一致同意,那么尽管让与人一开始没有充分的权利,转让也有效,这点没有异议。该规则的根本意义是承认当事人自治。在只涉及该三方当事人的情况下这条原则十分简单,但是,当其他人在无权转让之后、事后追认之前从权利已转让者那取得了对同一货物的权利,问题就变得更复杂了。在许多欧洲国家的法律制度中,这一点似乎很少有人讨论。对这个问题有讨论的或者甚至有成文法规定的,解决方案在细节上也有不同。然而,有一点是相同的,就是以这样或那样方式保护上述的其他人。

在第Ⅱ-6:111条(追认)第(2)款代理规则有对应的规定:一经追认,一开始无权的行为"在不损害其他人的权利条件下,被视为有权代理"。

追认。追认行为可以由所有人或者依法得到授权转让货物的人作出。与第Ⅱ-6:111条(追认)条类似,追认可以通过明示的方式向让与人(无权转让人)或者第三方受让人作出。追认也可以是所有人(或者被授权人)以清楚表明认可该转让意图的行为这样一种默示方式作出;参见第Ⅱ-6:111条(追认)评论A。

追认的一般效果(第(2)款第1句)。第(2)款第1句规定,追认产生的一般效果是转让溯及既往生效,即如同自始有权转让(溯及效力(*ex tunc* effect))。因此,例如,如果受让人同时将受让的权利转让给其他人,这些权利生效。该规则与第Ⅱ-6:111条(追认)第(2)款中的对应规定一致。

追认前第三人取得的权利不受影响(第(2)款第2句)。本条最麻烦的问题是:相对于货物所有人,有关的第三人在无权转让人转让货物所有权之后、该转让被追认前取得的物权性权利,如何处理?毫无疑问,上述权利的取得自始有效,因为其取得来自所有人。但是,先前移转至其他人的行为一经追认(第1句),所有人将被溯及既往地视为非所有人,进而,第三人取得的权利无效或者取决于是否满足善意取得规则(除了其他条件外，尤其要求取得货物的占有并且是有偿取得；参见第Ⅷ－3:101 条（通过没有转让权利或者权限的人的善意取得））。

示例 2

A 授权 C 在受到特定限制的条件下处分其所有的某些货物。7 月 1 日，C 超越这一限制与 B1 就这些货物订立买卖合同。8 月 1 日，A 与 B2 就同样的货物订立买卖合同。那时，该货物仍由 A 占有。两个合同订立时都同意立即发生所有权转让。现在，A 对 C 与 B1（他同意支付更高的价格）之间订立的合同予以追认。

示例 3

A 授权 C 在受到特定限制的条件下处分其所有的某些货物。7 月 1 日，C 超越这一限制与 B1 就这些货物缔结买卖合同。他俩同意合同一成立就发生所有权转让，但是货物由 A 占有。8 月 1 日，A 的一个债权人银行 B2，在强制执行对 A 的诉讼请求时扣押了这些货物。此后，A 对 C 与 B1 之间订立的合同予以追认。

第 2 句选择的进路是追认前其他人取得的物权性权利不受影响。因此，在上述示例 2 和示例 3 中，B2 将占上风。在“二重让与”情形中（如示例 2 中），就 B1 的“权利”只能由 A 通过违反先前与 B2 订立的合同（通过追认 C 和 B1 之间的合同）“创设”而言，该解决方法被认为是合理的。对 C 和 B1 之间的合同予以追认对 B2 有不法的成分。要求 B1 是善意的（如果在示例 2 情形下，货物首先交付给 B1）似乎比要求 B2 是善意的（如果第 2 句的规则没有被采纳，有必要要求 B2 具有善意）更合理。总体而言，第Ⅷ－3:101 条的善意取得规则（通过没有转让权利或者权限的人的善意取得）——其可被选择用于解决这个问题——被认为没有充分保护 B2 的权利。

在示例 3 那样的情形下，提出的进路显得合理因为其防止所有人剥夺债权人可扣押的资产。同样地，事后对 C 和 B1 之间的合同予以追认对 B2 有不法的成分。

该解决方法似乎与第Ⅱ－6:111 条（追认）第（2）款中的代理规则相一致，其也有相对于其他人权利的但书。

注　释

1. 在奥地利，让与人必须是所有人或者得到所有人处分货物的授权（Faber and Lurger (*-Faber*), National Reports Ⅰ, 59 et seq., 103）。

2. 在德国，根据民法典第 929 条，动产的让与人必须也是其所有人；一方面，该规定的措辞太狭窄，因为并非只有所有人才可以依法处分货物，另一方面，该规定的措辞又太宽泛，因为并非每个所有人有处分权。从民法典第 929 条和第 932 条的比较中也可以推出处分权是所有权继受取得的必要前提（与其相对的是，善意取得情形下处分权并非必要前提）。让与人通常是实际所有人，但也很可能是被所有人授予相关权限的人（例如授予特定公司法定代理人的代理权（商事代理权（*Prokura*））或者法律规定的人（例如破产程序中的管理人或者就子女财产作为子女法定代理人的父母）。根据民法典第182条及以下，所有人可以在任何情形下对无权限人作出的处分行为予以追认：如果处分得到有权人的同意，则无权限人作出的任何处分行为均有效，或者，如果有权人认可该交易或者当无权限人事后取得该动产的所有权或者继承了该动产，该处分可能生效；在后两种情形中，如果各种不相兼容的处分行为同时发生，先发生的处分行为优先生效（民法典第185条）。无权限人作出的处分行为通常无效，但是在善意取得情形下可能生效；然而，法律只保护相信让与人有所有权的善意而不保护相信让与人有处分权限的善意（Faber and Lurger（-*McGuire*），National Reports Ⅲ，chap. 11.3.4）。

3. 类似地，在希腊，所有权的转让必须由有权限的人作出；其通常是所有人，但也可能是与所有人订立合同被授予相关权限的人（例如直接或者间接代理，民法典第211条及以下）或者法定被授予相关权限的人（例如抵押权人或者质权人）。在上述情形下，被授权人的行为视为所有人的行为；事实上，在直接代理情形下，本人直接取得动产的所有权（*Georgiades*，Empragmato Dikaio I，§ 49 no. 10）。在无权处分时，适用一般规定。根据民法典第236条和第238条，真正的所有人相应地可能总是在事前同意或者事后追认这样的处分行为；在追认情形下，追认发生之前合同效力待定，并且如果追认发生，其具有追溯力。此外，民法典第239条对无权处分作了特别规定。如果得到有权人的同意，无权限人作出的任何处分行为均有效；或者，如果有权人认可该交易或者当无权限人事后取得该动产的所有权或者继承了该动产，该处分可能溯及既往地生效；在后两种情形中，如果各种不相兼容的处分行为同时发生，先发生的处分行为优先生效。最后，对于非所有人和无权限人作出的处分行为，也务必记得善意取得规则（民法典第1036条及以下）（Faber and Lurger（-*Klaoudatou*），National Reports Ⅲ，chap. 5.9）。

4. 在瑞士，所有人不被认为是对财产有处分权的唯一的人；破产管理人（债务强制执行与破产法（SchKG）第204条）、债务强制执行官员（债务强制执行与破产法第96条）、和解协议框架下的公司债务清算人（债务强制执行与破产法第319条）、正式的财产代管人（民法典第595条）或者遗嘱执行人（民法典第518条）被授予同样的权限。然而，如果让与人没有处分货物的权利，物权合意也无效并且没有发生所有权转让（无人能转让超过自己所拥有的权利（*nemo plus juris ad alium transferre potest quam ipse habet*）；*Steinauer*，Les droits réels II[3]，no. 2015）。即使让与人事后取得了处分权，物权合意也未被赋予效力，除非它是根据明示或者暗示的先决条件订立的；被宣告破产的所有人作出处分的情形是确认该规则的一个例外（债务强制执行与破产法第96条、第204条）。原则上，这样的所有人作出的转让不能对抗债权人，但是善意取得人受保护（债务强制执行与破产法第96条第（2）款），因为破产程序的启动只影响债务人和债权人之间的关系（参见ATF 113 Ⅲ 34；*Gilliéron*，Commentaire II and Ⅲ，art. 96，no. 24 和 art. 204，no. 13；关于保护善意取得人的争议参见 *Marchand*，Poursuite pour dettes et faillites，74 和 121）；这些规则也适用于不动产情形（ATF 115 Ⅲ 111）。此外，真正的所有人一直可以对无权处分人的行为予以追认（债法第38条）；在这种情形下，占有发生移转之时视为所有权发生移转。如果真正的所有人希望在追认时修改原物权合意的条款，受让人必须认可此修改；否则，受让人不受修改后的物权合意约束并且所有权转让不生效（Faber and Lurger（-*Foëx and Marchand*），National Reports Ⅵ，chap. 5.9.3）。

5. 在匈牙利，无人能转让超过自己所拥有的权利的原则同样适用，并且只有货物的真正所有人能转让所有权，除非法律另有规定。所有人之外，民法典第219条第（1）、（2）款规意义上的直接代理人,以本人的名义为了本人行事的人也能有效转让所有权(Faber and Lurger(-*Szilágyi*),National Reports Ⅲ,chap. 5. 5. 4)。如果转让行为是由无相关权限的人作出的(无权代理人(falsus procurator)),所有人可以根据民法典第 221 条第(1)款的规定在事后对该处分予以追认;追认被认为是对代理的事后认可,后者因此被视为自始存在(Gellért(-*Kecskés*),A Polgári Törvénykönyv Magyarázata,86)。当据称的本人不愿对该处分予以追认时,问题出现了:在这样的情形下,法院基于违反法律规定或者不符合法定的形式要件的理由或者仅仅以处分是由无权代理人作出的唯一(*sui generis*)理由认为合同从未成立或者虽成立但无效(*Gál and Németh*,Ítélo" táblai Határozatok 1/2005,87 ff;Faber and Lurger(-*Szilágyi*),National Reports Ⅲ,chap. 5. 8)。为新的匈牙利民法典而提交的所有草案在无人能转让超过自己所拥有的权利的原则方面保留了旧民法典的措辞(*Szilágyi*,loc. cit. ,chap. 5. 9)。

6. 斯洛伐克的法律规则也对“无人能转让超过自己所拥有的权利”这一法谚就所有权转让方面的效力予以确认,因此,仅当让与人是真正的所有人时受让人才能取得所有权。然而,民法典规定了该规则的两个基本例外:善意取得属于表见(非婚生的(illegitimate))继承人的遗产的财产(民法典第 486 条)和质权人根据质押协议的条款转让质押的财产(民法典第 151 条 m 第(1)款和第(6)款)。商法典第 446 条对根据商法典第 409 条及以下订立的商业买卖合同作出了进一步的例外规定。根据该规定,即使转让发生时卖方不是被转让的货物的所有人,买方可以善意取得该货物的所有权(*Ovecková*,Obchodny zákonník,266);善意取得规则只适用于根据商法典订立的商业买卖合同(Faber and Lurger(-*Petkov*),National Reports Ⅵ,chap. 5. 1)。

7. 爱沙尼亚法律规定让与人须对被转让货物享有处分权,无论是作为所有人还是作为经所有人授权享有实施相应行为的权限的人;如果不存在这样的权利,可适用善意取得规则(*Pärna*,Asjaõigusseadus, § 92 no. 6,182)。如果让与人没有转让所有权的权利,若真正的所有人事先已同意转让或者事后对转让予以追认(民法典总则法第 114 条第 1 项和第 2 项),转让仍然可能溯及或者不溯及地生效(民法典总则法第 113 条)。让与人一开始缺乏权限但之后通过概括继受(universal succession)取得了所有权,便可以对转让予以追认;否则,真正的所有人保留货物的所有权并且可以自由决定是否对转让予以追认(Faber and Lurger(-*Kullerkupp*),National Reports Ⅰ,274 et seq.)。

8. 在立陶宛,其民法典第 4. 48 条规定只有物的所有人或者经所有人授权享有相关权利的人可以将财产的所有权转让至其他人;取得人就被转让的货物享有的权利和承担的义务限于前手对货物享有的权利和承担的义务,法律另有规定或者合同另有约定的除外(Faber and Lurger(-*Mikelenas*),National Reports Ⅲ,chap. 5. 1. 1)。民法典第 6:307 条规定如果货物不是由所有人、管理其买卖的人或者经所有人或法律授权享有出售权限的人而是由其他人出售的,真正的所有人、管理人或者买方有权宣告买卖合同无效;如果让与人在合同履行期间成为了货物的所有人,该合同可以不被宣告无效。如果该买卖合同被宣告无效,货物须返还给真正的所有人,货物在善意占有人手中的是例外情形(民法典第 4:96 条)。此外,所有人可以一直授权其他人(例如代理人)处分货物,而法律常授予必要的处分权,例如在破产公司的管理和无行为能力人的法定监护时;有处分权的非所有人通常在法院的监督下实施法律行为(比较民法典第 3:244 条关于法定监护人实施特定法律行为时需要法院许可的规定)(*Mikelenas*,loc. cit. ,chap. 5. 1. 3(c)and 5. 8)。

9. 在斯洛文尼亚,其法律也没有明文规定让与人须有处分权(*Tratnik*,PP Priloga 2002/36,I(Ⅳ)),但是普遍承认“无人能转让超过自己所拥有的权利”这一原则的效力(*Vrencur*,PP 2003/

26,5 ff; Juhart/Tratnik/Vrencur(*-Tratnik*), Stvarno pravo(2007), 239 ff; SC no. II Ips 650/2004, December 21, 2006; *Tratnik*, Stvarnopravni zakonik(2002), 70f, Juhart et al.(*-Juhart*), SPZ s komentarjem(2004), art. 40, 246; *Tratnik*, Zastavna pravica, 41 f; Rainer and Filip-Fröschl(*-Juhart*), Transfer of Title in Movables I, 179 et seq.)。处分权的缺乏导致转让无效((*Tratnik*, Stvarnopravni zakonik, 70)。处分权或是来自所有权(物权法第 37 条第(1)款)或是,如果让与人不是所有人,来自法律行为(如行纪代理人、延长的所有权保留)或者法律规定(*Tratnik*, Stvarnopravni zakonik, 71 f; Juhart/Tratnik/Vrencur(*-Tratnik*), Stvarno pravo(2007), 522; *Flere*, Retention of title, 62)。物权法第 62 条特别规定允许交付至买方的代理。对该规定作扩大解释,就允许对买卖双方的直接或者间接代理(如行纪代理);该规定也适用于这些情形:货物运送至让与人之时,运输人被视为让与人或者受让人的代理人并且不具有独立的地位(Berden et al.(*-Vrencur*), Novo Stvarno pravo(2002), 75; *Tratnik*, Stvarnopravni zakonik, 69, 316; Juhart et al.(*-Tratnik*), SPZ s komentarjem(2004), art. 62, 316)。如果让与人转让所有权时缺乏处分权,但在事后取得了处分权时,此时所有权取得时生效(物权法第 61 条第(1)款),而不是交付时生效(Berden et al.(*-Vrencur*), Novo Stvarno pravo [2002], 77; Juhart et al.(*-Tratnik*), SPZ s komentarjem [2004], art. 61, 313),同时,如果有多重让与,最先受让财产的人取得所有权(物权法第 61 条第(2)款)。受让人不是在交付时直接从(第三)所有人取得所有权,所有权是在逻辑上的一秒内从(交付时未被授权的)让与人处移转(*Tratnik*, PP 2003, 27－28, I(Ⅱ))。这样的交付通常被解释为占有的改定(*Vrencur*, PP 2000/35, 8; Juhart/Tratnik/Vrencur(*-Tratnik*), Stvarno pravo(2007), 238)或者出于担保目的的信托让与(*Vrencur*, PP Priloga 2001/32－33, XII; Juhart et al.(*-Tratnik*), SPZ s komentarjem(2004), art. 207, 864 f)。如果让与人从未成为所有人或者过去是但在受让人取得所有权之前失去处分权(如由于破产程序),所有权转让被视为自始未发生(Tratnik, loc. cit., art. 61, 314)。物权法未规定所有人事后授予处分权的情形;一些学者的观点认为所有人可以在事后授权处分财产使得转让溯及既往生效(*Tratnik*, Stvarnopravni zakonik, 71),但是其他学者根据物权法第 61 条第(1)款的规定认为,正如非所有人实施的转让行为在事后取得所有权之时生效,类似地,真正的所有人随后授予处分权的,授权发生之时受让人取得所有权(Faber and Lurger(*-Rudolf/Rijavec/ Kerestes*), National Reports Ⅰ, 576 et seq.)。

10. 捷克的法律对授予所有权的名义的无效性问题,和其他情形一起,是在缺乏处分权和是否存在善意取得的问题范围内予以审视的,尽管民法典未对这个问题予以规定,但根据无人能转让超过自己所拥有的权利的原则,判例法确认并非受让财产所有人的让与人不能转让所有权,甚至是向善意取得人转让也不行(Knappová(*-Knapp*), Civil Law I^3, 301; *Svestka/ Jehlicka/Skárová*, OZ9, 436)。另一方面,商法典采取了不同的方法,其第 446 条明文规定在买卖合同框架下从非所有人处善意取得所有权是可能的。这就意味着民法典中的善意标准不同于商法典,特别是消费者(*Svestka/Jehlicka/Skárová*, OZ9, art. 616, 912);在任何情形下,善意取得的标准都是客观的,并且当评价该标准时,必须对特定情形下的具体情况予以适当的注意(Faber and Lurger(*-Tichy*), National Reports Ⅵ, chap. 6)。

11. 西班牙的法律以民法典第 1160 条为基础评价处分权。民法典第 1160 条规定,在有给付义务的情形下,缺乏对货物的自由处分权和转让能力的人实施的行为是无效的。一些学者对该规定的解释是,当某人受转让所有权的义务约束时,订立合同时处分货物的权限并非必须存在,但是交付(*traditio*)发生时处分权必须存在;此外,缺乏处分权的人作出的交付不能消灭相应的义务(*Rubio Garrido*, Contrato de compraventa y transmisión de la propiedad, 196; *Cuena Casas*, Función del poder de disposición, 476 et seq.; Faber and Lurger(-*González Pacanowska and Díez Soto*), National Reports Ⅴ, chap. 4.4.2)。在任何情形下,如果让与人不是货物的所有人或者对货物没有处分权限,据称的取得人永远不能继受取得所有权(但是可以从非所有人处善意取得或者通过取得时效取得)。关于买卖合同,更具体来说,西班牙的法律规则探讨过卖方是有义务转让所有权(*Rubio Garrido*, Contrato de compraventa y transmission de la propiedad)还是仅仅是交付货物并附带保证买方取得宁静和平的不受他人干扰的占有(相关观点参见 *Albaladejo*, Derecho civil Ⅱ12, 518 f);目前,第一个观点在判例法和法理上占上风,尽管可以想象这样的情形:对货物的实际所有权状态不确定的当事人双方并不想移转货物的所有权而仅仅是想转移占有(*González Pacanowska and Díez Soto*, loc. cit., chap. 4.6.2)。如果订立买卖合同的卖方并非被售货物的实际所有人而卖方能够同时取得所有权以移转给买方,合同可以生效;卖方未能同时取得所有权的,则将对未履行合同义务承担责任,同时,如果卖方交付的货物属于他人,真正的所有人可以取回原物,同时买方可以根据民法典第 1475 条及以下对卖方提起诉讼;此外,如果货物的真正所有人不再能取回原物,卖方也可能面临所有人的索赔请求(*González Pacanowska and Díez Soto*, loc. cit., chap. 4.6.3)。此外,买卖他人所有货物的合同也可以基于各种理由无效或者可撤销,例如非法原因(民法典第 1275 条)、错误或者欺诈(民法典第 1265 条及第 1266 条)、缺乏追认(民法典第 1259 条)、未满足先决条件(民法典第 1113 条及以下)等(*Rubio Garrido*, CCJC 70 2005, 457, 463)。就所有人对货物的处分权受到的限制而言,那些限制可能是合法的(如根据民法典第 196 条对处分已被宣告死亡的失踪人的财产的限制、保障债权人权利的法院判决等)或者是自愿的(不转让的约定(*pactum de non alienando*))(更多详情请参见 *González Pacanowska and Díez Soto*, loc. cit., chap. 4.6.4)。在后者情形下,如果它们仅有债的效力(与民法典第 1255 条的私人自治规则比较),那么,除了由于限制性约定,在所有人和约定的受益人之间的内部关系产生的问题外,所有人可以毫无其他问题地继续作出处分行为;但是,该转让有效。另一方面,如果对处分的限制被赋予物权效力,标的物则不可转让;这并不意味着对因此不可转让的货物的处分行为无效,而是它们被剥夺了效力(参见动产分期款付款买卖条例第 4 条,其规定这样的行为彻底无效);有权要求宣告无效的人通常首先是作出这一禁止的原让与人,有时也是该禁止的受益人。如果满足从非所有人处取得所有权的要件(民法典第 464 条关于动产的规定,LH 第 34 条关于不动产的规定)或者禁止作出者废止禁令,处分权利的欠缺可被补正,但是也必须考虑处分权利不仅受限同时被转让给另一人的情形(与民法典第 639 条比较)。实际的具有物权效力的限制措施可在多大程度上对所有人处分财产的权利予以有效限制在西班牙法律中争议很大;然而,通行观点就该问题采纳了以下的指导原则:限制不能超出民法典第 785 条第(2)款和第 781 条规定的时间限制。它们必须旨在服务于让与人、受让人或另一人的公平和正当的利益,而不能为了,比如说使货物不可扣押。更一般地说,对任何施加的限制须作限缩性解释,因为它与所有权的自由相对立;关于不动产,只有在特定的合同或者其他法律行为中的特定限制才可形成具有物权效力的禁止;关于需要登记的动产,对其处分的限制、限制的范围及限制对第三方的效力须到相关登记机构予以登记(参见 1998 年分期付款买卖法(LVP)、动产分期款付款买卖条例(ORVP)第 4 条);关于不需要登记的动产,欠缺使得限制协议具有物权效力的公示手段使得人们得出结论:对这样的限制必须作限缩性解释,即如果它们是基于无偿行为或者死因行为并且服务于正当的利益它们才会被接受;此外,不要忽略了民法典第 464 条关于善意取得的规定,最终适用使得上述条款实际上还是无用武之地(关于处分的限制的更多详情,参见 Faber and Lurger(*-González Pacanowska and Díez Soto*),National Reports Ⅴ,chap. 4. 6. 4)。

12. 荷兰法规定,所有权发生有效移转的要件除了有效的名义和交付之外还有让与人对货物享有处分的权限;因为这些要件是构成性要件,任一要件不满足转让就不生效,除非保护第三人规则适用(*Pitlo et al.*,Goederenrecht[12],nos. 100 f)或者未满足的要件事后得到满足并根据民法典第3:58条转让生效(*Salomons*,loc. cit.,chap. 5. 1. 3(b))。更确切地说,关于财产的处分,无论是转让处分权利还是对在其上设定限制物权(*Pitlo et al.*,loc. cit.,no. 135),一段时间内通说是,即处分的权利(如转让、通过合同予以限制等)不能与所有人的权利相分离(*Pitloet al.*,loc. cit.,nos. 137 f,968)。尽管这个观点在学术界已遭质疑(*Groefsema*,Bevoegd beschikken over andersmans recht,passim),目前仍然流行(相关讨论的概述参见 De titel van overdracht,58 et seq.)。有观点认为处分权限可以产生于所有权、法律规定或者法律行为(*Van Vliet*,Transfer of movables,155),但是该观点已被批评。首先,所有权也具有法定效力,其次被授权处分财产的非所有人行使的不是他或她的权利,而是另一个人的权利(*Salomons*,loc. cit.,chap. 5. 1. 3(b))。实际上,虽然原则上所有人是唯一有权处分财产的人(*Pitlo et al.*,loc. cit.,no. 137),但是所有人可以允许其他人处分财产,如通过代理合同(间接代理)授予代理人处分本人权利的权力。所有权保留买卖具有同样的效果。该情形下,卖方允许买方在支付购买价格前出售并转让货物;与代理一样,买方处分的并非是他或她自己的权利而仅仅是被授予处分卖方所有的货物的权限(*Van Vliet*,Transfer of movables,155 et seq.)。此外,也可以通过法律规定授予非所有人处分权限,如破产情形下受托人(faillissementscurator)有权处分破产人的货物,破产宣告后破产人丧失处分货物的权利(参见破产法第23、68条);民法典第3:248条以法定的形式授予非所有人同样的处分权利,该条允许质权人符合一定条件时对质押物进行处分(*Van Vliet*,Transfer of movables,155)。关于破产中的受托人,法律的字面意义似乎表明受托人未取得处分货物的权利而仅仅是得到相关授权(*Salomons*,loc. cit.,chap. 5. 1. 3(b))。考虑到让与人须有处分货物的权利或者权限这要件(民法典第3:84条),任何未满足该要件的所有权转让均无效;然而,如果取得人可以成功援引民法典第3:24条至第3:26条、第3:36条、3:86条和第3:88条关于保护善意第三人的任一规定,这样的转让可以生效(有关详细信息,请参见 *Salomons*,loc. cit.,chap. 5. 1. 3(b))。如果让与人缺乏处分的权利,民法典第3:86条保护善意取得人对让与人支配的动产的负担的所有权。然而,该规定的范围不包括盗窃情形(民法典第3:86条第(3)款);此外,善意取得人必须能够在取得之日起3年内有效辨认出让与人(*wegwijsplicht*)(民法典第3:87条第(1)款)。民法典第3:88条第(1)款的规定是对民法典第3:86条的规定的补充,该规定适用于已登记的财产和债权(限于记名债权——译者注),有观点认为还应该包括转让时不受让与人支配的动产。最后,民法典第3:24条至第3:26条对在相关登记不完全或者不正确的情形下善意取得可登记财产的人予以保护(有关荷兰法善意取得制度的详细信息,请参见第Ⅷ-3:101条注释37、53、76、97、120和134)。除了上述的善意取得情形,如果让与人,比如说,后来购买或者继承被转让的货物,无权处分人的转让行为可以在事后"被合规化"(*bekrachtiging/convalescentie*)(参见 *Potjewijd*, *Beschikkingsbe-voegdheid*,bekrachtiging en convalescentie:een romanistische studie,passim);民法典第3:58条第(1)款规定如果在实施法律行为时未满足法律行为的法律效力要件但是随后满足该要件并且同时所有的直接利益相关方认为该行为有效,那么该行为具有法律上的效力。当然,该规定也适用于缺乏所有权有效转让的其他法律要件的情形,例如缺乏有效的原因;但是,如果无效是因为让与人在交易时不具有行为能力,该规定不适用(民法典第3:58条第(2)款)。这样的合规化具有溯及力(*Reehuis and Slob*, Parlementaire geschiedenis, Ⅲ,250)。但是,如果同时已取得对财产的权利,则不受影响(民法典第3:58条第(3)款;例子请参见Faber and Lurger (*-Salomons*), National Reports Ⅵ, chap. 5. 1. 3(b); *Snijders and Rank-Berenschot*, Goederenrecht II[4], no. 406)。

13. 在法国,根据无人能转让超过自己所拥有的权利的原则(*Ghestin a Desché*, La vente, 415, no. 371; *Roland and Boyer*, Adages du droit français[4], 506, no. 259; *Terré/Simler/Lequette*, Les obligations[9], 501, no. 499;参见民法典第2477条第(2)款)和无人能转让自己没有的权利的原则(*Roland and Boyer*, Adages du droit français[4], 497, no. 252),让与人也必须是被转让的货物或者权利的所有人。根据民法典第1599条的规定,如果让与人不是被转让的财产的所有人,买卖无效,但是撤销权仅属于买方(Cass. 3e civ., 8 December 1999, Bull. civ. Ⅲ, no. 241),并且如果买方在让与人事实上取得所有权之时都没有行使撤销权,则合同溯及既往地生效,让与人取得所有权之时发生所有权转让(Cass. 1e civ., 12 July 1962, D. 1963, 246)。此外,如果因为设立它的合同被撤销等原因,让与人(auteur)的权利终止,受让人(ayant cause)的所有权也终止(让与人的权利消灭,则被授予人的权利终止(*resoluto jure dantis, resolvitur jus accipientis*); *Larroumet*, Les biens II[5], 189, no. 317)。此外,所有权转让伴随着其上的负担、责任的移转(如抵押),还包括它可以享有的任何利益,例如担保权。但是,就动产而言,无人能转让超过自己所拥有的权利的原则仅指向让与人和受让人之间的关系,因为根据民法典第2276条(以前的第2279条)善意第三人可以从非所有人处取得所有权。关于代理的规则也缓和了该原则的效果,法国民法典未将代理当作一般适用的法律制度予以规制(委托合同可能除外,民法典第1984条及以下),但是视代理相应的产生根据,具体的适用情形民法典中随处可见。代理可以是直接代理或者间接代理(参见第Ⅷ-2:302条注释14),它们的区别在于代理人或者居间人是以本人的名义还是以其代理人的名义行为。如果代理人未得到本人的相关授权而行为,代理人和本人均不受相应行为的约束(*Izorche*, D. 1999 Chron., 369),并且使上述行为生效的唯一方法是取得本人的追认(民法典第1998条),追认在本人和代理人之间产生溯及既往的效力,但是第三人在代理人行为后本人追认前取得权利的,只产生事后效力。此外,甚至在缺乏追认时,第三人可以借所谓的表见代理理论(*theorie de l' apparence*)得到保护,该理论对"代理人"实际上有权行事的合理信赖予以保护(*Ghestin/Goubeaux/Fabre-Magnan*, Introduction générale[4], 828 ff, no. 838; *Huet*, Contrats spéciaux[2], 1151, no. 31217 ff; *Zenati-Castaing and Revet*, Les biens[3], 301, no. 187; *Danis-Fatôme*, Apparence et contrat (2004); *Sourioux*, JCP 1982 I, 3058; *Leroux*, RTD civ 1974, 509;就处分权的一般问题,参见Faber and Lurger(*-Cashin-Ritaine*), National Reports Ⅳ, chap. 5. 1. 3(b), 5. 2. 2(a), 5. 6 and 5. 9)。

14. 在比利时的法律中,无人能转让超过自己所拥有的权利的规则十分重要。它的适用范围主要限于这样的事实,即所有人只能转让其拥有的所有权;例如,享有附条件的所有权的所有人只能转让附条件的所有权。此外,民法典第1599条规定如果卖方对货物不享有所有权,协议无效。但是,该规定适用范围受各种限制,尤其是民法典第2279条和代理规则的限制。更具体地说,民法典第2279条为人从非所有人处善意取得所有权提供了法律基础。关于代理,无论是将代理视为代理人的行为直接且仅为本人创设法律效果的情形(*Cornelis*, Algemene theorie van de verbintenis, 40, no. 29; *Wery*, Le mandat, in Répertoire notarial(2000), 66, no. 10),还是作为本人授权代理人为了本人的利益实施法律行为的法律技术(*Broeckx*, RW 1994-1995, 248 et seq.),虽然代理人不是所有人,代理人从所有人处取得处分财产的权利。如果代理人无代理权而行为或者超越本人授权范围而行为,本人和代理人均不受与第三人订立的协议约束并且代理人只能根据民法典第1997条的规定向第三方负责(*Foriers*,Le droit commun des intermédiairs commerciaux:courtiers,commissionnaires,agents,77 f,no. 68;Dirix(*-Samoy*),Bijzondere overeenkomsten,no. 33;*Wery*,Le mandat,in Répertoire notarial(2000),241,no. 203 and 251,no. 213;*de Page and Dekkers*,Traité élémentaire de droit civil belge V^2,440 f,no. 444);但是,在以下三种情形下该协议对本人有约束力:本人选择以明示或者默示的方式对买卖予以追认(民法典第1998条第(2)款);本人因表见代理理论受约束;或者无因管理规则得以适用(民法典第1372条至第1375条)。第一种情形下,追认在本人和代理人之间具有溯及既往的效力,但是追认行为不能影响第三方于买卖发生后、对该买卖予以追认前取得的实际权利(Cass. 21 September 1987,Pas. belge 1988,77;*de Page and Dekkers*,loc. cit.,443,no. 446)。表见代理理论规定,如果因本人的原因造成了表见授权的情形,使得第三方产生合理信赖并未能采取措施(omit an action),则第三方取得人的利益优于真正所有人的利益(*Van Oevelen*,RCJB 1991,68 et seq.(note on Cass. 20 June 1988))。最后,第三个例外是基于这样的事实,即无因管理人被视为受益人的代理人;根据不当得利的规定,本人反过来可能对代理人负有责任(*de Page and Dekkers*,loc. cit.,443,no. 447)。除这些情形外,出让人不是所有人的另一类似情形是,卖方保留所有权但允许买方出售货物(尤其是,比如易腐烂的货物的情形)。这样的协议从多方面满足双方的利益,并且实现它的通常合同性工具是转让所有的与为了有利于卖方而出卖的货物相关的债权;就这一约定可以有效对抗后来的买方而言,对其加以通知是很重要的(民法典第1690条)。Tilleman and Foriers(*-Colle and Van den Brande*),De koop,in Recht en onderneming,171 f,no. 11;关于处分权限的一般论述,参见Faberand Lurger(*-Cauffman and Sagaert*),National Reports Ⅳ,chap. 8;也参见第Ⅷ-2:302条注释15。)

15. 在意大利法律中,作为一项一般原则,合同只对缔约方产生约束力;由此得出处分他人所有的财产的合同原则上不能影响那人的所有权权利。因此,在关于其他人财产(*contratto sul patrimonio del terzo*)的买卖合同(民法典第1478条)或者抵押合同(民法典第2282条)情形下,仅当第三方已自愿同意上述合同时这样的合同才产生效力;仅仅在原当事人之间订立合同并不能转让所有权(或者构成抵押),它只是向卖方/抵押人施加了提供货物的义务同时该合同仅在卖方/抵押人取得货物的所有权后生效(Faber and Lurger(*-Greco*),National Reports Ⅰ,437 et seq.)。

16. 所有权的传来取得欲有效,保加利亚的法律也以让与人须是被转让的财产的合法所有人为前提。就让与人的权利消灭则被授予人的权利终止(*resoluto iure dantis resolvitur ius accipientis*)原则来说,在让与人的权利消灭的情形也有体现(Faber and Lurger(*-Stoimenov*),National Reports Ⅳ,chap. 5. 1. 2)。在买卖中不属于卖方的财产的合同情形下,如果让与人事后取得对该财产的所有权,受让人可以有效取得财产的所有权。此外,只有在受让人或者双方当事人不知道该财产属于他人时,真正的所有人才可以事后对所有权转让予以追认(*Venedikov*,Novo veshtno pravo,154;*Stoimenov*,loc. cit.,chap. 5. 2. 5)。

17. 依据英国法,所有权可以由非所有人有效移转,如公司的财产由其代理人处分的情形。更一般说来,只要有明示或者暗示的处分权限存在,代理人就可以处分本人的财产。但是,即使缺乏这样的权限,如果从表面看来代理人得到真正所有人的代理授权,第三人可以从代理人处有效取得所有权。此外,本人可以根据关于有效追认的规则对未经授权的转让行为予以追认(关于一般信息，请参见 *Bowstead and Reynolds* on Agency[17]），使得代理人的行为溯及地生效。最后，当非所有人诉诸信托法只转让对相关财产的衡平法上的利益，英国法也给非所有人转让衡平法上所有权提供了可能（Faber and Lurger（-*Frisby and Jones*），National Reports Ⅱ，80 et seq.）。

18. 在爱尔兰法中，所有权可以由所有人或者其他人转让，例如，一个被授权的代理人可以有效地订立买卖属于本人的财产的合同。授权可以是明示的或者暗示的。代理人的权限可以是实际的或者表面的，后一情形产生于，权限以本人或者为了本人行事的人作出的代理授权为基础。最后，本人可以根据相关规定对未经授权而实施的行为予以追认（Faber and Lurger（-*Gardiner*），National Reports Ⅱ，216 et seq.）。

19. 在塞浦路斯，根据无人能转让超过自己所拥有的权利这一拉丁法谚，让与人原则上必须是所有人或者是所有人授权的代理人，尽管该规则不是绝对的，并且为适应现代商业生活已确认了一些例外（关于从非所有人处善意取得所有权的情形，请参见第Ⅷ-3:101 条注释 16、44、62 和 82）。关于代理，相关的规则可以在合同法中找到（Cap. 149）。根据这些规定，在特定情形下，本人可能受代理人实施的行为约束，即使本人未授权实施上述处分行为；理由是本人在某种程度上造成了代理人向外部世界实施无权代理。然而，本人可以选择（明示地或者默示地）对代理人未经授权而实施的行为予以追认，追认具有溯及力。本人受代理人超越实际权限实施的行为约束，但只限于表见权限，如果本人在某种程度上造成了向外部世界的无权代理。例如，在 *Liopetri Transport Co v. Loucas Constandinou*［1975］1 CLR 424 一案中，法院判决有权限收普通票费无权限收季票费的公交车司机实际上也有表见权限收季票费；在这个裁决中，罗艾洲法官参考英国判例法并根据塞浦路斯法就什么可以构成实际权限和表见权限作出重要指导。在那些代理人超越本人授予的权限而根据所谓的"表见的"或者"表面的"权限实施法律行为的情形下，合同法第八部分中的塞浦路斯法实质上使英国的代理法法典化（Faber and Lurger（-*Laulhé Shaelou/Stylianou/Anastasiou*），National Reports Ⅱ，552 et seq.）。

20. 在苏格兰法中，根据无人能转让超过自己所拥有的权利这一基本法谚，只有动产的所有人能有效转让该动产的所有权，这是条基本规则（*Reid*，The Law of Property in Scotland，paras. 669 f）。非所有人不能转让所有权，并且与其他法律制度相比，苏格兰法相对来说对善意取得人几乎不予保护（例外是货物买卖法第 24 条）（参见 *Mitchells v. Ferguson*［1781］3 Ross 120 at 127，per Lord *Braxfield*；Forte（-*Carey Miller*），Good Faith in Contract and Property Law，103 ff）；事实上，在苏格兰适用无人能转让超过自己所拥有的权利的规则比在现代法典化的民法法系国家适用更严格（*Carey Miller*，Edinburgh LRev（2005）9，150 at 155 f）。然而，该规则并非无例外（*Adams/Atiyah/MacQueen*，The Sale of Goods[11]，chap. 20；*Reid*，loc. cit.，paras. 669 ff），例如善意取得可转让的票据或者金钱（1882 年汇票法第 38 条第（2）款）或者从警察局购买无人认领的货物或者动物（1982 年市政府（苏格兰）法第 71 条）或者有权限的代理人实施的转让行为。1889 年代理法第 2 条第（1）款（1890 年代理（苏格兰）法）允许特定情形下从代理法意义上的商业代理人处善意取得货物的所有权。此外，货物买卖法第 24 条和第 25 条作了进一步的例外规定，即卖方占有货物时作出的买卖和买方占有货物时作出的买卖（*Graham & Sons v. Glenrothes Development Corp.* 1967 SC 284 at 293 per Lord *Clyde*）；这些并不是苏格兰的不容否认（personal bar）规则的适用情形而仅仅是法定例外（*Reid and Blackie*，Personal Bar，para. 11. 25），并且它们也适用于质权的创设（*Carey Miller and Irvine*，Corporeal Movables[2]，para. 11. 12；*Reid and Blackie*，loc. cit.，para. 16. 05）。第一个例外指的是所有人卖出货物后仍占有该物并随后又将其卖给另一方的情形，第二个例外包括买方已经占有货物及所有的必要文件但所有权仍未移转的情形(如因为所有权保留条款)。这些例外背后的政策考量是保护信赖实际情形的善意取得人(*Carey Miller and Irvine*,loc. cit. ,paras. 10. 21 f),并且它们都要求交付,但不一定是有形的交付(cf. *Michael Gerson*(*Leasing*) *Ltd v. Wilkinson*(2001)1 All ER 148; *van Vliet*,Edinburgh LRev(2001)5,361)。在已安排卖方保留被售货物一段时间(可能是为了方便)或者已有所有权保留条款规定的情形下,货物买卖法第24 条至第25 条规定的例外尤其重要(*Archivent Sales and Development Ltd v. Strathclyde Regional Council* 1985 SLT 154)。1979 年货物买卖法第48 条第(2)款对无人能转让超过自己所拥有的权利的原则作了进一步的例外规定,其允许未取得价款的卖方在行使留置权、扣留权或者中途停运权时将货物的所有权转让给第三方。此外,根据1964 年分期付款法第27 条第(2)款规定,未意识到分期付款购买合同的善意私人购买者(不是贸易购买人或者金融购买人;*Carey Miller and Irvine*,loc. cit. ,para. 10. 23)甚至也能从非所有人处有取得所有权;一个有效的分期付款购买协议是必要的(参见 *Shogun Finance Ltd v. Hudson* [2004] 1 AC 919)。除这些法定的例外以外,1979 年货物买卖法和普通法都承认所有人有权对非所有人实施的转让行为予以追认。此外,根据苏格兰的不容否认规则,可以因所有人的积极作为或者甚至是不作为阻止所有人否认已发生的转让,该规则在某种程度上类似于英国的禁止反言(estoppel)规则。关于该规则对于动产的可适用性的法律学说,其观点并不一致(支持的,*Rankine*,Personal Bar,55 ff,225 ff;*Carey Miller and Irvine*,loc. cit. , para. 10. 19;反对的,*Reid*,The Law of Property in Scotland,para. 672; *Reid and Blackie*,Personal Bar,para. 11. 24)。虽然不容否认的重要性在这方面似乎被下述规则削弱了,即推定占有人享有所有权而对占有人予以保护,这似乎仍然不构成驳回不容否认的请求的可信根据,比如当受让人未实际占有货物或者所有权推定已被成功驳倒(*Carey Miller and Irvine*,loc. cit. ,para. 10. 19)。然而,不容否认规则的范围似乎被1979 年货物买卖法第21 条规定进一步限制,它规定"除非货物的所有人因自己的行为而不能否认卖方有出售货物的权限",否则就适用无人能转让超过自己拥有的权利的原则;无人能转让超过自己拥有的权利的规则因此被重述,但是在英国和苏格兰的法律学说中其确切内容是有争议的。除了买卖占商业交易的绝大部分,因此几乎不可能诉诸普通法模式的事实外(*Carey Miller and Irvine*,loc. cit. ,para. 10. 19),1979 年货物买卖法第21 条使用的术语既不是英格法中的禁止反言的术语也不是苏格兰法中的不容否认的术语;引起的解释上的困难,尤其是卖方的"行为"的含义,要求诉诸英国的判例法和苏格兰的普通法(*Reid and Blackie*,loc. cit. ,paras. 11. 18 -11. 22),但是甚至那样也难以找到精确的类似概念,例如因为该成文规定似乎一点也不重视买方的行为,或者它不要求不公平因素,而这是苏格兰法院可能做的(*Reid and Blackie*,loc. cit. ,para. 11. 23)。行为似乎包括作为和不作为(*Reid and Blackie*,loc. cit. ,para 11. 20)。只有占有或者文件的转移是不够的(*Mitchell v. Heys and Sons* [1894] 21 R 600),但是必须有误导第三方的进一步行为;在任何情形下,该规定仍然需要司法确认(*Reid and Blackie*,loc. cit. ,para 11. 22,11. 24;*Carey Miller and Irvine*,loc. cit. ,para. 8. 20)。阻碍所有人否认非所有人缺乏转让所有权的权利(译者注:原文如此,但此句似乎有误,"缺乏"应去掉)的效力也不清楚;雷德和布莱克认为毫无疑问至少某种所有权发生移转(*Reid and Blackie*,loc. cit. ,para 11. 24);另外一种提议是所有权因法定权限发生转让(*Reid*,The Law of Property in Scotland,para. 680)。最后,对无人能转让超过自己拥有的权利该原则的另一个偏离是累积原则((doctrine of accretion)(译者注:也就是转让之时是无权处分的,但是事后取得了处分权,此时在先的转让行为加上事后取得的处分权,两者累积起来,使得所有权发生转让)),其规制让与人在

"转让"后第一次取得处分的权利或者权限的情形;虽然它与土地有关(*Reid*,loc. cit. ,paras. 677 ff),它也应该适用于动产(有关讨论参见 *Carey Miller and Irvine*,CorporealMovables[2],para. 8. 33;also *Wilson*,SLT [News] 1983,108;*Anderson*,Edingburgh LRev(2005)9,457)。另一方面,有利于占有人的所有权推定可使得累积规则的适用不大可能,但并非完全不可能(参见 *Carey Miller and Irvine*,loc. cit. ,para. 8. 33;关于苏格兰法中无人能转让超过自己拥有的权利规则及其例外的详细叙述,参见 Faber and Lurger(*-Carey Miller/Combe/Steven/ Wortley*),National Reports Ⅱ,317,370 et seq.)。

21. 在瑞典,行纪人(*kommissionär*)以其自己的名义代表本人(*kommittent*)订立合同的情形受行纪法(Komm L.)调整。行纪人无义务通知买方其是在代表本人实施法律行为,并且买方只能向行纪人请求履行而非本人(行纪法第 56 条;对消费者的例外,参见行纪法第 56 条 a 及消费者买卖法第 46 条)。但是,在一些情形下,本人可以直接请求买方履行合同(行纪法第 57、58 条和第 60 条;*Hellner and Ramberg*,Speciell avtalsrätt 1 – Köprätt[2],389)。即使本人对第三方不承担义务,本人仍保留处分权利之外的权利直到这些权利被转让至第三方(行纪法第 53 条)。行纪人可以在其认为必要时违反内部指示而订立合同(*Malmström and Agell*,Civilrätt[17],143 f and *Hultmark and Ramberg*,Avtalsrätten,35)。行纪人未经授权而订立合同,如果另一方是善意的,这些合同对本人具有约束力(行纪法第 54 条至第 55 条)。除此之外,缺乏权限人实施的处分对本人(所有人)不具有效力,除非该所有人对该行为予以追认。

22. 挪威的行纪法几乎与瑞典一样(参见 e Lov 1916 – 06 – 30 nr 01:Lov om kommisjon and *Falkanger and Falkanger*,Tingsrett[6],591 f and 647)。注意此处的善意要件不同于善意取得法中的善意要件——有利于取得人——艺术品、古董或者类似的物件不被当作例外处理并且交付不是终止合法所有人的权利的要件(参见第Ⅷ－3:101 条的注释 48 和注释 138)。代理人没有处分本人财产的权限(或者超越已有权限)而处分本人财产的,本人可以对代理人签订的协议予以追认。由于对协议予以追认的时间点可能难以确定(追认也可以通过行为默示作出),有理由认为上述追认从代理人作出处分行为之时生效(*Falkanger and Falkanger*,loc. cit. ,604)。

23. 丹麦的行纪法也与瑞典相似(Lov nr 243 af 8. maj 1917 *om kommission*,*handelsagentur og handelsrejsende*)。此外,丹麦法有与行纪相类似的法律理论"代销"(*konsignation*),但是基本上不是直接代理的一种形式(参见 Faber and Lurger(*-Færstad*),National Reports Ⅴ,chap. 7. 3. 1. and *Elmer and Skovby*,Ejendomsretten I[4],152 et seq.)。丹麦法对追认何时生效的问题似乎未曾讨论。

24. 在芬兰,间接代理人在任何阶段都不享有货物的实际所有权,但是可以被授权将所有权从本人处移转至取得人(Faber and Lurger(*-Kuusinen*),National Reports Ⅴ,chap. 8)。在芬兰,对无权限人作出的处分行为予以追认是否产生同样的效力似乎未有讨论。所有权发生转移的时间点可以由当事人的协议确定,根据国内法取得所有权需要登记的除外。

第Ⅷ－2:103 条　就所有权转让时间的协议

所有权转让的时间可以由当事人协议确定,依据内国法取得所有权需要登记的除外。

评　论

A. 概说

本规则的功能。本条确认交易的当事人可以自由通过协议确定所有权转让时间，后面的交付和等同交付行为规则只是任意法而已。另外，该规则的另一个功能是，澄清当事人自治规则和其他转让规则的关系。依据本章所采取的进路而言，就与要求登记后取得所有权的内国法的关系，只需要作这种澄清就可以了。参见第Ⅷ-1:102 条（货物的登记）。从理论上来说，可以对此有其他的例外，比如，代表货物的单据的发行或者货物为第三人占有。但是，这不是说此时当事人就不可以约定所有权转让的时间；参见第Ⅷ-1:105 条（等同交付行为）第（2）款和第（4）款以及评论 C 和 E。

比较法的背景。实际上所有的欧盟法律制度都允许当事人约定所有权转让的时间。在约定时间晚于交付之时，这一点尤其明显；但是即使约定所有权转让的时间早于交付，这种约定也是有效的，当然受到双重转让之时的一些例外的限制，在瑞典，就受让人可以对抗让与人的债权人而言，则受到一般性的限制，除非涉及了消费者的买卖。在那些遵循合意主义的国家，当事人也可以约定较晚的让与生效的时间，自不必说。而采取交付主义的，当事人可以占有改定的做法得到普遍的认可，也就是约定让与人承担为受让人占有的义务的一个协议，该协议被认为足以产生所有权转让的结果。简言之，在欧洲，本条确定的规则得到普遍接受。

所有权转让时间的协议的概念。本条所指的协议，是关于所有权转让的时间的协议。尽管实践中与（在相应的时间）约定所有权转让的约定很难区分，后者等同于一个“物权协议”，后一概念依据本示范规则是不需要的，这一点是很清楚的（参见对第Ⅷ-2:101 条（所有权转让的一般要件）的评论 D）。就所有权转让时间的约定的概念有意地设计得很宽，包括货物交付前或者交付后的任何时间。典型的例子是已经提到的经典的占有改定。比如，当事人约定，从现在开始，让与人向受让人租赁货物或者为其保管货物，这也意味着一项从现在开始受让人是所有人，让与人将作为限制权利占有人为受让人持有货物的协议（参见第Ⅷ-1:207 条（限制权利占有人））；或者换句话说，所有权立即发生移转。

示例 1

S 打算迟早出手他的游船。但是，他还想最后再作三个星期的巡游。B 对这个船舶感兴趣。她不在意游船三个星期后才到手，只要 S 遵循使用船舶的一些要求并且至少支付使用该船的小小的对价。他们订立了买卖合同，并且约定 S 租船三个星期。这意味着当事人意图将所有权转让给 B，而 S 因此为 B 占有该船。

但是,这种协议不一定需要涉及对占有的某种安排;甚至不需要任何当事人占有货物。就此来说,本条超出了占有改定的传统的观点。没有任何一方占有货物,此时并没有充分的理由非得不让移转发生。

示例2

S占有的货物被偷了。几乎没有找回来的希望。B是专业的侦探,提议以市场价的一定比例向S购买该批货物。随后,B会试图追踪这批被偷的货物,而且如果成功,会再卖掉。没有什么理由,S和B之间不能现在就转让,尽管现在他们谁都不占有货物。

示例3

S在湖里游泳时将其宝贵的劳力士手表搞掉了。他也不知道是怎么掉的,但是,不管如何,他不能深潜去找表。B是业余的潜水员,提议以相对较低的价格购买该表,因为他想找到后为己所有。另外,他也可以在其他人在他之前找到手表时起诉该人。同样,S和B应该现在就可以转让表的所有权。本条使此成为可能。

基于澄清的目的,必须补充的是,关于占有改定的约定只受本条的调整,不(同时)归Ⅷ－2:104(交付)调整。后一规则要求"让与人交出"占有,而占有改定是让与人作为限制权利占有人(比如承租人)继续占有,两者不是一回事。另外,当事人约定,让与人从此作为受让人的占有辅助人控制物(参见第Ⅷ－1:208条(通过占有辅助人的占有)),比如受雇人将车子卖给雇主,并且约定她将会继续使用,这类交易只受本条的调整。这当然——技术上——相当重要,以避免损害规则之间的明确顺序,以及交付规则的例外与当事人自治之间的区别。

协议的形式。对于订立本条意义上的协议和方式没有特别的要求。特别是,不要求以书面形式订立或者以明示的方式订立。这可以从当事人的行为中推断出来(参见第Ⅱ－4:102条(意图如何确定))。从技术上来说,这与第Ⅷ－1:104条(第一卷到第三卷规则的适用)一致。严格的形式主义可能会妨碍当事人根据他们个人的需要调整所有权转让的灵活性,并且经常会产生不当的后果。但是,不需要形式要件的事实不允许削弱交付主义的任意法规则。

什么时候可以订立协议。从转让所有权的基础性授权的创设开始到任何形式交付或者等同交付行为发生时止,所有权转让时间的协议可以随时订立。如果在此之后会太晚,因此无相反协议时,所有权会在交付(或者等同交付行为)时移转。原则上,当事人也可以在基础性授权成立之前,订立关于所有权转让时间的协议。当转让基础是合同时,就时间的协议通常与基础性合同订立之时同时订立,但是,也可以在较晚的时刻单独订立。还有可能,当事人先同意所有权交付时移转,但是后来(交付之前)同意所有权会在另一个时刻移转。后一个协议取代了第一个协议。

协议也可以在货物还不存在或者让与人还没有取得时,预先订立。

举证责任;不削弱交付规则。根据一般的解释规则,我们既不想,也不允许,通过采纳即刻移转的默认规则,来削弱交付主义的任意法。偏离交付规则的,必须提供明确的证据,以证明所有权转让的协议有效、及时得订立过。有关这种协议的举证责任存于主张该协议的一方;比如,主张转让发生于交付前,举证责任在受让人。对比第Ⅷ-2:101条(所有权转让的一般要件)评论C和H。

一般限制。就所有权转让时间的协议的效力也受到一般规定的限制,比如在所有权意图移转之时货物必须存在,或者种类物必须特定。另外,协议不能具有"溯及"效力,也就是说,当事人可能会约定在协议订立之前所有权"已经发生了移转",这是不行的。另外,为担保或者信托而实施的转让,第九卷和第十卷优先于第八卷的规则适用,可能会对本条意义上当事人协议的效力有进一步的限制(见第Ⅷ-1:103条(其他规定的优先性))。

登记制度的保留。就特定货物(比如船舶)的所有权转让,内国法可能规定了登记制度。这些制度差别很大,因此有必要对此采取内国法优先的做法(参见第Ⅷ-1:102条(货物的登记))。本条规则与此原则相联系,且明确指出,如果登记是内国法规定的取得所有权要件,当事人不能以协议来确定所有权的转让时间。

B. 就所有权转让时间的约定的例子

任何时间或者条件。原则上,从作出这种约定开始的任何时间,当事人都可以约定为所有权的转让时间。确定时间可以是一个确定的日子或者相对确定的日子(比如,"一周之内"),或者取决于特定的事件的发生(比如,"在货物交付之时","在价款支付支付时")。就"时间"的约定包括就条件的约定。也请参见第Ⅷ-2:203条(附条件的转让)以及其评论。

付款时移转,所有权保留。具体来说,当事人可以约定价款部分或者全部支付时所有权转让。对于没有安排交付时付款的情形,为了避免当事人遭遇他方当事人陷入无力清偿的风险,这是种合适的做法。当事人也可以约定,(只在)交付前付款时,所有权才在付款时移转。当事人约定,只有交付之后才付款,而且本条意义上的协议还约定只有付款之后所有权才移转,这就构成了所有权保留,依据本条,这样当然可以。但是,就其涉及的担保而言,这种约定的效力受到第九卷的调整(参见第Ⅷ-1:103条(其他规定的优先性)第(1)款),该卷优先于第八卷规则而适用。尤其是,这种约定对抗特定第三人的效力,至少一般上是取决于登记的(参见第Ⅸ-3:107条(融资手段的取得登记))。就买方依据这种协议的权利,参见第Ⅷ-2:307条(所有权保留时受让人的期待权)。所有权为了担保目的转让时,就所担保债务获得清偿时所有权再转让的预先约定,第九卷也可能是相关的。

在合同订立时或者其他早于交付的任何时间发生的转让。当事人总是可以约定在基础性合同生效时,所有权发生移转。但是,一般认为这与典型的卖方(以及卖方的债权人)利益不符。

货物为第三人占有时的约定。当货物为第三人(如仓储人)占有时,且让与人将其要求(比如依据仓储合同发生的)第三方交还货物的合同权利让与给受让人,则通常意味着有一项所有权在这种让与生效时移转的协议。参见第Ⅷ－2:105 条(等同交付行为)评论 C。

注　释

Ⅰ.没有交付的所有权转让

1. 在奥地利,通过表示完成的交付(*Übergabe durch Erklärung*)有三种情形:占有改定(*Besitzkonstitut*;民法典第 428 条选项 1),简易交付(民法典第 428 条选项 2;参见以下第Ⅷ－2:105 条注释 1)和指示交付(*Besitzanweisung*;参见以下第Ⅷ－2:105 条注释 24),指示交付民法典没有明确规定,但是为学说和判例普遍接受。所有这些有个共同的特征,就是他们不附属于有形的交付(和象征性交付不同,见以下参第Ⅷ－2:105 条注释 46),而且他们不改变对转让财产的直接物理控制(Faber and Lurger(*-Faber*),National Reports Ⅰ,93)。尤其是在占有改定时,通过让与人从某个时间点为受让人持有的协议,让与人继续维持对货物的物理控制。这个时间点可以是合同订立之时,或者晚一点的任何时间,这意味占有改定也可以预先约定。也就是说,在货物没有特定化、还不存在或者还没有为让与人取得时就可以约定(Rummel(*-Spielbüchler*),ABGB I^3, § 428 nos. 2,6)。从占有改定生效开始,受让人成为所有人和间接占有人,前所有人仅是保留财产而已。就占有改定的法律规定要求,让与人以取得人名义持有财产的意图明显;判例法将该规则解释为,意图对于缔约当事人自己是清楚的,不需要对第三人也是清楚的(e. g. OGH 1 Ob 670/90,JBl 1991,805);但学说上对这种进路持怀疑态度,并且指出,当事人必须能够提供转让过程的充分的证据,从而保护第三人,尤其是债权人,免受让与人和受让人之间的欺诈性安排的影响(Kletecka and Schauer(*-Mader*),ABGB, § 428,no. 2;Spielbüchler, loc. cit. , § 428 no. 2)。占有改定不需要明确约定,可以通过行为推知;一个买卖合同的案件中,当买方与卖方一致同意,后者可以以前者的名义持有并出售时,法院才承认有占有改定(OGH 1 Ob 670/90,JBl 1991,805)。另外,让与人将货物置于受让人"事实上"可以处分的地位,后者也必须承担对于货物的保管义务时,法院认为这不足以构成占有改定(e. g. OGH 6 Ob 226/71,SZ 44/157;OGH 3 Ob 52/81,JBl 1982,311;OGH 6 Ob 644/94,NZ 1996,233)。法院还主张占有改定创设的关系的持续性要素,因为,在通过间接代理取得所有权的一个案件中,法院裁决称,如果代理人打算在最近将取得的货物现实交付给本人的,不构成占有改定(OGH 3 Ob 120/95,RdW 196,468)。当夫妻选择财产共有时,学说上将这种协议理解为包含对夫妻各方的动产的占有改定的协议,从而夫妻另一方成为共有人;通过所谓预期的占有改定,有关的协议也被认为涵盖此后取得的财产(*Koziol and Welser*,Bürgerliches Recht I^{13},481)。占有改定在理论上被批评为整体上有疑问的交付形式,因为它没有考虑到不知道所有权转让的第三方的利益,后者可能基于卖方实际控制财产的事实,因此在卖方无力清偿时仍然相信他。因为这种对第三人利益的风险,占有改定被认为不是创设担保性权益的充分的交付模式,诸如质押或者担保性的所有权让与,受到公示性要件的限制(*Koziol and Welser*,loc. cit. ,266 f,337 f,406 f;*Spielbüchler*,loc. cit. , § 428 no. 2)。但是,必须说明的是,在奥地利法律和商业实践中占有改定极为少见,原因可能源于对这种可能性的无知或者是买卖格式合同中普遍适用的所有权保留条款。另外,法院也有不愿意推定占有改定协议的存在的倾向(Faber and Lurger(*-Faber*),National Reports Ⅰ,94 et seq.)。

2.就德国法来说,占有改定也是一种所有权转让的形式(德国民法典第930条:*Besitzkonstitut*),适用于让与人意图发生所有权转让,但是又希望继续占有财产的情形。为了避免不必要的占有移转和随后的占有再移转,所有权转让通过协议完成,而且以占有媒介关系(*Besitzmittlungsverhältnis*)的约定为补充,据此当事人约定,现在的所有人和占有人从此为他人(通常是受让人的)利益持有财产,后者据此取得所有人和间接占有人的地位。依据民法典第868条,占有媒介的基础关系可以依据合同或者法律产生,因此可以是用益权、质权、租赁、地上权、保管、父母对子女的财产监护、遗嘱执行人和被继承人的关系或者破产程序中清算人和债务人的关系;所有这些情形都有一个共同点,就是为他人占有的权利来源于所有权占有人(因此后者有返还占有的请求权),而且占有是有时间限制的。任何场合下占有媒介关系都必须确定且其内容要足够明确,这意味着单纯约定某人为他人占有,而没有进一步明确两者之间是什么关系,则是不够的。(BGH NJW 1953,217;BGH NJW 1979,2308;Faber and Lurger(*-McGuire*),National Reports Ⅲ,chap.2.3.2.and 5.4.3.(b)(ⅲ);*Baur and Stürner*,Sachenrecht[17],§51 no.22.)这种进一步的要求给授予某种担保权利带来困难,但是这些困难被以下事实所克服:所有权的信托让与为德国判例法和学说普遍认可,尤其是人们认为(尤其是变动不居的存货)所有权的信托让与是占有改定有用的主要例证(*Baur and Stürner*,loc. cit.,§51 nos.22,30 f)。融资租赁协议是占有改定实际有用性的另一个例证(*McGuire*,loc. cit.,chap.5.4.3.(b)(ⅲ))。占有媒介关系的协议也可以是民法典第181条意义上自己代理,只要让与人得到这样做的授权或者依据先前的债务关系这么做。以下的情形就是这样:行纪中代理人以自己名义购买财产之时,代理人与本人的关系,尽管依据公示原则,依然需要代理人以某种方式表明将所有权转让本人的意图,比如在相关的财产上标上本人名字或者将货物存放在独立的房间或仓库中(*Baur and Stürner*,loc. cit.,§51 no.30)。由此可以看出,尽管德国民法典第930条要求让与人占有财产,通过占有改定完成的转让也可以预先约定(antezipiertes Besitzkonstitut(预期占有改定)),即在让与人取得对货物的占有(以及所有权)之前。从而,占有改定适用的主要领域之一就是间接代理;对足够明确的货物的预期占有改定,是确保本人利益的一种有效手段,尽管财产仍然会在"逻辑上的一秒"从代理人处发生转让,而且在这一瞬间财产之上也可能承担其他限制性物权的负担(Durchgangserwerb(过手取得),参见*Baur and Stürner*,loc. cit.,§51 nos.31 f)。无论任何,通过占有改定在所有的相关案件中出现了对公示要件的实质性考虑,比如夫妻间的财产的转让(*Baur and Stürner*,loc. cit.,§51 no.25)。除了占有改定,在交付前,就所有权转让而言也可以考虑所谓的公开占有(offener Besitz,民法典第854条第(2)款)的转让,这实际上是仅凭协议就可以转让货物,尽管在德国法律规则通常以现实交付来对其加以检视。依据民法典第854条第(2)款,如果取得人可以对可以自由接触的财产进行事实上控制,那么人力控制的实际转让是不需要的,而且最近的占有人和取得人之间的协议就已足矣(traditio ficta,拟制交付);最典型的例子是,对留在森林的一堆圆木进行转让(*Brehm and Berger*,Sachenrecht[2],no.27.12;Staudinger(*-Bund*),BGB[2007],§854 nos.24 ff;*McGuire*,loc. cit.,chap.2.3.2)。

3.与此类似,在希腊,当所有权通过占有改定完成转让时(*αντιφ ώνηση νομή*;民法典第977条第1句),让与人确实打算转让所有权,但是仍然基于随同转让协议一同成立的法律关系保留该财产。据此,取得人取得占有和所有权,而前所有人只是保留物而已。民法典第977条第1句规定,基础性法律关系可以是任何一般意义上的"法律关系";而判例法和学说一致认为可以是任何形式,债法上或者物权法上的,可以依据法律或者依据合同产生(如租赁、用益权、保管、委托、监护等)(CFI Samos,302/1962,EEN 29,946;Eir. Pieria 96/1973,Arm 28,252; *Georgiades*, Empragmato Dikaio I, § 18 no. 24;*Spyridakis*,Empragmato Dikaio A,no. 73. 4. 3;也请参见 *Vavouskos*,Empragmato Dikaio[5],no. 72,他提出,基础性法律关系只能是债法性质的)。无论如何,某人将会为其他人持有财产的单纯约定就已经足够,不需要基于什么身份(capacity);从法律的字面就可以看出,基础性法律关系要足够确定(CA Thessaloniki 493/1954,EEN 22,43;CA Athens 7768/1978,EllDik 1978,731;*Georgiades*,loc. cit., § 18 no. 24)。所有权信托让与时,占有改定是常有的事,尽管这种信托让与约定的效力在希腊有很大的争议(参见 Georgiades and Stathopoulos (*-Georgiades*),art. 1034 nos. 82 ff),偶尔也会引起希腊法院的注意(CA Aigaio [Syros] 113/1974,Arm 28,550;CA Athens 6395/1976 NoB 25,403)。尽管民法典第 977 条要求让与人占有财产,但是学说和判例法承认,也可以在让与人取得货物的占有(和所有权)之前,约定占有改定(CA Athens 317/1953,EEN 20,850,note by *Zolotas*);如此一来,货物只是在"逻辑上一秒"作为代理人财产而发生移转,而代理人即刻为取得人持有该财产(*Georgiades*,loc. cit., § 18 no. 23)。无论哪种情况,通过占有改定完成的转让实际上就动产来说排除了物权关系的公示要求,因此,其是否总是与现实交付充分相当,这是有疑问的;比如,就赠与来说,法律要求公证形式,除非赠与物已经交付给受赠人(民法典第 498 条第(2)款),法院和学者是不愿意接受此处的交付也可以采取占有改定形式的(CA Athens 5509/1985,EllDik 1985,742 ff;*Spyridakis*,loc. cit.,no. 73. 4. 3;Faber and Lurger(*-Klaoudatou*),National Reports Ⅲ,chap. 2. 3. 2(c))。

4. 依据匈牙利法,占有改定是这样的交付情形,当事人约定让与人继续控制占有,其占有因此变成次占有(sub-possession)(Faber and Lurger(*-Szilágyi*),National Reports Ⅲ,chap. 5. 4. 2(a))。

5. 捷克法承认占有改定是所有权的转让的方式,而卖方依据诸如租赁关系一类的特定的法律关系的效力保留转让的物(Knappová(*-Knapp/Knappová/Svestka*),Civil Law I[3],299;Faber and Lurger(*-Tichy*),National Reports Ⅵ,chap. 5. 6. 2)。另外,购买人取得可以处分包含拟转让货物的运输单据的权利时,货物所有权可以在物的交付之前完成(商法典第 443 条第(2)款)(*Tichy*, loc. cit.,chap. 5. 6. 2)。

6. 在瑞士法,在现实交付前的所有权转让,可以通过公开占有的转让(longa manu traditio,长手交付)或者占有改定实现。就前者而言,对于物的占有可以自由实现(比如田野中的马),其转让可以在任何现实交付发生之前,就凭当事人的协议完成(民法典第 922 条第(2)款)(ATF 132 Ⅲ 155; *Steinauer*,Les droits réels II[3],nos. 264 f;*Schmid and Hürlimann-Kaup*,Sachenrecht[2],nos. 151 f;Faber and Lurger(*-Foëx and Marchand*),National Reports Ⅵ,15,chap. 2. 3. 2 and 5. 4. 4)。就第二种情形而言,让与人将间接占有转让给受让人而且与此同时,保留对所售货物的直接占有;比如,以下就是这种情形:独唱演员将音乐器材卖给银行而且将占有转让给银行,但是同时和银行约定,继续保有对物的直接占有(民法典第 924 条第(2)款)(*Steinauer*,Les droits réels I[4], nos. 281 f; *Schmid and Hürlimann-Kaup*, Sachenrecht[2], nos. 178 f; Faber and Lurger(*-Foëx and Marchand*),loc. cit.,chap. 2. 3. 2 and 5. 4. 9)。要想有效约定占有改定,让与人必须以特别的法律上的能力保留对货物的控制(ATF 70 Ⅱ 199;ATF 77 Ⅱ 127;*Stark*,Berner Kommentar Ⅳ.[3].1, art. 924,no. 28)。民法典第 717 条第(1)款规定,如果当事人意图损害第三人利益或者规避合法

设立质押的法律要件的(参见民法典第884条第(3)款;ATF 119 II 236;ATF 88 II 73),占有改定,对于第三人而言,不可以强制执行(ATF 73 Ⅲ 142),只在当事人之间有效(ATF 70 II 199)。民法典第884条第(3)款关于设定质押出质人保留对动产的独占性占有的规定,也存在公示性的同样的顾虑;该规定有效地使占有改定无法设定质押(BSK(*-Bauer*),ZGB II[3],art. 884,no. 74;*Schmid and Hürlimann-Kaup*,Sachenrecht[2],no. 189;Faber and Lurger(*-Foëx and Marchand*),loc. cit.,chap. 2.3.2 and 5.4.9)。甚至是让与人还没有取得对货物的占有时,也可以约定占有改定;此时,在让与人取得对物的事实上控制时,所有权立即移转给受让人(ATF 84 II 253;*Stark*,loc. cit.,art. 924,no. 46)。占有改定对受让人的另外一个好处在于这样一个事实,如果对于受让人的任何请求未实现的,让与人就从留置权中得益(民法典第895条)(Faber and Lurger(*-Foëx and Marchand*),loc. cit.,chap. 2.3.2 and 5.4.9)。

7. 在斯洛文尼亚法中,现实交付以外的交付,也就是象征性交付(简易交付、占有改定、长手交付)是现实交付的例外,必须以当事人达成协议为条件(Berden et al.(*-Vrencur*),Novo Stvarno pravo [2002],72)。但是这种交付类型不是从属性的,因为通过当事人之间的明确协议完成的交付是斯洛文尼亚法认可的,这种交付只要求协议事实上能够使受让人对物行使直接的物理上的控制,比如留在树林里的一堆圆木(*Vrencur*,loc. cit.,71;Juhart et al.(*-Tratnik*),SPZ s komentarjem [2004],art. 60,308 f;Juhart/Tratnik/Vrencur(*-Tratnik*),Stvarno pravo [2007],233)。让与人不能只允许受让人取得货物的占有:必须有产生这种效力的彼此之间的协议(Faber and Lurger(*-Rudolf/Rijavec/Kerestes*),National Reports Ⅰ,558 f)。就占有改定而言,物权法典第62条第(3)款(b)项有明确规定:当事人通过订立所有人继续保持对转让货物的(直接或间接)占有的协议,即使没有现实交付,所有权转让也视为已经完成(CA Ljubljana 13 December 2002,no. I Cpg 477/2002;Juhart et al.(*-Tratnik*),SPZ s komentarjem [2004],art. 60,310 et seq.)。占有改定没有被看成从属性的交付模式,而且不是法律所推定模式(*Vrencur*,loc. cit.,72)。让与人希望继续直接占有拟转让的货物,则必须确实占有这些货物;因此,占有改定不能作为对于盗窃物来说是适当的等同交付行为模式,因为所有人与小偷之间不再通过占有关系相互关联(Juhart et al.(*-Tratnik*),SPZ s komentarjem [2004],art. 60,309);对于遗失物也是如此。此时,可以约定预期的占有改定,一旦所有人重新取得对货物的占有,该约定即告生效;物权法典没有规定预期的占有改定,但在学说上得到普遍承认,实践中普遍运用;只有在让与人取得处置货物的权限时,预期的占有改定被视为可以推出的物权效力(*Vrencur*,loc. cit.,73;Faber and Lurger(*-Rudolf/Rijavec/Kerestes*),National Reports Ⅰ,564)。在斯洛文尼亚的法律文献中,讨论了让与人对于占有改定中受让人是否有留置权;但是,就买方的不履行而产生的卖方救济而言,人们确信这种救济手段是没有必要的(*Rudolf/Rijavec/Kerestes*,loc. cit.,564)。占有改定导致的公示的欠缺被认为是有疑问的;因此,非占有的信托的所有权让与必须采取公证形式(物权法典第202条第(1)款),另外对占有改定时的善意取得也有特别规定(*Rudolf/Rijavec/Kerestes*,loc. cit.,565)。

8. 同样在爱沙尼亚,当所有人(让与人)是物的直接占有人时,可以以让与人与受让人之间有使取得人(受让人)获得货物的间接占有的效力的协议,取代交付(物权法第94条),此前的所有人为取得人进行直接占有。该规定不适用于任何一方当事人都没有实际占有物的情形,比如,货物遗失或者被盗。就占有改定时受让人没有付款的,让与人不能再以拒绝转让所有权(已经转让过了)来拒绝履行,但是依然可以拒绝交给受让人直接占有或者拒绝履行依据占有改定的基础性的合同关系所承担的义务(比如,留置权,债法第110、111条)(Faber and Lurger(*-Kullerkupp*),

National Reports Ⅰ,281 et seq.)。学说指出以占有改定完成转让欠缺公示性的问题(*Pärna*, Asjaõigusseadus, § 94 no. 1, p 190)。就预期的占有改定而言,法院实践和法律学说没有采取任何立场,但是部分学说确信,法律条文的字面含义没有排除这种可能性;事实上,预期的占有改定应该既可以通过明示的意思表示,也可以通过默示的意思表示进行(*Kullerkupp*, loc. cit. ,282 et seq.)。

9. 在立陶宛法中,由于所有权转让制度是混血型的,因此以占有改定的方式是完全有可能的,比如,运输中的货物转让时,尽管在现实交付给受让人前,货物依然为让与人占有,此时就完全可以转让所有权(Faber and Lurger(*-Mikelenas*), National Reports Ⅲ, chap. 5. 4. 2)。

10. 西班牙民法典第 1463 条第 1 句规定,在买卖之时货物不能移交给买方占有的,可以仅凭合意(solo consensu)完成交付。这种传统的模式,似乎将其适用的范围限制在:阻止受让人取得对货物的特定情形的直接占有或者货物在第三人手中而且让与人间接占有。以当事人的单纯合意完成的交付被视为一种从属的交付模式,当现实交付可能之时不能适用以确保贯彻公示原则。但是,学说上倾向于赋予合意交付模式以更广泛的适用范围,在当事人利益得到最大限度满足时,承认这种模式(*Díez-Picazo*, ADC 1966, 555, 562; also see TS 20 November 1999, RJ 8615),而判例法则为了使对于动产的物权正当化,即使实际的所有人没有实际控制该物的时候,也利用该规则(比如,当融资租赁的财产的卖方将财产直接交付给承租人而不是成为所有人的出租人;参见 TS 12 March 2001, RJ 5970; TS 7 October 2002, RJ 9265; García Solé(*-Gómez Gálligo*), Derecho de los bienes muebles, 84)。仅凭合意完成交付,也常被法院作为一种解释,用来说明强制收款诉讼中,为什么分期付款的融资人可以直接对买方的债权人提起第三人诉讼,认为仅凭买方的同意,所有权已经为融资人"保留"(TS 20 June 2000, RJ 5294; CA Toledo 15 February 2002, AC 2002/450; CA Cantabria 7 November 2002, AC 2002/2219; CA Almería 3 November 2003, BDA JUR 7673)。尽管如此,尤其是就对抗卖方的债权人而言,而且货物仍为卖方占有或者无法获得证明转让的公共文件时,法院已经表明他们越来越不愿意承认仅凭合意完成的交付(TS 28 October 2003, RJ 7771; TS 23 October 2003, RJ 7765; TS 25 February 2004, RJ 854; CA La Coruña, 29 April 2003, BDA JUR 237005; CA Barcelona, 9 January 2004, BDA JUR 60910)。有必要注意的是,有些学者援用仅凭合意完成的交付,来指出西班牙也承认合意主义的所有权转让模式,但是其他学者坚持基础性合同与关于所有权转让合意的区分(*Díez-Picazo*, Fundamentos Ⅲ^4, 776),即使后一种协议不被视为自治的或者独立的协议(*Morales Moreno*, Posesión, 291, 294)。仅凭协议完成的交付与其他的交付模式不相容,比如简易交付或者占有改定(至少就动产,这种交付的可能性基于法律对交付的模式的列举不是穷尽的事实得到确证):第一种情形,让与人间接占有的放弃和取得人意思(animus)的变化是协议所默示的,而后一种情形,"改定的约定(pact of constitutum)"(用益、租赁等)事实上成为使作出现实交付成为不可能的法律障碍(Morales Moreno, loc. cit. , 291, 294; Faber and Lurger(*-González Pacanowska and Díez Soto*), National Reports Ⅴ, chap. 4. 4. 2(d))。还有一种交付模式构成所谓的提交处置(puesta a disposición),适用于商事买卖(与其他交付模式一起规定在民法典之中);这种模式受商法典调整,只要将货物置于买方可处分之时,则卖方的交付义务即告履行,比如,买方可以从卖方的场所取走货物,除非当事人约定将会送货(商法典第 337 条至第 339 条)。将货物交由卖方处分首先是决定了风险的移转;是否也同时转让所有权则存在争议,因为判例法和某些学者倾向于将卖方的行为视为一种拟制交付,因此足以(随同风险移转一起)转让所有权,而其他学者则提出只有当事人约定仅凭合意转让时,才成立交付

(Faber and Lurger(-*González Pacanowska and Díez Soto*),National Reports Ⅴ,chap. 4.4.2(a);有关讨论的详情,参见 *De Cossío*,RDP 1944,361 et seq.,378;*Menéndez*,RDM 1951,227 et seq.;*Navarro Castro*,La tradición instrumental,113 et seq.;*Alcover Garau*,La Transmisión Del Riesgo,141 et seq.)。

11. 依据荷兰法,所有的拟制交付(*traditio ficta*),也就是占有改定、简易交付和长手交付,都由民法典第3:115条调整,该条确定了仅凭当事人双方的协议,而不需要实际的行为,就足以使所有权发生移转的情形(就简易交付和长手交付,参见对第Ⅷ-2:105条的注释12和34)。有关的协议不是转让所有权必需的物权协议,而是就占有移转的协议。就物权协议与交付之间的区分而言,如果没有现实交付的话,则必须区别就所有权转让的协议(物权合意)和占有移转(拟制交付)的合意(*Van Vliet*,Transfer of movables,137)。占有改定(民法典第3:115条a款),是依据交付时两者之间的协议的效力,占有货物的让与人从此作为为受让人持有的人继续其控制物的一种交付形式。以此方式完成的交付不为第三人所知,因此其效力受到限制:民法典第3:90条第(2)款规定,通过占有改定完成的交付,导致让与人继续占有物,在物交付到取得人手中之前,不影响对物拥有优先权的第三人的权利,除非第三人同意物转让如此进行;依据民法典第3:111条,依据某一法律关系的效力开始为他人持有财产的人,推定其继续依据同一名义这么做,除非依据为其持有财产的人的行为或者因为后者的权利出现争议而未发生明显的名义的改变。依据这些规则和民法典第3:115条的规定,这种形式的交付不能由持有人实施,持有人不能根据其自己想法将持有变成占有或不开始为他人持有(HR 22 May 1953,NedJur 1954,189 [*Sio/De Jong*];HR 29 September 1961,NedJur 1962,14 [*Smallingerland/Picus*];HR 8 June 1973,NedJur 1974,346 [*Nationaal Grondbezit/Kamphuis*]; *Van Vliet*,loc. cit.,146)。两项规则都反映了立法者的想法:不坚持取得对货物物理占有的受让人,不应该被授予与可以对抗没有处分权的让与人的第三人的相同保护(*Van Vliet*,loc. cit.,145;*Reehuis and Slob*,Parlementaire geschiedenis,Ⅲ,384 f);第一个规定只是限制以占有改定进行转让对抗就财产有优先权的第三人的效力,而第二个规定则使拟实施的转让完全无效。由于民法典第3:90条第(2)款和第3:111条的规定的结果,占有改定事实上基本被视为次等形式的交付,原因在于其缺乏公示。不仅是让与人想继续占有货物时,而且就将来的货物的转让,占有改定的交付也是一种适当的形式(预期的占有改定);但是此时可以约定,让与人依法取得货物时,不需要其他行为,货物的占有就会转让给取得人(Faber and Lurger(-*Salomons*),National Reports Ⅵ,chap. 2.3.2(b) and 5.4.2(a))。与占有改定类似,但是包含简易交付的一些特定因素,是所谓的无手交付(*traditio sine manu*),民法典虽然没有规定,但是为荷兰最高法院所认可(HR 18 February 1966,NedJur 1967,109 [*Goubitz/Klinger*];HR 7 March 1975,NedJur 1976,190 [*Lutgens/Karsmakers*])。这个术语涉及的情形是,在交付完成前和交付完成后,两个人共同拥有对转让的货物的控制(比如,夫妻间或者,一般意义上,共同住在一起的人)。民法典第3:114条不适用于这种情形,因为比如丈夫没有将其此前拥有的同样的权利赋予其妻子:他对货物进行物理控制,而"被交付人"(比如她的妻子)在占有移转之前也对财产进行了控制(*Van Vliet*,loc. cit.,143 f;*Salomons*,loc. cit.,38,72)。

12. 依据法国法,占有可以通过所谓"constitut possessoire"(占有改定)完成移转。若要有效订立这种协议,让与人必须认识到其将会自此为买方占有;因此创设的占有是一种间接占有(possession corpore alieno),因为是通过他人为占有人持有物的。就即使没有交付,物权的移转在合同订立时就自动完成的事实而言(*Ghestin and Desché*,La vente,589,no. 524),让与人承认在交付前其为买方占有财产，因此成立了占有改定（Terré and Simler, Les biens7, 151, no. 159）。依据法国法，也可以有效约定预期的占有改定。占有改定完全欠缺公示性，因此成为法国学说深入批判的话题（*Bergel/Bruschi/ Cimamonti*, Les Biens, 150, no. 139；就占有改定的一般问题，参见Faber and Lurger（*-Cashin-Ritaine*），National Reports Ⅳ, chap. 2. 3, 5. 1. 3（b）and 5. 2. 2）。

13. 在比利时，占有改定一词指，卖方和买方之间的协议，据此协议卖方保持对货物的占有，但不再是作为所有人占有，而是为了买方占有。通过卖方占有名义的变换，以单纯合意实施了交付，其中蕴含了以下拟制：物由卖方交付给买方，卖方然后再将物交给买方以承租人、保管人等身份占有。民法典第1141条的保护不适用于占有改定的场合，因为第三人不易察觉转让；但是，从原初的卖方处取得占有的在后的取得人，只有在善意之时才受到保护（Dirix（*-Christiaens*），Bijzondere overeenkomsten, arts. 1605-1607, no. 23）。占有改定最常见的例子是，某人将动产捐赠给他人，同时为了让与人的利益设定用益权，因此从占有人变成单纯的持有人（Faber and Lurger（*-Cauffman and Sagaert*），National Reports Ⅳ, chap. 3. 3 and 9. 5. 3（c））。

14. 在葡萄牙，占有改定（constituto possessório）受民法典第1264条调整，根据当事人之间的单纯的合意、不需要发生任何实际的或者象征性的行为的这种占有取得方式为占有改定。依据协议，占有人将占有转移给取得人，但是基于某种理由继续控制物，但是只是持有；唯一发生的改变是意思（animus）因素，从自主占有的意思（animus dominandi）变成他主占有（animus alieno nomine detinendi）（Faber and Lurger（*-Caramelo-Gomes and Nóbrega*），National Reports Ⅳ, chap. 2. 4. 3）。

15. 在意大利法，货物仍然在让与人手中的占有移转被视为一种所谓的占有改定（也请参见对第Ⅷ-2:105条的注释38及以下）。货物仍然受让与人的人力控制，但是自此为受让人为之，受让人因此成为间接占有人。这种占有人的意思的变化，并不是根据合同的效果发生，而是根据当事人的特定协议发生，这种协议的确定，需要通过对当事人的意图、其协议的确切内容以及在协议订立后的当事人行为的具体评估实施（Faber and Lurger（*-Greco*），National Reports Ⅰ, 392 et seq.）。

16. 在保加利亚，也可以通过占有人停止占有、只作为财产的持有人来取得占有（占有改定）；在诸如以下情形，推定这种协议存在：尽管还没有交付，但是买卖合同移转了特定财产的所有权（Faber and Lurger（*-Stoimenov*），National Reports Ⅳ, chap. 2. 3. 5；*Kojucharov*, Obligazionno pravo, 114 et seq.）。

17. 在英格兰，作为经验法则，在当事人意图转让动产所有权之时发生转让效力，因此，交付、付款等在所有权转让中不起作用，除非当事人另有约定；只有动产的赠与是个例外，需要交付时才生效（除非让与人为了受让人设定信托）。因此可以得出，取得人就转让的货物没有取得任何形式的占有之前，所有权就可以转让至取得人。这种私人自治规则的盛行以及将交付排除在所有权转让要件之外的做法，乍看起来，似乎有损第三人的利益，例如，同一动产成为数个转让的客体，但是，关于多重买卖的优先权利和善意取得规则克服了这种潜在的困难（Faber and Lurger（*-Frisby and Jones*），National Reports Ⅱ, 71）。

18. 在爱尔兰，推定交付涉及多种不同的交付形式。比如，让与人可以同意作为受让人的保管人继续占有，从而后者因此取得推定占有；这一点在判例法 *Elmore v. Stone* [1809] 1 Taunt 458 中得到确认，该案中买方买了两匹马，和卖方约定后者在其马厩中为代养，因为买方没有自己的马厩（Faber and Lurger（*-Gardiner*），National Reports Ⅱ, 185）。

19. 在塞浦路斯,由于基础规则是所有权根据当事人的意图发生移转,因此有可能所有权仅凭协议发生移转,而让与人作为保管人,在所有权转让后为受让人继续占有财产。保管可以是无偿的或者是其他原因(Faber and Lurger(*-Laulhé Shaelou/Stylianou/ Anastasiou*),National Reports Ⅱ,540;参见 *J. M. Zachariades & Co. v. Houloussi Bey Muftizade ex parte Ibrahim Ali* 一案,该案中让与人依据于取得人的书面协议继续占有货物(绵羊);尽管如此,此案是否证明所有权在交付前移转是有疑问的,因为其侄子去卖方的场所碰了绵羊和计算了绵羊的数目,取得人被视为接受交付;*Laulhé Shaelou/ Stylianou/Anastasiou*,loc. cit. ,536)。

20. 在苏格兰法上,在涉及物权法定时,当事人自治遇到了限制(Paisley,Edinburgh LRev 9 (2005),267),因为,不允许当事人创设新的物权或者建立转让既存物权的新方式(cf. Visser (*-Reid*),The Limits of the Law of Obligations,225;Carey Miller and Combe,EJCL 10. 3)。但是,当事人可以通过期限条款或者条件来推迟转让的时间或者甚至可以约定所有权交付时移转;尤其是就买卖合同而言,关键还是在于当事人的意图(Faber and Lurger(*-Carey Miller/Combe/Steven/Wortley*),National Reports Ⅱ,356)。另外,当当事人约定让与人将为受让人持有货物时,苏格兰法确认了通过占有改定实施交付的可能性,这属于推定占有一般概念的一种。尽管这种交付模式依据1979年货物买卖法就足以完成转让,但是这并不总是伴随着在普通法上的所有权转让,因为此时需要具备另外的要素,以确定确实发生了转让(参见 *Eadie v. Young* [1815] Hume's December 705,该案中,有关的动产有明确的标注而且有关的租金也已经支付,因此所有权发生了移转,尽管动产依然由让与人占有)(*Carey Miller/Combe/Steven/Wortley*,loc. cit. ,363 et seq.)。*Orr's Tr v. Tullis* [1870] 8 M 936 一类的案件提供了判断何时占有改定确实可以转让所有权的标准,因为在法律制度上对于完全欠缺公示性的转让模式总是有些不信任。占有如果可以归因于所有权(*Clydesdale Bank Plc v. Davidson* [1998] SC(HL)51)或者有效的租赁(*Bell v. Inkersall Investments Ltd.* 2006 SLT 626;Anderson,SLT(News)2006,221),最近关于土地法上的几个判例不承认转让的成立,基于这些判例的影响,学说上曾提出通过类推,完全欠缺公示性的影响第三人的交易会带来其可采性的实质上的疑问(*Carey Miller/Combe/Steven/Wortley*,loc. cit. ,364 et seq.)。

21. 如对于第Ⅷ-2:101条的注释中所提及的,关于"所有权"何时移转的问题的提出本身就与北欧国家所适用的功能主义模式不相符。将物权从让与人转移至受让人的过程其实是不同的有区别的几个阶段和步骤,这些阶段和步骤分别或者整体上加起来有一定的法律意义。可能最重要的问题是何时取得人可以取得针对让与人的债权人的保护。在瑞典,就受让人取得针对让与人的一般债权人优先权意义上的对货物的权利,只有在货物交付时才能转让——有两个例外:一是如果有关买卖依据特别的立法已经登记(Lösöresköplagen),货物在卖方手中时也可以发生移转,登记程序很少使用,而如果使用的话,其目的毋宁说是"卖方"以登记财产的形式给债权披上面纱,以用来为"买方"提供担保(Malmström and Agell,Civilrätt[17],139 et seq.)。有关的财产需要特定而且登记对于特定了的可替代物也是可以适用的。如果当事人约定卖方有权以同样价值的类似财产替换,买方只对原来的财产,而不是替代物拥有权利(*Håstad*,Sakrätt[6],216 ff;这种看法并非没有疑问,参见 *Göransson*,Traditionsprincipen,504 et seq.)。二是基于2002年生效的消费者买卖法的改革(第49条),当消费者从专业的卖家手中购买货物时,买方从合同订立开始就取得针对卖方债权人的保护,只要货物已经通过分拨、标注或者在卖方的账簿目录上加注,从而归入(特定化于)买方。作出这种有利于消费者的改变的原因之一就是,消费者很少了解将产品留在卖方处会给自己带来的风险。人们也认为,以牺牲消费者为代价,债权人从货物的价款和货物本身中受益,而让消费者只享有针对破产财产的无价值的债权,这样是不正当的(proposition 2001/02:134,71 ff)。在2008年最高法院的一个判决理由中,托尔尼霍斯塔德法官质疑消费者之外其他情形坚持交付原则的必要性,认为,该原则背后的理由不再足以支持其作为强行法的要求,而且也考虑到瑞典是欧盟中唯一坚持交付作为强行法要件的国家。不过,实际修改法律是立法者的事(NJA 2008 s 684)。就此问题参见早期文献:*Håstad*,JT 2002-03,745(especially 751 et seq.)。

22. 在挪威,将物理控制转移给买方比瑞典来说重要性要低些。要想实现针对卖方债权人的保护,挪威的通说是,只要阻止卖方对动产的处分或者受让人取得货物的占有就已经足够了(参见对第Ⅷ-2:104条的注释24)。原则上,在挪威法,占有改定是不可能的,因为如果合同当事人可以自由以这种条款来获得针对卖方债权人的优先权的权利,那样会创造对债权人欺诈的风险(Faber and Lurger(*-Færstad*),National Reports Ⅴ,chap. 8.2.3(b))。但是该原则有例外。一个例外是,卖方为买方利益持有货物的真正的买卖,比如,买方要求卖方推迟交付。对于这种情形,通说似乎是对于特定物,买方从合同订立时受到保护,而就种类物,则是卖方的履行已经特定之时(*Falkanger and Falkanger*,Tingsrett[6],624 et seq.)。人们认为,不应该禁止租回已经出售的货物,买方不应该因为约定这种条款而遭受损害。但是,人们认为这种类型的交易只有在以两步的方式实施时才是可以接受的。一是要求必须完成物理控制的转让,第二个例外是在交付和租赁合同成立之间必须有个时间差。需要等多长时间当事人可以订立租赁合同以获得针对卖方债权人的保护,却不是很清楚(cf. *Lilleholt*,Godtrueverv,194;Faber and Lurger(*-Færstad*),National Reports Ⅴ,chap. 8.2.3(b))。登记只是适用于大型的动产的保护手段,如轮船和飞机(参见Sjoloven § 25 and Luftfartsloven § 31)。

23. 在丹麦,在让与人破产之时,不用交付(traditio)原则来对受让人给予保护:就特定物而言,在合同订立时保护就已经得到实现。就种类物而言,还必须存在"常规的和有拘束力"的特定化。"有拘束力"的标准涉及的是合同当事人之间关系(*Elmer and Skovby*,Ejendomsretten I[4],52;see also *Illum and Carstensen*,Dansk tingsret[3],124 f;Dahl et al.(*-von Eyben*),Danish Law in a European Perspective[2],226 ff);如果卖方不按照特定化之时的货物交付即构成违约的话,特定化就是"有拘束力的"。"常规的"的特定化的含义取决于在相关营业领域使用何种归于合同项下的手段。归入合同项下必须在相应的情形之中是普通的(*Mortensen*,Tingsretten,208 ff and *Göransson*,Traditionsprincipen,91 et seq.)。就"常规的"和"有拘束力"的要求是具备其一即可还是必须兼备,在丹麦法律学说中有不同的看法。但是通说似乎是这些要件必须兼备(*Mortensen*,Indledning til tingsretten,208 ff;*Elmer and Skovby*,loc. cit.,51 ff and *Vinding Kruse*,Ejendomsretten 2[3],1191 et seq.)。就船舶登记丹麦法也有规定(参见Sjoloven §§ 28-38,Lov nr 1172 af 19/12/2003)。

24. 芬兰的解决方法似乎与丹麦类似。当转让是基于买卖合同而且涉及一般的货物(也就是说,不是流通证券),只要货物是特定的,买方在合同订立时得到保护(合意原则,*sopimusperiaate*)。这一规则是否可以通过当事人的协议予以变更的问题似乎没有得到讨论,但是据称有少数学者反对,因为第三人会受到不利的影响。但是就流通证券(证券和基金)而言,需要交付或者就转让进行通知(*denuntiaatioilmoitus*),才能实现相对于让与人的债权人的优先保护。就赠与和质押设定的约定也适用同样的规则。参见Faber and Lurger(*-Kuusinen*),National

Reports Ⅴ chap. 5.3.1. and 5.5.;*Göransson*,Traditionsprincipen,90。

Ⅱ.交付后转让所有权

25. 在奥地利,标准格式的买卖合同包含所有权保留条款的做法,在法律实务和商事实践中非常常见,实际上会导致交付后所有权转让。奥地利法中的统一的所有权概念意味着,此时,所有权作为“让与人的担保手段”起作用(Faber and Lurger(*-Faber*),National Reports Ⅰ,95;就奥地利法下所有权保留和货款支付的作用,参见第Ⅷ-2:203条的注释20)。

26. 在德国和瑞士,普遍承认当事人可以在物权合意的框架内附条件;物权合意的订立和占有(即以及所有权)的实际移转无须必然同时发生。因此,当事人也可以约定所有权保留(Faber and Lurger(*-McGuire*),National Reports Ⅲ,chap. 5.3.1. and 13.1.;Faber and Lurger(*-Klaoudatou*),National Reports Ⅲ,chap. 5.7. and 15.;参见对第Ⅷ-2:203条注释19和22)。

27. 在匈牙利法,当事人可能想在交付后的某一时刻转让所有权,而且他们可能会通过加入期限条款或者条件来这么做;但是,他们只能依据民法典第368条第(1)款的规定这么做,也就是,卖方只有在合同订立时,以书面形式保留所有权,而且最晚保留到货款完全支付之时(Gellért(*-Petrik*),A Polgári Törvénykönyv Magyarázata,432;Faber and Lurger(*-Szilágyi*),National Reports Ⅲ,chap. 5.2.2)。

28. 在捷克共和国,就自助买卖而言,所有权从为选定的货物付款之时移转,尽管买方可能已经占有了货物(民法典第614条第(3)款第2句)(Faber and Lurger(*-Tichy*),National Reports Ⅵ,chap. 5.6.2)。

29. 在斯洛伐克,实现交付之后转让所有权的主要手段是依据民法典第601条规定的所有权保留条款(Lazar et al.,OPH I,235 et seq.)。物理占有先于所有权取得的另一个例子是,自助商店中的顾客在逛商店时已经占有了货物,但是只有在收款台付款之时才实际发生所有权转让(民法典第614条第(3)款)(Faber and Lurger(*-Petkov*),National Reports Ⅵ,chap. 5.2)。

30. 在爱沙尼亚法中,在物权法领域,当事人自治受到最多的限制,但是,也的确存在一定程度的灵活性。比如,由于物权合意是和其他法律行为一样,也受到法律行为一般规则的调整(*Pärna*,Asjaõigusseadus,§ 92 no. 4,p. 181),因此除了其他规则外,(只要以动产为标的)可以附条件或者附期限,这样就可以将所有权的转让时间推后。另外,预期的物权合意也是可以的,尤其是因为意思表示是可以默示为之(民法典总则法(GPCCA)第68条第(3)款)(Faber and Lurger(*-Kullerkupp*),National Reports Ⅰ,282)。

31. 在立陶宛,作为私法的基本原则之一(民法典第1.2条),意思自治也是所有权转让制度的基本规范;因此,当事人可以自由地按照其意愿来规范所有权转让,比如,他们可以约定在合同订立时所有权转让,或者通过附期限或者附条件将转让推迟到更晚的时刻等等(Faber and Lurger(*-Mikelenas*),National Reports Ⅲ,chap. 5.2.2)。

32. 塞浦路斯1994年货物买卖法第25条明确规定,卖方甚至可以在交付之后保留所有权,而且在一定情形下可以明示或者默示地这么做(Faber and Lurger(*-Laulhé Shaelou/Stylianou/Anastasiou*),National Reports Ⅱ,540)。

33. 如前所述,在北欧的法律时间中就“所有权”何时移转并没有确定的时间。公认的看法是不存在这个问题。“所有权”的问题被认为是几个功能在不同的时间点转移至卖方的一个过程(*Falkanger and Falkanger*,Tingsrett[6],71 et seq.)。对于货物的权利是逐渐地从卖方转移至买方的。在瑞典,合同赋予了买方对卖方的请求权,转移对货物的占有给予了其相对于卖方的债权人的保护。但是,利用协议将这种效果的取得推后到交付之后,对此仍存在疑问。实践中,主要的例子是合同中加入了所有权保留条款,从而只有在付清货款时才能确定取得((*Malmströmand Agell*,Civilrätt[17],142 and *Rodhe*,Handbok i sakrätt,175 et seq.)。在瑞典,这种条款在买卖合同中常见,而且不需要任何登记,但是一般认为这种条件必须在交付前或与交付同时约定(*Martinson*,Transfer of Title Concerning Movables Ⅲ,National Report:Sweden,16 and *Håstad*,Sakrätt[6], 185)。这些规则见于货物买卖法第 54 条,消费者买卖法第 40 条,消费者信用法第 25 条以及分期付款买卖法第 7 条至第 8 条。有关的条款必须指向特定的物;因此只指向特定种类或者数量是不够的(*Håstad*,Den nya köprätten[5],293 et seq.)。是否可以要回货物,并以替代物取代,罗氏对此感到怀疑,但是 Hessler 可能接受这种做法(就此问题:*Undén*,Svensk sakrätt i lös egendom[10],101;*Rodhe*,loc. cit.,186 et seq.;*Hessler*,Allmän sakrätt,161)。另一方面,哈斯塔德称卖方有时候有权利取回替代物;但是该权利似乎只存在于卖方对财产的交换未作授权的场合(*Håstad*,Sakrätt[6],194 et seq.)。术语并不重要,"保留所有权"、"取回货物的权利" 的条款或者仅规定如果买方不付款卖方有权取回财产的条款,它们之间并没有什么区别(NJA 1975,222; *Håstad*,Sakrätt[6],183 and *Martinson*,loc. cit.,16 and 95)。但是如果卖方赋予买方在付款之前对动产有完全的处分权,则这种条款自始无效(*Håstad*,Sakrätt[6],163 and 189 et seq.)。如果没有这种许可,卖方有不出售、质押或者以其他方式处分动产的刑法上的义务(*Martinson*,loc. cit.,68 and 95 et seq.)。如果依据合同法合同无效,而且买方引起了导致合同无效的情形,卖方可以要回财产(*Martinson*,loc. cit.,43 et seq.)。

34. 芬兰法的这个问题似乎和瑞典法类似。有将取得的效果置于交付之后的法律技术,可以通过将所有权保留条款纳入合同来实现:这个条款必须纳入原始的协议已经在占有移转之前约定。买方在未付清款项之前没有处分货物的能力:如果当事人约定债务人有处分权,就买方的债权人而言,保留所有权的条款被认为是无效的(Faber and Lurger(*-Kuusinen*),National Reports Ⅴ,chap. 15;货物买卖法第 54 条;消费者保护法第五章第 27 条;参见 also *Laki osamaksukaupasta/Lag* om avbetalningsköp 18.2.1966/91)。

35. 在丹麦,完全取得的效果也可以推迟到交付完成之后。例如,丹麦的规定提供了在合同中加入所有权保留条款的可能(ejendomsforbehold)。而且和瑞典一样,法律对动产"所有权"何时从卖方移转至买方未作任何时间上的规定。事实上,只要货物的货款未完全支付,当事人对货物有各不相同的有限的权利(参见 *Andersen and Werlauff*,Kreditretten[4],178 et seq.)。除了交通工具需要登记外,不需要任何公示。所有权保留必须在动产交付至买方之前约定,才能有效对抗当事人的债权人,而且也必须是当事人协议的清楚的一部分。在合同订立后的单方意思表示,比如,订单确认的条款或者任何其他不公正的表示加上买方的不作为态度不足以授予取回货物的权利。货物必须特定而且是为了消费或者再次出售之外的目的而买。另外,货物应当达到一定的价值。如果买方是消费者,在不晚于买方取得货物占有之前至少支付价款 20% 的首付款(UfR 1990.485 V;Dahl et al.(*-von Eyben*),Danish Law in a European Perspective[2],228 f;*Elmer and Skovby*,Ejendomsretten 1[4],122 ff;*Mortensen*,Tingsretten,266 et seq. and *Andersen and Werlauff*,loc. cit.,179 et seq.)。

36. 挪威的规则类似。就所有权保留(salgspant,"买卖优先权")的挪威的规定见于《抵押和质押法》。交通工具必须登记。如果动产是用于进一步出售,"买卖优先权"的约定无效(Rt 1992,438 and Faber and Lurger(*-Færstad*),National Reports Ⅴ,chap. 13.2)。如果买方以某种方式对动产进行了修改或者花钱进行了改良。也就是说，如果价值“以非无关紧要的方式”上升，这会导致买卖优先权停止适用（抵押和质押法第3～20条）。这一规则的理由似乎是，卖方不应该取得比动产原来价值更高的担保权利。如果动产的性质非无关紧要地发生了变化，买卖优先权也停止适用。其具体含义如何并不明确，因为有关的起草说明没有对此进一步说明（*Færstad*, loc. cit., chap. 13.6）。

第Ⅷ-2:104条　交付

（1）就本卷目的而言，让与人交出而且受让人取得第Ⅷ-1:205条（占有）意义上货物的占有时，发生货物的交付。

（2）合同或者其他法律行为、法院的命令或者法律规定涉及有承运人或者一系列承运人运输货物的，货物的交付发生于让与人履行交付义务完成并且承运人或者受让人取得占有之时。

评　论

A. 概说

规则的功能。本条将基本规则第Ⅷ-2:101条（所有权转让的一般要件）第（1）款（e）项使用的“交付”概念具体化。

比较法背景。遵循以交付为基础进行转让的观念的国家的法律制度中，与本条第（1）款规定交付的基本规则一致的规则很常见。有些细节可能不同，比如，就瑞典涉及受让人对抗让与人债权人的强行法的现代理解，强调切断让与人对货物的事实上控制的这一面（而不是要求受让人必须也取得占有）。间接来说，对于有占有等同于所有权（*possession vaut titre*）规则的合意转让制度而言，本条第（1）款的基本规则意义上的交付也很重要。涉及独立承运人的特别规则包含在本条第（2）款，但这一规则在欧洲并非那么普遍。有些国家法律制度规定，在货物起运时所有权转让（与这里采取的进路相当），相比而言，其他一些制度中所有权在货物交付给受让人时移转。

为“本编目的”的保留。本条规定的“交付”定义不妨碍本示范规则的其他内容。比如，在买卖合同规定中规定了不同的定义（见第Ⅳ.A-2:201条（交付））。也请参见定义列表中对“交付”限制性的定义。

B. 交付的一般规则（第（1）款）

概述。根据本章采纳的概念，构成本条意义上交付的行为，也就是让与人交出占有且受让人取得占有，被塑造成事实行为。这些行为不暗指或者不需要与“物权合意”

概念意义上的当事人之间“(交付时或者此后某一时间)所有权应当移转”的合意相伴。不管如何,当事人就交易实施的行为必须是自愿行为。这是基本原则,尽管与此原则有关的情形更多的是理论性质。比如,有效的买卖合同订立后,且未经让与人同意受让人单方从让与人住所搬走货物,或者用暴力或者以使用暴力相威胁强迫让与人交出货物,这不会引起有效的转让。

占有改定的协议只受前条的规定调整。参见该条的评论 A。

对于包括间接占有在内的占有概念的援用。本条第(1)款的交付基本规则所利用的中心工具是受到第Ⅷ－1:205 条(占有)及以下各条调整的占有概念。这是许多欧洲国家法律制度常用的起草技术。对于货物直接行使或者间接行使的物理控制,占有都可以成立,占有这一概念使得用一个简短的程式概括实践中范围广泛的情形成为可能。因此当事人可以亲自实施交出和取得货物占有的行为,也可以利用第Ⅷ－1:207 条(通过有限权利占有人占有)和第Ⅷ－1:208 条(通过占有辅助人占有)意义上的中间人实施,就本条而言这一类人的确切资格无关紧要(有限权利占有人和代理占有人都包括)。间接占有既可能涉及让与人一方,也可能涉及受让人一方。这些情形在实践中极为重要。

示例 1

E,作为卖方商店(S)的雇员,将货物交付给买方(B)。交付通过 S 的占有辅助人完成。

示例 2

B 公司购买一辆新车。B 派一个雇员从卖方 S 处取车,交付通过 B 的占有辅助人发生。

示例 3

B,一家租赁公司,与其客户 C 签订了融资租赁合同,B 从卖方 S 处购买相关货物(比如汽车),并且当事人约定货物将直接交付给 C。就让与人 B 一方而言,本条意义上的交付通过有限权利占有人 C 发生,C 为了 B 而占有该货物。

交付的要件:让与人交出占有且受让人取得占有。第(1)款意义上的交付规定了让与人交出占有和受让人取得占有的两重要件。在一些典型的事例中,这一概念的含义是确定无疑的。

示例 4

B 在 S 书店中买书。通过 S 将书交给 B,B 从而取得了货物的占有,如此完成了交付。与本条有关的行为显然是同时发生。

该规则也涉及一方当事人不在场的情形。

示例 5

S 将旧自行车卖给 B。他们约定 S 将不锁放自行车的车库,B 会在 S 上班时取车。交付发生于 B 从车库取自行车之时。

示例 5 表明,提出比让与人使受让人可以取得货物这种条件更高的要求是有根据的(前一要求对于买卖法规则意义上的交付来说,就已经是足够的了,参见第Ⅳ.A-2:201 条(交付)第(1)款)。在受让人取得对货物的控制之前,让与人可以在任何时间重新取得对货物的独立控制(通过重新锁上车库实现)。让货物对于受让人来说具有可取得性就已足够的规则,会与对于第Ⅷ-2:101 条(所有权转让的一般要件)评注 C 讨论过的交付要件的目的相矛盾,这些目的有:受让人可以对抗让与人的一般债权人,或者相反,让与人可以对抗受让人的债权人的权利;处分权以及主张保护性救济的权利等。

总的来说,受让人取得占有这一方面应该以较广的意义来理解。受让人是否物理上接触货物并不一定关键。货物处于受让人的控制范围之中才是关键,而是否达到这种程度常常必须以"常识"来判断。

示例 6

牛奶商 S 将一瓶牛奶放在 B 门前。B 不在家时,售票商将 B 订购音乐会的票放到 B 的信箱。报童将报纸放到 B 的信箱或者 B 门前的台阶上。所有这些情形均发生交付,因为货物已经处于 B 的影响范围之内。

示例 7

B 建造房屋并向供货商 S 订购了砖头。周五下午无人在场时,S 将订购的砖头置于 B 的建筑工地。同样本条意义上的交付要件已经具备。

规定一个适用于转让所有权"各个方面"(aspects)的单一的"交付"定义,从功能性视角有遭受批评的危险。即使从根本上决定适用交付模式,还是会有人认为,对于"交付"的理解并非任何相关场合都必然是相同的。原则上来说这种批评是正确的。但是,就所有相关情形目前的规则还是行之有效的。正如关于受让人取得占有这一要件所表明的,这些要件某种程度上可以灵活适用。进言之,所有权的某些方面很难严格区分。偶尔调整已经包含在一些明确规定(black letter rules)之中了;参见第Ⅷ-2:304 条(未请求货物的所有权转让)第(3)款以及对于该条的评注 B。

共同占有时的交付。当让与人和受让人共同占有货物时,受让人成为单独占有人时交付才发生。如果当事人希望将所有权转让时间提前,则他们需要按照第Ⅷ-2:103 条(就所有权转移时间的约定)订立协议。

C. 涉及第三承运人的运输的交付(第(2)款)

涉及交付的不同情形;本规则的适用范围。一项交易经常要求将货物从让与人处运输到受让人处。可以由一方当事人进行运输（比如，通过公司拥有的卡车或者客货两用车），此时适用本条第（1）款，不会造成任何进一步的难题。或者，此时运输由第三方实施，也就是承运人实施。这些情形受到第（2）款的调整。在后一类情形，必须进一步区分三类情形。合同条款（或者其他法律行为、法院的命令或者法律规定）可以规定：（ⅰ）让与人通过在让与人的营业场所将货物交由受让人处置履行交付义务（比如，根据工厂交付贸易术语条款（Incoterms ex-works clause））；（ⅱ）让与人有义务将货物发给受让人，并通过发货而履行义务（比如，依据 F 条款（Fterm）或者 C 条款（C-term））；（ⅲ）让与人有义务将货物运至受让人处（目的地交付；比如根据 D 条款（D-terms））。也可能出现这三种情形的组合；尤其是，让与人有义务将货物运送至特定地点的时，比如运送至根据合同条款（如根据船边交付（FAS）或者离岸价格（FOB）条款）作为履行地点的港口。

技术上来说，上面概括的三类情形为本款公式性的表达所包含："合同或者其他法律行为、法院的命令或者法律规定涉及有承运人或者一系列承运人运输货物的。"这一公式与买卖法的第Ⅳ.A－2:201 条（交付）第（2）款的规定一致。

规则的政策考量。本款根基性的观念是，第（1）款以占有为基础的一般性交付的概念，就所有权转让来说，不应当理所当然地处于决定地位。在运输情形中，占有概念经常使得所有权转让取决于谁和承运人订立运输合同。作为一个标准这被认为过于形式化了。交付更应该在依据相关法律关系的交付义务完成时发生。这会带来实践上的简化，比如与风险移转相一致（尽管并不是想让所有权转让与风险移转紧紧地绑在一起，这会不合理，比如，在受让人迟延受领时）。如果货物运输时为第三人所毁，这样会让问题变得更简单。所有权与让与人交付义务的履行在时间上平行，从当事人角度来说似乎看起来也可行。如果不可行，当事人可以约定不同的解决方案。

为什么不应该用第（1）款的交付概念调整这些情形？与第（1）款大体相同，在占有这一概念之下，为达到合理的结果而作出的努力会面临一些困难，这些困难取决于谁和承运人订立运输合同，承运人会被视为让与人或者受让人的有限权利占有人（参见第Ⅷ－1:207 条（通过有限权利占有人占有））。如果这样的话，那么所有的运输合同是和让与人订立的情形，第（1）款意义上的交付，也就是让与人交出占有以及受让人取得占有，不会发生于承运人将货物交给受让人之前。

这个问题在上述列举的第 2 种情形中可能最为明显：让与人有义务将货物发给受让人并且通过使用承运人完成这一义务。根据占有概念，承运人可能是让与人的有限权利占有人（如果让与人订立运输合同的话，比如，根据成本加运费条款（CFR-term）），结果就是让与人被视为本条第（1）款这一基本交付条款意义上的"占有人"。或者，承运人可能是受让人的有限权利占有人（如果后者订立运输合同；比如，根据离岸价格条款（FOB-term）），结果是让与人被视为第（1）款这一基本交付条款意义上的"占有人"。只有在第二种情形下，本条第（1）款想要实现的结果才会实现。

但是，问题不仅发生在情形 2。还有这样的情形，此时让与人能够获得更便宜的运输报价,合同当事人为此原因约定,让与人会和承运人谈判并订立运输合同,尽管当事人已经约定交付的义务在让与人营业场所完成(比如工厂交付(ex-works)的情形)。很显然,谁形式上和承运人订立合同的问题——谁因此就被视为占有人——不应该是决定性的因素。与此相反。理论上有这种可能:让与人和受让人的合同使得前者在特定地点(情形3)交付,但是因为受让人可以获得更好的报价这一简单的理由,当事人约定后者和承运人订立合同。

因此,涉及第三承运人运输的情形的特别规则包括情形1到情形3。

第(2)款意义上的交付的第一个要件:让与人完成交付义务。从技术上来说,为了实现上文概括的效果,第(2)款规定了两个要件。第一个是完成让与人的交付义务,该义务指向调整所有权转让的(依据合同或者其他法律行为、法院的命令或者法律规定产生的)相关授权的条款。具体来说,转让基于合同发生的,履行地点可以遵循合同条款或者相应的诸如第Ⅳ.A-2:201条(交付)第(2)款的默示规则。这一要件贯彻了以上概括的主要政策考量。

第(2)款意义上的交付的第二个要件:承运人或者受让人取得占有。该要件功能上与第(1)款"受让人取得占有"的要件相当。但是,与第(1)款一般意义上的基本交付义务规则不同,未提及"让与人交出占有"的要素。原因是,让与人订立运输合同时,让与人形式上依然被视为间接占有人,因此,不会(如第(1)款所要求的)"交出"占有。因此,该规则只规定交付发生于承运人取得占有时(也就是说,以第Ⅷ-1:207条(通过有限权利人占有)意义上的有限权利占有人形式),或者与情形3相关,受让人取得第Ⅷ-1:205条(占有)意义上的占有。当受让人的交付义务要求在目的地进行交付,但是形式上受让人又订立了运输合同,那么受让人必须已经履行交付义务的要件将阻止先前的所有权转让。

与单据交付规则(第Ⅷ-2:105条(等同交付行为)第(4)款)的关系。这个问题在下文第Ⅷ-2:105条(等同交付行为)评论E中会更深入讨论。简单来说,两个规则都可以适用,作为规则不存在谁取代谁的问题。除非当事人已经另有约定,否则所有权在任一规则的要件具备时发生移转。

注　释

Ⅰ.交付的概念和法律性质

1. 在奥地利法所有权取得框架范围内,"所有权取得的合法形式(*rechtliche Erwerbungsart*)"的第二种形式是,依据民法典第380条和第425条规定"合法的交付"(*rechtliche Übergabe und Übernahme*)。这一形式毫无疑问被视为将财产事实上交付——财产占有的移转——给受让人(*Übernahme/Tradition*)。民法典第426~429条规定了多种形式的交付;尽管这些列举被认为包含了对交付形式的限制性列举(现实交付或者等同交付行为),因此禁止当事人自治,但是既存的交付形式上的选择,已经根据当事人的相应的协议,给当事人决定交付的细节提供了广泛的可能

(Faber and Lurger(*-Faber*),National Reports Ⅰ,86 f,104 ff;Rummel(*-Spielbüchler*),ABGB I[3],§425 no.2)。除了民法典的规定外,制定法的规定还调整其他问题,尤其是权利证书和登记文件的转让。另外,对于已登记的海船的转让不需要交付或者等同交付行为(Faber,loc. cit.,87)。奥地利法认为交付是让与人的自愿行为,因此受让人不能未经让与人同意通过单方行为强制转让。但是,如果这种事情发生了,有人提出,卖方不能依据所有权要求返还,因为买卖合同赋予了买方占有权(Klang(*-Klang*),ABGB II[2],218;*Mader*,FS Mayer-Maly,417,420 ff;就租赁合同的类似情形参见OGH SZ 9/283)。民法典第426条默认规则规定,动产通常可以通过财产的现实交付而被转让。奥地利法的现实交付被广义地理解,主要指受让人根据普遍接受的标准(Verkehrsanschauung)取得对财产的物理上的控制(*Iro*,Sachenrecht[3],no. 2/34;*Koziol and Welser*,Bürgerliches Recht I[13],236 f;*Spielbüchler*,loc. cit.,§ 426 no.2)。在这个意义上,即使交付发生时当事人没有同时在场,现实交付也成立,比如债务人将货物交由债权人处置,而债权人第二天才收取了货物的(OGH 7 Ob 266/62,EvBl 1963/24;OGH 6 Ob 87/64,SZ 37/48);墓碑立在墓地的,或者建筑所有人没有在场时,在建筑工地交付建筑材料(*Faber*,loc. cit.,87 f;更多的例子参见,Kletecka and Schauer(*-Mader*),ABGB,§ 426,no.2;*Spielbüchler*,ABGB I[3],§ 426 no.2)。

2. 在德国,交付(*traditio*)由占有的移转构成(民法典第929条第(1)款),交付构成实现(perfects)物权合意的事实要素,必须具备下述要件:(a)受让人或者为了受让人行事的中间人取得占有;(b)让与人失去占有(也包括占有改定协议的成立,因此让与人自此为受让人占有);(c)为当事人意图所及的财产依据物权合意重新分配(allocation)。由于交付是自然行为而不是法律行为,调整代理的规则不适用,但是这个漏洞通过中间人以及"被指定人(*Geheißperson*)"的概念得到填补(Faber and Lurger(*-McGuire*),National Reports Ⅲ,chap. 5.4.3(b)(ⅰ);就被指定人,参见下文第Ⅷ-2:105条注释25)。尽管如此,对于现实交付的要件的严格遵循会给实践带来一系列困难,受让人已经占有财产或者可以采取其他交付形式时,这些困难通过放弃这种严格遵守而克服。就所谓等同交付行为来说,至少被赋予了间接占有并且可信赖标准(reliability criterion)因此得到了满足,但是公示要件并没有得到遵循(*Brehm and Berger*,Sachenrecht[2],no. 26.13;就各种形式的等同交付行为,参见*McGuire*,loc. cit.,chap. 5.4.3(b);民法典第929条第(2)款,第930、931条;对第Ⅷ-2:103条的注释2以及对第Ⅷ-2:105条的注释2、25、47和71)。

3. 在希腊法中,交付(*παράδοση*)的典型形式也是现实(physical)交付。从民法典第976条第(1)款的文义可以推出,和德国法一样,现实交付必须具备下列要件:(a)不管是亲自行使的还是通过占有辅助人实施的对财产的任何形式的物理控制,让与人都必须放弃。(b)受让人必须取得对财产的实际控制,控制可以是占有和持有(detention)或者仅仅是占有;同样这种控制可以由受让人本人行使或者通过占有辅助人行使,也可以自此由第三人根据指示为受让人持有财产。(c)转让必须为双方当事人的意图所及(Faber and Lurger(*-Klaoudatou*),National Reports Ⅲ,chap. 5.4.2(a))。现实交付与协议交付(delivery by agreement)不同(参见第Ⅷ-2:103条注释3及第Ⅷ-2:105条注释3、26和48),后者被普遍视为法律行为(*Georgiades*,Empragmato Dikaio I,§ 18 no.44),而现实交付的法律性质在希腊有很大的争议:早期学说上的通说视现实交付为法律行为(*Balis*,Empragmato Dikaio,§ 4;*Pratsikas*,Empragmato Dikaio,55;*Spyridakis*,Empragmato Dikaio B'/1,no. 141.2.2);法院也在不同情形下认可财产的现实交付是无因的和不要式合同的观点,从而可以适用合同法的规则(A. P. 1307/1982,EEN 50,585;A. P. 1673/1984,EllDik 26,206;A. P. 809/1989,NoB 1990,1434;CA Athens 573/2002,EllDik 2003,225;PPr Messolongi 72/

1991,ArchN 1993,49;PPr Thessaloniki 5221/1993,EllDik 1993,1546;PPr Larissa 725/1994,ArchN 1997,533;PPr Drama 65/2004,初版参见 NOMOS 法律数据库)。不过,最近的少数学说经常视现实交付为事实行为,这意味着不能基于错误的理由而撤销或者附条件或者期限。根据这一观点,尽管现实交付需要双方当事人自愿行事,但是并不要求民法典第127条及以下技术意义上的意思表示;另外,作为事实行为交付不能取决于转让所有权的基础性原因(*causa*)的有效性,即使是原因无效,通过交付受让人还是通过交付成为占有人(Georgiades and Stathopoulos(*-Georgiades*), arts. 976-977 nos. 13 f; *Georgiades*, Empragmato Dikaio I, § 18 nos. 40 ff; *Vavouskos*, Empragmato Dikaio[5], no. 69)。不管如何,如果交付是非自愿实施,那么不能认为占有发生移转,但可以肯定的是让与人已经丧失了占有(民法典第984条和第1038条),而受让人依据民法典第974条取得原始占有(Georgiades, Empragmato Dikaio I, § 18 no. 42)。除了现实交付外,有时候为了便利交易的目的,占有(以及所有权)可以通过民法典第976~978条的规定视同交付的形式完成移转(Georgiades and Stathopoulos(*-Georgiades*), arts. 976-977 no. 2; Spyridakis, Empragmato Dikaio B'/1, no. 141.2.2),也就是简易交付、长手交付和占有改定(*traditio brevi manu or longa manu, constitutum possessorium*),通过对持有动产的第三人发出指示转让,转让仓单或者提单;返还财产请求权的让与(民法典第1035条)也足以完成转让。通过这种方式,在物权法受到限制的当事人自治(Faber and Lurger(*-Klaoudatou*), National Reports Ⅲ, chap. 5.2.2.),还是被赋予了一点的功用。在具备下列条件时法律上放弃了现实交付的要求,有当事人之间的协议即可:(a)不需要现实交付,因为受让人能够行使财产的物理控制。(b)受让人已经是财产的持有人(detentor)。(c)现实交付暂时不可能或者(d)是多余的。比如,让与人会自此作为持有人维持物理控制(*Klaoudatou*, loc. cit., chap. 5.4.2)。

4. 在瑞士法,通过交付移转占有是动产所有权传来取得的主要形式。拟转让的物被交到受让人手中,受让人取得对物的占有;作为替代手段,可以将对物行使控制的必要手段交到受让人手中,比如钥匙等(民法典第922条第(1)款)(*Steinauer*, Les droits réels I[4], nos. 251 ff; *Schmid and Hürlimann-Kaup*, Sachenrecht[2], nos. 143 f; Rey, Grundlagen[3], no. 1716; Faber and Lurger(*-Foëx and Marchand*) National Reports Ⅵ, chap. 2.3.2)。现实交付是涉及拟转让财产现实移转的唯一交付模式(对于所有权凭证的交付一定程度上也是如此),因为其他所有的等同交付行为只需要当事人之间的协议,所以当然需要具备行为能力(*Steinauer*, Les droits réels I[4], no. 269; *Schmid and Hürlimann-Kaup*, Sachenrecht[2], nos. 155; Faber and Lurger(*-Foëx and Marchand*), loc. cit., chap. 2.3.2)。瑞士的法律学说区分转让的原因,也就是物权行为和占有移转本身(*Steinauer*, Les droits réels II[3], no. 2014; *Foëx*, Transfert et engagement des valeurs mobilières"intermédiées" en droit suisse, 159; *Tuor et al.*, ZGB[12], 745),交付必须根据当事人之间移转占有的有效协议(物权合意,参见 ATF 85 II 97),该协议区别于基础性原因。但是交付自身是事实行为(*Steinauer*, loc. cit., no. 2018);因此,有些学者往往会批评交付和物权合意的区别完全是人为的,并且认为交付中包含物权合意(Haab/Simonius/ Scherrer/Zobl(*-Haab/Simonius*), Zürcher Kommentar Ⅳ. 1[2], art. 714, no. 40),而其他一些人则完全不承认物权合意(*Piotet*, Transfert de propriété, 17 et seq)。但是,这些争议因为过于理论化而不被考虑,因为至少从占有移转本身可以推出默示的协议(Faber and Lurger(*-Foëx and Marchand*), loc. cit., chap. 5.7.1;也请参见 *Steinauer*, Les droits réels II[3], no. 2014a; Rey, Grundlagen[3], nos. 1699 ff)。占有移转的模式(除了简易交付外)由法律规定,当事人不能自由创设。现实交付被认为是典型模式,但这并不意味着等同交付行为被视为其附属的

形式(Faber and Lurger(*-Foëx and Marchand*),loc. cit. ,chap. 5. 4. 1)。

5. 在匈牙利,动产所有权的传来取得根据名义和形式(*titulus et modus*)的制度而发生,也就是通过有效的原因(*causa*)和交付(*traditio*)发生(民法典第117条第(2)款)。在匈牙利民法典颁布之前,法律学说上传统的观点已经不将交付视为简单的事实(factum),而是视为具有天生的法律行为的性质(an immanent transaction character)(Szladits(*-Kolosváry*),A magyar magánjog Ⅳ,245),但是"二战"后另外一种观点出现(*Eörsi*,A tulajdonátszállás kérdéséro″l;Petrik,Polgari Jogi Kodifikóció 3/2007,15 ff),根据这种观点,所有权转让并非依据相互区分的两个协议,因为物权合意是不切实际的概念,所以,形式(*modus*)只能有一个实际的行为(real act)构成,这个行为事实上将动态的所有权转让程序外化,而基础性债务行为只是启动了这个程序。转让程序的第二个步骤不是当事人的协议引发的,而是法律的规范效力所致,因此,交付无非是债务协议的外部反映而已。最近,判例法和法律文献的演进,尽管不是终结性的,但是指向了这样的观点,交付不仅仅是实际的行为;其足以构成法律行为,可以适用包括合同行为能力在内的法律规则;就不动产而言这一点甚至更明确。不管如何,在匈牙利法中检视交付在所有权转让语境中的作用,有助于我们理解在债务行为和物权合意之间没有明确的区分,因为交付也必须根据调整名义(*titulus*)的债法规则来解释。另外,交付的重要性在所谓的无因转让中也得到了强调,也就是没有名义的转让;这些转让中,尽管名义表现出某种形式的小瑕疵,比如,其准确的性质不明确(比如,是赠与还是买卖),已生效的交付不会因为这些缺陷而受影响(Gellért(*-Petrik*),A Polgári Törvénykönyv Magyarázata,430;就交付的性质,参见 Faber and Lurger(*-Szilágyi*),National Reports Ⅲ,chap. 5. 1,5. 4 and 5. 6,有进一步的文献引证)。就其实践层面,交出拟转让的货物,作为转让所有权的形式不限于有关货物的物理占有,而是包括导致取得对物的权利的所有的方式。因此,交付包括物占有的移转;最为常见的方式是货物的现实交付,也就是将货物交给取得人(*Szilágyi*,loc. cit. ,chap. 5. 4. 1)。除了现实交付,匈牙利法也承认一些等同交付行为:长手交付,简易交付,占有改定,象征性交付以及返还请求权的让与(*longa manu traditio*,*brevi manu traditio*,*constitutum possessorium*,*traditio symbolica and cessio vindicationis*)((Gellért(*-Petrik*),A Polgári Törvénykönyv Magyarázata[6],677;Lenkovics,Dologi jog,131)。但是,由于教义上的不协调,象征性交付仍存在争议(*Menyhárd*,Dologi jog,286;*Bárdos/Menyhard*,Kereskedelmi jog,368)。只要所有人确实想转让所有权,则交付使得有关货物的所有权发生移转;这意味着所有权必须在转让中承担明确且无争议的作用。但是,让与人的意图可以是无条件的或者附条件的(比如,在分期付款买卖中附带所有权保留;民法典第368条第(1)、(2)款)。从教义上来说,交付作为移转对物的实际的权利的方式,是作为占有制度来理解的(*Szilágyi*,loc. cit. ,chap. 5. 4. 3)。新匈牙利民法典第一草案中,所有权转让的形式要素被一致理解为法律行为,包含在占有的移转之中(匈牙利民法典第一草案第4:45条);占有规则的可适用性是用来进一步强调物权合意的独立地位(在当事人基础性的协议之后)。占有的移转构成所有权转让的第二步,而且是受到物权法规则(更具体来说是占有规则,匈牙利民法典第一草案第4:3条),而不是债法的调整。支持这一看法的论据来自于对风险移转的法律规定以及对所有权保留条款的教义上的构造;后一种情况下,由于所有权并不随着现实交付而移转,形式理所当然地必须是比现实交付更广泛的事物,也就是物权行为。物权合意概念旨在处理由于现行民法典通过后在所有权传来取得领域带来的法律上的不确定性,而且人们承认,对于匈牙利的民法制度来说,物权行为并非完全陌生。但是,新匈牙利民法典第二草案就动产所有权的转让采纳了部分合意主义;不过,交付仍然具有价值;合意主义只在当事人之间产生合同上的后果,而必须交付才能产生对世(*erga omnes*)效力。新民法典学者建议稿与第一草案一致,就适用于物权合意规则的有关问题作了更清晰的处理,而且其预见到了等同交付行为同样的问题。最后立法机构的议案(Legislative Proposal)(与第4:2条项联系的第4:48条第(1)款)也选择了以移转占有为形式的物权合意,尽管在术语上有细微差别(Faber and Lurger(*-Szilágyi*),National Reports Ⅲ,chap.5.9 有进一步的文献引证)。

6. 在捷克法,交付(*traditio*)是实现当事人所追求后果的转让行为。交付(delivery)的法律术语是"接手(takeover)",当然必须通过让与人交出物来实施。这些术语被认为内在地彼此关联,而且他们一起构成交付(*tradition*),这意味着交出的同时也包括了接手(Faber and Lurger(*-Tichy*),National Reports Ⅵ,chap.5.6.1)。交出物要求交出物本身,还要交付必要的从物(accessories),没有这些从物,则不可能处分物,比如钥匙和车辆的行驶证(the control certificate for a vehicle)(Knappová(*-Knapp/Knappová/Svestka*),Civil Law I^3,298)。有时候还需要其他行为,比如承认已经作为持有人买方自此将作为所有人占有货物(简易交付)(Knappová(*-Kanda*),Civil Law II^3,176 et seq.;*Tichy*,loc. cit.,chap.5.6.2)。

7. 尽管交付可以以多种方式进行,但是斯洛伐克民法典没有对交付的形式进行列举。实践中最切题的交付形式是"手到手"的交付,比如,卖方在商店直接将货物交给买方。其他交付形式包括象征性交付,通过第三人交付或者简易交付。但是,所有权转让并非必定通过交付完成;当事人有约定或者法律有相应的规定的,可以在合同订立时且在受让人取得货物实际占有之前就取得所有权(Faber and Lurger(*-Petkov*),National Reports Ⅵ,chap.5.2.;详情见下文注释32)。

8. 在斯洛文尼亚法中,交付是所有权取得要件之一(CA Ljubljana 29 March 2000,no. I Cpg 1490/99),而且就动产物权关系,法律规定了必要公示要求(Berden et al.(*-Vrencur*),Novo Stvarno pravo(2002),71;*Tratnik*,Stvarnopravni zakonik,65;Juhart et al.(-Tratnik),SP s komentarjem(2004),art.61,314)。学说上要么将交付视为财产处分的固有要素,完成处分必须交付(Juhart,Podjetje in delo 2000/6－7,1461,1465;Juhart *et al.*(*-Juhart*),SPZ s komentarjem[2004],art.40,248;*Tratnik*,Zastavna pravica,41),要么视为动产所有权取得时所必需的独立的事实行为(real act),因此必须与处分分开处理(*Vrencur*,loc. cit.,68;*Tratnik*,Stvarnopravni zakonik,64;Juhart/Tratnik/Vrencur(*-Tratnik*),Stvarno pravo[2007],233);第二种看法似乎是通说。物权法典第60条第(3)款和第(4)款规定每一种不同形式的交付,适用各不相同的规则(参见上文第Ⅷ－2:103条注释7,下文第Ⅷ－2:105条注释8、30、53、77)。根据《物权法典》第60条的强行法,交付可以是现实交付(*traditio vera*),象征性交付,简易交付,长手交付或者也可以由占有改定构成,而且当事人不得创设新类型的交付形式;最后三种形式的交付不是事实行为,而只是意思表示(Faber and Lurger(*-Rudolf/Rijavec/ Kerestes*),National Reports Ⅰ,573)。这些交付形式中,现实交付由将动产交给取得人占有构成(*Rudolf/Rijavec/Kerestes*,loc. cit.,557 et seq.)。根据物权法典第60条第(1)款和第(2)款,交付原则上在让与人完成了让受让人能够对财产行使直接的物理上权利的一切必要事项时完成。这意味着,让与人将物直接交到受让人手中现实交付成立,另外,比如卖方的书放在柜台上,招呼买方取走的,此时也成立交付(Juhart *et al.*(*-Tratnik*),SPZ s komentarjem[2004],art.60,308 et seq.)。

9. 在爱沙尼亚,典型的交付形式由物权法第92条第(1)款调整;交付由将货物交给取得人占有的行为构成。一方面,受让人必须取得对财产行使实际的物理控制的可能,而另一方面,让与人必须完全放弃对财产的一切控制;因此共同占有不足以使得所有权转让发生。并不期待让与人进行具体的交付行为;即使让与人从未直接占有过货物,给受让人取得占有创造可能就已经足够。相应地,也不要求受让人积极地控制货物;只要根据物权法第 36 条及以下各条确定其处于行使控制的地位即可。交付必须自愿,因此取得人的单方行为不能被视为成立占有。现实交付只是事实行为,而且就此行为不需要法律行为能力,不受法律行为的一般规则的调整。但是就法律规定的等同交付行为(物权法第 36 条第(2)款、37、93、94 条)来说就不是这样,等同交付行为由转让当事人之间的协议构成;现实交付和等同交付行为彼此并不从属,不过当事人可能会选择最符合他们利益的形式(Faber and Lurger(*-Kullerkupp*),National Reports Ⅰ,276 et seq.)。

10. 在立陶宛,民法典将交付定义为,将物交付给取得人或者为了将物运送交给取得人的目的而交给运送公司,或者为了邮递给取得人而交邮,法律另有规定或者当事人另有约定除外;提单或者证明动产处分的其他文件的交付也足以构成交付(民法典第 4:50 条第(2)、(3)款)。根据民法典第 4:50 条第(1)款,物的交付使得取得人可以在适当考虑物的状况和法律性质的前提下依据物的本旨(purpose)利用交付的物。民法典第 4:28 条规定占有的取得,既包括现实交付和象征性交付,也包括交付给取得人指定的人或者前占有人相应许可的人(Faber and Lurger(*-Mikelenas*),National Reports Ⅲ,chap. 2. 4)。就立陶宛法交付原则的适用来说,交付不被理解为独立的"物权合意";交付只是为了履行合同义务或者其他义务所需的行为,不是独立的合同,该行为有法律意义,因为,如果适当实施,交付会消灭卖方的相应的债务(民法典第 6. 123 条)(Faber and Lurger(*-Mikelenas*),National Reports Ⅲ,chap. 5. 1. 4(b)and 5. 6)。交付的主要形式由民法典第 4. 50 条调整,该条规定交付通过将物交给受让人进行。该规则在买卖法中进一步分析。根据民法典第 6. 317 条,卖方必须依据买卖合同在转让所有权的过程中将所售货物交给买方占有,而且认为,在卖方使得买方取得货物的占有或者同意买方取得占有且为此目的移除了一切障碍时,这种交付也成立。卖方必须交付物及其所有从物,以及相关的文件和权利证书,并且除非另有约定,承担相关的费用。另外,当事人可以自由约定额外的(additional)具体的交付形式,比如由双方签字的对交付的书面确认。立陶宛民法典规定了其他交付形式,比如交付给运输公司、邮寄或者通过交付文件来完成交付(民法典第 4. 50 条)(参见下文第Ⅷ-2:105 条注释 76)。

11. 在西班牙,民法典第 1462 条第(1)款将"实际交付(real tradition)"定义为将所售货物交由买方控制和占有的行为。因此,实际交付主要由现实交付构成,但是普遍认为,象征性交付也足以构成(参见下文第Ⅷ-2:105 条注释 56)。交付一般被描述为现实交付财产和取得对财产的占有,交付时,让与占有的人(*tradens*)和取得占有的人(*accipiens*)有根据"名义(title)"相应地转让和取得所有权的意图(*Albaladejo*,Derecho civil Ⅲ[10],135;TS 18 September 1996,RAJ 6725)。交付通过双方当事人的协作完成,并被视为履行合同所生义务所需的法律行为(*acto jurídico*);因为意思因素(the volition element)已经包含在名义之中(*De Pablo Contreras/Martínez de Aguirre/Pérez Álvarez*,Curso de Derecho Civil Ⅲ,350,354),交付通常不是自治协议的形式(the object of an autonomous agreement),而是具有中性的特点,其意义取决于基础性合同。不管如何,交付是双方行为,需要让与人先提出交货,而受让人进行相应的收货,在受让人不收货时,卖方可以请求法院命令确认提出交货的适当性(民法典第 1176 ~ 1181 条)。另外,让与人必须同意受让人取得占有;如果受让人单方行事,占有会是"恶意的",而且即使受让人对物拥有权利,在一定条件下这种取得行为还是会构成犯罪(刑法典第 455 条)(Faber and Lurger(*-González Pacanowska and Díez Soto*),National Reports Ⅴ,chap. 4. 4. 1 and 4. 4. 2(a))。交付不需要赋予直接的物理控制;当占有让与人不直接占有或者实际交付困难、不可能或者没有必要时(比如受让人已经占有),可以采取其他形式。民法典第 1462 条至第 1464 条规定了动产和无形财产的各种各样的交付形式:可以是现实交付(民法典第 1462 条第(1)款:“真正的(real)”交付),官方书面文书的执行(民法典第 1462 条第(2)款:“文书交付”),交付储存货物的房屋的钥匙(民法典第 1463 条第 1 句)或者,在买卖之时所售货物不能交付给买方,或者买方根据别的原因已经占有的,仅根据当事人的协议就可以完成交付(民法典第 1463 条第 2 句)。民法典第 1464 条规定了无体财产(比如不能现实交付的物权,未实施占有的担保权利等)的“交付”,也被称为准交付,该交付通过“文书交付”、“证书交付”实施,也就是将权利证书交给受让人,或者只需要在让与人同意下受让人行使权利。依据民法典第 1462 条至第 1464 条,学说和判例区分“现实”交付(也就是实际交付货物)和“拟制(fictitious)”或者“观念(spiritualised)”交付。这些形式的交付是否都可以适当地称为交付或者交付这一术语应该仅指占有移转,哪怕是间接占有的移转,就此存在争议;不过,在依据法律实施的其他形式的交付的,即使占有没有发生明显的改变,也足以构成交付(*Peña Bernaldo De Quirós*, Derechos reales: Derecho hipotecario[4], 106 et seq.; *Bercovitz Álvarez*, Tradición Instrumental y Posesión, 66 et seq.),而这一点也得到民法典第 1463 条明确规定的支持,该条规定,交付可以仅凭当事人之间的合意而发生(*González Pacanowska and Díez Soto*, loc. cit., chap. 4.4.2)。在西班牙,判例法一直采取这种观点:交付模式受到民法典第 1462 条至第 1464 条的调整,不构成类型法定;相反,明确表明让与人将货物交由受让人全面和独占处置的任何行为,再加上双方出让和取得所有权的意图,就足以满足含义广泛的拟制交付(*traditio ficta*)的要求(参见 TS 20 October 1989, RJ 6945)。这不是说就此当事人可以全面自治,而只是表明民法典第 1462 条至第 1464 条的列举并非穷尽无遗(*Peña Bernaldo De Quirós*, Derechos reales: Derecho hipotecario [4], 101; *Bercovitz Álvarez*, Tradición instrumental y posesión, 71)。此外,交付的任何替代形式倾向于在《民法典》规制的类型范围内进行解释;比如,占有改定,可以解释为:通过文书交付(民法典第 1462 条第(2)款)或者协议交付(民法典第 1463 条)来完成占有的变更。不过,有必要强调的是,由于民法典规定的动产交付模式足够多,所以交付的主要问题出现在不动产;比如,让与人欠缺对不动产的任何形式的占有,就不动产的转让来说,进行占有改定或者援用文书交付是否就已足够,就是一个问题(*González Pacanowska and Díez Soto*, loc. cit., chap. 4.4.2(c))。

12. 荷兰交付的概念由两个部分组成:让与人和受让人之间的表明转让所涉财产的协议(物权合意, goederenrechtelijke overeenkomst)以及使得转让的共同意图表现于外的相应的行为(Asser(-Mijnssen and De Haan), Goederenrecht 3－I[14], nos. 203 ff)。交付若要有效转让所有权,则必须根据拟转让财产的种类的不同(可登记的还是不可登记的)以及货物是否在让与人的控制之下,而遵循不同的具体形式。如果货物在让与人控制之下,民法典第 3:90 条第(1)款规定,转让所有权所需的交付通过将货物的占有交给取得人而实现(*bezit overdragen*(占有的移转))。本条意义上占有可以是直接占有或者间接占有,而且可以通过现实交付或者拟制交付移转(就拟制交付的各种形式,参见第Ⅷ－2:103 条注释 11 和第Ⅷ－2:105 条注释 12、34、57 及 80)。现实交付的概念可以从民法典第 3:114 条得出,该条规定,通过赋予取得人与占有人可以行使的对货物的控制同样的控制,占有人移转占有(traditio vera(现实交付));但是,占有也可以通过其他赋予取得人符合一般观念的对物的直接占有的方式移转,比如,交付汽车或者自行车的钥匙,或者让与人将给予取得人取得占有的许可(比如,自行车从自行车存放架上取出,或者取得让人放在特定地点等待他人去取的货物的控制,参见 HR 11 January 1952, NedJur 1952, 77; HR 8 June 1973, NedJur 1974, 346; *Pitlo et al.*, Goederenrecht[12], no. 225)。这些现实交付的替代形式学说上不作为拟制交付的形式看待，因为这些形式被视为赋予取得人实际的控制；这种看法可以以民法典第3:108条为据，该条规定，谁持有货物的问题根据一般的观念和具体的情形进行判断（Faber and Lurger（*-Salomons*），National Reports Ⅵ，chap. 2.3.1 and 5.4.2）。

13. 在法国法，交付（tradition）是将占有移转给他人的事实行为；与所有权转让不同，所有权让与在法国法上是合意主义（民法典第1138、1583条，*Zenati-Castaign and Revet*，Les biens[3]，283），而交付要求取得人取得对货物（*corpus*）的实际的物理控制，交付包含在将货物转让到"买方的掌控之下（into the power and control of the buyer）"（民法典第1604条，译者注：法文原文是en la puissance et possession de l'acheteur，拿破仑法典李浩培译本翻译为"归买方支配和占有"，商务印书馆1979年版，第226页）。交付的义务只包含在让与人给付的义务之中（*obligation de donner*，民法典第1101、1136条），但对于所有权转让并非必不可少，至少原则上是这样（Faber and Lurger（-Cashin-Ritaine），National Reports Ⅳ，chap. 2.3 and 5.1.1）。

14. 类似地，在比利时，交付一语指，让与人对于拟交付的财产的占有和控制的直接和不可恢复地丧失，并且受让人直接取得对于该物的排他的占有和控制（参见*Puelinckx-Coene/ Geelhand/ Buyssens*，TPR 1999，779，875，no. 144；*Delport*，De handgift，17，no. 45；Faber and Lurger（*-Sagaert*），Rules for the transfer of movables，23，no. 26）；如果让与人以某种形式保留恢复占有的可能性（比如，某人将钱存入其有代理权的账户，又如，存入未成年人账户，存入人有未成年人父母的相应权力），此时不成立交付（*Puelinckx-Coene/ Geelhand/Buyssens*，TPR 1999，779［876 f，nos. 146 f］；*Delport*，De handgift，18，no. 48）。占有的转让原则上不是合意主义的协议，而是需要转让占有的两个要素的一项真正的合意（real agreement），也就是体素（*corpus*）和心素（*animus*）（*Hansenne*，Les biens I（1），no. 177）。不过，一项真正转让持有物的心素（*animus rem sibi habendi*）的协议不是本身可行，而是取得人形成相应的心素时继续前手的占有（Cass. 2 June 1989，Arr. Cass. 1988－89，1166）。就货物买卖合同而言，法律将交付定义为将货物转让给买方控制和占有（民法典第1604条）。交付包括将货物交给买方和交由买方处置两种情形；后者有义务受领交付和从卖方处取货（民法典第1608、1657条），不过当事人可以自由地另作其他安排（（Dirix（*-Christiaens*），Bijzondere overeenkomsten，art. 1604，no. 4）。除了现实交付，也就是实际交付货物外，民法典第1606条还规定，交付动产也可以通过交付货物存放的建筑物的钥匙实施（参见下文第Ⅷ-2:105条注释59），或者，如果买卖当时交付不可能或者买方已经基于其他原因控制货物，则交付可以仅根据当事人的合意实施（参见下文第Ⅷ-2:105条注释36和13）；第三种可能的安排是，通过当事人的协议进行转让，卖方作为持有人为买方继续占有货物（占有改定）（*Christiaens*，loc. cit.，art. 1605－1606，no. 17，提到了Cass. civ. 8 February 1973，RW 1973－74，1171，参见上文第Ⅷ-2:103条注释13）。就无形权利来说，依据民法典第1607条，交付要么通过交付相关权利证书或者买方经卖方同意行使相关权利实现（详情及适用于特定形式权利的具体规则，参见Faber and Lurger（*-Cauffman and Sagaert*），National Reports Ⅳ，chap. 9.5.3（c））。民法典第1605～1607条的列举是描述性的，因为，卖方甚至可以仅通过将货物交由买方处分即可履行交付义务，只要后者确实提供了卖方的要求的这种机会和方式；当事人可以自由约定具体的交付模式（CA Brussels，6 July 1935，Pas. Belge 1936 II，36；*Christiaens*，loc. cit.，arts. 1605－1607，nos. 5，30；*de Page and Meinertzhagen-Limpens*，Traité élémentaire de droit civil belge Ⅳ（1），197 f，no. 120；*Van Ryn and Heenen*，Principes de droit commercial Ⅲ[2]，514 et seq. nos. 668 et seq.）；不过，必须注意，如果买方取得了对所售货物的控制，但是不是根据当事人约定的或者法律承认的方式取得的，则不承认买方取得了民法典第 2279 条意义上的占有(*Cauffman and Sagaert*, loc. cit., chap. 9. 5. 3. (c);比较 CA Antwerp, 12 February 2001, RW 2001-02, 603,该案似乎错误地认为民法典第 1606 条列举的等同交付行为是穷尽无遗的)。就交付的性质而言,其一般仅被视作事实行为,尽管这种看法来源于这一事实:原则上所有权转让不需要交付(*de Page and Meinertzhagen-Limpens*, Traité élémentaire de droit civil belge Ⅳ(1), 187, no. 117);但是,在那些交付被认为是所有权转让的条件的场合(比如,商事交易,参见下文注释 39),交付被视为包含了转让所有权意思在内的法律行为。现实交付需要买卖双方的配合,是最常见的交付形式,体积和重量都适中的货物的零售之中每天都发生(*Christiaens*, loc. cit., arts. 1605-1607, no. 6; *Laurent*, Principes de droit civil, 165, no. 163)。如果涉及卖方仓库中储存的大宗货物,交付只有在买方取得的占有无法否认之时才发生,比如,买方将货物取走或者至少货物被分开堆放并做了标志(*Christiaens*, loc. cit., arts. 1605-1607, no. 6; *Van Ryn and Heenen*, loc. cit., 518, no. 670)。在货物交付负责取货的第三方承运人时,交付也视为已经发生(Christiaens, loc. cit., arts. 1605-1607, no. 6),无记名证书(instruments to the bearer)(无记名股份,无记名债权(shares to bearer, obligations to bearer)等)的交付也是一样。在比利时学说上对这个问题曾经详加讨论:将钱从一个账户转到另一个账户算不算有效的交付,答案趋向于否定,因为这种交付意味着债的变更而不是交付动产(*Puelinckx-Coene/Geelhand/Buyssens*, TPR 1999, 779, 878, no. 148),但是法院并不是这么看的(CA Mons 17 December 1996, Rev. not. b. 1997, 183)。相反,在将无记名债券(bearer bonds)从一个账户转到另一个账户时(CFI Civ. Brussels, 5 March 1996, RW 1996-97, 785),法院承认有效的长手交付(*traditio longa manu*)(参见下文第Ⅷ-2:105 条注释 36)。如受让人单方取得货物的占有,比如,根据委托从让与人的账户中提钱,则不存在交付(CFI Civ. Liège, 11 December 1995, Rev. trim. dr. fam. 1997, 213;就交付概念的一般讨论,参见 Faber and Lurger(-*Cauffman and Sagaert*), National Reports Ⅳ, 14, 52 et seq., chap. 3. 3 and 9. 5)。最后,一种单凭合意(*solo consensu*)交付的形式值得注意,也就是,在买卖之时交付是不可能的,包括买卖的标的是将来收获的农作物,因此实际交付只能在收获之时发生,在买方选择的时间发生(*Christiaens*, loc. cit., arts. 1605-1607, no. 17,援引了 Com. St.-Niklaas, 28 October 1969, RW 1972-73, 1047);另一种情形是,货物不在买卖的地点,买方获得取货的授权(*Christiaens*, loc. cit., arts. 1605-1607, no. 17; *Laurent*, Principes de droit civil, 166, no. 164; *Kluyskens*, Beginselen van burgerlijk recht Ⅳ, 111, no. 89 38 a in fine)。这种单凭合意的交付,类似于占有改定,但是不同于简易交付,不具有现实交付的所有效果,因为占有的移转从外表看来不为第三人所知;因此,民法典第 1141 条不适用(*Christiaens*, loc. cit., arts. 1605-1607, no. 19; *Laurent*, Principes de droit civil, 166, no. 164; *Kluyskens*, loc. cit.)。还有人探讨过是否需要更强的交付的标志,比如,就作物而言,在田间放置标志;卖方拒绝这种标志的请求可能有悖善意原则(民法典第 1134 条)(*Cauffman and Sagaert*, loc. cit., chap. 9. 5. 3(c))。

15. 在葡萄牙法,民法典第 1256 条和第 1263 条将交付定义为取得占有的一种方式;由旧占有人向新占有人移转占有构成,交付可以是现实交付或者象征性交付(Faber and Lurger (-*Caramelo-Gomes and Nóbrega*), National Reports Ⅳ, chap. 2. 4. 2)。

16. 在保加利亚法,交付是移转占有一种方式;在前占有人同意时发生占有的移转。这种同意不被看成引起权利得丧变更的法律行为(Tadjer, Veshtno pravo Ⅳ, 52; cf. SC(1st Civ. Ch.) No. 803/94);因此,不需要具备任何形式。但如果交付源于交付的债务(比如买卖合同、互易、赠与等),交付可以构成相关合同协议的一部分。在涉及种类物特定的债法第 24 条第(2)款的语境中，构成交付需要受让人取得对财产的实际控制（Faber and Lurger（-*Stoimenov*），National Reports Ⅳ，chap. 5. 2. 3.；与 *Venedikov*，Novo veshtno pravo，第151页不同，其认为除了交付外还需要买方就交付的货物有明确的同意）。如果买方取得"权利证书"（比如提单），所有权就足以移转。不仅可以通过将动产交给新的占有实施交付，而且可以在新占有人不在时，将财产交到新占有人住所时完成交付。或者，如果情况清楚表明前占有人已经放弃占有而新占有人可以过一阵子取得占有，那么也可以过一阵子实施交付（Venedikov，loc. cit.，44）。取得人也可以通过第三人取得占有，该第三人意图为占有人持有财产，实际控制货物并意图作为属于他人的财产而占有；学说上将这种可能扩张到为本人取得的合同代理人，但是第三人取得也可以基于委托、劳动合同等（*Tadjer*，loc. cit.，55，57；*Venedikov*，loc. cit.，46；就经前占有人同意取得占有的一般讨论，参见 *Stoimenov*，loc. cit.，chap. 2. 3. 3）。

17. 在英格兰法，交付有不同形式，其中1979年货物买卖法第61条第（1）款意义上的现实交付是，自愿地将占有从一人移转至他人，其所指是对于该词的通常理解。让与人和受让人均参与这个程序，前者让出对动产的事实上的控制，而后者表明占有的意图。另一种交付方式不通过赋予占有而移转对物的控制，这种交付被涵摄于推定交付（constructive delivery）的一般概念之下（参见第Ⅷ-2:103条注释17及第Ⅷ-2:105条注释17、39、62和83）。除此之外，如果代理人为了本人进行占有实施的，那么不涉及取得对货物的物理控制的交付也是可能的，比如，雇员只是作为货物的看管人收下货物，而雇主通过雇员进行占有（*Bridge*，Personal Property Law[3]，44）；但是这种占有被视作现实占有而不是推定占有，尽管这种区别因为属于人为而受到批评（Faber and Lurger（-*Frisby and Jones*），National Reports Ⅱ，26 et seq.）。

18. 类似地，爱尔兰法中通过人力进行的占有移转是交付，交付可以是现实交付、推定交付或者象征性交付。现实交付赋予被交付人实际占有，而且可以通过交付人本人或者代理人赋予，或者被交付人可以得到交付人相关允许后取得占有（Faber and Lurger（-*Gardiner*），National Reports Ⅱ，185）。

19. 在塞浦路斯，交付（*παράδοση*）由一系列法律规定调整：1994年货物买卖法第2条第（1）款以很宽泛的方式将其描述为，自愿地将占有从一人转移至他人；合同法（Cap 149）第107条规定，可以通过将货物交由保管人或者被授权为保管人占有的任何人占有的行为，完成对保管人的交付。1994年货物买卖法第33条规定，交付可以以当事人约定的任何方式实施，或者，以将货物交由买方占有或者其他获得授权为买方占有的人占有的方式实施交付；第一种选择并不需要取得占有，而第二种方式是默认规则，需要取得占有，但是不需要将物理占有直接转移给买方。值得注意的是，在第二种情形下（占有的移转），交付不必然导致所有权的转让，就所有权转让而言，当事人的意图总是决定性的。卖方（1994年货物买卖法第31条）或者获得授权的卖方的代理人可以进行交付。两种交付方式可以任意选择，任何一种方式均不从属于其他方式，不以其他方式不能为条件。1994年货物买卖法第36条就交付包含了一个默认规则：买方是否有义务收取货物或者卖方是否有义务将货物发给买方的问题，依据每一个协议明示或者默示条款确定。如果对交付地点没有约定，交付地点是合同订立时货物的所在地或者货物事后的生产地。如果对发货时间没有特别约定，货物必须在合理的时间内发出。最后，如果合同中无规定，将货物置于可交付状态的费用由卖方承担。如果在合理的时间内请求或者提出交付，将没有提出任何法律救济的余地。交付规定背后的因素之一似乎是法律的确定性，不是作为整体的社会，而是仅就当事人而言的法律的确定性（Faber and Lurger（-*Laulhé Shaelou/Stylianou/Anastasiou*），National Reports

Ⅱ,533 et seq.)。

20. 就发生所有权转让所需的交付而言(也就是超出买卖合同的语境),苏格兰法有多种实施交付的方式:交付的典型形态是物理交付,物理交付是让与人将货物交到受让人手中(*Carey Miller and Irvine*, Corporeal Movables[2], para 8. 16);苏格兰法也承认推定交付和象征性交付(*Carey Miller and Irvine*, loc. cit. , para 8. 15;参见第Ⅷ－2:105 条注释 20 和 65)。实际交付和推定交付构成了交付灵活框架,因此不同情形下都是可能的,甚至于乍看起来都不能肯定有交付;实际交付的宽泛的范围事实上使其成为"一种膨胀的类型"(*Carey Miller and Irvine*, loc. cit. , para 8. 15),而且解释了为什么在交付模式上没有类型法定(*numerus clausus*)(*Carey Miller and Irvine*, loc. cit. , para 8. 17)。因此,当事人经常会遇到法律承认的新的形式,与对形成新的物权的限制明显不同(Faber and Lurger(*-Carey Miller/ Combe/ Steven/ Wortley*), National Reports Ⅱ,362 et seq.)。现今交付在苏格兰法中所起作用式微,只是在不重要的一些场合才是必需的,比如互易、赠与或者质押;不过,现存的关于交付如何才能生效的全部判例法仍有教益。因此,在《货物买卖法》颁布前判决的案例可以就标注货物(marking goods)的重要性提供线索(*Boak v. Megget*(1844)6 D 662346;*Orr' s Tr v. Tullis*(1870)8 M 936,表明一旦没有实际移转占有,标注就至关重要);其他判例可以表明买方是否可以单方面从卖方处取走货物(参见 *London Scottish Transport Ltd. v. Tyres*(*Scotland*)*Ltd* 1957 SLT(Sh. Ct.)48);既存的判例法可以给是否正确有效实施了占有改定提供某些标准(*Orr' s Tr v. Tullis* [1870] 8 M 936;参见 Faber and Lurger(*-Carey Miller/ Combe/ Steven/ Wortley*), National Reports Ⅱ,364 et seq.)。推定交付是许多法院判决的案由,可以分为三类,大致与罗马法简易交付、长手交付以及占有改定相当,但是,学说上注意到这种罗马法分类在苏格兰并不存在,只是可以类比(*Gordon*, Studies in the Transfer of Property by Traditio, 215－222;*Carey Miller and Irvine*, loc. cit. , para 8. 15),而且所提出的问题经常是所有权是否已经转移至受让人(*Reid*, The Law of Property in Scotland, para. 619),而不是可以涵摄于哪一种转让模式。因此,苏格兰法主要是区别"现实、象征性和推定"交付(*Carey Miller and Irvine*, loc. cit. , para 8. 15)。推定交付涉及"所有权的转让不以实际将自然占有移交受让人为必要"的情形(*Carey Miller and Irvine*, loc. cit. , para 8. 20),因此所涉及的情形很难归入实际交付,比如涉及第三人的交付类型(*Anderson v. McCall* [1866] 4M765),或者类似于罗马法简易交付的类型(*Carey Miller and Irvine*, loc. cit. , para 8. 21)以及通过占有改定交付的类型(*Carey Miller and Irvine*, loc. cit. , paras 8. 23－8. 25,就推定交付的一般讨论,参见 Faber and Lurger(*-Carey Miller/ Combe/ Steven/ Wortley*), National Reports Ⅱ,363 et seq.)。

21. 在瑞典,具有使受让人可以对抗卖方的债权人功能的交付发生于,让与人以失去取得对货物控制可能的方式转让动产。取得人必须满足的形式要求是通知第三方占有人通过标注进行公示(比如根据关于林木的特别法,Lag om köpares rätt till märkt virke)、完成登记程序(依据 Lösöresköplagen),要么是直接取得对财产的占有或者通过接受某种文件或者文书的方式取得对财产的占有(*Håstad*, Sakrätt[6], 216 et seq.)。除了消费者买卖(消费者货物买卖法(Konsumentköplagen)第 49 条),交付原则是由法院确定的(NJA 1912 s. 156, NJA 1925 s. 130)对抗卖方债权人所必需的强制性要求(*Håstad*, JT 2002－03, 745, 751 et seq.)。以前认为"交付"意味着让与人必须失去而受让人必须已经取得对货物的物理上的控制,而现在对该要件的理解是让与人实际上处置货物的权力必须切断(rådighetsavskärande;参见如 NJA 1996 s. 52, NJA 1998 s. 379 and 2000 s. 88)。这一意义上的强制性的交付要求的主要理由据说是防止虚假的以及事后伪造的交易（参见如 Håstad, Sakrätt[6], 212 et seq.）。基于这一理由，有人提出切断让与人事实上处置货物的权利应该已经足以对抗卖方的债权人，因为虚假的交易已经据此可以避免（*Millqvist*, Sakrättens grunder, 90 ff；也请参见 *Johansson*, Ändamålsenliga sakrättsmoment, Svensk Juristtidning 1997, 353 and 365，其从这个角度进行了探讨）。提出强制性"交付"要求的另一个理由是，这种要求使得在彻底的移转（比如，基于买卖合同）与为担保目的而转让之间进行确切的划分变得没有必要，为担保目的进行转让也需要交付才能有效对抗担保人的债权人（参见 *Håstad*, Sakrätt[6], 213 et seq.）。过去几十年，这些传统要件得到了广泛的讨论，因此很难进行简单的表述。比如，曾经判决过，活动房式的拖车的买方不能将其留在卖方的土地上，即使买方有钥匙，已经用拖车进行了实验性旅行并且开始偶尔使用拖车（NJA 1975 s 638）。另外，在 NJA 1991, 564 一案中，最高法院判决认为，小船的所有人冬天将船置于其从第三人租来的土地上，而且随后将船出售，并且将使用这片土地的权利转让给买方，买方仅通过通知土地所有人使用泊地的权利已经转让，就实现了对抗卖方债权人的目的。由于船舶保存在公众可以进入的土地上，和其他人一样，卖方可能还能控制船舶的事实，没有被视作买方取得针对于债权人的优先性的障碍（*Martinson*, Transfer of Title Concerning Movables Ⅲ, National Report: Sweden, 49 and 58）。这种人力上的切断被其他减小第三人风险的因素抵消了；比如公示可能制约了宽松的人力上的切断（*Martinson*, Kreditsäkerhet i fakturafordringar, 304 et seq.）。最近，对交付原则的支持受到了质疑；详见第Ⅷ-2:103 条注释 21。当由第三人承运运输货物时，关于买方相对于买方债权人的优先性没有具体规则和清晰的原则。但基于上述基本原则，可以认为涉及对货物作出指示的权利的合同条款应当决定了解决问题的办法。因此，如果是卖方而不是买方有指示货物去向其他地点，这就会成为买方不应有优先于卖方其他债权人的基本理由。另外，如果第三承运人被告知谁应该得到货物，则可以认为从这一刻起就货物买方取得了优先于其他人的权利，参见 *Martinson*, Transfer of Title Concerning Movables Ⅲ, National Report: Sweden, 61；*Johansson*, Stoppningsrätt, 458 et seq。

22. 交付在芬兰法传统上在受让人对抗让与人的债权人的语境上讨论。不过，这一领域的基本规则（涉及"普通买卖"合同的规则）是：只要货物特定，受让人从订立合同时起就受到保护（参见第Ⅷ-2:101 条注释 48 及第Ⅷ-2:103 条注释 27），但是对于流通证券（证券、基金）适用交付原则，而且所有权转让是基于赠与（允诺需要交付时才具有拘束力）或者创设了质权，一般也适用交付原则。当让与人全面失去对货物的占有或者其他控制时，这种交付即得以实现。正如第Ⅷ-2:105 条的注释中会出现的，在物的物理占有还是处于原来的状态，但是通过某种处分，占有已经从让与人转移至受让人的，此时也可能发生交付；比如，通过交付单据或者其他用具（equipment）。所有这些情形的实质是，在转让后让与人不能再有处分标的的事实上（*de facto*）的可能性。通过固定标志、通知第三人或者转让诸如提单一类的权利证书，也可以实现交付。转让可以登记，但是一般不利用登记（Faber and Lurger（*-Kuusinen*），National Reports Ⅴ, chap. 5.4）。对于货物由第三承运人运输的，似乎不存在对抗卖方债权人的特别规定。

23. 为了对抗卖方的债权人，挪威的通说是，阻止对动产的处分即可。据此，这些规则与涉及动产担保的规则也是一致的（参见 Pantloven §3-2 and Faber and Lurger（*-Færstad*），National Reports Ⅴ, chap. 8.2.3(a)）。即使学者对质押和买卖作类似规定有积极效果的看法一致，但不是所有学者都认可阻断卖方的处分权就足够了，有人提出，为了对抗卖方的债权人，基本规则应该还是交付原则（即受让人必须也取得货物的占有）（*Falkanger and Falkanger*, Tingsrett[6], 621 et seq.）。这个主题在最高法院的两个案件中涉及（Rt. 1971 p. 549 and Rt. 1974 p. 879），这些案件中,许多圆木堆放在路边等待交付,买方将会去捡起这些圆木。最高法院判定,两个案件中,只要买方没有在圆木的放置地点取得排他性控制,就不能说货物已经交付,卖方依然有停止交易的完整的权力。在Rt. 1997 p. 1438一案中,涉及的问题是,如何处理这样的情形:货物已经交到通常由受让方排他性控制的地点,但是采取了特别措施以阻止受让方事实上处分货物。在这个案件中,货物置于买方的仓库,但是锁在这个仓库的某一个区域(尽管这种加锁只是临时的)。买方没有这个区域的钥匙,因此不能处置动产。最高法院没有根据一般规则处理这个问题,而是判定,为了认可这种安排,必须满足公示和透明的严格要求,法院认为该案没有能够满足这一要求。有人认为,将货物交给买方所雇的承运人不足以阻断卖方停止交易的权力,因为买方和为买方行事的人必须具有持续的性质(Andenœs, Konkurs, 133 as cited in Faber and Lurger(*-Færstad*), National Reports Ⅴ, chap. 8.2.3(b))。

24. 在丹麦,交付不具有和瑞典、挪威法上一样的功能,因为受让人对抗卖方的债权人不需要以交付为必要(详见第Ⅷ-2:103条注释23)。

Ⅱ. 交付的后果

25. 就所有权转移语境下风险移转的问题,参见第Ⅷ-2:201条注释3及以下。

26. 奥地利法中,根据民法典起草人明确的意图,交付制度背后的观念是,通过动产占有的移转满足公示的要求(*Ofner*, Urentwurf Ⅰ, 213; *Pletzer*, Doppelveräußerung und Forderungseingriff, 21)。但是,现代的学说则指出,如果不是被全面否定了的话,至少两种情形下公示原则被弱化了。首先,对现今来说,事实上的持有(占有)和所有权是否真的经常是重合的是有争议的。其次,受到民法典第428条调整的(参见第Ⅷ-2:103条注释1及第Ⅷ-2:105条注释1)以意思表示进行交付的形式几乎没有任何公示,象征性交付(参见下文第Ⅷ-2:105条的注释46)和指示交付(参见下文第Ⅷ-2:105条的注释24)也是一样(Faber and Lurger(*-Faber*), National Reports Ⅰ, 101 et seq.)。除此之外,保护第三人免受"有疑问的(problematic)"所有权转让所产生的负面效力的影响,看起来不是真正的所有权转让(也就是不是为了担保目的的所有权转让)主要考虑的因素,这种保护限于善意取得所包含的一些情形(*Faber*, loc. cit., 105 et seq.)。就所涉及的风险移转来说,基本规则是,当事人可以约定风险移转的时间,如果没有约定,适用将风险转移在交付的任意法:风险在当事人约定的所有权转让之时移转,或者没有这种约定时,在实际交付时移转(就买卖合同及互易合同,参见民法典第1048条及下一条,第1051、1064条)。人们并不认这一规定与物主承担风险(*casum sentit dominus*)的规则(民法典第1311条第1句)相矛盾,因为关于风险移转的规则被视为:在特定的情形下(比如一方违约),一套移转货物毁损的经济上不利的规则。奥地利现在的通说确认,风险移转和所有权应被视为不同的问题(Klang(*-Bydlinski*), ABGB Ⅳ(2)[2], 496 f.; *Rabl*, Gefahrtragung, 62 et seq.; Rummel(*-Aicher*), ABGB Ⅰ[3], §§ 1048, 1051, no. 8)。但不同的交付形式是否都可以带来风险的移转,这是有争议的。现实交付肯定可以,但是象征性交付、占有改定以及指示交付就未必了,因为有些学者倾向于认为:这种等同交付行为的情形,所有权只有在现实交付后才移转(cf. *Bydlinski*, loc. cit., 498 ff, 501; *Aicher*, loc. cit., §§ 1048-1051, no. 11; *Koziol and Welser*, Bürgerliches Recht Ⅰ[13], 171; *Schilcher*, JBl 1964, 395, 406 f),而其他学者,尤其是针对占有改定和指示交付,则试图将当事人的协议解释为风险和所有权一起移转(compare *Rabl*, Gefahrtragung, 94 ff, 105 ff; Rummel(*-Reischauer*), ABGB Ⅱ(3)[3], § 1419 no. 18; Schwimann(*-Binder*), ABGB Ⅳ[3], § 1048 no. 8)。一般来说,当事人合同上的约定的效力在这一方面起到了重要的作用。另外,在简易交付时风险在合同订立时移转,因为受让人已经控制了货物(Faber and Lurger(-*Faber*),National Reports Ⅰ,64 et seq.,133 et seq.)。当货物打算从卖方转移给买方时,交付对于风险移转来说也很关键。如果买方必须取货或者如果卖方必须在目的地交货,在相应地点实际交付时所有权和风险发生移转,适用民法典第426条(实际交付)(参见上文注释1);但是,如果让与人只有将货物发给受让人的义务,而且货物是由独立的第三承运人运输的,民法典第429条(就该规定和《民法典》第426、428条一般规定的关系,参见*Iro*,Sachenrecht[3],no. 2/42;Rummel(-*Spielbüchler*),ABGB I[3],§ 429 no. 1)规定:所有权在受让人取得对货物的物理控制时移转;另外,如果受让人已经"选择或者接受了运输的方式",则所有权和风险在货物交付承运人时移转(Rabl,Gefahrtragung,401)。不过,现在的通说已经推翻了这些规定的顺序,而认为受让人默认接受货物的(诸如铁路货运、邮政寄送等)通常运输方式(Klang(-*Bydlinski*),ABGB Ⅳ(2)[2],141 et seq.;*Koziol and Welser*,loc. cit. 13,269;*Spielbüchler*,loc. cit.,§ 429 no. 3)。其背后的理由是,受让人应该承认风险,因为运输是为了受让人自己的利益进行(*Bydlinski*,loc. cit.,141 et seq.;*Iro*,Besitzerwerb,83 et seq.;*Rabl*,Gefahrtragung,119 et seq.,130 et seq.)。但是,从现代经济生活的角度,有人提出了许多支持相反观点的理由。比如,在异地销售中,卖方可以通过经常是由让与人选择承运人的方式进行经营以节省费用;而如果供货方是大型公司的话,通过将运输风险投保则是可行的。基于这些理由在最近的学说中有人已经提出,《民法典》第429条可能需要改造,尤其需要将其改造到与消费者保护相容的程度(*Faber*,loc. cit.,98 et seq.,137 et seq.)。最后,所售货物的收益和负担与风险一起移转,也就是,买方是在约定的交付时间或者实际交付时享有收益;当事人另有约定的除外(Rummel(-*Aicher*),ABGB I[3],§§ 1048-1051,no. 21;*Faber*,loc. cit.,138 et seq.)。

27. 在德国,债权行为与物权合意形式上的区分仍然无法回答:所有权转让是否仅凭当事人之间的合意(物权合意)实现,还是也需要交付(traditio)?民法典的立法者选择了交付制度(占有移转规则(transfer principle)),这种制度中交付被理解为公示的手段。对于动产的公示原则,通过强制建立所有权和占有之间的联系,尤其是服务于阻止无权处分,但是现在这种联系不被视为必需,而且公示的作用也被忽视了(Faber and Lurger(-*McGuire*),National Reports Ⅲ,chap. 1.1.3.,4.4.1. and 5.4.2.;参见下文)。基于转让是否是有权限的人实施的(善意取得),赋予交付的效力和目的各有不同。一方面,当转让由有权限的人实施的,交付是物权合意的实际履行,满足了防止所有权虚假转让的法律上的确定性的要求(Seriositätsfunktion;*McGuire*,loc. cit.,chap. 1.1.3 and 4.4.1),而且也使行为为第三人所知(*Wolf*,Sachenrecht[22],no. 532;*Brehm and Berger*,Sachenrecht[2],no. 26.12 f,对这一意义尤其持批评态度)。另一方面,就所有权的无权转让来说,交付要件得到更严格地遵循。受让人必须从让与人处取得占有,而且一般需要是现实的占有移转(或者至少是间接占有的实际移转),这样所有人的利益得到最大限度的满足;所有人在某种程度上这样做才会丧失所有权(*Brehm and Berger*,Sachenrecht[2],no. 26.16;*McGuire*,loc. cit.,chap. 4.4.3)。除了这些对交付要件的例外要求,在所有权转让的语境中,就行为的内容和形式当事人自治的范围极为有限。不过,对于越来越多的接受前文提及的例外的趋势,导致了学说上的严厉批评,尤其是由于无视公示原则而遭受批评,但是在学术圈有关讨论的结果并不统一(*McGuire*,loc. cit.,chap. 4.4.4 and 4.6.):有些学者确信这些例外是交付原则具有任意法(*ius dispositivum*)性质的证据(Heck,Grundriss[2],§ 56);其他人认为,《民法典》的规定与现代交易需要相一致(主要的例子是涉及第三人的占有取得(Geheißerwerb)),因此,占有移转的要求不需要一贯地执行,而是可以解释为两步的移转,第二步,也就现实转让,可以为法律行为取代;真正重要的是处分财产的实际可能以及这种处分的外部化(äußere Möglichkeit der Besitzverschaffung;MünchKomm(*-Quack*),BGB[4],§929 nos. 141 ff);第三种看法是,占有移转原则可以作最宽泛的解释,并可以理解为涉及占有发生某种改变的一切情形,而不考虑带来变化的人是谁(Staudinger(-Wiegand),BGB[13],§929 nos. 55 ff);最后,其他人坚持公示的重要性,提出要么回归旧日耳曼法(一般邦法(*Allgemeines Landrecht*))所遵循的基础合同和交付的制度(所谓"名义和形式(*titulus et modus*)")(*Larenz and Canaris*,Schuldrecht II(1)[13],§ 39 II d),要么保留分离原则但是放弃无因制度(*Wacke*,ZEuP 2000,254,257;*Füller*,Sachenrecht,261)或者也引入动产登记制度,作为满足现代商业需要的替代手段(*Baur and Stürner*,Sachenrecht[17],§ 51 no. 44;*Stürner*,JZ 1996,741,745 et seq.)。尽管有各种各样的观点,但是在德国法上交付原则似乎没有争议,尽管有些学者对交付所要实现的公示原则持有怀疑态度,表达了对其空洞性的关注(*Brehm and Berger*,Sachenrecht[2],nos. 26. 10,26. 12;*Musielak*,JuS 1992,713,716;Faber and Lurger(*-McGuire*),National Reports Ⅲ,16 et seq.,chap. 1. 1. 3 and 4. 6)。除了在所有权转让中的作用外,交付也影响风险的移转。尽管民法典原则上采取了罗马法的立场,即所有人应当承担财产损毁灭失的风险(物主承担风险(*casum sentit dominus*)),但是风险的移转独立于所有权的转让(cf. *Brehm and Berger*,Sachenrecht[2],no. 27. 21)而与交付紧密联系。基本规则是民法典第 446 条,该条规定风险随着占有移转至卖方。这意味着风险系于实际的交付,而不考虑所有权是否已经移转还是以后移转;这么做的理由是实际控制货物的人有保护货物的现实可能性(Palandt(*-Weidenkaff*),BGB[67],§446 no. 1),而且与交付原则也是一致的(MünchKomm(*-Westermann*),BGB[5],§446 no. 1)。只有当事人有明确约定时,取得间接占有才足以移转风险(和所有权)。另外,涉及种类物买卖时,有瑕疵的货物的交付并不导致风险移转,因为此时不发生货物的特定。另外,民法典第 446 条第 3 句将风险归于迟延受领的买方(参见民法典第 300 条,就买方的迟延责任,参见民法典第 287 条)。民法典第 446 条不是强行法,因此当事人可以另作安排(Palandt(*-Weidenkaff*),BGB[67],§446 no. 4)。除了这一规则外,所有人承担风险的原则的另一个例外参见民法典第 447 条。如果买方请求在履行地以外的地点发货的(参见 Palandt(*-Weidenkaff*),BGB[67],§447 no. 6),卖方将物交给送货人、承运人等时,风险就移转给买方;卖方只有无正当理由地未能遵循买方的任何特别的指示时,才会承担责任。但是,这一规定不适用于消费者(民法典第 474 条第(2)款)(Faber and Lurger(*-McGuire*),National Reports Ⅲ,chap. 9)。

28. 在希腊,所有权保留、实施所有权转让时,经常交付,但不总是交付。除了债权合意和物权合意的区别外,作为规则,仅凭物权合意本身不引起货物所有权的转让;还需要交付。作为交付要件的基础,公示的考虑以及保护第三人是主要的考虑因素(Faber and Lurger(*-Klaoudatou*),National Reports Ⅲ,chap. 5. 1 and 5. 4. 1)。事实上,有些场合,要有效地使所有权发生移转,则需要现实交付,比如在没有进行公证时的动产赠与(民法典第 498 条第(2)款,CA Athens 5509/1985,EllDik 26,742)。另外,和德国一样,在风险移转时交付是要点,而不需要考虑所有权是否移转。就买卖合同来说,希腊法对于此时的风险移转有特别规定。民法典第 552 条第(1)款规定,从所售货物交付时起,因意外事件灭失的风险以及货物腐败变质的风险由买方承担。只有履行依据有效合同产生的债务而进行交付时,风险才移转,交付必须根据民法典第 976 ~ 978 条实施;返还请求权的让与不足以引起风险的移转。民法典第 522 条第(1)款不是强行法(*Kornilakis*,Eidiko Enochiko Dikaio I,324)。就种类物特定时,交付的结果,参见第Ⅷ-2:101 条注释 32;就所有权保留时风险的移转,参见第Ⅷ-2:203 条注释 20。

29. 就瑞士法要求所有权转让(除了有效的原因外)以交付为条件这一事实来说,交付的时间实质上也决定了与受让人取得所有权相联系的各种利益的移转(ATF 93 II 373; *Rey*, Grundlagen[3], no. 1688),除非当事人另有约定,比如所有权保留约定。所有权的转让和占有的移转同时进行,必须归因于有利于动产占有人的所有权推定(民法典第930条),该推定甚至保护从非所有人处取得物的取得人(民法典第714条第(2)款,第933条及以下)(Faber and Lurger(*-Foëx and Marchand*), National Reports Ⅵ, chap. 5.4.1)。当货物由独立的承运人运输时,为了确定交付是否使得所有权发生移转(以及对谁进行交付),关键在于是谁和承运人订立了合同。一般来说,承运人会是让与人的代理人;此时,占有(及所有权)的移转在货物交付给受让人时完成(ATF 93 II 373)。在与此相反的情形(离岸价格条款(FOB)的合同),在让与人将货物交给受让人的承运人时所有权和占有完成移转(民法典第923条)(*Steinauer*, Les droits réels I[4], no. 258)。如果货物是运输中出售的,可以自卖方通知承运人,从而承运人为买方占有货物时风险移转;此时,发生代理占有(delegation of possession)的移转(民法典第924条第(2)款)(Faber and Lurger(*-Foëx and Marchand*), National Reports Ⅵ, chap. 5.4.7)。就风险移转来说,交付只对种类物才至关重要,因为依据瑞士法(以无法适用《联合国国际货物销售合同公约》为前提),在合同订立时风险就移转至特定物的取得人(债法第185条第(1)款);另一方面,如果所售货物按种类来确定,在交付承运人时,通过承运人交付受让人或者将货物交由受让人处分时风险移转,具体时间取决于承运人的具体交付义务(债法第185条第(2)款)。让与人未履行交付义务时,需要承认交付完成之前的一切风险(债法第103条),受让人未受领货物时,从提出交付之日起受让人承担全部风险(Thévenoz and Werro(*-Loertscher*), Code des obligations I, art. 92, no. 13; Faber and Lurger(*-Foëx and Marchand*), National Reports Ⅵ, chap. 10),就此来说交付也起到间接的作用。

30. 在匈牙利法,交付主要服务于公示转让的目的,使得新的所有人可以公开地"可识别"而且告知公众由于转让引起的物权关系的变更。(cf. Faber and Lurger(*-Szilágyi*), National Reports Ⅲ, chap. 1.1.2(d) and 5.4)另外,交付通常也引起风险的移转(民法典第279条第(2)款),尽管风险并非一定会在交付时移转:如果债权人在交付义务中由于过失未能履行时,不管债权人有没有取得货物的占有,风险都会转移至债权人(民法典第302条第(2)款(b)项)(Gellért(*-Petrik*), A Polgári Törvénykönyv Magyarázata[6], 433)(*Szilágyi*, loc. cit., chap. 5.2.2, 5.6 and 10)。在匈牙利,原则上风险由所有人承担(民法典第99条),而且在转让的场合,风险的移转原则上和所有权转让义务的履行相联系(民法典第279条第(2)款);因此,履行决定了哪一方必须进行,比如组织货物的运输,而且决定了谁会承担风险,风险是否和所有权一同移转(Gellért(*-Harmathy*), A Polgári Törvénykönyv Magyarázata[6], 1015 et seq.)。不过,当事人可以按照其意愿自由约定风险移转的时间,因此,他们可以将风险系于交付;就建筑合同,这种规则已经可以从民法典第405条第(2)款推出来。总的来说,一方面,可以支持交付与风险同时移转;另一方面,依据其他法律规定,不需要交付,风险也移转,比如债权人迟延(民法典第299条第(1)款),债权人不能证明即使没有迟延损失也会发生的情形(Gellért(*-Benedek*), A Polgári Törvénykönyv Magyarázata[6], 1059)。关于等同交付行为情形下风险移转的问题,最近的法律文献没有讨论,但是如果援用旧匈牙利民法典表达出来的看法,可以推出简易交付(*brevi manu traditio*)和占有改定(constitutum possessorium)时风险依据当事人之间协议的效力而移转(Szladits(*-Antalffy*), A magyar magánjog Ⅳ, 247),长手交付(*longa manu traditio*)的情形也是如此,而返还请求权让与(*cessio vindicationis*)的情形,通说认为风险在买方取得所涉标的的实际占有时转移(*-Antalffy*, loc. cit.,

246)。当货物需要运送给受让人时,民法典第278条第(2)款基本规则规定:履行地点是让与人将货物交给承运人或者送货人的地点时;此时风险也移转于买方,因为承运人或者送货人没有资格作为让与人的代理人;只有在商家对消费者的关系,2002年的新的规定将履行完成的时间特别限于实际交付给消费者。在"点对点运输"时,货物在让与人的住所或者所在地以外的地点发运的,法律规定让与人有义务小心发运;在商家对商家的关系中,一项特别规定将此时的履行地点规定为目的地(民法典第278条第(4)款)。"点对点"运输的基本规则不适用于让与人用自己的工具或者由让与人代理人运送的情形(民法典第278条第(3)款)((*-Harmathy*, loc. cit., 1017 f; Petrik (*-Kisfaludi*), Polgári jog[2], 468/14-15)。不管哪种情形,有关货物运输的规则都不是强行法,当事人可以自由对让与人履行的完成及风险移转另作约定。就交付和风险的关系以及风险移转的一般探讨,参见Faber and Lurger(*-Szilágyi*), National Reports Ⅲ, chap. 10.1。

31. 在捷克,依据1964年民法典,为了取得种类物或者特定物的所有权,必须交付(traditio)(与1950年民法典不同,后者只对种类物要求交付)。该规定当时是想保护劳动者的利益,而且强调了在所有权转让的语境中交付的重要性。交付的重要性对于赠与合同来说也很明显,因为,除非物被交付,否则赠与合同必须采取书面形式才能生效(民法典第628条)。不过,当事人也有很大自治的余地,因为民法典和商法典中关于所有权转让的规则都是非强行法,当事人根据这些规定本身(比如商法典第445条)或者习惯就可以另作约定。民法典第133条第(1)款和商法典第444条都允许当事人就所有权转让的时间和方式在特定的情形下另作不同的约定,从而回避交付的要求;另外,商法典第443条不是强行法。对当事人自治的唯一限制是要遵循私法的基本原则和公序良俗。另外,交付的条款也可以根据情况和合同的类型作调整:在邮购买卖的情形下,所有权可以在合同确定的交付地点转移给买方(民法典第614条第(3)款第1句)(Faber and Lurger(*-Tichy*), National Reports Ⅵ, 37 et seq., chap. 5.6.2)。依据民法典,风险移转原则上与交付无关,而与所有权转让关联。但是,如果取得人在交付前取得了所有权,卖方在交付前承担保管义务(民法典第590条)(*Svestka/Jehlicka/Skárová*, OZ[9], 884);但是当事人可以另作约定。依据商法典,对于风险移转的规定更为复杂。基本规定是,在取得人按时从卖方处取得货物时风险发生移转;受领迟延的,风险从卖方将货物交由买方处置并且通知了买方这一事实时移转。如果买方从卖方以外其他人处获得交付,风险在确定的交付时间移转。如果货物将由承运人运输,有两个方案(Pelikánová *et al.* (*-Plíva*), Obchodní právo, 260),取决于有发货义务的卖方是否必须在特定的地点将货物交给承运人。如果已经确定了地点,在该地点交货时风险移转;如果不确定,风险在交付给第一承运人时已经移转,除非卖方在合同订立时已经知道货物已经损毁(*Plíva*, loc. cit., 262; *Tichy*, loc. cit., chap. 10.1)。捷克共和国现在正在起草的民法典草案试图回归到1950年民法典体系,因为草案第953条第(1)款规定,特定物的所有权在合同订立时移转(合意主义);起草者就此遵循了克莱普(*Knapp*)的看法(*Knapp*, Vlastnictví v lidové demokracii, 402),在起草者看来,名义加形式(*titulus et modus*)的制度现在已经过时了,只应该继续对种类物的转让适用(草案第953条第(2)款)。交付被理解为事实行为,并且任何时候都不被视作法律行为。这一改革如果得到支持,一定会导致捷克法中交付在动产物权移转中的作用的重估。不过,特别是考虑到立法资料中(*travaux préparatoires*)欠缺作出这一选择的充分理由,回归到1950年民法典的做法已经受到批评;民法典草案对等同交付行为全无规定这一事实也是有问题的,尽管似乎肯定了通过控制手段的移交进行的交付((Faber and Lurger(*-Tichy*), National Reports Ⅵ, chap. 5.10)。

32. 考虑到斯洛伐克法采取了所有权转让分两步走的制度（名义加形式（*titulus et modus*））的事实，交付是完成动产所有权转让的必要步骤。对于动产所有权转让来说作为根本规则的交付规则，规定在民法典第 133 条第（1）款，该款规定，依据合同转让动产，有必要交付，法律另有规定或者当事人另有约定的除外（Faber and Lurger（-*Petkov*），National Reports Ⅵ，chap. 4）。不过，有各种例外，比如，依据商法典第 444 条，只要货物特定，当事人可以书面约定买方在交付前取得所有权（Petkov，loc. cit.，chap. 4. 1. 2）。更一般而言，涉及依据商法在商事关系中转移所有权的，就像在民法典中一样，作为经验法则交付制度是可以适用的，而买方在货物交付时取得所有权（商法典第 443 条第（1）款）。通过代理人（*inter praesentes*）进行的交付（从卖方到买方或者买方的代理人）并没有产生特别的疑难（商法典第 412 条第（2）、（3）款）。但是当合同约定卖方必须送货以及为将货物运送给买方而货交第一承运人的，情况则有所不同；此时，尽管卖方履行交货的义务，但是此时所有权还没有发生移转，而是只有在承运人将货物实际交付给买方时才发生所有权转让。因此，在这些案件中，交付和所有权转让相互分离了。斯洛伐克的学说倾向于认为，推定作为运输的收货人，买方事实上从承运人处取得了货物的交付，因此有效地完成了所有权转让（*Ovecková*，Obchodny zákonník，267）。如果买方有权收货的同时还取得“处分权”，则作为例外，买方可以在交付之前取得所有权（商法典第 443 条第（2）款）。尽管商法典没有解释这条规定所包含的情形，但是学说上认为其包含了任何使得取得人可以控制货物的文书，比如提单、内河提单等（*Ovecková*，loc. cit.，267）。只要通过当事人约定的方式或者以及时告知受让人的方式将货物特定化，则商法典第 443 条第（1）、（2）款可以通过当事人的约定予以回避，达到更早地转让所有权的效果。从以上内容可以看出，尽管交付制度是斯洛伐克民法和商法的默认规则，但是当事人自治仍然有很大的空间，这使得人们可以以合意规则来谈论斯洛伐克所有权转移的进路。当人们考虑到以保护第三人利益为目的的公示原则在动产的物权关系中并没有起到重要作用，这一点就更为明显（Faber and Lurger（-*Petkov*），National Reports Ⅵ，chap. 5. 2）。就风险移转来说，民法典第 590 条将货物意外灭失的风险归于所有权的转让。不过，交付也起到作用，因为依据民法典第 590 条第 2 句，如果所有权转让在交付之前发生，卖方在实际交付之前负有保管义务（参见民法典第 747 条及以下）；这意味着，如果卖方违反了这些义务的其中之一（民法典第 751 条），那么卖方也要承担意外灭失的风险。风险还可以在所有权之前移转，甚至在所有权保留时移转，但是以当事人没有不同约定为前提。货物灭失的风险在商法典第 455 条至第 461 条有更详细的规定。商法典第 455 条将风险移归于现实交付；既然交付也原则上决定了动产所有权的转让，那么可以说适用了物主承担风险（*res perit domino*）的规则。如果未及时交付，在买方未受领货物时或者卖方将货物交由买方处分从而买方可以处置时，风险移转。另外，商法典第 455 条的规定也适用于当事人约定卖方通过在特定地点发货来履行义务的情形，风险此时只有在该特定地点实际交付时移转。但是，这一规则不适用权利证书移转的情形（参见下文第Ⅷ－2:105 条注释 78）。商法典第 456 条规定了买方从卖方之外的人处收取货物的特殊情形下的风险移转的规则，比如，买方从卖方住所之外收取货物，或者在第三人处或送货人、承运人的运送终点（当事人将这些到达地约定为卖方的交付地点）收货的（*Ovecková*，Obchodny zákonník，280；也请参见商法典第 335 条）。该规则规定，原则上风险在约定的交付时间转移，但是要求货物已经事实上交由买方处分，并且已经告知买方这一事实。最后，如果货物需要运输，依据商法典风险由买方承担，但是不是整个运输过程都承担。这取决于卖方是否必须在指定的地点将货物交给承运人以运交买方；如果是，为了在这一地点交付，运输的风险由卖方承担，而在这一地点交付给第一承运人后有关的风险转移至买方。如果合同没有约定指定的地点,货物灭失的风险在货物交付给真正的第一承运人时移转于买方。两种情形下,卖方是否处理了(handles)与所运货物有关的文件(比如装船通知、提单、路单等)对于风险移转来说,无关紧要,因为这种文件通常要么通过运输人,要么通过银行在目的地交付给买方(*Oveckovà*,Obchodny zákonník,279;就风险移转的一般问题,参见 Faber and Lurger(*-Petkov*),National Reports Ⅵ,chap. 11)。

33. 在斯洛文尼亚法上,任何形式的交付都将所有权转移给取得人(参见上文注释8),而且其主要是满足动产物权关系中公示的要求。"交付"也引起货物意外灭失风险的移转(债法第36条第(1)款),但是这里交付的概念不是物权法上交付,而是债法上的特别概念,有时和物权法上的交付一致,但是不是总是与其一致(Juhart and Plavsak(*-Juhart*),OZ Ⅲ,art. 436,74)。比如在所有权保留时,两种形式的交付就不相同。不过,尽管交付了,也可能风险不移转,比如,买方解除了合同关系或者请求换货(债法第436条第(2)款),反过来,即使没有交付,风险也可能移转,比如卖方违反收货义务(债法第437条)(Faber and Lurger(*-Rudolf/Rijavec/Kerestes*),National Reports Ⅰ,556 f,598 f;也请参见第Ⅷ-2:201条注释10)。

34. 在爱沙尼亚法中,在动产的所有权转让中,明确要求具备一种法定类型的交付,且交付主要服务于给动产物权关系提供必要的公示。尽管人们承认,不是所有的等同交付行为都与这一目的相符(*Pärna*,Asjaõigusseadus, §92 no. 2,p 179, § 32 no. 3 p 42, § 94 no. 1 p 190; *Tiivel*,Asjaõigus,45,190 et seq.),当事人的行为仍然是得出关于他真实意图的最好方式,因为绝大多数动产的物权合意都不是以明示的方式成立的。因此,交付可以是这一方面的有用的标志物,尤其是就当事人的法律关系也可以有这种结果,当让与人通过交付明确表示放弃对财产的所有权时,交付可以就当事人之间的物权关系赋予一定的确定性(Faber and Lurger(*-Kullerkupp*),National Reports Ⅰ,275)。就风险移转来说,所售货物意外灭失的风险原则上交付时移转于买方,但是如果受让人应该受领交付却未能受领,风险移转也可能提前;就运输中的货物,风险可能溯及地从货物交给第一承运人时开始移转,除非卖方在买卖合同订立时已经知道货物灭失(债法第214条;详见第Ⅷ-2:201条注释11)。不过,就货物必须通过承运人发运给受让人的情形,爱沙尼亚的学说不认为交付为风险的移转提供了确定的答案,因为作为经验法则,只有受让人取得对于货物的实际控制时,才成立物权法意义上的交付,也就是受让人实际收到了货物;因此,发运最多视作转让所有权的要约。不过,如果承运人是受让人的"占有辅助人"或者受让人和承运人之间订立了占有改定的预约,则交付也可能在受让人收到货物之前发生(Faber and Lurger(*-Kullerkupp*),National Reports Ⅰ,279,302 et seq.)。

35. 在立陶宛,依据民法典第4.49条,所有权在交付到取得人手中时移转,法律另有规定或者当事人另有约定的除外。原则上,在各种所有权取得方式中,如买卖、赠与、不当得利、继承等,交付都是所有权转让的必要前提,但是当事人可以自由地另作约定,比如,使所有权转让取决于条件成就,而非交付(Faber and Lurger(*-Mikelenas*),National Reports Ⅲ,chap. 5. 1. 2)。另外,法律也可能容许不同的解决方案。比如,依据买卖法,可以约定在协议订立时所有权转让。因此,立陶宛的制度似乎是交付—合意的混合体,合意制度适用于法律允许或者当事人约定的情形。另外,交付有时候不可或缺,比如所谓的"物权(real)"合同(比如赠与),只有交付后才生效(Mikelenas,loc. cit. ,chap. 5. 1. 4(b) and 5. 4. 2)。各种形式的交付试图实现的主要目标是:法律的确定性、保护第三人、规制风险的移转,以及在相对人没有履行时,自己也不履行。交付提供了法律的确定性,因为有形持有物形成了所有权的推定,从而市场的稳定和安全就得到了实现。不过,由于持有物并不总是可以回溯到所有权,就某些合同,立陶宛法将额外的登记要件作为转让的基础。交付也是民法典第 6.58 条规定的双务合同中同时履行抗辩权行使的必要条件。另外,风险移转也和交付相联系:民法典第 6:320 条规定,无论所有权是否发生了移转,除非另有约定,在卖方视为适当地履行了依据合同或者法律交付货物的义务时,货物意外灭失的风险转移至买方。交付也标志着财产的孳息收取权移转给受让人(*Mikelenas*,loc. cit. ,chap. 5.4)。买卖法范围的具体规则确定何时可以认定交付发生,当事人另有约定的除外(民法典第 6:318 条)。如果货物需要运送给买方,卖方在将货物交给第一承运人以运交买方时,履行了交付义务。如果该规则不适用,而且合同涉及暂无库存或者有待生产的货物,在储存或者生产地将货物交由买方处分时完成交付。最后,如果这两个规则不适用,在卖方的营业地或者住所或者货物运至买方指定的人的地点,将货物交由买方处置时,履行了交付(*Mikelenas*,loc. cit. ,49)。在立陶宛,货物意外灭失的风险一般在取得人取得所有权时移转,除非当事人另有约定。但是,交付会以间接的方式影响风险的移转,因为不管是让与方还是受让方,交付方面的不履行,意味着风险将继续存在于或者移转到不履行的一方(民法典第 4:52 条)。另外,在买卖合同中,依据民法典第 6:320 条,风险的移转明确系于卖方的交付,除非当事人另有安排。如果要运交买方,则风险在合同订立时就已经移转,除非卖方当时知道灭失并且没有通知买方。消费者合同中禁止约定风险在货交第一承运人时移转给买方的条款(民法典第 6:188、6:350 条)。民法典第 6:320 条第(4)款就买方的不履行规定了类似于民法典第 4:52 条的规则(*Mikelenas*,loc. cit. ,58 et seq.)。

36. 在西班牙,基于生者之间的合同(*inter vivos*)的所有权和其他物权转移遵循所谓的"名义和形式(*title and mode*)"制度,也就是一方面要求在转让的范围内(买卖、互易等)具有有效的有因合同,另一方面要求有形式,也就是交付或者占有的移转(民法典第 609 条和第 1095 条)(TS 20 October 1990,RJ 8029;TS 1 March 1994,RJ 1637;TS 9 March 1994 RJ 2205;TS 31 May 1996,RJ 3866)。因此,在西班牙法上,交付在所有权转让中起中心作用,因为仅有名义协议不足以转让所有权,而且没有抽象的物权合意的概念,所以转让必须交付后才能完成。另外,名义和形式的制度使得生前的转让协议的(债的)效力和其对世的(*erga omnes*)效力有明确的界限,后者产生于交付。但是,交付不是一切所有权转让后果发生的条件,比如取得人可以债务合同订立时收取财产的孳息作为所有权转让的证明(民法典第 1095 条)。另外,在没有关于货物灭失的具体规定的情况下,学说(Lacruz Berdejo and Rivero Hernández,Elementos II(2),26 f)和判例法(TS 13 June 1944,RJ 893;TS 7 June 1946,RJ 706;TS 25 March 1947,RJ 452;TS 29 April 1947,RJ 607;TS 6 October 1965,RJ 4358;TS 28 June 1995,RJ 5928)似乎从民法典第 1452 条规定得出结论:即使没有任何交付,特定物在合同订立时风险移转(风险归入买方(*periculum ist emptori*,译者注:ist 似乎应为为 est)),但是认为风险归于卖方的反对说也有人支持(Faber and Lurger(*-González Pacanowska and Díez Soto*),National Reports Ⅴ,112 et seq.)。只有在财产据此转让的现实赠与的情形,存在这样的争议问题:转让生效是否需要交付,或者赠与之时是否就已经发生效力(就相关的讨论和不同的观点,参见 *Albaladejo*,Derecho civil Ⅱ[12],577 et seq. ;*Lacruz Berdejo and Rivero Hernández*,Elementos II(2),89 et seq. ;*Díez-Picazo and Gullón*,Sistema de Derecho Civil Ⅱ[7],336);这个问题与西班牙学说上关于赠与是不是该视为合同的争论有关,而且根据民法典第 609 条第(2)款关于所有权转让的各种形式的规定,似乎将赠与看成不同于合同的类型,而只有合同需要交付才能引起所有权的转让。支持对赠与作不同处理的看法,肯定是有争议的,但是看起来不存在在赠与时将交付要件剔除的令人信服的理由(Faber and Lurger(*-González Pacanowska and*

Díez Soto),National Reports Ⅴ,111,chap. 4.1 and 4.4.2)。19世纪西班牙采取“名义和形式”制度的源于一系列因素:历史的、社会的和其他的因素(详情参见 *González Pacanowska and Díez Soto*,loc. cit.,chap. 4.4.1)。现在,交付的主要意义系于就第三人而言实现的公示,以及通过取得人取得的占有的“权利化功能(legitimising function)”的方式,强化物权流转中法律上的安定性(*Navarro Castro*,La tradición instrumental,83 et seq.)。债和交付明确区别用来解决许多法律问题,比如追夺(eviction)、二重买卖等。关于交付的西班牙的规则源于买卖法对于交付的法律调整(民法典第1462~1464条)。但是,这些规则毫无争议地适用于其他转让或者设立物权的合同(就互易参见 TS 17 November 1988,RAJ 8603 and RDGRN 16 May 1996,RAJ 3950),尽管这种适用模糊了卖方移转所售货物占有的义务(民法典第1474条第(1)款)与交付的含义和不同形式之间的界限,两者可能一致,但是不是一定一致(*González Pacanowska and Díez Soto*,loc. cit.,chap. 4.4.1)。就从让与人将货物交付到受让人的交付而言,没有特别的规则。商法典(1885年)主要处理所谓的直接买卖(venta directa)或者市场买卖(venta en plaza),该买卖中货物直接在卖方的场所交付。而民法典将交付发生在债务人的住所作为经验法则加以规定(民法典第1171条)。直到20世纪40年代,判例法才认为,除非另有约定,此时风险和所有权只在目的地移转,因此交付给承运人并没有这些效力。但是通过特别的合同条款的规定,这一效力很多年来在商事实践中归为交付给承运人的行为,因此财产交给(第一)承运人时,很容易成立拟制交付(*traditio ficta*),如果认为确实对交付形成合意,承运人被视为受让人的占有辅助人(CA Castellón 19 May 2004,BDA JUR 2005/2460)。法院倾向于根据谁支付运输费用来判断风险移转问题;因此,如果买方支付(运输费用(*portes debidos*)),这也是民法典第1465条的默认规则,则风险在货交第一承运人时就已经移转至买方(参见 CA Zamora 27 November 2002,BDA JUR 2003/20041;*Alcover Garau*,La Transmisión Del Riesgo,208 *et seq.*;*González Pacanowska and Díez Soto*,loc. cit.,chap. 4.4.2(a))。

37. 荷兰法就所有权转让采纳了交付主义(*Van Vliet*,Transfer of movables,133);订立买卖或者其他有这一效力的合同,使卖方有义务将财产移转给买方,但是合同本身不引起财产移转的效果,因为需要其他法律行为,也就是交付财产(Pitlo *et al.*,Goederenrecht[12],nos. 111 f)。在荷兰法中,撇开就物权合意存在和必要性的争议不谈(Faber and Lurger(-*Salomons*),National Reports Ⅵ,chap. 5.6),交付(levering)是实际履行转让所有权的债务(基础原因)的法律行为,因此,如果其他有效转让财产的要件具备,则其引起所有权的转让;交付是法律行为,所有权转让是其法律后果(Reehuis and Slob, Parlementaire geschiedenis, Ⅲ, 308; Pitlo et al., loc. cit., 69; Asser(-*Mijnssen and De Haan*),Goederenrecht 3-I[14],no. 206;Salomons,loc. cit.,chap. 5.1.3(c))。交付主要是满足公示原则的要求,公示原则继续保持作为1992年新荷兰民法典基本原则之一,没有因为现代交易需要的原因而全部放弃。不过,需要一直注意,物权法的许多规定是物权关系公示和自由贸易需要妥协的结果,因此公示并非总是自成一个目标,而是必须在物权法原则的一般框架和立法范围内予以检视(*Salomons*,loc. cit.,chap. 5.4.1)。就买卖合同来说,交付也影响风险的移转,因为,根据民法典第7:10条第(1)款的明确规定,风险在交付时移转至买方,即使所有权还没有转让也是如此。就民法典第7:10条第(1)款来说,交付(aflevering与levering一词不同)的概念源自民法典第7:9条第(2)款,后者将交付(aflevering)定义为“使买方取得物的占有”。民法典第7:10条第(1)款的起草者选择将风险的移转与《联合国国际货物销售合同公约》(第69条)和《统一国际货物买卖法》(LUVI)(第97条)的规定一致起来,因此放弃了买方承担风险(*periculum est emptoris*)的罗马法原则。不过,该规定不是强行法,除非是消费者买卖合同(参见民法典第7:5 条第(1)款),消费者买卖中不能有不利于买方的合同责任的减轻规定。另外,调整风险移转的民法典第7:11 条就货物运输也规定,消费者买卖中,只有货物由卖方或者卖方指定的承运人交付给买方时,风险才移转给买方,即使民法典第7:9 条意义上交付已经发生也是如此。交付也间接影响风险的移转,因为买方受领货物迟延时,风险随之移转于买方(民法典第7:10 条第(2)款)。交付之时也经常是,但不总是内存于所有权的权能和利益移转于买方的时刻,比如处分财产的权利,行使所有权请求权或者收取孳息的权利,也就是伴随所有权的权利;就孳息具体来说,考虑到善意占有人可以收取的事实,交付在占有语境中比所有权语境中更重要(*Salomons*,loc. cit. ,chap. 9. 2)。最后,交付也影响买方的取回权(recht van reclame)(依据民法典第7:39 条第(1)款,如果买方不支付价款,买方可以行使这个权利),因为,如果付款义务已经到期超过6 个星期,而且实际交付已经超过60 天,该权利消灭(民法典第7:44 条)(*Salomons*, loc. cit. ,chap. 5. 7)。

38. 在法国,所有权转让采取合意主义,交付的义务包含在转让所有权的卖方的义务(the duty of the seller to give ownership)之中(民法典第1136 条),但是就所有权转让来说不需要交付(*Terré and Simler*,Les biens[7],318,nos. 397 f;CAvCiv art. L 121 -1)。比如,买卖合同不创设转让所有权的义务(Cass. 1ère civ. ,27 January 1993,Bull. civ. I,no. 39;JCP éd. G 1994 Ⅱ,22195,note by *Pétel-Teyssié*;RTD civ. 1994,132,obs. by Zénati;Cass. 1ère civ. ,10 October 1995,Bull. civ. I, no. 361;JCP éd. G 1995 Ⅳ,2527;D. 1995 I. R. ,246;*Ghestin*,D. 1981 Chron. ,1,(no. 13)),因为所有权即时移转而不需要交付;也不需要付款才转让所有权,至少在当事人未另有约定时是这样(比如有保留所有权条款时;Ghestin and Desché,La vente,647,no. 581)。但是,当事人可以另作约定,比如在非对话的合同以及以将来的货物为标的的合同等之中,以交付为所有权转让的条件(Ghestin and Desché, La vente, 621, no. 554; Collart Dutilleul and Delebecque, Contrats civils et commerciaux,174,no. 185);此时,所有权转让不溯及到合同订立之时,除非当事人另有约定(但请参见民法典第1601 -2 条;Faber and Lurger(*-Cashin-Ritaine*),National Reports Ⅳ,chap. 5. 1. 3 (c))。就将来的货物来说,曾经讨论过这样的问题,交付是在产品生产出来还是交付时移转至买方?法院似乎愿意采取第一种选择(Cass. req. ,28 November 1900,D. 1901,1,65)。不过,尤其是动产,要注意当事人之间(*inter partes*)的所有权转让与取得的所有权对抗第三人之间的区别,尤其是对抗与同一让与人有某种合同关系的第三人(*ayants cause du même auteur*)。首先,单纯合意原则只在合同当事人之间具有完全的效力(*Collart Dutilleul and Delebecque*,Contrats civils et commerciaux[8],176,no. 189;*Bénabent*,Les contrats spéciaux civils et commerciaux[6],99,no. 143)。其次,法国法中对抗(opposabilité)的概念则颇为复杂(*Danos*, Propriété, possession et opposabilité)。从民法典第1165 条得出的规则是,根据当事人合意产生的所有权转让已经可以全面对抗第三人,尤其是对抗那些与让与人没有合同或者其他联系的第三人,因此事实上第三人承担了解实际的财产状况的义务;但是,仅凭合意的转让并非总是可以为第三人所知,因此,就第三人以及有体的动产来说,单纯合意的效力被占有以及(对于特定种类的动产如飞机和轮船,以及不动产)登记规则弱化(*Collart Dutilleul and Delebecque*,Contrats civils et commerciaux[8],176, no. 189;*Bénabent*,Les contrats spéciaux civils et commerciaux[6],101,no. 147)。作为民法典基础性规定第2276 条第(1)款(以前的第2279 条第(1)款)的一个具体分支,民法典第1141 条规定,当就非登记的动产的不同取得人(*ayants cause*)援用来源于同一让与人(*auteur*)的所有权而发生冲

突时，如果善意且实际占有，而不是通过诸如占有改定的方式占有转让物（*corpore alieno*）的，先取得占有的取得人视为所有人；因此，就动产来说，所有权的转让对抗第三人以交付要件为条件（Zenati-Castaing and Revet, Les biens[3], 346; *Bufnoir*, Propriété et contrat, 59 et seq.; Faber and Lurger（*-Cashin-Ritaine*），National Reports Ⅳ, chap. 5.1.1, 5.1.3（b）and 5.2.2（b））。另外，交付在另外一种情形下也至关重要，也就是现实赠与（*don manuel*）：民法典第931条要求，生前赠与必须由公证人起草，否则无效。但是法院认为现实赠与是该规则的例外（Cass. 1ère civ., 11 July 1960, D. 1960, 702, note Voirin; Peterka, Les dons manuels（2001）），因此，只要赠与人和受赠人之间完成了现实交付，则赠与有效。在这种行为发生前，根本就没有合同（*Larroumet*, Les biens II[5], 218, no. 381；就赠与中交付的重要性，参见 *Cashin-Ritaine*, loc. cit., chap. 5.1.1, 5.1.3（b）and 5.4）。就交付和风险移转的关系来说，第一视角是所有的风险与所有权关联（所有人承担风险（res perit domino）; Cass. civ., 13 November 1997, no. 95－20411（unpubl.）; *Roland and Boyer*, Adages du droit français[4], 401, no. 808）。原则上风险随所有权转让。也就是说，如果货物在交付前但在所有权转让后灭失，买方承担风险（民法典第1138条；Cass. 1ère civ., 19 November 1991, Bull. civ. I, no. 325），而卖方只负有依据民法典第1136条及下一条保管货物的义务；如果货物在交付和所有权转让前灭失，风险由卖方承担（债务人承担风险（res perit debitori）; *Roland and Boyer*, Adages du droit français[4], 400, no. 807），而交付主要起到间接作用，因为依据民法典第1138条第（2）款，让与人甚至于受让人要求交付时迟延交付货物，让与人必须承担风险（*Terré/Simler/Lequette*, Les obligations[9], 662, no. 672）。但不管如何，当事人可以自由约定风险在货物交付时移转，而不考虑何时所有权发生移转（*Cashin-Ritaine*, loc. cit., chap. 5.1.3.（c）and 10.；参见商法典第L.132－7条）。尽管买方没有取得货物的占有，风险也随同所有权转让的这一事实受到质疑，有人提出风险移转应当系于货物的实际交付（*Cashin-Ritaine*, loc. cit., chap. 5.2.3；参见1969年1月3日第69－8号法律第31条及以下 relative à l'armement et aux ventes maritimes）。

39. 在比利时法，所有权转让的债务直接产生物权效力（民法典第712条和第1138条），交付的适用范围有限。原则上对于所有权转让来说根本不需要交付（*Hansenne*, Les biens I（1）, no. 210）；理论上的根据是，当事人的协议包含了一项默示的交付，一项履行所有权转让的拟制的协议（*Locre*, Législation civile, commerciale et criminelle, 71）。这一看法由鲍塔里斯（Portalis，译者注：法国民法典的起草者）提出，以与当时诸如鲍迪埃等有影响的学者明确支持交付主义（*Pothier*, Traité du domaine de propriété, 186 f）的事实相协调，该观点导致一些比利时学者提出的交付要件依然存于比利时（和法国）法之中，他们试图援用民法典第938条文句来强化这个看法，该条规定，在直接赠与（hand-to-hand gifts）时，不需要其他的交付（*Bufnoir*, Propriété et contrat, 45 et seq.）。但是交付主义的观点与这个看法相矛盾，也就是民法典起草者并不打算将占有的移转（物权协议（real agreement））作为一个概念完全消灭，他们只是想在所有权转让的语境中使其变得多余；物权合意在法国和比利时法中仍然存在，只是不是所有权转让的要件而已（*Van Vliet*, Transfer of movables, 80；就前文对交付的一般讨论参见 Faber and Lurger（*-Cauffman and Sagaert*），National Reports Ⅳ, chap. 9.1）。无论如何，合意主义的例外确实存在。就现实赠与来说（Faber and Lurger（*-Cauffman and Sagaert*），National Reports Ⅳ, chap. 9.1），就像法国法一样，在比利时交付也是所有权转让无可置疑的要件；有时候，交付仍然是卖方的义务，在买卖和互易中可能也会有必要的交付（民法典第1707条）（*de Page and Meinertzhagen-Limpens*, Traité élémentaire de droit civil belge Ⅳ, 676 f, no. 616）。就第一种情形，也就是所谓现实赠与来说，尽管在民法典中没有规定,比利时和法国一样,认为赠与成立所需形式要件可以在交付发生时被排除。在比利时法,就赠与来说,交付服务于双重的目的:首先,使得受让人认识到行为的严肃性,因为交付取代了有效赠与通常所需的形式要件,因此代表了一种可信的替代;其次,交付服务于公示的目的,因为其指示了谁是货物现在的所有人(*Puelinckx-Coene/Geelhand/Buyssens*,TPR 1999,779(875,nos. 144);Faber and Lurger(*-Cauffman and Sagaert*),National Reports Ⅳ,chap. 9. 5. 2)。将财产手到手地移交,被视为构成受赠人的承诺,对于交付的承认似乎通过这种赠与的普遍发生(这一事实法律上无法忽视)等因素被引入。概括来说,交付的要件,适用于何处,以及在一些场合是否确实发生,比如,货币从一个账户转移到另一个账户,最近这些年得到详尽的讨论;比利时很不情愿将这种情形视为现实赠与,但是准备以所谓的"间接赠与(indirect gift)"的形式认可赠与的有效性(*Puelinckx-Coene/ Geelhand/Buyssens*,TPR 1999,779,877,no. 144)。现实赠与场合下的交付也可以以等同交付行为的形式发生,比如,受赠人主张,拟赠与人表示受赠人可以拥有其作为代理人或保管人已经持有的财产(民法典第 2231 条)(*Puelinckx-Coene/Geelhand/Buyssens*,TPR 1999,779,878,no. 145);就无体动产(incorporeal goods)来说,其只能通过适合于现实转让的有形的权利证书来现实赠与(Tilleman and Du Laing(*-Laga and Lietaer*),Onderneming en effecten,463,468 f,no. 7;*Puelinckx-Coene*,TPR 1994,1615,1709,no. 180),而就尚未印制的无记名股份的书面证书来说,这一点已经被确认,尽管书面证书并不赋予强制全额付款或者转换为无记名股份的权利(De Bruyne,V & F 1997,99,100);就比利时法中交付在直接赠与中的作用,参见 *Cauffman and Sagaert*,loc. cit. ,29 et seq. ,chap. 6. 3. 2(a) and 9. 5. 2。就买卖合同来说,一般规则是,所有权和风险在合同订立时移转,而无须交付,或者在种类物特定化时移转,尽管如此,交付的概念在商事买卖语境中还是持续地占有重要地位,人们普遍支持所有权和风险不是在特定化之时,而是在所售货物交付之时移转;在特定的贸易领域,这种趋势已经成为既已形成的合同的惯例,即使没有这种惯例的明确的法律依据,但是其通常以商业习惯和当事人的共同意图作为基础(参见 *Van Ryn and Heenen*,Principes de droit commercial Ⅲ,521 ff no. 674; *de Page and Meinertzhagen-Limpens*,Traité élémentaire de droit civil belge Ⅳ,nos. 21B,23 18,27A;反对意见,Dirix(*-Christiaens*),Bijzondere overeenkomsten,art. 1605－1607,no. 13)。尽管在法国学说的影响下,许多比利时的商法学者倾向于采纳这种观点(参见 *Gore*,RTD civ 1947,168,no. 18;*Fredericq*,Droit commercial Ⅲ,no. 1422),但判例法在某种程度上仍然拒绝接受这种看法(Cass. ,24 April 1987,Pas. belge 1987 I,994,no. 498;RW 1987－88,806,comment by *Wachsstock*)。但是即使判例法肯定了这种观点,作为商事买卖的规则还是不具备强行法的性质;在合同订立到所有权转让这段区间,买方可以要求卖方交付(民法典第 1585 条)(参见 *Cauffman and Sagaert*,loc. cit. ,chap. 9. 2. 1,9. 3 and 9. 5. 3(a))。就此来说交付也实质上是所谓的"物权合意",也就是,不是诸如买卖合同的中默示交付,而是这样的协议,即标的的交付是这些协议得以存在的要件,但是上述交付有时候不具有物权效力;比如借贷和保管协议,交付并不直接落实相应的协议,而是允诺出借某物或者将某物交存;不发生物权效力(*Cauffman and Sagaert*,loc. cit. ,chap. 9. 5)。无论如何,交付总是卖方的义务,即使其不完成所有权转让(民法典第 1603 条)。更重要的是,依据民法典第 1158 条,所有权和风险单纯合意移转只影响当事人之间的法律关系(*Christiaens*,loc. cit. ,arts. 1605－1607,no. 8),而交付被赋予的主要作用在于,使转让得以对抗第三人这一方面,因为仅依据合意转让不能对抗第三人。转让若要对抗第三人,比利时法律要求具备一定的形式,从而保护善意第三人,比如,真正的所有人。在未交付时转让的相对性,现在成为比利时法律文献越来越重要的主题;尽管给卖方提供了可以抵销因所有权立即转移而带来的不利的法律手段,诸如法定留置权或者运输中停运权(参见下文第Ⅷ-2:201条注释44),因为合意转让制度具有的缺点,如欠缺动产物权关系的公示,进一步导致了相关讨论的加强(参见 Faber and Lurger(-*Sagaert*),Rules for the transfer of movables,18 f,nos. 19 ff;*Waelbroeck*,Le transfert de la propriété,27,no. 11)。就动产方面的对抗性规则派生于民法典第1141条,该条规定,在多重转让交易中,第一个取得货物占有的受让人成为所有人;从该规定,理论上得出了一个一般原则,即只要未交付,所有权转让不得对抗有竞争性权利的善意第三人(*Dirix*, Actuele trends in de zakelijke zekerheidsrechten,no. 7;*Vanbelle*,AJT-dossier 1994-95,61,no. 6-7 and 60,no. 79)。必须注意,欠缺交付不等于绝对欠缺对抗性:没有竞争性权利或者恶意的第三人(比如相对于还没有取得占有的受让人的小偷)不能为了他们的利益主张不可对抗性。交付使所有权转让得以公示,因此作为公示的结果可以对抗第三人(*Dekkers and Dirix*,Handboek burgerlijkrecht II(2005),160,no. 401);不过,使转让具有可对抗性不是交付自身,而是因交付产生的善意占有(*Dekkers and Dirix*,Handboek burgerlijkrecht II(2005),164,no. 412)。不管如何,更为现代的观点倾向于赋予占有移转以更大的作用,而不仅仅是在破产或者强制执行时,解决不同债权人之间的优先顺序的问题。(*Cauffman and Sagaert*,loc. cit.,chap. 9.4 and 9.5.3(a))在比利时学说中,与所有权转让对抗性相关的另一个问题是,交付(或者更优的善意占有)是否是因买卖而得以成立的转让对抗一切第三人的要件,还是只是对抗在后取得货物的物权的其他人的要件;如果采取后一种观点,这会导致进一步的推论,即转让在合同订立时已经具备了作为对抗卖方的债权人的第三人效力(*Cauffman and Sagaert*,loc. cit.,chap. 9.5.3(d))。就此有必要作这样的区别:交付的要件只影响先取得人和后取得人之间的关系(也就是先后的买方或者一个买方和一个取得财产质权的人的关系(*Christiaens*,loc. cit.,arts. 1605-1607,no. 11),和更一般的,交付使得占有能够对抗就货物有竞争性权利的任何第三人(*de Page and Meinertzhagen-Limpens*,loc. cit.,55,no. 26)。就卖方的债权人或者买方的债权人而言,他们在诸如破产中或者强制执行的扣押程序中的权利,即使没有交付,也是根据所有权是否已经移转进行判断(Cass. 24 April 1987,RW 806,note *F. Wachstock*;*Christiaens*,loc. cit.,arts. 1605-1607,no. 10)。最后,就风险移转和交付的最终关系来说,所有人承担风险(res perit domino)的法谚也适用于比利时;因为所有权仅凭合意转让给受让人,这意味着即使没有交付,从合同订立时风险就发生移转(*de Page and Meinertzhagen-Limpens*,loc. cit.,no. 25A;*Waelbroeck*,Le transfert de la propriété,51,no. 41;*Cauffman and Sagaert*,loc. cit.,chap. 9.1.);以前有个特异的观点(isolated opinion)试图将风险的移转和所有权转让分开(cf. *Laurent*,Principes de droit civil,nos. 208 f),但是这个观点没有得到令人满意的认可。因此,就风险移转而言,交付不起作用,只能间接影响有关的结果:尽管风险在财产应该交付的时刻移转,但是如果让与人得到交付的通知,并没有据此行事,则风险归于让与人(民法典第1138条)(*de Page and Meinertzhagen-Limpens*,loc. cit.,no. 25A c)。不管如何,比利时的学说和判例确认当事人可以自由地任意将风险移转和所有权转让分开(就风险移转参见 *Cauffman and Sagaert*,loc. cit.,chap. 9.1)。

40. 鉴于葡萄牙的所有权转让制度是合意主义这一事实,根据民法典第408条第(1)款的明确规定,所有权转让通过合同自身(或者继承的开始)而生效;事实上,合同已经产生对世的(*erga omnes*)效力(Faber and Lurger(-*Caramelo-Gomes and Nóbrega*),National Reports Ⅳ,5.5.3)。这一一般规定有特定的例外,主要例外有:所有权保留条款(民法典第409条),附停止条件的转让

(民法典第270、278条),种类物的转让(民法典)或者将来的物的转让(民法典第211条),以及选择之债(民法典第543条)。在这些例外情形,交付可以起到完成所有权转让的作用,但是所有权转让的完成也可能取决于其他条件,比如价款的全部支付或者停止条件的成就(参见民法典第408条第(2)款)。但其他情形下,在葡萄牙就所有权转让而言,几乎从不需要交付,只有一个真正的例外:未以书面形式成立的赠与。根据民法典第947条第(2)款,只要同时进行了交付,赠与可以不要式而成立。不管如何,买卖合同产生交付物的义务(*Caramelo-Gomes and Nóbrega*, loc. cit., chap. 5.1.2)。就风险移转来说,民法典第796条的规则将其系于所有权的转让。但是,和其他法律制度一样,交付起到间接的作用。首先,依据相关协议,为了卖方自己的利益物继续留在卖方手中一段时间,此时风险不移转给买方。另外,民法典第807条规定,在迟延交付时,卖方将承担损害赔偿责任,除非这种损害即使按时履行也会发生。最后,就受领迟延,民法典第815条规定即使不交付风险也移转,除非损害由于出卖人过失所致(*Caramelo-Gomes and Nóbrega*, loc. cit., chap. 10)。

41. 就完成所有权转让意大利法不要求交付;根据民法典第1376条,旨在转让或者设定所有权或者其他物权的合同,在依法达成明示的合意便已经实现了所欲的结果(*principio consensualistico*)。有些合同确实要求交付后才有效,比如无偿的使用借贷、质押或保管,但是,就这种"物权合同",学说上认为欠缺交付不使合同无效,而只是正在成长中地(*in itinere*)未完备;这些合同被视为有待履行的法律行为,对于协议的履行来说,交付构成了作为法定条件(*condicio iuris*)的要件(*Messineo*, Contratto, 784)。事实上,合意原则的作用在意大利的现代学说中被重新评估,有人提出该原则不应该作为一种教义,而是只作为意大利法律秩序的普遍的趋势(*Sacco*, La consegna ed altri atti di esecuzione, 339, 347),因为,诸如动产转让的情形,还没有取得占有的买方,有被他人善意取得的风险(民法典第1155条);为担保目的物权的设定,依据民法典第2785条也要求将货物交给债权人。交付在拟转让的货物尚未特定时也有作用,此时特定通常发生于交付之时。在其他情形,交付货物义务纯粹是完成合同的补充(purely accessory to the perfection of the contract),因为所有权和占有时间上可以在不同的两个时刻取得(参见 Faber and Lurger (-*Greco*), National Reports Ⅰ, 433 f, fn 217 and 218)。相应地,只要买卖合同已经成立,而且所有权已经根据合意移转,那么无论有无实际的交付,风险均发生转移;这一点可以从民法典第1465条推出,该条表述了所有人承担风险(*res perit domino*)的法谚(*Greco*, loc. cit., 463)。

42. 就所有权的合同移转,保加利亚法采取合意主义(*Apostolov*, Obligazionno pravo, 48),因此,根据债法第24条第(1)款的明确规定,所有权转让不需要交付。债法第24条第(1)款规定的原则被认为是强行法,如果当事人约定协议移转效力的发生系于货物的交付,这种条款原则上视为无效(Faber and Lurger(-*Stoimenov*), National Reports Ⅳ, chap. 5.1.3),因为,保加利亚法中物权的取得方式受到类型法定(*numerus clausus*)的限制(*Stavrou*, uprosi na bulgarskoto veshtno pravo, 612 f);所承认的例外是,将协议的物权性——债的效力(proprietary-obligatory effect)推后,比如所有权保留条款(债法第205条第(1)款)或者有待追认(approval)的买卖(债法第204条)。和其他合意主义的国家一样,交付也具有一定的效力,依据债法第24条第(2)款,转让种类物的合同,根据当事人约定,所有权在拟转让的货物特定时移转,如果没有这种约定,所有权在交付时移转(参见 SC 4th civ. ch. No. 237/55)。就无记名证券转让而言也需要交付;依据商法典第185条第(1)款和商船运输法典(Merchant Shipping Code)第119条第(3)款,即使拟转让的证券已经记名,其取得人也必须取得占有以行使证券上的权利(*Kalaydjiev*, Bezkasovoto plasthane,

444;*Stavrou*,loc. cit. ,613)。就风险移转来说,学说(*Kalaydjiev*,Obligazionno pravo,Obshta chast1,156; Kojuharov,Obligazionno pravo,122 f)和判例(SC(Plenum)Interpretative Decree no. 5/64)都倾向于将风险的移转与种类物的交付联系在一起,这个时间点也是所有权转让至受让人的时间。债法第 186 条(a)第(1)款规定涉及种类物买卖的合同,风险在订立特定化协议或者交付时移转;另外,在特定物买卖合同中(distinct sales contracts),风险在货物交付给运货人时移转(债法第 86 条第(1)款)。就种类物,交付给运货人是否可以也可以视为特定化和取得货物所有权的时间,或者只视为风险移转的标志,保加利亚学说中有争议。通说认为交付给运货人时特定化时间,也是所有权转让时间(*Kojuharov*,loc. cit. ,123);这个观点是基于关于债务人履行地点的规定。也有人从立法论角度(*de lege ferenda*)提出,在交付的情形,应该确立调整种类物的非强行法的特别规则(*Stoimenov*,loc. cit. ,chap. 5. 2. 3)。

43. 在英格兰法,交付不是动产所有权转让的要件。从所有权在当事人意图其转移时转移这个意义上看,当事人自治起主要作用;动产的赠与是唯一的例外,此时需要交付后赠与才有效以及可以强制执行,除非让与人为了受让人作出有效信托的声明,这样后者被赋予衡平法上所有权,而交付要件可以放弃。因此赠与通过交付而完成,相关的行为必须构成清晰的、毫不含糊的占有的移转(*Re Cole* [1964] Ch 175 一案就不是这样,该案中丈夫带妻子去往他们的新家并告诉她"都是你的";这不被认为是充分的交付行为)。现实交付必须足够清晰,尽管就某些动产来说这并不总是一个有效的选项,比如管风琴(church organ)。在 *Rawlinson v. Mort*([1905] 93 LT 555)一案中,所有人将位于教堂的风琴借给教堂,但是所有人想把风琴送给教堂的风琴手,给了他一封证明风琴是借给教堂的来自教区牧师的信和购买风琴的收据;另外,他将手放在风琴上并在风琴手和其他当事人面前宣布了他的意图;法院认为,如果不是在所有权的标志(*indicia*)实际交付给风琴手时赠与已经完成,至少在所有人完成后面的行为时赠与完成(Faber and Lurger(*-Frisby and Jones*),National Reports Ⅱ,26 et seq. ,65,70 et seq. ,76 et seq.)。就货物买卖来说,尽管交付在这个场合下的精确作用还没有确定,对于所有权转让给买方来说,不需要交付,实际交付、推定交付都不需要。不过,交付还是有某些实际意义的,因为其终结了卖方的占有,并相应地终止了卖方可能拥有的留置权。所有权转让可以在任何时刻发生,交付前或者交付后都可以(比如,当货物由买方决定要不要交付的),但是交付货物是卖方的义务,而收货义务(及付款)是买方义务(1979 年货物买卖法第 27 条),但是 1979 年货物买卖法的主要信条是,当事人的意图是所有权转让的决定因素。就此来说,交付不是关键,只是确定当事人意图的因素之一;在货物拟由承运人或者保管人或者看管人转让给买方时,尤其如此,因为在这些场合,依据 1979 年货物买卖法第 18 条规则 5 第 2 项,推定卖方已经无条件地将货物划归合同项下(这是不特定货物所有权转让要件)。"无条件划归合同项下"标准在实践中很难判断,因为法院要求"那些货物而不是其他货物是买卖的标的并成为买方的财产",而划归行为常常是,但不总是卖方的最终行为(*Carlos Federspiel &Co v. Charles Twigg &Co.* [1957] 1 Lloyd's Rep 240 at p 255 per *Pearson J*; *Benjamin*'s,Sale of Goods [2000],5-071;Faber and Lurger(*-Frisby and Jones*),National Reports Ⅱ,77 et seq.)。交付原则上对风险移转没有意义:1979 年货物买卖法第 20 条第(1)款明确规定风险随同所有权转让给买方,而不考虑交付是否发生;但是该规则不是强行法,因此当事人可以自由地按其意愿规定风险的移转(比如将其与交付相联系);交付和风险移转的分野也在 *Stern v. Vickers*([1923] 1 KB 78)一案中得到确认(更多内容,见下文第Ⅷ-2:201 条注释 20)。另外,1979 年货物买卖法第 20 条第(2)款规定,当交付因为任何一方的过失而迟延的,可归责于过失的损坏风险转移到有过失的一方;只有在消费者合同中,交付对于风险移转才有作用,因为 1979 年货物买卖法第 20 条第(4)款明确将此时的风险与货物交付转移给买方(必须作为消费者进行交易)相联系。不过,英格兰法中风险和所有权联系的做法受到批评,理由是会导致风险分配给没有控制货物并因此不能有效控制这种危险的人(*Adams/Atiyah/MacQueen*,Sale of Goods,357 f;就风险移转的一般问题,参见 Faber and Lurger(*-Frisby and Jones*),National Reports Ⅱ,108 et seq.)。

44. 在爱尔兰法中,也只有赠与时且仅在欠缺赠与的契据时,交付才是所有权转让的要件,依据 *Irons v. Smallpiece*([1819] 2 B & Ald 551)一案确定的规则,由于赠与人依然保留对拟赠与的马匹的占有,此时赠与被认为未发生效力。就赠与而言,实际交付,通过移交财产或者允许受赠人占有赠与物,均足以实现赠与的目的;如果受赠人已经占有或者保管货物,改变占有性质的推定交付也是有效力的(*Pascoe v. Turner* [1979] 2 All ER 945);当授予受赠人间接占有时,推定占有也是足够的,对于某些形式的象征性交付也是如此,比如在 *Lock v. Heath*([1892] 8 TLR 295)一案,丈夫将一把椅子交给妻子,被认为有效实施了将其全部家具赠与妻子的行为。另外,在买卖合同或出售协议的情形中,不需要为了将所有权转让给买方而交付。爱尔兰的基本规则是,货物所有权在当事人意图转让的时间移转(1893 年货物买卖法第 17 条)。如果没有易于识别的当事人的意图,适用 1893 年货物买卖法第 18 条的默认规则;从规则 1 就已经可以得出,交付在所有权转让中不起作用,因为根据法律的明文规定,所有权可以无视任何交付而移转。从规则 4 也可以推出同样的结论,该规则涉及由买方确认是否收货的买卖,并且规定尽管交付已经发生过,所有权在买方表明确认时所有权才移转,或者如果没有表明,在其没有发出拒绝通知而保留货物时所有权转让至买方。就不特定货物来说,直至货物特定且划归合同项下的行为完成时所有权转让(1893 年货物买卖法第 16 条);起决定作用的是卖方或者买方经他方同意的行为。同意可以在划归项下之前或之后明示或者默示作出(1983 年货物买卖法第 18 条规则 5)。就此来说,将特定货物不可撤回地划入一项合同,从而去除卖方的控制,也可以通过推定交付的行为实现,比如,货物不保留处分权的条件下交给承运人;但是,这不是将特定货物归入合同唯一的方式,正如 *Hendy Lennox*(*Industrial Engines*)*Ltd. v. Graham Puttick Ltd.*([1984] 1 WLR 485)一案所示,该案中划归合同项下在买方获得所售发电机交付前发生(Faber and Lurger(*-Gardiner*),National Reports Ⅱ,208 et seq.,211,214 et seq.)。交付就风险移转不起作用,因为一般规则是,无论有无交付,风险随同所有权转让(所有人承担风险(*res perit domino*))(1893 年货物买卖法第 20 条);但是这一规则不是强行法,可以以当事人明示或者默示的意愿排除适用(Faber and Lurger(*-Gardiner*),National Reports Ⅱ,231 et seq.)。交付可以起间接作用,因为依据 1893 年货物买卖法第 20 条第(2)款,因为任何一方过失导致交付迟延的,有过失的一方承担因为迟延直接导致损失的风险(*Demby Hamilton & Co. Ltd. v. Barden* [1949] 1 All ER 435)。

45. 在塞浦路斯,源于 *Carlos Federspiel* 一案(参见第Ⅷ-2:101 条注释 46)的法律规则是,除非有相反的意图,由于交付通常是卖方履行的最后行为,所以交付会具有将货物所有权转让给买方的效力。但是,这不总是发生,也没有规则规定所有权应当在货物到达交付场所时移转;规则一直坚持的前提是,所有权根据当事人的意图移转。比如,如果当事人约定,所有权应当在交付或者交货时移转,约定优先;否则适用 *Ouzounian/Federspiel* 判例的规则(Faber and Lurger(*-Laulhé Shaelou/Stylianou/Anastasiou*),National Reports Ⅱ,529 ff,537)。在 Algazera 一案中(Scheepswerf Bodewes-Gruno aand"Algazera","Algazera"号船,现在位于利马索尔港),当事人以书面形式约定,原告们将会建造一艘船舶,而买方在支付完全部合同价款以及几项额外的费用后取得所有权。该合同被认为足以证明当事人意图付款时所有权才移转,因此诸如交付"建造证明书(Builder's certificate)"的行为,未经原告同意时不能被视为构成所有权转让(*Laulhé Shaelou/Stylianou/Anastasiou*,loc. cit. ,541 et seq.)。就风险移转而言,1994 年货物买卖法第 26 条规定,除非另有约定,直至所有权转让给买方之前风险由卖方承担,并且从所有权转让时起,风险由买方承担,而不管有没有进行交付。如果交付的迟延可以归责于卖方或者卖方,一切在按时交付时就不会发生损失的风险由对迟延负有责任的一方承担。第 26 条规定无论如何都不影响买卖双方作为他方货物保管人的义务和责任(*Laulhé Shaelou/Stylianou/Anastasiou*,loc. cit. ,581)。最后,依据合同,买卖标的由第三方承运人从让与人处运至受让人的,塞浦路斯货物买卖法有一系列判断何时交付发生以及风险转移的规则:第 39 条第(1)款规定,不管承运人是否是卖方决定,货物交给承运人以运交买方或者在码头交付给负责保管货物的人,构成交付给买方的初步证据。第 39 条第(2)款规定,除非合同另有约定,卖方有义务与承运人或者在码头负有责任的人签订(基于有关货物的性质和所有的具体情形)合理的合同;如果卖方没有这么做,而且货物在转让中或者保管中遭受损害,买方可以拒绝交付并要求赔偿。第 39 条第(3)款规定,当货物通过海路运输的,卖方应当就运输保险的必要性(运输保险是常态时)对买方提出建议;否则卖方承担风险。最后,第 40 条规定,当卖方同意自行承担在买卖之时确定的地点之外交付货物的风险,除非另有约定,买方应当承担因为货物运输所致变质(deterioration)的风险。承运人被视为卖方或者买方的保管人(根据个案具体情况),并且作为保管人有基于占有产生的特定权利,比如如果货物被侵害时提起动产侵害之诉(*Laulhé Shaelou/Stylianou/Anastasiou*,loc. cit. ,539 et seq.)。

46. 在苏格兰法中,就买卖合同来说,交付在所有权转让中也不起作用,而在互易和赠与之时则是必要的。这种二分不是基于对交付要件的目的和含义的评估(*Carey Miller and Irvine*, Corporeal Movables², para 8. 13),而只是对一部英格兰法律(1893 年货物买卖法)扩张适用的结果,该法因此也在英国北部得以适用。尽管英格兰法是否因此被强加到苏格兰法之上现在还有争论(*Smith*,Property Problems in Sale [1978] 认为是一种强加,而 *Rodger*,LQR 1992,570 [581] 认为不是),事实仍然是,在立法干预之时对立法干预的基础没有政策性分析,因此,在所有权转让框架内,说苏格兰法放弃不切实际的占有的移转而选择了(对交易更为有利)合意主义的方案,是过于简化了(Faber and Lurger(-*Carey Miller/Combe/ Steven/Wortley*),National Reports Ⅱ,356)。尽管在 19 世纪即将过去时有放弃普通法的所有权转让方式的立法改革(普通法是指不成文法,而不是英格兰普通法),并对实践中最为重要的交易类型(也就是买卖合同)强加合意规则,普通法继受取得的交付要件现在仍然意义重大,这一点表现在就现代动产法的评估中所具有的重要性(参见 *Burnett's Trustee v. Grainger* 2004 SC(HL)19 at para 88, per Lord Rodger of Earlsferry; *Carey Miller and Irvine*,loc. cit. ,paras 8. 12 - 8. 27)。另外,值得注意的是,由于严格的交付要件与复杂的现代交易不相协调,在 1893 年改革当时普通法就已经开始拒绝严格的交付要件了(*Bell*,Commentaries,I⁷,178),尽管交付的作用对于公示来说有不可否认的价值。无论如何,在承认现实交付的形式上苏格兰法传统上具有的灵活性,因为苏格兰法对实际交付的形式不存在类型法定(numerus clausus),而这种对交付要件的相对化与此是一致的(*Carey Miller and Irvine*,loc. cit. ,para 8. 17)。不过,除了当事人意图外并在其之上,普通法要求额外的公开行为,这可以从有利于占有人的所有权推定中推断出来。典型的形式当然是让与人将动产交到受让人手中这种现实交付(*Carey Miller and Irvine*,loc. cit. ,para 8. 16);另外,占有改定在普通法上并不充分(而依据1979年货物买卖法反而是充分的),还需要额外的事实才能证实所有权转让(Faber and Lurger(-*Carey Miller/Combe/Steven/Wortley*),National Reports Ⅱ,361 et seq.)。就风险移转来说,交付可能与其有关也可能无关。在普通法上(对互易合同依然适用),根据罗马法的规则,风险在基础合同订立时移转;这意味着风险在交付及所有权转让前的一段时间移转(*Widenmeyer v. Burn Stewart &Co. Ltd.* 1967 *SC*85;*Hansen v. Craig and Rose*[1859]21 D 432)。就货物买卖来说,风险的移转受到1979年货物买卖法第20条的调整,依据(非强行法)的一般规则,所有人承担风险(*res perit domino*),同时有许多例外(*Carey Miller/Combe/Steven/Wortley*,loc. cit.,408 ff;就1979年货物买卖法第20条的交付和风险移转的关系,参见上文注释20)。

47. 就丹麦、挪威、瑞典和芬兰来说,交付就受让人可以对抗让与人的债权人的问题,上文注释21及以下,以及第Ⅷ-2:103条注释33及以下已经分析过。就风险移转的规则,在第Ⅷ-2:201条注释24讨论。所有这些国家,在对二重买卖作出判决时,交付至关重要,参见第Ⅷ-2:301条注释21及以下。另外,就卖方对抗买方的债权人上,交付是关键特征:如果买方没有根据合同约定支付价款,只要卖方没有交付货物,买方则有权利终止履行。根据这一机制,卖方在买方破产时,可以受到保护,免受货物价值的损失。这个规则在瑞典、挪威和芬兰货物买卖法第10条(针对没有赋予买方信用的情形)和第61条(如果赋予买方信用,但是买方破产)有规定(丹麦对应的是货物买卖法第14条和第39条,但是第15条特别规定,如果货物拟运交买方,卖方不能停止运输,但是只要未获付款,则可以停止将货物交给买方)。当事人约定所有权保留或者采取其他类似措施的,对卖方的保护当然扩展到后一阶段(参见第Ⅷ-2:203条注释18)或者可以适用停止运输权(参见第Ⅷ-2:201条注释50及以下)。

第Ⅷ-2:105条　等同交付行为

(1)货物已经为受让人占有的,合同或者其他法律行为、法院的命令或者法律规定的授权生效时对货物的继续占有,具有与交付同样的效力。

(2)第三人为受让人占有货物的,第三人收到所有权转让给受让人的让与人的通知时,或者在通知规定的更晚的时间,发生与交付同样的效力。通知发给第Ⅷ-1:208条(通过占有辅助人占有)意义上的占有辅助人的,亦同。

(3)让与人放弃而受让人取得使得受让人能够获得货物占有的占有手段,发生与货物交付同样的效力。

(4)对货物行使物理控制的人发行了单据,其中包含了将货物交付给单据实际持有人的承诺的,该单据的转让等同于货物的交付。单据可以是电子单据。

评　论

A. 概述

规则的功能。本条具体化了基本规则第Ⅷ-2:101条(所有权转让的一般要件)第

(1)款(e)项使用的"等同交付行为"。本条包括四条独立的规则,每一条规则处理一项具体的实际问题。具备这些规则其中一条的要件的,就如同具有了进行了第Ⅷ-2:104条(交付)意义上交付的同等效力即,除非当事人另有约定,所有权发生移转。因此,本条规则具有特别的默认规则的效力。如果存在本条第(2)款至第(4)款规定情形之一的,但是产生等同交付行为效力的其他要件不具备的(比如,货物被置于第三人处,但是该第三人没有得到本条第(2)款所要求的通知),则适用一般规则,所有权在货物本身交付时移转(除非此时有相反的约定)。

"等同交付行为"的共同特征。本条四项规则共同点是,其涉及的货物自身没有被移动,没有发生与货物自身有关的行为。但是,当事人采取了其他通常表明实施所有权意图的行为,而且这种意图从外部或事后的(*ex post*)视角看起来也可信。

举证责任。具备本条规定的任何规则要件的举证责任在援引该条的人。通常是受让人(或者受让人的债权人,或者是次买受人)。就本条第(2)款至第(4)款所及情形,有关规则的适用会有利于受让人,因为这会比适用一般规则带来更早的所有权转让。如果这些条款的要件之一不能证明,则适用第Ⅷ-2:104条(交付)的一般规则,除非受让人成功证明约定主张所有权的时刻移转。

B. 已经处于受让人占有的货物(第(1)款)

概述。第(1)款的规则包含了对交付概念的必要简化。当货物已经为受让人占有的,要求进行第二次交付行为会过于形式化也过于远离当事人的预期(也过于远离第三人的预期)。不如原则上在其他所有权转让的一般要件具备时发生所有权转让,具体来说,就是转让基础性授权成立时。

示例1

农户B向农户S借了播种机,因为他自己的坏了。在将机器交付给B后,S得到了一个购买新的播种机很有吸引力的要约。由于S不再需要旧的机器,他们约定B买下其现在占有的旧机器。无相反约定时,所有权会在合同订立时移转。

比较法背景。就本款采纳的方案的基本观念可以追溯到古罗马法(所谓的简易交付(*traditio brevi manu*)),而且在采纳交付主义进路的内国法律制度中得到普遍承认。由于货物在基础性合同订立时已经在受让人手中,所以实现了与采取合意主义进路的同样的实际效果。因此本条植根于欧盟法律制度内的广泛一致性。

规则如何适用详解。第(1)款规定,所有权转让的效果由"合同或者其他法律行为、法院的命令或者法律规定的授权生效时对货物的继续占有"导致。这一公式的主体是基础性授权的成立,比如当事人之间买卖合同的订立时。所有权在这个时刻移转。"继续占有货物"的进一步要求只是具有将这种"等同交付行为"归入由其他一般性转让要件形成的框架范围内的作用而已。继续占有货物是"基于或者归于"

第Ⅷ－2:101 条(所有权转让的一般要件)第(2)款意义上的转让的基础性授权。这样规定是为了使规则更易读及易于适用,比如,基础性授权是源自法律规定。

示例 2

一家运动用品商店(S)将一辆新自行车卖给买方 B。所有权在交付时发生移转。B 将车拿出去第一次骑行时就发现自行车不能正常使用,于是将自行车返还给 S。问题是由于 S 的无经验的雇员将不配套的部件装到车架上造成的,尽管这些部件本身是优质值钱、状态完好、可以装到其他自行车上的部件。S 立即认识到问题所在,并装上了正确的部件。换了所有传动部件的自行车又返还给了 B。显然,不能让买方持有并可能出售这些值钱的部件,并同时再得到一辆新的自行车。基于这个目的,第Ⅲ－3:205 条(替换部件的返还)规定债务人(这里是 S)通过替换对不符合约定的履行进行补救,有权(而且也有义务)以债务人自己的费用取回被替代的部件。该规则也适用于本例中的"部分替换"。在最初将自行车交付维修时,可能不知道不是进行一定调试,而是需要更换部件。但是当 S 在占有自行车时发现问题,取下并保留旧的部件,并安装上新的部件,发生本款意义上的等同交付行为,因为授予卖方对替换部件权利的法律规定在这个具体情形下成立,继续占有旧的部件可以援用该条法律规定。

依据本条第(1)款的转让,当然必须满足转让的全部一般要件;比如,种类物必须特定。在(未来的)受让人(比如根据第四卷第三编第五章意义上的保管合同)为让与人持有几个同样的货物,而后订立合同购买其中之一,在特定化之前不发生所有权转让。

固有的风险:失去付款的担保。 第(1)款采纳的是普遍接受的进路,而普遍的主张是这符合当事人的意图。但是该规则却确实对让与人意味着一定的风险:因为货物已经在受让人手中,让与人未履行对待给付时,让与人原则上没有可能拒绝债务履行的可能(参见第Ⅲ－3:401 条(终止履行对待给付义务的权利))。在基础性授权产生于合同时,这一点不被认为不恰当。此处,在货物显然在受让人占有之中的情形,是让与人自愿进行交易。让与人通常会被警告有危险,而且如果有必要的话,有望通过约定所有权保留或者其他担保获得保护。但是,如果授权依据法律规定产生,可能事先甚至让与人没有被"警告",不考虑确保对待给付的让与人的潜在利益,而立即发生所有权转让的效力可能不令人满意。不过看起来可以援用不同的手段解决这种问题,尤其是可以援用等同交付行为必须"基于或者可以归于"基础性授权的这个要件。这一点在第Ⅷ－2:101 条(所有权转让的一般要件)的评论 D 中已经讨论过。当转让基于法院的命令时,可以由法院自己充分考虑让与人的正当利益。如果没有,则可以考虑与依法律规定发生转让中讨论过的进路相当的进路。

C. 第三人占有货物(第(2)款)

(a) 概述

所涉情形。 第(2)款涉及情形是,货物在为让与人占有的第三人的物理控制之下,比如,租赁人、保管人或者拥有占有性担保物权的人,所有这些人都是限制权利占有人。不需要从该第三人处立即交付货物给受让人,意图引起所有权转让。因此,此处使用意义上的"交付"不会发生,而是意图让第三人暂时继续占有货物。第(2)款规定可以通过让与人通知占有的第三人作出让与。同样的原则适用于物理控制由以第Ⅷ-1:208条(通过占有辅助人占有)意义上的占有辅助人资格行使的情形,比如(根据后一规则规定的定义不视为占有人的)受雇人。

示例3

S将她的货物出租给X一年。11个月后,S将货物出售给B。S通知X货物所有权被转让给B,B可以取得所有权。

示例4

汽车销售公司S以保留所有权为条件将一辆汽车出售给B。价款由与S有融资合作关系的银行X提供。相应地,S保留的所有权作为还款的担保转让给X。由于管理上需要一段时间,汽车在X向S支付价款时就已经交付给了B。S可以通过通知B将其保留的所有权转让给X。

比较法背景。本条第(2)款所涉情形不是所有欧盟国家的法律制度都有明确规定。在这个问题受到调整的那些(以交付为基础)法律制度中,主要概念是,所有权通过两种方式移转:(1)给第三方持有人某种通知或者命令(有时候还有其他要求),这似乎是大多数交付主义国家的方案;(2)通过将让与人返还货物的(合同)权利让与给受让人。在后一概念下,不要求通知第三方持有人所有权转让(尽管实践中通常会给出这样的信息)。

依据这些示范规则通知模式和让与模式都是可能的。前一评论概括的两种模式,本示范规则都认可。通知模式为本条第(2)款明确采用。另外,不需要采纳特别的规则以纳入让与模式:其已经为第Ⅷ-2:103条(就所有权转让时间的协议)所包含,该规定在货物在第三人手中时也适用。严格来说,这些概念当然不完全相同。但是与让与人从此为受让人进行占有的当事人约定(占有改定)相比,关于(立即或者在稍后的时间)让与返还货物的合同权利的约定,通常仅意味着从那个时刻起货物所有权将属于受让人的约定。或者,在货物为第三人占有时,当事人(让与人和受让人)甚至可以限制性地自我约定所有权在任何时刻移转,不需要任何通知或者作出任何让与行为(第Ⅷ-2:103条(就所有权转让时间的协议))。同时包含通知模式和让与模式也有这样的好处:所有欧盟国家的当事人都可以继续按照自己的习惯去做。对公示性的考虑在本章所采取进路的不具有中心地位,事实上择一的模式可以适用,而行使物理控制的第三人不必然知道谁是法律上的所有人,不会带来大的问题。而且实践中所有权转让的当事人通常会通知第三方占有人。

(b)规则详论

通知。本款中"通知"一语按照第Ⅰ-1:109条(通知)一般规则的意义去理解。

通知可以以适合于具体情况的任何方式作出。一般来说,通知到达被通知人时生效,在此之前可以撤回。进行通知就像进行交付货物本身一样,被设想为自愿行为。就通知内容来说,本条意义上通知具有信息的性质,其表明所有权从让与人处转移到受让人。本款意义上的通知不是第三人必须遵循的"命令",而且本规则不要求被通知人必须表示同意或者"承诺"。当行使对货物控制的第三人收到通知时(在通知收到前,通知仍然可以撤回),让与人已经作出了放弃对货物控制的清晰的自愿声明,与构成交付的行为相当。

进行通知的人。第(2)款要求让与人对第三人发出通知。这与让与必须基于自愿行为的一般观念一致。如果受让人也可以给出这种通知,让与人在另一方未能付款时可能会被剥夺拒绝履行的可能性(参见第Ⅲ-3:401条(拒绝履行对待给付义务的权利))。另外,情况可能还有某种程度的不确定,如果公示被认为是基本原则的话,则当然从公示角度来说会不令人满意。但即使不认为公示十分重要,至少清晰性层面似乎还是重要的,原因很简单:如果让与人事后提出相反的主张,像这种默示的规则可能会给第三人行使控制造成实际困难。默示规则应当以相对清晰案型为对象。当受让人发出通知的,当事人仍然有可能证明转让有效的授权以及货物在第三人手中时所有权转让协议的存在(第Ⅷ-2:103条(就所有权转让时间的协议))。但是这要求对协议的存在提供证据,或者已经采取了可以暗示这种协议在的其他行为,比如,让与还货物占有的合同权利。

接受通知的人。通知必须对行使占有的人发出(比如,仓储人或者担保债权人)。加上第2句是为了将第Ⅷ-1:208条(通过占有辅助人占有)意义上的占有辅助人也包括进来,比如受雇人,由于非本条语境的原因,这些人没有被定义为"占有人"。

所有权转让的时间。根据本款的默认规则,所有权在第三方占有人得到通知时移转,或者在该通知规定任何更晚一点的时间移转。让与人发出通知的行为不被视为充分的行为,除了其他原因外,更是因为通知在被通知人接受之前可以被撤回。

与单据交付规则(本条第(4)款)的关系。具体来说当货物存于货仓时,可能仓储人会发行一个单据,其中包含将货物交付给单据的实际持有人的承诺。如果是这样的话,本条第(2)款和第(4)款关系如何就是个问题。这个问题下文会更全面地分析。简单来说,两个规则都可以适用,作为规则不需要相互取代。除非当事人另有约定,所有权在任一规则的要件具备时移转。

对进行占有的第三人地位的影响。本款没有给行使物理控制的第三人的法律地位造成负面影响的意图。本规则包含具有这样效力的规定:进行占有的第三人的法律地位不会因为基于本款的所有权转让(或者通过协议转让,比如,当事人约定让与人返还货物的合同权利)而恶化。例如,第三方持有人是租赁人,第Ⅳ.B-7:101条(所有权的变更和出租人的替换)规定,如果——在与本语境相关的情形下实现——租赁人在所有权转让时占有货物,租赁的当事人被替换为货物的新所有人。当涉及让与人对于第三方占有人的合同权利的让与时(如果让与人通知第三人时,可能也为本条第(2)

款所包含),第Ⅲ-5:116条(对于抗辩和抵销权的影响)第(1)款规定,债务人(也就是第三方占有人)可以对于受让人援用其可以对让与人主张的所有的实体和程序性的抗辩。另外,第三方占有人是保管人的,第Ⅳ.C-5:106条(价款(price,译者注:对于保管合同来说价款就是保管费)的支付)规定,除非客户支付价款,保管人可以扣留物,为此目的,第Ⅲ-3:401条(拒绝履行对待给付义务的权利)相应地予以适用。最后,如果行使占有的第三方基于限制物权占有,这个限制物权——可以说根据其定义——针对取得人也有效。

D. 交付使得受让人能够取得对货物占有的手段(第(3)款)

基本观念;手段。"使得受让人能够取得对货物占有的手段"比如是,用于货物保存的房间、容器或者储藏室的钥匙;保险柜的钥匙;或者其他用以接触货物的工具。通过取得对这种手段的占有,受让人被赋予随时对货物行使物理控制的可能性。受让人取得了如同已经被给予对货物本身的物理控制的类似地位。因此,这种手段的提供被赋予了与交付同等的效力,只要让与人放弃接触(access)。基本的差异是受让人实际掌控货物可能会稍晚一些。但是这么做的排他的可能性描述了足够清晰的图景。

基于这个理由,与少数欧盟国家的法律制度不同,这个规则不限于实际交付不可能或者不切实际的情形。

比较法背景。绝大多数欧盟国家的法律制度没有与本条相当的明确规定。有些情形可以为交付的一般规则所包含。

让与人放弃,而受让人取得占有的手段。第(3)款规定的默认规则要求让与人放弃接触货物的手段,而受让人取得对这种手段的占有。后一方面似乎并没有在第Ⅷ-2:104条(交付)的评论中已经讨论的内容之外增加额外的问题。就让与人放弃占有这一面需要进一步讨论。如果货物储存地有两把钥匙,都知道这一点的双方当事人约定只将一把钥匙交给受让人,则不具备本条要求的要件。不管是从合同当事人角度,还是从像法官判案一样的独立人士的角度看,让与人没有丧失对财产的接触,是足够清楚的。当事人此时可以根据第Ⅷ-2:103条(就所有权转让时间的协议)转让所有权,并且确保他们能够为着这种协议提供证据。另外,当让与人秘密保管一把钥匙,而受让人以为所有的钥匙都已经交付时,此时所有权应当发生移转。此时没有保护让与人(或者让与人的债权人)的理由。

密码(纯信息)。当让与人,不是交付钥匙或者其他物理工具,而是交付接触货物的密码(比如数字或者字母的组合),与有形的工具不完全相同,因为后者首先只能让与人单独持有,而后只能取得人持有。信息,至少对密码的了解,通常不能从记忆中删除;让与人不能"按要求遗忘"。但是不将密码涵摄于本款意义上的"手段",可能会忽视当今贸易的实际需要。而且如果将密码从此处排除,会立即产生下一个问题:密码的移交是否可以视为第Ⅷ-2:103条(就所有权转让时间的协议)意义上的"就所有权时间的约定"?除非能够表明交付密码另有其他目的,否则很有可能有这种约定。因此,建议不将密码或者类似手段剔除出本条款。"手段"一语宽泛到足够包括这种情形以及将来的技术发展。但对看起来与信息不那么相符的"放弃占有"的援引,给这种解释带来余地:只有有关情形清晰表明让与人不再会利用密码,密码的移转才是充分的。比如,可以预期受让人会立即更改密码就是如此。

E. 转让包含交付货物的承诺的单据(第(4)款)

概述。商业实践中,经常发生货物的转让与一定单据的转让相联系,比如提单或者提货单。理论和具体规则各不相同。有些国家的法律制度中,强调这种单据的主要功能是提供一种这种单据所代表货物的推定占有(及对推定占有的转让)。而其他一些国家则认为,在特定的受到严格限制的这种类型的单据发行时,货物所有权的转让只能通过转让单据进行,因此转让这种单据取代了交付。有些国家法律制度倾向于接受为此目的而可以获得更为开放的单据类型,而且允许这种单据类型根据当地实践予以扩张。有些国家现在接受电子单据,而其他国家则还没有。就这些单据中的某些单据来说,"权利证书"一语已经流行,但可能不同的法律制度含义上有轻微的差别。因此,在准备本款时,尤其是对可接受的这种单据的类型名录是开放的还是封闭的,以及这一规定与本章采纳的其他所有权转让规则关系如何,需要作出相应的选择。

开放的名录,包括电子单据。本条第(4)款采取的进路是以开放的单据名录为据,可以更好地适应商业实践的需要,而且给未来发展留有空间。本款第2句澄清,单据是实体的还是电子性质的无关紧要、这与最近的发展一致(比如,参见《联合国国际贸易法委员会电子商务示范法》第17条)。开放名录的进路也与本章规定的更为广义的当事人自治规则相一致,依据当事人自治规则当事人可以约定在任何时间发生所有权转让。

对单据的要求。第(4)款对单据规定了两项要求。第一,单据必须由对物行使物理控制的人发行。比如仓储人或者承运人。第二,单据应当包含将货物交给单据的持有人的承诺(所有这种单据的一项基本特征)。

单据转让时货物所有权转让。与其他默认规则不同,第(4)款没有将货物所有权转让与放弃、取得对货物的占有或者接触货物的手段相联系。其指向对相关单据的"转让"。但是,本条意义上的"转让"也意味着必须有放弃有关单据控制的自愿行为,而且受让人必须取得对单据的物理控制(因此,盗取单据不会引起任何权利转让)。但是,就某些单据的转让还可以有另外的要件;特别是可以要求背书。这种额外的要件本款未作规定,但这显然不会没有意义。不管如何,重要的是,如果有效转让单据所需的所有要件没有齐备时,则不会有货物本身移转的效力。这一点通过"该单据的转让"的公式有意予以关照。当使用电子单据时,考虑到相关制度的样式,公式可以灵活适用。

与其他所有权转让规则的关系:通过单据转让不具有排他性。一旦"权利证书"已经发行,有是否其他形式的所有权转让受到限制的问题。比如,依据德国法,这种所有权转让据称(也)要求单据的转让,通过让与对第三人的返还请求权进行所有权让与因此受到限制,以免以权利证书进行转让的规则落空。就本章采纳的规则来说,关于本条第(4)款与其他转让规定的关系如何的问题,主要涉及第Ⅷ-2:103条(就所有权转让时间的协议),包括获得货物交付的合同权利转让之时的默示协议;涉及独立承运人情形的第Ⅷ-2:104条(交付),以及货物可以通过对占有货物的第三人通知进行转让的本条第(2)款。本章规则内在的方案是,第(4)款不排除上述任何其他的转让规则。因此,所有权在任何规则之一的要件具备时就会发生转让。这一点是基于对当事人自治原则的广泛(broad)适用以及第(4)款的单据的宽泛的内容。实践经验也表明独占性将货物的转让包含于特定的单据会有其缺点,比如,当货物通过船舶运输,在货物到达终点时提单还没有到达,可能会出现交付货物给受让人的需要,以避免船舶必须等待提单到达而发生的不合理费用。货物以免责信(letter of indemnity)为条件交付给受让人,以避免承运人承担由于在提单提示前进行交付而引起的责任。就这类情形,也可以通过诸如进行本条第(2)款意义上通知或者让当事人约定另一个合适的时间进行所有权转让。

就其他实践上的后果来说,这一进路看起来也可接受。如果只有一个卖家和一个买家(也就是两方当事人的情形),而且包含交付给提示单据的当事人允诺的单据已经发行,允许当事人约定在单据交付前或者交付后转让所有权,似乎没有任何实体上的障碍。在三方当事人的情形下,让与人打算将同一货物两次转让给不同的买方(比如通过约定所有权转让时间的方法转让给第一个买方,通过交付单据的方法转让给第二个买方;或者通过将一个单据交付一个买方,另一个单据交付给另一个买方),有关问题可以通过多重处分的一般规则来解决(参见第Ⅷ-2:301条(多重转让))。第一个转让有效,而第二个转让是非所有人实施的,因此第二个买方不通过卖方取得所有权,但是可以基于善意取得规则取得所有权。这是一个一般问题,不是通过单据转让的特有的问题。实践中,货物为特定类型的第三人持有的,一个人取得单据,另一个不知道有这种单据而取得货物本身,会出现不同的两个买受人发生冲突的小的风险。取决于具体的情况,潜在的受让人可以从第三人经营类型预期该人通常会发行单据。如果这样的话,而货物在没有提示相关单据时提供的,买方有理由怀疑而且可以在采取进一步行动前希望与第三人确认。发行这种单据的第三人有确保只有提示单据的人才可以获得交付的利益。

F. 未包含的行为

交付只具有象征更大实体的单个物件不等同于交付。本条——而且尤其是本条第(3)款——不包含象征更大实体的单个物件的交付,而没有使得受让人能够对整个实体予以接触和控制的行为。比如交付图书馆的一本书(代表性部分(*pars pro toto*))或者只交付汽车行驶证,而不交付钥匙和汽车本身。不存在放弃对其余部分或者整个标的占有的充分的行为。不过,这种行为可以通过与此象征性行为相伴的转让所有权的时间来约定。而这种意图可以得到证明的,已经可以根据第Ⅷ－2:103 条(就所有权转让时间的协议)引起所有权转让,因此独立的默示规则是没有必要的。

为受让人加注货物不等同于交付。在少数欧盟国家的法律制度中,当为受让人对货物进行加注时,获得与交付同样的效力,比如在货物上加一个牌子(putting a plate),至少有形交付货物不可能或者不现实时是这样。本条未采纳这种规则。此类情形归第Ⅷ－2:103 条(就所有权转让时间的协议)处理。不过,货物被加注的事实使得证明了订立这种协议更为容易。

注　释

Ⅰ. 受让人已经占有财产时的交付

1. 在奥地利,受让人已经物理控制拟转让财产时的交付(简易交付(*brevi manu traditio*))受到民法典第 428 条后半句的调整。此时,让与人有必要表明,从这一时刻起(或者从将来的一个不同时刻起:预期的简易交付),受让人将作为所有人占有。这不需要以明示的方式,但是通说也确认默示地表明让与人意图的可能性;标准是颇为消极的,但这种意图必须没有疑义,这种标准在实践中会造成很多问题(OGH 4 Ob 536/92, JBl 1993, 183; *Iro*, Sachenrecht[3], nos. 6/40 f)。简易交付适用于,如某人借书给他人,而出借人随后将想卖给借用人并希望将书的所有权转让给买方;简易交付也适用于让与人和受让人最初都实际共同人力占有拟转让的财产的情形(共同占有(*gemeinsame Gewahrsame*))(Faber and Lurger(*-Faber*), National Reports Ⅰ, 93 f)。

2. 在德国,当受让人已经物理控制拟转让财产的,民法典第 929 条第 2 句不要求实际交付,转让所有权的协议就已经足够(简易交付(*brevi manu traditio*));协议也可以是预期简易交付的协议。让与人丧失占有的一般要件还有效;如果让与人以前基于占有媒介协议(constructive possession agreement)为让与人直接占有,这种协议会被终止。另外,受让人从何人处取得占有,占有是直接占有或者间接占有,后一种情况下谁持有货物,均无关紧要。这种交付形式背后的理由是,避免若非如此则会来回交付的必要,这当然构成支持单纯合意规则一个真正的例外(*Baur and Stürner*, Sachenrecht[17], § 51 no. 20; *Brehm and Berger*, Sachenrecht[2], no. 27. 38)。就此来说,也可以同时提及,尽管作为交付要件之一的让与人的意图一般被视为事实行为,在依据民法典第 854 条第(2)款通过协议转让占有时,合在一起而导致所有权转让的两个协议(物权协议和取代实际交付的协议)性质上都被视为法律行为(Faber and Lurger(*-McGuire*), National Reports Ⅲ, chap. 5. 4. 3(b)(ⅱ))。

3. 类似地,在希腊,依据民法典第 976 条第 2 句,在受让人已经是财产的持有人时,仅凭协议,占有发生移转及据此发生所有权移转。该规定表面上只调整长手交付(longa manu traditio),但是学说和判例法都认可其也指简易交付(*παράδοση βραχεί α χειρί*)(*Georgiades*, Empragmato Dikaio I, § 18 no. 18; A. P. 198/1957, EEN 24, 713, 就希腊法的长手交付,参见下文注释 54);两种不同交付模式的区别在于,事实上在前一种情形,货物只是交由受让人处置,而第二种情形受让人已经对物进行了物理控制。就简易交付的订立来说,需要让与人是占有人,而受让人是持有人,并且他们都同意持有人自此成为转让财产的占有人(Faber and Lurger(*-Klaoudatou*), National

Reports Ⅲ,chap. 2. 3. 2(b))。

4. 尽管瑞士法没有对此有直接规定,但是通过简易交付进行交付被视为理所当然;这是占有移转模式法定的基本原则的一项例外(Faber and Lurger(*-Foëx and Marchand*),National Reports Ⅵ,chap. 5. 2. 4)。当拟转让的货物已经为受让人直接占有的,前所有人和间接占有人不改变货物的物理状态而简单地将占有移转给受让人;比如,书的出借人和借用人(以及所有人)约定借用人自此作为书的新所有人占有书(*Steinauer*,Les droits réels I[4],nos. 288 f;*Schmid and Hürlimann-Kaup*,Sachenrecht2,nos. 158 f; SJ 2006,265; Faber and Lurger(*-Foëx and Marchand*),National Reports Ⅵ,chap. 2. 3. 2 and 5. 4. 8)。

5. 在匈牙利法中,简易交付是指取得人(比如通过汽车租赁)已经占有货物的情形(Faber and Lurger(*-Szilágyi*),National Reports Ⅲ,chap. 5. 4. 2(a))。

6. 在取得人已经通过其他的法律原因占有物,而且和所有人达成协议自此其将作为所有人占有财产,此时捷克学说上的通说承认简易交付(Knappová(*-Knapp/Knappová/ Svestk*a),Civil Law I[3],298;Faber and Lurger(*-Tichy*),National Reports Ⅵ,chap. 5. 6. 2)。

7. 在斯洛伐克,在让与人已经实际控制(持有)货物时(比如某人已经借了一辆车),而且随后又取得其所有权的,交付可以通过所谓的简易交付实施(Faber and Lurger(*-Petkov*),National Reports Ⅵ,chap. 5. 2)。

8. 在斯洛文尼亚,就通过当事人之间的协议完成交付的一般信息,参见上文第Ⅷ-2:103条注释7。具体来说,简易交付,受到物权法典第62条第(2)款(b)项的调整:在物权合意成立前,在受让人已经占有拟转让货物的,交付经通过协议完成。尽管这种协议不能被认为等同于实际处分,人们认为此时处分同时也构成交付(Berden et al.(*-Vrencur*),Novo Stvarno pravo(2002),72,76,Fn. 26;Juhart et al.(*-Tratnik*),SPZ s komentarjem(2004),art. 60,310)。在转让所有权的义务依据合同发生时才能发生简易交付(Faber and Lurger(*-Rudolf/Rijavec/Kerestes*),National Reports Ⅰ,562 et seq.)。

9. 在爱沙尼亚,依据物权法第92条第(2)款,当取得人已经占有拟转让的货物的,不需要另外的交付行为,而一项关于所有权转让的物权合意就够了。这一规则也适用转让所有权的债务不是依据合同发生的情形(Faber and Lurger(*-Kullerkupp*),National Reports Ⅰ,279)。

10. 在受让人已经占有货物时,比如在租赁人从出租人处购买租赁标的,立陶宛法也承认简易交付(民法典第6.361条)(Faber and Lurger(*-Mikelenas*),National Reports Ⅲ,chap. 5. 4. 2)。

11. 在西班牙,根据民法典第1463条,当所售货物已经为买受人以非所有人的资格占有的,动产的交付也可以根据让与人和受让人的合意本身而发生(民法典第1463条第2句)。该规定与传统的简易交付形式相关,通过名义的改变导致占有意图的变化;受让人不再作为为了他人直接占有的人占有,并开始作为所有人占有,而让与人全面失去间接占有(Faber and Lurger(*-González Pacanowska and Díez Soto*),National Reports Ⅴ,chap. 4. 4. 2(d))。

12. 在荷兰法,拟转让的货物已经为了让与人而在取得人手中的,也仅需通过协议即可发生交付(民法典第3:115条(b)项),据此持有人变成占有人(简易交付);如试用买卖时买方决定购买时就是这样。根据通说,尽管民法典第3:315条前面的词句似乎暗示交付完全只可以由占有人实施,但是这种交付形式也可以由持有人实施,此时类推适用该规定;与占有改定相反,甚至让与人不是占有人,而只是持有人时,这种交付也有效,而此时的占有不是转让而是授予(given)(参见HR 25 September 1953,NedJur 1954,190;Pitlo et al.,Goederenrecht,no. 237)。更具体来说,尽管持有人不占有物,并因此不能转让物的占有,民法典第 3:90 条第(1)款不要求占有的移转,只是要求"提供占有",也可以包括持有人只将对物的实际权利授予其他人;此时,取得人通过占据而不是转让而取得占有。换句话说,持有人对物的权利的事实上的移交可以满足民法典第 3:90 条第(1)款的要件。作为结果,尽管对于持有人来说,似乎不可以进行拟制交付(*traditio ficta*),但从取得人取得对物的事实上权利的意义上,持有人的确可以以与简易(或者长手)交付相类似的方式"授予"占有;另外,占有改定却不行,因为事实上的控制还在占有人手中(*Van Vliet*,Transfer of movables,147)。简易交付不仅在履行转让所有权的基础性合同关系时是可能的,在原因(*causa*)是非合同性,比如,受让人在买卖合同关系解除后返还在受让人手中的货物时,也是可以简易交付的(Faber and Lurger(*-Salomons*),National Reports Ⅵ,chap. 2. 3. 2(b) and 5. 4. 2(a))。就荷兰法上无手交付(*traditio sine manu*)的类似概念,参见第Ⅷ-2:103 条注释 11。

13. 在比利时,简易交付一语是指,合意的占有移转的形式,此时,一个单纯的持有人取得了所持有财产的占有,比如,所出租的汽车卖给承租人的。此时,取得人已经拥有对拟转让货物的物理控制,而且货物的物理状态没有任何改变的情况下单凭协议取得货物的占有。因此,如果买受人已经以其他资格拥有对物的控制的,在转换成占有时交付发生;证明这种转换的名义很重要(Dirix(-Christiaens),Bijzondere overeenkomsten, arts. 1605 – 1607, nos. 20 f)。因为开始是他主(*pro alieno*)占有的人推定其继续以这种方式占有(民法典第 2231 条)。这么取得的占有享有民法典第 1141 条的保护(Faber and Lurger(*-Cauffman and Sagaert*),National Reports Ⅳ,chap. 3. 3 and 9. 5. 3(c))。

14. 葡萄牙的学说认为民法典第 1263 条规定的交付概念也包括简易交付(*Pires de Lima and Antunes Varela*,Código Civil Anotado Ⅲ², art. 1263 no. 8;Faber and Lurger(*-Caramelo-Gomes and Nóbrega*),National Reports Ⅳ,chap. 2. 4. 2)。

15. 在意大利,尽管交付,不管是物理交付还是拟制交付,都不是作为所有权转让的手段,但是其出现于占有移转的语境。如果占有拟移转的对象已经对货物进行了物理控制(detenzione),则移转不是以有形的方式,而是(之前)持有人和(自此)占有人的心素的改变。这种转让,以简易交付而知名,发生于诸如租赁人从出租人处购买租赁物,或者所有权保留时,控制所售货物的买方支付了最后一期价款并同时取得货物的所有权的情形(Faber and Lurger(*-Greco*),National Reports Ⅰ,392)。

16. 保加利亚法也承认所谓的简易交付,简易交付通过将持有转换成占有实现。在取得人已经作为持有人拥有对拟转让的货物的物理控制,并随后依据转让所有权的法律行为取得该物的所有权的,可以发生简易交付,比如租赁人取得租赁财产的所有权的。关于简易交付的协议隐含于转让所有权的协议之中(Faber and Lurger(*-Stoimenov*),National Reports Ⅳ,47;Venedikov, Novo veshtno pravo,chap. 2. 3. 6)。

17. 在英格兰法中,可以在赠与意思之前交付(delivery can precede the words of gift)(*Re Cole* [1964] Ch 175 at p 191 per Pearson LJ),这意味着,当预期的受赠人已经占有动产的,只需要完成赠与的意图就可以使赠与生效(*Re Stoneham* [1919] 1 Ch 149;Faber and Lurger(*-Frisby and Jones*),National Reports Ⅱ,77)。

18. 在爱尔兰法中,如果被交付人作为交付人的保管人已经实际占有的,交付人可以同意保管人自此以其自己的权利持有财产,而这会产生推定交付(*Pascoe v. Turner* [1979] 2 All ER

945)。被交付人只是事实上占有,而交付人同意变成法律上的占有,推定交付也可以以同样的方式发生,比如在 *Winter v. Winter*([1861] 4 LT 639)一案,当驳船的所有人告诉他的作为雇员在驳船上工作的儿子,驳船是他的了,这被视为一项有效的赠与(Faber and Lurger(*-Gardiner*),National Reports Ⅱ,185 et seq.)。

19. 在塞浦路斯,由于核心规则是所有权在当事人意欲的时间移转(19994年货物买卖法第19条),在财产已经在买方手中的,约定所有权仅凭买卖双方当事人之间的协议发生移转是可能的(Faber and Lurger(*-Laulhé Shaelou/Stylianou/Anastasiou*),National Reports Ⅱ,540)。

20. 苏格兰法看起来承认大致与罗马法简易交付概念相当的交付模式(*Carey Miller and Irvine*,Corporeal Movables², para 8.21),但是将其涵摄于范围更广的推定交付的类型之下(Faber and Lurger(*-Carey Miller/Combe/Steven/Wortley*),National Reports Ⅱ,364,就苏格兰法中推定交付,参见第Ⅷ-2:104条注释20)。

21. 在北欧法律制度中没有对于这个问题的规定;在学说中有解决方案。在挪威和瑞典的法律制度中,受让人已经实现对财产的占有的,对于财产更优的权利以及对抗让与人的债权人在合同订立时就已经实现(就挪威:*Berg*, Rettsvern for Lausoyerkjop, Jussens Venner, 18; Faber and Lurger(*-Fœrstad*),National Reports Ⅴ, chap. 8.2.3(b);就瑞典:*Håstad*, Sakrätt⁶, 221)。这从在这种场合下已经具备关键的交付要件的这一事实中可以推断出来。

22. 在丹麦也可以得出同样的结果,但是出发点是另一个根据。就与让与人破产时卖方的保护有关规则来说,不利用交付原则。就特定物的买卖来说,优先性在合同订立时就已经实现,而货物的交付一般只具有证明合同已经成立的功能(Mortensen, Indledning til tingsretten, 208 et seq., 221 et seq.; *Elmer and Skovby*, Ejendomsretten I⁴, 20 et seq., 61 et seq.)。

23. 在芬兰就买方可以对抗卖方债权人来说,也适用合意规则,买方将在合同订立时起受到保护。但是,可以假定,转让所有权的债务不是依据合同发生的情形,不适用简易交付规则(Faber and Lurger(*-Kuusinen*),National Reports Ⅴ, chap. 5.5)。

Ⅱ. 标的为第三人物理控制之时的交付

24. 在奥地利,通过指示占有拟转让货物的第三人进行的交付(占有指示(Besitzanweisung))民法典中没有规定;但是其为学说认可而且也可以从民法典第428条推出或者类推民法典第427条得出(*Iro*, Besitzerwerb, 84 et seq.; Klang(*-Bydlinski*), ABGB Ⅳ(2)², 659 ff; *Koziol and Welser*, Bürgerliches Recht I¹³, 268 et seq.)。在指示交付时,货物既不在让与人也不在受让人处,而是在第三人的手中,比如仓储人或者租赁人手中。通过指示持有人自此(或者从指定的更晚的时间点)为取得人占有,让与人实施了所有权转让,因为让与人已经和持有人及受让人都成立了一项法律关系;不过,法院已经裁决只要受让人将指示告知第三方也就足够了(OGH 6 Ob 632/91, ecolex 1992, 768)。是否第三人必须同意转让,尤其有争议。现在的通说确认这种同意是没有必要的,因为转让不影响持有人的地位;根据债权让与的一般规定,持有人可以针对受让人行使其可以对让与人行使的一切权利(民法典第1401条第(1)款;参见 Klang(*-Bydlinski*), ABGB Ⅳ(2)², 657 et seq.; Koziol and Welser, loc. cit., 268 et seq.; Rummel(*-Spielbüchler*), ABGB I³, § 428 no. 4; *Spielbüchler*, Der Dritte im Schuldverhältnis, 136 et seq.; *Frotz*, Kreditsicherungsrecht, 68 et seq.)。不过,如果第三方将不得不在交付后依据不同的条件持有的,有承认第三人同意是转让有效的必要条件的趋势(*Koziol and Welser*, loc. cit., 269)。在奥地利法中,就所有权转让来说,不认为仅仅转让让与人要求持有货物的第三人返还的债权就够了。物权的返还请求权的转让也不够,因为从物权产生的请求权只能随同相关的物权转让(Kletecka and Schauer(*-Mader*),ABGB,§427,no.8;Koziol and Welser,loc.cit.,269)。通过指示进行的交付在下述情形下可以发生:比如A将自己之前借给B的书卖给C;再如由通常是银行的第三方融资的买卖(第三方融资的买卖(drittfinanzierter Kauf)),可予以考虑(Faber and Lurger(*-Faber*),National Reports Ⅰ,96 et seq.)。另外,奥地利学说中就一个特殊的情形存在争议,也就是在权利转让或者法定让与(*cessio legis*)中,是否需要交付(参见*Faber*,loc.cit.,102 et seq.)。更具体来说,所有人可能想转让被保留的所有权(比如所有人根据所有权保留出售而后将所有权转让给为买方融资的银行);这可以通过将对价款的权利让与(民法典第1393条及以下)或者根据民法典第1422条的法定让与实现。奥地利最高法院已经在一系列判决中确认这些案件中被保留的所有权的转让不需要交付行为,而是仅凭当事人的协议或者法律规定的效力就得以完成;而另一方面学说上则坚持需要必要的交付,理想的形式是指示交付,从而满足公示的要件(*Koziol and Welser*,loc.cit.,415)。相关的讨论也涉及质权转让的问题(*Koziol and Welser*,loc.cit.,387 et seq.)。

25.在德国,不是财产的直接占有人或者不具备任何占有形式的所有人,并不能因而转让对物的实际控制,但是依据民法典第931条(长手交付(*traditio longa manu*)),仍然可以转让要求直接占有人交付的权利;根据同一规定,如果所有人失去占有,其甚至可以让与将来的或者附条件的交付请求权。这种交付模式的主要好处在于,首先,使得财产在被授权占有的中间人手中时,可以进行所有权转让,而且其次在于,在受让人希望将财产留在同一直接占有人(比如租赁人)手中时,消除多重占有移转的必要。《民法典》第931条规定了所有人可以转让交付的权利的两种情形:(a)当让与人也是间接占有人的以及(b)当所有人根本就不再有任何占有而只有返还请求权的。在第一种情形,只要当事人没有排除这种可能性,所有人和间接占有人可以让与基于占有媒介关系产生的返还请求权,从而依据民法典第870条有效转让间接占有(民法典第399条第2种情形;BGH NJW 1959,1538;BGH NJW 1979,2037;就当事人的权利有怀疑排除可转让性,*Brehm and Berger*,Sachenrecht[2],no.27.47)。返还请求权让与适用民法典第398条及以下关于债权让与的一般规则,可以是默示的约定,而且也不需要通知直接占有人;后者的法律地位不受让与的影响。第二种情形涉及所有人丧失对拟转让财产占有,甚至于是间接占有的情形;在这些情形,由于没有来自于占有媒介关系的权利可以用来转让,因此取决于具体情形,所转让的权利,来自于不当得利(民法典第812条及以下)、侵权责任法(民法典第823条及以下)或者不法占有(民法典第861条)。另外,基于所有权的返还请求权(物权返还请求权的让与(Vindikationszession)),原则上不是一种够格的所有权转让方式,只有在没有债权且财产无人占有(比如沉船的情形)时,才能作为所有权转让的补充形式(*Avenarius*,JZ 1994,511,512)。这是因为事实上物权返还请求权被视为物权的不可分的一部分,包含在物权协议之中,因此不能构成独立的所有权转让形式;作为一种所有权转让形式予以承认,将构成对交付原则的进一步的例外(*Baur and Stürner*,Sachenrecht[17],§51 no.38;*Brehm and Berger*,loc.cit.,no.27.46)。最后,学说确认了涵摄于民法典第931条的另外一种形式:让与人和至此为止的间接占有人可以指示直接占有人为了受让人的利益而持有货物,而不是让与对直接占有人的请求权(Faber and Lurger(*-McGuire*),National Reports Ⅲ,chap.5.4.3(b)(v))。在德国,便利和合理化现代商业交易的需要,导致了乍看起来与长手交付(*longa manu traditio*)具有一定类似性的新的等同交付行为的创设,但是就其实质与长手交付大相径庭。在诸如从生产商到最后消费者手中的情形,由于有许多中间人(批发商、零售商等等)需要许多交付,从而产生交付链,为了避免此时发生问题,以及能够直接交付,学说和判例发展了"指示取得(*Geheißerwerb*)"以及"被指示人(*Geheißperson*)"的概念,根据让与人或者受让人的指示,让与所有权相应地由被指示人实施或者向其实施,该人不是双方任何一方的(占有中间人(Besitzmittler)),但是依然根据让与人的指示行事,并且将货物交付给受让人(真正的指示取得(*echter Geheißerwerb*):BGHZ 36,56,60),或者根据受让人的指示将货物交给第三人(交付给被指名人(*Übergabe an den Benannten*):BGH NJW 1973,141;BGH NJW 1999,425;就连环交付(*Streckengschäfte*),参见 BGH NJW 1986,1166)。另一个例子可能是拾得人(finder)没有将拾得的财产交给失主,而是交给同时买得财产的人。指示得到遵循的事实表明指示人可以行使对财产的实际控制(*Baur and Stürner*, loc. cit., § 51 no. 17;*Brehm and Berger*, loc. cit., nos. 26.12 et seq., 27.22 et seq.; *Wolf*, Sachenrecht[22], nos. 539 f; Faber and Lurger(*-McGuire*), National Reports Ⅲ, chap. 4.4.2, 5.4.3(b)(ⅰ) and 7.1)。

26. 在希腊,当货物在第三人的手中的,所有权通过对第三人指示((*εκταξη νομη ς*),第977条后半句)移转,或者与德国不同,通过物权请求权的转让移转(民法典第1035条)(两种形式,参见 Faber and Lurger(*-Klaoudatou*), National Reports Ⅲ, chap. 2.3.2(d) and 5.4.2(f))。在第一种情形,拟转让财产基于某种法律关系(比如基于租赁、保管协议等)而在第三人手中的,根据让与人和受让人之间关于第三人自此为受让人持有财产的协议,占有(及所有权)发生移转。为了使指示交付发生效力,第三人有必要根据某种法律关系的效力持有财产,这种法律关系可以基于债法或者物权法发生。受让人在与让与人达成协议时取得占有,但是这种协议的生效在第三人得到通知时才可以对抗第三人(A. P. 117/1955, NoB 3,445;A. P. 1845/1983, EEN 51,872)。通知不是占有移转的要件,但是是占有移转效力对抗目前的持有人的要件;在通知之前,后者可以通过将财产交给让与人而解除相应的义务,但是通知之后,则必须在基础法律关系结束后交给受让人。人们认为,让与人通过单方意思表示通知第三人,但是受让人如果作为让与人授权的代理人行事时,也可以通知(*Georgiades*, Empragmato Dikaio I, § 18 no. 25 et seq.)。就物权请求权转让来说,依据民法典第1035条的明确规定,既不占有也不持有财产的所有人(比如货物被偷或者遗失),可以通过将基于所有权的返还请求权让与给受让人而转让所有权(A. P. 1136/2000, EllDik 2001,1350;CA Athens 464/2005, EllDik 2005,1524)。本规定的目的是:在所有人失去了对财产行使物理控制的一切可能性,但是依然保持物权返还请求权并有处分货物的权利时,便利所有权的转让。通过这种等同交付行为法律放弃了公示性要件;这就是为什么物权返还请求权的转让只适合于所有权的让与,而不适合于占有的移转(*Georgiades*, loc. cit., § 18 nos. 19,30)的原因,以及为什么民法典第1035条需要明确对此进行规定,而其他等同交付行为只需要适用《民法典》关于占有移转的规定(民法典第976~978条)的原因。物权返还请求权必须以实体法,而不是从程序法的意义来理解,因为程序法上的诉权不能独立于其所涉及的权利进行转让。物权返还请求权的转让可以明示或者默示订立,而且原则上不需要通知第三方持有人(很可能不知道是谁);但是,如果知道持有人是谁,建议进行通知,因为这会最大限度地实现取得人的利益和权利(Georgiades, loc. cit., § 18 nos. 31 ff)。通过指示第三方持有人的所有权转让以及通过转让物权返还请求权进行的转让,必须相互明确区别:(a)前者所有人只是欠缺对货物的持有,而后者所有人占有也欠缺;(b)在前者,所有人转让的从相应的法律关系产生的返还财产的债务,而后者所有人转让的是物权法上的权利(物权返还请求权);(c)前者需通知第三方持有人,而后者不需要(*Georgiades*, loc. cit., § 18 no. 37)。

27. 在匈牙利法中,长手交付(*longa manu traditio*)指,仅因为让与人放弃占有,而不需要意欲的取得人实际占有的情形(Faber and Lurger(*-Szilágyi*),National Reports Ⅲ,chap. 5.4.2(a))。另一种转让在第三人手中的货物的所有权的形式是返还请求权让与(*cessio vindicationis*),此时返还货物的权利自此被所有人转让给取得人(*Szilágyi*,loc. cit.)。

28. 在斯洛伐克,交付可以通过有义务交付委托物(consignment)的第三方履行(Faber and Lurger(*-Petkov*),National Reports Ⅵ,chap. 5.2)。

29. 在瑞士,如果拟转让的货物在对让与人的权利没有异议的第三人手中(ATF 132 Ⅲ 155; Rey,Grundlagen[3],no. 1730),可以通过占有的授予完成所有权的转让,也就是让与人只是导致取得人取得由第三人直接占有的物的间接占有,比如,拟转让的汽车现在在车间维修(民法典第924条第(1)款)(ATF 112 Ⅱ 444; *Steinauer*,Les droits réels Ⅰ[4],nos. 271 f; *Schmid and Hürlimann-Kaup*,Sachenrecht[2],nos. 163 f;Faber and Lurger(*-Foëx and Marchand*),National Reports Ⅵ,chap. 2.3.2 and 5.4.10)。必须将转让通知第三人,货物自此为取得人持有;通常来说必须让与人通知,但是受让人也被认为可以代表让与人进行通知(ATF 72 Ⅱ 351;*Steinauer*,Les droits réels Ⅰ[4],nos. 277)。不需要第三方同意,且在有关协议订立时让与就生效(*Steinauer*,loc. cit.,nos. 276; *Rey*,Grundlagen,no. 1730)。不过,如果不通知,第三人仍然为让与人持有动产,并可以有效地将其返还给让与人(民法典第924条第(2)款)(ATF 121 Ⅲ 85;RFJ 2003 244/250;ATF 112 Ⅱ 406; ATF 93 Ⅱ 461)。另外,对让与人可以行使的用来拒绝动产的返还的一切救济,第三人都可以用来对抗受让人(民法典第923条第(3)款),比如,留置权;不过,让与人与第三人的合同关系是否作为一个整体用来对抗受让人,对此存在争议,因为这会构成对合同相对性原则的破坏。(*Steinauer*,loc. cit.,nos. 280a; *Stark*,Berner Kommentar Ⅳ.3.1[3],art. 924,no. 37;Rey,loc. cit.,no. 1731a)。

30. 在斯洛文尼亚,关于以当事人之间的协议进行交付的一般信息参见第Ⅷ-2:103条注释7。长手交付(*longa manu traditio*)由物权法典第60条第(2)款调整,该款规定,拟转让的财产为第三人占有而不为让与人直接占有的,后者将间接占有转让给受让人(Faber and Lurger(*-Rudolf/Rijavec/Kerestes*),National Reports Ⅰ,565 et seq.)。这种交付通过对第三人进行相关交付后生效,所有权不在让与人和受让人订立协议时而是在通知时生效,因为通知确保了公示;谁进行通知都没有关系,只要第三人得到转让的信息即可(Berden *et al.*(*-Vrencur*),Novo Stvarno pravo(2002),74;Juhart et al.(*-Tratnik*),SPZ s komentarjem(2004),art. 60,312)。第三人有权对受让人以及让与人行使基于间接占有的关系产生的一切权利,因为受让人成为了这个关系的当事人;因此,第三人对于受让人享有有留置权(债法第261条)或者法定质权(债法第647条)(*Vrencur*,loc. cit.,74;*Tratnik*,loc. cit.,art. 60,312)。只有拟转让的货物已经特定化时才能长手交付(*Tratnik*,loc. cit.,art. 7,82)。

31. 在爱沙尼亚,在让与人之外的他人手中的货物的转让,受到物权法第93条的调整,根据该条,让与人可以向受让人让与从第三人处获得交付的权利,以取代现实交付。这种让与也授予所有权,因为受让人取得了对物的间接占有(*Pärna*,Asjaõigusseadus, § 93 no. 1,p 189);不过,这种转让在货物遗失或者被偷也是可以的,因为返还动产的任何权利都可以转让,包括对于不法占有人或者拾得人(finder)主张的物权返还请求权,甚至于让与人对货物在何处一无所知也可以转让(*Pärna*,Asjaõigusseadus, § 93 no. 3,189 et seq.)。让与必须遵循债法的规则(债法第164条等);需要通知第三人,由于这种通知只影响第三人就其应当向谁履行的问题,所有权在物权合意和债权让与之时移转,这两者通常是同时发生;也有可能约定一定的条件(比如所有权保留),但是不能溯及地转让所有权。第三方持有人的利益受到让与规则的保护:第三人可以有效地将货物交给让与人,并可以对新所有人行使让与之时其可以对让与人行使的一切抗辩(债法第 171 条第(1)款)。如果第三人就动产招致费用,在费用招致时拥有动产的人有责任偿还该费用(SC 20 December 2005,No. 3-2-1-136-05);第三人可以通过类推被赋予针对新所有人的留置权。返还动产权利的让与人本质上与交付单据转让所有权类似,尽管后者应当随同货物进行交付,因为没有单据就不能行使对货物的权利。另外,不特定物需要特定化。有困难的是公示性欠缺,尽管学说中很少提出这个问题(Faber and Lurger(*-Kullerkupp*),National Reports Ⅰ,279 et seq.)。

32. 在立陶宛,拟转让的货物在第三人手上的,也可以转让所有权,比如,被出租的物在出租人占有时(民法典第 6.494 条)被转让给租赁人以外的人的(长手交付(longa manu delivery))(Faber and Lurger(*-Mikelenas*),National Reports Ⅲ,chap. 5.4.2)。

33. 在西班牙,就民法典所规定的交付形式以外的其他形式的认可问题,见第Ⅷ-2:103 条注释 10。如果货物在第三人手中,所有权的转让要么被理解为单据交付,要么被理解为单凭协议的转让;对于动产返还请求权的让与没有特别的规则,而协议也无须通知第三方持有人。从让与人处转让到受让人的实际上是间接占有,而对第三方持有人的后果来说,受到其法律地位的影响:如果是物权,比如用益权,则取得人必须尊重既存的限制物权;如果是债权,则适用关于债权让与和债务承担的一般规定,而租赁合同则按特别规定(民法典第 1571 条)处理(Faber and Lurger(*-González Pacanowska and Díez Soto*),National Reports Ⅴ,chap. 4.4.2(c))。

34. 在荷兰法,长手交付(*traditio longa manu*)一语(民法典第 3:115 条(c)项)指这样的情形:拟转让的货物在为让与人持有货物的第三人手中,并且交付后,第三人自此为接受人持有(长手交付的术语不是按照传统上被赋予的含义使用的;参见 *Van Vliet*,Transfer of movables,142 et seq.)。第三方持有人同意与否无关紧要,而且除了长手交付的生效,以其为第三人所知或由让与人或者取得人通知第三人为必要外,第三人不得妨碍转让。根据通知,即使其不同意,第三人也成为为受让人而持有的人,但是受让人针对让与人的合同权利得到承认。通知并不需要具备特定形式要件;任何形式都可以(参见民法典第 3:37 条),只要第三方持有人得到关于特定财产的物权关系的变化以及其自此事实上为取得人持有的适当和全面的通知即可(*Pitlo et al.*,Goederenrecht[12],238)。通知要件意味着,只在第三人被适当通知时,而不是在当事人达成协议时发生转让(Faber and Lurger(*-Salomons*),National Reports Ⅵ,chap. 2.3.2(b) and 5.4.2(a))。就像简易交付一样,长手交付也可以由持有人实施;这一点已经得到荷兰最高法院的确认(HR 1 May 1987,NedJur 1988,852(IBM);HR 18 September 1987,NedJur 1988,983(*Berg/De Bary*);*Salomons*,loc. cit.,chap. 2.3.2(b) and 5.4.2.8a))。转让在第三人手中的货物的所有权的另一种方式是,依据民法典第 3:95 条通过契据(deed)交付;与长手交付的区别在于这个事实:让与人事实上不控制货物,甚至于间接对拟转让的货物的控制都没有,比如由于货物已经被盗。此时,所有人原则不可以将占有移转给他人,因为所有的交付的形式都涉及某种形式的占有的转让。为了满足此时能够转让占有的实际需要,比如转让给在盗窃时已经赔付的保险公司,民法典第 3:95 条使得所有人可以仅通过起草体现物权合意的契据完成所有权的转让(*Van Vliet*,Transfer of movables,140)。通过契据进行交付也被视为转让将来货物合适的方式(*Salomons*,loc. cit.,chap. 5.4.2)。

35. 在法国,当第三人占有时,可以通过指示持有人自此为新占有人占有而进行货物的转让;此时,唯一改变的是心素(animus),而体素(corpus)保持不变(Faber and Lurger(*-Cashin-*

Ritaine),National Reports Ⅳ,chap. 2. 3)。

36. 在比利时,当拟转让的货物在取得人和让与人之外的第三人手中的,也可以通过长手交付的方式转让占有:第三人继续对货物物理控制的同时,让与人将占有转让给取得人,因此货物的物理状态没有发生变化(Faber and Lurger(*-Cauffman and Sagaert*),National Reports Ⅳ,chap. 3. 3.)。

37. 在葡萄牙民法典中,占有改定(*constitutum possessorium*)的概念也包括货物在第三人手中时转让占有的情形。民法典第 1246 条第(2)款规定不管第三人是否继续持有货物,都可以进行在第三人控制下的货物的转让。

38. 类似地,在意大利法中,货物在第三人手中时的占有转让的情形被视为占有改定(*constitutum possessorium*)的另一种类型(也请参见上文第Ⅷ－2:103 条注释 15)。如果被转让的货物由第三人保持控制,从第三人得到转让的通知时起,其自此为受让人占有,受让人因此取得间接占有。注意到占有改定协议独立于诸如基础性买卖合同这一点很重要,这意味着即使买卖协议无效,也发生买方取得占有的结果。因此占有改定是一种事实,不是仅依据当事人的协议,而是在货物处于取得人控制之下时生效,即使是通过另外的人取得控制(Faber and Lurger(*-Greco*),National Reports Ⅰ,392 et seq.)。

39. 英格兰法中推定交付的形式之一是转让的承认(attornment),此时在转让的整个过程中,第三人作为卖方保管人行使对拟转让货物的物理控制,并承认转让给买方,也就是根据卖方的相应的指示,承认自此为买方持有货物(Faber and Lurger(*-Frisby and Jones*),National Reports Ⅱ,28)。涵摄于转让的承认之下的有各种不同的行为,而且其均涉及对于买方某种形式的通知(cf. *Laurie and Morewood v. Dudin and Sons* [1926] 1 KB 223 at 237 per Scrutton LJ)。

40. 爱尔兰法中推定交付也包含这样的情形:货物由第三人作为交付人的保管人(比如,仓储人),而且在交付人同意时,第三人对被交付人承认转让(attorns to the deliveree),也就是承认自此为被交付人持有货物。被交付人因此取得推定占有(Faber and Lurger(*-Gardiner*),National Reports Ⅱ,185)。

41. 在塞浦路斯,1994 年货物买卖法第 36 条第(3)款规定,如果买卖时货物为第三人占有,直到并除非第三人通知买方第三人将自此为买方持有货物,才发生从卖方到买方的交付。该规定不影响就货物的任何权利证书的转让(参见 Faber and Lurger(*-Laulhé Shaelou/Stylianou/Anastasiou*),National Reports Ⅱ,535,540)。

42. 在瑞典,货物在第三方占有人手中时,受让人何时可以对抗让与人的债权人的问题,法律没有明确规定。但是,从本票法(Promissory Notes Act)可以得到某些启示,该法第 31 条规定,此时必须通知(denuntiation)债务人才能对抗让与人的债权人。根据法院的判例,在没有直接的法律依据的情况下,该通知要件被扩张适用到货物为第三人占有的情形(NJA 1971 s 66 and NJA 1972 s 512)。不过,不确定的是,这些判例进行这种一般化解释的范围有多大(*Göransson*,Traditionsprincipen,382 et seq.)。其他人声称这种通知当然可以被用来转让为第三人占有的财产;通知可以双方当事人任何一方作出(*Hessler*,Allmän sakrätt,101,241; *Håstad*,Sakrätt[6],229 et seq.)。

43. 在挪威,此时受让人是否可以对抗让与人债权人的问题法律上没有规定,但是在法律学说中进行了某种程度的讨论。伯格(*Berg*)提出罗马法的"长手交付"规则可以适用于这种情形(*Berg*,Rettsvern for Lausoyerkjop,Jussens Venner,18)。根据对动产的担保权利的比较,利雷霍尔特(*Lilleholt*)认为,此时保护不应当从合同订立时获得,而是从第三人得到通知时获得(*Lilleholt*,

Godtruerverv og kreditorvern,190;cf. also Faber and Lurger(*-Færstad*),National Reports Ⅴ,chap. 8.2.3(b))。

44. 长手交付或者通过通知进行交付据称也在芬兰法中存在。尽管宣称一般货物的买方通常在合同订立时可以对抗卖方的债权人(参见第Ⅷ-2:103条注释24),但是,在货物处于第三人手中的,受让人只有在通知后才可以对抗让与人的债权人和其他继受人(successors)(Faber and Lurger(*-Kuusinen*),National Reports Ⅴ,chap. 5.4.8)。

45. 丹麦的一般规则是,对抗卖方债权人的目的在合同订立时就已经实现(参见第Ⅷ-2:103条注释23)。

Ⅲ. 通过标志、象征或者控制手段进行交付

46. 在奥地利,民法典第427条规定,当现实交付不可能或者不合理的,可以通过标志进行交付;这种交付形式也以象征性交付而知名。象征性交付具有从属性:只有在现实交付不可能或者不合理时,才可以进行。拟转让的货物体积、重量、位置或者数目妨碍了现实交付的,就属于这种情形,比如转让若干集合物的(如一个图书馆所有的图书或者一个办公室的装备)或者诸多货物被储存而且分别转让每一个货物在经济上不合理;其他的例子包括大而重的机器或者货物储存在遥远的或者不知名的(unknown)地点。具体就小汽车来说,法院(e. g. OGH 3 Ob 933/28,SZ 10/266;OGH 3 Ob 29/70,EvBl 1970/374;OGH 3 Ob 116/84,SZ 58/1)判决不能进行象征性交付,因为实际交付小汽车完全可行(Faber and Lurger(*-Faber*),National Reports Ⅰ,88 f;其他例子参见 Kletecka and Schauer(*-Mader*),ABGB § 427,nos. 2 f;Rummel(*-Spielbüchler*),ABGB I^3, § 427 no. 3;就储存于仓库的货物上,以象征性交付设定担保权利的参见 Migsch,FSWelser,711)。奥地利法也承认占有改定(*constitutum possessorium*)可以作为所有权转让方式的事实,弱化了象征性交付的从属性(参见第Ⅷ-2:103条注释1)。因此,即使不允许象征性交付,也可以通过占有改定的手段实施转让,而占有改定不需要实际交付不可行;但就担保物权的创设,从属性仍然具有实践上的重要性,此时通过占有改定不足以创设。另外,尽管民法典第427条的字面暗示其也适用于债权,但是公认的是,其只适用于体现在指示证券或者无记名的证券之中的债权,比如汇票、支票以及存单(*Faber*,loc. cit. ,89;*Spielbüchler*,loc. cit. , § 427 no. 2)。作为实施手段的象征可以包括单据,比如权利证书(参见下文注释70)、当票(pawn tickets)、公权力机构发行的证书等等。象征也可以是受让人得以获得对货物排他性控制的工具(Werkzeuge),比如保险箱的钥匙或者密码(OGH 3 Ob 41/49,SZ 22/27;反对意见 *Spielbüchler*,loc. cit. , § 427 no. 5);从受让人的视角,让与人放弃对财产的接触至关重要,即使保留了对货物的某种接触的可能(比如,有第二套钥匙)(*Spielbüchler*,loc. cit. , § 427 no. 5,有进一步的文献)。最后,标志这一术语可以在狭义意义上使用,只要标志能被任何可能的利害关系人辨别,比如在货物打上有受让人姓名的标志,以及提及所有权为受让人取得的事实;根据较早的判例法(OGH 7 Ob 98,99/63,HS 4274),列清单或者其他名录是不够的。当标志置于仓库,学说和判例意见不一:有些学者主张将这种标志只贴在仓库的某些部分上不足以构成象征性交付,因为可能无法察觉这些标志;判例法则相反,支持相反的观点(*Spielbüchler*, loc. cit. , § 427 no. 6;OGH 12 Os 197/66,EvBl 1967/357;OGH 3 Ob 45/94,SZ 67/78;OGH 3 Ob 2442/96 f,ÖBA 1998,216)。就所有这些情形,最难和实际交付相区别的是利用工具进行的交付(*Faber*,loc. cit. ,90)。

47. 在德国,民法典第929条及以下的占有移转的本意是受让人取得占有;取得占有将根据民法典第854条及以下进行判断。利用象征(比如钥匙)进行转让的,只要存在民法典第854条

意义上的占有并且具备民法典第929条的要件,那么就可以认为足以转让(Faber and Lurger(*-McGuire*),National Reports Ⅲ,chap.5.4.3(b)(ⅵ))。另外,如果象征性交付没有导致一定程度的物理控制,则不成立交付(MünchKomm(*-Joost*),BGB[4],§ 854 no. 29;Staudinger(*-Wiegand*),BGB[13],§ 929 no. 65)。比如,法院判决认为,固定一个标志(CA Frankfurt BB 1976,573)或者受让人的雇员进行了短时间的测试性驾驶,如果财产随后仍在让与人管理的区域(CA Munich NJW 1970,667),则是不充分的;只是接触到机器,看了存货或者握手并宣称取得人获得控制,也不被视为实体化了占有(Faber and Lurger(*-McGuire*),National Reports Ⅲ,chap.2.3.2;Staudinger(*-Bund*),BGB[2007],§ 854 no. 39)。法律承认的纯粹象征性交付的唯一形式是所有权单据的转让;就通过流通证券进行的所有权转让,参见下文注释71。

48. 在希腊法,"象征性"或者"拟制交付(fictitious delivery)"一语,概指仅通过协议移转占有的形式,与实际的有形交付相对(*Georgiades*,ΕμπρΔ Ⅰ,§ 18 no. 10 Fn. 4)(就简易交付,参见注释13,就通过对第三人的指示并转让返还请求权进行的交付,参见第Ⅱ部分注释26,就占有改定,参见上文第Ⅷ-2:103条注释13)。民法典第976条第(2)款规定了所谓的(*παράδοση βραχεία χειρί*):当受让人处于可以在任何时间没有任何障碍地行使对财产的控制的状态时,则占有可以仅凭当事人的协议转让。临时性质的障碍不妨碍长手交付,也不需要在货物所在地点签订协议。发生这种形式的转让的要件如下:(a)让与人必须确实是占有人;(b)受让人必须确实有自由行使对财产的物理权利的可能;(c)必须有引起让与人放弃占有而受让人取得占有效果产生的协议。这种交付形式的范例包括,转让诸如停泊在岸边的船舶、留在户外的建筑材料、留在森林的一定数量的圆木等等(Faber and Lurger(*-Klaoudatou*),National Reports Ⅲ,chap.2.3.2(a))。另外,长手交付也可以通过象征手段交付,比如,让与人将放置财产的房屋或者箱子的唯一钥匙交给受让人的(*Georgiades*,ΕμπρΔ Ⅰ,§ 18 no. 12 ff)或者购买大批量钢铁的买方从卖方处取得付款收据的(Alexandroupolis Court of Misdemeanours 357/1991,Yperaspisi 1993,629)。提供实际接触货物并行使对货物物理控制的现实可能的手段交付时,成立象征性交付(Faber and Lurger(*-Klaoudatou*),National Reports Ⅲ,chap.5.4.2(c))。

49. 在瑞士,交付行使对财产控制的手段被视为有关货物的现实交付的一种形式(Faber and Lurger(*-Foëx and Marchand*),National Reports Ⅵ,chap.2.3.2)。象征性交付可以通过交付诸如钥匙一类的控制手段或者凭据进行(民法典第922条第(1)款)(ATF 80 II 235;ATF 89 II 314;Rey,Grundlagen,no. 1717),但是控制的变更必须足够显著(ATF 44 II 398)。通过控制手段进行的交付不被认为系其他交付形式的从属;但是,如果受让人只交付象征货物的部分部件,不成立交付(*Steinauer*,Les droits réels I[4],no. 254)。瑞士最高法院曾经裁定,当对物进行控制的手段不止一个时(比如有好几把钥匙),而让与人保留其中之一,不发生交付(ATF 80 II 235);但是,学说质疑这一裁决的正确性,理由是对周遭情况的评价也应当予以考虑(*Foëx and Marchand*,loc. cit.,chap.5.3.4)。提供接触货物的密码的问题在瑞士判例法中还没有处理过;不过,学说认为这一选项是可接受的转让所有权的方式,只要受让人能够根据自己的意愿修改这些密码(*Foëx and Marchand*,loc. cit.,chap.5.3.4)。

50. 在匈牙利,象征性交付(*traditio symbolica*)是指代替实际移转占有的行为,比如交钥匙或者汽车的权利证书或者在拟交付的物上设置标志(Faber and Lurger(*-Szilágyi*),National Reports Ⅲ,chap.5.4.2(b))。不过,最近的学说质疑象征性交付的存在;参见第Ⅷ-2:104条注释5。

51. 捷克法也承认象征性交付(*traditio symbolica*),此时让与人仅以象征性方式交付物

(*Svestka/Jehlicka/Skárová*,OZ[9],464;Faber and Lurger(*-Tichy*),National Reports Ⅵ,chap. 5.6.2)。

52. 在斯洛伐克,可以通过交付拟转让物的能够对物予以实际控制的从物,来进行交付,比如交付汽车钥匙(R 17/1986;Faber and Lurger(*-Petkov*),National Reports Ⅵ,chap. 5.2)。

53. 在斯洛文尼亚,根据物权法典第60条第(2)款,通过交付授权取得人处分动产的文件、交付动产的一部分或者组件(比如钥匙)或者分离或者个性化拟转让动产,实现象征性交付(*traditio symbolica*)。与现实交付相对,象征性交付不是取得占有的从属性方式,而是实际交付的一种特殊形式(Juhart/Tratnik/Vrencur(*-Tratnik*),Stvarno pravo(2007),234;Juhart et al.(*-Tratnik*),SPZ s komentarjem[2004],art. 60,309)。就第一种形式来说,法律没有指定什么样的文件可以有效转让所有权,因此,有人认为其是指那些使让与人能够作为所有人处分货物的文件,尽管什么程度的所有权文件可以实现交付是有疑问的(Faber and Lurger(*-Rudolf/Rijavec/Kerestes*),National Reports Ⅰ,560 et seq.)。提单或者提货单(Faber and Lurger(*-Rudolf/Rijavec/Kerestes*),National Reports Ⅰ,560 et seq.),或者甚至电子形式的单据都可以是这种所有权文件(*Rudolf/Rijavec/Kerestes*,loc. cit.,561);或者,根据当事人相关的协议,通过单据进行交付也被认为构成返还请求权让与(*cessio vindicationis*)这种形式的象征性交付(Berden et al.(*-Vrencur*),Novo Stvarno pravo(2002),74)。就第二种形态,交付的是货物的哪一部分不重要,但是这些部件的交付要能够转让对动产的控制(Juhart et al.(*-Tratnik*),SPZ s komentarjem(2004),art. 60,309);也有认为让与人必须转让对货物的全部控制,比如,交付全部的汽车钥匙(*Rudolf/Rijavec/Kerestes*,loc. cit.,559)。就第三种形态(分离/个性化)来说,应该根据一般的观念来判断货物是否已经为了转让而分离或者个性化;不需要让与人进行这些行为或者通知他方当事人(*Rudolf/Rijavec/Kerestes*,loc. cit.,560);在受让人能够完全行使对货物的控制时,视为已经完成转让(Juhart et al.(*-Tratnik*),SPZ s komentarjem(2004),art. 60,309)。最后还可以提一下,根据物权法典第62条,交付可以由代理人实施,代理人可以是让与人、受让人或者让与人及受让人双方的代理人((Juhart/Tratnik/Vrencur(*-Tratnik*),Stvarno pravo(2007),234;参见第Ⅷ-2:102条注释9)。

54. 在爱沙尼亚,除了实际交付到取得人手中外,物权法第36条第(1)款后半句规定,在取得人获得得以行使对货物的实际控制的手段的实际控制的,也可以移转占有;最为典型的例子是交付汽车钥匙(*Pärna*,Asjaõigusseadus,§ 92 no. 3,p. 180)。关于有关控制手段可适用性或者详情,没有具体要求;其实真正重要的是,实际控制在有以及没有这种手段时是否可能,因此,比如汽车钥匙可以作为这种手段,但是汽车行驶证则不是。另一方面,只要有关的部分不授予对物的控制权力,规定不涉及仅象征拟转让货物的一部分。转让的时间根据一般标准来判断,也就是让与人全面放弃占有,而受让人能够对货物进行控制之时;这意味着,比如在有多个控制手段时(比如不止一把钥匙),让与人必须将其全部转让(cf. *Pärna*,loc. cit.,§ 36 no. 2,p. 50),密码何时有资格作为这种控制手段并不清楚,因为物权法调整对物的权利,而不仅仅是信息。无论如何,在货物对一切人均属可得时(开放型占有),但是让与人已经表明放弃占有的意图或者只是允许受让人取得货物占有,而没有采取进一步行为的,交付也可以得到确认;这一点从物权法第36条第(2)款中可以推出。另一方面仅通过标注进行转让,不足以构成等同交付,因为其并不一定给予了受让人控制权,因此其有时候只能作为一项表征,比如在通过让与人许可移转占有的情形(Faber and Lurger(*-Kullerkupp*),National Reports Ⅰ,277 et seq.)。

55. 立陶宛民法典将象征性交付与移转占有的手段相联系,因为民法典第4:28条第5项规定,在受让人取得放置拟转让货物的房屋钥匙时,占有发生移转(Faber and Lurger(*-Mikelenas*),

National Reports Ⅲ,chap. 2.4)。

56. 在西班牙法中,交付诸如汽车等转让物的钥匙,甚至于让与人还保留一把时(*Lacruz Berdejo and Rivero Hernández*,Elementos Ⅱ(1),186),或者交付货物被储存的房屋的钥匙的,应当作为现实(real)交付的一种形式看待,前提是这些钥匙的给予是为了授予让与人对货物排他的控制,而且受让人确实做到了(TS 7 February 1994,RJ 916);当受让人被给予接触货物的信息,如保险箱的密码时,同时确实被授予了任意去接触货物的能力时,也作同样处理(*Morales Moreno*,Posesión,241)。通过这种手段进行的交付不是从属性的;重要的是受让人根据社会观念取得了占有,并且能够作为合法的所有人利用物。交付对货物的控制手段时,依据立法、习惯或者诚信可以伴随证书的交付,这种证书使得实际占有成为可能(民法典第1258条),比如,汽车的流通许可(the circulation permit)(*Rubio Garrido*,Contrato de compraventa y transmisión de la propiedad,299),因为这种证书的交付被视为从主给付(dare)义务派生的从义务(民法典第1097条)。(Faber and Lurger(-*González Pacanowska and Díez Soto*),National Reports Ⅴ,chap. 4.4.2.(a))

57. 在荷兰法中,有体的交付不仅通过将货物交给取得人,而且也通过给予取得人对货物的直接占有的任何其他行为发生,比如,交付钥匙(象征性交付(*traditio symbolica*))(Faber and Lurger(-*Salomons*),National Reports Ⅵ,chap. 2.3.2(b) and 5.4.2(a)(ⅰ))。

58. 在法国法中,交付也可以是象征性的(通过手段进行交付(*traditio per instrumentum*)),比如取得人拿到了汽车钥匙或者船舶的登记证书(Faber and Lurger(-*Cashin-Ritaine*),National Reports Ⅳ,chap. 2.3)。

59. 在比利时法中,体素(corpus)的转让也可以通过象征性的方式实现,比如,通过交付房屋的钥匙或者证书(通过手段进行交付(*traditio per instrumentum*);*Hansenne*,Les biens Ⅰ,no. 177)。交付储存货物的房屋的钥匙在学说上被视为象征性交付的一种形式,因为卖方只是交付取得对货物控制的必要手段(Dirix(-*Christiaens*),Bijzondere overeenkomsten,arts. 1605 - 1607,no. 15);旧说将钥匙的交付视为现实交付(*Laurent*,Principes de droit civil,165 f,no. 163),但现在不再是这样。尽管如此,象征性交付具有与现实交付同等的效力,并给买方提供了民法典第1141条的保护(参见第Ⅷ-2:104条注释39);无论如何,买方将占有的取得变得从外部可见是有利的,比如在货物上加注。象征性交付也可以通过交付书面的砍伐(log)许可实现(Dirix(-*Christiaens*),loc. cit.,art. 1605 - 1607,no. 16)。在货物上加上一个标志一般被视为买方已经取得货物占有的一个指针(*Laurent*,loc. cit.,167,no. 167),但是少数学说认为还应当考虑个案的情况和当地的习惯(*Kluyskens*,Beginselen van Burgerlijk Recht,111 f,no. 90);不过在家畜市场上就买得的动物加上标注,被认为足以构成交付,即使动物仍然构成卖方家畜的一部分时也是如此(Dirix(-*Christiaens*),loc. cit.,art. 1605 - 1607,no. 16)。最后,象征性交付也被认为包含这样的情形:为了买方将要砍伐的树上加上买方的标志的,但是判例法暗示如果卖方是可以进入树所在的封闭区域的唯一的人的,则不成立交付(CA Brussels,6 July 1935,Pas. 1935 Ⅱ,63;*Laurent*,loc. cit.,167,no. 167;就象征性交付的一般讨论,参见 Faber and Lurger(-*Cauffman and Sagaert*),National Reports Ⅳ,chap. 3.3 and 9.5.3(c))。

60. 在葡萄牙法中,交付也可以是象征性的(民法典第1263条(b)项)(Faber and Lurger(-*Caramelo-Gomes and Nóbrega*),National Reports Ⅳ,chap. 2.4.2)。

61. 在意大利法中,长手交付(traditio longa manu)一语被视为拟制交付(traditio ficta)的一种形式,该种交付中,货物只是特定化并被交由受让人处置而已。长手交付实践上意义很小;借贷合同可以作为一例,此时银行和货币的出借人只是将借出的钱交由借款人处置而已(Faber and Lurger(-*Greco*),National Reports Ⅰ,392 fn. 115)。

62. 英格兰法上的推定交付包括,授予对动产控制但是没有给予受让人实际占有的这种交付形态。这种交付方式之一是,交付确保对有关货物占有的有效手段,尽管此时实际交付和推定交付的界限并不明确:在 *Wrightson v. McArthur and Hutchinsons*(1919)Ltd. [1921] KB 807 一案,原告被交付了被告房屋两个锁着的房间的钥匙(尽管没有大门钥匙),而且原告有权将房间放的货物搬走,法院认为钥匙交付和进入房屋的不可撤销的许可行为,授予原告搬走货物的权利;反过来这种交付不被视为推定性的,而是现实交付,这种解释看起来与更早的判例法和学说一致。如果有两把以上钥匙,而交付人留了一把,判例法看起来似乎暗示,没有发生向被交付人的占有移转,因为交付人仍然控制财产(*Re Craven's Estate* [1937] Ch. 423),除非被交付人同意卖方留一把钥匙,并且这把钥匙用于其他目的(*Hilton v. Tucker* [1888] 39 Ch. D 669)。另一方面,也曾经提出过,交付全部的现有钥匙在商业上不切实际(*Sanders v. Maclean* 1883 11 QBD 343, per Bowen LJ);另外,即使让与人留了一把钥匙并且打算出卖货物,而交付了一把钥匙给买方,允许后者随时取得货物的占有,让与人受到这种公开行为的拘束,而不容其否认已经移转占有(*Pollock and Wright*, Possession in the Common Law, 68)。象征性交付是指,一小部分的拟转让货物的实际交付,而当事人均将这种部分交付理解为整体的交付;如果没有当事人这种合意,则部分交付会被理解为只是实际移转的那一部分的交付(*Kemp v. Falk* [1882] 7 App Cas 573, 586 per Lord Blackburn)。推定交付的另外一种形式尽管没有在判决理由中如此明确地描述,但是可以从 *Thomas v. Times Book Co. Ltd.* [1966] 1 WLR 911 一案中演绎出来:狄伦·托马斯(Dylan Thomas)丢失了其戏剧《奶树林下》的最初的手稿,他告诉受赠人,如果受赠人发现了手稿的话则归受赠人,而且他提出了一些手稿可能在的地点。法院认为落实赠与所需要的赠与意图和充分的交付行为都已经具备;赠与人没有交付动产本身,而只是交付了对动产可能的有效控制的手段(就推定交付这些例子,参见 Faber and Lurger(-*Frisby and Jones*), National Reports Ⅱ, 26 ff, 77)。

63. 在爱尔兰,象征性交付可以以两种方式发生。交付象征物或实施象征交付的行为或动作。除了适用诸如提单一类的流通证券外(参见下文注释 84),象征性交付可以发生于,如交付可以接触拟转让财产的钥匙(*Jones v. Selby* [1710] Prec Ch 300);另一方面,交付钥匙可能也会认为授予了直接占有,因为钥匙给予了现实控制而非推定的(deemed)控制(*Ward v. Turner* (1752) Dick 170)。判例法认为,就不宜现实交付的大宗货物来说,交付作为象征的钥匙就已足以(*Re Wasserberg* [1915] 1 Ch. 195),但是学说对这种立场持部分批评态度,理由是,根据 *The Tubantia* [1924] All ER 615 一案确定的标准,实际占有真正的标准应该是"使用和占有能够被使用和占有的标的物";因此,就大宗货物来说,认为没有达到实际占有的所要求的最低标准的说法是错误的,钥匙的象征意义也是没有必要的(*Bell*, Modern Property Law, 58;就象征性交付的一般讨论,参见 Faber and Lurger(-*Gardiner*), National Reports Ⅱ, 186 et seq.)。

64. 在塞浦路斯,可以通过特定单据的交付或者通过授予让与人全部或者部分的物理控制来实现交付;关键总是在于当事人约定了什么。在 *J. M. Zachariades & Co. v. Houloussi Bey Muftizade ex parte Ibrahim Ali* 一案中,原告从被告处购买绵羊,支付了价款,并且约定被告将继续保管绵羊,依据其与原告的书面协议,作为对价,被告将获得从照看羊群中取得的一半收益。原告也派他的外甥来取得对绵羊的正式占有;这个取得占有是通过触摸并数绵羊的方式完成的,而后绵羊又交还给被告。有争议的是,是不是有绵羊的现实交付,而且有买卖从未完成的主张;该案根据调整买卖合同的梅杰内(Mejelle)(奥斯曼·哈里发民法典)进行判决,依据该法典,所有权在支付价款时移转,但是审判法官在其观点中还提到“有将这些绵羊对原告代理人的充分交付”。尽管该案在1994年货物买卖法立法很久之前作出,考虑到货物买卖法所谓的第33条第1项宽泛的适用范围,该案的观点受到支持,对构成交付的情形的解释,仍然具有很好的指导意义(Faber and Lurger(*-Laulhé Shaelou/Stylianou/Anastasiou*),National Reports Ⅱ,535 et seq.)。另外,通过在标的上为受让人标注或者贴上标志进行交付的问题,与无条件地划拨合同项下并转让所有权有关。当拟售货物在买卖合同订立后第一次生产出来,取决于具体的情况,如果贴标志或者加标注事实上构成无条件划归合同项下并且买方应该到卖方住所取货,这可能构成交付并转让所有权。因此,标的上贴标志和标注可以根据当事人明示或者默示的意图构成交付;关键是交付必须在卖方的住所发生,而之所以在卖方的住所交付,是因为要么是没有关于交付地的约定,要么是当事人已经约定必须在那儿进行交付。将货物置于可交付状态的卖方,贴上标志并且将货物留在其住所以供收货的,被视为已经履行了交付。另一方面,当还有需要做的进一步行为的(比如将货物送给买方),则贴标签和标注不足以构成交付(*Laulhé Shaelou/Stylianou/Anastasiou*,loc. cit.,536 et seq.)。

65. 苏格兰法也肯定象征性交付的可能;在一个案件中,对含有动产的院子的钥匙的交付被认为就足以成立(*West Lothian Oil Co. Ltd. v. Mair* [1892] 20 R 64),但是就在种类物上为受让人加标注,判例法没有定论(支持转让已经完成的判例是 *Gibson v. Forbes* [1833] 11 S 916;反对的判例是 *Boak v. Megget* [1844] 6 D 662)。看起来关键是必须发生占有变动的事实。但是,根据具体情况这经常很难没有疑义地确定(MacQueen et al.(*-Carey Miller*),Regional Private Laws and Codification in Europe,118)。不管如何,苏格兰法中象征性交付的范围颇受限制,而且主要指提单和汇票的交付(Faber and Lurger(*-Carey Miller/Combe/Steven/Wortley*),National Reports Ⅱ,363 et seq.)。

66. 在瑞典,为实现买受人对抗卖方债权人的目的,可以将设备的部件交给他人,比如钥匙或者密码。重要的是消除卖方对财产的物理控制(*Martinson*,Transfer of Title Concerning Movables Ⅲ,National Report:Sweden 59 et seq.)。在瑞典,学说上讨论过,当不止一份单据存在时,是否必须交付所有的单据,但是有人认为只要交付一份代表货物的运输单据就可以了,或者当让与人藏起一份单据时,这不影响受让人受到的保护(*Håstad*,Sakrätt[6],179 f;*Martinson*,Transfer of Title Concerning Movables Ⅲ,National Report:Sweden,59 et seq.)。另一方面,贴标志,可能没有什么重要性,但是瑞典法在转让木头以及圆木时,会使用这种方式(参见 Lag(1944:302)*om köpares rätt till märkt virke*)。也应该注意,正如前面讨论过的,功能主义进路意味着所有权的其他方面,比如风险移转,不需要在同一时间转移。

67. 挪威也适用类似的规则。为了能对抗让与人的债权人,如果让与人交付储存拟售货物所在房间的钥匙或者交付其他卖方得以处分货物的手段,就已足矣。对于某些种类的货物,交付货物本身的钥匙,比如汽车的钥匙,也有同样的效果。关键总是在于让与人已经被有效切断一切处分货物的可能。在这个法律框架内,当事人可以自由地决定使用哪种切断让与人处分权的手段;不存在“一般”交付不可能或者不切实际的前提条件。如果进入动产储存的房间只需要一把钥匙,那么这一钥匙所有的复制件都必须交付。但是,如果让与人秘密地留下一把,不影响受让人受到的保护。尽管这一点在挪威学说很少讨论,但是可以从担保权利创设的讨论中推断出来,担保权利的创设实践中遵循类似的规则(参见 Faber and Lurger(*-Færstad*),National Reports Ⅴ,

chap. 8.2.3(a))。

68. 就芬兰实际适用的交付要件(参见第Ⅷ-2:103 条注释 24)而言,让与人被切断行使对货物的任何权力被认为是关键性的。根据这一前提,在货物上贴标签或者其他类似象征以及加标注就足以使让受让人可以对抗让与人的债权人的想法,似乎是有疑问的(Faber and Lurger(*-Kuusinen*),National Reports Ⅴ,chap. 5.4.4)。

69. 在丹麦一般规则是,在合同订立时受让人就已经可以对抗让与人的债权人(参见第Ⅷ-2:103 条注释 23);因此,不需要其他行为。

Ⅳ. 通过权利证书转让

70. 在奥地利法上,和其他情形一起,通过权利证书转让适用民法典第 427 条(象征性交付),不考虑这种证书是指示性还是无记名的(参见 Rummel(*-Spielbüchler*),ABGB I3, § 427 no. 2;也请参见民法典第 1393 条)。事实上,学说建议,通过权利证书进行的转让应当作为象征性交付一个特别的派生类型,在民法典交付规则体系中应当予以整合。就狭义的权利证书,比如提单、仓单等,商法典有进一步的规定,尽管单据本身的转让受民法典的调整(参见民法典第 426、428、429 条;对比 *Iro*,Sachenrecht[3],no. 2/36);这些证书的转让不能仅通过象征性交付实施,因为对其进行现实交付既可能又可行。仓单(Lagerschein;参见商法典第 424 条)、内河航运提单(Ladeschein;参见 Straube(*-Schütz*),HGB I[3], § 444 no. 1;商法典第 450 条)、海运提单(Konnossement;参见商法典第 650 条)的转让,与其所代表的货物现实交付具有相同的物权效力(参见 *Roth*,Wertpapierrecht[2],118 et seq.)。实际上,这些单据由仓储人、承运人等发行,并代表了发行人将货物交付给受让人的义务。但是,只有交付指示仓单具有转让的效力;无记名仓单不具有这方面的效力(商法典第 424 条有明文规定);但是,有些学者不认可,并从其他视角解释民法典第 427 条(参见 *Roth*,loc. cit.,122)。为了通过权利证书进行所有权的转让,有效的基础性合同以及与转让货物本身有关的"物权合意",以及根据商法典相应规定转让单据,都是必需的。因此有效地交付权利证书就取代了其所代表的货物本身的现实交付。注意这个观点很重要:如果占有货物的人,如仓储人或者承运人,已经不知怎么地丧失了占有,已有的权利证书就会失去其转让效力;有争议的是,在有关人员重获占有时是不是还是如此。不管如何,当存在权利证书,通过指示第三人将其占有的货物交付给受让人(占有指示(Besitzanweisung))进行占有移转或者让与单据所代表的权利的,都是不可以的;而是需要现实转让证书(参见 Roth, loc. cit.,122; cf. Ebenroth/Boujong/Joost(*-Hakenberg*),HGB, § 364 no. 20)。但是,不排除根据民法典第 429 条进行的转让(参见 *Roth*,loc. cit.,120)。最后,通过商业惯例,权利证书的范围被不断扩大;就这种新的创设,如果其与成文法上既有所有权单据具有一定程度的类似性的话,则商法典第 424、450、650 条可以类推适用(cf. OGH 3 Ob 519/92)(Faber and Lurger(*-Faber*),National Reports Ⅰ,89 et seq.,91 et seq.)。

71. 在德国,依据商法典第 448 条,可以通过转让代表有关货物的所有权的权利证书来进行占有的移转(*Baur and Stürner*,Sachenrecht[17], § 51 no. 38);单据的转让必须根据商法的规定实施,以确保民法典第 929 条第 1 句的要求也具备。权利授予的证书是指,以允许用证书的交付取代货物的实际交付的方式,证明要求单据发行人返还货物的权利的证书(参见商法典第 424、450、650 条)。可以流通的权利证书有仓单(参见商法典第 475 条 g)、托运单(参见商法典第 448 条与商法典第 444 条及以下)以及提单(参见商法典第 647 条与商法典第 642 条及以下)。这个列举是穷尽列举,旨在转让所有权的其他单据不能够由当事人自由创设(MünchKomm(*-Quack*),

BGB[4], § 931 no. 21)。流通单据本身的内容决定了发行人与单据的占有人的关系;不得援用任何基于单据前所有人或者让与人的关系产生的抗辩(BGHZ 36,329)。如果让与人不是货物所有人,可以适用善意取得规则;事实上,根据民法典第 935 条第(2)款的规定,货币或无记名证券,即使是盗窃物等,也可以善意取得(*Quack*, loc. cit., § 932 no. 5)。和荷兰法及爱沙尼亚法一样,并不因为这些关于货物的所有权的证书存在,货物所有权的实际移转或者债权让与而成为不能,就民法典第 931 条来说,权利证书必须附带地转让给受让人(BGHZ 49,163;*Quack*, loc. cit., § 931 no. 21;*Schnauder*, NJW 1991,1642 et seq.;Faber and Lurger(*-McGuire*), National Reports Ⅲ, chap. 5.4.3(b)(vii))。

72. 在希腊,民法典第 978 条规定,如果动产已经存在仓库或者已经为了运输而交给承运人,而且已经发行了这一货物的仓单或者提单,则货物的占有可以通过单据的转让而移转。就提单来说,当货物交给承运人的,承运人成为这些货物的唯一的持有人,而托运人仍然保留货物的占有;因此,这种权利证书包含了在运输期间占有货物的权利。相应地,当货物被偷或者遗失,权利证书会失去其价值,因为其交付不能等同于其所代表的货物的占有的交付(*Georgiades*, Empragmato Dikaio I, § 18 no. 32)。有关权利证书(强制性——参见民法典第 978 条)交付,只有被授权这么做的人才可以实施(因此不能由诸如小偷这种单纯的占有人,或者持有人实施);这种被授权的人通常是货物的所有人。就单据本身的现实交付来说,必须根据调整单据流通的规则进行。其他法律承认的权利证书是海运单以及航空托运单(Faber and Lurger(*-Klaoudatou*), National Reports Ⅲ, 35 et seq., chap. 5.4.2(d))。

73. 瑞士法也承认通过拟转让货物的权利证书的交付来进行转让,比如提单(民法典第 925 条;LMN art. 16;见,ATF 122 Ⅲ 73)。这些权利证书通常由承运人根据相关的国际公约发行,或者由得到签发流通性仓单特别授权的仓储人发行(债法第 482 条);但是,即使欠缺这种授权签发的单据也有效,不过会同时对仓储人处以罚款(债法第 1155 条第(2)款)。此时,交付这种单据被视为相当于转让货物本身(民法典第 925 条)。货物的权利证书必须根据债法第 1153 条规定的要求来起草;否则不能引起所有权的转让(债法第 1154 条,ATF 109 Ⅱ 144)。瑞士法依然不承认任何电子权利证书。这种证书的一种特殊版本,被称为"权证(warrant)",由承运人或者仓储人发行,可以用来设定抵押(债法第 1154 条第(2)款;民法典第 902 条第(2)款)。如果在单据的善意取得人与货物本身的善意取得人之间发生冲突,后者优先(民法典第 925 条第(2)款)。如果在跟单信用证(documentary credit)框架内,权利证书被转让给银行,银行不取得货物的所有权,而是在账户没有足够资金时(民法典第 895 条),只相对于让与人取得留置权;在银行转让单据时,货物的所有权转让给受让人(ATF 122 Ⅲ 73;Faber and Lurger(*-Foëx and Marchand*), National Reports Ⅵ, chap. 2.3.2(d) and 5.4.6)。

74. 在爱沙尼亚,只要权利证书代表货物而且授予其持有人要求交付其代表货物的权利的,这种单据的转让将会引起其背后的货物所有权转让的效果。在债法第 917 条中有权利证书定义的规定,该条整体上将证券定义为包含对货物权利的单据,而这种单据的占有或者使用是行使这种权利的必需。除此之外,就这种转让没有特别的法律规定;但是,这种权利证书的可采性是有的,因为这种证书的使用与要求交付权利的转让非常相似的(物权法第 93 条),而且可采性也可以通过物权法第 282 条第(1)款第 2 句规定推出来,该句规定,在已经发行权利证书的货物之上设定质押的,转让单据相当于物占有的移转。债法第 918 条区分无记名、指示/可流转的以及登记证券。和其他法域一样,特定货物之上设有权利证书的事实本身,不影响实际的物理交付;不过,如果在单据所代表的货物现实交付时,交付单据会更好一些。债法第 921 条规定,动产转让的规则适用于无记名单据,而对于指示单据,还要求要背书(allonge)(Faber and Lurger(-*Kullerkupp*),National Reports Ⅰ,268,278 f,281)。

75. 匈牙利法承认就有形动产或者其他诸如合伙人权利之上发行的证券单据(权利证书),而关于金钱证券的规则将可以类推适用(民法典第 338 条/D)。这一类别的例子包括仓单(Act XLⅧ of 1996 on the public warehouse depositing;BH 1996/162)以及抵押证券(Act XXX of 1997 on the Mortgage-Bond Credit Institute and the Mortgage-Bond)。仓单债券(bonds)包括所谓的货物收据以及证券式收据;后者能够作为可以通过背书与其他收据一并转让或者分别转让的证券(1875 年商法典第 434 条第(2)款、第 441 条)。仓单债券使得储存的货物能够以"抽象的形式"进行流通,也就是证券化;法院曾经在一起特别的案件(人工蓄水(artificial storage))中裁决,债券的转让有与货物本身所有权转让同样的效力(BH 1997/244)。不过,法院似乎更关注商业中货物处分权的问题,并且以此种方式他们间接也对所有权转让问题给出了答案(Faber and Lurger(-*Szilágyi*),National Reports Ⅲ,chap. 4. 3 and 5. 2. 1(a))。

76. 在立陶宛,民法典第 4. 50 条也承认通过权利证书进行转让(Faber and Lurger(-*Mikelenas*),National Reports Ⅲ,chap. 5. 4. 2)。

77. 在斯洛文尼亚,物权法典第 60 条第(2)款第一种情形规定了通过权利证书转让货物,但对权利证书没有给出明确的例示。该规定显然只涉及流通性权利证书;这与基于物权法典前身物权法基本关系法第 37 条的判例是一致的(cf. SC no. II Ips 25/87(16 April 1987))。通过权利证书进行转让的性质有多重解释:一种观点将提单或者仓单的转让理解为象征性交付(*Cigoj*, Komentar obligacijskih razmerij,art. 234,no. 893),而另一种观点则诉诸返还请求权让与(cessio vindicationis)的机制(Berden et al. (-*Vrencur*),Novo Stvarno pravo(2002),74),其也支持象征性交付的观点。一般来说,通过权利证书进行的交付被视为象征性交付,根据旨在转让物权的基础性协议产生转让物权的效果。另外,物权法典第 60 条第(2)款没有规定任何形式要件;因此,电子单据的使用也是可以的。迄今为止还未处理,可能会发生的涉及权利证书的二重买卖问题,但是如果就特定货物一个以上证书的,则代表货物的所有证书都必须交给受让人,以使后者取得排他性控制。但是,学说似乎质疑仅通过权利证书本身来移转其所代表的货物占有给受让人的适当性,而其他的法定交付必须予以考虑;不过,这个问题的讨论并没有展开。最后,无记名单据可以仅通过交付就可以转让(债法第 218 条),而指示单据还要求要背书(债法第 220 条)(Faber and Lurger(-*Rudolf/Rijavec/Kerestes*),National Reports Ⅰ,543,560 et seq.)。

78. 在斯洛伐克,就商行为来说,依据商法典第 443 条第(2)款,在货物运输中,可以在交付前将货物所有权转让给买方,而买方作为收货人,取得托运物所有权的同时,也取得对货物"处分的授权(entitlement to dispose)"。尽管在法律上没有详细加以阐释这个授权的含义,学说上确认授权指任何使得取得人能够控制货物的文件,比如提单、内河运输提单等等(*Ovecková*, Obchodny zúkonník[2],267;Faber and Lurger(-*Petkov*),National Reports Ⅵ,chap. 5. 2)。当货物通过"处分权单据(disposition documents)"出售的(比如,码头仓单(dock warrant)、提单、托运单等等),损害赔偿的风险在相关单据交给买方并为买方接受时转移给买方(*Ovecková*, loc. cit. ,277)。考虑到通过所有权证书进行转让也可以在货物处于运输之中时发生的事实,商法典第 460 条规定,在将货物交给第一承运人(运输业者(forwarding agent))时,损害的风险转移至买方。该规则基于这一事实,即运输中的货物的状况不容易确定,因此,风险必须在合同订立之前的一个时间点就已经发生移转（*Ovecková*, loc. cit. ,280；Faber and Lurger（*-Petkov*），National Reports Ⅵ,chap. 11）。

79. 在西班牙，通过权利证书进行转让，不仅用于债权转让，也用于货物物权的转让；这种证书体现了让与人的间接占有，而这是为什么诸如运货单、提单（conocimiento de embarque）或者仓单（resguardo de depósito）也被称为“交付的名义（titles of traditio）”的原因。这种转让发生的一个实际的前提条件是，直接占有人（比如承运人、仓储人）承认让与人的占有人的地位。除了其他的内容外，权利证书包含了合同创设的权利；这些单据的占有则授权持有人行使其中所包含的权利；类似地，权利证书的转让会代表这些权利的转让（参见商法典第 708 条）。但是，乍一看来，这些权利独立于货物上的物权。尽管商法典第 195 条明确规定仓单的持有人对仓储物有完全的所有权，不过学说认为这种权利证书只授予取得货物的权利。因此，权利证书或者更确切地说是其体现的权利必须被转让，当然让与人必须是货物的合法所有人。另外，这种权利证书的使用也会被视为引起间接占有的关系，此时权利证书的持有人被归为其所代表货物的间接占有人（*Morales Moreno*,Posesión,244 et seq. ）。因此，权利证书的转让将意味着货物间接占有的移转（这在二重买卖的情形保护了受让人，尽管善意取得人的权利可以击败受让人的权利——参见 R*ecalde Castells*,El conocimiento de embarque y otros documentos del transporte,148 et seq. ,151 et seq. ；*Rubio Garrido*,La doble venta y la doble disposición,88）。特别是，提单的存在并非植根于成文法；有些人试图通过类推适用商法典第 708 条第（2）款来使其正当化，但是，事实上，该条并未充分处理货物所有权转让的问题（参见 *Pendón Meléndez*, Los títulos representativos de la mercancía,313）。不过，其所有权转让功能似乎已经为商业习惯所认可，而且对于体现在提单中的货物交付指示来说，也确实有这种功能，只要这些交付指示是提单占有人签发并且由发货人或者承运人签字就可以了（请再次参见 *Pendón Meléndez*,loc. cit. ,37,207 et seq. ）。重要的是，单据的转让及其所代表的货物间接占有的移转是通过合意实现的，而不是现实交付，因为基于第三人持有货物这一事实，直接交付被认为是不可能的（参见 *Recalde Castells*,loc. cit. ,104,108,141）；不管如何，基础性协议和提单的现实交付都是必须的。商法典规定提单以一式四联的形式发行，但是只有给货物受让人的“副本（copy）”包含了交付货物的授权（参见 *Pendón Meléndez*,loc. cit. ,102,103 et seq. ；商法典第 707 条及以下）；将权利包含在单据之中并将单据交付给受让人，防止让与人将单据所代表的货物转让给其他人或者防止其给承运人以相异指示，以这种方式，保护了受让人（*Recalde Castells*,loc. cit. ,151 et seq. ）；但是相对于依据民法典第 464 条的善意取得的人，受让人不被保护（*Recalde Castells*,loc. cit. ,148 et seq. ；*Rubio Garrido*,La doble venta y la doble disposición,88）。就仓储中的货物来说，RD 1917 第 16 条要求，如果存货人提出发行三联的仓储单据要求的，则发行三联（如果没有请求，则存货人只收到一张保管证明，称为进库单（documento de entrada），不是所有权证书，只授权持有人可以请求返还货物；参见 *Pendón Meléndez*,Los titulos representativos,254 et seq. ；*Díez Soto*,El Depósito Profesional,146 et seq. ）：存根（matriz）（由仓库持有）、存货收据以及仓单；后两者交给存货人，都可以流通（以遵守关于背书的规则为条件）。如果两张单据都背书给同一个人，则所有权发生移转。但是同样，必须有旨在转让所有权的基础性合同（让与（cessio）），并且让与人必须是货物的所有人。另外，双重的权利证书会带来相区分的单据的流转，此时仓单可以用来设定质押，而存货收据赋予了要求返还货物的权利，但是受到仓单所派生的权利的限制（*Pendón Meléndez*,loc. cit. ,270 et seq. ）。最后，商法典第 545 条规定，如无记名单据是根据其流通的法律取得的（也就是无记名单据的名义和形式，指示单据的背书等等),则无记名单据也可以善意取得,取得人也原始取得包含在其中的权利(Faber and Lurger(-*González Pacanowska and Díez Soto*),National Reports Ⅴ,chap. 4. 4. 2. (b) and 6)。在西班牙法,另外一种交付模式与通过权利证书进行的交付有明显的类似性,就是所谓的"文书交付(instrumental delivery)"。该术语指转让合同以公文予以记录(公证文书、司法文书或者其他任何被法律视为公文的文件,也就是必须在起草时和赋予其证明力时具备特定的法律形式);这种文书被描述为"等同于交付"所售货物,除非文书另有规定(民法典第1462条第(2)款)。有些法院判决似乎以受让人在先的直接或间接的货物占有为文书转让的前提(相关观点参见 *Bercovitz Álvarez*,Tradición instrumental y posesión,120 et seq.),但是,其他判决和现代的通说支持的观点是,当让与人以所有人以外的身份继续占有货物(TS 23 October 2003,RJ 7765),或者让与人作为间接占有人让第三人(直接占有人)持有货物,那么不需要货物现实交付的文书交付是用以转让间接占有的法定形式(民法典第438条);不过,文书交付甚至在让与人没有任何占有时引起所有权的转让,尽管有学者提出,此时没有发生任何交付,而是一次返还请求权(rei vindicatio)的转让(*Lacruz*,Elementos Ⅲ(1),188 et seq.;*Navarro Castro*,La tradición instrumental,172 et seq.)。学说也区分"等同交付"的文书转让以及基于一系列目的事实上可以等同于现实交付程度的文书交付,比如为了履行让与人确保对货物的"和平"占有的义务(TS 20 October 1990,RJ 1990,8029;*Bercovitz Álvarez*,Tradición instrumental y posesión,165),或者对需要实际占有的请求给予授权(比如占有保护或者取得时效;参见 Bercovitz(-*Bercovitz Álvarez and Peña López*),Comentarios al Código Civil[2],1739 et seq.)。不管如何,如果以上定义的公文不用来转让所有权,则必须在公文内容本身中明确表示或者从中可以推断出来(比如基于所有权保留、附始期或者停止条件)(Faber and Lurger(-*González Pacanowska and Díez Soto*),National Reports Ⅴ,chap. 4. 4. 2(c))。

80. 在荷兰,民法典第3:93条调整指示或者无记名权利证书的交付,比如提单及仓单。该条规定,由无记名单据代表的货物通过单据交付而转让,而指示单据所涉及的转让还需要背书。权利证书包含交付证书所代表的货物的意思表示;因此,证书的移转导致货物占有的移转,并因此也导致货物所有权的转让(参见民法典第3:90条;*Snijders and Rank-Berenschot*,Goederenrecht II[3],no. 243;*van der Lely*,Levering van roerende zaken)。荷兰民法典还没有承认电子权利证书,因为尽管其有得到普遍承认的优点,但是纸质要求的最终放弃而导致的实践上的可能结果还没有得到解决(*Brakel*,V&R 2000,129 et seq.;van Esch/Winter /van der Ziel(*-van der Ziel*),Preadvies van de Vereeniging"Handelsrecht",19 et seq.)。民法典第7:607条(仓储证书)调整仓单,民法典第8:399条和第8:916条处理提单问题;另外提货单(民法典第8:482条)和多式联运提单(民法典第8:44条及以下)都是法律承认的权利证书。它们具有的共同点是,如果它们在其所代表的货物转让时间之前交付,那么这将自动构成对货物本身的交付。因此,当货物在代表这些货物的权利证书之前现实交付给受让人的(比如装有证书的邮件被邮局丢失),受让人也可以取得对货物的交付;因此,通过权利证书进行的转让只是现实转让的一种替代形式而已,虽然必须记住的是:在发行提单的场合,只有提单的合法持有人才有权要求承运人交付货物(参见民法典第8:940条)(Faber and Lurger(-*Salomons*),National Reports Ⅵ,chap. 5. 4. 2(a))。

81. 在比利时,通过所有权证书进行转让是实现象征性交付一种手段(参见 Dirix(-*Christiaens*),Bijzondere overeenkomsten,arts. 1505 - 1607,no. 16)。海运货物的提单(cognossement)和陆路运输货物的托运单(vrachtbrief)会被用来实施象征性交付。这些单据授予它们持有者对于其所代表货物的独占性的权利(参见 *Van Ryn and Heenen*, Principes de droit commercial Ⅲ, no. 669, 28, 517)。如果货物仍在运输之中,交付将通过背书的方式实施(参见 Dirix(*-Christiaens*), loc. cit.)。对于电子形式的权利证书的适用在学说和判例法中均无涉及(Faber and Lurger(*-Cauffman and Sagaert*), National Reports Ⅳ, chap. 9. 5. 3(c))。更为具体的是,国际海事委员会(CMI)电子提单规则的适用与一系列困难相联系,比如事实上并不具备援用这些规则的资格(因为这些规则必须在合同中完整地(in extenso)传达);欠缺关于电子提单数据安全交换的规则,或者就交付的所需密钥欠缺安全感(*Stevens*, Transportrecht, 99 et seq., nos. 173 ff)。因此,就电子提单的使用来说,提单电子登记组织(BOLERO,译者注:为 Bill of Lading Electronic Registry Organization 的缩写)制度,看起来似乎更为可靠(细节参见 *Stevens*, loc. cit., 104 et seq., no. 183)。

82. 在意大利法中,权利证书用来转让物权(民法典第1527条)。通过交付权利证书,买方被免除现实交付其所代表货物的义务;因此,交付证书成为现实交付的替代。合意制度仍然没有破坏,因为不是证书的交付引起所有权的转让,而是只需要当事人的协议就能引起所有权的转让。权利证书的领受人有权请求持有人(比如承运人、仓储人或者卖方)交付。民法典第1528条规定,除非有相反的协议或者商业习惯,否则在权利证书交付的时间和地点需要对待给付;不管如何,所有从属于交付的单据也必须在权利证书交付之时同时交付(比如发票,提货单等等),否则买方可以合法地拒绝履行。如果一切所要求的单据都被交付,则买方必须履行,除非交付的货物存在明显的、易于证明的瑕疵(民法典第1528条)。无记名流通证券通过单据交付就可以转让(参见民法典第2300条第(1)款),而流通指示证券还需要背书(参见民法典第2011条第(1)款)(Faber and Lurger(*-Greco*), National Reports Ⅰ, 462 f, 494 fn. 331)。

83. 在英格兰,权利证书(证书型无形财产(documentary intangibles))被认为是法律赋予"代表财产本身"资格的证书,因此可以通过交付证书以及任何必要的背书,转让其背后的权利(*Worthington*, Personal Property Law, 5)。1899年代理商法(Factors Act 1889)第2条第(1)款和第8条将货物的现实交付与代表其的权利证书的交付等同(比较1979年货物买卖法第24条)。因此,调整货物现实交付的规则和调整代表这些货物的权利证书规则可以说是同一的。比如,当这种证书被交付给非所有人的,正当的所有人依然有权对证书所代表的货物行使请求权,因为交付证书和交付有关货物并不引起通过行为所致的禁反言。只有在确认非所有人已经为(权利证书背后的)货物支付了全部价款的,真正的所有人才会被禁止这么做(参见 Rimmer v. Webster, [1902] 2 Ch 163, per Farwell J. at 173)。有许多与此类似的其他例子,但是重要的是记住,英格兰法遵循的原则是所有权在其意图的时间移转;权利证书只对其所代表的货物的推定占有的移转有推断作用,对于实际的所有权的转让没有这个作用,后者通过基础性合同(比如买卖合同)移转(Faber and Lurger(*-Frisby and Jones*), National Reports Ⅱ, 120 et seq.)。

84. 通过权利证书进行的交付,在爱尔兰法被视为象征性交付的一种形式。当财产为第三人持有的(比如,仓储人),单纯对该财产的权利证书的占有不必然使其具备推定占有,而需要转让的承认(attornment,译者注:也就是占有财产的第三人对转让的承认,参见上文注释39)(比如,在单纯提货单的场合)。如果权利证书是可流通的,那么情况就不同了,流通证券与简单的所有权证书不同,因为前者代表了合法的无形动产(chose in action),而且在普通法上可以通过交付转让;在例外的情况下,可能需要转让的承认。货物的现实交付因此等同于代表这些货物的相关的权利证书(参见1979年货物买卖法与1893年货物买卖法类似的词句),而权利证书的占有等同于其所代表货物的推定占有。最突出的例子是本票和汇票。其受到特别的立法的调整,也就是1882年汇票法。流通性权利证书根据立法规定或者根据商业习惯成为这种流通证券;尽管提单早就通过商业习惯确立,但法定权利证书的例子还是提单(参见 Lickbarrow v. Mason [1787] 2 Tr 63),提单是承运人签发的证明货物已经装船事实的单据(*Diamond Alkali Export Corp. v. Fl Bourgeois* [1923] 3 KB 443)。1889年代理商法第1条第(4)款扩张了可以被视为货物象征的权利证书的概念,包括许多其占有会暗示权利或所有权的单据,比如提单,码头仓单、仓单,以及概括来说,任何在通常交易过程中普遍使用,以至于能够通过单据的交付或者背书转让对货物的占有和处分权的单据。另外,第3条规定,这种单据的质押被视为货物的质押,至少在质押是由第9条意义上商事代理人或者货物买受人作出的时是如此。除了立法外(参见1994年货物买卖法第2条),习惯也决定了这一类型的范围,汽车登记证书不是权利证书(参见 *Central Newbury Car Auctions Ltd. v. Unity Finance Ltd.* [1957] 1 QB 371)。权利证书的持有人可以有效地转让其所有权,即使持有人不是所有人也是如此,除非证书是从所有人处偷来的(*National Employers Mutual General Insurance Association Ltd. v. Jones* [1990] 1 AC 24;就权利证书的一般讨论,参见 Faber and Lurger(*-Gardiner*),National Reports Ⅱ,186 et seq.,195,241,246 et seq.)。

85. 在塞浦路斯,权利证书是无形动产(choses in action)的一个子类(参见 *Despina Markidou v. Kyriacos Kiliaris and another*,Civil Appeal no. 6357;*World Tide Shipping Corporation v. Vassiliko Cement Works Ltd.*,Admiralty Action 64/75)。有些权利证书由特别法规制;比如,《汇票法》(Cap 262)调整汇票的让与。诸如提单一类权利证书的占有可以归为对其所代表的货物的推定占有;判例法确认了占有这种证书等同于对其代表货物的物理占有的看法(参见 *Standard Fruit Co. (Bermuda) Ltd. v. Gold Seal Shipping Co. Ltd.*,Admiralty Jurisdiction case 77/90,22 April 1977)。1994年货物买卖法第2条列举了一些权利证书,包括提单、码头仓单、仓单,并且规定,在一般交易过程中使用的其他单据并用作证明对货物的占有,或者通过背书或者交付授权或者意在授权单据的占有人取得其代表的货物的交付的,这种单据也可以是权利证书。作为流通证券的提单的转让,不自动导致其代表的货物的转让,而是依据所有权在意图转让的时间移转的规则的效力,根据基础性的买卖合同发生(参见 *Goode*,Commercial Law[3],886);因此,只是等同于提单所代表的货物的物理交付而已(参见 *Carver*,Carver's Carriage by Sea[12] II,913; *Sanders Brothers v. MacLean & Co.*,[1883] 11 QBD 327,per Bowen LJ at 341),确切一点说,是推定占有据以转让的单据(参见 *Goode*,Commercial Law[3],890;*The Delfini* [1990] 1 Lloyd's Rep 252,per Mustill LJ at 268;recently,*Standard Fruit Co. (Bermuda) Ltd. v. Gold Seal Shipping Co. Ltd.*,Admiralty Jurisdiction case 77/90,22 April 1977)。与英格兰法不同,塞浦路斯法还没有承认电子提单。最后,车辆的登记证书(参见 *Cleopas Demetriou v. South African Eagle Insurance Co. Ltd.*,Civil Appeal no. 9617)和股份证书都不是权利证书(Faber and Lurger(*-Laulhé Shaelou/Stylianou/Anastasiou*),National Reports Ⅱ,490,495,512,537 et seq.,587 et seq.)。

86. 在苏格兰,在1979年货物买卖法适用的场合,1979年货物买卖法中处理权利证书的规定和英格兰法相同。同样地,就关于权利证书的规则而言,也可以说1890年代理商(苏格兰)法与1889年代理商法几乎一模一样;事实上,前者是为了将后者规定引入苏格兰法而通过的。重要的是,在苏格兰法上,在所有人同意下占有有关权利证书的非所有人可以将权利转让给善意地支付了对价的第三人(就由商事代理人进行的转让参见1890年代理商(苏格兰)法第9条,就占有该证书的买方或者卖方的转让参见1979年货物买卖法第25条第(1)款,比较 *Graham and Sons v.*

Glenrothes Development Corp. 1967 SC 284, at 293 per Lord President Clyde)。同样地，简单的权利证书必须与流通证券相区别；后者受特别法 1882 年汇票法的调整。就流通证券的转让来说，不得转让大于自己权利的权利（*nemo plus iuris*）规则不适用（参见 Smith et al.（*-Crerar*），Stair Memorial Encyclopaedia, no. 150）。流通证券的例子之一是汇票的变体——本票；纸币（bank notes）也属于这一类。不得转让大于自己权利的权利规则不可适用性的结果是，只要取得人善意并支付对价，取得人就可以有效取得无记名流通证券（Faber and Lurger（*-Carey Miller/ Combe/ Steven/ Wortley*），National Reports Ⅱ, 341 et seq., 371 et seq., 410, 417）。

87. 瑞典法所知的权利证书的类型有提单、运货单、托运单等。如果单据授予持有人要求交付特定货物的权利，而且只有持有人有该权利，则该单据属于权利证书。有可能通过将一定的条款纳入合同而创设这种单据；这些条款多种多样，最为流行的可能是在提交单据基础上要求交付的权利，而持有人表明如何取得单据的义务。有时候这种协议并非意图调整"所有权"转让本身，而是详细描述和分配指示货物的权利（参见 *Johansson*, Stoppningsrätt, 458）。适用不同合同条款实现不同效果的可能，被视作实用主义的瑞典功能主义进路的一个优点。不过，当货物留给第三人保管且创设了代表这些货物权利证书的，这种证书的转让原则上是转让货物的唯一可能的手段。不过，必须记住，瑞典法赋予了卖方停止运输权，即使货物在运输之中，而且代表货物的单据已经交付了也是如此（参见 *Håstad*, Sakrätt[6], 179 f; *Håstad*, Den nya köprätten[5], 179 ff; Johansson, loc. cit., 458 f）；也请参见第Ⅷ－2:201 条注释 52。另外，可能会有代表同一货物的数份单据——这给多重买卖发生带来可能（参见海事法典第十三章，第 53 条至第 56 条）。有趣的是，就流通证券来说，和其他法域一样，适用不同于权利证书的规则。这种流通证券有诸如可流通的本票等，和其他法域一样，可以从小偷处善意取得（参见本票法第 14 条，以及 *Tiberg*, Skuldebrev, växel och check[6], 112 et seq.）。因此有权的所有人只能起诉小偷。当然，如果本票指明了特定的人，则取得人应该对缔约相对人的身份进行某种调查（参见本票法第 14 条）。

88. 在芬兰法，这个问题的有关规定见于合同法。因此和瑞典法一样，有双重买卖的危险，尤其是第三人控制货物的。诸如托运单、提单、付款单或者跟单信用证一类的概念为芬兰法所知（参见 *Sisula-Tulokas*, Ulkomaankauppaoikeus, 137 et seq.; Faber and Lurger（*-Kuusinen*），National Reports Ⅴ, chap. 5. 4. 5）。

89. 在丹麦和挪威，诸如提单一类的权利证书，可以用于转让对货物的物理控制。如果受让人对权利证书的占有能够使得卖方对有关货物的物理控制被全面终结的话，则受让人可以对抗卖方的债权人（就挪威，参见 *Lilleholt*, Godtruerverv og kreditorvern, 190）。例如，提单的转让取代了其所代表的货物的有形交付（参见 Ot. prp. 1976－1977, no. 56, 38－39; *Lilleholt*, Godtruerverv og kreditorvern, 70; Faber and Lurger（*-Færstad*），National Reports Ⅴ, chap. 8. 3. 2(a) and 10. 4. 3）。

第二节　效　　力

第Ⅷ-2:201 条　所有权转让的效力

(1)在第一节确定的时间,所有权在让与人处分的权利或者权限范围内发生转让,在当事人之间产生效力以及对抗第三人的效力。

(2)所有权的让与不影响基于合同或者其他法律行为的条款、法院的命令或者法律规定产生的当事人之间的权利和义务,比如:

(a)因风险移转带来的权利;

(b)拒绝履行的权利;

(c)对于果实或者收益的权利,或者承担花费和开支的义务;或者

(d)使用货物的权利及不使用及不以其他方式处置货物的义务。

(3)所有权的转让不影响依据其他法律规定的第三人的权利或者对第三人的权利,比如:

(a)让与人的债权人根据破产法或者类似规定主张转让不生效力的任何权利;或者

(b)依据第六卷(因导致他人损害而生的侵权责任)要求损害货物的第三人赔偿的权利。

(4)当所有权已经转让,但是让与人依然拥有拒绝货物交付的权利(第(2)款(b)项),在行使拒绝履行的权利时解除合同具有下一条意义上的溯及的物权效力。

评　论

A. 概述

本条的功能和结构。本条第(1)款详细说明了具备第一节规定的转让的要件后的一般效力。其基本上贯彻了统一转让主义进路,也就是对于所有权的诸多方面移转来说,一个特定的时刻是决定性的。后面的第(2)款和第(3)款意在其澄清性的功能,以避免对于这种统一主义进路范围的误解。这些规则与许多欧盟国家的法律制度一致,而且取决于某国的法律背景和观察视角,可能也会被认为是多此一举。不过,由于欧洲关于动产所有权转让的出发点和传统是如此不同,因此加入这种澄清性的规定被认为是适当的。货物所有权转让后让与人仍然保留货物时，第（4）款规定了此时解除合同关系的特殊效力，是统一主义出发点的一个例外。

B. 转让的效力概述（第（1）款）

（a）概述

对时间的援引；统一主义转让的进路。与第Ⅷ－1：202 条（所有权）中包含的“所有权”定义以及第Ⅷ－2：101 条（所有权转让的一般要件）一起，本条第（1）款是贯彻本章采纳的“统一主义”转让进路——或者可能更准确地说：统一主义为核心的进路——的基本规定之一（比较下文（b））。就与“功能主义”进路相对的“统一主义”进路的描述，参见对第Ⅷ－2：101 条（所有权转让的一般要件）的评注。原则上，第一节的规则就所有权转移确定了一个特定的时间，也就是第一节规定所有要件具备之时。这取决于每一个案件的具体事实，比如，就当事人是否就所有权转让约定特定的时间，以及货物在当时是否存在并且特定；或者是否已经有交付或者等同交付行为。此时此刻，所有权转让给受让人。

对让与人处分的权利和权力的援引。本章的所有权转让，要求让与人有转让所有权的权利或者权限；参见第Ⅷ－2：101 条（所有权转让的一般要件）第（1）款（c）项。不过，让与人处分的权利或者权限可能在某些方面受到限制。比如，当货物之上有第三人的有效的担保物权负担的，仍然可以转让所有权，但是物上负担优先。同样，当货物有第三人用益物权的负担，而这一权利的拥有人不允许所有人不带着该负担转让货物的，考虑到这一用益权，让与人处分的权利或者权限会受到本款意义上的“限制”。换句话说，本规则是不得将自己没有的权利转让给他人（*nemo dat*）的规则的一项特别的适用。

（b）统一主义为基础进路的范围

在当事人之间的效力以及对抗第三人的效力。当所有权转让的，则所有权完全移转。“当事人之间的效力”（不管怎么定义）以及“对抗第三人的效力”（不管涉及谁）严格来说没有区别。就其内容来说，本规则默示地援引第Ⅷ－1：202 条（所有权）规定的定义。前所有人失去而受让人取得使用、受益、改变、毁坏、处分和返还财产的排他性权利。这一排他性的归属受到物权法救济的保护；参见第Ⅷ－6：101 条（所有权保护）。这包括针对第三人而受到的保护，比如针对不法占有和使用财产的小偷，同时也隐含了针对交易对方的一般债权人而受到的保护。如果调整其他私法领域的规则自主选择排他性归属要素的，则其也是与其他私法领域相联系的关键。尤其是，第七卷不当得利法就将其自身与这种受保护的排他性以及权利持有人防止侵害和不利干扰的授权相联系（参见第Ⅶ－3：102 条（不利益）评论 B）。类似地，关于侵权损害赔偿责任的规则规定，由于侵害他人物权导致的某人的损失是法律上相关的损害。后一规则与本卷意义上的“所有权”的含义完全结成一体，进一步具体说明，“损失”包括被剥夺了对财产的利用以及“侵害”了财产权利，后者包括彻底毁坏权利标的物或者对其造成物理上的损害(财产损害)、处分了权利、干扰其利用以及其他对权利行使的干扰(第Ⅵ-2:206条(侵害财产或者不法占有时的损失))。就选择目前非强制性的交付主义进路的基础性政策考量的讨论,参见第Ⅷ-2:101条(所有权转让的一般要件)评论C。

债法可以规定其自己的效力。正如对本条第(2)款和第(3)款评注中会更全面讨论的,"所有权"的概念以及关于所有权转让的规则不会"吸收"其他部分的法律所调整的问题,尤其是债法调整的问题。例如,就买卖合同中的风险移转规则,是意外事件(external events)对双方当事人之间存在的权利与义务的影响的问题,为第四卷第一编第五章所及,不受所有权转让规则的影响。

本章采纳的统一主义进路的一些例外。本章也采纳了少许对于统一主义进路基本规则的例外,条件是:考虑到具体情况下的具体利益,采取例外比坚持基本规则会更为妥当。一个例子就是本条第(4)款;其他的例外可见于双重处分(第Ⅷ-3:101条(多重让与))以及尽管保留所有权的卖方破产,买方通过付款成为所有人的权利(所有权保留时受让人的期待权)。

所有权与责任无关。由于这个问题在起草本编过程中进行讨论,而且如果不明确澄清的话,可能会引起误解,所以有必要强调,就转让标的所造成损害来说,所有权自身或者所有权移转,本身不会引起任何责任。根据本示范规则,某人是某项财产的所有人的事实本身不构成责任根据。依据本示范规则第六卷就是如此,而第八卷无意就此作任何改变。

无意处理税法的问题。本卷也无意就税法问题进行处理。税法自行决定哪些事实从税法目的来说必不可少。税法可以遵循私法规则下确定谁被视为所有人的归类,但是也可以决定遵循其他进路,比如采取更经济的视角。

C. 就当事人之间的权利和义务的澄清(第(2)款)

概述。本规则以及下面第(3)款的目的是澄清,尽管第二章基本上遵循"统一主义"的转让概念,但是统一主义的观念并不管领一切问题。就让与人与受让人的内部关系来说,合同法规则或者个别合同条款的解释可以导致部分相异的结果。当法律关系以合同以外的原因为依据的(也就是单方法律行为,法院的命令或者法律规定)而且存在相关的规定时,同样是如此。第(2)款的列举标志了在这方面有关的规则。这一列举并非穷尽的。比如,运输中停运权,依据所适用的规定,具有合同性质,或者(比如依据联合国国际货物销售合同公约第71条第(2)款)交付后"中止"履行的权利,就让与人和受让人之间来说,不会受到所有权转让规则的影响。

风险((a)项)。风险的移转(比如买卖合同下的),在本示范规则不被塑造成物权法问题。只影响让与人和受让人内部关系中的权利和义务;尤其是影响,尽管由于意外事件买方不会收到货物,但是买方是否需要付款的问题。就买卖合同来说,这些问题受到第四卷第一编第五章的调整,不受关于所有权转让规则的影响。

拒绝履行的权利((b)项)。在特定的要件具备时,第Ⅲ-3:401条(拒绝履行对待给付义务的权利)的一般规定,赋予合同或者其他法律关系的当事人拒绝履行的权利。(b)项澄清该权利不受所有权转让规则的影响。

果实及收益的内部分配,花费和开支的内部分配((c)项)。不管所有权依据本章规则何时移转,当事人都可以分别约定,诸如从转让的标的产生的果实或者收益归让与人或者受让人。例如,当怀孕的母牛出售时,当事人可以约定小牛归买方,而不管小牛是指母牛所有权转让之前还是之后产下的。这一协议对于当事人具有拘束力,但是如果卖方在母牛所有权转让之前破产的,关于卖方债权人是否对母牛和小牛下手的问题由本章的物权法规则来决定。另外,就谁将承担所有权转让之前的货物的维护费用,当事人可以内部进行约定。这个问题不必然留给物权法。

内部的使用权或者不使用的义务((d)项)。同样,合同条款(或者其他法律基础)可以规定当事人之间货物使用权或者不得使用货物的义务。比如,新车出售但是在稍后的时间交付,合同可以约定,尽管所有权在交付后移转,但是卖方不得使用汽车,因为这会导致价值的降低,而且会造成车交付前受损的风险。

D. 就第三人的权利或者对第三人的权利澄清(第(3)款)

概述。类似地第(3)款澄清,调整第三人权利或者有关第三人权利的其他法律不因为所有权转让规则无效,而是可以优先,并导致与转让规则相联系而得出的相异的结果。该款的两项规定了重要的例示。

让与人债权人主张转让不生效力的权利(保罗诉权或者类似概念)。只要债务人的特定行为对债权人造成损害,且在破产程序开始前的特定时间实施,并具备其他条件的,各国破产法通常给债权人提供了主张其不生效力的权利。而这里的其他要件可以是,如行为的相对人意图使债权人遭受不利;相对人知道债务人没有偿债能力,或者转让是无偿的。在有些国家,债权人甚至在破产程序之外都可以行使这种权利。这些规则服务的重要目的,本卷不意图干预。这一点通过本款(a)项予以澄清。

遭受经济损失的不是所有人的,根据第六卷请求损害货物的第三人赔偿的权利((b)项)。本款所指是:由于第三人损害所售货物,遭受经济损失的当事人(还)不是所有人的情形。尤其在让与人依然是货物的所有人,但受让人已经承担风险的之时会发生这个问题。这可能是由于当事人之间的协议造成,或者买方未及时收取货物(参见第Ⅳ.A－5:102 条(风险转移的时间))。(b)项的目的是澄清,所有权还没有转让给受让人的事实,不妨碍后者请求造成损害的第三人赔偿。受让人已经可以根据第六卷的制度这么去做。此时,让与人会遭受第Ⅵ－2:101 条(法律上相关损害的含义)第(1)款(c)项意义上的"由于侵害有法律保护价值的利益导致的损失"。而仍然是所有人的让与人,不会被视为已经遭受了第Ⅵ－2:206 条(侵害物权或者合法占有时的损失)第(1)款意义上的"作为侵害该人物权结果导致的损失"。因此,必须向买方支付价款,但是没有得到货物(或者只得到了受损的货物)的受让人,会对损害货物导致损失的第三人拥有损害赔偿请求权。这一点也得到了第Ⅵ－2:101 条(法律上相关损害的含义)第(3)款中的"对于公共政策考虑"规定的支持,因为让第三人躲过责任会不公平、不合理。对于案件的结果来说,物权法角度又一次不是关键。

E. 在所有权转让后拒绝履行时行使解除权的后果(第(4)款)

概述;所及情形。本款规则可以说构成统一主义进路一般规则的一个例外。从技术上来说,本款通过赋予让与人在特殊情形下解除合同关系以特殊效力实现这一例外,也就是,当货物的交付让与人可以拒绝时,但是所有权已经基于协议移转给受让人这种特殊情形。该规则也可以描述为处理让与人对抗受让人及受让人的债权人的一项特殊规定,此时,谁拥有货物的问题不是决定性的。规则所设想的情形如下:

示例

卖方和买方同意合同订立后,货物将放在买方住所三个星期。由于买方想要避免卖方破产的风险,于是他们约定所有权立即移转。打算在货物三周后现实交付时付款(包括严格意义上的货物的价款以及另外的保管费用)。但是,买方没有付款。

让与人依然有拒绝交付货物的权利。尽管所有权已经移转给买方,但让与人是否仍然具有拒绝交付货物的权利是一个合同法问题,不是本卷的问题。参见第Ⅲ-3:401条(拒绝履行对待给付义务的权利)规定的一般规则。根据货物买卖合同,卖方必须履行两项重要义务——转让货物所有权以及交付货物。在本款所及情形,转让货物所有权的义务已经履行,同时交付货物的义务还没有履行。因此似乎让与人在支付价款的对待给付义务履行或者提出履行之前,有权拒绝交付。本款的条文援引了本条第(2)款(b)项,该项规定这种拒绝履行的而权利不受所有权转让规则的影响。

解除合同关系。此时给让与人提供保护的技术上的手段是,赋予解除合同关系以特殊的效力。通常,会是让与人因为另一方当事人没有能够付款而解除合同。但是,该规则不限于这种情形。像上面描述的这种情况,当事人合意解除合同关系时,其也应该适用。其还适用于受让人破产时,破产管理人决定解除在破产程序开始时双方均没有完全履行的合同关系。

解除的溯及力。第(4)款规定本款所及情形,解除——例外地——具有溯及的物权效力。这种溯及物权效力的概念在第Ⅷ-2:202条(自始无效、事后撤销、撤回、终止和撤销的后果)第(2)款进行了定义。所有权视为从未转移给受让人。这是一个例外,因为所有的其他情形,解除没有这种溯及的物权效力,而只会引起所有权重新转让给(前)让与人的义务(参见第Ⅷ-2:202条第(3)款)。

选择这一进路是基于实践上的理由。当与原初的受让人的合同未能成功,让与人需要将货物卖给另一个买方(并寻求原初的受让人赔偿任何有关的损失)。让与人会发现,如果不能处分货物并立即授予完整的所有权,则很难吸引其他买家。在解除时立即成为所有人,让与人会重获处分权。就这一效力来说,如果所有权立即重新授予让与人,但是没有溯及力,也能达到同样效果。但是,如果受让人在得到交付并支付价款前,已经将货物出售给第三人的,则需要用溯及的概念赋予让与人相对于受让人的次买受人的优先效力。当受让人没有为货物支付价款,而且让与人依然占有货物,使让与人(其只是为了在让与人破产时给受让人以担保而转让所有权)优先于这种第三方次买受人看起来更可取。最后,解除溯及的物权效力在受让人破产时给让与人以保护。

本款放在第Ⅷ－2:202条(自始无效、事后撤销、撤回、终止和撤销的后果)可能也是一样。但是,因为语境是让与人拒绝履行的权利,所以放在这儿。

F. 对于运输中让与人停运权的注释

没有明确规定运输中停运权。货物已经交给承运人——货物的所有权可能因此已经转移给受让人——但是货物还没有交到受让人手中,由于没有适当付款或者存在不适当付款风险,对于此时买方停止运输权利,本示范规则——本处或者第三卷或者第四卷第一编——没有任何规定。许多欧盟国家法律制度都规定此时有运输中的停运权。不过就其技术构造,以及其(只涉及当事人,或者也可以对抗第三人)效力来说,有关规则却有不同。有时候,这些规定是买卖法的一部分;在其他国家,它们是破产法的一部分。在后一种法律制度中,买方的破产是有关规则适用的不可或缺的条件;在其他制度,有像不履行的风险的充分标志的前提就够了。也有国家已经废止了这种权利,主要因为最近的经验表明,实践中不再有这种需要,因为卖方通常通过所有权保留或者跟单信用证的手段来担保付款请求权。

在本章起草过程的很晚阶段,才有是否应当在第八卷本条采纳停运权的讨论。但是,对于这种权利实践中现在是否需要没有清晰的看法。不过,这不意味着,本卷不会承认这种权利。当然包含运输中停运权的买卖法适用时,其将会通过本条第(2)款而采纳。当规定在破产法中的,则属于第(3)款的范围。

注 释

Ⅰ. 关于所有权转让的进路

1. 就所有权从让与人转让至受让人而言,可以看到,根据大多数国家的做法,基于所有权产生的所有的权力和利益都在一个时间从一人转移至另一人。尽管规则的风格和理论解释上会发现有些许不同,但是这一规则在欧洲绝大多数国家占主导地位,不管这些国家是普通法系还是大陆法系国家。不过,必须注意到当事人自治和合同自由确实在某种程度上赋予偏离这一规则的可能。尽管就物权来说通常有物权法定原则,该原则禁止合同当事人创设新的物权,但是还是有可能利用现有制度以在实践中实现基于所有权的不同权力、权利和义务的"分离"。比如当让与人保留了对转让给合同相对方的财产的用益权时就是这样;此时有作为一个整体的所有权与可以从所有权中受益的明显分离。概括而言,所有权转让的统一主义的观念在其所适用的所有国家的法律制度中并不必然具有相同内容;有时候,其有更宽的范围,包括数个方面,比如风险移转,而其他国家其内容则更窄一些(在奥地利,就一些例子来说,统一主义进路可能所被弱化了,但是在其他统一主义的国家中却一直普遍适用,参见 Faber and Lurger(-*Faber*),National Reports Ⅰ,73 et seq.)。

2. 在北欧国家存在所有权转让的统一主义进路的真正例外,其根据完全不同的观念来处理整个"所有权"转让的问题。这些国家认为"所有权"何时移转的问题无关紧要。在财产从让与人转让到受让人的过程中不同阶段的不同行为会分别地或者累积地在不同时间赋予当事人特定的法律结果。比如,在瑞典,合同的签订会给买方针对于卖方的请求权,占有的移转会让其可以对抗让与人的债权人,而取得的完全结果可以通过在合同中加入所有权保留条款而推迟到交付之后的某一时刻。而北欧国家有个共同点就是,它们都适用同一种"功能主义的"进路,单一的所有权转让效力的规则与这些国家并不相同(详见第Ⅷ－2:101 条注释 3、15 及以下,以及 47 及以下,和第Ⅷ－2:103 条注释 21 及以下和 33 及以下)。

Ⅱ. 所有权转让及风险移转

3. 原则上,德国法遵循不成文的原则:物主承担风险(*casum sentit dominus*),因此所有人承担财产恶化的风险。这个规则在受让人受领迟延时(民法典第 300 条)或者财产的占有在所有权转让前已经移转受让人时不适用。在民法典第 446、447 条也包含了涉及买卖合同的特殊规则:民法典第 446 条规定,货物意外灭失或毁坏的风险在货物现实交付给买方时(或者受领迟延时)转移至买方;本条意义上的交付指物理控制的移转,而所有权可能已经移转。即使货物因为意外事件灭失,买方仍然有义务履行,除非即使履行,损害仍然不可避免(民法典第 287 条)。民法典第 447 条调整根据买方请求运输货物的情形:此时,风险在卖方将货物交付给第一承运人、运送人等时移转,除非卖方就运输给予特别的指示,而卖方未遵循这些指示。因此,所有权转让和风险移转可能是同时,但这一点并非必然,比如,在所有权保留时,风险在所有权之前移转(Faber and Lurger(-*McGuire*),National Reports Ⅲ,chap. 9)。

4. 类似地,在奥地利法上,风险移转和所有权转让的法律调整并不必然重合,尽管可以事实上同时发生。更具体来说,尽管"风险移转"(*Gefahrtragung*)的概念可以在奥地利法的不同语境中发现,这些语境共同的核心在于,意外损失或财产毁损让谁承担的问题(就有关问题的详细分析,参见 *Rabl*, Gefahrtragung;就风险移转和所有权转让的关系,也请参见 Faber and Lurger(-*Faber*),National Reports Ⅰ,64 ff,132 ff)。与买卖、互易等合同有关的两种主要风险是,付款风险(Preisgefahr)和履行风险(Leistungsgefahr)。它们都与双务合同情形下,在合同订立与货物交付两个时间之间意外灭失有关:前者涉及买方是否还有义务支付价款的问题,而后者是卖方是否还有交付货物的义务。价款风险由民法典第 1048、1049 条和第 1051 条(适用互易合同,但是对买卖合同也可以类推适用,民法典第 1064 条)与民法典第 1447 条一起调整。主要的规则是,风险在约定的交付时间移转给取得人(cf. Rummel(-*Reischauer*),ABGB II(3)[3], § 1419 no. 12)。关于付款风险移转规则也适用于特定物合同(特定之债 Speziesschulden);在种类物合同(种类之债(Gattungsschulden,Genusschulden)),货物必须首先特定于合同项下。就所售货物没有被完全毁坏而只是受损的情形,民法典第 1048、1051 条规定了一套复杂的机制;但是,最近有人提出这种机制已改革后瑕疵担保(*Gewährleistung*)规定已经不言自明地背离(*Rabl*,loc. cit.,227 et seq.;*Faber*,loc. cit.,133 et seq.)。就履行风险来说,也受到民法典第 1048～1051 条的调整(*Aicher*,loc. cit., § § 1048－1051 no. 4):基本原则是,如果履行指向特定财产而该财产意外毁损或者灭失,则交付该财产的义务消灭,而涉及种类物的,义务一直存续到发生划归合同项下的行为。划归合同项下的行为,需要根据义务是在债务人还是债权人住所清偿或者货物是否必须发送,作不同的评估(更多信息,参见 *Faber*, loc. cit., 134 et seq.)。风险移转的规则一般认为不是强行法,而当事人可以自由地另作其他安排(比如,*Aicher*, loc. cit., §§ 1048-1051 no. 16; Schwimann(*-Binder*), ABGB Ⅳ[3], § 1048 nos. 25 ff),比如采取《国际贸易术语通则》(Incoterms)的做法。不过,至少根据部分学说,风险的移转需要合同有效(*Faber*, loc. cit., 135)。民法典下的所有权转让和风险移转并不必然相联系,这一看法在奥地利不是没有争议;有些学者(比如,*Reischauer*, loc. cit., § 1419 no. 13,援用了民法典核心起草人冯蔡勒的看法,以及其著作 Commentar zum ABGB Ⅲ(1), 342 et seq.;也请参见 *Kerschner*, JBl 1988, 548)支持这样的观点:根据民法典两者似乎相联系,或者至少风险的移转倾向于遵循所有权转让的规定。尽管有这种少数学说,现在奥地利学说中共同的理论基础是风险移转的规则和所有权转让的规则彼此独立(比如 Klang(*-F. Bydlinski*), ABGB Ⅳ(2)[2], 496 et seq.; Rummel(*Aicher*), ABGB Ⅰ[3], §§ 1048-1051 no. 8;就争论的概括,参见 *Rabl*, Gefahrtragung, 62 et seq.),而且基于不同理由(ratio),尤其是付款的风险。为什么风险应该在现实交付或者约定交付时移转,通常会提出三个理由:(ⅰ)风险应该在让与人已经履行了让与人的给付的主要行为时移转给取得人,现在轮到受让人对待履行(*Schilcher*, JBl 1964, 395, 403-406; *Aicher*, loc. cit., §§ 1048-1051 no. 8.);(ⅱ)直到交付之前,卖方处于保护货物免受危险的更好的地位(反对意见参见 *Reischauer*, loc. cit., § 1419 no. 13);(ⅲ)由于交付前供货人继续使用财产并获得其收益,因此供货人应当也承担风险(利益之所在,即风险之所在(cuius commodum, eius periculum))(*Bydlinski*, loc. cit., 499; *Aicher*, loc. cit., §§ 1048-1051 no. 8; *Koziol andWelser*, Bürgerliches Recht Ⅱ[13], 171;就相关讨论的概括,参见 *Graf*, Vertrag und Vernunft, 158 et seq.; Faber and Lurger(*-Faber*), National Reports Ⅰ, 135 et seq.; *Rabl*, loc. cit., 62 et seq.,其对这些理由的普遍应用持有怀疑)。理论上也试图将这些理由归结到一个单一的原则,也就是,当事人必须计算意外风险的可能性(*Graf*, Vertrag und Vernunft, 159-162)。风险移转和所有权转让的基础性理由的不同,在不动产领域甚至体现得更为明显,不动产风险在财产交付,而所有权需要登记后才移转。在动产领域,在所有权保留买卖的场合,风险在交付时移转,而所有权在价款全部支付时才移转(*Aicher*, loc. cit., §§ 1048-1051 no. 9; *Reischauer*, loc. cit., § 1419 no. 13)。但是,尽管现实交付(民法典第 426 条)看起来没有疑问,因为风险和所有权通常一起移转(cf. *Aicher*, loc. cit., §§ 1048-1051 no. 12),但是就等同交付行为来说就有争议(民法典第 426 条至第 429 条;参见第Ⅷ-2:103 条注释 1 及第Ⅷ-2:105 条注释 1、24、46 和 70)(Faber, loc. cit., 136 et seq.)。就"象征性交付"(民法典第 427 条)而言,由于没有实际的物理权力,风险通常不会转移给取得人;不过当事人可以另行约定,因为关于风险移转的规则不是强行法(*F. Bydlinski*, loc. cit., 501,就占有改定;cf. Rummel(*-Aicher*), ABGB Ⅰ[3], §§ 1048-1051 no. 11; *Rabl*, Gefahrtragung, 10)。在占有改定(*constitutum possessorium*)(民法典第 428 条)的情形,当事人就风险移转没有任何约定的,对风险何时移转有不同的看法:许多学者要求现实交付给取得人才能移转风险(cf. *F. Bydlinski*, loc. cit., 498 et seq.; *Aicher*, loc. cit., §§ 1048-1051 no. 11; *Koziol and Welser*, Bürgerliches Recht Ⅱ[13], 171; *Schilcher*, JBl 1964, 395, 406 et seq.);其他学者则主张风险随同所有权转让而移转,因为占有改定履行了转让所有权的合同义务(*Rabl*, Gefahrtragung, 94 et seq.; Rummel(*-Reischauer*), ABGB Ⅱ(3)[3], § 1419 no. 18; Schwimann(*-Binder*), ABGB Ⅳ[3], § 1048 no. 8.)。支持在货物现实交付时风险移转(除非另有约定)的类似考虑因素,在通过指示第三人进行交付(占有指示(*Besitzanweisung*))时也被提出(*F. Bydlinski*, loc. cit. ,501;Rummel(*-Aicher*),ABGB I, § § 1048－1051 no. 11),而其他人认为风险在给第三人发出通知时移转(*Rabl*,loc. cit. ,105 et seq. ;*Schilcher*,JBl 1964,395,406; *Reischauer*,loc. cit. , § 1419 no. 18)。在简易交付中(*brevi manu traditio*)(民法典第 428 条),风险在买卖合同订立时移转给买方,但是如果当事人约定所有权在晚一些的时间移转,则风险也在这个时间移转(*Rabl*, loc. cit. ,93)。当货物由独立的承运人发送时(需要运输的买卖(Versendungskauf)),民法典第 429 条规定,所有权在货物交付给承运人时移转,除非卖方选择了异常的运输方式;该规则被认为也适用于风险移转(*Aicher*,loc. cit. , § § 1048－1051 no. 10 有进一步的引证)。就 2007 年 1 月 1 日之前订立的合同,以及被废止前调整这种转让的法律:商法典施行法 4 第 8 条第 20 项(4. EVHGB art. 8 no. 20),参见 Faber and Lurger(*-Faber*),National Reports Ⅰ,138。

5. 在瑞士法,风险的移转与所有权转让没有联系(*Schönle*,Zürcher Kommentar V(2a)[3],art. 185,no. 18)。根据债法第 185 条第(1)款,如果所售货物是特定物,在合同订立时,风险移转;如果是种类物,根据当事人的约定,风险在交付承运人、在承运人交付给受让人或者货物被交由受让人处分时移转(债法第 185 条第(2)款)。如果让与人迟延行交付货物,则让与人承担交付前的所有风险(债法第 103 条);如果受让人迟延,则受让人承担适当提出交付之日起的所有风险(Thévenoz and Werro(*-Loertscher*),Commentaire Romand,art. 92,no. 13)。这些规则适用于风险移转;但是不影响所有权转让(*Schönle*,Zürcher Kommentar V(2a)[3],art. 185,no. 18)。

6. 希腊民法典只在买卖法中规定了风险移转规则,从所售货物交付时起,货物意外毁损和变质的风险由买方承担。但是民法典第 522 条第(1)款不是强行法(*Kornilakis*,Obligations SP, 324),就风险移转当事人可以按照其想法自由约定。就本规定而言,交付被理解为民法典第 976 条至第 978 条意义上的占有的移转,而单纯的返还请求权的让与不足以构成。该规则所及的主要问题在于,如果货物意外毁损或者变质,决定买方是否依然必须支付价款。就种类物来说,风险在交付之前不转移,因为直到这一时刻,不可能发生卖方的履行不能(种类物不灭失(*genus non perit*))。特定物的风险也在交付时移转给买方;通常交付和所有权转让会同时发生,但是也可以分离(比如保留所有权时),就民法典第 522 条第(1)款来说,这些情形是最具有实践上的重要性的(*Kornilakis*,loc. cit. ,324)。在保留所有权的情形下,风险在所有权保留之前移转给买方;因此,如果货物毁损,买方依然需要支付价款,但是有侵权法上的损害赔偿请求权,因为在货物交付后,货物属于买方的财物范围(参见 CA Athens 1554/1996,EllDik 1998,603;CA Athens 734/1995,EllDik 1997,142;PPr Pireaus 1914/2003,DEE 2004,678)。另外,在其债务人由于不可归因于债权人的事件而被豁免债务的,民法典第 338 条使债权人能够从债务人处取得债务人因为该事件而得到的利益,而民法典第 525 条规定,从风险移转开始,由买方收取所有货物的孳息并承担所有负担;因此,买方可以基于上述规定中任何一条,向卖方要求其交出(基于所有人身份)所获得的任何赔偿金(就后一种情形,参见 *Kornilakis*,loc. cit. ,326)。如果风险已经移转,但是卖方没有完全履行卖方的义务并且在货物灭失前处于违约状态(比如由于法律上的瑕疵(legal defects)),那么买方有基于民法典第 516 条和第 374 条(同时履行抗辩权(*exceptio non adimpleti contractus*))的一般救济,但是如果货物完全或者严重损毁,买方也可以解除合同(*Kornilakis*,loc. cit. ,328)。另外,如果货物有瑕疵或不具备约定的特性,则如果货物在风险移转后灭失,卖方的责任不消灭,而是赋予买方以减价权(但不能又解除合同;参见 *Kornilakis*,loc. cit. ,328;就所有前述情形,参见 Faber and Lurger(*-Klaoudatou*),National Reports Ⅲ,chap. 10. 1)。

7. 为了检视匈牙利法中的风险移转(参见 Faber and Lurger(*-Szilágyi*),National Reports Ⅲ,chap. 10.1),民法典第99条规定了一个出发点——将风险置于所有权人;但是,只要不影响第三人,这个规则可以由当事人毫无困难地予以修正。原则上,风险移转与债务的实际履行相联系:除非有其他约定,所有权(或者管理权)的移转原则上也影响风险的移转(民法典第279条第(2)款);就此来说,通过指明谁必须照管财产的运输,履行的完成在决定谁承担风险上至关重要(Gellért(*-Harmathy*),A Polgári Törvénykönyv Magyarázata[6],1015 et seq.,1020;就由独立承运人运输的情形,参见紧接着的下文)。不过,风险的移转并不必然附属于履行和交付,而相关的规则不是强行法;例外可以归纳为两类:提供了不同方案的立法规定(比如,风险移转给迟延受领的买方)以及所有权保留条款(民法典第368条第(1)款)(*-Harmathy*),loc. cit.,1020)。两种场合下,风险移转都先于所有权转让;这种可能性也可以用不动产来清晰地说明,此时风险在占有移转后转移,而所有权在登记时移转(民法典第368条第(3)款;(*-Harmathy*),loc. cit.,1021)。最后,例外的例外也是可能的:如果买方能够证明迟延不可归责于他或她,或者货物无论如都会灭失,则风险不移转给受领迟延的买方(民法典第299条)(Gellért(*-Benedek*),A Polgári Törvénykönyv Magyarázata[6],1059)。就等同交付来说,简易交付(brevi manu traditio)、占有改定(constitutum possessorium),可能还有长手交付(longa manu traditio)时,风险似乎通过当事人的约定移转,而返还请求权让与(cessio vindicationis)时,风险在买方取得货物占有时移转(Szladits(*-Antalffy*),A magyar magánjog Ⅳ,247)。在风险能够移转之前,种类物首先必须特定。当货物必须发运给承运人的(就履行地点的确定,参见民法典第278条第(1)款),必须履行的一方有就发运进行安排的义务;民法典第278条第(2)款主要规则规定,对于风险移转来说,关键也是履行的地点和时间,是有义务履行的人交付货物给承运人或者运送人的地点和时间;这与通说不将独立承运人视为发运人的代理人的事实有关,因为他们之间没有任何依附关系。对于运输是受让人亲自(利用受让人自己的工具)或者受让人的代理人运输的情形,这一规则显然不适用(民法典第278条第(3)款)((*-Harmathy*),loc. cit.,1017 et seq.;Petrik(*-Kisfaludi*),Polgári jog Ⅱ[2],468/14-15)。真正的例外涉及消费者(企业对消费者)合同,此时,根据最近的特别规定,只有现实交付给消费者的,履行才算完成。如果所有权转让附条件,只要当事人没有另行约定,如果这是停止条件,则风险在条件成就时移转于买方,而在解除条件,风险已经在交付时移转买方。最后一个问题涉及限制物权移转时的风险移转;此时,风险的移转取决于有关权利赋予的占有的权利,以及有关权利的对世效力(Szladits(*-Antalffy*),loc. cit.,251)。

8. 在捷克共和国,由于欠缺一般规则,民法典以颇为碎片化的方式调整风险的移转(Knappová(*-Knapp/Knappová/Svestka*),Civil Law I[3],298)。在货物买卖的情形,标的意外灭失毁损的风险以及标的收益,在买方取得所有权时移转至买方;但如果买方在交付前取得所有权,卖方仍然是需要负责的监管人(民法典第590条)(*Svestka/Jehlicka/ Skárová*,OZ[9],884),除非当事人另有约定。另一方面,商法典包含了对于该问题的全面的规定(Faber and Lurger(*-Tichy*),National Reports Ⅵ,chap. 10)。即使损害风险的移转和所有权转让经常同时发生,也必须予以区分。风险意味着意外或者非意外的损失、毁坏、价值的损害或者损失,独立于所有权的取得移转给买方;买方可能甚至不是所有人时就得承担责任,反之亦然。商法典第459条只在两种情形下允许对风险移转作出安排:当货物已经个别特定,或者已经特定化的货物和同种类的其他货物充分地分离;这两种情形是允许当事人自治的唯一场合,除此之外《商法典》第459条是强行法性质的(参见商法典第263条)。取决于买方是否从卖方或者卖方以外的人处接受货物,或者卖方是否必须将货物交给承运人,或者是否在合同订立后立即发生转让,作为一般规则,风险在买方从卖方处接受货物之时移转;如果买方没有及时这么做,只要买方没有正当理由拒收货物,从卖方将货物交由买方处分而买方未能接受交付时起风险移转。如果是从卖方以外的人处接受,只要买方确实可以获得交付并对此了解,风险也在指定的交付时间移转。如果利用了承运人,则有两个选择(Pelikánová et al. (*-Plíva*),Obchodní právo(Commercial Law)2,260):方案取决于卖方是否有义务发运货物并将货物在特定的地点交付给承运人。如果货物发运,风险相应地在指定的地点交付货物时或者在将货物交付给第一承运人时移转给买方。如果卖方在合同订立时知道或者应当知道货物的瑕疵,则风险不在交付给第一承运人时移转;此时,买方被视为故意以没有瑕疵的货物价值(value)销售被毁坏的货物(Pelikánová et al. (*-Plíva*),Obchodní právo(Commercial Law)2,262)。

9. 在斯洛伐克法,物所有权的转移时间不必然与风险转移于取得人的时间重合。依据民法典第590条,除非当事人另有约定,所售货物意外毁损的风险在买方取得所有权时移转至买方,但是如果基于某些原因所有权在交付前发生移转,卖方必须在交付前作为需负责的货物监管人(参见民法典第747条)。后一规定实际上意味着当所有权转让先于交付,则风险也移转于取得人,但是卖方如果违反特定的保管义务的(民法典第751条),仍然也对货物的的意外毁损承担责任,除非损害是由于其他原因所致,比如,因为买方允许其他人也使用货物的。另外,风险在其他情况下也先于所有权转移到取得人,比如,所有权保留的场合(民法典第601条),前提是当事人作了那样的约定。除了民法典外,商法典第455条至第461条是对商法下风险移转的更为详细的规定:根据商法典第455条,货物损害风险在货物交付时移转于买方,如果交付没有按时发生,则在卖方赋予买方处分财产的能力或者当买方拒绝受领货物之时移转;因此,作为规则,风险随同所有权转让给买方,这样物主承担风险的(*res perit domino*)一般规则就得到了支持。商法典第455条也适用于卖方将货物发往约定为合同履行地的特定目的地;该地点是交付、所有权转让以及风险移转发生地,而且,事实上即使买方拒绝占有货物时,风险也发生移转。例外是权利证书,风险在这些证书交付时移转至买方(*Ovecková*,Obchodnyzákonník 2,277),甚至于货物还在运输中也发生移转。商法典第456条调整这样的情形:买方从卖方以外的人处取得货物,此时风险在设定的交付时间移转至买方,只要买方被授权控制货物并且知道这种授权;如果买方能够处置货物或者后来才发现可以处置,那么在买方能够这么做时或者知道这一点时,风险发生移转。这一规则主要适用于货物在第三人手中而买方必须在卖方的住所外检查货物(比如货物在卖方或者承运人的运输终点储藏),而且到达的地点或者清偿的港口是合同约定的卖方交付地的情形(*Ovecková*, Obchodnyzákonník 2,277;也请参见商法典第335条)。另外,商法典第460条规定,如果合同订立时货物处在运输途中,损害的风险在将货物交付给第一承运人(运送业者)时移转;这一规则背后的理由是,货物在运输中的状态不易确定,因此,风险在交易成立前移转(*Ovecková*,Obchodny zákonník 2,280)。尽管在远程交付(distant delivery)的情形,原则上风险由买方承担,但是不等于买方必须承担整个运输过程中的风险:比如,如果货物拟在指定的地点交付承运人以运交买受人,风险在于指定地点交付第一承运人时移转于买方,但是到指定地点的运输风险仍然由卖方承担;另外,如果打算运输货物,但是没有指定交付承运人的地点,风险在运输程序开始之时移转买方。两种情形下,风险的移转不受卖方有识别所运输货物的文件的事实的影响,因为这些文件通常约定目的地交给买方(*Ovecková*, Obchodny zákonník 2,279)。就种类物来说,风险在货物(通过标注或者以其他方式)特定于合同项下之前不发生移转(参见商法典第

458条及第459条)。当事人不可以背离这一规则(参见商法典第263条)(Faber and Lurger(*-Petkov*),National Reports Ⅵ,chap. 11)。

10. 在斯洛文尼亚,谁承担转让货物意外毁损风险意义上的风险移转,受到债法第436条的调整(Faber and Lurger(*-Rudolf/Rijavec/Kerestes*),National Reports Ⅰ,598 et seq.)。一般来说,风险在货物交付时移转(债法第436条第(1)款);不过,这一规则语境下的"交付"与物权法的交付概念不当然重合,而是只指占有的移转(Juhart and Plavsak(*-Juhart*),OZ Ⅲ,art. 436,74)。不过就动产来说,实际上没有"物权"交付和"合同"交付之分。在特殊形式的合同中,如保留所有权的买卖合同中存在差别,合同性的交付先于物权交付,也就是先于所有权的实际移转。另外,依据债法第436条第(2)款,如果他方当事人由于所售货物的瑕疵解除合同或者要求换货的,则风险不移转该当事人;这一规则的目的是针对就违约负有责任的卖方而保护买方。就买方迟延来说,债法第437条规定,即使未交付,风险也移转给受领迟延的买方。卖方所要做的无非是买方能够取得货物的交付,也就是,根据情况,将这些货物从大宗货物中分离出去(债法第437条第(2)款),或者就种类物来说,将一定的货物特定于合同项下(债法第437条第(3)款);不管哪种情形,卖方都必须将所采取的行动通知买方(*Juhart*,loc. cit.,art. 437,76)。

11. 在爱沙尼亚,实践中风险的移转和所有权转让常常会在时间上重合,但非必然如此。风险移转主要由债法第214条调整。作为经验法则,风险在交付时移转;但是债法第214条第(2)款语境下"交付"与对物的物理控制(占有)的移交不必然重合,而是必须评估让与人是否已经完成交货义务。比如,根据债法第209条,如果卖方将货物置于特定地点听由买方处分并且通知了买方这一点,那么视为卖方已经履行了交付义务。就种类物,货物还必须通过标志、运输单据或者其他手段,为了交付而被明确特定化。合同规定了货物运输的,货物交付承运人的,交付的义务视为已经得到履行(更多例子,参见Faber and Lurger(*-Kullerkupp*),National Reports Ⅰ,303)。所有这些例子清楚表明,风险可以在所有权转移之前移转;我们可以将这些例子概括为卖方已经为交付货物做好准备,而且买方将要收取货物,卖方对要运送的货物进行了安排或者涉及所有权保留条款的情形(*Kullerkupp*,loc. cit.,302 et seq.)。

12. 在立陶宛法,所有权让与和风险移转关系在物权法和债法都有调整。根据民法典第4.52条,货物意外毁损灭失的风险随着交付与所有权一起移转给取得人,除非法律另有规定或者当事人另有约定;因此,当事人可以自由地将所有权转让与风险移转分开。另外,如果任何一方就货物交付或者受领交付相应地有迟延,则风险相应地仍留在或者转移至迟延方。除此之外,买卖法规定了风险移转的特别规则。民法典第6.320条规定,除非当事人另有约定,在卖方适当履行交付义务时风险转移给买方,而不考虑是否打算移转所有权。另外,民法典第6.230条第(2)款规定,所售运输中的货物意外灭失的风险在合同订立时移转,除非当事人另有约定或者另有不同的交易习惯。不过,合同自由受到民法典第6.230条第(3)款的进一步限制,该款规定,如果卖方知道或者应当知道在合同订立时货物已经遭受危险或者将要遭受危险,并且不通知买方的,那么交付第一承运人时风险移转的合同约定无效;另外,这种条款不能包含在消费者合同之中(民法典第6.188、6.350条)。在买卖成立后非因卖方的过失或者因为买方未能适当配合受领货物时货物损毁的,买方必须支付价款(民法典第6.230条第(4)款)。在种类物的买卖中,风险在卖方特定化货物而买方迟延时移转(民法典第6.230条第(5)款)。另外,如果买方提起有正当根据的宣告合同无效(annulment)的或者换货的诉讼,风险由卖方承担(民法典第6.230条第(6)款)。最后,尽管风险可能在交付后依据合同仍然由卖方承担,但是从买方可以合理预见到这些货物必须返时起，买方承担责任（民法典第6.230 条第（6）款）。在分期付款买卖中，除非当事人另有约定，风险由买方承担（消费者合同除外）（民法典第6.412 条）（Faber and Lurger（*-Mikelenas*），National Reports Ⅲ，chap. 10）。

13. 荷兰民法典只对买卖合同有风险移转的特别规定（民法典第七卷第一章）。民法典第7:10 条第（1）款规定，即使所有权还没有移转，风险也从交付之时起移转至买方。因此，在交付后，只要灭失不可归责于卖方，买方在货物已经灭失时就仍然负有支付价款的义务。另外，同一条第（4）款规定，当风险在交付后仍然保留于卖方，卖方就买方行为所致损毁或者灭失也负有责任；另一方面，如果买方可以合理预见到必须返还货物，那么买方有义务从这一刻起以一个谨慎的债务人的谨慎程度照管货物。交付被理解为让买方取得物的占有（民法典第7:9 条第（2）款）。民法典第7:10 条第（1）款遵循《联合国国际货物销售合同公约（CISG）第69 条以及《统一国际货物买卖法》（LUVI）第97 条，并表明放弃买方承担风险（*periculum est emptoris*）的罗马法谚；这一规定背后的理由是将风险置于实际控制货物之人（参见 Asser（*-Hijma*），Bijzondere Overeenkomsten I[5]，no. 509）。依据民法典第7:10 条第（2）款，在买方受领货物迟延的，也被认为风险移转；该条也禁止在卖方将种类物特定化并通知买方之前，种类物的风险移转，即使买方迟延也不得转移。民法典第7:10 条不是强行法，但是消费者合同不得有就该条不利于消费者的变动；另外，只有在卖方或者卖方指定的承运人交付货物时，风险才移转于买方，即使交付被认为已经在先发生也是如此（民法典第7:11 条）（Faber and Lurger（*-Salomons*），National Reports Ⅵ，chap. 9. 1）。

14. 在西班牙，“名义和形式”制度涉及所有权或者其他物权的转让，但是不必然涉及其他层面，比如风险移转（就西班牙法相关讨论，参见 Faber and Lurger（*-González Pacanowska and Díez Soto*），National Reports Ⅴ，chap. 4. 2. 1）。民法典第1095 条明确规定，除非有相反约定，转让货物之债的债权人，自合同订立时起取得对有关货物的孳息的权利。另外，民法典第1094 条认为，债务人对由于债务人过失导致物的变质的任何损害负责；依据民法典第1183 条，债务人的过失事实上是推定的。如果这种风险通过法律或者通则通过合同加到债务人头上的，适用同样的规则（参见民法典第1096 条第（3）款、第1185 条）。此外，如果不能认为债务人对货物的毁损灭失有责任，那么原则上交付义务消灭，债务人得以豁免（民法典第1105、1182 条）。另一方面，如果约定了交付货物的对待给付义务（比如，买卖合同），则发生买方是否有义务支付价款还是可以以履行不能为由解除合同的问题。民法典在买卖法中对风险移转问题没有明确的解决方案。学说上的通说和判例法从民法典第1452 条得出的结论认为，货物的意外毁损和变质的风险由买方承担（TS 13 June 1944（RJ 893）；TS 7 June 1946（RJ 706）；TS 25 March 1947（RJ 452）；TS 29 April 1947（RJ 607）；TS 6 October 1965（RJ 4358）；TS 28 June 1995（RJ 5928）；TS 9 June 1949（RJ 729）；TS 16 November 1979（RJ 3850）；*Lacruz Berdejo and Rivero Hernández*，Elementos II（2）[4]，26 et seq.）。但是，相反的方案，也就是卖方必须承担风险，且买方至少在所售货物毁损时有权解除合同，也得到了考虑，因为这种方案被认为更公平并且更符合这种合同的双务的性质以及物主承担风险（*res perit domino*）原则；就变质的情形，考虑到民法典第1452 条、第1468 条第（2）款以及第1095 条，将风险置于买方似乎更为可取，因为买方已经享有货物的利益（*Albaladejo*，Derecho Civil Ⅱ[12]，531 et seq.），而且还可以取得从物。就种类物来说，在货物特定于合同项下之后，风险才会移转给买方（民法典第1452 条第（2）款）。

15. 在法国法，一般来说，所有权的风险由现所有人承担（物主承担风险（*res perit domino*））。因此，即使货物还没有交付，货物损失的风险在合同订立时就随即转移给买方（民法典第1138

条)(Cass. 1ère civ. ,19 November 1991,Bull. civ. I,no. 325)。但是,该规则不是强行法(就风险问题,参见 Faber and Lurger(*-Cashin-Ritaine*),National Reports Ⅳ,chap. 10)。比如,在所有权保留时,卖方承担风险,原因是卖方仍是所有人(Cass. com. ,19 October 1982(arrêt Mecarex),Bull. civ. 1982 Ⅳ,no. 321;D. 1983,I. R. 12;RTD civ. 1984,515,note Huet),但是当事人可以自由地另作其他约定。不过,法国法明确区分合同风险和物的风险。如果合同不能履行(合同风险(risques du contrat)),不能履行的债务人承担风险(债务人承担风险(res perit debitori);Cass. 3ème civ. ,27 January 1976,Bull. civ. 1976 Ⅲ,no. 34),必须与合同的标的物灭失的情形相区别(物的风险(risques de la chose)),此时现所有人承担风险(物主承担风险(res perit domino);*Collart Dutilleul and Delebecque*,Contrats civils et commerciaux[8],no. 202;*Huet*,Contrats spéciaux[2],no. 11215)。物主承担风险有一系列例外,最重要的例外是,当卖方被通知交付货物,交付迟延的,由卖方承担货物毁损的风险(民法典第 1138 条末尾(in fine))(*Terré/Simler/Lequette*,Les obligations[9],no. 672);此时,卖方也丧失对财产价款的权利(Fontaine/Viney(*-Libchaber*),Les sanctions de l' inexécution des obligations,113)。

16. 在比利时法,根据基本规则,所有权在转让所有权的债务产生时移转(民法典第 712、1138、1583 条),风险也同时由取得人承担,即使没有任何现实交付也是如此。这意味着风险仅根据当事人的协议移转;比如如果标的在合同订立后交付前灭失,即使是由于不可抗力(vis maior)所致,损失也由取得人承担(物主承担风险(res perit domino))(*de Page and Meinertzhagen-Limpens*,Traité élémentaire de droit civil belge Ⅳ,no. 25A;*Waelbroeck*,Le transfert de la proprieté,51,no. 41)。在 19 世纪,有些法学家试图割断所有权转让和风险移转的联系(参见 *Laurent*,Principes de droit civil,nos. 208 et seq.),但是这种倾向后来没有找到追随者。从民法典第 1158 条可以读出,合同订立时所有权转让和风险移转只涉及当事人之间(inter partes)的关系(参见 *Christiaens*,Article 1605 – 1607,no. 8)。但是,当事人约定推迟移转或者如果由于财产的性质移转被推迟的,则不适用一般规则;另外,根据民法典第 1138 条,如果买方通知交付,而财产随后灭失,卖方不能请求支付价款,除非卖方能证明即使及时交付货物也会灭失(*de Page and Meinertzhagen-Limpens*,loc. cit. ,no. 25A,c)。当事人总是可以自由地不将风险移转与所有权转让相联系,这种可能性得到学说和判例的广泛认可(*Waelbroeck*,Le transfert de la proprieté,53,no. 43);就这一方面来说,风险是否可以在所有权转让之前移转则有争议,比如,在种类物买卖的场合(支持的有,*Heenen*,Rev. dr. int. dr. comp. 1954,116;*Waelbroeck*,Le transfert de la proprieté,53,no. 43;持反对意见的有,*Van Hecke*,Verhaalsrecht in Jaarboek 1958 – 59 van de Vereniging voor de vergelijkende studie van het recht van België en Nederland,p. 53,no. 43)。不管如何,种类物的特定化要求也影响风险的移转;这一点可以从民法典第 1585 条中得出,该条称直到所售货物通过重量、数量或者尺寸被特定化之前,风险都由卖方承担。就将来物而言,也确认风险只有在将来物出现时风险才移转(*Waelbroeck*,Le transfert de la proprieté,51,no. 41;参见民法典第 1788 条)。另外一个例外是附停止条件协议的规定,因为根据民法典第 1182 条第(1)款规定,在条件成就前负有履行义务的债务人承担风险。最近这些年就交付的作用产生了一些特定的争议;尽管有合意主义,但是学说上认为在商事买卖中,只有在所售财产交付时才同时发生所有权转让和风险移转(*de Page and Meinertzhagen-Limpens*,loc. cit. ,no. 23,1°,p. 48 and no. 27A,p. 56;*Van Ryn and Heenen*,Principes de droit commercial Ⅲ,no. 674,521 et seq. ;至少在没有当事人之间的约定时,有反对意见,*Christiaens*,Article 1605 – 1607,no. 13),但是判例法更为保守。就所有权保留条款来说,从法律上看,谁承担货物贬损的风险不清楚,但学说上的通说认为,直到所有权转让之前,卖方应当承担相应风险(*Dirix*,RW 1997 - 98,p. 483,no. 7;*Ronse*,RW 1953 - 54,1897 et seq.),尽管当事人常常会作其他安排(就所有权转让和风险移转关系的详细讨论,参见 Faber and Lurger(*-Cauffman and Sagaert*),National Reports Ⅳ,chap. 9. 1,9. 2,9. 5. 3 and 14)。

17. 由于依据意大利法,适用合意主义(principio consensualistico),仅凭合意,受让人就取得所有权,货物灭失的风险原则上也在合同订立时移转于受让人。除非合同当事人将货物所有权转让时间推迟,否则风险即刻移转至受让人,而甚至是在受让人取得占有之前,货物由于不可抗力灭失,受让人也必须履行(比如,支付价款)(民法典第1465条第(1)款)(Cass. no. 3838/1968,该判例将卖方由于不可抗力不能履行的举证责任置于卖方)。不过,就种类物买卖来说,种类物必须首先特定于合同项下,因为在特定之前没有任何所有权转让,并因此没有任何风险移转的发生;比如,如果卖方只是将货物交由买方处分,但是没有将用来实施给付的货物从其他货物中分离出来,那么是不足以构成特定于合同项下的(Cass.,Labour Division,no. 4611/1982;Cass. Ⅰ,no. 11834/1996)。另外,如果让与人在给付特定化之前由于不可抗力而陷入不能,则不发生所有权转让(因此也没有风险移转),所以让与人必须承担不可抗力的不利经济后果,不能要求受让人对待履行(Faber and Lurger(*-Greco*),National Reports Ⅰ,436 et seq.)。

18. 在葡萄牙,风险的移转由民法典第796条调整。作为一般规则,风险随同所有权的取得而移转(民法典第796条第(1)款),也就是,要么是合同订立时,要么在特定化时移转。但是,如果基于为了卖方的利益约定的期限的效力,货物仍为卖方所有,则在该期限经过前或者货物交付前风险由卖方承担(民法典第796条第(2)款)。就附条件合同来说,在条件成否未定时,如果是解除条件,只要货物已经交付,那么风险移转于取得人,反之由卖方承担;如果是停止条件,则风险仍然由卖方承担(民法典第796条第(3)款)。民法典第807条也必须予以考虑:该条规定,迟延履行交付债务的债务人,必须就本该交付货物的损失或者变质承担责任,即使有关事件不可归责于债务人也是如此,只有其能够证明即使债务人按时履行债务债权人也会遭受同样的损害时,才能免予承担该责任。如果债权人受领迟延,除非损害由于卖方的过失所致,风险移转于买方(民法典第815条第(1)款)(Faber and Lurger(*-Caramelo-Gomes and Nóbrega*),National Reports Ⅳ,chap. 10)。

19. 在保加利亚,债法第186条a第(1)款规定,种类物买卖时,风险在当事人就特定化达成协议或者在货物交付时移转;在特定的情形,货物在交付给运送人或者陆运公司(a haulier)时,风险移转于买方。考虑到就该问题在保加利亚法中欠缺更为详细的规定,交付给运送人或者陆运公司,是视为所转让货物特定化时间以及所有权取得时间,还是只是货物风险转移给买方的时间,这一点不确定,但是通说似乎确认交付给运送人或者陆运公司,标志着种类物的特定化和动产所有权的转让。此外,根据当事人自治原则,当事人可以自由决定何时所有权和风险从卖方移转至卖方(债法第9条和第186条a)(Faber and Lurger(*-Stoimenov*),National Reports Ⅳ,chap. 5. 2. 3 and 5. 3)。

20. 英格兰法原则上认为所有权转让和风险移转同时发生,而不考虑交付实施与否。这一立场在《1979年货物买卖法》第20条第(1)款有明确规定,该条规定,卖方在所有权转让前承担风险,除非当事人另有约定;这意味着当事人可以自由地按照其认为合适的方式分配风险,而且甚至于可以完全与所有权转让分开。另外,根据1979年货物买卖法第20条第(2)款,如果由于任何一方的过错,导致交付迟延,则货物毁损灭失的风险由有过错的一方承担,并且根据1979年货物买卖法第20条第(3)款,根据本条进行的风险分配不影响作为货物的保管人或者看管人的当事人彼此之间的义务和责任。英国法上的所有权转让和风险移转的关系受到学说的批评,因为风险会被分配给对货物没有物理控制的当事人(*Adams/Atiyah/ MacQueen*,Sale of Goods[11],357 et seq.);就此来说,美国统一商法典第2－509条将风险和所有权分开,并将风险分配给对货物有控制的当事人的规定,被认为更为明智;在英格兰,当事人可以私人协议达到同样的效果(就这种协议所带来的疑难,参见 *Leigh & Sillivan Shipping Ltd. v. Aliakmon Shipping Co. Ltd.* (*The Aliakmon*)[1986] AC 785)。但是,法院在一个案件中适用不同的进路,从而使所处理的案件与商业现实相适应。在 *Stern v. Vickers* [1923] 1 KB 78 一案,原告是买卖合同买方(实际上是最初买方的次买受人),购买储存于大型油箱的12万加仑的石油溶剂油。被告签发了提货单,允许原告取得占有。原告迟延受领,而石油溶剂油严重变质。根据1979年货物买卖法,可能有人会说变质的风险归于被告,因为没有发生货物的特定,因此所有权没有发生移转。但是,上诉法院得出了不同的结论。斯库顿法官(Scrutton LJ)注意到,风险已经移转至买方,因为被告/买方已经通过发行提货单以及使货物能够交付"作了他们承诺做的一切"(*Stern v. Vickers*, [1923] 1 KB 78,85)。就这一裁决的另一个可能的解释是,法院发现了就风险移转当事人之间的默示协议,但是这个结果似乎颇为牵强(Faber and Lurger(*-Frisby and Jones*), National Reports Ⅱ, 108 et seq.)。

21. 适用于爱尔兰法的普通法基本规则是,财产的所有人承担货物损坏、变质和损毁的风险(物主承担风险(*res peruit domino*))。就制定法规定来说,风险移转的调整几乎和英格兰和威尔士相同。1893年货物买卖法第20条规定,无相反约定时,在所有权转让前货物的风险由卖方承担,不管有没有交付,所有权转让时风险也移转于买方。除非另有明确约定,风险的移转受到所有权转让的一般规则的调整。概括而言,合同一旦订立,处于可交付状态的特定货物风险就发生移转,而不特定货物风险在货物根据1893年货物买卖法第18条规则5无条件地划归合同项下时风险移转。在 *Clarke v. Michael Reilly &Sons* 94 ILTR 96 一案,原告用旧车和现金买了一辆新车,但是在可以交付旧车前,其撞坏了旧车;法院认为旧车的所有权已经在合同订立之时就移转至被告。另一方面,在 *Healey v. Howlett &Sons* [1917] 1 KB 337 一案,谁应当承担从凯里郡发往伦敦运输中变质的物品的风险的问题,法院认为风险仍然由卖方承担,因为货物没有特定化并无条件地划归合同项下。不过,1893年货物买卖法第20条的规则有一些例外和修正,而且可以通过当事人的明示或者默示的协议排除适用(就 *Stern v. Vickers Ltd.* 一案,参见前文注释20)。如果买方或者卖方在交付或者受领交付相应地迟延的,1893年货物买卖法第20条第(2)款规定有过错的一方承担由于这种迟延所直接导致的损失的风险(*Demby Hamilton &Co. Ltd. v. Barden* [1949] 1 All ER 435)。根据1893年货物买卖法第20条第(3)款,当卖方或者买方是他方的货物保管人的,由于其过失而发生的毁损,其将相应地承担责任(Faber and Lurger (*-Gardiner*), National Reports Ⅱ,231 et seq.)。

22. 按照所有权在当事人意图转让的时间移转给受让人的基本原则,塞浦路斯法同样肯定风险随同所有权转让,除非当事人另有约定。就交付的作用和风险移转来说,*Ouzounian, M. Soulanian& Co Ltd v. Chr. Hajiprodromou Estates Ltd*([1979] 1 CLR 726)一案,是一个里程碑式的判决。在预定的交付时间之前订购了不特定的货物,买方并为此支付了价款。卖方在交付日期到来前将货物保存在他们的仓库,但是与此同时仓库被土耳其人占领,交付变得不可能。财产和风险被认为均从未转移给买方,因为,尽管货物已经从尼科西亚发往法马古斯塔(买方所在地),

但是没有交付。引用了 *Carlos Federspiel & Co, S. A v. Charles Twigg & Co*([1957] 1 Lloyds law Reports 240)一案后,法院确定,除了别的外,风险移转只不过是所有权是否已经移转一个标志(Faber and Lurger(*-Laulhé Shaelou/Stylianou/ Anastasiou*))。就货物需要发运给买方的其他规则,参见货物买卖法第39条第(3)款和第40条:前一条规定,除非另有约定,当货物通过海路发运且通常进行保险,卖方必须通知买方相关的可能性,否则卖方承担运输过程中风险;后一条规定,除非另有约定,即使卖方同意以自己的风险在买卖之时货物所在地之外的地点交付货物的,买方承担运输中的变质风险(*Laulhé Shaelou/ Stylianou/Anastasiou*, loc. cit. ,539)。根据1994年货物买卖法第26条,除非另有约定,在货物所有权转让至买方之前,风险仍然由卖方承担;从所有权转让之时,不考虑有无交付,风险归于买方。如果由于买方或者卖方的过失,交付迟延的,那么如果没有这种迟延就不会发生任何损害的风险,由对此负有责任的当事人承担。该规定不影响卖方或者买方作为他方的货物的保管人的任何义务和责任。前面提到 *Ouzounian* 一案,首先表明风险移转和所有权转让以当事人的意图为据,其次确认所有权随同风险移转(*Laulhé Shaelou/ Stylianou/ Anastasiou*, loc. cit. ,581)。

23. 在苏格兰法,被转让的有体货物的意外灭失毁损意义上的风险,与合同订立至所有权转让之间不可归责于让与人或者受让人的随后事件引起的合同落空密切相关。但是,风险的类型也包括,事件在所有权转让之后发生或者事件影响货物价值但是没有完全破坏货物。在依然适用于互易的普通法,风险在合同订立时移转,因此在交付和所有权转让之前移转(*Widenmeyer v. Burn Stewart & Co. Ltd.* 1967 SC 85;*Hansen v. Craig and Rose* [1859] 21 D 432)。就买卖合同来说,1979年货物买卖法第20条规定了风险随同所有权转让的一般规则(物主承担风险(*res perit suo domino*)),而且与占有无关。因此,当货物风险属于买方的,即使货物已经损毁,买方仍然需要支付价款。不过,该规则不是强行法;根据明确的合同条款可以发生相反的意图,也可以从合同中推出默示的相反意图,或者从交易习惯中得出(比如,CIF(到岸价格)条款)。另外,如果一方当事人就交付有过失,那么该当事人承担如果没有该过失就不会发生的任何损失的风险(1979年货物买卖法第20条第(2)款)。此外,风险移转的规则不影响各方作为他方的货物的保管人的义务和权利(1979年货物买卖法第20条第(2)款)(*Knight v. Wilson* 1949 SLT(Sh Ct)26)。消费者合同的情形有些不同,企业(卖方)承担在交付买方的行为完成前的风险(*Adams/Atiyah/ MacQueen*, Sale of Goods[11], 359-360)。其他区别在于处于运输中的货物。根据1979年货物买卖法第32条第(2)款,卖方可能对货物运输中的损害承担责任,即使所有权和风险在更早的阶段已经转移也是如此。此外,第(3)款规定了卖方通知买方的运输保险的可能性的义务;未尽到该义务风险仍然由卖方承担,但是在英格兰法这一规定解释上不一致,有人认为其实践中的重要性低。不管如何,后面这些规定不适用于消费者买卖(1979年货物买卖法第32条第(4)款)(Faber and Lurger(*-Carey Miller/Combe/Steven/Wortley*), National Reports Ⅱ, 408 et seq.)。

24. 在瑞典、丹麦、挪威和芬兰,风险移转与货物所有权转让没有关系。如上所述,动产从一方转移到另一方,在不同的转让阶段有特定的各不相同的法律内涵(货物意外灭失和变质的风险是其中之一)(详见第Ⅷ-2:103条注释21及以下)。就货物买卖法和消费者货物买卖法各自意义上,风险移转与货物的交付联系最多。由于北欧法律合作,瑞典、丹麦、挪威和芬兰就货物意外灭失和变质的风险的移转有共同的规则。在货物的物理控制被转让给受让人或者独立运送营运人时,风险移转给受让人。不过,如果受让人在合同约定的时间迟延受领交付的,则风险移转至受让人:因此不受领交付不会推迟风险的移转(受领迟延(*mora accipiendi*),参见《货物买卖法》:

丹麦是第7条，第13～16条，Köplagen and Karnov（-*Herre*）2006/07，548 no. 47；就丹麦是*Købeloven*第9条至第11、17、37条；就挪威参见Kjøpsloven第二章第7条，第三章第13至16条；就芬兰参见*Kauppalaki/Köplagen*第二章第7条，第三章第13条至第16条）。在瑞典、挪威和芬兰，货物的交付（就风险移转规则而言）完成于买方物理上已经控制货物之时（如果买方需要取货物或者货物在卖方通常交付给消费者的区域交付，不管卖方是亲自还是通过第三人实施运输）。动产在交给独立的承运人，也构成动产的交付，或者如果卖方自己押运的，交付完成于卖方物理上已经取得对货物控制之时（在瑞典第6、7条；挪威和芬兰，第二章第6、7条）。如果目的地在合同中提及，交付在货物到达该地点发生（在瑞典，第7条；在挪威和芬兰第二章第7条）。如果货物需要在第三人处收取的，风险在买方收到货物已经可供收取的通知时移转（在瑞典第13条；在挪威和芬兰第三章第13条）。当货物出售之时已经处于运输之中的，风险从合同订立时移转（在瑞典第15条；在挪威和芬兰第三章第15条）。丹麦的规定只是稍有不同而已（参见上文提及的条款）。就消费者合同，瑞典消费者货物买卖法（Konsumentköplagen）称，货物处于消费者占有之时，货物被交付且风险移转于买方（第6、8条），挪威对应规则参见于Forbrukerkjøpsloven（第7、14条），而芬兰是Kuluttajansuojalaki/ Konsumentskyddslagen的第五章第3、6条。在丹麦就消费者这一方面只有一条相关规则：《货物买卖法》第73条规定，如果卖方发送货物，交付发生于货物已经进入买方占有之时。

25.《联合国国际货物销售合同公约》中，风险移转受第66条及以下调整。作为一般规则，风险在买方接受或者应当接受货物交付时移转；如果买方在卖方营业地之外的场所接受交付，风险在买方获得货物已经特定并作出在该地交由买方处分的通知时移转于买方（第69条）。根据第67条，如果货物拟发送且卖方没有义务在特定地点交付，风险在货物被交给第一承运人以运交买方时移转；如果卖方必须在特定地点将货物交给承运人，风险在货物于该地点交付时才移转于买方。风险的移转也以种类物特定于合同项下为前提。如果货物在运输中出售，风险在合同订立时移转，除非货物已经灭失或者损坏（译者注：以买方知道或者应当知道这一事实，且未告知买方为条件）或者可以从当时情形推出，风险在货物交付承运人时移转（第68条）。

Ⅲ. 与所有权转让和/或者风险移转有关的对孳息和收益的权利

26. 在德国，民法典第446条规定，从风险移转给买方时起，一切与物有关的孳息由买方取得，其也必须承担与物有关的所有费用。由于风险和所有权可以同时移转，但是又不是必然同时发生，因此对于有关孳息及收益的权利与风险一起移转于受让人，但是不必然在所有权转让时移转。

27. 在奥地利法中，对于源于或者与动产有关的利用的内部分配（利用（Nutzungen），民法典第1050条）和负担的承担（负担（Lasten），民法典第1049条）的法律调整这一方面，与另一方面的风险移转或者所有权转让不必然重合（有关问题的简要说明，参见Faber and Lurger（-*Faber*），National Reports Ⅰ，20，66 et seq.，138 et seq.）。利用权被理解为包含一切源于财产的收益；比如植物的果实，所售母牛的小牛或者出租财产的租金（Klang（-*Wahle*），ABGB Ⅳ（2）^{2}，57－61；cf. also Rummel（-*Aicher*），ABGB I^{3}，§§ 1048－1051 no. 21）。负担可以是公法上的（比如税收）或者合同性质的（比如保险费）。阶段性的收益和负担，一般由让与人和受让根据约定的或者实际的交付时间按比例享有或者承担（cf. *Wahle*，loc. cit.，60－62；*Aicher*，loc. cit.，§§ 1048－1051 no. 21）。尽管利用权原则上属于所有人（民法典第354、362条），合同法规则可以设定不同的效果，这不仅发生于所有人被合同性地授予利用权（比如租赁），而且也发生于所有权转让的语境。

原则上,任何当事人的约定都有拘束力,不管是明示的约定(比如卖方被禁止进一步利用财产或者买方被授予试用(test)货物的权利)还是默示的约定(比如,在全新货品买卖时,默示地承认卖方不能在货物交付前使用货物,因为不这样的话货物就不再是新货品了)。如果无法辨别出特定的协议,则将适用合同法的相关规定:在约定的交付时间使用权发生移转(民法典第1050条);直到交付之前,卖方可以"以通常的方式"使用财产(参见Schwimann(*-Binder*),ABGB Ⅳ[3],§ 1050 no.3)。卖方未遵守这一义务的,买方有权获得损害赔偿。不过,如果第三人未经许可利用财产,所有人(也就是交付前的卖方)有权主张不当得利,在特定的情形下,卖方可能有义务将权利让与给买方,只要买方基于某种理由(比如卖方交货迟延)已经取得了利用货物的权利;而这一利用权必须被理解为涵摄一切可能源于货物的收益(cf. *Binder*,loc. cit.,§ 1050 no.3)。财产的费用和负担移转的问题作类似处理:民法典第1049、1050条规定,让与人在交付之日前承担,或者没有这种日期的任何约定,在实际交付前承担。关于收益和负担的规则倾向于遵循风险移转的规则,而不是所有权转让规则,并且这些规则不是强行法(Faber and Lurger(*-Faber*),National Reports Ⅰ,67,138);如果当事人就风险移转约定一个特定的时间,这一时刻通常也调整利用、费用和负担的内部分配(*Aicher*,loc. cit.,§§ 1048-1051 no.21)。不过,卖方或者买方的债权人是否可以从被转让的财产中实现他们的债权的问题,则首先取决于对谁是财产所有人的判断;就其他选择,比如就交付请求权的执行时的扣押权参见*Faber*,loc. cit.,67。

28. 希腊,风险移转于买方的时间就货物的收益和负担以及费用的偿还也是重要的。根据民法典第525条,买方在风险移转时,取得货物的收益并承担货物的负担,而在此之前这些属于卖方,而不考虑物权法的相关规定(*Kornilakis*,Obligations SP,338)。如果风险移转于买方,而所有权还没有移转,那么买方会有要求卖方交付收益的权利。民法典第528条处理风险在交付前移转的情形:买方必须根据委托合同的规则(民法典第713条及以下)就卖方在风险移转起至交付时止这段时间支出一切必要费用予以补偿;就卖方的其他费用来说,比如说有益费用和奢侈费用,适用无因管理规则(民法典第730条及以下)(Faber and Lurger(*-Klaoudatou*),National Reports Ⅲ,chap. 10.2)。

29. 在匈牙利,风险移转与所有权转让不同时发生时,收益和费用的归属根据转让的阶段确定:有关的规则不是强行法(参见Faber and Lurger(*-Szilágyi*),National Reports Ⅲ,chap. 10.2.)。动产和不动产的收益权都随同风险移转(利益归属于风险的承担人(*et commodum eius esse debet*,*cuius periculum est*,译者注:语出《优士丁尼法学阶梯》第3卷第二十四章第三节(I 3.24.3)))。如果卖方迟延,买方从迟延时起取得收益权(Szladits(*-Antalffy*),A magyar magánjog Ⅳ,251)。如果收益区间需要在当事人之间进行划分的,除非另有约定,则划分按照时间比例(*pro rata temporis*)进行确定(Szladits(*-Antalffy*),A magyar magánjog Ⅳ,252)。就有关费用来说,卖方通常必须承担与动产交付有关的费用(比如与交付有关的度量费用),而买方承担取得动产的有关费用。买方也承担运输至约定的履行地点以外的地点的费用。就不动产而言,确定财产在不动产登记簿上的地位的费用由卖方承担,而买方承担登记费用;转让其他权利的,卖方也承担评估和转让费用。改良物的有益费用似乎取决于风险移转:如果这种费用在合同订立后、风险移转前发生,则卖方不可以主张该费用,但是如果费用发生在风险移转后、交付之前,则可以主张该费(Szladits(*-Antalffy*),A magyar magánjog Ⅳ,252 et seq.)。另外,当风险在交付前移转,卖方被视为有保管职责的人,有关费用的补偿受相应规则的调整。

30. 根据捷克法,货物买卖时,对所售货物的收益和受益的权利在所有权取得时移转,除非当事人另有约定(Faber and Lurger(*-Tichy*),National Reports Ⅵ,chap. 10)。

31. 根据斯洛伐克民法典第590条,买卖标的的孳息也在买方取得货物所有权时移转于买方,除非当事人另有约定(Faber and Lurger(*-Petkov*),National Reports Ⅵ,chap. 11)。

32. 立陶宛也同样如此,一般规则是,一切财产的利益在所有权转让时也发生移转,比如物的果实、牲畜的幼仔属于所有人,除非法律另有规定或者合同另有约定(民法典第4. 53条)(Faber and Lurger(*-Mikelenas*),National Reports Ⅲ,chap. 10)。

33. 类似地,在荷兰法上,就处分财产权利以及行使所有权的救济的权利而言,其原则上在所有权转让时移转,通常是交付之时。有些场合,可能在所有权转让前转让处分权,比如,在保留所有权买卖合同中,卖方条件成就前也赋予卖方处置财产的权利。物上的返还请求权通常随同所有权转让,但是对于非所有人,法律在特定的场合赋予类似的救济,比如民法典第3:295条规定,失去对物控制的债权人,可以依据与所有人为了重新确定持有权的一样的条件,主张返还,或者依据民法典第3:125条,赋予一切占有人对抗第三人的占有救济的权利,就好像占有人是财产的所有权人(title-holder)一样。孳息一般属于得以分离孳息的物的所有人(民法典第5:1条第(3)款)或者任何有权享用物的人(民法典第5:17条);后一类情形中,取得占有的时间,也就是交付时间就是决定性的(Faber andLurger(*-Salomons*),National Reports Ⅵ,chap. 9. 2)。

34. 在比利时法,合意转让制度的另一个结果是这样的事实:一切孳息(孳息收取权(*ius fruendi*))从合同订立时起属于受让人(就买卖合同参见民法典第1614条)。这种方案被视为风险在合同订立时立即移转于买方的一种合理的平衡(Faber and Lurger(*-Cauffman and Sagaert*),National Reports Ⅳ,chap. 9. 1)。

35. 考虑到葡萄牙物权转让制度是合意主义和统一主义的事实,所有权的转让包含所转让权利的一切方面的转让。不过,当事人可以自由地偏离这一一般规则:让与人可以单独或者和受让人一起限制转让的范围,比如,当让与人保有用益权的情形(Faber and Lurger(*-Caramelo-Gomes and Nóbrega*),National Reports Ⅳ,chap. 5. 1)。

36. 在西班牙,交付货物债务的债权人自交货义务成立时起获得收取货物孳息的权利,而就物权的取得来说需要实际交付(民法典第1095条)。

37. 瑞典货物买卖法(*Köplagen*)(第3条)规定,在没有其他约定或者没有习惯法规则之时,如果没有任何理由认为产出(yield)将在晚于交付之时的时间收取,那么在约定的交付时间之前的源于动产的产出属于卖方(第79条);比如,如果母牛在合同所期待的时间之前下了小牛:小牛属于买方(Karnov 2006/07(*-Herre*),569 no. 316)。反过来,如果没有任何理由认为产出的收取会如此之晚,交付之后产生的产出属于卖方。就这些合同法规则上交付概念而言,参见上文注释24。瑞典消费者货物买卖法(*Konsumentköplagen*)就与消费者有关的产出问题没有任何特别规定,因此适用货物买卖法第79条。北欧的法律合作使得北欧国家事实上就他们的货物买卖法来说规则相同。参见前文提到的挪威货物买卖法、芬兰货物买卖法的有关条款。就消费者买卖挪威消费者货物买卖法第11条进行了规定。在芬兰,一般规则也适用于消费者,参见消费者保护法第五章第29条。丹麦一般的货物买卖法(*Købeloven*)规则参见第18条;也适用于消费者买卖。就内容来说,这些规定和一般规则相同。

Ⅳ. 运输中的停运权

38. 就那些货物处于运输之中,而买方破产的情形中,奥地利在破产法(KO)第45条规定了运输中的停运权。更具体来说,行使停运权被认为是创设了将所有权重新转让给卖方的义务(因为在货物交付第一承运人时所有权已经发生移转);但是卖方的相应的权利,具有破产法上的别除权(*Aussonderungsrecht*)的性质,因此使得卖方可以对抗破产的买方和破产程序中的卖方的债权人(cf. Konecny and Schubert(*-Schulyok*),Insolvenzgesetze(1997,amended 2002),§ 45 KO no. 4;*Petschek/Reimer/Schiemer*,Insolvenzrecht,453 et seq.)。因此,就破产来说,与通常情形不同,所有权不当然是保护卖方的决定性的层面。如果卖方和买方都破产(双方破产),奥地利法事实上对双方都给予保护。买方依据民法典第429条得到保护,该条规定,当货物交付给独立的承运人时所有权移转于买方;而另一方面,即使所有权已经移转,只要货物还没有物理交付给买方,卖方也可以行使运输中的停运权。不过,在过去的几十年,运输中停运权已经变得不那么重要,因为买卖价款通常通过所有权保留的约定或者"以现金换单据"的条款得到确保(*Schulyok*,loc. cit.,§ 45 KO no. 3)。就此来说,我们还可以提及商法典第433条规定的托运人就货物重新指示承运人的权利(Faber and Lurger(*-Faber*),Rules for the transfer of movables,97,106 et seq.;Faber and Lurger(*-Faber*),National Reports Ⅰ,126)。

39. 根据瑞士法,如果货物打算运输,只要货物仍然在承运人手中,只要补偿了承运人,发货人就有权收回货物。但是如果让与人已经发行了提单而且承运人已经交付给了受让人,如果让与人不能返还承运人交付的收据的,如果承运人已经以书面形式通知受让人货物已经运到的或者如果受让人在货物到达目的地后请求交付的,那么都不可以收回货物(债法第443条)。这一规定服从于关于货物运输国际法的任何规定(比如《国际公路货运合同公约(CMR)》第13条;参见 *Marchand*,FJS 164,17 et seq.)。上文所示的运输中停运权是合同性质,不影响所有权的转让;转让通常在承运人将货物交给受让人时生效,除非承运人是受让人的代理人或者货物的权利证书被交付给了受让人(Faber and Lurger(*-Foëx and Marchand*),National Reports Ⅵ,chap. 9.4)。

40. 在希腊,在破产宣告前将货物出售给破产人,而货物还没有交付给买方或者代表买方的人,只要价款仍未支付,新破产法典第39条授予卖方以破产中的请求权(*πτωχευτική διεκδίκηση*)。根据以前生效的法律,即使所有权转让给买方,但是只要还没有现实交付时,学说确认卖方就有权要回货物(*Kotsiris*,Bankruptcy[7],363)。

41. 在匈牙利法上,关于运输中停运权的规则见于运输合同的规定。民法典第496条第(2)款规定,发货人在货物交付给收货人之前,都可保有处置权。更具体来说,该权利意味着,发货人有权要求承运人扣留运输中的货物,将货物带回发货地点、交付其他收货人或者将货物运至其他目的地(Gellért(*-Kemenes*),A Polgári Törvénykönyv Magyarázata[6],1805)。该规则未直接提及所有权转让,不如说处分权是指运输合同事实上(factum)解除;另外,当事人可以自由另作其他约定(Faber and Lurger(*-Szilágyi*),National Reports Ⅲ,chap. 9.5)。

42. 在斯洛文尼亚,就双务合同而言,一般规则是要求合同当事人同时履行债务(债法第101条);如果已经约定一方必须先履行,但是相对方的履行能力出现了实质性问题,前者可以推迟履行直至后者履行或者提供了充分担保(债法第102条)。类似地,如果货物已经发运,但是同时买方的经济或者其他状况引起了就支付价款能力的有根据的质疑时,卖方可以阻止交付给买方行为的发生(运输中停运权);事实上,即使授权买方请求交付的单据已经在买方手中时,卖方也可以这么做(债法第457条)。另外,如果通过承运人发送货物给买方,卖方可以推迟发送直至价款付清,或者在保留运输中货物的处置权的同时发运货物,从而推迟交付(债法第456条)。最后,如果在破产程序开始前,卖方就发往买方地址的货物没有收到全部价款的,而破产开始时货物还没有交付的(或者买方未能受领交付的),卖方可以请求重新转让货物。这种追及权(right of

pursuit)也赋予购买货物的行纪人(强制和解、破产和清算法第 124 条)(Faber and Lurger(*-Rudolf/Rijavec/Kerestes*),National Reports Ⅰ,595 et seq.)。

43. 荷兰法不承认停运权的概念。不过在理论上有人曾经提议,当通过中间人进行交付的,比如通过承运人,关键是承运人根据谁的指示进行运输;如果承运人受让与人指示,那么如果了解到受让人可能不会付款,后者可以要求中间人中止或者停止交付,而这可以相当于停运权的情形(参见 Faber and Lurger(*-Salomons*),National Reports Ⅵ,chap. 8. 4. fn. 211)。

44. 在比利时,运输中(in transitu)停运权受到破产法第 104 条的调整。只要买方还没有取得占有,卖方就可以请求返还已发送的货物,但是这种可能限于买方破产,而不能扩张适用于其他不履行买方合同义务的情形,比如司法和解(concordat judiciaire)(Cass.,18 November,1971,RCJB 1973,5,note Heenen;Faber and Lurger(*-Cauffman and Sagaert*),National Reports Ⅳ,chap. 13. 3. 5)。

45. 在意大利法中,买方破产时,卖方也被授予运输中的停运权。这一救济适用的条件是,买方还没有就货物付款,卖方知道或者得到买方处于实际破产或者即将有破产危险的信息;另外,货物必须仍在承诺将货物交付给买方的承运人或者中间人手中。如果所有这些要件都具备,卖方可以重获对所售货物的占有,只要货物还没有为买方实际占有即可(破产法皇家法令 第 75 条)(Faber and Lurger(*-Greco*),National Reports Ⅰ,435,480)。

46. 在英格兰和威尔士,1979 年货物买卖法第 44 条为未获付款的卖方规定了运输中的停运权,只要卖方破产且货物依然在运输之中即可;行使这一权利意味着卖方恢复占有,并可以保留货物直至买方付款或者已经提出付款时为止。学说注意到这种特别权利最有可能在有赊销条款(on credit terms)国际买卖中发生,主要是因为在国内买卖中给承运人发出停运通知有诸多困难;另外,卖方保留装运后的处分权也很常见,这就进一步缩小了运输中停运权的实际意义(*Bridge*,Sale of Goods,498 et seq.)。由于其莫名其妙地授予卖方对于其他未受担保的债权人以优先权,因而是"异常的权利"(extraordinary right),运输中的停运权也因为这个理由而受到批评;这就是为什么理论上,一方面将这种权利视为由于立法者的无为(inertia)而导致的残留(remnant),另一方面又将其视为,对于买方债权人不应该获得买方从未付款且从未取得实际占有的货物这一确信的结果(*Bridge*,Sale of Goods,499 et seq.)。1979 年货物买卖法第 45 条详尽规定了何时认为货物属于 1979 年货物买卖法第 44 条意义上的处于运输之中的情形。作为经验法则,当货物为了运送给买方而交付给承运人(或者其他保管人、监管人),且买方还没有获得货物的交付时,货物处于运输之中。当买方在货物到达指定地点之前获得交付或者当到达后,承运人承认货物自此为买方占有或者承运人不法地拒绝将货物交付给买方的,此时运输结束;不过,如果买方拒绝接受货物的交付,则运输没有结束。将货物交给买方为了转让而租用的船舶时,以及部分交付,则根据具体情形进行评估以判断货物由何人控制;在部分交付时,停运权只可以就尚未交付的那些货物行使(Faber and Lurger(*-Frisby and Jones*),National Reports Ⅱ,106 et seq.)。

47. 由于相关制定法同源,在爱尔兰几乎以同样的规则来调整运输中的停运权;1893 年货物买卖法第 44 条授予了受让人破产时未获付款的买方这种权利,其可以视为有限制条件的推定占有,并允许卖方"恢复对尚处运输之中的货物的占有"且继续保留货物直至买方付款或者已经提出付款。1893 年货物买卖法第 45 条规定了何时货物被认为处于运输之中。和英格兰一样,卖方可以取得货物占有或者通知承运人,但是如果运输结束且货物被交付给买方或者买方的代理人,则停运权消灭。一旦获得通知,承运人必须根据卖方的指示重新交付货物,因此而发生的费用由卖方承担(Faber and Lurger(*-Gardiner*),National Reports Ⅱ,229 et seq.)。

48. 在塞浦路斯,根据1994年货物买卖法,当货物的买方破产,只要货物仍然处于运输之中,放弃货物占有的未获付款的买方也可以停运运输中的货物(*ανακοπή εν διακομί σει*),并保留货物直至付款或者提出付款之时(1994年货物买卖法第51条)。有关的规定和英格兰规则非常相似,同样还是由于两个法域的历史联系以及普通法对塞浦路斯制度的持续影响所致。1994年货物买卖法第52条规定了何时货物被视为处于运输之中,有关规定与英格兰相同。类似地,权利可以通过取得货物的实际占有,或者对作为实际占有货物的人或者作为本人的承运人给予相关请求的通知行使,但是,后一种情形,除非通知能够合理地及时地传达给代理人,否则不发生效力(1994年货物买卖法第53条第(1)款)。当给出这种通知的,货物必须重新交付给卖方或者根据卖方的指示交付;出卖人承担重新交付的费用(1994年货物买卖法第53条第(2)款)(Faber and Lurger(*-Laulhé Shaelou/Stylianou/ Anastasiou*),National Reports Ⅱ,580 et seq.)。

49. 苏格兰法中运输中停运权的规定也是一样,由1979年货物买卖法第44条予以规定。破产人的概念在1979年货物买卖法第61条第(4)款进行了规定,必须注意,其不需要实际被宣告破产,或者如果一个公司进入清算,也归入该定义范围。“运输之中”的概念比较错综复杂并且为停运权所特有(*Carey Miller and Irvine*,Corporeal Movables[2],no. 11.27),并以英格兰、爱尔兰和塞浦路斯一样的方式根据1979年货物买卖法第45条来判断。法院长期以来确认在运输结束时停运权丧失(*Muir v. Rankin* [1905] 13 SLT 60)。权利以和刚提到过的国家的相同的方式行使(1979年货物买卖法第46条第(1)款;参见上述注释46及以下各注释)(Faber and Lurger(*-Carey Miller/Combe/Steven/Wortley*),National Reports Ⅱ,368 et seq.)。

50. 在挪威法中,单单是履行合同债务能力的欠缺,比如由于暂时的经济问题导致的欠缺(参见*Andenæs*,Konkurs,132),就足以导致运输中停运权的行使(参见债权人担保法(*Deknl*)第7-2条)。另一个要件是买方或者买方的代理人必须没有取得货物的占有(参见*Andenæs*,Konkurs,135-136 and *Falkanger and Falkanger*,Tingsrett[6],650 et seq.);如果货物只是为了运输的目的而交给独立承运人的,也具备这一要件(*Andenæs*,Konkurs,133)。只要货物还没有为买方占有,即使权利证书已经交付给买方,这一权利也存在(*Falkanger and Falkanger*,loc. cit.,650 et seq.)。另外,在独特(different)地点交付货物的,比如圆木被卸在路边并在路边临时储存,也不被视为已经交付给买方,除非买方排他性地控制该地点(*Andenæs*,Konkurs,134 et seq.;Rt 1971,549 and Rt 1974,879;cf. Rt 1997,1438)。不过,当货物被置于买方排他性控制的房屋,但是同时采取一些步骤确保买方不能处分这些货物时(比如货物被放在买方货仓中独立上锁的空间),又出现另外的问题。挪威最高法院的一个判决中(Rt 1997,1438),卖方已经采取了这些措施,法院没有确定地回答这个问题,而只是裁决,如果允许这种安排,其必须满足公证的明确性的严格要件(所判决的案件不具备这些要求);因此,似乎甚至于在货物已经到达买方控制的地点,这一判决也接受了停运权,只要买方被有效地禁止了处分货物(*Andenæs*,Konkurs,135;Faber and Lurger(*-Færstad*),National Reports Ⅴ,chap. 8.3.2(b))。

51. 在丹麦,运输中停运权(*standsningsret*)可以在买方合同订立后破产或者强制和解的程序启动后行使。当发现买方不能履行其他债务或者可以认为买方不能在付款到期之日就货物付款的,买方也有运输中停运权。卖方负有这些条件的举证责任,而且还需要证明在合同订立时不知道破产或者前面提及的其他相关事实。当货物交付给买方时停运权就终止(货物买卖法(Købeloven)第39条;*Elmer and Skovby*,Ejendomsretten I[4],86 et seq.)。

52. 在瑞典,运输中停运权存在于货物交给独立的承运人而买方破产或者有不履行债权可靠的迹象之时(货物买卖法(Köplagen)第 61 条)。当受让人已经取得运输货物的直接占有时,运输终结(*Johansson*,Stoppningsrätt,134 et seq. ,200)。即使买方已经可以被视为占有货物时,也就是货物有为买方雇佣独立的承运人运输,也可以行使停运权(*Håstad*,Sakrätt[6],228)。承运人是为了卖方还是买方工作无关紧要(*Håstad*,loc. cit. ,179)。在一个案件中,当货物由独立的仓储公司看管而成功运输时,卖方依然有权行使停运权;当买方给予仓储公司关于如何处置货物的指示时该权利就终结了(NJA 1985 s 879)。甚至于权利证书已经交付,停运权也存在(*Håstad*,loc. cit. ,179;Johansson, loc. cit. , 351; *Martinson*, Transfer of Title Concerning Movables Part Ⅲ-National Report:Sweden,61)。

53. 在芬兰,运输中停运权以与瑞典同样的方式调整。参见芬兰货物买卖法第 61 条。

Ⅴ. 破产和待履行合同

54. 在德国法上,一方当事人破产的结果由破产法第 38 条及以下调整。一般来说,所有的债权人被分为两组:通过物权担保的债权人和没有担保的债权人。第一组债权人,根据他们拥有的权利,可以主张从破产财团中取回(release)他们的财产或者被优先地对待;第二组的债权人只能从破产财团中获得分配(Faber and Lurger(*-McGuire*),National Reports Ⅲ,chap. 8. 1)。就一方当事人破产的情形,我们可以区分下述情形:(ⅰ)让与人的合同债务在没有担保的情形得到履行而且所有权已经移转,而受让人的债务依然没有履行;(ⅱ)让与人已经履行,但是物权合意无效或者被撤销,因此所有权反转至让与人,让与人可以要求从破财财团中取回该财产;(ⅲ)涉及信托的所有权让与,也就是债权人被视为法律上所有人,而债务人是衡平法所有人,(ⅳ)任何一方都没有全部履行(*McGuire*, loc. cit. ,chap. 8. 2. 1)。就第一种情形,让与人既不能要求返还,也不能以债务人破产为由主张合同无效;让与人只能主张根据破产程序获得分配,而破产程序将根据债权人平等(*par conditio creditorum*)的原则来处理,和其他在破产宣告之前发生的所有普通债权一样看待。非金钱债务被变换为金钱债权(破产法第 45 条)(MünchKomm(*-Ehricke*),InsO[2], § 38 no. 59)。就第二种情形,赋予了取回权,就基础性债务或者物权合意被撤销的情形参见第Ⅷ-2:202 条注释 16 和 41。另外,将所有权从破产财产中取回的权利也可以被赋予还没有成为物的所有人的债权人:首先,在所有权保留中(参见第Ⅷ-2:203 条注释 19),如果让与人宣告破产,受让人在支付了尚未支付部分价款后,有权主张从破产财产中取回其尚未取得所有权的财产(*Pape and Uhlenbruck*,Insolvenzrecht,no. 648,参见稍后的下文);其次,就所有权的信托让与担保的授予人被赋予类似的取回权,如果被授予人(形式上的所有人)被宣告破产的,只要授予人清偿了仍未清偿的分期付款(*Bork*,Insolvenzrecht[4],no. 240)。这两项例外的理由是相比于一般的物权法,优先考虑背后经济处境。如果其上存在取回权的货物在破产宣告前被债务人(或者破产后被管理人)非法处分,拥有取回权的人有权取得所获得的价款(*Bork*,Insolvenzrecht[4],no. 244)。与上一情形类似,第三种情形涉及形式上所有权和衡平法上所有权不归同一人的情形,但是区别是,不赋予取回权,而是只赋予别除权(right of segregation)。根据破产法第 51 条,只是形式上所有人的债权人(信托受让人)不能要求从破产债务人的财产中取回该财产,而是只能主张财产的别除。在延长的或者扩大的所有权保留的情形也被确认有同样的结果(BGH,JZ 1971,505;BGH,JZ 1971,506;*Bork*, Insolvenzrecht[4], no. 249; critical *Grunsky*, JuS 1984,497,499),在有加工条款(Verarbeitungsklausel)时(参见第Ⅷ-2:203 条注释 19)也是一样。别除权授予源于担保物的的优先受偿权(*Pape and Uhlenbruck*,Insolvenzrecht,no. 519);如果财产的价值超过债务,超过的部分仍然属于破产财产(*Bork*,Insolvenzrecht[4],no. 246)。最后,在第四种情形,破产管理人被赋予了选择是否继续履行合同的权利。如果选择继续履行,则双方都必须清偿债务;如果选择不,则相对方取得由于不履行而产生的请求权,这成为单纯的请求分配的权利(破产法第103条第(2)款)(*Huber*, NZI 2004,57 et seq.;所有这些情形,参见Faber and Lurger(*-McGuire*),National Reports Ⅲ,chap. 8.2)。就间接代理人破产的结果,参见第Ⅷ-2:302条注释4。

55. 根据奥地利法,我们可以区分破产程序的两种主要形式:受破产法(KO)调整的固有的破产,导致对债务人财产的全面清算;以及受破产法第140条至第165条调整的和解,或者是强制和解(Zwangausgleich),或者受到与债权人重组法(AO)调整的和解程序(Ausgleichsverfahren);就后两者情形而言,债务人可以继续营业,并对债权人承担一定的义务(更多内容,参见Faber and Lurger(*-Faber*),National Reports Ⅰ,118 et seq.;*Rechberger and Thurner*,Insolvenzrecht[2],26 et seq.,138 et seq.)。如果转让所有权的合同中债务得到履行之前当事人一方破产,破产(或者和解)程序启动本身不终止依据"双务"(synallagmatic)合同产生的债务,比如买卖、互易或者有偿的服务合同(Bartsch/Pollak/Buchegger(*-Gamerith*),Insolvenzrecht I[4],§ 21 KO no. 14);在赠与中也是如此,赠与人给付债务依然有效。另一方面,在破产程序启动后完成的处分破产人财产的行为(破产法第2条第(1)款,与债权人重组法第7条第(1)款),对于作为程序当事人的债权人来说不发生效力。就其他人的财产以及所有权转让来说,破产法和与债权人重组法的相关规则颇为类似:破产程序的启动对这种所有权没有影响,因为两部法律都通过赋予所有人以取回权(所谓的Aussonderungsrecht;破产法第11条,与债权人重组法第11条),允许所有人取回财产(破产法第44条,与债权人重组法第21条),以尊重卷入破产程序的他人财产的所有权。回到双务合同,记住民法典第1052条下的同时履行抗辩权是有用的;债务人不论是有义务(民法典第1052条第(2)款)还是没有义务先履行(民法典第1052条第(1)款),都可以在法律规定的特定条件下中止履行。直到对待给付被清偿或者被担保时为止都可以中止履行(*Koziol and Welser*, Bürgerliches Recht II[13],40 et seq.)。显然交付和付款在作为在对方当事人破产时获得保护方面起到关键的作用(*Faber*,loc. cit.,123 et seq.)。就固有的破产和和解来说,程序的启动以不同的方式影响双务合同,具体取决于当事人(双方或其中一方)是否已经完全履行了他们的合同债务。这意味着破产对所有权转让的影响不仅取决于让与人已经履行了转让所有权义务的程度,也取决于对待给付是否履行(*Faber*,loc. cit.,121;就具体情形的详情参见126 et seq.)。更具体一点,从受让人破产的情形开始,比如如果买卖合同已经订立,买方已经在宣告破产前支付价款,卖方必须对破产财团履行。另外,如果卖方已经对买方履行,但是后者没有支付价款,卖方依然可以获得付款,但是只能获得破产财产分配;"受让人""原始"(比如基于善意取得、添附(accession)等)取得所有权的,也是一样。另外,物理控制不是总能保护卖方,所有权是主要考虑的问题;比如,如果卖方依据占有改定转让所有权,同意保管货物并在物理交付时获得付款,而买方陷入破产,卖方将不得不把货物交给管理人,不可以依据民法典第1052条拒绝交付货物(但是,这个问题似乎在奥地利法中没有全面展开分析过;参见*Faber*,loc. cit.,124 et seq.)。如果双方当事人没有全部履行他们的义务,那么破产管理人(破产法第21条)或者得到和解管理人同意的债务人(与债务人重组法),分别可以选择履行债务人的债务并请求他方作对待履行或者解除合同(Rücktritt)(Bartsch/Pollak/Buchegger(*-Gamerith*),Insolvenzrecht I[4],§ 21 KO nos. 15 ff)。这些规定的目的是保护其他缔约方,使其在破产程序开始后免于不得不履行债务,而可能获得的对待给付却结果(参见*Holzhammer*,Insolvenzrecht[5],43)。该规则不仅适用于当事人全然未履行债务的情形,也适用于另一方当事人,此处是让与人,在破产程序启动后由于不知道启动的事实而向破产的买方履行的情形;如果此时管理人决定解除合同,让与人有权依据不当得利的规定要求重新转让(*Gamerith*,loc. cit., § 21 KO no.10)。就这种破产程序中解除的性质以及其与一般的解除权之间的关系存在争议(*Gamerith*, loc. cit., § 21 KO no. 24; *Rechberger and Thurner*, Insolvenzrecht[2],35 et seq.):判例法支持破产中解除不引起双方返还已经获得给付的义务的产生,而是只阻止进一步的履行,而另一方当事人的给付请求权转化为(不以过错为基础)损害赔偿请求权(cf. OGH 5 Ob 311/81,SZ 56/78;*Gamerith*,loc. cit., § 21 KO no.24),事实上只是参与破产财产分配的请求权(破产法第21条第(2)款第3句;*Holzhammer*, Insolvenzrecht[5],43 et seq.; *Rechberger and Thurner*,loc. cit.,35 et seq.;*Gamerith*,loc. cit., § 21 KO no.24)。如果卖方根据所有权保留重新获得所售货物,并保有一部分已经支付的价款,破产财团被赋予不当得利请求权(cf. *Holzhammer*, loc. cit.,49 et seq.; OGH 4 Ob 583/80, SZ 54/168; OGH 1 Ob 710/87, WBl 1988,203;OGH 4 Ob 541/88,WBl 1988,439)。另外,如果他方当事人有义务先履行,而其在合同订立当时并不知道现在破产的相对人的不利经济状况,破产法第21条第(3)款赋予其要求同时履行的权利。破产法第21条至第25条不能通过当事人的意图排除适用(破产法第25条a)。就破产管理人的选择权与卖方因为不履行付款义务而解除合同的权利之间的关系(民法典第918条或者同等的合同解除权)来说,判例法态度不确定(就2007年改革前该主题商法上的含义,参见 *Faber*,loc. cit.,128 fn.556)。最高法院的有些判决倒是认为,只有在破产管理人迟延行使选择权时,卖方才能解除合同(OGH 1 Ob 295/53,JBl 1953,630;OGH 7 Ob 523/56,EvBl 1957/23; cf. *Frotz*,Kreditsicherungsrecht,172),而更多最近的判例清楚地确认破产法第21条不影响卖方的解除权(OGH 5Ob 343/60,HS I/ 94;OGH 6 Ob 9/66,HS V/32;OGH 8 Ob 539/91,ecolex 1992, 846,and 8 Ob 222/01g, ZIK 2002/81,61);这一观点在学说中也得到了很大支持(Klang(-*Bydlinski*),ABGB Ⅳ(2)[2],513;Rummel(-*Aicher*),ABGB I[3], § 1063 no.54;*Gamerith*,loc. cit., § 21 KO no.28 有进一步引证)。我们再看让与人宣告破产的情形(Faber and Lurger(-*Faber*), National Reports Ⅰ,129 et seq.),相对于让与人债权人,保护受让人的关键标准是受让人是否取得了所有权;如果取得了,则受让人可以维持对已经取得货物的占有或者可以对让与人破产财产行使取回权;后者常常发生于占有改定的情形。在破产财产程序启动前,种类物必须已经特定于合同项下,将来的货物必须已经存在,让与人还没有所有权的货物必须已经取得所有权或者被授予处分权。作为所有权转让基础的债务的类型无关紧要;另一方面,单纯的优先购买权并不赋予取回权(就代理人在将货物交给本人前宣告破产时,通过间接代理的取得,参见第Ⅷ-2:302条注释2)。买方已经支付价款但是还没有取得所有权的,会处境困难,因为基于平等对待一切债权人的原则,法律(破产法第14条)只赋予其参与破产分配的权利(*Feil*, Konkurs, Ausgleichs-und Anfechtungsordnung[2], § 14 KO nos.1 and 2;*Holzhammer*,Insolvenzrecht[5],39);对于有拘束力的赠与也适用同样的规则。作为替代,买方可以以履行迟延为由而解除合同(民法典第918条),但是还是只有参与分配的权利。另一方面,如果破产的让与人已经转让所有权,但是还没有获得付款,破产财团有权请求全额支付价款。当双方当事人都没有履行合同的义务时,再次适用破产法第21条(破产管理人的选择权),除非是所有权保留的买卖(参见下文第Ⅷ-2:203条注释Ⅱ,20)。就与债权人重组法下的和解程序,适用同样的规则(与债务人重组法第20条b)(*Kepplinger*,ZIK 2000,110,113)。

56. 在瑞士法,宣告破产意味着破产管理人可以解除或者确认破产者与第三人之间尚未履行的合同(参见 Faber and Lurger(*-Foëx and Marchand*),National Reports Ⅵ,chap. 9. 1.)。如果管理人偏爱第二选项,那么另一方当事人可以要求提供担保(债务强制执行与破产法(SchKG)第 211 条第(2)款,而如果未提供担保,另一方当事人可以解除合同(债法第 83 条第(2)款))。作为例外,有些合同,比如委托、保险以及合伙合同自动解除(债法第 405 条,保险法第 37 条第(1)款以及债法第 545 条第(1)款第 3 项)。没有依据合同标的是种类物还是特定物进行的划分。就付款的作用来说,尽管在一些例外的情形,买方破产时,卖方可以请求返还尚未获得付款的货物(债务强制执行与破产法第 203 条),但还是可以得出一个一般原则:所有权的转让以价款的给付为条件会与破产中债权人平等原则相矛盾。因此,关于在买方破产时,卖方可以解除合同并且要求返还货物的合同约定,原则上无效(债务强制执行与破产法第 212 条)(Faber and Lurger(*-Foëx and Marchand*),National Reports Ⅵ,chap. 5. 8. 2)。具体就让与人破产而言,如果没有交付发生,相对于让与人的一般债权人,受让人不受保护,拟交付的动产成为破产财团的一部分。受让人只可以就不交付要求损害赔偿。相反,如果货物已经交付,所有权转移给受让人,相对破产人的一般债权人,受让人原则上受到保护,当事人不能通过合同约定偏离这些规则,而且不能就破产发生约定特别的请求权(*Staehelin*, AJP 2004, 363, 378; *Jeandin*, Les effets de la faillite sur le contrat de durée, 71, 94)。瑞士法明确规定,转让所售货物的买方事后破产,不能解除合同并要求返还标的,即使明确保留了这一权利也不行(债务强制执行与破产法第 212 条)。另一方面,如果受让人宣告破产,让与人可以拒绝交付,除非价款的支付得到担保,而且未获得担保时,受让人可以解除合同(债法第 83 条,债务强制执行与破产法第 211 条第(2)款)(Faber and Lurger(*-Foëx and Marchand*),National Reports Ⅵ,chap. 9. 1)。

57. 希腊破产法最近进行了改革,以第 3588/2007 号法律制定了新的破产法典,2007 年 9 月 17 日生效。新法现代化了破产程序并使其适应现代的需要,其规定了不同的机制,有些是重新规定,有些是初次引入。根据希腊法,只有商人和寻求经济目的的法人能够被宣告破产(破产法典第 2 条第(1)款)。在宣告破产后,全部的破产人财产构造破产财团(破产法典第 16 条第(1)款),破产人不能继续处分或者管理该财产(破产法典第 17 条),除非法院允许破产人这么做(破产法典第 18 条)。破产宣告后,对破产人所为或者破产人所为的任何行为在破产管理人书面批准前都不发生效力(破产法典第 17 条第(1)款(b)项)。除非破产法典另有规定,尚未履行的双务合同不受破产宣告的影响(破产法典第 28 条)破产管理人被赋予在法院许可后继续或者拒绝履行合同的权利;破产人的相对人有权催告管理人在合理的时间内作出选择(破产法典第 29 条)。破产法典第 37 条及以下规定了数项取回权。就不属于破产债务人的财产,就其上或者对其有物权或者债权的任何人,都可以要求从破产财产中分开并交付;管理人可以在法官许可下批准这一请求,但是如果不批准,有权取回的人可以根据与该权利相关的一般规定就其提出请求。如果财产同时已经被处分给第三人,有权取回的人只能就这次处分的所得提出请求。不过,如果上面描述的取回权是不可能的,对此有权利的人就只能拥有破产中的分配请求权(破产法典第 37 条)。在破产宣告前将财产交给破产人作为存货用于销售或者为其出售,只要这些货物被部分或者全部包含在破产财产中,该人也被赋予被称为"破产请求"(insolvency demand)(*πτωχευτική διεκδίκηση*)的取回权;如果货物已经被销售,价款还没有收取,有权请求的当事人可以直接要求买方支付价款(破产法典第 38 条)。根据以前的破产制度,将货物存在某人处以图销售,被视为间接代理的一种形式;因此,将货物交存行纪人的人必须证明其所有权,而不是行纪关系(*Kotsiris*, Bankruptcy[7], 356; Faber and Lurger(*-Klaoudatou*), National Reports Ⅲ, chap. 9. 1. 1,

9.2.1 and 9.2.2)；根据新法这似乎也是要件。同样的请求权也被赋予在破产宣告前将货物出售给买方的人，只要货物还没有交付给买方或者为了买方行事的人即可(破产法典第 39 条第(1)款)。这一规则可以根据反对解释(*a contrario*)得出：如果货物已经交付给买方，出卖人不能要求返还；根据以前生效的法律，学说认为这种卖方是仍然拥有货物抵押权(pledge)的破产中的担保债权人(*Rokas*, Bankruptcy[2], 41 et seq.)。另外，依然占有所售货物的卖方被赋予留置权(破产法典第 39 条第(2)款)；根据以前生效的法律，也得到学说确认：买方再次出售货物不影响卖方的留置权(*Kotsiris*, loc. cit., 369)。就让与人破产而言，有两点就决定来说非常重要：首先，管理人是选择履行合同还是选择不履行合同；其次，所有权是否已经移转。如果已经转让给受让人，让与人可以根据破产法典第 37 条第(1)款或者民法典第 1094 条(物权返还请求权)行使上述取回权(*Klaoudatou* loc. cit., chap. 9.3 and 9.2.1)。如果所有权已经被破产债务人/让与人转让给债权人之一作为担保(信托的所有权让与)，而债务人仍然占有货物，破产法典第 37 条第(4)款授予作为所有人的债权人以取回权；就有担保的债权人以及现所有人被宣告破产的情形，参见下文第Ⅷ-2:203 条注释 14。就受让人破产来说，关于取回权和破产请求权的这些规则(破产法典第 37 条以及第 38 条及下一条)至关重要。

58. 在匈牙利，根据破产法第 47 条第(1)款，如果没有履行的话，清算管理人有权要么解除(rescind)债务人订立的合同要么撤销(withdraw from)合同；此时相对方当事人可以自解除或者撤销之日起 40 天内对清算管理人提出请求。法律不赋予溯及力；债权人的请求也只是属于破产程序中债权而已。如果让与人被宣告破产且未发生交付，也就是没有发生所有权转让，受让人不得对抗让与人的债权人。已经对让与人履行的受让人就已支付的价款只有破产中的请求权而已(参见破产法第 57 条第(1)d 或(f)项)。另一方面，如果受让人被宣告破产且所售货物还没有交付，但是破产的受让人已经履行，其可以以让与人违约为由主张其交付，以及/或者在撤销合同之时，根据恢复原状(*in integrum restitutio*)的效力提出请求；如果财产已经被交付给破产的受让人的，则这些财产构成破产财产的一部分(Faber and Lurger(*-Szilágyi*), National Reports Ⅲ, chap. 9)。

59. 在捷克法中，根据破产与和解法(BSA)第 14 条第(1)款(a)项(ⅲ)，一旦宣告破产，与破产人签订协议的人就可以撤销协议，除非在合同订立时知道破产宣告(*Kozel*, Problémy konkurzního rízenía jejich resení[2], 122)。合同撤销具有溯及(*ex tunc*)效力。另一方面，如果在破产宣告前订立合同，而在破产宣告时任何一方均未履行合同或者只是部分履行合同，则任何一方均可以撤销合同(破产与和解法第 14 条第(2)款(ⅰ))。只有破产承租人的融资租赁协议的撤销受到限制；出租人不能撤销，除非承租人不履行合同债务。如果破产人希望撤销，则撤销权由破产管理人行使(破产与和解法第 14 条第(1)款(a)项(ⅰ))；与一般的撤销一样，就协议的债务层面具有立即发生的溯及效力(*Kozel*, loc. cit., 173)，而物权效力的反转分两步发生(Faber and Lurger(*-Tichy*), National Reports Ⅵ, chap. 9.1)。更具体一点，如果受让人宣告破产，主张财产被不法纳入破产财团的人需要在特定的期限内对管理人提起诉讼；主张从破产财团中取回物的权利可以在破产程序的任何阶段得到满足(BAS 第 31 条第(1)款)；如果认为转让是根据明显不相称的条款订立的(破产与和解法第 15 条第(1)款(c)项)，则主张这一点的当事人可以请求宣告合同无效(参见 *Kozel*, loc. cit., 188 et seq.)。没有根据有关货物是按种类确定还是特定的进行的划分。对于诸如无偿合同等其他情形适用同样的规则；破产与和解法第 15 条包含可以提出异议的标志性法律行为的列举，宣告这种行为无效的一般权利适用范围颇为广泛(参见破产与和解法第16条和第42a;*Kozel*, loc. cit., 188 et seq.; *Svestka/Jehlicka/Skárová*, OZ[9], 254 et seq.)。另一方面,如果让与人宣告破产,给予受让人的保护也是类似的。债权人或者管理人可以根据意思表示无效提出主张破产人行为无效的请求,而不管物有无交付;就默认的抵押(implied mortgage)没有规定。如果因为未获付款而解除协议,解除具有溯及效力,适用关于解除的一般规定。

60. 在斯洛伐克,在破产程序开始时,债务人处分其财产的权利以及以其名义就破产所有事项行事的许可转移至破产管理人,破产管理人以债务人的名义为债务人行事。因此任何由破产债务人对不能从破产财团中豁免的物进行的处分(破产法第72条)被视为不存在(无行为(non negotium)),取得人只能依据善意取得规则取得。债务人甚至不能接受履行;所有对于债务人的到期债务必须与管理人结清。即使接受赠与或遗产,债务人也必须有管理人的同意;否则对债权人来说,拒绝赠与或者遗产的行为无效。在破产程序终结时,债务人重新获得处分权,但这对破产程序中实施的行为的效力和有效性没有影响(破产法第102条第(4)款)。宣告破产不影响破产债务人承担责任的能力;那些法律行为依然有效,但是可以由破产债权人提出异议。只有减少破产财产的行为才对债权人不发生效力,这意味着,尽管行为依然有效,而相对于债权人其被视为从未发生任何法律效力。换句话说,不发生效力不等于法律行为无效,而是相对于破产债权人其法律效力(比如所有权转让)是可撤销的。此时,债权人可以要求将根据不发生效力行为转让的财产返还于破产财团。就在破产程序开始前签订的双务合同来说,必须区分不同的情形。如果债务人已经履行,但是另一方当事人没有履行或者只部分履行,就他方尚未履行部分,破产管理人有权选择维持合同还是解除合同(破产法第45条第(1)款)。另一方面,如果另一方已经履行,则双方都有解除合同的选择权。破产程序开始前的合同产生请求权通过申请将请求权登记而得到确定,此后产生的请求权是对破产财产的请求权;比如下述情形就是这样,对破产管理人供水的合同和在破产宣告之前或者之后依据该合同产生的相应请求。就让与人破产而言,重要的是是否已经发生转让:如果所有权转让发生于破产宣告之前,则受让人成为所有人,因此财产不属于破产财产;如果转让后财产还在让与人手中,因此被包含在破产财产之中,则受让人可以主张取回。如果受让人还没有履行(比如仍欠着价款),管理人可以解除合同或者要求支付价款。如果管理人解除合同,则受让人必须将物返还于破产财团。另一方面,如果是受让人宣告破产,由于如前所述的原因其不能接受债务的履行,让与人依据他们之间的合同将财产交付给他或她的,不能被认为履行了债务,因为财产应该交付给破产财团以及其管理人。因此破产管理人可以要求再次履行,甚至于提起要求履行的诉讼(Faber and Lurger(*-Petkov*), National Reports Ⅵ, chap. 10)。

61. 在斯洛文尼亚,现行的各种破产程序由强制和解、破产和请算法(*Zakon o prisilni polavnani, stecaju in likvidaciji*)(ZPPSL)调整。概括来说,要区分两类债权人:有物权担保的和没有担保的债权人。如果前者有抵押(pledge)或者留置权的,则可以要求从破产财产中取回或者优先清偿其债权(强制和解、破产和请算法第131条),而后者只有对破产财团的债权。取回权(*izlocitvena pravica*)必须在破产程序开始后两个月内行使(强制和解、破产和请算法第137条);这个期限经过后,所有人就不能再参加占有程序(possessory proceedings),但是根据一种看法,这不当然意味着丧失所有权:所有人可以根据一般规定取回。如果与此同时破产债务人已经出售了该财产的,则所有人的请求权不再可以强制执行。此时,请求权转化为以对破产财产的不当得利为基础的金钱给付请求权;学说(*Vrencur*, Podjetje in delo 1996/8, 1364 – 1371; *Plavsak and*

Prelic,ZPPSL komentarjem,389)确认这种请求权可以破产费用请求权为基础(Faber and Lurger(-*Rudolf/Rijavec/Kerestes*),National Reports Ⅰ,580 et seq.)。如果破产程序开始时缔约双方都没有履行合同,从破产程序开始之日起 3 个月内,破产管理人有权履行并请求对待履行,或者解除合同(强制和解、破产和请算法第 121 条)。如果维持合同,破产人的相对方当事人可以要求同时履行或者适当担保;如果解除合同,任何已经完成的履行将根据不当得利规定予以反转,而且还可以主张违约损害赔偿(强制和解、破产和请算法第 120、121 条)(*Rudolf/Rijavec/Kerestes*, loc. cit. ,595)。不管如何,非金钱债权在转化为金钱债权后也可以在破产程序框架中得到偿付,而破产相对人的请求可以根据破产费用的规则而增加;可能的请求权被视为对破产财产的普通请求权(*Plavsak and Prelic*,ZPPSL komentarjem,457)。考虑到破产旨在清算破产财产以偿付债权人这一事实,破产管理人通常选择履行那些会赋予破产人金钱债权的合同。如果合同必须在特定的期限内履行,该期限的经过原则上会自动导致合同的解除;此时,以特别的规定调整对方当事人的返还请求权(参见强制和解、破产和请算法第 121 条第(6)款)。如果破产人的合同相对人已经适当履行,但是在破产程序开始前没有得到对待履行,其必须在法定的期限内提出请求,以作为普通债务人得到偿付(除非债权有担保);非金钱债权自动转为金钱债权(强制和解、破产和请算法第 112 条第(2)款)(*Rudolf/Rijavec/Kerestes*,loc. cit. ,584 et seq.)。就物权效力来说,关键是所有权从让与人移转于受让人的时间,这通常在交付或者登记时发生。更具体一点说,如果让与人破产,转让根据一般规则进行评估,比如,如果已经就所有权转让约定特定的时间,而货物已经发运但是没有及时交付;让与人仍然是所有人(货物构成破产财产的一部分)。所有债务,包括无偿转让或者买入期权、自然债务、附条件合同等都需要交付或者登记。对于将来的货物也是如此;就船舶来说,有关交易的登记甚至可以在船舶建成前使转让生效。在宣告破产之前,卖方还没有取得处分财产权利的情形更为复杂些。如果买方 A 以所有权保留为条件从 S 处购买一辆卡车,随后为了向银行贷款,将卡车作为担保转让给银行 B,B 只有在全部价款支付时才能取得所有权(债法第 61 条),但是如果在付款前破产程序开始,卡车将归入破产财产;如果合同在付款前解除,S 可以行使取回权;不管如何,破产阻止了 B 取得处分权。在货物的连环买卖中,货物还没有交付给让与人的,也有类似的考虑。一般规定适用于死者破产;有特别利益的规则是,如果死者的继承人也宣告破产的话,允许死者债权人请求将传家宝(heirloom)从继承人财产中剥离(遗产区隔(*separatio bonorum*),继承法第 143 条)(详情及有关情形的列举,参见 *Rudolf/ Rijavec/Kerestes*,loc. cit. ,585 et seq.)。如果受让人在价款清偿前宣告破产,产生的情形会损害卖方的利益;更具体来说,如果与此同时,买方已经将货物又卖给善意取得人或者买方通过诸如混合或者加工(除非所有权保留协议约定新产品将由买方和买方共有)等原始取得货物的所有权的,卖方将失去所有权。此时,卖方不会被赋予相对于其他债权人的优先权,而是只取得损害赔偿请求权,只是破产中的债权而已(*Rudolf/Rijavec/Kerestes*, loc. cit. ,593)。不过,也有支持这种观点的,即如果卖给善意取得人的价款仍然可以辨别的(traceable),卖方应该获得优先清偿的对待(*Vrencur*,PP 2002/17,V(VI))。

62. 在爱沙尼亚,如果合同当事人一方宣告破产,当破产程序开始时,作为转让基础的法律关系产生的给付尚未实施时,会带来问题。如果让与人破产,受让人只有在所有权已经移转时才能获得全面的保护,也就是,有物权合意及有效的交付(包括等同交付行为)之时。此时,财产被从破产财产中排除,因为破产法第 123 条第(1)款给财产碰巧在破产人财产中的所有人提供了请求取回他们财产的可能。如果财产还没有交付,破产管理人有选择是否转让所有权的权利(破产法

第 46 条);事实上,有关规定字面上没有根据受让人是否全面履行了对待给付进行区分。如果管理人选择维持合同关系,受让人也必须履行,而让与人转让所有权的债务成为破产程序有优先地位的强化了的债权请求(破产法第 148 条第(1)款第 2 句),可以根据一般的程序规则追及(破产法第 149 条)。另一方面,如果破产管理人拒绝履行破产的让与人的债务,买方可以提出基于不履行合同产生的请求,不过只有参与破产财产分配的权利(Faber and Lurger(-*Kullerkupp*),National Reports Ⅰ,299 et seq.)。另一方面,如果受让人破产,让与人无权要求返还物或者撤销合同,所有权转让是基于合同还是非合同债务在所不论。让与人对价款的债权被作为单纯的破产程序中的债权处理,对让与人(译者注:原文如此,似乎是让与人的其他债权人)没有优先地位(*Kullerkupp*,loc. cit.,301)。

63. 在立陶宛,当买方破产的,如果破产管理人在合理的时间内承诺付款或者给履行提供担保,那么卖方不能要求返还还没有付款的货物(民法典第 6.345 条第(2)款)。除了这一特别规定,适用 2001 年的破产法,且该法优先于民法典适用。破产法第 10 条作为一般规则规定,破产程序的开始解除了此前破产人未履行的所有财产性债务;禁止通过法院或者司法以外的程序将债务恢复到破产财产之上,可用破产财产偿付的迟延利息和其他利息,包括与雇佣关系有关的利息暂停计算。自法院裁决破产程序开始之日起 30 日内,如果破产管理人没有通知对方当事人,破产人未履行的合同视为解除(雇佣合同及导致对破产财产的债权的合同除外);所有解除合同引起的债权通过破产法第 35 条得到偿付。特别是就让与人破产来说,破产让与人不再有义务交付货物,另一方面,如果所有权在交付之前已经移转给受让人,则货物不属于破产财产。就受让人破产来说,如果尚未支付价款而货物已经交付,让与人不受任何保护,只是成为普通债权人,债权根据一般的规则偿付。民法典第 6.345 条不适用,但是破产管理人可以在 30 天内决定是否履行。不过,让与人可以以欺诈为由对破产债务人提起诉讼主张合同无效(民法典第 1.19 条),该诉讼由破产法院判决,而且如果胜诉的话,具有溯及的效力(民法典第 1.95 条)。反过来,破产管理人可能希望通过保罗诉权主张合同无效(Faber and Lurger(-*Mikelenas*),National Reports Ⅲ,50 et seq.,chap. 9.)。买方破产时,如果价款还没有支付,卖方可以要求返还所售货物,但是如果破产管理人承诺付款或者给履行提供担保的,卖方不再有要求返还的可能(民法典第 6.345 条)。如果当事人约定买方在货物交付后支付价款,买方在买卖合同订立后宣告破产的,卖方不再有义务交付货物(民法典第 6.317 条)(Faber and Lurger(-*Mikelenas*),National Reports Ⅲ,chap. 5.3.2(b))。

64. 在荷兰,破产裁定原则上不影响现有的合同,而破产法(*Faillissementswet*)第 35 条 b 款对赠与,第 37、38 条对有待履行的交易、第 38 条 a 款对分期付款买卖,第 39 条对租赁合同以及第 40 条对劳动合同进行了例外规定。破产时双方均未履行或者只部分履行合同债务的双务合同,破产法第 37 条具体对其进行了规定。此时,经对方书面同意,破产受托人可以在合理的时间内声明是否会履行合同;如果履行,受托人必须在声明中同时提供担保(破产法第 37 条第(2)款)。但是,如果不打算履行或者没有在合理的时间内声明,那么受托人不可以再要求履行对破产债务人所负担的债务(民法典第 37 条第(1)款(译者注:应该是破产法,民法典没有这种编号的条文))。另一方当事人此时可以解除合同并要求赔偿,成为破产中普通债务人(破产法第 37 条 a)。最近一个判决(HR November 3,2006,NedJur 2007,155(*Nebula*))引起广泛的争论,该案中最高法院(HR,原文误为 HG,译者注)确认,一方当事人破产时,双务合同仍然有效,但是不允许债权人行使合同上的权利,原因是这会与债权人平等(*paritas creditorum*)原则矛盾,也就是破产管理人“被授予不履行的权利”，因为产生其他结果需要法定的例外（Faber and Lurger（-*Salomons*），National Reports Ⅵ，chap. 8.1）。如果让与人在基础性债务成立后、但在交付前宣告破产，相对于一般债权人，另一方不受保护：破产法第35条排除了交付的可能，如果不排除，在破产日其所需的一切行为都不会发生（参见HR July 14，2000，NedJur 2001，685（Lagero）），其目的明显是保持破产财产的完整。该规定是强行法，但是当事人可以合同性调整任何一方宣告破产的某些后果，比如，借款协议中约定借款人破产时剩余的借款立即到期；这在确定破产中确切的债权数额时很有用（*van Buchem-Spapens and Pouw*，Faillissement，39）。作为破产法第35条规定的结果，受让人除了请求交付的债权，什么也没有，而这个债权具备普通债权（*concurrente vordering*）的资格。另外，如果在破产裁定后、宣布破产裁定前发生交付（破产法第14条第（3）款），只要受让人确实善意，其作为从无权利人处取得（*a non domino*）的善意取得人（*bona fide* acquirer），享有民法典第3:86条的保护；在破产裁定公布后的一切取得人都视为知道破产（破产法第35条第（3）款）。但是，如果破产在破产登记处登记的，就登记的货物，在破产裁定公布前取得不受保护（参见民法典第3:24条（c）项）（*van Buchem-Spapens and Pouw*，Faillissement，33）。另一方面，在间接代理人宣告破产的，本人受民法典第3:110条的保护（参见第Ⅷ-2:302条注释18）。如果是附停止条件的转让，破产不能阻止条件的成就（参见第Ⅷ-2:302条注释29）。就受让人破产来说，卖方的地位取决于交付有没有发生：如果发生，所有权移转于买方，如果价款还没有偿付的话，卖方只有就价款的债权。如果合同解除而交付已经发生，货物构成破产财产的一部分且让与人消除转让后果的债权不影响这一点。该规则真正的例外是依据民法典第7:39条赋予卖方的物权性的返还请求权，该权利在买方没有及时付款时发生。此时，在民法典第7:44条规定的期限内，卖方有权以书面形式解除合同，而所有权根据这一行为（*ipso facto*）无溯及力地回转。在这一返还请求权行使之前的第三人善意取得的利益受民法典第7:42条保护（Faber and Lurger（-*Salomons*），National Reports Ⅵ，chap. 8.4）。

65. 在法国，取决于当事人已经履行合同义务的程度，破产对有待履行合同的影响各不相同。未履行合同（*contrat en cours*）的概念本身有争议（参见*Roussel Galle*，Réforme du droit des entreprises en difficulté，no. 253）：原则上，在破产宣告前订立的约定价款稍后支付的买卖合同不是未履行的合同，因为所有权已经移转；类似地，保留所有权而价款还没有支付的合同也不被视为未履行的合同（Cass. com.，5 May 2004，D. 2004，AJ 1525，note *Lienhard*）。首先，破产程序的启动不自动解除破产债务人签订的合同（商法典第L. 622-13条第（6）款）。如果双方当事人都没有完全履行合同，破产管理人有排他的坚持或者解除合同的选择权（商法典第L. 622-13条第（1）款），尽管有时候选择留给破产债务人（比如未任命破产管理人的）。如果债权人通过挂号信请求管理人履行且在一个月内无回音的，债权人可以解除合同（商法典第L. 622-13条第（1）款）；此时，作为法国法上一般民法规定的例外，解除没有溯及力。如果管理人选择继续合同的，破产债务人未尽的履行必须履行（商法典第L. 622-13条）；以金钱为内容的债务必须一次性履行。对方当事人不能拒绝履行，即使破产前的其他债务没有得到履行，而只可以在债务单册上登记其他债的债权（商法典第L. 622-13条第（4）款）。如果让与人破产，且只有一方清偿了其全部债务，法律状况取决于所有权是否已经移转。相对于普通债权人，占有财产的受让人通常从合同订立时起受到保护，除非合同构成对债权人权利的欺诈；受让人依然必须对破产财团支付价款（Cass. com.，3 February 1998，Bull. civ. Ⅳ，no. 53；商法典第L. 632-1条至第L. 632-4条）。另一方面，如果财产还没有交付，管理人可以决定是否维持合同（商法典第L. 622-13条）。如果破产让与人不对财产拥有所有权,但是已经根据所有权保留条款购买了财产,受让人作为从无权利人处(*a non domino*)取得的人受到保护。这些对受让人的保护在合同不是可撤销时才适用(参见第Ⅷ-2:202条注释27)。如果受让人被宣告破产,只调整双务合同(比如买卖或者互易)的破产规则会影响债权人的平等:对受让人有利的赠与不受破产法的影响。如果卖方还没有交付财产,其可以在全额付款前拒绝交付(卖方的优先权(*privilege du vendeur*))(但请参见商法典第L.622-13条);如果卖方已经交付,但是还没有获得付款,则必须区分不同情形。第一,如果已经约定所有权保留或者其他担保,只要特定的条件具备,让与人有权要求返还财产,因为所有权从未转移给买方;判例法根据商法典第L.624-9条将卖方这一返还权利限制在自破产程序开始之日起3个月内(Cass. com. ,8 March 1994,Bull. civ. Ⅳ,no. 101)。第二,如果授予担保,被担保的债权人受到破产规则的保护。第三,如果没有可用的担保(无担保的债权人(*créancier chirographaire*)),卖方只有从破产财产中获得分配的权利。第四,如果破产买方已经履行,债权人也有义务履行,也就是将所有权转让给破产财团(所有这些情形,参见Faber and Lurger(-*Cashin-Ritaine*),National Reports Ⅳ,chap. 9)。

66. 在比利时法,根据破产法第46条,破产管理人有权解除破产债务人在破产之前订立的合同,该合同不会因为破产事实本身而解除(诸如信用合同以及其他高度人身性的合同(*intuitu personae*),会因为破产判决而自动解除);对方当事人反过来可以请求破产管理人在15日之内作出决定,并且如果后者没有回应,则合同解除且导致的损害赔偿请求权归入破产财产。解除权被视为对债务人未履行债务的事实的一种确认;就此来说,破产管理人的决定本身并不解除协议,而只是引起解除发生而已(就所有权转让对破产效力影响的细节,参见Faber and Lurger(-*Cauffman and Sagaert*),National Reports Ⅳ,chap. 13. 1)。特别是,如果让与人失去清偿能力,受让人的地位并不很清楚。尽管依据破产法第46条,破产管理人肯定没有解除合同并以更高的价格将货物转让给他人的权利(Dirix,RW 2003-04,208,no. 20),但是如果货物还没有交付,状况是不清晰的。传统的观点确认,适用单纯合意(*solo consensus*)原则,这种转让可以对抗破产(CA Ghent,September 1,1986,TGR-TWVR1986,63;*de Page and Meinertzhagen-Limpens*,Traité élémentaire de droit civil belge Ⅳ,no. 676);对于在破产程序开始前已经被特定的种类物的买卖也是一样(*Dirix*,RW 2003-04,208,no. 20;*Van Ryn and Heenen*,Principes de droit commercial Ⅳ,321,no. 2781)。但是一部分学说倾向于根据让与人的债权人对其债务人占有的货物会被包含在破产财产中的正当期待,以类推适用民法典第1141、2279条为基础,认为还没有交付的货物是破产财产的一部分。不管价款或者部分价款有没有支付,受让人不受保护(CA Brussels,7 June 1979,Bull. Bel. 1981,1612;RPDB,v° Saisie-Exécution,no. 803;Cass. ,9 March 2000,Arr. Cass. 2000,no. 164)。只有买卖协议在卖方的正常营业活动范围内订立的,这种观点的支持者才会将这种财产从破产财产中排除(APR,v° Beslag,2001,no. 635;Dirix,RW 2003-04,208,no. 20)。另一方面,如果受让人破产,让与人被赋予一系列救济。在没有所有权保留时,根据抵押法(Mortgage Act)第20条第5项,动产的卖方被赋予法定的优先权(*privilège/voorrecht*)。该优先权有下列前提条件(*Dirix and De Corte*,Zekerheidsrechten[5],188,no. 276):破产时货物必须仍然在买方手中(尽管如果货物已经被转售时,优先权的效力有争议),货物必须没有被加工(processed),而且没有通过混合或利用(incorporation or destination)而被不动产化;后一种情形,可以通过将货物的发票存在商事法院阻止优先权的消灭。除了优先权,卖方还被赋予一种准物权返还请求权(抵押法第20条第(5)款第6项),该请求权需要具备一系列要件:其只在动产买卖协议时赋予,只能在交付后8天的短暂时间内行使,卖方必须没有给买方付款以宽限期,货物必须仍为买方占有(尽管基于物上代位的效力,准物权返还请求权也可以指向价款),并且货物没有被加工过。自从引入民法典,准物权返还请求权已经被认为是过时、体系上不协调,现在已经失去了其很大一部分的实践上的重要意义(*de Page and Meinertzhagen-Limpens*,loc. cit. ,nos. 255 et seq. ;*Dirix and De Corte*,Zekerheidsrechten(2006),p. 187,no. 273;*Van Ryn and Heenen*,loc. cit. ,no. 718)。就买方破产时解除合同权利来说,其受到与准物权返还请求权同样的限制,也就是必须在货物交付8日内行使,因解除产生的返还需要具备同样的条件。最后,直至价款被支付之前,卖方被赋予转让货物的留置权(*droit de rétention/retentierecht*)(民法典第1612条),但是即使在这种情况,卖方在买方提供充分担保之前可以免于交付货物(民法典第1613条)。不需要诉诸法官,但是必须具备特定的条件(*Dirix and De Corte*,Zekerheidsrechten(2006),p. 348,no. 519)。首先,卖方必须没有给付款以宽限期;但是法官给的宽限期不排除留置权(*de Page and Meinertzhagen-Limpens*,loc. cit. ,no. 250;*Limpens and Heenen*,La vente,no. 231)。另外,卖方必须客观上善意,而且买方的不履行必须归责于买方的过失(而不是归于比如不可抗力(vis maior))。就此必须注意留置权并没有赋予卖方以任何优先权,而且买方的债权人可以随时扣押留置的货物;留置权只是给对抗破产管理人提供了事实上的可能性(Faber and Lurger(*-Cauffman and Sagaert*),National Reports Ⅳ,chap. 13.3.4)。就运输中停运权,参见上文注释44。

67. 在意大利,就一方当事人宣告破产时还没有履行的合同,法律规定了特别的规则。根据破产法皇家法令第72条第(1)款,破产管理人必须宣布合同是否会得到履行;但是管理人的这一权力受到破产债权人的决定的约束。同时,履行与否临时待定。如果管理人迟延宣告意图,合同另一方可以请求法院规定不超过60天的期限,在此期限内管理人必须表明意图(破产法皇家法令第72条第(2)款):否则视为合同已经解除。此时,他方合同当事人,只要其已经履行,可以针对破产财团要求给付的返还,但是无权要求损害赔偿(破产法皇家法令第72条第(4)款)。不过,当给付包含物权的转让,破产法皇家法令不适用,因为合意主义原则自动影响所有权的转让。因此,如果让与人破产,即使占有还没有转移至受让人,后者仍然是所有人,并且,只要其受让人完成履行,就可以请求根据司法裁定以及在破产管理人和债权人会议同意下,将货物从破产财产中分离并交付于受让人(破产法皇家法令第87条之一)。如果某人只对属于破产财团的货物拥有持有权(detentore),情况则不同;这些财产构成破产财产的一部分,但是持有人仍然维持对财产的监管。另一方面,如果受让人宣告破产,并已经占有货物,让与人只会有和其他债权人一样的破产中的债权;让与人最终只可能有破产法皇家法令第75条上的运输中停运权(参见上文注释45)。破产法皇家法令第72条第(1)款和第(2)款适用于运输合同和供应合同(*vendite a consegne ripartite* and *contratto di somministrazione*)(关于破产对尚未履行合同影响一般信息参见 Faber and Lurger(*-Greco*),National Reports Ⅰ,480 et seq.)。

68. 在西班牙,就破产对债务人还没有履行的合同效力的影响,新破产法有重要的改革;因此,旧制度下,判例和学说上广泛讨论的问题有了答案(*Fínez Ratón*,Los efectos de la declaración de quiebra;Iglesias Prada(*-García Villaverde*),Estudios Jurídicos En Homenaje Al Profesor Aurelio Menéndez Ⅲ,3531 et seq.)。在新破产法之前,如果破产人在宣告破产前没有履行合同,就破产相对人是否有权以破产人违约为由解除合同就有疑问;另外,这样的债权人是否可以在破产中拥有优先于其他债权人的权利也有争议(更多相关讨论和以前的立法状况参见 Faber and Lurger(*-González Pacanowska and Díez Soto*),National Reports Ⅴ,chap. 5.4,有进一步引证)。新破产法

第61条(f)项规制了有关问题。原则上,宣告破产不影响尚未履行的合同;宣告本身不能被视为解除或者消灭合同的原因或者作为一种违约(破产法第6条第(3)款)。这一规制与赋予破产管理人选择是维持还是解除合同的权利的规则相协调,选择权行使,取决于管理人认为怎样才对破产财团最有利,以及尽管破产也尽可能长时间维持债务人的专业活动和营业活动的立法宗旨(破产法第44条)。破产法第61条第(1)款还排除了其他规则的适用,比如破产法第146条和民法典第1129条第(1)款及第1467条第(2)款,这些条款规定,诸如在特定的条件下陷入破产的债务人必须提供充分的担保;不过,另一方当事人应当能够援用同时履行抗辩权(*exceptio non adimpleti contractus*)从而在对方没有履行或者有不履行风险时终止履行。如果当事人一方在宣告破产时已经全部履行,则必须区分不同情形:如果破产人已经履行(has performed,译者注:应该是"没有履行"(has not performed),否则文义不通),对方当事人的请求会成为破产中的请求,并根据具体情况归入优先、普通或者次级的;反过来,债务人拥有针对对方当事人的纳入破产财产的请求。这一规定的目的是默示地排除以破产宣告为由的解除合同的可能;但依然存在的问题是,是否存在以破产宣告前违约为由而解除合同的权利。学说上认为,一方面在相对人违约的,选择是维持还是解除合同的权利应该赋予债务人(或者破产管理人),而不需要考虑何时发生的违约;另一方面,不清楚的是,如果债务人违反了合同债务,是否应该赋予对方当事人类似权利。破产法的规定似乎没有提供绝对的答案:一方面,诸如破产法第69、70条这样的规定赋予破产管理人复活刚刚在破产宣告前解除的合同的权利;另一方面,我们也发现诸如破产法第56条第(1)款和第(2)款清楚地援用了旨在获得财产返还的解除诉权的行使。最终,破产法第61条第(1)款似乎并没有排除破产后的解除,而是清楚表明债权人此时不取得取回权(Bercovitz(-*García Vicente*),Comentarios a la Ley Concursal I,695;这个问题的更多细节,参见 Faber and Lurger(-*González Pacanowska and Díez Soto*),National Reports Ⅴ,chap. 5.4)。除了这些情形,看到破产有反向效果的例子也很有意思,也就是复活已经被解除的合同。为了通过创造充分的破产财产确保债权人的利益,合同由债务人和第三人签订,由于前者在破产宣告前未履行而合同终止的,破产法第68条至第70条规定了根据破产管理人的动议复活的可能。这种可能就三类合同存在:贷款和融资合同,推后(deferred)付款取得财产的合同以及城市租赁合同,只要债务人相应地是借款人、取得人或者承租人即可。就第一和第三种类型,参见 *González Pacanowska and Díez Soto*,loc. cit.,chap. 5.4。就推后付款取得动产的合同,只有在债务人的相对人(让与人)在破产宣告前3个月内以不履行为由解除合同时,破产法第69条才允许合同复活。复活必须及时通知受让人,付款或者款项的支付已经到期且在破产财产中优先偿付未付的金额。就随后的违约,让与人仍然有以解除合同的权利,但是也需要请求破产法官强制执行。根据破产法第69条第(2)款,让与人在3种情形下可以拒绝复活:(1)其在宣告破产前已经就解除合同寻求司法解决;(2)其合法恢复了财产的占有并在宣告破产前归还了已经收到的价款;(3)其合法恢复了对财产的占有,并随后在破产宣告前转让给了第三人。就第三种情形来说,必须注意,即使让与人没有撤销复活,就第三人已经合法取得来说,无论如何不会受到影响(*González Pacanowska and Díez Soto*,loc. cit.,chap. 5.5)。

69. 在葡萄牙,当尚未履行的合同的一方当事人破产的,破产管理人有选择维持还是解除合同的权利;另一方当事人也有权就管理人维持还是解除合同规定一个期限,如果期限经过后而管理人没有反应,视为拒绝履行(破产法典第102条第(1)、(2)款)。在不损害对物的取回权的前提下,破产法典第102条第(3)款列举了如果履行被管理人拒绝,根据具体情形出现的几种可能:

(a)无人有权要求返还;(b)破产财团可以要求债务人已经履行的价值,除非另一方当事人也进行了相应的对待履行;(c)作为针对破产财团的一项债务,另一方当事人有权在扣减还未履行的对待给付的价值后,对债务人请求已给付的价值;(d)任何损害赔偿的请求权只有这一条件下才可以提起,与该请求相等的金额已经根据(b)项,扣减了另一方当事人适用(c)项有权获得的金额,且该请求构成破产中的请求;(e)在与对应请求相等金额内,当事人任何一方可以以(b)项请求补偿根据(c)项和(d)项产生的请求。最后,根据破产法典第102条第(4)款,如果破产财团履行是极度不可能的,那么选择履行合同义务的做法构成滥用。管理人在解除和履行进行选择时,不受货物性质的限制,但是如果让与人的债务是不可分的,管理人选择了解除合同,让与人有权根据破产法典第103条规定的要件和限制请求返还不当得利(Faber and Lurger(*-Caramelo-Gomes and Nóbrega*),National Reports Ⅳ,55 et seq.)。

70. 在保加利亚法中,与破产有关的事务由商法典第四编调整。宣告破产的,对还没有履行或者只是部分履行的所有的合同,破产债务人和破产管理人都可以行使解除权(商法典第644条第(1)款);这一权利也可以由债权人行使(商法典第647条)。解除发生于破产管理人对他方当事人通知之后的15天。后者也有权询问合同是维持还是解除,就此破产管理人必须在15天内答复(商法典第644条第(3)款(a)项);如果破产管理人在此期间内没有回答,视为合同已经解除。当让与人宣告破产的,如果货物在破产宣告前已经转让,受让人因为其取得所有权而受到保护,而交易只能依据商法典第647条第(1)款至第(4)款以及第(7)款或者保罗诉权而被撤销。除此之外,如果被转让的货物还是让与人占有,受让人可以主张取回(商法典第637条第(5)款第1项)。在特定情形下,如果破产让与人保留所有权,则受让人也受到保护,因为支付剩余价款的义务由普通债法而非破产特别法调整。不过,如果拟转让的货物还没有生产,受让人不受保护;此时,破产管理人可以直接解除合同(商法典第644条第(1)款)。但是,就部分完工的船舶,如果转让所有权的行为已经登记,因此获得的所有权可以对抗破产财团的债权人(argumentum ex CSA art. 46(1))。就破产宣告后,转让属于债务人的财产(也就是属于破产财团)所有权的行为来说,不管无偿还是有偿,对于债权人而言均属无效(商法典第646条);有偿的转让行为如果属于低价作出的,受制于这种无效。另一方面,如果受让人宣告破产,且让与人合同在破产程序开始前订立,转让的货物属于破产财团(商法典第614条第(1)款第1项)。当破产债务人未经管理人同意就不能再进行法律行为时(商法典第635条第(1)款(b)项),尤其是当合同的订立完全取决于破产的受让人的判断时(比如附负担的赠与的情形),就会出现问题。通说认为破产债务人不能被强制订立赠与合同,但是不是债务人而是破产管理人可以根据商法典第635条第(2)款同意,因此不需要债务人参加而独立订立赠与合同(Faber and Lurger(*-Stoimenov*),National Reports Ⅳ,chap. 8.1 and 8.3)。

71. 在英格兰和威尔士,个人破产一般称为"破产"(bankruptcy),而"无偿债能力"(insolvency)(译者注:由于汉语中没有这个区分,因此本书通常也翻译为破产)通常适用于公司,有时候也适用于合伙。就公司来说,主要的破产程序是清算,依据1986年破产法第122条,清算可以是自愿的(债权人自愿清算(creditors' voluntary winding up(CVL))),也可以根据债权人申请以及法院的裁定清算。两种情况下,公司财产都由破产官员、清算人控制。个人破产由1986年破产法第九卷调整:可以由破产者或者一个或者多个债权人提起,而法院必须确信债务人不能清偿债务。破产债权人有权在破产中任命一个受托人,其拥有实际上和公司的清算人类似的权力。与公司破产有关的另外两个程序值得提一下:接管(administrative receivership)和管理

(administration)。前者可以由涉及公司全部财产或者实质性部分的浮动抵押的权利人援用(1986年破产法第29条第(2)款);这是一个颇为"私人化的"破产程序,因为接管人是单个债权人浮动抵押人任命的(就两种程序,参见 *Goode*, Principles of Corporate Insolvency Law[3], chaps. 9 and 10)。考虑到这一程序倾向于全面服务于一人利益的事实,2002年企业法寻求将其范围限制在一些例外的情形,以有利于管理程序(就几种限制,参见1986年破产法第27条A及以下)。就管理法,2002年企业法也作了一些修改(参见1986年破产法附表B1第12段)。管理人可以由法院命令、有资格的浮动抵押持有人、公司或者其董事来任命,管理人有义务努力拯救公司,除非这一点不合理可行或者公司债权人的利益以另一种策略能够得到更好地满足(这几种制度参见 Faber and Lurger(-*Frisby and Jones*), National Reports Ⅱ, 86 et seq.)。当转让动产的合同已经订立但是还没有完全履行的,破产宣告本身对其没有任何影响。但是,清算人、管理人、接管人或者破产信托人可以选择拒绝履行尚未履行的合同义务,比如,交付动产。这种拒绝会构成违约,并因此引起损害赔偿,但是损害赔偿金需要从破产财团中支付,因此是颇无效率的救济。破产官员是否可以被强制履行破产人转让动产的物权的义务,就此存在争议。清算人依据1986年破产法第178条第(3)款(a)项可以"放弃"(disclaim)有负担的(onerous)财产,该财产被定义"无收益的合同";不会仅因为公司可以实现更好的交易,合同就没有收益(*Squires v. AIG Europe(UK) Ltd.* [2006] EWCA Civ. 7)。类似规定适用于破产中个人的破产受托人(1986年破产法第315~321条)。接管人可以决定不履行接管前的转让财产的合同义务(*Lathia v. Dronsfield Bros. Ltd.* [1987] BCLC 321);相对人可以被赋予阻止违约的禁制令或者有关合同的强制执行令,但以相对人已经取得了合同标的的物权性优先权为限(*Astor Chemicals Ltd. v. Synthetic Technology Ltd.* [1990] BCLC 1),至少就土地上利益可以(*Freevale Ltd. v. Metrostore Holdings Ltd.* [1984] Ch 199)。管理人的地位不是完全清楚;尽管其一般性地取决于其任命人的优先权,其也可以通过诸如法院命令任命;无论如何,管理人总是有体面行事(act honourably)的义务(*Ex parte James* [1803-1813] All ER 78)。以前有个选项是拒绝履行转让动产的合同性义务的管理人,个人可能会被认为因为干预公司与其相对人之间的合同关系而承担侵权责任;这一选项在与接管人有关的一系列的判决中被否决(*Lathia v. Dronsfield Bros. Ltd.* [1987] BCLC 321; *Welsh Development Agency v. Export Finance Co. Ltd.* [1992] BCC 270),但是最近的判例法为学说所批评,因此问题仍然不清晰(Faber and Lurger(-*Frisby and Jones*), National Reports Ⅱ, 90)。概括来说,相对于让与人破产来说,受让人相对不受英国法的保护,因为在有待履行(还没有履行)的合同,破产官员的任职者被赋予选择是维持合同还是不履行的资格;选择后者,受让人得到的可能是没有什么意义的损害赔偿请求权。如果款项已经支付,但是根据当事人的意图或者1979年货物买卖法第18条的推定规则,所有权还没有依据合同发生移转,受让人处境更糟糕。不过,即使所有权没有转让给买方,衡平法上干预也总是一种可能的选项。这一选择在关于不特定物的买卖中被拒绝,但是在一个新的领域最近又再次出现。在 *Neste Oy v. Lloyds Bank Plc*(*The Tiiskeri, The Nestegas and The Enskeri*) [1983] 2 Lloyd's Rep 658一案,本人就其代理人将要提供的服务预先支付了价款。其中一笔款项本人已经决定停止交易时支付。一个主张是,这笔款项至少是代理人为了本人作为推定信托持有,因此代理人一般的债权人无权对这笔款项提出主张。尽管这一观点被作为推行救济性推定信托的主张而被批评,而救济性推定信托不为英国法承认,但是在 *Re Farepak Food and Gifts Ltd.* [2006] EWHC 3272一案中得到肯定,该案中,Farepak开办了一项"圣诞储蓄计划",在破产前执行了一项信托,这样其客户在破产前一段短时间内交给其银行的钱,会被视为为信托而持有,因此,这些钱可以还给支付者;曼恩法官(Mann J)接受了特定客户的收款的推定信托以这种方式产生的主张,理由就包括依据这一事实:*Farepak* 已经决定停止交易并已经公布了这一意图。*Farepak* 案例的有意思之处在于,其给预先履行的买方在卖方破产时得到保护提供了一个途径;通过限制实际付款的使用范围从而不能为卖方的一般债权人所及得以实现这种保护。不管如何,这个方案还没有在上诉法院得到检验(*Frisby and Jones*, loc. cit., 102 et seq.)。另一方面,就受让人破产来说,当所有权已经依据合同移转时会影响让与人。不考虑所有权保留条款,该条款需要当事人有明确约定,当所有权还没有转让给买方的,未获付款的而卖方只能中止交付(1979年货物买卖法第39条第(2)款)。如果合同无效,即使破产的买受人接受了货物的交付,也没有发生所有权转让,卖方所要做的就是行使所有权;而如果合同可撤销,主张撤销的权利可能会有一定法律障碍,比如第三人同时取得权利或者合同的标的事实上不能再恢复。如果所有权依据合同移转,但是交付还没有发生,1979年货物买卖法包含了对未获付款买方可能有帮助的一系列规定:后者有法定的留置权(1979年货物买卖法第41条)、运输中停运权(1979年货物买卖法第44条)以及有限制的重新出售合同标的的权利(1979年货物买卖法第48条)。基于这些规定的目的,1979年货物买卖法采取广义的未获付款卖方的概念(1979年货物买卖法第38条),因此,卖方的含义也可以包括诸如代理人,而且也不要求破产买方的约因完全欠缺(*Bridge*, Sale of Goods, 487)。就卖方的留置权来说,法律也对买方破产的情形作了明确规定:尽管所有权依据买卖合同转移给了买方,卖方仍然可以拒绝履行,甚至于作为买方的代理人、保管人或者看管人时也可以。不过,留置权在3种情形下丧失:卖方在没有保留处分权时将货物交给第三人以送给买方;买方(或者买方的代理人)合法取得对货物的占有或者卖方放弃其留置权的(1979年货物买卖法第43条第(1)款)。这些规定的适用不需要证明买方破产的事实,因为适用1979年货物买卖法第61条第(4)款,该款规定,当"其在正常的营业过程中停止偿付债务或者其不能在债务到期时清偿"视为破产("现金流破产"标准)。就运输中停运权,参见上文注释46。就卖方重新出售权,根据1979年货物买卖法第48条可以得出其具有附属的性质;其可以在留置权或者运输中的停运权已经行使后行使。这一救济适用范围主要在实际上有效地解除了原始的买卖合同的情形(其他两项救济不是这样)。次买受人取得了对抗原始所有人的完好的所有权;另外,如果卖方明确保留了买方迟延时重新出售的权利的,那么损害赔偿请求权依然不受影响(就受让人破产,参见 Faber and Lurger(-*Frisby and Jones*), National Reports Ⅱ, 104 et seq.)。

72. 在爱尔兰法上,根据受破产影响的是个人还是公司对破产进行区分;个人,术语是 bankruptcy(破产),而 insolvency(无偿债能力,译者注:我国没有这种区分,该词一般也翻译为破产)主要用于公司。破产由1988年破产法调整(全面信息参见 *Forde*, Bankruptcy Law in Ireland)。债务人可以作为破产人请求法院命令;当债务人在此前的3个月已经实施了"破产行为"的,债权人也可以针对债务人提出这样的申请。1988年破产法第7条列举了各种不同的破产行为,最常见的行为是债务人未能遵循破产传唤而且债务人的货物被治安法官或者郡登记官扣押。一旦债务人被宣告破产,则任命一位官方的接管人承担介入、变卖和分配破产财产的任务。就公司来说,有数种程序,也就是清算、接管和检查(examinership),这些程序由1963年公司法调整(参见 *Courtney*, The Law of Private Companies[2]; *Keane*, Company Law[3]; *Lynch/Marshall/O'Farrell*, Corporate Insolvency and Rescue: Law and Practice)。最重要的程序是清算,有3种类型:成员自愿清盘,债权人自愿清盘和根据法院命令清盘(官方清算)。申请清算的可以是公司、债权人、出资人(contributory)、企业和雇佣部长(Minister for Enterprise and Employment)或者受压制(oppressed)的人。所有这些清算,都会为公司任命一个清算人。法院根据1963年公司法第213条规定的理由下令公司清盘,也就是:公司通过特别决议决定清盘,公司自成立起一年内没有开始营业或者中止营业有一年,成员低于法定的最低人数,公司不能清偿债务,有足以支持根据1963年公司法第205条作出清算命令的“压制”或者下令清盘是“公正和衡平的”。就接管来说,接管人可以由有担保的持有债券的债权人任命。接管人的主要作用就是实现债券持有人的担保;接管人也经常任命公司事务的管理人。接管人可以申请法院任命,或者如果债券中规定了这种任命的,由债券持有人任命。借款人公司迟延的行为或者事件通常就可以为任命接管人提供充足的理由;这种事件发生于:到期的本金债权需要偿付,公司未能分期归还或者付息,或者公司停止或者威胁停止营业,公司作出清盘的决议,公司以危及为债券创设的担保行事或者公司不能清偿债务。最后,就检查来说,是1990年(修正)公司法引入的,而且1999年公司法(修正)进行了修正;根据这一程序,不能偿付债务的公司将在不超过70天的期限内置于法院保护之下,目的是保护公司免受债权人起诉并任命一个法院官员——检查人——来调查公司事务并拿出公司存续的方案。申请任命检查人可以由公司、董事、一位债权人或者偶然的或者潜在的债权人提交(Faber and Lurger(*-Gardiner*),National Reports Ⅱ,220 et seq.)。就破产程序的结果来说,1963年公司法第290条规定,清算人在法院的同意下可以拒绝履行对于公司来说属于不当负担的债务。这种债务的债权人可以在清盘时获得分配。基于其负担过重的性质而被拒绝履行的合同,1963年公司法第290条第(1)款进行了界定,判例法进一步澄清,不能仅因为公司可以实施更有利的交易而认为合同无利可图(*Squires v. AIG Europe(UK)Ltd.* [2006] EWCA Civ 7)。1988年破产法第56条在破产程序中赋予官方的接管人以类似的权力。不过,没有接管人可以拒绝履行负担过重合同的法律机制并不存在,但是接管人被授予阻止公司履行合同债务的权利。原则上诚信的接管人不会因为公司违约或者诱使公司违约而承担责任(*Lathia v. Dronsfield Bros. Ltd.* [1987]BCLC 321);其也不承担侵权责任(*Welsh Development Agency v. Export Finance Co. Ltd.* [1992] BCC 270; *Said v. Butt* [1920] 2 KB 497)。另一方面,检查人被授予了解除合同的权力;1990年(修正)公司法第7条规定,检查人有这样的权利,即采取一切必要步骤以停止、防止或者纠正有可能对公司不利的这类作为、不作为、行为进程(course of conduct)、决定或者合同。这一权力受到善意并支付对价取得利益的当事人权利的限制;另外,在1999年公司法修正后,检查人不可以解除公司在被置于法院保护之前签订的合同(Faber and Lurger(*-Gardiner*),National Reports Ⅱ,223 et seq.)。如果让与人宣告破产,爱尔兰法为受让人提供的保护非常少。如果货物还没有交付,买方强制执行的权力取决于所有权是否已经移转。如果在清算开始时卖方还是所有人,买方只具有无担保的债权人的地位。就此来说,1983年货物买卖法(译者注:原文如此,应为1893年)第16条似乎在卖方破产时,对已经付款的不特定货物的买方存在危险。更具体来说,买方此时对货物没有任何物权性请求权,而且就已经支付的价款,也只是视为破产中无担保的债权人。这就是为什么在爱尔兰有一种声音,呼吁对第16条做类似英国包含在1995年货物买卖法(修正)第20条A和第20条B之中的修正(*Gardiner*,loc. cit.,212 et seq.)。有人提出,不管如何,先期付款的不特定货物的买方可以对合同标的具有衡平法上的利益,但是判例法不认同这种观点(*Re Wait* [1927] 1 Ch 606;*Re Goldcorp* [1995] 1 AC 74)。不过,合同当事人可以自由地明确同意设定衡平法上的权利;这就要求合同可以强制执行,而这在实践中很少见。另一方面,如果受让人破产,财产所有权已经转让,但是价款还没有支付的,那么这会影响让与人。不考虑所有权保留条款(参见第Ⅷ-2:203条注释37),1893年货物买卖法第38条至第48条,在破产时赋予未获付款的卖方以物权性救济。1893年货物买卖法第39条赋予卖方三项权利:法定的货物留置权(1893年货物买卖法第41条),运输中的停运权(参见上文注释47)以及再次出售权(1893年货物买卖法第48条),这些权利解释与英格兰法相同(参见上文注释71)(*Gardiner*,loc. cit. ,228 et seq.)。

73. 在塞浦路斯也有法人破产和自然人破产的二分。法人破产受公司法(Cap 113)调整,而欺诈性转让撤销法(Cap 62)也相关;个人破产受破产法(Cap 5)(*Ο Περί Πτ ώχευση ς Νόμο ς*)以及破产规则(Cap 6)调整。下述情形可能会构成破产法第3条下的破产行为:某人不能清偿债务;进行了欺诈性赠与、让与、交付或者转让财产;以延误债权人为目的离开塞浦路斯共和国或者离开其住所;或者进行让与或者创设抵押,而这两项行为如果在其被宣告破产时会构成欺诈性优待的。当某人被宣告破产,其财产立即授予受托人或者在受托人委任前授予官方的接管人(破产法第49条)。法律规定了就破产来说什么才构成破产财产(破产法第2条),并规定什么财产以及其他财产标的可以用来在破产债权人中进行分配以及什么不可以(破产法第41、42条)。在破产人占有的货物中,可指示或者处分的货物包含在可用于分配的货物之中(破产法第41条(c)项)以及这一规定和保护由破产人为其他人基于信托持有的财产的规定的相互作用(破产法第42条),这是塞浦路斯破产法的特色(尤其与英国法相左,英国法一般性地构造制度(generally forms the model));一旦考虑何谓破产人占有的货物,可指示或者处分的货物以及何时其是名义(reputed)所有人时,破产法第41条(c)项显而易见的过于严格的规定被缓和了。破产被视为回到破产行为作出之时,也就是针对破产人的接管令作出之时(破产法第40条)。法院对与破产有关的所有权的全部问题都有管辖权(破产法第90条第(2)款),而且法院可以传唤所有的已知的或被怀疑占有任何破产人财产的人(破产法第26条);法律要求破产人通过制作其财产和债权人清单、参加第一次债权人会议等,有效地协助破产程序(破产法第23条)。法院就此可以决定先前的处分是否是欺诈性的或者给予了不法的优待。就公司清盘来说,其可以是自愿的或法院下令进行的或者受到法院监督(公司法第203条)。公司在不能偿付债务时被下令清盘(公司法第211条);这一点何时发生由公司法第261条规定,标准整体上类似于英格兰法规定的现金流标准或者替代的资产负债表破产标准。自愿清盘由公司法第261条调整,而公司法第293条赋予法院将自愿性清盘置于其控制之下的权力。就破产来说,公司法第224条规定了公司事务要提交给官方的接管人的声明。清算人的权力,比如在破产程序中就特定债务达成和解、出售公司财产、接管财产分配(receiving dividends)等由公司法第233条规定,而公司法第234条规定了对清算人的控制。法院可以随时下令将他人持有的初步证据显示属于公司的财产交付给清算人(公司法第245条)(Faber and Lurger(*-Laulhé Shaelou/Stylianou/Anastasiou*),National Reports Ⅱ,564 et seq.)。当让与人破产的,如果所有权和占有已经移转的,已经支付部分或者全部价款的受让人受到保护;另一方面,如果经真正的所有人许可,货物仍然为破产的让与人占有,从而让与人被视为货物名义上的所有人,则这些货物被纳入破产财团,受让人只能作为无担保的债权人在程序中出现。另外,如果所有权还没有转让给受让人(*Mucklow v. Mangles* [1808] 1 Taunt 318,Court of Common Press),有关财产也属于破产财团,而受让人只能作为债权人出现。在最后两种情形,受让人在破产程序中可以主张违约损害赔偿,因为所有的在接管令之日债务人所负担的债务和责任在破产程序中都是可以偿付的,除了一些未清算的损害(破产法第34条)。此时,如果在受让人和破产债务人之间互有债权、互负债务或者有其他相互交易的,不知道破产行为的先期付款的受让人可以有抵销权(破产法第35条)。如果就货物受让人已经申请执行,只有在破产程序开始前执行已经完毕的,受让人才能保有这一利益;执行或者扣押通常通过禁令和买卖完成(破产法第44条)。根据公司法第265条,在自愿清盘后,任何没有清算人介入的股份转让及公司成员的地位的任何改变都是无效的(Faber and Lurger(*-Laulhé Shaelou/Stylianou/ Anastasiou*),National Reports Ⅱ,568 et seq.)。受让人宣告破产的,则必须根据让与人对有关货物有无有效的质权或者是否保留了所有权加以区分;第一种情形下,让与人是破产法第2条意义上的担保债权人并能够在债务人的破产程序中得到偿付。另一方面,保留所有权被视为一种准担保形式,不为破产法第2条定义所及。担保债权人和无担保债权人都可以在受让人破产程序中得到偿付;就破产法意义上的"破产中可偿付的债务"或者"可偿付的债务"包括任何通过破产法在破产中可偿付的债务和责任,只要其发生于接管令之日即可(破产法第2、34条)。破产法第37条规定了给担保债权人提供了一个选项,以使债权得到清偿。判例法裁决,有担保的债权人即使在已经公布接管令之后也可有权出售被质押的财产,但是所有针对破产人的程序都处于待定状态,只有经过有权限的法院必要同意后才能继续(*Demos Timvakis v. Stavrou Kyriakou Kyriakoudi* [1995] 5 CLR 473)。公司法第299条将破产法规则的可适用性扩张到破产公司清盘时的有担保的和无担保债权人的权利。"突现担保"(Springing securities),也就是受让人破产时由受让人就财产赋予让与人以担保,是不可以的,而且即使他们在宣告破产之前的短时间内提供担保权利也可能会失败,因为这会被认为是不法的优待(参见下文注释97)。在破产宣告后,就债务人实施破产行为之时不具有可偿付性的债务,债权人就像其现在可以偿付一样而获得偿付。就公司来说,一旦公司被宣告破产,公司法第304条允许清算人否决负担沉重的财产 。但是,如果有人以书面形式请求清算人决定是否否决时(公司法第304条第(4)款),而且就合同来说,如果清算人没有在28天内或者法院允许的更长的时间内予以回应,则视为公司已经认可合同。公司法第304条第(5)款规定,根据任何作为与公司订立合同的对方当事人的申请,法院可以作出裁定,以赋予不履行合同的损害赔偿金或者法院认为合适的其他方式作为条件来解除合同;任何依据裁定可以对这类人偿付的赔偿金可以作为针对公司的债务得到偿付。另外,公司法第304条第(6)款规定,就被否定财产主张利益的人可以申请法院下令将该财产授予或者交付给对财产有权利的人。另外,如果受让人破产,让与人可以就已经就转让给受让人的财产主张抵销,只要有相互的债务并且让与人不知道破产行为(破产法第35条)。如果在抵销后还有对于让与人有利的余额,其可以在让与人破产中得到清偿(Faber and Lurger(*-Laulhé Shaelou/Stylianou/Anastasiou*),National Reports Ⅱ,574 et seq.)。

74. 在苏格兰,有数种正式(以及不正式)的破产管理人(就更细致的概括见Faber and Lurger(*-Carey Miller/Combe/Steven/Wortley*),National Reports Ⅱ,385 et seq.)。就前者来说,有破产(sequestration)受托人和公司破产管理人,后者可以分为清算人、管理人和接管人。一方面,自然人、合伙、诸如地方政府或大学等法人以及概括来说不是依据公司法成立的公司的其他任何人,它们的破产程序由获得任命的破产受托人来执行;其权力根据普通法和1985年破产(苏格兰)法(Bankruptcy(Scotland)Act 1985)确定(该法通过2007年破产和勤勉等(苏格兰)法(Bankruptcy and Diligence etc(Scotland)Act 2007)进行了实质性修改,在2007年8月时还没有生效)。另一方面,如果破产债务人是一家公司(参见*McKenzie-Skene*, Insolvency Law; *St Clair and Lord Drummond Young*, The Law of Corporate Insolvency in Scotland³;就接管参见Fletcher and Roxburgh, The Law and Practice of Receivership in Scotland³),在公司依据1986年破产法

(Insolvency Act 1986)(为 2002 年企业法(Enterprise Act 2002)所修改)自愿或者强制性(根据法院命令)清盘并最终解散时,清算人是破产管理人。如果依据 1986 年公司法公司被置于管理之下,以期重组其营业和解决清偿不能问题,就对其债务的强制执行颁发禁令,其管理由为所有债权人利益管理其财产管理人取代。最后,接管是强制执行浮动抵押的方式:其与管理原则上类似,而且也受到 1986 年破产法的规定调整,但是主要的区别在于,接管人管理公司,而浮动抵押持有人任命接管人。如果公司没有恢复偿债能力,管理和接管两者之下,都有可能根据管理人或者接管人申请而解散公司。就它们的效果来说,所有这些破产制度都没有关于破产宣告能解除尚未履行合同的一般规定(参见 *Myles v. City of Glasgow Bank*(1879)6 R 716 per Lord Inglis at 725;*McBryde*,Bankruptcy[2],nos. 9－99　－9－126)。破产受托人可以认可破产人引发的合同并因此可以履行债务人承担的债务(*Kirkland v. Caddell* [1838] 6 S 860;*Dundas v. Morrison* [1857] 20 D 225;这一规定也在 1985 年破产(苏格兰)法中得到立法上的承认)。该规则的理由在于避免基于相互关联的破产人的债务的不履行。受托人也可以强制执行由公司(译者注:似乎应该是债务人,因为该法的适用对象不是公司)订立的合同,并就未获偿付的债务起诉(1985 年破产法(苏格兰)第 31 条)。无论如何,受托人必须在合理的时间内认可合同,否则推定为已经放弃;债权人可以通过要求受托人表明其对合同的态度强制受托人表态,如果其在 28 天内不回应,视为已经放弃合同。不过,明确规定破产时合同终止的合同可以不予以认可。如果合同被放弃,其被视为已经违约,其他当事人可以据此要求损害赔偿,并处于无担保的债权人地位(*Crown Estate Commissioners v. Highland Engineering Ltd.* 1975 SLT 58)。破产管理人的权利和义务也是类似的(*McKenzie-Skene*, Insolvency Law,190 et seq. ,198 et seq. ,205 et seq.)。在清算时,即使公司不再作为正在经营的企业存在,债务人公司订立的合同也不因为清算自动解除,除非另有约定。清算人有认可合同的权力(*Asphaltic Limestone Concrete Co. Ltd. v. Glasgow Corp.* 1907 SC 463 and *Turnbull v. Liquidator of Scottish County Investment Co.* 1939 SC 5),但是学说上有人提出,清盘的最终目的决定了这一可能性的实际限制(*McKenzie-Skene*,Insolvency Law,205)。与非公司破产不同,另一方当事人不可以就履行还是放弃合同规定期限;而是将以违约为由的合同解除的申请在法院登记(1986 年破产法第 186 条)。就管理来说,在苏格兰和英格兰适用的规则相同(*Goode*,Principles of Corporate Insolvency[3],nos. 10－94)。管理的开始不当然导致解除,除非另有约定;如果管理人认可合同,合同履行发生的费用优先于无担保的债权。对于接管,也有同样的认可或者放弃债务人合同的选择权(1986 年破产法第 57 条)。就让与人破产来说,根据 1985 年破产(苏格兰)法第 31 条第(4)款,破产时债务人财产从破产之日起授予破产受托人;因此除了特定例外外,后者就破产人一切有形财产构成视同交付,例外,如破产人在信托中为第三人持有财产,放在住所的特定财产等。这与其他破产程序稍有不同,后者财产不转让给职位的持有人;但是清算人或者管理人在取代了破产公司的管理后,仍然会对公司所有的财产拥有权利,而且可以用这些财产满足债权人的请求。就前面提到的例外,受让人可以通过要求让与人为其受托人持有货物而获得某种程度的保护(比如参见 B*urnett's Trustee v. Grainger* 2004 SC(HL)19),但是这种情形下信托的有效性因为违反公共政策而被批评(参见 *Steven/Wortley*,SLT [News] 1996,365;*Chalmers*,SLT [News] 2002,231)。1979 年货物买卖法使得问题进一步复杂化。该法就买卖合同规定了有因的让与制度,但是,如果合同无效而货物已经交付,合同的无效意味着 1979 年货物买卖法不再适用。尽管如此,如果当事人确实想转让所有权,这可能在无因的基础上已经发生。如果卖方事后破产,最好的结果可能是基于不当得利的请求权,该权利授予破产职位的持有人(Faber and Lurger(-*Carey Miller/Combe/Steven/Wortley*),National Reports Ⅱ,404 et seq.)。另一方面,如果受让人破产,关于所有权转让的规则是决定性的:如果所有权已经转让给受让人,则让与人只能处于无担保债权人的地位;如果所有权没有移转,让与人可以基于所有权要求返还(如果依然占有的话,继续保有货物)。在决定财产是否自动重新转让给让与人时,关键的问题是基础性交易是无效还是可撤销:如果无效,自动发生重新转让给让与人的行为;如果是基于欺诈而可撤销,判例法似乎确认让与人有重新取得所有权的权利(*Campbell,Robertson &C. o v. Shepherd &Paterson*(1776)2 Pat App 399),但是就其他合意上瑕疵或者缺陷的立场不清楚((Faber and Lurger(-*Carey Miller/Combe/Steven/Wortley*),National Reports Ⅱ,406 et seq.)。具体就买卖合同来说,根据 1979 年货物买卖法,未获付款的卖方在受让人破产时被赋予一定程度的制定法上的保护,其方式和英格兰和威尔士类似。在苏格兰,1979 年货物买卖法在第 38 条的含义上以不同的方式保护未获付款的卖方的地位,这些保护方式可以概括为在获得全部付款之前对于所售货物的留置权(1979 年货物买卖法第 41 条),买方破产时运输中的停运权,再次出售权(1979 年货物买卖法第 48 条),以及所有权未移转时的运输中的停运权和拒绝交付的权利(所有这些形式,参见 Faber and Lurger(-*Carey Miller/Combe/ Steven/Wortley*),National Reports Ⅱ,366 et seq.)。部分交付并不必然消灭未交付货物的留置权,除非可以从部分交付中推出对留置权的默示放弃(1979 年货物买卖法第 42 条)(*Carey Miller and Irvine*,Corporeal Movables[2],no. 11.24;就留置权的消灭,也请参见,Paton's Trs v. Finlayson 1923 *SC* 872;Carey Miller and Irvine,*Corporeal Movables*[2],*no.* 11.25)。就运输中货物的停运权,参见上文注释 49。就再次销售权来说,必须注意,与卖方占有已经被转让的货物时,1979 年货物买卖法第 24 条规定的卖方重新出售和转让所有权的一般权利相反,再次销售权是受限制的;所有权保留时,卖方如何处理货物是另外一个问题。就买方任何拟转让货物的行为,1979 年货物买卖法第 47 条第(1)款保护未获付款的卖方,除非卖方同意这么做(参见 Carey Miller and Irvine,*Corporeal Movables*[2] *no.* 11.29)。

75. 在瑞典,破产程序的开始有使得债务人失去能够以其之名行事的效果(破产法第三章第 1 条)。破产财产从此由管理人处理,其具有终止合同的权利,另外,只要合同不具有人身性质(也就是债务人是否亲自履行其债务无关紧要(货物买卖法第 63 条)),管理人也有权请求履行合同。更为精确的描述是合同通过破产而解除,除非管理人要求履行合同。不过,如果对方当事人就债务人破产来说受到保护(比如依据 *Lösöresköplagen* 登记),则管理人必须履行合同。管理人也可以接手部分履行的协议;在破产程序开始前还是开始后交付货物的,将在破产财产中受到不同的对待。只要破产财团必须交付的给付独立于履行人的品质,则另一方当事人必须将破产财产作为新的伙伴对待。甚至于在债务人同意一方当事人破产时有解除合同的权利时,也可以强制执行管理人进入合同的权力;这一点得到 Håstad(*Sakrätt*[6],404)的支持,而这意味着当事人不能超出货物买卖法第 63 条订立合同。如果管理人不能付款或者就债务人的债务提供担保的保障,那么相对人有跳出合同的权利。如果根据法院决定,破产程序采取正式的营业重组的形式,那么债务人不丧失作出决定的资格,但在现实中债务人必须遵循管理人的决定和建议。合同不因重组而解除,但目的是与相对人谈判新的条款。如果对方当事人不同意管理人提出的条款,实践中债务人不会履行合同,相对人则必须倚仗要求损害赔偿的权利。如果绝对多数的债权人接受了总的重组方案,损害赔偿金可以低至 25%(Folkesson,*Företaget i ekonomisk kris*[4],122 *et seq.*;*Mellqvist*,Obeståndsrätten[2],70 et seq. and 106 et seq.;*Håstad*,Sakrätt[6],398 et seq.)。一方面,当卖方破产而买方没有取得对货物的占有的——这样交付要件就不具备而买方在卖方破产中不受保护——买方必须和管理人达成新的协议。另一方面,如果买方破产而货物还没有交付,管理人自然会解除合同,而卖方不会交付货物。如果货物已经交付,卖方需要有所有权保留条款来保留将货物要回来的可能性。否则的话卖方就破产财产只有无担保的分配请求权。如果合同无效或者如果基于买方不能履行的其他理由而能够解除合同的,只要货物是特定的,卖方就可以取回货物。当货物是种类物,卖方要么有破产财产中一般性的分配请求权,要么如果买方从数个卖方买得这种货物,而有关的货物与买方自己的货物分开,则对这些分开的货物有分配请求权。有时候,买方将货物与其自己的货物混合,不赋予卖方以物权被认为不合理,因此被赋予了物权(*Mellqvist*, Obeståndsrätten[2], 72; *Håstad*, Sakrätt[6], 398 et seq. and *Martinson*, Transfer of Title Concerning Movables Part Ⅲ-National Report:Sweden,79 et seq.)。

76. 在芬兰,在起诉破产时,债务人失去处分任何财产的能力(chap. 1 § 1, chap. 3 § 1 Konkurssilaki/Konkurslagen)。但是这不意味着债务人失去其对财产的所有权——只是处分权丧失而已。破产程序不影响现有的合同关系、权利或义务:破产本身不构成解除合同和其他任何类似法律关系的理由;管理人和破产财团的相对人都没有解除现有合同或者其他类似关系的能力。如果还有无效的其他根据的,其依然可以利用(Faber and Lurger(*-Kuusinen*),National Reports Ⅴ, chap. 9)。

77. 在挪威,基本规则是,破产程序启动时属于债务人的每一项财产都是破产财产的一部分(债权人担保权利法(Deknl) 第二章第2条)。对于即将由债务人占有的货物也是一样。如果货物"现实交付"给买方,则其构成破产财产的一部分(*Falkanger and Falkanger*, Tingsrett[6],648 et seq.;Faber and Lurger(*-Fœrstad*),National Reports Ⅴ,41)。卖方通过不要求预先付款已经赋予了买方信用,结论是不应该给卖方不同于其他债权人的待遇(*Falkanger and Falkanger*, Tingsrett[6], 649 and *Fœrstad*, loc. cit., chap. 8.3)。在挪威,"交付"的时间可能会不同于"现实交付"的时间,这两个术语并不完全一致。"现实交付"一语的关键点在于卖方是否可以在某个时刻停止交易,并就此防止货物成为买方所有物的一部分。就此有关的规则参见货物买卖法第41条和Deknl第七章第二节。物理交付给买方或者买方的代理人自然满足"现实交付"的要求。但将货物交付给买方雇的独立承运人并不足够:买方和为了其行事的人的关系必须是"持续性质的"(*Fœrstad*, loc. cit., chap. 8.3.2.(b))。管理人有权要求履行合同,而相对人必须接受破产财团作为新的合同方(Deknl 第七章以及 *Falkanger and Falkanger*, Tingsrett[6],649 et seq.)。该权利该包括进入履行持续性债务的合同(*Håstad*, Sakrätt[6],408)。卖方可以依据债务人破产以外的理由主张合同无效,或者如果管理人没有就债务人提供担保时解除合同,或者使用跳出合同关系的权利(Deknl 第七章第7条)。如果买方欠缺履行的手段,卖方也可以不违约而终止合同(Deknl 第七章第2条)。如果卖方通过运用非占有担保利益的规则,也就是卖方保留了"买卖留置权"(sales-lien)(功能上类似所有权保留),这一动产上权利可以确保其免于成为破产财产的一部分,那么买方就确立了可以有效对抗其他债权人的担保权(抵押和质押法第3-14条至第3-17条,及 *Falkanger and Falkanger*, Tingsrett[6],649)。这种协议必须与买卖相联系并在货物现实交付给买方之前确立。有些动产需要登记(详情参见 *Fœrstad*, loc. cit., chap. 13.4)。

78. 丹麦的法律与挪威相当(Faber and Lurger(*-Fœrstad*),National Reports Ⅴ, chap. 8.3.5.)。在丹麦,当事人可以在合同订立时或者在移转物理控制时约定与买卖有关的所有权保留,而不是"买卖留置权"(*Elmer and Skovby*, Ejendomsretten Ⅰ[4],122 et seq.,182 and *Andersen and Werlauff*, Kreditretten[4],173 et seq.)。

Ⅵ. 保罗诉权

79. 在德国,破产法调整破产管理人撤销破产人可能损害债权人利益的处分的行为(破产撤销权(Insolvenzanfechtung))(破产法第129条至第146条)。下述几类行为得撤销:债务人已经不能清偿且这一点为债权人所知,但在破产程序开始前3个月或者在此之后给债权人提供担保或者对债权人履行的行为(破产法第130条);在破产程序开始前1个月,或者债务人已经不能履行且这一点为债权人所知的;在破产程序开始前第2月或者第3月时,为尚未到期的债权人提供担保或者提前履行未到期债务的行为(破产法第131条);债务人已经不能履行且相对人知道这一点时,在破产程序开始前3个月或者开始后与第三人成立的行为(直接不利的行为;破产法第132条);如果相对人是与债务人有破产法第138条意义上的密切关系的人(比如妻子、亲属等),相对人对债务人状况了解时在破产程序开始前10年内,或者两年内的与相对人成立的故意的有害行为(破产法第133条);最后,在破产程序开始前4年内一定价值之上的无偿处分(破产法第134条)。公司与其合伙人、隐名合伙人之间的行为以及以支票和汇票进行付款的行为适用特别的规定(破产法第135条至第137条)。如果关于破产撤销的动议成功,必须将财产返还给破产财团;适用关于不当得利的规定,而得利人视为知道欠缺取得的正当原因(破产法第143条第(1)款);如果受领人必须返回其所得,其自己的请求复活,但是只有在给付在破产财团中依然足够清楚的,其才可以获得与其给付相当的返还,否则其只有在破产中的分配请求权(破产法第144条)。

80. 在奥地利,保罗诉权是法律赋予的确保平等对待债权人的救济手段之一。在普通强制执行措施框架范围内的每一个单个债权人,或者如果债务人已经同时宣告破产的,破产程序中的管理人,都可以寻求溯及地撤销数种债务人在强制执行启动前或者破产前所为的"法律上的行为"(*Rechtshandlungen*)。破产中撤销的相关规定可以在破产法(KO)第27条至第43条中找到,而就破产外的撤销,则在所谓的撤销法(AnfO)中可以找到。这些制定法所规定的要件非常相似。这一救济(也称为"债权人撤销权"(*Gläubigeranfechtung*))的目的是将债务人的状态恢复到上述行为成立前,从而提高其满足债权人的能力(Faber and Lurger(*-Faber*), National Reports Ⅰ, 121 et seq.)。这类行为主要由债务人订立的合同构成,比如处分财产的物权合意、付款、在司法程序中的行为等等(*König*, Anfechtung[3], 23 et seq.; *Koziol*, Gläubigeranfechtung; *Rechberger and Thurner*, Insolvenzrecht[2], 53 et seq.; *Konecny and Schubert*, Insolvenzgesetze, §§ 27 ff KO; Bartsch/Pollak/Buchegger(*-Koziol and Bollenberger*), Insolvenzrecht I[4], §§ 27 ff KO)。根据破产法,得撤销的行为是:(1)只要"法律上行为"以欺诈债权人的意图实施且其他当事人知道这一意图时,任何在破产程序开始前10年内的"法律上的行为",或者如果他方当事人应当知道这一意图时,任何在破产程序开始前两年内实施的行为(破产法第28条第(1)、(2)款);(2)买卖合同、互易合同或者其他"交付合同"在对待给付的价值存在明显不平衡的,而且他方当事人知道或者应当知道不利益时,在破产程序开始前1年内签订的合同(破产法第28条第(4)款;(3)最后两年内与财产无偿处分有关的任何"法律上的行为"(有特定的有限例外,破产法第29条);(4)在破产程序开始前一年内给债权人提供担保或者优先于其他债权人提供清偿,只要这种优先行为是在债务人不能清偿债务或者债务超过之前后60天内成立即可。这些规则意义上"优先"在下列情形下成立:当其他当事人取得该物时客观上无权利(根本无权利,或者在行为时没有)。或者其他当事人取得其原则上有权取得的物,但是实施行为时有相对于其他债权人优待该当事人的意图,且该意图为他方当事人明知或者应当知道(破产法第30条);(5)任何在破产程序开始前6个月实施的“法律上的行为”，只要其在债务人无力清偿债务或者债务超过之后发生或者在破产申请提交后发生，且以与破产有关的事实为其他当事人所知或者由于过失不为其所知为限（破产法第31条）（Faber and Lurger（*-Faber*），National Reports Ⅰ，123；*König*，Anfechtung[3] 98 ff；*Rechberger and Thurner*，loc. cit，56 et seq.；*Konecny and Schubert*，loc. cit.，§§ 28 ff KO；*Koziol and Bollenberger*，loc. cit.，§§ 28 ff KO）。如合同当事人是债务人的配偶或者近亲属，相比于这些规定中一些规定而言，适用更为严厉的规则。撤销法第2条及第3条包含与上面列举前三类规则相当的规定（Faber and Lurger（*-Faber*），National Reports Ⅰ，123 fn. 537）。实施的“撤销”相较于奥地利私法其他规则，依据这些规则属于例外情形。这一救济的主要特征之一是其“选择性的溯及力”。行为只相对于债权人被宣告无效（破产法第27条，撤销法第1条），而从债务人财产转让出的财产被还到破产财产之中，但是如果原物返还（restitution *in natura*）看起来不合理，则必须给予补偿。如果他方当事人已经作出对待给付，则其可以请求返还在破产财产中仍然可以辨别的部分或者构成破产人财产不当得利的部分（破产法第39条至第41条）。换句话说，保罗诉权看起来构成对奥地利法“统一的”所有权概念以及统一所有权转让的违反。比如，如果货物买卖被撤销，货物必须交付给破产财团（也就是交给为债权人清算财产的破产管理人）。但债务人不能免除作为卖方的义务。在破产程序最后，买方可以再次要求卖方履行（*Koziol and Bollenberger*，loc. cit.，§ 27 KO no. 53）。取得对购买货物（受制于“撤销”）权利的第三人在一定的限制性条件下受到影响：尽管概括要件非常困难，但是其包括比如无偿取得，或者当第三取得人在取得权利时，知道或者应当知道证成（substantiating）债权人所求撤销的事实（破产法第38条）（Faber，loc. cit.，122）。

81. 在瑞士，破产债务人在破产前订立合同可以由破产管理人撤销，条件是，有关行为涉及宣告破产前成立的赠与、自愿和解或者类似行为；为现有债务提供担保、通过普通偿付以外的方式了结债务或者提前清偿尚未到期的债务，但以其在一年之内发生且他方当事人知道债务人面临破产（债务强制执行与破产法（SchKG）第287条）为限；最后，破产人以明显损害债权人利益目的在最近5年内成立的一切行为（债务强制执行与破产法第288条）。如果有嫌疑交易的当事人同时将所有权又转让给另一个合同相对人的，破产管理人只有在后者恶意时才可以针对他提出主张（债务强制执行与破产法第290条）（ATF 65 Ⅲ 142；RJN 1982，293）。

82. 在希腊具有保罗诉权含义和目的的诉权在民法典和新破产法典中都有规定。就前者而言（参见 Faber and Lurger（*-Klaoudatou*），National Reports Ⅲ，chap. 9.1.3），债权人根据民法典以下各条，有权利主张撤销（*αγωγή διάρρηξης*）债务人损害其利益的任何让与，条件是债务人的财产不足以清偿债权人的债权，并自有关处分之日起5年内主张（民法典第946条）。从这一救济而言，让与指任何处分或者让与债务人财产权利的行为，而不论是否无偿（A. P. 1482/2004，first published in the NOMOS database；A. P. 638/2004，EllDik 2006，157；CA Athens 5061/2005，EllDik 2005，563；CA Athens 7239/2003，EllDik 2004，877），以法律行为或者其他任何行为成立（*Georgiades*，Enochiko Dikaio，Geniko meros，718）。债务人本人或者通过代理人，必须已经实施了让与，而且必须以损害债权人利益的意图行事：不知道交易损害的可能并不足以构成，即使是由于重大过失不知道也不足以构成（*Georgiades*，loc. cit.，720）。就受到质疑的行为相对人来说，如果行为是无偿的，则总是可以撤销（民法典第942条）；否则相对人必须知道对债权人的不利，并且如果相对人是债务人的配偶或者近亲属时推定其知道；只有在撤销之诉在行为实施一年内提起时，才适用这一推定（民法典第941条）（A. P. 1112/2004，EllDik 2005，74）。最后，债务人必须失去偿债能力(A. P. 6/2003, NoB 2003, 1404)。债务人的相对人有义务恢复到合同订立之前的状态;如果处分是无偿的,那么责任受到不当得利规定的限制。如果具备民法典第 914 条或者第 919 条的要求,还可以请求损害赔偿。法院只在补偿提出请求的债权人利益限度内主张撤销(A. P. 479/2005, ElIDik 2005, 1450; A. P. 1127/2005, first published in NOMOS);撤销本身只对请求撤销的债权人有效(民法典第 943 条第(2)款)。保罗之诉可以针对债务人和第三人双方提起(当事人的合并;参见 PPr Athens 1058/2002, DEE 2002, 714)。另外,根据民法典第 944 条和第 945 条,该诉讼甚至可以针对和债务人订立合同的第三人的特定继受人提起,条件是他们在从第三人处取得财产时知道债务人的意图;如果进一步处分是无偿的,即使继受人不知道债务人的意图也可以撤销。就新破产法中的保罗诉权(*πωχεντική ανά κληση*)来说,规定在第 42 条及以下:由破产管理人撤销的有(如果破产管理人不及时实施时,由破产人行使;破产法典第 48 条第(2)款):损害债权人利益的,并在所谓的"怀疑期"(suspicious period)(债务人不再能履行债务时到正式破产宣告之间这段时间)成立的破产债务人的行为。无偿行为以及牺牲债务人的低价行为、提前清偿未到期债务的行为、以不同于当事人当初约定的方式履行到期债务的行为以及给现有债务提供担保的行为,均被认定为损害债权人利益的行为(破产法典第 42 条)。其他任何债务人的双方法律行为或者清偿到期债务的行为,发生于怀疑期,如果相对人知道债务人无力清偿及给债权人带来的损害的,则其可以被撤销;如果相对人是配偶、近亲属或者最后一年与债务人一起生活的伴侣,或者这些人占据着与债务人订立协议的法人有关的法律提及的职位的(破产法典第 43 条);另外,如果意图损害债权人或者损害其他人利益其中的一些债权人,只要合同当事人知道这一点的,在破产宣告前 5 年内债务人成立的行为得被撤销(破产法典第 44 条)。破产法典有免于撤销的行为的特别规定,而这些规则适用于股票市场或者证券市场。撤销之诉针对被撤销的行为当事人提起,包括他们恶意的继承人、其他概括继受人或者特定继受人(破产法典第 48 条第(3)款)。如果行为被撤销,债务人财产的取得人将其重新转让给破产财团:如果重新转让不可能的话,类推适用不当得利的规定(破产法典第 49 条)。无偿转让的取得人除非恶意,否则只需要返还不当得利;无论如何,恶意的第三人可能也有义务赔偿损害。考虑到这一规定和破产法典第 48 条第(3)款,可以说破产法上撤销的物权效力范围广泛;另一方面,重新转让必须可能以及不当得利规则的选择性适用意味着,在后的取得人是善意的或者受让人因为撤销而产生的不当得利不再存在时,这一物权效力到达了其极限。撤销之诉适用 1 年的时效,自破产管理人知道其可能性时起计算,而且无论如何,必须在破产程序开始之日两年内主张。

83. 在匈牙利,破产法第 40 条第(1)款规定,根据破产法第 40 条第(2)、(3)款确定的类别提起诉讼,清算管理人或者法院可以撤销破产债务人承担的债务。撤销作为恢复原状(*in integrum restitutio*)的一种形式具有溯及的(*ex tunc*)效力,意味着受撤销影响的财产要么原物(*in natura*)返还要么以相当的金钱返还给破产财团(Faber and Lurger(*-Szilágyi*), National Reports Ⅲ, chap. 9.2)。

84. 在捷克共和国,破产与和解法第 15 条规定,破产人在申请宣告债务人破产前 6 个月内实施的行为或者这一申请被立案之后破产宣告之前实施的一定行为,宣告破产可以使其相对于债权人无效。得撤销的行为有:破产人参与建立法人的行为;取得公司所有人利益;无偿或者以明显不相称的价格转让物、权利及其他财产;以及其他会损害债权人利益的行为。破产管理人或者任何债权人都有权申请宣告这类行为无效(*Kozel*, Problémy konkurzního rízení a jejich resení[2], 144 et seq.; Faber and Lurger(*-Tichy*), National Reports Ⅵ, chap. 9.1.2)。

85. 在斯洛伐克,破产管理人或者在特定情形下登记债权的债权人,可以对于影响破产财产完成的法律行为的效力提出异议。对这类行为提出异议(challenge)的权利民法典(第 42a 条及以下)和破产法都有规定:在破产中对行为提出异议的,破产法的规定取代民法典。两种程序的主要区别在于这样的事实:民法典下的异议之诉只对提出申请的债权人具有有利的相对效力,而破产法下异议之诉对所有的债权人都有效。只有破产法规定的所有要件都具备时才能挑战法律行为的效力。破产管理人不但有对"有嫌疑"(suspicious)行为提出异议的权利,而且还有义务这么去做(破产法第 86 条第(2)款)。要使债务人的法律行为被宣告无效,只要该法律行为损害债权人的登记债权的清偿即可;不需要所有的债权人的利益都陷入危险(债法典第 57 条第(4)款)。如果有关的行为被宣告无效,根据有关法律行为被转让的财产必须重新转让给破产财团;根据破产管理人或者债权人的选择,可以替代地主张要求补偿的金钱债权(破产法第 63 条第(1)款)。受让人只有责任返还确实是根据无效的法律行为转让的货物。反过来,如果破产财产因为被宣告无效的法律行为发生的转让而得利的,遭受损害的人可以要求从破产财团返还不当得利;已经同时被改良或者以其他方式被取得人提升价值的财产,当成功的保罗诉权导致其返还于破产财团时,会发生这一结果(Faber and Lurger(*-Petkov*),National Reports Ⅵ,chap. 10.1.1)。

86. 在斯洛文尼亚法,保罗诉权由破产管理人或者破产债务人的债权人请求撤销债务人在破产宣告前 1 年内所有权法律行为的权利构成,条件是,这些行为减少了债权人获得清偿的机会,或者其不当地相对于其他债权人优待某些债权人,且这些债权人知道债务人糟糕的财务状况;如果行为发生破产程序启动前 3 个月则推定受益的债权人知道(强制和解、破产和请算法(ZPPSL)第 125 条)。如果诉权成立,破产债务人可以请求重新转让已转让给受益的债权人财产;另外,后者的债权复活,并只构成对于破产财团的无担保的债权(*Plavsak and Prelic*,ZPPSL komentarjem,492)。债务人的请求权在有关行为被撤销时成立,而债权人复活的债权回溯到其设定之时。如果有关合同完全是无偿性的或者具有部分无偿的性质,其会被撤销(强制和解、破产和请算法第 126 条第(1)款)。不过,受赠人可以选择支付高于财产实际价值的款项并保留货物,因为破产程序的目的正在于财产的清算(*Plavsak and Prelic* ,loc. cit. ,306)。如果破产债务人已经将特定货物交付给债权人,以便于后者可以出售货物并从所得中获得债权的清偿,所适用的规则同于代物清偿(债法第 425 条,代物清偿(datio pro solvendo))。如果债权人还没有出售货物,那么债权人和债务人之间行为可撤销;另一方面,如果债权人已经出售货物并用价款获得清偿,只有基于未获清偿部分的债权人的请求权,须由受益的债权人返还给破产财产(*Plavsak and Prelic*,loc. cit. ,471)。最后,双务合同不必然损害债权人利益,因为,根据同时履行原则(principle of simultaneity),一方当事人的履行取决他方的履行(债法第 101 条);因此,债务人的财产没有减少,只是变形了而已(比如就买卖合同,所约定的价款是一般的市场价的)。不过,如果约定预付价款,而实际的交付延迟到付款后 15 天以后,这种约定会被认为损害债权人的利益并因此可撤销(Faber and Lurger(*-Rudolf/Rijavec/Kerestes*),National Reports Ⅰ,581 et seq.)。

87. 根据爱沙尼亚破产法,保罗诉权由破产法第 109 条至第 119 条调整,其规定,破产管理人可以提出恢复原状的请求,以撤销债务人在破产宣告前成立的损害债权人利益的行为。什么行为可被撤销的问题由破产法第 110 条确定,属于可撤销的行为有:破产程序开始至破产宣告之时之间的成立的所有行为;在破产程序开始前一年内成立的所有行为,但以他方当事人知道给债权人造成损害为限;在破产程序开始前 1 到 3 年内成立的一切行为,以破产人有意损害债权人利益并且另一方对此知情为限;或者在此前的 5 年这些要件都具备而他方当事人是与债务人有关联的人。就破产相对人对损害意图的知情的推定、无偿合同(赠与)的返还、夫妻共有财产的分割、金钱债务的履行以及担保的授予,由特别规则予以调整。保罗诉权也可以针对被撤销行为的当事人的法律上继受人提起。一旦有关交易被撤销,那么其他当事人必须将其基于行为的所得返还于破产财团。如果通过被撤销的行为转让的财产已经毁损或者因为其他原因不能返还,只要其对于撤销有关的情形知情,那么他方当事人必须支付赔偿金(Faber and Lurger(*-Kullerkupp*),National Reports Ⅰ,298 et seq.)。

88. 在立陶宛,根据破产法第10条,破产管理人有权撤销在破产程序开始前破产人订立的特定合同(保罗诉权),甚至于在货物已经交付给受让人时也可以。可以撤销的法律行为是:破产人没有基于任何成立法律行为的义务而成立的法律行为;有关的合同不利于破产人的利益或者债权人的利益的,并且破产人知道或者应当知道所导致的损害。被撤销的协议必须在破产前36个月订立,如果破产人是故意的,则必须是在5年内订立。双务协议只有和破产人订立合同的第三人是恶意时才能撤销;而无偿行为总是可以撤销(民法典第6.666条)。行为是和债务人配偶、子女、父母或者其他近亲属订立,或者和法人订立时,上述人员参与管理或其拥有的份额超过50%时;破产债务人是法人,与其董事或者与其管理有关的人以前述方式订立交易或者和至少拥有有关法人的50%份额的人(或者其亲属拥有或者两者都拥有)订立交易时;债务人的给付与另一方当事人明显不相称;清偿未到期的债务;当债务人和相对人都是法人而且通过参与双方管理的人(或其近亲属)或者拥有超过每个法人50%的人紧密联系;或者当债务人是法人且其和其自身参与联营的法人订立交易的,以上所有情形,侵害债权人利益行为的当事人被视为恶意(民法典第6.67条)。如果保罗诉权成立,被转让的货物返还到破产财团之中(Faber and Lurger(*-Mikelenas*),National Reports Ⅲ,chap. 9)。

89. 在荷兰,在破产程序之外以及破产程序之中都规定了保罗诉权(就破产中的保罗诉权,参见 *van Buchem-Spapens and Pouw*, Faillissement, surseance van betaling en schuldsanering, chap. V, 41-49; *Salomons*, ERPL 004,804 et seq.)。前者由民法典第3:45条规定;就后者,具备以下4个要件时,法律行为由于具有保罗的性质(Paulianic character,译者著:就是具有适用保罗诉权而被撤销的性质)得被撤销(破产法第42条第(1)款至第(2)款):(a)有关的法律行为必须是自愿的,也就是不能通过法定的或者合同上实施义务而被强加的(*onverplichte rechtshandeling*(非义务性的法律行为));但是,如果另一方当事人知道破产宣告或者合同当事人通谋以利于这一债权人,行为可以撤销(破产法第47条);(b)有关的法律行为应该有损债权人利益(*benadeling van schuldeisers*(对债权人不利))且其必须减少了债务人财产的规模,但债权人只是失去了抓住某些利益的机会并不足够(参见 HR October 19,2001,NedJur 2001,654;HR March 22,1991,NedJur 1992,214 [*Loeffen q. q. -Mees en Hope II*]);(c)债务人必须实际对知情或者推定其知情(*wetenschap van benadeling*(对不利知情));且(d)在无偿行为以外的其他行为,另一方当事人必须知道或者推定其知道对债权人的侵害。考虑到证明最后两个要件的困难,破产法第43条及第45条规定了一些法定的推定:如果有关行为在破产裁定前一年内实施(以债务人在此期限前没有承担过有关义务为限),推定合同双方当事人均知情;另外,就破产裁定前一年内实施的无偿行为,推定债务人对损害知情。负担过重名义(*onerous title*,译者注:也就是对债权人不利的行为)之时的善意的第三方取得人依据破产法第51条第(2)款免受保罗诉权的影响;对于依据无偿的名义的取得人(译者注:此处是指第三方取得人,下同)也是如此,只要取得人证明其在破产裁定之时并未从中获益。相对于民法典第3:86条该规定是特别法(*lex specialis*),因此此处不适用该条民法规定；在非破产的框架下，民法典第 3:45 条第（5）款规定了几近相同的规则，但是此时取得人不需要在取得时从无偿名义中获益（Faber and Lurger（-*Salomons*），National Reports Ⅵ，chap. 8.2）。

90. 在法国，关于合同一方当事人破产的规则被法典化于商法典第 L. 611 - 1 ~ L. 670 - 8 条。调整这一点主要原则之一是平等对待所有债权人；因此，商法典第 622 - 7 条规定了启动破产程序判决自动停止当日存在的一切债权的清偿。在破产程序启动前不久实施的交易，在一定条件下可以撤销（商法典第 632 - 1 条及以下），依据特别破产规则和在保罗诉权（*action paulienne*）均可以；后者适用于欺诈性地授予债权人优先或者无偿转让。更具体来说，如果合同在债务人不能清偿债务之日（*date de cessation des paiements*）后订立，则视为可撤销，而且可以根据商法典第 L. 632 - 1 条至第 L. 632 - 4 条的规定撤销（比如无偿合同及担保合同、低价合同或者一方当事人知道其对方当事人不能清偿的合同）（Faber and Lurger（-*Cashin - Ritaine*），National Reports Ⅳ，chap. 9）。

91. 在意大利法中，保罗诉权是通过撤销会减少对债权人清偿能力的处分债务人财产的行为，旨在保障债权人权利的一种法律救济。意大利法承认两种形式的保罗诉权，一般性的（*azione revocatoria ordinaria*（一般性的撤销诉权））和破产中的（*azione revocatoria fallimentare*（破产撤销诉权））。就前者而言，根据民法典第 2901 条，债权人有权请求撤销债务人的处分行为，条件是：（1）存在债务（尽管不需要这一债务特定、确定、到期应支付；Cass.，12678/2001；Cass. Ⅱ，2748/2005），（2）债权人利益可能因为处分而受损（*eventus damni*（引起损害）），（3）债务人知道这一危险，（4）在有偿行为时第三人也对引起对债权人损害知情（*scientia fraudis*（对诈欺知情））。如果处分发生在债务创设之前，债务人和第三人必须都具有欺诈性地图谋（*partecipatio fraudis*（欺诈性地参与））损害债权人权利；证明这一点时可以进行推定（Cass. Ⅲ 20813/2004；Cass. II 2748/2005）。判例法赋予信用（credit）的概念以宽泛的含义，因为保罗诉权的范围会包含可能损害债权人权利的一切处分行为（Cass. 12144/1999；Cass. 3981/2003）。不过，法律预设了一定的例外：民法典第 2901 条第（3）款规定，偿付到期债务不得撤销，旨在获得清偿到期债务所需金钱而进行货物的出售也不得撤销（Cass. 2030/1984）；不过，清偿之外的消灭尚未到期的债务的一切行为（比如更新，代物清偿（datio in solutum）等）都可以撤销。除此之外，处分依据民事诉讼法典第 514、545 条免于执行的货物也不得撤销，并且对管理和利用债务人财产权利的行为也是如此。另外“引起损害”也必须得到证明；通过充分的担保、先取特权或者追及的权利得到确保的债权人不得提起保罗之诉。当处分在债务设定之后发生，推定债务人对损害知情；另外，当“引起损害”很容易察觉的，客观地推定债权人的知情。另一方面，如果处分先于债务的设定，债权人必须证明债务人欺诈性的意图；法律只要求有一般性的欺诈意图就够了，也就是，不需要债务人特别地意图欺诈这一债权人，而是只要债务人预见到并且接受了相关的可能性就够了。为了避免对个案进行评价，民法典第 2901 条第（2）款规定，授予担保的行为，即使是为了他人的债务而提供，但只要与被担保的债务同时约定时，就被视为有偿性的；这一澄清的目的源于保罗诉权项对无偿和有偿处分的不同处置：一旦“引起损害”得到确定，无偿行为总是可以撤销。成功的保罗诉权使得处分相对无效（*Natoli*，Azione revocatoria，888 et seq.；*D' Ercole*，L' azione revocatoria，143 et seq.）。这意味着只有作为债权人的请求人可以从有关处分的撤销中获益，而非债务人的全部债权人；另外，没有必要使整个处分行为无效，而只是使会潜在地阻止请求人权利得到清偿的行为失去效力。保罗诉权也不会引起有关货物或者权利的直接转让，而是提供了提起相应诉讼的必要根据；

就民法典第2902条第(1)款来说,有争议的是,保罗诉权成立时的原告,如果债权到期,是否可以针对原始处分的受让人启动执行程序,但是可以肯定的是,即使原告债权没有到期,原告也可以申请临时禁制令(*interim injunction*)(民法典第2905条)(*Constantini*, CELB 12(2006),2);在这种程序中,对于原始的受让人也给予一定的保护,其可以援用对原始的让与人可以主张的一切抗辩,但是这些抗辩在保罗诉权判决确定时被实质性地减少。如果在作为债权人的请求人和原始受让人的债权人之间发生争议,学说上赋予前者优先于后者的效力(*Bigliazzi Geri*, Della tutela dei diritti,162),而如果受让人的债权人启动执行程序,保罗之诉中作为债权人的请求人可以申请"冻结"与债权相当的一定数额的金钱或者请求充分的担保(*Nicolo*, Azione surrogatoria e revocatoria,261)。让与人的债权人也可以选择针对受让人提起侵权之诉。民法典第2901条第(4)款规定撤销再次转让的效力:处分的无效不影响善意且有偿取得的第三人的权利,只要该取得在保罗之诉启动之前登记即可。如果作为债权人的请求人不能获得转让之物的返还,针对价款其可以基于不当得利提起诉讼。学说就该规则的精确范围意见并不一致:有些人主张民法典第2901条第(4)款只对登记动产和不动产适用,而其他动产只在民法典第1153条(善意取得)范围内受到保护(*Bigliazzi Geri*, Revocatoria, no. 5);其他人则肯定该规则的普遍适用性(*Nicolò*, loc. cit. ,252)。不管如何,在第一次转让在保罗之诉中撤销后,民法典第2901条第(4)款对第一次受让人的进一步转让不适用,因为受让人权利上的瑕疵也影响进一步的转让。因此,进一步转让的取得人的善意无关紧要,而且其只有在民法典第1153条的要件具备时才能保留所取得的权利。另外,民法典第2902条第(2)款规定,被撤销的处分中的受让人可以在保罗之诉中的作为债权人的请求人得到满足之后实现自己的债权;另外,受让人可以提起主张返还价款或者要求赔偿的诉讼。保罗诉权时效为自有关处分成立起5年;债权人知道处分还是不知道处分都是五年。就意大利法破产中保罗诉权来说,破产法皇家法令第64条及以下规定了特别的规则。更具体来说,破产中的管理人可以依据民法典第2901条及以下提起保罗之诉;不过,破产法皇家法令第67条规定,受让人不需要对相对人无偿债能力知情,因为在破产中这种特别的知情是推定的,而受让人有义务证明自己不知情。可以撤销的有:(1)在破产程序开始前1年的有偿行为,只要破产人的给付或者债务超过对待给付的1/4即可;(2)在破产程序开始前一年通过约定的货币以外的支付手段清偿到期债务;(3)在破产程序开始前一年内,给现有的尚未到期的债务设定质押、不动产质押(antichresis)或者自愿抵押;(4)在破产程序开始前6个月,为了担保到期债务,设定质押、不动产质押或者自愿抵押。还有两种情形也可以撤销:在清偿到期债务时,有偿行为和创设与所承担的债务一起约定的优先购买权,条件是这些行为在破产程序开始前6个月内实施;以及影响依据民法典第2447条之一第(1)款第1项a属于特定企业所有的财产的行为。另一方面,破产法皇家法令第67条第(3)款将下列情形排除在保罗诉权的适用范围之外:(1)正常营业活动中的付款行为;(2)不实质增加破产人对银行负债的汇款(remittances);(3)特定情形下,居住用不动产的已登记的买卖和预售;(4)为了民法典第250条之一目的,经审计师批准实施的行为、用债务人财产进行付款或者提供担保的行为;(5)执行与债权人之间协议的行为、付款或者提供担保(也就是破产法皇家法令第182条之一规定的:*concordato preventivo*, *amministrazione controllata and accordo omologato*);(6)支付债务人雇员的工资;(7)为了利用简化形式的破产程序支付到期债务。就汇票的清偿适用其他的限制。就无偿行为来说(破产法皇家法令第64条),如果在破产程序开始前两年内成立,则对于债权人来说无效,除非赠与的作出和实施是为了履行道德义务或者为了公益的目的(如果与破产人财产不成比例则不适用这一例外)。破产人和受让人"对诈欺的知情或者参与”无关紧要,因为此时无效是法律确定的;一旦宣告破产,法院可以直接下令第三人返还;对于次受让人也适用同样的规则,除非存在善意取得或者交易破产程序开始前登记。对于在司法命令之日或者此后到期的债务,在破产程序开始两年内的付款行为是无效的(破产法皇家法令第65条)。另外,就夫妻间的行为适用特别的规定(破产法皇家法令第69条)。破产中的保罗诉权时效为3年,从破产程序开始之日起计算,但是如果可撤销的行为是5年前作出的,则不得撤销(破产法皇家法令第69条之一)。通过破产中保罗诉权予以撤销的行为产生与普通保罗之诉同样的效力(破产法皇家法令第70条)。被撤销的转让的受让人被赋予破产程序中债权人的地位,因此,与普通保罗诉权相反,受让人服从于债权人平等(*par conditio creditorum*)原则,而其权利不取决于主张撤销的让与人债权人的权利(*Gazzoni*, Manuale di diritto privato[11], 1472)(就意大利法中两种形式的保罗诉权的详情,参见 Faber and Lurger(*-Greco*), National Reports Ⅰ,472 et seq.)。

92. 在西班牙,损害债权人利益的行为可以根据民法典第1111条撤销,而根据民法典第1291条第(3)款,其被纳入可撤销合同的名录之中。民法典第1111条规定的保罗诉权,允许债权人撤销其债务人订立的有效合同,条件是这些行为妨碍了债权人债权的实现。就此来说,赠与不可推翻地(*iuris et de iure*)被推定为损害债权人利益(民法典第1297条第(1)款、第634条第(2)款);对于法院已经下令扣押的货物的有偿买卖适用同样的规定(民法典第1297条第(1)款)。尽管如此,与无偿行为相反,在有偿合同的情形,还需要具备欺诈意图(*consilium fraudis*)这一主观要素;但判例法降低了举证要求,如果取得人在合同订立时知道行为的损害性质就可以了。关于合同撤销的一般规则(参见下文第Ⅷ-2:202条注释67)也适用于保罗诉权;但是,现代学说支持两者效力不同的看法。更具体来说,成功的保罗诉权不需要必然导致完全推翻损害行为,而是只在作为债权人的请求人获得清偿的必要限度内撤销;因此剩下的(货物或者买卖的剩余价款)属于受让人,而不是债务人(*Fernández Campos*, El fraude de acreedores, 241 et seq.)。既支付了对价又善意地取得物的第三人不受保罗诉权的影响;债权人只能针对诈害行为的当事人(Faber and Lurger(*-González Pacanowska and Díez Soto*), National Reports Ⅴ, chap. 4.3.2)。就撤销来说(*rescisión*,民法典第1291条),其是旨在获得有效合同的不生效宣告的法律救济,但是只能由有权主张撤销的一方主张。撤销适用于各种不同的情形,其共同特征是,合同对另一方当事人不利(rescission for *laesio*(因损害而为的撤销))或者对一方当事人的债权人不利(保罗诉权)。因损害而为的撤销范围有限:限于未成年人或者精神不健全的人的(非父母的)法定监护人或者被宣告失踪人的法定代理人所签订的有害合同,而且只对不要求事先司法授权的合同适用(事实上绝大多数这类合同都需要这种授权)。因此,因损害而为的撤销主要适用于其他领域,比如遗产的分割(民法典第1079条)或者共有物的分割(民法典第406条)。无论如何,其具有补充的性质,可以因为适当补偿而停止使用;还必须遵循4年的时效限制(民法典第1294、1299条)。当事人必须返还其所得,包括果实和其他利益,除非返还不能或货物为善意第三人合同持有;此时,只能要求返还它们的价值(民法典第1295条第(2)款)。因此,就其效果来说,撤销与解除非常类似(参见下文第Ⅷ-2:202条注释67)(Faber and Lurger(*-González Pacanowska and Díez Soto*), National Reports Ⅴ, chap. 4.3.2)。就破产时有害行为的宣告无效,新西班牙破产法(Ley 22/2003 of July 9, Concursal,简称LC)为回应学说上的批评,对破产法进行了范围广泛的改革,在全新的规定的事项中,有些在一方当事人破产时影响所有权转让的命运。更具体来说,根据破产法第76条及以下确定破产财产(详情参见 *Arnau Raventós*, Estudio de los artículos 77, 78 y 79 de la LC;

Díez Soto, Concurrencia y prelación de créditos, passim; González Porras and Méndez González (*-Díez Soto*), Libro Homenaje Al Profesor Manuel Albaladejo, t. I, 1277 - 1314)。破产法第80条赋予财产所有人对于碰巧在破产人手中财产以取回权,包括根据无效合同或者事后被撤销合同而被交付的货物;如果破产管理人拒绝交付货物,所有人可以向破产法官提出特别诉讼(*incidente concursal*)。如果货物同时已经被转让,而针对第三人所有人不再可以主张物权的追及效力的(比如成立善意取得时),所有人可以要求转让次买卖价款的债权或者主张财产的价值加上利息(破产法第81条);后者只有破产中参与分配的权利而已。具有特别意义的是,旨在将破产财产恢复到其包含本该包含的财产状态的诉讼,也就是,就在破产宣告前如果破产人没有实施特定的交易时会处于的状态。旧的制度主要依赖民法典中的保罗诉权,一方面立即赋予破产宣告以溯及的无效的后果,另一方面如果破产人是商人则放弃这么做。新破产法提供了一套灵活的诉权体系,使得那些被认为损害破产财产的行为不具有效力(破产法第71条至第73条);如果条件具备的话也可以提起保罗之诉。破产法第71条第(1)款规定,破产管理人可以推翻破产宣告前2年实施的任何行为,条件是其有害债权人利益,但不要求欺诈性意图。行为不再视为无效,尽管对债权人来说不发生效力。就有害性的举证责任通常在破产管理人,但是破产法第71条规定了一些减轻举证责任或者使得举证责任倒置的推定(比如,无偿处分或者提前清偿未到期的债务通常被推定为有害;就与债务人有密切关系的人有偿处分或者为以前没有担保的债权提供的担保也是如此;后两种情形下举证责任倒置)。与保罗诉权的主要区别在于,事实上其并不同时要求债务人处分时不能清偿债务。但是,有些种类的交易,比如那些在破产企业正常的营业中进行的交易不可以主张无效。如果第三人虽然善意有偿取得并且/或者遵守了结果登记要求,那么第三人同时取得的利益受到保护,也就是,第三人受到排除返还请求权的规定(*irreivindicabilidad*;商法典第85条和民法典第464条)的保护。如果财产不能从次受让人处返还,最初的受让人必须向破产财产支付与债务人让与人给他或她的财产价值相等的金额并加上利息(破产法第73条第(2)款);在如此做之时,其可以获得其可能已经支付给破产财产的价款的返还(Faber and Lurger(*-González Pacanowska and Díez Soto*), National Reports Ⅴ, chap. 5.3)。

93. 在葡萄牙法中,针对破产人先前的法律行为,债权人可以通过三种救济获得保护:依据民法典605条主张无效,民法典第610条的保罗诉权以及破产管理人依据破产法典第120、121条撤销有害破产财产的合同的权利。所有这些救济都可以由让与人或者受让人的债权人使用(Faber and Lurger(*-Caramelo-Gomes and Nóbrega*), National Reports Ⅳ, chap. 5.5.3(b))。民法典第605条赋予每一个债权人以主张债务人实施的行为无效的权利,而不考虑有关债权是在有关行为之前还是之后发生的以及是否后者引起了或者是恶化了债务人不能清偿债务的状况,只要这些债权人有这么做的利益。无效不仅对主张的人有益,而且也对全部债权人有益。保罗诉权(民法典第610条)使得债权人可以对债务人减少后者财产的行为提出异议,所需具备的条件是:被异议的行为不能是具有人身性质的;提出异议的债权人必须在被异议的行为之前对债务人享有债权,或者,如果发生于行为之后,被异议的行为必须以妨碍将来的债权人的债权清偿为目的而故意实施,以及最后,被异议的行为必须导致债权人不能获得债权的全部清偿或者使这种不能高度可能。最后,在合同当事人一方(让与人或者受让人)破产时,破产管理人有权根据破产财产的利益,对破产程序开始前4年内所签订的合同、约定作为及不作为提出异议,条件是这些行为会通过减少或者危及债权人债权实现的方式损害破产财产(破产法典第120条第(1)、(2)款)。根据破产法典第120条对作为或者不作为提出异议的,以涉及的第三人一方存在恶意为前提;在作为或不作为发生于破产宣告前两年且合同当事人或者根据合同受益的人是与债务人关系密切的人,推定存在恶意,即使这种密切关系当时不存在也是一样。对债务人无偿债能力知情、对行为的有害性质和债务人即将破产知情以及对破产程序开始知情均构成恶意(破产法典第120条第(4)、(5)款)。破产法典第121条列举了一系列行为,比如无偿转让、对既存的债务给予担保、以损害债务人的方式低价进行交易、清偿尚未到期的债务等,这些行为不需要其他要件就可以提出异议,只要其发生在对其规定的相应的期限内(破产法典第121条);不过,那些不可推翻的推定为有害的行为,不考虑其何时发生(破产法典第120条第(3)款)。破产法典第120条和第121条的救济实际上取代了破产人的债权人可以获得的所有其他救济手段(Faber and Lurger(*-Caramelo-Gomes and Nóbrega*),National Reports Ⅳ,chap. 9.1)。

94. 在保加利亚,如果债务人所作处分损害破产债权人的利益,那么每一个破产债权人都可以请求撤销。因此,债权人可以援用保罗诉权或者商法典第647条规定的救济。保罗诉权(债法第135条)可以由破产管理人或者任何债权人在5年的时效期间内提起;原告必须证明破产债务人以减少破产财团可得财产的意图实施有害破产财团的处分(*Madanska*, Proiyvodstvo po nesustoitelnost[2],87)。另外,如果法律行为是无偿的(gratuitous,译者注:似乎应该是有偿),那么请求人还必须证明第三人对导致的损害知情(SC [2nd civ. ch.] no. 345/99);如果第三人是债务人的配偶、直系血亲、兄弟姐妹,债法第135条第(2)款规定推定这种知情存在,而判例法将这种推定扩大到有关交易法人当事人机构的成员是债务人的配偶或亲属的情形(SC [5th civ. Ch.] no. 120/00)。除了保罗诉权外,商法典第647条规定的另一个救济赋予破产管理人对债务人影响破产财产的处分提出异议的权利,而如果破产管理人没有采取适当行动时,任何债权人也可以援引这一救济(商法典第649条第(1)款)。这一救济只能在破产程序开始后一年内利用;依据商法典第647条可以撤销的法律行为如下:(a)在针对债务人的破产程序开始前三年内对"关系人"的赠与,除非涉及的惯常赠与(商法典第一条定义的);(b)在破产程序开始前两年内对第三人作出的无偿行为;(c)在破产程序开始前两年作出的低价的有偿转让;(d)在破产程序开始前3个月通过转让财产进行债务的赎回,而这一财产的返还可以增加破产财产;(e)在破产程序开始前一年为现有没有担保的债务设定抵押、质押或者其他担保(如果被担保人是合伙的合伙人,该请求可以在两年内提起);(f)在破产程序开始前两年关系人和债务人成立的行为。商法典第647条的救济并非其他,而只是以比保罗诉权更为方便的方式撤销损害破产财产的交易而已;保罗诉权时效更长,如果商法典第647条的请求权已经过了时效,则破产管理人和债权人可以主张保罗诉权。如果商法典第647条的救济成立,第三人必须将货物返还给破产财团;如果财产不是破产财团的一部分或者第三人有补偿的金钱给付请求权,那么第三人成为破产财团的债权人(商法典第648条)(Faber and Lurger(*-Stoimenov*),National Reports Ⅳ,chap. 8.1.2.)。具体就赠与来说,学说上流行的一个看法是,在法院允许撤销时,因此获得的动产应该成为(随后破产的)让与人破产财团的一部分(Popova, Komentar, 151);在破产开始前捐赠成立一个机构(foundation)时也是如此。最后商法典第646条规定,不管是否无偿,发生在清偿不能之后的债务人一切转让财产的行为,对于破产财团的债权人来说均为无效;这种转让发生在破产程序开始后亦同(*Stoimenov*, loc. cit., chap. 8.2)。

95. 在英格兰和威尔士,当动产依据合同已经转让给一方当事人或者从一方当事人转让的,当一方当事人被宣告破产的,依据1986年破产法可以例外地由破产官(接管人除外)予以撤销。只有可能违反、甚至只是将会违反英格兰破产法中的债权人平等原则的这类合同才可以被撤销

(*Goode*, Principles of Corporate Insolvency Law[3], 410)。该类行为包括:低价行为(1986 年破产法第 238 条第(2)款)、可撤销合同或者诈欺债权人的合同。只有破产官,也就是清算人或者管理人,才可以请求撤销低价行为,条件是这一合同在适当的时间内成立,也就是在破产开始前两年之内成立(1986 年破产法第 240 条第(1)款(a)项)。1986 年破产法第 238 条第(2)款只适用于公司破产,但是在第 399 条对个人破产规定了同样的规则。必须在公司破产时订立合同或者公司会因为这一合同而破产;当相对人是与公司有 1986 年破产法第 249、435 条意义上关联的人时,推定这一点成立。无偿合同或者对待给付的价值低于破产人的对价时构成低价(1986 年破产法第 238 条第(4)款);第二种情形当然更难判断(就判例法详尽阐述的标准,参见 *Re M C Bacon* [1990] BCC 78, 92),但是有时候很清楚,比如,当公司以明显低于市场价的价格转让时(*National Westminster Bank plc v. Jones* [2001] 1 BCLC 98, [2001] EWCA Civ 1541)。法院适用甚为宽泛的低价概念,比如确定给受让人的附带利益(或者甚至是相应地给让与人造成的附带损害)可以加以考虑(比如,以市场价给予租用土地的权利,但是使受让人能够就租赁谈成高额的退保费用(surrender value);*Agricultural Mortgage Corporation v. Woodward* [1995] 1 BCLC 1)。在低价是交易之后发生的事件所致并导致对于一方当事人"不公平"时,法院也确认低价成立(*Phillips v. Brewin Dolphin Bell Lawrie Ltd.* [2001] 1 All ER 673)。不过,1986 年破产法第 238 条第(5)款就低价行为规定了一种"合理的商业目的抗辩",条件是公司以进行其经营的目的诚信地进行行为,而且当时有合理的理由相信这一交易会有利。如果低价合同的标的物同时被转让给第三人,只要第三人不知道当初的低价,法院就不可以损害第三人的利益。不管如何,如果法院认可有关行为低价成立,其可以裁定其认为方便的救济,包括 1986 年破产法第 241 条指示性地列举的那些救济,诸如下令将转让的财产交给受让人,豁免或者解除公司提供的任何担保,下令提供担保等等。除了低价合同外,1986 年破产法第 239 条第(2)款(个人破产是第 340 条)还规定,破产法可以请求法院撤销给予任何人以优待的行为,条件是该行为在破产开始前 2 年内与关系人订立,或者 6 个月内与无关系人订立。该规定只适用于清算和管理,而且公司在优待之时无偿债能力或者因为优待而失去偿债能力。1986 年破产法第 239 条第(4)款将"优待"定义为就公司任何债务或者其他责任为公司债权人担当担保人,以及更一般而言,给某一债权人提供比其他债权人在破产程序中拥有的地位更为优越地位的公司的任何行为,最为显著的优待是清偿没有担保的债务(*Walter*, "Preferences", in Vulnerable Transactions in Corporate Insolvency),但是该规定的运用不限于付款:比如,甚至是公司收取货物,但是没有付款,而事后又将货物返还,这可能也会构成优待(*Insolvency Law and Practice: Report of the Review Committee* (Cmnd 8558 : 1982 : HMSO), para. 1208);在清偿债务时给予 999 年的租赁时亦同(*Weisgard v. Pilkington*, [1995] BCC 514)。不管如何,有关行为只是将债权人置于比无行为成立时更为优越的地位还不够;清算人和管理人还必须确立公司的意图(*mens rea*),也就是公司一方的故意要素(1986 年破产法第 239 条第(5)款)。在 *Re M C Bacon* [1990] BCC 78 a 一案,公司就现有的无担保的债务设定担保。米勒法官(Millett J)认为,公司出于避免债权人要求其返还其透支金额意愿的行事,而不是出于有利于这一债权人的积极意图;因此赋予的担保不构成 1986 年破产法第 239 条上的优待。尽管基于债权人施加压力似乎能够抵销优待效果这一事实,这一规则受到批评(*Keay*, [1998] Company Financial and Insolvency Law Review 198),但是在不要求优待意愿要素的其他法域似乎也适用同样的解决方案(比如参见 *Airservices Australia v. Ferrier*(1996) 137 ALR 609)。如果是和关系人成立的交易,则推定有优待的意愿(就成功推翻这一推定,参见 *Re Fairway Magazines Ltd.*

[1992] BCC 924)。如果主张成立,法院同样可以裁定其认为合适的救济,条件是诚信的第三方取得人的利益不受损害。最后,就诈欺债权人的行为来说,依据1986年破产法第423条,这种行为类似于低价行为,另外还增加了在考虑婚姻或者成立同性伴侣关系时成立的行为;这一行为必须旨在使债权人无法触及财产或者以其他方式损害对合同当事人有请求权的人的利益。法官可以下令一切均恢复到行为没有成立时的原本状态,以保护行为中的受害人。这一规定被认为"有古典品质"(of ancient vintage),其渊源为罗马的保罗诉权(*Sealy and Milman*, Annotated Guide to the Insolvency Legislation 2006/2007[9])。关于诈欺合同的规定被认为比上述两种救济的适用范围更为广泛,因为其明显没有时间上的限制,而且可以由行为的任何受害人援用(比如参见 *The Law Society v. Southall* [2001] EWCA Civ 2001),但是同时其适用范围更窄,因为法院只有在诈欺合同当事人有相关的故意时才作出裁定;实质的目的(而不是主要的目的)会被认为是充分的(*Hashmi v. IRC* [2002] EWCA Civ 981; *Kubiangha v. Ekpenyong* [2002] EWHC 1567)。如果主张成立,法院可以同样裁定其认为何时的救济,包括1986年破产法第425条第(1)款的救济手段,其大致与第241条的列举相当;类似地,第三人终局的权利必须予以考虑(就这些事后的(ex post)的破产程序中的撤销权的各种类型参见 Faber and Lurger(*-Frisby and Jones*), National Reports Ⅱ, 90 et seq.)。

96. 考虑爱尔兰破产法中,在公司清盘时所有的债权人拥有平等地位(pari passu)这一原则,在清盘前,公司不能通过不公平地相对于其他债权人优待某一个债权人从而违反该原则,这一点很重要。因此,爱尔兰公司法规定清算人可以调查这种行为,并在必要时甚至撤销这些行为。另外,如果公司的财产已经被不当处分(除了依据侵权法和不当得利法可以获得的可能救济外),公司或者清算人可以依据1990年公司法第139条向法院提出返还这些财产的申请。不法处分包括诈欺公司、公司债权人或者公司成员的任何处分。在考虑善意及有偿取得有关财产利益的人的权利后(1990年公司法第139条第(3)款),法院可以裁定,根据其认为合适的条款替换或者返还财产,包括将财产重新交给公司。接管人和检查人也可以申请第139条下的财产返还(1990年公司法第178条和第180条第(2)款)。没有必要证明有诈欺的故意;因此,此语境下的诈欺显然指将财产从依法对财产享有权利的实体或者个人处转移(比如无偿转让公司财产)。另外,根据1988年破产法第58条,如果在破产判决之前最后3个月内,债务人实施了破产行为,并在此后要么以大幅度低于市场价值的价格出售财产,要么成立其他大幅度减少债权人可获得分配数额的其他行为或者是该行为的一方,这种行为相对于官方的受托人无效,除非该交易诚信地成立并且他方当事人当时对破产人实施任何先前的破产行为不知情;但是通过作为有关行为的当事人的人(破产人以外的人),任何善意且支付对价的人取得的权利不受这种无效影响(1988年破产法第58条第(2)款)。除了这些情形外,依据1963年公司法第286条,或者(在个人破产时)依据1988年破产法第57条,欺诈性地给某一债权人相对于其他债权人以优待也会无效。根据1963年公司法第286条,不能清偿其债务的公司实施或者针对其实施的任何优待性的转让、抵押、交付货物、付款、执行或者其他与财产有关的行为无效,只要清盘程序在6个月内开始即可。和英格兰一样,规定主要涉及公司的偿付,但是可能也涉及诸如公司接受货物时未付款而后又将货物返还的情形。希望推翻这种优待行为的清算人必须证明他们故意地将有关债权人置于优于其他债权人的地位;动机是关键,而不只是行为的优待效果。根据具体情形,此种意图可以从当时的情况中推断出(*Re Station Motors Ltd* [1985] IR 756);另一方面,现在得到确认的是,当债权人对公司实施压力时,不存在欺诈性的优待(*Re John Daly & Co. Ltd.* (1886) 19 LR Ir 83; *Corran*

Construction Ltd. v. Bank of Ireland Finance Ltd. [1976] ILRM 175)。另外,根据修订后的 1963 年公司法第 286 条第(3)款,有利于关系人的优待行为如果在清盘前两年内作出,则其会无效;要想推翻关于这种行为不当的推定,关系人必须表明给予优待的真正的商业上理由。关系人包括董事和影子董事、董事的配偶、父母、兄弟姐妹或者子女,关联公司,上述任何人员的债务的任何受托人或担保人(1963 年公司法第 286 条第(5)款);据此立法机关扩大了该规定的适用范围。当存在欺诈性优待时,行为无效;但是 1963 年公司法第 286 条第(4)款规定,任何人通过公司的债权人善意并支付有价值的约因而取得的权利不受影响(Faber and Lurger(-*Gardiner*), National Reports Ⅱ,224 et seq.)。

97. 在塞浦路斯,诈害性转让撤销法(FTAL, chap. 62)区分各种不同的被认为是"诈欺性"的转让。FTAL 第 3 条第(2)款规定,以妨碍或延迟某人的债权人就其债权获得清偿的一切赠与、买卖、质押、抵押或者其他对任何动产或者不动产的转让和处分被视为诈欺性的,并对一切这类债权人无效;有关财产可以被扣押并变卖以清偿债务人的债务。FTAL 第 3 条第(2)款进一步规定,被认为是诈欺性行为是善意实施的举证责任,由让与人(或者转让人)和受让人(或者被转让人)承担。FTAL 第 3 条第(3)款进一步澄清,第(1)款提及行为以换取金钱或者其他财产为目的而作出时不可撤销,除非证明买方等对让与人诈欺性意图知情。就有权请求撤销的人而言,在 *Ekaterini Limperopoulou v. Michalakis Christodoulou and others*((1958)22 CLR 184)一案中,法院认为只有被意图在转让时诈欺的债权人才可以撤销。在破产时,在破产前的一些转让相对于破产受托人可以撤销:如果让与人自让与之日起两年内破产,这种转让无效;如果在转让后 10 年内的任何时间宣告破产,后者相对于破产受托人无效,除非受让人或者其他根据让与提出主张的人能够表明,即使没有转让的财产,让与人当时也能够清偿债务,并且让与人财产中的利益已经转移(破产法第 46 条第(1)款)。破产法第 47 条第(1)款规定,着眼于相对于债务人的其他债权人给某个债权人以优待的目的,有利于该债权人的转让或者设定担保被认为是欺诈性的而且是无效的,条件是在债务人被宣告破产之日前 3 个月内作出。不过,有偿的善意取得人受到保护,只要让与或者转让发生在接管令之日前且受让人对在转让或者交付前任何破产行为不知情即可(破产法第 48 条)。就公司破产来说,公司法第 265 条规定,在自愿清盘时,任何未经清算人批准的股份转让无效;依据公司法第 216 条,在公司由法院下令清盘的亦同。债权人对公司财产的执行只有在清盘开始前完成才能成功(公司法第 305 条 a 款)。公司法第 301 条规定,公司实施或者作出或者针对公司作出的一切货物的转让、抵押、交付、付款、与财产有关的强制执行或其他行为,在清盘开始前 6 个月内实施的被认为是欺诈性优待其债权人,因而无效,条件是其在破产法上也会是欺诈性的;另外,公司为了其所有债权人的利益将其全部财产转让给受托人的行为,事实上(to all intents)是无效的。作为一种制裁,依据公司法第 302 条第(1)款,特定的被诈欺性优待的人会就破产债务承担责任(Faber and Lurger(-*Laulhé Shaelou/Stylianou/Anastasiou*), National Reports Ⅱ,571 et seq.)。公司法第 303 条进一步规定,公司在清盘开始前 12 个月内设定的浮动抵押无效,除非能够证明除了该条规定特定数额的现金外,公司在抵押设定后具有了偿债能力(*Laulhé Shaelou/Stylianou/Anastasiou*, loc. cit.,576)。

98. 自 17 世纪以来,苏格兰法允许根据普通法或者制定法对破产前成立的交易提出异议;可以将此时的异议分类为:在普通法上对行为提出异议的权力,根据制定法对低价行为提出异议的权力,根据制定法对不公平的优待提出异议以及各项杂项异议的权力。在普通法,在正式破产宣告前破产债务人实施的欺诈性行为可以撤销,但是欺诈的概念很难定义:埃尔斯凯恩(Erskine)将其定义为“欺诈的谋划(a machination or contrivance to deceive)”(*Erskine*, Institute[8], Ⅲ.1.16),但是由于英格兰法的影响,有时候也仅限于有欺诈的故意的情形(比如参见 *MacQueen and Thomson*, Contract Law in Scotland[1], no. 4.27)。不管如何,更为宽泛的定义仍然可以适用,因此就破产法来说,欺诈法的一般状况并不必然有决定意义。债务人行为撤销普通法上的要件,麦克布雷迪(McBryde)教授概括如下(*McBryde*, Bankruptcy[2], no. 12-29):必须有对债权人的损害;债务人行为之时必须没有偿债能力或者即将没有偿债能力;不需要受让人对让与人没有偿债能力知情(尽管这一点从证明(proof)角度来说可能有用);债务人和受让人串通是欺诈的一个要素;被异议的行为必须整体上属于欺诈性的。债权人的利益因为减少债务人财产价值的行为而潜在地遭受损害(参见先例 *McCowan v. Wright* (1852)14 D 901 and 968;(1852)15 D 229 and(1853)15 D 494),比如,放弃对财产的权利,以低价转让财产或者给既有的债务提供担保的行为。如果管理中正常行为(比如交煤气水电等费用)不被认为是有害性的;成立新债(nova debita)学说上认为是正常的管理行为(*McBryde*, Bankruptcy[2], no. 12-45)。另外,债务人必须自愿地实施有关行为;比如根据法院命令提供担保就不是自愿实施。绝对的清偿不能,是指行为之时债务人总的责任超过了债务人总的财产(或者由于行为的结果可能造成这一结果;参见 *Whatmough's Tr v. British Linen Bank* 1934 SC [HL] 51; *Abram Steamship Co. Ltd. v. Abram* 1925 SLT 243)。如果行为被视为欺诈性的,那么对于债务人的任何债权人、破产受托人、清算人或者其他破产程序中代表人来说,行为都是可撤销的。除了 20 年的一般时效,主张撤销没有任何时间限制(1973 年时效(苏格兰)法第 8 条)。不过只要第三人善意且有偿取得的,以绝对完好的所有权来保护从债务人的受让人处取得的第三人。如果行为是基于书面单据实施的,适当的救济是单据还原,但是,由于所转让的货物通常在债务人的受让人的保管之下,合适的救济是交付。就制定法上的异议来说,有几种制度。(a)首先,无偿让与由 1985 年破产法(苏格兰)第 34 条和 1986 年破产法第 242 条调整。在无偿让与的时间点之前发生的债权的债权人或者相应的破产官(比如破产中的受托人、清算人等)可以提出异议。可被异议的行为有债务人的让与行为,通常是自愿行为(关于非自愿行为的问题还不清楚)。转让也可以包含放弃对财产的权利,比如放弃继承。另外,有关行为必须在特定引发事件(trigger event)之前 5 年或者两年内发生;当转让的另一方当事人不是 1985 年破产法(苏格兰)第 74 条意义上的伙伴时,适用较短的期限,而如果另一方当事人是伙伴的,适用较长的期限(1985 年破产法(苏格兰)第 34 条第(3)款及 1986 年破产法第 242 条第(3)款)。债务人的配偶或者同性伴侣、债务人是合伙人的企业、与债务人一起是同一企业的合伙人的人、亲属、雇主或者雇员、债务人是董事的公司、债务人公司的母公司或者子公司,以上被视为伙伴。引发事件可以是:破产日(1985 年破产法(苏格兰)第 12 条第(4)款);如果愿意采取相对不正式的破产程序,给予债权人信托契据之时(*McKenzie-Skene*, Insolvency Law, 376-379),其依据 1985 年破产法(苏格兰)附表 5 受到保护;债务人去世;清算(参见 1986 年破产法第 86 条和第 129 条)或者管理。就相应期限内成立的受到异议的行为来说,还要其已经“完全生效”(completely effectual)(参见 1985 年破产法(苏格兰)第 34 条第(3)款和第 243 条)。这一问题只在 2005 年于 *Accountant in Bankruptcy v. Orr* 2005 SLT 1019 一案中解决过,在受让人已经取得所有权的物权性权利时行为“完全生效”,也就是土地转让时的登记日,赠与之时的交付日或者(通常是)1979 年货物买卖法下的买卖合同的签订日。在受让人可以确定第 34 条第(4)款规定的三项抗辩之一时,根据前述要件受到异议的行为可以得到维持,也就是,债务人具备绝对偿债能力,让与是被允许的赠与(比如生日或者圣诞礼物,为慈善目的进行的赠与或者与债务人财务状况相称的赠与),

或者受让人为换得转让的财产支付了充分的对价;充分性原则上根据转让时的情况来判断(就此详细论述参见 *St Clair and Drummond Young*, Corporate Insolvency[3], no. 10 - 08 and *Lafferty Construction Ltd. v. McCombe*, 1994 SLT 858)。不管如何,如果抗辩不成功,行为被推翻,而受让人只是破产程序中顺位在后的债权人(postponed creditor)而已(参见1985年破产法(苏格兰)第51条第(3)款(c)项及1986年破产规则(苏格兰)第4.66第(2)款),这意味着受让人既失去了物权,而且极有可能失去无辜支付的价款。更具体来说,在异议成立时,如果转让是基于书面单据时救济是还原单据,或非单据时是恢复债务人的财产原状;受让人需要重新交付所取得的任何财产。如果由于与此同时原受让人进一步将财产转让给善意支付对价的其他人(其因此取得完好的所有权),交付不再可能时,原始行为的异议人只能主张法院认为合适的"其他补救",根据学说可以是对价款的主张(*McBryde*, Bankruptcy[2], no. 12 - 98;也请参见 *Dickson v. Murray*(1866)4 M 797 and *Moroney & Co. v. Mathew Muir and Sons*(1867)6 M 7)。(b)也可以对不公平的优待提出异议(1985年破产法(苏格兰)第36条和1986年破产法第243条),最为常见的是,就既有债务提供担保(参见 *McBryde*, Bankruptcy[2], nos. 12 - 105 - 12 - 147; *McKenzie-Skene*, Insolvency Law, 239 - 242)。异议的权利在破产官或者其债权成立于引发事件(与无偿转让相同)之前的债权人;可以异议的行为是,以损害其他债权人为代价给某一债权人优待,只要这些行为发生在引发事件的最后6个月内。就有关行为,担保的取得人可以援用一定的抗辩,特别是,行为在正常的经营过程中作出,其是对到期债务的现金偿付,其涉及到双方的债务,即使给予其他债权人优待,也不会影响其他债权人的利益或者其涉及许可对被扣押的资金委托授权偿付。就双务债务来说,给新的借款(nova debita(新债))提供担保,一般不认为可以对其提出异议;就最后一个抗辩来说,其涉及对债务人一定货物已经取得扣押令的债权人,债务人对其的委托,并希望不援用即将实施的价格高昂的程序而出售货物;换句话说,债务人给债权人的,正是依据其已经持有的扣押令的效力本就已经可以得到的。不公平优待的异议成功时的救济与无偿转让相同,也就是返还和恢复原状。(c)就浮动抵押来说,其可以根据1986年破产法第245条提出异议(其适用于1986年12月29日设定的抵押)。1986年破产法之后,浮动抵押似乎也可以作为不公平优待而提出异议。不管如何,在清盘开始或者管理开始前一年设定的浮动抵押,就赋予与公司的关系人的浮动抵押来说为2年,"使其无效",除非能够适用一项用以抗辩的事由(*McKenzie-Skene*, Insolvency Law, 243 et seq.)。抗辩事由要么是,公司在设定浮动抵押当时,属于1986年破产法第123条意义上的有清偿能力,要么是为新的债务设定浮动抵押;第一个抗辩只适用抵押授予关系人的情形。就有关的救济而言,没有规定还原或者恢复原状:1986年破产法第245条只是使得这种抵押无效,但是这一规定的含义不完全明确:看起来似乎是抵押无效,但是基础性债务关系仍然有效。(d)1985年破产法(苏格兰)和1986年破产法也给推翻要价过高的信用行为提供了可能(分别是第61条和第244条)(就破产债务人可被异议行为的所有这些例子的详情参见 Faber and Lurger(-Carey Miller/Combe/Steven/ Wortley), National Reports Ⅱ, 390 et seq.)。

99. 芬兰关于恢复原状的规定参见破产财产恢复原状法(Laki takaisinsaannista konkurssipesään/Lag om återvinning till konkursbo)。根据这一法律,如果债务人在破产立案前以给第三方债权人造成损失的方式行事,那么可以将财产返还给破产财团。基本规定是第二章第5条,该条规定,如果债务人的债务增加,财产已经从债权人(译者注:似乎应为债务人)手中取走,或者特定债权人相对于其他债权人给予了特别的优待,那么可以将财产返还到破产财团。时效是5年,从破产立案之日开始计算,除非另一方当事人与债务人关系密切。另一方当事人就债务人无偿债能力必须属于恶意。在破产程序开始前一年所进行的赠与，除非是对于债务人有密切关系的人作出，否则可以返还，而不考虑其是否造成了债务人不能清偿（第二章第6条）。财产或者其价值必须归还给破产财团（第二章第15条）。如果财产的价值显著减少，另一方当事人必须补偿价值损失（第三章第16条）。使用的收入、价值或者利息一般应当付给破产财团（第三章第17条）。

100. 在瑞典，破产法第四章规定了撤销规则，其对于企业和私人形式上（formally）适用。适用撤销规则的前提是，根据一般规则，受让人已经相对于让与人的债权人受到保护，而有关行为不能通过诸如合同可撤销的规则等其他私法手段予以推翻（*Folkesson*, Företaget I ekonomisk kris[6], 133）。一般规则的要件是（破产法第5条）：（a）必须有正式的破产或者企业重组程序；（b）拟撤销的合同或者行为必须对债权人不利；（c）合同或者行为发生在破产或者重组程序立案前一定的期限内。期限为5年，从破产立案之日起计算。但是，如果行为指向与债务人有密切关系的人，没有期限限制。为了适用撤销的一般规则，需要证明债务人有意有利于某人或者有意损害一位债权人，而且行为必须对清偿不能有贡献。只要对一个债权人权利造成损害就已经足够。除了一般规则外，还有一些客观规则，根据这些规则无须证明第三人的恶意，比如关于无偿转让的规则（破产法第6条）。无偿转让和其他不似商人所为的（nonbusinesslike）转让可以在6个月内予以返还。如果行为在6个月及一年内实施，如果受益人可以表明债务人在赠与时有超过债务的财产，则其可以免于返还。如果返还请求针对与债务人有密切关系的人提出，一年的期限被扩张为3年。工资、养老金及类似的利益可以在6个月要求返还，但是以其与所提供的工作、经营的收益以及整体的情况相对照，明显超过能被视为合理的程度为限（第8条）。就债务清偿和给无担保的债务提供担保来说，如果这些行为不同寻常，在3个月内可以返还（第10条）。就关系密切的取得人期限是2年，但以取得人没有表明行为没有促成清偿不能为限。“正常的”清偿，即使是提前清偿（比如为了获得折扣），也是不能撤销的；给国家缴纳的税收也不可以。“关系密切”的人的定义见第3条。参见 *Walin*, Borgen och tredjemanspant[2], 259, 328 et seq.; *Håstad*, Sakrätt[6]; *Millqvist*, Sakrättens grunder, 35 et seq. and 118 et seq. And *Martinson*, Transfer of Title Concerning Movables Part III-National Report: Sweden, 17, 41, 46, 72 et seq。

101. 在挪威，关于为破产财产而撤销（*Omstøtelse*）的规则参见债权人撤销权法（*Lov om fordringshavernes dekningsrett*）第五章。撤销的期限从3个月到10年不等。有基于他方当事人恶意的主观基础的一般规定（第五章第9条）。此时，期限为10年。基本的规则是这一期限从破产立案之日计算（第一章第2条）。除了一般规定外，还有几种客观规则，均对与有密切关系的人处分规定了更长的期限；比如，关于赠与的规则（第五章第2条），关于对密切关系人的不合理的薪水支付（第五章第5条），关于异常偿付（第五章第5条）及开支（第五章第8条）。基本规则是，如果货物仍为取得人占有，而且返还不会导致不合理的价值减少，被处分的财产必须返还给破产财团。破产财团可以要求他方当事人就其得利给予补偿（第五章第11条）。如果他方当事人当时是恶意，破产财团可以请求其支付由于处分所致损失的赔偿金。如果取得人恶意不是一种确定性质的——也就是另一方当事人只是不小心——支付赔偿金的义务可以减少甚至于消灭（第五章第12条）（*Falkanger and Falkanger*, Tingsrett[6], 679）。

102. 丹麦的撤销规则（*Omstødelse*）由破产法（*Konkursloven*）第八章规定。要求他方恶意的主观规则规定在第74条。该规则与芬兰、瑞典、挪威的规则一致，尽管措辞上有些不同。不过，在丹麦依据第74条进行撤销的规定没有时间限制。无偿转让的处理和瑞典相同，但是对关系密切的人赠与的撤销期限是两年。作为财产明显超过债务要件的替代,法律规定债务人不应该没有偿债能力或者不应该因为无偿转让而变得没有偿债能力(破产法第64条)。其他客观规则只与芬兰、瑞典和挪威有些微差异。基本规则是时间从破产申请交给地区法院之日计算(破产法第一章第1条)。在判断让与人是否是在特定期限内进行转让的,关键的要素是受让人何时相对于让与人的债权人受到保护,而在丹麦,这个时间通常是从买卖合同签订之时开始(*Elmer and Skovby*, Ejendomsretten I[4], 26 et seq.)。

第Ⅷ -2:202 条　自始无效、事后撤销、退出、解除和撤销的效力

(1)如果基础性合同或者其他法律行为自始无效,不发生所有权的转让。

(2)所有已经转让后,基础性合同或者其他法律行为根据第二卷第七章被撤销的,视为所有权从未转让给受让人过(溯及的物权效力)。

(3)作为第二卷第五章意义上的退出、或者第三卷第三章意义上的解除,或者第四卷H意义上赠与撤销的后果,所有权必须重新转让的,没有溯及的物权效力,所有权也不立即重新转让。第Ⅷ -2:201 条(所有权转让的效力)第(4)款依旧不受影响。

(4)本条不影响基于本示范规则其他规定任何返还货物的权利。

评　论

A. 概述

规则的功能。在第(1)款和第(2)款,本条进一步澄清了在第Ⅷ -2:101 条(所有权转让的一般要件)第(1)款(d)项和第(2)款中已经贯彻的"有因的"转让进路。本条通过详解其效果进一步明确了该进路;尤其是通过第(2)款对于溯及的物权效力概念的规定。后一概念也为本节的其他条款所援用。而后第(3)款则说明了,导致合同关系终结的其他救济,也就是退出、解除和撤销赠与,不会引起这种溯及的物权效力。将这一点说清楚看起来是明智的,因为有些法律制度中,合同的解除及赠与合同的撤销传统上具有溯及的物权效力。由此,本条构成了物权法上对所有这些救济效力的汇总。

B. 自始无效和事后撤销(第(1)款和第(2)款)

概述。第(1)款和第(2)款均涉及基础性授权从一开始就受到"瑕疵"的影响,要么导致其一直无效或者暂时有效,但是在撤销时溯及地无效。该规则与许多欧盟国家通行的进路一致:这种影响合同"根本"(root)的瑕疵出现时,转让在物权法上不能发生效力。

自始无效(第(1)款)。第(1)款涉及所有权转让的基础性授权(第Ⅷ－2:101 条(所有权转让的一般要件)第(1)款(d)项)从一开始就无效的全部情形。例如,当基础性合同由没有权限的代理人订立,或者由于合同当事人一方没有订立合同的能力,合同依据内国法的相关规则无效,都是这种情况。另外,该规则还适用于基础性合同依据第Ⅱ－7:301 条(违反基本原则的合同)无效的情形。就后一规定下无效的后果,第Ⅱ－7:303 条(无效或者被撤销的后果)第(2)款援引了第八卷。本款澄清,当基础性授权受制于这种无效的,不发生所有权转让,而不管无效是在交付前还是交付后,或进行转让所需的其他行为之前还是之后发现。

本规则对于基础性授权是基于合同的情形最为重要。但是其也涉及基于其他法律行为、法院的命令或者法律规定的授权,尽管后一问题可能更多的是学术上的性质。瑕疵是否以导致本条意义上的授权"无效"或者"可撤销"方式影响法院裁决或者法律规定,必须由所适用的内国法来决定。

事后撤销(第(2)款)。第(2)款涉及所有权已经移转于受让人,但是事后基础性合同或者其他法律行为被撤销的情形。"撤销"被理解为第二编第七章上的含义,包括的撤销发生的依据有:第Ⅱ－7:201 条(错误),第Ⅱ－7:205 条(欺诈),第Ⅱ－7:206 条(胁迫或者威胁),第Ⅱ－7:207 条(不公平利用)以及第Ⅱ－7:302 条(违反强行法规定的合同)。所有这些情形,所有权被视为从未转移。尽管本条未明确规定,但同样的规则也适用合同或者其他法律行为在交付作出前撤销的情形,这在理论上可以发生,比如,当合同被撤销,但是对此一无所知的雇员交付了货物。似乎没有必要白纸黑字地在条文中写明这一点。

第(2)款只适用于合同和其他法律行为。"撤销"的概念与第二编第七章严格对应,不存在与法院命令和法律规定相关的撤销。尤其是法院裁决,其他消除后果的法律手段,特别是法院的命令,是否应该具有物权法上相类似效力的问题,必须由内国法决定。

溯及的物权效力的概念。一经撤销,视为所有权从未转移给受让人过。这一溯及性物权效力的概念在许多欧盟法律制度中适用。如果受让人同时破产,让与人仍然可以从受让人财产中取回。而且由于处分权被视为从未曾转移给受让人,从受让人处"取得"货物的人(比如次买受人,被赋予物权性担保的人)不能继受取得这些权利。但是如果相关要件具备,有可能善意取得。

C. 退出、解除和撤销(第(3)款)

概述。在所有权已经转让给受让人后,行使退出或者解除(或者撤销赠与)的权利的,第(3)款规定其及不具有第(2)款意义上的溯及的物权效力,也不具备立即发生的且自动的重新转让所有权的效力。而只是受让人有义务将所有权重新转让给前让与人。在本条条文中明确规定这一点是明智的,因为解除合同关系及赠与的撤销在有些欧盟国际的法律制度中传统上具有溯及的物权效力。但是在本章,一般的政策不如说是避免溯及的物权效力,除非有这种效力的特别理由。另外,对于有关当事人利益的分析进一步给本款采取这一方案提供了理由。

解除。依据第三卷第三章,主要作为另一方履行迟延(第Ⅲ -3:503 条(在规定了履行的宽限期的通知后解除))或者另一方不履行是根本不履行(第Ⅲ -3:502 条(因为根本不履行而解除))时的制裁,合同关系可以解除。如前所及,这种解除对财产不发生即时的或者甚至于溯及的效力,而是引起将货物的所有权重新转让给(前)让与人的义务。因为(前)让与人——在下文讨论中:货物买卖合同的卖方——看似没有特别保护的必要,所以这样做是适当的。合同关系解除主要有两种原因。第一是卖方因为买方未能付款而解除合同。在本条第(3)款所及的情形,卖方未获付款而且也没有通过保留所有权的约定担保获得付款的权利时,已经将货物交给买方。这么做时,卖方已经自担了风险,将卖方与买方的其他债权人同样看待是合理的,也就是任何请求返还货物的权利在买方破产时只会通过破产财产分配请求权而得到履行。这一方案从债权人平等对待原则来看被认为是可取的。如果买方已经将货物出售给次买受人,后者在下述意义上可以优先于卖方,也就是,不管买方有没有偿债能力,从买方获得交付会赋予次买受人完整的所有权,而原初的买方必须请求返还货物的价值。当买方已经破产的,只有次买受人未全额付款且破产管理人由于这看似有利于普通债权人(包括前卖方)选择维持合同时,次买受人才有可能获得交付。

第二种情形是由于卖方迟延交付货物或者交付了不相符的货物,买方解除合同关系。在迟延的场合,所有权通常不移转;而如果移转了,没有必要给卖方以超过重新转让所有权的债权的保护。当解除由于卖方未能交付相符货物所致,且这种未能交付构成根本不履行,看似同样没有理由给卖方超过重新转让所有权的债权的保护。

退出。退出权通常有保护受让人(买方)的目的。基于类似理由,看起来同样没有必要给卖方以特别保护;可以合理地预期卖方承担买方陷入破产的风险。退出权在某种程度上是对利用有疑问的销售手段以获得额外的顾客的卖方的一种制裁。比如,依据第Ⅱ -5:201 条(在营业场所之外达成的合同)退出时就可以这么说。在卖方没有遵循第二卷第三章第一节告知义务时,似乎没有给卖方提供比其他债权人更优保护的必要。第Ⅱ -5:202 条(分时度假合同)从分时度假合同中退出的权利在第八卷的范围之外。另外,“只”给让与人使货物重新移转的权利的解决方案也可以得到教义上一致性的看法的支持:第Ⅱ -5:105 条(退出的后果)规定,退出“解除”合同关系而且这种解除的返还效力与第三卷第三章解除是相同的。因此,可以认为物权效力也应该类似。

赠与的撤销。即使受赠人就货物的取得没有支付任何价款,赠与的撤销也不应该具有溯及或者即时的物权效力,而只是引起重新转让货物所有权的义务(这一点在第Ⅳ.H -4:103 条(撤销的后果)第(2)款中已经说明)。这正是赠与的性质。赠与人可以自由决定是否赠与。当赠与依据第Ⅳ.H -4:201 条(受赠人的忘恩)被撤销的,这种撤销的根源在于赠与固有的特殊的风险——“选对人”的问题——大概可以置于赠与人。依据第Ⅳ.H -4:202 条(赠与人陷于贫困)或者基于事后的重要情事的变更

（第Ⅳ.H－4:203条（其他撤销权））而撤销时，一个额外的考虑是此时往往过去了很长时间，部分受赠财产可能已经转让给第三人。规定撤销具有溯及效力，原则上会使得这些第三人取得无效，而当第三人知道或者应当知道货物是赠与而来的，善意取得规则是否能够帮助第三人是有疑问的。因此，将赠与人权利限于重新转让货物或者对价款的债权，从法律确定性和保护自由商业流转角度来说，似乎较为可取。

D. 其他返还的权利不受影响（第（4）款）

本款的宗旨。当所有权基于溯及的物权效力重新授予让与人的，让与人可以依据第Ⅷ－6:101条（所有权保护）第（1）款要求返还货物。本条第（4）款明确基于本示范规则其他规定请求返还货物的权利不受影响。特别是，让与人也可以根据第六卷不当得利的规则要求返还货物。

注　释

Ⅰ.自始无效

1.在奥地利法中，合同自始无效（简短的说明参见 Faber and Lurger（*-Faber*），National Reports Ⅰ,72 et seq.）的情形包括：一方当事人在合同订立时欠缺行为能力，除非法定代理人事后追认该合同（民法典第865条）；不合意（*dissensus*）或者在直接代理时，欠缺代理人以本人名义行事的权限（*Vollmachtsmangel*（代理权限瑕疵））。具体就欠缺行为能力来说，原因可以是未成年（民法典第21条第（2）款、第151条第（1）款）、精神疾病或者一时无行为能力（民法典第865条），这对基础性合同（*Verpflichtungsgeschäft*（负担行为））和物权合意（*Verfügungsgeschäft*（处分行为））的有效性通常都会产生影响。奥地利学说确认，这类合同为"效力待定"（*schwebend unwirksam*（译者注：直译是"未确定地不发生效力"）），而有行为能力的法定代理人（*gesetzlicher Vertreter*）有权事后追认（*nachträgliche Genehmigung*）合同；合同相对人也有权请求在确定的期限内追认，但是在追认前或者确定的期限经过前，相对人依然受合同义务的拘束。如果法定代理人拒绝追认或者期限经过，合同被视为自始（*ab initio*）无效（参见民法典第865、151条）（*Faber*, loc. cit.,73 et seq.）。除了这些无效情形外，民法典第879条的基本规定还将其订立构成对强行法规定的违反的合同确定为无效（*Gesetzwidrigkeit*（违法）），只要无效与被违反的规则的保护性目的一致，或者在合同违背基本原则时确认为其为无效（*contra bonos mores*, *Sittenwidrigkeit*（有悖公序良俗））；两种情形下无效都可以是绝对的或者相对的（详见 *Faber*, loc. cit.,73 fn. 303）。在基础性债务自始无效时，转让原则上也无效；但是，如果基础性债务部分无效，所违反的规范保护性目的将决定其余是否也无效，因此，转让有不受影响的机会（民法典第879条；*Koziol and Welser*, Bürgerliches Recht I[13], 182 et seq.; Schwimann（*-Apathy and Riedler*）, ABGB Ⅳ[3], § 879 nos. 37 et seq.）。就时效来说，因为违反民法典第879条或者因为不合意而主张无效的，没有时效限制，但是基于不当得利的请求权时效为30年的普通诉讼时效期间（*Koziol and Welser*, loc. cit.,182; Schwimann（*-Mader and Janisch*）, ABGB Ⅳ[3], § 1487 no. 12）。

2.在瑞士法中，当原因（causa）是无效合同时，所有权不移转于受让人。当合同标的不能、违反公序良俗(*bonos mores*)或者当事人合意非法时,合同无效(债法第20条)(ATF 74 II 62;ATF 83 II 284)。当事人没有行为能力时所有权不发生移转,除非法定代理人事后追认合同(债法第19条)(ATF 117 II 18;Faber and Lurger(*-Foëx and Marchand*),National Reports Ⅵ,chap. 5. 3. 2)。类似地,就物权合意的无效而言,当让与人不是有关货物的合法所有人或者欠缺处分权的(所有人被宣告破产的或者货物已经被扣押的)(*Steinauer*,Les droits réels II[3],no. 2016)或者在当事人一方不具备行为能力的,所有权转让受到影响(Faber and Lurger(*-Foëx and Marchand*),loc. cit.,chap. 5. 7. 2)。在让与人破产时,如果合同无效,但是货物还是已经被交付给受让人,所有权依然不移转;让与人仍旧是货物的所有人,这些货物可以作为破产财产的组成部分,而给受让人留下的是,确保所支付的价款获得偿还的留置权(民法典第895条、债法第82条)(ATF 113 II 450)。如果受让人被宣告破产,而合同无效或者被撤销,让与人仍然是交付的货物的所有人,并可以基于所有权请求返还(Faber and Lurger(*-Foëx and Marchand*),loc. cit.,chap. 9. 3)。

3. 在荷兰,让与和实施让与的物权合意的有效性取决于基础性合同的有效性,因为荷兰民法典采取了所有权转让的有因主义制度(民法典第3:84条第(1)款)。基础性法律行为如果是合同的话,则可能无效、被撤销或者被解除。法律行为在下述情形无效:法律行为没有遵循法律规定的形式(民法典第3:39条;除非法律另有规定)、其内容或者必然的后果与公序良俗相悖(民法典第3:40条第(1)款)、违反强制性法律规定(除非有关规定具有相对效力,也就是只保护一方当事人或者非旨在使违反该规定的法律行为无效)(民法典第3:40条第(2)、(3)款),或者最后,如果是无行为能力人实施的,是单方行为且未针对特地确定的人作出(民法典第3:32条)(Faber and Lurger(*-Salomons*),National Reports Ⅵ,chap. 5. 3. 2(a))。另外,第3:84条第(3)款提到不能为转让提供有效名义的两种债务,也就是为担保目的进行所有权让与(*fiduciaverbod*(信托让与))以及虚假(sham)让与。这一规定有非常大的争议(*Asser/Mijnssen/De Haan*,Goederenrecht 3-I,no. 241;see Faber and Lurger(*-de Groot*),Rules for the transfer of movables,161 et seq.),最高法院甚至于就其适用采取了限制性解释(参见 HR 19 May 1995,NedJur 1996,116;HR 18 November 2005,NedJur 2006,151 [*BTL/Van Summeren*)。民法典第3:85条进一步提到另外两种没有所有权转让的有效名义的情形,只是无效的债务根据法律的效力被转化为有效的债务而已:第(1)款规定,拟在特定期限内转让所有权的视为在上述期限内就有关的财产设定用益权;就第(2)款,参见第Ⅷ-2:203条注释29。如果转让基于无效的名义,那么基于有因原则转让本身无效,而让与人仍被视为所有人,只要一开始让与人是所有人(Faber and Lurger(*-Salomons*),National Reports Ⅵ,chap. 5. 3. 2(a))。

4. 根据意大利法,如果合同无效(*nullo*),可能发生的全部的合同效力视为从未发生过,就好像合同从来没有订立过一样。合同因为下列原因会无效:(1)违反强行法;(2)不具备民法典第1325条规定的要件之一的;(3)原因或者合同当事人的动机不法的(民法典第1345条)(通常动机无关紧要,但是如果合同意图(contractual scope)完全是非法的,则认为合同不值得保护);(4)合同标的是不能、不确定或者无法确定的(民法典第1346条);(5)法律规定的其他情形。如果无效部分对整个合同必不可少,部分无效会导致整个合同无效(民法典第1419条),但并不总是如此,尤其是如果无效条款可以由法律规定取代时;类似地,根据民法典第1420条,有两个以上当事人的合同,合同对于其中一方当事人不可以强制执行不影响整个合同,只要该当事人对合同关系的参与只有较小的重要性;对于可撤销的合同适用同样的规则(民法典第1446条;参见下文注释29)。除非法律另有规定,无效的合同不能成为有效合同(民法典第1423条);不过,其可以转换为其他的合同(*conversione del contratto nullo*(无效合同的转换);民法典第1424条),但以当事人如果知道无效,根据当时情形会接受这另外一种合同为限。具有正当利益的任何人都可以主张合同无效(不限于合同当事人),而且主审法官可以依据职权(*ex officio*)进行审查(民法典第1421条)。无效之诉不受时效限制(民法典第1422条),但是其后果会受到有关请求权的时效规则的影响,比如返还请求权(10年)以及消灭时效(民法典第2934条及以下)和取得时效的规则(民法典第1158条及以下)。例如,如果在不当得利请求权时效经过后作出关于无效的判决,则胜诉方不再能够主张这一请求。但是,下述情形是例外,也就是,宣告合同无效的法院判决,使得原初合同当事人之间的全部合同性的后果以及原始合同当事人对第三人的处分溯及地无效,即使后者是善意的,但是只要还没有交付即可。另一方面,宣告合同无效的判决的溯及效力受到原始取得的限制,也是第三人通过取得时效或者善意占有取得(民法典第1153条)(Faber and Lurger(-*Greco*),National Reports Ⅰ,442 et seq.,445)。

5. 在西班牙关于合同无效的主要规则见于民法典第6条第(1)款和第1300条至第1314条;不过在合同绝对无效的根据和可撤销的根据之间没有清晰的界限,甚至判例和学说也似乎经常就这个问题意见不一,因为人们认可法律可以根据具体的情形选择其一进行规定(Faber and Lurger(-*González Pacanowska and Díez Soto*),National Reports Ⅴ,chap. 4. 3. 1)。如果试图从这个问题的不同看法中推演出共同的内核,那我们可以说下述情形绝对无效(*Delgado Echeverría and Parra Lucán*,Las nulidades de los contratos,50 et seq.):(1)欠缺合同所需的任何要素,比如同意、原因或者标的(民法典第1261条);(2)违反立法上的禁令,自始不能或者欠缺足够确定的标的(民法典第1271条至第1273条);(3)非法或者不真实的原因;(4)欠缺法律上的有拘束力的形式(民法典第1278条至第1280条);(5)超出当事人自治的范围,比如违反强行法(*ius cogens*)规则,违背公序良俗(民法典第1255条),除非法律另有规定(民法典第6条第(3)款)。原则上绝对无效被认为是不可补正的,而且宣告行为无效的诉讼不受任何时效的限制;任何人都可以主张无效,而且法官可以依职权(*ex officio*)进行审查(Van Erp and Vaquer(-*Marsal Guillamet*),Introduction,166)。不过有人提议,尽管所谓"宣告"之诉没有时效限制,但是返还作出的给付的请求受到15年的普通诉讼时效期间的限制(民法典第1964条)(*Delgado Echeverría and Parra Lucán*,Las nulidades de los contratos,188)。如果合同无效或者事后被撤销,视为没有发生过转让,而当事人相互负有返还所为给付的义务。法官甚至可以依职权判令返还,以使当事人回到合同订立前所处的状态(TS 22 November 2005(RJ 2005/10198))。无效合同的返还受到民法典第1303条至第1314条的调整,但是在适用这些规则时,其他类型的规则也必须予以考虑,也就是关于非债清偿的规则(*condictio indebiti*,民法典第1895条至第1901条),占有清算(民法典第451条至第458条)及附合、混合和加工的规定(民法典第361条及以下)。所有这些规则的交互作用,在有关规则都可以同时适用时,会导致不确定的状态(Faber and Lurger(-*González Pacanowska and Díez Soto*),National Reports Ⅴ,chap. 4. 3. 1)。民法典第1303条规定,返还涉及所有给予的物,包括所有的孳息或者其他产出;有些学者主张,就后者来说,货物和当事人的恶意是决定性的(民法典第451条及以下),而其他学者对民法典第1303条采取纯粹的"客观性"进路,而恶意只会导致侵权责任(就不同观点,参见*López Beltrán*,La nulidad,67 et seq.;*Basozábal Arrúe*,Enriquecimiento injustificado,214 et seq.)。相互返还的义务由双方当事人同时履行,但是这一规则有以下例外:(1)就欠缺行为能力的可撤销(avoidable)合同,撤销合同的人(通常是未成年或者精神不健全)只需要在其得利的限度内返还对他们进行的给付(民法典第1304、1314条);

(2)如果有义务返还的人由于——甚至是偶然发生的(fortuitous)——货物灭失或者货物为某人从非所有人处(*a non domino*)取得(TS 6 June 1997(RJ 1997/376);TS 11 February 2003(RJ 2003/1004))而不能返还的,则其必须偿付灭失时或者转让时货物的价值(不只是价款,参见 *López Beltrán*,La nulidad,104),包括直到那时取得的孳息;(3)如果无效合同构成犯罪或者原因被认为特别卑劣(causa torpe(卑劣的原因)),民法典第1305条至第1306条规定,只有"无辜的"(innocent)的一方可以请求返还所给予的,而没有义务返还得到的(*nemo audiatur turpitudinem suam allegans*(卑劣的人不可提出请求)/*in pari causa turpitudinis melior est condicio possidentis*(如果同样卑劣,占有人地位更优))。如果货物同时是随后与第三人之间的行为的标的,第三人取得了货物占有,这些行为被认为是没有处分权之时作出的,因此所有人可以对货物主张物权返还请求权,除非适用从非所有人处取得或者取得时效规则(Faber and Lurger(*-González Pacanowska and Díez Soto*),National Reports Ⅴ,chap. 4. 3. 1)。尤其对代物清偿(solutio indebiti)而言,根据通说,在让与人和受让人之间没有在先的关系的,不发生所有权转让。但是学说基于相关的规定(民法典第1896条至第1899条,尤其是民法典第1897条,该条规定,除了其他责任外,代物清偿的接受人事后转让的,只就价款对让与人负有返还义务)倾向于保护有偿和善意的第三取得人;但是这一观念并非无人异议,其他学者提出,让与人的物权返还请求权只在第三取得人从非所有人处取得时才会被排除,而民法典第1897条只是用来减少原始受让人的责任而已(就各种不同观点参见 *Ballarín Hernández*,Comentario Del Código Civil Ⅱ,1962;*Carrasco Perera*,ADC 1988,100 et seq.)。

6. 在葡萄牙法上,有几种瑕疵会影响转让所有权之债的有效性,尤其是这一债务是合同的时候。在葡萄牙,一方面,合同性无效有不存在、无效或者可撤销三种情形。不存在是指欠缺订立合同的意图是如此明显,以至于根本不能有任何法律效力发生——比如,在物理强制的情形或者完全不当真的意思表示。另一方面,有关的法律行为侵害了被认为值得通过无效予以制裁从而给予保护的利益的,尤其是公共利益时,此时构成无效;这就是为何任何有利益的人,甚至是第三人都可以主张无效,以及主审法院可以主动地(*ex propriu motu*)提出这一点的原因。债的有效性可以因为下述原因而受损害:欠缺法律能力、合同订立过程中的瑕疵、合同有问题的标的或者目的以及不遵守任一形式要求的。就能力欠缺来说,如果是欠缺转让的权限,则合同无效,比如,出售或者赠与他人财产(民法典第892、956条)。订立合同意愿的有意识地欠缺,会影响合同的效力(进一步的分类参见下文注释31),其包含虚伪协议(民法典第240条),真意保留(民法典第244条)以及不当真的合同(民法典第245条);第一种情况需要双方协议并且是双方当事人有欺诈的故意(*animus decipiendi*),第二种情况是单方的,而欺诈的故意只影响一方当事人的意思,该当事人违背自己的真意进行意思表示,而第三种情形没有欺诈的意图。其效力各有不同:虚伪协议被认为无效,真意保留不影响合同的效力,而不当真的意思表示不产生任何效力,也就是没有成立任何合同。合同标的或者目的有瑕疵,也就是其法律上或者物理上不能,依据民法典第280、281条合同无效。如果只是货物有瑕疵,情况会不同;此时,与民法典第905条至第912条关于有负担的货物买卖的规则相联系,民法典第913条至第922条可适用。最后,就形式来说,如果法定合同形式没有遵循,则合同无效(民法典第220条)。无效和被撤销的后果都由民法典第289条调整:其效力具有溯及性,而如果返还可能的话,据此进行的履行必须返还;否则必须返还已履行的给付的价值。另外,如果与此同时,受让人进一步无偿转让货物,次受让人可以根据不当得利规则对原初的让与人承担责任,条件是后者不能从原初的受让人处获得物的价值返还。原则上无效合同不能转让所有权,而可撤销合同只有在其被合法化后才可以转让所有权(Faber and Lurger(*-Caramelo-Gomes and Nóbrega*),National Reports Ⅳ,chap. 5.1.3 and 5.3.2)。

7. 在保加利亚法中,继受取得以有效的法律行为为条件,根据该法律行为的效力所有权发生移转。因此,如果受让人得以取得所有权的行为被撤销,那么受让人的所有权消灭(*resolute iure dantis resolvitur ius accipientis*(让与的权源消灭,被让与的权利消灭));就动产来说,该规则的适用受到通过善意占有取得所有权的可能性的限制。具体就自始无效来说,合同无效的原因有:违反或规避法律,有悖公序良俗,关于将来继承的协议,标的不能,欠缺合意,欠缺法定的形式或欠缺原因(*causa*),以及虚假合同(债法第26条第(1)、(2)款)。无效合同绝对不产生任何法律效力,因此任何人都可以主张其无效性。其瑕疵不能通过当事人的事后批准而补正,不需要通过法院的宣告无效才不具有法律效力(Faber and Lurger(-Stoimenov),National Reports Ⅳ,chap. 5.5.4.(a))。

8. 在英国法中,未成年人或者精神有障碍的人或者醉酒的人在一定条件下没有缔约的能力,但是,其仍然需要就"生活必需品"而成立的合同支付合理的价款,也就是货物与买卖之时他们的生活条件及实际需要相适应(货物买卖法第3条第(3)款)。只要合同总体上是为了他们的利益,未成年人就受合同的拘束;但如果情况不明,未成年人不受拘束。另外,未成年人既受到有待履行的合同的约束,也受已履行合同的约束(*Treitel*,The Law of Contract[11],542)。如果合同既不是为了生活必需品,又不是可撤销的合同,那么合同不能约束未成年人,但是依然产生法律后果。首先,另一方当事人仍然受到拘束(*Farnham v. Atkins* (1670) 1 Sid 446);其次,一旦未成年人成年可以由其追认;最后,一旦合同已经履行,禁止未成年人要求返还支付的价款或者转让的财产(*Wilson v. Kearse*(1800) Peake Add Cas 196)。概括来说,如果财产交付给未成年人,似乎所有权还是移转给未成年人,尽管合同对其没有拘束力(*Stocks v. Wilson* [1913] 2 KB 235)。另外,所有权也可以依据不能拘束未成年人的合同从未成年人处移转(*Chaplin v. Leslie Frewin*(*Publishers*) *Ltd.* [1966] Ch 71),但是并非无人反对这种观点。精神有障碍的人如果已经被治愈,其追认了合同,那么其受到合同的拘束。相对人不知道行为人无能力的,则无能力人(*incapax*)受到拘束,而且不能因为交易对相对人更有利就被主张无效(*Hart v. O' Connor* [1985] AC 1000)。如果无能力人有受法院控制的财产,那么处分财产的尝试不会对其有拘束力(*Re Walker* [1905] 1 Ch 160)。另外,有人提出,当为生活必需品签订的合同是无能力人在合同可以拘束他或她时签订的,1979年货物买卖法第3条第(2)款不影响合同,且相对人可以强制执行合同(*Treitel*, The Law of Contract[11],558)。此时,另一方当事人限于要求获得合理的价款。对于醉酒的人签订的合同适用类似的解决方案;其清醒时追认合同的,合同产生惯常的拘束力。另外,其以与无能力人相同的方式对生活必需品承担责任(*Gore v. Gibson*(1843) 13M & W623)。就公司法来说,尤其是经过最近改革之后,公司因任何原因而欠缺能力都不能导致对有关行为有效性的质疑(*Davies*,Gower and Davies' Principles of Modern Company Law[7],chap. 7)。另外,当某人善意地与公司进行交易的,公司代表人的能力被视为不受任何限制(1985年公司法第35条A)。在英国法视行为无效的情形,比如行为由对身份的单方错误所致时(Faber and Lurger(*-Frisby and Jones*),National Reports Ⅱ,121),"受让人"根本就不取得所有权,所有权仍然是"让与人"的(*Cundy v. Lindsay* [1878] 3 App Cas 459;*Ingram v. Little* [1961] 1 QB 31)。作为一种经验法则,如果当事人之间没有成立合同,那么有关货物的所有权也不会移转。不过,后来的判例法也予以遵行的这种进路(比如,*Shogun Finance Ltd. v. Hudson* [2004] 1 AC 919),似乎忽视了通过其他方式移转动产所有权的可能性。更具体来说，*Cundy v. Lindsay* 与关于无能力和非法方面的先例存在一定程度的不一致，而后者所有权被认为独立于任何合同而发生了移转（*Stocks v. Wilson* [1913] 2 KB 235；*Singh v. Ali* [1960] AC 167；*Swadling*，(2005) 121 LQR，123，142）（所有这些问题，参见 *Frisby and Jones*，loc. cit.，73 et seq.）。

9. 在爱尔兰法中，合同会因为欠缺约因、由于错误或者基于制定法的效力（比如赌博合同）而无效。无效的合同没有法律后果，因此，所有权不能根据其移转（*Cundy v. Lindsay* [1878] 3 App. Cas. 459；*Ingram v. Little* [1960] 3 All ER 332）。根据 1893 年货物买卖法第 2 条，买卖的能力受行为能力的一般规定调整；幼儿、未成年人（不满 18 岁的人）或者由于精神障碍或者醉酒没有行为能力的人可以就生活必需品订立合同，也就是与其生活条件和实际需要相适应的货物（比如，为了销售而购买的商品就不是生活必需品）。有些长期合同，涉及诸如土地上利益、证券的取得或者合伙协议，可以在当事人还是未成年人时撤销或者在成年后一段合理的时间内撤销，但是如果未成年人已经取得了约因，未成年人可能不能要求返还其支付的价款（*Blake v. Concannon* Ir. Ex 1870）。根据 1874 年幼儿救济法（Infants Relief Act 1874），借款、就生活必需品以外的货物订立的合同以及记账的债务（book debts）绝对无效，但是法院实践上只是将这些合同视为不可强制执行或者可撤销的合同。当公司在其章程规定的目的之外订立合同，合同在公司与其成员间以及公司和他方当事人间为无效合同；与公司交易的人推定其知道章程的内容。不过 1963 年公司法第 8 条第（1）款通过使合同相对于公司可以强制执行，保护不知道公司没有得到从事特定行为的授权而与公司交易的善意的外人（outsiders），1973 年欧共体（公司法）规则（European Communities（Companies）Regulation 1973）的规则 6 也给予了类似的保护。就错误来说，其导致合同被宣布为自始无效（void *ab initio*）（*Cundy v. Lindsay* [1878] 3 App Cas 459）；就根本性的事实问题双方当事人存在的共同错误（比如对货物的持续存在）阻止合同得以成立，而已经支付的价款会具有可返还性。主张错误的当事人可以申请衡平法院解除合同；法院通常拒绝实际履行这一合同，但是合同的矫正（rectification）以及不当得利救济也是可能的（Faber and Lurger（*-Gardiner*），National Reports Ⅱ，197，204 et seq.，293）。与无效合同相反，当合同有效但因为某种原因仍旧不能强制执行，视该合同为不可强制执行合同；比如非法合同一般都是不可强制执行的。涉及不法行为（wrong）的实施或者有悖公共政策的合同为非法合同；尽管通常总说这种合同为无效合同，但是在特定的条件下可以强制执行（比如，由合同中清白的当事人提起）。非法可能源自合同条款、其履行的方式或者其目的。知道不法的合同当事人不能强制执行合同；如果双方都知道，谁也不能强制执行（*Scott v. Brown Doering* [1892] 2 QB 724）。不知情的当事人可以就价款起诉或者就违约的赔偿金起诉（*Sumner v. Sumner*（1935）69 ILTR 101）。在当事人一方的合同义务已经履行的程度内不会发生可强制执行性问题；依据合同货币已经支付或者财产已经转让时，尽管非法，所有权依然移转于受让人（*Singh v. Ali* [1960] AC 167；*Belvoir Finance Co. Ltd. v. Stapleton* [1971] 1 QB 210）。因此，一般认为，相对于合同当事人和第三人，货物的所有权可以依据非法的买卖合同移转；当货物占有已经移转的，卖方不得要求返还。事实上，这一规则甚至适用于受让人没有取得财产占有的情形，只要合同旨在转让所有权而且所有权已经移转（*Belvoir Finance Co. Ltd. v. Stapleton* [1971] 1 QB 210；*Hortensius Ltd. & Durack v. Bishops and Others* [1989] ILRM 294 per Costello J）。另一方面，当合同因为非法且有污点，而双方当事人有同等过错（*in pari delicto*），任何一方当事人都不可以起诉要求返还据此支付的金钱或者转让的财产（*ex turpi causa non oritur actio*（基于卑劣的原因不产生诉权）；*Scott v. Brown Doering*

[1892] 2 QB 724,726 per Lindley LJ)。这一规则也有些例外,比如真正的所有人可以单凭物权起诉(参见 *Bowmaker v. Barnet's Instruments* [1945] KB 65,该案中原告被允许主张其所有权,尽管他们是通过非法合同取得的货物)。另外,当事人没有同等过错的,这一规则也不适用;如果原告是因为被告一方的欺诈、胁迫或者不当影响而实施行为的,则其没有同等过错(*Sumner v. Sumner* [1935] 69 ILTR 101),而且一般来说其不知道非法。另外,如果原告属于制定法打算保护的阶层,法院一般也允许救济(*Browning v. Morris* [1778] 2 Comp 790);此时,即使在合同已经履行后,也可以启动一般性的不当得利返还诉讼(Faber and Lurger(*-Gardiner*),National Reports Ⅱ,198,292)。

10. 在塞浦路斯法中,旨在转让所有权的合同如果遭受具有溯及力性质的瑕疵,也就是所有权被视为从未发生移转的瑕疵,则合同被认为无效。合同法第21条规定,当双方当事人都就协议中关键事实有错误时,协议无效,但是当涉及协议标的物的价值时不涉及这种错误。合同法第21条第(2)款进一步规定,合同不会因为就对塞浦路斯生效的法律的错误而可撤销,但是就不在塞浦路斯生效的法律的错误与事实的错误同样看待。合同法第22条规定,如果只有一方当事人就事实问题有错误,合同不无效也不可撤销。就对他方当事人的履行能力的错误来说,这个问题在塞浦路斯的法律文献中还没有涉及,但是如果只有一方当事人对此有错误,根据合同法第22条规定,可以推定此时不会无效;假设,当破产人不知道其在法律上应该被视为破产,同时由于错误是法律上的错误,同样不会无效。另外,合同会因为下列原因而无效:欠缺约因(合同法第25条,合同法第25条第(1)款提及的情形除外),限制起诉(合同法第28条),合同约定不特定或者不能被特定(合同法第29条)或者赌博协议(合同法第30条);这一列举不是穷尽无遗的,因为法律总是会为无效或者可撤销规定新的理由(比如参见欺诈性转让撤销法,第62章)。当合同无效时,所有权的任何转让也无效,这一点在 *Anthoulla Papadopoulou v. Xenophon Polykarpou*([1968] 1 CLR 352)一案中予以确定,该案涉及未成年人对动产的转让;这一判决也肯定了独立前的老的判例法(*Myrianthousis v. Petrou* 21 CLR 23;*Mohori Bibee v. Dhurmondas Ghose* [1930] 30 IA 114;30 Cal 539)。判决也指出了与此同时相对人就财产进行改良给予补偿的必要性;此处斯达弗瑞尼德斯法官援引了自然正义,而哈德加纳斯达斯尔法官以合同法第65条和 *Ali Selim v. The Heirs of Emete Filio Ali*([1946] 17 CLR 143)一案为依据。另外,在 *Kier (Cyprus) Ltd. v. Trenco Constructions Ltd*([1981] 1 CLR 30)一案,当事人之间的协议由于合同落空而认定无效,该案认为可以根据合同法第65条主张返还(参见 Faber and Lurger(*-Laulhé Shaelou/Stylianou/Anastasiou*),National Reports Ⅱ,521 et seq.)。

11. 在苏格兰,任何涉及动产表面上(ostensibly)转让所有权的合同(以及在后的转让)可以是有效、无效的或者可撤销的。基础性行为的有效性和由于行为而发生的继受而来的所有权的有瑕疵的状态通常会重合,但是也可能不重合(*Reid*,The Law of Property in Scotland,no. 607)。让与人和受让人必须意思一致(consensus in idem),而且必须有行为能力;让与人也必须对动产有处分权(title)(在转让之后取得权限的,可以适用累积(doctrine of accretion)原则(译者注:也就是转让之时是无权处分的,但是事后取得了处分权,此时在先的转让行为加上事后取得的处分权,两者累积起来,使得所有权发生转让);参见 Faber and Lurger(*-Carey Miller/Combe/Steven/Wortley*),National Reports Ⅱ,377)。原则上行为能力是成立合同的必要条件,除非最终的(eventual)无能力在某种程度上被法律过滤掉了(*Carey Miller and Irvine*,Corporeal Movables[2],no. 8.05)。未满16岁的未成年人,只能就按其年龄属于常见的一类合同而且根据并非不合理合同条款来订立合同(1991 年关于行为能力的年龄法(苏格兰)第 2 条第(1)款)。当有精神障碍的(不管是永久性的还是间歇性的精神障碍)成年人可以根据其障碍程度和合同的性质来订立相应类型合同。如果障碍到了使人丧失所需要理解和意识水准的程度,合同必须由监护人或者由无行为能力人(incapax)在无能力开始前任命的代理人来订立。就监护制度以及持续性的代理权参见 2000 年无能力的成年人法(苏格兰)。有些法人,尤其是未根据公司法设立的公司,就其可以从事的活动可能根据越权无效规则受到限制(*Reid*,The Law of Property in Scotland,no. 599)。如果是由非所有人进行的转让,那么受让人的权利被认为是"无效的",而所有权的取得只能根据通过无人能转让大于自己的权利的权利原则(nemo plus principle)的例外之一得到实现,或者在让与人后来取得了对动产的所有权时实现。当基础性合同无效的,比如由于让与的基础性原因(causa)方面的困扰,但是事后转让是有效的,所有权会发生转让;不过这一看法并非没有争议(参见 *Reid*,The Law of Property in Scotland,nos. 608 -611)。认为所有权有效转让的看法与苏格兰法给动产占有人赋予的所有权推定是一致的(*Erskine*,An Institute of the Law of Scotland II[8],1. 24;*Reid*,The Law of Property in Scotland,no. 130;又参见 *Prangnell-O'Neill v. Lady Skiffington* 1984 SLT 282;*Chief Constable*,*Strathclyde Police v. Sharp* 2002 SLT [Sh Ct] 95;*PF*,Juridical Review 1985,138;*Carey Miller*,Edinburgh Law Review 7 [2003],221;*Carey Miller and Irvine*,Corporeal Movables[2],no. 1. 19)。就买卖合同来说,显然状况也是相同的。确实 1979 年货物买卖法实质上是有因的;不过,无效的买卖合同"当然阻止转让的发生,但是不可以完全阻止转让的发生"(*Reid*,The Law of Property in Scotland,no. 610),因此无效的买卖之后跟着普通法上有效的转让,仍然会将完好的权利转让给受让人。任何使得合同无效的基础性合同的瑕疵都有溯及效力,比如,如果合同当事人就所售货物的特征(identity)有错误并且错误持续到转让之时,或者某人在威胁之下被强制订立了合同(Faber and Lurger(*-Carey Miller/Combe/Steven/Wortley*),National Reports Ⅱ,357 et seq.,359 et seq.)。

12. 在瑞典,当交易是以无效合同为基础时,没有讨论过是否发生所有权转让的问题。有说明的是,如果特定的人没有订立合同的行为能力,这些协议无效。这涉及未成年人、精神有疾患的人、被宣告无行为能力的(incapacitated)人以及破产程序中代表破产财团的人(参见破产法(*Konkurslagen*)第三章第 1、2 条,有些例外,比如当某人在特定的报纸已经公布了破产程序之后善意地订立合同)。有行为能力的相对人也不受合同的拘束。但是,如果相对人知道合同是和未成年人或者被宣告无行为能力的人签订的这一事实,其在监护人或者受托管理人已经得到追认协议机会之前受到协议的约束(父母法(*Föräldrabalken*)第九章第 6 条及第十一章第 10 条)。如果货物已经依据无效的合同或者法律行为转让,应当可以取回货物。如果货物已经以必须存在混合物物权的方式被混合,取得人必须就动产给予补偿。但是未成年人只需要在曾经对其有用的限度内,就已经交给他或她的某物的价值给予再补偿(父母法第九章,*Malmström and Agell*,Civilrätt[17],62 et seq.,104 et seq.;*Hultmark and Ramberg*,Avtalsrätten-en introduction,29 et seq.;*Martinson*,Transfer of Title Concerning Movables Part III-National Report:Sweden,25 et seq.,54 et seq.)。当被宣告无行为能力的人由受托管理人(*förvaltare*,参见父母法第十一章)代理时,或者依据关于在精神疾患影响下订立的协议的法律(*Lagen om verkan av avtal som slutits under påverkan av psykisk störning*)协议无效时,适用同样的补偿规则。

13. 在芬兰,如果所有权取得是基于无效合同,则不能取得所有权。例如,当破产人在破产程序中签订合同,该合同从一开始就无效,除非相对人是善意的(参见破产法(*Konkurssilaki/*

Konkurslagen)第三章第 1 条)。受让人的权利取决于让与人的权利。如果让与人欠缺转让的权利,则受让人就货物不取得权利。如果合同无效,则没有付款的义务(Faber and Lurger(*-Kuusinen*),National Reports Ⅴ,chap. 5. 1 and 5. 3. 2)。

14. 根据挪威法,如果交易是基于无效合同实施的,双方当事人通过这一合同的履行所得到的也同样必须返还。这会有溯及效力。人们认为从未有任何权利授予任何一方当事人。让与人请求返还货物的权利在受让人破产时可以有效对抗受让人的债权人(参见 Faber and Lurger(*-Færstad*),National Reports Ⅴ,chap. 5. 2. 3)。

15. 丹麦法的立场相同(参见 *Færstad*,loc. cit. ,chap. 5. 2. 3)。

16. 在德国法中,依据民法典总则关于意思表示无效的规定,合同可能会无效;无效的理由有:欠缺行为能力(比如,当缔约人一方是未成年人的;民法典第 104 条及以下),基于他方当事人不知道的秘密保留而为的意思表示(民法典第 116 条),虚伪行为(民法典第 117 条),不当真(民法典第 118 条),欠缺制定法所要求的形式(民法典第 125 条)或者有悖法律或者公序良俗(*boni mores*)(民法典第 134、138 条)。无论如何,记住德国法遵循无因主义的所有权转让制度很重要。因此,无效的基础性债务原则上不影响物权合意的有效性,除非物权合意因为同样的原因自身也无效。即使基础性债务附条件,转让也会合法并得到履行,除非物权合意本身也受制于该条件。另一方面,即使基础性的债务不影响物权合意,但后者依然欠缺经济上的合法根据;因此,可以根据不当得利规则请求返还任何已经完成的给付(民法典第 812 条及以下)。再转让必须遵循关于转让的一般规定,也就是必须有物权合意和交付,但是让与人没有物权返还请求权。主要的问题在于这一事实:在这种再转让实施前,取得人依然是合法的所有人,并有权合法地处分财产。如果取得人不能恢复让与人的所有权,其必须就财产的价值补偿让与人;然而,如果取得人同时破产,让与人尤其处境困难,其只被赋予破产财产的分配请求权(Faber and Lurger(*-McGuire*),National Reports Ⅲ,chap. 4. 3. 2(b))。不过,无因的转让制度在三种情形下得到缓和(就全部情形,参见 *McGuire*,loc. cit. ,chap. 4. 3. 2(c),有进一步引证):两种协议依据民法典总则有同样的瑕疵,比如欠缺行为能力(*Fehleridentität*(瑕疵的同一性));当合同协议违背制定法或者公序良俗的,从经济视角也会使得物权合意评估为无法容忍(*Gesetzes-/Sittenwidrigkeit*(违法/有悖公序良俗));或者最后,当债权协议的部分无效也影响物权合意的,条件是这与当事人的意思一致。还可以提及就婚姻财产权利,民法典第 1365 条及第 1366、1369 条规定的无因主义的特别例外:除非夫妻双方同意债务性协议,否则物权合意无效(*Wolf*,JZ 1997,1087 et seq.)。就前面三组情形来说,必须注意,我们不能在严格意义上说偏离了无因制度,因为物权合意与其他合同一样受制于一般的有效要件。联系不如说存在于同一瑕疵碰巧既影响基础性债务,又影响物权合意(MünchKomm(*-Rinne*),BGB[4],Introduction,no. 19;*Jauernig*,JuS 1994,721,724)。这就是为什么如果瑕疵同时补正时,物权合意有效的原因(比如,如果当事人在基础性债务成立时未成年,但是在物权合意订立时成年)。此外,必须注意,以一般的合同原则,检视债务行为和物权合意可能会导致不同的结果;比如未成年人不能签订使其负有移转购买价款所有权义务的买卖合同,但是可以取得所购财产的所有权,因为从物权合意来说,其是纯粹取得法律上利益,因此不需要监护人同意也有效(民法典第 107 条)。就第二种类型来说,制定法的禁令是否也影响物权合意的问题,根据使基础性合意无效的制定法的精神和目的确定(Staudinger(*-Wiegand*),BGB[13],§ 929 no. 21;BGHZ 115,123,130;BGH NJW 1992,2349 et seq.)。这一看法自然导致了争议;例子有,对民法典第 134 条意义上的制定法上禁令的违反(BGHZ 1,128,131;BGHZ 115,123,130;BGHZ 122,

115,122),因欺诈和胁迫而撤销合同(*Baur and Stürner*,Sachenrecht[17], § 5 no. 51)以及民法典第138条第(2)款利用他方当事人的弱点(*Wiegand*,loc. cit.;BGH NJW 1982,2767)。另一方面,如果债务性协议有悖基本道德准则(民法典第138条第(1)款),这不必然影响物权合意,因为后者被认为是中性的,不适用瑕疵同一理论(*Jauernig*,JuS 1994,721,725;*Wiegand*,loc. cit.;Hk-BGB[5](-Dörner), § 138 no. 16;BGH NJW 1973,613,615;BGH NJW 1990,385)。不过,在一些例外情形中,与公序良俗不一致会导致物权合意本身无效,比如在信托的所有权让与中,当然提供担保的经济行为受到不当限制或者其他债权人受到歧视(*Baur and Stürner*,Sachenrecht[17], § 5 no. 51;*Wiegand*,AcP 190(1990),113,124);但是,判例法一直拒绝前述理论(BGH NJW 1985,3007;BGH NJW 1988,2364;BGH NJW-RR 1989,519;BGH NJW 1992,593 et seq.)。最后,就债务的部分无效对于物权合意的影响来说,尽管通说认可民法典第139条不仅对同一行为的数个部分适用,也适用于作为一个整体的数个行为,但是这一规定对于所有权转让框架下的债务和物权合意的统一体是否适用以及在什么程度内适用存在争议。一方面,反对适用民法典第139条的人主张,无因的转让制度牺牲合同当事人利益,保障第三人行为,旨在给第三人提高法律上的确定性,因此即使部分无效的规则可以适用,也只能在极为例外的情形适用(BGH NJW 1979,1496;BGH NJW 1985,3007;BGH NJW 1988,2364;BGH NJW-RR 1992,593 et seq.;*Baur and Stürner*,Sachenrecht[17], § 5 no. 56;MünchKomm(-Quack),BGB[4], § 929 no. 71;支持例外适用的,*Brehm and Berger*,Sachenrecht[2], no. 1. 26;*Jauernig*,JuS 1994,721,724;MünchKomm(-*Rinne*),BGB[4], Introduction,no. 18);另一方面,支持适用民法典第139条的人认为,无因主义转让制度不是强行法,而是可以由当事人排除适用(*Eisenhardt*,JZ 1991,271,277;*Heck*,Grundriss[2],121 et seq.;Staudinger(-*Seiler*),BGB[13],no. 50;Staudinger(-*Wiegand*),BGB[13],Pref. to § 929 no. 18, § 929 no. 27;*Wiegand*,AcP 190(1990),135)。学说上前一种观点依然是通说(MünchKomm(-*Mayer-Maly/Busche*),BGB[4], § 139,no. 16;MünchKomm(-*Rinne*),BGB[4],Introduction,no. 18;Staudinger(-*Roth*),BGB[13], § 139 no. 54),但是在一系列裁决中,法院承认作为债权行为的无效的结果,物权合意无效(RGZ 57,96;RGZ 153,352;BGH NJW 1967,1128,1130;BGH NJW 1986,2642,BGHZ 31,321,323;BGHZ 38,187,193)。在破产时就会出现有趣的问题。如果受让人宣告破产并已经取得占有,但是物权合意无效,货物不属于破产财产(破产法第47条)而让与人可以要求返还(民法典第985条);如果物权合意无效的话,让与人事实上处于更为有利的地位,因为此时所有权溯及性地回转。债务是转让财产的债务时,这当然是如此,但转让金钱的债务则不是,此时破产人基于与其资金的混合而原始取得所有权;原则上买方不能就支付价款的特定的金钱主张物权返还请求权,在破产及合同被撤销或者无效时,仅被赋予破产财产的分配请求权(Faber and Lurger(-*McGuire*),National Reports Ⅲ,chap. 8. 1.,8. 2. 2. and 8. 2. 3)。

17. 在希腊,转让所有权的基础性债务在以下情形无效:欠缺行为能力(特定的未成年人和司法监护下的人就是如此,参见民法典第128条及以下);行为缺乏真实的意思,或者在合同订立时,心理上或者精神上干扰实质上损害了行为人的意志(民法典第131条);不具备法律规定的或者当事人确定的形式(民法典第159条);违反禁止性法律规定(民法典第174条);违反道德准则(民法典第178条及第179条),当一方当事人自由受到范围广泛的限制,或者一方当事人利用另一方当事人的急迫、意志虚弱或者没有经验以实现相比于对待给付不成比例的高利益,成立对道德准则的违反;虚伪行为(民法典第138条第(1)款);作为代理人进行单方法律行为时欠缺代理权(民法典第232条;就不在代理人权限内的合同来说,其有待于本人的追认)。不过,由于希腊动产所有权转让的无因制度，存在有效的物权协议和标的交付的，尽管基础性债务无效，所有权仍然移转（无因主义）（Faber and Lurger（*-Klaoudatou*），National Reports Ⅲ，chap. 5. 3. 2（a））。只有在特定场合，类似于德国，基础协议的瑕疵也影响物权合意，而此时所有权不得移转；以下情形就是如此（Georgiades，Empragmato Dikaio I，§ 48 nos. 9 ff；）：基于同一原因两者都无效或者可撤销（尤其是两者同时成立的）；当基础性协议违反法律禁止性规定的（民法典第174条），而可以认为物权合意也受到影响；当基础性行为违反道德准则（民法典第178条）（尽管一般认为物权合意在道德上是中性的）；转让的有效性取决于作为条件的基础性债务的有效性；当基础性协议及物权合意在功能上可以被视为一个统一行为的，此时民法典第181条（该条规定部分无效可以影响整个协议）类推适用，但是这被认为构成对无因原则的严重违反。不过，即使转让制度是无因的，这也不意味着物权合意完全不受影响：如果有效的原因（causa）不存在，或者因为基础性债务不存在或者无效或者后来被撤销，让与人对受让人有不当得利的请求权（民法典第904条及以下）。但是，学说上（参见 *Georgiades*，loc. cit.，no. 7）已经注意到，这种保护形式不如物权性诉权有效，因为如果取得人同时进一步向第三人转让货物的所有权，后者取得完好的所有权，因为是从所有人处取得的，而取得人可能只返还就物取得的价款（民法典第908条）；另外，如果不再可以主张不当得利，受让人就没有任何请求权（民法典第909条）；最后，取得人破产时，让与人只有破产中的分配请求权而已（*Klaoudatou*，loc. cit.，chap. 5. 3. 2（b））。

18. 匈牙利法认为违反法律规定的合同无效（民法典第200条第（2）款；Gellért（*-Benedek*），A Polgári Törvénykönyv Magyarázata[6]，724），比如不公平合同（民法典第202条），为规避法律而签订的合同或者违背道德准则的合同；后者实践中通常检视这种违反是否足够明显（*Benedek*，loc. cit.，731）。不具备合同能力也会导致合同无效（民法典第15条A第（1）款），但是由限制行为能力人订立的合同可以由其法律定监护人批准。无效合同另一种情形是无权代理人（falsus procurator）签订的合同，除非后来得到追认（Faber and Lurger（*-Szilágyi*），National Reports Ⅲ，chap. 5. 3. 2（b）（ⅰ）and 5. 8；也有人认为这种合同属于不成立（inexistent），参见下文）。就无效合同，匈牙利民法赋予溯及的物权效力（参见民法典第237条至第239条）。无效的主要后果是恢复原状（*in integrum restitutio*）（参见下文）；在破产时同样如此，即使货物已经交付，但是后来发现基础性债务无效或者被撤销（Szilágyi，loc. cit.，chap. 9. 3. 3）。除了无效合同之外，匈牙利法也承认不成立的合同（尽管部分理论倾向于将其涵摄于无效合同之下，比如参见 *Benedek*，loc. cit.，722）。如果由于某种原因，当事人就合同的主要事项的合意受到影响（比如双语合同，一个版本和另一个版本有明显区别），或者缔约方没有权限而行事的，那么合同被视为不成立。根据不成立的合同进行的给付可以依据不当得利法返还（Petrik（*-Vékás*），Polgári jog II2，370－370/1）。如果给付由货物交付构成而且货物是由没有权限这么做的人转让的，那么我们必须区分不同情形：如果第三人没有通过善意取得取得所有权的，实际的所有人必须主要援用所有权救济（*rei vindicatio*（物权返还请求权）），并只能补充性主张不当得利；但是，如果第三人取得了所有权，实际的所有人只能转向无权处分的人，并在后者有过错时要求损害赔偿，或者如果处分人没有过错的，根据不当得利规则对代位物（*surrogatum*）提出主张。无效在民法典第21章作了具体规定（第234条至第239条）。有两种选择：要么完全恢复到合同订立和履行之前的状态（恢复原状），要么在法院判决前视合同为有效。在所有权转让时，后一选择通常被认为更为适当。恢复原状，尽管体系上作为一种债法上的请求权，但似乎更是一种旨在恢复无效之前状态的一种物权请求权（民法典第237条第（1）款）；由于其法律性质实质上是一种物权请求权，因此与债不同，不受时效的限制(民法典第 115 条第(1)款;恢复原状间接地受到取得时效(*adverse possession*)的限制)。这一救济反映了匈牙利法将无效和可撤销与不当得利的后果相分离;不管怎样,处理无效的规则和没有合法根据不当得利或者占有的规则之间的相互依存性没有得到澄清,尽管法院倾向于将各种请求涵摄于与其相适应的那套规则。依据无效合同履行的当事人不仅可以要求相对人返还财产,而且还可以要求任何其他第三人返还,并且也可以在破产时或者司法强制执行时主张取回;另一方当事人还必须就货物的用益付款。法院可以依职权(*ex officio*)裁定恢复原状(*Vékás*, Magyar Jog 7/2003, 387;展示不同进路的参见 *Kemenes*, Gazdaság és Jog 10/2001, 19-21),但是这种依职权的判决限于返还而且不能包含额外的要素(比如用益费、非法占有时的得利和损害赔偿等等. ;*Vékás*, loc. cit., 393 et seq.),除非当事人请求这么做(*Vékás*, loc. cit., 387)。恢复到以前的状态在于原物(*in natura*)返还最初进行的给付。由于诸如货物事后被出售、毁坏或者消费,这样做不再可能时,就会发生物的价值的偿还(Civil Senate Statement no. 32, Decision for Uniform Application of Civil Law no. 1/2005(民法统一适用的决定(2005 年第 1 号)))。另一方面,当以前的状态不能恢复的,法院可以认为(无效)的合同在其作出判决之前有效;此时,当事人会被认为像有效合同一样承担违约责任(民法典第 238 条第(1)款);另外,未获相当的对待给付的给付必须予以返还(民法典第 237 条第(2)款)。以前的状态不能恢复的一个例子参见民法统一适用的决定(2005 年第 1 号)(*Magyar Közlöny*(匈牙利公报)2005/56):在交付物的合同,其全部履行或者部分履行,如果合同订立后,给付与对待给付之间的平衡由于经济的变化而发生了实质改变,以至于恢复到以前的状态(*status quo ante*)会被认为有悖衡平的,以前的状态不得恢复;最高法院此时避免适用恢复原状的规则(就引起这一决定的具体案例参见 BH 2006/24)(更多信息参见 Faber and Lurger(*-Szilágyi*), National Reports Ⅲ, chap. 5.2.3(b))。匈牙利的新民法典学术性和立法草案(Academic and Legislative Proposals for the New Civil Code,简称立法草案(LegP))以多少相同方式处理无效制度,只是有时候有少许不同(更多信息参见 *Szilágyi*, loc. cit., chap. 5.3.2(g))。更具体来说,无效之时的选项构造如下:(1)不可以请求履行(立法草案第 5:84 条第(1)款);(2)法院可以在考虑取得时效和时效的效力的基础上,裁决恢复原状;(3)作为另一种选项,法院可以认为合同自始(*ex tunc*)有效;(4)在恢复原状时,如果给付是不可恢复的,可以根据特有的(*sui generis*)不当得利制度,以金钱返还作为替代。就无效的后果来说,现有制度两个选项(自始有效(立法草案第 5:85 条),或者恢复原状、原物返还,或者金钱性返还(立法草案第 5:86 条))得到保留。立法草案第 5:88 条规定了适用于附属性请求的特别制度,也就是得利和费用以及因为无效合同产生的赔偿。就纠纷的解决,当事人自治起主要作用,法院不可以依职权裁定和解,而是只可以轻微地偏离当事人的请求(立法草案第 5:84 条第(2)款)。恢复原状的构造也是一样的:其被视为物权请求权(*rei vindication*(物权返还请求权)),目的主要是原物返还并同时返还已取得的对待给付。如果以前的状态不能重新建立或者这会与当事人的关键利益相冲突,可以根据无效法之下的特有不当得利制度,将原物返还转变为金钱请求权(立法草案第 5:85 条第(2)款),该请求权受到普通时效的限制。这种特有的不当得利制度与一般的不当得利制度的区别在于,其排除了利益不存在的抗辩,并就由他方行为引起的原物返还不能规定了不同的规则(立法草案第 5:85 条第(3)、(4)款)。

19. 在捷克法中,如果转让所有权的合同无效,由于欠缺有效的交付,取得人视为从未曾成为所有人(*Svestka/Jehlicka/S kárová*, OZ[9], 462;SC SR 9/2000, 264);取得人被视为物的无权持有人,并因此适用非法占有的规则。这意味着"取得人"有义务将物交给所有人,包括所有的孳息和收益,并还要赔偿一切损害(Faber and Lurger(-Tichy),National Reports Ⅵ,chap.5.5.7)。

20. 在斯洛伐克,可以根据有缺陷行为的后果将其分为,导致无效的法律行为或者有单方撤销可能的法律行为或者合同。无效原则上绝对无效,除非法律宣称其为相对无效;绝对无效根据法律的效力(*ex lege*)发生,法院依职权(*ex officio*)识别无效,后来的认可及事后无效原因的消灭而有效都是不可能的。非出于自由意志、真实地、以确定及可了解的方式作出所有的法律行为都是无效的(民法典第31条第(1)款)。当某人在合同相对人被禁止的胁迫下行事时欠缺自由意志;如果转让所有权的合同是基于身体强制(*vis absoluta*)或者精神上胁迫(*vis compulsiva*(精神强制))订立,则合同绝对无效。另外,如果合同是由无法律行为能力的人或者不能实施有关行为的精神障碍的人订立的,合同绝对无效(民法典第38条第(1)、(2)款)。绝对无效具有溯及效力(*ex tunc* effect);这意味着在转让所有权的合同,所有权从未转让给受让人,如果已经交付,其属于没有占有的权利而占有。无效导致不当得利请求权的发生,且比如在商事买卖中,这一点也得到法院的确认;当事人只可以立即订立一个新的有效合同(Decision R 2/1978)。取得人可能的善意只能作为占有的正当原因(*iusta causa possessionis*)起作用,该原因可以使其通过取得时效取得(Faber and Lurger(*-Petkov*),National Reports Ⅵ,chap.6.1.1)。

21. 在斯洛伐克法中,基础性债务不需要自始无效,只要物交付时无效即可。但是,如果基础性债务无效,那么其不发生任何法律效力(*quod nullum est, nullum producit effectum*(无效者不产生任何效力))(Juhart and Plavsak(*-Polajnar-Pavcnik*),OZ I,art. 87,514)。如果合同违背斯洛伐克宪法、强制性规定或者公共道德,则认为合同无效,除非法律规定某种其他的制裁(债法第86条第(1)款)。如果行为被确认为无效,无效具有溯及的效力(*ex tunc* effect)(Juhart et al.(*-Juhart*),SPZ s komentarjem [2004], art. 40,245; Juhart, Eigentumsübertragung,179; Faber and Lurger(*-Rudolf/Rijavec/Kerestes*),National Reports Ⅰ,554 et seq.,596 et seq.)。在破产时,如果破产的债权人或者债务人根据债法的一般规定申请确认合同无效,因此发生的当事人的请求,可以作为金钱给付请求权得到清偿,而且可以对因此发生的请求主张抵销,因为它们都是根据破产开始后的无效确认而产生的(*Plavsak and Prelic*,ZPPSL komentarjem,453)。如果只有债权人已经履行,债权人的请求权归入破产费用。如果法院判决宣告合同无效,就已经完成给付的返还请求权被视为在实际履行发生之时产生;如果请求权溯及到破产开始之前,那么其只是破产中无担保的请求权。为了确定此时不当得利请求权何时发生,必需作以下区分:一方面,如果给付在不具备任何合法名义或者根据无效的法律名义作出,关键的时间点是履行时间;另一方面,如果履行是为了实现后来被消除或者解除的(was later eliminated or terminated)合法名义,关键的时间点是消除或者解除时间(债法第190条)。从债务人立场看,为确认合同无效所必需的程序费用是破产程序启动后发生的费用(Faber and Lurger(*-Rudolf/Rijavec/Kerestes*),National Reports Ⅰ,584 et seq.,597 et seq.)。在破产程序开始后,针对破产债务人任何主张也属于同一类别,除非强制和解、破产和请算法(ZPPSL)有不同规定(*Plavsak and Prelic*,ZPPSL komentarjem,452 et seq.);关于不履行合同而解除时的恢复原状的规定(强制和解、破产和请算法第121条第(3)款)构成这一规则的例外(*Rudolf/Rijavec/Kerestes*,loc. cit.,585)。在让与人破产时,如果货物已经基于无效合同转让,已经支付价款的受让人有留置的权利(债法第261条)并作为质权人受到保护,条件是其及时通知债权人其通过货物的价值获得清偿的意图(债法第264条);破产宣告不影响受让人留置的权利(*-Rudolf/Rijavec/Kerestes*,loc. cit.,592)。

22. 在爱沙尼亚法中,合同可以因为一系列原因而自始(*ab initio*)无效,比如欠缺行为能力,违反良俗(*contra bonos mores*)及公序(民法典总则法(GPCCA)第 86 条),违反法律的禁令(民法典总则法第 87 条),违反法院或者其他当局课以的限制(民法典总则法第 88 条)或者虚伪行为(民法典总则法第 89 条)(Faber and Lurger(-*Kullerkupp*),National Reports Ⅰ,288 et seq.)。无效行为从一开始就没有法律效果,而且当事人就已经完成的履行有基于不当得利的请求权(民法典总则法第 84 条第(1)款)。就当事人一方欠缺行为能力而言,完全行为能力使得合同溯及地无效;在限制行为能力时,如果无行为能力人的法定代理人已经同意或者追认合同的,不存在无效的问题。但是,如果签订的合同对于无法律行为能力人未产生义务的,那么即使没有代理人的同意或者追认,行为也有效。通过目的解释适用民法典总则法第 11 条第(3)款,也可以和限制行为能力人订立移转所有权的协议,只要其是受让人即可,因为这种方式下其不承担义务,而只取得所有权。如果基础性合同因为行为能力的欠缺而无效,转让的有效性不必然受到影响(民法典总则法第 6 条第(4)款),而是必须另行审查;概括来说,基础性协议的无效自身(*ipso facto*)不影响转让(处分)的有效性,而是需要分别审查。如果基础性协议违背良俗,最高法院认为物权合意原则上应该视为伦理上中性,因此不受瑕疵的影响;但是,如果处分的动机或者处分本身被认为是不道德的,认为物权合意也违背良俗并因此认定无效也是可以想象的(SC 22 September 2005,No. 3 -2 -1 -80 -05;但是,法院没有回答目的在于损害债权人利益的物权合意是否无效,而是只提到了破产中的标准程序)。如果物权合意不受基础性协议瑕疵的影响,后者的无效因此只有向将来的效力(an *ex nunc* effect(译者注:从现在起发生效力的意思,也就是说没有溯及效力))并引起再次转让所有权的义务(Faber and Lurger(-*Kullerkupp*),National Reports Ⅰ,289)。基础性合同的有效性独立于所有权转让的有效性的原则,事实上或者通过当事人自治缓和了,比如,当两个合同都有同样的瑕疵的(“瑕疵的同一”),转让的有效性依照合同取决于基础性债务的有效性,或者被作为一个统一的合同,合同的部分无效影响合同整体;这些偏离不仅适用于自始无效,也适用于撤销和解除(*Kullerkupp*,loc. cit.,292)。当让与人已经履行并破产时,而基础性债务或者处分本身被发现无效或者可撤销,我们必须区分不同情形。如果只是基础性债务无效但是处分有效,受让人会需要根据破产管理人的请求基于不当得利重新转让所有权;反过来受让人有权要回已经支付的价款,但是这只是破产程序中的普通债权,将根据债权人地位平等(*par conditio creditorum*)的原则清偿。没有留置权利或者类似措施可以用来保护受让人获得价款返还的利益,因为债法关于留置的权利的一般规则不适用于破产程序;留置的权利只保障由于管理人选择其与债务人合同关系继续存在的债权人(破产法第 46 条第(5)款)。另一方面,如果物权合意无效或者溯及地被撤销,所有权被视为从未转让给受让人,而且破产管理人可以基于物权请求返还财产。同样,受让人请求返还价款的权利只会是破产程序中普通债权(*Kullerkupp*,loc. cit.,300 et seq.)。在受让人破产时,如果所有权基于后来被证实是无效的或者不成立的债务而转让的,所有权仍然属于过受让人(因为处分是无因的),而无担保的受让人只有基于不当得利的再转让的债权。如果让与人已经通过原始取得取得了财产的所有权,给受让人留下的还是如就违约或者基于不当得利要求补偿的债权(对于溯及地无效或者解除也是一样)。相反,如果物权合意溯及地无效,所有权从未转让给受让人过,让与人有权请求从破产财产中取回财产(破产法第 123 条)(Faber and Lurger(-*Kullerkupp*),National Reports Ⅰ,301 et seq.)。

23. 根据立陶宛法,基于民法典第一编总则或者任何其他制定法确定的理由之一,可以宣告法律行为无效。根据民法典第 6:255 条,无效可以是绝对无效或者相对无效。在下述情形时为绝对无效(无效行为):违反不仅仅影响一方当事人的利益而且影响公共利益的法律中的基本原则而成立的行为。不需要通过法院判决宣告无效,不过,其权利及利益受到这种行为损害的任何人都可以就绝对无效提起诉讼,而法院必须依职权(*ex officio*)宣布这种行为无效并阻止其效力的发生(民法典第1.78条)。绝对无效的主要理由有:违反法律的强行规定(民法典第1.80条),违反公序良俗(民法典第1.81条),虚构(fictitious)(民法典第1.86条)及虚假(simulated)行为(民法典第1.87条)(Faber and Lurger(*-Mikelenas*),National Reports Ⅲ,chap.5.3.2)。法律行为的绝对无效和相对无效导致同样的后果。运作上,被宣告无效的行为被视为自始无效(民法典第1.95条)。这一规则无例外地适用于绝对无效行为;同样原则上对相对无效的行为也是如此,但是民法典第1.95条规定,只有自始无效事实上不可能的那些情形可以向将来宣告无效。部分无效不当然导致整个行为无效(民法典第1.96条)。在宣告无效后,每一个当事人都必须将其根据行为得到的返还给他人,当原物(*in natura*)返还不可能的,返还等价的金钱(民法典第6.146条),除非法律另有规定;此外,可以请求损害赔偿。返还遵循民法典第6.145条至第6.153条。返还是强制性规定,但是法院可以修改其条款甚至于完全拒绝,条件是返还会导致对一方当事人不当的及不公正的不利以及对他方的对应的有利(民法典第6.145条)。除此之外,还要注意第三人的权利。民法典第1.80条规定,不可以向善意的第三人主张无效法律行为的标的(除非适用民法典第4.96条第(1)款至第(3)款);另外,民法典第6.153条保护取得财产的善意第三人,该财产基于负担过重名义(onerous title,译者注:也就是暴利行为)需要返还,但是这一保护在无偿取得时不赋予(Faber and Lurger(*-Mikelenas*),National Reports Ⅲ,chap.5.3.2)。

Ⅱ.可撤销

24.在基于欺诈(*Arglist*)、胁迫(*Drohung*)(两者均由民法典第870条规定)或者错误(*Irrtum*;民法典第871~873、875条)撤销(*Anfechtung*)合同时,奥地利法认为此时在物权法关系上也有溯及力(*sachenrechtliche Wirkung ex tunc*(溯及的物权法上的效力))。转让视为从未发生过,而让与人溯及地重新取得所有人的一切能力(cf. *Koziol and Welser*, Bürgerliches Recht I^{13}, 158,168 et seq.);因此,让与人可以通过物权请求权要求返还财产(民法典第366条)(而且当受让人同时破产时也可以),或者基于不当得利(民法典第877条),尽管后一种选项具有属于债权性质的缺点。在受让人破产的,已经交付动产的让与人是否可以主张就让与人无清偿能力发生错误(*Irrtum über die Zahlungsunfähigkeit*(关于无清偿能力的错误)),就此存在争议(参见Faber and Lurger(*-Faber*),National Reports Ⅰ,74 et seq.,125);只要破产可以视为民法典第873条意义上的另一方当事人的个人品质,则认可其为错误。如果这一选项得到确认,基础性合同与物权合意都会因为错误而撤销(*Bollenberger*, Irrtum über die Zahlungsunfähigkeit,7-26 and 95-101),受让人依然是所有人,并有从破产财产中取回有关财产的权利(民法典第44条),只要其他的特定要件具备(*Bollenberger*, loc. cit.,102-150;dissenting Rummel(*-Rummel*),ABGB I^3,§ 873 no.1;*Dellinger*, Vorstandsund Geschäftsführerhaftung im Insolvenzfall,192-208)。对于其他撤销理由来说也是一样,因此即使货物已经交付,让与人也受保护。无论如何,两项转让(返还财产和价款)必须同时作出(*Zug um Zug*;民法典第877条)(Schwimann(*-Apathy and Riedler*),ABGB IV^3,§ 877 no.19;批评性看法参见 *Jabornegg*, Zurückbehaltungsrecht,168 et seq.)。关于可撤销的规则的适用不考虑在援用撤销事由时让与所处的阶段。就时效来说,基于撤销或者胁迫要求撤销的诉讼必须在合同签订后3年内提起(民法典第1487条),而基于欺诈的撤销适用30年的普通时效期间(民法典第1478条)。具体就以不当得利为基础的请求来说,30年的普通诉讼时效期间是否可以适用,或者是否必须考虑相关的撤销事由,此时对于胁迫和错误必须适用3年的短期时效期间，对此存在争议；通说支持短期诉讼时效期间（Rummel（*-M. Bydlinski*），ABGB Ⅱ[3]，§ 1487 no. 7；Koziol/Bollenberger/Bydlinski（*-Dehn*），ABGB[2]，§ 1487 no. 3；Klang（*-Klang*），ABGB Ⅵ[2]，629；Klang（*-Gschnitzer*），ABGB Ⅳ（1）[2]，156；不同意见参见 Rummel（*-Rummel*），ABGB Ⅰ[3]，§ 877 no. 12；对此有疑问的参见 Schwimann（*-Mader and Janisch*），ABGB Ⅳ[3]，§ 1487 no. 12；OGH 3 Ob 75/87，JBl 1988，172（note by Bydlinski））。就可撤销的语境来说，有必要提及奥地利法中另一项争议，也就是，一方当事人有权得到的给付不到对方所负担给付的一半时赋予的救济（*laesio enormis*（非常损失），民法典第934、935条）。尽管以前习惯于将救济视为基于不当得利的返还给付的义务（Rummel（*-Reischauer*），ABGB Ⅰ[3]，§ 934 no. 8），但现在有一种明显的趋势，也就是将非常损失作为撤销合同的权利看待，而其在物权关系层面的效力被认为是具有溯及力的（*Bydlinski*，JBl 1983，410，417；Schwimann（*-Binder*），ABGB Ⅵ[3]，§ 934 no. 26；OGH 2 Ob 325/98b，JBl 1999，537（note Rummel））；不过，法律状况仍有某种程度的不清晰（see Faber and Lurger（*-Faber*），National Reports Ⅰ，77）。

25. 在瑞士，在基础性原因（*causa*）是被撤销的合同时，所有权不移转于受让人。合同在错误、欺诈、胁迫和给付严重不相称时可以撤销。合同的撤销具有溯及的（*ex tunc*）效力（ATF 83 Ⅱ 18）。不过，就当事人已经部分履行的长期合同来说，如果返还不可行，法院可以裁定撤销，此时撤销具有向将来的（*ex nunc*）效力（ATF 129 Ⅲ 320）（Faber and Lurger（*-Foëx and Marchand*），National Reports Ⅵ，chap. 5. 3. 2）。当物权合意因为欺诈、欺骗、错误或者胁迫而可撤销时，所有权转让也受到影响（*Stark*，Berner Kommentar Ⅳ. 3. 1[3]，CC art. 922 nos. 81 and 91；Faber and Lurger（*-Foëx and Marchand*），loc. cit.，chap. 5. 7. 2）。受让人的破产管理人提起的撤销之诉立案时，让与人有权请求返还所转让的货物（债务强制执行与破产法（SchKG）第291条），但是也可以被裁定补偿所获得的款项。不过，如果受让人不再持有货物，让与人只有金钱债权（Faber and Lurger（*-Foëx and Marchand*），loc. cit.，chap. 9. 3）。

26. 依据荷兰法，无法律行为能力人实施的法律行为（民法典第3:32条）或者精神状况受到永久性或者临时性损害的人实施的、法律行为是单方行为且未对特别确定的人作出的（民法典第3:34条），由于胁迫、欺诈、对情事的滥用（民法典第3:44条）或者错误（民法典第6:228条）而成立的法律行为，为推进当事人之间实际不存在的既存法律关系而成立的法律行为（民法典第6:229条）或者法律行为有害让与人的债权人的利益的（民法典第3:45条至第3:48条以及破产法第42条），以上法律行为均可以撤销。就关于债务人的偿债能力的错误来说，没有这方面的判例法；关于当事人的错误得到普遍的承认，但是学说上提出，承认偿债能力的错误会损害债权人平等（*paritas creditorum*）原则，而且也会就民法典第7:39条下的返还请求权或者约定其他担保形式的可能带来问题（Faber and Lurger（*-Salomons*），National Reports Ⅵ，chap. 5. 3. 2.（a），fn. 135）。如果合同被撤销，其被视为溯及地无效（民法典第3:53条第（1）款）；如果已经发生交付，让与人重新取得所有权，并有权依据民法典第5:2条就财产向受让人主张物权返还请求权，后者是否已经宣告破产在所不论；事实上，如果交付通过占有改定进行，甚至都不需要请求返还。不过，在已转让的货物原始取得时，比如在转让后、撤销前，通过附合、加工或者混合原始取得的，对货物的原初的所有权不再存在，因此不能返还，而让与人只有依据合同或者根据不当得利产生的债权。如果撤销发生在交付前，让与人只是从转让所有权的债务中解放了而已（*Salomons*，loc. cit.，chap. 8. 4）。但是撤销不是唯一可能。如果行为的效力只能非常艰难地予以消除，民法典第3:35条第（2）款授权法官拒绝宣告撤销法律行为的申请的权利；作为替代，法官可以在这一判决中给予遭受损害的当事人以补偿。法官这一罕见的权力以自由裁量的方式行使(see *Reehuis and Slob*, Parlementaire geschiedenis, Boek 3,239)。另外,在滥用情事或者错误时,法官可以根据当事人相应的请求变更合同(民法典第3:54条第(2)款;就属于民法典第6:228条至第6:229条的情形,民法典第6:230条第(2)款也赋予法官以类似的权力)。如果法官利用这些权力,那么转让的有效名义继续存在;此外,当事人总是可以自由地追认合同(民法典第3:85条)(*Salomons*, loc. cit., chap. 5.3.2(a))。如果买卖合同被撤销,而卖方被宣告破产,无效有物权性和溯及的效力,这意味着让与人重新取得所有权,就好像所有权从未曾被转让一样(民法典第3:53条);给买方留下的只有财产的占有,只要买方善意,财产的占有赋予买方以留置权,该权利只涉及卖方就财产所花费的费用和就因为占有本身而对第三人负有的损害赔偿给予补偿的义务(参见民法典第3:120条)(*Salomons*, loc. cit., chap. 8.3.3)。

27. 在法国法,如果导致所有权转让的合同有瑕疵,只可以通过法院的判决宣告合同无效(相关问题参见Faber and Lurger(*-Cashin-Ritaine*), National Reports Ⅳ, chap. 5.3.2);在法院判决宣布之前,合同及其效力予以维持(*Terré/Simler/Lequette*, Les obligations[9], no. 390)。撤销的事由包括,合同订立时当事人一方不具有法律行为能力或者存在错误、欺诈或者胁迫等;不过,一般不可能以对另一方当事人偿债能力的错误为由,溯及地撤销合同,尽管法院在下述案件中似乎肯定了这一可能:保证人就主债务人的偿债能力认识有错误(Cass. 1e civ., 19 March 1985, JCP 1986 II, 20659, note *Bouteiller*)。如果合同被撤销,所有权转让也溯及地无效,这意味着让与人没有取得所有权,并且必须返还货物,除非有其他名义可以援用(Cass. ass. plén., 6 January 1994, Bull. civ. ass. plén. no. 1)。但所有权转让撤销的溯及力,由于第三人而受到限制,后者通过占有的一般规则而得到保护,因为即使前手没有权利,善意占有也赋予所有权(民法典第1141条;*Terré and Simler*, Les biens[7], no. 409)。返还遵循可撤销合同的一般规定(民法典第1304条),并因而适用5年的普通时效期间(民法典第2224条)(Cass. 1e civ., 24 September 2002, Bull. civ. I, no. 318, p. 168; D. 2002, 369, note *Aubert*)。

28. 在检视有瑕疵的转让所有权的法律行为之前,指出这一点是有必要的:在比利时法,法官没有介入时,不能认为法律行为不存在,也不能由当事人自己主动地宣告合同无效。法律行为的无效可以是相对的或者是绝对的(相应地取决有关规则是保护私人利益还是涉及一般人的利益)。有关行为只能以法院的判决来宣告无效(*Stijns*, Leerboek verbintenissenrecht, no. 176)。相对无效只能由被影响的当事人主张,而绝对无效可以由让行为被宣告无效中具有正当利益的任何人主张,或者甚至可以由审理涉及有关行为纠纷的法官主张(*Stijns*, loc. cit., nos. 50 and 178)。两种情况下,瑕疵都必须在法律行为成立时存在。行为的标的或者原因违反涉及公序良俗的规则的,构成绝对无效,而相对无效发生于:(ⅰ)欠缺合同当事人的合意、原因或者标的;(ⅱ)意思的瑕疵,比如错误、欺诈、强制(force)或者当事人依据合同承担的权利和义务严重不相称;(ⅲ)允诺人或者合同当事人任何一方无行为能力;(ⅳ)标的或者原因违反除了使法律行为绝对无效的强行法规则(*Stijns*, loc. cit., no. 50;就无效的相关理由的详情参见Faber and Lurger(*-Cauffman and Sagaert*), National Reports Ⅳ, chap. 7.1)。就未成年人来说,必须说明未成年人是否已经达到有识别能力的年龄。如果没有,未成年人一切法律行为都必须宣告无效。如果未成年人能够识别其行为的意义,又要根据有关行为是否需要特定的形式进行进一步的区分:如果要式或者行为根本不能由法定代理人代理,那么所有有关的行为均为无效,而如果不要式,只有当事人之间的权利和义务存在得到确认的不平等时才无效(*Stijns*, loc. cit., no. 129)。必须注意,"符合条件的

(qualified)"当事人之间的权利和义务的不平等的概念在某种程度上是不清晰的;现在的通说更愿意将其作为缔约上的过失的一种情形看待(Antwerp,21 January 1986,RW 1986 -87,1488,note *Deli*;*de Bersaques*,RCJB 1977,no. 30;*Dirix and van Oevelen*,RW 1992 -1993,no. 23,1219;*Stijns/Van Gerven/Wéry*,JT 1996,no. 65,713)。原则上,绝对无效或者相对无效一旦宣布,就使得法律行为溯及地(with an *ex tunc* effect)无效,而且其被视为从未存在过(*Stijns*, Leerboek verbintenissenrecht,no. 174);根据无效合同进行的所有权转让也是一样,但是关于从无权利人取得的规则(民法典第 2279 条)必须予以考虑。无效的溯及效力导致全有——全无的解决方案,这在理论上受到批评,而且因此在判例法和学说的主流观点现在肯定法官可以根据案件具体状况调整解决方案(*Stijns*,loc. cit. ,no. 179;*van Gerven and Covemaeker*,Verbintenissenrecht[2],91),比如,只撤销特定的合同条款,变更当事人的合同义务,限制当事人返还的权利,或者甚至赋予损害赔偿取代撤销,或撤销的同时赋予损害赔偿(*Stijns*,loc. cit. ,nos. 184,186,188)。具体来说,通常在先合同过失导致不能通过合同撤销给予补偿的损害,或者在相对无效的场合,受影响的当事人提出赔偿请求时,给予损害赔偿(*Stijns*,loc. cit. ,no. 181)。

29. 根据意大利法,可撤销的(*annullabile*)合同在一方当事人通过法院实现合同的撤销之前,发生效力。合同可以因为下列原因而可撤销:(ⅰ)不具备行为能力(民法典第 1425 条及以下);(ⅱ)意思的瑕疵(民法典第 1427 条及以下),意思瑕疵可以包括错误(民法典第 1428 条)、胁迫(民法典第 1434 条及以下)或者欺诈(民法典第 1394 条);(ⅲ)法律规定的其他情形。合同的撤销只能由法律上有权这么做的当事人申请(例外是服刑的犯人,其没有这样的权利,而代表他的有合法利益的人可以提起这一诉讼,民法典第 1441 条第(2)款)。主张无效的诉讼有 5 年的诉讼时效期间,在无行为能力或者意思有瑕疵时,从胁迫停止时、错误或者欺诈为人所知、无行为能力的状况停止或者未成年人已经成年时开始计算;其他的情形从合同订立之日起计算(民法典第 1442 条)。可撤销的合同可以由有权撤销的一方以契据的方式(民法典第 1444 条)或者通过在知道引起撤销的情况时作出履行的方式来追认合同。但是,如果该当事人希望撤销合同,非因无行为能力引起的撤销不影响第三人取得的权利,行为登记的结果除外(民法典第 1445 条)。法院关于撤销的判决原则上具有溯及的效力,但是只有第三人取得权利时是恶意的才影响第三人;不过,如果是根据无偿合同(比如赠与等)取得的,或者是由于无行为能力而撤销的,撤销的后果也影响第三人(Faber and Lurger(*-Greco*),National Reports Ⅰ,443 et seq.)。如果因为无能力而撤销合同,有行为能力的人可以要求返还根据履行所转让的,条件是其证明无能力的人已经从中获取了利益;不管如何,其不能超出未成年人增加的利益要求返还(民法典第 1443、2039 条)。另外,有行为能力的人也被赋予基于不当得利的诉权(*Greco*,loc. cit. ,445)。

30. 在西班牙,可以基于以下理由撤销(*anulabilidad*)合同:不具备行为能力,意思的瑕疵或者"不足"(vices),也就是民法典第 1265、1300 条上的错误(但不包括就他人偿债能力的错误)、欺诈(*dolus*)、暴力或胁迫(Van Erp and Vaquer(*-Arroyo i Amayuelas*),Introduction,113 et seq.)以及法律要求时欠缺配偶的同意(民法典第 1301、1322 条)。可撤销背后的理由是保护不具备法律上成熟、健全和自由意志而订立合同的当事人。因此,可撤销只可以由法律保护的一方以及以间接方式就当事人履行"负责"的人撤销,比如保证人或者物上保证人(民法典第 1302 条)。撤销之诉必须在 4 年内提起(民法典第 1301 条),从当事人合同义务履行开始计算,甚至更晚些,比如在停止运用暴力或者胁迫时。有权撤销的人可以事后确认合同,条件是确认时可撤销的理由已经不再存在(民法典第 1311 条)。就可撤销合同的后果来说,存在某种程度的争议。学说上的通说视合同为暂时有效，或者，至少对合同对其来说并非不利的一方是有拘束力的。不过，其他人视合同为自始无效，除非后来确认了合同；支持这一观点的人将四年的时效期间视为仅适用于返还所作履行的请求，而主张撤销之诉可以随时提出（*Delgado Echeverría and Parra Lucán*, Las nulidades de los contratos, 54 et seq.；就这一问题不同看法，参见 Faber and Lurger（*-González Pacanowska and Díez Soto*）, National Reports Ⅴ, 119 et seq.）。就撤销的结果来说，参见上文注释5。

31. 在葡萄牙法中，当法律保护的利益是当事人的利益时，合同一般是可撤销的，合同订立过程中的错误是标准的范例。无效和可撤销的基本区别是，由于基础性利益的差异，后者的时效、对主张撤销的人的限制（区别于对无效性的普遍主张）以及事实上法院不可以依职权（*ex officio*）考虑可撤销性的情形。影响债务有效性的事由，可以根据是指向当事人的能力、合同意思的形成、合同的标的还是合同的形式进行归类。欠缺合同能力可以与当事人没有行为能力有关，或者与当事人与合同的标的没有必要的联系有关（也就是不再是所有人或者欠缺处分权）。当未成年（民法典第122条）或者成年人由于精神或身体上的无能力在管理自己的事务上受到限制的（民法典第138、152条），此时出现行为人无能力的问题。就欠缺能力来说，可以从民法典第125条和第148条（经过第156条）推出，相关合同是可撤销的。就影响合同意思的瑕疵来说，可以产生于合同意思的欠缺或者异形（malformation）。欠缺合同意思（存在相应的表现的）可以是故意或者非故意的，而异形出于错误、欺诈或者胁迫（就意思有意欠缺，参见上文注释6）。非故意的意思欠缺主要有两种表现：不知道有意思表示及身体强制（民法典第246条），分别如：拍卖时有人向其他人挥手，不知道这会产生法律效力；或者某人强迫他人在拍卖中举手。错误和欺诈受到民法典第247条至第254条调整；葡萄牙民法典就此遵循非常细致的进路：民法典第247条处理意思形成中的错误，民法典第249条涉及书写或者计算错误，第250条涉及意思表示传达中的错误，民法典第251条涉及对方当事人和合同标的的错误，民法典第252条涉及动机的错误，而民法典第253条涉及欺诈。这些规定背后的基本规则是合同可撤销，只要有关错误涉及当事人意思形成的关键层面，而他方当事人知道或者应当知道这一关键性质即可。最后，威胁或者心理强制（moral coercion）（区别于身体强制）由民法典第255条和第256条调整。只要威胁是不法的而且导致他方当事人恐惧（Faber and Lurger（*-Caramelo-Gomes and Nóbrega*）, National Reports Ⅳ, chap. 5.3.2.(b)），因威胁而签订的合同就是可撤销的。就可撤销的效果参见上文注释6；除此之外，根据民法典第288条的规定，可撤销合同可以由有权主张撤销的当事人确认，而确认具有溯及效力，甚至对第三人也是。

32. 在保加利亚，可撤销的行为受债法第27条至第33条调整。在有权主张撤销的人提起诉讼之前，合同都是有效的。合同可以根据基于合同当事人没有能力、欺诈、错误、胁迫及不当利用而撤销。主张撤销权利的时效为3年（债法第32条第(2)款）。成功撤销后，依据被撤销合同的任何转让均溯及地无效（债法第34条）。就行为能力，债法第27条规定，无行为能力人或者其法定代理人没有遵循法律规定的要求订立的合同是可撤销的；此外，家庭法典第73条第(3)款宣称，无能力的未成年人签订所有的无偿合同均为无效。就错误来说，其被债法第28条第(1)款规定为对情势（circumstances）的错误理解（*Pavlova*, Grajdansko pravo, 168）。必须区分就法律行为标的的错误（比如其制造的材料来源或者诸如对不动产限制一类的法律特性等）或者对对方当事人个人特性的错误认识。后者只有个人特性对于合同的订立至关重要时才构成撤销的理由；就他方当事人的偿债能力的错误认识通常并非如此；典型的情形是，订立服务合同时，某人赋予医生、律师等特别能力以重要意义，并就缔约方有错误认识。但是，其他缔约方的偿债能力不能被视为主张撤销法律行为的理由(*Takoff*,Dobrovolnoto predstavitelstvo,418)。另外,计算错误不是撤销的理由,而只是纠正错误的理由(债法第 28 条第(2)款)(Faber and Lurger(*-Stoimenov*),National Reports Ⅳ,chap. 5. 5. 4(b))。

33. 在英格兰和威尔士,关于可撤销合同的传统观点(see Faber and Lurger(*-Frisby and Jones*),National Reports Ⅱ,73 et seq. ,121 et seq.),也就是可以根据让与人的意愿撤销的合同,是一旦撤销则根据其转让的货物的任何权利即反转的合同(e. g. *Lewis v. Avery* [1972] 1 QB 198;*Car & Universal Finance Co. Ltd. v. Caldwell* [1965] 1 QB 525)。在四种情形下,未成年人合同根据其选择而可撤销:涉及土地、公司的股份、合伙或者夫妻财产约定的合同(Treitel,The Law of Contract[11],545-547)。其他撤销的理由有不实陈述、普通法或者衡平法上的欺诈、未披露(non-disclosure)、衡平法上的错误、胁迫或者不当影响(*Benjamin*,Sale of Goods[6],7-021)。精神上无能力的人签订的合同一般来说是无效的,但是如果合同订立时,相对方当事人知道对方无能力,那么合同根据无能力的人(incapax)选择而可撤销(*Imperial Loan Co. v. Stone* [1892] 1 QB 599)。缔约方对交易的认识由于醉酒的原因有严重的损害,而对方当事人对此明知时,适用类似的规则,但是,有人提出,和无效合同一样,所有权得以移转的其他潜在的方式不需要予以考虑(*Swadling*,(2005)121 LQR,123)。无论如何,事实仍然是,与无效合同相反,可撤销合同中,受让人确实取得了所有权,尽管该权利会易碎。如果受让人在撤销前完成了向第三人的所有权移转,第三人取得完好的所有权,只要其善意且不知道所有权瑕疵即可(1979 年货物买卖法第 23 条)。终止的方式及时间因此在诉讼中具有特别的利益。为使终止生效,让与人撤销合同以及不再受合同拘束的意图,必须清楚且毫不含糊地确立(*Car & Universal Finance v. Caldwell* [1965] 1 QB 525 at p. 551 per Sellers L. J);法院命令并非必须,但是终止的决定必须告知另一方当事人。作为替代,在动产被重新转让给不知情的购买人之前,让与人碰到(comes across)动产并重新取回的,让与人也完成了撤销。与此类似,在 *Car & Universal Finance v. Caldwell* [1965] 1 QB 525 at p. 551 per Sellers L. J 一案,当让与人找不到欺诈的受让人的,将欺诈通知了警察及汽车协会时,法院裁决完成了撤销;但是,后一判决受到批评。1979 年货物买卖法意义上善意指行事"诚实、不论是否是过失行事"(1979 年货物买卖法第 61 条第(3)款)。证明 1979 货物买卖法第 23 条下的善意不存在的举证责任在所有人(*Whitehorn Brothers v. Davison* [1911] 1 KB 463)。但是,这一规则受到批评,首先因为它与任何人不得将自己没有的权利让与他人规则中的其他方面的举证责任置于第三取得人的做法不一致,其次,因为就提供其有关交易信息来说,第三人处于更优的地位。就普通法上的所有权的善意要件的必要性本身也有受到质疑,因为只有衡平法所有权要求"清白"(clean hands)(*Bridge*,Personal Property Law[3],124)。

34. 在爱尔兰,合同可撤销时,当事人有权以欺诈、不实陈述、胁迫或者不当影响撤销合同或者让法院撤销。在撤销之前,合同依然有效,撤销自始取消合同,而每一方当事人都必须返还其所得,从而尽可能地恢复到合同订立前的状态。货物买卖法第 23 条保护从拥有可撤销所有权的卖方处取得的买方;更具体来说,该条规定,善意且不知道卖方所有权瑕疵的买方取得完好的所有权,只要卖方的所有权在买卖之时没有被撤销即可。该规则不适用于卖方完全没有所有权的情形,比如,货物是偷来的;也不适用于就拟转让的货物,卖方是依据只取得占有的合同或者是无效合同取得的。因此,如果真正的所有人及卖方之间的协议只是同意销售的协议,或者交易是租购或者附条件出售,或者如果卖方依据有待买方确认条款的买卖(on sale on return or approval terms)占有货物的,而再次卖给不知情的买方时,所有权还没有转让给卖方的,以上情形均不适用

第 23 条。考虑到给善意取得人的保护，留给真正所有人的保护是，设法在受让人再转让所有权之前撤销其与受让人的合同；这可以通过对于受让人的简单通知或者通过重新取得货物占有的方式实现，或者如果找不到受让人，则通过采取获得财产返还的必要步骤实现，比如通知警察（参见 *Car and Universal Finance Co. Ltd. v. Caldwell*［1965］1 QB 525）。有可撤销所有权的人将货物出质给不知情的质权人或者以不完全质押的方式设定衡平法上权利的，在普通法上适用类似于第 23 条的规则（*Parker v. Patrick*（1793）5 TR 715；*Attenborough v. London & St. Katherine' s Docks*（1878）3 CPD 450），但是处于破产中的受让人不被视为不知情的买方；因此，如果货物真正的所有人被欺诈所诱将货物出售给后来破产的人，真正的所有人可以撤销买卖合同并获得货物的返还（*Re Eastgate*［1905］1 KB 465；see also *Benjamin*，Sale of Goods，chap. 7）。可撤销合同其他情形包括，某人订立合同时，精神上不正常以至于不能理解合同的性质，或者处于醉酒状态，只要相对人知道这种情况即可。就不实陈述来说，除了撤销权，原告还有获得 1980 年货物买卖和服务提供法（Sale of Goods and Supply of Services Act 1980，原文误为 SGA 190）第 45 条第（1）款下的法定的损害赔偿；被不实陈述人也有权获得补偿。该法第 45 条第（2）款允许法院认可并赋予损害赔偿以取代合同的撤销，只要法院“这么做是公平的”即可；但是，如果因为过了时效、确认或者放弃而不能撤销，那么不再有依据这一规定给予赔偿的可能。另外，就不当得利或者不当得利性的侵权（restitutionary wrongs）时，可以获得不当得利的返还（Faber and Lurger（-*Gardiner*），National Reports Ⅱ，197 et seq.，206，289 et seq.）。

35. 在塞浦路斯，根据合同法第 19 条，在同意是由于胁迫、欺诈（*Demetrios Stylianou v. Andreas Photiades*［1957］CLR 60）或者不实陈述所致时，合同根据受害一方的选择而被撤销；合同法第 20 条还给因为不当影响而同意订立合同的人提供了撤销合同的机会。另一个撤销的理由是所谓的英国法熟知的“合同落空原则”；在塞浦路斯通过的合同法第 56 条第（2）款被法典化了，其该条规定，由于不可预见的事件，合同在订立之后而成为不能或者不法的，在合同不能或者不法发生时可撤销。还可以提到代理人没有本人授权的情形；后者在一定条件下被赋予撤销前者订立的合同的权利，合同因此是可撤销的，而不是自始无效的。另外，根据合同法第 11 条第（1）款，思维不健全或者被法律取消订立合同资格的人没有缔约能力，但是思维不健全的人订立合同是有效的，除非相对人知道其精神状态；而合同根据精神错乱的人选择而可撤销（*Neocleous & Co*，Introduction to Cyprus Law，381）。根据合同法第 11 条第（2）款，小于 18 岁的人的缔约能力暂时受在英格兰有效的法律调整。因此，就诸如生活必需品或者对其有利的合同，不满 18 周岁的人有有限的缔约能力；如果合同在这些例外之外，由未成年人在其未成年时或者成年后合理时间内予以撤销（Faber and Lurger（-*Laulhé Shaelou/Stylianou/Anastasiou*），National Reports Ⅱ，521 et seq.）。

36. 在苏格兰，在有限的情形，受让人所有权在向将来效力的（an *ex nunc* effect）撤销（be set aside）的意义上可以撤销（Faber and Lurger（-*Carey Miller/Combe/Steven/ Wortley*），National Reports Ⅱ，358 et seq.）。当有欺诈或者不实陈述时就是如此，比如某人因为不实陈述而订立合同（*MacLeod v. Kerr* 1965 SC 253），有不当限制破产时法律规定位序的尝试或者有双重买卖时（就不动产参见只是视为对 *Rodger*（*Builders*）*v. Fawdry* 1950 SC 483 一案的普遍适用）。因此被欺诈的相对人可以撤销或者“还原”（reduce）合同，从而导致所有权的返还。在撤销时，受让人所有权在还原之前继续存在，因此，在还原之前发生的进一步转让可以有效地使得所有权发生移转；另外如果“善意且支付对价地”进行再转让的，善意取得人会取得完好的所有权（1979 年货物买卖法第23条)(*Carey Miller and Irvine*, Corporeal Movables[2], no. 8.11)。在就偿债能力发生错误时,没有溯及地撤销合同的途径;如果有一般性的不实陈述,还原合同至多有向将来的(*ex nunc*)效力。当事人相互间(*inter se*)可以确定有关的安排(比如出售并租回或者类似协议),但是即使这种安排也不能禁止所有人进一步将所有权转让给第三人(Faber and Lurger(-*Carey Miller/Combe/Steven/Wortley*), National Reports Ⅱ, 360)。

37. 在挪威,撤销时,每一方当事人都必须返还其他缔约人的给付。撤销具有溯及效力,这意味着货物上的权利视为从未授予过受让人。因此,受让人的债权人永远不会对货物拥有任何权利。就非基于受让人破产的撤销来说,让与人取回货物的权利相对于受让人的债权人具有优先的效力。合同为何可以撤销有很多理由,比如欺诈或者胁迫。但是,就他方当事人的偿债能力的错误一般不可能导致合同溯及地撤销(Faber and Lurger(-*Færstad*), National Reports Ⅴ, chap. 5.2.4)。

38. 丹麦的规则类似(*Færstad*, loc. cit., chap. 5.2.4)。

39. 在瑞典,协议的无效对当事人的债权人有影响。如果货物的卖方订立了一项无效合同,那么在卖方破产时债权人可以主张无效(*Walin*, Separationsrätt, 54 et seq.)。反过来,在货物交付后撤销合同时,卖方要求返还货物的权利可以对抗买方的债权人;但是,这些问题很少在一般性层面讨论(cf. *Martinson*, Transfer of Title Concerning Movables Part III-National Report: Sweden, 44, 54 et seq., 76 and 81 et seq.)。原初的所有人A和买方B之间的合同的无效或者可撤销性,对同时从B处取得货物C的权利的影响,被认为是一个独立的问题,有数种有争议的可能(cf. *Göranson*, Ogiltighet i sakrätten, 20 et seq.)。

40. 在芬兰,在交付后撤销合同的效力显然就是必须返还货物。这种撤销是否具有"物权效力"似乎不是讨论的一项争论点。

41. 根据德国法,基于表示内容上的错误,意思传达上的错误、欺诈或者胁迫(民法典第119、120、123条),合同可撤销;就缔约方的清偿能力的错误,除非是合同当事人一方就这一点欺诈性误导相对人,否则不被视为可撤销的事由。在有权主张撤销的当事人撤销前,可撤销的合同保持有效(Faber and Lurger(-*McGuire*), National Reports Ⅲ, chap. 4.3.2.(b))。无论如何,德国法中适用的无因转让制度意味着,基础性债务的撤销原则上不影响所有权的转让,适用无因制度的某项例外时除外。仍然是,只是物权合意同样欠缺经济上的根据,因此可以根据不当得利的规定请求重新转让所有权(民法典第812条及以下)(就相关问题,以及破产中撤销的后果,参见上文注释16)。

42. 在希腊法中,可以在错误、欺诈或胁迫时撤销法律行为(民法典第140条及以下,第147条及以下以及第150条及以下)。法律区分重要错误和轻微错误,而只有前者可以导致合同撤销;就他方当事人的偿债能力的错误被视为动机错误,除非法律另有规定,否则不视为重要错误(民法典第143条),合同并因此不可以撤销(PPr Athens 7241/1999, NoB 2000, 1146; A. P. 113/2002, published in the NOMOS law database)。民法典第184条规定,被事后撤销的可撤销合同(也就是宣布撤销的法院裁决不可以上诉时)被认为和自始(*ab initio*)无效的法律行为效果相同,也就是合同的一切效力溯及地(*ex tunc*)消灭。这对继续性债务不适用(比如雇佣合同;参见*Georgiades*, ΓευΑρχ, 311);最重要的是,法律规定,撤销的溯及效力受到第三人同时取得的物权的限制(民法典第184条最后),但是这一规定与不动产联系最多。就动产来说,根据无因原则,所有权也依据(在宣告无效之前都是有效的)可撤销的合同移转,而且在被撤销时所有权也不自动回转到让与人。只有在物权合意受到作为基础性债务可撤销的同样理由的影响程度内,物权合意才可以撤销(参见上文注释17)(Faber and Lurger(-*Klaoudatou*),National Reports Ⅲ,chap. 5.3.2(b))。

43. 根据匈牙利法,合同可以基于下述理由撤销:所负担的给付不成比例(民法典第210条第(2)款),各种错误(民法典第210条第(1)款至第(3)款)、欺诈或者非法威胁(民法典第210条第(4)款),及合同条款不公平(民法典第209条)。撤销的权利可以由遭受不利的一方当事人或者就撤销有法律上利益的人行使(民法典第235条第(2)款)。撤销是单方法律行为,从合同订立起一年内以书面通知对方当事人的方式来实施;当这样做不成功时,向法院及时提起撤销的诉讼(民法典第236条第(1)款)。撤销具有溯及力(民法典第235条第(1)款)(Faber and Lurger(-*Szilágyi*),National Reports Ⅲ,chap. 5.3.2(b));就无效的后果,参见上文注释18。

44. 在捷克法中,当让与人的所有权由于事后被撤销,或者在再转让发生后由先手提出一般性异议时,会产生尤其有疑问的状况;学说和判例法似乎没有采取一项清晰的立场(SC 22 Cdo 1186/98;SC 44/2000(与以前的判决相反); *Svestka/Jehlicka/Skárová*, OZ[9], 432),但是宪法法院(SC II. US 77/2000)裁决认为,善意取得的所有权不能因在先的名义的撤销而撤销(Faber and Lurger(-*Tichy*),National Reports Ⅵ,chap. 2.5.2(b))。

45. 在斯洛伐克,如果合同基于错误成立,也就是就合同订立来说的关键事实的错误认识,其被视为无效,条件是另一方当事人导致这一错误或者应当已经知道这一错误。但是,合同当事人的动机错误则不是这样(民法典第49条a)。错误可以为过失、听之任之或者有意所致;就后者来说,错误是否是重要错误无关紧要。斯洛伐克民法典只将错误作为相对无效的理由(参见民法典第40条a的列举),因此基于错误成立的合同在受影响的当事人挑战合同之前产生合同的法律后果;这一合同由法院判决(或者任何其他国家机关的决定)宣告其无效或者双方当事人承认其无效;但是也得到法院确认(Decisions R 50/1985,R 45/1986);第二种看法认为,当发生错误的一方当事人向相对人表明撤销法律行为的意图时,法律行为的相对无效事实上是单方实施的。不过,不管依据哪个理论,无效具有溯及的(*ex tunc*)效力,也就是合同视为从未订立(*Knapp et al.*, Obcanské právo hmotné Svazek I,110 et seq.)。在合同是转让所有权的合同时,所有权转让溯及地被撤销,当事人可以根据不当得利规则对已经履行的给付提出主张(Faber and Lurger(-*Petkov*),National Reports Ⅵ,chap. 6.1.1)。

46. 在斯洛文尼亚,如果基础性债务有效订立,但是是可撤销的,那么直到主张撤销的起诉胜诉之前,基础性债务依然有效(债法第95条至第96条)。在撤销后,视其为从未有效订立过,合同溯及地(*ex tunc*)被撤销(Juhart and Plavsak(-*Polajnar-Pavcnik*), OZ I, art. 96, 532; *Tratnik*, Stvarnopravni zakonik, 62; Juhart et al. (-*Tratnik*), Stvarno pravo (2007), 226 et seq.; Faber and Lurger(-*Rudolf/Rijavec/Kerestes*),National Reports Ⅰ,597)。基础性债务在下列情形下可撤销:缔约双方欠缺法律行为能力(债法第94条),错误(债法第46条至第47条),胁迫(债法第45条)或者欺诈(债法第49条)。在斯洛文尼亚法中,合同相对人的履行能力的错误认识是否可以视为可以由一方当事人撤销合同的错误,有有限的讨论,但是没有给出确定的答案(*Rudolf/Rijavec/Kerestes*, loc. cit., 554 et seq.; cf. *Juhart and Plavsak*(-Dolenc), OZ I, art. 46, 345)。就破产中撤销的问题,参见上文注释21。

47. 在爱沙尼亚,可以以错误、欺诈、胁迫、暴力或者严重不公平为由撤销合同(民法典总则法(GPCCA)第90条),并且合同视为从一开始(*ex tunc*)就无效。如果只是基础性债务被撤销,对转让的有效性撤销有向将来的(*ex nunc*)效力,产生再次转让所有权的义务;物权合意的可能(eventual)瑕疵需要独立地进行检视。由于两项协议通常同时订立,因此在欺诈、胁迫、暴力或者严重不公平时一般推定"瑕疵同一"。另一方面,错误更有疑问一点。从 GPCCA 第 92 条看,该条基于欧洲合同法原则(PECL)第 4:103 条和第 4:104 条,从该条可以推出,当有错误缔约方的相对人以某种方式对有关错误的形成起作用时,从而相对人的利益被认为不值得给予保护的,可以以错误为由撤销。部分学说支持这种观点,在错误指向对方当事人的个人特质时,比如偿债能力时,基于错误的撤销也是可能的(参见 GPCCA 第 92 条第(3)款第 1 项和第 2 项)(Faber and Lurger(*-Kullerkupp*),National Reports Ⅰ,289 et seq.)。就破产时的撤销,参见上文注释 22。

48. 在立陶宛,相对无效涉及缔约当事人一方善意行事而最终的宣告无效只服务他这一方利益的情形;这种可撤销或者可异议的行为,需要法院的判决来宣告其无效(民法典第 1.78 条)。撤销之诉可以由遭受损害的善意缔约方提起,或者由合同为其利益订立的第三人或者其权利或者合法利益为有关行为所侵害的人提起(民法典第 1.78、6.225 条)。可撤销的行为可以由双方当事人在特定的时间内确认(民法典第 1.79 条)。相对无效常见的事由是无法律行为能力(比如,未成年人的行为,参见民法典第 1.84 条)、错误、胁迫、欺诈、违反形式要件等等。错误只有是根本错误时才导致行为的撤销(民法典第 1.90 条),也就是涉及行为性质、标的、任何其他的合同重要条款或者其他缔约方的法律地位。这意味着,涉及合同相对人的偿债能力的错误也导致合同的撤销,只要其被视为有关行为的主要条款即可;不过,在一方当事人破产时,无效的主张通常以欺诈为依据。另外,如果错误是由于错误一方的重大过失所致,或如果某人承担了对其来说并非明知的情事存在的风险,错误不构成主张撤销的可能的理由。就欺诈来说(民法典第 1.91 条),由旨在误导他方当事人的一切故意欺诈行为构成,其或是积极行为或是沉默的欺诈行为。暴力(民法典第 1.91 条)由敲诈、胁迫、经济上压力或者现实的威胁构成。胁迫在民法典上没有定义,但是根据民法典第 1.91 条第(4)款,现实的威胁指,合同相对人或者第三人指向对方当事人或者其父母、子女、其他近亲属或者配偶的人身、财产或者名誉并构成现实威胁的行为,也就是能够影响一个理性的人。民法典第 1.91 条第(4)款意义上的经济压力指利用一方当事人经济上极为困难(weaker)或者其依赖行使压力的人;法院考虑被威胁的人年龄、性别、经济上的手段,威胁的性质以及其他一切有关情事(Faber and Lurger(*-Mikelenas*),National Reports Ⅲ,chap. 5.3.2)。就撤销的后果,参见上文注释 23。

Ⅲ. 解除、退出及撤销(revocation,译者注:专指赠与的撤销)

49. 在奥地利法中,卖方因未获付款而解除(*Rücktritt*,民法典第 918 条)或者买方因为不符合同而解除(*Wandlung*,民法典第 932 条)或者因为可归责于债务人的履行不能时而解除(民法典第 920 条)的,没有任何溯及的效力;受让人仍然是财产的所有人,但是根据以不当得利为基础的请求权有责任重新转让所有权(民法典第 1435 条)。与撤销的情形相反,主要的后果是,在受让人破产时让与人不受任何保护;重新转让所有权的请求权只是受让人破产财产的分配请求权而已(Faber and Lurger(*-Faber*),National Reports Ⅰ,76 et seq. and 125 et seq.)。此时有趣的是,在奥地利法中,许多案件可以同时涵摄于因错误而撤销的规则(民法典第 871 条),以及关于就不符合同的法定的担保规则(*Gewährleistung*(担保给付),民法典第 922 条至第 932 条)之下,取决于让与人选择何种救济形式,每一种情形下物权效力会有不同。另一种有意思的情形是消费者保护法第 3 条 a 消费者保护,该条规定上门销售的解除(不是撤销)的权利,甚至包括动机错误的情形(cf. Schwimann(*-Apathy*),ABGB V^3,§ 3a KSchG nos. 1 et seq.;更多信息参见 *Faber*,loc. cit.,

76 et seq.)。

50. 在瑞士,买方未付款时(债法第107条)及卖方交付有瑕疵的产品时(债法第205、368条)的合同解除,原则上不影响所有权的转让;让与人只是有请求返还货物的合同权利而已(ATF 126 Ⅲ 119;ATF 123 Ⅲ 16;ATF 114 II 152;Thévenoz and Werro(-*Thévenoz*),Commentaire Romand, art. 107,no. 36 and art. 109,no. 6;Thévenoz and Werro(-*Venturi*),Commentaire Romand,art. 205, no. 9);这有这样的实际效果,让与人请求返还动产的权力根据一般规定,有10年时效的限制(债法第127条),而让与人不享有任何物权法保护(Faber and Lurger(-*Foëx and Marchand*),National Reports Ⅵ,chap. 5. 3. 3)。在合同当事人一方破产时,就债法第83条规定的合同义务的履行不提供任何担保时,需要返还交付的动产(ATF 114 II 152)。就让与人获得货物返还的权利是合同法性质还是物权法性质的,学说的看法不一(Thévenoz andWerro(-*Schraner*),Commentaire Romand, art. 83,no. 51),但是有人提出,关于合同解除的一般规则应当类推适用(Faber and Lurger(-*Foëx and Marchand*),loc. cit. ,chap. 5. 3. 3)。在受让人破产的,如果合同由于不付款而解除的(债法第107条),受让人必须返还货物,但是这一义务的性质只是合同性质的(ATF 61 II 255;ATF 114 II 52;ATF 126 Ⅲ 119);因此,在让与人取回货物之前,受让人的普通债权人可以自由扣押已经转让的财产(Faber and Lurger(-*Foëx and Marchand*),loc. cit. ,chap. 9. 3)。

51. 在荷兰法中,每一方当事人都可以因为不履行而解除合同,但是既没有溯及效力(民法典第6.269条),也没有物权效力;由于转让时名义有效性不受影响,因此不依法发生将所有权返还给让与人的效果。在合同解除时,如果已经交付,所有权依然属于受让人,而后者有义务将财产重新转让给让与人(民法典第6:271条);这一义务构成法定的名义。因此给原初的让与人的保护是很弱的,这一点在取得人破产时体现得尤为明显。在同时原始取得的,比如所转让的货物发生附合、加工或者混合的,有关货物的所有权不再存在,而不再可以要求重新转让货物,这样给让与人留下的只是依据合同或者依据不当得利产生的债权。如果解除时还没有交付,让与人仍然是财产的所有人,并被免除了转让的义务(Faber and Lurger(-*Salomons*),National Reports Ⅵ, chap. 5. 3. 2(a)and 8. 4)。解除条件成就时的情形,以及依据民法典第7:39条赋予动产货物的卖方的返还请求权有所不同(参见下文第Ⅷ－2:203条注释9),因为这些情形下所有权自动恢复至卖方,尽管恢复没有溯及力;如果买方没有及时支付价款,民法典第7:39条授权卖方通过书面通知终止合同并请求货物的返还。但是,货物必须仍然在最初的买方手中。如果在卖方主张这一权利时,后者以支付对价的方式将货物转让给善意第三取得人的,第三取得人受民法典第7:42条保护,因为其从有处分权(因为卖方的返还请求权没有溯及效力)的人手中取得的,而不适用民法典第3:86条对于善意及依据动产的有负担的名义而取得的人的保护规定(*Salomons*,loc. cit. , chap. 5. 3. 2(c))。如果买卖合同在交付后解除的,卖方随后宣告破产的,买方有权中止货物的返还,因为买方有理由预期不能无迟延地从买方获得价款的返还。这一中止权(民法典第6:52/262条)隐含了留置权(民法典第3:290条),并可以对抗买方的债权人(民法典第6:53条),也因此可以对抗破产管理人(参见破产法第60条;立法理由书第6卷第211页(Parlementaire Geschiedenis VI,211);*Salomons*,loc. cit. ,chap. 8. 4)。

52. 在法国,由于未付款或者不符合同而对所有权转让予以解除的效果,与撤销的效果类似(Faber and Lurger(-*Cashin-Ritaine*),National Reports Ⅳ,chap. 5. 3. 2);参见前文注释27。

53. 根据比利时合同法,双务合同的任何一方在另一方不履行合同义务时可以解除合同;这一一般原则源自民法典第1184条,其实际上使每一个双务合同均附有以不履行当事人合同义务为内容的解除条件。在不履行时,另一方当事人可以选择坚持合同并要求履行,或者选择解除合同并要求损害赔偿。这一一般规则以民法典第 1655 条作为补充,该条的字面仅涉及不动产,但是学说确认其也可以适用于动产(*de Page and Meinertzhagen-Limpens*,Traité élémentaire de droit civil belge Ⅳ,no. 25B; *Limpens and Heenen*,La vente,no. 549; *Van Ryn and Heenen*,Principes de droit commercial Ⅲ,no. 264)。这一规则规定,如果卖方有丧失买卖标的和价款的双重风险,其可以立即请求解除合同;如果这种风险不存在,法官可以就付款给予一个宽限期(délai de grâce),在宽限期无果而终时,则立即下令解除合同(Faber and Lurger(-Cauffman and Sagaert),National Reports Ⅳ,chap. 13. 3. 3)。

54. 在英格兰和威尔士,一方当事人违反合同,会给相对人许多救济,但是不自动解除合同。非违约方被赋予解除或者坚持合同的选择权(*Treitel*, The Law of Contract[11],844)。也可能有损害赔偿权(*Treitel*,loc. cit. ,926)。在买卖的情形,当货物的所有权已经转让给买方的,卖方可以主张货物价款诉权(1979 年货物买卖法第 49 条)。类似地,就不交付,买方可以主张损害赔偿诉权(1979 年货物买卖法)或者寻求实际履行违约一方的义务。这会导致,在"法院认为合适时",卖方将特定或者确定的财产转让给买方(1979 年货物买卖法第 52 条);不管如何,这一救济是可以自由裁量的,而诸如请求人的行为等情形会影响这一裁量权的行使(*Treitel*,loc. cit. ,1026 et seq.)。这一救济通常在损害赔偿不是充分救济时赋予,比如基于有关货物的独特性质(Faber and Lurger(*-Frisby and Jones*),National Reports Ⅱ,7)。

55. 在爱尔兰,合同的解除没有溯及效力。如果物的所有权在合同解除前已经移转给买方,其不能自动恢复到卖方。根据 1893 年货物买卖法第 11 条第(3)款,违反条件将构成解除合同的基础;买方不是必须解除合同,而只是可以选择拒收货物;在商事合同中这是常事。请求修理或者换货取决于合同约定。如果没有对此加以约定,法律状况则不清晰。有些学者建议卖方可以作出替换性交付,只要履行的期限未经过即可。就种类物而言,卖方可以交付替代货物,而就特定货物,卖方只可以修理货物(*Goode*,Commercial Law[2],363)。无论如何,必须区分解除合同和单纯拒收货物。后者在四种情形下可以发生:合同中明确的拒收权,如果这一权利是立法规定的,要么是特定否认权利(比如错误数量的交付时;1893 年货物买卖法)第 30 条)或者是一般性的(比如,如果交付了有瑕疵的货物的;1893 年货物买卖法第 11 条第(2)款),或者最后,如果因为严重违约普通法允许这种拒收(*The Hansa Nord* [1976] QB 44; *Irish Telephone Rentals v. ICS Building Society* [1991] ILRM 880)。如果所有权还没有移转于买方,拒收阻止所有权转让;另一方面,如果买方已经取得了所有权,拒收将所有权以及货物的灭失或者损害的风险重授卖方;如果拒收后,买方依然占有,其作为非自愿的保管人承担责任。这种所有权的重新授予以这样的理论进行解释:买方附事后条件(condition subsequent,也就是解除条件)地取得所有权,即如果货物被发现与合同不符,所有权会被重授(per *Devlin* J. in *Kwei Tek Chao v. British Traders and Shippers Ltd.* [1954] 1 All ER 779)(Faber and Lurger(*-Gardiner*),National Reports Ⅱ,206 et seq.)。

56. 在塞浦路斯,当旨在转让所有权合同的瑕疵到了产生向将来的效力的地步(an *ex nunc* effect),也就是所有权从这一刻向后终止,合同被视为可撤销(*υπό αί ρεση*)。在 *Anthoulla Melaisi v. M &MGeorghiki Eteria Ltd.* ([1979] 1 CLR 748)一案,涉及不动产买卖,考虑了合同法第 55 条的解释,法院认为,就未能在确定时间履行来说,合同可以根据卖方的选择而可撤销,其没有采取基于这种理由而撤销的任何步骤,因而放弃解除的权利。在另一个案件(*Demetrios*

Stylianou v. Andreas Photiades [1957] CLR 60) 中明确确定，希望解除可撤销合同的原告，没有为了能这么做而证明损害的义务 (Faber and Lurger (-*Laulhé Shaelou/Stylianou/ Anastasiou*)，National Reports Ⅱ,522 et seq.)。

57. 在苏格兰，因为实质违约(比如，买方拒绝付款；卖方交付根本不相符的货物)而解除合同只有向将来的(*ex nunc*)效力。如果所有权已经移转，则不自动恢复。就其他情形，没有关于解除的特定规则，因此合同的起草就至关重要。法律似乎允许与不付款和与合同不符相关的所有权保留，这种保留因此可以阻止所有权的立即移转。另一方面，如果所有权已经转让给受让人，任何补充所有权转让的约定都是纯债权性质的，不能阻止善意第三人根据私下的约定从所有人处取得；如果动产所有权还没有移转，在合同解除时，任何救济都是物权性返还请求权(Faber and Lurger(-*Carey Miller/Combe/Steven/Wortley*)，National Reports Ⅱ,361)。就付款的作用来说，假设买方只支付了 50% 的价款，而卖方在部分解除合同后，要回了 50% 的货物，这种假设情形必须援引相关协议的条款来处理。如果所有权保留条款要求支付全部价款，或者甚至是一个"所有债务金额(all-sums-due)(译者注：也就是非与所有权转让合同有关的其他合同等发生的债务未清偿时，所有权同样不移转)"条款，卖方可以将所有的货物要回来，给买方留下的要么是根据合同，要么是根据不当得利产生的对人权(personal right)；诉诸与 1979 年货物买卖法第 18 条相一致的当事人的默认意图可能也是有必要的(*Carey Miller/Combe/ Steven/Wortley*, loc. cit. ,370)。

58. 在丹麦、芬兰、挪威和瑞典，卖方或者买方的解除一般不产生任何溯及效力。因此，卖方相对于买方的债权人不受任何保护，因为合同是有过拘束力的。实务中主要的例子是，以买方未能履行付款义务为由，卖方解除合同。就此来说，需要提到的是，根据各国的货物买卖法——这四个国家的货物买卖法几近同一——卖方在买方取得货物的占有后，只有卖方保留这么做的权利才有解除合同的权利。参见瑞典、芬兰和挪威的货物买卖法第 54 条和丹麦货物买卖法第 28 条。为了在买方破产时拥有取回权，卖方需要已经约定过所有权保留条款(比如，就瑞典：*Martinson*, Transfer of Title Concerning Movables Part III-National Report: Sweden,76)或者与此相当的约定。在第Ⅷ－2:103 条注释 33 中更为细致地描述了这个问题。基于买方未能付款以外的其他理由解除合同的"物权效力"，在北欧国家鲜有讨论。之所以这样的原因可能是，"功能主义进路"下，只有有关问题独立于其他争点及教义概念发生时，才会被讨论。比如，当货物依据买卖合同而被交付的，买方在付款之前破产，而后发现货物的瑕疵构成根本违约，并导致解除合同的权利产生，关于卖方请求返还货物的权利是否优先于买方的其他债权人的问题，最为常见的做法是不提这个问题，因为买方常常只是什么都不做(也就是保留货物)，而卖方必须满足于就价款债权从买方的破产财产中获得分配的权利。但是，有时候有人认为，如果因为买方未能付款以外的其他原因而解除其他合同，可能有理由认为卖方要求返还货物的权利优先于买方的债权人(Martinson, loc. cit. ,76；就"基于错误的假定"(false presumptions)交付给买方的钢铁案参见 NJA 1985,178)。就挪威，也请参见 Faber and Lurger(-*Fœrstad*)，National Reports Ⅴ, chap. 5. 2. 4. ，其宣称，如果买方基于根本性不符合同的其他理由合法地解除合同，卖方要求返还货物的权利优先于买方的债权人。

59. 在德国，如果合同当事人一方未能践行合同义务，则赋予债权人以基于不履行而解除合同的权利(民法典第 323 条)。对于没有保留任何权利而先履行的债权人也赋予同样的救济，根据民法典第 326 条第(4)款并联系民法典第 346 条及以下，可以要求返还已经实施的给付。更具体来说，在解除一个有效订立的合同时，合同当然归于无效，但是没有溯及效力；合同变形为具有向将来效力的(*ex tunc*)单纯的重新转让的债务(*Rückgewährschuldverhältnis*(恢复原状的债务关系)),该债务被视为再次转让所有权的法律基础(民法典第 346 条第(1)款),这与撤销或者自始无效相反,后者相应的法律基础是关于不当得利的规定。和那些情形一样,基于无因的转让制度,有效物权行为的有效性不直接受到影响;另外,两种情形下再转让都基于单纯的债务;只不过债的法律基础有所不同。由于从所有权转让到解除之前,受让人取得所有权,因此受让人可以有效地处分货物,而这些货物也受制于受让人可能发生的破产;从而,如果受让人不再能够重新将所有权转让给让与人,后者只有获得补偿的债权(参见民法典第 346 条第(2)款或者第 812 条第(2)款)(Faber and Lurger(*-McGuire*),National Reports Ⅲ,chap. 4. 3. 2(b)and 16. 2. 1;也请参见上文注释 16)。

60. 在希腊法中,在当事人有约定时(民法典第 389 条及以下)或者依据法律规定(*ex lege*),合同可以通过对合同另一方当事人的单方意思表示解除(*υπαναχώρηση*)(*Georgiades*,Enochiko Dikaio,Geniko meros,511)。民法典第 382 条及以下规定了常见的解除理由,诸如由于债务人的错误、迟延等而给付不能;买卖法(民法典第 540 条至第 547 条)、赠与规定(民法典第 505 条:撤销)或者民法典第 388 条(不可预见的情事变更)则有特别规定。解除的效力取决于当事人的意图,这些效力不是依法(*de lege*)产生的(*Georgiades*,loc. cit. ,517)。一旦合同解除,双方当事人都免除履行的义务,并都有义务根据不当得利规则,返还之前依据合同的所得(民法典第 904 条第(1)款(b)项)(A. P. 236/1992,EllDik 1993,1309;A. P. 696/1982,NoB 1983,659)。就解除的溯及效力有争议:过去人们认为,解除溯及地消除合同关系(cf. A. P. 236/1992,EllDik 1993,1309;CA Piraeus 598/1996,EllDik 1998,673);但是,现在只是被视为推翻了当事人之间主合同关系而已,而合同关系变形为清算关系;溯及效力受到限制(*Stathopoulos*,Law of Obligations[3],§ 21 nos. 116 ff)。不管如何,解除只有债法效力,因此,尽管受让人有义务重新转让,但所有权不会根据法律本身效力(*ipso iure*)回转到让与人(*Georgiades*,Empragmato Dikaio I,§ 6 no. 37);只是转让的义务根据法律本身的效力(*ipso iure*)被推翻而已(*Stathopoulos*,loc. cit. ,§ 21 no. 113,有进一步引证)。根据具体的情况,前所有人可以因此获得货物及其孳息或者其价值的返还(参见民法典第 908 条及以下)。第三人同时取得的物权不撤销,甚至他们知道解除权时也是如此(*Georgiades*,Enochiko Dikaio,Geniko meros,519)。解除的物权效果也取决于履行的阶段:比如在赠与的撤销,如果赠与人还没有转让所有权或者占有,那么赠与人不再有义务这么做;如果已经转让,所有权不自动恢复到赠与人,但是赠与人可以根据不当得利请求返还财产(民法典第 509、904、908 条)。解除必须与合同终止(*καταγγελία*)相区别,合同终止是合同当事人约定的或者依法产生,实现对继续性债务或者重复产生的债务的合同单方终止的权利。终止可以是一般性的或者非一般性的,根据存在的具体理由而定(*Georgiades*,Enochiko Dikaio,Geniko meros,526),其向将来终结法律关系;在终止之前那段时间,合同依然有效(A. P. 236/1992,EllDik 1993,1309;CA Piraeus 598/1996,EllDik 1998,673)(就解除或者终止的概括参见 Faber and Lurger(*-Klaoudatou*),National Reports Ⅲ,chap. 5. 3. 2(c)and 5. 3. 2(d))。

61. 在爱沙尼亚,因为未付款、与合同不符或者其他原因解除基础性合同的,就转让具有向将来的(*ex nunc*)效力。根据债法第 188 条第(2)款,解除不影响解除前依据合同已经产生的权利和义务的有效性(持续性)。债法第 189 条第(1)款进一步规定,任何一方都可以要回依据合同交给他方的一切利益(因此也包括任何可能已经同时获得的所有权),而双方的再转让将同时发生(Faber and Lurger(*-Kullerkupp*),National Reports Ⅰ,291)。如果受让人破产,在无溯及力的无效(ex nunc invalidity)或者合同解除时,让与人对动产所有权重新转让的权利不享有任何特别的保护,就再转让的请求权只是债法性质的。哪一方主张合同无效都一样,因为财产的再转让必须遵循一般规则,也就是需要协议和交付。就保罗诉权来说,效力和撤销的情形相同,也就是无溯及力(*ex nunc*)(Kullerkupp,loc. cit. ,301 et seq.)。

62. 在立陶宛,解除是在卖方不根据民法典第 6.333 条履行合同义务时,民法典第 6.334 条赋予买方的救济之一。根据民法典第 6.334 条第 4 项,当出现根本违约时,买方可以请求返还已经支付的价款并解除合同以及要求损害赔偿。类似地,如果买方不支付价款,卖方也可以采取解除合同及取回物等措施(民法典第 6.345 条)。解除要求书面通知买方;卖方重新取得所有权或者占有,具体根据所有权是否随同交付移转而定。如果只有部分价款还没有支付,卖方可以只取回与未支付金额相当的一部分货物,只要这些货物可分即可。不管如何,只有货物仍然在交付地、还没有以支付对价的方式转让以及还没有质押或者受到用益权的限制,卖方才可以重新取得货物(Faber and Lurger(*-Mikelenas*),National Reports Ⅲ,chap. 5.3.2(g))。

63. 就匈牙利法下(译者注:下文讨论的是 1959 年匈牙利民法典,而 2014 年匈牙利将实施有 8 编多达 1600 余条的新的民法典)的解除(*elállás*),民法典第 320 条第(1)款规定,有权根据法律规定或者合同的规定解除合同的人,以通知他方当事人的方式行使该权利;解除毁弃了合同。不过,如果当事人不能返还已经接受的给付或只能够以遭受相当贬损的价值返还的,则不能行使解除权(民法典第 320 条第(3)款)。解除首先适用违约的情形,比如利益落空(民法典第 300 条第(1)款)、严格确定履行期限的经过或者债权人给予的宽限期经过(民法典第 300 条第(2)款)。当事人就有关给付不再有任何利益可言时,比如在相对人违约时,也是可以解除的(Gellért(*-Benedek*),A Polgári Törvénykönyv Magyarázata[6],1060)。作为替代,当事人可以约定一定数额的金钱(retention money(定金))作为解除的代价(forfeit-clause(没收条款)),在一方当事人解除合同时支付(民法典第 320 条第(2)款)。其他解除的情形受民法典第 392 条第(3)款、第 395 条第(1)款(服务合同)或者民法典第 381 条(运送合同)调整。如果未预见到的情事变更合理地阻止给付时,在无偿或者基于信任(confidential)订立的合同,赠与人等可以解除(clausula rebus sic standibus(情事不变条款);民法典第 580 条)。只有合同没有完全履行时才可以解除合同;解除溯及地毁弃合同并导致恢复原状(*in integrum restitutio*),恢复原状构成特别的债务体制,并引起就已经完成的履行的相互偿还关系,而此时当事人有义务同时履行。在金钱给付,也要计算从合同订立时起的利息,而物的交付构成的非金钱给付,返还方也必须就物的利用支付对价。如果原物(*in natura*)返还不可能,物的价值的返还作为一种辅助措施予以适用(BH 2003/319)。不过,有人提出,解除也可以有直接的物权效力,并导致进行撤销时处于被撤销人财产中的财产的所有权,因该事实本身(*ipso facto*)(向撤销的当事人)发生回转;因此,受让人的再处分的时间以及其对撤销的了解,决定了再处分是有效(EBH 2002/746)还是无效(BH 1997/448)。民法典第 321 条第(1)款进一步规定,当某人依法或者依约定有权终止(*felmondás*)合同的,终止通过对另一方当事人的通知实施;终止要么立即生效,要么在特定的期限之后生效。尽管终止在转让所有权的合同关系中不典型,而在服务合同中才典型,但后者有时候也有转让所有权的内容;其也与持续性履行有关(比如无偿借用)。最后,当事人双方可以都同意解除或者毁弃合同;解除具有向将来的效力(*ex nunc*)(民法典第 319 条),而毁弃溯及地(*ex tunc*),引起恢复原状(*in integrum restitutio*)的后果。如果让与人破产,通过解除使其获得针对受让人的返还原物(*in natura restitution*)或者金钱等价物的债权,而受让人也只拥有债权;如果受让人破产,债权属于让与人

(*Szilágyi*,loc. cit. ,chap. 9)。

64. 根据保加利亚法,双务合同可以以他方当事人不履行为由而解除。解除必须作为最后使用的补救措施,以行使该权利的人就履行规定确定的宽限期为前提,而且必须通过对债务人的通知实施(债法第87条第(3)款);非司法解除的唯一例外涉及不动产权利(债法第87条第(3)款)。解除具有溯及效力(债法第88条第(1)款),长期合同或者周期性(periodic)履行的合同除外;作为溯及效力的结果,双方当事人可以以非债清偿的不当得利之诉(*condictio indebiti*)为由要求对方返还业已作出的给付(债法第55条第(1)款)。为了决定已经转让的财产是否会被返还,适用债法不当得利规则第57条;如果法院由宣告解除合同,则只有当事人提出申请时才会裁定返还(SC(Gen. Ass.) no. 65/81;Faber and Lurger(*-Stoimenov*),National Reports Ⅳ,chap. 5. 5. 4(c))。

65. 在捷克法上,根据民法典第48条解除合同(*Mikes and Svestka*, PR 2000, no. 7, 283 et seq.;Knappová(*-Svestka*),Civil Law I[3],277),是否在债法和物权法范围内都有效力并从而与两阶段的转让制度一致(*Svestka/Jehlicka/Skárová*, OZ[9],275 et seq.),就此存在争议。就债法来说,解除在有关意思表示发出时立即发生溯及的(*ex tunc*)的效力;另一方面,通说否认就物权发生这样的效力,必须起诉要求返还标的(Faber and Lurger(*-Tichy*),National Reports Ⅵ,chap. 5. 5. 7.)。

66. 在斯洛伐克民法典中,解除合同的结果与(绝对或者相对)无效的效果没有区别。解除导致合同自始无效,法律另有规定或者当事人另有约定的除外(民法典第48条第(2)款)。解除受到民法典第48、49、497条调整,但是这些规定不是强行法,而且不适用于商事关系;另外,民法典就特定类型的合同有特别的规定。最重要的区别是,根据民法典实施的解除使得合同溯及地(*ex tunc*)无效,而商事关系的解除在解除的一刻发生效力(*ex nunc*(向将来的))。商法典关于合同解除的规则不是强行法;当事人可以自由地就解除的可能性或者模式作相应约定或者完全排除商法规则的适用(Faber and Lurger(*-Petkov*),National Reports Ⅵ,chap. 6. 6. 1 -)。

67. 在西班牙法上,有效的合同可以基于各种理由被撤销(rescisión;民法典第1291条及以下;参见第Ⅷ-2:201条注释92)或者被解除(resolución;民法典第124、1504、1505条)(关于下文的更多信息参见Faber and Lurger(*-González Pacanowska and Díez Soto*),National Reports Ⅴ,chap. 4. 3. 2)。解除(resolución)是根本违约时就不履行合同给予的一般性救济措施之一。就双务合同来说,其主要由民法典第1124条调整,虽然就具体的合同有些特别的规定。在债务人不履行时,债权人可以请求实际履行或者解除合同;此外,两种情形下都可以同时要求损害赔偿。也可以起诉要求损害赔偿(民法典第1103条及以下),只要不履行可以归因于债务人的过失。判例法坚持,违反合同必须是根本违约这一事实,并且必须等同于使得债权人利益落空。解除通过对债务人的通知就可以实施,但是如果后者有异议,则必须通过法院判决来解除;解除的请求适用15年的普通诉讼时效期间(民法典第1964条)。通说认为解除的效果具有溯及力(*ex tunc*),继续性合同(比如租赁)除外。双方当事人都必须返还自己的所得;但就第三人而言,有偿及善意而同时取得的所有权不受解除的影响。就费用和改良来说,学说上存在争议:有些学者援引解除条件的规则,根据这些规则这种费用不需要返还(民法典第1123条、第1122条第6项);其他学者则援用占有时的清算规则以及关于添附的规则(尤其是民法典第361条)(各种观点参见*Monfort Ferrero*,La restitución,211 et seq.)。另一方面,孳息和价款的利息在特定的情形可以返还或者相互抵扣(Monfort Ferrero,La restitución,301 et seq.)。赠与可以基于民法典第644条及以下规定原因之一撤销。取决于所援引的根据,撤销可以产生向将来的效力:受赠人可以保留所收获的孳息,同时进行的处分有效,而受赠人必须返还物的价值;或者,如果受赠人不遵循赠与人加于其身的义务的,撤销似乎具有溯及的效力(民法典第647条),但是有些学者仍然认为有偿及善意的第三取得人应该受到保护(Albaladejo and Díaz Alabart,La donación,671 et seq.)。当有效的合同被撤销或者解除的,两种情形下合同都曾经作为有效的名义起作用,并因此如果已经进行了交付,则以有效的名义授予了所有权;类似地,此后第三取得人会从所有人处(a domino)合法取得,这一取得不受影响,只要其有偿及善意即可。这种结果与学说上支持所谓的解除的"物权"溯及效力并不矛盾,因为从民法典第1124条(resolución(解除))联系民法典第1295、1298条(撤销)可以推出这一结果(TS 2 March 2006,RJ 726)。新的西班牙破产法(LC)在第61条及以下调整破产时的合同解除。当双方给付都没有完成的,根据何种作为最符合破产财团的利益,破产债务人或者破产管理人有选择坚持合同还是解除合同的权利(破产法第61条第(2)款);解除必须由破产法院确认。在这一方面,必须注意因违约产生的解除权原则上对因为宣告破产后发生的违约才授予(破产法第62条第(1)款);履行本身就需要耗费一段时间的,就这种未履行的合同采取稍有不同的解决方案:此时,不管违约何时发生,合同均可以解除(破产法第62条第(2)款)。西班牙的学说从破产法第61条第(2)款和第62条第(1)款相互关系中得出一个有意思的结论:债务人的相对人不能因为宣告破产前发生的违约解除合同(而债务人或者破产管理人可以这么做),除非合同是其履行本身需要耗费一段时间;换句话说,在合同只要求一项单一的给付时,如果债务人在宣告破产前违反合同的,而债权人没有基于这一理由解除合同的,那么在破产宣告后,债权人再也不能解除合同(而债务人或者破产管理人则有权这么做)。为避免最终给债权人造成不公平的结果,破产法规定,针对债务人的债权作为对破产财团的负担得到清偿,并因此在其到期时立即就其全额从上述财团中得到补偿(破产法第61条第(2)款、第154条)。合同由破产法官解除(破产法第62条第(3)款);有疑问的是,法官是根据债务人或者破产管理人的申请这么做,还是也可以依职权(*ex officio*)这么做。解除的结果受到破产法第62条第(4)款调整:作为一般规则,任何尚未履行的债务消灭。如果债权人在破产宣告前已经履行,返还通过履行所赋予的东西的债权被视为破产中的债权(在履行本身需要一段时间时经常发生这种情况);但如果债权人在破产宣告后履行,其将得到优先清偿,只是受到破产法第154条第(2)款规定的限制而已。根据具体的情况,债权人也可以要求补偿。最后,破产法第63条规定,对于债务人的相对人可以单方解除合同时或者破产依据法律(*ex lege*)构成解除事由时,这些规则不适用(就新破产法下解除的详细讨论参见 Faber and Lurger(*-González Pacanowska and Díez Soto*),National Reports Ⅴ,chap. 5.4)。

68. 在斯洛文尼亚,如果买方不履行支付价款的义务,卖方可以解除合同(债法第103条)。此时,因为不履行非重复发生的债务而解除合同的,解除具有溯及(*ex tunc*)效力(债法第111条);根据债法第477条,如果买方因为所售货物的瑕疵而解除合同的,结果一样。因此,让与人的所有权视为从未转让给受让人过(*Tratnik*, Stvarnopravni zakonik, 62; Juhart and Plavsak (*-Juhart*), OZ I, art. 111, 588; Juhart et al. (*-Juhart*), SPZ s komentarjem (2004), art. 40, 245; *Juhart*, Eigentumsübertragung, 179; Faber and Lurger (*-Rudolf/Rijavec/ Kerestes*), National Reports Ⅰ, 555, 597)。如果合同解除在货物交付及让与人破产后发生,原因通常是所售货物的瑕疵,那么买方取得以不当得利为基础的债权不影响债权人的利益(因为买方也要返还货物),因此该债权包含在破产费用之中(*Rudolf/Rijavec/Kerestes*, loc. cit., 592 et seq.)。如果受让人宣告破产而货物已经交付,但是价款还没有支付,卖方就未支付的价款只拥有破产中债权。因此,如果破产管理人不解除合同则最符合受让人的利益，否则受让人必须返还货物。如果在交付给破产受让人之前实施解除的，不发生让与人保护的问题，因为让与人本就保有货物（*Rudolf/Rijavec/Kerestes*, loc. cit. ,596 et seq. ）。

第Ⅷ -2:203 条　附条件转让

(1) 当事人以附解除条件约定转让的，在该条件成就时所有权立即被再转让，但受到再让与人当时的处分权利或者权限范围的限制。不能通过当事人的约定实现再转让溯及的物权效力。

(2) 当授权转让所有权的合同或者其他法律行为附停止条件的，所有权在条件成就时移转。

评　论

A. 概述

规则的功能。本条规定可以说只是对所有权可以在当事人约定的任何时间移转的一般规定的应用而已。但第(1)款关于解除条件的规定确实隐含了一项基本政策的选择，欧洲各国就这一问题给出的方案有相当大的不同。该条适用于当事人约定的或者引入另一个法律行为的条件。

停止条件和解除条件的概念。本条使用的停止及解除条件的概念，由第Ⅲ -1:106 条（附条件的权利和义务）予以定义。条件取决于不确定的将来事件的发生。在停止条件，附条件的权利（或者义务）在条件成就时成立；而在解除条件，其在条件成就时终结。

B. 附解除条件的转让

概述。第(1)款适用于附解除条件的转让。这意味着：（ⅰ）基础性合同或者其他法律行为必须包含一项解除条件；而且，还需要（ⅱ）当事人已经约定，在条件成就时，货物的所有权会重新授予当初的让与人。仅要素（ⅰ）是不够的，从根本就没有重新转让的意图的解除条件的例子，就可以明显看出这一点（比如，依据附解除条件的合同订阅报纸——解除条件成就后什么都不需要返还）。第(1)款字面上也澄清当事人双方必须曾经约定这一结果，这意味着当基础性合同没有这么规定时，不能单方纳入这种条件。作为例外，当转让是基于单方法律行为的，受让人可以要么根据让与人附加条件接收财产——此时就本条的目的来说，受让人“同意”条件成就时再转让——要么可以拒收。

比较法背景。就附解除条件的转让来说,欧洲各国法律制度给出了各种各样的方案。这个问题在一些国家也有很大的争议。尤其是法国法传统的一些法律制度,条件成就具有溯及的物权效力。在其他一些国家则发生即时的"无溯及效力的(ex nunc)"的转让,与此同时,已经作出的财产处分自动归于无效,但是受到善意取得规则的限制。另一个方案是,以附条件债务的履行而作出交付的,因此取得权利受制于同样的条件,而在条件成就之时,附条件的权利根据法律的规定回转至让与人。最后,有时候有些国家认为条件的成就不应该在物权法上发生效力。

基本政策的考虑。在形成本款规则时,下述政策性考虑是出发点。这一进路应当(a)在无溯及性的物权效力存在的必要时,限制溯及性的物权效力;(b)努力在本示范规则范围内实现整体上的一致性(特别是与第Ⅲ -1:106 条(附条件的权利和义务)和第九卷关于担保物权规定的一致)以及(c)努力与本卷的制度一致。所有这些考虑都要适用,除非找到其他支持别的方案的重要理由。

基本规则:没有溯及的物权效力,但是在再让与人的处分权利或者处分权利范围内立即"自动"再转让。基于上面概括的政策性因素,第(1)款规定,解除条件的成就没有溯及的物权效力,而是导致所有权立即"自动的"再转让给(前)让与人。再转让的发生"受到再让与人当时的处分权利或者权限范围的限制"。后一公式与第Ⅷ -2:201 条(所有权转让的效力)第(1)款的一般规定相一致,并规定再转让人只能返还再转让人在条件成就时还有的权利。因此,如果当初的受让人——其现在需要再次转让所有权——同时已经将货物的所有权转让给第三人,第三人的取得依然有效,而所有权不能回转。原初的让与人可以请求返还因次买卖而产生的任何得利或者主张损害赔偿。或者,当原初的受让人有效地授予第三人对货物的担保物权的,货物的所有权会自动重新授予原初的让与人,但是货物上仍然有第三人担保物权的负担。

支持该一般规则的理由。第(1)款所采纳方案显然和前文所罗列的政策(a)(没有溯及的物权效力)与政策(c)一致,也就是提供一项与第八卷之下的概念相容的方案。实际上,约定在解除条件成就时再转让所有权,无非就是第Ⅷ -2:101 条(所有权转让的一般要件)及第Ⅷ -2:103 条(关于所有权转让时间的约定)意义上"关于所有权转让时间的约定"而已。此时,约定涉及附条件地将所有权重新转让给当初的让与人,而且在最初转让的合同订立时预先订立("anticipated")。

就政策(b)来说,也就是实现与本示范规则,比如解除条件的示范规则的一致,就第Ⅲ -1:106 条(附条件的权利和义务)第(2)款规定来说,存在这种一致性,该款规定在条件成就时,有关的权利或者义务终结,这意味着向将来的(*ex nunc*)效力(也请参见对于第Ⅲ -1:106 条评论 G)。就返还性后果来说,第Ⅲ -1:106 条第(5)款援引了第三卷第三章第五节第四分节,也就是第Ⅲ -3:510 条(因履行所得利益的返还)以及后面关于解除时返还的条文。考虑到这些规则,在解除条件成就前债务已经履行时,其一般后果是,引起返还所得任何利益的债务。就所有权的再转让来说,这种债务将作为转让的基本规则第Ⅷ-2:101 条(所有权转让的一般要件)第(1)款(d)项意义上“转让的授权”起作用。该规定与这些示范规则整体上以及特别与第八卷无缝衔接。

这一观念也与关于担保物权的第九卷采取的进路相一致。比如,就为担保目的转让所有权来说,以信贷的全部清偿为条件的自动再转让,似乎与信贷市场的一般做法相符,而且似乎没有给第九卷的规则带来问题。另一方面,在当事人约定,如果买方没有在约定的日期付款,所有权重新转让给卖方的,第Ⅷ-1:103 条(其他规定的优先性)第(1)款确保了这种协议受制于第九卷的规则,而这些规则优先于第八卷的规定适用(本条意义上再转让当然也是第Ⅷ-1:103 条意义上的“转让”)。

如果在特定情形,当事人希望条件成就仅引起再转让义务的产生,根据当事人自治的一般原则这样做应当是完全可行的。他们可以根据第Ⅷ-2:103 条(关于所有权转让时间的约定)的一般规定约定这一效力,或者他们可以约定买回权或者等同的做法来引起与此相当的后果。

对于溯及性物权效力的强制性排除(第 2 句)。第二个问题是,上面概括的规则是否应该是强制性的,或者当事人是否可以通过协议偏离该规则。就约定晚于解除条件成就时发生的再转让,本款似乎并未声言反对,但是第 2 句却规定了下述意义上的本规则的强行法性质,即不能通过当事人的协议确定溯及性效力。允许当事人约定溯及的物权效力,相对于有关的其他当事人明确优待前让与人的利益的,要求要有实质性政策理由的支持。但是这种令人信服的理由似乎并不存在。倒是第三人的利益,不管第三人是从“附条件的”受让人处取得权利的人,还是后者破产时的债权人或者其他强制执行的债权人,就此一点可以对抗(argue against)当事人的自治。

另外,上文的政策(c)也支持这一进路,因为不能在第八卷的其他地方约定溯及的物权效力。当然可以认为当事人自治是第Ⅷ-2:101 条(所有权转让的一般要件)中的转让的基本规则的最为中心的原则,而且基于这个理由,如果当事人想约定溯及的物权效力,那么当事人应该可以自由地这么去做。但是“关于所有权转让时间的约定”只是转让的一系列要件之一而已,另一个要件是“针对让与人的授权”的存在,而且在这种授权发生前不能发生转让。此处的授权是再转让债务的另一面,而这种义务只有在条件成就时才发生;参见与第Ⅲ-3:510 条(因履行所得的利益的返还)第(1)款相联系的第Ⅲ-1:106 条(附条件的权利和义务)第(5)款。第Ⅲ-1:106 条关于条件的一般规定当然很显然是任意法,可以由当事人协议排除,但是这似乎不能就物权法的层面强加有拘束力的指导方针。

最后,应当考虑到,如果当事人为了实现特殊的目的,希望在本规则下创设特殊的财产(patrimony),他们可以自由利用第十卷的信托规则。当我们考虑到这一点时,在第八卷似乎没有额外的法律特征的实际需要;甚至可能有埋没信托法政策的风险。

特论:对于第三人的效力。与决定本规则是强行法还是任意法性质有关的另外一个重要的争点是,附解除条件的转让对第三人效力的问题,第三人诸如,从受让人处取得权利的当事人(次买受人、获得担保物权的人)等、受让人破产时的债权人或者其他在破产程序之外强制执行对受让人的债权的债权人。比较法的研究表明所有的法律制度至少给善意取得人以某种保护。根据本款选择的进路，在条件成就前从受让人处取得权利的第三人，以及受让人破产时的债权人等都受到保护。如前所述，受让人只能"受到再让与人当时的处分权利或者权限范围限制的"再转让所有权，这适用了整个第二章都遵循的一般原则，也就是任何人不得转让超过其拥有的权利的权利（参见第Ⅷ－2:201 条（所有权转让的一般要件）第（1）款中的一般性的转让规则）。这意味着，比如，如果已经创设了担保物权而且在条件成就前在货物上生效，当货物被再转让给前让与人的，货物上仍然负担这一担保物权。如果受让人已经违反了其与受让人关于不在货物上设定这种权利的约定，可以认为受让人就债务不履行承担责任。但是自由的贸易流转不会受到限制。这看起来是个妥当的方案。

特论：强行法性质也适用于赠与。就第 2 句强行法性质考虑过给赠与以一项例外。但是，这种方案被认为没有说服力，一个理由是，这种可能性可能会用来欺诈受让人的债权人。另一个理由是，如前所述，本示范规则提供了当事人可以用以为特定目的创设特别物权的其他栏目，也就是关于信托的第十卷。因此，就此方面存在实际需要可以通过其他目的实现。

C. 附停止条件的转让（第（2）款）

关于所有权转让时间约定的特别适用。附停止条件转让所有权没有造成类似的困难。事实上，其无非是关于所有权转让时间的协议的一种特殊形式，其独特性在于约定的时间点是否会到来仍处于不确定的状态。最为常见的例子是保留所有权的约定，当事人约定所有权会在（且仅在）价款全部支付时移转。关于这一做法的担保功能的全部内容由第十一卷调整（参见第Ⅷ－1:103 条（其他规定的优先性）第（1）款）。但是，此时转让的这一方面为本条第（2）款所及。就买方通过按照合同条款的要求支付价款实现这一转让的权利，也请参见第Ⅷ－2:307 条（所有权保留条款下的受让人的期待权）。

D. 就附期限的转让的注释

附始期或者终期的转让可以像附条件转让一样处理。形式上，本条只涉及附停止或解除条件的转让。没有提及第Ⅲ－1:107 条（附期限的权利和义务）意义上附期限的转让。条件和期限的区别在于，期限与确定会发生的事件有关（比如，某个日子，某人去世等等）。但是，本条确定的原则也可以适用于附期限的转让。对于附始期的转让来说，始期和关于所有权转让时间的协议完全相同，因此这一点是显而易见的。就附终期的转让来说，研究小组协调委员会就采取与本条第（1）款类似的规则态度犹豫，因为有些成员表达了这样的关注，即暗中引入了新型物权。但是，根据本条第（1）款采取的进路，不会有这样的风险。当事人的协议不过是关于所有权回转当初的让与人的时间的协议（参见第Ⅷ－2:103 条（关于所有权转让时间的协议））而已。再转让只在再受让人(re-transferee,译者注:似乎应为再转让人 re-transferor)手中还有的东西范围内发生,受到该方当事人当时的处分权利或者权限的限制。因此,可以认为本条通过类推的方式适用于附任何类型期限的转让。

注　释

Ⅰ.解除条件或者终期

1. 在德国,合同自由使得下述事实没有任何疑问:动产所有权转让(不同于不动产,参见民法典第925条第(2)款)的物权合意可以附条件,解除条件和停止条件均可(Staudinger(*-Wiegand*),BGB,§§925-984,Annex to §§929 ff(2004),§929 nos. 30 f)。因此,当事人可以约定,比如物权合意的有效性取决于基础性合意的有效性(*Bedingungszusammenhang*,条件关联)。这些条件必须是"真正的",也就是其必须取决于当事人对有关事件发生的不确定性,并因此不是出于规避无因制度的尝试(Faber and Lurger(*-McGuire*),National Reports Ⅲ,chap. 4. 3. 2(c)(ⅳ))。因此有争议的是,上述条件是否不仅可以明确约定,而且还可以默示地约定(*Baur and Stürner*,Sachenrecht[17],§5 no. 53;*Brehm and Berger*,Sachenrecht[2],no. 1. 27;*Jauernig*,JuS 1994,721,723)。具体就解除条件来说,其在商业实践中重要性很低。解除条件不需要采取上述所谓条件关联的形式;从学说上最新发展看,应该也否定每一个信托所有权让与都包含一个解除条件的看法(Staudinger(*-Wiegand*),BGB,§§925-984,Annex to §§929 ff(2004),§929 nos. 30 f)。条件成否未定时发生的处分货物的行为绝对无效(民法典第16条),任何人可以主张,而不仅限于合同当事人。在条件成就时行为失去效力;在这一时刻之前行为有效,并受制于与原初物权合意同样的条件(Staudinger(*-Bork*),BGB,§§134-163(2003),§161 no. 12)。根据民法典第158条第(2)款,解除条件的成就具有向将来的(*ex nunc*)效力,并自动恢复到先前的法律状态(Soergel(*-Wolf*),BGB,§158 no. 29)。所有权因此根据法律的规定回到让与人手中,不需要占有的移转(*Wieling*,Sachenrecht[5],§9 Ⅰ 1 c);让与人重新取得没有任何负担的所有权(*Wolf*,loc. cit.,§161 no. 1)。但必须注意,由于处分的禁止服务于条件成就时被赋予所有权人的权利,因此后者可以对处分加以追认(Staudinger(*-Bork*),BGB,§§134-163(2003),§161 no. 13)。另一方面,民法典第161条第(3)款,就(*pendente conditione*(附停止条件))处分禁止的场合,以准用的方式扩大了对善意的取得人的保护(*Wolf*,loc. cit.,§161 no. 10):就善意取得人来说,他必须不知道停止条件的存在,并且就此确信也没有表现出过失。如果民法典第161条第(3)款意义上善意取得排除了有关处分行为的无效性,条件成就时应当得到所有权的人被赋予以不当得利为基础的债权(Staudinger(*-Bork*),BGB,§§134-163(2003),§161 nos. 15 f.)。

2. 就解除条件和终期来说,奥地利判例法和学说主要处理这样的案件,条件的成就要么具有所有权回归原初让与人的效力,要么表明所有权转让给第三人;第一种情形中,条件或者期限在基础性债务或者物权行为或者两者的框架内已经约定(Faber and Lurger(*-Faber*),National Reports Ⅰ,78)。就第一种情形,奥地利最高法院(OGH 5 Ob 73/94,JBl 1995,110)裁决认为,所有权以向将来的(*ex nunc*)效力自动回转于让与人。这一观点为部分学说强烈批评,因为其忽视了交付或者等同交付的作用,只有通过法律才能放弃交付要件;学说支持条件的成就只引起以不当得利为依据的请求返还所有权的权利的产生（*Hoyer*, *GS* Hofmeister, 283, 287 et seq.; *Egglmeier*, NZ 1997, 33, 36 et seq.）。但是，公示似乎不是争点；在为担保目的转让所有权时（*Sicherungseigentum*（担保性所有权）），可以约定以全部偿还贷款为解除条件而转让所有权（Faber, loc. cit., 105; Rummel（*-Spielbüchler*），ABGB I[3]，§§ 424 no. 5 and 428 no. 5）。就第二种情形来说（条件成就表明所有权转让给第三人），最高法院对这个问题没有定论，但是有人提出受让人必须具备全部的转让要件（*Spielbüchler*, loc. cit., §§ 357-360, no. 4）；但是，第三人可以享有优先于潜在的取得人或者第一受让人的债权人的权利（*Egglmeier*, NZ 1997, 33, 38 et seq.）。在破产时，尽管有关问题仍然有争议，这个观点还是得到支持：如果针对受让人的破产程序启动后条件成就，原初的受让人只取得针对破产财团的分配请求权；不过，如果条件在之前成就，可以发生再转让，但是可能受制于破产程序中的撤销权（*Faber*, loc. cit., 126）。

3. 就瑞士法中的解除条件来说，其没有溯及效力，除非当事人另有约定（债法第154条第(2)款）。瑞士判例法没有处理过相关的案件，但是一般肯定，如果条件成就，则约定的具有溯及效力的条件导致所有权自动回转于让与人（Thévenoz and Werro（*-Thévenoz*），Commentaire Romand, art. 154, no. 24）。但是，这种学说没有得到一致赞同，因为有人认为这与适用于所有权保留条款的规定（民法典第715条）相矛盾；更具体来说，除非解除条件登记，否则让与人只享有在条件成就时让货物回转的债权，就像解除之时一样（Faber and Lurger（*-Foëx and Marchand*），National Reports Ⅵ, chap. 5.3.3）。

4. 类似地，在希腊法，所有权的转让可以附解除条件或者停止条件（*Balis*, Genikai Archai[8], no. 34; CFI Athens 9255/1987, EllDik 29, 1628）。解除条件下的转让主要以信托所有权让与的形式出现（*lex commissoria*）；另外，判例法已经确定，甚至所有权保留条款也可以被认为是解除条件或者是停止条件，取决于当事人选择的具体的表达方式（CP Athens 2049/2000, ArchN 2003, 546）。具体来说，在关于观念质押（fictitious pledge）的法律（law 2844/2000）公布前，所有权的信托让与被认为是避免质押不利的有效途径，尤其是规避将货物交到债权人手中的要件（Georgiades and Stathopoulos（*-Georgiades*），art. 1034, 80 et seq.）。在希腊，信托的所有权让与有效与否存在争议；因为民法典或者其他法律中没有这个问题的规定，而希腊法不承认提供担保的目的是有效取得的原因（*causa aquirendi*）（*Georgiades*, loc. cit., 82 et seq.）；但需要提一下的是，最近的法律，比如新破产法典，明确提到了信托的所有权让与，因此可以认为默示地接受了这一做法。无论如何，如果接受信托所有权让与的话，其可以通过财产的现实交付实施，或者更为常见的是，以占有改定（*constitutum possessorium*）的约定实施（这样债务人可以继续占有财产），而且其可以附或者不附解除条件。在有疑问时，根据最为正确的看法，推定转让以清偿完所担保的债务为解除条件而成立。这一选择最好地满足了让与人/债务人的利益，因为一旦清偿完债务，其自动再次取得所有权（民法典第202条），而且任何同时发生的并且使条件后果落空的任何处分自动无效（民法典第206条）（*Georgiades*, loc. cit, 88 et seq.；就动产转让时解除条件参见 A. P. 10779/1978, NoB 1979, 1509 f; A. P. 1841/1987, NoB 1988, 1644; A. P. 1017/1989, Dik 1999, 1243）。在担保债权人（信托所有人）破产时，必须区分不同情形：如果有解除条件，债务人在还清款项时自动重新获得货物的所有权，而债务人或者破产管理人同时进行的任何转让依法（*ipso jure*）即属无效；另一方面，如果没有约定解除条件，债务人只就所有权再转让拥有债权，比如，如果破产管理人起诉要求将货物交给破产财团时可以主张该债权（就破产，一般性后果参见 Faber and Lurger（*-Klaoudatou*），National Report, chap. 9）。新破产法典第37条第(4)款调整相反的情形,也就是债务人宣告破产并占有货物,该款规定,债权人可以请求从破产财团中取回该财产。适用条件的一般规定并将假定已经约定了一项解除条件,这一规则只有在所担保的债务还没有得到清偿时适用。

5. 在匈牙利,当事人可以约定解除条件(民法典第228条第(2)款)或者为合同的生效规定一个期限(民法典第229条第(3)款)。条件总是以将来不确定的事件为据(Gellért(*-Zoltán*),A Polgári Törvénykönyv Magyarázata[6],850－855)。考虑到这一约定造成悬而未决的法律状况的事实,当事人必须避免可能危及他方当事人权利的任何行为;但是如果一方当事人通过不当行为促成条件成就,其不得主张条件成就。当合同是转让物的合同,解除条件成就或者约定的期间到来将解除合同,该合同被毁弃,带来恢复原状的结果(*in integrum restitutio*)(Gellért(-Zoltán),A Polgári Törvénykönyv Magyarázata[6],852,854)。

6. 根据捷克法,解除条件通常具有溯及效力(民法典第36条第(2)款),但是就买卖合同来说,根据合同法第610条,向将来发生效力,也就是从协议解除之日起发生效力(*Svestka/Jehlicka/Skárová*,OZ[9],904)。解除条件的成就意味着所有权从未发生过移转,且"取得人"必须返还原物(见民法典第451、457条,Faber and Lurger(*-Tichy*),National Reports Ⅵ,chap. 5. 5. 6)。

7. 在斯洛伐克,条件受债法第59条调整。如果合同附解除条件成立,条件成就时合同停止生效。解除条件的成就通常产生向将来的(*ex nunc*)效力,但当事人可以约定赋予其溯及的(*ex tunc*)效力(*Tratnik*,Stvarnopravni zakonik,62,fn. 111)。原则上,所有权的转让不能附条件(债法第37条第(2)款);不过,债法第63条就解除条件或者停止条件例外地规定了这一可能性(Faber and Lurger(*-Rudolf/Rijavec/Kerestes*),National Reports Ⅰ,551,556)。更具体来说,这一规定包含了这些情形的例示性列举(Juhart et al.(*-Tratnik*),SPZ s komentarjem(2004),art. 63,318;Juhart/Tratnik/Vrencur(*-Tratnik*),Stvarno pravo(2007),224):为担保目的的所有权转让(*fiducia cum creditore contracta*,债法第201条第(1)款)以及所有权保留;前者在斯洛伐克学说中被作为解除条件看待,后者被作为停止条件看待(*Vrencur*,Podjetje in delo 2005/6－7,1366)。在为担保目的的所有权转让,除非当事人就物权合意另有约定(Juhart et al.(*-Tratnik*),SPZ s komentarjem(2004),art. 201,838),受让人附全部清偿债务为内容的解除条件而立即取得所有权。在全部付款时,所有权自动回转至让与人;除非当事人另有约定,适用关于条件的一般规定,而条件的成就产生向将来的(*ex nunc*)效力(债法第59条第(3)款)(*Rudolf/Rijavec/Kerestes*,loc. cit.,556)。

8. 根据爱沙尼亚法,如果基于附条件(或者附期限)合同转让所有权,比如为管理或者担保目的的信托,如果在物权合意中约定了相应条件,所有权可以"回归"原初所有人。否则,基础合同的解除只有向将来的(*ex nunc*)效力,受托人必须将所有权重新转让给原初所有人(Faber and Lurger(*-Kullerkupp*),National Reports Ⅰ,291)。

9. 在荷兰,解除条件被视为,在买方不支付所欠价款时,卖方确保所有权根据法律规定本身的效力自动回转的有效手段(Faber and Lurger(*-Salomons*),National Reports Ⅵ,chap. 5. 2. 3)。如果合同根据解除条件订立,而条件成就,在成就之时已经完成的全部给付原则上都必须恢复,除非可以从有关的法律行为的内容或者必然的含义中推出不同的意思(民法典第6:24条第(1)款)。根据民法典第3:38条第(2)款,与合同解除一样,解除条件的成就没有溯及的效力。但是,当为履行附条件的债务实施交付时,依据民法典第3:84条第(4)款取得的权利与基础性债务附一样的条件,在条件成就时,所取得权利依据法律规定恢复到让与人,尽管没有溯及效力。与此类似的有所有权的还原(revindication of ownership)(民法典第7:39条):此时所有权也自动恢复至卖方,但是没有溯及的效力。这意味着,如果买方同时已经将财产有偿地转让给善意的第三取得人,第三取得人受到民法典第7:42条的保护,因为财产是有权转让的人转让的,由于没有溯及效力,因此第3:86条的规定不适用(*Pitlo et al.*, Goederenrecht[12], no. 122; Faber and Lurger(*-Salomons*), National Reports Ⅵ, chap. 5.3. fn. 127 and 132, chap. 5.7)。条件成就时所有权根据该事实本身(*ipso facto*)恢复,而不管受让人是否同时已经宣告破产;所取得的物的所有权脱离破产的财团并复归所有人(*Salomons*, loc. cit., chap. 8.4)。但是,当事人可以约定,条件的成就没有物权效力,而只是赋予债权(*Pitlo et al.*, Goederenrecht[12], no. 124)。

10. 在法国,作为就所有权转让赋予的广泛自治的结果,可以自由约定解除条件。此时,所有权在合同订立时移转至受让人,但是,如果解除条件成就,结果与撤销时类似,也就是转让溯及地无效(*Bénabent*, Les obligations[10], nos. 324-326; *Terré/Simler/Lequette*, Les obligations[9], nos. 1234-1236; Faber and Lurger(*-Cashin-Ritaine*), National Reports Ⅳ, chap. 5.2.2);参见第Ⅷ-2:202条注释27。我们也可以提及附买回选项的买卖(*vente à réméré*(附买回权的买卖);民法典第1659条至第1673条),在股份或者其他债券的情形比较常见,此时根据卖方会偿付所有的买卖支出及物的增值的默示条件,卖方有权在5年内买回所售货物(*Collart Dutilleul and Delebecque*, Contrats civils et commerciaux[8], no. 196; Heinrich, JCP éd. E, 1984 II, 14282)。

11. 在比利时,如果根据解除条件订立合同,所有权根据相关的一般规定移转;就解除条件成就来说,其有溯及到合同订立时的效力(民法典第1179、1183条;*restitutio in integrum*(恢复原状))(*Cornelis*, Algemene theorie van de verbintenis, no. 163)。最高法院允许当事人以协议偏离这一规则并排除溯及效力(Cass. November 9, 1957, Arr. Cass. 1957, 167)。如果附解除条件的货物所有人在条件成就前处分货物,任何处分行为均可撤销(is annulled),因为所有人所拥有并可以转让的是附条件的所有权。不过,这一规则的效果受到关于善意取得的民法典第2279条的限制(*van Gerven and Covemaeker*, Verbintenissenrecht[2], 316)。民法典第1176条及以下包含了根据当事人是否已经就条件成就与否确定一定的时间,决定何时条件视为成就或者不成就的一般性规定(Faber and Lurger(*-Cauffman and Sagaert*), National Reports Ⅳ, chap. 2.1.2)。

12. 类似地,在意大利,根据私法自治的原则,所有权转让的当事人可以自由约定期限(民法典第633条及以下)及条件(民法典第1353条及以下),停止的或解除的,明示的或者默示的均可。但是附(解除或者停止)条件的货物买卖可能会排除合意原则,因此不产生对世效果(results in rem)(Faber and Lurger(-Greco), National Reports Ⅰ, 436)。如果认为条件只利于一方当事人,则可以摒弃该条件;另外条件也不得违反法律、公共秩序或者社会习俗。和法国及比利时一样,停止条件或者解除条件的成就具有溯及的效力(Cass. II 1192/1987),除非当事人另有约定或者合同关系的性质到了必须认为合同的效力或者其解除在不同的时间点发生的程度(民法典第1360条第(1)款)(Cass. I no. 2617/1980; Cass. II no. 3415/1999)。溯及的原则尤其重要,因为其具有物权效力,也就是可以对抗任何人,而不仅限于转让合同的当事人。条件成否未定时,所有的当事人都必须表现出适当的注意并善意行事,从而不妨碍条件的成就(民法典第1358条);如果因为一方当事人的过失而条件最终未能成就,则条件仍视为成就(*finzione di avveramento della condizione*(条件成就的拟制))(Cass. II no. 8584/1999; *Gazzoni*, Manuale di diritto privato[11], 913)。在条件成否未定期间,任何根据解除或者停止条件取得权利的人都可以处分这一权利,但是任何处分都会附条件(民法典第1357条);在此期间,任何取得附条件权利的人,以及其继承人,可以通过针对让与人或者任何妨碍其期待的人的防备措施,保护其期待。包含有不能停止条件的合同视为无效,而不能解除条件视为未约定条件(民法典第 1354 条)。就期限来说,其是影响合同效力的开始(*termine iniziale*(始期))或者结束(*termine finale*(终期))的将来的确定的事件,其可以归于在确定事件在特定时间一定会发生的事件(*dies certus an et certus quando*(确定且到来时间确定的期限))或者是肯定会发生但是不知道何时发生的事件(*dies certus an et incertus quando*(确定且到来时间不确定的期间))。期限未到来前,买方不能立即行使权利,而取得的权利只不过被视为他人货物上临时性的物权(right *in rem*)而已(*Greco*,loc. cit. ,427 et seq.)。

13. 在西班牙,当事人附明确的停止或解除条件实施转让的,所有权转让于受让人,但是,如果其在解除条件成就的,通说认为后果是自动发生并有溯及力的(*ex tunc*),至少对那些不以继续性给付(比如租赁)为条件的合同是如此。前所有人自动再次取得所有权;如果转让是基于双务合同,民法典第 1120 条以简单的方式解决条件成否未定期间取得的孳息和收益的问题,因为合同当事人被认为已经以每一方取得的孳息相互补偿过了。另外,附条件的(*sub conditione*)取得人就对物的改良费用无权获得补偿(民法典第 1122 条第 6 项、第 1123 条第(2)款:适用用益权的规则)。就条件成否未定期间处分来说,没有特别的规定:但是学说认为应该适用让与的权利消灭,被赋予的权利也消灭(*resoluto iure dantis*,*resolvitur ius concessum*)的原则,除非可以适用从非所有人处(*a non domino*)取得的规定(Faber and Lurger(*-González Pacanowska and Díez Soto*),National Reports Ⅴ,chap. 4. 3. 2)。"买回约定"(*pacto de retroventa*,*pacto de retro*,*venta a carta de gracia*)构成附解除条件买卖合同的一个特例。根据这种约定,在特定的时间内并根据一定的条件,卖方保留通过偿还所获得的价款以及其他买方可能发生的费用而重新取得所售货物的权利(民法典第 1507、1518 条)(*González Pacanowska and Díez Soto*,loc. cit. ,chap. 4. 3. 3)。卖方因此取得买回的债权;这一约定实践中常用来融资。由于其具有对世的(*erga omnes*)效力,因此有必要受到一定期限的限制(参见民法典第 1508 条)。回购的债权在判例和学说上被视为事实上的物权。这一理论以其法律上的构造为基础,有几个理由支持这一观点,比如其可转让性以及其可以针对买方的任何继受人强制执行。这种协议导致买卖的作出和所有权的取得附解除条件(民法典第 1506 条)。买回权以对买方作出的单方意思表示行使,而卖方必须偿还包括价款在内的民法典第 1518 条列举的或者当事人约定的所有请求权;买方可以保留孳息。卖方的债权人也有权通过扣押及随后执行或者通过代位权(民法典第 1111 条)行使这一权利,只要债权人不能通过卖方的财产获得其债权的清偿(民法典第 1512 条)。在买回选择权被依法行使后,买卖被溯及地解除,就好像卖方从未停止过对物行使所有权一样;事实上,卖方重新取得物,完全不承担买方同时设定的任何负担或者担保物权,可以适用善意取得规则的除外(民法典第 1520 条)。另一方面,如果卖方没有及时行使这一权利,买方不可撤销地取得了物的所有权(民法典第 1509 条)。最后,所有权的信托转让也提出了一些有意思的问题。根据信托转让(*negocio fiduciario*)的效力,某人将一项或者多项财产的所有权根据附加条款(*pactum fiduciae*(信托约定))进行转让,该条款约定,在信托让与的目的实现后,取得人会将财产返还给让与人或者第三人(更多内容参见 Faber and Lurger(*-González Pacanowska and Díez Soto*),National Reports Ⅴ,chap. 4. 3. 5)。根据其目的不同,有两类这样的合同:一是 *fiducia cum amico*(所有权信托),转让的目的在于由管理人履行一定的管理行为(参见诸如 TS 14 July 1994,RJ 6395;TS 22 June 1995,RJ 5182;TS 19 June 1997,RJ 5418);二是 *fiducia cum creditore*(担保信托),用作让与人对受让人所负债务的担保(*transmisión en garantía*,*venta en garantía*(担保性让与),比如,TS 7 March 1990,RJ 1674;TS 30 January 1991,RJ 349;TS 5 July 1993,RJ 5794;TS 9 December 1998,RJ 9426)。两种情形都以转让的目的和实现目的的手段部分分离为特点,该分离由让与人和受让人之间的信托关系所涉及。信托让与不被视为虚伪行为,也不是欺诈行为,尽管常常当事人会规避强行法,比如所谓的"委托契约"(commissary agreement)禁止的规定(参见民法典第 1859 条;TS 13 May 1998,RJ 3687)。信托的所有权让与在西班牙法上存在争议,但是法院似乎肯定其可采性。就这种转让的具体效果有数种理论。(ⅰ)受让人被视为取得其必须以后再转让的完全的所有权。法院经常采纳这一理论(e. g. TS 5 July 1996,RJ 5576;TS 19 June 1997,RJ 5418)。但在受让人未履行合同债务而且同时将货物转让给其他人时,会导致不公平的结果;不能对后一转让提出异议。(ⅱ)受让人取得一种允许其处分货物的"形式上"的所有权,而让与人维持包括占有物和取得孳息在内的"实质上的"所有权(参见 e. g. TS 19 May 1989,RJ 3780;TS 7 March 1990,RJ 1674);这一理论引入了可能会危及法律确定性的非典型物权,因此受到批评。(ⅲ)现在颇为流行的理论倾向于将受让人的权力限制在与信托让与目的一致的范围内(*De Castro y Bravo*,El Negocio Jurídico,379 et seq.);如果受让人从事了超出这一范围的任何处分行为,让与人仍然有物上的返还请求权,存在从无权利人处(*a non domino*)取得的除外(TS 6 June 1995,RJ 5054;TS 2 December 1996,RJ 8784)。类似地,受让人的债权人不能扣押依据信托约定而取得的财产;利用财产的权利以及与所有权有关联的义务和责任,仍然属于让与人,只要这与信托约定的范围一致即可(*Lacruz Berdejo et al.*, Elementos I(3)[2],206 et seq.)。

14. 葡萄牙民法典无特别限制地明确承认附条件转让所有权的可能性。民法典第 1307 条第(1)款规定,"所有权可以附条件成立"。只要解除条件有效(条件的有效性:民法典第 272 条至第 277 条),条件的成就溯及地引起合同的解除(民法典第 276 条)。就附期限的所有权转让,只有在法律有规定的时候才认可(民法典第 1307 条第(2)款),而规定附期限的所有权转让的唯一情形是,继承法中信托替换(*substituição fideicomissária*)(民法典第 286 条),此时遗嘱人以信托的方式授予继承人对被继承货物的所有权,在信托继承人去世时货物连同其上负担转给特定的受益人(*Pires de Lima and Antunes Varela*,Código Civil Anotado Ⅲ[2],104;*Mota Pinto*,Teoria Geral do Direito Civil,571)。

15. 根据保加利亚法,合同当事人可以在他们转让所有权的合同中自由约定解除条件(债法第 25 条第(1)款)。比如在 1994 年最高法院的一个判决就涉及这一情形(SC [4th ch.] no. 1212/1994):某人将一对非常昂贵的黄金耳环附解除条件赠与给受赠人,解除条件是如果她不和赠与人的儿子结婚则必须返还赠与物。如果条件成就,由于成就条件的溯及效力,所有权视为终止(债法第 25 条第(2)款)(Faber and Lurger(*-Stoimenov*),National Reports Ⅳ,chap. 5. 5. 4 (d))。

16. 在英格兰法中,事后条件(*conditions subsequent*)具有终结现有合同的作用——也就是合同有效订立并履行,但是合同事后会在一项事件发生时被解除(*Cheshire/Fifoot/ Furmston*,Law of Contracts[13],167)。因此,其效力似乎和合同解除时相同。

17. 根据苏格兰法,就转让货物的附条件合同来说,只要与当事人意图一致,解除条件可以像其适用于基础性合同一样溯及地适用于交付行为。就为担保目的被转让给有义务管理的人的动产,也是一样(Faber and Lurger(*-Carey Miller/Combe/Steven/Wortley*),National Reports Ⅱ,361)。在所有权转让时与作为担保手段的信托相联系,有人提出,合同当事人可以约定解除条件,根据这一条件如果买方(有义务晚一点付款)没有在短时间内为买方的利益在货物上创设信托的,那么买卖将会被撤销。不过,有人表达了对这种做法的怀疑,因为交易可以因为欺诈或者因为不公平优待而撤销，尽管买方能够根据1961年信托法（苏格兰）第2条的效力给第三人创设不受异议的权利，但原初的卖方极有可能就任何再买卖中原初买方的所得提出请求（Faber and Lurger（*-CareyMiller/ Combe/ Steven/ Wortley*），National Reports Ⅱ，442；cf. *Jopp v. Johnston's Tr* [1904] 6 F 1028；*Carey Miller and Irvine*，Corporeal Movables², no. 12. 13；*Wilson and Duncan*，Trusts²，no. 10. 10）。

18. 除了对保留所有权交易行为的实践上的重要争点外（参见第Ⅷ－2:103条注释33以下更为详细的讨论），在丹麦、芬兰、挪威和瑞典，附条件的货物所有权转让的问题似乎还没有得到一般性的讨论（不过，就停止条件的简要评论参见 *Martinson*，Transfer of Title Concerning Movables Part III-National Report：Sweden，74，90 and Faber and Lurger（*-Kuusinen*），National Reports Ⅴ，chap. 5. 5）。讨论的缺乏可能源于这一事实，这些国家没有就"所有权"何时在合同当事人间移转规定特定的时间；完全不提何时"所有权"移转的问题（详见第Ⅷ－2:101条注释2，注释27以下及注释47以下）。根据合同自由原则这种条件在当事人的内部关系上是有效的。但是这种协议是否或者在什么程度上有对抗第三人的效力相当不确定。

Ⅱ. 停止条件和始期

19. 在德国，附停止条件转让所有权的经典例子是所有权保留的情形。在此情形，人们确认，物权合意不是取决于基础性债务的有效性，而是取决于价款的全部支付；因此无因的转让制度并没有被破坏（第Ⅷ－2:101条）。在所有权保留情形实际发生时，基础性协议和物权协议都受制于价款全部支付的停止条件。所有权保留条款由民法典第449条调整；不需要具备特定的形式，甚至不需要一项明确的协议，但如果买方是消费者的，必须有书面形式的协议（民法典第520条第（1）款第6项）。当卖方在获得付款之前交付货物，就此时是否存在（默示的）所有权保留有长期的争论：学说和判例都肯定了这种可能性；不过法院要求要有除卖方先履行之外的其他迹象（indications）。另外一个激烈争论的争点是卖方是否可以单方面事后（ex post）宣布所有权保留：部分理论倾向于否认这一可能性；但是，如果买方不反对的话，该条款有可能成为物权合意的一部分。判例法肯定了这种可能，但是为了使条件生效，需要一套所有权回转至原初受让人的精细的机制；但甚至是溯及既往（*ex post facto*）的所有权保留条款的支持者都反对这一复杂的构造，他们只是指出与此同时第三人取得的权利应该受到尊重。如果条件成就，买方无溯及效力地（*ex nunc*）取得完整的所有权；如果货物在卖方的同意下被再销售给第三人或者在原始取得的情形，条件也可能会被放弃（Faber and Lurger（*-McGuire*），National Reports Ⅲ，chap. 13. 1. 2 and 13. 1. 5 with further references）。德国法也承认延伸的和扩张的所有权保留。在延伸的所有权保留，卖方和买方约定，要么后者会将从再销售货物中取得的权利转让给前者（Vorausabtretungsklausel（先行让与条款）），要么前者会被视为后者用所售货物制造的产品的生产者；新产品反过来附条件地转让给买方/生产者（*Verarbeitungsklausel*（加工条款））。在扩张的所有权保留中，买方只有在不仅支付了价款，而且偿付了其他债务时才取得所有权，但是根据民法典第449条第（3）款的明文禁止，其他债务不能是第三人的债权（*McGuire*，loc. cit.，chap. 13. 3 and 13. 4）。如果所有权保留条款无效，卖方有义务转让附条件的所有权；不这么做将构成对合同义务的违反（民法典第443条）违约。如果所有权保留条款可撤销，结果则取决于买方的反应。最后，卖方有可能转让不附条件的所有权，而依据合同打算转让的只是附条件的所有权；（基于无因制度）买方取得完整的所有权，而卖方有基于不当得利的债权（无法律原因的（sine causa）转让，民法典第812条第（1）款）。但是，实践中发生像这样的事是很罕见的，因为当这种条款合同中明确有约定的，民法典第

449条第(1)款设置了保留所有权转让的推定(*McGuire*,loc. cit.,chap. 13.2)。所有权保留条款的效果在破产时有特别的价值,因为这个条款会影响破产管理人的选择权:如果受让人被宣告破产,而破产管理人毁弃合同,或者选择坚持合同但又不履行合同义务,那么让与人可以解除合同并要求取回货物(*Pape and Uhlenbruck*,Insolvenzrecht,no. 531; *Bork*,Insolvenzrecht[4],no. 237)。另一方面,在让与人破产时,选择权受到限制;只要受让人履行合同义务,管理人不可以拒绝履行(破产法第107条第(1)款),而且在最后一期款项支付后所有权发生移转,也就是受让人在支付尚未偿付的价款时,被赋予了请求从破产财团中取回(release)其尚不拥有所有权的财产(*Pape and Uhlenbruck*,Insolvenzrecht,no. 648)。另外,根据破产法第51条,如果债权人只拥有形式上的所有权(比如信托的受让人),则债权人不可以请求从破产财产取回财产,而是只能主张别除权(segregation),在延长的或者扩张的所有权保留时也确认了这一结果(BGH,JZ 1971,505;BGH,JZ 1971,506;*Bork*,Insolvenzrecht[4],no. 249;批评性意见参见 *Grunsky*,JuS 1984,497,499),原材料的供应商与买方约定了加工条款(*Verarbeitungsklausel*),(不考虑民法典第950条规定的特定原则而)赋予供应商就买方用所售原材料生产的货物以所有权;供应商的所有权在债务人破产时不予承认,但是前者被认为是单纯的担保权益,因此,其没有取回权,而只有别除权(破产法第51条第(1)款)(MünchKomm(*-Füller*),BGB[4],§ 950 no. 30)(所有这些情形参见 Faber and Lurger(*-McGuire*),National Reports Ⅲ,chap. 8.2.4)。

20. 在奥地利法,由于转让所有权的物权合意被认为是一项法律行为,因此和其他法律行为一样可以附期限或者条件,也可以附停止条件作出。实践中最为相关的是这样的条件:规定所有权会在价款全部付清时转移,也就是保留所有权(*Eigentumsvorbehalt*),实践中导致所有权在交付之后移转(Schwimann(*-Binder*),ABGB Ⅳ[3],§ 1063 no. 4;Rummel(*-Aicher*),ABGB Ⅰ[3],§ 1063 nos. 24 f);但是,这一条件也完全有可能同时影响基础性债务(就所有权保留条款的效力的描述及其他引证参见 Faber and Lurger(*-Faber*),National Reports Ⅰ,171 et seq.)。尽管所有权保留在法律中没有明文规定,但是其在奥地利经济中起到特别重要的作用。在法律和商业实践中,买卖格式合同中经常包含所有权保留条款,尤其是在购买由第三方融资的货物时(*drittfinanzierter Kauf*(第三人融资买卖))(Faber and Lurger(*-Faber*),National Reports Ⅰ,175)。奥地利法中单一所有权的概念意味着,此时所有权运作为"为转让人提供担保的工具";但是,这种保护不扩张到交付前买方可以对抗卖方债权人的利益。这种条款的通常表述是:"所有权在价款全部付清之前仍属于卖方",而且商业实践中就付款是在交付还是在交付后发生未加以区别;因此,就付款在交付之前作出的,这一条款以不否定民法典第426条规定现实交付的要件进行解释(*Faber*,loc. cit.,82,95(fn. 411;就奥地利法下,关于付款在所有权转让中的作用的更多信息参见 *Faber*,loc. cit.,103f))。在所有权保留条款有效期间,受让人破产时的后果很是有趣:根据破产法(KO)第21条和与债权人重组法(AO)第20条b,如果管理人决定坚持合同,破产财团会只需要支付剩余价款。但是,如果合同被毁弃,卖方有权请求取回所售货物(*Aussonderungsrecht*(取回权),与债权人重组法第44条)。如果同时货物被再出售,则必须区分不同情形:如果再出售在破产程序开始前实施,债权人失去取回权;如果在破产程序开始后实施,尚未支付的价款债权可以被取回或者转让给原初的让与人(如 OGH 5 Ob 248/61,SZ 34/113;Faber,loc. cit.,127)。反过来,也就是让与人宣告破产的,所有权保留时的买方有权请求从破产财产中取回货物(*Aussonderungsrecht*(取回权);破产法第44条,与债务人重组法第21条)。但是,这一点在奥地利学说中有争议,因为其实际上构成了对破产管理人可以选择是坚持还是毁弃合同这一规则的例外(see Faber,loc. cit.,

131);有些学者支持这种取回权并肯定破产管理人只能依据民法典第 918 条因为迟延付款而毁弃合同,而其他学者则全面拒绝(支持的,*Holzhammer*, Insolvenzrecht[5], 45, 50; *Kepplinger*, ZIK 2000, 110, 112 et seq.; Konecny and Schubert(*-Widhalm-Budak*), Insolvenzgesetze, § 21 KO nos. 132 ff; 反对的, *Frotz*, Kreditsicherungsrecht, 176 – 180; Bartsch/Pollak/Buchegger(*-Gamerith*), Insolvenzrecht I[4], § 21 KO no. 11)。

21. 根据瑞士法,所有权转让可以附条件实施,因此在某事件发生前,转让的原因不生效,转让不发生(债法第 151 条第(2)款)。在条件仍成否未定时,让与人不得从事会危及债务适当履行的任何行为,并且受让人为此目的甚至可以请求法院给予临时保护(债法第 151 条第(1)款至第(2)款)。货物的占有可以在条件成就前转让给受让人;此时,条件成就的,后者有权保有占有期间收取的一切孳息;否则,则必须将孳息返还给让与人(债法第 153 条)。返还根据不当得利规则实施(ATF 129 Ⅲ 264)。具体就所有权保留来说,这一条款主要由民法典第 715 条调整(参见 Faber and Lurger(*-Foëx and Marchand*), National Reports Ⅵ, 61 et seq., chap. 5. 1. 3. and 15. 1)。特定财产的转让不可以有这样的约定:这一点适用于如不动产(债法第 217 条第(2)款),家畜(民法典第 715 条第(2)款),登记的飞机或者船舶(*Steinauer*, Les droits réels II[3], no. 2032)。学说上几乎一致认为,只能在有偿转让合同中纳入这种条件(参见 *Foëx and Marchand*, loc. cit., chap. 15. 1,有进一步引证)。所有权保留条件只有在纳入消费者合同时才有形式要求(消费者信用法(ConsCredA)第 9 条及以下),但是通常需要在取得人的住所的特别登记处登记(民法典第 715 条),以保护第三人不受实际物权关系错误外观的创设影响(ATF 93 Ⅲ 96; ATF 96 II 161; Faber and Lurger(*-Foëx and Marchand*), loc. cit., chap. 5. 2. 5 and 15. 1);不过,登记不妨碍第三取得人善意的成立,并从而能够根据民法典第 714 条第(2)款和第 933 条取得所有权(*Steinauer*, Les droits réels II[3], no. 2047, 2044; BSK(*-Schwander*), ZGB II[3], art. 715 no. 6; *Rey*, Grundlagen[3], no. 1746a),第三人是专业的汽车经销商除外(ATF 113 II 397/400)。如果没有就条件予以登记且占有已经移转,受让人还是取得所有权,未登记的保留条款不影响所有权转让(ATF 110 II 173)。如果登记是后来完成的,所有权重新转让给让与人,但是没有溯及效力(*Steinauer*, Les droits réels II[3], nos. 2039, 2041; *Schmid and Hürlimann-Kaup*, Sachenrecht[2], 1106, 1108; *Rey*, Grundlagen[3], no. 1746a)。如果受让人在所有权保留条款登记之前处分动产的,其可能要承担刑事责任(ATF 106 Ⅳ 254)。受让人登记了的所有权保留条款,在受让人履行其相关义务前阻止所有权的转让(*Steinauer*, loc. cit., no. 2046),尽管有些学者也提出受让人实际上取得了附条件的所有权(Meier-Hayoz(*-Liver*), Schweizerisches Privatrecht V(1), 341)。如果占有已经移转给受让人,视为货物已经交给受让人保管(民法典第 933 条)(*Steinauer*, loc. cit., no. 2047)。如果受让人没有履行相关义务,让与人可以解除合同(债法第 107 条)并请求返还动产和要求赔偿,或者启动督促程序(debt collection proceedings)以获得仍未偿付的合同金额的偿还(以及任何可能赔偿)。在第二种情形,让与人被视为已经放弃所有权保留条款(*Schmid and Hürlimann-Kaup*, loc. cit., 1115; 批评性看法参见 *Steinauer*, loc. cit., no. 2039, 2051)。如果根据所有权保留条款转让的货物在督促程序期间被受让人的债权人扣押,让与人原则上只有就债权获得优先清偿的担保权益,而剩余部分在其他债权人中进行分配(*Steinauer*, loc. cit., nos. 2056 ff; *Schmid and Hürlimann-Kaup*, loc. cit., 1117)。如果受让人宣告破产,债权人可以选择是坚持合同(债务强制执行与破产法(SchKG)第 211 条第(2)款)还是解除合同,解除合同时,让与人可以要回货物(并补偿已经获得的付款)或者就仍未清偿的债权在破产程序中登记(*Steinauer*, loc. cit., no. 2051a)。反过来,如果让与人破产,债权人可以行使产生于所有权保留条款的全部权利以及所有权。就加工、附合、混合,其使得受影响货物上的所有权保留条款失去效力,但是权威学者曾经就混合时的这一效果提出质疑,尽管他们没有解释清楚物上代位(subrogation)在这类情形中如何发生作用(Grimaldi(*-Foëx*),La propriété,461,467 et seq.)。最后,所有权保留条款完全只服务于担保价款的支付(ATF 102 Ⅲ 150),而不能扩张到让与人的其他债权,也不能涉及受让人再销售的所得(ATF 102 Ⅲ 150; *Steinauer*,loc. cit.,no. 2027;反对意见:*Rey*,Grundlagen[3],no. 1758)。

22. 在希腊法中,关于法律行为的一般规定也适用于物权行为;因此后者也可以附条件(解除条件或者停止条件)。具体来说,所有权保留条款可以根据合同当事人的意图,既可以是解除条件,也可以是停止条件(CP Athens 2049/2000,ArchN 2003,546);除非另有约定,所有权保留是停止条件(民法典第 532 条)。所有权保留条款是非常常见的;如果给买方提供了信用的话,其目的在于担保卖方就价款享有的债权。买方只获得动产的持有,而卖方保留所有权和占有;如果货物为买方的债权人扣押,卖方可以提出执行异议(民事诉讼法典第 936 条)(就公共税收征收法典第 74 条的对应申请,参见 UPr Athens 4918/1986,first published in NOMOS)。在条件成就时,所有权由买方按照法律规定本身取得(Georgiades and Stathopoulos(*-Georgiades*),art. 1034 no. 36)。要让保留条款有效,有必要就基础性债务和物权合意都纳入该条款;否则买方会取得所有权,而这一条件的目的就没有得到实现(*Georgiades*,loc. cit.,no. 38)。可以适用关于条件的一般规则;因此,在条件成否未定期间的使条件效果落空的任何处分,原则上都无效(民法典第 206 条),但是买方在第三人善意取得时会丧失所有权;当第三取得人知道条件存在或者就此有重大过失的,则构成恶意,此时最初出卖人也可以向第三人请求返还货物(PPr Piraeus 1914/2003,DEE 2004,678;PPr Thessaloniki 785/1989,Arm 1989,745)。如果条件不成就,卖方可以解除合同,并要么针对买方使用所有权救济,或者依赖解除产生的权利并以不当得利为基础请求返还(A. P. 1136/2000,EllDik 2001,1350)。如果卖方希望在价款全部支付前进一步销售货物,对卖方最有效的机制是约定延伸的所有权保留条款,根据该条款卖方授权买方进一步转让货物(民法典第 239 条),而且两者就预期转让再销售时的债权达成协议;如果货物同时被加工,该条款被理解为也及于新物(就此一点的希腊法上争议参见 *Georgiades*,loc. cit.,§ 52 nos. 19 ff;*Kornilakis*,Obligations SP,357;就所有权保留条款的一般问题参见 Faber and Lurger(*-Klaoudatou*),National Reports Ⅲ,chap. 15)。在合同一方当事人破产时,破产法典第 35 条就所有权保留时所有权转让的命运作了具体规定:如果让与人宣告破产,并且已经交付货物并保留所有权,买方保持依据合同产生的权利;另一方面,如果是受让人破产,卖方的权利不被削弱,但是卖方可以请求管理人行使是坚持合同还是毁弃合同的选择权,并且如果管理人选择毁弃合同时,卖方可以行使取回权而不需要先解除合同,后一规定用来解除希腊判例法和学说中长期存在的争议,若干年来,这些争议支持各种可能的选择,包括从完全排除卖方取回货物的权利,到只有卖方先毁弃合同才能赋予这种权利等等(就旧判例法的介绍参见 Faber and Lurger(*-Klaoudatou*),National Reports Ⅲ,chap. 9. 1. 2)。

23. 在匈牙利民法中,如果买卖合同订立时以书面形式约定所有权保留,则所有权保留成立,而所有权最晚保留到价款全部付清之前(民法典第 368 条第(1)款)。只是暂不发生所有权转让,而买卖合同仍属有效:最晚在款项全部付清时,所有权根据法律本身效力(*ipso iure*)移转于买方。根据相关规定,买方的处分权从有利于卖方角度而受到限制,也就是在所有权保留条款依然有效时,买方不能让与以所有权保留为条件而出售的财产或者在其上设定的负担。不过,善意第三人有偿取得的所有权或者限制物权(比如质押)不受这一禁令的影响(民法典第 368 条第(2)

款)。风险在交付时就已经移转于买方;本规则的目的是在法定的所有权与经济所有权概念之间显现的鸿沟之间架设一座桥梁(Gellért(*-Zoltán*),A Polgári Törvénykönyv Magyarázata[6],1426 et seq.)。不过,也有人提出,对于买方强加的让与及/或负担设定的禁令是多此一举或者甚至是自相矛盾的,因为买方根本就还没有取得所有权。匈牙利新民法典两个主要的临时草案原则上支持现行民法典的进路,只是在文字上作了一点修正,旨在强调这一事实,也就是这种条款不能单方宣布;但是转让及设定负担的明确禁止被删除,因为认为其自相矛盾;条件成否未定期间的可能的(eventual)处分受善意取得规则调整。就第三人来说这是令人满意的解决方案,但是仍有人表达了对卖方优先权利不受限制的这一事实的关注(Faber and Lurger(*-Szilágyi*),National Reports Ⅲ,chap. 15.3)。学者建议草案(AcadProp)提出了将所有权保留整合到债权的物权担保的领域之中这一不同的进路(AcadProp 第4:107 条)。不过,立法草案(LegProp)第5:188 条维持了现有做法和规定,只是作了一些技术性质的修正。

24. 在捷克法中,就所有权转让协议来说,不承认隐藏的所有权保留(Faber and Lurger(*-Tichy*),National Reports Ⅵ,chap. 5.9)。在捷克共和国,所有权保留只是在商法典中有简单的规定,民法典没有规定。就这种条款来说,其必须以书面形式约定,与商法典第 443 条的规则不同,所有权取得延迟到完成全部付款之时。如果买方不付款,则卖方有留置权(*Svestka/Jehlicka/Skárová*,OZ[9],820),但是在受让人手中的货物不能"自动地"被扣押(Faber and Lurger(*-Tichy*),National Reports Ⅵ,chap. 15)。在破产程序中,卖方根据所有权的效力可以请求从破产财团中取回(参见破产与和解法第 19 条第(2)款及第 31 条第(1)款;*Kozel*,Problémy konkurzního rízení a jejich resení[2],260 et seq.)。捷克不承认延伸的所有权保留(Basedow/Hopt/Kötz(*-Tichy*),FS Drobnig,472)。

25. 根据斯洛伐克民法典,让权利或者义务的得丧变更取决于解除或者停止条件是可能的(民法典第 36 条第(1)、(2)款);两种条件就其发生来说都必须具有不确定的成分,而且一旦成就,两者都发生向将来的(*ex nunc*)效力(Faber and Lurger(*-Petkov*),National Reports Ⅵ,chap. 6.1.2)。在斯洛伐克,所有权保留条款担保了动产价款的支付,并受民法典第 601 条调整,根据该条,所有权保留条款必须以书面形式约定,否则无效(参见民法典第 40 条第(1)款);这一条款的约定不妨碍风险在货物交付时移转于买方。如果在条件成否未定时,买方再销售货物,视为买方给卖方造成损害,但是,根据判例法该损害不等于尚未支付的价款,而是再出售时货物的价款(R 2/2002)。如果买方未能使条件成就,卖方就是行使所有权救济还是要求支付尚未支付的价款有选择权。根据所有权保留条款而转让的货物不受针对买方的强制执行和破产程序的影响;在后一种情况,卖方可以提出将物从破产财产中排除的动议(Faber and Lurger(*-Petkov*),National Reports Ⅵ,chap. 16)。

26. 在爱沙尼亚,从物权法角度看,就动产所有权转让的所有权保留条款的约定(债法第 233 条第(1)款),表示订立了无条件(普通)的买卖协议,而物权合意则取决于停止条件或解除条件。在所有权保留,如果买方未能支付价款,卖方(让与人)必须解除合同并取回物(债法第 233 条第(2)款)。另外,卖方可以援引所有权保护的救济(物权返还请求权);此时,解除合同的意图可以从当时的情形推出(默示行为)(Faber and Lurger(*-Kullerkupp*),National Reports Ⅰ,291;具体就所有权保留参见 321 et seq.)。所有权保留条款通过推迟所有权转让给受让人的时间,原则上只影响继受性转让,而不影响原始取得(物权法第 107 条第(5)款);帕纳(Pärna)提出,"在特定的情形下",所有权保留条款会在加工、符合及混合时失效(*Pärna*,Asjaõigusseadus,§ 92 no. 10,

186)。但是,如果附条件买方以加工的目的购买货物,根据物权法第106条第(2)款,买方不取得新货物的所有权(Kullerkupp,loc. cit.,324)。“延伸的所有权保留”的问题在爱沙尼亚学说和法院实务中几乎没有处理过,但是法律似乎允许,比如当附条件的买方是旨在再销售货物的企业的:原初的卖方事先同意再销售,并且约定转让因再买卖产生的就价款的(将来的)债权(*Kullerkupp*,loc. cit.,323 et seq.)。在针对附条件卖方的强制执行程序中,保留所有权而销售的货物通常由买方直接占有;如果后者选择遵守合同并支付余款,卖方的债权人在实践中没有扣押所售货物的资格。如果执行程序是针对附条件的买方的,卖方可以主张所有权并要求取回动产(强制执行程序法第73条和第222条)。在卖方破产时也是一样,破产管理人没有解除还是坚持合同的选择权(破产法第49条第(1)款)。而如果附条件买方破产的,其破产管理人有完整的选择权(破产法第49条第(2)款);如果合同解除,附条件的卖方可以基于保留的所有权主张从破产财团中取回动产(破产法第123条)(*Kullerkupp*,loc. cit.,322 et seq.)。

27. 在立陶宛,民法典第4:49条第(3)款规定,所有权转让合同的当事人可以使转让取决于取得人一方的条件成就;由此在立陶宛法所有权保留条款的约定成为可能,并受到债法的调整。所有权保留的可能的形式之一是,民法典第6.411条至第6.416条的分期付款买卖;其他选项包括租售合同(民法典第6.361条)以及融资租赁合同(民法典第6.567条)。所有权保留条款不需要登记,但是如果为经营目的取得货物的,只有买卖在法律规定公共登记机构登记时,条款才能对抗第三人(民法典第6.441条);当分期付款买卖合同登记的,重新取回货物的卖方必须在20天内注销登记(民法典第6.414条)。分期付款买卖合同必须以书面形式签订。如果卖方未能遵守支付价款的义务,卖方可以立即要求支付尚未支付的全部分期付款或者取回所售货物,但是如果买方已经支付了超过一半的价款,则不得取回货物,另有约定的除外。如果所有权没有保留,而是在交付时直接移转于买方,推定物依照法律(*ex lege*)被质押给卖方。如果买方未经买方授权将货物转让给其他人或者物被扣押,卖方可以请求立即支付仍未偿付的全部价款(Faber and Lurger(-*Mikelenas*),National Reports Ⅲ,chap. 15)。

28. 在斯洛文尼亚法中,使所有权转让附停止条件的可能性源于债法第63条(参见上文注释7)。所有权保留协议受债法第520条至第521条调整(Faber and Lurger(-*Rudolf/Rijavec/Kerestes*),National Reports Ⅰ,612 et seq.)。所有权保留条款就当事人之间而言没有形式要求,但在买方破产时,只有买方的签名在破产宣告前或者财产扣押前由公证人验证过,才能有效对抗买方债权人(债法第520条);该规定的目的是避免相对于其他债权人而优待某一债权人的可能的权利滥用,比如倒签合同(*Vrencur*,Podjetje in delo 2002/6－7,1404 et seq.)。如果所有权保留的买卖合同的受让人破产的,而合同当事人都还没有履行合同,破产管理人可以选择是履行还是解除合同(强制和解、破产和清算法(ZPPSL)第121条)。只有选择解除时,让与人才有优先于其他债权人的权利并可以行使取回权,因为让与人对财产仍然享有所有权;这也是实践中经常发生的(*Vrencur*,Podjetje in delo 2002/6－7,1404,1406;Faber and Lurger(-*Rudolf/Rijavec/Kerestes*),National Reports Ⅰ,594 et seq.)。所有权保留是狭义上的保留所有权,是指卖方保留请求再交付货物的权利,而不仅仅是担保权(Juhart and Plavsak(-*Juhart*),OZ Ⅲ,art. 520,358)。另一方面,如果让与人破产的,买方的法律地位被认为值得保护;因此,与一般规则相反,破产管理人没有选择履行或者解除合同的权利。管理人只可以要求履行合同,而不可以选择将财产从买方处重新转让(*Vrencur*,PP 2002/17,V;*Rudolf/Rijavec/Kerestes*,loc. cit.,592)。斯洛文尼亚学说确认了延伸(译者注:原文如此,即extended,但从下一句描述看是扩张的(expanded)所有权保留)所有权保留的可能性,此时所有权的取得不仅取决于价款的全部支付,而且还取决于卖方对买方享有的其他债权的清偿(Tratnik/Rijavec /Kerestes/Vrencur(*-Vrencur*),Stvarnopravna zavarovanja,169;*Vrencur*,Moderne oblike zavarovanja placil(2005),231)。最后,所有权保留可能由于附合、混合或者加工而部分地受到削弱(curtailed)(*Rudolf/Rijavec/Kerestes*,loc. cit.,613)。

29. 在荷兰法中,民法典第3:85条第(2)款规定,附始期的旨在转让所有权的债务视为立即转让所有权的债权,而与此同时,其在相应期限内在有关财产上为让与人设定用益权。这一规定可能会被批评为损害当事人自治(参见 Faber and Lurger(*-Salomons*),National Reports Ⅵ,chap. 5.3.2.(a),有更多引证)。如果让与的作出附停止条件,让与人在条件成就前的破产不妨碍受让人的取得。由于民法典第3:84条第(4)款规定,在履行附条件的债务而实施交付时,据此取得的权利也是附条件的,因此取得人最终是否取得所有权只取决于条件的成就,而条件成就时让与人是否已经丧失处分权无关紧要(*Pitlo et al.*,Goederenrecht[12],no. 125)。由于条件的成就没有溯及效力(民法典第3:38条第(2)款),因此所有权在已经宣告破产时的某一个时刻移转((Faber and Lurger(*-Salomons*),National Reports Ⅵ,chap. 8.3.2)。在荷兰法,所有权保留条款(*eigendomsvoorbehoud*)是转让动产的合同中的一项约定,根据该约定的效力,尽管已经交付货物,所有权仍然一直保留到取得人作出履行之时(Nieuwenhuis/Stolker/ Valk(*-Rank-Berenschot*),T & C Burgerlijk Wetboek[7],note 1 ad art. 3:92)。根据民法典第3:92条,保留所有权的让与人被认为承担根据给付的停止条件转让的义务。作为附条件转让,其物权效力受民法典第3:84条第(4)款调整,所有权的转让推迟到条件成就之时。条件成否未定时,让与人保留所有权;这一所有权的保留权可以普通的方式转让(参见 HR April 28,1989,NedJur 1990,252(*Puinbreek-installatie*))。有人支持所有权保留不是担保权(相关观点参见 Faber and Lurger(*-Salomons*),National Reports Ⅵ,chap. 14.1),但是另一方面财政部(the Treasury)将其视为担保权,因此学说上断定其同时是所有权和担保权(参见 *Snijders and Rank-Berenschot*,Goederenrecht[4],no. 498;*Salomons*,loc. cit.,chap. 14.1)。如果卖方明示或者默示地授权时,受让人也可以转让货物所有权;否则,第三取得人只有在适用善意取得规定时才有完好的所有权(*Salomons*, loc. cit.,chap. 14.3)。根据民法典第3:92条第(2)款,只有就所交付货物的对待给付的债权、根据为了取得人利益的当事人协议而履行工作的债权以及就未履行这类合同的债权,才能有效约定所有权保留条款;违反本条的所有权保留条款无效,被认为不成文的是,其无效不影响合同其他内容的效力。因此,民法典第3:92条第(2)款使得所有权保留条款有限制地水平扩张到,依据合同就所转让货物所负担对待给付以外的债权(*Snijders and Rank-Berenschot*,Goederenrecht[4],no. 490);但是,所有权的垂直扩张到包含交付货物之外的货物,则是不可能的,因此通过附合、混合或者加工而原始取得的规则适用不能被削弱(*Pitlo et al.*,Goederenrecht[12],683 et seq.;*Snijders and Rank-Berenschot*,Goederenrecht[4],no. 500)。在买方履行了合同中的相关义务或者有效将货物所有权转让给第三人的,所有权保留条款失效。如果第二次转让无效,第三人可以主张从非所有人处(*a non domino*)善意(*bona fide*)取得的地位的(民法典第3:86条);由于原始取得且所适用的规则不赋予让与人所有权或者共有权,物因此不再存在的,或者最后当货物灭失的等,也会导致所有权保留条款失效(*Pitlo et al.*,Goederenrecht[12],687 et seq.;*Snijders and Rank-Berenschot*,Goederenrecht[4],no. 500)。

30. 在法国法中,当事人自治允许当事人使得转让附始期或者停止条件(民法典第1185条、第1168条相应规定;Faber and Lurger(*-Cashin-Ritaine*),National Reports Ⅳ,chap. 5.2.2)。就始

期来说,转让取决将来一定会发生、但不确定何时会发生的事件(*Bénabent*, Les obligations[10], no. 302;*Terré/Simler/Lequette*, Les obligations[9], no. 1202;*Collart Dutilleul and Delebecque*, Contrats civils et commerciaux[8], no. 192)。另一方面,停止条件使得转让取决将来发生与否不确定的事件(*Bénabent*, loc. cit, no. 320;*Terré/Simler/Lequette*, loc. cit., no. 1230;*Collart Dutilleul and Delebecque*, loc. cit., no. 193);卖方在条件依然有效时(*pendente conditione*(条件成否未定)),保留所有权。如果事件不发生,所有权不移转,但是如果事件发生,其产生溯及合同订立之日的效力(民法典第1179条;*Bénabent*, loc. cit., no. 322;*Terré/Simler/Lequette*, loc. cit., no. 1231),当事人另有约定的除外。主要的例子是保留所有权的买卖(*Ghestin*, D. 1981, p. 1;*Ghozi*, D. 1986, Chron. p. 317;*Guyenot and Fresy*, GazPal 1984, 116;*Collart Dutilleul and Delebecque*, loc. cit., no. 194)。

31. 在比利时,就停止条件来说,必须区分只是交付附条件,还是整个所有权转让附条件:在第一种情形,所有权根据与有关合同相关的规定移转(*van Gerven and Covemaeker*, Verbintenissenrecht[2], 318),而在第二种情形,所有权只在条件成就时移转(*de Page and Meinertzhagen-Limpens*, Traité élémentaire de droit civil belge Ⅳ, 46, fn. 7);这在比利时法中属于一种例外,比利时法一般规定是附条件的权利在合同订立时已经存在,只是在条件成就时才得到(become due)。更具体地说,当旨在转让所有权的协议附停止条件的,有人提出不是协议本身附条件,而是履行依据合同产生的义务附条件(参见 *de Page and Meinertzhagen-Limpens*, loc. cit, 46, fn. 7;Dirix, RW 1985-86, 1084;*Engels*, Uitvoerend Beslag, 256 ff)。不过,为了避免给受让人造成不公平的结果,在条件成否未定时,风险不移转给受让人,而是仍留在已经承担交付义务的让与人处(参见民法典第1182条第(1)款)(Faber and Lurger(*-Cauffman and Sagaert*), National Reports Ⅳ, chap. 4.4 and 9.2.4)。比利时法长久以来一般不愿意承认所有权保留:所有权保留条款判例法承认其有效,但是没有物权效力(Cass., 9 February 1933, Pas. belge 1933, I, 103 concl. Proc. Gen. *Leclercq*;Cass., 22 September 1994, RW 1994-95, 1264, note *Dirix*)。事实上,所有权保留法律性质本身是有争议的,从通说认为的一项停止条件到只是没有公示性的担保物权而已,有各种各样的观点(支持后一种观点的,*Storme*, TPR 1998, 723, no. 24;'*T Kint and Derycke*, Dessaisissement et situation des créanciers en cas de faillite in Le nouveau droit du concordat judiciaire et de la faillite, 206, no. 39)。介于两种观点之间,另一种观点依赖所有权保留和担保物权质的差异,来支持这样的观点,也就是所有权保留实质上是具有物权效力的担保权(guarantee right)(*Sagaert*, Zakelijke subrogatie, nos. 164 ff;Schrans, TPR 1982, 151, fn. 20)。争议不仅仅是理论上的,因为所有权保留条款足以构成担保物权的话,则必然会意味着其行使消灭有关的债务;但是比利时学说否定这一点。直到1997年破产法(BA)改革时比利时才承认物权性的所有权保留。所有权若要生效,必须以书面形式约定,货物原样(*in natura*)在买方手中,必须没有通过添附不动产化或者与其他货物混合。不仅在破产时所有权条款具有对抗性(is opposable),而且在集体性债务重组以及其他类似程序中也有(Faber and Lurger(*-Cauffman and Sagaert*), National Reports Ⅳ, chap. 23.3)。就买方再出售的结果来说,则取决于第三取得人是否恶意;如果取得人出于恶意,最初的卖方可以从取得人处直接要回货物;如果不是,有一种观点认为,买方可以就再出售所得主张优先权,但是这在学说中有争议(更多引证参见 *Cauffman and Sagaert*, loc. cit., chap. 23.4)。

32. 就意大利法中停止条件的一般问题参见上文注释12。具体就所有权保留来说,意大利法在动产、不动产买卖和营业让与中承认这种合同约定(*vendita con riserva della proprietà*(保留所有权买卖));在所售货物会被加工或者包含到其他物之中的,在需要付款时,所有权保留条款也可以扩大到新的产品。何时所有权转让于买方的问题学说上不清晰:一种观点认为,买方在支付价款时取得所有权,但是从交付时起承担灭失的风险(民法典第1523条);但根据通说,买方立即取得所有权,但是卖方留有担保价款支付的担保权。同时,买方不可以损毁、破坏或藏匿货物;不然卖方不再能行使保护担保权的占有性救济(民法典第1168条);不过,卖方在有这种违反行为时,依然可以要求买方立即支付尚未支付的价款,并且如果买方不按要求做时,而货物仍为买方占有的,卖方可以取回货物。更一般性地来说,在未获付款时,卖方可以请求付款或者解除合同(但不能同时行使两种权利);只有买方未履行债务等于或者超过价款1/8时,民法典第1525条才允许解除合同,根据该规定,买方没有义务支付尚未到期的那部分分期付款的款项。如果合同解除,买方必须重新转让货物,卖方必须返还已经支付的分期付款,除非已经约定已支付的款项由卖方保留以补偿货物的使用或者可能的损害(民法典第1526条第(1)款);该规则适用于有租期届满取得所有权的约定的租赁合同(*locazione con patto di vendita futura*)。就对抗第三人来说,民法典第1524条第(1)款规定,只有以书面且有日期的文件证明,所有权保留才能有效对抗买方的债权人。民法典第1524条第(2)款就机器的所有权保留作了特别的公示规定,其如今在意大利商事实践中越来越重要。就需要登记的动产来说,登记对于所有权保留条款对抗第三人来说头等重要(民法典第1524条)。就其他动产来说,"占有赋予所有权(title)"的公理(民法典第1153条)实践中使得所有权保留条款对善意的再受让人无效,善意的再受让人通过"抽象的"充分所有权而取得(Faber and Lurger(-*Greco*),National Reports Ⅰ,460 et seq.)。在所有权保留的买卖合同,如果买方破产,破产法皇家命令第73条规定,破产管理人可以决定坚持合同,除非债权人不同意;反过来卖方可以要求充分的担保。如果管理人决定解除合同,已经支付的分期付款,需要在扣除就使用货物的可能的补偿后返还;否则,卖方需以不当得利为由而承担责任,因为卖方重新获得所有权的同时又保留了已支付的价款。另一方面,卖方破产不导致合同的解除;这一区别源于这一事实,与买方破产相反,买方仍然处于履行的状态(而卖方通常通过移转占有已经进行了履行)(*Greco*, loc. cit.,480 et seq.)。除了所有权保留的情形,受意大利民法典调整的三种其他类型的合同,使它们的某种效力取决于将来的事件:就其他人给付作出允诺时,允诺人当然对相对人承担了有效的义务(如果第三人没有实施所允诺的行为,其会承担损害赔偿责任;民法典第1381条;Cass.,Unified Divisions,no. 12793/1995;Cass. II,no. 1137/2003;Cass. I,13105/2004)),但是义务取决于第三人的行为;比如,如果允诺人曾经允诺第三人会出售(民法典第1478条)财产或者将财产抵押给(民法典第2822条)被允诺人,在第三人实施所允诺的行为(或者承诺去这么做)之前,仅他们之间协议的订立不会引起任何的所有权转让或者抵押权的设定。另外,在为有待指定的第三人的合同(*contratti per persona da nominare*),合同当事人可能约定依据合同转让的权利,将会在法律规定的三天内或者当事人约定的随后的一个时间点转让给有待指定的第三人(民法典第1401条);通过这种合同,在合同当事人之间产生了有拘束力的合同关系,但是当第三人被确定时,其取代原初的受让人,且就此取代具有溯及效力。这意味着原初受让人取得转让货物的所有权,而且其债权人甚至都可以扣押货物,但是这一权利在指定第三人的期限经过后才会确定。另外,还需要第三人的同意(民法典第1402条);不过,这不等于这种合同与事后追认由无权代理人(*falsus procurator*)签订的合同类似,因为即使第三人拒绝取得所有权,合同在原初的合同当事人之间仍然有效。最后,就利益第三人合同来说,发生的情形类似(民法典第 1411 条):允诺人向被允诺人承担向第三受益人转让所有权的义务,也需要利益第三人接受转让。(在这种合同涉及所有权转让的合同时)利益第三人直接根据允诺人和被允诺人之间的协议的订立而取得所有权,这意味着,如果第三人拒绝合同的利益或者允诺人在受益人宣布其意图前撤回其允诺的,合同将有溯及力,而且给付仍听由允诺人处置,除非当事人之间另有约定(民法典第 1411 条第(4)款)。

33. 在西班牙,尽管交付已经发生,所有权保留条款导致暂停或者阻止所有权转让;虽然有特殊的情形,通常在财产立即交付给买方,而付款则推后时约定这种条款,而所有权转让也被推后到全部付款之时。民法典中没有相关规定,只是在 1998 年分期付款买卖法(LVP)和其他法律中有一些特别规定,其主要强调明示约定的必要性。就破产时这种条款的后果的详细规定,参见 2003 年破产法(Ley Concursal, LC)(就两套规则的详情参见 Faber and Lurger(*-González Pacanowska and Díez Soto*),National Reports Ⅴ,chap. 4. 5)。所有权保留条款的确切内容和生效要件曾经是西班牙长期争论的对象。所谓的传统或者古典主义进路将其视为推迟所有权转让的停止条件,不影响买卖合同(*Martínez Rosado*,Compraventa con reserva de dominio,94 et seq.)。所有权保留可以对抗诸如买方的债权人或者再买受人一类的第三人,这意味着,比如卖方保留在执行时提出物权返还请求权(*rei vindicatio*)或第三人之诉的权利(TS 14 October 2003(RJ 6498);TS 10 June 1958,RJ 2142 resp.)。如果买方不支付价款,卖方可以选择维持合同或者解除合同;与此同时,买方可以使用财产,但是不能让与财产;不过,如果买方让与财产,再取得人可以根据从非所有人处(*a non domino*)取得的规则而受保护(民法典第 464 条)。民法典第 464 条的保护不同时扩张到买方的债权人;判例法要求要有无欺诈意图的足够证据,才能以所有权保留条款对抗买方的债权人(*Martínez Rosado*,loc. cit. ,28 et seq.)。另一方面,如果卖方的债权人同时扣押了财产,不赋予买方第三人之诉,但是判例法有时候承认(在其他案例中否认)基于其附条件(*sub conditione*)所有人的地位适当履行了其义务的买方提起的诉讼(民法典第 1121 条);这种看法在学说中也有支持,其主张,债权人所扣押的正是卖方或者买方所拥有的,比如卖方的担保权或者买方的占有权(参见如 TS 28 December 1999(RJ 9618);*Peña Bernaldo de Quirós*,Derechos reales:Derecho hipotecario[4],440;*Espejo Lerdo De Tejada*,Reserva de Dominio,185,209;详情参见 Faber and Lurger(*-González Pacanowska and Díez Soto*),National Reports Ⅴ,chap. 4. 5)。在全额付款后,所有权溯及地自动移转于买方。1998 年分期付款买卖法中关于所有权保留的规定,其主要处理对抗第三人的前提条件以及在不付款时买方的相对人的救济(可以是卖方或者融资的贷款人),这些规定导致学说上形成一种重要的观点,根据这一观点,这类条款被视为一种抵押(charge)或者担保权,类似于不移转占有的质押,就动产来说,类似于抵押,或者根据某些学者的观点,就不动产来说,视为明确的解除条件;主要的论据在于卖方或者融资人要求司法出售所售财产的选择权(就此问题的各种观点参见 *Bercovitz*,La cláusula de reserva de dominio;CCJC 1983,873 et seq.;CCJC 1984,1540 et seq.;CCJC 1988,993 et seq.;CCJC 1994,67 et seq.;*Espejo Lerdo De Tejada*,loc. cit.,60 et seq.;*Martínez Rosado*,Compraventa con reserva de dominio,127 et seq.)。根据 1998 年分期付款买卖法,可以为卖方或者提供融资的当事人约定所有权保留;在后一情形,融资人被视为取得所有权或者被视为卖方权利的受让人。1998 年分期付款买卖法中最重要的规定是,设立这种行为的登记机构的规定,以及行为对抗第三人时需要登记的规定;在相应登记机构的债务人以外的人的权利的登记,导致第三人就涉及登记货物提起的诉讼的即时停止(stay)(LVP 第 15 条第(3)款)。就买方不支付价款时各种可能解决方案由其他细致的规定调整。重要的是要注意,如果货物同时被转让,再买受人被视为受制于担保物权的货物的第三占有人(LVP第16条第(2)、(3)款)。尽管学说上强烈支持视所有权保留为抵押的看法,很多学者仍然赞同传统的看法(详细的分析参见Faber and Lurger(*-González Pacanowska and Díez Soto*),National Reports Ⅴ,chap. 4. 5. 1)。如前所述,其他与所有权保留条款有关的重要规则参见破产法(LC)。破产宣告原则上对买卖合同不立即产生影响;甚至于比如,如果买卖合同在破产程序开始前3个月之内解除的,破产管理人可以选择复活该合同(LC第68、69条)。如果价款仍未支付,而登记要件已经具备,受益人可以选择要求支付尚欠的价款,此时其就财产的司法出售的所得中优先于其他债权人受偿(LC第90条第(1)款第4项);或者也可以选择解除合同并取回财产,此时其仍被视为所有人(Rojo and Beltrán Sanchez(*-Garrido*),Comentario de la Ley Concursal I,1627;*Espejo Lerdo De Tejada*, Reserva de Dominio, 118;*Martínez Rosado*, Compraventa con reserva de dominio,243 et seq.)。但是,其他学者主张,债权人在破产程序中被赋予的只是有优先权的债权人的身份(Rojo and Beltrán Sanchez(*-Recalde*),Comentario de la Ley Concursal I, 1445)。在卖方破产时,买卖合同同样不受影响,除非买方付款迟延;此时破产管理人可以寻求解除合同。或者,买方可以通过全额付款固化(consolidates)所有权(*Carrasco Perera*,Los derechos de garantía,140 et seq.)。

34. 在葡萄牙,关于停止条件的一般规定是民法典第270条:合同当事人可以自由使合同效力的发生取决于将来不确定的事件;就所有权转让来说,只有在构成条件的事件发生时才发生转让(Faber and Lurger(*-Caramelo-Gomes and Nóbrega*),National Reports Ⅳ,chap. 5. 5. 2(c))。所有权保留受到民法典第409条的调整,转让所有权的合同(买卖或者其他合同)的转让效力在特定事件发生前停止发生的约定,构成所有权保留;这一事件可以是另一方当事人全部或者部分履行义务或当事人约定的任何其他事实。所有权保留下的让与人保留所有权;这不被视为担保权,而是真正的所有权;因此此时的合适救济是返还请求权诉讼。考虑到在葡萄牙法律制度中,除非法律有规定,形式并非必须,所有权保留条款不需要具备特定形式才能对抗第三人,除非合同本身需要符合特定的要求。比如,如果转让的标的是不动产或者登记的动产,所有权保留也必须登记后才能有效对抗第三人;就其他任何动产来说,条款可以自由约定,因为"*la possession vaut titre*"(占有等同于所有)的公理在葡萄牙法中没有拘束力(*Pires de Lima and Antunes Varela*, Código Civil Anotado I², 334)。如果,买方的债权人试图扣押动产,所有权保留下的让与人可以以所有权对抗买方的债权人;与此同时,保留条款也针对卖方的债权人保护受让人(参见民事诉讼法典第351条)。如果受让人被宣告破产后发生扣押,所有权保留条款只有在财产交付之前以书面形式约定才能对抗(破产法典第104条第(4)款);如果宣告破产的是让与人,受让人可以要求履行合同(破产法典第104条第(1)款)。就善意的混合、混杂(commixtio)及加工的规定来说,其在所有权保留时适用(Faber and Lurger(*-Caramelo-Gomes and Nóbrega*),National Reports Ⅳ,chap. 15)。

35. 在保加利亚民法中,所有权保留被视为买卖合同的特别条款,其规定所有权保留到买方支付财产的全部价款之时(债法第205条第(1)款)。除非当事人另有约定,风险由获得占有移转的买方承担(债法第205条第(2)款)。在此之前买方被视为从未取得任何物权。所有权保留必须通过得到验证的日期以书面形式约定,以对抗第三人,但是不遵守形式要求不影响当事人之间的协议的有效性。在特定的情形,需要登记才能对抗依据特别质押法第12条第(1)款享有特别质权的人(Faber and Lurger(*-Stoimenov*),National Reports Ⅳ,chap. 5. 3 and 13)。

36. 在英格兰和威尔士,根据货物买卖法第 19 条,买方可以保留货物的处分权及其上的所有权直到卖方附加的条件成就时才移转。因此,有充分议价能力的供货人根据这一规定可以非常容易地保护其利益;英格兰法中关于所有权保留的其他规则源于判例法。我们可以区分出下述种类的所有权保留条款:(ⅰ)简单的所有权保留条款是最基础的形式;买方保留占有已经移转于买方的货物的所有权(参见 *Aluminium Industrie Vaasen BV v. Romalpa Aluminium Ltd.* [1976] 1 WLR 676,该案所有权保留与当事人之间的保管关系结合;*Clough Mill Ltd. v. Martin* [1985] 1 WLR 111)。其没有形成任何特别的问题,除非条款声称保留衡平或者用益所有权(equitable or beneficial ownership),就像 *Re Bond Worth* [1980] Ch 228 一案中一样,此案中法院裁决称,所有权已经转让给买方(因为不可能保留衡平所有权),而买方随后回授卖方衡平法上的抵押(equitable charges)(该抵押在本案由于未登记而无效)。后一种情形清楚地表明经典的所有权保留条款的范围:在所售货物为再销售或者用来生产新的东西的情形,其是不适合的。(ⅱ)"全部钱款条款"是一种替代形式,其所有权的转让不仅取决于买卖价款的支付,而且取决于买方对卖方所负担的全部债务的清偿;这一条款在 *Armour v. Thyssen* [1991] 2 AC 339 一案中得到了肯定。只有在价款已经支付,但是对卖方的其他负债没有偿付,因此所有权没有移转时,似乎才产生争议;在这个案件中法院确认卖方在完全欠缺约因的情况下负有退钱给买方的责任(就这个问题不同观点和可能的答案参见 *Goodhart & Jones*, MLR 43, 489; *Bradgate*, M. L. R. 1991, 726; *Mance*, L. M. C. L. Q. 1992, 35)。(ⅲ)"产品条款"旨在"保留"(更确切地说是授予)从原初货物中制造出来的产品的所有权;这种条款主要缺陷恰恰在于原初的所有权消灭这一事实(参见 *Borden (UK) Ltd v. Scottish Timber Products Ltd.* [1981] 1 Ch 25)。产品条款的问题在于事实上其被视为就购买原材料的买卖的担保,并且由于其未登记,因此无效;这也解释了其拥有较低的实践价值(参见高夫法官(*Goff* LJ)在 *Clough Mill v. Martin*, [1985] 1 WLR 111, 120 一案中判决理由);尽管在特定的情形这种条款可能成功,但是没有判例法支持这种观点。(ⅳ)"所得"(proceeds)或者"追踪条款"(tracing clause)旨在获得就再销售货物的所得的物权利益。其也是一项颇不成功的条件,只是在 *Aluminium Industrie Vaasen BV v. Romalpa Aluminium Ltd.* [1976] 1 WLR 676 一案中得到肯认,该判决成为学说上广泛批评的对象。一般来说,以买卖双方的受信关系为基础正当化所得条款的尝试已经颇为失败,而法院倾向于将这种协议作为一种需登记的(但未登记并因此无效的)抵押看待(参见 *Hendy Lennox (Industrial Engines) Ltd. v. Graham Puttick Ltd.* [1984] 1 WLR 485; *Re Andrabell Ltd.* [1984] 3 All ER 407; *E. Pfeiffer Weinkellerei-Weineinkauf GmbH & Co. v. Arbuthnot Factors Ltd.* [1988] 1 WLR 150; *Tatung (UK) Ltd. v. Galex Telesure Ltd.* [1989] 5 BCC 325; *Modelboard Ltd. v. Outer Box Ltd.* [1992] BCC 945)(所有这些类型的所有权保留条款参见 Faber and Lurger (-*Frisby and Jones*), National Reports Ⅱ, 135 et seq.;也参见紧接着本注释以下几个注释对判例法更详细的说明)。

37. 在爱尔兰,所有权保留条款常见于买卖合同(就所有权保留条款的概观,参见 *McCormack*, Reservation of Title Clauses[2]; *Benjamin*, Sale of Goods, chap. 5; *White*, Commercial Law, chap. 15)。1893 年货物买卖法第 17 条使所有权的转让取决于当事人的意图,而第 19 条允许卖方就所有权转让附加条件。判例法认为所有权保留条款的目的在于,在买方破产而价款尚未偿付时保护卖方,尤其是防止所售货物及出售的所得成为破产财产的一部分(*Compaq Computer v. Abercorn Group* [1993] BCLC 602 at p. 611 per *Mummery J*)。保留货物所有权常见方式是附条件买卖协议的方式;根据这种协议,一般认为债务人会保持货物不变。不过,在罗玛尔帕(*Romalpa*)案(*Aluminium Industrie Vaassen BV v. Romalpa Aluminium Ltd.* [1976] 1 WLR 676),一座所有权保留法的真正的里程碑是,法院认为即使货物会被消费或者再销售也可以有效成立附条件买卖协议;上诉法院还裁决卖方可以根据衡平法的追踪规则追踪货物至出卖所得。现在使用的所有权保留条款有许多种,诸如简单的所有权保留条款、生产出的货物条款、"所欠所有的债务金额"(all sums due)条款和出售所得条款,在第一种情形,保留原初的可辨认货物所有权直至完成付款,除了罗玛尔帕案,这种简单的所有权保留条款的有效性也得到了 *Clough Mill Ltd. v. Geoffrey Martin* [1984] 2 All ER 982 一案的肯认;法院认为保留货物上的衡平或者用益所有权(equitable or beneficial ownership)的条款不会生效,因为这是衡平法上的抵押并因此需要登记(*Re Bond Worth* [1980] Ch 228)。另外,只有货物依然可辨别并且没有被改变成新物时,简单的所有权保留条款才会生效(see *Re Peachdart Ltd.* [1984] Ch 131),不过,有判决认为卖方的货物附着到其他财产,并且拆除该货物既不会损害该货物或者其他财产的,卖方的货物不失去其同一性(*Hendy Lennox(Industrial Engines)Ltd. v. Graham Puttick Ltd.* [1984] 1 WLR 485),但是如果用于生产流程并不可恢复地与其他货物混合时,则的确会丧失同一性(*Borden(UK) Ltd. v. Scottish Timber Products Ltd.* [1981] Ch 25)。为了克服这些问题,所有权保留条款被起草为,对使用提供的原初货物生产的产品主张所有权,但是这种主张有可能被视为抵押并因此需要登记(*Specialist Plant Services Ltd. v. Braithwaite Ltd.* [1987] BCLC 1; *Modelboard Ltd. v. Outerbox Ltd.* [1993] BCLC 623)。只有在很罕见的情形,这种生产来的货物条款赋予了卖方所有权。在极少见的情形,"新产品"条款会将货物的所有权授予卖方(参见 Clough Mill 一案中规定的前提条件);处理这一问题的另一个尝试是,约定买卖双方取得新货物的共有,但是法院将这种条款看成需要登记的抵押(*Kruppstahl AG v. Quitmann products Ltd.* [1982] ILRM 551)。就"所欠的所有债务金额"条款来说,其旨在回避特定化问题,手段是保留货物的所有权直至所欠所有债务金额(不仅限于那些依据特定的买卖合同所负担的债务)已经清偿为止。这种条款的有效性为 *Armour v. Thyssen*([1990] 3 All ER 481)一案所认可,但是这一判决因为未指向特定的问题而受到批评。最后,出售所得条款在罗玛尔帕案中得到肯认,该案中法院认为买方有默认的再销售所售货物的权利,但是在衡平法上有就所得负责的默示义务,并且在特定的情形下,卖方有权追踪货物至其再销售所得;针对管理人或清算人行使的追踪货物至所得的衡平法上的规则在 *Re Hallett's Estate*([1880] 13 ChD 696)一案中确定。最重要的一点是就此证明买方以卖方的受信人资格行事(有关条款措辞的重要性参见罗玛尔帕案);不过法院不情愿承认买卖双方之间受信关系,即使在有关条款非常用心地起草时也是如此(*Re Andrabell Ltd.* [1984] 3 All ER 407; *Compaq Computers Ltd. v. Abercorn Group Ltd.* [1991] BCC 484; *Carroll Group Distributors v. G & JF Burke* [1990] ILRM 285)。因此,苏格兰法院将来似乎不太可能支持这种条款。所有权保留条款已经逐案发展的事实,以及其对于第三人的可能结果,导致了在英格兰(Report of the *Crowther* Committee on Consumer Credit [Cmnd 4596, 1971]; *Diamond*, Review of Security Interests in Property)及爱尔兰(Law Reform Commission Report on Debt Collection(2) Retention of Title [L. R. C. 28 －1989)对其有效性以及这一领域内进行改革的广泛讨论。但是到目前为止还没有实施任何所提议的改革(关于所有权保留的更多信息参见 Faber and Lurger(*-Gardiner*), National Reports Ⅱ,255 et seq.,有进一步引证)。

38. 在塞浦路斯法中,所有权保留由 1994 年货物买卖法第 25 条调整:当买卖合同涉及特定货物或者种类物被归于合同项下时,卖方可以通过合同约定或者通过归于合同项下的行为,保留特定货物的处分权直至一定条件(比如价款支付)成就之时。因此所有权不立即移转于买方,即使是货物随后交付。如果货物已经发运并通过提单凭卖方或者卖方代理人的指示而可交付,依据 1994 年货物买卖法第 25 条第(2)款推定初步存在所有权保留。根据 1994 年货物买卖法第 25 条第(3)款,如果卖方向买方收取价款,而将汇票及提单一起移交买方,以确保汇票承兑或者付款,买方如果不兑现汇票则必须返还提单;如果买方错误地保留提单,货物的所有权不移转(Faber and Lurger(*-Laulhé Shaelou/Stylianou/Anastasiou*),National Reports Ⅱ,595 et seq.,552)。在所有权保留的情形,有可能卖方交付了货物,买方只支付了合同的部分价款给卖方,而后者部分解除合同,并要求返还一些货物。考虑到事实是,当事人目的显然不是在交付时转让所有权,卖方有权要回所有的货物(不限于未获付款的那部分货物),而买方的救济可能在于返还不当得利或者基于完全欠缺约因的债权(参见 *A. I. Karpasitis & Sons* [1989] 1C Apofasis Anotatou Dikastiriou [Supreme Court] 1980; Faber and Lurger(*-Laulhé Shaelou/Stylianou/Anastasiou*), National Reports Ⅱ,541)。无论如何,依据塞浦路斯法保留的不仅仅是担保权,而是有关货物的所有权;这一规定主要在事实上财产为买方占有时,用来保护买方破产时未获付款的卖方。只要价款的支付被视为所有权转让的先决条件,卖方受到保护,并且处分权的保留有效对抗买方和第三人。塞浦路斯法院在一些案件中认可所有权保留条款。在"The Algezera"(奥格日拉号)(*Scheepswerf Bodewes-Gruno and The Ship "Algazera"*,现在位于利马索尔港,[1980] [Civil] 1 CLR 404)一案中,原告根据书面协议承担根据特定的要求造船的义务,而买方同意在全额付款前船舶不会成为他们的财产;但是买方交付了两张从未兑现的支票。法院认为,根据相关的先例,卖方将货物交给买方本身使得所有权立即转移,除非从当事人的协议中表现出不同的意图;因此,在该案中所有权没有授予买方,尽管交付了"建造者证书"。在一个早些的案例中(*George Michael of Nicosia v. Costas Georgiou of Aglanja*[Civil Appeal No. 3654]),以合同是待履行合同的理由得出了同样的结果;更具体来说,在一个出售敞篷大车和一头骡子的合同中,约定所有权不移转,除非价款在一年内支付,被告未能在规定期限内支付价款,意味着敞篷大车和骡子被视为卖方自己的财产,并因此卖方合法地重新取得其占有并将它们出售给其他人。塞浦路斯判例法还没有处理过保留了货物所有权,但是货物同时被改变了的案件,但是学说确认可以适用英国法的思路;不过英国判例法并不清晰:在罗玛尔帕(Romalpa)案(*Aluminium Industrie Vaaseen BV v. Romalpa Aluminium Ltd* [1976] 1 WLR 676)所有权保留条款被认为涉及新产品,但是这一点在一系列在后判例中被否定了(*Re Bond Worth Ltd* [1980] Ch 228; *Borden* [*UK*] *v. Scottish Timber Products Ltd.* [1981] Ch 25,CA;*Re Peachdart Ltd* [1984] Ch 131,尽管不同结果可参见 *Hendy Lennox* [*Industrial Engines*] *Ltd v. Graham Puttick Ltd* [1984] 1 WLR 485)。关键因素似乎是被保留所有权的货物在新产品中是否保留了其同　性;如果塞浦路斯法院来裁决这种案件时,似乎有可能会遵循这种逻辑(Faber and Lurger(-Laulhé Shaelou/Stylianou/ Anastasiou), National Reports Ⅱ,596 et seq.)。

39. 在苏格兰,普通法早就确认,可以就买卖合同中加入停止条件(suspensive condition),可以与一定的期限的经过有关或者某事件的发生有关,并推迟所有权转让(*Macartney v. Macredie's Creditors* [1799] Mor App Sale No 1;*Cowan v. Spence* [1824] 3 S [NE] 28;*Wright v. Forman* [1828] 7 S 175;*Duncanson v. Jeffer's Tr* [1881] 8 R 563;*Hogarth v. Smart's Tr* [1882] 9 R 964; *Murdoch & Co. Ltd. v. Greig* [1889] 16 R 396;*Erskine*, Institute[8], Ⅲ. 3. 11; *Stair*, Institutions[2], I. 14.4)。在引入 1893 年货物买卖法时,首先设想的是制定法不影响停止条件的法律,而只不过是

肯认普通法的立场而已(Gloag/Irvine,Rights in Security,243;Brown,Sale of Goods Act 1893,83 f,99);但是一个潜在的问题存在于,第 61 条第(4)款(现在是 1979 年货物买卖法第 62 条第(4)款)对于实际上赋予担保权利的虚伪买卖(sham sales)的禁止。该规定适用整个英国,但是在苏格兰其有进一步的含义,因为在英格兰法创设担保的隐蔽性尝试受到 1878 年和 1882 年买卖法案的调整,该法案在苏格兰没有对应的规定。尽管就虚伪买卖有丰富的判例法,就虚伪买卖何时是实际上的隐藏的担保协议没有确定的标准;此外,1979 年货物买卖法第 62 条第(4)款不使虚伪买卖无效,只是宣告货物买卖法不适用于虚伪买卖,并因此适用普通法(尽管有人表达过其他看法;参见 Cusine(*-Gretton*),A Scots Coveyancing Miscellany,126,137)。就被视为有意作为担保协议的买卖,从相关的判例法中可以概括出一些共性。在这些案件中,债务人通常维持对“出售”给债权人的货物的占有,为交易提供资金被视为借款,并且通常被异议行为涉及买卖和回租—回购的协议;不过,这些要素不能被视为决定性的(conclusive)(更多详情参见 Faber and Lurger (*-CareyMiller/ Combe/Steven/Wortley*),National Reports Ⅱ,433 et seq.)。基于上述考虑,不能再期待停止条件能受到 1979 年货物买卖法第 62 条第(4)款的审视,但是英格兰法院在罗玛尔帕(*Romalpa*)一案中(*Aluminium Industrie Vaasen BV v. Romalpa Aluminium Ltd.* [1976] 2 All ER 552)支持所有权保留条款之后,再与 1961 年苏格兰引入浮动抵押相联系,这一点发生了变化。受到苏格兰法院关注的所有权保留条款主要有两种类型:或者是只涉及价款的条款,或者涉及所欠所有债务金额的条款,前者不会形成任何问题,而且容易为法院所认可(*Archivent Sales and Development Ltd. v. Strathclyde Regional Council* 1985 SLT 154);但第二种情形,在 80 年代被法院视为试图设定无须占有的担保权利(*Emerald Stainless Steel Ltd. v. South Side Distribution Ltd.* 1982 SC 61;*Deutz Engines Ltd. v. Terex Ltd.* 1984 SLT 273;*Armour v. Thyssen* 1989 SLT 182)。最后在 *Armour v. Thyssen Edelstahlwerke AG*(1990 SLT 891)一案到了上议院后,有关的问题被确定下来,下级法院关于全部债务金额条款的判决被无异议地推翻。法院认为事实上所有权保留条款在苏格兰法上有稳固的根据,就当事人意图,1979 年货物买卖法第 17 条明确赋予其对所有权转让的决定作用,全部债务金额条款没有为第 62 条第(4)款所推翻,并且最后,整个制定法的体制确实预见到这种条款的可能性。因此,在 *Armour* 案之后,不论什么形式的所有权保留条款涉及的都是转移所有权的意图。另外,在破产程序及债务的强制执行中的效果不复杂:受制于所有权保留条款的财产不受受让人的债权人启动债务强制执行或者破产程序的影响;如果价款部分支付,卖方需要就被取回的财产的价值与尚欠的债务之间的差额负责。除此之外,卖方还需要承担其他风险:比如,占有所有权保留时出售的货物的买方,可以根据 1979 年货物买卖法第 25 条将完好的所有权转让给其他善意的买方,或者为善意第三人设定有效的物权担保(*Graham & Sons v. Glenrothes Development Corp.* 1967 SC 284),并从而使得所有权保留变得无用(*Archivent Sales and Developments Ltd. v. Strathclyde Regional Council* 1985 SLT 154)。因此,卖方想出各种各样保护他们免遭再出售的风险,比如约定,买方可以作为他们的代理人或者受托人再销售货物,将为他们持有任何再买卖的所得。就代理理论来说,由于买方会被认为需要对卖方承担受信义务,这会极有可能导致推定信托的创设(参见 *Michelin Tyre Co. Ltd. v. Macfarlane*(*Glasgow*)*Ltd.* 1917 2 SLT 205),而这种信托在苏格兰法院并不特别受到支持,尽管还没有特别涉及这一方面的判例法(cf. *Bank of Scotland v. MacLeod Paxton Woolard &Co.* 1998 SLT 258 at 274 per Lord *Coulsfield*;*Mortgage Corp. v. Mitchells Roberton* 1997 SLT 1305 at 1310 per Lord *Johnston*)。就作为商事担保的信托来说,也以“作为受托人的信托人”的信托而知名,判例法态度矛盾,但是涉及所有权保留语境下的明示信托条款的一个被报道的案例（*Clark Taylor & Co Ltd v. Quality Site Development*（*Edinburgh*）*Ltd.* 1981 SC 111）认为该条款已经失败；更一般来说，通过信托规避破产规则的努力引起了学术界和立法界的关注（Hayton/Kortmann/Verhagen（*-Reid*），European Trust Law，67，79 et seq.，*Wilson and Duncan*，Trusts[2]，chap. 4；*Gretton*，1988 JLSS 53；Scot. Law Com. Disc Paper No. 133［2006］，nos. 4. 16－4. 21）。另外，比如由于附合、加工，或者混合/混杂等原始取得，卖方面临所有权丧失的风险；卖方经常试图通过合同约定妨碍这种物权规则的适用，但不总是成功。不过，看起来比如附合法不能通过所有权保留条款规避（*Shetland Islands Council v. BP Petroleum Development* 1990 SLT 82），尽管有些判决态度相反（*Zahnrad Fabrik Passau GmbH v. Terex Ltd* 1985 SC 364）；就加工来说法律状况也不清晰（就苏格兰法所有权保留的详细讨论参见 Faber and Lurger（*-Carey Miller/Combe/ Steven/Wortley*），National Reports Ⅱ，429 et seq.）。

40. 由于斯堪的纳维亚学说上就这个问题欠缺全面的探讨，就这些国家法律制度中所有权转让的特点，参见上文注释 18。

第三节　特别规定

第Ⅷ－2:301 条　多重让与

（1）让与人就同一货物有数个意图实施转让的，所有权由最先满足第一节规定的全部要件的受让人取得，并且就在后的受让人来说，其不知道或者不能合理地期待其知道另一个受让人在先的授权。

（2）先满足第一节的全部要件但是不具备第（1）款意义上的善意的在后受让人必须将货物归还让与人。让与人从这一受让人处获得货物返还的权利也可以由第一受让人行使。

评　论

A. 概述

本规则的功能。本条涉及所有欧盟国家法律制度中都讨论过的典型的情形，也就是让与人打算将同一货物相继转让给不同的人。

示例 1

特定货物的所有人 S，与 B1 订立了出售这些货物的合同。货物暂时留在 S 的营业场所。后来，S 和 B2 就同一货物的销售签订了合同。

事实可以一些方面有所不同或者更为具体:尤其是,货物可能已经交付给B1或者B2。尤其是在后一种情形,就B1在先的授权的不存在,B2是善意还是恶意(但这些术语可以更具体地加以定义)也是有关的。

不管调整这一类情形的一套规定可以构造得如何具体,其可能以指向在继受取得和基于善意取得规则的原始取得的两者结合点为特征。涉及该问题的"转让层面"的本条,也必须与善意取得规则的相关规定,也就是第Ⅷ-3:101条(通过没有转让所有权的权利或者权限的人善意取得)相联系来看。

本条主要处理"受让人"之间的冲突问题,也就是谁会最终接受并有权保有货物。但是,本条也影响拟受让人与让与人的关系。为明晰起见,后者讨论会利用示例1中的用语。因此,当事人会被称为"S"(让与人),"B1"(转让所有权的授权最先创设的受让人)和"B2"(授权成立在后的受让人)。

比较法背景。尽管欧盟法律制度的出发点要么遵循交付为基础进路,要么遵循合意主义进路,因而差异很大,但是就本问题所达成的解决方案有某种程度的一致。在交付主义制度——除非S及B1,或者可能是S和B2就所有权立即移转达成协议——基本规则是谁先接受货物交付,谁就先取得所有权。但是,如果B2恶意接受交付,这一结果可能会倒过来。取决于关于侵权损害赔偿责任的内国规则,B1可能在这种情形有从B2处获得赔偿的权利。这种赔偿可能是实物赔偿(reparation in kind),此时B2有将货物所有权转让给B1的义务。但是,产生这种权利的要件在有些国家颇具有限制性(比如,限于B2诱使S违反S对B1承担的义务;或者限于B2至少实际知道B1的在先的所有权转让的授权)。概括而言,在这种制度下,交付和其引起的所有权取得,在某些情形只有临时关联性:当B2恶意(含义可能会进一步明确)行事的,最终解决方案由债法规定。

另一方面,在遵循合意主义进路的国家,传统上,如果第二受让人善意地获得交付,则其取得所有权。具体来说,这种做法的根据可能是这样的观念:单纯的S-B1的合同的订立只足以引起"当事人之间(*inter partes*)的所有权转让",而为了"对抗善意第三人"需要现实交付;或者基于占有等同于所有权(*possession vaut titre*)规则的观念(或者两种观念兼有);或者就简单地以善意取得规则为依据。根据这类规则,恶意的第二受让人的问题可以由物权法自身来解决。

与多重转让相联系,合意主义有向交付主义进路靠拢的趋势。反过来,本条采取的进路稍微偏离了交付的出发点,而加入了善意的要件。这可能会被看成某种妥协方案;但是正如在下文中探讨的,是基于一定的实质性理由而采纳本条的进路的。

以交付为基础的转让制度的主要选项:概述。考虑到,除非另有约定,第二章采取的转让的基本进路要求交付(或者等同交付),按照上文概括的合意传统的路线采纳一项规则肯定前后不一。不过,可以通过对基本的交付主义进路进行修正而实现类似的结果,也就是增加一项额外的要求:只有其对B1的在先的授权不是善意的,在后的受让人(根据情况,是B2、B3或者B4)才能取得。下文中,这一选项(被称为选项2)会和

“传统的”交付为基础的进路进行简单的比较，而在传统的交付主义进路，先接受交付的 B2，不管 B2 是善意还是恶意的，都会取得所有权，但是如果 B2 以（某种）恶意行事，那么 B1 根据侵权损害赔偿责任的规则起诉 B2（选项 1）。

在两种模式下，如果 S 将货物交付给 B2，B1 有针对 S 的合同上的请求权。有时候，B1 可能对损害赔偿的债权正好满意。从一般性的层面来说，也可以说争议点在于，将货物留在让与人处而承担一定风险的受让人（B1）的保护问题。

两种选项下以同样方式解决的情形。有些情形，选项 1 和 2 导致相同的结果。首先，当 S 和 B1 同意立即转让所有权的就是这样。此时所有权转让给 B1，而 B2 只有符合善意取得的要件时才能取得所有权（参见第Ⅷ－3:101 条（通过没有转让所有权的权利或者权限的人善意取得））。两种进路趋同的第二种情形是，任何一方都没有约定先发生所有权转让，而 B1 先接受交付。那么，B1 作为满足本章第一节规定要件的受让人，会取得所有权。当 B2 善意接受交付的，也会产生同样的结果：只要满足第一节规定的全部要件，B2 就会取得所有权。

以下评论关注会产生不同结果的情形。

选项 1：一般交付主义进路，在后受让人“恶意”行事时，可以通过侵权责任逆转。如果多重让与情形，由本章整体上贯彻的（非强行性的）交付主义进路无任何例外或者修正地调整，而且 B2 通过立即转让所有权的协议取得留在 S 处货物的所有权，B1（只）能通过善意取得规则取得所有权。因此，B1 即使第一个接受交付的，只有在 B1 不知道而且也不能合理地被期待知道让与人已经转让所有权时，才会取得所有权。

此处要讨论的第二种情形是，B2 第一个接受交付，但是知道或者有理由知道 B1 在先的授权。B2 作为第一个完成第一节全部的转让要件的人，会成为货物的所有人。但是，B1 根据侵权损害赔偿责任还有起诉 B2 的机会。只要具备第六卷规定的侵权责任要件，B1 还是有向 B2 主张转让所售货物的所有权的可能。第Ⅵ－6:101 条（赔偿的目的和形式）规定，这种补偿目的是将遭受法律上相关损害的人（B1）恢复到其在法律上相关损害没有发生时会处于的状态；原则上赔偿可以实物赔偿（也就是将所有权转让给 B1）。但是，从 B1 角度产生的问题是找到一项规定，规定（由于 B2 的所有权取得导致的）未能取得货物所有权，构成第六卷意义上的“法律上相关的损害”。第Ⅵ－2:206 条（侵害物权或者合法占有时的损失）不适用，B1 没有取得货物是其原因。只有一项规定可以适用，也就是第Ⅵ－2:211 条（诱使债务不履行时发生的损失），但是，该规定含义非常窄（与选项 2 采用的一般性的善意标准相比，以及与有些以交付为基础的法律制度根据它们的侵权责任采纳的解决方案相比）。这一规定要求 B2 诱使 S 违反其对 B1 承担的义务。因此，比如，S 已经打算违反对 B1 所承担的债务时（比如 S 积极地将货物提供给 B2，不是后者主动），B2 知道这些事实，但是利用了这一（业已存在的）对 S 义务的违反时，就不能适用这一规则。另外，B2 还必须意图 S 不履行 S 对 B1 所负担的债务。简而言之，考虑到第六卷相关规定的内容，采纳选项 1，意味着 B1 只有在非常有限的条件下才能要求从 B2 处转让货物，而这些条件实践中也会非常难以证明。

选项2:交付主义进路,后受让人的取得在“恶意”时被排除。另一方面,如果多重让与受(非强行性的)交付主义调整,但为取得货物所有权B2必须善意,在这个限度内予以修正,那么上一评论中讨论过情形应当作如下处理。当S依然占有,并通过约定立即转让,将货物“转让”给恶意的B2,这一转让不会发生,而B1——当在后来的一个时间取得交付——会取得所有权,而不以具备善意取得要件为前提。

当B2先接受交付,但是就B1在先授权的存在处于恶意,B2绝对不能取得所有权,而B1依然可以要求S转让所有权。相比于前面讨论的选项1,这一方案有一定的优势。首先,这会让B1在与B2的冲突中,比侵权损害赔偿责任规则所允许的,得到更多的获胜机会,因为一项对于善意的简单定义可以用来取代诱使违约这一要件。而且,如果B2破产,这一选项也给B1更好的保护。最后在物权法自身范围内解决冲突,本身可能会被认为比“迂回地”利用侵权损害赔偿规则更为有利。但是这种规则是否提供了行之有效的解决方案,则取决于一定的细节,这在下述评论中将会讨论。

B. 规则如何运行详论

适用对象:对同一货物拟实施的转让。如上文所及,本条适用于两个或者两个以上的人(受让人),针对同一人(让与人)有获得同一货物的所有权转让的授权。至于这些授权是基于合同、其他法律行为、法院的裁定还是法律规定(参见第Ⅷ-2:101条(所有权转让的一般要件)第(1)款(d)项),在所不论。但在实践中主要的适例是以合同进行的多重让与。“同一货物”是特定的货物,因此让与人不可能遵守现有的全部授权。

留给交付基本规则的适用对象;没有问题的案件。原则上本条遵循贯穿于整个第二章的一般的非强行的交付主义进路。这意味着,正如规则所明确规定的,所有权转让给最先满足第一节全部要求的受让人。唯一的例外是,在这些转让要件对于在后受让人来说具备时,在后的受让人是恶意的情形。

因此,一般的交付规定会适用于:第一,S和B1已经约定立即转让所有权的情形,第二,B1和B2都没有约定在交付前转让,而B1首先接受交付。这些情形在评论A中已经讨论过。

让与人仍然是所有人,在后的受让人善意。第(1)款第2部分修正了一般的交付进路,从而在后受让人(也就是其所有权转让的授权晚于第一个授权的其他受让人)必须在与该受让人相关的一般性的转让要件具备时处于善意。本条使用的善意定义(“不知道也不能合理地期待其知道”)与第Ⅷ-3:101条(通过没有转让所有权的权利或者权限的人善意取得)使用的善意的一般性词语一致;更为详细的讨论参见该条。而在定义清单中“善意”的一般性定义稍许更“客观”些。一个重要的层面是,买方除非有特殊的迹象,没有调查货物之前是否已经出售给他人的义务。这一观念的后果是,“善意”的范围仍然比适用第Ⅵ-2:211条(诱使债务不履行时发生的损失)能实现的宽得多。因此，第一受让人(B1)比另一种观念下(选项1，参见上文)更为经常地拥有货物的权利。从比较法视角看，这不是一项异常的结果：如上文简要概括的，合意主义国家的法律制度利用它们的一般性的善意取得规则很常见。

根据本条第(1)款，通过(先)取得货物的交付以及约定在交付时发生转让，比如在基础性合同订立时转让，善意在后的受让人可以取得所有权。这与善意取得规则不同(常见第Ⅷ-3:101条第(1)款(b)项)；但是本条不是规定从非所有人处原始取得的一项善意取得规则，而是一项特别的转让规则，建立在一般性转让要件基础上。

善意必须与其他(多个)受让人的(多个)在先的授权的不存在有关。

让与人仍然是所有人，在后受让人恶意(第(1)款和第(2)款)。当最先满足第一节全部的转让的一般要件的在后受让人当时是恶意的，本条第(1)款阻止了在后受让人取得所有权。这在当事人在交付前约定转让而且让与人依然占有货物是不会导致特定的问题的产生。

示例2

特定货物的所有人S，与B1签订了买卖这些货物的合同。货物暂时放在S的营业场所。后来，S和B2就同一货物签订了买卖合同，而B2知道货物已经出售给了B1，但是给出了更优的报价。B2不想获得立即的交付，但是和S约定货物所有权在他们之间的合同订立之时移转。

在这个案件中，让与人依然对货物有所有权，可以根据和第一受让人之间协议的条款(或者根据作为让与基础其他法律根据的规定)，将货物转让给第一受让人。如果完成了这些，所有权将继受性地转让给第一受让人，而在后受让人可以针对让与人寻求债务不履行的损害赔偿(不过，该损害赔偿可能因为在后受让人的过失而被减少或者甚至被否定)。

另一方面，当货物已经交付给在后的受让人时，让与人依然根据本条第(1)款保留货物的所有权。

示例3

事实和示例2相同。但是B2没有约定立即转让，但是在B1找S并要求交付货物之前，B2获得货物的交付。

与示例2中的情形相反，让与人(S)最一开始不能对第一受让人实施交付。S可以根据第Ⅷ-2:105条(等同交付行为)第(2)款通过通知B2转让所有权，但是一般来说，让B1找B2以获得货物的交付不切实际，因为B2一般都想占有货物。这可能意味着和B2发生争议并招致额外的费用，比如运输费用。根据具体的情形，坚持与S的原初的关系并依据合同条款要求交付可能会更为实际。因此，S有权要求B2返还占有(第(2)款第1句)，以便可以实施对B1的交付。在一定意义上第(2)款第1句重申了从第Ⅷ-6:101条(所有权的保护)第(1)款已经得出的结论，也就是所有人可以请求任何无权占有财产的人返还财产。但是本句有意使用了在后受让人"必须归还(must restore,而第Ⅷ-6:101条使用的是return,用不同的词以示区别,译者注)"货物给让与人的字样,以避免基于B2和S之间的存在的就所有权转让有效的授权,在S和B2基础性法律关系存续期间,B2是否有第Ⅷ-6:101条第(1)款意义上"占有货物的权利"的疑问。具体来说,当S和B2之间拟实施的转让是基于合同,合同关系是否解除无关紧要(如果B2不付款,S可以解除;或者因为S未能将所有权转让给B2,由B2解除)。如果B2可以依据和S之间的合同并因此得以阻止将货物转让给B1的,比如B2已经付清价款,而S因此不能解除合同以重获货物的占有的,这会不令人满意并且有悖本条背后的政策。

第一,本款第2句规定,让与人从在后的受让人(B2)获得货物归还的授权也可以由第一受让人(B1)行使。这一特别规定的用语与第Ⅷ-6:101条(所有权保护)第(1)款一致,并暗示B1的权利是物权性救济,可以说,是行使所有人的一般性的物权返还请求权的特别授权。第二,引入这一特别权利是为了在让与人拒绝合作时(其为了B2第二次处分货物已经是不诚实行事了),给B1提供有效的保护手段。否则的话,S依然拥有货物的所有权,并在理论上可以要求B2返还货物,以交付给B1,或者通过通知B2将所有权转让给B1,该条规定对B1帮助不大。在B2或者S破产或者B2和S都破产时,也可以帮助B1。第三,如果B2已经支付全部或者部分价款给S,而且由于这一交易不得不解除,B2依据第Ⅲ-3:401条(拒绝履行对待给付义务的权利)的一般性规定主张拒绝履行返还货物的义务时,则这一直接针对在后受让人的权利是有意用来帮助B1的。B2这一权利可以有效地对抗S,具体由债法确定。第(2)款第2句是有意用来确保这种拒绝履行的权利不能用以对抗B1。这会使得B2处于比相对于S时更为不利的处境。但是就与B1关系来说,很显然,恶意行事的B2不值得法律保护。

如果有几个拟受让人而且他们都想起诉取得占有的在后受让人,本条的字面已经很明确,只有第一受让人(B1)可以行使第(2)款第2句赋予的权利。

特论:取得占有的在后受让人的破产。正如前文所示,在B2返还货物给S或B1之前破产时,本条采纳的解决方案——作为不依赖于可对B2行使的债权的"物权法解决方案"——被认为更具有优势。B2以不诚实的行为而有意让第一受让人的取得落空,相对于B2和B2的普通债权人来说,保护第一受让人似乎更为可取,B2的债权人应当受到B2的权利的限制而不是从B2的恶意中得利。正如上文所言,取回权可以由S或B1行使。

特论:让与人的破产。最后,本条采取的进路在让与人S破产时也被有意用来保护B1。只要货物仍然为B2占有,B1可以针对B2行使第(2)款第2句规定的直接的请求权。如果S根据第(2)款第1句也要求返还货物的话,基于下文所讨论的理由,我们想让B1针对B2的权利优先于S的请求权。根据本条背后的政策,在拟对B2实施的转让已经发生后,货物仍然为让与人S占有(因为S和B2约定了立即转让)或者已经根据第(2)款第1句返还给S的,B1也仍然有权取回。相对于S的普通债权人优待

B1的理由在于本条的功能:从S的角度(以及S债权人的角度)看,货物是否有效转让给B2或B1无关紧要;两种情况下货物都不再是S的财产。本条的宗旨不是赋予让与人财产以利益。尽管B2形式上已经满足了全部的一般的转让要件,S依然保有所有权的立法技术只是用来实现避免让B2取得所有权——此时S的债权人也没有对货物下手的机会——并让B1仅通过债权起诉B2的这种"迂回"。基于这些理由,B1的权利应当也可以有效对抗S的债权人。

但是,这只适用于,若非为本条第(1)款所阻止,货物本就应该已经转让给B2的情形。没有这样的一般规定,也就是,在有利于另一恶意的受让人双重处分发生时,所有权总是被视为"在合同订立时"(或者任何其他特定时间)就已经移转,这显然会前后矛盾。转让所有权给B1的一般后果只会发生在与B1有关的一般要件具备之时。在B1取得占有(或者通过通知B2,S将货物转让给B1,或者通过和B1约定所有权现在会在特定的时间点移转)之前,本条的效果只是,给B1提供一项特别的物权性的从B2或者S处交付(取回)货物的权利。当然这一权利只有在B1给S支付了约定的价款时才能行使。

注　释

1.在奥地利,民法典第430条规定了动产二重买卖的规则。这些规则与所有权转让的一般规则没有不同。事实上,买方必须从所有人或者从有处分权的人处取得,必须已经约定了有效的基础性合同和物权合意,而且已经通过奥地利法下的交付或者等同交付(比如占有改定(*constitutum possessorium*))取得占有。但是,交付在将所有权赋予买方的过程中起到重要的作用。一旦买方取得货物的占有,所有权会移转于买方,买方是否在让与人将同样的货物出售给另一个人之前和让与人签订合同,这一点无关紧要。事实上,根据奥地利法下的统一的转让进路,只要让与人一旦将货物交付给受让人或者受让人接受了一项等同交付,让与人就失去了处分权。这一点在占有改定时也得到确认(比如,A将财产出售给B而B立即从A处回租)。尽管原初的让与人对货物有物理控制,但受让人只赋予其持有货物的权利。此时,如果原初的让与人/持有人将货物出售给其他人,其他人只有其属于民法典第367条下善意并取得货物占有时,才能取得所有权(*Pletzer*, Doppelveräußerung und Forderungseingriff,30 et seq.;民法典第367条)。如果原初的让与人将货物出售给两个不同的个人,而将货物交付给其中的一人,原初的让与人不免除债务,而是由于不履行,对没有收到货物的受让人构成迟延(所谓的债务人迟延(*Schuldnerverzug*))。根据民法典第918条,让与人应该试图从已经取得货物的受让人处买回货物,而后将货物交付给第二个受让人。但是这种行动必须在适当的期限内完成,因此,如果让与人未能重新取得并将货物转让给第二个受让人的,第二个受让人可以解除合同并要求损害赔偿。如果从第一个受让人处买回货物不能(或者成为不能),则会适用民法典第920条。相应地,第二受让人可以选择坚持合同或者解除合同(*Pletzer*, Doppelveräußerung und Forderungs-eingriff, 103-125)。两种情形下,其均可以就债务不履行要求损害赔偿。区别在于,在第二个受让人坚持买卖合同时,作为要求交付属于买卖合同的标的替代,其可以就第一个受让人支付的价款起诉让与人(所谓的替代物(*stellvertretendes commodum*))。一个特别的例子是,第二受让人已经取得货物的占有并因此取得所有权。此时,第一受让人可以——根据一定的条件——直接起诉第二受让人以迫使后者将所有权转让给他。这种权利是第二个受让人侵害第一个受让人从让与人处获得给付的权利引起的(所谓的侵害他人的债权(*Eingriff in ein fremdes Forderungsrecht*))。事实上,第二受让人的侵害,被视为引起侵权损害赔偿法下的一种责任的产生。根据民法典第1323条,损害的补偿应当原物赔偿(occur *in natura*),也就是补偿应该由将所有权向第一受让人转让构成。学者强调,如果某人的行为具备违法性(*Rechtswidrigkeit*)的要件,则该行为引起损害赔偿的责任。但是,没有参与基础性协议订立的当事人并不总是知道对他人权利的侵害。因此第三人的"侵害"一般情形下不被认为构成违法。就这一点来说,学者们主张,只有第二受让人知道让与人和第一受让人之间的合同的存在,诱使让与人违反其与第一受让人 之间的合同的(*wissentliche Verleitung zum Vertragsbruch*(故意诱使违约)),才可以要求损害赔偿(*Koziol*, Die Beeinträchtigung fremder Forderungsrechte;Klang(*-F. Bydlinski*),ABGB Ⅳ(2)[2],115 et seq.)。第二受让人利用第一受让人和让与人之间的违约,没有积极地诱使让与人这么做,但是知道让与人的行为会导致其违反与第一受让人的合同的,第二受让人甚至于也在这种情形下承担责任(所谓的有意识利用他人的违约(*bewusstes Ausnutzen fremden Vertragsbruchs*))(*Pletzer*, loc. cit.,217-252;see also OGH 5 Ob 236/06a)。最后,必须考虑到第一受让人对第二受让人的权利不是物权,而只是侵权损害赔偿责任法下的一项请求权。这意味着如果第二受让人破产,第一受让人不能通过破产财产的别除,请求返还这些作为合同标的的特定的货物,而是作为普通债权人只获得与债权价值相对应的一部分破产财产(Faber and Lurger(*-Faber*),National Reports Ⅰ,106-109)。

2. 在捷克共和国,如果某人将货物出售给两个或者两个以上的人,取得占有在先的人,或者先接受货物交付的人,会取得所有权。其他受让人如果善意,则有权依据侵权损害赔偿责任的一般规定获得损害赔偿(Faber and Lurger(*-Tichy*),National Reports Ⅵ,chap. 6)。

3. 根据爱沙尼亚法,为了转让所有权需要两个要素:物权合意和交付(或者等同交付)。在二重让与时,可以主张两项要素的受让人被认为是合法的所有人。但是如果让与人已经转让所有权给受让人,但是依然可以将占有交付给其他人(比如占有改定),第二受让人只有善意时才能取得所有权,也就是如果其不知道或者不应当知道让与人没有权利转让所有权。与此相反,如果因为让与人与第一受让人之间只订立了买卖合同,所有权还没有转让,第二受让人即使恶意也可以取得所有权。但是,如果可以证明第二受让人有悖公序良俗行事,在特定的条件下第一受让人可以向第二受让人要求损害赔偿(债法第1045条第(1)款第8项),但是不能主张所有权。让与人尽管和第一受让人有合同,还是将所有权转让给第二受让人的事实,不会使其与第二受让人的合同无效(Faber and Lurger(*-Kullerkupp*),National Reports Ⅰ,293-294)。

4. 在德国法中,所有权根据物权合意和随后的占有移转而取得(民法典第929条及以下)。因此,在二重买卖时,取得占有的受让人即使不是第一个和让与人订立合同的人,也会取得所有权。买卖合同没有任何转让的效力,而是让与人只负担单纯的转让货物的债务而已。由于让与人不受物权合意的拘束并且占有没有转让给受让人,让与人不丧失所有权并且因此有有效处分货物的权利。因此受让人从有权让与人处取得,不需要援引善意取得的规定来为受让人权利寻找根据,受让人尽管是第二次买卖合同的当事人,也取得货物的所有权(*Baur and Stürner*, Sachenrecht[17], § 5 no. 46)。不过,在先的买方有权主张从没有履行债务的让与人处获得赔偿,但是货物一交付给受让人,就不能要求返还货物。即使受让人对于让与人转让所有权给其他人的合同义务有积极的了解，也采纳这种解决方案。另一方面，如果受让人以阻止在先的买受人取得货物为目的恶意（*mala fide*）行事，则不会发生所有权转让（参见 BGH NJW 1974,36；BGH NJW 1981,2184；BGH NJW 1988,1716,1717）。此时，能够证明受让人故意导致损害行事的在先的买方（Hk-BGB[5]（*-Staudinger*），§ 826 no. 14），也有权针对恶意的受让人主张损害赔偿（民法典第826条）。另外，由于让与人和受让人之间的合同协议必须根据民法典第138条被确认为无效，在先的买方可以依据民法典第249条和第826条，要求受让人转让所有权。另外，民事诉讼法典规定了使得在先的买方能够在所有权转让发生之前担保买卖的救济。这一救济以由法院签发的暂时性命令构成，该命令在买卖合同订立、物权合意至计划的占有移转期间禁止卖方处分货物（民事诉讼法典第938条第(2)款）。这种法院命令有"转让禁止"条款的效力（民法典第135条）：因此，禁令只对那些知道这种措施或者由于重大过失不知道这种措施的人具有效力。如果第二买受人善意，也就是，不知道限制性的命令，这种法院命令对其没有效力，适用善意取得的规则（民法典第135条第(2)款）。如果让与人已经将所有权转让给先买受人但是依然占有货物的，则也适用善意取得规则。因此，如果让与人出卖并而后将货物的所有权依据民法典第929条及以下转让给在后的买受人的，后者可以根据善意取得规则取得所有权。另外，如果第二买受人事后占有货物的，其依据民法典第932条取得完整的所有权，导致在先的买受人丧失对货物的一切权利（Faber and Lurger（*-McGuire*），National Reports Ⅲ，chap. 6）。

5. 希腊法没有论及二重买卖问题。因此，为了确定某人将同样的货物出售给不同的个人时的解决方案，必须援用关于善意取得和所有权转让的一般规定。由于学说汇纂学派影响，动产所有权转让通过物权合意和货物交付发生。一旦当事人就所有权转让达成协议且受让人取得货物的占有的，则让与人没有处分货物的权利，但是在此之前让与人想出卖多少次就可以出卖多少次。买卖合同没有物权效力，而只有债的效力。因此，只有根据民法典规定的方式取得所有权的受让人可以被认为是合法的所有人。但是，有可能让与人仍然保持货物的占有，但是却已经将所有权转让给其他人（比如占有改定（*constitutum possessorium*），A将货物出售给B，但是A保留对货物的用益权，等等）。此时，如果让与人将所有权转让给在后的受让人并且交付货物，依据民法典第1036条，在后的受让人只有属于善意时，才能相对于在前的受让人取得完整的所有权。如果在交付之时或者物权合意之时（详情参见第Ⅷ-3:101条注释30和70），其对让与人和前受让人之间的协议不知情，且这种不知情不是出于重大过失（民法典第1037条）（Faber and Lurger（*-Klaoudatou*），National Reports Ⅲ，chap. 6）。

6. 根据匈牙利法律制度，所有权根据表示原因（*causa*）（也就是，当事人协议的法律上的经济理由）的有效债务和交付而移转。因此，如果所有权人将同样的财产出售给不同的人，所有权会转让给依据有效的合同取得货物占有的人。另外，必须强调的是，失去取得货物所有权机会的在先的买方，可以针对在后的买方提起基于侵权损害赔偿责任（民法典第339条）的诉讼。但是，在先的买方必须证明在后的买方的恶意，也就是，必须证明在后的买方为了给在先的买方造成损害故意行事或者知道在先的协议的存在。就数个同时存在的买方，向仍然占有货物的让与人请求交付货物的权利，匈牙利法律制度没有规定任何明确的解决方案。没有任何关于优先性的制度。因此，只要买方和卖方/让与人的协议是基于同样的合同条款，每一个买方都可以主张该权利。相应地，一方面，就法院判决的强制执行最先采取行动的买方，会取得货物的占有。另一方面，未能取得货物所有权的买方可以就违约要求卖方赔偿（Faber and Lurger（*-Szilágyi*），National Reports Ⅲ，chap. 6）。

7. 立陶宛法没有就多重让与规定任何特别的解决方案,而是适用关于所有权转让的一般规定。会存在各种类型的多重转让。比如,卖方将同样的货物出售给两个不同的买方,但是将货物交付给在先的买方,或者与在先买方协议约定所有权在合同订立时立即转让。由于根据卖方和在先买方的买卖合同,卖方已经转让了所有权,并从而失去处分权,卖方和在后买方的合同不产生任何效力,而是根据民法典第6.307条无效。另外,如果卖方将货物交付给在后的买方,即使合同规定所有权立即转让给在先的买方,在先的买方不丧失所有权,而是有权依据民法典第4.96条要求在后的买方返还货物。与此相反,如果当事人约定所有权根据交付而移转,而卖方将货物交付给在后的买方,后者必须被认为是所有人,在先的买方只能针对卖方就合同债务不履行的损害提出赔偿的请求。但是,只要在先的买方能够证明与卖方的合同订立在其他买方的合同之前,在先买方的权利受到保护。如果在先的买方未能证明这一点,民法典第6.60条规定,第一个提起交付货物之诉的买方的权利必须给予保护(Faber and Lurger(-*Mikelenas*),National Reports Ⅲ,chap.6)。

8. 根据荷兰法,如果卖方将同样的货物出售给不同的人,赋予在先买方的债权以优先权。与此相联系,民法典第3.298条规定,如果就同一财产两个或者两个以上的债权人各自分别有获得交付的权利,应当向第一个取得该权利的买方实施交付。如果法律、并存权利的性质或者合理和公平的需要指向不同结果的产生(*Snijders*,Botsende rechten op levering van eenzelfde goed,185-192),而且如果卖方已经履行对买方之一的义务,这一规则不适用。因此,一旦卖方交付货物,取得货物占有的买方成为合法的所有人。事实上,交付是受让人为取得完整所有权而需要具备的最后一个要件。另外,不需要善意。但是如果取得货物所有权的买方的行为可以被视为侵权行为,也就是其知道在先买卖合同的存在,未获得货物交付的买方可以对其提出起诉。就此来说,最高法院(Hoge Raad 8-12-1989,NedJur 1990,217)已经明确表明,知道在先买卖合同的存在,可以发生在与所有人和在后的买方就买卖达成协议之时或者交付之前。此外,最高法院曾经裁决(Hoge Raad 17-11-1967,NedJur 1968,42(*Pos/Van den Bosch*)),以实际所有人/受让人不当行为为由,支持将货物再转让给未取得所有权的买方。荷兰民法典就将来货物的双重交付也规定了一项规则。该民法典第3:97条第(2)款规定,基于更早的交付已经取得将来货物的所有权的人,不受同一将来货物所有权转让给其他人的影响。具体来说,基于交付的所有权取得在货物到了买方手中之时就可以对抗其他人。规则很清楚:成功获得货物实际控制的人权利优先。如果取得所有权的是在后的买方,则会出现问题。尽管这一取得影响在先买方的地位,但并非默认在后的买方自动成为所有人。事实上,只要卖方一出售货物,卖方就丧失处分货物的权力。因此,如果在后的买方能证明善意(也就是不知道在先买方已经取得所有权)且其取得不是无偿的,在后的买方可以拯救其所有权的取得(Faber and Lurger(-*Salomons*),National Reports Ⅵ,chap.5.1.3(b))。

9. 根据斯洛文尼亚法,所有人就同一动产可以成立的买卖的数量没有限制(Juhart et al.(-*Vrencur*),SPZ s komentarjem(2004),art.38,225)。但是,要想发生有效的所有权转让,斯洛文尼亚法要求具备三项要件:(1)有效的债务;(2)处分权;(3)货物的交付。此外,必须强调的是,一旦所有人交付了货物,其就丧失了处分权(Juhart et al.(-*Juhart*),SPZ s komentarjem(2004),art.40,246;*Juhart*,Eigentumsübertragung,180)。就此来说,物权法第61条第(1)款规定,从没有处分权的卖方处购买货物的人,在卖方交付时取得了必要的处分权时取得这些货物的所有权。二重买卖似乎可以归入这一规定。事实上,在后的买方会从不再有转让所有权的让与人处取得,并因而取得会无效。但是,如果物权法第61条第(2)款的要件具备的话,在后的买方的处境会得到拯救。就此来说,物权法第61条第(2)款规定,如果卖方将货物出售给不同的人,那么所有权会为最先获得货物交付的人取得(Juhart et al. (*-Tratnik*), SPZ s komentarjem(2004), art. 61, 31)。此时,在先的买方不能阻止所有权转让给在后的买方,但是可以针对违约行事的卖方要求损害的赔偿(Faber and Lurger(*-Rudolf/ Rijavec/Kerestes*), National Reports Ⅰ, 577-578)。

10. 在西班牙法中,买卖合同只具有债法上效力;所有权的让与在货物交付时才发生(就此见,TS 28 November 1986, RJ 6618)。民法典第1473条就多重买卖确定了一些规则,但是也可以适用于多重权利买卖(就多重债权买卖见,TS 31 December 1909;就空的(bare)所有权与所有权买卖的并存见,TS 17 December 1984(RJ 6286))以及根据买卖合同之外名义对权利的二重处分(就互易见TS 13 November 1956(RJ 3442);就由于执行程序并存导致的同一货物的司法转让见TS 05 January 1970(RJ 165) and TS 29 July 1991(RJ 5423))。但是,民法典第1473条不适用于赠与(TS 25 July 1996(RJ 5572))或者当在后买卖发生在货物交付给先买受人之后(也就是出售他人的货物时,也请见,TS 25 November 1994(RJ 8947), TS 11 April 1992(RJ 3096), TS 17 November 1992(RJ 9234), TS 25 July 1996(RJ 5572), and TS 18 May 2005(RJ 4233))。因此,如果同一货物被出售给不同的人,最先依据民法典第464条(从非所有人处(*a non domino*)善意取得)善意取得货物占有的人,必须被认为是所有人。如果动产需要登记,所有人是第一个有登记名义(title)的人。如果没有人对动产进行登记,将赋予善意占有货物的买方以优先权;否则将赋予拥有最早名义的人以优先权,只要其属于善意(*Rubio Garrido*, CCJC 2005, 468-469; *Lacruz Berdejo et al.*, Elementos Ⅲ(1)^2, 182)。另外,必须强调的是,法院(参见TS 22 March 1930(RJ 788), TS 09 June 1955(RJ 1723), and TS 12 April 1957(RJ 2499))倾向于认为,只有交付赋予受让人对货物的实际占有时,交付要件才具备。就此而言,法院认为,将在公职人员见证下签署的协议等同于交付的民法典第1462条第(2)款,只是就当事人协议中宣示的内容导致物理占有的移转,规定一项可推翻的推定(*a iuris tantum presumption*)而已。因此,民法典第1473条第(1)款和第464条必须从旨在保护接受物理占有转让的在后取得人的角度进行解释,而不是保护通过拟制交付(*traditio ficta*)取得的在先的买方(*Rubio Garrido*, La doble venta y la doble disposición, 86 et seq.)。善意是推定的,由欠缺对货物已经出售给其他人的了解构成(see TS 24 January 1990(RJ 20), TS 11 April 1992(RJ 3069))。不能从民法典第1473条规定中获益的买方,可以主张解除合同并要求损害赔偿(参见TS 04 March 1988(RJ 1554), TS 10 November 1988(RJ 8432), and TS 04 December 1995(RJ 9160); Faber and Lurger(*-González Pacanowska and Díez Soto*), National Reports Ⅴ, chap. 4. 6. 2)。

11. 在斯洛伐克法律制度中,根据卖方和在前的买方以及卖方与在后的买方的关系,是受民法还是商法的调整,对二重买卖作不同的处理。如果两项关系都受民法调整,基本原则是:受让人取得与让与人享有的权利同样的权利(不得将大于自己的权利的权利转让给他人的原则(*nemo plus juris principle*),以及所有权仅凭合意而取得,除非当事人另有约定或法律另有不同的规定(民法典第133条第(1)款)。因此,如果卖方将货物出售给一人,而后再出售给另一人,根据民法典第39条,由于卖方没有处分权,第二个买卖合同被认为无效。事实上,根据第一个买卖合同,让与人已经不再是所有人了。在后的买方有权以不当得利为由请求卖方返还价款。反过来,如果货物已经交付给在后的买方,其必须将货物返还给在先的买方。如果卖方与在先的买方之间合同因为无效而无法产生效果的,则不会出现这种场景。此时,在后的买方会被认为是货物的所有人,尽管所有权取得所依据的是根据民法典第39条应该被认为无效的行为。此外,必须考虑当事人约定或者法律规定所有权转让需要交付的情形。如果对在先的买方的货物的交付还没有发生,在先的买方可以请求卖方履行义务。但是,如果卖方在交付给在先的买方之前,将货物出售给他人并交付货物,在后的买方会成为所有人。另一方面,在先的买方可以根据民法典第420条第(1)款要求损害赔偿。另外,如果解除合同,在先的买方可以对卖方提起不当得利之诉(通常与已经支付的价款相等)。如果卖方和在后的买方关系属于商法调整,在后的买方可以善意取得货物的所有权,即使买卖合同根据民法典第39条被视为无效。但是根据商法典第446条,如果在后的买方知道或者应当知道卖方没有处分货物的权利,则不发生善意取得(*Lazar et al.*,OPH I,426)。不幸的是,斯洛伐克法律制度没有考虑在先的买方的地位。其是否可以起诉卖方要求损害赔偿,存在争议(Faber and Lurger(*-Petkov*),National Reports Ⅵ,chap. 7. 1)。

12. 根据葡萄牙法,所有权的转让根据合意的效力发生(CA Coimbra 8 March 1994,BolMinJus 435(1994)918)。具体来说,民法典第408条第(1)款规定,财产上物权的成立或者让与通过合同而发生。民法典第1317条第(1)款(a)项也坚持这一点,该项规定,如果当事人就所有权的转让订立了合同,根据民法典第408、409条的规定取得权利。在买卖合同中,交付货物或者等同交付及价款的支付,只是卖方和买方各自的合同义务(民法典第879条第(1)款(b)项和(c)项),但是他们与所有权的成立没有关系(*Menezes Cordeiro*,Direitos Reais,291)。根据民法典的规定,二重买卖的在先买方是所售货物的所有人,因此,如果卖方已经将在先买方购买的货物交付给在后的买方的,在先的买方有权根据民法典第1311条针对在后的买方行使物权返还请求权(rei vindicatio)的诉权。另外,必须强调的是,卖方和在后买方的合同无效。因为这一合同必须被看成出卖他人货物的买卖合同,卖方没有货物的处分权,民法典第892条规定合同无效,而这项处分权卖方因为将所有权转让给在先的买方而丧失(*Pires de Lima and Antunes Varela*,Código Civil Anotado II[3],art. 892 no. 3,190)。最后必须强调的是,葡萄牙法无视善意的在后的买方可以取得货物所有权的可能性。如前所述,卖方和在后的买方之间的合同无效。但是,对于善意的买方葡萄牙法通过针对卖方行使的救济给予保护。比如,买方可以根据民法典第894条要求卖方返还价款(*restituição do preço*)或者根据民法典第897条要求履行合同(*obrigação de convalidação*(使合同有效的义务),译者注:依据第897条,如果买方善意,那么卖方有义务取得所有权或者处分货物的权利,以补正合同的无效)。另外,如果卖方是专业的,则适用民法典第1301条,也就是在后的买方可以要求卖方返还价款或者针对在先的买方提起追索之诉,条件是后者过失导致了善意的在后买方的损害。关于赋予善意买方的救济更多细节,见 *Romano Martinez*,Direito das obrigações[2],120。

13. 根据比利时法,在当事人表明他们的合意之时所有权即被移转,但是同一货物的多重让与可以被视为基本规定的一项例外。事实上,尽管在后的买方从没有处分货物权利的卖方处取得,因为所有权转让给了在先的买方,但是根据民法典第1141条,如果在后的买方善意地取得货物的实际占有,其依然可以以其所有权(title)对抗在先的买方。事实上,货物的占有对于第三人而言,是货物属于占有人的潜在的证据。另一方面,如果在先的买方已经取得货物的占有,所有权的取得得到拯救,而在后的买方不能对货物主张任何权利。与此相关,民法典第1599条规定,出卖他人的货物无效,如果买方不知道货物属于他人,卖方未能向其履行义务的买方可以要求损害赔偿。但必须强调的是,在在后买方主张合同无效之前,卖方和在后买方之间的合同并不自动无效。因此,依据民法典第1599条关于出售他人货物的无效买卖的规定,在后的买方可以选择,主张合同无效并要求损害赔偿,或者依据民法典第1147的规定主张卖方不履行的损害赔偿责任(违反合同)。另一方面,如果货物交付给在后的买方,在先买方不能对抗其所有权。但是,由于与卖方的买卖合同依然有效,其可以就不履行要求卖方赔偿(民法典第1147条)。根据民法典第1141条,要求在后买方必须善意,也就是要求在后的买方不知道,且不能期待其知道卖方没有处分权。善意的欠缺阻止买方取得货物所有权,即使其已经占有货物也是如此(Faber and Lurger(-*Cauffman and Sagaert*),National Reports Ⅳ,chap. 10)。

14. 在保加利亚,关于善意取得的规定适用多重让与。和其他合意主义的法律制度一样,所有人在其同意出售货物之时就丧失所有权。交付不是所有权转让的要件。在多重让与时,在后的买方是从没有处分权因而再没有转让所有权的权利的人手中取得财产。如果严格遵守合意原则,在后的买方不会有对所售货物主张所有权的权利,因为其是从非所有人处取得。此时,善意取得弱化了合意主义的效果并引入了从非所有人处原始取得的方式 。具体来说,物权法(OA)第78条第(1)款规定了善意取得三个要件:(1)基于有偿合同取得;(2)取得人必须占有货物;(3)取得人对为何让与人没有权利转让所有权不知情(Faber and Lurger(-*Stoimenov*),National Reports Ⅳ,chap. 10.1)。

15. 法国法的基本规则在民法典第1599条规定,根据该规定,出卖他人的货物的买卖无效。因此,在多重让与时,卖方和在后的买方之间的买卖合同因为民法典第1599条必须被认为无效。事实上,此时适用善意取得的规定(民法典第1141条;见Faber and Lurger(-*Cashin-Ritaine*),National Reports Ⅳ,chap. 6)。这意味着善意(bona fide)占有货物的在后的买方被视为是所有人。善意意味着在后的买方不知道货物已经被出售。因此,如果其是恶意,在先的买方有权就阻碍卖方履行对其提起诉讼。另一方面,如果卖方已经交付货物给在先的买方,卖方会对在后的买方构成不履行,因为卖方的义务不能得到履行。因此,在后的买方可以针对卖方就不履行要求损害赔偿(民法典第1147条;见*Terré/Simler/ Lequette*,Les obligations[9],nos. 570 et seq. ,558)。

16. 根据意大利法,合意本身就足以引起转让,而且合意可以以任何形式的证据证明。但是,尽管这一规定十分明确,意大利法却是以保护善意第三人为中心的法律制度。当某人根据不同合同的效力,将动产物权转让给不同的人时,这一点至为明显。基本规定是获得动产物理控制的人取得物权,即使其合同在其他的可能的买方之后签订也是如此(民法典第1155条)。另外还要求买方善意,也就是不知道动产也出售给了其他人(民法典第1147条)。这一规则源于调整从非所有人处(*a non domino*)取得的规定。事实上,在后的买方会从不再拥有出售动产权利的人处购买动产,因为后者根据在先的买卖合同的成立的效力已经丧失所有权。另一方面,即使买方是最后取得货物的,善意取得动产的物理控制的事实,使得其根据原始取得的名义取得所有权,该名义可以合法地对抗其他取得人(Faber and Lurger(-*Greco*),National Reports Ⅰ,491)。对于登记动产适用类似的解决方案。此时,最先在登记处登记合同的买方会是取得占有的人。显然在当事人之间,甚至是不公示时,合同也完全有效;因此,一项未登记合同可以产生登记合同所有可能的后果(比如,所有权转让)。但是,只有登记的合同可以针对第三人主张。事实上,合同一旦登记,就推定一般公众知道让与人不再有权处分货物。因此,甚至买方是最后取得货物的,其也可以以即时具备登记要件为由,以取得对抗其他取得人(民法典第2644条)。在同时有数个相竞争的当事人时,学说上发现就登记动产的取得的性质归类上有一定困难。一方面,民法典第1376条确定,买方凭单纯的合意取得货物的物权;另一方面,民法典第2644条规定,数个受让人有冲突时,最先登记的当事人优先。很显然,民法典第2644条使得民法典第1376条的合意主义的效果落空。为了给这两条规定的并存提供理由,学说上强调,由于第一买卖合同,第二买受人从非所有人处(*a non domino*)取得,但是登记——如果立即实施——具有法定解除条件的效力,使得第一个(没有登记的)转让行为产生的效果归于消灭(*Gazzoni*,Manuale di diritto privato[11],286-287;*Greco*,loc. cit.,429-432)。两种情形下,在先的买方可以要求卖方赔偿。就动产而言,卖方的责任是侵权责任(民法典第2043条),因为卖方阻止了在先的买方行使其在动产上的权利。就登记动产而言,由于卖方和在先买方的合同不生效,卖方就疏于履行并未两次出售的义务,承担过失责任(民法典第1476条)。在两种情形下,在后买方取得时是恶意的话,由于在后的买方侵害了在先买方的物权,失败的买方可以依据民法典第2043条要求在后的买方赔偿。

17. 在苏格兰,在多重让与的情形,必须区分受1979年货物买卖法调整的转让和受苏格兰普通法调整的转让。在前一种情形,所有权根据当事人的意思转让,不需要任何交付要件(1979年货物买卖法第17条第(1)款);在第二种情形,需要交付行为以转让所有权(*Carey Miller and Irvine*,Corporeal Movables[2],no. 8. 12-8. 15)。但是,我们必须区分两种情形下的合同和转让(conveyance):事实上,只有在转让时,所有权才发生移转;而合同只转让财产上的衡平法利益(*Reid*,The Law of Property in Scotland,no. 628;*Carey Miller and Irvine*,Corporeal Movables[2],no. 9. 05)。考虑到这些预备性的评论,在多重让与时,普通法上在后的买方可以根据货物的交付取得所有权,而在先的买方有权要求卖方给予损害赔偿。但是,如果在后的卖方是恶意的,也就是,知道在先买卖合同的存在,这种场景不会发生。此时,在先的买方就在后的买方的不法取得有救济措施。事实上,在先的买方可以主张废止在后买方的取得(所谓的"还原"(reduction))(Faber and Lurger(-*Carey Miller/ Combe/ Steven/ Wortley*),National Reports Ⅱ,377-378)。学说上称为"越位得分"(offside goals):不能允许第二个买方"得分"。但是,在还原之诉中,在后的买方具有依然有效的所有权,可以加以转让。因此,如果第三人善意地从在后的买方处取得,在先的买方不能向第三人要求返还货物(*Reid*,The Law of Property in Scotland,no. 695)。

18. 在英格兰普通法中,就法律上利益转让的一般原则是 *nemo plus iuris* 原则,也就是,一般来说,让与人不得授予他人超过让与人所拥有的利益。就动产来说,这一原则规定在1979年货物买卖法第21条第(1)款。该款规定,从非所有人或者不拥有所有人的授权或者未取得所有人同意的人处取得货物的人,就货物取得不优于出卖人所拥有的权利。这意味着,如果卖方没有转让所有权的资格,则买方不会取得所有权。如果货物的所有人因为其行为被阻止否认卖方的出售的权力,这一限制会被克服。因此,在多重让与时,如果在后的买方能够证明卖方有处分的权力,或者在先的可以主张所有权的买方,以不阻止卖方处分货物的方式行事,可以确定在后的买方会被视为所有人。因此存在合法的在先的买方不能阻止在后的买方取得完整的法律上所有权的情形。例如,让与人现在是"代理人",有在先买方实际的或者默认的授权,尽管不是货物的所有人,也能够转让所有权。事实上,代理人会转让本人的权利。在后的买方取得的权利不能被否认的另一个例子是"表见授权"(apparent authority)(*Eastern Distributors Ltd v. Goldring* [1957] 2 QB 600)。该情形发生于,所有人清楚明确地向第三人表明他人有权为了所有人行事(*Moorgate Mercantile v. Twitchings* [1977] AC 890),或者所有人允许他人在与第三人交易时作为真正的所有人出现(*Farquharson Brothers & Co v. King & Co* [1902] AC 325 at p 333 *per* Earl of Halsbury LC)。"所有权的标志"(Indicia of title)也可以阻止在先的买方取得所有权。该情形发生于非所有人的让与人不仅交付货物的占有,而且也包括引起实际占有人的所有权推定的证书(*Rimmer v. Webster* [1902] 2 Ch 163 at p. 173 per Farwell J)。另一种情形是,当货物的卖方依然占有货物并再次出售货物。就此来说,1979年货物买卖法第24条规定,依然占有所售货物的卖方,或者为卖方行事的商事代理人,将货物或所有权证书交付给善意得到交付并对在先买卖不了解的任何人,具有就好像作出交付或者转让的人得到货物所有人这么做明确授权一样的效力。很显然,这一规定旨在牺牲第一买受人而赋予无辜的买受人以完整的所有权,无辜买受人为卖方对货物或者证书的实际占有所欺骗,必然不可能知道卖方欠缺处分权(see *Pacific Motor Auctions Ltd v. Motor Credits Ltd.* [1965] AC 867)。推定交付就足以作为"交付或者转让",也就是,不需要卖方实际交付货物或者单据,而是无条件地剥夺其自己对财产的权利并放弃对财产所有控制的卖方现有的意图,就足以满足交付要件(*Michael Gerson*(*Leasing*)*Ltd. v. Wilkinson* [2001] QB 514)。如前所述,1979年货物买卖法第24条要求买方"善意"且不"了解"。就此来说,"善意"应当解释为不管过失与否,买方的行为是诚实的(1979年货物买卖法第61条第(3)款);而"了解"应当解释为,买方确实知道在先的在货物之上并存的法律的权益(*Benjamin*,Sale of Goods,5-034)。举证责任显然由主张适用1979年货物买卖法第24条的当事人承担。与上文描述的普通法制度相对照,衡平法承认更为一般的作为善意取得的例外。因此,在多重买卖时,一般规则是,善意且非无偿取得货物,对在先的买卖合同不知情的买方,会取得不受任何在先的衡平权益限制的法定地产权(legal estate)(*Pilcher v. Rawlins*(1872)7 Ch App 259)。如普通法下善意取得所见,需要在后买方对在先的权益确实不知情。这么做的理由是,就不动产来说,法院不愿意认可,仅仅因为在后的买手应当知道或者应当作合理的调查,其就可能丧失法定地产权上的利益。法院倾向于支持贸易的确定性(*Manchester Trust v. Furness* [1895] 2 QB 39)。最后,必须强调的是,如果就同一货物上有不同的并存的衡平权益,这一规则不适用。基本规则会是,*prior in tempore*,*potior in iure*(时间在先,权利在先),也就是说,可以主张先取得货物上的衡平权益的当事人,其权利在先(Faber and Lurger(*-Frisby and Jones*),National Reports Ⅱ,119,124-128)。

19. 在爱尔兰法中,物权法的基本规则是,任何人都不能转让比自己拥有的权利更优的权利(*nemo plus juris* principle(不得转让大于自己权利的权利原则))。1893年货物买卖法第21条规定了这一规则:货物由不是货物的所有人的人出卖的,买方对货物取得不优于卖方所拥有的权利的权利。在多重转让时,显然会有权利的冲突。在先的买方和在后的买方都会对由同一卖方出售的货物主张所有权。由于依据1893年货物买卖法卖方一般在买卖合同成立时转让所有权,因此在后的买方不能主张任何权利。但是,由于现代社会的商事活动的重要性,法院倾向于不排他性地适用不得转让大于自己权利的权利原则。就此而言,普通法和制定法,已经确立了一些例外,在这些例外中,在善意和支付对价时发生从非所有权人处取得。因此,为了解决并存买方的冲突,法院必须通过适用不得转让大于自己权利的权利原则和该原则的例外来进行判决。只有在以不得转让大于自己权利的权利原则例外为据的抗辩成立时,买方才会就货物取得优于其他并存的买方的权利的权利。不得转让大于自己权利的权利原则例外的一个例子是表见授权。正如在英格兰法中看到的,如果货物的所有人说服买方相信卖方得到合法的授权,或者所有人的行为使卖方看起来是货物的真正所有人,那么禁止货物的所有人否认卖方出售货物的权力(1893年货物买卖法第21条)。但是,如果买方想以禁反言阻止真正的所有人主张所有权,买方必须证明所有人的过失,正是该过失让卖方看起来好像有处分权一样。事实上,所有人的过失必须是买方成立其取得货物行为的有效原因。就此来说,学说上认为,应当存在所有人避免给第三人造成经济上损失的注意义务(*White*,Commercial Law,chap. 19;*McMahon and Binchy*,Torts[2],chap. 10)。另一个例外是1893年货物买卖法第25条规定的。该条适用情形是,尽管所有权已经转让给买方,但出卖货物的人仍然占有货物并且看起来是货物的所有人。因此可能会发生在后的买方不知道此前的买卖,从不再是所有人的实际占有人处购买货物。此时,1893 年货物买卖法第 25 条授予在后的买方完整的所有权。为了适用 1893 年货物买卖法第 25 条,需要具备以下要件:(1)卖方占有的持续,卖方以什么资格占有货物无关紧要(*Pacific Motor Auctions Property Ltd. v. Motor Credits*(*Hire Finance*)*Ltd.* [1965] AC 867; *Worcester Works Finance Ltd. v. Cooden Engineering Ltd* [1972] 1 QB 210,*Hanley v. ICC Finance* [1996] ILRM 463);(2)将货物交付给在后的买方(甚至推定交付就已足够;就此见 *Michael Gerson*(*Leasing*)*Ltd. v. Wilkinson* [2001] Q. B. 514);(3)在后的买方善意且对在先的买卖合同不知情(举证责任由在后的买方承担)(Faber and Lurger(*-Gardiner*),National Reports Ⅱ,236－249)。

20. 塞浦路斯法中的多重买卖的情形由 1994 年货物买卖法第 30 条第(1)款处理。该规则可以被认为是不得转让大于自己权利的权利原则(*nemo plus juris* principle)的一个例外。事实上,其承认善意且在购买之时就在先的买卖合同不知情的在后的买方取得所有权。另外一个要件是,卖方依然占有货物并将货物交付给在后的买方。尽管卖方已经将货物出售给在先的买方,但是将货物交付给善意的在后的买方仍然会引起所有权的转让:就好像在先的买方明确授权卖方如此行事一样。在后的买方恶意时,在先的卖方可以以诱使违约为由提起侵权之诉。事实上,尽管在后的买方对在先的买卖合同没有任何诉权,但是其行为诱使卖方去违约(民事侵权法(Civil Wrongs Law)第 34 条,Cap 148)。该法要求违约应该由就合同没有诉权的人"有意识地且没有充分理由地"导致。就此而言,学说上认为需要确实知道,"推定"知情不足够(*McKnight*, Restrictions on Dealing with Assets in Financing Documents: Their Role, Meaning and Effect', [2002] JIBL,193;see also *Swiss Bank Corporation v. Lloyds Bank Ltd* [1979] Ch 548)。最后必须强调的是,判例法就有犯意善意的买方(a mens rea bona fide purchaser)的概念,也就是尽管是善意仍然实施了侵权行为的买方,没有一套清晰的指南(Faber and Lurger(*-Laulhé Shaelou/Stylianou/Anastasiou*),National Reports Ⅱ,556)。

21. 芬兰利用时间在先,权利在先的规则(*prior tempore,potior jure*),该规则见于 1734 年买卖(Sales,原文误为瑞典,Swedish,译者注)法(Kauppakaari/Handelsbalken)第一章第 5 条,该法在芬兰依然适用。该规则适用于普通的货物(本票以及其他有价证券以外的动产)。可以通过合同的订立实现时间上的优先(参见 Faber and Lurger(*-Kuusinen*),National Reports Ⅴ,chap. 6)。

22. 在瑞典,只要第二受让人没有善意地获得占有或者等同占有,第一受让人优先(*Undén*, Svensk sakrätt i lös egendom[10],117 et seq. ;*Håstad*,Sakrätt[6],83 et seq. ;商法典第一章第 5 条;动产善意取得法(Good Faith Acquisition of Personal Property Act)第 2 条)。为让与人占有的第三人可能不需要就第一个协议而言处于善意。哈斯泰德(Håstad)认为,在指示时,在后的受让人也不需要处于善意以在权利冲突中获胜。但是这一立场目前还没有什么影响力,因此善意仍然必须被视为要件((*Håstad*,Sakrätt[6],83 et seq.)。如果在后的受让人善意取得占有后者取得或者等同占有,第一取得人有权向第二受让人支付后者向买方支付的价款,或者按市场价支付,并因此请求在后的取得人交付货物。对在有竞争的取得人之间的冲突中失败的一方,让与人有责任支付赔偿金(货物买卖法第 41 条)。参见第Ⅷ－3:101 条注释 21、49、66、86、109 和 129。关于本票的二重买卖见于本票法(特别是第 14 条和第 31 条)。

23. 在丹麦,出发点是在先的权利优先于在后的权利。在后的权利有可能优先;但是,每一个情形都必须分别确定。就这个问题没有成文法规定,但是在丹麦学说中已经确定了一般要件。

如果第一个权利是根据有效、终局和清晰的协议确立的，那么其优先。和瑞典法一样，没有直接物理上移转货物的附加要件，但是相关的丹麦规则要求卖方不能再处分货物。如果在后的买方满足了同样确定的一个有效、终局和清晰的协议要件，卖方不再能够处分货物并且第二取得人就更早的权利来说是善意的（含义是，在后取得人必须确信让与人能够处分货物，没有侵害地位更优的权利），在后取得人可能优先。普通的过失行为排除了善意（*Elmer and Skovby*, Ejendomsretten I[4], 98 et seq., 162 et seq., 193 et seq.; *Mortensen*, Tingsretten, 165 et seq.; Faber and Lurger(*-Færstad*), National Reports Ⅴ, chap. 10. 8. 2)。见对第Ⅷ－3:101 条的其他注释 18、47、64、84、108、127 及 137。

24. 在挪威，也是在先的权利优先，例外则由善意取得法（Good Faith Acquisition Act）（Godtroervervsloven；除流通证券和需要登记的特定动产外，该法适用于所有的动产）规定。取得人要在与更早的权利冲突中获胜，需要满足四个要件。首先，取得必须基于有效的买卖合同，根据该合同支付（不仅仅是象征性的）代偿。另外，让与人必须看起来有处分权，第二买受人必须善意，而且货物必须交付给这一买受人。看起来有充分处分权所需的物理控制的类型因动产种类的不同而不同；必须考虑到有关的动产的类型，根据何种控制被视为通常的控制，个案地分别解决有关问题。如果让与人看起来不是在合同订立时而是在交付前才得到授权，这样可能也已经足够。取得人不需要确信让与人是货物的所有人，只要取得人确信让与人有权处分即可。根据上述法律，取得人必须以其占有取得财产（overlevert til seg"（交付给他或她）"），但是不确定的是，这一点是否应该作字面上的理解：可能和丹麦一样，重要的在于让货物脱离让与人的控制范围而不是交给取得人直接占有。这个问题挪威学说中提出了各种不同的观点。善意的标准是一个客观规范；就受让人需要知道什么的问题，只考虑其是否就货物有一定了解，需要他或她这一方有更高的注意义务。整个问题，见，*Lilleholt*, Alminnelig formuerett[12], 198; *Brækhus*, Omsetning of kreditt 3 og 4, 287 et seq.; *Falkanger and Falkanger*, Tingsrett[6], 584 et seq.; Faber and Lurger(*-Færstad*), National Reports Ⅴ, chap. 10。见对第Ⅷ－3:101 条注释 13, 48, 65, 85, 107, 128 及 138。

第Ⅷ－2:302 条　间接代理

（1）根据第Ⅳ.D－1:102 条（定义）意义上的间接代理的委托行事的代理人为了本人从第三人处受领货物的，本人直接取得货物的所有权（取得的代理）。

（2）根据第Ⅳ.D－1:102 条（定义）意义上的间接代理的委托行事的代理人为了本人将货物转让给第三人的，第三人直接取得货物的所有权（让与的代理）。

（3）本人（第（1）款）或者第三人（第（2）款）的货物所有权的取得发生于：

（a）代理人有为了本人转让或者接受货物的权限；

（b）在代理人和第三人之间存在基于合同或者其他法律行为、法院的命令或者法律的规定的转让的授权；及

（c）在第三人和代理人之间存在第Ⅷ－2:101 条（所有权转让一般要件）第（1）款（e）项意义上的就所有权转让时间的协议或者交付或者等同交付行为。

评　论

A. 概述

规则的功能。本条处理涉及所有权转让的间接代理委托问题。这可以在两种情形发生。第一,代理人(在以下评论中将称为中间人(intermediary))以中间人的名义但是为了本人转让货物给第三人。基于以下讨论的目的,这会被称为"让与的代理"。就此来说,本条只服务于教导性的(didactic)目的。就实质性内容来说,该规则已经隐含在第Ⅷ－2:101条(所有权转让的一般要件)第(1)款(c)项之中,该项规定所有权也可以由不是货物所有人,但是被赋予转让所有权的权力的人转让。在第二种情形,本条规定了一项特别的默认规则,也就是货物的所有权直接从第三人移转至本人(不进入中间人的财产)。因此,首先,本条的功能是规定所有权在谁和谁之间移转(第(1)款和第(2)款);同时,本条也澄清所有权何时移转(第(3)款)。

直接和间接代理。本条处理间接代理,必须与第二卷第六章意义上的(直接)代理相区别。概括而言,直接代理意味着,当某人以本人名义(或者以对第三人表明影响本人法律地位的意图的方式)并且在本人授予或者法律规定的权限范围内行事的,就好像是本人所为一样,代理人实施的行为相对于第三人影响本人的法律地位。代理人的行为对于本人直接发生效力并约束本人;最重要的是参见,第Ⅱ－6:105条(代理人的行为何时影响本人的法律地位)。

示例1

P是奶酪生产商。P和I约定I会以P的名义以一定的价格出售100公斤莫泽雷勒干酪给T。I以P的名义和T签订了买卖合同,并交付奶酪给T。基于P和T的这一合同,所有权直接从P移转于T(直接代理)。

但是,在商业实践中,中间人根据本人指示为本人计算,但是不以本人名义行事或者不以作为缔约方来直接约束本人的方式行事也很常见。比如,行为由行纪人实施时,往往就是这样。这在传统上被称为"间接代理"。间接代理既可以是披露的,此时第三人知道中间人为本人行事;而如果第三人不知道中间人为本人行事,则是不披露的。本人通过间接代理实施行为的原因各种各样。比如,本人可能想以不显眼的方式行事,或者想获得更为有利的合同条款或者价格。也可能是中间人的名声和众所周知的偿债能力会提高第三人愿意成立有关行为的机会。间接代理的利用也可能是为了中间人的利益,比如中间人是有关市场上的专家并且不想向本人披露客户的名单。

示例2

P希望I以I自己的名义而不是P的名义出售莫泽雷勒干酪。作为规模相对较小的P认为,潜在的买方会更乐意和I成立交易。I以其自己的名义,出售并交付了100公斤莫泽雷勒干酪给T。在这么做之前,I告知T其是为了生产商P计算行事,但是他I是合同当事人(披露的间接代理)。

示例3

P是业余的艺术品收藏者,是艺术品贸易的圈外人。P希望得到属于T——一家画廊的所有人的一幅珍贵的油画。希望交易不为人知,并担心T会利用知识上的不对称提出很高的要价,或者T不相信其信用,因此P和职业的艺术品交易商I约定,I会以她自己的名义取得这幅油画,从而避免T试图让P承担很高的价格,或者避免T因为对P的偿债能力的担心而不接受交易(不披露的间接代理)。

取得的间接代理和让与的间接代理。就本条的目的来说,区分两种类型的间接代理(比较第(1)款和第(2)款)。一种是"取得的间接代理"。在从第三人处取得货物之中,中间人为了本人而介入:本人(买方)——中间人——第三人(卖方)。另一种是"让与的间接代理"。中间人在货物转让给第三人之中为了本人而介入:本人(卖方)——中间人——第三人(买方)。

在下面评论中将使用下列缩写,P为"本人"(principal)的缩写,I为"中间人"(intermediary)的缩写,T为"第三人"(third party)的缩写。

比较法背景。很难简要地描绘一幅清楚的图景,因此需要参考本条的注释以了解更多细节。但是,就让与的代理而言,当本人授予中间人处分本人财产的权力时,欧洲各国法律制度认可从本人到第三人的直接的财产移转。就反向的移转来说,也就是取得的代理,解决方案更为多样,而且经常不清晰或者有争议。有些国家原则上不承认从第三人到本人的直接的移转,因此先对中间人作出转让,而后中间人再将所有权转让给本人。但是,此时经常认可本人和中间人可以约定预期的占有改定(*constitutum possessorium*),从而所有权在中间人取得的那一刻转让给本人。有些国家,有时候会有人认为,此时所有权"逻辑上一秒"都不会留在中间人手中,至少在这些特殊情形等同于直接的所有权转让。这些国家也会有关于行纪的特别规定,依据这些规定,最终是,行纪人在履行行纪合同过程中从第三人处取得的货物,相对于行纪人和行纪人的债权人,就像这些货物属于本人一样对待。非常概括地说,这表明即使在原则上适用两步转让的进路的国家,就取得的代理至少有指向直接转让进路的某种趋势。在其他一些国家,明确承认本人直接从第三人处取得。就普通法国家的制度而言,基本区别是披露和不披露的代理,而不是直接和间接代理,可能至少通过承认本人可以就中间人取得的货物有受益权益,可以实现可比较的结果。

在本示范规则的结构框架范围内,应当在上文提及的两个选项之间做出选择:两步的转让主义进路,基于该进路中间人在某种过渡性阶段取得所有权;以及在第三人和本人之间发生直接的转让。有关的争论在下文评论 B 中讨论。

本示范规则其他部分的相关规定。应当参见第Ⅲ－5:401 条(代理人破产时本人接管权利的选择权)及第Ⅲ－5:401 条(第三人对应的选择权)。有关历史,见第Ⅲ－5:401条的评论 B。就实现通过间接代理人实施行为所涉及的利益的平衡来说,这两项规定至关重要(见下文评论 B)。就本条适用范围的界限,参见第Ⅳ.D－1:102 条(定义)关于委托合同的那些定义;参见下文评论 C。

B."两步转让"对"直接转让"进路的探讨

概述:选项;处分权已经隐含了转让代理的解决方案。如上文所及,就此领域提供的两个基本选项,要么是本人和第三人之间的直接转让;要么是两步转让,根据这一进路,在 P－I 和 I－T 的关系上都发生转让,因此中间人在某些时间取得所有权。但就让与的代理而言,已经在第Ⅷ－2:101 条(所有权转让的一般要件)第(1)款(c)项中采纳了直接转让的方案,该项规定,也可以由不是货物的所有人但是已经被授予转让所有权的权限的人转让所有权。比如,这种处分权的授予一般会被包含在行纪合同之中,此时行纪人同意以自己的名义为所有人出售货物。在间接代理的其他情形,处分权的授予,通常可以从确定本人与中间人的法律关系的基础性合同或者其他法律行为的解释中产生。因此,在让与的代理,本人对货物所有权的权利不受货物交付给中间人的影响。本人的权利只有在直接转让给第三人时才丧失。但是不禁止当事人(P 和 I)另作其他约定:他们可以选择首先将所有权转让给 I,I 然后再转让给 T。

(a)保护或者对抗中间人的普通债权人

取得的代理:本人的视角。根据两步转让的进路,如果第三人已经将货物交付给中间人,而中间人在将货物交付给本人之前破产的,货物会构成中间人财产的一部分。本人不能就货物主张取回权,这当然是不利的,尤其在本人已经预先将款项交给中间人以便其可以向第三人支付价款时。本人也不能利用第Ⅲ－5:401 条(代理人破产时本人接手权利的选择权)规定的直接诉权,因为第三人可以援用已经对中间人履行的抗辩。那一条只授权本人接手依然没有对中间人履行的给付请求权。根据直接转让主义进路,只要货物已经交付给中间人,本人就可以根据第Ⅷ－6:101 条(所有权保护)第(1)款享有所有权救济以及取回货物,条件是本人偿还或者已经偿还了 I 价款。因此,本人在中间人破产时,受到免遭损失货物的保护,这一点当然被视为直接转让主义进路的主要优点。但是在两步转让的进路下,如果本人已经预先付钱给了中间人,中间人在付钱给第三人之前破产,而第三人没有将货物交付给中间人的,则本人仍旧不受保护。此时,本人可以考虑援用第Ⅲ－5:401 条以接手根据 I 和第三人之间的合同的中间人权利。但是未获付款的 T,可以对 I 主张拒绝履行的权利(参见,第Ⅲ－3:401 条(拒绝履行对待给付义务的权利))(第Ⅲ－5:401 条第(3)款)。因此,为了从 T 处取得货物,P 必须两次付款。这种结果并非不当,其反映了预先履行的一方承担风险的一般原理。

取得的代理:第三人视角。就此来说,两种进路没有区别。当未获担保而将货物交付给I的,T会失去货物。这是给予他人信用的一般性风险。从T的视角来看,是破产的I还是本人取得货物无关紧要(如果P已经预付款项,而现在货物也包含在可以由包括T在内I的全部债权人分配的I的财产之中,这样I的财产会多一点,两步走进路可能对T稍许有利些)。因此可以注意到,在直接转让的进路下,给购买货物的中间人以信用对于卖方(T)来说会有危险,但是如果中间人取得货物占有时,买方(P)给中间人以信用,危险会小些。

取得的代理:中间人和中间人债权人的视角。反对直接转让进路的一个潜在的论点是:将货物的价值赋予本人而不是中间人,会歧视中间人和中间人的债权人。如果由于本人的直接取得,中间人既承担失去货物,又承担失去从本人处有权获得偿付的风险的,肯定会有问题。但是,其他的规定在这一方面提供了某种保护。尤其是,当中间人根据代理商合同行事的,在本人履行对应的义务前,第Ⅳ.E－2:401条(留置的权利)规定了留置本人的货物的权利,以给代理商就酬金、补偿、损害赔偿以及损害补偿的权利提供担保。这一规则与此处相关的情形完全相符。可以留置的货物是本人所有的货物(基于"直接转让"的进路,货物一经交付给中间人,就是本人所有)。该规则在代理关系依然存在以及代理关系终结时都适用。本条规定的留置的权利可以有效对抗所有人(本人)以及第三人(从本人处再购买的人,即使他们已经取得了所有权);见第Ⅳ.E－2:401条(留置的权利)评论A。留置权等同于担保物权(第Ⅸ－1:102条(担保权)第(2)款(c)项及第Ⅸ－2:114条(留置占有的权利))。因此如果本人不按时付款,则可以根据第九卷的一般规定强制执行。考虑到这一点,中间人没有因为直接转让规则而受到不公平的对待,因为——如果行使留置权——货物经济上只用来偿付货物的价值(以及就事务执行的额外费用)。但从中间人破产时的中间人的债权人视角看,一旦中间人取得货物,本人就永远不会丧失支付给中间人的款项,即使已经预先支付该款项也是如此,而在一般情形下,预先付款意味着本人承担一般债权人可以从中获益的风险(参见,第Ⅷ－2:101条(所有权转让的一般要件)的评论),考虑到这一点,相对于普通债权人,本人还是得到了优待。不过上述留置权,只就第Ⅳ.E－3:101条(范围)意义上的代理商和为第四编E部分所包含的合同关系(参见,第Ⅳ.E－1:101条(所及合同))有规定。但是可以进行类推。而且,第Ⅲ－3:401条(拒绝履行对待给付义务的权利)的一般规定,应当至少就已经支付货物的价款的补偿以及就中间人的工作的报酬有帮助。

让与的代理:本人的视角。如前所述,在让与代理的情形,本人(所有人)通常会授予中间人处分权,因此P依然是所有人,而只有I将所有权转让给第三人(T)时,所有权才移转给T。如果在此之前中间人破产,本人可以从I的财产中取回货物。如果P和I依据当事人自治的原则,为了进一步转让给T的目的,约定P将货物的所有权转让给I,那么结果就不是这样。如果T已经取得了货物,为了获得有关的付款,对第Ⅲ－5:401条(在代理人破产时本人接手权利的选择权)的援用,在这种情形可能会对P有帮助。但是T可以援用T已经付款给I的抗辩;此一抗辩以T已经履行依据合同产生的义务程度为限。

让与的代理:第三人视角。就此而言也没有多少要说的,因为在实践中从 P 到 I 的所有权转让不会经常发生。根据第Ⅲ －5:402 条(第三人的对应的选择权),第三人(T)只有在本人选择接管中间人对 T 的权利时,才能请求本人交付。如果这样的话,T 大概有可能不主张其已经付款给 I 的抗辩,而选择对 P 进行第二次付款以取得货物。

(b)其中一项合同无效或者被撤销的后果

取得的代理。在"两步"转让和"直接转让"进路之间进行的选择,可能会潜在地影响其中一项合同(自始)无效或者事后被撤销情形下的解决方案。根据两种进路,中间人作为取得的代理人行事的,I－T 合同的无效(被撤销)一般会导致所有权重新回到 T(尽管善意取得的规定会造成一些可能的例外)。如果两个合同都无效的话,所有权确定会回到 T。但是,只有 P－I 合同无效时,两步转让进路颇为清楚地导致所有权留在 I 处的结果。另一方面,对于直接转让主义进路的简单的形式主义的适用,会导致所有权会留在 T 处的结果,这一结果会令人有些奇怪,因为 T 和 I 之间签订了有效的合同,将货物交付给 I,T 依据该合同仍旧会有义务将所有权(再)转让给 I。似乎可以认为,就这一情形还有两种其他的可能的解决方案。或者 P 可以追认转让,比如受领货物交付时,这可以通过类推的方式适用第Ⅷ －2:102 条(让与人的权利或者权限)及第Ⅱ －6:111条(追认)而成为可能。或者,由于直接转让进路主要是服务于保护接受人的目的,但是如果本人的合同无效且保持无效,这一目的无法实现,"直接转让规则"不适用,而 I 有效地从 T 处取得。甚至在中间人可能从未打算自己取得这些货物时,这看起来都是适当的解决方案。如果这一点得到认可,两种进路导致同样的结果。

让与的代理。就让与的代理也没有显著的区别。两个合同都无效的,P 确定地继续是所有人;只是 P－I 合同无效的,结果相同,除非 T 善意取得。如果只是 I－T 合同无效,直接转让进路会导致所有权依然属于 P,这是适当的,而在两步转让的进路下(如果当事人这么选择的话),I 取得货物的所有权。此时这一点颇无疑问,因为 I 依然能够以间接代理人的身份将货物出售给其他人。

(c)其他方面:评估的概括

简明、实用、推动间接代理。直接转让进路的支持则通常将其简单、实用作为其优点强调。这不必然是指只涉及少至一次的转让的事实,而主要是指注意到所意图发生的整个交易的经济效果一次性实现。强调中间人事实上就所有权的取得来说无利益可言,也是很常见的。对于(取得的代理)中间人来说,重要的是就其支付给第三人的价款会得到偿还或者已经得到补偿,并且就所提供的服务得到报酬。所有权并非确保这些利益所必须,因为其他的法律手段已经足以关照这些利益。最后,(在让与的代理和取得的代理中)相对于中间人的债权人给本人提供安全的地位,可以一般性地推动间接代理,并服务于通过间接代理的方式进行行为的商业利益。

其他一般性的理由。在一定意义上,也可以说采纳直接转让的进路促进了当事人自治:比起出发点是两步转让的模式时实现直接转让来说,如果本人及中间人同意在他们的内部关系上货物的所有权分步转让,实现偏离直接转让规定的约定更为容易。可能也会提出的用来反对直接转让观念的其他的一般性理由,即使有力,也很弱。特别是,所有权由特定的人,即中间人取得,第三人会没有一般性利益。重要的是对待给付的履行。但这些不是物权法问题。也有人可能提出,在取得代理,为将来的所有人的"取得的权限"——对应于将货物转让给第三人时的中间人的"处分权"——对于许多国家来说看起来很罕见。但是,其他国家已经熟知这种规则很久,两步转让的规则从它们的视角来看,同样出人意料。

评估的概括。结论是,直接转让进路实践上的优点,尤其为本人提供安全地位的优点,是十分明显的;另一方面,直接转让进路似乎没有产生明显的不利后果。因此,让与的代理和取得的代理均采用直接转让的进路。

C. 规则详论

适用范围。第(1)款和第(2)款都要求,代理人根据第Ⅳ.D－1:102条(定义)意义上的"间接代理的委托"行事。根据该条的(e)项,间接代理的委托是,代理人以自己的名义或者以不表明直接影响本人法律地位的意图的方式行事的委托。也就是,本人不成为合同或者其他行为的当事人。"委托"是本人作出的授权和指示,可以由在后的指示修改(第Ⅳ.D－1:102条第(a)项)。委托不需要通过合同而是可以通过单方法律行为作出。

在本人和第三人之间的直接转让。第(1)款——就取得的代理——及第(2)款——就让与的代理——贯彻"直接转让"的进路。就前者来说,所有权直接从第三人转让给本人,不进入中间人的财产之中(即使货物交付给中间人也是如此)。就后者来说,所有权直接从本人(所有人)转让给第三人。如前所述,这只是明示地重复了以下一般规则:所有权可以由所有人以外的被有效授予转让所有权权限的人转让。

第(3)款:转让的要件及转让的时间。本条第(3)款澄清了,在转让由中间人作出时,第Ⅷ－2:101条(所有权转让的一般要件)第(1)款规定的一般性的转让要件如何适用;同时该款规定了所有权发生移转的时间:也就是全部要件具备之时。第Ⅷ－2:101条(所有权转让的一般要件)(a)项和(b)项——也就是货物必须存在并且必须具有可转让性——在本条没有重复的事实,没有任何实质性的含义。这两项规定当然也适用,但是在此处没有必要重复,因为,在涉及间接代理时,这些要件没有任何特别之处。所有权在全部要件具备时移转。

代理人转让或者受领货物的权力(第(3)款(a)项)。通过让与的代理的方式进行的转让,要求中间人有转让货物所有权的权限。这一点在第Ⅷ－2:101条(所有权转让的一般要件)第(1)款已经有规定,此处只是重复一下而已。货物"受领的权限"意在构成取得的代理的相应的要素。在让与的代理,中间人处分的权力,使得中间人影响本人的财产成为可能,从而中间人基于以中间人自己的名义签订的合同从本人财产中转让财产。同样地,在取得的代理,中间人受领的权限允许中间人影响本人的财产,从而将财产转让进入该财产,转让的基础同样是以中间人自己名义签订的合同。在委托合同或者本人作出的单方授权中,这种权限通常是默示的。

中间人和第三人之间的授权(第(3)款(b)项)。第Ⅷ -2:101 条(所有权转让的一般要件)第(1)款(d)项意义上的转让所有权的授权必须在中间人和第三人之间的关系中存在。该授权可以本条条文字面上列举的各种不同的法律上的原因;但是,基于合同的授权在此是最为切题的类型。(b)项既适用于让与的代理也适用于取得的代理。因为在本人和中间人之间不发生任何转让,除非当事人另有约定,在这一关系上不涉及任何的授权要件。但是,中间人的权限必须有效存在。

关于时间的约定、交付或者等同交付(第(3)款(c)项)。最后,第(3)款(c)项规定,关于所有权转让时间的约定,或者没有这种约定时,交付或者等同交付行为,必须在中间人和第三人之间的关系上存在。这一点援用第Ⅷ -2:101 条(所有权转让的一般要件)第(1)款(e)项。不言自明且根据对一般转让规定的原因,在关于所有权转让时间的约定的情形,为了使所有权发生移转必须满足这一约定的条件。这一规定既适用于取得的代理,也适用于让与的代理。

注　释

1. 两次所有权的转让。在德国和希腊,根据任意法,间接代理时,在本人和中间人之间不存在直接的所有权转让。但是,有时候当事人在内部关系上,当事人可以在 P(卖方) - I - T(买方)的范例(*Ermächtigungsgeschäft*(授权行为))和 P(买方) - I - T(卖方)范例下(*antezipiertes Besitzkonstitut*(预期的占有改定)),约定直接的所有权转让(译者注:如前文评论所言,P、I、T 分别是英文本人(Principal)、中间人(Intermediary)和第三人(Third Party)的简称)。在葡萄牙、匈牙利和马耳他,也没有允许本人向第三人直接转让所有权,反之亦然;但是这些国家法律制度规定,被交易的动产与破产代理人的财产相区隔,并且作为这种动产,可以对抗债权人。

直接的所有权转让。在斯洛文尼亚、瑞典、丹麦和挪威,行纪人破产时,在 P(卖方) - I - T(买方)的范例和 P(买方) - I - T(卖方)范例下,都存在直接的所有权转让(或者"更优的权利")。只要动产没有和代理人的其他财产相混合,芬兰也同样如此。在比利时,学说中的通说和判例法否认在 P 和 T 之间或者反过来发生直接的诉权的同时,所有权转让却是直接的,I 不取得动产上的任何物权,逻辑上一秒的取得都没有。在英格兰和威尔士,法律不明确,尽管在衡平法可以认为,如果通过对本人和代理人之间的协议以及他们的行为的深入的调查,明显成立受信关系,那么本人的债权根据推定信托的原则,优先于代理人的债权人的权利。在 P(买方) - I - T(卖方)范例下,意大利、斯洛文尼亚和荷兰的规定以及根据西班牙的某些学说,存在直接的转让。在爱沙尼亚,在 P(卖方) - I - T(买方)的范例下是直接转让(代售行纪),但是 P(买方) - I - T(卖方)范例不是直接的转让。

2. 除了商法典(商法典第 383 条及以下)关于"行纪"制度的规定外,奥地利民法典就间接代理没有任何特别规定。根据直接代理的一般规定,代理人订立的合同对本人产生直接的效力。这意味着,根据代理人为本人行事的表示,合同视为在本人和第三人之间直接订立合同。如果代理人不披露其为他人行事，也就是在间接代理的情形，必须区分为了卖出的代理和为了买入的代理。在第一种情形，本人不将所有权转让给代理人，而只会授予代理人处分货物的权力。这样就允许代理人与第三人订立合同并且为了本人满足所有权转让所需的全部要件（Straube（*-Griss*），HGB I[3]，§ 383 no.20；see also OGH 1 Ob 670/90，JBl 1991，805）。相应地，所有权直接从本人移转于买受人。而且，如果代理人和买方之间的合同被有溯及力地撤销，本人会重新取得所售货物的所有权。就让与的“行纪”协议（*Verkaufskommission*（代售行纪）），商法典第400条第（1）款规定，已经受领本人货物的代理人，如果其表明自己进入交易的意图（所谓的自己行纪（Selbsteintritt，译者注：直译是“自我进入”）；更多细节见，Griss，loc. cit.，§ 383 no.20），则会取得所有权。在为了购买货物的间接代理，代理人会在卖方交付货物之时取得所有权。为了让本人取得这种货物的所有权，需要根据所有权转让的一般规定再从代理人处进行转让。本人和代理人之间的“基础性”债务是委托合同，交付可以以民法典第426条及以下规定的形式实施（Faber and Lurger（*-Faber*），National Reports Ⅰ，117）。但是，代理人是否哪怕在逻辑上一秒取得所有权（*Durchgangserwerb*（过手取得）），依然存在争议。就此来说，斯皮尔布席勒（*Spielbüchler*）认为，只有从卖方到本人的转让不能发生时，代理人才能取得为本人购买的货物，但是如果转让产生其效果，哪怕认为代理人曾经在逻辑上一秒取得，都是不合理的：本人从交付之时起，是合法的所有人（Rummel（*-Spielbüchler*），ABGB I[3]，§ 428 no.6；反对意见，Klang（*-F. Bydlinski*），ABGB Ⅳ（2）[2]，695 et seq.）。就取得的“行纪”协议，商法典第392条第（2）款规定，保护本人以对抗代理人的债权人的债权。具体来说，牺牲代理人的债权人，本人可以从破产代理人的财产中取回代理人为了本人取得的货物（*Griss*，loc. cit.，§ 383 no.19 and § 392 no.3；OGH 7 Ob 561/86，SZ 59/105）。有争议的是，这种规则是否也可以适用于民法典下的间接代理。就此来说，最高法院认为，如果代理人作为“间接”代理人的身份明确，或者至少为其他人所知，这一规则不适用（OGH 7 Ob 561/86，SZ 59/105；see also *Griss*，loc. cit.，§ 392 no.6）。最后，必须强调的是，就“行纪”协议，法律保护代理人免受本人的不法行为的损害。事实上，只要代理人依然占有为了本人取得的货物，代理人就对货物有质权（*Pfandrecht*）（*Faber*，loc. cit.，118）。

3. 在爱沙尼亚，就P（卖方）－I－T（买方）的范例，动产的所有权不转让给I，本人只是授予I处分财产的权利（民法典总则法（General Principles Act）第114条第（1）款）。此时，所有权直接被转让，I的破产不会阻止所有权转让给T。但是在P（买方）－I－T（卖方）的范例，所有权从T转让给I，而I只负有依据债法第692条第（2）款和第626条将所有权转让给P的债务。只有P（买方）和I（译者注：原文如此，应该是T（卖方））之间的物权合意已经成立时，才可能在T（卖方）和P（买方）之间发生直接的所有权转让，这在I以自己名义行事之时，可能性极小。有些学说表明，在日常交易中，让与人不在乎受让人是谁，而且合同可以当场相互履行的，转让可以被视为直接的（*Pärna*，Asjaõigusseadus，184）。也请参见Faber and Lurger（*-Kullerkupp*），National Reports Ⅰ，72。

4. 两次所有权转让是德国的任意法。意图通过间接代理人取得所有权的人，在所有权转让给代理人之时不自动取得所有权。而是代理人取得所有权并且必须通过一项独立的法律行为将所有权转让给本人。但是，在“逻辑上一秒”经过前不能发生这种第二次转让。如果代理人破产，其不再能够将所有权转让给本人，因为根据破产法第80条，处分的权力已经停止。让与人和本人都将不得不通过破产程序强制执行他们对代理人的权利。就“为了有关的人”（für den，den es angeht）的合同这一特殊情形，人们承认这一规则的一个例外。当代理人想要为本人取得所有权，而让与人又不在意财产转让给谁时,就是这种情形。这尤其适用于价款当场结清的日常合同。由于让与人不值得给予任何保护,通说承认破产法第 164 条第(2)款的一项例外:本人直接从让与人处取得所有权(Faber and Lurger(-*McGuire*), National Reports Ⅲ, chap. 8. 3. ; *Baur and Stürner*, Sachenrecht[17], § 51 no. 43)。在内部关系上,当事人可以在 P(卖方)－I－T(买方)的范例(*Ermächtigungsgeschäft*(授权行为))和 P(买方)－I－T(卖方)范例下(*antezipiertes Besitzkonstitut*(预期的占有改定)),约定直接的所有权转让。

5. 就商事行纪,捷克共和国承认 P(卖方)－I－T(买方)和 P(买方)－I－T(卖方)两种范例下的直接的所有权转让(商法典第 577 条至第 590 条)。代理人只是占有人或者持有人(Faber and Lurger(-*Tichy*), National Reports Ⅵ, chap. 8. 2)。

6. 在立陶宛,在间接代理时,规则也是直接转让。代理人就动产有留置权。如果本人破产,代理人的留置权转为法定的质权(Faber and Lurger(-*Mikelenas*), National Reports Ⅲ, chap. 8)。

7. 在希腊,就取得人或者卖方或者两者都有可能间接代理(参见民法典第 212 条)。在 P(卖方)－I－T(买方)的范例,代理人经本人的同意订立了转让协议(民法典第 239 条第(1)款),并且也移交了代理人作为占有辅助人或者持有人持有的货物。在 P(买方)－I－T(卖方)的范例,所有权不直接转让给本人,而是转让给代理人,而后代理人有义务将所有权转让给本人。为了避免这一情形给本人带来的显而易见的风险,本人可以预先和代理人订立一项预期的占有改定(*constitutum possessorium anticipatum*)的协议。所有权和占有以这种方式在货物被取得之前转让给本人(参见民法典第 1034 条和第 977 条)。但是,即使在这种情形,所有权也会在短时间内("逻辑上的一秒")过手代理人而转让(*Georgiades*, Empragmato Dikaio I, 475 et seq.)。只有价款当场现金付清时的日常交易中才有可能所有权直接移转。就此希腊学说和判例法已经确认了"为了有关的人的行为"的德国原理,前提是同时具备两个条件:买方必须对取得人的身份没有兴趣;当时的情况必须充分证明了代理人为本人取得的意图(*Georgiades*, Empragmato Dikaio I, 476 et seq.; Faber and Lurger(-*Klaoudatou*), National Reports Ⅲ, chap. 8)。

8. 在匈牙利,间接代理存在于委托合同(consignment contract)(民法典第 507 条)的情形。此时,代理人承诺为了本人订立买卖合同,但是是以其自己的名义订立。代理人取得所有权,而本人针对代理人的权利豁免于代理人的破产债权人的债权(民法典第 509 条)(Faber and Lurger(-*Szilágyi*), National Reports Ⅲ, chap. 8. 1)。

9. 在斯洛文尼亚,就商事行纪来说(债法第 788～806 条),行纪代理人以其自己的名义,但是为了本人计算并且为了本人利益,转让或者取得动产。所有权的问题如何解决法律上不清楚。一般认为,代理人在 P(卖方)－I－T(买方)范例下不成为动产的所有人。但是,就范例 P(买方)－I－T(卖方),就不那么清楚了,尽管根据对债法第 806 条解释主流的看法,此处代理人也不取得所有权(Faber and Lurger(-*Rudolf/Rijavec/ Kerestes*), National Reports Ⅰ, 579; *Kranjc*, Gospodarsko pogodbeno pravo, 304;反对意见, *Juhart and Plavsak*, OZ Ⅳ, 327)。

10. 在斯洛伐克,间接代理最常见于商事行纪(商法典第 577 条)。在商事行纪,P(卖方)－I－T(买方),所有权不移转于 I,在转让给 T(买方)之前一直属于 P(卖方)。就买入行纪,所有权被认为发生移转的时间是货物从 T(卖方)交付给 I 之时。在后一情形,哪怕是逻辑上一秒,I 都不成为所有人,P(买方)即刻成为所有人(Faber and Lurger(-*Petkov*), National Reports Ⅵ, chap. 9.; *Lazar et al.*, OPH I, 160)。

11. 在西班牙,根据民法典第 1717 条,如果 I 以其自己名义行事,P 不拥有对 T 的诉权,后者对P也没有诉权。此时,I直接对T负责,就好像这是他自己的事情一样,除非合同涉及的是与P有关的事项(*exceptúase el caso en que se trate de cosas propias del mandante*(有关的事务与本人有关的除外))。但是这一条的解释不清楚,最高法院(Tribunal Supremo)在许多案件中已经判决,P和T之间的诉权的不存在不损害货物直接从T到P的转让。P和I之间的代理合同足以为物权或者权利的直接移转提供基础(*Carrasco Perera*,Derecho Civil[2],325)。

12. 在葡萄牙,没有允许本人向第三人直接转让所有权的规定,反之亦然。根据民法典第1180条,代理人以其自己的名义为了本人取得委托指向的权利,并且承担相应的债务(*Mota Pinto*,Teoria Geral do Direito Civil[4],542;*Pires de Lima and Antunes Varela*, Código Civil Anotado II[3],240)。代理人有义务将取得的权利转让给本人(民法典第1181条第(1)款)。就第三人到期债务的清偿,本人可以"处于与代理人相同的地位(get into the agent's shoes)"(民法典第1181条第(2)款)。最高法院承认,代理人转让委托所权利的指向义务,只具有合同性质,而不是物权性质,而且基于这一性质,在代理人不履行时,本人没有物上的返还请求权或享有占有保护的权利(STJ 04 March 1982;STJ 23 April 1987)。尽管就间接代理没有物权法上的特别规定,但是根据民法典第1184条,在代理人破产时,委托框架内取得的货物区分于代理人的财产,并且这种财产不为债权人所及。有支持直接诉权和直接转让的观点(*Pessoa Jorge*, O mandato sem representação)。

13. 在马耳他也有类似的别除权。如果代理人以其自己的名义为了本人行事,本人没有对第三人的直接诉权,第三人也没有对本人的诉权(民法典第1871条第(1)款),人们认为代理人就像事务是其自己的事务一样行事(民法典第1871条第(2)款)。但是,在2004年,民法典增加了一条新规定(民法典第1871条A),该规定确定"任何为他人持有财产的人对为此目的使用(engaging)他的人负有受信义务"。如果代理人为了本人取得财产,本人有要求代理人无条件交付物的权利(民法典第1871条A第(2)款),在代理人破产时,代理继续使代理人有义务保管财产以及与财产有关的全部权利,直至为了本人的利益根据有管辖权法院的指令财产被有效转让时为止(民法典第1871条A第3b款)。同一条文规定,代理人在本人破产时,有义务根据有管辖权的法院的判决,将财产转让给本人或者债权人。

14. 在法国,动产被直接转让,代理人不成为所有人,逻辑上一秒都没有。间接代理(*representation imparfaite*)常见的实例是受商法典第L. 132-1条及以下调整的行纪(*contrat de commission*)。尽管代理人以其自己的名义行事,在P(买方)-I-T(卖方)范例下,所有权直接移转给本人(Faber and Lurger(*-Cashin-Ritaine*), National Reports Ⅳ, chap. 8.; *Terré/Simler/Lequette*,Les obligations[9],178;*Collart et Dutilleuil et Delebecque*,Contrats civils et commerciaux[8],572)。代理人只是为本人持有动产(*Cashin Ritaine*, loc. cit., chap. 8.; see also Cass. com., 7 March2000,Bull. civ. Ⅳ)。如果代理人破产,本人可以取回打算让代理人出售的动产(商法典第L. 624-13条)。但是,本人不能行使代理人为了本人取得的针对第三人的权利(反之亦然)(*Cashin-Ritaine*,loc. cit.,chap. 8.;Cass. civ. 20 July 1871,DP 1871. 1. 232)。

15. 在比利时,从物权法视角看,直接代理和间接代理没有区别:根据协议移转的所有权在本人和第三人之间立即发生移转,代理人甚至在逻辑上一秒都不成为所有人。如果代理人破产,本人或者第三人可以从破产财产中取回(破产法第103条)(Faber and Lurger(*-Cauffman and Sagaert*),National Reports Ⅳ,chap. 12. 2)。

16. 在意大利,间接代理(*mandato senza rappresentanza*)的物权法效果由民法典第1705条和

第1706条调整。I的债权人不能通过与履行委托合同有关的财产强制执行其债权，但以代理权在动产扣押之前记载的日期的书面形式或者以登记证明为限（Faber and Lurger（*-Greco*），National Reports Ⅰ，468）。间接代理人取得依据与T之间的关系产生的权利并承担据此产生的义务，即使后者知道代理的存在也是如此。P对于T有直接诉权（*actio directa*），但是T没有针对P的反向诉权（*actio contraria*）（民法典第1705条）。就在委托合同的框架下取得的动产，P（买方）在所有的情形均有物权返还请求权（*actio rei vindicatio*），第三人善意占有的除外（民法典第1706条）。意大利法将适用于范例P（买方）－I－T（卖方）的特别法上（*lex specialis*）的物权，与被交易的动产（negotiated movables）和破产人I的财产之间的分离相联系。

17. 在保加利亚法，就间接代理而言，代理人不取得所有权，而所有权直接从本人移转至第三人，反之亦然（*Kassabova*，Turgovski predstavitel，141 et seq.）。但是，这种看法没有得到一些学者的全面的支持（Takoff，Personalnata simulaziya-vidove，hipotezi，sravnenie s drugi pravni figure）。他们不赞同这种观点，就是根据对债法第292条第（2）款的解释，代理人和第三人之间的合同可以直接影响本人的财产。该款规定，如果代理人没有披露其是为了本人行事而签订了合同，代理人受到其与第三人之间的合同的约束。就"行纪"协议商法典第349条第（1）款规定了同样的规则。因此，这意味着，根据本人和代理人之间的第二个行为的效力，本人在与第三人的合同中取代了代理人。尽管本人只有在代理人已经将权利转让给本人时，才可以行使从代理人签订的合同中产生的权利，但是在第二次转让前，只要委托合同是有特定日期的合同，针对代理人的善意债权人，债法第292条第（2）款和商法典第349条第（2）款给本人以保护。除了对于债法第292条第（2）款这种解释外，绝大多数学者坚持这样的论点，即认为代理人和第三人之间的合同直接影响本人的财产。这种论点基础在于，避免对本人通过代理人取得的权利的转让的双重税收以及保护本人免于遭受代理人的潜在的不法行为（Faber and Lurger（*-Stoimenov*），National Reports Ⅳ，chap. 7）。

18. 在普通合同法，荷兰民法典规定，代理人破产或者对本人或者对第三人不履行时，本人或者第三人可以通过对代理人和对他方当事人的书面声明，让代理人取得的权利转让给他或她（民法典第7:420条及第7:721条）（*Hartkamp*，Indirect representation，45 et seq.）。民法典第3:110条规定，在代理人和本人之间的法律关系上，代理人承担为本人持有动产的义务，将动产交付给代理人应当被视为直接交付给本人。就动产转让的间接代理，最高法院的一项解释确认，根据该条的解释，被交易动产的占有从T（卖方）直接移转到P（买方）。这一解释以间接代理时"占有的直接移转规则（*leer van de directe bezitsverkrijging*）"而知名（HR，Arrest van 23 September 1994，NedJur 1996，461，see also *Pitlo et al.*，Goederenrecht[11]，241）。为了找到支撑占有移转的名义，这一规则融合了（1）与I和T关系有关的名义及（2）I根据和P成立的委托所负担的义务（*Pitlo et al.*，Goederenrecht[11]，241）。因此，在P（买方）－I－T（卖方）范例中，直接代理（*onmiddelijk vertegenwoordiging*）框架下和间接代理框架下的结果相同：发生占有的直接移转。直接移转原理适用的要件是：两个人之间的法律关系应当具有这样的效力，即一方当事人的取得将会为他方当事人持有，而且取得必须发生于法律关系履行之时（Faber and Lurger（*-Salomons*），National Reports Ⅵ，chap. 3.4）。

19. 在芬兰，货物之上的权利在任何阶段都不赋予代理人。因此，代理人的破产不会影响货物移转于买方，只要货物没有和代理人的财产混合即可。后一情形下，买方可能会失去对于债权人的优先权（Faber and Lurger（*-Kuusinen*），National Reports Ⅴ，chap. 8）。

20. 在挪威,以行纪的方式进行的转让,对货物的权利也在卖方和买方之间直接发生移转,代理人甚至都没有在逻辑上的一秒成为“所有人”。在货物的权利被转让给他方当事人之前,权利保留在本人的手中(行纪法(*Kommisjonsloven*)第53条)。如果代理人为了出售属于本人的动产的目的而控制该动产,本人的权利可以对抗代理人的债权人。如果动产出售给买方,但是在破产程序开始时尚未付款,卖方可以直接要求买方付款(第57、58条)。如果代理人为了本人的利益已经取得动产,本人可以以其权利对抗代理人的债权人(第53条)。也请参见下文的注释。

21. 丹麦的制度类似,其行纪法(*Kommissionsloven*)是以北欧国家的合作为基础的。如果I为了出售属于P的动产的目的而占有该动产,则P的权利可以对抗I的债权人(行纪法第53条第(1)款;*Von Eyben*,Formuerettigheder,88)。如果动产出售给T(买方),但是在针对I的破产程序启动时未付款,P(卖方)可以直接请求T(买方)付款(行纪法第57条)。债权人不得扣押这些款项(行纪法第61条;*Von Eyben*,Formuerettigheder,89－90)。如果I已经为了P(买方)取得货物,P(买方)可以以其权利对抗I的债权人(行纪法第53条第(2)款)。T(卖方)对P(买方)没有请求权,即使T(卖方)【译者注:原文如此,应该是P(买方)】已经付款给I时,也没有将款项从I财产中取回的权利(行纪法第56条)。另外,在行纪代售时,代理人超过其处分权,T(买方)可以善意取得货物,而不论是否有物理控制的移转(行纪法第54条第(1)款;第55条)。

22. 在瑞典,其制度与挪威和丹麦基本相同,包括具体条文的编号;see Lag(1914:45)om kommission(KommL)and *Håstad*,Sakrätt[6],234 et seq.

23. 在英格兰和威尔士,没有直接代理和间接代理的区别,而是有披露和未披露代理之分。如果代理人打算以自己的名义或者以未被披露身份的本人的名义行事的,代理是未披露的代理。就此而言,英格兰法还没有形成清晰和确定的立场。确实可以肯定的是,未披露的本人可以根据代理人为了他或她签订的合同起诉或者被诉,但是这不当然等同于主张本人是这一合同的完全的当事人(Faber and Lurger(-*Frisby and Jones*),National Reports Ⅱ,82;*Siu Yin Kwan v. Eastern Insurance Co Ltd* [1994] 2 AC 199)。考虑到这一领域的先例的不确定性,因此难以确定未披露的本人何时获得代理人为了他或她取得的动产的完全的所有权。但是,有认为这一问题有可以通过代理的内部关系处理的余地,英格兰法将这一内部关系视为基于受信关系的状态(*De Bussche v. Alt* (1878)8 Ch. D 286)。被定性为受信关系的一个突出的特征是,根据法律的规定,并完全于独立当事人之间的合同,义务被强加到受信人的身上,这项范围广泛的义务是,在所有的时刻都为了受益人的利益行事,此处是为了本人行事(*Bristol &West Building Society v. Mothew* [1998] Ch 1)。因此,可以认为,当代理人为了未披露的本人取得财产的,其在衡平法上有即时地将财产交付给本人的义务,或者至少根据本人的指示为本人持有。如果这一点能够得到法院采纳,如果根据对本人和代理人之间协议深入的检视,而且也考虑到他们的行为以及从中可以演绎出的内容,可以得出成立一项推定信托的话,那么,本人的请求权优先于对于本人[译者注:原文如此,应为代理人]财产的债权人请求权。从纯物权法的视角,这一看法也是可以得出的最公平的解决方案。但是,正如整体上的衡平法的救济一样,确定何时这种推定信托成立,也不完全清楚。这些救济明确的依法产生,有三种类型的救济:通过适用“衡平法视应该做的为已经做的”这一格言产生的,以及赋予当事人对可以实际履行合同的而被强化了的权利的救济;那些在存在信托违反时,保存受益人衡平法上所有权的价值的救济;以及基于人们和法律上所有人的过去的交易或者关系,人们在他人财产上第一次取得利益之中的救济。另一方面,如果在本人和代理人之间存在明示的信托,或者甚至约定有罗玛尔帕(所有权保留)条款,那么结果是没有什么疑问的

(Faber and Lurger(-*Frisby and Jones*),National Reports Ⅱ,86)。

24. 爱尔兰法,不区分直接代理和间接代理。如果代理人通过披露其为本人行事而订立合同,合同将会在本人的财产上产生直接的效力,本人和第三人直接受到约束。因此,各方均可针对他方主张合同的履行;而无论哪一种情况下,代理人均对合同的履行不承担责任。另外,如果代理人没有处分权但是为了本人行事(也就是,表见授权),本人有义务履行合同,但是在其追认代理人的行为之前,不能针对违约的一方请求履行合同。如果代理人没有披露其是为了本人行事,与第三人订立的合同首先在这两个缔约方之间产生效力。因此,第三人和代理人相应地针对他方介入合同的履行,但是只要第三人知道本人的身份,第三人就可以选择针对本人或者代理人强制履行合同。另一方面,如果本人存在而且在合同订立时具备所要求的行为能力,本人授予代理人实际的处分权,委托合同不禁止本人的介入(*Humble v. Hunter*(1848)12 QB 310; *Sui Yin Kwan v. Eastern Insurance* [1994] 2 AC 199),而且与第三人的合同不是人身性的(*intuitu personae*),也就是代理人的个人的技巧和专业素质不是合同的必要的要素(*Said v. Butt* [1920] 3 KB 49;*Dyster v. Randall & Sons* [1926] Ch 932),那么本人有权针对第三人介入合同的履行。就代理合同的概念的更多信息,见 *White*,Commercial Law,chaps. 4-7 and Bowstead(-*Reynolds and Graziadei*),Agency。最后,必须指出的是,在爱尔兰法,代理人是否至少在逻辑上一秒为了本人取得所有权,这一点并不清楚。基于代理人和本人的受信关系,似乎可以正确地认为,只要代理人为了本人取得货物,则其为了再转让给本人而信托持有这些货物。这就可以解释,为什么本人就动产有即刻的衡平法上的所有权(Faber and Lurger(-*Gardiner*),National Reports Ⅱ,217-219)。

25. 苏格兰法不熟悉间接/直接代理的用语。但是,商事中代理的重要作用在许多制定法和普通法的规定中得到承认,因为代理的整个目的是推进一般的合同关系。学者认为代理人只是权利移转的一个"导管"。比如,1979年货物买卖法第32条第(1)款就买卖合同明确规定:"为了运交买方的目的而将货物交付给承运人(不论是否是买方指定的),被视为将货物交付给买方的初步证据"。这意味着,通过代理人的行为,所有权直接从本人移转至第三人,反之亦然。在本人和第三人之间所有权的直接移转,甚至于发生在代理人有表见处分权的场合。事实上,尽管基本规定是,在欠缺本人转让所有权的意图时,所有权转让无效,但是在所有人的行为使得存在代理人默示授权的假定成立的,"意图"要素得到满足(*Reid*,The Law of Property in Scotland,no. 670)。比如,如果所有人将货物或者所有权证书留给他人,而且后者似乎作为所有人的代理人行事,那么这种货物或所有权证书向第三人的转让,阻止所有人否认这一转让(所谓的"个人性禁止否认(personal bar)")(*Carey Miller and Irvine*,Corporeal Movables[2],nos. 10.19 and 10.20;就"个人性禁止否认"的出售的观念,也请见 *Reid and Blackie*,Personal Bar,chap. 11)。因此,在披露本人的场合,代理人不受合同的拘束。但是,如果代理人披露其为了他人行事,却拒绝透露本人的姓名的,代理人可能就合同的履行负有个人责任(*Gibb v. Cunningham and Robertson* 1925 SLT 608;see also *Macgregor*,Agency and Mandate,no. 142)。如果代理人没有披露其是为了他人行事而签订合同,基本规则是代理人因此受合同拘束。但是,本人一直都可以披露有关状况,并主张其在代理人和另一缔约方之间谈成的交易中的权利。此时,另一缔约方可以选择针对本人还是代理人主张权利(*Macgregor*,Agency and Mandate,no. 147)。很显然,第三人的选择权的行使与代理人和本人的偿债能力有关(Faber and Lurger(-*Carey Miller/Combe/Steven/Wortley*),National Reports Ⅱ,384)。

26. 根据塞浦路斯法,信托可以产生与民法法系中间接代理相同的结果,也就是,可以是一种以自己的名义转让或者取得所有权并为了他人利益持有的方式。事实上,受托人是财产的法律上的所有人。但是,受托人破产不影响基于信托持有的财产。另一方面,尽管受益人就所有权的保护可以行使各种救济,但是其就财产不取得任何法律上的所有权,而是只就信托财产有享有利益的权利(Faber and Lurger(-*Laulhé Shaelou/Stylianou/Anastasiou*),National Reports Ⅱ,560-561)。代理是另一种为了他人转让或者取得所有权的途径。甚至代理人超出其实际权限时,只要第三人就代理人的权限属于善意,本人受合同的拘束。事实上,如果本人的行为使得第三人相信代理人有处分权,本人不得否认转让的意图。就此而言,必须强调涉及代理法规则的合同法(Cap 149)第13部分,实质上是英格兰代理法的法典化。更多细节见上文注释23以及*Laulhé Shaelou/Stylianou/Anastasiou*,loc. cit.,553 et seq。

第Ⅷ-2:303条　交易链条中直接交付时的所有权转让

就同一货物的所有权转让存在合同或者其他法律行为、法院的命令或者基于法律规定的授权的链条,而且交付或者等同交付行为由这一链条内的两个当事人直接实施的,所有权转让于取得人,具有如同所有权从这个链条中每一个前手转让给后手一样的效力。

评　论

A. 概述

规则的功能。本条涉及实践中经常发生的情形:A将货物出售给B,B再将货物出售给C。但是,基于实际需要的原因,货物直接从A交付给C。以交付为基础的转让制度下,就此会产生这些货物的所有权转让是如何发生的问题。这个问题在很大程度上是学术性问题,但是也可能有某些实践层面的意义(参见下文评论B),基于这个原因,在诸如本示范规则的规定中以具体的条文处理这个问题似乎是合适的。就本章转让概念中所使用的结构要素来说,本条同时对第Ⅷ-2:104条(交付)第Ⅷ-2:105条(等同交付行为)两条规则进行了补充,原则上假定从每一个让与人向相应的受让人交付,并且关于受让人授权的规则(第Ⅷ-2:101条(所有权转让的一般要件)第(1)款(d)项和第(2)款)也原则上以此假定为基础。

示例1

A和B签订了货物买卖合同,B将货物再出售给C,而C销售给D。货物仍然为A所占有。为了降低交易费用,货物被直接从A(第Ⅷ-2:104条(交付)意义上)交付给D。

示例 2

A 和 B 签订了货物买卖合同,B 将货物再出售给 C,而 C 销售给 D。货物位于 Y 的仓库。A 通知 Y 货物所有权现在移转给 D。或者,A 将 Y 签发的单据转让给 D,该单据中包含将货物交付给单据的当前持有人的承诺。此时,相应地成立第Ⅷ－2:105 条(等同交付行为)第(2)款或者第(4)款意义上的交付。

就本条实质来说,本条明确了两个效果:首先,链条上最后的受让人的所有权取得有效;其次,所有权转让具有如同其从链条上每一个前手转让给后手一样的效力。

比较法背景。本条涉及的情形通常制定法中没有明确规定。有关的解决方案遵循一般的转让规则。在很多国家这一问题只是偶有讨论或者根本就没有讨论。但是,普遍认为的是,基于连环合同(或者其他法律根据)作出交付的,最后一个人的取得是有效的。而且,在合意主义(此时已经因合同订立而产生了所有权转让)以及交付主义制度下,通常的观念似乎都是所有权"沿着"(合同或者其他)授权的"链条"移转。正如对本条的注释中可以看到的,教义的观念在某种程度上有所不同。但是,所有权可以从实施交付的人直接移转到接受交付的人观念(在示例 1 和示例 2 中:从 A 到 D)至少在有些国家有过讨论。

选项:直接转让还是"沿着链条"转让。考虑到比较法上的调查和显而易见的实际需要,就通过直接交付的方式转让所有权应该是可行的这一点,实际上是没有疑义的。唯一需要讨论的问题是,让与是应该被视为直接发生(在上面给出的两个例子中:从 A 到 D)还是"沿着链条"发生(也就是,A－B－C－D);在后一情形,B 和 C 可以被视为成为"逻辑上一秒"的所有人。

B. 对选项的讨论

概述:避免人为解释和协调一致。可以从不同的层面提出理由。比如,由于沿着链条的转让的观念意味着,至少有一次由处于中间的取得"逻辑上一秒"所有权的当事人实施的即时的取得和再转让,因此这一观念可能会被认为是拟制的;而且可能会有人认为应当避免这种人为的解释。另一方面,也可能有人认为一个链条上的转让应当尽可能地作类似的处理,而不考虑是依次从一人交付给下一个人还是直接从第一个交付给最后一个,后一种交付只是基于实践中简化的理由实施而已。根据主观的偏好,两种观点可能都会被认为是"自然的"进路;后一种观念可能还会援引协调一致的这一证据。

本章之下,免除交付及通过约定所有权转让的特定时间引起转让的可能性,不必然支持这一或那一选项。比如,货物仍在 A 手中时,如果 A 和 B 约定所有权立即移转,两种进路下,所有权会被视为移转到 B,而后再从 B 处进行移转。

下述评论将集中于两种进路下,至少是有潜在区别的实际效果的层面。

对于破产的中间当事人债权人的保护。两种进路有潜在区别的情形之一是,"位于中间的"某一当事人破产,因此原则上该当事人取得所有权的事实,可能会被认为对该当事人的普通债权人有利（至少在统一主义进路下概念性思考上是这样）。以下探讨将集中于链条上所有交易的法律基础都是货物买卖合同的一般情形。

示例3

事实同示例1。在A-B-C-D链条上所有合同订立之后，但是在A交付给D之前，C清偿不能并且启动了破产程序。

当所有权处于这样一种配置情形时，也许应该不能认为基本的破产法规则不可适用。在破产程序启动时，没有履行B和C以及C和D之间的合同上转让义务，取决于对待给付义务，也就是C到B及D到C的价款支付，是否已经由当事人全部履行，C的破产管理人可以有在坚持两个合同或者解除相应关系之间进行选择的权利。假定两次付款都还没有完全付清（因此会存在选择权），而破产管理人选择坚持合同，因为C卖给D的货物比C有义务付给B的价格要高，因此，履行两个合同下的义务将会增加破产财产，就会有不受影响的从A到D的连环合同，而且这些合同必须得到履行，而不考虑物权法上是适用“直接转让”还是“沿着链条转让”。如果D在破产程序启动前冒险预付了相当一部分价款给C，破产管理人可以为了根据C的普通债权人的利益增加破产财产，选择解除合同。此时将货物归于会很容易与“沿着链条转让”的进路相吻合（比如，破产法规定，从破产程序启动时起，债务人作出的处分对于债权人无效）。“直接转让”的观念下，可能会引起困难。为了保护预先付款的买方（只是因为买方从其他的人手中获得交付），使D可以求助于从A“直接取得所有权”，从平等对待、协调一致以及利益衡量上来看，这样做看起来会有些不可思议。尽管这只是破产背景下可能场景的一个小的片段，但是这表明“沿着链条”的进路在这一方面有优势。可以补充的是，从B（破产的C的一个特别的债权人）角度来说，适用哪一种观念似乎无关紧要。还可以补充的是，当转让的基础性授权是基于合同以外的其他法律根据产生的（根据这一根据双方当事人均对他方负有给付的义务），不适用选择权的规定。

基于所有权保留或者其他负担而转让。转让制度应当确保，如果链条中的当事人同意转让货物，但是以所有权保留为条件（或者约定在货物上保留限制物权），那么这一受让人被保留的所有权或者其他负担得到维持。同样，则会很容易与沿着链条转让所有权的规则相一致。直接转让的规则会需要一项补充规定，这一补充规定，至少就这一特定问题，使得直接转让的观念被“沿着链条”转让的观念再次吸收。

链条中的合同无效。更支持“沿着链条”方案的另一个层面是，在交付后，可能会确定链条中一个或者多个合同无效的情形。这会导致物权返还请求权及不当得利请求权的发生（除非适用善意取得规则）。后一请求权会“源于合同”。如果所有权也沿着链条移转，两种措施会竞合，因为链条中特定的当事人会基于不当得利的规定以及物权法的救济取得货物。另一方面，如果，所有权“直接”移转，在有因的转让进路下，链条中合同之一的有效性会毫无疑问地影响最后取得人的取得。就此来说,直接转让的观念会不得不再次被沿着链条转让的观念所吸收。

总而言之,看起来“沿着链条转让”观念更为可取。因此,本条明确采纳这一观念。

C. 规则详论

转让同一货物的授权的链条。本条适用于存在合同或者其他法律行为、法院的命令或者基于法律规定的授权的链条,而且交付或者等同交付行为由这一链条内的两个当事人直接实施的情形。本条含义下“链条”存在于数个(至少3个)当事人以这样的方式依法彼此受拘束:第一个有义务向第二个转让所有权,第二个有义务向第三个,依次类推。参见上文示例1。尽管实践中主要的例子毫无疑问是合同,但是该规定对于基于其他法律根据的授权同样适用;有关的用语援引了第Ⅷ-2:101条(所有权转让的一般要件)第(1)款(d)项确定的所有权转让授权的一般概念。这些授权创设及债务到期的时间顺序无关紧要。授权必须涉及“同一货物”,可以是第一受让人【译者注:原文如此,应该为第一让与人】拥有的特定的货物。但是,在链条中某些关系或者全部关系中,货物也可以种类物的术语确定,只要当事人所使用的种类物的术语彼此契合即可。

直接实施交付或者等同交付行为。另外,货物的交付或者与货物有关的等同交付行为,必须在链条中的两个显然不是直接的缔约方的当事人之间直接实施。比如,交付可以从A到C或者从A到D,等等。用语指向第Ⅷ-2:104条(交付)及第Ⅷ-2:105条(等同交付行为),包括处理受让人(比如D)已经占有货物的情形的后一条第(1)款。

效力:如同从链条中每一个前手转让给后手一样。本条规定,具备上述要件时,所有权转让与取得,具有如同所有权从这个链条中每一个前手转让给后手一样的效力。这贯彻了上文讨论的“沿着链条”转让的进路。看起来没有必要明确说明所有权在“逻辑上一秒”存于每一个位于中间的当事人。在交易链中第一人向最后一个人实施交付(或者等同交付)时,效力是“如同”从一人转让给他人一样,依次类推,这样规定就足够了。

注　释

Ⅰ. 所有权转让

1. 在奥地利,连环买卖是指将一项标的从A出售给B,而后从B再出售给C。如果A知道B和C之间的协议,A可能会认为将货物直接交付给C更方便。如果A将货物直接交付给C,那么B将从未取得过对财产的物理控制。另外,根据从A到C的直接交付,B从未取得过所有权,甚至“逻辑上一秒”都没有取得过(*Spielbüchler*,JBl 1971,589,甚至在600页明确承认这一点;OGH 3 Ob 82/02b at 445默认这一点;另外见,*Spielbüchler*,JBl 2001,42;不同的推理但是结果相同,见*Koziol*, JBl 1977,618,尤其是第621页;Klang(*-Bydlinski*),ABGB Ⅳ(2)^2,306)。尽管就不动产的连环销售有明确规定(土地登记法第22条),但是就动产连环销售,奥地利法没有明确的制定法规定(Faber and Lurger(*-Faber*),National Reports Ⅰ,109-112)。

2. 根据捷克民法典第133条第(1)款,所有权转让基于货物的交付而实现,法律另有规定或者当事人另有约定的除外。在连环销售时,当事人可以约定A可以直接将货物转让给C。这意味着,如果当事人约定A不需要将货物交付给B,那么C会直接从A而不是从B处取得所有权(Faber and Lurger(*-Tichy*),National Reports Ⅵ,chap. 7)。

3. 在荷兰法,所谓的“联合的名义”(*samengestelde titel*)被认为是“连环销售”情形的基础(*Asser-Mijnssen/De Haan* 3-I[14](2001),no. 239;*Hartkamp*,WPNR 2004 no. 6596,849-856;Faber and Lurger(*-Salomons*),National Reports Ⅵ,chap. 5. 1. 3(b))。

4. 在德国法,没有处理连环买卖的特别的制定法规则。因此,所有权转让的一般规定也适用于这样的情形:A同意出售给B,而B又同意出售给C,两次转让的标的是同一动产,而且A直接将动产转让给C的(民法典第929条及以下)。由于每一个协议并不当然伴有物权合意,因此会有两次独立的交易,导致普遍的推定是,B取得“逻辑上一秒”的所有权,因此,所有权不能直接从A转移到C(see BGH NJW 1986,1166;*Baur and Stürner*,Sachenrecht[17],§ 51 no. 17)。就此来说,必须强调的是,为了简化当事人之间的行为,交付要件可以为指示取得(*Geheißerwerb*)所代替,也就是,货物的占有从A转让到C,不需要B取得物理占有。尽管可能看起来,根据一般规定,将货物从A交付到C,不足以构成对B的有效转让,因为B根本就没有取得占有,但是通说坚持,根据B的指示,从直接占有人A处移转占有于C,必须被承认为民法典第929条及以下意义上的一种交付形式(see BGH 36,60;BGH JZ 1975,29;BGH NJW 1999,425)。一方面,根据B的指示,将货物从A交付到C,事实上使得A履行了其对B的合同义务,B因此取得了转让给C的完整的所有权;另一方面,如果B打算将所有权转让给C的话,C从直接占有人A处取得占有使得B履行了其对于C的义务(Faber and Lurger(*-McGuire*),National Reports Ⅲ,chap. 7. 1)。因此,在“连环销售”的场合,根据当事人约定的条款,清偿某一方自己对自己相应的合同当事人的合同义务,必须被作为一项拟制的法定解释加以思考,该解释允许通过先前的所有人/直接占有人的交付,所有权从在后的所有人/非占有人转让给受让人(MünchKomm(*-Quack*),BGB[4],§ 929 no. 146;*Martinek*,AcP 188(1988),573 and 615)。

5. 在爱沙尼亚,“连环销售”的问题在学说和判例中均未涉及过。但是,根据所有权转让的规定,每一个合同(A-B及B-C)应当被视为伴随一项物权协议;因此,B会取得“逻辑上一秒”的所有权。事实上,如果A将货物直接交付给C,尽管B确实没有取得货物的占有,但是C因为A根据B的指示交付货物而B取得所有权。根据不得将大于自己权利的权利转让给他人的原则(*nemo plus juris* principle),C的权利的内容取决于B转让的权利的内容。因此,如果B依据所有权保留条款将所有权转让给C,C只有在对B完成给付时,才会取得完全的所有权。另外,如果B没有完好的所有权,只要A通过交付货物表明同意转让的意图时,C就总是可以从A处取得所有权(民法典总则法(GPCCA)第114条)(Faber and Lurger(*-Kullerkupp*),National Reports Ⅰ,304-306)。

6. 匈牙利民法典就连环销售没有特别的规定,适用关于所有权转让的一般规定,也就是,所有权在货物交付给受让人时移转。从 B 必须有效取得所有权才能再转让所有权这一事实,我们可以推出,B 取得"逻辑上一秒"的所有权。另外,连环销售时,所有权转让也可以根据占有改定而发生。此时,当事人约定,所售货物在物理转让给新所有人(B)之前由前所有权人(A)继续占有。比如,这会发生于:A 将货物出售给 B,但是就财产继续拥有用益权。尽管 B 从未取得货物的占有,B 仍然是真正的所有人,并有权处分货物。但是,如果 B 将货物出售给 C,后者会取得所有权,但是不能根据物权返还请求权(action for vindicatio)请求实际占有人 A 返还货物。事实上,由于 B 不处于物理交付货物给 C 的状态,因此,B 所有权的转让,导致 B 自己要求返还货物的请求权也会转让给 C(返还请求权的让与(cessio vindicationis))(Faber and Lurger(-Szilágyi), National Reports Ⅲ,chap. 7)。

7. 连环销售的问题在希腊法律文献中没有引起太多关注。这显然是基于两个因素:一方面是当事人自治和合同自由(民法典第 361 条),另一方面是与无因的动产所有权转让制度相联系的债与物权行为的分离。如果 A 卖给 B 及 B 卖给 C,两个买卖合同都会有效,即使 B 将货物出售给 C 时还没有取得这些货物的所有权的也有效。另外,如果 A 直接交付给 C,C 取得所有权;事实上,基于转让的无因性质,C 无须考虑这两个转让协议而取得所有权(民法典第 1034 条)。当事人可以约定这种取得不受制基于不当得利的请求权(民法典第 904 条及以下)。简而言之,为了实现所追求的目标,当事人自治赋予了范围广泛的可能性。事实上,B 不需要取得所有权,但是 B 和 C 可以在买卖合同中约定,B 的履行将由第三人实施(民法典第 317 条)。作为替代,B 和 C 可以达成 *promissio in solutum*(清偿允诺)(民法典第 421 条)或者 *promissio in solvendo*(清偿允诺,译者注:从此处及下文语境中可以看出,前后两个拉丁词组含义是一致的)的协议,依据这种协议,B 有义务为了 C 的利益,与 A 进一步订立旨在将货物直接交付给 C 的合同(民法典第 410 条及以下)。另一个方案是 B 和 C 约定一个不利于 A 的协议(民法典第 415 条),根据该协议,B 向 C 承诺,A 会交付货物给 C(这种协议也可以一开始就直接约定,或者以 A 方的 promissio in solutum 或 promissio in solvendo 形式出现)。正如前面考虑过的情形,为了不是合同当事人一方的第三人利益订立物权合同的可能性,在希腊学说中有争议,因为民法典第 410 条及以下,似乎单指债务。在第三人有拒绝这种利益的权利并且遵循了可能的形式要件范围内,通说现在倾向于基于各种理由认为这种协议可以接受(通过类推适用民法典第 410 条及以下),其中最重要(及可信)的理由似乎是当事人自治(*Stathopoulos*, Law of Obligations[3], § 25, nos. 15 ff)。如果基于某种理由,B 想在货物转让给 C 之前取得货物的所有权(比如为了确保货物的价款的支付),B 可以和 A 约定,A 必须将货物交付给 C,A 作为 B 的直接代理人(民法典第 211 条及民法典第 979 条)或者替代 B 的代理人(vicarious agent)(民法典第 334 条)行事;通过这样的方法,尽管是对 C 交付,所有权却转让给 B,B 而后通过诸如简易交付(*brevi manu traditio*)(民法典第 976 条)一类的方式转让所有权。

8. 在斯洛文尼亚,就动产来说,迄今为止这个问题还没有特别处理过。假设,一种"连环销售"的情形,此时 A 卖给 B,B 卖给 C,但是 A 必须直接将动产交付给 C,这一情形涉及两个相区分的物权合意。一方面,从 A 处取得货物的 C,被认为是对 B 所负担的给付所履行的对象;另一方面,B 会取得"逻辑上一秒"的所有权,从而 B 将能够基于简易交付(*brevi manu traditio*)转让所有权。事实上,由于 A 交付货物给 C,就转让所有权所需的物理要素来说,受让人的占有被认为是充分的。更精确地说,货物已经为将要取得所有人的人持有,作为这一点的结果,C 的持有可以作为所有人的占有加以考虑。但是,在 A 基于所有权保留条款出售给 B,而 B 将期待权

(expectant right /inchoate title)出售给C,通过直接向A支付价款,C会从A处取得所有权;在这种情形下,B会完全得不到动产的所有权(Faber and Lurger(*-Rudolf/Rijavec/Kerestes*),National Reports Ⅰ,578)。

9. 在立陶宛,不存在调整"连环销售"的特别的制定法上的规定。因此,A、B和C之间的所有权转让很大程度上取决于调整存在于他们之间关系的合同条款。因此,根据合同条款,这种情形可以被认为涉及两项独立的法律关系。就此而言,我们必须区分,依据民法典第4.49条规定的一般规则进行的所有权转让(也就是受让人基于交付取得所有权),与当事人约定所有权根据合意转让的情形。在前一种连环销售的情形,B对C的履行取决于B已经从A取得货物,从而B可以将货物交付给C的事实。但是,如果交付由A实施,那么A作为B的代理人行事。因此,C的请求权完全取决于和B之间的合同,而且从A处进行的交付必须被视为B履行对C义务的一种手段。在后一情形,B通过合意取得了所有权,因此B不需要为了将所有权转让给C而占有货物。因此,如果像前面的情形一样,A被赋予了将货物交付给C的义务,那么A会作为B的代理人行事。事实上,C直接从B处取得所有权。最后,基于任何人不得将大于自己的权利的权利转让给他人的原则(*nemo plus juris* principle),如果A和B之间的合同限制了B的权利(比如,B根据所有权保留取得货物),那么这种限制也会影响C的取得(Faber and Lurger(*-Mikelenas*),National Reports Ⅲ,chap.7)。

10. 斯洛伐克法没有关于"连环销售"的特别规定。动产所有权转让的一般原则规定在民法典第133条,根据该条,受让人基于货物的交付取得所有权,除非当事人有不同约定或者法律有不同规定。因此,就连环销售,如果B想合法地将所有权转让给C,那么根据民法典第133条,B必须已经取得货物的占有;否则基于不得将大于自己的权利的权利转让给他人的原则,对B交付的欠缺将会阻止B将所有权转让给C。事实上,只有基于交付,B才能取得一项有效转让的。但是,当事人可以作不同约定,比如他们可以约定,A将直接交付货物给C。此时,我们可以认为A和B之间的所有权转让根据当事人的合意发生。事实上,由于B哪怕一秒的货物占有都没有取得过,"合意"原则将会是正当化B依法有权转让所有权给C这一事实唯一的途径,必须强调的是,如果A为了B直接交付给C,那么C完全是从B处取得,也就是,C权利的内容严格取决于B转让权利的性质。比如,如果C根据所有权保留取得货物,那么直到C支付全部价款时才取得所有权。因此,尽管货物已经从A转让到C,但后者只是B的货物的持有人(Faber and Lurger(*-Petkov*),National Reports Ⅵ,chap.8)。

11. 西班牙法没有就"连环销售"作特别规定。因此,合同法的一般规则将予以适用,也就是,基于货物交付,或者所有权证书交付(民法典第1462条),或者货物储存地点的钥匙的交付,而发生所有权转移(民法典第1463条第(1)款)。但是,在特定情形下,所有权只直接从A移转到C,B甚至"逻辑上一秒"的所有权都无法取得(比如,间接代理、直接代理、债权让与或者债务承担及有利于指定的人的合同)(Faber and Lurger(*-González Pacanowska and Díez Soto*),National Reports Ⅴ,chap.4.6.6)。在其他情形,所有权只有在B也取得所有权时才能移转给C,但是为了更早地实现"交付"的要件,占有直接从A移转到C也没有关系。因此,可以认为A和B可以约定,货物将直接交付给C。此时,B根据民法典第1463条第(2)款的规定,甚至于都不需要取得对货物的占有,就取得所有权。事实上,民法典第1473条第(2)款规定,如果买方在协议成立时不能取得对货物的有形占有或者已经取得对货物的占有,货物的交付被认为通过当事人的合意发生。据此,学者提出,如果A直接将货物交付给C,B将取得"逻辑上一秒"的所有权,从而B处于可以合法地将所有权及其“间接占有”转让给C的状态。另外,B将不属于B的货物转让给C的事实不阻止C取得这些货物的所有权,因为B可以和平地从A处取得并随后亲自交付给C或者通过A的合作交付(Faber and Lurger(*-González Pacanowska and Díez Soto*),National Reports Ⅴ,chap. 4. 6. 6)。

12. 在比利时,作为合意转让制度的结果,所有权不会直接从A转让给C,因为B会在与A订立买卖合同之时取得所有权,而C会在与B订立买卖合同时取得所有权。但是,必须注意的是,为了使买卖合同产生对抗不是合同当事人的人(也就是第三人)的物权效力,需要实际交付。另外,基于以上原因,A不会有任何针对C的物权(Faber and Lurger(*-Cauffman and Sagaert*),National Reports Ⅳ,chap. 12. 1)。

13. 根据保加利亚法,所有权转让根据单纯的协议发生。因此,在连环销售时,只有B已经相应地从让与人A处取得所有权时,C才会取得所有权。另外,保加利亚法规定,如果货物必须从A直接交付给C,只有货物已经特定时,C才会根据与B之间的协议取得货物所有权(债法第24条第(1)款),但是如果货物是种类性地确定的,所有权转让会在特定后或者交付给承运人后发生(债法第24条第(2)款),这样,卖方就在特定或交付给承运人前承担灭失的风险(Faber and Lurger(*-Stoimenov*),National Reports Ⅳ,chap. 6)。

14. 在法国,所有权转让根据当事人的合意发生。因此,在连环买卖,尽管A直接交付货物给C,但是这不意味着所有权直接转让给C,相反,由于所有权在买卖合同订立时自动发生移转,B会首先从A处取得所有权,而后,甚至于在财产还不为B占有时,C也会从B处取得货物的所有权。因此,基于任何人不得将大于自己的权利的权利转让给他人的原则,B只可以将那些A转让给B的权利转让给C。因此,在货物直接从A转让给C的情形,C只可以对B主张C自己的权利,而只有在A和B之间的协议以及B和C之间的协议包含了允许C直接对A主张权利的条款时,C才可以基于A的责任而提出请求(Faber and Lurger(-Cashin-Ritaine),National Reports Ⅳ,chap. 7)。

15. 根据意大利合意转让制度,所有权可以通过单纯的协议处分和取得,不需要买卖合同标的的任何物理交付。意大利法就“连环销售”没有任何特别的规定。就此来说,学者和判例法都没有认为连环买卖是独特的法律设计的倾向,而只是将连环销售的情形视为普通的自治买卖合同的一项效果。事实上,基于合意原则,受让人在当事人订立合同时取得所有权,因此在连环销售中,每一个买方根据他们单纯的合意成为所有人。因此,所有权从让与人直接转让给受让人的次买受人,不需要受让人取得所有权,这样的直接转让应当被排除。相应地,只有转让的当事人受到他们之间的(*inter se*)协议的拘束;不能通过这种方式为可能的将来的买方创设债务或者义务(Faber and Lurger(*-Greco*),National Reports Ⅰ,464)。

16. 葡萄牙法中的所有权转让根据单纯的合意发生,需要特定化以转让所有权的种类物,所有权转让需要当事人就相关债务作出选择的选择之债,以及所有权转让之时需要货物存在的将来货物除外。因此,在“连环销售”的情形,所有权应当首先从A转移到B,而后从B到C,但是就受让人取得所有权来说,交付不是要件。另外,任何合同中的限制(比如所有权保留条款)都会影响受让人享有所有权。基于任何人不得将大于自己的权利转让给他人的原则(*nemo plus juris* principle),B不能将比B从让与人A处取得的权利的更宽的权利转让给C(Faber and Lurger(-Caramelo-Gomes and Nóbrega),National Reports Ⅳ,chap. 6. 1)。

17. 根据丹麦和挪威的学说,在“连环销售”的情形,如果A直接交付给C,那么只有C取得对货物的物理控制时,C才可以以其权利对抗第三人(比如A或B的债权人)。如果仍然有待实施交付的话,会产生一些麻烦。此时,有人认为,如果C被视为从B处取得货物而不是B对A的债权的话,那么C可以以其权利对抗B的债权人。如果C已经取得B的债权,只有C就其取得通知了A,C才可以以其权利对抗(Faber and Lurger(*-Færstad*),National Reports Ⅴ,chap.6)。

18.就瑞典功能主义进路来说,在"连环销售"的情形,B是否取得"逻辑上一秒"的所有权的问题无关紧要。这种情形被认为涉及两个独立的法律关系;原则上,在A和C之间根本就没有关系。当A将货物直接交付给C时,C会享有优先于B的债权人的权利,而B会享有优先于A的债权人的权利(*Martinson*,Transfer of Title Concerning Movables Part III-National Report:Sweden,69 et seq.)。与此相对,当B为了A将货物出售给C时(比如代理),在A和C之间存在联系。另外,只要B没有将A的货物或者加工物与B自己的财产混合,B的债权人就不能通过货物或者加工物(proceedings)满足他们的债权(*Håstad*, Sakrätt[6],145-147and 234-245)。

19.在芬兰法,"连环销售"的情形会涉及两个完全相区分的法律关系,并因此涉及两个完全相区分的行为。A将会直接交付给C的协议甚至会被归类为第三项独立的协议。此外,必须强调的是,芬兰法没有"物权合意"的德国式概念;因而,这不会影响买卖行为的物权效力。因此,在"通常的"合同关系(不涉及所有权保留条款,等等),可以认为B会在这一所有权转让给C之前取得所有权;当然,A和B之间所有权转让的物权效力,会受到双方当事人均受到拘束的其他合同协议以及所有权转让的一般规定的影响(比如善意取得的规定——见,*Kaisto*,Tiesi tai olisi pitänyt tietää)。这个问题的更多细节,见Faber and Lurger(*-Kuusinen*),National Reports Ⅴ,chap.7。

20.爱尔兰1893年货物买卖法和爱尔兰1980年货物买卖和服务提供法表明,在特定货物的买卖,所有权转让制度是合意主义模式。因此,在买卖合同订立时所有权发生移转,这意味着B必须取得"逻辑上一秒"的所有权以便将所有权转让给C(Faber and Lurger(*-Gardiner*),National Reports Ⅱ,196)。

21.就"连环销售"的情形下所有权转让的问题,苏格兰法中没有任何特别的判例法。在1979年货物买卖法,交付没有被真正视为所有权转让的必要要件;根据1979年货物买卖法第17条,所有权在当事人意图移转时移转,除非另有约定,这个时间是合同订立之时;从而,占有的移转不是所有权转让的要件;因此,从A到C的直接的占有移转,似乎并不表明所有权也直接从A移转到C;相反,B会取得"逻辑上一秒"的所有权,因为B不需要为了取得所有权而从A取得物理上的占有。但是,这一点的负面就是,在合同订立之时到物理交付之间,有A两次出售货物的风险(1979年货物买卖法第24条)(Faber and Lurger(*-Carey Miller/Combe/Steven/Wortley*),National Reports Ⅱ,379)。

22.根据塞浦路斯法,在"连环销售"的情形,涉及两个买卖合同(A-B,B-C),所有权不会直接从A转移到C;相反,B会取得"逻辑上一秒"的所有权,买卖标的的直接人力移转,只是依据A和B之间的合同,来构成交付的问题。因此,B和C可以有效约定所有权保留条款,尽管这种约定在A和B之间的关系中不存在(Faber and Lurger(*-Laulhé Shaelou/ Anastasiou/Stylianou*),National Reports Ⅱ,556-560)。

23.在英格兰的法律制度中,所有权发生转让也不需要"物权合意"。由当事人决定所有权何时移转(1979年货物买卖法第17条);当欠缺这一协议时,所有权通常在买卖合同订立时移转。

因此,我们可以推出,B会取得"逻辑上一秒"的所有权(Faber and Lurger(*-Frisby and Jones*),National Reports Ⅱ,77)。

Ⅱ.链条中的合同无效

24.根据奥地利法,当A和B之间的合同无效时,基于任何人不得将大于自己的权利转让给他人的原则(*nemo plus iuris* principle),C会无法取得所有权。但是,当就"连环销售"情形类推适用善意取得规则时,C也有可能善意取得。这只要求C就A和B之间合同的有效性是善意的(*Iro*, Sachenrecht[3], no. 6/82; Rummel(*-Aicher*), ABGB Ⅰ[3], § 1061 no. 18;不同看法见,Klang(*-F. Bydlinski*), ABGB Ⅳ(2)[2], 308 et seq.)。如果不是这样的话,动产仍然会是A的财产;A会有以不当得利为由起诉C的权利(Schwimann(*-Mader*), ABGB VI[3], Pref. to § § 1431 et seq. no. 31; Rummel(*-Rummel*), ABGB II(3)[3], Pref. to § § 1431 et seq. no. 14)。如果B和C之间的合同无效,C因为这一合同无效而不会取得所有权。通说是,A仍然是所有人,因为B从未取得过动产的所有权(见,*Koziol*, JBl 1977, 617, 618; Aicher, loc. cit., § 1061 no. 20,等等;不同看法见Schwimann(*-Binder*), ABGB Ⅳ3, § 1053 no. 45,以及*Spielbüchler*, JBl 1971, 589, 598,其认为,通过将A到C的动产的直接转让解释为B取得所有权,因为B取得转让动产的间接占有);另外,A会有义务将所有权转让给B(A和B之间的合同有效),而C将不能善意取得(要发生善意取得,则B和C之间的合同必须有效)。最后,如果两个合同(A-B及B-C)都无效,A依然是所有人(*Aicher*, loc. cit., § 1061 no. 22)(Faber and Lurger(*-Faber*), National Reports Ⅰ, 112-114)。

25.根据捷克法,在连环销售的情形,如果当事人约定,所有权需要首先转让给B,而后再转让给C,但是A将货物直接交付给C,转让会被视为无效,因此不会有所有权从A移转到C。另外,占有货物的C,有义务将货物返还给A。事实上,由于根据民法典第133条第(1)款,B只根据将货物交到B手中的交付,而不是交到C手中的交付取得所有权,从而C就好像从非所有人处取得一样。因此,根据任何人不得将大于自己的权利的权利转让给他人的原则,A和B以及B和C之间的合同都是无效的(Knappová(*-Knapp*), Civil Law Ⅰ[3], 300)。但是,如果从表见继承人善意取得死者的财产,这种取得会受到保护,就好像是从真正的继承人处取得一样(民法典第486条)。除了这种情形外,如果买方的权利来自于只会被认为是占有人的非所有人,那么买方尽管善意,也不会取得所有权。不过,从非所有人处取得的买方,会有根据取得时效取得所有权的权利(民法典第134条)。转让的无效具有溯及效力(*ex tunc* effects),也就是,当事人的协议被视为从未发生过;另一方面,如果一方当事人因为他方当事人不履行合同而解除合同,解除只有向将来的效力(*ex nunc* effects),也就是,合同在解除前具有效力。就解除条件来说(民法典第36条第(2)款),如果条件成就,合同会被视为从未存在过,而买方有义务返还货物,因为所有权实际上从未转让(民法典第451条和第457条)(Faber and Lurger(*-Tichy*), National Reports Ⅵ, chap. 5.5.6.)。

26.荷兰法规定,如果A和B之间的合同有瑕疵,那么C可以善意取得(通过类推适用民法典第3:86条),但是,如果B和C之间的合同无效则不然(*Bartels and Hartkamp*支持这一看法);在后一情形,A受到民法典第6:34条的保护。事实上,民法典第6:34条规定,没有接受给付的权利的人,但是其却像正当的债权人一样行事,债务人错误地但是又是善意地履行债务的,债务人对于债权人清偿了债务。因此,通过交付给C,A履行了对B的合同义务,即使B和C之间的合同有瑕疵也是如此。最后,尽管由于B和C之间的合同无效,动产所有权仍然会属于B;B可以基于民法典第6:36条和/或第6:212条要求C返还财产。更具体来说，依据民法典第6:36条，正当的债权人有权要求错误接受给付的人返还给付，而民法典第6:212条规定了不当得利请求权（*Hartkamp*, WPNR 2004 no. 6596, 852）。显然，如果两个合同（A-B及B-C）都无效，那么所有权依然属于A，因为此时不成立一项“联合的名义”（Faber and Lurger（*-Salomons*）, National Reports Ⅵ, chap. 5. 1. 3(b)）。

27. 在德国，如果A和B之间的合同无效，这对A到B的所有权转让和B到C的所有权转让都没有影响。A对B有不当得利请求权，B通常不能原物（*in natura*）返还，因为被转让动产的所有权已经被转移给了C。另一个不同情形是A和B之间的物权合意无效；作为结果，B不能取得所有权，但是C已经是占有人。如果善意取得的要件具备的话，后者在这种情形下可以善意取得。如果B和C之间的合同无效，C尽管是从A直接取得的财产，但是必须将其返还给B（此处，B对C有不当得利请求权）。如果此时两个合同都无效，A会对B有不当得利请求权，而B也会对C有不当得利请求权（Faber and Lurger（*-McGuire*）, National Reports Ⅲ, chap. 7. 2）。

28. 和德国法一样，在爱沙尼亚，基础合同的无效不影响所有权的转让（也就是，物权合意的有效性）。如果A和B之间的合同无效，但是C已经取得所有权，B会无法对A原物（*in natura*）返还。根据债法第1037条第(1)款，A只会有对B的不当得利请求权。但是，如果物权协议无效，B不取得所有权，但是如果C满足了善意取得的要件，那么C可以善意取得。如果B和C之间的合同无效，尽管C直接从A处取得的动产，C还是会需要将动产返还给B。就像德国法一样，如果此时两个合同都无效，A会对B有不当得利请求权，而B会对C有不当得利请求权（Faber and Lurger（*-Kullerkupp*）, National Reports Ⅰ, 296）。

29. 在匈牙利，如果A和B之间的所有权转让无效，那么B不能被视为是正当的所有人，并基于不得转让大于自己权利的权利的原则（nemo plus juris principle），B因而没有转让所有权给C的权利。A依然是合法的所有人，除非C善意取得（民法典第118条）。另外，A和B之间合同无效时，B有义务返还从对C的买卖中获得的价款，因为A不能直接要求C返还货物（PK no. 32; PJE no. 1/2005）。如果B从破产了的A处取得，并随后将货物转让给C，买卖对A的债权人而言不发生效力。这意味着，尽管B和C之间的转让依然有效，但C不能以其所有权对抗A的债权人，并且必须容忍A的债权人可以从被转让的货物中获得债权的清偿。但是，如果C失去货物，则C有权要求返还其支付给B的价款（Faber and Lurger（*-Szilágyi*）, National Reports Ⅲ, chap. 7）。

30. 在希腊，就“连环销售”之中一项的法律行为无效的问题，必须区分不同情形，并且需要再次援用一般规定。首先说物权行为，如果其无效，显然货物之上的所有权不会发生移转（除非善意取得或者取得时效规定可以适用），因此，让与人可以通过主张不当得利或者所有权救济获得货物的返还（民法典第1094条及以下）。最后，尽管在希腊法，就动产所有权的取得来说，并不需要当事人协议之中的一项有效的原因（*casua*），但是其有效性以这样的方式影响转让：让与人总是有权根据不当得利的规定要求货物的返还（Georgiades and Stathopoulos（*-Georgiades*）, art. 1034 no. 6）。

31. 在斯洛文尼亚，如果A和B之间的合同无效，但是B和C之间的合同有效，C仍然会有机会取得所有权，条件是其在购买之时是善意的。此外，物权法第64条规定，只有动产购买发生在公共拍卖或者从专业人士取得，或者在买方非被强制且自愿交付给买方时，才能发生善意取得。如果B和C之间的合同无效，C只能通过取得时效取得所有权（根据物权法第43条，动产取得时效期间是3年）。如果两个合同都无效，那么A依然是所有人（Faber and Lurger（*-Rudolf/*

Rijavec/Kerestes),National Reports Ⅰ,578-579)。

32. 根据对立陶宛民法典一般规定的体系解释,如果A和B之间的合同无效,那么B和C之间的合同也必须无效。事实上,由于无效具有溯及效力,B在和C订立合同时不是正当的所有人。根据民法典第1.80条,A不能基于债法要求从C处返还动产,因为A不是B和C之间合同的当事人。但是,依据民法典第4.96条,A对C有物权请求权,C已经善意取得的除外。立陶宛的转让制度是有因的,如果B和C之间合同无效,C不能取得所有权。此时,由于B和C之间的合同无效,B依然是货物的所有人,而C必须将货物返还给B。如果A和B之间的合同也无效,那么B会需要将动产再转让给A。此外,如果两个合同同时无效,而且C拒绝将动产再转让给B,A将能够直接对C就货物主张物权返还请求权(Faber and Lurger(-*Mikelenas*),National Reports Ⅲ,chap.7)。

33. 在斯洛伐克法,如果买卖合同无效,合同被视为从未存在过,因而其效果被取消。相应地,如果"连环销售"中的两个合同都无效,A将依然是实际的所有人。另外,当事人有义务返还其基于无效合同接受的给付。此外,当事人对于不履行债务的一方有权提起不当得利之诉(Faber and Lurger(-*Petkov*),National Reports Ⅵ,chap.8.2.)。但是,就正常营业过程中约定的买卖合同的无效性,斯洛伐克商法典规定了一般规定的例外。商法典第446条明确挽救了能够证明其取得时是善意的当事人的所有权。善意的买方不需要占有货物(*Petkov*,loc. cit.,chap.8.2. and 13.1)。

34. 根据西班牙法的一般规定,如果A和B之间的合同无效,B不取得动产的所有权,并因此不能将所有权转让给C。A直接交付占有给C并不足以转让所有权。事实上,由于B从未取得过所有权,B没有任何转让货物给C的良好的名义(title)。另外,如果交付已经发生,A可以基于非债清偿对C提出请求。另外,C能够通过善意取得的方式取得所有权(民法典第464条);此时,C必须就A转让财产的权限属于善意;如果不是这样,A将可以对C提出返还的请求。如果B和C之间的合同无效,那么C将不能取得所有权(除非通过取得时效的途径);当然,B在这种情形下仍将会取得所有权,而且此时将会是B可以要求C返还(*Lacruz Berdejo et al.*,Elementos Ⅲ(1)^2,202)。就此来说,民法典第1124条第(4)款、第1295条和第1298条规定,基于违约而解除以及合同无效,不能损害善意第三人取得的权利。因此,如果A和B之间的合同由于B不履行而被解除,C如果是善意的,其对货物的权利和占有不会被剥夺;而A将只能够对B提出请求。在C对B不履行时,B有权要求返还货物,除非第三人已经善意取得货物的占有(民法典第464条)。最后,A和B之间的合同无效时,如果A已经交付给C,A而不是B有权要求返还货物。事实上,B只是基于拟制交付(*fictitious traditio*)取得所有权而已(民法典第1463条),也就是,货物从来没有成为B的财产的一部分。最后,如果C从B处取得货物,但货物是A根据所有权保留或者禁止处分的条款出售的,如果A解除合同而且这种条款适当公示过,那么C失去其对货物的权利(Faber and Lurger(-*González Pacanowska and Díez Soto*),National Reports Ⅴ,chap.4.6.6)。

35. 根据比利时合同法的一般规定,绝对无效和相对无效的效果(*Stijns*,Leerboek verbintenissenrecht,127)导致合同的终结,除非法官的判决通过将其修正为有效的合同使得合同得以存续(比如,只有无效的条款被宣布为不生效,当事人的履行因此只以有效的条款为依据——见,*Stijns*,loc. cit.,133 et seq.)。但是,在"连环销售"的所有权转让的情形,如果B和C各自可以根据民法典第2279条主张从非所有人处取得,也就是他们已经善意占有货物并取得货物,那么B和C的所有权不受合同无效的影响(Faber and Lurger(-*Cauffman and Sagaert*),National Reports Ⅳ,chap.8.2.1)。

36. A和B或B和C之间的合同无效或者因为债务不履行而被解除，对此保加利亚法有特别的规定。如果A和B之间的合同无效或者被解除，但是B和C之间的合同有效，如果符合善意取得的要件，B将可以主张良好的所有权名义（a good ownership title）（债法第78条）。但是，A可以就不当得利对B提出请求（债法第55条第（1）、（2）款）。另一方面，如果A和B之间的合同有效，但是B和C之间的合同无效或者被解除，如果C根据债法【译者注：原文如此，应该是所有权法】第78条善意取得占有，那么C会是货物的正当的所有人。但是B可以根据不当得利之诉或者根据物权返还请求权请求返还交付的货物。在合同无效或者因为不履行而被解除时，A可以请求返还交付的货物或者针对B提起不当得利之诉。如果C占有货物的，B也有权对C提出请求。根据债法第59条第（1）款，A不能直接对C就不当得利提出请求，A对得利人有其他的返还请求救济的除外（Faber and Lurger（-*Stoimenov*），National Reports Ⅳ，chap. 6）。

37. 根据法国合同法，如果买卖合同无效，所有权无法转让给买方。就无效合同来说，合同从未发生过效力；而就可撤销的合同来说，合同在被撤销前发生效力。但是，撤销可撤销的合同具有溯及效力，也就是，就好像协议从未发生过。因此，如果货物已经交付给受让人，则受让人必须将货物返还给让与人。让与人可以通过物权返还请求权或者不当得利请求权获得货物的返还。但是，如果A和B以及B和C之间的合同都无效而且货物已经交付给C，后者只有在30年的取得时效下才能取得所有权。如果只是A和B之间的合同无效，基于不得将大于自己的权利的权利转让的原则（*nemo plus juris* principle），B不能将所有权转让给C，C因此是从非所有人处取得。C只有已经占有货物且是善意时才能保留其取得（民法典第2279条）。另一方面，如果A和B之间的合同有效，但是B和C之间的合同无效，那么B有权转让所有权，但是由于受合同无效的影响，C没有权利取得货物的所有权；但是，如果C适当（duly）占有30年（民法典第2229条、第2262条和第2267条），C可以主张根据取得时效取得货物的所有权（Faber and Lurger（-*Cashin-Ritaine*），National Reports Ⅳ，chap. 7. 2）。

38. 根据意大利民法典第1476条，卖方因为未能交付动产给买方，没有能使买方取得所有权或者任何其他物上的可能的（eventual）权利，或者未能保护买方免受追夺，从而未能履行合同义务。根据这一一般规定，在连环销售时我们可以区分两种情形：（1）A和B之间合同无效，但是B和C之间的合同有效；（2）两个合同都无效。就第一种情形，又可以再分为两种情形：（1a）货物依然为A占有；（1b）货物已经为C所占有。在1a和1b两种情形，A都不是合法的所有人。在1a，C不能取得A占有的货物的所有权。但是B和C之间合同依然有效，而且依据民法典第1476条第2项，不免除B对C的债务。因此，B有义务履行，也就是B必须让C取得作为他们合同标的的货物的所有权；否则B将承担违约责任。在1b，B尽管不是合法的所有人，但是B占有货物。如果B将动产交付给C，如果民法典第1153条的要件具备（也就是C必须善意而且必须有抽象的转让所有权的适当名义（abstractly proper title）），那么C从非所有人处（*a non domino*）取得所有权。但是，如果A对B成功提起返还货物之诉，C因而必须返还货物的，那么根据民法典第1476条第2项，C可以要求B偿还价款并给予赔偿，B和C事前约定排除追夺担保的除外（民法典第1488条）。在第二种情形，也就是，当合同都无效时，各当事人均不能要求他方当事人履行合同；具体来说，B从未取得过货物的所有权，并因此在取得货物占有时没有将所有权转让给C的权利。事实上，B因为合同无效而有义务返还动产。但是，尽管A获得宣告B和C之间合同无效的判决，但是这一判决的效力可能会不能实行，并因为C已经依据民法典第1153条从非所有人处取得所有权或者通过取得时效取得而落空（Faber and Lurger（-*Greco*），National

Reports Ⅰ,465-466)。

39. 在葡萄牙,合同无效时,当事人可以决定履行合同,法律另有规定的除外。另外,法律可以规定无效条款被无视并自动为有效条款取代的情形,或者规定主张合同无效的期间。在这些情形,合同的无效得到补正,发生在连环销售中的所有权转让不会受到影响。除此之外,如果无效不能补正,则不认为当事人已经取得所有权。此时,根据民法典第289条,当事人有义务返还货物,或者物理返还货物不再可能时返还货物的价值。但是,根据民法典第892条,非所有人/让与人不能通过主张合同无效阻止善意的受让人取得货物(Faber and Lurger(*-Caramelo-Gomes and Nóbrega*),National Reports Ⅳ,chap.5.3.2)。另外,民法典第897条规定,受让人善意时,非所有人/让与人有义务认可买卖。如果让与人违反该规定行事,受让人可以要求损害赔偿(民法典第900条)。但是,货物的实际所有人,如果丧失占有,可以要求返还货物(民法典第1311条),而且也可以在民法典第1314条和第336条范围内进行自助(*acção directa*)以保护其所有权(*Baptista Lopes*,Do Contrato de Compra e Venda no Direito Civil,543)。因此,在连环买卖中,如果A和B之间或者B和C之间的合同无效,B和C各自可以根据民法典第289条主张他们自己的善意拯救他们自己的取得,但是这不会阻止实际的所有人向法院起诉要求返还货物。不过,如果占有人/受让人可以证明取得时效经过,那么其不会被夺走货物(*Caramelo-Gomes and Nóbrega*,loc. cit.,chap.5.3.2 and 6.2)。

40. 在丹麦和挪威,如果A和B之间的合同无效,如果C已经取得货物的占有,那么C仍会有善意取得的机会。如果B和C之间的合同有瑕疵,则C不能善意取得。此时,挪威法规定C不可以根据无效合同起诉;B因此仍然是作为合同标的的动产的所有人。如果两个合同都无效,则B和C都不能依仗无效合同。因此,他们都不能对A主张取得货物的所有权;另外,C不能对B提出请求。A仍旧是所有人(Faber and Lurger(*-Færstad*),National Reports Ⅴ,chap.6)。

41. 根据瑞典法,如果A和B之间合同无效,C可以善意取得(见动产善意取得法和行纪法)。但是,就有形动产来说,A不失去获得货物返还的机会,而是有权支付市场价或者C实际支付的金额,从C处买回动产。另外,B宣告破产,且A还没有获得付款的,学者认为A可以请求破产受托人将B获得的价款和B的其他财产分开(*Håstad*,Sakrätt[6],164 et seq.,*Walin*,Separationsrätt,185 et seq.)。如果B和C之间的合同无效,那么这是与A无关的问题;后者此时没有任何救济(*Martinson*,loc. cit.,70)。反过来,如果A和B约定B和C之间的合同的有效性是他们之间合同有效的条件,那么A有针对C的救济,并能够以B通过与C签订无效合同而违反其与A之间的合同行事为由,要求返还货物。另外,如果B为了A和C签订合同,而合同无效,A有权利要求B返还货物(*Martinson*,loc. cit.,70)。

42. 在芬兰,如果A和B之间合同无效,B通常有义务返还转让给他或她的东西(有一些例外;比如,B可能已经支付价款,因此已经取得所有权)。和瑞典法一样,如果B和C之间的同无效,A没有可用的救济,因为A不是B和C之间合同的当事人(除非另有约定,比如行纪的情形,但这是另一个问题)(Faber and Lurger(*-Kuusinen*),National Reports Ⅴ,chap.7)。

43. 根据1893年货物买卖法第23条,爱尔兰转让制度是有因的。具体来说,1893年货物买卖法第23条规定,货物的买方就货物有可撤销的所有权,但是这一所有权在买卖之时还没有被撤销,那么买方取得对货物的完好的所有权,只要买方善意且不知道卖方所有权瑕疵而购买货物即可。这一规定对于连环销售有特别的效力。事实上,A将货物出售给B,而后B将同一货物出售给C的,如果A和B之间的合同被撤销,理论上C的所有权应当重新授予A。但是,如果C能够证明其善意且不知道卖方所有权瑕疵地行事，则可以阻止这一效果。相应地，第23条可以保护C免于适用不得将大于自己的权利的权利转让给他人的原则（*nemo plus juris* principle）。如果1893年货物买卖法第23条不可适用，那么基于对不得将大于自己的权利的权利转让给他人的原则的适用，我们可以认为如果A和B之间的合同无效，那么B和C之间的合同也应该无效，而A因此仍然是所有人。如果A和B之间合同有效，但是B和C之间的合同无效，那么B应当成为并且继续是所有人（Faber and Lurger（*-Gardiner*），National Reports Ⅱ，197 and 236）。

44. 在苏格兰，A和B之间的无效合同会阻止B取得所有权（这一瑕疵只能通过实施对B的现实交付而补正）。A单纯的所有权转让意图本身，不足以引起所有权的转让。基于不得将大于自己的权利的权利转让给他人的原则（*nemo plus juris* principle），即使B和C之间的合同有效，C也不能从B处取得所有权（1979年货物买卖法第21条）。当两个合同（A-B，B-C）伴随A到C的实际交付，注意：A有转让的意图，而C有取得的意图，这一情形有两种解释。（1）A直接发生从A到C的转让，而不考虑欠缺一项基础合同，或者（2）这是一种累积；在后一情形下，B是一个非所有人的所有人（a *non domino* owner），从A到B拟制转让，会使得B取得"逻辑上一秒"的所有权，从而使得B和C之间的转让有效。如果A和B之间的合同有效，但是B和C之间的合同无效，情况会不同，为了让B取得所有权，交付并非必须；另一方面，C会不得不接受交付以取得所有权（所有权转让本身受普通法规则调整，1979年货物买卖法与此无关）。因此，如果A实际转让所有权给C，C可以有效取得，但是只有A可以归类为B的代理人才可以（因为所有权已经转让给了B）。如果两个合同都无效，A依然会是所有人（普通法要求交付以转让所有权）。但是，如果A有转让的意图，而C有取得的意图，这就足以使得所有权转让给C，而不考虑基础合同无效这一情况。由于判例法和学说均未论及这一问题，因而这些考虑是以苏格兰转让所有权的普通法制度是无因的这一前提为基础的（Faber and Lurger（*-Carey Miller/Combe/Steven/Wortley*），National Reports Ⅱ，380-381）。

45. 根据塞浦路斯判例法，*Anthoulla Papadopoulou vs Xenophon Polykarpou*（（1968）1 CLR 352），当事人之间合同无效阻止受让人取得所有权。相应地，如果A和B之间的合同因为某种原因无效，货物的所有权从未从A转移，因而所有权不能移转于C，因为B甚至逻辑上一秒的所有人的地位都没有取得过。但是，1994年货物买卖法第30条规定了不得转让大于自己权利的权利原则（*nemo plus juris* principle）的一项例外。事实上该条称，得到卖方许可占有货物或者权利证书的买方，即使没有所有权也可以转让货物的所有权。如果1994年货物买卖法第30条不能适用，而"连环销售"中的合同之一无效，每一方当事人都可以诉诸与其订立合同的当事人。如果B和C之间的合同无效，C对B有违约的诉因，而如果A和B之间的合同无效，B对A有违约的诉因（Faber and Lurger（*-Laulhé Shaelou/Anastasiou/Stylianou*），National Reports Ⅱ，559）。

46. 在英格兰和威尔士，如果确定交易无效，受让人根本就没有所有权可以转让，因此货物的所有权仍然属于让与人（参见 *Cundy v Lindsay*（1878）3 App Cas 459 and *Ingram v Little*［1961］1 QB 31）。另一方面，如果让与人和受让人之间的合同可撤销，受让人会得到所有权，在其瑕疵被主张之前，会是完好的所有权。此时，如果受让人在让与人撤销交易之前，转让所有权给第三人，第三人会得到完好的所有权，只要其善意且不知道所有权瑕疵即可（Faber and Lurger（*-Frisby and Jones*），National Reports Ⅱ，121-122）。

第Ⅷ-2:304条　未经请求的货物的所有权的转让

(1)如果经营者交付未经请求的货物给消费者,消费者根据经营者转让所有权的权利或权限取得所有权。消费者可以拒绝所有权的取得;为此目的,类推适用第Ⅱ-4:303条(可以拒绝权利或者利益)。

(2)第Ⅱ-3:401条(没有义务产生于未作回应)第(2)款和第(3)款规定的例外相应地适用。

(3)为了本条的目的,交付发生在消费者取得货物的物理控制之时。

评　论

A.概述

规则的功能。本条是在物权法层面补充第Ⅱ-3:401条(没有义务产生于未作回应)。那条规则规定,除了一些例外之外,如果经营者交付未经请求的货物给消费者或者为消费者提供未经请求的服务,从消费者未作回应之中,或者从消费者与货物或者服务有关的其他作为或者不作为之中不产生合同;消费者取得、保留、拒绝或者使用货物或者接受服务之中的利益也不产生非合同债务。就这种行为对未经请求货物的所有权的影响,在第Ⅱ-3:401条之中没有涉及,已经纳入第Ⅱ-3:401条的关于远程合同的消费者保护的欧共体97/7号指令(Directive 97/7/EC)第9条也未直接涉及这个问题。这一漏洞由本条填补,从而齐备了对这一问题的商业习惯的私法制裁。

比较法背景和主要的政策性问题。指令对债法层面的影响在许多欧盟成员国引起了广泛的讨论,其在物权法层面的影响依然不清晰且有争议,并且在许多国家只有很少的讨论。在许多国家法律制度中,未经请求的货物的交付被视为无条件的赠与;在其他的一些国家则考虑过,是否应该在消费者取得货物的所有权之前,给经营者一定的取回货物的时间。详情见注释。基于这一背景,主要的政策性问题是,消费者是否应该取得货物的所有权,如果应该取得,这种取得应该对谁有效以及取得何时发生(立即取得,还是一段时间之后取得,给经营者有取回货物的机会)。

主导思想。本条背后的主导思想是,将指令的政策贯彻到物权法层面,也就是制裁不公平的商业做法,使其失去对经营者的吸引力,从而使得这种做法被放弃。为了这一目的,本规则规定,消费者取得货物的所有权,并且这种取得立即发生。这作为具有特殊目的的特殊规定,本条的范围等于第Ⅱ-3:401条(没有义务产生于未作回应)的适用范围。与一些欧盟国家的法律制度不同,本条没有使用"赠与之语",目的是为了避免误解和后续的问题(比如,与赠与的撤销有关的问题,等等)。

规定的位置。本条规定最合适的位置是一个有争议的问题。转让不是基于单方行为。毋宁是,所有权的取得根据法律规定而发生。但是,将该规则置于第二章第三节是合适的,因为所有权的取得方式是继受取得,而非原始取得。

与不当得利法的关系。同样需要澄清的是,消费者的所有权取得不构成不当得利。该条为转让的正当化提供了充分的法律上的授权。也见于第Ⅱ－3:401 条(没有义务产生于未作回应)第(1)款(b)项。

B. 基本规则详论(第(1)款)

适用范围:经营者交付未经请求的货物给消费者。本条适用的要件与第Ⅱ－3:401 条(没有义务产生于未作回应)第(1)款的适用要件相同。让与人必须是"经营者",而受让人是"消费者",两者定义于第Ⅰ－1:105 条("消费者"和"经营者")。货物必须未经消费者请求而交付。"交付"在本条不从第Ⅷ－2:104 条(交付)的意义上理解,而是按照其在第Ⅱ－3:401 条使用的意义理解。这一点在本条第(3)款得到明确,该款规定,交付发生于消费者取得对货物的物理控制之时(因为此时其可以决定是否订立合同)。最后,这意味着消费者不会在上述意义上"交付"发生前取得所有权。本章采纳的是一般性的以统一主义为中心的进路,这一点可以被视为构成支持对一般规则作些微例外的"功能性层面"。就其他的一般性问题,见对第Ⅱ－3:401 条(没有义务产生于未作回应)的评论。就本条的例外,见下文评论 C。

取得时间。就消费者取得所有权发生的时间有不同的进路。在那些未经请求的货物的所有权取得问题有明确规定或者讨论更为深入的国家,所有权在交付之时立即移转(经常从将未经请求的货物的交付定性为无条件赠与之中得出)。另一选择可能是给发送者以取回货物的机会,至少就更为有价值的货物是这样;或者规定一定的期限,比如 6 个月。但是,考虑到阻止经营者适用不公平的贸易做法的政策,最简单和有效的方案是消费者立即取得。所有权的取得发生于第二章第一节规定的一般要件具备之时,此处使用意义上的物理交付当然是最密切相关的因素。通过交付,依据本条本身,消费者在第Ⅷ－2:101 条(所有权转让的一般要件)(第(1)款)(d)项意义上有"转让所有权的授权"。如果经营者在与未经请求的货物在一起的信件中称,所有权在价款支付时移转,这种声明会继续无效。

拒绝权(第 2 句)。作为原则,不能强制任何人取得权利。相应地,消费者有权利拒绝所有权的取得。这一点通过类推适用第Ⅱ－4:303 条(可以拒绝权利或者利益)而考虑到了,该条规定了通过单方法律行为授予的权利的拒绝。根据这一规则,这种拒绝的后果是,视为从未取得权利。拒绝通过通知作出行为的人实施。这一规则也适用于所有权取得,这不仅是为了协调一致,而且也因为这比单纯的内心意愿的拒绝能带来更多的明确性。将货物寄回给提供者当然构成这种拒绝。

所有权取得的后果。很显然消费者的取得必须可以有效对抗发送者(经营者)。

同样,为了给消费者提供处分货物的所有的可能性,消费者必须可以将所有权有偿或者无偿地转让给其他人。因此,就这一新取得人(从消费者处取得的人)和发送者之间而言,取得也必须有效。这可能看起来是影响深远的结果。但是,这一点为本条追求的特殊的政策目标正当化(参见,上文评论 A)。

经营者的普通债权人——他们可能希望扣押执行交付的货物——原则上地位应该和经营者自己一样。因此,他们就货物没有权利。在特殊的情形下,经营者通过其他规定可能会得到某种保护,也就是内国法(主要是:破产法)规则允许,在"保罗诉权"或者相当的概念的意义上,视其债权人的行为为无效,条件是具备这些规定中确定的要件(比如,诈欺债权人的意图;无偿行为,就未经请求的货物来说,这可以是讨论的议题)。但是,采取什么样的方案,由这些内国法规则自己决定。

如果经营者没有处分的权利或者权限,对原初的所有人不产生效力。经营者自己没有有效取得货物,原初的所有人的地位不应该受损。本条的政策是限制特定的贸易做法,但是原初的所有人并没有参与这种行为,也没有从这种行为中获益(如果原初的所有人利用这种未经请求的交付行为,则会构成第Ⅷ－2:102 条(让与人的权利或者权限)意义上的认可)。通过援引经营者转让的权利或者权限考虑到了这一点。消费者不能善意而不支付价款取得货物(参见第Ⅷ－3:101 条(通过没有转让所有权的权利或者权限的人善意取得))。

C. 例外(第(2)款)

概述。本条的适用范围,并不想比第Ⅱ－3:401 条(没有义务产生于未作回应)的适用范围更宽。因此第(2)款确认第Ⅱ－3:401 条第(2)款和第(3)款规定的例外就所有权转让的目的来说也适用。这里的想法是,使得授权消费者保留货物、处分货物等一切规则适用范围相同。

通过无因管理提供的例外。第Ⅱ－3:401 条(没有义务产生于未作回应)第(2)款就通过无因管理提供给消费者的货物规定了一项例外。这种情形会非常罕见。本条第(2)款通过引用的方式采纳了这一例外,设想并不是消费者在所有的情形下都会被阻止取得所有权,而是应该由调整第五卷所适用的规则的政策,来决定所有权是否会转移给消费者,以及经营者是否有从货物交付中产生的权利。

供货错误的例外。就错误提供给消费者的货物或者其他有不当得利返还请求权的情形,第Ⅱ－3:401 条(没有义务产生于未作回应)第(2)款也规定了一项例外。本条第(2)款也通过引用的方式使这一例外得以适用。此时另一个选择会是,允许消费者先取得所有权,但是负有依据关于不当得利的第七卷的规定将货物回头转让给经营者的义务。但是,本条的目的事实上阻止了错误等情形下的所有权转让,因为消费者的所有权取得意在作为对不公平贸易做法的一种"惩罚"形式,但是这种惩罚形式对于错误行事的经营者不合适。除了其他内容,消费者所有权取得的功能,使得消费者能够通过赠与的方式将所有权转让给第三人。此时,取决于具体的情形,依据不当得利的规定获得货物的全部价值的返还可能会有疑问。根据目前的观念,当交付基于错误作出时,追及货物是可能的,因为第三人从非所有人处取得货物不会受到善意取得规定的保护,善意取得规定要求有偿取得(参见第Ⅷ－3:101 条(通过没有转让所有权的权利或者权限的人善意取得))。

超过买卖合同规定的数量的交付。第(2)款也引用了第Ⅱ－3:401 条(没有义务产生于未作回应)第(3)款,该款规定其遵循超过买卖合同规定数量交付的规则。此时买卖合同的相关规则规定,买方可以决定保留或者拒收超过的数量。如果买方决定保留,那么其必须按照合同价格付款,除非消费者有合理的理由相信卖方有意且无错误地超数量交付,并且知道没有订购这些(第Ⅳ.A－3:105 条(提前交付及超数量交付))。就本条的来说,采用第Ⅱ－3:401 条第(2)款明确的保留,意味着当消费者决定保留货物并有义务支付价款时,超过的货物的所有权当然移转给消费者,但是是基于本章第一节和第二节的一般规定,而不是因为本条特别规定下的法定的后果。

注　释

1. 在德国,未经请求的货物或者服务的提供受到《民法典》第 241 条 a 调整;原则上,这种提供对取得人根本就不设定任何债务。本条实现了对欧盟的欧共体 97/7 号指令(97/7/EC)第 9 条、欧共体 2002/65 指令(2002/65/EC)第 9 条和欧共体 2005/29 指令第 15 条的转化,而其目的在于保护消费者免于不自愿地处于债务人的地位,以及使得这种贸易做法对经营者不再有吸引力。从教义学角度看,民法典第 241 条 a 就进行未经请求的货物或者服务提供的经营者规定了制裁;竞争法上的考虑是这一制裁的基础(MünchKomm(*-Kramer*),BGB[4],§ 241a no. 3;Staudinger(*-Olzen*),BGB[2005],§ 241a no. 1)。该规定适用的前提是,民法典第 14 条第(1)款意义上的经营者对民法典第 13 条意义上的消费者的任何形式的未经请求货物的交付或服务的提供(不包括属于同一类型的人之间的行为)(Prütting/Wegen/Weinreich(*-Schmidt-Kessel*),BGB[2],§ 241a nos. 5 f,有进一步的引证和区分;MünchKomm(*-Kramer*),BGB[4],§ 241a no. 4;*Olzen*,loc. cit.,§ 241a no. 20)。消费者必须没有以任何方式鼓励交付货物或者提供服务。法律使用的术语是未经请求的(*unbestellt*),但是未能传递这样的事实,即考虑到该条的宗旨,未经请求的性质并不充分,而是还必须同时伴有不公平贸易做法的因素(*Unlauterkeit*(不公平性))(*Schmidt-Kessel*,loc. cit.,§ 241a no. 7)。当经营者交付预定之外货物或者履行了预定之外的服务,只要其品质和价格上相当,而且经营者充分表明消费者没有义务接受给付,也不需要承担退还费用时,民法典第 241 条 a 第(3)款明确排除了未经请求的性质。另一方面,当给付是基于消费者先前的请求或者要价更高时,提供者的给付不被视为未经请求的,因此不适用民法典第 241 条 a;但是交付民法典第 434 条第(3)款意义上的异种之物(aliud)的,可以适用该规定(*Schmidt-Kessel*,loc. cit.,§ 241a nos. 7a f;Palandt(*-Heinrichs*),BGB[67],§ 241a no. 2a;*Kramer*,loc. cit.,nos. 17 ff)。无因管理也不属于民法典第 241 条 a 的范围,因为根据无因管理的定义,很难满足"未经请求的"履行的标准(*Schmidt-Kessel*,loc. cit.,§ 241a no. 9,有更多信息和学说上相关观点的引证)。民法典第 241 条 a 原则上排除了消费者负担的合同义务的创设(*Schmidt-Kessel*,loc. cit.,§ 241a no. 10;Jauernig(*-Mansel*),BGB[12],§ 241a no. 6;*Heinrichs*,loc. cit.,§ 241a no. 3,全部赞同这一点,尽管论证上有差异)。就针对消费者的法定(*ex lege*)请求权原则上也是一样,比如基于不当得利(民法典第812条及以下)、侵权法(民法典第823条及以下)的请求权或者所有权救济(民法典第985、987、989、990条)(Kramer,loc. cit. ,no. 13);这一结果被认为和该规定转换的欧盟法指令是一致的。该规定本身确定了法定的请求权不可以被排除的情形,也就是,给付没有对正确的接受人作出,或者给付的作出是基于对作出预定的错误确信,而如果消费者尽到日常交易通常的注意时,就会意识到其不是真正的接受人(民法典第241条a第(2)款)(*Kramer*, loc. cit. ,nos. 14 ff)。学说上有人认为,例外不限于上面考虑的两种情形,而是应该扩张到经营者所有的错误给付的情形(*Schmidt-Kessel*,loc. cit. , § 241a no. 12)。就规定的物权法意义而言,尤其是未经请求的货物的所有权状况,在德国学说中对民法典第241条a的争论尤其大(see *Müller-Helle*,Die Zustellung unbestellter Ware,205 et seq.);规定本身在颁布时就已经成为尤其尖锐批评的对象(*Flume*,ZIP 2000,1427;Staudinger(*-Olzen*),BGB(2005), § 241a nos. 12 ff有进一步的引证)。有些学者即使接受民法典第241条a也排除经营者针对消费者的物权请求权的看法,也放弃消费者实际取得未经请求的货物的所有权的观念(见,*Olzen*,loc. cit. , § 241a nos. 15, 35 ff,其整体上预先有倾向接受人取得所有权的立场的倾向,但是基于立法者因为可能违反《宪法》第14条第(1)款而明确拒绝所有权取得的意图,其否认接受人取得所有权;MünchKomm(*-Kramer*),BGB[4], § 241a no. 13 fn. 13;*Schwarz*,NJW 2001,1450 fn. 20)。因此,所有权和占有彼此分离,而卖方甚至都不被视为间接占有人;但是,卖方不能视为已经放弃所有权,因为没有这种意图(Schwarz,loc. cit. ,1450 et seq.)。就此来说,人们注意到所有权和占有的分离在其他场合下也可以发现,诸如,时效已过的物权返还请求权(*Olzen*,loc. cit. , § 241a no. 13;Schwarz,loc. cit. ,1451)。其他人肯定民法典第241条a包含了拟制赠与(*Handschenkung*)并就交付了的未经请求的货物赋予消费者所有权;就服务也是一样,尽管结果不是同样明显,因为履行了的服务通常不能退回(*Schmidt-Kessel*, loc. cit. , § 241a nos. 3,5,11; *Schlechtriem and Schmidt-Kessel*, Schuldrecht,Allgemeiner Teil[6],no. 49)。

2. 在奥地利法,惯性销售(inertia selling)受到民法典第864条第(2)款的调整,该规定不直接涉及物权法的层面,而是只涉及特定的合同层面。根据这一规定,如果某人收到其没有订购的物(Sache),并保留、使用或者消费该物,这不等于就所送货物同意订立协议。接受人没有义务保留货物或者退回货物,而且甚至可以处分货物。但是,如果货物是因为错误而发送,而且接受人可以从有关情形中推断出这一点,那么其必须及时通知发货人或者退回货物。这一规定的目的显然是,最大可能地阻止发送未经请求的货物或者提供未经请求的服务(民法典第285条、第864条第(2)款意义上的物;特别是就民法典第864条第(2)款对服务的可适用性,见,*Saria*,RdW 1997,647,649),因为这被视为受谴责的商业做法。但是,该规定不完全阻止这种情形下协议的可能性,关键的总是取得人的意图,取得人可以决定订立协议,并能够在民法典第863条意义上(比如支付价款)或者甚至通过民法典第864条包含的行为(也就是保留、使用或者消费标的),明示地或者默示地传递其意图(Schwimann(*-Apathy and Riedler*),ABGB[3], § 864 no. 7;Koziol/Bydlinski/Bollenberger(*-Bollenberger*),ABGB[2], § 864 no. 4)。必须未经接受人请求有关的发送,而已经发送货物,比如,接受人必须没有通过电话或者以书面形式订购这些货物。立法者意图将取得人收到的与订购的货物在一起的那些未订购的货物,也包含在请求(*Veranlassung*)的概念之中(EBzRV 311,BlgNR 20. GP 14)。但是这在理论上受到批评,援用欧共体97/7号远程销售指令(Distant Selling Directive 97/7/EC)以及促使民法典第864条第(2)款通过的草案(OJ 93/

C 308/02),学说上认为,发送订购货物以外的货物只有在指令的9条第(5)款严格的措辞下才是可以接受的(*Apathy and Riedler*,loc. cit.,§ 864 no. 8;Rummel(*-Rummel*),ABGB I3,§ 864 no. 11)。另外,民法典第864条第(2)款,除了肯定在其颁布时已经是共同的理论基础的内容外,接受人没有义务保留或者返还未经请求的货物,还更进一步规定,接受人甚至可以处分这些货物而不承担赔偿责任。根据预备草案(*travaux preparatoires*),如果取得人使用或者消费货物,其必须基于不当得利承担责任(EBzRV 311,BlgNR 20. GP 14;see Staudinger(*-Olzen*),BGB(2005),§ 241a no. 69);学说上通说不赞成这一看法,因为其与指令第9条第(2)款相矛盾,与法律条文本身相矛盾,其免除了取得人处分货物时的一切赔偿责任(*Apathy and Riedler*,loc. cit.,§ 864 no. 9;*Rummel*,loc. cit.,§ 864 no. 12;*Saria*,RdW 1997,647,651;怀疑但赞同的,*Bollenberger*,loc. cit.,§ 864 no. 5)。但如果因为错误发送而接受人能够认识到这一点,却未能及时通知发货人或者退回货物,如果其使用了货物,其会承担损害赔偿责任以及不当得利的责任。依据民法典第1035条及以下和消费者保护法(Consumer Protection Act)第8条第(2)款,退回的费用必须由发货人承担(*Apathy and Riedler*,loc. cit.,§ 864 no. 10;*Bollenberger*,loc. cit.,§ 864 no. 6)。最后,必须注意的是,当经营者发送未经请求的货物给消费者并请求就此付款时,依据消费者保护法第32条第(1)款第5项的规定,前者需要因为行政违法行为而承担责任(*Apathy and Riedler*,loc. cit.,§ 864 no. 11)。民法典第424条意义上的依法取得没有得到承认,但是有些学者提出,交付未经请求的货物的发送人,在《民法典》第386条意义上放弃了所有权,只要接受人打算处分货物即可(Kosesnik-Wehrle/Lehofer/Mayer(*-Mayer*),KSchG,§ 864,no. 10)。

3. 在瑞士,自1990年以来,债法第6条a就已经规定,未经请求的货物的发送不构成接受人必须承诺或者拒绝的要约。另外,取得人没有义务返还或者保管货物。债法第6条a阻止对买方的合同请求以及损害赔偿请求,但是不阻止根据民法典第641条第(2)款的返还请求权,至少在发货人仍然可以从接受人手中请求返还时是这样(Staudinger(*-Olzen*),BGB(2005),§ 241a nos. 63,68)。

4. 在希腊法,供应商发送未经请求的货物给消费者的问题,受(修正后的)消费者保护法第4条第(4)款和第(5)款调整,规定也将欧盟消费者指令转化成希腊的法律制度。第(4)款规定,即使消费者不需要支付返还的费用,也禁止对消费者提供未经请求的货物的或者服务;如果提供了货物或者服务,消费者可以随意处分,除非很显然是发送错误;此时,如果货物或者服务的性质允许,消费者应该将其交由经营者处置。无论如何,消费者没有回应不等于承诺。在供应商不能提供订购的货物或者服务时,交付类似货物或者相同品质的服务并且价格相同,只要消费者不满意的,给了消费者以供货商的费用退还货物的可能,此时,第(5)款排除了第(4)款的适用;第(4)款也不适用于推销性的样品或者礼品。正如指令的适用范围一样,该规定主要调整惯性销售(inertia selling)债法层面。但是,该规定的表达,授予消费者以"任意处分货物或者服务"的权利,似乎允许消费者取得所有权。但是,这个问题还没有定论。

5. 在斯洛伐克,远程和上门销售法(Distance and Doorstep Selling Act)第111条只是规定禁止这种做法,并且认为这种做法是侵略性的商业做法(2007年消费者保护法附表1第(6)款);没有调整未经请求货物的交付的消费者权利或者物权效果的规定。就一般规定来说,民法典第44条第(1)款规定,单纯的沉默或者不作为(*inertia*)不意味着同意。这还意味着,就未经请求的货物来说,没有签订过有效合同,因此所有权不能移转,因为欠缺名义(titulus)。因而,可以适用物权返还请求权(民法典第126条第(1)款)或者更为常见的是适用基于不当得利的请求权(民法典第451条及以下)。恶意的发货人必须承担一切费用(民法典第458条)。考虑到事实上被认为是非法的并有悖公序良俗的发送者的行为不值得给予法律保护(民法典第3条第(1)款,第39条),甚至在商事关系中也是如此(参见,商法典第265条),取得人可以利用卖方最后的恶意作为论据或者抗辩事由,尤其是在其处分了货物的时候。迄今为止,似乎还没有关于这个问题的法律文献或者判例法。

6. 在斯洛文尼亚,消费者保护法(Consumer Protection Act)最近就惯性销售(inertia selling)进行了改革(RS no. 126/2007 of 31 December 2007)。在以前的版本中,第45条规定消费者可以保留未经请求的货物,因为这些货物被认为是"出于广告目的的赠与"。在新版本中,第45条现在规定"消费者就未经请求的货物或者服务没有任何义务"。尽管用语被改变了,物权效力却没有。这个问题在学说上没有引起很多的注意,但是考虑到供货商被视为知道未经请求的货物构成不公平的商业做法,以及消费者不能有就此付款的义务的事实,发送未经请求的货物似乎构成一项赠与的要约。消费者视为通过行为默示承诺要约,比如通过使用货物;默示的承诺不需要到达要约人(债法第28条第(2)款)。因为此时订立了有效的合同,而且货物已经交付(物权法第60条),所有权视为已经被转让(see *Schulte-Nolke*, Consumer Law Compendium, 546)。

7. 在爱沙尼亚,未经请求的货物或服务的发送或提供,受到债法第99条的调整,专业人士未经消费者事先预定,给消费者发送货物或者提供服务,该条排除了此时专业人士对消费者的任何请求权。消费者的沉默或者不作为绝对不会被视为订立一项协议。如果货物并不是打算给消费者的或者发送者出于货物已经被订购的错误确信,而且这一错误对消费者而言本应属于显而易见的,则该规定不适用(第(2)款)。最后,这一规则不适用于,提供者交付货物或者提供服务与消费者实际订购的品质和价格相同,但是消费者实际订购的发货人不能再交付的情形;消费者必须被告知其没有接受货物或者服务的义务,并且不需要承担与退回相关的费用(第(3)款)。债法第99条的保护只指向消费者,在发送未经请求货物时针对他们的一切请求权均被排除,除非适用该条的例外;如果有关情形属于该条的例外,依法产生的发货人的请求权,比如不当得利请求权(债法第1027条及以下)或者物权返还请求权(物权法第80条),不被排除(Varul/Kull/Kõve/Käerdi(-*Parkel*), Võlaõigusseadus Ⅰ, § 99, no. 4)。但是,未经请求货物的出售本身不能取代所有权转让的协议,因此,发货人依然会是货物的所有人,而依据债法第99条第(1)款,不能提起任何物权返还请求权。如果消费者决定同时出售货物、赠与货物或者以其他方式处分货物,债法第99条第(1)款是否依然适用是有疑问的。第三取得人似乎有可能不受本规定的保护,而且货物原初的卖方能够对他们提起诉讼;当接受人无偿处分货物,发货人是否可以直接起诉接受人,因此,取得人是否只单纯针对发货人的行为产生的请求权受到保护,这一点也是不明确的。考虑到规定旨在保护接受人免于依据惯性销售产生的一切请求这一事实(请求权最为常见的基础是不当得利,或者假定接受人没有取得所有权,基于物权返还请求权),这些请求权似乎有可能不能针对接受人提出。在法律文献中,有人提出此时会构成赠与(*Kingisepp*, Juridica I 1999, 27-31)。似乎没有就这个问题的判例法。

8. 在立陶宛,民法典第6.368条规定,禁止要求就此付款的,提供未经请求的货物给消费者的行为,而且规定,如果发生这种供货行为,消费者可以免费随意使用。根据这一规定,未经请求的货物被视为对消费者的无条件赠与(*Schulte-Nolke*, Consumer Law Compendium, 546)。但是,迄今为止,在学说中这个问题还没有讨论,法院也没有判决过。

9. 在荷兰,民法典第7:7条第(1)款和第(2)款规定,如果商人(trader)发送未经请求的货物给消费者,后者可以免费保留这些货物。该规则一般被理解为占有的移转,而且因为允许商人处分货物,也被理解为转让所有权(*Hijma*, WPNR 1993(6101), 561-562; Asser(-*Hijma*), Bijzondere Overeenkomsten Ⅰ[6], no. 155; *Wessels*, Koop: algemeen, no. 21; *Loos*, Consumentenkoop, no. 17;

Nieuwenhuis/Stolker/Valk(*-Castermany and Krans*),T & C Burgerlijk Wetboek[7],art. 7:7 BW,no. 1;*Müller-Helle*,Die Zustellung unbestellter Waren,187 f;但是参见 Hartlief/Heisterkamo/Reehuis(*-den Dulk*),CJHB,78,其认为消费者只是成为货物"部分的"所有人)。这种情形下的转让被认为依照法律规定发生,不需要考虑商人一方转让或者保留所有权的意图(cf. *Hijma*, loc. cit.,no. 155);不管商人可能主张什么,在商人和消费者之间不成立任何合同(cf. *Hijma*,loc. cit.,no. 157;*Klik*,Koop en consumentenkoop[6],17)。

10. 在比利时,惯性销售(inertia selling)受不公平贸易行为法第76条的调整,该法取代了1971年的旧法,旧法只就销售未经请求的货物有类似规定;新规定也涵摄服务。1991年不公平贸易行为法第76条禁止,未经某人事先的请求并要求其付款或者退回而发送产品给某人;消费者是否承担退回的费用无关紧要(第(1)款)。基于慈善的目的除外(第(3)款)。接受人不需要就货物支付价款或者返还货物,即使从其行为可以推断出其默示地接受服务或者货物也是如此(第(4)款)。这一规定的物权效力尚未被深入讨论。有人提出就物权效力法律的文本不够清晰,因为其只是规定,接受人不能有退回货物或者为货物付款的义务,因此卖方是否可以收回货物则是有疑问的。学说上支持,不应该有这种可能,因为否则的话,该规定会失去其有效作用。还有人提出,接受人取得所有权,并且可以自由处分货物,或者甚至毁坏货物,尽管这看起来似乎没有合理的根据,因为没有任何买卖合同或者赠与的意图(*animus donandi*)(*Ballon*,Artikel 76 WHPC in Artikelsgewijze commentaar handles)。学说上还提出,法律赋予了占用(appropriate)货物的法定的权利,如果接受人没有退回货物或者要求卖方收回货物,推定占用成立。根据另一种看法,人们可以从惯性销售中分辨出一项有拘束力的赠与要约,当接受人默示地承诺该要约时,导致所有权的取得(未公开发表的直接来自于比利时法律学者的看法)。这个问题的判例非常罕见:在一个上诉法院的判决中,燃料的供应商错误地给客户提供了其没有订购的燃料,而后对客户提起诉讼,法院拒绝认可这一请求,因为没有发生不当得利,因为得利有法律作为根据(1971年不公平贸易行为法第51条;see CA Brussels 9 October 1986,RW 1986-87,2235)。

11. 在意大利,未经请求的货物的销售构成合同中沉默效力一个极端的情形,因为表明当事人意图的行为被危险地予以缩减。交付货物给一无所知的人并且带上就买卖条款不确切的表示(比如收货人在规定的时间内退还货物之前不免除支付价款的义务,退还的费用由收货人承担,等等)是有疑问的贸易行为。一方面,卖方利用潜在的买方的心理上屈从的状态,买方不知不觉地被驱使购买了未经请求的货物;另一方面,供货人试图从潜在买方在退回货物方面的不注意之中获益。基于此,学者(*Galgano*,Diritto Civile e Commerciale Ⅱ(1)[2],159-161)认为,沉默,作为中性和模棱两可的行为,不能被视为对合同意愿的表达。消费者法第57条规定,就未经请求的货物或者服务的提供,消费者没有履行的义务,而且其沉默不构成对供货人要约的默示同意。因此,很显然未经请求的货物的交付永远不会引起供货人与消费者之间的协议的产生;这进一步导致,由于没有当事人之间的合意,不引起所有权转让的结果;接受人必须被视为持有人(detentore),因为其占有货物,但是知道这是属于卖方所有的货物。接受人有义务根据通常的注意标准保护货物免受损害(消费者法典(Consumer Code)第67条第(2)款),以及将货物交由卖方处置;卖方可以以其自己的费用收回货物,如果消费者就货物的返还已经支付费用,卖方必须予以偿还(消费者法典第67条第(4)款)。另一方面,如果基于某种原因使接受人相信所有权被转让(比如将会发生赠与),其会被视为占有人,但是因为欠缺名义(title)占有会是不法占有,取得人将不能以任何抗辩事由对抗所有人,因为占有而占有(possideo quia possideo,译者注:似乎是指以给予占有人的保护的法律规定加以抗辩,比如推定占有人为善意、推定其为权利人,等等)的抗辩除外。如果一方面当事人不是消费者,有关问题必须根据普通的合同法规则来解决,也就是必须确认潜在的买方的沉默或者不作为是否足以构成沉默的意思表示。根据意大利法,只有在特定的情形下(所谓的 *silenzio circostanziato*),沉默才会构成意思表示,也就是当事人有义务(依据法律、根据协议或者根据习惯)表明其意图时,但是却没有这么去做(Cass. no. 1326/1975);这种法律上相关的沉默可以推断出来,比如,在发货人和接受人之间先前存在合同约束时。因此,只有在当事人事先约定,将货物的不退回视为对于买卖合同的默示承诺时(或者有深入人心的习惯时或者有毫不含糊的行为(unequivocal behaviour)时),未经请求的货物接受人的沉默才能被解释为对要约的承诺。

12. 在西班牙,消费者保护法最近通过2007年消费者保护法进行了改革,该法引入了TRLGDCU(Texto Refundido de la Ley General para la Defensa de los Consumidores y Usuarios y otras Leyes Complementarias(消费者和使用者抗辩的一般法和补充规定的强化文本))。该法第100条规定,接受未经请求的货物的任何人可以保留货物,显然是发货错误的除外;举证责任由发货人承担。尽管法律上未明确确定取得所有权。从有关的规定中通常可以得出这一结论(Alonso Espina(*-Díez Soto*),Regimen Jurídico General del Comercio Minorista,Comment to art. 42,495 et seq.)。根据新的第100条和考虑到其起源,可以认为消费者成为一种所有人,或者至少有处分货物的权利。

13. 在葡萄牙,根据272/87号法令第15条第(1)款以及消费者保护法第9条第(4)款,未经请求的货物的接受人有权无偿保留这些货物,并且没有退回或者就这些货物付款的义务,这实际上等同于赠与(Staudinger(*-Olzen*), BGB [2005], § 241a no. 63; *Müller-Helle*, Die Zusendung unbestellter Ware,183 f)。

14. 在保加利亚,惰性买卖(inertia selling)由消费者保护法第62条调整,该条忠实反映了欧共体97/7号指令(Directive 97/7/EC)第9条。该规则规定,禁止未经消费者预定,有偿给消费者提供货物或者服务。如果消费者收到未经请求的货物或者服务,其没有退回和就此付款的义务;如果消费者没有回应,这一沉默永远不能作为默示的承诺。物权效力并不清楚,似乎很难认可所有权发生移转。除非情形可以确认有默示的协议的成立(在有关的默示协议未被上述规定所禁止的协议所包含的限度内)。另外,条文的字面是否允许排除拥有货物但没有提供货物的第三人的主张的物权返还请求权,这也是有疑问的(未发表的直接来自于保加利亚学者的观点)。

15. 在英格兰,未经请求的货物的买卖最初由1971年未经请求的货物或者服务法(Unsolicited Goods and Services Act 1971)调整,该法通过2000年消费者保护(远程销售)条例(Consumer Protection(Distance Selling)Regulations 2000,CPR 2000)第23条修正,而在第24条,消费者保护(远程销售)条例(2000)有其对惯性销售(inertia selling)的自己的规定。消费者保护(远程销售)条例第24条涉及的情形是,未经请求的货物以期待某人取得该货物而发送给某人,而取得人没有理由相信这些货物是为此目的而发送,而且也没有同意过取得货物或者返还货物。未经请求的货物被定义为"货物的发送或者服务的提供未经接受人或者代表接受人任何事先请求,给任何人发送的货物或者提供的服务"(消费者保护(远程销售)条例第24条第(6)款),第(2)款规定,"在接受人自己和发送人之间,接受人可以使用、处置或者处分货物,就好像货物是无条件赠与给他一样",而根据第(3)款,发送人对货物的一切权利消灭;就此来说的发送人包括代表其或者经过其同意发送货物的任何人、其他通过发送人或者这些人当中的人提出请求的任何人,以及最后货物的交付人(消费者保护(远程销售)条例第24条第(6)款)。根据这一表述,似乎未经请求的货物的接受人取得货物的所有权;但是,有疑问的是,为什么立法者不选择通过法律规定直接转让所有权(或者至少取得发送人在接受人接受之前那一刻拥有的权利)?此时无条件赠与的拟制似乎没有必要并甚至是可能的困难的来源。

16. 类似地在马耳他,远程销售法第14条第(2)款规定,消费者可以将商人提供给他或她的货物或者服务,看成就好像是无条件的赠与一样;因此,商人就此任何权利都会终结(http://www.eccnetmalta.gov.mt/filebank/imagebank/pdf/378/08.PDF,【译者注:原文提供的该链接已失效,2013年7月有效的链接是:http://www.justiceservices.gov.mt/DownloadDocument.aspx?app=lom&itemid=10465&l=1】)。

17. 在爱尔兰,1980年货物买卖和服务提供法第47条规定了一项与英格兰类似的规定;但是,所有权不在发送时发生移转,而是经过6个月,或者如果接受人通知了发货人时经过1个月之后移转(*Schulte-Nolke*, Consumer Law Compendium, 547; *Müller-Helle*, Die Zusendung unbestellter Ware,179 f and 191 f)。

18. 类似地,在塞浦路斯,远程销售法第13条第(2)款规定,如果买方或者任何其他得到授权的人在30日的期限内不要求返还货物的,消费者可以像无条件赠与一样使用未经请求的货物并且拒绝任何付款(*Schulte-Nolke*,Consumer Law Compendium,546 f)。

19. 在苏格兰,CPR 2000【译者注:2000年消费者保护(远程销售)条例(Consumer Protection (Distance Selling) Regulations 2000,CPR 2000)】也适用,因此与英格兰和威尔士一样,惯性销售(inertia selling)受第24条调整。如果(a)未经请求的货物发送给某人期望某人取得这些货物,(b)接受人没有合理的理由相信货物为此目的发送,而且(c)接受人既没有同意取得,也没有同意退回,那么在接受人和发送人之间,接受人可以像这些货物是无条件赠与一样对待这些货物,而发送人对货物的一切权利消灭(*Gloag and Henderson*,The Law of Scotland[12],no.14.03)。尽管苏格兰法中,无条件赠与是可以对抗一切人的货物的所有权的转让,货物的发送被视为"在接受人和买方之间"的赠与的事实,对于发送人对货物没有所有权或者只有有限的或者有瑕疵的所有权情形,可能就很关键,作为立法政策的问题,可能第三人的利益应当优先于接受人的利益(*MacQueen*,关于苏格兰法中赠与的未发表的论文)。

20. 在丹麦,远程和上门销售法(No.451 of June 9,2004)在第6条第1句规定:"当商业企业未经消费者事先请求交付货物给消费者,且这不是因为错误所致,消费者可以免费保留产品。"这一规则被理解为,消费者自此取得未经请求货物的所有权(*Dahl*, Consumer legislation in Denmark,49 f as cited in *Müller-Helle*,Die Zusendung unbestellter Ware,182,fn.783)。

21. 在芬兰,学说、判例和立法中没有探讨过所有权的问题。很显然,消费者不会仅仅因为不作为且没有回应而受合同的拘束。有可能供货人保留所有权,而消费者取得占有。但是上述规则的后果某种程度上不明确(直接来自于芬兰法律学者的未发表的观点)。

22. 在挪威,惯性销售(inertia selling)受到广告法(lov 16 June 1972 no.47 *om kontroll med markedsføring og avtalevilkår(markedsføringsloven)*)第2条a的调整,该条规定,除非存在协议,禁止同时要求付款的货物、服务或者其他给付的提供;这种给付的接受人没有付款的义务,法律另有规定的除外。消费者是否可以保留货物或者取得货物的所有权的问题,没有讨论过;在草案说明中也没有任何有关内容,就此似乎也没有判例法和学说。基本原则似乎也没有提供令人满意的或者确定的答案。似乎可以认为价值较小的物可以保留或者扔掉,只要没有理由相信其是基于错误而发送即可;另外,发货人应该至少有收回所发送的价值较高的物品的机会。

23. 在瑞典法,没有关于惯性销售(inertia selling)的立法。较早的判例法曾经裁决,如果接受人使用了货物,那么其必须支付价款(NJA 1946 s. 122),这导致了没有就货物付款的接受人不能取得所有权的推断。当然不能要求接受人无限期地为卖方持有货物;因此,接受人必须至少有权通知供货人货物在一段时间之后将会为了发货人而出售或者扔掉,除非这些货物为供货人所收回。但是,没有自通知之时开始特定的期限经过后或者甚至是接受之后立即赋予接受人以所有权的规定,似乎也没有这一方面的判例法。因此,除非接受人通过付款或使用货物或者服务确认未经请求的交付,否则不发生所有权的转让。在营销法(*Marknadsföringslag*(1995:450))改革的数个文本中曾经间或讨论过一项相关的规定,但是该规则没有被纳入草案之中,目前这个问题的讨论还在进行(直接来自于瑞典法律学者未公开发表的观点)。

24. 如前文所及,欧盟的欧共体 97/7 号指令(Directive 97/7/EC)是许多欧盟国家关于惯性销售规定的基础。该指令第 9 条规定,成员国应当采取一切必要的步骤,以禁止未经在先的订购,同时要求付款而给消费者提供货物或者服务,并且确保消费者不需要就这种未经请求的货物或者服务做出反应支付任何代价;消费者的沉默永远不应当被视为一项同意。指令的前言(第 5 段)确认了针对这种做法保护消费者的欧盟决议,这一决议在欧盟机构的先前的文件中已经宣布过。关于金融服务的欧共体 2002/65 号指令(Directive 2002/65/EC)(第 9 条)(如果默示的远程合同更新是可能的话,就这种更新规定了一项例外)以及关于不公平经营者到消费者贸易行为的欧共体 2005/29 号指令(Directive 2005/29/EC)该规则得到了重申,后者明确禁止惯性销售(附录 1 第 29 项)并且修正了早期的一些规定。但所有这些欧盟的立法,都没有提到这种未经请求货物或者服务的提供的可能的物权后果。

第Ⅷ－2:305 条　大宗货物组成部分的转让

(1)就本章而言,"大宗货物"是指储存于确定的空间或者区域而特定化的集合的或者混合的可替代物。

(2)如果因为特定化的大宗货物中的一定数量的货物未完成第Ⅷ－2:101 条(所有权转让的一般要件)第(3)款意义上的特定化,转让该货物的行为不生效,则受让人取得该大宗货物的共有权。

(3)在任何时候,受让人享有的大宗货物中的不可分割份额,是指受让人有权针对让与人从大宗货物中享有的货物的数量占那时大宗货物包含的货物数量的比例。

(4)由于大宗货物减少,受让人针对让与人享有的货物总量和让与人享有的货物总量(如果有关的话)超过该大宗货物的总量的,该大宗货物的减少首先由让与人承担,然后由受让人根据他们的不可分割份额的比例承担。

(5)让与人计划转让超过大宗货物包含的总量的货物,仅当受让人支付对价并且既不知道也不能被合理期待知道有超额时,超过受让人针对让与人享有的大宗货物的总量的部分反映于受让人享有的大宗货物中的不可分割份额。由于上述计划的将超过大宗货物的数量的货物转让至善意的并且支付对价的受让人,该受让人针对让与人享有的货物总量超过大宗货物中包含的总量的,缺少的数量由受让人根据他们的个人份额的比例承担。

评　论

A.概述

本条和下一条的功能。本条和下一条包括了关于构成特定的“大宗货物”(如储存于某个集装箱或者货仓的货物,或者储存于某个油箱的油,等等)的一部分的可替代(种类)物的转让的具体规定。在技术上,它们对第Ⅷ－2:101条(所有权转让的一般要件)第(3)款列出的特定化的一般要件作了一项例外规定,更准确地说是修正。后者规定,合同或者其他法律行为、法院命令或者法律规定以种类物确定货物的,仅当货物特定化时所有权才发生移转。就大宗货物包含的可替代物而言,这意味着它们的所有权还不能发生移转,因为特定化的条件尚未满足。因此,当事人可能得一直等到特定受让人享有的单件物被交付(或者直到任何其他引起货物特定化的情形发生)。但是,受让人可能希望取得这样的法律地位:针对让与人的破产受到一些保护,还有可能是这样的法律地位:在那时之前可以有效处分“该货物”(或者相应数量的货物)。就这些情形,本条为受让人成为大宗货物包含的全部货物的共有人提供了可能,其与至少意欲转让的货物以及包含该部分货物的大宗货物被特定化的(即使个别货物本身无法特定化)特定化原则这一背景可能相异。根据本条,如果当事人一致同意货物特定化之前的所有权转让,上述取得不可分割份额的所有权的情形发生;典型的情形是当事人一致同意合同订立之时所有权即发生移转。大宗货物中的不可分割份额给受让人提供了相当程度的保护,只要该货物存于该大宗货物之中。但是,这仅仅是过渡阶段。最终,当然相关数量的货物脱离大宗货物被交付,同时受让人的共有份额转化成被交付货物的单独所有权。与脱离大宗货物的交付这个阶段有关的问题由第Ⅷ－2:306条(从大宗货物中的交付)调整。

本条的主要政策可以概括为尽可能尊重当事人意思自治,也就是说特定化原则可以以修正的形式被使用。

通常情况下,特定化的大宗货物的组成部分的转让规则不但适用于一个受让人取得整个大宗货物中的不可分割份额的情形,也适用于几个受让人取得整个大宗货物中的不可分割份额的情形。因此,该规则也必须阐明上述转让对其他共有人的效力。

比较法背景。关于“大宗货物买卖”的比较规则仅存于少数欧洲法律制度中;最重要的是在英国法中。英国法中的背景些许不同于这些条款中的规则,因为1979年货物买卖法对合意交付制度作了根本规定,并且买方取得大宗货物中的不可分割份额取决于交付。此外,关于接受从大宗货物中的交付的规则也有一些不同的政策选择。但是,采纳英国法暗含的主要进路被认为是有用的,即为取得全部货物中的不可分割份额作为临时保护手段提供了可能。

“大宗买卖”规则的基本结构。此两条意在以明确的条文分步解决该概念的所有相关问题。本条第(1)款对“大宗货物”这一术语的概念作了规定。第(2)款包含了主要规则,即转让特定化的大宗货物中特定数量的货物导致大宗货物所包含的全部货物的共有权的设立。接着,第(3)款对计算共有人的不可分割份额作了基本规定。最后,接下来的几款规范大宗货物组成部分的转让的背景下可能发生但并非必然发生的特殊情形。第(4)款处理大宗货物的减少情形(如一些货物失窃,或者因其他原因减少),同时第(5)款解决的是让与人“超额处分”的情形,也就是多重转让的特殊情形。

接着,下一条处理接受从大宗货物中交付这个阶段所产生的问题。该条第(1)款明确规定允许受让人接受大宗货物中相关数量的货物的交付——该规定并非是自明的,因为接受数个人共有的特定货物的交付可能形式上侵害其他共有人的财产权。第(2)款处理的是下列情形下的所有权取得:受让人接受根据合同其有权享有的数量的货物,但是该数量超过了其享有的不可分割份额所对应的数量,比如因为大宗货物减少。

出于上述目的,本条第(5)款以及下一条第(2)款规定了特别的善意取得规则。

与第五章的关系。关于此两条与第五章关于加工、聚合及混合的规则的关系——尤其是与第Ⅷ－5:202 条(混合)的关系——参见第Ⅷ－5:101 条(当事人自治以及与其他规定的关系)评论 C。这两组规则没有直接的重合。

B.“大宗货物”的定义(第(1)款)

可替代物的集合体或者混合体。出于第二章的目的,第(1)款对“大宗货物”这一术语下了定义(该术语仅在本条、下一条以及第Ⅷ－2:101 条(所有权转让的一般要件)第(3)款包含的援引中使用)。有两个决定性标准。第一个是货物是“可替代的”(或者是可互换的)。这并不必然意味着“严格地同种和同质”而是取决于相关市场环节的理解。例如,不同形式的废金属被一个废品交易商买卖时可被认为是“可替代的”。货物可以是固体、液体或者气体(“集合体或者混合体”)。此外,大宗货物包含的数量可能因新货物的添加或者其他货物的脱离(如为了向其中的一位受让人交付)而变化。

储存于确定的空间或者区域而特定化。第二个决定性标准是这些货物被置于一个“确定的空间或者区域”,强调的是“确定的”而不是“空间或者区域”。空间或者区域可以是封闭的(一个油箱或者集装箱、某个特定的仓库或者储藏室、厂房)或者无顶的(一个牲畜围场、鱼塘或者甚至是特定的牧场);它可以是活动的(船、货车)或者是不动的。在理论上,甚至让与人独占地接触那个空间或者区域都不是决定性的,尽管在实践中独占要素通常会存在并且某种隔离也是有意义的。重要的是,该位置(不管如何确定)允许置于该处的大宗货物在既定时间点被特定化,从而被售货物的数量与大宗货物包含的全部数量之间的关系能得以确定。

C. 主要规则:共有权的设立(第(2)款)

特定化的大宗货物中的特定数量。本条适用于当事人一致同意转让特定化的大宗货物中的特定数量的货物的情形。其包含两个要素。第一,该规则解决一定数量的货物的转让,该数量可以以数字、重量或者其他计量单位确定。当考虑没有本规则时当事人能做什么时,本规则的主要的现实功能变得明显。根据共有的一般规定——共有不由这些示范性规则调整,而是存于内国法——当事人可以通过一致同意转让某份额(分数或者百分比意义上)而转让大宗货物中的不可分割份额。但是,这不是通常情形。通常地,人会买比如10,000吨油(一个确定的数量)而不是储存于某个油箱中的油的35%。第二,被转让的数量的货物必须是特定化的大宗货物的组成部分。转让"储存在我位于X的酒窖中的100瓶2004年原产地B巴罗洛葡萄酒"属于本条调整范围;转让"2004年原产地B巴罗洛葡萄酒"不属于本条调整范围(但是受种类物的一般转让规则调整;也就是说,如果特定化之前一致同意转让,特定化一成立所有权即发生移转)。

特定化之前同意转让的时间。此外,本条第(2)款规定转让"不生效因为货物尚未特定化"。这指的是当事人已经同意转让但特定化尚未发生的情形。典型例子是当事人一致同意合同一经缔结货物的所有权发生移转;但是该合同可能缔结于特定化之前的任何日期。在后者情形下,本条详细阐述的效力仅发生于那个更晚的时间点。

根据本章采纳的进路,当事人有必要同意在本条规定的时间将货物所有权转让至受让人。当事人仅缔结上述货物的买卖合同是不够的。这与本章总进路是一致的,本章的默认规则是交付后转让而不是基础合同缔结后转让。尽管大宗货物规则的通常适用范围涉及货物买卖合同,本条原则上也适用于根据单方法律行为、法院命令或者法律规定发生的转让情形。

与英国法不同,本条并未规定价款支付(全部支付或者部分支付)。

如果特定化前当事人未同意转让,不需要另外的特定规定,一经交付所有权发生移转。

后果:共有权的取得。符合上述这些标准的,第(2)款规定受让人取得对大宗货物的共有权。在那之前,大宗货物可能属于让与人单独所有;或者是大宗货物包含的货物上可能已经存有共有权,现在受让人承受先前属于让与人的某一份额(与转让的数量相一致)。

D. 不可分割份额的计算:一般规定(第(3)款)

计算方法:受让人有权享有的数量与大宗货物的数量的关系。第(3)款规定在任何时候受让人享有的大宗货物中的不可分割份额是指受让人有权针对让与人从大宗货物中享有的货物的数量占那时大宗货物包含的货物数量的比例。因此,使用这种计算方法需要两个事实:一是受让人有权享有的大宗货物中的数量;二是计算份额时大宗货物包含的全部数量。第一个方面所使用的表达方式即受让人针对让与人享有的"授权"与所有权转让的一般规则(第Ⅷ-2:101条(所有权转让的一般要件))第(1)款(d)项使用的"授权"概念相一致,也就是说,受让人有权通过合同、其他法律行为、法院命令或者法律规定针对让与人要求转让特定数量的货物的所有权,相应的,让与人有义务转让上述数量的货物。这是本章使用的一般术语,因此,"授权"并不是指物权性权利而是指要求履行的权利。该计算方法中的第二个因素是大宗货物的全部数量。其可以通过任何适当的方法得以计算。实际上,通常上述计算不是一直进行的,而是当物权性权利之存在变得重要时,尤其是当让与人破产并且该大宗货物将被用于清偿债务。

以上述两个因素为基础,受让人享有的数量转化成其在全部货物中所占的比例,该比例就是受让人享有的不可分割份额。

示例1

X从包含9000件货物的大宗货物中购买了2000件货物并且同意立即转让。X享有的不可分割份额是该大宗货物的2/9。

上述计算的一般规定("在任何时候")包括的情形:份额的取得。第(3)款规定的计算的一般规则适用于本条文本中的"在任何时候"提及的许多不同情形。第一,该计算方法适用于取得不可分割份额的情形(如第(2)款规定);参见上述示例1。该计算方法也适用于受让人,比如与卖方具有长久商业联系的买方,已经享有大宗货物中的一定份额并且随后同意继续"转让"货物的情形。但是,取得不可分割份额有一个例外,即被"转让"的数量多于大宗货物包含的数量。相关的类似情形由本条第(5)款的特殊规定调整。

大宗货物数量后来增加。第二,上述计算的一般规定适用于大宗货物数量后来增加的任何情形。大宗货物数量可能因各种原因增加。一般的,主要情形是让与人继续添加货物到大宗货物上(如生产新的货物并将其添加到被定义为"大宗货物"的储藏室,或者是再购买货物并将其添加到大宗货物中用以转卖)。

示例2

S生产晶体管收音机并将其储存于其经营场所的一个仓库中。目前,那个仓库中储藏了10,000台收音机。顾客B从该仓库购买了1000台收音机并同意立即转让所有权。B享有的份额是1/10。在上述收音机交付至B前,S生产了另外2000台收音机并将其添加到该仓库中,该仓库现在有12,000件货物。现在B享有的份额是1/12。

理论上,其他人添加货物到大宗货物中也可能引起增加。事先没有约定物权后果而发生该情形的,第Ⅷ-5:202条(混合)的混合规则适用并规范那人享有的大宗货物中的不可分割份额的计算。但是,受让人享有的大宗货物中的数量不受上述情形影响,但不可分割份额的计算结果相应地受到调整(如示例2)。

然而,增加也可能由"自然事件"引起,没有其他任何人添加货物。接着,问题出现了,额外的数量应该归于谁?第(3)款中的一般规定暗含的选择是增加部分归属于让与人。换言之,受让人享有的比例不能超过"转让"至该受让人的货物的百分比。

示例3
卖方S经营着一家养鱼场并在一个确定的水池里养鱼。以重量计价。当S与买方B缔结该确定的大宗货物的买卖合同时,该水池有1000条平均体重为1公斤的鱼。B购买了100公斤的鱼并订立立即转让的合同;B因此享有1/10的份额。由于大规模的喂养,一周后鱼的平均体重变为1.1公斤。现在B享有的份额是1/11。增加的100公斤归S所有(其并不按比例分配给所有共有人)。

示例3中的结果是正当合理的,因为一方面,B仅支付了100公斤鱼的价钱;另一方面,S得照看这些鱼同时根据第(4)款还得首先承担减少的风险。

让与人自主合法地减少大宗货物。上述计算的一般规定还适用于让与人自主减少大宗货物包含的数量的所有情形。上述情形尤其是指让与人向其他已经享有大宗货物中的不可分割份额的受让人交付分开了的物件或者是相关受让人接受部分交付的情形。这可以说是正常的营业活动,并且第Ⅷ－2:306条(从大宗货物中的交付)第(1)款明确允许上述做法。上述交付后,剩余的受让人的份额将被重新计算,但是这并不影响他们的份额所对应的数量。根据该规定背后的政策,让与人也可以取出与其自己的不可分割份额一致的数量的货物,或者是消费相关数量的货物。受让人的份额根据第(3)款的一般规定重新被计算。

示例4
事实与示例1相同。顾客X享有的不可分割份额是含有9000件货物的大宗货物中的2/9。X接着接受了1000件货物的交付,该大宗货物剩余8000件货物,其中只有1000件货物归属于X。X现在享有的份额是该大宗货物的1/8。

"非自主"的减少情形由本条第(4)款规范。

E. 大宗货物的减少(第(4)款)

减少的风险主要由让与人承担。第(4)款涉及的是大宗货物的全部数量"非自主"减少的情形;例如,一些货物腐烂或者失窃的情形。对于这些情形,第(3)款中的计算的一般规定在一定程度上要修正。原则上,持有大宗货物中的不可分割份额的受让人持有的份额与他们有权享有的数量相一致。形式上,所有份额将根据大宗货物的减少的总额重新被计算,但是在实质上,该减少只影响让与人的份额,直到总额减至零。原则上,第(3)款已经作了上述规定,但是第(4)款又重复了该规定。

示例5

某大宗货物包含10,000件货物。X、Y和Z根据不同的合同分别购买了2000、3000和1000件货物并分别取得大宗货物中的份额。根据第(2)款和第(3)款,X持有2/10的份额,Y持有3/10的份额,Z持有1/10的份额,卖方S持有剩余的4/10的份额。接着,4000件货物意外被毁,该大宗货物剩下6000件货物。根据本条第(3)款及第(4)款,现在X享有2/6的份额(与X购买的2000件货物一致),Y享有3/6的份额而Z享有1/6的份额。让与人S不再对该大宗货物享有任何份额。

受让人补充承担减少的风险。然而,短少吞噬掉超过让与人保留的任何份额所对应的数量的,第(3)款确立的一般规则不起作用:每个受让人有权享有的数量加起来超过大宗货物包含的全部数量。因此,第(4)款规定无法把让与人承担的减少部分由受让人即剩余的共有人按照比例承担。

示例6

某大宗货物包含12,000件货物。X、Y和Z根据不同的合同分别购买了2000、3000和5000件货物并分别取得大宗货物中的份额。根据第(2)款和第(3)款,X享有2/12的份额,Y享有3/12的份额,Z享有5/12的份额,卖方S享有剩余的2/12的份额。此后,6000件货物意外被毁,大宗货物中仅余下6000件货物。

X、Y和Z有权享有的总数量是10,000,超过了大宗货物还包含的剩余的6000的数量。根据第(4)款,上述减少先由S承担,S因此失去了他的全部份额,然后由X、Y和Z根据其不可分割份额的比例承担。X、Y和Z之间的内部比例保持为2:3:5,但是与减少的总额相联系。因此,他们的份额分别是2/10、3/10和5/10(分母10是2+3+5的总数)。

背后的政策。在没有相反约定的情况下——根据一般原则,相反约定总是可能的——货物部分灭失的风险主要由让与人承担。背后的政策考虑是货物腐烂、失窃或者毁灭时仍然在让与人的控制范围内,让与人通常是采取适当的预防措施的最佳人选。此外,上述风险分配规则与本条若不存在则会适用的一般原则相一致。在种类物情形下,S仍然是货物的所有人,并且根据货物买卖合同下的风险转移规则,风险也由让与人承担。

特殊情形。如果对货物的损害是由其中的一个受让人引起的,运用第(4)款而引发的后果将受到质疑。实际上,受让人损害货物最可能发生于接受交付的过程中。因此,通过运用第Ⅷ-2:306条(从大宗货物中的交付)可以达到适当的结果。如果相关的受让人最终接受受损货物的交付或者放弃接受该受让人损害的货物对应的数量的交付,就不存在问题,因为给其他受让人"预留"的数量未受影响(如果其他数量的货物也受损害,共有人可以根据第六卷的一般规定要求损害赔偿)。但是,如果损害部分货物的受让人接受其他未受损的货物的交付,只要让与人仍然对大宗货物享有上述数量所对应的相关份额就不成问题。如果上述相关的受让人接受给其他受让人"预留"的数量的货物的交付，将该受让人看成已经接受上述数量的货物的交付（通过类比运用第Ⅷ－2:306条第(1)款）来处理损害并且通过诉诸第Ⅷ－2:306条第(2)款解决受让人是否有效取得超额部分的问题似乎是合理的，这意味着该受让人仅当其是善意的、以为对其他受让人不具有负面效果时方能取得超额部分。

F. 超过大宗货物数量的"让与"（第(5)款）

只有善意时才能取得超额部分（第1句）。第(5)款处理的是"多重让与"这一特定情形。让与人计划转让的数量超过——其他受让人的不可分割份额表示的数量减少之后——大宗货物中仍然包含的数量。与第Ⅷ－2:301条（多重让与）中的一般规定采纳的进路类似，就转让超过所有受让人享有的全部数量的部分，此后的受让人只能在善意时才能取得。善意的标准（"既不知道也不能被合理期待知道"）与第Ⅷ－3:101条（经由没有转让所有权的权利或者权限的人善意取得所有权）的善意取得的一般规定一致。本款中，善意必须与不存在超额处分相关。"反映于受让人的不可分割份额"的规则处理这种可能性：某受让人可能部分根据一般规定取得（没有超额为限）同时部分根据善意要件的规则取得。

示例7

某大宗货物包含10,000件货物，其中的9000件货物已经被"让与"给现在对大宗货物享有相关的不可分割份额的其他受让人。现在，B从该大宗货物中购买了2000件货物并且同意立即转让，B并不知道其中的一半构成超额。但是，卖方貌似可信地肯定与其他买方之间不存在问题。关于该大宗货物实际包含的1000件货物，B根据第(3)款的一般规定要求取得其份额。关于超过全部数量的另外1000件货物，B能否取得这些货物取决于其是否具有善意。因为B不具有调查的一般义务，B被视为具有善意。所以B也取得该数量的份额。

该份额的计算（以及其他共有人的份额的重新计算）由第(5)款第2句规范。参见后文。

与第Ⅷ－3:101条（经由没有转让所有权的权利或者权限的人取得所有权）第(1)款(c)项确立的善意取得的一般原则相类似，本款要求就超额部分的善意取得必须支付对价。当然，也要求货物必须存在、货物可转让并且存在转让所有权的有效权利，关于所有权转让的约定是以该有效权利为基础或者与其相关；参见第Ⅷ－2:101条（所有权转让的一般要件）第(1)款a项、(b)项和(d)项以及第(2)款。但是，似乎没有必要对此作明文规定；根据本条是第二章的一部分的事实应该已经得出上述结论。

份额的计算（第2句）。第(5)款第2句规范所有共有人的不可分割份额的计算，共有人包括根据第1句确立的善意取得规则刚取得所有权的"新"共有人。其计算方法类似于让与人的份额被"耗光"之后第(4)款使用的方法。所有共有人享有的份额按照比例减少。

示例8

事实与例7相同;先前的受让人是X和Y,他俩分别购买了4000件和5000件物品。现在,B善意购买了另外2000件物品。大宗货物总共包含10000件货物。

X、Y和B分别享有4/11、5/11和2/11的份额。相应地,X享有3636.36件货物,Y享有4545.45件货物,B享有1818.18件货物。

背后的政策:大宗货物后来增加。该进路暗含的选择与严格的"先来先得"原则在取得不可分割份额的过渡阶段这个层次上是不同的。在该情形下也更偏向运用善意取得原则,部分是因为与第Ⅷ－3:101条(经由没有转让所有权的权利或者权限的人善意取得所有权)相一致,部分是因为其结果关于受让人在时间上的优先性具有更少的任意性。另一方面,似乎没有理由永久地阻止对超额的不存在不具有善意的后来的受让人取得不可分割份额。一旦足够数量的货物被添至大宗货物,取得不可分割份额限于善意取得人的理由不再适用,一开始恶意行事的受让人顺利取得受保护的地位。技术上,通过运用第(5)款的严格规则可达到上述结果,只要背后的政策如此要求。此后,根据第(2)款和第(3)款的一般规定可发生所有权的取得。

注　释

Ⅰ."大宗买卖"规则在欧洲法律制度中的存在和上述规则的功能

1.在英国,在1979年货物买卖法61条第(1)款中,"大宗货物"这一概念被界定为"同种货物的集合体或者混合体——(a)其储存于某个确定的空间或者区域;并且(b)该大宗货物包含的任何数量相同的货物相互之间可以交换"。因此,"大宗货物"实际上可能是储存于同一个确定位置的任一数量的同质(同一种类)物;比如说,储存于某个油箱中的一些油和储存于某个酒桶中的一些酒。1979年货物买卖法第20条A和第20条B调整大宗货物组成部分中的准特定和完全不特定货物的买卖。准特定货物是指已经在买卖合同中规定其源自指定的供货源或者大宗货物而特定化的货物(*Goode*,Commercial Law,210－211),例如从50公升的酒桶中购买5公升酒,而完全不特定货物是指合同订立时既没有特定化也没有指定其供货源的货物。在后者情形下,仅仅知道被购货物的类型,并且该类型在其他事物之外组成尚不存在的或者合同卖方尚不拥有的货物。它们不具有规避1979年货物买卖法第16条规定的效力,第16条规定取得货物所有权之前该货物必须特定化(参见*Karlshamns Oljefabriker A/B v. Eastport Navigation Corp.*(*The Elafi*)[1982]I all ER 208,per Mustill J.;*Re Wait*)。但是,被购数量还未被表示成大宗货物的百分比或者分数而是被表示成某一数量(例如储存于5,000,000公升大宗货物中的5000公升油)并且仅当买方已经预先支付一部分货物或者全部货物的价款的,它们能够使人取得不特定货物的所有权(尚未与大宗货物剩余部分分离的货物;大多数情形下在交付至买方的过程中实施上述分离)。买方取得对大宗货物的共有权。如果卖方在从合同订立至物理性交付的关键期间内破产,买方受到物权性保护,因为买方将取得"大宗货物中的不可分割份额",因此成为"大宗货物的共有人"(参见1979年货物买卖法第20条A第(2)款))。计算以全部大宗货物的百分比表示的不可分割份额的相关时间点是买方预先支付价款之时或者是货物买方应得之时(参见1979年货物买卖法第20条A第(3)款)。大宗货物已经减少(如灭失)的,每个买方享有的份额成比例地减少直到份额总数等于全部大宗货物的数量(参见1979年货物买卖法第20条A第(4)款);参见第18条规则5,第(3)款a项和(b)项,以及第(4)款)。此外,根据1979年货物买卖法第20条A第(3)款a项,用于补偿遭受"减少"的共有人的赔偿请求权不适用于共有人之间;出于现实原因(如减少的不可预测性、为取得数量上的完全公平的分配而将大宗货物分类需要花费过多的时间与金钱),该"先到先得"进路得到提倡。然而,大宗货物数量增加的,"多余的"大宗货物由卖方所有,这限于灭失货物的数量不超过卖方的"多余的"大宗货物的数量,但是卖方也要承担货物部分灭失的风险(除非有相反约定)。在第20条A的前提条件得到满足的基础上,1979年货物买卖法第20条B第(2)款引入"视为同意"的概念,该概念为大宗买卖规定的实际实施提供了便利。每个所有人被视为同意任何转让或者买卖大宗货物包含的货物行为,但是该规定不适用于大宗货物的数量已经不足以实现现存买方的权利时卖方实施的超额买卖。值得注意的是,1979年货物买卖法第20条B第(3)款(b)项规定的契约自由和非合同请求权(参见1979年货物买卖法第20条B第(3)款(c)项)在买方相互之间仍然未被提及。然而,最重要的是大宗买卖的一般规定在当事人另有约定的情形下不适用。此外,1979年货物买卖法第20条B第(3)款(c)项规定第20条A和第20条B不"影响买方根据其合同规定享有的权利",这意味着大宗买卖的规定不影响源自买卖方之间的法律关系的权利。最后,大家应该记得大宗买卖的规定除了适用于从大宗货物中购买的数量未被表示成百分比或者分数的情形之外,也适用于后者情形即购买的数量以特定的数量表示的情形,这限于已经预付部分货物或者全部货物的价款;其最终目标是保护已经支付对价而未受保护的买方(Faber and Lurger(*-Frisby and Jones*),National Reports Ⅱ,65-69)。

2. 根据苏格兰普通法的规定,交付是必须满足的前提条件以便财产能够转移。这必然涉及特定化(*Carey Miller and Irvine*,Corporeal Movables[2],208)。因为1979年货物买卖法在苏格兰也有效力,其中大宗买卖规则在苏格兰的适用和实施与在英国和威尔士一样(*Carey Miller and Irvine* loc. cit.,no. 9.15)。简而言之,与大宗买卖有关的法律地位是一样的。事实上,英国和苏格兰的法律委员会联合制定了作为1995年改革的基础的报告("大宗货物组成部分的货物买卖",Law Com. No. 215;Scot. Law. Com. No. 145(1993))(Faber and Lurger(*-Carey Miller/Combe/Steven/Wortley*),National Reports Ⅱ,351-354,418,455)。

3. 爱尔兰法中有不特定化货物、准特定化货物和特定化货物的概念。1893~1980年货物买卖法第16条规定仅当货物特定化时才能移转货物的所有权。这导致预付买方在从合同订立至实际接受交付/特定化期间明显缺乏保护,同时,如果在上述期间内卖方破产将对买方造成损害(特别参见 *Re Wait*,*Re Goldcorp Exchange Ltd.*,per Lord Mustill),因为物权性权利不能存于未特定化的货物。上述买方享有的是无担保的债权人这样不令人满意的法律地位,并且只能请求返还全部或者部分价款,也可以根据未履行(未交付)要求损害赔偿(Faber and Lurger(*-Gardiner*),National Reports Ⅱ,212)。但是,跟英国法和苏格兰法一样(参见1979年货物买卖法第16条),从大宗货物中购买的数量以百分比或者分数表示的,所有权能够移转。然而,从大宗货物中购买的数量以特定的数量表示的,与1995年之前英国法和苏格兰法同样的问题产生了,这已经引起许多要求改革的呼声(see *Bradgate/White*,[1994] LMCLQ 315;*Ulph*,[1996] LMCLQ 93;*Burns*,(1996)59 MLR 260-270,*White*, Commercial Law(2002),380)。更多详情请参见 *Gardiner*,loc.

cit.,208-214。

4. 其他的欧洲成员国的法律制度中没有任何与苏格兰法和英国法中的大宗买卖规定类似的规定。预付某"大宗货物"中包含的一定数量的可替代的(准特定化的)货物的价款的买方取得该大宗货物的共有权这一概念对于调查研究中的这些国家来说并不熟悉。尤其是,所有权的转让总是取决于货物是否特定化,以至于在买卖作为大宗货物组成部分的可替代货物的情形下,该移转不被看成是大宗货物中的份额的移转而被看成是以重量或者尺寸特定化的诸多货物的移转。但是,在瑞典、挪威、丹麦和芬兰所使用的功能性制度中,只要相关的一般规则保护已经订立合同的买方,就有可能主张在上述情形下以共有权作为解决途径(例如根据丹麦法和瑞典消费者买卖法第 49 条)。

Ⅱ. 种类物买卖合同中存在特定化的要求

5. 请参阅第Ⅷ-2:101 条的注释 31。

第Ⅷ-2:306 条　从大宗货物中的交付

(1)每个受让人可以接受与其不可分割份额相一致的数量的货物的交付并且通过交付取得上述数量的货物的所有权。

(2)被交付的数量超过与受让人不可分割份额相一致的数量的,仅当支付对价取得货物的受让人既不知道也不能被合理期待知道上述超额交付可能对其他受让人造成负面影响时,该受让人才能取得超过部分的所有权。

评　论

A. 概述

规则的功能。本条假定受让人已经取得大宗货物中的不可分割份额。本条款解决的是有关大宗货物交易的第二步,即个别受让人的共有份额转变为最终交付至各个受让人的特定货物的单独所有权。

基本政策选择:不是影响深远的"先到先得"原则,而是调整后的善意取得原则。本条暗含的政策选择异于在交付阶段使用影响深远的"先到先得"原则的英国法。根据英国法,法律效果是这样的:根据合同有权接受一定数量的货物的交付的受让人是否知道或者被合理期待其知道存在短少(因此该受让人的不可分割份额实际上小于合同规定的数量),并且让与人可能无法向所有受让人履行债务并不重要。英国出于现实原因采纳了该原则以避免不确定性和争端。因此,受让人之间的赔偿请求权也被排除。本条未采纳上述进路而是遵循善意模式(也可参见上一条的评论 F)。然而,本条也认真考虑了英国规则内含的实际问题。第(2)款对善意取得规则作了合理调整以平衡相关利益。参见下列评论C。

B. 接受交付的权利和所有权的取得(第(1)款)

受让人接受交付的权利。本条第(1)款明确规定每个受让人有权接受与其不可分割份额(由上一条确定)相一致的数量的货物的交付。上述接受交付的权利相对于其他共有人而言并非是不言自明的,因为所有的共有人对全部货物享有财产权,同时,原则上每个分割行为可能对其他共有人的财产权构成侵害。因此,第(1)款具有避免交付构成上述侵害这一结果的发生的功能。第Ⅷ-5:202条(混合)使用了同样的技巧。此外,本规则暗含了"先到先得"理念的非常温和的一面,即受让人可以接受并取得超过平均质量的货物而且不引起其他受让人的任何权利的产生。

在一般情形下,与不可分割份额相一致的数量与根据合同受让人有权从让与人处取得的数量是相等的。但是,如果该批大宗货物的数量减少或者让与人超额处分了货物,与不可分割份额相一致的数量可能低于合同中规定的应得数量。接着,受让人有权根据合同(或者其他法律根据)要求让与人交付足额数量的货物,但是,基于本条目的,未侵犯其他共有人的财产权而接受交付的权利仅限于与受让人在该大宗货物中享有的不可分割份额相一致的数量。

所有权的取得。受让人通过接受与其不可份额相一致的数量的货物的交付取得被交付的货物的所有权。此时,先前的大宗货物上的共有权转变为特定货物的单独所有权。与第Ⅷ-2:202条(混合)第(2)款一样,本规则提供了一种特殊和简化的分割共有物的形式:它既不要求其他共有人的任何同意,也不需要启动任何司法程序。第Ⅷ-2:305条(大宗货物组成部分的转让)设立的临时阶段止于接受交付之时。如果第Ⅷ-2:101条(所有权转让的一般要件)第(3)款意义上的特定化成立于交付之前,就没必要使受让人成为单独所有人,因为共有权已经向受让人提供了与受让人是特定货物的单独所有人时同等的保护。但是,当事人可以另有约定。

C. 超过不可分割份额所对应的数量的交付(第(2)款)

善意时才能取得超额货物的所有权。受让人的共有权转变为单独所有不适用于受让人接受交付的货物数量超过不可分割份额所对应的数量的部分,该种情况可能发生于大宗货物出现减损或者让与人超额处分的情形。但是,根据第(2)款,受让人接受交付时支付了对价并且是善意的,取得超过部分的货物的单独所有权是可能的。该原则类似于第Ⅷ-2:305条(大宗货物组成部分的转让)第(5)款使用的原则,但是在善意的参考点(见下面)方面两者实际上有重大差异。然而,在接受交付的后阶段也再纳入一个善意取得规则并不多余,因为,例如货物减损或者多重处分的情形可能仅发生于相应的受让人接受不可分割份额之后;或者之前已经发生过多重处分的,该受让人可能在一开始是善意的(因此取得一些份额但是少于所购数量)但在交付时可能是恶意的。

在技术上,受让人恶意接受超过与其不可分割份额相一致的数量的货物的,所有拥有不可分割份额的受让人(包括接受交付的受让人)继续是该受让人占有的全部数量的货物的共有人。但是,该受让人可以将其不可分割份额所对应的数量的货物分离出来,由此其成为那部分的单独所有人(第(1)款),而其他受让人是剩余部分的共有人。

关于超额交付对其他受让人可能产生的负面后果的善意。第(2)款中的善意取得规则被作了特定调整以解决现实问题(参见上述评论A)。善意的参考点不是超额交付的存在。必须考虑的是受让人是从原初的当然的货物所有人(或者有权限处分货物的人)处取得货物;该受让人面临的风险是让与人超额处分货物或者是货物出现短缺以至于让与人在那个时间点无法履行所有的合同义务。也得考虑大宗货物规则常常适用于这样的情形:许多顾客与让与人进行类似交易并且受让人实际上不可能去监督该让与人的商业关系,也不能监督大宗货物的全部数量,因为在商品贸易中,大宗货物可能常常增加或者减少。因此,受让人可能清楚知道货物有减损现象,甚至可能知道在那时让与人无法履行所有的交付义务,但是在一般情形下,让与人也很有可能能够向所有其他受让人履行到期债务,因为根据安排,大宗货物很快会被再次填补。第(2)款的内在政策是为了不破坏特定市场的运转,上述买方应当有效取得货物。因此,根据本款,善意必须与"这一超额对其他受让人可能产生的负面影响"(的不存在)相关联。相应地,受让人能被合理期待知道让与人将不能及时再次填补大宗货物使得其他受让人不能收到他们的份额的,该受让人是恶意的。受让人有理由认定让与人即将破产因此供货商可能停止向该让与人继续交付货物的,该受让人尤其可能是恶意的。

与第Ⅷ-2:305条(大宗货物组成部分的转让)评论F中所讨论的相类似,其他受让人本来可能受到对相关受让人的优先交付的不利影响,当后来大宗货物的总体数量增加至所有其他的受让人得到他们应得部分时,恶意这一障碍应当不再有效。

在实践中该进路应当如何运转以及为何此善意进路有意义。本条采纳的经过修改的善意进路可能会被批评太不实用,无法用于日常商业活动,因为后面的接受交付者不可能去考察前面的受让人是善意的还是恶意的,因此,严格的"先到先得"政策可能被认为更加实用。但是,关键在于"先到先得"原则与此处采纳的善意进路之间的差异在许多情形下并无意义。只要让与人没有破产,其他受让人完全能行使他们享有的要求交付的合同权利。同时该大宗货物中没有其他物可以获取的,买方有权要求损害赔偿(以无过错为基础),并且赔偿可以通过交付从其他来源(如果有的话)取得的同样的物这种"原样恢复"的方式作出。对于后面的接受交付者,这通常比冒着全部诉讼风险去考查前面的接受交付者是善意还是恶意的并且查明前面的受让人接受任何超额交付来得简单。但是当让与人破产时,明晰其商业活动能起作用,并且此时善意进路暗含的"连带原则"在取得适当和平衡的解决方案方面显然是重要的。它比严格的"先到先得"原则更加接近平等对待的理念。

侵权责任以及不当得利法的后果。正如上述评论A中所表明的,英国法采纳的

“先到先得”原则也意图阻止其他受让人向根据合同规定接受一定数量但是超过其不可分割份额的货物的交付的受让人要求赔偿。这里未遵循该进路。责任排除仅发生于相应受让人以第(2)款意义上的善意实施行为并且因此未违法实施行为的情形。在其他情形下,接受交付的受让人对超额接受交付对其他受让人可能产生负面后果有故意或者过失的,根据第六卷,该“超额接受交付”的受让人可能要承担责任,对其他受让人的不可分割份额的侵害构成第Ⅵ－2:206 条(侵害财产或者合法占有引起的损失)意义下的法律上相关的损害。类似地,其他受让人有权根据第七卷中的不当得利原理针对“超额接受交付”的受让人提起诉讼。此处,本条规定的善意取得规则也意图划分界线。满足本规则的必要条件的情形下,受让人有效取得货物并且得利并非“不当”,因为第Ⅶ－2:101 条(得利为不当的情形)第(1)款 a 项和第(3)款这些法律规则授予了该项权利。否则的话,其他受让人有权诉诸不当得利法,尤其是在“超额接受交付”的恶意受让人同时已经处分了该货物,使得“真正的共有人”再也不能取得这些货物的情形下,其他受让人为了追及与他们先前的不可分割份额相一致的数量的货物的价值。

注　释

见对第Ⅷ－2:305 条的注释。

第Ⅷ－2:307 条　所有权保留下受让人的期待权

让与人为了第Ⅸ－1:103 条(所有权保留手段:范围)所指意义下的“所有权保留的手段”而保留货物所有权的,受让人根据合同条款中付款的权利以及一经付款便取得所有权的权利,具有对抗让与人的债权人的效力。

评　论

A. 概述

规则的功能。该条款解决根据第Ⅸ－1:103 条(所有权保留的手段:范围)意义下的所有权保留手段取得货物的受让人的地位的两个方面的问题,上述问题在欧洲的一些法律制度中尚未得以完全解决。因此,它们可能起阐明的作用,或者起强化所有权保留情形下所有权取得人的法律地位的作用,这因背景而异。该条旨在为根据所有权保留手段取得所有权、继续付款并遵守合同条款的取得人提供安全的法律地位,原因在于,如果受让人适当履行了合同义务,取得人同意向让与人提供某种付款担保不应当使受让人自己取得的货物处于风险之中。换言之,让与人在形式上仍旧是货物"所有人"的事实不应当导致受让人取得的货物被让与人的债权人取得,只要取得人根据合同条款继续付款。就本条的内容及措辞而言,可将本条视为本章整体上采取的"统一主义指向"的进路的"功能性"例外。

第Ⅷ－1:204条(定限物权)(c)项对本条进行了补充,其规定,本条意义下取得货物的权利被认为是定限物权。

范围:所有权保留的手段。本条适用于所有权人为取得请求履行债务的权利而保留其转让的财产的所有权的一切情形;参见第Ⅸ－1:103条(所有权保留的手段:范围)第(1)款规定的定义。第Ⅸ－1:103条第(2)款列举了一系列例子,例如卖方根据买卖合同保留所有权,或者供货方根据分期付款协议保留所有权,或者出租人根据租赁合同保留租赁资产的所有权,如果根据合同条款,承租人在租赁到期时无须支付或者仅仅象征性支付少许租金享有取得租赁资产所有权的选择权或者继续使用租赁物的权利(融资租赁)。该理解也与本条的范围有关,只要受让人最终取得了所有权(或者享有取得所有权的选择权)。仅仅授予使用权不在本卷范围之内。但是,在上述情形下,本条可能以类推的方式得以适用。

条款的位置。与所有权保留手段的担保功能(让与人的角度)不同,本条解决的是所有权保留手段取得方面(受让人的角度)的问题,因此本条被置于第八卷而不是第九卷。在第八卷,这是第二章第三节处理的特殊情形之一。

B. 规则详论

受让人根据合同条款支付价款的权利。本条款规定受让人根据所有权保留的手段享有两项特定权利以对抗让与人的债权人及其代表这些债权人的破产管理人。第一,受让人须有权根据合同条款向让与人支付价款以坚守合同。解释清楚该效力对于让与人的破产管理人来说尤其重要,因为几乎在所有欧洲破产法律制度下,如果双方当事人都未完全履行合同规定的债务(或者类似的要求),让与人的破产管理人有权选择是否遵守该合同。根据第Ⅸ－1:103条(所有权保留的手段:范围)规定的所有权保留手段或者与其相当的手段进行的买卖在形式上满足上述条件:受让人未付清全部价款,同时让与人未移转全部所有权。本规则意图达到的效果是受让人以按照合同条款继续付款的方式取得货物所有权的权利优先于破产管理人终止合同关系的权利。让与人的普通债权人的地位未受到重大削弱。仅当受让人已付清被转让的货物的全部价款时,该货物的价值才脱离让与人的个人财产。受让人应当有权持有货物,因为使让与人获得一种担保(受让人却未能在交付后立即取得所有权)促成了所有权保留手段的协议的缔结,所以法律倾向保护上述受让人的做法比倾向保护冒险预先履行债务者的做法更为合理。由于该问题在一些欧洲法律制度中并未得到完全解决,可将该规则视为具有相当实践意义的阐释性规则。

受让人一经付款取得所有权的权利。本条规定的第二个方面是受让人支付合同规定的价款后取得所有权的权利具有对抗卖方的债权人的效力。相应地，尽管让与人在形式上仍旧保留受让的货物的所有权，让与人的债权人不能扣押该货物（在破产或者其他情形）。或者更准确地说，受让人取得所有权的权利优先于让与人的债权人的扣押行为引起的任何权利。如果受让人付清应付价款，该受让人便能取得不受妨碍的所有权。如果受让人未能支付价款，该货物便属于让与人的个人财产并且让与人的债权人能够扣押该货物。本条阐明的原则也包括受让人占有、使用货物以及转让期待权的权利。Ⅷ-1:204（定限物权）（c）项中定限物权定义下的受让人的期待权也包括在内。

注　释

1. 在德国，所有权保留情形下，买方付清全部价款前卖方仍旧是所有权人，但是附条件合同的买方可取得被售货物的衡平利益。首先，民法典第160条第（1）款和第161条第（1）款保护买方权益不受卖方的处分行为或者其他损害行为的侵害；买方同时也是货物的合法占有人，因此与前类似，民法典第823、985条和第1004条保护其占有并保护其权益免受第三方侵害。买方履行完支付价款的义务后，卖方无权请求返还原物；卖方仅在其已经解除合同后才有权请求返还原物。反过来，买方可能希望处分与已支付价款数额相对应的货物价值。民法典认可买方在支付价款时获得衡平利益，其赋予买方衡平的将来利益（期待权），他或者她可自由处分该将来利益，在理论上，该将来利益属于物权（*Baur and Stürner*, Sachenrecht[17], § 59 no. 4; MünchKomm（*-Westermann*），BGB5, § 449 no. 2），转让该将来利益适用所有权转让规则。买方的衡平利益受到的唯一限制是条件仍然是生效的事实，即买卖合同尚未终止（Faber and Lurger（*-McGuire*），National Reports Ⅲ, chap. 13. 1. 4；关于破产情形下的当事人的保护，参见Ⅷ-2:203的注释）。

2. 在奥地利，买卖合同中附有所有权保留条款的，买方虽然还不是所有权人但是有权占有和使用该货物。通说认为受让人享有的权利不是物权而是一种特殊的期待权（*Anwartschaftsrecht*）（例如 *Koziol and Welser*, Bürgerliches Recht Ⅰ[13], 413 et seq. 有进一步探讨；*Frotz*, Kreditsicherungsrecht, 65 ff; *Spielbüchler*, JBl 1981, 505; Faber and Lurger（*-Faber*），National Reports Ⅰ, 173 f）。买方能否取得所有权的权利取决于全部付款这一停止条件的成就与否，同时相应地，买方有权单方修改某法律关系（形成权），因为支付只取决于他或者她一方。期待权被认为是可转让的，此情形下卖方收到全部付款时取得人的权利"熟化"（ripen）为所有权；此外，在该期待权上可以设定质押，同时在强制执行附条件合同的买方的财产情形下，可以扣押该期待权（Rummel（*-Aicher*），ABGB Ⅰ[3], § 1063 nos. 72-79）。再者，根据民法典第367条所有权的期待权很可能被善意取得（cf. *Aicher*, loc. cit., § 1063 no. 69; Klang（*-F. Bydlinski*），ABGB Ⅳ（2）[2], 570 et seq.; *Koziol and Welser*, Bürgerliches Recht Ⅰ[13], 414）。针对第三方而言，取得所有权的期待权享有所有权本身的保护（*Aicher*, loc. cit., § 1063 nos. 65, 68-71, 80-82; Schwimann（*-Binder*），ABGB Ⅳ[3], § 1063 nos. 41 ff; *Koziol and Welser*, Bürgerliches Recht Ⅰ[13], 413 et seq.; Iro, Sachenrecht[3], no. 8/8）。此外，作为有权占有人（*Rechtsbesitzer*，民法典第311~314条），附条件合同的买方可以提起针对任何人的占有之诉（*Besitzstörungsklage*，民法典第339条），同时通过类推适用民法典第372条规定

的普布利奇安之诉(*actio publiciana*),其也可以提起返还之诉(*actio petitoria*,相当于民法典第366条)或者保全之诉(*actio negatoria*)(消除妨碍以及恢复原状,相当于民法典第523条)。再者,附条件合同的买方和卖方作为所有人也可以向损害货物的任何第三方请求赔偿损失;货物被第三人使用时,附条件合同的买方还有权根据不当得利(民法典第1041条)提出诉讼请求。该期待权保护买方免遭卖方的债权人转让该财产的强制执行措施:买方可以提起诉讼避免强制执行(所谓的*Exzindierungsklage*,执行法第37条)或者在所谓的执行异议框架下就强制执行提出异议(执行法第68条及其第253条第(1)款和第262条)(参见*Frotz*,Kreditsicherungsrecht,174 ff;Aicher,loc. cit.,§ 1063 no. 71)。关于破产的法律后果以及买方因其法律地位在卖方破产中享有的优待程度,参见第Ⅷ-2:203条的注释20。

3. 在希腊,所有权保留下的买方取得的法律地位被称为期待权(*προσδοκία δικαιώματος*)。但是对该权利的法律性质是有争议的。曾有人认为该权利属于物权,但是从物权法定原则来看,通行观点认为其属于具有混合性质的财产权:物权因素存于这样一个事实,即该权利发展为完整所有权不要求现在的所有权人作为而只需要买方履行债务;债权因素是基于这样的事实,即该权利与基础债务密不可分且高度依赖于基础债务,条件成就前基础债务可能终止(例如买卖合同被撤销)。期待权的另一个特征是其价值随着买方债务履行程度的增加而增加。与上述法律性质的问题无关,动产所有权的规定须类推适用于期待权以有效保护其固有的财产价值,这一点得到肯定(Georgiades and Stathopoulos(*-Georgiades*),art. 1034 nos. 56 ff)。因此,对所有权的期待权可以转让、继承、善意取得、质押或者扣押(根据民事诉讼法第1022条以下各条关于特殊财产权的规定)(关于这些问题的更多信息,参见*Georgiades*,loc. cit.,nos. 59 ff,66 ff,69 f,71 f)。在这方面,有意思的是期待权再行转让后的法律效果;更确切地说,学说上一致同意这点:货物被原始买方转售并且事后条件成就,第三方取得人的期待权依法发展为完整所有权,同时不要求从原始买方处转让所有权至第三方取得人,也不要求原始卖方实施某法律行为。如果将该问题与从非所有权人处取得所有权相比较,其实践意义变得明显:如果所有权保留下的买方在不是所有权人时转让货物,根据民法典第239条第(2)款(该款规定未经授权而作出处分行为者如果在事后取得授权,上述处分行为生效)上述转让行为事后生效,这必然意味着所有权从原始买方的财产范围继续移转至后来的买方至少需要一段时间。但是,如果于此同时原始买方以该货物设定了抵押担保,或者其破产,或者他或者她的债权人扣押了货物,这将置后者于取得受限制的权利(或者什么都没取得)的危险之中;如果该期待权在转让前就已经被担保,便完全是另一回事了(*Georgiades*,loc. cit.,no. 54)。最后,就该期待权的保护而言,可以肯定的是买方受到针对卖方和第三方的保护。就根据侵权责任法提出损害赔偿请求而言,如果第三方损害货物,买方被授予上述损害赔偿请求权,因为交付后货物的风险及其经济价值转移至买方,买方有权收取货物的收益(民法典第525条);更早的判例法(A. P. 809/1974,NoB 23,337;A. P. 497/1967,NoB 16,78)以及法律规则授予买方而不是卖方相关的请求权。但是,也有人建议侵权人应当对买卖双方均承担责任,卖方和买方各自可以要求赔偿等同于那时其享有的权利的价值,这取决于买方履行付款债务的程度;侵权人就受损价值仅赔偿一次(*Georgiades*,loc. cit.,no. 76,有进一步引证)。最后,就任何一方的债权人的扣押行为而言,双方均有权根据民事诉讼法典第936条提交异议(关于买方,参见*Georgiades*,loc. cit.,no. 77;关于破产中的保护,参见Ⅷ-2:203的注释22)。

4. 在爱沙尼亚,合同中规定了所有权保留条款的,相对于买方,所有权人(让与人)占有和使用被售动产的权利受到相对地限制,但同时买方处分被售货物的权利受到全面和绝对地限制。

取得人受到民法总则法第 106 条第(2)款的保护,该款规定条件一旦成就让与人在条件成否未定期间作出的处分行为是无效的,因为上述处分行为阻碍或者限制了条件成就时意欲发生的法律后果的发生(如所有权转让)(Faber and Lurger(-*Kullerkupp*),National Reports Ⅰ,322)。

5. 在斯洛文尼亚,尽管没有相关的法律规定,如果合同中有所有权保留条款,买卖双方均被认为是附条件的所有权人。卖方的权利取决于支付价款这一解除条件,而买方被认为享有未成熟的所有权(*pricakovalna pravica*),该权利取决于停止条件。如果买方全部支付前让与人被宣告破产,买方因为享有不完全所有权而受到特殊保护:在此情形下,破产管理人不享有一般规则中规定的履行合同或者撤销合同的选择权,只能坚守合同要求继续履行未支付的价款(Faber and Lurger(-*Rudolf/Rijavec/Kerestes*),National Reports Ⅰ,592,594)。

6. 在西班牙,合同中作出所有权保留的规定后,双方当事人均享有物权:买方不仅仅是占有人,还完全能期待在履行相关义务后,即完成支付后就取得无负担的(就卖方而言)的完整所有权。买方享有的这些广泛性权利,也证明了关于被售货物的执行的特殊规则以及分期付款买卖法授予此情形下的债权人优先权的合理性:卖方不能任意恢复对货物的占有,因为其所有权受到买方权利的限制;卖方仅在他或者她因买方未支付价款而解除买卖合同后才能重新恢复占有(Faber and Lurger(-*González Pacanowska and Díez Soto*),National Reports Ⅴ,chap. 4. 5. 1)。

7. 在匈牙利,卖方和买方的权利是主要讨论对象,而所有权保留情形下买方取得所有权的期待权这一问题似乎未被讨论。根据目前实施的民法典,法律明文禁止尚未支付的买方转让所有权保留下的货物或者为其设置担保以保护卖方的法律地位;考虑到买方无论如何都未取得所有权这一事实,上述规定显得肤浅,因此匈牙利新民法典的两个临时草案删除了上述规定。但是,考虑到所有权之经济属性和法律属性的区别且该条款仍旧有效,为了防止卖方滥用权利(如所有权保留下的卖方继续转让已售货物或者为其设置担保),学说上认为有必要以某种方式限制卖方在此期间的权利。关于新民法典的学术建议稿反映了上述问题,该建议稿将所有权保留规则整合到担保物权之中(新民法典学术建议稿第 4:107 条)并且赋予卖方类似于担保物权人的法律地位,因此按照联合国国际贸易法委员会的建议,采取了一种更具功能性的进路(更多信息请参见 Faber an Lurger(-*Szilágyi*),National Reports Ⅲ,chap. 15)。但是,已经提交的关于新民法典的立法提案和草案均未采纳上述方案(新民法典立法提案第 5:188 条)。

8. 在比利时法律中,那些主张所有权保留条款实际上是授予了一种担保权的观点的学者是基于这样一个事实:买方在卖方破产时受到保护。买方可在支付价款后从破产财团中取回该财产,这意味着买方的法律地位受到某种类似于德国期待权的物权保护,也就是说,如果将所有权保留视为完整所有权的保留,买方享有该项权利几乎是没有根据的(Faber and Lurger(-*Cauffman and Sagaert*),National Reports Ⅳ,chap. 2. 3. 2)。

9. 在意大利,关于所有权保留的买卖引起的财产关系没有统一的观点。由于通说认为所有权保留是一种有利于卖方的担保机制,部分学说宣称买方立即取得所有权,而法律为担保的目的授予卖方特别的物权(*reserved title or patto di riservato dominio*)。然而,另外一种观点认为(*Cattaneo*,Riv. trim. dir. proc. civ. 1965,945,981;cf. *Boero*,Riservato dominio per immobili e mobili registrati,vol. I,234),买方仅取得占有并且仅在其支付全部价款后所有权才发生移转(Faber and Lurger(-*Greco*),National Reports Ⅰ,460)。

10. 荷兰的学说不是特别愿意将附停止条件转让(民法典第 3:91 条)中的取得人视为单纯的持有人之外的人。所以,在所有权保留情形下(民法典第 3:92 条),考虑到买方全部支付前所有权不发生移转,买方在停止条件成就前不享有物权(Faber and Lurger(-*Salomons*),National Reports Ⅵ,chap.3.2)。如果该取得人在停止条件成就前转让货物,他或者她是在处分让与人的财产,因此仅在第一让与人在合同中已明示授予该权利(*geclausuleerd eigendomsvoorbehoud*)或者可以从合同条款中推断出该权利时他或者她才能处分让与人的货物。为此,被转让的财产注定要被转售是不够的(HR February 14,1992,NedJur 1993,623(Love-Love))。如果上述情形均不适用,第三方仅当他或者她是从非所有权人处的善意取得人时才能受到保护;判例法早已确立仅知道所有权保留条款并不排除善意(HR January 6,1961,NedJur 1962,19(*Seneca/Forum*);HR June 12,1970,NedJur 1971,203(*Philippens/Omsa*);HR June 29,1979,NedJur 1980,133(*Hoogovens/Matex*);Faber and Lurger(-*Salomons*),National Reports Ⅵ,chap.14.3)。

第三章　所有权的善意取得

第Ⅷ－3:101 条　通过没有转让所有权的权利或授权人的善意取得

（1）当意欲转让所有权的人（转让人）没有转让所有权的权利或授权时，受让人仍然可以取得所有权而前所有权人失去所有权如果：

（a）第Ⅷ－2:101 条（所有权转让的一般规定）第（1）款 a 项、第（1）款（b）项、第（1）款（d）项以及第（2）款和第（3）款所规定的要求均被满足；

（b）第Ⅷ－2:101 条（所有权转让的一般规定）第（1）款第（e）项所规定的交付或类似交付的行为的要求被满足；

（c）受让人有偿取得物；

（d）在第Ⅷ－2:101 条（所有权转让的一般规定）所规定的所有权转让的时候受让人既不知道也没有理由知道转让人没有转让物的所有权的权利或授权。受让人必须证明自己没有理由知道转让人缺少权利或授权的事实。

（2）第（1）款意义上的善意取得不适用于盗窃物，除非受让人在普通商业过程中从转让人处取得。第Ⅷ－4:102 条（文物）所指的被盗窃的文物不能被善意取得。

（3）如果受让人已经占有物，只有当该占有是受让人从转让人那里取得的时候善意取得才能发生。

评　论

A. 总评

本条的目的和效力。本条处理的是所有权被第Ⅷ－2:101、Ⅷ－2:102 条所指的无权转让所有权的人（没有转让所有权的权利或授权的人）有意转让的情形。尽管在严格意义上在这样的情形中没有所有权的转让（根据第二章提到的“不能给付自己没有的东西”（nemo dat quod non habet）或“任何人不得转让超过自己所拥有的权利给他人”（nemo plus iuris transferre potest quam ipse habet）原则），受让人仍然可以取得所有权如果他是善意的并且满足其他一些要求。同时,前一个(真正的)所有权人的权利消灭。

涉及的人和术语。在下文中,相关的人将被称为A(原始所有权人)、B(无权转让所有权的人)和C(善意取得所有权的受让人)。从一方面来说,这是一个简化。除了B之外,还可能有其他人意欲无权转让财产(B1卖给B2,B2卖给B3)却没有满足善意取得的要求,直到C满足相关条件。

对于B与C之间交易的当事人,草案使用了第二章中有关派生转让一般规定的相同术语。因此,善意取得人C被称为受让人,而卖方B被称为转让人。很明显在这里这样的表述必须从广义上理解,因为所有权不是由B转让的因为B根本不具有这个权利。本条的功能在于A的所有权被消灭而(C的)新的所有权根据法律规定产生。这可以被认为是所有权的原始取得(相对于派生取得)。

之所以采用这样的术语,首先在于它简单易懂,其次是为了保证结构和术语的一致性,正如本条所要求的,除了卖方缺少权利或授权,第二章中所规定的其他要求必须被满足。在第Ⅷ-3:101条第(1)款a项也提到了这些规定,它们也使用"转让人"和"受让人"的术语。

所包含的两种类型。本条适用于以下情形。(a)A丢失财产或财产从A处被偷走或A根据合同(寄托、租借、抵押等)将财产委托给B,而B(或从B处"取得"物的B2)将物转让给C。(b)A与B之间的合同原则上可以成为所有权转让的基础,但因为某些原因没有实现所有权的转让。例如,A与B之间的合同自始无效或被溯及既往的撤销(第Ⅷ-2:202条第(1)款和第(2)款),无论这种无效是发生在转让给C之前或之后;或A与B的合同指向特定的财产,而错误的财产被交付给B,他又将其转让给C。

本条不涉及有权转让的人将相同的财产转让给不同的受让人的情形,这个问题规定在第Ⅷ-2:301条(多重转让)中。

当动产上负担了第三人的限制性物权并且转让人没有权利或授权处分没有该人权利的财产,第三人的权利是否消灭以及受让人是否获得没有负担的所有权的问题由第Ⅷ-3:102条(没有限制性物权的善意取得)进行规定。

与国际条约和欧共体法之间的关系。作为一般原则,国际条约优先于本卷的规定。这一原则同样适用于第Ⅷ-3:102条和开普敦移动设备国际利益公约第29条第(3)、(4)款的关系,涉及国际利益的财产的买方(有条件的买方、承租人)的地位不受任何与善意标准有关因素的影响(决定性的因素是在先的登记)。

至于与欧共体规定的关系,应当考虑有关归还从成员国非法取走的文物的理事会93/7/EEC指令。然而,这个指令没有包含有关物权法的规定。根据第12条,"归还之后文物的所有权应由提出请求的成员国的各国国内法规定"。

B. 善意取得的一般规定

平衡A和C的利益——个人层面。善意取得的效果是,认为所有权转让的要求都已经被满足的善意取得人C,通过取得所有权而得到保护,而真正的所有权人A失去所有权。因此,有关善意取得的规定需要平衡A和C的利益(个人层面)。这个决定导致两种结果。首先,它规定是否并且在什么条件下A能够向C主张归还财产。第二个结果是无权持有财产的未成功取得所有权的C原则上可以向B提出权利主张。在相反的情形中,如果C成功的取得所有权,A就不能主张取回物,他可以尝试从B处获得补偿。因此,C或A需要对B的偿付能力承担风险。在特定情形中(B的身份和破产的风险)发现B是谁,在哪里可能有困难。

一般层面上的政策问题。在更加一般层面上的利益平衡同样是重要的。善意取得规则的存在使所有动产的所有权人(所有的A)承担着一定的风险,并且保护了所有意图获得动产所有权的市场参与者的利益(所有潜在的C和C之后的取得所有权人)。正如通常所规定的,它也服务于商业的保护。在物的流通中存在着一般性利益。

善意取得的学说解释。在各国国内法中有关善意取得在学理上的正当性的讨论几乎没有止境。这里只能反映一些基本的观点。使善意取得合理化的一种经典方法是强调占有的合法化功能,买方可以从卖方的占有中推定卖方拥有所有权(典型意义上的"公示方法")。然而,这样一种自动的结论在今天可能有些不现实了。因此,有时候关注点在于买方(C)取得占有或转让人(B)将占有转让给C的实际的权力。在要求原始所有权人A已经将财产委托给B的法律制度中,总是强调A应当承担他人不正当行为的风险,因为是A自己选择的人。在善意取得的效力建立在禁止反言基础上的法律制度中也可以观察到类似的趋势,这意味着将占有转让给B并且提供B的所有权的额外标记的所有权人A不能取回原物当买方C可以从A的行为推断出B是所有权人或至少有权进行处分。通常认为存在保护商业的实践和经济上的需要,因为如果每个买方都被强制要求对财产的出处进行详细的调查将是负担太重、成本太高和不安全的。没有善意取得的规定可能导致相当程度的法律的不确定性,即使在转让人事实上有权转让所有权的情形中也是如此。因此,善意取得同样有助于促进法律的确定性。支持对所有权人的保护而反对善意取得的观点关注的是在我们的法律、经济、社会制度中所有权法律概念的重要功能。私人所有权在宪法的层面上得到保护,它是我们经济制度的基础,并有助于市场效率的提升。考虑到所有权概念的重要性,所有权的失去,或更加准确的说——在善意取得的情况下——有利于C的所有权人A的权利的消灭需要一个可靠的理由。

有利于善意取得的政治决定。很难或几乎不可能找到一种普遍的或主流的学说解释为什么并在什么程度上善意取得人应当优先于原始所有权人,尤其是在欧洲一体化的背景下。在这个问题上各个成员国的著作和法律渊源都大不相同。本章主要的出发点是认为某些形式的善意取得有助于保护和促进商事交易的政策考虑。这也可以通过减少交易成本的理念加以证明,因为详细调查A和B之间的关系对C来说成本过高;但不仅是对于作为买方的C,也包括C之后的其他买方和其他所有的潜在的买方,因为经常不止有一个人对该财产有兴趣。考虑到善意取得规则为市场和善意取得人带来的相当的利益,让 A(一般意义上的所有权人)承担 B 不能偿付和身份的风险看起来是合理的。但是应当强调的是现存规则的主要基础是一个政治决定。

C. 对 B 和 C 之间转让关系的要求

(a)第Ⅷ－2:101 条对转让的要求和对买方的交付

第Ⅷ－2:101 条对转让的要求。本条第(1)款 a 项规定第Ⅷ－2:101 条(所有权转让的一般要求)第(1)款 a 项、(b)项、(d)项、第(2)款和第(3)款所规定的要求在 B 与 C 之间的转让关系中必须得到满足。至于第(1)款 a 项和(b)项,很明显为了第三章所指的取得所有权的目的,将要取得的物必须存在并且是可以转让的。第(1)款(d)项和第(2)款提到了作为 B 和 C 转让的基础的权利:C 必须拥有来源于合同、其他法律行为、法院命令或法律规定的接受物的转让的权利。物的所有权的转让的"权利"或"义务基础"必须准确的指向将要转让(例如交付)给 C 的物。它必须作为转让的基础发挥作用(参见第(2)款)。当 B 和 C 之间的销售合同(或其他转让的义务基础)不存在、无效或被撤销,则不会发生善意取得。根据第Ⅷ－2:101 条第(3)款对于可替代物还应适用有关转让的特别限制。所有权可以转移的最早的时间点是物被确定于合同(或其他义务基础)的时间。只有在整批出售的情形中(参见第Ⅷ－2:305 条)才可以在物被确定之前实现全部所有权的前置。

B 和 C 之间的合同无效。如果 B 与 C 之间的合同在满足第Ⅷ－3:101 条规定的所有要求之后被溯及既往的撤销(例如在错误或欺诈的情况下),C 根据该条所取得的所有权同样被溯及既往的破坏。这可以从第Ⅷ－3:101 条和第Ⅷ－3:102 条所规定的一般原则中推断出来的。这些规定为受让人失去的转让所有权或没有负担的转让所有权的权利或授权提供了替代。第Ⅷ－2:101 条中规定的有关转让的所有其他的要求必须被满足。

B 的占有的要求——C 的占有的要求。本条第(1)款(b)项要求将物交付或通过类似交付的行为给 C,即 C 必须取得占有。第(1)款没有要求 B 的占有的存在。之所以会有这样的区别是考虑到了新的商业形式,尤其是远程销售的出现。在远程销售中 B 的占有对善意的买方不再是可见。因此 B 的占有不再能对 C 发挥它的法律功能。它不再能够使 C 合理的相信占有人 B 同样是所有权人或得到授权的物的卖方。在远程销售关系中 B 的实际占有的功能被 B 将物交给 C 并使 C 进行占有的能力所取代。C 合理的相信能够提供对物的占有的 B 同样也有权利或授权对物进行处分。

因此,第(1)款实际上没有废除很多成员国的传统民法中对 B 的占有的要求,只是赋予它更加现代的形式。在一般情况下,B 将物交付给 C 的能力建立在 B 对物的占有的基础上。B 或为 B 占有物的人将物交付给 C。这种对 B 的占有的要求同样间接的通过第(1)款(b)项提到第二章所指的交付和类似交付的行为而体现。第Ⅷ－2:104 条(交付)和第Ⅷ－2:105 条(类似交付的行为)总是要求转让占有的受让人和转让人之间存在某种关系。对于第Ⅷ－2:105 条第(1)款中特别的情形,本条第(3)款增加了从转让人手中取得占有的要求(参见下文评论)。

仅仅有协议还不够。第(1)款(b)项同样规定不是所有的通常有效的转让形式都能满足本条中受让人善意取得的要求。第Ⅷ－2:101 条(所有权转让的一般要求)第(1)款(e)项提到了三种类型的要求:实际交付、类似交付的行为和关于所有权转让的时间的协议。本条第(1)款(b)项仅仅提到了实际交付和类似交付的行为,但是没有提到关于所有权转让的时间的协议。这被认为在本条中排除了只有协议没有任何占有的改变的情形。因此,善意取得除了要求转让的义务基础之外还要求有实际的表现或改变(参见第Ⅷ－3:101 条第(1)款 a 项):占有转让给 C(第Ⅷ－2:104 条)、C 的已经存在的占有(第Ⅷ－2:105 条第(1)款)、对持有动产的第三人的通知(第Ⅷ－2:105 条第(2)款)、得到占有的手段的交付(第Ⅷ－2:105 条第(3)款)或权利文书的交付(第Ⅷ－2:105 条第(4)款)。如果 B 和 C 同意立即交付但将物留给 B 占有,C 没有产生善意取得。

采取这种措施的理由。对 B 的占有的要求、或更现代化的对 C 的占有的要求被认为是 C 合理相信 B 拥有进行转让的权利或授权的最低标准,同时也是对 C 取得占有的可能性的客观限制从而保护所有权人 A。当 B 不能向 C 提供对物的占有,C 不能得到善意的保护——无论 C 多么强烈的相信 B 拥有权利或授权。这种方法看起来是合理的,不仅是因为它和大多数欧洲国家的法律保持了一致,同样也是因为在转让之后 B 仍然保持对物的占有的情形中(1)C 一般来说必然有所怀疑并且(2)A 不可能阻止物转让给 C 因为物从来没有从 B 处转移走。不愿意交出动产的转让人(B)可能希望避免交付为了向 A 隐瞒非法处分 A 的财物的事实。这种隐瞒不法行为的意图不应当得到法律的支持。

(b)有偿转让

有偿——第(1)款(c)项:当事人利益的平衡。对 A 来说善意取得的结果——没收——太过严厉,因此只有当善意取得不被允许而将同样遭受重大不利的善意取得人才能受到保护。这并不包括善意取得人没有支付任何价值或没有承担为物支付价值的义务的情形——例如,C 作为礼物而收到一个物。在平衡 A 和受赠人 C 的利益时,A 的利益明显优先。即使作为"取得"的结果 C 已经为物产生费用或进行投资这种情形也不会有太大改变:C 有义务将物交还给 A,并有权要求 A 支付其为了持有和保存动产而产生的必要费用,并可以持有动产直到得到补偿。

进行"有偿"限制的其他理由。排除无偿转让的善意取得的规定并不与保护商业的一般目的相冲突。首先,无偿转让在商事交易中并不常见。其次,当事人没有困难就能理解和接受当无偿获得某物时他们不能期待特别的保护(即使"有偿"要求可能在混合赠与中导致困难,但至少每个当事人都清楚这样的混合赠与处于不确定的危险中,并且不应当期待特别的保护)。对 A 的保护也是欧洲法律制度中的主流意见。无偿取得物的人可能在一段时间的持续占有后取得所有权(参见第四章)。因此,C 不是完全不受保护的,但至少在某些时候所有权人的利益优先。

混合赠与。仅支付象征性的或相当低的价格的赠与被清楚的排除在善意取得之外。这从上文所述的政策理由中可以推断出来。在商事实践中混合赠与并不经常发生。主要的适用领域是家庭环境中。各国法律制度通常对家庭成员之间的转让保持怀疑并对它们的有效性和效力提出了额外的要求。当两个家庭成员之间这样的交易有效时,只要C持有的价值少于物的总价值的50%保护A的利益似乎更加公平。在对合同的证据或解释产生怀疑的情形中A的利益优先的规定同样可以适用。在商事环境中,当交易主要的经济目的或效果是无偿的转让而不是有偿的转让时,根据DCFR(DCFR:为全书的标题——译者注)关于赠与和销售的规定,混合赠与可能被认为是赠与而不是销售。

替代措施。如果善意取得没有被限制于有偿转让,那么在赠与的情形中将要设立保护A的利益的特别制度。这将会是相当复杂的努力。

a)A可能被授予根据C支付给B的价格从C处将物买回的权利——即使是零。因此,在赠与的情况下,A可能主张无偿取回物(除了支付对费用的补偿)。当然,也可能以一种高雅的方式解决"有偿"的问题,这种要求可能是多余的。然而,赎回的权利在其他层面上可能会导致问题,因此没有被采用(参见下文F)。此外,这种解决措施可能在C破产的情形中导致问题,因为相关的(国内的)破产法可能禁止或阻止对C的财产设置义务而没有任何对等的履行。同样也没有好的理由解释为什么C(没有为此财产支付任何费用)有权持有动产而A(最终)被剥夺所有权。

b)在德国,前所有权人有权根据不当得利主张取回财产(民法典第816条第(1)、(2)款)。这样的规定同样也不能采纳。它在欧洲的地位非常独特甚至受到很多德国学者的质疑。该规定是否满足本法典中关于不当得利的一般概念同样值得怀疑。最后,这一规定可能使A负担C破产的风险,而这被认为是不合适的。

支付的义务或实际支付。为了满足"有偿"的要求,买方有支付价款的义务就够了;并不需要实际上已经支付。这是大多数欧洲法律制度中采用的方法。在只有实际支付才能发挥作用的制度中,C的部分支付导致了相当复杂的情形。这些问题都可以通过这里采纳的规定而避免。

(c)善意的要求

善意的客体。从比较法的视角来看,对C实际上必须相信什么存在不同的观点。C必须认为B是物的所有权人吗?还是说C认为B是得到所有权人授权处分物的人就足够了?

本条第(1)款(d)项规定如果B善意的信赖其中一种情况就足够了。一般的规定是任何拥有"转让所有权的权利或授权"的人都可以转让所有权;这适用于所有权人和其他人。因为善意取得制度试图保护善意认为第二章中规定的所有的要求都已经被满足的买方,因此善意相信转让人处分物的授权就已足够。从技术上来说,第(1)款(d)项中重复提到"权利或授权"已经提出了这个要求。

C必须是善意的时间。第(1)款(d)项规定C必须是善意的在"所有权根据第

Ⅷ－2:201 条(所有权转让的一般要求)规定将要转让的时间”,也就是说在第二章中所有的要求都被满足的时间。一般来说那是交付(或类似交付的行为)的时间。这也是大多数成员国所采用的方法。为了保护善意的相信第二章中所列要求都被满足的买方,这样的规定是合理的。这样的买方可以认为自己在通常应当取得所有权的时候取得了所有权。

这种方法会产生两个结果。C 并不必然相信在订立合同时 B 是所有权人(或有权处分物)。在订立合同时即使 C 清楚的知道 B 仍然要去购买该物他同样也可能是善意的。在其他的情况中,当 B 自始就占有物,如果 C 有理由怀疑 B 的权利或授权并且在所有权转移之前没有额外的情况发生,C 在所有权通常应当转移的时候将持续是恶意的并且因此不会获得所有权。

第二种结果是在第Ⅷ－2:201 条(交付)决定的时间之后如果 C 得到信息破坏了他的善意,因为所有权已经转移给 C,这样随后的善意的失去不会产生任何结果。当第Ⅷ－2:201 条规定的时间之后很短的时间内就失去了善意这看起来是个相当严厉的结果。然而,要求 C 在交付之后进行占有的整个期间内都保持善意在实际上是废除了善意取得制度并建立了替代性的特殊类型的持续占有取得所有权制度。其他限定在第Ⅷ－2:201 条规定的时间之后善意必须存在的时间的规定看起来缺少实际意义。但最主要的是这种不确定性可能有悖于保护商业的目标。

善意的标准。在这一点上各国规定各不相同。在一些国家只有当 C 存在重大过失时法律规定或法院实践才排除善意的存在;在有些国家轻微过失也会导致善意被排除。

被剥夺所有权的 A,以及从善意取得中获益的 C 之间的利益权衡,表明善意的标准应当相当严格。C 只有在不存在任何过失的情况下才应当受到保护;即使轻微过失都可能排除善意。因此,如果客观上买方有理由怀疑 B 进行处分的权利或授权那么他就是恶意的。B 缺少权利或授权不需要是不证自明的。只要 C 有理由怀疑就足够了。本条第(1)款(d)项使用了“可以合理的被期待知道”的表达。在这种语境下,这样的表达应当被认为达到了相当严格的善意的标准。当 C 实际上知道 B 没有权利或授权,很明显 C 不能被认为是善意的。

善意的一般标准的弹性。这个规定具有一定程度的弹性。在很多情况中当特殊的情形非常明显时则 C 应当产生怀疑(例如:非常低的价格;B 的可疑行为;特别情形中的特别种类物,例如某些二手市场上出售的手机);然而,C 可以是“消极”的善意,无须进行进一步的调查。在某些情况中除非 C 收集了特定的信息,否则就不能认为是善意的(在这样的情况中,如果这些信息不能通过 B 或其他途径提供,那么 C 可能需要进行一定的调查)。某些成员国的法院认为,当 C 从 B 处购买了某种类型的新产品,他应当认为(至少当 C 是一个专业当事人)B 在所有权保留条款下购买了他们,因为这是在这个特定市场上的一般实践。C 可能有义务去发现 B 已经付款的证据(或在之前的销售合同中不存在所有权保留的条款)。制定关于这些调查的要求的个别的规定并不明智,无论是关于物的种类,还是关于调查的强度。一般条款的解释应当建立在具体环境的基础上这样才能比详细的规定提供了更多的弹性。因此,这一标准轻微的调整和最终的适用留给法院加以解决。法官可以决定在既定的环境下 C 应当进行一定程度的调查。随后法官将审视这些调查是否进行。如果 C 没有采取这样的措施,C 将被认为是恶意的。如果 C 进行了足够的调查,法官将审视调查的结果并决定 C 是否应当被认为是善意的。

善意的标准和商业的保护。这个相当严格的善意的标准并不是想要损害 C 或一般商业的利益。当调查被要求进行的时候,考虑到接受信息的成本和现实的改变,只能有义务采取合理的措施。法院实践能够发展出一定的指导方针(正如它在现存的法律制度中所做的那样),当事人收集有关主要指导方针的信息。当 C 自愿进行进一步的调查并且有理由产生怀疑,他可以决定放弃购买而不用面对任何负面的结果。在这种情况下没有理由发生善意取得。

第Ⅷ-3:101 条的善意标准和方法。严格的善意的要求符合现行的善意取得规定中的一般概念。当第Ⅷ-3:101 条规定的善意取得的客观限制(如盗窃物可以在一般商事过程中取得)结束并规定了比很多欧盟国家都要宽泛的 C 的善意取得的空间,严格的善意取得要求提供了必要的平衡。如果善意取得在很多情况中能够轻易实现(如被盗物)将可能会导致不适当的结果。对特定所有权取得的形式来说也不存在对善意取得的一般限制(例如从专业的卖家处进行购买,通过公开的拍卖等)。严格的善意的要求并没有问题;否则,可能会有产生不适当结果的风险。

严格的善意标准总体的可接受性。从总体可接受性的角度来看,所有权人不应当轻易的失去他们的权利,存在过失的买方,即使是轻微过失,也不应当居于优先地位。商业交易中也认为不存在好的理由保护过失的参与者(这可能导致竞争的扭曲而损害谨慎参与者的利益)。值得注意的是最近的法律改革,即荷兰新的法典化和奥地利新的商事法典,都选择了严格的善意标准(排除了轻微过失);瑞典 1986 年善意取得法同样如此。奥地利工作小组没有听从任何来自经济游说团体的抗议。

关于过失的善意的证据。很多法律制度中规定了对善意的推定。本条规定举证责任由 C 承担,并且不存在有利于 C 的善意的推定。对于这一规定存在不同层面上的理由。

(a)利益的平衡。从 A 和 C 利益的平衡出发,考虑到 C 的善意取得意味着对 A 的没收以及 C(从非所有权人那里)取得所有权的额外的机会,有强烈的理由支持 C 承担举证责任并且不做有利于 C 的善意的推定。C 是声称所有权已经改变和 A 已经被不自愿剥夺所有权的人。一般的规定应当是 C 必须证明所有相关的要求都已经被满足。

(b)证据法的一般原则。所制定的规定和贯穿证据法的基本理念是一致的。C 更接近 B 与 C 之间发生的取得行为,因此,C 更容易提供相关环境的证据。另一方面对 A 来说,通常很难调查 B 和 C 之间的关系;有时候这对 A 甚至是不可能的。这也支持了由 C 承担举证责任的观点。同样,通常证明存在过失也是极端困难甚至是不可能的。如果举证责任由A承担,那样A必须要证明C没有善意。这同样表明应由C承担举证责任。

一般来说希望从某一特别规定中获益的人必须提供支持这一情形的事实和证据。历史上(以及在现代一些国家中),善意取得只是对“真正的”所有权人要求取回物的辩驳(参见第Ⅷ-6:101条)。从这一点来看,C必须证明有关C的取得的要求都被满足是很自然的。从实际意义上来说,考虑到善意取得的范围这同样也是正确的,因为善意取得是从非所有权人处取得所有权的例外的机会。

(c)阻止善意取得不适当的扩张。结合严格的善意的标准,由C承担举证责任以及不推定善意的存在是阻止善意取得不适当的扩张的主要工具。

关于实际知情的善意的证据。至于实际知情,由A承担举证责任。这一规定相当例外的适用于C客观上没有理由知道但实际上知道了B没有权利或授权的情形。否则C就要证明相反的情形的存在。在这种情况下,A能够更轻易的证明可以推导出C必然知道B没有转让的权利或授权的环境。

黑体字标出的有关举证责任的规定。考虑到在大多数欧洲国家对善意的推定的传统,有必要以黑体字标出有关证据和推定的规定。否则习惯了善意推定的法院可能会继续适用原有的规定。

D. A和B之间的关系:A如何失去占有(盗窃物)

A可能失去占有的不同的方式。所有权人A可能以不同的方式失去占有。这里讨论的问题是在一些情形中善意取得是否应当被排除或受到限制(例如,延迟一段时间)。大多数欧洲国家规定了一些限制,主要是排除了盗窃物和遗失物的善意取得。少数国家通过要求物的“委托”行为(A委托给B)表达了这一点。

失去占有最主要的方式是犯罪,即B所实施的抢劫或盗窃。也存在在没有B的干涉的情况下A遗失财产而B发现了它的情形。有时候A根据合同将物委托给B,其本意是想在稍后的时候重新取回占有(例如租赁、无偿借贷、质押或寄存),但是B违反了合同义务将物转让给了C(这同样也将构成犯罪行为)。进一步来说,也存在这样的情形即当A和B之间存在作为所有权转让基础的合同,但由于合同的缺陷而未能转让所有权。合同可能由于错误、欺诈或胁迫而被溯及既往的撤销(在转让给C之前或之后);合同也可能因为非法、高利贷、代表中的缺陷或缺少法律能力而无效;或者合同本打算转让特定的财产,而错误的物被交付给了B而又被转让给了C。

排除盗窃物的善意取得。本条第(2)款排除了从所有权人A那里偷来的物的善意取得。因此,C只可能通过持续占有取得该物的所有权(如果在该种情形中没有被排除,参见第Ⅷ-4:101条(基本规定)第(3)款和第Ⅷ-4:102条(文物))。

为了保护盗窃或抢劫的情形中所有权人的利益,草案采用了欧洲大多数国家所采用的方法。之所以这样规定是因为A并没有主动的以任何方式失去占有,至少在典型的情形中。盗窃和抢劫是严重的侵犯所有权人和所有权的行为。市民的一般期望是法律应当尽力保证这种行为对所有权人导致尽可能少的伤害。如果在抢劫和盗窃的情形中也承认善意取得可能会使犯罪行为更加具有吸引力。

丢失的和被委托的物。在一些国家遗失物被当作盗窃物对待,但它没有被排除在第(1)款善意取得的可能性之外。在委托物和遗失物的情况中,所有权人A自己选择和委托不适当的人的行为或过失的行为导致了占有的失去。因此应该首先保护商业利益和善意取得人。在委托物的情况下,A所承担的风险仅限于B破产的风险,因为B的身份(作为A的合同另一方)对A来说总是知道的。

无效或被撤销的合同。当A和B之间的转让建立在无效或被撤销的合同上,本条仍然首先保护商业利益。A同样知道B的身份并且仅面对B破产的风险,这种风险是A在决定出售之前就应当考虑过的风险。在经常发生的错误的情形中,A同样可能存在一些过失。

E. 第(2)款的相反的例外:普通商事过程,文物

普通商事过程的一般规定。在很多成员国,只有在特定类型的转让情形中善意取得才是可能的。常见的例子包括公开拍卖、特定市场或更一般的从专业卖家处的取得。在这些国家,不存在其他情形中的善意取得。

本条选择了一种不同的方法,然而在很多情形中可能会导致相同的结果。第(1)款规定了善意取得的一般要求而没有对转让和交易的情形进行任何限制。因此,不是盗窃物的物(遗失物、委托物等),可以在任何地点和时间被善意取得。善意要求的本身就提供了控制。如果转让的时间、地点或其他环境必然能使受让人产生怀疑,受让人将不能取得所有权因为缺少善意。在盗窃物的情形中,第(2)款规定只有在特定情况下才能取得所有权:通过普通商事过程取得。普通商事过程之外的盗窃物的转让由于上文给出的理由而被完全排除。

本草案的规定比传统的特定情形更加弹性适用于个别情况。对一些成员国采用的传统特定情形的规定的分析表明它们不能可靠的指出在这些情形之外的C是否值得保护。为什么只有在公开拍卖或某些类型的公开市场进行购买的善意受让人值得受到保护?根据(构成C的善意的)情形当C在这些情形之外取得物可能同样值得保护。第Ⅷ-3:101条规定了只与盗窃物有关的特定情形,在这些情形中普通商事过程之外的每个转让从一开始就会认为是值得怀疑的。这看起来即使不是完全相同也是非常接近于仅仅适用善意要求所得到的结果。在所有其他的情形中(非盗窃物)它不是决定性的转让种类,而是产生善意或恶意的一般环境。因此,第Ⅷ-3:101条的方法比依赖少数特定情形的传统方法可以更加弹性的适用于个别情形。

公开拍卖。本条的原理通常被描述为买方对国家(特别是法院)授权的机构的特别的信任。然而,根据更密切的观察,没有理由认为法院或其他公共机构在检查拍卖物的来源时进行了特别的努力。相反,公共机构需要尽可能的降低成本。因此,和其他交易相比,公开拍卖中的转让人并没有更多的可能性就是所有权人。同样,认为拍

卖前的公示程序可能使真正的所有权人有更好的机会去发现自己的财产并不合理。

此外，还有一个问题是"公开拍卖"真正指的是什么。成员国在这个问题上的观点各不相同。根据一些成员国观点，它的范围可能包括执行性销售以及私人拍卖机构（如苏富比）主持的销售甚至是网络拍卖（如 eBay）。

公开市场。在以前有关公开市场的规则可能是相当重要的。如今，与其他地方的购买相比不再有好的理由赋予公开市场上的购买以特权。例如，不能认为某人在二手市场上比在商店里更可能从所有权人那里购买商品（其实相反）。至于其他种类的公开市场，例如生产者直接销售农产品的公开市场，很少会发生从非所有权人那里取得所有权的问题。

一般商事过程。在盗窃物的情形中采纳一般商事过程中的转让的相反例外不是因为（错误的）推定存在公共机构的监管使商业中出售的物为它们的出卖人所有（或由得到授权的人出售）。私人卖家提供货物的市场随着因特网电子商务的发展而迅速扩张。不能认为这些市场从一开始就是可疑的。因此，第（1）款中没有对这样的市场进行一般性的排除。然而，大多数的盗窃物都不是在一般商事过程中出售，即不是由持有许可证或拥有交易许可的专业商人进行。为了提高在盗窃物情形中对所有权人的保护，排除从没有许可证或许可的"私人"卖家包括"黑市"卖家处的取得似乎是公平的。后一种卖家同样不应当被认为是普通商事过程的一部分。黑市上的取得行为被第Ⅷ-3:101 条的善意要求所排除。（这样的市场上的买方不可能是善意的）。在普通商事过程中进行购买的受让人（顾客和类似的商业客户）可以首先认为他们所购买的物不是盗窃物。只有当必然导致 C 的怀疑的特别情形存在才会挫败这种取得行为。这个例外应当被看作在大多数情形中使受让人的信赖合理化的所有"普通商事过程"市场上的商业行为的保护措施。这种保护商业的一般措施与保护所有权人利益的第（1）款（d）项中的严格的善意标准相平衡。

没有必要对消费者进行特别的保护。当盗窃物在普通市场上被购买，没有理由赋予消费者合同比商事合同更有利的保护。在一般商事过程中，合同通常在可靠的环境里被订立，无论客户是普通消费者还是商人。在普通商事过程中具体的环境可能导致怀疑。与对消费者和商事交易进行简单的区分相比，在善意要求的基础上什么样的环境应当使什么样的人产生怀疑可以被更加弹性的决定。

文物。本条所指的"文物"（参见理事会指令 93/7/EEC 第 1 条第（1）款）是与普通的物相比其所有权值得更强烈保护的特定种类的物。因此，和其他物相比，从所有权人处非法取得文物的所有权的取得在第三章和第四章中受到更强烈的限制。在通过持续占有取得所有权的情形中（第四章），所需的时间比其他物长得多。此外，成员国可能有更严格的规定。在善意取得的情形中（第三章），偷来的文物根本不可能根据第Ⅷ-3:101 条取得所有权，即使在普通商事过程中被"转让"也不行。在第Ⅷ-3:101 条的情形下，成员国没有更严格的规定，因为已经没有必要了。不是被偷来的物通常也不是从所有权人那里非法取走的物，因此，不符合第Ⅷ-4:102 条第（1）款的定义。对于被偷来的文物来说,没有比在任何情况下都排除善意取得的可能性更严格的制裁了。

F. A和C的关系:没有买回的权利

保护所有权人利益的额外机制是不必要的。考虑到第Ⅷ-3:101条中规定的利益平衡机制,当C善意取得所有权时再赋予A买回动产的权利是没有必要的。主要的保护所有权的机制是严格的善意的标准和C的举证责任。这是在善意取得的情况下保护所有权人的利益的有效和清楚的方式。

买回权的缺点。赋予A买回物的权利可能有悖于法律的确定性和保护商业的目的,因为买方(C),尽管是善意的,可能并不真的确定财产是否能够被永久持有。如果C不仅在财产上进行投资(这样的费用可以在A必须支付的购买价格中得到补偿)并且为了财产进行投资,如C为了从B处购买的车修建了一个车库,C就承担了这样的投资可能被挫败的风险。对C来说当遭遇买回的要求时同样也存在实践上的问题。如果C在现在的商业活动中需要该财产,C可能会遭受进一步的损失直到有其他的物可以代替。(原则上C有权从B处补偿这些损失,但也面临许多实践上的问题)。此外,在公平的确定A必须支付的价格时也可能存在其他的问题。

对A产生的实际利益是有限的。物的价值通常随着时间的流逝而减少,因此让A支付C之前付给B的价格通常不是那么有吸引力。并且它可能一般不是非常有吸引力对A向C支付C向B支付的价格。在规定了买回权的瑞典,实践中的经验同样指明了这一点。买回权只在有限的情形中可以被行使。此外,买回权并不减轻A向B主张权利的必要性(B可能已经失去偿付能力)。因此不规定买回的权利似乎是更好的选择。

G. 已经占有物的受让人(第(3)款)

对第Ⅷ-2:105条第(1)款的说明。该条第(3)款规定了对转让的特别情况的额外的要求或说明。在C已经占有物的情况下,当其他的转让所有权的前提被满足,尤其是当B和C之间的销售合同被订立时,只有在C从转让人那里得到占有的时候才发生善意取得。在这些情况下不存在真正的交付。它可以被认为是交付的替代行为,即当销售合同发生效力的时候受让人已经持有物,经过一些修正这就是第Ⅷ-2:105条(类似交付的行为)第(1)款所规定的情形。第Ⅷ-2:105条中规定的所有其他的类似交付的行为以及第Ⅷ-2:104条中的交付行为参照转让人放弃物、财产的、文书的占有或转让人通知占有物的第三人而被定义。只有第Ⅷ-2:105条第(1)款没有包括受让人必须已经从转让人处获得占有的要求。这个额外的要求对第二章下普通转让的目的来说并不是必需的,在这样的情况中所有权人(或被授权人)是转让人因此并不涉及C的善意的问题。它只有在现在的情况下才是必要的。

善意的排除。对于善意取得的情况来说,当C没有从转让人那里得到占有而受让人(C)是善意的情形在实践上几乎是不可能的。C的善意的客体是转让人的所有权或授权。C必须相信B是所有权人(或得到A授权的人)。如果C没有从B处而是从别人那里获得占有,那么C必须怀疑B的权利或授权。只有当B成功的伪装成得到所有权人A授权的卖方并且C合理的相信这一点,才能认为第(3)款的限制可以稍微得到放松。在这些情形中,有人认为如果C从A那里取得占有(假定C是善意的)那么C不应当被排除在善意取得之外。然而,相反的观点同样具有吸引力。当转让人B没有向C提供占有的权力,但是别人(包括A)在B与C的转让之前出于某种理由这么做了,那么C的善意取得的核心理由就缺失了。C相信B的权利或授权的基础或主要理由就是B将物交付给C的能力。如果这一基础缺失,C就不能取得物。据此第(3)款规定在受让人已经占有物的情况下,只有当占有是从转让人那里取得时善意取得才能发生。

注 释

Ⅰ.善意取得的核心概念

1. 在进行调研的法律制度中,善意的概念与可能阻止取得所有权或其他对物权的法律缺陷的存在紧密相连。更准确的说,对法律缺陷的忽视涉及转让人进行处分的权利或授权,而这是由于合理的和无意识的不知情或善意取得人一方错误的意见所导致的。保护动产对物权的善意取得人的政治理由建立在占有是所有权的证据的基础上,因此占有动产的人可以被推定为合法的所有权人。据此,欧盟不同的成员国都承认,当某一个善意的人从占有动产并声称拥有所有权人同意的转让人处获得所有权或其他动产上的对物权时,这个取得行为被认为是有效的,尽管转让人没有被授权处分物。尽管参与调查的国家存在轻微的不同,但仍然可以认为善意取得的要求主要有三种:(1)转让人必须根据所有权人的同意占有动产;(2)受让人必须善意相信转让人处分物的授权;(3)受让人必须通过满足对物权转让要求的有效的处分行为取得动产上的对物权。

2. 在奥地利,善意取得是可能的,如果民法典第367条规定的要求都被满足。该规定通过赋予受让人动产所有权的原始取得而克服了在转让人没有对物的所有权的情形中派生取得的不可能性。民法典第367条尤其规定如果从公开拍卖(öffentliche Versteigerung)、进行普通商业行为的专业人员那里或从所有权人自愿委托财产的人(所谓的Vertrauensmann)那里进行购买则善意的买方取得所有权。(Faber and Lurger(-Faber),National Reports Ⅰ,146.)

3. 在捷克,民法典没有规定善意取得。此外,根据nemo plus iuris原则(没有人可以转让超过自身所拥有的权利),学者们普遍认为善意取得人不能成为所有权人如果转让人在转让时不是所有权人。商法典中则有相反的规定。根据商法典第446条,根据销售合同善意购买财产的人获得所有权,即使卖方不是所出售物的所有权人。如果取得人知道或应当知道卖方无权处分该物那么他就是恶意(Faber and Lurger(-Tichy′),National Reports Ⅵ,chap. 12. 2.;Knappová(-Knapp),Civil Law I3,301;Sˇvestka/Jehlicˇka/Sˇkárová,OZ9,436)。如果转让人的权利由于之前的转让人的主张而被撤销善意取得是否还能发生并不清楚(Sˇvestka/Jehlicˇka/S ˇ kárová,OZ9,432)。就此而言,宪法法院(R II. U′ S 77/2000)认为如果转让人的权利被撤销受让人的善意并不能被否认。

4. 在德国,关于善意取得的规定存在于民法典第932~936条中。额外的特别规定包括登记的船舶(民法典第932a条)和在商事交易过程中获得的财产(商法典第366条)。根据一般规定,只有转让人拥有转让的授权动产权利的转让才是有效的。然而,因为物的买方并不总是有可能调查转让人的授权,合法交易的简化和安全通过对一般规定的严格执行而妥协(Faber and Lurger(-McGuire),National Reports Ⅲ,chap. 11. 1.;Baur and Stürner,Sachenrecht[17],§1 no. 12)。因此,如果根据民法典第929条及以下的规定所有权的转让是有效的则可以适用善意取得的规定,而不用考虑转让人授权的缺失。除去转让人授权的缺少。通过这种方法,善意取得人制定的协议的有效性得到保护(McGuire,loc. cit.,chap. 11. 1;MünchKomm(-Quack),BGB[4],art. 932 no. 1)。关于善意取得的规定建立在两种不同的原理上:(a)所有权人导致了未被授权的转让人(Veranlassungsprinzip)的权利的表象,(b)可能失去所有权的所有权人与善意受让人之间的利益平衡(参见McGuire,loc. cit.,chap. 11. 1.;Quack,loc. cit.,art. 932 no. 3 ff)。如果物从所有权人那里被偷走或遗失则排除善意取得的可能性,除非物在公开拍卖的过程中被购买(民法典第935条)。

5. 在希腊,民法典第1034条和第1036条规定了善意取得。适用善意取得的前提是转让人不是物的所有权人(CAThessaloniki 1301/1989,Arm 1989,527)但是有权根据所有权人的意志持有该物。这是民法典第1036条第(2)款规定的结果。此外,如果转让人已经将物交付给善意取得人则善意取得发生。根据民法典第1038条,对于盗窃物和遗失物不能适用善意取得,除非它们在公开拍卖、展会或市场上被取得(Faber and urger(-Klaoudatou),National Reports Ⅲ,chap. 12. 1)。

6. 在立陶宛,也存在类似的善意取得的规定(民法典第1. 80、4. 96和6. 153条)。只有当在合法的所有权人和善意的受让人之间没有合同关系时这些规则才适用;否则所有权人总是可以根据强制取回之诉(rei vindicatio)得到保护(民法典第1. 80条)。具体而言,如果善意的买方有偿取得财产并且没有注意到转让人没有处分的授权,合法的所有权人可以对善意受让人提起物的强制取回之诉,如果所有权人或所有权人赋予占有的人丢失该物或未经同意而被剥夺占有,或该物被偷走(民法典第4. 96条)。除了这些例外,善意的受让人总是可以取得所有权。被盗窃、遗失或其他违抗所有权人的意志而被取走的物可以从失去占有之时起3年内得到保护(民法典第4. 96条)(参见Faber and Lurger(-Mikelenas),National Reports Ⅲ,chap. 13. 3)。

7. 在荷兰,如果转让人没有处分动产的授权,民法典第3:86条允许受让人获得所有权,只要受让人是善意的并且是有偿取得的(Faber and Lurger(-Salomons),National Reports Ⅵ,chap. 11)。通过公开拍卖或公开市场的取得排除在该条的适用范围之外(Salomons,loc. cit.,chap. 11. 5)。

8. 在爱沙尼亚,存在类似的制度,根据权利的表象善意取得是可能的(物权法第95条第(3)款),无论转让人是否有处分的权利。对于善意取得存在数个要求(Faber and Lurger(-Kullerkupp),National Reports Ⅰ,308-312)。

9. 在匈牙利,法律规定了三种不同情况中的善意取得:(1)在商事关系中发生的取得(民法典第118条第(1)款);(2)在商事关系之外发生的取得(民法典第118条第(2)款);(3)在货币或不记名票据转让的情形中的取得(民法典第119条)。这些"任何人不能超出自己权利进行转让"(nemo plus iuris)原则的例外根据日常交易行为所要求的确定性和便利性而被合理化了(Faber and Lurger(-Szilágyi),National Reports Ⅲ,chap. 12. 1)。

10. 在斯洛文尼亚,尽管法律的一般原则是只有所有权人有权转让动产的所有权,物权法第

64条规定了例外情况下动产所有权的善意取得,如果转让人没有所有权。只有在三种情形中有偿取得物才能发生善意取得,动产必须被购买(1)在公开拍卖中;(2)从进行普通商业活动的人手中;(3)从接受所有权人对物的委托的人手中(Faber and Lurger(-Rudolf/Rijavec/Kerestes),National Reports Ⅰ,604)。

11. 在西班牙,一般性的法律原则是"nemo plus iuris",即每个人只能转让自己所拥有的权利。然而,在特定情况下,当转让人缺少处分的权利时法律也允许取得所有权。之所以这样规定是为了法律的确定性并保护善意相信因为占有或登记而表现出的权利表现的人(Faber and Lurger(-González Pacanowska and Díez Soto),National Reports Ⅴ,chap. 8.)。善意取得的效果类似于取得时效的效果,但不需要经过特定的期间(González Pacanowska and Díez Soto,loc. cit.)。善意取得可以在以下情况中发生:(a)在公开场合(商法典第85、86条)或公开拍卖(零售贸易法第61条第(1)款)中所出售的物;(b)在动产分期付款出售的情况下进行了登记的权利(动产分期款付款买卖条例第29条);(c)民法典第464条的原则的适用,该条规定占有等同于权利(la posesión de los bienes muebles,adquirida de buena fe,equivale al título)。理论和判例法分享了两种一致的立场。第一种立场是罗马法的方法,认为不能从非所有权人那里取得所有权,受让人没有取得动产的所有权,而是取得了一种权利从而通过持续占有取得所有权(Traviesas,RDP 1920,206 et seq.;TS 31 December 1910;TS 13 January 1926;TS 19 June 1945,RAJ 709;TS 22 December 1954,RAJ 3166;TS 18 December 1958,RAJ 4201;TS 14 December 1970,RAJ 5517;TS 30 September 1985,RAJ 4483;Faber and Lurger(-González Pacanowska and Díez Soto),National Reports Ⅴ,chap. 8.6)。就此而言,学者认为善意的买方没有立即获得所有权,但是,只要持续的对物进行占有,就可以拒绝所有权人的强制取回除非后者能够证明自己丢失该物或被不合法的剥夺占有(Vallet de Goytisolo,ADC 1956,361 et seq.;Miquel Gonzalez,La posesión de bienes muebles)。第二种立场是日耳曼法的方法(所谓的以手护手),它反映了理论和判例法中更加现代的趋势,尽管不是最主要的。根据这种方法,如果某人将其对动产的控制主动转让给了他人,他就应当为该人身上所体现的所有权的表象承担责任,并且不能向从非所有权人处取得动产所有权的随后的买方要求取回所有权(TS 3 March 1980,RAJ 841;TS 26 June 1984,RAJ 3263;TS 30 September 1985,TS 15 February 1990,RAJ 687;TS 11 February 1992,25 February 1992,RAJ 1549;Hernández Gil,La posesión,504 et seq. and 836;Lacruz Berdejo et al.,Elementos Ⅲ(1)2,200 et seq.;González Pacanowska and Díez Soto,loc. cit.,chap. 8.6)。

12. 在瑞士,动产的善意取得由民法典第714条第(2)款、第933、934、945条规定。被委托给转让人的动产的善意取得人立即受到保护(民法典第714条第(2)款和第933条)。如果所争议的动产是盗窃物或遗失物,善意取得人只有在盗窃、遗失或其他剥夺占有的行为发生5年后才能得到保护(民法典第714条第(2)款和第934条)。参见Faber and Lurger(-Foëx and Marchand),National Reports Ⅵ,chap. 2.2。

13. 在斯洛伐克,民法典中没有关于善意取得的规定。民法典认为,根据"每个人不能转让超过自己所拥有的权利"(nemo plus iuris)原则,从非所有权人处获得所有权是不被允许的。任何违反了这个原则的转让都被认为是无效的。民法典规定了该原则的两个例外:(1)从遗产被确认的不合法的继承人那里善意取得的物(民法典第486条);(2)从以出质人的名义并根据质押协议出售物的质押权人那里善意取得的物(民法典第1511条第(1)款和第(6)款)。然而,有关善意取得的规定可以在商法典中找到。商法典第409条及以下规定了nemo plus iuris原则的例外,如果善意取得发生在商事关系的框架中(Faber and Lurger(-Petkov),National Reports Ⅵ,chap. 13.1.)。

14. 在葡萄牙,动产的善意取得只存在于有限的情形中,它们是"每个人不能行使超过自己的权利"(nemo plus iuris)原则的例外。其中一种情形是在虚假合同中对善意第三方的基础合同的不可对抗性(民法典第243条)。另一种情形是当动产需要登记时无效或可撤销的法律行为的推定效力,如果下列要求被满足:(1)A与B之间的合同是无效的或可撤销的,(2)C是善意的,(3)C有偿获得该物,(4)在A或B提起合同无效的诉讼之前C将取得动产的行为进行了登记,(5)合同订立之日起3年内无效之诉没有被提起(民法典第291条)。这些对nemo plus iuris原则的例外反映了对第三方和商业利益的保护,而这建立在公开登记所提供的权利的表象上(Mota Pinto,Teoria Geral do Direito Civil4,369;Pires de Lima and Antunes Varela,Código Civil Anotado I^4,art. 291.)。然而,善意授予第三方一种权利的推定,使他可以在3年内根据取得时效而获得动产的所有权(民法典第1299条)。

15. 在英格兰、威尔士和爱尔兰,法律的出发点是nemo plus iuris原则:根据1979年英国货物买卖法第21条和1893年爱尔兰货物买卖法第21条,一般来说,推定的转让人不能授予他人超过自己所拥有的利益(Faber and Lurger(-Frisby and Jones),National Reports Ⅱ,119;Faber and Lurger(-Gardiner),National Reports Ⅱ,236)。然而,在普通法和制定法中都存在这一原则的例外:(a)代理人明显的授权;(b)权利的标记;(c)可撤销的权利;(d)商业代理;(e)进行占有的买方或卖方;(f)衡平法。(a)代理人明显的授权。当所有权人通过一些行为向第三人表明某人有权以他的名义行事,或允许他人在与第三人交易的时候表现的像所有权人,那么所有权人就不能否认受让人的权利。受让人承担证明导致禁止反言的行为的举证责任,该行为必须是清楚和明确的。仅仅赋予他人占有并不足够。所有权人自己的过失不能被当作辩护(Lord Moorgate Mercantile Co. Ltd. v. Twitchings[1977]AC 890;Mercantile Credit Co. Ltd. v. Hamblin[1965]2 QB 242;Eastern Duistributors Ltd. v. Goldring[1957]2 QB 600;Farquharson Brothers & Co. v. King & Co.[1902]AC 325 at 333;Jerome v. Bentley[1952]2 All ER 114;Faber and Lurger(-Frisby and Jones),National Reports Ⅱ,120;Faber and Lurger(-Gardiner),National Reports Ⅱ,240)。(b)权利的标记。一般来说,将占有交付给非所有权人并承认该人已经全额支付了动产的价款足以宣称行为的禁止反言。然而,法院要考虑交易的具体环境(Rimmer v. Webster[1902]2 Ch. 163 at 173;Central Newbury Car Auctions Ltd. v. Unity Finance Ltd,[1957]1 QB 371,Car and Universal Finance Ltd. v. Caldwell[1965]1 QB 525;Frisby and Jones,loc. cit.,120－121;Gardiner,loc. cit.,241)。(c)可撤销的权利。在可撤销的权利的情况下,转让人仍然占有权利,尽管这种占有比较脆弱。如果转让人在最初的交易被撤销之前将权利转让给了第三人,该人将会获得完好的权利,只要他是善意的并且没有注意到权利的缺陷(English SGA 1979 s. 23;IRISH SGA 1893 s. 23)。所有权人负担证明缺少善意的责任(Whitehorn Brothers v. Davison,[1911]1 KB 463)。这个规定受到了批评:一方面,它并不完全符合nemo plus iuris原则;另一方面,第三方受让人能够更容易的提供他和转让人的关系的信息。最后,学者想知道在上述情形中为什么受让人的善意是取得所有权的必然要求:事实上,在普通法中转让人的权利是完好的权利。如果转让人有衡平法上的权利,要求受让人拥有"干净的手",那么善意才是必须的(Bridge,Personal Property Law,124;Frisby and Jones,loc. cit.,121－122;Gardiner,loc. cit.,244)。(d)商事代理。根据1889年代销法案第2条,第三人可以从占有动产或对动产进行保管的商人手中善意的取得所有权。有推定的交付就足够了(Michael Gerson Leasing Ltd. v. Wilkinson[2001]QB 514)。真正的所有权人的同意是被推定的，如果第三人在处分的时候没有收到通知，先前所给予的同意被认为继续存在即使它已经被撤销。举证责任由第三方承担（Cole v. North Western Bank[1874-75]LR 10 CP 354；Heap v. Motorists' Advisory Agency Ltd. [1923]1 KB 557；Frisby and Jones，loc. cit.，122-124；Gardiner，loc. cit.，237-239）。（e）进行占有的卖方或买方。"卖方进行占有"的情形发生在某人已经将物或物的权利文书出售，却仍然保有对物的占有，并随后将它们再次转让给善意的第三人而没有提到之前的销售合同（English SGA 1979 s. 24；Irish SGA 1893 s. 25（1））。卖方以什么样的能力进行占有是不相关的，只要有连续的物理占有就足够（Pacific Motor Auctions Ltd. v. Motor Credits Ltd. [1965]AC 867；Worcester Works Finance Ltd. v. Cooden Engineering Ltd. [1972]1 QB 210；Hanley v. ICC Finance[1996]ILRM 463）。如上所述，存在将物交付给之后的买方的推定就是足够的（Michael Gerson（Leasing）Ltd. v. Wilkinson[2001]QB 514；Forsythe International（UK）Ltd. v. Silver Shipping Co. Ltd. [1994]1 WLR 1334）。"买方占有"的情况发生在当某人已经购买或同意购买某物（但还没有真正取得所有权），根据卖方的同意而取得物或物的权利文书的占有，并随后亲自地或通过商事代理人将物或权利文书转让给了善意的他人而没有提到原始卖方的权利（English SGA 1979 s. 25；IRISH SGA 1893 s. 25（2））。先前的买方必须对物或物的权利文书进行实际的或推定的占有。因此，如果占有人根据非法的剥夺占有行为而取得它们（如盗窃）则该规定不能适用。尽管卖方的同意由于欺骗而存在缺陷，但这并不使卖方的受让人和随后的买方之间的转让无效（Newtons of Wembley Ltd. v. Williams[1965]1 QB 560；Pearson v. Rose Young Ltd. [1951]1 KB 275）。在这两种情形中，善意的并且不知道先前交易的在后的买方，将获得物的所有权就好像转让人得到合法所有权人的授权那样。在后的买方承担举证责任证明自己是善意的并且不知情（Faber and Lurger（-Frisby and Jones），National Reports Ⅱ，124-128；Faber and Lurger（-Gardiner），National Reports Ⅱ，244-247）。（f）衡平法。衡平法承认更加一般的善意取得的例外。有偿的并且不知情的财产上合法利益的善意买方将会得到该法律利益而不负担任何先前的衡平法上的利益（Pilcher v. Rawlins[1872]7 Ch. App. 259；Frisby and Jones，loc. cit.，129-130）。

16. 在塞浦路斯，根据普通法传统，不承认独自存在的善意原则。然而，在1994年货物买卖法的若干条文中提到了"善意"。和英国1979年货物买卖法类似，这些规定是nemo plus juris原则的例外，善意在权利的转让中扮演了关键的角色。此外，在当事人寻求衡平法的帮助的情形中也可以发现类似于善意的概念。例如，"寻求衡平法帮助的人必须有干净的手"就是这样一种例子，希望得到衡平法救济的当事人必须"公正地"履行自己的义务（Faber and Lurger（-Laulhé Shaelou/Stylianou/Anastasiou），National Reports Ⅱ，585-590）。

17. 在苏格兰，善意取得在有限的程度上被接受。苏格兰法中一般的规定是当非所有权人没有处分的授权而打算转让所有权时，财产的权利不发生转移。所有权可以根据所有权人的意图而转移（Reid，The Law of Property in Scotland，para. 559；Stair，Institutions Ⅲ，2；Faber and Lurger（-Carey Miller/Combe/Steven/Wortley），National Reports Ⅱ，356-357）。如果卖方/转让人进行处分的权利溯及既往的撤销，买方可以取得动产的所有权，只要转让人的授权被所有权人终止的事实还没有被买方知晓（Factors Act 1890 s. 2；Carey Miller and Irvine，Corporeal Movables2，no. 10.15-10.23；Carey Miller/Combe/Steven/Wortley，loc. cit.，356-357）。进一步来说，如果所有权人和转让人/卖方之间的供应合同被终止或被撤销，在打算进行转让的非所有权人占有物或相关权利文书的情形中，善意取得可能发生：非所有权人可以将权利转让给随后善意并且有偿的第三人(Factors Act 1890 s. 9;SGA 1979 s. 25(1) Carey Miller/Combe/Steven/Wortley, loc. cit., 371)。最后,如果转让人/卖方的占有建立在实际存在但将要撤销的有缺陷的权利的基础上,随后的善意和有偿的买方将得到不容置疑的权利,而先前的所有权人只能对卖方/转让人提出要求补偿的权利主张(Carey Miller and Irvine, loc. cit., para. 8. 30)。

18. 在丹麦,没有关于善意取得的立法。早期,主要的规则是合法的所有权人有权主张取回财产,而没有对买方的保护(Elmer and Skovby, Ejendomsretten Ⅰ[4], 162 et seq.)。然而,法院开始接受在某些情况下对善意买方的转让是有效的:在这个问题上仍然没有一般性的规定,每个案例必须被单独的讨论。然而在丹麦的学者之间一些一般性的要求已经达成共识。在双重销售中,主要的规则是首先设立的权利总是具有优先性。之后的权利只有建立在有效的和最终的合同基础上并且买方是善意的才会占优势。转让人必须看起来拥有出售财产的授权,这通常意味着他对财产进行实际控制,并且以卖方再也不能处分动产的方式将财产转让给受让人。只有这些要求被满足,才有讨论有效的善意取得的空间,但其结果在丹麦仍然是不确定的(Elmer and Skovby, Ejendomsretten Ⅰ[4], 193 et seq.; Mortensen, Tingsretten, 170 et seq.; Faber and Lurger (-Færstad), National Reports Ⅴ, chap. 10. 8. 9)。这些相同的基础性要求同样也是双重交易之外其他善意取得情形的出发点,例如转让人租用财产的情形。在这些基本要求之外,为了实现有效的善意取得还应满足"额外的一些东西",但是丹麦学者们对此并不是非常确定(例如参见 Elmer and Skovby, loc. Cit.)。也有一些"特别的理由"支持权利的消灭(Dahl et al. (-von Eyben), Danish Law in a European Perspective[2], 229)。这样的理由要么是所有权人的粗心大意要么是所有权人的消极。如果由于所有权人没有对财产投注足够的关心,如物被借给或租给了什么人,而使新的权利的设立是可能的,这将是拒绝所有权人取回财产的有力理由(Faber and Lurger (-Færstad), National Reports Ⅴ, 62 ff; Illum, Dansk tingsret3, 362 f; Elmer and Skovby, loc. cit., 173 et seq. and 190 et seq.; Dahl et al. (-von Eyben), Danish Law in a European Perspective2, 229 f; and the court cases: U 1959. 578 Ö, U 1972. 746 H, and U 1975. 381 H)。另一方面,如果所有权人明知买方不知道他的权利而保持消极,这也是支持权利消灭的有力理由,尽管仅仅只有消极并不足以成为取回财产的一般原则的例外(Mortensen, Tingsretten, 198 et seq.)。根据古代丹麦法典第 6－17－5 条,盗窃物总是可以被取回的。法律仅仅提到盗窃物,但该规则可以被类比的适用于合法的所有权人由于勒索或其他类似的犯罪行为而被非法剥夺占有的情形(Elmer and Skovby, loc. cit., 190 et seq.)。然而如今,丹麦法的趋势是消灭所有权人的权利(von Eyben, Formuerettigheder[7], 222)。本票法第 14 条规定了流通票据的权利主张。该条规定,如果票据是通过交易或质押而获得,转让人占有票据且受让人是善意的,则所有权人的权利消灭。转让人的实际占有同样必须通过在转让人那里结束的取得所有权的连续发展的轨迹所证明(Andersen and Werlauff, Kreditretten[4], 76 et seq.; Vinding Kruse, Ejendomsretten[23], 1270 et seq.)。

19. 在挪威,和丹麦一样,早期的主要规定是合法的所有权人,除了在一些例外的情况下,总是有权取回财产如果它被善意取得人取得(Lilleholt, Alminnelig formuerett12, 197; Braekhus and Haerem, Norsk, 410 et seq.)。随着善意取得法(Lov om godtroerverv av løsøre)的制定,如今的主要原则恰恰相反:善意取得人消灭之前的所有权人的权利。善意取得法适用于动产,但不包括需要登记的船舶和航空器、在这种情况下不被当做动产的流通票据以及艺术品。此外,只有当买方为财产或物的使用支付了价款时才适用善意取得法的规定(第 1 条)。需要注意的是,由于在丹麦、瑞典和挪威所采用的功能主义的方法,最重要的方面是在受让人的眼中转让人看起来是否像是有权处分动产的人,因此他将要取得的东西和动产上早先的权利并不冲突,无论转让人看起来是否像是财产的所有权人(Faber and Lurger(-Færstad),National Reports Ⅴ,chap. 10.4.4.)。根据法律规定,买方必须得到财产的占有,但不确定的是它是否应当从字面上进行理解。它可能和丹麦一样,重点是使动产在转让人的处分权力之外而不是使它处于买方的占有之下(Lilleholt, loc. cit.,198)。

20. 在芬兰,善意取得的规定起源于1734年商法典(商法典第11章第4条和第12章第4条),多年以来这些规定体现在最高法院不同的决定中。占有可以推定所有权的存在,为了有效的善意取得转让人必须有转让动产所有权的目的,声称自己是所有权人,或如同所有权人一样行事。买方在取得财产的时候必须有合理的善意并且对财产进行占有。这些规定进一步表明,当某人没有所有权人的同意而转让财产时,如果受让人是恶意的或物是被偷走或抢走的则所有权人可以取回自己的东西而无须支付任何补偿。在这些情形中,所有权人的权利没有被消灭。如果受让人是善意的,则所有权人的权利消灭,所有权人必须支付价款才能将物取回(商法典第11章第4条和第14章第4条;Faber and Lurger(-Kuusinen),National Reports Ⅴ,chap. 12)。对于从受让人处赎回财产没有时间上的限制,但是仍然应当在合理的时间内提起权利主张(Kuusinen, loc. cit.,chap. 12)。14年后再提出权利主张将被驳回(KKO 1966 II 57)。

21. 在瑞典,相关的规定存在于个人财产善意取得法中。即使卖方从来不是所有权人善意取得也是可能的,而这主要依赖于所有权人失去对财产的占有是由于某人破坏占有的犯罪行为还是在其他情形下失去占有(Martinson, Transfer of Title Concerning Movables Part Ⅲ - National Report:Sweden,86)。如果所有权人的占有是由于某人从事了严重的犯罪行为而被破坏(例如盗窃和抢劫),则不会发生善意取得。如果占有是被较轻的犯罪行为所破坏(如高利贷),或自愿放弃占有,善意取得仍然是可能的如果善意取得的所有要求都被满足(个人财产善意取得法第3条)。流通票据和非流通票据的权利主张规定在本票法中,在其他法中也有对金融票据和不动产的规定。善意取得流通票据的可能性要大于有形动产。从小偷那里也可以实现善意取得(Promissory Notes Act § 14;Tiberg, Skuldebrev, växel och check[6],114;Martinson, Transfer of Title Concerning Movables Part Ⅲ - National Report:Sweden,86 et seq.)。

22. 在法国,根据"占有近乎所有"(possession vaut titre)的原则(民法典第2276条),动产所有权的善意取得是可能的。从所有权人自愿转让占有或持有给他的转让人手中善意取得动产的人自动成为所有权人,而之前的所有权人不能提起强制取回之诉。这一制度潜在的理由是法律流转的利益,因为动产被期待顺畅的流通,以及决定转让人进行转让的权利的有效性在实践中的困难,因为动产通常从手到手的(de la main à la main)进行流转(Terré and Simler, Les biens[6],220 and 318)。

23. 在比利时,存在相同的制度:根据民法典第2279条,善意的买方根据"占有近乎所有"(possession vaut titre)原则取得动产的所有权(Faber and Lurger(-Cauffman and Sagaert),National Reports Ⅳ,chap. 8.2)。

24. 在保加利亚,善意取得被规定在所有权法第78条中。适用的范围包括所有的转让人不是物的所有权人的情形,它提供了原始取得动产和不记名票据上对物权的方法,如果受让人不知道转让人不能转让该权利。如果转让人根据被溯及既往的撤销或终止的合同取得动产,该权利必须被认为是不存在的,而善意的取得人也不能援引所有权法第78条(Boyanov, Veshtno pravo[6],304;Tadjer, Veshtno pravo Ⅳ,159)。遗失物或被盗物的所有权人可以从盗窃或遗失之日起3年内从善意取得人那里取回财产,除非善意取得人从国有企业或市政企业购买该财产(所有权法第78条第(2)款)(参见 Faber and Lurger(-Stoimenov),National Reports Ⅳ,chap. 10.1)。

25. 在意大利,民法典第1153条规定,从没有权利或授权转让动产的人那里购买物的人可以通过善意占有的方式成为所有权人,如果他在调查转让人进行处分的授权时没有重大过失并且能够对此进行证明。这一原则建立在增加动产流转的确定性的需求上,因为对买方来说对转让人的权利的合法性进行复杂的调查并不容易。另一方面,如今手到手交易的发生速度使人很难掌握动产转让完整的流转轨迹。因此,占有的要求便利了动产的原始取得如果由于派生权利的存在而导致对转让的障碍。然而,合法的所有权人不能被不公平的忽视:他总是能够要求对错误的所有权人导致的损害和损失进行补偿。最后,民法典第1156条排除了将这些规则适用于物的集合以及需要登记的物(Faber and Lurger(-Greco),National Reports Ⅰ,490-495)。

Ⅱ. 买方的善意的标准

26. 在奥地利,买方是善意的,如果他不知道或没有理由知道转让人缺少处分动产的授权。此外,买方从合同订立时起直到交付或类似交付的行为发生时都必须是善意的。如果买方在稍后的时候意识到前任缺少所有权,这不会产生任何消极的效果。民法典第367条意义上的善意意味着买方"有适当的理由"可以认为转让人是所有权人。因此,即使轻微的过失(leichte Fahrlässigkeit)也会影响善意的存在(Koziol and Welser,Bürgerliches Recht Ⅰ[13],332;Schwimann(-Klicka),ABGB Ⅱ[3],§ 367 no. 3;Iro,Besitzerwerb,111 et seq. And 147 et seq.;Karner,Gutgläubiger Mobiliarerwerb,396 et seq.;Krejci(-Schauer),Reformkommentar,ABGB §§ 367,368 no. 10;Faber and Lurger(-Faber),National Reports Ⅰ,154)。事实上,受让人根据环境被要求调查卖方进行处分的授权是否是明显的。就此而言,学者争论善意是否必须是绝对客观的(Spielbüchler,Der Dritte im Schuldverhältnis,289 et seq.;Rummel(-Spielbüchler),ABGB Ⅰ[3],§326 no. 2 and §368 nos. 1 f.;Klang(-Klang),ABGB Ⅱ[2],227;Karner,loc. cit.,402 et seq.)。对转让人的权利不存在过失的要求来源于民法典第36条第(2)款,它要求受让人在令人怀疑的情况中要合理的行事(例如,低价,卖方的行为,卖方的商业活动等)。善意可以被推定(民法典第328条和第368条第(2)款)。举证责任由原始所有权人承担(Karner,loc. cit.,391)。

27. 在捷克,商法典规定受让人是善意的如果他不知道转让人没有权利转让所有权。善意的标准是客观的并且建立在交易的环境上。此外,商法典第446条要求在取得所有权时必须存在善意,即直到受让人获得物的占有(Svestka/Jehlicka/Skárová,OZ[9],art. 616,912)。举证责任由主张获得所有权的当事人承担(Faber and Lurger(-Tichy′),National Reports Ⅵ,chap. 12.2)。

28. 在爱沙尼亚,买方必须善意的相信转让人有进行处分的权利(物权法第95条第(1)款)。根据物权法第95条第(2)款,买方不被认为是善意的如果他知道或应当知道转让人无权转让所有权。在实际知情和重大过失的情形中善意取得被排除。此外,受让人必须一直保持善意直到物被交付(Pärna,Asjaõigusseadus,§95 no. 4,196)。根据物权法第35条和民法典总则部分(GPCCA)第139条善意可以被推定。如果有证据表明买方知道转让人缺少处分的授权则证明了恶意的存在(最高法院2002年10月31日3-2-1-118-02号判例)。(更多信息参见 Faber and Lurger(-Kullerkupp),National Reports Ⅰ,308-312.)

29. 在德国,根据民法典第932条第(2)款,买方不是善意的如果他知道或由于重大过失而忽视了动产不属于转让人或动产是根据可撤销合同而被取得的。因此,存在轻微的过失没有关系。根据 Bundesgerichtshof,当"转让人根据环境没能满足谨慎的标准并以疏忽的方式违反了自己的义务,并且忽视了任何人在相关环境下都能明显发现的东西"(BGH 11 May 1953,BGHZ 10,14,16)那么就存在重大过失。然而,如果动产是在商业代理人的普通商事过程中被购买,关于转让人进行处分的授权的善意已满足(商法典第366条)。如果存在可疑的环境表明转让人无权进行处分,则会产生通知和调查的义务。这个义务的范围有赖于具体的环境和受让人的经验。因此,对专业人士来说存在更高的谨慎标准。然而,谨慎的标准同样有赖于交易的类型。如果代理人以受让人的名义行事,则代理人必须满足善意的要求(民法典第166条第(1)款;MünchKomm(-Quack) BGB[4], §932 no. 49)。然而,如果代理人根据本人的特别的指令行事,那么本人和代理人都必须是善意的(民法典第166条第(2)款;Baur and Stürner, Sachenrecht17, §52 no. 32)。如果受让人是法人,它的某个成员的恶意或过失都会被归结于法人身上。法律要求在协议订立和交付完成的时候受让人都必须是善意的(Baur and Stürner, loc. cit., §52 no. 28)。一旦所有权被善意的获得,随后的知情将不再影响取得人的地位。善意是被推定的,除非原始的所有权人能够证明受让人的恶意或重大过失(Faber and Lurger(-McGuire), National Reports Ⅲ, chap. 11.3.4)。

30. 在希腊,根据民法典第1037条,买方是恶意的当他实际上知道或由于重大过失而忽视了转让人不是物的所有权人。因此,法律要求受让人调查转让人进行处分的授权,尤其是在以下的情形中:(a)受让人从被怀疑交易盗窃物的人那里购买高价值的物,(b)购买根据所有权保留而出售的物,(c)购买登记物(Georgiadis and Stathopoulos(-Georgiadis), 455)。此外,根据案例法(PPr Thessaloniki 785/1989 in Arm 1989, 746; PPr Piraeus 1914/2003, DEE 10(2004), 678),当受让人严重怀疑动产所有权的时候同样会产生相同的义务(Faber and Lurger(-Klaoudatou), National Reports Ⅲ, chap. 12.7)。在交付或类似交付行为发生时善意必须存在,即受让人获得对物的实际控制的时候(民法典第1036条第(1)款)。在长手交付(longa manu traditio)和短手交付(brevi manu traditio)的情形中,善意在当事人就转让达成一致的时候必须存在;在货栈单或提单的情况下,在相关权利文书被转让的时候善意必须存在(Georgiadis, loc. cit, 456)。如果在交付后受让人知道了转让人缺少处分的授权那么善意同样不存在(Balis, Property Law[2], §57 no. 1)。善意是被推定的。举证责任由原始所有权人承担(Georgiades, Empragmato Dikaio Ⅰ, 492)。

31. 在匈牙利,根据善意取得是否建立在民法典第118条第(1)款或第(2)款的基础上,法律规定了两种不同的善意标准。如果动产在交易过程中被取得,买方的善意与卖方不是物的所有权人并且无权进行处分的事实相联系。买方的善意建立在他没有怀疑卖方进行处分的授权的事实上。此外,即使买方没有积极的探寻卖方是否是合法的所有权人并没有太大影响。然而,如果交易的环境会导致严重的怀疑(如物的低价;参见BH no. 1996/419),那么买方的善意不能被承认,因此也不能取得所有权。在普通商事过程之外对善意的标准要求更高。买方被要求在任何可疑的情形中调查转让人的授权:在这种情形中的善意反映了积极的行为(Faber and Lurger(-Szilágyi), National Reports Ⅲ, chap. 12.1.2)。善意不能被推定。因此,民事诉讼法第164条要求当事人必须证明支持自己权利主张的事实(Menyhárd, Dologi jog; 303; Szilágyi, loc. cit., chap. 12.1.4(c))。

32. 在立陶宛,判例法表明在决定善意的标准和客体时缺少清楚和一致性。在一些情形中,法院要求证明对转让人的所有权的善意的存在,然而在其他一些情形中,法院认为买方知道转让人有权对物进行处分就可以主张善意。尽管在学者中也没有就善意的标准达成一致的意见,他们中的一些人采用了另一种方法。他们认为这种方法更加符合民法典第4.96条的规定。然而,判例法倾向于根据买方是消费者还是专业人士而适用不同的标准(Faber and Lurger

(-Mikelenas),National Reports Ⅲ,64)。如果买方是普通消费者,实际知情或重大过失才足以构成恶意(最高法院2003年1月22日,3K-3-106/2003号判例)。如果买方是专业人士,即使轻微的过失也能够排除善意的存在(最高法院2000年3月15日,3K-3-321/2000号判例)。在任何情况下,主观和客观的善意对善意的存在都是必要的(最高法院2001年4月11日,3K-3-439/2001号判例)。

33.在斯洛伐克,如上所述,善意取得规定在商法典第446条中,它没有规定善意的标准。根据民法典中关于善意占有的概念(民法典第130条第(1)款),持有物的人被认为合法的占有物,除非存在相反的证明。进一步来说,通过对商法典第446条的仔细解读,可以推断出善意取得人必须不知道转让人不是所有权人。根据一些学者的看法,善意的标准涉及对转让人的授权的深入调查。他们认为买方是善意的如果他相信卖方有权进行处分,尽管他知道将物转让给卖方的人不是物的所有权人(Lazar et al.,OPH Ⅰ,426)。受让人的善意在当事人同意转让权利的时候必须存在。如果当事人没有对转让的时间达成一致,那么在交付的时候善意必须存在。然而,法院可以认为受让人的善意并不存在如果存在客观环境使受让人相信自己合法行事的信念产生缺陷。然而,证明这种情况的举证责任由希望赢得强制取回之诉的合法的所有权人承担(Faber and Lurger(-Petkov),National Reports Ⅵ,chap. 13.2)。

34.在斯洛文尼亚,善意意味着买方不知道或不应当被期望知道转让人无权转让动产。事实上,善意取得人被认为相信转让人是动产的所有权人或得到合法的所有权人处分财产的授权。善意在物被交付的时候必须存在。根据《物权法》第9条,善意被推定直到相反的情况被证明。举证责任由合法所有权人承担(Faber and Lurger(-Rudolf/Rijavec/Keresteš),National Reports Ⅰ,605-606)。

35.在西班牙,买方的善意的标准建立在民法典第433条和第1950条上,它们规定了合法占有人所要求的善意的标准(Faber and Lurger(-González Pacanowska and Díez Soto),National Reports Ⅴ,chap. 2.3.3)。根据民法典第433条,占有人被认为是善意的当他不知道可能使他的权利或取得模式存在缺陷的情形。此外,民法典第1950条规定占有人是善意的当他相信转让人是其所取得的物的所有权人或有权转让物的所有权。可能影响善意状态的法律或事实的错误是不相关的如果已经证明买方根据最低限度的谨慎行事(González Pacanowska and Díez Soto,loc. cit.,chap. 2.3.3)。善意可以被推定(民法典第434条)。

36.在瑞士,善意取得人受到保护如果他相信转让人是动产的所有权人或有权对物进行处分(Steinauer,Les droits réels I4,no. 432;BSK(-Stark),ZGB Ⅱ^2,art. 933,no. 29)。此外,根据民法典第3条第(2)款,没能表现出环境所要求的谨慎的善意取得人不能利用自己的善意。根据瑞士联邦法庭的观点,买方在取得二手物的时候必须非常小心,尤其是二手的汽车和古董(ATF 131 Ⅲ 418/422;see also Steinauer,loc. cit.,no. 434)。善意在取得所有权时必须存在,原则上这是占有被转让给买方的时候(Steinauer,loc. cit.,no. 432;Stark,loc. cit.,art. 933,no. 40)。如果善意取得涉及盗窃物或遗失物,取得人必须继续保持善意直到提起强制取回之诉的5年期限终止(民法典第934条和第722条;参见Steinauer,loc. cit.,no. 2071a)。根据民法典第3条第(1)款,善意可以被推定。

37.在荷兰,民法典第3:11条要求买方知道那些使他可以被认为是善意的事实或法律规定。如果他有适当的理由怀疑转让人进行处分的权力,那么妨碍这种调查的障碍不足以避免他成为恶意。就此而言,不能判断是否实际知道转让人缺少处分的授权、重大过失或甚至轻微的过失就能够排除善意的存在。然而,被剥夺占有的所有权人有义务证明善意取得人错误的依赖了转让人表面上进行处分的授权(Parlementaire Geschiedenis,Boek Ⅲ,1214)。根据民法典第3:87条第(1)款,善意取得人在取得所有权之后的3年内有义务向合法的所有权人提供所有可以用来追踪转让人的信息(wegwijsplicht)。如果取得人拒绝或不能提供所需的信息,他不能援引善意取得对抗合法所有权人(Parlementaire Geschiedenis, Boek Ⅲ, 1214; Faber and Lurger(-Salomons), National Reports Ⅵ,chap. 11.6)。

38. 在法国,根据对民法典第1141条和第2229条的解释,可以推断出善意包括买方相信占有物的转让人是真正的所有权持有人或拥有处分对物权的授权(Terré and Simler,Les biens[6],323)。

39. 在比利时,法律没有给出善意的定义,它主要来自于学者的阐述(Dekkers and Dirix, Handboek burgerlijk recht,no. 218,92,and no. 230,98;Van Neste,Zakenrecht Ⅰ,no. 271,462)。买方是善意的如果他不知道并且也没有理由知道与他进行交易的人缺少对物进行处分的权力。法院不要求受让人严格的调查转让人是否是合法的所有权人或有权进行转让。然而,如果交易的环境尤其令人怀疑(如极端的低价),受让人的善意可能受到影响(Cass. 3 June 1915,Pas. belge 1915－16,I,300;Cass. 12 November 1925,Pas. belge 1926,I,57;Cass. 17 October 1984,Arr. Cass. 1984－85,280 and Pas. belge 1985,I,244;see also de Page and Dekkers,Traité élémentaire de droit civil Ⅴ,no. 1058,934－935)。更高的标准适用于专业人员。在受让人获得物的占有的时候善意必须存在;随后发生的恶意是不相关的(Hansenne,Les Biens,I,no. 236,245;Van Neste,Zakenrecht Ⅰ,no. 272,464;Puelinckx-Coene/Geelhand/Buyssens,TPR,1999,779,1177)。最后,善意是被推定的(民法典第2268条)。为了成功的取回财产,原始所有权人必须要证明买方怀疑或应当怀疑转让人权利的有效性(Van Neste, Zakenrecht Ⅰ, no. 272, 462; Puelinckx-Coene/Geelhand/Buyssens,loc. cit. ,779,1176 f)。

40. 在保加利亚,善意的主观因素在于善意的买方是否知道转让人没有权利处分动产。知情或不知情是否有正当的理由与所有权的取得并无关联(Vassilev and Goleminov,Bulgarsko veshtno pravo[2],201;Faber and Lurger(-Stoimenov),National Reports Ⅳ,chap. 10.7.1)。所有权法第78条意义上的善意在取得占有的时候必须存在而不是在转让人和受让人之间订立合同的时候(Stoimenov,loc. cit,chap. 10.7.2)。在调整转让人和受让人之间长期关系的合同中(例如长期的供应合同),每次单独的交付都要求善意的存在(Vassilev and Goleminov,loc. cit,202)。善意是被推定的。因此,合法的所有权人为了取回物必须证明受让人在获得占有的时候是恶意的(Tadjer, Veshtno pravo Ⅳ,186)。事实上,根据所有权法第70条第(2)款,占有总是被认为是善意的,除非相反的情况被证明(Stoimenov,loc. cit,chap. 10.7.3)。

41. 在意大利,判例法(Cass. no. 516/1966;Cass. no. 7202/1995;Cass. no. 9782/1999)强调民法典第1153条规定的善意取得所要求的善意的标准类似于民法典第1147条下善意占有所要求的标准(Faber and Lurger(-Greco),National Reports Ⅰ,490)。准确的来说,善意的标准反映了心理和道德的特征。如果由于重大过失买方不知道另一人的权利被侵害,则不能主张善意(民法典第1147条)。占有人被认为是善意的如果他进行占有并且不知道侵害了他人的权利。然而,如果不知情是由于重大过失的结果,则善意不能被推定。错误必须是可原谅的并且必须根据宽大的预设标准来评估,但有必要考虑占有人的社会属性和工作活动以及行为的时间地点和所有其他相关的环境。因此,简单的怀疑使法官有义务进行严格的调查(Greco,loc. cit. ,396)。善意是被推定的(民法典第1147条第(3)款)。因此,对物主张权利的所有权人必须证明受让人不仅应对转让的不合法性产生简单的怀疑,还应该有建立在严肃的、牢固的和非假设基础上的真正的怀疑(Cass. no. 13642/2000)。

42. 在葡萄牙,善意的标准规定在民法典第1260条中,它规定了善意占有的要求。因此,善意包括取得人相信自己没有侵犯他人对动产的权利(Mesquita, Direitos Reais, 91)。善意被推定只要善意的受让人可以证明物的占有是根据抽象的有效的权利得到的(Faber and Lurger (-Caramelo-Gomes and Nóbrega), National Reports Ⅳ, chap. 12. 1. 3)。

43. 在英格兰、威尔士和爱尔兰,买方是善意的如果他不知道他人的权利被侵犯。英国1979年货物买卖法第63条第(3)款和爱尔兰1893货物买卖法第62条第(2)款明确规定,当事情是被诚实的进行的那它就是善意的,无论是否有过失。例如,如果转让人的权利是可撤销的,受让人仍然是善意的如果他不知道侵犯了他人的权利(英国1979年货物买卖法第23条,爱尔兰1893年货物买卖法第23条)。证明受让人缺少善意的责任由声称是合法所有权人的人承担(Whitehorn Brothers v. Davison[1911]1 KB 463)。在商事代理的情况下,善意包括不知道商业代理人的行为超出了所有权人的授权(Bridge, Personal Property Law, 129),除了不谨慎之外,不诚实也会导致恶意(Guest and Benjamin, Benjamin's Sale of Goods, para. 7 - 044)。根据判例法(Heap v. Motorists' Advisory Agency Ltd. [1923]1 KB 557; Forsythe International(UK) Ltd. v. Silver Shipping Co. Ltd. [1994]1 WLR 1334),举证责任由与商业代理人进行交易的人承担(Faber and Lurger(-Frisby and Jones), National Reports Ⅱ, 124; Faber and Lurger(-Gardiner), National Reports Ⅱ, 239)。

44. 在塞浦路斯,1994年货物交易法和合同法都没有对"善意"进行定义。尽管在1994年货物买卖法中数次提到了"善意",在判例法中没有清楚的指导原则说明如何成为善意的买方。一些学者认为,善意的概念建立在英国衡平法的一般原则上。这意味着如果合法所有权人打算质疑买方的善意,他必须证明取得人没有真诚和诚实的行事。另一方面,如果善意取得人带着"干净的手"来到法院那么他可以为自己获得的权利进行辩护,即证明自己没有注意到主张人的权利(Neocleous, Introduction to Cypriot Law, 602)。

45. 在苏格兰,没有对善意的一般定义。然而,可以认为在那些构成对"每个人不能转让超过自己的权利"(nemo plus iuris)原则的例外中,买方行为的基础是相信转让人是合法的所有权人或有进行处分的权利。如果受让人对交易环境有所担心,进行调查的义务将与包含了客观性标准的善意的定义保持一致。善意在取得所有权的时候被要求存在(Alex Brewster & Sons v. Caughey 2002 GWD 10 - 318)。因此,如果买方在订立合同的时候是善意的,但在取得占有的时候或之前知道他人权利的存在,则善意受挫(Carey Miller and Irvine, Corporeal Movables[2], no. 8. 31)。寻求认定交易不是善意的当事人必须证明使受让人产生恶意的有关的情形((-Carey Miller/Combe/Steven/Wortley), National Reports Ⅱ, 423)。

46. 在芬兰,当根据环境转让人被认为是合法的所有权人时善意存在。如果所有权通过中间人进行交付,那么中间人必须也是善意的(Faber and Lurger(-Kuusinen), National Reports Ⅴ, chap. 12)。

47. 在丹麦,为了善意取得所有权,买方必须能够证明自己不知道另一人在先的权利并且这种不知情不是由于重大过失造成的(Mortensen, Tingsretten, 126 and 180)。买方在订立合同时和占有转让时都必须是善意的(Elmer and Skovby, Ejendomsretten Ⅰ[4], 171 et seq.)。然而,善意的标准可能随着物的种类和交易的环境而变化。如果物在商店或类似的环境中被购买则无须进行特别的调查(Illum and Carstensen, Dansk tingsrett[3], 363 f; Elmer and Skovby, loc. cit.)。

48. 在挪威,善意的标准包括买方相信自己意欲取得的权利并不与动产上在先的权利相冲突(Brækhus, Omsetning og kreditt 3 og 4, 288; Faber and Lurger(-Færstad), National Reports Ⅴ, chap. 3)。并不要求买方相信转让人是动产的所有权人(Brækhus, loc. cit.)。和丹麦一样,善意的标准会受到交易环境的影响。买方准确或天真的行为是不相关的。另一方面,如果买方知道影响物的交易的性质的事件,受让人在取得过程中要有更高标准的谨慎(Falkanger and Falkanger, Tingsrett[6], 589; Lilleholt, Alminnelig formuerett[12], 198)。

49. 在瑞典,买方并不需要相信转让人是动产的所有权人。如果买方相信转让人有处分的授权就是足够的(Martinson, Transfer of Title Concerning Movables Part Ⅲ－National Report: Sweden, 91 f)。事实上,个人财产善意取得法第 2 条规定考虑到物的种类、交易发生的环境以及总体的环境,买方应当被认为是善意的如果买方很可能不会怀疑转让人没有处分的权利。合法的所有权人和受让人都负担举证责任,前者必须证明受让人知道转让人没有被允许进行处分,后者则必须证明他对阻碍取得所有权的情形没有怀疑。在这一点上学术界的争论十分激烈:一些学者认为受让人必须承担主要的责任(Millqvist, Sakrättens grunder, 43),另一些人认为举证责任应由合法的所有权人和那些认为买方不是善意的人承担(Hessler, Allmän sakrätt, 105)。然而,买方被要求对转让人的权利进行更加严格的调查如果所取得的动产通常是被偷来的或根据所有权保留条款而出售。如果取得发生在普通商业过程则不存在这样的义务(Håstad, Sakrätt6, 68 et seq.; Millqvist, Sakrättens grunder, 44)。

Ⅲ. 有偿取得或无偿取得

50. 在奥地利,只要转让是有偿的就可以发生善意取得(Koziol and Welser, Bürgerliches Recht Ⅰ[13], 333; Spielbüchler, Schuldverhältnis, 155)。至于价款是否必须已经被支付则存在一些争论。支持者的观点参见 Koziol and Welser, loc. cit., 297; Bollenberger, ÖJZ 1995, 641, 651; Bollenberger, ÖJZ 1996, 851。相反的观点参见 Holzner, ÖJZ 1996, 372; Holzner, ÖJZ 1997, 499; Spielbüchler, Der Dritte im Schuldverhältnis, 155; Rummel(-Aicher), ABGB Ⅰ[3], § 1063 no. 97。最高法院认为价款的实际支付并不重要:仅仅有支付的义务就够了(OGH 2 Ob 144/02v, RdW 2002, 724)。最高法院的意见来源于民法典第 367 条规定实际支付不是善意取得的要求(Faber and Lurger(-Faber), National Reports Ⅰ, 148)。

51. 在爱沙尼亚,善意取得是有偿还是无偿的并不重要。然而,如果所有权的转让存在对价即有偿,那么善意取得人将会受到更好的保护。事实上,如果既不是物的所有权人也没有得到授权的人无偿的将物进行转让,则取得人有义务将物交还给合法的所有权人,尽管交易是有效的(债权法第 1040 条)。交易的无偿性必须在每个具体的情况中被确定。法律不要求受让人已经支付完整的价款,然而,转让人和善意取得人之间的协议必须表明转让建立在对价的基础上。法律并不要求受让人已经支付价款,但当事人之间关于转让的法律关系应当要求来自受让人的对价不仅仅是象征性的(Faber and Lurger(-Kullerkupp), National Reports Ⅰ, 308－309)。

52. 在德国,无偿交易和有偿交易之间原则上不存在区别,只要交易构成贸易行为(所谓的 Verkehrsgeschäft)。参见 MünchKomm(-Quack), BGB4, § 932 no. 7。"贸易行为"并不要求存在商事过程中的交易,只要有转让人和受让人之间法律地位的实际改变即可,但不能仅仅是形式上的改变(Quack, loc. cit., § 932, no. 18)。然而,根据不当得利的规定无偿并且善意取得动产的人可能有义务将物交还给所有权人(民法典第816条第(1)款)。参见Karner,ZfRV 2004,83 and 86;Faber and Lurger(-McGuire),National Reports Ⅲ,chap. 11.2.3。

53. 在希腊,与此类似,只有建立在合法交易基础上的转让才可能发生善意取得。无论是无偿的还是有偿的,转让的原因都不重要。然而,如果当事人同意无偿转让,合法的所有权人有权根据民法典第913条的规定提起不当得利之诉(Georgiadis and Stathopoulos(-Georgiadis),452-453;Faber and Lurger(-Klaoudatou),National Reports Ⅲ,chap. 12.2)。

54. 在匈牙利,法律要求转让是有偿的。事实上,无论转让是否发生在商事过程中,民法典第118条仅适用于销售合同的情形。因此,从非所有权人处善意并且无偿取得物的受让人不能根据善意取得的规定而获益(Gellért(-Petrik),A Polgári Törvénykönyv Magyarázata,442-445)。

55. 在立陶宛,如果交易是有偿的那么善意受让人可以取得所有权(民法典第4.96条第(3)款)。如果转让是建立在无偿交易的基础上,合法所有权人有权主张取回物(Faber and Lurger(-Mikelenas),National Reports Ⅲ,chap. 12.2)。之所以要求交易是有偿的是为了平衡合法所有权人和善意取得人之间的利益。当善意取得人没有支付任何费用的时候如果不允许合法所有权人从善意取得人处取回物将是不公平的。另一方面,在有偿交易的情况中合法所有权人可以寻求其他的救济(如根据有关损害的非合同义务的法律主张损害赔偿或要求撤销不当得利)。立陶宛法律不要求价款已经被支付(Mikelenas,loc. cit.,chap. 12.2)。

56. 在斯洛伐克,根据商法典,善意取得适用于"根据合同出售的物"(商法典第446条)。在无偿合同的情况中似乎不能发生善意取得,因为商法典第446条要求物应当被出售,即为了金钱而转让(Faber and Lurger(-Petkov),National Reports Ⅵ,chap. 13.1)。

57. 在斯洛文尼亚,善意取得的要求之一是交易必须是有偿的(《物权法》第64条)。并不要求受让人已经对转让人进行支付:实际上,转让人和受让人之间存在相关履行的协议就已足够(Faber and Lurger(-Rudolf/Rijavec/Keresteš),National Reports Ⅰ,604-605)。

58. 在瑞士,法律没有提到善意取得是否仅发生在有偿交易的情况中还是说在无偿交易的情况中同样可以进行善意取得。然而,一些学者认为将不属于赠与人的物进行赠与是无效的,因此善意的受赠人不能取得所有权(Thévenoz,Trusts,265;Foëx,The Hague Trust Convention,33;contra Steinauer,Les droits réels Ⅰ[4],no. 441;BSK(-Stark),ZGB II2,Pref. to art. 930-937,no. 33)。

59. 在荷兰,民法典第3:86条保护有偿的善意取得。之所以进行这样的限制存在两个理由:(a)公平(实际上,归还赠与物的受赠人的牺牲要小于已经交付对价的人的损失);(b)对商事和交易的保护(所谓的verkeersbescherming)。商事关系中的当事人必须分别履行对对方的义务的事实被认为值得受到更多保护(Salomons,AA 40(1991),10,114-123)。然而,尽管象征性的对价并不足够,但受让人的履行不要求与所获得的动产的价值成比例(Pitlo et al.,Goederenrecht[12],no. 159)。善意取得人不要求已经支付全部的价款:受让人有履行的义务已经足以实现善意取得(Faber and Lurger(-Salomons),National Reports Ⅵ,chap. 11.2)。

60. 在西班牙,法律和学者都没有提到有偿的要求。法国、比利时、意大利均是如此。这些国家仅要求有关转让的协议对于所有权的取得来说是有效的。这意味着尽管这个协议是在非所有权人和无辜的第三人之间订立的,却可以产生相应的效力,因为它并不因合同的缺陷而无效。

61. 在保加利亚,为了获得所有权,法律要求将占有转让给善意取得人必须是有偿的。此外,如果受让人支付的价款仅仅是象征性的那这个要求并没有被满足。尽管学者认为有偿交易的要求是政策不一致的结果(Tadjer, Veshtno pravo Ⅳ, 186),它的目的在于平衡合法所有权人和善意取得人之间的利益。转让人和善意取得人之间的有偿交易的要求并不意味着受让人必须已经支付了价款。有付款的义务就已经足够了(Vassilev and Goleminov, Bulgarsko veshtno pravo[2], 198)。

62. 在英格兰、威尔士、苏格兰、塞浦路斯和爱尔兰,不存在关于善意取得的复杂的规定。然而,所有那些法律要求当事人在主张权利对抗其他声称拥有相同权利的人之前必须是善意的情形都在货物买卖法(英格兰、威尔士和苏格兰:1979 年货物买卖法;爱尔兰:1893 年货物买卖法;塞浦路斯:1994 年货物买卖法)和商业代理人法(英格兰、威尔士和爱尔兰:1889 年代销商法;苏格兰:1889 年代销商法和 1890 年代销商法;塞浦路斯:合同法第 149 章)的范围内。这些法律的一部分适用于有偿交易的情形,尤其是当物被非所有权人、没有授权的人或没有所有权人同意的人出售的时候。苏格兰学者指出这种有偿交易的理由主要是历史性的(Reid, The Law of Property in Scotland, 699; Carey Miller and Irvine, Corporeal Movables[2], no. 8.32)。进一步来说,对于有偿取得和无偿取得的准确区分并不存在权威的意见。在对价非常低的交易中可以假定没有支付有意义的价格(并且因此取得人不是善意的)。同样存在疑问的是价款是否必须已经支付或者有支付的义务就已经足够。

63. 在芬兰,所有权通过财产的转让取得,它包括无偿的取得。交易"有偿"或者"无偿"只有在原始所有权人补偿善意取得人的时候才有意义,如果后者归还了被侵权的物(Faber and Lurger (-Kuusinen), National Reports Ⅴ, chap. 12)。

64. 在丹麦,这个问题没有得到广泛的讨论,但是交易是否有偿似乎并没有区别(Illum and Carstensen, Dansk tingsret[3], 365)。

65. 在挪威,一般的要求是买方在支付一定的对价之后取得对物的占有(善意取得法第 1 条)。这排除了通过继承或赠与或象征性的对价善意取得所有权(Falkanger and Falkanger, Tingsrett[6], 584)。

66. 在瑞典,有偿转让或赠与都可以消灭所有权人的权利。然而,继承的财产或夫妻之间连带财产的分割并不消灭财产上在先的权利(Håstad, Sakrätt[6], 65; Tiberg, Skuldebrev, växel och check[6], 115)。

Ⅳ. 取得占有的环境

67. 在奥地利,只有当转让所有权的一般条件都被满足时善意受让人才能获得所有权。这意味着当事人必须就基础合同(所谓的 Verpflichtungsgeschäft)和真正的合同(所谓的 Verfügungsgeschäft)达成一致。而且这些合同必须是有效的。善意的受让人可以有通过交付或民法典第 426～429 条所规定的类似交付的行为取得占有。学术界有人质疑占有改定在这里是否适用(认为受让人可以通过占有改定实现善意取得参见:Iro, Besitzerwerb, 237 ff; Schwimann (-Klicka), ABGB Ⅱ[3], § 367 no. 9; Koziol/Bydlinski/Bollenberger(-Eccher), ABGB[2], § 367 no. 2; Spielbüchler, Der Dritte im Schuldverhältnis, 171 ff, 178 ff; contra Iro, Besitzerwerb, 238; Spielbüchler, loc. cit., 173 f, Karner, Gutgläubiger Mobiliarerwerb, 343 f, 366 ff and 79 ff)。最高法院对此没有发表意见。学者认为即使转让人命令第三人以受让人的名义进行占有,受让人的善意取得仍然可以实现(参见 Besitzanweisung; see Koziol and Welser, Bürgerliches Recht[13], 299)。

68. 在爱沙尼亚,善意取得的概念建立在占有合法化的表象上(Pärna, Asjaõigusseadus, § 95, no. 1, 193)。为了让买方合理的相信转让人有权处分物,转让人必须对物进行占有。此外,善意的受让人获得所有权如果直接占有通过真正的协议被交付给他。如果物通过占有改定的方式被交付,只有在受让人取得对物的实际控制的时候才发生善意取得,如果他在那时仍然是善意的(物权法第 95 条第(1)款)。这一制度背后的原理是为了平衡被剥夺占有的所有权人和善意取得人的利益,以及将转让人不能对动产的实际控制进行处分的风险分配给善意取得人(Faber and Lurger(-Kullerkupp),National Reports Ⅰ,308-310)。

69. 在德国,善意取得的概念依赖于受让人的善意,它建立在转让人对动产的占有是对所有权的指示的合理期待上。如果善意的受让人信赖了这种权利的表象(Rechtsscheintatbestand),他就应当受到保护(Baur and Stürner,Sachenrecht[17],§52,no. 3)。此外,必须满足将实际控制转让给买方的要求:(1)转让人将物交付给受让人(民法典第 932 条第(1)款第一部分);(2)受让人在有关交易的协议订立之前已经从转让人那里取得物(民法典第 932 条第(1)款第二部分);(3)转让人将间接占有转让给受让人(民法典第 934 条)。最后,民法典第 933 条规定受让人仍然可以得到所有权如果他在稍后的时候获得物的占有并且仍然是善意的。因此,为了善意的取得所有权,重要的是受让人得到了物的占有,无论转让人是否已经取得对物的占有或能够安排将占有转让给受让人(所谓的 Besitzverschaffungsmacht)。最高法院指出善意取得进一步的要求是在转让后转让人没有保留任何形式的占有,间接占有也不可以(BGH 5 May 1971,BGHZ 56,123,129 et seq.)。因此,占有改定并不能实现善意取得,因为转让人仍然对物进行占有(MünchKomm(-Quack)BGB[4],§933 no. 1)。事实上,对有效的善意取得来说重要的是受让人坚定和明确的占有,包括取得人或他的中间人排他性的占有以及完全排除转让人的占有(民法典第 933 条;Baur and Stürner,loc. cit.,§52 no. 17;Staudinger(-Wiegand),BGB[2004],§933 no. 6)。这在实践中非常重要,因为它排除了通过信托转让对信用担保的善意取得,因为它不存在占有的实际转让(Faber and Lurger(-McGuire),National Reports Ⅲ,chap. 11. 3. 3(b))。实际占有必须被转让给受让人的原则的例外存在于追偿诉权的转让的情形中(民法典第 934 条)。民法典第 934 条第一部分规定当转让人是物的间接占有人时,受让人通过追偿诉权的转让获得物的所有权(Baur and Stürner,loc. cit.,§ 52 no. 21;Faber and Lurger(-McGuire),National Reports Ⅲ,chap. 11. 3. 3(b))。

70. 在希腊,转让人占有动产的事实使取得人认为非所有权人的转让人实际上是物的所有权人。因此,买方对事实表象的善意应当受到保护,但是如果买方的善意不是建立在这种无意识的错误上,那就没有理由对取得人的利益提供比合法所有权人的利益更高标准的保护(Georgiades,Empragmato Dikaio Ⅰ,489;Spyridakis,Empragmato Dikaio,142a)。占有必须被转让给取得人。这意味着善意的取得人必须得到动产的实际控制。根据民法典第 1036 条,物的转让可以通过任何实际交付或类似交付的行为而实现(Balis,Property Law[2],§ 56;Spyridakis,loc. cit.,142 cb)。一些学者不认为这样的要求可以通过占有改定、对实际占有人的通知或强制取回之诉的转让等方式被满足。他们认为,在这些形式的交付中,取得人没有得到对动产的实际控制。因此,他们认为只有在财产被交付给取得人并且他在那时仍然是善意的时候,善意取得才是可能的(Georgiadis,loc. cit.,487)。

71. 在匈牙利,法律要求为了有效的实现善意取得买方必须取得对物的占有。具体而言,交易必须满足民法典第 117 条的要求,即进行转让的有效的权利和物的转让(Gellért(-Petrik),A Polgári Törvénykönyv Magyarázata,445;Faber and Lurger(-Szilágyi),National Reports Ⅲ,chap. 5.1)。

72. 在立陶宛,转让人任何形式的占有都是可以的。转让人或取得人对物的实际控制对于善意取得规则的适用来说并不是必要的(Faber and Lurger(-Mikelenas),National Reports Ⅲ,chap. 12.3)。

73. 在斯洛文尼亚,善意取得的一个要求是物被交付给受让人。法律没有规定交付的特定的形式。然而,占有改定不是类似交付的有效的形式,因为物仍然在转让人的直接占有中(Juhart/Tratnik/Vrenc˅ur(-Tratnik),Stvarno pravo[2007],art. 64,324)。一旦物被交付那么受让人将获得所有权,如果受让人在那时仍然是善意的(物权法第64条第(3)款)。如果转让人仍然占有物那么所有权人可以成功的将它取回(Tratnik,loc. cit.,art. 64,325)。然而,当动产在第三人的手中时善意取得仍然是可能的(Faber and Lurger(-Rudolf/Rijavec/Kerestes˅),National Reports Ⅰ,605)。

74. 在西班牙,民法典第464条规定"善意取得的动产的占有等同于所有权"。在那些支持对本条进行罗马法式解读的学者看来,占有是取得时效的要素之一(还包括善意和时效期间)(Vallet de Goytisolo,ADC 1956,361 et seq.;Vallet de Goytisolo,ADC 1980,243 et seq.;Miquel González,La posesión de bienes muebles;Miquel González,ADC 1999,565 et seq.)。如上所述,善意取得是取得时效的一种形式。那些坚持日耳曼法路径的学者认为,占有和善意是从作为非所有权人的转让人那里立即取得所有权的要求(Hernández Gil,La Posesión,504 et seq. and 836;Lacruz Berdejo et al.,Elementos Ⅲ(1)[2],200 et seq.)。然而,在这两种方法中,善意的受让人都需要取得物的占有以获得对他们的权利(Faber and Lurger(-González Pacanowska and Díez Soto),National Reports Ⅴ,chap. 8.6)。

75. 在瑞士,将占有转让给买方对于适用善意取得的规定是必要的。原则上,这可以通过物的交付或类似交付的行为实现。然而,当事人选择的形式可以用来判断受让人的善意。例如,如果当事人通过对第三人的通知进行转让(Besitzanweisung),那么只有当这样的转让不会妨碍对那些可能损害善意的情形的了解时取得人才会被认为是善意的。如果占有通过占有改定的方式被转让也适用相同的原则(Steinauer,Les droits réels Ⅰ[4],no. 443a;BSK[-Stark],ZGB Ⅱ,art. 933,no. 26)。

76. 在荷兰,根据合法性原则(legitimatieleer),作为非所有权人的取得人应当受到保护,因为他信赖了转让人事实上的权力(reëel bezit)并因此信赖了他作为所有权人的资质(HR 10 May 1950,NedJur 1951,1(Damhof/Staat);HR 29 February 1952,NedJur 1953,58(Drukpersarrest);Brahn,Ons allenieuwste 2014,WPNR 5739(1985),333)。转让人的实际控制是合法性理论相关的一方面:在一些学者看来,缺少实际控制会妨碍了对作为非所有权人的取得人的保护(Brahn,Ons allenieuwste 2014,WPNR 5739(1985),333;HR 10 May 1950,NedJur 1951,1;HR 29 February 1952,NedJur 1953,58)。因为这个原则没有被规定在1992年的新法典中也没有体现在最近的案例中,大多数学者认为如今不再要求转让人的实际控制(Schut-Rodenberg,Bescherming van de verkrijger van roerende zaken(1986),80;Huijgen,Vuistpand en vruchtgebruik:onzekere(zekerheids)rechten,WPNR 6181(1995),323)。就此而言,Salomons认为这个要求和信息时代新的先进的交易形式并不一致:买方不能再依赖转让人的占有,因为他不能证明这样的占有(Salomons,WPNR 6427(2000),901)。如果交付通过占有改定的方式发生,善意的受让人只有在获得对物的实际控制时才可以以自己的权利对抗原始所有权人(民法典第3:90条第(2)款)。因此,善意的受让人不能保护自己的权利对抗合法所有权人的强制取回之诉,直到物在转让人或后者的中间人手中(Faber and Lurger(-Salomons),National Reports Ⅵ,chap. 11)。

77. 在法国,根据民法典第 2276 条和第 1141 条,取得人必须获得对动产真实有效的占有(maîtrise du meuble)。根据"占有推定所有"的原则,取得人的占有是阻止合法所有权人取回财产的关键因素。占有人一方对物的实际控制足以适用民法典第 2276 条。进一步来说,占有必须没有缺陷、公开的以及明确的(Terré and Simler, Les biens[6], 322)。

78. 在比利时,根据民法典第 2279 条,只有在取得人的占有是真实的、自我的、可靠的即没有缺陷的时候善意取得才是可能的。真实的占有指的是取得人必须拥有对物的实际控制。然而,占有改定作为占有象征性的转让,并不妨碍受让人主张真实的占有(Van Neste, Zakenrecht Ⅰ, no. 269, 459)。自我的占有指的是取得人像所有权人或其他物权的持有人一样为了自己的利益而占有物(Van Neste, loc. cit., no. 270, 460)。最后,占有必须是没有缺陷的。这意味着占有人能够行使自己的权利对抗主张物上同时存在的权利的人,如果他对物行使持续的(De Page and Dekkers, Traité élémentaire de droit civil belge Ⅴ, no. 1052, 928)、公开的(De Page and Dekkers, loc. cit., no. 1053, 929)、明确的(Dekkers and Dirix, Handboek burgerlijkrecht, no. 223, 93)实际控制并且不损害他人的权利(De Page and Dekkers, loc. cit., no. 1051, 928)。证明影响取得人善意占有的环境的举证责任由主张权利的人承担(Puelinckx-Coene/Geelhand/Buyssens, TPR, 1999, 779, 1176)。

79. 在保加利亚,法律要求善意取得人获得对物的实际控制。占有某物如同自己所有的意图涉及财产的立即取得。取得占有必须得到转让人的同意(Vassilev and Goleminov, Bulgarsko veshtno pravo[2], 199; Tadjer, Veshtno pravo Ⅳ)。占有可以通过不同的模式取得,但不包括占有改定。因此,当动产通过占有改定的方式被转让时并不发生善意取得,直到善意取得人或以他的名义行事的人能够对物进行实际控制的时候才发生善意取得(Faber and Lurger(-Stoimenov), National Reports Ⅳ, chap. 10.3)。

80. 在意大利,实际交付对于善意取得是必要的。受让人必须拥有实际占有,即他可以明确的利用物并且转让人的意志不能影响占有。和动产实际而直接的联系不是必要的,善意受让人是唯一一个像合法所有权人一样对动产进行控制的人就足够了。即使物被交付给代理人、负责接收物的人或买方指定接受清偿的人(adiectus solutionis causa)即买方所决定的接受合同履行的人,交付的要求也被认为已经满足了(Cass. no. 11719/2002; (Faber and Lurger(-Greco), National Reports Ⅰ, 492)。

81. 在葡萄牙,在可能发生善意取得的少数情形中,交付并不重要。此外,因为必须考虑有关取得时效的规定,善意取得并不要求建立在有效的权利上并且它可以通过间接占有的方式发生(Faber and Lurger(-Caramelo-Gomes and Nóbrega), National Reports Ⅳ, chap. 12.1.3)。最后,登记作为类似交付行为也可能是相关的,如果两个无辜的受让人对相同的物主张同时发生的相同的权利(Caramelo-Gomes and Nóbrega, loc. cit., chap. 12.1.2)。

82. 在英格兰、威尔士、苏格兰和塞浦路斯,在"每个人不能转让超过自己拥有的权利"的原则的例外情形中,判例法和制定法没有规定对交付的特殊要求:它只要求转让人占有物。事实上,对物清楚明确的占有足以使受让人合理的相信转让人是所有权人。在这些国家,对"交付"的要求必须被理解为转让人在当事人协议规定的时间和地点在可交付的环境中使受让人可以取得物:事实上,这使受让人可以得到对物的监管或者控制(cf. Faber and Lurger(-Frisby and Jones), National Reports Ⅱ, 119-130; Faber and Lurger(-Gardiner), National Reports Ⅱ, 236-249; Faber and Lurger(-Carey Miller/Combe/Steven/Wortley), National Reports Ⅱ, 416-425; and Faber and

Lurger(-Laulhé Shaelou/Stylianou/Anastasiou),National Reports Ⅱ,585－590)。

83. 在芬兰,有效的善意取得的要求之一是占有通过交付或类似交付的行为被转让给受让人。如果交付通过对第三人的通知而进行,为了有效的善意取得后者同样必须也拥有合理的善意(Kartio, Esineoikeuden perusteet, 272; Faber and Lurger(-Kuusinen), National Reports Ⅴ, chap. 12)。

84. 在丹麦,由于没有正式的法律规定,占有的要求在学者之间展开争论。在他们看来,转让人必须进行交付以便受让人能够主张善意取得。事实上,这将剥夺转让人处分财产的可能性。因此,看起来转让人的剥夺占有比受让人的实际占有更加相关。然而,学者对受让人的实际占有是善意取得的要求没有疑问(Elmer and Skovby, Ejendomsretten I4, 166 et seq. and Mortensen, Tingsretten, 186 et seq.)。

85. 在挪威,善意取得法第 1 条要求取得人占有动产(所谓的 overlevert til seg),但是这个要求受到学者的质疑。一方面,一些学者认为消灭卖方对物的实际控制就已经足够了,即使物没有实际的被转让给买方(Lilleholt, Alminnelig formuerett[12], 198);另一方面,一些学者认为仅消灭转让人对财产的控制还不够(Brækhus, Omsetning og kreditt 3 og 4, 287)。然而,将动产的实际控制或钥匙或文书转让给以取得人的名义接受它的人足以满足善意取得法第 1 条的要求(Falkanger and Falkanger, Tingsrett[6], 588 et seq.; Faber and Lurger(-Færstad), National Reports Ⅴ, chap. 10.4.4)。

86. 在瑞典,两个同时发生的利益之间的优先权通过占有转让给受让人而决定。它可以通过对第三人的通知而实现,如果第三人以转让人的名义对动产进行占有。判例法强调,如果转让人从来都不是所有权人,占有物的第三人同样必须满足善意的要求(NJA 1931 s 741; contra this opinion: Håstad, Sakrätt[6], 66 et seq.)。在双重交易的情况下,这个问题毋庸置疑,第三方占有人的善意不被要求。这来源于本票法第 31 条的规定。当涉及对卖方债权人的保护时即使登记也可以被用作转让的替代手段,但它不能被用来消灭合法所有权人对物的权利(Håstad, loc. cit.)。

Ⅴ. 原始所有权人被剥夺占有的情形以及遗失物和被盗物的情形

87. 在奥地利,受让人可以从非所有权人处实现善意取得如果前一个所有权人自愿放弃了物的所有权。在这种情况下,前一个所有权人不能从善意取得人那里取回物(Prisching, Gutgläubiger Erwerb, 162; Faber and Lurger(-Faber), National Reports Ⅰ, 157)。

88. 在爱沙尼亚,当所有权人非自愿的被剥夺占有则善意取得不会发生。然而,并不存在特别的要求使合法的所有权人已经将物委托给转让人。一般推定合法所有权人自愿的放弃占有,除非相反的情况被证明。另一方面,当对所有权人的物享有对物权的占有人或以所有权人的名义对物进行占有的人在没有经过所有权人同意的情况下对物进行处分,则推定所有权人非自愿的失去了占有。对交易环境的分析有助于判断所有权人是否自愿的失去。如果合法的所有权人根据由于错误、欺诈、胁迫或显失公平而订立的合同放弃动产,那么所有权人不被认为违背了他的意志而失去占有。然而,如果某人为了得到动产而对合法所有权人使用暴力,那么所有权人被认为非自愿的失去了占有(Pärna, Asjaõigusseadus, § 95 no. 5, 197; Faber and Lurger(-McGuire), National Reports Ⅲ, chap. 11.2.4)。

89. 德国,转让人为什么缺少处分物的授权并不重要(Faber and Lurger(-McGuire), National Reports Ⅲ, chap. 11.2.4)。然而,根据民法典第 935 条,被盗物或遗失物不能被善意取得除非它们通过公开拍卖被购买。善意取得的规定在执行程序的公开拍卖中并不适用,因为这里所有权因为国家行为而取得,这是所有权原始取得的特别基础(RG 21 January 1938, RGZ 156, 395,

398)。如果所有权人不是因为故意行为而失去占有那么物被认为遗失了(Baur and Stürner, Sachenrecht[17], §52 no. 37;McGuire,loc. cit. ,chap. 11.2.4)。占有的失去并不需要有悖于所有权人的自由意志,但它必然没有取得所有权人的同意,或当物被代理人占有时没有取得代理人的同意(MünchKomm(-Quack),BGB4, § 935 no. 5;Baldus,JR 2002,441 et seq. ;McGuire,loc. cit. , 99)。民法典第935条第(1)款意义上的失去占有的情形同样包括所有权人丢失物、物被扣留或所有权人因为他人的胁迫而放弃占有(McGuire,loc. cit. ,chap. 11.2.4)。占有辅助人的处分行为不构成所有权人自愿的转让,因为他并不是占有人(Witt,AcP 201(2001),165 and 180 et seq. ; Baur and Stürner,loc. cit. , § 52 no. 39;Zeranski,JuS 2004,340,344;McGuire,loc. cit. ,99)。故意转让占有的要求同样适用于普通商事过程中的购买和商法典第366条下的善意取得(McGuire, loc. cit. ,chap. 11.2.2)。

90. 在希腊,善意取得的规定适用于转让人不是物的所有权人的情形(民法典第1036条; CAThessaloniki 1301/1989[Arm 1987],527)。转让人必须拥有持有物的权利,一般来说应符合所有权人的意志。民法典第1036条第(2)款规定它尤其适用于当转让人拥有用益权、质押权、提存权或其他类似权利的情形(Faber and Lurger(-Klaoudatou),National Reports Ⅲ,chap. 12.6; Georgiades,Empragmato Dikaio Ⅰ,489)。如果物是遗失物或盗窃物则不会发生善意取得。在这种情况下,所有权人可以主张取回物。事实上,真正所有权人的利益比善意取得人的利益值得受到更多的保护。这是可以理解的当考虑到并非所有权人导致转让人以他的身份行事的事实并且因此买方应当承担非法转让的风险(Georgiadis,loc. cit.)。然而,如果盗窃物或遗失物在公开拍卖中、展览或市场中被取得则可以适用善意取得(民法典第1039条)。

91. 在匈牙利,根据民法典第118条第(1)款,善意的买方获得物的所有权即使卖方无权处分它。但是物应当在交易过程中从商人手中取得(如为了购物的目的进入卖方商业场所的买方)。争议物是否是委托物、遗失物或盗窃物并不重要;所有权可以被立即获得。商事过程之外的善意取得同样是可能的,如果物被委托给转让人(民法典第118条第(2)款)。在1年内,所有权人可以选择向善意取得人补偿其所支付的价款而重新取得物(Gellért(-Petrik), A Polgári Törvénykönyv Magyarázata,445)。然而,因为民法典第118条第(2)款适用于转让人受到委托的情形,那么如果合法所有权人由于实际转让人的刑事犯罪行为而失去对物的占有则善意取得不会发生(Menyhárd,Dologi jog,305;Faber and Lurger(-Szilágyi),National Reports Ⅲ,chap. 12.1)。在这种情况下,善意取得人可以通过取得时效而获得所有权(PK no 2;Menyhárd,loc. cit. ,305)。在不记名票据和货币的情况下,善意取得也会发生,即使合法的所有权人被非法的剥夺占有(Szilágyi,loc. cit. ,chap. 12.1)。然而,新民法典第一版草案放弃了在交易过程内和交易过程外取得所有权的区分,因为,一方面,受让人很难发现转让人是否受到委托;另一方面,在合法所有权人和善意受让人之间的利益冲突中后者通常更加受到保护。合法的所有权人处于保护财产并阻止它们未经同意就在市场中流转的更好的地位。

92. 在立陶宛,善意取得在以下的情形中是不可能的:(a)如果动产被所有权人、所有权人的代理人或受到所有权人委托占有动产的人遗失;(b)如果动产从所有权人、所有权人的代理人或受到所有权人委托占有动产的人那里被偷走(也包括其他犯罪,如抢劫等);(c)如果所有权人或受所有权人委托占有动产的人在违背自身意志的情况下失去占有(Faber and Lurger (-Mikelenas),National Reports Ⅲ,chap. 12.5)。在上述的情形中,所有权人有权在3年内主张取回物(民法典第4.96条)。

93. 在斯洛伐克，民法典没有关于善意取得的特别规定。唯一的规定存在于商法典中（商法典第446条）。该条的表述十分清楚：如果善意取得的要求被满足，并且取得行为根据销售合同而发生，即使卖方不是物的所有权人，买方也可以获得所有权。商法典第446条没有规定关于物的性质和非所有权人转让人的例外。物可能是盗窃物或遗失物，转让人也可能是小偷或发现者。因此，合法所有权人为什么失去所有权对善意取得人来说并不重要（Faber and Lurger（-Petkov），National Reports Ⅵ，chap. 13.1）。

94. 在斯洛文尼亚，法律没有规定对盗窃物或遗失物或流通票据的例外。如果物权法第64条中规定的条件已经被满足，并且物是在公开拍卖或转让人的普通商事过程中被取得，那么善意取得就是可能的，即使物是盗窃物或者遗失物（Juhart/Tratnik/Vrencˇur（-Tratnik），Stvarno pravo [2007]，art. 64，325；Faber and Lurger（-Rudolf/Rijavec/Keresteˇs），National Reports Ⅰ，606）。登记物的善意取得是一个例外。进一步详细的讨论参见第Ⅷ-1:102条注释7、27和48。

95. 在西班牙，根据主流意见，将物委托给他人的所有权人应当为占有人身上反映的所有权表象承担责任，因此不能主张从第三方善意取得人那里取回物。然而，根据民法典第464条，在不合法的剥夺物的所有权的情况下善意取得被排除，被剥夺占有的所有权人可以从占有人那里取回物。如果善意取得人在公开销售中获得争议物，所有权人必须补偿他已经支付的价款。“非法剥夺占有”的概念应当被理解为“失去”（sustraccion）的同义语。它包括盗窃和抢劫的情形。从历史性的角度来看，可以认为它包括物违背所有权人的意志超出了所有权人的控制的所有情形。因此，如果所有权人自愿的将物借贷、担保、出租等（TS 25 February 1992，RJ 1549）则不存在不合法的剥夺。民法典第464条不适用于遗失物。最高法院指出非法剥夺的概念必须被严格的解释，即它只涉及盗窃和抢劫的情形（TS，loc. cit.）。对它的宽泛的解释可能导致善意取得的物不能被强制取回的原则的滥用（Faber and Lurger（-González Pacanowska and Díez Soto），National Reports Ⅴ，chap. 8.6）。

96. 在瑞士，如果所有权人将物委托给转让人，那么所有权人不能主张从善意取得人那里取回物（民法典第933条）。如果动产是盗窃物或遗失物，善意取得人只有在物被盗或遗失之日起5年后才能受到保护（民法典第934条；文物国际转让法第2条意义上的盗窃或遗失的文物适用特别的时间限制）。对盗窃物或遗失物并没有特别的法律定义。通常认为没有在民法典第933条意义上被委托的物则应当受民法典第934条的调整（Steinauer，Les droits réels Ⅰ^{4}，no. 462）。如果所有权人将物出售给转让人而合同是无效的，则物被认为委托给转让人（Steinauer，loc. cit.，no. 430；BSK（-Stark），ZGB Ⅱ^{2}，art. 933，no. 24）。然而，如果物的所有权人没有同意的能力，不仅仅与取得人的合同是无效的，而且物也不被认为“委托”给了转让人。在这种情况下，第三方的善意取得只有在民法典第934条的要求被满足时才会发生（Stark，loc. cit.，art. 933，no. 32）。

97. 在荷兰，如果物被偷走，善意取得只有在下列要求被满足的情况下才会发生：（a）物被自然人获得；（b）取得人不是在从事专业行为或商业行为；（c）取得人从专业人士的普通商业活动中取得物；（d）取得发生在商业场所（民法典第3:86条第（3）款）。如果这些要求没有被满足，所有权人有3年时间去取回物（HR 18 January 1991，NedJur 1992，667（Centraal beheer/Gritter）；HR 14 November 1997，NedJur 1998，147（Gestolen caravan）；Salomons，WPNR 6298（1998），46；Faber and Lurger（-Salomons），National Reports Ⅵ，chap. 11.6）。对于被委托的物和遗失物，善意取得人立即受到保护，无论转让人如何将物交付给取得人。遗失物不适用有关盗窃物的规定，因为所有权人通常在一定程度上要为遗失承担责任，但不用为盗窃承担责任（Salomons，loc. cit.，chap.

11.5)。

98. 在法国,之前的所有权人在例外情况下可以取回物,如果取得人的占有不符合民法典第2276条的要求(取得人没有有效的占有动产,或不是以所有权人的能力进行占有,或占有不是持续的、公开的和明确的)或如果物是遗失物或盗窃物。遗失被认为是由于之前的所有权人或第三人的过失,或由于不可抗力而被剥夺占有(Trib. Seine 12 December 1923, D. H. 1924, 155; Terré and Simler, Les biens[6], 325)。至于盗窃可以适用刑法第311-1条的规定,被剥夺占有的所有权人可以取回物只要剥夺占有的行为违背了他的意志。然而,如果所有权人失去占有是因为他将物委托给转让人而该人滥用了信托的权利(所谓的背信罪"abus de confiance",刑法第314-1条第(1)款),或如果转让人通过欺诈的手段得到物(所谓的诈骗"escroquerie",《刑法》第313-1条第(1)款),那么所有权人不能取回物,因为物的失去是因为他的不谨慎所导致的(Terré and Simler, loc. cit., 326)。

99. 在比利时,善意取得的条件之一是所有权人自愿的放弃对物的占有,因此所有权人不能提起强制取回之诉(Van Neste, Zakenrecht Ⅰ, 465; Faber and Lurger(-Cauffman and Sagaert), National Reports Ⅳ, chap. 18.2.1)。事实上,只有在自愿失去占有的情况下"占有即所有"(possession vaut titre)的原则才可以适用。盗窃物或遗失物的情形中占有的失去是不自愿的。物被丢失如果它们在无意中消失不见或占有由于不可抗力、巧合或不小心而终止(Cass. 9 February 1982, Pas. belge 1982, I, 728, de Page and Dekkers, Traité élémentaire de droit civil belge Ⅴ, 945; Cauffman and Sagaert, loc. cit., chap. 18.2.2(a))。盗窃物是那些通过欺骗性的手段被取走的物,尤其是盗窃(刑法第462条)。这并不包括侵占或信任的滥用,因为这些情况涉及对物的自愿交付(Van Neste, loc. cit., 473; de Page and Dekkers, loc. cit.; Hansenne, Les Biens I(1), 256; Cauffman and Sagaert, loc. cit., chap. 18.2.2(a))。

100. 在保加利亚,遗失物或盗窃物的所有权人可以在物被盗或遗失之日起3年内主张从善意取得人那里取回。然而,当善意取得人从国有企业那里购买盗窃物或遗失物则可以立即取得所有权(所有权法第78条第(2)款)。根据刑法第194条和第198条,"盗窃物"指的是作为盗窃或抢劫犯罪客体的物。只有构成非法剥夺占有的犯罪行为才会导致对适用善意取得规则的限制(Boyanov, Veshtno pravo6, 304; Supreme Court 1st civ. ch., no. 1703/60)。根据所有权法第88条,遗失物指的是失去物的占有并且不知道它在哪里的人所拥有的物。在所有其他情形中,善意取得人立即取得所有权。参见 Faber and Lurger(-Stoimenov), National Reports Ⅳ, chap. 10.1。

101. 在意大利,法律保护善意取得人即使物是盗窃物(民法典第1153条)。善意第三人立即取得所有权,无论物是盗窃物、遗失物或者委托物(民法典第1153条)。法律学者认为即使取得人从小偷那里通过赠与的方式取得盗窃物,他也没有义务归还它。支持这一制度的观点认为善意取得人的利益优先于之前所有权人的利益(Mengoni, Gli acquisti a non domino, 221 ff; Sacco, Il possesso, 383, fn 11; Faber and Lurger(-Greco), National Reports Ⅰ, 492)。

102. 在葡萄牙,在可以适用善意取得的有限情形中,并不要求所有权人自愿的放弃占有。然而,如果物需要登记、销售合同被撤销、或者物从专业人士那里或根据虚假合同取得,则不会发生善意取得(Faber and Lurger(-Caramelo-Gomes and Nóbrega), National Reports Ⅳ, chap. 12.2)。

103. 在苏格兰,取得遗失物或盗窃物的善意受让人并不获得比转让人更好的权利(Faber and Lurger(-Carey Miller/Combe/Steven/Wortley), National Reports Ⅱ, 418)。无效权利随着盗窃物一起转让给所有的继受者(Stair, Institutions Ⅱ, para. 12.10)。在遗失物的情况下,1982年市民政府(苏格兰)法第73条确认了普通法的地位并保护所有权人的权利(CareyMiller/Combe/Steven/Wortley,loc. cit.)。

104. 在英格兰和威尔士,根据普通法,物的占有赋予占有人占有权,他可以依赖这种权利而无须提到取得占有的情形,即使它是不合法的发生的或根据非法交易取得。另一方面,根据“每个人不得转让超过自己的权利”(nemo plus iuris)原则,卖方不可以向买方转让超过自己所拥有的权利。尽管1979年货物买卖法(SGA)规定了该原则的例外以保护无辜的受让人,这些例外并没有赋予受让人更好的权利对抗作为盗窃或抢劫的受害者的所有权人(Battersby,[2001]JBL 1,8;(Faber and Lurger(-Frisby and Jones),National Reports Ⅱ,128)。因此,在从非所有权人转让人那里取得物的情形中,希望取回物的所有权人只要证明自己拥有优于受让人占有权的权利就可以挫败受让人的权利(Costello v. Chief Constable of Derbyshire[2001]EWCA Civ 381)。

105. 在塞浦路斯,根据普通法传统,法律规定没有注意到转让人根本没有权利而购买物的受让人不能取得物的所有权。事实上,如果物是盗窃物且转让人试图出售它们,转让人不能主张任何有效的权利,因此根据nemo plus iuris原则,无辜的受让人也不能从转让人那里得到被出售物的所有权(Faber and Lurger(-Laulhé Shaelou/Stylianou/Anastasiou),National Reports Ⅱ,587)。

106. 在芬兰,法律规定如果所有权人自愿失去所有权那么善意取得可以发生。自愿失去同样也是确定所有权人补偿善意取得人支付给转让人的价款的义务的要素,如果所有权人成功的取回物。刑法实施法(RVA)第11条规定如果物被偷走或抢走,原始所有权人没有义务补偿善意取得人(Kartio,Esineoikeuden perusteet,268;Faber and Lurger(-Kuusinen),National Reports Ⅴ,chap. 12)。

107. 在挪威,善意取得是不可能的当转让人通过盗窃、抢劫或其他暴力以及暴力威胁的方式得到物的占有(善意取得法第2条)。并不要求法院对犯罪者定罪,只要犯罪的主观和客观要素都被抽象的满足那么这个规定就可以适用。之所以还没有被定罪可能是由于罪犯还没有被起诉(Faber and Lurger(-Færstad),National Reports Ⅴ,chap. 10. 6.;Lilleholt,Alminnelig formuerett[12],197 et seq. and Falkanger and Falkanger,Tingsrett6,585 et seq.)。

108. 在丹麦,没有关于善意取得的复杂立法。相关的规定通过法院实践和法学论著而发展。此外,合法所有权人自愿的失去所有权可能对善意取得产生什么样的影响并没有被讨论。所有权人的粗心和消极在主张受让人的善意时可能会有一定的影响,但是一般来说,该标准的相关性是不确定的。然而,当物被偷走时所有权人的权利并不消灭,古丹麦法第6-17-5条(Faber and Lurger(-Færstad),National Reports Ⅴ,chap. 10. 8. 3)。

109. 在瑞典,法律区分转让人没有得到所有权人的授权通过暴力或以暴力相威胁的方式取得占有以及转让人合法进行占有的情形。根据个人财产善意取得法第3条,善意受让人只有在第二种情形中才取得所有权。然而,在该法最新一次改革之前,人们讨论是否应当区分一般市场上的购买和其他情形的购买。曾经认为,当所有权人由于某些犯罪行为失去对物的占有但该物在一般市场上被购买,则所有权人对物的权利被消灭。然而,很难确定“一般市场”的概念并在不扭曲不同商业形式之间竞争的情况下适用该规则,因为它将赋予一般市场不公平的优势(Prop. 2002/03:17,17)。

Ⅵ. 原始所有权人从善意受让人处买回物的权利和提起强制取回之诉的权利

110. 在奥地利,如果民法典第367条和第368条的要求被满足,善意受让人立即获得所有权。他的权利完全有效并可以对抗原始所有权人。奥地利法律没有规定从善意受让人处买回物的权利,无论该物是否是盗窃物或遗失物(Faber and Lurger(-Faber),National Reports Ⅰ,157)。

111. 在捷克,根据民法典,受让人即使是善意的也没有权利持有物,物必须被交还给原始所有权人。根据“任何人不能转让超过自己的权利”(nemo plus iuris)原则,受让人不能从非所有权人转让人那里获得所有权。商法典规定了例外。根据商法典第446条,善意受让人可以从非所有权人转让人那里获得所有权如果交易建立在销售合同的基础上。它并没有明确的提到在盗窃物或遗失物的情形中是否存在或原始所有权人是否有权将物买回。然而,原始所有权人的权利可以通过强制取回之诉得到保护,如果民法典第126条所规定的提起诉讼的要求都被满足的话(Faber and Lurger(-Tichy′),National Reports Ⅵ,chap. 2. 5. 2(b))。

112. 在爱沙尼亚,法律没有规定原始的所有权人有权买回被善意受让人获得的物(Faber and Lurger(-Kullerkupp),National Reports Ⅰ,312)。然而,在盗窃物或遗失物的情况下,物权法第95条第(3)款规定善意取得不能发生(Pärna, Asjaõigusseadus, § 95 no. 5,197)。因此原始所有权人总是有权主张从实际占有人那里取回物,无论在强制取回之诉前发生了多少次交易(Kullerkupp, loc. cit. ,312)。

113. 在德国,善意取得制度使善意受让人取得完全的和没有负担的所有权。从善意受让人处购买物的第三人获得完好的所有权证明了受让人权利完全的有效性(Baur and Stürner, Sachenrecht17, § 52 no. 34)。因此,由于善意取得,原始所有权人失去所有权并且不能行使任何权利将物买回(Faber and Lurger(-McGuire),National Reports Ⅲ,chap. 11. 4)。如上所述,善意受让人不能获得盗窃物和遗失物。在这种情况下,占有的取得赋予他没有得到授权的善意占有人的地位。根据所有权人的请求,占有人有义务归还物。此外,因为所有权人没有义务补偿受让人支付的价款,后者只有向非所有权人转让人寻求补偿。然而,善意受让人没有义务归还他所收集的孳息或支付损害赔偿(McGuire, loc. cit. ,chap. 16. 5)。

114. 在希腊,根据民法典第1036条,善意受让人立即获得物的所有权。即使原始所有权人非自愿的失去对物的权利,他也不能主张归还或将他们买回。此外,民法典第934条(不当得利之诉)不能适用因为善意受让人取得占有被拟制的认为得到了原始所有权人的同意(民法典第1034条)。原始所有权人也不能在损害赔偿非合同义务的基础上提起诉讼(民法典第914条),即使受让人存在过失(Spyridakis, Empragmato Dikaio, 142 da; Georgiades, Empragmato Dikaio Ⅰ, 496)。然而,原始的所有权人可以要求非所有权人转让人进行补偿,支付他从受让人那里得到的价款。此外如果转让人与受让人之间的合同由于终止或撤销而被宣告无效,或转让人在对受让人提起的不当得利之诉中获胜,而使非所有权人转让人重新取得物,那么原始所有权人也将有机会重新取得所有权(Spyridakis, loc. cit),然而转让人将持有物(Georgiadis, loc. cit. ,498 f)。更多细节参见 Faber and Lurger(-Klaoudatou),National Reports Ⅲ,chap. 12. 11。

115. 在匈牙利,如上所述,法律区分普通商事过程中的善意取得和普通商事过程之外的善意取得。在第一种情形中,物是否是犯罪行为的客体并不重要。受让人的善意优先,原始所有权人无权取回物。另一方面,如果善意取得发生在普通商事过程之外,民法典第118条第(2)款规定原始所有权人可以提起诉讼以重新买回物。该诉讼必须在善意受让人购买之日起1年内被提起(Menyhárd, Dologi jog, 304)。买回的价格必须等于受让人支付的价格(Gellért(-Petrik), A Polgári Törvénykönyv Magyarázata,445)。授予原始所有权人这种选择权的原理是保护原始所有权人对物的“意愿价金”(pretium affectionis)。对原始所有权人进一步的救济是对转让人提出损害赔偿。如果原始所有权人不能取回物,损害赔偿等于丧失所有权所导致的潜在价值;如果原始所有权人重新取得物的所有权,损害赔偿等于在买回过程中所产生的费用(Faber and Lurger(-Szilágyi),National Reports Ⅲ,chap.12.1)。在立陶宛,原始所有权人无权买回善意受让人取得的物(Faber and Lurger(-Mikelenas),National Reports Ⅲ,chap.12.7)。

116. 在斯洛伐克,法律没有授予原始所有权人买回善意受让人取得的物的权利。然而,原始所有权人可以行使强制取回的权利。原始所有权人若想取得成功,他必须证明在取得物的时候受让人知道转让人没有进行处分的授权(Faber and Lurger(-Petkov),National Reports Ⅵ,chap.13.2)。

117. 在斯洛文尼亚,法律规定了善意取得一般规则的例外(物权法第64条)。如果物的"情感"价值对原始所有权人尤其重要,物权法第64条第(5)款规定他可以在失去所有权之日起1年内在支付了物的市场价格之后要求实际占有人归还物(Faber and Lurger(-Rudolf/Rijavec/Kerestes˘),National Reports Ⅰ,606)。

118. 在西班牙,原始所有权人有权从占有人那里取回物如果它是盗窃物或者遗失物(民法典第464条第(1)款)。然而,根据民法典第1955条第(1)款的规定,如果善意受让人已经通过3年的持续占有获得所有权则原始所有权人就不能提起取回物的诉讼。如果原始所有权人胜诉,民法典第464条第(2)款规定他必须支付善意受让人所支付的价款如果物在司法、行政或公证的拍卖中被购买(Faber and Lurger(-González Pacanowska and Díez Soto),National Reports Ⅴ,chap.8.6)。根据商法典第85条第(1)款,在商店或面向公众的营业场所购物的买方立即获得物的所有权。原始所有权人可以对侵权人提起民事或刑事诉讼。根据零售贸易法第61条,如果物是在私人拍卖中被购买的那么就不能被强制取回,但是商法典第85条的救济同样适用于原始所有权人。根据商法典第86条,如果物是用来在面向公众的营业场所用作现金支付的货币那么也不能被强制取回。相同的规则同样适用于善意的并且没有重大过失的占有人持有的不记名票据(商法典第545条),但是原始所有权人可以对非法剥夺他的占有的人提起诉讼。如果国家授权的典当机构持有非所有权人质押的物,民法典第464条第(3)款规定原始所有权人可以在支付借款和利息之后取回物(TS 4 July 1975(RJ 3132);contra TS 2nd Division 29 April 1992(RJ 3206))。如果占有人持有他人质押的流通票据也可以适用相同的规定(商法典第324条)。原始所有权人必须支付借款以取回流通票据。原始所有权人向非法剥夺占有的人提起诉讼的权利不受损害。更多细节参见Faber and Lurger(-González Pacanowska and Díez Soto),National Reports Ⅴ,chap.8。

119. 在瑞士,法律没有规定原始所有权人从善意取得人那里买回物的一般权利。然而,民法典第934条授予盗窃物或遗失物的原始所有权人提起取回之诉的权利如果他能证明自己比实际占有人拥有进行占有的"更好的"权利,无论后者是否是善意的(Steinauer,Les droits reels Ⅰ^{4},168 ff)。诉讼必须在非法剥夺占有发生之日起5年内提起。此外,民法典第934条第(3)款规定,当原始所有权人成功的取回盗窃物或遗失物,善意受让人有权要求就其所支付的价格得到补偿,如果物在公开拍卖、市场或出售相同种类物的商人那里被购买。

120. 在荷兰,新民法典最初的草案中包含了被剥夺占有的所有权人从非所有权人买方那里买回物的权利。通过补偿物的归还所导致的损害而要求动产转让的权利3年的存续时间。后来,在民法典的最终草案中没有规定这样的买回权(terugkooprecht)。学者认为这是因为它很可能比实际选择的制度产生更多的法律诉讼,而立法者倾向于能够更容易支持新民法典实施的制度(Parlementaire Geschiedenis,Ⅲ,321 et seq.;Faber and Lurger(-Salomons),National Reports Ⅵ,chap.11.7)。即使民法典没有规定买回权,原始所有权人仍然有权在3年内取回该物如果他们是盗窃物或遗失物(民法典第 3:86 条第(3)款)。这一规定不适用于货币、不记名金融票据或记名金融票据(民法典第 3:86 条第(3)款(b)项)或作为非专业人员的受让人在普通商业过程中从出售类似物的卖方那里购买的盗窃物或遗失物(民法典第 3:86 条第(3)款 a 项)。法律规定受让人立即取得所有权。然而,一些学者认为,在民法典第 3:86 条下,受让人虽然立即取得所有权,但它是原始所有权人主张物的归还之后法院决定的结果。他们认为受让人仍然拥有得到所有权或归还物并得到原始所有权人补偿其所支付的价款的选择权(Asser(-Mijnssen and De Haan),Goederenrecht Ⅲ(1),no. 306;Nieskens-Isphording and van der Putt-Lauwers,Derdenbescherming[3],no. 1.6)。然而,其他学者并不支持这种观点,因为善意取得被认为是一种即时的取得时效的形式(所谓的 prescription instantanée)。更多细节参见 Parlementaire Geschiedenis,Ⅲ,415 - 416,and Cahen-Bundel(-Salomons),Recht voor verstrooiden,no. 310,301 - 312。

121. 在葡萄牙,物从非所有权人转让给受让人是无效的,即使受让人是善意的(民法典第 892 条第(1)款)。因此,原始所有权人可以为了取回物而提起诉讼(民法典第 1311 条)。此外,民法典第 1314 条规定原始所有权人可以在民法典第 336 条规定的限度内进行自助如果来不及提起强制取回之诉。进一步的救济是提起"所有权保全之诉"(actio negatoria),在这种情况下法院被要求阻止受让人干涉原始所有权人的权利。然而,善意的受让人有权从转让人那里得到补偿,即使他没有被剥夺占有(Lopes,Do contrato de compra e venda no direito civil,543)。

122. 在法国,如上所述,之前的所有权人在例外的情况下可以取回物,如果取得人的占有不符合民法典第 2276 条的要求或者物是遗失物或盗窃物。因此,如果所有权人自愿的并且不谨慎的将物交付给不诚实的转让人那么他不能主张物的归还。然而,如果物的强制取回被允许,之前的所有权人必须在 3 年内提起诉讼(民法典第 2280 条),如果胜诉那他必须补偿善意受让人为购买物所支付的价款,只要他从市场、展览、公开的交易或出售类似物的商人那里购买的物(Terré and Simler,Les biens[6],327)。

123. 在比利时,善意受让人的所有权的取得不受原始所有权人强制取回之诉的影响。然而,原始所有权人不失去对非法处分所有权人的物的转让人的权利(van Neste,Zakenrecht Ⅰ,no 267,456 - 457)。在盗窃物和遗失物的情形中可以提起强制取回之诉(van Neste,loc. cit.,no 276,473)。如果受让人是善意的所有权人必须从物被丢失或偷走之日起 3 年内行使权利,如果受让人是恶意的则应在 30 年内行使权利(民法典第 2279 条第(2)款)。对恶意受让人和善意受让人提起的诉讼进一步的区别在于在后一种情形中任何理由都不能使时效期间中止、打断或延长(Dekkers and Dirix,Handboek burgerlijk recht,no. 240,102)。此外,所有权人可以从被剥夺占有之日起 3 年内对善意受让人之后的买方提起强制取回之诉,如果之后的买方知道物是盗窃物或遗失物(Dekkers and Dirix,loc. cit.,no. 241,102)。根据民法典第 2279 条第(3)款,善意取得的丢失或被盗的货币不能被强制取回(Heyvaert,TPR 1983,169,185,no 25;Dirix and Vriesendorp(-Storme),De kwaliteitsrekening,zakenrechtelijk bekeken,56;Sagaert,Zakelijke subrogatie,no 366)。如果原始所有权人成功的取回物,民法典第 2280 条规定他必须补偿善意受让人支付的价款,如果后者通过市场、拍卖,或从出售相同物的商人那里购买该物(Dekkers and Dirix,loc. cit.,no. 242,102;Faber and Lurger(-Cauffman and Sagaert),National Reports Ⅳ,chap. 18.2.2(d))。利息并不需要支付,因为受让人享受了对物的使用。反过来,原始所有权人可以要求非法剥夺他的占有的转让人或过失的导致物被偷走或丢失的第三人补偿(Dekkers and Dirix,loc. cit.,no. 243,103;Cauffman and Sagaert,loc. cit.,chap. 18.2.2(d))。不记名票据的所有权人受到更有力的保护,1921 年 7 月 24 日法为其规定了类似于强制取回之诉的特别程序(Dekkers and Dirix,loc. cit. ,no. 246,104);然而,只要所有权人没有适用该程序,民法典第 2279 条和第 2280 条仍然可以适用(de Page and Dekkers,Traité élémentaire de droit civil belge Ⅴ,no. 1080,953)。最后,对于未经出租人同意而被移走的出租房产中的家具,出租人的所有权优先于善意取得人的权利。因此,出租人有权主张物的归还(de Page and Dekkers,loc. cit. ,no. 1062a,939)。

124. 在保加利亚,原始所有权人有权从善意受让人那里取回物如果物是盗窃物或遗失物(所有权法第 78 条)。所有权人可以从失去占有之时起 3 年内提起诉讼。因此,在时效终止后,受让人取得完全的所有权。如果受让人是恶意的那么这些情况不会发生。然而,如果恶意的受让人在 3 年后将物出售给善意的第三人,原始所有权人不能从之后的善意买家那里取回物(Boyanov, Veshtno pravo[6],303)。如果受让人从属于国家或当地政府的企业那里取得物则所有权法第 78 条的规定不适用。

125. 在意大利,由于善意取得,受让人获得物而不负担原始所有权人的权利。因此,善意受让人无须承担将物交还给声称是真正的所有权人的人的风险。这是一个相当激进的措施,但却满足了增加参与动产交易的人的信任水平的需求。例如,在被盗物的情形中,原始所有权人不能从善意受让人那里取回物。最后,必须考虑受让人知道物是盗窃物或从之前的转让人那里恶意的取得的情形。在这样的情况下善意不足以获得所有权,原始所有权人可以对盗窃物提起强制取回之诉。阻止真正的所有权人成功的提起诉讼并取回物的唯一方法是明确的证明受让人的转让人已经获得物的完全的所有权(Faber and Lurger(-Greco),National Reports Ⅰ,493)。另一方面,如果受让人在与转让人签订协议之后知道物有不正当的来源,他有权要求终止合同如果转让人还没有履行(Cass. no. 6626/1988)。实际上,销售合同可以被认为是不同于合同中所提到的物的销售。然而,如果受让人决定持有物而原始所有权人同意,受让人必须对原始所有权人进行履行(Greco,loc. cit. ,404)。

126. 在芬兰,所有权人有广泛的权利要求从买方那里取回财产。如果受让人是恶意的,或者如果物通过盗窃、抢劫或对所有权人的胁迫而得到,所有权人可以要求取回物而无须支付任何补偿(RVA 第 11 条):所有权人的权利没有被消灭。根据学者意见和法院实践,允许所有权人取回物而无须进行补偿的犯罪行为应当被穷尽的方式列举(Kartio,Esineoikeuden perusteet,268)。在所有其他情况下,所有权人有权取回物如果买方为购买物所支付的价款得到了补偿(Faber and Lurger(-Kuusinen),National Reports Ⅴ,chap. 12)。

127. 在丹麦,盗窃物可以被所有权人取回(古丹麦法典第 6－17－5 条)。该规定明确的适用于刑法典(straffeloven)第 276 条所定义的盗窃物。通过类比可以发现,其他情况也可以被包括在该条的适用范围中,例如勒索(刑法第 288 条)和高利贷(刑法第 282 条)。Illum 和 Vinding Kruse 认为对遗失物不合法的占有(刑法第 277 条)同样包含在内,但是 Elmer 和 Skovby 对此持有疑问(Illum and Carstensen,Dansk tingsret[3],330 f;Vinding Kruse,Ejendomsretten 23,1244;Elmer and Skovby,Ejendomsretten 14,191)。取回盗窃物的规定被认为没有例外。然而如今的情况则不是那么确定了,可能存在少数并不确定的例外(Elmer and Skovby,loc. cit. ,190 et seq.)。对所有权人取回物没有时间限制。然而,如果所有权人知道不合法的占有而没有在合理的时间内主张权利则权利可能会失去。因为善意取得人不应当失去向转让人主张损害赔偿的权利(Illum and Carstensen,loc. cit. ,362 f.)。通过持续占有获得所有权的规定同样提供了明确的时间限制。经过 20 年持续占有的善意取得人有权持有财产(Ancient Danish Code 5－5－1;参见第Ⅷ－4:101

条注释 57）。根据善意取得法第 3 条，如果所有权人一定程度上应当为受让人取得物承担责任那么他在取回物的时候应当对受让人进行补偿。

128. 在挪威，合法的所有权人无权主张取回物如果善意取得是有效的。善意取得法第 3 条规定了受让人对物进行占有而有效的取得因为某些原因被阻止的情形（如受让人是恶意的或销售协议是无效的）。在这种情况下，合法所有权人有权取回物，如果他对转让人拥有对物的实际控制没有过错；否则归还了物的受让人可以要求合法的所有权人进行损害赔偿（Lilleholt, Alminnelig formuerett1[2], 198; Falkanger and Falkanger, Tingsrett[6], 592; Faber and Lurger(-Færstad), National Reports Ⅴ, chap. 10.6）。然而，受让人的主张不能超出合法所有权人主张归还物时财产的价值。如果受让人的主张与所有权人的过错不相适应那么损害赔偿的数额可以被减少（Falkanger and Falkanger, loc. cit., 592）。

129. 在瑞典，所有权人的权利可以通过有偿取得或赠与而消灭（Håstad, Sakrätt[6], 65; Tiberg, Skuldebrev, växel och check[6], 115）。在轻微违法犯罪的情况中所有权人对物的权利通过善意取得而被立即消灭。在上述所有提到的情形中，所有权人有权要求从善意受让人那里买回物。对于流通票据来说并不存在赎回权（Malmström and Agell, Civilrätt17, 183 and Tiberg, loc. cit., 113）。法律区分由于犯罪行为（如盗窃、抢劫或暴力威胁）而使所有权人失去占有的情形和所有权人由于其他原因放弃对物的实际控制的情形如租赁或欺诈（个人财产善意取得法第 3 条）。刑法典（Brottsbalken）第 8 章第 1～8 条中对相关的犯罪行为进行了规定（Prop. 2002/03:17, 18；需要注意的是第 9 章第 4 条所指的敲诈不是强制取回的理由，但第 8 章第 5～6 条意义上的敲诈是）。在非法剥夺占有的情况中，即使犯罪人没有被法院定罪，善意取得也是不可能的（Martinson, Transfer of Title Concerning Movables Part Ⅲ – National Report: Sweden, 85 ff; Håstad, Supplement 2004 till Sakrätt avseende lös egendom, 7）。另一方面，在遗失物或委托物的情况中，善意的占有人能够立即获得所有权。如果善意取得发生，所有权人必须从他知道或应当知道占有人占有物之时起 6 个月内行使赎回权（个人财产善意取得法第 5～6 条；SOU 2000:56, 128）。如果因为盗窃、暴力或以暴力相威胁的手段剥夺占有而不存在有效的善意取得时适用相同的时效期间。在这些情形中，合法所有权人有权主张从占有人那里取回财产而无须支付价款（个人财产善意取得法第 3 条）。6 个月的期间经过之后，受让人获得动产所有权（个人财产善意取得法第 3 条）但仍然受制于所有权人一般的赎回权（需支付补偿）。所有权人取回被不合法取走的物而无须支付价款的权利有 10 年的时效期间（参见第Ⅷ-4:101 条注释 20、58、74）。然而，在 10 年的期间经过之后，对于通过取得时效取得所有权的物，通过支付补偿仍然可以实现赎回权（个人财产善意取得法第 5～7 条；参见第Ⅷ-4:101 条注释 20、58、74）。如果合法所有权人成功行使赎回权但必须补偿善意取得人，他可以选择支付善意受让人所支付的较低的价款加上潜在的改进或者物的市场价值。当计算应支付的数额时应当考虑通货膨胀的影响（个人财产善意取得法第 6 条）。如果是通过赠与而取得所有权，只有当赠与人有权要求补偿时，取得人才可以主张对赠与人为取得和改进物所支付的费用的补偿（Håstad, Sakrätt[6], 71）。

130. 在苏格兰，法律没有规定原始所有权人买回物的权利。这是发生善意取得的情形与所有权人转让所有权的意图相一致的事实所导致的结果。之所以如此规定的原因在于由于没有辨别物的转让的有效性而惩罚善意取得人是显失公平的。在货币转让的情形中适用相同的规定。即使是可以通过编号而确定身份的货币也不能被取回。在这种情况下，政策选择是合理的：货币，不包括用于收藏的硬币，是作为支付工具的有形财产。因此，取回货币的主张并不涉及特定纸币的取回而只是一定数量的金钱补偿(Stair, Institutions, no. II. 1. 34; Carey Miller and Irvine, Corporeal Movables[2], no. 1. 19)。如果善意受让人获得盗窃物或遗失物则适用不同的解决措施。他不能得到比转让人更好的权利。更准确的说,转让人/小偷转让的是有缺陷的权利,权利的缺陷将会转让给交易链上的所有的受让人(Stair, loc. cit., no. II. 12. 10; Carey Miller and Irvine, loc. cit., no. 10. 15)。对于遗失物,所有权人可以根据自己尚存的权利并证明物的失去发生在不符合他潜在的转让所有权的意图的环境中而取回物(Carey Miller and Irvine, loc. cit.)。善意的受让人只能通过证明自己作为合法的所有权人占有物而保护所有权的取得。然而,这样的证据产生的是可以被推翻的推定(Carey Miller and Irvine, loc. cit., no. 1. 19)。替代的方法是证明他经过 20 年的期间而取得所有权,在这 20 年里原始所有权人本可以行使自己的权利但却没有行使(1973 年(苏格兰)诉讼时效法第 8 条)。

Ⅶ. 文物

131. 在奥地利,文物适用民法典中关于善意取得的一般规定。尽管《文物返还法》(Kulturgüterrückgabegesetz)(BGBl I 67/1998)是对关于归还不合法的从成员国境内取走的文物的 93/7/EEC 指令的指令,但该法没有任何物权效力。该法使成员国有权在受到请求的成员国的适格法院对占有人提起诉讼,以确保从其境内非法取走的文物得到归还(Spaun, Herausgabeanspruch, 174 ff)。此外,历史古迹保护法(Denkmalschutzgesetz)规定属于整套收藏的单一物的善意取得根据有关纪念物的保护的公法规定是不可能的,如果没有得到相关的公共机构事先的同意。事实上,历史古迹保护法(DMSG)第 6 条第(5)款规定,如果没有得到相关公共机构的授权,转让人和受让人之间的合同是无效的(Spaun, loc. cit., 72)。

132. 在德国,关于善意取得的规定可以适用于文物。然而,根据防止德国文化资产外流保护法和文物返还法引入的 93/7/EEC 指令,当合法所有权人对占有人进行适当补偿后可以将文物强制取回,如果占有人在取得物的时候行使了合理的谨慎和注意(Faber and Lurger(-McGuire), National Reports Ⅲ, chap. 11. 2. 2)。

133. 在瑞士,根据民法典第 934 条,文物国际转让法第 2 条第(1)款中所定义的文物的善意取得人只有在所有权人被剥夺占有之日起 30 年后或在所有权人知道物的所在和它的占有人的身份之日起 1 年后才能受到保护(Steinauer, Les droits réels I4, no. 467; Rey, Grundlagen[3], no. 2116c)。

134. 在荷兰,民法典第 3:86 条 a 款对艺术品(93/7/EEC 指令第 1 条第(1)款所指的文物和文化遗产保护法(Wet tot behoud van cultuurbezit)所保护的对象)做了特别的规定。简而言之,这些规定构成了对艺术品的善意受让人的保护的限制,但是在特定情况下,法官有权授予转让人适当的补偿(Salomons, Richtlijn 93/7/EEG, 153, 175)。

135. 在意大利,善意受让人可以获得文物的所有权。然而,根据文物流转法第 2 条和第 4 条的规定,成员国可以主张取回非法进入意大利境内的文物。取回之诉必须在提出请求的成员国知道文物的所在和占有人的身份之日起 1 年内被提起。然而一般来说该诉讼具有 30 年的时效期间,从文物被非法的从提出请求的成员国境内取走的时候开始算起。这样的时效不适用于作为公共收藏的一部分的物的情形(文物流转法第 5 条)。

136. 在苏格兰,没有关于文物的特别的私法规定(Carey Miller, (1996) 1 SLPQ 115)。然而,如果取得人在相关的被盗艺术品登记簿中核对文物的来源时存在过失则可能会影响善意取得。此外,当原始所有权人的行为符合制定法对“不能转让超过自身权利”(nemo plus iuris)原则的例外情形时则他也不能取回物(Faber and Lurger(-Carey Miller/Combe/Steven/Wortley),National Reports Ⅱ,420)。

137. 在丹麦,如果属于公众或开放供公众观赏的文物通过盗窃、抢劫或其他暴力或暴力威胁的手段被私人占有,那么取回物是可能的,善意取得法第1~2条。(参见 Lilleholt,Alminnelig formuerett12,198)

138. 在挪威,善意取得并不消灭所有权人对财产的权利如果物是善意取得法第2条所指的文物。受到保护的文物是被公共机构拥有的物或是被私人所有但对公众开放的物(Lilleholt,Alminnelig formuerett[12],198)。此外,考古物、通过非法挖掘或从合法发掘盗取的类似物不能被善意取得(善意取得法第5条;Falkanger and Falkanger,Tingsrett[6],583 et seq.)。

139. 在瑞典,没有关于文物的特别的规定。立法者认为很难定义文物的种类(SOU 2000:56,124;Håstad,Sakrätt(Suppl. 2004),8 et seq.)。然而,在瑞典,赎回权必须从合法所有权人知道或应该知道受让人的占有之日起6个月内被行使(个人财产善意取得法第5条),但是对于文物则没有时间上的限制(SOU 2000:56,128)。之所以这么规定是为了使博物馆和其他公共机构有权取回财产,即使这种情况在很久之后才出现(SOU 2000:56,128)。

第Ⅷ-3:102 条　善意取得没有负担有限物权的所有权

(1)如果物上负担了第三人的有限物权并且转让人没有权利或授权在不负担第三人权利的情况下对物进行处分,受让人可以取得不负担第三人权利的所有权如果:

(a)受让人以第二章或先前条款所规定的方式获得所有权;

(b)第Ⅷ-2:101 条(所有权转让的一般要求)第(1)款(e)项所规定的交付或类似交付行为的要求被满足;

(c)受让人有偿取得物;

(d)受让人在所有权转移时既不知道也没有理由知道转让人在转让所有权的时候没有权利或授权在不负担第三人权利的情况下转让物的所有权。受让人没有理由知道转让人没有权利或授权的事实应当由受让人加以证明。

(2)为了本条的目的,前条第(2)款和第(3)款可以适用。

(3)当物以第Ⅷ-2:105 条(等同于交付)第(2)款规定的通知的方式进行转让,接受通知的人对物的有限物权不消灭。

(4)为了将本条适用于物上担保权,除本条款之外,第 IX-6:102 条(因善意取得所有权而导致物上担保的失去)第(2)款也可以适用。

评　论

A. 本条的范围和功能以及与第Ⅷ－3:101条的关系

本条的目的。本条被用来包含所有负担了第三人有限物权的物被转让给善意认为不存在这样的权利的人的情形。本条的结果是如果一定的前提被满足则受让人可以取得所有权而不负担这些权利。效果是第三人的权利被消灭。至于如此规定的实际理由,参见对先前条款的评论。所涉及的问题是相似的。

有限物权。第Ⅷ－1:204条(有限物权)对"有限物权"进行了定义。这样的权利包括第九卷所指的物上担保权和根据相关规定被定性为物权的使用物的权利。"有限物权"的概念不同于第Ⅷ－1:207条对"有限权利占有人"中"有限权利"的定义:后者包括所有保留、占有和使用物的权利而不考虑它们属于对物权还是对人权,然而有限物权的概念包括所有动产上限制性的权利无论占有或是使用,但他们必须是物权。在善意取得的情形中只有有限物权才能得到类似于所有权的处理方式。在下文的评论中第三人将被称为X。取得人被称为C。

不受本条调整的取得所有权的情形。这样的所有权在其他法律规定的基础上被取得,如第二章中关于派生取得的规定或有关所有权善意取得的规定。本条并不调整受让人获得动产所有权的方式。它只涉及在所有权转让给C之后第三人的有限物权是否依然存在。

取得所有权和取得没有负担的所有权之间的区别的例子。下面的例子说明所有权可以通过两种不同的方式取得,而本条仅适用于有限物权。

示例1

B是物的所有权人并授予X在动产上的用益物权或担保权。B将物出售给C,而没有披露X的权利。因为B是物的所有权人,C可以根据第二章取得所有权(在严格意义上所有权从B转移到C)。本条下的问题是C取得的所有权上是否负担X的权利。如果C善意认为物上没有权利负担,则X的权利消灭。

示例2

B为A储存物,并且A授予X对物的用益权或担保权。B将物出售给C,既没有披露自己不是物的所有权人也没有披露X的权利。因为B不是物的所有权人,C可以根据第Ⅷ－3:101条获得所有权如果C善意的认为B拥有转让所有权的权利或授权。然而,C对于B转让所有权的权利或授权可能是善意的,但有理由怀疑物上是否没有负担他人的权利。第Ⅷ－3:102条对此进行了规定。如果C善意的认为物上没有负担他人的权利,则X的权利消灭;否则C获得所有权(善意的),但C的权利仍然受到X存在的权利的限制。

第Ⅷ－3:102 条在同一个条文中规定了这两种情形,因为他们反映了相同的法律问题。这个结构有助于将不同的问题分开(前一个所有权人的所有权消灭和第三人有限物权的消灭)并单独解决。

同一物上两个或更多的物权。当在同一个物上存在超过一个的有限物权时,第Ⅷ－3:102 条的规定分别适用于每个权利。

基础结构:与第 3:101 条保持一致。因为第Ⅷ－3:101 条和第Ⅷ－3:102 条都导致他人(A 或 X)物权的消灭而有利于善意取得人(C)取得权利,有必要以统一的方式对这两个问题进行规定。因此第Ⅷ－3:102 条的主要结构和术语都与第Ⅷ－3:101 条相一致。只有当有限物权的不同性质或当事人的不同利益需要时才会制定不同的规定。

B. 善意取得的要求

取得物的所有权的权利。根据第(1)款 a 项,受让人必须首先获得物的所有权。因此,第Ⅷ－3:101 第(1)款 a 项的要求,即转让人的义务基础(权利),都必须涉及所有权的获得,无论是根据第二章(来自于所有权人的所有权)还是第Ⅷ－3:101 条(善意取得)。对于不负担有限物权的取得没有要求具体的权利。

交付或类似交付的行为。根据第(1)款(b)项,转让的形式受到与第Ⅷ－3:101 条第(1)款(b)项相同规定的限制。必须要有交付或类似交付的行为。仅有关于所有权转让的时间的协议是不够的。转让人将物交付给 C 或提供类似交付行为的能力可以为 C 的(善意)信念和善意取得提供合理的基础。这种一般性的理念同样也可以适用于没有负担而善意取得所有权的情形。第三人 X(持有有限物权的人)通常拥有占有动产的权利并且因此阻止转让人 B 将物交付给取得人 C。因为 B 不能向 C 提供对物的占有,C 应当产生怀疑从而不再是善意的了。B 不能将物交付给 C(或提供类似交付行为)应当使 C 产生警觉并思考两个问题:(1)B 是否真的是物的所有权人或被授权转让物的人?(2)B 是否有权转让物而没有负担任何第三人的权利?

有偿取得。第(1)款(c)项规定受让人必须有偿取得物(参见第Ⅷ－3:101 条第(1)款(c)项)。第Ⅷ－3:101 条的评论解释了为什么在该条的基本规定中采纳了有偿的要求。当 C 通过赠与取得物,如果在解决 A 与 C 之间的利益冲突时让 C 承担因为 A 的所有权而使转让无效的风险是公平的,那么让受赠人 C 承担取得附着 X 的权利的物的风险同样也是公平的。第Ⅷ－3:101 条中受赠人 C 所面临的结果比在第Ⅷ－3:102 条中更加严厉。在第Ⅷ－3:101 条中 C 必须将整个物交给所有权人 A。在第Ⅷ－3:102 条中 C 可以取得受到 X 的物权限制的所有权。

善意的要求。在本条的情形中,善意的客体不是所有权或转让人转让所有权的授权(正如在第Ⅷ－3:101 条所要求的那样),而是转让人转让没有负担第三人 X 的有限物权的所有权的权利或授权。当受让人 C 知道或应当知道存在这样的第三人权利,C 必须认识到转让人没有权利或授权不受第三人权利的限制而转让物。因此,C 对 X 的权利的存在的实际或推定的知情在决定 C 的善意或恶意的时候扮演了关键的角色。

善意的标准相当严格:参见第Ⅷ－3:101 条的评论。举证责任与第Ⅷ－3:101 条的规定相同(参见对该条的评论)。对于不存在过失的举证责任由受让人 C 承担。对于 C 实际知情的举证责任由有限物权的持有人 X 承担。

C. 对于盗窃物和文物的例外

参考第Ⅷ－3:101 条第(2)款:从所有权人处偷来的物。第Ⅷ－3:101 条第(2)款中体现的价值判断:应当授予物被偷走的所有权人更强的保护,必须被重新解释以适用于第Ⅷ－3:102 条所规定的情形。当物从所有权人 A 处被偷走并且没有在普通商业过程中被 C 取得,C 将不能获得所有权。因此,C 是否没有负担的获得所有权的问题根本不存在。相同的理由也适用于不能被善意取得的被盗的文物。当物从所有权人 A 那里被偷走并在普通商事过程中被 C 善意的取得,就产生了小偷是否会影响 X 的权利的消灭的问题。因为Ⅷ－3:102 条并不涉及 A 的权益的保护,而是 X 的权益的保护,所以答案很简单。当盗窃物在普通商事过程中被取得,则盗窃物的例外不再存在。因此,在第Ⅷ－3:102 条的情形中它不能再被适用。

参考第Ⅷ－3:101 条第(2)款:从第三人处偷来的物。现在的规定平衡了 C 和 X 的利益并讨论是否应当为了 C 的利益消灭 X 的权利。对于 X 来说,被 X 占有的物不能在普通意义上被"盗取",因为 X 不是物的所有权人,而仅仅是物上有限物权的持有人。然而对 X 的剥夺占有同样也是一种犯罪行为——类似于小偷的犯罪意图。将物从 X 处取走可以使剥夺占有的人不合法的使用物并从中获取经济利益。就此而言,被剥夺占有的人是物的所有权人或其他人并没有区别。因此,为了第Ⅷ－3:102 条的目的必须将"盗窃"重新解释为"以从剥夺占有的行为中取得经济利益的意图而不合法的将物从 X 处取走"。

根据上述意图而非法从 X 处取走并被转让给 C 的物受到善意取得的限制。当物不是在普通商事过程中被转让给 C,C 不可能没有负担的取得所有权,因为 X 的利益比在其他情形中更值得保护。相同的规定也适用于为了获取经济利益而非法从 X 处取走的文物。

D. 转让的特别的情况(第(2)款和第(3)款)

已经占有物的受让人。第(2)款提到了第Ⅷ－3:101 条的第(3)款。为了维持转让人将物交付给受让人的能力的合法功能并为 C 的(善意)信念提供合理基础,当转让发生时如果受让人已经占有物,受让人的占有必须是从转让人那里取得的。这种观点可以被扩张至第Ⅷ－3:102 条包括的情形。这个规定使第Ⅷ－3:102 条第(1)款(b)项中的交付(或类似交付行为)的要求的功能和目的更加完整。

第Ⅷ－3:102 条第(3)款中规定的通过通知转让。通过通知转让在第Ⅷ－2:105 条第(2)款中被认为是类似交付的行为。在这样的情形中,转让人并不直接占有物而是通过第三人占有。为了将转让人的间接占有转让给受让人,第三人必须被通知从现在开始他将为受让人持有物。在这样的情形中,转让人和受让人都有必要知道这样的第三人存在并占有物。第三人对物的占有是该人对物的有限物权的存在的可靠标示。这样的权利可能是有偿储存物的某人保留物的权利、通过法律规定产生的留置权或根据合同设立的占有性物上担保权。受让人C必须知道这些权利存在的可能性,因此不知道这些权利的存在则不可能是善意的。因此,C不可能取得物而没有占有物的第三人的有限物权的限制。

注 释

善意受让人获得的所有权上的负担

1. 在奥地利,根据民法典第367条第(2)款,如果善意购买人从非所有权人那里获得所有权,则其取得的所有权上没有任何负担。取得的所有权不受制于他人的有限物权如果善意购买人不知道它们的存在或者他在普通商业过程中从专业卖家那里获得,善意的认为专业的卖方有不受他人权利的限制而处分物的授权。此外,买方可以从所有权人处取得没有负担的所有权如果所有权人在出售物的时候没有提到他人权利的存在并且民法典第367条第(2)款的要求被满足(Iro,Sachenrecht3,6/62;Faber and Lurger(-Faber),National Reports Ⅰ,162)。

2. 在德国,根据民法典第936条,如果物上负担着第三人的物权,这些权利由于善意取得而消灭。然而,取得人必须不知道这些权利的存在;否则第三人的有限物权仍然存在。至于所有权是从得到授权处分物如同物上不存在任何负担的人那里取得还是从没有获得授权的人那里取得则是不相关的(Baur and Stürner,Sachenrecht[17], § 52 no. 52;Faber and Lurger(-McGuire),National Reports Ⅲ,109)。

3. 在希腊,根据民法典第1040条,一旦受让人善意的获得所有权则第三人在物上的权利被消灭。具体而言,这个效果发生当(1)受让人已经获得物的占有;(2)受让人不知道他人权利的存在;(3)被取得的物不是偷来的。在后一种情况中,如果物是被偷来的,第三人的有限物权消灭只有当物是货币、不记名证券或被拍卖或在展览或市场中出售的物时才发生(Balis,Property Law[2], § 60 no. 1;Georgiades,Empragmato Dikaio Ⅰ,508;Spyridakis,Empragmato Dikaio,142g)。如果这些要求没有被满足,受让人被认为对第三人的权利存在是恶意的因此取得的物上附着相关的权利(Faber and Lurger(-Klaoudatou),National Reports Ⅲ,chap. 12. 11)。

4. 在斯洛文尼亚,根据物权法第64条第(4)款,善意取得消灭动产上负担的有限物权,如果取得人对这些权利也是善意的,即取得人不知道他们的存在(Faber and Lurger(-Rudolf/Rijavec/Kerestes˘),National Reports Ⅰ,607)。

5. 在匈牙利,民法典没有规定善意取得人取得的物上是否负担他人的权利。民法典第118条区分了发生在商事过程中和商事交易之外的善意取得。在这两种情形中,善意买方都能够获得所有权,但是在商事交易之外的取得的情形中原始所有权人可以在1年内主张取回物而无须支付价款。民法典的学者建议稿中讨论了先前存在的权利负担的效力。学者建议稿规定,根据民法典第4:47条第(2)款,他人的权利能够影响受让人的取得如果该人能够证明受让人知道或应当知道他人之前的权利的存在(Faber and Lurger(-Szilágyi),National Reports Ⅲ,chap. 12. 1)。

6. 在斯洛伐克，民法典中没有规定善意取得。另一方面，商法典对商业交易过程中可能发生善意取得的情形作了一些规定。然而，商法典也没有指明善意买方取得的物上是否负担了他人的权利。商法典第446条规定从非所有权人那里取得所有权必须建立在销售合同的基础上，并且如果买方知道卖方缺少处分的授权那么不可能以这样的方式取得所有权。因此，可以认为合同条款以及订立销售合同时买方的善意对于买方是否知道他人权利的存在具有决定意义。如果买方知道他人权利的存在被证明，则他取得的物上负担他人的权利（Faber and Lurger（-Petkov），National Reports Ⅵ，chap. 13.2）。

7. 在西班牙，学者认为从非所有权人处取得物的人获得了新的原始权利，它和潜在的权利主张人的权利同时发生。然而，根据法律规定，善意取得人的权利排除了其他同时发生的权利的效力。因此，善意取得人的权利的内容依赖于转让人转让了什么权利。如果转让人提到了他人权利的存在因此受让人在订立合同时知道了它们的存在，受让人有义务履行由此产生的义务；否则物上不负担他人权利的限制（Faber and Lurger（-González Pacanowska and Díez Soto），National Reports Ⅴ，chap. 8）。

8. 在瑞士，在善意取得的情况下，物上的物权或担保权消灭如果善意的取得人不知道这样的权利的存在（Steinauer，Les droits réels Ⅰ[4]，no. 449；BSK（-Stark），ZGB Ⅱ[2]，art. 933，no. 45）。如果占有以对第三人通知的方式被转让给取得人，民法典第924条第(3)款规定直接占有人可以对以对第三人通知的方式接受转让的人行使他的对物权；即使取得人是善意的这种情况也可以发生（Stark，loc. cit.）。

9. 在荷兰，民法典第3:86条第(2)款讨论了某人获得负担了第三人有限物权的物所产生的问题。如果取得人在转让的时候不知道或没有理由知道物上负担了限制性权利，则该权利被消灭（Faber and Lurger（-Salomons），National Reports Ⅵ，chap. 11.8）。

10. 在爱沙尼亚，根据物权法第68条，受让人获得物上完全的和没有负担的所有权。受让人的法律地位并不受到之前的所有权人或他人权利的限制，除非在无偿转让的情况中。然而，它要求善意取得人不知道第三人权利的存在（物权法第95条第(1)款和第(3)款）。由于占有产生的表象，如果物被第三人直接占有，取得人被推定知道潜在的负担的存在。因此，在他人物上或为了担保目的的对物权对善意取得人来说仍然附着于物上（Faber and Lurger（-Kullerkupp），National Reports Ⅰ，312－313）。

11. 在立陶宛，只有在公共登记机构登记了的限制性权利才会随着物的转让而转移（民法典第4.9条）。因此，在权利被登记的情况下，买方不能主张自己不知道它们的存在。在没有登记的限制性权利的情况中则存在相反的情况，这样的权利不能对抗善意的受让人（Faber and Lurger（-Mikelenas），National Reports Ⅲ，chap. 12.7）。

12. 在捷克，限制性权利是否被转让给善意受让人的问题没有被学者和判例法深入的讨论。然而，可以认为善意受让人取得在转让的时候物上负担的所有限制性权利（Faber and Lurger（-Tichy′），National Reports Ⅵ，chap. 11.1）。

13. 在苏格兰，和大多数法律制度不同，只要他人的权利是对物权，这种权利原则上不会受到将所有权转让给善意受让人的处分行为的影响（（-Carey Miller/Combe/Steven/Wortley），National Reports Ⅱ，424）。

14. 在英格兰，衡平法认为受让人可以在善意和不知道转让人进行处分的授权的情况下获得所有权。因此，善意受让人取得的物上不负担他人对物的法律利益（Faber and Lurger（-Frisby and

Jones),National Reports Ⅱ,119-128)。

15. 在塞浦路斯,基本的原则是买方不能获得比卖方更好的权利(nemo plus iuris 原则)。这个原则存在一些例外。特别是 1994 年货物买卖法要求占有物或物的权利文书的转让人要有合法所有权人默示的授权。另一方面,法律要求受让人有偿获得物或权利文书并且不知情。在这种情况下,买方会获得没有任何负担的所有权。具体而言,根据 1994 年货物买卖法(SGA)第 14 条第(2)款,在销售合同中卖方默示的保证物上没有任何买方不知道的权利负担或有利于第三人的主张(Faber and Lurger(-Laulhé Shaelou/Stylianou/Anastasiou),National Reports Ⅱ,589)。

16. 在爱尔兰,在一定条件下,1893 年货物买卖法允许善意并且不知情的买方获得物的法律利益。然而,根据爱尔兰学者的意见,善意买方取得的所有权不能免除他人权利的限制。他们的理由建立在 1893 年货物买卖法第 21 条第(2)款(b)项的解释上,根据该解释 1893 年 SGA 不能影响销售合同在任何特别的普通法或制定法或适格的法院的命令下的有效性(White, Commercial Law,429)。例如,普通法的例子是质押权人出售被质押物的权利,制定法的例子是未被付款的卖方的权力,出售通过执行担保而取得的债务人的物的县治安官和法庭监守的权力,或地主扣押违约的承租人的物的权力。因此,在善意买方获得物上合法利益的时候这些权利的存在使权利持有人可以主张它们对抗新的受让人(Faber and Lurger(-Gardiner),National Reports Ⅱ,248)。

17. 在保加利亚,善意取得人对物上负担的他人有限物权的存在也必须是善意的。如果善意取得人知道他人物权、质押权、用益权的存在,他所取得的物上就会负担这些权利(Faber and Lurger(-Stoimenov),National Reports Ⅳ,chap. 10. 8)。

18. 在法国,根据民法典第 2276 条"占有等同于所有"(possession vaut titre)原则,物的善意占有人取得新的权利,区别于转让人的权利(Terré and Simler,Les biens[6],317)。

19. 在比利时,民法典第 2279 条规定了善意取得的情形。该条是有关时效的章节的一部分,并且一些学者认为善意取得必须被认为是时效取得的一种形式(De Page/Dekkers, Traité élémentaire de droit civil belge Ⅴ,no. 1032,912;contra Hansenne,Les Biens Ⅰ,no. 236,245),只是它的时效期间为零。因此,由于这种特殊的取得时效,买方获得新的权利而完全不负担他人的有限物权(Faber and Lurger(-Cauffman and Sagaert),National Reports Ⅳ,chap. 2)。

20. 在意大利,因为善意取得是原始取得的一种形式,新的权利上没有任何负担,如果取得人对于这些限制性权利同样是善意的(民法典第 1153 条第(2)款)。特别是民法典第 1153 条第(2)款要求受让人不知道它们的存在并且转让人没有提到它们。如果受让人行使合理谨慎就可以知道他人权利存在的事实,那么就会构成他的权利获得的阻碍(Faber and Lurger(-Greco), National Reports Ⅰ,492)。

21. 在葡萄牙,善意取得被规定在取得时效中。这意味着善意的买方获得原始的所有权并且任何之前存在的负担将会自动消失(Faber and Lurger(-Caramelo-Gomes and Nóbrega),National Reports Ⅳ,chap. 12. 1)。

22. 在瑞典,当受让人取得负担着第三人担保权的物,该权利将和所有权一样被对待(参见对第Ⅷ-3:101 条的评论)。它是否适用于用益物权还不确定。他们可能被区别对待(-Martinson, Transfer of Title Concerning Movables Ⅲ, National Report: Sweden, 94 and Walin, Borgen och tredjemanspant[2],309)。至于质押权,Håstad 指出,个人财产善意取得法实际上不适用于第Ⅷ-3:102 条涉及的情形,因为进行质押的人在正式意义上仍然是物的所有权人。尽管如此这些规定仍然被使用。如果转让人占有物并且他被转让给善意取得人,后者取得物且没有任何负担(Håstad,Sakrätt[6],87 et seq.)。如果物被第三人占有,并且第三人在被告知质押之前被告知所有权的取得,则善意取得人的权利消灭质押权(Hessler,Allmän sakrätt,372 ff and Håstad,loc. cit.,88)。对于两个冲突的所有权,最高法院强调为了能产生有效的取得第三方占有人同样必须是善意的(NJA 1931,741)。这个结论并非不容质疑,并且它是否适用于冲突的有限物权并没有在法院的决定中或被学者提到(Håstad,loc. cit.,66 et seq.)。但是因为有限物权和所有权被认为可以以相同的方式对待,第三方占有人对于物上先前存在的限制性权利或许同样必须是善意的(Martinson,loc. cit.,94)。

23. 在挪威,有限物权被以与所有权相同的方式对待。首先成立的权利具有优先性,但后来的取得人可以取得高于旧有权利的优先性(参见第Ⅷ-3:101条注释48;Lilleholt,Alminnelig Formuerett[12],197 and Good Faith Acquisition Act §1)。

24. 在丹麦,即使没有关于善意取得的立法,它的一般原则也和挪威的相同:首先设立的权利原则上优先。但是如果取得占有的买方善意的相信有限物权不存在,他的权利被赋予优先性。然而,这种情况很少发生。正确的设立质押权需要将物交付给抵押权人(Elmer and Skovby,Ejendomsretten[14],193)。如果质押人在一定程度上重新占有了物,例如通过打破柜子,并不确定质押权人是否有可能恢复占有;这种情况还没有被法院解决(Illum and Carstensen,Dansk tingsret[3],351 et seq.)。

第四章　通过持续占有取得所有权

第一节　通过持续占有取得所有权的要求

第Ⅷ-4:101条　基本规则

(1)自主占有人可以通过持续占有取得所有权如果:
(a)持续占有十年,并且占有人在整个占有期间都是善意的;或
(b)持续占有三十年。
(2)为了第(1)款a项的目的:
(a)只有进行占有的人相信并且有合理的理由相信自己是所有权人他才是善意的,并且
(b)占有人的善意是被推定的。
(3)通过盗窃而占有物的人不能通过持续占有取得所有权。

评　论

A. 总述

通过持续占有取得所有权。大多数欧洲国家,尤其是民法法系国家,规定了通过持续占有取得所有权。根据这一概念,所有权可以通过一定期间的占有而被取得。其他很多欧洲国家也承认至少功能上有相似效力的概念。第四章采用了这种规定,首先因为当第二章或第三章不适用时它可以发挥重要的补充功能。而且,在其他很多情况中为了追求法律的确定性它有助于避免不确定的财产地位。因此通过持续占有取得所有权被作为一种一般性概念采纳。

传统上超出了本卷范围的概念。通过持续占有取得所有权的概念在很多欧洲国家包含更广泛的范围。尽管第八卷仅涉及物和所有权的取得,但这个概念传统上还涉及不动产和限制物权的取得,具体而言是财产的使用权。在很多国家,这个概念的实践重要性在其他领域更加突出。在所有这些领域中基本的原理是类似的,因此在为其他领域制定规则的时候可以对本草案进行参考。但是,必须认清的是当涉及不动产和其他种类的权利时所涉及的权利和潜在的政策考虑将在不同程度上被衡量。本章中的规定仅适用于物的所有权的取得。

术语。第四章采用了"通过持续占有获得所有权"的术语,因为它以非常直接的方式指出了这个概念的基本理念。被频繁使用的术语"取得时效"被抛弃是为了强调它和第三卷第七章所指的(消灭)时效的概念的不同,并避免任何可能产生的误解。参见第Ⅲ－7:101条(受制于时效的权利)评论A。然而,实际上该术语可以在相同意义上被使用。

强制取回权的消灭时效以及类似的概念。在一些成员国,所有权人从没有得到授权却行使直接控制的人那里恢复占有的权利受制于消灭时效。在一定程度上,这种概念的效果在功能上类似于通过持续占有获得所有权的效果。占有人受到保护对抗原始所有权人提出的权利主张。在普通法国家,这种对保护财产的(侵权法基础上的)主张的限制是为了取得类似于通过持续占有获得所有权所获得的结果的一般性基础。在其他国家,这个概念还额外适用于有关通过持续占有获得所有权的规定。实际上,这通常揭示了恶意占有的人对类似于所有权的地位的取得,即使根据相关的各国国内法,持续占有获得所有权要求是善意的。然而,本草案没有采纳这样的概念。考虑到法律的确定性和明确性,没有必要将这种"裸露的"权利留给所有权人却没有行使这种权利的可能性,而授予他人一种"受到保护的不存在的物"。然而,建立在物权基础上的恢复占有的权利只应当随着绝对权本身而终止;参见第Ⅲ－7:101条(受制于时效的权利)评论D。既然本草案明确的承认通过持续占有可以取得所有权即使取得人是恶意的,因此就没有必要还采用一种"时效的方法"。比较研究同样揭示了正式所有权和受到保护的占有之间的分裂在各国国内法律著作中受到了批评。此外,本草案没有采纳在荷兰法中的方法,它将所有权赋予在强制取回之诉时效期间终止时占有物的人。这可能意味着所有权人可能失去所有权即使现在的占有人没有满足持续占有取得所有权的一般要求,例如,占有被打断是因为第Ⅷ－4:103条(持续占有)第(1)款规定的如此长的期间不再可能,或现在的占有人不能提供足够的证据适用第Ⅷ－4:206条(应当考虑的前任的占有期间)。既然持续占有取得所有权的一个主要的政策考虑是为了提供法律的确定性,那么将这种概念的没收效果建立在取得人满足所有要求(包括时间的要求)的基础上似乎更好。在支持替代性概念所应提出的惩罚所有权人的消极的想法就此而言还是不够的。

不包括发现物。发现指的是所有权人或为所有权人持有物的某人,非自愿的失去对物的实际控制,而另一人发现了物并得到对物的实际控制,知道它们是属于他人的财产,这种情况传统上在各国法律制度中被单独规定。在很多成员国,发现人可以获得物的所有权,如果发现人满足了一定的法律义务,而原始所有权人在一定的期间内没有出现和重新主张权利。通常,这个期间比通过占有取得所有权所规定的时间要短。在解决这两种制度发生潜在重叠的时候,应采用有利于(各国国内法)关于发现物的规定，因为它通常需要满足特别的政策。通常，发现人被赋予一定的激励来履行相关的义务如通知所有权人或适合的公共机构并且将物交给其中之一，例如对发现人的奖励、费用的补偿和获得丢失物的所有权的可能性。这些激励措施被认为增加了所有权人取回物的可能性。考虑到这些特别的政策和各国国内法中不同的规定，第八卷中不包含有关发现物的所有权的取得；参见第Ⅷ-1:101条（适用范围）第（2）款h项。根据这些特别的政策，没有履行各国国内法赋予的义务的发现人是否可以根据第Ⅷ-4:101条（基本规则）第（1）款（b）项的规定通过30年的占有获得所有权依赖于它是否符合这些（各国国内法）规定和它们潜在的政策，参见下文评论H。

B. 适用的范围

总述。根据本草案，通过持续占有取得所有权在很多情况下都是可能的。这在很大程度上符合欧洲国家法律的规定，如果有所超出则主要是因为占有人的恶意并不完全排除所有权的取得。

从非所有权人处取得。一个主要的适用领域是从非所有权人那里善意取得所有权的要求没有被满足。具体而言，这指的是因为占有人通过赠与而得到物的占有时，第Ⅷ-3:101条（通过没有权利或转让所有权的授权的某人取得所有权）中"有偿"的要求没有被满足；当物是盗窃物并且不属于第Ⅷ-3:101条第（2）款的例外情形；或占有人取得交付时不是善意的（或不能提供足够的证据证明自己在当时是善意的）。同样，第四章规定的取得所有权可以发生当某人根据（国内的）继承法从死去的非所有权人那里"获得"物时。

根据无效合同取得。另一种情形是占有人根据合同——具体而言销售合同——而"取得"物，该合同是无效的但是物仍然在要求的期间内被占有人控制。具体而言，这可能包括一方当事人在合同订立的时候缺少法律能力；合同由没有得到授权的代表人订立；或合同根据第二卷第七章是无效的或随后被撤销。

根据法律关系而不是取得行为得到对物的控制。另一种情形包括占有人根据某种法律关系得到对物的实际控制，该法律关系的目的不在于使占有人取得所有权，但占有人随后改变了意图而打算像第Ⅷ-1:206条（自主占有的占有）规定的那样作为所有权人或像所有权人一样占有物。在先的法律关系可能根据储存合同、租赁合同或任何设立无偿使用权的合同而产生。根据其他原因而得到物的实际控制的事实并不排除通过持续占有取得所有权。然而，它可能影响所要求的占有期间的长度，因为在这样的情况下占有人通常不是善意的。

其他的例子。下面的例子更可能发生在教科书中而不是在法庭中，但加入它们可以使相关的情形更加完整。根据第四章取得所有权可能发生当占有人认为物不属于任何人而占有它们，尽管事实上它们是他人的财产。同样的情形包括某人发现某物并且错误的相信它是自己的财产，因为他曾经失去相同的物。还可能发生的情形包括买方和卖方订立A物的销售合同，但是B物被错误的交付；A和B看起来很像所以在一段时间内该错误都没有被发现。在这样的情况下,所有权只能通过持续占有取得。根据第Ⅷ-4:101条(基础规则)第(3)款的特别规定小偷不能通过持续占有获得所有权。然而,明知道自己从小偷那里得到赃物的人也可以根据恶意的持续占有的一般规定而取得物的所有权。关于后两种情形,参见下文评论H。

登记物:各国国内法具有优先性。一些国家对通过持续占有取得登记物的所有权制定了特别的规定。具体而言,规定了不同的时效期间,和普通的期间相比它们或长或短。这就导致了在第四章中如何对待登记物的问题。本卷没有设立自己的登记制度。然而,当各国国内法设立了关于所有权和所有权的转让(与仅为了行政目的而登记的制度相对)的登记制度并且登记(无论强制的或任意的)是可以被公开查询的,那么该登记的效果"优先于本卷的相关规定",参见第Ⅷ-1:102条(物的登记)第(2)款。这种一般性的方法同样适用于第四章下通过持续占有取得所有权的情形。这不意味着第四章作为一个整体被自动排除。各国国内法优先于第四章的规定只有当这些各国国内法的效力和第四章的效力发生冲突时。也就是说,可能会适用另一个持续占有取得所有权的期间和为了获得所有权的额外要求。不可避免的是这可能导致某种不一致。然而,如果想要为登记以及通过持续占有获得所有权的相互作用提供完全成熟的解决方案可能需要制定出复杂的(统一)登记制度。既然在本草案的既定框架内这是不可能的(由于时间和研究能力的限制),第Ⅷ-1:102条的一般方法同样也要适用于持续占有获得所有权。

C. 有关持续占有取得所有权的规则的潜在的利益、功能和政策

总述。通过持续占有获得所有权的规定可能影响并且必须平衡原始所有权人和物的占有人以及第三人甚至社会整体的利益。

原始所有权人的观点和利益。所有权人的主要利益是持有财产。对于所有权人来说,他人通过持续占有获得所有权意味着对他的没收并且没有任何补偿。就此而言,因为他人通过持续占有获得所有权而失去所有权相当于由于他人的善意取得而失去所有权——但在实践中结果可能更糟。在很多情况中占有人从非所有权人那里得到物,较长的期间经过之后将使原始所有权人很难甚至不可能对第三方非所有权人提起诉讼。在实践中可能存在各种问题,例如很难发现此人现在的住所或营业地;以前的公司可能停止存续;或第三人可能已经破产。同样,提供支持对第三人的权利主张的证据可能也是极度困难的。此外,也可能产生法律人格的问题。具体而言,对第三方提起的诉讼,尤其是要求损害赔偿或推翻不当得利的诉讼根据第三卷第七章可能已经经过了时效期间。在仅有两方当事人的情况中,当所有权人根据储存合同或租赁合同等将物的实际控制交给占有人,第三卷第七章中有关时效的规定和第Ⅷ-4:302条(根据不当得利和非合同损害赔偿义务产生的权利消灭)可能意味着原始所有权人甚至都没有理论上的机会起诉任何人。只有当意欲的转让由于基础义务的缺陷而受挫时,持续占有取得所有权所导致的所有权人的损失才可能通过所有权人要求归还价款

的可能性被平衡。最后一个问题将在下文评论F中被详细讨论。最后,在所有的情形中,所有权人可能在事实上都不能行使权利因为不可能发现物在哪里以及在谁的手上。和不动产相比,动产面对着更大的风险,尤其是当物被偷走的时候。

针对如此严厉的后果,很明显如果持续占有取得所有权的概念真有必要存在,那么为了保护所有权人的利益有必要规定一个相当长的期限。同样,任何例外或限制都应有利于所有权人。

自主占有人的观点和利益。第Ⅷ－1:206条(自主占有人的占有)意义上的自主占有人,即认为自己是物的所有权人而占有物的人,或至少拥有作为所有权人而使用物的意图的人,很显然将从维持占有中获益。在这样的环境下,自主占有人希望不受到任何物的“更早的权利持有人”的质疑,尤其是不受原始所有权人的权利主张。然而,这种典型利益的合法性会发生相当大的变化。对于希望使用盗窃物的小偷来说,几乎不存在任何对他的合法保护。在从极端的恶意占有人到善意的占有人的发展过程中,这样的保留将逐渐下降,而在个别情形下,可能有额外的要求保护占有人而使原始所有权人遭受不利的理由。例如,占有人可能被认为值得保护当占有人为了得到物已经支付了购买价款(在很长时间经过之后物可能很难被取回)或当占有人已经在物上产生费用并面临失去投资的风险。同样的理由还包括占有人可能已经发展出与物密切的“个人关系”。

在这种情况下另一个可能相关的方面是占有人在数年过去之后可能很难提供足够的证据证明有效的获得所有权。当占有人受到之前的所有权人质疑时可能产生这种困难,但更重要的是,当占有人打算处分物而预期的买方希望确定卖方是否拥有有效的权利。当占有人打算行使和所有权相关联的权利时也可能产生类似的问题,例如,从第三人处恢复占有的权利,当第三人损害物时根据第六卷提出主张的权利,根据第七卷要求撤销他人从物上得到的不当得利的权利。在所有这些情形中,如果规定占有人通过一定期间的占有就能取得所有权那么对占有人是相当有利的。

当事人的一般债权人的观点和利益。原始所有权人和占有人的一般债权人拥有相对应的利益。很自然的,每方都会从相关当事人财产的维持和增加中获益,这有助于满足他们的权利主张。

(潜在)的从占有人处获得与物相关的权利的人的利益。特别的一种债权人是那些打算从占有人那里获得与物有关的权利的人。典型的例子是打算从占有人那里购买物的人;其他的例子还包括打算在物上设立担保权的担保债权人或潜在的承租人。这些人希望处于安全的地位,即不受持有在先的对物的权利的人的打扰并可以成为和其他第三人法律关系的基础。如果占有人明确的获得物的所有权,这些第三人就可以获得这样安全的地位。另一方面,如果占有人的对物的权利不是非常清楚,第三人可能需要进行额外的调查,从而使整个交易没有效率。一般来说,安全的物权地位的设立符合一般公众和商业的利益,这样可以避免不确定性并且使交易的当事人可以评估自己的利益和风险。否则不确定性可能使购买旧的和珍贵的财产变得极为危险或昂贵。

通过持续占有获得所有权的功能和政策:总述。通过持续占有获得所有权的概念传统上植根于数种政策考量。其一是它是对所有权人长时间"消极"的惩罚。其他大多数政策考量涉及法律的确定性,这通过不同方面表现出来。从历史上来说,因为罗马法不承认从非所有权人那里立即的善意取得所有权的可能性,现在这些被善意取得的规定包含的领域需要通过持续占有获得所有权的概念得到处理。这在本草案中并不必要。然而,需要注意的是持续占有取得所有权的概念对第三章所指的立即的善意取得所有权的补充功能。

对所有权人消极的惩罚和相关的政策。与持续占有取得所有权的概念相关的政策考虑之一是在相当长一段时间过去之后所有权人对于恢复财产所有权的消极可能受到惩罚。从积极的方面理解,所有权人被鼓励积极的使用或恢复财产。在一定意义上,这同样可以促进使用财产的效率。很多这些想法类似于第三卷第七章中有关时效的潜在的原则。没有什么东西是立即失去的,但是权利的持有人被建议不要长时间的不行使权利。然而,只有在一定的范围内才能发现这种相似性。尤其是对于有形动产来说,在很多情况下所有权人可能甚至都不知道物在哪里。所有权人可能进行了合理的甚至非常深入的调查却一无所获。在这种情况下,建立在所有权人的消极基础上的理由的说服力是不够的。另一方面,在要求履行义务的权利的时效期间的情况中,债务人的身份总是知道的(否则可以援引第Ⅲ-7:301条(在忽视情况下的中止)),在这种情况下"消极"是成立的。对不动产来说建立在所有权人的消极基础上的理由更容易被人接受,因为至少很清楚财产在哪里。同样,在某些涉及动产的情形中,例如根据无效合同获得所有权的情形,这种理由可能更有说服力。但是很难对它进行归纳。因此,在制定第四章的规定时它的重要性是有限的。间接的来说,它也和第二节的有关延期的某些规定存在一定的联系,当所有权人被认为不能行使权利的时候,如第Ⅷ-4:201条(无法律能力情形中期间的延长)和第Ⅷ-4:202条(在超出所有权人控制的阻碍的情况的延期)所指的情形,或当所有权人试图通过寻求法院的帮助(第Ⅷ-4:203条(司法或其他程序所导致的期间的延长或更新))或进行直接的谈判(第Ⅷ-4:204条(谈判情形中期间的延迟))解决和占有人的冲突时。

法律确定性。持续占有获得所有权最重要的政策考虑是促进法律确定性。这包括个人利益的保护,如可能已经对物进行投资或可能试图对物进行处分或打算对第三人提起诉讼,并且经过一段很长期间后面临提供所有权证据困难的自主占有人。至于善意的占有人对物的取回,也可以援引第Ⅷ-6:301条(更好的占有情形中取回物的权利)。同时法律确定性的理念也扩展到对商业的保护,因为持续占有可以为财产的处分提供明确的基础,为潜在的买方和寻求在物上设立担保权的债权人提供了受保护的地位。这减少了调查转让人权利的成本,或是对相应风险的保险成本。简而言之,持续占有获得所有权的概念有助于减少交易成本。总的来说,如果不能通过持续占有获得所有权,现在的占有人的权利的不确定性将持续存在,诉讼成本和不确定的法院决定的风险可能同样增加。另一方面，持续占有获得所有权的清楚的规定的存在可以防止人们陷入不确定的法律争议并因此保持社会的和平与安宁从而满足公共利益。它同样有利于保护自主占有人的相信物属于他的一般债权人的利益（尽管在现代下占有的公示功能并不是很重要了）。

善意占有人更值得受到保护，恶意的取得所有权不应被鼓励。前两条评论中所列的政策考量没有解释善意的持续占有和恶意的持续占有的规则之间的区别。尽管在很多欧洲国家恶意的占有也可以取得所有权，它需要更长的时间。这意味着占有人的主观方面被认为相当重要。这个一般性的政策考虑包括不同的方面。考虑到对原始所有权人的没收效力，可以认为只有善意的占有人才可以从得到不容质疑的地位中获益。另一个理由是不应当给予潜在的不诚实的人滥用持续占有取得所有权的概念的动机当他明知自己占有的是他人的财产。这种方法假定持续占有取得所有权的概念已经通过其他政策考虑合理化了，它的目的在于将它限制在社会和经济合理的程度上。然而，这种想法仅适用于极端的恶意情形，包括实际的知情和有意识的盲目。最后，数种考量的结合成为善意占有人和恶意占有人之间区别的基础。

D. 主要的要求概述

主要的要求。持续占有获得所有权要求在一定期间内占有不受干扰。第四章中主要的要求如下。

占有。占有指的是第Ⅷ－1:206 条（自主占有人的占有）意义上的占有，即要求事实要素和为自己占有的意思要素。参见评论 E。

持续的占有。占有必须不被打断，即自主占有人原则上必须在取得所有权所要求的整个期间内进行占有。这个问题进一步的规定在第Ⅷ－4:103 条（持续占有）中；参见评论 E。

经过一段期间。自主占有人在一段时间经过之后获得所有权。期间的长度依赖于他是善意的还是恶意的（参见下文评论 E、F 和 G）。本章的第二节讨论了可能导致期间延长（延长或者恢复）的不同情形或考虑前任的占有期间的情形。

占有不能通过盗窃取得。积极的剥夺前一个持有物的人的占有（无论是所有权人或其他人）排除持续占有获得所有权的可能性。它被用来限制恶意的持续占有获得所有权的可能性，当考虑到自主占有人的错误行为使这种形式的取得所有权极不适当的时候。参见本条第(3)款和下文评论 H。

没有被采纳的要求。一些国家规定了持续占有取得所有权进一步的要求，如需要“有效”的权利或占有必须是“公开的”和“明确的”。这些要求没有被采纳。理由参见下文评论 I。

E. 占有

自主占有人。在第四章中，“占有”与第Ⅷ－2:106 条（自主占有人的占有）中的占有具有相同的含义。占有人必须以作为所有权人行事的意图对物进行实际控制(是或好像是所有权人;为自己占有的心理)。并不要求占有人主观上相信自己是合法的所有权人。清楚的知道其取得物的合同是无效的或可撤销的但是仍然打算持有物的买方也被包括在内,和没有理由知道这种缺陷的买方一样。根据这种要求小偷本也被包含在内,但是根据第Ⅷ－4:101(基本规则)第(3)款中的特别例外被排除。作为第Ⅷ－2:107 条(有限权利占有人的占有)所指的有限权利占有人对物进行实际控制的人没有像所有权人一样行事的意图。因此,没有必要在一段时间经过之后赋予这样的人所有权,无论是从该人的角度还是从其他人利益的角度考虑(如果有限权利占有人改变了自己的想法并且以自己的名义出售物,后者将根据第Ⅷ－3:101 条(善意取得通过某人没有转让所有权的权利或授权)得到足够的保护)。相同的理由适用于第Ⅷ－1:208 条(通过占有辅助人的占有)所指的占有辅助人。因为这些不同形式的"占有"的外在表现在实践中可能难以区分,看起来自主占有的前提并不是真的建立在促进法律确定性和保护第三人的政策上。然而,它是欧洲法律制度中的共同标准,并且表明占有人的利益被认为是使持续占有取得所有权概念合法化的重要基础。

占有种类可能的改变。为了本章的目的有限权利占有人或占有辅助人通过改变意图从为他人进行控制到为自己进行占有而成为自主占有人是可能的也是可以接受的。如果是这样,持续占有获得所有权所要求的期间随着意图的改变而开始计算。然而,很难想象这样一个占有人在本条第(2)款 a 项的意义上是善意的,所以取得所有权的期间通常是 30 年。这足以让所有权人有所反应并主张取回物(即使占有人是善意的,10 年的期间也应该足够了)。如果在所有权人和占有人之间已经存在法律关系,那么对所有权人来说,发现他应该对谁提起诉讼至少不会存在困难。这里所讨论的情形的典型的例子是仓储公司在合同履行期间或合同终止后决定为了自己而保留物。因为恶意取得所有权只有在非常有限的情况中被排除(参见本条第(3)款和下文评论 H),不排除在这种情况下根据第四章取得所有权的可能性看起来并不矛盾,它类似于明知合同是无效的而持有购买的物的情形但不同于盗窃(这种情况中对方当事人是不知情的)。当之前的有限权利占有人或占有辅助人有意隐瞒其改变了的意图并看起来在与以前相同的基础上继续持有物,这样的情况下可能存在一定的保留。这样的行为将不能导致根据第四章取得所有权,因为占有人不能证明他在要求的期间内以相应的意图对物进行控制,或是因为行为可以被解释为对所有权人权利的承认(对比第Ⅷ－4:205 条(承认情形中期间的结束)),尤其当占有人,如承租人,支付价款给所有权人,或因为储存物而从所有权人那里得到支付,或物的所有权人被告知的内容证明了相反的情形。更多的例子如下:在提供无偿使用物的权利的合同期满后,借用人错误的相信借出人将物进行了赠与。当某私人同意为他人储存物,双方当事人都忘记了协议,储存物的当事人(或他的继承人)相信这些物是自己的财产或财产的一部分。

自主占有可以通过他人行使。根据占有的一般概念——正如第Ⅷ－1:206 条(自主占有人的占有)所提到的"直接或间接的实际控制"——和实践的需要,自主占有人不必在整个期间亲自进行实际控制。控制可以通过有限权利占有人或占有辅助人间接的行使。这一原则的适用不应当被限制于占有取得之后,而是可以从为了本章的目的开始自主占有之时起开始适用。

所有权人权利的承认。已经成为自主占有人但是通过陈述或声明承认所有权人的权利的人不再是第Ⅷ-1:206条(自主占有人的占有)意义上的自主占有人,因为他不再"如同或好像所有权人那样"占有。因此,他不再满足本条规定的持续的自主占有的要求。如果该人稍后恢复作为自主占有人的占有,则新的期间开始计算。为了保持明确并避免在特殊的情况中可能产生的问题,承认的情形被规定在第Ⅷ-4:205条(承认情形中期间的结束)的特别规定中。

持续占有。原则上,持续占有获得所有权要求在整个期间持续的占有。这是欧洲法律制度的共识。在一定条件下,非自愿的失去占有也可能被作为持续占有对待。第Ⅷ-4:103条(持续占有)第(1)款对这个问题进行了详细的规定。该条第(2)款同样包含有利于占有人的推定。证明了在期间的开始和结束的进行占有的自主占有人被推定在整个期间进行占有。

一定的期间。期间的长度取决于自主占有人是善意的还是恶意的。在前一种情况中,期间为10年;在后者中,期间为30年。这种区别的原因在于恶意的占有人不应当受到有力的保护对抗根据本章规定将失去所有权的合法的所有权人。对于文物要求的期间更长,只有满足更严格的要求时才能通过持续占有取得所有权。参见第Ⅷ-4:102条(文物)和对该条的评论。本章的第二节包含计算取得所有权的期间以及期间的延续、中断和恢复的其他规定。第Ⅷ-4:206条(应当考虑的前任的占有期间)有利于根据本章取得所有权,它允许自主占有人将前任占有的期间也包括在内,如果他们都满足了相关的一般性要求。

F. 善意的持续占有取得所有权

总述。善意的持续占有可以取得所有权,或至少得到可以对抗原始所有权人权利主张的受到保护的地位被认为是欧洲私法共同核心的一部分。和恶意的占有相比,很容易接受在一定期间经过之后自主占有人的利益、潜在的取得人和其他与持续占有取得所有权的概念相联系的公共的利益优先于所有权人的利益。除了这种共同的考虑,不同的国家对期间的长度和其他的要求有不同的考虑。在这个语境中善意本身的含义还远远没有统一。

善意的含义。为了本章的目的,自主占有人是善意的如果自主占有人"进行占有并认为自己是所有权人且有合理的理由这么认为";参见本条第(2)款a项。"作为所有权人"意味着排除善意的怀疑或知情与所有可能导致占有人怀疑所有权是否被取得的环境相联系,例如前任的所有权或处分的授权,或合同的有效性或其他支持取得所有权的法律基础。这个定义明确了当占有人知道自己不是所有权人或考虑到具体的事实或环境存在故意的盲目或重大过失时则善意被排除。轻微过失和重大过失之间没有区别。这个规则并不打算表明进行调查的一般义务。然而这样的义务可能产生于案件的具体情况。从实践上来说，在占有取得的时候所要求的谨慎的标准可能高于稍后占有人已经行使对物的控制很多年且没有理由产生怀疑的情形。很难制定一般性的规定，而是应当根据个别的环境而弹性的适用，将占有得到之前或得到占有时和稍后可以得到的信息考虑在内，以及公开面向大众的信息和只提供给占有人的特别的信息。被错误取得的物并不能排除本条意义上的善意——事实上它也不能根据完全的确定性被排除。即使所有权人主张从占有人那里取回物，这并不必然排除善意如果占有人有很好的理由相信自己的取得是有效的而所有权人的主张缺少法律基础。因此，所有权人甚至在开始法律程序之前需要提供可靠的理由作为权利主张的法律基础以避免在善意的情况下所要求的较短的期间经过而失去所有权。

贯穿整个期间的善意。不同的国家对什么时候要求善意做了不同的规定。在一些国家，善意只有在占有取得的时候才是必要的（随后的怀疑或积极的知情并不阻止通过较短的期间取得所有权），然而一些国家要求在所要求的期间内一直都是善意的。本草案采用了后一种规定，它有利于平衡严苛的没收效果和占有人的合法利益。当某人收到赠与并且没有理由在当时怀疑赠与人的所有权，但在取得占有之后占有人得到关于物的额外信息，如某人注意到一篇新闻报道提到该物被偷走。在这样的环境下，法律不应当鼓励占有人持有物直到善意取得的较短的时期经过。然而，占有人应当尝试解决这个问题并且如果可能，将物交还给所有权人。支持对所有权人的没收的法律确定性的一般利益只有在占有人从一开始就是恶意的情况中需要满足的前提被实现时才能具有优先性。其他支持另一种规定的理由在本草案的框架内都不被认为足够重要。本条第(2)款(b)项规定的对善意的推定优先于认为贯穿整个期间的善意难以证明的观点。同样，本条规定的善意的 10 年期间相当长的事实以及占有人很可能对物发生支出的事实并不产生取得所有权更便利的形式的需要，当占有人并不是在整个期间内都是善意的。这样的支出将根据第Ⅷ-7:104 条（物上的支出或增加的部分在占有期间）得到补偿，并且当占有人不再是善意的时候由他承担投资的风险是合理的（参见对该条的评论）。

善意的举证责任：可供选择的选项。欧洲国家对证明自主占有人的善意或恶意的举证责任做了不同的规定。大多数法律制度规定了对善意的一般性的推定（为了这些评论和本条第(2)款(b)项的目的，没有在"推定"和"举证责任"的负担上进行术语上的区分）。也有国家规定证明整个占有期间内的善意的取证责任由占有人承担。但是同样有折中的规定。一些国家规定善意被推定如果占有人根据有效的权利得到占有（有效的合同或其他法律行为，法院命令或法律规定）。其他的规定是自主占有人必须证明在得到占有的时候的善意，如果善意被证明，则推定在剩余的期间内都是善意的。这里提到的推定应当被理解为可被推翻的推定。

所建议的措施（善意的推定）的讨论和合理性。和第四章所有其他的规定一样，关于举证责任的决定也必须尝试平衡利益冲突，具体而言，一方面，所有权人不失去所有权的利益;另一方面,通过促进不确定的财产地位的明确而设立法律确定性的一般利益,这个利益和善意占有人的个人利益结合在一起。关于所有权人的利益,必须考虑提供占有人的善意不存在的事实的证据在一些情况中可能是特别繁重的或几乎是不可能的。尤其当占有人从非所有权人那里“取得”因为所有权人对于取得环境通常没有直接的信息(然而占有人参与了这一行为因此更容易取得证据)。基于这一考虑,第Ⅷ-3:101条(善意取得通过某人没有权利或转让所有权的授权)没有规定对善意的推定。当占有人直接从所有权人那里取得物(如根据无效的合同或在租赁终止之后占有被保留),那么以上问题也不会产生。考虑到大多数欧洲国家相当清楚的法律规定,以及善意的持续占有取得所有权要求10年的期间,所有权人至少在理论上有时间恢复对物的占有,这表明占有人的善意应当被推定在得到占有的时候以及在剩余的期间内。在那之后,提供证据证明取得占有的环境对于占有人来说也是很困难的。总之,目的在于确保法律确定性的一般政策在这个相当长的期间经过后被认为有更高的价值。同样,该规定很好的对第三章善意取得的规定进行了补充。如果选择了一个较短的持续占有取得所有权的期间,则可能需要考虑关于举证责任的不同规定。

第(2)款(b)项的推定如何发挥作用。第(2)款(b)项中善意的推定是可被推翻的推定(参见定义列表中对于“推定”的定义)。因此,所有权人必须主张事实并提供足够的证据证明占有人在取得占有时或稍后的期间内不是善意的。例如,所有权人可以证明有足够的理由认识到取得物的合同是无效的,或占有人提出的取得占有的事实很可能是假的。同样,所有权人可以提供证据证明在新的占有得到之后可以知道新的事实,占有人有合理理由被期待知道这些事实,根据这些事实占有人应当有理由怀疑取得的合法性。

期间的长度。取得所有权适格期间的长度是平衡持续占有情形中涉及的利益的合适工具。在欧洲普遍认为善意的占有人比恶意的占有人更值得保护,因此,善意取得所要求的期间可能会非常短——尽管占有人的善意或恶意对于保护财产法律地位的法律确定性的一般(公共)利益来说是不相关的。同时,决定期间的长度时仍有一定的任意性。大多数欧洲国家为善意的取得规定了从3年——最常见的规定——到10年的期间,但也有一些国家规定了在一定的情况中40年的期间。在一定程度上,期间的长度取决于持续占有取得所有权额外的要求是否存在,如取得所有权的有效的义务(或有效权利)的存在。但是很难提供一般性的情形。在本条的起草历史中,3~10年的期间都曾被考虑(对非登记物)。最后,研究小组合作委员会的大多数倾向于10年的期间。有两个主要的理由支持这一观点。首先,尤其当物是盗窃物(但是现在的占有人是善意的),较短的时间不足以让所有权人取回物。这里有来自瑞典的实践经验,根据这个理由,法律将原先3年的规定改为10年。然而,盗窃并不是适用这个原理的唯一情形。当物的占有先后被转让给数人时也可能发生类似的困难(尽管可能不是那么典型)。其次,对所有权人的没收效果看起来是非常严重的惩罚,它本身就反对较短的期间。在一定的程度上,规定较长的期间可以使通过持续占有取得所有权无须采纳额外的要求，它本身就具有一定的纠正功能。然而，10年的最短期限减少了持续占有取得所有权的概念和耐用物的实践相关性。很多东西10年之后不再存在。

在无效或可撤销的合同中没有不合适的结果：总述。预设的10年期间如果有不合适的副作用则可能会被质疑。一个潜在的副作用是10年期间对无效或可撤销合同的解除的影响（在义务已被履行之后）。之所以要对这个问题进行考虑的潜在的理由是合同的撤销会产生两个效果。根据第Ⅷ－2：202条第（1）款和第（2）款的物权法规定（自始无效的效力，随后的撤销，撤回，终止和撤销），所有权从来没有被溯及既往的转让或归还给转让人。据此，卖方有权根据第Ⅷ－6：101条（所有权的保护）要求物的归还。第二个结果是根据不当得利的规定相互的履行必须被推翻。这些义务服从于第三卷第七章规定的时效。这些规定和持续占有取得所有权的10年期间的规定之间的相互关系将在下面的评论中讨论。

10年中的撤销。在本草案中，要求履行义务的权利在3年的期间经过之后时效终止（第Ⅲ－7：201条（一般期间））。这个期间同样适用于撤销不当得利的权利。在销售合同中，合同的双方当事人相互履行了义务，随后（如9年后）合同被撤销，持续占有取得所有权的10年期间不应当产生买方必须将物交还给所有权人，而由于第三卷第七章的时效规定没有权利取回已经支付的价款的效力。这样的情形不会发生。根据第Ⅲ－7：203条（开始）第（1）款，时效期间从债务人履行完毕之后开始计算。在现在的语境中，这意味着归还价款的3年的时效期间从撤销生效之时起开始计算。因此，从该时起买方有3年的期间主张价款。这应该足够了。时效规则中规定的期间比持续占有取得所有权的期间短的事实并没有使买方承担严重的不利。因此期间长度的不同并不足以反对持续占有取得所有权的10年期间。

超过10年的撤销。本草案没有为合同的撤销规定绝对的时间限制。第Ⅱ－7：210条（时间）只规定了撤销的通知必须在被撤销方知道或有合理的理由被期待知道相关的事实之后合理的时间内做出。这意味着当事人甚至可能有权在10年之后撤销合同。此外，评论中很清楚的提到第三卷第七章的时效规则不适用于当事人给出撤销通知的权利；参见第Ⅲ－7：101条（服从时效的权利）评论B和D。考虑到这个法律框架，在买方善意的占有物超过10年之后销售合同的撤销可能导致（1）合同被当做从来没有存在过，根据不当得利的规定产生撤销履行的义务（意味着价款和购买的物被恢复）；同时（2）买方满足了本条规定的善意的持续占有取得所有权的前提。因为这里涉及的规定（拥有溯及效力的撤销，不当得利，根据第四章的取得）都可以适用，则可能产生如下的结果。卖方根据不当得利取回已出售的物的权利根据关于持续占有取得所有权的第Ⅷ－4：302条而消灭（根据关于不当得利和非损害赔偿的非合同义务产生的权利的消灭）。同样，卖方不能根据第Ⅷ－6：101条（所有权的保护）在所有权的基础上要求物的归还，这原则上是拥有追溯效力的撤销的结果。这种可能性由于第四章中对取得所有权的要求的满足而消灭。尽管卖方不能取回已出售的物，但原则上卖方根据不当得利的规定有义务将购买所支付的价款归还给买方。这个结果值得质疑。然而,根据两种考虑排除了这种结果。首先,卖方不可能撤销合同:因为物不能被取回所以这么做没有意义。其次,如果买方撤销合同并试图要求卖方归还价款,第Ⅷ－1:103 条(善意和公平交易)将会阻止买方行使或依赖这个权利。要求归还价款但不归还物违背了善意和公平交易原则。这种相互作用的要素是公平的重要成分。可以参考与第Ⅲ－3:401 条(保留相互义务的履行的权利)第(1)款的类比。如果买方撤销合同则要么买方持有物而卖方持有价款,或选择归还物并取回价款。持续占有取得所有权的规定不打算在合同撤销的情况中产生有利于一方而不利于另一方的不公平。在 10 年的期间经过之后从买方那里获得权利的第三人不受影响。他们已经有效的从所有权人那里获得权利。在实践中,这将阻止买方选择归还物。

自始无效的合同。如果合同不是在履行完毕之后被撤销而是自始无效,当履行被做出时根据不当得利的规定就产生了撤销履行的权利主张。当买方根据本条通过善意的占有物 10 年而取得安全的法律地位,相互的不当得利的权利主张根据第三卷第七章的规定已经经过了时效期间,第Ⅲ－7:201 条(一般期间)规定了 3 年的期间从相关的履行被接受时起开始计算(参见第Ⅷ－7:203 条(开始)第(1)款)。因此,买方不能主张取回价款。对双务合同的当事人之一产生不适当的结果的问题不会发生。

G. 恶意的持续占有取得所有权

为什么恶意的持续占有会取得所有权。欧洲国家在恶意的占有人是否能够通过持续占有取得所有权或其他受到法律保护对抗所有权人的地位的问题上立场不一。在将近一半的国家中恶意的取得所有权(或类似的情形)在原则上是可能的,除了在极端恶意情形下的例外,如通过暴力或其他犯罪行为取得占有。同时也存在取得所有权的其他一般性要求,如占有必须是公开的和和平的,暗示了某些种类的恶意占有不会取得所有权。道德、经济和法律都可以就此提出充分的理由对这个问题进行无尽的讨论。考虑到占有人的精神状态和诚意原始所有权人的利益(不失去对物的权利)是相当中立的,除非恶意的占有人采取特别的努力将物隐藏,使合法的所有权人难以发现和取回物。另一方面,不诚实的占有人个人的保护价值随着恶意的增加而减少。只有从第三人、商业或社会总体的角度来看,有利于法律确定性、关于财产地位稳定性的一般利益和占有的"和平持有"功能,即在较长的期间经过之后避免不确定的法律诉讼的政策考虑支持恶意的持续占有取得所有权。研究小组合作委员会决定在较长期间经过之后赋予这些利益优先性。对于极端恶意的情形例如盗窃和抢劫则存在合理的例外(参见本条第(3)款和下文评论 H),这在某种方式上同样反映了欧洲大多数国家的规定。

规定的技术执行,第(1)款(b)项。本条第(1)款(b)项要求(1)自主占有,(2)持续的行使权利,(3)经过 30 年的期间。恶意没有在本条的文本中被提到。它只是从第(1)款 a 项推断出第(1)款(b)项实际上适用于恶意的占有人(参见第Ⅷ－4:206 条(应被考虑的前任的期间)评论 B)。本条第(3)款中规定了对于盗窃的例外。

30年期间。恶意的情形中持续占有取得所有权的期间是30年。这是为承认类似情形中持续占有取得所有权的欧洲国家规定的最大期限标准。期间的长度反映了和需要进行10年占有的善意的占有人相比他受到保护的有限价值。同时,30年的期限反映了使恶意的持续占有取得所有权合理化的困难以及对它的保留。

H. 小偷取得所有权的排除,第(3)款

政策。第(3)款规定了恶意的持续占有取得所有权的例外。它反映了促进法律确定性的总体目标和被广泛接受的不支持或不承认特定犯罪行为的道德理解之间进行平衡的努力,因为并不是说罪犯不应当受到任何法律保护。如果在这种情形中可以通过持续占有取得所有权,对于失去所有权的所有权人来说,例外的规定考虑了在盗窃的情况中所有权人可能很难发现物现在在哪里。为了不过分偏离法律确定性的目标,例外的情形是有限的。并不是说第四章的规定完全不适用于盗窃物。而只是包括了小偷个人。小偷的继承人、从小偷那里购买物的人和为自己保留物的有限权利占有人仍然可以通过持续占有取得所有权。

盗窃。第(3)款排除了"通过盗窃取得占有的人"通过持续占有取得所有权。被剥夺占有的人是所有权人或其他人并不重要,因为是不合法的行为引发了这个例外。"盗窃"对应着第Ⅷ-3:101条中的"盗窃物"(通过某人没有权利或转让所有权的授权的善意取得)第(2)款。它并不涉及各国国内法中的刑法规定。为了本条的目的,某人进行了"盗窃"行为当他人对物行使的实际控制被积极的打断,无论这种剥夺占有的行为是暴力的还是秘密的。关键的是小偷知道物是他人的财产,将物取走是不被允许的。"盗窃"行为并不被限制于行使剥夺占有的实际行为的人:参与剥夺占有行为的人、教唆这种行为或以某种方式提供实际帮助(如驾驶逃跑用的汽车)的人同样被认为包含在第(3)款中。这并没有在本条的文本中明确的指出,但是与第6-4:102条(合作)保持了一致,该条表达了一般性的原则。命令或指使盗窃行为并持有赃物以换取支付给主要犯罪人的价款的人也不能通过持续占有取得所有权。在所有的情形中,因为第(3)款被认为是一种例外,由所有权人承担证明曾经发生盗窃的举证责任。实际上,在较长期间经过之后这可能是一种很难履行的负担。这有利于法律的确定性,但也为司法正义的实现留下了余地。尽管采用了相同的术语,本条第(3)款规定的例外比第Ⅷ-3:101条第(2)款中盗窃物的例外更加狭窄,然而该条排除了根据该条取得所有权的可能性,如果物是盗窃物。根据后一条规定,"盗窃"的属性永久的存在于物上,阻止善意取得即使是完全善意的人也不可以。第三章下的善意取得与第四章下取得所有权的规定相比更加彻底,因为合法的所有权人被立即剥夺所有权,这个事实可以解释这种不同。

不能通过转让和再次转让进行规避。通过将盗窃物转让给第三方再将它们重新转让给小偷是不可能的(无论第三人是否知道物的来源)。本条通过说明在相关环境下"得到占有的人"而指明了这一点。考虑到潜在的政策,这种"个人资格"的要求不应

当通过临时的转让和重新转让而规避。进一步来说，这个结果可以根据规避行为不产生效力的一般原则推导出来。

不包括明知出售盗窃物或知道物是被偷来的人。可以认为为了出售而接收盗窃物的人应当被置于和小偷同样的地位上。然而，对于这样的人来说，通过至少30年的持续占有获得所有权并不是一个实践性问题，因为物在那之前已经被出售。在一些情况中，将盗窃的概念扩展到教唆人可能是合适的，因为教唆并不必然和具体的财产相联系。考虑到不值得受到保护的个人，可以认为第(3)款的例外应当被扩展到任何实际上知道物是盗窃物的人。之所以没有如此规定有若干理由。允许通过恶意的持续占有取得所有权是为了实现法律确定性的基本选择。为了不损害这一基本选择，例外的范围应当狭窄，所涉及的犯罪的程度应大概和盗窃的情形相当。这在仅仅知道之前盗窃的情况中将会产生疑问。同样，如果将对盗窃物的知情规定为例外，可以认为任何占有人都会主张不知道这一事实。承担了证明占有人实际知情的举证责任的原始所有权人可能进行无用的诉讼。它符合法律确定性的一般理念禁止在很长时间之后提起不确定的诉讼。

在法律关系结束后拒绝归还物的有限权利占有人不被包括在内。另一个问题是如何对待承租人、借用人、质押权人或监管人，他们在相关的合同关系结束之后拒绝归还物并决定如同自己所有而持有物。在很多国家这被认为是犯罪，它们的犯罪能量与上文提到的盗窃相当。然而，不同之处在于先前合同的当事人(所有权人)认识这个不诚实的人，这使取回物，如果物依然在那里或可以被追踪，或至少使得到损失的补偿相对容易。在这种情况下，优先考虑法律确定性是合理的。

持有物的发现人。各国国内法关于发现物的规定通常赋予发现人一定的义务。一般来说，发现人有义务将物交还给失主或适格的机构，或至少通知遭受损失的人或适格机构物已经被找到。发现人通常被给予一定的激励(例如发现人的奖励或获得所有权的可能性如果所有权人没有主张物)以增加所有权人取回丢失的物的机会。各国国内法潜在的政策考虑是如果发现人没有履行这些义务而是作为所有权人持有该物，则他不应当根据该行为而获益。如果是这样，该政策可能同样反对通过持续占有30年而获得所有权。因为本草案排除了通过发现而取得所有权——参见第Ⅷ-1:101条(适用范围)第(2)款h项——这样的政策没有被包含在本草案中。因此，让有意持有物的发现人是否能够根据本章取得所有权的问题，建立在该结果是否符合各国国内法有关发现物的规定，及其潜在的政策上看起来是明智的。另一方面，当某人发现某物并错误的认为该物为自己所有，对物的持有不应当排除通过10年或30年的持续占有取得所有权，期间的长度取决于该人的善意或恶意。进一步来说，当发现人最初打算将物归还或交给适格机构，但没有采取进一步的行动，并仍然打算为合法所有权人持有物，愿意在所有权人出现的时候将物归还，发现人不能被认为是自主占有人。因此这样的人不能根据第四章获得所有权。

小偷的继承人、受赠人和类似的情形没被涉及。与排除小偷相关的问题是如何对待从小偷那里无偿取得物的占有人,无论是根据赠与还是继承。该人为得到物没有付出任何对价,因此,不应当得到比前任更好的地位。然而,为了法律确定性的总体目标,第(3)款的例外中没有包含这种情形。这些情形不涉及积极的犯罪。当恶意实际上存在时很难将它与恶意的持续占有获得所有权的其他情形相区分。

欧洲法律制度中采用的功能性标准。本条第(3)款中规定的盗窃的例外反映了在很多欧洲国家采用的一般方法。然而,得到这个结果的法律框架中的概念各不相同。在很多国家,根据善意的一般要求就已经排除了小偷取得所有权(然而,它常常是被推定的)。在一些国家,对通过犯罪行为、非法剥夺前一个占有人的占有或类似的行为而得到占有的人也被明确的排除。进一步来说,很多国家规定占有必须以和平的、明确的,或必须不能通过"暴力、盗窃或强制"的方式被得到;参见下文评论I。所有这些前提都排除了小偷取得所有权。当然,很多这些概念扩展到盗窃的情形之外。同样,必须注意被设定的标准如和平的、明确的或不是通过暴力、盗窃或强制对举证责任有重要影响。自主占有人必须证明自己没有偷东西(因此必须提供证明购买或继承的证据),然而根据本条所有权人必须证明占有人通过盗窃得到物。

I. 没有采纳的要求

总述。在本条采纳的一般前提之外,一些国家对持续占有取得所有权有其他的要求。当制定本草案的时候,这些要求也曾被检查和评估。如果包含这些要求则会影响这个概念的简易性和可行性,一般的目的只采纳了看起来可行并履行具体的功能的要求。根据下文总结的理由,以下的要求没有被采纳。

有效的义务(有效的权利)。在很多法律制度中,通过较短期间的持续占有获得所有权只有建立在适于取得所有权的有效的义务(或有效的权利)基础上才是可能的;例如,从销售合同上产生的进行转让的权利、赠与或易货交易、继承人的概括继承或遗赠。在一些国家有推定的权利就够了。然而,在几乎所有的欧洲国家中,持续占有取得所有权同样是可能的即使没有这样有效的权利(只是期间将会更长)。注释中将反映更多的细节。有效权利的要求来源于罗马法(iusta causa usucapionis),持续占有取得所有权发挥重要的功能使从非所有权人那里取得有效的权利,因为建立在善意基础上的所有权的立即取得——正如本卷第三章中规定的那样——是不存在的。这同样表明如果这个标准被采纳(作为较短的期间经过之后取得所有权的前提,如第(1)款a项规定的10年期间),该规定的基础功能将是作为兜底条款服务于第三章中立即的善意取得不可能的情形。该规定的范围主要包括从非所有权人那里得到的赠与和盗窃物的取得(当根据第三章是不可能的)并在受让人的善意难以证明时为所有权的取得提供方便。因此,这样的规定可以适用于转让人缺少所有权或处分的授权,但不包括取得所有权中的其他缺陷。推定的权利就已足够的规定将允许包括更多的情形,例如,根据无效的销售合同的取得,或不同于所购买的物的物被错误的交付,而受让人是善意的。

有效权利要求的可能的实质性功能。推定的权利没有对善意的标准增加太多。严格的有效权利的要求是否被满足应由占有人加以证明,它将排除太多持续占有取得所有权的情形。这里所做的假定是,根据欧洲法律制度的共同核心,短期的持续占有取得所有权才需要满足"有效的权利"要求,而本条第(1)款(b)项规定的30年期间的占有无须满足。"有效权利"的前提排除了小偷的取得——但只有在该要求被适用于30年的长期占有取得所有权中,正如上面提到的,在比较研究的背景下没有被认真的考虑。因此,如果排除盗窃是本草案框架内的政策,单独的规则必须被整合;参见第Ⅷ-4:101条(基本规则)第(3)款。如果恶意的取得所有权的情形被排除(无论是否存在有效的权利)也应当采用相同的方法。但是更多的例外,如承租人决定持有物如同自己所有,并不打算被规定(参见评论H)。很明显,有效权利的要求是直接相关的当为了物的转让而订立合同但是存在缺陷使它无效。例如,它可能排除持续占有取得所有权(短期),无论买方是否善意,如果卖方在订立合同的时候缺少法律能力。然而,无能力人的保护已经通过第Ⅷ-4:201条中特别的规则得以实现(无法律能力情形期间的延长)。另一方面,如果合同因为其他原因而无效,例如代表上的缺陷,看起来没有必要给所有权人超过10年的时间发现这个缺陷并取回财产(如果采纳了更多的期间则这种考虑可能是不同的)。在现有的框架中,有效权利的要求可能部分的反作用于现在的政策决定;如果不是这种情况,它也不会增加太多的实际重要性。因此,没有必要采纳这个要求。

有效权利要求对举证责任的可能影响。有效的权利要求可能间接的影响第Ⅷ-4:101条(基本规则)第(2)款(b)项规定的善意的推定。潜在的取得人必须证明有效的合同被订立,这暗示了关于协议细节的证据的规定(例如它的日期、对方当事人的身份和价格)和额外的环境的规定(例如使取得人认为无效的明显的理由实际上不存在的原因)。根据个别的事实和占有人在至少10年之后提供证据的能力,这可能构成一种障碍。即使占有人可以克服这个障碍,揭示更多的合同订立环境的细节在评估善意时可能使占有人更容易受到伤害;例如,当合同的有效性可以证明但是卖方名声可疑并且价格不合理的低,这样取得人应当怀疑卖方出售物的权利。根据环境和相关的民事诉讼法中包含了多少询问制度,这样的互动可能在很大程度上削弱对善意的推定。然而,因为这些是相当间接的效果,即使很难去概括,这种可能的影响也不被认为是包含有效权利要求的足够理由。

公开占有。在很多受到法国民法典影响的法律制度中,要求持续的占有必须是公开的。从本质上来说,这意味着占有人(至少)不能隐藏物。它还意味着占有人必须以某种对"公众"来说透明的方式进行占有。这个规定的主要功能是所有权人应当有机会发现物并提出主张。然而如今,就动产而言,对这一点予以过度关注似乎不太现实,尤其在物被偷走的情形中但也包括其他的情形。在实践中适用这个标准时另一个困难是如何对"公众"进行定义。例如,对私人住宅里的画来说放在客人都能看到的起居室里或者卧室里哪个是决定性的;客人是否经常被邀请;当经过这个房子是否能够轻易的通过窗户被看见？在要求公开占有的国家普遍认为必须考虑所涉及物的性质，通常不被公开占有的物（如金融票据）在实践中通常被免除这种要求。这个要求第二个功能和善意紧密相连。将物藏起来的某人看起来是可疑的。然而实际上，这并没有为善意的一般要求增加对于短期的取得来说是必要的重要的东西（因为善意不是取得占有的唯一要素）。同时，对于证明善意的举证责任存在实践上的困难。如果公开占有被认为是持续占有取得所有权的要求，必须由占有人证明它的满足。如果没有这样的要求但是每个方面都体现出占有人的善意，合法的所有权人必须证明善意不存在，没能提供证据的风险由所有权人承担。就此而言，善意的形式化的概念在原则上可能有助于限制善意的推定导致的错误结果的风险。然而，本草案考虑到它在应用中的实际困难、上文提到的过时的潜在考虑以及复杂意义上促进法律确定性的政策考虑，根据这种考虑甚至恶意的持续占有也能取得所有权，因此没有采纳这样的要求。对这一政策的例外被有意的限制于第Ⅷ-4:101条第（3）款意义上的盗窃。这也是占有人隐藏物最典型的例子。

明确的占有。在受到法国民法典影响的很多国家同样也能发现对于明确的占有的要求。传统的理解是对占有的起源或它的排他的属性必须没有怀疑。实践中主要的例子是死者的亲戚或秘书在后者死亡后占有他的物并声称是被赠与的并由赠与人实际交付。然而，基本的政策考虑是要促进法律的确定性，即使是在恶意占有的情况下，因此在怀疑或事实模糊的情况下排除任何所有权的取得太过严厉。在其他情况中，这个问题应当在一般前提的基础上被解决。如果物事实上是从占有人那里偷走，则适用第Ⅷ-4:101条（基本规则）第（3）款的例外规定。如果不是，则法律确定性的目标具有优先性。与占有的排他性相关的另一个例子是在共同占有中，所有权人没有理由怀疑其他当事人已经改变了意图并打算作为单独所有权人进行占有。这样的情形不可能持续超过10年。如果是这样，这样的情况可以在第Ⅷ-1:206条（自主占有人的占有）意义上的自主占有的要求范围内解决，该条涉及了“如同所有权人”行使实际控制的意图，至于行使这种控制的事实方面则需要由潜在的取得人加以证明。单独的“明确的占有”的要求是不需要的。

和平的占有。这个来源于法国的术语在采用它的法律制度中具有不同的含义。在合法的所有权人在取得所有权所要求的期间内不对占有人提起成功的法律诉讼的意义上它与“没有争议的”占有相联系，本草案也承认这样的政策，并直接将它制定成有关期间计算的规定；参见第Ⅷ-4:203条（司法或其他程序的情形中期间的延长或更新）。就此而言它意味着占有人在取得占有的时候没有采用暴力，第Ⅷ-4:101条（基本规则）第（3）款中的目标同样被采纳。最后，和平占有的意义也包括占有人被期待采取防护措施（通常谨慎的占有人的一般方法）对抗任何第三人对占有所采取的暴力行为。如果这些没有被做，占有人就不能和平的占有。在这样的理解中，看起来没有必要在第四章中采纳这样的要求。如果第三方行使的暴力导致占有的失去（并且在第Ⅷ-4:103条（持续占有）第（1）款意义上的适当时间内占有没有被恢复），持续的自主占有的前提已经被满足。另一方面,当第三人的暴力行为没有导致占有被剥夺,占有人可能害怕寻找适合机构的帮助的可能性(因为知道或认为他不是合法的所有权人并且这可能被发现)不排除持续占有取得所有权,当政策表明即使恶意的占有也能导致所有权的取得,除了第Ⅷ-4:101条第(3)款的例外。

通过暴力行为、秘密的或不确定的取得占有的排除(nec Ⅵ, nec clam, nec precario)。这些标准来自古代罗马法,部分的重复了上文中以其他方式表述的标准。暴力取得占有被第Ⅷ-4:101条(基本规则)第(3)款明确的排除;相同的规定适用于通过盗窃秘密的取得占有。在其他情况中,该规定的例外所要求的恶意的水平没有被达到,因此法律确定性的政策具有优先性。

注　释

Ⅰ. 概述:持续占有取得所有权的主要要求

1. 在荷兰,持续占有取得所有权的规定根据占有人是否善意而有所不同。对于非登记物,善意的占有人在3年的持续占有之后取得所有权;对于登记物则是10年(民法典第3:99条)。根据民法典第3:105条第(1)款,当原始所有权人强制取回的时效经过之后占有物的人获得所有权即使他是恶意的。根据法律,所有权取回之诉的时效为20年(民法典第3:306条)。这意味着将盗窃物成功隐藏20年的小偷取得它们的所有权。此外,因为一旦强制取回的期间经过,实际占有人就获得所有权而无论占有是否被打断,因此持续占有的要求实际上被抛弃(Nieuwenhuis/Stolker/Valk(-Rank-Berenschot), T & C Burgerlijk Wet-boek 3, art. 3:105, no. 2)。

2. 在法国和比利时,同样的,持续占有取得所有权的期间依赖于占有人的恶意或善意。根据法国和比利时民法典第2279条(由于2008年法律改革,如今在法国是民法典第2276条),从无权当事人那里善意获得物的占有的人立即取得物的所有权(possession vaut titre)。在过去,根据它在民法典中的地位,民法典第2279条被认为是“持续占有立即取得所有权”的一种形式(“取得所有权的时间被减为零”, Faber and Lurger(-Cauffman and Sagaert), National ReportsIV, chap. 18 and 19.3)。这条构成“一些具体的时效”“时效期间”章“时效”条目下的一部分(Demolombe, t. IX, no. 622; Marcadé, t. II, 349 et seq., Mourlon12, 1892, no. 1985 et seq. as cited by Jourdain, Les biens, no. 391)。比利时法律学者 Dekkers 提倡上述对民法典第2279条的解释(Dekkers, RW 1973, 1938; Dekkers(-Dirix), Handboekburgerlijk recht Ⅱ[3], no. 215)。在2008年的改革中,法国立法者看起来支持了这种观点,把这一条放在“动产的取得时效”单独的一部分中(民法典第2276条及以下,参见 rapp. Sénat, no. 83, 53 f.);然而,也有一些法国和比利时的法律学者反对这种理解,认为持续占有取得所有权的实质性的要求,即一定期间的终止,是不存在的(如 Planiol and Ripert, Traité pratique de droit civil Ⅲ, no. 386; Terré and Simler, Les biens[4], no. 443; forBelgium: Hansenne, Les biens Ⅰ, no. 242; de Page and Dekkers, Traité élémentaire de droitcivil belge Ⅴ[2], no. 1064)。根据这些学者的观点,民法典第2279条暗示了通过法律取得物的所有权的方式,并且规定了所有权的推定(Planiol and Ripert, Traité pratique de droit civilIII, no. 388; Terré and Simler, loc. cit., no. 413; Hansenne, Les biens Ⅰ, no. 242; de Page and Dekkers, Traité élémentaire de droit

civil belge V[2],no. 1066;Jourdain,Les biens,no. 391)。当原始所有权人由于遗失或盗窃而被剥夺占有,所有权人可以从被剥夺占有之时起3年内主张物从善意取得人那里取回(民法典第2279条第(2)款,新法国民法典第2276条第(2)款)。因为3年的期间不被认为是持续占有取得所有权的期间,这个期间不能因为任何原因而被中止、打断或延长(例如Malaurie and Aynès,Les biens[2],no. 583;CFI Bordeaux 22 January,1974,D. 1974. 542:though the dispossessedperson was underage at the time of the theft,the period of 3 years began to run;forBelgium:Dirix,loc. cit. ,no. 240)。强制取回是可能的,即使不知道小偷是谁(CFI Brussels 27 June 1902,Pand. Pér. 1902,no. 1230)。比利时民法典第2279条第(3)款对丢失的或被盗的比利时国家银行发行的纸币或根据1930年6月12日法令发行的纸币进行了特别的规定:不能从善意的占有人那里强制取回。这个规定通过1953年6月22日法令被加入比利时法中,在比利时最高法院做出支持强制取回可识别的纸币的判决之后(Cass. 30 October 1947,Pas. belge 1947,I,447;RCJB 1950,22 note Renard)。立法者希望将纸币排除在强制取回之外是因为纸币拥有法律确定性的要求。该规定同样也被认为适用于欧洲中央银行发行的纸币(Faber and Lurger(-Cauffman and Sagaert),National ReportsIV,chap. 18. 2. 2(c))。在法国民法典中不存在这样的规定,但是法国最高法院有类似的决定,民法典第2279条第(2)款(今第2276条第(2)款)不适用于丢失或被盗的纸币(Cass. 10 February 1998,Méga Code Civil Dalloz[6],art. 2279,no. 101)。如果善意的占有人在展览、市场、拍卖中或从经常出售此类物的卖方那里购买到丢失或被盗的物,主张取回物的原始所有权人必须对占有人补偿价款(民法典第2280条,今法国民法典第2277条第(2)款)。当物的占有人是恶意的民法典第2279条(今法国民法典第2276条)不适用。根据比利时、卢森堡和旧法国民法典第2262条,这样的占有人在30年后取得所有权(Cass. 3 March 1882,Pas. belge 1882,I,59)。善意或有效的权利都不被要求(法国:Carbonnier,Droit civi lIII[19],no. 190;Mémeteau,Droit des biens[3],116;比利时:Dirix,loc. cit. ,no. 241 and no. 1323)。法国2008年的法律改革在该领域产生诸多改变。因此,在法国对动产来说,恶意的持续占有是否能够取得所有权仍然是有疑问的。参见下文注释61。此外,持续占有取得所有权通常要求占有具有一定性质(在民法典第2262条涉及的情形:Hamelink and Snaet,OGP 1998,I. N. 2-13,民法典第2279条涉及的情形:Jourdain,Les biens,no. 393):占有必须是持续的、不被打断的、和平的、公开的和明确的(比利时和旧法国民法典第2229条;新法国民法典第2261条)。

3. 在意大利,法律类似的承认占有近乎所有的规则。然而,为了占有人立即的获得物的所有权要求要有善意和有效的权利(民法典第1153条)。如果没有有效的权利民法典要求10年的期间(民法典第1161条第(1)款),如果取得人是恶意的则需要20年的持续占有才能获得所有权(民法典第1161条第(2)款)。登记物通过3年的持续占有被取得所有权,如果占有人是善意的且该权利被登记(民法典第1162条第(1)款)。在其他的情形中,从登记的时间开始要求10年期间的经过(民法典第1162条第(2)款)。此外,和法国和比利一样,取得人的占有应当是持续的和不受干扰的(民法典第1160~1161条)、和平的和公开的(民法典第1163条)以及明确的(Faber and Lurger(-Greco),National Reports Ⅰ,495 et seq.)。

4. 在瑞士,民法典第728条规定了通过持续占有取得所有权。它要求持续占有5年。该条同样规定了两种其他的期间:文化财产国际转让法第2条第(1)款意义上的文物的30年的期间和不是为了传承或盈利的目的而持有的宠物的2个月的期间。适用5年的期间时需要善意的存在。公正的所有权的存在不是前提条件,但至少要求推定的权利作为善意的理由(Rey,Grundriss

Ⅰ³,no. 1981)。除了不受干扰的占有之外,同样要求和平的(没有争议的)占有。恶意的占有人不可能通过持续占有取得所有权。瑞士法没有规定所有权的有限的期间。

5. 在希腊,法律区分普通的和异常的通过持续占有取得所有权。民法典第1041条规定了普通的所有权取得,要求占有人持续占有超过3年。此外,占有人必须证明自己在取得占有时是善意的并且转让建立在有效的权利的基础上。有推定的权利即已足够(民法典第1043条第(1)款)。民法典第1045条规定了异常的通过持续占有取得所有权。占有物20年的占有人成为所有权人。善意和有效的权利都不需要。占有在整个期间内必须不受干扰。

6. 在西班牙,存在类似于普通的和异常的持续占有取得所有权的区别。民法典第1955条为普通的持续占有取得所有权规定了3年的持续占有,为异常的持续占有取得所有权规定了6年的持续占有。除了一般要求之外,3年之后取得所有权要有善意和有效的权利(民法典第1940条),然而对于异常的期间则没有进一步的要求(民法典第1955条)。民法典第1952、1953条和第1954条规定了公平的、正确的、有效的和被证明的权利;和希腊法律相反,推定的权利是不够的(Faber and Lurger(-González Pacanowska and Díez Soto),National Reports Ⅴ,chap. 9)。在西班牙持续占有取得所有权的一般要求是通过时效取得占有(民法典第1941条:像所有权人一样进行占有,以公开的、和平的和不受干扰的方式)并经过一定的期间。民法典第1956条规定了持续占有取得所有权的例外:"偷来或抢来的物不能通过持续占有取得所有权,无论是盗窃或抢劫它们的人,还是行为的共犯或从犯,除非犯罪行为或它们的处罚,以及由于犯罪行为而产生的主张民事责任的诉讼的时效已经经过"(Gon-zález Pacanowska and Díez Soto,loc. cit.)。

7. 在葡萄牙,持续占有取得所有权的期间取决于物是否登记,无论占有是否建立在权利基础上或占有人是善意的还是恶意的。在任何一种情况中,都要求占有是和平的和公开的。登记物的期间是10年,无论是否有权利或占有人是善意的还是恶意的。当物已经被登记,持续占有取得所有权的期间是两年如果占有人是善意的,或者4年如果占有人不是善意的。对于其他物,占有人在占有6年后获得所有权,无论是否善意。如果占有人得到占有是善意的并拥有有效的权利则期间被缩短至3年。

8. 在德国,只有占有人是善意的时候才能通过持续占有取得所有权。根据德国法,期间是10年(民法典第937条)。然而,在30年之后恶意的占有人也可以对抗原始所有权人提出的主张,由于强制取回的时效已经经过。然而占有人不获得所有权(Faber and Lurger(-McGuire),National Reports Ⅲ,chap. 12)。这种所有权和占有权的分离遭到一些法律学者的批评。

9. 在爱沙尼亚,关于动产,恶意的占有人不能通过持续占有取得所有权(物权法第111条第(1)款:"Igamine on välistatud,kui valdaja on pahauskne"(时效被排除如果占有人是恶意的))。善意的占有人在5年的持续占有后获得所有权(物权法第110条)。占有不应当建立在任意的行为上如暴力、盗窃或隐藏(nec Ⅵ,nec clam,nec precario)而必须建立合法的取得所有权模式上(如合同基础上的转让,先占)但它没能授予取得人所有权(Pärna,Asjaõigussea-dus, § 110,no. 3)。正如在德国,恢复所有权的权利主张,即强制取回之诉的期间限制是30年(民法典总则法第155条第(1)款)。这意味着占有人可以对抗原始所有权人提出的权利主张如果后者在30年的期间内都没有行使该权利。然而,和德国法相反,30年的时间限制不适用于物被恶意占有的情形(民法典总则法第155条第(2)款)。换句话说,所有权人对恶意占有人的强制取回不受时效的限制。

10. 在立陶宛,持续占有取得所有权被限制于善意的占有人(民法典第4.68条)。因此小偷不能取得被盗物的所有权。此外,民法典第 4.68 条包含了通过持续占有获得所有权需要满足的进一步的要求:取得人必须持续的、合法的、公开的把物作为自己的物进行占有。如果在整个期间所有这些要求都被满足,所有权在 3 年的占有后被获得(Faber and Lurger(-Mikelenas),National Reports Ⅲ,chap. 13.2)。根据民法典第 4.69 条第(2)款,持续占有取得所有权不适用于通过暴力取得(如抢劫)或秘密取得(如盗窃)的物,无论声称取得所有权的人是否通过暴力或以秘密的方式获得物或该行为由他人做出(Saladzˇius,Real property rights,59)。这意味着即使善意的取得人也不能获得抢劫或盗窃物的所有权。

11. 在斯洛文尼亚,3 年的善意占有后获得所有权(物权法第 43 条第(1)款)。恶意的占有人不能通过持续占有获得所有权。所有权没有任何限制期间。新斯洛文尼亚法没有要求为了取得所有权要有有效的权利,它也没有要求占有必须是公开的。如果转让的权利是无效的,占有人仍然被认为是善意的如果他没有理由知道权利是无效的(Faber and Lurger(-Rudolf/Rijavec/Kerestes),National Reports Ⅰ,607 et seq.)。占有必须以一定的方式被得到。几乎所有形式的交付都适用于持续占有的例外(Tratnik,SPZ Commentary,art. 43,no. 267,as cited in Rudolf/Rijavec/Kerestes,loc. cit.,608)。占有同样可以通过继承被得到(物权法第 29 条)。

12. 在捷克,只有善意的占有人可以通过持续占有获得所有权。获得所有权的期间是 3 年(民法典第 134 条第(1)款)。恶意的占有人不能获得所有权。此外,所有权不受制于任何限制期间(民法典第 100 条第(2)款)。其他的要求,例如占有的行使必须是和平的、常规的、公开的,则不必满足(Faber and Lurger(-Tichy′),National Reports Ⅵ,chap. 13)。

13. 在斯洛伐克,法律规定合法的占有人在持续占有 3 年之后成为物的所有权人(民法典第 134 条第(1)款)。只有合法的占有人被允许通过持续占有获得所有权;即占有人合法的将物当作自己的物对待,并考虑到所有环境善意的进行占有(Faber and Lurger(-Petkov),National ReportsⅥ,chap. 14.1)。此外,所有权不受限制(民法典第 100 条第(2)款)。

14. 在奥地利,对恶意的取得所有权存在相同的限制:恶意的占有人不能通过持续占有获得所有权。与德国和爱沙尼亚相反,使所有权人能取回财产的所有权诉讼不受任何限制(Schwimann(-Mader and Janisch),ABGB Ⅵ^{3},§ 1479 no. 2)。奥地利法律根据占有人是否根据有效的权利得到占有规定了两种不同种类的通过持续占有取得所有权。民法典第 1460 条及以下规定占有是合法的、善意的和真实的(eigentliche Ersitzung)。“合法”意味着必须存在有效的权利作为所有权取得的法律基础(Rummel(-M. Bydlinski),ABGB Ⅱ^{3},§ 1461 no. 1)。“真实的占有”指的是占有人必须不能通过暴力或欺骗取得占有或持有根据“不确定的占有”交付的财产(nec Ⅵ,nec clam,nec precario)(Mader and Janisch,loc. cit.,§ 1464 no. 1)。此外,占有人必须是善意的。如果所有这些要求都被满足,在 3 年的持续占有之后取得所有权。如果原始所有权人是公法或私法下的法人则期间被延长(6 年)(民法典第 1472 条)。另一种类型的持续占有取得所有权的种类是取得物没有有效的权利或不能证明有效权利存在的占有人(uneigentiche Ersitzung)(民法典第 1477 条)。然而,善意和真实的占有仍然被要求(Koziol and Welser,Bürgerliches Recht Ⅰ^{13},339)。在这种情况下,取得所有权的期间更长。没有有效权利得到物的占有人为了取得它的所有权必须不受干扰的占有 30 年。公法或私法下的法人的期间是 40 年(民法典第 1472 条)。

15. 在匈牙利,持续占有某物 10 年的占有人通过持续占有获得所有权(民法典第 121 条第(1)款)。善意不被要求。然而,通过犯罪或以其他暴力或欺诈的方式得到占有的人不能通过持续占有获得所有权(民法典第121条第(2)款)。

16. 在保加利亚,占有人的善意或恶意只对通过持续占有取得不动产所有权的期间产生影响(所有权法第79条)。根据所有权法第80条,动产的所有权经过5年的占有被获得,无论是否善意。通过犯罪行为取得占有的人不能通过持续占有取得所有权。

17. 在挪威,立法者认为,在恶意的情况下占有人(hevderen)没有对法律确定性的需求,并且知道他不是动产的所有权人(Faber and Lurger(-Færstad),National Reports Ⅴ,chap. 11. 3. 2)。因此,只有善意的占有人能够通过持续占有获得所有权。但是不要求有效的权利。占有人必须对物进行10年不被打断的实际控制(Hevdslova §§ 2 and 4;Falkanger and Falkanger, Tingsrett[6], 301 and Lilleholt, Allminnelig Formuerett, 186 et seq.)。数个占有人可以共同主张通过持续占有获得所有权,因此成为物的共同所有权人;同样在某些例外的情形中,所有权可以从国家得到(Falkanger and Falkanger, loc. cit., 290 et seq.)。占有人被推定是善意的,所有权人必须证明占有人的恶意(Falkanger and Falkanger, loc. cit., 303)。所有权人取回所有权的主张受制于消灭时效。如果所有权人知道占有人没有权利使用财产他必须主张取回财产以避免失去对财产的权利。在每个案例中都要进行利益衡量,重点要考虑占有人的精神状态、占有人在财产上的花费和使用的期间。其中最核心的要素是所有权人知道他的权利和他主张对财产的权利的方式(Falkanger and Falkanger, loc. cit., 285 ff and Rt 1893 s. 481;1917 s. 193;1902 s. 641 and 1983s. 850)。

18. 在丹麦,出发点是不同的。对动产或不动产的规则是一样的。根据DL第5-5-1条,占有人(besidderen)在持续占有20年之后获得所有权,从所有权人能够主张对物的权利时起开始计算(Vinding Kruse, Ejendomsretten Ⅰ[3], 553;与挪威和瑞典对比)。占有人能够获得公共财产和私人财产的所有权(Vinding Kruse, loc. cit., 574)。不要求有效的权利。善意是被要求的,但是调查的义务看起来相当微弱(Faber and Lurger(-Færstad), National Reports Ⅴ, chap. 11. 5.)。根据主流意见,占有人应当诚实合法的行事(Carstensen, Formueretligeemner[4], 123 et seq.)。这个要求默示的要求了善意。如果某人不是善意的,他在控制和使用动产时几乎不可能是诚实的(Færstad, loc. cit., chap. 11. 5. 3)。如果没有任何相反的证据,则通常认为该人是诚实的。基于此,所有权人必须证明取得人是不诚实或不合法的(Vinding Kruse, loc. cit., 549 et seq., 581 et seq.)。

19. 在芬兰,只规定了不动产所有权的取得。然而,即使没有通过持续占有取得动产所有权的规定,但通过盗窃、抢劫或勒索而失去占有并想从善意占有人那里取回物的人不应当等得太久,因为所有权人可能失去对物的权利(瑞典SOU 2000:56,72)。想要行使权利的人必须在未指定的期间内提出主张以避免失去对物的权利。为了提供关于芬兰通过持续占有取得所有权的更加详细的信息,下文第四章的注释关于芬兰的部分将与不动产的法律相关,因为缺少对动产的规定。善意的占有人在以自己名义成功的登记不动产之后可以通过10年的持续占有取得所有权(土地法第13章第10条)。此后,合法的所有权人不能主张取回财产。善意的要求只在签订合同的时候重要。占有人在那之后可能是恶意的,但这对占有人对财产的权利并不重要。如果占有人在签订合同的时候是恶意的则不能通过持续占有取得所有权。

20. 在瑞典,"持续占有取得所有权"在2003年之前只与不动产有关。如今,持续占有取得所有权同样适用于动产,但是相关的规定只适用于由于破坏占有的犯罪而剥夺了合法所有权人占有的物(刑法典第8章,第1~8条;参见第Ⅷ-3:101条注释109)。相关的规定存在于个人财产善意取得法第3条中。如果"没有得到授权,或通过对他人的暴力,或通过对于受害人看来是急迫的危险的暴力威胁”而取走物，所有权人失去对物的权利如果动产被转让给善意取得人，该人在10年的占有之后获得对物更好的权利（个人财产善意取得法第3、4条）。在这三种情况下立即的善意取得是不可能的。在10年善意的持续占有之后取得人得到对物的更好的权利。10年的时间限制被用来满足买方（C）和卖方（B）之间存在的义务的时效期间；买方在订立购买协议之后通常有10年对卖方提起主张。这意味着将物归还给了所有权人（A）的买方（C仍然有向卖方（B）主张损害赔偿法律可能性。损害赔偿的主张不受时效限制（SOU 2000:56,122）。即使合法的所有权人通过某一种剥夺占有的犯罪被剥夺对物的占有，合法的所有权人同样失去权利如果物被转让给善意的取得人而所有权人从他应当知道物被善意取得人占有之时起6个月内没有主张取回物（善意取得法第3条）。如今瑞典个人财产善意取得法区分了由于破坏占有的犯罪如盗窃或抢劫而失去动产占有的所有权人以及所有权人以其他方式如租赁、借贷、欺骗、高利贷等方式放弃对物的实际控制的情形。在后一种情况中，所有权人对物的权利通过善意取得消灭。然而，在所有的情形中即使在10年的期间经过之后仍然有赎回的权利（Martinson, National Report: Sweden, 93 et seq.）。理论上来说赎回的权利不受时间限制（SOU 2000:56,128）。博物馆能够取回物即使它在很长一段时间之后提出主张，并且没有私法上的自然人或法人能够凌驾于这样的公共利益之上（SOU1984:16）。合法的所有权人有权通过支付善意取得人一定的价格赎回物，该数额等于后者支付的价款加上改善物所产生的费用或市场价格。计算时应考虑通货膨胀（个人财产善意取得法第5~7条）。在瑞典，合法所有权人必须在6个月内行使赎回权以免失去：期间的计算从所有权人应当知道他人占有物的时候开始（Godtrosför-värvslagen § 5 andHåstad, Sakrätt6（Suppl. 2004），8）。恶意的人不能通过持续占有取得对物更好的权利。

21. 在英格兰，没有类似于不动产的通过持续占有获得动产的所有权的制度。然而，任何人的占有即使是错误的也被当做是正确的，除非他人能够证明存在对物更好的权利。然而从功能上来说，诉讼时效的规定发挥了类似于通过持续占有取得所有权的规则的功能（Faber and Lurger（-Frisby and Jones），National Reports Ⅱ，130 et seq.）。1980年时效期间法第二部分规定了所有侵权诉讼6年的时间限制。然而，该限制不适用于盗窃（时效期间法第四部分）。

22. 在塞浦路斯，关于持续占有取得所有权没有正式的规定。对于不动产也是如此（参见不动产法第九部分）。然而，和英国法一样，诉讼时效的规定和诉讼时效法中取得时效的规定有相同的作用。对3年期满之后出售和交付的物不能提起任何诉讼，该期间从诉讼原因产生之日起开始计算（诉讼时效法第3条第（1）款（f）项）。对于法律没有明确规定或明确排除的其他诉讼事由，限制的期间是6年（诉讼时效法第5条，Faber and Lurger（-Laulhé Shaelou/Stylianou/Anastasiou），National Reports Ⅱ，590 et seq.）。

23. 在爱尔兰，和在英格兰和塞浦路斯一样，没有关于持续占有取得所有权明确的规定，但是根据诉讼时效的制定法，提起主张对动产权利的诉讼的权利可能失去。所有侵权诉讼的时效期间是6年（诉讼时效法第11条第（2）款）。从那之后，所有权人对动产的权利被消灭（Bell, Modern Property Law, 538）。在爱尔兰没有类似于英国对盗窃物的例外的规定（参见上文注释21）。但是在爱尔兰，期间从所有权人有理由发现欺诈或隐瞒之时起开始计算的规定扩展了时效期间。该扩展不仅适用于盗窃，也包括随后实施侵权的人（Bell, loc. cit., 538 f; Limitation Act s. 71（2））。

24. 在苏格兰，有通过持续占有取得土地所有权的制定法规定，它规定了10年的正常期间，但是对于动产没有类似的规则（1973年时效期间法第1~3条）。然而，一些学者认为，根据一些过去的案例法,在动产的情况下持续占有 40 年可以取得所有权(Stair, Institutions[6], Ⅱ. 12. 11; Hume, Lectures on the Law of Scotland Ⅲ 228 andParishioners ofAberscherder v. Parish of Gemrie, (1633) Mor 10972)。其他人认为现存的案例法很难总结,但是考虑到很多人支持 40 年的时效,法院应当承认这样的规则(Carey Miller and Irvine, Corporeal Movables[2], 125)。苏格兰法委员会曾经就 5 年和 10 年的建议进行咨询,但没有收到任何建议(苏格兰法律委员会咨询备忘录第 30 号,动产:时效或取得时效(1976))。

Ⅱ. 自主占有

25. 在德国,民法典要求为了通过持续占有取得所有权在整个期间都要进行所有权占有(Eigenbesitz)(民法典第 937 条第(1)款)。占有人必须证明他以将物作为自己所有的意图取得争议物(Staudinger(-Wiegand), BGB[2004], § 937, no. 2)。

26. 在瑞士,只有以持有物作为自己所有的占有人(Eigenbesitz)能够通过持续占有取得所有权(民法典第 728 条第(1)款):"als Eigentum in seinem Besitze","à titre de propriétaire"。他的占有是直接或间接的并不相关。民法典第 930 条规定了所有权占有的推定:动产的占有人被推定为它的所有权人(BSK(-Schwandler), ZGB[2], art. 728, no. 4)。然而,所有权的推定以及所有权占有的推定只有在占有是明确的、公开的和善意的时候才可以适用。

27. 在法国和比利时,民法典第 2229 条(新法国民法典第 2261 条)包含了为了通过持续占有获得所有权如同所有权人进行占有的要求。

28. 在西班牙,为了普通的或异常的通过持续占有取得所有权要求以自主占有人的能力进行占有。民法典第 447 条规定"只有像所有权人一样取得和享受的占有才能用来取得所有权"。类似的,民法典第 1941 条要求占有必须"如同所有权人"一样被行使。这个概念和占有人的主观的意图没有关系,但与使他看起来如同实际的所有权人的外在行为有关(参见 Faber and Lurger(-González Pacanowska and Díez Soto), National Reports Ⅴ, chap. 2. 3. 2 and 9. 2. 1(a)中引用的案例)。占有人不仅可以通过直接的持续占有取得所有权,间接占有也可以,只要所有占有人的外在行为和所声称的占有相一致(González Pacanowska and Díez Soto, loc. cit., chap. 9. 2. 1(a))。

29. 在意大利,为了通过持续占有取得所有权占有人必须如同所有权人行事(Faber and Lurger(-Greco), National Reports Ⅰ, 496)。

30. 在立陶宛(民法典第 4. 68 条),要求占有人占有动产如同自己所有,即必须像争议动产的所有权人一样行事。斯洛文尼亚物权法第 27 条第(1)款和爱沙尼亚物权法第 110 条存在类似的规定。

31. 在捷克,"物的占有人是那些对待物如同自己所有或为自己行使这样的权利的人"(民法典第 129 条第(1)款)。

32. 在斯洛伐克,占有人必须合理的将物如同自己所有进行对待。持有人不能通过持续占有获得所有权(Faber and Lurger(-Pet-kov), National Reports Ⅵ, chap. 14. 1)。占有人对物拥有所有权和将它作为自己所有进行对待的主张必须建立在可以证明占有人在整个期间的信念都是合理的基础上(R 8/1991)。

33. 在匈牙利,为了通过持续占有取得所有权占有人必须如同自己所有对物进行占有,即必须像物的所有权人一样进行占有。占有人知道物属于其他人并不排除这种占有。如同自己所有进行占有是客观的事实状态,包括在公共机构前的行为、其他人在场时所做的声明、对这些人的行为、承担共同的费用等(Lenkovics, Dologi jog 6, 127 - 128)。

34. 在保加利亚，声称通过持续占有取得所有权的人应当是争议物的占有人。仅仅作为持有人不能取得物的所有权（最高法院第四民事庭第 336/58 号判决）。

35. 在葡萄牙，民法典第 1290 条规定持有人不能通过持续占有取得所有权。占有必须根据进行占有的意图行使，参见 von Bar（-Seabra and Xavier），Sachenrecht in Europa Ⅲ，348 f。

36. 在挪威，为了通过持续占有获得所有权行使实际控制的人必须相信自己是合法的所有权人（参见下文注释 56）。因此，他必须像所有权人一样对争议物进行使用（Falkanger，Tingsrett[5]，291 – 296；Lilleholt，Allminnelig Formuerett，186）。丹麦采用了相同的方法（Faber and Lurger（-Færstad），National Reports Ⅴ，chap. 11. 5）。然而，有丹麦法律学者认为，在意外遗失的情况下，重点不是占有人的占有或使用，而是所有权人占有或使用的缺失（Vinding Kruse，Ejendoms-retten I3，577 ff，585）。

37. 在瑞典，善意取得法第 4 条要求占有"带着拥有所有权的主张"被行使（med äganderättsanspråk）。法律不要求直接占有（现实的实际控制），无论是在期间的开始还是所要求的 10 年期间内。自主占有人像拥有所有权一样做出必要的安排就已足够（间接占有）。

38. 在芬兰，不动产法要求占有人从登记之时起如同所有权人一样占有不动产 10 年（土地法第 13 章第 10 条）。

Ⅲ. 善意的持续占有

39. 正如在本条注释第Ⅰ部分提到的那样，几乎所有的欧洲国家都规定了善意的持续占有获得所有权的可能性。然而，对期间的长度、善意的概念或标准、要求善意的时间、是否存在善意的推定不同的国家存在不同的规定。

40. 在德国，善意的占有人为了取得所有权必须不受干扰的占有 10 年（民法典第 937 条）。如果善意的占有人相信他是争议物的所有权人则善意的要求被满足。如果占有人积极的知道或过失的忽略他缺少占有权的事实则占有人在占有取得时缺少善意，然而一旦期间开始计算，只有积极的知道他没有取得所有权才能阻碍通过持续占有取得所有权（民法典第 937 条第（2）款）（MünchKomm（-Quack），BGB[3]，§ 937 no. 15）。当占有人得到占有的时候进行调查的义务应当被严格的解释。有价值的文物和古董的取得人应当在取得占有之前调查物的来源，然而对没有这种价值的物则没有这种要求（Staudinger（-Wiegand），BGB［2004］，§ 937 no. 7 and § 932 no. 132）。立法者拒绝将随后的重大过失作为否认通过持续占有取得所有权的理由。因为他们认为占有人不能被要求在整个占有的期间内进行调查（Wacke，JA 1981，233）。然而，故意忽视真实情形的占有人应当被认为是恶意的（Bamberger and Roth（-Kindl），BGB Ⅱ[2]，§ 937 no. 6）。对转让人的权利没有要求善意，但是关于占有人自己的所有权要求存在善意（MünchKomm（-Baldus），BGB[4]，§ 937 no. 24）。没有要求（推定的）权利，但应当有体现善意的行为（Soergel（-Henssler），BGB[13]，§ 937 no. 4）。当取得占有的时候是恶意的人也可能通过持续占有取得所有权如果他随后成为善意的占有人。然而，持续占有取得所有权的期间只有从他成为善意之时起开始计算。这可能适用于例如当某人恶意的购买盗窃物，但随后与他没有过失但错误的认为是合法所有权人的人达成协议将所有权转让给占有人的情形（Wolff and Raiser，Sachenrecht[10]，§ 71 I 2d）。在整个期间善意都是被要求的（民法典第 937 条第（2）款）。如前所述，一旦所有权占有（Eigenbesitz）被善意的得到，通过持续占有取得所有权只有当占有人实际知道他没有取得所有权时才被排除。善意被推定。其他当事人必须证明占有人是恶意的。另一方面，取得人随后成为善意的事实应当由取得人进行证明（Wiegand，loc. cit.，§ 937 no. 11）。

41. 在爱沙尼亚,采用了类似的方法,善意的占有人在 5 年的持续占有之后取得所有权(物权法第 110 条)。取得人对于自己的所有权必须是善意的。当他不知道也不应当知道占有缺少合法的基础或他人有更好的权利占有该物时则他是善意的(Faber and Lurger(-Kullerkupp), National Reports Ⅰ,315)。根据物权法第 111 条第(2)款,"如果占有人在取得占有时知道或应当知道他没有通过得到占有取得动产的所有权或者他在持续占有取得所有权所要求的期间结束之前知道这一点,则他是恶意的"。换句话说,重大过失同样排除通过持续占有取得所有权。得到占有的时候和整个占有期间内的标准都是相同的。这可以从第 2 部分的表述中推断出来,因为它包括了这两种情形(Kullerkupp, loc. cit.)。同款还规定在整个 5 年期间内都要求善意(物权法第 111 条第(2)款)。善意被推定(物权法第 35 条第(3)款)。此外,《民法典总则法》第 139 条规定如果法律对善意规定了一定的法律结果,则善意将被推定,除非法律另有规定。

42. 在瑞士,善意的持续占有取得所有权要求 5 年的期间(民法典第 728 条)。占有人是善意的如果他有理由不知道排除取得所有权的事实(Steinauer, Les droits réels Ⅱ[3], no. 2111d);或没有过失的不知道自己没有所有权(Rey, Grundriss Ⅰ[3], no. 2004)。取得占有时的善意的标准比在占有期间内的标准更加严格。在取得占有的时候,取得人有更严格的调查和谨慎义务。如果占有人知道了应当导致进一步的调查的新的证据或新的信息则善意结束(BSK(-Schwandler), ZGB Ⅱ[2], art. 728, no. 8)。当合法的所有权人主张取回物时,如果占有人没有采取必要的调查弄清楚这种情况则他不再是善意的(BGE 13 December 1968, 94/1968 Ⅱ, 297)。如果占有人通过不合法的秘密的或暴力的剥夺占有行为而得到占有或如果所有权人仅仅根据不稳定借用将物转让给占有人则同样缺少善意(Rey, loc. cit.)。在通过持续占有取得所有权的整个期间都要求善意。如上所述,期间内的善意的标准没有取得占有的时候那么严格(Schwandler, loc. cit)。根据民法典第 3 条,善意被推定。善意的缺少应当由对方当事人进行证明(Rey, loc. cit.)。

43. 在荷兰,善意的占有人获得物的所有权当他持续的占有物超过 3 年(民法典第 3:99 条)。在必须登记的动产的情况下,取得所有权的期间是 10 年。占有人是善意的当他相信自己是合法的权利持有人并且有理由这么认为(民法典第 3:118 条第(1)款)。当转让由于占有人应当知道的缺陷而无效时,例如转让人没有能力、缺少有效的权利等,则缺少善意。应当登记而没有登记的物根据具体的环境可能被认为是恶意的。例如,当占有人要求公证人进行登记,但是后者忽略了,可以认为取得人是善意的(Asser(-Mijnssen and De Haan), Goederenrecht Ⅰ[14], no. 430)。如果占有人咨询了登记人就能发现转让是无效的则可能善意被否认(Snijders, Goederenrecht[4], no. 252)。一旦占有人是善意的,他被认为一直是善意的(民法典第 3:118 条第(2)款)。因此,如果占有人稍后发现缺少权利,取得所有权的期间仍然继续计算(Mijnssen and De Haan, loc. cit., no. 429)。相反的情形同样是可能的。在得到占有的时候不是善意的占有人在稍后的时候可以成为善意的。根据荷兰案例法,3 年和 10 年的期间从占有人是善意的时候开始计算,而不是在得到占有的时候(HR20 June 1997, NedJur 1999, 301)。善意被推定,缺少善意必须被证明(民法典第 3:118 条第(3)款)。

44. 在希腊,善意的占有人持续占有 3 年才能获得物的所有权(民法典第 1041 条)。除了善意,普通的持续占有取得所有权要求权利的存在(推定的权利是足够的)(民法典第 1041 条和第 1043 条)。当占有人没有重大过失的认为自己根据有效的权利取得所有权则他是善意的(A. P. 92/2002, EllDik 2002, 1065; A. P. 980/1990, EllDik 1991, 560)。根据民法典第 1042 条,占有人必须对自己的所有权是善意的而不是转让人的所有权。后者只在善意取得的情况下被要求(参见民法典第 1037 条)。例如,对于通过持续占有取得所有权来说取得人是善意的,如果他知道转让人不是动产的所有权人但相信转让人有进行转让的所有权人的授权。在这样的情况中,善意取得所要求的善意没有被满足,但满足了持续占有取得所有权的善意要求(Faber and Lurger(-Klaoudatou),National Reports Ⅲ,chap. 13. 2. 5)。占有人的信念是否建立在事实或法律的错误上并不重要,只要错误不是重大过失导致的就可以(CA Thessaloniki 2235/1990,Arm 1991,359)。只有在取得人得到占有时才要求善意(民法典第 1044 条)。持续占有取得所有权仍然是可能的如果占有人随后发现自己没有获得所有权(mala fides superveniens non nocet)。善意必须和合法的权利相联系。推定的权利也是足够的如果占有人对于这个权利是善意的。占有人必须合理的相信存在合法的权利。然而,这并不意味着合法权利的存在导致善意的推定(Georgiadis,Empragmato Dikaio Ⅰ,422)。占有人应当分别证明这些要求。在希腊法下善意不是被推定。

45. 在西班牙,对于普通的所有权取得要求 3 年的期间。善意和有效的权利都被要求(民法典第 1940 条)。和希腊法相比,推定的权利是不够的(Faber and Lurger(-González Pacanowska and Díez Soto),National Reports Ⅴ,chap. 9. 2. 2(b))。根据民法典第 1950 条,“占有人的善意表明给他物的人是所有权人并可以转让所有权”。占有人被认为是恶意的当他知道或应当知道无论是权利上或是取得模式中存在的缺陷,或关于转让人缺少进行处分的权利或授权(民法典第 1951 条)。在西班牙,持续占有取得所有权的整个期间都要求善意(民法典第 1940 条):mala fides superveniens nocet(TS[2]5 January 1945,RAJ 29;TS28 March 1961,RAJ 1798)。如果善意失去,已经经过的期间不能被考虑在异常的持续占有取得所有权所要求的期间内,在这种情形下不要求善意(González Pacanowska and Díez Soto,loc. cit. ,chap. 9. 2. 2(a))。取得占有时的善意和持续占有取得所有权所要求的期间内的善意被推定。当占有人知道自己不适当的或错误的占有动产时则失去善意(González Paca-nowska and Díez Soto,loc. cit. ,chap. 9. 2. 2(a))。

46. 在葡萄牙,善意的占有人通过持续占有取得所有权的期间较短。如果需要登记的动产已经被登记,善意的占有人在两年后成为它的所有权人,如果应当登记的物没有被登记,则期间是 10 年而无论占有人是否善意和权利是否存在(民法典第 1298 条)。至于其他动产,善意的占有人在 3 年后获得所有权,如果他根据有效的权利得到占有,如果没有权利的要求则是 6 年(民法典第 1299 条)。根据民法典第 1260 条,占有人被认为是善意的如果不知道占有损害了他人的利益。善意被推定,如果存在权利基础(民法典第 1260 条)。推定的权利就已足够。

47. 在立陶宛,善意的占有人通过 3 年的持续占有取得所有权(民法典第 4. 68 条)。占有被认为善意取得的如果在取得时占有人合理的认为没有人拥有对动产更多的权利(Saladz ˇ ius,Realproperty rights,60;Faber and Lurger(-Mikelenas),National Reports Ⅲ,chap. 13. 2)。通过持续占有取得的所有权的整个期间内都要求善意,在取得所有权的时候占有人必须不知道任何阻碍所有权取得的事实,如果这种阻碍存在的话(民法典第 4. 70 条第(1)款,Saladzˇ ius,loc. cit. ;Mikelenas,loc. cit. ,chap. 13. 2)。根据民法典第 4. 26 条第(2)款,善意被推定。

48. 在斯洛文尼亚,所有权通过 3 年的善意占有之后被取得。善意占有发生当占有人不知道并且不可能知道他没有权利取得所有权(物权法第 28 条)。在持续占有取得所有权的整个期间内都必须存在善意(物权法第 45 条第(1)款)。善意被推定(物权法第 9 条)。

49. 在捷克,采用了相同的方法。善意的占有人取得所有权需要 3 年的持续占有(民法典第 134 条第(1)款)。占有人是善意的如果他相信自己是合法的所有权人。他不知道或不可能知道任何第三人对所有权的主张(Faber and Lurger(-Tichy’),National ReportsVI,chap. 13)。

50. 在斯洛文尼亚,只有善意的占有人有权通过持续占有取得所有权。所有权在3年后被取得(民法典第135条第(1)款)。占有人是否是善意的必须考虑所有的因素并被客观的评价。决定性的因素是占有人根据相同环境中任何人都应达到的合理程度的谨慎,没有并且不应该怀疑物是否属于自己(V 5/1989)。尽管没有在民法典第134条中明确的规定,善意在整个期间内都被要求(Faber and Lurger(-Petkov),National Reports Ⅳ,chap. 14.1)。根据民法典第130条第(1)款,善意被推定。在产生怀疑的情况下,有人认为从程序法的观点来看最好从占有人的善意开始并使质疑通过持续占有取得所有权合法性的人承担举证责任(Plank e. a.,Obcˇ ianske právo s vysvetlivkami Ⅰ,182)。

51. 在奥地利,如上所述,法律对善意的持续占有取得所有权规定了两种不同的期间,根据占有人是否根据有效的权利得到占有(参见上文注释14)。3年的期间(或者6年,当涉及公法或私法下的法人(民法典第1472条))要求合法的、善意的和真正的占有(民法典第1466条,eigentliche Ersitzung),然而民法典第1477条规定30年的期间(或40年,(民法典第1472条)),仅要求真实的善意的占有(uneigentliche Ersitzung)。也就是说,没有根据有效权利得到动产占有的人必须持续占有30年才能取得它的所有权。尽管真正的占有没有明确的在民法典第1477条中被提到,但它在奥地利的法律实践中被要求(Schwi-mann(-Mader and Janisch),ABGB Ⅵ[3],§ 1477,no. 4)。二者所要求的善意的标准是相同的(Mader and Janisch,loc. cit.,§ 1463,no. 1)。民法典第326条规定占有人是善意的当他根据适当的理由如同自己所有而持有动产(wahrscheinliche Gründe)。根据奥地利最高法院的观点,适当的理由可能是既没有人阻碍占有人使用财产,也没有要求对它的使用收费(OGH 14 April 1977,SZ50/53)。占有人是善意的如果他不知道并且不应当知道缺少这种权利。根据主流意见,即使存在轻微过失也排斥善意(Schwi-mann(-Klicka),ABGB Ⅱ 3,§ 326,no. 1;OGH 13 November 1979,JB 1 1980,589;OGH 11 February 1982,MietSlg 34.046)。占有人对转让的权利必须是善意的(Mader and Janisch,loc. cit.,§ 1463,nos. 1-2)。然而,权利的缺少不必然证明恶意的存在(OGH14 April 1977,SZ 50/53)。法律学者认为一旦期间开始计算则善意的标准降低(Rummel(-M. Bydlinski),ABGB Ⅱ[3],§ 1463,no. 1;Ehrenzweig,Sachenrecht[2],198)。某种程度上这与德国法的规定有些类似。不要求占有人在所有的时候都检查持续占有取得所有权的要求是否被满足(Klang(-Klang),ABGB Ⅵ[2],581)。因此,一旦占有人善意的得到动产的占有,他只有在知道真实的情况或表明占有是不合法的环境时才会失去善意(OGH 10 November 1954,SZ 27/284;OGH14 April 1977,SZ 50/53;OGH 16 June 1977,SZ 50/91;OGH31 March 1982,SZ 55/46;OGH 27 February 1962,EvBl 1962/265;OGH 30 April 1980,Mietslg 32.251;OGH 16 April 1996,ecolex 1996,852;OGH 24 Mai 1995,NZ 1996,297;OGH 8 November 2001,MietSlg 53.224)。当恶意的占有人成为善意的,例如相信前任得到了处分动产的权利,持续占有取得所有权的期间从占有人是善意的时候开始计算(M. Bydlinski,loc. cit.,§ 1463,no. 1)。善意在整个期间内都被要求。这个要求没有明确的在民法典中被提到,但是可以从民法典第1463条推导出来,该条规定占有必须是善意的(没有限制在特定的时间上),以及民法典第1477条和第1493条的规定(Klang,loc. cit.,581;OGH 10 November 1954,SZ 27/284;OGH 16 June 1977,SZ 50/91;OGH 15 February 1977,JB l. 1978,257;OGH 31 March 1982,SZ 55/46,OGH 29 June 1983,SZ 56/111;OGH 11 October 1988,Mietslg 40.204;et al.)。当占有人随后成为恶意的,持续占有取得所有权的期间被打断(Klang.,loc. cit.,660)。奥地利民法典第328条规定善意的推定。对方当事人必须证明占有人是恶意的(Gschnitzer,

Sachenrecht[2],11;OGH8 November 2001,Mietslg 53.224)。

52. 在法国和比利时,民法典第 2279 条(新法国民法典第 2276 条)没有提到对取得人善意的要求。然而,根据民法典第 1141 条和民法典的立法理由这一要求被法律学者和案例法广为接受(法国:Malaurie and Aynès,Les biens[2],no. 579;Jourdain,Les biens,no. 394;比利时:Van Neste/Derine/Vandenberghe,Za-kenrecht,no. 271;Brunet/Servais/Resteau,RPDB X,no. 396)。如上所述,民法典第 2279 条(新法国民法典第 2276 条)是否应被认为是持续占有取得所有权的形式仍然存在争议(上文注释 2)。占有人是善意的当他不知道且不应该知道交易是与没有权利转让动产的人进行的(法国:Malaurie and Aynès,Les biens[2],no. 579;比利时:Heyvaert,TPR 1983,169 no. 12)。当占有人存在重大过失或当占有人应当严重的怀疑转让人的所有权则不存在善意(Brunet/Servais/Resteau,RPDB X,no. 400;Belgian Cass. 17 October1984,Arr. Cass. 1984 - 85,280;CA Paris 22 March 1983,JCP 1983,I,207);例如,当某人以很低的价格购买珍贵的艺术作品(Dekkers(-Dirix),Handboekburgerlijk rechtII[3],no. 230)。善意要求占有人应当注意所有可能导致对转让人的权利产生怀疑的异常情形。法院是严格的,但是也不要求取得人以极端的谨慎调查交易相对人是不是真正的所有权人(Faber and Lurger(-Cauffman and Sagaert),National ReportsIV,chap. 18.1.3(b))。专业人员比一般消费者适用更高的标准(Cass. 27 November 1973,Bull. civ. I,no. 324)。和其他国家的规定相反,不要求对于自己权利的善意。因此,占有人知道自己的权利是无效的(如由于欺诈或转让人缺少法律能力)不排除善意(法国:Planiol and Ripert,Traité pratique de droit civil Ⅲ,no. 711;比利时:Hansenne,Les biens Ⅰ,no. 408)。有效的权利可以成为善意的标记,但对于民法典第 2279 条的适用来说并不要求(新法国民法典第 2276 条)(法国:Malaurie and Aynès,Les biens[2],no. 579;比利时:Heyvaert,loc. cit.,no. 14)。根据主流意见和案例法,善意的占有人被推定拥有有效的权利(法国:Carbonnier,Droit civil Ⅲ[19],no. 232;Terré and Simler,Les biens[4],no. 443;Malaurie and Aynès,Les biens[2],no. 587;比利时:Hansenne,Les biens Ⅰ,no. 238;Brunet/Servais/Resteau,RPDB X,Possession,no. 404;Cass. 20 December 1974,RW 1974 -75,1835)。Dekkers 认为援引民法典第 2279 条的占有人必须证明自己根据有效的权利诚实地得到占有。根据他的看法,很难将占有看做占有人以诚实的方式得到占有的证据,因为即使小偷也像所有权人一样占有动产(Dekkers,RW 1973,1939)。只是在取得占有的时候才要求善意。占有人随后知道前任没有转让所有权的权利并不消灭已经取得的权利(mala fides superveniens non nocet)(法国:Malaurie andAynès,Les biens[2],no. 579;比利时:Dirix,no. 231)。早期法国最高法院刑庭采取另一种态度。根据刑法规定,善意取得盗窃物或挪用物的占有人如果随后知道物是被偷来的或挪用的,则犯有隐匿罪(recel)如果他没有归还动产(Cass. crim. 7 July 1944,JCP 1947,II,3410)。然而如今,这个观点已经被刑庭抛弃(Cass. crim. 24 November 1977,D.,1978.42,note Kehring;Cass. crim. 24 January 1978,Bull. crim.,no. 27)。根据法国和比利时民法典第 2268 条(新法国民法典第 2274 条),善意被推定,主张恶意的当事人必须进行证明。

53. 在意大利,法律类似的承认"占有近乎所有"(possession vaut titre)规则。然而,为了立即取得动产的所有权占有人必须是善意的并拥有有效的权利(民法典第 1153 条)。如果善意的占有人不是根据有效的权利得到占有,则需要 10 年的期间(民法典第 1161 条第(1)款:usucapione abbreviata)。登记物在 3 年的持续占有后被取得,如果占有人是善意的并且权利被登记(民法典第 1162 条第(1)款)。占有人是善意的如果他不知道他人的权利被侵犯。善意被排除如果不知情是重大过失导致的(民法典第 1147 条)。该错误必须是可原谅的并且根据仁慈和预设的标准被评价,但是有必要考虑社会分类和占有人的工作活动以及占有人作出行为的时间和地点和法官认为可能相关的所有环境。因此,简单的疑问或怀疑使法官有义务进行严苛的调查(Faber and Lurger(-Greco),National Reports Ⅰ,395 f,497)。在取得所有权的时候存在善意就是足够的(民法典第1147条)。最初的善意随后变为恶意是不相关的,即使这是知道侵犯他人的权利所导致的结果(Greco,loc. cit. ,396,497)。善意被推定(民法典第1147条)。举证责任由想要主张权利的当事人承担,因此在这样的情况中被剥夺占有的所有权人必须证明占有人的恶意。最高法院认为善意的推定可以被简单的证据推翻,如果它是严肃的、准确的和和谐的(Cass. no. 3754/1968;Cass. no. 2961/1971;Cass. no. 3365/1971)。

54. 在匈牙利,持续占有取得所有权不要求善意。10年的持续占有之后取得所有权(上文注释15)。

55. 在保加利亚,持续占有取得所有权不要求善意。5年的持续占有之后取得所有权(上文注释16)。

56. 在挪威,对动产进行实际控制的人在10年的持续占有之后取得所有权,如果他在整个期间都是善意的(Hevdslova §§ 2 and 4;Falkanger and Falk-anger,Tingsrett[6],301)。这意味着占有人必须没有过失的相信自己是合法的所有权人。占有人"看走了眼"以致忽视了可能削弱这种信念的信息是不被接受的。这种信念被认为是不谨慎和不合理的。如果通常合理的人本应当注意到进行进一步调查的必要性则法院不会接受占有人的想法(Brækhus and Hærem,Norsk,584 et seq.)。动产从合法所有权人转移给新取得人的方式对于决定善意是重要的(Faber and Lurger(-Færstad),National Reports Ⅴ,chap. 11. 3)。然而,这不意味着严格的客观的善意标准。背离这个标准也是可能的,并且也会考量占有人的个人能力(Falkanger and Falkanger,loc. cit.)。参见下文注释58。取得时效法(Hevdslova)第2、4条要求,为了取得对物更好的权利,占有人在整个期间内应当都是善意的。当遇到新的信息时,恶意的人也可能成为善意的(Brækhus and Hærem,loc. cit. ,589 and Rt 1951 s. 135)。根据事先的预备性工作,善意是被推定的(Rådsegn 6,25)。然而,法院对这个要求进行了一定的限制。如果对取得人的实际控制没有明显的理由,他可能很难说服法官自己是善意的。举证责任仍然由对方当事人承担,尽管在这些情况中取得人的恶意可能一定程度上更容易证明(Falkanger and Falkanger,loc. cit. ,303)。

57. 在丹麦,通过持续占有取得所有权的期间是20年(DL第5-5-1条)。法律没有提到占有是否必须是善意的。早期的丹麦学者要求占有人在整个期间必须是善意的,由所有权人证明占有人缺少善意(Vinding Kruse,Ejendomsretten Ⅰ[3],549 et seq. ,581 et seq.)。然而,主流意见看起来发生了变化(Carstensen,Formueretlige emner[4],123-124 and von Eyben,Formueretten,149)。即使善意不再被要求,通过持续占有取得所有权并不是在所有的情形中都被接受。尽管一定程度上存在争议,主流观点认为取得人必须不能不诚实或不合法的行事。所有权人承担证明占有人不诚实或不合法的行事的举证责任。在盗窃物的情况下,小偷不能通过持续占有取得物的所有权,知道这些物是盗窃物的买方也不可以,然而不知道物是盗窃物的买方可以通过持续占有取得所有权(Carstensen,loc. cit. ,123-124)。不能不诚实或不合法的行事的要求似乎默示的要求了善意的存在。如果某人不是善意的,他也很难在控制和使用动产的时候是诚实的。然而,进行调查的需要在丹麦比在挪威在相当大的程度上被削弱(Faber and Lurger(-Færstad),National Reports Ⅴ,chap. 11. 5. 3)。有些法律学者认为通常意义上的善意没有被要求,但是一定的"符合条件的恶意"(kvalificeret ond tro)阻止占有人取得动产的所有权(Werlauff,Ufr 2006,307)。因此不确定善意是否是丹麦法中的要求,如果它是,同样不确定该要求的强度如何——但看起来很清楚小偷不能取得动产的所有权。参见下文注释 58。

58. 在瑞典,关于善意取得的规则规定相信转让人有权处分就已足够。因此,关于对转让人的所有权的善意没有特别的要求(Martinson, National Report: Sweden, 91 et seq.)。该条规定:“取得人不能得到所有权如果他在转让时或在占有期间本应当怀疑转让人无权处分”(善意取得法(Godtros-förvärvslagen)第 4 条)。根据斯堪的纳维亚国家所采用的功能主义路径,在丹麦和挪威同样没有关于转让人的所有权的要求,即使它不像在瑞典法规定的那么明确。即使没有要求转让人在转让时必须占有物,这样占有的缺少可能导致占有人对转让人转让客体的权利的善意的质疑(Prop. 2002/03:17,37)。所有权人是主张相关环境的人,并承担证明占有人在占有转让的时候或在持续占有期间的恶意的举证责任(Prop. 2002/03:17,37 f and Hessler, Allmän sakrätt, 105,他对本款之前的版本进行了评论)。然而,主要的责任可能由取得人承担。有人认为,他应当证明自己根本没有怀疑存在某种错误(Millqvist, Sakrättens grunder, 43)。

59. 在芬兰,(关于不动产)占有人只需要在签署财产销售合同的时候是善意的(土地法第 13 章第 10 条)。

60. 在英格兰,正如在注释 21 中所见,法律不承认那样的通过持续占有取得所有权,但是在诉讼时效终止后可以产生类似的结果。1980 年诉讼时效法可以消灭所有权人的权利,并且间接的向占有人提供最好的权利。出发点是该法第 2 条,对所有的侵权行为规定了 6 年的诉讼时效。对进行占有的当事人提起的诉讼通常在侵占的情形中提起;因此从表面上看起来,动产的所有权人从侵占之日起有 6 年的时间提起诉讼。第 3 条第(2)款授予在诉讼时效终止时对物拥有最好的权利主张的人对动产的权利(Faber and Lurger(-Frisby and Jones), National ReportsII, 131)。如果物被偷走,6 年的期间不是从最初的侵占之日开始计算而是从第一个善意购买人取得动产的时候开始计算(Bridge, Personal property law[3], 79)。

Ⅳ. 恶意的持续占有

61. 在法国和比利时,大多数的法律学者认为所有权是所谓的永久的权利(法国:Cass. 12 July 1905, Dalloz 1907, I, 141; Cass. 2 June 1993, D 1994, 582 note Fauvarque-Cosson; Jourdain, Les biens, no. 49; Malaurie and Aynès, Les biens[2], no. 459;比利时:Claeys, RW 1998－99, 377, 387, no. 26; Brunet/Servais/Resteau, RPDB, Prescription en matière civile, no. 5)。法国民法典第 2227 条(2008 年版本)明确指出所有权不受时效限制。所有权不能因为不使用而失去,但可以由于他人取得所有权而失去(比利时:Dekkers(-Dirix), Handboek burgerlijk recht Ⅱ[3], no. 1344)。根据比利时民法典第 2262 条和旧法国民法典(2008 年法律改革有所改变),主流意见认为取得占有时恶意的动产的占有人在 30 年的合格占有之后取得所有权(法国:Terré and Simler, Les biens[4], no. 450;比利时:de Page and Dekkers, Traité élémentaire de droit civil belge Ⅶ[2], no. 1287; Dirix, loc. cit., no. 1284)。因此,真正的所有权人间接的失去所有权。在法国,2008 年时效和通过持续占有取得所有权的改革在这个领域带来了一些困难或不一致。一方面,新的法国民法典第 2224 条规定,作为一般原则,“个人的主张或关于动产的主张”(actions personelles ou mobilières)从有权人知道或应当知道可以让他提起主张的事实之日起有 5 年的时效期间。另一方面,在关于特殊时效期间的部分,民法典第 2227 条规定所有权不受时效期间限制(然而允许消灭时效适用于其他关于不动产物权的主张,像那些关于用益权的,参见 rapp. Sénat, no. 83, 40)。立法过程中的预备工作表明,立法者不打算根据“财产权不因时效而消灭”(le droit de propriété est imprescriptible)

的原则制定规则(rapp. Sénat, no. 83, 40, quoting Cass. 2 June 1993, D 1994, 582 note Fauvarque-Cosson)。这可能使人认为民法典第 2224 条中关于动产的权利主张的 5 年的消灭时效不适用于所有权人提起的强制取回之诉;参见 Leroyer, RTD civ 2008, 566。决定性的问题是恶意的占有人是否能够在 30 年的持续占有之后取得所有权。新民法典对这个问题保持沉默,立法的预备工作也是如此。这个问题只有在不动产的情形中被解决了:民法典第 2272 条第(1)款规定了一般性规定(适用于恶意占有人),指出通过持续占有取得不动产所有权的期间是 30 年。这符合 2008 年改革之前的法律。新民法典第 2272 条第(2)款规定,善意并且根据有效权利取得不动产的人在 10 年的占有之后取得所有权。很明显,不动产新的 10 年规则的引入是立法过程中的主要关注点(rapp. Sénat, no. 83, 54),也是本法典中解决这个问题的理由。在这种背景下,法典中没有规定取得动产所有权的期间的事实(不考虑根据民法典第 2276 条"占有近乎所有"(possession vaut titre)原则的所有权的立即取得,它要求善意)可以被解释为立法者并不打算改变关于恶意的取得所有权的法律,所以根据 2008 年之前的主流意见,即使是恶意的也能在 30 年的持续占有之后取得所有权。相反的解释可能是恶意的取得动产的所有权被完全的排除。

62. 在希腊,异常的持续占有取得所有权的期间是 20 年。根据民法典第 1045 条,20 年内一直占有动产的人成为它的所有权人。善意和有效的权利都没有被要求(A. P. 36/1985, EllDik 26, 444; Georgiades, Em-pragmato Dikaio Ⅰ, § 45 nos. 1, 9)。

63. 在意大利,恶意的占有人可以通过 20 年的持续占有取得所有权。善意和有效的权利都没有被要求(民法典第 1162 条第(2)款)。然而,其他的要求(和平、公开和明确)必须被满足(参见注释 83 和 95)。

64. 在西班牙,当占有人是恶意的或得到占有没有公平的、真实的、有效的和可以被证明的权利时民法典第 1955 条规定了 6 年的期间。然而,占有必须满足民法典第 1941 条规定的持续占有取得所有权的一般要求(Faber and Lurger(-González Pacanowska and Díez Soto), National Reports Ⅴ, chap. 9. 2. 1),小偷以及他们的同伙和接收被盗物的人不适用持续占有取得所有权,只要根据犯罪行为产生的权利主张还没有经过时效期间(参见注释 80)。

65. 在葡萄牙,法律规定了有利于恶意的占有人的较短的期间。原则上,恶意的占有人在 6 年的持续占有之后已经取得所有权(民法典第 1299 条)。如果争议物是需要登记的物(但是没有进行登记)则期间是 10 年。然而,如果动产已经被登记并且占有建立在有效的权利上,对于恶意的占有人来说持续占有取得所有权的期间是 4 年(民法典第 1298 条)。在任何情况下都要求占有是和平的和公开的。

66. 在匈牙利,恶意的占有人在 10 年后能够通过持续占有取得所有权,除非他通过犯罪行为或其他暴力或欺诈的方式得到占有(参见上文注释 15)。

67. 在保加利亚,有相同的规定。恶意的占有人能够通过持续占有 5 年后取得所有权,除非占有是通过暴力或隐藏的方式剥夺先前占有人的占有而得到的(参见上文注释 16)。

68. 在荷兰,当强制取回的时效期间终止时对物进行占有的人取得所有权。这意味着,在那个时候,占有人取得所有权,而不考虑占有的期间、占有是否被打断以及占有人是否是善意的(Nieuwenhuis/Stolker/Valk(-Rank-Berenschot), T & C Burgerlijk Wetboek[3], art. 3:105, no. 2)。与法国和比利时相比,所有权不是永久权。在荷兰,取回所有权的诉讼在 20 年之后失效(民法典第 3:306 条)。原有的荷兰民法典在强制取回之诉消灭的时候没有授予占有人所有权。这一点随着新民法典第 3:105 条第(1)款的引入被纠正。一些法学家对小偷也能够取得被盗物的所有权进行了批评。

69. 在德国,恶意的占有人不能在持续占有取得所有权所要求的期间经过之后取得所有权,但是根据民法典第197条第(1)款,他可以对抗原始所有权人在30年之后提起的诉讼,因为强制取回之诉的时效已经经过(Faber and Lurger(-McGuire),National Reports Ⅲ,chap. 12.2)。所有权和占有权的分离遭到了德国法律学者的批评(i. a. MünchKomm(-Baldus),BGB[4],§ 937 no. 43)。

70. 在爱沙尼亚,强制取回之诉有30年的时效期间(民法典总则法第155条第(1)款)。这意味着占有人可以对抗所有权人如果后者没能在30年内行使取回物的权利。然而,和德国法相反,时效期间不适用于恶意占有的情形(民法典总则法第155条第(2)款)。换句话说,所有权人对恶意占有人的强制取回之诉不受限制。

71. 在奥地利,恶意的占有人不能通过持续占有取得所有权(与民法典第1460条相反)。主流意见认为,所有权人取回财产的权利主张不受时间限制(Verjährung)(Schwimann(-Mader and Janisch),ABGB Ⅵ[3],§ 1479,no. 2)。因此,被剥夺占有的所有权人可以从恶意的占有人那里取回财产因为后者不可能取得物的所有权。同样随后产生的恶意也会阻止通过持续占有取得所有权(参见注释51)。

72. 在瑞士,法律没有规定恶意的持续占有取得所有权的可能性,甚至没有通过强制取回之诉的消灭时效间接的规定这一点,因为在瑞士所有权不受时间限制(Schmid,Sachenrecht,no. 665)。当占有人随后成为恶意的时候同样排除通过持续占有取得所有权的可能性(参见上文注释42)。

73. 在立陶宛,恶意的占有人不能通过持续占有取得所有权(民法典第4.68条)。斯洛文尼亚(物权法第43条第(1)款)、捷克(民法典第134条第(1)款)和斯洛伐克(民法典第134条第(1)款)同样如此。

74. 在瑞典,恶意的人不能取得对物更好的权利。

75. 在挪威,法律学者认为恶意的占有人没有法律确定性的需要,因为取得人知道或应当知道自己不是物的所有权人(Faber and Lurger(-Færstad),National Reports Ⅴ,chap. 11.3.2)。因此,恶意的占有人不能通过持续占有取得所有权。但是一开始恶意的人可能变为善意在遇到新的信息的时候,并且可以在10年的善意占有之后取得所有权(Brækhus and Hærem,Norsk Tingsrett,589 and Rt 1951 s. 135)。恶意的占有人是否能够处于类似于所有权人取回物的权利的时效经过之后通过持续占有取得所有权的人的地位还没有被详细的讨论(参见注释17)。

76. 在丹麦,不确定在什么程度上恶意的占有人能够取得动产的所有权。"合格的恶意"的占有人不能取得物的所有权(Werlauff,Vederlag for hævd,Ufr 2006,307)。占有人不诚实或不合法的行事可能已经足够了(Carstensen inMadsen(ed.),Formueretlige emner[4],123-124 and Faber and Lurger(-Færstad),Nation-al Reports Ⅴ,chap. 11.5.3)。

77. 在芬兰,(关于不动产)占有人最初是善意的但随后变为恶意,可以通过10年的持续占有取得所有权。占有人只需要在签署关于财产的合同的时候是善意的(土地法第13章第10条)。

78. 在英格兰,1980年诉讼时效法第4条作出了相关的规定。该条适用于最初的侵占采取了将物从原始所有权人处偷走的形式。盗窃的定义也包括通过勒索或欺诈取得动产(1980年诉讼时效法第4条第(5)款(b)项1,2)。在这样的情况中,6年的期间不是从盗窃之日起开始计算,而是从第一次不和盗窃相联系的侵占开始。从本质上而言,善意并且有偿的取得动产占有的当事人也不会通过与盗窃相联系的侵占取得占有。因此,通常认为期间从第一次"无辜"的侵占之日起开始计算。对于第一个小偷或任何从小偷那里取得动产的恶意的当事人来说,对他们提起的侵占之诉不受时间限制(Faber and Lurger(-Frisb y and Jones),National Reports Ⅱ,131)。

79. 在塞浦路斯或爱尔兰,如果提起诉讼的权利由于占有人的欺诈而被隐瞒,时效期间直到所有权人发现或根据合理谨慎应当发现欺诈之时起开始计算(Faber and Lurger(-Laulhé Shaelou/Stylianou/Anastasiou),National Reports Ⅱ,590;Bell,Modern Property Law,538 f and the Irish Limitation Act s.71(2))。

V. 在盗窃的情形中取得所有权的排除

80. 在西班牙,民法典明确排除了小偷通过持续占有取得所有权的可能性。根据民法典第1956条,偷来或抢来的物不能通过持续占有取得所有权,无论是罪犯还是他们的共犯或盗窃物的接受者,除非它的刑事诉讼和主张对犯罪导致的损害赔偿的诉讼的时效已经经过。仍有疑问的是,通过持续占有取得所有权的期间是否在这些诉讼的时效经过之后才开始计算,还是考虑到一般的要求,当时效经过之后则取得所有权(Faber and Lurger(-González Pacanowska and Díez Soto),National Reports Ⅴ,chap.9.1)。

81. 在立陶宛,民法典第4.69条第(2)款做出了类似的规定。然而,通过强制(如抢劫)或秘密(如盗窃)的手段取得的物不能通过持续占有取得所有权,无论主张取得所有权的人是否亲自实施了这些行为或这些行为是通过他人进行的(Saladzˇius,Real property rights,59)。

82. 在法国和比利时,为了通过持续占有取得所有权法律要求占有必须是持续的、不受干扰的、和平的、公开的和明确的(deugdelijk bezit,possession utile;民法典第2229条,新法国民法典第2261条)。如果缺少其中一个因素,根据民法典第2279条(善意取得;法国:第2276条)和第2262条(恶意的所有权取得;法国:第2224条)则排除所有权的取得(法国:Jourdain,Les biens,nos.187 and 393;Carbonnier,Droit civilIII19,no.120;比利时:Hansenne,Les biens Ⅰ,no.237;Dekkers(-Dirix),Handboek burgerlijk recht Ⅱ[3],nos.223 and 1295)。占有被推定为没有缺陷。主张占有存在缺陷的人必须对此进行证明(法国:Terré and Simler,Les biens[4],nos.424 and447;比利时:Dirix,loc. cit.,no.1296)。根据民法典第2233条(新法国民法典第2263条),暴力行为(如盗窃)排除通过持续占有取得所有权。使用暴力得到动产的占有人不能得到所有权而对被剥夺占有的所有权人不利(Carbonnier,Droit civil Ⅲ[19],no.120)。只有在暴力行为结束后占有才能作为持续占有取得所有权的基础(民法典第2233条第(2)款;法国:第2263条第(2)款)。大多数法律学者认为和平占有的要求与民法典第2262条的适用相关(在2008年法律改革中被第2224条取代),而对于民法典第2279条来说(法国:第2276条),善意的要求已经表明占有不应当通过暴力取得(Malaurie and Aynès,Les biens[2],no.459;Planiol and Ripert,Traité pratique dedroit civil Ⅲ,no.381;other opinion:Hansenne,Les biens Ⅰ,no.237)。关于暴力的定义,比利时学者提到了关于合同的缺陷的民法典第1111~1115条(Hansenne,Les biens Ⅰ,no.237;Brunet/Servais/Resteau,RPDB X,no.15;Dirix,loc. cit.,no.1300)。当暴力足以对理性人产生影响并使他为生命或财产产生担心时,那么暴力就是一种缺陷。年龄、性别和他的地位都应被考虑(民法典第1112条)。法律学者认为"和平占有"和"没有暴力"的要求贯穿整个占有期间(法国:Rodière,Rép. Civ. Dalloz 1974,Possession,no.51;比利时:Brunet/Servais/Resteau,loc. cit.,no.15)。然而,法国最高法院认为如果占有人必须使用暴力对抗第三人保护自己的占有,这些暴力行为不使占有产生缺陷(Cass. fr. 15 February 1968,D. 1968,453)。这在比利时也被广泛接受(Brunet/Servais/Resteau,

loc. cit. ,no. 16;Hansenne,Les biens Ⅰ,no. 163)。2008年法国法律改革之后恶意的取得动产所有权是否仍然可能参见上文注释61。

83. 在意大利,法律要求取得人的占有是非暴力的和公开的。这样要求的理由是非常清楚的。暴力或秘密的得到占有的人取得占有违背了合法所有权人的意志并且不能优先于权利持有人得到保护,因为后者被不合法的剥夺对物的使用。此外,这样的剥夺不仅可以通过明确的违背合法所有权人的意志的行为发生,在所有权人不知情的时候使用或隐藏物同样可能导致这种剥夺(Faber and Lurger(-Greco),National Reports Ⅰ,495)。如果占有人通过暴力或秘密的方式取得占有,通过持续占有取得所有权的期间只有在暴力结束或占有被公开行使的时候才开始计算(民法典第1163条)。

84. 在葡萄牙,要求占有是公开的(没有被隐瞒)和和平的(民法典第1297条和第1300条,STJ 15 May 2008 Processo 08B862)。占有是和平的如果它不是通过身体或精神上的暴力取得的(民法典第1261条),它是公开的如果它以利益相关人所知道的方式被行使(民法典第1262条)。这些规定排除了小偷通过持续占有取得所有权(Pires de Lima and Antunes Varela,Código Civil Anotado Ⅲ^2,art. 1261,no. 2,p. 23)。

85. 在匈牙利,根据民法典第121条第(2)款,通过犯罪或其他暴力或欺诈的方式取得占有的人不能通过持续占有取得所有权。

86. 在保加利亚,法律要求,为了取得所有权,占有不能通过暴力或秘密剥夺前一个占有人的占有的方式而取得(所有权法第80条)。

87. 在奥地利,恶意的(如小偷)持续占有取得所有权是不可能的(民法典第1460条)。此外,要求取得人的占有是真实的(民法典第1464条)。这适用于短期或长期的持续占有取得所有权(OGH3 November 1982,JB l 1983,480)。"真实的占有"指的是占有人不是通过暴力的、秘密的方式取得物或持有仅仅根据"不稳定借用"交付的物(民法典第345条)。和善意的要求相反,这个要求只需要在取得占有的时候被满足(Schwimann-Mader and Janisch,ABGB Ⅵ^3, § 1464,no. 1)。举证责任由对方承担(S Mader and Janisch,loc. cit. , § 1464,no. 3;OGH15 February 1977,JB l 1978,257)。

88. 在瑞士,存在相同的情况。恶意的占有人不能通过持续占有取得所有权。法学著作一致认为如果取得人通过强制、暴力或秘密的方式得到占有则善意不存在(BSK(-Schwandler),ZGB^2,art. 728,no. 8;Rey,Grundriss Ⅰ^3,no. 2004;Steinauer,Les droits réels Ⅱ^3,no. 2111e;Meier-Hayoz(-Liver),Schweizerisches Privat-recht V(1),394;see also CC art. 3(2))。

89. 在爱沙尼亚,同样如此。恶意的占有人不能通过持续占有取得所有权(物权法第111条第(1)款)。进一步来说,法律学者认为建立在暴力、盗窃或隐瞒等任意行为上的占有不能导致通过持续占有取得所有权(nec Ⅵ,nec clam,nec precario;Pärna,Asjaõigusseadus, § 110 no. 3,p. 222 as cited in Faber and Lurger(-Kullerkupp),National Reports Ⅰ,315)。在斯洛文尼亚、斯洛伐克和捷克同样如此。

90. 在挪威和丹麦,由于善意的要求(挪威)和不能不诚实或不合法的行事的要求,或因为他具有"合格的恶意",小偷不可能取得盗窃物的所有权(Faber and Lurger(-Færstad),National Reports Ⅴ,chap. 11.3.2 and 11.5.3;Carstensen,Formueretlige emner4,123-124;Werlauff,Vederlag for hævd,Ufr 2006,307)。

91. 在瑞典和芬兰,同样如此,由于在签订合同时(芬兰)和贯彻整个期间(瑞典)的对善意的要求,小偷不能取得盗窃物的所有权。

92. 在英国,根据 1980 年诉讼时效法第 4 条,6 年的期间不适用于小偷。期间从第一次“无辜”的侵占开始计算。因此,盗窃物总是可以从小偷那里取回。

93. 在塞浦路斯和爱尔兰,没有对盗窃的明确排除。诉讼时效法中的规定可以授予错误的取得占有的人所有权。但是如果提起诉讼的权利由于占有人的欺诈而被隐瞒,诉讼期间从所有权人发现或根据合理的谨慎本应该发现欺诈的时候开始计算(Faber and Lurger(-Laulhé Shaelou/Stylianou/Anastasiou),National Reports Ⅱ,590;Bell,Modern Property Law,538 f and the Irish Limitation Act s. 71(2))。

Ⅵ. 其他要求

94. 在法国和比利时,民法典第 2229 条(新法国民法典第 2261 条)对于持续占有取得所有权规定了额外的要求。占有应当是连续的、不被打断的、和平的、公开的和明确的以使占有人能够取得所有权。“连续”意味着占有人以合理的所有权人在相同情况下会采取的行为那样进行占有(Faber and Lurger(-Cauffman and Sagaert),Na-tional Reports Ⅳ,chap. 19. 2)。这种考虑同样建立在动产的性质上(Mémeteau,Droit des biens[3],113)。根据主流意见,“连续”和“不被打断”的要求不适用于民法典第 2279 条(新法国民法典第 2276 条)规定的所有权的立即取得。打断预示了一段期间的经过,民法典第 2279 条(新法国民法典第 2276 条)的适用并不要求这一点,法国:Jourdain,Les biens,no. 393;比利时:Dekkers(-Dirix),Handboek burgerlijk recht Ⅱ[3],no. 223。“和平”的要求已经在上文被讨论过了(参见注释 82)。占有被认为是“秘密的”当占有人有意将动产对那些可能会阻止他取得所有权的人隐藏起来(Carbonnier,Droit civil Ⅲ[19],no. 120)。例如,占有不是公开的当占有人在制定财产清单时没有声明作为其财产一部分的特定的动产(Hansenne,Les biens Ⅰ,no. 165)。占有是“模糊”的当与动产相关的履行行为可以有不同的解释(Carbonnier,loc. cit. ,no. 120)。对占有人排他的占有意图不应当产生疑问。这个缺陷在法律实践中尤为重要,如共同所有权,在同居(父母、配偶或同伴、仆人)的情况下,可能产生疑问的是占有人是否排他性的为自己占有动产或是为了他人进行占有(Malaurie and Aynès,Les biens[2],no. 500;Cass. ,7 June 1993,Bull. civ. I,no. 197),例如,当死者的同伴或仆人占有属于死者的物并声称通过手到手的赠与而得到物(Liège 5 August 1843,Pas. belge 1844,II,260;Cass. 18 December 1894,D. P. 1895,1,364)。有效的权利的要求已经在上文注释 52 中被讨论。大多数法律学者和案例法承认善意的占有人被推定拥有有效的权利(法国:Carbonnier,Droit civilIII19,no. 232;Terré and Simler,Les biens[4],no. 443;Malaurie and Aynès,Les biens[2],no. 587;比利时:Hansenne,Les biens Ⅰ,no. 238;Brunet/Servais/Resteau,RPDB X 1951,Possession,no. 404;Cass. 20 December 1974,RW 1974－75,1835)。这意味着占有人不需要证明有效的权利。比利时法学家 Dekkers 持有相反的观点(Dekkers(-Dirix),Handboek burgerlijk recht Ⅱ[3],no. 229;Dekkers,RW 1973,1939),但是1974 年比利时最高法院的一个判决结束了争议,承认善意的占有人不需要证明自己对物的所有权的合法性(Cass. 20 December 1974,RW 1974－75,1835)。

95. 在意大利,法律要求取得人的占有是持续的和不受干扰的、非暴力的、公开的和明确的。如果占有人通过暴力或秘密的手段取得占有,通过持续占有取得所有权的期间从暴力结束或占有被公开行使的时候开始计算(民法典第 1163 条)。在后一种情况中,合法的所有权人知道他人像权利持有人一样占有动产的意图并不足够,必要的是他公开的行使所有权(Cass. no. 1910/1970;Cass. no. 1021/1973)。此外,占有人必须明确的表示如同合法的所有权人使用动产的意图

(Cass. II, no. 15145/2004; Cass. II, no. 2857/2006)。例如,在共同所有的情况下,主张通过持续占有取得所有权的共同所有权人必须证明排除其他共同所有权人享用物的意图(Cass. no. 13921/2002; Cass. II, no. 16841/2005)。

96. 在荷兰,原有的民法典包含类似的规定,要求明确的、公开的、持续的、不受干扰和没有争议的占有以取得所有权。新民法典没有采纳明确的和公开的要求,因为立法者认为它们已经通过"进行占有"的要求中表达出来了(Parlementaire Geschiedenis Ⅲ, 408)。取得人是否在整个期间都被认为是动产的占有人应根据民法典第3:108条中规定的标准进行判断(Asser(-Mijnssenand De Haan), Goederenrecht Ⅰ[14], no. 428)。根据新民法典第3:125条,失去占有的占有人可以在一年内取回动产只要其他当事人没有取得更好的权利。

97. 在西班牙,根据民法典第1941条,为了通过持续占有取得所有权(正常的和不正常的)占有必须是公开的、和平的、不受干扰的。占有人必须不受争议的进行占有并在法律要求的期间内以对公众以明显的方式进行占有。公开占有的要求对于真正的所有权人对抗他人的行为保护自己的权利是必要的(TS21 October 1964, RAJ 4488; TS29 No-vember 1968, RAJ 5705)。通过秘密或暴力方式取得占有的人立即成为实际的占有人并因此享有占有保护,但是通过持续占有取得所有权的期间只有在占有成为公开的和和平的之后才开始计算。民法典第1956条的限制适用于那些参与犯罪的人,直到由于犯罪行为而产生的诉讼时效终止(Faber and Lurger(-González Pacanowska and Díez Soto), National Reports Ⅴ, chap. 9. 2. 1(a))。为了适用更短的从持续占有取得所有权的期间,占有的取得必须建立在公平、真实、有效和明确的权利基础上(justo titulo(民法典第1952条), verdadero y valido titulo(民法典第1953条), el titulo debe probarse(民法典第1954条))。公平的权利是能够根据它转让物权的权利(例如交易行为产生的销售合同、赠与等),但是它不会产生那种效力因为转让人不是权利持有人或没有处分它的权利(参见González Pacanowska and Díez Soto, loc. cit., chap. 9. 2. 2(b)中引用的案例)。实际上不存在的权利基础(如伪造的合同)或占有人错误认为存在的权利(推定的权利基础)不能作为普通的持续占有取得所有权的权利基础(González Paca-nowska and Díez Soto, loc. cit., chap. 9. 2. 2(b))。如果占有建立在无效的权利基础上由于它没有满足实际的要求、必要的程序形式或违反了强制规范,3年之后取得所有权的可能性被排除。当转让人没有合法的权利基础或处分的权利时权利不被认为是无效的。根据民法典第1954条,"公平的权利必须被证明,它不能被推定"。(参见TS 20 October 1989, RAJ 6949; TS 16 May 1993, RAJ 2285。"这是民法典第448条的重要例外,该条规定了根据占有产生的权利的推定")。然而,必须记住的是,在普通的通过持续占有取得所有权的情形中,潜在的权利要求被认为已经通过善意的占有被满足(民法典第464条和第1955条第(1)款; González Pacanowska and Díez Soto, loc. cit., chap. 9. 2. 2(b))。

98. 在立陶宛,民法典第4.68条规定了进一步的要求。为了通过持续占有取得所有权占有必须是合法的、公开的和持续的,这些要求贯穿整个占有期间。

99. 在瑞士,民法典第728条第(1)款要求,为了通过持续占有取得所有权,整个期间都要求善意的不受干扰和没有争议的占有。占有是"没有争议的"(unangefochten, paisiblement)只要没有人在法律诉讼中成功的主张更好的占有的权利(Meier-Hayoz(-Liver), Schweizerisches Privatrecht V(1), 394)。法律程序外的主张是不够的,必须要求提起法律诉讼(BG 12 February 1971, BGE 97/1971 Ⅱ, 25; BG 13 December 1968, BGE 94/1968 Ⅱ, 297)。然而,司法外行为可能破坏占有人的善意,并且因此阻止通过持续占有取得所有权(Meier-Hayoz(-Liver), loc. cit.)。

如果诉讼被撤销或驳回,取得人的占有仍被认为是没有争议的(BSK(-Schwandler),ZGB[2],art. 728,no. 6;Rey,Grundriss Ⅰ[3],no. 2002)。

100. 在奥地利,短期的持续占有取得所有权要求有效的权利基础("合法的占有",民法典第 1461 条:rechtmäßiger Besitz)。占有是"合法的"当它建立在可以合法转让所有权的权利基础上,如果转让人是被转让物的所有权人(Schwimann(-Mader and Janisch),ABGB Ⅵ[3],§ § 1461 and 1462,no. 1)。该条列出了一些例子(例如赠与、销售、借贷)。转让不能是无效的(如由于没有满足形式要求、转让人没有法律能力等)。根据主流意见,推定的权利不足以通过短期的持续占有取得所有权(Rummel(-M. Bydlinski),ABGB Ⅱ[3],§ 1461,no. 2;Apathy,JB 1 1999,205,212;Ehrenzweig,Sachen-recht2,196)。

101. 在希腊,民法典规定,为了 3 年的持续占有取得所有权,占有人必须是善意的并且根据有效的权利得到占有(民法典第 1041 条),或至少是推定的权利(民法典第 1043 条)。由于权利内容的缺陷(例如转让人没有法律能力,缺少所有权,缺少处分的权利)而没有取得所有权的占有人可以通过持续占有取得所有权只要他相信自己根据有效的权利取得所有权(例如销售合同、赠与、合法的继承)。根据主流意见,推定的权利是不存在的权利,但是没有重大过失的占有人认为权利存在,或虽然权利无效,但是没有重大过失的占有人认为它是有效的权利(Faber and Lurger(-Klaoudatou),National Reports Ⅲ,chap. 13. 2. 4)。

102. 在葡萄牙,为了短期和 3 年的持续占有取得所有权,同样要求权利基础的存在(民法典第 1299 条);相同的规定也适用于登记物两年的期间(民法典第 1298 条)。

103. 在爱沙尼亚,法律学者认为主张通过持续占有取得所有权的当事人的占有应当建立在另一种没能使取得人获得所有权的取得模式上(例如实际交换、先占)(Pärna,Asjaõigusseadus,§ 110 no. 3,p. 222 as cited in Faber and Lurger(-Kullerkupp),National Reports Ⅰ,315)。

第Ⅷ-4:102 条　文物

(1)根据本章规定,取得理事会第 93/7/EEC 号指令第 1 条第(1)款所指的"文物"的所有权,无论该文物是在 1993 年 1 月 1 日之前或之后被非法地转移,或根本没有从成员国的领土内被转移,都需要对物持续占有:

(a)三十年,如果占有人在整个期间内一直都是善意的;或

(b)五十年。

(2)成员国可以采用或维持更严格的规定确保本条意义上的或各国国内法和国际法意义上的文物的所有权人得到更高水平的保护。

评　论

A. 总述

政策,期间的长度。文物被广泛认为拥有特殊的地位,涉及多种公共利益。基于这种观点，研究小组合作委员会认为关于文物，通过持续占有取得所有权只有在满足更加严格的前提条件时才被允许，无论该案件仅仅涉及各国国内法还是涉及从一国领土内非法的向外转移。是否有其他根本的非正义要素（例如征用的种族动机）被涉及并不重要。对文物所有权人的特别保护通过在善意的情形中将期间延展至30年、在恶意的期间中将期间延展至50年而得到实现。原则上，其他的政策考虑，和在第Ⅷ－4:101条（基本规则）的评论中所提到的保持相同，但是所有权人保持物的利益通过物上的公共利益被加强（例如使这些物可以在博物馆中被参观，或为了科学研究的目的保存物）。

本条的法律框架和目的。各国国内法律制度中的多种规则包含了93/7/EEC理事会指令，但是部分的同样建立在调整具有国际属性的情形的国际条约的基础上（国际统一私法协会1995年关于盗窃和非法出口的文物的国际条约；联合国教科文组织1970年关于阻止文物非法进口、出口和所有权转让的手段的国际条约）。但是不是所有的欧盟成员国都是这些国际条约的成员，并且部分的，这些条约允许各国国内法具有优先性。因此，考虑到复杂的政治影响，很难制定真正统一的规则调整通过持续占有取得文物的所有权。因为不同制度下要求的时间限制不同，并且成员国可以规定更长的时间限制，因此在实践上几乎不可能仅采用。例如，国际统一私法协会条约的时间限制而没有忽视存在于成员国中的基础标准。同样，这些时间限制倾向于被规定在时效的部分，限制所有权人或其他提出请求的当事人的权利，这个概念完全不同于本章使用的建立在占有基础上的概念。在这种背景下，本条只规定了最低标准的保护，而不触及其他对文物的所有权人提供了更高标准的保护的规定。

B. 第（1）款意义上文物的定义

总述。制定出普遍适用的“文物”的定义是相当难的。这从国际法和欧盟法中所采用的定义的对比就可以清楚的看出，它们将在下文被总结。本条中使用的定义在任何情况下都应与已经存在于国际法或欧盟法中的定义保持一致。没有必要重新定义并引入进一步的模式。因此，基本上存在三种可能性，第一种规定了相当狭义但非常清楚的定义，第二种定义相当宽泛，第三种是这两者的结合。

被选择的对象:93/7/EEC理事会指令。本条采用了93/7/EEC理事会指令第1条第（1）款中规定的定义。这个定义相当狭义，但有助于提供比下文讨论的联合国教科文组织条约中所采用的定义更好的法律预测性。指令中的定义包含了两个主要的前提。首先，为了具备作为文物的资格，争议物必须通过国内立法或行政程序被决定为“具有艺术、历史或考古价值的国家财产”。其次，物必须是列在博物馆或类似机构的目录中构成公共收藏整体的一部分，或教会机构清单中构成整体的一部分；或物必须属于指令附录所列的特定种类的一部分。附录规定了一定的最低年限的要求（例如图画50年、书100年），以及物必须超过一定的价值（如图画要求150,000欧元）。这些分类的范围要小于联合国教科文组织和国际统一私法协会条约中所列的分类。

是否从领土内移走不相关;与日期不相关。在理事会指令第1条第(1)款规定的定义之外,本条第(1)款规定"该文物是在1993年1月1日之前或之后被非法地转移,或根本没有从成员国的领土内被转移"是不相关的。之所以如此规定是因为指令的第13条规定该指令只适用于1993年1月1日之后从成员国境内不合法移走的文物。然而,为了本卷第四章的目的,重要的是该物满足一定的资格要求,正如上文所规定的。是否从成员国境内移走,以及时间方面,都是不相关的。

这一选择背后的政策考虑。潜在的政策考虑是提供尽可能多的法律确定性。这一目标不仅通过分类的要求实现,同样也通过登记在一定的目录或成为清楚和狭义的分类的一部分而得到满足。

替代的选择:1995年国际统一私法协会条约的定义。第二种可能的选择是1995年国际统一私法协会条约中的定义。这个定义,在很大程度上,类似于1970年联合国教科文组织条约中使用的定义。和联合国教科文组织条约相反,国际统一私法协会条约没有包含相关国家适格机构的进行指定的要求。注释中引用的这个定义是相当宽泛的。具体而言,没有适格机构进行分类的要求,也没有要求物必须登记在特定的目录中。在国际统一私法协会条约的附录中所列的相关的种类更加宽泛,并且没有包括对价值的限制。这种规定可能有利于对文物更加宽泛的保护。进一步来说,国际统一私法协会条约与通过持续占有取得所有权的联系更加紧密。但是很明显的,它缺少法律确定性,所以理事会指令更具优先性。

替代的选择:1970年联合国教科文组织条约的定义。联合国教科文组织条约中规定了较为中庸的解决方式,原则上和国际统一私法协会条约所采用的定义相同,但是额外要求了相关国家进行指定的特定行为。然而,根据上文已经提到的理由,理事会的指令更优先。

C. 和其他法律规定的关系

对文物的所有权人最低标准的保护。正如本条第(2)款明确规定的,允许通过一定期间的持续占有取得文物所有权的规定并不影响其他规定了更高标准的对文物所有权人的保护的法律规定的适用。同样需要明确指出的是第(2)款下的更高标准的保护包括采用更宽泛的文物的定义所产生的保护。这样更高标准的保护可以由各国国内法加以规定(它可能从一开始就排除了通过持续占有取得文物所有权的可能性,或使它取决于额外的更严格的前提条件的满足)。在特定情形下,更高标准的保护已经通过执行93/7/EEC理事会指令的各国国内法而得到实现。尽管不是物的所有权人,但是物从自己境内被不合法的移走的成员国有权根据该指令取回物,理论上这样的情形发生于本条所规定的取得所有权的期间经过之后提出的请求。指令的第7条规定了一年的期间,该期间从提出请求的成员国知道文物的所在和它的占有人或持有人的身份时起开始计算。此外,还有30年的绝对期间,它从物被非法的从提出请求的成员国境内取走之时起开始计算。然而,这个时间限制不适用于作为特定公共收藏或教会物的一部分的物，在这样的情况下非法取走之日起75年后仍然可以提起诉讼。然而，占有人有权要求公平的补偿如果占有人在取得物的时候行使了合理的谨慎和注意。此外，更高水平的要求可以通过执行国际统一私法协会和联合国教科文组织条约的各国国内法加以实现。这样的规定是否已经存在还是将在未来被制定并不重要。

国际条约下的保护。在指令之外，1995年国际统一私法协会条约是调整被盗或非法出口的文物的归还的主要的国际法规定（1970年联合国教科文组织条约目的在于阻止文物非法进口、出口和所有权的转让，没有直接规定关于这样的物的归还的法律手段）。国际统一私法协会条约为被盗的文物和非法出口的文物区分了不同的规定。不同之处涉及有权提起权利或请求的人或实体以及时间限制（部分的允许签约国在他们的法律中保留更长期间的规定）。本条的注释中规定了细节。在所有的情况中，文物的占有人有权取得公平合理的补偿，如果占有人是善意的，即不知道也没有理由知道物是被偷来的或在取得的时候物已经被非法的出口。

本条和1995年国际统一私法协会条约的相互作用。因为国际统一私法协会条约根据它们部分的私法属性与通过持续占有取得所有权密切相关，它与本条的关系将在这里简单的描述（如果情形具有国际属性并符合条约的范围）。主要的效果是文物的占有人随着时间的流逝享受持续增加的保护。在第Ⅷ-4:102条（文物）规定的取得所有权的期间终止之前，占有人必须根据第Ⅷ-6:101条（所有权的保护）的规定将物归还给它们的所有权人而无权得到任何补偿（除非符合第Ⅷ-7:104条（占有期间内物上的费用和其上增加的部分）的要求）。如果第Ⅷ-4:102条规定的取得所有权的期间已经经过，占有人已经根据该条取得所有权，但是条约规定的时间限制还没有结束，占有人（新的所有权人）必须归还物。但他有权根据条约的规定获得补偿，如果该占有人是善意的。在条约规定的时间限制（或各国国内法规定的更长的时间限制）结束之后，占有人（根据第四章取得所有权的人）可以持有物。

注　释

Ⅰ.现存的欧共体指令和国际条约

（a）关于从成员国境内非法取走的文物的归还的1993年3月15日93/7/EEC指令

1.指令适用于非法从成员国境内取走的文物。为了本指令的目的，从成员国境内非法取走指的是该行为违反了成员国关于国家财产的保护的规定或违反了（欧洲经济共同体）第3911/92号条例；或该文物没有在合法的暂时取走的期间结束后被归还，或其他违背了与这种暂时取走相关的条件的行为（指令第1条第（2）款）。根据第13条，指令只适用于在1993年1月1日之后非法从成员国境内取走的文物。

2.根据指令第1条第（1）款，文物被定义为在被非法从成员国境内取走之前或之后，根据条约第36条意义上的国内立法或行政程序，被认为是“具有艺术、历史或考古价值的国家财产”，要么被包括在指令附录所列的种类中；或虽然不属于这些种类但构成博物馆、档案馆或图书馆的收藏目录中所列的公共收藏的重要组成部分,或是教会机构收藏目录中的重要部分。此外,每个成员国也可以将自己的归还义务扩展至附录之外的其他种类的物(第14条)。

3. 指令规定了取回被非法取走的文物的归还程序。每个成员国必须任命一个或多个中央机构执行本指令规定的任务。这些机构必须进行合作并促进成员国适格机构之间的磋商。提出请求的成员国可以在被请求的成员国的适格法院向"占有人"提起诉讼,确保被非法取走的文物的归还。具体而言,指令设定了一定的时间限制(第7条):在任何情况下,提出请求的成员国在知道文物的所在以及文物的占有人或持有人的身份之时起1年以后就不能提起要求归还的诉讼。在这个1年的时间限制之外,指令还规定了绝对的时间限制:

——原则上,在物被非法从提出请求的成员国境内取走30年后则不能提起诉讼。

——然而,当物构成公共收藏和教会物的一部分并根据各国国内法受到特别的保护时,取回之诉的时间限制是75年,除非在成员国该诉讼不受时间限制或成员国之间的双边协定规定了超过75年的期间。

适格的法院应当根据案件的环境授予占有人它认为公平的补偿因为,如果它认为占有人在取得物的时候履行了适当的谨慎和注意(第9条)。

4. 然而,指令并不涉及文物的所有权。根据第12条,归还之后文物的所有权由提出请求的成员国的法律调整。第15条清楚规定本指令不损害根据成员国的各国国内法由提出请求的成员国或被盗文物的所有权人提起的任何民事或刑事诉讼。

(b)关于被盗或非法出口的文物的国际统一私法协会条约(罗马,1995年6月24日)

5. 国际统一私法协会条约适用于具有国际属性的权利主张:(a)被盗文物的归还;(b)非法出口的文物的归还。

6. 为了条约的目的,文物被定义为根据宗教或世俗的理由,具有考古、历史、文化、艺术或科学重要性,并被包含在条约附录所列种类中的物。条约没有提到缔约国有义务建立文物的登记制度。

7. 关于被盗文物的归还,条约第3条规定被盗文物的占有人必须归还。该诉讼可以由被剥夺对文物的占有的私人或相关的国家提起。条约为提起诉讼规定了特别的时间限制

——在任何情况下,诉讼必须在权利主张人知道物的所在和占有人的身份之日起3年被提起。

——此外,对于盗窃物,从盗窃之日起有50年的时间限制。然而,该时间限制不适用于作为纪念碑或遗迹的一部分的物,或属于公共收藏的物。

——上面提到的不适用绝对的时间限制的后一种类的物适用例外的规定。任何缔约国可以声明权利主张受75年的时间限制或各国国内法中规定的更长的时间的限制。

根据第4条,被要求归还被盗文物的占有人有权得到公平合理的补偿,如果他既不知道也不应该知道物是盗窃物并能证明自己在取得物的时候行使了合理的谨慎。在决定占有人是否行使了合理谨慎的时候,必须考虑所有取得占有的环境,包括当事人的性格、支付的价格、占有人是否查询了任何可以合理得到的盗窃文物的登记簿,其他使占有人能够合理得到占有的相关信息或者文件,占有人是否咨询了相关机构或采取了任何一个合理的人在这样的环境中可能采取的其他行为。如果占有人通过继承或其他无偿的方式取得文物则他不能处于比前任更有利的地位。

8. 第5条规定了非法出口的文物的归还。缔约国可以要求另一缔约国的法院或其他适格机构做出归还从提出请求的国家的境内非法出口的文物的命令。任何请求必须在以下期间内

提起:

——3年的相对期间,从提出请求的国家知道物的所在和占有人的身份之日起计算;

——50年的绝对期间,从出口之日起或从物根据相关许可应当被归还之日起计算。

根据第6条,在文物非法出口之后取得文物的占有人有权要求提出请求的国家支付公平合理的补偿,如果占有人在取得的时候既不知道也不应该知道物是被非法的出口。在决定占有人是否知道或应该知道文物被非法出口的时候,必须考虑取得的环境,包括根据提出请求的国家的法律所要求的出口许可证的缺少。如果占有人通过继承或其他无偿的方式取得文物则他不能处于比前任更有利的地位。

9. 该条约于1998年7月1日开始生效。在其境内该条约已经生效的欧洲缔约国包括克罗地亚、塞浦路斯、芬兰、希腊、匈牙利、意大利、立陶宛、挪威、葡萄牙、罗马利亚、斯洛文尼亚、斯洛伐克和西班牙。法国、荷兰、俄罗斯、瑞士已经签署条约但还没有批准。

(c)关于禁止和防止文物非法进口、出口和所有权转让的手段的联合国教科文组织条约(巴黎,1970年11月14日)

10. 联合国教科文组织条约赋予缔约国一定的义务确保它们的文物不被非法的进口、出口和转让所有权。文物被定义为由于宗教或世俗的原因,被成员国认为具有重要的考古、历史、文化、艺术或科学意义并且属于条约第1条提到的种类的物。

11. 缔约国必须采取一系列的手段,包括:

——为了文化遗产的保护指定一个或多个国家机构服务执行不同的功能(第5条);

——引入适当的批准制度使出口国可以确定争议文物的出口是被授权的(第6条);

——采取适当方法取回从其他缔约国的博物馆或宗教的或世俗的公共纪念馆或类似的机构盗走的文物,如果提出请求的国家向无辜的买方或对文物拥有有效权利的人支付了适当的补偿;取回的请求必须通过外交途径做出(第7条);

——古董经销商有义务记录每个文物的来源、提供者的姓名和地址,每个文物出售的价格和描述,若未履行这些义务则会受到刑法或行政法的制裁;若文物被禁止出口则他还有义务将其通知文物的买方(第10条);

——通过所有适当的措施阻止可能导致文物被非法出口或进口的文物所有权的转让,允许合法所有权人或以他的名义提起遗失的文物的取回之诉(第13条)。

12. 欧洲缔约国包括:阿尔巴尼亚、白俄罗斯、波黑、保加利亚、克罗地亚、塞浦路斯、捷克、丹麦、爱沙尼亚、芬兰、法国、德国、希腊、匈牙利、冰岛、意大利、立陶宛、马其顿、摩尔多瓦、黑山、挪威、波兰、葡萄牙、罗马尼亚、塞尔维亚、斯洛文尼亚、斯洛伐克、西班牙、瑞典、瑞士、乌克兰、英国。

Ⅱ. 各国国内法关于通过持续占有取得所有权的规定

13. 在荷兰,民法典第3:99条第(2)款明确规定涉及善意的持续占有取得所有权的第(1)款不适用于根据文物保护法(Wet tot behoud cultuurbezit)应当受到保护的动产或属于公共收藏或民法典第14a条第(2)款意义上的目录的物。这个排除被限制于荷兰的文物(Pitlo et al., Goederenrecht12, no. 342a)。对于这些物,只有在强制取回之诉的消灭时效经过之后才能通过持续占有取得所有权(Nieuwenhuis/Stolker/Valk(-Rank-Berenschot), T&C Burgerlijk Wetboek[3], art. 3:99, no. 3)。民法典第3:99条第(2)款于1995年被制定以执行1993年3月15日理事会93/7/EEC指令(1995年3月9日执行法)。成员国有权取回从它的境内被非法取走的文物。尽管第(2)款仅涉及荷兰的文物,占有人不能援引第3:99条第(1)款(善意的持续占有取得所有权)对抗提出请求的成员国。在这个问题上,知道谁是荷兰法下合法的所有权人并不重要(1995年3月9日执行法第1012条)。然而,如果不是某个成员国,而是居住在某个成员国的被剥夺占有的所有权人主张取回物,为了强制取回物可以援引第3:99条第(1)款。民法典第3:99条第(2)款不适用于这种情形,因为这样的情形不涉及荷兰的文物(Pitlo et al., loc. cit.)。至于文物,适用具体的时效期间(民法典第3:310a条和第3:310b条)。民法典第3:310a条和第3:310b条同样通过1995年3月9日执行法被引入。民法典第3:310a条规定了动产取回之诉,根据各国国内法,该动产是上文指令第1条第(1)款意义上的文物,并被成员国主张取回因为它被非法的从其境内取走。该诉讼在提出请求的成员国知道文物所在和它的占有人或持有人的身份之日起一年后失效;或在任何情况下,在物被不合法的从提出请求国的境内取走30年后失效(第3:310a条第(1)款)。后一个期间被扩展到75年如果争议的文物是上述指令第1条第(1)款意义上的公共收藏的一部分,或是根据各国国内法受到特别保护的教会财产。民法典第310b条适用于民法典第99条第(2)款所指的文物:根据文物保护法受到保护的物或属于公共收藏或属于民法典第14a条第(2)款意义上的目录的物。对于这些物,时效期间是5年,从知道文物所在和它的占有人或持有人的身份之日起开始计算;在任何情况下,没有权利的人得到物的占有之日起30年后则时效经过。民法典第3:310a条和第3:310b条仅适用于1993年1月1日之后从成员国境内被非法取走的文物。

14. 在德国,理事会93/7/EEC指令通过1998年10月15日法被执行(Kulturgutsicherungsgesetz(第1条)和Kulturgüterrück-gabegesetz)。该法的适用范围被限制于文物,所谓的文物指的是被官方认为具有条约第36条(新第30条)意义上的艺术、历史或考古价值的物以及属于指令提到的种类,或构成博物馆、教会组织机构、图书馆目录所列的公共收藏的一部分的物(KultGüRückG第5条第(1)款)。事实上,该法的适用范围类似于欧盟指令的范围。恢复被非法取走的文物的诉讼应当由该成员国对为了自己或他人占有物的持有人提起(MünchKomm(-Baldus), BGB[4], §937 no. 8)。提出请求的成员国有义务补偿占有人因为归还而遭受的损失,除非成员国可以证明占有人在取得占有时知道文物是被非法的从其境内被取走的或这种不知情是由于重大过失造成的(Baldus, loc. cit., §937 no. 8)。为了证明自己是善意的,取得人必须提供物的来源的证据,进出口文件和任何相关的许可证(Staudinger(-Wiegand), BGB[2004], § 932 no. 133)。提出请求的成员国的取回之诉在知道文物所在和它的占有人或持有人的身份之日起一年后经过消灭时效;或在任何情况下,从物被非法的从提出请求的成员国的境内被取走之日起30年后经过消灭时效(KultGüRückG第10条第(1)款)。后者的期间被延展到75年如果争议物构成公共收藏或KultGüRückG第5条第(1)款第2项b意义上教会机构的一部分。然而,在后一种情况下根本不存在任何时效限制如果根据提出请求的成员国的法律,这种诉讼不受制于任何消灭时效(KultGüRückG第10条第(2)款)。

15. 在奥地利,指令同样在1998年被执行(文物归还法,Kulturgüterrückgabegesetz)。在一些情况中,成员国的取回仍然是可能的,即使根据各国国内法通过持续占有取得所有权可能已经发生(Schwimann(-Mader and Janisch), ABGBVI3, § 1452, no. 6)。在上述法律第2条第(1)款中,有关文物(Kulturgut)的定义与德国法非常类似。提出请求的成员国的取回之诉在知道文物所在和它的占有人或持有人的身份之日起一年后经过消灭时效;或在任何情况下,从物被非法的从提出请求的成员国的境内被取走之日起30年后经过消灭时效(文物归还法第11条第(1)款)。时效被扩展至75年如果文物构成公共收藏的一部分,或是教会财产并且提出请求的成员国的法律规定对这种物的保护(文物归还法第11条第(2)款)。

16. 在挪威,具有文化的、历史的、考古的、艺术的或科学的价值的物属于例外的情形。占有人不能仅仅通过持续占有而得到对物更好的权利,如果这样的物通过盗窃、抢劫、暴力或暴力威胁以及不合法的发掘而被得到(Hevdslova § 1 and Falkanger and Falkanger,Tingsrett[6],292 et seq.)。

17. 在瑞典,关于文物没有特别的规定。文物被认为很难从法律上定义(Håstad,Sakrätt,8 f)。文物被认为可以通过关于赎回权的一般规定得到足够的保护(个人财产善意取得法第 5～7 条,参见第Ⅷ－4:101 条注释 20)。从通过善意或取得时效取得所有权的人手中买回的权利建立在授予博物馆和其他服务于公共利益的机构取回物的可能性的考虑上(SOU 1984:16)。考虑到物的价值的增长,法律规定赎回的数额应当是善意取得人支付的价格加上他改造物所花的费用或物的市场价格(个人财产善意取得法第 6 条;Prop. 2002/03:17,27 f)。

第Ⅷ－4:103 条　持续占有

(1)非自愿的失去占有并不排除为了第Ⅷ－4:101 条(基本规则)的目的的持续占有,如果占有在一年内被恢复或将实现这种恢复的诉讼在一年内被提起。

(2)当自主占有人在占有期间的开始和结束时对物进行占有,则推定他在整个期间内持续进行占有。

评　论

A. 非自愿的失去占有(第(1)款)

总述。原则上,第四章中所有权的取得要求持续的占有贯穿整个期间。对物的实际控制可以由自主占有人亲自行使或通过他人行使。如果占有人自愿放弃了自主占有,如将占有转让给他人(如买方)或抛弃物,很明显不可能(也没有必要)根据本章取得所有权。根据本章规定的一般前提,相同的规定也可以适用于非自愿失去的占有(如果本条不存在)。

非自愿的丧失占有。本条第(1)款规定了上述原则的例外。如果自主占有人非自愿的失去占有但是在一年内恢复占有或在一年内提起导致这种恢复的诉讼,为了第四章下取得所有权的目的对占有的打断不被考虑在内。这意味着直到恢复占有时所经过的时间也将被计算在第Ⅷ－4:101 条(基本规则)或第Ⅷ－4:102 条(文物)所要求的持续占有取得所有权的期间内。换句话说,潜在的取得人缺少占有的时间也被当作持续行使占有的时间进行对待。大多数欧洲国家都存在类似的规定。在大多数欧洲法律制度中,正如本条第(1)款,重新取得占有的期间是一年。这个期间对应着第Ⅷ－6:203 条(恢复占有的权利作为对占有的保护)的期间,该条规定了占有人从非法剥夺他的占有的人那里取回占有的情形,无论该人是否拥有对物更好的权利。同时做出这两种规定具有重要意义,因为第三人不合法的剥夺占有可能是实践中适用本条第(1)款规定的主要情形。当然占有人并不局限于这一种救济。“诉讼”指的是直接用来恢复占有的任何司法或行政程序或行为。这些诉讼过程等同于占有人恢复占有,因为人们不应当被阻止利用适格的公共机构。因此,提起诉讼的时间也应当被包含在一年的期间内。该诉讼持续的时间可能超过失去占有后的一年。但重要的是它们将导致物的取回,这样占有人可以随后继续进行占有。

合理性;对所有权人和第三人的影响。除了服务于自主占有人的利益,第(1)款也是合理的,从第三人的角度来看,占有人以任何合法的权利持有人应当采取的方式做出了行为。因为从法律确定性的角度来说,没有必要重新开始计算新的期间。至于所有权人的利益,占有人占有的失去是偶然和中立的。如果,合法的所有权人在“最后一分钟”(非法的)剥夺了自主占有人的占有(为了避免后者根据第四章取得所有权),所有权人可以援引第Ⅷ－6:203 条(恢复占有的权利作为对占有的保护)第(4)款对抗占有人根据该条产生的权利主张以阻止占有人取回物,这可能也是唯一的例外。在这个过程中所有权人提出的任何种类的权利主张或反诉都会导致第Ⅷ－4:203 条(司法或其他程序情形中期间的延长或更新)下的期间的中止。

B. 持续占有的推定(第(2)款)

持续占有的推定。尤其在涉及动产的时候,提供证据证明占有在 10 年甚至 30 年中的每天都被行使很明显会产生相当大的困难。第(2)款为自主占有人证明贯穿整个期间的占有提供了便利。如果有证据表明自主占有人在期间的开始和结束对物进行占有,则推定占有贯穿整个期间。所有权人需要证明占有被打断(为了第(1)款允许的更长的期间)。很多但不是全部的欧洲国家做出了类似的规定。

注　释

Ⅰ. 非自愿的失去占有

1. 在荷兰,根据民法典第 3:103 条,非自愿的失去占有(例如被盗或遗失)并不打断取得所有权的期间,如果占有在一年内被恢复或在一年内提起恢复所有权的诉讼(Snijders, Goederenrecht[4], no. 253;HR30 March 1962, NedJur1962, 270)。民法典第 3:103 条中提到的“恢复占有的诉讼”包括关于占有的诉讼以及关于侵权的诉讼(Nieuwenhuis/Stolker/Valk(-Rank-Berenschot), T & C Burgerlijk Wetboek[3], art. 3:103, no. 2)。

2. 在德国,进行了相同的规定。当占有人不自愿的失去占有但是在一年内恢复或在一年内提起恢复占有的诉讼则打断不被考虑在内(民法典第 940 条第(2)款)。当直接占有人违背间接占有人的意志自愿的放弃占有,则间接的占有人在民法典第 940 条第(2)款意义上非自愿的失去占有(Soergel(-Henssler), BGB[13], § 940 no. 2)。当第三人使用非法威胁导致占有人放弃占有时同样导致非自愿的失去占有(Erman(-Ebbing), BGB[12], § 940 no. 5)。被剥夺占有的人如何恢复占有是不相关的。通过非法剥夺他人的占有而恢复占有(verbotene Eigenmacht)不排除民法典第940 条第(2)款的适用(Bamberger and Roth(-Kindl),BGB Ⅱ[2], § 940 no. 3)。占有恢复之后占有人必须是善意的,因为恶意的占有人不能通过持续占有取得所有权。善意的标准没有以前那么严格了:只有积极的知情和重大过失才会阻止所有权的取得(Erman(-Ebbing),BGB[12], § 940no. 7)。取得物的人(在恢复前一年内)不能同时继续获得取得所有权的有效期间(Münch Komm(-Quack),BGB[3], § 940 no. 6)。如果在占有被恢复之前期间已经经过,所有权在恢复占有的时候被取得但并不回溯至取得所有权期间完成的时候(Henssler, loc. cit., § 940 no. 3)。

3. 在爱沙尼亚,物权法第 114 条第(3)款做了类似的规定。持续占有取得所有权的期间不被打断当占有违背占有人的意志而失去但在一年内取回,或在一年内提起恢复占有的诉讼。

4. 在瑞士,占有的失去通常会打断持续占有取得所有权的期间。然而,如果取得人非自愿的失去占有,则该期间不被打断如果占有人在一年内恢复占有或在一年内提起恢复占有的诉讼(民法典第 728 条第(2)款)。通过自卫或民法典第 926 条意义上的暴力行为恢复占有是允许的(Rey, Grundriss Ⅰ[3], no. 2008)。

5. 在意大利,同样如此。持续占有取得所有权的期间被打断如果占有人被剥夺占有超过一年无论是通过法律程序还是财产的收回(民法典第 1167 条)。民法典第 1167 条规定占有人不失去占有如果他在收回之日起一年内提起诉讼并取回财产。

6. 在立陶宛,根据民法典第 4.71 条第(3)款,持续占有取得所有权的期间不因物的非自愿的失去而打断,如果占有在一年内被恢复。

7. 在匈牙利,占有不被打断如果失去占有违背占有人意志并且占有在一年内被恢复或为了取回财产的法律诉讼在一年内被提起(民法典第 124 条第(1)款(c)项)。

8. 在西班牙,占有被打断当失去占有超过一年(民法典第 1944 条和第 460 条第(4)款)。根据民法典第 466 条,“根据法律,为了促进他的利益,恢复非法失去的占有的人应当被认为其占有不曾被打断”。

9. 在斯洛文尼亚,违背占有人意志的打断占有不影响持续占有取得所有权的期间的计算。《物权法》第 45 条第(5)款规定占有人非自愿的不能行使占有的期间同样被包括在三年的期间内。没有规定表明占有应当在一年内被恢复,但是可以间接的得出这一结果,因为在失去占有一年之后占有人不能通过法院诉讼的方式取回财产(Faber and Lurger(-Rudolf/Rijavec/Keresteš), National Reports Ⅰ, 608)。

10. 在法国和比利时,民法典第 2243 条(新法国民法典第 2271 条)规定当占有人由于所有权人或第三人的某些行为而超过一年不能使用物(jouissance, genot),则存在自然的中断(interruption naturelle, natuurlijke stuiting)。然而,这一规定只涉及不动产,对于动产适用民法典第 2279 条(新法国民法典第 2276 条)(Dekkers(-Dirix), Handboek burgerlijk recht Ⅱ[3], no. 1294)。此外,和不动产相反,动产的占有不受特别诉讼的保护(比利时:Hansenne, Les biens Ⅰ, no. 430;法国:Terré andSimler, Les biens[4], no. 463)。动产的善意占有人被认为是动产的所有权人并且因此可以像所有权人一样受到保护(强制取回)。这意味着以下的规定只适用于恶意占有的动产。自然的中断建立在失去占有的事实基础上(无论是由于意外还是暴力所导致的)(Dirix, loc. cit., no. 1219)。当占有人自愿的放弃占有,取得所有权的期间立即被打断,因为占有的意图不再存在(比利时:Hansenne, Les biens Ⅰ, no. 429;法国:Sohm-Bourgeois, Rép. Dr. Civ. Dalloz Ⅷ, v8 Prescription civile[1985], no. 203)。由于不可抗力(如洪水和战争)而不能像所有权人一样行事的占有人不被认为失去占有(Derine and Hamelink,TPR 1973,864-865)。如上所述,在法国和比利时,只有不动产的占有人可以提起占有诉讼。在学者看来,每一个动产占有的失去都涉及持续占有取得所有权的期间的打断,无论原因和剥夺占有的期间(比利时:Hansenne,Les biens Ⅰ,no. 430;法国:Terré and Simler,loc. cit.)。在占有恢复之后,恶意的占有人必须重新开始新的30年的期间。对于不动产,不发生取得所有权期间的中断如果占有人在一年内提起恢复占有的诉讼(比利时:Hamelink and Snaet,OGP1998,I. N. 2-9;法国:Jourdain,Les biens,no. 191)。

11. 在挪威,法律授予失去占有的人更长的恢复占有的期间,即2年(Hevdslova第6条第(2)款)。因此,取得所有权的期间持续计算而有利于失去占有的占有人,只要他在两年经过之前取回物,或在这个期间内提起诉讼(Falkanger and Falkanger,Tingsrett[6],300)。

12. 在奥地利,民法典没有对这个问题进行规定。奥地利的法律学者倾向于更短的取回占有的期间,即30天。当某人因为暴力、欺骗或其他方式被剥夺占有,该人必须在30天内恢复占有,或在这个期间内提起最终将恢复占有的诉讼,以避免持续占有取得所有权的期间的中断(Gschnitzer,Sachenrecht[2],123)。

13. 在丹麦,处理这个问题的方法存在于法律著作中。违背占有人意志的失去占有(盗窃或意外的遗失)并不打断取得所有权的期间当占有通过警察或诚实发现人的帮助而恢复,即使从失去占有的时候起已经经过了一段期间(von Bar(-Hitchcock and Poulsen),Sachenrecht in Europa Ⅰ,42)。该期间并不固定,它取决于法官的裁量。有人认为重点不是占有人的占有和对物的使用,而是缺少占有或缺少所有权人对物的使用。他认为对非自愿的失去占有的讨论是没有意义并且不合理的,因为他没有区分持续占有取得所有权的规定和义务时效的规定。如果占有人的占有与义务时效的规定不相关(forældelse)但与取得时效相关(hævd)则结果可能是不一致的(Vinding Kruse,Ejendomsretten Ⅰ[3],577 et seq.,585)。因此,可以认为在丹麦非自愿的失去占有并不重要。另一个重要的观点是在丹麦占有人B可以通过法院从暂时的占有人C那里取得财产而不需要成为真正的所有权人。根据丹麦采取的功能主义的方法,丹麦的法院只会考虑B和C谁拥有对物更好的权利,而不是一次性的解决所有权的问题。因此,C主张B没有对物的权利是没有用的(Vinding Kruse,loc. cit.,578 et seq.)。

14. 在瑞典,没有关于非自愿丧失的规定。

Ⅱ. 持续占有的推定

15. 在德国,民法典第938条明确规定了自主占有的推定(Vermutung des Eigenbesitzes)。如果占有人能够证明他在期间的开始和结束像所有权人一样进行占有,则推定他在整个期间内都作为所有权人进行占有。因此,对方当事人必须证明在持续占有取得所有权的期间内占有人缺少作为所有权人的占有或占有的意图(MünchKomm(-Baldus),BGB[4],§ 938 no. 3)。

16. 在爱沙尼亚,有相同的规定。当期间开始和结束时的占有被证明则持续占有被推定(物权法第112条第(1)款)。

17. 在意大利,民法典第1142条规定如果现在的占有人之前拥有对物的占有,他被认为在此期间内同样拥有占有。这被称作期间占有的推定(presunzione di possesso intermedio)(Faber and Lurger(-Greco),National Reports Ⅰ,394)。

原书缺18。——编者注

19. 在法国和比利时,同样规定了持续占有的推定。根据民法典第2234条(新法国民法典第2264条),能够证明自己先前占有的现在的占有人被认为一直进行占有,除非有相反的证据证明。

因此,现在的占有人只需要证明自己在30年之前得到占有(Cass. 6 Mai 1970, Bull. civ. 1970, no. 323, 236; CFIGent 14 January 1960, RW 1959-60, 1547)。

20. 在西班牙,法律规定了对占有的推定,民法典第436条规定:"推定占有以取得占有的相同方式被持续拥有,直到相反的情况被证明。"此外,民法典第1960条第(2)款规定"在之前进行占有的占有人,被推定在整个期间内进行占有,除非有相反的证据证明"。

21. 在希腊,占有人不需要证明占有是持续的。民法典第1046条规定当占有人在持续占有取得所有权所需的期间的开始和结束的时候进行占有,则推定他在整个期间内进行占有(A. P. 1003/1979, NoB 1979, 474)。推定可以被推翻如果可以证明占有曾经在某个时候被打断(Filios, Empragmato Dikaio 2, 194)。

22. 在荷兰,占有人不必证明占有是持续的。一旦取得动产的占有,占有人就持续进行占有,直到可以证明他放弃了动产或他人取得物的占有(无论这是如何发生的:通过取走占有、占有的转让或继承),参见民法典第3:117条(Faber and Lurger(-Salomons), National Reports Ⅵ, 80-81)。因为民法典的规定,所以没有必要再加入持续占有的推定(Parlementaire Geschiedenis Ⅲ, 442)。

23. 在奥地利,和大多数法律制度不同,民法典中不存在这样明确的规定。然而,奥地利的案例法和法律著作承认占有人证明在持续占有取得所有权的期间的开始和结束进行占有就已经是足够的。贯穿整个期间的持续占有被推定(OGH15 February 1977, JB l1978, 257; OGH24 Mai 1995, NZ1996, 297; Klang(-Klang), ABGB Ⅵ², 583)。

24. 在挪威和丹麦,没有对持续占有的推定。然而,如果可以证明占有人在期间的开始和结束的时候进行占有,这在大多数的情况中足以使法院认为持续占有的存在,只要没有任何中断的情况发生。然而,这只是一种假设并且建立在法院将如何对待证据的猜测上,并没有正式的规定或推定。

25. 在瑞典,没有持续占有的推定,它也没有在任何准备工作或法律著作中被提到。但是,因为所有权人必须证明自主占有人在取得占有的时候或持续占有取得所有权的期间内的恶意(Prop 2002/03:17, 37),可以认为所有权人同样必须证明自主占有人没有进行持续的占有。

26. 在立陶宛,民法典第4.71条没有规定持续占有的推定。占有人有义务证明这一点。

27. 在斯洛文尼亚,法律没有规定持续占有的推定。这样的占有应当被占有人证明。

28. 在瑞士和匈牙利,没有持续占有的推定。

第二节　取得所有权所要求的期间的额外规定

第Ⅷ-4:201条　无法律能力情形中期间的延长

(1)当他人通过持续占有取得所有权的期间开始计算时,如果所有权人没有法律能力且没有代表人,那么直到无法律能力状态终止或代表人被指定,该期间才开始计算。

(2)如果在无法律能力状态开始之前期间已经开始计算,在无能力状态终止或代表人被指定后一年以内,该期间不会结束。

(3)如果所有权人无法律能力,且自主占有人是其代表人,只要这种关系存续则期间不开始计算。在无能力状态终止或新的代表人被指定后一年以内,该期间不会结束。

评　论

A. 第二节中使用的术语

总述。本节中包含的大多数规定，即第Ⅷ－4：201条（无法律能力情形中期间的延长）至第Ⅷ－4：205条（知情的情形中期间的结束），调整的是取得所有权的期间的延长和更新（中断）。第三卷第七章包含了类似的规定。为了保持一致性，第二节中使用的术语与第三卷中的术语相一致。更多细节参见第Ⅲ－7：301条（忽略情形中的中止）评论A。

期间的扩展。“扩展”有两种形式：“中止”和“延长”。它们的共同点是在期间延长的相关理由产生之前，经过的期间仍然被包括在整个期间之内。

期间的中止。“中止”意味着中止的理由存续期间经过的时间不被计算在取得所有权的资格期间内。当中止的理由结束时，原先的期间继续计算。如果中止的理由发生前期间还没有开始计算，期间只在中止的理由结束后开始计算。

期满的延长。“期满的延长”指的是在一定的期间到期之后，因为延长的理由存在而取得所有权的期间继续计算。

期间的更新。“更新”意味着已经经过的取得所有权的期间不再被考虑：期间重新开始计算（如果占有人继续作为自主占有人持有物）。民法法系通常将这种效力称为期间的“中断”。第三卷第七章采用了“更新”的术语，在这里为了一致性而采用。

B. 和第三卷第七章关于要求履行义务的权利的时效保持一致

一般方法。关于术语和结构，第二节的规定尽可能的采用了第三卷第七章的规定以保持一致性。然而，在内容上，本节的规定建立在对所涉利益独立的分析上。这种分析表明，事实上在很多例子中存在不同之处。因此，通过参考第三卷中关于时效的规定来解决第二节的这些问题是不合适的。然而，每个问题的处理都有自己潜在的考虑。现在各个国家将中止与更新的规则同时适用于时效和通过持续占有取得所有权的经验是主要的关注点都存在于时效领域。因为，只发生在持续占有取得所有权的环境中的特性有时候被忽略了。

没有采纳的标准。一些在第三卷第七章或一些欧洲国家可能导致期间的延长或更新的标准没有被第二节采纳。这将在评论和随后的条文中被讨论。例如，本章没有类似第Ⅲ－7：301条（忽略情形中的中止）的规定，参见第Ⅷ－4：202条（超出所有权人控制的阻碍的情形中期间的延长）评论B。同样，没有类似于第Ⅲ－7：306条（期满的延长：死者的财产）的规定。至于第Ⅲ－7：402条（未实现的履行导致的更新）阐述的情形，参见第Ⅷ－4：203条（司法或其他程序情形中期间的延长或更新）评论F。至于配偶或家庭成员之间通过持续占有取得所有权，参见第Ⅷ-4:201条（无法律能力情形中期间的延长）评论H~J。

C. 关于无能力的术语

无法律能力。本条的无法律能力指的是由于该人的精神状况，使他不能对自己的法律利益进行足够的照顾。典型的例子是未成年人，即一定年龄之下的人（通常是18岁）。本草案不涉及未成年人年龄的问题。这交由各国国内法加以解决。其他的例子包括有精神疾病的人、由于年龄而思想状态受损的老年人或陷入昏迷的事故的受害人。第Ⅲ-7:305条（无法律能力情形中期间的延长）中使用了相同的“无法律能力人”的概念。在实践中，考虑到在很多国家未成年人自动被他们的父母所代表，本条第(1)款和第(2)款主要适用于老年人和有精神障碍或疾病的人。第(3)款则与未成年人相关。

代表人。在欧洲“法定代表人”的概念各不相同。本条中没有对这个术语进一步的定义。它和第Ⅲ-7:305条（无法律能力的情形中期间的延长）中的概念相同，并主要交给各国国内法解决。根据相关法律，“代表人”可以是未成年人的父母、法定监护人或其他种类的代表人。当本条和下文的评论中提到“被指定的”代表人，这应当从广义上理解，包括法院或其他适合的公共机构的正式的指定，也包括法律规定的“自动的指定”，如各国国内法规定父母是他们子女的法定代表人。在未成年人之外的情形中，需要考虑到被指定的代表人并不必然管理无法律能力人所有的法律事务，而可能仅局限于某些具体的法律事务。在这样的情形中，本条的适用主要取决于保护某人不因他人的持续占有而失去所有权是否在代表人的职责范围内。如果不是，则该无法律能力人被当作“没有代表人”。此外，各国国内法可以规定在代表人存续期间该无法律能力人始终保持这种状态，即使该人的精神状态已经改善。任何那样的规定或类似的规定都优先于本章适用。

术语：延长、中止和期满的推迟。对于这些概念，参见评论A。本条中的“延长”包含了“中止”和“期满的延迟”。

D. 基本的政策决定：没有、中等的或甚至严格的与无法律能力的相关性

主要的选择。第一个基本问题是损害无法律能力人的利益的通过持续占有取得所有权是否(a)可能而不加任何限制，即使当该无法律能力人没有代表人；(b)在原则上是可能的，但需要满足额外的前提以保护无法律能力人的利益；或(c)从一开始就被排除，即使存在法定代表人管理缺少法律能力的人的法律事务。这三种选择实际上存在于所有的欧洲国家中，然而如今采用了最后一个选择的国家遭到了严厉的批评（法国和比利时只要无法律能力的状态持续则期间的计算被中止）。

优先的措施：指定代表人的决定性因素。在大多数欧洲国家，通过持续占有取得所有权而损害无法律能力人的利益是被允许的，如果法定代表人存在。本条采用了一

般的方法，这同样也被第Ⅲ-7:305条（无法律能力情形中期间的延长）所采纳。潜在的考虑是选项c很大程度上有悖于法律确定性的要求（从占有人和公众的观点来看），而没有进行这种保护的迫切的需要。一般来说，推定代表人以适当的谨慎管理无法律能力人的法律事务。另一方面选项a也没有被采纳，因为无法律能力人在现在的环境中应受到特别的保护，因为由于无法律能力导致合同无效所产生的缺陷可能随着时间的过去而被纠正，即使他们对该人不利。选项a可能刺激对无法律能力的人尤其是老年人的剥削，通过订立对他们不利的合同。这很明显违背了正义的要求。同时，在某些情况中，当失去占有时，有必要进行一定的调查，它可能对无法律能力人提出了过高的要求。选项b提供了协调无法律能力人的保护和法律确定性的手段。

体现必要性的情形。根据上文提到的政策考虑，本条调整那些代表人还没有被指定而期间开始计算的情形（第(1)款）；期间开始计算后发生无法律能力的情形（第(2)款）；以及代表人是潜在的持续占有的取得人的情形（第(3)款）。

E. 初始无法律能力情形中的中止，第(1)款

总述；决定性的时间。第(1)款规定了没有法律能力的所有权人在持续占有取得所有权的期间将正常开始计算时没有代表人的情形。因此，适用这个规则的决定性的方面是所有权人在自主占有人得到占有的时候没有法律能力；这个时间很可能是第Ⅷ-4:206条（应被考虑的前任的期间）意义上的第一个前任得到占有的时间。这通常也是所有权人失去占有的时间（例如物根据无效合同的义务的履行而被转让）。

中止规则的目的（和期满的延迟相反）。这个规则的基本理念是无法律能力的所有权人失去占有的时间，和在那之后经过的期间，对于决定最终失去对物的权利的风险是至关重要的。为了不失去或取回物，所有权人必须首先发现存在某种错误。重新获得占有可能要求进行调查，或请求从他人或机构那里得到帮助以发现物在哪里。可能有必要保全证据，或寻找法律建议。没有法律能力的人很可能不能胜任这样的任务。此外，该人在当时的消极（或不足够的积极）可能使稍后指定的法定代理人更难了解全面的事实。在收集证据时可能面临极大的困难从而减少取回物的可能性。立法必须考虑到没有法律能力的人在没有代表人的时候可能不会采取任何取回财产的措施。因此有人建议调整这种情形的规定的效力应当是取得所有权期间的中止，这意味着随后被指定的该人的代表人，或稍后取得法律能力的人，能够利用完整的重新获得物的期间。这种效果比第(2)款规定的期满的延迟更加严格，在第(2)款的情形中所有权人在一开始拥有法律能力并且因此可以立即作出反应。（在实践中为第(1)款的情形规定中止规则的需求更加迫切，如果取得所有权的期间短于本草案中规定的期间；如当善意时取得所有权的期间仅仅是3年。）不可否认的是这个选择赋予所有权人的利益比法律确定性更高的地位，因为通过持续占有取得所有权总共所需的期间可能被延长数年。然而，考虑到持续占有取得所有权所产生的没收效力应当是一种例外的情形并且只有在受到影响的当事人有实际的可能性保护自己的利益时才应被允许，那么

这样的规定是合适的。在一些国家当所有权人没有法律能力的时候可以通过延长取得所有权的期间保护所有权人的利益,中止的效力同样符合这种方法。

示例1

O是一个老年妇女,独自生活,没有社会交际,也没有亲戚,她拥有一套珍贵的古老的纯银的餐具。她的邻居N不时地照顾她帮她购物等。偶尔,住在另一个城市的N的女儿D,在拜访父母时也会提供帮助。一天,在O的精神状态十分衰弱而缺少法律能力的时候,D发现了O的餐具,说服O以远低于实际价值的价格将它出售并取得占有。没人知道这个事。两个月后,当D的侄女P结婚的时候,D将餐具作为礼物送给了P,P是善意的。8年后,在O搬去老人院之后,她被指定了一位法定代理人。O在5年后去世,即在P善意取得占有的13年后。在O去世后,她的亲戚发现了这套被家族世代拥有珍贵的银质餐具已经不见了。假定O和D之间的合同由于O缺少法律能力而无效。P是否因为善意的持续占有超过10年而取得所有权?

根据第Ⅷ-4:101条(基本规定),取得所有权的期间从P取得物的占有的时候开始计算(D在转让给P之前进行占有的期间不被考虑在取得所有权的10年期间之内;参见第Ⅷ-4:206条(应被考虑的前任的期间)第(2)款)。如果本条仅规定了第(1)款所涉及的期间的延长的情形,则取得所有权的期间已经经过,因为代表人在8年之后被指定。然而,因为O从一开始就不能照顾自己的利益(以无法律能力的状态出售给D)并且法定代表人不知道这些珍贵物件的存在,弄清相关的事实和重新取得财产可能是难以完成的任务,在这个例子中或许是不可能的。然而,因为本条第(1)款规定了类似情形中期间的中止,取得所有权的期间在第一个8年经过之后才开始计算。因此,新的所有权人(O的继承人)仍然有机会取回财产。

和第Ⅲ-7:305条(无法律能力的情形中期间的延长)的不同。在本条和要求履行义务的权利的时效的相应规定中存在两点不同。首先,第Ⅲ-7:305条没有规定期间的中止,只规定在法定代表人被指定或无法律能力的情形消失后一年的额外期间。在比较调查一定的考虑之外,在第八卷中规定不同的规定的主要理由是失去有形动产的所有权的风险看起来比失去履行义务的权利的风险更高并且更加多样化,后者只对应着一个债务人。通常很清楚债务人是谁(如果不是,为了债权人的理由可以适用第Ⅲ-7:301条(忽视情形中的中止)),但对于所有权人(或代表人,一旦被指定)来说去调查谁占有所有权人的物可能是很困难的。因此在特定阶段,即所有权人失去占有和占有人得到控制之间,失去法律能力在本章的语境中具有更重要的意义。第二个不同点是中止效力只有利于缺少法律能力的所有权人。没有理由支持为什么缺少法律能力的自主占有人应当在更长的期间经过之后通过持续占有取得所有权。本条第(2)款也体现了相同的考虑。

中止的结束。本款规定的中止的效力持续到法定代表人被指定,或者无法律能力的状况消失(达到成年的年龄、精神疾病被治愈等)。

F. 之后缺少法律能力的情形中期间的延迟,第(2)款

总述。第(2)款适用于当取得所有权的期间开始计算时物的所有权人拥有法律能力,但他随后失去了法律能力的情形。在这样的情况下,很多欧洲国家同样保护所有权人的利益通过所有权取得期间的延长。关于延长的种类则存在不同。有的国家规定了期间的中止,有的则规定了期间的延迟。在类似的情形中,第Ⅲ-7:305条(无法律能力的情形中期满的延迟)第(1)款规定了无法律能力情形的结束或代表人被指定后一年的额外期间。本条第(2)款采用了相同的方法。这意味着在随后失去法律能力的情形中,取得的期间原则上继续计算。然而,占有人不能通过持续占有取得所有权只要所有权人没有法律能力的情形没有结束或者所有权人没有被指定法定代表人。在10年或30年的期间要求之外,在所有权人重新获得法律能力或代表人被指定之时起至少要经过一年。根据具体的情形,总的期间可能超过10年或30年的标准期间,或者占有人不再需要额外的时间取得所有权。

示例2

当珍贵的珠宝从她家被偷走的时候所有权人O有法律能力,随后珠宝被出售给了P,P善意的占有珠宝,相信出卖人出示的(伪造良好的)文件。8年过后,O由于逐渐增加的痴呆失去法律能力,法定代理人在一年半之后被指定,即在P取得占有总共9年半之后。那之后没过多久,P戴着珠宝参加在萨尔茨堡夏季艺术节的戏剧首演。她的照片出现在报纸上,O的朋友相信他们认出了珠宝。根据本条第(2)款,O的代表人从他被任命的时间起有一年的时间主张从P那里取回财产。换句话说,P将在取得占有10年半之后取得物的所有权。

示例3

事实与示例2相同,但是O的代表人在P取得占有8年半之后被指定。在这里,期满的延迟的规则没有导致总共10年期间的延长,因为在取得所有权的10年的期间经过之时代表人已经被指定一年半了。

期间延迟规则的目的(和中止相反)。在第(2)款包含的情形中,所有权人在一开始拥有法律能力,即所有权人失去占有和自主占有人得到占有的时候。因此,所有权人有时间尝试取回物、进行调查,并通知适格的机构,如果被认为是必要的。尽管随后发生的无法律能力应当受到法律的保护,但与本条第(1)款涉及的情形相比,这里的所有权人更可能注意到已经发生的错误并采取合理的措施。这也为被指定的代表人或无法律能力情形消失后的所有权人采取额外的尝试提供了更好的基础。对于被指定的代表人或重新获得法律能力的所有权人来说,所需要的是在持续占有取得所有权的期间结束之前拥有一些时间了解法律事务并采取足够的措施取回物。期满延迟的规则授予额外的期间足以满足这些功能,同时尽可能少的干扰法律的确定性。第(2)款规定了一年的期间,与第Ⅲ-7:305条(无法律能力情形中期满的延迟)第(1)款相对

应。这同样可以被看作是比较研究背景下妥协的结果。例如,德国规定6个月的期间而奥地利规定了2年的期间。至于本条第(2)款所指的情形,应当注意的是在特别的情况下,中止的规则可能使所有权人承担更大的风险。例如缺少法律能力的情形发生在取得期间即将终止之前。在这样的情况下,代表人几乎没有时间做出反应。根据第(2)款,将有至少1年的时间采取行动。考虑到本草案中规定的10年和30年的期间,在考虑规则的合理性时,这个方面仅有很少的重要性。

对非常短的无法律能力的期间的限制性解释的可能性。当某人仅仅在非常短的时间内缺少法律能力,例如,当某人为了进行手术而被麻醉了几个小时,或当某人由于酗酒或吸毒而缺少法律能力。当这样的情形发生在取得所有权的期间的最后一年中,考虑到本条的政策从该情形发生之时起自动授予另一年看起来不合适的。在这样的情况下,没有必要给予一年的期间来了解该人的法律事务。短期失去法律能力的人可以继续几个小时前被中断的情形。因此,第(2)款不应当适用于这种情形。这个结果是对第(2)款的限制性解释以符合该款潜在的政策考虑。这个效果没有反映在本条的文本中,因为制定一个完整的表述似乎是不可能的,或者就像在无法律能力情形终止后规定一个"合理期间"一样将面临损害法律确定性的风险。根据具体环境,对第(2)款的适用可能授予完整一年的期间或不授予。

示例4

O必须进行一项手术,并因此被麻醉了5个小时,而善意的P已经占有O拥有所有权的物9年10个月。尽管O可能在5个小时内失去法律能力,(10年的)取得所有权的期间不应当根据本条第(2)款被延长。根据潜在的政策考虑,额外的期间只有在有必要重新了解该人的法律事务时才应当被授予,因此在本示例的情形中不应当适用第(2)款的规定。

G. 自主占有人是代表人,第(3)款

政策。无法律能力人的代表人必须为该人的利益采取行动。代表人可以通过持续占有取得无法律能力人的财产不符合这个特别的关系,而是典型的利益冲突。因此,应当阻止代表人取得所有权(然而考虑到法律确定性完全的排除或许有些过分)。原则上,第Ⅲ-7:305条(无法律能力情形中期间的延长)第(2)款中采取了相同的规则。然而和该条相比,本条第(3)款并不是双向的发挥作用。只有无法律能力的所有权人受到保护以免失去权利。在相反的情况中,即无法律能力人取得代表人的物,没有类似的限制。参见下文评论H。

第1句。第(3)款第1句规定所有权取得的期间不开始计算只要代表关系仍然存在。这比第Ⅲ-7:305条(无法律能力情形中期间的延长)第(2)款的规定更加深入,该款只规定了一年的额外期间。然而,考虑到只要关系存在代表人就必须优先考虑无法律能力人的利益,因此这里的规定是合理的。

第2句。第2句对第1句进行了补充,包含了在代表人被指定的时候取得所有权

的期间几乎已经经过,因此在指定或重新取得法律能力之后很短的时间内期间将完全经过的情形。之前的无法律能力人或新的代表人被授予额外的时间调查和原先的代表人的关系。第Ⅲ-7:305条(无法律能力情形中期间的延长)第(2)款的效果相同(延迟规则仍然是主要的)。

H. 在家庭内通过持续占有取得所有权的其他情形

总述。本条第(3)款的情形发生在家庭关系中(父母和未成年人之间)或在这样的关系之外。考虑到比较调研的结果,有理由分析在家庭关系中或所有权人与潜在的取得人生活在同一个房子中的类似情形中是否应当为持续占有取得所有权规定期间的延长。这些情况将在随后的评论中被讨论。然而在最后并没有提出这样的额外的规定。

在未成年的兄弟姐们之间的取得。特别的情形之一是物的所有权人和潜在的持续占有取得人都是没有法律能力的人并被相同的人所代表;典型的情况是由他们的父母所代表的兄弟姐妹。在这样的情况下,根据本卷第四章的规定,一个小孩需要以自主占有人的能力至少占有另一个小孩的财产10年(如果占有人是善意的),并且被剥夺占有的小孩以及他们的父母没有阻止这种状态,在这个方面不太可能有什么实践上的问题。因此为它制定特别的规定也没有什么必要。

然而,这并不意味着在这样的情况中,财产处于危险中的未成年人不受保护。可以根据一般原则保护未成年人的利益。例如,在一些欧洲国家被相同的人(例如他们的父母)所代表的小孩不能通过持续占有从他人那里取得所有权,由于可能存在的潜在的利益冲突,他们被认为在那种情况下没有被代表。根据这种方法,这种情形情况可以被包含在第Ⅷ-4:201条(无法律能力情形中期间的延长)第(1)款中,取得所有权的期间只有在不同的代表人被指定或其中一个孩子成年之后才开始计算。当小孩从一开始就有不同的代表人(如在拼凑的家庭中)时,可以适用本条第(2)款。

此外,当孩子生长在相同的家庭中,在实践上可能很难以足够清楚的方式满足(单独的)自主占有的要求(参见下文夫妻的情形)。这个困难可能妨碍通过持续占有取得所有权即使当双重代表的问题不存在时(或不再存在)。

未成年人取得所有权对抗代表人。另一种情况是孩子将属于父母的物作为自己的财产进行占有。例如,孩子可能错误的相信物,如放在孩子房间中的电视机、音箱或电脑,已经通过赠与被转让给他,而实际上父母只是打算允许孩子使用这些物,而没打算让与这些财产。然而,在这种情形中并不认为父母需要额外的保护。他们可以照顾自己的利益,并考虑相当长的取得所有权的期间,这个问题的实践相关性看起来相当有限。此外,"在家庭内维持和平"的需要的假设在这样的环境中并不重要(参见下文评论I)。父母所需要做的只是说出类似"你知道它是我的"的话,孩子将要么知道父母的权利或是从那天起成为恶意的,这样孩子只能在30年的期间之后取得所有权。此外,以足够清楚的方式在实践中证明自主占有在这些情形中是相当困难的。

I. 具体而言:在配偶和登记伴侣之间不存在中止

配偶之间的中止。配偶间所有权取得期间的中止(或期满的延迟)至少在民法法系国家得到统一的规定。主要的目的是维持"家庭内的和平"。次要的效果是这样的规定可以避免当所有权人和占有人一起生活时很容易产生的问题,在这样的情形中通常很难区分是否由夫妻一方单独进行占有或配偶双方共同占有。如果这样的功能被认为是重要的,则特别的规定可以被采纳(如果"期间的计算被中止只要配偶和登记伴侣之间的关系持续存在")。需要进一步明确的是当伴侣分开时中止(或期满的延长)是否结束,即使他们没有正常的离婚(从保持和平的观点来看这已经是足够的了),或正常的家庭状态(结婚或离婚)应当作为决定性的标准发挥作用(这主要基于对法律确定性的考虑)。

登记伴侣。一些国家承认"登记伴侣"与婚姻拥有相同的私法地位。有正式的形成这种伴侣关系的行为,并且类似于离婚,也可以通过另一个正式的行为被解散。根据相关的各国国内法,伴侣可以拥有不同或相同的性别。如果各国国内法承认这样的关系,那么在通过持续占有取得所有权时将这种关系等同于婚姻对待也是合乎逻辑的。

不需要的规定。对夫妻(或成人之间类似的关系)来说期间的扩展规则是不需要的。原因如下。

"家庭内和平"的因素对于通过持续占有取得所有权并不相关。欧洲国家普遍规定了夫妻之间通过持续占有取得所有权的期间的中止(或期满的延长)。相关的规定也适用于要求履行义务的权利的消灭时效和通过持续占有取得所有权。理论上或立法过程中这个问题的焦点通常在消灭时效的问题上。然而,"保持和平"的功能对于要求履行义务的权利的时效来说比为了通过持续占有取得所有权更加重要。它可能严重的损害婚姻关系如果夫妻一方对另一方提起法律诉讼以避免要求履行义务的权利的时效经过。这是可以理解的(但参见第Ⅲ－7:305条(无法律能力情形中期间的延长)评论F中的批评)如果立法者认为这可能使债权人不采取任何行动而不损害他的婚姻,并因此决定时效的中止以避免这种潜在的问题。典型的情形是当婚姻关系不再存在时法律诉讼被提起。根据这种规定的基本原理,不能过晚的主张自己的权利。另一方面,为了避免通过持续占有取得所有权,没有必要对另一方配偶提起法律诉讼。简单的证明特定财产是某人自己的财产就已足够,因为这样的通过持续占有取得所有权由于另一方的恶意只可能在30年之后发生,如果它不导致承认(参见第Ⅷ－4:205条(承认情形中期间的结束))。当持续行使实际控制的伴侣认为物是另一方的财产,持续占有取得所有权的期间甚至还没有开始计算。此外,考虑到所有权的取得不能在10年的期间经过之前发生,因此在实践中没有必要规定配偶间(或其他伴侣间)期间的中止。

在第三卷中没有类似地规定。第三卷中不包含任何配偶间义务的中止的规定(参见第Ⅲ－7:305 条(无法律能力情形中期间的延长)评论 F)。因此,有人认为为了保持一致性不应当在婚姻或登记伴侣的情形中进行期间中止的规定。如果保持和平的因素与要求履行义务的权利的时效相比不够重要,它对通过持续占有取得所有权来说也不是决定性的,当法律确定性发挥着更重要的作用的时候。

实践中的困难可以通过其他标准被解决。如上所述,规定了配偶之间期间的中止的规定在所有权人和其他当事人生活在一起的情形中将决定谁进行占有的实际困难最小化了。如果中止发生则不会产生争议。然而,主要的问题不是关于实际困难的争议是否会发生,主要的问题是这样的实践困难是否会导致不适当的结果,即所有权人失去所有权的过分的风险。但这并不是配偶或登记伴侣的中止规则不被采纳的情形。应由声称通过持续占有取得所有权的人证明他符合第Ⅷ－1:206 条(自主占有人的占有)意义上的自主占有。以作为所有权人的意图行使实际控制的事实对外部世界来说必须足够清楚才能在法院获得成功。当双方当事人住在一起并且争议物放在家中,这样的证据可能难以提供尤其是关于10 年期间的开始。关于10 年期间,第二个阻碍可能是善意(善意是被推定的)。因为占有人负担数个相当大的实践风险,所以没有必要采取这样的规定。

J. 其他情形:没有结婚的夫妻,其他家庭成员

中止规则扩展到类似于婚姻的伙伴关系。如果,另一方面,“保持家庭安宁”的目的被认为相当重要的在取得所有权通过持续占有的环境中,将配偶规则扩展至没有结婚的伴侣(以及相同性别的伴侣他们没有进入法律承认的登记关系的形式)可能同样必须被考虑。可能有一些内在的逻辑支持这样的方法因为规定的基本原理,原则上,不是建立在一定的(家庭法)地位上但是建立在“虔诚”的关系上,或信任或信心,可能尤其存在于没有结婚的伴侣之间以相同的方式;参见第Ⅲ－7:305 条评论 F。主要的问题可能是如何进行区分。不同于婚姻或登记了的伙伴关系的情形,很难决定什么时候这样的关系开始(同样,很可能,什么时候结束)。另一个问题是这样的措施在一些欧洲国家,在一定程度上存在争议。然而,主要的争议是,为了不采纳任何这样的规则,保护“家庭安宁”的需求(或在类似家庭的关系中)并不需要表现的那么令人信服(参见上文评论 I)。

生活在一起的人之间期间的扩展。和评论 I 中的情况相反,如果认为避免决定谁是占有人的困难同样是重要的,则有必要对生活在一起的人引入期间的中止规则,适用于他们所持有的物。少数的欧洲国家存在这样的规定,这是过去允许仆人生活在一起的时代所留下来的历史足迹。如今,这样的规定也适用于生活在同一个公寓中的学生(尽管他们在理论上取得成功的可能性是有疑问的,因为为了通过持续占有取得所有权至少要求10 年的期间),或生活在一起的成年的兄弟姐妹。这种规定的实际需要并不明显。从政策的角度来看,为了促进法律的确定性,那样的规定不需要被采纳。

注　释

Ⅰ. 没有代表人的无法律能力人

1. 在德国，民法典规定了期满的延迟，当失去所有权的人没有法律能力（nicht voll Geschäftsfähiger）并且也没有法定代表人或他的代表人遭遇法律障碍（民法典第 210 条第（1）款）。这里的“法律障碍”包括代表人无法律能力或利益冲突。另一方面，不知情或严重的疾病不被认为是法律阻碍（Bamberger and Roth（-Henrich），BGBI[2]，§ 210 no. 4）。缺少代表人导致期满的延迟只有在该情形发生在期间结束之前最后 6 个月以内才会发生（Staudinger（-Peters），BGB［2004］，§ 210 no. 6）。障碍存续的期间并不重要（Erman（-Schmidt – Räntsch），BGB[12]，§210no. 4）。当适用民法典第 210 条第（1）款时，通过持续占有取得所有权的期间从没有法律能力的状况结束或代表人被指定之时起 6 个月后到期。民法典第 210 条第（2）款规定，如果无法律能力的人仍然有能力参与法律诉讼则民法典第 210 条第（1）款不适用。

2. 在意大利，当无法律能力人缺少代表人的时候则持续占有取得所有权的期间被中止，并在法定代表人被指定或无法律能力情形结束之日起 6 个月后到期（民法典第 2942 条）。

3. 在奥地利，出发点是不同的。根据民法典第 1494 条，由于自己的精神状态而不能管理自己的法律事务的人（未成年人或其他无法律能力人）如果没有法定代表人，则持续占有取得所有权的期间不开始计算。“无法律能力的人”需要根据具体情形进行解释；例如，该规定不适用于没有管理人的下落不明的人（Schwimann（-Mader and Janisch），ABGB Ⅵ[3]，§ 1494，no. 1）或由于脑震荡（Gehirnerschütterung）等而暂时缺少精神能力的人（EvBl 1962/114）。当未成年人和他的法定代理人之间存在利益冲突时则期间也不开始计算（Mader and Janisch，loc. cit.，§ 1494，no. 2），例如，由母亲代表的未成年人和他母亲的伴侣之间的争议（OGH13 July 1999，SZ 72/119）。当持续占有取得所有权的期间已经开始计算后所有权人失去法律能力，民法典第 1494 条规定了期满的延迟。期间被延长到障碍消除的 2 年后。关于未成年人，中止的理由消失当法定代表人被指定、利益冲突停止或他达到成年的年龄（Mader and Janisch，loc. cit.，§ 1494，no. 2）。关于遭受精神疾病的人，阻碍消失当法定代理人被指定或精神疾病被治愈，如果所有其他通过持续占有取得所有权的要求已经被满足（Mader and Janisch，loc. cit.，§ 1494，no. 3）。

4. 在爱沙尼亚，持续占有取得所有权的期间被中止当失去所有权的人没有法律能力也没有法定代表人。直到该人得到法律能力或法定代理人被指定则期间才继续计算（民法典总则法第 165 条第（1）款）。然而，期间被延长至所有权人得到法律能力或法定代表人被指定后 6 个月（民法典总则法第 165 条第（2）款）。

5. 在立陶宛，民法典第 1. 129 条规定，只有无法律能力的人也没有法定代表人的时候才发生期间的中止。中止的理由必须发生在存续期间的最后 6 个月内。原则上，该规定可以类比的适用于通过持续占有取得所有权，但还没有判例法支持这个结论。

6. 在保加利亚，持续占有取得所有权的期间被中止当失去所有权的人没有法律能力也没有法定代理人（债权法第 115 条，lit. e）。

7. 在葡萄牙，根据民法典第 1292 条，时效中止（民法典第 318 ~ 322 条）和中断（民法典第 323 ~ 327 条）的规定适用于通过持续占有取得所有权。无法律能力人包括未成年人（民法典第

123条)和有精神障碍的人(民法典第138条),他们得到相同条款的保护(民法典第139条)。在通过持续占有取得所有权的环境中,民法典第320条规定了这样的保护,它规定了有利于未成年人和有精神疾病的人的期间的中止。当该人没有法定代理人的时候则期间不开始计算(民法典第320条第(1)款)。关于中止的结束参见下文注释20。

8. 在法国和比利时,通过持续占有取得所有权的期间被中止当失去所有权的人是无法律能力的人,无论他是否有法定代理人(民法典第2252条,新民法典第2235条),以及期间是否已经开始计算(Hansenne,Les biens Ⅰ,no. 458)。无法律能力的人是未成年人和有精神疾病的人(onbekwaamverklaarden,majeurs en tutelle)(Dek-kers(-Dirix),Handboek burgerlijk recht Ⅱ[3],no. 1248)。

9. 在西班牙,对于没有法律能力的人来说,不存在通过持续占有取得所有权的期间的中断、中止或期满的延迟(民法典第1932条,Faber and Lurger(-GonzálezPacanowska and Díez Soto),National Reports Ⅴ,chap. 9. 1)。

10. 在瑞士和荷兰,对于没有法定代理人的无法律能力人,民法典没有规定中止、期满的延迟或中断。

11. 在斯洛文尼亚,无论是在法律著作还是在案例法中都不承认无法律能力是中止或中断的理由。理论上来说,可以类比的适用时效期间的中止和中断的规定,但是这还没有得到判例法的承认。

Ⅱ. 有代表人的无法律能力人

12. 在德国,原则上,如果无法律能力人有法定代表人,则持续占有取得所有权的期间开始计算(Eltern,Vormünder,Pfleger,Betreuer)。然而,当希望通过持续占有取得所有权的占有人就是法定代表人的时候则期间被中止(民法典第207条第(2)~(5)款)。民法典第207条的规定可以通过两种方式适用:无法律能力的人同样不能取得属于他的法定代表人的物的所有权(Erman(-Schmidt-Räntsch),BGB[12],§ 207 no. 2)。因此,在已婚的父母和他们未成年亲生子女之间、非婚生子女和他的父亲之间以及养父母和养子女之间可以发生期间的中止。直到父母或子女死亡、子女成年、收养的撤销或影响子女和父母之间关系的不合法因素的合法宣告时中止才结束(Bamberger andRoth(-Henrich),BGB Ⅰ[2],§ 207 no. 4)。相同的规定也适用于继父母和继子女之间(民法典第207条第(1)款第2项)只要婚姻关系存在,以及伴侣(Lebenspartner)和另一个伴侣的子女之间只要伴侣还生活在一起(Henrich,loc. cit.)。

13. 在奥地利,采用了相同的规定。通过持续占有取得所有权的期间在无法律能力人和他的法定代表人之间既不能开始计算也不能继续计算。只要这种关系存在中止就会继续(民法典第1945条)。同样,该规定也适用于养父母和养子女之间、祖父母和孙子女之间,如果他们根据民法典第145条被授予对子女的监护(Rummel(-M. Bydlinski),ABGB Ⅱ[3],§ 1495 no. 3)。

14. 在爱沙尼亚,当通过持续占有取得所有权发生在父母和子女之间时则期间被中止直到子女成年(民法典总则法第164条第(2)款),在监护人和被监护人之间取得所有权的期间在监护期间内中止(民法典总则法第164条第(3)款)。

15. 在保加利亚,根据债权法第115条,在子女和父母之间通过持续占有取得所有权的期间的计算被中止,只要父母仍然行使对子女的监护,受监护人或受保护人和他们的监护人或保护人之间也是如此。

16. 在意大利,根据民法第2941条第(2)~(4)款,持续占有取得所有权的期间被中止发生在以下的情形中:(a)根据民法典第316条行使家长权或与它相关的权力的人与服从于这种家长权的人之间,(b)监护人与未成年人或受监护人之间,(c)财产管理人和脱离父母独立生活的未成年人或其他无能力人之间。

17.在立陶宛,民法典第1.129条规定了时效期间的中止当期间涉及父母和他们的未成年子女之间或监护人与他们的被监护人之间。只有在期间的最后6个月内中止的理由产生或存续时才发生期间的中止。原则上,这个规定可以被类比的适用于通过持续占有取得所有权,但是还没有判例法支持这种观点。

18.在荷兰,当期间涉及无法律能力人和他的法定代表人时法律规定了持续占有取得所有权的期满的延长(民法典第3:321条第(1)款(b)项)。在这样的情况中,旧民法典规定了期间的中止,但新民法典代之以期满的延迟,因为这被认为更容易且更公平(Asser(-Mijnssen and De Haan),Goe-derenrecht Ⅰ[14],no.440)。荷兰民法典第3:320条为期间计算、期间发生了期满的延长的理由的所有情形做出了一般性的规定。如果持续占有取得所有权的期间将在期满延迟的理由存续期间或该理由停止存在后6个月内经过,取得所有权的期间在到期之后继续计算6个月(民法典第3:320条)。

19.在瑞士,持续占有取得所有权的期间被中止,当期间涉及无法律能力人和他的法定代理人,只要父母的照顾或监护关系仍然存在(债权法第134条第(1)款第1~2项)。适用范围被限制于未成年人(Mündel/pupille)。进一步来说,本条的目的在于保护未成年人对抗他们的父母。父母有权利和义务在进行照顾的期间管理他们的子女的财产(BSK(-Däppen),OR[4],art.134,no.2)。在通过持续占有取得所有权的情形中,双方都受到保护。

20.在葡萄牙,在无法律能力人和他们的法定代表人之间通过持续占有取得所有权的期间被中止(民法典第318条lit.b)。一般情况下,对于有法定代表人的无法律能力人来说在无法律能力的情形结束后一年内期间不会开始计算(民法典第320条第(1)款结尾)。民法典第320条也适用于残疾人,但所不同的是,如果之前没有停止,那么在中止的期间结束3年后,这样的残疾也被认为已经结束(民法典第320条第(3)款)。然而,关于所谓的推定时效的民法典第320条第(2)款,即建立在民法典第312条意义上的时效,只涉及权利主张的时效并且不适用于通过持续占有取得所有权(参见Pires de Lima and Antunes Varela,Código Civil Anotado Ⅲ[2],71,CC art.1292,no.3)。

21.在法国和比利时,通过持续占有取得所有权的期间被中止,当期间涉及无法律能力人,即使该人有法定代表人(民法典第2252条,法国新民法典第2235条),参见上文注释8。拿破仑法典的起草人认为法定代表人可能不能适当的行动或不能采取行动(Baudry-Lacantinerie,De la precription[3],no.419;Malaurie and Aynès,Les biens[2],no.561)。该理由在法律著作中遭到了批评,因为代表人应对无法律能力人的财产所遭受的损失承担责任(Dekkers(-Dirix),Handboek burgerlijk recht Ⅱ[3],no.1247;de Page and Dekkers,Traité élémentaire de droitcivil belge Ⅶ[2],no.1222)。这个规定能够延长持续占有取得所有权的期间,并因此影响法律的确定性(de Page and Dekkers,loc. cit.,no.1222)。即使在30年的占有后,占有人也不能确定是否可以对抗强制取回之诉(Malaurie and Aynès,loc. cit.,no.561)。另一方面,无法律能力人能够通过持续占有取得所有权(Hansenne,Les biens Ⅰ,no.460;de Page and Dekkers,loc. cit.,no.1222)。

22.在西班牙,通过持续占有取得所有权在任何情况下都是有效的(民法典第1932条)。因此它也可以适用于无法律能力人和他的法定代理人之间。

Ⅲ. 兄弟姐妹

23. 在奥地利,未成年人由相同的人照顾的情形(例如兄弟姐妹都被他们的父母所代表)同样适用民法典第1494条。由于需要同时对可能失去所有权的人和可能通过持续占有取得所有权的人负责,则可能发生利益冲突,因此未成人被认为没有代表人,持续占有取得所有权的期间只有在所有权人成年后才开始计算(Schwimann(-Mader and Janisch), ABGB Ⅵ³, § 1494, no. 2)。

24. 在德国,采用了类似的规定。当无法律能力的人在形式上拥有法定代表人,但是该代表人由于利益冲突而不能在法律上代表该人,因此该人将被认为在法律上没有代表人,期间将在无法律能力情形结束或缺少代表人的情况被解决之后的6个月后到期(民法典第210条和上文注释1)。当代表人同时代表另一方当事人时也发生类似的利益冲突(Bamberger and Roth(-Henrich), BGB Ⅰ², § 210 no. 4, with reference to CC § 181)。

25. 在法国和比利时,因为法律规定了未成年人情形中期间的中止,兄弟姐妹之间持续占有取得所有权的期间将在动产所有权人成年之后才开始计算(民法典第2252条,法国新民法典第2235条)。

26. 在葡萄牙,存在类似的规定(民法典第320条,参见上文注释20)。

Ⅳ. 配偶和登记的伴侣

27. 在德国,民法典第207条第(1)款规定了期间的中止,当通过持续取得所有权的权利主张发生在婚姻关系存续的配偶之间。这意味着直到配偶一方死亡或直到离婚生效期间才继续计算。这同样适用于LPartG第1条(Lebenspartnerschaft)意义上的同性伴侣之间,只要伴侣关系存续(民法典第207条第(1)款第1项)。该规定是否同样适用于类似婚姻的异性伴侣同居的情形没有被明确规定。Bundesrat希望在民法典第207条中规定这些关系,然而Bundesregierung倾向于将这些问题留给法律实践处理。一些法律学者认为这些规定必须同样适用于未婚同居者,因为它是一种男女的同居并被当代社会接受,并且中止的理由将和婚姻或民事伴侣一样被满足(Erman(-Schmidt-Räntsch), BGB Ⅰ¹², § 207 no. 7)。其他种类的同居没有被包含在本条中,因为这些不能被认为是"准家庭"的关系(Schmidt-Räntsch, loc. cit., § 207 no. 8)。

28. 在奥地利,法律同样规定了持续占有取得所有权的期间在婚姻关系存续期间的配偶之间的中止(民法典第1495条),无论他们是否共同生活。如果夫妻分居超过6年(根据EheG第55条第(3)款这将导致离婚)则期间才开始或继续计算。夫妻一方已经提起离婚诉讼的事实是不相关的(Schwimann(-Mader and Janisch), ABGB Ⅵ³, § 1495, no. 1)。Eypeltauer认为相同的规则同样适用于未婚伴侣。亲密的个人关系同样发生在婚姻之外。在现代社会,同居已经和婚姻一样常见。只要同居关系存在,同居者将被当作夫妻看待。根据他的观点,民法典第1495条类比的适用于订婚期间(Eypeltauer, RZ 1991, 26)。相反,Reischauer认为将民法典第1495条适用于同居者不符合立法者的意图。如果立法者已经规定同居可以被当作婚姻对待,他将会赞同Eypeltauer的观点(Reischauer, JB l 1991, 559 at 562)。

29. 在意大利,配偶之间期间同样中止(民法典第2941条第(1)款)。

30. 在保加利亚,持续占有取得所有权的期间在配偶之间不开始计算(债权法第115条lit. c)。

31. 在瑞士,根据OR第134条第(1)款第3项,在配偶之间持续占有取得所有权的期间被中止。即使配偶在法律上各自生活时该规则仍然适用(BSK(-Däppen), OR⁴, art. 134, no. 4;但这个观点部分的受到质疑)。一些学者认为该规则同样适用于类似婚姻的关系中(Spiro,FS Bosch,977)。

32. 在葡萄牙,根据民法典第318条,持续占有取得所有权的期间在配偶之间不开始计算,即使他们在法律上已经分开了。

33. 在比利时和法国,民法典第2253条规定在配偶之间持续占有取得所有权的期间不开始计算。只要婚姻关系存在则中止持续,这被用来避免婚姻问题(法国:Terré and Simler,Les biens[4],no. 461;比利时:Dekkers(-Dirix),Handboek burgerlijk recht Ⅱ[3],no. 1250;Hansenne,Les biens Ⅰ,no. 461)。然而,对于通过持续占有取得所有权该中止的理由并不重要,因为在这样的情况中不能满足占有明确性的要求(参见第Ⅷ－4:101条注释94)(Hansenne,Les biens Ⅰ,no. 462)。根据新法国民法典第2236条,在配偶间期间不开始计算或被中止,该规定同样适用于民事伴侣关系(pacte civil de solidarité)。

34. 在爱沙尼亚,民法典总则法第164条第(1)款规定,配偶婚姻关系存续之中取得所有权期间的中止。被中止的期间不被包括在持续占有取得所有权的期间中。民法典总则法第168条第(2)款规定了中止的情形中期满的延迟。在期间中止结束后两个月内取得所有权的期间不会到期,除非法律规定了更长期间的延迟。

35. 在立陶宛,民法典第1.129条规定了配偶之间时效期间的中止。中止只适用于当中止的理由产生或存续于期间的最后6个月中。原则上,该规定可以被类比的适用于通过持续占有取得所有权,但还没有判例法来支持这样的结论。

36. 在丹麦,根据民法典第3:321条第(1)款a项,持续占有取得所有权的期间被延迟当涉及没有分居的配偶。在延迟的理由消失后取得所有权的期间继续计算6个月,如果这个期间本应在延迟的理由存续期间内经过或该理由停止存在后6个月内经过(民法典第320条,参见上文注释18)。因此,如果持续占有取得所有权的期间已经在婚姻存续期间经过,该期间将在他们分开之后继续计算6个月。

37. 在西班牙,当涉及配偶时,没有规定期间的中断或延长。

第Ⅷ－4:202条　超出所有权人控制的阻碍的情形中的延长

(1)只要所有权人被阻止恢复对物的权利,并且此种阻碍超出了所有权人的控制,同时所有权人不能被合理地期望避免或克服这种阻碍,那么期间被中止。所有权人不知道物在哪里的事实不根据本条导致期间的中止。

(2)只有当该阻碍在期满前6个月内产生或存续时才能适用第(1)款。

(3)当阻碍的期限或性质使所有权人在中止结束后期间继续计算的时间内不能合理地采取诉讼行动恢复对物的权利时,在阻碍消除后的6个月内,持续占有取得所有权的期间不会经过。

评　论

A. 总述

政策。持续占有取得所有权的理念之一是所有权人至少在理论上有机会在至少10年的期间内取回财产(参见第Ⅷ-4:101条(基本规定)评论C),因此当所有权人由于超出他的控制的阻碍而不能采取积极的行动时,允许通过持续占有取得所有权生效将过于严厉。本条的原理一定程度上类似于第Ⅷ-4:201条(无法律能力情形中期间的延长)的原理,将保护的范围扩大到那些除了法律能力之外的原因而不能行使权利的人(参加下文评论B)。

第Ⅲ-7:303条(超出债权人控制的阻碍的情形中期间的中止)中相应的规则。第三卷第七章为要求履行义务的权利的时效做出了相同的规定。然而,在适用这两个规定的时候,应当考虑可能存在于这两种情形中的不同。

B. 基本规则(第(1)款)

涉及的情形。本规定应当以严格的方式进行解释。超出某人控制的阻碍包括如被绑架、由于自然现象(雪崩、洪水)而与外界失去联系或法院的不作为。另一方面,(在文明国家)被送进监狱的人不被认为包含在本条中因为即使在这样的情况中也有可能追求个人的利益。所有权人不知道财产在哪里不构成本条意义上的障碍。为了保证明确性,后一种情况明确的规定在了第(1)款第2句中。如果这种情形没有被排除,持续占有取得所有权的概念以及促进法律确定性的一般目标都会被严重的损害。因为这个原因,第八卷第四章没有采纳类似于第Ⅲ-7:301条(忽视情形中的中止)的一般规定。"行使取回物的权利"指的是第Ⅷ-6:101条(所有权的保护)和第Ⅷ-6:301条(在更好的占有的情形中取回物的权利),但是也可能包括其他的司法或行政强制救济。第Ⅷ-6:203条(作为对占有的保护的取回的权利)实际上是不相关的因为它只有一年的时效期间。

中止概念。对于本条所涉及的情形,中止的概念(第(2)款和第(3)款中进一步细化)看起来似乎比期满后延长6个月的规定更好。中止通常对有效期间会增加更少的时间,而这有助于实现法律的确定性。同样,在本条涉及的情形中,所有权人通常不像第Ⅷ-4:201条(无法律能力情形中期间的延长)所涉及的无法律能力人那样需要额外的期间去了解自己的法律事务。因此也没有必要对取得所有权的期间增加额外的时间。这可以通过中止的概念达到目标。本条第(3)款中规定了例外的情形。

积极隐藏财物的问题。当所有权人不能发现物是因为占有人积极的将它们藏起来所导致的时候是否可以适用本条?在一定程度中,占有人这样的行为超出了所有权人的控制，因为所有权人通常不能阻止占有人隐藏财物。但是这可能不符合上文所体现的政策，即将本条限制在有限的范围内当所有权人的行为由于外在的事件而被排除。因此，从本质上而言，这个问题涉及本条的规定扩展到这样的情形上。基本上，有三种可能的方式对待没有偷东西，但是知道物是盗窃物，并持有它们而不是将它们交还并阻止真正的所有权人取回财物的人。首先，这样的人不能通过持续占有取得所有权。这种观点没有被采纳因为第Ⅷ-4:101条（基本规则）评论H中所规定的原因。第二个选择是将这些情形包含在本条的中止规定中。然而，这可能和第一个选择一样使它成为诉讼的标准问题、导致不确定性以及本可避免的成本。为了法律确定性，选择了第三种方法，即不将本条适用于占有人积极隐藏财物的情形，这样在30年后可以根据第Ⅷ-4:101条第(1)款(b)项取得所有权。

C. 关于时间的标准（第(2)款和第(3)款）

对最后6个月内阻碍的限制（第(2)款）。如果阻止取回财物的障碍在取得所有权的期间结束之前停止存在，则没有强制性的理由扩展期间。所有权人仍然有足够的时间采取适当的行为。因此，第(2)款将本条的适用范围限制于在期间最后6个月内产生或存在的障碍。这种限制同样促进了法律的确定性。第Ⅲ-7:303条（超出债权人控制的阻碍的情形中期间的中止）第(2)款也做出了相同的规定。

例外的情形中期满的延迟（第(3)款）。第(3)款中的规定来源于第Ⅲ-7:303条（超出债权人控制的阻碍的情形中期间的中止）。它只适用于极端的情形，当有必要在阻碍停止存在以后让所有权人重新获得对相关法律事务的认识。在一定程度上，这样的情况类似于第Ⅷ-4:201条（无法律能力情形中期间的延长）第(2)款所涉及的情形，当所有权人恢复法律能力后在期间届满后被授予一年的延迟。本条中所采纳的期间的长度(6个月)与第Ⅲ-7:303条第(3)款相对应。同样，下面的例子也来自于该条的评论。

示例

O被诱拐至不知名之处，没有办法与外界交流超过3年。诱拐发生在占有人P通过持续占有取得O的物的所有权的期间届满之前两个礼拜。在这样的情况下，在O被释放后给他两个礼拜开始诉讼是不够的。除了需要时间进行精神以及物理治疗，他实际上需要重组自己的生活。只有在释放后6个月后时效期间才会经过。

没有类似于第Ⅲ-7:303条（超出债权人控制的阻碍的情形中期间的中止）第(4)款的类似规定。不同于调整要求履行义务的权利的时效的规定，本条没有明确规定本条意义上的障碍包含"心理上的障碍"。在第Ⅲ-7:303条第(4)款中规定了这样的情形以包括那些童年时受到性虐待或其他虐待的受害者在心理上不能对虐待作出反应直到很久以后。这样的规定看起来有必要阻止第六卷中损害赔偿权利主张的时效。然而，类似的需要并不存在于通过持续占有取得所有权的情形中。

注　释

Ⅰ.不可抗力导致的中止

1. 在德国,期间的计算被中止只要所有权人在期间的最后6个月内由于不可抗力而不能主张所有权的取回(民法典第206条:höhere Gewalt)。阻碍必须超出所有权人的控制。此外,它要求所有权人即使尽到最大谨慎也不能避免这样的事件(Bamberger and Roth(-Henrich),BGBI[2],§ 206 no.3)。超出所有权人的控制的阻碍包括突然严重的疾病、当疾病使所有权人完全不可能处理自己的法律事务(BGHVersR 1963,93),以及异常的心理障碍使所有权人不可能决定提起权利主张(参见:CA Karlsruhe 7 W 17/01,OLGR Karlsruhe 2002,4 for a case of prescription)。司法行政的停止(Stillstand der Rechtspflege)也被认为是不可抗力。产生这种阻碍的原因可能是战争、洪水或法庭暂时的关闭。当多个法庭是适格的时候,必须所有的法院都不能审判才构成司法行政的停止(Erman(-Schmidt-Räntsch),BGB Ⅰ[12],§ 206 no.6)。对自由的剥夺只有在战俘和无辜的被囚禁的情况中才被认为是不可抗力(Staudinger(-Peters),BGB[2004],§ 206 no.16)。中止的期间对应着阻碍存续的期间,然而最多6个月,即直到期间原本应当结束的时候(Peters,loc. cit.,§ 206 no.2;Henrich,loc. cit.,§ 206 no.2)。

2. 在爱沙尼亚,持续占有取得所有权的期间被中止如果所有权人在期间的最后6个月内由于不可抗力而不能在法庭面前或以法律规定的任何方式主张自己的权利。当不可抗力的效力停止的时候期间的中止结束(民法典总则法第163条)。民法典总则法第168条第(2)款包含了一般性的规定,规定了中止的情形中期满的延迟。在中止结束后两个月内期间不会经过,除非法律规定了更长的延迟期间。

3. 在匈牙利,法律同样规定了期满的延迟如果所有权人由于合理的理由而不能行使所有权。在阻碍消失后一年内不能取得所有权(民法典第123条)。

4. 在葡萄牙,持续占有取得所有权的期间被中止当所有权人由于不可抗力而不能行使权利,如果障碍发生在期间的最后3个月内(民法典第321条)。

5. 在立陶宛,民法典第1.129条规定了不可抗力的情况下时效期间的中止。只有当障碍产生或存在于期间的最后6个月内才发生期间的中止。原则上,这个规定可以类比的适用于通过持续占有取得所有权,但是现在还没有判例法支持这种观点。

6. 在法国,2008年制定的民法典第2234条规定,对于由于法律、惯例或不可抗力而导致当事人不能提起诉讼的情形,时效期间不开始计算或被中止。在这条规则制定之前,法国的判例法就承认了contra non valentem agere non currit prescriptio原则(对不能提起法律诉讼的人期间不开始计算),该原则允许持续占有取得所有权的期间的中止,当不可抗力的障碍产生在期间的最后的时间里,并导致所有权人在期间届满前不能采取行动。然而,法律要求所有权人应在不可抗力的情况消失之后快速做出反应(Jourdain,Les biens,no.192)。在20世纪的战争之后,在法国和比利时制定了一些特别的法律以阻止由于战争而导致在相关的人可以做出反应之前时效期间和持续占有取得所有权的期间的经过。2005年,法国法律改革关于时效的规定的最初草案规定"如果某人因为法律、惯例或不可抗力导致的障碍而不能提起诉讼则期间不开始计算"(Avant-projet de reforme du droit des obligations et du droit de la prescription(Avant-projet Catala)民法典第2266

条)。这一规定作为新法国民法典第2234条,已经被法国最高法院数次适用(nter alia Cass. 22 December 1959,JCP 1960,II,11494)。当某人在障碍的消失和期间届满之前的时间内有足够的时间采取行动则不适用这一规定(Com 11 January 1994,RTD civ 1995. 114)。根据德国(民法典第206条)和欧洲合同法原则(第14:303条第(2)款),Avantprojet第2266条作出以下的限制"不可抗力只有发生在期间结束之前6个月内才可以成为中止的理由"。然而,这个规定没有被新民法典第2234条采纳。法国判例法通过适用contra non valentem原则甚至允许在忽视的情形中期间的中止。因此,当所有权人不知道也没有理由知道持续占有取得所有权的期间正在计算时也可以发生期间的中止(Terré and Simler,Les biens[4],no. 461)。这种观点在法国和比利时都遭到了批评,因为它剥夺了持续占有取得所有权的功能和效率。知道权利的所有权人通常都会阻止通过持续占有取得所有权(法国:Terré and Simler,loc. cit.;Malaurie and Aynès,Les biens[2],no. 562;Baudry-Lacantinerie,De la prescription[3],no. 371;比利时:de Pageand Dekkers,Traité élémentaire de droit civil belge Ⅶ[2],nos. 1238)。比利时同样适用contra non valentem agere non currit prescriptio原则,尽管是以更加限制性的方式。该原则的大多数适用遭到de Page和Dekkers的批评(Traité élémentaire de droit civil belge Ⅶ[2],nos. 1237-1240)。比利时最高法院采取了限制性的观点并认为,对于在法律上不能采取行动的人期间不开始计算(Cass. 13 November 1997,Arr. Cass. 1997,no. 474;RW 1997-98,1287)。因此,只有当法律阻止当事人行使权利的时候才能发生期间的中止(Hansenne,Les biens Ⅰ,no. 465)。

7. 在奥地利,民法典第1496条规定了持续占有取得所有权的期间既不能开始计算也不能继续计算的情形:由于服兵役而导致离开或整个司法行政的停止。只要障碍存在则期间被中止。根据主流意见,"离开"意味着在国外(Schwimann(-Mader and Janisch),ABGB Ⅵ[3],§ 1496,no. 1)。当司法程序变得不可能时则发生司法行政的停止:即适格法院的活动被阻止或与适格法院的沟通是不可能的(Rummel(-M. Bydlins-ki),ABGB Ⅱ[3],§ 1496,no. 2)。此外,民法典第1475条的规定涉及持续占有取得所有权的期间计算时所有权人的离开所导致的结果。如果离开的期间超过一年,只有一半的期间将被考虑。例如,如果所有权人离开一年,当计算通过持续占有取得所有权的时候只有6个月被考虑(Klang(-Klang),ABGB Ⅵ[2],594)。根据主流意见和判例法,这个规定不适用于长期的持续占有取得所有权(30年)(Klang,loc. cit.,595;CA Graz 2 July 1968;SZ41/86;OGH24 February 2002,MietSlg 54. 207)。为了适用本规定,所有权人必须根据自己的意志并且没有罪过的在财产所在省之外。当所有权人由于自己不合法的行为(例如逃亡、脱离监护)或作为不合法行为的结果(例如由于刑事控诉而逃亡)而离开时则不是没有罪过的(Mader and Janisch,loc. cit.,§ 1475,no. 3;. M. Bydlinski,loc. cit.,§ 1475,no. 3)。

8. 在瑞士,债权法第134条第(6)款规定只要权利主张不能在瑞士法院被提起则期间被中止。本条的解释在一定程度上是有争议的。最高人民法院认为只有当权利主张由于客观原因而不是权利主张人的个人情况而不能通过法律诉讼实现时才能适用本规定。在不可抗力和主观障碍的情况中不能适用本规定(BSK(-Däppen),OR[4],art. 134,no. 7)。在瑞士,在司法中止期间(richterliche Sistierung)、司法行政停止期间、对在瑞士法院享受外交豁免的人以及以法庭名义制定专家意见(gerichtliche Expertise)的期间法律诉讼是不可能的(Däppen,loc. cit.,art. 134,no. 9;Spiro,Begrenzung,§ 72)。

9. 在西班牙,民法典没有采纳古老的"contra non valentem agere non currit praescriptio"原则(Faber and Lurger(-González Pacanowska and Díez Soto),National Reports Ⅴ,chap. 9. 1)。然而,

商法典第955条规定了由于战争、健康或革命时效可以被中止。民法典中没有类似的规定。

10. 在意大利,没有不可抗力的情况下关于中止或中断的一般性规定。然而,民法典中有一款规定了战争期间通过持续占有的取得所有权期间的中止,该规定针对意大利军队的成员,不论是常规的还是临时的,同时该规定也针对根据战时法中由于他们的职务而属于武装部队的人(民法典第2942条第(2)款)。这个规定不适用于通过20年的持续占有取得不动产所有权的情形(Faber and Lurger(-Greco),National Reports Ⅰ,500)。

11. 在斯洛文尼亚,无论是在法律著作还是在判例法中都不认为不可抗力是中止或中断的理由。理论上,可以类比的适用时效期间中止和中断的规定,但是这种可能性还没有被判例法所承认。

Ⅱ. 只有期间的最后一部分才相关

12. 在德国,根据民法典的规定,期间被中止如果该阻止所有权人行使权利取回财物的障碍发生在持续占有取得所有权的期间的最后6个月里(民法典第206条)。同样,期间中止的最长时间也是6个月(Staudinger(-Peters),BGB[2004],§ 206 no. 2;Bambergerand Roth(-Henrich),BGBI2,§ 206 no. 2)。

13. 在爱沙尼亚,根据民法典总则法第163条,在不可抗力的情况下期间被中止,如果它发生在期间的最后6个月里。

14. 在葡萄牙,为了期间的中止,障碍必须发生在持续占有取得所有权的期间的最后3个月内(民法典第321条)。

15. 在立陶宛,时效期间被中止如果不能阻止的异常事件发生在期间的最后6个月内并阻止诉讼的提起。如上所述,原则上这个规定可以被类比的适用于持续占有取得所有权,但是还没有判例法支持这一结论。

16. 在法国,债法修正草案(第2266条)规定了不可抗力的情况下持续占有取得所有权的期间的中止,如果它发生在期间的最后6个月内。然而,这个限制没有被2008年制定的民法典第2234条所采纳(参见上文注释6)。

第Ⅷ-4:203条　司法或其他程序情形中期间的延长或更新

(1)当所有权人或以所有权人名义行事的人,对自主占有人或为自主占有人进行实际控制的人提起法律诉讼质疑自主占有人的所有权或占有时,则持续占有取得所有权的期间被中止。直到具有既决效力的裁决做出或此案件以其他方式被解决时中止的状态结束。中止只对参与法律诉讼的人以及以其名义采取行动的人产生效力。

(2)当诉讼被驳回或不成功时,第(1)款下的中止不存在。如果诉讼由于法院不适格而被驳回时,在此决定做出之日起6个月内期间不终止。

(3)如果诉讼成功,从判决生效之日起或案件被有利于所有权人的处置之日起重新计算新的期间。

(4)通过合理的调整,这些条款也可以适用于仲裁程序和其他为了得到类似判决的结果所开始的其他程序。

评　论

A. 总述

共同核心。 从根本上来说，这个规定在很多欧洲国家普遍存在。大多数法律制度规定了在司法诉讼的情况中取得所有权的期间的重新计算（中断）。有时候，在对自主占有人提起诉讼的情况下，中断效力体现在对善意的排除当中。一些国家采用了中止的方式。这也体现在第Ⅲ－7:302条（司法或其他程序情形中期间的中止）对债务履行的时效权利当中。

基本政策。 持续占有取得所有权是对一段时间内对财产保持消极的所有权人的惩罚；参见第Ⅷ－4:101条（基本规则）评论C。当所有权人采取了法律希望做出的行动并对占有人提起诉讼，则不能通过持续占有取得所有权。

对本条的概述。 本条的基本功能如下：当对自主占有人（或为了自主占有人对物进行实际控制的人）提起法律诉讼时，在法律程序进行期间发生期间的中止，即这段时间不被包括在持续占有取得所有权的期间内（第(1)款）。当这些程序结束的时候，必须区分三种情况：

(1)第(2)款涉及权利主张人败诉的情形。第(1)款规定的期间的中止被溯及既往的忽略，取得所有权的期间被如同中止从来没有发生过来进行计算。当诉讼因为在不适格的法院被提起而被驳回时有一个特别的规定（从决定做出之日起期间的届满延长6个月）（第(2)款第2句）。在这种情况下，权利主张人有另外6个月的时间向适格的法院提起诉讼。如果这样，第(1)款将再次适用。

(2)另一方面，如果诉讼成功，法院的决定将会导致新的期间开始计算。所有权人有另外30年的期间（因为占有人在判决后将是恶意的）取回物（第(3)款）。这个规定同样适用于诉讼还没有结束但占有人承认所有权人的情形。

(3)在其他的情况中，当法律程序没有继续且案件的判决对任何一方都不是有利的，但是可以通过其他的方式被解决，当这样的解决方法被达成时期间继续计算（第(1)款第2句）。可能的情况是根据各国国内法的程序性规定其他程序被中止。

B. 法律诉讼期间的中止，第(1)款

只包括法律行为。 第(1)款规定中止（只）发生在司法程序中。和第Ⅲ－7:302条（司法或其他程序情形中期间的中止）一样，司法程序外的行为，例如以书面或口头的方式主张取回某人的财产，不被包括在内。然而，这样的行为可能有别的法律意义。他们可能破坏占有人的善意这样只能在30年后取得所有权。或者它们可以导致关于所有权的谈判，引起期间届间的延长（第Ⅷ－4:204条（谈判情形中期间的延长））。关

于仲裁程序,参见下文评论E。关于调解程序,参见第Ⅷ-4:204条评论B。

提起诉讼的第一个效果:中止。对自主占有人提起的司法程序导致取得所有权的期间的中止。这个效果是初步的,因为它依赖于程序的最终结果:如果权利主张人(声称是合法所有权人的人)败诉,中止被认为从来没有发生过;如果权利主张人胜诉,在诉讼结束之后期间重新开始计算。然而,规定诉讼期间的中止是适当的(与溯及的更新相比),从提起诉讼的时候开始,如果他们胜诉。诉讼的期间对于持续占有取得所有权不具有决定性。为了保持明确性,要求在诉讼开始的时候发生中止。第(1)款第2句规定中止持续到既决效力的决定被做出或案件以其他的方式被解决。这同样来自于第Ⅲ-7:302条(司法或其他程序的情形中的中止)第(2)款。

质疑占有人的所有权或占有。中止的效力只有当诉讼的主要问题是占有人的所有权或占有的时候才会发生,例如,当所有权人根据第Ⅷ-6:101条(所有权的保护)、第Ⅷ-6:203条(作为对占有的保护取回财产的权利)或第Ⅷ-6:301条(在更好的占有的情形中取回物的权利)提起诉讼或提出宣言性主张。进一步来说,本条还包括建立在第(3)款的判决基础上的执行程序。

所有权人提起诉讼或以所有权人的名义提起诉讼。根据第(1)款中的中止规定的基本理念,所有权人被要求在司法程序中积极的主张权利以取得中止的效力。通常来说,所有权人是主动的一方并开始诉讼。然而,可能存在占有人提起宣言诉讼对抗所有权人(这并不经常发生,但是可能)。在这样的情况中,如果所有权人提起反诉,毫无疑问将会发生中止就好像所有权人首先提起诉讼。然而,当所有权人没有采取任何行动而仅仅在诉讼中作为被告主张这些权利也会发生这样的效力。考虑到本条潜在的政策坚持任何特定种类的诉讼行为都可能是太形式化的。"由合法所有权人或以他的名义对自主占有人提起的诉讼"的规定在必要的时候应当根据这些考虑被解释。

对自主占有人、有限权利占有人或占有辅助人提起的诉讼。诉讼必须对自主占有人或其他为了自主占有人行使实际控制的人提起。本条的潜在政策的要点是所有权人应是主动的,即积极的采取行动取回物或提起诉讼。如果"错误的"人被起诉并不重要。在第Ⅷ-1:207条(有限权利占有人的占有)或第Ⅷ-1:208条(占有辅助人的占有)意义上为自主占有人持有物的人也属于占有人的范围,通过持续占有取得所有权的效力也是相同的。

中止只涉及诉讼当事人以及以其名义进行行动的人(第3句)。占有人的所有权不仅在对合法所有权人的诉讼中受到质疑,在自主占有人和与合法的所有权人没有关系的第三人之间的诉讼中也会受到质疑。例如,自主占有人根据第Ⅷ-6:101条(所有权的保护)试图从第三人如小偷的手中恢复对物的占有,或自主占有人对物的权利是提出不当得利的权利主张或对第三人损害赔偿非合同义务的权利主张的基础。第3句明确了不涉及合法所有权人的诉讼不产生有利于所有权人的中止效力,基本的理念是中止的效力需要通过所有权人的行为产生。如果第三人试图在诉讼中涉及合法的所有权人则规定可能是不同的。

C. 当权利主张人败诉,第(2)款

(a)总述(第1句)

当权利主张人败诉时的基本规定("诉讼被驳回或不成功")。本条来源于第Ⅲ-7:302条(司法或其他程序情形中期间的中止),有利于所有权人的中止效力只有在诉讼是成功的时候才会发生,只有在作出最终判决的时候才能被溯及既往的达到。

示例1

P9年以前从私人那里购买物并从那时候起善意的占有。9年过后,O对P提起诉讼,声称物是从他那里被偷走,自己是物的真正的所有权人。然而,O没有能够说服法庭。一审败诉但随后他提起上诉。上诉法院将案件指派给一审法院重新审理去发现更多的事实。在4年后,驳回O的起诉的最终判决作出。

如果诉讼有完全的中止效力(无论诉讼结果),(善意的)持续占有取得所有权只有在总共14年之后才能发生。然而,根据本条,持续占有取得所有权通常发生在10年后(然而,只有在诉讼结束后才知道,即在总共13年之后)。在承认法律诉讼导致中断或中止的国家大部分都采纳了与本规定类似的措施。这个措施的好处是,正如在示例1中体现出来的,更好地符合了法律的确定性的要求。对不清楚的财产的地位应尽可能早的解决。

细节;和时效规定的不同之处。第1句中的规定与当事人之间已经发生的关于物的法律诉讼相关。在这个方面,通过持续占有取得所有权的规定与第三卷第七章中要求履行义务的权利的时效的规定有所不同。当关于要求履行义务的权利的诉讼被驳回,法律规定不存在服从于时效的权利主张(参见第Ⅲ-7:302条(司法或其他程序情形中期间的中止)评论A)。这并不必然适用于持续占有取得所有权的环境中的所有权。所有权人需要提起的第一个诉讼可能是建立在不合法干涉占有基础上的诉讼(第Ⅷ-6:203条(作为占有的保护取回物的权利))或财产的所有权不需要证明的救济。当这样的诉讼被驳回,没有涉及所有权的东西被决定。这意味着所有权人仍然可以根据第Ⅷ-6:101条(所有权的保护)在所有权的基础上提起诉讼。本条的第(2)款确认了这样的诉讼期间(权利主张人已经败诉)不被包含在取得所有权的期间内。该条通过尽可能短的维持取得所有权的期间而有利于占有人。

(b)在不适格的法院提起的诉讼(第2句)

问题。一个需要考虑的特别的问题是当某人是合法的所有权人并且在适当的时间内提起了保护权利的诉讼但该法院缺少管辖权。

示例2

取得所有权的期间已经过去了9年11个月。现在所有权人在一个不适格的法院对占有人提起诉讼。一个半月之后法院作出决定驳回起诉因为没有管辖权。

处理这个问题基本上有三种可能性：

选择(1)：中止。一种可能性是规定，当法院正式并最终的宣告自己缺少管辖权时，只要(不适格的)法院仍然在处理这个问题并持续计算，那么期间就中止。关于持续占有取得所有权的期间，这个方法在德国的判例法和法学著作被认可。在本草案中，这个效果可以通过明确的规定本条第(2)款第1句排除缺少管辖权的情形而达到。

选择(2)：期满的延迟。瑞士和荷兰规定了中庸的解决方法。在不适格法院提起的权利主张不导致所有权取得期间的中止但是导致期满的延长，例如60天(瑞士)或6个月(荷兰)，这从法院的决定变得不可上诉之时起开始计算。本条中采纳了后一种措施。类似的方法也被规定在第Ⅲ-7:302条(司法或其他程序情形中期间的中止)第(2)款第2句中，适用于所有已经结束但没有根据案情实质作出决定的法律程序的情形中(缺少管辖权是典型的例子)。然而，为了第四章的目的，并不存在将本规定扩展至缺少管辖权之外的情形的实践需要。至于仲裁庭关于自己不适格的决定(具体因为仲裁协议的无效)参见下文评论E。至于没有达成解决措施的调解程序，参见第Ⅷ-4:204条(谈判的情形中期满的延迟)评论B。

选择(3)：根本没有扩展效力。从所有权人的角度来看，最严格的方法可能是规定在不适格法院提起的诉讼没有任何重新计算或延展的效力。这个观点在奥地利得到了支持(除非该法院将该案指派给适合的法院)。在本草案中，这样的效力可以通过删除第(2)款第2句中特别的规定达到。这样，所有权人的行为可以被认为是第(2)款第1句意义上的不成功。在示例2的情况中，10年的期间可能已经经过而持续占有取得所有权可能已经发生(如果占有人仍然是善意的)。

优先采纳的选择：从声明缺少管辖权的决定作出之时起期满延长6个月。本草案采用了荷兰模式(参见上文选择2)，规定期满延长6个月从因为缺少管辖权而被驳回之日起开始计算；或更加精确的从该决定不可上诉之日起开始计算。因此，如果权利主张人在取得所有权的期间结束的时候提起诉讼结果发现该法院没有管辖权，则至少还有6个月的时间去适格的法院提起诉讼。这看起来是适当的，因为所有权人原则上符合了法律的期待，提起了法律诉讼向占有人主张所有权(或占有)。只是在确定适格的法院的时候发生了错误，而这种错误不应当导致所有权的失去。所有权人仍然需要在一定的期间内在适格的法院提起诉讼，6个月看起来是合适的。至于期间的长度，参见第Ⅷ-4:202条(在超出所有权人控制的阻碍的情形中期间的延长)第(2)款，第Ⅷ-4:204条(谈判情形中期间的延长)和第Ⅲ-7:302条(司法或其他程序情形中期间的中止)第(2)款第2句。该规定只有当司法程序发生在取得期间的末尾是才能适用。如果这个情况在此之前发生，法院的决定在期间的最后6个月之前作出(并生效)，持续占有取得所有权的期间的计算不受影响。这使得本规定在由于缺少管辖权而驳回诉讼的情形中优于规定了期间的中止的规定，因为如果取得所有权的期间尽可能少的受到影响将更有助于满足法律确定性的目标。

D. 当权利主张人(所有权人)胜诉,第(3)款

所有权人胜诉的效果:期间的重新计算。如果权利主张人胜诉,自主占有人必须交还财物。如果自主占有人拒绝这么做并决定继续像所有权人一样占有财物,任何进一步的占有都是恶意的,这意味着持续占有取得所有权只有在30年后才是可能的。第(3)款明确的规定至此已经经过的占有期间将不被考虑在内,但是新的30年的期间从决定生效之日起开始计算。如果案件根据相关的各国国内法以有利于权利主张人(所有权人)的方式被处理,则适用相同的规定。

重新计算而不是中止。和本条第(3)款采用的重新计算的概念相比,第Ⅲ－7:302条(司法或其他程序情形中期间的中止)规定了期间的中止。一般来说,中止的概念更加符合法律确定性的理念,因为取得所有权的总的期间更短。本条选择不同的概念的理由如下。已经得到可强制执行的判决的合法的所有权人已经做了几乎所有法律可以期望所有权人为了避免他人通过持续占有取得所有权而要做的事情。没有理由对不积极进行惩罚。中止的规定可能导致对合法所有权人不合理的结果,即使额外的规定了期满的延迟(例如从判决作出之日起一年到两年)。取得所有权的期间将会继续计算即使适格的法庭在司法程序中发现自主占有人不是所有权人,并且自主占有人知道物必须被归还。自主占有人可能甚至尝试延迟物的归还直到持续占有取得所有权的剩余期间经过。很明显已经被命令归还物的占有人不应当再受到和以前一样的相同程度的保护。当考虑到为了保护第三人的法律确定性,必须承认新的30年的期间并不能很好地满足这个目标。但是这通常可能是一个相当学术性的问题:当所有权人已经有可强制执行的判决并且占有人没有自愿的归还物,所有权人将在相当短的时间内启动执行程序。所有权人将以这种方式恢复占有。此外,财产受到法律程序的影响以及可强制执行判决的存在同样可以提供信息或警告第三人。

与时效规定不同之处的额外的理由。本条中规定的重新计算和第Ⅲ－7:302条(司法或其他程序情形中期间的中止)中规定的中止之间的不同之处必须结合这两种不同的环境进行考虑。当诉讼关于要求履行义务的权利,有利于权利主张人的判决产生了一个新的权利并赋予10年的时效期间;参见第Ⅲ－7:202条(法律诉讼产生的权利的期间)。在持续占有取得所有权的语境中,没有类似的关于所有权的机制当所有权人在法院诉讼中取得胜利。没有产生新的服从于新的取得期间的所有权。但是本条中期间的重新计算可以导致类似的结果,因为在另一个30年之后所有权人将通过另一人的持续占有而失去所有权。这也解释了为什么要在第三卷第七章中规定中止的概念。

E. 其他的程序,第(4)款

仲裁程序,第(4)款。第Ⅲ－7:302条(司法或其他程序情形中期间的中止)第(3)款中明确的将规定扩展到仲裁程序。为了保持一致性这里也采取了类似的规定,尽管

在实践中关于持续占有取得所有权很少采用仲裁程序。然而,当所有权的争议产生时当事人也可能会提起仲裁。本条第(4)款规定"以得到像判决一样可以强制执行的机制的目的开始其他程序",该表述也被欧洲合同法原则第 14:302 条第(3)款采纳。它的范围要比第Ⅲ－7:302 条第(3)款小,该款规定包括调解程序和其他类似的程序,参见下文。

声称自己不适格的仲裁庭。关于仲裁程序,可能有一种情况值得特别的注意,即仲裁程序开始后一方当事人质疑仲裁协议的有效性。如果仲裁庭接受这种观点并且因此拒绝做出判决因为它不具资格,在实践中有必要确定一些额外期间的存在以使当事人能够在普通法院提起诉讼。这个需求通过对第(2)款第 2 句的期满延迟规则的适当调整而得到满足,正如第(4)款规定的那样。

其他规定涉及的调解程序。不同于第Ⅲ－7:302 条(司法或其他程序情形中期间的中止)第(3)款,本条没有将调解程序等同于司法程序。他们被包括在第Ⅷ－4:204 条(谈判情形中期间的延长)中,如果占有人在这些程序的过程中同意尊重所有权人的权利,则被包括在第Ⅷ－4:205 条(承认情形中期间的结束)。在实践中,这样产生的结果和将调解包含在本条中所得到的结果并没有太大的不同。更加详细的讨论,参见第Ⅷ－4:204 条的评论。

F. 执行程序的启动

总述:本条一般规定所涉及的情形。本条不包含任何明确的规定关于在所有权人得到可强制执行的判决之后开始强制执行程序的效果。没有太多实践的需要制定这样的规定,因为第(3)款规定了期间的重新计算并且这赋予所有权人 30 年的时间取回财产。然而,本条第(1)～(3)款的一般性规定包含了强制执行程序。第(1)款的表述("司法程序质疑自主占有人的占有")被认为足以适用于这些情况。在特定的法律制度下,如果强制执行程序具有行政性质而不是司法性质,那么根据它的潜在的政策,即要求所有权人依据相关的法律制度采取取回财物的行为,该规定也可以适用。强制执行程序被包含的事实将有利于所有权人,尤其是当自主占有人试图隐藏物的时候。

细节。将本条第(1)～(3)款的一般性规定适用于所有权人得到可强制执行的判决或其他法律文件之后开始的执行程序具有以下的效力。取得所有权的期间被中止从所有权人寻求执行权利恢复物的占有之时起(第(1)款)。如果所有权人随后撤回强制程序的申请,或相关机构驳回了执行的申请,第(2)款将被适用,这样第(1)款规定的中止效力将不被考虑;中止被认为从来没有发生。当执行的申请被相关机构接受,所有权人的强制执行被认为在本条第(3)款的意义上取得成功。这意味着新的 30 年期间开始计算。后者的效力使所有权人不需要重复的提出执行申请直到期间的结束以避免(成功隐藏物的)占有人在期间经过之后取得所有权。在很多欧洲国家都有相同的规定。在一些国家,占有人的善意是通过持续占有取得所有权的一般前提,这样的规则没有被明确的规定;但是类似的效力被达到只要服从执行程序的占有人被认为是恶意的,这就从一开始排除了持续占有取得所有权的可能性。为了本条解释的目的,有必要强调当所有权人寻求强制执行并且该申请被接受,该执行在本条的意义上被认为是成功的,即使该执行最后(实际上)没能取回物。本款意义上所指的实际上没有成功的执行措施与第(2)款不同,后者将颠覆本条的政策。

注　释

Ⅰ. 司法程序

1. 在德国,持续占有取得所有权的期间通过对自主占有人或有限权利占有人提起司法诉讼而中止(民法典第240条第(1)款第1项)。然而,对占有辅助人(Besitzdiener)提起的权利主张不影响持续占有取得所有权的期间的计算(Soergel(-Henssler),BGB[13], § 939 no. 3)。中止只产生有利于开始司法程序的人的效力(民法典第939条第(2)款)。即使在缺少管辖权的法院提起诉讼也能导致期间的中止(Staudinger(-Peters),BGB[2004], § 204 nos. 25 and 28)。中止从传讯(Klageerhebung)开始直到有最终效力的判决作出或诉讼以其他方式结束之日起6个月后结束(Bambergerand Roth(-Henrich),BGB Ⅰ[2], § 204 nos. 14 and 47)。如果司法程序由于当事人的不作为而结束,期间的中止以当事人、法院或其他适格机构在司法程序中采取的最后的行动之日起6个月后结束(民法典第204条第(2)款)。如果法院没有采取行动的,不导致期间中止的结束(Henrich,loc. cit., § 204 nos. 72 - 78)。一旦当事人重新开始诉讼则发生新的中止(民法典第204条第(2)款)。

2. 在爱沙尼亚,法律规定了通过持续占有取得所有权的期间由于法律诉讼而中止(民法典总则法第160条第(1)款)。中止持续到法院的决定开始生效的时候(民法典总则法第160条第(3)款)。在任何情况下,在当事人或法院作出最后的措施的3年后期间的中止结束。当诉讼延续时,中止同样继续(民法典总则法第160条第(4)款)。民法典总则法第168条第(2)款包含时效期间期满的延迟的一般规定:在中止结束后两个月内期间不会届满,除非法律规定了更长的延迟期间。

3. 在斯洛伐克,持续占有取得所有权的期间从法律诉讼开始的时候被中止(Lazar e. a.,Obcˇianske právo hmotné Ⅰ,431)。

4. 在丹麦,期间从法律诉讼开始的时候被中止(DL5 - 5 - 1 and Vinding Kruse,Ejendomsretten 1[3],586)。在挪威同样如此。如果由于某些原因,所有权人没能胜诉,仍然足以推定占有人是恶意的并且阻止他取得动产的所有权(Falkanger and Falkanger,Tingsrett[6],311)。

5. 在瑞典,尽管关于这个问题没有任何书面的意见,但法律诉讼足以认定占有人是恶意的并阻止他取得物上更好的权利。取得人为了获得对物的更好的权利需要在整个10年期间内都保持善意(个人财产善意取得法第4条)。

6. 在荷兰,规定了通过持续占有取得所有权的期间的重新计算,如果为了恢复占有的权利主张被提起(民法典第3:316条)。中断的发生只有利于提出主张的人,如果诉讼的目的在于确认他所主张的权利(Asser(-Mijnssenand De Haan),Goederenrecht Ⅰ[14],no. 439)。当诉讼被驳回,可以适用民法典第3:316条第(2)款。原则上,期间持续计算如同从来没有发生中断。然而,民法典第3:316条第(2)款规定了例外的情形,当新的诉讼在有终局效力的决定做出之日起或诉讼以其他最终导致有利于权利主张人的决定的方式被终结之日起6个月内被提起。当诉讼被撤回时持续占有取得所有权的期间不认为被打断(民法典第3:316条第(2)款)。

7. 在奥地利,民法典第1497条规定了当对占有人的诉讼被提起的时候持续占有取得所有权的期间的重新计算。对先前的占有人提起的诉讼不打断有利于现在的占有人的持续占有取得所有权的期间(GlU 6381)。从起诉书到达法院的时候期间的计算被打断(Gerichtshängigkeit)(Schwimann(-Mader and Janisch),ABGB Ⅵ[3], § 1497,no. 11)。如果诉讼在没有管辖权的法院被提起,并且被法院驳回,则不发生期间的中断。然而根据ZPO第261条第(6)款,当权利主张被转交到适当的法院时期间仍然发生中断(Mader and Janisch,loc. cit., § 1497,no. 16)。为了中断取得所有权的期间,诉讼应当被适当的延续。这应当根据具体的环境进行判断:判例法看起来是相当严格的(Rummel(-M. Bydlinski),ABGB Ⅱ[3], § 1497 no. 10)。当诉讼是成功的,则期间重新计算,如果诉讼被驳回,则期间继续计算就好像从来没有发生过中断。

8. 在西班牙,存在相同的情况。根据民法典第1945条,中断根据对占有人的传讯而发生,即使这是由不适格的法官发出的。至于期间是从起诉之日起发生中断(Albaladejo,Derecho Civil Ⅲ 10a,180;Diez-Picazo,Fundamentos de De-recho Civil Patrimonial Ⅲ 4a,727 as cited in Faber and Lurger(-González Pacanowska and Díez Soto),National Reports Ⅴ,chap. 9. 2. 1(a) fn. 692)还是从占有人作为被告人被传讯到法院之时起发生中断(Peña,Derechos reales. Dere-cho hipotecario[4], no. 16 as cited in González Pacanowska and Díez Soto,loc. cit.,chap. 9. 2. 1(a) fn. 693)仍然存在争议。后一种观点看起来更符合本条的表述("citación" - "summons" -,"mandato" - "order")以及持续占有取得所有权的性质(González Pacanowska and Díez Soto,loc. cit.,chap. 9. 2. 1(a))。如果传讯由于不符合形式要求而无效或权利主张被撤销或权利主张被驳回则期间的重新计算不会发生(民法典第1946条)。后者可能导致与民法典第1945条协调的问题,因为法官的不适格可能是驳回权利主张的理由(Lacruz Berdejo etal.,Elementos Ⅲ(1)[2],165 as cited in González Pacanowska and Díez Soto,loc. cit.,chap. 9. 2. 1(a) fn. 695)。

9. 在意大利,民法典规定了当诉讼程序开始的时候期间的重新计算(民法典第2943条)。

10. 在葡萄牙,持续占有取得所有权的期间被传讯中断,即使法院是不适格的(民法典第323条第(1)款)。

11. 在瑞士,持续占有取得所有权的期间随着法律诉讼的开始而被中断(债权法第135条第(2)款)。期间的重新计算只有当在基于案情实质作出决定的情况下才会发生(Spiro, Begrenzung, § 133)。当权利主张由于缺少管辖权或由于能够被弥补的缺陷而被驳回时,或如果权利主张被权利主张人撤销,则期间不被认为发生了中断(Spiro,loc. cit., § 142)。然而,如果持续占有取得所有权的期间同时期满,则有新的60天的期间以使权利主张人重新提起诉讼(债权法第139条)。因此,如果法律诉讼已经结束而没有根据案情实质作出决定,瑞士法规定了持续占有取得所有权的期间的期满的延迟(BSK(-Däppen),OR[4],art. 139,no. 1)。

12. 在法国和比利时,采用了相同的规定。根据民法典第2244条(新法国民法典第2241条),法律诉讼的开始导致期间的中断。期间的重新计算只有利于提起诉讼的人而不利于被诉的人或他的继承人(Terré and Simler,Les biens[4],no. 464)。如果传讯是无效的、权利主张被撤销或被驳回则不认为发生了中断(民法典第2247条,新民法典第2243条)。在没有管辖权的法院提起的诉讼也不导致期间的中断(民法典第2246条,新民法典第2241条第(2)款)。该规定没有体现在法国债法草案中。在没有管辖权的法院提起诉讼的结果没有被债法草案所规定。此外,草案第2267条规定期间的中止而不是期间的重新计算:"诉讼过程中发生期间的中止在直到诉讼完成。"然而,新法国民法典第2241条采纳了原来的制度。

13. 在匈牙利,占有被中断当所有权人以书面形式要求占有人归还动产或在法院提起诉讼以取回财产(民法典第124条第(1)款a项)。

14. 在保加利亚,关于提起法律诉讼的效果的制定法在一定程度上是矛盾的。根据债权法第115条,如果所有权人对占有人提起强制取回之诉在诉讼过程中发生期间的中止。根据对第115条的严格解释,如果权利主张被承认,则在法院作出关于强制取回的决定之后时效期间持续计算。然而,学界的主要意见认为这样的法院决定的结果不是中止而是期间的中断。这来源于债权法第116条,明显的与第115条相冲突。在所有权取得期间届满之前传票被送达就是足够的。如果权利主张被法院驳回,期间的中断被认为没有发生。在极少的情况中,诉讼过程中异议的答辩同样可能导致中断(Faber and Lurger(-Stoimenov),National ReportsIV,chap. 11.4.2 and 11.4.3)。

15. 在立陶宛,民法典第1.130条规定了提起诉讼的情形中时效期间的重新计算。如果权利主张被驳回或被权利主张人撤回则不发生中断。原则上,这个规定可以被类比地适用于持续占有取得所有权,但是还没有判例法支持这种观点。

16. 在斯洛文尼亚,没有关于持续占有取得所有权的期间的中止和中断的特别规定。对占有人提起的诉讼只会影响他的善意而不影响时间的流逝。

Ⅱ. 仲裁程序和其他程序

17. 在德国,根据民法典第204条第(1)款第11项,持续占有取得所有权的期间在仲裁期间同样中止。中止不随着传讯的开始,而是随着仲裁程序的开始而开始(Erman(-Schmidt-Räntsch),BGB Ⅰ[12], § 204 no. 29)。

18. 在爱沙尼亚,法律规定了仲裁程序期间的中止。根据民法典总则法第161条第(1)款,"当根据仲裁协议向仲裁庭提起申请时同样可以适用第160条的规定"。

19. 在荷兰,民法典第3:316条第(1)款同样包含了仲裁程序(Nieuwen-huis/Stolker/Valk(-Stolker),T & C Burgerlijk Wetboek[3],art. 3:316,no. 5)。此外,民法典第3:316条第(3)款规定如果对方已经被尽快的通知则期间被作出决定的行为打断。根据民法典第3:317条,甚至非正式的请求也能中断所有权取得的期间,如果在这个请求提出后6个月内发生民法典第3:316条意义上的诉讼。这个请求必须是书面的(Stolker,loc. cit. ,art. 3:317,no. 2)。

20. 在瑞士,OR第135条第(2)款明确的规定在法院或仲裁庭提出权利主张或进行辩护可以导致期间被中断。仲裁被本条明确的提到(BSK(-Däppen),OR[4],art. 135,no. 14)。

21. 在葡萄牙,根据民法典第324条,仲裁程序同样中断持续占有取得所有权的期间。

22. 在奥地利,法学界仅提到仲裁程序是时效期间重新计算的理由(Schwimann(-Mader and Janisch),ABGB Ⅵ[3], § 1497,no. 41)。是否这同样适用于持续占有取得所有权的期间还没有被讨论。

23. 在比利时,仲裁程序可以中断持续占有取得所有权的期间(Hansenne,Les biens Ⅰ,no. 436)。然而纠纷的解决没有中断的效力(Dekkers(-Dirix),Handboek burgerlijk recht Ⅱ[3],no. 1224;Hansenne,Les biens Ⅰ,no. 436)。

24. 在匈牙利,法学著作中批评了将期间中断的规定仅适用于在法院提起的取回之诉上。如今主流观点采纳了更宽广的方法(Faber and Lurger(-Szilágyi),National Reports Ⅲ,chap. 13.1.5)。同样新民法典的学者建议稿也没有这样的限制了。

Ⅲ. 执行程序

25. 在德国,根据民法典第 941 条,持续占有取得所有权的期间被打断当寻求执行命令时或执行被进行。法律规定了期间的重新计算(而不是中止)以避免所有权人在期间的末期需要不断地采取执行措施以免占有人取得所有权(Erman(-Ebbing),BGB[12], § 941 no. 2)。民法典第 212 条第(2)款和第(3)款因此适用:当执行命令的申请被驳回或撤回时则不认为发生过中断(Erman(-Ebbing),BGB[12], § 941 no. 3)。先前已经经过的持续占有取得所有权的期间继续计算(Staudinger(-Peters),BGB[2004], § 212 nos. 47 -48)。在很多情况中,期间已经被中断,因为自主占有人在诉讼期间因为承认了权利主张人的所有权而缺乏善意(Soergel(-Henssler),BGB[13], § 941 no. 1)。

26. 在爱沙尼亚,法律规定当提出执行申请时持续占有取得所有权的期间重新计算(民法典总则法第 159 条第(1)款)。如果执行申请没有被接受或在执行程序开始前被撤回或如果已经履行的执行行为被撤销,不认为期间被中断(《民法典总则法》第 159 条第(2)款)。

27. 在保加利亚,执行程序导致持续占有取得所有权的期间被中断(所有权法第 84 条以及债权法第 116 条)。法律诉讼所导致的中断以权利主张人的权利被确定为前提,与之相比,执行程序的开始总是导致期间的中断。即使程序行为被溯及既往的取消,期间的中断仍然有效(Faber and Lurger(-Stoimenov),National Reports Ⅳ,chap. 11.4.2)。

28. 在比利时,法律学者认为"没收和控制"(saisie et commandement)的行为同样中断持续占有取得所有权的期间,如果对方已经被通知(民法典第 2244 条;Dekkers(-Dirix),Handboek burgerlijk recht Ⅱ[3],nos. 1228 and 1230;de Page and Dekkers,Traité élémen-taire de droit civil belge Ⅶ[2],nos. 1185 and 1188;Hansenne,Les biens Ⅰ,no. 432)。然而,这些规定在实践中与时效期间而不是持续占有取得所有权的期间的联系更加紧密(Hansenne,Les biens Ⅰ,no. 432)。根据法国法律学者在 2008 年改革之前的意见,没收和控制仅影响时效期间而不是持续占有取得所有权的期间(Carbonnier,Droit civil Ⅲ[19],no. 193;Jourdain,Les biens,no. 191)。在 2008 年,新的第 2244 条被引入法国民法典中,它规定执行行为也能导致期间的中断。

29. 在奥地利,法律没有做这样的规定——可能是因为一旦开始对占有人的执行程序则善意的要求不再被满足,因此,持续占有取得所有权不再可能(参见第Ⅷ-4:101 条注释 14、51 和 71)。

30. 在斯洛文尼亚,法律没有包含关于持续占有取得所有权的期间的中止和中断的特别规定。对占有人的执行程序只影响他的善意而不是时间的流逝。

31. 在匈牙利,法律没有明确作出这样的规定。

第Ⅷ-4:204 条　谈判情形中期间的延迟

如果所有权人和自主占有人或为自主占有人进行控制的人就所有权或自主占有人能够取得所有权的情况进行谈判,在谈判中最后一次交流做出后 6 个月内取得所有权的期间不会期满。

评　论

A. 谈判

功能和政策。在一定意义上，本条补充了第Ⅷ－4:203条（司法或其他程序情形中期间的延长或更新），该条仅限于司法和仲裁程序。法律外行为，例如口头或书面的主张取回某物，可能破坏善意因此将持续占有取得所有权的期间延长至30年，但是没有中止或中断的效力。然而，当所有权人采取这样的法律外行为的时候，占有人原则上没有拒绝所有权人的主张而是进行了谈判，那么如果占有人在谈判破裂后根据已经经过的谈判的时间而取得所有权对所有权人来说是不公平的。因此，本条确定所有权人至少另有6个月的时间可以提起诉讼取回财物。本条所采用的期满的延迟使它尽可能小的妨碍法律确定性的一般利益，因为原则上取得所有权的期间持续计算，只是在最后一次交流做出之日起6个月内不会终止。期满的延迟在欧洲国家被普遍采用。

和第Ⅲ－7:304条（谈判情形中期间的延迟）的关系；期间的长度。第Ⅲ－7:304条作出了类似的规定。然而，该条延迟了1年而不是6个月。这对于通过持续占有取得所有权来说太长了，因为本章规定的期间已经够长了。因此，本条中规定了6个月的期间。这同样可以被看作是第Ⅲ－7:304条中规定的1年期间和一些成员国中规定的不超过2个或3个月的期间的妥协。

谈判。从实际上来说，本条的实践重要性对于持续占有取得所有权来说要小于要求履行义务的权利的时效。它主要适用的情形包括，例如所有权人出现主张取回财产的所有权，而占有人怀疑权利主张人的所有权但仍然想要确认所有权人提出的事实，当事人随后同意尝试解决这个问题。所有权人将试图提供额外的证据等。这样的谈判和关于履行义务的权利的谈判相比，关键是当事人不会在“中间的某个地方”达成一致。如果当事人达成实质性结果，则要么完全的承认或放弃权利，或谈判将被终止，导致6个月的期满的延迟。如果占有人承认所有权人的权利，第Ⅷ－4:205条（承认的情形中期间的结束）的前提条件将被满足，意味着现在的取得所有权的期间已经结束，但是如果占有人仍然以自主占有人的能力继续占有物，则新的（30年的）期间开始计算。当所谓的所有权人在谈判中放弃所有权，对所有权的主张失败，这样的行为可能构成对物的抛弃，现在的占有人可能通过先占立即取得物的所有权。这些问题不被本卷所讨论。然而，谈判的结果并不必然是有或无。例如，所有权人可能有义务支付一定的补偿为了占有人在占有期间作出的所有努力。或当事人可能同意现在的占有人支付一定数量的价款后继续持有物。如果转让人真的拥有对物的所有权这将构成本条第二章意义上的普通转让。

B. 具体的调解程序

本条中包含的调解程序。正如在第Ⅷ－4:203条（司法或其他程序情形中期间的延长或更新)评论 E 中提到的,调解程序被包含在本条中。这与第Ⅲ－7:302 条(司法或其他程序情形中期间的中止)第(3)款所采取的方法不同,它将调解程序和法律诉讼同等对待。这种选择主要建立在特别的效力上,当所有权人由于他人的持续占有而将失去所有权时,这种选择将有利于作为调解一方当事人的所有权人。从形式上来说,调解程序被包含在本条中,因为根据第Ⅲ－7:302 条第(4)款中的定义,这种程序是"一种结构化的程序,根据它争议的两个或更多当事人试图在调解人的帮助下达成解决争议的协议"。换句话说,当事人在特别的结构化的程序中进行谈判,并接受中立的第三人的指导和帮助。

这种方法主要的实践效果。将本条与第Ⅷ－4:203 条(司法或其他程序情形中期间的延长或更新)进行对比可以得出以下结论。(1)只要调解程序(谈判)被执行,这两个概念都确定了期间不会损害所有权人的利益而结束。(2)通过这样的程序占有人承认所有权人对物的权利,这两种方法的实践效果将完全重合。第Ⅷ－4:203 条第(3)款规定了期间的重新计算,这实际上意味着由于占有人的恶意而导致 30 年的期间。根据本条也会产生 30 年的期间,在这种情况中占有人的行为将构成第Ⅷ－4:205 条(承认的情形中期间的结束)意义上的承认。(3)然而,关于调解程序最关键的是没有达成任何解决方案。在这样的情况中当事人通常采取的措施将是给法院起诉。本条保证所有权人至少有 6 个月的时间开始诉讼。同时,因为在整个谈判过程中取得所有权的期间继续计算,持续占有取得所有权的总的期间不会被过分的延长,从法律确定性的角度来看仍然是适当的。根据第Ⅷ－4:203 条的规定,调解程序的正式结束被包含在"已经通过其他方式被处置"的表述中,效果是中止的结束。如果调解程序在很久以前开始但同样持续了相当长的时间,中止的效果意味着取得所有权的总的期间同样被延长了相当长的时间,这不利于实现法律的确定性。另一方面,如果调解程序在期间快要结束的时候开始,所有权人可能没有足够的时间提起诉讼。因此,由本条(第Ⅷ－4:204 条)对调解程序进行调整,保证有至少 6 个月的期间采取适当的步骤,是适当的。

注　释

1. 在德国,2001 年的时效规则的改革在民法典中对谈判的情形中期满的延迟引入了新的规定。根据民法典第 203 条,当当事人对权利主张或与权利主张有关的情形进行谈判时期间被中止直到一方当事人拒绝继续这种谈判。然而,在导致中止的事件之后 3 个月内取得所有权的期间不会经过。"谈判"应被广义地理解。调解程序同样被包含在本条中(Bamberger and Roth (-Spindler), BGB Ⅰ², § 203 no. 4)。根据主流意见,谈判是当事人之间意见的交换,可能使权利主张人相信权利主张没有被对方当事人完全地拒绝(Staudinger(-Peters), BGB[2004], § 203 no. 7)。说明中止期间开始和结束的具体的形式要求是不存在的,但是为了使谈判结束必须清楚地表明一方当事人拒绝进一步的谈判(Spindler, loc. cit., § 203 no. 7)。谈判结束后 3 个月内持续占有取得所有权的期间不会届满(民法典第 203 条)。

2. 在爱沙尼亚,法律规定了在谈判的情况下持续占有取得所有权的期间的中止,如果谈判是关于权利主张或权利主张产生的情形。如果一方当事人拒绝进行谈判，谈判被推定已经结束（民法典总则法第167条第（1）款）。民法典总则法第168条第（2）款包含了一般性的规定关于中止情形中期满的延迟：在中止结束后两个月后期间不会届满，除非法律规定了更长时间的延迟。

3. 在荷兰，如果当事人进行谈判则持续占有取得所有权的期间重新计算（Nieuwenhuis/Stolker/Valk（-Stolker），T & C Burgerlijk Wetboek[3]，art. 3:317，no. 2）。

4. 在西班牙，民法典第1947条规定调解构成期间中断的理由。根据这一规定，从调解程序结束之日起两个月内要在法院提起关于争议物的所有权或占有的诉讼才会导致中断。根据这一前提，从提交开始调解程序的申请时发生中断（1881年民事诉讼法第479条，在这个问题上依然有效）。

5. 在奥地利，民法典中没有规定谈判情形中期间的中止或重新计算，无论是持续占有取得所有权还是时效期间。法律承认某些时效期间中止的具体的理由，体现在一些特别的规定中或通过法律著作或案例法发展出来（Schwimann（-Mader and Janisch），ABGB Ⅵ[3]，Pref. to §§ 1494－1496，no. 1）。所以，法律学者和案例法都认为谈判（Vergleichsverhandlungen）一般而言构成时效期间期满延长的理由（Mader，JB l 1986，7；Mader and Janisch，loc. cit.，vor §§ 1494－1496，no. 3；SZ48/33；ZVR 1997/18 and 98，ZVR 1998/89；SZ72/51）。在谈判失败之后这个权利仍然可以通过法律诉讼被执行，尽管期间可能已经经过，但它发生在期间经过之后的合理的时间内。谈判应当是准确的并且得出互惠的提议（Kozioland Welser，Bürgerliches Recht Ⅰ[13]，232）。原则上，相同的规定适用于通过持续占有取得所有权（Koziol and Welser，loc. cit.，340）。然而，这个期满的延长的理由没有在持续占有取得所有权的语境下被讨论（Iro，Sachenrecht[3]，no. 6/92：谈判不是持续占有取得所有权的期间的延长的理由）——或许这是因为在这种情况中占有人不再是善意的而持续占有取得所有权被排除。

6. 在瑞士，OR没有规定在谈判的情况中期间的中止或中断。然而，通常认为在谈判过程中期间被中止即使制定法没有明确的规定这一点（Spiro，Begrenzung，§ 108）。

7. 在法国和比利时，传统上没有规定在当事人谈判时持续占有取得所有权的期间是否中止或重新计算。法国债法草案初稿规定“只要当事人善意的进行谈判期间就停止计算或被中止”（草案第2264条）。然而，这个建议没有被2008年的法律改革所采纳，但是新的第2238条被引入到民法典中，该条规定，在争议发生后，从当事人同意进行调解或如果没有书面协议从调解的第一次会议之日起期间被中止。从一方或双方当事人或调解人宣告调解程序结束之日起期间继续计算至少6个月。

8. 在意大利和葡萄牙，谈判是否导致期间的中止或中断没有被明确地规定。

9. 在斯洛文尼亚，法律没有明确地规定持续占有取得所有权的期间的中止或中断。谈判只影响占有人的善意而不影响时间的流逝。

第Ⅷ-4:205条　承认的情形中期间的结束

当自主占有人或为自主占有人进行控制的人承认所有权人对物的权利时则持续占有取得所有权的期间结束。如果之前的自主占有人以作为所有权人或像所有权人一样行事的意图继续行使对物的直接或间接的实际控制时，则重新开始计算新的期间。

评　论

A. 总述

共同核心。在欧洲普遍认为如果占有人承认了所有权人的所有权,则有利于自主占有人的期间停止计算。技术上来说,这通常体现在期间的重新计算("中断")中,意味着已经经过的时间不再被考虑,而新的持续占有取得所有权的期间开始计算如果该人在承认之后继续作为自主占有人持有财产。这个规则类似于要求履行义务的权利的时效的承认的情形,后一种规定同样被采纳在第Ⅲ－7:401条(承认导致的重新计算)中。

为了说明的目的而采纳的明确的规定。本条可以被认为是多余的因为当某人明确的承认了所有权人的权利,该人通常停止作为第Ⅷ－1:206条(自主占有人的占有)意义上的自主占有人进行占有,并因此不能满足第Ⅷ－4:101条(基本规则)第(1)款中规定的持续的自主占有的一般要求。至少从承认的声明作出之日起,该人不再被认为是"作为或像所有权人一样"进行占有,而是为了所有权人持有物。如果该人改变了意图并且继续以自主占有人的能力进行占有,则开始计算新的期间。然而,有必要在本条中明确的规定承认的效力。这同样有利于解决当正确的适用自主占有的概念存在疑问的情形。这些情况都是假设性的,并且可以通过一般原则的适用被解决,然而提供一个明确的规定将可能是最简单的方法。例如,如何处理某人表面上承认所有权人的权利而同时内在的打算作为所有权人进行占有的情形或占有人公开的对所有权人表示例如"我知道这些东西归你所有。然而,我将继续占有你的东西就好像它们是我的财产一样,我打算通过持续占有取得它们的所有权"的情形可能存在疑问。

B. 详细的规定

承认。本条意义上的承认可以是任何表示占有人知道所有权人权利存在的陈述或声明,无论明示的还是暗示的。没有特别的形式要求。例如,占有人表达了归还物的意愿就已足够。

示例1

P占有O的财物29年10个月。为了避免由于持续占有而失去权利,O要求取回财物。P假装急切的还需要使用他们4个月并承诺在那之后归还它们。这构成本条意义上的承认,因此P在总共30年的期间结束后不取得物的所有权。在做出承认之后新的期间(30年,因为P很明显不是善意的)开始计算,如果P继续为自己持有财物。

承认的主观方面(所有权人对物的权利)。根据本条的规定,承认涉及"所有权人对物的权利”。这应在广义上被理解。当然，当占有人直接承认所有权人“拥有”物时前提条件被满足。但这不是决定性的方面。占有人承认任何种类的对物的最高权都是足够的，例如，根据租赁合同、储存合同或物的无偿借用的合同。换句话说，占有人承认自己是第Ⅷ－1:208 条（有限权利占有人的占有）意义上的有限权利占有人或第Ⅷ－1:208 条（占有辅助人的占有）意义上的占有辅助人都是足够的。

示例 2

多年以前，O 遭遇一场意外并且不再使用他的帆船，O 和 P 达成协议允许 P 使用 O 的船并每年支付非常低的、象征性的价格。在一段时间以后，P 打算为自己持有该船，但是继续支付年费。每一次支付都构成本条意义上的承认。

自主占有人或为自主占有人进行实际控制的人的承认。承认的声明不需要由自主占有人亲自作出。自主占有可以通过他人行使，即有限权利占有人或占有辅助人。正如本条明确规定的那样，由中间人做出的承认行为也是足够的。至少有两个理由说明这一点。一方面，本条的基本理念是所有权人对物的权利被承认，所有权人没有必要或理由再提起任何诉讼保护自己的权利。本条保护所有权人对清楚明确的事实的依赖，当这样的表象是对物进行控制的人产生的时候。另一方面，建立在自主占有的概念上。当中间人为了自主占有人进行实际控制的时候自主占有存在。一旦行使实际控制的人承认所有权人的权利并且这与（前）自主占有人作为真正的权利持有人不一致，中间人相当于为了所有权人而不是（前）自主占有人，后者的自主占有因此遭到破坏。

承认的效果和新的期间的开始。本条的第 1 句没有包含“重新计算”但是简单的规定一旦做出承认则取得所有权的期间结束。新的期间并不自动的开始计算，但是如果占有人在承认所有权人的权利之后再一次改变主意并且“为了自己”进行占有则期间开始计算。因此，“重新计算”的说法在本条的语境中可能让人产生误解。就此而言，本条和第Ⅲ－7:401 条（承认的情形中期间的重新计算）有很大不同。对于要求履行义务的权利的时效，与债务人的精神状态相关的主观要素是不需要的，这样新的期间将自动开始计算当重新计算的前提条件被满足。相反，在持续占有取得所有权的情形中，为了开始新的期间，以作为所有权人的意图进行占有的主观因素必须额外地被满足。

注　释

1. 在很多国家明确规定持续占有取得所有权的期间被打断当占有人承认所有权人的权利时（奥地利民法典第 1497 条；意大利民法典第 2943 条和第 2944 条；荷兰民法典第 3:318 条；葡萄牙民法典第 325 条；西班牙民法典第 1948 条）。从 2008 年开始，法国民法典同样明确地规定期间被打断当债务人(占有人)承认对方的权利(民法典第 2240 条)。

2. 在某些国家,类似的效果被达到,因为持续占有取得所有权被排除在占有人是恶意的时候(爱沙尼亚物权法第 111 条;德国民法典第 937 条;挪威取得时效法第 4 条;丹麦第 5-5-1 条至第 5-5-5 条;瑞士民法典第 728 条第(1)款)。换句话说,持续占有取得所有权要求占有人善意的相信自己已经成为物的所有权人。在取得人得到物的占有的时候必须是善意的并且贯穿整个期间(立陶宛民法典第 4.68 条;斯洛文尼亚物权法第 45 条第(1)款;爱沙尼亚:Faber and Lurger(-Kullerkupp),National Reports Ⅰ,314 f;斯洛文尼亚:Faber and Lurger(-Petkov),National Reports Ⅵ,chap. 14.1;挪威:Faber and Lurger(-Færstad),National Reports Ⅴ,chap. 11.3.2)。在丹麦,主流意见是为了通过持续占有取得更好的权利并不需要是善意的,但是取得人必须不能不诚实或不合法的行事(Færstad,loc. cit.,chap. 11.5.3),因此承认他人对物更好的权利的人将不能通过持续占有取得比该人更好的权利。

3. 在法国和比利时,民法典第 2229 条(新法国民法典第 2261 条)要求占有是持续的、不受干扰的、和平的、公开的和明确的,并且占有人以所有权人的能力行事。就此而言,"明确的"意味着对于占有的来源和它排他的性质不存在任何怀疑。如果占有人承认他人对物的权利则这个要求没有被满足。至于新规定的法国民法典第 2240 条,参见上文注释 1。

4. 正如第Ⅷ-4:101 条的注释的第二部分所示,大多数国家规定持续占有取得所有权要求取得人以作为所有权人的意图进行占有,从功能上来说这也排除了承认他人对物的所有权的人取得所有权(瑞士民法典第 728 条第(1)款;Faber and Lurger(-Tichy′),National Reports Ⅵ,chap. 13.3.1;Faber and Lurger(-Mikelenas),National Reports Ⅲ,chap. 13.2;Faber and Lurger(-Petkov),National Reports Ⅵ,chap. 14.1;Faber and Lurger(-Szilágyi),National Reports Ⅲ,chap. 13.1.1;Faber and Lurger(-Færstad),National Reports Ⅴ,chap. 13.3.3;DANISH Law § 5-5-1)。持有人不能取得物的所有权(Faber and Lurger(-Stoimenov),National Reports Ⅳ,chap. 11.2.2)。西班牙民法典第 1941 条同样规定"以所有权人的能力进行占有",这意味着与作为实际所有权人的事实相一致的外在行为。

5. 除了注释 1 提到的明确的规则之外,意大利民法典第 2937 条第(2)款和第(3)款规定,一旦时效期间(或持续占有取得所有权的期间)已经经过,权利持有人可以放弃权利。这个规定同样适用于持续占有取得所有权。为了实现这个目的,占有人需要承认自己不从持续占有取得所有权的效果中获益的意图。因此,一旦某人放弃持续占有产生的权利,之前所有权人的权利自动恢复(Faber and Lurger(-Greco),National Reports Ⅰ,499)。

第Ⅷ-4:206 条　应当考虑的前任的占有期间

(1)如果某人继受他人的自主占有,并且本章所规定的条件都被满足,那么前任进行占有的期间可以被继承者利用。

(2)善意的继承者只有根据第Ⅷ-4:101 条(基本规则)第(1)款(b)项取得所有权时才能将恶意的前任的占有期间考虑在内。

评　论

A.一般规定,第(1)款

基本理念。就它的基本原则而言,本条包含了在欧洲常见的方法。最终实现通过持续占有取得所有权的自主占有不需要在整个期间都被同一个人行使。然而,一个自主占有人的占有的期间可以被累计到下一个自主占有人的身上,如果他们都满足了第四章的一般要求,并且自主占有被自愿的或以其他一般承认的方式被转让。本规定在多个方面支持了法律的确定性。通过较短期间的占有取得所有权的可能性当然符合自主占有人的利益。从第三人的角度来看同样满足了法律的确定性,因为相对安全的法律地位可以被更加容易地设立。同样,因为没有必要让某人长时间的占有物以设立这样一种安全的法律地位,在一定程度上也促进了商业的自由流动,从经济的视角来看这更加合理。另一方面,从所有权人利益的角度来看,该规定是相对中立的。除了在某些情况中很难确认某人的财产在哪里,财产是否从来没有被第一个自主占有人转让,或它是否已经被转让一次或数次,或是否某个占有人已经死亡对所有权人的地位都没有影响。然而,在一些情况中,追踪财产的困难可能是相当大的。

占有的继承。和一些国家不同,本条没有区分之后的自主占有人对前任的继承方式。本条意义上"占有的继承"包括建立在(国内)继承法的基础上的"概括继承"(通常称为"一般权利")以及建立在直接转让这些物的合同的基础上的继承("具体权利"),例如销售合同、以物易物或赠与。此外,这样的情形还包括在第一个自主占有人的手中的物服从于执行程序而新的自主占有人通过强制交易而得到占有(如果这没有导致后者立即的善意取得所有权)。

所有要求的全部被满足。正如本条中明确规定的那样,适用它的前提是前任和进行占有的继承人都满足了第四章的所有要求。这意味着他们都必须以自主占有人的能力进行占有,即都是"作为或者好像"物的所有权人一样。占有必须被持续地行使。此外,他们都不能通过盗窃得到占有;参见第Ⅷ-4:101条(基本规定)第(1)款和第(3)款和第Ⅷ-4:103条(持续占有)。这些前提的满足必须由主张适用本条的人进行证明。

第(1)款的效力。本条规定前任占有的期间可以被累积给继承人。换句话说,第一个占有人的占有期间被加在第二个占有人的占有期间上。

示例1

O拥有一套邮票,被P1偷走。两个月后,P1将邮票出售给善意的P2,他持有这些邮票直到5年后死亡。P2被他的继承人P3继承,他占有了P2的全部财产,但是,因为他对邮票不感兴趣,在P2死亡两年后将邮票赠与给了他的侄子P4。P4占有邮票4年。所有的占有人除了P1

都是善意的。

P1 的两个月期间不能在本条的意义上被考虑,因为 P1 不能满足第四章中规定的一般要求。根据第Ⅷ-4:101 条(基本规定)第(3)款他被排除通过持续占有取得所有权。所有其他的占有人,P2 到 P4,都满足了第四章的一般前提,并在本条的意义上继承了他人的自主占有。因此,P2 5 年的期间、P3 两年的期间、P4 4 年的期间被合起来计算(11 年)。P4 在 P2 从 P1 购买物的 10 年之后通过持续占有取得所有权。

B. 善意和恶意的占有人,第(2)款

问题。第Ⅷ-4:101 条(基本规定)第(1)款对于善意(10 年)和恶意(30 年)的持续占有规定了不同的取得所有权的期间。如果前任和继承人都是善意的(例如示例 1)或都是恶意的,在计算取得所有权的整个期间时不会产生问题:它要么是 10 年要么是 30 年。需要解决的问题是如何将本条第(1)款规定的原则适用到占有人一个是善意的而其他的是恶意的情形中。

第一个基本选择:前任的期间不被自动地考虑。在很多欧洲法律制度中,经常有一条只适用于“概况继承”的规定,它规定继续进行占有的继承人拥有和前任一样的资质和缺陷。根据这样的规定,如果前任是恶意的,善意的继承人也会自动的被当作恶意对待并且因此只能在相当长的时间之后取得所有权。同样,当前任是善意的而继承人是恶意的,后者可以援引更加有利的善意取得所有权的规定并且在较短的时间经过之后取得所有权。这种方法没有在这里采纳:每个占有人都被分别的对待。因为一般认为占有人的精神状态(善意或恶意)是第四章的框架中的决定性因素,因此有必要在本条中保持一致地适用这种方法。具体而言,不应当允许恶意的占有人从有一个善意的前任的巧合中获益从而在总共 10 年的期间后取得所有权。采用前述的方法使它可以避免对占有人不适当的优惠待遇以及避免对所有权人过分的严厉。

善意的前任,恶意的继承人。第一种情况是第一个占有人是善意的然而第二个占有人是恶意的。这样的情况可能不会经常发生,但却是可能的。在第一个自主占有人善意的占有之后,继承人可能从一开始就知道物的来源并使继承人的占有成为恶意的。同样,第二个自主占有人可能一开始是善意的但是可能在稍后得到额外的信息使其成为恶意(但是在善意占有的 10 年的总共的期间经过之前)。在这种情况下,不需要制定额外的规定。第二个占有人取得所有权的期间将是 30 年。它并不违背第(1)款的规定。恶意的继承人在总共 30 年的期间经过之后取得所有权(考虑到最多 10 年减去前任善意占有的时间)。恶意的继承人将如同前任同样缺少善意的方式被对待。

恶意的前任,善意的继承人。第二种情形是第一个占有人是恶意的,但是继承人是善意的。然而,第一个占有人不能是小偷(本条第(1)款以及第Ⅷ-4:101 条(基本规则)第(3)款)。第二种情形需要特别的规定,主要处理两个问题。这将在下面的评论中被讨论。

为了根据第Ⅷ-4:101条(基本规则)第(1)款a项取得所有权不允许考虑恶意的前任占有的期间。第一个问题是善意的继承人根据第Ⅷ-4:101条第(1)款a项取得所有权时是否可以利用恶意的前任的占有期间,即在总共10年的期间之后。这意味着如果恶意的前任已经占有超过10年,这将导致善意的继承人立即取得所有权一旦后者取得占有。这是不适当的因为所有权人取回财物的机会将突然消灭。处理这个问题有数种选择。一种可能性是适用10年期间(根据现在的占有人的善意)并且原则上允许善意的继承人利用前任的占有期间,但额外的规定所有权人在善意的继承人得到占有之后至少有一定的时间取回物。例如,可以规定在善意的继承人得到占有之后1年或2年内10年的期间不会结束。然而,因为对所有权人的没收效力是相当严厉的结果,并且恶意的占有人,由于实际或可能的知道或怀疑,以某种方式阻止物被归还给它们的所有权人(通过积极的隐藏它们或忽略物属于他人的事实),本条第(2)款规定恶意的前任的期间不能被计算在善意的占有人通过10年的持续占有取得所有权的期间内(示例2)。然而,本条也没有阻止第二个占有人援引第Ⅷ-4:101条第(1)款a项,如果第二个占有人已经善意的占有了10年,这样也没有必要适用本条。

示例2

当他将物赠与给善意的P2时,P1已经恶意的占有O的物12年。尽管已经超过10年的期间并且P2是善意的,他不能将P1的12年加到自己的占有期间上,后者根据第Ⅷ-4:101条第(1)款a项被决定。因此,P2还没有通过持续占有取得所有权。

示例3

当他将物赠与给善意的P2时,P1已经恶意的占有O的物12年。P2(善意的)占有了11年。这里,P2满足了第Ⅷ-4:101条(基本规则)第(1)款a项的要求。他在得到占有的10年之后取得所有权。在这种情况下是否考虑前任的占有期间是不相关的。

根据第Ⅷ-4:101条(基本规则)第(1)款(b)项取得所有权时善意的继承人可以利用恶意的前任的占有期间。第二个问题是善意的继承人是否只能在10年的占有之后(正如上文所述)取得所有权或继承人是否可以在持续占有30年取得所有权的情形中将恶意的前任的占有期间纳入考虑,即根据第Ⅷ-4:101条第(1)款(b)项。这将有利于善意的继承人当恶意的前任已经占有物超过20年。继承人只需要在剩余的时间内进行占有满足30年的期间要求,而不需要再占有至少10年(参见示例4)。允许善意继承人采取这种行为的规定体现在本条第(2)款中。这个选择的考虑是如果前任和继承人都是恶意的那么所有权人仍然可能失去对物的权利。因此,善意的继承人不应当处于更差的地位。这样的规定同样有利于法律确定性,因为根据这种规定,一旦持续的占有至少超过30年,则没有必要调查之前的占有人是善意的还是恶意的。这个规定符合某些欧洲国家的法律,例如法国、比利时和荷兰。功能上来说,当前任是恶意的,它同样符合"概况继承"的规定,即继承人被认为以和前任相同的能力继续进行占有。

示例4

当他将物赠与给P2时,P1已经恶意的占有O的物25年,P2善意的占有物6年。因此,P2可以根据第Ⅷ-4:101条(基本规则)第(1)款(b)项将P1的占有期间加到自己的占有期间上并在总共30年的期间之后取得所有权。P2不需要在自己占有10年之后才能取得所有权。

注　释

Ⅰ.占有的继承

1. 在荷兰,法律区分某人根据一般权利继承他人的占有(民法典第3:102条第(1)款),即某人所有的权利和义务转移给他人(例如继承)和不根据一般权利转让的占有(民法典第3:102条第(1)款),例如根据销售、易货交易、赠与等。对于根据一般权利的转让,继承人以相同的特点继续前任的占有;然而,对于其他转让,只有在前任和继承人都是善意的时候这样的继续才是可能的(Snijders, Goederenrecht[4], no. 253)。最初,新民法典的草案采用的是"通过具体权利的继承"(verkrijging onder bijzondere titel)而不是"不同于一般权利的继承"(verkrijging onder algemene titel)。因为并不总能确定继承是否根据特定的权利发生,最终仍然采用了"不同于一般权利"的表达(Parlementaire Geschiedenis Ⅲ,412)。

2. 在保加利亚,占有人可以将前任的占有期间加到自己的占有期间上。在概括继承的情况中,占有人以相同的性质继续被继承人的占有(所有权法第70条)。加上前任的占有期间要求发生概括继承的法律行为是有效的。如果死者的遗嘱被宣告无效或被撤销,或如果继承人由于重大过失而不能继承,继承人不被允许利用前任的占有期间(Faber and Lurger(-Stoimenov), National Reports Ⅳ, chap. 11.2.4)。另一方面,具体的继承人,没有得到和前任一样的相同"性质"的占有。受让人的占有可以是善意的,即使前任是恶意的。要求继承人根据法律行为从前一个占有人那里取得占有。取得占有的类型不重要,例如,占有的取得可以通过占有的改定或简易交付发生。如果新的占有人仅仅通过单边行为得到占有则增加是不可能的(Stoimenov, loc. cit., chap. 11.2.4)。概括继承和具体继承的共同的要求是被累计的占有期间没有被中断。如果占有由于第三人的占有而被打断,这样的中断不能超过6个月(所有权法第76条)。法律著作认为终止与受让人的合同并且重新取得占有的占有人不能将受让人的占有期间考虑在内(Venedikov, Novo vesht-no pravo, 193)。

3. 在法国和比利时,民法典第2235条(新法国民法典第2265条)允许继承人将前任的占有期间加到自己的占有期间上以取得所有权,无论这种继承是根据一般权利还是具体权利发生;也不考虑它是无偿的还是有偿的(jonction des possessions; bezitstoevoeging;"占有的结合")。占有人和小偷的占有期间的结合是不可能的,因为在前后相继的占有人之间要求合法的法律关系。举证责任由继受人承担(Belgian Cass. 11 February 1915, Pas. belge 1915-1916, I, 183)。当转让发生在买方和卖方之间、赠与人和受让人之间,易货交易的合同的当事人之间、遗产的遗赠人和具体的受遗赠人之间等占有期间的结合是可能的。根据主流意见,通过强制取回之诉获得占有的人不能依赖被剥夺占有人的占有期间以对抗第三人提起的强制取回之诉(比利时:Hansenne, Les biens Ⅰ, no. 378;法国:Planiol and Ripert, Traité pratique de droit civil Ⅲ, no. 720)。然而,在一些作者看来,由于销售合同的无效或撤销而恢复占有的卖方可以将买方占有的期间累计到他的占有期间上以取得所有权（比利时：Hansenne，Les biens Ⅰ，no. 383；法国：Sohm-Bourgeois，Rép. Dr. Civ. Dalloz Ⅷ，v8 Prescription civile[1985]，no. 177）。这个意见遭到 de Page 和 Dekkers 的质疑，认为无效或被撤销的合同不能产生法律关系（de Page and Dekkers，Traité élémentaire de droit civil belge Ⅶ[2]，no. 1268）。尽管民法典第 2235 条（新法国民法典第 2265 条）规定了根据一般权利和具体权利的转让，比利时和法国的学者承认这一条事实上只适用于具体权利的转让。在一般权利转让的情况中，不存在占有期间的结合，而只是前任的占有的继续（比利时：Dekkers（-Dirix），Handboekburgerlijk recht Ⅱ[3]，no. 1310；Hansenne，loc. cit.，no. 377；法国：Sohm-Bourgeois，loc. cit.，no. 165）。

4. 在奥地利，民法典第 1493 条适用于一般的法律继承（例如继承）以及具体的法律继承（例如购买）（OGH 9 December 2003，RdW 2004，335）。继受人可以将前任的占有期间纳入考虑以取得所有权，只要他们的占有都满足民法典第 1460 条规定的持续占有取得所有权的要求：合法、善意和真实的占有（Rummel（-M. Bydlinski），ABGB Ⅱ[3]，§ 1493，no. 2；这些一般性的要求参见第Ⅷ-4:101 条注释 14、87 和 100）。如果前任没有满足这些要求，可适用的规定取决于继承的种类（一般的或具体的）和没有被满足的要求（参见下文注释 25 和 35）。在继承的情况下，在死亡人和继承人实际取得占有时候之间的期间，可以为了继承人而通过持续占有来获得取得所有权而给予考虑（Schwimann（-Mader and Janisch），ABGB Ⅵ[3]，§ 1493，no. 2）。

5. 在德国，民法典第 943 条同样规定了当某人继受他人的占有，前任的占有期间可以被加到继受人身上。他们都必须满足通过持续占有取得所有权的要求。根据主流意见，这个规定适用于一般法律继受和具体法律继受（Soergel（-Henssler），BGB[13]，§ 943 no. 1；Bamberger and Roth（-Kindl），BGB[2]，§ 943 no. 2）。民法典第 943 条意义上的占有的继受要求继受人通过继承或与前任占有人之间的协议取得占有。不要求存在有效的交易。根据主流意见，民法典第 943 条同样适用于由于解除条件而恢复占有的占有人（Staudinger（-Wiegand），BGB[2004]，§ 943 no. 1；Henssler，loc. cit.，§ 943 no. 2）。

6. 在爱沙尼亚，存在类似的规定。物权法第 112 条第（2）款规定当物在持续占有取得所有权的期间根据法律继受（具体的或一般的）被转让给另一人时，前任的期间被加到新的占有人身上。前任和合法的继受人在各自的期间都需要满足善意的要求（Faber and Lurger（-Kullerkupp），National Reports Ⅰ，316）。

7. 在斯洛伐克，民法典第 134 条第（3）款规定，占有人可以将合法的前任合法占有物的期间加到自己通过持续占有取得所有权的期间上。因为持续占有取得所有权只有对于善意的占有人才是可能的，它要求前任在整个占有期间同样是善意的。

8. 在瑞士，根据民法典第 941 条，取得人可以加上前任的占有期间，如果后者的占有同样满足通过持续占有取得所有权的要求。法律著作采取了更加宽广的视野认为这适用于所有的前任只要他们每个人都满足相关的要求（BSK（-Stark），ZGB[2]，art. 941，no. 6；Rey，Grundriss Ⅰ[3]，no. 2007）。然而，该规定被限制于通过派生取得而得到占有的前任；因此，不包括没有得到之前的占有人的同意而占有动产的情形（Rey，loc. cit.）。民法典第 941 条主要适用于继承人（通过一般权利的继受）。对于通过具体权利的继受，只有在取得人不受民法典第 933 条和第 935 条保护的时候才适用民法典第 941 条（Steinauer，Lesdroits réels Ⅱ[3]，nos. 2111 f）。

9. 在立陶宛，累计前任的占有期间是被允许的，如果每个前任都满足持续占有取得所有权的要求（民法典第 4.71 条第（2）款）。

10. 在斯洛文尼亚，财产法规定了累计前任占有期间的可能性，只要他们是善意的并且将物作为自己的进行占有(物权法第45条第(2)款)。

11. 在希腊,有类似的规定。根据民法典第1051条,通过一般或具体权利取得占有的人可以将前任的占有期间加到自己取得所有权的期间上。主流的意见认为为了适用这个规定,前任和合法继受人都需要满足持续占有取得所有权的前提(善意、有效的权利、占有)。然而,这个要求在继承的情况下应当被严格的解释,因为一般权利的继受人继续死者的取得所有权的期间,无论他是否满足了要求(参见下文注释29)。民法典第1051条同样可以适用当动产由于转让的无效或撤销而被归还(例如合同是无效的,解除条件被满足,根据不当得利的占有的归还)。占有人可以将第三人进行占有的期间计算到自己通过持续占有取得所有权的期间内(Spyridakis, Empragmato Dikaio, no. 144 abrs)。

12. 在匈牙利,根据民法典第122条,新的占有人可以利用前任的占有期间如果它符合通过持续占有取得所有权的要求。

13. 在西班牙,现在的占有人可以利用前任的占有期间以满足通过持续占有取得所有权的需要(accessio possessionis;民法典第1960条第(1)款)。本条涉及当事人活着的时候进行的有效占有的转让的情形,无论是有偿的还是无偿的,以及死因取得继承的情形,尽管在后一种情形中其他的规定同样可能适用,即民法典第440、442、1934条。判例法承认占有人不仅可以利用前一个占有人的占有期间,也包括在此之前的占有人(Faber and Lurger(-González Pacanowska and Díez Soto), National Reports Ⅴ, chap. 9.2.1(b) fn. 699)。

14. 在意大利,法律承认现任的占有人可以利用前任的占有期间以通过持续占有取得所有权。然而,如果权利是无效的或可撤销的,则不可能累计占有期间,因此现在的占有人不能利用之前的转让人的占有(Faber and Lurger(-Greco), National Reports Ⅰ, 498)。

15. 在挪威,占有人可以利用前任的占有期间只要他们之间的转让具有合法的基础。这意味着当现在的占有人通过销售、赠与或继承等得到动产时,他可以将已经经过的时间包含在内。合法的基础的要求不应当从字面意义上考虑,因为占有人不能合法的将物转让给他人(Falkanger and Falkanger, Tingsrett[6], 301 et seq.)。然而,占有别人已经抛弃的物不能满足这个要求(Faber and Lurger(-Færstad), National Reports Ⅴ, chap. 11.3.4)。所有的占有人对动产的权利都必须是善意的。以占有人的名义使用动产的合作者或其他人通常对于占有人对物的权利也必须是善意的(Falkanger and Falkanger, loc. cit., 306)。

16. 在丹麦,DL第5-5-1条规定了类似的规定,即使不能出从字面上推导出这一点(Carstensen, Formueretlige emner, 131; VindingKruse, Ejendomsretten 1[3], 581)。然而,在丹麦没有要求在现在占有人和前任之间存在转让的合法的基础。

17. 在瑞典,数个转让都可以被考虑只要所有的占有人都是善意的(个人财产善意取得法第4条)。

18. 在芬兰,根据有关不动产的法律,继受人可以将前任的占有期间纳入考虑。继受人可以同样依赖前任在财产登记时的善意(土地法第十章第2条)。

19. 在英国,诉讼时效法第3条第(1)款规定,当转让链发生时所有权人不能扩展基本的6年的诉讼期间,该期间适用于所有潜在的被告。该期间从第一个无辜的转让行为发生之时起开始计算,如果合法的所有权人在那时还没有恢复占有(Bridge, Personal property law[3], 79)。因此,如果6年的期间已经经过,在当时实际进行占有的占有人的占有期间是不相关的(Faber and Lurger(-Frisby and Jones), National Reports Ⅱ, 130 et seq.)。

20. 在葡萄牙,占有人在计算持续占有取得所有权的期间时可以利用前任的占有期间。之前的占有人的占有期间的重要性存在于持续占有取得所有权中(Vieira, Direitos Reais, 414; Menezes Cordeiro, Posse[3], 131; STJ16 October 2008, Processo 08B2352)。这个所谓的之前占有人的占有期间明确的规定在民法典第1256条中,适用于任何形式的继受占有除了死因取得。继受的死因取得由民法典第1255条规定,在这种情形下占有不要求对物的实际取得。

Ⅱ. 善意和恶意在占有的继受之前和之后

21. 在荷兰,民法典第3:102条第(1)款规定,根据一般权利继受他人占有的人继续已经开始计算的持续占有取得所有权的期间。根据一般权利的取得人以和前任一样的资质和缺陷继续占有(参见民法典第3:116条)。这意味着,如果死者是善意的,那么知道动产不属于死者的继承人也被认为是善意的。另一方面,当死者是恶意的,即使继承人是善意的,后者被认为是恶意的占有人,并且根据民法典第3:105条第(1)款,从前任取得动产的占有之时起20年后取得所有权(Asser(-Mijnssen/De Haan), Goeder-enrecht Ⅰ[14], no. 434)。根据民法典第3:102条第(2)款,如果某人不是根据一般权利从善意的其他人那里取得占有,延续前任取得所有权的期间要求取得人在取得占有的时候是善意的。一旦占有人是善意的,他被认为一直都是善意的(民法典第3:118条第(2)款),无论他随后是否知道了真实情况。如果前任是恶意的但是取得人是善意的,从占有转让时新的期间开始计算。例如,如果前任将他恶意占有18年的动产转让给一个善意的人,新的3年期间(未登记物)或10年(登记物)开始计算。然而,根据最近的文献,援引民法典第3:105条可能更加有利,它允许在总共20年之后取得所有权,即继受人在持续占有两年之后取得所有权(Mijnssen/De Haan, loc. cit., no. 435)。

22. 在保加利亚,在概括继承的情况下,占有人以相同的特点延续死者的占有。如果死者是善意的,继承人同样被认为是善意的,即使该人知道前任的转让人没有权利转让所有权(所有权法第70条)。另一方面,具体的继受人,没有得到和前任一样的相同的占有资质。受让人的占有可能是善意的,即使前任是恶意的。然而,这与持续占有取得动产所有权的期间并没有太大关系,因为对两种类型的占有来说期间都是相同的(参见第Ⅷ-4:101条注释16)。

23. 在法国和比利时,传统规则是一般继受人(例如继承人)继续前任的占有。如果前任是恶意的,即使继承人是善意的,他也将继续恶意的占有并且从前任占有之时起30年后获得所有权(比利时: Dekkers(-Dirix), Handboek burgerlijk recht Ⅱ[3], no. 1310; 法国: Carbonnier, Droit Civil Ⅲ[19], no. 192)。在2008年法国民法典改革之后,法律推定恶意取得所有权仍然是可能的关于动产并且新引入的民法典第2224条,它规定"关于动产的权利主张"在5年后经过时效期间不适用于强制取回(参见第Ⅷ-4:101条注释61)。具体权利的继承人可以选择是否将前任的占有期间加到自己的期间上,如果两个占有拥有相同的特点。如果一方当事人是恶意的而另一方是善意的,则适用下面的规则。与荷兰不同,恶意的继受人可以利用善意的前任的占有期间以达到总共30年的期间,然而善意的继受人不能利用恶意的前任的占有期间而通过较短期间的占有取得所有权。然而,和荷兰法一样,继受了恶意的人的占有的善意的继受人可以将两个期间相加,但是需要总共30年的期间才能取得所有权(比利时: Hansenne, Lesbiens Ⅰ, no. 386; 法国: Carbonnier, Droit Civil Ⅲ[19], no. 192)。在2008年的法国法律改革之后支持这样的规定表明恶意的取得所有权仍然是可能的,新引入的民法典第2224条在这个方面没有带来任何改变(参见第Ⅷ-4:101条注释61)。

24. 在意大利,法律同样认为,在概括继承的情况下,继承人继续转让人的占有,带着所有的缺陷。如果前任是恶意的,持续占有取得所有权在总共20年后才能实现,即使继承人是善意的。在其他情况下,转让人不转让自己占有中的缺陷,即不知道过去的他人权利的缺陷的新的占有人将是善意的,即使前一个占有人是恶意的(Faber and Lurger(-Greco),National Reports Ⅰ,393 et seq.)。

25. 在奥地利,当继承的占有是合法的、善意的和真实的时候才允许占有期间的结合(民法典第1493条:Einrechnung)。在任何情况下,如果前任是恶意的或他的占有是不真实的那么不允许将前一个占有期间考虑在内。这样根据一般规定,善意的一般或具体的继承人开始新的期间的计算(民法典第1463条)。根据民法典第1476条的特别规定,然而,当前任是恶意的或他的占有是不真实的时候持续占有取得所有权的一般期间被翻倍。这个规定仅适用于动产的转让(Schwimann(-Mader and Janisch),ABGB Ⅵ^3, § 1476,no. 1)。例如,善意继承他人恶意占有的人必须占有动产6年而不是3年才能获得所有权。对于恶意的继承人,没有需要考虑的期间,因为恶意的持续占有取得所有权在奥地利是不可能的(参见民法典第1460条)。

26. 在德国,占有期间的结合是可能的,如果继承人和前任都满足持续占有取得所有权的要求(民法典第943条)。如果前任是恶意的,继承人不能将前任的期间加到自己的期间上,因为当取得人是恶意的时候所有权的取得被排除(参见民法典第937条)。继承人可以开始新的取得所有权的期间,如果他满足相关的要求。关于一般法律继承,继承人延续死者的占有。如果死者是恶意的,善意的继承人可以开始新的取得所有权的期间(Finkenauer,NJW 1998,960;contrary opinion:Krämer,NJW 1997,2580)。根据主流意见,继承人善意的标准和具体继承一样。该条的目的并不允许在一般继承和具体继受之间进行区别(MünchKomm(-Quack),BGB^3, § 943 no. 8)。善意的继承人可以将死者的占有期间加到自己实际的占有期间上。如果持续占有取得所有权的期间在善意的前任死亡之时已经经过但继承人还没有实际取得占有,后者取得所有权,无论他取得实际控制的时候是否善意,因为根据民法典第857条,继承人在死者死亡时替代他进行占有(Erman(-Ebbing),BGB^{12}, § 943 no.4)。

27. 在爱沙尼亚,占有期间的结合只有在前任和继承人在各自的占有期间都是善意的时候才是可能的,因为恶意的占有人不能通过持续占有取得所有权(物权法第111条第(1)款)。立陶宛(民法典第4.68条)、斯洛文尼亚(物权法第43条第(1)款和第45条第(2)款)和斯洛伐克(民法典第134条第(3)款)同样如此。

28. 在瑞士,也是如此。因为持续占有取得所有权对于恶意的占有人来说是不可能的,在适用民法典第941条的时候要求继承人和前任在进行占有的时候都是善意的(BSK(-Stark),ZGB^2,art. 941,no. 5)。

29. 在希腊,根据主流意见,原则上前任和继承人都必须满足持续占有取得所有权的要求(善意、有效权利、占有)。如果前任没有满足所有的要求,他的占有期间就不能被加到合法继承人的期间上。然而,对于继承人,必须区分具体权利的继承人和一般权利的继承人。民法典第1051条应根据民法典第983条和第1710条第(1)款适用,通过对该条的技术性分析可以认为,当死者满足了所有的要求时死者的继承人可以继续死者的占有期间以取得所有权即使继承人没有满足所有的要求。因此,对于一般继承来说,占有期间并非被有利于法律继承人来结合,而是通过持续占有的发生来对取得所有权的期间进行延续(Georgiadis, Empragmato Dikaio Ⅰ,430; Spyridakis,Em-pragmato Dikaio, no. 144 abrs; A. P. 165/2004, EllDik 2004,816; A. P. 353/2002, Elli-niki Dikeosini 2003,194; A. P. 622/2001,EllDik 2002,1431; A. P. 1082/2002,EllDik 2001,429; A. P. 370/1998,EllDik 1998,1334; A. P. 1429/1997,EllDik 1998,859)。

30. 在西班牙,为了加上前任的占有期间,转让人的占有必须满足持续占有取得所有权的要求(Faber and Lurger(-González Pacanowska and Díez Soto),Nation-al Reports Ⅴ,chap. 9.2.1(b))。

31. 在英国,从第一个善意的购买人取得动产之日起 6 年的期间开始计算,无论他是购买人还是权利的继承人。

32. 在瑞典,恶意的占有人不能通过持续占有取得所有权(参见第Ⅷ－4:101 条注释 20),在动产根据销售、易货交易或赠与被转让给善意的继承人之前期间不开始计算(S-Karnov 2006/07(_Persson), § 4 Godtrosförvärvslagen, no. 22, 687)。

33. 在匈牙利,持续占有取得所有权不要求善意(参见第Ⅷ－4:101 条注释 15),前任的占有期间可以被考虑,无论他是否善意。如果占有以犯罪或其他暴力或欺诈的方式被得到,则实施这种行为的人的占有期间不能被考虑。

34. 在葡萄牙,民法典第 1256 条第(2)款规定前任的占有和继承人的占有的性质可以不同,因此善意的实际占有人可以加上前一个恶意的占有人的占有期间,但是需要更长的期间才能取得所有权(Vieira, Direitos Reais, 421; the acessão de posseis facultative and not obligatory, STJ 27 November 2007, Processo 07A3815)。

Ⅲ. 为了占有继承相关的其他标准

35. 在奥地利,根据有效的权利得到占有的善意的真正的占有人(参见第Ⅷ－4:101 条注释 14 和 87)在持续占有 3 年后取得所有权,然而对于不是根据有效权利取得占有的人来说,需要持续占有 30 年才能取得所有权(民法典第 1466 条和第 1477 条)。如果前任不是根据有效的权利取得占有,则必须区分具体继受和一般继受。在第一种情况中,从他人处继受占有的人,不是根据有效的权利取得占有,但是是善意的并且以真实的方式进行占有,他可以将前任的占有期间纳入考虑,但是需要 30 年的持续占有才能取得所有权(Rummel(-M. Bydlinski), ABGB Ⅱ[3], § 1493, no. 2)。此外,善意的继受人可以开始新的、更短的取得所有权的期间,如果他根据有效的权利得到占有(Schwimann(-Mader and Janisch), ABGB Ⅵ[3], §§ 1461－1462, no. 6)。这不适用于一般法律继承。继承人为死者行事并且不比他拥有更多的权利(民法典第 1462 条)。一般继承人只能通过 30 年的持续占有获得所有权但是可以将死者的占有的期间加到自己的期间上(Mader and Janisch, loc. cit., § 1493, no. 3)。

36. 在意大利,正如上文注释 14 已经提到的,如果转让的权利基础是无效的或可撤销的则不能将占有的期间进行结合。因此,现在的占有人不能将前任的占有期间考虑在内,参见 Faber and Lurger(-Greco), National Reports Ⅰ, 498。

第三节　持续占有取得所有权的法律效力

第Ⅷ－4:301 条　取得所有权

(1)在通过持续占有取得所有权的时效期满时,原所有权人丧失所有权而自主占有人取得所有权。

(2)当自主占有人知道或有理由知道物上负担了第三人的有限物权时,该权利将一直存在除非它自行消灭由于自身的期间经过或 30 年的期间经过(第Ⅷ－4:101 条(基本规则)第(1)款(b)项)或 50 年的期间经过(第Ⅷ－4:102 条(文物)第(1)款(b)项)。

评 论

A. 所有权的取得,第(1)款

总述。本条的第(1)款规定了相关期间终止的基本效力。如果本章第一节和第二节所有的前提都被满足,自主占有人获得物的所有权。同时,原始的所有权人失去所有权。这是在民法法系国家传统上采用的方法。原则上,取得所有权的效力已经在第Ⅷ-4:101条(基本规则)第(1)款中被规定,但是在第三节中被重复,它包括了与持续占有取得所有权的效力相关的所有规定。额外的效果被规定在本条第(2)款中和第Ⅷ-4:302条(不当得利和损害赔偿非合同义务的规定下权利的消灭)中。

所有权取得的效果。自主占有人取得所有权的规定应当在单一的意义上被理解,即权利的取得可以对抗以前的所有权人和第三人。具体而言,新的所有权人可以对抗前任所有权人提出的恢复占有的主张,这是持续占有取得所有权和类似概念最普通的效力。同时,在所有权具有重要意义的情形中新的所有权人有相对简单的方法主张对物的权利对抗第三人,例如从第三人(如小偷)处重新得到占有,根据有关非合同义务的第六卷提起损害赔偿的主张,根据第七卷中有关不当得利的规定提起的权利主张,或当自主占有人打算将物出售或质押给希望取得更好的权利的第三人。在很难证明以其他方式获得所有权的情形中持续占有取得所有权发挥了重要的兜底功能。而且,潜在的取得人现在有(额外的)理由相信转让人对物的权利,这将有助于减少交易成本、促进商业的自由流动以及保证法律的确定性。最后,通过持续占有取得所有权同样可能影响在取得期间结束之前被授予或转让有限物权的第三人。最后一个问题将在以下的评论中被进一步考虑。

追溯效力或只对未来生效。很多国家明确的规定一旦持续占有取得所有权的期间结束,自主占有人取得的所有权具有溯及效力,即如同占有人在取得物的占有的时候就已经得到所有权。在有些国家,这个问题根本不用讨论,因为很明显在期间结束的时候取得所有权,并只有从那个时候才能产生效力(只对未来生效)。本草案的评论中并不打算对这个问题做出最终的决定,而是留给进一步的讨论和发展。之所以如此做的理由是对这个问题进行详细的讨论将需要涉及其他有限物权,如使用权的取得模式,而这不包含在本草案的范围内。然而,在这里能做的只是对这个问题的基本效力进行简短的讨论,并简单描述根据本草案已经包含的基本原则该如何对这样的问题进行处理。"追溯效力"所期望得到的一个结果是授予占有人在期满之前得到的所有的孳息和用益。第Ⅷ-4:302条(不当得利和损害赔偿非合同义务的规定下权利的消灭)涉及了这个问题但却做了相反的规定。"追溯效力"想要达到的第二个主要结果与自主占有人在期满前(作为非所有权人)对第三人授予或转让有限物权有关。就此而言,一旦占有人取得所有权,追溯效力使第三人的权利溯及既往的生效,这样它们可以被认为从它们被设立之时起就已经存在了。这符合第三人的实际利益,并在一定意义上满足了法律确定性的需要。但是追溯效力并不是保护这些利益的唯一方式。考虑到本草案中的一些基本原则,符合以下要求的措施也可以被制定(正如已经提到的,这被认为是有助于引起进一步的讨论,而不是已经提出的措施)。根据相关的规定(在第八卷之外并且大部分在本草案的范围之外),从自主占有人那里取得有限物权的第三人可以根据这些规定善意的(立即的)取得这样的权利,例如,根据第Ⅸ－2:108 条(担保权的善意取得)取得物上担保权。或者,根据各国国内法通过持续的占有(或行使)取得这些权利也是可能的,例如物的使用权。根据这些规定,第三人可以在自主占有人根据本章取得所有权之前取得安全的地位,一直有效并且可以对抗原始所有权人即使所有权人及时采取行动阻止自主占有人取得所有权。在其他情况中,第Ⅷ－2:102 条(转让人的权利或授权)的内在原则可能产生一种规定,即如果"受让人"(取得所有权期间终止之前的自主占有人)在设立权利的时候缺少进行赠与或转让的权利或授权,当授予人得到必要的权利或授权该权利生效。换句话说,自主占有人之前缺少进行处分的权利的情形在自主占有人得到所有权的时候被纠正。该条没有规定追溯效力(所有权在处分之后被得到)。实践效力类似于追溯方法产生的效果。不同的第三人的权利的优先性可以根据他们产生的时间顺序被决定。

B. 对有限物权的效力,第(2)款

总述。通过持续占有取得所有权的物可能负担第三人的有限物权(例如担保或用益权)。持续占有取得所有权并不必然意味着这样的权利同时被消灭。物的所有权的取得和物上第三人的权利是否消灭的问题被分开处理。关于第三人权利可能的消灭,有两种不同的理由。第一,第三人的权利可能因为占有人通过持续占有取得所有权而消灭。在这种情况下,取得所有权时物上不负担第三人的权利。这默示的存在于第(2)款第一部分之中并在它的末尾被明确的提到(30 年或 50 年期间的结束)。下文的评论仅涉及第一种情形。第二,权利由于时效而消灭(或不再是可强制执行的),即作为权利持有人消极的结果,如果法律做了相应的规定。第(2)款的中间部分("权利没有因为自身期间的终止而消灭")提到了这一点。

注意。正如已经指出的,在较长期间经过之后物上的第三人的权利的命运可以根据多种法律规定被决定。本草案对这个问题的处理只有作为讨论持续占有取得所有权的副产品,而不是完全的处理这个问题,对这个问题的全面处理将涉及有限物权的详细规定以及这些权利的时效的规定。因此,对第(2)款彻底的评论和进一步的发展是有用的,而这需要建立在不同的方法和潜在的利益的更全面的分析的基础上。

对所有权和他人权利不存在都是善意的取得行为的效力。根据占有人对所有权和第三人有限物权的不存在是否是善意的,可以产生数种不同的情形,都将在下文的评论中被简略的讨论。如果占有人对所有权和他人权利的不存在是善意的,占有人将

没有负担的取得所有权。该规定并不区分第三人的权利是在什么时候产生的。在自主占有人已经取得占有之后第三人取得权利(通过真正的所有权人)该规定同样适用。对于动产,这种情况不会经常发生。如果发生了,同意取得因为自主占有人的行使而在此时不存在的财产上的权利的第三人自行承担风险。该规定将没有阻碍的所有权赋予自主占有人促进了法律确定性。

对于所有权是善意的但对于他人权利不存在是恶意的取得行为的效力。如果占有人对于成为所有权人是善意的,但是知道或有理由知道第三人的有限物权的存在,所有权将在10年的持续占有之后取得。然而,第三人的权利是在这10年之后将继续存在,尽管可能由于时效而变得不能被强制执行(参见上文)。最后,权利可能由于30年(或50年)的占有而消灭,就像占有人对所有权和他人权利的存在都是恶意的情形一样。这体现在第(2)款的末尾。在如此长的期间结束后,授予占有人没有负担的所有权体现了法律的确定性。

对所有权是恶意的但是对于他人权利的不存在是善意的取得行为的效果。当占有人对于所有权是恶意的但是善意的认为不存在他人的权利,没有负担的所有权可以在30年的占有之后取得。对于所有权,这来源于一般规则。但是对于第三人的权利也应当适用相同的期间。在占有人取得所有权之前,第三人的权利将会存在于合法所有权人的财产上。如果所有权人在15年后取回物的时候,只是因为自主占有人不知情(超过10年的时间)而使第三人的权利消灭,这似乎有点奇怪。同样,没有理由允许恶意的占有人在30年的期间结束之前通过持续占有取得所有权。

对所有权和他人权利不存在都是恶意的取得行为的效力。当占有人对所有权和他人权利的不存在都是恶意的,30年的期间对二者都适用。

注　释

Ⅰ. 所有权的取得

1. 在荷兰,在法律规定的整个期间占有物并满足法律规定的所有要求的人在期间结束之后成为物的所有权人。通过持续占有取得所有权根据法律发生。因此,取得人不能放弃持续占有取得所有权(Pitlo et al, Goederenrecht[12], no. 347; Snijders, Goederenrecht[4], no. 258)。根据旧荷兰法,占有人想要取得所有权需要援引持续占有取得所有权的规定(旧荷兰民法典第1987条)。法官不能自动的适用它。尽管没有明确的规定,一般认为持续占有取得所有权具有溯及效力(Pitlo, Goederenrecht[12], no. 348)。占有人在取得所有权期间设立的有限物权也是有效的(Asser(-Mijnssen and De Haan), Goederenrecht Ⅰ[14], no. 442)。

2. 在法国和比利时,持续占有取得所有权不根据法律发生(de plein droit; van rechtswege)。占有人必须决定是否援引这个结果(法国:Malaurie and Aynès, Les biens[2], no. 563;比利时:Dekkers(-Dirix), Handboek burgerlijk recht Ⅱ[3], no. 1323)。民法典第2223条(新法国民法典第2247条)规定法官不被允许依据职权主动适用持续占有取得所有权。因此,放弃已经生效的持续占有取得所有权是被允许的(民法典第2220条,新法国民法典第2250条)。如果持续占有取得所有权被援引,占有人成为所有权人具有溯及效力(法国:Jourdain,Les biens,no. 196;比利时:Dirix,loc. cit. ,no. 1324)。因此,占有人即使是恶意的,也可以保留他在期间届满之前所取得的孳息,他授予给第三人的有限物权现在也被确认,而之前的所有权人在持续占有期间授予的权利被消灭(法国:Jourdain,Les biens,no. 196;比利时:Dirix,loc. cit. ,no. 1325;Hansenne,Les biens Ⅰ,no. 488)。

3. 在西班牙,有类似的规定。所有权的取得不能由法官依据职权宣告。它必须通过当事人提起诉讼或可以依赖的例外而实现(Faber and Lurger(-González Pacanowska and Díez Soto),National Reports Ⅴ,chap. 9. 3)。因此,所有权的取得可以被放弃(民法典第1935条)。持续占有取得所有权有溯及效力,因此,它被认为在期间开始计算的时候就已发生。占有人在取得所有权的期间所做的行为现在被确认(例如占有人收获的成果可以被保留,占有人授予的有限物权开始生效),然而原始所有权人作出的行为失效(González Pacanowska and Díez Soto,loc. cit.)。

4. 在德国和奥地利,占有人在持续占有取得所有权的期间结束之后取得所有权。它构成所有权的原始取得(originärer Eigentumserwerb;for Germany:Bambergerand Roth(-Kindl),BGB Ⅱ[2],§ 937 no. 8;for AUSTRIA:Iro,Sachenrecht[3],6/85;Kozioland Welser,Bürgerliches Recht Ⅰ[13],337)。希腊(Faber and Lurger(-Klaoudatou),National Reports Ⅲ,chap. 13. 1)和斯洛文尼亚(Faber and Lurger(-Rudolf/Rijavec/Kerestes),National Reports Ⅰ,608.)也是如此。

5. 在瑞士,存在类似的规定。在持续占有取得所有权的期间结束之后,前一个所有权人失去所有权,对动产进行占有的人取得所有权("所有权的原始取得")(BSK(-Schwandler),ZGB[2],art. 728,no. 11)。所有权的取得溯及取得占有的时候。占有人在取得所有权的期间授予善意的他人的有限物权现在生效(Steinauer,Les droits réels Ⅱ[3],no. 2112)。

6. 在捷克(Faber and Lurger(-Ti-chy′),National ReportsVI,chap. 13.)和葡萄牙,所有权的取得同样发生。

7. 在意大利,完全的占有允许取得动产所有权,如果占有人在持续占有取得所有权的整个期间都像所有权人一样采取行动(Faber and Lurger(-Greco),National Reports Ⅰ,498)。如果持续占有取得所有权没有被主动的援引,所有权的取得不能被法院依据职权宣告(民法典第2938条)。然而,如果合法的所有权人没能主张权利或已经放弃,债权人和任何利益相关人可以提出权利主张(民法典第2939条)。判例法承认通过不容反驳和决定性的事实或明确表示不从持续占有取得所有权中获益的意图的行为放弃所有权的可能性。然而,对占有人不否认通过持续占有取得所有权拥有利益的第三人(如债权人),可以反对这种所有权的"取得但否定"(Greco,loc. cit. ,499)。持续占有取得所有权是否有溯及效力在意大利仍然存在争议。法律学者Masi认为持续占有取得所有权没有溯及效力,因为只有当相关的期限经过之后才能取得所有权(Masi,Il possesso e la denuncia di nuova opera e di danno temuto,531,628)。因此,前一个所有权人可以主张新的所有权人恶意取得的成果(Greco,loc. cit. ,498 f with no. 343)。然而,关于非溯及效力的问题被广泛地讨论(Bianca,La proprietà in Diritto Civile,818-820)。

8. 在匈牙利,持续占有取得所有权的期间经过之后(10年)占有人根据法律规定自动的取得所有权。所有权被原始取得(Faber and Lurger(-Szilágyi),National Reports Ⅲ,chap. 13. 1. 1)。

9. 在保加利亚,占有人取得动产的所有权,而前一个所有权人失去所有权。持续占有取得的所有权是原始取得所有权的一种模式(Faber and Lurger(-Stoimenov),National Reports Ⅳ,chap. 11)。

10. 在斯洛伐克,一旦持续占有取得所有权的期间已经经过善意的占有人取得动产的所有权,然而前一个所有权人失去所有权(Faber and Lurger(-Petkov), National ReportsⅥ, chap. 14.3)。

11. 在丹麦,持续占有 20 年的效力是对动产的权利从所有权人那里被转让给占有人,所有的有限权利被消灭,如果这些权利在期间内没有被行使(Vinding Kruse, Ejen-domsretten Ⅰ[3],586 et seq.)。

12. 在瑞典,持续占有取得所有权的效力被称为"所有权"的取得(ägenderätt, Godtrosförvärvslagen § 4),但是主要被理解为可以对抗原始所有权人的占有的权利。即使这样的取得发生,原始所有权人仍然有赎回的权利(更多细节参见第Ⅷ-3:101 条注释 129)。

13. 在挪威,持续占有取得所有权的要求被满足的效果是占有人取得相对于前一个所有权人对物的更好的权利(更多细节参见第Ⅷ-3:101 条注释 19)。

14. 在英国,诉讼时效法规定一旦时效期间经过原始所有权人的权利消灭。同时,第 3 条第(2)款授予在时效结束时对物拥有最好的权利主张的人对物的所有权(Faber and Lurger(-Frisby and Jones), National Reports Ⅱ,131)。

15. 在塞浦路斯和爱尔兰,所有权人不能对占有人提起诉讼的效果是所有权人的权利被消灭(Bell, Modern Property Law, 538; Faber and Lurger(-Laulhé Shaelou/Stylianou/Anastasiou), National Reports Ⅱ,590)。

Ⅱ. 他人的权利

16. 在荷兰,法律区分善意和恶意的持续占有取得所有权。如果物上负担了第三人的有限物权并且占有人善意的取得物的占有,可能发生两种不同的情况。首先,对他的所有权是善意的占有人对于限制物权同样是善意的,并且不知道动产上负担他人的权利。在期满之后,占有人取得没有任何负担的所有权(民法典第 3:99 条)。在第二种情况中,善意的占有人知道动产上存在限制物权并且尊重这个权利。因此,占有人取得所有权,但是必须继续尊重该限制物权(Pitlo et al, Goederenrecht[12], no. 349; Nieuwenhuis/Stolker/Valk (-Rank-Berenschot), T & C Bur-gerlijk Wetboek[3], art. 3:99, no. 4)。如果占有人是恶意的,他在时效期间届满之后(20 年)取得所有权。只要有限物权不是由于时效期间的结束而消灭,占有人就必须尊重这种权利(Pitlo et al, loc. cit.; Asser(-Mijnssen/De Haan), Goeder-enrecht Ⅰ[14], no. 442)。

17. 在德国,符合持续占有取得所有权所有要求的占有人取得没有负担的所有权,如果他同样善意的相信财产上没有负担他人权利(民法典第 945 条, MünchKomm(-Baldus) BGB[4], § 945 no. 3)。当占有人知道他人的权利存在时则善意不再存在。此外,同样要求对第三人的时效期间也已经经过(Staudinger(-Wiegand), BGB [2004], § 945 no. 4; Prütting, Sachenrecht[33], § 36no. 449)。

18. 在希腊,根据民法典第 1053 条,通过持续占有取得的动产上负担的第三人的有限权利被消灭,如果对于这些权利来说要求同样被满足。这意味着取得人对这些权利都是善意的并且要求的时效期间已经结束(usucapio liberationis)。在取得占有之后设立的有限物权不被消灭。如果持续占有取得所有权的前提被满足,但有限权利的要求没有被满足,占有人取得的所有权上负担着有限物权(Georgiadis, Empragmato Dikaio Ⅰ,438 et seq. as cited in Faber and Lurger(-Klaoudatou), National Reports Ⅲ, chap. 13.2.5)。

19. 在西班牙,法律承认所谓的时效取得(usucapio liberationis)。动产上负担的他人权利要么通过这些权利的时效期间的结束(作为第三人不作为的结果)被消灭,或通过持续占有取得所有权被消灭,这是在法律规定的时效期间内没有负担的占有动产的结果(Faber and Lurger(-González Pacanowska and Díez Soto),National Reports Ⅴ,chap. 9. 1)。

20. 在葡萄牙,时效取得的原则在法律著作中同样被广泛接受。如果被占有的动产上没有负担他人权利,那么也取得这样的所有权(Pires de Lima and Antunes Varela,Código Civil Anotado Ⅲ[2],66)。

21. 在奥地利,由于通过持续占有取得所有权动产上的有限物权停止存在,如果取得人不知道并且没有理由知道动产上负担着这样的权利(Schwimann(-Mader and Janisch),ABGB Ⅵ[3], § 1452,no. 6)。

22. 在瑞士,原则上,被取得的所有权上没有负担(lastenfrei)。随着持续占有取得所有权,有限物权停止存在,如果取得人不知道这些权利(Rey,Grundriss Ⅰ[3],no. 2014)。这意味着民法典第728 条的要求,尤其是善意的要求,对于动产上的有限物权同样必须被满足以使取得的所有权上没有负担(Steinauer,Les droits réels Ⅱ[3],no. 2112)。

23. 在斯洛文尼亚,持续占有取得所有权是原始取得所有权的一种形式,并影响第三人的对物权。一旦所有的要求被满足,占有人没有阻碍的取得动产所有权。当占有人对于所有权是善意的但是知道他人权利的存在,这种情况没有被制定法、判例法或法律著作明确的处理(Faber and Lurger(-Rudolf/Rijavec/Keresteš),National Reports Ⅰ,608)。

24. 在法国和比利时,出发点是不同的。持续占有取得所有权不影响在期间开始计算前存在于争议动产上第三人的有限物权。这些权利由他们自己的规则所调整(比利时:Dekkers(-Dirix),Handboekburgerlijk recht Ⅱ[3],no. 1326)。这意味着在持续占有取得所有权之后有限物权继续存在,只要他们没有由于它们时效期间的结束而消灭(法国:Jourdain,Les bi-ens,no. 196;Terré and Simler,Les biens[4],no. 473;比利时:Hansenne,Les biens Ⅰ,no. 493)。

25. 在意大利,取得的所有权上是否负担他人权利仍存在争议。根据主流意见,所有权的取得不消灭动产上负担的第三人的主张和权利,如果他们是为了享用目的的对物权,因为所有权的存在类似于他人的对物权(Cass. no. 4412/2001;Bianca,La proprietà in Diritto Civile,817)。相反,Gazzoni 认为通过善意的持续占有取得所有权的占有人没有负担的取得所有权,即使前一个所有权人已经授予第三人为了享受目的的对物权。这是所谓的时效取得(Gazzoni,Manuale di diritto privato[11],243)。

26. 在保加利亚,动产新的所有权人取得所有权上不负担第三人的限制物权(Su-preme Court 1stciv. ch. ,no. 2109/69)。善意不是持续占有取得所有权的要求。因此,新的所有权人没有负担的取得动产所有权(Bobatinov and Vlahov,Veshtno pravo[2],50)。

27. 在匈牙利,持续占有取得所有权不要求善意并被认为是所有权的原始取得,即产生新的所有权而不考虑之前的所有权。然而,新匈牙利民法典的草案引入了新的规定。第三人的有限物权停止存在,如果占有人不知道并且没有理由知道这些权利;他对于这些权利必须是善意的(匈牙利民法典学术建议稿第 4:62(2)条以及正在议会程序中的匈牙利民法典立法建议稿第4:62(2)条;Faber and Lurger(-Szilágyi),National Reports Ⅲ,chap. 13. 2. 1(a))。

28. 在丹麦,如果在持续占有取得所有权的期间内财产上的有限权利没有被行使则全部消灭(Vinding Kruse,Ejendomsretten Ⅰ[3],586 et seq.)。

第Ⅷ-4:302条　不当得利和损害赔偿非合同义务的规定下权利的消灭

一旦取得所有权，原始的所有权人失去取回物的所有权利，以及根据不当得利(第七卷)和损害赔偿非合同义务(第六卷)的规定要求支付物的货币价值的权利。

评　论

A. 本条的功能

政策。本条的目的在于划出明确的界限：一旦所有权被取得(这样财产不必被归还)，所有关于财产的实质的价值和对物的使用的义务在那之后都被消灭。这被称为在债权法下取得这些权利的"未来"的效力。在自主占有人仍然有义务归还财产的时候，由于对物之前的使用而产生的权利不受本条的影响。然而，他们可能根据要求义务履行的权利的时效的规定而变得不可强制执行。第Ⅲ-7:301条(不知情的情形中期间的中止)a项和第Ⅲ-7:307条(期间的最大长度)根据案件的环境可能相当重要。原始所有权人并不必然立即失去所有的权利，然而为了法律的确定性物的财产地位被确定。

本条下排除的权利的种类。首先，本条目的在于明确的排除根据不当得利与物的价值有关的权利，在某些欧洲国家它有时候可以有效的对抗新的所有权人(尽管由于时效期间的缩短这个问题在很大程度上失去了实践重要性)。这个方法符合第七卷中不当得利的规定，第Ⅶ-2:101条(不当得利产生的环境)规定"法律"(例如本章下取得所有权的规定)可能使得利合理化并因此排除它的撤销。然而，这个原则被明确的规定在本条中，因为第Ⅶ-2:101条第(3)款将得利人是否应当被看作有权最后保留该利益的人的问题留给相关的规定进行解决。其次，因为本卷第四章同样允许恶意的持续占有取得所有权，因此在自主占有人持有物可能构成第六卷下的损害赔偿非合同义务的情形中，这些权利主张同样被明确的排除。对第六卷和第七卷的参考包括本卷第七章的规定，它基本上指的是第六卷和第七卷。

B. 细节

实际恢复的排除。根据第Ⅶ-5:101条(可转让的得利)，当得利包含可转让的财产，获益人应当将财产转让给受到损失人。为了避免可能的误解，本条明确的规定新的所有权人在通常持续占有取得所有权之后，没有义务将物归还给原始所有权人。这种澄清同样与第Ⅵ-6:101条(赔偿的目的和形式)有关，以排除恶意的持续占有取得所有权的情形中建立在损害赔偿非合同义务基础上的赔偿的权利主张(即物的归还)。

支付物的金钱价值的义务的排除。同样明确地排除了新的所有权人在持续占有取得所有权之后以金钱的形式补偿原始所有权人失去的物的价值。这为占有人提供了法律确定性。

对持续占有取得所有权之后对物的使用的支付义务的排除。在持续占有取得所有权之后任何要求为了占有人使用物产生的收益而补偿原始所有权人的权利主张被排除。新的所有权人一旦取得物的所有权就获得所有的所有权人的权利,包括用益权。"使用"应当在广义上被理解。它包括狭义上的使用(例如驾驶一辆汽车)以及从转让中获益(当出售时收到的价款)或对物的消费(例如燃烧燃料)。

期间结束之前的利益。另一个问题涉及取得所有权的期间结束前自主占有人通过对物的使用或收集成果而获得的利益。因为占有人通常在期间结束前没有使用权,该利益将被认为是第Ⅷ-7:103 条(物的占有期间产生的孳息、对物的使用和其他利益)和第七卷意义上的不当得利。阻止所有权人使用财产可能同样导致第六卷下赔偿的权利。正如在上文评论 A 中提到的那样,本条不消灭这样的义务。然而,他们可能由于第三卷第七章的时效规定而不再能够被强制执行。

没有明确的排除归还物的合同义务。本条没有明确的排除(前)所有权人可能拥有的取回物的合同权利。这个问题是假定的,但是在一些国家存在争议。例如,所有权人可能已经将物借给了某人,该人随后相信物是自己的财产。这样的人通常不会是善意的,但是可能通过 30 年的持续占有取得所有权。问题是取回物的合同主张是否应当被排除(例如不当得利的权利主张)。对于二者都有支持的理由。法律确定性可能提到 30 年经过之后的明确性,然而合同设立的特别的关系可能要求取回物的合同法的权利占优。从实践上来说,要求物被归还的合同权利根据第三卷第七章的时效规定通常已经成为不可强制执行的,因为那里规定的时间限制要短于 30 年。即使合同当事人已经同意归还物的义务的时效被延迟,这通常包括了在第Ⅷ-4:205 条(承认情形中期间的结束)意义上(暗示的)承认所有权人的权利。在本草案的框架内,这个问题没有必要被规定。

注 释

1. 在奥地利,主流意见认为通过持续占有取得所有权的人可以对抗原始所有权人根据不当得利提出的权利主张(Koziol and Welser, BürgerlichesRecht Ⅰ[13], 337; Apathy, JB 1 1999, 205, 214 f)。根据少数人观点,这种方法不适用于 3 年的持续占有取得所有权,当动产被无偿的转让时(Spielbüchler, Der Dritte im Schuldverhältnis, 226)。

2. 在德国,通过持续占有取得所有权的人是否可以对抗根据不当得利提出的权利主张存在争议(RGZ 130, 69; Prütting, Sachenrecht[33], § 36 no. 450)。由于 30 年的诉讼时效期间和 10 年的持续占有取得所有权的期间的不一致而产生了问题。因为 2002 年的法律改革将一般的诉讼时效期间减少到 10 年,这个问题已经失去了以前的重要性(Faberand Lurger(-McGuire),National Reports Ⅲ, chap. 12. 1; Bamberger and Roth (-Kindl), BGB Ⅱ[2], § 937 no. 9; Prütting, Sachenrecht[33], § 36 no. 450a)。

3. 在瑞士,根据主流意见,原始所有权人不能根据不当得利的规定获得救济(BSK(-Schwandler),ZGB Ⅱ[2], art. 728, no. 12; Rey, Grundriss Ⅰ[3], no. 2015; Steinauer, Lesdroits réels Ⅱ[3], no. 2112; Meier-Hayoz(-Liver), Schweizerisches Privatrecht V/1, 396)。所有权不是没有理由的被取得而是符合民法典第 728 条的规定(Steinauer, loc. cit.)。然而,有人认为根据不当得利提出的权利主张可以解除无效和可撤销合同(Rey, loc. cit.)。参见 Jenny and Kälin(-Huwiler), Die SchweizerischeRechtsordnung, 99 – 130。

4. 在荷兰,通过持续占有取得所有权的人不负担不当得利或损害赔偿非合同义务的规定下的义务:在平衡利益冲突后,立法者批准财产从所有权人转让给占有人使得利合理化。这也包括占有的取得是无偿的情形(Faber and Lurger(-Salomons), National Reports Ⅵ, chap. 12. 1)。

5. 在希腊,根据主流意见,原始所有权人不能根据不当得利或损害赔偿的非合同义务的规定提出权利主张(Faber and Lurger(-Klaoudatou), National Reports Ⅲ, chap. 13. 2. 5)。

6. 在斯洛文尼亚,采用了相同的规定。在持续占有取得所有权和不当得利与损害赔偿非合同义务之间没有联系。取得人不必因为原始所有权人失去财产而进行补偿(Faber and Lurger (-Rudolf/Rija-vec/Kerestes˘), National Reports Ⅰ, 608)。

7. 在捷克,通过持续占有取得所有权的所有权人没有义务补偿前任。建立在不当得利基础上的权利主张不被承认(Faber and Lurger(-Tichy ′), National Reports Ⅵ, chap. 13. 3. 2)。

8. 在斯洛伐克,原始所有权人没有权利在损害赔偿非合同义务或不当得利的基础上提起权利主张,因为新的所有权人是善意的(Faber and Lurger(-Petkov), National Reports Ⅵ, chap. 14. 3)。

9. 在挪威,当合法所有权人之外的某人对动产进行实际控制时,有一般性的规定调整取得利益的权利(参见第Ⅷ-7:103 条注释 10)。当占有人通过持续占有取得更好的权利,占有人在这个一般规定的意义上被认为是新的合法所有权人并因此不必补偿前一个所有权人。

10. 在意大利,有人认为持续占有取得所有权没有追溯效力(Masi, Il possesso e la denuncia di nuova opera e di danno temuto, 628;参见第Ⅷ-4:301 条注释 7)。根据这种观点,前一个所有权人可以主张新的所有权人恶意获得的孳息(Faber and Lurger(-Greco), National Reports Ⅰ, 498 f with fn. 343)。

11. 在保加利亚,原始所有权人可以主张动产的孳息,如果占有人在持续占有取得所有权的期间内是恶意的。根据所有权法第 78 条恶意的占有人不能取得孳息。这同样适用于根据不当得利和损害赔偿非合同义务提出的权利主张(Faber and Lurger(-Stoimenov), National Reports Ⅳ, chap. 11. 4. 3)。

12. 在葡萄牙,根据民法典第 474 条,当法律否认取回物的权利主张时,任何撤销收益的义务都被排除。这尤其适用于通过持续占有取得所有权,它被认为是使得利的合理化的理由(Pires de Lima and Antunes Varela, Código Civil Anotado Ⅰ[4], art. 474, no. 2, p. 460; see also STJ 15 October 2002, Processo 02A2054)。根据这一原则,当所有权通过持续占有被有效地取得,民法典第 483 条中规定的损害赔偿的非合同义务的要求不被满足(Menezes Leitão, Obrigações Ⅰ[4], 271 et seq. and manyothers)。

13. 在瑞典，没有关于不当得利的一般规定。这个概念在实践中很少被使用（Martinson, National Report：Sweden, 25 et seq.）。因此，持续占有取得所有权和原始所有权人提出的不当得利的权利主张之间的关系没有明确的规定。持续占有取得所有权和损害赔偿非合同义务的规定之间也是如此。因为瑞典法律仅允许善意的持续占有取得所有权（参见第Ⅷ－4：101条注释20），占有人不能有过失，这可能是在损害赔偿非合同义务上提出权利主张的要求之一。

第五章　加工、聚合和混合

第一节　一 般 规 定

第Ⅷ－5:101 条　意思自治及其他相关条款

(1)加工、聚合和混合的结果可以按当事人的约定而调整。第二节的条款可以适用于加工、聚合和混合的以下情形:

(a)没有材料所有人的同意;或

(b)虽有材料所有人的同意,但当事人没有就所有权结果达成协议。

(2)第(1)款规定的协议可以规定:

(a)本卷所承认的所有权;并且

(b)获得清偿或其他履行的权利。

(3)受制于所有权保留措施之物的加工、聚合和混合的法律效力由第九卷规定。

(4)本章第二节所规定的担保物权按第九卷的担保物权条款之规定调整,但第二节另有规定的除外。当事人根据第(1)款之规定协议所创设的担保物权按第九卷的担保物权条款之规定调整,但第Ⅷ－5:204 条(担保物权的附加条款)第(3)款另有规定的除外。

(5)本章不影响非合同损害责任(第六卷)规则的可适用性。无因管理(第五卷)的规则优先于本章各条款适用。

评　论

A. 一般规则

本章涉及的情形。本章处理的主要问题是财产法的结果以及由至少两人以上因为物理上的结合而产生的关于物或物与劳力的分配结果。值得注意的是,本章涉及的情形还有:要么(a)属于某个主体的物经过他人的加工转变为一个新的动产("生产”);要么(b)属于不同主体之间的物实体上结合在一起。(b)情形中包含了不同的附属类型。(i)在这种情形下,容易将物一一分离,并将各部分物返还给其所有权人。第五章不包含任何特殊规则。因此,每个物的所有权并未发生变化。第五章背后还涉及第Ⅷ－6:101 条(所有权保护)中的一般规则,依照该条规定,每个所有权人可以重新获得自己的财产。当这项权利包括了一个或多个主体时,这个聚合、聚集或混合的实体就(全部地或部分地)消失。这种情形中还包括将每个独立部分通过物理方式分离基本上不可能实现,或者说至少不符合经济合理原理。出于第五章的目的,将上述情形再细分如下:(ii)将一个聚合或混合的物按照比例份额分割(混合)至少是可能的和符合经济合理原理的。(iii)其他的情形不属于后者(聚合)。本章不涉及当动产与土地相结合时而引起的法律问题,对此类问题不提供相应的规定。关于本章涉及的所有专业术语(加工、混合、聚合)分别在每个法条后的评论中有所介绍。

对欧洲法律体系中对问题不同解决方式的简略介绍以及主要政策问题。

欧洲法律体系中关于本章规定的问题有不同的处理方式。除了术语使用上的不同,每个法律体系中的实体界限也不完全重合并且在一些国家中这种界限还不是很确定。然而,特别是当一些法律结果偏离了基本标准的调整范围,例如:将属于某个主体的所有权转移给了其他主体,或者有时产生共有的情形,针对共有物的分割有特殊的规则。特定主体行为的善意和恶意在不同的法律体系中也承担不同的分量。首要的是,对于这些规则(或其他法律)的适用究竟是强制性的规则或是可以通过当事人合意改变的问题存在着完全不同的理解。这也是本章中要解决的重要问题。也就是关于由谁来承担由于生产或者聚合在经济上不成功的风险。针对上述内容,可行的方式是基于对不同情形审慎的分析后再提出建议性的规则。本章中的一些建议方式是全新的,它们无法得到欧洲法律体系中现有例子的印证。

主要方法:违约规则,权利发生重叠时财产担保权优先的规则。

本章采取的基本政策指导是关于所有权归属及其他由于加工、聚合、混合所引起的后果可能由当事人合意来规制。上述观点可以在本条第(1)款第 1 句话中明显看出,并且在第 2 句话中更进一步明确了该观点。因此,本章第二节的规则只不过是违约条款。它们适用于两种情形,要么是在这些情形中当事人就这些情形发生前并没有达成有效的合意约定由此产生的结果,或者虽然在当事人之间形成了合意,但是对于结果并没有做出足够明确的约定。(例如:原材料的所有权人同意他人使用原料加工新产品的请求,但是当事人之间并没有对所有权归属以及赔偿金的计算方式做出任何约定)。在很多重要的实践情形中,例如:雇员为雇主加工产品,这里就存在关于该加工行为的合意,因此,在本条中明确指出这些情形由当事人意思自治来规制,同时第Ⅷ－5:201 条(加工)到第Ⅷ－5:204 条(关于担保物权的附加规定)不会在其中起作用。因此,本章第二节实际范围是十分有限的。然而,对于当事人意思自治原则有一个重要的限制,即第九卷中关于动产所有权担保的规定属于强制性规定,它的适用是不能受到影响的。特别是,这会关系到受制于所有权保留的物涉及加工、混合、聚合中的问题。第Ⅷ-1:103条(其他条款的优先性)第(1)款以及本条第(3)款和第(4)款中说明了这个规则。

第八卷第五章的作用以及一般示范规则。

在转移中不一定会出现第五章中的情形,它主要是关注第八卷整体。第Ⅷ-5:202条(混合)和第Ⅷ-5:203条(聚合)中的一些规则甚至可以适用于一些没有人力介入的情况下。混合或聚合可能由自然力或其他巧合引起。然而,第五章中涉及的大量情形间接的与转让相关,例如,属于不同人所有的物彻底的结合或者通过加工变成了全新的物,随后该物被售出。因此,需要明确谁享有合法处分这些新物的权利。同时,基于一个买卖合同,发生了物的转移,在物转移后新的所有权人可能会使用这个物再生产出一个新的动产。这里,如果买卖合同无效,那么第Ⅷ-5:201条(加工)具有"追溯力",比较:第Ⅷ-2:202条(自始无效、随后撤销、撤回、终止和撤销的法律效力)第(2)款。进一步来说,加工者从非所有权人处获得原料或者根据第Ⅷ-3:101条(通过无权或无授权转让所有权的人之善意取得)善意取得可能会失败(因为偷盗而无故地取得物或者买主非善意取得物)。这表明有必要补充提供一些类似于第五章的转移规则。在大多数欧洲法律体系中,这些规则与实践的主要联系关注所有权保留情形下的货物买卖。例如,在买方付款之前这些物已经用作加工,加工者使用了属于他人的原料。同时,依据这些示范规则,第五章中关于所有权保留规则在实践中的重要性是值得注意的。尽管关于加工、聚合、混合之物涉及所有权保留问题专门放在第九卷动产所有权担保中规定(见本条第(3)款)为了不削弱本卷中特殊政策和技术操作的作用,包括了登记以及优先权概念,第九卷的相关规定在很大程度上参考了本章的规定。见第Ⅸ-2:308条(受所有权保留约束的加工或聚合物的使用)以及第Ⅸ-2:309条(受财产担保约束的财产混合)第(2)款。在一些情况下,本章采用的政策和解决问题的方式可能作为所有权保留一章的参考示范。

B. 综述加工、聚合和混合之间的关系,以及其他该类示范规则规定

总体介绍:区分加工、聚合、混合三种形式的标准。本章区分了加工、聚合和混合。另外,可能会出现不符合上述分类的情形,这些问题由所有权人恢复占有的一般权利或者不当得利规则来解决。依照接下来的标准来决定适用何种类型。付出的贡献中是否包含了劳动力?如果有劳动力的付出,那么结果是否产生了"新物"?如果有劳动力的付出,对于最后的结果而言这种付出的价值有多重要?在一些情形下(第Ⅷ-5:201条(加工)第(1)款之外的所有情形),对于"实体上的结合"能否通过合理的经济方式自然的分离是很重要的问题(以便于每个主体都能够取得对特定物的贡献部分)。如果没有劳动力的付出,那么至少能够合理经济地将这个"实体的结合"按照一定的比例分开(以便于即使归还各个主体的不是确定的物,但是可以使每个主体的贡献付出有相应量的回报)?第Ⅷ-5:201条(加工)的适用范围在欧洲法律体系中几乎是一样的。而第Ⅷ-5:202条(混合)和第Ⅷ-5:203条(聚合)之间的界限不是很相似。

标准一:第九卷中适用当事人约定。实践中,首要的问题是,在相关事件发生前,当事人之间是否存在关于所有权结果及相关情形下当事人之间损害赔偿金支付问题的合意。如果有,那么这个合意规制上述内容(本条第(1)款第1句)并且依照本章现有的规则不需要进一步对情况予以划分。还需要考虑第九卷中关于动产担保权的内容是否适用,要么合意的效果实际上是创设了担保权,要么因为受到合意的影响,物上已经存在了动产担保权利的约束(例如:物的取得受所有权保留约束)。如果是这样,那么应当遵从第九卷的规定(尽管第九卷中自身的一些区分标准是依据本章的分类体系)。对比,例如:第Ⅸ-2:309条(受财产担保的约束的财产混合),依据该条,担保权会自动扩展到第Ⅷ-5:202条(混合)中的共有份额。相反,第Ⅸ-2:307条(使用有负担的物进行加工或聚合),该条规定在第Ⅷ-5:201条(加工)和第Ⅷ-5:203条(聚合)中对于原材料的担保权原则上要基于当事人之间的合意。接下来的评论主要是针对该条第(1)款中提到的没有当事人合意的情形。

另一个重要的标准:第五编的适用。当在加工、聚合、混合中出现好意干预时,事先并没有关于结果的约定,但是依照本章设立的所有权结果和其他结果能够反作用于支撑第五章的特殊目的和政策。出于这个原因,本条第(5)款第2句规定第五卷中的规则比本章中其他的规则有优先性。取决于各具体情形以及第五卷的政策是否与本章的规则、相关政策相协调,会导致第五章全部或者部分规则不适用。

示例1

A和B是邻居,他们都有苹果园并且经常用苹果制作果汁。A因为一次事故受到了重伤,不能照料和加工他的水果。因此,B基于A的意思,收获了A的苹果并且加工成果汁。显然该行为是出于B的意图并且依照第五卷的规则,A不是"生产者",B应当被看做是果汁的所有权人。从这个层面上来说,第五卷必须优先于第Ⅷ-5:201条(加工)适用。此外,关于B能否以及在何种程度上请求赔偿或补偿,应当依据第五卷第三章的规定。在示例1中,第五卷在所有权和损害赔偿中的规定均优先于第Ⅷ-5:201条(加工)。示例17是财产法不受影响的情形。

由劳动的付出,产出"新物":加工。在第五章的分类体系下,第Ⅷ-5:201条(加工)优先于后面第Ⅷ-5:202条(混合)和第Ⅷ-5:203条(聚合)条款。第一个问题是加工规则的适用条件(i)至少一项中含有原料并且他人的付出中包括了劳动力的付出;同时(ii)它属于第Ⅷ-5:201条(加工)意义上的新物。如果符合了这些条件,那么适用后面的规则(在某些情况下进一步参考第Ⅷ-5:202条(混合)或第Ⅷ-5:203条(聚合),见下文)。

示例2

P(加工者)使用了属于O的原材料造了一艘船;或者P用O的布料做了一套衣服;或雕刻家P用属于O的大理石制作了一个雕像。在所有上述例子中均可以适用第Ⅷ-5:201条。

付出劳动力,但是没有产生“新物”。某人的物基于另一人的劳动,但是没有生产出第Ⅷ-5:201条(加工)意义下的“新物”,第Ⅷ-5:201(1)条的一般加工规则不能适用,该款赋予加工者单独所有权。基于第Ⅷ-5:201(3)条,结果取决于包含在该物中的原材料是否属于同一主体或不同主体。在第一个例子中,即某人使用了属于他人的原料进行加工,原料的所有权人仍然独享物的所有权。换言之,这里所有权归属没有发生任何变化。这也可能适用于没有更多原材料的情况下;或者包含了许多部分原材料,但是所有这些材料的所有权都属于同一个人。另一方面,某人付出了劳动力,依照不当得利规则(比照示例3)或好意干预规则(比照示例17)可以享有赔偿请求权(在非技术贡献的情况下)。示例4中提到一些对物的损害赔偿要取决于合同的约束,但是在这些情况下,所有权的归属一般是确定的,至少基于合同的约定是没有疑问的。然而,第五章可能会涉及合同无效时的情形。

示例3

P和O之间没有达成有效的合同,P并非基于善意帮助O清洗了汽车。当车子被清洗后,P确实对属于O的物实施了劳动,但是并没有产生“新物”。第Ⅷ-5:201条(加工)第(1)款的加工规则并不能适用于这种情形,O仍然是自己车子的所有权人。然而,P或许可以通过第七卷中的不当得利规则获得报酬请求权(与第Ⅷ-5:201(3)条对比)。

示例4

P与O签订了电脑修理合同,与示例3相同,P也对他人的物实施了劳动。但是,这些行为是基于事先合同确定的内容,至少是没有任何疑问的,O仍然是电脑的所有权人,对比该条第(1)款和第(2)款。但是,即便假设这样的合意不能被认同或者合同被认定为无效,基于合同的合理结果仍然是能够实现的。因为修理行为并不满足第Ⅷ-5:201条(加工)的规定,所以电脑所有权不会发生变化。如果合同是有效的,P可以基于合同获得报酬,如果合同无效,O仍然是电脑的所有权人,但需要依照不当得利规则(第Ⅷ-5:201(3)条)给P的劳动力支付相应的对价。

另一类情形是对属于不同主体的物施加了劳动,对于劳动得出的结果不能经济合理的分开。原料所有者之一可能是付出劳动者。在所有这类情形中,(对比上文,除非存在合同或有好意干预),付出劳动的人可以基于第Ⅷ-5:201条(加工)第(3)款第2句和第3句获得补偿,即通过适用第七卷的不当得利规则。涉及原材料部分,财产法中对于实体结合也作为补偿中应当考虑的价值,正如在第Ⅷ-5:201条第(3)款第1句中阐明的,适用第Ⅷ-5:203条(聚合)(示例5)或第Ⅷ-5:202条(混合)(示例6)。

示例5

某人错误地认为基于合同他有某项义务,P使用了自己所有或第三人所有的涂料,为O的汽车做了喷漆。尽管P付出了劳动,但是这里并没有产生“新物”,因此,第Ⅷ-5:201条(加工)第(3)款涉及第Ⅷ-5:203条(聚合)目的就是为了解决这种行为引起的财产权后果问题。依照第Ⅷ－5:203条第(2)款第2句,车是主要部分,而喷漆是次要部分,因此,O仍然是被喷涂后的车辆的车主。依照第Ⅷ－5:203条第(2)款第2句(有担保权担保的车辆,对比第Ⅷ－5:203条评论C)。喷漆的人有权请求支付报酬以及类似于报酬的劳务费(如果真的有)可能会基于不当得利规则进行赔偿,对比第Ⅷ－5:201条第(3)款。

示例6

P将A和B的谷子储藏在同一个仓库之中,即其中包含了P的特定劳动力。由于合同中并未涉及,P是否能够获得相应的补偿要通过不当得利规则来解决(第Ⅷ－5:201条(加工)第(3)款),这样对农民或许有一些好处。例如:如果现在谷物存放的地方距离潜在的买主很近,或者没有产生任何利润的情形。本例中P的付出就不能通过一般不当得利规则或者依据第7－5:102条(不可转移的利益)第(2)款中提出的"节省利益"来获得报酬。关于谷物的财产归属应当由第Ⅷ－5:202条(混合)规则来认定,参考第Ⅷ－5:201条第(3)款中提到。

有劳动力的付出,也产出了新物,但是劳动力是次要的。由于第Ⅷ－5:201条(加工)第(1)款中将独有权赋予那些付出了劳动力创造出"新物"的加工者,因此,当劳动力只是次要作用时,不能够认为达到了该法条所要求的标准,除了第Ⅷ－5:201(2)(a)条中的例外。这种情形的结果由本条第(3)款规定。如果原材料仅为一个人所有,那么这个人就获得了该新物的所有权。如果某物由多人共有(其中有进行过劳动付出的人)。关于没有创造出"新物"情况的规则,分别在第Ⅷ－5:202条(混合)以及第Ⅷ－5:203条(聚合)中有所规定。同样,付出劳动力的人可能基于不当得利规则获得补偿金来体现他的工作价值。对比第Ⅷ－5:201(3)条,如果当事人事前已经有了合意,那么也许会出现不同的结果。

所有权属于不同主体的物在实体上结合在一起,但是仍然能够经济合理地将各个原始组成部分分离。同样,接下来的评论将针对没有任何劳动力付出的情形。这些规则可以使用在当劳动力付出只起到次要作用或者没有创造出新物的情况下。第一种情形是属于不同主体的物,自然的结合在一起(对比示例7和示例8),但是仍然可以经济合理地将各个"单元"部分分离,并且归还其原所有权人。第五章没有针对这种情况的特殊规则。每个独立物的财产权都没有任何改变,原所有权人可以重新获得属于他们的物。从这个角度而言,第五章中隐含的提到了第Ⅷ－6:101条(所有权保护)的内容。另一种情形是:一个"占有人"为他人所有的物进行了添附,占有人有返还该物的义务,见第Ⅷ－7:104条(占有期间物之花费或物的添附)。评论D(分离添附的权利)在分离的过程中,很可能会造成单个物的损坏,但这并没有影响到整体经济合理的分离。依照第六卷非合同责任损害,可以对该种损害给予补偿。也可能使用其他规则(对比本条第(5)款第1句)。

示例7

A的轮胎装在B的车上,可以很容易地拆卸下来,相应地,在这种情况下,主要部分(车)的所有人占有了次要部分(轮胎),但并没有发生符合第Ⅷ-5:203条(聚合)中的“聚合”。A和B仍然分别是他们财产的所有者。

示例8

牧民们带着各自的牛羊在同一片牧场放牧,每只动物身上都做了记号,以便于放牧结束后辨认自己的牛羊。此时,并没有出现第Ⅷ-5:202条(混合)中的“混合”,这种“混合”是会带来对牛羊的共有。牧民们对他们的动物仍然是单独享有所有权的。

混合:无法将混合物分给每个所有权人,分配也不具有经济合理性,但是可以经济合理地按照比例分配。首先,混合是发生在同种类或者同质量的物之间的。属于不同所有者的物,按照该种方式混合在一起后难以区分出单个物属于某个主体所有。或者说,这种区分在理论上是可行的,但是从经济的角度看是不具有合理性的。然而,如果将整体混合的物按照比例分割,至少是可能的和经济合理的,基于每个人所享有的份额,将该部分份额归还给原所有权人。在这种情况下,第Ⅷ-5:202条(混合)的特殊规则可以适用。然而,这条规定并不是只能适用在同类和同质之间物的混合。同时根据具体情况,也可以适用于差别不大的物之间。见下文对本条的进一步评论。将混合物分解成独立的部分一般不会影响到每个部分的质量。混合一般是由于各独立部分自然的结合在一起而产生的。例如液体的混合,或者只是因为储藏或安置在同一个空间内,这种混合是无形的,不论是否有物理上的接触(例如:将鱼放在同一个水槽或池塘中)。

示例9

A、B、C、D各自所有的油被混放在同一个油桶中。显然,不可能分别将属于A、B、C、D的油再分离出来归还给他们本来的所有人。即使这是可能的,那么这个过程也是完全不合理的。依照第Ⅷ-5::202条(混合)每一个贡献者此时已经按照各自比例的价值成为共有人,可以将各自的量分别从混合物中分离出来。本条规则可以适用在即使这些所有者的油并不是同种类的情况。

聚合:其他将所有者原始部分分离是不可能或经济上不合理的情形。其他将所有者原始部分分离不可能或者经济上不合理的情形包含在第Ⅷ-5:203条(聚合)中。与第Ⅷ-5:202条(混合)不同的是,聚合的情况下,即便是按照比例分割也是不可能的(或者不具有经济合理性的)。较为典型的情况是:如果将自然结合在一起的原始部分分离,可能会对这些独立的部分造成损害。相较于整体而言,价值会有所减损。第Ⅷ-5:203条(聚合)不需要任何劳动力的付出,但理论上仍然适用于由于自然力而引起的聚合。然而,事实上本规则主要适用于由人工劳动产生的聚合(由一个人或第三人劳务付出产生的物)。但是,此时的劳务付出并不是第Ⅷ-5:201条(加工)第(2)款(a)中的次要贡献或者没有“新物”的产生。所以,第Ⅷ-5:203条(聚合)适用的方式在第Ⅷ－5:201 条第(3)款中有所阐述。对比上文中的示例 5 和下文中的示例 10。关于聚合对所有权的影响,第Ⅷ－5:203 条主要区分为两种情形。一部分被认为是“主要部分”,另一部分认为是“次要部分”,主要部分的制造者将获得聚合物的(单独)所有权,其他主体依据对聚合物特殊财产担保权的保障有权获得补偿金(见第Ⅷ－5:203 条第(2)款)。另一方面,当无法认定“主要部分”时,就产生共有关系;见第Ⅷ－5:203 条第(3)款。

示例 10

A 将属于自己的零部件放进了属于 B 的机器中,若想移除这些部件,只有将它们损坏;同时,这样做还必须考虑将机器拆开。这种情况属于第Ⅷ－5:203 条(聚合),在第Ⅷ－5:201 条(加工)第(3)款提到,即尽管有劳务付出但却没有产生“新物”。(机器仍然是机器)依照第Ⅷ－5:203 条(聚合)第(2)款,机器是主要部分,零部件是次要部分。因此,机器的所有者 B 获得了这个新添加的部分。

针对加工者和特定主体恶意利用特殊资格来影响聚合的特殊规则。虽然除了加工、聚合、混合外,没有更多的“分类”,但是可以认为第Ⅷ－5:201 条(加工)第(2)款(b)是特殊规则,在该条第(3)款和第Ⅷ－5:203 条(聚合)第(4)款中提到。这些规则都是关于某人使用了属于他人的物进行加工或聚合,他明知这是属于他人的物并且物的所有者不同意加工或聚合行为,该加工者不能对这个加工或聚合的实体获得独立的所有权。但是进一步说,这种特例规则中也涵盖了盗窃的情形。对于在付出劳动力(在加工情形下)或个人主要部分的价值(在聚合的情况下)要远远高于其他原材料的价值时,不适用上述特殊规则。这种例外见于第Ⅷ－5:201(3)条的加工情形,在Ⅷ－5:202(混合)及Ⅷ－5:203(聚合)进一步提到。如果涉及聚合的例外适用情形,特殊规则见于Ⅷ－5:203 第(4)款。详情见于第Ⅷ－5:201 条和第Ⅷ－5:203 条的评论中。

与第六卷和第七卷的参照关系。本卷第五章与第六卷中关于非合同责任的规则不冲突。相反,第六卷的规则是本章规则的重要补充,以保证当某人进行加工、混合、聚合时故意或过失的侵犯了他人的财产权时,本章的规定能够得出正确的结论。见本条第(5)款第 1 句。本章和第七卷不当得利的区别已经在上文的评论中提到了,阐述了不当得利规则在财产权遭到损失时如何用来计算补偿金。与第六卷不同,第七卷并不常用本章的规定,它仅仅适用明确的规定。关于其他情形,本章设计了一种赔偿请求计算的方法,它可以代替不当得利规则。对比后文的评论 H 和关于评论 H 的介绍。

C. 综述第八卷其他条款之间的关系

与构成散装物一部分的物之转让的关系。在第Ⅷ－2:305 条(构成散装物部分的物之转让)和第Ⅷ－2:306 条(散装物超过部分的交付)中有关于认定散装物部分转让的特殊规则。“散装物”意味着于一个特定空间或领域内聚集或混合着同种类的物。当货物尚未从散装物部分分离出来并且符合买方的合同要求时,针对特定的数量,买方同意立即转移所有权,第Ⅷ-2:305 条赋予受让人对此散装物享有共同所有权。但是,这些规则并没有直接与第五章的规定重合,尽管两套规则在实际适用时会发生重叠,特别是,第Ⅷ-5:202 条(混合)可能与此相联系,因为在混合的情形下,对聚集或混合的种类物也可能产生共有。就像加工和聚合的其他规则一样,区别在于第Ⅷ-5:202 条是针对所包含的相关物发生特定的物理上的变化结果所作出的规定。这种变化(就像不能分离的混合物)可能引起所有权归属发生变化,就像第Ⅷ-5:202 条中提到的共有关系的产生。另一方面,第Ⅷ-2:305 条关于散装物买卖中没有包含任何物理上的变化,但是事先假设已经在一个特定空间或领域内聚集或混合着某种类的物,它与这个物是如何创造出来的以及此物是独有还是共有都没有关系。这种共有关系是基于第Ⅷ-2:305 条而成立,或是通过当事人的合意、法院的判决或法律的规定而成立。其中第Ⅷ-5:202 条混合的规则就是这类型法律规则。另一个不同体现在两个规则的用途方面:第Ⅷ-2:305 条是一个转让规则,受让人的未分割份额取决于购买物品的数量。共同所有权的成立只是暂时的,因为财产权会逐渐转移至买主。另一方面,第Ⅷ-5:202 条更是提供了一个保障功能,确保他们能够追回原本属于他们的部分。然而,第Ⅷ-2:306 条(散装物超过部分的交付)中共有的划分和第Ⅷ-5:202(2)条中相似的规定对上述两条都起到了补充作用,两者都是基于每个共有人都有权分得与共同共有人从聚集或混合物中不可分割份额相对应的量。鉴于分散物的转移还可以适用第Ⅷ-2:305(5)条和第Ⅷ-2:306(2)条中规定的善意取得,在第Ⅷ-5:202 条中的财产法规则没有包含当事人善意的情形。

与第三章善意取得的一般关系。与第三章善意取得不同,第五章中的取得不会影响到原始所有权人的征收。而从经济的角度来看,财产权已经在加工、聚合和混合发生之时就已保存,部分还通过其他的方式得到保存。然而第三章和第五章的规则可能在同一个或同一类情况相联系,两章的内在联系总体来说并不是非常难以理解。当某人起初是基于善意从非所有权人处获得了物,这些物后来被用作加工、聚合、混合中。这个善意取得人被简单的认为是对该部分物的(新)合法所有权人,第五章的相关规则无一例外的适用在此处。同样,例如首先发生了第五章中提到的加工,随后对该加工物产生了第三章的善意取得,这样的情形并不难理解。加工者有可能与任何其他所有者一样,以相同的方式丧失(新)所有权。同样,(先前的)原材料所有人,他的原料用作第Ⅷ-5:201 条(加工)中的加工,也可能会因为第Ⅷ-3:102 条(有限制财产权的善意取得)中关于对有抵押权的物的善意取得规定,丧失了特别的财产担保权利。然而,这种情形和其他相关情形可能出现在第Ⅷ-5:203 条(聚合)规定的聚合中。第Ⅷ-5:204 条(关于担保权的附加规定)第(2)款允许担保权自动续展至买卖过程中。

与善意取得盗赃物的关系。更进一步的分类可能对于分析第五章与第Ⅷ-3:101 条(通过无权或者无权转让的善意取得)第(2)款之间的关系有用处。基于此,善意取得制度不适用于盗赃物(不包括出卖人通过一般商业活动获得所有权)。首先,用于加工、聚合、混合的盗赃物,它们真正的所有权人而不是盗窃人可以依照第五章的规定获得对原材料的所有权。换言之，第五章不会剥夺财产被盗者的任何财产权（从经济的角度看）。其次产生的问题是，如果一个已经加工、聚合、混合完成的新物被善意的买主取得。依照第三章的规定，在发生了加工、聚合、混合后，“偷盗者”是否仍然与该部分财产的权利相联系？从而导致善意取得人可能无法获得权利或不受该权利的约束？第三章的善意取得规则没有对这些情形作出明确的规定，相关内容需要追溯至第Ⅷ－3:101（2）条例外规则适用的政策和第五章的相关规则。第Ⅷ－3:101（2）条中关于盗赃物的例外规定是为了赋予合法所有权人更多的时间取回被偷盗的物。因为通常情况下，偷盗者会用很多办法妨碍原所有权人取回被盗物。通常而言，追回时效至少为10 年，当时效过后，持续占有人依照第Ⅷ－4:101 条（基本规则）第（1）款可以获得所有权。另一方面，第五章的规则只是意图将所有权分配给每个对成果都有付出的人（物的所有者、加工者以及其他）。但是对于其他相关的主体来说，政策更加保持中立。在这种情况下，对于后来的买主不再适用善意取得规则。因此，当盗赃物成为聚合或混合的部分时，出现第Ⅷ－5:202 条（混合）或第Ⅷ－5:203 条（聚合）中的共有，对于不能分割共有财产的权利，即便是“偷盗者”也能够得到法律上的保护，此时依照第Ⅷ－3:101（2）条禁止了后来善意第三人的取得权。这就意味着，如果善意取得了共有物，取得的部分不能包括盗赃物部分，这个共有关系建立在善意取得人和盗赃物原所有权人之间。这是基于第Ⅷ－3:101（2）条关于如果适用于不可分割物之取得的规定。

示例 11

A 偷了属于 B 的燃料，与 C 和 D 的燃料混合在一起（A 错误的以为燃料为自己所有），B、C、D 都出同等的份额，依照第Ⅷ－5:202 条（混合）在 B、C、D 之间形成了共有关系，每人的份额为 1/3。然后，A 通过非一般商业交易方式将燃料卖给了善意的 E，E 可以取得先前 C 和 D 在该混合物中的份额，但是不能取得 B 的份额，因为该部分为偷盗所得，因此，B 和 E 将成为共有人，B 享有 1/3 份额，E 享有 2/3 的份额。

另一种情形是：加工物或聚合物中包含盗赃物，加工者或者主要部分的所有者获得该新实体的独有权，其他原料的所有者享有财产担保权；见第Ⅷ－5:201 条（加工）第（1）款和第Ⅷ－5:203 条（聚合）第（2）款。问题是后来的买主能否善意取得这些其他所有者的财产担保权。与第Ⅷ－3:101 条（通过无权或无授权转让所有权的人之善意取得）第（2）款平行适用的关于对抵押权物的善意取得的一般规则，见第Ⅷ－3:102 条（善意取得免受有限所有权制约的所有权）提供了针对盗赃物的例外规定。针对加工的政策与上文中的论述是一致的。奇怪的是，如果盗赃物的物主因共有关系的建立而受到保护（见上文），但是物主并不是“仅仅”对于这个新实体获得了财产担保权，该方式在共有关系中以相类似的政策被采用，可以避免因为共有带来的实践困难（见第Ⅷ－5:201 条评论 C）。因此，善意取得人不能随意取得有抵押权（担保权）的盗赃物。当加工者（或聚合者）将新物或聚合物以惯常的交易方式出卖时，会产生与通常交易不一致的后果。

示例 12

A 买了 B 偷来的物品(所以在这种情况下,没有善意取得)并且用于加工新的物品,基于第Ⅷ-5:201 条(加工),A 将获得该物品的所有权,但基于所有权担保的保护需要给 B 支付价款。现在 A 如果通过正常的生意渠道将物卖给了善意的 C,C 获得了该物的所有权(继承取得),但是这些物上仍然有 B 的抵押权保护。

最终个人加工者或享有聚合物主要部分的人,将偷盗来的物用做原料,第Ⅷ-5:201 条(加工)第(2)款(b)和第(3)款规定的例外,另外还有第Ⅷ-5:203 条(聚合)第(4)款,示例 12 与上文中示例 11 的共同所有是平行的。在加工的情况下,加工者不能获得加工物的所有权,因此被盗物的所有者要么成为加工物的独有人,要么将与其他原料所有人一起成为共有人。"盗赃物"的条件适用于相关所有权的共有份额,如前文所阐述的,可以阻却善意取得的产生。

与第四章中的因时效取得相联系。与第三章的善意取得一样,第四章的因占有时效取得所有权也会产生对合法所有者财产无补偿的夺取结果。这些不是第五章规则调整的内容,如前文评论中指出的,按第四章的要求,占有相关客体一段时间也可能获得(或自动取得)"盗赃物"的财产权。关于两章的内在联系这里还有一个问题,即可能在加工、聚合、混合之前,某人已经占有了其他人所有的原料,并且可能持续占有加工、聚合、混合的产物,这样也会发生第四章规定的取得。虽然这种情形没有在正文条款中出现,但是不可否认的是在加工、混合、聚合期间不会中断第四章中的取得时效,然而当各个行为综合起来看作是为了实现第四章规定的取得时,这个期间就会消逝。在这个方面,第五章保持中立,即使事实上可能因为加工等行为的开始,导致原所有人取回自己的财产变得十分困难。考虑到第四章规定的可适用的期间,即使存在一些可能阻碍所有权人权利恢复的情形,但也能保证实现本章的法律目的。

与第六章所有权保护和占有规则相联系。

前文中已经阐述了所有在第五章中发生的不会引起财产权变动的情形(特别是没有新物产生或者该新的物体可以自然的以经济合理的方式分开),每个人仍然是自己物的所有权人,并且可以基于一般规则将其取回,特别是基于第Ⅷ-6:101 条(所有权保护的正当权利)。然而,第五章中的关于所有权变动的规则被替代了,第六章中的保护规则将适用于新的财产权。

D. 当事人意思自治和本章的范围(第(1)款和第(2)款)

(a)一般

相关背景。大部分欧洲法律体系皆承认加工、聚合、混合规则可以基于合同发生改变。一部分坚持认为规则是强制性的,关于这个问题时有争论,强制性特征是占有优势的。在评论该规则时,出于它的目的是要在当事人之间分配所有权给一个(或多个)人,使其有对世效力,因此需要具备强制特征。但是即便是在这些国家,或者至少其中一些,大量的实践需要一些灵活的适用,特别明显的是针对加工规则,特别是因为经常出现在有所有权保留的情况下获得了物（例如:原料）并在未支付价款时就转换为产品（当出卖人仍然享有该物），出卖人仍然享有显著的利益不丧失保障。在德国法上有专门的案例，这样，可以认为强制性条款允许当事人至少能与“加工者”建立一个合同性的协议，同时，当事人可以预先规定占有改定，由此，物的所有权就立即重新转移能使强行性规则的效力被逆转。

基本政策。大多意见认为，加工、聚合、混合后的物的权利归属可以依据当事人的合意而定，这些规则也明确地依照了这一标准。见本条文第（1）款。该观点是基于上下文中提到的实际需要，并且与第八卷中当事人意思自治原则的基础地位相吻合，特别是在第二章核心的关于转移的规定。这些典型规则的目的是，并不认为达到这个结果需要通过与所谓的“加工者”达成合意。这个问题已经在第二章关于转移的规则中提到了（见第Ⅷ－2:101 条（所有权转让的一般要件）评论 C），就动产的加工、聚合或混合而言，在转移过程中，“公示”只起到很有限的作用。此外，本章中，“公示”只能适用在个别承认占有者即为所有人的情形下。然而，这并不属于某些特定规则来将独有权赋予另一主体（例如，因为其他人对产出物的主要部分作出了贡献）或在某些情况下成立共有（或基于本章中的某些规则，成立财产担保权）。然而，对当事人意思自治有一条严格的限制，那就是第九章中的财产担保权作为强制性条款要优先适用。见下文的评论 E。

意思表示的时间。本条第（1）款和第（2）款中当事人的意思表示可以在加工、聚合、混合当时或之前做出。如果没有做出意思表示（或仅是一个不完整的意思表示），第五章的违约规则将适用并且财产权利将基于此分配。此后，当事人可以在后续的契约中约定相同的内容，但是，从这个角度看，它背离了违约规则的宗旨，这个合同可能（只是）作为第二章中一般转让、财产担保权建立或者某些情况下基于合同获得求偿权的成就基础，后续约定将没有追溯力。

意思表示的当事人。第（1）、（2）款的目的在于，意思表示的当事人必须是那些所有权地位受到第五章中后面条文影响的人。例如，在加工中，可能包括（后续的）加工者和原材料所有人，在混合中，可能是每个独立部分的所有人等。

“合意”需遵守合同法一般规则。关于本条第（1）、（2）款中合意的结果、效力解释等，一般合同法中已经有所规定，关于合意直接影响所有权的内容，在第Ⅷ－1:104 条（第一卷至第三卷的适用规则）中详细说明，关于义务设定和相应的权利，根据第一卷和第三卷的规定。

（b）可能的内容和当事人合意的相关事例

概述。本条视角下的合意可能与财产法标准和法定义务相关，特别是当事人可能是（i）新物体的独有者或（ii）当事人成为共有人，也许有明确的份额，当事人还可能约定（iii）财产担保权的设立（但是，这点要遵从第九卷的规则，与本条第（4）款相比）。从义务的层面说，特别是当事人之间可能约定（4）一方当事人必须给另一方当事人支付一定的价款，特别是另一方没有取得所有权时（或者只享有比处分条款少的份额）。理论上来说,还有许多其他的可能性,其中一些将在下文的评论中提到。当事人意思自治规则也可以适用在第五章本身不适用的任何关于所有权变动的情形,特别是当一个新的整体可以以经济合理的方式分为原始的组成部分(因此,第Ⅷ-5:202条(混合)和第Ⅷ-5:203条(聚合)不适用)。严格来说,有当事人合意时,与其说是成立第二章视角下的一般转移,不如说是形成了第五章视角下有效的合意。但这在实际上没有什么区别,一些相关的约定可以设立关于所有权转移的时间,见第Ⅷ-2:101条(所有权转让的一般要件)第(1)款(e)和第Ⅷ-2:103条(所有权转移时间的协议),当然,第九卷的优先规则在此也适用。

关于第(2)款(a)所有权归属的约定。

关于加工、混合、聚合所有权归属的约定,代表性的是当事人一方的独有权或所有(或部分)贡献者的共有权,可能被财产担保权的设立联系在一起。当共有关系建立时,意味着共有人共同享有整体物中不可分割的部分,并且每个共有人可以通过各自的行为处分自己的份额,除非当事人另有规定;见第Ⅷ-1:203条(共同所有权),同时,当事人也会决定不可分割部分的比例。如果适用解释规则无法决定,那么将依照每部分的价值比例分配。这个可以看作是第Ⅷ-5:202条(混合)和第Ⅷ-5:203条(聚合)的一般规则。当事人也会改变加工、聚合和混合适用种类的范围,例如:第Ⅷ-5:201条(加工)的结果也可以适用于不属于本条所指的"新物"。理论上而言,当事人可能会设立对于新动产使用的所有权或基于第十卷建立一个信托关系。然而,从本条规定来看,并没有赋予创设新型财产权的的自由,但参见第Ⅷ-1:202条(所有权)、第Ⅷ-1:203条(共同所有权)和第Ⅷ-1:204条(所有权限制),本条第(2)款(a)隐含了进一步参见其他编中的示范规则和本国法的意思。换言之,本条第(2)款(a)中所指的"合意"必须要"符合体系"(基于第Ⅷ-1:204条来参考各国国内法的做法已经被普遍认可)。与此相似,当事人意思自治规则不希望开创其他可能性,例如,将部分所有权分配给一个人,该部分与其他人所有的物是不可分离的,同时该物的其他部分属于另一个人,对比第Ⅷ-1:301条(可转让性)第(2)款(第五章不受该规定的影响)。关于第三人获得所有权的约定见下文。

关于义务和相应权利的意思表示;第(2)款(b)。

当事人意思表示还可以设定义务和相应的权利。通常来说,在一些情况下需要支付价款,例如,对其他人所有的原料价值的补偿或者所作工作的相应回报,特别是在加工领域。可支付的总额以及支付方式都要依照当事人之间的意思表示和可能适用的一般规则。然而,除了金钱义务当事人还可以自由的约定其他内容,例如,所有人可能通过契约将物租给其他人。所有以上涉及的一般情形,设定的义务都仅是针对与意思表示相关的主体,如果当事人是第五章视角下的(这些人为加工、混合、聚合作出了贡献)可以约定第三人将基于加工、混合、聚合取得所有权,该项规则有利于第三人(与第二卷第九章第三部分对比)可以作为在第Ⅷ-2:101条(所有权转让的一般要件)第(1)款(a/d)中第三人获得所有权的一种方式,此外,关于所有权转让的时间(只需要通过同意其他当事人的意思表示来完成）本条第（1）款（e）规定了交付或等同交付，因此，第三人的同意是获得所有权的基础。

意思表示的典型例子：劳动合同。在很多实际的重要情况下，当事人通过意思表示决定加工物的归属（或其他本章提到的方式），不论是明文的还是暗指的。特别是雇员们用属于他们雇主的原料加工了新物，通常情况下，该物的所有权归属已经在雇佣合同（如果需要解释）中明确，所有权属于雇主而非雇员。同时，合同还会规定雇员基于他们的劳务付出所应当取得的回报，因此，第Ⅷ－5:201 条（加工）的违约规则不适用于可能导致雇员获得所有权的情形。并且如果雇员使用了不属于雇主的原材料进行加工，但原材料所有人并不同意进行加工，此时，从与原材料所有权人的外部关系上来看，雇主（并不是雇员）将被认为是"加工者"。更多论述可见第Ⅷ－5:201 条评论 B。

意思表示的特例：原料所有人进行加工。另一方面，原料所有人将原料给另一个进行加工，加工好的新物再归还给原料所有人，当事人之间的意思表示要么是明确地规定，要么是可以解释为规定，基于加工，原料所有者将获得新物的（独）有权，同样也适用于尽管最终的物在表面上没有返还给原材料的所有人，但事实上是原材料所有人在支配该物。另一方面，付出劳务的人通常坚持以加工物的价值作为协议的条件，这经常是按照第Ⅳ.C－3:101 条（范围）第（2）款（a）提供的结构缔约，该款扩展到合同中由当事人设计的动产结构的相关规则，"建造者"（第Ⅷ－5:201 条（加工）中提到的加工新物者）可能留置该物，如果所有人不付款对比第Ⅲ－3:401 条（中止履行对待债务的权利），这种情况也有可能被第（1）款的意思自治原则包括。

示例 13

O 是一家农产品公司，主营高质量的有机食物和其他合成物，作为知名品牌出售。O 决定将其业务范围扩展到用他们所有的羊毛制作羊毛衫，但是 O 没有纺织厂，于是 O 与 P 签订合同，O 将羊毛交付给 P，P 来加工羊毛衫，该合同同时声明（或通过解释作为阐明），在羊毛衫做好时，O 就获得了羊毛衫的所有权。该约定代替第Ⅷ－5:201 条（加工）中的违约规则。

（c）第Ⅷ－5:201 条至第Ⅷ－5:204 条的其他范围

总述：基于前文，目前第二部分默认规则适用的范围是十分有限的，因为在该部分中，当事人合意在实践中是十分常见的，另一个重要的限制是本章的辅助性原则涉及第九卷的动产所有权担保。第五章的违约规则恰好是落在当事人意思自治和第九卷的空隙部分，但是当然本章要作为一个有用的模式，并且要制定规则指引关于当事人在建立这种约定时如何找到充分的和解利益。接下来的评论对主要内容作概述。

加工等行为未经原料所有人同意。这种情况主要针对第二节中的违约规则，可以适用于当加工、混合、聚合行为没有经过所有权人或其他相关所有权人的同意，见（1）款（a）。可以说，但并不绝对，该种情形下，合法的原料所有权人甚至不知道物的存在。因此，既不能避免加工、混合、聚合的发生，也不能确保先前关于该种行为结果的约定。因此，默认规则适用在，例如，加工者偷了这个物；基于对所有权人的错误认识使用了其他人的物;以及加工者(或混合、聚合的人)实际上知道该物属于另一人,但错误地相信所有权人授权他们使用加工、聚合、混合物。

加工等基于投入者同意,但未对所有权归属约定。另一种适用第二节违约规制的情况是原料所有人同意进行加工、混合、聚合,但是当事人没有就所有权和该行为引起的其他结果做出约定。见第(1)款(b)。这些结果将由其他相关的默示规则来规定。

示例14

两个商人同意将他们各自所有的商品储存在一起,同类同量的放在一样(例:油、谷物、水果)的容器、筒、罐、仓库中。但是他们没有约定该行为引起的后续关于所有权等结果,这些问题由第Ⅷ-3:202条(混合)来决定。

示例15

音乐人O和音乐人P达成协议,两人共用一个工作室,P在需要时可以使用O的设备和材料,在这种情形下他们达成共识,P需要归还材料或者付补偿金,但是没有明确在约定中提出。事实上,他们可能从未考虑过关于所有权的问题。基于此,无法弄清P使用了哪些材料,以及她是否使用了O的材料,如果P后来使用了O的材料,那么结果由第Ⅷ-5:201条(加工)第(1)款的规定。

基于劳动付出者的同意和事先对所有权归属的约定而实施的加工等行为,但没有对义务进行约定。理论上来说,也会存在这样的情况,即在原材料的所有人同意进行加工、混合或聚合时,所有劳动付出者也都同意就财产权归属的约定。例如:加工者或其他主体可能获得独有权,但是没有关于第(2)款(b)的义务内容的约定,这种情况没有在第(1)款第2句中提到,该款针对的是第二节默示规则中提到的给付权问题,特别是所有权或共同所有的分配,对应默示规则相关的概念。然而,第二部分关于义务和权利的规定可以用来解释当事人合意或与此相类似的方式。第Ⅷ-5:201条(加工)第(1)款和第Ⅷ-5:203条(聚合)第(2)、(3)款中关于金额的计算本身就包含了一定的分配经济风险,并且需要认真的核实这种分配是否是基于当事人所追求的目的。对比第Ⅷ-5:201条评论D和第Ⅷ-5:203条评论D。

E. 关于第九卷动产财产所有权保护(第Ⅷ-1:103(1)条,第Ⅷ-5:101(3)和(4)条)

一般政策。第九卷是关于所有权保护的相关规则。其中不仅包括了保护财产权的制度,例如;保证,还有其他类型的财产权,这些权利要么是基于合意而成立,要么是双方通过签订合同的方式保证债权人能够享有优先受偿权;与第Ⅸ-1:102条对比(动产担保)第(2)款。选择广义的方式是经过慎重考虑的,一方面是为了使类似的规则能够具有同等的效力,另一方面也是为了尽可能全面地追求规则的确定性。特别是,一些特殊规则的存在被认为通过权利能够对抗第三人的,而体现担保权的效力(与第

Ⅸ－3:101 条对比(对抗第三人的效力)),关于物,一般由占有者或登记者获得相应的权利,对比第Ⅸ－3:102 条(获得效力的方式),这里,登记的完全建立是非常重要的政策,这就意味着例外以及潜在落入第八卷的担保权要受到相关的限制,同时,第九卷还暗含了部分关于其他财产担保权的特殊规则以及优先权制度。从这个方面来看,第八卷第五章的规则对第九卷几乎没有影响,也不会破坏整卷的基本原则。从另一方面来看,正如本章第二节关于如何适用担保权的具体规则,还会对第八卷和第九卷的内容起到互相补充的作用。此外,有关于加工、聚合、混合(已经完成)中原材料的担保问题,本编第五章并没有涉及。这些内容在第Ⅸ－2:307 条(为加工或聚合目的而使用的担保)以及第Ⅸ－2:309 条(受财产约束的财产混合)中加以规定,这些条款与本章内容有着紧密的联系。

基于第Ⅷ－1:103 条(其他优先规则)第(1)款第九卷优先适用。从一定程度上来说,以上的规则已被第Ⅷ－1:103 条第(1)款所认可。该款是关于转让或保留所有权中的担保问题,就这些问题,第九卷的规则优先于第八卷的规则而适用。具体而言,这就意味着以实现担保权为目的的财产转让要依据第九卷的规则进行,同时,包括加工、聚合、混合在内的物的转让而体现的深层次法律效力也要受第九卷的规则调整。还体现这一标准的有,例如:在加工、聚合、混合过程中,当事人之间基于合意,将财产担保权由其中某个人所享有。关于这种情形,在第(4)款第 2 句中有更加具体的说明。

受所有权保留第(3)款约束的物。基于更广义地表达传统角度来说,第五章的规则适用于所有权保留中的加工、混合、聚合物的取得,在这些情况下取得物不需要支付对价。在购买人用于加工时,原料仍然被出卖人所有,或者聚合或混合于其他购买人所有的物,也许是另外人所有的物。基本规则贯穿于这些条款的发展之中,然而,这要取决于第九卷和该卷包含的政策和概念,决定加工、混合或聚合中包括的物的结果。基于此原因,该条第(3)款明确指出这些内容全部在第九卷中涵盖。这就保证了不同情形以其自身特征适用不同规则,并且暗含了特殊的政策。关于第九卷中"所有权保留方式"的注释,不仅包括了"传统"观念中的"所有权保留方式"即出卖人保留着已经卖出的物的所有权,而且还有其他相关功能手段,例如:金融租赁(对比第Ⅸ－1:103 条(所有权保留方式:范围)),在加工、聚合、混合中这些情形的处理方式相同。这些不同的处理方式主要的实践效果是当加工、聚合、混合物受制于所有权保留对其他当事人或第三人产生影响时,对原始物的保证并不会自动的扩展新的或结合之后的物,然而只有当事人有在先意思表示在合同中设立了所有权担保,见第Ⅸ－2:308(受所有权保留约束的加工或聚合物的使用),特别是第(2)款,如果没有意思表示的建立,买主、租用、购买人、承租人或收货人将分别基于第Ⅷ－5:201 条(加工)或第Ⅷ－5:203 条(聚合)获得合法的"所有者"地位,见第Ⅸ－2:308(1)条,本条第(3)款参见第九卷规则的另一个重要结果就是,不论是所有权保留人获得新物或结合后的财产权,还是买受人、租用人、承租人或收货人基于支付而获得这些财产的所有权,在这些情况下的财产担保权,都必须满足第九卷第三章的要求,为了能够实现对抗第三人的效力(对比第Ⅸ－

2:308条评论C)。事实上,这意味着合同中的担保必须登记,除非享有担保的债权人对新的或聚合的财产有占有权。另一方面出现在第Ⅷ-5:202条(混合)中的混合和共有,这些物的在先担保权会自动继续作为混合不可分部分的担保;对比第Ⅸ-2:309条(受财产担保约束的财产混合)第(1)款与第(2)款的联系。优先权不受此种情况的影响,见第Ⅸ-4:103条(优先权的持续)第(1)款(b);登记行为的必要性既不是为了有效性(一旦该合同进行了登记,那么对依此合同建立的原始担保权产生了登记的效力)也不是为了优先权,所以所有权保留人的特别优先权仍然存在(第Ⅸ-4:102条(特别优先权))。

除上文中已经讨论过的内容,受所有权保留约束的加工聚合物的结果都与本卷第五章提到的相同。第Ⅸ-2:308条(受所有权保留约束的加工或聚合物之使用)第(1)款与第八卷第五章的规定是一致的,同时也可参考第Ⅷ-5:204条(关于担保物权的附加规定),因此,例如:新物或聚合物的担保权(对这些财产有持续效力,见上文)自动的扩展到买卖过程中,此时该物的担保权因第三人善意取得而消灭(见第Ⅷ-5:204(2)条)。与第九卷关于担保权扩展的一般规则来说,更加提高了担保债权人的地位,原则上来说,这需要当事人的合意(对比第Ⅸ-2:306(原始担保财产的收益)第(3)款)。

本章(第(4)款第1句)法律规则创立的财产担保权。本条第(4)款是处理因加工、聚合、混合产生的物的权利担保问题(可能与合同创设的担保权相联系)。第二部分第1句关于财产担保权的创设,即第Ⅷ-5:201条(加工)第(1)款或第Ⅷ-5:203条(聚合)第(2)、(3)款。同时,这类担保权原则上受第九卷规则的约束,一般规则与第Ⅸ-1:101条(一般规则)第(2)款(C)相联系,该款阐明了在适当情形下,第九卷可以适用于“继承过程中产生的动产财产担保权,只要不违背法律的根本目的”。有关加工和聚合的条款构成了继承法中法定担保权的规定(与第Ⅸ-1:101条评论C对比)。与一般条款中示例不同的是,依据本编第五章的规定,上述条款的变动或限制都是被直接禁止的。因此,除本章做出明确规定以外,其他都适用第九卷的规定。所谓完全适用,包括诸如关于执行的问题也适用第九卷的规定。另一方面,本条第(4)款第1句还规定了对本章第二节一些特殊规则的保留。这是指(1)与第九卷中,基于合同关系所成立的担保不同,前文中提到的担保权都是自动成立或法定成立的。另一个主要的不同(2)该担保权的效力可以对抗第三人,这种效力并不需要基于占有或登记,见第Ⅷ-5:204条(关于担保物的附加规定)第(1)款。然而,不排斥对担保权的自愿登记,这样可以有助于对抗基于第三人善意的对有抵押权物的无偿善意取得。此外,(3)第二节建立的担保权自动的扩展到出卖加工物或聚合物的过程中,如果新物或混合物的担保物权被第三人善意取得;见第Ⅷ-5:204(2)条对比第Ⅸ-2:306条(原始担保财产的收益)第(3)款。最后,(4)第Ⅷ-5:204(3)条包含了优先权的特殊规则,这是与第九卷一般规则相背离的,在第九卷中时间先后成为决定担保权效力的决定性因素(第Ⅸ-4:101条(优先权,一般规则)),第Ⅷ-5:204(3)条建立的关于加工、聚合的财产担保权优先适用于其他任何在先设立的担保权,由加工者或由主要部分的所有者在新物或聚合物中设立的,细节见本条的评论。

第(1)款中基于当事人合意建立的财产担保权(第(4)款第2句)。担保权可以基于本条第(1)款和第(2)款的意思自治原理,由双方当事人合意建立。例如,当事人甚至可以就第二节相关规定的类似结果达成合意。但是需要清楚地记载入合同中,以释明目的,这种基于合意建立的当事人合意需要受制于第九卷的规定,只有一个例外,即第Ⅷ－5:204条(关于担保物权的附加规定)第(3)款中的特别优先规则,基于前文所列,其他例外适用第二节法定担保权的,不适用上述规则。这就意味着基于当事人合意建立的担保权情形中,(占有或)登记是取得对抗第三人效力的前提,这种选择可能会在一定程度上带来不确定性,当事人合意构成与第二节默示规则中几乎一致(或稍有不同)的担保权,第二节默示规则可以替代当事人的合意(以及在任何情况下不需要登记)。这就是说原材料的所有者对加工发生的可能性有预见,并且事先足够认真地规定了财产结果,但是"只要"没有做担保权登记,那么不应该比甚至没有试图达成合意的人置于更糟的地位。然而,一般规则试图贯彻登记,以保证例外发生的最小化。从这个角度而言,那些对加工可能性有预见甚至对结果有了预先合意的人可能会比第五章规则中涉及的那些原材料所有人受到的保护更少,即该原材料所有者甚至没有同意加工或聚合。对于原材料所有人来说,登记的弊端在于要花费金钱和努力,然而,担保权登记对原材料所有人来说更有利,这样可以使第三人基于善意取得有抵押权的物变得非常困难,甚至是不可能的。本章第二节的担保权与当事人合意建立的担保权的相同差别在第Ⅸ－2:307条(为加工或聚合的目的而使用担保物)第(3)款中再次提到。

F. 与第六卷造成他人损害的非合同责任(第(5)款第1句)

概述:第六卷也可以附加使用。第(5)款第1句清楚地阐明了除了第五章规定的权利外,当具备条件时,第六卷中关于非合同责任致损的规则也可以适用。最核心的要件是造成损害的人要有主观上的故意或过失。该规则与欧洲法律体系是保持一致的,对加工、聚合、混合物的结果规则起到了有效的补充作用。共同人基于其各自所有原料价值,在具体情况下,可能不会覆盖到所有者全部的损失,还有,赔偿请求是基于市场价值的,不论有或没有担保,都可能会低于所有者实际的损失,见下文中的例子。第六卷适用的另一个重要功能在于追求公正,如由于过失(或甚至是故意)引起的责任出现,但第五章财产法规则没有或是并未完全考虑到。对于第八卷中的劳动团体,在区分当事人善意和恶意时,时常采用更为宽泛的标准,并不严格地依照财产法的规定处置,并且可以适用第六卷中的规则。由此,潜在的高争端的问题应当排除财产法的适用,这样有利于法律的确定性以及物的市场化。但是注意在加工或聚合中有明确恶意的那些例外,分别在第Ⅷ－5:201条(加工)第(2)款(b)和第(3)款,以及第Ⅷ－5:203条(聚合)的第(3)款,以及第Ⅷ－5:201条评论E和第Ⅷ－5:203条评论F。

例证。第(5)款第1句对于何时可以在第二节默示规则中附加适用第六卷规定很重要。然而,第六卷适用还需要当事人就加工、聚合、混合的财产结果达成合意,但最终出现问题,额外的损失不能通过第二节规则获得补偿,特别是在聚合、混合中出现共有人各自享有其份额的价值,如果最终的聚合、混合物的价值低于每一个投入的部分时,这些份额的价值可能低于每一个单独的贡献物。

在这种情形下,当事人一方(或第三人)故意或过失引起混合或聚合,价值的区别当事人可以基于第六卷提出。

示例 16

A. B、C 各有 5000 吨石油,没有经过授权,D 将自己的 5000 吨石油与 A、B、C 的石油放在同一个容器中,基于第Ⅷ－5:202 条(混合)的规定,A、B、C、D 对整个物各享有 1/4 的所有权,但是假如 D 所有的石油的质量比其他人的差,就会导致从 D 的容器中分离出来的 A、B、C 的石油的价值要低于原始的。或者,D 的容器受到了污染,里面的油的价值因此降低了,然后,A、B、C 可以基于第六卷的非合同责任致损向 D 请求恢复他们额外的损失,混合的例子与示例 16 相似,第六卷的额外损失还包括由于从混合物中分离特定部分的花费以及为了返还各自部分的运费等相关费用。

在一些情形下,由于每个人的过失导致混合物必须分离并且返还给原所有人,此时可以提出返还请求。见第Ⅵ－6:101 条(赔偿的目标与形式)第(2)款,“聚合”也适用同样的规则,当不符合第Ⅷ－5:203 条(聚合)规则时,即该“聚合”仍能够以经济合理的方式分开。此时,由于分离导致的损害(包括价值的减少)都是可以要求恢复的。

加工活动的原材料所有人或聚合中次要部分所有人,可能先保留着额外损失通过获取替代物的方式来弥补额外损失,他们的价值可能在加工或聚合完成时有所提升,或者有额外运输费等,可能能够得到替代物。

G. 与第五卷对他人事物的善意介入的关系(第(5)款第 2 句)

概述。第五卷对他人事物的善意介入可以在很大程度上适用于不同情形,共同之处在于介入者的行为主要是为了利于他人。这里为介入者规定了特定的义务和权利,基本上是通过建立基本政策规定该行为的动机并且在看上去需要帮助时提供帮助,而不是“寻找其他方式”的态度。这些规则规定的适用情形也同时出现在本章第二节的范围内,即如果善意介入的是他人的加工、混合、聚合物,显然第五卷的规则和介入者行为的特定动机是要对结果产生影响,这些情形的特殊性在于需要形成不同结果来达到本章第二节的规定。然而,划条清晰的界线是不容易的,第(5)款第 2 句采取的一半规定是第五卷的规则“优先于”第五章的规定。这就意味着本章第二节的规定不需要全部排除,它的规定在一定程度上可以适用,取决于两条规则和他们背后的政策针对不同的个案,当在一定程度上证明互不相容时,第五卷规则将优先适用,更进一步而言,一方面这对于区分义务和相关权利的界限是十分有用的,另一方面对财产法的适用程度也有用。

由加工、混合、聚合产生的义务和相应权利。 出现在第二节规定的情形而产生义务，显然，第五卷的规则应当取代第二节的个别规则，特别是在聚合时，善意介入人将“次要部分”加入“主要部分”，使它们成为不可分的物，在这种情形下，即第Ⅷ－5：203 条（聚合）第（2）款第 2 句只能基于不当得利来要求赔偿，不当得利是将风险分散给实行者（见下文，第Ⅷ－5：203 条评论 D），然而第五卷的规则试图鼓励善意行为来限制由于介入所引起的风险，至于是否或在何种程度上善意介入人能够有权要求赔偿、返还或甚至是请求报偿，这些问题均由第五卷第三章来解决，因此，这些规则优于第Ⅷ－5：203（2）条适用。

示例 17

P 停于港口的船遭到了风暴的袭击，恰巧，I 在看护自己的船舶时发现了 P 的船舶，于是 I 采取了必要手段防止了 P 的小船沉没，并且用自己的原料修复了 P 的小船，防止了 P 的小船受到更大的损失，假设，事先无法联系到 P（可能是无法确定），并且原材料无法与小船分离（经济合理方式）。这种情形属于第Ⅷ－5：203 条（聚合）、第Ⅷ－5：201 条（加工），只有在出现“新物”时才能适用，基于第Ⅷ－5：203 条第（2）款，虽然有了 I 的材料，但是 P 仍然是该（修复后）船的主人。这个结果符合 I 的意图，所以不会在第八卷第五章和第五卷之间出现矛盾，然而，I 作为介入者可以用其享有的报酬请求权对抗 P，此时第五卷优先适用来裁决该问题。P 无法基于不当得利获得抗辩事由，例如第Ⅶ－6：101 条（利益受领人的财产损失）。这不仅适用于 I 用作修复的原材料，并且也与他的劳动力有关。

由加工、聚合、混合引起的财产权利。 另一个更加复杂的问题是善意介入是否或在任何程度上可能对第五章第二部分规定的财产结果产生影响。这里基本上有两种选择，第一种选择是将所有财产法问题都由本章第二节规制，第 2 步再考虑适用善意介入原则。在类似于示例 1 的情况中，介入人用了他人的水果制造了果汁，这就意味着该介入者可以依据第Ⅷ－5：201 条（加工）获得果汁的所有权，并且随后可以依据第Ⅴ－2：103 条（介入义务）第（1）款将所有权转移给他人，这有很多可能的方式，但是在一些情况下，这种方法并不是直接的，此时既可以避免侵犯当事人的利益，也可以避免违反相关规则。在示例 1 中，并不清楚为什么介入者可以成为果汁的暂时物主，原材料由主要方所有，介入者并没有试图获取物，并且对此没有“统治”权利（见下文）。在该体系中，公示（占有者基于占有使外界相信其为所有人）并没有起到很重要的作用，也没有作为解决问题的直接方式，对这种情形，需要简化解决方法。在这种情形下，善意介入规则可以排除适用第Ⅷ－5：201 条（1），因此，所有人仍然属于原材料所有者，尽管该原料已经成为了新物。需要注意并没有将所有权强加于某人，但是原始所有人（针对原材料）排除了对新物的转移，目的是为了避免所有权的再转移和移交。然而，善意介入规则优于第五章财产法规则适用是例外情况。

H. 第五章的一般政策和与第七卷不当得利的关系

维护所有权的主要利益和基本规则取决于物的价值。

在加工、聚合、混合中基本上包括了两项主要利益，所以被定义为“价值权利”和“控制权利”。前者意味着每个贡献者，无论是每个过程中的物的所有者还是提供劳动者，都不能被剥夺他们因为贡献而取得的价值。当存在两个或两个以上的贡献形成了附加的价值时，原则上没有必要因为一方而剥夺另一方的利益，然而，更特别的是，利益不仅包括基于贡献产生的价值，同时也包括对当事人无清偿能力时的保障。另一项利益与价值没有主要联系，而更关注于独立方面，即某人持有该物时能够获得的财产和功能。起初，这种控制利益主要存在于原料由不同主体所有的情况下，但是这些物可能已经不复存在了。经过加工，新物的主要利益就属于加工它的人，例如，基于加工者的需要进行的新物加工。基于这些利益，第二节的基本政策，即每个当事人的财产权取决于该当事人物的价值。控制利益往往与采取何种财产结果相关的。

关于财产结果的更多政策。

更进一步来说，这样的目的在于提供有力的实践方式来避免那些低效率的方式，这样可以使交易便捷迅速不受阻碍。在一些情况下，对于共有的解决方法有所争论，因为这需要对新财产的共同管理，为了区分共有需要花费时间和精力等（对比第Ⅷ－5:201 条（加工）评论 C；见第Ⅷ－5:202 条（混合）评论 A 和 C），另一方面，虽然第二节规定的一些结果与此相联系，但是“公示”并不是发展这些规则的重要标准。

包括善意或恶意当事人。

在很多欧洲法律体系中享有原材料的当事人对财产结果的善意或恶意是值得讨论的问题，特别是参与加工者，详细原因在下文探讨。第八卷力图避免该种情形，并将恶意纠纷从财产法转至基于第六卷非合同责任损失的赔偿来处理，本章也可附加适用。然而，对于某人完全出于恶意进行加工或聚合要绝对排除，即如果明知作为原料使用的物的所有权人不同意，但仍然为之。因此，第二节的规则中暗含了一个政策，即基于恶意的人不能够因其行为而获得对新物或聚合物的（独有）所有权。见第Ⅷ－5:201 条（加工）评论 E 和第Ⅷ－5:203 条（聚合）评论 F。

关于取代所有权的货币计算政策。

关于请求取代原所有权人的计算问题，特别是当最终物的价值低于所有贡献物的价值。第二节中的违约规则主要适用于当相关原料的所有权人并不同意加工、聚合或混合时，从经济角度看，行为人的加工和聚合都是无效的，此时通过相应规则来解决风险承担的问题。第Ⅷ－5:201 条（加工）第（1）款和第Ⅷ－5:203 条（聚合）第（2）款中的计算规则就是基于此政策建立的。

与不当得利的关系。

第七卷的不当得利规则基于财产法规则来确定获得所有权的主体是否是基于财产法规则“合法”的获得者，“合法”的判断依据第Ⅶ－2:101 条（不当得利的情形）第（1）款和第（3）款。防止获得者基于第七卷取得抗辩请求；对比第Ⅶ－2:101 条评论 C。本章第二节中明显可看出要基于各当事人的贡献经济地来划分每个当事人，这就意味着，例如：加工的最后成果由一个独有，随后，其他参与者的贡献应当返还给他们。然而，正如前文评论中所提到的，第二节自身有关于赔偿金的制度，该制度是基于特定政策原因所选择的。为了不破坏该种方式，第五章通常不适用不当得利规则，因此只有在不当得利规则符合第五章政策时，本章会参考第七卷的不当得利。见第Ⅷ-5:201条（加工）第（3）款和第Ⅷ-5:203条第（2）款，在第Ⅷ-5:201条评论D中讨论了不当得利与“价值平等”的区别。

注　释

Ⅰ. 当事人意思自治

1. 在奥地利规定，只有当事人对已经发生的结果不能达成一致时，适用加工、聚合和混合（Schwimann（-Klicka），ABGB Ⅱ[3]，§ 414，no. 1；Iro，Sachenrecht[3]，no. 6/18；Koziol and Welser，Bürgerliches Recht Ⅰ[13]，319），如果财产结果已经被合同所规定，只有合同规定可以适用。因此，民法典第414条以及关于加工、聚合、混合的规定不是强制性的（Klang（-Klang），ABGB Ⅱ[2]，415）。只要内容合法，那么当事人之间关于法律结果的合意就有效（Klicka，同上第415条no. 1；Rummel（-Spielbüchler），ABGB Ⅰ[3]，§ 415，no. 7）。如果基于合同进行了对新动产的加工，这个动产的所有权将独属于雇主或项目的指导者（Iro，同上，no. 6/18）。

2. 西班牙民法典的规则仅适用于当事人之间没有形成合意（Faber and Lurger（-González Pacanowska and Díez Soto）National Reports Ⅳ，chap. 7. 3）。

3. 同样，在意大利，当事人可以规避加工、聚合、混合规则（Faber and Lurger（-Greco），National Reports Ⅰ，489）。加工规则不适用于加工者与原料所有者已经有了合同来规定各方权利和义务的情形（Cass. II1606/1981）。

4. 在法国和比利时动产的加工、聚合、混合规则没有太多的实践用途。要么就是当事人已经就该行为发生后的法律结果达成了合意，这些规定均不是强制性的，只是通过举例的方式给出，要么是通过民法典第2277条规定（占有）（for France：Terré and Simler，Les biens[4]，no. 233；for Belgium：Hansenne，Les biens，no. 843）。事实上，CC art. 565－577在实践中，只适用于盗赃物和遗失物或当事人基于恶意时（Dekkers，Précis de droit civil belge Ⅰ，no. 1102），然而，这些规则的地位次于“公平”（équité）并且举例为法官在遇到特殊情况时如果做裁判做了说明（CC art. 565，for France：Terré and Simler，loc. cit.；for Belgium：Dekkers，Précis de droit civil belge Ⅰ，no. 1103；Hansenne，Les biens，no. 843）。

5. 马尔他的规则与法国和比利时相似，马尔他也是将加工、聚合、混合规则（民法典第572～584条）作为法官遇到特定情形时的判决标准，基于民法典第572条，该规则地位次于“公平”。

6. 在立陶宛，似乎当事人可以自由决定聚合和混合的结果，基于民法典第454条，规定了当事人不能对结果达成合意的规则（见第Ⅷ-5:202条注释8）。

7. 斯洛伐克关于加工规则（比照聚合、混合，见第Ⅷ-5:202条注释22）适用于无当事人合意时（Faber and Lurger（-Petkov），National Reports Ⅵ，chap. 12. 3）。

8. 在匈牙利，CSS（最高法院民事参议院申明第I条no. 7赋予了当事人就聚合、混合和加工合法结果可以达成合意，CSS no. 7，意见I规定“法律结果适用于用属于某人的原料在他人的土地上进行建造,并不适用于当事人就所有权达成合意的情况”)可以看出匈牙利民法典对这些内容的规定是非强制性的,即这些规则仅仅适用于当事人没有达成合意的情形(Faber and Lurger(-Szilágyi),National Reports Ⅲ,chap. 11.2.3)。

9. 在英格兰和威尔士,加工、混合、聚合没有发展的空间(Bridge,Personal Property Law[3],106 et seq.),这样就不确定是否有当事人意思自治存在。但是看上去加工规则可以作为默认规则来取代在先的合意(Faber and Lurger(-Frisby and Jones),National Reports Ⅱ,116)。可以确定的是,另一些学者肯定制造商的权利可以被合意所改变(Bell,Modern Property Law,70)。也就是说,合法双方当事人经常明确约定聚合的事项(“加入”)(Worthington,Personal Property Law,504)。

10. 在爱尔兰同样也几乎没有关于加工、聚合、混合物获取的普通法规则,当出现上述情形时,法官会从罗马法规则中寻找解决途径((Faber and Lurger(-Gardiner),National Reports Ⅱ,233)。合同条款可能会规定其他与聚合(加入)规则不同的解决方法,加工(加工)制造商对于加工物的权利可能被合同相关规则改变(Gardiner,loc. cit.,234 f and Bell,Modern Property Law,70)。在一些情形下,原料提供者保留物的所有权,直到制造商付款为止,保留条款可以有效地处理一些争议(Gardiner 同上,235)。

11. 在塞浦路斯法律中未发现这部分规定,因此不知道是否存在当事人意思自治。塞浦路斯是混合体系,这就意味着英美法模式适用于塞浦路斯,并不会明确地通过立法规定所有内容(Faber and Lurger(-Laulhé Reports Ⅱ,484 f and 582 ff)),因此可以推断,塞浦路斯与英国一样倾向于当事人意思自治。见上文注释 9 及下文注释 35。

12. 在苏格兰,当事人可以通过合意改变加工和混合的规则,但是却不能对聚合的结果通过合同改变,因为这是严格的不可变规则(Faber and Lurger(-Carey Miller/Combe/Steven/Wortley),National Reports Ⅱ,416)。当事人之间的合意“不涉及聚合(加入)相关问题”(Carey Miller and Irvine,Corporeal movables in Scots law[2],73),所有权保留规则被加工、聚合、混合规则所取代(Carey Miller/Combe/Steven/Wortley,loc. cit.,416)。

13. 在挪威财产法中该规定是非强制性条款(财产法第 1 条),同样,共有条文也是非强制性规则,但是这些规则经常被使用,特别是针对共有中价值较低的动产(Faber and Lurger(-Færstad),National Reports Ⅴ,chap. 14.2)。

14. 在瑞典没有加工、聚合、混合的规定,但这些概念在立法的过程中曾经有过讨论(例如,见 Håstad,Sakrätt[6],43 ff;Millqvist,Sakrättens grunder,24 f;Undén,Svensk sakrätt i lös egendom[10],85 ff and Rodhe,Handbok i sakrätt,197 et seq.),概念模糊不清并且关于当事人意思自治的问题也没有讨论,没有规则加上概念模糊不清,所以推测法律为当事人意思自治留下了余地,共同所有条文也不是强制性的,关于加工可以达成合同,参见第Ⅷ－5:201 注释 21。

15. 同样在芬兰,同样也没有关于加工、聚合、混合的规定,几乎没有法条关于这个问题,只有极少的初步规则关于加工,所以理论是有待讨论(Faber and Lurger(-Kuusinen),National Reports Ⅴ,chap. 11),可以得出结论,在立法者未明确规定法律规则和定义时,当事人之间可以就此达成协议。

16. 在丹麦法中也没有关于意思自治的讨论,正如芬兰和瑞典,在缺乏规则时,可以认为当事人能够就除了丹麦法中明确的内容外达成其他合意。

17. 另一方面,在德国,混合和聚合的法定结果规定在民法典第 947 条和第 948 条,它们是强制性规则并且有排他性。当事人之间用合意排除第 947～948 条的规定是无效的(Bamberger and

Roth(-Kindl),BGB Ⅱ², § 947 no. 8 and § 948 no. 4;Brehm and Berger,Sachenrecht², § 28 no. 9),对于加工,有一个长期争论的问题,即民法典第950条的规则究竟是一个强制规则还是为当事人之间合意留有了余地呢?(Soergel(-Henssler),BGB¹³, § 950 no. 4)经统计参数表明将其认为是强制性规则不仅符合了整个体系,同时也符合立法者的意图。而相反观点着眼于预备工作,他们认为民法典第950条中对于当事人可能通过订立合同来确定加工者的情形没有提到,这是不言而喻的(Baur and Stürner,Sachenrecht1⁷, § 53 no. 15)。另一些认为该规则是非强制性的观点是基于服务合同,因为承包方所进行的活动并无义务将新动产的所有权转移给供应商(加工的原料由供应商提供),可以推断民法典第950条不适用于服务合同。基于这个视角,如果是这样的话,可以认为合同约定(例如服务合同)优于所有权原始取得的一般规则(Baur and Stürner,同上,第50条no. 15)。尽管大多数观点认为民法典第950条是强制性规则,然而,它也通过不同方法灵活应用,首先,当事人达成的合意没有改变民法典第950条的结果是可以被认可的,但是谁被认为是民法典第950条中规定的"加工者"呢(见 discussion in Staudinger(-Wiegand),BGB [2004], § 950 nos. 20 ff)。其次,供应者和加工者可能实现预期的占有改定,因此,将所有权转让给供应者,一般情况下是可以的(见 discussion in Wiegand, loc. cit., § 950 no. 41;Baur und Stürner, loc. cit., § 53 no. 22)。

18. 希腊法相似,在混合和聚合中提到的规则非常明确的属于强制性规则,当事人不能够通过约定将其改变。这些规则的强制性是基于他们与民法典第953条的关系得出的,因为民法典第953条是具有强制性的(Filios,Empragmato Dikaio², § § 111 A,112 A;尽管 Georgiades 没有明确表述,但可以看出与前者持相同观点 Georgiades,Empragmato Dikaio Ⅰ, § 51,no. 1)。该条规定认为如果对于该动产的组成部分进行分离时,并不会引起任何损失,那么该部分物就不会被看作是有单独所有权或其他权利的物(见第Ⅷ-5:202条注释5)。对于加工情况就不同了,加工规则是否是非强制性规定,当事人可以自由达成协议由一方基于另一方的需要加工新物。然而,另一些学者则认为相关规则需要视为强制性规定,因为财产法中明确当事人之间的关系以对抗第三人是非常重要的,该问题直到今天仍然被争议(Filios,同上, § 113 A I;contra Georgiades,同上, § 52,no. 22);还可参见第Ⅷ-5:201条注释32。

19. 荷兰财产法的规定是强制性的,除非法律明确规定当事人可以另行约定的内容。在聚合、混合、加工中没有这种例外规定,所以他们全部是强制性规定(Wichers, Natrekking, vermenging en zaaksvorming: opmerkingen bij de algemene regeling voor roerende zaken in het burgerlijk wetboek,27 et seq.)。之所以认为该规则是强制性规定是因为聚合、混合、加工规则是处理所有权分配问题,同时也会产生对世效力(Faber and Lurger(-Salomons), National Reports Ⅵ, chap. 10. 1)。

20. 瑞士的主流观点认为:加工规则是强制性规则。当事人不能通过个人约定或格式条款将其排除(BSK(-Schwandler),ZGB Ⅱ², art. 726, no. 6;Rey, Grundriss Ⅰ³, no. 1898 and no. 1910)。这种观点被一些法学家所反对(see Meier-Hayoz(-Liver), Schweizerisches Privatrecht Ⅴ(1), 374),同时少部分判例法认为民法典第726条的规定是关于原料所有人和加工者之间的关系,主要影响当事人之间的利益(见判例法,引证 Rey, Grundriss Ⅰ³, no. 1899),基于原始取得,聚合和混合规则是强制性的(BSK(-Schwandler), ZGB Ⅱ², art. 727, no. 9)。

21. 在斯洛文尼亚,因为他们认为加工、聚合、混合是所有权原始取得方式,具有强制性,所以当事人不能排除这些法定规则。唯一的例外是当加工时,加工人和原料所有者达成合意将物基于工作价值和材料价值比例共同享有该物的所有权(Berden et al.(-Vrenčur),Novo Stvarno pravo[2002],94,as cited in Faber and Lurger(-Rudolf/Rijavec/Kerestes̆),National Reports Ⅰ,603)。

Ⅱ.与非合同责任损害和不当得利的关系

22. 德国民法典第951条规定了因加工、聚合、混合造成的财产损失赔偿金,该规则不是强制性的(Bamberger and Roth(-Kindl),BGB Ⅱ[2],§ 951 no.1),这主要指不当得利规则(见第Ⅷ-5:201条注释57),第951条第(2)款明确规定因非合同责任造成的损失不受第951条的约束。事实上,通过这些规则,能够恢复到以前的状态(第249条),这与加工者恶意行为有着特别联系(Prütting,Sachenrecht[33],no.473)。

23. 瑞士民法典第726(3)条和第727(3)条同样也明确规定了非合同责任损害规则(债权法第41条及以下)和不当得利的适用(债权法第62条及以下)。

24. 希腊民法典第1063条中规定,某人由于加工、聚合、混合导致其丧失所有权或其他限制财产权,可以基于不当得利规则请求损害赔偿金,不考虑任何由于非法行为引起的损害请求。

25. 意大利关于聚合和混合的规定,在民法典第939(3)条明确指出损害赔偿请求要基于重大疏忽。尽管在民法典第940条中没有明确指出如果加工者通过欺诈、恶意、疏忽大意的行为获得了所有权,该行为对非权利人造成了不当伤害,后者可以基于民法典第2043条提出损害赔偿请求(Busnelli,in Studi sulla buona fede,605)。

26. 在奥地利,如果某人出于故意或过失引起了损害,要基于非合同责任损害规定来承担损害赔偿(Rummel(-Spielbüchler),ABGB Ⅰ[3],§ 415,no.6 and § 416,no.6)。如果加工或聚合是基于物主的同意,那么加工者和聚合者不用承担责任(OGH[9] March 1966,EvBl 1966/335)。

27. 在荷兰法中,物主因为加工、聚合、混合行为丧失了所有权,可以基于不当得利规则(民法典第6:212条)和非合同责任损害规则来要求赔偿(民法典第6:162条),原草案中明确规定加工、聚合、混合(民法典第5:14、5:15、5:16条)条款对于非合同责任损害和不当得利规则的适用没有影响。然而,这条规定被废除了,因为民法典第6:162、6:212条的规定中可以看出,该规定是多余的(Asser(-Van Dam/Mijnssen),Zakelijke rechten[14],no.70)。依照民法典第6:212条,不当得利的物主有义务向丧失利益者赔偿相关获利。小偷将其偷来的引擎装在了自己的汽车上,这个小偷不仅因为不当得利需要支付赔偿金,同时还要承担因为其非法行为带来的损害(Snijders,Goederenrecht[4],no.280)。然而,法官会根据原所有权人的损失来确定赔偿数额(民法典第6:103条)这通常用来解决那些将不同部分分离不会花费太多成本的案件(Asser(-Van Dam and Mijnssen),Zakelijke rechten[14],no.70)。

28. 依照法国和比利时民法典第577条,某人在没有征得原材料所有权人同意时进行活动,需要依照非合同责任损害规则进行赔偿,尽管已经认为他或她有犯罪行为。在马尔他也有同样的规定(民法典第584条)。

29. 西班牙法中关于加工、聚合、混合的规则允许当事人针对加工、聚合、混合造成的损失提出附加的赔偿请求,并规定责任应当由主观恶意的当事人承担(见民法典第379、382、383条)。

30. 同样在葡萄牙,由于加工、混合、聚合给物主带来的损失可以基于非合同责任损害要求赔偿,并规定另一方需要基于恶意(民法典第1334条第(1)款和第1337条)。

31. 在匈牙利法中,某人的动产被他人所用——一般的请求均可以实现——同时,如果因为民法典第339条的规定产生损害,那么可以适用非合同责任损害要求赔偿(Faber and Lurger

(-Szilágyi),National Reports Ⅲ,chap. 11.2.4)。

32. 在芬兰,如果所有权已经丧失,那么丧失所有权一方就不再享有赔偿请求权了,即权利与义务相对应。如果所有权丧失,他方是出于恶意,此时如果他方实施了欺诈、恶意行为,在这种情况下享有损害赔偿请求权(Faber and Lurger(-Kuusinen),National Reports Ⅴ,chap. 11.1 and 11.3),如果损失是由一方疏忽而引起,则依据损害赔偿法承担责任。

33. 挪威和丹麦的主要规则认为责任基于过错("缔约过失责任")(见挪威损害责任法、丹麦损害责任法)。如果基于非合同责任损害的请求全部能够被认可,那么原物主可以要求损害赔偿请求(Faerstad,Transfer of movables-a functional approach,47 et seq.)。某些严格责任的情形下也适用,例如,某人借了他人的动产,与其他动产混合在一起无法将物归于原主。在这种情形下,借用人对原物主就要承担严格责任,在任何情况下,加工、聚合、混合规则不能排除非合同责任损害规则的适用。

34. 在瑞典法中,没有专门的规则赋予因加工、聚合、混合获得所有权者的损害赔偿请求权。在非合同责任损害中责任的一般规则是基于缔约过失条款,如果某人因为疏忽大意,不论他或她是否是物主,也不论他或她是否对物有更好的权利,他或她都应当承担责任。因此,责任问题的解决不依财产法规则(总体上,见 Martinson,Transfer of Title Concerning Mobables Ⅲ,National Report:Sweden,40;see also:Hellner and Johansson,Skadeståndsrätt6)。

35. 在英格兰和威尔士还有爱尔兰,由于错误的混合带来损失,不幸的当事人可以要求损害赔偿(Faber and Lurger(-Gardiner),National Reports Ⅱ,234 et seq.;Faber and Lurger(-Frisby and Jones),National Reports Ⅱ,118 et seq. and Indian Oil Corp. Ltd. v. Greenstone Shipping Co. SA [1988]QB 345 at 370－371 per Staughton J.),或者,如另一些法学家所言:如果混合物中部分是不同质量的物,并且该混合是基于其中一个贡献者的非法行为,他或她需要对混合物或不幸当事人的损失承担责任(Bell,Modern Law of Personal Property in England and Ireland,72 et seq.)。如果该部分在实质上具有性质或质量的差异,加工规则将适用,当加工者非法的使用了他人的原材料,加工者将承担改变原料用途的侵权责任。对于原料所有人是否有进一步请求加工中财产利益的问题仍有争议(Bridge,Personal property law,109 et seq.)。额外损失的赔偿得到普通法的支持。在爱尔兰,不考虑制造商是否在行为时主观上不知。在英格兰和威尔士,对于该问题的部分情形是不清晰的:对于损害的赔偿只能基于制造商的故意行为(Bell,Modern Property Law,71)。

36. 正如上文所说,在塞浦路斯,加工、聚合、混合的结果并无规定或至少可以说是不确定的。因为塞浦路斯的混合法律体系,可以说存在类似于英格兰的损害赔偿请求权。见上文注释9和注释35。

37. 在苏格兰,基于不当得利规则,如果主要部分的所有权人是恶意为之,那么附属部分的物主可以提出比市场价值更高的法律赔偿(Faber and Lurger(-Carey Miller/Combe/Steven/Wortley),National Reports Ⅱ,412)。关于赔偿规则,参见第Ⅷ－5:201条注释54、第Ⅷ－5:202条、第Ⅷ－5:203条注释63。在苏格兰似乎没有新物所有者基于非合同责任损害向其他当事人赔偿的规则。

第二节　默示规则和附加规定

第Ⅷ-5:201 条　加工

(1)如果通过劳动,从属于他人的原物中加工成新物,那么加工者成为新物的所有人并且原物所有人有权要求加工者支付相当于在加工当时的原物价值,此种权利由新物中的担保物权所保证。

(2)第(1)款规定不适用以下情形:

(a)加工者的贡献非常微小;或

(b)加工者知道材料由他人所有,且原物所有人不同意加工,除非劳动的价值明显高于材料之价值。

(3)在第(2)款所规定和没有新物被加工出来的情形中,所有权属于材料所有者,或者如果所有人有多个,那么所有权的归属则由第Ⅷ-5:202 条(混合)或第Ⅷ-5:203 条(聚合)的适用决定。贡献劳动的人有权撤销由第七卷所规定的任何利益。为本款规定之目的,第Ⅶ-2:101 条(不当得利的条件)第(1)款(b)项不排除加工人撤销利益之权利。

评　论

A. 综述

概论。在这一条款中的加工取得所有权的是第二章适用违约责任最重要的类型。当一个加工人在他人(至少一人)的物上施加劳动力并且创造出新物的情形下,这一条将被适用。但这一适用规则有一个附加条件,即这一劳动力必须具有明显的创造性价值。若加工物涉及第九章的动产所有权保留条款的规制时,加工取得制度在很大程度上则指向本卷第五章的内容。详见第Ⅷ-5:101 条评论 E。

概念:加工。加工这一概念的选择仅仅是因为一般情况在作为同义词的"工序"已经在第四卷第三编关于服务合同的内容上作为其他意思被使用。第四卷 C 部分的工序的意思包括对正在运输途中的物提供服务,尤其是服务的提供者承担修理、维护或是清洁现存物的责任的情形(详见第 IV. C-4:101 条(范围)),然而在本条款的情形下,对于新物的实质性要求就是创造性。"加工"不能理解为只限于工业上的或者其他专业性的加工。只要满足当加工人把自己的劳动力作用于他人之物上并创造了新物这些要件时,本条就可以得到适用。

本条的结构。本条第(1)款包含了加工取得所有的主要规则。它规定了该规则适用的条件以及加工在财产法上产生的影响(加工人取得新物的所有权,而材料的所有人在该物上获得了担保物权)以及义务(材料所有人的补偿请求权)。第(2)款第1项是对主要规则增加了一个消极条件,即劳动力贡献必须具有创造性的价值。第(2)款第2项为加工取得所有规则提供了一种例外情形,即当加工人不是在材料所有权人的同意下而是通过偷窃或者其他类似方式获得原材料并进行加工的情形下,加工取得所有规则被排除适用。最后,第(3)款规定了除第(1)款的一般规则以外的所有情形下的加工取得的权利和义务内容。论及关于原材料上的劳动力成分的认定,第(3)款部分指向了适用第Ⅷ－5:202条(聚合)或者第Ⅷ－5:203条(混同)情形下的分配规则。关于"加工人"的劳动力贡献,该条款参照了不合理的富集规律。对于第(1)款的担保物权,第Ⅷ－5:202条(担保物权的附加条款)做了补充性的规定。

比较背景以及主要对策。在大部分的欧洲法律体系中,加工取得所有规则的适用上,都预先设定新物必须在他人财产上的创制。考虑到新物之上的劳动力价值超过原材料上的价值这一要素,大多数国家的法律都规定了由加工人获得一个独立的新物所有权。然而由于这一比例是因物而异的,因此,在一些裁判中,只有在劳动力的价值明显超过原材料价值的情形下,加工人才能取得新物的所有权;这又包含两层含义,一是新物之上超过50%的价值是由劳动力所体现的,另一种情形是原材料的价值明显高于劳动力价值。但在关于加工人取得所有权后,原材料所有人的补偿权的问题,在各国除了一些细小的差异外,基本上都是采取认可的态度。然而,还有一小部分国家的立法则认为加工人和原材料的所有人对于新物享有共同的所有权。除了一般规则的差异外,在面临加工人是恶意的情形下的处理规则,各个国家之间也存在很大的差异。在一些司法体制下,恶意的加工人的行为不产生财产法上的加工取得效果,有时法官能够做出一个不同的判决,有时法律的规定也是模糊不清的。在一些国家,在一般情况下,恶意加工人不能取得新物的所有权,甚至有些加工人因此还不能获得加工费用。在另一些国家,特定的当事人(比如在加工人恶意情形下的原材料的所有人)可以选择获得新物的所有权或者把所有权留给对方但要求补偿。在这一背景下,主要的对策在于如何在新物上分配财产权利以及当考虑到加工人的单独利益的情形下如何充分地满足原材料所有人的利益(参见:第Ⅷ－5:101条(意思自治及其他相关条款)注释H)。同样地,当加工人恶意的时候,决定是否补偿以及补偿多少也是十分重要的任务。具体而言,原材料所有人可以基于丧失所有权主张对金钱补偿的计算标准作出选择。

B. 第(1)款和第(2)款(a)的适用的一般要求

劳动力和他人之物的结合;加工取得优先于聚合和混合取得。

如前所述,当由劳动力和他人之物结合产生新物之时,法律上的"加工"这一形式就产生了。同时,若一个新物上也满足聚合或混合的情形时,加工取得规则具有优先适用的效力。

示例 1

当代艺术家 P 在未经共同所有人 A、B、C 的同意下,创作了一副乐高积木的雕像。乐高积木看起来都差不多以至于创作完成后无法分辨出这些积木分别取自 A、B、C 中的哪一个所有人。在不毁坏积木本身的情况下,这个雕像是很容易拆分的,大量的等价物可以用来补偿 A、B、C。尽管如此,加工取得还是优先于聚合。那么本条款将指向第Ⅷ－5:202 条(聚合)以及第Ⅷ－5:203 条(混同)的规则。如果仅涉及原材料的一个所有人,那么这个人将继续持有该原材料的所有权。关于这一内容同样可以参见第Ⅷ－5:101 条(意思自治及其他相关条款)评论 B。

原材料。"原材料"这一术语与"货物"是同义词,并且在许多法律体系中都能找到与之相关的传统法律术语。然而,使用"原材料"而不是"货物"的主要原因是因为加工取得规则同时提及了在加工这一形式后产生的"新物",为了理解上的方便应当避免用一个词语表达两种不同的含义。在转变的过程中,原材料在最初必须满足可移动性。因而,从一个岩石中挖掘石块就不在本章的调整范围之内了。这也是体现了整个第八卷的研究范围的一致性。

他人所有之物——包括加工自己的物。

第(1)款的措辞只说明了当加工人加工他人所有之物的情形。在实践中,经常出现加工人在加工的时候也使用自己的材料的情况。然而,第(1)款并没有包含这一内容,因为对于这一部分的物,财产法上的权利并没有发生变化并且加工人也无须承担补偿该物升值的义务。这一个规则意味着,加工人部分使用自己的物或者只使用自己的物的情形下,他也能成为物的所有人,但是,这样的内涵似乎没有必要明确的阐释出来。当加工人是用盗窃所得的材料(或者虽不是盗窃但至少知道这是他人之物并且没有得到他人的许可)进行加工的情况下,这一原则也同样可以适用。因此,第(2)款第 2 项以及第(3)款的例外情形就发挥了效力。对于加工自己的物的加工人一直是物的所有人(关于本条第(3)款情形下对该原则的适用,同样参加下文的评论 F)。

劳动力。人们试图对"劳动力"(或者在这一语境下的同义词"工作")做更广泛的解释。它不仅包含了一个自然人的实际劳动,而且还包括一台机器为特定人所从事的工作。同时,劳力还包括准备工作,只要他们与具体的加工行为相关,例如规划加工的程序或是制作和设计将来的成品。由于,在某些领域这些准备工作的成本比实际生产本身的成本更高,因此当评估第(2)款第 1 项中劳动力的贡献是否是"微小的重要性"时,也就是决定第(1)款的规则是否能够适用时,这些支出都应当考虑在内。第(2)款第 2 项的阈函数也表明了在这一条款中应当把加工人的劳动力因素作为加工取得规则的一个标准明确地予以界定。这不完全出于历史以及对比的视角,正如在一些法律体系中(如在英国和爱尔兰法律以及罗马法,其作为这一领域的基础显得尤为重要),"对来料加工成新产品取得的所有权"(加工取得所有规则)在强调他人付出劳动力的同时,更加注重该物上是否有根本性的改变(如结果意义上的)。然而本条款是基于加工人(劳动力)的劳动力被转化成一种财产上的权利这样的观点而加以规定的。

加工人。在本条款中,很难对加工人给出一个明确的界定。对于"加工人"并不要求这个人对于从原材料到新物的转换过程有实质上的行为,也无须加工人无论是自然意义上还是法律意义上以谁的名义或者为了谁的利益从事相关的行为,虽然这也是不确切的。最后,对于加工人的界定应当根据通说,适用一个客观的标准,并且应当具体问题具体分析。例如,当雇员在受雇过程中,在非雇主的他人的原材料上创造了新物,那么该用人单位对于原材料所有人而言被称为是"加工人"。这也意味着,如果原材料的所有人试图通过协议的方式来约定物的所有权是,那么另一方当事人是雇主。在所有权保留买卖规则下的买受人把物转变成一个新物时,这个买受人(而不是材料的提供者)将被认为是本条款意义上的"加工人"。第Ⅸ-2:308条(受所有权保留约束的加工或聚合物之使用)主要适用是由于参照第Ⅷ-5:101条意思自治及其他相关条款的第(3)款,指向了本条款。在理论上有可能发生这样的情形,如两个或者两个以上的独立加工人共同加工一个物,他们能这样共同合作的基础往往是与原材料的所有人事先达成了一个协议,通过这个协议,加工人能够确定谁将成为"加工人"。但如果没有事先的约定(并且所有的劳动力都混同在一起,并且每一个劳动力的作用都是实质性的),那么在这种情况下,可以通过类比的方式去考虑加工人之间的内部关系,从而适用第Ⅷ-5:203条(混合)的规则。因此,如果一个劳动力构成"主要的贡献",那么这个加工人将获得唯一的所有权,其他的加工人将通过担保物权获得物的补偿权。如果加工人的劳动力不构成主要贡献,那么他们将成为共同的所有人。在任何情况下,所有的加工人都可以选择成为共同的所有人,但是(为了避免实践中由于共同所有所造成的麻烦),无论在实践中还是在本案中都应当选择一个更简便并且更有效的解决方式。

一般意义上的新物。在第(1)款中,加工人获得单独所有权的条件是在劳动力和原材料的基础上产生了新物。基本上,在所有的欧洲法律体系中,都全体一致的表达了这样的观点。然而,从某种程度上看,对于构成"新物"的标准各个法律体系存在差异。除了这些无法避免的不确定性,这一条件显然起了重要的作用并且因此被本条款所采纳:因为它划定了转化为所有权的劳动力的范围。此外,在本条款的规定下,还存在其他一些界定,尤其是关于劳动力必须要求其具有创造性。但是对于这个创造性的界定,存在着不同的视角,在关注其劳动力本身的同时,"新物"的条件又解决了新物的质量问题而不是原材料的质量问题。在大多数的例子中,在不考虑劳动力的价值的情况下,并不存在所有权地位的转换。尤其是,"新物"的构成条件产生了把维修或是单纯的修复的活动排除在加工取得规则之外(例如,对于艺术作品的修复)。

构成新物的相关标准。考虑到在定义"新物"的构成要件时出现的种种困难,这些标准规则并不试图以白纸黑字的形式对"新物"的构成要件作出界定。然而,为了解释相关内容,本文列举了大量从比较性的调查中得出的标准。以下的概览既不是结论性的也没有为已有的标准增加负担。在特殊情况下,满足这些标准中的一个就足以构成"新物",然而当某个标准已经被满足了,但是仍然不能被认定构成"新物"的情况也是存在的。最终,通说具有决定性的作用。以下是相关标准,它们在一定程度上具有明显的重叠性。

(i)形式上、外观上或设计上的变化,这一变化通常被认为构成“新物”。

示例2

葡萄被酿制成葡萄酒,婚礼上的礼服是由丝绸制成的。然而这些标准也不具有决定性。因为在一些案例中,虽然构成新物但是物的形态并未发生变化,尤其在该物是液体的情况下。

示例3

水和氧的结合将产生漂白物(过氧化氢)。这是一个新物,但是其形式并未改变仍是液体。此外,也存在相反的情况,即物的形态发生了变化但并没有构成法律意义上的新物。

示例4

一块金属被溶解成一条金块。虽然金子的形态发生了变化,但并未产生新物。在这种情况下,加工取得规则无法适用。同样的当劳动力价值微乎其微时,加工取得规则也无法适用。

(ii)功能或用途上的变化。当加工的结果和原材料相比产生了以各独立性的功能或用途时,那么这种情形也被视为产生“新物”。

示例5

木材被加工制作成家具。

(iii)性质或特征的变化。新物与原材料相比在性质上和特征上发生明显的变化时同样构成“新物”。

示例6

一辆摩托车由单独的零件拼装而成,这是需得到技术监督局授权批准的唯一一种情形。由于与原材料相比,新物的经济效益完全发生了变化,因而我们认为该物上的劳动力具有创新性。

示例7

在他人帆布之上作画或者在大理石上雕刻石像。

(iv)名称上的变化。名称上的变化也是性质变化的一种表现。因此示例6和示例7同样可以作为这一变化事例。

(v)价值的增加。仅有价值的增加,即使是显著增加也不一定构成“新物”。但是增值与否是一个重要的考量因素。在使用这一标准的法律体系认为,在其他标准的考量仍然无法确定某物是否发生根本性变化的情形下,应当适用价值标准来衡量。

第(2)款(a)项对于微小劳动力的排除。

即使产生了新物,但由于劳动力的价值太小,本条第(1)款的加工取得的一般规则也无法适用。这句话意味着,由于第(1)款的适用产生的是加工人取得所有权的结果。因此限定劳动力的最低贡献值是十分必要的。因此在一些欧洲法律体系中,这一标准也被认为是一种构成"新物"的情形。但是这些一般性规则往往要求拥有全部或者最终产品的50%的价值,这绝不是本条的本意所在。事实上,本条起到了其他的作用。然而,在各国国内法体系(绝大部分)中,传统的解决办法是考虑到加工人的贡献,法律赋予加工人一个独立的所有权,而原材料的所有人则享有一项补偿权。但是这一做法存在一个弊端,即当加工人无力偿债时,原材料所有人的权利无法得到保护,而本条规则通过提供担保物权的方式使得原材料所有人在任何情况下的价值利益都能获得法律的保护。因此,"最小值"规则并不是在一方当事人丧失新物一半价值的情形下作出"黑或白"的选择。它真正的目的在于提供一个最小值标准。事实上,是在一般加工规则的范围内排除1%的劳力贡献的情形。然而,在适用这样的规则时,应当留给法庭一定的自由裁量权。虽然法律有意地不规定一个固定的比例,但是显然这为适用第(2)款第1项的例外情形创造了条件。这一个劳动力贡献应当是不重要的。需要说明的是价值不是唯一的决定因素(正如中性词"重要性"所表达的一样)。在适用这一规则时,原材料到新产品的变化程度也是需要考虑的,需要注意的是,由于物的转化和功能的变化必然导致原材料所有人在利用物上的权利的减损。

增值没有单独的构成要件。

在一些国家中,对于加工规则是否要求新物价值超过原材料价值存有争议。在加工的情形下,增值是普遍存在的,但是没有把它作为一个条件另外加以规定。最重要的是,当加工例外地导致贬值时,能够得到适当的解决。事实上,大量的判决的做出都是为了避免不适当的结果。在有些情况下新物的构成要件将阻止原材料所有权的变化,也即通说认为的在材料X上施加的劳动力被认为是对"损害或灭失X"而不是产生一个新物Y。这种情形只发生在加工彻底失败时。在另一些情形下,劳动力贡献微小的例外规则有助于避免不适当结果的发生。在以上两种情形下,对转变产生影响的人将完全得不到单独所有权。这一结果在本条第(3)款得到更全面的规定。在这些例外都不适用的情形下,还可以借助第(1)款使原材料所有人获得一个补偿请求权。每一个请求权都有担保物权保障,减损了产品的整体价值,因此,从经济性角度看,除了一个形式上的所有权,加工人并未获得任何利益(加工人的权利仍然是有意义的,如,因为加工人是市场中相关领域的参与人并且处于买卖的有利地位)。此外,还可以适用非合同损害赔偿责任,对比第Ⅷ-5:101条(当事人意思自治及其相关条款)第(5)款。

恢复原状不可能或经济上不合理并不是加工取得的构成要件。在大部分欧洲法律体系中,加工的规则不像第Ⅷ-5:202条(混合)以及第Ⅷ-5:203条(聚合)规则那样,加工不要求把新物恢复原状是不可能或经济上不合理。当前的草案延续了这一做法。人们普遍认为撤销加工过程将导致经济上的不利益。由于劳动力的价值可能被彻底损毁,恢复原状后的物的价值一般会明显低于原物的价值。对于平等对待各个贡献人的观点也存在争议。在恢复原状的情形下,加工人得不到任何利益。材料所有人可以取回自己的材料,而在加工所付出的劳动力无法得到保存。因此,应当将加工人与材料所有人进行区别对待。因而,从加工人的角度看,任何阻止恢复原状的行为都是有利的。而从材料所有人的立场出发,反之则更有利。然而,在本条规定下,材料的所有人始终能够获得与其材料价值相当的权利保障。只要相关条件满足,任何额外的损失将由第六卷的非合同损害补偿责任来规定。

C. 所有权结果(第(1)款)

一般规则。大部分欧洲法律体系都规定了由加工人获得所有权,材料所有人可以从加工人处获得经济上的补偿权。一些国家规定加工人和原材料所有人共同享有所有权。下文的评论将主要讨论实现一个目标即当考虑到主要利益,经济利益和所有权利益时该如何进行选择以及如何提供可行的有效的措施,对比第Ⅷ-5:101 条(当事人意思自治及其相关条款)评论 H。这不仅存在于欧洲现有的模式中,还应当扩大到在今天任何一个法律体系都未实施过的更深层次的选择。恶意的加工人的问题将在下文评论 E 中加以讨论。

(a)选择

加工人获得单独所有权,材料所有人获得补偿权。这是欧洲大陆最通行的做法。该做法的主要优点在于它以最佳的方式照顾到加工人的利益。加工人对于新物既有经济利益(劳动力价值)又有所有权利益。当加工是为加工人个人需要而进行时,加工人的所有权利益更应当加以保护。例如,木材被精心设计并加工成为家具摆放在加工人家中,此时除加工人之外,没有人能更好地利用这些家具。甚至除了加工人这些家具对其他人根本不存在任何的意义。当加工人是为了销售而大量生产时,则不能适用所有权利益规则。当然,在这一情形下,加工人对于其付出的劳动力仍存有经济上的利益,但原材料所有人同样存在经济利益。然而在特定情况下,加工人仍然可以获得所有权利益,即当加工人在相关市场出售商品有丰富的经验并且有广阔的途径,并因此能够在不造成不合理的成本的情况下卖得好价钱时,加工人有权获得所有权(如雇用一个代理商来销售新物)(后一观点,当然也能用来支持在加工人和原材料所有人之间形成共同所有权,只要出售是由加工人组织的,因为出售能力最终也使其他所有人受益。但是共同所有权又将导致其他的问题)。然而在另一方面,材料所有人被认为对新物不存在真正权利,其对新物只有一个材料本身价值的经济权利,且这一权利由个人补偿可以得到保障。然而这一方式也存在一个明显的缺陷(从材料所有人角度)即在加工人(新的所有人)破产时,没有提供对材料所有人的保障。第五章规定了加工人未经材料所有权人同意而进行加工的情形。在此情形下,原材料所有权人既无须评估加工人无力偿还的风险,也无须采取任何预防措施。因为那样将导致加工沦为了"征用"。

这一做法的另一个主要优势是为加工人获得单独所有权提供了简便的方式。人们认为它为当事人及后续买受人或交易行为提供了一种法律确信,并且它保障了第三人在判断所有权人时承担较低的交易信息成本。然而,这一评价不一定必然是正确的。主要应当取决于适用规则的具体内容以及个案中的具体情况。对于是劳动力价值明显超过原材料价值(如大部分国家所认为的那样)还是不管加工人贡献大小都赋予其单独所有权的规则上各国存在较大的差异。价值比例与原材料原始所有权对于获得物上利益的第三方当事人都是很难界定的。同样地,占有并不必然代表所有。但是只要法律规定由加工人获得所有权,那么这个争议就没有太大的意义。在这些典型规则制约下,加工、聚合和混合的结果将由当事人合意解决。参见对比第Ⅷ-5:101条(当事人意思自治及其相关条款)第(1)款,因而我们应当把整个观点都纳入考量的范围。

与公共所有权的解决途径相比,单独所有权的一个固有缺点是不存在必然分割所有权的情形,虽然能节约时间,谈判经历以及成本。另一方面,单独所有权的明显劣势是在临界个案中存在着一定程度的任意性,尤其是当劳动力的价值超过加工物价值的50%时。

材料所有人的单独所有(或共同所有),加工人有权获得补偿。当然也可能完全忽视加工人的贡献使得材料所有人成为单独所有人,或者当包含多个所有权人时,规定由材料所有人获得一个共同所有权。事实上,这是许多国家的解决方式,当劳动力重要性的最低点被超过(通常接近产品价值的50%)。显然,加工人的所有权利益无法通过这种方式得到满足,当材料所有人不是无力偿还时,应当考虑到获得劳力价值的利益。对于应当由第三人享有所有权或是单独享有所有权的问题,在界定上存在困难。这里至少要考虑到加工者使用的原材料是一人所有还是两个或更多人所有的物。这个简略的总结已经说明,如果通过其他方式能够保护相关利益人的权利,那么就不适用本条规则。否则,除非有对于加工人禁止获得所有权的重大事由(如,因为所有人盗窃了材料)之外,都应当依据本规则。

加工人以及材料所有人的共同所有权。

加工人和材料的所有人或所有人们的共同所有权规则在一些欧洲法律体系中更受青睐。在这一方式下,每一个贡献被转化并由所有权表现出来,在关于贡献人各自的价值利益方面。这一途径表现出相对公平的优势。加工人并没有任何损失,所有的贡献人都得到相似的待遇。尤其是,每一个贡献人都是在其他贡献人无力偿还时得到有效的满足。一个加工人希望使用产品(或者交易过程中出售商品),这并没有被共同所有权概念所彻底否定,但是要求所有共有人至少大部分共有人达成一致意见。原则上,共同所有权要求在各国国内法相关条款下能够有一个共同的行使权(行使权问题没有在这些规则下得到解决),这使得这一措施在某种程度上更复杂了。同样,在实践中,确定共同所有权人不可分割的份额也是十分困难的。至少,加工行为的价值就很难决定。共同所有权途径将导致贡献人和第三方某种不确定性并且引发额外的争论的风险或是第三方的调查成本。关于未分割的份额的比例的争论必然引发一系列的问题。

同样,共同所有关系往往只是一个过渡阶段。当事人想要在加工中获得单独所有权,由于分割的过程耗时并且要求付出更多的精力。关于共同所有权的相关条款中,当各方所有人达成一致意见或是受到法庭程序的影响时可以对共同所有权进行分割。某些共同所有人试图主张比其实际贡献更高的价格时,这一谈判将受到阻碍。

另一个问题是,共同所有权会使对第三方的销售复杂化,因此阻碍商事活动的发展。每一个共同所有人既可以转让他或是她所有的未分割的份额,从买方角度看,不如获得单独所有权更具吸引力。为了获得完整的所有权,第三方必须与所有的共同所有人协商,这将导致交易成本的增加。这也意味着存在一个共同所有人拒绝转让的风险。如果确实如此,或是如果共同所有人之一想要协商获得一个不合理的高价,那么出售过程将被推迟直到共同所有权被分割,但是这就降低了商事活动的效率。事实上,这将导致物在一段时间内与市场在经济上相脱离。

共同所有权和买断权。更深层次的选择在某种程度上是对主要选择的折中性的变更。选择之一可能是一个宽泛的共同所有权方式,但是为加工人提供了一个通过金钱购买他人所有权的买断权。只要加工人付款,那么材料所有人各自的份额将归于加工人所有。这种方式既保护了材料所有人在共同所有权中取得的价值利益,又满足了加工人的所有权利益。同样地,共同所有权(像对新物的一般执行)在实践中的缺陷被缩小只要该买断权得以实现。原则上,买断权提供了一种简化并且快速的分割共同所有权的方式。然而,这些理论上的优势十分有限甚至在实践中可能被废除,如果对于支付的补偿数额的计算存有争议时。只要这一矛盾没有得到解决,那么没有人能确保支付的数额是否足够灭失他人的共同所有权。从这个角度看,这一选择权就与通过达成协议的方式而对普通共有权进行分割的行为没有太大的区别了。当然,如果加工人不打算执行一个买断权,那么也就不存在简化的方式。同样地,关于这一权利的时效以及其他事由将由特别规定予以规制。

选择权。进一步的选择权在于提供给一方当事人或是多方当事人一个选择权,当事人可以选择获得物上的所有权或是通过获得一个金钱补偿而把所有权让与给其他当事人。在初始阶段,由各方当事人共同享有一个所有权是一个适当的解决方式。如果选择权赋予给加工人,则产生于买断所有权一样的选择权。在其他国家中,当加工人是恶意时,还赋予其他当事人一些其他的选择权。此时,选择权将赋予材料的所有人。在只有一个材料所有人时,这一方式比较可行,但是当出现多个材料所有人时又产生了其他的困难。比如,材料所有人之一为了以特定方式使用该物而试图获得单独所有权。但是如果从那之后另一个材料所有人也选择获得"所有权",则必然产生由两个材料所有人共同占有该物的后果,那么第一个选择的材料所有人的初衷将得不到满足。

加工人的单独所有权和材料所有人的担保物权。

最终被支持的这一选择将在接下来的评论中予以讨论。

(b)建议措施:加工人的单独所有权和材料所有人的担保物权

该概念的运作方式。这些典型规则的建议措施在许多今天的欧洲法律体系中已经看不到了。然而，该规则仍被认为是一个充分考虑各方当事人利益并且规避了其他选择缺点的典范。这一概念的运作方式如下。一旦加工形成，加工人获得一个新物的所有权，这与欧洲大陆大部分国家的做法是相一致的。同时，材料的所有人获得一个补偿权，其补偿数额依据上述规则予以计算。究其本质，这并不是一种新方式。特殊的规则在于这一支付权获得了新物上的担保物权的保障，该保障是加工过程中法律运行的结果。原则上，这一担保物权遵循第四卷担保物权的相关条款，除非在本章第二节做了例外规定（对比第Ⅷ－5：101条（当事人意思自治及其他条款）第（4）款第1项）。本条规定下的担保权构成了一个第Ⅸ－1：101条（一般规则）第（2）款（c）强制性担保权，该条规定第四卷的规则在适当调整后同样可以适用于"习惯法规定的动产上的担保权，并且在与法律目的相一致的程度上予以适用"。参见第Ⅷ－5：101条评论E。关于担保权的更多详细内容，参见下文以及第Ⅷ－5：204条（担保物权的附加条款），该条款是对加工和聚合条款的补充。

选择这一模式的原因。建议措施包括了上述选择权的各种优势，且尽可能地避免了各种选择权的缺陷。首先，他满足了加工人的所有权利益，同时它照顾到了材料所有人的价值利益，该模式不仅提供给材料所有人等同于其材料价值的补偿权，还提供了加工人无力偿债时的担保权。这一做法就避免了（在经济角度上）征收的结果。这是隐藏在建议措施后的政策考量。同时，当关注到材料所有人与加工人的一般债权人的关系时，每一方都能基本保持其所有的利益（物或劳动分别的利益）。加工人的一般债权人受到其他债权人贡献的限制，也即在减去保护原来的材料所有人之后剩下的部分。并不会因为在加工过程中，由于巧合（从它们各自的角度来看）而包含了其他人的物，就会获得不恰当的收益。

人们认为保护当事人的金钱利益并必然要求在初始阶段产生一个共同所有权，因此由共同所有权所带来的实践中的困难就得以避免。因此，没有必要对物进行共同管理，尤其是当共同所有人之一在未经其他所有人同意的前提下把他人之物转化为另一个新物时，这一做法就更不可行了。同样，这也节省了由于分割共同所有权所耗费的时间、成本以及精力。

建议措施在把新物转让给第三方方面表现出略微的优势。第三方只需与共同所有人之一即加工人协商，即可获得一个单独的所有权。与买断权相比，在不考虑损害赔偿数额的计算的情况下，更清楚地规定了加工人转让单独所有权的资格。

当就通过支付给原材料所有人一定数额的补偿后，对于材料所有人的权利是否已经灭失的问题，同样也产生关于金钱补偿数额的纠纷。但是至少对于谁能有效地处置整个物是明确的，并且同等价值的计算这些请求权（如上文评论D中所述）应当提供一个清晰且可行的计算方式。

在一定程度上，"单独所有权加上担保物权"的模式与传统的公示的方式相同，但是只限于新物典型是加工人的且加工人获得了单独的所有权的情形。然而，这不是本条措施的主要观点,因为从占有的外观得出的判断是不可靠的。通过为材料所有人创造一个隐藏的担保物权的方式一点也没有提高公开性。后一观点不被认为是异议。此时,主要的选择就是创造一个隐藏的共同所有权,该权利事实上与这一关系没有区别。潜在的获得所有权的第三人受到第Ⅷ－3:102条(不受担保物权限制的所有权的善意取得)。关于这一规则的创造给材料所有人和他们的担保物权带来的风险,见以下评论及第Ⅷ－5:204条(担保物权的附属条款)第(2)款。

担保物权的补充条款。

这一措施要求另设一个条款存在或是制定一个关于担保物权的制度,该条款必须包含这些补充性规则且不能对担保物权体系的其他部分产生过多的干预。第Ⅷ－5:204条(担保财产的附属条款)规定了这一规则。首先,关系到第三人时,在没有任何占有或是登记的外观表征情况下,第(1)款规定的担保物权得以生效对于当事人的利益保障是十分关键的。此外,对于根本不知其物被加工的材料所有人而言本条是不适用的。其次,由于缺少公示性,担保债权人承担着其担保权将由于第三人的善意取得规则而被灭失。本条不是抵消这一风险的最佳方式(考虑到如果材料所有人取得一个共同所有权也一样会产生一个类似的风险);但是建议措施把担保物权的适用范围扩大到对第三人的交易中。最后,关于在不同的担保物权中存在一个优先权的问题,即在物最终创造时哪个债权人将享有优先权。第Ⅷ－5:204条的第(1)款到第(3)款都规定了这样的条款。

D. 材料所有人的付款请求权(第(1)款)

概述。加工完成之时,材料所有人获得对抗加工人的付款请求权,该款项与材料所有人加工时的材料价值相等。本条明显的旨意是补偿材料所有人丧失的财产权,为了使这一权利得到更好的实现,上述的担保物权起到了保障的作用。同样地,材料所有人的支付请求权是一项普通的权利。第(1)款简单地规定了适用加工规则时产生的法律义务。在其他方面,这一义务受到包括惯例在内的权利义务的一般规则来规定的。不管如何,当物的所有权归属于加工人时,所有欧洲法律体系都规定了这样的金钱补偿。一些法律体系直接表明这一补偿是为了加工中所使用的物的价值服务的。另一些法律体系把这种情形归为不当得利。在不当得利情形下,根据客观的市场价值来规定计算方法是主导原则。但有时获利方主观的利益具有决定性作用,这一利益将导致补偿价格比市场价格低或高。这表明,在形成这些标准规则时,存在着一定的政策选择。关于这一个选择的主要事实是经济上不利益者要承担怎样的风险。也即,当用于加工的材料以及加工过程本身的价值超过最终新物的价值时,谁来承担经济损失的问题。反之亦然,当所有人在新物价值远超过各个贡献的价值且明显升值时,加工人或是材料所有人也同样是获利的。此外,第七卷中这些标准规则下,如果在不当得利情形下有更优选择时,应当考虑到不当得利的一些具体影响(如受益人财产损失的抗辩)。这些问题将在接下来的评论中加以讨论。正如前文所述,非合同损害赔偿责任的修复责任往往被要求作为先决条件实现的补充,参见对比第Ⅷ－5:101条(当事人意思自治及其相关条款)第(5)款。然而,即使需要这样的额外支付,这一权利也不受本条第(1)款担保物权的保护,担保权仅在当赔偿与其原材料等价时才满足本条第(1)款的适用条件。

获得与原材料等价的赔偿权。

根据第(1)款的规定,赔偿权的计算以原材料价值为基础且属于等价补偿,即在加工中所使用的物的价值。比如,当材料所有人的材料在当时的市场价是1000欧元,那么他向加工人主张的赔偿款是1000欧元。选择这一计算方式的理由是:(1)这种方式精确地反映了材料所有人的价值利益,对这一利益的保障是贯穿本章的主要原则。(2)等价的方式把经济上不利益的风险分配给了加工人。原材料所有人总能够获得与其材料价值相等的价值(由新物担保物权来保障)。同时,加工人在经济上获得新物扣除原材料价值后剩下的部分。当剩下部分价值少于加工人所投入的价值时,将构成加工人的损失。在极端例子中,加工过程没有给原材料增加任何价值,甚至新产品的价值还低于原材料的价值时,加工人不仅得不到任何利益,同时还承担有支付他们前手的物的价值的义务。一般而言,这一情节对于本条担保物权而言没有特别影响。然而,当行使这一权利时,前一个共同所有人承受了他们各自物的不成比例的减损,因为强制销售的过程并不包括在第(1)款下的全部数额。

另一方面,等价方式意味着加工人也同样获得加工取得的经济利益的机会。例如,当物的价值是1000欧元,加工成本也是1000欧元,但是流通到市场上的商品是2500欧元,那么这500欧元的利润则把风险和收益都分配给行为人似乎是合理的、适当的。因为他是产品是否生产、加工方法以及市场策划的决定者,在某种程度上看,这种经济风险作为影响生产加工的动因发挥着良好的作用。人们认为并非在本规则的所有情形下都能同等适用的观点是正确的。当行为人错误认为自己是物的合法所有人时,不能对他苛责太多。但是,当取得的原材料受到所有权保留的限制以及材料提供者通过合意把担保权范围扩展到物上时,这一激励就是有意义的。对比第Ⅷ－5:101条(当事人意思自治及其相关条款)。

最后,"等价"的方式简便易行。问题的关键在于找出加工发生时相关物品的市场价格,这是一个客观标准:并不考虑任何的主观因素(在适用不当得利规则时,就应当考虑当事人的主观因素)。这一做法使得相关当事人的争议最少化,并且为第三方当事人提供了更安全的保障。只要该第三人对于物上所有权存在利益,就算出为了获得单独所有权而支付给原材料所有人的所有费用。

在加工的过程中。应当在加工已经开始进行之后,对材料的价值再进行计算。这种做法在欧洲被普遍认可。关于随后发展的关于特殊材料的价值,在满足非合同损害责任的要件时,受制于非合同损害责任规则。例如,当取得一个替代物且该物的价值上升了,那么这一规则就具有了相关性。

无不当得利概念的原因。作为以上建议的"等价"措施的选择,材料所有人补偿请求权的主张可以根据第七卷善意取得规则来计算。这一措施由于满足标准规则内部的一致性而得到支持。然而,善意取得规则在许多情形下产生了不同效果。但考虑到第二章确定的原则,人们更优先选择“等价”措施。这种选择主要是基于保护材料所有人的价值利益以及分配加工人的经济风险。在本条语境下的风险,既包括无效的加工也包括新物加工后在加工人的控制下被毁损,这两个概念的区别源于各自不同的立场。保护原材料所有人的利益是站在材料所有人立场上的,并试图保存经济平衡,而善意取得规则则是从加工人的角度探究加工人获益的范围。

在第七卷,加工人获得的物的所有权被认为获得一个“不可移转”的利益。对比第Ⅷ-5:102 条(非转移获益评论 B)以及示例 1(如构建房屋的砖块)。这一不可移转获利的主要规则在上述途径中已经包括了受益人(这里指加工人)不得转移财产的金钱价值给受损之人(材料所有人);参见第Ⅶ-5:102 条(1)和第Ⅶ-5:103 条“经济价值”的定义(除获利之外的经济价值)。但是二者存在差异。主要差异在于加工人(受益人)在加工时是善意的,加工人就没有支付材料价款的义务。依据第Ⅶ-5:102(2)(b)条(上一款(a)小段的方式对于加工而言在实践中是不相关的)。这一减低成本的模式是一种主观标准。在相关的评论中所述,它的功能在于考虑到“不知情的受益人”的个别情况,该受益人被迫购买已经享有的物。它的目的在于不使受益人获得一个比撤销受益更遭的结果。当与第Ⅷ-5:102 条评论 C 相比,只有事实上的获益被排除在这一规则之外。这些政策考虑并非完全强制性的。当加工人出于自由选择使用他人之物进行加工,并有正当理由认为这些材料是加工人自己的物或是加工人认为自己是有权使用人。实践中,这一途径存在风险,即材料所有人没有获得完全市场价格的赔付,因为从加工人角度看,他们可以通过更低的价格达到一样的效果,由于这一途径与第五节的指导原则相一致。因此,一种适合金钱补偿的方式更受人们青睐。

第Ⅶ-6:101 条(不受益)产生了另外一个问题,考虑到加工人在受损时是善意的,那么从短期来看,受益人(加工人)将在返还其持续的不利益的范围内予以免责。这一抗辩与保护材料所有人基于加工而受损的利益的初衷背道而驰了。然而,风险将被分配于对加工产生影响以及在不利益发生时仍然控制着物或至少比原材料所有人更靠近物的那一方当事人。第Ⅶ-6:101 条所规定的抗辩的范围相当广泛。例如,这条规定可以适用在新产出的物被盗或是被毁坏的时候(不应当由于加工人未尽到合理的注意义务,并且行为人出于善意毁坏了新产出的物)。详见第Ⅶ-6:101 条评论 B。不当得利的抗辩,在以下情形同样可以适用:(1)产品被新的所有人所消耗;(2)有时甚至当新的所有人把该物作为赠品捐出或是把另一财产作为赠品捐赠。该物作为取得新物的效果不再发挥作用。然而,对于以上提及的理由,在本条中把原材料所有人的利益价值予以优先考虑规定下来似乎更明智。对于为计算材料所有人的球场权的目的而参照第八卷的做法不被采纳。

支付请求权的实效。

与其他请求权一样。本条第(1)款下的支付请求权。一般诉讼时效为 3 年(第

Ⅲ－7:201 条(一般期限)),该期限一般从加工时开始计算,这一时间点正是第Ⅲ－7:203 条(诉讼时效起点)第(1)款意义上债务人对物施加影响的时间。但是只要债权人对于加工的进行或谁是加工者并不知道或不存在能够知道的合理期待时,那么这个期限就应被延长(对比第Ⅲ－7:301 条(不知的中止))时则产生时效中止的法律效果。关于担保权问题上的惯例的影响参见第Ⅲ－5:204 条(担保物权的附属条款)评论 E。

E. 加工人明知违背他人意愿而使用他人之物的例外(第(2)款(b))

一般情形下加工人恶意:背景比较。

下面的评论讨论了当加工新物的人是恶意时,即他事实上知道或者有合理事由推定他应当知道他自己没有物上的权利,并且物的所有人不同意加工时,如何对待这个加工人的问题。问题产生于这一规则是否与上述一般规则相违背。若是,则考虑其在多大程度上发生背离。除了可以普遍适用非合同损害责任,欧洲法律体系还规定了大量的解决措施。有些国家作为一般规则规定,当加工人恶意时,其不能取得货物的所有权;并且部分加工人甚至无法获得劳动力报酬。根据另外一些措施,材料所有权人在获得物的补偿时有权选择是否把物上的权利归于加工人或是自己获得所有权。对于后一个选择,一些法律体系规定,恶意加工人没有获得劳动力报酬的权利。然而另一些法律体系却确认了这一权利。同样也存在一个功能性类似的解决方式。当第一个共同所有人存在时,善意的一方当事人(材料所有人)可以选择支付报酬给加工人而获得单个所有权,也可以选择转让所有权给加工人并从加工人处获得补偿。然而,在大多数的法律体系中,加工的恶意在财产法上并不产生任何影响(因此加工人通常获得单独所有权)。但是,恶意这一因素往往会影响到加工人的经济补偿的计算,尤其是在适用不当得利原则的情况下。

基本指导原则。在起草这些规则的过程中,我们达成了一致意见。如果要规定加工人恶意的例外情形,那么只能将它限定在很小的范围内,也就是说必须是一种极端的恶意。这样规定的原因是多方面的。第一,本条第(1)款已经很大程度上减轻了材料所有人的不利后果。规定担保物权是为了保护材料所有人的价值利益。第二,不管任何程度的恶意,始于轻微过失,引发了严重的背离。这将严重削弱第(1)款规则的效力。该规则旨在顾及加工人的价值利益和所有权利益。以这样或那样的方式,加工人应当经常怀疑是否有使用材料的权利,甚至是否被错误使用并且不是故意的使用等。这表明了第三个风险,除了降低效力外,还可能导致对于善意恶意界定的不确定性以及大量的诉讼。只要关于财产法影响的争论没有解决,新物将可能在事实上从商事活动中退出。最后,当加工人盗窃了材料或是存在一个类似犯罪的主观目的时,关于反对加工人取得新物所有权的道德主张是最有说服力的。基于这些原因,最终得到慎重考虑的选择包括(a)缩小例外的范围,只规定盗窃及其类似情形(可能受制于反例)及(b)在加工人恶意时不规定任何例外情形,意味着适用第(1)款的一般规则并由第六卷非合同损害责任加以补充。

(a)第(2)款(b)项规定的例外情形

一般情形下,主张采用例外。在起草第五节的过程中,关于是否需要在主要加工规则之外规定一个例如盗窃及类似情形的例外问题存在很大争议。基于上述原因,负责起草本卷的工作小组请求采用例外规则。但是这一行为没有成功,因为研究小组的共同协调委员会更支持目前已经制定的第(2)款(b)项和第(3)款。在例外规则中隐藏的基本规则毫无疑问发挥了作用。他们与基本的道德和法律原则相联系,即没有人能从一个犯罪行为中获利。从这个角度而言,人们认为一个盗贼(或类似行为的人)不值得法律的保护。第五节不应当为"私人征收"开通而应当制定一些阻碍性影响。通过对比,如果物被盗那么材料所有人更值得法律保护。

例外的范围:事实明知。根据第(2)款(b)项,当加工人实际上"知道材料是他人所有并且材料所有人不同意加工时"(这又一次受制于上述的反例),该条款不得适用。这意味着首先不包括任何仅仅是过失的行为。因此,属于第(1)款的规定范围,特别是当加工人知道物是他人所有,但是错误地认为(无论出于何种错误)他有权使用该物时,第(1)款的一般加工规则就可以发生效力,不问是否加工人也知道确定的物的所有人。还可以适用于某人在明知某物是盗窃所得,但却使用了这个盗赃物来进行加工,而另一个人也在明知这些情况的前提下,仍从加工人处获得该物。原则上来讲,与狭义上的"小偷"相比,在一些情况下该项规则依然可以适用,即某人在紧急情况下拿走了他人的物,但从主观上有及时归还的意思,或者在事后立即将物返还。在所有的情形下,关于加工人事实已知是他人之物的责任要由物的所有人来承担。有时,这是一项难以完成的任务,但那也正是保持这一规则实践意义的另一种方式(从那个角度来看并不被工作小组认为是一项劣势)。

相反例外:更高价值。第(2)款(b)项规定的反例外原则是基于这样一种考量即上述例外情形,无论起草的多么具体,都可能导致在一些情形下的不合理。这些情形很难划定,但是至少在一些情形下,在例外规则中存在非正义。例如,人们一直讨论毕加索是否不能成为他创作的巨作的所有人,因为他当时手中没有任何材料,是从他的同事(已故)处取得雕像和油画的,对于他知道他拿走他人之物以及他知道没有获得他人同意而进行制作是否必然会有不同的结果呢?更进一步说,即使是艺术家想要补偿物主并且据此从未试图使物之所有人处于一个多久的不利益状态的情形下,这是一个解决方式吗?对他人之物进行艺术创作的行为,是欧洲法律体系中关于加工的典型事例。并且对于这一问题存在着共同的认识,包括艺术家对于物的心理状态,对于物的归属而言是次要因素。自然地,这一问题不限于艺术品,但是这一事例阐明了在形成足够的区分标准的困难。

解决这一问题的途径有很多,例如,当艺术家主观上想要尽快对物主予以补偿时,可以采用让加工人获得所有权的规则。或者,采用这一规则可以阻止加工人获得所有权的方式,只要加工人没有正当理由相信物主(如果物主已知加工或同意加工的情形)。换言之,决定性因素在于加工人对物主不反对的期待,当加工人的恶意程度相当低时,这两种途径都在一定程度上体现了"公平"。然而,在实践中这样的行为存在很大的风险,因为这样的标准往往产生增减评判困难的问题(因为主观原因是一个纯粹心理因素,并且他人的假设性决定包含多种情形并且具有主观倾向性)。这些将导致诉讼以及其他无法预见的后果。基于上述理由,这两种途径都不值得进一步推崇。

相反,人们已经选择了一个更客观的标准,即劳动力贡献价值大小的显著区别。当一劳动力价值明显高于原物价值时,即使加工人明知未经他人同意仍使用他人之物时,也能成为物的所有人。这里的材料指的是用于加工的"盗窃所得之物"(或是第(2)款(b)项下的例外情形)。这些材料并不必然是用于加工的全部材料。例如,当加工人使用材料的总价值为300欧元,其中加工人所加工的盗窃所得部分50欧元,而劳动力价值是700欧元,只有价值50欧元的部分与700欧元的劳动力相对。第(2)款(b)项下没有规定的材料如额外250欧元在这一对比中是中立的。本条款规定的例外原因在额外材料方面并没有得到满足。然而"更高价值"这一概念仍然是不确切的。在上述例子中,满足了更高价值的条件。一般而言,诸如90%与10%的区别显然是符合条件的。本质上而言,偷盗所得材料的价值与劳力贡献相比应当显得微不足道。

适用例外情形的结果概述。本条第(3)款规定了当加工人明知未经他人许可而使用他人材料时的后果。总而言之,加工人的劳动力贡献并不导致所有权的取得、共同所有权的产生或是担保物权的发生。当只有一个材料所有人时,这个人将成为物上的唯一所有人。当物上存在2个或2个以上所有人时,依据第Ⅷ－5:202条(混合)或第Ⅷ－5:203条(聚合)中一般情形在所有人之间分配所有权。基于这一目的,不当得利规则获得了适用空间。在本条中,这一规则保证了由加工人承担加工过程中获利并且根据具体情况照顾到了材料所有权人的利益。然而,应当注意的是即使加工人是一个窃贼也不得排除其重新获得至少材料所有人的主观得利(只有这样才能保证材料所有人不会永久受益)。基于这一理由,关于第Ⅶ－2:101条(不当得利的情形)的第(1)款(b)项被包括在内。本条第(3)款将在评论F中得到更进一步的讨论。不管怎样,材料所有人都可以通过主张第六卷非合同损害赔偿责任来对抗加工人。

(b)替代性方法:删除第(2)款(b)项的规定

概述。删除第(2)款(b)作为一个在起草过程中被工作小组大力支持的措施,最终却在研究小组的协调委员会上被否决了。这一做法产生的结果是在加工人明知未经他人同意而使用他人之物进行加工的情形下,其适用的是本条第(1)款的一般加工取得规则。支持这一观点的理由大致可以分为两种,一是第(2)款(b)项采用的解决办法,考虑到各种例外的同时也给自身增添了不便,二是在第(1)款以及第六卷非合同损害赔偿责任的共同作用下另一方当事人的利益得到了充分的保障。

第(2)款(b)项固有的概念问题。想要阻止一个窃贼(及其相似之人)从一个违法行为中受益的目的的合法性是毋庸置疑的。然而,问题在于与第(1)款的一般加工规则相比,适用这一例外规则能否带来更多实际意义上的保护。为对抗盗窃及其相似行为,材料所有人的价值利益毫无疑问值得保护并且其行为已得到担保物权的保障。

此外,还会产生一些影响,当加工者明知使用他人之物是没有经过物权人同意时,特别在使用盗窃所得物时,主要是因为所有权人想找回遗失物并且阻止加工是非常困难的事情,因为与此同时,盗窃人也会极力的隐藏该物。这一规则同样也适用于产品上的问题。在决定所有权是独有还是共有(如果使用了多个人的原料)或是关于担保权享有的问题时遇到的困难,在本质上并没有区别。同样,很明显,这里要求原材料所有权人来证明加工者明知的事实(不仅需要证明缺乏所有权基础,还要证明缺乏所有权人的同意)是很困难的。同时,如果就这个问题(还有所有相关费用)而进行诉讼也是不明智的,同样,第(1)款的规定也提供了同样的保护方式。当然,物上权利的不确定性也会影响到对购买该物品有兴趣的第三方(虽然这样的不确定性能通过由材料所有人承担举证责任而有所减轻)。

由于存在与例外相反的劳动者贡献了"更高价值"的情形,进一步增加了本条规定的复杂性和争议性。这里又增加了第三个区分标准,即通过衡量价值的关系,此外,与劳动者做出了"较少"的或"其他"的贡献(参考前文评论B,它们有特定的用途)相区别。然而,对于如何公正的判断何谓"更高价值",这个标准是很难把握的。因此,确定严格有效的标准用以区别基于例外规定而阻却所有权获得和反例外规则的适用是十分困难的事情。

当加工者在对抗原材料所有权人时仅仅被自己的一些权利限制(即基于不当得利规则的支付义务),此时,可以适用第(2)款(b)的例外规定,同时还可能涉及这条规则是否能够保证原材料所有权人的一般债权人和加工者以及加工者的一般债权人三者之间的平衡。奇怪的是,比起适用第(1)款的规则或是没有加工的情形,当加工者非法的使用了原材料用于加工,反而会使一般债权人在原材料所有权人破产时能够获得更优先的补偿。基于加工人的劳动付出,产品(如果只用了一个人的原材料)或者产品原权利人的权利无法分割时,它们共同构成了破产财产中具有"额外"价值的部分,这样能够提高他们最终受偿的比例。加工者会被认为是普通债权人之一并且获得独立的补偿份额。

最后,就阻止加工者可能使用他人之物用于加工的情况而言,本条的威慑效力几乎是不存在的。

第(1)款具有令人满意的法律效果。与现行欧洲法律体系中的许多规则相比,第(1)款中关于加工的一般规则能够提供一种公正的平衡利益的模式,并且也能够适用在第(2)款(b)中的各种情况下。第(1)款中的财产担保权为原材料所有权人的利益提供了保障。至于在后续加工过程中,原材料所有权人是否能够获得更多利益的问题,基于一般标准对这一问题本身就很难评估,并且一般情况下也不太可能再获得更多的利益。如果是这样的话,就会产生一个问题,即似乎与第(1)款相比,第(2)款(b)的规定是否实际上能够给原材料所有权人带来更多的好处。从另一方面而言,从经济的角度看,小偷(或者是类似于第(2)款(b)中提到的人)并没有因为使用他人的物进行加工而真正获利,至少并没有给原材料所有权人带来损失。从某种程度上说,加工规则存在一些不合理的地方，基于加工规则的规定，可能会对受担保权保护的，属于原材料所有权人的利益实现产生一定阻碍。并且使得加工行为潜在的额外价值并不会因为非法的占有他人原材料进行加工而体现，却是通过加工者的特殊技术和创造力来体现的（同样，这也是不合理的体现）。

当然，这并不意味着，第2条（b）项规定的加工人及其不诚信行为都被认为是可以接受的。工作小组建议用其他方式来制裁这一行为，即使用第六卷的非合同损害赔偿责任和刑罚，根据具体情况而定，假设第（2）款（b）项的例外不能被适用，本条仍提供了适当的解决方案，并且不仅能够对材料所有人（详见上述的立法风险），而且对第三方都能提供适当的解决方案。这里就好比对于单独所有而言，其中涉及加工者的一般债权人关系就比在共同所有（这里有两个或两个以上的原材料所有权人）中的该问题更加简单。前文评论C中已有论述。

F. 排除第（3）款一般规则的结果

概述。第（3）款从财产法角度即结果责任角度规定了第（1）款一般规则未包含的情形。在劳动力贡献十分微小或没有形成新物时，第（3）款发挥了一个澄清的功能。在第（2）款（b）项例外情形适用时，该功能显得更为重要。然而由于这三种情形下的规则是一致的，因此它们被规定在同一条款中。由于第（3）款的范围较广并且包含了没有形成“新物”的情形，因此“劳动力贡献”取代了术语“加工人”。

当原材料所有人仅为一人时的所有权结果。当劳动力贡献是施加于一个他人之物上时，第（3）款第1项规定了该物的所有权归于材料的所有人。这是评论B中示例3和示例4所表明的典型的未形成新物的情形（参见第Ⅷ－5：101条（当事人意思自治及其附属条款））。当产生新物时，原材料所有人成为新物的所有人。

当原材料所有者为2人或2人以上时的所有权结果。相反，如果当一个人施加劳动力的物不只一人所有也即由2个或2个以上所有时，这里可能是指要么原材料由工人或2人以上所有，要么至少由加工者和另一人的所有，在第Ⅷ－5：202条（混合）以及第Ⅷ－5：203条（聚合）。根据这些规则，相关材料所有人将可能成为共同所有人抑或是由一个人取得新物所有权，其余所有人获得一个由担保物权保障的补偿权。评论B中第Ⅷ－5：101条（当事人意思自治及其附属条款）的示例5（聚合）和示例6（混合）就是典型事例。

值得注意的是，在这一规则下，即使是小偷也可以成为该整体物的共同所有人并且扩大到当小偷用自己的物进行加工的情形。然而，小偷不能成为单独所有人，即使（除了劳动力以外）贡献了大量的材料并且这些原材料符合第Ⅷ－5：203条（聚合）中的“主要部分”。这种情况应当依据第Ⅷ－5：203条（4）来处理。

关于原料所有人贡献劳动力后的赔偿问题。基于上文所述，当某人既付出了劳动力也贡献了原材料时（没有对最终的实体形成共有关系），对于这些物价值的赔偿金问题要依据第Ⅷ－5：203条（聚合），参考本条第（3）款的规定。第Ⅷ－5：202条

(混合),也参考第(3)款,但是两项内容是没有相互联系的,因为混合会形成共有关系。

示例8

P从O处窃得某物并加工成新物。在加工过程中,P也使用了自己的物,但是自己的物仅占了加工所用材料的2%。根据本条第(2)款(b)项排除情形,P无法取得物的所有权。第(3)款参照第Ⅷ-5:203条聚合的第(2)款规定了"主要部分"的所有人将成为聚合之物的单独所有人。这一规则将适用于O。然而,P使用了自己的材料,因而P有权从O处获得补偿,由于小偷自己进行了加工,因而赔偿数量应当首先根据第Ⅷ-5:203(2)条的第2项来认定,也即该补偿应当与O的获利相当。对小偷劳动力贡献的补偿还有一个相应的规则。(详见下文的评论)

撤销劳动力贡献的获利。

概述。在未形成新物的情形下,当物的价值或是变更了的原物的价值超过原材料价值时,第(3)款第2项规定了加工人可以基于第七卷的不当得利原则撤销物上的获利。这一权利直接对抗材料所有人(新或旧的)或他们各自的共同所有人。第六卷作为一个整体得到适用,但还存在一个例外情形:尤其是第七卷规定了获利的计算方式。在第七卷条款框架下,第(2)款(b)项中,材料所有人被认为是"善意的获利者",他没有同意获利行为(加工),这一特殊情形适用的规则是物的所有人没有义务支付"超过补偿的部分"。详见第Ⅶ-5:102条(不可转让的获利)第(2)款。"补偿"标准应当考虑到个人需求以及获利人(这里指材料所有人)的具体情形。相比于示例9和示例10,这一做法被认为是恰当的。无论材料所有人是一个或是多个时,都可以适用该规则。

示例9

O公司是一个回收公司,其主要通过引进先进技术把废弃物转化为可利用的金属。P从O的工厂偷了废弃物,并且在自己的工厂进行回收加工。在本条第(2)款(b)项以及第(3)款第1项规则下,O将保持所有人的地位(假设金属还没有与P的金属结合为不可分割物)。P的劳动力贡献将通过不当得利规则(第(3)款第2项)得到补偿。假设P加工的金属的质量与O自己回收的金属质量相当,但是P的加工方法成本较高,那么"补偿"标准将保证O没有义务支付P超过O自己可以完成同样成果所投入的成本。

示例10

P从O处窃得价值昂贵的物。由P施加的劳动力使物的价值显著提高,但是并没有超过第(2)款(b)项的"更高价值"的最小值。在第(3)款下,O将成为物的所有人。但一般来说,O应当支付P该物增值部分的价值。假设满足这样的利益返还义务迫使O要通过借贷才能偿还,根据第Ⅶ-5:102条(不可转让的获利)第(2)款的补偿限制,原材料所有人可以从撤销获利中扣除其贷款利息成本。在适用第六卷非合同损害赔偿责任时也能达到类似的效果,这种损失是由第Ⅵ-2:206条的侵犯财产所有权的结果来规制的(基于侵犯财产所有权或合法占有产生的损失)。

同样地,如果新物被毁损,并且材料所有人并未从中获利,那么所有人可以诉诸第Ⅶ-6:101条(受益人财产损失)所规定的抗辩权。

关于第Ⅶ-2:101条(不当得利下的情形)第(1)款(b)项的特殊规则。

第(3)款第3项只与第(2)款(b)项的情形相关。也即当加工人事实上已知财产为他人所有且加工人未经他人同意时,在这种情形下,加工人应当至少有权获得其劳动力贡献的报酬。同时,不当得利规则包括上述的补偿规则应当保障材料所有人(成为新物所有人)的利益不受不合理的影响。然而,不当得利原则包含了这样一个条款。如果对这一条款的评论加以适用,将导致从一开始就排除加工获得劳动力补偿的所有权利。在第Ⅶ-2:101条(不当得利下的情形)第(1)款(b)项,获利并非不正当的意味着根本不可能产生不当得利规则下的深层含义(参见第Ⅶ-2:101条评论D)。加工人事实上已经知道用了加工的原材料是他人所有的(并且没有经过原材料所有权人同意),仍然用这些原材料创造出了新的物,此时加工人符合了“自由认可并且没有错误”的标准(对比加工者明知提高了他人的财产价值)。这一解释会毫无疑问的产生不同的争议结果,即加工人错误的推定即使是盗窃的材料,他也同样可以成为物的共同所有人。但是,加工人同样负担这样一个风险即新物的所有人完全免费地获得改善的物。然而,显而易见的,当加工人在法律错误以及其他情形下做这一区分是明显不合理的。在这一基准下,加工人没有任何获利(甚至无法获得增值部分的金钱补偿),但是超越这一基础,加工人将成为单独的所有人(尽管负有补偿材料所有人的义务)。因此第(3)款第3项澄清了一个事实即第Ⅶ-2:101条(不当得利下的情形)第(1)款(b)项并不排除加工人撤销获利的权利。关于第Ⅷ-5:203条(聚合)第(2)款以及第Ⅷ-7:104条(占有过程中支出或增加到物上的部分)第(1)款,也产生了类似的问题。然而,法律采用了一个折中的做法。详见这些条款的评论。

注　释

Ⅰ.适用范围

1.根据荷兰判例法,如果是通过人力,创造出了新的物,就属于加工(zaaksvorming)的范畴(Asser(-Van Dam and Mijnssen),Zakelijke rechten[14],no. 73)。该行为是否发生取决于社会一般观念,该判例法中提到了一些判断因素:名称的转变、价值的增加或是原材料没有恢复到原有状态的可能性。加工产生于以下情形中,用大理石雕刻维纳斯的雕像,用面粉烘焙面包,把葡萄酿制成葡萄酒等(Snijders,Goederenrecht,no. 288)。人们通常认为,对于加工而言,新物的形成具有重要的作用,并且很大程度上而言,物的价值就是由其形成部分组成的。一些法学家批判这一观点限制太多。法学家以及最高人民法院都认为关键在于新加工的物与所使用的物不同(Asser(-Van Dam and Mijnssen)。根据最高院的意见,一艘船最终完成并且配备了发动机和航行系统时,我们仍然认为其没有改变船的特性(HR 14 February 1992,Ned Jur 1993,623 - Case“Love Love”)。另一方面,在孵化器中孵化小鸡,虽然没有传统意义上的加工行为(HR 24 March 1995,

NedJur 1996,158),却产生了他们各自的特性,民法典第5:16条得以适用。另一个案例是关于兰花,培育兰花时要把兰花分成两个部分,每一部分都是一个新植物培育的过程是不可撤销的,新植物有各自独立的生命和特性(HR 5 December 1986, NedJur 1987,745 – Case "gescheurde orchideeen")。民法典第5:16条第(3)款清楚地说明了,前文的条款适用于在必要时候原材料转换为新的材料或是植物的培养之时。例如,把原油提炼成汽油,把种子、幼苗培育成植物或园艺(Faber and Lurger(-Salomons),National Reports Ⅵ,chap. 10.4)。在加工的任何一种情形下都会产生新的动产。同时,产生了一个以原有方式取得的所有权。当加工人用其自己的材料进行加工时,也将获得所有权(Asser(-Van Dam and Mijnssen),Zakelijke rechten[14],no. 75)。

2. 在爱沙尼亚,加工被认为是通过人力投入对原材料的重整或加工,并因此形成一个新物。所以,适用加工规则的主要标准是在人力贡献后产生一个新物。被加工的物如果在设计上与原物完全不同或者以一种不同的形式描述或者一个新的(经济上的)目的,那么该物即可被认定为新物,只有修复被排除在外,因为修复并不产生新物(Pärna, Asjaõigusseadus, § 106,nos. 1 and 4; as cited in Faber and Lurger(-Kullerkupp),National Reports Ⅰ,80)。

3. 在澳大利亚,加工(Verarbeitung)被定义为把一个物转化成另一个新物,该新物在外观、用途、使用方式上都发生了变化(OGH 15 September 1967, EvBl 1968/174; Koziol and Welser, Bürgerliches Recht I13,319)。名称的变化可以作为形成新物的标志(Madl, Grundprobleme der Verarbeitung,16),然而是否产生新物还要根据一般观念来判断。新物是一个他人之物与另一个人之劳动力相结合的结果(Koziol and Welser, loc. cit. ,319)。以下关于加工的事例已经由法律文本加以规定:砍下树干做成架子,再把架子加工成书架,用黄金来锻造首饰,在他人帆布之上作画,或用布料来裁制衣服等(Schwimann(-Klicka),ABGB Ⅱ[3], § 414,no. 2; Koziol and Welser, loc. cit. ,319)。复印一本证书并不被认为是一种加工形式(OGH 10 July 1990, SZ 63/127)。民法典第415条的前提条件是加工、聚合以及混合对财产权的影响规则是使物恢复原状是不可能的或者在经济上是不合理的。当修复需要一个不合理的成本或者修复会导致对物不合理的损害时,我们认为该修复是经济上不合理的(OGH 15 September 1967, EvBl 1968/174)。根据一个古老的观念,即使产生微不足道的价值损失修复也是可能的(cf. the discussion provided by Madl, loc. cit. ,116)。这个观点发生了改变并且一些法学家认为对新物的修复往往是不可能的,因为修复将损害加工过程产生的价值(Ehrenzweig, Sachenrecht[2],214; Rummel(-Spielbüchler), ABGB Ⅰ[3], § 415,no. 2)。另一些观点认为,只有在加工增加了原物的价值的情形下,才能认为把新物恢复成原状是不可能的(Koziol and Welser, loc. cit. ,319; Klang(-F. Bydlinski), ABGB Ⅳ(2)[2],624)。因此,新物是否必须由于加工而增值的问题在法学著作中仍然存在争议(Madl, loc. cit. ,33)。根据以上说明,人们常常认为在一个毫无价值的加工情形下,把物恢复成原状仍然是可能的,因此由于加工过程并没有产生任何价值所以恢复并不会导致经济上的不合理(Koziol and Welser, loc. cit. ,319; Klicka, loc. cit. , § 414,no. 2; Spielbüchler, loc. cit. , § 414,no. 3)。

4. 在德国法中的加工(Verarbeitung)是指通过改变原物而产生一个新物(民法典第950条; Prütting, Sachenrecht[33],no. 459)。它并不要求原物属于某个他人(详见下文注释33)。民法典第950条同样适用于加工人使用自己的材料进行加工的情形(Bamberger and Roth(-Kindl), BGB Ⅱ[2], § 950 no. 2)。至于该物能否恢复为原有状态不在考虑的范围内(Staudinger(-Wiegand), BGB[2004], § 950 no. 2; Prütting, Sachenrecht[33], no. 461)。加工过程的价值不应当显著低于材料的价值(Staudinger(-Wiegand), BGB[2004], § 950 no. 7)(详见注释33)。在大部分情况下,

加工不仅需要体力劳动而且需要脑力劳动，然而也存在新物只由脑力劳动产生的情况。例如，一个药剂师，可能不需要大量体力劳动而通过遵循一个特别程序来创造新物（Baur and Stürner, Sachenrecht[17], § 53 no. 17）。加工的适用范围被民法典第950（1）条扩大了。"通过书写、制图、绘画、打印、雕刻或类似方式产生的表面的变化也被认为是加工。"民法典第950条不适用于不动产。例如，在1985年到1988年间在柏林墙上作画的艺术家不能在柏林墙拆除后获得所画作品的墙面的所有权（BGH 23 February 1995, NJW 1995, 1556）。关于加工的动产是否是新的（nova species），将根据一般观念来判断，但是也可以通过经济方面的考量来补充判断（MünchKomm（-Füller），BGB[4], § 950 no. 7）。维护和修复被排除在适用范围外（Soergel（-Henssler），BGB[13], § 950 no. 7）。案例法中对于新物的最重要的认定标准之一是动产名称。如果已加工的动产有了一个新名称，它将可能成为一个新物（Staudinger（-Wiegand），BGB［2004］，§ 950 no. 9）。更进一步的标准也有，比如说功能或用途上的变化、在性质上的改变，等等。机器上安装动力系统并不必然导致新物的产生。它并没有改变机器的性质而只是完善了机器（CA Cologne 10 Mai 1991, NJW 1991, 2570）。当新加工的物的经济效果和原材料相比完全不同时，那么新物的新颖性将得到确定。因此，和原来零部件相比，一辆组装的摩托车就可以认作是新物，摩托车是一个新的类型并且需要技术监督局的特别授权（CA Cologne[23] August 1997, NJW 1997, 2187）。同样地，当与原物相比加工后的物存在一个显著先进的功能或用途（BGH 22 Mai 1995, NJW 1995, 2633）或是在性质上有明显的改变时，我们也将其认为是新物（erhebliche Wesensveränderung）。外观上的改变是必须的（BFH 6 December 1991, DStR 1992, 748）。也存在这样的情形，即虽然产生了新物但物的形态没有发生变化。尤其是在物是液体的情形下，例如，水和氧混合在一起产生了新物漂白膏（过氧化氢），但它的形式仍然不变（液体）（Hofmann, NJW 1961, 1246）。鸡蛋的孵化被认为是一种加工的情形，但是喂养一匹饥饿的马就不是加工（Soergel（-Henssler），BGB[13], § 950 no. 5）。德国法学家霍夫曼认为"阶段理论"（Stufentheorie）的适用要取决于是否出现"新"物，基于这个观点，民法典第950条对生产过程中付出的劳动力加以保护。加工的过程应当被认为是起始点，每一个过程都被分割成不同阶段。从加工阶段留下的物应当被认为下一阶段的原材料。根据这一理论，每一阶段结束时获得的物都被认为是新物（Hofmann, NJW 1961, 1246（1247））。

5. 在希腊，对他人之物进行加工产生新物（eidopoiÅ ia, eidopoiia）的规则由民法典第1061条加以规定。需要产生一个新物（nova species/propria species）。新物的新颖性应当根据通说加以判断。然而名称的变化也是新物的判断因素（如小麦、面粉、面包、棉花、纤维等）（Georgiades and Stathopoulos（-Georgiades），art. 1061 – 1062, no. 7; Georgiades, Empragmato Dikaio, § 52, no. 7; Filios, Empragmato Dikaio[2], § 113 A）。加工活动必须是创造性的，仅有修理、修复或维护是不够的，（常常有这样的情形：修理小轿车、抛光家具、清洗布料、还原一张旧图片、喂养一匹饥饿的马）。尽管这一过程使得新物的价值显著增加，但仍不能构成新物（Georgiades, loc. cit., art. 1061 – 1062, no. 8; Georgiades, loc. cit., § 52, no. 8; Filios, loc. cit., § 113 A）。书写、绘图、拍摄、打印、雕刻以及其他表面的加工在民法典第1061（1）条下被认为是一种加工形式。

6. 瑞士法关于加工（Verarbeitung, spécification）规定一个人把他人之物改造成新物时，即为加工（民法典第726（1）条；BSK（-Schwandler），ZGB Ⅱ[2], art. 726, no. 2）。除了法律规定外，人们一般认为把自己的物转变成一个新物也能获得一个所有权。当所用的材料受到有限物权限制时，这显得十分重要。这一种权利由是否产生新物加以区别（Rey, Grundriss Ⅰ[3], no. 1901）。加工规则假定加工人在加工时是有意为之的（Rey, Grundriss Ⅰ[3], no. 1902）。是否产生新物要根据一般观念来判断。创新性可以体现在外表、设计或是用途上(Schwandler, loc. cit., art. 726, no. 3)。

7. 在葡萄牙法中,加工被定义成通过人类劳动对他人的物进行重塑的行为(民法典第1336条),加工也包括在他人物上进行书写、素描、绘画、印刷、雕刻以及其他类似行为(民法典第1338条)。

8. 在斯洛文尼亚加工被认为创造一种新动产,这不仅包括书写、素描、绘画、印刷、雕刻以及其他类似行为(物权法第57(4)条)的表面处理。而对于不产生新物的修复行为不满足加工的适用规则(Faber and Lurger(-Rudolf/Rijavec/Kerestes˘), National Reports Ⅰ, 602)。法典对于用自己材料加工及用他人材料加工以及定购下的加工做了区分(详见注释34)。

9. 在立陶宛法律规制下,加工被定义为在他人之物上创造新物(Faber and Lurger(-Mikelenas), National Reports Ⅲ, chap. 13. 3)。

10. 在斯洛伐克,加工发生于用他人的一个或多个物进行加工产生新物的情形(Faber and Lurger(-Petkov), National Reports Ⅵ, chap. 12. 3)。

11. 意大利关于加工的规则(明确的)适用于这样一种情形:一个人为了创造新物而使用他人之物进行加工,如一个雕刻家用他人的大理石进行艺术创作,完成了一幅雕像,或一位珠宝设计师把珍贵的宝石镶嵌于戒指之上。加工物的新颖性是通过社会及经济原则而不是根据自然主义的原则来判定,即要求该新物有自身独立的社会和经济特性。举一个例子,在概念艺术作品中概念或理念是最核心的部分(Faber and Lurger(-Greco), National Reports Ⅰ, 489)。在一个著名的案例中,最高院认为新颖性不能仅包括为了达到特殊效果而以一定方式来摆放物品。因此,法院否认了在约瑟夫·博伊斯的作品"Olivestone"的新颖性(确切的说艺术家打算用五辆被阿布鲁佐的农民用来倒油的石制水槽,用来加强Castello di Rivoli大厅的奢侈豪华与石水槽的简朴之间的对比)(Cass. no. 13399/1991)。

12. 西班牙的加工规则适用于这样的情形,通过全部或部分使用他人之物将产生一个完全不同的新物(民法典第383条),这并不意味着把一物添加到另一物上,而是从一物转化为另一物(Faber and Lurger(-González Pacanowska and Díez Soto), National Reports Ⅳ, chap. 7. 3. 3)。

13. 在匈牙利,加工规则在以下情形可以得到适用:在没有权利义务的情形下,在他人之物上投入劳动力并产生一个不同的物(Faber and Lurger(-Szilágyi), National Reports Ⅲ, chap. 11. 2. 2)。

14. 在保加利亚法律下,加工规则适用于当用他人之物加工产生新物,但是该行为不是合同义务下的定做的情形。当该物与被使用的材料相比具有不同特征时则被认定为新物(所有权法第94条)。

15. 根据第Ⅷ-5:101条的注释4,加工规则在法国及比利时的法律文献中并没有得到太多的关注。根据民法典第570条,当加工人使用他人之物并将该物转化成新物时就发生了加工(species nova),无论其能否恢复原状,如石块被转化为雕像,木材经过加工转变为家具(Jourdain, Les Biens, no. 412)。马耳他法律也采取了同样的做法(民法典第577条)。

16. 苏格兰的加工规则(明确性)出现在判例法以及法律著作中。罗马法中的加工主义毫无疑问是苏格兰法律的一部分。这一规则被立法者认可并被判例法所遵循(Carey Miller and Irvine, Corporeal Movables^2, 84 note 3 and Dictum of Lord Dundas in International Banking Corp. v. Ferguson, Shaw & Sons 1910 SC 182 at 194)。在苏格兰法中,适用加工规则的一个重要前提是加工产生了"新种类或新物",并且无法再和原物相区别(Carey Miller and Irvine, loc. cit., 87 and North West Securities Ltd. v. Barrhed Coachworks Ltd. 1976 SC 68 per Lord McDonald at 72)。在一

个案例中,把一辆车的两部分组合起来的情形满足了这一条件(McDonald v. Provan(of Scotland Street)Ltd. 1960 SLT 231)。一个简单的标准即不同的名称。对于"新种类或新物"的重要衡量标准是产生了一个与其组成部分不同的独立的新物:应用商业策略的变化构成一种"新物"(Carey Miller and Irvine,loc. cit. ,87 with references to Bell,Principles of the Law of Scotland4, § 1289 and Stair,Institutions Ⅱ[6],i. 41),除非他是关于一个生命的生长过程:如把大马哈鱼从幼苗培育成成鱼(Kinloch Damph Ltd. v. Nordvik Salmon Farms Ltd. ,CSOH 30 June 1990,unreported)。尽管法官和法学家把小马哈鱼苗认为"……在应当适用于任何主体……还是加以限制问题上仍然存在争议"(Carey Miller and Irvine,loc. cit. ,88)。加工人的主观意识只与补偿问题相关,但是法学家对此意见不一(Faber and Lurger(-Carey Miller/Combe/Steven/Wortley),National Reports Ⅱ,415;Reid,The Law of Property in Scotland,451 and Carey Miller and Irvine,loc. cit. ,83)。加工是一个与聚合、混合相区别的概念,但是三者之间存在重叠的可能性,如在他人雕像或纸上作画,当发生这样的重合时,聚合或混合的规则将优先适用。关于当事人意思见第Ⅷ-5:101条注释12。

17. 在英格兰、威尔士以及爱尔兰,加工物不能独立存在时,其所有权将丧失。当它真正丧失其特性时,所有权将归属于新物的加工人。该特性不仅受形式变化的影响,只要他能证明其原物的性质特征时材料的所有人就有权获得他的物(Bell,Modern Property Law,69 f and Faber and Lurger(-Frisby and Jones),National Reports Ⅱ,116 et seq)。加工的原则(具体化)不仅适用于单个物的改变,还适用于两个或两个以上物的混合,因为当某人提供了受所有权保留限制的树脂给加工人。在树脂外其他材料用于制作纸板(Faber and Lurger(-Gardiner),National Reports Ⅱ,235 and Frisby and Jones,loc. cit. ,116)。上诉法院认为,这一过程毁损了树脂的特性(see:Borden(UK)Ltd v. Scottish Timber Products Ltd[1981]Ch. 25)。这意味着加工和聚合的区别导致了英国法上的混淆(see,for example,Jones v. De Merchant[1916]28 DLR 561)。即使在实践中很难区分,然而他们是两个理论区分问题(Frisby and Jones,loc. cit. ,116)。

18. 在塞浦路斯不存在关于加工的法律。塞浦路斯以混合型法律体系为特征,大部分沿袭了英国普通法,并且它的法律体系主要是建立在英格兰和其他联邦判决中。这意味着,在塞浦路斯,在法律空白的情况下将适用英国法,而英国普通法的编撰条款是根据英国法院的相应条款的解释作出的(Faber and Lurger(-Laulhé Shaelou/Anastasiou/Stylianou),National Reports Ⅱ,484 et seq.)。

19. 在丹麦法律文化中,对加工、聚合和混合的描述不加区分。因此对这些种类没有明显的区别。任何这样的分类被认为是模糊的。在法律空白下,也是没有必要的(Vinding Kruse, Ejendomsretten[13],424 f;Illum and Carstensen,Dansk tingsret[3],382 and Carstensen,in Madsen(ed.)Formueretlige emner4,110 et seq.)。动产的所有权人有权要求把它从任何其他动产中区别开来,当区分不会产生大部分价值的损失,当加工人对于加工权利存在恶意时,即使产生了很大的价值损失也可以要求分割,如果该加工物只是普通物("en almindelig handelsvare")而不是一件艺术品(Vinding Kruse,loc. cit. ,443)。另一个学者也持这样的观点,但是当加工人恶意时,对于区分应该有更严格的规则(Illum and Carstensen,Dansk tingsret[3],383 f),也即分割的情形是比较少见的。

20. 在芬兰法律文化中,对于获利价值和所有权这两个冲突的权利之间经常进行对比,也即物的价值与材料价值的对比。一个典型的例子是,艺术家接受委托对提供材料之人进行画像,"在这样的情形下,剥夺画家的所有权就是不公平的……"在获得所有权上无须加工人善意。即使在这样一种情形下,一方当事人A对B的物进行加工,该物是受所有权保留规则限制的,所有人或出卖人对于A的债权人在新物产生之后没有优先权(Kuusinen,loc. cit.,chap. 11.3)。芬兰法律中几乎没有准确对比劳动力价值和材料价值的观点,即是否劳动力贡献必须反映一个产品的最低价值。

21. 在瑞典,关于加工结果没有具体规则,对于如何理解加工问题也没有明确的规定。在没有获得所有人同意并且加工人试图获得物的情况下,法律后果十分不明确。然而,人们认为即使加工是恶意的,只要新物价值显著高于原材料价值,那么加工人对于新物的权利就优于材料所有人。这种高于价值具体是多少是不确定的,且从未在判例法(however,see NJA 1934,29)或一般法律规则(Håstad,Sakrätt[6],44 ff;Undén,Svensk sakrätt i lös egendom[10],85 et seq. and Martinson,Transfer of Title Concerning Movables Ⅲ,National Report:Sweden,85)中得以具体规定。恶意是法官考量的一个因素并且可能影响更高价值的判断(Undén,Svensk sakrätt i lös egendom[10],85 et seq.)。另一学者主张更优的权利将"可能"赋予对新物贡献最大的人。如果贡献是一样的,那么就产生共同所有权问题(Millqvist,Sakrättens grunder,24)。当动产是在合同情况下进行加工,那么由于适用法律规则的不同,法律结果也不同。如果某人对动产进行修理,物的所有人对于改善后的物仍然享有优先的权利。如果通过某人的修理行为,使得有劳动付出和原料使用的加工有了一定程度的提高,那么原料所有人要支付这一劳动报酬。如果某人贡献了一些材料并且在合同下创造一个完全的新物,劳动力价值高于材料价值,那么材料所有人享有的权利和在修复情形下是一致的,即材料所有人仍有优先权。然而,当劳动力的价值很小或几乎没有贡献的受到Håstad in Sakrätt[6],47 f. 的质疑。区别在于是否把加工视为买卖或是一种服务。依据货物买卖法第2条(Köplagen),这一规则适用例外情形是加工人的贡献构成了新物的实质部分,这意味着,如果法律是可适用的,那么材料的所有人对物不会享有优先权,除非占有该物。如果某人贡献了材料的实质部分,那么货物买卖法不适用且所有人对于新物有优先权,无论劳动力的价值是重要的或者加工人把材料转化成一个完全的新物。然而,Håstad主张当有人对物作出重要贡献时,加工人取得更优权利有法律上的支持(Håstad,loc. cit. 6,45 f. See also Lagen(1975:605)om registering av båtbyggnadsförskott and the supreme court case,NJA 1959,590;小猪通过分期付款销售获得形成撤销权条款:此时卖方享有对猪的优先权,即使在屠宰的情况下以及即使卖方对猪的增值起了重要的作用。法庭认为猪的性质没有被改变,因此并没有产生新物)。

22. 在挪威法律中,加工人对旧物进行加工产生了一个新物或在不创造新物的情形下增加了原物的价值,加工人对于新物或改善的物有优先的权利,财产法法令第四章规定,获得优先权要求加工人的劳动力价值优于材料的价值(Braekhus and Haerem,Norsk tingsrett,546 et seq.),如果劳动力对于价值的贡献微乎其微,那么材料所有人将成为新物的所有人。更甚者,加工人不能因为在开始加工时未获许可而被责难,考虑到加工人对于动产的权利即实施加工的权利的主要规则是关注加工人的善意:一种情形是加工人没有寻求允许的时间,并且其当时有理由相信加工人同意其从事加工的行为(Rådsegn 7 frå Sivillovbokutvalet(Oslo 1963),22)。这里有关主要规则还有一个例外,即使在某些情况下,当事人主观上存有恶意,但如果这个物对于他又有十分特殊的价值,那么仍然还能允许他获得所有权,这是出于情理考量的结果。财产法令第四章规定。如果满足了上述条件,负责加工的人将成为物的所有人即使加工人还有其他辅助人为他完成这一工作(Faerstad,Transfer of movables,47)。

Ⅱ. 财产权结果

23. 在爱沙尼亚的法律中,所有权的取得既要求加工人善意也要求加工过程和结果的价值。当加工人善意且他的劳动力价值高于原材料的价值时,加工人获得单独所有权。此外,材料所有人获得新物。决定劳力价值和材料价值时,应当从新物价值推导。因此,如果新物价值至少超过原材料价值的两倍(Pärna, Asjaõigusseadus, § 106, no. 1; as cited in Faber and Lurger(-Kullerkupp), National Reports Ⅰ, 306)善意加工人将获得加工的成果。如果加工人是恶意时,则材料所有人有权获得新物,无论与原物相比是否获得增值(物权法第106条)。加工人的署名及其在加工过程中产生的经济利益被认为属于加工人,如果是由"占有辅助人"来实施加工(如公司的雇员),那么店主将被认为是加工人(Pärna, Asjaõigusseadus, § 106, no. 3; as cited in Kullerkupp, loc. cit., 306)。另一方面,加工人独立进行加工因此被认为是新物的创造者(如一个合同订立者在合同中提供劳务或服务)。然而,从合同关系的角度来看加工行为(如:一份关于劳务提供或服务的合同中),一般来说,加工方在契约订立中起到的只是次要作用。他能够(也应当)意识到,当原材料由买方所有时,买方有可能在主观上缺乏善意,会要求取得对新物的所有权(Kullerkupp, loc. cit., 306)。

24. 同样在立陶宛,关于加工物所有权的取得也是取决于加工的过程以及加工人的善意。然而民法典第4.56条适用于当加工人不仅使用他人之物同时也使用自己之物进行加工的情形,根据民法典第4.55条,当劳动力价值高于材料价值并且加工人不知道或不可能知道材料为他人所有时,加工人获得新物的所有权。否则,材料所有人有权选择支付劳务费用获得新物所有权或是选择把权利让与给加工人而要求获得补偿。如果一个加工人P同时使用了自己的材料,当P的劳动力价值以及他自己的材料的价值高于他人材料的价值时,并且P不知道或不可能知道该材料属于他人之物,此时,加工人P获得新物的所有权。相反,材料所有人有如前述一样的选择权,但现在,如果其选择获得新物,他不仅要支付加工费用而且要支付属于加工人的材料的相应费用。

25. 根据保加利亚所有权法令第94条,考虑到加工人善意并且劳动力价值高于材料价值时,加工人获得新物所有权。因此,这里要求加工者并不知道原料是他人所有的物。如果这两个条件有一个不满足,那么材料所有人将获得新物的所有权。当物是由多人共有材料加工而成时,那么主要材料的所有人将成为所有权人(所有权法第95(1)条)。那么,认定主物的问题取决于材料的价值以及其在新物中的重要性程度(Faber and Lurger(-Stoimenov), National Reports Ⅳ, chap. 9.3)。如果无法认定主材料,那么新物将由原来的材料所有人共同享有(所有权法第95(2)条)。共同所有权的份额应当是均等的,除非有相反情况证明(所有权法第30(2)条)。

26. 在西班牙法律中,为了制造一个新物而善意使用他人之物的加工人获得物的所有权。如果材料的价值比作用于其上的劳动力的价值更珍贵或价值更高,那么材料所有人有权选择通过补偿劳动力价值来获得新物或要求获得材料价值的补偿。但是如果加工人为恶意时,材料所有人就有权无条件获得所有权,且无须支付任何对价给加工人或是有权获得材料价值及其所遭受的任何损失(民法典第383条)。

27. 根据葡萄牙民法典第1336条,加工人获得新物所有权基于三种考量:该物不能恢复到原有状态或是恢复原状无法避免对物的损害以及加工人是善意的。当加工人是恶意时,那么该物将归于材料所有人所有,并且加工人需要支付在非合同损害赔偿责任(民法典第1337条)范围下的补偿。善意的标准与民法典第1260条规定的善意加工人的标准是一致的,即加工人不知道自己的加工行为损害了他人权利(Pires de Lima and Antunes Varela,Código Civil Anotado Ⅲ[2],152)。

28. 斯洛伐克法规定,在加工人为善意时(民法典第135b(1)条),对新物享有较多份额的当事人成为它的所有权人。当各部分份额均等,且当事人没有达成协议时,由法院来裁决。当加工人意识到自己不是材料的所有人时,适格的材料所有人有权主张返还原物并且恢复原状。当恢复原状不可行或不合理时,考虑到所有情形,将由法庭来决定谁将成为新物的所有人,以及确定补偿的数额,除非当事人对此达成协议(民法典第135b(2)条)。

29. 在挪威,一般规则是由加工人获得物上的优先权,但是考虑到物上权利以及施加于该物上的劳动力的权利,该加工人必须是善意的(Faerstad,Transfer of movables,47)。同样,为获得物上更优的权利,在新物贡献上加工人的劳动应当比原材料的价值高(Braekhus and Haerem,Norsk tingsrett,546 et seq.)。当劳力价值较低或是加工人开始从事加工时为恶意,那么材料所有人将获得物上的优先权。尽管如此,对于善意的要求仍然存在一些例外情形。预备工作使用了一个例子,加工人面临不得不加工并且没有时间征求加工人的同意的情形。然而,当加工人有理由相信所有人能接受时,这个例子就无法验证(Rådsegn 7 frå Sivillovbokutvalet(Oslo 1963),22)。根据财产法令第四章,应当合理考虑各方当事人的物上价值,也即善意不是唯一的要件(Ot. Prp. Nr. 30(1967-68),14 f)。

30. 在丹麦,加工的财产法效果是不确定的。法学家认为,主要原则应该是把优先权赋予有关键性份额的人,无论是劳动力的贡献还是材料的贡献(Vinding Kruse,Ejendomsretten 13,443)。至于如何确定最关键部分,判例法或制定法都还没有明确的规定。当新物上的材料和劳动力价值一样重要时,将形成共同所有权。当对于材料上的权利,加工人是恶意时,那么物上的权利一般归于材料的所有人。唯一例外的是,当新物基于其特性存在特殊价值时,如当在他人的石板上作画产生一件艺术作品的情形,加工人将成为有权所有人(Vinding Kruse,Ejendomsretten 13,444;一个类似的观点,关于加工人的恶意,在Illum and Carstensen,Dansk tingsrett[3],403中得到了表述)。另一位学者则主张不存在共同所有权的情形:解决方法应当是认定由一方当事人获得一个单独所有权(Carstensen,in Madsen(ed.)Formueretligeemner[4],110 et seq.)。Illum论述了关于共同所有权的问题,但是他似乎建议赋予贡献较多的当事人以一个单独的所有权。同时也考虑了保留新物的个人利益,以及该物对于任何一方当事人的情感利益(Carstensen,in Madsen(ed.)Formueretlige emner[4],110 et seq.)。如果该物是为了他人利益服务的,那么雇用人而不是受雇人将成为所有人(Illum and Carstensen,loc. cit.,382 and Vinding Kruse,loc. cit.,445)。

31. 依据瑞士民法典第726(1)条,考虑到加工过程比使用的材料更有价值的情形下,新物属于加工人所有。否则,由材料所有人获得新物。因此,同样在材料价值与劳动力价值相等时,材料所有人也有权获得所有权。在计算各自的价值利益方面,要对比新物的市场价格和材料的市场价格。所以,材料的价值要从新物价值中扣除。根据通说,加工一旦形成对于物的价值的判定具有决定性作用(BSK(-Schwandler),ZGB Ⅱ[2],art. 726,no. 4;Steinauer,Les droits reels Ⅱ[3],no. 2104 f;other opinion:Meier-Hayoz(-Liver),Schweizerisches Privatrecht V(1),§ 61,375:该价值应当在争议时进行评估,以至于物上的增值可以分别归于加工人或是材料所有人)。如果所有权归于材料所有人且材料分属于数个所有人时,那么各所有人成为新物的共同所有人,且每人获得一份与其贡献相适应的份额(Meier-Hayoz(-Liver),Schweizerisches Privatrecht V(1),§ 61,375)。但在加工承揽合同情形下,人们的观点是一致的,即由雇用人而不是受雇人获得新物的所有权

(Rey, Grundriss Ⅰ[3], no. 1912; Schwandler, loc. cit., art. 726, no. 5; Steinauer, loc. cit., no. 2104c)。提供劳务合同中，通说认为根据民法典第726(1)条，所有权应当由加工人(经营者)取得。如果加工过程的价值超过订做(Besteller)(Rey, loc. cit., no. 1913; Schwandler, loc. cit., art. 726, no. 5; Steinauer, loc. cit., no. 2104c; other opinion: Meier-Hayoz(-Liver), Schweizerisches Privatrecht Ⅴ(1), § 61, 374: 新物是为材料提供者而制作的，基于债权法第365(2)条的规定，材料提供者保留所有权人的地位)提供的材料的价值时。这里并不要求加工人的善意。原则上，加工是恶意也可以取得所有权，但是法官可以做相反的判决(民法典第726(2)条)。材料所有人必须证明加工人是恶意的，在那些法官可以把所有权判决给材料所有人的情形中，即使加工价值超过原材料的价值(Honsell(-Schwandler), Basler Kommentar[2], art. 726, no. 8)。在民法典第726(2)条下的恶意是与加工权利相关的(Rey, Grundriss[3] Ⅰ, no. 1915)。因此，如果加工人已知或者应知材料为不合法使用那么他就不是善意的(Meier-Hayoz(-Liver), Schweizerisches Privatrecht Ⅴ(1), § 61, 375)。恶意的加工人主要有小偷、盗窃物的接受者(Hehler)以及违背当事人意愿或是一般观念的使用材料的人，且该材料是有权利限制的(Rey, Grundriss[3] Ⅰ, no. 1915)。民法典第726(2)条不适用在提供劳务合同过程中产生新物的情形(Steinauer, loc. cit., no. 2104c)。法官需要进行综合性的考量，例如价值上发生的变化(如在一张纸上创作重要的曲子，如果赋予材料所有人以所有权就是不适当的)，加工人的过错程度(如在轻微过失的情形中，法官一般会判决驳回诉讼请求)，使用的材料的类型；在加工人无力偿还时，材料所有人是否遭受完全的损失(Rey, loc. cit., no. 1916; Schwandler, loc. cit., art. 726, no. 8)也是应当考虑的因素。当加工人获得新物的所有权时，所有之前物上的财产权利以及第三人的担保物权都将灭失。如果此材料受到所有权保留的限制，那么在加工人获得所有权时，该限制也灭失。根据通说，对于约定所谓的"扩展的所有权限制"或是"加工条款"(erweiterten Eigentumsvorbehalt, Verarbeitungsklausel，如材料所有人和加工人之间达成这样的协议，即对所有权的限制继受于新物上)，由于制定法的强制性，该项约定是不适用的(Schwandler, loc. cit., art. 726, no. 7; Rey, Grundriss[3] Ⅰ, no. 1910)。

32. 依据希腊民法典第1061条，考虑到加工的价值显著高于材料的价值，因此应当由加工人获得新物的所有权。例如，磨小麦或是扎棉花并不构成民法典第1061条的加工，因为加工的价值并未超过原材料的价值(Georgiades and Stathopoulos(-Georgiades), arts. 1061－1062, no. 10)。所有权的丧失同样使得已存在的第三人权利灭失(民法典第1061(2)条)。尽管加工的规则适用于自雇的艺术家或伐木工人，但是对于现代加工方法则不适用如制造业，因此关于加工的规则被批评是已经过时了。人们认为，在考虑到工业产品或者有组织生产的手工艺品，新物应当由加工单位所有而不是由实际实行加工行为的受雇人所有，对于加工人的认定应当依据一般观念(Georgiades, loc. cit., no. 17 ff; Georgiades, Empragmato DikaioI, § 52, nos. 13 ff)。在订立加工承揽合同的情形中(民法典第681条及以下)，根据本条规定由提供劳务的人获得所有权，只要该订做人提供了加工所需的材料。然而，这样的解释与希腊法中加工承揽合同的相关规定是相矛盾的；因此所有的相关条款都应当做这样的解释：订做人在加工后保有所有权。另一方面，如果订做人就是材料的所有人，此时又不属于CC art. 1061的适用范围了。最后，如果材料所有人是第三人，那么加工人获得新物的所有权并继而可以把该权利转移给订做人(Georgiades and Stathopoulos(-Georgiades), art. 1061－1062, nos. 20 ff; Georgiades, Empragmato Dikaio Ⅰ, § 52, nos. 16 ff)。在加工人获得所有权方面并不要求其主观上具有善意。这意味着偷盗的材料(如金子)可以获得基于小偷的劳动产生的新物(如首饰)而使该物归于小偷所有(Georgiades and

Stathopoulos(-Georgiades),art. 1062,no. 15)。然而,在加工人是恶意时,法官可以基于公平原则赋予材料所有人以所有权(民法典第1062条)。如果加工人已知或者由于疏忽大意而未知材料为他人所有,那么该加工人被认定为恶意。善意是推定的,关于恶意的举证责任在于材料的所有人。在决定能否适用(民法典第1062条)时,法官应当考虑所有的相关因素,比如,加工人的过错程度,材料所有人的物得以恢复原状的可能性,材料的具体类型,材料的可替代性或是它对于主张者的主观价值等(Georgiades, loc. cit., art. 1062, no. 15; Georgiades, Empragmato Dikaio Ⅰ, § 52, no. 12; Filios, Empragmato Dikaio[2], § 113 B II.)。如果法庭裁决由材料的所有人获得新物的所有权,可么他同时也需要补偿加工人的报酬(Filios, loc. cit.)。在所有权保留买卖(民法典第532条)中关于加工的规则显得尤为重要。在加工的情形中,当加工人获得材料的原始所有权时,这一所有权的限制就灭失了。为了避免卖方的这一不利后果,当事人之间关于所有权买卖保留的约定应当继受到新物上(也即所谓的"延长的"或是"扩展"的所有权)。一般认为这样的约定是有效的,并且新物的所有权不再属于购买人——加工人而是属于卖方。当材料的价格获得补偿时,所有权就转移到买方手中。对于该协议的准确含义存在不同的观点:有人认为这是"经过第三人的加工",谁将获得最终的所有权适用民法典第1061条的规定。其他法学家认为这是对民法典第1061条适用范围的约定排除。最后,还有一种观点认为,既然加工的规则是强制性的,那么买卖双方的协议准用转移所有权后继续占有物的协议将导致,卖方丧失所有权而买方——加工人获得新物上的所有权,然而该权利在完成付款之后才正式生效(Georgiades and Stathopoulos(-Georgiades), art. 1061 - 1062, nos. 23 ff; Georgiades, Empragmato Dikaio Ⅰ, § 52, nos. 19 ff)。

33. 德国民法典第950条赋予加工人一个单独的所有权。有人主张加工人有更优的权利获得新物的所有权。加工人是基于一种意愿和创意来完成加工的,而材料所有人只对获得丧失财产的补偿感兴趣(参见民法典第951; Note 57 below)(Brehm and Berger, Sachenrecht[2], § 28 no. 14)。只要加工的价值不显著低于材料的价值,那么加工人将成为新物的所有人。加工的价值应当是从新物价值中扣除材料价值后的那部分价值(Staudinger(-Wiegand), BGB[2004], § 950 no. 11)。根据德国最高法院的观点,"显著低于"是指加工价值低于材料价值的40%或以下,即当材料价值与加工价值比例是100:60时(BGH 22 Mai 1995, NJW 1995, 2633)。如果价值条件没有满足,将适用民法典第947条(Wiegand, loc. cit., § 950 no. 15);参见第Ⅷ-5:202条注释4、28和52。判例法依据一般观点依据民法典第950来认定加工人,即以谁的名义以及为谁的利益进行加工(MünchKomm(-Füller), BGB Ⅵ[4], § 950 no. 17)。通常,企业的所有人被认为是加工人而不是单个的受雇人(Brehm and Berger, loc. cit., § 28 no. 17)。通说认为当事人可以依据协议来认定加工人(Prütting, Sachenrecht[33], no. 464)。如果新物是在加工承揽合同下产生的,在德国2002年法律改革之前传统观点认为由承揽人(Unternehmer)获得所有权,该观点在改革后被废除了,即使承揽人就是新物的加工人也不能获得所有权。假设,购买一匹布花费100欧元,想要制作成套装要花费200欧元。尽管也是一种加工行为,但是裁缝并不获得所有权。这一观念在民法典第647条得到补充,该条赋予承揽人获得定做人所拥有的新物的动产抵押权,保证了加工人获得求偿权,只要裁缝占有该物即可;cf. the references provided, e. g., by Bamberger and Roth (-Kindl), BGB Ⅱ[2], § 950 no. 12。这一观点的转变部分是由于民法典第651条的修订,2002年修订后规定提供用于加工的材料的协议属于买卖合同的范畴,其中包含了一个转移所有权给买方的义务。一些学者从这一规定中得出结论,即加工人在加工规则下首先必须获得新物的所有权,如民法典第 950 条;参见 Prütting, Sachenrecht[33], no. 465; Erman(-Ebbing), BGB[12], § 950 no. 7。另一些学者坚持传统的观点缩小民法典第 651 条的适用范围 cf. Kindl, loc. cit., § 950 no. 12。法学家们一致认为在获得所有权上无须善意(Wiegand, loc. cit., § 950 no. 8)。即使是偷窃皮革制作成皮鞋的工匠也能主张皮鞋的所有权(Prütting, loc. cit., no. 462)。如前所述,民法典第 950 条同样适用于当加工人只使用自己的材料进行加工制作新物的情形(见注释 4)。这对于民法典第 950(2)条的适用是十分重要的。根据这一条款,所有存在于材料上的限制该材料的所有权的权利将由于取得所有权而灭失。结果,加工人成为新物上不受任何权利限制的所有权人(Kindl, loc. cit., § 950 no. 2; Soergel(-Henssler), BGB[13], § 950 no. 18)。材料提供者由于加工人获得所有权而丧失了所有权保留规定下的担保物权。一般认为材料提供者和加工人可以达成一个"加工条款"(Verarbeitungsklausel),据此材料提供者转移受所有权保留限制的材料将当然成为民法典第 950 条新物的所有人。这一解释使得材料提供者获得原始的所有权,并且保护了提供人对抗加工人无力偿债时的利益。因此,材料提供者不是破产财产的唯一债权人,但是该物的所有人有权从破产财产中剔除。一个相反的观点认为,"加工条款"只包含了一个预期的持续占有即加工人获得所有权,然后把该权利重新转移给材料的提供者。这一观点遭到批评,因为给予了加工人的其他债权人优先于材料提供者的权利(MünchKomm(-Füller), BGB[4], § 950 no. 25)。在这两种观点下,都存在担保物权的问题,该权利原先是与材料相关的,现在扩展到一般被认为更有价值的新物上。因此,材料的提供人在买方的债权人中优先受偿。一些学者建议通过共同所有权来解决这一问题:材料的提供者成为与其材料价值相适应的新物的共同所有人(Baur and Stürner, Sachenrecht[17], § 53 no. 22)。

34. 斯洛文尼亚财产法中,区分了用自己的物进行加工、用他人之物进行加工以及定制加工三者的加工规则。只使用自己的材料的加工人获得一个单独所有权(物权法第 57(1)条)。但是如果加工人使用他人之物进行加工,在加工的价值不明显低于材料价值的情况下,加工人获得新物的所有权(物权法第 57(2)条)。如果劳动力的价值显著低于材料价值,那么该新物归于材料所有人(Juhart et al. (-Tratnik), SPZ s komentarjem[2004], art. 57, 303; as cited in Faber and Lurger (-Rudolf/Rijavec/Kerestes), National Reports Ⅰ, 603)。如果加工人是受命于提供材料的定做人,那么购买者获得新物的所有权(Berden et al. (-Vrenc ur), Novo Stvarno pravo[2002], 93, as cited in Rudolf/Rijavec/Kerestes, loc. cit., 602)。也存在加工人同时使用自己和他人的材料的情形。在这种情况下,该如何确定所有权归属没有确切的答案。也没有相关的判例,而法学家们则倾向于由加工人获得一个单独的所有权(Rudolf/Rijavec/Kerestes, loc. cit., 603)。加工产生的所有权归属问题与当事人主观上的善意或是恶意没有关联(Juhart et al. (-Tratnik), SPZ s komentarjem[2004], art. 57, 302; Vrencˇur, loc. cit., 95, as cited in Rudolf/Rijavec/Kerestes, loc. cit., 603)。所有第三人的权利都受到所有权取得的影响,并且终止。斯洛文尼亚法律普遍反对把所有权保留作为一项担保手段。因此,对于出售所有权保留限制的物的所有人基于加工、聚合或混合而丧失所有权的情形也是可能存在的。卖方只获得一项基于不当得利的个人返还请求权而不是所有权(Rudolf/Rijavec/Kerestes, loc. cit., 603 et seq.)。

35. 根据意大利民法典第 940 条,新物的加工人获得新物的所有权,除非劳动力的价值小于材料的价值(Cass. no. 875/1951)。加工人的善意与这一规则的适用没有关联性。即使意识到该物为他人所有而进行加工,加工人也能获得所有权(Faber and Lurger(-Greco), National Reports Ⅰ, 489)。

36. 根据芬兰法律规定，一般是在对比了劳动力价值和材料价值之后把单独的所有权赋予加工人或是材料的所有人。恶意并不产生财产法上的效果，但是却是构成损害赔偿的基础（Faber and Lurger（-Kuusinen），National Reports Ⅴ，chap. 11.3）。如何更准确的进行价值之间的对比，例如，如何确定某种贡献的价值大于另一种，或者是否另一种计算率或标准就是确定的，关于这些问题在芬兰法中并未提到。

37. 在瑞典，在缺少法律规定的情况下，对于加工的财产法效果是不明确的。似乎是由对新物贡献较大的一方获得新物上更优的权利，并且即使加工人是恶意时，只要新物的价值明显高于原材料价值，加工人就能获得优先权利。至于，新物的价值具体要超过原材料价值的多少才能获得优先权利在判例法或是一般规定中都没有明确说明（参见 Håstad，Sakrätt6，44 ff；Undén，Svensk sakrätt i lös egendom[10]，85 ff and Martinson，Transfer of Title Concerning Movables Ⅲ，National Report：Sweden，85）。如果各部分的贡献相当，则认为产生一个共同所有权的结果（Millqvist，Sakrättens grunder，24）。同样见上文的注释21。

38. 在匈牙利，材料的所有人可以选择通过支付劳动力对价获得所有权，也可以选择让与所有权而获得相应的补偿请求权（民法典第133（1）条）。然而，如果劳动力的价值明显超过材料的价值，那么材料的所有人就丧失选择权：而由加工人获得新物的所有权（民法典第133（2）条）。如果加工人是恶意的，则材料的所有人将获得新物所有权；而加工人只能主张所有人在受益范围内的赔偿请求权（民法典第133（3）条）。如果各方当事人都不想获得该物，那么新物将被拍卖并且将所得款项依据各方当事人在新物中的份额按比例进行分配（民法典第135（2）条）。恶意加工人只能在补偿材料价值后剩余的部分主张补偿请求权（民法典第135（3）条）。

39. 奥地利民法典第415条解决加工的所有权问题。聚合和混合的情形规定在同一条款中（详见第Ⅷ-5:202条注释2）。考虑到各部分的区分是不可能时，材料的所有人和加工人获得其经济贡献的比例份额（民法典第415条）。各自的价值是依据加工开始时的价值来确定的（Rummel（-Spielbüchler），ABGB Ⅰ[3]，§ 415，no. 3）。例如，如果一枚用他人的黄金制作成的胸针是1200欧元，并且原始的黄金价值是800欧元，也即加工人对于胸针的总价值贡献了400欧元。在劳动力与原材料价值构成2:1的情形下，产生了共同所有（Koziol and Welser，Bürgerliches Recht Ⅰ[13]，319），民法典第416条规定了例外情形，即当一方当事人所作的贡献在新物中十分微小时，那么主要贡献的付出者将获得改善后的物的单独所有权。该条款只规定了在物被改善（Ausbesserung）的情形下所有权归属。然而，有人主张该原则同样类比适用于另一种情形，即当加工人对物的增值没有突出的贡献时，只要材料的价值与劳动力的价值不成比例，那么加工人仍然可以获得一个单独的所有权（Spielbüchler，loc. cit.，§ 416，no. 1；Iro，Sachenrecht[3]，no. 6/24）。每一贡献的价值依据加工之时的价值来认定（OGH 25 September 1997，JBl 1998，300）。根据民法典第417条贡献较小部分的所有人或是劳动力价值微小的加工人都享有各自的补偿请求权（Iro，loc. cit.）。对受所有权保留限制的材料的加工并不灭失该材料上的所有权，且将导致材料提供者和加工人之间的共同所有权，所有权的份额取决于其在加工之时对新物的经济贡献。因此材料提供者仍然有财产权保障。然而，只有在民法典第416条下仍不丧失所有权的情况下才能适用这一规则（Schwimann（-Klicka），ABGB Ⅱ[3]，§ 415，no. 5）。

40. 在英格兰、威尔士以及爱尔兰，对于加工没有法律规定，如果加工人把物转化成另一个新物，实践中采用把所有权赋予新物的加工人，除非存在违法行为（Faber and Lurger（-Frisby and Jones），National Reports Ⅱ，116 f；Faber and Lurger（-Gardiner），National Reports Ⅱ，235 f；and

Bell,Modern Property Law,69 et seq.)。Bridge 认为这一结论是从判例法中得出的,非基于公平正义原则(Bridge,Personal Property Law,108 et seq.)。然而,如果加工人无权使用该材料,那么新物属于材料所有人且加工人对该物不再享有权利。这一观点是对侵权人不能受益的原则的具体化(enunciated in Blades v. Higgs[1865]11 HLC 621,HL),但是,是否这一原则足以适用于加工的情形仍然是不确定的。另一个观点认为,加工人拥有该新物并且要对所用的材料负责(Bell, loc. cit. ,71)。如果违法的加工人使用自己和他人之物制作新物,似乎法律通过所有权比例份额很好的解决了材料所有人和不法加工人之间的关系问题。共同所有权中的比例反映了各方当事人对物的贡献大小(Frisby and Jones, loc. cit. , 117; Glencore International v. Metro Trading International Inc. [2001]1 L1oyd's Rep 284 and Faber and Lurger(-Gardiner),National Reports Ⅱ, 235 ff)。所有对于物的数量或是价值的疑问都将作出有利于无过失方当事人解释(Frisby and Jones,loc. cit. ,117 and Gardiner,loc. cit. ,235 ff)。如果新物无法在当事人之间进行分割,共同所有的途径也是不合理的(Frisby and Jones,loc. cit. ,117;也见 Bridge,Personal Property Law[3],109 et seq.)。至于解决方法还没有定论。

41. 在塞浦路斯还没有关于加工的规则。但既然英国法在法律空白时可以适用,那么所有权效果和英国法相同。因此也意味着主要规则也是把所有权归于加工人。详见以上注释 40。

42. 荷兰民法典第 5:16(1)条的一般规则是研究这一问题的出发点:如果新物是用一个或一个以上的物组成,那么这一物将由材料的原权利人所有。如果原物属于不同所有人,那么准用聚合或混合的相关规定(详见第Ⅷ－5:202 条注释 15、25 以及 54)。然而,第(2)款规定了一种例外情形,即加工发生在加工人使用他人材料之时,在这一情形中加工人获得新物的所有权,而材料所有人丧失所有权,无论加工人制造新物是个人行为还是委托他人所为,只要加工是为加工人的利益而为的。无论加工人是个人加工该物还是有他人协助完成,只要该加工行为是为了加工人的利益,加工人就可以获得新物的所有权。另一方面,如果新物是为材料所有人的利益而加工的,那么就适用民法典第 5:16(1)条。根据最高院的规定,对于新物是为加工人利益还是材料所有人利益而为的问题的回答取决于通说对于各方当事人之间法律关系的界定(HR 5 October 1990,NedJur 1992,226－Breda/Antonius)。然而民法典第 5:16(2)条包含了这样的情形,即当加工的成本很低以至于由加工人取得所有权不公正时,就存在例外情形。在决定加工的成本时,设施的维修费用(如工厂建筑和维护的费用)也应当纳入考虑的范围(Asser(-Van Dam and Mijnssen), Zakelijke rechten[14], no. 79; Nieuwenhuis/Stolker/Valk(-Stolker), T & C Burgerlijk Wetboek[3],art. 5:16,no. 3)。因此,如果(a)P 进行加工或被允许可以加工一个新的物(b)P 付出了劳动(c)并且没有因为成本过低而影响到由 P 获得所有权的公正性时,P 应当获得所有权。在芬兰有关加工规则的背景下,担保物权在原材料或半成品的转换中并不是有效的担保手段,因为使用这一物的加工人获得了新物的所有权,并且该物上的担保物权灭失了。为了避免这样的结果,在担保物权限制下材料的提供者可以与加工人达成协议仅为前者的利益进行加工。在民法典第 5:16(1)条适用的情形下,原材料的所有人也是新物所有人(Asser(-Van Dam and Mijnssen),Zakelijke rechten[14],no. 78)。然而,至于加工人能否被认为真正持有还要根据民法典第 3:108～3:110 条(占有的区别(自主占有)以及留置(为他人占有))规定的标准来决定。理论上,当事人之间也可以达成协议把新物移交给材料的出卖人通过预设占有改定的方式。然而这一法律技术并没有提供完整的保护,因为在关于之前预期的交付或是在加工人破产时加工过程的认定等问题上都没有提供有效的解决方法(Snijders,Goederenrecht[4],no. 291)。

43. 需要强调的是,法国、比利时和马耳他有关加工的规则只是例证性的。法官主要根据公平原则(法国和比利时民法典第 565 条;马耳他民法典第 572 条)。然而,在大部分的情况下将通过适用民法典第 2279 条(占有近似所有(possession vaut titre))来规制。原则上新物属于材料所有人(法国和比利时民法典第 570 条;马耳他民法典第 577 条),虽然所有人有权选择把所有权让与给加工人(法国和比利时民法典第 576 条;马耳他民法典第 583 条)。然而,如果加工过程的价值远远超过材料的价值,那么加工人成为新物的所有人(法国和比利时民法典第 571 条;马耳他民法典第 579 条)。另一个情形规定在法国和比利时民法典第 572 条,马耳他民法典第 578 条中。如果加工人不仅使用了他人之物也使用了自己之物,那么加工人和材料所有权人获得一个共同的所有权,每一个享有按照材料的价值或材料与加工各自的价值成比例的份额,因为考虑到材料不可能在不发生损害的前提下进行分割。

44. 在苏格兰实务中,如果付出的劳动是不可撤销的,那么所有权归于加工人所有。在相反情形下,所有权赋予材料所有人(Faber and Lurger(-Carey Miller/Combe/Steven/Wortley),National Reports Ⅱ,415)。至于在取得所有权时加工人主观上必须是善意还是恶意的并没有明确的规定:关于善意的问题意见不一。有些学者认为加工人在取得所有权的问题上不必要是善意的,但是对于计算补偿款时,是否善意是一个重要的考量因素(Carey Miller and Irvine,Corporeal Movables^2,89 ff;Reid,The Law of Property in Scotland,450 ff and Carey Miller/Combe/Steven/Wortley,loc. cit.,415)。现实不可撤销性的标准诸如在木船的例子中体现的一样。理论上木船可以恢复到木块原来的样子,但是实践中是没有可操作性的(Carey Miller/Combe/Steven/Wortley,loc. cit.,415)。

Ⅲ. 补偿

45. 在希腊法中,丧失所有权的人或是其他由于加工而使得财产权受限制的人都有权依据不当得利规则向受益人主张赔偿(民法典第 1063 条)。倘若想通过不当得利规则主张赔偿则需满足第 904~913 条规定的条件。补偿的数额按照材料在失去占有当时的价值来计算(CA Patra 362/1995,DEE 1996,700,as cited in Faber and Lurger(-Klaoudatou),National Reports Ⅲ,chap. 11.4)。丧失所有权的当事人也可以主张从不法行为中获得损害赔偿(民法典第 1063 条),考虑到满足了民法典第 914 条的先决条件。民法典第 1063 条的最后一部分排除了主张恢复原状的可能性。

46. 在意大利法律中,获得新物所有权的加工人必须支付材料价值(民法典第 940 条)。虽然没有在该条中明确规定,但是如果加工人是基于欺诈、恶意或是疏忽大意的原因且导致了丧失占有的人的不当损失,那么受害者可以根据民法典第 2043 条(主张损害赔偿)。如果材料所有人获得了新物,那么所有人有义务支付劳动力对价给加工人(民法典第 940 条)。

47. 根据西班牙民法典第 383 条,善意加工人获得新物的所有权的同时应当补偿材料的价值。如果材料所有人获得所有权,那么所有人应当补偿善意加工人的劳动力价值。然而,当加工人恶意时,获得新物的材料所有人就没有任何补偿义务。更有甚者,当所有人选择在把所有权让位给恶意加工人时,恶意加工人有义务赔偿给材料所有人带来的额外损失。

48. 在葡萄牙获得新物的一方当事人有义务补偿另一方当事人(民法典第 1336 条)。恶意加工人有权主张丧失所有权的补偿,只要加工过程对物的贡献超过该物本身的价值的 1/3。补偿的数额被限定在超过 1/3 的部分,然而恶意加工人也有可能要支付给物的所有人造成的损失(民法典第 1337 条)。

49. 在匈牙利法律中,当加工人获得新物所有权时,有义务向原材料所有人返还材料的相应价值。如果材料所有人成为新物的所有人，那么善意加工人有权获得劳务费用；然而，恶意加工人只能主张所有权获利范围内的补偿（民法典第 133 条）。

50. 在立陶宛，获得新物所有权的人有义务补偿用于加工的材料的价值。在材料所有人获得新物的情形下，所有人必须支付劳动力价值给加工人，并且当加工人也使用了自己的物进行加工时，所有人也应当支付该部分材料的费用（民法典第 4.55、4.56 条）。

51. 在瑞典，材料的所有人在材料被使用时有权主张材料价值的补偿（Undén，Svensk sakrätt i lös egendom[10]，88）。瑞典文化在材料所有人对物有更优权利时，并没有规定任何补偿规则，但是可以认定加工人有一定的补偿请求权。

52. 在法国、比利时和马耳他法律中，获得所有权的一方当事人必须补偿另一方当事人。根据民法典第 570 条或者根据马耳他民法典第 577 条，获得新物所有权的材料所有人必须支付加工人的劳动力报酬。材料所有人不想获得新物那么他可以主张材料价值补偿也可以主张同等数量的替代（同样的种类、数量、重量、方法和质量）（法国和比利时民法典第 576 条；马耳他民法典第 583 条）。也存在加工人获得单独所有权的情形，于是加工人有义务补偿材料价格给原所有人（法国和比利时民法典第 571 条；马耳他民法典第 579 条）。如果加工人在未经同意之下使用了他人之物，则可以另外适用非合同损害赔偿责任（法国和比利时民法典第 577 条；马耳他民法典第 584 条）。补偿的数额根据加工过程的价值或是材料的价值分别来计算（法国和比利时民法典第 570～571 条；马耳他民法典第 577、579 条）。法国民法典规定材料的价值应当依据补偿当日的价值来计算（民法典第 571 条），然而比利时和马耳他却没有规定类似的规则。

53. 在斯洛伐克，补偿是根据另一方当事人财产减损的部分来确定的。如果加工人缺乏善意以及当事人之间没有达成合意，那么由法庭来决定补偿的数额（民法典第 135b 条）。

54. 在苏格兰法律中，补偿仅仅适用于一些特定的场合以及与恶意相关的情形。关于补偿未获得所有权的当事人的数额的计算类似于聚合的相关规定。在加工人获得所有权时，他或她应当支付材料价值给前一所有人。当所有权由材料所有人持有时，加工人就没有主张请求权，除非加工人有合理的理由认为他或她拥有该物（Faber and Lurger（-Carey Miller/Combe/Steven/Wortley），National Reports Ⅱ，415）。与聚合相比，恶意加工人应当支付更高的补偿作为赔偿。详见注释 10、40 和 63 以及第Ⅷ－5:202 条。

55. 在英格兰和威尔士以及爱尔兰，补偿规则是不确定的，并且取决于所有权的归属问题。如果所有权是由恶意加工人获得，那么加工人应当对使用的材料负责：材料的所有人有权获得实际损失的补偿，并且加工人只能获得劳动力部分的价值（Bell，Modern Law of Personal Property in England and Ireland，71）。在普通法中，如果新物需要移交给材料所有人，那么加工人无论是否善意都有权获得补偿。这种补偿只在爱尔兰法律中有所规定（在英格兰不存在），因为英国法规定只有加工人改善材料是“基于误解但是善意的认为其有这样一个权利”的情况下，才可能赋予恶意加工人补偿请求权（Bell，Modern Property Law，71）。

56. 在塞浦路斯，没有关于加工的规定，因此也不存在关于补偿的具体规定。因此可能的救济手段即依据不当得利规则（参见案例：Ismini Kyriakou Hjiloizou and others v. Irini Iona，Civil Appeal No. 4366 1963），但是关于补偿请求权，可以寻求英国法规则。详见上述注释 55。

57. 在德国，丧失权利（所有权或其他限制物权）的当事人有权获得补偿请求权来对抗新物的所有权人（民法典第 951 条）。该条参照不当得利规则。一般规则是前一所有人有权获得金钱补偿但是不能主张所有权（如种类替代）。补偿的数额根据现在的市场价格来确定（民法典第 818

(2)条)。另一方面,当事人的损失低于另一方当事人获利所得的情形也是可能存在的。在这一情形下,获利人之物上客观的增值是决定性因素(Baur and Stürner, Sachenrecht[17], § 53 no. 32)。如果加工是在双方当事人基于合同而产生的情形下而进行的,则不存在赔偿的问题。如果合同是无效的,那么丧失财产的所有人可以基于不当得利获得补偿(Leistungskondiktion; see Prütting, Sachenrecht[33], no. 468)。基于不当得利的补偿不是对丧失所有权的完全替代。在无力偿还的情况下,受损的当事人获得新所有人破产财产的单独比例(Baur and Stürner, loc. cit., § 53 no. 23)。民法典第951条的规定不是强制性的。当事人有权通过约定来排除补偿义务或违背法律规则(Bamberger and Roth(-Kindl), BGB Ⅱ[2], § 951 no. 1)。

58. 瑞士民法典第726(3)条详细地规定了依据非合同损害赔偿责任和不当得利规则主张赔偿的可能性。如果新物是属于材料所有人,那么善意的加工人可以主张新物与原物相比给材料所有人带来的额外价值,当加工人是恶意时,材料所有人只有义务支付最小额外价值的补偿。如果加工人是恶意的,并且新物没有增值,反而在一定程度上贬值了,那么加工人应当补偿这一减损的价值,并且需要赔偿全部损失。当善意加工人取得所有权时,补偿的数额应当与获益数额相等,这一数额往往就是争议时材料的价值。如果恶意加工人获得所有权,那么加工人要支付所有损失(Meier-Hayoz(-Liver), Schweizerisches Privatrecht V(1), § 61, 376)。同样,由于加工而丧失他有限财产权的第三人有权主张赔偿(Rey, Grundriss Ⅰ[3], no. 1919)。民法典第726(3)条所引用的赔偿请求权不是决定性的,例如还有一些条款是关于无因管理的行为(Geschäftsführung ohne Auftrag, see Rey, Grundriss Ⅰ[3], nos. 1923-1926; BSK(-Schwandler), ZGB Ⅱ[2], art. 726, no. 9)。

59. 在芬兰,由于加工而遭受财产损失的价值是依据不当得利规则来计算的(民法典第6:212条)。为一个或一个以上的共有人加工新物的加工人有留置权,并且只要所有人没有支付满意的补偿加工人就有权持有该物(Snijders, Goederenrecht[4], no. 290)。这一留置权也可以适用于在之前已经完成交付的物上,但是这种情况就无法获得补偿(Nieuwenhuis/Stolker/Valk(-Stolker), T & C Burgerlijk Wetboek[3], art. 5:16, no. 3)。

60. 在斯洛文尼亚,丧失材料的所有人有权基于不当得利请求损害赔偿(Faber and Lurger(Rudolf/Rijavec/Keresteš), National Reports Ⅰ, 60)。

61. 同样在保加利亚,材料原所有人与新物所有人之间的关系必须通过不当得利规则进行调整(Faber and Lurger(-Stoimenov), National Reports Ⅳ, chap. 9.3)。

62. 在爱沙尼亚法律中,由于加工而丧失的权利(所有权以及限制物权)都是根据不当得利原则予以调整的(Faber and Lurger(-Kullerkupp), National Reports Ⅰ, 307)。在加工人未经所有权人同意的情况下,原材料所有人有权向加工人主张赔偿基于加工而获得的价值补偿。一个没有意识到并且不可能意识到缺少使用材料权利的加工人免于补偿责任,如果在加工人已知或者应当知道补偿行为时,不再获利(Kullerkupp, loc. cit., 307)。

63. 在挪威,材料原所有权人可以在财产法案第五章中找到损害补偿规则。所有人将获得其对新物贡献价值的补偿。这意味着新的所有人不应当补偿材料的原始价值,而仅仅是补偿材料上增值部分的价值(Rådsegn 7 frå Sivillovbokutvalet(Oslo 1963), 23 and Faber and Lurger(-Færstad), National Reports Ⅴ, chap. 9.1 and 9.2)。原材料所有人也可以基于非合同损害赔偿责任来主张赔偿请求权(Rådsegn 7frå Sivillovbokutvalet(Oslo 1963)23)。

64. 在奥地利,如果存在一个明确的主要部分和次要部分,那次要部分的所有人或是从事辅助工作的当事人有权获得损失补偿(民法典第416条)。补偿的数额根据民法典第417~419条计算，并且要遵循不当得利规则（Iro，Sachenrecht[3]，no. 6/24）。单个所有权人有义务支付其他当事人相应部分的价值，考虑到不是属于依据善意取得规则而获得新物的情形（Schwimann（-Klicka），ABGB Ⅱ[3]，§ 416，no. 1；OGH 28 July 1998，RdW 1999，14）。有过错的一方当事人有义务支付补偿（在非合同损害赔偿责任下的补偿义务）；而恶意的当事人应当支付全额补偿。奥地利法律在原则上规定了材料所有人和加工人之间共享所有权，但是该所有权可以进行分割（详见第Ⅷ－5:202 条的注释 33 和 68），在分割的过程中也存在补偿问题。在共同所有权的分割过程中获得单独所有权的当事人必须支付另一方当事人丧失共有份额的损失（民法典第 415 条和第 417 条；Iro，loc. cit.，no. 6/22）。如果加工人获得了单独的所有权，那么补偿的数额取决于加工人的善意或是恶意。对于恶意的加工人，则须支付全部的补偿；如果是善意的加工人，则只需支付另一方当事人在共同所有权中受到损失的份额即可（Iro，loc. cit.，no. 6/22；Klicka，loc. cit.，§ 415，no. 4）。加工人被认为是善意的，如果他不知道材料属于他人所有，并且他不享有使用该材料制作新物的权利。然而，材料的所有人也可能被认为是恶意的，例如材料所有人阻止加工行为（Spielbüchler，loc. cit.，§ 415，no. 5）。在过错加工的情形下，非合同损害赔偿责任可以额外适用（参见第 1295、1332 条；Spielbüchler，loc. cit.，§ 415，no. 6）。

65. 在丹麦，补偿规则不是很清晰，这一问题仅在法学著作中有所探讨，但并未形成一致意见。一个法学家提出了一些基本规则，他认为加工人应当被认为是新物的所有人即使他是恶意的，加工人必须根据非合同损害赔偿责任赔偿损失。如果加工人是善意的，则只需要支付材料的价值即可。如果加工人由于恶意没有被认定为所有人，那么加工人无权请求补偿。只要没有取得物上优先权利的加工人是善意的，那么他就可以从另一方当事人基于加工人劳动力价值的受益范围内主张补偿（Carstensen，Formueretlige emner，112 et seq.）。根据另一观点，恶意的加工人将要根据非合同损害赔偿责任来补偿损失，无论是否是所有人。如果加工人被赋予物上的优先权利，那么加工人也将补偿材料所有人材料的价值。如果加工人在加工时是善意的，那么情况又显得不明朗了。加工人可能要支付补偿，但是支付到什么程度没有明确的法律依据（Illum and Carstensen，Dansk tingsrett[3]，404 f；See also Vinding Kruse，Ejendomretten[13]，445 et seq.）。

66. 在芬兰，放弃物上权利的当事人将获得补偿请求权，也即一个与义务相对应的补偿请求权而不是别的（Faber and Lurger（-Kuusinen），National Reports Ⅴ，chap. 11. 3）。关于如何计算补偿数额在芬兰法学家中没有找到相应的规定。

Ⅳ. 共同所有权的分割

67. 根据本条款注释的第二部分的规则，共同所有权是加工发生的结果，共同所有权的分割可以根据第Ⅷ－5:202 条注释第四部分以及第Ⅷ－2:103 条的相应部分进行。

第Ⅷ-5:202条　混合

(1)当不同人所有的物品被混合了,即将这个混合物分离成其初始的组成方式是不可能或从经济上来说是不合理的,但是将混合物分离成比例的数量则是可能并从经济上来说是合理的,这些人就成为了这个混合物的共有人,当发生混合的时候每个人拥有按各自部分价值计算而来的一定比例的份额。

(2)每个共有人能从共有物中分离出和其未分割的份额一样的数量。

评　论

A. 一般

基本观点。本条的违约规则适用在,当不同人所有的物被"混合"时,这条规则提出了按各自贡献价值的比例成立共有的构想(第(1)款)和分割共有的一个简易的模式,即根据共有物中各自未分割的份额来分离出一定的数量(第(2)款)。那些描述规则使用范围的要求是围绕着这些法律效果来构建的,这就使得那些适合的场合同样能够被适用。核心的案例就是可替代物品的混合也就是同种类和质量的物品。由于在混合的过程中单个物品会变得无法被识别故主张现存的所有权严格意义上来讲是不可能的。但是,本条的第(1)款和第(2)款提供了实际上相似的效果。共同所有的构想考虑了所有对混合物作出贡献物的所有人的价值利益并且同时通过允许共同所有人在任何时候根据共同所有人原来物的数量来取出一定的份额来迎合共同所有人的所有权利益。此外,解决共同所有的典型的实际困难由于可替代物的原因而大大地减少甚至消灭。由于每个共同所有人可以在任何时候分离出自己的份额并且成为自己份额的单独所有人所以共同的监管是没有必要的。因为数量是一个相对简单的决定未分割份额的准则,所以对于分割几乎不会存在争议并且由于任何的共有人可以处分相关的份额,这样购买人就可以取得货物,所以交易被混合的货物不会受到很大的阻碍。当条文的使用范围被扩展至非完全相同的物品而仅仅是相似的种类和质量,这些优势就部分减少了;如果是明显不同种类的物被混合的话优势就会减少得更多。但是,在这一领域中存在着争论(参见下面评论B)。最终,本条适用范围的界限在于,所有情形都应当确保能够与第Ⅷ-5:203条(聚合)的内容严格区分。但是和第Ⅷ-5:203条相比,混合至少是可能和经济上来说合理地将混合物分离成一定比例的数量,这对于适用第(2)款所提到的简易的分离模式是必不可少的。

术语:混合。"Commingling"经常被当作一个中性词并且在第(1)款提到的所有状态如聚合物、固态、液态、气态的物体互相结合在一起的状况下适用。这个属于代替了或者是创造了一个涵盖性的术语因为关于固体的混合通常的术语为"commixture",而当有关气体和液体的混合时则使用"confusion"。

B. 适用范围

一般规则。本条适用于固体、液体以及气体,无论它们是以何种形式混合的。混合可以是受到混合各物的所有人之一的影响,也可能是一个独立第三人的行为(对比以下的示例1);理论上说,混合也可能受到物本身的影响(对比示例2)或是受一个偶然事件(如示例3)的影响而发生。这意味着,本条款没有事先设定任何劳动力的贡献。然而,它同样适用于有劳动力的情形,对比 第Ⅷ-5:201条(加工)第(3)款和第Ⅷ-5:101条当事人意思自治及其附属条款)评论B的概况;同时参考以下各评论。正如下文的评论所示,混合一般意味着一个单独的物变得不可识别。识别出原物或是至少识别出一个组成部分的可能性不是本条的适用条件。决定性的标准在于,把原物从混合物中区分出来是不可能的。物理上的分割可能是在识别后的第二步走。当识别不可能(或经济上不合理)时,也可以选择进行分割。

示例1

A、B、C所有的小麦都堆放在同一个仓库里,由于无法(至少在经济上不合理)区分各自的所有人并且无法把他们返还给各自的所有人,本条款得以适用。在认定混合的过程中,是不考虑该混合行为的发生是由于当事人之一的行为或是所有当事人(所有存放小麦的当事人)的行为还是第三方D的行为的。

示例2

A和B都经营渔场,在相邻的渔场里养殖同一种类的鱼。在一场狂风暴雨后,池塘被水淹没了,鱼从一个池塘游到另一个池塘。由于无法或是经济上不可能进行识别并把鱼物归原主,因此该情形可以适用本条款。

示例3

A和B相邻储存金属,在一场火灾中,金属熔化了并混合在一起,考虑到金属可以按照比例分割,不会造成经济上的不合理,因此本条款也可以在这一情形下得到适用。

对于本条混合规则在实践中的重要补充是第Ⅷ-5:101条(当事人意思自治及其附属条款)第(5)款规定了第六卷非合同损害赔偿始终可以作为一项补充性诉求。混合物的所有人在混合中的损失,如有效区分和运输所支付的额外成本或是因此导致的质量下降等,在这些规则下都具有可恢复性。然而,财产法规定的底线是不受任何人过失甚至故意行为的影响归属于不同所有人的物:相关劳动力。根据第五章规定的所有其他情形,本条要求贡献至少包含两个人。对于本条而言,只有物的贡献,劳动力的贡献并不包含其中,但是劳动力可以获得一个基于不当得利规则的受偿权而对抗混合物共同所有。

无法区分原来部分或区分在经济上不合理:一般规则。

本条适用的第一项要求是,把各个组成部分从混合物中分别出来是不可行或是经济上不合理的。这正符合第Ⅷ-5:203 条(聚合)第(1)款的前提条件,尽管聚合的构成简略些。这一标准的作用在于,为财产关系的变化和不同人对物的所有权关系变化(例如,尽管聚合后的物在同一个空间或容器内,但每个人仍然可以享有相应部分的所有权)这两种情形划定一个界限。在后一种情况下,关于所有权效果没有具体规则的要求,且每一个所有人有权在一般规则下请求分割混合物,如可以诉诸第Ⅷ-6:101 条(所有权保护)作为免责事由。

示例 4

A. B、C 是三家农产品公司共同拥有香蕉,用同样规格的箱子来包装香蕉,并且装在同一个集装箱里。如果可以识别哪箱是属于 A 公司(或把一个人从其他公司中区别出来)例如箱子本身著有公司标志或是放置在内的香蕉有做标记或有可能或经济上合理通过其他方式来识别香蕉,例如因为每个公司生产了不同种类的香蕉。这些都不满足本条的前提条件。因此不发生所有权变动的后果。每一个公司都能根据第Ⅷ-6:101 条(所有权保护)第(1)款来区别自己的箱子。然而,如果箱子是无法识别的,(如没有标签,并且无法分辨出哪个箱子位于集装箱的哪一部分时)本条款则可以适用,也可能或者经济上合理的能够识别部分箱子的情形。此时,这一条款不适用于这一情形而是除此之外的情形。

另一个可以把物区分出各个部分是可能且经济上合理的例子规定在第Ⅷ-5:101 条(当事人意思自治及其附属条款)的示例 8 中。

无法区分原来组成部分的情形:本条的"区分"可能受到任何方式的影响。其范围包括任何物理上的每一个单独部分的移动和移除。也有可能任何形式的手工(如筛选)、物理上的(如加热)或化学加工。"不可能"分割混合物到原来组成部分似乎是从字面上进行理解,而不是严格意义上的。这种分割在理论上可行但是在实践没有人会考虑这么做,因为成本非常高,经济上不合理的标准得到了适用,见以下评论。

示例 5

AB 拥有相等数量的燃料并且混同在同一个油箱内,在本条款下把他们分割开是不可能的,因为无法做到把每一滴燃料归还给原所有人。

这里并不要求每一个单独部分与其他部分在物理上有所接触。在这一要求下的"不可能"要件也可能发生在不同的人拥有的确定的物放置在同一的空间或是仓库中,并且由于没有人知道自己物的准确位置或是因为物发生了移动(如动物),使得这一识别变得不可能。

分割为原有份额在经济上不合理。因为不可能是一个相当狭窄的概念,有关最实际的重要性的标准是分割为原有份额应当是“经济上不合理”。这一标准被理解为一个客观的方式。因此,区分物要花费高额的成本并不被认为是“合理”的原因,是因为如果由于其他当事人(或第三人)的疏忽而导致物的混合时,基于非合同损害责任,他们需要承担区分物所花的费用。本条的基本理念是在经济成果或是其他影响分割的不利条件中进行平衡,在本条款下,基本上被认定为分割成本,由于物不会因为分割而受损,用来对抗当事人在维持物原有财产状态的利益(每个人维持各自的所有权)。而后者,即财产现在所包含的价值,当然就要适用别的规则。因此,基于本条的规定,为了对物进行区分可能支出的费用必须要与没有成为共同所有人财产的部分相平衡,其中也包括了第(2)款中对共同所有权进行物理上的分割。据此,特别是在可替代物发生混合的情况下,不论是物的价值还是所有人的利益都不会受到影响,与之相关的较少的区分成本也被认为是“不合理”的。当单个付出着的利益可能会受到更多影响是,会在一定程度上使得更多的单个物或份额,因为质量甚至品种的不同而有所区分。同时,尽管本条的规则也适用于第Ⅷ-5:203条(聚合)但在本条中认为是“不合理”的情形在第Ⅷ-5:203条下仍可能是合理的。某一种确定的界限,如一定的数量式份额,可能是不合适的。一般来说,在案件中考虑个人的情况是必要的。

把物分割成成比例的份额是可能的、经济上合理的。本条适用的第二个条件是“把混合物分割成比例份额是可能的和经济上合理的”。这一条款把本条和第Ⅷ-5:203条(聚合)区别开来。明显的是,这个标准是本条效果的体现,也即通过一种可替代的分割所有权的步骤来补充。共同所有权的产生(如通过由每一个所有人来进行物理上区分各自的份额,参见第(2)项)。“成比例数量”即聚集的或混合的数量与每一个共同所有权人未分割的份额相适应。关于“可能”或“经济上合理”的概念,这一原则与前述原则是一致的。为了将混合部分按照比例数量进行分割的费用应当与当事人在共同所有关系中享有的利益保持平衡。并且要基于第(2)款而存在分割共同所有权的可能性。因为这二者是适用本条产生的一般性后果。在许多情况下,问题关键不在于是否有可能成比例分割该物,如果是可能的话,表明不会造成不合理的花费。相反情况将适用于如价值较低的金属熔合在一起的情形。在本条内容无法通过的情况下,将适用第Ⅷ-5:203条。下文将简要叙述在本条规定下分割成成比例的份额可能或经济上合理的典型情况。

特殊情况:可替代物。本条款首先适用于可替代物的混合;即同一种类质量的物,每一个人对于原物的数量获利基本上是一致的。

示例6

同质的油在一个油箱中混合,同种类和同质的谷物在粮仓里混合了,煤炭在运输过程中混合了。理论上来讲,有可能通过某种化学方法把每一个物区别开来,但这在经济上是不合理的。

相似物的混合。同质同类的物混合时的区分规则在这里也拓展到相似物的混合规则中，即同种类但不同质量（如质量差别较小的原油，不同质量的咖啡豆）以及其他种类相似但难以清楚区别的不同的物。潜在意思即适用本条款比适用第Ⅷ-5:203条（聚合）条款更能满足当事人利益。在聚合中，如果一方当事人的贡献被认定为“主要部分”，那么他将获得单独所有权（或者产生共同所有权，但必须在可适用普遍规则下进行分割且当事人之间未达成合意时，将由法庭裁决分割）。

示例7

由不同公司所有的成百上千桶的原油，有些事质量不同的未经分割混合在油箱中。即使A公司只拥有全部份额的3%，但是该部分的价值也是相当可观的。在本条款的混合条款规则下（始终保持原油交易的可能性），A公司成为共同所有人，相比于获得一个损害赔偿请求权混合后的利益更大化了，即使整个物上存在一个担保物权，如果另一个公司拥有97%的份额并被认为是第Ⅷ-5:203条（聚合）第（2）款“主要部分”的情况下。

另一个扩大适用范围于类似物的原因是由于严格使用“同类同质”规则存在许多实践性的困难。对比示例4中的香蕉的例子。“同一”标准难以精确界定。因此应当参考合理的市场参与者的共识，而这一观念已然是价值判断的一种延伸。

不同种类物的混合。扩展这一规则的最后一步是考虑到了不同种类物的混合。这一规则与欧洲法律体系中的现有情形并不一致。这个方式的目的和所追求的效果当然是，对所有不确定的情形究竟属于本条范畴还是第Ⅷ-5:203条（聚合）的内容做出了明确的区分。

示例8

A的小麦和B的大麦未经区分混合在一起。但是存在很大的可能性将二者分割为成比例的数量。如果本条只适用于可替代物和相似物，那么按照这些标准很难确定小麦和大麦是否是相似物，或者这种分割是否适用第Ⅷ-5:203条（聚合）的规则（如果他们也包括不同物的“混合”）。本条广泛的适用范围使得它在对于评判究竟仅仅是“质量瑕疵”，还是“什锦物的成分”（就这个问题采用聚合规则更具可行性）这一问题上显得有些多余了。例如：混合后的大麦被认为是受到污染的（在这种情况下，如果适用第Ⅷ-5:203(2)条中“主要部分”规则，那么应当支持大麦所有人A）。目前本条的规定中并不会产生上述不确定的情形。除了实践中的便利性，这一解决方式还有易接受的优势。A和B成了共同的所有权人且任何一方都有权随时分割各自的份额。

然而仍存在另一个情形，即在适用第Ⅷ-5:203(2)条的“主要部分”规则时，其作为一种可选择的手段被认为是适合的。然而这些情形适用本条规范足以解决。但在做最后决定时一定是考虑到本条下的分类消除了划界中存在的所有不确定因素。当产生共同所有权时，且一个共有所有人对得到部分物没有实际意义时，当事人之间很可能就要商量其他解决方式了(如一方当事人转让自己的份额给他人)。同时,非合同损害赔偿责任也有利于实现较适当的结果。

示例 9

A 的酒和 B 的亚硫酸物不加区分地混合了。由于混合物能够被区分出来因此本条款得到了适用。如果选择适用第Ⅷ－5:203 条(聚合),那么酒将被认为是"主要部分"A 获得混合物的单独所有权,然而在本条款规则下,A 和 B 成为共同的所有人。如果 B 对于买卖酒(或是饮用定量的酒)方面不敢兴趣,B 可以同意由 A 取得 B 的份额。与其他分割共同所有权的情形不同的是,本条第(2)款阻止了一些当事人在分割共有权时主张不合理的高价。另一方当事人可以在任何时候主张分割共有物因此在协商中的不合理谈判的风险被减小了。

C. 混合的结果(第(1)款和第(2)款)

共同所有权的成立;份额的计算。考虑到满足了本条的先决条件,在混合中相关所有人成为混合物的共同所有人。共同所有权是根据第Ⅷ－1:203 条(共同所有权)进行定义的,也即一个共同所有人获得整体物上一份未分割的份额,且每一个共同所有人都有权通过单独行为来处分各自的份额。本条立法目的是原物中各所有权人的价值利益如何在混合物不可分割的情况下得以体现,并且如果所有权人的主体利益形成了一个暂时的集合,原则上来说,在第(2)款规定的分割之时,他们的利益也能够自由的获取。当混合物是可替代物时,这意味着这些部分与他们的数量相当。另一方面,当共同所有人之一贡献的数量大于他人贡献的数量时(如贡献了更优质的油),那么该共同所有人享有的未分割的份额就大于其他共同所有人的份额。在这样的情形中,份额价值往往小于原物的价值。因此,各个所有人的价值利益无法得到完全的满足。而任何由于混合而产生的价值减损将通过适用第六卷非合同损害赔偿责任加以救济。

后续的减损、增值。当混合物中所包含的整体的数量在缩减时(如部分物被损坏或是被盗窃),未分割的份额是保持不变的。那么各个份额将产生整体物上的风险。与第Ⅷ－2:305 条(整体物中部分的转移)第(4)款规定不同的是,该风险不仅仅是由一方当事人来承担。原因是,后者是交付规则也即由卖方承担风险,然而本条不包括交付的情形。从另一方面,如果物的总量由于自然原因而增加了(如蠕虫用于鱼苗的繁殖),共同所有权人取得了未分割部分的增加部分。

当事人善意或恶意的相关性。与第Ⅷ－5:201 条(加工)第(2)款(b)项以及第Ⅷ－5:203 条(聚合)第(4)款不同的是,关于当事人是否善意或恶意以及是否应当包括一定程度的恶意等问题对于在财产法中没有影响。只可能产生一种结果即共同所有权。原因之一是依据第(2)款共同所有权可以轻易再转化成为单独所有权,这往往与原状相一致。不法的当事人不得从违法行为中获利。

与占有人的单独所有权相比共同所有权的优势。这些规则并非依据欧洲立法体系中常见的情形而设计,应当将不可分割混合物的所有权赋予能够实施控制这些物的人，即占有人。从政策角度而言，共同所有权更有利因为它顾及各方当事人的价值利益。共同所有权建立在占有推定所有的原则的基础之上，该原则未被这些规则所采用，此外“占有人的共同所有权”只能被理解或是认为是解决举证困难的方式。但是这是另一方面的问题，并且无法假设实体法中规则的特征。这一选择同样是欧洲各国的趋势。详见比利时、荷兰和法国第Ⅷ－5：202条和第Ⅷ－5：203条的相关内容。同样，在德国最高法院反对在无法确定各部分价值时采用共同所有权规制的方式。

简化的分割方式：与份额相当的数量的物理分割。本条的特色在于可以用一种简化的方式来分割共同所有权。每一个共同所有权人有权从混合物中获取一定数量的份额，通过这样的方式由一个人获得单独所有权。因此，未分割份额的全部或者部分将得到偿还，这取决于是否共同所有权人对物进行部分分割或是整体分割。第（2）款下的这一分割就是上文评论中“与个人份额相当的数量”。当物是完全可替代时，该数量将与原来贡献的部分相当。当混合过程物减损了，第（2）款的数量是指各部分减损后的数量。既然第（2）款明确规定了每一个共同所有人“可以”分割各自的份额，那么任何一个分割行为都是法律所允许的，并且不构成对其他共同所有人财产权利的妨碍或是非法占有行为。当然，分割时必须尽到合理的注意义务从而保证未分割部分财产没有受到损害。

分割的数量超过等值的份额。当混合物减小但是共同所有人分割了原来形成的数量时，即每个人获得的数额超过他在混合物减损后可以获得的未分割的份额，那么（原）共同所有人对于超出部分不能被认为是所有人。技术层面来看，分割出的部分应当受制于共同所有权，所有人自己的份额与其分割出的数额相当，剩余的部分与其他共同所有人在原混合物中的比例相当。善意取得规则无法适用因为不存在第Ⅷ－2：101条（转移所有权的一般要件）第（1）款（d）项以及第Ⅷ－3：101条（当事人无权转移所有权的善意取得）第（1）款a项。本条第（2）款没有关于转移的相关规定，但是本章第二部分的其他规则是对已有内容的延伸。

分割的成本，减损的损失或是价值的减少。一般来说，每一个当事人都承担着分割的成本。然而，如果另一个人在第六卷的责任作用下影响了混合，那么这些成本就可以通过非合同损害赔偿责任予以补偿。在整个混合物的数量由于收缩而减少时也可以适用同样的规则。一般而言，每一个共同所有人都承担一定比例的损失，但是诉诸第六卷的相关规则后，这一结果将发生改变。同样，在高品质的物与低品质的物混合时，那么更高价值的贡献人将遭受损失。往往混合后的价值低于单个物相加的价值。同样这样的损失主要由各个共同所有人来承担，但是可以通过第六卷的相关规定转移给他人。

更深远的影响：第六卷下的损害。除了本条赋予的一些权利外，遭受进一步损失的当事人可以诉诸第六卷的非合同损害赔偿责任予以救济。这类损失可以是分割的成本，或是在之前的评论中所述及的其他成本，但是也可以是从他人物上事先不法移除的成本、交通成本以及其他损害。

注　释

Ⅰ.聚合和混合的一般适用

1. 这些注释的 1～4 部分解决普遍意义上的第Ⅷ－5：203 条聚合和第Ⅷ－5：203 条混合的一般适用范围的问题。关于可替代物的混合，欧洲法律体系中存在一些特殊规定，具体的补充规定在第 5 部分和第 6 部分。

2. 在奥地利法律中，聚合和混合被认为是 Vereinigung（"amalgamation"），也即属于不同主体的独立物在物理上相互连接成为一个整体。当然，与焊接、锻造等形成物的混合于如（Vereinigung）相似的固体如沙粒、谷物或面粉（Vermengung）以及液体或气体的（Vermischung）（Klang（-Klang），ABGB Ⅱ^2，283）等形成物的混合之间存在明显的区别。在奥地利法中与加工的区别并不十分重要，因为混合和加工受到同样法律的规制（Madl，Grundprobleme der Verarbeitung，110）。只要存在不同的部分无法分割或是分割将导致不合理的经济成本并且各方当事人未事先对财产归属达成协议，那么规制财产法效果的法律都可以得到适用（详见第Ⅷ－5：201 条注释 3）。

3. 在瑞士法律中，聚合和混合规定在同一条法律中，即民法典第 727 条。本条适用于当属于不同主体的两个动产聚合或是混合在一起形成一个单独物的情形（BSK（-Schwandler），ZGB Ⅱ^2，art. 727，no. 2）。然而，本条同样类推适用于同意所有人的物聚合或混合在一起且当其中一部分受到限制物权的约束（Rey，Grundriss Ⅰ^3，no. 1929）。现在不同的是整体物的组成部分（Rey，Grundriss Ⅰ^3，no. 1934）。民法典第 727 条规定了"新物"（neue Sache，chose nouvelle）。这可以理解为由于存在物理上或是经济上的密切联系，因此不造成实质性损害、不造成根本上的功能丧失或者价值减损的分割是不可能的（see for example Rey，loc. cit.，nos. 1949－1953）。至于损害是否实质性的应当根据一般观点来判断（Rey，Grundriss Ⅰ^3，no. 1949）。财产法上对于加工的所有权归属问题的判断上无须"新物"标准（BSK（-Schwandler），ZGB Ⅱ^2，art. 727，no. 4）。根据通说，聚合或混合后的物与原物相比应当存在质的不同。例如，一本装订成册的书而不仅仅是几页纸；是形成另一种酒而不是各种酒的混合。民法典第 727 条不适用于同类同质的物的混合，如同一性质的燃料放置在同一个油箱中。在这些情况中只存在数量的变化（Steinauer，Les droits réels Ⅱ^3，no. 2118d；Meier-Hayoz（-Liver），Schweizerisches Privatrecht Ⅴ（1），§ 63，381；contra：Rey，Grundriss Ⅰ^3，no. 1941）。聚合和混合既可以是人为的结果也可以是自然事件的结果（Meier-Hayoz（-Liver），Schweizerisches PrivatrechtV/1，§ 62，377；Rey，Grundriss Ⅱ^3，no. 1929；Steinauer，Les droits réels Ⅱ^3，no. 2118c）。相关当事人的善意或是恶意在所不问（BSK（-Schwandler），ZGB Ⅱ^2，art. 727，no. 3；Rey，Grundriss Ⅰ^3，no. 1932；Steinauer，Les droits réels Ⅱ^3，no. 2118c）。人们一致认为民法典第 727 条规定的混合并不包含液体（如不同种类的酒、牛奶和水、酒精和橙汁）以及气体之间的混合，但也包括固体的混合（如不同种类的面粉、香烟、炭疽和其他种类的煤炭）（Rey，Grundriss Ⅰ^3，no. 1937；Liver，loc. cit.，§ 62，377；Steinauer，loc. cit.，no. 2118b）。

4. 在德国聚合（Verbindung）产生于当不同种类的物聚合在一起且他们构成单独物的重要组成部分（wesentliche Bestandteile）（民法典第 947 条）。根据判例法，要求不同部分属于不同的所有人(BGH 31 October 1986,NJW 1987,774)。民法典第 93 条给出来“关键组成部分”的明确定义:这是一个与其他部分无法分开的部分或是只能通过毁损其他部分或改变其他部分的性质才能分割的部分(Soergel(-Henssler),BGB[13], § 947 no. 2)。明显的价值减损要放在一个毁灭的标准上(Bamberger and Roth(-Kindl),BGB Ⅱ[2], § 947 no. 4)。本条旨在保护经济上的完整性(Kindl,loc. cit. , § 948 no. 1)。混合是不同所有人所有的固体的混合或是气体的混合。考虑到不同物无法再进行分割或是分割只能花费不合理的成本才能完成时,就适用民法典第 948 条。本条旨在避免分割混合物时技术上或是经济上的不合理(Bamberger and Roth(-Kindl),BGB Ⅱ[2], § 948 no. 1)。无论聚合或混合是由于意外事件(暴风雨或是轨道事故)或是人的行为都再所不同,也无论该混合或聚合的当事人是善意还是恶意(Prütting,Sachenrecht[33],no. 457)。

5. 同样的方式在希腊法中出现。当不同所有人的物混合在一起且各部分构成单独物的组成部分时,就产生了聚合规则(民法典第 1058 条)。聚合发生的方式无须考虑也不需要当事人主观上的善意(Kousoulas,Empragmato Dikaio,342 as cited in Faber and Lurger(-Klaoudatou),National Reports Ⅲ,chap. 11. 1)。关于组成物能否成为新物的构成部分依据民法典第 953 ~ 955 条来决定。希腊关于组成部分以及附属部分的理论主要来自于德国民法典第 93 ~ 98 条。这也正是民法典第 953 ~ 960 条的解释与德国的理论和实务存在密切联系的原因所在。然而,在希腊关于德国对于关键性或非关键性的界定是否应当得到采纳还存在争议。一部分的法学家坚定的接受这一区别(Filios,Empragmato Dikaio[2], § 21 A,22),然而其他法学家用附属部分来界定非关键部分,因此只有两种类型即组成物和附属物需要认定(Georgiades,Empragmato Dikaio Ⅰ, § 11,4; Georgiades and Stathopoulos(-Dimakou),art. 953,nos. 5 et seq.)。根据民法典第 953 条,组成部分是从单独物中分割出来的部分,该分割难以避免对部分或整体物造成损害或是不改变物的性质或是用途。组成部分不能分开所有,在其上也不能存在限制物权。混合是固体(小麦、金属等)或液体或气体(汽油、燃料等)以一定方式混合以至于无法分割或是分割导致不合理的成本(民法典第 1059 条)。要求各个物属于不同的所有人。混合的原因不重要(自然现象、事件或是人的行为),也不论当事人善意或是恶意(Georgiades and Stathopoulos(-Georgiades),art. 1059,no. 1)。

6. 在爱沙尼亚,混合被认为是属于不同主体的物的连接,且各物成为整体物的关键部分(物权法第 107(1)条)。依据民法典一般性部分第 53 条,关键部分是指在分割时不可避免地造成毁损或是根本性改变物或是当下的部分。混合是不同所有人之物的混合,混合后分割不可能或是分割产生不合理的成本(物权法第 107(4)条)。聚合或混合所有人的善意或恶意并不重要,由于混合或聚合不被认为是交易,且它可能是有意行为的结果也可能是一个意外事件,甚至没有人的行为的任何干涉(Pärna,Asjaõigusseadus, § 107,no. 1;as cited in Faber and Lurger(-Kullerkupp),National Reports Ⅰ,304 et seq.)。

7. 立陶宛法律仅谈及不同主体的物连接而成一个新物(民法典第 4. 54 条)。对于民法典第 4. 54(1)条的适用要求分割是不可能的,也即无法使各物恢复到他们原来的状态;或是只能通过花费不合理的成本分割才具有可能性。

8. 在匈牙利法律中并不区分聚合和混合。当属于不同所有人的物聚合或是混合使得分割变得不可能或是经济上的不合理时,就可以适用民法典第 134 条。

9. 在挪威法律中,关于聚合和混合的规则适用于两个或两个以上的物混合或聚合在一起不再被认为是不同的物的情形。即使各个物能被识别出来还是可以适用该规则,只要无法分割或是分割造成不合理的成本。分割的成本取决于物的种类。在决定分割成本是否合理时应当考虑哪些因素，起草文本中有相关的描述：Rådsegn 7 frå Sivillovbokutvalet（Oslo 1963）19 f。如果原物对于所有人而言是非经济价值，那么与一般的情况相比此时要求更高的成本。原所有人的需求以及通过其他物来满足这一需求的可能性都很重要（Faerstad，Transfer of movables-a functional approach，46 and Braekhus and Haerem，Norsk tingsrett，549 et seq.）。

10. 在苏格兰，聚合（附和）被定义为两件动产在物理上相连接且形成了另一个物（Reid，The Law of Property in Scotland，571 and Carey Miller et al，Transfer of Movables，（Faber and Lurger（-Carey Miller/Combe/Steven/Wortley），National Reports Ⅱ，411）。该物必须是永久性的连接，即“不能存在可以分割的情形”（Bell，Principles of the Law of Scotland[4]，§ 1298）或是不存在不对物产生损害的分割（Carey Miller et al，Transfer of Movables，Carey Miller/Combe/Steven/Wortley，loc. cit.，411）。混合（“commixtion”和“confusion”）产生于固体的混合或是分割整体物或源自于液体的混合。当混合物可以分割时，所有权不发生改变并且所有人有权主张自己的财产权。恶意只对赔偿问题产生影响（Carey Miller/Combe/Steven/Wortley，loc. cit.，414 and Carey Miller et al.，Corporeal Movables in Scots Law，93 et seq.）。

11. 在意大利，聚合和混合（unione e commistione）规定在民法典第 939 条中。在两种情形下，不同的物组成了不可分割的新物（Cass. no. 3467/1968；Cass. no. 1891/1971；Cass. no. 8479/2002）。不可分割可以源自经济因素或是自然因素。聚合发生在不同所有人之物的联合，但是不丧失各自的独立性（如原有的石块和戒指、在车窗上的涂鸦）。混合，从另一个方面发生在不同主体所有的物的混合，并且无法进行区分各个部分（如蛋糕中的鸡蛋和面粉，同一桶油箱中来自 A 的汽油与来自 B 的汽油的混合，在钢材中铁和碳的混合）（Faber and Lurger（-Greco），National Reports Ⅰ，488 et seq.）。

12. 在葡萄牙，民法典第 1333～1335 条规定了聚合和混合的规则，属于不同所有人的物混合起来无法分割或是分割导致对其他当事人的侵害。混合和聚合可以由于自然力也可以由于人的行为的干预（民法典第 1326 条）。责任人的善意或恶意对于财产法上的效果产生影响（参见下文注释 44）。

13. 在西班牙，聚合发生在不同主体的不同的物组成一个整体，对其进行分割必然对各组成部分造成损害。如果还存在分割不致损害后果的可能性，那么就不存在聚合，各个当事人都可以主张分割（民法典第 378 条）。在一个案例中，由一个当事人所有的发动机被恶意的安装到另一个人的卡车上，法院最终要求分割并且进行补偿（TS 13 December 1949，RJ 1472）。然而，附属物比主物的价值更高，那么附属物的所有人可以主张分割，即使被它所附加的物将遭到损害（Faber and Lurger（-González Pacanowska and Díez Soto），National Reports Ⅳ，chap. 7. 3. 1）。当属于不同主体的物混合时就发生了混合。如果混合是意外发生的，那么要求对物的分割不造成损害是不可能的（González Pacanowska and Díez Soto，loc. cit.，chap. 7. 3. 2）。行为人的善意或恶意具有法律上的影响（参见下文注释 43）。

14. 据上文第Ⅷ-5:201 条，丹麦法学家不区分加工、聚合和混合的概念：他们都认为这样的区别是模糊的，在缺乏法律规定的情况下，这样的分割也是没有必要的（Vinding Kruse，Ejendomsretten[13]，424 f；Illum and Carstensen，Dansk tingsret[3]，382 and Carstensen，Formueretlige emner，110 f.）。当分割不会对物的价值造成实质性的影响时，物的所有权人可以要求对物进行分割。然而，如果分割可能会对物的价值造成减损，那么当事人在混合时就存在主观恶意或是对极为一般的货物和非艺术品的物，才能要求分割（Vinding Kruse，Ejendomsretten[13]，443）。详见第

Ⅷ-5:201条注释19。

15. 在荷兰,当聚合物被认为是主物的构成部分就产生了聚合(natrekking)。聚合的部分是否应当被认定为主物的“构成部分”(bestanddeel)应当根据民法典第3:4条中规定的标准加以判断,也即(1)通说或(2)组成主物的构成部分是以一种分割就会导致对物的实质性损害以至于无法对其进行分割。((Asser(-Van Dam and Mijnssen), Zakelijke rechten[14], no. 69)。混合(vermenging)发生在当属于不同所有人的动产(固体如谷物或液体如酒精和气体)在混合成一个新物后无法识别它们各自的特征时就产生了混合。混合物可以是同一种类的物(如分别属于A和B的土豆储藏在一起)也可以是不同种类的物(属于C的亚硫酸盐添加到属于D的酒精中)(Snijders, Goederenrecht[4], no. 284)。至于该不同的物能否在不造成损害的前提下进行分割不在考虑的范围内(Asser(-Van Dam and Mijnssen), Zakelijke rechten[14], no. 71)。混合必须和“极端的混合”(oneigenlijke vermenging)区别开来,在当动产能在混合中被个性化,如汽车、动物、附期限的银行票据等情形中,混合物并未形成一个单独的物。在这些情形中,将适用关于举证的一般负担。当所有权无法被证明时,善意的占有人被推定为混合物的所有人(Van Dam and Mijnssen, loc. cit., no. 72; Nieuwenhuis/Stolker/Valk(-Stolker), T & C Burgerlijk Wetboek[3], art. 5:15, no. 2)。

16. 在斯洛文尼亚法律中,当不同所有人的动产结合起来形成一个整体的组成部分时就发生了混合。在适用这一规则时要求该混合物是无法分割的(Faber and Lurger(-Rudolf/Rijavec/Kerestes), National Reports Ⅰ, 601)。在混合的情形下,属于不同所有人的物质(无论是液体还是粉状)或是微粒被混合起来,分割已经不可能或是导致不合理的成本(Rudolf/Rijavec/Kerestesˇ, loc. cit., 601 et seq.)。

17. 在法国的法律文献中,术语 accession mobilière(动产的添加)意味着聚合(adjonction)与混合(mélange)(Malaurie and Aynès, Les biens[2], no. 441)。聚合和混合区别的基础在于动产是否还能被分割。如果分割还有可能则为聚合,如果无法分割则为混合。(Mémeteau, Droit des biens, 99-100)。在后一种情形中,不同的动产无法再个别化,例如,一个金属由不同所有人所有的两种材料熔接而成(Saint-Alary. Accession, Rép. Dr. Civ. Dalloz, no. 222)。

18. 在保加利亚法律中,聚合的规则适用于当属于他人的物被结合到一个主物上,要想把他们区别开来是不可能的或是这种分割将造成对该添加物的价值的减损或毁坏(所有权法案第97条)。保加利亚的财产法并没有规定混合的情形。法律文献中也没有把混合看作是可以归入聚合规则的一种情形,所有权法案第97条(Boyanov, Veshtno pravo[6], 310)。

19. 瑞典法没有关于聚合与混合的具体规定。由于物必须是可识别的才能产生对物权,但是如果一个动产与其他财产混合或联合起来(Martinson, Transfer of Title Concerning Movables Ⅲ, National Report: Sweden, 85)那么该物上的所有权将丧失。如果一个动产是可以简单的与其他部分分割开来,不用花费过高的成本或是造成价值损失时,所有人“应当”保持他们各自贡献部分的所有权(Håstad, Sakrätt i lös egendom[6], 47)。最高法院法官们以3比2的判决认为,当轮胎是在有权撤销的条款下进行赊售时,汽车的所有人在轮胎安装到车上后获得对轮胎的权利,即使想要把轮胎从车上分割开来是轻而易举的事情(NJA 1960 s 9)。但是对于在现金交易的情形下结果是否相同还有疑问(see Håstad, Sakrätt i lös egendom[6], 48 and 187)。

20. 在芬兰没有关于聚合和混合的具体法律规定。因此不同的情况该如何解决还是不确定的。有可能主物的所有人可以主张对附着于其上的次物的所有权,考虑到把他们分割开来将导致严重的损害和破坏(Faber and Lurger(-Kuusinen), National Reports Ⅴ, chap. 11.1 and 11.2)。

次物是服务于主物的物，并且根据聚合的理论，主物与次物之间必须存在事实上的关联（Kuusinen, loc. cit., chap. 11.1 and 11.2）。混合（本章所使用的术语），构成芬兰法律中“混合”的子概念。当不同所有人的材料在物理上结合，无法区别一个主物时，这个子概念就得到适用。这同样适用于混合（混同或混合）术语，同样的适用上述规则（cf. von Bar(-Collan and Koivula), Sachenrecht in Europa Ⅰ, 264 et seq.）。

21. 在英格兰和威尔士以及爱尔兰几乎没有统一的法律可以适用，虽然这些词汇是从罗马法中借鉴来的，但是实质性规则却没有借鉴。混合发生在当分割混合物不可能或是不可行的情形中。混合的物应当具有同样的性质和质量：如果在性质和质量上存在显著的区别时，将适用加工的规则（Faber and Lurger(-Frisby and Jones), National Reports Ⅱ, 117 et seq.; Faber and Lurger(-Gardiner), National Reports Ⅱ, 234 et seq.; Bell, Modern Property Law, 72 f and Bridge, Personal Property Law[3], 92 et seq.）。聚合是把一些小的物连接成一个较大的物因此小物（附属物）的性质已经成为较大物（主物）的性质的一部分（Bridge, Personal Property Law[3], 91）。人们认为主要的“可能”就是具有最大价值的那一部分（Gardiner, loc. cit., 233）。规格和用途也是视为主物的重要因素（Frisby and Jones, loc. cit., 115）。在塞浦路斯，没有太多的著作关于这一方面的内容，也没有判例法。像加工规则一样，可以认为塞浦路斯的法庭可以参照英国法。

22. 斯洛伐克的民法典没有规定当不同所有人的动产被结合或混合的情形。聚合发生在一个物额外的添加到一件主物上。判例法必须解决当一个动产成为一个房子（不动产）的一部分的情形。关于混合，一般认为加工规则适用于 following analogie legis 的混合（Faber and Lurger(-Petkov), National Reports Ⅵ, chap. 12.1 and 12.2）。Analogie legis 被民法典第853条所采用。

23. 在马耳他法律中，聚合发生在以下的情形中，不同的物属于不同的所有人通过聚合组成一个整体物（民法典第573条）。民法典第580条规定了把属于不同所有人的多个物聚合成一个新物。

24. 在保加利亚，聚合（accession, vereniging）是把一个配件合并到一个主物中。因此，要求属于不同所有人的两个不同的有体物以物理形式相结合，且一个物的价值优于另一个物。而聚合的发生是人的行为（人为地）还是意外事件（自然地）导致在所不问。对于物的改善或是修理不得被认为是聚合的一种形式（de Page and Dekkers, Traité élémentaire de droit civil belge Ⅵ[2], no. 41）。该物能否被分割并且恢复原状也不予考虑（民法典第566; Hansenne, Les biens, no. 506）。当几个物被混合形成一个新物且没有一个部分能被认为是主物时（de Page and Dekkers, loc. cit., no. 41），就产生了法律意义上的混合（mélange, vermenging）。

Ⅱ. 所有权后果

25. 在荷兰法中对主物的识别是很有必要的。主物的所有人也将成为混合物的所有人（民法典第5:14(1)条）。根据民法典第5:14(3)条，当一个物的价值显著超过其他物的价值时，或是当根据一般观点，它被认为是有价值时，那么这个物被认为是主物。价值是一个很重要的因素，但不是唯一的考量。通说一般都是决定性的。例如，当一个很有价值的新的发动机配置到一辆旧车上，混合的发生更有利于汽车的所有人。汽车被认为是主物，不是根据分别的价值而是根据通说决定的。这同样适用于当把一个钻石镶嵌在一枚戒指上（Snijders, Goederenrecht[4], no. 283; Asser(-Van Damand Mijnssen), Zakelijke rechten[14], no. 69）。如果没有可以被认定为主物的部分，那么各部分的所有人将成为共同所有人，且对其各自所有的部分有一定比例的份额（民法典第5:14(2)条）。在实践中，这主要适用于混合的情形。民法典第5:15条表明民法典第5:14条有必要在变更后适用,当属于不同所有人的动产混合起来以致形成了一个单一的物。如果主物能被区分出来,那么主物的所有人将成为混合物的所有人,否则就产生共同所有权(Van Dam and Mijnssen, loc. cit., no. 71)。正如注释15中的举的例子一样,酒的所有人获得新物的单独所有权(酒和亚硫酸盐相混合),当两车土豆的所有人成为共同所有人,每个人都享有与其各自原物的价值的比例份额(Snijders, Goederenrecht[4], no. 284)。如果其中一个份额是微不足道的,那么这个份额将不纳入共同所有权计算的份额内。例如,如果一个人想要把一杯的汽油储存在油站所有人的油箱中,那么他不会成为油箱的所有人,当情况发生变化如一个汽油公司增加了48,000公升的汽油到一个装有2000公升汽油的油箱中。汽油公司和油箱的所有人成为油箱中油的共同所有人,以24:1的价值比例(Snijders, Goederenrecht[4], no. 286)。原有的荷兰民法典在下面两个问题上做了区分:一个是由意外事件导致共同所有权的混合和以及由一个共同所有人的行为导致的混合,该共同所有人成为后来整个物的所有人(Nieuwenhuis/Stolker/Valk(-Stolker), T & C Burgerlijk Wetboek[3], art. 5:15, no. 3)。

26. 在保加利亚,主物的所有人也是从物的所有人。主物所有人的善意不是其获得所有权的条件。哪一个物应当被认定为主物是一个事实问题,且取决于物的价值和混合物的重要性(所有权法案第97条)。

27. 在意大利法律中,一般规则是主物的所有人成为整个混合物的所有人。如果混合或聚合中没有可以认定为主物的部分,那么将产生一个共同所有权。所有权的份额取决于每个物价值的百分比(民法典第939条)。

28. 德国民法典第947条第(1)款做了这样一个规定,作为一般原则,构成部分的原所有人将成为整个混合物的共同所有人。共同所有的比例与聚合时各个部分的价值比例相适应。在计算各比例时,实际的市场价值有决定作用,而不是记在账单上的价值,如果二者相矛盾时(Soergel(-Henssler), BGB13, § 947no. 6)。对于当无法决定各自价值的的比例时如何解决的问题在德国法中仍然存在争议。根据通说,共同所有人将依据民法典第742条(MünchKomm(-Füller), BGB4, § 948 no. 5)享有均等份额。一个原有的观点认为整个物的占有人被推定为所有人且将获得一个单独所有权,依据民法典第1006条。另一个观点如最高法院认为举证责任一般规则应当在这些情形中予以分配(BGH 3 June 1958, NJW 1958, 1534; Henssler, loc. cit., § 948 no. 5; Brehm and Berger, Sachenrecht[2], § 28no. 9; Füller, loc. cit., § 948 no. 5)。如果一个构成部分被认为是主物,那么将适用民法典第947条第(2)款。主要部分的原所有人获得一个单独的所有权。是否一个部分将构成主要部分是由通说决定的(Verkehrsauffassung)。最高法院决定如果当其他部分的缺失不影响物的性质,那么另一部分将成为主物(BGH 3 March 1956, NJW 1956, 788)。主物部分正如一本书对于书的封面,一套西装对于纽扣,一个机器对于螺丝,一个广告牌对于海报。然而底座与汽车的其他部分相比不会被人作为是主物(Henssler, loc. cit., § 947 no. 7)。与附属部分相比,成为主物关键不是看价值(Füller, loc. cit., § 947 no. 6)。例如,当一个机械设备被装置到一个框架或是一个防护外壳内时(Gerät-Gehäuse),如果机器能在没有框架的情况下执行了它最主要的职能,那么这个机械将被认定为主要部分(如果这个结构只是起到一个装饰的作用,使它在外表上更好看)。相反,如果这个框架还有其他功能,如保护机器以及运作机器的人,那么这个框架就不能被认定为附属物。如果机械的运作只可能通过合并在框架中完成时,那么也遵循上述的规则(BGH 3 March 1956, BGHZ20, 159)。关于主要部分的协议是无效的(Prütting, Sachenrecht[33], no. 455)。法官想要尽可能避免所有权的丧失,并且试图在大部分案例中判定所有权的归属(Baur and Stürner, Sachenrecht[17], § 53 no. 9; Füller, loc. cit., § 947 no. 6)。民法典第 947 条关于聚合的规定适用于混合(民法典第 948 条第(1)款)时,需要在细节上进行一些改动。除非构成部分被认为是主要部分,否则将产生共同所有权。只有一个部分在数量上有优势的事实并没有满足重要部分的条件(Baur and Stürner, loc. cit., § 53 no. 11; Henssler, loc. cit., § 948 no. 4)。份额的比例与各部分在聚合时的价值是相适应的(Füller, loc. cit., § 948 no. 4)。至于存在在构成部分的其他对物权,这些权力将继续持有各自的所有权份额(民法典第 949 条第(2)款)。如果一个部分被认为是主物,那么存在该主物之上的限制物权在整体物上仍然有效。减损附属物的所有权和限制物权都将灭失(民法典第 949 条第(1)、(3)款)。

29. 希腊法也适用相似的规则。构成部分的原所有权人成为单独物的共同所有权人,每一个人享有与聚合时各部分的价值相当的份额(民法典第 1058(1)条)。如果其中一部分必须被认定为主要部分,那么这一部分的所有人获得整个物的单独的所有权(民法典第 1058(2)条)、主要部分是根据通说来认定的。主要部分往往是指分割必然导致对聚合物的实质性损害以至于不能分割的部分(Filios, Empragmato Dikaio[2], § 111 B)。聚合物的价值或是尺寸不应当作为主要标准,而是要把每一部分在整体中发挥的作用作为一个标准(Spyridakis, Empragmato Dikaio, no. 151d; Georgiades, Empragmato Dikaio Ⅰ, 513)。例如,一块珍贵的石头镶在一块手表上,这个手表应当被认定为主要部分,即使它的价值实质上低于那块石头的价值(Georgiades, Empragmato Dikaio Ⅰ, § 51, fn. 8)。关于聚合的规则准用混合规则(民法典第 1059 条):为有利于主物的所有人可能发生共同所有权也可能产生单独所有权。如果无法确定属于每一个共同所有人优先于混合或聚合物的准确数量时,民法典第 785 条将得到适用,因此他们成为享有均等份额的共同所有人(Georgiades and Stathopoulos(-Georgiades), art. 1059, no. 4; Georgiades, Empragmato Dikaio Ⅰ, § 51, no. 15)。妨碍主要部分的限制物权被扩展到整体物上,而从属部分的担保物权却消失了(民法典第 1060 条)。在共同所有权的情形下,一般认为已经存在的担保物权在共同所有权的份额上继续存在。这一观点是基于对于民法典第 1060 条的对立推理达成协议的基础上的并且受到德国法的影响(Georgiades and Stathopoulos(-Georgiades), art. 1058, nos. 7, 10 and art. 1059, no. 5; Georgiades, Empragmato Dikaio Ⅰ, § 51, nos. 9－10; Filios, loc. cit., § 111 B)。

30. 瑞士民法典第 727(1)条同样规定了共同所有权。每一个共同所有人获得在新的整体物上的在聚合时与原有价值相适应的成比例的份额。如果无法确定价值,那么各所有人是等额享有所有权(参见民法典第 646(2)条; Steinauer, Les droits réels Ⅱ[3], no. 2119a)。虽然适用民法典第 727 条导致所有权的原始取得,但通说认为物上已有的担保物权可以扩展到共同所有的份额上。这在所有权保留上同样可以适用(Rey, Grundriss Ⅰ[3], nos. 1971－1972; BSK(-Schwandler), ZGB Ⅱ[2], art. 727, no. 8)。如果构成部分中的一个部分从属于另一部分,即主要部分(民法典第 727 条)得到适用并且主要部分的所有人获得对新的整体物的单独所有权(so-called "Akzession")。对于民法典第 727 条的适用,必须存在一个处于从属地位的部分。这个附属物根据一般的实践来看应当在功能上具有辅助性(Steinauer, Les droits réels Ⅱ[3], no. 2119b)。一些学者认为在决定主要部分和次要部分时应当考虑各个部分的价值(Rey, Grundriss Ⅰ[3], no. 1962; Steinauer, Les droits réels Ⅱ[3], no. 2119b: "the value is of secondary importance")。在主要部分上已有的担保物权在新物上继续存在,而附属部分上的财产权和所有权保留规则在新物上就灭失了(Steinauer, Les droits réels Ⅱ[3], no. 2119c; Rey, Grundriss Ⅰ[3], nos. 1964－1967; BSK(-Schwandler), ZGB Ⅱ[2], art. 727, no. 10)。如果对于是否存在从属关系存有疑惑,那么这一关系将被否定并且应当作出有利于共同所有权的决定(Rey,Grundriss Ⅰ[3],no.1963)。

31.斯洛文尼亚物权法第55条第(1)款规定了聚合产生共同所有权的情形。共同所有权的份额与聚合时动产的价值是相当的。然而,当物的一个部分应当被认定为主要部分时,这一部分的所有人将获得聚合的动产的单独所有权(物权法第55(2)条)。依据物权法第55(3)条,作为主要部分的认定应当根据一般观点加以判定。物的价值可能很高,但这不是决定性的标准。例如在把一个新的发动机配备到一辆老式轿车上时,一般认为新的发动机的价值高于破旧的车的价值。但是依据通说,车还是这种聚合下的主物(Faber and Lurger(-Rudolf/Rijavec/Kerestesˇ),National Reports Ⅰ,601,fn.456)。在混合的情形下也是一样的。混合的各个物的所有人成为整个混合物的共同所有人(物权法第56条)。但是如果一个物与其他物相比价值明显较高或是在混合物中的数量明显较大时,这样的部分将被认定为是主物,并且可能产生有利于该部分所有人的单独所有权(Juhart et al.(-Tratnik),SPZ s komentarjem[2004],art.56,300;as cited in Rudolf/Rijavec/Kerestesˇ,loc. cit.,602)。在适用聚合和混合的规则上善意或恶意没有影响(Rudolf/Rijavec/Kerestesˇ,loc. cit.,602)。

32.在爱沙尼亚,聚合物的所有人获得整体物的共同所有权。共同所有权中份额的比例依据聚合时各个物的价值来确定(物权法第107(1)条)。然而,如果其中有一个部分被认定为主物时,这一部分的所有人将获得整个聚合物的单独所有权(物权法第107(2)条)。这个主要部分就是决定物的性质和(经济)用途的构成部分。其他部分(次要部分)的缺失并不实质性的影响主物的功能:这些次要部分只是起到方便该物使用的作用(Pärna,Asjaõigusseadus,§ 107,no.2;as cited in Faber and Lurger(-Kullerkupp),National Reports Ⅰ,304)。这些规则同样适用在当不同所有人的物相混合的情形中。由于混合通常包括可替代物以及无法识别主物的物,因此在这些情形中往往形成一个共同所有权(Kullerkupp,loc. cit.,305)。聚合和混合不仅导致共同所有权的丧失也导致了原物上其他权利的减损,现有的担保物权在共同所有权各共有份额中依然有效(这些权利不能扩张到整体物上)。如果受损的物的所有人成为聚合物的单独所有人(聚合物的一部分被认定为是主要部分),那么该主物上的担保物权在整体物种上仍然有效(物权法第107(5)条)。

32.根据澳大利亚民法典第415条,各个所有人获得一个与其原物经济价值相当的混合物上的共同所有权的份额,考虑到对各个部分的分割是不可能或是经济上不合理。各自价值的计算是根据聚合时的价值来确定的(Rummel(-Spielbüchler),ABGB Ⅰ[3],§ 415,no.3)。民法典第416条规定了当一个部分是明显的次要部分时的例外情形。在这种情况下,主物的所有人获得对这个物的单独所有权。这一条款只提及了物被改善的情形(Ausbesserung),,然而根据主流观点,这一规则应当适用于任何不均等的物的混合(Spielbüchler,loc. cit.,§ 416,no.1;Koziol and Welser,Bürgerliches Recht Ⅰ[13],322)。

34.在瑞典,如果分割无法完成,那么物上的优先权利应当分配给主物的所有人。如果各部分价值相当,那么各个所有人将成为混合物的共同所有权人。共同所有权部分将与聚合或混合时各个部分的价值相适应(Undén,Svensk sakrätt i lös egendom[10],88 f and Håstad,Sakrätt i lös egendom[6],47)。一个关于这一内容的规则的建议已经被 Kommissionslagskommittén,提出,但还没有被确定(SOU 1988:63,37,204 f and 274 et seq.)。

35.在挪威法律中,共同所有权是一般规则。共同所有权的份额与各个所有人贡献给新物的价值是相等的。他们各自原物的价值没有意义,起决定作用的是各部分对于新物的贡献如何。

这意味着,如果一样重量的两块银融合在一起,那么原所有人将获得新物 50% 的份额,即使第一块银是镶有珠宝的十分精致的手工作品而另一个只是一块普通的银(Faber and Lurger(Faerstad, National Reports Ⅴ,chap. 9. 1 and Rådsegn 7 frå Sivillovbokutvalet(Oslo 1963)19 f)。如果原物中存在明显占主导地位的物,那么该物的所有人将成为新物的单独所有人。§ 3 Lovom hendelege eigedomshove. 为了决定哪一部分是主物,我们必须关注该部分在整个混合物中的重要性程度如何(Faber and Lurger(-Færstad), National Reports Ⅴ, chap. 9. 1 也见: Rådsegn 7 frå Sivillovbokutvalet(Oslo 1963)23)。在所有权法案中存在关于共同所有权的非强制性规则。

36. 丹麦法学家不区分加工、聚合和混合的概念。由于缺乏立法规范以及原则的模糊性使得加工、聚合、混合无法确定。根据法学家的观点认为,加工、聚合、混合的主要原则是对于有决定性贡献的人一个优先权(Vinding Kruse,Ejendomsretten[13],443)。然而,还没有从判例法或是原则中得出确切信息关于决定最大的贡献。如果没有投入劳动力或者劳动力的作用是微小的正如通常在聚合和混合的情形下发生的——关于材料的价值在材料所有人之间产生共同所有权(Vinding Kruse,Ejendomsretten[13],443)。另一个法学家认为不能存在共同所有权:解决的途径应当是由一个当事人取得单独的所有权(Carstensen,Formueretlige emner,110 et seq.)。共同所有权的问题规定在 Illum 中,但是他建议应当把单独所有权赋予贡献最大的当事人。在保留新物方面应当考虑个人利益,尤其是要考虑当事人的情感价值。如果有一个当事人是恶意时,则应当把新物的优先权给予其他的所有人(Illum and Carstensen,Dansk tingsrett[3],399 and 403 et seq.)。更多详见第Ⅷ－5:201 条注释 19 和注释 33。

37. 在芬兰,由于缺少聚合和混合的规则,因此对此产生的财产法后果是不确定的。在聚合的情形下,主物的所有人将在权利冲突中处于胜利方,不管其是否是善意的。当在聚合以及混合中无法认定主物时,那么各个物的所有人将成为整个物的共同所有人,各自的份额与他们原物贡献的价值相当。在聚合中,善意或是恶意没有实质性影响(Faber and Lurger(-Kuusinen),National Reports Ⅴ,chap. 11. 1. and 11. 2. ;von Bar(-Collan and Koivula),Sachenrecht in Europa Ⅰ,264)。

38. 依据立陶宛民法典第 4. 54(1)条,当所有人没有明确表示同意将他们的物进行聚合,那么各部分的所有人成为混合新物的共同所有人,他们各自享有一份与其对新物贡献比例相当的份额。如果物是未经其他所有人同意、知晓的情况下且分割仍有可能的情形下,将由聚合人为此分割支付费用。

39. 在匈牙利法律中不同所有人之物的聚合或是混合产生一个共同所有权。共同所有的份额与在聚合或是混合时各自物的价值成比例(民法典第 134 条)。共同所有权的分割是特殊规则的基础:参见下文注释 69。

40. 在苏格兰法律中聚合的结果是可以被识别为主物的所有人也将成为附属物的所有人。根据上述观点,由于缺少判例法支持,因此界定主物的法是不稳定的(Carey Miller et al,Transfer of movables,Faber and Lurger(-Carey Miller/Combe/Steven/Wortley),National Reports Ⅱ,411 et seq.)。有一个法学家建议采用一个三步骤决定主物的方法。如果有两个物存在,一个物可以与另一物分开而存在,而另一个却不能,那么我们就认为前一个物是主物。如果都能单独存在,那么主物是被另一个物修饰或补充的部分。最后一步,体积优先价值其次(Bell,Principles of the Law of Scotland[4], § 1298,as explained in Carey Miller et al,Corporeal movables[2],78 et seq.)。如果聚合是在双方同意的情况下或是当混合物可以被分割成各个组成部分时,新的混合物将由材料的贡献者共同所有。共同所有权将与数量贡献成比例,或者如果各个部分价值不同,该份额则与贡献物的价值成比例(Faber and Lurger(-Carey Miller/Combe/Steven/Wortley), National Reports Ⅱ,414;Reid,The Law of Property in Scotland,433 and Carey Miller et al. ,loc. cit. ,93 et seq.)。

41. 虽然法国和比利时的法律在对聚合和混合定义时没有遵循以上的规则,但是对于财产法上的效果和补偿规则却是与其他国家的规则一样。但是必须强调的是这些规则仅具有示例性,法官必须主要依据公平原则进行裁决(民法典第565条)。此外,在许多情形下,将适用民法典第2779条(possession vaut titre)。依据"从物属于主物所有人"的规则,主物的所有人通常可以获得一个单独的所有权(民法典第546条和第566条)。然而,如果附属物的价值明显高于主物的价值,且从物是未经所有人同意的情况下被使用,那么从物所有人可以主张从物的返还请求权,即使该返还将造成其他部分的损害(民法典第5680条)。一个物如果只充当另一物的使用、装饰或是补充作用时,该物将被认定为从物(民法典第567条)。然而,根据以上所述,对于"从物属于主物所有人"的规则,存在一个例外情形,即装饰的价值显著高于被装饰物本身,如项链中的钻石(Saint-Alary,Accession,Rép. civ. Dalloz,no. 218)。如果无法认定附属物,则主物是整个物中最有价值的部分或是在各物等值的情形下,主物是最大的一部分(民法典第569条)。如果不同所有人的材料混合在一起时,无法识别哪一个材料是主材料时,对混合行为没有责任的人可以主张分割请求权,只要这一分割不对其他部分造成损害。如果分割不可能时,各部分所有人将成为共同所有人,每人享有与其各自物的数量、质量和价值相应的份额(民法典第573条)。然而如果有一部分在数量和价格上明显超过其他部分时,这个较多部分的所有人可以主张对整体物的单独所有权(民法典第574条)。

42. 马耳他民法典第573(1)条规定如果在不造成损害的情形下仍然可以进行分割,那么每个所有人都有权保有各自物的所有权并且有权主张对混合物进行分割。反之,则由主物的所有人获得整个物的所有权(民法典第573(2)条)。如果一个物只起到辅助作用、修饰或者补充作用时,那么它辅助的那个物将被认定为是主物(民法典第574条)。如果无法认定附属物,那么主物就是价值最高的部分,或者当各个部分价值相当时,尺寸最大的物是主物(民法典第576条)。另外,如果在未经从属部分所有人同意且从属部分的价值较高时,从属物的所有人可以选择获得整体物的比例份额并且支付主物所有人的价值或是要求对聚合物进行分割,即使该分割行为将造成其他部分的损害(民法典第575条)。在混合的情形下,没有同意混合的所有人可以主张分割,考虑到分割必然导致损害(民法典第580(1)条)。如果分割无法避免损害,那么各部分所有人成为新物的共同所有人,每一个都享有与其各自部分价值相当的份额(民法典第580(2)条)。如果一个部分应当被认定为主物或是更有价值,那么该部分的所有人可以依据民法典第581条的规定主张新物的单独所有权。

43. 在西班牙法律中,如果没有当事人的协议,则需要考虑到当事人是善意还是恶意。如果对于聚合,双方当事人都是善意的,那么主物的所有人获得整个物的所有权(民法典第375条)。根据民法典第376条,被从物连接着并充当其装饰或是更有利于其使用或完善的物即为主物。如果通过前述规则无法认定联合的两个物中哪者为主物时,物的价值起到了关键性作用,如果各物价值相等时,尺寸将是决定因素(民法典第377条)。然而,在附属物比主物更有价值时,从属物的所有人可以主张分割,即使这一分割将导致对其他部分的损害(民法典第378条)。民法典第377条规定了在绘画以及雕刻、写作、印刷、打印、模板、金属、石块、帆布、纸张或是羊皮纸只能充当附属物。恶意的情形规定在民法典第379条中。如果从属物的所有人在结合时是恶意的,那么它将丧失所有权并且应当赔偿主物所有人因此遭受的损失。此外，如果主物的所有人恶意时，从属物的所有人有权选择补偿从物价值或是分割该聚合物，即使为实现这一目的将导致主物的毁损。而且，在这两种恶意中，多存在损害赔偿问题。如果一个所有人已经告知了结合且另一方所有人没有表示反对，那么即使双方当事人都是恶意的，他们各自的权利仍然是确定的。关于混合，民法典第 381 条和第 382(1)条规定了共同所有权，考虑到不同物的混合是当事人意志的表达，无论是意外形成混合或是只有一个善意的所有人的行为。如果混合是意外发生时，则要求聚合物在不导致损害的前提下不能再分割。每一个所有人获得与其贡献部分相当的比例份额，考虑到混合物的价值(民法典第 381 条)。如果导致混合的人是恶意时，另一方当事人获得整体物的所有权(民法典第 382(2)条)。

44. 葡萄牙关于聚合和混合的规则取决于该行为是意外发生还是由某个人善意或恶意的行为导致。在第一种情形中，最有价值的物的所有人有权保有混合物，倘若其支付了合理的对价。如果该所有人不想取得该物，那么价值较小的物的所有人有权行使这一权利取得该物。如果所有人都不主张混合物，那么可以对该物进行拍卖，每一个所有人获得拍卖价款的相应部分(民法典第 1335 条)。如果混合或聚合是人的行为的结果，那么所有权的归属将取决于聚合人或混合人在行为时是善意还是恶意。如果行为人是善意时，最有价值部分的所有人获得整个物的所有权。如果各物的价值相等且当事人对于所有权的归属无法达成合意，那么该物将在当事人之间拍卖。如果没有人主张持有该物，那么该物将被出售，所得价款将在当事人之间按比例分配(民法典第 1333 条)。在恶意的聚合和混合的情形下，无过失一方有权选择通过不当得利条款支付另一方当事人一定对价从而持有该混合物或聚合物，也可以选择放弃所有权而获得赔偿(民法典第 1334 条)。对于善意的情形则详见第Ⅷ－5:201 条的注释 27。

45. 据前文所述，斯洛文尼亚民法典并没有规定不同所有人之物发生聚合或混合的情形(参见上文注释 22)。For commingling, the regulation regarding production will apply following analogie legis(参见第Ⅷ－5:201 条注释 28)。对于混合，关于加工的规则可以得以适用。对于聚合，主物的所有人同样也是从物的所有人(Faber and Lurger(-Petkov), National Reports Ⅵ, chap. 12. 1.)。

46. 在英格兰和威尔士以及爱尔兰，混合的规则是，倘若各个物具有相同的性质和质量且各方当事人对于混合的发生都不存在过错，那么新物将属于各个所有人共同所有，他们的份额与他们对新物的贡献相同。如果各个物在性质上和质量上显著区别，混合物将被认定为一个新物，并且将适用加工规则进行调整(Faber and Lurger(-Frisby and Jones), National Reports Ⅱ, 118 et seq. ; Faber and Lurger(-Gardiner), National Reports Ⅱ, 234 et seq. ; Bell, Modern Property Law, 72 f and Bridge, Personal Property Law[3], 92 f)。然而，如果之前的法院判决，混合发生在一方当事人出现过错包括过失的情形下，那么无过失的一方当事人将成为整体物的所有人。在特别情形下，当无过失的当事人对整体物只有很小的份额时，则借助其他途径来解决(F. S. Sandeman & Sons v. Tyzack and Branfoot Shipping Co. Ltd. [1913] AC 680, certain dicta of Lord Moulton, 694 f and 1020 et seq.)。在随后的案例中，我们明显看到了法律对于不当的混合人的态度的软化(Indian Oil Corp. Ltd. v. Greenstone Shipping Co. SA[1988]QB 345)。我们可以认为混合物是共同所有，并且无过失的一方当事人有权获得一份与其对混合物贡献相应的权利。任何关于无过失的一方当事人在不当混合之前应当拥有多少物的问题都将做有利于无过失方当事人的解释(Faber and Lurger(-Frisby and Jones), National Reports Ⅱ, 119; Faber and Lurger(-Gardiner), National Reports Ⅱ, 234 et seq. and Bridge, Personal Property Law[3], 92 f; check up page)。在聚合的情形下，所有权可能赋予主物的所有人,主物就是价值较大的那一部分物。另一个观点是当各个物的价值可以评估时可以由各所有人共同享有该物。然而很少判例支持这一观点(Bell, Modern Property Law, 72 f; Gardiner, loc. cit., 233 et seq.)。

47. 在塞浦路斯,聚合或混合的所有权归属问题是模糊的。如果塞浦路斯的法院遵循英国法,那么该所有权的规则是新物属于各所有人共同所有。详见上文注释46。

Ⅲ. 补偿

48. 根据意大利民法典第939条,获得所有权主物的所有人有义务支付与从物的市场价格相等的数额给从物所有人。市场价值是聚合时该物所有的价值(Salaris, Unione ecommistione, 784-785)。如果聚合或是混合发生在价值最高的物的所有人不知情的情形下,那么该所有人有权选择支付从属物同等市场价格的对价或是支付因从属部分导致的增值部分的价值(民法典第939(2)条)。

49. 在西班牙,获得从物所有权的主物的所有人必须补偿从物价值相当的数额(民法典第375条)。在恶意的情形下,遭受损失的一方当事人可以主张额外的赔偿(民法典第379条)。在未经所有权人同意的情况下,使用他的物,所有人可以提出损害赔偿,其中包括同类物品的运输费用和价值或是经专业评估后应当支付的费用。

50. 依据保加利亚所有权法案第97条,主物的所有人应当补偿从属物原所有人的价值。

51. 希腊民法典第1063条规定了加工、混合和聚合产生的所有权的丧失或是担保物权的限制的损失的补偿规则(详见第Ⅷ-5:201条注释45)。当聚合或混合产生共同所有权时,排除基于不当得利而获得的请求权(Georgiades and Stathopoulos(-Georgiades), 516)。

52. 在德国法中,基于聚合或混合导致的权利(所有权或其他担保物权)的丧失的补偿遵循与加工导致权力丧失相同的补偿规则(民法典第951条)。民法典第951条引用了不当得利法中的相关规则。详见第Ⅷ-5:201条注释57。

53. 在加工的情形中,瑞士民法典第727(3)条详细规定了当事人可以依据非合同损害赔偿以及不当得利获得补偿请求权。基于聚合或混合而失去财产的从属物的所有人可以依据非合同损害赔偿责任以及不当得利的规则主张赔偿请求权。在共同所有权的情况下,不存在不当得利的一方当事人,但是却可以主张赔偿(Rey, Grundriss Ⅰ[3], nos. 1973-1980; Steinauer, Les droits réels II3, no. 2119g)。

54. 在荷兰,基于聚合或混合造成的财产损失的补偿数额是依据不当得利(民法典第6:212条)或是非合同损害赔偿责任(民法典第6:162条)(Asser(-Van Dam and Mijnssen), Zakelijke rechten[14], no. 70; Nieuwenhuis/Stolker/Valk(-Stolker), T & C Burgerlijk Wetboek[3], art. 5:14, no. 3)来计算的。

55. 澳大利亚法律规定,当存在主物和从物时(民法典第416条),在计算赔偿数额(参见第Ⅷ-5:201条的注释64)时应当使用民法典第417~419条的不当得利补偿规则。分割共同所有权(见以下注释68)的特殊规则,获得单独所有权的一方当事人应当支付另一方当事人丧失所有权份额的损失(民法典第415、417条; Iro, Sachenrecht[3], 6/22)。对于聚合或混合须负责任的当事人获得了所有权,那么补偿的数额将取决于该当事人是善意还是恶意。如果当事人是恶意的,那么就应当支付所有的赔偿;如果当事人是善意的,那么该当事人只需支付另一方当事人损失的共同所有中的份额(Iro, loc. cit.; Schwimann(-Klicka), ABGB Ⅱ[3], § 415, no. 6)。

56. 斯洛文尼亚法律中,由于聚合或混合而丧失所有权的当事人享有基于不当得利而主张的个人损害赔偿请求权,赔偿责任取决于责任人是否善意(Faber and Lurger(-Kullerkupp),National Reports Ⅰ,304)。

57. 依据债权法第 1037(1)条,基于聚合或混合未经所有权人许可而侵犯他人所有权(或是类似的财产权或占有权)的人应当赔偿其基于侵权而获得的任何利益。但是,善意的侵权人(没有意识到或是无法意识行为缺乏授权的当事人)免于赔偿责任,只要当他已知或是应当知道存在这样的请求权(债权法第 1038 条)。

58. 在斯洛伐克,加工的规则类比适用于混合。而对于聚合,丧失所有权的当事人可以基于主张主物所有人不当得利而获得赔偿请求权(Faber and Lurger(-Petkov),National Reports Ⅵ,chap. 12)。

59. 在葡萄牙,赔偿的数额取决于聚合或混合是如何发生的。在善意的聚合或混合下,获得整个物的所有权的当事人可以选择支付另一方当事人物在聚合或混合时的市场价值,也可以选择提供一个替代物(民法典第 1333 条)。同样当聚合或混合是意外发生的情况下,获得物的所有人应当支付另一方当事人一个合理的价格(民法典第 1335 条)。在两种情形中都可以通过拍卖实现物的价值,如果没有人主张持有该物,那么就通过拍卖所得的价款在当事人之间按比例分割(民法典第 1333、1335 条)。恶意的责任人应当为损害负赔偿责任,并且如果其获得所有权则应当补偿另一方当事人遭受的丧失所有权的损失。然而,如果无过失的当事人选择持有聚合物或混合物,那么他应当在不当得利规则下支付补偿数额(民法典第 1334 条)。

60. 在匈牙利,只有在共同所有权被分割而导致各所有人丧失财产权时才产生赔偿问题。恶意导致聚合或混合的当事人只能在他人获利的范围内主张赔偿(民法典第 134 条)。当物被销售时,恶意的当事人只能在其他共有人获利之外获得补偿(民法典第 135 条)。

61. 在法国、比利时以及马耳他的法律中,获得所有权的当事人必须支付另一方当事人丧失财产的价值损失(法国与比利时民法典第 566、574 条;Maltese CC arts. 573 and 581)。法国民法典第 566 条规定赔偿的数额是根据补偿当天物的价值来计算的,而比利时和马耳他的民法典中并没有规定类似的指导规则。

62. 在挪威,如果原物的一部分明显是主物时,那么这个物的所有人将成为新物的单独所有人,其他物的所有人将获得其对新物贡献相当的价值的补偿,依据财产法法案第 5 章。这意味着,新的所有人无须补偿物的原有价值——而是补尝对新物有价值贡献的物的价值(Rådsegn 7 frå Sivillovbokutvalet(Oslo 1963)23 and Faerstad,47)。原物的所有人同样可以基于非合同损害赔偿责任主张赔偿责任(Rådsegn 7 frå Sivillovbokutvalet(Oslo 1963)23)。

63. 在苏格兰,关于聚合(集合和混淆)的理论还没有形成。然而,混合的规则可以类比适用于聚合(附合)的情形中。在聚合中,恶意只涉及赔偿问题(Carey Miller et al,Transfer of Movables,Faber and Lurger(-Carey Miller/Combe/Steven/Wortley),National Reports Ⅱ,414)。根据聚合的赔偿规则,如果一个混合或聚合的行为是由主物的所有人实施的,那么次要部分(附属部分)的所有人有权主张获得价值补偿,并且如果主物的所有人恶意时,附属物的所有人还可以主张额外的补偿并且要求恢复原状(Carey Miller et al,Transfer of Movables,(Carey Miller/Combe/Steven/Wortley,loc. cit. ,412)。进一步的阅读,参见 Stair,Institutions of the Laws of Scotland,II. 1. 8 and 39 and Bankton,Institute of the Law of Scotland,II. 9. 43 and II. 1. 17)。当附合的行为是由次要部分的所有人实施时,该所有人物权获得补偿。然而,如果次要部分的所有人合理行为但是错误认为他拥有主物或是有长久的利益时,次物所有人获得所有权是合理的。在这一情形下,如果主物的所有人获益将产生一个价值请求权。如果聚合或混合的行为由第三人实施,那么附属物的所有人将从第三人处恢复其价值:这仅限于第三方当事人是恶意的情形。同样在这个例子中,即聚合或混合的行为由第三方实施时,附属物的所有人可以选择在主物所有人受益的范围内主张赔偿(Carey Miller/Combe/Steven/Wortley,loc. cit. ,412 et seq.)。

64. 在英格兰和威尔士以及爱尔兰,关于聚合和混合的规则几乎没有统一的法律规定。

65. 芬兰法律中没有关于补偿的具体规则,但是在聚合中丧失所有权的一方当事人有权主张赔偿请求权。在补偿问题上,恶意并不是排除所有权的要件,但是可能对损害赔偿请求权造成影响((Faber and Lurger(-Kuusinen),National Reports Ⅴ,chap. 11. 1 and 11. 2)。

66. 同样在瑞典也没有关于补偿的具体规则,但是丧失所有权的一方当事人有权获得其所有部分的物的价值补偿,该价值是以该物被使用时的价值为标准的(Undén,Sakrätt i lös egendom[10],88)。

67. 丹麦法中关于补偿的规则也是模糊的。由于丹麦法学家不区分加工、混合以及聚合的概念,因此关于加工的补偿规则可以类比适用于混合和聚合。详见第Ⅷ－5:201条注释19以及注释65。

Ⅳ. 共同所有权的分割

68. 澳大利亚法中,有关聚合或加工产生的共同所有权问题规定在民法典第145条中。对加工和聚合没有责任的一方当事人有权选择获得整个物的所有权,通过支付该物增值部分的价值或是把所有权让与其他共同所有人而获得补偿权。赔偿的数额取决于责任主体是善意还是恶意(详见第Ⅷ－5:201条以上注释55和注释64)。如果不存在责任主体或是双方当事人对于加工或混合都有责任,那么共同所有权中份额较大的一方当事人有权决定如何分割共同所有权。如果各部分的价值相等,那么共同所有权的分割将依据民法典第841条及以下(公开拍卖)的一般规则进行(Iro,Sachenrecht[3],no. 6/21)。该项选择权受到3年的期限的限制,从其知道有分割权利之日开始计算,与民法典第1487条(Rummel(-Spielbüchler),ABGB Ⅰ[3],§ 415,no. 4)的规则相类似。

69. 依据匈牙利民法典第134(1)条,任何一个共同所有人可以主张终止共同所有关系。在聚合或混合发生之前价值更大的所有人可以选择是否获得整个物的所有权,通过支付其他共有人一定数额的补偿,或是把所有权让与给其他共有人获得一个补偿权。然而,恶意引起聚合或混合的当事人无权选择,只能在他人获利范围内内主张赔偿(民法典第134(2)条)。如果共同所有人都不想获得聚合或混合之物,那么该物将被出售并且所得价款根据共同所有人各自的份额进行分配(民法典第135(2)条)。然而恶意的当事人只能从其他共有人分割后剩下的部分得到补偿(民法典第135(3)条)。

70. 依据法国和比利时民法典第575条,共同所有的物将通过拍卖的方式出售,拍卖所得依据各所有人的共有份额予以分配。土耳其民法典第582条也做了同样的规定。

71. 正如前文所述,德国法关于聚合和混合的规则是强制性的。当然依据民法典第929条,每一个所有人都有权转让共有份额给其他所有人。共同所有人之间的关系受民法典第1008条及以下以及第741条及以下的规制。按照性质(民法典第752条)分割是不可能的(Soergel(-Henssler),BGB[13],§ 947 no. 6),依据(民法典第749条)每一个共同所有人可以主张终止共同所有关系:该物将被出售且所得价款将在共同所有人之间依据他们各自的份额进行分配(Brehm and Berger,Sachenrecht[2],§ 28no. 9)。

72. 在瑞士法中,共同所有关系是由民法典第646条及以下的一般规定进行规制的。依据民法典第651条,即使无法进行物理上的分割,但是还是存在共同所有权的分割。共同所有权人可以选择一般的买卖或是通过拍卖并分割所得款,或是把单独所有权转移给另一个共同所有人,并由后者对其他共有人进行补偿。如果共同所有人之间无法达成合意,则该物将在共同所有人之间拍卖或是按法庭的要求在公开场合拍卖。

73. 在希腊法中共同所有权的一般规则规定在民法典第1113条及以下还有民法典第785条及以下。当所有人都一致同意时共同所有权可以自愿进行分割。如果无法达成合意,那么每个所有人可以依据民事诉讼法第478~494条(民法典第799条)来主张公正的分割。

74. 在斯洛文尼亚,原始取得的共同所有权是物权法第65~71条下的一个一般的共同所有权。通过协议或是在一方当事人的要求下根据非诉程序进行分割都是可行的。在这一程序中,法院将尽可能根据物的性质进行分割,如果无法依性质分割则将该物进行拍卖并将所得款进行分割。

75. 在爱沙尼亚,每一个共同所有人都有权在任何时候主张终止共同所有的关系。共同所有权是根据共同所有人之间的合意进行分割的。如果共同共有人之间无法达成合意,法庭将依据共同所有权人的请求进行裁决,无论是依据物的性质在共同所有人之间进行分割,还是选择把物判处给一个或几个共同所有人并由他们承担用金钱补偿其他所有人的义务,或是通过拍卖的形式出售该物并依据各共有人份额的大小分配出售所得(物权法第76~77条)。自然的分割仅在该整体物与各组成物的性质能并存时,即该物在分割之后仍具有独立的经济功能的情况下才具有可行性(Faber and Lurger(-Kullerkupp),National Reports Ⅰ,307 fn. 206)。

76. 在意大利共同所有权是根据民法典第1111条及以下的共同所有权的一般规则。共同所有权的分割受到物的性质(民法典第1114条)的影响,即把所有权份额转化成具体的物,但是如果这一转化过程不可能或是十分困难时,该物将分配给一个所有人,该所有人负有赔偿其他共同所有人各自份额经济价值的义务,或者通过拍卖将所得款在共同所有人之间进行分配(Faber and Lurger(-Greco),National Reports Ⅰ,363)。

77. 同样在西班牙,共同所有权分割的一般规则适用民法典第402条及以下。当物理上的分割不具可能性并且所有人之间不存在协议时,该物将被拍卖并且所得款将在共同所有人之间分配。如果存在一致的协议,那么该物将被共同所有人之一所有并由该所有人补偿其他所有人(民法典第404条)。

78. 在荷兰,共同所有权通过协议分割。如果不存在协议,每一个共同所有人在判决前可以请求分割(民法典第3:178~185条)。

79. 在立陶宛法律中,每一个共同所有人都有权要求分割。如果当事人之间对于分割的方式没有达成协议,该物将在不造成巨大损害的前提下根据其性质进行分割,在其他情形下,共同所有人将获得金钱补偿(民法典第4.90条)。

80. 在挪威法中,各共同所有人可以自由分割共同所有权,共同所有权法案15节。虽然没有举出理由,但是挪威法律规定想要终止共同所有权的所有人必须适当通知另一个共同所有人(Falkanger,Tingsrett[5],164 et seq.)。主要的该物应当在共同所有人之间依据其各自份额进行分割。如果这种分割方式不可行时,那么该物就应当被出售并根据份额分配出售所得(Faber and Lurger(-Færstad),National Reports Ⅴ,chap. 14.2.2)。对于如何出售该物应当依据各共有人之间的协议进行。如果共同所有人之一想要获得所有权,可以通过公开拍卖的方式获得(Falkanger,

Tingsrett[5],168 et seq.）。

81. 在芬兰，共同所有权的终止可以在法庭准许下代表所有共同所有人的利益出售该物。如果没有其他的能够取得共同所有人合意的方式终止共有关系，那么该物将通过拍卖的形式出售（Faber and Lurger(-Kuusinen), National Reports Ⅴ, chap. 17. 以及共同所有权法第 9 条）。

82. 同样在瑞典，共同所有权中的任何一个共同所有人都可以通过诉讼的方式来终止 § 6 Lag om samäganderätt（共同所有权法案）。法庭将指定一名财产的受托执行人并由其执行拍卖事宜（Håstad, Sakrätt i lös egendom6, 58 f and Malmström and Agell, Civilrätt[15], 85 et seq.）。

83. 依据上文所述，在丹麦，共同所有权不是直接规定在丹麦法中，并且对于作为财产法客体的共同所有权之间并没有显著的区别，合伙的规则是由公司法来规制的。只要适当通知其他共有人且不存在不能接受的理由时，那么任何一个共同所有人都可以主张终止共同共有的关系。一位法学家认为应当优先考虑其他结束共有关系的方式，而对于终止的规则应当作为最后的救济手段（Illum and Carstensen, Dansk tingsrett[3], 151 and Faerstad, Transfer of movables-a functional approach,（Faber and Lurger(-Færstad), National Reports Ⅴ, chap. 14. 3）。

84. 苏格兰财产法体系在共同所有权方面没有适用于有形物的特殊规则。大部分判例法和法律著作中都谈论到土地（Carey Miller et al, Transfer of Movables, Faber and Lurger(-Carey Miller/Combe/Steven/Wortley), National Reports Ⅱ, 445）。除了避免共同所有权人各自独立的处分共有财产份额外，共同所有权人可以通过分割物的方式来分割共同所有权（Carey Miller et al, Corporeal Movables in Scots Law[2], 14; McAllister et al, Scottish Property Law, 62 ff and Carey Miller/Combe/Steven/Wortley, loc. cit., 446）。

Ⅴ. 替代物的混合

85. 在澳大利亚，属于不同所有人的同一种类的物混合在一起，其各部分无法识别（如谷物或是酒），共同所有权以一种特别的形式发生："量的所有权"（Quantitätseigentum）。在混合物中，每一个所有人都获得与其经济价值相当的份额（Koziol andWelser, Bürgerliches Recht Ⅰ[13], 320）。这种共同所有权以简单的分割方式为特征（Iro, Sachenrecht[3], no. 6/23）；参见下文注释 94。然而，民法典第 371 条在规定属于不同所有人的无法辨别的物的混合的同时也产生了一个特殊的问题。本条规定的不是共同所有权，而是规定了一个有利于持有混合物的一方当事人的单独所有权。倘若想从混合物中获得所有权，主张之人必须证明对混合物享有一部分的所有权并且需要证明该持有人在取得该物时是恶意的。如果这一事实无法得到证明，那么持有人将获得整个物的单独所有权。其他所有人可以基于不当得利而主张赔偿（Koziol and Welser, Bürgerliches Recht Ⅰ[13], 320－321）。法学家们提出了不同的理论来限制民法典第 415 条（共同所有权）和民法典第 371 条（单独所有权）的适用范围（Holzner, JBl 1988, 564 and 632）。一些学者认为民法典第 371 条规定的是见票即付的特殊规则，而其他学者认为该条是关于善意取得的特殊规则。依据通说，当混合物彻底混同成为一个所有人的物时民法典第 371 条才得以适用，而民法典第 415 条的适用条件是各混合物还是能从取得该物之人的财产中识别出来，因此能够主张该物上的共同所有权（Koziol and Welser, Bürgerliches Recht Ⅰ[13], 321; Iro, loc. cit., no. 6/25）。例如，假设 A 在 B 的音像店中购买了一张 CD，签发了一张 20 欧元的支票，但这张支票是从 C 处偷来的。B 把这张支票与其他 9 张 20 欧元的支票放在一起。基于某种原因，B 并没有因为善意而取得支票的所有权。B 和 C 按照 1:9 的比例成为共有人。C 可以主张 B 将支票返还给他。然而，从另一个方面来说，如果 B 已经将这张支票兑付了，那么 C 的支票就已经不存在了。C 也就失去了这笔财产

(Iro,loc. cit. ,no. 6/26)。根据最新的一种观点认为,分割的关键不是是否存在分割的可能性而是能否确定分割的份额。在能够确定份额的情况下可以适用民法典第415条,对该混合物有贡献的人都享有共同所有权,否则,将由占有人获得一个对整体物的单独所有权。商法典第419条包含了存储可替代物的规则。根据这一条款,仓库管理员有权混合这些可替代物,只要存储人表示明确的同意。至于这种混合的财产法效果,商法典第419条只规定仓库管理员不能获得所有权。因此,这时可以适用民法典第415条,该条规定了所有存储人享有共同所有权(Straube(-Schütz),HGB Ⅰ[3], § 419 no. 4)。在商法典第419条下,仓库管理员无须经过其他共同所有人的同意有权还原每一个存储人各自的财产。

86. 瑞士主要的法学家都认为民法典第727条不适用于同一种类同一质量的物的混合,因为混合物不能被认为是民法典第727(1)条意义上的新物。因为这种混合仅产生数量上的变化(see Note 3 above; Steinauer, Les droits réels Ⅱ[3], no. 2118d; Meier-Hayoz(-Liver), Schweizerisches Privatrecht V(1), § 63,381; contra: Rey, Grundriss Ⅰ[3], no. 1941: he argues in favour of a direct application of CC art. 727)。然而,这些法学家主张民法典第727(1)条应当类推适用同一种类同一质量的物的混合。由于各物属于同一种类同一质量,以致无法识别出主要部分,因此第(2)款被排除适用,即使在数量上存在着很大的变化(Steinauer, Les droits réels Ⅱ[3], no. 2121b; Meier-Hayoz(-Liver), Schweizerisches Privatrecht V(1), § 63,384)。因此,对混合物有贡献的人成为共同所有人,各自取得一份与混合时其所有物的价值相适应的份额。对于性质相同质量不同的物,民法典第727条规定了与不同种类物的混合相同的效果(Meier-Hayoz(-Liver), Schweizerisches Privatrecht V(1), § 62,377: e. g. wine of a different sortand provenance)。参见上文注释30。

87. 关于相同性质相同质量的物的混合,希腊法中就是否数量较大的物应当被认定为主物且该部分的所有人成为整个物的所有人还存在争议(根据民法典第1058(2)条)。通说认为,在这样的情形下不存在主要部分,混合物中原物的所有人成为共同所有人(Georgiades and Stathopoulos(-Georgiades), art. 1059, no. 3; Georgiades, Empragmato Dikaio Ⅰ, § 51, no. 14)。有些学者提出,为了使一个所有人能获得整个物的单独所有权,该所有人的物的数量必须显著超过其他所有人的物的数量(Filios, Empragmato Dikaio[2], § 112 B)。

88. 在德国,同种类的物的混合与不同种类物的混合是规定在同一条款中的,也即民法典第948条。是否在同一种类的物的混合中较大部分应当被认定为主要部分仍然存在争议。一般观点认为,某部分在整体上明显超重时应当准用民法典第947(2)条(Staudinger(-Wiegand), BGB [2004], § 948 no. 8)。商法典第419条规定仓库保管人在所有相关当事人明确同意的情况下有权混合各替代物。每一个所有人都成为与其所有部分相适应的份额的共同所有权人。

89. 同样,在法国和比利时,同一种类物的混合与不同种物的混合规定在相同的条款中即民法典第573~574条(参见上文注释41)。但是又出现了类似的问题,即这些规则只是通过例证的方式表达出来且法官主要依据公平原则(民法典第565条)来裁决。此外,在大部分案例中,财产权结果要适用民法典第2279条。在马耳他法律中也是如此(参见上文注释42)。法国最高法院认为,民法典第2279规定的保护条款不包括对未经识别的种类物的所有人的保护(Cass. 7 February 1989, RTD civ 1990, p. 109, no. 3)。这意味着失去财产的未经识别的种类物的所有人可以主张物的补偿。物没有被识别的事实仍然是需要证明的。比利时的法律受到法国判例法的影响,并且一部分比利时的法学家也十分赞同法国的法律理论(Sagaert, Zakelijkesubrogatie, no. 461)。

90. 在英格兰、威尔士以及爱尔兰,混合的规则认为被混合的各部分都是相同性质相同质量的。如果在性质和质量上存在显著差异,那么该混合物将成为一个新物,此时就将适用加工的规则(Faber and Lurger(-Gardiner), National Reports Ⅱ, 234et seq.; Faber and Lurger(-Frisby and Jones), National Reports Ⅱ, 119and Bell, Modern Property Law, 72 f)。关于混合的规则,参见上文注释46。

91. 在塞浦路斯,没有关于混合的规则,因此是否混合的各物是同一种类的也是不确定的。我们可以做类似于英国法的推定,因为塞浦路斯是混合的法律系统,它们的法院遵循英国法。就同一种类物的混合,参见上文注释90。

92. 保加利亚法律并未在财产法中规定混合的规则。然而,倘若两个同种物混合在一起(如酒、油等),那么原物的所有人成为共同所有人(Faber and Lurger(-Stoimenov), National Reports Ⅳ, chap. 9.2)。除非有相反证据证明,否则认为共同所有权的份额是均等的(所有权法第30(2)条)。

93. 在荷兰、西班牙、意大利、葡萄牙、斯洛文尼亚、匈牙利、爱沙尼亚、立陶宛、斯洛伐克以及斯堪的纳维亚、芬兰以及苏格兰,混合规则的适用既包括不同种类物的混合也包括同一种类物的混合。关于同一种类物的混合并不存在特殊的规则。关于这些法律体系中的混合规则,详见这些注释的第四节。

Ⅵ. 可替代物的共同所有权的分割

94. 如前所述,在澳大利亚同一种类物的分割被简化了。这并非源自法律文本,但是可以从立法背景中推导出,并且普遍存在于法律文本和判例法中(Klang(-Klang), ABGB Ⅱ[2], 284)。人们可以依据各自的份额分割共同所有权。每一个所有人有权获得与其所有权份额相当的物的补偿(Quantitätsvindikation)(Koziol and Welser, Bürgerliches Recht Ⅰ[13], 320; Iro, Sachenrecht3, no. 6/23)。

95. 在德国,共同所有权的分割遵循民法典第741条及以下的一般规则。但是这一做法遭到许多法学家的批判。例如,假设A在B的柜台上丢了4枚1欧元的硬币,B的柜台上一共有10枚1欧元硬币,依据民法典第948条的规定A和B就取得了共同所有权。法律不允许A从柜台拿走4枚1欧元的硬币。共同所有权的终止只能根据民法典第752条的规定:当事人之间必须存在一个关于分割的协议(Teilungsvertrag)。Heck认为这一规则是多余的且不必要的,他主张一项分割权(Sonderungsrecht)使得A能从B的柜台上拿走4枚硬币(Heck, Grundriss[2], § 62 no. 3; Baur and Stürner, Sachenrecht[17], § 53 no. 11)。但是不能把这一行为界定为对于B的行为的自助手段(Brehm and Berger, Sachenrecht[2], § 28 no. 12, 他不同意Heck's观点)。Heck的观点在金钱补偿方面得到肯定但是并没有因此得到广泛的推崇。对于其他同种物,由于质量上存在差异,因此仍可以适用。第741条及以下的一般规则(Staudinger(-Wiegand), BGB[2004], § 948 no. 9)。

96. 在瑞士,同一种类同一性质的物的所有权受制于共同所有权分割的一般规则(民法典第646条及以下(Steinauer, Lesdroits réels Ⅱ[3], no. 2121b)。每一个共同所有人都能主张与其所有权份额相当的补偿(Meier-Hayoz(-Liver), Schweizerisches Privatrecht V(1), § 63, 384)。

97. 在欧洲其他国家,也不存在其他特殊的规则。

Ⅶ. 第三人善意取得结果

98. 参见第Ⅷ-3:102条的注释。

第Ⅷ－5:203 条　聚合

(1) 如果由不同人所有之物在某种意义上聚合,即将此聚合物分开是不可能或在经济上不合理的,那么则适用本条款。

(2) 如果聚合物的某一组成部分被认为是主要部分,那么该部分所有人取得此聚合物之唯一所有权,且该部分所有人或从属部分所有人有权要求在聚合物中的担保物权之担保聚合物所有人按第 2 句之规定进行清偿。第 1 句所规定的数据根据不当得利(第七卷)之规则计算,或者主要部分所有人对聚合物的影响与聚合时各从属部分的价值相等。

(3) 如果没有任何组成部分被认为是主要部分,各组成部分的所有人将成为聚合物的共同所有人,每个人根据聚合时各自部分之价值,按比例分享聚合物之份额。如果该聚合物由两个以上的部分组成,且一组成部分对其他部分有很小的重要性,该部分之所有人仅有权要求聚合物中担保物权的担保共同所有人支付聚合时各自部分价值在聚合物中的比例部分。

(4) 如果拥有主要部分的人使聚合发生法律效力,明知从属部分由其他人拥有并且从属部分之所有人不同意聚合,那么第(2)款则不适用,除非主要部分的价值明显高于从属部分之价值。各组成部分的所有人成为共同所有人,从属部分所有人的份额与聚合时各自部分之价值相等。

评　论

A. 概说

概述的范围和其他有关规定。这一条,像之前的这一章第二节的规定,是一个默示规则并且只适用于当事人没有就聚合的结果通过事先协议进行规制的情形(参见第Ⅷ－5:101 条(当事人意思自治和其他相关条款)第(1)款)。大致说来,它对至少两个由不同所有人所有之物的不可分割的结合之情形进行规范。本条是第Ⅷ－5:201 条(加工)的补充。意思是说,在"新物"是通过加入不同的物和重要的劳动贡献创造而成的情形下,加工条款得以适用。此外,本条也是第Ⅷ－5:202 条(混合)的补充。混合条款适用的情形是:数量或混合物不能被分离成其原始成分,但可以从份额中分离出成比例的量。虽然本条款不需要任何工作的贡献,其主要的实际运用的情况是:除了加入有形动产项目,劳动是由一个人完成,但结果不能构成"新物"。

主要内容和结构。这一条运用在由不同的人所有之物被"聚合",在这种意义上分离至其原始成分将不可能或在经济上不合理(第(1)款)。它包括两个主要规则。主要规则(第(2)款)是在当组成部分之一(所涉及之物的所有人之一的贡献)被认为是“主要部分”,这一部分的所有人将成为整个聚合实体的唯一所有人。然而,所涉及的其他物(从属部分)之所有人,并没有在经济意义上被征收:新的所有人必须针对他们的物的价值支付补偿金,此以第(2)款第2句的特殊制度被确定下来,并且获得补偿的权利通过聚合物上的担保物权来保障。其他主要规则(第(3)款)适用于不能确定“主要部分”的情形。基本上,这促成了多个部分所有人之间之共同所有权的创设。牵涉的劳动贡献在财产法上没有任何影响,他们能在不当得利原则之下拥有获得补偿的权利。参见第Ⅷ-5:201条(加工)评论F。对于恶意实现聚合行为的人的情形,即那个人知道另一部分属于其他人并且那部分所有人不同意聚合的情形,第(4)款包含一特殊规则,这规则含有阻止那种人成为聚合实体的唯一所有人。唯一所有人的情形只能是导致聚合的人拥有“主要部分”,这一规则限于这种情形。例外时,共同所有权出现。这一概念并行于第Ⅷ-5:201(2)(b)、(3)条的例外,并且加工规则相应地也包含对于有“高价值”的主要部分的情形的一个反向例外。一些对于这种方法的反对评论在下面的评论F中提及。关于创设在本条款下的法定担保物权的补充规则包含在第Ⅷ-5:204条(关于担保物权的附加规定)。

术语:聚合。本条规制“聚合”。这个术语包括本条所覆盖的所有情况,不论物的聚集状态,不论单一部分能否在新实体中被识别或失去了它们的特性等。对于描述第(2)款的影响,术语“增加”也能用。

比较背景和主要政策问题。尽管在细节上有不同,欧洲法律系统里的相关规则大体上适用于分离新实体是不可能或者至少在经济上是不合理的情形。通常,同样的规则也适用于第Ⅷ-5:202条(混合)所覆盖的情形;特别是在各国法律体系中,不同种类的物所产生混合的问题基本上都由“聚合”规则所调整。在一些国家,如果一个从属部分价值更大的话,那么它仍然是可能与主要部分相分离的。对于实体而言,许多国家规定“主要部分”之所有人成为聚合体(该过程通常被称为附增)的唯一所有人,并且有时也对没有主要部分被确定为共同所有权或(在一些其他国家)聚合物被卖掉的情形进行规定。在其他许多国家,关于“主要部分”和“共有权”规则以及例外往往是相反的,这样便于共同所有权的建立。例如,在德国法院实践中所观察到的一个趋势就是法官尝试尽可能避免所有权的丧失。在少数国家,善意或恶意地实施聚合的问题也是相关的。有时,恶意聚合物的人必须接受其他部分可能被分离,即使对组成部分造成损害。另一种方法是,其余人可在聚合物的所有权与同恶意方切割所有权以换得补偿之间作出选择。如果一方通过增加获得唯一所有权的话,一方是善意或恶意的问题也会影响支付的补偿金的数额。通常,适用关于不当得利的相关规则。考虑到这一比较背景,适用关于“主要部分”方针和“共同所有权”方针的聚合是有一定适应性的。它必须是清楚的,然而,哪个规则是一般性的,这将特别地依赖于如何最好地有利于当事人的价值利益。另一个问题是从属部分所有人的补偿权如何计算。此外,还有一个一般性问题是应该如何对待一个善意实施聚合的人。

B. 适用范围(第(1)款)

概说。本条意义上的聚合可能由一方当事人或第三人引起或是因巧合而发生。原则上,本条可适用于固体、液体和气体。然而,实际上它主要适用于固体。因为在液体和气体的情况下,在第Ⅷ－5:202 条(混合)的意义上分成比例的量通常是可能的并且经济上是合理的。但是,有例外的情况,例如:分离将是危险的并且在没有采取昂贵的预防措施的情形下是不能做的。如上面评论 A 部分所提及的,单个部分在新的实体中能否被识别是不相关的。

不同人所有的物。本条要求至少两个所有人的物被聚合。在此,劳动贡献与结果不相关,但可能在不当得利原则下引起补偿性问题。

分离成原始成分是不可能的或经济上不合理的。看前款评论 B 对于讨论"分离将是不可能的或在经济上是不合理的"中心条件。虽然在第(1)款中关于本条的阐述比前条的稍短,但概念是一样的。本条决定性的条件是分离"成比例的量"是不可能的或在经济上是不合理的;关于后一标准,参见第Ⅷ－5:202 条(混合)的评论 B。这个条件的作用是在结合不同人所有的物导致一些财产权的变化和没有财产权之变化的情形间划定界限。在后一情形中,每一方当事人保持贡献物的所有权并且能在一般规则下将它们从结合物中分离出来。

虽然在原则中"不可能"和"经济上不合理"的概念是确定的,但在考量"经济不合理性"时,要与第Ⅷ－5:202 条(混合)相区别,他们之间的主要区别在于,在聚合中必须要考虑当事人在财产中现存的利益,这些利益不仅包括分割聚合物时需要支付的费用,还有其他经济上的损失。部分因为分离造成的损害而导致的价值潜在性降低。这潜在的损失,加在分离的成本之上,诸如此类的就是聚合的(不能分离)物的价值和假定分离之后每个部分的附加值之间的区别。在保持每个特别部分的唯一所有权方面,这必须与当事人的利益平衡,或换句话说,在这种情形下,他们的利益不被本条的第(2)~(4)款所调整。在那个方面,比较在既存的欧洲国家法律下适用的一些规则和在本条下,通过规定涉及各方的共同所有权或一方通过给予其他方在聚合实体上的担保物权而要求唯一所有权的方式来实现各方的价值利益的问题必须被考虑。这就意味着在对某人在混合物中的份额进行分离,如果体现的不是财产价值而是其他价值时,这样会降低分割的可能性。这也运用于单个部分很有价值的情形。以这种方式,本条促进了对新创设的经济实体的保护和实现了在宏观经济层面的效率,同时,实现了所涉及的价值利益。在第Ⅷ－5:202 条下,另一方面,即当然也符合各方的价值利益,物的总价值通常是不受分离或混合成比例的量的影响。

示例 1

A 所有的一个发动机安装在 B 所有的二手车上,对于结果没有任何的协议。这项工作由 C

完成。这是有关国家聚合规则所讨论的一个标准案例。在这些示范规则下，首要的一点就是C的工作在第Ⅷ-5:201条(加工)的意义上不会导致“新物”的产生，因此，后一规定不会运用，但参考本条(第(3)款)。适用第Ⅷ-5:203条(聚合)的决定性问题是将发动机从车上分离是否在“经济上不合理”。这个问题以一般的方式不能被回答，但已通过每一个案的事实被评估。一般说来，所考虑的主要费用是因为分离而产生的费用，像机械工的工作。大概发动机本身和这个车都不会遭受任何大的损害(如果这样的话，然而，这种损失也必须被考虑)。

示例2

属于A的轮胎安装在B的车上。这种案子在聚合的背景下也经常被讨论。在本条规定下，在第(1)款意义上的聚合将不会发生因为轮胎能够很容易地移除并且以微不足道的成本，不会对轮胎或车造成任何损害。

C.“主要部分”规则(第(2)款)适用于对物权结果

(a)一般选择

对于对物权结果的选择。关于共有权，无担保物权的唯一所有权和负担有担保物权的共有权的选择在上面已被讨论(看关于第Ⅷ-5:201条(加工)的评论C)。共有权照顾各方的价值利益但是可能在一些方面使问题复杂化，例如共同资产的管理、分割共同所有权和出售聚合物给第三人。只是规定了个人所有权，并且仅仅给其他人提供了没有担保的个人权利，同时，也没有为新的所有权人提供任何保护。然而，如果唯一所有权与属于从属部分前所有人的担保物权相结合，其他人的价值利益能够被顾及。考虑到为核心利益，即与诸如此类物相关的利益，而不是它们价值本身的利益服务的思想，唯一所有权的方式似乎可取。当然，每个贡献者可能在原始物上拥有这样的核心利益，在一定意义上，在一定程度上，这样的核心利益可能通过允许物理分割能被最好地服务。但如果接受了新实体不应该被分割，因为在经济上不合理，可以说唯一所有权给予了“主要部分”的所有人，这些当事人在原始物上享有的核心利益，通过他们的主要投资，基本上也可以在聚合之后的物中得到体现。从公示力方面考虑，尽管不论怎样它都不是很重要，它使得某人基于“重要部分”取得物的独有权，并不意味这需要他对物有实际的控制，然而，在加工中，只要加工出来的物还在加工人手中，他就可能获得所有权。

(b)在第(2)款中适用的规则

概说。在第(2)款中适用的规则就是：一人对聚合结果的贡献被认为是“主要部分”，另外的贡献在于，如果从结果上看，某人的部分被认为是“主要部分”时，这个主要部分的所有人将获得唯一所有权。在欧洲法律系统里面，这能被或多或少地描述为一个一般方法。与既存的欧洲法律系统相反，虽然，它表明从属部分的(前)所有人将获得在聚合财产上的担保物权，平行于第Ⅷ-5:201条(加工)第(1)款所选择的解决方案。这种方法结合了众多优势，同时尽可能地避免弱点。它试图至少将主要部分所有人的核心利益考虑在内(而从属部分所有人的核心利益通常仅仅通过允许物理分割来实现)。同时,尊重所有聚合部分的所有人的价值利益。此外,主要部分所有人的一般债权人经济上受限于他们的债务人的作为从属部分前所有人所保留的剩余价值的贡献,只要债务没有被清偿。在共同所有权中,一般也会涉及关于当事人价值利益的问题,但应当尽量避免,这是因为在实践中存在许多问题,比如说:聚合物中的共同管理问题,共同所有关系(可能只是为了保护当事人的价值利益而出现的暂时的关系,当真正价值结构成立时,这种关系也就随即瓦解)中时间、费用等的分割问题。同时,在对共同所有权进行分割的过程中潜在的争议,对贸易的阻碍应当最小化。同时,在下文一些情况中(例如:注释8),共同所有权的方式一般被认为是非正常的。在本条中,"独有权和担保权"两种方式在一般情况下更能够被认可(能够没有争议的较为合理的确定主要部分)。否则,共同所有权将适用。对于主要部分规则到共同所有权规则的一般联系,也见下面。另一个例外是在某一特定程度的不诚信出现的情形下,对于道德原因的些许适用;参见第(4)款和下文评论F。

主要部分——从属部分;概说。尽管"主要部分"与"次要部分"的区别是欧洲法律体系中的一般概念性问题,但是通过司法实践对于这些规则的解释,能够很明显的看出其中细小的差别和问题。这些术语一般不会在法律条文中出现。同时,看上去适用的法律条文更倾向于赋予法官自主性和裁量权,而并非是包含一些定义。通过对现有的国家法律进行讨论,能够有所启发,然而,必须要符合这些规则的目的和概念。比如,依照该条文确定了基本标准,就没有必要通过扩大共同所有权规则的适用范围来保护次要部分所有权人的利益;这一问题已经在担保权中得到解决(参见下文注释6)。因此,对于"主要部分"这个概念可以适当的进行扩大解释;仍见下文。

确定"主要部分"的标准。

以下标准适用于,评估某人的贡献是否依照本条规定能够被认为属于"主要部分"。这个标准是通过各国讨论得出的,只是具有象征性的意义。显然,会与其他标准出现重叠。这些标准是很难把握的,没有一个标准能够被认为是确定的或者是"共性规则"。

如果一个部分被认为是构成聚合物的实质性因素,那么这个物将被作为"主要组成部分"。一个相关的问题是聚合实体的其他部分是否能够缺少而不影响这个物的实质。

示例3

新鲜的油漆喷在一辆汽车上为了修复损坏的漆面。根据普通的观点,与涂料相比较,汽车仍然是一辆汽车并且被视为"实质"。

示例4

A的螺丝钉在修理B的一个机器的时候被使用。移除它们在经济上将是不合理的,本条第(2)款将适用,这机器构成主要部分。

示例 5

A 所有的一个新的发动机安装在 B 的汽车上，移除发动机将在经济上不合理（参见上面的注释 B 的示例 1），尽管发动机也非常值钱，但基于“核心”标准认为车才是最主要的部分。

其他部分对于这一部分而言，只是起到补充的作用。

示例 6

A 所有的技术器械被镶入 B 所有的一个外壳或框架中之后，两者不可分离。这个案例已被德国最高法院讨论。德国最高法院认为，如果机器能够实现其最初的目的而无须框架，机器应被认为是主要的部分（例如，框架仅仅作为装饰物，以给予机器更好的外观）。另一方面，如果框架有其他的功能，例如，保护机器和操作机器的人，德国最高法院坚持框架不能被认为是一个附件（从属部分）。同时关于机器被嵌入框架后，是否能够正常的工作也是一个问题。

这个案例说明，最高法院对“主要部分”规则的解释是十分谨慎的，这是为了能够给共同所有权适用提供一个较为广泛的范围，以便于对所有权人的价值利益进行保护。基于本条的规定（见前文），后者并不应当做为指导性规则适用，这是因为它可能会对结果产生影响，尽管从本条的目的来看，通过次要部分的作用来确定主要部分也是合理的。

从广义上来认识欧洲法律体系，各个部分的价值是一个确定的标准，但不能认为这个标准是一成不变的。在现有的体系下，价值利益已经被作为担保权的客体。

示例 7

A 所有的一宝石被嵌在属于 B 的金戒指上。这项工作由 goldsmith C 完成。goldsmith C 与 B 就价格签订了合同（此处暗含一个在第Ⅷ－5:101 条（意思自治和其他相关条款）意义上的协议，那样 C 将确定不会成为所有人）。假设分离是不合理的，通常在普通意见之下，戒指将被认为是主要部分。然而，也有如下情形：A 的宝石比戒指本身更加值钱，就好像 A 所有的是一块罕见的钻石。事实上，如果基于 B 和 C 的合同，“用钻石制作一款货物”，那么根据这块宝石的价值，它可以被认为是主要部分。同样，基于第（3）款的规定，也有可能因为无法区分主要部分和次要部分而产生共同所有权。

主要部分规则（第（2）款）和共同所有权规则（第（3）款）间的联系。对于如何解释“主要部分”概念的问题，部分将归于第（2）款和第（3）款之间的联系。理论上，这有三种可能性：（1）首先是运用“唯一所有权和担保权”方法于全部情形之中。如果这样选择，那么法官将一直被强制识别某部分是“主要”或主导部分，不论是否存在其他影响这一认定的理由。该部分所有人将获得整个实体的唯一所有权。其他人可主张补偿和担保物权。也许“黑和白”的关系（要不是这个人获得所有权要么就是那个人获得所有权）是目前为止被认为当不需要分割共同所有权时，用来确定所有权人的一种简单的方式。另一方面,当无法确定究竟哪种贡献是“主要”的,当事人(或者是第三人)的权利处于不确定的状态,并且即使通过诉讼,也可能因为各个部分的价值都差不多相同而没有足够的证据来裁判。(2)第二种选择将仅仅运用“唯一所有权和担保权”方法于有限数量的案例中,这些案例的情形作为主要部分的确定是不言而喻的,它只是不能被忽略(例如,喷漆在汽车上的情形)。这种方法,换句话说,将给共同所有权留下相当广泛的空间。(3)第三种选择是仅仅留下一个相当狭小的领域“在中间”,于此双方成为共同所有人(例如,如果一个部分的价值是45,另一部分的价值是55,除了价值外,没有其他标准可用)。另一方面,如果一个主要部分能被或多或少地、清晰地、合理地确定,“唯一所有权和担保权”方法将得以运用。本条想要依据第三种模型。从属部分所有人的价值利益已经通过担保权被予以考虑;所以,关于价值保护的争论不会支持一个宽泛的共同所有权概念。采用一个较为狭义的共同所有规则,其目的和好处在于,能够避免由于规则界限的不确定,而导致出现一些打规则擦边球而看似合理的裁判。

“唯一所有权和担保权”如何有效的使用。此概念与第Ⅷ－5:201条(加工)第(1)款的规定相似。详见关于那条的评论C以获得一个更加详细的解释。

注意非常小的贡献。根据第(2)款所提出的概念可能似乎有点奇怪,基于欧洲财产法规则,对于这些极其微小的贡献,至少一眼看上去,不论怎样它们都不可能导致出一个财产性的结果。

示例8

A的油漆喷在B的汽车上为了修复损坏漆面。假设油漆为汽车价值的1/1000。问题是,对付出较少的所有人提供担保物权是否适当?或如果不提供担保是否有一些限制。在找到一个合适的边界之前,这显然是存在问题的,值得提出的是,赋予示例8中的情形以担保物权是否会引起大量实践操作的问题。(1)当主要部分的所有人破产并且无法收回债务(或聚合物被附着和通过一个在破产之外的债权人的强制出售的清偿情形)的时候,小型担保权将具有重要意义。然而,对于整个诉求的免责(基于第(2)款设立的担保权)和按比例进行赔偿的不同,并产生实质性的问题。其中按比例赔偿也可能通过破产清偿实现,这种情况不需要在这里讨论。(2)第二个方面可能不太常见,即享有小型担保权的人在一般情况下也可当然的实施担保权(参见第九卷第七章),即可以出售该聚合财产实现债权。但这也不是很重要。即使没有提供担保物权,在示例8的情形下,A能够就B的全部财产请求提出补偿请求,包括汽车在内。(3)此外,只要聚合财产不受强制执行(聚合财产在它所有人的破产或前从属部分所有人强制执行担保权的情形之中),诸如此类担保物权的存在不会影响主要部分所有人。债务被清偿或被处分,担保权之下的债权债务都将消灭。

但是,还有最后一个潜在的问题,即(4)聚合物被分离的情形,因此产生了这样的问题,小型担保物权是否对物的流通产生阻碍或者产生何种程度的阻碍。例如,一辆二手车可能经历许多小修理,这些修理的价钱可能还有一部分没有支付,并且同样显而易见的是不应该有这样的制度,即每个二手车的买主都要面对一系列关于汽车的担保物权,而且这些担保物权是否存在以及存在的程度都可能不确定。但是,这样的修理通常在物的(前)所有人与服务提供者之间签订的合同中加以规定。合同可能包括在第Ⅷ-5:101 条(意思自治及其他相关条款)的协议(表达或暗含的),协议表明服务提供者将不会在聚合财产上获得任何财产利益,或,如果此合同应该设立担保物权(例如,相当于现在的默示规则),那么该担保权将受第九卷之规定的影响(参见第Ⅷ-5:101(4)条第2句)。在后一种情况中,第九卷第三章规定了担保权只能在担保债权人(服务提供者)拥有聚合物或对担保物权进行登记的情况下才能有效对抗第三人,参见第Ⅸ-3:101 条(对抗第三人的效力)和第Ⅸ-3:102 条(实现效力的方式)。这种登记,关于微小的债务而言,几乎不能实现,以至于服务提供者设立的担保权通常在对抗潜在的收购者的时候是无效的。这也同样适用于服务提供者同意保留与顾客的主要部分聚合之物的所有权,并且顾客是一个消费者:第Ⅸ-3:107 条(收购金融设备的登记)第(4)款规定"提供给消费者的信贷资产通过收购金融设备来实现保护,这样的担保物权未经登记也是有效的。但此例外不适用于收益财产的担保权以及与提供的资产不同的其他资产,因此聚合实体的担保物权需要登记,这些通常不会发生。

因此,在第三人取得聚合物时,还有两种情形可能受到设备提供者的有效担保权的妨碍。第一,服务提供者使用的物属于他人所有并且未经他人同意的情形,在这种情形下可以适用本条。然而,这种解决方法没有实际意义。第二,第九卷规定的担保权可能存在并且始终有效,在服务者的供应商交付的材料受到所有权保留的限制的情形下,该担保权仍然存在并且有效,两者达成协议将第Ⅸ-2:308 条(受到加工或聚合的所有权保留影响下的物的使用)的规定扩展到对产品或聚合财产的担保之上,并且该担保权已经登记(参见关于那条的评论 C)。然而即使这样,潜在的第三方取得人(就是说,一般贸易)在大多数情况下还是通过善意取得规则来保护。特别是第Ⅸ-6:102 条(由于所有权善意取得的担保物权的损失)第(2)款规定,如果销售是处于转让方的日常业务往来之中,第三方取得人不能查看登记的担保物权。此外,当取得人没有起诉转让方、取得人不能了解转让方的登记情况时,那么对抗的是转让方获得资产来源的人(这将适用,例如,"获得的"材料受服务提供者的所有权保留的影响,那么该所有权保留将合意延伸至产品和聚合财产上;详见上文)。这样的权利是用于起诉服务提供者,而不是对抗聚合财产的潜在转让方(顾客)。

简言之,似乎没有微小的贡献与具有更高价值的从属部分进行区别对待的实际需求。

D. 从属部分所有人的求偿权(第(2)款)

概说。当主要部分存在并且该部分所有人获得了聚合财产的唯一所有权时,从属部分的所有人获得了对抗主要部分所有人的赔偿请求权。求偿权出现于原始物上的所有权已经消失,即在聚合之时,并且原则上它以补偿从属部分所有人之财产价值为目的。这将受到关于由第三卷(如处分,参见第Ⅷ－5:201 条(加工)关于出现的平行问题的评论 D)的规定而来的义务和相应权利的一般规则的影响。由第(2)款第 1 句授予的担保物权涉及这一求偿权。然而,在加工的情形之中,对于计算求偿权有一定的余地。同样于此,主要问题在于将经济上不成功聚合的风险归于哪方,如当聚合资产的价值比添加之前部分的个别价值要低(参见第Ⅷ－5:201 条评论 D)。在加工的情形之中,由实现聚合的人来承担风险。这个对策在第(2)款第 2 句所规定的两种不同的计算方式中有所反映。同时,这种方法有助于使本条与本卷第七章所追求的政策同步。关于物的所有人必须恢复至所有人将从属部分加在所有人的主要部分之上的情形下的解决方法。见下面。

主要部分所有人实施聚合:求偿额等于从属部分之价值。聚合由主要部分所有人来实施的情形,即取得聚合资产唯一所有权的人受到在第(2)款第 2 句的第 2 种方式的规制。该规则规定了从属部分所有人必须被给予“与聚合时从属部分的价值相等”的补偿。这就等同于加工的类似情形中所采用的方法。此外,失去了所有权的主体有“同等价值”的支付请求权,用于对抗实施了有关行为并且由此获得新物单独所有权的人。这方法所实现的效果是使主要部分所有人来承担经济上不成功的聚合的风险,他要为实施聚合负责。同时,从属部分所有人的价值利益被充分关注。对于此概念的讨论,与第Ⅷ－5:201 条(加工)评论 D 相比较。一个人可能在这条规则的意义上实施聚合,当然,不仅通过实行各自的行为也通过与第三人订立合同以实施聚合。

由从属部分所有人或第三人实施聚合:不当得利原则之下的求偿。除了主要部分所有人实施聚合以外的所有情形都适用第(2)款第 2 句的第 1 种方式,即不当得利原则。该规则涵盖了从属部分所有人实施聚合的情形、第三人对于实施聚合负责的情形以及因巧合或自然行为发生聚合的情形。通常,该方法的实践效果将等同于由第(2)款第 2 句的第 2 种选择中的“等于价值”的概念而实现的效果。但有三处不同:一个区别在于受损方(实施聚合行为的附属部分的所有人)属于第Ⅶ－2:101 条(不当得利的情况)第(1)款(b)项的“同意并且对于不利结果没有错误”的规则的情形。这将在下文进行充分讨论。另外两处不同是相关的,当受益人,即获得聚合资产唯一所有权的主要部分所有人是善意的情形。在此种情况下,主要部分的所有人没有义务支付“成本以外的支出”,即主物所有人从聚合资产中获得的利益少于在聚合时所有部分增加的市场价值,在那时,从属部分所有人将获得少于他们所有物的客观价值的利益。而且,主要部分所有人(受益人)能依据第Ⅶ－6:101 条(不利益)提出不当得利的抗辩,如果受益人在那时仍是善意的,并且在聚合之后始终处于不利益的状态(例如,聚合资产被摧毁)。这些概念在加工中得以进一步讨论(参见第Ⅷ－5:201 条(加工)评论 D)。然而,与加工上下文和主要部分所有人实施聚合的情形相反,为第(2)款第 2 句第 1 种选择的范围而有意择取不当得利的概念。一个目标是保护未取得同意而获利的主要部分的所有人的利益。虽然不当得利法律保证这个人没有保留不当的利益,但是获得利益不应导致更多的不利益。当实施聚合行为的人是讨论中的附属部分的所有人时,不当得利方法也应该遵循这样的规则,即无效聚合的风险应该由能够决定是否发生现实效果的人来承担。同样适用于随后恶化的情况和其他相当于“不利益”的情形。因为在这些情形下,分配风险的原则与不当得利法律的一般原则相适应,显然没有与不当得利相背离的理由。

然而,这些政策考虑,仅部分适用于第三人实施聚合的情形(第三人不拥有任何聚合物所需的材料),以及从属部分所有人实施聚合的情形。保护主要部分所有人的情形与上面讨论的相同;但从属部分所有人没有付出任何代价,那么与“同等价值”方法相比之下则不利于主要部分的所有人。然而,建议的方法与第七卷所确立的一般规则是相适应的。此外,从属部分所有人可以起诉非合同损害的相关责任人。对于其他从属部分所有人而言,主张他们受损失并且量化该损失(即市场价值和主要部分所有人的获利之间的区别)是一件容易的事情。但是单个的从属部分的所有人必须确定行为人的过失。当出现下列情形,采用第六卷中的规定来解决是比较妥当的方式,即:处理关于完成聚合人与次要部分所有人之间的问题,其中次要部分所有人要承担损失的后果。解决这个问题并不能绕开主要部分所有人(通过指出的计算对抗其他主体)。

与第七章同步。在从属物的所有人实施了聚合行为的情形下,选择适用不当得利的规则,同样符合本卷第七章所包含的政策选择。参见第Ⅷ-7:104条(占有期间物之花费或物的添附)评论B对于占有人在物上花费或者添附后,当物回归所有人处时,如何补偿物之占有人的问题作了进一步讨论。当占有人把附属部分贡献给所有人的主物的情形,这一规定就与本条款的内容重合。各从属部分权利人(占有人)实施了聚合,参见第七卷本条第(2)款也包括了第Ⅶ-2:101条(不当得利的情况)第(1)款(b)项。这一规则表明,在占有人“同意并且对于不利结果没有错误”的情形下,主张不当得利原则无法获得补偿。这一规定将适用于于以下情形,即某人未取得所有人的同意,在他人的主要物上花费或添加实质性部分,且明知该物为他人所有并且这份劳动以及材料产生的效益(如果有的话)将归于所有人。据此,如果一个小偷偷了一辆汽车并给车喷漆以便更容易将它出售,那么在所有人取回车时,小偷不能以喷在车上的油漆的价值产生的任何利益来向所有人主张权利。适用该规则的原因在第Ⅷ-7:104条(占有期间物之花费或物的添附)评论B中有所讨论,一个重要因素是与第七卷不当得利的一般原则保持一致性的有利性。采取略有不同的第Ⅷ-5:201条(加工)第(3)款第3句规定的方法的原因(在新物归材料所有人所有并且由于加工者的劳动节省了开支的情形下,那么给予使用盗窃材料的新物加工者就他或她付出的劳动一定的补偿请求权)在评论F中得到了解释。值得注意的是,在与如上所述相反的情形下——一个人盗窃油漆并喷在他或她自己的车上——被附加在车上的油漆将归小偷所有,但小偷将承担油漆原所有人的油漆价值(看本条第(2)款的结论)。

E. 不能确定主要部分:共同所有权(第(3)款)

概说。第(3)款意欲被理解为一个例外情形即“主要部分”不能被确定(参见上文的评论 C)。如果这样,所涉及之物的众所有人(称为"组成部分")成为聚合实体的共同所有权人,对于第(3)款第 2 句的微小贡献将受例外情况的调整。在两种情形下,涉及的当事人的价值利益均规定于财产性保护之中。共同所有权在聚合之时通过法律的行使被获得。该规则涉及第Ⅷ－1:203 条(共同所有权),它规定了每个共同所有人在聚合资产上获得一个不分割的份额并且每个共同所有人能够通过单独行为处置该份额。在本条之下,更多的关于共同所有权的规则被设立,但不包括在这些示范规则当中。特别指出的是,由于许多国家司法程序的重要地位,因此还没有关于分割共同所有权的规定。除非当事人对共同所有权的分割达成协议,否则无法实现分割。一个关于分割共同所有权的简易模式正如第Ⅷ－5:202 条(混合)第(2)款的规定,在目前的情况下是不可行的。

份额的计算。共同所有人的没有分割的份额"比例根据聚合时各部分的价值"。在聚合形成共同所有权的情形下,计算份额的方式在欧洲法律体系中广为流传,并且这种方式有利于平等地对待所有共有人的价值利益。适用的相应的计算模式在第Ⅷ－5:202 条(混合)中。但是,这一方法与第五章的规定之间存在差距,因为所有贡献者将像非独立实施聚合的人一样被对待。除了第Ⅷ－5:202 条(混合)外,在其他规则之中,加工或在经济上无效或新实体随后被撤销的聚合的风险由实施相关行为的人来负担。理论上,通过适用第(4)款第 2 句规定的计算规则,可以适用该方法,即规定组成部分中没有实施聚合的全部所有人的份额,以"等同于聚合时它们的价值"为标准而计算,在本条第(3)款中得到实现。然而,第(3)款坚持传统的"比例依据价值"方法。原因之一就是关于被第Ⅷ－5:201 条(加工)第(1)款和第(3)款以及第Ⅷ－5:203 条(聚合)第(2)款、第(4)款所涵盖的情形,在欧洲法律体系中的解决方法的范围比在本文更加宽泛,以至于无论如何都需要进行政策选择。另一个原因是,特别在第Ⅷ－5:203(2)条中的情形(参见上文评论 D),与本卷第七章的具有一致性,它规制着由实施聚合之人承担不当得利风险的选择。但对于本条第(3)款而言,那不是必需的。

组成部分所有人的进一步损失:后续损害。组成部分中的所有人遭受另外的损失的情形,例如,因为计算方法,上述不可分割的份额不包括所有人之物的完全的市场价格,或因为为了获得替代物而必须花费另外的费用,这些损失在第六卷规则之下可能从实施聚合之人处得以恢复。在聚合资产恶化或遭受损害之时,原则上,共同所有人关于他们的不分割份额按比例来承担损失。但是,如果,其中的一人,或第三人,对这样的损失负责,在第六卷之下将再次通过诉诸于赔偿的方式得以恢复。

重要性组成部分的特殊规则,第(3)款第 2 句。第(3)款第 2 句对于两个或更多大致平等的部分,或至少相当的重要并且在聚合之中拥有最小重要性的情形作出特殊规定。

示例 9

A、B、C、D 所有的物以这样一种方式聚合,在本条第(3)款之下出现共同所有权。A 的和 B 的物各值 40%,C 的物值 19%,D 的物值 1%,均对于聚合资产的总价值而言。

D 的贡献在第(3)款第 2 句的意义上而言是“最小的”。该规则的目的是通过当事人协议而实际地方便共同所有权的分割,同时,也充分尊重和保护最小部分所有人的价值利益。后一方面将通过在第 1 句下可获得的共同所有权份额,通过有关确切的同等价值在聚合物上的担保物权所保护的货币补偿权替换的方式来实现。该模式在对于涉及少数当事人,并且当事人很容易协议的共同所有权分割方面有实践优势。特别是更加重要部分的所有人(示例 9:A、B 和 C)将明显地对快速分离共同所有权感兴趣;长时间的协商和争议将使聚合物“远离交易”。如果在这样的情形下,拥有小份共同所有权份额的人也加入到协商之中,这个人仅仅会因为高价的怂恿而同意。这样的风险通过第(3)款第 2 句的附加规则而避免。

与第七章的关系。原则上,本条可能与第七章重叠。共同所有权出现于第(3)款,决定性方面在第Ⅷ－7:101 条(范围)是占有人在实现这种聚合时将自己的物加在其他物上而不得不将这些其他的物归还给它们的所有者。不同于占有人将自己的“从属部分”与所有人的“主要部分”聚合的情形,为使本条第(2)款与第Ⅷ－7:104 条(占有期间物之花费或物的添附)之间的一致性而努力(参见上文评论 D),本条第(3)款所涵盖了以下情形,即基于共同所有权的创设,聚合资产返还给“它的所有人”无论如何都不会发生。因此,让第(3)款取代第Ⅷ－7:104 条的不当得利规定是没有问题的。这个效力通过第Ⅷ－7:101(3)条所体现。

F. 在聚合之人明知没征得其他人的同意而使用他人之物的情形下,唯一所有权的例外(第(4)款)

概说。本条第(4)款已经作为与第Ⅷ－5:201 条(加工)第(2)款(b)项的平行规定被介绍。因此通过参考第Ⅷ－5:201 条评论 E 的讨论细节,本条规则的讨论相当简短。同样在本文中,清楚地,如果对于恶意行为的当事人的例外进行适用,那么这些例外应是狭义的,因为,特别是“唯一所有权和担保权”概念为从属部分所有人提供了非常充分的保护并且如果不能完全避免的话,关于恶意的争议导致的不确定性应该得以限制(参见第Ⅷ－5:201 条评论 E)。正如第Ⅷ－5:201 条第(2)款(b)项的情形,政策构成第(4)款的例外的原因就是没有人能从犯罪(或接近犯罪)的行为中获益。

例外的范围。根据上面概述的政策和等同于第Ⅷ－5:201 条(加工)第(2)款(b)项,本条第(4)款意于防止恶意行为的人以侵犯聚合物其他部分所有人为代价而行使共同所有权。效力被阻止,因此,一个人获得在本条第(2)款下获得的唯一所有权。据此,第(4)款限于“主要部分”所有人实施聚合的情形。对于其他情形,不需要例外。如果一个从属部分所有人以非法目的实施聚合,所有权由另一人获得(第(2)款)并且在第(3)款下的共同所有权被设立,那么恶意实施聚合的人将不会比他之前在所有权上拥有的比例大。关于这个规则的范围,实施聚合的人必须知道某(至少一个)从属部分属于另一人并且那个人不同意聚合。规定最初提出:小偷使用盗窃物使之与自己的物聚合,但比起这种情形来说,该规则有一个更宽的范围。对于要求确切知道的细节和被此标准涵盖的情形,可能参考第Ⅷ－5:201 条评论 E。对于实际情形的举证责任将由主张事实的人承担。这将通常是各个组成部分的所有人。对于拥有“更高价值”的主要部分普通情形,参见下文。

共同所有权的设立,份额的计算(第 2 句)。第(4)款的效力就是组成部分的全部所有人都成为聚合资产的共同所有人。这也包括小偷(或被确知标准所涵盖的其他人)。恶意的加工者也使用自己的材料规则是为了防止那个人通过特殊不合法的行为而获得有关所有权的较大份额,但没有带走这个人合法所有的任何所有权的情形。然而,关于共同所有人的不可分割的份额的计算,这个恶意实施聚合的人很重要。第(4)款第 2 句将经济上无效之聚合的风险让恶意实施聚合的人承担,从属部分所有人获得一个在聚合时与他们各自的组成部分“价值相当”的份额。这充分保证了这些所有人的价值利益,甚至在聚合资产的全部价值少于附加的所有组成部分的单个价值的情形。主要部分所有人的份额等同于在扣除从属部分所有人的份额之后所留下的。然而,结果通常是由于主要部分的主导地位,以恶意实施聚合之人为主要股东的情形。这个(或同等的)计算份额的方案为了避免极端恶意之人实施聚合也是需要的,比在第(2)款下的善意情形而言,这被规定在第(4)款下的更好的位置。沿着第(3)款第 2 句的界限的特别规则的规定,“最小部分”所有人仅有被担保物权所保护的求偿权,这在第(4)款中不适用。如此“最小”部分被盗(等)情形,“更高价值”可能导致主要部分所有人获得唯一所有权(看下文示例 10)。

反例外:更高价值。第(4)款包括与第Ⅷ－5:201 条(加工)第(2)款(b)项的规定相同的反例外情形。本条第(2)款将适用,并且主要部分所有人以特别程度的恶意实施聚合,如果“主要部分的价值比从属部分的价值高得多”。那么他将获得聚合资产的唯一所有权。“从属部分”仅仅意味着与本条第(4)款第 1 句的被实现的例外相联的部分,即被偷或明知没有所有人的同意而使用的部分(参见第Ⅷ－5:201 条关于出现在加工案例中的类似问题的评论 E)。“更高价值”概念复制于第Ⅷ－5:201(2)(b)条。它必须大大超过满足构建“主要部分”的程度。尽管有些模糊,反例外主要用于避免某些情形下的不合理的结果。

示例 10

A,一辆汽车的所有人,偷了属于 B 的一个喷罐,并且在车身上喷漆。如果第(4)款的例外规则不包括反例外,那么 B 将成为这辆车的共同所有人。

评论和选择性建议:第(4)款的删除。有一种选择在准备该卷时得到了一些支持,但最后没采用,将涉及删除第(4)款并且通过第(2)款涵盖所有“主要部分”案例,不论那部分所有人是善意还是恶意。在很大程度上,争议等同于关于选择删除第Ⅷ－5:201 条(加工)第(2)款(b)项(对于讨论,看关于那条的评论 E)。争论可能为:本条第(4)款几乎不能带来更多对于物被偷掉的所有人(等)的实际保护。关于完全市场价值的求偿权，通过担保物权来保护，将完美地实现他们的价值利益，这基本上被认为是他们的主要利益。关于所有他们可能遭受的附加损失，诉诸于第六卷下的非合同损害责任的规则是合适的；在这个层面上，共同所有权没有意义。从相反的角度来看，如果第(2)款的一般性规则适用的话，主要部分所有人明知使用了另一人的从属部分将不会在经济意义上真正受益。除开这些价值基础性研究，从属部分所有人援用第(4)款的例外，存有一相当大的程序风险。特别是因为其他当事人的想法很难知晓。各种各样的不确定可能对第三人有负面影响。明显地，除开增加关于区别的第三个标准(从属部分，主要部分，更高价值的主要部分)，一个"更高价值"的反例外，致力于增加本条的复杂性和争议性。最后但并非最不重要的(一点)，在例外规则下，实现的结果不仅仅缺少就对于其他共同所有人的实际保护而言的补充，这确实导致相当不实际的结果。由于主要部分的重要性，小偷(或类似人)大多将通常成为聚合资产的主要股东。这意味着取决于各国国家法律的相关规则，人可能管理聚合资产(例如，如果相关管理规则在管理问题上让简单多数来满足)。达成一个关于分割共同所有权的协议，是从属部分所有人将尝试获得的东西，为了实现他们的价值利益可能也会相当复杂。考虑大多数所有人关于管理的有利位置，并且这个人已经表明不诚信。其他的共同所有人将经常不得不为分割共同所有权而诉诸于司法程序。对于所有这些原因，并且考虑比较考察没有为偏离第(2)款的一般规则提供强烈的指示，删除第(4)款是确定地可能被考虑的一个选择。

注　释

看对前面条款的注释。

第Ⅷ-5:204 条　关于担保物权的附加规定

(1)在先前关于加工和聚合条款中所规定的担保物权有对抗第三人的法律效力，该种对抗的法律效力并不需要原材料或组成部分的前所有人占有此物或通过登记占有此物。

(2)如果在新物或聚合物中的担保物权由第三人之善意取得(第三章)而消灭，那么该担保权则可扩展至销售收益。第(1)款可以相应地适用。

(3)先前关于加工和聚合条款中所规定的担保物权优先于其他任何先前由加工者或由主要部分的所有人在新物或聚合物中所创设的担保权。由原物前所有人和加工者之间或从属部分前所有人和主要部分所有人之间通过协议所创设的担保权适用同样的规定。

评　论

A. 概说

本条之范围和目的。本条提供了补充性规定，其似乎对于通过承认担保物权来保护某些当事人的利益的方法更有效率地运行是必需的。根据本条规定的程度，在本节创设的担保权偏离了关于第九卷下的有关担保物权的一般规则，参见第Ⅷ－5：101 条（意思自治及其他相关条款）第（4）款第 1 句。本条之规则适用于在本节先前规定之下，物之前所有人获得如此一担保物权的所有情形，即第Ⅷ－5：201 条（加工）第（1）款和第Ⅷ－5：203 条（聚合）第（2）款和第（3）款第 2 句下的情形。

B. 无须占有或登记的效力（第（1）款）

由第九卷规定的一般规则。第九卷关于担保物权在担保物权的"创设"和"效力"之间的区分。在本章第二节的意义上"创设"担保权受到当加工或聚合（参见第Ⅷ－5：201 条（加工）评论 C 和第Ⅷ－5：203 条（聚合）评论 C）时法律操作的影响。对于提供以对抗第三人的保护，特别作为对抗其他（后来的）受保护的债权人并且对抗加工人或主要部分所有人的一般债权人，在其破产之时，担保物权也需要在第九卷第三章的意义上有"效力"；参见第Ⅸ－3：101 条（对抗第三人效力）第（1）款。实现这样在本上下文相关的效力的通常方式是持续占有财产（新物或聚合物）或随第九卷第三章第三节的登记担保权。参见第Ⅸ－3：102 条（实现效力的方法）。细节和例外（例如在获得金融设备之下提供给消费者的物，参见第Ⅸ－3：107 条（获得金融设备的登记）第（4）款）可能在本上下文中被忽视。如果没有被本条排除，将与创设在本章第二节下的担保权实际相关的方法是登记。至少在加工的情形下，占有将不是一合适的选择，正如通常加工者（并且不是被保护的当事人，是材料前所有人）人力控制新物。同样将适用于主要部分所有人实施聚合的情形。

适用第二节目的的必要性。如果担保物权在第二节被创设会受到如上描述的登记要求的影响，这有一关于在对抗加工者的（主要部分所有人的）债权人时没能保护所有人的价值利益的重大风险。第五章第二节涵盖了材料所有人（受保护当事人）甚至不知道加工或聚合已经发生或谁是加工者（或谁是在聚合情形下主要部分所有人）并且因此将从提交登记通知中被实际排除的情形。对于解决这个问题基本上有两种选择。或至少在一定时间内必须登记，例如 3 个月，从当材料所有人知道加工（或聚合）发生并且知道加工者（或主要部分所有人）的身份时起算。这能使得登记簿更加完整（虽然完全完整不能被实现）。然而，对于这样随后登记的时间限制不应太短，因为材料所有者，当突然被告知物上发生了什么，可能为了知道该做什么等需要获得法律建议。另一种选择,是本条所倾向的,对于实现对抗第三人的效力无须登记(和占有)的要求。一个相关问题是提交说明于登记簿,对于受保护当事人(物的前所有人)而言将涉及花费和努力。特别是对加工或聚合物享有所有权的人可能需要进行原始登记(参见第Ⅸ-3:304条(申报登记的证明材料)),这些费用应当由所有权人承担(参见第Ⅸ-3:332条(费用分配))。此外,拖延一段时间再去登记的现象并不多见,尽管即便从一开就没有占有或登记,也不会对后来登记造成严重的阻碍。当然,基于本章第二部分的规定,没有任何制度会阻止对担保权的"自愿"登记,通过登记可以减少因为第三人善意取得而给原所有权人造成的损失。

C. 扩展至收益(第(2)款)

担保权扩展至收益(第(2)款第1句),在新物或聚合物中的担保物权由于善意取得而消失,当加工者或(主要部分所有人)将这些物卖给不知道也无理由怀疑担保权存在的第三人。在第Ⅷ-3:102条(善意取得所有权而免于限制的对物权)规定的这样的善意取得免于阻碍并且在第Ⅸ-6:102条(由于善意取得所有权而丧失担保物权)第(2)款中被进一步详述。为了在此种情形中尽可能维持这种担保,本条第(2)款规定担保权扩展至此种销售的收益。"销售"行为本身所包含的价值要比合同关系中物的销售体现的价值更加多元,这种倾向决定了善意取得能够消灭物上的担保权(否则,担保权仍然能够对抗获得者并且也没有必要设置"双份"的保证财产)。从本规定的草稿中可见,"开始"包括了:(1)当买主还没有付款时,如果加工者(主要部分所有人)已经付款,那么可以对抗后来的购买人;(2)当然,如果已经收到了买家的付款,那么只有在已经支付的金额能够确定是加工者(主要部分所有权人)的继承财产时,才能够由加工者享有权利。更多关于这部分的内容,参见下文的评论E。尽管在预备制定本章时的论证是没有约束力的,但是在第Ⅷ-5:203条(聚合)中的共同所有权份额规则也同样要考虑这些问题。

对于在收益方面担保权的扩展无须占有或登记(第(2)款第2句)

最后,据上述原因,对于担保物权至销售收益的扩展的效力无须占有和登记。

D. 优先于先前创设于新物或聚合物中的担保权(第(3)款)

问题。该款处理的情形是:加工者(或聚合情形下的主要部分所有人)优先于加工或聚合情形下通过协议在新物或聚合物上所设立的担保权以支持第三人。在第九卷规则之下,在加工者或主要部分所有人(作为给予担保人)与作为受保护的债权人的第三人(如,银行)之间的协议在有负担的资产产生之前可能被有根据地断定。关于在未来物上设立担保权的这样的协议可能被登记并且优先权通常由登记的时间来决定;参见第Ⅸ-4:101条(优先权:一般规则)第(1)和第(2)款(a)项。这意味着,在第九卷的一般制度之下,这种事前对第三人的担保权,只能在有相关财产存在时而成立(参见第Ⅸ-2:102条(担保权创设的一般要求)附条款(a)及对本条的评论B),这种担保权优先于第五章中的担保权而适用。

在第二节下创设的担保权的优先性。因为第五章的主要政策是维护财产法保护的一些形式，法定担保物权通过关于加工和聚合的规则来规定，其必须较之前被授予给第三人的合同性担保权优先。这在第(3)款第1句被清楚地表达。这些规则不仅被现有的财产权保护制度所证明，而且还通过资金的获得而被证实(特别是所有权保留，这也被第Ⅸ－4:102条(特别优先权)第(1)款授予“特别优先权”。在两种情形中，担保提供者(加工者或主要部分所有人；在所有权保留下的买者)通过“包含”另一个人的物(使用于加工或聚合的材料；受保留所有权设备影响的获得物)的方式来获得资产，但还没支付全部这些新资产的等价物给其原所有人。这就相当于：从一定程度上来说，担保提供者并未获得这些财产，之前权利人的担保权仍然存在)。这也体现了本条第(3)款所建议的“特别优先权”没有使加工者的(主要部分所有人的)其他债权人的任何合法的期待受挫。在已经支付给加工或聚合所涉及的物的前所有人货币等价物之前，加工者(主要部分所有人)不享有新物或聚合物的全部价值。经济的，加工者仅仅享有反映在新物上的劳动的价值并且主要部分所有人享有主要部分的价值。

从这个意义上来说，基于本章第二节，规定了创设的原材料所有权人的(主要部分所有人)财产担保权并不会干涉到其他债权人的担保权。当加工或聚合所用的原材料没有经过材料所有权人的同意，对这部分没有支付对价的利益，加工者(主要部分所有者)的其他债权人不能合理的预期加工人(主要部分所有权人)的资产就会得到相应的增加。最后，如果第Ⅷ－5:201条(加工)和第Ⅷ－5:203条(聚合)第(2)款中对于共同所有权中加工人和原材料人，以及主要部分和次要部分进行分别规定，那么这一制度的作用就得到了实现。加工者(主要部分的所有权人)只有在加工人不可分割的份额上设定担保权，然而，不可分割的部分可能是其他人共有，即前原材料所有权人或次要部分所有权人分别享有，这也不会产生什么影响。这款所规定的结果能通过加工者(或主要部分所有人)和被涉及的其他物的所有人之间的协议来避免(第Ⅷ－5:101条(意思自治及其他相关条款)第(1)和(2)款)。

合同性担保权的同等优先性

基于本章第二节的违约规则设立的担保权与原材料所有权人(次要部分所有权人)和加工者(主要部分所有权人)基于合意设定的担保权有着同等的优先效力。如果在合同中将原材料所有权人(或次要部分所有权人)放在劣势的地位，来显示加工者(主要部分所有权人)的优先性，并通过“惩罚”他们来规范加工或聚合的结果是不合理的。同样，在所有权保留中，第Ⅸ－4:102条(特别优先权)第(1)款也赋予优先权(参见本条的评论G)。这个规则在第(3)款第2句中有明确表述。团体的合意问题在第Ⅷ－5:101条(团体的意思自治以及相关规则)第(1)款和第(2)款中有所规定，即可能在加工或聚合之前或之中产生合意。“同等”的担保权也赋予给了被担保的债权人(前原材料所有权人或次要部分)，同样，本章第二节的规则也对他们进行保护。这里特别包含了所有的担保权利。从这个意义上来说，这里的担保权利超过了本章第二节相关规则中所有的标准，尽管在本款中没有优先权的规定，但的确适用了优先权的规则（参见第九卷第四章）。

E. 与第二节中创设的担保物权相关的更多问题

与已经存在于材料上的担保物权的关系。另一个问题是：第五章第二节中创设的法律上的担保权是如何与在加工或聚合时已经存在于材料或单个组成部分上的担保物权相联系。这个问题并不需要本编第五章进行明确的规定，而应当由第九卷来解决。观察的第一个规则是第Ⅸ-2:307条（在加工或聚合之中使用有负担之物）第（1）和（2）款。依据这些规则，担保权可能对原材料产生一定的阻碍：（a）加工或聚合的资产（这与担保提供者是对整个加工进行担保还是只对主要部分所有权人提供担保），或者（b）提供担保的主体，是不是基于本章第二节的规定所确定的物之前的所有人，即，原材料所有权人作为担保的提供者和被担保的债权人。这些约定必须要经过登记才能有效的对抗第三人（参见第Ⅸ-2:307条评论D）。这种约定可以成立，本来，物可以自动的产生担保权，这种权利可以扩展到加工（聚合的财产）或原材料所有权人，基于原物产生的这种担保权，如果不通过登记是没有效力的。同样，原始物上的担保权之优先性由第Ⅸ-4:103条（优先权的持续）第（1）款（b）项来保护。

担保权，在上述总结的原则之下，扩展至材料所有人的求偿权以对抗加工者或主要部分所有人，担保权也扩展至前所有人的在新物或聚合物上的担保物权（正如本章第二节中所创设的）。该结果由第Ⅸ-2:307条（在加工或聚合之中使用有负担之物）第（4）款所明确阐述。结果，受保护的债权人（第三人持有前材料或从属部分的担保权）享有强制执行本节中所创设的担保物权的权利（支持材料或从属部分的前所有人）。作为一般原则，这被规定在第Ⅸ-2:301条（金钱求偿权的障碍）第（4）款中。

作为一实践性结果，加工者（主要部分所有人）付款给一个材料前所有人或由一个材料前所有人支付给一个既存的受保护的债权人，不影响另一个材料前所有人和该前所有人的既存的受保护的债权人的地位。比喻地，每一个用于加工或聚合的材料的前所有人构成一个"分支"，这个"分支"也被肯定为加工者（主要部分所有人）付出的一部分。这样一个分支里形成的付款从不影响其他分支（另一个材料前所有人和该前所有人的先前的受保护的债权人）。

担保权扩展至某些原始的有负担的资产的收益。除了由本条第（2）款明确规定的情形外，就第九卷的一般规则，说明新物或聚合物产生的财产担保权同样也会涉及原来受到限制的这些财产收益的影响。追随第Ⅸ-2:306条（原始的有负担的资产的收益）第（1）款，担保权扩展至由于缺陷、损害或原始有负担资产的丧失而产生的求偿权，包括保险收益。

第二节中创设的担保权之强制力。对于本节中创设的担保权之强制力，第九卷第七章的一般强制力规则将适用。一般说来，强制力在一个默示事件后可能发生（参见第Ⅸ-7:101条（默示后，受保护的债权人的权利）第（1）款，这基本上意味着任何债务人对于义务的无作为被担保权所涵盖;参见第Ⅸ－1:201条(定义)第(5)款。这基本上意味着被担保的义务应当是能够预期实现的(在加工或聚合中即将发生),并且还没有履行。强制力可能是司法的或司法外的,在后一种情形中,受限制运用于担保提供者(加工者,主要部分所有人),影响的是消费者;参见第Ⅸ－7:103条(司法外的和司法的强制力)第(2)款:消费者在默示之后,必须同意司法化强制力,在担保提供者是一消费者的情形下,任何强制程序必须以书面形式于强制开始,至少10天,通过发布强制力的方式来进行;参见第Ⅸ－7:107条(对于消费者的强制力通知)。

时间限制。在第Ⅷ－5:201条(加工)第(1)款和第Ⅷ－5:203条(聚合)第(2)款和第(3)款第2句中的前所有人的求偿权均受由第Ⅲ－7:201条(一般期间)规定的一般3年处分期间的影响。至于细节,特别是关于期限的开始和因为不知而中止期间的问题,参见第Ⅷ－5:201条评论D。因此,从加工或聚合开始(或以后,发生中止事由)。3年以后,在这些规定中创设的担保物权变得无效(无强制力的),这个规定看上去是合理的,因为被限制的财产无法继续延长时效了,从另一方面来说,这就意味着,加工或聚合之物的原所有权人在实施中能够有时间行使自己的权利。

注　释

因为法定担保物权的方法不存在于任何现有的欧洲法律系统,无关于本条的国家性注释可被提供。关于实质,参见关于第Ⅷ－5:201条(加工),第Ⅷ－5:202条(混合)和第Ⅷ－5:203条(聚合)的注释。

第六章　所有权保护和占有保护

第一节　所有权保护

第Ⅷ-6:101 条　所有权保护

(1)所有权人有权从任何对物实施人力控制的人处获得或恢复对物之占有,除非该人有权根据第Ⅷ-1:207 条(有限权利占有人占有)之规定占有此物。

(2)如果其他人干扰所有权人作为所有权人之权利,或如果此种干扰是即将发生的,那么所有权人则有权要求所有权宣告或保护令。

(3)根据不同情形,保护令可以:

(a)禁止即将发生的干扰;

(b)要求停止干扰;

(c)要求消除原有干扰的痕迹。

评　论

A. 第六章中的一般方法

对所有人和占有人的法律救济。第八卷第六章决定了当另一个人干扰他们的有关动产的法律保护地位时,哪个救济适于完全动产所有人和对动产直接或间接实施人力控制的当事人(占有人;参见第Ⅷ-1:205 条到第Ⅷ-1:208 条)。

所有权保护的救济和占有保护的救济之间的基本区别。作为关于动产的完全对物权的持有人的一个所有人的法律地位的保护不同于仅仅是一个占有人的法律地位的保护。这第一种保护目的在于对一个关于对物权的法律争议的最终解决方法。它保护和强制执行一个关于所有权的对物权的永久性命令。占有保护仅仅是暂时的。它的主要目标是保护前占有人和所有人以对抗对动产实际占有的不合法侵犯的负面结果。它给予占有人某些对抗不合法侵入者的权利:自助、主张恢复、保护令。占有人可以选择在法庭上行使债权而不是非法的从事实占有人处拿走动产。占有保护规则促进通过使用法庭程序的方式去和平处理关于动产占有权的争端，并且给予当获得占有时没有不合法行为之和平占有人一个法庭关于占有权之诉讼中的被告的有利地位。

B. 渊源和适用范围

渊源与其他法律领域的关系。本章的渊源主要在于欧洲法律系统中的财产性规定，因为它们已经通过文学作品和法院决定发展了许多年。偶然地，其他法律领域必须被考虑，特别是民事程序的规则和欧盟成员国的对于损害的非合同责任规则，此外，还有第六卷关于对他人造成损害的非合同责任规则也是渊源之一。

C. 基本原则和救济指导方针

被保护的个人占有权利。欧洲的法律体系对于所有权和占有保护的规定是不同的。尽管普通法系统将一占有人之地位作为对抗第三人的有效权利（对物权）对待，其他绝大多数法律体系都将其认定为一有限的对物权的一种（如所有权、担保权、使用权等），而不包括纯粹占有。然而这些系统中的大多数，都赋予（对某人不利）对动产实施人力控制的人（本卷中的"有限权利占有人"）的一个特别保护权，使占有人获得一个与持有人（如所有权人）类似的权利，从而得以对抗第三人对这一占有的侵犯，这是一种对抗第三人的侵权行为的救济与保护令。这样，在这些系统中，有限权利占有人之地位作为一"物权"被保护。第六章的规则跟随成员国的法律系统在给予有限权利占有人占有救济方面（第Ⅷ－6:203条、第Ⅷ－6:204条）的大多数趋势，还有第Ⅷ－6:301条和第Ⅷ－6:302条（更优占有权或更优占有）中的部分权利基础救济。

救济类型。关于本章适用于占有人救济之种类，追随在欧盟成员国中的大多数方法而不是在英格兰和爱尔兰中发现的少数方法。在这些系统中，对于所有权和占有保护没有什么特别救济是可利用的。对所有人的/占有人的法律地位的全部侵犯均被视为侵权。唯一可利用的救济因此是侵权救济（在大多数情形下是金钱赔偿，仅在例外情形是恢复之类的）。另一方面，其余法律系统提供在当某些种类的有权占有被破坏时，侵权行为方面的救济和另外特别所有权和占有救济。

这些后面的救济通常不同于侵权救济，表现在两个方面：在宣告的先决条件的层面上并且在救济之本质层面上，它们不要求任何关于对破坏者部分的过错或疏忽的证据，在这一领域的主要救济是动产的复原和对抗不同于完全剥夺的占有的干扰的保护令。金钱赔偿仅在侵权规定下是可适用的，但是不是在这个法律领域。

D. 术语

占有的定义。本章以第一章中陈述的定义为基础。直接和间接地占有均被认可（第Ⅷ－1:205条）。所有人占有人（第Ⅷ－1:206条）通过字母"OP"来表示，有限权利占有人（第Ⅷ－1:207条）通过"有限权利占有人"，占有辅助人（第Ⅷ－1:208条）通过

“PA”来表示。

E. 占有作为一“权利”，一“对物权”或仅仅是一“事实”

占有的法律特征。事实是某些法律救济是可适用于“占有人”以保护他们的地位来对抗侵犯者，这引起法律保护地位的特点和属性的问题，即“占有”或换句话说，问题是一个所有权占有人，有限权利占有人以及占有辅助人（参见第Ⅷ－2:205～208 条）的地位能否被认定为一种对物权，还是仅仅作为事实上的占有而不具有权利，抑或只是与义务相对的某种权利（一项私权）。

关于动产的所有人、所有人占有人、有限权利占有人和占有辅助人地位保护之强度。可以分为以下四种类型：

（1）占有辅助人：适用于他们的唯一保护性救济是及时的自助（第Ⅷ－6:202 条）。占有辅助人满足前述法条对于第三人行为的认定，因而可以辅助占有人及时地恢复对动产的占有。所有其他救济不得不由所有人占有人或有限权利占有人来实施。

（2）恶意所有人占有人不是所有人并且不能通过取得时效（善意时）获得，例如小偷：适用于他们的保护性救济是自助（第Ⅷ－6:202 条）和第Ⅷ－6:203 条和第Ⅷ－6:204 条的所有人救济。

（3）有限权利占有人，通过善意持续占有的潜在受让人和没有或不能提供证明他们的所有权之证据的所有人：适用于他们的保护性救济是自助（第Ⅷ－6:202 条），第Ⅷ－6:203 条和第Ⅷ－6:204 条的所有人救济和第Ⅷ－6:301 条和第Ⅷ－6:302 条（更优占有权或更优占有）的部分权利基础救济。

（4）所有人是能提供关于他们所有权的证据的人：他们由第六章所有的救济（第Ⅷ－6:101、102 条，第Ⅷ－6:202～204 条，第Ⅷ－6:301～302 条）包括关于所有权保护的第Ⅷ－6:101 条规定的救济来保护。

第四种身份所拥有的权利显然是一种对物权。关于身份 1 的占有辅助人是所有中最弱的一个状态；对这种状态对抗第三人之保护是最低限度的（自助）。因此，通过满足这一身份而获得对物权保护的方式并不值得推荐。在第Ⅷ－1:205～208 条中我们所推荐的术语——占有辅助人甚至不是一个“占有人”。身份 2 之窃贼占有人或恶意所有人占有人仅仅有权自助和受到第Ⅷ－6:203 条和第Ⅷ－6:204 条（附有第Ⅷ－6:203 条第（3）款的限制）的所有人救济的保护。身份 2 中的权利将被任何一种有权占有（身份 4 和身份 3：第Ⅷ－6:101 条，第Ⅷ－6:301 条、第Ⅷ－6:302 条）以及基于盗窃或其他恶意方式获得的占有权超越。基于共同参照框架草案之目的，似乎无须将身份 2 认定为一项对物权。我们认为基于以下情形，身份 3 可以取得部分权利。有限权利占有人可能享有对动产的单独占有权（如担保权），但始终享有对动产的单独持有权，这种持有权可以对抗占有人（所有人）以及不享有更优占有权的第三人（第Ⅷ－6:301 条、第Ⅷ－6:302 条）。

通过善意持续占有的潜在受让人没有获得所有权，但在第四章规定的时间期限的经过后将获得所有权。这个人因此拥有处于成长状态或孕育状态（萌芽状态）的对物权，该项权利得以对抗瑕疵占有的第三人（第Ⅷ-6:301 条、第Ⅷ-6:302 条）。

在身份 3 中保护的强度强于有限权利占有人之状态，强于通过善意持续占有的潜在让与人。有限权利占有人可主张占有动产之权利甚至对抗所有人和其他无权持有动产之人，但前述的这一权利不得优于所有人或基于所有而产生的其他权利。

与身份 3 相关联的权利并不能获得与所有权一样完整的权能，但在某些情况下，似乎具有对物权之特点。在少数法律系统，所有人之状态（有限权利占有人）有权去占有（如承租人、接受保证者、保管人）被明确规定为一种对物权，但大多数法律系统，提供法律保护给某些类型的有限权利占有人，特别是不仅有权占有而且有权为其自身利益使用动产的那些人，那近似于对物权之保护。

作为个人权利或对物权的承租人权利。综观所有法律系统，不考虑它们给予承租人的个人权利或对物权的统一化规定，对承租人导致的法律结果是相似的。因此，赋予承租人占有权以及与所有权人一样的使用权是不成问题的。这种认定对于将来私法修订是很意义的。然而，对于共同参照柱架草案之目的而言，似乎没有必要将承租人的权利教条地划定到某一权利类别中。

准物权的概念意味着承租人持有和使用动产的权利，将被当作动产上的其他有限对物权来看待（如担保权和用益权）。承租人在获得动产之占有时才能获得该准物权。这将意味着承租人占有和使用动产的权利将受到后续的动产购买人（无阻碍善意取得要求出租人在出租时处于直接占有动产的状态）的尊重。租赁源自非所有人的承租人，可以在满足第Ⅷ-3:101 条规定的善意取得的一般条件的前提下获得有关租赁的准物权。承租人之对物权将优先于后续债权人的担保权和出租人（购买者）的一般债权人之债权。根据第 IV. B-7:101 条（所有权变动和出租人的替换）第（1）款在将所有权发生变更时，承租人基于合同获得的占有保持不变。

F. 第Ⅷ-6:101 条的一般概念

所有权保护梗概。法律保护所有权和强制执行所有权。这在许多国家是一个宪法实施方面的问题，并且在欧洲人权会议上由第一个附加协定所确立。法律就强制执行所有权方面给予了一系列救济：专门财产法救济，在对于损害的非合同责任方面的救济，基于行政或刑事裁判而获得的救济。

当所有人对于动产的合法权利受到侵犯时，诉诸所有权保护是非常有必要的，并且所有人需要主张对动产的专属权（ius excludendi omnes alios）。通常，所有人需要诉诸法庭或其他有权机关来行使这一权利，但在有些情况下，借助自助或是直接行为也是被允许的。

所有权保护和占有保护。在大多法律系统中，关于占有保护的诉讼（第Ⅷ-6:203、204 条）是最容易的、最快的，也是最普通的途径来保护一人的所有权从而来对抗剥夺或干扰。但该所有人时常能基于所有权而自由的提起恢复占有或对抗干扰的诉讼。所有人所有权请求的关注点在于,所有人提供所有权的充分证据的难度和所有人是否能在诉讼中进行调查。在一些法律体系中,民事程序规则中对于所有权证据的要求是相当严格的(恶魔的证明),而另外一些体系中则不是(例如,法国)。这些规则想要尽可能少的干涉成员国的程序法,因此,远离成员国的法律体系中的所有权证据的问题。在一些法律体系中,所有权保护聚焦于对物权之保护(所有权救济);另外,纯粹占有保护的第二个途径更为通常的使用。这些规则提供两种途径:基于所有权对物权的普通诉讼和基于占有的简易诉讼。本条包括三个基于所有权的特别的救济——恢复、所有权主张和对抗干扰的保护令。

G. 危险利益和政策考虑

涉及利益。所有权保护之规则必须在所有人利益和对动产实施人力控制的所有人利益间达到一种平衡。在资本主义社会,所有人的利益具有重大的社会和经济意义。那样的话,所有人倾向于享有关于动产的特别强的地位。所有人之利益存在于某些物的恢复和所有权的公共保证之中,是具有确定性和稳定性的,所有人的主要障碍是免除所有权和动产识别的证据责任。占有人利益初期没有这样的强力,然而,他们比起在有权持有动产的占有人范围内所有人的基于不动产法定基础(用益权、担保权)或个人属性(担保、加工、贷款、存储等)利益被更高地给予衡量。另外,因为占有人不总是恶意行为,占有人可能获得一定程度的保护,如关于动产孳息的所有权和发生于对动产的合理修缮之费用的补偿(参见第七章)。

H. 比较分析

(a)所有人救济

主导趋势。尤其是葡萄牙、西班牙、意大利、奥地利、德国和荷兰的法律体系提供了相似的关于所有权保护解决方法和救济。这些体系包括两类救济:(1)所有物返还请求权,即原告要求立刻返还物和恢复占有;(2)宣告诉讼,原告的所有权请求通过法庭的认可或获得一个关于被告对于物没有所有权的宣告,以及在某些情形中,一个避免将来干扰的禁令。

这些体系在一些方面有些许不同:

——原告或所有人免除证据责任的严格性;

——作为孳息和修缮来对待,占有人补偿制度;

——因为剥夺占有(侵权行为/不当得利),由所有人产生的损失的赔偿;

——强制措施和对话措施;

——诉讼时效。

占有保护方法。在法国、比利时和卢森堡,所有权保护体系有很大不同,由于"涉及动产时,占有即等于所有权证书"的原则,创设了非常强烈的假设,即占有人的确是所有人,并且保护善意占有人(除了遗失或被盗的动产以外)免于所有权保护诉讼。如果动产遗失或被盗，所有物返还请求权诉讼（正式收复要求）仅可能对抗恶意占有人或对抗善意占有人。然而，对抗有限权利占有人，很可能的途径是建立在对根本性合同的不履行基础上的诉讼。

诡辩方法。在瑞典和其他北欧国家中，关于所有权保护制度也是不同的。在瑞典法律系统中，关于诉讼没有严格的分类，并且关于所有权保护法院依据案例接案例的方法，这样结果可能包括禁令，对话措施和简易程序。

仅侵权救济。在英国和威尔士，除了侵权法外，普通法不提供任何救济，侵权法由对事的市场价值的恢复和与干扰相联系的损失所组成。仅在例外情形中，法院将判定动产归还给所有人。

（b）诉讼时效

除持续占有而取得之外并无时效。在葡萄牙、意大利和奥地利对于所有权保护无诉讼时效期间，除非其他人通过持续占有取得动产所有权。在德国，这也是原则性规定，但仅仅对于所有物返还请求权诉讼而言。

其他时效期间

西班牙　违法取得中少于或等于6年

法国、比利时　30年/3年，如果占有人是善意的

荷兰　20年

德国　3年（仅排除妨害之诉）

（c）首选建议

工作小组作出的选择之原因。本章选择关于所有权保护之主导趋势，包括3个可能的主张：动产的恢复（所有物返还之诉）、所有权宣告和对抗第三人干扰的保护令。后一种救济允许几个可能的禁令：禁止即将发生的干扰，停止干扰和消除原有干扰的痕迹。这几个要求能够被组合形成一个单独的保护令。该体系在大多数国家是主导方法，并且很可能在欧洲范围内被接受。关于作出这种选择的原因，接下来有一个关于其他可能性的分析及解释为什么它们没有被适用的原因。

在占有保护方法之中，虽然占有动产之人享有一非常强劲的地位，所有权的保护在实际中以一种相似的方式占据主导地位。另外，占有保护原则在该卷占有体系中不被适用并且在这里运用也没有意义。

仅允许侵权救济的普通法的方法，也没有这样做，因为它只是提供所有人的权利的间接保护。特别财产法的救济给予所有权人在非合同损害责任的法律中更快、更简单、更加无障碍和更加长远的保护，这种保护是通过与动产所有人的特别强势的法律地位相联的利益、稳定的对物权、对动产持有权利之人的法律确定性的需求来实现的。特别是在对非合同损害责任的法律中的救济，对于阻止对动产的干扰是不充分的。

诡辩方法，如在北欧系统中，将不可能符合对物权的法律确定性和稳定性利益。否则，普通法方法严格地限制动产恢复，也将在欧洲范围内几乎不被接受。

最后，对于所有权之保护的诉讼时效，它们限制在第Ⅷ－4:201条的术语下；对于

通过持续占有的取得,之前的所有人丧失而占有人获得所有权。

I. 第Ⅷ-6:101条第(1)款:收到和恢复人力控制

示例1

A将其自行车停在一商店前面而没上锁。B取走自行车。一年后,A辨认出其自行车停在并被锁在一个被看管的停车场。A有权为恢复对自行车的控制而起诉B。

示例2

C将他的摩托车卖给D;然而,它现在已由E修理。C将钥匙给D。但E拒绝将摩托车给D,D为获得摩托车之占有而有权起诉E。

获得和恢复。第Ⅷ-6:101条第(1)款是一特别财产法救济,它使没有占有动产的所有人有权去"恢复"占有。这是传统的所有物返还之诉。该规则适用于所有人被剥夺占有的情形。在所有人从不(直接)占有动产的情形下,例如,当所有权已转移,但动产由第三人占有或由销售者占有,能被解释为:当剥夺行为发生时,所有人已经间接占有动产。在这些情形中,一个违法第三人能被视为不仅剥夺直接占有人(销售者或其他),而且所有人作为动产间接占有人。然而,如果没有第三人剥夺的发生,但动产的第三持有人(第Ⅷ-2:105条第(2)款)或销售者(第Ⅷ-2:103条)简单拒绝将动产还给所有人,即使占有(保持)动产权已经终结,"剥夺"和"恢复占有"的词汇似乎不完全合适。所有人第一次恢复直接人力控制被第Ⅷ-6:101条第(1)款所涵盖,另外也使用了词汇"获得"。同时第Ⅷ-6:101条第(1)款适用于没有发生剥夺所有人的情形,例如,所有人遗失动产,或将动产委托给拒绝返还或将动产给第三人。

人力控制。能够使用词汇"占有"而代替词汇"人力控制"。这依据第Ⅷ-1:205条和第Ⅷ-1:208条的定义。在此上下文中,词汇是同义的。主张可能直接对抗一对物"实施人力控制之人"。这意味着,它可能直接对抗动产的直接和间接占有人(在第Ⅷ-1:206、207条意义上的自主占有人和有限权利占有人)和对抗代表占有人实施此控制的占有辅助人(第Ⅷ-1:208条)。

原告和被告。所有人有权获得规定在第Ⅷ-6:101条第(1)款(原告)的救济。所有人可能已经在之前直接或间接占有动产,然后被其他人(被告)剥夺占有,但对于主张而言,被告人的剥夺不是先决条件。一个遗失动产的所有人,或动产被盗的所有人有权主张从目前不想归还动产的占有人那取回动产(发现者,小偷或其他无权占有动产之人,即无权成功主张对抗所有人)。在这些情形中,所有人不是被被告"剥夺",被告可能是任何对物实施人力控制的人,无论是直接地或间接地(OP或有限权利占有人),或一个代表占有人实施人力控制的占有辅助人(PA)。一部分被告人需要不具有法律资格或过错(忽视或其他)。

所有权。所有人承担正确地识别物之责任和证明所有权的责任。这可能是一个难以免除的责任,因为动产之交易不是经常以成文形式记录下来。动产流转很迅速并且经常是大量产生的;它们的识别可能很难。如果规定于第四章的关于持续占有取得时效期间已过,那么所有权证据在那个基础上能够被免除。对于所有权举证的特别要求由成员国规定。

示例 3

A 必须证明他是否已经买了自行车,并提供自行车商店收据作为所有权的证据。幸运的是收据包括关于自行车的精确描述,原始地用于保证目的。另外,A 的名字雕刻在框架上。A 应该在其主张中证明自行车之所有权以对抗 B 占有动产的权利。

动产占有权。然而,所有人无权或获得占有以对抗有权利占有物的另一个人,如租赁合同下的权利、所有者抵押、另一所有者的物上的担保权或保留权,等等。占有动产的权利必须对所有人是有约束力的。例如,当所有人与另一个人订立租赁合同,另一人因此有权占有和使用动产。源于第三人占有动产的权利,如偷动产的小偷,一般不对所有人有约束力,但是对小偷有约束力。因而不被动产占有人作为防御使用于对抗依据第Ⅷ－6:101 条第(1)款提起恢复诉讼的所有人。

动产占有权,被确定作为一防御性表达。关于这样的权利存在的证据责任是被置于权利的持有者。所有人不必证明没有这样的权利存在。

示例 4

F 出租一辆自行车给 G,期限为 1 年。3 个月以后,F 主张归还自行车。主张不能战胜,因为 G 有合同性权利(在租赁合同之下)去占有此事物。相似地,如果 H 将一辆自行车置于一仓库并没有支付保证金,该仓库有权持有,直到收到付款为止。

"恢复"和赔偿金救济。第Ⅷ－6:101 条第(1)款的救济的法律结果是动产所有人的财产权利的确认和占有动产的恢复(或获得),即第三人归还动产的不可避免的责任和在某些情况下,也根据第Ⅷ－6:401 条和第Ⅵ－2:206 条的规定给予充足的赔偿(基于侵犯财产或法定占有的损失)。

示例 5

A 提起对抗 B 恢复自行车占有的主张。他被作为自行车的正当所有人被承认,B 因此必须转让对自行车的人力控制于 A。B 也可能支付赔偿金。

J. 第Ⅷ－6:101 条第(2)款:其他干扰

干扰。第Ⅷ－6:101 条第(2)款处理对于所有人权利的干扰,而不是由无权去占有的另一个人完全剥夺动产。它包括现在、过去和将要发生的干扰。只有干扰是"迫近"

的,将要发生的干扰才被涵盖:这意味着干扰发生在最接近的将来。规定也包括“迫近的”剥夺,因为剥夺能被考虑作为一个“对所有人的权利的干扰”(参见第Ⅷ-6:202 条第(1)款)。

宣告和保护令。第Ⅷ-6:101 条第(2)款使所有人有权去宣告所有权和要求一个保护令。这种保护令可能禁止不间断的或迫近的对动产的干扰行为和可能要求消除干扰的物理痕迹。这类似于传统的排除妨害之诉的概念。

示例 6

A 公司在一块没有通过围墙做好安全保护的地上存储了一堆煤。来自于邻近村庄的人定期地取走大量煤,主张此煤不属于公司 A 而属于公司 B 因为其雇员准许了该公司获得煤。为了明确 A 之地位,提起了关于所有权宣告和禁止即将发生的干扰的诉讼。

示例 7

B 修剪了 A 的几只羊的羊毛而没有经过 A 的允许。

示例 8

B 偶尔未经允许开走了 A 的汽车。

动产的稀有情形。比起不动产领域,纯粹对所有权的干扰在动产领域是频率不高的并且没什么实际重要性。正如上述示例 6 ~ 8 中所表明的,它们可能发生并且因此受到一个等同于许多成员国的规则之规则的影响,至少在不动产领域。

“干扰”的性质。本条意义上的干扰仅仅是人力干扰。第Ⅵ-3:206 条意义上的无形损害(危险物质或排放导致的损害责任),例如噪声、气味、放射和其他的类似排放,很可能影响不动产。仅仅在很少的情况下,这样的干扰也将导致对动产的损害。

示例 9

K 拥有一顶级的竞赛马。L 定期地在存放马的马厩附近驾驶一直升飞机。直升机产生的噪声能导致马的焦虑和紧张,削弱它的竞赛表现。

但是无形损害一般不是简单和唯一性的对动产的干扰。在这样的情形中,关于对非合同的损害责任的规则,正如在第六卷中陈述的,似乎为动产所有人提供了精确和合适的救济,在上述的示例中,一个规则要求 L 去阻止干扰,即阻止在 K 的竞赛马上空驾驶直升机,将不得不在许多方式上有资格,因为 L 的活动不仅仅与动产相联系,也与 L 飞翔于 K 的哪块土地上空,并且与 L 驾驶直升机的原因相联系。一个简单的保护令,仅将 L 干扰动产的事实加以考虑,将会太严格和过分简单化,并且那样似乎不适于处理无形干扰之情形,通常不能被严格地降低至它们干扰了动产所有权的事实。

K. 第Ⅷ-6:101条第(3)款:保护令

保护令之种类。保护令可能要求:

(a)禁止即将发生的干扰;

(b)停止干扰;

(c)消除原有干扰的痕迹。

这些中的两个或更多的能够被组合成一个单一的保护令。

将来干扰。为了使一个禁止将来干扰的要求正当化,将来干扰必须是"即将来临的",看评论J。

现存干扰。保护令也可能要求停止正在进行中的干扰(要求停止干扰)。

原有干扰。干扰停止了,但干扰的"容易消除的痕迹"仍然留在所有人之动产上,保护令也可能扩展至这些可消除的痕迹并且要求干扰者消除。"消除痕迹"表达在"容易"消除的痕迹的意义上被用于此,是为了将它与发生在动产上的损害相区分。金钱损害赔偿或其他损害赔偿被规范在第六卷并且不能成为保护令的组成部分。与导致毁灭或改变动产实体部分的"损害"相反,"可消除的痕迹"是物理的遗留在动产上的、作为没有对动产的实体造成损害的干扰的结果的东西,像灰尘、垃圾,或泥。它们能够很容易地被消除因为它们不影响动产的实体。此"可消除的"痕迹被认为是干扰本身的一部分。它们的消除不难并且要求消除它们是比对动产实体的损害赔偿较容易之救济。因此,它被认为适用于包括在保护令范围内的救济,假定保护令之要求相对于损害赔偿的要求来说没那么严格,特别是关于过错或过失要求,那么将不构成第Ⅷ-6:101条的部分。在许多法律体系中,消除作为干扰结果的遗留,在财产上的物理痕迹(在德国是"清除请求权")是在所有权保护和占有土地(不动产)中体现,是众所周知的救济方式并且也被部分地延伸至动产。然而,此种救济在动产领域没什么实践重要性,相对于不动产领域而言。

干扰者已经从动产上消除孳息或其他东西。另外,可能发生干扰者从动产处带走某些东西,此种情形被涵盖在第8卷第七章。

示例10

N已经带走5只M的羊而没有被批准,N修剪了5只他从M处取来的羊的羊毛和M的一些游荡在N的土地上的羊,N根据第Ⅷ-6:101条第(1)款,N能够要求保管M的羊,停止正在进行中的干扰和阻止即将发生的干扰(如果它们是迫近的),此与第Ⅷ-6:101条第(2)款保持一致。并且N将不得不依据本卷第七章的规定保管羊毛或其价值。

L. 与共同参照框架草案其他部分的关系

与其他规则的关系。第Ⅷ-6:101条和第Ⅷ-6:102条仅处理特别财产法救济。在第六卷关于与对另一人的与损害无关的非合同责任的救济和特别在第Ⅵ-2:206条

（侵犯财产或法定占有之上的损失）的救济被加在这些救济上（参见第Ⅷ－6:401 条）。

一些占有或保有权能够在共同参照框架草案的其他部分发现：

——第Ⅲ－3:401 条（有权持有相互责任的能力）；

——第 IV. B－3:101 条（物的可用性）（规定物的出私人有义务使承租人获得对物的人力控制）；

——第 IV. C－5:106 条（价格支付）第（2）款（规定物之保管者可能持有直至顾客支付价金）；

——第 IV. C－5:110 条（旅馆老板的责任）第（6）款（规定旅馆老板可能持有顾客之行李直至顾客支付服务费用）。

M. 规则的特点

规则的属性，第Ⅷ－6:101 条和第Ⅷ－6:102 条是强制性规则。

注　释

Ⅰ. 所有权保护之救济（种类/结果）

1. 在德国，法律为所有权人提供了一系列保护措施，这些措施旨在保证所有权人享有附着于所有权上的权利；在原则上，它们是恢复所有权之主张、请求限制令的权利和主张减少损害的权利。这些对物权救济构成了完整物权不可分割的内容（Brehm and Berger, Sachenrecht[2], no. 1. 13），并且，无论是否存在侵权行为，持有人都享有这样一项单独的对物权（Wieling, Sachenrecht[5], 6）。而且，享有利润或所有权孳息的权利通过以所谓的所有人占有人关系为基础的补偿主张也被保护，从而对抗第三人的无权使用（Eigentümer-Besitzer-Verhältnis）；此外，该救济也规定在民法典的第三卷之中，但是被认为具有一定的义务属性。最后，来自于其他法律领域的更多的救济（主张赔偿金，以不当得利为基础的主张和关于默示或占有人破产的所有人保护）也是对物权获得的全面保护。更具体而言，第一层救济（收复正式要求，Herausgabeanspruch）体现为被剥夺权利的所有权人能主张占有物在现有条件下的返还（民法典第 985 条）；对物权主张，也不得单独从物权中分离出来。当被告是一个非直接占有人，原告能获得的是在恢复或仅仅是间接占有的转让是有争议的。最盛行的观点是给予所有人此种选择（BGHZ 2, 164, 166; BGHZ 12, 380, 397; BGHZ 53, 29），但少数观点表明所有人可能仅获得间接占有的转让（Baur and Stürner, Sachenrecht[17], § 11nos. 41 ff）。这种情形可能是作为被告的占有人享有占有权（权利可能是基于法律规定或通过他人授权而获得的），以此权利来对抗原告。对于这种主张，即使是直接占有人从另一个可以对抗所有人的有权占有人处获得权利并且也被赋予了转让的权利（如转租），最终也会被驳回。恢复权利的主张不需借助自力救济或诉诸于强制力（关于所有人的自力救济，参见第Ⅷ－6:202 条，注释 1、22 和 40）；依据民事诉讼法第 894 条，当事人应当诉诸于法院，根据法律的规定，所有权人能够享有这一权利。此外，在立即执行的情况下，所有权人还可以选择申请暂时性的禁令（Podehl, BB 2006, 2484）；在这样的情形中，法院工作人员可能接管了物的占有，并且将物交还于所有权人（民事诉讼法第 883 条）（所有物返还请求权，参见 Faber and Lurger

(-McGuire),National Reports Ⅲ, chap. 1. 4. 1(a))。对于排除妨害之诉(Beseitigungs-und Unterlassungsanspruch;民法典第1004条)所关注的是,当对某人的财产确实存在一些不法侵犯的可能性,这些侵犯并没有对权利造成剥夺或者影响占有保留(Baur and Stürner, Sachenrecht[17], § 12 no. 1);基于民法典第903条,这种救济方式的范围与所有权相联系,并且是对所有物返还请求权的补充,共同构成了完整的所有权保护。关于原物返还请求权,干涉必须是非法的;如果所有权人有义务容忍这些干涉,诉讼将被驳回(民法典第1004(2)条),例如,事先所有人基于合同、财产权限制甚至是法律规定给予了许可(如紧急状态下的帮助)。妨害可能是现实存在的或未来可能发生的并且它可能包括损害行为或其持续性的危险;因此,它必须是人们的行为或至少是这类行为产生的结果(Baur and Stürner, Sachenrecht[17], § 12 no. 18)。此外,所有权人不仅能在威胁重复时行使救济权利,并且当这种妨碍带来的危险可能即将发生时,也能够行使救济权;预防性抑制要求,尽管从规定的字面意思无法看出,但这种预防性的限制可能出现在潜在危险中(BGHZ 2,394;BGH LM, § 1004 BGB, no. 27;Baur and Stürner, Sachenrecht[17], § 12 no. 25)。所有人不仅要证明所有权,还要证明有危险的存在(Prütting, Sachenrecht[33], no. 572);所有人可能要求作出一个相反的行为,即消除损害的来源,但救济的范围并不包括妨害行为所引起的最终损害赔偿(Baur and Stürner, loc. cit., § 12 no. 20)。排除妨害之诉是一种积极救济的诉讼,并且应当对必要标准进行说明;可能会有两种选择:要么是原告要求停止现有的妨害(Beseitigungsanspruch zur Abwehr gegenwärtiger Beeinträchtigung),要么是为了对可能发生的妨害进行救济(Unterlassungsanspruch zur Abwehr künftiger Beeinträchtigung)。这取决于法院的决定是要求作出一个行为(Handlungsgebot)还是弥补一个疏漏(Unterlassungsgebot),它们分别根据民事诉讼法第887f条或第890条来实施(参见 Palandt(-Bassenge), BGB[67], § 1004 no. 53,关于其他参考资料和有争议的案例),并且还可以对妨害所引起的问题或者无法改变的问题下令实施强制措施。虽然大部分是关于不动产,相邻关系和知识产权的内容,但排除妨害之诉比所有物返还请求权更加具有实践意义(Baur and Stürner, loc. cit., § 12 no. 4)。关于动产,众所周知的情形包括饮料加工者可以对那些将原告空瓶再次充装和销售的竞争者提出对抗主张(BGH LM, § 1004 BGBno. 27)或公司对于其雇员提出的对抗,因为雇员将属于公司的广告放在自己的工作帽上用于宣传(BAG AP,1980 art. 9, Basic Law no. 30)(关于排除妨害之诉,参见 Faber and Lurger(-McGuire), National Reports Ⅲ, chap. 1. 4. 1. (b))。最后,关于因所有人——占有关系而产生的所有权人的权利,这种关系仅在因所有权而产生的全部要求共同存在时才会发生(Vindikationslage),参见第Ⅷ-7:101条注释13,第Ⅷ-7:102条注释17和注释39,第Ⅷ-7:103条注释26、45和注释65,以及第Ⅷ-7:104条注释7、21、30、64和注释94。上述提及的有关财产法中的3种救济类型是各自独立的,这意味着它们可能被同时适用。如上所述的所有权保护,为其他财产权利的保护也提供了一定的模式,关于保护的规定也涉及民法典第985、1004条的保护的规定。例如,用益权(民法典第1065条),抵押权(民法典第1227条)或地役权(民法典第1090(2)条)(Faber and Lurger(-McGuire), National Reports Ⅲ, chap. 1. 4. 4)。

2. 在希腊,财产法为保护所有权提供特别救济,因为基于债的关系提供的保护通常被认为是不充分的。救济是有区别的,采用何种救济方式,取决于这里的妨害是导致了对所有权的完全剥夺还是无法持有财产抑或仅仅是阻止权利的行使。在第一种情形中,所有人有权向法院要求确认所有权和恢复财产(原物返还请求权,民法典第1094条),而在第二种情形中,当妨害还没有构成权利剥夺时,所有人可以提出一种救济(排除妨害之诉,民法典第1108条)以停止妨害和禁止即将发生的妨害。在德国,排除妨害之诉不仅能阻止现有妨害,也可以用于阻止即将发生的妨害,并且要表明阻止的目的。这些救济共同构成对于所有权保护,并同在动产和不动产中都可以适用。关于其他对物权的保护,希腊民法典采用了类似于德国民法典的立法技巧,这些救济也都能参考适用。例如,在个人地役权情形中的用益权(民法典第1173条)或抵押权(民法典第1276条);甚至在对物地役权情形中,尽管民法典第1132条提供了一种特别的救济方式(确认之诉),这里的规定也是与所有权保护相类似的。在财产法救济中,善意占有之诉(民法典第1112条)和基于另一个人的不动产中取得动产之诉(民法典第1109条)也能被涉及。对于善意占有之诉,在希腊法律中,只能在不动产情况下适用;参见第Ⅷ-6:302条注释2;这种救济方式可能会在原物返还请求权或排除妨害之诉中出现,并且它的优点在于原告不用证明自己享有所有权。第二种诉讼是用来解决;当某人的动产处于另一人不动产之中,因不动产权利而阻碍动产所有人继续追寻动产时,动产所有权人能够通过诉讼获得进入他人不动产之内寻找自己之物并且取回该物;同时,动产所有人有义务对房屋所有人承担由搜查和取回而导致的损害赔偿(Faber and Lurger (-Klaoudatou), National Reports Ⅲ, chap. 1.4)。这种诉讼方式具有非常有限的救济范围,只能是用于解决当动产在另一个人土地上被发现,但无人占有或保留它的情形(Georgiades, Empragmato Dikaio Ⅰ, § 63 no. 2)。

3. 在奥地利,所有权保护的救济可能具有财产法属性(dingliche Ansprüche),它们可能源自法律中义务(schuldrechtliche Ansprüche;参见第Ⅷ-6:401条注释2)或者,像在其他体系中,它们可能通过保护性占有来间接保护所有权(参见第Ⅷ-6:204条注释15)。它们都可以适用于动产和不动产之中,虽然大多数情形下会涉及到第二种类型。对于所有权保护的财产法救济主要是原物返还请求权和排除妨碍请求两种。前者(Eigentumsklage)在民法典第366条中规定;虽然这里的用语和规定看上去涉及程序,但所有人对财产享有的控制和取回权利都是独立存在于法庭程序制度之中,特别是因为没有仅仅适用于这个诉讼的程序类型。原告承担证明所有权的责任还必须详细描述存在问题的财产(民法典第369f条),如果财产是古旧的或被转让过多次,那么所有权证明可能存在困难(probatio diabolica;参见 Koziol and Welser, Bürgerliches Recht Ⅰ[13], 345; Rummel(-Spiel-büchler), ABGB Ⅰ[3], § 369, no. 2)。而且,财产应当处于被告的控制之下;但是,如果被告享有占有的资格,并以此来对抗原告所享有的限制性物权(地役权、抵押)或个人权利(如租赁、出借合同、保留所有权之销售)这时收回的权利被排除。如果成功的行使了原物返还请求权,占有人应当放弃财产,并返还给所有权人(在不动产中,可能是放弃房屋;Räumungsanspruch);可能在所有权人与占有人之间产生其他的诉求,例如,为了支付赔偿所用的花费(参见民法典第379、329条及以下)。奥地利法律对发生在无力偿还和破产清算程序中所有权人财产返还问题也认为是取回权的一种(Koziol and Welser, loc. cit., 351; Ehrenzweig, Sachenrecht[2], 303 f),因为所有权的完整性,对所有权的保护不仅应当能够对抗不合法占有者,并且也应当能够对抗占有人的债权人。然而,对于这个问题一些特殊的法律术语可能意味着要适用不同的法律程序。以便于分辨出两种不同的权利。在无力偿还的情形下,所有人享有所谓可以分割的权利(Aussonderungsrecht),然而,如果财产是因为信用的目的而被转让,基于破产法第48条(Konecny and Schubert(-Schulyok), Insolvenzgesetze, § 48 KO nos. 256 ff)的规定,所有人仅仅享有优先支付权利(Absonderungsrecht)。另一方面,如果财产是在对抗占有人的强制程序中被扣押,所有人能提起一个停止执行处于占有人控制之下的所有人财产的诉讼,以此来对抗占有人的执行权(Exzindierungsklage or Drittwiderspruchsklage;强制执行程序法第37条;参见 Angst

(-Jakusch),EO, § 37 nos. 1 ff)。所有人应当及时提出救济,否则所有权可能会被因拍卖而获得财产的人善意取得(参见民法典第 367 条及强制执行程序法第 269 条)。然而,(前)所有人仍受保护,因为这里存在一个基于不当得利的主张(Verwendungsanspruch;民法典第 1041 条)以对抗债权人(OGH 1 Ob 173/66,EvBl 1976/199;Jakusch,loc. cit., § 37 no. 76),这实际上"延伸"了所有权(参见 Wilburg,Lehre von der ungerechtfertigten Bereicherung,27 ff;Wilburg,JBl 1992,545,549;Bydlinski,System und Prinzipien des Privatrechts,239 et seq.)。除了原物返还请求权,在没有剥夺所有权的情形下,所有人能提起的是排除妨害之诉(Eigentumsfreiheitsklage,民法典第 523 条;虽然此规定给予救济仅对抗在所有人财产上享有地役权的人。判例法和法律规定一般都接受救济是共同适用的,不管妨害者是否援用其他权利;参见 OGH 6 Ob 352/64,EvBl 1965/360;OGH 10 Ob 506/95,SZ 68/55,关于不动产;Rummel(-Hofmann),ABGB Ⅰ[3], § 523 no. 9;Koziol and Welser,Bürgerliches Recht Ⅰ[13],350 f);像原物返还请求权,"诉讼"(Klage)一词不意味着主张仅存在于法庭程序之中,这里也没有特别的程序制度。排除妨害之诉主要是在不动产领域中适用(如,当某人走路或驾驶经过另一个人的土地;OGH 1 Ob 187/64,SZ 38/16);但是,也对动产有用,例如,当一机器或其他资产无允许被使用或甚至关于使用一传真机于所有人收到一未经请求的传真讯号(比较 OGH 4 Ob 320/97 f,SZ 70/227)。原告必须证明资产所有权和任何的妨害,即任何不合法影响所有权的行为(Schwimann(-Kiendl-Wendner),ABGB Ⅱ[3], § 523 no. 11)。对原告的损失和妨害者的过错不作要求,妨害者甚至可以不具有法律行为能力(OGH 1 Ob 47/00v,SZ 73/57;Hofmann,loc. cit., § 523 no. 9)。当所有权人排除妨害之诉获得成功,他将获得双重救济。另一方面,所有人可以要求妨害者避免任何潜在的妨害(Unterlas-sungsanspruch),对于已经重复发生的妨害存在的现实危险性(Wiederholungsgefahr)是很容易被证明的(OGH 4 Ob 320/97 f,SZ 70/227;Kiendl-Wendner,loc. cit.,no. 13;Rummel(-Spielbüchler),ABGB Ⅰ[3], § 354 no. 5);如果没发生妨害,妨害的的危险程度必须被确定,这是为了给提出阻碍妨害而提供前提(vorbeugende Unterlassungsklage; see Kiendl-Wendner, loc. cit., no. 14; Spielbüchler, loc. cit., § 354 no. 5)。另一方面,所有人能要求恢复至财产的原来状态(Wiederherstellung des vorigen Zustands),这笔费用由妨害者承担;最近 OGH 的判例法对于以前关于妨害者的责任是否应当受到合理支出限制的问题进行了回答(Ehrenzweig,Sachenrecht[2],303)(Klang(-Klang),ABGB Ⅱ[2],604),提出对于如何认定合理的标准也要进行考虑,以便于对或多或少与以前相类似的情形进行公平的处理(OGH 6 Ob 352/64,EvBl 1965/360;OGH 5 Ob 143/ 04x,MietSlg 56. 051;OGH 5 Ob 297/04m;参见 Kiendl-Wendner,loc. cit.,no. 6;Klang,loc. cit.,603 et seq.)。最后,对所有权人的权利保护还存在第三种可能性,可能上述救济方式同时适用也可能是单独适用:原告能要求宣告判决以宣告被告所主张的权利不存在(OGH 8 Ob 51/03p,MietSlg 56. 672;Hofmann,loc. cit., § 523 no. 11)。一种特殊的用来对抗妨害的保护方式,对于不动产非常重要,包括管理来自于相邻土地排放问题的相邻法规则(民法典第 364(2)、364a 条)(对于所有这些所有权救济,参见 Faber and Lurger(-Faber),National Reports Ⅰ,25 et seq.,27 et seq.,28 et seq.)。

4. 瑞士法通过三种救济保护所有权,恢复诉讼,对抗妨害诉讼和所有权确认之诉(Steinauer,Les droits reels Ⅰ[4],nos. 1015 et seq.;Schmid and Hürlimann-Kaup,Sachenrecht[2],nos. 659 ff)。恢复诉讼(原物返还请求权;民法典第 641(2)条),是所有权人没有占有争议中的财产(或至少仅是间接占有)以对抗物的直接占有人。如果原告证明自己的所有权和被告无权对抗他对于此物的占有,法庭应当要求将此物归还给原所有权人。对抗妨害之诉讼(排除妨害之诉;民法典第 641

(2)条)用以对抗任何妨害原告所有权和基于所有权而产生的其他权利。这种妨害必须是不合法的,即它既没有获得所有权人的允许也没有获得法律的允许,并且这种妨害是现实存在或者潜在的。这种诉讼的作用在于要么是终止现有的侵害,要么是对潜在侵害的预防。最后,所有权确认之诉没有在民法典中明确规定,但在法庭实践中已被释明;判例法允许所有权人的权利被质疑或因为他人提出对抗之诉而使得权利状态不确定(ATF 84 Ⅲ 16)。与属于财产法救济方式的恢复诉讼和对抗妨害诉讼相比较,这种救济方式拥有更宽的范围,因为它能够在由于任何权利而引起的所有权状态不确定的情形下提出。除了上述救济,瑞士法认可了一系列其他物权保护的特别诉讼,例如,确认之诉,它保护地役权之受益人以对抗妨害权利的人(民法典第737(1)条)(Faber and Lurger(-Foëx and Marchand),National Reports Ⅵ,chap. 1.4.1)。

5. 保加利亚法在关于所有权法案的第九章中也确认了两种所有权保护的救济方式,即所有权收复法案第108条和所有权法案的排除妨害之诉第109条。原物返还请求权不能适用于一般财产诉讼(Bobatinov and Vlahov,Veshtno pravo[2],340);根据判例法,返还此类物的义务,应当基于不当得利的规定(债权法第55(1)条)(SC General Assembly of the Civil Chambers no. 98/1964)和在被请求之物遗失的情形下,如果原物返还请求权在这样的情形下被提出,它将被驳回(Bobatinov and Vlahov,loc. cit.,340;也比较民事诉讼法第521(2)条);所有物返还请求权可能被驳回的其他情形包括:被告的成功抗辩或者案件的花费是因财产之上的债务所引起的。另一方面,否定诉讼(所有权法第109条),保护所有人以对抗任何第三人对于所有权的妨害并且使所有人能够要求任何没有法律基础的妨害不要再持续。大部分关于不动产,但并非仅限于不动产。否定主张最初的目的是为了将原告的所有权恢复至妨害发生前的状态;但是,提起诉讼时,妨害并不需要仍然持续。如果存在妨害将持续的风险,就需要对权利进行救济;被告被法庭要求避免任何即将发生的妨害和承担任何潜在妨害所产生的强制罚款(Faber and Lurger(-Stoimenov),National Reports Ⅳ,chap. 1.4.1)。

6. 在荷兰法律中,所有人和其他权利人都享有一系列保护他们权利的救济,即恢复诉讼,获得裁决的诉讼,侵权诉讼和基于不当得利的诉讼。最重要的救济方式就是返还权,所有权人可以从任何一个无权(民法典第5:2条)持有人的手里取回资产,这样能够使得原告取回财产。然而,如果被告有权通过与所有权人的法律关系保留财产(如租赁合同或用益权)或者是这种保留有依据时,原告的恢复请求权将被拒绝。。如果恢复请求成功,并且该物被恢复占有,民法典第3:120条及以下规定了所有权人和占有人之间的关系;主要标准是看后者是否出于善意,并且当所有权人从拾得者处取回原物也适用同样的标准(更多的细节,参见第Ⅷ-7:101条注释1,第Ⅷ-7:102条注释4、25和注释32,第Ⅷ-7:103条注释1、16、31和注释52,以及第Ⅷ-7:104条注释6、11、38、58和注释73)(Faber and Lurger(-Salomons),National Reports Ⅵ,chap. 1.6.1(b))。除了恢复主张,所有人(和其他权利人)也可能在法庭要求宣告判决(declaratoire uitspraak);它的内容可能包括确认,要么是确认原告的权利,要不是确认申明的权利或者是说明对方权利不成立(民法典第3:302条)。当与因不遵守规定而责令罚款的情形相结合时,这种救济方式有特别的用途(Salomons,loc. cit.,chap. 1.6.2)。

7. 在意大利,所有权保护规定在民法典第三卷第四章并且包括较为宽泛的救济内容,例如,财产的恢复,禁令,补偿(不可能恢复之情形或归还物)或纯粹宣告诉讼。鉴于大部分诉讼是因保护不动产财产权而提起的,主管法院是财产所在地的区法院(Reform of the Italian International Private Law System Act art. 5),并且,每个诉讼都必须登记(民法典第2653条)。主要的救济方式是返还请求权(azione di rivendicazione)和消除妨害之诉(azione negatoria);民法典也规定了仅针对不动产的两种救济,即决定不动产边界之诉(azione di regolamento di confine;民法典第950条)和对不动产边界的定位之诉(azione per apposizione di termini;民法典第951条)。返还请求权是当另一个人不合法占有或扣押财产时,所有权人能够主张的救济方式(民法典第948(1)条)。救济的原因(causa petendi)可能是因为所有权受到侵犯或者是原告所能获得的补偿,这种补偿要么是通过被告返还物品要么因为无法返还而支付的等价赔偿,从举证责任由原告承担,特别是当被告通常以现实占有(possideo quia possideo 原则)为抗辩,此时原告应当承担物之归属的举证责任;原告要从根本上承担一系列证明责任,即证明通过原始取得获得所有权或证明所有权的取得是建立在一系列合法程序之上的(Cass. II, no. 14448/2003;Cass. II, no. 11521/1999)。如果被告承认向原告转让财产的人是之前的所有人时,原告也有可能被减轻部分证明责任;在这种情形中,原告只需要证明从原所有人处合法取得了所有权并且没有他人对该物享有合法的权利。如果物在程序开始之后已经被出售,所有权人要么通过买回的方式取回物并要对后来的买受人支付相应的补偿,要么当此物不再能恢复时,仅获得补偿(如物已经被摧毁);在第一种情形中,所有权人需要补齐两者的差额,因为如果出卖人获得的损害赔偿金超过了用于购买该物的价钱,此时就产生了不当得利。然而,如果此物已经先于程序开始被转让,不能再提起返还请求权,所有人将不得不诉诸于其他相关的合同诉讼(如果与被告存在一合同关系)或者是非合同责任引起的赔偿或是通过不当得利获得补偿。消除妨害的诉讼有双重范围:它的目的不仅在于说明对于有争议财产并不存在其他权利人,还要阻止潜在的妨害(民法典第949条);据此,也可能需要支付赔偿金。同样,在这种救济中,即便对于证据要求并不严格,原告需要证明所有权,例如,证明权利来源的合法性或者能够通过严格的、精确的、一致的标准来获得权利(Cass. Unified Divisions, no. 409/1992;Cass. II, no. 4803/ 1992;Cass. II, no. 10149/2004);被告不得不根据关于证据责任的一般规则去证明他的或她的权利(民法典第2679(2)条)。驳回诉讼并不具有强制力,这就意味着如果有新证据的话,原告可再次提出主张。除了这些救济,意大利法律中还认可另两个用于保护所有权的救济:归还之诉(azione di restituzione)和纯粹宣告诉讼(azione di mero accerta mento)。当某物基于合同错误地被另一人所有时,适用第一种诉讼。为了实现该诉讼的目的,要证明该物已经交付;是否存在权利对于证明交付并不是必须的。但如果权利是无效或后来变为无效的,诉讼将变为不当得利之诉。如果物已经被毁损,转让人将获得来自恶意受让人的补偿;如果仅是对物进行了破坏,转让人可以选择接受完全补偿还是要求财产原状恢复并对破坏部分价值进行补偿(民法典第2037(2)条);但是,如果受让人对于损失或破坏没有责任时,仅对最后的不当得利负责(民法典第2037(3)~2041条)(Cass. II, no. 1813/1982)。如果物已经被转让,受让人的责任取决于他是善意或是恶意,并且基于民法典第2038条,责任将包括补偿或原物的价值或二者都有;如果该物已经被捐赠,对于受赠者的获利进行衡量。最后,如果该物仍然是获得者财产的一部分,原始的转让人可能基于不当得利要求归还它们;在这种情形下,如果物已经基于法律规定而取得或者是基于诉讼时效取得(民法典第1153条)(Cass. II, no. 2161/2005)或如果在原始转移被宣告无效之前,已经对财产进行了登记而取得权利(民法典第2652 no. 6、1445、1452、1458(2)条)。最后,纯粹宣告诉讼赋予占有财产的所有权人能够对抗任何妨害或争夺该物的人(Cass. III, no. 2479/1979);当它保护一人之于另一人物上的利益时,诉讼被称为azioneconfessoria(如不动产地役权民法典第1079条),甚至可以以此来对抗所有权人。尽管缺少相关规定,意大利的法律规定和判例法通常认可这种救济方式,并且虽然民法典已经规定具有宣告性质是特别救济方式,例如 azione negatoria;;它的主要范围包括消除任何关于财产状态的不确定性和宣告与法律情形相符的真实情形(Proto Pisani,Riv. trim. dir. proc. civ. 1979,I,620,633)。甚至在占有中,当原告立即并且毫不存疑地证明自己的所有权和被告不享有在物上的任何权利之时,此种救济也能够适用(Cass. II,no. 696/2000;Cass. II,no. 7894/ 2000;Cass. II,no. 3648/2004;对于这些救济的细节,看 Faber and Lurger(-Greco),National Reports Ⅰ,371 ff,373 f,374 f,376)。

8. 在西班牙,民法典第348(2)条规定"所有权人享有诉讼权利以对抗物之持有人和占有人来取回该物"这条规定被认为包括了所有权人为了保护所有权而对抗任何妨害的所有救济方式(TS 3 June 1964,RJ 3094),不管这些救济是否在法律中有明确的规定。法律规则已经逐步确认一系列救济方式为所有权人或其他物权受益人使用。首先,返还请求之诉是授予所有权人诉讼的权利,以获得所有权的法律认可并且实现事实上或法律上的占有(民法典第348(2)条)(TS 30 October 1997,RJ 7344)。判例法和法律规则为了保证救济的成功,规定了一系列先决条件(参见例如 TS 9 March 1911;TS 28 October 1927;TS 31 January 1976,RJ 98;TS 28 March 1996,RJ 2201;TS 30 October 1997,RJ 7344;比较 Lasarte Álvarez,Principios de Derecho Ci-vil Ⅳ[5],154 et seq.;Carrasco Perera,Derecho Civil,345):原告应当基于证明责任的一般规则承担证明所有权的义务(民事诉讼法第217(2)条)(TS 6 June 1966,RJ 2877;TS 10 June 1993,RJ 5265);只需要证明在诉讼之前物的所有权,除非被告反过来证明原告之后丧失了所有权,即使该物并没有为被告所有(TS 21 February 1941,RJ 153;TS 25 March 1969,RJ 1589)。证明所有权是较为复杂的,不仅需要证明权利取得的合法性,还要证明原所有权人的权利(probatio diabolica)(参见,例如 TS 24 June 1966,RJ 3443;for succes-sion mortis causa,TS 29 June 1996,RJ 4907;TS 11 May 1987,RJ 3392 etc.),probatio diabolica 可以通过其他方式来减轻证明责任。原告能通过原所有权人来证明自己是原始取得(如通过取得时效,民法典第464条,抵押与土地登记法第34条;参见 TS 24 June 1966,RJ 3443;TS 5 December 1977,RJ 4660;TS 10 November 1994,RJ 8465;TS 1 December 1947,RJ 1482)和一系列转让;如果被告援引民法典第464条的原始权利,原告还需要证明他或她丧失了财产或被非法地夺取了财产。此外,原告(还有被告)能援用通过法律合法假设,这种假设是所有权人基于占有而享有的权利(民法典第448f条)(TS 12 December 1966,RJ 5712;against TS 4 February 1957,RJ 381;TS 2 October 1965,RJ 4256;TS 22 May 1999,RJ 4114;民法典第449条,参见 TS 17 May 1956,RJ 1987;TS 26 October 1977,RJ 4019)或关于不动产和可登记的动产,来自于登记记录的假设(LH art. 38 and ORVP art. 24(1))(TS 23 November 1961,RJ 4112;TS 5 December 1992,RJ 9404;TS 8 October 1994,RJ 7469)。更为一般的是,基于判例法的规定,原告证明自己享有所有权是否有确凿的证据并不是必需的,被告的申辩也应当在一定程度内进行考虑(Pasquau Liaño(-Martín Pérez),Jurisprudencia civil co-mentada Ⅰ,929)。这在一定程度上与法庭规则相关,但同时也要与既判力规则的范围保持一致(民事诉讼法第222条)(Valpuesta Fernández,Acción reivindicatoria,titularidad dominical y prueba,passim)。除了证明所有权,原告还需要证明存在诉讼的客体物(eadem res),因为所有权可能仅存在于特别的物之上(TS 3 March 1943,RJ 304;TS 14 November 1950,RJ 1767);这样对于一般的物而言,返还请求权就被排除(TS 21 December 1908;TS 1 March 1954,R 983),并且也不适用于完全可替代物的妨害的情形(参见 Carrasco Perera,ADC 1988,69,80)。民事诉讼法第256条提供给原告一个提前诉讼的可能(actio ad exhibendum),据此未来被告可能被要求禁止占有物和诉讼的客体。"禁止"的目的不仅在于确定物以及其现在的归属并且可以确认被告实际地占有它;此外,被告应当保持物之现存状态直到程序开始或者，如果原告要求，它可能被存放或采取其他方式保存。在成功的请求返还诉讼中，运用民法典第 451～458 条关于偿还所有人的情形，被告必须归还物和所有附属品以及孳息（TS 1 February 1964，RJ 543；TS 30 May 1978，RJ 1953；TS 14 April 1998，RJ 2145）。在民法典第 222(3)条规定之下，决定影响请求归还之诉的判决，这个判决对于程序中的当事人，他们的代理人和继承人都有限制作用；它对所有状态没有影响（Faber and Lurger（-González Pacanowska and Díez Soto），National Reports Ⅴ，chap. 1. 6. 3）。如果物不再处于被告的占有之下，基于附属关系（民法典第 1294 条），原告可能无法获得任何补偿，要求取消前占有人和现占有人之间的合同（民法典第 1291：4 条）（Pasquau Liaño（-Martín Pérez），Jurisprudencia civil comentada Ⅰ，937；González Pacanowska and DíezSoto，loc. cit.，42 et seq.）。除了请求归还之诉，西班牙法律承认保护所有人利益的其他救济方式。关于宣告所有权之诉（acción declarativa de dominio），是指所有人获得所有权之法律宣告以对抗非所有权人（TS 24 March 1992，RJ 2284；TS 10 July1992，RJ 6277）；其主要范围包括另一个人没有达到夺取财产的妨害所有权情形，以及当所有权人想通过登记来证明权利来源的合法性，或为了取消被告的记录（TS 31 October 1963，RJ 4263；TS 5 December 1983，RJ 6825；TS 18 November 1992，RJ 9237）。原告需要证明所有权以及辨认有问题的财产，但不必证明被告的占有（TS 3 December 1977，RJ 4658；TS 16 December 1993，RJ 9996；TS 13June 1997，RJ 4773；Lasarte Álvarez，Principios de Derecho Civil Ⅳ[5]，159；Faber and Lurger（-González Pacanowska and Díez Soto），National Reports Ⅴ，45 et seq.）。而且，否定之诉（acción negatoria）赋予所有权人以对抗主张基于原所有权而享有的对财产权的限制（如地役权）并且其目的在于获得法律认可以对抗这些权利的存在，此救济被法律规则所认可，并且被地区性法律合理的认可（参见 the law 13/1990 of the Generalitat de Catalunya）。原告必须再一次证明所有权但不必证明被告不享有权利，因此，所有权被假定为没有限制的并且被告必须证明自己的权利。如果否定之诉成功，法庭要求停止妨害，要求为避免即将发生的妨害而采取可能的措施，并且依据情形也可能要求被告补偿所有权人遭受的任何损害（Lasarte Álvarez，loc. cit，161；González Pacanowska and DíezSoto，loc. cit.，chap. 1. 6. 4）。最后，民事诉讼法第 595 条及以下给予所有人对抗第三人的权利，它能够使所有权人对抗（执行的或预防的）他人债权人的占有；这种救济不仅保护所有权，也保护任何其他被错误执行的权利（民事诉讼法第 595(2)条）（TS 2February 1994，RJ 861；TS 22 July 1996，RJ 6817；Pasquau Liaño（-Martín Pérez），Juris-prudencia civil comentada Ⅰ，948，953），除非有争议物因为具有可替代性，与债务人的财产混淆（TS 25 February 1986，RJ 937；TS 18July 1989，RJ 5713）。值得强调的是，如果强占或原来财产因破产宣告能导致原始取得，前所有人可能丧失所有权（参见民事诉讼法第 593 条）。然而，除非发生这种情况，实际权利不仅在执行期间享有权利，甚至后来只要任何获得者没有基于原始取得而获得新的权利，实际权利人都享有权利（民事诉讼法第 594 条）；同时，所有人还可以进行其他诉讼（基于如非合同责任、不当得利、无效执行，等等）。第三人诉讼根据普遍程序原则被试用（民事诉讼法第 599 条）并且它不同于请求归还之诉，其主要目的并不是归还财产，而是取消强占（TS 24 July 1992，RJ 6453；TS 16 July 1993，RJ 6450；TS 16 July 1997，RJ 5610；TS 31December 1997，RJ 9408；TS 11 March 1998，RJ 1493；TS 20 May 1998，RJ 4035）；虽然在 LEC1881 判例法之下，经常认为这两种救济间存在相似性（TS July 1987，RJ 5215；TS 8 February 1988，RJ 766；TS 19 February 1992，RJ 1320；TS 5 November 1992，RJ 9221）。第三人诉讼不以事实判决的方式结束，而是以一种简单的司法判决（auto；参见民事诉讼法第 545(4)条），因此，它仅影响所要求的取消强占并且对所有权状态不产生既判力(民事诉讼法第603条)(在新的民事诉讼法颁布之前,判例法已经肯定此种立法技术;参见TS 10June 1991,RJ 4438;TS 30 January 1992,RJ 533)。在任何情形下,原告必须证明权利和准确的辨别财产(TS 5 April 1991,RJ 2640);原告也必须证明财产的获得不是来自于债务人在强占程序开始之后(民事诉讼法第595(1)条)(TS 21 June 1989,RJ 4771;TS 1 February 1990,RJ 651;TS 19 November 1997,RJ 7982)。如果交付发生于强占之后,第三人诉讼将被驳回(TS 25 October 1988,RJ 7639;TS 21 March 1998,RJ 1511),而如果所有权是在强占要求之后取得的,所有权是有效的,但从原则上来说,它无法在许多方面对抗债权人(例如actio pauliana,可登记的物的法律,等等;参见Fernández,Lecciones de Derecho Procesal Ⅲ,180 et seq.)。有时,即使原告不是所有人,法庭已经认可其主张,但需要援用能保证所有权取得的情形(如保留所有权的或有解除权情形的销售合同;参见TSJ Navarra 17 June 1992,RJ 8374 and TS 30 October 1983,RJ 5846;TS 11 October 1995)。如果原告无法被认为是为了对抗债务人强制占有的第三方,(TS 20March 1989,RJ 2186;TS 30 January 1992,RJ 533;TS 13 April 1993,RJ 3000;TS 20 June 1983,RJ 3635;TS 20 Jan-uary 1988,RJ 130;TS 20March 1992,RJ 2212;TS 25 November 1994,RJ 8947)或当一般债权人的行为威胁到第三人权利取得合法性时(TS 25 February 1997,RJ 1327)或行为可认为是无效时,那么第三人诉讼可能失败(如由于债权人的欺骗;TS 27 April 1998,RJ 2991;TS 15 June 1998,RJ 4897)。应当区分所谓的"注册确认的第三人诉讼"(tercería registral;LH art. 38 and ORVP art. 24(3)),当证据表明财产或权利属于某人而非债务人时,强占将被撤销(同样参见民事诉讼法第658条)(Faber and Lurger(-González Pacanowska and Díez Soto),National Reports Ⅴ, chap. 1.6.2)。

9. 在葡萄牙,财产权由司法外的方式和司法救济两种方式来保护,救济被分为财产性救济。司法外的方式对所有权的保护在民法典第1314条有所规定;虽然它仅涉及直接诉讼(acção directa;民法典第336条),但法律规则认同它也包括自力救济(legítima defesa;民法典第337条);同样可参见民法典第1277条关于占有保护的内容(关于对所有权司法外的救济方式,更多内容可参见第Ⅷ-6:202条注释15)。根据民法典第1311条的规定,所有权法律保护包括所有权人诉讼(参见第Ⅷ-6:204条注释19)和恢复财产诉讼(revindication;acção de reivindicação),经过必要的限定之后,这种方式被认为可以普遍运用于物权的保护(参见民法典第1315条)。恢复所有权之诉是允许原告通过诉讼的方式,使得占有人或持有人认可原告的在物上的权利并且将物归还给原告(Pires de Lima and Antunes Varela,Código Civil Anotado Ⅲ², 112;STJ 02 March 1974,BMJ,275,219);但是,如果占有人或持有人有基于法定或意定(合同)而获得占有或持有财产的权利,或证明有争议财产确实属于某人但不是原告,或财产是一个无主物时,原告归还的主张可能被法庭取消。原告必须提供充足的证据证明自己的所有权,即权利取得方式,以及如果所有权是通过后续行为取得的还要证明原所有权人;原告也必须证明被告占有或保有此物。如果诉讼成功,原告的所有权被承认并且被告必须归还此物并且需要支付由于剥夺原告权利或妨害所发生的损害赔偿;被告还需要承担归还的费用(民法典第1284条)(比较Rodrigues,Posse,144;Pires de Lima and Antunes Varela,loc. cit.,art. 1311 no. 2[113];Mesquita,Direitos Reais,179)。此外,如果原告仍然占有或保有此物,他可以使用所有权保护的救济方式来对抗妨害(acção negatória)(比较Pires de Lima and Antunes Varela,loc. cit.;对于所有上述的救济,参见Faber and Lurger(-Caramelo-Gomes and Nóbrega),National Reports Ⅳ,chap. 1.6.1)。

10. 在法国法中,主要有两中财产救济方式:"纯粹的归还"之诉和取回之诉;第一种诉讼在所有权人的权利没有争议的情形下适用,而第二种适用于相反的情形(参见 Laroche, Revendication et propriété, passim; Martin, D. 2002, 3279)。除此之外,法律规则区分另外两种保护所有权利益的诉讼方式:否定之诉(action négatoire)和供认诉讼(action confessoire),前者是通过所有权人反对第三人声称的对财产享有的权利;后者是当某人意图通过自己的合法权利对抗所有权人时,所有权人可以对这个合法权利人提出抗辩(Zenati-Castaign/Revet, Les biens[3], 318, no. 197)。此外,法律还对相邻人之间的妨害进行了特殊的规定(troubles anormaux du voisinage),不论对所有权人或纯粹持有人都提供类似的救济方式(Cass. 2ème civ., 17 March 2005, Bull. civ. II, no. 73 = D. 2005, pan. 2357, obs. by Reboul-Maupin)并且所有人也能够为了阻止潜在损害的发生而提起诉讼(actions conservatoires),例如,禁止建造一个潜在危险的大厦(dénonciation de nouvel oeuvre);所有权人也可以通过法国程序法的规定来也寻求其他临时性措施,即禁止令(injonction de faire[民事诉讼法第 1425-1 条及以下]和禁止支付[民事诉讼法第 1405 条及以下])或在惩罚或罚款的后停止妨害(astreinte)(Faber and Lurger(-Cashin-Ritaine), National Reports Ⅳ, 1.4.1)。回到最初的两种救济方式,"纯粹归还"是所有权人享有的权利,尽管此时对于所有权的归属并没有被争议,但当他人在无合法资格的情况下,对财产进行了妨害时,所有权人能够阻止这种妨害(trouble manifestement illicite)。及时返还财产的规定是充分正当的,法庭仅仅要求归还财产给所有权人(与商法典第 624-10 条进行比较)。这种情形必须与所有权人基于合同而持有物的归还进行明确区分(例如借贷,租赁或存放)。另一方面,如果所有权被质疑,原告必须证明所有权,此时,应当适用取回之诉(action en revendication-action pétitoire)。这种救济方式没有民法典中予以规定,它是源自于财产权基本属性的,其范围应当包括:确立所有权人正当的权利和恢复财产;在任何情形下,恢复主张并没有赋予所有权人自力救济或诉诸于强制力救济的权利;它应当依据司法规则而进行。值得注意的是,取回之诉在动产中的适用性由于"动产信赖"原则被极大地削弱,此保护动产的善意取得人(Terré and Simler, Les biens7, nos. 425 ff, 530);只有当获得人和现实占有人是恶意的情形下,或当动产遗失或被盗时,才能够适用取回之诉。后一种情形有 3 年期间(民法典第 2276(2)条[过去的第 2279 条])。在这些可以适用取回诉讼的情况下,两种救济方式都有可能,这取决于被告在取得占有时是否为恶意,或当物遗失或被盗时被告是否是善意的(Terré and Simler, loc. cit., nos. 438 ff)。在第一种情形中,所有人承担证明所有权和被告恶意的责任;并用以对抗纯粹的发现者,这种情形易于对抗基于合同不履行的诉讼(贷款、存放、租赁物;比较 Terré and Simler, loc. cit., nos. 437, 530)。所有权人通过说明原本的占有来证明自己的所有权(Terré and Simler, loc. cit., no. 438)。在第二种情形中,所有权人必须证明权利,但只需要再一次证明原本的占有状态就可以了;在特定的情况下,成功的取回之诉中,所有权人需要赔偿善意取得人为了取得该物的花费(民法典第 2276(2)条[过去的第 2279 条]以及第 2277 条[过去的第 2280 条])(比较 Terré and Simler, loc. cit., nos. 440 et seq.)。法律规则中的无形财产,例如:专利权,商标权,商业资产作为一个整体(fonds de commerce)甚至其中的权利都能够被取回(Zenati-Castaign and Revet, Les biens[3], 319 f, no. 198)。取回权之诉必须基于占有人已经破产(sauvegarde des entreprises),以此,所有权人受所有权保护的财产被破产组织所持有(如由于保留所有权之下的销售合同)来对抗破产者的债权人(商法典第 624-9 条)(参见 Terré and Simler, loc. cit., no. 531)。如果原告不能充分的证明作为被告的占有人不是所有人,取回之诉将被取消(Cass. 1ère civ., 11 January 2000, Bull. civ. I, no. 5),或者被告是基于正当法律关系而持有资产(例如,租赁合同);此外,如果此物已经与另一个人的物混合并无法分离时,诉讼也无法成功(可参见 Cass.

com.,11 July 2006,RTD civ 2006,794,obs. by Revet)。如果法庭认可归还,占有人必须放弃财产及所有附属物,例如孳息和产品,但如果被告售出或遗失该物,被告必须补偿所有权人。所有权相关争议是经过检验的(COJ art. R 311-1),在破产程序中其他关于商业资产取回问题,由商事法庭处理(商法典第 624-9 ff 条)(Faber and Lurger(-Cashin-Ritaine),National Reports Ⅳ,chap. 1.4.1)。

11. 比利时法与法国法类似,财产权通过诉讼的方式得到保护,法律基础可以在每一种关于权利保护的法律规定中找到,如同法国法中,保护所有权主要是通过恢复财产之诉(revindicatie/revendication),具体如何适用可以参见民法典第 2279 条并且有同样的规则和限制(Dekkers(-Dirix),民法手册,Ⅱ^3,99;参见民法典第 2279f 条)。所有人或其他权享有物权的人也可能提起否定或供认之诉,这些内容与法国法一样(Faber and Lurger(-Cauffman and Sagaert),National Reports Ⅳ,chap. 2.3)。

12. 在苏格兰的法律中,所有权人可以通过返还救济权利(Carey Miller and Irvine,Corporeal Movables^2,nos. 10.01 f),它能够使所有权人对抗持有财产的第三人。所有权人应当确立所有权,同时也要确定被告的占有(HarperCollins Publishers Ltd v. Young[2007]CSOH 65;Carey Miller and Irvine, Corporeal Movables^2, no. 10.06; Steven, EdLRev 11[2007], 411; Faber and Lurger(-Carey Miller /Combe/Ste-ven/Wortley),National Reports Ⅱ,321)。

13. 在英格兰和威尔士以及爱尔兰,并没有罗马法上的返还权并且以保护所有权为目的的特别诉讼。此外,普通法国家的律师所关注的并不是确定所有权人;对财产权的保护,侵权法、占有制度等具有更重要的作用,这也是为什么在英美法中从来不试图用一个准确的定义来解释何为所有权。尽管通过保护占有来保护所有权和采用所有权救济方式来保护所有权有时会存在一定的区别,但一般还是通过占有保护来对所有权进行保护。这些救济方式分别可以参见第Ⅷ-6:204 条的注释 14 和注释 31。原告不仅需要证明自己的所有权,还需要证明他或她占有该物;同时值得注意的是,与其他国家法律相反与普通法规则相类似,对于个人财产保护的首要方式是补偿损害,而非返还原物(Faber and Lurger(-Frisby and Jones),National Reports Ⅱ,12 ff,28 ff;Faber and Lurger(-Gardiner),National Reports Ⅱ,173 ff;也参见 Note 13 to Ⅷ-6:401,关于塞浦路斯法律在财产权保护方面的规定)。

14. 在挪威和丹麦,所有权保护不仅是财产法上的问题,还是刑法以及非合同责任等规定中的问题。这需要与法律体系内容相联系并且该问题没有在财产法上有特殊的规定,即只有某人声称他人控制该物的证据能够被找到时。在任何情况下,某所有权人可能起诉小偷应当返还偷盗的物品,并且可能甚至起诉某个主张享有所有权的人;唯一的先决条件是存在足够的程序"利益"。这里还需要注意到预备程序步骤的一般规则(如给予法庭有权要求返还物或冲突被解决后才能够对物进行使用)。关于财产返还给合法权利人的内容,甚至没有在立法中被表明,因为它是不证自明的;这也通过事实被证明的,斯堪的纳维亚功能性方法论更多地关注动产之上的不同权利很少关注"所有权"作为综合性权利的概念。某人意图在挪威法规定下提出返还原物的主张,只需要证明自己比现在物的持有人具有更优的权利(财产法第 14 条);例如,对抗一个小偷,因为他不可能通过偷盗而获得任何权利,任何承租人、抵押权人,或权利享有者都具有更优先的法律地位(参见 Knoph(-Lilleholt)关于挪威法的内容,Knophs Oversikt over Norges rett,195;for Danish law,see Ancient Danish Code § 5-5-3[关于取得时效];von Eyben,Formueretten,29;Elmer and Skovby,Ejen-domsretten Ⅰ^4,160;Mortensen,Indledning til tingsretten,97)。某人证明他较之被告而言,在动产上享有更优权利就能够从实际控制人手中取回该物。如前所述,例如,小偷对于赃物不享有权利并且“所有权人”(或更详细地,任何有权之人)可以对抗小偷。即使小偷在这期间宣告破产,挪威债权人法律规定,小偷的债权人对该物仍然不享有权利(或至少没有比原告享有更为优先的权利),因为他们的债务人在该物上没有合法的权利(Andenæs, Konkurs, 104)。同样,如果承租人宣告破产,承租人的债权人对该租赁不动产不享有优先权利,并且“所有权人”将能够对抗债权人,而破产人的债权人仅仅能够基于合同约定的权利获得承租人对房屋享有的有价值的那部分权利,(Andenæs, Konkurs, 113)。换言之,除非返还已经不具有可能性(如当原告权利被消灭由于善意取得),原告的优先权能够保证他们取回动产(Faber and Lurger(-Færstad), National Reports Ⅴ, chap. 3.4.3. 关于刑法规定下的保护,参见第Ⅷ-6:401 条注释 16)。

15. 相似地,在瑞典,没有关于所有权保护的准确的财产性诉讼;某人可以直接向法院提出,要求被告返还该物并且支付赔偿。无论如何,裁定都具有强制力(Kronofogdemyndigheten),这意味着原则上不能强迫原告,例如,对于劳务,裁定的标准都是共同的。特别是对于原物返还,在执行之前有许多程序(handräckning;参见特别强制执行法)。在简易诉讼中,法庭可能责令对某人进行罚款,以此来避免妨害行为(Code of Judicial Procedure chap. 15 § 3)。与救济相关的规则在程序法和民事诉讼法中有所规定(Code of Judicial Procedure chaps. 13, 15 and 17; Special Enforcement Act; Martinson, Transfer of Title Conerning Morables, Port Ⅲ – National Report: Sweden, 25, 27)。

16. 在芬兰法律中,财产权保护(或任何权利)被认为是程序法和民事诉讼法的内容。任何在庭审之前发生在当事人之间的争议以及财产所有权的问题都包括在内(关于一般的内容,参见 Havansi, Oikeudenkäynti ja täytäntöönpano, chap. I),原告可自己选择适用何种诉讼方式,即,宣告判决之诉(vahvistuskanne),基本判决之诉(muotoamiskanne)和执行诉讼(suorituskanne)(Jokela, Oikeudenkäynti Ⅱ, 187; Ellilä, Oikeudenkäynti ja täytäntöönpano, 115; Lappalainen, Siviiliprosessioikeus Ⅰ, 362 f; Tirkkonen, Siviiliprosessioikeus Ⅰ, 382);那些不是财产法特别救济方式一般也可以适用。就典型的财产法问题,所有人一般享有两种诉讼权利:所有权人的权利之诉(omistajan hallintakanne)和所有人的禁令之诉(omistajan kieltokanne)(Jokela, loc. cit., 187)。在一般条款之中,所有人能提起宣告之诉,例如,对所有权状态存在疑虑并且所有权人期望法庭能够认可他或她的权利。另一方面,有法庭决定,禁令之诉的目的在于通过禁止第三人的行为而保护所有权人。此类诉讼也被认为是寻求禁令。然而,最重要和最普通的诉讼类型是执行诉讼(Jokela, loc. cit., 187),借此诉讼原告请求法院要求被告实施一些行为,如归还财产、支付金钱等;此诉讼类包括了普通的“财产法诉讼”,即被告应当将资产返还给所有权人(参见 the Actregarding legal proceedings[oikeudenkäymiskaari /OK] Chapters Ⅰ – XXIII;也见 Jokela, loc. cit., passim; Lappalainen, Siviiliprosessioikeus Ⅰ, passim; Lappalainen, Siviiliproses-sioikeus Ⅱ, passim;对于所有前述的问题,参见 Faber and Lurger(-Kuusinen), National Reports Ⅴ, chap. 1.4)。

Ⅱ. 关于恢复原状的主张

17. 在奥地利法律之中,所有权保全之诉被普遍接受(Eigentumsfreiheitsklage,民法典第 523 条),其主要目标之一是不管妨害者是否有过错,当物受到侵害时,应当将物恢复原状(Wiederherstellung des früheren Besitzstandes),(Koziol and Welser, Bürgerliches Recht Ⅰ[13], 351; Rummel(-Hofmann), ABGB Ⅰ, § 523 no. 11; Lepeska, RdU 2000, 97)。

18. 在德国,肯定所有权保全之诉(Eigentumsstör-ungklage)的目标之一是消除妨害(Beseitigung der Störung)(参见,例如 Prütting, Sachenrecht[33], no. 576)。但是,这种方式与非合同

责任主张的关系不是非常明确。Wolf(参见Wolf and Wellenhofer,Sachenrecht[24],§ 24 nos. 35 ff)认为对于这种主张存在四种理论观点,即(1)越界或篡夺理论(Rechtsanmaßungs-oder Usurpationstheorie),妨害者需停止相关的妨害性事件;(2)终止妨害理论(Störungsbeendigungstheorie),此需要妨害者停止所有未来妨害;(3)妨害来源理论(Störquellentheorie),这点主要适用于不动产,并且要求妨害来源必须被从不动产中消除;(4)恢复使用资格的理论(Wiederbenutzbarkeitstheorie),要求完全恢复被妨害物先前的状态。法律规则中的主流观点(Palandt(-Bassenge),BGB[67],§ 1004,no. 28,有更多的参考;Brehm and Berger,Sachenrecht[2],nos. 7. 27 ff.)坚定地认为该主张应当是基于现存妨害可能给未来造成的损害并且消除妨害的源头;例如,由于水管破裂,水泛出后导致污染土壤,污染者必须移除有害物质;如果物质已经变得与土壤结合在一起,污染者必须收集和消除被污染的土壤(BGH NJW 1996,845 et seq.)。另一方面,清除妨害带来的结果(Einwirkungen),必须基于非合同责任所带来的损害(民法典第823条及以下)。理论和判例法试图在消除妨害来源和结果之间划出界限(BGHZ 28,110,113;Brehm and Berger,Sachenrecht[2],no. 7. 28),前者作为财产法救济,然而第二个非合同责任带来的损害,需要妨害的一方有过错或妨害者没有破产。然而,这个区别在实践中很难辨别(比较 Prütting,Sachenrecht[33],no. 577,运用了主流观点,但尝试找到一中间途径)。

19. 在希腊,也通常肯定所有权保全之诉的目的之一是消除妨害(Georgiades,Empragmato Dikaio Ⅰ,§ 62 nos. 20 f;Filios,Empragmato Dikaio[2],§ 153 A)。但是,如同德国法,在民法典第914条以及以下内容,对消除妨害和损害赔偿两者进行了明确的区分,特别是对于非合同责任损害设定了更多的先决条件,要求妨害者应当是故意的。最后,消除妨害可能包括拆除建筑、移除垃圾等,而对所有权人因垃圾而遭受的损失进行补偿,是基于非合同责任带来的损害(Filios,loc. cit.,§ 153 A in fine)。

20. 在芬兰,关于某人财产受到妨害时,可能违反责任的人必须将物恢复原状。在目前法律规定中,此诉讼类型(ennallistamiskanne),即主张恢复原状,被作为所有权人救济的次要方式(Faber and Lurger(-Kuusinen),National Reports Ⅴ,chap. 1. 4)。

Ⅲ. 诉讼资格

21. 在德国,所有权人有权提起返还原物之诉。然而,其他物权人也有可能享有该项权利,特别是当财产权存在争议时,占有人也可能有权提起返还原物之诉(如所有者抵押;参见民法典第1227条)。至于减轻损害的请求,只要损害持续存在或尚未停止,所有权人就可以提出(Faber and Lurger(-McGuire),National Reports Ⅲ,chap. 1. 4. 1(a))。

22. 同样在奥地利,有权提起原物返还请求的人应当财产的真实所有权人(Faber and Lurger(-Faber),National Reports Ⅰ,25)。

23. 在希腊,原物返还请求权能由财产所有权人提起,在提起之时是否现实占有并不重要,不论所有权人是否从来就没有占有过该物,或是占有之后被剥夺;或是占有人但当下并没有持有。对于所有权之诉也是一样的,只不过此时原告应当实际占有该物(Georgiades,Empragmato Dikaio Ⅰ,§ 58 no. 2 和 § 62 nos. 6 f)。

24. 在荷兰法律中,物的所有权人享有原物返还请求权;并且该诉讼适合于不动产所有人,租地造屋者和用益物权人,他们与所有权人有同等的对待方式(Asser /Van Dam/ Mijnssen/Van Velten,3 - II Goederenrecht. Zakelijke rechten[14],§ 115)。基于民法典第3:125(1)条的规定,当该物遗失或受到妨害时,占有人也有间接的返还请求权,此时,占有人和权利持有人受到同样的保护,自遗失或妨害开始后1年内占有人可以使用相关的救济;超出期限后,占有人能依侵权行为法提起诉讼(民法典第3:125(3)条)。

25. 在法国,原物返还请求之诉只能由所有权人或物权受益人提起(即不动产所有人,租地造屋者和用益权人)(Faber and Lurger(-Cashin-Ritaine),National Reports Ⅳ,chap. 1.4.1(a))。

26. 在意大利,所有权保护之诉的目的是保护权利持有者的物权,因此,只有权利持有人才享有诉讼资格;如果原告不是物权享有人是不能提起诉讼的;而如果在程序中被发现,诉讼将被取消。就原物返还之诉而言,不仅是所有权人,还有共有人,长期租赁人和终生受益人都能够提起诉讼,但有学者质疑,尽管后两类主体有对物的实质性占有(比较 Carpino,Rivendicazione,nos. 1-5),但他们的地位与财产保管人很相似。同样原告在没有占有物的情况下也可以提起消除妨害之诉;但是,如果原告是长期租赁持有人或终生受益人,当法庭已经允许他们与原告联合诉讼的情况下,对于所有权人有效的规定对于他们也同样适用。归还之诉可能由一个错误的债权,将某物给予另一个人而引起,例如:借贷、租赁(Faber and Lurger(-Greco),National Reports Ⅰ,370 et seq. ,373 et seq.)。

27. 在西班牙,原物返还之诉中,原告必须证明他或她是所有权人(dominium actoris)。任何种类的所有权种类都可以提起这种诉讼,例如:共同所有(TS 18 October 1894;TS 5 June 1918;TS 24 December 1929:TS 3 Feb-ruary 1930,RJ 631;TS 26 March 1955,RJ 774;TS 29 Sep 1967,RJ 3709;TS 17 April 1968,RJ 2663;TS 16 May 1995,RJ 8434;TS 5 June 1982,RJ 4212;TS 16 November 1987,RJ 8405),纯粹所有权人,永佃权受益人(Pasquau Liaño(-Martín Pérez),Jurisprudencia civil comentada Ⅰ,929),信托转让人(fiduciante;TS 2 December 1996,RJ 8784)或解除或时间限制下的所有权人提起,即使他们没有实际占有物。然而,购买者不能起诉销售者,因为合同当事人之间不能进行物权诉讼,只能进行合同之诉(TS 16 December 1983,RJ 6959;TS 17 July 1993,RJ 6456;TS 16 March 1998,RJ 1569;关于一般的诉讼资格,参见 Faber and Lurger(-González Pacanowska and Díez Soto),National Reports Ⅴ,chap. 1.6.1)。LEC256,2°中的预备诉讼,可以为任何意图对物提起诉讼的人而用,即使该人不是所有权人(González Pacanowska and Díez Soto,loc. cit. ,chap. 1.6.1)。至于所有权保护中的第三人诉讼(民事诉讼法第595条及以下),原告应当起诉要求执行程序的债权人,如果后者的资产被扣押,那么债务人的执行权也被剥夺(González Pacanowska and Díez Soto,loc. cit. ,chap. 1.6.2)。

28. 在保加利亚,原物返还请求权可以由没有实际占有财产的所有权人提起,就否定之诉而言,即使所有权人占有财产,依然要承担权利证明的责任(Faber and Lurger(-Stoimenov),National Reports Ⅳ,chap. 1.4.1)。

29. 在芬兰,对财产进行实际控制的人被认为是所有权人,同时他也是能够提出主张的人;与之相对,对所有权人法律地位进行审查时,谁有权就财产向主管法院提起诉讼对于决定谁是所有权人也有重要的作用(Zitting-Rautiala,esineoikeuden oppikirja,138;Faber and Lurger(-Kuusinen),National Reports Ⅴ,chap. 1.4)。

Ⅳ. 被诉资格

30. 在奥地利,在原物返还请求中,被告必须是对财产进行实际控制的人;这样被告可能是一个小偷,或是在销售合同终止之后,从所有权保留人手中购买物品的人,或是基于无效合同而购买物品的人等。此外,所有在奥地利法律下被认可的占有人都能够被起诉:直接占有人(unmittelbarer Eigenbesitzer),对财产进行控制但无保留意图的人(如发现者),为所有权人提供服务的人(Besitzdiener),基于对物的实际控制能够对抗其他权利人(Besitzmittler,如承租人),或通过另一个人实现间接占有的人(Rummel(-Spielbüchler),ABGB Ⅰ[3],§ 369,no.3)。被告如果是为另一人对物进行实际控制,并且被认定为是间接占有,那么可以避免承担原物返还的责任(民法典第375条)(Spielbüchler,loc. cit.,§ 375,nos.2 ff)。此外,如果被告享有合法的占有权以此来对抗原告时,则不能适用原物返还请求权。还有一类特殊的争议,即向第三人提出原物返还请求权,如承租人,他从出租人处取得该房屋,并且可以允许再次转租或让他人使用该房屋。关于不动产,OGH的判例法认为这里的决定性因素是第一个承租人是否有权将物给予第三人使用(OGH 3 Ob 532/94,wobl 1996/2;Spielbüchler,loc. cit.,§ 366,no.4;Schwimann(-Klicka),ABGB Ⅱ[3],§ 366,no.11;同样参见OGH 4 Ob 75/01k,JBl 2002,106,此质疑目前法庭实践的正确性),在法律研究中的主流观点表明只要他或她有权对抗所有权人,就证明他们有权使用该物(这时不适用原物返还请求权)。因此,这里需要对"占有资格的链条"进行追溯(Koziol and Welser,Bürgerliches Recht Ⅰ[13],346;Spielbüchler,loc. cit.,§ 366,no.4;Iro,Sachenrecht[3],no.7/3;Faber and Lurger(-Faber),National Reports Ⅰ,25 et seq.)。至于所有权保全之诉而言,原则上能够对抗人为的妨害;这种救济方式在特别情况下也会被用作对抗间接妨害者(mittelbarer Störer),即要么受到直接妨害人的指使实施妨害行为,要么本来是为了提供帮助但却变成了妨害;例如:看守车辆的人由于没有阻止他的雇员开此车穿过另一个人的土地而可能被认为是间接妨害人(OGH 1 Ob 680/81,Ev Bl 1982/93;Rummel(-Hofmann),ABGB Ⅰ[3],§ 523 no.9;Faber,loc. cit.,29)。

31. 在德国,只能针对非法占有人提出返还请求(Baur and Stür ner,Sachenrecht[17],§ 11 no.24),同时,原物返还请求主张可能只用来对抗目前的占有人;不论占有人是否需要对失去占有负责,如果他失去了对物的占有,所有人不能再提起返还请求以对抗他;在这种情况下,根据相关条款,所有人可能提起赔偿金主张。而且,所有权人可以转而对抗新的占有人。在减轻损害的情形下,所有权人可以直接对加害人(Störer),即需要为损害负责之人(Faber and Lurger(-McGuire),National Reports Ⅲ,chap.1.4.1(a))。

32. 在希腊,原物返还请求权用以对抗占有人或保管人,不论占有的性质和取得方式,然而,如果某人既不是占有人也不是保管人并且只是主张自己是所有人或口头对原告的所有权进行质疑,那么这个人不能作为原物返还请求权之诉的被告;这种情况下应当进行宣告诉讼(民事诉讼法第70条),也不能进行所有权保全之诉,因为对所有权之妨害必须是实际存在的行为(Georgiades,Empragmato Dikaio Ⅰ,§ 58 no.6 and § 62 no.13,有更多的参考)。另一方面,所有权保全之诉是为了对抗妨害人,他并不需要实际占有该物,如果引起了损害,例如:对于一个建筑物而言,损害不仅影响到这块被建土地的所有权人,还有它的占有人或保有人(如承租人)(Filios,Empragmato Dikaio[2],§ 152)。

33. 在荷兰,原物返还请求权可以用来对抗实际占有人(或保有人)和间接占有人(或保有人),即通过另一个人对财产进行控制(民法典第3:107条);如被盗自行车的所有权人能从小偷和从小偷手中租赁自行车的人那里取回该自行车。但是,如果被告实际上没有教唆保管人返还财产,对抗间接占有人或保有人的诉讼将面临失败(CA Amsterdam 25 June 1947,NedJur 1947,579;CA Amsterdam 26 June 1947,NedJur 1947,580)。当返还请求由占有人提起时,不能对抗任何人;依据相关规定,如果被告比原告享有优先的权利,这个诉讼将被驳回,除非被告采用暴力或不正当的行为;最后,只有当某人对财产不享有任何权利或权利是从原所有权人之处获得时,原物返还请求能够成功,后者是指例如:小偷、不具备保管资格的人或从物权处分人手中获得该物等情形(Hartkamp,

Compendium[6], no. 119; Faber and Lurger(-Salomons), National Reports Ⅵ, chap. 1.6.1)。

34. 在法国，原物返还请求权可以对抗任何物之持有人，或占有人或保管人，然而，值得注意的是这一规则不适用于有形动产之中，因为依据民法典第2276条（原版第2279条）的规定，只有当物在遗失或被盗的情形下，才能请求恢复。在其他情况下，善意动产取得人将立即获得财产权利。民法典第2276条（原版第2279条）规则仅保护善意取得人并建立了对他或她有利的用于对抗原所有权人的规则（Faber and Lurger(-Cashin-Ritaine), National Reports Ⅳ, chap. 1.4.1(a)；关于法国法中的善意取得，参见 Notes 22, 38, 60, 77, 98 an 122 to Ⅷ-3:101）。

35. 在意大利，任何在原告之物上主张权利的人或实施妨害的人都可诉。然而，如果当消除危险的诉讼中，某人仅提出主张一个人身性的权利，该人不能作为被告，因为这里缺乏所有权保护中的个人利益；这个人只可能在诉讼过程中加入有利于他的一方（民事诉讼法第105(2)条）(Cass. II, no. 11222/1991; Cass. II, no. 5984/1979)。在返还请求中，如果物在程序开始之后被出售，原告可能会对出售人和购买人提出诉讼。因此，原物返还之物还有一个特定，即只能针对有关权利义务关系中的当事人提出（Faber and Lurger(-Greco), National Reports Ⅰ, 373 et seq.）。

36. 在西班牙，原物返还请求权可以对抗任何非法占有原告财产的人（Faber and Lurger(-González Pacanowska and Díez Soto), National Reports Ⅴ, chap. 1.6.1）。当原告提出主张时，某人还现实占有该物，原物返还请求权就能够成功（contraria possessio）(TS 7 July 1921; TS 16 July 1997, RJ 6017)，被告没有合法的占有资格以对抗原告（TS 11 December 1992, RJ 10136）；原告仅需要证明被告占有该物，不用证明被告无权占有，这个权利由被告承担证明责任（民事诉讼法第217(3)条）。如果被告证明自己是有权占有，可能需要通过相关诉讼对判定该权利无效（TS 2 January 1946, RJ 250; TS 12 June 1970, RJ 2921; TS 9 March 1979, RJ 856），这个诉讼可能先于或与原物返还请求诉讼一起进行；然而，这个程序并不是必须的（TS 12 March 1951, RJ 995; TS 4 July 1975, RJ 3132; TS 1 December 1947, RJ 1482; TS 10 November 1994, RJ 8465）。如果被告享有已经登记的权利，原告必须主张要对登记进行修改（LH art. 38(2)；对于动产的认定，参见 ORVP art. 24(1)）；法庭绝对会接受第二个主张（TS 3 November 1993, RJ 8962; TS 29May 1997, RJ 4327）。原物返还请求之诉可以对抗任何占有人，不论是直接还是间接的，并且无须占有人是所有权人（TS 30 May 1925; TS 9 May 1961, RJ 2315; TS 28 May 1979, RJ 1946; Faber and Lurger(-González Pacanowska and Díez Soto), National Reports Ⅴ, chap. 1.6.1）。即使被告可能因为恶意或疏忽大意而失去了占有，程序仍然继续（TS 30May 1925; against TS 19 April 1905）。但鉴于不可能返还原物，于是需要判决进行补偿（民事诉讼法第701条及以下）。所有权人可以提起一个新的诉讼，不论是返还请求或其他，以对抗目前占有人，但如果所有权人取回了原物，那么除了两个诉讼的必要花费之外，基于不当得利应当返还收到的赔偿金（González Pacanowska 和 Dícz Soto, loc. cit., chap. 1.6.1）。最后，否定之诉用来对抗那些基于原告所有权而获得权利的被告（如地役权）(González Pacanowska 和 Díez Soto, loc. cit., chap. 1.6.4)。

37. 在保加利亚，当占有人或财产持有人的权利缺乏合法性时，原物返还之诉可以对抗他们（所有权法第108条）；这里的法律基础包括物权（如抵押）或为了让所有权人放弃占有而强加给他的某种义务，这并不同于预售合同的情形（参见 Venedikov, Novo veshtno pravo, 228），除非所有权人在合同还没有成立之前就将财产交付给对方（参见 SC 1 civ. ch., no. 1372/62）。原物返还请求权应当由合法权利人提起，它不能被与所有权人享有同样利益的人所提起（如出租人请求对抗承租人），除非后者的地位发生了变化（Venedikov, loc. cit., 220）。如果是对持有人提出主张，后者有可能要求占有人参加民事程序。在较少的情形下,当某人转让属于第三人的财产,随后转让人获得了所有权并且从受让人处取回财产,后者可以对买卖成交进行抗辩(Venedikov, loc. cit., 229)。就否定诉讼而言,可以对抗任何被告,不仅是那些缺乏财产权资格的人;还能够对抗共同所有权人或对他人之物享有权利的人(Bobatinov and Vlahov, Veshtno pravo[2], 343)。而且,被告无须是财产占有人,只要被告对财产进行了不合理的侵犯(Faber and Lurger(-Stoimenov), National Reports Ⅳ, chap. 1.4.1)。

38. 在芬兰,当第三人采取了与财产控制人的所有权产生义务相反的行为时(omistajan hallintaoikeus),所有权人(或更准确的,有权控制财产的人)可能需要对所有权进行保护;例如,当某人对"所有权人"的财产实施妨害,所有权人可能尝试通过禁令来避免这样的妨害(Faber and Lurger(-Kuusinen), National Reports Ⅴ, chap. 1.4)。

Ⅴ. 诉讼时效

39. 在德国法上,根据民法典第197条第(1)款规定,原物返还请求时效适用一般时效30年的规定。需强调的是,上述取得时效仅仅在占有人为善意情形下才得适用。如果占有人为恶意,会出现如下情形:经过30年后,所有权人不能主张原物返还请求,但恶意占有人也未获得所有权。双方因所有权保全之诉享有3年诉讼时效(民法典第195条)((Prütting, Sachenrecht[33], no. 583)。

40. 在希腊,原物返还请求诉讼时效一般是20年(民法典第249条)(A. P. 670/1983, NoB 1984, 78; CA Athens 5196/1976, NoB 85; Georgiades, Empragmato Dikaio Ⅰ, § 58 no. 50; Filios, Empragmato Dikaio[2], § 135 G.2)。需要注意的是,诉讼时效并不必然意味着所有权灭失;所有权依然保留,所有权人可以援引诉讼时效对抗除继承人以外的因诉讼时效完结受益不特定的人或具体的人,除非该人同时因取得时效获得所有权(Georgiades, loc. cit., § 58 no. 50 fn. 87)。所有权保全之诉,诉讼时效也为20年(Georgiades, loc. cit., § 62 no. 38)。

41. 在荷兰法律中,原物返还请求诉讼时效为20年(民法典第3:306条),而在已生效法案中规定的时效是30年。然而,由占有人提起的返还请求之诉,自占有丧失或受影响之日起一年内提出(Faber and Lurger(-Salomons), National Reports Ⅵ, chap. 1.6.1(a))。所有人,不得放弃其所有权(民法典第3:304条)(比较 Pitlo, Zakenrecht, 356)。

42. 在比利时,原物返还请求诉讼时效长达30年(民法典第2262条);与之相对应的,依合同之债权返还请求诉讼时效只有10年(民法典第2262bis条)(Faber and Lurger(-Cauffman and Sagaert), National Reports Ⅳ, chap. 2.3)。

43. 在奥地利法律中,所有权并无相关时效制度,因此,原物返还请求诉讼时效也没有规定(Schwimann(-Mader and Janisch), ABGB Ⅵ[3], § 1459 no. 1 and § 1479 no. 2)。所有权保全之诉诉讼时效亦无(Schwimann(-Kiendl-Wendner), ABGB II3, § 523 no. 5)。

44. 在瑞士法律中,保护所有权的诉讼不受任何时效期间的影响(Faber and Lurger(-Foëx and Marchand), National Reports Ⅵ, chap. 1.4.1)。

45. 在意大利,原物返还请求无时效规定,除非受取得时效约束之第三人取得了标的物所有权,所有权灭失的申请人才产生相应诉讼时效(民法典第948(3)条)。排除妨害之诉亦无时限约束。依合同之请求返还之诉的诉讼时效是10年(Faber and Lurger(-Greco), National Reports Ⅰ, 372 f, 374)。

46. 在西班牙,所有权一般不受时效的约束,但对原物返还请求之诉存在争议(Faber and Lurger(-González Pacanowska and Díez Soto), National Reports Ⅴ, chap. 1.6.1)。一种观点认为,

为了防止动产成为无主物以及不动产成为国家财产以及某些历史原因原物返还请求之诉不受诉讼时效的约束；据此观点，不动产所有权以及相应诉讼的诉讼时效，仅当其作为第三人取得时效的结果时才产生(Díez-Picazo, La prescripción extintiva, 194 et seq.; Díez-Picazo, Homenajeal Profesor Juan Roca Juan, 221 et seq.；比较 TS 24 June 1927；TS 2 June 1987, RJ 4024；TS 16 November 1994, RJ 8839；TS 26 December 1996, RJ 9507；TS 7 March1998, RJ 1041)。另一种观点认为，依然强调民法典中关于消灭时效的规定适用原物返还请求等所有不动产诉讼类型，据此观点，如果所有权人提起原物返还请求之诉已过消灭时效，被告可援引民法典 1962f 条的时效规定抗辩(Lacruz Berdejo, Elementos Ⅲ(1), 214；Albaladejo, Derecho Civil I16, 899 f, no. 24；Albaladejo, ADC 1990, 25 et seq.；TS 18 April 1974, RJ 1665；TS 29 April 1987, RJ 2731；TS 13 March 1996, RJ 2177)；根据前述观点，不动产和动产一样在丧失占有六年之内，可以提起不动产诉讼，除非在一段更短的时期内标的物遗失、被盗，或在一公开市场被出售，第三人取得不动产所有权时效为 30 年(在此种情形中，适用民法典第 464 条；参见第 1962、1955(3)条)。

47. 在葡萄牙，民法典第 1313 条下的财产之诉并未规定时效，除非取得时效已经开始计算(Faber and Lurger(-Caramelo-Gomes andNóbrega), National Reports Ⅳ, chap. 1.6.2.；参见 Pires de Lima and Antunes Varela, CódigoCivil Anotado Ⅲ², 117；Mesquita, Direitos Reais, 179)。

48. 在法国，所有权请求恢复诉讼，通常不受成文法的时效的约束，除非财产本身受时间限制的约束(如专利权或关于其他无形资产的权利)。已生效的法律、民法典 2262 条，法律原则、判例法已经表明，原物返还请求之诉不能适用不动产时效期限的规定(Cass. 1ère civ., 2 June 1993, Bullciv. I, no. 197；Cass. 3ème civ., 5 June 2002, Bull. civ. Ⅲ, no. 129；Terré and Simler, Lesbiens⁷, nos. 149, 522)。新民法典第 2227 条明确规定"所有权不受时效的约束"似乎表明所有权不能仅仅因无法使用即受约束。然而，在破产程序中(sauvegarde des entreprises)，此诉讼须在 3 个月内提起(商法典第 624-9 条)；并且，原物返还请求之讼不能对抗第三人通过时效制度取得所有权或其他物权(Faber and Lurger(-Cashin-Ritaine), National Reports Ⅳ, chap. 1.4.1(a))。不过，在动产遗失或被盗时，请求动产所有权的返还之诉得被允许(见上述 Note 10)，原物返还请求之诉需在动产遗失或被盗后三年内提起(民法典第 2276(2)条(过去的第 2279 条))。

第Ⅷ-6:102 条　基于无效或可撤销的合同或其他法律行为而发生的物之转让的恢复

(1)基于无效的或可撤销的合同或其他法律行为，物正在被转让或已经被转让的，转让人可以依据上条第(1)款之规定实施恢复权以恢复对物的人力控制。

(2)基于无效或可撤销的合同或其他法律行为的转让发生之后，如果受让人归还物于转让人的义务是不得不同时履行的相互义务，那么受让人则可以根据第Ⅲ-3:401 条(撤回相互义务的履行)之规定中止归还物之义务的履行，直至转让人履行偿付义务，或履行转让人的相互义务。

(3)前项规定也可以适用第Ⅷ-2:203 条(附条件转让)第(1)款规定的附解除条件的合同或其他法律行为，及这些条件成就时的转让。

评　论

A. 义务无效、失效或可撤销下的动产归还

人身性权利或财产性权利恢复请求权。本条第(1)款阐明,因无效或可撤销的合同或法律行为原因导致物无法转让时,所有人可以基于人身性权利请求受让人归还已转让动产(依据合同法或不当得利法),也可以基于第Ⅷ-6:101 条第(1)款规定所有权,行使恢复财产性权利请求权。

无效或可撤销的合同或其他法律行为。第Ⅷ-2:202 条规定了动产转让时无效或可撤销的合同或相关法律行为的不同法律后果。(a)如果相关合同(法律行为)自始无效或者事后被撤销(如因为错误认识),动产所有权自始未转让受让人。在所有这些情形中,根据第Ⅷ-6:101 条第(1)款规定的物的所有权,所有权人可以主张返还原物请求权(或者是基于义务本身所产生的原物返还请求权)。(b)如果所涉合同或法律行为的法律关系因第三卷的原因终止,或者因第二卷"撤回"导致终止,或发生第四卷第八编(赠与)所规定的废止,将不产生合同自始无效的效力,所有权也并不立即转移。因此,受让人依然是已转移动产的所有权人。

B. 撤回物之权利

撤回履行归还义务的权利。该条第(2)款旨在处理以下情形,即当第(1)款规定已经发生,受让人有义务将动产归还给转让人/所有人(基于所有人的人身性权利或财产性权)时,该义务引发了转让人/所有人不得不与之同时履行的相互义务情形。第(2)款将互负义务的双方不得不同时履行的适用范围,扩展到所有人依第Ⅷ-6:101 条第(1)款所有权的规定之请求的情况。当同时履行相互义务与Ⅲ-2:104 条规定相关联时,上述规则可获适用。不得不同时履行引起了第Ⅲ-3:401 条规定的结果:即受让人撤回履行权利(在转让人/所有人已经履行相互义务或履行了偿付义务以后,才恢复基于第Ⅷ-6:101 条第(1)款规定的对转让人/所有权人之物的移转)。依据第Ⅲ-3:401 条第(2)款规定,只要受让人能确信互负义务的转让人/所有人履行期限届满将无法履行,受让人依然能主张撤销履行之权利。

C. 解除条件

第Ⅷ-2:203 条第(1)款规定的解除条件之适用。第Ⅷ-2:203 条第(1)款规定合同解除对买卖合同双方、与标的物所有权流转有关的其他合同或法律行为的第三方产生效力。如果当事人没有约定,那么解除条件产生如下效力,即当解除条件一成就,所有权自动回转。这意味着,与无效的、可撤销合同一经认定自始无效不同,仅是合同解

除后才开始无效。并且,基于所有权转移的效力,转让人立即获得依第Ⅷ－6:101 条第(1)款规定的诉请归还动产的权利。因此,第Ⅷ－6:102 条第(3)款规定的解除条件的情形,应当与无效的、可撤销的合同或法律行为同等对待。

注　释

对于因无效,可撤销的或合同解除所引起的物之转让的恢复,参见 Notes 1 et seq. ,24 et seq. and 49 et seq. to Ⅷ－2:202。

第二节　纯粹占有的保护

第Ⅷ－6:201 条　非法剥夺和干扰之定义

如果没有占有人的同意且剥夺或干扰的行为为法律所禁止,那么剥夺占有人占有或干扰此种占有的行为按本节规定属于“非法”。

评　论

A. 一般观点

关于“非法性”的中心观点。第二节规定的主要目的是保护占有人对抗“非法”剥夺和对抗其他的。“非法在”干扰占有,此不等于完全剥夺。那样的话,在第Ⅷ－6:202～204 条(自助、恢复、和保护令)中规定的授予占有人的三种法律救济具有一共同要求:剥夺或对抗救济指向的人之人的干扰的“非法性”。因此,“非法”此术语被定义在第二节的第 1 条。

B. 风险利益和政策考虑

占有救济。第二节的特别占有保护救济的制度目的在于通过规定简单、快捷的方式去恢复他们的占有或阻止非法干扰的方式保护占有人。第Ⅷ－6:203 条和第Ⅷ－6:204 条规定下的救济,正如所有其他的私法救济,在有资格法院或其他公共机关之前,必须在法律程序中被执行。此要求保护对抗救济指向之人的人的利益。第Ⅷ－6:202 条(自助)对于权利行使一般原则而言是一相当狭小的例外。在这种情况下,另一人的利益保护通过要求一及时并适当的关于非法侵犯原告占有的诉讼被考虑。

C. 比较综述

比较综述。在某些法律系统中(如奥地利、德国、瑞士、希腊),占有人救济只有在有干扰行为或非法剥夺并且对抗占有人意愿之时才能被主张(在德国"verbotene Eigenmacht")。在法国和比利时,虽然占有救济仅对于保护不动产而言是合适的,引发这些救济的事实通常包括所谓的"占有干扰",此是影响或威胁占有权利行使的每一个行为。一般说来,占有救济的可用性通常是由客观地被认为以一否定方式影响动产的占有和不符合任何法律原因的行为所引发,像占有人的同意或法律的允许。

D. 没有占有人的同意之行为除非被法律允许

同意。如果与意愿相对抗,或换句话说,"没有占有人的同意"并且如果被法律禁止,那么任何剥夺或干扰占有被认为"非法"。通常,直接占有人的同意将是以使其他人的干扰合法化。例如,如果承租人(作为直接占有人)同意第三人的对占有的干扰并且如果这没有干扰所有人的地位(出租人和间接占有人),无须所有人的同意。在某些情形中,间接占有人之同意也可能是足够的,特别是如果间接占有人与直接占有人相比较,有权允许其他人的干扰。

纯粹内部思想变化等于"非法"剥夺吗? 通常,剥夺(或干扰)是外部物理行为,意味着其他人主动地带走或干扰动产。但此规定也包括已经占有动产的一个人的"非法"纯粹的内部思想变化,如果能够提出(外部)证据以证明思想变化的话。如此的思想变化是非法的,例如,决定像所有人一样占有动产的承租人并且在租赁期间终止之后拒绝归还动产给出租人的情形。此同样适用于决定像所有者一样持有动产并且不归还给所有人的所有人的雇员或动产的发现者。

关于此的原因是承租人(或其他的有限权利占有人)或发现者(PA)无占有人同意而行为,当决定在将来像所有人一样行为和因此否定前OP的间接(或直接)占有时,那样的话,不再为占有者为占有。有限权利占有人或PA的思想的变化导致通过没有同意而剥夺OP的间接(或直接)占有的方式剥夺前OP的占有。从不是想要持有为所有人(或其他前持有人)持有动产的发现者。

——与开始是善意的后来思想变化的发现者(PA)相比——不能被准确地说成是由思想的变化剥夺所有人,因为在这样的情形下,所有人丧失占有并且不能通过一诚信发现者(PA)来恢复它。但是,这种情形不应该与适合于(前)占有人对抗一非法剥夺者或干扰者的占有保护方式有任何不同目的对待。那样发现者也是被认为在第Ⅷ-6:201条规定下行为非法。

无外部物理作为的话无自助权利。要求另一个人的非法剥夺或干扰占有救济在原则上如下:自助(第Ⅷ-6:202条),恢复(第Ⅷ-6:203条)和保护令(第Ⅷ-6:204条)。然而,自助仅是限于"适当的行为"并且将因此仅适用于外部物理剥夺行为和干扰的情形而不是由目前占有人的纯粹思想变化而剥夺的例外情形,正如上述条款中所描述的原因是自助的物理反应仅能被作为是对实在物理攻击动产占有的反应。自助对于一纯粹内部思想变化的外部物理反应不能被认为是合适的。

法律允许。无占有人同意的剥夺或干扰将被认为是“非法”,当其没有被一些其他法律规定所允许时。这样的权利或允许无占有人的同意的剥夺或干扰将通常基于公法:如法律执行程序,由公法征收。关于出现于私法关系的权利(如合同权利),行为对抗现有占有人的意愿的人将不是“非法”行为,只要行为符合自助的先决条件(第Ⅷ－6:202 条),此也构成法律允许。在自助的狭小的界限之外,一个主张基于私法规定的占有的人,例如,占有动产的合同权或所有权没有被允许通过强制力剥夺现有动产占有人但被要求采取法庭程序。结果,任何对抗现有占有人意愿的私人占有或干扰将被认为非法,尽管是占有动产的剥夺者或干扰者的个人的或对物性权利。

E. 规则的特征

强制性规则。规则是强制性的,此领域的默示规则将必然地介绍太多不明确性和不确定性于剥夺或干扰占有的情形之中并且将因此限制占有保护和减少其效力的适用范围。

注 释

Ⅰ. 引发占有保护的时间

1. 对于所有德国法中的占有救济而言的首要先决条件是非法行使权力于另一个人之物(verbotene Eigenmacht),正如定义于民法典第 858(1)条(MünchKomm(-Joost),BGB[4],Pref. to § 858 no. 1;Wolf,Sachenrecht[22],§ 8 no. 165)中的。此先决条件当无同意,当前占有人被剥夺占有或干扰其和平享有占有时被满足(Wieling,Sachenrecht[7],64)。这一直被认为是非法,除了被法律证明是正当的例外情形,如当在执行诉讼期间执行官强占财产(民事诉讼法第 808(1)条)或当某些人诉诸于紧急自助权利和自卫权利时(民法典第 227、229、859、904 条)。规定的范围仅涵盖威胁直接占有(unmittelbarer Besitz);对于间接占有人能诉诸于占有救济,直接占有人之占有必须被干扰或移除,不同于间接占有人。此外,可能间接占有人(如出租人)非法行使权力于物造成对直接占有人的损害(如承租人)(Brehm and Berger,Sachenrecht[2],no. 4. 1)。剥夺发生于人力控制于物的部分或全部损失。然而,法律制度已经规定也存在当地主在终止租赁合同之后要求拆除建筑物(BGHWM 1971,944)或其主动移除但权利继续并且水与电供应。干扰占有,另一方面,不必包括对于物的客体的物理影响并且,因此,可能甚至出现于纯粹威胁的情形(Brehm and Berger,loc. cit.,no. 4. 2)。然而,开始法律诉讼不等于非法行使权力(BGHZ 20,169 et seq.)。作为剥夺和干扰的法律结果是多多少少相似的,区别没有太多关联(Faber and Lurger(-McGuire),National Reports Ⅲ,chap. 2. 4. 1)。

2. 在奥地利法律中,禁止通过任意侵犯行为来违法改变和平占有状态(Faber and Lurger(-Faber),National Reports Ⅰ,40 et seq.,42 et seq.)。任何占有人,甚至是不合法的,如小偷,有权寻求司法保护以对抗任何基于非法动机(verbotene Eigenmacht)的对占有状态的干扰(Störung)。对于司法占有保护之目的,区别在干扰(Besitzstörung)和剥夺(Besitzentziehung)间产生。它们必须包括实际的妨碍(tatsächlicher Eingriff)并且区别取决于占有人仅在实施占有权力时被干扰或受损,还是被完全剥夺。因而此区别是纯粹的量的区别,不是质的特征的区别;来自于法庭实践中纯粹干扰的例子包括物理移除(除了较小变化),粉刷窗户和门,睡在另一人的双人床上,甚至是占有者之妻的允许(Schwimann(-Klicka),ABGB Ⅱ[3], § 339 no. 17)。法庭似乎要求一物理种类的干扰(Klicka,loc. cit. ,no. 10;Rummel(-Spielbüchler),ABGB Ⅰ[3], § 339 no. 4)和并且法律教义极力支持任何有资格作为对所有权的干扰之行为,也能造成对占有权的干扰此观点(Kodek,Besitzstörung,208 ff;Spielbüchler,loc. cit. , § 339 no. 2;Binder,Sachenrecht[2],55)。关于干扰或剥夺的一深层次方面是必须追求或独立包括实际占有状态的变化之事实。这就是为什么占有情形的纯粹继续的原因,即使没有被法律所允许(如承租人在租赁合同终止之后拒绝归还物),不构成对于占有的攻击,因为施行者仅寻求保持原状而不发生实际变化(Koziol and WelserBürgerliches Recht Ⅰ[13],274;Kodek,loc. cit. ,145,224 ff;Iro,Sachenrecht[3],no. 2/60)。根据法律制度,施行人的攻击合理地表明他或她在民法典第312条(Elemente der Besitzerwerbung)的意义上追求占有取得,此很重要。关于占有状态的纯粹争议因此不是足以肯定占有侵犯。威胁或个人定向的侵犯行为必须发生并且必须造成实际的或可能的威胁(Iro,loc. cit. ,no. 2/60;Spielbüchler,loc. cit. , § 339 no. 2)。另一个例外被认可于被剥夺的人反抗的情形,并且从第一次事件开始的30天之内反过来剥夺开始的剥夺(Koziol and Welser,loc. cit. ,274)。除了干扰,如上分析的,在干扰占有的两种情况中,通过某人的权力干扰被执行并且是主动的(eigenmächtig),此事实是必须的,即它们没被法律或行政措施或占有人的同意所涵盖(Iro,loc. cit. ,no. 2/56,2/62)。更精确地,侵权人必须不享有任何可用的防御(Rechtfertigungsgründe),(Kodek,loc. cit. ,205 f. ;LGZ Wien 42 R 15/80,MietSlg32. 010,将所有要求的证明责任置于原告,但非法是否也被涵盖此问题仍不清楚)。占有人同意无须明确的;法庭实践已经规定如,当丈夫将一台电视出售,并且共同占有人——妻子没有反对,她被认为是已经同意(LGZ Wien 47 R 2023/90,EFSlg 63. 142);使资产置于租赁之中的人隐含地同意任何对于资产的通常使用(Spielbüchler,loc. cit. , § 339 no. 5,有关于不动产的例子)。法律认为正当和有资格的行政机关的允许产生于不动产(Spielbüchler,loccit. , § 339 no. 6)。如果,有重复干扰(Wiederholungsgefahr)的风险,占有人也有权请求避免更多的干扰(Spielbüchler,loc. cit. , § 339 no. 8)。

3. 在希腊法律中,引发法律上和法律外形式的占有保护的事件链包括每一对占有的非法发生并且无占有人的同意的剥夺或干扰(民法典第984(1)条;干涉参见 A. P. 50/1970,引用于 Faber and Lurger(-Klaoudatou),National Reports Ⅲ,chap. 2. 4. 2(b)fn. 98)。剥夺或干扰的正确内容是或多或少被记述如下:剥夺包括导致占有的部分或全部丧失的任何行为,而干扰是每一妨碍占有人行使人力控制的的行为,那没达到与完全剥夺一样。干扰必须具有某种持续时间或无论如何重复之危险必须是固有的(Klaoudatou,loc. cit. ,chap. 2. 4. 2(b)),然而,有时难以在剥夺和干扰之间划清界限;此问题不具有一纯粹理论属性,但它能影响占有人的地位和防御权(Georgiades,Empragmato Dikaio Ⅰ, § 21 no. 9)。剥夺是存在的,如在盗窃情形下,在他们之间的法律关系已经终止之后,保有者的违法或潜在地占有不动产或保有者的持续和无根据地拒绝返还动产给占有人(Georgiades,loc. cit. , § 21 nos. 3 ff)。行为的非法特点最初意味着剥夺者/干扰者/无权行为,对物或对人有权,但超出了权利范围(滥用权利;比较民法典第281条)。非法性取决于客观行为;可能的忽视或恶意不被考虑(Georgiades,loc. cit., § 21 nos. 16 ff)。占有人同意的否定前提条件,参见下文的注释28。

4. 在爱沙尼亚,占有由法律保护(物权法第40~50条)以对抗任意的干扰。任意干扰,包括无占有人同意而非法妨碍或剥夺占有,以此种方式获得的占有具有任意性的特点;有规定进一步定义了占有妨碍的概念,此被作为妨碍占有人行使实际控制于物或试图或作为一威胁去剥夺占有人的占有被理解,此有一实质原因认为威胁将实现;甚至于在实际妨碍发生之前占有保护可能被寻求,如果如此严重的威胁已经发生(Faber and Lurger(-Kullerkupp),National Reports Ⅰ,257 et seq.)。法律制度已经规定,例如,阻塞房屋的通道或出口也等同于干扰实际人力控制的行使(SC 17 December 2001,No. 3-2-1-154-01)。

5. 在立陶宛法律规定下,占有可能以从占有人处带走或尝试带走财产(或其一部分)的方式被侵犯,也有侵犯占有权或妨碍占有人行使控制权,对占有的侵犯也可能被认为存在于对占有人构成真实危险的威胁的情形之中(Faber and Lurger(-Mikelenas),National Reports Ⅲ,chap. 2.5)。

6. 在匈牙利,占有保护由法律规定以对抗不正当权力(tilos önhatalom)。不正当权力被定义于民法典作为剥夺某人的占有而没任何法律基础或干扰占有人行使占有。在法律文献中,"占有干扰"此术语被用作一般的术语以描述剥夺和对占有的干扰。占有干扰,作为不正当权力,在原则上被作为无任何法律基础的行为对待。例外地,如果此人有权进行相关行为,此直接与提起的诉讼相联系,这可能被认为是合法的,并且占有人无权占有或有义务容忍干扰。一个例子,能来源于关于不动产的法律:一个人建房子恶意地超过了他或她的财产边界并且随后因邻居被强制去拆除超过边界的建筑,此人有权收回用过的材料并且邻近财产的所有人不能认为此是干扰(民法典第110条)。值得注意结合相邻法,法院实践以一广阔和灵活的方式解释了占有干扰的概念。所以,结束了包含导致对环境的损害的情形并且那样它能成为环境保护主要法律工具之一。干扰者通常因他或她的利益而行为,但干扰者和犯罪者是两不同类型的人,如,当一雇工作出干扰行为但是雇主,雇工正为他的利益而行为,此雇工被认为是干扰者(Lenkovics,Dologi jog6,260 f;Faber and Lurger(-Szilágyi),National Reports Ⅲ,chap. 2.3.2)。新民法典草案保持了正存在的占有保护的系统(Szilágyi,loc. cit.,chap. 2.5.4)。

7. 在保加利亚,所有权法案第76条的救济被授予以对抗在违法侵夺占有之后而占有物的人。"剥夺"必须被广义解释。而且,必须是有资格的,因为不是所有干扰实例都构成对实际控制资产的完全剥夺(参见Tadjer,Veshtno pravo Ⅳ,115)。而且,剥夺必须通过违法方式或秘密地发生(如,一出租人违法的剥夺承租人的保有;看不动产的情形,Bobatinov and Vlahov,Veshtno pravo^2,20)。所有权法案第76条规定下的暴力涉及暴力的实际实践或威胁并且可能已经指向对抗占有人(或保有人)和资产(如,通过摧毁围栏以破坏并进入带走动产);另一方面,秘密性,包括以当占有人或保有人不能找到它的一种方式或某一时间带走资产(如承租人占有租赁物)。秘密性通常于占有人不注意干扰时出现,但如果某人为占有人持有此资产(如承租人)必须通知占有人关于任何发生的干扰,此不是该情形。此第76条的四要素通常不能被累积,虽然此不是完全不可能的(Faber and Lurger(-Stoimenov),National Reports Ⅳ,chap. 2.4)。

8. 在法国和比利时的法律中引发占有保护的事件是以术语"占有干扰"(troubles possessoires)表示的。此表达可能是不确切的,它不仅涵盖对占有干扰的案例也包括剥夺。在任何情况下,占有干扰包括与占有抵触的行为或事件并暗含某些对占有人主张必须实施占有的权利的违抗(Terré and Simler, Les biens[7], no. 199)。引起占有保护的事件,通常是违法义务的来源。这不可能导致此结论,然而,损害是占有干扰一必备要素(Terré and Simler, loc. cit., no. 199)。占有干扰的基本形式是 the trouble actuel(Terré/Simler, Les Biens[7], no. 200; Carbonnier, Droit Civil Ⅱ, 1830; Mazeaud and Chabas, Leçons de droit civil II(2)8, 224 - 225)和 the dépossession violente(Terré and Simler, loc. cit., no. 202; Carbonnier, Droit Civil Ⅱ, 1830 - 1831; Mazeaud andChabas, loc. cit., 225 - 226)。占有干扰的更多形式也存在——可能出现于不间断工作的可能干扰(nouvel oeuvre);这是特别不同的和一被指定为其消除的合法诉讼,虽然,此诉讼倾向于与干扰诉讼相融合(Terré and Simler, loc. cit., no. 201; Mazeaud and Chabas, loc. cit., 219)。包括违反另一个之占有的任何行为并且实现上述提出的针对占有保护的要求。它可能构成实际的或法律上的干扰。实际干扰(troubles de fait)包括对于另一个人占有的实际攻击并且它们能被实施于被攻击的财产和侵犯者的财产之上(如他或她违反相关规则而开辟一条道路)。法律干扰(trouble de droit)来源于违抗占有人的占有权之意愿,当它通过法庭方式变明显,如当一个人传唤承租人并要求他或她不再支付租金给占有人(Terré and Simler, loc. cit., no. 200,有更多的例子)。违法剥夺,另一方面,除了上述的一般特点,突出了两个方面,即剥夺和暴力。包括由暴力方式产生的所有的剥夺实例或一具有足够侵犯性以引起合法防御的特别的事件链(violence ou voie de fait),并且,进而干扰社会治安。关于各个先决条件,剥夺包括夺取争议财产以充分地阻碍占有人实施占有。纯粹干扰的不同包括占有人碰到阻止继续控制财产的持续性障碍的事实。剥夺可能是部分或完全的,并且,它必须包括一引起占有保护的实质行为,暴力的要素。假定一侵犯行为,最终意味着其侵犯者诉诸于使用强制力而不是法院。行为可能在刑法规定下是该罚的;它可能是一纯粹民事侵权;或根据法律制度,它可能包括"任何重大、积极的诉讼,此在没有侵犯每个人都有权期待来自于法律权力的安全和保护和没有损害社会安宁时不能被行使(Terré and Simler, loc. cit., no. 202)。暴力区别于粗暴行为(voie de fait),在于第一是来自占有人反抗剥夺的抵制的结果,第二个是也能没有抵抗而发生。法律制度一直以同样的方式对待它们。在任何情形下,剥夺由破坏,滥用暴力或干扰相伴不是必需的;掌握粗暴行为是可取的,即使剥夺者的行为和平或秘密地发生。

9. 在意大利法律中,剥夺(spoglio)和骚扰(molestia or turbativa)的概念来自于裁定占有救济的基础。对于占有或保有而言,它们都可以构成恢复诉讼(azione di reintegrazione)或维护诉讼(azione di manutenzione)的先决条件,在各自剥夺或干扰占有的情况下(Bianca, La proprietà in Diritto Civile, no. 404)。剥夺最初通过客观和主观的或心理的因素来形成(Bianca, loc. cit., nos. 405 ff.; Rescigno, Proprietà Ⅱ[2], 572 ff)。首先,它被定义为完全的或部分的(Cass. II, no. 3526/1972; Cass. II, no. 1386/1978)剥夺物并且,更广泛地说,持续性地阻碍占有人实施占有。破坏物不能包括剥夺的概念。剥夺者将物纳入占有也不是必需的;将大部分经常是,同样的结果,但是剥夺者可能也怀有让与物于另一个人的目的剥夺一个人(Bianca, loc. cit., no. 407),并且,通常地,剥夺能涵盖抑制、减少或阻碍占有人的控制权的所有行为(Faber and Lurger(-Greco), National Reports Ⅰ, 407)。关于主观因素,看下文的注释22。剥夺更深层次的一个属性是它必须被暴力地或秘密地实施的事实,这就是被剥夺人的目的必须被考虑的地方。暴力特点是可取的,无论何时,占有都是通过暴力或威胁的方式获得的。法律制度运用了对此概念的宽泛的解释,所以所有导致完全或部分剥夺以对抗占有人明确的或假定的意愿的行为都被包括在内;如此宽泛的解释,在理论上是受到争议的,因为它认为甚至涵盖了占有逆转的情形,此处暴力在其最纯粹意义上应该最好被认为是虚构的(Bianca,loc. cit. ,no. 405;Rescigno,loc. cit. ,575 et seq.)。当没有暴力的行为或威胁发生时,但占有以一不允许占有人去及时地注意它的秘密方式被侵夺。关于公共管理诉讼(或行政机构授权的私人代理机构或已经收到其特许权的),当个人在占有中的权利没有被剥夺或打扰时,已经被侵犯并且行政机构在其任意的权力范围内行为,那么剥夺就存在,虽然没有依赖一项权利来进行。如果如行政机构发布并且执行对私人地方的侵占令(provvedimento di occupazione),那么剥夺就不存在,但如果行政机构执行无效的或已经变得无效的或当采取的措施超过发布的命令的范围的行为,那么可能存在剥夺(Bianca,loc. cit. ,no. 409)。意大利法律也使用简易剥夺(spoglio semplice)的概念,当不是以暴力或秘密的方式被行使的时候(Bianca, loc. cit. , no. 417)。假设诉讼的先决条件都满足了,重组诉讼(azione di reintegrazione)也被提出以对抗简易剥夺(Gazzoni,Manuale di diritto privato11,228)。简易剥夺的典型实例包括欺诈性减少物和占有倒置;然而,后者,可见上述部分,已被法律制度所包括于暴力的概念之中,结果,关于一般的(暴力的或潜在的)剥夺的理论的和法律制度的发展,留给了简单剥夺一非常有限的适用范围。骚扰(molestia)或干扰(turbativa)(Bianca,loccit. ,no. 413),另一方面,以相似的方式被理解。"有形的"因素包括:阻碍行使占有或致使占有更困难的活动;不需要存在损害,有即将发生的危险足矣。它可能具有事实上的或法律上的属性:有形干扰影响占有的主观内容,而法律干扰包括法律步骤,例如禁令等。其目的在于妨碍占有人实施占有权。与剥夺相反,它能被说成 molestia/turbativa,直接影响的不是物,而是占有人对它们的享有(Greco, loc. cit. ,409)。对于骚扰的意图,参见下文注释22。

10. 西班牙法律赋予保护于纯粹占有的事实而不管人们涉及占有物(或权利)的权利。占有人,仅仅基于是一个占有人,被给予保护以对抗选择终止司法保护的人的任何干扰(perturbación/inquietación)或剥夺(despojo)(Albaladejo,Derecho Civil Ⅲ[10], § 14. 1)。干扰不仅包括表达为干预另一人的占有状态的行为,也包括反映一人干扰另一人的占有或剥夺他或她的意图的行为(Albaladejo,Derecho Civil Ⅲ[10], § 15. 1)。剥夺,另一方面,包括剥夺占有,但不是仅仅丧失它;占有人没有被认为是被剥夺如果物遗失的话(extravío de lacosa)。结果,如果物遗失,并且另一人找到它并控制它,前占有人不拥有任何占有救济,因为缺少恢复不能构成剥夺(Albaladejo, Derecho Civil Ⅲ[10], § 15. 2 A);前占有人仅能诉诸于保护价值,以证明占有权。Albaladejo 提出两个多考虑以支持此选择,那样在纯粹呢丧失的情形中,没有占有保护(Albaladejo,loc. cit. , § 15. 2 A,fn. 2bis):(ⅰ)如果某人没被剥夺,但仅是丧失占有,此人不拥有所谓的"理想或无形的占有"(posesión ideal o incorporal)和不允许他或她寻求占有保护;(ⅱ)鉴于没有占有救济对抗剥夺者的继承人的事实,如果前者,不注意剥夺(伴随继承人之例外),它逻辑地追随没有占有。救济应被运用以对抗找到遗失物的人,因此,不能从剥夺者手中恢复占有。在此方面,间断地阐述"理想或无形的占有"的概念是很有用的(Albaladejo,loc. cit. , § 3. 5 A)。在西班牙法律中,实践便利的原因导致此概念的形式;更特别的,它认为,某人被其他人剥夺,那人不再享有有形占有,但仍然保持某种"理想得或无形的占有"作为一法律权力(与事实权力相对)。此无形占有持续1年(只要被剥夺的占有人享有合适的占有救济)并且给予占有保护基于此占有形式的纯粹事实,不用宣告物上权利。

11. 一般地说,葡萄牙法律当一事实违反占有或干扰占有主体和占有客体之间的占有关系时给予占有人保护(Rodrigues and Soares,A Posse,340)。此事实能被进一步分析如下:关于其属性(Rodrigues and Soares,loc. cit. ,340 f),因为占有是一"外化的"关系(relação externa),就像它可能基于占有的物或权利的属性而变;一直需要它被"外化的"事实(um acto externo),此能单独干扰外部关系所妨碍。鉴于事实是此"外在性"能被表达为有形的和法律上的事实,违反占有的行为能据以具有一物质的或法律属性(Rodrigues and Soares,loc. cit.,340)。然而,在近代,法律理论稳定地肯定干扰仅能通过一有形行为被实施,明确地拒绝法律行为(Mesquita,Direitos Reais,124 f,cited in Neto,Código Civil Anotado[13],art. 1268 no. 6;Pires de Lima and AntunesVarela,Código Civil Anotado Ⅲ[2],art. 1278 no. 2)。侵犯对他人占有的行为将对他人的占有产生直接或间接的影响,并且这种影响可能是暂时的,也可能是永久的。干扰(turbação)和剥夺(esbulho)之间的区别,首先在于消除,改变或塑造了实施占有的角色和行为,它构成的是对不动产的威胁而不是剥夺(Mesquita,loc. cit.,124 f,cited in Neto,loc. cit.,art. 1268 no. 6);而且,占有人持续占有很有必要,以便能确认侵害的存在。就行政机构的行为而言,过去主流观点认为,行政机关不能侵犯个人的占有,因为这样一个目的不能纳入到政府行为过程的范围之内;而且,对抗政府的诉讼出现在具体的程序中,这也应该在违反占有的情形下被遵循。公共行政的豁免权近年来也受到强烈的质疑(Rodrigues and Soares,loc. cit.,343)。人们提出了以下建议:仅管理行为(actos de gestão)能诉诸行政责任,而不是履行行政管理责任的行为;或行政机关的非自由裁量行为;或行政机关由于滥用权力而作出的非法行为;或仅是那些继非法适用行政权后的行为。罗德里格斯规则旨在说明,行为的违法性并非是设立占有保护的决定性因素,是否设定占有保护规则取决于行为本身或行为的性质;结果,行政机构的行为表明了其想要占有的目的,那么就可以适用占有的救济规则。行政程序法也指向同样的方向,因为关于占有或所有权的问题都留给民事法庭来验证。

12. 在英国和爱尔兰的法律中,没有统一哪些行为可以引发占有保护规则;这些事件根据各个救济的主要事实来决定,即物的转换和对物的侵犯。物的转换很难以一种准确的方式来认定。一般说来,根据"以与真实所有人的权利不一致的一种方式处理物等于转换。假设也确定被告一方也有这样做以否认所有人的权利或主张与所有人的权利不一致的权利的意图"(Lancashire and Yorkshire Railway Co. v. MacNicoll,[1918]88 LJKB 601;也看 Clarke and Kohler,Property Law,284;for IRISH law MacMahon and Binchy,Torts[2],Chapter 30);或根据另一种较短的定义,转换存在于"尽管物不是你的,但你仍然把它们当作自己的物来对待"之中(Weir,A Casebook on Torts,476)。必须注意到,在英国法中,侵害不必与"侵害他人使其完全丧失对物的占有"相一致,正如在大多其他欧洲法律体系中规定的一样。根据上述定义,转换是一种严格责任侵权,它基本上包括两个要素:处理另一人的物以及否认他人所有权的意图(不必构成永久性剥夺)。对于肯定转换两因素都需要:in Fouldes v. Willoughby(89 M. &W. 540 151 ER 1153[1841])一渡船操作者与一乘客就运费起了争端,之后,操作者松开了他运输的乘客的两匹马,此操作者在转换中没有义务,因为移除马与否认所有人的权利无关。接下来的案例在判例法中作为转换来对待:(a)处置,通常以销售或礼物的形式;(b)带走,即有永久性或暂时地实施支配的目的而带走动产(参见 e.g. The Playa Larga[1983]2 Lloyd's Rep 171 at 181 per Ackner L. J.);(c)损害,毁坏或丧失(但不是较小的损害);(d)保有;(e)交错货物(Faber and Lurger(-Frisby and Jones),National Reports Ⅱ,12 et seq.)。关于丧失,某种少见的案例是 Moorgate MercantileCredit v. Finch([1962]1 QB 701):被告使用一租赁来的车偷运手表,此时被没收的;CA 认为是可能的,被告意欲没收此车作为他行为的自然结果并且他在转换中是有责任的。就保有而言,必须注意在相关要求通过有权之人归还他们的纯粹对物的保有,不是足够证实转换,虽然如,重复的拒绝可能足矣。在爱尔兰法律中,如此的拒绝使要求归还物的此人有权起诉非法占有,但在英格兰,非法占有在1977年被废除并且立法者没有包含转换范围的责任的各个实例,此被认为是在财产权利保护中的一个微小的部分(Frisby and Jones,loc. cit. ,14)。也在英格兰,在侵权法下(对物的干扰)交错货物,涵盖了这些例子——受托者过失地丢失了动产(此例爱尔兰地非法占有所涵盖,看下文),送与错误的接受人也一样。就接收而言,在爱尔兰判例法中,特别地,已经肯认仅自愿地接收等于转换,而非自愿的接收不是(Elvin &Powelle,Ltd. v. Plummer Roddis 50 TLR 158[1933];Hiort v. Bott. L. R. 9 Ex 86;London &N. W. Ry. Co. v. Hughes,26 L. R. Ir. 165);而且,在爱尔兰的转换被认为是也包括被告可能不占有动产的情形,被告也否认其他人对于它的权利的情形(Faber and Lurger(-Gardiner),National Reports Ⅱ,175et seq.)。在近代法律制度中,转换已经被定义如下(see Kuwait Airways Corp v. Iraqi Airways Co(No 3)[2002]2 AC 883 at 1084 per Lord Nicholls;爱尔兰判例法中,参见 Morgan v. Maurer & Son,[1964]Ir. Jur. Rep 31):除了已经提及的两个因素,即与另一个人的权利不一致的下文和那行为的蓄意的特点,它必须也侵占所有人的权利达到这样一种程度或其他人有权占有,那样它从使用现存物中排除了后者。在相关要求之后,拒绝归还物于所有人将通常成为转换的结论性证据:原告已经出租了一推土机给一租借者,此租借者后来将推土机卖给了被告,后者拒绝让与推土机被认为是构成转换。关于侵入物或土地,也包括任何不合法的直接物下是干扰于另一人的占有。对物或土地的损害不是必需的;纯粹的直接物理干扰的事件是可诉的(Clarke and Kohler,Property Law,284);如果没有导致损害,然而,被恢复的赔偿会将是有名无实的(Faber and Lurger(-Frisby and Jones),National Reports Ⅱ,29;The Mediana[1900]AC 113)。在相关规定中也确认,转换和入侵之间的区别是量的特征。在爱尔兰法律之中,入侵以与英国法相同的方式被定义(Faber and Lurger(-Gardiner),National Reports Ⅱ,173 f;Tyler/Palmer,Personal Property,22);关于被告的行为和动产间的直接联系发现被告关于入侵没有责任,在一个案例中,被告从海港的停泊处移除的一艘船后来在昏暗的环境中受损;船的直接损害,不能被确定。非法占有,此现在仅存在于爱尔兰法律中(MacMahon and Binchy,Torts[2] chap. 29),因为,如上提及的,在1977年其在英格兰被废除,主要包括被告错误地拒绝送与原告动产于原告已经提出相关要求之后,即,通过一个人及时地有权占有。它不同于对动产保有的入侵,此很关键,而来自于转换的不同之处可能被总结如下:转换包括否认权利,而已经丢失物地一方可能在非法占有中有责任;转换形成一否认的单个行为,而非法占有是一永久的否认;而且,最后,转换的救济包括赔偿金,而在非法占有中是归还特有的物是最重要的。被告的非法占有是错误的,如果,它是对原告权利不利的或是对其的挑战;然而,委托的情形必须被不同地对待,因为受托者在委托关系终止之后仅仅继续持有动产可能对违反合同负责,但在非法占有中不是(Gardiner,loc. cit. ,177 et seq.)。如果所有人要求归还物,不利占有通常是出现的,但非法留置者拒绝送与物;如果引起期待返还的人的注意,此要求是有效的(Cullen,Allen & Co. v. Barclay[1881]LR Ir 224;King v. Walsh[1932]IR 178)。如果拒绝基于合理基础,那么,在非法占有中无责任,如,如果被告想要确认原告要求的合法性(Poole v. Burns[1944]Ir. Jur. Rep. 20)。原告的要求(和随后的被告的拒绝)是不再被要求的,当从环境中清楚地知道此要求将是徒劳的(Baud Corporation N. V. v. Brook,40 DLR[3d]418[1974])。

13. 在苏格兰法律中,法律夺回是可用的,如果占有人未经法律许可而被剥夺。此术语涉及剥夺和来源于它的诉讼(Faber and Lurger(-Carey Miller/Combe/Steven/Wortley),National Reports Ⅱ,332)。

14. 在挪威和丹麦,对动产的人力控制通过刑法的方式来保护。更特别地,在挪威任何对在另一人的人力控制下的财产的干扰是可罚的,即使干扰人有对资产的最优权利;当如,某人出租一辆车给另一人并且后者拒绝在合意的时间归还车,前者将为通过自助取回车而将被罚,即使是正当的所有人。在丹麦,在相似的情形下,干扰者将是可罚的,取决于干扰者是否有权于动产(Faber and Lurger(-Færstad),National Reports Ⅴ,chap. 3. 4. 3)。

15. 在瑞典,占有的法律规则是基于刑法典,它以一种消极方式定义了占有,即通过禁止侵犯占有。主要规则是无人被允许干扰另一人的占有或剥夺占有人,甚至所有人也不行。然而,所有人有权在一短时间的限制之内(可能24小时之内)重新对被盗物进行占有。所有人也有权从被怀疑逃离的某人或"抢劫者"处重获占有(CP chap. 8 § 9 and Penal Code Promulgation Act § 14, with reference to the still applicable rule in HM The King's Decree on the Promulgation of the Penal Code s. 101 § 16 p. 16;Martinson, Transfer of Title Concerning Movables Part Ⅲ – National Report: Sweden, 27)。

16. 在芬兰,当持有人的占有被认为与所有权人的权利一样时,占有本身就具备了独立受保护的价值,并且可以通过多种方式进行保护。在这个方面,值得保护,是在最近的主流的环境之中,除非有理由相信现在的占有状态无权保护。结果,因为占有人享有所有权的假定,主张的一方承担证明不利主张的责任(Kartio, Esineoikeuden perusteet, 146;Faber andLurger(-Kuusinen), National Reports Ⅴ, chap. 2. 4)。

Ⅱ. 意识(意图和认知因素)干扰者

17. 在德国,过错不是不法侵害(verbotene Eigenmacht)的必要因素,是否意识到他人的占有受到影响或认为占有人已经同意行为的错误,这些也都不构成不法侵害的必备要素,因此,不法侵害只存在于纯粹的客观违法情形中,甚至法律上无能力的人或某人在错误之下行为实际上也构成它(MünchKomm(-Joost), BGB[4], § 858 no. 2;Brehm and Berger, Sachenrecht[2], nos. 4. 4;Wolf, Sachenrecht[22], § 8 no. 165)。

18. 在希腊法律中,此方式类似于在德国适用的方式。证明剥夺或干扰占有的环境的存在,以一客观方式被决定(Georgiades, Empragmato Dikaio Ⅰ, § 21 no. 16)。结果,诉讼由于人类行为或一偶然事件(如A的马逃跑并吃掉属于B的干草),是不相关的,并且,干扰者/剥夺者有意地或过失地行为或基于对事实的误传也是不相关的(Georgiades, loc. cit., § 22 no. 17)。

19. 在奥地利法律中,就侵权的意图而言,法律理论和法律制度不同意此内容。与法律制度相反,作者们主张意识和知晓干扰另一人的占有,不是某人行使权力(Eigenmacht)引发占有保护(Iro, Sachenrecht[3], no. 2/62)的必要因素。因此,甚至一人以可辩护的错误行为(entschuldbares Irrtum)或以一智力上混乱的状态行为(Sinnesverwirrung)能侵害另一人的占有权力并且引发占有保护。善意也是在占有程序中没有防卫的。然而,当某人不自愿地行为或运用合法自助时,这不是一直是这种情形;而且,关于占有的一个错误也可能是一貌似合理的防卫(Schwimann(-Klicka), ABGB Ⅱ[3], § 339nos. 26 ff;Faber and Lurger(-Faber), National Reports Ⅰ, chap. 2. 3. 2)。

20. 在匈牙利,违法权力的概念是客观的;干扰者的主观状态,善意或恶意或过错,会是不相关的并且违法权力形成的干扰的纯粹事实已足够(Faber and Lurger(-Szilágyi), National Reports Ⅲ, 45)。

21. 在法国和比利时法律中,导致占有干扰的人的意图的因素在某种程度上是不明确的。在第一层面上,肯定干扰占有的行为必须是自愿的,因为如果不是,不会对抗占有。那样的话,如果一面墙突然地垮塌并且掉入邻居的庄园内,这在原则上不是干扰占有,然而,在分析的第二个层面上,客观化的某些因素被考虑,以至于导致问题的人明确地显示出对抗另一人之占有的意图是不必要的。如果对行为的客观观察有重要确定性的指向对另一人的占有的对抗是足够的(Terré and Simler,Les biens[7],no. 199)。导致占有干扰的人的行为可能仍然引起占有保护,即使此人善意行为或相信他或她正行使一法律权力,而且,这样的权利确实存不存在没有区别,因为占有保护与占有基于的权利相分离(Terré and Simler,loc. cit.)。

22. 在意大利法律中,剥夺另一人或干扰另一人的占有的人的主观因素被认为是干扰的意图(animus spoliandi)和骚扰的意图(animus turbandi)(Faber and Lurger(-Greco),National Reports Ⅰ,407,409)。它包括注意剥夺者,他或她正占用其他某人的占有和这样做的意愿(Gazzoni,Manuale di diritto privato[11],229)。干扰的意图被法律制度所考量(Cass. 30 December 1997,no. 13101/1997;Cass. 21 February 2001,no. 2525/2001 cited in Caringella/Della Valle/Della Valle,Codice Civile,art. 1168,no. 4),并且教义的部分作为先决条件,然而,理论部分,指向事实:民法典没有将此都命名为一必需因素并且支持也能被带来对抗在认为他们有权这样做或不管他们正攻击其他人的占有的人的观点(Bianca,La proprietà,§§ 405,407;ReRescigno,Proprietà Ⅱ[2],575 et seq.)。关于干扰占有或目的,法律制度和理论一般同意在这样的情形中对于占有保护有一先决条件,然而,理论部分,坚持对干扰的客观评价,于此,目的因素不应该被涉及,因为如此一个前提实际上置予干扰者一善意的假定(关于两种观点,参见 Rescigno,loc. cit.,577,有更多的引用)。"

23. 在葡萄牙,就侵犯者的意图而言,观点多样:某些作者支持部分侵犯者需要追求为他或她自己的新占有的确定,不顾侵犯的类型(干扰或剥夺)并且,也不管正在确定中的占有是否将被暴露于占有救济。这些作者坚持两个因素的重要性,物质的和精神的;如果其中之一消失,侵犯者的行为不能作为占有侵犯。另一方面,其他的作者肯定占有保护被给予,只要违反占有关系的行为已经发生,不管侵犯者的意愿。此观点的支持者认为,与权利的防御相联系,侵犯者的目的没有被考虑,但当然对权利的实际攻击被考虑。第一个理论的一些支持者建议侵犯者的自认或法律假设在这种情形下可能有所帮助;第二个理论的支持者放弃了这些建议,然而,因而,在第一种情形下,侵犯者能一直毫无用处致使占有救济通过主张确定占有,而,在第二种情形下,法律假定的不精确导致的困难将导致更多的问题。倾向于接受第一种观点,由此精神因素是一必需前提条件,因为,占有关系不应该认为是一纯粹物质关系而是相反的,被某些心理因素赋予特点,攻击心理并且只有那样有占有保护,并且,在另一端的范围内,因为每一法律诉讼必须基于某些利益,如果权利没有被攻击,现在无利益。引述支持的观点是"关于干扰的诉讼在误传的干扰者没有这些的意图是明确的时候不应该被给予,因为,他意识到,占有人的焦虑,但注意违反者的意图必须以客观评价正如它们发生和特别环境的事实的方式被证实,而不是任何对侵犯者的宣告(Rodrigues and Soares,Posse,341 et seq. 有更多的引用)。"

24. 在英国法律中,由转换或侵犯的主观方面所要求的意图以至于那些是可诉的,此在每个情形中是不同的(Clarke and Kohler,Property Law,284-285)。转换是一严格责任的侵权,此以为着意图的因素仅参考行为本身,而不是否认行为重要的真实所有人的权利,换句话说,干扰必须被有意的作出,但是欺侵犯人不必意识到行为是错误的,目的的认知因素是与侵权行为人的目的之概念不相关的;重要的是,导致否认真实所有人权利的行为,并且被告知晓作出与存在的财产权利不一致的一行为于物就足够了,不管是否有注意行为的非法性(Faber and Lurger(-Frisby and Jones),National Reports Ⅱ,13)。因此,在无权销售物的情况下,销售者和购买者将在转换中有责任,即使他们都不知道错误的干扰发生,相似的,无辜的拍卖人拍卖赃物可能在转换中有责任,因为“他正有意的并且错误的剥夺所有人的占有”,即使拍卖人没有意识到那点,发现者在转换中无责任,除非他们明确地作出与真实所有人的权利相反的事情,对于受托人在委托结束后持有动产也是一样的。对于侵犯,在另一方面,干扰在合适的意义上是有意的或过失“可能”(Clarke and Kohler,Property Law,285)是必需的,侵犯不是如转换一样的严格责任侵权,有意的侵犯行为能够清楚的包含于侵权,但此情形关于无意入侵物是不太清晰的。法律制度已经肯定被告方的忽视必须被在法庭上显示,此将确定被告的责任(National Coal Board v. Evans(1951)2 KB 861),但传统观点是一旦直接伤害被确立,证明责任由被告承担,被告必须转而确定对不可避免的事故的防卫(Frisby Faber and Lurger(-Frisby and Jones),National Reports Ⅱ,29;Rogers,W. V. H. ,Winfield & Jolowicz on Tort16,594)。在任何情形下,已经表明,通过类比最近的在无意侵犯人的相关领域的决定,仅仅只有忽视时,责任才被确定,并且可能甚至真实的损失由原告来证明(Fowlerv. Lanning[1959]1 QB 426;Frisby and Jones, loc. cit. ,29;Bridge, Personal Property Law3,50)。

25. 同样在爱尔兰判例法和法律教义中已经肯定为侵犯之诉,必须有意或忽视;关于被告方的过错的一个因素一直是被要求的(ESB v. Hastings & Co. Ltd. [1965] Ir. Jur. Rep 51;比较National Coal Board v. Evans[1951]2 KB 861)。在转换中的意图因素以同样的界限被解释,正如在英国法中一样(Faber and Lurger(-Gardiner),National Reports Ⅱ,175 et seq.)。

Ⅲ. 排除非法性的原因(占有人的同意/事实错误)

26. 在德国法中,被侵犯的占有人的关于干扰/剥夺的意愿组成关于容许占有救济的否定前提。法律理论形成的结论是:此概念与法律资格不一致,但是是一个“自然意愿”,此像所有其他的关于概念的前提一样必须被独立的评价。这就是为什么剥夺不必以对抗占有人的明确意愿而产生的原因,偷盗秘密地实施也构成非法行使权力(Brehm and Berger, Sachenrecht[2], nos. 4. 3)。法律也确认,例外的当此行为被允许时,没有非法行使权力(verbotene Eigenmacht)。此人行为时必须有法律上的对于正当性的认知(Rechtfertigungsgrund),此允许他或她推翻占有人的意愿;当一个执行官执行时就是这种情形(民事诉讼法第808条)。一纯粹占有权或归还请求,然而,不能证明原告的被禁止的主动性是正当的。父母从他们的孩子那里带走某些东西不构成;因为他们的孩子仅仅是一占有服务者并且,来自于父母关照(民法典第1626条及以下)的权利义务的复杂性也包括他们有根据的行为的权利。此情形不同于破产程序的情形,破产管理人和其他的财产的管理人的确已经有权占有已经受他们管理的资产,但他们拥有的此种权利没有提供给他们行使权利(Gewaltrecht)于资产的可能性,除了在严格限制之内,由此,如果债务人拒绝移交资产,破产管理人将必须在执行官的帮助下去控制它(Brehm and Berger, loc. cit. ,nos. 4. 4 f)。

27. 在奥地利法律中,占有人同意干扰者或剥夺者的行为是对于给予占有保护的一否定性的前提;只要它存在,它排除对抗侵犯人采取占有措施。占有人的同意具有事实属性并且,因此,意图的交流(Willensmitteilung),此必须根据规定被评价(Iro, Sachenrecht[3], no. 2/62)。

28. 在希腊法律中,占有人的目的,成为占有干扰的否定因素之一被明确的规定在法律之中,不必暗示法律资格;它基本的参考占有人的心理成熟意愿。此意味着醉酒或(实际上)心智不成熟的占有人,在原则上,不能给予有效的同意,另一方面,在法律的监护下的人,如果他或她当处于暂时的心理清楚状态时偶然选择做,可能被有效的同意(Georgiades, Empragmato Dikaio Ⅰ, § 21 nos. 19 ff.)。在希腊,法律文献中,争议于缺少占有人的同意是否应该被作为一属于其本质因素的占有保护的分离的前提对待(Georgiades, loc. cit. , § 21 no. 3;against Filios, Empragmato

Dikaio2，§ 45 A）。

29. 在西班牙法律中，错误在判定侵权人责任中承担的角色似乎不被讨论，然而事实上，如果已经发生了对占有侵犯的事实，那么已经足以证明侵权人的行为是对他人占有的有意识的干涉或剥夺他人的占有（Albaladejo，Derecho Civil Ⅲ[10]，§ 15.1）的意图，主要的焦点是在侵犯某人的占有的行为，是很明显的，此客观观点允许某人假定事实错误可能不会带给侵权人任何优势。

原书缺 30。——编者注

31. 在英国和爱尔兰法律中，虽然诚实的被告错误的相信他或她有权处理物一般上不能作为借口，然而，对于缺少知晓上级权利的规则的例外是无防卫的（Faber and Lurger（-Frisby and Jones），National Reports Ⅱ，15；Faber and Lurger（-Gardiner），National Reports Ⅱ，176；Hollins v. Fowler，(1857) LR 7 HL 757，但是，仅在支持"按实际保管物的人的要求［处理］物"的人的情形下，例外被肯定；参见第Ⅷ-6:204 条注释 70）。错误和代表侵权行为人的动机不会出现于对抗侵犯或转换的责任的貌似真实的防护（Frisby and Jones，loc. cit.，29；Gardiner，loc. cit.，176）；这样的问题可能仅影响给予原告的赔偿金的数额（Bridge，Personal Property Law[3]，50，citing Kirk v. Gregory［1876］1 Ex D 55；Wilson v. Lombank［1963］1 All ER 740），干扰者可能援引必要性防卫，如，因公共利益而行为以避免损害，然而，此防护具有一非常有限的范围并且，不能适用于如无家可归的人们借用空的房子的情形（Southwark London Borough Council v. Williams［1971］，1 Ch[734]，CA，cited in Clarke and Kohler，Property Law，285）。

Ⅳ. 先存的法律关系

32. 在德国法中，已存在的占有的持续在相关规定下不构成一被禁止的行为，即使寻求占有保护的人主张归还占有物（Herausgabeanspruch）。因此，当如，承租人在租赁已经终止后不归还租赁物，不存在非法行使权利（MünchKomm（-Joost），BGB[4]，§ 858 no. 3；CA Hamm NJW 1986，728）。

33. 在法国法律中，之前存在的占有人和干扰占有的人之间的法律关系被检验，根据所谓的权利转换（interversion de titre），假定为另一人开始占有的人以这样的资格持续占有，除非相反面被证明，即直到一权利转换发生，根据民法典第 2268 条（过去的第 2238 条）的规定，权利转换能以两种方式发生：或通过妨碍第三人（如当承租人获得财产不是来自出租人，而是来自声称是所有人的第三人；Mazeaud and Chabas，Leçons de Droit Civil II(2)[8]，no. 1429）或通过保有人的法律上或事实上的行为；这些行为必须是绝对的，明显的和不含糊的，关于保有人的反驳所有人的权利和今后作为对物的权利的持有人的行为的目的而言（Mazeaud and Chabas，Leçons de Droit Civil II(2)[8]，no. 1430）。这样的行为可能包括如，暴力的行使以对抗所有人；重要的赔偿和其他关于资产的工作开放地被实施和知晓所有人（au vu etau su）；承租人拒绝支付几个有关租金的分期付款或于合同终止后移交租赁物，而提出所有权主张（Cass. civ. 25 January 1965，Bull. civ. I，no. 72）等。重要的是前保有人的诉讼的过程所表达的否认的强度和清晰度，以至于前占有人关注占有争论并且不留有怀疑（Jourdain，Les Biens，no. 30）。

34. 更多的关于先存的原告和侵权人之间法律关系的重要性的信息在占有保护的上下文中，参见第Ⅷ-6:204 条注释 36 及以下。

第Ⅷ－6:202条　占有人自助

(1)占有人或第三人可以采取自助手段对抗其他非法剥夺占有人对物的占有，或其他非法干扰占有的人，如果非法剥夺或干扰的行为即将发生。

(2)自助的措施必须限定为重新获得物，或停止或阻止剥夺或干扰所必需的直接与适度的行为。

(3)根据第(1)、(2)款的限制，自助可以针对一个间接非法剥夺有限权利占有人的占有或干扰违反物主占有人与有限权利占有人之间特定法律关系的间接物主占有人。该条规则可以同等适用于一个非法剥夺其他有限权利占有人的占有或干扰此种占有的间接有限权利占有人。

(4)在实施为本条款所承认的自助权过程当中，引起的剥夺占有人的占有或干扰占有的人的相关合法损害时，适用第Ⅵ－5:202条(自卫、无因管理和必要性)。

评　论

A. 一般规则

本条款适用的情形。占有保护的自助规则旨在提供一种可以不需要求助于司法途径的快速救济方法，拥有自助权的人应该能够并且希望迅速和适当地作出反应。自助作为一种与对物权相对的规范动产关系的暂时性规则，与占有的性质一样。

B. 相关利益和政策考量

自助权的目的和限制。本条款的主要目的是保护占有被非法剥夺的占有人或受非法干扰的占有人的利益。占有人可以立即采取行动保护占有。非法干扰占有人占有的人的利益受对占有人自助权进行严格限制的保护，也就是在这一阻止或停止干预情形下的即时性和适当性行为。

在特定情形下，非法剥夺占有的受害人不可能理性地等待公权力或法院来保护动产占有利益，但是可能寻求自助方式，这一观点在刑法和非合同损害义务领域被欧洲法律体系准予占有人和所有人在抗辩中提出。如果占有人采取的是适当的占有保护措施，但对侵占人或侵占人的财产造成了损害，那么这种抗辩是有效的。在财产法领域，占有人的自助措施是这一观点的延续。当场抓住侵权人并使侵权人失去占有的占有人甚至可能不会对侵权人造成任何损害。在这些情形下，侵占的自助行为在第Ⅷ－6:201条中不可能被认为非法，但是应该被法律允许。第Ⅷ－6:202条提供了这种允许。如果(前一)占有人对侵占人造成了任何损害,那么这一驱逐行为只能在第Ⅷ－6:202 条的限制下被允许。这些限制再一次出现在刑法和非合同性损害义务法律的自助抗辩中,只有前一占有人的适当性措施才会提供一种抗辩。

C. 比较性概述

欧洲法律体系的不同分支。占有保护的自助并不是在所有的欧洲法律体系中都有详细的规定。详细的占有保护自助规则可以在这些国家的法律体系中找到,比如:德国、奥地利、希腊、葡萄牙、匈牙利、拉脱维亚和捷克。但是求助于司法或刑法提供的一般自助权并不被排除。西班牙、葡萄牙、荷兰、法国和比利时法律没有涉及占有保护的紧急权利,但是英格兰法律尤其重视确保这种可能性。在那些占有自助权被单独规范的法律体系中,占有自助应该被视为一般自助规则的一部分,还是作为特殊规则,这一问题是有争议的。通常,这一具体的占有自助措施被认为是自治规则,不是一般规则规定的所有先决条件都必须受到检查,尽管有些可能会应用。一些普遍特征可能被注意到。在自助被允许的情形下,占有人的自助行为必须遵循受到损害必要和合理适当的特定标准。自助行为只在严格的有限时间内被允许。

D. 拥有自助权的人

占有人和第三人可能行使自助行为。在第Ⅷ－1:205 条到第Ⅷ－1:208 条的意思下:自助权可能被各种动产占有人行使,包括:物主占有人、有限权利占有人、直接或间接占有人,也可以被希望帮助他人保护财产或占有的第三人行使。占有辅助人(第Ⅷ－1:208 条)本身不是占有人,但是在第Ⅷ－6:202 条第(1)款的意思下,它们也可以像第三人一样行使自助权。法律选择这一广泛的主体范围是因为自助行为的特征是一种对剥夺占有或干涉的及时性救济。如果有限权利占有人或占有辅助人和类似的人受到非法侵占必须要与物主占有人联系,然后物主占有人采取必要的措施以自助,这显然是不现实的。在大多数案件中,物主占有人会太晚赶到,不能采取及时性的必要措施。这一广泛的主体范围最好地服务于三类人的利益:物主占有人、有限权利占有人和占有辅助人。物主占有人(直接或间接)保持对物的控制,有限权利占有人能够继续占有物并如约使用它或根据约定将其返还给物主占有人,鉴于对雇主或其他物主占有人或有限权利占有人负责,占有辅助人继续履行职责。并且,允许第三人保护占有会使这些条款规定的保护更加有效。将范围扩大至第三人是根据第Ⅵ－5:202 条中的自我保护条款,这一条款也允许第三人采取行动保护另一个人的法律利益。

E. 自助针对的人

过去、现在或即将发生的剥夺或干扰占有。自助可能针对的人是非法(在第Ⅷ－6:201 条的意义下)剥夺占有人的占有或干扰占有或其非法剥夺或干扰占有行为即将发生的人。当能清楚的知道剥夺或干扰占有的行为即将发生时,这一行为就是紧迫的。

包括紧迫性的剥夺占有和干涉的原因是在这种情况下:剥夺或干扰占有经常可以被微小的力量阻止,然而(前一)占有人要改变已经发生的剥夺行为会更难。迫使占有即将被剥夺的占有人在剥夺占有的行为真正发生之前不得采取任何保护性措施的规定是不合理的。

非法行为。在第Ⅷ-6:201条(参见Ⅷ-6:201条的评论D)的意思下,侵占人的行为必须是非法的。但是,自助保护性行为在本质上需要侵占人有一个外部的身体行为,即一个明显的直接针对占有人的占有行为。对这种行为的自助行为应该是适当的。参见对前一条款的评论D。

示例1

基于第Ⅷ-6:101条或第Ⅷ-6:203条或合同的救济方式,一个租户在租期届满之后拒绝归还动产。出租者不能简单地违背租户的意志用强力将动产从租户处取回,而必须寻求法庭的强制力取回动产。

过错和法律行为能力。非法剥夺或干扰占有不需要行为人有任何过错,也不需要行为人有法律行为能力,因为剥夺或干扰占有不是一种法律行为,而是一个事实行为。

F. 第Ⅷ-6:202条第(2)款中自助权的限制

一般限制。在这种案件特殊情形下,自助行为必须是一种即时的、适当性的反应。如果自助行为不是即时的、适当性的,那么(前一)占有人的行为本身也是一种对他人占有的剥夺或干涉,并且会造成非法侵占或干涉的所有结果。

即时性行为。自助行为必须是"即时的"。这意味着(前一)占有人的保护行为必须是对非法侵占或干涉的快速反应。典型的案例是占有人当场抓住侵占人或干涉人,并且及时阻止其行为。当侵占行为已经完成并且侵占人已不再侵犯占有物时,任何后续的自助行为都被排除,因为这已不再是一个即时性反应。一个干涉行为结束之后,自助权已不存在。对于将来的侵占和干涉,非法行为必须是紧迫性的,否则自助权不存在。

即时性反应的时间范围取决于两个因素:(a)占有人知道侵占或干涉行为的时间,和(b)不考虑防御者知道非法干扰的客观时间范围限制。(a)当防御占有人开始意识到干涉或侵占时,反应必须是即时性的。在意识到继续的干涉或已结束的侵占的几天之后采取的行动将不再是即时性的。(b)如果防御占有人在侵占结束或干涉结束之前没有意识到非法干扰,那么就没有长期的自助权了。任何延迟的反应都是非法的,因为缺乏即时性。前一占有人的唯一救济方法是通过司法途径主张取回动产或保护规则。

适当性行为。第Ⅷ-6:202条第(2)款规定的适当性要求对自助行为提出了双重

限制:

——防御占有人的行为必须是适当的,并且

——必须没有比恢复完全占有(或阻止紧迫性干扰)的必要强迫力更重的强迫力。

自助行为的适当性在很大程度上取决于动产的价值和干扰的严重性。严重性将取决于,比如:另一人的暴力程度和其干涉是不具破坏性的和有限度的,还是会导致完全的侵占。如果动产的价值很低,或干扰不具破坏性,那么司法外自助行为将不被认为是适当的。在这种案例中,方式的必要性问题根本就不存在。

停止或阻止干扰的不必要性要求一定不能被误解为任何必要性行为都是合法的和适当的。其意思是如果在特定情形下,有不止一个阻止干扰的适当性行为,那么自助权限于采取最低必要性的行为以阻止干扰。自助者必须选择对另一人的利益干涉最少的方式。自助者不能采取一个比足够阻止干扰的强迫力更强的强迫力。

这意味着防御占有人的行为可能由于两个主要原因而成为非法。

(1)恢复完全占有(或阻止紧迫性干扰)的必要的司法外方式不适当的情形。例如:占有人只能通过严重损害盗贼的方式来阻止偷盗。之后,防御占有人没有权利继续自我保护。阻止干扰的行为是否必要这一问题不会出现。

(2)防御占有人有几种司法外方式以阻止干扰或恢复完全占有的情形。在这种情况下,防御占有人可能只选择对干扰人损害性最小但还是可以阻止干扰的特定方式。如果他选择了任何其他方式,那么这一行为将被认为是非法的。

当判断防御性措施的适当性时,寻求完全的公力(比如警察)或法庭救济的可能性应该被考虑。如果情形如前所述,那么寻求这些公力救济的期待是合理的,因为这将构成恢复占有的合理方式(或阻止干扰),此时任何自助行为都将是不适当的。

G. 直接占有人对间接占有人的自助(第Ⅷ－6:202(3)条)

物主占有人和有限权利占有人间的关系。第Ⅷ－6:202条第(3)款已经清楚地说明一个有限权利占有人可能不仅仅能对第三人行使自助权,也可以对侵犯(直接)有限权利占有人对动产的合同权利或担保权利的间接物主占有人或有限权利占有人(比如出租人)。当间接物主占有人(或有限权利占有人)侵犯或干涉直接有限权利占有人的占有,这就是一个不履行合同义务,即允许有限权利占有人占有动产的行为。直接有限权利占有人可以采取不履行义务的救济方法,但是也可以采取当前讨论的占有保护措施。相比违反合同义务的救济方式,这些救济方式可以让直接有限权利占有人更快、更有效地保护其占有权。

间接物主占有人或有限权利占有人有尊重直接有限权利占有人的占有权的合同义务(或其他法律义务),这一事实并不排除更快、更有效的占有救济方式的使用。相反,一种合同关系创造了当事人间特殊的权利义务制度,它必须被善意地尊重和遵守,然而在合同关系之外,在当事人之间没有这种更高的责任关系、尊重和信任的存在。因此,使这种有效的占有救济方式不仅在第三人干扰的情形下适用,而且在有合同义务并要尊重占有人对动产的占有权人干扰的情形下也同样适用，这看起来是合理的。

欧洲法律体系的不同分支。根据直接有限权利占有人是否可以对给予其有限占有权的人（间接物主占有人或有限权利占有人）采取占有救济措施以占有动产，欧洲法律体系被分为不同的支系。一些法律体系排除这些权利，因此将直接有限权利占有人的占有救济措施限制在非合同义务情形中。但是大部分法律体系允许采取这种占有救济措施。规则跟随主要趋势是因为上面给出的原因。

占有辅助人。第Ⅷ－6:202条第(3)款排除了占有辅助人有权为了自己的利益对动产有占有权。占有辅助人有权作为第三人对干扰者行使自助权，但是不能对物主占有人或有限权利占有人的侵占或干涉行使自助权。占有辅助人对任何第三方干扰者的自助权是一种保护动产占有人（物主占有人或有限权利占有人）的法律利益的有效方式。占有辅助人占有动产，但是物主占有人或有限权利占有人却不占有动产。因此，占有辅助人将会是第一个发现（紧迫的）侵占或干涉的人，也是第一个（也许是唯一一个）可以及时地和适当地采取行动对抗干扰的人。

H. 其他部分的关系

第Ⅵ－3:206条（危险物质或放射物造成损害的责任）非实体性干涉，比如在第Ⅵ－3:206条中提到的那些：辐射、气味、热、光等，在动产领域很少见。它们主要影响不动产的利用和占有。因此，如第Ⅵ－3:206条中提到的损害义务的救济似乎为动产所有人或有限权利占有人提供了足够的保护。

第Ⅵ－5:202条（自卫、善意侵犯和必要性）。第Ⅷ－6:201条第(4)款只具有宣示性质：它强调：如果在自助的过程中，防御占有人对另一人造成了相关法律损害，那么提供了对非合同义务损害的特殊保护的第Ⅵ－5:202条（自卫、善意侵犯和必要性）将被适用。根据第Ⅵ－5:202条，如果防卫者合理的保护权利或自己或第三人的值得法律保护的利益，并且另一人因威胁被保护的利益或权利而受损害是其应负的责任时，那么自卫构成针对这种责任的防卫。对动产的所有权和占有可以被视为值得法律保护的权利或利益。一个非法侵占或干扰占有的人威胁了这种权利或利益。“合理保护”的要求与第Ⅷ－6:202条第(2)款规定的自助的适当性衡量相似或相同。因此，在第Ⅵ－5:202条的基础上，在Ⅷ－6:202条的限制范围内行为，对干扰者造成有关法律损害的占有人或第三人将被免责。

I. 规则的特征

强制性规则。这一规则具有强制性。当然，占有人或前一占有人可以总是放弃或不行使自助权。

注　释

Ⅰ. 自助作为占有救济

1. 在德国,根据民法典第859条第(1)～(2)款,只要干涉者被当场抓住或被紧追,占有人有权通过对逼近的非法干扰占有使用暴力来保护自己,而且在侵占场合,占有人有权通过暴力从干涉者处夺回占有物(Besitzkehr)。第一种权利是自卫的一种特别延伸,第二种权利是自助的延伸(Selbsthilfe;民法典第229条)(Baur and Stürner, Sachenrecht[17], § 9 no. 11)。尽管不是所有的一般条件都能全部适用,占有人额外的司法保护权形成了一个独立的规则体系。如上所述,占有人的紧急权利也同样适用于占有辅助人(民法典第860条)。论及间接占有人,这一问题出现了分歧:一些人认为民法典第869(1)条也赋予了间接占有人这些紧急权(Baur and Stürner, loc. cit., § 9 no. 23,尽管不是针对直接占有人;Faber and Lurger(-McGuire),国家报告第三卷第二章,4.2),然而,另一些人则认为根据民法典第227、229条,间接占有人只有一般的自卫权和自我保护权(MünchKomm(-Joost), BGB[4], § 869 no. 7;Brehm and Berger, Sachenrecht[2], no. 4.9)。

2. 奥地利民法典第344条规范占有自助并且设置了限制性很强的的适用条件。占有人只有在行为适当并且公权力的救济会太晚时才能通过自助方式对抗侵占或干涉。民法典第344条仅仅提及了法庭,但是理论上接受所有的公共权力都包括在内,包括警局(Kodek, Besitzstörung, 533)。根据一些法庭判决和学者的共同观点,占有人在行使自助权之后应该求助于法庭:否则其可能因干扰占有而负责任(Kodek, loc. cit., 541);因此,目前自助权被认为是一种辅助性权利,并且只有很低的实际重要性(Kodek, loc. cit., 516 et seq.)。如果侵害仍在继续,那么自助是一种被动的行为,在从小偷手中夺回占有这样的情形中,自助就成为一种积极主动的行为(Kodek, loc. cit., 518)。占有自助被认为是一般自助权的特别辅助,受民法典第19条规制(Schwimann(-Klicka), ABGB Ⅱ[3], § 344 no. 1)。任何占有人都可以对第三人实施占有自助(Faber and Lurger(-Faber), National Reports Ⅰ, 50);通常这个人会是实际控制财产的人,但是在适当情形下,如果直接和间接占有人中的一方破坏了他们之间的关系,甚至一个间接占有人也可以对直接占有人实施自助行为,而且反过来也可以(Kodek, loc. cit., 528 f.; Rummel(-Spielbüchler), ABGB Ⅰ[3], § 344, nos. 3 f)。与占有救济相反,仅仅是物的占有人,比如占有辅助人,都有权实施自助行为(Kodek, loc. cit., 527 ff.; Klicka, loc. cit., no. 3),但是根据一种观点,他们可能不能对赋予他们留置权的间接占有人行使自助权(Gschnitzer, Sachenrecht[2], 7)。并且,任何第三人都可以为了帮助占有人而行使自助权,但是这是基于民法典第19条的一般自助权(Koziol and Welser, Bürgerliches Recht Il[3], 274; Spielbüchler, loc. cit., § 344 no. 3)。司法实践也已经肯定了共同占有人间的自助,比如:当他们中的一人装了一把锁来阻止秘密移动占有物(LGZ Wien MietSlg 25.008)。

3. 瑞典民法典中,占有条款(民法典第919～941条)也为占有人提供了两种自助形式(民法典第926条),对抗非法侵夺或非法干扰行为的自卫权(民法典第926(1)条)和即时恢复权,如果占有人的占有已经被强制或秘密的剥夺(或刚刚被剥夺)(民法典第926(2)条)(Steinauer, Les droits réels Ⅰ[4], nos. 316 f, 331 ff and 334 ff respectively),自助权可能被占有人行使(法律上的或非法律上的、直接的或间接的、有原始占有权或派生占有权;Steinauer, Les droits reels Ⅰ[4], nos. 318

f)。更进一步,大部分作者认为为了占有人的利益,占有辅助人也可以行使自助权(Steinauer,Les droits réels Ⅰ[4],nos. 206,318a;Stark,Berner Kommentar Ⅳ. 3. 13,Pref. to arts. 926 – 929,no. 87;Meier-Hayoz(-Hinderling),Schweizerisches Privatrecht V(1),422;Faber and Lurger(-Foëx and Marchand),National Reports Ⅵ,chap. 2. 5. 2)。

4. 同样在希腊,民法典第985条允许占有人在遭到占有干扰或紧迫性侵占时用强力维护占有权;在民法典第985条之下,占有人的行为在刑法上不被认为具有可惩罚性(Georgiades,Empragmato Dikaio Ⅰ,§ 22 nos. 1 ff.;von Bar(-Eleftheriadou),Sachenrecht in Europa Ⅲ,40 et seq.)。如果占有人在法定的时间内未能采取自助行为,那么只能求助于司法保护。由于占有自助的目的是维持事实占有,所以其适用于每一占有人,甚至是过错占有人,例如窃贼(Georgiades,loc. cit.,§ 22 no. 7)。占有自助也适用于代表雇主或负责人占有的人;法律也赋予占有辅助人采取措施对占有进行司法外保护(民法典第986条),尽管不能进行占有救济。讨论到持有人,结论并不清楚:通说将法律中的"占有人"做狭义的解释,因此排出了持有人的自助权(Spyridakis and Perrakis,AK Ⅲ,art. 986 no. 6;Balis,Empragmato Dikaio[2],no. 15);然而,另一些作者相信对这一词的扩大解释已经被法律范围证明是正当的,从而为每一实际控制动产的人提供这一保护,进而也保护持有人(Georgiades,loc. cit.,§ 22 nos. 12 ff.),因为这一解释为占有提供了更为全面的保护。占有自助权也将被赋予占有人的法律代理人和占有物发挥某种作用的人(破产分配人、遗嘱执行人)(Faber and Lurger(-Klaoudatou),National Reports Ⅲ,chap. 2. 4. 1)。

5. 在匈牙利,在特定情形下,占有人可以为了阻止对占有的直接侵犯或恢复占有而使用"自己的意志和力量"(民法典第190条)。侵犯被理解为比干扰占有更狭窄的意义;它是一种直接威胁占有人对物的实际控制的行为。据此,占有人可能阻止此类行为,例如:紧迫性侵占、另一人对物的使用、接触或接近占有财产等,但是它不能阻止干扰,例如:噪声、光、气味等。就目前考虑,只有在行政机构或法庭否定其结果前,占有人求助于其他保护措施时,恢复占有才被认为是正当的(Faber and Lurger(-Szilágyi),National Reports Ⅲ,chap. 2. 3. 5(a))。目前正被公众讨论的民法典草案在草案1第4章第6条和草案2第4章第5条的特别规则中规范了自助,然而学术的和立法的建议遵循相似的途径;值得注意的是,占有自助的范围已经被扩大了,所以也包括了被排除在外的非法力量,比如通过气味干扰占有等(Szilágyi,loc. cit.,chap. 2. 5. 4)。

6. 在捷克的法律中,自助主要是为保护所有权的一种司法外救济途径;然而,将民法典第130(2)条和第126(2)条考虑在内,法律学说将范围从所有权保护扩展到占有人和持有人,那么占有人可以实施自助和自卫,伴随着有占有实质和占有人地位的必要条件(Faber and Lurger(-Tichy′),National Reports Ⅵ,chap. 2. 7)。在捷克的法律体系下,在特殊案件中,一个权利即将受威胁和侵害的人有权寻求司法外救济。自助不是一种义务,没有实施自助也不会受到制裁。根据民法典第6条,自助更是一种一般救济,任何面对紧迫性干涉或侵权的人都适用,而不仅仅局限于干涉他人所有权或占有的案子当中。如果侵权行为即将发生或已经发生,那么干涉他人权利的行为就被认为是紧迫的(Tichy′,loc. cit.,chap. 2. 6)。

7. 斯洛伐克民法典第6条赋予合法占有人通过自助方式保护对物的和平占有。占有人只能对非公力的和非法的干涉采取这种占有保护措施,并且必须以一种适当的和合理的方式。在司法关系条文中,自助规则对所有的个人权利具有普遍的效力(Faber and Lurger(-Petkov),National Reports Ⅵ,chap. 2. 3. 3)。

8. 在爱沙尼亚,物权法第41条将占有人的自卫权规定为可以通过行使自助权对抗侵占和干扰占有。只要没有超出自卫的限制,占有可以通过对暴力干涉或侵占使用强力来保护;在秘密强制侵占或暴力侵占的案件中,如果侵权人被当场抓住或在事后立即被占有人追到,那么占有人可以立即恢复占有;具有决定性意义的是干涉还没有完成,并且没有使占有人完全丧失占有(想要知道更多自助的先决条件,参见下文注释 29)。因此,自助构成了一种特别的自卫形式。不论占有是否实际存在,自助权都可以被直接占有人行使,还有占有辅助人(后者通过物权法第 41(4)条);法律没有提到间接占有人是否可以行使自助权。自助权的一种特殊延伸权被称为"搜索权":根据物权法第 42 条,如果一个占有人失去对动产的占有并且这一动产在另一人占有的不动产中被找到,那么不动产占有人必须允许动产占有人进入不动产搜索动产,并恢复其占有,除非同时有另一人占有了这一动产(Faber and Lurger(-Kullerkupp),National Reports Ⅰ,261 et seq.)。

9. 在立陶宛法律中,自助只在特殊案件中被允许。民法典第 1:139 条规定只有在民法典预先明确规定的案件类型中,例如抢劫案中,任何人都可以为了保护自己的私法权而行使自助权(Faber and Lurger(-Mikelenas),National Reports Ⅲ,chap. 2. 5)。

10. 在斯洛文尼亚法律的第 31 章中,明确赋予了占有人在遭受无权利人的侵犯或干扰占有时拥有自助权,作为司法保护占有规则的例外情形。行使自助权必须谨慎(Juhart et al.(-Vrencˇur),SPZ s komentarjem[2004], art. 31, 188 f.; Faber and Lurger(-Rudolf/Rijavec/Keresteˇs),National Reports Ⅰ,537 et seq.)。直接和间接占有人都拥有自助权以对抗任何第三方的干涉或剥夺占有。根据物权法第 26(2)条,"持有人"(占有辅助人)也可以行使自助权(Juhart/Tratnik/Vrencˇur(-Vrencˇur)Stvarno pravo[2007],132;Rudolf/Rijavec/Keresteˇs,loc. cit.,537)。

11. 在保加利亚,对抗剥夺或干扰占有行为的占有自助权没有被规定在所有权编当中,但是其作为一般原则存在;然而,法律学说已经表明,为了法律的清晰,习惯应该被编撰到法律中(Tadjer,Veshtno pravo Ⅳ,76)。任何占有人都可以对剥夺或干扰占有的企图保护自己的占有。持有人是否有这种权利并不清楚,但是在法律理论上,它是被接受的,尤其是如果占有保护被视为警戒禁令的一个例外,而不是被视为对个人权利干涉的保护(Vassilev and Goleminov, Bulgarsko veshtno pravo[2],480;Faber and Lurger(-Stoimenov),National Reports Ⅳ,chap. 2. 4)。

12. 法国和比利时法律不承认占有自助(Faber and Lurger(-Cashin-Ritaine),National Reports Ⅳ,chap. 2. 5;Faber and Lurger(-Cauffman and Sagaert),National Reports Ⅳ,chap. 3. 5)。在比利时,占有人拥有的保留权被视为契约不履行的抗辩权(exceptio non adimpleti contractus)的结果,以强制占有人履行对抗当前财产控制人的义务,在理论上它也被视为自助形式的一种,并且持有人可能经常需要行使自助权(Cauffman and Sagaert,loc. cit.,chap. 3. 5)。

13. 同样,意大利法律也不在政府机构为公共财产享有自助权之外承认占有自助权:即只有政府部门可以使用安全暴力恢复对公共财产的占有或阻止干涉,而不需要考虑是否公正;在所有的其他情形下,政府部门也必须以私人的行为主张占有(Faber and Lurger(-Greco),National Reports Ⅰ,405 fn. 145)。

14. 西班牙法律对自助没有任何的特殊占有规则;一旦剥夺或干扰占有的行为结束,就不能采取任何自助办法(民法典第 441、445、446 条)。然而,理论表明,当侵权行为还在进行时,占有人可以行使"合法防御"来保护自己的占有,如果侵犯某人的物是非法的,其允许自卫行为,因为威胁和自卫并没有造成侵权和挑衅,那么自卫措施就是合理的。然而,为了公共管理的利益,一般的自助禁止有一些例外情形:占有人可以在法庭之外,甚至是在事情发生 1 年之后自行恢复占有、公共财产的占有;对于国家财产,管理者可以在干涉或剥夺占有行为发生后的 1 年之内,用自己的权力恢复占有;最后,公共行政机构可以用自己的权力驱逐非法占有者(参见海滨法案第82条第(1)款和第108条;公共行政财产法案第55、58条及其以下条款)(Albaladejo, Derecho Civil Ⅲ[10], § 15.5; Faber and Lurger(-González Pacanowska and Díez Soto), National Reports Ⅴ, chap. 2.6.3)。

15. 在葡萄牙法律中,根据民法典第1277条和第1314条在财产权利的一般规定中的明确规定,司法外占有保护包括所谓的直接行为(acção directa)和民法典第336条建立的自卫制度。尽管民法典第1314条只提到民法典第336条,就如民法典第337条规定的那样,司法解释通常同意自卫规则也同样有效(Faber and Lurger(-Caramelo-Gomes and Nóbrega), National Reports Ⅳ, chap. 1.6.1. fn. 80)。"直接行为"的目的是确保某人的权利,但自卫是一种阻止对他人人身或财产攻击的途径。

16. 在英格兰和爱尔兰,自助作为一种恢复动产占有的司法外方式被称为恢复。法律文件并没有完全规定恢复权的性质,并且很少案例能适用它(Faber and Lurger(-Frisby and Jones), National Reports Ⅱ, 20; Faber and Lurger(-Gardiner), National Reports Ⅱ, 179)。自助的存在给英格兰法律理论提出了一个有争议的问题(对自助在英格兰法律中存在的利弊做了一个简短的讨论,法律委员会制定和修改相关条款有一些矛盾的结果,参见克莱克和库勒财产法,第286条及以下条款)。在一般情况下,声称有权占有处于他人控制的物或土地的人有通过自己的行为夺得占有的自由,而不需寻求法院的救济,但其必须和平地行为(克莱克和库勒, loc. cit., 286;对居住房适用的一些最近的法律例外)。"和平"或"平静"自助主要是指不要干扰一般公众的必要性(豪德斯沃思,英格兰法律的历史,第二版,第99~100页)。在占有人经过索赔人允许,但是这一允许后来被撤销了,可能因为索赔人保有这一权利以随时终止它们间的关系,或因为违反了一些合同义务的案件中,这一规则也适用(Clarke and Kohler, loc. cit., 286)。

17. 在塞浦路斯,似乎没有任何判例法将自助视为一种占有救济措施。相反,大量的刑法案例解决了自助问题(Miliotis v. The Police(1971)2 CLR 292; Christou v. The Police(1972)2 CLR 38)。这一概念是来自于刑法第17条规定的自卫必要性,并且它与"自然正义"理念有联系。Pabner(1971 AC 814)中私法理事会的自卫主张似乎已经被塞浦路斯法院接受:"这是一个简单的概念。它没有涉及任何深奥的法律思想,不需要任何的解释文字。对于自卫不需要运用任何的原则。理解它只需要普通的思想。好的法律和好的思想让一个人会保护自己,但人们只会在有合理需要的情况下这么做。然而,任何事都将取决于特殊事实和情形。"总的来说,一个自卫的人实施的行为被认为是公正的而且这个人也不会面临刑法制裁;在财产案件中适用这一一般规则,占有动产且对这一动产享有权利的人(包括受托管理人的位置)可以在遭受侵害时保护自己的地位。自卫行为的类型和程度是否可接受由法庭定夺,这取决于案件的实际情况(Faber and Lurger(-Laulhé Shaelou/Stylianou/Anastasiou), National Reports Ⅱ, 516 et seq.)。

18. 在苏格兰,任何占有人都有权将自助作为一种对抗侵占的自卫方式。对这一问题没有特别的法律规范,因此,应适用一般的普通法规则(Reid, Property, nos. 179, 184 and 191 et seq.)。

19. 在挪威和丹麦,必须区分案件的不同情况,是一个人正在对抗当前的侵袭而保护自己对财产的实际控制,还是一个人想要通过自己的行为恢复对财产的控制(Faber and Lurger(-Færstad), National Reports Ⅴ, chap. 3.4.3)。在第一种案件中,分别根据挪威民法第48条和丹麦民法第13条,占有人可以通过强力保护自己的占有而不会有受法律惩罚的风险。在挪威和丹麦,这一权利都被视为是自卫的一种,使实际占有受威胁的财产的人能够对抗确定的侵袭以保护人身和财产安全(Andenæs, Alminnelig strafferett, 161)。另一方面,单词"自助"在挪威语和丹麦语中包含着另一层意思:某人可以在未经现占有人允许的情况下,有权恢复对动产的占有。因此,在这两个国家的司法中,都禁止自助:丹麦的私法典第294条和早期丹麦私法典1-1-3都说明了这一点;在挪威,克里斯汀国王法典第5章第1-1-3条规定了这一禁止,但是由于这一禁止被普遍认为是显而易见的法律原则,因此再也没有任何的法律文件规定它了;改为适用刑法的一般条款(Andenæs, Alminnelig strafferett, 174 f.; Ot. prp. nr. 38/1911)。然而,这一规则有一些例外,但是它们在什么条件下适用并不清楚(参见下文的注释38; Faber and Lurger(-Færstad), National Reports Ⅴ, chap. 3.4.3)。

20. 在瑞典法律中,(直接)占有人有权用强力从剥夺其占有的人处恢复占有(Penal Code Promulgation Act; also see Malmström and Agell, Civilrätt17, 84 et seq.)。

21. 在芬兰法律中,在大多数案件,自助(itseapu/omankädenapu)是一种刑事自卫,并且其通常被禁止在恢复财产占有中使用。然而,刑事实施法律第12条规定了这一规则的特定例外情形。尽管通过自己的强力恢复对财产的占有一般被禁止,但是允许人们对陌生人或犯罪行为或企图逃走的人实施自助。更多被允许强制恢复占有的例外情形可以在非法狩猎和捕鱼以及意外在他人的土地上发现自己的狗的案件中预测到(Faber and Lurger(-Kuusinen), National Reports Ⅴ, chap. 2.4)。

Ⅱ. 合法自助的条件(适当性、时间性)

22. 在德国,只要干涉具有紧迫性或正在进行,或在剥夺占有的案件中,只要占有人当场抓住了侵权人或在事发后立即追到了侵权人,那么占有自卫和自助就可以被行使。占有人实施的行为不能超出足以阻止侵权或恢复占有的必要性,但是并不需要公力救济(obrigkeitliche Hilfe)不能及时到达的条件(Palandt(-Bassenge), BGB[67], § 859 no. 2; 比较 Baur and Stürner, Sachenrecht[17], § 9 no. 12, 涉及民法典第229条自助)。占有人必须在一系列的自助方式中选择对侵权人可能造成最小损害的措施。到目前为止,只要自助行为符合必要性特征,那么其就是合法的;如果自助行为超出这一限制,那么占有人可能要对侵权人承担责任(Baur and Stürner, loc. cit., § 9 no. 11)。应该补充的是:根据一种观点,必要性这一要求并不会对自卫造成一般限制,因为自卫甚至在轻微的干涉案件中都被认为是可以实施的(Wieling, Sachenrecht[5], 63; Faber and Lurger(-McGuire), National Reports Ⅲ, chap. 2.4.2)。

23. 在奥地利的占有自助制度中,不仅要求公力救济及时到达的不可能性,还要求占有人采取适当的行为方式。这意味着两点:第一,用以阻止干涉的强力不能超过需要的程度;第二,损害干涉人利益的风险必须平衡(Kodek, Besitzstörung, 635 ff; Rummel(-Spielbüchler), ABGB Ⅰ[3], § 344, no. 5)。例如:司法实践已经判决涂撒毒药以赶走邻居的鸡是不适当的,但是确认了在选举日之前在对立党派的海报上粘贴选举海报的合法性(OGH 9 Os 208, 209/66, EvBl 1967/355)。除此之外,对侵犯形式作特殊考虑,自助可能只能在侵占行为未结束之前实施,占有人必须合理地行为(Kodek, loc. cit., 519 ff.; Spielbüchler, loc. cit., § 344, no. 2)。然而,立法者并没有全面的讨论准确的时间限制;OGH的一项旧的决定规定3天之后恢复占有就已经太晚了,然而在非法停车案件中,司法实践毫不犹豫地承认自助,甚至在车已经停下,干涉已经结束之后(Kodek, loc. cit., 520; Legerer, ÖJZ 1998, 607; Faber and Lurger(-Faber), National Reports Ⅰ, 49)。

24. 在瑞士法律中,所有的占有自助形式都是司法外占有保护的方式,此设计是为了维护公共秩序(Steinauer, Les droits réels Ⅰ[4], nos. 313, 378; Stark, Berner Kommentar Ⅳ-3:13, Vorb-

Besitzschutz,no. 2);因此,占有人可以在寻求公力救济之前行使自助权。然而,必须以在特定情形下的合理性方式和程度行使这些权利(民法典第 926(3)条)。另一个要求是侵夺或干扰须是非法的,例如:未经法律或占有人授权(Steinauer, Les droits réels Ⅰ[4], no. 326; Schmid and Hürlimann-Kaup, Sachenrecht[2], no. 220)。并且,恢复权必须被及时行使,也就是侵犯者被立刻赶走或动产被当场取回或侵犯者在逃跑中被抓到(民法典第 926(2)条)。司法解释倾向于将要求解释为以一种更宽泛的强力或秘密地剥夺占有(Steinauer, Les droits réels Ⅰ[4], no. 336; Stark, Berner Kommentar Ⅳ－3:13, art. 926, nos. 13 f; Faber and Lurger(-Foëx and Marchand), National Reports Ⅵ, chap. 2. 5. 2)。

25. 在希腊的法律中,根据占有面临的问题的不同,占有自助可以被分为占有自卫(民法典第 985(1)条)和恢复占有(民法典第 985 条第(2)～(3)款)。对于第一种自助,唯一的条件是干扰或紧迫性剥夺占有的存在。从这一点来看,干扰者的行为是故意的还是过失,是善意的还是恶意的,干扰是人的行为造成还是意外事件,这些与自助完全无关;只要存在干扰,占有者就可以行动。理论和司法实践都认为只要干涉继续存在,占有人可以在其想行动的任何时候行动(Georgiades, Empragmato Dikaio Ⅰ, § 22 no. 18; A. P. 82/1966, NoB 14, 863)。如果占有人失去了占有,自助的第二种形式将被适用。对于动产,如果侵权人被当场抓住,占有人就有权用强力恢复占有,但是对于动产,法律规定占有人只能在剥夺占有发生后立即采取行动。这意味着在任何案件中,司法外保护的恢复形式只在严格的有限时间内被允许。如果占有人在剥夺占有发生后立即开始采取行动恢复占有,并且未中断,最后成功地恢复了占有,那么这将被视为合法行为;另外,对于不动产,如果剥夺占有行为秘密发生,占有人只能在意识到侵占行为时才有权作出反应,否则其将不拥有司法外保护权(Georgiades, loc. cit., § 22 nos. 21 et seq.)。

26. 在荷兰,关于自助以阻止侵权,法律规定占有人可以在必要范围内行动以保护占有(民法典第 190(1)条)。就目前考虑的通过自助方式恢复占有,占有人只有在失去占有时通过其他保护方式恢复占有,也就是行政或司法途径将决定占有保护。民法典对占有自助没有规定特别的时间限制;然而,恢复占有的任何延迟都可能带来确定的后果,比如收购契约的中断(Lenkovics, Dologi jog[6], 262 f; Faber and Lurger(-Szilágyi), National Reports Ⅲ, chap. 2. 3. 5)。适当性要求的违反并不会带来非合同责任和损害赔偿责任(Gellért(-Petrik), A Polgári Törvénykönyv Magyarázata[6], 685)。

27. 在捷克法律中,如果自助是适当的,那么它就是合法的。对适当性有多种解释:根据一种观点,只要它没有对将要发生或已经发生的威胁造成不适当的损害,那么自助就是适当的。对某人占有的公力干涉不得进行自助(Knappová(-Knapp/Knappová/S ˇ vestka), Civil Law Ⅰ[3], 219 f.)。然而,另一种更保守的观点认为:只有在公力救济不能够及时到达的案件中,自助才被允许(Sˇvestka/Jehlicˇka/S ˇ kárová(-Eliásˇ), OZ[9], 63 f.);在这种情况下,只有面对威胁的人才有权行使自助权(Faber and Lurger(-Tichy′), National Reports Ⅵ, chap. 2. 6)。

28. 在斯洛伐克,只有在紧迫性物权或非法干涉某人的占有存在的情况下,自助才被接受。在干涉发生之前,或无权或非法干扰占有行为结束之后,自助都不可以被作为恢复占有的方式,因为在这些情况下,紧迫性无权或非法干涉这一条件都不充分。只有在自助方式与干涉行为的性质和情况相称时,自助才被认为是适当的(Faber and Lurger(-Petkov), National Reports Ⅵ, chap. 2. 3. 3)。

29. 在爱沙尼亚法律中,如上文提到的,自助成了自卫的一种特殊形式。像民法典一般性部分第140条规定的那样,自助要求未超出合法自卫行为的特定限制;更进一步,如果阻止危险的必要行为对另一人或另一财产造成了不可避免的损害,那么这一行为不被认为是非法的,因为这是阻止紧迫性危险的必要,并且与被阻止的危险相比,这一损害并不是非常不合理的(民法典一般性部分第141条)。占有自助必须是即时性的并且不超出自卫的限制。即时性行动意味着占有人必须毫无延迟地行动,但是法律并没有规定具体的时间限制,也没有任何的司法实践对这一问题提供一些指导;一种似乎可信的对相关条款的解释认为,占有人必须在干涉或剥夺占有行为发生后的30分钟内行动。从自卫的限制来看,这应该没有超出限制,这确实被一项适当性测试实施过。选择的占有保护措施必须与面临的威胁相称,并且其对干扰者造成的损害不能超过其将合理造成的;有多种措施选择的占有人必须选择对干扰者带来最小危险的措施(Faber and Lurger(-Kullerkupp),National Reports Ⅰ,261 et seq.)。

30. 在立陶宛法律中,自助人采取的方式和方法必须是适当的。适当性原则意味着自助行为必须与非法行为的性质相称,并且不能超出每一特定案件设定的限制;个人的权利和自由必须被尊重并且法律不能被违反(Faber and Lurger(-Mikelenas),National Reports Ⅲ,chap. 2.5)。

31. 在斯洛文尼亚法律中,只有在以下条件都满足的情况下,自助才是合法的:必须有一个面临的直接危险、自助必须是即时性的并且不能超出特定情形的必须性和适当性(Juhart/Tratnik/Vrencˇur(-Vrencˇur) Stvarno pravo[2007],132)。如果这些条件中的任何一个没有满足,那么自助将构成对他人占有的一种非法干涉(Juhart et al.(-Vrencˇur),SPZ s komentarjem[2004],art. 31,189)

32. 在保加利亚的刑法中,占有人选择任何一种自卫都不被认为是非法的;如果超出了那些限制,那么就构成了"过度自卫"。如果占有人是对一个直接强制进入其住所的人采取自卫,或占有人是在干涉造成的害怕和紧张状态下进行的自卫,那么自卫就不被认为是过度的(与刑法第12(3)条比较)。在侵权人占有财产之后,但是只能在侵权人被当场抓住的情况下,占有人也可以采取自助行为。如果动产已经被夺走并且侵占行为已经结束,那么前一占有人只能求助于司法占有救济(Tadjer,Veshtno pravo Ⅳ,77;Faber and Lurger(-Stoimenov),National Reports Ⅳ,chap. 2.4)。

33. 在西班牙,到目前为止,自助可能被接受,但是其必须在满足刑法第20条和第48条规定的合法自卫(legítima defensa)的条件,并且不超出限制的情况下才可以被行使。自卫的合法性受制于三个条件:必须有非法侵犯、用于阻止侵犯的方式必须是"合理的必须"、采取自卫的人必须没有对侵犯者进行引诱。当对他人的物进行侵占并且这一行为被认为是犯罪行为或者轻罪,并且其可能使这一物遭受紧迫性毁坏或丢失的危险,那么这一侵犯就被认为是非法的;在保护住宅及其附属品的情况下,无权闯入他人住所也被认为是非法侵犯(Faber and Lurger(-González Pacanowska and Díez Soto),National Reports Ⅴ,chap. 2.6.3)。

34. 在葡萄牙法律中,根据民法典第1277条的规定,在干涉或剥夺占有已经结束的情况下,占有人可以采取所谓的"直接行动"(acção directa),通过自己的力量和权利(por su própria força e autoridade)来保护被侵犯的权利。"直接行动"是自助的一种形式。它必须根据民法典第336条设定的限制来行使:"直接行动"必须是不可或缺的,必须是在及时获得公力救济变得不可能,但是必须保护被侵犯的权利,并且采取直接行动的人的行为不能超出阻止侵犯的必要性。作为"直接行动"的一种方式,法律允许对物挪作他用、销毁或毁坏,消除正常行使权利的非正常阻力或其他类似行为;然而,在任何情况下,如果被牺牲的权利优于需要寻求保护的权利,那么"直接行动"就是非法的。

35. 在英格兰和爱尔兰法律中,取回权受制于合理方式的使用,例如:法律规定强力的使用是一种合理的方式、动产的非法占有人应该知道行为人想要恢复占有的意图。从一种实际的角度解决这一问题，布雷建议当行使取回权时，必须以一种快速且有效的方式行使，并且不破坏秩序或不会对控制人的财产造成意外损害（Bridge，Personal Property Law[2]，77 et seq.）。另外，英格兰刑法允许人们抱回自己的财产（Faber and Lurger（-Frisby and Jones），National Reports Ⅱ，20）。

36. 在塞浦路斯法律中，在自卫情况下，在每一案件的情形中，自卫行为必须是即时性的并且被认为是合理的和必要的。这些条件是否满足取决于法庭设定的具体基础（Faber and Lurger（-Laulhé Shaelou/Stylianou/Anastasiou），National Reports Ⅱ，517）。

37. 在苏格兰法律中，鉴于暴力的行使可能会导致犯罪或民事责任，暴力只能被作为一种最后的方式并且必须在确定的限制内行使。对于自助的行使，法律没有规定明确的时间限制。允许的自助包括，例如：将一个物锁起来以防其他人接触（Faber and Lurger（-Carey Miller/Combe/Steven/Wortley），National Reports Ⅱ，334）。

38. 在挪威和丹麦，实际控制动产的人有权自由行使自卫权，但是威胁必须是即时性的和非法的，并且自卫者使用的强力不能超过阻止威胁的合理程度。对于自助，其可以适用的例外情形更加模糊，例如：在挪威和丹麦都讨论过一个问题，让权利受到侵犯的人等待公力救济，包括法庭和行政机关，是否合理。另外一个标准是：对某人权利的侵犯是否明显（Andenæs，Alminnelig strafferett，175 ff.；von Eyben，Formueretten，34）。在 Rt 1989，64 提到的一个案件中，一家商店被抢劫了，店主怀疑一名顾客是窃贼；尽管他告诉了警察他的怀疑，警察还是没有进行更深入的调查。所以他决定进入疑犯的家，果然找到了被偷的商品；然而，最高法院认为店主使用的自助手段是非法的（Faber and Lurger（-Færstad），National Reports Ⅴ，chap. 3.4.3）。

39. 在瑞典法律中，如果侵占人是强夺者或小偷或类似的人，那么自助权可以被行使。小偷必须是最近被确认，并且要求暴力是低程度的，以确保恢复占有行为的适当性（CP chap. 8 § 9 and Penal Code Promulgation Act § 14，with reference to the still applicable rule in HM The King's Decree on the Promulgation of the Penal Code s. 101 § 16 p. 16；see also Homqvist et al.（-Wennberg），Brottsbalken[7]，374）。

Ⅲ. 自助可对抗的人

40. 在德国，自助不仅可以用于对抗侵占人，还可用于对抗继承人（在民法典第858（2）条的意义上，是错误占有人），民法典第859条规定的条款都被检验，尤其是那些有关时间性的条款（Brehm and Berger，Sachenrecht[2]，no. 4.9）。而且，尽管错误占有人不能通过司法占有救济途径对抗被侵权人，但是根据民法典第859条，也可以行使自助权（Brehm and Berger，loc. cit.，no. 4.7）。如果间接占有人对直接占有人实施不法行为，那么直接占有人也可以对间接占有人行使自助权，但是反过来却不可以（Baur and Stürner，Sachenrecht[17]，§ 9 nos. 24 f；Faber and Lurger（-McGuire），National Reports Ⅲ，chap. 2.4.2）。

41. 在希腊，占有人有权对侵占人和继承人行使自助权，到目前为止，因为这两者的占有都是错误的，所以自助只在民法典第985（2）条规定的很短的时间内可以被行使（object recovered during hot pursuit；Georgiades，Empragmato Dikaio Ⅰ，§ 22 no. 6）。民法典第985（4）条明确规定：被侵犯的占有人有前文规定的自助权"对抗错误占有的继承人"；这实际上意味着：继承人在获得占有时已经意识到其占有的错误性（Georgiades，loc. cit.，§ 22 no. 6）。

42. 在瑞士，自助权直接对抗行为人，尽管当行为人是权属不明物的一个占有人时，自助权的行使是有一些限制的（Steinauer，Les droits réels Ⅰ[4]，nos. 319，329 f；Faber and Lurger（-Foëx and

Marchand）,National Reports Ⅵ,chap. 2. 5. 2）。

43. 在爱沙尼亚,自助可以用于对抗暴力干涉他人占有或剥夺占有的人,在后一种情况下,也可以对抗侵犯者的继承人,根据物权法第 40(4)条,如果在继承占有时继承人已经意识到被继承人占有的非法性,占有继承人和其他所有法律继承人都将承担非法占有的后果。侵犯他人占有的人能否被视为一个占有人(占有辅助人、法人组织的成员),以及干扰者是否有行为能力,例如:在未成年人案件中,这些问题不影响自助的行使((-Kullerkupp),National Reports Ⅰ,262)。

44. 在英格兰和爱尔兰,取回权范围内的合理强力被允许用于对抗非法占有人,尽管后者不承认对取回权人的侵犯(Blades v. Higgs[1861]10 CB[NS]713)。自助不仅可以用于对抗非法侵占人,还可以用于对抗曾经合法占有但占有权已经不复存在的人(例如:原有受托管理人和原有承租人)或索赔人曾允许被告占有但现在已单方撤销了允诺(Clarke and Kohler,Property Law,286)。如果土地的占有人对取回人负有侵占责任,那么进入他人的土地以取回占有在原则上是被允许的;然而,这样进入他人的土地在其他情形下也可能被允许(Patrick v. Colerick[1838]3 M & W483;Anthony v. Haney[1832]8 Bing 186;Bridge,Personal Property Law[3],77 f;Faber and Lurger(-Frisby and Jones),National Reports Ⅱ,20;Faber and Lurger(-Gardiner),National Reports Ⅱ,179)。

45. 在苏格兰,因为占有的唯一效力是给予占有人其占用不被侵犯的权利,所以在原则上,自助可以用于对抗任何干涉他人占有的人。然而,对抗有权占有的当事人,自助通常只能是暂时的帮助,因为这种当事人总是会宣示他们的权利并且夺回动产(Faber and Lurger(-Carey Miller/Combe/Steven/Wortley),National Reports Ⅱ,334)。

46. 在挪威和丹麦,在特定的情形下,用强力保护自己占有的权利甚至可以用于对抗动产的真正所有人。对于恢复对物的实际占有,首先,用强力恢复占有在多大程度上被例外的允许是不清楚的,但是如果这被接受,其可能被用于,例如:财产的真正所有人从承租人或小偷处恢复占有,而不需要警察的帮助(Faber and Lurger(-Færstad),National Reports Ⅴ,chap. 3. 4. 3)。

第Ⅷ-6:203 条　取回权作为纯粹占有的保护

(1)根据第Ⅷ-6:301 条(更优占有情况下的取回权),如果某人非法剥夺了物主占有人或有限权利占有人的占有,那么在 1 年之内,占有人都有权取回占有物,而不论谁对该物享有权利或更优地位。1 年的期间从被剥夺占有时起算。

(2)取回权也可用于对抗非法剥夺有限权利占有人的占有的间接物主占有人,其行为破坏了他们之间的特殊法律关系。这一规则也同等适用于非法剥夺了另一有限权利占有人的占有的间接有限权利占有人。

(3)如果某人在去年,企图通过行使取回权来非法剥夺他人的占有,那么取回权将被排除。

(4)在第(1)款的意义上,如果某人主张第Ⅷ-6:301 条(更优占有情况下的取回权)规定的权利或更优的地位以占有某物作为一种自卫或抗辩,根据第(1)款,返还物的义务可能改变为将物交给法庭或其他主管公共机构,或主管机构指定的第三人。

评 论

参见对以下条款的评论。

第Ⅷ-6:204 条 纯粹占有保护的保护令权

(1)如果他人非法干涉物的占有或这种干涉或非法侵占具有紧迫性,那么在1年内,物主占有人或有限权利占有人有权获得第Ⅷ-6:101 条(所有权保护)第(3)款规定的保护令,不论谁拥有第Ⅷ-6:301 条(更优占有情况下的取回权)条款规定的权利或更优地位对该物进行占有、使用或其他处理。1年的期间从干涉开始或在重复干涉的情况下,从最后一次干涉开始时起算。

(2)保护令也可以由有限权利占有人用于对抗非法干涉其占有而破坏了他们之间特殊的法律关系的间接物主占有人。这一规则同等适用于辅助的有限权利占有人对抗非法干涉其占有而破坏了他们之间特殊的法律关系的间接有限权利占有人。

(3)在第(1)款的意义下,如果另一人主张权利或更优地位对物进行使用或做其他处理,作为一种自卫或抗辩,那么法庭令将暂停效力,或被对这一主张的权利或更优地位做出判断的判决取代。

评 论

A. 通说

取回和保护令的请求。根据涉及的干扰形式的不同,非法剥夺占有或其他对纯粹占有的非法干涉的救济途径可以被分为两种类型:如果占有被完全剥夺,那么有取回权;对抗任何其他形式的干扰占有的保护令。这两种救济方式的区别可以在成员国法律体系的主体中找到(尽管这些救济方式通常不适用于动产)。

所有权保护和占有保护。第六章区分了两种主要的救济类型:占有保护救济(第Ⅷ-6:202 条至第Ⅷ-6:204 条)和所有权的保护救济(第Ⅷ-6:101 条)。对拥有完整权利的动产所有人的保护与仅仅是占有人的保护(占有救济)不同。第一类保护的目的是对处于纠纷中的权利提供一个最终的解决途径。其为私有所有权提供和加强永久保护。

这些占有救济途径的目的和作用。占有保护只是一种暂时性保护,其主要目的是保护前一占有人和所有人,以免其遭受非法侵犯其对动产的实际占有的消极后果。占有保护的规则为占有人提供了对抗非法侵权人的特定权利:自助、恢复占有的主张、保护令。自助的例外是,他们需要在法庭上提出主张。因此,他们通过司法途径,促进了纠纷的和平解决。它们限制私权的使用,并且给了没有非法行为的和平占有人一个有利的地位,就是在法庭上可以合法的主张占有权。

占有权不是一种要求。纯粹占有保护条款中包括的短语“不论谁有权占有动产或有更优的地位”,是为了表明:对于潜在的占有权利,占有权与一个案子的特征或最后的结果无关。在第Ⅷ－6:301条的意义下,在这一问题上,动产的占有权或“更优占有”不被考虑。重要的判断标准是干扰占有人占有非法行为(私权),不论其他当事人占有动产的潜在权利。前一占有人只需要证明其占有和他人对其占有的非法干涉。如果另一人提出对这一动产拥有更优权利或更优地位的自卫或抗辩,那么第Ⅷ－6:203条第(4)款将被适用。然后,法庭将会处理占有权的问题,但是抗辩人不能占有动产并且需证明其主张的权利。

B. 相关利益和政策考虑

快速结果。纯粹占有保护规则的政策目标是获得一个快捷的结果、限制私权和确保权利的和平行使。就目前而言,这些目标的第一点是:占有是一种暂时秩序;因此,这些当事人没有理由要寻求长期费用时,还可能是昂贵的司法途径来证明他们对某物具有占有权。通常,成员国的程序法为这些占有救济途径提供了一种简便、快捷的程序,就目前而言,至少考虑了证明要求。

私权的限制与和平行使权利的发展。即使是对动产有更优占有权的人也不能非法剥夺当前占有人的占有,而必须获得当前占有人的同意或启动司法程序。非法侵占不能通过法律救济得到认可,这就使得非法的占有人在诉诸法院请求前占有人返还权利时处于有利地位。由于非法侵占人的非法行为,其将处于被告地位,前一占有人作为起诉人,必须证明对动产享有所有权或更优权利或更优地位。因此,在司法程序中,每一没有使用私权的人都必须证明自己对动产享有更优的权利或地位,作为起诉人对抗当前占有人(被告)。

占有保护规则确保非法侵占人不能从上文叙述的非法行为中获益,但必须承担原告所负担的证明在动产上享有更优权利的义务。这就给予了没有通过第Ⅷ－6:201条规定的非法方式得到的占有,在司法程序进行期间一种确定的保护。

C. 对比性概述

成员国的保护途径。对于占有保护,可以发现在所研究的法律规范中有两种主要倾向:(a)无论是否存在占有保护的特殊法律途径,通常有一种对抗干涉的救济途径和对抗剥夺占有的救济途径(德国、西班牙、葡萄牙、意大利、希腊);或(b)在“占有等于所有权证书、占有近乎所有”原则适用的国家(法国、比利时),占有人被与所有人相同的方式对待,并且与所有人有相同的救济途径。荷兰对这一问题有一套混合体系。尽管占有保护体系默示“占有近乎所有”原则,其也有来自“普布利奇安之诉”的元素,在其中,更优占有具有优先效力;除此之外,损害的非合同责任的救济途径在作为干涉受害人的占有人的角度是可选择的,因此,填补了财产法和债法的空白。在英格兰法律中,占有通过侵权行为法中的干涉诉讼和换位诉讼来保护(后一种方式与剥夺占有行为有相似之处)。在瑞典,占有保护通过更具犯罪特征的刑法典中的规则以一种零散的方式规范。在匈牙利,司法救济程序之前有一个行政程序;行政程序实际上是占有保护的组成部分,但是司法程序通常解决案件的事实方面。

D. 第Ⅷ-6:203条第(1)款和第Ⅷ-6:204条第(1)款:救济的条件和享有救济权的人

非法剥夺或干扰占有。第Ⅷ-6:203条第(1)款要求他人的非法剥夺占有。第Ⅷ-6:204条第(1)款要求他人的非法干扰占有或紧迫性干扰占有。对“干涉”一词的理解,参见对第Ⅷ-6:101条的评论J。“紧迫性干涉”一词也包括“紧迫性剥夺占有”的意思(参见对第Ⅷ-6:101条的评论J),然而,已经发生的剥夺占有由第Ⅷ-6:203条规制。对“紧迫性”的定义,参见对第Ⅷ-6:101条的评论K。对“非法”的定义,参见第Ⅷ-6:201条。非法剥夺占有包括剥夺占有的实际行为和前一有限权利占有人或占有辅助人内部心理状态的改变,以及恶意拾得人(他们都对物主占有人有敌意;参见对第Ⅷ-6:201条的评论D)。

拥有救济权的人。可以采取第Ⅷ-6:203条和第Ⅷ-6:204条规定的占有救济途径的人是自主占有人和有限权利占有人。在第Ⅷ-1:205~208条的意义下,占有辅助人不是‘占有人’,并且只有行为自助权的权利(第Ⅷ-6:202条),因为在这种情况下,需要迅速的反应,并且情况通常不允许占有辅助人及时通知物主占有人或有限权利占有人。然而,对于占有的司法救济,这些条件将不存在。在需要占有救济的情况下,他们必须在1年内被启动;充分的时间为给予物主占有人和有限权利占有人这些救济途径提供了充分的基础,这两类人在控制动产的过程中可以实现自己的利益。期望占有辅助人通知物主占有人或有限权利占有人,使他们能采取需要的司法途径对抗第三人,而不是期望占有辅助人自己采取司法途径是合理的。

在存在有限权利占有关系的情形下(例如:在出租或存储合同下),物主占有人(例如出租人)和有限权利占有人(例如承租人)都有通过有限权利占有人恢复动产占有或干涉停止的利益。似乎双方当事人都有利益,因此他们都有可能采取相关的占有救济途径对抗第三人。

救济途径对抗的人:救济主张可能直接对抗非法剥夺前一占有人占有的人,但是这个人必须仍然直接或间接占有(实际控制)该动产。

示例1

B从A处偷了一个动产并且占有这一动产。救济主张可能对抗这一动产的直接占有人B。

示例2

B从A处偷了一个动产，然而为了安全，将其移转给了C。救济主张可能对抗动产的间接占有人B。然而，其不能对抗C，因为C没有非法剥夺前一占有人的占有。

示例3

B从A处偷了一个动产，然后将其卖给了C。B不再直接或间接占有动产。救济主张不能再对抗B。其也不能对抗C，因为C没有非法剥夺前一占有人的占有。A可以主张第Ⅷ-6:101条，从C处取回其动产。

不需要过错或法律行为能力。与自助的适用情形一样，不要求非法剥夺或干扰占有的侵犯者有过错或法律行为能力。因此，恢复占有或保护令的主张，可能直接对抗那些在一开始没有意识到自己的行为具有非法剥夺或干涉他人占有的人。然而，一旦占有人提出对物的占有或停止干涉的要求，而侵犯人不满足其要求，那么侵犯人就变成了故意侵犯。到这个时候，前一占有人就可以采取第Ⅷ-6:203～204条提到的救济途径了。

示例4

B错误的以为A的伞是自己的而拿走。当A找到B并向其解释伞是他的，他希望拿回伞，而B拒绝归还伞。依第Ⅷ-6:203条，A有权从B处恢复对伞的占有。

示例5

在小偷T企图逃走时，将A的动产放到了B的包里。B没有意识到这一事件并且带走了A的动产。如果T失去了对这一动产的实际控制，那么恢复占有的主张不能再对抗T。这与T知道B在哪儿，并且能够让B把动产返还给T的情形不同。刚开始，A不能够主张从B处恢复占有，因为B并没有剥夺其占有。然而，当B拒绝将动产返还给A时，依第Ⅷ-6:203条，A有权向B主张恢复占有。B通过占有这一动产而帮助了T的非法行为。

如果后一非法占有构成了原始非法侵占的一部分，那么原始非法侵占人和后一占有人可以不是同一人。这意味着必须区分下面的情形。

(a)B非法剥夺了所有人A的占有。B仍然直接或间接占有物。依据第Ⅷ-6:203条，A有权对B行使恢复权。不需要B有过错或疏忽。只要B拒绝返还物就足够了。

(b)B非法剥夺了所有人A的占有。B让C保管这些物，以至于警察在B的家中找不到这些物。依第Ⅷ-6:203条(前提是他们基于自己的意愿拒绝将物归还给A)，A有权向B和C行使恢复权。C拒绝将物归还给A构成了B原始剥夺占有行为的一部分。由于C储存这些物并拒绝将其返还给所有人，C帮助了B的非法行为。这一规则也适用于上文的示例5。

(c)B非法剥夺了所有人A的占有。B将这些物卖给了C。C为善意,并且与原始的剥夺占有行为无关。依据第Ⅷ-6:203条,A无权向B或C主张恢复权,因为B已经不再占有物,而在第Ⅷ-6:203条的意义下,C的占有并不是B原始非法侵占行为的一部分,因此并不是非法的。A可以依据第Ⅷ-6:101条向C主张恢复权。

E. 第Ⅷ-6:203条第(1)款和第Ⅷ-6:204条第(1)款:1年期间的客观限制

为什么要求一个相对短的时效期间。作为一项一般政策,其出于现实的起草原因,也是完全根据成员国的传统法律体系,法定期间和相似时间限制不应该预先规定在独立的条款中。各种私法条款中规定的权利或合同因法定终止这一情况由另一章节规范。然而,在第Ⅷ-6:203条和第Ⅷ-6:204条规定的占有救济情形下,相对短的法定期间是救济途径特别的条款特征的不可缺少的一部分,其目的是简化和加速侵占发生时救济途径的实施。这一特别特征使占有救济权区别于其他权利和其他权利救济,他们受制于一般的法定期间,或在保护所有权的情形下,不受任何法定期间的限制(只有在通过持续占有获得所有权时消灭)。另外,大部分欧洲法律体系中的的法定期间都或多或少相同,多为1年,这使得规定1年的法定期间变得顺其自然,而不会引发争论。

主观和客观时间限制。在成员国的法律体系中,占有救济通常视为动产和两种类型具有统一条件的不动产设计的。分析时间限制,可以分清两种不同的规制技术。

(1)一个更短的主观期间(例如1个月)从占有救济权人知道剥夺或干扰占有和第三人身份时开始起算。

(2)一个更长的客观期间(通常对动产和不动产都是1年)从剥夺或干扰占有行为发生时开始起算。

强调主观期间的主要政策目的是确保物主占有人或有限权利占有人能够采取救济规定的途径,甚至在剥夺或干扰占有发生或开始后的相当长时间后,才发现侵犯(剥夺或干扰占有)和侵犯人的身份时,也能够实施救济措施。只要物主占有人或有限权利占有人没有意识到侵犯的发生,他们就不可能采取救济措施对抗侵犯人。从救济途径的本质来看,权利主张者必须知道侵犯人的身份,以能够采取司法途径。

在欧洲法律体系中,最常使用的期间是1年的客观时效期间,从剥夺或干扰占有行为发生时开始起算。知道剥夺或干扰占有行为的物主占有人或有限权利占有人和知道第三人的人都有1年的时间,通过法院和协会途径对抗侵权人或干涉人。考虑到占有保护救济的暂时性特征和在快捷程序中迅速实施救济措施的目标,1年的期间似乎是一个合理的客观时间限制。

为什么只规定了一个客观时效期间。没有考虑占有人对侵权的认识这1年的客观期间,一方面,平衡了占有人采取占有救济途径的有限能力的需要;另一方面,平衡了考虑占有人可能不能很快知道侵权行为这种情形的需要。除此之外,这种解决问题的方式是根据大部分欧洲法律体系规定的特殊司法占有救济途径。

分析完上文列出的政策考量和对在这一领域的关系中产生的纠纷有一个快捷的解决方式的需要,可以看出:给在1年之后或更长时间之后才知道侵权事实的物主占有人或有限权利占有人一个救济的延长期间,这似乎是不合理的。

干涉的时效期间。与剥夺占有不同,我们更难确定干涉发生的确切时间。然而,干涉可能通过构成一致的干涉行为的一系列行动而持续,或通过构成不同的干涉事件的几个行动重复发生,例如:A每天都向B的卡车扔垃圾;C基于个人恩怨,无规律地重复毁坏D的汽车轮胎,而E只是一次故意毁坏F的汽车轮胎。

通常,只有在干涉行为还在继续或即将发生时,保护令才有效。已经结束的干涉行为不能够被法院的保护令阻止。然而,对于干涉行为在动产上留下了可消除痕迹这种情形(参见第Ⅷ-6:101条的评论K),保护令在干涉行为已经结束后也有效。1年的时效期间从干涉行为结束时开始起算不合理的原因有两点:(a)一旦干涉行为已经结束(并且没有留下任何痕迹),那么保护令将不被接受;(b)干涉行为可能持续几年,但是占有人在干涉开始时就有权寻求司法救济。因此,一般规则是法定期间从干涉开始时开始起算。

然而,在重复干涉案件中,法定期间从第一次干涉行为发生时起算不公平的原因如下:如果几个干涉行为同时发生,占有人通常不能确定干涉人是否计划继续干涉。因此,第Ⅷ-6:204条第(1)款规定:在重复干涉案件中,每一新的干涉行为开始时,期间重新计算。

1年的时效期间经过后对占有人的保护。然而,很有必要说明,尽管1年的期间经过了,物主占有人或有限权利占有人还是可以得到法律保护以对抗侵犯人。他们还是可能基于更优权利或更优占有(第Ⅷ-6:301~302条)、所有权(第Ⅷ-6:101条)或合同权利,主张恢复权或保护令以对抗干涉。对这种权利的限制是:只能基于占有被非法行为侵犯这一唯一事实,采取恢复权或保护令这种特殊救济途径,而不能基于占有动产权采取其他救济。

F. 第Ⅷ-6:203条第(1)款和第Ⅷ-6:204条第(1)款:救济途径——恢复占有和保护令

"恢复占有"(第Ⅷ-6:203条)意味着第三人必须向主张者移交动产。这一救济与第Ⅷ-6:101条第(1)款规定的救济(有权获得或恢复实际控制)相似。然而,这两种救济的条件不同(第Ⅷ-6:101条:所有权;第Ⅷ-6:203条:非法侵占;两种权利不相关)。恢复权和恢复实际占有的不同构成要件来自于这一事实:在第Ⅷ-6:101条中,并不要求另一人实施了剥夺占有的行为,并且不要求任何剥夺占有行为的发生(参见对第Ⅷ-6:101条的评论I),但是在第Ⅷ-6:203条中,另一人非法剥夺占有这一条件是很关键的。

"保护令"(第Ⅷ-6:204条)与第Ⅷ-6:101条第(3)款中的保护令救济是相同的。对第Ⅷ-6:101条的评论K也适用于这里。

G. 第Ⅷ－6:203 条第(2)款和第Ⅷ－6:204 条第(2)款:直接和间接占有人间的关系

直接有限权利占有人对抗非法物主占有人或有限权利占有人的保护。如在第Ⅷ－6:202 条的评论 G 中解释的,当后者威胁直接占有人占有动产的权利(通过合同或法律享有)时,应该保护(直接)有限权利占有人对抗间接占有人、物主占有人或有限权利占有人。在间接占有人非法剥夺有限权利占有人的占有时,直接有限权利占有人可以通过自助(第Ⅷ－6:202 条)和第Ⅷ－6:203 条规定的占有救济保护占有。相对于基于合同权利占有动产的司法救济程序,这些救济为有限权利占有人提供了一种更快、成本更低的解决方式。除了极少数国家之外(例如法国),这也是欧盟成员国最主要的问题解决方式。物主占有人也不能通过主张所有权来成功对抗有限权利占有人(第Ⅷ－6:101 条),因为基于所有权的恢复占有主张已经因有限权利占有人基于合同(或其他)占有动产的权利失效了。

占有权必须是有效的。从第Ⅷ－1:207 条对有限权利占有人的定义中,可以看出有限权利占有人必须有占有动产的有效权利。因此,第Ⅷ－6:203 条第(2)款和第Ⅷ－6:204 条第(2)款的规定也仅适用于在与间接占有人的关系中,对动产占有有一个有效权利的占有人。

H. 第Ⅷ－6:203 条第(3)款:在过去 1 年内,原告对非法剥夺占有主张救济的例外情形

原始非法剥夺占有人被排除于救济之外。第Ⅷ－6:203 条第(3)款规定了这样一种情形:在过去 1 年内,一个小偷或其他人——A,非法剥夺了占有人——B 的占有。然后,前一占有人——B,反过来非法剥夺了 A(一个自主占有人)的占有。举个例子,根据第Ⅷ－6:202 条,原始占有人 B 将无权行使自助,因为小偷 A 的剥夺占有不具有第Ⅷ－6:202 条第(2)款规定的即时性或适当性的条件。由于原始占有人已经没有或不再有自助权了,其剥夺小偷 A 的占有将会是"非法"行为(并且可能产生任何对小偷造成的损害的责任)。

原始占有人有效恢复动产占有的合法方式是在 1 年内采取第Ⅷ－6:203 条的占有救济,或行使其他基于占有权的主张。然而,不允许 A——小偷或其他原始非法侵占人——可对抗原始占有人 B 的非法行为是基于以下原因:A 是作出非法行为的人。A 最先做出非法行为。原始占有人 B 作出的非法行为只是对小偷的侵犯占有行为的一个反应。这一反应是在小偷 A 的原始侵占之后的一个相对短的期间内(1 年)发生的。由于这个原因,在这种情况下,小偷不享有恢复占有动产的权利。这一规则来自德国法律体系的"非法占有阻碍"(fehlerhafter Besitz)。在某种意义上,从另一个角度看,这一规则也与葡萄牙和西班牙法律体系中的"ano e dia"(1 年零 1 天)规则相一致,据此,在适应占有救济规则之前,占有人应当行使了至少 1 年的占有权。

I. 第Ⅷ－6:203 条第(4)款和第Ⅷ－6:204 条第(3)款:占有权利或更优地位的行使

占有救济与权利救济的关系。在剥夺占有案件中,另一人可能通过提出自卫或抗辩来主张占有动产权利,这时,根据第Ⅷ－6:203 条第(1)款,法官命令先将动产返还给原始占有人(物主占有人或有限权利占有人)似乎是不合理的,因为只有在后者基于动产的占有权胜诉时,才能将动产返还给他。这一价值选择甚至在下面这种案件中更应该被适用:在一开始就很清楚另一人具有占有权,然而原始占有人(主张人)没有这一权利。

在基于占有权自卫或抗辩的情况下,主张人不能恢复对物的占有。因此,在这种情况下(基于占有权自卫或抗辩的情形),根据第Ⅷ－6:203 条第(4)款,法官有权命令将动产转移给第三人或法庭或公力机构,这将会为最终基于更优占有权胜诉的人保有这一动产。第Ⅷ－6:203 条第(4)款允许法官将一项第Ⅷ－6:203 条(纯粹占有)的诉讼依据与第Ⅷ－6:301 条(更优占有)或第Ⅷ－6:101 条(所有权)的诉讼依据或对个人恢复动产占有权利的诉讼相联系。如果另一人作为被告,提出其他占有动产的权利,基于法条规定,动产将由法庭、公共机构或第三人保管,并且将转移给胜诉方。

干涉案件中的程序。如果在剥夺占有案件中,可能将基于纯粹占有保护的主张与基于占有权的抗辩联系在一起,这在干涉案件中也可能实现(参见第Ⅷ－6:204 条第(3)款)。在这些案件中,法庭不会授予任何的最终保护令。保护令程序将被中止,如果必要,最终将会被干涉权或更优地位的判决取代。

J. 规则的特征

强制性规则。这一规则是强制性的。享有占有救济权的人可以放弃或不使用这些救济。

注　释

Ⅰ. 纯粹占有保护和所有权保护之间的区别(possessorium and petitorium)

1. 在德国法律中,根据占有人仅占有还是提出更优的占有权,占有保护(possessorischer Rechtsschutz)和所有权保护(petitorischer Rechtsschutz)之间存在区别。不论是否有占有权,占有保护都被接受;纯粹占有保护就足够了。占有保护的目的是保持或恢复刚被干扰的占有,这基本上意味着侵犯者不能提出任何侵犯行为的异议和证明其享有占有权。甚至一个被剥夺占有的物主侵犯者也不能通过非法方式行使主张——"拥有禁止权力"(民法典第 863 条)(CA Düsseldorf MDR 1971,1011;CA Cologne MDR 1995,1215)。唯一的例外是:在占有程序条款中,合法主张有可能被接受;如果被告通过反诉的方式进行自卫,并且两项主张都同时被认为足够正当,法庭可能会作出对被告有利的判决(比较 BGH NJW 1979,1358;Lehmann-Richter,NJW 2003,1717 et

seq.)。另一方面,法定的占有保护目的在于通过更优占有权的方式彻底解决前一占有人与当前占有人的纠纷(参见第Ⅷ-6:302条的注释3)(Faber and Lurger(-McGuire),National Reports Ⅲ,chap. 2.4.3)。

2. 奥地利法律也从程序的角度,对占有保护和所有权保护规定了严格的区别。法律不允许法庭将占有保护程序和其他普通程序结合在一起(Kodek, Besitzstörung, 845 et seq.)。在占有救济条款中,主张人是否享有占有权这一问题完全不重要(Faber and Lurger(-Faber), National Reports Ⅰ, 42 et seq.)。并且,如果法庭的占有令已经执行,而另一法定程序作出的相反判决已经存在,那么执行必须中止(Schwimann(-Klicka), ABGB Ⅱ[3], § 339 no. 56; OGH 3 Ob 823/31, SZ 13/249)。

3. 在瑞士法律中,占有行动条款中没有规定检验是指法律情形的内容,而且法官只能根据占有的有关事项作出判决;管理机构也同样受到限制(Steinauer, Les droits reels Ⅰ[4], nos. 360, 378)。除此之外,民法典第927(2)条规定,如果被告能立即证明其为对动产拥更优权利的受益人,那么法庭将不能发出恢复令(Faber and Lurger(-Foëx and Marchand), National Reports Ⅵ, chap. 2.4.2)。

4. 希腊法律中,占有保护和所有权保护也存在区别。民法典第991条规定在干涉或剥夺占有的案件庭审中,被告不能主张对物享有实际控制权,除非这一权利已经通过原被告间的庭审程序,被具有司法效力的法律文件认定。占有被视为财产关系规范的一种暂时性秩序;从这一角度来看,只有实际情况才受法律保护,而不是潜在权利。从长远来看,拥有物权的人将受到法律的合理保护,但是这种保护必须在财产关系规范的有限框架内被监视,即对物权的保护。直到那时,权利人都必须尊重现存的实际情形。为了说明这一区别背后的原因,法学家们提出了几种不同理论;其中,最合理的理论似乎是为了维持公共秩序和社会和谐,同时也是为了避免对财产的经济利用造成干扰(Georgiades, Empragmato Dikaio Ⅰ, § 14 nos. 3 f., 5 ff.)。

5. 在匈牙利,占有和有权占有之间也存在区别,尽管他们的条款只存在很小的差别。占有保护仅注重占有事实,它主要靠当地行政机构保护,然而,有权占有保护注重占有权,发挥两种作用:其是对行政机构决定的上诉的一种方式,并且,自非法权力行使1年之后,这也是占有人享有的唯一一种占有保护途径(Faber and Lurger(-Szilágyi), National Reports Ⅲ, chap. 2.4.1(c))。新的民法典的所有草案都肯定了这一区别。

6. 在斯洛文尼亚法律中,占有保护规制与其他法律保护规制有明显的区别。与占有救济不同,根据物权法第36条,所有权保护行为基于占有权,但是,在法庭判决前,两种程序受制于"请求人吸收所有人"(petitorium absorbet possessorium)的原则下可以同时进行(compare Frantar, Podjetje in Delo 1999/6-7, 1075; Berden et al. (-Tratnik), Novo Stvarno pravo[2002], 61; Juhart et al. (-Vrencˇur) SPZ s komentarjem[2004], art. 36, 212; Juhart/Tratnik/Vrencˇur(-Vrencˇur), Stvarno pravo[2007], 126, 131)。

7. 在法国法律中,占有保护仅适用于不动产,记住这一点是很重要的(Faber and Lurger(-Cashin-Ritaine), National Reports Ⅳ, chap. 2.4)。这不是旧的法律第2.4章(ancien droit français)下的情形,并且民法内没有规定任何禁止占有保护适用于动产的条款。然而,司法实践通常认为"占有具有相当于权利根源的效力"(en fait des meubles la possession vaut titre)(民法典第2276条[过去的第2279条])这一原则包含一个扩大的适用范围:对于动产,占有保护和所有权保护不能别区分开;动产通常价值较低这一事实证明了这一理念(Terré and Simler, Les biens[7], no. 197)。因此,占有保护措施原则上仅适用于不动产,民事诉讼法第1265~1266条规定的占有和所有权之间的区别也仅对不动产有重要意义(Zenati-Castaign and Revet, Les biens[3], 699, no. 490);另一方面,在动产情况下,占有和所有权实际上相一致。为了实现保护占有的目的,属于所有人的救济措施发挥作用,这是为了占有人的利益对所有权假定的直接结果(Dross, RTD civ 2006, 27);因此,原告必须攻击被告的占有并对其有效性提出质疑(Faber and Lurger(-Cashin-Ritaine), National Reports Ⅳ, chap. 2. 4)。这一原理仅适用于涉及有形动产的情形(e. g. Cass. req., 25 November 1929, D. H. 1930, 3; Cass. com., 19 January 1960, Bull. civ. Ⅲ, no. 30)。但是,并不是所有类型的动产都受这一规则规制,例如:登记动产被排除在外(Cass. com., 25 November 1951, Bull. civ. II, no. 340),公共财产也被排除在外(Cass. 1èer civ., 2 April 1963, Bull. civ. I, no. 203; Cass. req., 17 June 1896, D. P. 1897, 1, 257; Trib. Corr. Montluçon, 20 September 1965, D. S. 1965, 774, note by Delpech);汽车是登记动产排除原则的例外,因为对于汽车,"占有近乎所有"(possession vaut titre)原则正常适用(Faber and Lurger(-Cashin-Ritaine), National Reports Ⅳ, chap. 2. 4; Jauffret, La vente d'automobile, 67)。无形财产,比如知识产权(Cass. civ., 26 February 1919, D. P. 1923, 1, 215; T. civ. Seine, 15 November 1927, D. P. 1928, 2, 89, note by Nast; Paris, 17 April 1956, D. 1956, 530, note by Ripert)和准占有,即权利占有,比如表演权(Cass. civ., 2 December 1856, D. P. 56, 1, 443)、用益权、安全权(Cass. civ., 4 July 1876, D. P. 77, 1, 33)、股票和债券也不在"占有近乎所有"原则的适用范围之内(Cashin-Ritaine, loc. cit., chap. 2. 4)。另一个更普遍特性的例外规定在民法典第 2276(2)条(过去的第 2279(2)条)中,涉及遗失物或被盗物(Bergel/Bruschi/Cimamonti, Les Biens, § 226; Dalloz/Code Civil[2006], art. 2279 § § 18 ff):它们在遗失或被盗后的 3 年内可以被追回(Cuilleron, RTD civ 1986, 504)。法庭同样保护另外三类物的占有(Cashin-Ritaine, loc. cit., chap. 2. 4):不动产附着物(immeubles par destination)(Cass. civ., 14 November 1849, DP 1850 1, 10), the meubles accessoires d'un immeuble(Cass. 1er civ., 25 November 1959, Bull. civ. I, no. 497) and the meubles par anticipation(T. civ. Sancerre, 25 May 1951, D. 1961, 646)。只有在和平占有状态下,占有才可能被保护(民法典第 2279 条[过去的第 2283 条])(Cass. 3ème civ., 18 May 1982, JCP éd. G 1982, IV, 263 = D. S. 1982, I. R. 403 = GazPal 1982, 2, pan. jur. 313, obs. Piedelièvre),尽管法律有时要求必须是公开占有(Cass. 1ère civ., 21 October 1980, GazPal 1981, 1, somm. 65 = D. S. 1981, I. R. 229, obs. Robert)或占有是具有使用性的(possession utile; see Cass. 3ème civ., 12 October 1983, Bull. civ. Ⅲ, no. 184 = JCP éd. G 1983, IV, 345 = D. S. 1984, I. R. 429, obs. Robert; Cass. 3ème civ., 24 January 1978, GazPal 1978, 1, somm. 161);并且,在对抗合法的所有人时,占有不受保护(Cashin-Ritaine, loc. cit., chap. 2. 4)。

8. 比利时法律的相同章节也肯定了"占有具有相当于权利根源的效力"(en fait des meubles la possession vaut titre)原则的扩大范围,以使动产不受特殊行为的保护(Faber and Lurger(-Cauffman and Sagaert), National Reports Ⅳ, chap. 3. 4)。与法国法律规则唯一不同是:比利时法律例外地禁止占有保护条款对动产的适用;民事诉讼法第 1370 条于 1876 年制定,并且在 1967 年的新民事诉讼法中被重述,规定占有保护行为只能适用于不动产或可通过已知条款可得的不动产权利。

9. 与法国和比利时相比,荷兰法律尽管在结构上不同,但是法律规定很相似。在荷兰法律中,占有保护和所有权保护之间没有差别:占有保护或多或少以古老的"普布利奇安之诉"(actio publiciana)为线索编撰,被干扰的占有人享有与有权占有人相同的救济。相反地,法律例外地规定了通过侵权行为法起诉的可能性(民法典第 3:125 条; Faber and Lurger(-Salomons), National

Reports Ⅵ,chap. 2. 4)。

10. 在意大利法律中,占有保护和所有权保护间存在区别。授予占有人的占有主张提供了一种更快的程序,并且减少了证明要求(Cass. II,no. 6093/1997),以恢复占有或终止任何干涉。这种保护形式被授予任何占有人,而不需要所有权证明;同样,也无论物是私人的还是公共财产,因为占有保护也被授予公共财产(占有人不可能所有)的占有人。占有保护的价值相当复杂。一方面,公共秩序和社会和谐等价值必须被保护,鉴于一个社会的财产关系的社会经济重要性,因为如果每个人能够任意的占有另一人的物,那么公共秩序将会被严重破坏;另一方面,占有人通常被认为对物拥有合法权利。所以,立法者允许占有人,甚至非所有人,得到实际情形下的保护;实际上,占有人甚至可以用占有救济来对抗所有人,并且,根据民事诉讼法第705条,在占有保护庭审中,被告不能提出对财产的所有权主张,因为意在推翻占有保护的主张在占有保护程序中被排除。这与其他事情一样,与私自自助的禁止有关:被剥夺占有的所有人当然有恢复财产权,但是只能依法通过诉讼途径行使(例如,所有物返还请求权),而不能通过自助;例如:这对买受人也是如此,如果出卖人不公正的拒绝移转出卖物。占有人对抗所有人的保护只是暂时性的,这一点是不证自明的,因为实际上对物不享有权利的占有人在所有人起诉的庭审中会败诉。所以,占有主张使财产保护主张失效。然而,意大利宪法法院确立了一项例外(Cost. 3 February 1992,no. 25)。宪法法院认为:在占有保护程序中,当占有人的占有将不可挽回地导致所有人之后不能行使所有权时,基于所有权的主张并不被阻碍。在这种情况下,所有人/被侵占人可以在占有救济的判决作出之前,要求一个对所有权的公开裁定。意大利宪法法院在这一例外规定中考虑到了两种情形:(a)在恢复动产占有情形下,恢复占有的占有人/起诉人可以善意地将动产移转给另一个人时;(b)涉及不动产的情况下,在所有人/被告建造了一栋建筑且败诉将迫使其拆除建筑时(Faber and Lurger(-Greco),National Reports Ⅰ,404 et seq.)。

11. 在西班牙法律中,占有保护和所有权保护之间也存在着区别;当占有权(ius possidendi)受到威胁时,占有权的权力所依赖的基础就不重要了(Faber and Lurger(-González Pacanowska and Díez Soto),National Reports Ⅴ,chap. 2. 6. 1)。在西班牙,占有救济是在法庭上采取的,并且是在所谓的"口头辩论阶段"(en juicio verbal;参见下面的注释28),这意味着与法律保护相比,占有保护不仅减少了证明要求,而且适用一种快捷的救济程序,当人们意识到这一点时,占有保护与所有权保护间的区别显得更加明显。法律学说有试着回答为什么占有保护有如此广阔的适用范围,其实际上包括了那些不值得保护的人(例如小偷)。没有一种学说能够单独给出一个令人满意的回答,但是它们之间相互补充。除了其他事物外,占有保护的目标是:(a)维持社会和谐和公共秩序(民法典第441条)和制止某人将法律掌握在自己的手中;(b)保护法律的确定性和实际情形的稳定性,这巩固了财产权(例如:通过已有的惯例);(c)保护法律现状和巩固社会公德;(d)以一种更快的程序保护真正的有权占有人,因为在通常情况下,占有人就是物的有权占有人(例如所有人);(e)最后,肯定占有的社会重要性,因为在有些情形下(例如城市或乡村租赁),真正利用财产和从中获取经济利益的人比真正的所有人更值得保护(Faber and Lurger(-González Pacanowska and Díez Soto),National Reports Ⅴ,chap. 2. 1)。

12. 这一区别也存在于苏格兰法律。除了夺回(spuilzie)至少作为一种对物没有任何权利的当前占有人的暂时的保护措施之外(参见下文的注释53),夺回对占有权不具有决定意义这一点上,区别也很明显(Erskine,Insitute[8],no. IV. 1. 15;Bankton,Institute,no. I. 10. 126;Reid,The Law of Property in Scotland,no. 162)。失去占有的所有人和承租人或终身承租人和任何拥有占有权的人(jus possidendi)可以单独行使他们的主张,并且可以对抗无权占有人而恢复对物的占有;在那些情形下,有效的司法救济途径将启动,被非法剥夺占有的人也有权计算占有的利益和正常或暴利的所得(Reid,loc. cit. ,nos. 151 ff;Faber and Lurger(-Carey Miller/Combe/Steven/Wortley),National Reports Ⅱ,332 et seq.)。

13. 在瑞典法律中,占有保护和所有权保护间也存在区别。

14. 在统一法典中,占有保护有特定的特征:一方面,其与欧洲的大部分法律体系的占有规定不同;另一方面,作为一个整体,它与统一法典的其他部分也不一致。第一,通常,占有保护是所有权和财产权保护的主要“工具”;如果某人想采取行动恢复对土地或其他物的占有,其必须证明其有占有权,而不是所有权。第二,法典中并没有特殊的占有救济,占有是通过侵权责任法保护,尤其是在动产的情形下。然而,1977 年的侵权(干涉动产占有)法提供了与侵权法救济目的不同的途径,其更适合占有保护。第三,有争议的一点是自助救济制度的存在和其正确形式(Clarke and Kohler,Property Law,282 et seq.)。

Ⅱ. 占有保护的司法救济

15. 在奥地利法律中,对抗干扰占有的主要司法救济是对干扰占有的诉讼(Besitzstörungsklage;民法典第 339 条)和对剥夺占有的诉讼(Besitzentziehungsklage;民法典第 346 条)。并且,阻止新建一幢建筑或毁坏一幢建筑的诉讼(民法典第 340 ~ 342 条)和对一幢现存的建筑造成的危险的诉讼(民法典第 343 条)形成了干扰占有诉讼的特殊类型。从诉讼法的目的来看,所有的这些诉讼都包括在广义的干扰占有诉讼当中(Besitzstörungsklagen im weiten Sinne;Koziol/Bydlinski/Bollenberger(-Eccher),ABGB[2], § 339,no. 8)。占有保护被规定在一种特别快捷和有效的程序中(民事诉讼法第 454 条及以下),这减少了证明要求:起诉人只需要证明在干涉发生时,其占有物由被告干涉了占有(民事诉讼法第 454 条)。这一程序没有考察合法性,例如:起诉人占有的有效性、占有人是否有权占有、起诉人是善意占有还是恶意占有,这些都不被考虑。最终的法庭决定只有一个法定特征:被告可能希望寻求基于占有权的其他救济途径并且启动普通的审判程序;然而,在通常的审判程序中,占有人将会处于被告位置,且这一位置会提供程序上的优势(Faber and Lurger(-Faber),National Reports Ⅰ,42 et seq.)。起诉人采取的保护通常包括三种不同的主张:干涉发生的主张(Feststellung);避免更进一步干涉的法庭命令(Unterlassungsanspruch)和被侵占物的归还(Wiederherstellung);在这三个主张中,第一个不是完全必要的,然而到目前为止,第三个只有在恢复干涉前的状态可能时才成为可能(Faber,loc. cit. ,45)。

16. 德国法律为被干涉的占有人提供了两种占有救济途径,即对剥夺占有的诉讼(民法典第 861 条)和对干扰占有的诉讼(民法典第 862 条)。这些诉讼与占有自助权不同,尽管这些诉讼也是为了授予占有人对抗干扰人的有效权利,诉讼没有赋予占有人直接恢复对财产的控制的权利。通过这些诉讼,根据案件的具体情况,起诉人要求减少干扰、停止干涉或恢复占有;诉讼的类型还不确定,并且诉讼的结果显示出与占有人自助保护相同的程度(民法典第 985、1004 条)。在情况紧急的情况下,两种诉讼都可以采取暂时性措施。不论任何法律或合同占有权,两种救济都可以适用,需要确定的只是起诉人之前的有序占有是否受到干扰或剥夺。法庭的判决只取决于占有的情形,试图恢复之前的和平占有,也决定了哪一方当事人将承担诉讼费用(Faber and Lurger(-McGuire),National Reports Ⅲ,chap. 2. 4. 3)。

17. 与德国法律相似,在希腊法律中,占有人也有权提起对剥夺占有的诉讼(民法典第 987 条)和对干扰占有的诉讼(民法典第 989 条)。那些救济在民事诉讼法第 208 条及以下的一般程序中有所规定(Georgiades,Empragmato Dikaio Ⅰ,§ 23 no.56)。剥夺占有的诉讼目标是恢复占有,但是干扰占有诉讼的目标是得到一个停止干涉和禁止以后发生干涉的判决。民事诉讼法更进一步规定了另一种暂时性措施的救济,这种救济在地方法庭的简易程序中被尝试过。(民事诉讼法第733~734条;动产,参见 A.P.889/1990 EEN 1991,282)。正如民事诉讼法设计的那样,那些"暂时的占有救济措施"在冲突或暴力行为很可能发生的情形下被采取。这种救济只能带来暂时的保护。只有在紧急情况下才可以采取这种救济,以阻止面临的危险(民事诉讼法第734(2)条以及第682(1)条),对于一般诉讼中紧接着的占有保护程序,没有既判力的效果。这也是希腊民事诉讼法中用于对抗诉求的唯一暂时性措施(民事诉讼法第734(3)条;Faber and Lurger(-Klaoudatou),National Reports Ⅲ,chap.2.4.2(c))。

18. 瑞士法律也规定了两种占有诉讼,即对非法侵占的诉讼(民法典第927条)和对非法干扰的诉讼(民法典第928条)。民事诉讼程序法留给了各州,并且多数对于占有性诉讼都采取简易程序的规则。(Steinauer,Les droits réels Ⅰ[4],nos.359,378;Stark,Berner Kommentar Ⅳ.3.13,no.106)。第一种诉讼旨在恢复被侵占财产的占有和获得损害补偿,第二种的目的是阻止干扰(或是为了阻止即将发生的干扰)及损害(Faber and Lurger(-Foëx and Marchand),National Reports Ⅵ,chap.2.4.4)。

19. 在匈牙利,是占有保护,而不是自助,有两个分支:行政的或合适的占有保护(民法典第191条)以及司法的或诉讼的保护(民法典第192条)。被剥夺占有或占有受到干扰的人可以在1年之内,在其所在市镇的法院书记员处填写一份申请书,请求恢复占有或停止干扰(民法典第191(1)条)。申请人必须证明其是占有人,并进一步证明其占有被剥夺或受到干扰;同时,申请人将享受推定的合法占有带来的利益,即证明责任由被告承担。书记员只在原则上调查实际情况,而不需要调查与占有权相关的问题,但是,如果很明显申请人不享有占有权或有义务忍受他人的行为,例如:干涉者主张享有占有权(民法典第191(3)条),那么书记员可能不会允许申请人采取其请求的救济措施;明确性取决于证据和其他的有效记录,被告只可能以一个额外诉求的形式让法官注意这些问题(Faber and Lurger(-Szilágyi),National Reports Ⅲ,chap.2.3.5(b))。如果这一请求被接受,法院书记员可能会命令恢复之前的占有状态或停止干涉,并且可能解决财产的收益、损害和费用问题(民法典第191(3)条)。申请人有权(而不是有义务)请求法庭对后面的这些问题作出裁决;然而,只有当这些问题可以通过一种恰当的和简单的方式裁定时,对于这些问题的裁定才是合理的(Gellért(-Petrik),A Polgári Törvénykönyv Magyarázata[6],688)。这一救济背后的主要政策考量是提供一种恰当的占有保护方式;鉴于为这一程序设定的期间可能不超过30天,对案件的更复杂的方面进行调查是不可能的(Petrik,loc. cit.,689;Lenkovics,Dologi jog[6],263 et seq.)。除了法院书记员的决定之外,没有任何的行政救济途径,尽管这在庭审前是一种可能的救济。决定作出后的3天内执行(民法典第191(4)条),甚至在重新调查案件中也一样;然而,根据私法典实施案第27条第(2)款,在法庭重新调查的情形下,决定中涉及利益、损害和费用的部分将不再执行。法庭书记员的决定对案件的法律问题,即占有权没有实质影响(Lenkovics,Dologi jog[6],263 f;Petrik,loc. cit.,692;Faber and Lurger(-Szilágyi),National Reports Ⅲ,chap.2.3.5(b))。匈牙利的第二草案中占有保护分支,请参见对第Ⅷ-6:302条的注释5。在当前正被公众讨论的私法典草案(2007年制定)中,主要的占有保护规则在第一草案的第4:5条和第二草案的第4:4条的相同规定中。占有保护规定在第一草案的第4:7条和第二草案的第4:6条的相同规定中,但是所有权保护规定在第一草案的第4:8条和第二草案的第4:7条的相同规定中。

私法典(第4:5~4:8条)的学术议案中的占有保护规则与草案中的规则相同;并且,学术议案第4:7条第(4)款还为所有权诉讼的机构没有影响法院书记员决定的执行的说法提供了理由。最后,立法建议对这些问题的规定(第4:4~4:7条)与这些草案的规定一致;另外,立法建议第4:6条第(6)款决定了这一制度对有关诉讼同样适用(Szilágyi,loc. cit. ,chap. 2. 5. 4)。

20. 在捷克法律中,私法典第130条第(2)款赋予了合法占有人与所有人相同的权利;从这一规定中,法律学说得出这样的结论:占有人享受与所有人一样的保护(Sˇ vestka/Jehlicˇka/Sˇ kárová,OZ,452)。因此,在干扰占有的情况下,占有人(还有占有辅助人)可能提起消极行动的诉讼,在剥夺占有的情况下,可以提起所有物返还请求权的诉讼(rei vindication)(私法典第126条),也可能依据私法典第417条,通过法庭保护来对抗紧迫性损害,也可能根据私法典第5条,从有权力的州行政机构处获得公共保护。在一般条款中并且根据确定的情况,占有人享有与所有人相同的救济,尽管这一权利只赋予有权占有人;然而,无权占有人可能寻求来自州行政机构的公共保护(Faber and Lurger(-Tichy′),National Reports Ⅵ,chap. 2. 7)。

21. 斯洛伐克法律为占有保护提供了一般和特别救济。就第一种救济而言,私法典第4条为占有人提供了对抗威胁其权利或占有状态和从占有中可得的权利的保护;占有人可能请求有权机构,通常是法庭的保护以对抗这种威胁。并且,占有人可以得到所谓的暂时性行政保护或对抗明显的破坏和平占有的保护,在有明显的破坏和平占有的情形下,由有权的州行政机构给予的对所有的个人权利都一样重要的保护方式。如果有关请求是有充分理由的,那么行政机构可能禁止干涉或命令恢复到原来的状态;寻求法庭救济的权利并不会受到任何影响。对于特别的占有救济,私法典第126条第(2)款通过两种救济途径保护合法占有人(和占有辅助人),即所谓的准所有权返还之诉(quasi rei vindicatio)和准停止侵害行为之诉(quasi actio negatoria);它们都是私法典第126条第(1)款规定的保护所有权的救济途径,但是这两种救济也基本适用于对合法占有人的保护。这些规则在合法占有辅助人的保护方面尤其适用(保管人、占有抵押物的抵押权人、承租人、借用人等)。两种途径都是履行之诉。并且,占有人或占有辅助人可能希望提出民事诉讼法第80(c)条中的诉讼以保护其占有或辅助占有,因为在这种程序中,法庭的裁决肯定了任何合法关系(比如合法占有、占有辅助等)或权利(例如承租人作为占有辅助人使用租赁物的权利)的存在(或不存在),到目前为止,请求的占有人能够证明存在紧急的支持这种诉讼的情况(Faber and Lurger(-Petkov),National Reports Ⅵ,chap. 2. 3. 2)。

22. 在拉脱维亚法律中,占有保护的司法途径包括诉讼和暂时性救济。对物的实际占有被暴力干涉的占有人可以提起对干扰占有的诉讼(物权法第44条);占有人有权请求停止干涉和防止之后的干涉。在剥夺占有的情形下,占有人有权提起对剥夺占有的诉讼以主张恢复占有(物权法第45条)。当对干扰占有或剥夺占有的诉讼开始之后,暂时性救济也可以被实施;暂时性救济可以与最重要的诉讼同时进行,也可以在诉讼的前1个月开始。民事诉讼法第377(2)条允许法庭发出暂时性命令以阻止物质损害、暴力行为或其他危险;在占有诉讼程序中,法庭可以禁止被告(被指控的占有干涉人)采取某种行动,例如,对财产进行实际控制。暂时性救济的实施通常在其提出后的第二天被决定;作为一项规则,法庭并不听取被告的辩解,也不调查被告的真正法律地位。法庭根据自己的判断宣告停止干涉或防止未来干涉或恢复占有的裁判立即执行(民事诉讼法第468(1)条),这使得这些裁判在争辩各个裁判的司法方式用尽之前就有了执行力(Faber and Lurger(-Kullerkupp),National Reports Ⅰ,258 et seq.)。

23. 在立陶宛法律中,占有人有权保护其已有的占有地位和恢复被暴力剥夺的占有(民法典第 4.34(1)条)。因此,占有人在丧失占有的情况下,可以提出恢复占有的要求,或者在仅仅被暴力干扰占有时,可以采取所有权保全之诉(actio negatoria)。2002 年民事诉讼法对占有保护做了特别规定(第 419 ~423 条),包括有限期间和证据的特殊规则。占有人可以进一步提起诉讼,例如弥补损害的诉求(Faber and Lurger(-Mikelenas),National Reports Ⅲ,chap. 2.5)。

24. 在斯洛文尼亚法律中,在某人的占有被剥夺或受到干涉时,受干扰的占有人可以选择司法救济(物权法第 32 ~ 34 条;Juhart/Tratnik/Vrencˇur(-Vrencˇur),Stvarno pravo[2007],124 et seq.)。在司法占有保护的框架内,法庭可以明令禁止未来干涉、恢复占有或任何其他合适的救济措施(Faber and Lurger(-Rudolf/Rijavec/Kerestesˇ),National Reports Ⅰ,536)。

25. 在法国法中,依照"占有失调"(troubles possessoires)的形式(民法典第 2278 条[过去的第 2282 条]),在原则上承认两种占有诉讼,恢复占有诉讼(action en réintegration or réintégrande)和干扰占有诉讼(complainte)。对可能性干涉的"责令废除新建筑之诉"(dénonciation de nouvel oeuvre)也可以作为干扰占有诉讼的一种特殊形式(Terré and Simler,Les biens[7],no. 201)。这些救济方式通过民事法院(Tribunal de Grande Instance)尝试(司法法典第 R. 211 -4,6 条),但是只适用于不动产保护(参见上文的注释 7);并且,不存在特别的快捷程序。然而,动产的占有保护可以通过有关民事责任的一般规则保护(私法典第 1382 条),根据其规定,动产占有人有权提出对侵占人使用动产的损害和自己失去对动产使用的赔偿(Faber and Lurger(-Cashin-Ritaine),National Reports Ⅳ,chap. 2.4)。

26. 在保加利亚法律中,占有救济被规定在所有权编第 75 条第 f 款中,并且这些救济旨在保护所有类型的占有人。旧的民事诉讼法中合理的占有保护程序制度和其优点之一是:不是由执行官来执行法庭命令,而是由行政机构来执行,例如警局或市长,这一程序制度已经不存在于新的民事诉讼法中。在法国,所有权编第 75 条只有在涉及不动产或不动产物权(包括持续时间超过 6 个月的地役权)时才允许占有人对抗威胁占有的自卫。相反地,所有权编第 76 条的救济被授予动产和动产物权的占有保护,其规定被暴力或秘密剥夺占有的占有人或财产的控制人可以请求恢复占有,而不仅仅只保护所有权编第 75 条规定的权利;与所有权编第 75 条的救济相反,持续占有(或辅助占有)并不是获得占有保护的前提条件(Faber and Lurger(-Stoimenov),National Reports Ⅳ,chap. 2.4)。

27. 在意大利法律中,主要的占有救济是恢复占有的诉讼(azione di reintegrazione,民法典第 1168 条)和维持占有的诉讼(azione di manutenzione,民法典第 1170 条)。第二种诉讼只能用于保护不动产和一类特殊动产的保护,即那些可以形成通用性的、根据私法典第 816 条同一人所有的且具有统一使用目的的一类动产。然而,学者们有时争论:根据私法典第 1170 条第(3)款,针对简易占有(spoglio semplice)的重组之诉并不是只适用于属于一般通用的动产(Gazzoni,Manuale di diritto privato[11],231)。理论上,不可能同时提起两种诉讼,因为同一事实不可能同时构成剥夺占有和干扰占有;然而,在实际中,起诉人可能同时提起两种诉讼,案件事实的法律要件留给法官判定(Cass. II,no. 980/2000;Faber and Lurger(-Greco),National Reports Ⅰ,406)。另外两种不那么重要的占有救济是新行为控告的诉讼(azione di denuncia di nuova opera)(民法典第 1171 条)以及间接损害控告的诉讼(azione di denuncia di danno temuto)(民法典第 1172 条);他们的目的都是阻止即将发生的损害,而不是惩罚有害占有的行为(因恐惧请求(quia timet claims))。对于第一种救济,其寻求中断一种潜在的有害行为;法官可能禁止有害行为的继续或如果允许被告继续行为,法官则命令其采取合适的预防措施;第二种救济目的是阻止可能由被告的财产带来的潜在的损害;法官可能再一次命令消除潜在的危险源或命令采取预防措施。这两种救济都有预防危险的效果,直到作出对案件的法律判决,并且,他们都带来暂时性禁止(Greco,loc. cit. ,406 et seq.)。

28. 在西班牙法律中,占有保护建立在私法典第446条的基础上,主要规定在民事诉讼法中(Ley de Enjuiciamiento Civil,LEC)。在2000年,民事诉讼法受到全面的改革。在旧的民事诉讼法中,占有保护主要由被称为"简易程序"(interdictos)的诉讼构成;这一来自罗马法的术语似乎在西班牙程序法的改革中得以存续,尽管新的民事诉讼法并未规定类似的术语。在旧的民事诉讼法中,主要有两种"简易程序"适用于占有,即"恢复简易程序"(interdicto de recobrar)和"剥夺与干扰保留简易程序"(interdicto de retener for dispossession and interference)。两种有着相同内容(尽管不是这个名称)的"禁止"诉讼在今天仍然存在;这两种诉讼在法庭上进行,并且用所谓的"口头程序"进行(en juicio verbal;民事诉讼法第250(1)4条),其以迅捷、方便和减少的证明要求为特征,是一种简易程序,判决没有产生既判力(民事诉讼法第447条)。由于有时很难准确区分剥夺占有和干扰占有,法庭通过允许占有人同时或选择性或补充性地行使这两种救济,解决了这一问题。如果"保留简易程序"成功了,占有人能得到维持其占有和要求被告将来不再做出同样的或相似的行为的司法裁判;如果"恢复简易程序"胜诉了,被告将被命令向原告返还占有。在两种情形下,被告都必须支付诉讼费,并且可能有义务赔偿损害和返还孳息。更进一步的简易程序,如adquirir(继承人的期待占有转变为事实占有;民法典第440条;民事诉讼法第250(1)3条),de obra nueva以及de obra ruinosa(一栋危险建筑的建设或拆除的中止;民事诉讼法第250(1)5~6条),在土地登记中设计的为有权占有人利益的权利主张救济(LH art. 41,民事诉讼法第250(1)7条),可能不太适合被视为属于占有保护,至少在严格意义上是这样(Albaladejo,Derecho Civil Ⅲ[10], § 15.4;Faber and Lurger(-González Pacanowska and Díez Soto),National Reports Ⅴ, chap. 2. 6. 1)。Albaladejo研究认为:在新的民事诉讼法制度下,还是有可能提出"非禁止"占有主张,并且在一般诉讼程序中进行(en juicio ordinario);他还提到:在旧的民事诉讼法下,在法庭实践中,这是从来没有的情形,并且司法的占有保护通常不受"简易程序"方式的影响,尽管在理论上,一般的程序庭审(en juicio plenario)在那时已经成为可能(Albaladejo,Derecho Civil Ⅲ[10], § 15. 1)。还应该注意,从刑法角度来看,无权占有和非法干扰占有都可能被视为犯罪行为:参见刑法第234条(盗窃)、第237条(抢劫)、第252条(推定侵占(constructive conversion))、第245~247条(抢夺)、第455条(暴力行使自己的权利)和第202~204条(非法进入对公众开放的私人场所和商业场所)。在实际中,有害占有的行为类型通常通过有关房地产的民事司法程序解决,在涉及动产的案件中,通过刑事司法程序解决(González Pacanowska and Díez Soto,loc. cit. , chap. 2. 4. fn. 258)。

29. 在葡萄牙法律中,当合理的担忧剥夺占有的行为将发生时,占有人有权从法庭获得暂时保护(民法典第1276条;acção de prevenção);然而,这一救济在实际中很少被运用(Pires de Lima and Antunes Varela,Código Civil Anotado Ⅲ[2],art. 1276 no. 2)。当干扰占有或剥夺占有的行为发生时,根据私法典第1277条,直接诉讼的替代是司法保护。司法救济主要包括维持占有诉讼(acção da manutenção)和恢复占有诉讼(acção da restituição),被规定在私法典第1278条。尤其是在暴力剥夺占有(esbulho violento)的情形下,法官可能基于暂时的基础,而不听剥夺占有人的辩解就命令其返还占有物(私法典第1279条)。维持或恢复占有诉讼也可能包括赔偿损害和费用的请求,无论占有干涉者是否使用暴力(私法典第1284条)。最后,根据私法典第1285条,占有人的物被第三人所侵占的,占有人可以依照诉讼法的规定向法院寻求保护令(embargos de terceiro)。在葡萄牙法律中,占有保护有一个很广的适用范围,因为它可用于保护任何有关财产占有的权利,例如:用益物权或担保权,比如保留权或抵押权(Faber and Lurger(-Caramelo-Gomes and Nóbrega),National Reports Ⅳ,chap. 1. 6. 1)。

30. 在荷兰法律中,占有人与有权占有人有相同的救济权,基本上是恢复占有(Faber and Lurger(-Salomons),National Reports Ⅵ,chap. 1. 6. 1(a);参见第Ⅷ-6:101条注释1)。其他的为了停止非法干涉的诉讼也可能有效,例如对期待分割权的否认(Hartkamp,Compendium,no. 119)或从诉讼,例如:禁止罚款的请求。占有人可以在被剥夺占有或干扰后的1年内采取这些属于有权占有人的救济。然而,私法典第三卷第125条第(3)款明确规定:占有人可以选择侵权诉讼,而不受对其他救济方式的时间限制。侵权诉讼不是仅限于其他救济的1年的有限期间已经经过的情形;它在期间经过以前也适用(Pitlo et al.,Goederenrecht[12],nos. 401 ff.)。选择某一种救济或其他救济(物权诉讼或非合同责任的损害诉讼)将取决于每一案件的具体案情:例如,对一个被宣告破产的人最好提起恢复占有之诉,然而,简易程序的侵权诉讼往往会很快有判决结果(van Hees,Leasing[1997],108 – 111 and passim;Faber and Lurger(-Salomons),National Reports Ⅵ,chap. 2.4)。

31. 在英格兰法律中,如上文提到的,保护占有救济主要是换位和干涉物(或土地)。也存在非法占有侵权,其包括了换位的范围,但是通过侵权(干涉物)法第1977条第(2)款,非法占有侵权被归入了换位当中(Clarke and Kohler,Property Law,284)。在爱尔兰,干涉动产和换位还与非法占有一起,也构成保护占有的主要救济,它们仍然存在于爱尔兰法律中(Faber and Lurger(-Gardiner),National Reports Ⅱ,177 et seq.);当所有权人在物上设定了物保,并且不能立即取得占有权的情形中,所有人可以提起诉讼,请求赔偿其对物的占有利益的损失:尽管在非法行为发生时,请求人对物的占有权中止,如果非法行为对物造成了永久损害,请求人还是可以起诉(Mears v. London and SouthWestern Rail Co.,[1862]11 C. B. N. S. 850)。转换救济的主要方法是将动产"强制司法拍卖"给被告(Bridge,Personal Property Law[2],72;Prosser,[1957]Cornell LR,168);损失根据换位发生时动产的价值来计算,并且被告造成的对动产价值的任何疑问都将作出对原告有利的解决(General and Finance Facilities v. Cooks Cars(Romford)Ltd. [1963]1 WLR 644 at 649 per Diplock LJ),但是直接损失,如果不是太无关联(关于关联性的测试,参见 Kuwait Airways Corp v. Iraqi Airways Co[2002]2 A. C. 883 at 1096 per Lord Nicholls),也可能受到赔偿,这些损失包括后换位价值的损失(The Playa Larga[1983]2 Lloyd's Rep 171),以至于最终的赔偿与判决作出时财产的价值相同(Faber and Lurger(-Frisby and Jones),National Reports Ⅱ,18 f;Gardiner,loc. cit.,177)。如果动产在判决作出前就已经返还,或者在被告没有转移占有的情况下,该物上的保证已经消除(Kuwait Airways Corp v. Iraqi Airways Co[2002]UKHL 19),那么金钱赔偿是一种合适的救济(Roberts v. Wyatt[1810]2 Taunt 268)。损失计算的特殊规则适用于雇佣购买情形(Wickham Holdings Ltd. v. Brook House Motors Ltd. [1967]1 WLR 295),并且,起诉人可能基于返还占有的基础,要回被告从动产的占有中获得的所有收益,但是这一可能性并没有完全得到验证(Kuwait Airways Corp. v. Iraqi Airways Co. [2002]2 AC 883 at 1093 per Lord Nicholls;Frisby and Jones,loc. cit.,19)。在英格兰,尤其是在被告占有或控制动产时,根据1977年的侵权(干涉物)法第3条的规定,有可能作出三种判决:(a)返还占有物且赔偿所有直接损失的判决;(b)返还占有物且可选择是否赔偿对物造成的直接损失;(c)赔偿金。法庭可以自由选择使用第一种救济,但是原告可以选择另外两种救济中的一种;法庭的自由裁量权没有任何指导,但是判例法规定只有在合适时才可以命令物的特别返还(Cohen v. Roche[1927]1 KB 169)。如果加工了某一动产的人错误的改良了这一动产,但是善意的认为自己对这一动产拥有某种权利,所以才加工提高了它的价值,第1977条不允许不公平的使原告获益,动产增加的价值将在赔偿中扣除;在被告不是改良人但为改良人的直接或间接帮助者(1977年的侵权(干涉物)法第6条)时,这一规则同样适用;如果归还物更有利于弥补损失,那么在交还物之前必须先向被告补偿增加的价值(第3(7)条)(Frisby and Jones, loc. cit., 19 et seq.)。很明显,在英格兰,1977年之后,请求返还非法占有物之诉中规定的救济不包括在换位中。在英格兰和爱尔兰法律中,干扰占有情形下,救济包括赔偿金和/或禁令;原告胜诉获得的赔偿金不是因为遭受损失,而是因为被告获得了使用价值,这种情况也是存在的(Frisby and Jones, loc. cit., 29 f; Strand Electric and Engineering Co v. Brisford Entertainments[1952]2 QB 246)。在爱尔兰,请求返还非法占有物之诉提供了很多种救济:(a)赔偿判决作出时财产价值的命令;(b)返还动产或赔偿其价值和损失的命令;(c)返还占有动产和其被占有的赔偿金的命令。如果该动产是普通的商品或原告并不想要回其物或不可能返还动产时,应当适用第一种救济;第二种救济的使用由法官自由裁量(Waterford Corp. v. O'Toole, unreported High Court Finlay J. 9 November 1979),并且,如果该动产是一个普通的商品且没有特殊价值或意义,且原告没有提出该动产对其有特殊价值,且损失可以被完全赔偿时,第二种救济不可用(Whitely Ltd. v. Hilt[1918]2 KB 808);第三种救济与第二种极为相似,但是动产的价值是不可估算的:只赔偿非法占有的损失(Faber and Lurger(-Gardiner), National Reports Ⅱ, 178 et seq.)。

32. 在塞浦路斯,根据民法第140条,占有保护可能成为赔偿诉讼的第一方式。受害人也可以选择侵权诉讼。民事侵权法(Civil Wrongs Law)(cap. 148)第37条将非法占有物(或侵占物)定义为扣押属于有权暂时占有的他人的动产,例如所有人或保管人;根据民事侵权法第38条,可以依据第37条提起返还财产的诉讼,但是法庭拥有自由裁量权选择使用其他救济作为补充或替代返还财产诉讼,例如:赔偿金(Faber and Lurger(-Laulhé Shaelou/Stylianou/Anastasiou), National Reports Ⅱ, 516)。

33. 在苏格兰,被非法剥夺占有的人可选择的法律救济是夺回(spuilzie)。它并不是通过一种特别快的程序来行使。尽管很简单,但是现在它没有被实际使用。拥有占有权的请求人(例如:所有人、承租人、终身承租人)有权通过恢复对物的占有,从无权占有人处(收回)物,他们还有其他补充救济方式,例如:赔偿孳息或收益(Reid, The Law of Property in Scotland, nos. 151 et seq.)。然而,寻求夺回救济的决定对占有权的保护并不是唯一的方式;保护者可以自由选择其他方式(例如所有权诉讼),以实施占有请求(Erskine, Insitute[8], no. VI. 1. 15; Bankton, Institute of the Laws of Scotland Ⅰ, 10. 126; Reid, loc. cit., no. 162; Faber and Lurger(-Carey Miller/Combe/Steven/Wortley), National Reports Ⅱ, 332 et seq.)。在某人的占有受到干扰时,一种"占有救济"被用于保护占有。这一救济权是来自于占有的权利之一:合法占有人有权和平及排他性地使用财产(Erskine, Insitute[8], no. I. 1. 1; Reid, Property, no. 174)。尽管这一法律与土地问题一起被广泛关注,但理论界还是认为相似的原则适用于易受到与入侵土地相似的侵犯的有形动产(Carey Miller/Combe/Steven/Wortley, loc. cit., 333),例如:体积大的动产(如一艘船;Phestos Shipping Co. Ltd. v. Kurmiawan 1983 SC 163; Shell UK Ltd. v. McGillvray 1991 SLT 667)或虽然被剥夺占有人只是临时占有,但却经常占有的动产(例如:一个经常不经允许就被邻居使用的剪草机;Reid,

Property,no. 191)。判例法也支持适用于土地案件的原则在动产案件中的适用(Wilson v. Shepherd 1913 SC 300;William Leitch & Co Ltd v. Leydon 1950 SC 41;affirmed 1931 SC(HL)1)。

34. 在瑞典,在剥夺占有或其他干扰占有的情形,占有人可以采取特殊强制执行法第4,43条规定的特殊救济,还可以提出恢复占有或除去干涉的请求。实现这些请求的通常方式是通过罚款制裁和行政机构规定的禁止非法占有。存在干扰占有行为通常就足够了,不需要调查请求者的实际权利(Håstad,Sakrätt[6](Suppl. 2004),7 and NJA 1999 s. 474)。然而,仅有这样的口头禁止可能不能够达到恢复占有的目的;通常由执行机构占有,直到有了最终的纠纷解决。干扰占有或剥夺他人占有的制裁不限于罚款,还包括监禁;并且,被干扰占有人可能获得赔偿金(Martinson, Transfer of Title Concerning Movables Part Ⅲ－National Report:Sweden,30 et seq.)。

35. 在芬兰,没有特别的保护占有的规则和方式;而是将保护包含在双重体制中,一方面,根据这一体制,在原则上,自助被禁止;然而,另一方面,有权占有受到保护。从程序的角度来看,在对财产的实际权利没有争议的情形下,可能可以以一种特别和更快的程序寻求司法保护。根据司法程序法典第5章,举个例子,起诉人可能请求将占有返还给财产的合法占有人;地方法院可以判决这样的案例。原告能够以他认为的无歧义的清晰的方式陈述案件是非常重要的;如果被告能成功地提出异议,那么案件将作为一个普通民事诉讼,以完整的诉讼程序审理(Faber and Lurger(-Kuusinen),National Reports Ⅴ,chap. 2. 4. ;KKO 1950 II 432)。然而,很有必要说一下,在芬兰法律中,在一定范围内,占有保护也通过刑法实现:对有权占有人占有的暴力干涉或根据刑法第二十八章第11条,真正占有人实施了一个可惩罚的犯罪行为。有权地方法院可能判决将该暴力干涉者监禁和赔偿性罚款或只要求罚款;也可能要求支付赔偿金(Kuusinen, loc. cit., chap. 2. 4. ;Lappi-Seppälä,Rikosoikeus,629 ff.)。

Ⅲ. 诉讼资格

36. 在德国,占有保护主要保护直接占有;因此,占有救济也用于直接占有人对抗间接占有人的情形(包括自助)。另一方面,间接占有人不能用占有救济(根据民法典第823条,也不能提出任何赔偿请求)来对抗直接占有人,只能通过与直接占有人的法律关系来保护占有(Besitzmittlungsverhältnis)(Baur and Stürner, Sachenrecht[17], § 9 nos. 24 f)。对抗第三人的情形下,间接和直接占有人都可以使用司法占有救济对抗干扰占有或剥夺占有(民法典第869条)(Faber and Lurger(-McGuire),National Reports Ⅲ,chap. 2. 4. 1.);在剥夺占有情况下,间接占有人会请求将财产返还给直接占有人,但是如果直接占有人不再希望或不能再占有财产,间接占有人可以请求恢复占有。然而,占有辅助人只有占有自助权(民法典第860条),并且可能不会寻求司法占有救济。最后,非法(拥有禁止权力)获得占有的人(错误占有人、fehlerhafter Besitzer)有权通过占有救济对抗任何人,但是不包括被其用非法方式剥夺占有的人(Faber and Lurger(-McGuire),National Reports Ⅲ,chap. 2. 4. 1)。

37. 在奥地利,任何占有人都可以使用占有救济,也就是说有形物的占有人,例如:所有人或小偷(Sachbesitzer)和权利占有人(Rechtsbesitzer)都包括在内。后一种情形在租赁关系中最具实际意义,但这一原则也同样适用于动产租赁情形。中间占有(Besitzmittler)可以启动占有保护程序,尽管不是占有辅助人(Besitzdiener),因为后者不被视为占有人,因此,不享有占有保护权。共同占有人可以单独或共同启动占有救济程序(Faber and Lurger(-Faber),National Reports Ⅰ,42 et seq.,45 et seq.)。

38. 在瑞士,前一占有人可以采取占有救济,无论是合法还是非法占有人,直接还是间接占有人,也无论占有是原始占有还是继受取得(Faber and Lurger(-Foëx and Marchand),National Reports Ⅵ,chap. 2. 4. 1)。

39. 在希腊,当剥夺占有发生时,占有物的人可以提起剥夺占有诉讼。普通继承人(如法定继承人)和特殊继承人都可以起诉,提出前占有人设立了"请求返还所有物"(reivindicatio)。如果是占有辅助人实际占有,例如:承租人,占有人或占有辅助人都可以提起诉讼;民法典明确规定占有辅助人也有占有保护权(民法典第997条)。如果占有辅助人剥夺了占有,占有人可以启动占有保护程序对抗他们;然而,相反的情况却不可能(Georgiades,Empragmato Dikaio Ⅰ, § 23,no. 8;Faber and Lurger(-Klaoudatou),National Reports Ⅲ,chap. 2. 4. 2(a))。相似地,在干扰占有情形下,占有人或占有辅助人都可以提起诉讼(Klaoudatou,loc. cit. ,chap. 2. 4. 2(b))。

40. 在匈牙利,原则上,只有占有人享有诉讼权。占有人可以对任何人提起诉讼,除了被占有人非法剥夺占有的人(民法典第188(2)条),因为通常不认为原始(被剥夺占有的)占有人通过自助行为从剥夺占有人处恢复占有(或干扰实际占有的占有人)是非法的。共同占有人可以单独或共同行使占有保护救济。并且,当存在主要和次要占有(扣留)时,所有人和行使占有权的人都有权寻求占有保护(Gellért(-Petrik),A Polgári Törvénykönyv Magyarázata[6],682;Faber and Lurger(-Szilágyi),National Reports Ⅲ,46 et seq.)。

41. 在捷克共和国,占有人和占有辅助人都可以用合适的变通方式采取占有保护救济,这可以从民法典第126(2)条中推断出来,根据这一条,有权占有人也享有所有权保护。尽管有一些保留,主流观点认为占有辅助人也可以通过类似于所有权诉讼的诉讼方式享有司法保护。与占有人的情形一样,只有有权占有辅助人才享有救济权(Faber and Lurger(-Tichy′),National Reports Ⅵ,chap. 2. 1;Knappová(-Knapp/Knappová/Svestka),Civil Law Ⅰ[3],316)。

42. 在斯洛伐克,就目前考虑的民法典第126条下的特别占有救济而言,合法占有人和占有辅助人一样,可以充分利用占有救济,还可以请求返还被剥夺的财产或寻求保护对抗任何非法干涉(Faber and Lurger(-Petkov),National Reports Ⅵ,chap. 2. 3. 2)。

43. 在爱沙尼亚,直接和间接占有人都可以获得占有保护司法救济。如果直接占有人被剥夺占有,间接占有人可能起诉并请求向直接占有人返还占有;如果后者不能再恢复占有或不愿意再恢复占有,间接占有人可以要求自己恢复占有(物权法第47条)。如果原告的占有是排他的,并以此来对抗被告,例如剥夺占有人或干扰占有人,如果原告的占有是在干涉或剥夺占有发生之前的1年内获得的,那么占有救济就不适用。例如:如果A偷了B的自行车,并且B在盗窃发生后的1年内从小偷处找到了自行车,拿回了自行车,那么A根据物权法第45(1)条提起的剥夺占有诉讼将被驳回。甚至如果实际上原告有义务将占有转移给侵占者,原告还是可以起诉,因为占有权或侵犯原告的占有并不能证明裁判结果是对抗占有人的;举个例了,最高法院已经肯定出租人可能没有在租赁期限届满后或租赁终结后用强力取回出租物,如果出租人这么做了,承租人可以寻求占有救济(Faber and Lurger(-Kullerkupp),National Reports Ⅰ,258 ff;SC 30 November 2005,No. 3-2-1-123-05)。如上文所说,只有在原告人以行为(且时间限制允许)的时候,任意诉讼才被允许。并且,承租人也可以通过占有救济来对抗企图在租期届满前取回租赁物违反他们间的合同的出租人(Kullerkupp,loc. cit. ,261)。在干涉共同占有的情形下,每一个占有人可以单独起诉,也可以共同起诉,但是,鉴于共同占有人使用财产的权利的扩展,占有保护规则不适用于共同占有人间的纠纷(物权法第50条)。

44. 在立陶宛,间接占有人和直接占有人,例如承租人,都可以寻求占有保护(Faber and

Lurger(-Mikelenas),National Reports Ⅲ,chap. 2. 5)。

45. 在斯洛文尼亚,直接和间接占有人都享有占有救济权(Faber and Lurger(-Rudolf/Rijavec/Kerestes),National Reports Ⅰ,536)。给予这种保护的主要标准是最后获得占有的地位;从这一方面看,占有的合法性和占有人的善意毫无关系,这就是为什么秘密用强力获得占有或用非法方式获得占有的人也有权获得救济的原因。然而,占有救济不能用于对抗通过合法自助方式从原始剥夺占有人处恢复占有的前一占有人。如果某种干涉或剥夺占有是被法律允许时,占有保护也不被允许(Juhart/Tratnik/Vrencˇur(-Vrencˇur), Stvarno pravo [2007], 125; Rudolf/Rijavec/Kerestes,loc. cit. ,537)。

46. 在保加利亚,所有权法案第76条规定的救济不仅仅给予占有人,也给予动产和不动产的占有辅助人。无论占有人的占有是通过合法还是非法方式获得,也无论占有人是善意还是恶意,其都享有占有救济权(Faber and Lurger(-Stoimenov),National Reports Ⅳ,chap. 2. 4)。

47. 在法国,随着1975年7月9日第75-596法案的修改,占有救济的法律规则也被完全修改(JO 10 July 1975)。这一改革最重要的一方面是占有保护不仅给予占有人,也给予占有辅助人(détenteur),这使长久以来的学说纷争得以结束。根据新的私法典第2278条第(2)款(之前的第2282条第(2)款),占有辅助人可以通过占有保护来对抗任何人,除了占有辅助人从其处获得占有权的人;因此,不仅占有人或共同占有人(Cass. 1ère civ. 3 July 1962,D. S. 1962,568),而且通常承租人(indivisaire)(Cass. 3ème civ. 29 May1968, Bull. civ. Ⅲ, no. 244; Cass. 3ème civ. 20 November 1973, Bull. civ. Ⅲ, no. 585; Cass. 1ère civ. 15 April 1980, RTD civ 1981, 173, obs. Giverdon; Cass. 3ème civ. 9 March 1982, Bull. civ. Ⅲ, no. 63 = GazPal 1982, 2, pan. jur. 217, note Piedelièvre = Rev. dr. imm. 1983, 36, obs. Bergel)、用益权人(TI Tours, 21 February 1984, JCP éd. G 1985, IV, 213)或仅仅是物的控制人都可能采用占有救济(Faber and Lurger(-Cashin-Ritaine), National Reports Ⅳ, chap. 2. 4)。

48. 在意大利,恢复占有诉讼主要给予被暴力或秘密剥夺占有的占有人和占有辅助人,除非占有辅助人是基于帮助(hospitality)或提供服务而获得占有(民法典第1168(2)条)。尽管在这一语境下的"帮助"是模棱两可的,但最后的这个规定还是在种类物和商品之间建立了某种松散的关系:一个偶然的客人不被认为是占有辅助人,但是与承租人住在一起的亲戚就被认为是占有辅助人,并且一种观点认为他们可以用这种主张对抗承租人;对于配偶,是否应该将他们视为是共同占有辅助人,对于这个问题有针锋相对的看法(Faber and Lurger(-Greco), National Reports Ⅰ, 389 fn. 107)。对于占有辅助人,保管人、承租人、分租客、一个企业的一组财产的承租人和独立的合约者都是合格的占有辅助人,因此,他们可以主张恢复占有以对抗占有人,同样,如果管理人、保管人和代理人作为不合格的占有辅助人,只能对抗除占有人之外的其他剥夺占有人(Greco, loc. cit. ,408 fn. 150)。在干扰占有的情形下,受到干扰的不动产占有人可以提起对物之诉或针对动产的诉讼(民法典第1170条);占有辅助人对干涉没有诉讼资格,但是受侵权之债的保护(民法典第2043条)(Greco, loc. cit. ,409)。对于因恐惧的请求(参见上文注释27),所有人、权利人和占有人可以起诉,但是占有辅助人不可以(Greco, loc. cit. ,406)。

49. 在西班牙,遭受干涉或剥夺占有的人最有诉讼资格。占有人是否有所有人或其他人的意图,是直接还是间接占有人,是善意还是恶意,都并不重要,甚至侵占人和占有人的继承人(either inter vivos or mortis causa)都可以启动占有保护程序。关键是丧失占有一定要是因为他人的剥夺;因此,如果某人丢失了一件东西,另一个人找到并保有它,前一占有人不能采取占有救济对抗拾得人(Faber and Lurger(-González Pacanowska and Díez Soto),National Reports Ⅴ,chap. 2. 6. 1)。

50. 在荷兰,占有保护的目的是让占有人能够保护或恢复占有以对抗任何对该财产有次要权利的人。任何人都有保护权,无论其是否善意。最近荷兰(Hoge Raad)的一个判决(HR 20-9-2002,NedJur 2004,171)扩展了有诉讼资格的人的范围,行使保留权的人也有诉讼资格。如果他失去了对物的实际控制并因此失去了保有权,那么可以适用民法典第3:125条,在与所有人行使权利相同的条件下要回该物。如果重新占有了该财产,那么也就重新获得了保有权。然而,如果财产到了所有人手中,适用民法典第3:125(2)条,拥有保有权人就不能再请求返回财产(Faber and Lurger(-Salomons),National Reports Ⅵ,chap. 2. 4)。

51. 在英格兰和爱尔兰,如果被告的非法行为发生时,请求人是动产的占有人或所有人或仅仅占有或只是有暂时的占有权,那么请求人可以换位起诉(除非被告证明第三人有这一权利,参见下文的注释70)。因为换位(conversion)主要通过占有保护所有权,所有这些类型的人都有诉讼资格,但是既没有占有又没有暂时占有权的所有人没有诉讼资格(MCC Proceeds Inc v. Lehman Brothers International(Europe)[1998]4 All E. R. 675),由于另一人善意取得而丧失权利的所有人也没有诉讼资格。如果委托有一定期限,委托人和受托人都有权诉讼,但是如果他们中的一人得到赔偿金,另一个人的诉讼就会受到阻碍,获得赔偿金的一方必须按另一方的利益分配赔偿金给他(Nicolls v. Bastard[1835]2 Cr. M. & R. 659;O'Sullivan v. Williams[1992]3 All E. R. 385)。在一定期限委托的情形下,委托人没有给予其诉讼的暂时占有权(Gordon v. Harper[1796]7 T. R. 9),但是如果因为受托人的行为而终止了委托关系,例如:错误出卖财产的情形下,那么委托人将重新获得这一权利(Fenn v. Bittleston[1851]7 Ex 152;North Central Wagon & Finance Co v. Graham[1950]2 KB 7)。在干扰占有的情形下,被保证人可以提起变更之诉或过失侵权诉讼,即针对那些想基于对物的占有而获得利益的侵权行为提起的诉讼;如任何占有人,基于占有权,受托人一般有权主张所有人的权利来对抗非法行为人。然而,除此之外,受托人也对物拥有真实的所有利益(Bell,Modern Property Law,98),无论受托人是否有足够的占有权,这一利益都存在(例如:如果受托人部分受托某一财产,并且其被给予排他的占有权,或干涉行为是某一合法行为人造成的,如警察)。在这些情况下,受托人有权基于受托人的利益起诉,并且只能恢复个人的实际损失,例如抵押权人或留置权人可以获得抵押物或留置物安全时可得的利益,借用人可以得到物的使用价值的赔偿等(Faber and Lurger(-Gardiner),National Reports Ⅱ,184)。在共同所有人之间,一人不能只因为使用了动产而对另一人负责,但是如果毁损了动产,在市场上卖了共有物或完全不让另一人占有共有物,则要对另一人负责。在爱尔兰,1976年的家庭保护法案第9条规定配偶报复或不合理的处理家庭动产时,另一配偶受保护(Gardiner,loc. cit.,176)。对于干扰占有,只有实际占有人可以起诉还是有暂时占有权的人也可以起诉,这是一个有争议的问题。已经有判例法支持两类人都可以起诉这一观点尽管只是一个有限扩展(Wilson v. Lombank[1963]1 WLR 1294;in IRELAND,Keenan Bros. Ltd. v. C. I. E.,97 ILTR 54[HC Budd J])。然而,理论界对这一问题不无争论:一些人倾向于否定这一观点,认为只有实际占有人才有诉讼权(Bridge,Personal Property Law,50;Rogers,Winfield & Jolowicz on Tort[16],594);另一些人指出:鉴于在英格兰法律中,干扰可能会被认为是要求恢复物权之诉的事实,如Bridge建议的,还应该坚持让只有占有权的人拥有起诉权,因为在失去实际占有后,这一权利实际上没什么作用(Faber and Lurger(-Frisby and Jones),National Reports Ⅱ,29)。当委托有一定期限时,委托人的权利是有限的:委托人没有足够的可以起诉的占有状态,并且,一般在委托期限没有届满的情况下,委托人不能起诉干涉的第三人。但是,到目前为止,如果干涉对物造成了永久损害并且这一损害在委托期届满后还将存在,那么委托人可以对其对物享有的期待利益的损失提起特别诉讼,尽管它只享有中止的占有权(Mears v. London & South Western Railway Co. [1862]22 CB[NS]850);只有在受托人已经从被告处获得赔偿时,委托人才不能这么做(Nicolls v. Bastard[1835]2 Cr. M. & R. 659)。就目前考虑的过失而言,这一救济不仅授予有暂时占有权的人;但是,如果没有损失,也就没有诉讼的原因。因此,如果委托有一定期限,任何暂时性损害都会影响受托人的地位(Faber and Lurger(-Gardiner),National Reports Ⅱ,179,184)。

52. 在塞浦路斯,在剥夺占有或对物造成损害的情形下的诉讼权由合同法第140条规定:在这些情形下,受托人有权像所有人在没有委托的情况下那样采取这些救济;委托人或受托人都有权提起诉讼对抗剥夺占有或损害物的第三人。判例法也承认了这一点,因为Hadjianastassiou J在Odysseas Patsalides v. Kiki Yiapani案件和另外一个案件(Civil Appeal No. 4632)中认为,动产的委托人或受托人可以提起诉讼对抗非法行为者,在他看来这一点是再明显不过的,"后者是因为其占有物,前者是因为那是他的财产"(Faber and Lurger(-Laulhé Shaelou/Stylianou/Anastasiou),National Reports Ⅱ,513,516)。

53. 在苏格兰法律中,夺回(spuilzie)这一法律救济对任何占有人都适用,无论占有是合法获得的还是有权占有(Reid,The Law of Property in Scotland,no. 115;Bankton,Institute,no. I. 3. 20);在夺回的特点中,其中的一个特殊之处是:他是无权占有人,即对财产没有权利的占有人的唯一可用救济(Reid,loc. cit.,no. 146)。对财产没有权利的当前占有人(无权占有人)能否通过夺回来对抗对财产有权利的人,这是不清楚的。最近的判例法是针对土地作出的,倾向于否定其也适用于动产这一可能性(Watson v. Shields 1996 SCLR 81),但是旧的判例法更不确定(in favour Montgomery v. Hamilton[1548]Mor 14731;Lady Renton v. Her Son[1629]Mor 14733;Gadzeard v. Sheriff of Ayr[1781]Mor 14732;against Wishart v. Arbuthnot[1573]Mor 3605;Gib v. Hamilton[1583]Mor 16080;Mudiall v. Frissal[1628]Mor 14749;Strachan v. Gordon[1671]Mor 1819)。学会的作者认为只要有占有就足够了(Stair,Institutions Ⅰ[5],9. 17 and Ⅳ. 28. 2;Erskine,Insitute8,no. IV. 1. 15;Bankton,Institute,no. I. 10. 126),现代的评论员也持这一观点(Reid,loc. cit.,no. 162)。在任何情形下,救济可以作为一种临时保护方式,直到占有地位清晰为止(Rankine,Landownership[4],9;Gordon,Scottish Land Law[2],no. 14-14;Chisholm v. Chisholm[1898]14 Sh Ct Rep 146)。请求人必须本身是一个占有人而不只是保管人或没有占有权的人(Reid,loc. cit.,no. 163;Rodger,1970 STL[News],33)。并不要求原始的占有;只要求有占有的意识(Stair,loc. cit.,9. 25;Erskine,Insitute[8],no. II. 7. 16)或民事方式占有即可,但是在后一种情形中,申请人无权因此而获得暴利,例如:刑事损害(Bruce v. Bruce[1628]Mor 3609;Steill v. Hay[1666]Mor 3611;Campbell v. Glenorchy[1668]Mor 10604;Mercantile Credit Co Ltd v. Townsley 1971 SLT[Sh Ct]37;Reid,Property,no. 163;Stair,Institutions,no. I. 9. 17 and Ⅳ. 28. 3;Bankton,Institute of the Laws of Scotland Ⅰ,16. 146)。针对干扰了某人占有的"占有救济"对任何当前占有人都适用,甚至占有人没有这一权利时也可以行使(例如小偷),因为这一救济的目的是为了阻止这种干扰(Faber and Lurger(-Carey Miller/Combe/Steven/Wortley),National Reports Ⅱ,332 f;Gordon,Scottish Land Law[2],no. 14-14)。

54. 在瑞典,特别执行法案规定的救济可能对所有类型的占有人都适用(尽管到目前为止,还没有典型的诉讼资格案件)。所有人和直接占有人可以起诉,所有人和间接占有人也可以起诉,间接占有人的直接占有人可以提起诉讼对抗第三人。最后,直接占有人(如承租人)可以用相关的救济来对抗间接占有人(如出租人),后者应该试着在间接占有的基础法律关系结束前恢复对物的占有,这似乎是很合理的(参见上文提到的法律的第4章;该法律提到了"申请人的占有",而不论申请人的身份;也参见1999年的NJA第474条)。

Ⅳ. 被告资格

55. 在德国法律中,被告资格被定义为与不法侵夺(verbotene Eigenmacht)有关。当某人的占有是通过其"自己的禁止权力"获得时,根据民法典第858(2)条,这是错误的(fehlerhafter Besitz)。这一错误特征是一种不完整的法律结果,它玷污了剥夺占有人的占有,并且对于占有保护有具体的法律结果。错误占有可以用于对抗:(a)错误占有人,即原始剥夺占有人;甚至在剥夺占有人没有用不法侵夺,而是寻求第三人作为中间人来帮助自己时,剥夺占有人也是有责任的,这个第三人也有责任(MünchKomm(-Joost),BGB[4], § 858 no. 2),并且如果合法机构的职能部门行使了"自己禁止权力",那么这一合法机构要对这一行为负责(Wolf, Sachenrecht[22], § 8 no. 165);(b)继承人(普通法定继承人);(c)特殊的继承人,只要后者在获得占有时意识到了这一点(民法典第858(2)(b)条)。根据通说,特殊继承不仅包括派生占有取得,而且包括每一占有继承情形,例如:当某人知道自己捡到的是小偷抛弃的赃物(Brehm and Berger, Sachenrecht2, no. 4.6)。因此,前一占有人对继承的同意——无论通过何种方式——不是一个决定性因素;占有继承将发生,尽管这违背占有人的意志(MünchKomm(-Joost),BGB[4], § 858 no. 16)。因此,要求的意识到占有的错误特征这一因素意思是受让人必须对占有的错误及其来源有明确的认识,例如:必须意识到剥夺占有行为是由前一暂时占有人或某一前占有人造成的;只知道占有权属于其他人是不够的(Joost, loc. cit., § 858 no. 16)。对于司法救济,记住以下几点是很有用的(Brehm and Berger, loc. cit., no. 4.10; Joost, loc. cit., § 861 no. 6)。如果剥夺占有人抛弃了占有,那么占有继承人对被剥夺占有人负有责任;然而,如果占有继承是在合法程序启动之后发生,根据民事诉讼法第265(2)条,审理程序继续进行,并且根据民事诉讼法第325(1)条判决可以被执行而对抗继承人。如果剥夺占有人不再是直接占有人,而是间接占有人,那么剥夺占有人对被剥夺占有人的责任就没有消灭。根据民法典第870条,后者可以为恢复间接占有(mittelbarer Besitz)而起诉(Joost, loc. cit., § 861 no. 6)。需要强调一点:错误占有会在剥夺占有人(和继承人)与被剥夺占有人(和其各自继承人)之间产生一种关系效果;就目前对第三者的考虑,占有人没有错误。但是甚至在过错的"烙印"有关系的情形下,其在剥夺占有发生1年之后也会变得不重要了(Brehm and Berger, loc. cit., nos. 4.7, 4.11)。

56. 在希腊法律中,被告资格的决定方式与德国法规定的一样,是以错误占有为基础。当动产不再在剥夺占有人处时,错误占有的"瑕疵"不会消失。根据民法典第984(2)条,在以下情形下构成错误占有(Georgiades, Empragmato Dikaio Ⅰ, § 21, nos. 24 ff):(a)原始剥夺占有人;(b)占有人的继承人,不论他是否意识到前一占有人的错误占有,也不论他们是否已经实际控制了物(民法典第974条)(民法典第983条:继承人的假想占有),这是因为继承人获得与他们的前一占有人相同的占有;(c)任何从剥夺占有人处获得占有的人,只要占有人意识到前一占有人的占有是错误的。这里提到的获得占有并不是要求新的占有人必须通过特殊继承获得占有(如合同)。只要占有人继承剥夺占有人的占有并以任何方式继续占有就可以了。例如:第二个小偷从一个小偷那儿偷了一件赃物;(当然,在这个案件中,第二个小偷也因为它的偷盗行为而获得错误占有)一个人在寻找的过程中拾到小偷抛弃的战利品。占有继承人必须明确知道前一占有人的占有是错误的;仅仅有疏忽是不够的,甚至由于严重过失也是不够。并且,必须是在占有获得时明确知道。如果一个人获得占有时完全不知道前一占有人的过错,那么其占有就是清洁占有;如果其后来发现了前一占有人占有的过错,其占有也不会变成错误占有,而是保持清洁(mala fides superveniens non nocet)。与德国法律一样,错误占有没有对一切人的效果;只有被剥夺占有人(和其继承人)可以用这一点来对抗剥夺占有人(或继承人)(Georgiades, loc. cit., § 21 no. 23),并且只能在剥夺占有行为发生后的1年内提起这种对抗(民法典第992条)。如果原始剥夺占有人不再是占有人或占有辅助人(例如,因为占有物已经被出卖或抛弃),不能基于占有基础对其提起诉讼,而只能为了损失(Georgiades, loc. cit., § 23 no. 9)。如果在待决案件(lis pendens)中,物的占有被转移了,对抗原始被告的法律程序将继续,因为根据民事诉讼法第919条,法庭判决的执行也可以用于对抗诉讼中或诉讼后获得动产占有的人;如果占有人不仅获得了占有,还通过善意取得获得了所有权,那么情况就不一样了(民法典第1034条)。民法典第984(2)条的目的解释的运用,以及考虑到占有和辅助占有在希腊法律中广泛的含义,这一条款也类似地适用于错误占有人通过占有辅助人(如承租人)的方式行使占有的情形。在这种情形下,占有人和占有辅助人都被认为是有过错的(Georgiades, loc. cit., § 21 fn. 41)。并且,如果占有辅助人将他们的地位转变为占有人,那么他们可以成为占有人的被告(Georgiadesloc. cit., § 23 no. 8)。

57. 在瑞士,占有救济可能用于对抗剥夺占有人(Steinauer, Les droits réels Ⅰ[4] nos. 339 f; Schmid and Hürlimann-Kaup, Sachenrecht[2], nos. 233 f)或占有干扰人(Steinauer, Les droits réels I4, nos. 362 f; Schmid and Hürlimann-Kaup, Sachenrecht[2], nos. 239 f)。并且,说到剥夺占有,一些作者(Steinauer, loc. cit., no. 341a; Stark, Berner Kommentar Ⅳ. 3. 13, art. 927, nos. 4 ff)建议救济也可以用于对抗剥夺人的恶意普通继承人和特殊继承人(Faber and Lurger(-Foëx and Marchand, National Reports Ⅵ, chap. 2. 4. 1)。

58. 在奥地利法律中,任何提起诉讼干涉另一人占有的人都被认为是干涉者(Störer)(对这一有关问题的更多信息和评论,参见 Faber and Lurger(-Faber), National Reports Ⅰ, 43 ff, 46)。占有人可以启动救济程序对抗任何第三人或为行使占有的人(例如承租人或借用人),只要根据他们之间的法律关系,直接占有人超出了合约限制(例如从不动产领域,参见 Schwimann(-Klicka), ABGB Ⅱ[3], § 339 nos. 3, 33 f);相反的情形也可能发生,即直接占有人(承租人等)可以用占有保护来对抗剥夺其占有的人,如果后者没有履行合同义务且没有像合同约定的那样使用物(Klicka, loc. cit., nos. 3, 35 f)。如果一个共同占有人剥夺了另一共同占有人的占有,且声称其对共同财产有单独占有权或干涉他们间的使用关系,例如通常夫妻双方有电话交流,其中一人在没有另一人同意的情况下要求中断交流,那么后者可以起诉前者(LGZWien Miet Slg 30. 025; for further examples, see Klicka, loc. cit., nos. 6, 37 ff)。另外,只要在干涉者的继承人在获得占有时(无论通过继承还是通过主张对物的控制)意识到前一占有人获得占有的情况,那么这一特殊继承人就可以成为被告;法定继承人无论在什么情况下都具有被告资格(Iro, Sachenrecht[3], no. 2/61; Klicka, loc. cit., no. 29)。根据法院判例,剥夺占有物的转让不应该消除剥夺占有人的责任,且法庭判决(Endbeschluss, CCP art. 459)对剥夺占有人也应有执行力(Rechberger and Simotta, Grundriß[5], no. 769; Klicka, loc. cit., no. 29)。除了暂时干涉者外,法院判例还肯定了间接干涉者(mittelbarer Störer)也有责任。这包括了期待其提供帮助的人(Abhilfe)或干涉者是其辅助人的人(Hilfsperson),或干涉的发生是对其有利的人。法律学说批评第一和最后一个标准太模糊,并且建议间接占有人的同意或至少知道干涉行为的可能性和干涉情况的继续存在,都可以是这些情形中可接受的责任基础(Iro,loc. cit. ,no. 2/61;Klicka,loc. cit. ,no. 29;Rummel(-Spielbüchler),ABGB Ⅰ[3],§ 339,no. 7;Faber and Lurger(-Faber),National Reports Ⅰ,46)。甚至在直接干涉人是在第三人的命令下开始干涉行为时,直接干涉人也可以被起诉,没有产生因他额外需要负担的损害(Klicka,loc. cit. ,no. 30)。然而,直接干涉人代表的人的义务只能作为授权或其他合同关系处理;这并不是必然意味着间接干涉者必须意识到相互同意每一干涉行为,才需要负担责任,但是其可能完全免责的唯一情形是中间人的行为超出受托范围或违背委托人的利益(Klicka,loc. cit. ,no. 31)。民法典第 345 条似乎允许只对抗错误占有人的剥夺占有诉讼,然而干扰占有诉讼在所有不法侵夺(verbotene Eigenmacht)情形下都被允许。错误占有人(unechter Besitzer)是通过暴力获得占有的人(一个既保护克服阻力又包含无视明令禁止行为的情形),以一种秘密的方式或通过利用占有的暂时转让的优势,并且转让的原因已经不再有效之后还拒绝移交(vi,clam,precario;Koziol/Bydlinski/Bollenberger(-Eccher),ABGB[2],§ 345,no. 1;Klicka,loc. cit. ,§ 345,no. 1)。然而,Iro 认为剥夺占有诉讼和干扰占有诉讼间的不同并没有理论基础,因此建议当占有干涉发生时,两种诉讼都应该通过某人自己的权力适用于所有案件(eigenmächtig;Iro,loc. cit. ,no. 2/56)。

59. 在匈牙利,非法权力可以决定,在占有保护时占有人能对抗哪些主体。根据民法典第 188(2)条,占有人有权用占有保护对抗任何人,但是占有人通过非法权力从其处获得占有的人除外。占有保护的对一切人效果隐含了占有的对物特征,其被限制为只能对抗占有人非法地从其处获得占有的人。另一方面,根据民法典第 188(3)条,在特殊情形下,占有人可以采取占有保护对抗其获得占有的前一占有人或相反地,临时移转占有的人。例如:当出租人和承租人之间的法律关系还有效时,出租人不能行使恢复占有出租物的权利,如果出租人违反规定,那么承租人有权保护占有来对抗出租人(BH 1994/185);当承租人不再有这一权利时(例如:租赁终止了),所有人/出租人可以自由地行使权利保护占有。然而,由于社会政策原因,房屋租赁合同适用一项特殊规则:承租人有权信赖保护权,直到命令其搬出房屋的有效法院判决开始执行时(民法典实施法案第 64 条)。根据司法实践,尽管无故使用一个物或不动产不构成有效占有权利来对抗所有人,在这种情形下,占有人通过占有受保护,直到占有的最后一刻。对于共同占有人(民法典第 189 条),每一占有人都有权单独用占有保护对抗第三人,并请求将物恢复到共同占有状态;并且,如果他们之间有内部干涉(inter partes)占有的行为发生,他们中的一人可以主张保护来对抗另一人的单独占有(Lenkovics,Dologi jog[6],261 et seq.)。在特定情况下,尤其是在干扰占有的发生有利于另一人时,占有人必须分清实际行为者和煽动干涉者;这对于法人尤其重要(Gellért(-Petrik),A Polgári Törvénykönyv Magyarázata[6],681;Faber and Lurger(-Szilágyi),National Reports Ⅲ,chap. 2. 3. 4)。

60. 在斯洛伐克,就目前考虑的民法典第 126 条下的特殊占有救济而言,准所有权返还之诉(quasi-rei vindicatio)可能用于对抗任何占有地位没有主张者优先并且对物没有恢复权的(非法)占有人;相似地,准所有权返还之诉可能用于对抗任何非法干涉主张者的实际占有的人(Faber and Lurger(-Petkov),National Reports Ⅵ,chap. 2. 3. 2)。

61. 在爱沙尼亚法律中,对占有人妄为的人和其意志对干涉行为的发生和继续起决定作用的人都有被告资格;在完全剥夺占有的情形下,诉讼用于对抗当前对起诉人暴力占有的人,例如:当前的直接或间接占有人。如果间接占有人之前直接占有财产并且其自身是一个直接任意占有人,那么间接占有就被认为是任意的。如果临时占有导致任意占有,那么前面说的也是适用的。

被告可以通过证明其没有任意并且有权干涉或剥夺占有来自卫(物权法第46条),例如:因为法律允许起诉,因为占有人同意其这么做,或因为对于被告而言,当前起诉人的占有是任意的,被告是在剥夺占有发生后的1年内恢复占有。在任何案件中,被告都不可以通过主张他基于财产权或义务而有占有权来免责;例如:如果出租人在租赁期满后强制收回租赁物,承租人提起占有诉讼,出租人必须向承租人返还占有,因为所有权让出租人有权提起诉讼对抗承租人并且要回租赁物,而不是强制取回租赁物(Pärna,Asjaõigusseadus, § 46 no.2,63 f)。占有继承人和任何其他法定继承人也要对他们的前一占有人的占有干涉负责,只要继承人在获得占有时意识到前一占有人的强制占有(物权法第40(4)条);善意的后占有人不需要为前一占有人的行为负责(想要了解这些问题,参见Faber and Lurger(-Kullerkupp),National Reports Ⅰ,258 et seq.)。

62. 在立陶宛法律中,如果威胁者证明请求人的占有是通过非法方式从其处获得的,那么占有人不能寻求占有救济,且威胁占有行为也被认为没有发生。侵权者的这一主张只有相对的价值,也就是说只能在这一特殊程序中用来对抗请求人;威胁者,即被告,不能通过主张请求人非法地从第三者处获得占有而获益;根据民法典第4:35条,在这种情况下,威胁者还是要为发生的干扰占有负责(Faber and Lurger(-Mikelenas),National Reports Ⅲ,chap.2.5)。

63. 在斯洛文尼亚,占有救济主要适用于对抗任何做出行为干涉他人的占有或剥夺他人占有的第三人。并且,这一程序中的被告可以不仅是直接干涉他人占有的人,还可以是命令干涉行为的人和从干涉行为中受益的人(Decree of CA Ljubljana 15 May 2001,no. II Cp 1648/2000)。直接占有人可以采取司法占有保护来对抗干扰占有的间接占有人,反过来也可以(Frantar,Stvarno pravo,303 ff,342,with further citations from case law;Juhart et al.(-Vrencˇur),SPZ s komentarjem [2004],art.33,198;Faber and Lurger(-Rudolf/Rijavec/Keresteˇs),National Reports Ⅰ,536)。

64. 在保加利亚,所有权法案第76条规定的救济可以用于对抗实际剥夺占有人和煽动剥夺占有的人。另一方面,如果被拿走的物被第三人发现,占有人或占有辅助人不能转而对拾得人主张返还物,因为这一诉讼有个人特征。这是所有权法案第75条和第76条之间的主要区别,因为后一诉讼只能用于对抗剥夺人或其普通继承人;这也是为什么这一救济被认为是不完整的原因,因为其没有使保护可以对抗获得动产占有的第三人;相反地,民事诉讼法第523条允许占有救济对抗占有不动产的第三人,这也被认为是动产领域的正当性规诫(de lege ferenda)的解决方案(Faber and Lurger(-Stoimenov),National Reports Ⅳ,chap.2.4)。

65. 在意大利法律中,占有救济中的被告资格也以相似的方式决定。在"重新结合之诉"(azione di reintegrazione)的情形下,下面几类人可以成为被告(Bianca,La proprietà in Diritto Civile,§409;Faber and Lurger(-Greco),National Reports Ⅰ,408):(a)首先被起诉的是实际实行了剥夺占有行为的人;他们可以单独被起诉,也可以被共同起诉。(b)剥夺占有人的法定继承人和所有普通继承人(successor a titolo universale)也有责任。(c)在民事责任规则下,对剥夺占有行为也要负责的人,例如:当剥夺占有行为是雇佣人在雇佣工作范围内实行的时候,被告资格也扩展到雇佣人;当剥夺占有行为是某一机构的行政人员在该机构的行为能力范围内实施时,被告资格扩展到这一机构。(d)司法判例将被告资格扩展到所谓的剥夺占有行为的意志支配者(autori morali dello spoglio),煽动他人实施剥夺占有行为的人,尽管他们没有实际实施剥夺占有行为;可以同时起诉煽动者和实际实施者(Cass. 26 April 1994,no.3941/1994;Cass. 3 September 1993,no.9297/1993;cited in Bianca,loc. cit., § 409 fn.49)。"意志支配者"包括那些指挥剥夺行为的人或支持这一行为的人,并且同时从这一行为中受益的人或仅仅有意识想要从中获益的人

(Cass. 3 September 1993, no. 9297/1993; Cass. 25 May 1994, no. 5873/1994); cited in Bianca, loc. cit., § 409 fn. 50)。然而,最后一种情形在理论上有部分争论,因为让从中受益但并没有实施或指导这一行为的人对这一行为负责,这似乎是不公平的。在任何情形下,司法判例甚至将发生剥夺的不动产所有人也视为意志支配者(Cass. no. 4312[28 June 1986], cited in Bianca, loc. cit., § 409, fn. 51);并且,即使有意志支配者的案件中,实际实施者只要对行为有责任,也就是说只要实际实施者有干扰的意图(animus spoliandi),因为否则行为者只能被认为是受意志支配者安排的执行工具也可以被诉(Greco, loc. cit., 408 no. 151)。(e)根据民法典第 1169 条,只要侵占人的继承人在获得占有时知道该侵占的存在,那么该继承人也可以成为被诉的对象,那么他们也有被告资格。这一规定的措辞:"无论从谁的手中获得占有"似乎包括了提起诉讼对抗占有辅助人的可能性;然而,这存在争议(in favour De Martino, Masi; against Sacco, Bianca; cited in Bianca, loc. cit., § 409, fn. 52, 53)。根据民法典第 2909 条的一般规则,如果承认占有辅助人的被告资格,那么占有来源的占有辅助人和剥夺占有人都可以成为被告,并且法院判决可以同时对他们两者发生执行效力(res judicata; Rescigno, Proprietà II2, 584 f)。(f)在上文描述的情形下,公共行政机构也可以在占有保护程序中被起诉,因为它已经不再像以前那样被认为是免责的。就目前考虑的干扰占有案件而言,通过相似的方法决定被告资格(Bianca, loc. cit., § 409; Rescigno, loc. cit., 588 f);诉讼可以针对:(a)干涉的实施者;(b)通过实施干涉行为的方式成为不动产的所有人或占有人或占有辅助人的人;(c)干涉行为以其名义实施或因他而实施的人;(d)根据司法判例,干涉行为的意志支配者(Cass. 12 March 1973, no. 921/1973, cited in Bianca, loc. cit., § 415, fn. 98)。

66. 在西班牙法律中,禁止性保护的被告资格的决定如下(Albaladejo, Derecho Civil Ⅲ10, § 15.2):(a)禁止性保护可以用于对抗任何亲身实施干涉或剥夺占有或命令实施这一行为的人,但是不能用于对抗仅仅被作为实际干涉者的工具的人。新的民事诉讼法没有明确规定命令干涉的人具有被告资格(它在旧的民事诉讼法第 1652 条中存在),但是理论界认为新的民事诉讼法应该接受这样的解释。尽管剥夺占有人不再占有物,其还是可以成为被告(规定必须在剥夺占有发生后的 1 年内采取救济);如果禁止成功了,剥夺占有人必须从当前占有人处要回占有物或者至少要对物的孳息和损害负责。(b)通过自助重新获得物的被剥夺占有人也有责任。然而,如果被剥夺占有的剥夺占有人自其实施剥夺占有后的 1 年内寻求这种保护,且后者在占有程序中主张他们的权利,禁止将会无效。在西班牙法律中,这被认为是"瑕疵占有的抗辩"(exceptio vitiosae possessionis)的表达,尽管这有争论(Faber and Lurger(-González Pacanowska and Díez Soto), National Reports Ⅴ, chap. 2.6.1)。(c)剥夺占有人的继承人也有责任,因为根据民法典第 440 条,他们继承了前一占有人的同种占有。(d)如果从剥夺占有人处接受占有的人意识到了剥夺占有行为,那么他也可以被诉(spolii conscius);这和前面的几种情形都没有被规定在民事诉讼法中,但是他们都被认为符合公平的考虑和历史先例。当继承人没有意识到剥夺占有行为时,占有人是否能对抗继承人,这有争议。Albaladejo 讨论了这些问题并且指出如果在这种案件中排除返还,那么被剥夺占有的占有人的"理想占有"(对于这一概念,参见第Ⅷ－1:206 条注释 61)实际上无效。他最后倾向于善意继承人应该受保护,但是指出民法典第 464(1)条排除了在前一所有人遗失某物或被非法剥夺某物时,其对动产的善意取得,这一规则应该被分类适用,也就是说被非法剥夺占有的占有人应该有权主张从善意继承人处返还原物(Albaladejo, Derecho Civil Ⅲ[10], § 15.2)。一般而言,所有的结合都是可能的:如果直接占有人试图剥夺间接占有人的间接占有,那么间接占有人可能起诉直接占有人,例如:出租人可能起诉承租人(Faber and Lurger (-González

Pacanowska and Díez Soto),National Reports Ⅴ,chap. 2. 6. 1);并且,禁止性保护也可能在共同占有人之间发生(Pasquau Liaño(-López Frías),Jurisprudencia civil Ⅰ,1069,1074)。根据公共管理一般机制法第101条,禁止性保护不能用于对抗公共行政机构;被剥夺占有人或被干扰占有人只能在法庭上提出一般主张。然而,如果行政机构以所谓的"实际方式"行为,即没有调查已经建立的程序就做决定并占有某物,那么禁止性保护也是可以对抗行政机构的;从强行征收法第125条也可以推导出同样的结论(Faber and Lurger(-González Pacanowska and Díez Soto),National Reports Ⅴ,chap. 2. 6. 3;STC 166/1986 19 December 1986;TS 20 March 1987,RJ 1711;TS 22 September 1990,RJ 7285;TS 1 April 1995,RJ 2926;also see LEF art. 125)。

67. 葡萄牙私法典第1281条提供了一条特殊的规定规范占有诉讼中的被告资格。在干扰和剥夺占有之间有区别。在第一种情形下,维持占有诉讼只能起诉干涉起诉人占有的人;唯一也可以起诉继承人的诉讼是请求赔偿干涉造成的损失的诉讼;这与继承法的原则相一致,但是那些请求并不是占有性质的(Pires de Lima and Antunes Varela,Código Civil Anotado Ⅲ[2],art. 1281 no. 3)。如果干涉是由受他人指使的人实施的,那么不仅实际实施者应该负责,而且意志支配者(autor moral),也就是给出指示的人也应该负责。这一点在葡萄牙的法律著述中有争论,但是现代法学家倾向于接受这一点;他们甚至提出在实际实施者严格受意志支配者的命令控制时,他们应该不负责任(in favour:Pires de Lima and Antunes Varela,loc. cit. ;against:Rodrigues and Soares,Posse,345 et seq.)。然而,在第二种情况下,不仅剥夺占有人和其继承人可以成为被告,而且任何其他目前占有该物且意识到剥夺占有行为的人。并且,指挥或监视或事前赞成剥夺占有行为的人也应该负责(Pires de Lima and Antunes Varela,loc. cit. ,art. 1281 no. 5)。私法典第1281条的规定受意大利私法典的启发,因此,现在很明确恢复占有诉讼不能用于对抗善意的后续占有人(与之前1867年的葡萄牙私法典的规定相反)(Neto,Código Civil Anotado[13],art. 1281 no. 3)。更进一步,由于这一规定的措辞,恢复占有诉讼不能起诉纯粹占有辅助人(Pires de Lima and Antunes Varela,loc. cit.)。对于被合理地认为是善意的后续占有人,在其获得占有时剥夺占有行为没有存在这一认识就足够了(Penha Gonçalves,Curso de direitos reais2,306,cited in Neto,loc. cit. ,art. 1281 no. 4)。

68. 在荷兰法律中,根据民法典第3:125条,占有保护可以用于对抗任何占有权次于请求人的剥夺占有人或干扰人;民法典第3:125(2)条明确表述占有人不能提起诉讼对抗一个有优先权的被告;其通常是所有权人,但是也可以是占有辅助人,例如:有权继续使用财产的承租人,或盗窃受害者的前一占有人。然而,同一条款也规定了一种例外情况,以阻止有优先权的任何人将法律掌握在自己的手中:如果对财产有优先权的被告非法地从请求人处获得占有(以一种暴力或秘密的手段),那么请求人可能提起诉讼对抗这一被告。这一规则隐含的政策考量是想要避免所有人非法地从不愿意交出财产的占有人处夺回财产。通过这种方式恢复占有的所有人将面临占有人的诉讼,该诉讼将恢复占有人的原有占有地位,尽管这会重新建立他们之间的僵局;所有权可用的唯一合法方式是通过司法途径恢复占有(Faber and Lurger(-Salomons),National Reports Ⅵ,chap. 2. 4)。

69. 法国和保加利亚法律著述似乎没有讨论剥夺占有人的继承人的被告资格问题。也不能从法国民事诉讼法(民事诉讼法第1264~1267条)的条款中推定出任何相关规定,根据民法典第2283条的明确规定,其也规范了占有救济。因此,我们能得出结论即占有救济只能用于对抗即时干涉者或剥夺占有人。

70. 在英格兰法律中,对于转移占有,实际上包括在行为中的主体的"意图"与所有人或占有人对物(或土地)的权利相矛盾。与侵权行为法的特殊规定相结合,这可能导致各种问题(为什么侵权行为法不适合财产权的保护的各种原因,参见 Weir,A Casebook on Torts,473－478);问题之一是被告的多重性,因为失去占有可能涉及一系列后续转移,并且所有涉及的人都将对占有人的遗失物的全部价值负责,至少"当然权利"(prima facie)是这样,因为所有的侵权都要求权利的主张,而不是真正所有人的权利;因此,在错误出售的情形下,买卖双方都有责任,尽管他们都没有过错(Clarke and Kohler,Property Law,285;Faber and Lurger(-Frisby and Jones),National Reports Ⅱ,15)。然而,论及代表他人利益行为的机构或中间人时,产生了一个确定的矛盾。尽管他们在原则上也应该负责任,因为仅仅主张他人的权利已经构成了转移,司法判例已经肯定如果处分他人的物的人善意地相信其他人是真正的所有人或有所有权人的授权,那么前者就应该免责(Hollins v. Fowler[1875]LR 7 HL 757)。这一检测的真正性质不清楚,但是它肯定了如果中间人仅仅将物返还给表面上的所有人或按其指示移交物,并且没有意识到涉及了权利的移转,那么中间人应该免责;然而,如果中间人已经确切知道将会移转权利(例如命令其出卖),那么他的角色变得更加重要并且相应的责任也更重(Barker v. Furlong[1891]2 Ch. 172;R. H. Willis & Sons v. British Car Auctions Ltd[1978]1 W. L. R. 438)。相似地,一个"非自愿受托人"(欺诈的后果)应该受保护(Faber and Lurger(-Frisby and Jones),National Reports Ⅱ,16;Elvin and Powell Ltd. v. Plummer Roddis Ltd[1933]50 T. L. R. 158);如果受托人在移交物给欺诈者时是合理行为并且没有过失,那么受托人将不负责任(但是如果受托人保证管理好物,那么他将承担相应的风险;Hiort v. Bott(1874)LR 9 Ex 86)。相似的考虑应该适用于侵占,尽管潜在被告通过要求的过错因素会受到更好的保护。就目前考虑的被告的第三方权利辩解而言(辩解第三人比起诉人对该财产有更优的权利),1977 年的侵权(干涉物)法废除了任何组织被告进行第三方权利辩解的法律规则,这是原有的法律规则(有各种例外)。1977 年的侵权(干涉物)法第 5、7 条和第 8 条规定了新的一系列程序规则,旨在对同一诉讼中的所有潜在当事人(原告和被告)进行分类(Faber and Lurger(-Frisby and Jones),National Reports Ⅱ,17 et seq.)。

71. 在爱尔兰,法律确认干涉他人财产的第三人和任何违法行为者都可以被委托人(到目前为止,如果是自愿委托)和受托人起诉(Faber and Lurger(-Gardiner),National Reports Ⅱ,184 et seq.)。并且,受托人可以基于对物真正的、合理的利益对委托人主张直接影响财产的权利,例如,占有权或在不能偿还时的出售权(在抵押和留置的情形下)或收集权(在其他委托情形下)。受托人的其他不会影响财产的权利,例如,保管财产的报酬请求权或费用偿还请求权,只约束委托人(Gardiner,loc. cit.,185)。对于特殊的转移占有和第三方权利(ius Tertii)辩解,即辩解第三人对财产有更优权利,必须区分:如果原告建立所有权和占有或只是占有,那么被告不能进行第三方权利辩解,但是如果原告只有即时的占有权,那么被告可以进行该辩解。在后一种情况下,根据受托人不能对委托人进行第三方权利辩解,对委托有一种例外。然而,受托人被真正所有人的最高权利排除在外,那么受托人有一种很好的自卫方式。面临委托人和第三人竞争主张的受托人可能转向交互诉讼程序,例如:可能将动产转交给法庭,让委托人和第三人双方解决问题(Gardiner,loc. cit.,176 et seq.)。

72. 在苏格兰法律中,"掠夺占有"(spuilzie)可以对抗任何有意剥夺占有人的占有的人。从原则上,这一救济甚至可以对抗从剥夺占有人处善意取得占有物的人(Stair,Institutions Ⅰ[2],nos. I. 9. 16 and Ⅳ. 30. 3;Reid,The Law of Property in Scotland,no. 165),但是法律学说对这一点并不是没有争论（Carey Miller and Irvine，Corporeal Movables2，no. 10. 28；Faber and Lurger（-Carey Miller/Combe/Steven/Wortley），National Reports Ⅱ，32）。

Ⅴ. 有限期间（计算、重复干涉情形）

73. 在德国，占有诉讼规定自干扰占有行为发生后的 1 年内构成有关占有的"禁止权力"（verbotene Eigenmacht）的行使（民法典第 864（1）条）。这 1 年期间被认为是实体法的除斥期间，有限期间中止的条款在原则上不适用其效果（特殊情形除外，在这些情形下他们将分类适用）。1 年期间自剥夺占有行为完成时起算或干涉行为开始时起算或根据另一种观点，自干涉行为结束时起算（参见 Palandt（-Bassenge），BGB67，§ 864 no. 2）。然而，如果干涉行为重复发生，每一干涉行为发生时将重新计算期间（BGH，NJW 95，132）。占有人的认识对期间的计算完全没有影响（MünchKomm（-Joost），VI4，§ 864 nos. 2－4）。

74. 瑞典私法典第 929 条规定了两种占有诉讼都必须在请求人意识到剥夺占有行为（或干扰行为）和知道行为人后"立即"启动，在任何情形下，都不能迟于剥夺占有行为或干扰行为发生后的 1 年之后；这明确地说明了与占有人的意识毫无关系。这一有限期间是否应该被视为真正有限，真正有限意味着限制的中止条款将适用，或其是否是除斥期间（Verwirkungsfrist），意味着与占有规制只是暂时秩序的特征更契合，这有争论。处于讨论中的期间的起算是从剥夺占有结束时开始或每一干涉行为发生时开始；连续干涉情形下，只有在所有的干涉行为不能组成一次完整的干涉或新的干涉行为与前一干涉行为有实质不同时，才需要在每一干涉行为发生时重新计算新的期间。在继承占有情形下，为了继承人的利益，重新计算期间（Stark，Berner Kommentar Ⅳ. 3. 13，art. 929 nos. 8 ff；Faber and Lurger（-Foëx and Marchand，National Reports Ⅵ，chap. 2. 4. 2）。

75. 在希腊，私法典第 992 条规定自占有干涉发生后的 1 年内，所有对剥夺占有或干扰占有的主张都会失效（参见 A. P. 595/1997，ArchN 1998[49]，181）。这一期间被认为是真正的限制情形，与德国相反，这也是为什么限制的中止和中断条款适用的原因（民法典第 255～270 条）（Georgiades，Empragmato Dikaio Ⅰ，§ 23 no. 50）。期间自剥夺占有或干涉行为发生时起算且与占有人的意识没有关系；一个例外适用于占有辅助人移转占有情形（民法典第 982 条），前一占有辅助人只有在前一占有人被告知移转占有之后才能得到占有。如果干涉行为重复发生，每一干涉行为发生时都重新计算期间；法院判例已经表明：在对一栋建筑（如一面墙）进行连续干涉时，只有当干涉结束时，即墙的建设，期间才开始计算（Georgiades and Stathopoulos（-Georgiades），art. 992 nos. 1－12）。1 年的期间经过之后，被剥夺占有人就不能再寻求占有保护来对抗剥夺占有人或任何继续后者的错误占有的人。

76. 在匈牙利，占有人可以在相关事件（剥夺占有或干扰；民法典第 191（1）条）发生后的 1 年内寻求占有（行政）救济。1 年期间从事件发生时起算。如果干扰占有行为继续，1 年期间从干扰结束时起算；当干扰包括在一段长时间内没有中断或只有很短的中断的一致的行为发生时，干扰就被认为是继续的。期间经过之后，占有人可能只能直接在法庭上寻求所有权保护（Faber and Lurger（-Szilágyi），National Reports Ⅲ，chap. 2. 3. 5（b））。

77. 在爱沙尼亚，物权法第 48 条规定：剥夺占有或干扰占有诉讼的有限期间从干涉或剥夺占有行为发生时起算。

78. 在意大利，根据私法典第 1168 条的规定，在剥夺占有情形下，前一占有人可以在事件发生后的 1 年内提起诉讼要求恢复占有；然而，如果剥夺占有行为是秘密发生的，那么期间自占有人发现剥夺占有行为后或如果尽一般人的注意应该发现该行为后，开始起算。1 年的有限期间是一个实体法期间，因此，在法庭审理中止时，它不会中止计算(from the 1st of August till the 15th of September)。对于通过连续行为连续干涉的情形，如果所有行为可以被认为形成一致的行动，1年期间的计算自第一次行为时起算；否则，每一行为将被独立对待(von Bar(-Plancker and Pfeifer), Sachenrecht in Europa Ⅳ, 393; Faber and Lurger(-Greco), National Reports Ⅰ, 408 fn. 153, 409)。

79. 在西班牙，2000年修订的民事诉讼法第439(1)条规定：如果在事件(剥夺占有或干涉)发生1年之后提出维持或恢复占有的司法请求，它们将不被接受(与旧的私法典第1653条相比较)。这一期间是从民法典第460(1)(4)条得出的，其规定如果另一人占有的时间超过1年，那么前一占有人就失去占有，尽管违反前一占有人的意志；民法典第1968(1)(1)条也规定了1年之后，恢复或维持占有诉讼无效。1年的限制被认为是届期，而不是一个消灭的规定期间，这意味着其不会中断(Faber and Lurger(-González Pacanowska and Díez Soto), National Reports Ⅴ, chap. 2.6.1)。

80. 在葡萄牙，根据私法典第1282条，1年的有限制期间从剥夺占有或干涉行为发生时开始计算，除非它们秘密发生；在秘密发生的情况下，期间从占有人知道事件时开始计算；在干涉行为重复发生时，如果这些行为不能被视为组成完整的干涉行为或与另一行为相补充或都是为了达到同一目的，那么每一新的行为发生时，期间重新起算；否则，期间从第一个行为发生时起算(Neto, Código Civil Anotado[13], art. 1282 no. 7)。

81. 在英格兰，1980年时限法令第3(1)条的规定中，转移占有的第一次行为发生时，只要所有人没有同时重新获得占有，那么一个6年的限制期间就开始起算。这一期间经过后，从1980年时限法令第3(2)条的规定来看，完全权利的取得方式与不动产法的时效占有的取得相似。对于盗窃有一项例外规定：如果一个动产被盗，只有在该财产被第一次善意取得后该期间才开始起算。对盗窃或与盗窃有关的转移的诉讼不受任何限制期间的限制(Faber and Lurger(-Frisby and Jones), National Reports Ⅱ, 20)。

82. 在保加利亚，所有权法第75条和第76条规定的占有救济必须在威胁占有或剥夺占有行为发生后的6个月内启动(Faber and Lurger(-Stoimenov), National Reports Ⅳ, chap. 2.4)。

83. 在奥地利，剥夺占有或干扰占有诉讼的限制被规定在民事诉讼法第454条中。占有人必须在知道剥夺占有行为或干涉行为后的30天内，向法院提起诉讼；因此，这一限制期间是主观期间。然而，占有人有义务采取合理的调查以确定干涉人，例如：如果干涉行为是通过骑摩托车方式作出的且占有人记住了车牌号，那么其必须向有权机构询问该车牌号主人的信息(Faber and Lurger(-Faber), National Reports Ⅰ, 43)。这30天的期间实际上不是一项程序规定，而是实体法条件，因此，它被认为是除斥期间(Ausschlussfrist)。在持续干涉情形下，该期间不被认为在每一干涉行为发生时要重新计算(Iro, Sachenrecht3, no. 2/56, 2/63)，而是在占有人知道第一次干涉和干涉者时开始计算(想要知道这些问题，参见 Schwimann(-Klicka), ABGB Ⅱ[3], § 339 nos. 51 f)。

84. 在斯洛文尼亚，占有人必须在干涉行为发生后且知道干涉者后的30天内采取占有救济，但是在任何情形下，都不能超过干涉或剥夺占有行为发生后的1年(Faber and Lurger(-Rudolf/Rijavec/Kerestesˇ), National Reports Ⅰ, 536)。

85. 在立陶宛，民事诉讼法为占有案件的审理提供了短暂的60天的时间限制(Faber and Lurger(-Mikelenas), National Reports Ⅲ, chap. 2.5)。

第三节　更优占有之保护

第Ⅷ－6:301条　更优占有的恢复权

(1)如果在先占有比第(2)款意义上的其他人之当前占有更“优”,前自主占有人或前有限权利占有人有权从实际占有的其他人处恢复物之占有。

(2)如果在先占有属善意,且当其他人没有权利占有而善意占有人有权利占有时,在先占有比当前占有更“优”。如果双方都属善意,且都有权利占有物,来源于所有人的权利优于来源于非所有人的自主占有人的权利;如果不适用这一规则,那么原先的有权占有更优。如果双方都属善意,但任何一方都没有权利占有物,那么当前占有则为更优。

评　论

参见对下一条款的评论。

第Ⅷ－6:302条　获得保护令以保护更优占有

如果其他人干扰占有,或此种干扰或剥夺即将发生,那么善意的自主占有人或有限权利占有人有权根据第Ⅷ－6:101条(所有权保护)第(3)款之规定申请保护令,在剥夺的情况下,除非其他人根据第Ⅷ－6:301条(更优占有的恢复权)之规定存在更优占有,或第三人有比自主占有人或有限权利占有人更优使用或其他处分物的权利。

评　论

A.综述

对证明他们的占有权有困难的更优占有人的保护。第三节(如在本条和上一条中)规定的救济试图弥补建立在实际控制动产的人的事实基础上,和对某人动产所有权(第Ⅷ－6:101条)保护基础上的“纯粹”占有保护(第Ⅷ－6:202～204条)之间的差距。这些法律救济不是为了延长上文所述的限于1年的占有保护救济。这些救济是为了适应特殊的实际需要，即不能再主张占有救济，也没有第Ⅷ－6:101条意义上的所有权证明的前一占有人缺少保护这一事实。在这一情况下，如果前一占有人明显比现有占有人拥有对动产的更优占有权，那么前一占有人（自主占有人或有限权利占有人）不应该没有对抗当前占有人的任何保护。如果前一占有人有权利占有该动产，而当前占有人没有权利占有该动产，或前一占有人因为善意继续占有而成为占有人（第Ⅷ－4:101条第(1)款a项），而当前占有人是恶意自主占有人（如小偷），那么这种对动产的更优占有权或地位似乎应被提出。

B. 受威胁利益和政策考虑

"普布利奇安之诉"（Actio publiciana）与所有权保护具有相似性。这一条款和上一条款规定的救济与罗马法"普布利奇安之诉"及其在成员国的各种法律体系中的发展具有一些相似性。这些条款的目的是为特定类别的"适格"或"更优"自主占有人和有限权利占有人提供一种对抗当前占有动产的"较劣"占有人的特殊保护救济，这两类人不受第Ⅷ－6:101条规定的所有权保护，因为他们还不是所有人或是所有人但不能证明自己的所有权。这一特殊保护不受第Ⅷ－6:203条和第Ⅷ－6:204条规定的纯粹占有救济的限制，且与所有权保护（第Ⅷ－6:101条）有确定的相似性——尽管不要求所有权证明。

受保护主体。第Ⅷ－6:301条和第Ⅷ－6:302条规定的更优占有救济是特别用于保护下面的几类人：

(1)有个人权利或有限权利占有动产以对抗没有占有权的当前占有人或有占有权但其来源于非所有人的自主占有人的当前占有人的有限权利占有人；

(2)对抗没有占有权的恶意当前占有人的因善意继续占有的潜在占有获得者（第Ⅷ－4:101条第(1)款a项规定的10年期间届满前）；

(3)不能或不想为其所有权提供证据的所有人（如第Ⅷ－6:101条要求的）。如果他们能证明自己善意且另一人为恶意或另一人虽善意但没有占有权，那么基于第Ⅷ－6:301条和第Ⅷ－6:302条，他们会受到保护。

C. 对比性概述

成员国的适格占有形式。在成员国的当代法律体系中，"普布利奇安之诉"呈现出多样的现代形式。几种趋势受到注意。例如：一些法律体系主要集中于有权且善意获得占有和权利的占有人（如买卖合同），或甚至是推定的权利；这一保护扩展至通过持续善意占有而获得占有的人（奥地利；希腊：只针对不动产）。奥地利法律还有一个有趣的方面，就是"普布利奇安之诉"符合了新的需求且实际上通过提供准对物的地位来针对特定的个人权利，如租赁（占有权，有限权利占有人），从而来改变其传统范围。

另一方面，对于那些实质上没有传统"普布利奇安之诉"的法律体系，即德国、葡萄牙和西班牙，必须做出更大的区别。在德国民法典第1007条下，善意仍是一个必备要素,但不具备占有权也是救济的必要条件之一。在葡萄牙和西班牙法律中,没有提及占有人的善意或恶意,但是三个因素具有决定意义:实际占有、前一占有人的资格和权利的存在(如买卖合同)。

与占有保护和所有权保护相联系的"普布利奇安之诉"的地位。说到"普布利奇安之诉"与给予其他法律提出的请求的关系,提及请求人选择这一救济或其他救济的区别和各种原因是很有意思的。对于所有权请求,"普布利奇安之诉"的实质优点是减少了大量的证据要求;证明某人的善意占有或取得比所有人在整个诉讼中证明自己所有权的原始取得要容易得多。另一方面,对于与占有救济的关系,一系列的事实必须被考虑。提出占有主张的人只需证明占有(在干扰的情形下)或前一占有(在剥夺占有情形下),然而在"普布利奇安之诉",请求人还需证明自己善意和其他当前有更优占有权的条件;占有主张通常受1年期间的限制,但是"普布利奇安之诉"通常受更长的期间限制;最后,对于所有权,对所有权救济的判决构成既判力(res judicata),而在"普布利奇安之诉"情形下,判决将会把什么视为既判力,这一问题是有争议的。在希腊,判决简单的要求持续占有的善意取得这一先决条件的存在。在奥地利,是否包括所有权的假定是有争议的。在西班牙,该规则只是一种暂时措施,对当事人之后提出新的请求的权利没有限制。

D. 第Ⅷ-6:301条第(1)款和第Ⅷ-6:302条:一般条件

第Ⅷ-6:203~204条和第Ⅷ-6:101条的比较。必须将第Ⅷ-6:301条和第Ⅷ-6:302条规定的更优占有救济与第Ⅷ-6:203条和第Ⅷ-6:204条规定的占有救济相区别。与占有救济不同,更优占有救济必须在普通程序中行使,且不受特别短的限制期间的限制;并且,其适用范围也更广,其不要求当前占有人(抗辩者)有非法剥夺占有行为。从实际的角度来看,最重要和最实用的一点是:与第Ⅷ-6:101条规定的所有权救济不同,主张者不需要证明所有权。

前一占有、干扰占有、善意和更优占有权或地位的证明。在第Ⅷ-6:301条和第Ⅷ-6:302条规定的情形下,主张者必须证明其前面的或当前的自主占有或有限权利占有,另一人的当前占有(第Ⅷ-6:301条),或在干扰情形下(第Ⅷ-6:302条),干扰或即将发生的干扰,还有主张者的善意。主张者只有通过证明比另一人(抗辩者)对该动产有更优的占有(或使用)权或地位。对比第一个自主占有人或有限权利占有人(主张者)的有关要素和另一人(抗辩者)的有关要素,不仅两者的善意重要,而且他们的占有权也很重要。

不要求抗辩者有非法剥夺占有行为。与第Ⅷ-6:203条第(1)款规定的占有救济不同,与第Ⅷ-6:101条(所有权保护)相一致,第Ⅷ-6:301条第(1)款并不要求另一人(抗辩者)的非法剥夺占有行为。情形可能是当前占有人(另一人)以和平的方式获得占有,例如:在该动产遗失时拾得。

主张者和抗辩者的占有特性的比较。第Ⅷ-6:301条规定的更优占有救济权最终取决于主张者的自主占有/有限权利占有的特性和当前实际占有动产的人(其他人)的特性的比较。如果另一人的占有比主张者的占有更不适格,那么另一人必须将动产交给前一占有人,而不论另一人获得动产实际控制的方式。

示例 1

A 是一动产的所有人或有限权利占有人。A 在途中遗失了这一动产。不知道 A 的 B 捡到了这一动产且想占有它或将其交给有权机构。B 从来没有剥夺 A 的自主占有或有限权利占有,因为当 B 捡到这一动产时,A 已经丢失了动产且没有实际控制该动产。A 有占有该动产的权利,但 B 却没有。因此,在第Ⅷ－6:301 条下,A 将比 B 有更优的占有权。

示例 2

A 是一动产的有限权利占有人,与所有人签订了租赁合同。B 偷了这一动产。C 从 B 处善意购得了该动产,但是没有善意获得该动产。C 没有非法剥夺 A 的有限权利占有。对于该动产,C 通过持续善意占有成为适格的潜在获得者。C 对该动产的占有权来自于与 B 小偷的合同。A 对该动产的占有权是基于其与所有人的有限权利占有关系。因此,A 对该动产有更优的占有权,因为其来源于所有人,也优先于 C 的权利。当 B 起诉 C 时,B 的占有权(来自于与所有人的合同关系)还是有效的且没有中止。

然而,第Ⅷ－6:301 条也涵盖了其他人非法剥夺自主占有人或有限权利占有人的占有的情形。在示例 2 中,如果小偷 B 持有动产,A 可以通过第Ⅷ－6:301 条规定的程序对抗 B。

E. 第Ⅷ－6:301 条第(1)款和第Ⅷ－6:302 条:有“更优占有”救济权的人——善意自主占有人或有限权利占有人

保护要求前一占有人是自主占有人或有限权利占有人。有第Ⅷ－6:301 条和第Ⅷ－6:302 条规定的更优占有救济权的人是自主占有人和有限权利占有人,但不包括占有辅助人(Pas)。第Ⅷ－6:204 条的评论 D 中解释了原因,赋予占有辅助人的保护应该仅限于自助救济。受第三章保护的人是自主占有人(直接和间接)和有限权利占有人(直接和间接),他们的自主占有或有限权利占有比其他人的“更适格”。

自主占有人和有限权利占有人的善意和有限权利占有人的有效权利。这一“资格”不可缺少的因素是主张者的善意。自主占有人或有限权利占有人必须合理地相信其对动产有占有权。自主占有人认为自己有的权利必须是所有权。如果自主占有人不知道且不可能知道其不是所有人,那么其就是善意的(参见第Ⅷ－3:101 条第(1)款(d)项)。有限权利占有人只有在真正有占有权时(个人的或适当的性质)才能被认为是善意的。对于自主占有人或有限权利占有人的权利,有限权利占有人必须善意的获得这一权利——例如必须相信授予权利的抵押人或出租人是动产的所有人,因此,有权设定抵押或租赁。

主张者承担善意的证明责任。

救济。第Ⅷ-6:301条规定的救济是“恢复实际控制”。这意味着另一人必须将动产移交给主张者(前一占有人)。第Ⅷ-6:302条规定的干扰情形下的救济是保护令。

F. 第Ⅷ-6:301条第(1)款和第Ⅷ-6:302条:救济对抗的人

实际控制物的人。该保护用于对抗实际控制动产的另一人或干扰动产的另一人。不要求另一人有剥夺占有行为。另一人可能直接或间接占有动产(自主占有人、有限权利占有人)或代表一个占有人实际控制该动产,如占有辅助人。

自主占有人和有限权利占有人间的关系。这一保护不能用于对抗:非法剥夺有限权利占有人的有限权利占有,而破坏他们之间的特殊关系的该动产的所有人或其他间接自主占有人。从这一点来看,第Ⅷ-6:301条与第Ⅷ-6:203条第(2)款(恢复占有)和第Ⅷ-6:202条第30款(自助)不同。这一区别的原因是自助救济和占有恢复的特殊特征。与通常的法律救济相比,他们提供了更快的终止非法剥夺的方式,因此,应该授予有限权利占有人以对抗他们的间接占有人,以弥补他们的合同救济。与基于未履行有关合同义务的救济相比,第Ⅷ-6:301条的救济没有提供有限权利占有人任何额外的优势。因此,似乎通过合同救济,有限权利占有人已经受到了足够的保护来对抗不诚信的间接自主占有人,且不需要第Ⅷ-6:301条的额外保护。

G. 第Ⅷ-6:301条和第Ⅷ-6:302条:“更优占有”或“更优使用或处分动产的权利”的证明

更优占有的证明。主张人承担证明自己的更优自主占有或有限权利占有的证明责任。抗辩者承担证明自己的更优自主占有或有限权利占有的责任。

示例3

A因为某种原因丧失了对一动产的实际控制,这是他之前善意享有的。C从B处获得了B送给他的这一礼物。A基于第Ⅷ-6:301条想要从C处要回这一动产。C证明根据第四章的规定,他通过善意持续占有符合取得该动产的所有条件,但是C的自主占有的10年期间还没有经过。A可以通过证明其有合同权利(从所有人处获得)占有该动产来反驳这一证据。在这一情形下,A将优先于C,因为根据第Ⅷ-6:301条第(2)款,他有更优占有。

因此,第Ⅷ-6:301条和第Ⅷ-6:302条规定的更优占有救济的最主要特征是主张者和抗辩者的自主占有或有限权利占有的性质的对比。主张者和抗辩者必须提出证明各自的占有性质的证据。如果抗辩者不能提出任何证明善意、占有权或更优占有的证据,那么主张者之前善意占有该动产的主张就能够成立。如果抗辩者提出证据证明其善意和占有权或适格占有,那么主张者可以通过证明其占有权来自于实际所有人来反驳这一证据,然而这不适用于抗辩者。

干扰情形下的证明。在第Ⅷ-6:302条规定的干扰占有情形下,似乎很难定义抗辩者,其不是动产的自主占有人或有限权利占有人,只是仅仅干扰主张者的自主占有或有限权利占有,为了让自己优于主张者需要证明什么。作为举重以明轻(an argumentum a maiori ad minus),当主张者对动产没有占有权时,对动产有占有权的抗辩者应该不仅可以继续持有该动产,而且还可以对抗原告的占有,这一点似乎是很明显的。因此,第Ⅷ－6:302 条提到了第Ⅷ－6:301 条中的(假想的)剥夺占有情形下的更优自主占有或有限权利占有的认定。另外,如果抗辩者不能证明第Ⅷ－6:301 条意义上的更优(假想的)自主占有或有限权利占有,但能够证明有权造成主张者想要阻止的或被第Ⅷ－6:302 条规定的主张禁止的干扰,那么抗辩者也应该优先于主张者。

示例 4

A 是 C 的卡车的有限权利占有人。C 与 B 签订了一份合同,允许(也设定义务于)B 粉刷和修理该卡车。如果 A 想基于第Ⅷ－6:302 条的规定禁止 B 干扰该卡车,那么 B 可以通过提出自己(使用或)处理该动产的合同权利来自卫。

示例 5

A 作为一只羊的所有人或有限权利占有人,授予 B 对该羊的用益权,使 B 有权获得该羊的羊奶和羊毛的所有权。如果 A 转变了想法,想要破坏他们之间的关系,禁止 B 占有羊奶或羊毛,B 可以通过提出他的占有羊奶和羊毛的合同权利来取胜于 A。

H. 第Ⅷ－6:301 条第(2)款:"更好占有"的确定

第Ⅷ－6:301 条第(2)款中所提及的占有能力会得到比较的两个人,前者是所有权占有人或权利受限占有人(请求人)以及根据第Ⅷ－6:301 第(2)款一致的其他人(答辩人)。

(a)其他恶意者

恶意抗辩。为了取胜另一人,某人必须对其占有权是善意(参见上面的评论 E、G)。善意的前自主占有人或有限权利占有人总能胜过另一恶意者。自主占有人的善意与其所有权有关,有限权利占有人的善意与给予其直接或间接占有权的人的所有权有关(参见上面的评论 E)。

(b)有(占有)权的前一占有人和没有这一权利的第三人

第Ⅷ－6:301 条第(2)款第 1 句:"如果前一占有人善意且有占有权,而另一人没有占有权,那么前一占有比当前占有'更优先'。"

只有主张者有占有权。如果主张者和抗辩者都是善意,对该动产有(有效的,不是推定的)占有权的主张者将胜于没有该占有权的另一人。这一各自权利可能是个人权利(例如:有租赁合同,自主占有人和有限权利占有人间的寄存等)或对物权(例如:用益物权、担保物权)。

示例6

基于与一动产所有人C的租赁合同,A是该动产的承租人。该动产被一小偷偷走了,其将该动产卖给了X。抗辩者B从X处购买了该动产。B是善意的。他合理地相信X是所有人且认为自己与X的买卖合同是有效的。因此,B通过持续善意占有成为了潜在获得者。B与X的合同是无效的。因此,B没有对该动产的占有权,而A有占有权。A将胜于B,因为在第Ⅷ-6:301条第(2)款的意义上,A的有限权利占有"优于"B的自主占有。

(c)有占有权的前一占有人和第三人

第Ⅷ-6:301条第(2)款第2句:"如果双方都属善意,且都有权利占有物,来源于所有人的权利优于来源于非所有人的自主占有人的权利;如果不适用这一规则,那么原先的有权占有更优。"

主张者必须已经占有。在所有比较对同一动产的两个占有权的情形下,必须记住:如果主张者(或抗辩者)还没有获得对动产的占有,那么第Ⅷ-6:301条也保护对该动产没有占有权的人。这来源于第Ⅷ-6:301条的更优占有救济的基本结构。主张者(原来)是自主占有或有限权利占有该动产,当主张者求助于第Ⅷ-6:301条规定的救济时,抗辩者(另一人)是当前实际控制该动产。从所有人处租赁动产但从没有接受交付的主张者,在第Ⅷ-6:301条的规定下,没有权利对抗当前实际控制该动产的人(可能也是从所有人处租赁该动产的人)而恢复占有;主张者必须已经占有该动产,即使是很短的时间。

占有权。在该条款的意义上,有占有权的人是有限权利占有人和自主占有人,他们相对于出卖者有有效的所有权取得权(买卖合同)而有占有权,但因为其他原因没有获得所有权:例如因为他们期望从非所有人处获得的动产被偷了,因此,这一章意义上的动产占有权可以是合同权利,通过运用法律而取得的权利,对物权或仅仅是个人权利。

如果主张者和抗辩者都是善意,且对动产都有合同的或对物的占有权,那么必须区分更深的区别。

(i)来源于所有人的权利对抗来源于其他人的权利

来源于所有人或其他人的权利。"来源于"这一表述的意思是自主占有人或有限权利占有人直接地或间接地从某一人(从所有人或非所有人的自主占有人)处获得对动产的占有权。所有人的有限权利占有人的次有限权利占有人对动产有占有权最终回溯到所有人(例如来源于所有人),尽管其只与第一有限权利占有人有合同关系。如果该动产被盗且被小偷卖给了X(其可能是善意,也可能是恶意),且B通过买卖合同善意的从X处获得了该动产,基于与X的买卖合同,B对该动产有占有权。然而,B的权力来源于恶意自主占有人的小偷。

示例7

基于与所有人O的租赁合同,A是一动产的承租人。该动产被一小偷偷走,且该小偷将其卖给了X。抗辩者B从X处购买了该动产，通过持续善意占有成为了潜在的获得者。B和X间的买卖合同是有效的。B没有优于A的占有权，因为A的权利来源于所有人，而B的权力来源于小偷。A将胜于B，因为在第Ⅷ-6:301条第(2)款的意义上，A的有限权利占有“优于”B的自主占有。

(ii)占有权来源于同一人时的在先占有

占有权来源于同一人。如果主张者和抗辩者的占有权来源于同一人，那么占有权的来源（参见上面的(a)）的区分不适用。

示例8

所有人O与A签订了一份租赁合同，后来又与B签订了另一租赁合同。O将该动产交付给了A。后来，B剥夺了A的占有。解决：A将优先。

示例9

所有人O与A签订了租赁合同且向A交付了标的物。几个月之后，O将该动产卖给了B。B剥夺了A的占有。解决：A将优先。

示例10

所有人O与A签订了一份租赁合同，后来又与B签订了另一租赁合同。O将该动产交付给了B。之后，A剥夺了B的占有。解决：B将优先。

示例11

所有人O与A签订一份租赁合同，但是没有将动产交付给A。几天之后，O将该动产卖给了B且交付。之后，A剥夺了B的占有。解决：B将优先。

示例12

所有人O与A签订了租赁合同，后来又与B签订了另一租赁合同。几天之后，A将该动产转租给了C。O将给动产交付给了C。B剥夺了C的占有。解决：C将优先。

示例13

小偷T（或将物占为已有的拾得人F）与A签订了买卖合同，后又与B签订了另一买卖合同。其将动产交付给了A。后来，B剥夺了A的自主占有。解决：A将优先。

选择似乎是让在先的权利优于在后的权利，或换种方式说，让在先权利胜于在后权利。必须指出的是：在第Ⅷ-6:301条下，在先，但是从来没有实质上交付占有的权利不能受保护，因为有恢复权的人必须是“前一占有人”。在示例8、9和示例13中，A有在先权利和在先占有；因此，很清楚：A的权利优先。在示例10、11和示例12中，B和C有在后权利，但是优先于在先权利，因为所有人O将动产交付给了他们，而不是A。

与第Ⅷ－2:301条的关系。这儿给出的解决方式与第Ⅷ－2:301条的多重转让的基本规则一致。第一个满足所有的转让条件的受让人将优先受保护，例如：一个有效的权利（合同或其他）和交付（占有转移）。该受让人将成为所有人——如果相对于其他受让人的在先权利的存在是善意的——那么将不会受制于前一所有人或其他受让人的任何恢复主张。因此，一般情况下，不是在先合同（权利）具有决定意义，而是在先接受占有。

在先有权占有优先。基于这些原因，第Ⅷ－6:301条第(2)款规定有占有权和在先有权占有的有限权利占有人或自主占有人优先。“有权”一次的插入是为了清楚说明：这一条款处理都有占有权的两方当事人的占有；因此，如果他们占有，他们根据哪一权利占有。因此，示例10、11和示例12的解决是B(10、11)或C(12)将优于A，因为O最先将动产交付给B(或C)，且A在B(或C)之后获得占有。因此，A的占有后于B和C的占有。“在先有权占有优先”的规则只适用于两个人（主张者和抗辩者）都是善意，且他们的占有权不是一个来源于所有人，而另一个来源于非所有人（参见第Ⅷ－6:301条第(2)款中“如果这不适用”）。因此，他们的占有权可以都来源于同一人，所有人或非所有人，或来源于两个不同的共同所有人或两个不同的非所有人。

(d)前一占有人和另一人都没有动产占有权

第Ⅷ－6:301条第(2)款第3句：“如果双方都属善意，但任何一方都没有权利占有物，那么当前占有则为更优。”

当前占有优先。如果主张者和抗辩者都是善意，但是双方都没有动产占有权（因为，如他们的合同都无效），基于第Ⅷ－6:301条，前一占有人得不到救济。当前占有人将优先。这一规则与几大法律体系中的“有产者到底是幸福的”(beati possidentes)原则相一致。鉴于当前占有人——因为善意要求——将不可能是非法剥夺前一占有人（自主占有人）的占有的人这一事实，当两者都缺乏占有权时，没有理由允许前一占有人恢复动产占有。

I. 第Ⅷ－6:302条：干扰或即将发生的干扰的救济

概述。干扰占有情形下的“更优占有”问题；证明责任问题；“干扰”问题；上文已经讨论过的“即将发生的干扰”问题。最后一个条款包括即将发生的剥夺占有。

没有可能权利的宣示。对于占有救济，所有权宣示救济显然不适合，因为在那种情况下，没有“权利”是有争议的。在知道“普布利奇安之诉”这一救济的欧洲法律体系中，对在动产中存在这样一种“权利”的这一救济的判决是否可以构成既判力这一问题，有不同观点。就目前已有的文件来看，只有在第Ⅷ－6:301条和第Ⅷ－6:302条明确授予的保护的动产上该权利存在时，权利宣示才有意义。然而，这些条款也包括了前一占有人对动产没有对物权或甚至没有占有该动产的人身权。并且，似乎只有在有基本的对物权的情形下，如所有权，权利宣示才有必要，因为他们需要每个人的尊重。

因此,没有规定对动产的这种权利宣示权。

J. 这一规则的特征

强制性规则。这一规则是强制性的。有更优占有救济权的人可以放弃使用这一权利或只是不使用这些救济。

注 释

1. 奥地利法律是唯一的现今已然或多或少的综合规范了"普布利奇安之诉"的欧洲法律体系。然而,相当有趣的是:司法实践和司法判例对这一传统的诉讼形式的适用范围给出了新的作用(Apathy, Die publizianische Klage, 40)。"普布利奇安之诉"被规定在民法典第 372 条及以下中,题目是"来源于法律推定的主张者的所有权的所有权诉讼(Eigentumsklage aus dem rechtlich vermuteten Eigentume der Klägers)"。这一题目多少有些误导性,因为并不是只保护推定的或期望的所有权,而且也保护相对的更强的权利 in rem(Klang(-Klang), ABGB Ⅱ[2], § 372, no. 1)。根据民法典第 372 条,如果主张者不能提出足够的证据证明其对失去占有的物的所有权,但是可以提出足够的证据证明有效的权利,和获得占有的真正方式和善意,那么对于对该物完全没有或有更弱的权利的其他人,主张者被认为是所有人。第一,根据民法典第 316 条,提到有权占有(rechtmäßiger Besitz)这一定义的条件,民法典第 323 条提供了一个假定;第二,意味着不能是胁迫地、秘密地或侵占的方式获得占有,仅能容忍的是对他人的物的使用("die echte Art"的表述与民法典第 345 条有关);第三,对于善意这一先决条件,法学者们有时争论(Rummel(-Spielbüchler), ABGB Ⅰ[3], § 373, no. 2):如果只有在获得占有时是善意的也符合条件(Faber and Lurger(-Faber), National Reports Ⅰ, 47)。司法实践否定了善意,例如:二手车的卖者没有收到每一新的所有人都必须有的正式的机动车登记文件(Typenschein, Kraftfahrzeugbrief),而在国际注册证书中,出卖者是"所有人或持有人"的情形下;在购买没有任何意义以后,购买者享有占有的事实是毋庸置疑的(OGH 2 Ob 227/06 f, EvBl 2007/133)。民法典第 373 条更进一步地阐明了"普布利奇安之诉"可以成功适用的情形,即如果被告以非诚信或非法的方式占有(auf eine unredliche oder unrechtmäßige Weise)或不能表明前一占有人或只是有疑问的前占有人或无偿获得该物,而主张者有偿获得该物(Spielbüchler, loc. cit., § 373 nos. 1 ff; Koziol and Welser, Bürgerliches Recht Ⅰ[13], 278 f);非法、非诚信或不真实占有(nicht qualifizierter Besitz)通常被认为是次级的,且被告必须交出占有物;但是当合法占有人的前一占有人提出疑问或他们无偿获得占有,而他们是需要偿付时,合法占有人也被认为是处于一个次等的地位。民法典第 430 条(多重出卖)类似地适用(Spielbüchler, loc. cit., § 373, no. 1 ff.; Klang, loc. cit., § 373, no. 1)。最后,民法典第 374 条规定,如果主张者和被告对他们的真正占有都有权利。换句话说,如果主张者不能证明其有更优的权利,实际占有该物的人将胜诉(beatus possidens; Spielbüchler, loc. cit., § 374)。因此,奥地利法律中的"普布利奇安之诉"与所有权诉讼相近,是一种补充性法律救济,用于帮助那些不能证明所有权但是可以证明权利的人;这一救济至少可以用于对抗那些没有任何权利而只有实际占有或有一更弱权利的人。然而,这一诉讼形式可能永远不能用于对抗所有人

(Schwimann(-Klicka),ABGB Ⅱ[3], § 372 no. 1 有更深的论述),其适用于动产和不动产占有。主张者必须主张以诚信的和对的方式获得占有,也就是说必须提出法定获得的先决条件;然而,在民法典第 328 条的规定下,诚信(善意)是推定的,因此,所有需要证明的是占有的合法性和真实性;合法性得出这一事实:主张者基于法律上有效和合适的原因占有(Klicka, loc. cit. , no. 2; Klang, loc. cit. , § 372, no. 3 a)。对于追求的具体内容而言,该诉讼目的可以是恢复占有或排除干扰,但不是对财产权的认定(Klicka, loc. cit. , no. 1)。一般来说,司法实践已经肯定:基于更优占有权的保护可能获得与所有权保护的相似的效果:适格的占有人有权停止干扰和恢复之前的占有情形(像 the action negatoria),有权请求非法行为的第三人赔偿损失,有权请求返还不当得利的收益(Iro, Sachenrecht[3], no. 2/71; Apathy, Die publizianische Klage, 41 ff, 80 ff.); the actio publiciana,当用于行使适当的权利时,可以在破产或执行程序中给予债权人劣势权利人的优先性(Spielbüchler, loc. cit. , § 372 no. 4; OGH 3 Ob 2305/96h, JBl 1998, 590[Hoyer])。在理论和司法判例上,尽管 the actio publiciana 的本意是只适用于物的占有人(Sachbesitzer),但是法学家们已经注意到几个案子,当事人有权提起这一诉讼对抗干扰他们的占有权的第三人,实际上超越传统的法定获得者的例子和包含有权占有人的案子效果很好(Rechtsbesitzer; among others, see Apathy, loc. cit. , 35 ff. , 62 ff. ; Koziol and Welser, Bürgerliches Recht Ⅰ[13], 279 f),例如保留所有权买卖中的买者;承租人,只要租赁物已经由承租人占有,尽管是很短的时间;未登记地役权的受益人;提出主张对抗登记簿上的所有人的实际占有人;抵押权人;用益权人等(Klicka, loc. cit. , no. 3 ff; Faber and Lurger(-Faber), National Reports Ⅰ, 48)。就目前考虑的承租人而言,司法判例已经在技术意义上否定了租赁合同情形下的这种保护(Leasingnehmer),对次承租人也一样。在承租人同时对同一租赁物提出主张时,主张者必须证明自己的权利更优先,尤其是在被告恶意获得权利的情况下;如果被告在签订租赁合同时意识到或应该意识到有另一竞争性租赁权利存在,那么被告就不被认为是善意的(Klicka, loc. cit. , nos. 13 et seq.)。

2. 在希腊法律中,"普布利奇安之诉"被规定在民法典第 1112 条中。1946 年民法修订之后,与旧法相比,这一诉讼形式的适用范围受到了限制:其严格适用于不动产占有。根据民法典第 1112 条,如果某人占有了一不动产且符合了所有法定"一般"条件(善意)(如果其基于已经登记于登记簿中的推定权利善意获得占有),在剥夺占有或其他干扰占有发生在法定取得期限届满之前的情形下,占有人有权主张返还不动产或停止干扰,剥夺占有人或干扰者对该不动产也没有有效地或推定的权利;有关物返还请求权和所有权保全之诉的条款也类似地适用。从该法律的字面意义上看,很明显该保护只给予法定取得者,且其是善意和有推定的权利的;因此,有人认为该诉讼实际上是对所有权的假定权利的保护。并且,对于被告资格,尽管法律规定该诉讼可以用于对抗"没有有效或推定权利的占有人",理论界认为该诉讼可以用于对抗占有没有法定的"一般"取得条件的任何人;因此,尽管剥夺占有人有推定的权利,但是是恶意的其也可以成为被告(Georgiades and Stathopoulos(-Georgiades), art. 1112, no. 10)。因此,善意起着实质性的双重作用:主张者必须善意,而被告必须恶意;"普布利奇安之诉"不可能用于对抗实际所有人或任何其他善意的法定取得者。主张者和被告都有来自同一前占有人或不同前占有人的推定权利的情况下,就会出现一个重要的问题:如果他们从不同人处获得同一不动产的占有(只要符合上面列出的双重善意条件),根据"有产者到底是幸福的"原则,实际占有受保护;然而,如果他们从同一人处获得占有,每一推定权利的优先次序就变得很重要,更具体地说,是登记簿中的登记的优先次序:在先权利优先(Georgiades, loc. cit. , no. 12)。如上文说述,"普布利奇安之诉"主要服务于时效取得者。然而,其也可以用于帮助不想或不能承担所有权证明责任的特殊要求的所有人(probatio diabolica)。

3. 在德国法律中,“普布利奇安之诉”不是这样规定的;其被民法典第 1007 条规定的救济方式取代了(Staudinger(-Gursky),BGB[1999], § 1007 no. 2)。如果当前占有人获得占有时恶意,那么善意且不负担该物的前占有人可以从当前占有人处主张返还占有,如果主张者遗失了该物或该物被盗或因其他原因被拿走,前占有人也可以从善意占有人处主张返还占有(最后一种情形不适用于钱或持票人的安全)。该条款完全适用于民法典第 1006 条的所有权推定,且仅仅其严格地和明确地适用于动产。这一类占有保护(petitorischer Rechtsschutz)的目的是原状的恢复,但是对于双方当事人纠纷的最终解决途径,通过允许他们提出他们之间的所有争论,包括来源于优先权利的争论。这一法律救济在以下这些情形下尤其重要:主张者确实有更优占有权,但是没有所有权或另一对物权之类的权利;可以是这种情形:想要反对第三人对租赁物的干扰占有的承租人(参见 Brehm and Berger, Sachenrecht[2], nos. 4. 22 ff; Baur and Stürner, Sachenrecht[17], § 9 nos. 27 f; Wolf, Sachenrecht22, § 8 no. 199; Faber and Lurger(-McGuire), National Reports Ⅲ, chap. 2. 4. 3)。尽管当对比两种救济时,the actio publiciana 有特定的相似性,在民法典第 1007 条规定的救济下,主张者不需要对该物有占有权,而只需要获得占有时为善意,这一点是与传统的“普布利奇安之诉”的决定性不同点,因为后者更加保护有该效果的占有人(Apathy, Die publizianische Klage, 43 et seq., fn. 218)。

4. 瑞士法律中也有“普布利奇安之诉”形式;私法典为动产的前占有人提供了两种特别的诉讼,都是建立在推定前占有人比当前占有人的占有权更优的基础上,而不论其是否真正是占有权的受益人。第一,占有物被盗或遗失或被非法剥夺占有的前占有人可以请求从当前占有人处恢复占有,不论当前占有人是否为善意,只要前占有人可以提出有更优占有权,而当前占有人不能证明有其他权利(例如动产之前被盗等);这一诉讼受制于从剥夺占有起算的一个 5 年的限制期间(民法典第 934(1)条),但是在涉及文化财产的时候,该期间延长至 30 年(或在前占有人意识到该财产的所在和当前占有人的身份后的 1 年时间)(民法典第 934(1)条)(Steinauer, Les droits réels I4, nos. 457 ff)。第二,动产的前占有人可以在任何时候提起诉讼对抗恶意取得者(民法典第 936(1)条)(Steinauer, loc. cit., nos. 475 f; Schmid and Hürlimann-Kaup, Sachenrecht[2], nos. 313 f);法庭命令当前占有人返还占有,除非被告证明有“更优权利”或证明主张者是恶意获得者(民法典第 936(2)条)(Faber and Lurger(-Foëx and Marchand), National Reports Ⅵ, chap. 2. 4. 5)。

5. 在匈牙利,占有保护的第二分支与行政程序无关(参见第Ⅷ-6:204 条的注释 19),即法庭审理前的权利程序与“普布利奇安之诉”有特定的关系。法庭的所有权保护规定于民法典第 192 条,且其被认为是匈牙利法律中占有保护的主要手段,但是法律规定被剥夺占有或占有受干扰的和平占有人在原则上享受合法占有的推定。(民法典第 192(3)条)(Faber and Lurger(-Szilágyi), National Reports Ⅲ, chap. 2. 3. 5(c))在三种情形下可以求助于法院:第一,当一方当事人在行政程序中不同意市政书记的决定且希望能够质疑这一决定时,其可以在收到该决定后的 15 天内求助于法院。第二,在剥夺占有或干扰行为发生 1 年之后,占有人有权直接寻求法院的保护。第三,尽管在 1 年内,如果其占有权也有争议且其希望基于此请求保护,占有人可以选择直接求助于法院。目前就考虑的第一种情形而言,私法典补充法案第 27 条第(3)款和 CSS 第 29 条规定:如果市政书记的决定包括了收益、赔偿金和费用,法庭就必须核查这些决定,尽管主张者没有相关的诉讼请求;这是民事诉讼法第 215 条的一般规则的例外,该条规定法庭只能审理当事人的诉讼请求(Gellért(-Petrik),A Polgári Törvénykönyv Magyarázata[6],691)。如果行政决定被支持,行政机构将负责该决定的执行;在相反的情况下,法庭将采取所谓的"反向执行"(Gellért(-Petrik),A Polgári Törvénykönyv Magyarázata[6],692)。法庭的审理程序也被称为"占有诉讼"(birtokper)。法律学说接受占有诉讼的广泛适用范围,且建议应该对所谓的干扰占有诉讼(birtokháborítási per)和广义上的占有诉讼(birtokper)进行区分,据此,后者也包括主张者旨在第一次获得占有的情形(例如:通过等价物交换的方式交付的买卖合同中的买受人(Gellért(-Petrik),A Polgári Törvénykönyv Magyarázata[6],692 et seq.)。法庭对权利问题的判决只涉及当事人在该程序中的关系,且决定谁有更优权利,适用"普布利奇安之诉"原则;如果不能决定权利,那么法庭必须在占有事实的基础上作出判决(Lenkovics,Dologi jog[6],264 f;Gellért(-Petrik),A Polgári Törvénykönyv Magyarázata[6],693)。

6. 在爱沙尼亚,法律并没有明确规定建立在"更优权利"的基础上的恢复占有的特殊法律救济(在"普布利奇安之诉"的意义上)。然而,学说从规范持续占有时推定占有人的所有权的条款推导出这一救济(物权法第90条),该条款表述在前占有人占有期间,其也被认为是所有人。如果抗辩者,如当前占有人,不能提出任何更优的权利来对抗主张者,且后者能够证明抗辩者在获得占有时是恶意,那么前一占有优先(Pärna,Asjaõigusseadus,§ 90 no. 2,177)。然而,没有司法实践能够提供对这一问题的指导(Faber and Lurger(-Kullerkupp),National Reports Ⅰ,259)。

7. 在立陶宛,如果有关于占有的纠纷,且两个或更多的人都主张是同一物的占有人,且提出证据证明他们的占有还在继续,证明自己是合法占有人的人将受到保护。然而,如果更多的自称占有人都能证明这一点,根据民法典第4.36条,第一个获得占有的人的占有被认为是值得保护的(Faber and Lurger(-Mikelenas),National Reports Ⅲ,chap. 2.5)。

8. 在斯洛文尼亚,"普布利奇安之诉"作为所有权诉讼被规定在物权法第98条。根据物权法第98(1)条,善意的物主占有人可以主张从另一善意但权力更弱或没有权利的物主占有人处恢复占有;如果他们的取得方式一样,那么当前的直接占有优先(物权法第8(2)条)。该主张不受期间的限制(物权法第98(3)条)。与所有权返还之诉相比,"普布利奇安之诉"的优势在于较少的证明要求,且物权法第95~97条(regulating rei vindicatio)的适用类似(Juhart et al.(-Berden),SPZ s komentarjem[2004],art. 98,498 ff.;Juhart/Tratnik/Vrencˇur(-Tratnik),Stvarno pravo[2007],303 ff;Faber and Lurger(-Rudolf/Rijavec/Keresteˇs),National Reports Ⅰ,522 et seq.)。

9. 在西班牙和葡萄牙,没有对"普布利奇安之诉"的特别规范。然而,两国的司法判例都有规则规定"更优占有"该怎么理解,且两国的规则似乎都保持"普布利奇安之诉"概念的特定方面,尽管是以不同的方式规定。在西班牙法律中,"普布利奇安之诉"是否应该被认为是可接受的是个问题,且其与所有权返还之诉的关系也显得相当复杂。就目前而言,"普布利奇安之诉"是被接受的,在一个被剥夺占有的人不能求助于所有权返还之诉时,可能因为没有足够长的占有期间获得法定的所有权,或因为不能满足证明所有权这一条件,这时,该诉讼尤其有用。民法典第445条规定如果对谁是物的占有人有了纠纷,那么实际占有人一定优先受保护;如果有两个占有人,那么先获得占有的人优先受保护(TS 27 January 1984[RJ 387]);如果他们同时获得占有,那么有占有权的人优先受保护;最后,如果两人都符合所有条件,那么该物必须受司法机关监管,直到法庭对占有或所有权做出一个判决。在旧的民事诉讼法中,理论倾向于接受"普布利奇安之诉"的可能性,这是建立在民法典第445条以及旧的民事诉讼法第1658(3)条的基础上(Carrasco Perera,Derecho Civil,347-348;von Bar(-Mariscal Rodríguez),Sachenrecht in Europa Ⅳ,487),这两条提供了初步的法庭审理程序(interdicto)的可能性,在对第三人的利益没有偏见的前提下,命令恢复占有或停止干扰(sin perjuicio de tercero),还有抗辩方在另一诉讼中提出所有权或占有权的可能性;然而,这一观点相当有争议(López y López/Montés Penadés/Roca i Trías, Derechos reales[2],195)。在新的民事诉讼法中,对于是否允许 the action publiciana 在西班牙法律中存在的这一问题,观点也不同,有的是完全否认,有的是无条件承认(Faber and Lurger(-González Pacanowska and Díez Soto),National Reports Ⅴ,chap. 2.6.2):(a)一种观点坚决拒绝"普布利奇安之诉"的存在,认为通过调解来保护占有就足够了;一个没有及时寻求这种保护的占有人必须只能依靠占有权(ius possidendi),而不是占有权的丧失(ius possessionis; Albaladejo, Derecho Civil Ⅲ10, § 56.3)。(b)第二种观点将"普布利奇安之诉"视为包括在所有权返还之诉中,是恢复所有权的诉讼。该观点主要是因为法庭倾向于对所有权返还之诉情形中,当不能满足"恶魔的证明"(probatio diabolica)时,减轻证明责任这一事实(López y López/Montés Penadés/Roca i Trías, loc. cit. ,196)。(c)最后,多数学者希望西班牙法律规定 the actio publiciana(Lacruz Berdejo, Elementos Ⅲ(1),300 et seq. ; Díez-Picazo, Fundamentos De Derecho Civil Patrimonial Ⅲ5,653; Puig Brutau, Fundamentos Ⅲ(1)3,231 et seq.)。他们的主要论据是基于公平的考虑:因为禁止占有保护有一个很短的时间限制,其没有形成合适的保护有更优占有权的人对抗有次占有权的人的方式。就目前考虑的法庭判决而言,出现了相同的观点分歧。在相当长的一段时间里,最高法院对该问题的相关判例法更加有争议。尽管旧的判决拒绝了允许 the actio publiciana 的存在(TS 6 March 1914; TS 28 February 1958, RJ 1054; TS 20 March 1961, RJ 1211; TS 26 February 1970, RJ 1015),主流观点倾向于接受;法庭判例倾向于将其视为独立于 the rei vindicatio 的诉讼形式(TS 26 October 1931, RJ 2207; TS 20 February 1962, RJ 1098; TS 13 January 1984, RJ 344; TS 17 February 1989, RJ 973)或将 the actio publiciana 作为它的一种特殊分支(TS 21 February 1941, RJ 153; TS 6 March 1954, RJ 985; TS 7 October 1982, RJ 5544; TS 12 May 1992, RJ 3916),据此,在善意和有有效权利且可用于对抗次权利的所有人概念下,the probatio diabolica 被排他占有的证明取代(Faber and Lurger(-González Pacanowska and Díez Soto),National Reports Ⅴ,chap. 2.6.2)。

10. 在葡萄牙法律中,根据占有是否有持续1年有不同的规定。根据民法典第1278(2)~(3)条,如果占有的时间不到1年,且两个占有者都主张优先权,那么"更优"占有人受保护;"更优"占有是基于:第一,权利;如果没有权利,那么在先占有优先;如果他们的占有是同一天获得的,那么实际占有优先。这规定在民法典第1278条之后,该条规定:如果占有的时间超过1年(一年零一天,ano e dia),那么该占有是最优先的且优先于最先占有者;"更优"占有问题只在占有的时间不足1年时才会出现(民法典第1267条; Pires de Lima and Antunes Varela, Código Civil Anotado Ⅲ2, art. 1278 no. 4)。该条款的字面意思并没有包括双方当事人都有占有权的情形;理论界认为在这种情形下,在先权利应该优先(Penha Gonçalves, Curso de direitos reais[2],308 f. , cited in Neto, Código Civil Anotado[13], art. 1278 no. 26)。

11. 在苏格兰法律中,没有适用于动产的相同"普布利奇安之诉";然而,在涉及土地的案件中,曾经有7年的占有判决,但是在现代司法实践中已经不再适用了(Reid, The Law of Property in Scotland, no. 146)。

第四节　其他救济方式

第Ⅷ－6:401 条　非合同责任

当所有人和有限权利占有人的所有权或根据第Ⅵ－2:206 条(侵犯财产的损失或合法占有)规定之占有物的权利被侵犯时,有权要求赔偿。

评　论

A. 本规则的性质

本条仅仅是关于法律关系的。是告知读者所有权人和有权占有人的权利,基于第六卷规定,受到侵犯时还有其他的保护途径,第六卷的非合同责任损害规则,作为所有权人或占有人可以引用,同时还可以附加适用第八卷第六章的救济方式。

B. "财产权"和"合法占有"

本条中第Ⅵ－2:206 条中使用的"财产权"和"合法占有"短语翻译为第八卷的术语,第六卷保护的是物主有限权利占有人的占有或财产权。当然,第Ⅵ－2:206 条也包括了有限财产持有者,例如:抵押权人、有益物权人等,他们包含在有限权利占有人的范畴中,善意占有人并没有占有权。例如,未来受让者基于善意持续占有时还尚未获得所有权,此时不受第Ⅵ－2:206 条的保护。他们既不是财产权的持有者(对物权),也不是"合法占有人",因为他们此时并没有取得所有权,而且他们的占有也是没有合法基础的(没有类似于一个有限权利占有人的占有权利)。无论何时,所有权人要求持续占有了 10 年的人返还原物,占有者也必须立即将物归还于原所有权人。依照非合同责任致损的规定,对将来受让人的保护同样被认为是没有必要的,基于以下原因,持续占有的将来受让人权利已经通过本卷第六章的救济方式有了充分的保护。对抗第三人非法破坏占有即干涉将来受让人的占有时,可以依靠第Ⅷ－6:202 条至第Ⅷ－6:204 条以及第Ⅷ－6:301 条至第Ⅷ－6:302 条提供的救济方式寻求保护。如果某物遭受了实质性损害,对于该损害的赔偿只能由所有人提出,而不能由现实占有者提出,因为该占有人仅仅基于持续占有并没有获得合法的权利。

C. 财产权持有人并非物的占有者

毋庸置疑,所有权人没有(直接或间接)占有他们的物时,当他们的所有权被侵犯时,他们可以基于非合同责任损害要求保护(例如:物的损害、强占),同样适用于持有人的其他财产权(对物权,例如抵押权、用益物权),然而,在第Ⅷ-6:401条中仅仅提到了有限权利占有人,这就意味着某人基于直接或间接占有某物,这个限制在第八卷和第六章的适用范围部分做了解释,涉及有限到权利占有人时,第六章只解决占有者权利被侵犯,另外,第八卷(很少有例外)更多的是在解决所有权的问题,而不是对物限制权,例如对物的财产担保权由第九卷规定,然而第八卷主要是关于所有权问题的解决。因此,第Ⅷ-6:401条在任何情况下均不限制第Ⅵ-2:206条。限制财产权的持有人(财产权)即使没有占有物(不是有限权利占有人),也受到第Ⅵ-2:206条的保护。

注　释

Ⅰ.所有权保护

1.在德国,非合同责任损害的一般规则在民法典第823条第(1)款保护(除了其他内容外),财产权(以及公平利益,法律中将其归于"其他权利"中)对抗损害,为了防止与财产法的救济方式相冲突(原物返还请求权,基于物主占有人关系产生的损害赔偿),这些规则优先于非合同责任损害中的救济方式,除非财产法规则中明确适用后者(例如,民法典第992条)。然而,这不涉及所有权保全之诉的案件,因为这个救济不适用因侵占所引起的损害赔偿。因此,非合同责任损害规则适用于这类型情况(基于这些规则产生的救济方式与财产法救济方式最大的区别在于,它需要过错。参见Armbrüster,NJW 2003,3087 et seq.)。至于不当得利请求所涉及的,民法典第816条的规则适用于财产法,特别是无权人转让的情形。在民法典第951条中可以找到另一些更加特殊的规则,关于添附、混同、加工而丧失所有权。不当得利救济方式是次要的方法,只有在无其他途径救济时才引用该规则。(例如:基于非合同责任损害或善意介入规则的内容,对比LG Aachen NJW 1984,2421;KG Berlin NJW 1985,1714)不当得利一般规则也适用于财产法关系;这种救济对于转移是非常重要的,因为取决于所有权转让的抽象体系,即使有瑕疵规则和不当得利规则,转让仍然可以适用,它是一种能够实现从原始出让人处的再转移的有效方式。另外,对物权的另一个重要权限当发生违约或破产时,能够受到保护。当占有人的债权人实施征收时,物主基于第三方行为取得财产,作为一个规则,在破产中,所有权人可以要求放弃他的身份或破产财产中他的资产(破产法第47条),特别规则适用于所有权的特别方式。例如,信托所有权,这是唯一可以取决于所有权个人,而与破产财产分离的权利,可以保证权利人享有优先受偿权。关于保护所有权各种救济方式相互之间的关系,财产法的详细与否,都将产生一定的问题。例如,基于物主占有人关系的赔偿请求权和不当得利规则,以及非合同责任损害规则之间可以基于它们的共同特征建立内部的联系。较为主流的观点和立法规则认为前者是最优先适用的("拇指规则"),但是必须允许例外以防止价值冲突(Baur and Stürner, Sachenrecht[17], § 11 no. 34 with reference to BGHZ 14,7,8)。特别是对于非合同责任损害,认为如果它会对依照财产法进行的财产分配产生影响时,该规则就不应当适用。例如,获得一个完整的物权,前所有人不能基于原物返还请求权来对抗获取者(Baur and Stürner, loc. cit., § 12 no. 6)。然而,主流财产法是没有例外的,如果占有人取得占有是不合理的(尽管真实合意是无效的),他或她的合意是无效的,并且所有权人的权利可以通过民法典第812条及以下保护而不是民法典第987条及以下;与此相似的情形和解决方式是,占有者是基于一个无效转让,没有合法原因取得占有(Baur and Stürner,loc. cit., § 11 no.38)。财产法之外的所有权保护方式同时也是对财产权限制的保护(Faber and Lurger(-McGuire),National Reports Ⅲ,chap.1.4.2)。

2. 奥地利法对于所有权的保护,除了财产法外,也通过不当得利规则保护,更特别的是,其中一类非法行为需要满足一般规则的要求,即民法典第1295条第(1)款所包含的绝对权的冲突(Eingriff in absolute geschützte Rechtsgüter)(Koziol andWelser, Bürgerliches Recht I13, 312; Schwimann(-Klicka),ABGB Ⅱ^3,Pref. to § § 1293 ff,no.2);所有权属于绝对权,它要求对所有权人的尊重,同时他们的意愿不能干预到所有权,然而对于该一般规则的保证需要两方面的帮助,一方面是所有权内容要足够充分;另一方面是对该资产明显存在另一个主体的权利(或者至少是该物属于其他人,基于此需要尊重该权利)(对比 Koziol,Haftpflichtrecht Ⅰ^3,148 et seq.),然而,关于侵权行为的法律中,对财产造成的损害并不具有可诉性,但认定侵权之前,必须综合考量各方利益,在任何情况下,绝对权被侵犯的事实由侵权者的非法行为和不履行责任的行为组成。(对比 OGH 2 Ob 153/98h,JBl 1999,47;Koziol and Welser,loc. cit.,312 et seq.)例如,判例法中非法意图体现于下例案件中:车主将车借给了另一人,借用人发生了车祸,车撞入了一片田地,法官查明司机在开车时没有危险驾驶行为,并且车辆的状况也非常良好,尽管如此,司机仍然要对所有权的干涉承担责任,因为偏离主干道是司机的错误行为,并且在客观上违反了司机的注意义务。基于侵权行为法对所有权的保护类似于财产法的救济方式,也要依赖于所有权的绝对性。一方面,请求权是个人权利,它不保护违法行为人无偿还能力的情形;另外,所有权还可以通过不当得利加以保护(不当得利)。作为救济方式,还要依赖所有权的专属性(Rummel(-Rummel),ABGB Ⅰ^3, § 1041 no.6)。根据民法典第1041条任何非法"使用"都违背了财产指定分配中财产必须要归还给所有权人的规定(使用请求权)。从这个方面说,"使用"可以有丰富的内涵,例如:它可以包括一个小偷开的是偷来的汽车,吃的是偷来的食物,烧的是偷来的木材,用了别人的原料,卖了别人的物,然而这也可能是物主对财物或权利的"使用"方式(例如,物交与无权代理人),或者甚至是得到者,或所有权人没有任何直接行为(例如,自家的牛放牧时跑到别人的土地上)(Schwimann(-Apathy),ABGB Ⅳ^3, § 1041,nos.5 ff;Rummel,loc. cit., § 1041 no.7)。在任何情况下,使用都必须是不当的,即不是法律规定的所有人享有的权利,而且这种使用往往还包含着造成损失的违法性因素。在任何情况下,如果是基于合法的获利,不论是通过合同还是通过法律合法行为,不会产生任何诉请(参见 Apathy,loc. cit.,nos.10 ff);然而,在发生混合或所有权变化时,可能基于不当得利产生请求权(对比民法典第416条)。如果允许这种救济(Apathy,loc. cit.,nos.24 ff;Rummel,loc. cit., § 1041 nos.13 ff),首先,所有权人可以要求原物返还,同时所有权人可能诉诸于该救济和原物返还请求权,两者的区别在于,事实上基于不当得利的请求不保护无力偿债的情形(就好像基于非合法责任损害的规定)以及时效经过了30年。除了物的返还外,法律还赋予所有权人一项恢复的权能,叫作"使用价值"(使用费),即使用者使用财产的价值(OGH 6 Ob 523/93,ecolex 1993,521)。然而,如果可以将原物返还,赔偿金的请求和数额大小取决于获利人的善意或恶意。无论如何,基于不当得利的请求权取决于被诉方获取的利益,这就意味着这个利益和所有权人的损失并不必然的相联系。如果所有权人没有受到任何损失,他或她将可以请求使用利益,但不能请求损害赔偿(Rummel,loc. cit., § 1041 no.2)。与法律体系相反,奥地利法中"不当得利"的特征是获利者要承担获利致损的风险,并且有义务将所获利益返还,除非是基于偶然因素得利(随意破坏)(参见 Apathy, loc. cit., No. 27; Koziol and Welser, Bürgerliches Recht Ⅱ[13], 294 f; Huber, Wegfall der Bereicherung und Nutzen, passim; 基于侵权和不当得利的救济作为对所有权的保护,参见 Fabar and lurger(-Faber), National Reports Ⅰ, 30 et seq.)。

3. 除了财产法救济,瑞士法赋予物主或对物有其他权利的受益者一系列其他的诉讼请求,即基于侵权的诉请(债权法第41条及以下),不当得利的诉请(债权法第62条及以下),或继承法中的救济方式(债权法第598条及以下),或债务聚集和破产法(债务强制执行与破产法第106条及以下,第242条)。保护占有人的诉请(民法典第927f、934、936条)和经过土地登记后获得的不动产利益的诉请也可以被保护(民法典第937条(1)、975条),只有土地登记行为和债务强制执行与破产法中规定的行为是遵循对物权的规则,其他救济方式都是独立的。一些是针对财产返还的(民法典第598、641、927、934、936条和第937(1)条;债务强制执行与破产法第106条和第242条),如原物返还请求权;其他的针对停止实际或潜在侵害(民法典第641条第(2)款,第928条和第937条第(1)款),如所有权保全之诉,依照民法典第975条的行为是为了登记或删除土地的登记。最后,民法典第937条第(1)款的救济也是针对特定情形确定存在对物权利,如确定所有权行为(Faber and Lurger(-Foëx and Marchand, National Reports Ⅵ, chap. 1.4.2))。

4. 在希腊,所有权的保护救济方式不仅限于财产法中规定的内容,自从真正诉讼不能完全保护所有权后,故意不法行为规则和不当得利规则都可以适用于所有权的保护,所有权救济规则经常以非合同责任损害赔偿作为补充。如果所有要件都符合(参见例如民法典第1108条第(1)款、第1132条第(1)款),民法典第1063条还提到在混合、混同或规范所有人或财产其他权利人没有基于不当得利规则获利的请求权。然而,其他的请求权如非合同责任损害的赔偿请求没有被剥夺,此外,民法典还包括了区分真正所有权人和占有人关系的规则,当涉及财产返还给原所有人(民法典第1096条及以下),这里请求的优先问题是有争议的。原则上,所有权救济具有优先性的,因为有专门的规则(排他性理论),但是不当得利规则同样适用,特别是在民法典第1096条及以下一些相关要件得到满足的情况下(平等适用理论)(对比 Georgiades and Stathopoulos (-Georgiades), Pref. to arts. 1094 - 1112 nos. 22 et seq.)。此外,在一些特定情形下,所有权人不再基于财产法有任何可以适用的救济方式。例如,如果所有人将物存放到受托人处,然后善意的出卖给第三人(这样原所有权人根据民法典第1036、1040条的规定丧失了所有权),原所有权人仍然可能有很多救济方式来对抗受托人,即合同请求(民法典第882、335条),非合同责任损害请求(民法典第914、916条例外),不当得利请求(民法典第904条及以下)或基于善意介入他人事务规定(民法典第739条与第734、719条联系)(Faber and Lurger(-Klaoudatou), National Reports Ⅲ, chap. 1.4)。

5. 荷兰对所有权(或其他对物权)的保护不仅通过财产法予以救济,还通过侵权法及不当得利相关法律进行救济。不法行为规则规定,原告可以得到法官的一项禁令,为了防止他或她的财产专属权和自由使用权受到干涉(民法典第6:612条)。更进一步讲,这种救济方式适用于对他人财产的损害、妨碍、阻止和恶意破坏,以及对他人行使权利的侵害。这个禁令通常是为未来不法行为提供保护的,为了防止他们再次发生。然而,也可以期待通过禁令能够阻却被告人的所有不法行为的发生(Zeben/du Pon/Olthof(eds.), Parlementaire geschiedenis, Boek 6, 613; Asser/Hartkamp, Verbintenissenrecht. Verbintenis uit de wet 4 - III12, no. 118; the legal situation was the same already before the enactment of the new CC; see HR 18 Aug 1944, NedJur 1944/45, 598),当出现不遵守法律的行为时,该禁令可以与惩罚赔偿金并用。另外,根据民法典第6:103条的规定,所有权人可以此损害作为诉请,对于损害可以进行赔偿或者返还原物(恢复原状)。此外,法官可以自由判决损失的大小,同时拒绝禁令,为了公共利益的需要(民法典第6:168条第(1)款)。例如,一位居住在机场旁边的市民被机场的噪音所扰,这位市民不能请求关闭机场,但可以获得赔偿。从不当得利请求角度而言(民法典第6:212条),原告可以"在合理的程度上"请求赔偿(民法典第6:212条),依照获利人在取得利益时的责任确定。然而,无论不当得利规则是作为民法典规定的补充(Snijders, Ongerechtvaardigde verrijking en het betalingsverkeer, passim),或是例外规定(Hartkamp, Ongerechtvaardigde verrijking naast overeenkomst en onrechtmatige daad, Weekblad voor Privaatrecht, Notariaat en Registratie 6441-6442[2001], passim),法律原则都没有认为不当得利请求权是附属性的,因此,所有权人可以自由选择救济方式。不当得利对于财产法而言,在加入情形时是非常重要的,当一个物成为另一人所有物的附属部分时(Mijnssen, Goederenrechtelijke aspecten van ongerechtvaardigde verrijking, Weekblad voor privaatrecht, notariaat en registratie 6657(2006), 174-180),尽管已经有法律的规定,但当出现加入或类似情形时,仍然会使主物主人产生不当得利,同时构成对附属物主人造成相当大的侵害,虽然其他规则也会带来相似的获利和损失,但都具有合理性(例如,民法典第3:102条)(Faber and Lurger(-Salomons), National Reports Ⅵ, chap. 1.6.4)。

6. 在法国法中,不仅财产法可以用来保护所有权,不法行为法和不当得利规则也可以用于保护所有权。从不法行为法角度来说,任何干涉所有权的行为都是错误的(Zenati-Castaign and Revet, Les biens3, 331, no. 207),无论是故意还是过失致损(民法典第1382条),同时损害必须要得到赔偿,不当得利规则(民法典第1376条及以下:enrichissement sans cause/action de in rem verso; see Terré/Simler/Lequette, Les obligations[9], 1018, nos. 1062 ff; Cass. req., 15 June 1892, D. P. 1892. 1596 = S. 1893. 1. 281)用于"添附"情形(参见第Ⅷ-5:202条注释17~40)。尽管在实践中可能存在问题,但是这些救济方式都是相互独立的,而且理论上可以基于诉讼行为统一起来。从总体上来说,财产权救济方式被认为是解决所有权侵权问题最适合的规定。不法行为法是针对财产法救济不足时的情形,而不当得利请求具有附属性质,如果没有其他救济方式可以适用时,就可以援用不当得利救济方式。例如,赔偿因使用导致一方获利一方受损,(产生损害,可得利益)赔偿的范围取决于占有者是否有理由相信他或她有权利为或不为某些行为,因此,财产法规则优于不法行为法。除了上述这些救济方式,在刑法中还提到了对商业财产不公平交易(concurrence déloyale)(Blaise, Droit des affaires[3], 347, nos. 653 f)的保护和对所有权的保护,即盗窃罪(vol; CP art. 311-1)和侵占罪(abus de confiance; CP art. 341-1),以及对无形财产所有权的假冒(Faber and Lurger(-Cashin-Ritaine), National Reports Ⅳ, chap. 1.4.1)。

7. 与法国一样,比利时法中也规定所有权人可以通过所有权救济或其他救济方式,例如合同或不法行为,与后者相比,恢复原状的方式可以避免原告因被告无力偿还而可能受到的损害(Faber and Lurger(-Cauffman and Sagaert), National Reports Ⅳ, chap. 2.3)。

8. 同样在意大利,除了财产法救济方式,所有权保护还可以通过其他方式,要么基于不履行义务,要么基于被告的不法行为。这两种救济方式的区别是很明显的,两者间最主要的区别在于不法行为责任需要犯罪人在行为时有过错,而财产法救济通常取决于客观上的损害。除此之外,不法行为责任与合同责任也有不同,因为基于错误行为或不履行义务而产生了一个新的义务关系,法官依据民法典第2043条关于侵权行为的一般规则,法官可以决定在特定情形下,该原则是否被违反。当所有权受到侵犯时也同样适用这样的判断(依据这些标准,即事实[意]fatto),原因([意]nesso di causalita),过错([意]colpa)和不法损害([意]danno ingiusto,详细内容参见 Faber and Lurger(-Greco),National Reports Ⅰ,377 et seq.)。财产被认为是容易受到不法损害的,尽管受到损害的人可能无法证明所有权归属,但是问题的关键在于受到的损失,而不与所有权和其他对物权相联系(Cass. III, no. 12215/2003; Cass. III, no. 9711/2004; see Greco, loc. cit., 377 et seq.),除不法行为法之外,所有权还可以通过不当得利规则来保护(民法典第 2041 条),因为如果涉及特殊财产的获利,获益人需要将其返还。然而,基于不当得利的请求具有附属性质(民法典第 2042 条);在任何情况下,它们可以(选择财产法和不当得利两种方式来保护所有权),在这种情况下,后者被排除(不当得利请求的基础要件,参见 Greco,loc. cit.,378f;另外,参见第Ⅷ-6:101~102 条中的注释 7,关于不当得利作为财产法立法的背景问题)。一些学者称,如果所有权转移合同是不可能执行或没有必要的,那么卖方主要么通过证明自己清白,要么通过不当得利要求返还原物(民法典第 2033 条)(Bianca,La vendita e la permuta,25)。最后,民事诉讼法第 700 条提供了应急的诉前救济方式,用以避免法院判决前因事实情况的变化或原告不行使权利而产生的损害,以及确保法庭裁判结果的效力(Proto Pisani,Provvedimenti d'urgenza,17 et seq.)。关于救济方式的疑问是非典型性的,它的具体内容由谨慎的法官来衡量。民事诉讼法第 700 条还可以适用于 fumus boni juris 和 periculum in mora,即这需要建立在有权原告人的在先行为(Tatarelli,Mass. giur. lav.,2001 123),在诉讼中存在即将发生和不能恢复的潜在损害(见无法恢复的要件 Trib. Venice,27 September 2000[Società Autostrade Venezia-Padova v. Agnoletto et alii],cited in Cassano, La giurisprudenza del danno esenziale, 299; Trib. Napoli, 26 April 2000, Giur. napoletana 2000,324[Fallimento Società Desa v. Credito italiano])(Greco, loc. cit., 371, 376 et seq.)。

9. 在西班牙法中,所有权和其他对物权可以通过不同的方式予以保护,例如非合同责任规则(民法典第 1902 条及以下,刑法第 109 条及以下和其他特殊规定)。该条规则在对人和物损害的赔偿。通过这些规则保护不仅要求符合特定的权利类型或利益损失,同时要在 1 年的期限内(民法典第 1968 条第(2)款),赔偿要么是通过罚金形式,要么是返还原物。另外,财产权有权持有人的权利和诉请可以基于合同建立,或通过非债清偿的特殊规则(民法典第 1893 条及以下)。最后,尽管西班牙法中没有明确的规定,但所有权人还可以通过不当得利规则来保护,这是基于"法律一般规则"认可的,同时也可以通过其他条文推导出来(如民法典第 1901 条)。在有不法行为时,尽管通常用金钱来赔偿,适用不当得利的规则具有补充手段的性质,它主要是为了避免通过援用不当得利而规避其他救济手段(例如:所有权保护规则)(Faber and Lurger(-González Pacanowska and Díez Soto),National Reports Ⅴ,chap. 1.6.1)。

10. 在葡萄牙,民事诉讼法允许诉讼竞合(民事诉讼法第 470 条),所有原告可能会在同一个诉讼中既请求原物返还又请求损害赔偿,依照不法行为规则(民法典第 483 条)除非法律赋予的如果违法者有故意或过失所为的非法行为,他有义务支付赔偿金;赔偿的范围包括遭受到的损害和损失的利益(民法典第 564 条)。另外,不当得利也可能适用(民法典第 473 条),但是这种救济方式具有附属性,只有所有权人无法通过其他途径得到救济时才能援用此条(对比民法典第 474 条),因此,当财产法救济可以适用时,就不需要不当得利请求,不当得利请求要基于法律的明文规定(Faber and Lurger(-Caramelo-Gomes and Nóbrega),National Reports Ⅳ,chap. 1.6.2)。

11. 在保加利亚法中,所有权可以通过不同的法律予以保护,特别是法律义务、不法行为法和不当得利,不法行为救济可以与财产法救济附加使用。例如:消极请求可以和不法行为请求一起并用,当有损害发生时,且该损害是由个人的过错所致(Venedikov,Novo veshtno pravo,243),在保加利亚法中,过失是被预设的(参见债权法第45条第(2)款)。然而是否只有基于某人过错所致的损害才能够和财产法救济联合适用,特别是由动物和物件致损中的严格责任(相关论述参见Faber and Lurger(-Stoimenov),National Reports Ⅳ,chap. 1.4.1(b))。不当得利请求权可能存在于没有法律依据获得某物而被主张返还的情形,或存在于因侵犯他人权利而获利的情形中(债权法第55~58条)。不当得利条款是对给付之诉的补充性规定(债权法第59条第(2)款)(参见Vassilev,Obligazionno pravo[2],569)。所有权法中第108条规定的原物返还请求权与债权法第57条规定的原物返还请求相类似,但是两者的要件完全不同(参见Goleminov,Neosnovatelno obogatyavane,77),其中一个重要的区别在于原告通过不当得利诉讼不需要证明所有权,基于不当得利的原物返还请求权在保加利亚法中没有附属性特征,并且如果同时存在基于所有权的原物返还请求权或合同法中的救济方式(Goleminov,loc. cit.)也并不排除不当得利请求权的适用;原告可以自由的选择救济方式,因此,如果非法持有人将财物卖给第三人,真正所有权人起诉时,依据债权法第57条第(2)款,非法持有人为被告,基于所有权的权能,被告不能要求原告去追究第三人的责任。相反,依照债权法第95条的不当得利请求权有附属性质(债权法第95条第(2)款),该条规定是用来保护那些通过其他方式无法被保护的当事人,例如:不像占有人可以要求返还财产,持有人没有资格获得持有期间在物上支出的费用;或者在三人关系中的第三人,(例如,一个没有收到货款的原材料卖主,提升了该物的价值),但同时将该物返还给了所有权人(更多细节参见Goleminov,loc. cit.,100 et seq.;Vassilev,loc. cit.,600;Stoimenov,loc. cit.,chap. 1.4.1(b))。

12. 在苏格兰,由于所有权受到侵害所引起的损失,所有权人可以依照不法行为法提起诉讼;最常见的救济方式就是损害赔偿(Thomsan,Delictual Liability,23-25)。另外,所有权人可以基于不当得利规则对抗干预财产权的第三人,在这种情形下,所有权人可以要求对该干预进行赔偿(Steven,JuridRev 1996,51;MacQueen,Unjustified Enrichment,43 et seq.;Hogg,Obligations[2],nos. 4.72 ff)。最后,财产权还受到欧洲人权公约议定书第1条的保护,在人权公约1998中实施(Carey Miller and Irvine,Corporeal Movables[2],nos. 1.23 ff;Steven,JuridRev 2005,293;Faber and Lurger(-Carey Miller/Combe/Steven/Wortley),National Reports Ⅱ,321)。

13. 在塞浦路斯,不同领域有很多种救济方式用来保护所有权,首先是侵权行为法,该部分编纂在民事违法行为法中(cap. 148),财产权可能被非法留置、转换和非法介入动产物权,非法介入规定在民事违法行为法第37f条中,它使动产所有权保持在有合法资格的直接占有人手中,举证责任在被告方,尽管法院有权决定在其他救济手段之外还是直接取代其他的法律救济而要求当事人返还财产。转换规定后在第39条及以下,侵犯行为存在于任何与动产有关的行为上,这些行为侵犯了与有权占有人的权利(善意占有除外),被告不能质疑第三人对财产享有的任何权利(第41条),然而法庭有权依照民事侵权法的规定,在其他救济之外额外适用返还原物救济或直接适用返还原物救济。另外,第44条规定侵权中的不法干预是(非法侵入动产财产)某人进行了非法干预或妨碍了财产权或基于不法行为直接导致财产损害,被告必须举证这个行为是合法的。最后,民事违法行为法第25条规定了侵权中的不真正损害,这种行为是通过恶意散布或错误声明关于其他人所有权的内容。(Faber and Lurger(-Laulhé Shaelou/Stylianou/Anastasiou),National Reports Ⅱ,507 et seq.)除了侵权行为法,所有权还可以同样通过强制履行或禁令来保护。然而,这些救济方式不属于物主的权利,仍然是基于法庭的自由裁量(Neocleous,Introduction to Cyprus Law,399),强制履行适用于当损害赔偿不能充分弥补受害方的损失,同时,强制履行必须基于一个有效的合同,当事人之间的关系要明确,其中的财产权关系界限清晰。然而,如果原告默认了或者迟延请求时,法庭不能否认该诉请(Neocleous,loc. cit. ,400),强制履行需要有效的合同为基础,最后要有签名,同时法庭必须综合考虑各种因素以确保强制履行的合理性、公平性和实践可行性。货物买卖法第 59 条同时还赋予法庭可以随时解除特定货物的交付合同,事实上没有给予被告继续持有原物和支付损害赔偿的选择权;该决定可能要考虑损害、价格或其他因素。另一方面,不公平禁令是法庭用来阻止个人干涉原告诉请的,该禁令只有在对原告损害赔偿请求有限制时才能够使用(Neocleous,loc. cit. ,400)。同时,衡平法还提供了其他救济方式:追回权。在普通法和衡平法中均有规定,即使是针对不同程度赋予原物主可以去追回已经属于第三人占有的财物,尽管第三人已经因产品或收益的交易取得了所有权(Pearce and Stevens,The Law of Trusts and Equitable Obligations,822)。追回权要求在产生公平利益之前已经有信赖委托关系为基础;在这种情况下,受益人可以追回财产,即使该财产被善意占有人持有(Neocleous,loc. cit. ,404);另外,(还需要提到恢复原状和信任建立)通过 Minerva Finance and Investment Ltd v. Georgio Georgiadi 一案表明,虽然不当得利规则自身不是英国法中的内容,但是它仍然是恢复原状的重要组成部分;这个观点被塞浦路斯法所采用。在 Ismini Kyriakou Hji Loizi and Others v. Irini Iona (Civil Appeal No. 4366. 1963 年 1 月 17 日)一案中,民法典第 70 条中规定到"一方合法的为另一方做了任何事情,或交付任何物,但并没有打算无偿做这些事情,那么基于此获利的一方基于该交付或作为,后者有义务向前者支付损害赔偿",基于此得出结论,即该规则设定的履行要件要在一个具体的基础上来评价。最后,关于信赖推定,从公平的角度来看,认为财产非基于当事人的意愿被错误的主体占有,这时能够迫使该"保管人"将权利赋予"受益人"(Neocleous,loc. cit. ,403;见所有救济方式 Faber and Lurger(-Laulhé Shaelou/Stylianou/Anastasiou),National Reports Ⅱ,505 et seq.),同时,可以明显的看到依照塞浦路斯 CL 规定的保护财产权救济方式更加特殊。CL 第 73 条要求违约损害必须以遭受了一定损失为结果;在货物买卖中,救济方式更详细的规定在 1994 年货物买卖法(参见第 57 条及以下)并且他们取决于是对条件(合同基础条款)还是保证的违法(1994 年货物买卖法第 60 条;对可诉损害,对比 Hadley v. Banendale[1849]9 Exch 341)。另外,对物的财产权过期或买卖错误地忽略了该问题,又或是拒绝按照合同支付贷款,卖家对价格的诉请依照 1994 年货物买卖法第 56 条的规定(更多细节参见 Laulhé Shaelou/Stylianou/Anastasiou,loc. cit. ,504 et seq.)。最后,还要提一下公法中对于所有权保护的救济方式。在刑法中,刑法(CAP154)包含了对他人财产上人格权侵权的裁判,特别是考虑到那些事实是由宪法保证的(Necoleous,loc. cıt. ,499)。刑法的日的适用非常宽泛的解释,认为财产可以包括任何东西,有生命的或无生命的。目前为止,关于财产的疑问是它能否受制于所有权(Necoleous,loc. cit. ,509)刑法第 255(1)条中规定了盗窃罪,同时刑法第 306 条规定了窝藏罪,该罪指明知是偷窃或用任何基于犯罪行为所得的财产,但仍然保管或接收,要受到监禁的处罚(Necoleous,loc. cit. ,508)。最后,以虚假借口取得财物罪规定在刑法第 298 条中,纵火罪规定在刑法第 315(a)条和第 319 条中(Yiannakis Papas v. The Republic[Criminal Appeal No 3176])。就宪法而言,宪法第 23 条第(1)款中规定:在一定条件下或基于一定考虑,每个人都有权对动产或不动产占有、取得、收益或处分(Faber and Lurger(-Laulhé Shaelou/Stylianou/Anastasiou),National Reports Ⅱ,503)。

14. 在挪威和丹麦,对财产的控制也受到刑法的保护。对基于某人实际控制下的物进行干预,要受到挪威刑法第395条的处罚;在丹麦,有权侵占人要受到刑法第294条的处罚。而第28和29章适用于干预者没有任何权利的情形下,这些规定中的处罚适用于甚至是干预者对该财产有更合理的权利;因此,出租人不能用强制的方法从承租人处收回已经到期的租赁物,即使该出租是"所有权人",实际控制人可能采用强制措施来抗辩,使他的控制权不受影响(挪威刑法第48条和丹麦刑法第13条;关于丹麦和挪威法中对于财产侵权的自卫方式,参见Andenæs,Alminnelig strafferett,161)并且认为这种侵犯是将来的并且是非法的。任何用来对抗该侵犯的强制行为需要是合理的,在特定情形下,动产控制人甚至会利用该种控制权去对抗合法的所有权人(Faber and Lurger(-Færstad),National Reports Ⅴ,chap. 3. 4. 3,关于挪威和丹麦的自助行为,参见第Ⅷ-6:202条注释19)。

15. 在瑞典,原告可以请求法院判决被告支付原告所受到的一切损失,如果原告的财产被他人使用,那么该使用人必须支付因为使用不慎而因前期的磨损和破坏的损失,原告还可以基于不当得利请求赔偿,尽管这个概念并不是瑞典法律中的明确规定,从1920年后在最高法院的判例中几乎没有使用和出现过。然而,分散在瑞典法中的一些规则是依赖于不当得利概念的,例如:关于未成年人签订的(无效)合同,(未成年人为何有义务支付他基于合同所享有的利益,该利益的价值大小要根据他或她的使用情况来确定;参见亲属法典第九章,比较第十一章中无行为能力的合意);同样也适用于1924年合意行为法中精神病人引起的合同无效;还有与此相类似的限制,当越权代理时形成合意引起损害,也适用损害赔偿金(商法典第十八章第三节)。同时,在票据交易法(第74条)和支票法(第57条)中也似乎找到不当得利的理论基础,此外,不当得利还符合法律原则,根据法律原则认为不当得利规则是在缺乏合理事项时隐藏在法律中的一项准则(Hellner,Om Obehörig Vinst,passim),依照斯堪的纳维亚功能法(不当得利规则被认为是建立于直觉之上针对所有解决途径的一个宽泛概念,它形成了公平和正义的基本参考标准)。因此,这个概念是功能方法灵活性和实践性的最好证明,他的优点在于法院不需要为此详细的形成一个统一的观念,否则,它会变得过于形式主义(Hellner,同上),然而,不当得利概念被认为十分有用并且在许多情形下都适用(Karlgren,Obehörig Vinst och Värdeersättning,passim),一般来说,可以说即便是第一种观点占主导地位,该概念的抽象性也使得其偶尔成为法律论证的对象,并且在法庭适用时认真的考虑。在最近一个案例中,资源的所有权被不同抵押人所有,法院认为不当得利规则可以用在此处来减轻抵押人的责任(这些抵押人基于善意处分了抵押物并且没有获得任何利益,关于其他抵押人的取回权(NJA 2000 s 129;obiter per SC Judge Håstad;for these issues,see Martinson,Transfer of Title Concerning Movables Part Ⅲ-National Report:Sweden,25 et seq.)。

16. 在芬兰,因为禁止第三人干涉所有权人使用财产,这就意味着某人如果违反了该禁止,那么将面对义务性的结果;造成损失一方要支付损害赔偿金并且这意味着受到伤害的一方基于损害可以对抗违法者。所有权人当然也有权请求恢复原状;另外,刑事诉讼也可以适用。有趣的是,在这些情况下,违法者必须要承担损害赔偿责任。例如:在某人未经允许使用了他人的汽车的情形中(Faber and Lurger(-Kuusinen),National Reports Ⅴ,chap. 1. 4),因此在芬兰法律中,这需要自证,合同当事人在开庭前就可以基于证明自己受到侵害并遭受了损失而向合同另一方当事人寻求损害赔偿;同样,损害不仅可以基于合同相对方的行为,而且是由于第三人的故意或过失行为引起的,在此种情况下,可以依照非合同责任损害规则来起诉。关于不当得利,目前还没有相关的学说或判例,芬兰债法一般认为,基于制度和SC都肯定不当得利是非法的,必须予以赔偿(KKO 1984 2 125),特别是在财产法中,有一种情况是对某人财产权利的损害可以通过第三人非因法定原因的获利得到补偿。如果享有有限对物权的持有人,借助自己的财产或通过自己的努力对物的价值起到了提高作用,后来由于一些原因,持有人放弃了他的控制,他或她有权请求其投入到该物中的财力和人力的补偿。这种情况与不当得利非常相似(Aurejärvi and Hemmo, Luottoikeuden perusteet,86),特别是事实上,持有人常有权主张他或她在占有期间所产生的利益;基于一个简单而明确的道理,任何人为所有权人获得的利益所付出的成本,都可以请求赔偿(Kartio, Esineoikeuden perusteet,181)。然而,因为缺乏相关法律规定,通常情况下并不是很容易确定,当财产通过一些有益行为转让于他人时,是否能够基于不当得利请求赔偿。判例法(参见KKO1984 2 125)肯定了任何人非法使用其他人的财物,有义务对所有权人赔偿基于使用取得的不当利益,也包括任何获得的利益。例如:租赁他人的物,然而,这种义务并没有明确的法律规定,如果占有人是善意的,破产诉讼中的恢复原状可以被看作是不当得利规则的理论基础(参见 the travaux preparatoires, HE 1990/102; Koulu, Palautus-ja korvausvastuu konkurssitakaisinsaannissa,237; for unjust enrichment, see particularly Aurejärvi and Hemmo, Velvoiteoikeuden oppikirja,235 et seq.; Faber and Lurger(-Kuusinen), National Reports Ⅴ, chap. 1.4)。

Ⅱ. 占有保护

17. 在德国,除了所有权人的救济,尽管占有并不是一个完全的权利,但在理论和判例法中广为讨论,它可以基于民法典第 823 条第(1)款受到保护(非合同责任的损失),该条规定占有的权利因实际占有和故意或过失干预而加强(BGHZ 73,355,362, BGHZ 114,305),这种情况下的损失包括了利益损失或由于非法干预所导致无法占有财产产生的价值损失(BGH NJW1979. 2035)。关于"简易"占有引起的损失请求也有进一步清晰的理论,即占有并非基于权利,但是他们要面对法庭的置疑(Baur and Stürner, Sachenrecht[17], § 9 nos. 31 ff,更多评论参见;Brehm and Berger, Sachenrecht[2], no. 4. 24),另外,占有也可以通过不当得利之诉来保护(民法典第 812 条),要么通过不当得利返还请求权(Leistungskondiktion; RGZ 129,307,311),要么通过占有返还请求权(请求权;BGHNJW. 979 2034)(Baur and Stürner, loc. cit., § 9 nos. 38 f; Wolf, Sachenrecht[22], 79; Faber and Lurger(-McGuire), National Reports Ⅲ, chap. 2. 4. 4)。

18. 在希腊,占有不能之诉可能与基于非合同责任致损规则导致的损害请求之诉联合使用(民法典第 914、919 条),同时,如果受到侵害的占有人是所有权人,那么还附加了所有物返还请求权。另一方面,占有不能之诉不能与租约到期(民法典第 599(1)条)之诉并用,因为两者依照的是不同的诉讼规则(Georgiades, Empragmato Dikaio Ⅰ, § 23 no. 61; Papadopoulos, Property Law Actions,174)。根据法典的规定,占有是一项承袭的权利,可以通过公示表证,不当得利(A. P. 681/1977; A. P. 1351/1994; CA Athens 7769/1978, NoB 27,1488)和非合同责任致损的方式来保护,不当得利之诉不受 1 年时效的限制,但是不能超过 20 年(A. P. 255/1983. N. B. 1983. 1562)。依照一般规则(民法典第 249 条)(Faber and Lurger(-Klaoudatou), National Reports Ⅲ, chap. 2. 4. 2(c)),非合同责任损害的诉讼时效要取决于具体的情况(Georgiades loc. cit., § 23 no. 49),除了占有救济外。(占有人还可以请求中止占有的禁令,这是为了提高诉讼的效率)(民事诉讼法第 733f 条)。在初步简易审查后,法院提供初步的保护,救济的目的在于建立一个暂时的基础以快速的解决所有权争议,这也是希腊法中唯一的影响到诉讼的中止禁令(民事诉讼法第 734 条第(3)款)(Klaoudatou, loc. cit., chap. 2. 4. 2(c))。

19. 在捷克共和国,所有人和占有人可以依据民法典第 417 条请求法院对即将发生的损失提供保护。同时他们也可以依据民法典第 5 条请求国家行政主管部门的公力保护(Faber and

Lurger(-Tichy'),National Reports Ⅵ,chap. 2.5 and 2.6)。

20. 在法国,依照民事责任的一般规则(民法典第1382条),占有人有权对损耗破坏和非法使用某物造成的损害受到保护(Faber and Lurger(-Cashin-Ritaine),National Reports Ⅳ,chap. 2.4)。

21. 在葡萄牙,民事诉讼法第470条允许请求权的竞合使用,因此原告可能在一个诉讼中,除了返还原物,要求对不法行为引起的损失进行赔偿,依照民法典第483条一般规则和民法典第546条损害赔偿计算。另一方面,所有权救济不能与不当得利请求权共同使用(民法典第437条),因为后者具有补充性,只有在没有其他方式救济时才能用该种方式(民法典第474条),然而,如果依照民法典第1311条的财产权请求直到取得时效界满仍然没有实现,那么不当得利请求也要受制于时效规定(Faber and Lurger(-Caramelo-Gomes and Nóbrega),National Reports Ⅳ,chap. 1.6.2)。

22. 在意大利,判例法认为占有极易遭到不法行为的损害,导致不可能实现原物返还(Cass. 2. no. 1211/1966);即使占有人缺少资格也要受到保护(Faber and Lurger(-Greco),National Reports Ⅰ,378)。

23. 普通法国家通过侵权行为法来保护占有人和所有权人利益的内容,参见第Ⅷ-6:204条,注释14、31。

第七章　返还原物的其他问题

第Ⅷ-7:101条　适用范围

(1)本章适用于后面条款规定之情形，即当物由某人占有，且此人在当时有权对抗有权获得或恢复物之占有的所有人。

(2)如果第五卷所规定之要求得以成就，那么该卷的规定应当适用，且优于本章的规定。

(3)第五章之规定优于本章的规定。

评　论

A.一般规则

包含情形介绍。本章中所涉及的问题有一个共同的特征，即物的实际控制人是所有权人之外的某人，为了对抗该实际控制人，所有权人可以基于第Ⅷ-6:101条所有权保护第(1)款的规则，获得或恢复对物的占有(原物返还请求权)。对于为什么实际占有人在并无权利的情况下却可以占有物有很多种原因，我们可以假设一个小偷并非基于善意从非所有人权处偷得了某物，或者是一方基于合同从所有权人处取得了某物，而合同后来变为无效或因追溯力使其无效。这些不同的情形在下文评论B中进一步探讨，接下来的讨论中，双方当事人一方被认为是"所有权"，另一方被认为是"占有人"。本章的目的在于，解决由这种情形引起的三种问题：(a)如果该物在占有人占有期间损坏甚至是灭失或丢失了，那么占有人对该损失是否有责任？这个问题同时也可能出现在当第Ⅷ-6:101条"原物返还"不能实现时，因为此时物已经彻底地灭失或丢失了。(b)如果占有人获得或使用了属于所有权人的孳息，那么占有人是否有义务将这些利益予以返还，如果要还，返还范围是多大？(c)占有人在占有期间，发生了对物的花费用来对物进行维护，占有人是否有权利要求所有权人赔偿该笔费用？或者还有其他方法来维护占有人，例如在返还原物前将属于占有人添到所有权人之物的部分移除。(a)到(c)中的问题由本章中的条文加以解决,(a)到(c)的序号将在评论中使用,为了能够简便明了,便于理解,接下来的评论将关注第(1)款中提到的适用范围。与第五卷善意干涉他人事务的关系在第(2)款中论述,这点与其他部分相比重要性较低,将在下文评论E中提到,与第五章的关系也将在评论E中论述。

第八卷包含这些事项规则的原因。第七章对于第八卷其他部分起到了非常重要的补充作用,特别是对第二章的转移规则、第三章的善意取得规定和第六章的所有权保护规定。只要有类似于前文评论中所列的问题,必然会涉及物返还其所有权人的问题,这些规定能够为实践中如何处理类似问题提供清晰的答案,更多细节见下文评论C和第七章的注释。欧洲法律体系中大量国家法中都包括了如何处理这些问题的规则,最主流的趋势可以概括为赋予"善意占有人"绝对优先权,与这些一般规则相比,如果在处理问题时没有这些特殊规则的存在,次要的规则便是非合同责任损害和不当得利。首先,以此背景明显的认为这些规则的适用范围由特定政策事项来决定,目的是为了在所有人和占有人利益之间寻找到最适合的平衡点。其次,如果第八卷对这些事项完全没有规定,那么问题就是是否要将这些问题由规则的其他部分来解决,即主要指第六卷的非合同责任损害和第七卷的不当得利,又或者这些问题要由国家法律中其他制度来解决(财产法或其他)。很明显,第七卷已经预设了在处理本章问题时其他规定也会附加使用,而且也明确规定这些规则优于不当得利规则适用;参见第Ⅶ-7:101条(私法上其他请求返还的权利)第(3)款和该规则的评论C。因此,从规则的框架来看,本卷第七章的一系列规则似乎是解决这类问题的最好方式。

B. 适用范围,第(1)款

当相关事件发生时所有权人取得或恢复占有权利的一般规范。第七章适用的其他条件是为了对抗占有人,所有权人有权基于第Ⅷ-6:101条(所有权保护)中第(1)款"原物返还请求权"获得物的占有,这个前提条件必须在相关事件发生时已经成立,即(a)中对物的损害是由故意或过失行为引起;(b)中的部分利益由占有人取得;或(c)中占有人对物有所花费。这个前提条件是区分第七章适用范围与其他法律相关规定的重要内容。

示例1:

P借用了属于O的帆船出国4周,并在之后未经同意使用了O的船去斯德哥尔摩群岛愉快地旅行。在这之后,P将船完好无损地归还于O,然而,他节省了上述期间的船舶租赁费。第七章适用在当所有权人要求P在占有期间返还该船,和基于使用船舶而获得的利益。O关于这些利益的权利在第Ⅷ-7:103条中规定(占有期间来源于物的孳息、使用及其他利益)。

示例2

O是一家出租公司,拥有很多辆汽车,O与P签订了第四卷B部分提到的租赁合同,P获得了对一辆车的临时使用权。如果在租赁期间该车发生了损坏,问题在于是否需要按照租赁物规则来计算P对该损害所负的责任，即要确定在这种情况下是否能合理地期待承租人照料该车，由第Ⅳ.B-5:104条(按照合同约定使用租赁物)，以及是否要按照第三卷第三章(违约救济)的规定来赔偿损失。同时，承租人为了保管租赁物的花费，承租人有权依照第Ⅳ.B-5:105条(使租赁物免受危险或损害的介入行为)的规定要求返还该笔费用，尽管P作为占有人在车辆发生损坏时对O的车实际控制，但是第八卷第七章的规定并不适用。此时，P基于第Ⅷ-1:207条(有限权利占有人占有)有权占有该车辆，并且在此段时间内，可以排除所有权人要求返还出租物的请求，对比第Ⅷ-6:101条(所有权保护)第(1)款。

然而，所有权人是否正式地提出第Ⅷ-6:101条(所有权保护)第(1)款规定的救济方式并不是很重要，只要有"抽象"的授权即可。例如：所有权人也有可能诉诸于第Ⅷ-6:301条(更优占有的恢复权)，或者在所有权人根本不知道该物被其他人占有时，占有人就自动地返还了该物(对比示例1)。"取得或恢复物的占有"与第Ⅷ-6:101条第(1)款一致，也包含了所有权人从未占有的假设情形。

权利恢复必须存在的时间点。前文中已经提到，所有权人依照第Ⅷ-6:101条(所有权保护)第(1)款取得恢复物的占有时必须在此时有相关事件发生。关于(a)属于第Ⅷ-7:102条(占有期间物之灭失或损坏)的范围，这关系到占有人作为或不作为引起物的损坏的时间，或其他第(2)款中明确规定的情形，占有人需要承担责任。在这种情形下，由于物的完全损毁或丢失或被第三人占有而导致所有权人无法恢复占有来对抗他人并不重要，同理，(b)中的问题属于第Ⅷ-7:103条(占有期间来源于物的孳息、使用及其他权利)，利益产生的时间需要考虑。例如，占有人用煤取暖，获得了利益，可能没有剩下的煤归还于所有权人是与该问题不相关的，如果孳息或其他利益随后消失了，这对于利益返还的范围可能产生影响，参见第Ⅷ-7:103条评论B，但是不影响第七章的适用。最后，(c)的情况属于第Ⅷ-7:104条(占有期间物之花费或物的添附)，需要关注占有人花费或改进的努力等相关行为发生的时间。此外，如果这些行为的效果减少或消失或起了反作用，随后出现了额外效果(例如：所有权人售出了该物，并基于占有人的改进努力而获得了额外的利益)，这将对所有权人对占有人所承担义务的程度有所影响(参见第Ⅷ-7:104条评论B)，但是不影响第七章的适用。另一个"在那时"模式的例子与本章的适用有关，是基于无效合同的转移，见下文。

目的、类比适用。上文中的示例2阐述了在该规定中需要具备"原物返还资格"的原因。这就保证了当本章涵盖的事项中包括的特定法律关系出现时，这些规则将被适用，而第八卷第七章的规定不能干预。然而，这并不排除第八卷第七章特定规则适用，类似于在一个法律关系中，占有人为有权占有，但是本章中规定的一些事项并无法通过法律关系规则解决，也无法通过合同解释解决。然而该种类比适用是否合适必须首先从法律关系的性质和目的来予以判断。例如：当仓库保管人(占有人)使用了属于委托人所有的物，并且事后也没有得到认可，这种问题解决适用第Ⅳ.C-5:103条(保管物的保护和使用)。

非穷尽列表。基于这些示范规则，接下来的评论将对符合第七章"取得或恢复占有资格”这一标准的情形作出不完全的概述。这表明第七章适用的潜在余地更加宽泛，并且处理的问题也具有多样性，同时根据第七章的注释，可以看出并不是所有的情形都需要受制于国家法律体系下“所有权人的”与“占有人”之间关系的特殊规则（见下文评论 C）；值得注意的是，由于该内容对后续条款的政策考虑起到一定的作用，本评论中列举的情况包括两方当事人，即所有权人和占有人，因此其他人都属于第三人范畴。

基于无效或被撤销合同而发生的转让。本条设定的先决条件要满足所有权人基于合同转让物，但该合同自始无效。例如：因为当事人欠缺行为能力，而导致相关法律规定中无效结果出现，在上文评论 A 中所列的（a）到（c）情形都是发生在转移者占有该物。同样也适用于出让人和受让人的合同因财产权利追溯影响而被撤销的情况。从技术层面来讲，这一规定遵循了第Ⅷ－2:202 条（自始无效、随后撤销、撤回、终止和撤销的法律效力）第（2）款的规定，即如果依据第二卷第七章的规定，转让合同是无效的。此时认为所有权永远不会转移到受让人。该条款的目的在于，这就意味着自交付后，所有权人在任何时间内均有权要求恢复占有。更多细节的评论参见下文中对本章独立条文政策的论述，这并不是试图与特定的其他规则相互作用的结果，而是基于建立第七章的实质性建议而作出的深思熟虑的思考；与第Ⅷ－7:103 条（占有期间来源于物的孳息、使用和其他利益）评论 C。

无效或可撤销使用权。如果某物基于一个自始无效或随后撤销的合同转移到占有人，那么所有权人有权要求恢复占有和使用权，例如无效的租赁合同，或基于相关各国国内法授予的无效使用权。

对物的使用权终止。第七章同时也适用于使用权自始无效的建立，但是由于相关事项发生而终止。例如，之前的承租人（占有人）在租赁合同到期后基于第Ⅳ. B－2:103 条（租赁合同的默示延长）要求延长租赁合同的期限没有得到允许。

盗窃、无权使用、混淆物。第七章同时也适用于（意图）永久性的剥夺他人占有的盗窃行为，典型的例子是所有权人有权要求占有人（小偷返还原物，此外，适用此条还需要满足的条件是占有人并不想永久地占有此物，只是暂时性地及由于相关事由的发生而使用所有权人的物。对比上文的示例 1。第七章还可以适用于某人错误地将自己的物与其他人的物混淆，例如，某人错误地从宾馆衣帽间将他人的外套和雨伞拿走。

不包括发现物。从正统的角度来看，所有权人有权要求占有人返还物的前提条件中还可能遇到发现物的情形，即某人小心地控制着他人丢失的物。然而，该领域在大多数欧洲国家由特殊的制度来规范，他们用一些特殊规则，特别是发现人可以获得特定的奖励，例如寻找人悬赏、费用返还，还可能因为遵守特定的义务而获得丢失物的所有权，这些义务例如通过所有权人或将出现物归还于公共权威机关，总之，这些情形都能够加大所有权人恢复财产权的概率。根据这些特殊规则和与国内规则相关的不同点，基于发现而获得所有权的情形从一开始的第八卷适用范围中就排除了，参见第Ⅷ－1:101 条（适用范围）第（2）款 h 项。该排除从更广泛的角度去理解。除了所有权获得问题,还适用于相关问题,例如发现人费用返还。因此,与发现有关的内容都被排除在第七章的范围外。然而,并不影响第七章的规则类比适用于其他情况,各国国内法没有规定的问题,只要本章规定与国内立法体系目的吻合。

从非所有权人处取得物符合占有人没有取得所有权的规定。所有权人(A)还可以要求占有人(C)返还其从非所有权人(B)处“取得”的物,当C既不是基于第三章善意取得获得物也不是依照第四章持续占有而取得物,特别是考虑到第Ⅷ－3:101 条(通过无权或无授权转让所有权的人的善意取得)的基本规则。第七章可能适用于非所有权人B和善意取得人C之间的合同无效或被撤销;此时占有人没有获得任何利益(在B和C之间的赠予合同);C并非善意,除非C是通过出让人在通常商业交易中“获得”该盗窃物;(此时偷盗被看作是“获得”)。与第四章相关,第七章的主要适用前提是基于持续占有而获得所有权的时限还没消逝。值得注意的是,从古罗马法时代开始,从非所有权人处获得物在善意占有人的特别法律规则的历史发展中扮演了很重要的角色。该规则至今都存在于许多欧洲国家法律体系中(见下文评论C和本章的注释)。

来源于非所有权人赋予的使用权。基于这些示范规则都没有规定关于善意取得人的使用权,第七章也适用在例如:非所有权人(B)将所有权人(A)的财产租赁给第三人(占有人C)。所有权人有权要求占有人返还物品不论后来使用人是否支付了对价也不论占有人善意与否。各国国内法对于善意取得财产使用权有不同规定,对比第Ⅷ－1:204 条(有限所有权)附款b。

第三方提供服务:车库案例等。最后,在“无权”人情况下,例如偷盗物为合同标的将物转移给其他人,基于合同义务,受让人改进了该物,例如,修理厂主人基于合同为盗贼修理了偷来的车,但是盗贼却没有付钱,这种情况符合第七章的适用范围,在车辆修理期间,修理厂主人——盗贼——都没有权利占有物来对抗所有权人。

C. 欧洲立法体系中的不同方法

一般规则法律义务的适用。根据后文条款注释中的更多细节规定,一些欧洲法律体系试图用一般规则来解决第七章中的问题;这就是说,基本上用非合同责任损害和不当得利的相关规定解决。例如,这个适用于普通法国家、北欧国家以及一定程度上也适用在法国法中。

财产法中的特殊规定。在欧洲法律体系中的许多其他国家中,由于受到罗马法传统的影响,(a)到(c)中的问题由一系列特殊规则来规定,将这些问题作为所有权人原物返还请求权的附属权利或占有的一部分内容来处理。(对于罗马法中遗产的差别今天仍然是基本的构成要素)在大多数法律体系中,最主要的划分标准是占有者的善意和恶意(尽管“善意”的内涵并不是在所有国家都相同)。同时,对抗占有人的事件发生在法律程序开始之前或之后也是一个附加的区分标准(来源于罗马的争讼程序)。关于支出((C)的问题),“必要性”、“有用性”与其他(费用性的)的支出成为一般特征,从一般意义上而言,相比于如果这些特殊规则不存在所产生的结果,这些各国国内法律规则的共同核心可以概括为倾向于赋予善意占有人优先权。后文评论中对第七章政策问题讨论的目的,这种方式被称为“所有权人—占有人关系”模式,该术语借鉴于德国法。同时根据注释,可以看出几乎没有任何一个法律体系中的规则能够完全适用于上文评论B中列举的所有情形。例如:在解除双务合同中的问题,大多数国家对于特定的所有人—占有人关系是适用非合同责任的一般损害规则还是适用不当得利规则,尚没有明确规定并且也未形成共识。

D. 第七章所采用的一般方法

第六卷和第七卷一般规则的参考。由于各国国内法体系的差别,在该部分中仅再次说明被各国所普遍接受的欧洲规则是不现实的。第七章用来解决(a)到(c)的问题基本上是通过非合同责任损害(第六卷)、不当得利规则(第七卷)以及尽管只有偶然的关系,也会采用好意介入他人事务(第五卷)的规定。依照所有权人—占有人关系传统规则的特殊规则是不被采纳的(对比评论C)。此外,考虑到相关的背景,当出现更适合的结果时,非合同责任和不当得利规则作为补充或轻微的修证。然而,后者的实例很少见。

该方法的一般理由。该建议方法主要是通过评估比较欧洲法律体系的结果而发展起来的,同时如果是在(第六、七卷)示范规则中已经存在的一般规则中的问题,那么结果能够实现。这个分析会影响到第七章后续条款的评论。除此之外,还有更多的内容需要考虑,例如一致性问题,该问题在本部分中是不可避免的。例如,采用所有人—占有人关系传统模式中的特殊政策规则,需要预先假设存在合理的标准对有形财产的占有人和其他人进行区别,例如未经授权但善意使用知识产权的人,此时将适用第七卷的责任规定。此外,(通过进一步的分析证明不需要更深层次的法律。)这种情况要么是因为通过适用一般规则能够实现结果,要么所有权人—占有人关系背后的政策有问题,适用一般规则得出的结论更加合理。

较为独立的章节。对于第八卷中每一个单独章节是否真的有必要将处理此处问题的一般方法规定为适用于别处的一般规则是值得讨论。有一点很明显,对于第七章的主要解释存在于它现有的模式,这种模式可以看作是示范法中它的基本特征。正如在上文评论A中已经讲过,从理论层面来说,建立一个清晰的标准来评价第六卷和第七卷一般规则,在特殊情况中即所有权人有权从他人处恢复占有是有一定价值的。从技术层面来看,明确这些问题不需要归入现行各国国内法中采用的不同概念去解决,也是有意义的。最后,这些示范规则的相关部分用黑体字明确地告知读者。

E. 与第五卷善意介入第(2)款的关系

第五卷包括的内容。非所有权人之外的某人实际控制物的情形也属于第五卷善意介入他人事务的范畴。根据第Ⅴ－1:101条(为本人利益介入事务),第五卷从根本上假设实际控制人“主要有利于他人”的考虑(与此处有关的内容:以主要为了有利于所有权人的物的意图为中心)。这就意味着实际控制人事实上清楚他或她并不是所有权人,例如,某人发现他人之物处于危险中,在所有权人不在时,某人出于保护所有权人利益的角度将物拿走。在善意介入时,需要考虑这样的人是否要受到第(1)款中所有人恢复占有的约束。如果所有权人出现并主张返还物,答案是肯定的;但依照当前的情形,所有权人并没有需要。当然,介入不能在无正当理由的情况下持续介入,第Ⅴ－2:101 条(介入事务过程中的义务)。因此,介入人可能基于义务将物保持在他或她的控制之下。然而,基于明确的政策理由,这与该种情形是否需要由第(1)款来规制是无关的,受下文影响,这些内容由第五卷规定,因此在本条第(2)款中也已明示。

第五卷参考的政策和主要效果。第五卷通过特殊的方式贯彻特殊的政策,当他人需要帮助时,不应当袖手旁观;当然,对该种行为应当建立奖励机制。出于这个原因,在任何可能涉及的情况下,法律很明显地倾向于应当适用第五卷规定而不应当被财产法特别规则或非合同责任或不当得利规则所代替。尽管"占有"动产物质性财产是有益于所有权人的,但是没有合理的理由来论证为什么介入人导致物的损害或产生花费是有益于所有权人的,这种情况应当由其他政策而不是善意介入规则来调整。当然,一个"占有中"的介入者造成损害时,依照第五卷的特殊规则可以对抗所有权人(主要),特别是依照第Ⅴ－2:102 条(介入人违反义务所造成损害的赔偿)第(2)款规定了在特殊情况下可以减轻或免除介入的责任。第Ⅷ－7:102 条(占有期间物之灭失或损害)参考了第六卷非合同责任损害一般规则的规定将被取代。同样的,第五卷第三章(介入人的权利及权限)适用于侵占人产生了第五卷中规定的对物的支出。其中一个效果是不需要成功的介入,只要该花费是为了介入目的而产生的合理费用,对比第Ⅴ－3:101 条(获得补偿或请求偿还的权利),与本章的结果有所不同(参见第Ⅷ－7:104 条(占有期间物之花费或物的添附)。

F. 规则的性质

非强制性性质。第七章产生的权利和义务(连同第五、六、七卷相关规则)受制于合同自治原理,因此可以通过合意改变,也受制于这些示范规则相关规定的限制,适用于合同事前或事后订立,事前订立合同在第七章中并不常见,但是,会有例如当事人订立了一个租赁合同,该合同中约定如果物没有在租期届满返还,那么要承担相应的责任。

G. 与第五章第(3)款的关系

概述。第七章的适用范围和第五章加工、聚合和混合的适用范围包括了许多情况,因为这里所覆盖的内容通常是某人占有物但不能对抗所有权人。总之,这意味着第五章的规则可以被认为是更加特殊的而且可能会带来所有权关系变动,如果与第七章规定得出的结果不能并存时,优先于第七章的适用。

特殊例证。如果"新物"是使用了所有权人原料生产出来的,第Ⅷ－5:201 条(加工)将优先于第Ⅷ-7:104条(占有期间物之花费或物的添附),如果该"新物"的出现是源于对已经存在的物的改造,那么此时适用第Ⅷ-7:104条的规定,当劳务付出只起到很小的作用或没有新物产生,那么第Ⅷ-5:201条(加工)第(3)款规定,一方面要参照第Ⅷ-5:202条(混合)和第Ⅷ-5:203条(聚合);另一方面参照第Ⅷ-7:104(1)条实际上这几方面的规定重合在一起,第Ⅷ-5:202条将解决这种情形下的所有权结果。然而,如果这种行为给所有权人带来了损害,物主的权利将受制于第Ⅷ-7:102条(占有期间物之灭失或损坏),该规定基本上参考了第六卷的非合同责任损害规则。另外,在涉及占有人实际对所有权人的物进行了添加而产生的财产后果时,第Ⅷ-5:203条优于第Ⅷ-7:104条(占有期间物之花费或物的添附)适用,占有人的添加相对于所有权人的"主要部分"属于"次要部分",这在实践中非常重要,占有人的支付请求权计算方式在这种情况下按照第Ⅷ-7:104(1)条中的规定。参见第Ⅷ-5:203(2)条第2句和对本条文的评论D。最后,由于聚合形式共有时,第Ⅷ-5:203(3)条优先适用,参照该条评论E。关于由占有人移除、添加部分和第Ⅷ-5:101条(意思自治和与其他规则间的关系)评论C和评论H,以及第五章和第七章(不当得利)的一般关系。

注 释

1. 在荷兰民法典第3:120条规定了善意占有的法律后果,而民法典第3:121规定了恶意占有的法律后果。其中一些规则参考了不当得利和非合同责任损害规定,根据民法典第6:275条,及第3:120、3:121条关于孳息返还和费用退赔以及损害赔偿金适用于准用双务合同规定的情况,以及基于合同以及获得利益的返还义务,这个规定是必要的,因为该义务的债权人并不是物的所有权人,当合同的规定不产生财产权后果时,取得者有义务将物的所有权转移给原始出让人(Faber and Lurger(-Salomons),National Reports Ⅵ,chap.18.1)。

2. 同样的结构还可见于瑞士民法典。民法典第938~939条规定了在返还中善意占有人的地位,第940条规定了恶意占有规则,尽管恶意占有人实际上是通过不当得利和非合同责任规则来规范,但这些条文并没有参照不当得利和非合同责任规则。处理原物返还的一般规则(民法典第938~940条)同时适用于有追及力的无效或可撤销合同情形(ex tunc;Faber and Lurger(-Foëx and Marchand),National Reports Ⅵ,chap.19)。

3. 意大利立法者认为占有他人的物是一种不合法的行为。原则上来说,非合同责任和不当得利规则都可以适用。然而,善意占有人在涉及孳息返还或费用返还问题时能够受到更优的待遇,尽管如此,立法者仍然认为对于一个不确信自己是所有权人的使用者,要受到返还原物的"处罚"是不公平的(Tomassetti,Il possesso,462)。

4. 在奥地利,善意占有人和恶意占有人规定在民法典第329条及以下,这些规则的主要目的在于减轻善意占有人责任和赋予他们更多特权。民法典第329条及以下的规则在一定程度上是有疑问的,在一定程度上,黑色字体部分有误导作用,这些规则无法形成一套规定与民法典的其他部分相吻合,最主要的问题是该条款与不当得利之间的关系。依照主流观点,最终不当得利规则更优先,但在适用时却不容易,第二个难点在于与非合同责任损害规则之间的关系。另一方面,是与善意介入他人事务规则间的关系,民法典第 1035 条及以下的无因管理规定更加清晰。这些规则都仅适用于占有人希望按照所有人利益而从事行为的情形,因此规则上几乎没有重叠。在法律制定和判例法中最主要的讨论点在于如何将民法典第 329 条及以下规定与民法典其他部分保持一致(Faber and Lurger(-Faber),National Reports Ⅰ,83 et seq.)。

5. 在爱沙尼亚法律中没有针对所有情形的一般概念,规则的适用要取决于冲突情形:要么适用不当得利和非合同责任法,要么适用物权法第 84～88 条的规则。适用后一种规定的前提是所有权人和占有人之间的关系既不是建立在实现合同关系,也不是不当得利或无因管理,这些规则明确提出了对非合同责任损害和不当得利一般法律的修正。对于无效和可撤销合同,不当得利规则和非合同责任法均可适用(Faber and Lurger(-Kullerkupp),National Reports Ⅰ,329)。

6. 同样的区分也出现在立陶宛,在所有权人无权对抗占有人时,财产法认为民法典第 4.95、4.97 条适用。如果在所有权人和非法占有人之间存在义务关系,那么第六卷"法定义务"中的返还请求规则可以适用(Faber and Lurger(-Mikelenas),National Reports Ⅲ,chap. 19.1)。

7. 同样在捷克共和国,基于无效或可撤销合同的转移由不当得利规则规范。然而,同时基于民法典第 126 条的其他请求也被允许。所有权人有权要求物的返还,不需要考虑事先基于(无效、可撤销)合同的义务和不当得利关系(Faber and Lurger(-Tichy′),National Reports Ⅵ,chap. 20.1 and 20.2)。

8. 斯洛文尼亚采用同样的方法,在合同无效或被撤销时,每个当事人都需要返还基于合同获得的对方当事人物(债权法第 187(2)条),在其他情况下,物权法第 95～96 条的规定可以适用(Faber and Lurger(-Rudolf/Rijavec/Keresteš),National Reports Ⅰ,620 et seq.)。

9. 匈牙利情况类似,如果是基于无效或被撤销合同的转移,这种情况由恢复原状之诉的规定来规范(民法典第 237(1)条):当没有合同订立的情况下的原物返还。关于其他情况,其他的规则也适用(无权占有规则,民法典第 193～195 条)(Faber and Lurger(-Szilágyi),National Reports Ⅲ,chap. 19.1.1)。

10. 同样,在比利时法中也对于因转让合同(恢复原状)时效届满而产生的原物返还请求权与占有人—所有人无合同关系产生原物返还请求权做了区别(Faber and Lurger(-Cauffman and Sagaert),National Reports Ⅳ,chap. 22)。

11. 西班牙民法典第 451 条及以下中规定了一系列特殊规则,这些规则只适用于当事人之间特殊关系没有其他法律规范调整时(Faber and Lurger(-González Pacanowska and Díez Soto),National Reports Ⅴ,chap. 2.7.3.)。在合同被废除时,民法典第 1.303 条中的规定不会排除民法典第 451 条的适用(TS 10 February 1970,RJ 792;TS 14 June 1976,RJ 2752)。

12. 同样,在希腊民法典中也有关于原物返还的规定(民法典第 1096～1100 条)。然而,在一些情形下,错误行为(非合同责任法)规则和不当得利与这些特殊规则一样可以适用,例如,如果买卖合同被撤销但实际转移有效,依照民法典第 914 条和第 908 条(Faber and Lurger(-Klaoudatou),National Reports Ⅲ,chap. 19.1.1)不当得利规则,占有人需要将物和孳息都返还给原所有权人。恶意占有人基于不当得利和非合同责任规定有责任。这些规则与民法典第 1096 条及以下规定共同适用(Georgiades,Empragmato DikaioI,594)。

13. 德国民法典对返还原物做出了一系列规定(所有权人—占有人关系,民法典第 907～1023 条)。这些特殊规则的作用在于通过不当得利和非合同责任损害规则保护绝对的善意占有人。如果不当得利和非合同责任法适用,不论过错与否,善意占有人哪怕是在轻微过失的情形下也要承担返还原物和孳息的义务(Bamberger and Roth(-Fritzsche),BGB II2, § 987 no. 3),在法律评论中,德国关于所有权人—占有人关系遭到了强烈的批评。民法典第 987 ~ 1003 条的规定不仅不清晰而且繁杂。此外,由于法律的大量修正案,规则之间没有形成有机的统一,甚至相互之间有矛盾。这给法律解释带来很大的问题(Fritzsche, loc. cit., § 987 no. 2; Staudinger(-Gursky), BGB[2006], Pref. to § 987 no. 1; other opinion: MünchKomm(-Medicus), BGB4, Pref. to §§ 987 – 1003 no. 22)。在德国立法过程中,解决这些冲突应当使用这些特殊规则还是用法定义务的一般规则是有争议的(参见 Gursky, loc. cit., Pref. to § 987 no. 1)。

14. 葡萄牙法律用一系列独立规则规定了占有的效果民法典第 1068 ~ 1275 条。

15. 与多数采用民法典管辖的国家不同,在英格兰、威尔士和爱尔兰,基本上没有财产返还的救济方式。法律实践中保护所有权受到第三方介入的方式是通过侵权之诉,优先于承认,返还被视为是合同法的一部分。恢复原状义务的先决条件已经被设定,占有人必须在使用所有权人物后得到了利益,此时需要返还(获利是否"不当"在此处有关)同时不应当有任何的理由不进行赔偿(Faber and Lurger(-Gardiner), National Reports Ⅱ, 173 et seq., 270 et seq. and 273 et seq.)。

16. 在瑞典和芬兰的法律中没有关于占有期间发生的损害或损失的规则。原物返还请求权仅能基于非合同责任一般法律(瑞典见损害责任法;芬兰见侵权责任法/Skadeståndslagen)。如果某人对损害应负责任,还可以基于过错原则来解决。

第Ⅷ－7:102 条　占有期间物的灭失或损坏

(1)当物在占有期间(第Ⅷ－7:101 条"范围"条文意义上的占有)物灭失、损坏或减损时,由这些损失引起的所有人的权利由第六卷规定。

(2)依本条的目的,不顾所有人取得或返还占有的权利而故意或有过失地占有该物,满足第六卷第三章意义上的责任要件。

评　论

A. 一般规定

规定的范围。本条文适用的情形是非所有人占有物而使真正所有人蒙受损失。这种损失可能包括,举例来说,物在占有期间毁损灭失而导致原物返还不能。同样的,返还原物不能还可能因为物已经被消费了。比如,食物被吃掉了,石油被用作燃料用没了,或者物已经转让给了其他人。损失可能包含物在占有期间因损坏或减损而导致的物的价值的减少。在任何情况下,所有人还要承受这样一种损失,即物被他人占有期间无法使用或物因归还不能而将来也无法利用。至于其他符合第五卷关于无因管理的规定的情形,参见第Ⅷ－7:101 条(范围)第(2)款和关于此条的评论 E。

相关时间。至于时间(在占有期间)方面的规定,参见第Ⅷ-7:101条(范围)评论B。

欧洲法律系统的主要原则和基本的政策问题。普通法提供了严格责任,根据保护所有权的侵权法的规定,物不需要返还给所有人,但是所有人有权请求损害赔偿,同时被占有物随后发生的损坏也不计算在内。在北欧国家,本条涉及的问题通常是根据对损害的非合同义务原则解决的。运用过失原则,这些规则将会得出如下结论:善意占有人,无过失地相信自己有权占有,那么对物的损失将不负责任。在欧洲的许多国家这个原则也同样适用,并且对于第Ⅷ-7:101条(范围)评论A中列举的问题(b)和(c),这些国家沿着所有人—占有人关系这条传统主线建立了一系列规则(第Ⅷ-7:101条评论C)。其他国家也对于问题(a)建立了另外的所有人—占有人关系规则,并且首先会区分善意占有人和恶意占有人(有时还会进一步细分)。这样的法律系统通常会包含这样一个规则,这个规则清楚地表明在对损害的非合同义务规则下,善意占有人是不负责任的。在许多国家,对于恶意占有人的责任扩大到了意外事件,除非损害即使被所有人占有也会发生。通过上述概况,第一,可以看到首要的政策问题是,在建立诸如被第五卷引用的故意或过失标的标准时,严格责任或其他归责原则是否应被采用。严格责任意味着即使善意占有人也要负责任,至少原则上是这样的。在不适用严格责任的案子中,善意的标准和第六卷采纳的方法是否有实质的区别是很值得考虑的,这对本条运用的标准将产生重要的影响。这些问题将会在下面评论B中解决。第二,即使不采用一般意义上的严格责任,有一个问题还是要明确的,即对占有有恶意的人对最后引起物损坏的行为既无故意也无过失时该怎样处理。(比如,一个小偷把偷来的物放在公寓里,物因火灾被毁,这个小偷对这场火灾没有任何责任)。这个问题将会在评论C中讨论。

B. 主要规则(第(1)款)

对非合同责任的解读。第(1)款表明所有人对抗占有人的权利是由非合同责任(第六卷)规定的。基本上,这就意味着占有人对于他故意或过失地引起的法律上的相关损害负有责任。参见第Ⅵ-1:101条(基本规则)。首先,这是一个不同于一般严格责任的选择。第八卷沿用了第六卷的基本理念。没有显而易见的理由能解释为什么物在占有期间被其他人损坏而对占有人要适用严格责任的情况。在技术上,选择这样的原则也不用根据善意占有人和恶意占有人的不同分别制定相应的规则。下面的评论表明这也不会发生实质上的重大影响。其次,适用这个原则也会带来优势,这些将在下面讲到。

对于善意取得,相信自己是物之所有人的占有人法律是如何规定的。第Ⅸ-1:206条(自主占有人)意义上的自主占有人是指善意的相信自己是真正的权利人并且有合理的判断依据。这就意味着自主占有人相信自己有权损坏、毁灭或者遗弃占有物。第Ⅷ-1:202条(所有权)上述行为是否会引起占有人的责任?按照第五卷的规定,起决定性作用的参考点是故意或过失的标准。从第六卷义务的概念我们可以知道,这个参考点并不是占有人的作为或不作为(比如把香槟酒瓶扔向船体,开车太快以致撞车)而是相关法律损害上的因果关系。根据我们的想法,"法律上的相关损害"不是指物实体上的损害,而是所有人的损失。然而,既然善意占有人认为自己就是所有人,也就可以推出,如上所说,他认为自己有权对占有物进行毁损,那么占有人的行为就不符合第Ⅷ-3:101条(故意)条款意义上的故意的定义,也不符合第Ⅷ-3:102条(过失)条款意义上的过失,即使占有人是故意损坏或没尽到合理的注意义务而致损坏。参见第Ⅵ-3:101条评论B示例2。

规定善意自主占有人义务的特殊规定对所有人是不需要的。上述评论得出的结论和许多国家在所有人—占有人关系章节中解决此问题的特殊条款所宣示的内容是一致的。善意占有人对所有人所遭受的损失是不负责任的。从某种程度上讲,详细规则以及第六卷的规则是不需要的。支持在特定法律系统中规定详细规则的观点在这些规范条文范围内也是没有说服力的。在德国,举例来说,如果获得人行为是善意取得条款中规定的善意行为,并且对于先前占有人权力的丧失具有轻微过失,同时善意这个词组的意思也符合所有人—占有人关系条款的规定,那么一种基于保护交易安全的相应的观点就自然而然地被提出来了。当一个人从非所有人那里购买物品具有轻微过失时会构成善意取得,但是当占有物被偷或丢失时将承担非合同义务,上述观点认为这是一种不合理的区分。按照德国所有人—占有人关系条款,非合同义务的免除被认为是对轻过失购买盗窃物的保护。相比于典型规范而言,上述观点是站不住脚的,因为有任何过失都不能构成善意取得。参见第Ⅷ-3:101条(从无权处分人那里移转所有权的善意取得)。

对于善意地相信自己有权使用该物的人法律是如何规定的。当占有人善意地并且相信自己对物有唯一的使用权(区别于善意相信自己对物有所有权)时,那么占有人无论如何都要尊重他人的财产权并且要对引起物的损害行为负责。换句话说,占有人没有合理依据认为自己有权损坏该物。运用第六卷的一般归责原则就是一个很合适的解决方法。至于例子,可以参见第Ⅷ-7:101条(范围)评论B中描述。

对恶意占有人法律是如何规定的。对恶意占有人而言,他知道或者应当知道占有物需要返还。返还原物同样适用于第Ⅷ-1:206条(自主占有人的占有)条文中的自主占有人和认为自己是唯一有权使用该物的人。当这样一个人故意或过失毁坏该物时,毫无疑问,这就满足了第六卷中规定的故意或过失要件,并且第六卷中规定的责任就产生了,没有必要去纠正这个结果。按照欧洲的法律系统得出这个结果也是一样的。当一个人恶意地占有该物但没有可能去阻止损害行为时,至于法律又是如何规定的,见下面的C部分评论。

对第六卷一般注解的进一步揭示。对第五卷的注解要作为一般规定进行理解。它包括了一般原则(比如因果关系原则)和有关第六卷的更加具体详细的条款规定。举例来说,一个18岁以下的占有人只有符合第Ⅵ-3:103条(18岁以下的人)的规定才负有责任，同时，根据第Ⅵ-6:202条（责任减轻）条款的规则18岁以下的人是可以减轻责任的，并且这样才算公平合理。至于后一规则，参见下面评论C。当所有人对损失的发生与程度也有作用力时，第Ⅵ-5:102条（有作用力的过错和责任）允许采用灵活的解决方法。

C. 第(2)款的功能

规定的情形。第(2)款规定的情形是恶意的，因此原则上按照本条来说是有责任的，但是如果损害不是因占有人的作为或不作为而是由意外事件引起的如何处理呢？例如，独立于可归咎占有人的任何行为或疏忽。

示例

小偷P从一个博物馆里偷了三幅油画并把它们藏在了一个屋子里。在P售出这些油画之前，一个纵火犯把这个房子烧了从而毁灭了这些油画。当火灾发生时P是不在场的，因此根本没有办法阻止油画的灭失。

适用规则潜在的政策。从示例我们可以看出，欧洲各个国家的法律系统在恶意占有人是否对意外事件负责这个问题上的规定是不一样的。考虑到第六卷的规定，明确知道物需返还的占有人是否对物的安全有一定程度的注意义务是有争议的。如果这种推理成立的话，对于因为达到相应注意义务的标准而导致损害发生的情形，现行条文第(2)款根本不发挥实质性的作用。似乎把责任用到不涉及上述争议的情形更合适。首先，可以用在占有人明知自己无权占有的情形。考虑到损失要与价值相当，这个问题与合同法中的风险转移问题具有一定的可比性。考虑到占有人从一开始就应当返还原物并且主动知道这一点，风险由占有人承担比所有人承担更适合。然而当物被毁损因而无法使用而遭受额外损失时，运用非合同责任而不是风险规则来填补这些损失就成为可能了（总之，在物被损毁之前，不能使用物的损失将由第六卷的基本规则规定）。其次，在明知的情况下限制该条款的适用似乎更恰当，因为：一方面，转移风险的故意；另一方面，第五卷规定的条款恰巧可以解决当需要灵活减轻占有人的责任的情形（见下）。再者，当所有人一方对损害的发生也同样有过失时，第六卷的参考提供了一种合适的解决方法。

法律是如何规定的。为了实现在评论中描述的功能，第(2)款规定若占有人对无权占有本身具有故意或过失，那么，第Ⅵ-1:101条和第六卷第三节中的有关责任产生的要求便满足了。这也意味着恶意占有满足了责任产生的要求，即使对引起损失的事实没有故意或过失。这与许多法律系统的规定是一致的，但是，当占有人对占有的过失很小而物遭受的损失很大时，第一感觉上述规定对占有人来说是有点苛刻的。不过，这个难题可以通过第六卷的条文内部解决，这实际上也方便对第六卷的规定进行全方面的注解。同时，正是因为第六卷的注解，我们知道义务并不是责任的唯一的先决条件。若在占有和损害的发生之间没有因果关系,并且物即使处在所有人的占有之下损失也会同样发生,那么责任是不会产生的。比较第Ⅵ-1:101条和第Ⅵ-4:101条(一般规则)。对责任的此种限制和许多国家的解决方案是一样的,这些国家的法律系统对于意外事件的归责也采此种责任方式。

按照第Ⅵ-6:202条,责任减轻成为可能。就像上面提到的,无权占有人的各种过错程度(故意、重大过失甚至轻过失)按照第(2)款都会满足产生责任的一般要求。然而,特别是在占有人对无权占有的认知有轻微的过失的案子中,产生的责任与过失是不成比例的,第Ⅵ-6:202条(责任减轻)条文提供了减轻责任的灵活的方法。这个条文阐述的标准和本条第(2)款的目的非常吻合。这个基本原则是非常公平合理的,综合考虑各种因素认为承担全部责任不合理时,责任会全部减去或部分减去。第(2)款规定的范围并不包括行为人对完全引起损害的事实有故意的情形(见上)。当占有人明知所有人有权取回占有物时,运用规则去判断占有人的行为时会考虑基本的价值判断。运用比例原则需要考虑到更多的方面:首先,引起损害的人的责任。在现行条文第(2)款规定的情形中,责任程度的减轻不仅可以是最终引起损害的意外事件,也可能是特别是占有人对是否有占有权的认识有轻微的过失;其次,对损害的发生尽到了注意义务;最后,对因意外事件引起的损害有积极的阻止行为有时也引起责任的减轻。这些判断标准很灵活,足以应付第(2)款包含的各种的假设情形。第XI-5:302条(不可抗力)建立起来的抗辩,则在本文中是不起作用的。从对这个条款的注释可以看出,它是在严格责任的范围内设计运行的。

注　释

Ⅰ.概述

1.按照斯洛文尼亚和瑞士法律善意占有人不承担责任。

2.在比利时、德国、爱沙尼亚、希腊和匈牙利,善意占有人仅对发生在行使原物返还请求权后的损失负有责任。原则上,奥地利也采同样的规则。然而,在很多情况中,比如原物被消费的情形中,真正的权利人也可以基于不当得利主张损害赔偿。按照荷兰法律,只有在真正的权利人通知行使权利之后,善意占有人才开始负责任。在西班牙法律中,善意占有人只有在收到合法所有人已经在行使所有权的通知时开始才需要承担责任。在葡萄牙,如果善意占有人有恶意行为时,那么占有人要承担责任。

3.在立陶宛和意大利,善意占有人对物的任何毁损和灭失都负责任。

4.在比利时、荷兰、爱沙尼亚、斯洛文尼亚和匈牙利,恶意占有人对所有的损失都承担责任,除非这种损失即使是处在真正的权利人的占有之下也会不可避免地发生。按照瑞士法律也持同样意见,然而对不知道将物返还给谁的恶意占有人适用一特殊的规则,即占有人仅对因过失造成的损失负责。

5.在西班牙,倘若占有人没有正当理由延迟物的归还,那么占有人对物的任何毁损灭失都要负责任，即使是不可抗力引起的。按照德国和希腊法律，占有人仅对因过错引起的损失负责，然而，如果占有是通过不合法行为取得的（在德国：犯罪行为或是不法处置（verbotene Eigenmacht）），占有人对任何损失都要负责，包括意外事件和意外损失。

6. 在奥地利，恶意占有人对因占有引起的所有损失都负责任。占有人在何种程度上对意外的毁损灭失负责是有争议的。

7. 按照意大利、葡萄牙、捷克和立陶宛的法律，恶意占有人对物的任何毁损灭失都负责任。

8. 在瑞典和芬兰，占有期间的毁损灭失问题并不是由详细的财产法概念解决的。这块领域因此并没有详细的规定。财产法并不是按照单部法律或法典形式编纂的，并且它其中的很大部分根本就没有规定。上述问题的解决方法可以从法律或原则以及最高院的判决中找到。问题可以通过非合同责任条款解决（瑞典：损失责任法案：芬兰：损失责任法案），基于过失原则，它的规则也不仅仅适用于财产法上的问题。所以重点不是占有人心理状态，而是占有人因故意或过失是否引起了损害（Faber and Lurger(-Kuusinen), National Reports Ⅴ, chap. 19.2）。如果损害是由于过失造成，那么占有人依照非合同责法承担相应的责任。

9. 根据挪威法律，实际占有人对意外事件造成的应返还物的毁损灭失通常不负责任。如果归还物是因为合同无效引起的，要求占有不是造成合同无效的一方，并且损害也不是由于占有人的过失引起的。在合同关系终止情况下，只要不是占有人的原因造成物的损害，占有人就不负责任。在其他情形下，像瑞士和芬兰，解决责任问题主要是通过判断有无过失，如果有过失，根据非合同责任条款将承担责任（Hov, Kontraktsret Ⅰ[3], 188 and Faber and Lurger(-Færstad), National Reports Ⅴ, chap. 16.3）。

10. 在英格兰和威尔士，按照普通法有损失也是承担赔偿责任的必要条件。动产的所有权人没有权利要求返还原物，但是可以获得与原物价值相等的赔偿。如果占有人仍然霸有他人之物，法院有一个极端的补救方法，即裁定恢复原状（侵权法（妨碍物权），1977年第3(2)(a)条，以及Faber and Lurger(-Frisby and Jones), National Reports Ⅱ, 8 et seq. and 150）。依据衡平法，观点是不同的。所有人可以在物上建立衡平法上的权利并且在此基础上可以向法院主张占有一方是基于所有人的信任占有动产的。因此所有人可以向法院主张要求占有人返还其物（Frisby and Jones, loc. cit., 150），判给所有人的损害赔偿，是返还物时的物的价值，此后再发生的损失不能要求赔偿。然而，如果法院判定恢复原状，那么随后的损失可通过赔偿间接损失的方式获得赔偿（侵权法（妨碍物权）1977年法案第3(2)(a)条）。

11. 在塞浦路斯，相关法律领域似乎没有全面的规定，因为没有单独的综合性的物权法，并且当占有人毁损或灭失占有物时关于所有人的权利没有详细的规定。塞浦路斯有一个混合的法律系统，尤其是英国的法律可以适用到任何本国法律没有规定的领域。因此关于占有的解决方法可以发现用的是英国的法律（Faber and Lurger(-Laulhé Shaelou/Stylianou/Anastasiou)），更多参见对英格兰和威尔士的注释。

12. 在苏格兰，先前占有人大多情况下都负有返还物的价值的责任（Faber and Lurger(-Carey Miller/Combe/Steven/Wortley), National Reports Ⅱ, 460）。在这个法律领域中，法律学者很少秉持同样的观点，对每个问题都有许多的看法和解决方法，其中的一些不常规的观点将在下面介绍。

13. 在爱尔兰，需要返还所有人的物遭受毁损灭失后引起的结果是非常复杂的，并且根据普通法，对物的误用可以产生多种权利主张，例如，主张侵权、主张解除合同、主张返还原物。这些主张是经常重合的并且这方面的法律也是模糊的、缺乏一致性的。英格兰通过1977年侵权法案(妨碍物权)进行了法律改革,爱尔兰没有进行任何的立法改革(Faber and Lurger(-Gardiner), National Reports Ⅱ,270)。占有人对返还原物的请求具有很多的抗辩事由,比如身份转变抗辩。这就排除了被告基于已经不在他或她控制范围内的物所获得的利益。在爱尔兰,这个抗辩事由在两个案子中得到了认可(Murphy v. A.-G. (1982) IR 241 and McDonnell v. Ireland, SC23 July 1997,未报到;也可参见Gardiner, loc. cit.,286)。

Ⅱ. 善意占有人

14. 根据瑞士民法典第938条,善意占有人有权按照他所认为的对物拥有的权利利用该物。所以,这样的占有人对真正所有人的物造成的任何损失是不负责任的。一个相信自己是所有人的占有人,是被允许毁损该物或者把物转让给第三人的。真正的所有人无权要求获得出让金,也无权要求获得出让金与善意第三人获得该物所付的价钱之间的差价(Steinauer, Les droits réels Ⅰ^4, no. 507)。如果占有人有理由相信占有是合法的,那么该占有人就是善意的(BSK(-Stark), ZGB Ⅱ^2, Pref. to arts. 938-940, no. 8)。善意的心理状态要求贯穿整个过程,不仅仅是占有的开始。因此,善意占有人也可能变成恶意占有人,比如,一旦发现占有的转移并不是基于有效的权利(Steinauer, Les droits réels Ⅰ^4, no. 501)。

15. 在斯洛文尼亚,善意占有人对物的任何损失都不负责任,并且使用该物不用付出代价。在合同无效的情况下,双方都有义务返还对方给付非物或其他(债权法第187(2)条)。

16. 根据比利时的法律,善意占有人仅对行使返还请求权之后发生的损害行为负责。这个规则的法理基础是:直到所有人行使请求权时占有人才相信物是属于他人的。即使损失是占有人故意造成的,只要损害发生在返还请求权行使之前,占有人就不用赔偿损失。一旦请求权开始行使,占有人在一定程度上就有义务保护需要返还的占有之物。因此,从这个时候开始,占有人就对故意或过失引起的损失负责,但对不可抗力引起的损失不负责任(Hansenne, Les biens, no. 673)。民法典第550条指出,如果占有人认为其对占有物有权利并且没有意识到其权利的缺失,以所有人的身份占有物,那么该占有人就是善意的。一旦占有人知道其权利的缺失,那么该善意即终止。法官将会判断占有人是善意还是恶意(Van Neste, Beginselen van Belgisch Privaatrecht V2, no. 251)。至于有溯及力的合同终止之后物的返还问题,大多数学者没有区分善意义务人和恶意义务人。负有返还责任的人受结果义务的约束(返还的作用)。如果物毁损了,或者物因正常使用之外的原因造成价值减少了,那么占有人必须自费修复该物(Starosselets, TBBR 2003, 67, no. 26)。但是,如果物的损坏是因为不可抗力造成的,那么占有人的返还责任就免除了(Starosselets, loc. cit., no. 36)。必须考虑到返还责任只是共同责任的一部分。如果占有人的返还责任免除了,另一方(卖方)有权拒绝支付价款(Limpens and Heenen, La vente, no. 1782; Starosselets, loc. cit., no. 36)。

17. 在德国,善意占有人对物的毁损灭失不承担责任,依据是民法典第993(1)条第2句。如果占有人不知道其实无权占有,在取得占有时也没有重大过失,那么该占有人就是善意的。但是,如果物的毁损、消费、退化、灭失是发生在法律程序启动(民法典第989条)之后,并且是因为占有人的过错造成的(故意或者轻微过失),那么善意占有人是要承担责任的;同样地,也参见于下面的注释39。根据民法典第249条占有人必须进行赔偿(Wieling, Sachenrecht Ⅰ^2, § 12 Ⅲ 2)。如果物因使用而造成价值减少,那么真正的所有人有权主张损害赔偿或者返还所得利益(参见对第Ⅷ-7:103条的注释45 Soergel(-Stadler), BGB^{13}, § 989 no. 14; Bamberger and Roth

(-Fritzsche),BGB Ⅱ², § 989 no.6)。如果使用该物是为了保持该物的性质所需,比如遛马,那么就不算发生损失(Stadler,BGB[13], § 989 no.5)。当在物上设立了他物权,这也被认为是以不利的方式对物进行了改变,因此也要承担赔偿责任(Stadler,BGB[13], § 989 no.6)。至于通过犯罪行为或不法处置得到物的占有的善意占有人,见下面的注释 39。

18. 希腊民法典区分了法律程序启动前和启动后两个不同的阶段。只要法律程序还未启动,那么占有人就不用对物的损失负责(民法典第 1097 条),因为占有人相信自己是物的合法权利人。然而,这不适用占有人将物移转给第三人从而得利的情形。所有人可以基于不当得利主张权利。在程序启动之后的阶段里,若物因占有人的过错而受损,或者因其他人的原因导致返还不能,善意占有人对所有人负有损害赔偿责任(民法典第 1097 条)。当占有人移转物于第三人而导致返还不能时,法律对此的规定取决于第三人是否取得了该物的所有权。如果占有人取得了所有权,那么占有人根据民法典第 1097f 条承担责任,也可以根据不当得利条款、非合同责任条款以及无因管理承担责任。若第三人没有取得所有权,原所有人可以向第三人主张返还原物。当然,这样并不意味着所有人向第三人主张权利时要支付相应费用或课以一定的负担。所有人可以根据民法典第 1097f 条向所有人主张赔偿。若占有人在法律程序启动之后将物移转给了第三人,那么法院的判决也会不利于第三人。如果所有人没有对第三人提出权利主张,那么可以根据民法典第 1097f 条向占有人主张损害赔偿。

19. 在匈牙利,善意占有人对发生在所有人主张返还之前的物的损害是不负责任的。当主张返还占有之后,占有人仅对因可归责于自己的损失负有责任(Faber and Lurger(-Szilágyi) National Reports Ⅲ,chap. 19.2.1(c))。很明显,当法律程序启动后,占有人就变成了恶意占有人,因此占有人作为恶意占有人必须承担责任。

20. 按照爱沙尼亚法律,善意占有人对物的毁损或者价值的减少都不负责任,只要减损发生在占有人知道返还主张之前。在占有人知道所有人主张返还之后只对因自己的过错造成的损失负责(物权法第 84(3)条)。如果占有人不知道或者不可能知道现有条件已经构成不当得利返还请求权的基础,那么该占有人是善意的(债权法第 1035(4)条)。

21. 根据奥地利民法典第 329 条的主要意思,善意占有人在承担义务方面像所有人一样(Schwimann(-Klicka),ABGB Ⅱ³, § 329,no.1)。因此,一个善意占有人使用、消费甚至毁损该物,依据非合同责任条款承担的责任绝对不会多于所有人会承担的责任。民法典第 326 条的一般规则对善意进行了定义。根据主流观点,当占有人明知他不是所有人,或者因疏忽而不知其无权占有,包括轻微过失,那么该占有人就缺乏善意。然而,最高法院裁决,当物因合同无效而需要返还时,对待此占有人就像对待善意占有人一样,即使合同双方都知道合同会无效并且还会交换履行。此判决的论据是双方都认为他们不会干涉彼此的权利(OGH 18 September,1991,JBl 1992,594;OGH 29 May,2001,JBl2002,789(Holzner),也包括不动产)。根据民法典第 338 条,起初是善意的占有人,倘若败诉,从占有人收到法院程序上的传票(Klagszustellung)时就被认为是恶意占有人。然而,从某种角度上说,当占有人通过物获得某种利益时(比如消费该物),善意占有人对所有人就负有补偿责任。根据判例法和法学著作的主流观点,在主体为双方当事人的情形中,不当得利规则具有优先适用性。至于存在三方主体集团时,主流观点区分人"获得"或"使用"该物是有偿的还是无偿的,若占有人是无偿取得或使用该物,那么根据不当得利条款必须将所得利益返还给所有人,比如必须赔偿因使用或消费该物造成的损失,或者返还将物卖给第三人时所得的价款,但是如果占有人是有偿取得该物的占有或使用的,那么上述义务就不存在,因为适用民法典第 329 条会得出这样的结论(Kletecˇka and Schauer(-Lurger),ABGB,§ 329,no. 3;Rummel(-Spiel-büchler),ABGB I3,§ 329,nos. 1 f)。更多细节,参见第Ⅷ-7:103 条的注释 47。

22. 在西班牙,这个问题由民法典第 457 条规定。根据此条款,善意占有人对物的毁损灭失不负责任,除非能够证明善意占有人的行为包含不当的目的。关于占有人的善意,本文提出了以下几个疑问:当一个占有人有不当行为时,占有怎么会是善意呢? 对于这个很明显的矛盾,法律著作给出了几种不同的解释。许多法律学者认为,该规则指的是对物的故意损坏(但是需要记住占有人认为自己是合法的占有人),其他学者认为,这个规则指的是权利滥用造成的损失(民法典第 7(2)条),或指的是出于善意状态的占有人有理由推测他应该返还该物时故意造成的损害(比如,收到法院的传唤后(Faber and Lurger(-Gonález Pacanowska and Díez Soto),National Reports Ⅴ,chap. 2. 7. 3(c)))。

23. 根据葡萄牙民法典第 1269 条,善意占有人仅对不法行为造成的物的毁损灭失负责。如果占有人没有意识到他正在侵犯别人的权利,那么该占有人就是善意的(民法典第 1260 条)。

24. 根据捷克法律的主流观点,善意占有人对物的毁损灭失不负责任。只有小部分人赞同对善意占有人主张损害赔偿。赔偿的数额应该和市场价值一样(Faber and Lurger(-Tichy′),National Reports Ⅵ,chap. 20. 5)。基于无效合同而进行了权利转移的情况,由不当得利条款规定。不当得利之人必须返还所获得益(Tichy′,loc. cit. ,chap. 20. 1)。

25. 按照荷兰法律占有人对所有人责任的法律基础是非合同责任条款。至于恶意占有人,民法典第 3:121(1)条做了详细规定(参见下面的注释 32),更多细节,参见 Faber and Lurger(-Salomons),National Reports Ⅵ,chap. 18. 2。

26. 按照立陶宛法律,占有人有权基于非合同责任条款主张损害赔偿责任(Faber and Lurger(-Mikelenas),National Reports Ⅲ,chap. 19. 2)。当物因合同无效或终止需要返还时,适用民法典第 6. 147 ~6. 148 条。在物损坏、灭失或者移转给第三人时,占有人应当赔偿的数额是刚获占有、物灭失或转移时的价值,或者赔偿的数额是物在返还时的价值,不管物的价值是否减少了(民法典第 6. 147 条)。如果物因不可抗力而损坏,那么义务人(占有人)应当把要求赔偿的权利交给权利人(所有人)或者将获得的赔偿交给所有人(民法典第 6. 148 条)。如果物遭受部分毁损或价值的减少,那么义务人应该向权利人给付与毁损部分或减少价值相当的金钱,除非此种毁损灭失是由物的自热耗损造成的(Mikelenas,loc. cit.)。

27. 在意大利,占有人有义务返还原物及其孳息,并且对物的毁损或返还不能负有责任(Faber and Lurger(-Greco),National Reports I 397 et seq.)。如果占有人无法返还原物,要不然是因为物已出卖给第三人,要不然是因为物已灭失,那么相关规定在返还之诉程序启动前和启动后是有区别的。如果占有人在法律程序启动后将物出卖,那么占有人须给付和原物经济价值相当的赔偿,以及赔偿所有人的潜在损失。如果物是在法律程序启动后被毁损的,那么所有人将获得与该物价值相当的赔偿。最后,如果该物是在法律程序启动前被出卖或者毁损,所有人无法获得该物,但是可以基于与占有人达成的协议采取行动,为了获得和原物价值相当的赔偿,所有人可以主张损害赔偿,也可以主张不当得利(Greco,loc. cit. ,397)。

28. 在苏格兰,若所有人的所有权并不是因为占有人的过错而丧失,那么不管占有人的心理状态如何,占有人只在获得的利益范围内负责(Bell,Principles of the law of Scotland,§ 537;也可参见 Ferguson v. Forrest(1639)Mor 4145,即使物并不是因为占有人的原因而毁损,占有人也要承担责任)。如果占有人消费、出卖、或者毁损该物,那么占有人仅在所获收益内负责((-Carey

Miller/Combe/Steven/Wortley),National Reports Ⅱ,460 et seq.)。上述观点在苏格兰并不是不受质疑的。许多权威指出,善意占有人也要对物的价值负责,价值从损害行为开始时计算,然而对恶意占有人而言,即使其不法行为产生了收益,也要承担责任(Carey Miller and Irvine, Corporeal Movables,243)。据说这些权威意见在判例法中没有得到支持(Carey Miller/Combe/Steven/Wortley,loc. cit. ,461;Faulds v. Townsend(1861)23 D 437 at 439 and North West Securities Ltd. v. Barrhed Coachworks Ltd. 1976 SC 68)。当物被出卖后,所有人可以起诉善意第三人要求返还其通过交易获得的价款(Carey Miller/Combe/Steven/Wortley,loc. cit. ,462)。另一种观点指出让相信物是其所有的人承担责任是很难的(Gordon,Scottish Land Law,§14.59)。

29. 在瑞典、芬兰和挪威,关于侵犯他人的财产权的占有人的法律责任并没有详细的法律规定。根据一般的规定,主张损害赔偿的权利存在与否是根据过失原则基础上的非合同责任条款(瑞典:损害赔偿法案;挪威:损害赔偿法案;芬兰:损害赔偿法案)判断的。这个责任问题并没有依据财产法的原则来解决,过失是责任产生的要件(Hellner and Johansson,Ska-deståndsrätt)。结论就是善意占有人不可能被认为是有过失的,因此一般不会对损害承担责任。

30. 在英格兰和威尔士侵权法律责任基本上是一个很严格的责任,是占有人为了减轻责任而能够提出的一个抗辩理由,因为侵权责任的成立必须考虑到因果关系(Faber and Lurger(-Frisby and Jones),National Reports Ⅱ,152)。这就意味着在英格兰和威尔士善意或恶意因素没有多大意义。

31. 同样在爱尔兰,在计算侵权责任中的损失时,首先要把所有人置于好像损害从未发生过一样的处境中。这个规则也可以适用于返还原物的情形和占有人是善意占有人的情形中(Faber and Lurger(-Gardiner),National Reports Ⅱ,270 and 280 et seq.)。

Ⅲ. 恶意占有人

32. 按照荷兰的法律,非善意占有人(荷兰民法典不使用恶意这个词;Asser,Goederenrecht14 Ⅰ,no. 129)对于物的损失按照非合同责任条款承担责任(民法典第3:121(1)条)。真正权利人所遭受的损失是因为占有人的不法占有引起的,这包括占有人没有及时收取的孳息以及若占有人占有则绝对不会发生的损失(尼文会斯/Stolker/Valk(-Rank-Berenschot),B. W. 3,art. 3:121, no. 2;Pitlo,Goederenrecht12,no. 398)。因此,若占有人能证明即使物在真正的权利人占有之下损失也会发生,那么占有人对该损失可以不承担责任。善意的概念,参见第Ⅷ－7:103 条的注释31。

33. 按照比利时法律,恶意占有人对所有的损失负责,不论该损失是故意或是过失引起的,不论该损失是否是不可抗力引起的,也不论该损失是请求返还原物之前还是之后。然而,如果能够证明物即使是在真正所有人的占有之下损害也会发生,那么占有人对意外造成的损失是不用承担责任的(民法典第130(2)条)。如果占有人知道他对物的占有是不合法的,那么该占有人就被认为是恶意占有人(Hansenne,Les biens,no. 673)。至于有追溯力的合同终止之后物的返还,参见上面的注释16。

34. 根据爱沙尼亚物权法第84(1)条,恶意占有人必须依据非合同责任条款来赔偿所有人因物毁损或价值减少而遭受的损失(债权法第1043条及以下)。如果一个人随意地占有了他人之物,那么就该对该物的毁损负责,除非物即使是在所有人的占有之下也会发生该毁损(物权法第84(2)条)。因为合同无效而导致物必须返还的情形下,受让人必须赔偿转让人因物的毁损灭失所遭受的损失,此种损失是因为受让人的过错导致的,并且此受让人应当知道上述条件构成了不当得利请求权的基础(Faber and Lurger(-Kullerkupp),National Reports I 334)。

35. 根据斯洛文尼亚法律,恶意占有人需对物的任何形式的毁损负赔偿责任,除非该损失即使该物处在真正权利人的占有人之下也会发生。(物权法第96(3)条)。在合同无效的情况下,双方需要返还对方给予的一切事物(所有权法第187(2)条)。

36. 按照匈牙利法律,若物处于真正权利人的占有之下损害不会发生,那么恶意占有人对此损害负责任(Faber and Lurger(-Szilágyi),National Reports Ⅲ,chap. 19. 2. 1(d))。

37. 按照瑞士法律,占有人无权处理占有物,因此对所有因不法占有造成的损失负责(民法典第940(1)条),即使是意外造成的损害(Steinauer,Les droits réels Ⅰ^{4},no. 519;BSK(-Stark),ZGB Ⅱ^{2},art. 940,no. 6)。不法占有和损害之间不是有必然联系的。因此,若物处于真正权利人的占有之下损害也会发生时,占有人对此种损害是免于责任的(Steinauer,Les droits réels Ⅰ^{4},no. 521;Stark,loc. cit. ,art. 940,nos. 6 and 8)。按照民法典第940条(Steinauer,Les droitsréels Ⅰ^{4},no. 519a;Stark,loc. cit. ,Pref. to art. 938 - 940,no. 9),租赁方没有把租赁物返还给占有人就被认为是恶意占有人,有时恶意占有人不知道将物归还于谁(民法典第940(3)条),并且即使经过一定的调查也不易弄清,此时要适用一个特殊的规则,即占有人仅对因自己过错造成的损害或对其控制之下的人造成的损失负责,因此对意外损失不负责任(Stark,loc. cit. ,art. 940 no. 13)。

38. 在西班牙,恶意占有人对物的任何毁损灭失都负责任,即使是不可抗力造成的损失,但此种责任的承担是以占有人无正当理由延迟归还占有人为条件的(民法典第457条)。占有人是否恶意是由所有人承担证明责任的(Faber and Lurger(-González Pacanowska and Díez Soto),National Reports Ⅴ,chap. 2. 7. 3(c)and 2. 3. 3)。

39. 按照德国法,对于恶意占有人而言,只要物的毁损灭失是由其过错造成的,都要承担责任(民法典第989f条;Prütting,Sachenrecht30,no. 538)。同样地这也适用于法律程序启动之后的善意占有人(民法典第990条;参见上面的注释17)。当占有人占有该物时知道或因重大过失不知道他无权占有,或者在占有期间发现他无权占有这个事实(Soergel(-Stadler),BGB^{13},§ 990 nos. 3 - 6 and no. 25;MünchKomm(-Medicus),BGB^{4},§ 990 no. 1 and no. 9)。那么该占有人就是恶意占有人,当恶意占有人不返还占有物时,占有人需对所有的损失负责,包括意外事件(没有过错)引起的损害,除非物已及时归还所有人但损害依然发生(Wieling,Sachenrecht Ⅰ,§ 12 Ⅲ 3 b;Stadler,loc. Cit. ,§ 990 no. 27)。如果占有人的占有是通过犯罪行为(盗窃、抢劫、隐匿,欺诈等)或是不法处置得来的,那么根据非合同责任条款是要负责任的(民法典第992条)。因此,这样的占有人对意外事件造成的物的毁损灭失是负有责任的。这个规则还适用于这样的情形,即占有人实际上是民法典第987条及以下意义上的善意占有人,例如,一个人在饭店里错误拿走了别人的帽子(关于这个问题,Wieling,loc. cit. ,§ 12 Ⅲ 5)返还原物请求权的时效是30年,按照非合同责任条款仅是3年,这对真正的权利人是不利的(Prütting,loc. cit. ,no. 541)。

40. 按照希腊法律,请求返还原物程序启动后,恶意占有人的责任和善意占有人的责任是一样的(民法典第1098条,参见注释18)。承担责任的前提条件除了占有人的恶意,还包括占有人对物的毁损、价值的减少以及拒不返还占有物具有过错。过错是根据民法典第330条及以下定义的(过错产生的责任;Filios,Empragmato Dikaio^{2},250)。如果占有人是恶意的并且也是违约的,那么责任就会加重,同时,占有人义务除了实际履行,还要赔偿其由于迟延归还原物而使所有人遭受的损失(民法典第343(1)条,Georgiades,Empragmato Dikaio Ⅰ,599)。如果占有是通过不法行为取得的,占有人对任何损失都要负责,包括民法典第344条意义上的偶然事件(Faber and

Lurger(-Klaoudatou),Na-tional Reports Ⅲ,chap.19.2)。

41.在奥地利,按照非合同责任条款,恶意占有人对所有因占有引起的损害负责(民法典第335条),包括利润损失,这比按照民法典第1324条一般条款(返还损失利益要求占有人具有重大过失)承担的责任更宽。责任不仅包括物本身的损失,还包括所有人因丧失对物的控制而遭受的损失(Kletecˇka and Schauer(-Lurger),ABGB,§ 335;no.4)。关于恶意占有人对意外的毁损灭失应负何种程度的责任是有许多争议的。法律学者Spielbüchler主张当占有人明知自己无权占有时应加重其责任。从他的观点可以看出,按照非合同责任的一般规定,造成损失的过错产生了责任(Rummel(-Spielbüchler),ABGB Ⅰ^{3},§ 335,no.1)。对使用或消费占有之物产生的不当得利,也同样适用于对第Ⅷ-7:103条注释68中说明的原则。

42.按照立陶宛的法律,所有人可以基于非合同责任条款主张损害赔偿。根据全部损失全部赔偿的一般原则,所有人有权要求赔偿所有损失,比如直接损失(例如物的价值)以及利润损失(民法典第6.249、6.263条;Faber and Lurger(-Mikelenas),National Reports Ⅲ,chap.19.2)。如果物的返还是因为双方合同的无效和终止,适用民法典第6.147~6.148条。如果负有返还义务的人是恶意的,或者因其过错导致需要返还原物的,当物灭失或被转移时,他需返还物的最大价值(民法典第6.147条)。如果物因不可抗力毁损,恶意的义务人或者因其过错导致需要将物返还的义务人,有义务返还与该物财产价值相等的财产,计算方法根据民法典第6.147条提供的方法,当义务人能证明即使物在占有人的占有之下损失仍会发生时,就不适用上述规则(民法典第6.148条)。如果物受到部分损失或价值减少,义务人必须赔偿与该部分损失或减少的价值相等的财物,除非此种损失或减少是物的自然耗损(Mikelenas,loc.cit.)。

43.在苏格兰,一种观点认为恶意占有人对物的价值负责。像上面提到的,只有当物在占有期间被无过错的占有人丢失时占有人才负有一定程度的返还获利责任(如Bell,Principles of the Law of Scotland,§ 537;然而也可参见Ferguson v. Forrest(1639)Mor 4145)。如果物因为占有人的过错而毁损,恶意占有人可能会负有赔偿责任。在物有损失的情况下,占有人对物的价值的减少承担责任,然而在物的变质情况下,占有人只承担部分责任(Reid,Unjustified Enrichment and Property Law 178,似乎和Rankine的观点是一致的,参见Rankine,The Law of Land-ownership in Scotland,93)。唯一可以肯定的就是法律规定是不确定的。

44.按照捷克法律,恶意占有人对物的毁损灭失负责任(Faber and Lurger(-Tichy′),National Reports Ⅵ,chap.20.5)。

45.在英格兰和威尔士,恶意似乎仅有很少的意义。就像上面提到的,善意占有人可以通过因果关系来限定责任,并且可能是有效的。恶意占有人就不能提出因果关系来限责(Faber and Lurger(-Frisby and Jones),National Reports Ⅱ,152)。

46.在爱尔兰,返还救济要考虑到占有人的获得,因此在许多情况下,就是返还所有人所损失的。如果占有人对所有人有不法行为,那么占有人也许应该把获利转移给所有人而不是赔偿所有人的损失。如果损失结果是在预期损失的范围之内,那么遭受损失的一方应该把该物产生的利益留给不法行为人,因此,需要对损失进行估量以便于剥夺他的获利,这反映了返还原物的一个基本原则,即占有人不能从他的不法行为中获利。

47.在意大利,有义务返还原物和孳息的占有人,对物的毁损或返还不能负有责任(参见上文注释27)。

48.在瑞典、芬兰和挪威,恶意这个因素是没有法律意义的。责任的判断是看行为人依据过失原则有无过失而定。恶意占有人肯定被认为是有过失的，所以必须要赔偿所有人的损失。大量的法院判决对瑞典的关于非合同责任的几个规则进行了深化发展。如果物被占有人通过不合法的交易转让，那么估计损失的时候要考虑到占有人通过交易所获得的收益（Hellner and Johansson，Skadeståndsrätt6，423；Hellner，Om obehörig vinst，241 ff and Karlgren，Obehörig vinst och värdeersättning，48et seq.）。计算物的所有的损失的时候，首要的是考虑重新买一个同款的物的花费，减去因年限和使用所耗损的价值，只有在特殊情况下才使用物的实用价值或出卖价格来计算损失。在部分损失的情况下，计算损失时既要考虑到维修费用，也要考虑到物在受损后价值的减少（Hellner and Johansson，loc. cit.，420 et seq.）。

49. 在物毁损灭失的情况下，恶意占有人承担什么样的法律后果，葡萄牙法典没有明文规定。另一方面，可以这样说占有人对任何损失都负有责任，即使该损失并不是由占有人的行为或疏忽造成的。许多学者将“不论谁占有，损害都会发生”作为抗辩事由。这种理解基于以下理由：(1)旧的民法典第496条款允许此类抗辩，并且根据1996年民法典，占有人没有理由保持沉默；(2)在此种抗辩的成立上风险原则和民法典第807条的债权人迟延都一致承认此抗辩（Mesquita，Direitos Reais，119；Pires de Lima and Antunes Varela，Código Civil Anotado Ⅲ2，36）。

第Ⅷ-7:103条 占有期间物的孳息、使用和其他收益

当占有人在第Ⅷ-7:103条(范围)条款意义上的占有期间内获得了物的孳息、利用或其他收益时，所有人对这些收益的权利由第八卷规定。

评 论

A. 概述

范围：孳息、使用和其他收益。本条文涵盖了占有人在占有期间因为占有物获得收益的所有情形。举例来说，收益可能是因为使用该物所获得的利益（比如小偷用盗窃来的车载客做生意）或者收益可能是占有人收取的物的孳息，孳息可能是自然主体（比如从羊身上剪下来的羊毛）或者是法定孳息（比如所有人将物租赁给第三方所获得的租金）。其他收益可能是通过消费或处理占有物获得的（比如，占有人用他人的煤加热或者把它卖给第三方获益）。所有这些项目不需要从确切的技术含义上去了解，他们仅仅服务于特定的目的。依本条文的注释之目的，按照第七卷不当得利的基本原则哪一个规则能涵盖此种情形是不重要的，比如，第Ⅶ-5:101条（可转让型获利）、第Ⅶ-5:102条（非移转型获利）或者第Ⅶ-5:104条（收益之孳息和使用）是否可以适用。重要的是物产生的任何收益都被涵盖在里面。

关于时间上的相关规定（占有期间），参见第Ⅷ-7:101条（范围）的评论B。

欧洲法律系统的主要方法和基本的政策问题。基于在注释中对本条的更多细节规定的影响，欧洲法律系统提供的解决方案的范围从一般性的规定占有人返还任何收益（在普通法上的返还原物和侵权基本原则的范围内讨论）到保护善意占有人免受依不当得利条款进行的权利主张，后者是遵循所有人—占有人关系传统的国家的基本处理方法（参见第Ⅷ－7：101条（范围）评论C），尽管确实存在许多问题，尤其是孳息的分类。在这些国家，恶意占有人有义务将因他人之物所得的收益返还给权利人。此外，许多的法律也要求恶意占有人补偿所有人因丧失占有而无法获取的孳息。在许多国家，还有一个更细致的区别，尤其是对善意占有人而言，无偿获得（尤其是通过非有权人的赠与）占有的人必须将物的收益返还给所有人。基本的政策问题是善意占有人依据免责条款免于返还的权利是否优先于所有人依照不当得利进行的主张，按照第七卷的规定这个问题也会出现。

B. 提议的方法：关于第七卷不当得利的参考

概述。此条文指出，所有人对物在占有期间所生利益的权利，由第七卷的不当得利条款规定。概括的说，不当得利的相关条款将按照下面的描述操作，重点将集中在第七卷（不当得利的返还，抗辩）的第五节和第六节，因为第Ⅶ－1：101条（基本规则）的一般要求在本条文中是完全可以适用的。基本上，有两个层面的区分，第一个区分是关于收益的分类，可以分为移转型收益、非移转型收益或者孳息和使用型收益。第二个区分是区别获益人（如占有人）是善意的还是恶意的。这两个区分的意义将会在更多的细节上有所体现。设计这个解决方案的主要政策考量在评论C中论述。恶意占有人对其未及时收取的孳息是否负有责任，这个问题将在本评论中解决。

收益的分类。对于收益产生时包含着可移转的财产的情形，比如，从非所有人处受赠煤，第Ⅶ－5：101条（可移转型收益）第一段规定了一些基本规则：第一，获益人（占有人）有义务把获利返还给利益受损的人（煤的所有人）。当占有人为了取暖而燃烧煤时就已获益（对物的消费），此时，此条文就开始发挥规范作用。获益人不能再将物移转给第三人并且必须为其获利向利益受损人支付价款，参见第Ⅶ－5：101（3）条。如果占有人将煤移转给了第三人并获得了相应价款，根据第Ⅶ－5：101（4）条，此价款必须作为替代物返还给所有人。第二，如果受益不包括移转型收益（比如，在租赁合同无效的情况下，租赁人对车的使用），基本规则是获益人（占有人）必须向利益受损人支付与收益价值相当的金钱，参见第Ⅶ－5：102条（非移转型收益）第一段。此责任仅及于获益人的现存收益。第三，收益可能包含孳息和使用，此孳息和使用是占有人除第七卷意义上的收益以外的获益（例如，从另一只羊身上获得羊毛）。第Ⅶ－5：104条（收益之孳息和使用）规定此种获益必须返还给利益受损人，但是对于善意占有人而言，是以现存收益为限的（见下文）。

获益人（占有人）的善意或恶意。像上面提到的，按照第七卷不当得利的规则，第二个重要的标准是获益人，比如占有人，是善意还是恶意。这一区分结果首先关系到对非移转型收益主张金钱赔偿的计算方法。善意获益人支付的价款不会多于现存利益,第Ⅶ-5:102条(非移转型获益)第(2)款。以现存利益为限考虑到了无过错的获益人的个别情况,此时的受益人实际上是被强迫购买他所获取的收益。以现存利益为限目的是使受益人的境地不会比返还收益的情况更差,因此只返还实际的收益即可,参见第Ⅶ-5:102条评论C。同样的规则也适用于第Ⅶ-5:104条(收益之孳息和使用)意义上的孳息和使用。善意标准的第二个作用是按照第Ⅶ-6:101条(受益人的财产损失)善意占有人有权对抗不当得利的成立。此规则指出当善意占有人的获益失去或减少时,比如剪下来的羊毛在移转给羊的所有人之前被火烧毁,善意占有人没有义务返还全部收益。

当恶意占有人未及时收取孳息时无额外规定。当占有人没有及时收取孳息时,制定一个特别条款让恶意占有人向所有人承担赔偿责任,这种规定在许多欧洲法律系统都存在,但是这将会超出第六、七卷的基本原则并且也没有必要这样做。似乎没有特别的理由来解释为什么物的所有人比对此物没有使用权的其他权利人的位置更优越。因此,第七节没有包含这种特别规定。然而,如果所有人能够充分证明若他占有此物一定能及时收取孳息,那么当这方面的损失确实发生时,使用第(6)款承担责任。

C. 善意占有人不免责的主要政策原因

一般规定。就像上面指出的,涉及本条文的主要政策问题是按照不当得利条款善意占有人是否可以免责。被提议的解决方法没有规定此种免责。下面的评论总结了这种决定的原因。其中首要一点就是第七卷的标准规则已经包含了一系列全面完善的不当得利规则,原则上能解决本条所涵盖的问题,但当涉及物在他人占有期间所产生的收益时,这些规则就无法适用了。由此可以推测出这是没有规定善意占有人是否免责的原因。在制定本条文时,这些原因都已经分析过了,最终决定不做强制性规定。关于这方面的两个重要的论据将在下面的评论中提到。

至于恶意占有人,难度就减少了,经过比较发现在整个欧洲的法律系统没有很大的差别,因此,这种案例根据第七卷的不当得利条款解决是没有问题的。

不能将免除善意占有人的责任作为对占有人的付出的补偿。在罗马法中有一个非常合理的规定,即善意占有人可以保有孳息作为其为收取孳息所付出的努力的直观的补偿(pro cultura et cura)。此时善意占有人免于返还孳息的责任的条款的目的在于承认占有人的努力创造的价值(比如孳息)按照不当得利条款是不需要返还给所有人的,因为若返还将会导致所有人的不当得利。此种规定就简洁性和可行性而言是非常值得肯定的,并且确实是这样的,然而,它与第七卷中不当得利条款中的特定的基本概念是不和谐的。首先,第Ⅶ-1:101条(基本规则)和第Ⅶ-4:101条(归因的实例)中归因的要求是否满足是有问题的。在许多情况下,孳息(或其他收益)实际上是(有使用的可能性)所有人的财产和占有人的努力结合的成果。在某种程度上,孳息或其他收益起源于占有人的特殊努力(因此他们实际上是起源于某些东西而不是所有人的财产),可以说归因的标准是没有满足的,那么在这方面是可以排除占有人的返还责任的。其次,像上面指出的,如果孳息已经在所有人的手中,占有人努力的价值对所有人而言就构成不当得利,原则上应当返还给占有人。影响是具有比较性的。最后,至于善意占有人,第Ⅶ－5:102条(非移转型收益)、第Ⅶ－5:103条(获利的金钱价值,现存价值)和第Ⅶ－5:104条(收益之孳息和使用)中的以现存利益为限也同样起指导作用。现存收益与占有人使用超出付出努力的部分具有返还责任。更细致地探究这些不同层次的论据在第七卷的框架中是怎样相互联系并不是这些评论的任务,关键是他们都得出了这样一个结论:物本身产生的经济收益归一人所有,若因他人努力而产生的收益在两个人之间分配。许多历史法学家在这两个选择之间考量,是把所有的孳息(或者特定种类的孳息分别的)给占有人(如果是善意的)还是给所有人,而上述论述提供了一个比其他更加灵活的解决方案。

不能将免除善意占有人的责任作为对占有人支付价款给第三方的补偿。对抗不当得利主张使善意占有人免除责任的另一个重要论据是必须补偿善意占有人支付给第三人的价款并且查明后此项价款也不能向所有人要求支付的。但是这个论据没有说服力。首先,在占有人无偿取得占有的情况下论据是站不住脚的,反而适用不当得利条款将会得出比较合适的结果。善意占有人,无偿占有他人之物,必须将所得利益返还,但是不能超过第Ⅶ－5:102条(非移转型收益)第(2)款和第Ⅶ－5:104条(收益之孳息和使用)意义上的现存利益。如果获利不存在了,那么就有了对抗第Ⅶ－6:101条(受益人的财产损失)中的不当得利的正当理由。相应的,适用不当得利规则不能从善意占有人处拿走多于其实际所得的收益,对无偿获得占有适用特别规则的许多法律系统也同样遵循这个结论。其次,此论据对双方当事人之间的法律关系也不适用(就下面提到的许多情况而言,参见第Ⅷ－7:101条(范围)评论B)。即使占有人是有偿获得该占有(例如,从所有人处购得有瑕疵的物或者和所有人的租赁合同无效),根据不当得利原则作为合同另一方当事人的所有人有义务返还收益(比如,价款),此结论不需要矫正。

在有三方当事人(从非所有人处购买物,从非所有人处取得所有权)的情形下,只有占有人已实际支付价款给第三人并且从第三人或其他人处无法收回该价款的时候论据才是成立的。相反的,如果占有人能够从出卖人或者其他人(比如保险公司)处取回支付的价款,那么不适用不当得利原则就是不正当的。但是,即使善意占有人支付了价款而后又索取回来,仍然有适应不当得利的一般规则的余地。比如,风险由占有人承担而不是由所有人承担,占有人不仅需要返还物本身,还要返还由该物获得的收益。按照这些规则,问题主要集中于以下几个方面:(1)盗窃物没有通过正当的交易程序出卖;(2)占有人基于无效的合同从出卖人处取得该物。在第一种情形中,风险由自愿与不诚实第三人缔结合同的人承担,此人即是从盗贼(或从盗贼处取得该物的占有的人)处购得物的占有人,所有人没有与该窃贼自愿订立任何合同。在第二种情形下,风险由依据无效合同获得占有的人承担。在这两种情形下,占有人没有必要一定要丧失物的价值或收益,占有人可以向不能提供正当权利的出卖人要求损害赔偿,问题是占有人承担了出卖人破产这一风险。此外,还有第三种情形,即占有人从非所有人处获得物的使用权。若此非所有人是个窃贼,物是从一个窃贼处购得,那么这些论据也是同样适用的。但是如果物是被所有人托付给了第三人,那么此时所有人的处境与占有人具有相似性,因为他们都与不诚实第三人建立了关系。然而,在这些情形下,不当得利原则本身已为善意占有人提供了保护。按照第Ⅶ-6:102条(与第三方的善意法律行为),如果占有人为了获取一种利益而将另一种利益交给第三人时(价钱已支付给非所有人)并且当时是善意的,那么该获利人(占有人)并不负有返还收益(与适用该物获得的价值相等的金钱)的责任。比较第Ⅶ-6:102条的评论和示例1,那些规则的目的是规定除了善意取得以外的补充性保护(参见第Ⅶ-6:102条的评论),在上面提到的两种情形中是不适用的,即一种情形是善意占有人不能善意取得,因为物是偷来的。占有人取得该物所基于的合同是无效合同。

更多方面。很明显,所有人—占有人关系规则使善意占有人所处的位置比按照第七卷不当得利规则所处的位置更优越,然而,此额外规则是不需要的。就这些规则不同部分的一致性上而言,很明显这是更可取得。运用不当得利条款解决无效合同的问题(对比第Ⅷ-7:101条(范围)评论B),独立于涉及的当事人的物或恶意,似乎更有利,因为考虑到两者可能出现的关系和发生的特殊的情况,这些规则为两个返还责任(不仅仅是关于物的责任)提供了很好的平衡制度。其中的一种情况是因不可归责于双方当事人的原因导致一方履行返还不能时如何处理(比如依无效买卖合同转移的车在返还前毁灭)。这种问题在许多国家的不当得利规定上是一个特别的争议点。运用不当得利规则来解决双方的返还责任使这些规则在这个争议上有了一定的立场。一般而言,第七卷采用了“部门分类”的方法,看每一方当事人的得利情况,不采用“net”的方法来计算得利;参见第Ⅶ-3:102条(不利条件)评论E。

注 释

Ⅰ.综述

1. 在比利时、荷兰、西班牙、希腊、斯洛文尼亚、立陶宛、匈牙利,善意占有人在所有人行使原物返还请求权前有权保有收取的孳息。在瑞士和葡萄牙,只要占有人在收取孳息的时候是善意的,那么占有人就有权保有此孳息。根据德国法律,占有人有权保有此孳息,但是有两个条件:(1)孳息过多;(2)占有人无偿取得占有。

2. 奥地利也采用同样的解决方案,但是根据主流观点,在大多数案子中采用了不当得利的规则来解决。在爱沙尼亚,善意占有人有义务返还全部收益,但是,免除了占有人返还所收到的物的责任和赔偿随后损失的价值的责任。

3. 按照捷克法律,占有人似乎有权利对抗所有人基于不当得利主张的返还得利的请求(占有人有权保有此收入),也有对抗所有人基于返还原物请求权提出的请求(占有人必须返还收入)。

4. 按照荷兰、匈牙利和立陶宛的法律，恶意占有人必须返还所收取的一切孳息。同时，也要赔偿没有收取的孳息的损失。在希腊，恶意占有人有义务返还所收取的一切收益，同时也要赔偿因过错未收取的利益。通过不法行为取得占有的占有人，即使在轻微过失情况下，也有义务按照非合同责任条款承担责任。

5. 在比利时，恶意占有人有义务返还所收取的孳息，同时也要赔偿因过失未及时收取的孳息，除非能证明即使是所有人也无法收取这些孳息。在西班牙，恶意占有人返还其所收取的孳息同时也要赔偿能收取而未收取的孳息。

6. 恶意占有人必须返还所有孳息(好处，利益)，同时也有义务赔偿其若尽通常注意能收取而其未收取的孳息的价值(意大利)。在德国，占有人若是通过犯罪行为或不法处置取得占有，那么根据非合同责任条款是负有责任的，占有人必须返还所有收益，即使对真正所有人也无法收取的利益也负有责任。

7. 按照苏格兰法律，请求返还的权利不仅包括原物本身，还包括孳息和附加物(苏格兰法律委员会，按照误差法律，无偿取得的利益的返还(Scot Law Com Discussion Paper 95(1993) vol. 2, para. 2. 156 vi)。这意味着，举例来说，如果返还请求权的客体是一头奶牛，那么小牛也要返还。当交易是基于无效合同或者获得的使用权利是无效权利，或者物失窃，这些情况都适用上述规则。如果一项权利变成无效，那么占有人有权保有权利被宣告无效前收取的孳息。相反的，在权利终止的情况下，占有人可以保有权利终止前收取的孳息(Faber and Lurger(-Carey Miller/Combe/Steven/Wortley), National Reports Ⅱ, 458)。既然附属物随其主物原则(比如，当两个物结合时，从物附随于主物)在自然孳息中得到认可，那么权利主张人的物所产生的孳息的返还就不仅仅是一个返还了(Carey Miller and Irvine，在苏格兰法律2中的有形财产，49 f; Bell，苏格兰法律4的基本原则，§ 1298; Carey Miller/Combe/Steven/Wortley, loc. cit., 458)。另一种观点认为劳动成果和人为利润不能归入返还的规则的范围内。这就意味着通过对物加工产生的物不需要返还(Carey Miller/Combe/Steven/Wortley, loc. cit., 458 et seq.)。这种区别并不是毫无质疑的，苏格兰法律委员会怀疑在自然孳息和法定孳息之间是否要做出区分，决定返还请求权的因素是占有人的获益以及占有期间占有人是善意还是恶意(苏格兰法律委员会，按照误差法律，无偿取得的利益的返还，第二卷，第2.141段)。自然孳息和法定孳息的区别，见评论的第二部分。

8. 按照奥地利法律，恶意占有人必须返还所有利益，即使是真正权利人也无法收取的利益。同时必须赔偿应当收取而未收取的孳息，除非占有人付出很大的努力去收取孳息也没成功。

9. 按照捷克法律，恶意占有人有义务返还一切不当得利并且对真正所有人进行损害赔偿。在斯洛文尼亚，恶意占有人必须返还占有期间所收取的所有孳息。

10. 在挪威财产法案中有一个基本规则，该规则规定了所有人以外的人实际控制该物时收益的归属问题(财产法第15条；为善意占有人对孳息的权利作参考，优先于本法的制定，参见Braekhus and Haerem, Norsk tingsrett, 560 et seq.)，根据这条规定，占有人获得该物的利益("avling, avdrått og anna som tingen kastar av seg")，只要该占有人关于其对该物的规则的认识是没有过失的。在合同终止的情况下，货物买卖法案规定买受人无权取得该收益，因此必须返还给卖方(货物买卖法案 § 65 no. 27)。除了这两条规定，挪威的法律关于占有期间物的孳息和使用的问题没有其他规定。

11. 在瑞典和芬兰，对占有人在占有期间获得物的孳息和使用该物的情况没有进行规制。然而，在瑞典的立法中对该种情况能否适用不当得利进行了讨论。在瑞典，不当得利这个概念被认为是不需要的,因为它是所有权衍生出来的一个麻烦。根据瑞士的基本原则,不当得利的概念是不需要的,同样在传统民法的许多领域也是不需要的(Martinson, Transfer of Title Concerning Movables Part Ⅲ – National Report: Sweden, 25 f and 45)。法律学者中有一个非主流的观点,认为不当得利概念是非常有用的,可以用在非常多的情形中((Martinson, Transfer of Title Concerning Movables Part Ⅲ – National Report: Sweden, 25 f and 45) and Karlgren, Obehörig vinst och värdeersättning)。最高法院已经在其他领域运用不当得利(比如, JustR Munch, 更多参见 Hessler, SvJT 1955 s. 38 ff; Hult, Lärobok Ivärdepappersrätt6 ed., 97 ff and Agell, Växel, 参见上诉法院的判决 RH 1998:56,一辆车在没有有约束力的合同情况下被修理。法院认为不当得利仅能在有限的规则和案子中适用。KTjL § 8 仅规范合理的有经济意义的附加工作,因此上面案例中提到的修理已经超出了法案的适用范围)。可以这样说,不当得利确实存在但很少,几乎不被使用。除了不当得利,在瑞典和芬兰,根据某种标准,占有人有义务将收取的利益归于破产财产(瑞典,参见破产法第4章第15条,亦参见 S – Karnov 2006/07(Lennander), 3446,注释 161 ~ 162)。在芬兰,就像上面所说的收益归于破产财产的例子,占有人必须返还收益的情形是很少见的。没有法学家考虑自然孳息和法定孳息的区别,法院关于占有人有权获得孳息收益的判决也没有考虑此区别(Faber and Lurger(-Kuusinen), National Reports Ⅴ, chap. 19. 1)。

12. 在丹麦,1683(Lov nr 11000 af 15/04/1683)以后规定占有期间收取的孳息和对物的使用问题的法规非常少。这些法规已部分被类推适用或者通过法律学说得到了进一步的发展。

13. 在英格兰和威尔士,关于孳息和收益问题没有太多权威性规定。在最近的一个案子中,有一些迹象表明返还的主张可能会导致占有人自费取得的孳息需要返还。损失的计算不仅需要根据返还时物的价值计算,还要考虑占有人使用该物所获得的利益(Kuwait Airways Corpn v. Iraqi Airways Co. [2002] 2 AC 883, at 1094)。这样的主张一般是依据返还原物的一般规定,尤其是占有人不当得利这个事实(Faber and Lurger(-Frisby and Jones), National Reports Ⅱ 153 et seq.)。

14. 塞浦路斯采纳了返还原物的部分规定,这些规定指出所有人有权主张收回以孳息和使用为形式的利益。一部分人指出不当得利就其本身并不是诉讼的理由,但是可以适用于返还原物的案子中(参见 Minerva Finance and Investment Ltd. v. Georgio Georgiadi, Civil Appeal no. 9493. vol. 1D(1998) 2173 SC)。适用不当得利时运用的赔偿规则的要求是一个人对另一个人的行为是合法的,没有不法目的并且此行为的相对人对利益也是不排斥的。如果这些要求都满足,享受此收益的人必须补偿"……(所有人)……关于,或者返还已经完成或交付的物"(Faber and Lurger (-Laulhé Shaelou/Stylia-nou/Anastasiou), National Reports Ⅱ, 506 et seq. and Ismini Kyriakou Hi Loizi and Others v. Irini Iona, Civil Appeal No. 4366. Vol. 2(1983) 11 CLR)。

15. 在爱尔兰,关于这个问题没有太多权威性的规定。然而,在损失的评估上似乎有相关的考量,比如有必要消灭不法行为人可能通过他的不法行为获利的可能性(Faber and Lurger (-Gardiner), National Reports Ⅱ 279 et seq.)。

Ⅱ. 孳息和使用

16. 丹麦民法典第3:9条区分了自然孳息和法定孳息。自然孳息,按照通常观念(verkeersopvatting)认为是其他物的产出物,比如,果树的水果,母鸡的鸡蛋,母牛产的小牛等(Pitlo et al., Goederenrecht12, no. 393)。法定孳息是权利,按照通常观念是指物的衍生物(比如,利息、租金、抵押收入)(Nieuwenhuis/Stolker/Valk(-Huijgen), T & C Burgerlijk Wetboek[3], art. 3:

9,no.2)。古民法典还提到了劳动成果,但是这个区分已没有多大意义,因此,在新的法典中没有进行区分。正因为这个原因,自然孳息包含了劳动成果(Huijgen,loc. cit.,art. 3:9,no. 4;for more details see Asser,Goederenrecht[14] Ⅰ,nos. 74-77)。

17. 比利时法律区分了孳息和产品。孳息是物的有规律的周期性的产出,不会影响物的价值和尺寸(Van Neste,Beginselen van Belgisch Privaatrecht Ⅴ[2],no. 250;Hansenne,Les biens Ⅰ,nos. 265 and 280)。法律也区分了自然孳息和法定孳息。民法典也提到了劳动成果。自然孳息是指土壤自身的产生以及动物的后代(民法典第583条)。法定孳息,举例来说,是指利息和租金(民法典第584条)。土地劳动成果的取得是培育的结果(民法典第583条)。产品,相反的,并不是物的周期性产出,它会导致物本身的尺寸和价值的减少,比如,从矿土中分离出矿石(Hansenne,Les biens Ⅰ,no. 280)。

18. 芬兰法律区分了自然收益和法定孳息。自然收益是产出物,在其资产性方面有争议。比如,植物、谷物和收获的庄稼,它独立于物,不是物的组成部分。法定孳息是经济盈利和利息,比如租金和股息收入。与收益和孳息不同的是物的分离物,它降低了物的价值,导致物的尺寸和价值减少(Faber and Lurger(-Kuusinen),National Reports Ⅴ,chap. 19.1)。

19. 苏格兰法律也区分自然孳息和法定孳息;比如区分作为返还原物请求权的客体物直接产生的孳息和对物进行开发所产生的孳息(Faber and Lurger(-Carey Miller/Combe/Steven/Wortley),National Reports Ⅱ,458)。

20. 西班牙民法典将孳息分为三类:自然孳息、劳动成果和法定孳息。根据民法典第355条,自然孳息是指土壤的自然产出,动物的后代及其他产物。土地产出的劳动成果是培育和劳动的结果;法定孳息是建筑物的租金收入、土地产生的租金收入及其他财产以及永久性的收入、年终一次性的或其他类似的收入的总和。既然当今自然孳息和劳动成果的区分已丧失了实际意义,那么法律著作就简化了此种分类,只区分了两种孳息,即自然孳息和法定孳息。根据民法典第357条,只有当孳息能被独立存在或出生,才能被认定为自然孳息和劳动成果(TS 6 March 1965,RJ 1436)。至于动物,当他们在母亲的子宫里时就满足了这个条件,即使他们还没有被生出来。有时候产品("products")被用来表示非周期性产出的物以及其产生能引起物的实体减少的物(比如,从矿山中挖出的矿石,TS 30 June 1950,RJ1235,其否定矿藏的产品被认为是劳动成果)。按照西班牙法律,这些产品都能包涵在孳息的概念中(TS 6March 1965,RJ 1436;TS 23 January 1947,RJ 21),尽管,在某些方面他们受特别法的约束。

21. 意大利民法典区分了两种孳息:自然孳息(frutti naturali)和法定孳息(frutti civili)。民法典第820(1)条对自然孳息的定义是在有人力或无人力的干涉下,物直接产生的孳息。比如,条约规定的农产品、木材、新生的动物以及矿藏品、石子和维修区的草皮。至于法定孳息,民法典第820(3)条将其定义为源自于物,由获得该产出物的其他人享有利益的形式。资本利息、永久租赁权和租赁协议下的租金、终身年金以及其他投资收入,都是法定孳息的例子。

22. 葡萄牙区分了自然孳息和法定孳息。自然孳息(frutos naturais)是直接由物产生的孳息,法定孳息(frutos civis)是因法律关系或交易而由物产生的收入或价值(民法典第212(2)条)。

23. 斯洛文尼亚法律都认可了自然孳息和法定孳息(物权法第20(2)条)。

24. 按照瑞士法律,收益是指占有人取得的物质的和非物质的一切利益,包括自然孳息、法定孳息以及使用等。在物被转让的情况下,价款是否被看做是一种收益,这个问题在瑞士法上一直是有争议的。从经济角度考虑,价款可以代替物。然而,有人认为物的转让、毁灭、退化应该被区别对待(BSK(-Stark),ZGB Ⅱ², art. 938, nos. 4-5)。

25. 奥地利法律区分了三种分类。自然孳息(natürliche Früchte)是物直接产生的,可以实际分离。典型的例子就是母牛生的小牛。法定孳息(Zivilfrüchte)是依占有人和第三人之间的法律关系物产生的利润和利息,比如按照租赁合同收取的租金。其他收益也被相关规则涵盖了,比如占有人对车的使用的可能性(Gebrauchsnutzen(Klang(-F. Bydlinski), ABGB Ⅳ(2)², 517; Kle-tečka and Schauer(-Lurger), ABGB, § 330, no. 1)。

26. 德国民法典使用单词 Nutzungen(利益),它包括孳息,也包括使用该物所获得的利益(民法典第100条;Wieling, Sachenrecht Ⅰ², § 12 Ⅳ):直接孳息,比如牛奶、新生的动物、果实和煤、石子和矿泉水;间接孳息,比如租金。使用该物所获得的利益是自然利益,是通过占有该物获得的;比如,对车或机器的使用,对衣服的穿戴、将动物作运输的工具或玩闹(Soergel(-Stadler), BGB[13], § 987 no. 11)。

27. 希腊民法(民法典第961、962条)财产法律规则中的"收益"从以下几个方面理解:(1)物的自然孳息,已成为一个独立的物。比如,动物的有机产生(牛奶、肉等)或者土地的产出(树、水果、种子、植物等);(2)为了特定目的从物中提取出来的,来自土地的无机物(比如,沙子、大理石、石子等);(3)权利孳息,根据它的用途,为权利人创造的收入(比如,用益权、租用权);(4)法定孳息,是物或权利产生的收入,通过法律关系,为权利拥有人产生的收入(比如,租赁协议、贷款等);(5)通过使用该物或权利而产生的收益(Faber and Lurger(-Klaoudatou), National Reports Ⅲ, chap. 19.1.1)。

28. 根据爱沙尼亚民法典一般性部分第62条,收益包括物的孳息和使用该物获得的利益。条文对自然孳息和法定孳息做了区分,自然孳息是物因自然的力量或人力的介入而产生的(民法典一般性部分第62(2)条)。法定孳息是指依目的通过物或权利获得的收入或者是一个法律关系的结果(民法典一般性部分第62(3)条)。

29. 立陶宛民法典第4.18条提到了"收入":收入包括孳息、经济利润、股息等(Faber and Lurger(-Mikelenas), National Reports Ⅲ, chap. 19.1)。

30. 捷克法中没有对利益的不同种类进行区分(Faber and Lurger(-Tichy′), National Reports Ⅵ, chap. 20.4)。

Ⅲ. 善意占有

31. 根据荷兰民法典第3:120(1)条,善意占有人有权分离自然孳息或法定孳息。对于可以保有其收取的孳息的善意占有人而言,基于不当得利赔偿真正所有人因该物被使用而遭受的损失是不公平的(民法典第6:212条)。因此,根据民法典第3:121条第(1)、(3)款类推,在真正的所有人主张返还原物之前,善意占有人有权使用该物(Snijders, Goe-derenrecht4, no. 142)。根据民法典第6:275条关于孳息的返还及对费用和损失的赔偿规则,在撤销双务合同的情况下要做必要的变通。

32. 作为一般规则,比利时法律关于物的孳息是由民法典第2279条(possession vaut titre)规定。然而,民法典也包括民法典第549条及以下关于动产和不动产的孳息的特别规定。这些规则通常给予占有人较少的保护,因此占有人更喜欢依据民法典第2279条提供的保护主张权利。然而,在许多情况下,民法典第549条及以下提供给占有人的保护比民法典第2279条更强。举例来说,真正所有人依据民法典第2279(2)条主张返还盗窃物或遗失物只能在其规定的3年期限内就属于上述情况之一。民法典第549条规定只要占有人是善意的(善意的含义,参见第Ⅷ-7:

102 条注释 16)，那么占有人有权保有该物的孳息，此规则适用善意占有期间收取的孳息，不适用于请求返还原物之前收取的孳息，也不适用之后收取的孳息，除非这些孳息是占有人添加到物上的添加物而产生的额外孳息，此种孳息被认为是对占有人消耗在物上的代价的补偿(Cass. 17 June 1852，Pas. belge 1853，I，435；Van Neste，Beginselen van Belgisch Privaatrecht Ⅴ^{2}，no. 252)。再者，善意占有人仅对孳息享有权利，对产品不享有权利(Hansenne，Les biens Ⅰ，no. 280)。对于负有返还义务的善意占有人是否可以适用民法典第 549 条，这个问题的答案是不确定的。如果合同的终止具有溯及力，那么运用民法典第 549 条使情况恢复到合同好像从未订立过一样是很难的。许多比利时法律学者认为，只有返还责任的占有人没有权利保有该孳息的观点在一定意义上占了上风，他/她不能被认为是善意占有人(de Page and Masson，Traité élémentaire de droit civil belge Ⅱ，no. 872；Laurent，Principes de droit civil，no. 64；Limpens，La vente，no. 1785)。根据此观点，完整的返还应该包括孳息的返还，然而这与运用民法典第 549 条来确立返还责任的法国案例法和法律著作是冲突的(Cass. 20 June 1967，D. 1968，32，JCP 1968，II，no. 15262，note J. A. and RTD civ 1968，337，note Bredin；Baudry-Lacan-tinerie，Traité，XIV，no. 1969)。

33. 根据西班牙法律民法典第 451 条，善意占有人有权保有占有中断前收取的孳息。自然孳息和劳动成果在收取或加工时就认为已被占有人取得(民法典第 451(2)、472 条)。法定孳息每天都会增加(民法典第 451(3)、474 条)，因此在整个占有期间都属于善意占有人。占有的中断是从权利人提出权利主张开始，还是从占有人回应权利人的主张开始，抑或是从占有人被法院传唤开始，这个问题是有争议的，大多数的判例法支持最后一种观点(Pasquau Liaño(-López Frías)，Jurisprudencia civil comentada Ⅰ，1087 参考判例法)。一旦变成恶意，占有人对孳息就不再享有权利。然而，负有返还原物义务的善意占有人有权保有占有中断前收取的孳息，但是有义务上交程序期间收取的孳息。善意占有人没有义务返还本应由真正所有人收取的孳息(Faber and Lurger(-González Pacanowska and Díez Soto)，National Reports Ⅴ，chap. 2. 7. 3(a))。许多法律学者指出物的利用也是一种价值，对此可以主张损害赔偿或不当得利(Carrasco，ADC 1988，62 et seq.)。民法典第 452 条有一款关于善意停止时孳息尚未收取的规定。占有人有权对善意占有期间培育孳息的花费主张补偿。物的所有人应该允许善意占有人结束培育并收取现存孳息作为投入的补偿。如果善意占有人拒绝接受此折中方法，那么将丧失了以任何方式获得补偿的机会。

34. 在丹麦，善意占有人有权保有在所有人主张返还原物前收取的一切孳息(古丹麦法典第 5－5－4 条：此规则不仅适用于不动产，也同样适用于动产)。决定性因素是此孳息是否在主张返还原物之前取得。然而，占有人不仅能保有主张返还原物前收取的孳息，还能保有主张返还原物后收取的孳息(Vinding Kruse，Ejendomsretten^{13}，742 et seq.)。

35. 根据瑞典破产法案的法律规则，占有人须返还占有物，使其归于破产财产，同时，也要返还在主张返还原物程序之前收取的孳息(破产法案第 4 章第 15 条)。E contrario，指善意占有人可以保有此行动开始之前收取的孳息。占有人也应该(bör)为其对物获益性的使用而支付价款(Karnov(-Lennander)2006/07，3446 no. 162)。若不考虑这些规则，可以依据不当得利条款主张返还原物和孳息，然而在瑞典的法律中，不当得利是一个不确定的法律基础(参见下面的注释Ⅱ)。

36. 挪威法律规定，从他人之物处获益的占有人当处于善意状态时，比如无过失地相信自己对这些收益享有权利，可以保有此收益而不必将其返还给物的所有人，参见财产法案第 15 条以及 Falkanger/Falkanger，Tingsrett6，404 ff(此法案不仅适用于不动产，也同样适用于动产)。

37. 按照芬兰法律，通过一个无效协议取得该物的善意占有人，一般而言，在某些情况下，在其善意终止前对物的收益和孳息享有更为优越的权利（参见 Supreme Court ruling KKO 1984 II 125 and Faber and Lurger（-Kuusinen），National Reports Ⅴ，chap. 19. 1.）。然而根据许多特别规定（比如，恢复法第17（1）条以及 TakSL 第5条），善意占有人，在某些情况下，有义务将占有开始后获得的所有收益和孳息归还给所有人（Kuusinen，loc. cit.）。

38. 按照意大利法律，善意占有人有权保有权利主张前收取的自然孳息和法定孳息。法律程序启动后，占有人须将物连同程序启动后收取的孳息归还于所有人。

39. 在希腊，善意占有并持续善意占有的人，有权保有主张返还原物的法律程序启动前收取的利益（民法典第1100条）。如果买卖合同是无效的，而实际交付行为是有效的，那么占有人必须依据民法典第904条和第908条（不当得利）返还物及其孳息，至于返还原物的法律程序启动后收取的孳息，所有人可以要求善意占有人返还。在程序启动后，若占有人在尽到合理的管理义务后能够收取但因恶意而没有收取该孳息的，那么占有人对此种孳息负有责任（民法典第1096条）。

40. 在斯洛文尼亚，孳息被认为是物的一部分，在二者分离前，受同样的对待。将二者分离的权利通常是属于所有人的，但是若善意占有人将二者分离，那么善意占有人有权取得该孳息的所有权，并且仅有返还未分离的孳息的义务（物权法第95（1）条）。在权利人主张权利后，占有人的善意就随之丧失（Faber and Lurger（-Rudolf/Rijavec/Keresteš），National Reports Ⅰ，620 et seq.）。在合同无效的情况下，双方必须返还其收到的任何给付（债权法第187（2）条）。

41. 在立陶宛，善意占有人发现或应当发现其占有是不法占有或者知道主张返还原物的法律程序已经启动，对于其后再收取的孳息无权保有。主张返还原物的所有人有权要求占有人返还上述时间点后收取或应当收取的一切收益（民法典第4.97条）。善意是推定的，如果占有人相信没有人对此物拥有更多的权利，那么他就是善意的（民法典第4.26条）。如果因为双方合同无效需要返还该物，那么所有人的孳息和收入归属于返还义务人，因为义务人承担了此孳息和收入的所有花费（民法典第6.151条）。

42. 在匈牙利，善意占有人对返还原物的法律程序启动前收取的孳息不承担责任。况且，有偿取得占有的占有人是没有义务交出现存利益的。然而，当法律程序启动后情况开始发生变化，从那时起，开始适用“有责保管”（民法典第196～197条）规则。根据此规则，占有人有义务返还所有孳息，或者赔偿本应收取而未收取的孳息的价值。占有人可以从返还的收益中减去投入的花费（Faber and Lurger（-Szilágyi），National Reports Ⅲ，chap. 19. 2. 1（c））。很明显，从法律程序启动后，占有人就处于恶意状态，因此他将作为恶意占有人承担责任（见下面的注释54）。如果交易是基于无效合同进行的，那么应依据恢复原物之诉的原则来规范这种情况（民法典第237（1）条）。

43. 在瑞士，善意占有人有权保有自然孳息和法定孳息，只要收取该孳息时占有人仍处于善意状态中。相信自己是真正所有人的占有人有权使用该物而不用支付任何价款（民法典第938条；Steinauer，Les droits réels Ⅰ[4]，no. 504）。关于善意的概念，参见第Ⅷ－7:102条的注释14。

44. 在葡萄牙，若自然孳息和法定孳息是在善意占有期间收取的，那么善意占有人有权保有该孳息（民法典第1270条），主要原因在于对于以物的权利人的身份处之的善意占有人而言，返还收取的孳息是不公平的，因为占有人是以拥有孳息的心态来寄予希望和组织自己的行为（de Pires de Lima and Antunes Varela，Código Civil Anotado Ⅲ，37）。至于善意的概念，参见第Ⅷ－7:

102 条的注释 23。

45. 根据德国民法典第 993(1)条,善意占有人有权保有收益,甚至是占有期间取得的孳息。然而,此条款也提出了一种例外情况——孳息过量(Übermaßfrüchte)。再者,如果此占有是无偿取得的,那么善意占有人有义务返还一切收益给所有人(民法典第 988 条)。返还责任由不当得利条款规范。如果占有人对该物有所投入,那么所谓的不当得利就是不成立的(Prütting, Sachenrecht[30], no. 533; Wieling, Sachenrecht Ⅰ[2], § 12 Ⅳ 4; Bamberger and Roth(-Fritzsche), BGB II2, § 988 no. 11)。至于善意的定义,参见第Ⅷ－7:102 条的注释 17。当然,善意占有人在法律程序启动后收取的孳息必须交还给所有人(民法典第 987(1)条)。程序启动以法院的传唤为标志(Soergel(-Stadler), BGB[13], § 987 no. 4)。如果孳息仍然存在,占有人必须予以返还,否则,占有人有责任支付与这些收益价值相当的价款。在法律程序启动后,对于如果占有人尽到合理的管理义务能够收取而因过失未能收取的孳息,占有人是负有责任的(民法典第 987(2)条)。这与物若处于所有人的占有之下孳息就能被收取的价值判断没有关系(Wieling, loc. cit., § 12 Ⅳ 2 a; Fritzsche, loc. cit., § 987 no. 65)。如果占有人为了得到这些收益投入了花费,那么这些花费可以从赔偿数额中扣除(Wieling, loc. cit., § 12 Ⅳ 2 a bb)。

46. 在苏格兰,有法律学者认为,对抗善意占有人的权利主张不在于自费取得该孳息,而是该孳息现在还存在。因此,如果善意占有人增加了支出,那么该善意占有人对此增加部分不承担责任(阶梯,苏格兰法律体系,I. 7. 10)。有人提出另外一种意见作为对善意占有人的抗辩理由,即善意占有人在孳息分离时即成为该孳息的所有人,或者更确切地说,占有人仅对所有人主张返还原物时未被消费的孳息承担责任(Stair, Institutions of the Laws of Scotland[2], I. 7. 10 and Faber and Lurger(-Carey Miller/Combe/Steven/Wortley), National Reports Ⅱ, 459)。善意占有人不需要证明已消费,消费的假定可以从孳息的收取中推断出来(Ferguson v. Lord Advocate(1906) 14 SLT 52)。基于存在着各种各样的孳息,这种推断也不一定总是适用的。

47. 奥地利民法典第 330 条认为,善意占有人通过将自然孳息与法定孳息相分离而取得孳息的所有权,这条规定可以理解为是民法典第 405 条的一般规定,它认为,所有人通过将孳息与原物分离而取得孳息的所有权(Klang(-Klang), ABGB II2, 405)。对法定孳息而言,在两个前提都存在的情形下,法定孳息归于善意占有人:一是该孳息已被收取;二是在和平占有期间成为正当的,比如占有人没有被起诉(参见民法典第 338 条; Klang(-Schey and Klang), ABGB II2, 96 et seq.)。至于善意的概念参见对第Ⅷ－7:102 条的注释 21。然而,比较有争议的是依据不当得利规则该结果是否能够或者在何种程度上可以适用。主流观点认为在大多数案例中都应该做出修正(Klang(-Wilburg), ABGB Ⅵ[2], 474 f; Kletecˇka and Schauer(-Lurger), ABGB, § 330, no. 3; OGH22 April 1997, SZ 70/69, concerning immovable property. Arguing for a stricter observation of the principles provided for by CC § 330: Rummel(-Spielbüchler), ABGB Ⅰ[3], § 330, no. 1)。它是基于立法者在对民法典第 330 条介绍时的立法理由。善意占有人有权保有该孳息:首先,可以作为给付给第三方的价值的补偿(民法典第 333 条);其次,保有该孳息也是补偿善意占有人为获取该孳息而付出努力的一种直观的方式(vonZeiller, Commentar II(1), 69 et seq.)。因此,民法典第 330 条能够适用的范围(比如,占有人可以保有孳息)限于讨论中适合的情况(更多细节,参见 Faber and Lurger(-Faber), National Reports Ⅰ, 188 et seq)。依据不当得利返还可适用于自然孳息和法定孳息,就像上面指出的,这也适用于占有人从物中获得的其他收益,尤其是对物的使用(参见上面的注释 25)。在后面的情形中,占有人有义务支付使用该物的价款(Benützungsentgelt),

按照主流观点,该价款的计算是以善意占有人通过使用所获得的收益为依据(Schwimann(-Klicka),ABGB Ⅱ[3],§ 330,no. 2;Lurger,loc cit.,§ 330,no. 3)。有意义的花费应当从依据不当得利需要返还的收益中扣除(Lurger,loc. cit.,§ 330;no. 4)。至于奥地利法律中的不当得利主张,应当提到,如果获利停止,那么返还获利的义务并不因此而消灭(对损失没有抗辩),善意占有人对已经消费的孳息不承担法律责任(Iro,Sachenrecht[3],no. 7/5)。

48. 爱沙尼亚的法律区分了双方当事人和三方当事人的情况,若合同终止后占有人仍使用该物,那么占有人必须向所有人赔偿使用该物而获利益的通常价值。在因合同无效撤销而需要返还该物的情形中,所接受的给付物加上所有的盈利都必须返还(债权法第 1028 条)。如果给付的标的物已经毁灭、消费、损坏或利用,所有人可以主张返还替代物(债权法第 1032 条)。一般而言,占有人没有返还给付物的责任,也没有赔偿随后发生的损失价值的责任(债权法第 1033(1)条)。然而,在双务合同的情况下,该抗辩是不适用的(债权法第 1034(1)条)。更进一步,当受让人已经意识到或应当认识到此种条件已构成不当得利请求权的基础后,物再发生毁灭消费或损坏时,不当得利的抗辩不再适用(债权法第 1035 条第(1)、(2)款)。非出于所有人的自愿而丧失占有时(比如盗窃),适用对抗妨碍返还之诉的规则。当占有人对物进行处分、使用、消费、聚合、混合、加工或其他侵犯所有人的权利时,需将侵犯占有人的权利而获得的利益赔偿给占有人。如果该侵权人没有意识或不可能意识到他对该物的权利缺失时,将免于承担此责任,当知道他人已提出赔偿主张时,若侵权人不再通过侵权行为获利,侵权人也免于承担责任。在三方当事人的情况下,关于交付和赔偿孳息的条款,物权法、债权法明确规定参照债权法第 1037 ~ 1040 条,比如关于对抗侵权的返还之诉(见上面)的条款。因此,用于规范所有人和不受合同关系和非合同关系约束的占有人之间关系的规则,也同样适用于调整所有人和侵权人之间的关系。当无权处分人未经实际权利人的同意并且也不符合善意取得规定而处分该物时,所有人也可以不直接向第三方占有人主张权利,而是要求无权处分人赔偿其通常可以获得的利益。然而,在无权处分人无偿转让该物的情形下,第三人有义务将物归还给所有人,即使也符合善意取得的条件(债权法第 1040 条)。善意受让人可以基于不当得利进行抗辩(Faber and Lurger(-Kullerkupp),National Reports I 330 et seq.)。

49. 根据捷克民法典第 458(2)条(依不当得利主张返还),善意占有人有权取得所有收入:包括孳息(Faber and Lurger(-Tichy′),National Reports Ⅵ,chap. 20.2 and 20.4)。然而,如果所有人依返还原物请求权请求返还原物时,所有的孳息收入都未必返还,不论该占有人是善意还是恶意(Tichy′,loc. cit.)。

50. 按照塞浦路斯的法律,占有人的善意或恶意并不是评判标准。更多参见上面的注释 14。

51. 对英格兰、威尔士和爱尔兰,参见上面的注释 13、15。

Ⅳ. 恶意占有

52. 在荷兰,非善意占有人无权取得孳息(民法典第 3:121(1)条)并且有义务将收集的孳息交付给所有人。如果无法交付这些孳息,占有人须依据非合同责任条款赔偿损失(Asser,Goederenrecht[14] Ⅱ,no. 123)。非善意占有人有义务赔偿真正所有人因占有人的不法占有而遭受的损失,这也包括占有人没有及时收取的孳息(Nieuwenhuis/Stolker/Valk(-Rank-Berenschot),B. W. 3,art. 3:121,no. 2)。

53. 在苏格兰,占有人似乎对占有期间收取的已消费的孳息或其他收益负有责任(Carey Miller and Irvine,Corporeal Movables[2],243)。苏格兰似乎没有法律依据要求占有人赔偿物能产生而其未收取的孳息。但是,既然善意占有人有权取得产生的孳息,那么将此种责任加诸于恶意占有人身上对其就是一种限制(Faber and Lurger(-Carey Miller/Combe/Steven/Wortley),National Reports Ⅱ 460 and Carey Miller and Irvine,Corporeal Mo-vables in Scots Law[2],106 et seq.)。

54. 在匈牙利,恶意占有人有义务归还现在收益并且必须赔偿其已消费或未及时收取的孳息的价值(Faber and Lurger(-Szilágyi),National Reports Ⅲ,chap. 19. 2. 1(d))。

55. 在立陶宛,恶意占有人有义务归还或补偿其在整个占有期间已经收取的或应该收取而未收取的所有收入(民法典第 4. 97 条),因此恶意占有人无权取得任何收益(Fabe rand Lurger(-Mikelenas),National Reports Ⅲ chap. 19. 1)。因为善意是推定的,所以所有人必须证明占有人是恶意的,比如,证明占有人知道或应当知道其无权取得该物的占有或证明第三人对此物拥有更多的权利(民法典第 4. 26 条)。根据责任条款负有返还责任的情况下(比如,双方之间的合同无效或终止),民法典第 6. 151 条提供了一个特别规则,如果负有返还责任的占有人是恶意的或者返还义务是由占有人的过错造成的,那么占有人不仅要返还孳息和收入,还要赔偿债权人因为该物所获得的任何收益。不过,债权人必须赔偿债务人因生产该孳息和收入而付出的花费(参见第Ⅷ－7:104 条的注释 50)。

56. 按照希腊法律,占有该物之时是恶意或者后来意识到自己是无权占有的占有人,有义务交还现存的孳息、移转或消费的孳息的价值以及因过失没能收取的孳息(民法典第 1098 条)。影响占有人责任的并不是法律程序启动的时间,而是此程序启动之前的一个时间,即占有人变成恶意的时间(Georgiades,Empragmato Dikaio Ⅰ,592)。违约的恶意占有人对因违约产生的所有损失都负有责任,也对没有违约但没有收取的利益承担责任(民法典第 1098 条第 2 句及第 343(1)条),其对意外的履行不能也承担责任。另一方面,如果能够证明即使物已返还损害也会发生,那么占有人就不负责任。除了这些责任,占有人此外还要支付其没有及时收取的孳息的价值以及因其违约导致灭失的孳息的价值。占有人对物的意外灭失也负有责任(Faber and Lurger(-Klaoudatou),National Reports Ⅲ chap. 19. 1. 1(c))。依不法行为取得占有的占有人也有义务依据不法行为条款赔偿所有人的损失(民法典第 1099 条)。不论返还原物的法律程序是否启动,也不论占有人是否是恶意的,占有人对一切孳息都要赔偿。因此,在轻过失的情形下,占有人也负有责任(Klaou-datou,loc. cit.,chap. 19. 1. 1(d))。占有人基于不法行为条款承担责任与依照民法典第 1096 条及以下承担的责任是并存的(Georgiades,loc. cit.,594)。

57. 根据比利时民法典第 549 条,善意占有人有义务将孳息连同物一起返还给合法所有人,他可以取回财产。不论恶意占有人是否仍拥有或已经消费所收取的孳息,都必须返还所有的孳息,在孳息已被消费的情况下,恶意占有人必须支付与消费的孳息价值相当的金钱。判例法和法律著作都毫无异议地赞同恶意占有人要赔偿因过失而未能收取的孳息价值,甚至当物被转让给第三方且该孳息由第三方获得时,占有人也要对所有人赔偿损失,即使该第三人的善意后来消失了(Hans-enne,Les biens I(1),no. 269)。然而如果能够证明即使是所有人也不能收取该孳息,那么善意占有人不需要返还其没有收取的孳息(Hansenne,loc. cit. no. 272)。在返还责任是以赔偿的方式进行时,法律著作认为孳息的价值是从返还该孳息时起算的(Hansenne,loc. cit. no. 270)。法国的立法者采纳了民法典第 549 条的观点。立法者接受这样一种意见,即恶意占有人也应赔偿所有人孳息产生的利息。利息从恶意占有人收取孳息时开始增长(Hansenne,loc. cit. no. 271;de Page and Dekkers,Traité élé-mentaire de droit civil belge Ⅵ,no. 155)。恶意占有人有权要求对其付出的费用进行补偿(Van Neste,Beginselen van Belgisch Privaatrecht Ⅴ[2],no. 251;涉及民法典

第548条:利息孳息属于物的所有人,所有人有义务补偿占有人付出的费用,比如,犁耕、培育和播种)。这条规则的基础是必要费用理论(参见第Ⅷ－7:104条注释28、55),同时其基础更是不当得利的原则(Hansenne,Les biens I(1),no.273)。

58. 按照西班牙法律,恶意占有人有义务赔偿所有人本应收取的孳息和其他应当获得的收益(民法典第455条)。占有人有权要求补偿其支出的必要费用,否则所有人就变成不当得利(参见对第Ⅷ－7:104条的注释48)。此外民法典第356条确立了一个一般规则,依此规则,获取孳息的人有义务支付第三人生产、收集和保管此孳息所支出的费用。

59. 在意大利,恶意占有人拥有属于他人的孳息被认为是不当的。在此种情况下,如果占有是因为不法行为获得的,按照惩治不法行为的法律,占有人负有责任并且物及孳息的返还具有赔偿性。然而,如果占有是通过不法交易取得的,占有人可以主张占有保护之诉,诉讼的结果取决于占有人是善意还是恶意。恶意占有人必须返还孳息(民法典第2033条)并且支付如果其尽通常注意义务就能收取的孳息的价值(Faber and Lurger(-Greco),National Reports Ⅰ,398)。

60. 按照瑞士法律,恶意占有人必须赔偿所有人通过使用该物所获得的一切收益(不仅指孳息)(Steinauer,Les droits reels Ⅰ^{4},no.516)。他必须支付因使用该物所获价值相当的赔偿金。如果孳息仍然存在,占有人必须交还,否则应赔偿这些收益的价值,即使这些孳息因意外灭失(BSK(-Stark),ZGB Ⅱ^{2},art.940,no.11)。更进一步,占有人也对其过失未收取的孳息承担责任(民法典第940(1)条)。对于占有人若用恰当的方式使用该物就能收取到而实际没有收取的孳息,占有人负有赔偿责任(Steinauer,Les droits réels Ⅰ^{4},no.517)。有人主张如果无论怎样孳息都无法收取,即使所有人仍然占有该物也不能收取,那么真正的权利人对此不能主张赔偿,因为在此种情况下,所有人根本就没有遭受损失(Stark,loc. cit.,art.940,no.10;其他观点Steinauer,Les droits réels Ⅰ^{4},no.517)。应该再补充一点,民法典第940(3)条指出,只要占有人不知道应将物归还于谁,他仅对因过错造成的损失承担责任(参见对第Ⅷ－7:102条的注释37)。

61. 按照葡萄牙法律,恶意占有人必须归还物在占有期间产生的一切孳息(民法典第1271条),若占有人没有尽一个称职的所有人应尽的注意义务而导致能收取的孳息未能收取,那么恶意占有人也有义务赔偿此孳息的价值(民法典第1271条;STJ 21 January 1972,BMJ 213,231;de Pires de Lima and Antunes Varela,Código Civil Anotado Ⅲ2,39)。基本原理就是恶意占有人赔偿所有人一切可以避免的损失和不法占有造成的损害(Rodrigues,Posse,314)。

62. 就像上面描述的,挪威法律指出,占有人如果要获得孳息必须是没有过失的善意占有人。因为所有人主张返还原物从而占有人的善意停止时,占有人必须赔偿所有人所获得的收益和使用该物所获得的价值,当然,可以从赔偿中减去投入的费用。至于主张返还原物之前的时间里,占有人只需赔偿不属于收益的那部分利润(财产法案第15条)。

63. 在丹麦,占有人从其变成恶意起就不能再取得该孳息(Vinding Kruse,Ejendomsretten^{3},743 f;DL 5－2－89 11 sept. 1839 § 2 and lov nr 397,12 july 1946 § 22)。恶意占有人也对其未能收取的一切孳息承担责任(Vinding Kruse,Ejendomsretten^{3},744 and DL 6－15－12)。

64. 在芬兰,恶意占有人无权保有物产生的孳息和利益(Faber and Lurger(-Kuusinen),National Reports Ⅴ,chap. 19. 1. Supreme Court ruling KKO 1984 II 125)。

65. 在德国,恶意占有人依民法典第987条对所有的收益承担责任——比如,法律程序启动后的善意占有人(民法典第990(1)条)——并且必须返还所有收益。至于恶意的意义,参见第Ⅷ－7:102条的注释39。如果孳息仍然存在,占有人必须交还他们,否则将赔偿这些收益的价值。对于依照合理管理规则能够收取，但因过错未能收取的收益，恶意占有人必须对其承担责任（Prütting, Sachenrecht[30], no. 532）。通过犯罪行为或不法处置取得该占有的占有人，依照非合同责任条款（民法典第992条）应当承担责任，并且依据主流意见，必须返还所有已经收取或因过失未能收取即使所有人也无法收取的收益（Prütting, loc. cit., no. 535; Baur and Stürner, §11, no. 14）。另一种观点，参见Wieling, Sachenrecht Ⅰ[2], §12 Ⅳ 6，主张占有人对真正所有人都无法收取的孳息的责任是有限的，否则就会出现不当得利）。如果给付标的物已经被毁灭、消费、损害、扣押，所有人可以要求转让人交付其所收到的价款作为补偿（债权法第1032条）。如果损失发生时，受让人知道或应当知道现有条件已构成不当得利请求权的基础，那么受让人对此损失不免责。若干受让人在损失发生时或发生前意识到或应当意识到这些条件，那么受让人有义务向转让人交付通过该物所获的收益，若标的物是金钱，那么需要支付利益，并且还要赔偿转让人在正常的经济活动（管理）中本应收取而没有收取的利润（债权法第1035(3)条）。物权法第85(2)条随意取得占有的占有人还要额外补偿所有人若其占有该物会取得的收益（Faber and Lurger (-Kullerkupp), National Reports Ⅰ, 330 et seq.）。对于有三方当事人的情况，参见上面的注释48。

66. 瑞典破产法案第4章第5条和第15条规定，当物必须归还于破产的主体时，恶意占有人不仅要归还返还原物的法律程序启动前收取的孳息，也要归还从其获得物的占有时收取的孳息。无论是否破产，返还孳息的主张和对使用该物的赔偿都可以基于不当得利进行，不当得利在瑞士法中是一个有争议的概念（参见上面的注释11）。

67. 爱沙尼亚区分了善意占有人和恶意占有人（参见上面的注释28）。在有两方当事人的情形中，如果占有人在合同终止后仍然使用该物，那么占有人有义务赔偿所有人因使用该物而获得的通常价值。然而，根据债权法第1039条，除了使用价值外，所有人还可以向恶意占有人主张因其违约而获得的一切交易的收入。在因合同无效而导致物必须返还的情形下，收到的任何给付物及利润都必须返还（债权法第1028条）。

68. 按照奥地利财产法，恶意占有人不能取得任何孳息的所有权（民法典第335条）。根据民法典第404条及以下的一般规定，孳息由主物的所有人取得。结果，所有人有权依据其所有权要求占有人返还该孳息。不当得利条款规定恶意占有人必须交还从该物获得的一切收益给物的所有人（民法典第335、1437条）。这种规定也可以类推适用于所有人应该得到而未得到的收益（Schwimann (-Klicka), ABGB Ⅱ[3], §335, no. 1; Kletecka and Schauer (-Lurger), ABGB, §335, no. 1; OGH 30 January 1996, JBl 1996, 653）。

69. 按照斯洛文尼亚法律，恶意占有人无权保有孳息，应当将所有孳息返还给所有人（物权法第96(1)条）。恶意占有人也要赔偿占有期间已经分离的或其他人分离的孳息的价值（物权法第96(2)条）。

70. 按照捷克法律，恶意占有人有义务返还其不应取得的对真正所有人不利的得利。如果返还不能，那么需要赔偿金钱（民法典第458(1)条）。结果是占有人没有抗辩的理由。这是严格责任制度。不管返还原物的原因是什么，占有人都必须履行（Svestka/Jehlicka/Skárová, OZ9, 666）。

71. 在爱尔兰，不法占有人不仅要赔偿所有人已经丧失的利益，还要返还其获取的利润和利益。这可以阻止其通过不法行为获利（Faber andLurger (-Gardiner), National Reports Ⅱ 280）。

72. 对于英格兰和威尔士，参见上面的注释13。

第Ⅷ-7:104 条　占有期间物之花费或物的添附

(1)在第Ⅷ-7:101 条(范围)意义上的占有期间内占有人对物支出了费用,或者进行了添附时,占有人要求对此花费和添附补偿的权利由第七卷规定。

(2)占有人为了实现第(1)款中提到的权利可以留置占有物。当占有人对物支出费用或进行添附时知道有权取得或恢复该物的占有时,不适用本款第1句。

评　论

A. 综述

第(1)款规定的范围。本条文的第(1)款涵盖了占有人在占有期间对物支出相关费用或进行添附的所有情形。一个例子是为了保持物而支出了费用,比如,为了防止船毁坏而有明显的必要对船进行修理。另一个例子是绝对没有必要对车进行维修,但是占有人给车换了一种颜色。第(1)款也包括通常的维护费用,比如喂养动物的费用,或者为改善物而花费的费用,比如为跳跃比赛而对马进行训练而支出的费用。"花费"这个词要从广义上理解。它包括金钱支出以及劳动或其他履行。本条文还包括改进的情形(或者潜在的改进),包括对所有人的物进行的添附,比如给所有人的车安装上新的收音机和 GPS 系统。关于费用的意思,就像上面写的,将有形物添附到所有人的物上也属于费用的范畴;为了明确在条文中这一点也清晰地提到了。占有人亲自实施的这些行为还是其他人实施的并不重要,比如,服务提供者以所有人的名义实施的这些行为。本条文还包括这样一种情形,即投入了费用但是没有达到预期效果,这可能是因为预期的效果一开始就无法达到或者效果开始的时候达到了但是在物交还给所有人时消失了。在所有的情形中都出现了这样一个问题,即所有人重新获得物的占有时对这些花费(广义上)是否或者在何种程度上予以补偿。

相关期限。为了适用本条文而支出费用和进行添附的时间点(占有期间),参见第Ⅷ-7:101 条(范围)的评论 B。

欧洲法律系统主要的赔偿方法和基本的政策问题。在许多国家,本条文包括的问题依据不当得利条款予以解决,基本上是按照所有人的客观受益予以补偿。只要运用赔偿原则,在法国和英国就是这样解决。在适用侵权法的情形中,英国法律规定如果改善人的行为不当但是他善意地相信自己对物拥有权利,那么可以根据改善行为创造的价值减少损害赔偿。在用来源于所有人—占有人关系惯例的模式来解决这些问题的国家(参见第Ⅷ-7:101 条范围评论 C),通常有两种区分。

第一,关于费用的分类,必要费用,比如保持该物必需的费用,通常分为有用费用和限制性费用。第二,在很多但不是全部的国家,占有人在物上花费时是基于善意还是恶意是一个重要的考量因素。花费时是善意还是恶意是一个很重要的问题。细节是多样性的,但是此种解决方法的主要特征是,在占有人作出善意的必要支出时,不管所有人是否从中客观受益,都要赔偿支出的费用。在其他情形下,考虑到客观价值的增长或所有人的客观收益,赔偿通常会受到这样或那样的限制。在大多数国家,即使恶意占有人支出的不是必要费用,也会受到这样或那样的补偿。主要的政策问题是善意占有人是否会因特定的花费(比如,必要费用)受到补偿,不管占有人是否从中获益;换句话说,善意占有人是否比按照第七卷规定的不当得利条款所处的法律地位更优越。

第(2)款留置的权利。第(2)款规定按照第(1)款主张补偿的占有人有权留置该物作为此主张的保全措施。在许多欧洲的司法辖区内都存在这样的形式的权利,有时候也会有例外。关于第(2)款的更多细节将会在下面的评论C讲述。

占有人除去添附物的权利(ius tollendi)。许多法律系统都包含这样一条规则:只要物可以以先前的状态返还给所有人,占有人可以除去添附到物上的改进装置(比如,安装到所有人车上的新的收音机)。这种做法可以追溯到罗马法(因此叫做tollendi)。第七节没有明确规定此项权利,但是只要占有人仍被认为是添附物的所有人(或者比主物的所有人拥有更优越的权利),那么可以推定这项权利是存在的。关于这个问题的更多细节将在下面的评论D中探讨,并且在本条文的注释中也会涉及。

关于第五节。关于本条文和第五节,尤其是第Ⅷ-5:203条(结合)之间的关系,参见第Ⅷ-7:101条(范围)第(3)款和对本条文的评论G,也参见下面的评论D和第Ⅷ-5:203条(结合)的评论D。

B. 对支出费用和添附物的补偿

概述。下面的评论解决的是有关第(1)款的问题,第(1)款的主旨是占有人要求对其花费或添附获取补偿的权利,这些问题由第七卷规定。评论首先将阐述不当得利的参考是如何适用的((a)部分),然后再证明使支出必要费用占有人(尤其是善意的占有人)的法律地位不优于依不当得利规则所处的地位的正当性。这就要求更详细的驳倒支持替代性的"所有人—占有人关系"方法的论据((b)部分)。之后,评论将会关注如何规范恶意占有人尤其是明确知道占有他人之物的占有人的这个特殊政策问题((c)部分)。至于超出第五卷关于善意干涉他人事务部分的情形,参见第Ⅷ-7:101条(范围)第(2)款和关于本条文的评论E。

(a)关于第七卷第(1)款的参考的效果

按照第七卷主要的标准一般是如何运作的。按照第七卷,出于本条文目的的实现,关于得利的返还有两个有关联的标准:得利是否是可以转让的,得利人是善意还是恶意。第Ⅷ-7:103条(占有期间物的孳息、使用和其他收益)评论B中得利之孳息和使用的分类与本条文是没有关联的。当适用不当得利条款来解决本条文涉及的问题时，比如，为物支出费用、得利人是物的所有人。结果是得利人自动被认为是第Ⅶ－5:101条（可移转型得利）第（5）部分意义上的善意的得利。在大多数案子中，没有占有该物的所有人并不知道改进措施和支出费用的发生，在适用这些规则时这一点是有意义的，在下面的阐述中将会显现其意义。当得利是可移转的（比如，占有人在所有人的车里安装了一个新的收音机，并且此收音机是可以移除的），获利人（所有人）有义务将此添附物交还给占有人。但是如果移除添附物会产生不合理的代价或费用，那么所有人可以选择向占有人支付该添附物的金钱价值；参见第Ⅶ－5:101条第（1）、（2）款。不管得利人是善意还是恶意，这些规则都适用。当得利是不可移转物时（比如在支出维修费用的情况下），所有人原则上须返还占有人该得利的金钱价值，第Ⅶ－5:102条（非移转型得利）第（1）款。但是在大多数情况下，所有人偿还的不会多于现存价值，因为所有人被认为是善意的或者对此得利是不赞同的（第Ⅶ－5:102条第（2）款）。这一特征的作用将会在下面的（b）部分进行详细的探讨。此外，善意占有人可以以所受损失进行抗辩（第Ⅶ－6:101条（受益人损失）），比如说，如果所有人占有该物，则不会对此物进行占有人所进行的改进。

与所有人—占有人关系传统方法中相关标准的差异。从上面提到的内容我们可以看出，本条文采纳的方法中的相关标准不同于沿用所有人—占有人关系传统方法国家的适用的相关标准（上面的评论A）。“必要”费用和“其他”费用（有用的和限制性的）的差别并不是构成要件并且本身也没有多大的关联性。同样的，占有人善意和恶意的区分也不是重要的。第七卷区分了善意受益人和恶意受益人；利益受损人的主观心理状态并不重要，除非他确定地知道自己对该物没有权利因此被认为第Ⅶ－2:101条（构成不当得利的条件）第（1）（b）部分意义上的对自己的损失是自愿同意没有认识错误的。

在对第三方有履行义务的情况下第七卷是如何运作的（修理厂案件等）。这些特别情形中，上文所描述的一般规则将受制于一项重要的保留文件。根据第Ⅶ－2:102条（向第三人履行）的子条款（a），得利是正当的——意思是从一开始就没有发生得利的返还——如果利益受损人向受益人自愿地履行他本应向第三人履行的义务，而受益人从其履行中受益。在第七节（第Ⅷ－7:101条（范围）评论B）规定的范围内，这种情况是可能发生的，比如，汽车修理厂（占有人）与非所有人就修理车辆（显然由后者所有）达成协议，通过对该合同的履行，车的所有人获利。另一个相关的情况是物从非所有人处租赁而来并且根据第Ⅵ.B－5:105条（介入来避免物发生危险和损害）第（1）款承租人必须采取必要的措施来保持或修理该物因为采取这些措施对出租人来说是不可能也是不实际的而对承租人来说却是可能和实际的。在所有的情形中，占有该物的利益受损人（修理厂的所有人、承租人）向第三人作了履行（客户、车的非所有人；或者承租人，分别的）而使物的所有人收益。利益受损的占有人是否可以取回该利益对抗所有人取决于占有人是否是第Ⅶ－2:102条（a）款意义上的自由履行。根据第Ⅶ－

2:103条(自愿同意和履行)第(2)款,只有当因为无行为能力、欺诈、强迫、威胁和显失公平而导致履行无效时,自愿履行是没有发生的。实事求是地讲,利益受损人可以被看做是这些条款意义上的受欺诈(因此根据第Ⅱ-7:205条(欺诈)这些条件构成无效的基础),就像上面提到的,他或她可以依据不当得利起诉所有人。如果他或她有一点错误,那么就不能对抗占有人了。第七卷规定的这个一般政策的基本原理是合同各方当事人已经认定了对方,依合同欺诈产生的赔偿的主张只能向对方提出,在通常情况下利益受损方的赔偿只能向履行对待给付义务的相对人(而不是直接或间接的受益人)提出。比较第Ⅶ-2:102条(向第三方的履行)的评论B。第八卷用过对第七卷的一般引用而表现了对此基本政策决定的尊重。

(b)关于不使支出必要费用的占有人享有不受不当得利约束的特权的政策考虑

主要问题的概述。当比较依据上面提出的不当得利得出的结果和依据所有人—占有人关系制度采纳的传统区别得出的结果时,存在两个区别。

上述两个都跟必要费用有关,尤其是善意占有人。第一个问题的出现是在所有人的收益因为其个人的条件比占有人支出的费用价值要小的情形下。

第二个问题出现在当物返还给所有人的时候通过占有人的支出到达的(或打算达到的)改善已经不存在了的情形下。这两个问题将会在下面进行讨论。

因为这些分析没有揭示出背离第七卷不当得利规定的有说服力的原因,出于一贯性的考虑,因为采纳了上面(a)部分的方法,得出的了一个很重要的结论。

所有人的客观收益小于支出的费用。在因所有人个人条件导致所有人(受益人)的收益小于占有人支出的费用的情况下,第一个问题是关于责任承担的程度问题。从事前防范的角度来看,如果支出的费用是必要的,那么遵循所有人—占有人关系传统的法律系统规定了全额补偿的权利。

按照第七卷,如果获利是不可转让的(通常是在必要费用的情况下),不赞同收益的所有人仅有义务支付现存利益,比如,将所有人的主观情况考虑在内;第Ⅶ-5:102条(非移转型获利)第(2)款。

后者概念不太支持占有人:(1)占有人出于个人的需要和偏好不会支出此费用(参见下面的例子),可能这也有很多不同。(2)所有人也会采取保持物的措施,但是可能因为个人的知识或技术,能够用更小的投入达到同样的效果,因此,现存收益比占有人的花费要少。

示例1

P出于善意,从小偷处购买一匹马并且在两年时间内为喂养和养育该马而支出了一切必要费用。后来马的主人O发现此事。在这两年里O即使拥有该马也无法使用,因为一场交通事故使她只能坐在轮椅上。因此在马被偷之前她打算将马卖掉(再者,O必须将马卖掉因为她失去了工作无法再负担该马的费用)O和P没有达成合意,因此O主张要回该马,P坚持要求补偿其对该马支出的费用。

所有人—占有人关系规则规定对必要费用(善意占有人支出的)必须予以补偿,这可能会强迫所有人为其永远都不会做的投资承担责任,这与所有人可以任意处分自己所有之物的原则(参见第Ⅷ－1:202 条(所有权))相抵触。这条规则的法理基础是推定所有人总会从必要费用中受益。就像第一个示例说的,这是一个可以很直观地看到本质问题的方式。第七卷的不当得利规则采用了一个不同的方法,尤其是引用了第Ⅶ－5:10 条(非移转型收益)中的以现存利益为限。这是第七卷的不当得利规则的主要政策决定,依据是当事人的意思自治,比如,原则上没有受益人(只要其不同意或者是善意状态)的同意不能强迫其交换;参见第Ⅶ－5:102 条评论 C。考虑到这一点,适用不当得利规则似乎比适用严格的必要费用必须偿还的规则更合适。需要声明的是,当必要费用与所有人的收益有关联时,实际上规则基本上是一样的。

改进或者获利消失了或者支出费用的目的一开始就不能实现的后果。第二个问题是关于当物返还时,改进或者获利已不存在的情形。在沿用所有人—占有人关系观念的大多数法律系统中,如果从事前采取措施的角度来看,支出的费用确实是必要的,那么此费用必须要予以补偿。因此,在下面两种情况下,所有人必须补偿支出的费用:(1)费用支出时确实使物有了改善,但此种利益随后又消失了(比如下面的示例 2);(2)占有人对费用会达到预期的效果有合理的期待,但实际上预期效果没有达到,也没有实现改进。按照不当得利规则,在第(2)中情形下,所有人(受益人)自始就不被认为是受益人。在第(1)种情况下,只要所有人被认为是善意的(这是通常情况,参见上面),那么所有人就可以依据第Ⅶ－6:101 条(受益人的损失)以利益受损作为抗辩事由,因为物的积极作用已经不存在。

示例 2

P,处于善意状态,从小偷处买了一个游船。不久,木头船舱上面的部分开始漏水,于是 P 为了阻止损失的扩大而采取了必要的修理措施。在船的所有人 O 发现之前,船毁于一场火灾中。

依上面描述的,所有人—占有人关系方法将他人不成功的投资风险加诸在了所有人身上。这与所有人自由处分其物的权利相抵触。另一方面,不当得利的方法使占有人处于真正所有人的位置(如果占有人是善意的,那么情况确实是这样的):有人将不得不承担投资失败的风险。基于此,可以认为恶意占有人并不是确定地处在一个更有利的地位。不当得利方法将意外损失的风险(关于改善措施和支出的费用)加诸于实际控制该物的人,比如占有人。此方当事人更有可能阻止损害的发生——此种观点在其他文章中论述风险分担时经常被引用。必要费用必须补偿,若不补偿,占有人将不会再为了所有人的利益而采取合理的措施,但是在占有人认为自己是物的所有人的情况下,此做法不适用(不管此种推定是善意还是恶意)。因此,此规则没有得到充分的支持。但是,使用不当得利似乎更合适,不当得利规则包含一个政策取向,即在本条的背景下,不当得利包含支出的物质资产时,确定善意受益人的责任时要考虑到后来发生的损失以减少其责任。

(c)占有人事实上知道该物为其他人所有

不同的可行方案。更深一层的政策问题是关于如何处理恶意占有人,尤其是明确知道自己不是物的所有人但是为了自己的利益仍然为该物支出费用的占有人的。这个问题的解决方案从比较的角度看是各不相同的。依照英国法律,比如,所有人主张侵权要求获得补偿或等价物的将不会得到支持。另一方面,在大多数民法中,必要费用和有用费用是要补偿的,但会受到一定程度的限制(比如从不当得利和无因管理条款的注解中得出的一些限制)。适用第七卷的不当得利原则来解决这个问题,就是本条第(1)款规定的主要规则,意味着第Ⅶ－2:101条(构成不当得利的条件)第(1)款(b)项将发挥作用。按照此条款,得利并不是不当的,即意味着如果利益受损人对此损害是自愿同意的没有认知错误,那么按照不当得利条款将不会产生责任。按照对本规则的理解(参见第Ⅶ－2:101条的评论D),明知占有物不属于其所有的恶意占有人当支出费用时满足了"自愿同意并没有认知错误"的标准。因此,这样的占有人无权按照不当得利要求返还利益并且所有人不仅可以要求返还原物,还有权无偿取得该利益。大多数的国家的民法都选择沿用此种方法。我们可以使第Ⅶ－2:101(1)(b)条不再适用——除非占有人真心想无偿使所有人获利——这样当占有人明确知道自己对物没有所有权时可以适用不当得利条款。原则上,这与第七卷的第Ⅶ－7:101条(其他返还的私法规则)第(3)款允许采用更合适的第七卷以外的规则是匹配的。

两种政策选择的讨论。排除第Ⅶ－2:101条(构成不当得利的条件)第(1)款(b)项的适用的做法,若能说明它是沿用了在欧洲广泛采纳的方法并且论据是此种占有人的行为更将会受到刑事法律的规制或者要在所有人遭受的损失范围内承担的非合同责任,那么出于本条的目的此做法将更受支持。也许有人会质疑,认为不当得利规则至少从现在的目的来看,是不应该发展其惩罚性的功能的。第Ⅶ－2:101(1)(b)条即恶意的利益受损人对其支付的费用自己承担风险,其所追求的政策取向也是第Ⅶ－5:102条(非移转型获利)第(2)款规定的以现存利益为限所追求的。按照此种方法,可以使所有人避免被强迫参与其不想进行的交易。但是,在所有人确实获利的情况下,此方法并不会免除所有人返还得利的责任,因为恶意占有人的恶意只到了一个特定的程度。换句话说,所有人不能意外取得财产,反之,占有人(利益受损人)方面的主观基础将会受到其他方法的规制。这种方法最初得到了第八卷制定小组的肯定,考虑到比较法的背景,这也是妥协给予明知自己不是所有人的占有人因其支出取得全额补偿的权利的法律系统与规定此种占有人不会得到任何补偿的法律系统得出的一个折中的方法。

然而,因为此种方法与第七卷规定的不当得利的一般规则有点偏离,因此最后决定不采纳此方法而基于连贯性用第七卷包括第Ⅶ－2:101(1)(b)条的特殊规则来解决这个问题。还有一个主要论据,即除了关联性这个理由,这个问题是一个公共政策问题,即阻止那些心知肚明为了自己的目的而支付费用的人的投机性诉求(典型的例子是小偷为偷来的物支出费用以便使用该物时更方便）。同时，考虑到所有人在特定条件下（起诉占有人为其对物的使用支付金钱）必须补偿占有人特定的支出费用，即使是按照不当得利和非责任条款也要补偿——可以选择适用，接受这种选择更容易些。参见接下来的评论。

当占有人支出费用时明知自己权利缺失如何适用第（1）款。引用第七卷包括第Ⅶ－2:101 条（构成不当得利的条件）第（1）款（b）项部分的结果使符合第（1）款（b）项部分的人对在占有他人之物时支出的费用无权要求补偿。如果一个小偷或其他人明确知道物是属于他人的，为了服务自己或自己的利益而支出费用，比如，为了支出费用后能使用该物或者使物更加舒适，那么他不能依据第七卷对抗所有人。另一方面，所有人有权可以依据第Ⅷ－6:101 条（所有权的保护）第（1）款确认其对物拥有权利并可按照第七卷要求返还占有。然而，如果所有人不仅要求返还原物，还要求占有人支付不法占有期间对物的使用的报酬，第七卷规定不能取得此项报酬——按照第Ⅶ－5:102 条（非移转型收益）第（1）款属于抽象租用费用——不需要补偿从占有人的支出中获得的现在利益。技术上，通过第Ⅶ－6:101 条（受益人利益损失）第（2）款 b、i 项中受益人利益损失的抗辩可以使该补偿获得支持，因为即使不当得利的利益被撤销，受益人（所有人）仍有可能遭受损失（比如，所有人本来也可以对被偷的车进行保养和维修，或者本来可以为被偷的马购买饲料）。如果所有人按照第六卷（而不是依据第七卷）主张权利，那么将会得出同样的结果。按照第Ⅵ－6:101 条（补偿的目的和形式）第（1）款，如果占有人没有剥夺所有人对其物的使用，那么所有人将会被置于其本应在的地位。举例来说，如果被偷的物需要修理，这就意味着所有人因物不能正常运转而无法正常使用造成的损失，因此补偿可以被看做是租赁需要出租人（所有人）修理或保养的物所花费的抽象费用。简言之，小偷没有独立的主张但是可以从其支付给所有人的费用中扣除其为后者支出的费用。

最后一点就是在许多情况下占有人能够证明如果不是因为错误的相信支出的费用能够收回他就不会支出此费用了。根据第Ⅶ－2:101 条评论 D，本条第（1）款（b）项部分中的“自愿同意并且没有认知错误”中的错误也许是法律上的错误。然而，小偷或者其他没有归还物意图的人是否能够证明这一点是有疑问的。

C. 留置权，第（2）款

一般规定。许多欧洲法律系统规定占有人拥有留置其实际控制之物的权利直到其为物支出的费用得到补偿或者将要履行。在大多数国家，此权利的范围受到限制，恶意占有人不在此权利范围之内，或者在特定状况下此权利也不存在，比如占有是通过不法行为获得的。在许多国家，合法性以及与这个问题有关的留置的效果是不清楚的也是存在争议的。出于第七节的目的，设置此项权利原则上似乎完全足够了。考虑到很多法律系统存在的不确定性，目的就是提供一个有效率的同时后果又很清晰明了的方法。

留置权的范围，第2句。在民事法律领域中有一个非常明显的倾向，即排除完全恶意取得或恢复物之占有的占有人的留置权利（第2句）。排除了有过失的占有人的留置权，这被认为是强迫的——一般是合理的——平衡各方当事人利益的工具，同时也产生了关于此项权利适用性的许多争议，排除完全意识到自己权利缺失的占有人的留置权是适合的。考虑到本条第（1）款已经将第七卷的参考阐述得很明确，并且此参考也涵盖了第Ⅶ－2:101条（构成不当得利的条件）第（1）款（b）项部分，根据第（1）款（b）项部分对损害自愿同意并且没有认知错误的占有人不完全的主张一开始就被排除了（因此，不按照本条第（2）款的留置权的规定予以保护）。本条款的第2句也考虑到了没有被主条款完全吸收的情况。这两条规则的范围并不是完全重合的，比如，当一个小偷主张对支出费用的补偿有法律上的错误时可以适用本款第2句。（参见上面的评论B，最后一段）。然而，下面的讨论也许会对揭示工作小组一开始支持的本条第（1）款采纳的方法有所帮助。实质上，排除明知所有人有权取得或恢复该物的占有的占有人对物的留置权，也受到善意和公平交易一般原则的支持。建议的解决方案并没有剥夺明知的占有人关于补偿的任何权利（参见上面描述的第Ⅶ－2:101（1）（b）条的影响）。然而，让占有人承担所有人破产的风险（实质上，留置权暗含这种风险）比让所有人承担物被扣留的风险，尤其是留置权被有实施不法行为迹象的人实施的风险更合适。留置权有以下风险，即占有人可能为获取不合理的高补偿而滥用该权利，或者假装支出了特定费用以便更好地使用该物，或者打算将物转移给第三人。本条文中的留置权影响深远。最后，还有关于抵消权（不仅具有保全的功能，还能产生相互的义务）的相关争论，第Ⅲ－6:108条（抵消权的排除）子条款（c）排除了故意不法行为产生的抵消权。后一规则将会与本条使用的规则走向同样的方向。反对限制留置权的观点认为留置权会鼓励占有人支出必要费用以阻止物的进一步损害，最后这也符合所有人的利益。

善意和公平交易的一般原则。留置权的适用性和行使将会在第Ⅲ－1:103条（善意和公平交易）中作进一步的规定，第（2）款的留置权也适用第Ⅲ－1:103条的规定。此条款的影响，举例来说，当占有人的主张可以通过其他方式满足时并且在特定条件下扣留该物是不合适的，那么占有人将不能行使留置权。同时，占有人行使强制执行权也要受到善意和公平交易规则的约束。

留置权的影响。为了提供一个更有效的保护占有人利益的方法，也为了给所有人施加压力使其更认真有效率的解决争议，我们设置了第Ⅸ－2:114条（留置权）意义上的占有人的留置权。后者规定依据合同约定或法律规定占有人有权留置该物作为履行的担保以对抗所有人，留置占有的权利即产生了留置担保权。本条第（2）款的第1句大体上就是依引用的规则的要求为留置权提供一个法理基础。设立留置权的后果首先是权利可以对抗第三人，这对其保全功能是非常重要的。既然担保权是留置性质的，那么不需要登记就可以对抗第三人，参见第Ⅸ－3:102条（实现效果的方法）第（2）款a项部分。此外，占有人有强制执行的权利，比如，如果所有人拒绝支付补偿费用，那么占有人可以出卖此物，从其价款中获得补偿。就像已经提到的，当涉及强制执行时，考虑到留置权的法定性和情况的所有条件，必须要予以特殊规范以与善意和公平交易相协调。

D. 占有人取回添附物的权利（ius tollendi）

一般规定。许多欧洲法律系统都规定占有人有权在物返还之前，取回（甚至之后）对该物添附实体部分，只要此举不会对物造成损害且添附物能以先前的状况返还给它的所有人。这条规则以罗马的传统惯例为基础（因此叫做 ius tollendi）。在许多国家，此权利受到费用的特定分类（必要费用和有用费用）的限制，对恶意占有人不适用，如果所有人通过补偿占有人来替代占有人取回添附物的权利时此权利也不再行使。从政策角度看，只要物没有遭受损害，那么就没有反对该权利的理由。这关系到物的实际利益，占有人在添附该物时是善意还是恶意并不重要。值得注意的是，这些标准规则通过两条一般规则达到了同样的效果。一方面，只要添附物的所有权没有从属于主物而移转到所有人手中或者没有依据第Ⅷ－5：203条（结合）形成共同所有权，那么占有人就有权将添附物分离并依第Ⅷ－6：101条（所有权的保护）规则取回该添附物；见下面。另一方面，不当得利规则——依本条可以适用，参见上面的评论B——规定受益人（所有人）通过将物转移给利益受损人（占有人）来返还其得利，只要得利包含可移转财产；参见第Ⅶ－5：101条（可移转型得利）第（1）款。此条款也经常用到将有形物添附到所有人的物上的情形。相比于本条的第（2）款，如果移转会发生受益人不合理的付出和费用，那么收益人可以选择将添附物返还支付其金钱价值。

权利范围：对占有人向所有人要求取回添附物的情形的限制或超出适用的情形。占有人取回添附物的权利应该被限制在一般规则的规定中——意味着占有人能够取回其仍然所有的添附物——还是可以超出该范围？在前面的情形中，文中黑体字清楚表明的取回添附物的权利不过是在重复一般原则；在后面的情形下，这意味着设立一个特殊的权利通过分离（或分离之后的占有）取得添附物的所有权。如果放在不同的法律体系中去讨论，那么整个问题会显得较为复杂。然而，在德国，举例来说，将会适用后者。按照这些标准规则，所有权重新取得意义上的取回权在实践中是很受限的。只有当添附物能够实际被分离并且不是第Ⅷ－5：203条（结合）意义上的经济上不合理，那么授予占有人此附加的选择——要不然占有人可以通过成为该部分物的所有人得到保护——并且所有人的物仍然可以以先前的状态返还给所有人。因此，行使此项权利，是完全可能的，但是对占有人而言是没有效率的。在本节中提供一个宽泛的添附物取回权将会与其他地方（参见第Ⅷ－5：203条（结合））采取的政策即当分离在经济上不合理时就保有该新物不同。当取回添附物在经济上不合理时这实际上也是侵害了主物所有人的利益，因为很有可能存在物遭受损失的风险。另外，若所有人也有意取得该添附物，那么所有人可以适用第Ⅶ－5：101条（可移转型收益）来实现其目的，在此情况下双方的利益是重合的。适用不当得利原则（参见上面的评论B）中的以现存利益为限使补偿的数额远远低于占有人支出的费用的问题将不会出现。此种限制仅适用于第Ⅶ－5：102 条(非移转型收益)意义上的非移转型收益。当讨论取回添附物时，获利总是可移转型的。并且第Ⅶ－5：101 条(移转型收益)也没有规定以现存利益为限。当然，获利的金钱价值是一定要返还给占有人的(第Ⅶ－5：101(2)条)。就像上面说的，此种义务将被第Ⅷ－5：203(2)条中的担保权所担保。因此能被第七卷和第八卷的一般条款规定的就不需要适用取回权。以此为背景，有人明确反对给予所有人支出费用以替代占有人行使(留置)权利以便取回其物(参见概述)，因为这会强迫占有人非自愿交易。

权利被动接受，但是没有必要制定清晰的规则。基于上述分析，没有必要用黑体字清晰地表述取回权。在占有人向所有人主张取回添附物时，它已经适用了第Ⅷ－6：101 条(所有权的保护)。它可以适用其他规则，比如第Ⅷ－6：301 条(更优占有的恢复权)规定占有人有权优先于所有人取回原物而取回分离的部分——在许多情况下，向他人所有的物施以控制——不会成立对占有人财产权的不法干涉。

示例 3

P，无权占有他人汽车并且必须将其返还给所有人 O，他为该汽车安装了新的轮胎。因为取回轮胎并不是第Ⅷ－5：203 条(结合)意义上的经济不合理，P 向所有人要求取回轮胎并且依据第Ⅷ－6：101 条(所有权的保护)的原则被允许在车被返还给 O 之前取回该轮胎。当然，P 返还该车时必须将旧轮胎(或者与旧轮胎同等条件的轮胎)一并返还。

注　释

Ⅰ. 综述

1. 关于费用的补偿，许多国家首先根据占有人的善意或恶意来分，其次再根据费用是必需的、有用的或者受限制的来区分(参见下面的注释 2～7)。在其他国家，这些区分并不作为一个原则问题(参见下面的注释 8～10)。

2. 根据比利时法律，必须补偿善意占有人支出的必要费用和有用费用。关于有用费用，仅赔偿收益部分。维护费用被物产生的收入所包含因此不需要补偿。在德国，善意占有人有权要求所有人赔偿所有必要费用，例外是享受利益期间所支出的通常的维护费用。善意占有人也可以对有用费用主张赔偿，只要返还时增加的价值仍然存在。在奥地利，只要善意占有人没有取得该利益，那么就应该就必要费用和有用费用得到补偿。至于有用费用，客观增长的价值必须予以补偿。对西班牙也是同样适用。对于有用费用，所有人有权选择补偿支出的费用或者补偿增长的价值。在希腊，善意占有人有权对必要费用和有用费用主张补偿，同时也对为解除加在物上的负担支出的费用进行补偿。占有人主张的补偿数额不能超过得利，也不能高于支出的费用。按照匈牙利、斯洛文尼亚和瑞士法律，真正的所有人必须补偿善意占有人支出的一切必要费用和有用费用。然而，占有人在占有期间收取的孳息和其他收益必须从赔偿数额中扣除。在斯洛文尼亚奢侈性费用只有对提高物的整体价值有作用时才能得到补偿。在立陶宛,对物支出的所有费用,如果不能被物产生的收入所包含,那么就必须受到补偿。在荷兰,善意占有人有权主张对支出的一切费用进行补偿,然而,当全额补偿会给占有人带来不合理的利益时,法官可以减少赔偿的数额。费用只要在占有期间没有被物产生的收益所包含,那么就必须得到补偿。

3. 按照意大利、葡萄牙和捷克法律,根据不当得利规则必要费用必须补偿给善意占有人。在意大利,善意占有人有权要求补偿其支出的通常费用和改进费用;补偿费用和物的提高价值是相等的。在葡萄牙,如果取回添附物是不可能的,那么有用费用必须补偿。在爱沙尼亚,善意占有人有权对一切必要费用主张补偿,除非占有是任意取得的。其他费用(有用费用和奢侈费用)在符合不当得利要求时也需要补偿。

4. 按照西班牙、立陶宛和捷克法律恶意占有人仅有权对必要费用主张赔偿。在瑞士也适用同样的规则,规定真正所有人必须补偿此类支出。

5. 在斯洛文尼亚,恶意占有人有权要求补偿其支出的必要费用和有用费用,只要这些支出有利于所有人。按照比利时法律,必须要补偿恶意占有人支出的必要费用和有用费用。至于有用费用,只有获益时才予以补偿。在爱沙尼亚,对恶意占有人支出的必要费用也要予以补偿,除非占有人是随意获得该占有,有用费用和奢侈费用的补偿依据不当得利予以规定。

6. 按照捷克和匈牙利的法律,恶意占有人一般可以根据不当得利主张补偿其对物支出的费用。在意大利,根据不当得利规则,也要对恶意占有人支出的必要费用和通常费用予以补偿。至于对物的改善,恶意占有人有权按物的提高价值进行补偿或按支出的费用予以补偿,不论哪一个数额总是低的。在葡萄牙,根据不当得利需对恶意占有人支出的必要费用进行补偿;如果撤销是不可能的,那么有用费用也要补偿。

7. 在德国、奥地利和希腊,按照无因管理的规则,恶意占有人有权要求对其支出的费用获得补偿。

8. 在芬兰关于费用的规则都是分散在法律系统的各个法案中,并且大多数的规则都是法律著作中的民众意见。这意味着关于占有期间对物支出的费用没有特别规定(Faber and Lurger(-Kuusinen),National Reports Ⅴ,chap. 19.3)。

9. 在挪威和瑞典关于此问题没有特别的规则,因此是否需要补偿占有人在占有期间对物支出的费用这个问题是不明确的。然而,依据不当得利该主张是可以成立的(对挪威而言,参见 Rt 1956,1242 and Hagstrøm and Aarbakke,Obligasjons-rett^2,436;对瑞典,参见对第Ⅷ-7:103条的注释2)。

10. 在英格兰和威尔士以及爱尔兰,占有人改进物和对物支出费用的问题开始是由侵权法解决的。参见下面的注释42以及以下等等和54条。

11. 荷兰民法典第3:120~121条提到的花费是占有人自己确实支出的费用(HR 7 oktober 1994,NedJur 1995,62)。按照旧的民法典的规则,区分 impensae necessariae,utiles et voluptuosae,,比如保持该物的必要费用,有用费用和装饰费用:这种区分在1992年新的民法典中没有重复。原则上,所有花费都可以补偿,即使是所有人获利,但是在费用没有直接提高物的价值的情况下,法院可以减少补偿的数额(Schoordijk,Vermogensrecht in het algemeen,390;Parl. Gesch. Boek 3,450)。

12. 按照比利时法律,必要费用是指对保持该物有必要的(比如,保险费、修理费用、税费);有用费用是指能够提高物的价值的费用。奢侈费用是指仅仅出于个人选择并且具有主观效用的费用(de Page and Dekkers,Traité élémentaire de droit civil belge Ⅵ,no. 149)。法律学者通常会加上一种费用,即维护费用(Hansenne,Les biens,no. 675;de Page and 52)。

13. 挪威区分了必要维护费用和其他费用。必要维护费用是指为了能够使用该物占有人有必要支出的费用(Faber and Lurger(-Færstad),National Reports Ⅴ,chap. 16. 4)。

14. 芬兰承认了三种费用的分类:对物支出的必要费用、有用费用和奢侈费用。必要费用是为保持该物所支出的必要费用——是理性行为人不会忽视支出的费用——有用费用是指能够提高物的价值的费用。对于有用费用而言,改善必须是充分的。奢侈费用仅仅是出于个人选择,仅对个人有利的费用(Faber and Lurger(-Kuusinen),National Reports Ⅴ,chap. 19. 3)。

15. 瑞士法律将费用区分为以下几种:(1)必要费用是为了保持该物客观价值和效用,同时也是为了适当的使用而支出的费用(民法典第 647c 条,比如修理车闸的费用,为动物提供食物);(2)使用费用是指不是必需的,但是提高了物的价值或提高了物的性能和使用(民法典第 647d 条;比如,修复油画);(3)奢侈费用是指为了装饰该物或者使用更加舒适而支出的费用(民法典第 647e 条,比如,给沙发安上了新的布料,同时旧的仍然保持好的状况)。一般而言,费用是指为保持、修理、修改或装饰该物而支出的费用,或者是为他们支出的有关费用(税费、抵押利息),或者是为保护该物而支出的费用(保险费用)。然而,费用可以是很自然的支出的或者是以对物完成工作的形式付出的(Steinauer,Les droits réels Ⅰ^{4},nos. 509－510)。

16. 葡萄牙法律承认费用的种类分为三种:必要费用、有用费用和限制性费用(民法典第 216 条)。第一种费用包含为避免物的灭失、毁损和退化而支出的费用;第二种是指不是必需费用但是能提高物的价值的费用;第三种是指不是必须的也不是有用的,仅仅出于个人的选择而支出的费用。

17. 奥地利民法典第 331、332 条区分了三种费用:必要费用(notwendige Aufwendungen)是指对保持物必不可少的费用。有用费用(nützliche Aufwendungen)是指不是必需的,但是会长久地改善物而支出的费用。奢侈费用(Luxusaufwendungen,Verschö-nerungsaufwand)不会提高物的任何客观价值。

18. 爱沙尼亚民法典一般性部分第 63 条也区分了费用的三种类型,这些费用是:(a)必要的,如果为了保持物的完整性避免局部损坏而支出的费用就是必要费用;(b)有用的,如果物的客观价值有了明显的提高;(c)限制性的,如果支出费用是为了提高物的舒适、便利和美观。

19. 斯洛文尼亚法律区分了为维护该物而支出的必要费用、为提高物的价值而支出的有用费用和出于占有人的喜欢或为了装饰该物而支出的费用(物权法第 95～96 条)。

20. 希腊法律将下列费用进行了区分:(1)必要费用,是指为了使物保持基于其特定的使用目的而必须有的条件而支出的费用(民法典第 1101 条;比如,为饲养动物而购买的食物、修理房屋、油漆小船);(2)为该物上负担的费用而支出的费用(民法典第 1101 条);(3)有用费用,能够提高物的价值的费用(民法典第 1103 条);(4)限制性费用,为了特别的审美原因而支出的费用(Spyridakis,Emprag-mato Dikaio,177)。

21. 德国法律区分了必要费用(notwendige Verwendungen)和能够提高物的价值的其他费用(sonstige wertsteigernde(nützliche)Ver-wendungen)。必要费用是为了维护该物或者修理该物而支出的必要费用,也是为能实现物的全面利用而支出的费用(比如,必要的维修费用,定期的维护费用如动物饲料的费用、车的保养费用)。有一个争议是占有人本人的履行工作的责任是不是一种费用。判例法认为有价值的劳动力也是一种费用,可以要求所有人补偿(BGH 24 November

1995,NJW 1996,921;BGH 24 June2002,NJW 2002,2875),然而,在许多法学著作中采纳了限制性的观点,认为只有在少数情况下并且符合许多额外的要求时才能将劳动力认为是一种费用(Soergel(-Stadler),BGB13, § 994 no. 2:规定占有人可以有很多方式支出费用;更多参见Prütting,Sachenrecht30,no. 551)。有一个争议是只改变了物的原始状态是否被认为是民法典第994、996条意义上的费用。最高院在一个未开发地皮上建房的案子中解决了这个问题。法院判决此种花费不能被认为是"费用"并且拒绝了不当得利返还的主张(德国联邦法院2月26日,1964,新法学周刊1964,1125;由德国联邦法院9月29日,1995确定,新法学周刊1996,52)。法学著作认为此判决为所有人的利益提供了一个影响深远的保护来对抗善意占有人的损失。费用的概念从广泛的意义上理解并且包含了有利于物能提高其价值的所有费(Prütting,loc. cit. ,no. 555;Bamberger and Roth(-Fritzsche),德国民法典 Ⅱ, § 994,no. 21)。

22. 意大利法律区分了为价格和收取孳息而支出的费用(民法典第1149条)、为正常的维护而支出的费用(民法典第1150(4)条)、特别费用(民法典第1150(1)条)和改进费用(民法典第1150(2)条)。

23. 西班牙法律认为费用和改进是不同的。费用是对物支出的花费;改进是物的价值或效用的实际提高。费用可能不会导致改进,同样地,很多改进并不是支出费用的结果(比如,改进是自然产生的)。许多规则都对二者进行了规定,然而,在许多方面都是一样的。

必要费用是对保持该物必需的费用,因此忽视支出就会导致物的毁损退化。必要费用也包括维护该物的性能的费用(TS 28 2月1968,RJ 1391;TS 4 4月1968,RJ 2034;TS 4 3月1960,RJ 947),同时也包括税收和公共出资的支出(TS 27 1月1975,RJ 263;TS 10 4月1956,RJ 1927)。有用费用和改进并不是必要费用,但是可以提高物的利益或价值的费用。奢侈性费用或改进是使物更出色更漂亮或者使物更舒适更好使用的费用(Faber and Lurger(-González Pacanowska and Díez Soto),National Reports Ⅴ,chap. 2. 7. 3(b))。

24. 按照苏格兰法律,只要支出的费用不是一个稀奇的种类或者仅仅符合占有人的品味和风趣,那么该费用就可以得到补偿(Hume,as cited in Reid,The Law of Property Law in Scotland,141)。费用必须增加了物的价值并且可补偿的费用必须是必要费用和有益费用。必要费用是以为所有人节省的方式使所有人受益,Rankine描述为是维持该物完全必需的费用(Rankine,The Law of Land-ownership in Scotland,88,n 64)。有用费用或有益费用是指那些不是必要的支出而是在疏忽大意的情况下对物进行升级或修理所支出的费用(Faber and Lurger(-Carey Miller/Combe/Steven/Wortley),National Reports Ⅱ,467 et seq.),只要其增加了物的价值。

25. 按照捷克法律对必要费用以外的费用主张补偿没有法律依据。只有必要费用才能依据不当得利规则予以补偿(民法典第458(3)条)。必要费用是占有期间为维持占有物而支出的必要费用。按照财产法条文,必要费用规则不仅适用于善意占有人(民法典第130(3)条),也适用于恶意占有人(民法典第131(1)条);参见(Faber and Lurger(-Tichy'),National Reports Ⅵ,chap. 20. 6. 1)。

26. 瑞典法律并没有区分可适用的费用。然而在许多法律中,此种分类是有用的。合理费用一词在货物买卖法中出现了,必要费用在商法典第11章第3条以及第12章第8条出现了。破产法案也使用了必要或有用费用这些词(nödvändig eller nyttig)(破产法案第4章第15条)。

27. 塞浦路斯没有对费用的分类作出规定。

Ⅱ. 善意占有情况下的补偿

28. 在比利时，不管占有人是善意还是恶意，都要对必要费用和有用费用进行补偿，对奢侈性费用不需要补偿。关于必要费用，认为只有当所有人占有该物时也会支出此费用才能成为必要费用。即使因为不可抗力导致支出费用获得的利益消失了，所有人也要补偿该费用。关于有用费用，所有人也许不会支出此项费用，但是当前取回原物时物的价值确实增加了。因此，根据不当得利的基本原则，所有人也要返还此利益（增加的价值）。增加的价值不是从费用支出时计算，而是按所有人对物主张权利时的价值计算（de Page and Dekkers，Traité élémentaire de droit civil belge Ⅵ，no. 150）。维护费用通常会包含在物产生的收益中，因为善意占有人有权保有其收取的孳息直到所有人主张返还原物（参见第Ⅷ－7:103 条的注释 32），因此让占有人承担维护费用是合法的（Hansenne，Les biens，no. 675；de Page and Dekkers，loc. cit.，no. 152）。至于有溯及力的转让合同终止之后物的返还问题，返还义务人不能对仅仅因为经济发展导致的物的价值增长的部分主张赔偿（Starosselets TBBR 2003，67，no. 24）。但是，义务人可以就引起行为导致物的价值增加的部分主张补偿，不管占有是善意还是恶意（de Page and Masson，Traité élémentaire de droit civil belge Ⅱ，no. 828；Starosselets，TBBR 2003，67，no. 24；contra：Hansenne，no. 721）。

29. 如果占有人是善意占有，在芬兰，占有人有权对有必要的和有用的改进主张补偿，所有人没有义务对奢侈性费用进行补偿。当考虑到有用费用时，如何计算补偿数额是不清楚的，有讨论的空间。不过占有人只能对支出的费用和占有期间获得的收益之间的差异主张权利（Faber and Lurger（-Kuusinen），National Reports V chap. 19. 3.）。

30. 在德国，善意占有人有权主张对一切必要费用获得补偿，除了收取利益期间内支出的维护费用（民法典第 994（1）条）。这并不要求支出的费用使真正所有人受益，比如，占有人带比赛用马去兽医那里进行手术治疗，这是必要费用，尽管这个马还是残疾了。如果支出必要费用后取得的利益过后消失了，对该费用还是要进行补偿，比如，如果房屋的屋顶被修理了但是过后房子被烧毁了，那么所有人还是要补偿修理费用的（Wieling，Sachenrecht Ⅰ[2]，§ 12 V 4 a）。如果占有人有权保有该收益，那么不能对为维护支出的通常费用主张补偿。对占有人来说，证明支出的费用高于收取的利益或者根本没享受利益是不可能的；例如，从来没有疯狂开车的占有人不能就其支出的路费要求补偿（Wieling，loc. cit.，§ 12 V 4 a）。善意占有人可以对提高了物的价值的费用要求补偿（有用费用），只要返还原物给所有人时该物的增值还存在（民法典第 996 条）。一时兴起支出的费用，没有提高物的价值，不需要对其补偿（Prütting，Sachenrecht[30]，no. 554）。法律程序启动后再支出的费用，民法典第 994（2）条规定善意占有人只能根据无因管理的规则主张补偿（Geschäftsführung ohne Auftrag；民法典第 683～684 条）。因此，真正所有人的真实的或推定的意图是有决定性意义的。然而，支出必要费用的意图是被承认的，因为这被看作是为了所有人的利益（Prütting，loc. cit.，no. 553）。如果没有满足民法典第 683 条中规定的要求，那么占有人可以根据不当得利主张赔偿（Wieling，loc. cit.，§ 12 V 5；Soergel（-Stadler），BGB[13]，§ 994 no. 9）。另一方面，Gursky 认为在此种情况下不能适用不当得利规则。民法典第 994（2）条只引用了无因管理规则，并没有引用不当得利（Staudinger（-Gursky），§ 994 no. 26）。至于有用费用，收到法院传票的占有人无权主张赔偿。所有人的收益被认为是正当的。立法者明确指出排除不当得利规则的适用（Wieling，loc. cit.，§ 12 V 6）。

31. 按照奥地利法律，善意占有人有权要求就所有的必要费用和有用费用获得补偿（民法典第 331 条；参见第Ⅷ－7:102 条的注释 21 对善意占有人的定义）。有两个限制。第一，所有人无权获得比支出更多的利益。第二,只有在改进仍然存在的情形下占有人才能主张补偿。潜在的原则是把改善消失的风险加在了善意的相信自己是物的所有人的占有人身上,因此占有人与所有人面临着同样的风险(Iro,Sachenrecht3,no. 7/8;OGH 9 July 1997,SZ 70/136(不动产))。至于有用费用,主流观点认为决定性的因素是价值的客观增加,不是所有人的主观偏好(OGH 9 July 1997, SZ 70/136; Kletec ˇ ka and Schauer (-Lurger), ABGB, § 331, nos. 1 f; Rummel (-Spielbüchler),ABGB Ⅰ[3], § 331, no. 1; contrary Koziol and Welser, Bürgerliches Recht Ⅰ[13], 347)。

同时也认为只有费用在不能被物产生的孳息或其他收益涵盖时占有人才有权主张补偿(Lurger, loc. cit., § 331, no. 1; Spielbüchler, loc. cit., § 331, no. 1)。结果,不能产生价值上的客观增长的费用(奢侈性费用)不需要补偿。

32. 按照西班牙法律,善意占有人可以对必要费用主张补偿(民法典第453(1)条)。真正所有人不能选择补偿物的增值来代替支出的费用的数额(TS 14 April 1998, RJ 2145)。

对善意占有人支出的有用费用也要进行补偿。对于这些费用,真正所有人有权选择是补偿支出的费用还是向占有人支付与物的增值相当的价款(民法典第453(2)条)。若物的改善不是因为占有人支出的费用导致的,那么不需要对该改善补偿(民法典第456条),当所有人取回该物时改善已经不存在了(民法典第458条)。只有奢侈性费用不需要退还(Faber and Lurger (-González Pacanowska and Díez Soto), National Reports V chap. 2. 7. 3(b))。

33. 按照希腊法律,善意占有人有权就法律行动开始前对物支出的费用主张补偿(民法典第1101条)。这适用于必要费用、为解决财产上的费用负担而支出的费用以及有用费用。限制性费用不能受到补偿(Faber and Lurger(-Klaou-datou), National Reports ⅢI, chap. 19. 3)。

根据主流意见,补偿的数额根据以下标准:占有人主张的补偿数额不能高于收益,或者不能高于支出的费用(Filios, Empragmato Dikaio[2], 259; contra: Georgiades, Empragmato Dikaio Ⅰ, 609)。

从Georgiade的视角来说,有两种计算方法:抽象的计算方法和与所有人的物的功能和条件有关的计算方法。

对于法律程序启动后支出的费用,民法典第1102条规定善意占有人仅能依据无因管理的规则主张补偿(Georgiades, loc. cit., 612-613; Spyridakis, Empragmato Dikaio, 177ca et seq.)。补偿仅限于必要费用和为解决物上的费用负担而支出的费用(民法典第1102条)。

34. 按照匈牙利法律,善意占有人可以对必要费用、没有被占有人收取的收益涵盖的有用费用要求补偿。补偿必须支付,即使支出的费用没有使所有人获利(Faber and Lurger(-Szilágyi), National Reports Ⅲ, chap. 19. 2. 1(c))。

35. 按照斯洛文尼亚法律,善意占有人有权对为维持该物而支出的一切必要费用(物权法第95(3)条)主张补偿,也能对提高了物的价值的一切有用费用主张补偿(物权法第95(4)条)。这些要求补偿的主张可以抵消占有人从物上获得的利益(物权法第95(5)条)。善意占有人一时兴起或者为了装饰目的支出的费用只有在能够提高物的整体价值时才能得到补偿(物权法第95(6)条)。

36. 根据瑞士民法典第939(1)条,善意占有人有权对所有的必要费用和有用费用主张补偿。然而,占有人在占有期间收取的一切孳息和其他收益要从补偿的数额中扣除(民法典第939(3)条; Steinauer, Les droits réels Ⅰ[4], nos. 511-511a; BSK(-Stark), ZGB Ⅱ[2], art. 939, no. 6)。补偿的是对物实际支出的费用,并不是补偿时物的增值部分。补偿的数额也包括支出费用后其增长的利息(Steinauer,Les droits réels Ⅰ[4],nos. 511b;Stark,loc. cit.,art. 939,nos. 4－5)。

37. 在立陶宛,根据财产法的规则要求返还原物时,善意占有人可以主张就其支出的未被该物产生的收入涵盖的费用获得补偿。如果改善了物的添附物不能被分离,或者通过一个特别的方式对物进行改进,善意占有人有权对引起该改善的费用主张补偿,尽管数额不能超过物的增值部分(民法典第 4.97 条)。同样的,根据责任规则返还原物的时候,有义务返还原物的人可以根据规定返还原物的,民法典第 4.97 条的条款就其照顾和保管该物主张补偿(民法典第 6.150 条)。

38. 荷兰民法典第 3:120(2)条,第 1 句话规定,作为一般原则,应该补偿善意占有人对物支出的一切(参见关于善意占有人的定义的第Ⅷ－7:103 条的注释 31)。物可能被修理、改善或维护。占有人也要赔偿对第三人造成的损害或者赔偿所有人恢复物的占有所支出的花费。真正所有人是否因该费用收益并不重要(Pitlo,Goederenrecht[12],no. 395)。然而,当全额补偿会给占有人带来不合理的收益时法官可能会减少补偿的数额;例如,占有人支出的修理费用可以通过保险报销的情形(Pitlo et al.,Goederen-recht[12],no. 395)。不合理收益需要所有人来证明并且需要考虑占有人和所有人的关系(Nieuwenhuis/Stolker/Valk(-Rank-Berenschot),T & C Burgerlijk Wetboek[3],art. 3:120,no. 3)。再者,民法典第 3:120(2)条指出若花费和其他损害不能通过占有取得的孳息和其他收益得到完全补偿,那么需要对这些花费和损失进行补偿。所有人可以通过将物移转给占有人来免除其补偿的责任,占有人也有义务配合(recht van abandon;民法典第 3:122 条)。

39. 在瑞典,有义务将物归于破产财产的占有人有权获得补偿,只要没有特殊的理由对抗占有人的此种权利(破产法案第 4 章第 15 条)。原则上,这个规则平等适用于善意占有人和恶意占有人。至于后者,更多参见下面的注释 62。在破产法案适用范围之外,若占有人有获得补偿的权利,许多规则给予了占有人的留置权。在货物买卖法案中没有对善意的要求。如果占有人尽到了照顾该物的责任并且因为该责任支出了费用,那么占有人有权留置该物直到费用获得补偿(货物买卖法第 75 条;参见 S-Karnov(-Herre)2006/07,568 note 307－308)。但是,如果在物的存储期间对物支出了存储费用和必要费用或者经过将物存储的人的同意支出了有用费用,占有人必须善意地相信存储该物的人有权这样做(商法典第 12 章第 8 条;Herre,loc. cit.,note 20)。如果物被拿来修理,如果修理人善意地相信拿来该物的人是物的所有人,那么占有人有权留置该物(Håstad,Sakrätt[6],72;NJA 1936 s. 650 and NJA 1948 s 10)。然而,对于必要费用没有善意的要求(Håstad,Sakrätt[6],72 f and NJA 1987 s. 312)。

40. 在苏格兰,占有人具有获得补偿的权利的前提是,占有人期望通过对物的改善获得利益时,不论该获利是永久性的还是长远的,甚至尽管该期望已经破灭。这排除了一种短期内占有的情况,即有必要对所有权人进行赠予(Reid,The Law of Property in Scotland,141)。补偿的数额将按照所有人取回占有时或善意终止时所有人的受益范围判决,不论哪一个发生的更早,但是赔偿数额受到所有人遭受的损失的限制(Bell,Principles of the Law of Scotland,§ 538)。收益必须进行客观评估。可取回的费用被归入必要费用和有用性费用,或者获利性费用(Faber and Lurger(-Carey Miller/Combe/Steven/Wortley),National Reports Ⅱ,468)。

41. 在意大利,所有人要对占有人补偿其加工和收取孳息支出的费用以及为物的通常维护支出的费用(民法典第 1150(4)条),占有人也有义务返还收取的孳息(比如,时效诉讼中的善意占有人,参见第Ⅷ－7:103 条的注释 38),但是不超过物主所占有的孳息。补偿依据不当得利原则。

占有人也有权要求对其支出的特别费用补偿(民法典第 1150(1)条),因为这些费用的支出有利于所有人。关于物的改善,占有人有权获得与物的增值部分相当的补偿(民法典第 1150(2)条)。

42. 在英格兰和威尔士,当占有人的行为有误但善意地相信其对物拥有权利时,在对损害进行评估时,可以对占有人进行补偿(侵权(对物的妨碍)法 1977 第 6(1)条)。此种补偿对没有改善物的占有人也适用。准予此种补偿的基本原理是占有人支出费用引起了物的改善价值(侵权(对物的妨碍)法 1977 第 6(2)条以及 Faber and Lurger(-Frisby and Jones),National Reports Ⅱ 19)。

43. 在爱尔兰,如果占有人行为有错但是善意地相信自己对物有权利时,可以补偿为了改善该物而支出的费用。补偿数额的评估是在转换时而不是在判决时(Faber and Lurger(-Gardiner),National Reports. II,271 and Greenwood v. Bennet(1973)QB 195)。即使购买盗窃物的人对物进行了改善或者为了物的保持而支出了费用,其也是有很多救济方法的(Gardiner,loc. cit. ,293)。如果物是独一无二的不是通过市场交易可获得的一般物,法院将判决具体返还和损害赔偿。在这些情况下,暗示法院将判决对改善人赔偿其因改善而支出的费用(Greenwood v. Bennett(1973)1 QB 195)。另一个案子暗示在法院判决返还原物时,占有人有权对其在物有需要改善时进行的改善获得公平合理的补偿(Webb v. Ireland[1987]IESC 2,[1988]IR 353)。根据法律学者的意见,如果所有人为了支付该补偿不得不卖掉该物时,不应该命令其进行补偿(Palmer and Hudson,改善偷来的不动产 in Palmer and McKendrick,物的利益,chap. 36)。当物不是独一无二的时候,法院将会判决损害赔偿然后再补偿买受人对物的改善(Gardiner,loc. cit. ,293 et seq.)。

44. 在葡萄牙,善意占有人和恶意占有人都有权就必要费用获得补偿。至于有用性费用,只要能将改进物取回而不损坏原物,那么善意占有人和恶意占有人都有权取回该物(民法典第 1273 条)。如果取回是不能的,那么需要对占有人支出的有用性费用进行补偿(Faber and Lurger(-Caramelo-Gomes and Nóbrega),National Reports Ⅵ,chap. 19. 3.)。补偿数额根据民法典第 479 条规定的不当得利规则计算。对限制性费用不进行补偿。只要能不损坏原物,只有善意占有人才有权取消支出费用的效果(民法典第 1275 条)。

45. 在捷克共和国,占有人根据不当得利有权对必要费用主张补偿(民法典第 458(3)条)。善意不是必须的(Faber and Lurger(-Tichy′),National Reports Ⅵ,chap. 20. 6. 1)。此外,民法典第 130(3)条规定善意占有人(合法占有人)有权要求就其合法占有期间对物支出的合理费用获得补偿来对抗所有人,数额在返还时物的增值部分范围之内。然而,根据此条款,为维持和运转物而支出的通常费用不能获得补偿。

46. 在爱沙尼亚,依据物权法第 80 条(所有人对无法律基础占有其物的人的主张),有义务将物返还给其所有人的占有人,并就其支出的费用获得补偿的权利由物权法第 88 条进行了规定。根据第(1)款,占有人有权对支出的必要费用主张补偿,除非占有是通过随意行为取得的。如果满足了债权法第 1042 条(不当得利)规定的要求,那么其他费用(有用性费用和限制性费用也会得到补偿)。根据此条文,考虑到尤其是支出的费用是否对所有人有用以及是否符合其意图这个问题,占有人可以要求在所有人收益范围内补偿。在因合同无效需要返还原物的情况下,受让人(占有人)有权对支出的费用主张补偿,除非其在转让时知道或应当知道现有条件已构成不当得利规则的返还请求权基础,或者费用是在其意识到或应当意识到该条件之后支出的(Faber and Lurger(-Kullerkupp),National Reports Ⅰ,335 et seq.)。

47. 在塞浦路斯对此问题没有一般规定,但是这个问题在无效合同的范围内给予了解决。当合同被宣告无效时,占有期间改善原物的占有人有权要求就该改善获得补偿。在合约的无效是因为不动产交易的当事人是未成年人而导致的情况下,不对该改善进行补偿有违自然正义(参见Anthoulla Papadopoulou v. Xenophon Polykarpou,Civil Appeal No. 4686. vol 1(1973)352 CLR and Faber and Lurger(-Laulhé Shaelou/Stylianou/Anastasiou),National Reports Ⅱ.524 et seq.)。似乎恢复的救济方法,比如对改善的补偿,只有当原始合同因错误、履行不能、缺乏形式或内容而终止或无效时才能适用(参见Kier(Cyprus)Ltd v. Trenco Constructions Ltd,民事请求No. 5770. vol. 1(1981)30 CLR and Laulhé Shaelou/Stylianou/Anastasiou,loc. cit.,525)。善意或恶意在决定后果方面似乎没有起到多大作用。

Ⅲ. 对恶意占有人的补偿

48. 在西班牙,恶意占有人有权要求对其因维持原物而支出的必要费用进行补偿,但是无权对有用性费用和奢侈性费用获得补偿。

49. 芬兰的赔偿法区分了占有是善意还是恶意。恶意占有人仅有权就必要费用获得补偿,对有用性费用和奢侈性费用不能获得补偿(Faber and Lurger(-Kuusinen),National Reports Ⅴ,chap. 19.3)。

50. 在立陶宛,恶意占有人仅有权就支出必要费用获得补偿(民法典第4.97条)。当返还原物是基于债务规则时,返还原物的义务人就其照顾和保管该物支出的费用可以根据民法典第4.97条的上述规则要求补偿(民法典第6.150条)。

51. 根据苏格兰的案例,对直接主张和相对主张进行了区分(Barbour v. Halliday(1840)2 D 1279)。法院拒绝恶意改善人的主张,但是对为所有人恢复其占有而支出的材料费或其他费用要求补偿的相对主张提供了可能。此种相对主张在另一种情况中也得到了支持(Patersonv. Greig(1862)24 D 1370)。再者,要求对必要费用进行补偿的主张一般都会得到支持(Faber and Lurger(-Carey Miller/Combe/Steven/Wort-ley),National Reports Ⅱ,468)。

52. 根据捷克民法典第458(3)条,恶意占有人也有权对其支出的必要费用获得补偿,因此善意并不是一项要求。

53. 在瑞士,恶意占有人仅能对必要费用主张补偿,只要真正所有人也会支出此种费用(民法典第940(2)条)。

54. 在英格兰和威尔士,即使改善人不是出于善意但是仍然可以引用普通法获得补偿(Clerk and Lindsell,Torts[19],§ 17-97 and Faber and Lurger(-Frisby and Jones),National Reports Ⅱ.19)。更多参见上面的第三部分。

55. 因为比利时法律在规定补偿占有人对物支出的费用时没有区分善意和恶意,因此对善意占有人和恶意占有人适用同样的规则(参见上面的注释28)。

56. 按照苏格兰法律,恶意占有人有权对必要费用主张补偿,该必要费用是所有人占有该物时必须要支出的(物权法第96(4)条)。占有人也有权对有用费用主张补偿,只要这些花费有益于所有人(物权法第96(5)条)。若恶意占有人支出的费用是一时兴起或者为了装饰的目的,那么恶意占有人无权对该费用主张补偿。然而,如果取回改善物不会损害原物,那么占有人有权取回(物权法第96(6)条)。

57. 在爱沙尼亚,关于支出费用的补偿问题,对善意占有人适用的规则也同样适用于恶意占有人。必要费用必须补偿,除非占有人是随意获得该占有(物权法第88(1)条);然而,对有用性费用和奢侈性费用的补偿是由不当得利条款来规定(参见上面的注释46)。合同无效的情况,也参见上面的注释 46。

58. 按照荷兰法律,非善意占有人也可以依据不当得利规则主张就其对物本身支出的费用或收取孳息的费用获得补偿(民法典第 3:121(2)条)。然而,恶意占有人主张就支出费用获得补偿的权利受到了更多的限制。补偿数额由以下因素决定:(a)所有人的受益;(b)占有人的损失;(c)合理性。所有人的受益允许将价值的减少考虑在内。至于合理性要考虑占有人恶意的程度、费用对所有人有用的程度、因丧失占有给所有人带来的不便等。更进一步,恶意占有人无权就其依据非合同责任条款支付给第三人的价款主张损坏赔偿(Pitlo et al., Goederenrecht[12], no. 398)。在这些情况下,根据民法典第 3:122 条所有人可以选择将物转让给占有人而不对其进行补偿(Nieuwenhuis/Stolker/Valk(-Rank-Berenschot), B. W. 3, art. 3:121, no. 3)。

59. 根据匈牙利法律,恶意占有人也可以依据不当得利规则主张对支出费用的补偿(Faber and Lurger(-Szilágyi) National Reports Ⅲ, chap. 19. 2. 1(d))。

60. 在葡萄牙,对善意占有人和恶意占有人适用同样的规则(参见上面注释 44)。然而,恶意占有人无权取回奢侈性费用。

61. 在意大利,就像上面提到的(参见注释 41),所有人必须补偿有义务返还孳息的占有人因加工或生产孳息而支出的费用(民法典第 1149 条),同时也要对正常的维护费用进行补偿(民法典第 1150(4)条),尽管不能超过应当返还给所有人的孳息的价值。占有人也有权对特别费用要求补偿(民法典第 1150(1)条),不管其是善意还是恶意,因为这些费用有利于所有人并且补偿是依据不当得利进行的。至于对物的改善,恶意占有人有权要求获得与物的增值部分或支出费用相当的补偿,不管哪一个数额更低(民法典第 1150(2)条)。

62. 按照瑞典法律,当物必须归于破产财产并且占有人已经对物支出了必要费用或有用性费用,那么如果没有特别的反对理由,占有人有权就该费用获得补偿(破产法案第 4 章第 15 条)。反对给予占有人该权利的理由可能是:恶意占有人支出的费用对物来说过于累赘。此种费用不需要补偿(S-Karnov(-Lennander) 2006/07, 3446 no. 160. 也参见 NJA 1932 s. 534)。

63. 奥地利民法典第 336 条规定,恶意占有人有权依照无因管理规则(Geschäftsführung ohne Auftrag)(民法典第 1035 条及以下)对其支出的费用主张补偿。主流观点修改了此项规则,认为如果支出此费用是徒劳无功的,那么不需要补偿(Koziol and Welser, Bürgerliches Recht I13, 347 f; Iro, Sachenrecht[3], no. 7/9; 也参见 Kletecˇka and Schauer(-Lurger), ABGB, § 336, nos. 1 f; contra: Klang(-Schey and Klang), ABGB Ⅱ[2], 100 etseq.)。费用是否为有用性费用(进而需要补偿)要根据所有人的个人偏好来确定(普通意见,参见民法典第 1037 条;更多参考在 Lurger, loc. cit., § 336 no. 3)。在这个意义上,这与善意占有人适用的规则是不同的。奢侈性费用不需要补偿(参见民法典第 1038 条)。

64. 在德国,对恶意占有人和法律程序启动后的善意占有人适用同样的规则(民法典第 994(2)条)。根据此条款,恶意占有人依据无因管理规则,也可以对其支出的必要费用主张补偿(参见上面的注释 30; Münch Komm(-Medicus), BGB4, § 994 no. 19)。

65. 按照希腊法律,对恶意占有人支出费用的补偿问题由无因管理规则规定。补偿仅限于必要费用和为解除物上的费用负担而支出的费用(民法典第 1102 条)。

Ⅳ. 留置权

66. 在奥地利,负有返还责任的人有权留置该物,对该物的留置是以担保其对物支出的费用获得补偿的权利,或以担保因该物造成的损害而获得损害赔偿的权利来得以实现。当事人可以留置该物直至相对人履行其义务(因此叫做 Zug-um-Zug Prinzip)。这在民法典第471条的一般规则中有所规定,也被民法典第334条引用。占有人是善意还是恶意是无所谓的(Klang(-Schey and Klang),ABGB Ⅱ[2],99;Rummel(-Hofmann),更多参见 ABGB Ⅰ[3],§ 471,no. 4)。然而,若物已被出借、出租或储存,没有经过其同意或欺骗性地取得该物,那么该物是不能被留置的(民法典第1440条第2句)。更多细节参见 Faber and Lurger(-Faber),National Reports I. 198 et seq。

67. 按照爱沙尼亚法律,占有人的留置权利由双务合同进行了详细的规定。当双务合同无效时当事人必须返还依据合同取得的给付物或者同时还要赔偿对方当事人的价值损害。每一方当事人都有权留置给付物直到对方履行义务、提出履行或者保证履行(债权法第1034(3)条和第111(1)条)。若双方当事人没有这样的关系,那么占有人留置该物直到所有人补偿其支出的费用的权利可以从债权法第110条找到依据。留置权的先决条件是权利主张(要求补偿或其他类似的权利)和返还该物的义务之间有充分的联系(Supreme Court 20 December 2005,No. 3－2－1－136－05 as cited in Faber and Lurger(-Kullerkupp),National Reports I.,336 et seq.)。

68. 按照希腊法律,占有人有权留置该物直到其在占有期间支出的费用得到补偿(民法典第1106条)。必须根据民法典第1101～1103条或者其他条款对费用予以补偿(Georgiades and Stathopoulos(-Georgiades),613)。法院判决在返还请求权的范围内,所有人补偿占有人对物支出的费用后,占有人才返还原物(Faber and Lurger(-Klaoudatou),National Reports Ⅲ.,chap. 19. 4)。通过不法行为取得物的占有人没有留置权(民法典第1106条)。留置权是个人权利不能对抗第三方(Georgiades,loc. cit.,613)。

69. 根据德国民法典第1000条,占有人有权留置该物直到其支出的费用获得补偿。通过故意的不法行为取得占有之人不享有留置权。此外,当行使留置权会违反公平善良原则时排除其适用(Treu und Glauben)。例如,对花费的补偿数额远远小于留置物的价值(Wieling, Sachenrecht I2,§ 12 V 8 a)。

70. 根据匈牙利民法典第193(2)条,占有人有权留置该物直到其支出的费用获得补偿。然而,通过犯罪行为或用暴力欺诈方式取得占有的占有人不能留置该物。

71. 根据挪威法律,如果占有人想要保全的权利和其实际控制该物的原因之间有自然联系,所有人可以留置该物。占有人若要留置该物也要满足善意取得占有的要求(Faber and Lurger(-Færstad),National Reports V.,chap. 16. 5)。

72. 按照瑞士法律,善意占有人有权留置该物直到其支出的费用获得补偿(民法典第939(1)条)。这个条文并没有规定像民法典第895条及以下条款中的真正的留置权,但是规定了一个拒绝交付的权利(Steinauer,Les droits réels Ⅰ[4],no. 512)。恶意占有人是否从留置权中受益在法律学者中是有争议的。在民法典第940条中没有提到,但是许多法律学者认为民法典第939(1)条应该类推适用(pro:Steinauer,Les droits réels Ⅰ[4],no. 522;contra:BSK(-Stark),ZGB Ⅱ[2],art. 940,no. 12)。

73. 荷兰民法典第3:120(3)条规定只要应该获得的总额没有获得,那么善意占有人就有权留置该物(retentierecht)。另一方面,恶意占有人不能享有此权利(Pitlo,Goederenrecht[12],no. 398;Nieuwenhuis/Stolker/Valk(-Rank-Berenschot),T & C Burgerlijk Wetboek[3],art. 3:121,no. 3)。

74. 在斯洛文尼亚,善意占有人有权留置该物直到所有的必要费用和有用性费用已获补偿(物权法第95(7)条)恶意占有人无此权利(Juhart et al.(-Vrencˇur),SPZ s komentarjem[2004],art. 96,492)。

75. 按照西班牙法律,只有善意占有人才有权留置该物直到必要费用和有用性费用已获补偿(民法典第 453 条)。

76. 意大利民法典第 1152(1)条规定只要为物的改善和修理而支出的费用没有获得补偿,那么善意占有人就有留置权,因为此种费用被认为是有利于物的。然而,善意占有人就其为物的加工或产生孳息而支出的费用不能拥有留置权,因为保有孳息是获得补偿的另外一种方式(Faber and Lurger(-Greco),National Reports Ⅰ,400)。

77. 在葡萄牙,善意占有人有权留置该物直到获得对费用的补偿(民法典第 754 条及第 756 条)。留置权要求占有人获得占有是通过合法的方式或者至少在取得占有时没有意识到取得的不法性,同时要求占有人是善意的(民法典第 756 条)。

78. 在芬兰,留置权被认为是对补偿的担保或者是对其他与该物有关的费用的担保。但是关于这个问题没有法律规则。不过,如果占有人实际控制该物并且对所有人提出权利主张时,那么可以留置该物(Faber andLurger(-Kuusinen),National Reports Ⅴ,chap. 19.4)。

79. 按照丹麦法律,留置权的成立以占有人对物的占有和支付的要求之间有联系为前提条件(Mortensen,Indledn-ing til tingsretten[2],63 and Vinding Kruse,Ejendomsretten[33],1684)。在有契约的情况下,例如,货物买卖法案中包含了留置权(Købeloven §§ 36 and 57)。没有契约的情况下,法律规定就不是很清楚。占有他人之物的人或者因他人的物受到损害的人有留置该物的权利。依据每个情形的具体条件,这个一般规则也可以适用于非合同的情况("må afgøres efter sagens natur";Vinding Kruse,loc. cit. ,1686 et seq.)。在所有人无法保护其物而其他人为避免该物的进一步损坏而支出了相关费用,占有人有权留置该物直到支出的费用已获补偿(Vinding Kruse,loc. cit. ,1683)。

80. 在瑞典,关于占有人的留置权有好几个法律基础(比如,商法典第 11 章第 3 条以及第 12 章第 8 条,货物买卖法第 75 条)。然而,此术语用起来非常混乱。瑞典的法律学者没有将留置权和法定抵押权区分得很清楚。留置权很有可能包含出卖该留置物的权利(例如,在 Lagen(1970:980)om retentionsrätt för fordran hos hotellgäst;也参见 Millqvist,Sakrättens grunder,158 ff;Rodhe,Handbok i sakrätt,443 ff and Håstad,Sakrätt[6],350)。通常认为在这些规则的适用范围之外没有一般的权利(Håstad,loc. cit. ,350 and Millqvist,loc. cit. ,159)。类推适用这些规则的可能性是存在的,尤其是商法典中的两条规则,但是没有成文规则规定留置他人物的权利(Millqvist,loc. cit. ,159;Undén,Svensk sakrätt i lös egen-dom10,235 and NJA 1985 s. 205)。然而,类推适用在何种程度上是可能的以及这些规则是否可以适用到非合同的情形中是不确定的。对于上述举例,商法典第 11 章第 3 条规定如果借用人经过所有人的同意而支出了必要费用,那么其有留置权。有的法律学者将此规则的适用范围扩大到未经过所有人同意的有用性费用("nyttiga")(Undén,loc. cit. ,236)。按照商法典第 12 章第 8 条,保管该物的占有人有权留置该物直到获得必要费用或存储费用的补偿。甚至在未经所有人的同意下存储该物,只要存储人对该物的权利认识是善意的,那么留置权也是存在的(S-Karnov(-Herre)2006/07,499 no. 20)。Undén 建议对于占有人除了必要费用以外的费用和开支也要给所有人同样的留置权。货物买卖法第 75 条给予占有人——也可以是买方或卖方——在一方当事人为了对方的利益而照顾该物时——留置该物的权利直至其为照顾而支出的合理费用("försvarliga")获得补偿或者占有人获得了担保。其他适用的不太常用的规则是委托代理法第 6、31~37 条以及第 39 条;商事代理法第 15、16 条;Lagen(1985:982)om näringsidkares rätt att sälja saker som inte har avhämtats;Bostadsrättslagen(1991:614)chap. 7

§ 16a;Maritime Code chap. 3 § § 36,39 and 43,chap. 13 § 20,chap. 15 § 11;Vägtransportlagen (1974:610) § § 20 and 25;Peaceful Enjoyment of Property Act § § 22 – 28 and Floating of Timber Act § § 33 and 68。

81. 比利时民法典没有规定一般的留置权。它只认可特定的适用(例如,民法典第570、867、1612、1673、1749、1948、2028、2087条)。根据部分法律著作和判例法,善意占有人有留置权以担保其对主张返还原物的所有人要求补偿的权利得到实现(de Page and Dekkers,Traité élémentaire de droit civil belge Ⅵ,nos. 153 and 186)。

82. 按照立陶宛法律,不论善意占有人还是恶意占有人在其费用获得补偿前都没有留置的权利(Faber and Lurger(-Mikelenas),National Reports Ⅲ.,chap. 19.4)。

83. 在苏格兰,是否存在对动产的留置权是不确定的。关于动产的这个问题没有判例法(Faber and Lurger(-Carey Miller/Combe/Steven/Wortley),National Reports Ⅱ.,469)。在许多关于土地的古老的判例中,对物进行了改进的占有人有权留置该物直到其费用获得补偿(Binning v. Brotherstones(1676) Mor 13401 and York Buildings Co. V. Mackenzie(1797) 3 Pat 618,3 ER 432)。有的法律学者支持在土地案例中的留置权(Bankton,Institute of the Law of Scotland,I. 8. 15;I. 9. 42 and II. 9. 68)。然而,在许多案例中法院拒绝了留置权的存在(Duke of Gordon v. Innes (1824)3 S 10;Agnew v. Earl of Stair(1824)3S 229 and Sinclair v. Sinclair(1829)7 S 242)。通过对Bankton的确信和参考,Reid指出,对改善了的物有保留的权利或留置权。此种权利不仅仅限于不法占有的情况(Reid,苏格兰财产法,141 et seq.)。

84. 在英格兰和威尔士,关于对物的留置的权利问题似乎没有权威性规定。这也许是因为按照普通法所有人原则上无权要求返还该物,并且通常同意对其丧失的物的价值获得损害赔偿(Faber and Lurger(-Frisby and Jones),National Reports Ⅱ.,150)的理念。

V. 取回添附物的权利

85. 在英格兰和威尔士以及爱尔兰,如果添附物已成为物的一部分,那么它将属于物的所有人(Faber and Lurger(-Frisby and Jones),National Reports Ⅱ.,153)。当分离添附物是不可能的或者是不实际的,或者是小物添附到大物上以至于小物被大物(主物)所吸收,那么此时添附物就成为了原物的一部分(Frisby and Jones,loc. cit.,114 et seq.;Faber and Lurger(-Gardiner),National Reports Ⅱ.,232 et seq.;Bell,Modern Law of Personal Property in England and Ireland,72 et seq. and Bridge,Personal Property Law,106 et seq.)。主物可能是具有最大价值的物(Gardiner,loc. cit.,233)。大小和用途也很重要(Frisby and Jones,loc. cit.,115)。如果添附物没有成为物的一部分,那么添附人有权取回该添附物(Frisby and Jones,loc. cit.,153)。

86. 在捷克,没有关于该问题的权威性规定,但是可以推定法院将沿用英国关于混合的法律,参见上面的注释85。

87. 在苏格兰,取回添附物的权利依据是是否发生混合("accession")。如果添附物已经附属于主物——如果在主物和占有人添附上的物有不可分离的关系——原物的所有人就成为了添附物的所有人(Reid,The Law of Property Law in Scotland,473 et seq.)。如果混合没有发生,添附物的所有权仍然保留在其所有人手中。分离添附物不仅是允许的而且应为其义务(Bell,Principles of the Law of Scotland, § 537)。原物的所有人因此有将添附物返还给占有人的义务(Faber and Lurger(-Carey Miller/Combe/Steven/Wortley),National Reports Ⅱ,464 et seq. and Carey Miller and Irvine,Corporeal Movables[2],80)。

88. 在挪威和瑞典,只要没有发生混合,占有人就有权将添附物取回。瑞典关于混合没有特别的规定,但是如果两物能够很容易的分离,不需要巨大的花费或造成价值的损失,那么每个物都归各自的所有人所有(Håstad, Sakrätt[6], 47)。只有能将添附物分离时,取回添附物的权利才是可能的。在挪威,当两个或更多的物结合起来成为一个物时,才适用混合的规则;例如,分离他们是不可能的或者花费巨大的。评估分离费用的合理性时将会考虑具体案件中物的类型(Rådsegn 7 frå Sivillovbokutvalet (Oslo 1963) 19 f)。其他需要考虑的情况是占有人取得另一个物是否是可能的以及所有人对该物的需要程度(Faber and Lurger(-Færstad), National Reports Ⅴ, chap. 16.6. and 9. and Braekhus and Haerem, Norsk tingsrett, 549 et seq.)。更多信息参见对第Ⅷ-5:202条的注释9、19、37。

89. 在丹麦,如果分离不会造成价值实质减少,那么物的所有人有权要求将物与其他物分离。若占有人对加工该物是有恶意的,制造出来的物是正常的货物的一种("en almindelig handelsvare")而不是艺术品,那么即使会造成价值的实质减少,也可以要求分离(Vinding Kruse, Ejendomsretten[3], 443)。其他学者也赞同此种观点,但是当制造者是恶意的(Illum and Carstensen, Dansk tingsret[3], 383 f),似乎建议对分离适用更为严格的规则,这意味着根据后者的方法,分离是可能的情况将会更少。

90. 在芬兰,占有人在"多数情况下"都拥有从主物中分离物的权利,如果这不会对它们造成损失或其他损害(Faber and Lurger(-Kuusinen), National Reports Ⅴ, chap. 19.3)。这对物支出的奢侈性费用或者恶意占有人支出的有用性费用是非常重要的——此费用不需要向占有人补偿。

91. 按照比利时法律,允许占有人取回任何可以取回的物,例如,如果不会对物造成实质性损害(de Page and Dekkers, Traité élémentaire de droit civil belge Ⅵ, no. 150)。

92. 按照荷兰法律,取回添附物的权利(ius tollendi)由民法典第3:123条规定。只要物能够恢复到其先前的状态,对物进行的所有的改变和添附,占有人都可以取回,不论占有人是善意还是恶意。结果,占有人失去了就该改变或添附支出的费用获得补偿的权利(Nieuwenhuis/Stolker/Val(-Rank-Berenschot), B. W. 3, art. 3:123, no. 1; Asser, Goeder-enrecht[14] Ⅱ, no. 122a)。如果撤回该改变或添附物会不可避免地造成物的损坏,那么占有人则不能行使该权利(Pitlo, Goederenrecht[12], no. 399)。

93. 根据希腊民法典第1104条,占有人有权取回已经添附到需要返还的物(ius tollendi)上的添附物,不管占有人是善意还是恶意,也不管该改善是不是必需的、有用的或奢侈的。占有人是不是添附物的所有人也是没关系的(Spyridakis, Empragmato Dikaio, 177 e)。下列情形排除取回权(民法典第1104条):(1)此添附是为了维持物的存在而做出的,因为此目的占有人无权主张补偿因为其享受了此添附所带来的利益;(2)占有人从分离中不会获益;(3)占有人获得了相应的价值,该价值取决于分离后的其他部分。

94. 按照德国法律,只要添附物没有成为需要返还的物的本质部分(重要组成部分),那么占有人在任何情况下都可以将已经与他人之物相结合的添附物取回。在此种情况下,占有人仍被认为是添附物的所有人(Prüt-ting, Sachenrecht[33], no. 561)。此外,民法典第997(1)条规定只要返还时能保持原先状态,那么占有人有权取回已成为本质组成部分的添附物(民法典第997(1)条及第258条)。这意味着占有人有权分离属于他的部分并且通过占有取得该部分的所有权(Prütting, loc. cit., no. 561; Soergel(-Stadler), BGB[13], § 997 nos. 1-3)。民法典第997(2)条规定,如果依据民法典第994(1)条第2句占有人无权主张对产生费用的补偿,若此种分离对占有人来说是无益的(比如,墙纸)或者占有人收取的赔偿数额和分离后能从该物中获取的利益是一样的,那么占有人无权行使该取回权。善意占有人和恶意占有人都有权行使该权利(Prütting, loc. cit. ,no. 561;Bamberger and Roth(-Fritzsche),BGB Ⅱ², § 997 nos. 8 and 17－19)。

95. 爱沙尼亚物权法第88(2)条规定,只要物能以先前的状态返还,那么占有人有权取回添附物。如果取回添附物会不可避免地损坏他们或者对于占有人改善过程中支出的费用已经获得补偿,那么此种取回权是不能适用的。善意占有人和恶意占有人都可以行使该权利。

96. 按照斯洛文尼亚法律,一时兴起或者出于修饰的目的支出的费用是不会补偿给善意占有人的,占有人有权取回该添附,只要这不会对物造成损害(物权法第96(6)条)。

97. 在匈牙利,只要物能以原始状态返还,那么占有人就有权利取回该添附(Faber and Lurger(-Szilágyi),National Reports Ⅲ,chap. 19. 2. 1(b))。

98. 奥地利民法典第332条规定,善意占有人在将物返还给所有人之前,可以将该奢侈性添附移除。此规则适用于恶意占有人(Schwimann(-Klicka),ABGB Ⅱ³, § 336,no. 3;Kletecka and Schauer(-Lur-ger),ABGB, § 336,no. 4)。善意占有人也可以取回有用性添附(Klang(-Schey and Klang),ABGB Ⅱ²,98;Lurger,loc. cit. , § 331,no. 3)。但此权利行使的前提是物的实体不会被损坏或者至少能保持原先状态(Lurger,loc. cit. , § 332,no. 2)。

99. 按照葡萄牙法律,有用性费用和限制性费用都被归为改善性的(因为它们提高了物的价值)。只要取回是可能的并且不会对物造成损害,那么不管是善意还是恶意占有人都有权消除有用性费用引起的改善(民法典第1273条)。至于奢侈性费用引起的改善,只有善意占有人才有权取回(民法典第1275条)。

100. 在西班牙,只要物不会遭受损失,不管善意占有人还是恶意占有人都有权取回奢侈性改善(ius tolliendi)。恢复原物的真正所有人可以通过支付改善的费用来阻止取回权的行使,如果是善意占有人,还可以支付与返还占有时物的价值相当的费用(民法典第454～455条)。

101. 根据瑞士民法典第939(2)条,善意占有人满足下面三个条件可以取回对物的改善(被认为是奢侈性费用的,按照民法典第939(1)条不需要补偿):(1)此权利必须在返还原物前行使;(2)分离不会造成物的损坏;(3)真正所有人没有提议补偿奢侈性费用(Steinauer,Les droits réels Ⅰ⁴,no. 513)。至于恶意占有人,此种权利没有在法律上明确规定。然而,许多法律学者认为,民法典第939(2)条应该类推适用于对恶意占有人的有用费用和奢侈性费用(pro:Steinauer,loc. cit. ,no. 522a;contra:BSK(-Stark),ZGB Ⅱ²,art. 940,no. 12)。

102. 在立陶宛,善意占有人有权取回改善物的添附物,只要分离不会损坏该物(民法典第4.97条)。

欧洲私法的原则、定义与示范规则：欧洲示范民法典草案（全译本）总目录

第1册

导论

学术贡献者

第四章　指导和变更

第一节　指导

第二节　委托合同的变更

第五章　利益冲突

第六章　未履行终止之外的通知终止

第七章　终止的其他原因

第五编　商事代理、特许经营和分销

第一章　一般规定

第一节　适用范围

第二节　其他一般规定

第二章　适用于本部分范围内的所有合同的规则

第一节　先合同

第二节　当事人的义务

第三节　合同关系的终止

第四节　其他一般规定

第三章　商事代理

第一节　一般规定

第二节　商事代理人的义务

第三节　委托人的义务

第四章　特许经营

第一节　一般规定

第二节　特许人的义务

第三节　被特许人的义务

第五章　分销

第一节　一般规定

第二节　供应商的义务

第三节　分销商的义务

第六编　借贷合同

第七编　保证

第一章　一般规则

第二章　从属保证

第三章　独立保证

第四章　消费者保证的特殊规则

第八编　赠与

第一章　范畴与一般条款

第一节　范畴与定义

第 3 册

第六章　救济

第一节　损害赔偿的一般规定

第二节　金钱赔偿

第三节　预防

第七章　附则

第七卷　不当得利

第一章　一般规定

第二章　得利无法律上之原因

第三章　得利与不利

第四章　归因

第五章　得利返还

第六章　抗辩

第七章　与其他法律规则的关系

附录:若干法域不当得利法节译(奥地利、西班牙、希腊、保加利亚、匈牙利、波兰、拉脱维亚、爱沙尼亚、立陶宛、斯洛文尼亚)

第4册

第八卷　物的所有权的取得与丧失

第一章　总则

第一节　适用范围及与其他条款的关系

第二节　定义

第三节　进一步的一般规定

第二章　基于让与人的权利或权限的所有权转让

第一节　依据本章转让的要件

第二节　效力

第三节　特别规定

第三章　所有权的善意取得

第四章　通过持续占有取得所有权

第一节　通过持续占有取得所有权的要求

第二节　取得所有权所要求的期间的额外规定

第三节　持续占有取得所有权的法律效力

第五章　加工、聚合和混合

第一节　一般规定

第5册

第九卷　动产担保物权

图书在版编目(CIP)数据

欧洲私法的原则、定义与示范规则:欧洲示范民法典草案:全译本.第8卷/(德)巴尔,(英)克莱夫主编;朱文龙等译.—北京:法律出版社,2014.5

书名原文:Principles, definitions and model rules of European private law: Draft common frame of reference (full edition)

ISBN 978-7-5118-6099-6

Ⅰ.①欧… Ⅱ.①巴…②克…③朱… Ⅲ.①私法—研究—欧洲 Ⅳ.①D950.03

中国版本图书馆 CIP 数据核字(2014)第035412号

欧洲私法的原则、定义与示范规则:欧洲示范民法典草案(全译本):第8卷

责任编辑 易明群
装帧设计 乔智炜

开本 787毫米×1092毫米 1/16
印张 58.5 **字数** 1421千
版本 2014年6月第1版
印次 2014年6月第1次印刷
出版 法律出版社
编辑统筹 学术·对外出版分社
总发行 中国法律图书有限公司
经销 新华书店
印刷 北京北苑印刷有限责任公司
责任印制 陶 松

法律出版社/北京市丰台区莲花池西里7号(100073)
电子邮件/info@lawpress.com.cn
销售热线/010-63939792/9779
网址/www.lawpress.com.cn
咨询电话/010-63939796

中国法律图书有限公司/北京市丰台区莲花池西里7号(100073)
全国各地中法图分、子公司电话:
第一法律书店/010-63939781/9782
西安分公司/029-85388843
重庆公司/023-65382816/2908
上海公司/021-62071010/1636
北京分公司/010-62534456
深圳公司/0755-83072995

书号:ISBN 978-7-5118-6099-6
定价:180.00元
(如有缺页或倒装,中国法律图书有限公司负责退换)